# DIE KIRCHLICHE DOGMATIK

VON

KARL BARTH

VIERTER BAND
DIE LEHRE VON DER VERSÖHNUNG

ZWEITER TEIL

THEOLOGISCHER VERLAG ZÜRICH
1978

DIE LEHRE VON DER VERSÖHNUNG

VON

KARL BARTH
DR. THEOL., D.D., LL. D.
O. PROFESSOR AN DER UNIVERSITÄT BASEL

ZWEITER TEIL

DRITTE AUFLAGE

THEOLOGISCHER VERLAG ZÜRICH
1978

CIP-Kurztitelaufnahme der Deutschen Bibliothek

Barth, Karl
Die kirchliche Dogmatik. — Zürich: Theologischer Verlag.

Bd. 4 — Barth, Karl: Die Lehre von der Versöhnung

Barth, Karl
Die Lehre von der Versöhnung. — Zürich: Theologischer Verlag.

Teil 2. — 3. Aufl. — 1978.
(Die kirchliche Dogmatik / Karl Barth; Bd. 4)

ISBN 3-290-11015-X

© 1955 Theologischer Verlag Zürich

Printed in Switzerland by Meier + Cie AG Schaffhausen

Der Theologischen Fakultät

der Reformierten Kirche von Ungarn

in Budapest

als Zeichen des Dankes

VORWORT

Es tut mir leid, Einige (vielleicht nicht einmal ganz Wenige) enttäuscht zu haben, die sich darauf eingerichtet hatten, diese Fortsetzung der «Kirchlichen Dogmatik» schon in ihre Sommer- oder Herbstferien dieses Jahres mitzunehmen: eine in Anbetracht des besonders beachtlichen Umfanges dieses weiteren Teilbandes freilich etwas beschwerliche Reiselektüre, aus der nun nichts geworden ist! Da ich es jetzt bereits ohne Klage oder Widerspruch hinnehmen muß, gelegentlich «der alte Mann in Basel» genannt zu werden, könnte ich darum bitten, es mir als einem solchen zugute zu halten, wenn ich nun doch nicht mit der Regelmäßigkeit eines Uhrwerkes produzieren kann. Aber das konnte ich ja schon in jüngeren Jahren nicht. So will ich nur geltend machen, daß ich mit bestem Willen, vorwärts zu kommen, aber auch belastet mit der Verantwortlichkeit der gerade diesmal zu bewältigenden Aufgabe am Werk war und nun eben früher als so nicht damit fertig wurde. Fertig? Ich meine wirklich wie im Ganzen, so auch im Bereich dieser Aufgabe nicht fertig zu sein. Die so freundlich auf den Band gewartet haben, werden nun gewiß anderweitige Zeit dafür finden und werden, wenn sie ihn in dem Sinne lesen, in dem er geschrieben ist, mit mir einsehen, wie schön es ist, mit dieser großen Sache beschäftigt und – noch lange nicht fertig zu sein.

Was man mich diesmal vertreten hört, könnte da und dort noch mehr – freudige oder auch ärgerliche – Überraschung erregen, als dies schon in früheren Stadien des langen Weges der «Kirchlichen Dogmatik» gelegentlich vorgekommen ist. Wer etwa deren wesentliche Aussage immer noch (vielleicht immer noch in der Nachwirkung der einst durch den «Römerbrief» von 1921 erregten Betäubung!) in der Alternative: «Entweder Aufstieg des Menschen zu Gott oder Herabsteigen Gottes zum Menschen» zu vernehmen meinte, wer da (vielleicht auch noch im ersten Teil dieses vierten Bandes) vom erneuernden Werk des Heiligen Geistes, von des Menschen Erhebung, von seinem Anteil am Geschehen der Versöhnung, von der Heiligung und von der Liebe (zu seiner Befriedigung oder zu seinem Kummer) nichts oder doch nur wenig zu vernehmen meinte, der wird sich nun damit auseinandersetzen müssen, daß es diesmal in größter Dringlichkeit und Ausführlichkeit gerade um diese Seite der Sache geht. Man könnte den Inhalt dieses Buches wohl als den Versuch einer evangelischen Beantwortung des (alten und neuen) römischen Mariendogmas verstehen. Ich habe es nirgends erwähnt, geschweige denn direkt bekämpft. Ich meine aber faktisch gezeigt zu haben, daß es durch «die Erhöhung des Menschensohnes» und deren anthropologische Implikationen automatisch überflüssig gemacht ist. Daß meine katholischen Leser, an die ich mich in der Kirchlichen Dogmatik ja mehr und mehr auch wenden darf, mir das abnehmen, darf ich nicht erwarten, wohl aber, daß auch sie wenigstens einsehen, daß meine, die evangelische Ablehnung dieser Sache einen **positiven** Grund hat: weil gerade der **Mensch** Jesus der ganze Grund, die ganze Kraft und die ganze Gewähr unserer Erhebung ist, **darum** kann ein anderer Mensch, kann auch Jesu Mutter in dieser Funktion keinen Raum neben ihm haben. Indem ich diese besondere Abgrenzung im Text nicht zur Sprache gebracht habe, hoffe ich doch auch im Verhältnis zur römischen Theologie etwas zur Verständigung über das, was dort die «heiligende Gnade» genannt wird, beigetragen zu haben. Ob ich, was unsere Seite betrifft, dem Anliegen unserer Pietisten und Gemeinschaftsleute diesmal ein Stück weit Genüge getan habe? Das nach bestem Wissen und Gewissen zu tun, war wohl meine Absicht, auch wenn ich dabei nicht einfach der Ihrige werden konnte. Wenn ich mich nicht sehr irre, gibt es heute auch bei ihnen sehr viel mehr Aufgeschlossenheit und Besonnenheit als in den Gestalten ihrer Lehre und Praxis, die ich in früheren Jahrzehnten vor Augen hatte – oder zu haben meinte: denn ich schäme mich nicht, zu gestehen, daß ich sie nun auch besser verstehe, als mir das früher gegeben war. Es wird aber in Ordnung gehen, wenn sie auch jetzt nicht ganz und gar mit mir zufrieden sind; denn etwas von dem fernen Donnergrollen eben des «Römerbriefes» von 1921 werden sie auch in den entgegenkommenderen Tönen, in denen ich mich jetzt zu den sie besonders bewegenden Dingen äußere, gerade an den entscheidenden Stellen nicht überhören können. Wie aber, wenn ich nun von diesem und jenem meiner bisherigen Freunde und Nachbarn die Frage hören müßte: ob ich jetzt nicht nach der hier in den Vordergrund gerückten Seite des Guten zuviel getan, dem Menschen nun doch wieder zuviel zugeschrieben, wohl gar als älter gewordener Löwe endlich und zuletzt doch noch gelernt haben möchte, Stroh zu essen? Ob nun insbesondere den unentwegt «von Luther her» Denkenden nicht deutlich das für sie Unerträgliche zugemutet ist, das sie ja schon in der vor bald 20 Jahren zum erstenmal artikulierten Umkehrung des Verhältnisses von «Gesetz und Evangelium» sich abzeichnen sahen? Das Alles wird sich nun zeigen müssen. Betrüben und ärgern wollte ich niemand. Ich hatte aber auch diesmal nur eine Wahl. Die einsichtigen Begleiter meines bisherigen Weges werden doch gewiß bemerken, daß es sich gerade jetzt nicht um einen Bruch mit meiner seit meinem Abschied vom Liberalismus vertretenen Grundanschauung, sondern um eine folgerichtige Wendung in deren Entfaltung handelt. Gerade um das deutlich zu machen, mußte der christologische Paragraph, der auch hier an der Spitze steht und *in nuce* das Ganze enthält, indem er eben von der Menschheit Jesu Christi redet, besonders ausführlich werden. Ich könnte niemand raten, ihn ganz oder teilweise zu überschlagen, um möglichst rasch zu dem über die Heiligung usw. Gesagten zu kommen. Dort fallen – das sei nach allen Seiten gesagt – die Entscheidungen. Es gibt keinen legitimen Weg zum Verständnis des christlichen Lebens als den, der von dorther anzutreten ist. Ob ich ihn einigermaßen richtig beschrieben habe, das ist nach meiner Einsicht die Frage, an der dieses Buch zu messen ist.

Im Anschluß daran noch eine allgemeinere Bemerkung, bei der mir eine vor einiger Zeit gefallene Sentenz heiter vor Augen steht: «Zur Stunde wissen's nur die Engel im Himmel, wohin der Weg dieser ‚kirchlichen Dogmatik' noch führen mag.» Der das schrieb, wollte wohl andeuten, daß ihr künftiger Weg, auf dem es wohl noch zu weiteren Überraschungen kommen könnte, auch im Dunkel irgendwelcher mehr oder weniger übler Heterodoxien oder gar Häresien endigen könnte. Hoffen wir immerhin das Bessere! Darin kann ich aber seine Ansicht bestätigen, daß mir, wenn ich jeweils an das besondere Thema eines neuen Teilbandes herantrete, ja sogar bei der Inangriffnahme jedes neuen Paragraphen, wohl die Richtung des Ganzen vor Augen steht, das dann aber im Einzelnen zunächst in der Tat nur die Engel im Himmel wissen, wie sich die Sache gestalten wird. Eben daß die Engel im Himmel es schon wissen, ist mir dabei sehr tröstlich, und was mich betrifft, so genügt es mir, mir darüber klar zu sein, daß ich jetzt wieder und wieder, je auf einen bestimmten Punkt ausgerichtet, möglichst vorbehaltlos auf das Zeugnis der Schrift und möglichst unparteilich überlegend auch auf das der Kirche zu hören und dann eben aufzupassen und zu formulieren habe, was herauskommt. Da habe ich dann fortwährend hinzuzulernen, und daraus folgt, daß das Gesicht «dieser kirchlichen Dogmatik» fortwährend in einer stillen, aber bestimmten Wandlung begriffen ist. Muß das nicht auch von der Kirche selbst gelten, sofern sie nämlich nicht tot, sondern im Aufmerken auf ihren Herrn lebendig ist? Wäre es nicht abnorm, wenn ich etwa in der Lage wäre, die Darstellung der ewigen Geheimnisse und der in der Zeit offenbarten Wahrheiten des christlichen Glaubens, als ob ich ihrer Meister wäre, wie einen zuvor aufgenommenen und fixierten Film ablaufen zu lassen? Das sei ferne! Tappe ich also im Dunkel? Kann da Alles und Jedes möglich werden? Mitnichten! Ich habe mich dabei vielmehr in den nun 23 Jahren seit Beginn dieser Arbeit so gehalten und gelenkt gefunden, daß es, soweit ich sehe, zu wichtigen Überschneidungen und Widersprüchen innerhalb meiner Darstellung bis jetzt nicht gekommen, eigentliche Retraktationen (von Details abgesehen) bis jetzt nicht nötig wurden – und vor allem: daß ich mich bei aller weitgehenden kritischen Freiheit, die ich in dieser Hinsicht betätigen mußte, auch immer wieder im Frieden mit den großen Linien der christlichen Überlieferung finden durfte. So stellt sich der Vorgang jedenfalls von mir aus gesehen dar, und darum kann ich der Meinung sein, daß die Zeitgenossen (und vielleicht auch einmal die Nachfahren) mindestens vorsichtig reden sollten, wenn sie da und dort einen «neuen Barth» – oder noch schlimmer: eine ernstlich als solche anzufechtende Irrlehre entdeckt zu haben denken. Ich halte mich wirklich nicht für unfehlbar. Es könnte aber vielleicht doch mehr innere und äußere Kontinuität in der Sache sein, als gewisse rasche Beobachter und muntere Zwischenredner es auf den ersten Anblick für wahr haben wollen.

Auf eine eingetretene Verschiebung, die ich aber nicht für wesentlich halten kann, muß ich bei Anlaß dieses Bandes ausdrücklich aufmerksam machen: Ich hatte in der Einleitung zu IV, 1 in Aussicht gestellt, daß die Lehre von der Taufe und die vom Abendmahl in den beiden ersten, den konstitutiven Teilen der Versöhnungslehre (jeweils in den Paragraphen über die Kirche) zur Sprache kommen sollten. Das ist nun, indem ich näher an die Probleme heran kam, nicht geschehen. Und man wird vielleicht schon in den Bänden II und III bemerkt haben, daß ich von dem Allgemeinbegriff «Sakrament», mit dem ich noch in Band I etwas sicher und sorglos umgegangen war, immer weniger und schließlich fast gar keinen Gebrauch mehr gemacht habe. Über die Gründe dieser Verschiebung möchte ich mich hier, weil es in unmißverständlicher Kürze doch nicht geschehen könnte, nicht verbreiten, sondern nur eben andeuten, daß ich, wenn irgendwo, dann hier so etwas wie eine respektvoll umsichtige «Entmythologisierung» für tunlich zu halten gelernt habe. Man wird Taufe und Abendmahl auch im vorliegenden Band nur beiläufig berührt finden. Sie sind aber nicht vergessen, sondern sollen als Grundlegung und Krönung des vierten, ethischen Teils der Versöhnungslehre ihre nach meiner Erkenntnis sachgemäße und würdige Stellung finden. Ich ahne, welchen Verdächtigungen ich mich damit im voraus aussetze. Außer den Engeln hat wohl auch die «Evangelisch-Lutherische Kirchenzeitung» längst gewußt, daß es etwa so kommen werde. Aber das muß nun mutig ertragen sein.

In Genf, in Schottland, England und Amerika sind gute Köpfe und fleißige Hände am Werk, die «Kirchliche Dogmatik» in ihrer Totalität ins Französische und ins Englische zu übersetzen, und schon berichtet mir ein offenbar kundiger theologischer Besucher aus Japan, daß man auch dort mit der entsprechenden Absicht umgehe. Ich grüße die selbstlosen Männer, die so viel von ihrer Zeit und Kraft an diese Aufgabe wenden wollen – übrigens auch die mutigen Verleger, die sie gefunden haben oder noch finden werden – und hoffe wenigstens noch etwas von der Geschichte mitzuerleben, die das Werk in diesen weiteren Bereichen haben wird.

Indem ich zum Schluß dieses Vorwortes eile, darf ich nicht vergessen, daß ich etwas gutzumachen habe. Ich meine nicht die seltsame (in ihrer Art nicht neue) Verwirrung, in welcher ich irgendwo im Band IV, 1 das Land Israels kühn an das Westufer des Mittelländischen Meeres versetzt habe! Ich meine vielmehr den heftigen Ausfall, den ich im Vorwort zu Band III, 4 gegen die holländischen Neocalvinisten *in globo* erhoben habe. Des Menschen Zorn tut nur selten, was vor Gott recht ist, und wenn er sich *in globo* ergeht, ganz bestimmt nicht. Dieses muß ich bekennen, nachdem mir das mir und der «Kirchlichen Dogmatik» im besonderen zugewendete große Buch *De Triomf der Genade in de Theologie van Karl Barth* (1954) von dem jener Gruppe angehörigen Kollegen G. C. Berkouwer in Amsterdam zur Kenntnis gekommen ist, das bei aller Reserve und Kritik mit solcher Sorgfalt, Gutwilligkeit und christlicher *aequitas* geschrieben ist, daß ich – in der Hoffnung, es gebe dort noch Andere seinesgleichen – die in ihrer Allgemeinheit bösen Worte, die ich damals (seit Jahrzehnten gereizt und dann plötzlich ausbrechend) ausgestoßen habe, in aller Form zurücknehmen möchte. Es gibt offenbar auch «Fundamentalisten», mit denen sich reden läßt. «Die Menschenfresser ganz allein, die sollen ausgenommen sein» – z. B. jener Mann, der meine Theologie noch vor kurzem die schlimmste Häresie aller Zeiten genannt hat! – aber auch sie nur vorläufig, weil ja eines Tages auch sie noch zu humaneren Gesinnungen und Stellungnahmen vordringen könnten. Es mag die damals Beleidigten einigermaßen trösten, zu vernehmen, daß ich ja hierzulande selbst in den Ruf des «Fundamentalismus», und zwar eines «existentialistischen Fundamentalismus» (was es nicht Alles gibt!) gebracht worden bin. Und wenn sie in Zukunft über Mozart keine unziemlichen Dinge mehr sagen wollen, sollen sie weiter nichts mehr von mir zu befürchten haben.

«Wann kommt der nächste Band?» – «Wieviel Bände kommen noch?» – das sind so die Fragen, die ich jeweils ziemlich kurz nachdem wieder einer «gekommen» ist aufs neue hören muß. Und ein Student hat mich neulich in wohlgewählter Sprache gefragt: wie denn Alles werden solle, «wenn Sie, mit Verlaub zu sagen, nicht mehr da sein werden?» Er hatte ganz recht, auch an diese Möglichkeit zu erinnern. «Doch noch wandl' ich auf dem Abendfeld», will mir zunächst mit dem folgenden Band alle Mühe geben und hoffe, daß der hier vorgelegte «dick» genug sei, um mir den Fragen jener Art gegenüber wenigstens eine kleine Atempause zu verschaffen. Das Weitere steht nicht in menschlichen Händen und wird sich finden.

Als technischer Helfer hat sich *stud. theol.* Hinrich Stoevesandt aus Bremen um diesen Band verdient gemacht.

Es mag schließlich etwas ungewöhnlich, aber praktisch sein, wenn ich auch an dieser Stelle darauf aufmerksam mache, daß ich vom 1. Oktober dieses Jahres ab nicht mehr Pilgerstraße 25, sondern Bruderholzallee 26 in Basel zu erreichen sein werde.

Gyrenbad bei Turbenthal (Kt. Zürich), im August 1955.

INHALT

DIE LEHRE VON DER VERSÖHNUNG

FÜNFZEHNTES KAPITEL:
JESUS CHRISTUS, DER KNECHT ALS HERR

§ 64. Die Erhöhung des Menschensohnes
    1. Das andere Problem der Versöhnungslehre 1
    2. Die Heimkehr des Menschensohnes 20
    3. Der königliche Mensch 173
    4. Die Weisung des Sohnes 293

§ 65. Des Menschen Trägheit und Elend
    1. Der Mensch der Sünde im Licht der Herrschaft des Menschensohnes   423
    2. Des Menschen Trägheit 452
    3. Des Menschen Elend 546

§ 66. Des Menschen Heiligung
    1. Rechtfertigung und Heiligung 565
    2. Der Heilige und die Heiligen 578
    3. Der Ruf in die Nachfolge 603
    4. Die Erweckung zur Umkehr 626
    5. Das Lob der Werke 660
    6. Die Würde des Kreuzes 676

§ 67. Der Heilige Geist und die Erbauung der christlichen Gemeinde
    1. Die wirkliche Kirche 695
    2. Das Wachstum der Gemeinde 725
    3. Die Erhaltung der Gemeinde 747
    4. Die Ordnung der Gemeinde 765

§ 68. Der Heilige Geist und die christliche Liebe
    1. Das Problem der christlichen Liebe 825
    2. Der Grund der Liebe 853
    3. Die Tat der Liebe 888
    4. Die Art der Liebe 936

Register
    I. Bibelstellen 955
    II. Namen 974
    III. Begriffe 976

FÜNFZEHNTES KAPITEL

JESUS CHRISTUS, DER KNECHT ALS HERR

§ 64
DIE ERHÖHUNG DES MENSCHENSOHNES

Jesus Christus, der Sohn Gottes und Herr, der sich zum Knecht erniedrigt, ist auch der als dieser Knecht zum Herrn erhöhte Menschensohn: der neue, der wahre, der königliche, weil am Sein und Leben, an der Herrschaft und Tat Gottes teilnehmende, ihn ehrende und bezeugende Mensch, der als solcher aller andern Menschen Haupt, Vertreter und Heiland ist, der Ursprung, der Inhalt und das Maß der uns im Werk des Heiligen Geistes gegebenen göttlichen Weisung.

1. DAS ANDERE PROBLEM DER VERSÖHNUNGSLEHRE.

Wir schlagen mit dem Beginn dieses Kapitels ein neues Buch auf. Der in Jesus Christus als Versöhner handelnde Gott ist Einer und so auch der mit ihm in Gott versöhnte Mensch. So ist das Werk der Versöhnung, das seine Tat ist, Eines. Die Gestalten aber, in denen er und diese seine Tat uns offenbar ist, ihre in der Dogmatik zu erwägenden und zu entfaltenden Probleme wären ohne Gewaltsamkeit, Verkürzung und Verzerrung nicht in einem einzigen Blick zu erfassen. Wie wir ja auch den einen Gott selbst nicht anders erkennen und bekennen können denn als den, der der Vater und der Sohn und der Heilige Geist ist. Wir sind jetzt im Begriff, uns dem anderen, dem zweiten Problem der Versöhnungslehre zuzuwenden. Zum Verständnis dieses weiteren Schrittes bedarf es (in Ergänzung der KD IV, 1 § 57 gemachten Andeutungen) einer kurzen Überleitung und Einführung.

Wir blicken zunächst zurück. Das hinter uns liegende erste Kapitel der Versöhnungslehre stand unter dem Titel: «Jesus Christus, der Herr als Knecht». Es handelte von der Versöhnung in ihrem Charakter als freie Zuwendung und Herablassung Gottes zu dem von ihm abgewendeten und damit verlorenen Menschen, von Gottes Gnade im Vollzug seiner unbegreiflichen Selbsthingabe an die Sache dieses seines ungetreuen Bundespartners. Wir erkannten die wahre Gottheit Jesu Christi in der Demut des Gehorsams, in welchem er, des ewigen Vaters ewiger Sohn, in der Allmacht seiner Barmherzigkeit sich selbst erniedrigte, in die Fremde ging,

Fleisch wurde, ein Knecht in unserem Dienst an unsere Stelle trat, um an unserer Stelle, uns zugute, für die Welt, zu ihrem Heil, Gottes unvermeidliches Gericht zu vollziehen, indem er selbst sich ihm beugte, ans Kreuz geschlagen den Tod erlitt, dem wir verfallen waren. Wir hörten das in seiner Auferweckung von den Toten gesprochene Urteil Gottes des Vaters, die Offenbarung: in diesem seinem Tun und Leiden ist die Liebe Gottes zu der ihm verfeindeten Welt zu ihrem Ziel gekommen – er, dieser demütige Knecht Gottes ist unsere Gerechtigkeit, d. h. unser Unrecht ist in und mit dem von ihm vollzogenen und erlittenen Gericht beseitigt und eben in ihm ist unser neues Recht aufgerichtet. Wir verstanden im Spiegel der Existenz und des Werkes dieses Knechtes Gottes des Menschen Sünde als des Menschen Hochmut, und des Menschen Rechtfertigung als seine Versetzung auf den Weg, auf welchem er – Beides in derselben unbedingten Gewißheit – sein Unrecht, als in Jesus Christus erledigt, hinter sich, sein neues Recht, als in Jesus Christus aufgerichtet, in der Vergebung seiner Sünden, in seiner Einsetzung zum Kinde Gottes, in der Hoffnung auf sein ewiges Heil vor sich hat. Wir verstanden die christliche Gemeinde als die durch den Heiligen Geist geschaffene Versammlung der an Jesus Christus Glaubenden und so als den Ort, wo Gottes in seinem Tode vollzogenes Gericht und Gottes in seiner Auferweckung offenbartes Urteil, wo des Menschen Sünde und Rechtfertigung anerkannt, erkannt und bekannt wird. Wir verstanden schließlich den christlichen Glauben als den durch den Heiligen Geist begründeten freien menschlichen Akt dieses Anerkennens, Erkennens und Bekennens. Das ganze Werk der Versöhnung hat sich uns unter diesem ersten Aspekt dargestellt als eine mächtige Bewegung von oben nach unten, d. h. von Gott her zum Menschen hin, die Wiederherstellung und Erneuerung des Bundes zwischen Gott und Mensch unter dem Zeichen des ersten Elementes des alttestamentlichen Gnadenwortes: «Ich will euer Gott sein». Indem die christliche Gemeinde und in ihr der christliche Glaube dies vernehmen und bejahen darf: «Ich will euer Gott sein!» gehört auch ihre Existenz zu diesem ersten objektiven Aspekt der Versöhnung, ist auch sie nichts anderes als das letzte Moment jener Bewegung von Gott her zum Menschen hin. Aber eben in der christlichen Gemeinde und im christlichen Glauben existiert nun – repräsentativ für alle Menschen der ganzen Welt – der Christ und also auch der Mensch mit seinem Werk als Gottes Partner. Er ist der sein Sein in Jesus Christus anerkennende, erkennende und bekennende, er ist aber auch der in seinem Sein in Jesus Christus von Gott verschiedene Mensch, der in seiner Spontaneität als solcher wohl Objekt, aber nicht nur das, sondern als Objekt der wahrhaft und wirksam versöhnenden Gnade Gottes in seiner besonderen, untergeordneten, sekundären Stellung, Weise und Funktion auch Subjekt des ganzen Geschehens ist. Indem wir gegen Ende jener ersten Linie der Versöhnungslehre in der christlichen Gemeinde

1. Das andere Problem der Versöhnungslehre

und im christlichen Glauben auf den in Jesus Christus mit Gott versöhnten Menschen stießen, hat sich uns schon dort die Wendung angekündigt, die wir nun zu vollziehen haben.

Eben der in Jesus Christus mit Gott versöhnte Mensch als solcher soll uns auf dieser neuen Linie beschäftigen: in der Wiederherstellung und Erneuerung des Bundes dem Bundesgott gegenüber der Bundesmensch, das zweite Element des alttestamentlichen Gnadenwortes: «Ihr sollt mein Volk sein!», dem göttlichen Wort gegenüber die menschliche Antwort. Das bedeutet nicht, daß wir unseren Blick jetzt von dem Gotteswerk der Versöhnung weg auf eine andere, außerhalb dieses Gotteswerkes zu erkennende Wirklichkeit zu richten hätten. Es geht nicht um eine zweite Wahrheit, die nun neben jene erste zu stehen käme. Es gibt nur die eine mächtige Wahrheit der einen in Jesus Christus geschehenen Versöhnung der Welt mit Gott. Wir hören nicht auf, sondern wir fahren fort, uns von ihr und nur von ihr beschäftigen zu lassen. Es geht genau genommen auch nicht einmal um so etwas wie einen anderen Teil der einen Wahrheit. Sie ist unteilbar. Sie wäre in keiner ihrer Gestalten die Wahrheit, wenn sie nicht in jeder von ihnen die ganze Wahrheit wäre. Auch die beiden Elemente des alttestamentlichen Gnadenwortes bezeugen ja nicht nur in ihrem Zusammenklang, sondern auch ein jedes für sich die eine ganze Gnade Gottes. Trinitarisch ausgedrückt: auch der Vater und der Sohn sind ja nicht nur in ihrer ewigen Übereinstimmung, sondern auch ein Jeder für sich der eine wahre Gott. Gerade das kann also nicht in Frage kommen, daß wir den Bereich der einen ganzen Gnade Gottes nun etwa zu verlassen und uns einem anderen zuzuwenden hätten. Es geht aber darum, ihr und also der uns in Anspruch nehmenden Wahrheit der Versöhnung eben in ihrer Fülle gerecht zu werden. Sie ist in ihrer Einheit reich und dem entsprechend will sie gewürdigt sein. Das würden wir aber unterlassen, wenn wir uns darauf versteifen wollten, sie in einer einzigen Sicht erkennen zu wollen: etwa in der, in der sie sich uns bis jetzt dargestellt hat. Auch diese eine Sicht würde dann, auch wenn sie an sich noch so richtig und genau wäre, schief und letztlich sogar falsch werden. Die Wahrheit verhüllt sich vor dem, der aus der Fülle des fleischgewordenen Wortes nicht (Joh. 1, 16) «Gnade um Gnade» zu empfangen willig und bereit ist, der sich durch den Heiligen Geist nicht (Joh. 16, 13) «in alle Wahrheit» leiten lassen will. Wo man sie nur in einer einzigen Sicht kennen will, da hat man schon versucht, sie in das von menschlichen Händen erbaute Gehäuse einer bestimmten Systematik und begrifflichen Schematik einzufangen. Sie entzieht sich aber diesem Versuch. Sie ist als Gottes Tun und Werk göttlich lebendige Wahrheit. Sie bleibt nur dessen Freund, der ihre Freiheit ehrt und darum sich selber frei hält, ihr zu folgen, sie – die eine, aber in sich reiche – in neuer Sicht auch neu zu erkennen. Darum geht es bei der jetzt zu vollziehenden Wendung: nicht darum, etwas Neues, wohl aber das Alte neu zu sehen – nicht darum, ein Zweites, wohl aber darum, das Eine anders zu bedenken – nicht um eine andere Versöhnungslehre, wohl aber um das «andere Problem der Versöhnungslehre» (dem sich dann später auch noch ein drittes zur Seite stellen wird).

Eben das eine Gotteswerk der Versöhnung will auch – u. zw. nicht nur beiläufig, nicht nur am Rande, sondern in derselben, wenn auch besonderen Aufmerksamkeit – im Blick auf den Menschen gesehen und verstanden sein, den es doch angeht, um deswillen, für den, an und mit dem es doch Ereignis wird. Der Mensch steht nun einmal nicht nur am Rande oder gar außerhalb des Randes, sondern in seiner besonderen Ordnung mit Gott zusammen in der Mitte dieses Geschehens. Nicht der Bundesgott allein, sondern der Bundesgott zusammen mit dem Bundesvolk und also mit dem Bundesmenschen. So wahr das doch die Mitte dieses Geschehens ist: daß Gott sich nicht daran genügen ließ, Gott zu sein, sondern *propter nos homines*, ohne aufzuhören Gott zu sein, in seinem Sohne selbst ein Mensch wurde: ein, dieser Israelite, Abrahams, Davids und der Maria Sohn, Menschensohn also, und das zur Umkehrung aller Menschen zu Ihm hin. Was Gott damit getan hat, und was das für ihn und als von ihm getan bedeutet, haben wir gesehen. Wir haben nun den Blick darauf zu richten und den Nachdruck unserer Nachforschung und Darstellung darauf zu verlegen: was eben damit für, an und mit dem Menschen geschehen ist, was eben das für ihn bedeutet.

Das geschieht aber dem Menschen, das bedeutet das Gotteswerk der Versöhnung und also Gottes Gnade für ihn: daß eben damit, daß Gott sich zu ihm herabläßt und erniedrigt und also Mensch wird, er selbst zwar nicht Gott oder wie Gott, aber zu Gott erhöht, an seine Seite, nicht in eine Identität, wohl aber in wahre Gemeinschaft mit ihm versetzt und in dieser Erhöhung und Gemeinschaft ein neuer Mensch wird. Es ist wahr, daß das Geschehen der Versöhnung ganz und gar eine Bewegung von oben nach unten, die Bewegung Gottes zum Menschen hin ist. Es ist aber auch wahr, es ist in jener Wahrheit diese eingeschlossen: daß die Versöhnung als solche zugleich ganz und gar eine Bewegung von unten nach oben, die Bewegung des versöhnten Menschen zu Gott hin ist. Es ist wahr, daß sie in der Einigkeit besteht, die Gott in der Souveränität seiner Gnade mit dem sündigen Menschen begründet hat und hält. Es ist aber eben damit und darin auch wahr: der Bestand einer Einigkeit dieses Menschen mit Gott, die aktuelle oder doch virtuelle Existenz eben des Bundesvolkes und Bundesmenschen, der (in Gottes Wahl dazu bestimmt, durch Gottes Werk und Wort dazu geschaffen) Gottes rechtschaffener Partner ist. Es ist wahr, daß ohne die Erniedrigung, die Gott für sich selbst wählte, indem er Mensch wurde, um unsere Sache zu der seinigen zu machen und so als die unsrige zu führen, des Menschen Gericht nur in des Menschen Preisgabe an das von ihm selbst gewählte Nichtige, in des

Menschen ewigem Verlorengehen zu seinem Ziel kommen konnte. Es ist aber auch wahr, daß Gott eben mit seiner eigenen Erniedrigung des Menschen Erhöhung gewählt und bewirkt hat, daß das Telos dieses Gerichtes, in dem Gott selbst es auf sich nahm, kein anderes sein konnte als des Menschen Errettung, mehr noch: die Erschaffung und Existenz des neuen Menschen des göttlichen Wohlgefallens. Das ist das andere Thema und Problem, für das wir uns nun so gründlich als möglich zu öffnen haben.

Es ist uns durch die heilige Schrift als das Zeugnis von Gottes Gnadenwerk und Gnadenoffenbarung unausweichlich gestellt. Wenn die Kirche Gottes Wort hört, muß sie auch auf dieses Problem achten und Antwort geben. Wenn ihre Verkündigung in Ordnung geht, dann muß sie auch das aussprechen, was nach dieser Seite zu erkennen und zu bedenken ist. Denn das Zeugnis der Schrift gilt notorisch auch diesem Aspekt der Gnade und Wahrheit Gottes.

Sie berichtet von den großen Taten Gottes – unter den Menschen, inmitten seiner Feinde, für die Sünder und an ihnen, denen allen er allein als der wahrhaft Heilige und Gerechte gegenüber steht und stehen bleibt – aber eben damit auch von dem, was unter und in diesen Menschen anders wird, was seine Taten inmitten der sie mehr oder weniger dicht umgebenden und erfüllenden Finsternis real bedeuten. Sie erzählt und dokumentiert im Alten Testament die Geschichte Israels: eines Volkes wie alle anderen, das nun doch als das Israel Gottes auch nicht einfach wie alle anderen war, im Neuen Testament die Geschichte der entstehenden Gemeinde: einer Versammlung von jüdischen und heidnischen Menschen da und dort, die wohl in der Welt, in ihrer Gestalt und Art keineswegs unweltlich und nun doch auch nicht einfach weltlich waren. Sie erzählt und dokumentiert die Geschichte besonderer Männer und Frauen, der Freunde, Knechte, Zeugen, Sendlinge Gottes, der Propheten und Apostel – alle nicht mehr und nichts Anderes als Menschen und in ihrer Menschlichkeit nun dennoch durch Gottes Wort aufgerufen, von seinem Geist berührt, ja erfüllt, verändert, bewegt waren. Die freie souveräne Gnade Gottes ist in dem Allem Alles. Anders als im Blick auf sie wird Israel, wird die Gemeinde, werden und sind diese besonderen Männer und Frauen in der Bibel bestimmt nicht ausgezeichnet. Sie kann aber eben von der freien souveränen Gnade Gottes doch nicht reden, ohne auch die Menschen, denen diese begegnet, auszuzeichnen, ohne bemerkbar zu machen, daß in ihrem Umkreis und Licht so etwas wie eine qualifizierte Menschlichkeit entsteht: tief im Schatten der Sünde und des Todes, Fleisch wie alles Fleisch, der Majestät, in der Gott gut, mächtig, weise ist, von ferne nicht gewachsen und vergleichbar und nun doch in aller Relativität neue Menschlichkeit, Zeuge dessen, daß Gottes Gnade an diesen Menschen nicht vergeblich war (οὐ κενὴ ἐγενήθη 1. Kor. 15, 10). Selbsterhöhung des Menschen kommt in der Bibel nur als Sünde in Frage – «wer sich selbst erhöht, der wird erniedrigt werden» (Matth. 23, 12) – und Vergottung des Menschen überhaupt nicht. Wohl aber gibt es da den durch Gottes Gnade so oder so erhöhten Menschen. Man wird daran nicht nur nicht vorbeilesen dürfen, man wird das sehr ernst zu nehmen haben. Es gehört zu der Revision und Korrektur, die die Kirche und ihre Verkündigung sich von der Schrift her gefallen lassen muß, zu ihrer Orientierung an deren Gesamtzeugnis auch dies, daß sie sich von ihr die Frage stellen läßt: ob und inwiefern sie auch das ernst zu nehmen und in ihren eigenen Reihen wie der Welt gegenüber zur Geltung zu bringen willig und bereit ist? Sie wüßte nicht um die ganze Gnade, d. h. aber: sie wüßte überhaupt nicht um sie, wenn sie sich dieser Seite ihrer biblischen Bezeugung etwa entziehen würde.

Entscheidend für die Notwendigkeit, diesem Problem standzuhalten, spricht ja schließlich die Tatsache, der die alttestamentliche Geschichte entgegengeht und von der die neutestamentliche herkommt: die Gestalt des Fleisch gewordenen Wortes Gottes in dem Menschen Jesus von Nazareth. Von ihm und seiner im Verhältnis zu der aller anderen Menschen unvergleichlichen und gerade so für sie alle exemplarischen und grundlegenden Erhöhung werden wir an der Spitze dieses neuen Kapitels in diesem ersten Paragraphen besonders zu reden haben. Wie könnte man der Schrift, die ihn den «Sohn Gottes», aber auch den «Menschensohn» nennt, die in seiner Gestalt ihre Mitte, ihr Ziel und ihren Ursprung hat, gehorsam sein, wenn man sie nicht auch im Besonderen als die Kunde vom neuen Menschen ernst nehmen wollte?

Die Notwendigkeit, das zu tun, besteht nun offenbar auch und sogar zuerst für die Dogmatik als die Wissenschaft, in der die Kirche ihre Verkündigung an dem in der Schrift bezeugten Worte Gottes zu messen hat. In irgend einem Schema zu denken ist ihre besondere Gefahr. Und die spezielle Gefahr heutiger evangelischer Dogmatik könnte (anders als im 18. und 19. Jahrhundert) darin bestehen, diese, die den versöhnten Menschen als solchen betreffende Seite des biblischen Zeugnisses zu übergehen oder doch nicht ernst zu nehmen: eine Lehre von der Versöhnung zu konstruieren, in der der mit Gott versöhnte Mensch im Grunde abwesend wäre, jedenfalls unsichtbar bliebe. Damit würde sie aber – eben weil die Wahrheit unteilbar ist – auch von dem versöhnenden Gott bei aller Kunst und Beredsamkeit, die sie ihm und seiner freien Gnade zuwenden möchte, nicht reden, sondern schweigen. Weil das nicht geschehen darf, müssen wir uns jetzt diesem anderen Problem der Versöhnungslehre zuwenden: mit nicht geringerer Aufmerksamkeit als die, die wir dem ersten geschenkt haben.

Die Aufforderung dazu ergibt sich aber auch aus der Geschichte der Auslegung, die das biblische Zeugnis in der Lehre und Praxis der ökumenischen Kirche gefunden hat. Der ökumenischen Kirche! Es wird nämlich gerade an dieser Stelle geboten sein, uns nicht nur an den Normalgestalten unseres evangelischen Christentums orientieren zu wollen.

Oder sollten wir uns gerade im Blick auf die wahre Geschichte der Kirche und der Theologie vielmehr abgeschreckt und gehemmt finden? Wir sind heute schon fast gewöhnt, großen Teilen der überlieferten christlichen Theologie und Frömmigkeit gerade in dieser Sache zum vornherein zurückhaltend, kritisch, um nicht zu sagen: mißtrauisch, gegenüberzutreten. Der Mensch als Subjekt im Versöhnungsgeschehen? Ein Denken von unten nach oben, vom Menschen zu Gott hin? Erhöhung des Menschen zu Gott? Gemeinschaft Gottes mit dem Menschen nicht nur, sondern Gemeinschaft des Menschen mit Gott? Was sind das für Töne? Welche Assoziationen stellen sich da ein? Welche geschichtlichen Bilder und im Zusammenhang damit: welche wohlbekannten und vielgenannten «Gefahren» steigen da vor uns auf und scheinen uns dringend vor dem Betreten des angekündigten Weges warnen zu wollen? Sollte er nicht der Weg des theologischen Humanismus, Moralismus, Psychologismus, Synergismus und endlich und zuletzt eines anthropozentrischen Monismus sein, den in seiner Verderblichkeit zu durchschauen und darum zu vermeiden die evangelische Theologie in den letzten dreißig Jahren kaum erst wieder zu lernen begonnen hat? Sollte es nicht besser sein, die mit dem Problem des neuen, des versöhnten Menschen beschäftigten Richtungen, Bestrebungen, Bewegungen der näheren und ferneren christlichen Vergangenheit samt ihren Nachwirkungen und Fortsetzungen in der Gegenwart auf dem Index zu belassen, auf den sie als Vertreter jener Irrtümer (und um jene Irrtümer ein für allemal auszuschließen) für eine Weile gesetzt werden mußten? Sollte es nicht geboten sein, jenes Problem nun eben nicht mehr an- und aufzurühren, da es doch offenkundig ist, unter welcher Bedrohung so Viele, die Meisten standen, die ihm bisher nachgegangen sind und die wir das noch tun sehen: welche Verderbnis die Beschäftigung mit ihm immer wieder nach sich gezogen hat? Ist die vermeintliche Aufforderung dazu nicht doch eine Versuchung, der wir uns nach allem, was wir im 18. und 19. Jahrhundert und weiter zurück: im Mittelalter und schon in der alten Kirche hinter uns – und, nicht zu vergessen: im römischen Katholizismus dauernd vor uns haben, einfach entziehen sollten? – Es wird schon gut sein, uns durch diese Frage einen Augenblick ernstlich aufhalten zu lassen.

Es ist ja schon so: Wir sind heute zwar ein wenig, aber doch noch kaum durchgreifend und endgültig aus dem Elend der das 18. und 19. Jahrhundert beherrschenden, aber doch schon im 17., ja schon im Reformationsjahrhundert unheimlich genug vorbereiteten immanentistischen Theologie des frommen Menschen heraus gekommen. Weite Kreise der Gemeinde, ihrer Prediger und auch der wissenschaftlichen Theologie haben die hier notwendig gewordene Freiheitsbewegung durchaus noch nicht mitgemacht, ein ordentliches Denken von Gott her zum Menschen hin (wie das, um das wir uns in unserem vorangehenden Kapitel bemüht haben) durchaus noch nicht gelernt. Und wer könnte sich denn rühmen, daß er es wirklich schon gelernt hätte, daß er sich in einiger Sicherheit darin zu bewegen wüßte? Der Einbruch des Existentialismus in die Theologie, die Naivität, in der man, in der insbesondere die hoffnungsvolle Jugend den alten Feind in dieser neuen Gestalt – nicht wiedererkannte, hat uns deutlich genug vor Augen geführt, wie anfällig wir im Grunde immer noch sind für eine Fragestellung, die eine Leugnung des Primates Gottes dem Menschen gegenüber, wenn nicht die Leugnung Gottes überhaupt, ebenso zur Voraussetzung wie zur Konsequenz haben und in deren Rahmen das ganze Problem unseres ersten Kapitels: die Erkenntnis der Zuwendung, der gnädigen Herablassung Gottes zum Menschen und seines entscheidenden Eintretens für ihn, grundsätzlich unmöglich werden muß. Und noch droht oder lockt uns ja eben der römische Katholizismus als das klassische Kompendium aller jener Irrtümer immer noch und immer aufs neue stark genug – gerade in seiner entschlossenen Bevorzugung des Problems, auf das uns einzulassen wir nun im Begriff stehen! Angesichts dieser Sachlage läßt sich wohl fragen: ob es nicht mindestens zu früh und inopportun, vielleicht aber geradezu grundsätzlich verkehrt sein möchte, das zu tun?

Das dürfte unbestreitbar sein, daß wir durch die Geschichte des Problems und durch dessen Stand in der Gegenwart zu höchster Umsicht und Wachsamkeit aufgerufen sind. Es ist tatsächlich «gefährlich», den angedeuteten Blickwechsel zu vollziehen und also die Frage nach dem mit Gott versöhnten Menschen zu stellen. Es ist wahr, daß es auf dem in dieser Richtung einzuschlagenden Weg immer wieder zu den folgenschwersten Unglücksfällen gekommen ist und daß das insbesondere von den letzten Jahrhunderten gilt, aus denen wir herkommen, in denen man dieses Problem, das wir nun das «andere» nennen, als das eine und einzige behandelt, in denen man nun gerade eine Anschauung und einen Begriff vom versöhnten Menschen zum Schema der ganzen Theologie machen wollte: ein Unternehmen, das nur schon deshalb schließlich in der Sackgasse endigen mußte, in der sich die evangelische Theologie dann etwa um 1910 befunden und entdeckt hat. Es ist wahr, daß da immer neue Fehlerquellen der angedeuteten Art aufgebrochen sind und sich ergossen haben, daß da aus dem durch Gott mit Gott versöhnten weithin ein sich selbst mit sich selbst versöhnender – eben der sich selbst genügende und explizierende fromme Mensch geworden ist. Und es ist wieder wahr, daß diese ganze Bedrohung noch heute von ferne nicht unaktuell ist: und da vielleicht am wenigsten, wo man sich ihr gegenüber für endgültig gesichert hält. Es ist wahr, daß man nur in diese Richtung zu blicken, geschweige denn in dieser Richtung zu denken beginnen braucht, um alsbald die unheimliche – vielleicht erkannte, vielleicht (noch schlimmer!) unerkannte – Saugkraft des römischen Katholizismus zu spüren zu bekommen, der hier sozusagen in seinem eigensten Bereich ist.

Es kann tatsächlich nicht einfach als unmöglich und ausgeschlossen bezeichnet werden, daß, wer diesen Weg antritt, in Versuchung und vielleicht zu Fall kommt. Die Erkenntnis der Souveränität der Gnade Gottes könnte bei dem Versuch, sie als die dem Menschen zugewendete, den Menschen erhöhende, verändernde, erneuernde Gnade zu verstehen, verfinstert – es könnte die ganze Seite der Wahrheit, von der wir hier herkommen, es könnte insbesondere die Lehre von der Rechtfertigung allein durch den Glauben – aber von ihr aus nach rückwärts und vorwärts auch alles übrige – bei diesem Versuch vergessen, zugedeckt, nachträglich verleugnet, es könnte die *theologia crucis*, in der die rechte *theologia gloriae* ihre Wurzel hat, durch eine falsche *theologia gloriae* zunichte gemacht werden. Eben das ist auf dem sich nun vor uns eröffnenden Weg, beim Versuch der Entfaltung des Problems des versöhnten Menschen immer wieder geschehen. Es besteht aller Anlaß, uns für in dieser Hinsicht gewarnt zu halten. *Vestigia terrent!*

Eines aber kommt nicht in Frage, daß wir uns angesichts dessen, was hier allerdings drohen kann, zurückziehen, das «andere Problem der Versöhnungslehre» abweisen und also nicht aufnehmen wollen könnten. Alle «Gefahr» der Frage nach dem versöhnten Menschen und alle noch so besorgniserregenden Erfahrungen der Geschichte und der Gegenwart ändern nun einmal nichts daran, daß die Frage keine mutwillig oder gar böswillig von außen an die Sache herangebrachte Erfindung, daß sie uns vielmehr durch die heilige Schrift in unübersehbarer Weise nahegelegt ist, daß sie auch mit innerer Notwendigkeit aus der Überlegung der Sache hervorgeht und in irgend einer Weise sich immer wieder melden wird. Mag die heutige Situation beschaffen sein wie sie will: sie erlaubt uns auf keinen Fall, diese Frage zu unterschlagen. Haben wir denn unsere erste, die von oben nach unten weisende Linie durchziehen können, ohne, als wir zum Schluß auf die Kirche und auf den Glauben zu reden kamen, diese Frage berühren, uns doch schon ziemlich tief auf sie einlassen zu müssen? Welche Opportunitätsrücksicht dürfte uns daran hindern, sie entschlossen aufzunehmen? Daß in der Mitte der christlichen Botschaft von der in Jesus Christus geschehenen Versöhnung Gott allein die Ehre gebührt, ändert nun einmal nichts daran, schließt vielmehr das in sich, daß es sich eben dort um Gott und den Menschen handelt, um die Ehre, die Gott darein setzt, sich selbst zur Gerechtigkeit und zum Heil des Menschen zu machen. So sagt es die Schrift des Alten und des Neuen Testamentes; sie setzt also nicht abstrakt Gott, sondern gerade mit Gott auch den Menschen in jene Mitte. Und nun dürfte es auch eine Versuchung und auch eine Gefahr sein, das übersehen oder besser wissen, dem allerdings noch immer, und immer neu, drohenden Anthropomonismus einen ebenso abstrakten Theomonismus entgegenstellen zu wollen. Ein begangener Fehler läßt sich nicht dadurch überwinden, daß man den entgegengesetzten Fehler begeht. Droht hier nach dem, was uns in der Geschichte vor Augen steht, der Fehler einer Theologie des in sich frommen, heiligen, gerechten Menschen und also einer nach der objektiven Seite hohlen, leeren, unrealen Versöhnungslehre, so wäre es doch nur der entgegengesetzte Fehler, wenn wir uns im Blick auf diese Möglichkeit für die Theologie eines von der Gnade Gottes zwar visierten und berührten, aber nur eben von außen berührten, nicht aber veränderten Menschen, für die die Lehre von einer nun eben nach dieser Seite unrealen Versöhnung entscheiden wollten. Sich aus lauter Besorgnis vor möglichen Verzerrungen nach der einen Seite die Augen zu verschließen, um dann praktisch ein verzerrtes Bild durch ein anderes zu ersetzen, sich aus einer Sackgasse in die andere zu stürzen, ist nun einmal eine schlechte, eine richtig «reaktionäre» Methode. Wie denn die Angst vor drohenden «Gefahren» auch in der Theologie (und gerade in ihr!) immer ein schlechter Lehrmeister ist! Eben aus solcher Angst, in solcher Flucht vor dem Zerrbild einer nach der subjektiven Seite unrealen Versöhnung pflegte und pflegt ja auch die fatale Theologie des frommen Menschen zu entstehen. Will man ihre Vertreter verstocken, sie in ihrer Tendenz bestärken, will man ihren Irrtum gerade heute aufs neue auf den Plan rufen, dann schließe man nach dieser Seite die Augen, um ihr dann eben jenes andere Zerrbild gegenüberzustellen! Will man sie überwinden, ihren neuen Aufstieg verhindern, dann wird man sich schon entschließen müssen, statt aufgeregt auf ihren Irrtum zu starren (um dann sicher selber dem Irrtum zu verfallen!) in aller Ruhe das durch sie gestellte Problem ins Auge zu fassen und dieses, statt es fallen und liegen zu lassen, neu und in besserer Weise aufzunehmen: in Vermeidung der da möglichen Irrtümer, nicht aber in Vermeidung des nun einmal von der Schrift und von der Sache her sich stellenden Problems selber. Gewiß ist das ein Wagnis. Aber wer nichts wagt, gewinnt auch nichts. Und so gibt es insbesondere keine Theologie ohne Wagnis. Angesichts dessen, was in Vergangenheit und Gegenwart zur Linken und zur Rechten gesündigt worden ist, möchte man wohl seufzen: *omnia vestigia terrent*. Das Unternehmen ist tatsächlich nach allen Seiten «gefährlich», eben, weil man es auf allen Seiten je und je mit der Angst zu tun bekommen und dann Zerrbilder gegen Zerrbilder gestellt, Sackgassen mit Sackgassen vertauscht hat. Das hier nötige und gebotene Wagnis besteht darin, jenen *circulus vitiosus* der Reaktionen zu durchbrechen und das heißt konkret: sich bei aller Umsicht und Vorsicht auch dem nun einmal gestellten Problem des mit Gott versöhnten Menschen nicht zu verschließen, sondern allen Gefahren zum Trotz zu stellen, auch ihm gegenüber nicht passiv zu bleiben, sondern erst recht aktiv zu werden.

Im Blick auf die Geschichte bedeutet das nun allerdings auch: wir haben Anlaß, gerade den christlichen Richtungen und Bewegungen, an die man im Blick auf ihre Behandlung dieses Problems vorwiegend oder gar ausschließlich in kritisch-negativem Sinn zu denken pflegt, die Gerechtigkeit einer ruhigen Überlegung zu erweisen. Sollten sie einfach an der durch die Schrift bezeugten evangelischen Botschaft vorbeigehört und also eine dem Worte Gottes einfach fremde Lehre vertreten haben und also nur «abzulehnen» sein? Oder sollten sie nicht in ihrer Weise – sei es denn in Begehung schwerer und vielleicht schwerster Irrtümer – durch besonderen Anlaß zu besonderer Aufmerksamkeit auf ein besonderes Element jener Botschaft angeregt, auch (und mindestens in ihrer Absicht legitim) mit der der Kirche aufgetragenen Auslegung der Schrift beschäftigt gewesen sein? Niemand kann und wird uns nötigen, uns ihnen anzuschließen und ihren Irrtümern auszuliefern. Wir sind es aber ihnen – wir sind es vielmehr der Schrift und der Sache schuldig, sie jedenfalls zu hören, uns jedenfalls von ihnen fragen zu lassen: ob und inwiefern das Besondere, für das sie einstehen zu sollen meinten und (vielleicht mehr schlecht als recht) einstanden und noch einstehen, auch bei uns genügend in Rechnung gestellt sei? uns vielleicht von ihnen sagen zu lassen, daß es auch für uns angebracht und an der Zeit sein möchte, das allen Ernstes zu tun!

Ich versuche, das an einem Beispiel wenigstens andeutend konkret zu erläutern. Die christliche Mystik könnte als solches genannt werden, oder im Zusammenhang mit ihr der Pietismus im Bereich der reformierten und lutherischen Kirche, oder auch die merkwürdige und auf breitester Front so wirksam gewordene Theologie und Frömmigkeit der sogenannten Aufklärung. Und warum nicht die in ihrer Art klassische Konzeption, in der, «als die Zeit erfüllt war», Schleiermacher die Entwicklung des nachreformatorisch-evangelischen Christentums zusammengefaßt hat? Ich wähle um ihrer ausgezeichneten Anstößigkeit willen eine in unserem Zusammenhang besonders bedeutsame und charakteristische Bewegung, die sich (in großer Fülle und Komplexität immer neuer Gestaltungen) fast von den Anfängen der christlichen Kirche her bis in die Gegenwart hinein immer neu geltend gemacht hat und von der mit Sicherheit anzunehmen ist, daß sie das in ihren überlieferten oder in neuen Formen auch in Zukunft tun wird – einen der Hauptangriffspunkte der Reformation des 16. Jahrhunderts, auf deren Boden wir hier stehen und denken: die Erscheinung, die uns aus der Kirchengeschichte unter dem – freilich sofort in bestimmter Richtung irreführenden – Namen des Mönchtums bekannt ist.

Der Schatten, der auf dieser Bewegung und auf den aus ihr entstandenen Institutionen liegt, ist dicht und schwer. Die Reformatoren wußten, was sie wollten und taten, wenn sie sie nicht mitgemacht und die bewußten Institutionen in ihrem Bereich abgeschafft haben: es war, so wie die Fragen sich im 16. Jahrhundert stellten, unvermeidlich. Und wo man es im Raum der heutigen evangelischen Kirchen versucht, sie in dieser oder jener Form wieder aufzunehmen, da sehe man zu, daß man in dem damals aufgegangenen und noch heute nicht legitim überwundenen Gegensatz nicht, ohne es zu bemerken, auf die falsche Seite und wieder in jenen Schatten trete! Das bedeutet nun aber nicht, daß es uns geboten oder auch nur erlaubt wäre, die Idee und das Unternehmen, um das es ging und geht, *a limine* und in Bausch und Bogen zu ignorieren oder als «Möncherei» zu disqualifizieren und uns der Frage nach seinem Problem und seiner Bedeutung auch für unser evangelisches Denken und Leben einfach zu entziehen. Man wird vielmehr im Blick auf die Geschichte und Gegenwart des Mönchtums unterscheiden müssen: einmal zwischen den diesem Unternehmen in seinen vielen Ansätzen nachweisbar zugrunde liegenden Motiven und Intentionen und den aus diesen hervorgegangenen Institutionen und Auswirkungen – und sodann: zwischen den originalen, den großen und den ihnen folgenden kleineren und kleinen Vertretern der Sache, die oft genug (wie es ja auch in den Sonderrichtungen und Sondergemeinschaften auf unserer Seite zu gehen pflegt) schon in der zweiten Generation mehr Nachtreter gewesen sind, bei denen man über das, um was es ursprünglich gegangen sein möchte, nur noch kümmerlichen oder gar verkehrten Bescheid erhält. Man kann gegen die alte und neue Theorie und Praxis (u. zw. gegen *usus* und *abusus!*) des östlichen und des westlichen Mönchtums Vieles ernstlich auf dem Herzen haben und auch aussprechen müssen, mit dem doch das dahinter stehende Meinen und Wollen nicht erledigt ist: selbst wenn man Anlaß haben sollte, auch dieses nicht für irrtumsfrei zu halten. Von einem Makarius d. Gr. oder Basilius d. Gr., von einem Benedikt von Nursia, einem Franz von Assisi oder Dominikus oder Thomas a Kempis, sogar von einem Ignatius von Loyola oder einer Teresa von Avila sich in begründeter Weise abzusetzen, war zu ihren Zeiten und ist noch heute nicht so leicht, wie mancher gute Protestant es sich von Weitem vorstellt: schon weil sie mindestens Einiges von dem, was wir besser zu wissen meinen, auch gewußt zu haben scheinen, darüber hinaus aber auch Einiges, was auch uns jedenfalls zu denken geben müßte. Es dürfte ratsam sein, sich hier von Schritt zu Schritt nur behutsam und auf alle Fälle nicht rechthaberisch, sondern bei aller Festigkeit lernbegierig abzusetzen!

Das Wort «Mönch», *monachus*, geht zurück auf μόνος, allein. Und so lesen wir in Å. Bertholets Analyse des allgemein religionsgeschichtlichen Phänomens des Mönchtums (RGG² IV, 130): Es sei «erwachsen aus dem Bedürfnis religiös ergriffener Menschen, sich zu isolieren, aus ihrer weltlichen Umgebung herauszutreten, um ungehemmter ihr Sonderleben zu leben». Sein Ideal sei «nur verständlich auf Grund einer pessimistischen Beurteilung der Welt, sei es, daß zu einer solchen mehr der Gedanke ihrer natürlichen Vergänglichkeit oder ihrer ethischen Unzulänglichkeit oder ihrer religiösen Leere Anstoß gibt» (a. a. O. 131). Welt- und Menschenflucht als solche also! Etwas Derartiges hat es in mehr als einem Ansatz auch des christlichen Mönchtums zweifellos gegeben. Man hat zur Erklärung dieses Motivs auch auf die traurigen politischen und sozialen Zustände Ägyptens in der zweiten Hälfte des dritten Jahrhunderts verwiesen. Aber die – lyrisch oder enthusiastisch gemeinte – Losung: *O beata solitudo – sola beatitudo!* braucht durch keine besondern, auch durch keine besonders betrüblichen Zeitumstände bedingt zu sein. Wie ein Mensch bewegt werden kann, in diesem wörtlichen Sinn des Begriffs «*monachus*» zu werden, hat aus der entsprechenden eigenen Erfahrung heraus Einer, der weit entfernt davon war, katholisch und im technischen Sinn Mönch zu werden, der englische Baptist John Bunyan am Anfang von *The Pilgrims Progress* (1675) klassisch beschrieben, wo der «Christ», im *status nascendi* als solcher befindlich, sich eben aufmacht, um aus der Stadt «Verderben» nach dem Berge Zion zu entfliehen: da sieht er sich selber im Traum, wie er sein Haus verläßt und zu laufen anfängt, sein Weib und seine Kinder schreiend hinter ihm her: er möchte umkehren! Er aber steckt sich die Finger in die Ohren und läuft weiter mit dem Ruf: *Life, life, everlasting life!*, sieht nicht einmal hinter sich, sondern eilt geraden Laufes durch die Ebene hin. Hat sich – auf viel gehobenerer Stufe freilich – dasselbe nicht auch im Leben von Bunyans älterem Zeitgenossen Blaise Pascal abgespielt? So oder auf irgend einer Stufe ähnlich wird man sich die scheinbar ganz unbegründet auftretende radikale Unruhe und dann das Verhalten der Hunderte und Tausende vorzustellen haben, die schon in jener entscheidenden Zeit gegen Ende des

§ 64. *Die Erhöhung des Menschensohnes*

dritten Jahrhunderts in die ägyptischen Wüsten geflohen und Anachoreten (Ab- und Zurücktretende) geworden sind. So oder ähnlich ist wohl auch vorher und später noch mancher davongelaufen. Das Fragezeichen, das zu dieser Verhaltensweise zu setzen ist, liegt auf der Hand: es braucht ja wohl nicht notwendig einen Christen dazu, um die Welt und die Menschen satt und das Begehren nach «Abgeschiedenheit vom irdischen Getümmel» zu bekommen, und dann eben davon zu laufen, so schnell und so weit einen die Füße tragen. Und um Christ zu werden oder zu bleiben, braucht man wohl nicht notwendig gerade davon und in eine Wüste zu laufen. Flucht aus der Welt ist auf keinen Fall identisch mit der Flucht zu Gott. Und eines ist ganz sicher, daß der Eremit gerade den gefährlichsten Vertreter der Welt auch in der fernsten Hütte oder Höhle nie und nimmer los werden wird: sich selber! Eine Nachahmung Gottes kann solche Flucht auch nicht darstellen; denn gerade Gott ist weder in sich (er ist ja der Dreieinige) noch nach außen (er ist ja der Schöpfer und Erhalter des von ihm verschiedenen Menschen und seines Kosmos) ein Einsamer.

Nun ist aber einmal der Wortsinn von *monachus* gerade nicht bezeichnend für die Erscheinungen schon des 2. und des 1. Jahrhunderts, im Ansatz vielleicht schon der apostolischen Zeit, in denen das später so genannte Mönchtum seine Ursprünge hat. Hat es doch offenbar bis hoch hinauf Christen gegeben, die als solche (1. Kor. 7, 25f.) nicht in die Ehe treten, oder (Matth. 10, 9f., Act. 2, 44b) keinen Besitz haben, oder sich doch (Röm. 14, 1f.) des Fleisches und des Weines enthalten, die also gewisse Verzichte – der große Origenes übte sie alle drei – auf sich nehmen wollten, von denen später jedenfalls die beiden ersten wichtige Merkmale des Mönchtums wurden. Es scheint, daß diese Christen deshalb in der Gemeinde ein besonderes Ansehen genossen, vielleicht auch besondere Ansprüche geltend machten – aber ohne daß sie deshalb einzeln oder gemeinsam in Klausur gelebt und also ihre Mitchristen und die übrigen Menschen gemieden und ihren Aufenthalt in den Städten und Dörfern mit dem in irgend einer Einöde vertauscht hätten. Man vernimmt von diesen ältesten christlichen Asketen, daß sie jedenfalls gelegentlich zur Erbauung der Gemeinden umhergezogen seien und sich im Übrigen durch aufopfernde Tätigkeit und Fürsorge für die Verlassenen und Kranken nützlich gemacht hätten: wie sich denn ja auch Origenes mindestens dem wissenschaftlichen Verkehr mit seinen Zeitgenossen offenbar nicht entzogen hat.

Und wenn man die Geschichte des eigentlichen Mönchtums mit dem Auftreten jener Scharen der ägyptischen Anachoreten beginnen lassen will, so ist doch nicht zu übersehen, wie schnell sich diese dort und dann auch anderwärts zu Kolonien, Vereinen, Genossenschaften, zum gemeinsam geordneten und geführten Leben eines coenobitischen Mönchtums zusammengeschlossen haben: eine Gestalt, die genau genommen eine *contradictio in adiecto* darstellt und die nun doch im Osten wie im Westen die Normalgestalt des Unternehmens geworden ist, während eigentliche Anachoreten von der Art des berühmten koptischen Heiligen Antonius: ein Klaus von Flüe etwa, zur Ausnahme wurden. Schon Benedikt stellt in seiner Regel (c. 1) die geschichtlich gesehen paradoxe Forderung, daß Einer erst Eremit werden dürfe, wenn er dazu im Kloster geistlich geschult worden sei. Und wenn noch Thomas von Aquino *(S. th.* II, 2, qu. 188, *art.* 8*)* gewissermaßen widerwillig zugesteht, daß eigentlich die *vita solitaria* die vortrefflichste Form der *vita religiosa* sei, so versäumt er doch nicht hinzuzufügen: sie sei aber ohne besonderen Gnadenbeistand *periculosissima* und will sie ohne Erfüllung jener Voraussetzung niemandem empfohlen bzw. erlaubt haben. Wer heute «Mönch» sagt, denkt an das Mitglied eines Ordens und in der Regel an den Bewohner eines Klosters und nicht an einen «Einsiedler». Auch die bis heute in größter Seklusion lebenden Mönche auf dem Berg Athos bilden dort immerhin eine gemeinsame Einsiedelei, eine anachoretische Sozietät.

Zur Sache selbst wäre aber zu fragen: ob denn das Bedürfnis nach Isolierung und also nach einer gewissen auch räumlichen Distanzierung von der «Welt» – angenommen, das Mönchtum sei wenigstens teilweise tatsächlich von ihm aus zu erklären – durchaus nur von seinem negativen Moment her und dann nur als ein müder und im höheren Sinn selbstsüchtiger Rückzug ins Private und Innerliche, als eine «Unterschätzung der Realien der Außenwelt» (Bertholet) verstanden werden muß? Ob es christlich sinnvoll und lobenswert war, wenn jener nordsyrische Symeon der Stylite im 5. Jahrhundert in höchster Befriedigung des Wunsches, allein zu sein, die letzten 36 Jahre seines Lebens auf der Spitze einer hohen Säule zugebracht haben soll, darf gewiß ernstlich bezweifelt werden. Wiederum dürfte man es aber nicht für ausgeschlossen halten, daß der Weg in die Wüste, für den es schließlich auch bemerkenswerte biblische Vorbilder gibt, bei Manchen, die ihn antraten, mit dem, was wir als «Weltflucht» bezeichnen und zu mißbilligen pflegen, wenig oder nichts zu tun hatte, vielmehr einen in seiner Art sehr verantwortlichen und sehr wirksamen Protest und Widerspruch gegen die Welt und nicht zuletzt gegen die Weltkirche und also einfach eine neue und besondere Art, sich mit ihnen auseinanderzusetzen, sich ihnen aber eben damit auch zuzuwenden, darstellen konnte: einen Rückzug mit dem Zweck eines umso kräftigeren Vorstoßes. Der Begriff des «Säkularismus», der heute auch in der Apologetik der evangelischen Theologie eine so große Rolle spielt, greift zurück auf jene «Säkularisationen», in denen in der zweiten Hälfte des 18. und in der ersten Hälfte des 19. Jahrhunderts die Staatsmächte der Aufklärung in Form von Klosteraufhebungen sich merkwürdigerweise gerade gegen diese Zurückgezogenen zur Wehr setzen zu müssen meinten. War es nicht doch auch ein Zeichen des Lebens und der Kraft der Kirche, das in jenen Rückzugsbewegungen sichtbar geworden war? Es konnte ja doch auch das Gesetz des Geistes sein, dem man in Form jener Abscheidungen Genüge tun wollte – und die Möglichkeit einer neuen, besseren christlichen Aktion, die auf diese Weise gesucht und gefunden wurde. Beweis: die konkret korrigierenden, die geschichtsmächtigen Wirkungen, die faktisch gerade von jenem individuellen und kollektiven ἀναχωρεῖν von Anfang an ausgegangen sind. Was die europäische Zivilisation und Kultur dem benediktinischen *claustrum* zu verdanken hat, ist bekannt. Sind da die Realien der Außenwelt wirklich unterschätzt worden? Es hat sich aber auch ein typischer Eremit wie Klaus von Flüe durch seine Abgeschiedenheit im Ranft nicht gehindert gesehen, sich im gegebenen Moment der eidgenössischen Politik doch wieder sehr sachkundig und entschlossen anzunehmen. Scheinbar weit, weit weg von der Welt wie der Trappist, wie der Karmeliter – kann ihr der Mönch in der Gestalt des Jesuiten auch wieder unheimlich nahe sein. Pessimisten im modernen Sinn des Begriffs sind jedenfalls ein Benedikt, ein Franz, der Verfasser der *Imitatio Christi*, sind aber auch die anderen Klassiker des christlichen Mönchtums und ihre besseren Nachfolger nicht gewesen. Könnte man nicht viel eher fragen, ob sie die menschlichen Möglichkeiten nicht in ihrer Weise und Richtung nur zu optimistisch beurteilt haben? Und nun die Frage an uns selbst: gibt es eine christliche Existenz, die nicht je und je sogar die räumliche Distanzierung der Welt – und sogar der Kirche! – gegenüber (um von der inneren nicht zu reden) nötig haben sollte: um der Solidarität und Auseinandersetzung mit ihr, um des Dienstes in ihr willen – in der Sache nun eben doch die dialektische Distanzierung, die wir in der Theorie und Praxis des Mönchtums (sei es denn: zu Unrecht) zum Prinzip, zum System, zum äußeren Gesetz gemacht sehen? Gibt es für die Kirche wie für den Einzelnen ein echtes Hinzutreten zur Welt und zu den Menschen ohne ein ebenso echtes Ab- und Zurücktreten ihnen gegenüber? Muß hier nicht ein Rhythmus (von nicht nur sanitarisch heilsamer, sondern von tiefster geistlicher Notwendigkeit) walten, in welchem auch das ἀναχωρεῖν immer wieder stattfinden wird?

Im Zusammenhang (aber ursprünglich auch ohne Zusammenhang) damit ist nun bekanntlich die Askese, d. h. ein mehr oder weniger ausgedehntes System von Enthaltungen zu dem für Außenstehende hervorstechendsten und befremdendsten Zug des mönchischen Lebens geworden. Es sollte die später aufgekommene räumliche Distanzierung von der Welt, es sollte der Aufenthalt in der Klause oder im Kloster doch nur dienen: der Distanzierung vom Umgang mit dem anderen Geschlecht, von den Sorgen um Geld und Gut, und also dem Halten der Gebote und Gelübde der Keuschheit und der Armut. Basilius d. Gr. scheint diesen beiden asketischen Hauptgeboten (nicht ohne ausgezeichnete Begründung) beinahe gleichwertig zur Seite gestellt zu haben: das Gebot möglichst weitgehenden Schweigens. Es spielt auch in der Benediktiner-Regel eine beträchtliche Rolle und im Orden der Trappisten ist dann auch es ein hervorgehobenes Gesetz geworden. ἄσκησις bedeutet aber ursprünglich schlicht: Übung, Vorbereitung zum erfolgreichen Anstreben eines Zieles. Dienen soll auch die Erfüllung solcher Enthaltungsgebote: der Befreiung von den mit der Beschäftigung mit dem anderen Geschlecht und mit der Frage nach Geld und Gut verbundenen Leidenschaften, von den in diesen Bereichen offenbar beständig drohenden «ungeordneten Begierden». Man kann auch sagen: es soll die Askese der Befreiung von der den Menschen nach unten ziehenden Sündenträgheit dienen. Und dienen soll diese Befreiung ihrerseits: der dem Menschen letztlich allein notwendigen und heilsamen Freiheit für Gott und für die Brüder, für die Kirche und damit auch für die Welt. Auch das negative Prinzip der Askese ist somit nur die Kehrseite eines positiven: es geht um die durch die Befolgung der «evangelischen Räte» zu erlangenden Vollkommenheit, d. h. vollkommenen Zielstrebigkeit der christlichen Existenz, ohne die es keine Eignung zu jenem Dienste gibt. Ist solche Vollkommenheit nicht von allen, so ist sie doch von einigen, von den eben zu solchem Dienst berufenen Christen gefordert und mittelst jener Enthaltungen zu gewinnen: von ihnen stellvertretend für die Übrigen, die die Berufung zu solchem Dienst nicht haben, oder aber die Freudigkeit oder die Kraft zu solchem Verzichten nicht aufbringen. Diese Einigen und also die Asketen sind eben die Mönche samt den «Nonnen», den *virgines velatae* als deren weiblichen Gegenspielerinnen.

Wieder sind uns die zu dem Allem zu setzenden Fragezeichen schnell zur Hand. Beruhen jene Enthaltungsgebote nun nicht doch auf einem willkürlichen Wählen und bedeuten sie sachlich nicht doch einen Angriff – gegen die Sünde nicht nur, sondern gegen die von Gott geschaffene Natur des Menschen? Sind das Geschlecht und der Besitz (und ev. die Sprache) wirklich als solche die Sitze besonderer Versuchung und als solche besondere Gefahren für die christliche Freiheit, für die Eignung zum Dienste Gottes und des Nächsten? Und wenn sie das in irgend einem Sinn sein sollten – weniger im Blick auf das Geschlecht, deutlicher im Blick auf den Besitz, den als solchen ungerechten Mammon, scheinen ja die Evangelien etwas Derartiges anzudeuten – läßt sich dann die von dorther zu erwartende Bedrohung wirklich durch mechanische Abriegelung dieser ganzen Bereiche abwehren? Ist die Ordnung der ungeordneten Begierden und ist deren Ziel, die christliche Freiheit zum christlichen Dienst, nicht eine Sache des Herzens, die trotz jener Abriegelung auch ausbleiben und die auch ohne jene Abriegelung Platz greifen kann? Gibt es keine Leidenschaft oder Trägheit eben des Herzens, die auch bei allfälliger Ausschaltung der Leidenschaften oder Trägheiten des Geschlechts und des Besitzes stärker und folgenschwerer ist als diese? Gibt es bei und trotz jener grundsätzlichen Askese keine bedenklichste christliche Unvollkommenheit und also Uneignung und ohne sie keine wahrhafte christliche Vollkommenheit und also Eignung zum Dienst? Und ist es in der christlichen Gemeinde tragbar, mit der Aufrichtung solcher prinzipieller asketischer Vorschriften zum vornherein den Unterschied eines vollkommenen und eines unvollkommenen, eines ernstlich und eines nicht ernstlich freien und dienenden Christenstandes aufzurichten und also mit einer gänzlichen und einer nur teilweisen Teilnahme des Menschen an der Gnade Gottes systematisch zu rechnen?

Es ist berechtigt und notwendig, solche Fragen zu stellen. Man wird aber zu bedenken haben, daß – auch wenn wir die von der Theologie des Mönchtums hier gegebenen Antworten nicht für voll befriedigend halten können – einige Punkte auch für uns offen bleiben. Mit seinem Prinzip der Askese hat das Mönchtum der östlichen und der westlichen Kirche jedenfalls einen klaren Dienst geleistet: es hat ihr das Vergehen dieser Welt und ihrer Lust (1. Kor. 7, 31, 1. Joh. 2, 17) und zugleich die Existenz eines neuen Menschen und die von ihm ausgehende Weisung in unheimlicher Konkretheit analogisch und beispielhaft vor Augen geführt und gehalten. Gewiß nicht *de iure*, gewiß weithin in mehr abschreckender als erleuchtender und einladender Gestalt nun gerade durch die Aufrichtung und durch die schlecht und recht geleistete Erfüllung jener Enthaltungsgebote – aber einfach *de facto*! Die Frage nach der christlichen Vollkommenheit als einer vollkommenen Zielstrebigkeit (τελειότης), als konsequente in die Gnade Gottes unfehlbar eingeschlossene Ausrichtung auf den dem Menschen durch dieselbe Gnade zugewiesenen Dienst, läßt sich nicht unterdrücken. Auch nicht durch den Hinweis auf den Glauben, in welchem der Mensch allein vor Gott gerecht sein kann! Denn eben in und mit diesem Glauben dürfte auch diese Frage unausweichlich gestellt sein. Die mönchische Askese war inmitten einer schon in früher, ja frühester Zeit immer ein wenig (oder auch gar sehr) in der Ent-Eschatologisierung und Verweltlichung ihrer Botschaft und ihres Lebens begriffenen Christenheit eine unübersehbare Wiederholung dieser Frage, mehr als das: ein eindrucksvoller **Aufbruch** zu deren Beantwortung. Daß es dabei zu **Unterscheidungen** zwischen Wachenden und Rüstigen auf der einen, Schlafenden und Trägen auf der anderen Seite kommen mußte, liegt in der Natur der Sache. Man hätte kein *de iure* aus ihnen machen, man hätte sie nicht mit dem Unterschied zwischen Vollkommenen und Unvollkommenen, mehr oder weniger Berufenen interpretieren, und man hätte sie nicht mit der Erfüllung oder Nichterfüllung jener Enthaltsamkeitsgebote gleichsetzen dürfen. Es bleibt aber, auch was das Materielle dieser besonderen Gebote betrifft, zu überlegen: ob wir es in den Bereichen des Geschlechtes und besonders des Besitzes (auch wenn man ihnen die zentrale Stellung nicht zugesteht, die sie in der mönchischen Phantasie oft eingenommen haben) jedenfalls wenn es um die Sünde in ihrer Gestalt als Leidenschaft bzw. als Trägheit geht, nicht tatsächlich mit Problemkreisen besonderer Ordnung, mit Brennpunkten besonderer Dämonie und besonderer menschlicher Anfechtbarkeit, mit charakteristischen Elementen der vergehenden Welt zu tun haben, an die der Mensch sein Herz, d. h. sich selbst besonders leicht verlieren und damit für das Reich Gottes besonders leicht unbrauchbar werden kann? War das Mönchtum im Irrtum, wenn es von einer einfachen **Abriegelung** dieser Bereiche Hilfe und Lösung erwartete, dürfte sich diese als allgemeines Prinzip eines bestimmten Standes auch mit der Offenheit der Frage nach dem Gebot Gottes des Schöpfers schwerlich vertragen, so wird es doch mit der besonderen Aufmerksamkeit und Strenge, die es diesen Bereichen zuwendete, nicht einfach im Unrecht gewesen sein. Und wenn sich die gewisse Willkür der asketischen Regel und Lebensweise in vielen bekannten und sicher in noch viel mehr unbekannten Fällen so oder so schwer genug gerächt hat, so wird man sich doch nicht verhehlen dürfen, daß es zu allen Zeiten auch so etwas wie einen **normalen** Mönch gegeben hat, dessen Leben man sich keineswegs als einen ewigen Kampf mit den verschiedenen *libidines* des Fleisches vorstellen darf. Sein Leben konnte und kann vielmehr mit geistiger und körperlicher Arbeit, mit allerlei Kunst und mit strenger Wissenschaft, mit der Übung von Gastfreundschaft und Liebestätigkeit, oder auch mit Predigt und Seelsorge unter dem Volk, mit sozialen und erzieherischen Aufgaben und vor allem mit dem höchsten mönchischen *opus Dei:* dem *officium*, dem Gotteslob der privaten und gemeinsamen Anbetung verhältnismäßig ruhig, kontinuierlich, reich und fruchtbar gefüllt und überdies – man lese und beachte etwa die 72 *instrumenta artis spiritualis* in der Benediktiner-Regel (*c.* 4) – mit einer Fülle ganz anderer, weithin viel innerlicherer Probleme individueller und sozialer Moral bewegt sein. Er konnte und kann positiv in seiner Weise jedenfalls **etwas** von jener Freiheit für Gott und den Bruder **bezeugen**, die ja das Telos der mönchischen Askese sein sollte.

Wieder wäre schließlich im Blick auf uns selbst zu fragen: ob es christliche Existenz in christlicher Freiheit und also in jener Ausrichtung nach dem dem Menschen durch Gottes Gnade gesteckten Ziel, ob es einen Gottesdienst im Geist und in der Wahrheit und einen echten Bruderdienst, ob es eine Eignung dazu ohne Aufnahme des Kampfes gerade in jenen Bereichen, ohne bestimmte Entsagungen und Enthaltungen und also ohne eine – sei es denn unprinzipielle und keiner Regel unterworfene, aber umso ernsthaftere – Askese überhaupt geben möchte? Nach den Evangelien gibt es das nicht und nach dem Gesetz der Sache kann es das auch nicht geben: individuell nicht und kollektiv auch nicht. Nur wer opfern kann und will, kann und will auch dienen und dazu frei werden. Eine Frage zur mönchischen *taciturnitas* schließlich: Dürfte es nicht eine Schwäche des Protestantismus sein, daß bei uns viel zu viel, zu schnell («ohne Punkt und Komma»), zu unbesinnlich g e r e d e t wird? Könnte eine vernünftige Askese gerade in dieser Richtung nicht auch in unseren christlichen und theologischen Reihen eine köstliche Sache sein: zum Dienst eines wirklichen S p r e c h e n s durchaus unentbehrlich? Derartiges ist es, was man sich unsererseits – ohne alle Lust oder Verpflichtung, deshalb Benediktiner, Franziskaner oder Karmeliter und also beiläufig katholisch zu werden! – offen eingestehen müßte.

Monastisches Leben heißt nun aber auch, abgesehen von jenen Abstinenzgeboten: kanonisch geordnetes, diszipliniertes, einer bestimmten R e g e l und L e i t u n g unterworfenes Leben. Hier greift das dritte Mönchsgelübde ein: die Verpflichtung zum G e h o r s a m gegen den oder die Ordensoberen, in welchem der gegen die diesen vorgeordneten kirchlichen Autoritäten bis hinauf zum Papst selbstverständlich inbegriffen ist. Es geht nach der Benediktiner-Regel (*c.* 5) um einen Gehorsam, der im gegebenen Fall *ac si divinitus imperetur* und also ohne Zögern, *velocitate timoris Dei, non trepide, non tarde, non tepide aut cum murmure vel responsione nolentis*, und positiv: *cum bono animo*, aus freiem Herzen zu leisten ist: *quia oboedientia quae maioribus praebetur, Deo exhibetur*. Jüngere sind ihn auch den älteren Brüdern gegenüber schuldig (*c.* 71). Er ist nach bescheidener Äußerung allfälliger Bedenken auch dann in Liebe und Gottvertrauen zu leisten, wenn scheinbar Unmögliches verlangt wird (*c.* 68). Die schärfste Gestalt und die größte Bedeutung hat dieses dritte Prinzip im Jesuitenorden erhalten, wo denn auch die Zusammenfassung der Gehorsam fordernden Autorität in der Person des jeweiligen Papstes den schärfsten Akzent bekommen hat. W a l t e r D i r k s hat dieses Gebot in seiner interessanten Deutung des Mönchtums («Die Antwort der Mönche», 1952) denen der Keuschheit und der Armut als drittes E n t h a l t u n g s g e b o t an die Seite gestellt: es gehe hier um den Verzicht auf das Recht eigener M a c h t a u s ü b u n g und damit um den Widerstand oder Angriff gegen den neben dem Eros und dem Mammon an dritter Stelle zu nennenden Hauptdämon: den S c h w e r t g l a u b e n. Die Interpretation ist geistreich und besonders in Deutschland (heute auch in Amerika) nützlich zu lesen, aber doch wohl künstlich. Daß die Leistung solchen Gehorsams praktisch auch asketische Bedeutung bekommen muß, ist nicht zu bestreiten. Es fällt aber auf, daß die Vorstellung von einer mit dem mönchischen Gehorsam zu leistenden Askese gerade in der ihn am stärksten betonenden Ideologie des Jesuitenordens keine selbständige Rolle zu spielen scheint. Nach T h o m a s v. A q u i n o (*S. th.* II, 2 *qu.* 186, *art.* 5 *c*) wäre der Gehorsam dem *homo religiosus* darum notwendig, weil dieser beim Streben nach der mönchischen *perfectio* einer F ü h r u n g, der Unterwerfung unter die ihm dazu Vorgeordneten bedarf. Er dürfte, soweit ich sehe, jedenfalls primär viel schlichter und wuchtiger als Voraussetzung und Ordnungsprinzip des für das klassische Mönchtum bezeichnenden klösterlichen G e m e i n s c h a f t s l e b e n s zu verstehen sein. Die Benediktiner-Regel fängt (*c.* 1) charakteristisch an mit einer Abgrenzung des im 6. Jahrhundert längst maßgebend gewordenen c o e n o b i t i s c h e n Mönchtums gegenüber seinen älteren und gegenüber gewissen damals mehr oder weniger entarteten Nebenformen: den A n a c h o r e t e n also und dann den sogen. S a r a b a i t e n, die (nach G. Grützmacher PRE³ 17, 481) nichts Anderes als die etwas problematischen Fortsetzer jenes ältesten, inmitten der Gemeinde und der Welt existierenden Asketenstandes gewesen wären – und den G y r o v a g e n, die bettelnd «im Kreis herum» d. h. von einem Kloster zum anderen zogen und wegen ihrer Sitten und Unsitten offenbar weithin nur als Pseudo-Mönche, als geistliche Schwindler anzusprechen waren. Jedenfalls diesen zwei letzten Arten von Mönchen wird vorgehalten: *quicquid putaverunt vel elegerunt, haec dicunt sanctum et quod noluerunt putant non licere*. Ihnen und doch auch den ursprünglichen Anachoreten gemeinsam ist offenbar der Mangel des Prinzips jenes Gehorsams, der die monastische Gemeinschaft zu einer B r u d e r s c h a f t macht, in der der gemeinsam gewählte A b t die Stelle des den himmlischen Vater und zugleich den «heiligen Vater» in Rom repräsentierenden Familienvaters einnimmt. Über dem inneren Tor des Benediktiner-Klosters steht darum das Wort PAX. Monastisches Leben will über alles, was es für den Einzelnen bedeutet, hinaus sein: eine der Welt und der Kirche exemplarisch gegenübergestellte und so ihnen und vor allem der Ehre Gottes dienende vollkommene Darstellung der *communio sanctorum*. Zu deren Verwirklichung bedarf es in Applikation und Konkretisierung des ursprünglich und eigentlich Gott geschuldeten Gehorsams: jener zugleich unbedingt und *bono animo* zu leistenden Unterwerfung unter das Gebot des Oberen als des Verkündigers ihrer von Allen bejahten und ergriffenen Idee und als des ultimativ entscheidenden Interpreten des wiederum von Allen bejahten und von der Kirche anerkannten besonderen Ordensgesetzes, der *regula*.

Schlechthinige Ineinssetzung von völliger Theonomie, strengster Heteronomie und echter Autonomie also! Das ist himmelstürmend kühn, mit modern liberalen Schlagworten gewiß nicht anzugreifen, geschweige denn zu erledigen, aber sicher sehr bedenklich, sehr gefährlich. Gibt es irgend ein Verhältnis von Mensch zu Mensch, dessen Struktur das des Verhältnisses von Gott und Mensch institutionell nachbilden wollen dürfte? Die Autorität eines Menschen, der anderen Menschen gegenüber institutionell für die Autorität Gottes eintreten könnte? Einen unbedingten Gehorsam des Werks nicht nur, sondern des Herzens, den Menschen einem anderen Menschen zu leisten institutionell sich verpflichten dürften? Wird das in einer Beziehung zwischen sündigen Menschen nicht notwendig bedeuten, daß die Majestät Gottes verdunkelt, daß dem zum Befehlen wie dem zum Gehorchen bestimmten Menschen eine Last auferlegt wird, die sie beide nicht tragen können? Muß der Versuch einer mit Hilfe solcher Gehorsamsforderung institutionell zu verwirklichenden Darstellung der *communio sanctorum* nicht notwendig auf eine Gott beleidigende und die einen Menschen falsch erhebende, die anderen falsch erniedrigende Illusion hinauslaufen? So kann und muß wohl allen Ernstes gefragt werden. Nur daß man damit mit dem Mönchtum auch nach dieser Seite nicht fertig zu sein meinen dürfte! Wenn, was bei den Menschen unmöglich ist, bei Gott möglich ist, und wenn der Geist weht, wo er will, so kann schließlich nicht bestritten werden, daß echte Gemeinschaft der Heiligen in Form von echtem Befehlen und echtem Gehorchen doch auch im Rahmen einer solchen Institution je und je Ereignis werden konnte und kann. Die Benediktiner-Regel, an der man sich in der ganzen Sache am besten orientiert, ist nicht nur ein Dokument von außergewöhnlicher Lebens-, Seelen- und Menschenkenntnis, sondern auch von ernstlicher Gottesfurcht und es ist nicht zu übersehen – ihre erste konkrete Darlegung (c. 2) gilt z. B. gleich der Verantwortlichkeit und den Verpflichtungen des Abtes! – daß ihren Urhebern die gerade in dem Problemkreis von Autorität und Gehorsam drohende Gefahr jedenfalls bewußt gewesen ist. Ein einigermaßen «gutes» Kloster – und solche hat es gegeben und gibt es sicher noch – war wohl nie die Höhle von Anmaßlichkeit und Unterdrückung, als die mancher durchschnittliche Protestant sich einen solchen Ort vorzustellen pflegt. Es konnte und kann da wohl faktisch auch in großer Weisheit, Demut und Heiterkeit regiert und gehorcht werden. Und wenn es sachlich nicht zu bestreiten ist, daß die *communio sanctorum* nur in dem merkwürdigen Dreieck zwischen Gott, dem einen und dem anderen Mitmenschen, beide unter sich in einem bestimmten Ordnungsverhältnis verbunden, Ereignis werden kann, so wird man jedenfalls die in der *vita monastica* erkennbare Absicht als solche – bei allen Fragen und Einwänden hinsichtlich ihrer theoretischen und praktischen Ausführung – nicht einfach verwerfen dürfen. Haben die großen Führer des Mönchtums etwa nicht recht gehabt, wenn sie sich fragten, ob nicht die Aufgabe solcher *communio* (in der weltlichen Gesellschaft nicht nur, sondern auch in der Kirche selbst) in den Grenzen des Erreichbaren immer wieder vernachlässigt werde und wenn sie sich nun eben dieser Aufgabe ernstlich zuwenden wollten? Und wieder werden wir der Rückfrage nicht ausweichen dürfen: ob diese Sorge und diese Absicht, die Frage nach der Bruderschaft und ihren Voraussetzungen uns etwa fremd sein sollte und was wir auf dieser Linie Besseres vorzuschlagen hätten und zu tun gedächten?

Wir fassen zusammen: Was das Mönchtum in seiner eigentümlichen Art meinte und wollte, war: eine konkrete Form jener Nachfolge des Herrn, die man in den Evangelien nicht nur allgemein geboten, sondern nun doch mindestens teil- und beispielsweise in sehr bestimmten Umrissen beschrieben findet. Man meinte und wollte also: konkrete individuelle und kollektive Heiligung, teleologische Gestaltung des Christenstandes, konkrete und geordnete Bruderschaft, das Alles im Sinn und im Dienst konkreter und totaler Liebe. Es ist gewiß gut, diesem ganzen Wollen und Meinen in unnachgiebiger Bestimmtheit den Satz entgegenzuhalten, daß der sündige Mensch gerechtfertigt wird allein um Jesu Christi willen, durch den Glauben und nicht durch die Werke irgend eines Gesetzes – und wenn es ein den Evangelien entnommenes Gestaltungsgesetz, und wenn es ein Gesetz der Liebe wäre. Schade, daß dieser Satz etwa in den vier Büchern von der *Imitatio Christi*, aber auch in der Regel der Benediktiner wie der anderen Orden zwar nicht geleugnet, aber durch die Fülle der zum Tun jenes Werks in seiner äußeren und inneren Gestalt gegebenen Weisungen und Ratschläge praktisch nahezu zugedeckt wird. Schade, daß der letzte Satz bei Benedikt nun doch lautet: *Facientibus haec regna patebunt supernae*. Davon kann natürlich keine Rede sein. Der Satz müßte entschlossen umformuliert werden: nicht weil und indem sie solches tun, werden sich ihnen die *regna superna* auftun, sondern weil und indem ihnen die *regna superna* im Tode Jesu Christi aufgetan sind, werden sie in der Kraft seiner Auferstehung Solches tun. Es gibt aber zu denken, daß eben diese Reihenfolge und Begründung in der geschichtlichen Gestalt vorherrschend gewesen zu sein scheint, die man vielleicht als das nächste außerchristliche Vorbild des christlichen Mönchtums anzusehen hat: in der am Toten Meer neuentdeckten Disziplin der Essener, denen, merkwürdig genug (Gal. 1, 17?), ein Grundgedanke der paulinischen Rechtfertigungslehre offenbar nicht unbekannt war. Denkt man sich diese Reihenfolge und Begründung, die in der Geschichte des Mönchtums weithin unterschlagen und in manchen seiner Formen nun doch geradezu geleugnet und bekämpft wurde, hergestellt, so war und bleibt von ihm zu lernen: es geht gerade vom Glauben aus und im Glauben notwendig um Nachfolge, Heiligung, Gestaltung, Bruderschaft, Liebe. In der Kraft der Auferstehung Jesu Christi werden sie – die nämlich, die, was in Jesu Christi Auferstehung für die Welt und für sie offenbar geworden ist, erkennen – solches tun. Mag die mönchische Bestimmung dessen, was zu tun ist, fragwürdig und mag der Zusammenhang, in welchem das Mönchtum dieses Tun geübt hat, geradezu verkehrt sein, so ist das keine Entschuldigung für die Unterlassung oder Vernachlässigung solchen Tuns. Und findet man es einmal einleuchtend, daß solches Tun, gerade in den rechten Zusammenhang gerückt, auf keinen Fall unterlassen oder vernachlässigt werden darf, sondern unter allen Umständen stattfinden muß, so wird man dem Mönchtum auch das in Gerechtigkeit und Ehrfurcht seinen Absichten und doch auch seinen Unternehmungen gegenüber zubilligen müssen: daß auch die besonderen Gesichtspunkte, unter denen es dieses Tun beschrieben, gefordert und ins Werk gesetzt hat, bei allen Vorbehalten im Einzelnen ernste Beachtung verdienen.

Das Mönchtum wurde hier als ein Beispiel einer im Raum der Christenheit entstandenen und noch fortgehenden Bewegung angeführt, die mit ihrer gewiß diskutablen, aber wohl überlegten und energischen Behandlung des Problems des versöhnten Menschen eben – Beachtung erzwingt: Beachtung dieses Problems nämlich und damit dann doch auch geschichtliche Würdigung. Ein benachbartes Beispiel wäre die von der römischen wie von der östlichen Kirche behauptete Existenz von bestimmten Personen, die dadurch von den übrigen Christen abgehoben wären, daß sie vom kirchlichen Amt nach ihrem Tod als «Heilige» erklärt und der Gemeinde um ihrer beispielhaften Existenz willen zur Nachahmung, Verehrung und Anrufung empfohlen worden sind und deren Leben der römische Geistliche sich im «*Proprium de Sanctis*» des Breviers täglich vor Augen zu halten hat. Weitere solche Beispiele wurden bereits genannt. Die im Blick auf das Mönchtum angestellten Überlegungen wären *mutatis mutandis* auch im Blick auf sie anzustellen. Das Ergebnis würde nicht überall das gleiche, aber überall ein entsprechendes sein: es gibt tatsächlich dieses nicht nur von der Schrift, sondern auch von der Geschichte der Kirche her ernstlich gestellte «andere Problem der Versöhnungslehre».

Es bleibt nur noch hinzuzufügen, daß dies innerhalb des Protestantismus speziell in der Theologie Calvins und der ihm folgenden reformierten Kirchen von Anfang an eingesehen und theoretisch wie praktisch anerkannt wurde. Nicht umsonst ist sie denn in alter und neuer Zeit immer wieder der «Gesetzlichkeit» und einer gewissen Nähe zum mönchischen Wesen mindestens verdächtigt worden. Es wäre geschichtlich interessant, die bei Calvin die Rechtfertigungslehre (in der er mit Luther in der Sache einig ging) umfassende und in sich schließende Lehre von der *sanctificatio* und von der *vita hominis christiani* mit der Theologie des Mönchtums zusammenzuhalten und beide auf ihre Übereinstimmung und ihren Widerspruch zu prüfen. Der Hinweis darauf soll genügen, um darauf aufmerksam zu machen, daß wir uns vom Boden der Reformation auf keinen Fall entfernen, vielmehr auch einer mächtigen reformatorischen Anregung Folge leisten, wenn wir dieser Sache nun doch eine größere und betontere Aufmerksamkeit zuwenden, als es gerade in der heutigen theologischen Situation üblich – und von Vielen wohl gerade von der hier vorgetragenen Dogmatik erwartet ist.

Die entscheidende Sicherheit, die wir auf diesem Weg nötig haben, muß und wird in dem Ausgangspunkt bestehen, der auch hier zu wählen ist und dem auch hier die schlechterdings beherrschende Stellung und Funktion zukommen muß. Es ist derselbe, von dem aus schon das erste Problem der Versöhnungslehre zu entfalten war: das Problem des versöhnten Menschen ist wie das des versöhnenden Gottes in der Christologie begründet und kann nur in dieser Begründung legitim gestellt, entfaltet und beantwortet werden. In der Identität des Sohnes Gottes mit dem Menschensohn Jesus von Nazareth: in dem, was dieser Mensch als solcher war, getan hat und was ihm als einem solchen widerfahren ist, hat es seine Wurzel. In und mit seiner Erniedrigung (als Gottessohn) ereignet sich wiederum seine Erhöhung (als Menschensohn). In dieser seiner Erhöhung ist exemplarisch vorgebildet und dynamisch begründet, was in der Versöhnung des Menschen mit Gott als Erhöhung des Menschen Ereignis wird und zu erkennen ist. In seiner Gemeinschaft mit Gott und so in unserer aktuellen Gemeinschaft mit ihm, diesem Einen, kommt es zu unserer Gemeinschaft mit Gott, zu jener Bewegung des Menschen von unten nach oben, von sich selbst zu Gott hin. Es ist primär und eigentlich dieses menschliche Subjekt, das, indem es Objekt der freien und befreienden Gnade Gottes wird, im Geschehen der Versöhnung nicht nur Objekt bleibt, sondern handelndes Subjekt werden darf. In ihm wird der Mensch zum neuen, mit Gott versöhnten Menschen. Er ist uns nach 1. Kor. 1, 30 zur Gerechtigkeit gemacht, aber auch zur Heiligung. Eben im Besonderen von ihm wird darum in diesem Kapitel zuerst, aber auch nachher immer wieder zu reden sein. Was wäre eine Christologie, die sich nicht mit gleicher Aufmerksamkeit wie der wahren Gottheit, so auch der wahren Menschheit Jesu Christi – und nach der alten Anschauung von seinem Werk: wie seinem hohepriesterlichen so auch seinem königlichen Amt zuwenden würde: der «Erhöhung des Menschensohnes»?

Eben von da aus haben wir dann aber das ganze Versöhnungsgeschehen – nun eben im besonderen Lichte dieser, der menschlichen Seite der Wahrheit des Mittlers und Versöhners – zu sehen und darzustellen: von da aus zunächst die besondere Gestalt der Sünde als des Menschen Trägheit, wie sie sich im Spiegel der ihm in dem Menschen Jesus widerfahrenen Erhöhung darstellt. Von da aus, als in diesem Menschen geschehen, aller Menschen Heiligung für den Dienst Gottes und ihrer Mitmenschen, von da aus die Auferbauung der durch und um diesen Menschen versammelten christlichen Gemeinde und von da aus endlich die Gott und diesen Menschen erkennende, suchende, diesem Menschen nacheifernde christliche Liebe, beide als Werk der belebenden Macht des Heiligen Geistes. Das Ganze so, daß die Linie zwar deutlich und tief in den Bereich des allgemeinen und jedes einzelnen Menschendaseins hineinführt und nun doch in jedem ihrer Punkte nur eine Wiederholung und Bestätigung ihres christologischen Ausgangspunktes darstellt. Das Ganze also als eine Auslegung und Variation der Worte Eph. 4, 15: «... daß wir in allem heranwachsen zu Ihm, der das Haupt ist, Christus, von dem aus der ganze Leib, durch alle verbindenden Gelenke zusammengefügt und zusammengehalten, nach der jedem einzelnen Glied zugewiesenen Wirksamkeit sein Wachstum vollzieht in seiner Auferbauung in der Liebe».

Wir betiteln darum das Ganze dieses Kapitels – in Umkehrung des Titels unseres ersten: «Jesus Christus, der Knecht als Herr». Gelingt es uns, mit dem damit Gesagten nicht nur einmal, sondern in allen hier notwendigen Wendungen und Bezügen anzufangen, dann sollte dafür gesorgt sein, daß sich die in diesem neuen Bereich drohenden Gefahren vermeiden lassen, vor allem aber: daß wir der hier von der Schrift wie von deren Auslegung in der ökumenischen Kirche und von der Sache selbst her gestellten Aufgabe einigermaßen gerecht zu werden hoffen dürfen.

2. DIE HEIMKEHR DES MENSCHENSOHNES.

Das Joh. 1, 14 bezeugte Ereignis der Inkarnation hat zwei Komponenten. Betont man: «Das Wort ward Fleisch», dann macht man eine Aussage über Gott; man sagt dann (und sagt damit für einmal das Ganze so): Gott ging, ohne aufzuhören wahrer Gott zu sein, vielmehr in vollem Besitz und voller Betätigung gerade seiner wahren Gottheit, indem er in seiner zweiten Person oder Seinsweise, als der Sohn Mensch wurde, in die Fremde – die doppelte Fremde der menschlichen Kreatürlichkeit und der menschlichen Verkehrtheit und Verlorenheit. Betont man: «Das Wort ward Fleisch»,

2. Die Heimkehr des Menschensohnes

dann macht man eine Aussage über den Menschen (und sagt nun eben so noch einmal das Ganze): der Mensch kehrte, ohne aufzuhören, Mensch zu sein, vielmehr eben in seiner Kreatürlichkeit und Verdorbenheit von Gottes Sohn angenommen und aufgenommen – dieser eine Menschensohn kehrte heim: dahin, wohin er gehört, an seinen Ort als wahrer Mensch, in die Gemeinschaft mit Gott, in die Beziehung zu seinem Mitmenschen, in die Ordnung seiner inneren und äußeren Existenz, in die Fülle seiner Zeit, zu der er geschaffen, mehr noch: in die Gegenwart und den Genuß des Heils, zu dessen Empfang er in seiner Erschaffung bestimmt ist. Die in Jesus Christus geschehene Versöhnung ist das Eine und Ganze jenes Ausgangs des Gottessohnes und dieses Eingangs des Menschensohnes. «Versöhnen», ἀποκαταλλάσσειν, heißt ja wörtlich und ursprünglich: Vertauschen. Die Wiederherstellung und Erneuerung des Bundes zwischen Gott und Mensch besteht in diesem Vertauschen: Gottes *exinanitio*, Erniedrigung, gegen des Menschen *exaltatio*, Erhöhung. Gott ging in die Fremde, der Mensch kehrte heim. In dem einen Jesus Christus geschah Beides. Es handelt sich also nicht um zwei verschiedene, einander folgende Aktionen, sondern um eine einzige, in der jede ihrer beiden Komponenten auf die andere bezogen und auch nur in ihrer Beziehung zu ihr erkennbar und verständlich ist: der Ausgang Gottes nur in seiner Abzielung auf den Eingang des Menschen, der Eingang des Menschen nur als die Tragweite und Auswirkung des Ausgangs Gottes, und das Ganze in seiner eigentlichen und originalen Gestalt nur als das Sein und die Geschichte des einen Jesus Christus. Eph. 4, 9f: «Hinauf gestiegen – was bedeutet das, wenn nicht: er ist auch hinuntergestiegen in die Tiefe der Erde. Der nun hinuntergestiegen ist, ist derselbe, der auch hinaufgestiegen ist über alle Himmel, auf daß er Alles erfülle». Es ist sein «Hinaufsteigen», der in ihm geschehene Eingang, die Heimkehr des Menschensohnes, der wir uns nun zuwenden. Sie ist die Wurzel des «anderen Problems der Versöhnungslehre».

Man kann, wenn man diese Thematik als Ganzes vor sich hat, nicht gut nicht an den neutestamentlichen Text denken, der in der christlichen Kirche von jeher – in der Neuzeit allerdings mit etwas verdächtiger Vorliebe – in allerlei Interpretationen als eine Art Mittelstück der ganzen neutestamentlichen, speziell der synoptischen Überlieferung geschätzt worden ist: das Gleichnis vom verlorenen und wiedergefundenen Sohn (Luk. 15, 11–32).

Es wäre Überinterpretation, wenn man es, wie schon versucht worden ist, direkt christologisch auslegen wollte. Es redet in dem, was es direkt sagt, d. h. mit dem in seiner Gleichniserzählung vollzogenen Hinweis nach dem Kontext (in Konkretisierung des Gleichnisses vom verlorenen Schaf und vom verlorenen Groschen) von des Menschen Sünde und der aus ihr folgenden tödlichen Bedrohung, von seiner Buße und Umkehr zu Gott und von der überschwänglichen Gnade, in der dieser von Gott Abgekehrte, dann aber zu ihm Umkehrende, von diesem aufgenommen wird. Es tut das nach v. 1–2 im Blick auf die «Zöllner und Sünder», die zu Jesus kommen und ihn hören, die er aufnimmt (προσδέχεται), mit denen er ißt – im Gegensatz zu den Pharisäern und Schriftgelehrten, die ihn gerade deshalb abzulehnen scheinen. Sie entsprechen im Gleichnis dem älteren Sohn, der sich bei der Rückkehr des jüngeren nicht mitfreuen will, vielmehr (v. 28) zornig wird und an dem vom Vater veranstalteten Freudenmahl nicht teilnehmen will. Dieser ältere Sohn ist aber im Gleichnis nur die – freilich unentbehrliche – Kontrastfigur, wie denn auch der Pharisäer und der Schriftgelehrte bzw. der der Buße «nicht bedürftige» Mensch im Verhältnis zu der Hauptaussage des Textes nur Kontrastbedeutung hat. Die Hauptaussage wird gemacht mit der Erzählung von dem seinen Vater erst verlassenden, dann zu ihm zurückkehrenden und von ihm mit Freuden und in Ehren empfangenen Sohn: sie redet eben mit dieser Erzählung von jener Abkehr und Rückkehr des Menschen in seinem Verhältnis zu Gott, in welchem in der väterlichen Gesinnung und Haltung Gottes ihm gegenüber nicht nur keine Minderung, sondern eine höchste Steigerung stattfindet. – Mehr als das wird man in diesem Text direkt nicht gesagt finden, wird man ihm also in direkter Exegese auch nicht entnehmen können und dürfen.

Aber nun könnte es neben allerlei möglicher Überinterpretation auch Unterinterpretationen dieses Textes geben: ein Überhören von Nichtausgesagtem, das aber in dem Ausgesagten impliziert ist, zu dessen Verständnis als indirekt Gesagtes mitgehört werden muß. Dazu gehört, was schon von Augustin (*Quaest. ev.* 2, 23), später behutsam auch von Christoph Starke (in seiner *Syn. Bibl. exeg. in NT* 1741), dann aber auch in wissenschaftlicher Begründung von F. Chr. Baur und seiner Schule hervorgehoben worden ist: die Beziehung zwischen dem verlorenen und wiedergefundenen jüngeren Sohn, bzw. zwischen dem sündigen und zur Buße bereiten *am ha'arez* der «Zöllner und Sünder» und der Erwählung, Berufung, Errettung der sich dem Evangelium zuwendenden Heidenwelt – im Gegensatz zu dem in der Gestalt des älteren Bruders sichtbaren Israel, das (v. 29) Gott so viele Jahre gedient und nie sein Gebot übertreten zu haben meint und behauptet, und gerade damit sich selbst vom messianischen Freudenfest ausgeschlossen hat. Kein Wort von dieser Beziehung auf die Heiden steht da. Aber liegt sie darum nicht vor: hier wie überall, wo es im Neuen Testament um jenen *am ha'arez* geht? Lag sie nicht bestimmt im Sinn gerade des dritten Evangelisten mit seinem so ausgesprochen universalistischen Interesse? Legt man sie in den Text hinein oder kann man ihn gar nicht auslegen, ohne – sei es denn, weil nichts davon da steht, in indirekter Exegese – in, mit und unter dem direkt Gesagten auch diese Beziehung in Blick zu nehmen? Wäre eine Auslegung nicht eben Unterinterpretation, die diese Beziehung übersehen und übergehen würde?

Und nun fragt es sich: ob man dem Text nicht in einer ähnlich indirekten Weise doch auch einen christologischen Gehalt zu entnehmen hat, weil er ihn, ohne daß er ihn expliziert, faktisch hat? Es ist oft festgestellt und in der Neuzeit oft geradezu triumphierend hervorgehoben worden, daß in dem Bekehrungsgeschehen, auf das dieses Gleichnis hinweist (ähnlich wie im Gleichnis vom Pharisäer und Zöllner Luk. 18, 9f. oder in der Rede vom Weltgericht des Menschensohns Matth. 25, 31f.) die Person und das Werk Jesu Christi gänzlich fehle. Woraus man dann (so etwa Harnack, Wesen des Christentums, 8. Vorl.) flugs geschlossen hat, daß nicht der Sohn, nicht eine in ihm geschehene Versöhnung, sondern allein der Vater und seine Güte in das von Jesus selbst verkündigte Evangelium gehöre, daß nach diesem seinem eigenen Evangelium nichts Fremdes zwischen Gott und die Seele, die Seele und ihren Gott sich hineindrängen könne. In der Tat: das Gleichnis sagt von Jesus Christus selbst und von der Versöhnung des Menschen mit Gott in ihm kein Wort.

Aber sollte darum zunächst eine Überlegung des im Gleichnis in dieser Richtung nicht Gesagten, aber implizit Enthaltenen wie die, die Helmut Gollwitzer («Die Freude Gottes» 1941 II S. 91f.) angestellt hat, verboten oder auch nur vermeidlich sein? Ich nehme sie zunächst auf: Die Pharisäer und Schriftgelehrten – so kommentiert er – haben nicht verstanden, daß das messianische Heilswerk nicht in der Krönung des gerechten, sondern in der Begnadigung des sündigen Israel geschieht. Jesu Essen mit den Zöllnern und Sündern ist der Vollzug dieser Begnadigung. Nicht die Theorie von einem selbstverständ-

2. Die Heimkehr des Menschensohnes

lich und allezeit verzeihenden Vatergott, sondern die wunderbare Wirklichkeit dieser Gottestat ist die unausgesprochene, aber unentbehrliche Voraussetzung des Geschehens zwischen Gott und Mensch, das in dem im Gleichnis beschriebenen Verhalten dieses Sohnes und dieses Vaters visiert ist. Jesus ist also im Gleichnis: «das Entgegenlaufen des Vaters heraus aus dem Haus». Er ist «in dem Kuß verborgen, welchen der Vater dem Sohn gibt». Er ist auch die Kraft der Erinnerung des Sohnes an den Vater, an sein Haus, seine Väterlichkeit und Vergebungsbereitschaft. Das ist indirekte, aber darum gewiß nicht allegorische, sondern – wenn es um Auslegung dieses Textes im Zusammenhang des ganzen dritten Evangeliums und der ganzen neutestamentlichen Botschaft gehen soll – legitime, dem was dasteht auch von seinem Hintergrund aus gerecht werdende, d. h. es von jenem Zusammenhang her erläuternde Exegese. Man kann sie aber, auch wenn man sie für methodisch einwandfrei hält, darum nicht ganz befriedigend finden, weil sie, indem sie fast ganz auf das Tun des Vaters im Gleichnis blickt und die Beziehung auf Jesus Christus in der Hauptsache aus diesem abliest, die Proportionen des Gleichnisses nun doch nicht unwesentlich verschiebt und so der neuprotestantischen Exegese, die wohl formal den gleichen Fehler macht, doch weniger wirkungsvoll gegenübertritt als das geschehen müßte. Aus diesem Grunde möchte ich sie – ohne ihr auch inhaltlich geradezu zu widersprechen – durch eine andere ersetzen oder jedenfalls ergänzen.

Die Hauptfigur der Gleichniserzählung ist ja doch der seinen Vater verlassende und so verloren gehende, dann aber zu ihm zurückkehrende und so wiedergefundene jüngere Sohn. Und jener neuprotestantischen Exegese gegenüber aufzuzeigen wäre in dem Geschehen zwischen Gott und Mensch, auf das das Gleichnis hinweist, die Anwesenheit und Aktion des Sohnes Gottes und so die in Jesus Christus geschehene Versöhnung. Direkt läßt sie sich im Text nicht aufzeigen – das wäre eben Überinterpretation: der verlorene Sohn des Gleichnisses ist gewiß nicht einfach mit Jesus Christus gleichzusetzen. Und noch weniger natürlich, wie einst Ambrosius meinte, das Fleisch des zu seinem Empfang geschlachteten gemästeten Kalbes!! Wiederum wäre aber eine solche Erklärung als Unterinterpretation zu bezeichnen, bei der nicht gesehen und gesagt würde, daß wir es in dem Hin- und Rückweg des verlorenen Sohnes im Verhältnis zu seinem Vater mit einer merkwürdig leuchtenden Parallele zu dem im Werk der Versöhnung beschrittenen Weg Jesu Christi, zu seiner Erniedrigung und Erhöhung zu tun haben. Besser gesagt: daß sich der Aus- und Eingang des verlorenen Sohnes und also des Menschen Sündenfall und Begnadigung im Horizont der Erniedrigung und Erhöhung Jesu Christi und also der in ihm geschehenen Versöhnung abspielt, in dieser sein höheres Gesetz hat, von ihr her erleuchtet ist, um dann und so auch in sich selber hell, bedeutsam, wichtig zu sein.

Da nimmt jener Sohn, begierlich und eigenmächtig fordernd, aus den Händen seines Vaters sein ihm zukommendes Vermögen entgegen und an sich, zieht damit hinweg in ein fernes Land, um es daselbst in einem zügellosen Leben – später (v 30) wird es heißen: mit Huren – zu vertun und um dann in der über jenes Land kommenden Hungersnot Mangel leiden und schließlich froh sein zu müssen, sich von den Schoten nähren zu können, die nicht ihm, sondern den seiner Hut anvertrauten Schweinen zugedacht sind. Das ist der Weg des Menschen im Bruch seines Bundes mit Gott: der Weg des verlorenen Israel, der verlorenen «Zöllner und Sünder», der verlorenen Heidenwelt – und also gewiß nicht einfach der Weg des dem Vater gehorsamen Sohnes Gottes, der Weg Jesu Christi! Nur daß dieser eben – das ist auch nicht zu leugnen – der Weg in die Fremde eben dieses verlorenen Menschendaseins ist: der Weg, auf dem er sich eben diesem verlorenen Sohn gleich und solidarisch macht, sich ganz und vorbehaltlos an seine Stelle begibt, seine Sünde und Schande, seine Übertretung – als hätte er sie begangen – auf sich nimmt und sein Elend – als hätte er es verdient – sein eigenes sein läßt. Und das so, daß die Furchtbarkeit dieser Fremde, das Schlimme der menschlichen Situation doch erst damit in seiner Tiefe offenbar wird, daß sie seine, des heiligen und gerechten Sohnes Gottes Situation wird. Was ist der fatale Auszug des verlorenen Sohnes von daher gesehen? Gewiß nur die jämmerliche Karikatur des in Jesus Christus geschehenen Ausgangs des einen Sohnes

Gottes in die Welt, seiner Erniedrigung also, in der er, ohne aufzuhören zu sein, der er ist, in höchster Betätigung seiner Sohnschaft und Gottheit vielmehr, arm wurde um unseretwillen (2. Kor. 8, 9) – aber immerhin deutlich seine Karikatur, als Weg aus der Höhe in die Tiefe, aus der Heimat in die Fremde ihm immerhin analog, ähnlich in aller Unähnlichkeit, wie Adams Sein im Verhältnis zu dem Christi: τύπος τοῦ μέλλοντος (Röm. 5, 14).

Und da kommt nun jener verlorene Sohn mitten unter den unreinen Tieren, denen er sich zugesellt, zu sich selbst, und das im Gedenken an den von ihm mit dem drohenden Hungertod vertauschten Wohlstand im Vaterhaus. Da entschließt er sich, mit dem Bekenntnis seiner Verfehlung zu seinem Vater zu gehen und mit der Bitte, doch wenigstens als Tagelöhner wieder Aufnahme bei ihm zu finden. Da will er diesen Entschluß ausführen und macht sich auf den Weg dazu. Da hat ihn aber sein Vater schon von ferne gesehen, sich seiner erbarmt, ist ihm entgegengelaufen, ihm um den Hals gefallen, hat ihn geküßt – alles noch bevor ihm jenes Bekenntnis und jene Bitte auch nur über die Lippen gekommen, geschweige denn durch entsprechende Taten der Besserung wahrgemacht waren! Da geht dieser Vater über alles hinweg mit dem Befehl, den Zurückgekehrten mit dem besten Kleid, mit Ring und Schuhen zu bekleiden, das gemästete Kalb zu holen und zu schlachten, da wird mit Musik (wörtlich: mit «Symphonien» v 25) und Reigen jenes große Fest gefeiert, über das sich der von rechtschaffener Arbeit nach Hause kommende ältere Sohn so schrecklich ärgern muß. Das ist des Menschen «Weg zurück», der Weg des seinem Gott in Reue und Buße, aufrichtig und darum anspruchslos, begierig und darum entschlossen wieder zugewendeten und von diesem ohne Zögern und Vorbehalt, einfach weil er zu ihm gehört, wieder auf- und angenommenen Menschen: von ihm mit größerer Freude empfangen, als die, die er an ihm hatte, da er noch bei ihm war! Das ist nun wieder nicht einfach der Weg der Erhöhung Jesu Christi, der Weg des zu seinem himmlischen Vater gehenden und von ihm gekrönten Menschensohnes. Nur daß eben – auch das ist nicht zu leugnen – zuerst und eigentlich dieser Weg Jesu Christi der Weg in die nicht verlorene, sondern erhaltene, nicht verschlossene, sondern offene Heimat des Menschen, in seine Gemeinschaft mit Gott ist: der Weg, auf dem er allen Menschen vorangeht, auf dem er sie als ihr König nach sich zieht und mitbestimmt, mehr noch: an dessen Ziel er selbst schon angekommen, er den noch wandernden Menschen diese ihre Heimat jetzt schon sichtbar und greifbar macht. Was ist die heilsame Rückkehr des verlorenen Sohnes von daher gesehen? Gewiß nur ein schwaches Nachbild des in Jesus Christus geschehenen Eingangs des einen Menschensohnes in die Gemeinschaft mit Gott, seiner Erhöhung also, in der er ohne aufzuhören wahrer Mensch zu sein, nicht vergottet also, vielmehr in unserer Natur, in unserem Fleisch zur Seite des Vaters im Himmel ist, als Mensch an seiner Macht und Herrlichkeit, an der Ausübung seiner Gnade und Barmherzigkeit Anteil hat. Mehr als Nachbild, Analogie, Typus dieses seines Eingangs kann der Weg des wiedergefundenen Sohnes im Gleichnis und also des mit Gott versöhnten Menschen nicht sein, aber auch nicht weniger. Nicht mehr: weil das, was er auf seinem «Weg zurück» ist, tut und erfährt als sein Sein, Tun und Erfahren im Verhältnis zu dem des einen Menschensohnes nur ein Geringes sein kann und weil selbst dieses Geringe – als vermöchte er sich auch nur vorübergehend auch nur in die unvollkommenste Gemeinschaft mit Gott zu versetzen! – nicht im Bereich seiner Möglichkeiten liegt. Aber nun auch nicht weniger, weil eben sein geringes Sein, Tun und Erfahren getragen und so ermöglicht ist durch das Große, das Ursprüngliche und Eigentliche des einen Menschensohnes, weil dieses Geringe dadurch in seiner Macht ist, daß es in jenem wunderbar vollkommene Wirklichkeit ist. Er ist nicht das Original. Er ist nur das Bild. Er ist aber das Bild dieses Originals, und also doch nur in seinem Verhältnis zu diesem zu verstehen.

Der ältere Bruder aber, der Pharisäer und Schriftgelehrte also, der im Gleichnis die Kontrastrolle spielt, hat ja nicht nur den Ausgang und Eingang des Jüngeren, sondern vor allem die im Vollzug von dessen doppelter Bewegung nicht verminderte, sondern gesteigerte Liebe ihres gemeinsamen Vaters nicht verstanden – und also nicht verstanden, daß und wie Gott in seiner Gnade gerade und ausschließlich der Gott des diese doppelte Bewegung vollziehenden Menschen ist. Es ist ja nicht zuerst, eigentlich und ursprünglich eine ihm anstößige Lehre über Sünde und Vergebung, die der Pharisäer, der Schriftgelehrte ablehnt, sondern zuerst, eigentlich und ursprünglich der Gott, der der Gott dieses Menschen, der Mensch, der dieses Gottes Mensch ist, die Wirklichkeit des Gottessohnes und seiner Erniedrigung, des Menschensohnes und seiner Erhöhung, die in diesem Einen geschehene Versöhnung. Er lehnt Jesus Christus ab. Dieser ältere Bruder wird ihn zuletzt ans Kreuz bringen: nicht nur, weil er über Gott und den Sünder gesagt hat, was in diesem Gleichnis gesagt ist, sondern weil er der Mann ist, in welchem das in diesem Gleichnis Gesagte (über alles Gesagte hinaus!) Wirklichkeit ist. Das stellt diese Figur im Gleichnis so furchtbar in den Schatten: sie ist der personifizierte Streit gegen die gottmenschliche Wirklichkeit. Aber man wird wohl besser auf das Licht achten, das als des Vaters letztes, gerade an diesen älteren Sohn gerichtetes Wort den Schluß des Gleichnisses bildet. Er hatte es zuerst (v 28f.) zu seinen Knechten gesagt, als er sie zur Zubereitung jenes Festes aufrief: «Lasset uns essen und fröhlich sein! Denn dieser mein Sohn war tot und ist wieder lebendig geworden, war verloren (verlaufen, verschollen) und ist wieder gefunden worden!» Nun sagt er es dringlich und werbend zu dem Unzufriedenen: «Kind, du bist allezeit bei mir und Alles, was mein ist, ist dein. Du solltest aber fröhlich sein und dich freuen. Denn dieser dein Bruder war tot und ist wieder lebendig geworden, war verloren und ist wieder gefunden worden». Das steht nun immerhin auch da. Und wenn man irgendwo fragen könnte, ob der Text nicht endlich und zuletzt doch auch direkt christologisch reden und also direkt christologisch auszulegen sein möchte, dann angesichts dieser beiden Verse, angesichts dieses «mein Sohn» und dieses «dein Bruder», dieses Toten, der wieder lebendig, dieses Verlorenen, der wieder gefunden wurde, angesichts des Jubels, der aus diesem Worte klingt. Wer ist dieser, dem das Alles gilt? Sind die Ausdrücke nicht fast zu stark, um auf den verlorenen Sohn des Gleichnisses und auf das in ihm Visierte angewendet, passend zu sein? Ich möchte sie nicht pressen und also doch nicht mehr sagen als das: daß man sich in diesen beiden Versen nun doch auch durch den Text selbst zu der hier versuchten indirekten, nicht allegorischen, wohl aber typologischen, *in concreto:* der christologischen Erklärung eingeladen findet. Soviel dürfte zu sagen und wird auch bei der behutsamsten Exegese des Gleichnisses zu berücksichtigen sein.

Wir kommen zur Sache. Das Dogma und die Theologie der älteren Kirche aller großen Konfessionen hat im Blick auf Jesus Christus auf das *vere homo* immer genau so viel – in den zwei ersten Jahrhunderten im Kampf gegen die doketische Gnosis wohl praktisch noch mehr – Gewicht gelegt wie auf das *vere Deus.* Die Wirklichkeit der in ihm geschehenen Versöhnung steht und fällt mit jenem ebenso wie mit diesem. Wäre Jesus Christus nicht auch wahrer Mensch, wie hätte sich dann der wahre Gott in ihm zu uns herabgelassen, wie stünde er dann als der Sohn und in der Macht Gottes wirklich an unserer Stelle, wie täte er dann für uns, was nur Gott an unserer Stelle für uns tun kann? – Was heißt aber *vere homo?*

Die alte Dogmatik hat darauf geantwortet: der Sohn Gottes hat sich darin wirklich zu uns herabgelassen, er ist uns darin gleich, er ist darin der Unsrige geworden und also wirklich an unsere Stelle getreten, um für uns zu tun, was nur Gott für uns tun konnte – daß er unsere, die «menschliche Natur» annahm, in ihr und also als ein Mensch wie wir existierte, starb und auferstand und so als der Unsrige an die Seite Gottes des Vaters versetzt der Mittler zwischen Gott und uns Menschen wurde, ist und in alle Ewigkeit bleiben wird. Unter der «menschlichen Natur», in der er, der wahrer Gott ist, auch wahrer Mensch ist, soll aber einmal verstanden sein: dasselbe geschichtliche Wesen, das auch das unsere ist: dieselbe geschöpfliche Existenzweise als individuell einmalige Einheit von Seele und Leib in einer zwischen Geburt und Tod beschlossenen Zeit, in derselben Ausrichtung auf Gott und den Mitmenschen. «Menschliche Natur» meint in dieser Richtung schlicht: die Art, die einen Menschen zum Menschen macht, von Gott, vom Engel, vom Tier unterscheidet, seine spezifische Geschöpflichkeit, seine *humanitas*. Und unter «menschlicher Natur» ist andererseits zu verstehen: das «Fleisch», die durch des Menschen Sünde bestimmte und geprägte, d. h. aber verkehrte und damit unendlich bedrohte, dem Sterben nicht nur, sondern dem Tode, dem Vergehen verfallene Menschennatur. Sie, die Menschennatur in dieser Bestimmung und Prägung, die adamitische Menschennatur, hat Gottes Sohn, indem er Mensch wurde, angenommen, als ihr Träger war und ist er der Mittler und Versöhner zwischen Gott und uns. In diesem doppelten Sinn also war und ist Jesus Christus «w a h r e r M e n s c h».

Diese Antwort ist fürs erste richtig und notwendig: r i c h t i g als Umschreibung dessen, worin die Menschlichkeit Jesu Christi der jedes anderen Menschen gleich ist – und n o t w e n d i g als die eben mit dieser Umschreibung zu vollziehende Abgrenzung gegenüber aller doketischen Christologie, in der gerade seine Gleichheit mit uns in grober oder feiner Weise geleugnet, seine Menschheit zu einer bloßen Erscheinung, seine Gottheit darum zu einer bloßen Idee, eben damit aber die in ihm geschehene Versöhnung zu einer philosophischen Theorie oder zu einem Mythus verflüchtigt wird. Jede gesunde christologische Überlegung wird wie von einer Jesu Christi G l e i c h h e i t mit G o t t aussagenden Erklärung des *vere Deus*, so auch von einer seine G l e i c h h e i t m i t u n s aussagenden Erklärung des *vere homo* ausgehen müssen, wird sich ihrer auch immer wieder zu erinnern, sie wird dem auch in allen ihren Folgesätzen aufs strengste Rechnung zu tragen haben.

Aber nun sehe man wohl zu, in welchem Sinn man diese Erklärung im Einzelnen durchzuführen gedenkt! Was ist es um die *humanitas*, die wahre Menschlichkeit, in der J e s u s C h r i s t u s uns gleich ist? Woher nehmen und haben wir allfällig unser Wissen und unsere Aussagen über sie? Wie soll sie sicher erfaßt und zuverlässig expliziert werden? Die gleiche Frage, der wir hier nicht nachgehen (vgl. KD IV, 1, § 59, S. 193f. u. ö) stellt sich ja auch im Blick auf seine Gottheit. Die in der alten Kirchenlehre und Theologie seit den Kämpfen und Entscheidungen des 4. und 5. Jahrhunderts herrschend gewordene Rede von den zwei «N a t u r e n» Jesu Christi hat sich als einem schweren Mißverständnis ausgesetzt und darum als mindestens sehr interpretationsbedürftig erwiesen. Man braucht sie deswegen nicht preiszugeben. Man bedenke aber wohl, daß es allzu nahe liegt, aus dem

Wort «Natur» den Hinweis auf die allgemein bekannte oder doch erkennbare Beschaffenheit eines Seienden herauszulesen und also bei dem Begriff «göttliche Natur» an ein allgemein gewußtes oder doch wissbares Wesen der Gottheit und so nun auch bei dem Begriff «menschliche Natur» an ein allgemein gewußtes oder doch wißbares Wesen des Menschen zu denken und also – wir gehen jetzt dieser Seite der Sache nach – das, was unter der Menschheit Jesu Christi zu verstehen sei, von irgend einer allgemeinen Anthropologie, einer Lehre vom Menschen überhaupt und als solchem her zu bestimmen. Nehmen wir an, es gäbe eine solche Anthropologie: eine solche nämlich, die mehr wäre, als ein unter irgend einem bestimmten Gesichtspunkt (vielleicht naturalistisch, vielleicht idealistisch, vielleicht existentialistisch) versuchter Aufweis gewisser Phänomene des Menschlichen – eine solche, die darüber hinaus eine Anschauung und einen Begriff vom wahren und wirklichen Menschen einigermaßen gültig und maßgebend zu vertreten beanspruchen dürfte, von deren Aufstellungen die Theologie also an diesem lebenswichtigen Punkt, zur Umschreibung der wahren Menschheit Jesu Christi, Gebrauch machen könnte und wohl gar müßte. Es wurde KD III, 2 gezeigt, daß es eine solche Anthropologie nicht gibt. Aber selbst wenn es sie gäbe, in welche Verlegenheit müßte sie geraten, wenn sie gleichzeitig ihren Aufstellungen und in deren Anwendungen auf den Menschen Jesus auch diesem gerecht werden wollte: ihren Aufstellungen, die sich, in allgemeinen Kategorien vollzogen, als allgemein gewußt oder doch wißbar ausgeben und zugleich ihm, der umgekehrt beansprucht, in seiner wahren Menschheit wie in seiner wahren Gottheit gerade nur in der besonderen Weise erkennbar zu sein, in der er sich selbst zu erkennen gibt! Was «menschliche Natur» als die seinige, aber auch was «Fleisch» als das seinige, als die von ihm angenommene menschliche Unnatur ist, beides: die menschliche Natur und diese in der Verkehrung, in der er sie sich ja zu eigen gemacht hat, das läßt sich doch nirgends als bei und von ihm selbst lernen – wie wir ja auch wer und was Gott, was also seine göttliche Natur ist, nicht aus einem allgemeinen Begriff von Gottheit ableiten, sondern nur bei und von ihm selbst lernen können. An der Besonderheit, in der Er Mensch ist, müßte der Versuch auch einer noch so vollkommenen und noch so anerkannten allgemeinen Anthropologie, ihn mit ihren Kategorien zu erfassen, scheitern. Oder aber sie müßte ihm mit dem Versuch, ihn unter ihren Kategorien zu begreifen, Gewalt antun. Das ist die Sackgasse, in die wir uns durch den Begriff «Natur» nicht locken lassen dürfen. Weit entfernt davon, daß die Christologie hier von irgend einem Wissen über den Menschen überhaupt und im Allgemeinen ausgehen könnte und dürfte, ist es ja vielmehr (KD III, 2, § 43, 2 u. *pass.*) so, daß ein echt theologisches Wissen um den Menschen überhaupt und im allgemeinen, eine theologische Anthropologie also, aber auch eine theologische Lehre von des Menschen Sünde und Elend sich nur auf die besondere Erkenntnis des Menschen Jesus Christus und also auf die Christologie begründen läßt.

Halten wir uns aber an die besondere Menschlichkeit, in der Jesus Christus sich selbst zu erkennen gibt, dann werden wir zunächst die formal unterscheidende Feststellung machen müssen: sie ist dadurch gekennzeichnet, daß sie der aller anderen Menschen zugleich ganz gleich und ganz ungleich ist.

Jesus Christus ist uns gleich in unserer geschöpflichen Art, aber auch in deren Bestimmung durch Sünde und Tod, in unserer menschlichen Natur also, aber auch in deren Verborgenheit unter der Decke der aus dem Gegensatz des Menschen zu Gott sich ergebenden menschlichen Unnatur. Er ist also kein Engel, kein Mittelwesen, kein Halbgott. Er ist Mensch, und zwar ganz und vorbehaltlos Mensch von unserer Art, unser Bruder, in welchem sich jeder von uns als sein Bruder wiedererkennen darf und kann, in ihm aber auch das Angesicht und die Gestalt jedes anderen Menschen, und zwar das Angesicht und die Gestalt, in der Gott der Schöpfer ihn gedacht und gewollt, trotz allem noch kennt und als solchen liebt – aber auch sein Angesicht und seine Gestalt als die des von Gott abgefallenen, von Gott angeklagten und unter seinem Zorn vergehenden, des adamitischen Menschen. Eben die Situation des Menschen, der Gottes gutes Geschöpf und der Fleisch ist, hat Gottes Sohn, indem er Mensch wurde, sich zu eigen gemacht. Er ist mit uns in dieser doppelt bestimmten Situation. Und eben so ist er wahrer Mensch. Er ist Mensch in diesem Widerspruch und Zwielicht alles menschlichen Seins. Er wäre nicht wahrer Mensch, nicht der Unsrige, er könnte also auch nicht unser Herr, Heiland und Haupt sein, wenn er uns nicht in dieser Ganzheit gleich wäre. Und er wäre uns nicht als solcher erkennbar, wenn er uns nicht in dieser ganzen Gleichheit mit uns zugänglich und sichtbar wäre. Eben wer und was er in dieser ganzen Gleichheit mit uns ist, gibt er uns – und gibt nur er selbst uns zu erkennen.

Aber daß er nicht nur ein wahrer, sondern der wahre Mensch ist, das erschöpft sich nicht in dieser seiner Gleichheit mit allen anderen Menschen. Er ist uns – und erst indem man das dazu nimmt, bekommt das *vere homo*, auf ihn angewendet, seinen vollen Klang – nicht nur ganz gleich, sondern auch ganz ungleich. Die Ungleichheit besteht aber in dem, was aus der ihm und uns gleichen «menschlichen Natur», indem er sie annahm – was aus dem Fleisch, indem es das seinige wurde, werden mußte und geworden ist. Sie bezieht sich auf die Besonderheit der Geschichte, die sich ereignete, indem er Mensch wurde – sich noch ereignet, indem er, der Sohn Gottes, Mensch ist.

Seine Ungleichheit uns gegenüber besteht also, wohlverstanden, nicht nur darin, daß er, was wir nicht sind, Gottes Sohn, selber wahrer Gott ist. Sie besteht vielmehr eben darum, weil er Gottes Sohn ist, in der Ungleichheit auch seiner und unserer Menschlichkeit. Er ist, weil und indem er

Gottes Sohn ist, dasselbe, was wir sind, ganz anders als wir. Wenn man nicht auch hier auf die Ganzheit achtet, hat man nicht gesehen, was hier zu sehen ist. Es geht nicht bloß um seine Besonderheit als Individuum: daß er nun eben dieser und kein anderer Mensch, unwiederholbar und unvergleichlich nur dieser ist. In diesem Sinne, als Einzelner, ist ja jeder Mensch allen anderen ungleich. Aber eben daß ein Jeder in diesem Sinn, als Einzelner, jedem Anderen ungleich ist, gehört schließlich auch zu ihrer Aller Gleichheit. Es geht wiederum auch nicht bloß um eine graduelle, quantitative Ungleichheit seiner besonderen Menschlichkeit in ihrem Verhältnis zu der unsrigen: etwa darum, daß er in der gleichen Geschöpflichkeit und Fleischlichkeit wie wir der bessere, frömmere, weisere, mächtigere, größere Mensch war als wir übrigen. Es gehört ja wieder zum allgemeinen menschlichen Wesen, in welchem er uns gleich ist, daß es zwischen den menschlichen Individuen im Guten wie im Bösen solche Grad- und Größenunterschiede gibt, ohne daß man deswegen von einer zwischen ihnen bestehenden gänzlichen Ungleichheit reden dürfte. Für seine Ungleichheit uns gegenüber ist alles Derartige gerade nicht bezeichnend. Der wahre Mensch wäre er – das hat der Rationalismus und Relativismus aller Jahrhunderte ganz richtig gesehen – im Blick auf Derartiges doch wohl nicht zu nennen. Ganz anders als wir ist er ja in aller Besonderheit dieser Art nicht: womit ihm allerhand Besonderheit auch dieser Art natürlich nicht abgesprochen sein soll.

Entscheidend anders, uns ganz ungleich, ist er aber darin, daß in ihm, in seinem Menschsein, in der Geschichte, in der er Mensch wird und ist, als Mensch leidet und handelt, eine Erhöhung eben der Menschlichkeit stattfindet, die als die seine wie als die unsere dieselbe ist. «Erhöhung» meint in dem Sinn, in dem das Wort im Neuen Testament auf Jesus Christus angewendet wird, nicht eine Beseitigung, ja nicht einmal eine Alterierung seiner Menschlichkeit: sie hebt also seine Gleichheit mit uns nicht auf, sie macht ihn nicht zu einem Gespenst. «Erhöhung» meint aber auch nicht bloß eine von jenen im Rahmen der ihm und uns gemeinsamen Menschlichkeit möglichen Veränderungen und Verbesserungen. «Erhöhung» meint die Geschichte der Versetzung der ihm und uns gemeinsamen Menschlichkeit auf eine obere Ebene, auf der sie in ihrer ganzen Gleichheit mit der unsrigen dieser auch ganz ungleich wird und ist: nicht bloß graduell, sondern prinzipiell, und nicht bloß quantitativ, sondern qualitativ von der unsrigen verschieden. In solcher Ungleichheit tritt er uns darum gegenüber, weil und indem er der Sohn Gottes und als solcher Mensch, als solcher uns gleich ist. Er existiert als dieses göttliche Subjekt, das ein Mensch wurde, indem es sich als solches dazu erniedrigte, in einer Geschichte, die so die Geschichte keines anderen Menschen sein kann. Was soll der zum Menschen erniedrigte Gottessohn anderes werden und sein als der zwar nicht vergottete, aber zur Seite Gottes erhöhte Menschensohn – was der Herr, der ein Knecht wurde, als der Knecht, der ein Herr wird? Das ist das Geheimnis der Menschlichkeit Jesu Christi, das in der unsrigen zunächst keine Parallele hat. Das ist der Grund und die Kraft der in ihm geschehenen Versöhnung nach dieser Seite – jetzt von unten, vom Menschen her gesehen. Alles, was uns in diesem Kapitel beschäftigen wird, hat seine Wurzel in der Erhöhung dieses Knechtes zum Herrn, des Menschen Jesus von Nazareth an die Seite Gottes des Vaters, die ihrerseits eben darin begründet ist, daß er der erniedrigte Sohn Gottes, der zum Knecht gewordene Herr ist.

Aber um was geht es bei dieser Erhöhung? Was ist das für eine obere Ebene, auf der er, ein Mensch wie wir, und uns ganz gleich, uns so ganz ungleich gegenübersteht? Wir wenden uns mit dieser Frage von der formalen zur inhaltlichen Überlegung. Blicken wir zunächst ruhig in die Richtung, in die wir durch diese Anschauung und diesen Begriff «Erhöhung» gewiesen sind: es ist dieser Mensch, es ist in ihm das menschliche Wesen in seiner rein kreatürlichen wie in seiner fleischlichen Bestimmtheit, in seiner Natur wie in seiner Unnatur also, von seiner Mitte her durch die Tat des hier existierenden Subjekts in eine Bewegung gesetzt, in der sich sonst kein Mensch befindet, nicht befinden will und auch nicht befinden kann. *Humanitas* in seiner Person: als die *humanitas* dieses Menschen, ist nämlich in Bewegung, von hier nach dort, aus der Fremde, in die sich das hier als Mensch handelnde Subjekt, der Sohn Gottes, begeben, zurück in dessen Heimat, die sich als des Menschen Heimat eben dadurch erweist, daß jener, von dort herkommend, auch Menschensohn werden und sein wollte, in die der Mensch nun in der Person dieses Einen wirklich zurückkehren, ja in der er in dessen Person schon daheim sein darf. Es geht schon um «Erhöhung»: um des Menschen Bewegung «von unten nach oben», von der Erde als seinem eigenen, von Gottes Schöpfung her so guten, durch ihn selbst so verfinsterten Bereich her – hinauf in den Himmel als den eigentümlichen Bereich Gottes, oder: vom Menschen, in seinem geschöpflichen, aber auch fleischlichen Wesen und also von seinem Sein im Widerspruch her hinauf in den Frieden mit Gott seinem Schöpfer, Richter und Herrn. Es geht um die Bewegung, die dadurch ausgelöst ist, daß zuerst von diesem Gott zum Menschen, vom Himmel zur Erde und so «von oben nach unten» die entgegengesetzte Bewegung stattgefunden hat, ja in der Person jenes Einen noch stattfindet und Ereignis ist. «Erhöhung» meint, immer im Blick auf die Person dieses Einen, das Ganze der so ausgelösten Bewegung: miteinander ihr Anheben, ihren Vollzug, ihre Vollendung. «Erhöhung» meint die Geschichte, in der sich diese Bewegung ereignet, in der dieser Mensch Mensch ist. Wer «Jesus Christus» sagt, der kann nicht nur «Erniedrigung des Gottessohnes» sagen; er hat eben damit schon «Erhöhung des Menschensohnes» gesagt. Er kann also nicht in einer abstrakten *theologia crucis* stecken bleiben, denn eben sie ist voll heimlicher *theologia gloriae*. Er kann sich nicht an der Anschauung und am Begriff des hohepriesterlichen Amtes und Werkes Jesu Christi genügen lassen, denn eben indem dieser als Sohn Gottes ein Knecht wird und jenes Amtes waltet, jenes Werk tut, tritt er als der Menschensohn ein in das Amt und Werk eines Herrn, des Königs, der der Unsrige ist, indem er uns ganz gleich und in dieser Gleichheit nun doch auch so ganz ungleich ist. Wer «Jesus Christus» sagt, dem bleibt ja nichts Anderes übrig, als auch auf diese in ihm stattfindende Bewegung von unten nach oben, auf seine Erhöhung – die in ihm stattgefundene und noch stattfindende Erhöhung des Menschen – zu blicken. Wer ihn sieht, der sieht den Vater (Joh. 14, 9), aber eben damit auch das Kind, sich selbst, den Menschen – im Vollsinn des Begriffs: den w a h r e n, den in dieser Geschichte existierenden Menschen.

Das ist aber der wahre, der erhöhte Mensch in der Person des einen Jesus von Nazareth: Er ist der Mensch, dessen Geschichte sich als eine menschliche Geschichte in ihrer Totalität, in seiner freien, spontanen, inneren Ü b e r e i n s t i m m u n g mit dem Willen, Ratschluß und Tun G o t t e s und also als D i e n s t Gottes und damit auch als Dienst an den Menschen zuträgt und kundgibt. Prägen wir uns nochmals ein: ohne Aufhebung oder auch nur Abschwächung seiner Gleichheit mit uns anderen, nicht in einer anderen Situation also als die, die auch die unsere ist. Aber nun auch nicht bloß als eine relative Verschiebung und Verbesserung innerhalb der uns Allen gegebenen Möglichkeiten! Sondern als Erhebung unseres Wesens mit allen seinen Möglichkeiten und in allen seinen Grenzen in die ganz andere Sphäre jener Totalität, jener Freiheit, jener Entsprechung, jenes Dienstes. Sie ist menschliche G e s c h i c h t e d i e s e s (dem Inhalt unserer Geschichte, der Weltgeschichte und aller Menschen Lebensgeschichte, so ganz ungleichen) I n h a l t e s! Jesus ist schlicht der Mensch, in dessen menschlichem Sein, Denken, Wollen, Reden und Tun es genau zu jener dankbaren B e j a h u n g der dem menschlichen Geschlecht, dem ganzen geschaffenen Kosmos zugewendeten G n a d e G o t t e s kommt, die wir Anderen alle ihm verweigern und schuldig bleiben. Er ist der Mensch, der (in seiner Geschöpflichkeit und Fleischlichkeit uns gleich, unser Bruder in allem) in der T a t seines Lebens den Bund Gottes mit seinem Volk nicht bricht, sondern seinerseits hält. Er hat den Widerspruch der menschlichen Existenz, das furchtbare Zwielicht, in dem wir alle uns befinden, nicht etwa einfach hinter sich. Er erleidet vielmehr seinen Fluch und seine Not in einer Tiefe, in die wir Anderen kaum ahnungsweise auch nur hineinzublicken in der Lage sind. Es ist aber die sofort mit dem Anheben seines Menschseins beginnende Tat seines Lebens eine einzige Durchbrechung und Überwindung dieses Widerspruchs und dieser Spannung. Und als dieser Durchbrecher und Überwinder ist er der Gott und damit auch sich selbst treue, der mit Gott v e r s ö h n t e, der w a h r e und im Verhältnis zu uns Anderen Allen: der n e u e Mensch. Er ist, in dieser seiner Lebenstat von Gott selbst heraufgeführt, in der Person seines eigenen Sohnes auf den Plan gestellt, – wie könnte es anders sein? – Mensch des göttlichen Wohlgefallens: totaler Empfänger der Gnade Gottes, der im Frieden mit ihm seines Friedens teilhaftig, im Tun seines Willens von den Erweisen seiner Macht begleitet und getragen, als Offenbarer seines Geheimnisses selbst von seinem Geheimnis, aber auch von dem Licht von dessen Offenbarung umgeben, indem er sein Knecht ist, als Herr von ihm anerkannt, bezeugt, bestätigt und proklamiert wird, indem er in Demut Gottes Wort an die Menschen ausrichtet, selber in Herrlichkeit Gottes Antwort auf die den Menschen unlösbare Frage ihrer Existenz und Situation sein darf: «am dritten Tage auferstanden von den Toten, aufgefahren gen Himmel, sitzend zur Rechten Gottes, des Vaters, des Allmächtigen» – er, dieser Mensch, der uns in allem, was wir sind, so Gleiche, und in allem, was er in dieser Gleichheit mit uns tut und erfährt, auch so ganz Ungleiche!

Das ist formal und sachlich zunächst im Umriß angedeutet, die «Heimkehr des Menschensohnes»: die in Jesus Christus geschehene «Erhöhung» der menschlichen Natur, die Geschichte, in der er der «wahre Mensch» und als solcher – jetzt von unten, vom Menschen her gesehen – der Grund der Versöhnung der Welt mit Gott ist. Unsere Anschauung von diesem Geschehen, bzw. von diesem besonderen Aspekt des einen, ganzen Christusgeschehens bedarf offenbar konkreter Füllung. Wir werden diese im Blick auf die Grundzüge der neutestamentlichen Überlieferung von der menschlichen Existenz Jesu Christi zu gewinnen haben. Bevor wir uns dieser Aufgabe zuwenden, wird es angemessen sein, uns die großen theologischen Zusammenhänge zu vergegenwärtigen, in welchen der besondere christologische Begriff, um den es uns jetzt geht, seinen Ort, seinen Sinn und seine Kraft hat. Drei Gesichtspunkte werden dabei zu beachten sein: (I) seine erste und letzte Begründung in Gottes Gnadenwahl, (II) sein geschichtlicher Vollzug im Ereignis der Inkarnation und (III) sein Offenbarungsgrund in des Menschen Jesu Auferstehung und Himmelfahrt.

I

Wir blicken zunächst zurück auf den ewigen Anfang aller Wege und Werke Gottes im Akt seiner Gnadenwahl. Weil dieser Gesichtspunkt im Zusammenhang der Gotteslehre schon an viel früherer Stelle der Kirchlichen Dogmatik (II, 2, § 32) zur Entfaltung gekommen ist, können wir uns hier verhältnismäßig kurz fassen.

Mit dem ewigen Anfang aller Wege und Werke Gottes haben wir es zu tun, wenn wir es mit Jesus Christus – auch wenn wir es mit seiner wahren Menschheit zu tun haben. Sie ist keine «zufällige Geschichtstatsache». Sie ist dasjenige geschichtliche Ereignis, in welchem sich in der Zeit ereignete, was Gottes Absicht, Beschluß und Wille von Ewigkeit her und also vor dem Sein aller Kreatur, vor aller Zeit und Geschichte war und also auch über aller Zeit und Geschichte ist, auch nach aller Zeit und Geschichte sein und bleiben wird: so nämlich, daß das Sein aller Kreaturen und ihre ganze Geschichte in der Zeit diesem einen Beschluß und Willen Gottes folgte und also auf ihn bezogen war, ist und sein wird. Eben die wahre Menschheit Jesu Christi als die Menschheit des Sohnes war, ist und bleibt nämlich primärer Inhalt von Gottes ewiger Gnadenwahl, d. h. eben: derjenigen göttlichen Entscheidung und Aktion, der außer dem trinitarischen Geschehen des inneren Lebens Gottes keine höhere vorangeht, der vielmehr alle anderen göttlichen Entscheidungen und Aktionen folgen und zugeordnet sind. Die wahre Menschheit Jesu Christi ist also als in der Zeit geschehene Geschichte die Ausführung und Offenbarung nicht nur einer, sondern der Absicht des Willens Gottes: durch keinen andersartigen und also auch durch kein anderes Geschehen im Kreaturbereich begrenzt und bestimmt, vielmehr ihrerseits der Inbegriff aller göttlichen Absichten und so die Begrenzung und Bestimmung alles sonstigen Weltgeschehens.

Denn Gottes ewige Gnadenwahl ist konkret: die Erwählung Jesu Christi, d. h. eben die Entscheidung und Aktion, in der Gott in seinem Sohn sich selbst für den Menschen und – darauf haben wir jetzt zu achten – in seinem Sohn den Menschen für sich erwählte und bestimmte. Sie ist die Entscheidung und Aktion Gottes, in der er des sündigen Menschen Verwerfung mit allen ihren Folgen auf sich nahm und eben diesen Menschen – das hat uns jetzt zu beschäftigen – erwählte zur Teilnahme an seiner eigenen Heiligkeit und Herrlichkeit: für sich also Erniedrigung, für den Menschen Erhöhung! Darum eben Gnadenwahl! Daß Gott am Anfang aller seiner Wege und Werke so und nicht anders, daß er eben diesen wunderbar barmherzigen Austausch wählte, das ist das Geheimnis – der Abgrund des Geheimnisses – seiner Gnade. Und Gnadenwahl als Erwählung Jesu Christi! In der in der Zeit in diesem Einen geschehenen Versöhnung der Welt mit Gott steht uns der Abgrund jenes Geheimnisses, Gottes ewige Gnadenwahl, als Anfang aller seiner Wege und Werke vor Augen, in Ihm jener Austausch. Er ist Beides: als Gottessohn der den Menschen und so seine eigene Erniedrigung Erwählende, als Menschensohn der von Gott und so zu seiner eigenen Erhöhung Erwählte. Er ist Gottes ewige, doppelte Prädestination, von der Alles, jede andere göttliche Absicht und so alles Weltgeschehen herkommt, in der alle Dinge ihr Maß, in der sie auch ihr Ziel haben. Denn was Gott wollte und tat, noch will und tut, wollen und tun wird, das ist – direkt in der Geschichte seines Fleisch gewordenen Wortes (und in der dieser letzten Zeit ihren Sinn gebenden Nachgeschichte dieser Geschichte) und indirekt in Gottes väterlichem Walten als Schöpfer, Erhalter und Regent des Kosmos – die Ausführung und Offenbarung dieser seiner doppelten Prädestination und also der Erwählung Jesu Christi, Aufschluß des in diesem ewigen Beschluß Gottes Eingeschlossenen. Er, Jesus Christus, ist, der da war, der da ist, der da kommt, Alles aus ihm, Alles durch ihn, Alles zu ihm hin, der wahrer Gott und wahrer Mensch ist.

Wahrer Mensch – das interessiert uns jetzt schon unter diesem Gesichtspunkt im Besonderen. Wir hörten: am Anfang aller Wege und Werke Gottes geht es um die in der Erwählung Jesu Christi vollzogene Gnadenwahl – um den einen Gottessohn als den Erwählenden und um den einen Menschensohn als den Erwählten und so um Gottes von diesem Einen her und zu diesem Einen hin gerichtete Prädestination. Eben damit ist aber darüber entschieden, daß wir es nicht nur in der von der freien Gnade Gottes begründeten Gemeinschaft Gottes mit dem Menschen, sondern auch in derselben freien Gnade begründeten Gemeinschaft des Menschen mit Gott, nicht nur in der göttlichen Bewegung «von oben nach unten», sondern auch in der menschlichen Bewegung «von unten nach oben», nicht nur in der Tat Gottes als solcher, sondern auch in der durch sie in Gang gebrachten menschlichen Geschichte, mit dem ewigen Beschluß und Willen Gottes mit seiner einen Urentscheidung zu tun haben. Gott war auch in jenem Anfang aller seiner Wege und Werke nicht allein und auch nicht allein wirksam: nicht ohne den Menschen. Und es brauchte der Mensch nicht erst geschaffen, geschweige denn zum Sünder zu werden, dem Tode zu verfallen, geschweige denn, in dieser Situation allerhand Gegenbewegungen zu versuchen, um für Gott und vor ihm da zu sein, von ihm geliebt zu werden und ihn wieder zu lieben. Der durch Gottes Gnade der Gnade Gottes zugewendete und so erhöhte, so in der Rückkehr in die Heimat begriffene Mensch ist kein später Hinzugekommener, der dann wohl noch später auch wieder abzutreten und zu verschwinden hätte. Er existiert nicht bloß sekundär. Er ist gerade dort, von wo Alles, von wo in der zeitlichen Ausführung des Willens Gottes (in der Schöpfung als Letzter!) auch er herkommt, in der ewigen Wahl Gottes mit Gottes Sohn Erster, primärer Gegenstand und Inhalt des göttlichen Ur- und Grundwillens. Gewiß, kein zweiter Gott, gewiß nicht selber ewig wie Gott, gewiß nur sein (der Zeit verpflichtetes und auch sonst begrenztes und überdies der Bedrohung durch das Nichtige aus eigener Kraft nicht gewachsenes) Geschöpf. Er ist aber als dieses Geschöpf, weil von Gott ersehen und gewollt, vor aller, auch vor dem Anbruch seiner eigenen Zeit, als primärer Gegenstand und Inhalt seines Schöpferwillens bei, mit und vor Gott in seiner Weise so real wie Gott es in der seinigen ist: in Gottes alle Realität begründendem Ratschluß auch er grundreal. Wir können es in keiner Höhe noch Tiefe, in keinem Einst oder Dann mit Gott zu tun haben, ohne es sofort auch mit ihm, mit diesem Menschen zu tun zu haben. Wir können uns selbst und die Welt nicht begreifen, ohne zuerst mit Gott auch diesen Menschen zu begreifen als den Zeugen des gnädigen

Sinnes, in welchem Gott uns selbst und die Welt gewollt und geschaffen hat, in welchem wir in ihr und mit ihr existieren dürfen. Nicht zuerst die Welt und wir, wir und die Welt sind von Gott gewählt, gewollt, wahrhaft seiend – und dann irgendeinmal und irgendwo auch noch er, dieser Mensch –, sondern zuerst war und ist er, der von Gott Gewählte und Gewollte und also wahrhaft Seiende, dann, ihm folgend und zugeordnet, von Gott mitgewählt und mitgewollt, auch wir in der Welt, auch unser Wesen und unsere Existenz vor ihm.

«Er, das Ebenbild des unsichtbaren Gottes, ist der Erstgeborene der ganzen Schöpfung. Denn in Ihm ist Alles geschaffen, im Himmel und auf der Erde, das Sichtbare und das Unsichtbare... durch Ihn und zu Ihm hin ist es geschaffen worden und er ist vor Allem und Alles hat in Ihm seinen Bestand» (Kol. 1, 15f.). Man bemerke, daß dasselbe Subjekt, von dem da die Rede ist, v 18 «das Haupt des Leibes, der Gemeinde» und «der Erstgeborene aus den Toten» genannt wird, daß es v 20 von ihm, diesem αὐτός, heißt, es habe Gott gefallen, das All in Ihm zu versöhnen, indem er Frieden schuf durch sein Blut. Vom Blut des ewigen Sohnes Gottes als solchem und von ihm als dem Erstgeborenen aus den Toten zu reden, hätte offenbar keinen Sinn. Nur auf den ewigen Sohn Gottes, auf einen λόγος ἄσαρκος können sich die prädestinatianischen Aussagen von v 15f. also nicht beziehen.

Es wäre aber auch der Satz Joh. 1, 2: «Dieser war (οὗτος ἦν) im Anfang bei Gott» eine unverständliche Wiederholung des zweiten Satzes von Joh. 1, 1, wenn er nicht vorwegnehmend auf den fleischgewordenen Logos deutete, den dann auch Joh. 1, 15 der Täufer bezeugen und ausrufen wird: «Dieser war (οὗτος ἦν), der nach mir kommend, mir schon zuvorgekommen ist, denn er war vor mir (πρῶτός μου ἦν). Folglich wird man aber auch Joh. 1, 3: «Durch Ihn wurden alle Dinge und ohne Ihn (χωρὶς αὐτοῦ) wurde nichts, was geworden ist», folglich wird man auch Joh. 1, 10: «Die Welt wurde durch Ihn» unmöglich abstrakt auf den ewigen Logos beziehen können. Joh. 1, 14 bezeugt das Ereignis, auf das der ganze Prolog zurückblickt. Und so redet der ganze Prolog – vielleicht mit Ausnahme des ersten Sätzchens von v 1 –, indem er von dem ewigen Logos redet, auch von dem Menschen Jesus. Entsprechend wird dann auch das auf den Prolog zurückgreifende Wort Joh. 8, 58: «Ehe Abraham war, war ich» zu verstehen sein. Und so ausdrücklich wie möglich wird Joh. 6, 51 das «vom Himmel herabgekommene ‚lebendige Brot'» gleichgesetzt «meinem Fleisch, das ich für das Leben der Welt geben werde».

Es dürfte aber auch Hebr. 1, 2f. nicht anders stehen, wo von dem Sohn gesagt wird: durch ihn habe Gott die Äonen (die Welten) geschaffen, er, der Abglanz seiner Herrlichkeit und das Ebenbild seines Wesens, sei der, der durch sein Machtwort alle Dinge trage. Denn unmittelbar darauf heißt es von ihm, er habe sich, nachdem er die Reinigung von den Sünden vollbracht, zur Rechten der Majestät in der Höhe gesetzt und sei (v 4) umso erhabener auch über die Engel geworden, als er einen viel erhabeneren Namen als den ihrigen ererbt habe. Das und die ganzen darauf folgenden Aussagen über seine Überlegenheit über die Engel wäre wieder unverständlich, wenn dabei abstrakt an den ewigen Sohn Gottes gedacht wäre, der doch als solcher derartiger Erhöhung und des «Ererbens» jenes erhabenen Namens nicht erst bedurfte. Und wie könnte er als solcher schon in v 1 mit den Vätern in eine Linie gestellt werden, durch die Gott vorzeiten zu vielen Malen und in vielerlei Weise gesprochen habe? wie könnte von ihm als solchem gesagt werden, daß am letzten dieser Tage Gott durch Ihn zu uns geredet habe? Das ist dann und nur dann verständlich, wenn, wie ja v 6 ausdrücklich hervorgehoben wird, von dem von Gott in die Menschenwelt, die οἰκουμένη, Eingeführten und also von dem Gottes- und Menschensohn die Rede ist. Er als solcher ist der Eine, durch den Gott die Äonen geschaffen hat und der durch sein Machtwort alle Dinge trägt.

Und so ist der, welcher (1. Petr. 1, 20) «vor Grundlegung der Welt ersehen war, in der letzten der Zeiten aber offenbar wurde» eben der, von dem den Lesern v 18–19 gesagt wurde, daß sie durch sein Blut als das eines fehler- und fleckenlosen Lammes erlöst seien. So ist auch der, von dem Eph. 1, 4 gesagt wird, Gott habe uns «in Ihm erwählt vor Grundlegung der Welt, damit wir heilig und untadelig seien vor Ihm», eben der, von dem es v 6 wieder heißt, daß wir unsere Erlösung durch sein Blut empfangen haben. Und so heißt Apoc. 13, 8 das schon vor der Grundlegung der Welt geschriebene Buch des Lebens (in welchem die Namen derer, die das Tier anbeten, nicht stehen!): das Buch «des geschlachteten Lammes». In allen diesen prädestinatianischen Stellen wäre das Hervorheben des Blutes, bzw. der Tötung Jesu Christi offenbar unverständlich, wenn sie auf einen λόγος ἄσαρκος und nicht vielmehr auf den ewigen Gottessohn, aber eben damit auch auf den in der Zeit existierenden Menschensohn blicken würden.

Es geht in Gottes Gnadenwahl um den durch Gottes ewigen Sohn erwählten Menschensohn und also um die Erwählung des einen, ganzen Jesus Christus. Und es geht in ihr als der Erwählung des Menschensohns um seine Erwählung zu seiner, der Gemeinschaft Gottes mit ihm entsprechenden Gemeinschaft mit Gott und damit um seine wunderbare Erhebung zu Gottes getreuem Bundesgenossen: hinein in eine Existenz als «Abglanz seiner Herrlichkeit», in der Teilnahme an seinem eigenen, dem ewigen Leben, im vollkommenen Dienst seines Wortes und Werkes. Das ist es, was dem Menschen in diesem Einen in der Urentscheidung des göttlichen Ratschlusses zugedacht, zugesprochen, zugeteilt ist. In dieser Bestimmung existiert der Mensch in diesem Einen am Anfang aller Wege und Werke Gottes und so im Anfang aller Dinge bei und mit Gott selber: im Urgrund aller Realität, in Gottes ewiger Gnadenwahl.

Was haben wir mit dieser ersten Überlegung gewonnen? Gewiß keine ontologische Unterbauung des für die Entfaltung unseres ganzen Problems entscheidenden Begriffs der wahren Menschheit Jesu Christi: er bedarf einer solchen nicht. Es wäre eine solche auch nicht durchführbar und er könnte durch jeden Versuch einer solchen nur kompromittiert und in Frage gestellt werden. Wohl aber ist ihr Ertrag eine Hervorhebung der theologischen Notwendigkeit dieses Begriffs: seiner ersten und letzten Begründung in der Wurzel alles christlichen Erkennens und Denkens. Sie beseitigt den letzten Schein von Zufälligkeit, Äußerlichkeit, Beiläufigkeit und Entbehrlichkeit, mit dem man gerade das im engeren Sinn Geschichtliche des Christusgeschehens so leicht umgeben sieht. Es ist diesem Geschehen wesentlich, es gehört zu seiner Substanz, daß es nicht nur «Tat Gottes» ist, sondern als solche eine menschliche Geschichte, die Geschichte des wahren Menschen – und das ist die Existenz des Menschen Jesus – in sich schließt. Eben das zeigt uns der Rückblick auf Gottes ewige Gnadenwahl. Er zeigt uns, daß die Einheit dieser menschlichen Geschichte mit der Tat Gottes, mit der wir es im Christusgeschehen allerdings zu tun haben, nicht aufzulösen ist. Es ist also diese menschliche Geschichte nicht nur ein Offenbarungsmodus, oder ein Offenbarungsvehikel, dem gegenüber das, was offenbart wird, ein Höheres, nämlich ein Unweltliches, ein rein Göttliches, Ewiges, Geistliches wäre, von dem dann jene menschliche Geschichte nicht nur unterschieden, sondern getrennt werden könnte und geradezu müßte, hinter dem sie als eine bloße Ökonomie von nur vorläufiger, nämlich religiös-praktischer Bedeutung zurückstehen und schließlich verschwinden müßte.

So hat, exemplarisch für so viele Spätere, auch Neuere und Neueste, schon im 9. Jahrhundert Joh. Scotus Erigena – gedacht und geredet: es sei das Geschichtliche der Offenbarung überhaupt nur vorhanden für die Gläubigen: für sie als ein ihnen unentbehrliches Vehikel übersinnlicher, ihnen überschwänglicher Ideen. Für den spekulativen Denker aber sei es nichts Anderes als eine Allegorie, welche als solche durchschaut und enträtselt werden muß und auch kann. Auch das irdische Leben Jesu präge die Gegenwart Gottes nicht aus, sondern symbolisiere sie nur, begründe also nichts, sondern deute nur an. Es könne nicht urbildlich, sondern nur vorbildlich sein. *Perit, quod videtur, quod sensibile est et temporale; manet, quod non videtur, quia spirituale est et aeternale* (nach H. Reuter, Gesch. d. rel. Aufklärung im Mittelalter 1. Bd. 1875, S. 61, 279).

Es gehört vielmehr eben zu dem, was offenbar wird, mit der Tat Gottes auch diese menschliche Geschichte, das «irdische Leben Jesu». Mit jener wurde auch diese menschliche Geschichte in der Zeit («in der letzten der Zeiten» 1. Petr. 1, 20) offenbar, aber mit jener auch diese als Inhalt des ewigen Beschlusses und Willens Gottes. Mit jener war auch diese «vor Grundlegung der Welt ersehen». Es gibt keine göttliche, ewige, geistliche Höhe oder Tiefe, in der das Christusgeschehen nicht Beides und also nicht auch «weltlich», auch diese menschliche Geschichte ist. Es ist also der Begriff der wahren Menschheit Jesu Christi nicht in einem geringeren, sondern im gleichen Sinn wie der seiner wahren Gottheit ein erstlich und letztlich begründeter, ein schlechthin notwendiger Begriff. Es ist Jesu Christi Menschheit kein sekundäres, kein eventuelles, kein nachträglich hinzukommendes und dann auch wieder vorübergehendes und verschwindendes, kein bloß vermittelndes – sie ist mit seiner Gottheit zusammen integrierendes Moment des Christusgeschehens.

Alles Folgende hängt daran, daß dieser Nagel sitzt. Der versöhnte Mensch ist nicht bloß ein Schatten des versöhnenden Gottes. Des Menschen Erhöhung ist nicht nur fakultativ mit Gottes Erniedrigung zusammen zu sehen. Die Heiligung ist nicht nur ein Appendix zur Rechtfertigung. Der Auferbauung der christlichen Gemeinde geht ihre Sammlung nicht bloß möglicherweise zur Seite. Die christliche Liebe ist nicht bloß eine beiläufige Folgeerscheinung des christlichen Glaubens. Alle diese Entfaltungen unseres zweiten Problems der Versöhnungslehre sind den entsprechenden des ersten vielmehr im Innersten und bei aller Verschiedenheit in gleicher Dignität verbunden. Aller Doketismus ist auf der ganzen Linie unmöglich und verboten. Das hängt aber überall daran, daß es Gott in gleichem ursprünglichen Ernst um des Menschen Gemeinschaft mit ihm wie um seine Gemeinschaft mit dem Menschen zu tun ist. Die Erkenntnis, daß dem so ist, hängt aber ihrerseits an der Erkenntnis, daß wir es in der

Menschheit Jesu Christi ebenso wie in seiner Gottheit mit der *prima veritas*, d. h. mit solcher Wahrheit zu tun haben, auf die von keiner höheren her auch nur der leiseste Schatten von Zufälligkeit und Nebensächlichkeit fallen kann.

Und wenn wir es in der Menschheit Jesu Christi mit solcher Ursprungs- und Grundwahrheit zu tun haben, ist auch darüber entschieden, daß dieser Eine nicht nur einer neben den vielen anderen Menschen, nicht nur ein absonderlicher Fall für sich ist, durch dessen Existenz die der Anderen nicht notwendig bestimmt, sondern nur zufällig, nur möglicherweise und auch dann nicht innerlich, nicht von ihrem Sein als Menschen her, sondern nur äußerlich und beiläufig berührt wäre. Existiert er als Gegenstand der ewigen Gnadenwahl am Anfang aller Wege und Werke Gottes, dann heißt das: Er, dieser wahre Mensch, ist d e r Eine, dessen Existenz die aller anderen Menschen notwendig angeht, in der auch über sie entschieden, durch die sie als seine Mitmenschen innerlich, von ihrem Sein als Menschen her bestimmt, in welchem und für welchen auch sie erwählt sind. Er kommt dann, indem er in ihrer Mitte Mensch wird, in sein Eigentum (Joh. 1, 11). Er ist dann – ob sie ihn als solches erkennen und anerkennen oder nicht – ihr Haupt von jeher. Er kann ihnen dann mehr sein als Beispiel. Er kann dann (und das ist es doch, was er in der Versöhnung tut) für Gott bei i h n e n und für sie bei G o t t eintreten. Es kann dann seine Geschichte ihrer aller Heilsgeschichte sein. Gott kann dann in diesem einen Menschen die Welt mit sich selber versöhnen. Und nun k a n n das ja nicht nur geschehen, nun g e s c h i e h t das. Nun erweist er sich in diesem Geschehen als der wahre Mensch, als der, der Haupt war «vor Grundlegung der Welt», Voraussetzung und Bedingung des Seins aller Menschen, dessen Anspruch auf ihre Existenz und dessen Verheißung für sie z u m v o r n h e r e i n Gültigkeit haben: noch bevor sie sie vernommen und dazu Stellung genommen haben – eben darum s t r e n g e Gültigkeit. In solch strenger Gültigkeit werden sie dann auch zeitliche Geschichte. In dieser ihrer strengen Gültigkeit wollen sie erkannt und anerkannt sein.

Eben um das Alles hervorzuheben, hatten wir den Begriff der wahren Menschheit Jesu Christi zunächst in jenem prädestinatianischen Zusammenhang zu erfassen. Die neutestamentlichen Autoren, an deren Zeugnis wir angeknüpft haben, haben wohl gewußt, um was es ging, wenn sie diesen Zusammenhang sichtbar gemacht haben.

II

Wir blicken jetzt – und wir kommen damit zur entscheidenden Mitte dieser christologischen Grundlegung – auf den g e s c h i c h t l i c h e n Voll- zug des Begriffs des wahren Menschen und also auf die I n k a r n a t i o n: auf das in Gottes ewiger Gnadenwahl begründete und ihr entsprechend realisierte Sein Jesu Christi in der Zeit. Wie verstehen wir das Geschehen, in welchem dieser Eine der wahre Mensch wurde, war und ist? Jetzt ist es am Platz, mit dem größten Nachdruck von dem Majestätsakt Gottes zu reden, der die *ratio*, der Sinn, der Grund, die Kraft, die Wahrheit dieses Geschehens und also des menschlich zeitlichen Seins Jesu Christi ist. In der Tat: er ganz allein ist hier *ratio essendi* und *ratio cognoscendi*, Seinsgrund und Erkenntnisgrund.

Seinsgrund: Wohl existiert dieser Mensch als Geschöpf unter anderen Geschöpfen, kraft seiner Herkunft von Abraham, Isaak und Jakob, von David und Maria im Zusammenhang der Gesamtheit und selber von der Art des geschaffenen Kosmos, teilnehmend an «Fleisch und Blut», wie es Hebr. 2, 14 sehr realistisch heißt. Aber daß es im Zusammenhang des kosmischen Seins zur Hervorbringung und Existenz dieses Geschöpfes, des Menschen Jesus, kommt, das Faktum seiner zeitlichen Geschichte, ist nicht die Realisierung einer der dem geschaffenen Kosmos immanenten Möglichkeiten. Es ist zwar das dem geschaffenen Kosmos in Gottes Urentscheidung, in der er seinen Anfang hat, zugedachte und bestimmte Zielgeschehen; es ist zwar die Erfüllung der Israel in seinen Vätern gegebenen Verheißung; es geschieht zwar als eine, die letzte und höchste Verwirklichung in der Folge der kosmischen, in Gottes Walten als Schöpfer, Erhalter und Regent des ganzen von ihm verschiedenen Seins begründeten Verwirklichungen. Es ist aber – und erst damit erreichen wir die Wirklichkeit dieses Menschen – in dieser Folge zugleich ein schlechthin neues Geschehen: in dieser Folge sich ereignend als dieses Geschehen, als die Existenz dieses Menschen nicht ihre Konsequenz, nicht aus ihnen abzuleiten, vielmehr das Werk einer neuen Tat Gottes. Gemeint sein soll damit: eines göttlichen Aktes, der freilich auch in der Folge und Linie seines Handelns als Schöpfer, Erhalter und Weltregent und also auch im Zusammenhang des ganzen geschöpflichen Seins geschieht, der aber die Folge und Linie seines Handelns als Schöpfer und also den Zusammenhang des geschöpflichen Seins und Geschehens zugleich überschreitet, in welchem das Handeln Gottes und mit ihm das Weltgeschehen in einer allem Bisherigen gegenüber anderen neuen Dimension weitergeht. Geht es doch in ihm ganz schlicht darum, daß Gott Mensch und also der Schöpfer Geschöpf wird.

Gott Mensch, der Schöpfer Geschöpf! Insofern geschieht, was hier geschieht, in der Reihe seines ganzen Handelns, im Zusammenhang aller seiner Werke, ein Ereignis unter anderen in der Geschichte Israels und also in der Weltgeschichte. Aber nun Gott Mensch, der Schöpfer Geschöpf! Insofern fängt mit dem, was hier geschieht, in der Reihe seines ganzen Handelns eine neue Reihe an, ereignet sich im Zusammenhang seiner Werke, in der Geschichte Israels und also in der Weltgeschichte ein Ereignis eigener, im Verhältnis zu allen anderen schlechterdings verschiedener Art. Dieser Majestätsakt ist die *ratio essendi*, der Seinsgrund des wahren Menschen, des Menschen Jesus. Er ist der neue Mensch, der seine Existenz als solcher ganz und allein der Barmherzigkeit und Macht, dem neuen, das Geheimnis der Schöpfung zugleich bestätigenden und übertreffenden Geheimnis dieses Majestätsaktes verdankt.

Nur dieser göttliche Majestätsakt kann nun aber auch die *ratio cognoscendi*, der Erkenntnisgrund dieses Menschen sein.

Indem er wie alle anderen Menschen als Geschöpf unter Geschöpfen in der Zeit existierte – eine Menschenfigur in der Geschichte Israels und der Weltgeschichte, ein konkretes Moment im Zusammenhang des ganzen kosmischen Geschehens – ist freilich gegeben, daß er seinen Mitgeschöpfen auch allgemein sichtbar, in irgend einer Interpretation auch allgemein feststellbar ist: in den Grenzen, in denen ein Geschöpf anderen Geschöpfen sichtbar, interpretierbar und so feststellbar sein kann, innerhalb dieser Grenzen ihrem Sehen, Deuten und Feststellen sicher nicht unzugänglich, sondern zugänglich. Es braucht zu seiner Wahrnehmung keiner besonderen Augen und zu seiner Deutung – in den Schranken, in denen der Mensch Wahrgenommenes zu deuten vermag – keines besonderen Verstehens.

Jede einigermaßen aufgeschlossene und kompetente Sicht und Auslegung des geschaffenen Kosmos und seiner Geschichte wird in irgend einer Form auch mit dieser Figur, mit Jesus rechnen und ihr unter ihren Gegenständen irgend einen Raum und irgend eine Bedeutung geben müssen. Wo er ist – und er ist ja eben auch als Moment unter Momenten, als Figur unter Figuren im Zusammenhang und auf der Ebene des kosmischen Seins und Geschehens – da ist er in der Vielfältigkeit und in den Grenzen des hier Möglichen auch sichtbar und deutbar, so daß z. B. kaum ein ordentlicher Historiker einfach an ihm vorbeigehen, kaum ein ordentlicher Philosoph es sich nehmen lassen wird, in einigen Betrachtungen in vorsichtig gedämpfter Anerkennung neben Buddha und Sokrates auch seiner in angemessener Weise zu gedenken. Man kann ihn eben kennen und man kennt ihn auch.

Aber etwas Anderes ist hier Kennen, etwas Anderes Erkennen. Erkennen hieße ja eben: ihn als den kennen, der er – er ganz allein! – ist: als den, in welchem von seinem Seinsgrund, von Gottes Majestätsakt her mitten in der Reihe, mitten unter all den anderen Momenten und Figuren des Seins und der Geschichte des Kosmos das ihnen allen gegenüber Neue und Einzigartige geschieht und ist: daß der Schöpfer selbst, ohne aufzuhören der Schöpfer zu sein, auch Geschöpf – und also Gott selbst, ohne aufzuhören Gott zu sein, auch Mensch wird. Ihn als diesen kennen, genau das, nicht mehr und nicht weniger als das – heißt ihn erkennen. Eben als dieser befindet er sich aber offenbar nicht im Bereich des Sichtbaren und Deutbaren, der ja mit dem Sein und der Geschichte des Kosmos, mit der Gesamtheit seiner kosmischen Momente und Figuren als solcher in ihrer kosmischen Art zusammenfällt und der in dieser ihrer kosmischen Art seine Grenze hat. Ein Mensch, der zwar als solcher ein Moment, eine Figur des kosmischen Seins und seiner Geschichte, auch kosmischer Art, darüber hinaus aber auch – er ganz allein! – der Schöpfer, Gott selbst ist, der eben darin seinen Seinsgrund hat, daß in ihm dieses schlechthin Neue, Einzigartige Ereignis ist – ein solcher Mensch mag wohl, sofern auch er sich in jener Reihe befindet, sichtbar, deutbar und also kennbar und faktisch gekannt sein. In welcher Verschärfung und Vertiefung könnte aber das ihm zugewendete menschliche Sehen und Deuten, die in jenem Bereich mögliche menschliche Kenntnis dieses Menschen zur Erkenntnis werden? Erkenntnis dieses Menschen kann offenbar selbst nur als neue, d. h. als eine an der Neuheit seines Seins teilnehmende Kenntnisnahme vollzogen werden. Sie muß also des sein Sein im Kosmos begründenden göttlichen Majestätsaktes gewahr sein; sie muß sich diesem anschließen, ihm folgen, ihn begleiten, ihn nachvollziehen. Das heißt aber: sie muß eben von dort her in Gang gesetzt sein, herkommen und ihr Ziel haben, von wo als ihr Gegenstand dieser Mensch herkommt, von woher er mitten im Sein und in der Geschichte des Kosmos sein besonderes Sein hat, dieser Mensch ist. Ein menschliches Sehen und Deuten wird ja auch solche Erkenntnis sein, aber nun ein von dorther zugleich aufgehaltenes und bewegtes, zugleich begrenztes und positiv bestimmtes Sehen und Deuten: ein solches, das diesen Gegenstand nicht meistern zu können meint und also auch nicht meistern will, sondern sich von ihm gemeistert findet und meistern läßt, und gerade so sachgemäß wird und ist: echte, weil durch ihren Gegenstand geschaffene und von ihm regierte Erkenntnis. Die Voraussetzung solcher Erkenntnis des Menschen Jesus ist des Erkennenden Teilnahme an dem Neuen, das diesen Einen mitten im Kosmos zu diesem Menschen macht. Und die Voraussetzung solcher Teilnahme besteht darin, daß der Seinsgrund dieses Einen die Grenzen des Bereichs des Sichtbaren, Deutbaren, Kennbaren, von sich aus durchbricht und überschreitet, daß er sich in diesen Bereich hinein erschließt, kundgibt, bezeugt, offenbart. Das bedeutet aber, daß der Mensch Jesus in der Macht und Barmherzigkeit desselben göttlichen Majestätsaktes, der sein Seinsgrund ist, auch für sich selber spricht, sich selber auslegt, sich selber zu erkennen gibt, um daraufhin nicht mehr nur so oder so bekannt zu sein, sondern als der, der er ist, erkannt zu werden. Das bedeutet, daß er in und mit dieser seiner Selbsterschließung jenes menschliche Sehen und Deuten anregt und in Gang setzt, das sich dem Majestätsakt, durch den und in dem er sein Sein hat, anschließen, ihm folgen, ihn begleiten und also sein Sein von diesem Grund her nachvollziehen und eben so (als ein von ihm gemeistertes) ein sachgemäßes menschliches Sehen und Deuten werden und sein wird. Daß Gottes Majestätsakt, von dem her, durch den und in dem der Mensch Jesus sein Sein hat, sich in solchem von ihm selbst erweckten und regierten und darum ihm entsprechenden menschlichen Sehen und Deuten wiederhole und abbilde, das ist das Wesen der Erkenntnis dieses Einen.

Wo er nicht nur irgendwie bekannt ist, sondern als der, der er ist, erkannt wird, da handelt es sich um dieses Sichwiederholen und Sichabbilden des göttlichen Souveränitätsaktes, in dessen Macht und Barmherzigkeit er sein Sein hat, um diesen Nachvollzug – dann also darum, daß dieser sein Seinsgrund auch sein Erkenntnisgrund ist, sich als solcher erweist und als solcher Respekt und Nachachtung verschafft. Der durch den **Heiligen Geist** ist, wird durch denselben **Heiligen Geist** auch erkannt. Wie sollte er schon anders erkannt werden, wie anders auszulegen sein, als in dem dem Ereignis seiner Existenz entsprechenden Ereignis seiner Selbstauslegung? Es soll hier nur eben darauf hingewiesen werden, daß die Teilnahme an dieser seiner Selbstauslegung, am Ereignis des *testimonium Spiritus sancti*, gewiß nicht Jedermanns Sache ist, sondern die Sache derer, denen dieses *testimonium*, indem sie darum bitten, gegeben wird.

Aber eben dem Ereignis der **Existenz** dieses Menschen als solchem, dem Ereignis der **Inkarnation** müssen wir nun unsere volle Aufmerksamkeit zuwenden. Was heißt das, daß mitten im Kosmos der Schöpfer selbst, ohne aufzuhören, der Schöpfer zu sein, auch Geschöpf, Gott selbst, ohne aufzuhören, Gott zu sein, auch **Mensch** wird und ist? Was ist das für ein geschichtlicher Vollzug, der uns, indem wir ihn nachvollziehen, erlaubt und gebietet, den **Menschen Jesus** als den, der er ist und also – daran sind wir ja jetzt interessiert: als den **wahren Menschen zu erkennen**?

Wir fragen zuerst: was ist es um die in diesem Ereignis stattfindende **Gottestat**, jenen göttlichen Majestätsakt, den wir eben als den Seinsgrund und Erkenntnisgrund dieses Menschen beschrieben haben. Über seinen Charakter als eminentes **Geheimnis** braucht kein Wort verloren zu werden. Wir sagten schon: er schließt das Geheimnis der Schöpfung in sich und überbietet es zugleich, er ist **das** große christliche Mysterium und Sakrament, neben dem es streng genommen kein anderes gibt. Wir können ihn nur als solches zu beschreiben, besser: zu umschreiben versuchen – nur in einem Begreifen des Unbegreiflichen. Aber eben: das Unbegreifliche ist ja in diesem Menschen Ereignis und als solches kundgegeben, offenbar, als solches zu begreifen. Der Versuch, es als Geheimnis zu umschreiben, darf nicht unterbleiben. Unterbliebe er, so müßte ja auch der in diesem Geheimnis begründete Begriff der wahren Menschheit Jesu Christi unvollzogen bleiben, so wüßten wir nicht, von was wir reden, wenn wir die Versöhnung der Welt mit Gott nun wirklich auch im Blick auf den versöhnten Menschen verstehen und erklären wollen. Der versöhnte Mensch ist original eben der Mensch Jesus. Der Mensch Jesus ist aber original der versöhnte Mensch, weil und indem Gott selbst, ohne aufzuhören, Gott zu sein, auch Mensch, dieser Mensch Jesus sein wollte und wurde. Die Existenz dieses Menschen ist das Werk Gottes, in welchem er, ohne aufzuhören, Gott zu sein, auch dieser Mensch sein wollte und wurde.

Wir müssen zunächst eben dies betonen: **ohne aufzuhören, Gott zu sein**. Dieses Werk Gottes, die Inkarnation, schließt keinen Verzicht Gottes auf seine Gottheit in sich. Er verwandelt sich in ihr nicht in einen Menschen. Wo bliebe sonst die Majestät, die Macht und Barmherzigkeit seines Tuns an diesem Menschen und durch ihn für und an uns? Es hängt schon Alles daran, daß er im Tun dieses Werkes ist und bleibt, der er ist, daß er als Gott und ohne aufzuhören, Gott zu sein, Mensch wird und ist. Ganz abgesehen davon, daß das ja das Einzige ist, was Gott nicht kann: er kann nicht aufhören, Gott zu sein, er kann sich nicht in ein Anderes verwandeln. Aber wir reden jetzt schlicht im Blick auf Jesus Christus, auf seine Selbstoffenbarung und Selbstauslegung als wahrer Mensch. Wie sollte ein in einen Menschen verwandelter Gott uns gleich, unser Bruder und Haupt und so wahrer Mensch sein können? Er wäre uns als solcher offenbar gar nicht gleich, sondern nur ungleich. Es hängt wieder Alles daran, daß dieser Mensch in seiner Einheit mit Gott gerade in voller Gleichheit mit uns und nur in dieser Gleichheit uns ungleich, ganz anders als wir Mensch ist. Gerade das Geheimnis seiner Existenz und der sich in ihm ereignenden Gottestat würde verletzt und aufgehoben, gerade seine Tragweite würde schon beim ersten Schritt geleugnet, wenn man es anders sehen und sagen, wenn man das **Ineinander** von Gott und Mensch in Jesus Christus nicht nach beiden Seiten als ein reales **Miteinander** beschreiben würde. Nicht ein veränderter, seiner Gottheit verlustig gehender Gott wurde und ist in ihm ein veränderter, seiner Menschheit verlustig gehender Mensch, sondern der unverändert **wahre** Gott unverändert **wahrer** Mensch.

Wir müssen also sofort erklärend hinzufügen: er wurde und ist **auch** wahrer Mensch. Mit diesem «auch» mag ein für allemal gesichert sein: er hört eben nicht auf, Gott zu sein. Eben dieses «auch» ist nun aber auszulegen. Und das vor allem dahin: daß es eine wie von Ewigkeit her **frei** beschlossene, so auch in der Zeit **frei** ausgeführte Tat Gottes beschreibt. Er war sie den Menschen, er war sie auch dem Menschen Jesus nicht schuldig: weder in jenem ewigen Ratschluß noch in dessen Ausführung. Er war sie auch sich selbst nicht schuldig: keiner inneren Dialektik seiner Gottheit etwa! Sie war dort wie hier die ganz allein in seiner Freiheit, in seiner der Welt zugewandten freien Liebe begründete Tat seiner göttlichen Macht und seines göttlichen Erbarmens. Es geschah allein kraft seiner freien Entscheidung, daß er als wahrer Gott auch wahrer Mensch sein wollte, wurde und ist. Es kann dieses Ereignis eben darum von nirgends als von ihm selbst her, nur in Erkenntnis seiner Macht und seines Erbarmens, wie sie in diesem Ereignis gegenwärtig, wirksam und offenbar sind, erkannt werden. Es hat außer seinem gnädigen Wohlgefallen keinen Grund, keine Möglichkeit und erst recht keine Notwendigkeit. Es kann sein Geschehen eben darum von keiner Ihn und die Welt, Ihn und den Menschen zusammenschauenden und überblickenden Ontologie, überhaupt von keinem höheren Standpunkt her eingesehen, verstanden, deduziert, es kann gerade nur als Gottes vollbrachte und also als Offenbarung des Willens seiner freien Gnade geschehene Tat zur Kenntnis genommen werden. Diese Kenntnisnahme ist die Erkenntnis des Glaubens an Jesus Christus, den wahren Menschen: die Erkenntnis der Liebe, die wir dem Gott schuldig sind, der uns nichts schuldig war noch ist, der, indem er uns zuerst geliebt hat, ganz von sich aus solches tun wollte und getan hat.

Quae erant disiuncta, hoc est Deus et homo, illo soluto vetere dissidio inter se convenerunt et rursus unita sunt mediatore Christo, qui summa cum infimis per seipsum colligavit (Polan, *Synt. Theol. chr.* 1609, VI, 16 *col.* 2450). Man bemerke: *per seipsum colligavit*. Das tat Gott in Jesus Christus, tat der in ihm gegenwärtige und handelnde Sohn Gottes: er einte in sich selbst die Getrennten, die anders als so nicht wieder zusammenkommen konnten: Gott mit dem Menschen, den Menschen mit Gott, nicht aus einem anderen Grund und nicht in einer anderen Macht, nicht anders veranlaßt und bedingt, als eben *per seipsum*. Gott in Jesus Christus begründete und schuf das «auch», sein Sein als der, der zugleich wahrer Gott und wahrer Mensch ist.

Das aber dürfte die relativ angemessenste Bezeichnung und Beschreibung dieser freien Gottestat sein, die in Jesus Christus Ereignis ist: Gott hat ein Sein als Mensch zu seinem Sein als Gott hinzugenommen. Er hat also ein Sein als Mensch in die Einheit mit sich selbst und seinem Sein als Gott aufgenommen: in eine Einheit, die keinem menschlichen Sein als solchem zukam, auf die kein menschliches Sein als solches irgend einen Anspruch hatte, in die es gerade nur eintreten konnte, weil und indem es Gottes freies Wohlgefallen war, es in sie aufzunehmen. Es verdankt es also ganz und gar dieser Hinzunahme und Aufnahme und dem in ihr wirksamen freien göttlichen Wohlgefallen, daß es sich mit dem Sein Gottes in dieser Einheit befindet. Aber auf Grund dieses göttlichen Wohlgefallens und also dieses göttlichen Hinzunehmens und Aufnehmens befindet es sich als wahres menschliches Sein – und das ist die Wirklichkeit des Menschen Jesus – mit dem Sohn Gottes und seinem wahren göttlichen Sein in dieser Einheit.

Wir zitieren und bestätigen mit dieser Formulierung den in der ganzen alten Dogmatik zur Umschreibung der Inkarnation verwendeten Begriff der *assumptio carnis*. Er bezieht sich auf Phil. 2, 7: μορφὴν δούλου λαβών und auf Hebr. 2, 16: σπέρματος Ἀβραὰμ ἐπιλαμβάνεται, wo das *assumere* offenbar eine Parallele zu dem σὰρξ ἐγένετο von Joh. 1, 14, zu dem ἐν σαρκὶ ἐληλυθότα von 1. Joh. 4, 2, zu dem μετέσχεν τῶν αὐτῶν von Hebr. 2, 14 ist, dem man wegen seiner verhältnismäßig größten Klarheit hinsichtlich dessen, worauf es hier ankommt, wohl nicht mit Unrecht den Vorzug geben wollte: *assumpsit carnem*.

Diese Tat Gottes: diese Hinzunahme menschlichen Seins zu seinem göttlichen, diese Aufnahme menschlichen Seins in die Einheit mit seinem eigenen, ist (jetzt im Blick auf den Menschen positiv bezeichnet) sachlich dasselbe, was wir im ersten Teil der Versöhnungslehre als den «Weg des

Sohnes Gottes in die Fremde» als seinen Eintritt in den dem Menschen zukommenden Stand der Demut und also als die in Jesus Christus sich ereignende göttliche Erniedrigung beschrieben haben. Wir haben schon dort größtes Gewicht darauf gelegt, daß Gott solches tut, ohne damit aufzuhören, Gott zu sein. Er unterscheidet sich vielmehr gerade dadurch von allen falschen Göttern (unter denen in dieser Hinsicht besonders der Gott des Islams charakteristisch ist), daß er kein Gefangener seiner eigenen Hoheit ist, sondern – nicht in Preisgabe, sondern in Bewährung seiner göttlichen Majestät – auch niedrig sein kann. Zweifellos ist das ein Weg in die Fremde, schließt das eine unbegreifliche Erniedrigung, Herablassung, Selbstdemütigung Gottes in sich, daß er in seinem Sohn auch ein Mensch werden will und wird, und also in jenen dem Menschen zukommenden Stand eintritt. Es ist das Geheimnis der Gnade – Gott tut ja solches um unseretwillen, im realen Vollzug seiner Zuwendung zu uns – das sich darin als das eigentliche Geheimnis der Inkarnation erweist. Aber an dem ist es nicht, daß Gott in dieser seiner Gnade sich selbst zu nahe träte und untreu würde, weil er solches als Gott eigentlich nicht tun könnte und dürfte. Er existiert ja gerade als Gott schon in sich selber nicht nur in der Hoheit des Vaters, sondern auch und in gleicher Realität und Gottheit als der vom Vater gezeugte, ihm als Vater folgende und nachgeordnete Sohn. Demut an sich und als solche ist also dem Wesen des wahren Gottes nichts Fremdes, sondern ein ihm gerade in seiner Seinsweise als der Sohn höchst Eigentümliches. Was Gott in jener Aufnahme menschlichen Seins in die Einheit mit seinem eigenen tut, das ist freilich als *opus ad extra*, als Gnadenakt Gottes seinem Geschöpf gegenüber, als sein göttliches Handeln in der zeitlichen Geschichte, eine solche Anwendung, Betätigung und Offenbarung jener göttlichen Demut, deren Neuheit und tiefste Erstaunlichkeit als Inhalt jenes freien göttlichen Willensdekretes durch diesen Hinweis auf seinen innertrinitarischen Hintergrund wahrlich nicht in Schatten gestellt und abgeschwächt werden soll. Man bedenke, was wir sagen mit der Rede von der *assumptio carnis:* nicht genug, daß Gott nicht allein sein, sondern als Schöpfer dem Geschöpf koexistieren – nicht genug, daß er sich dem menschlichen Geschöpf geradezu verbünden und verpflichten wollte! Er, der Schöpfer, wollte zur Versöhnung der ihm entfremdeten Welt selbst auch als Geschöpf existieren, er, der Herr des Bundes, wollte selbst auch dessen menschlicher Partner und so auch von dieser Seite dessen Erfüller sein: so tief wollte er von seinem Thron herabsteigen, so hoch zur Rechten seines Thrones wollte er das Geschöpf, den Menschen erheben. Wozu? Wir können und müssen vom Ergebnis dieses seines Tuns her sagen: weil er sich dieses Geschöpfs so gründlich, so total erbarmen wollte und erbarmt hat, wie es eben in dieser seiner Annahme, Hinzunahme, Aufnahme in die Einheit mit sich selber wirklich geworden ist. Warum? Wir werden im Blick auf Gott selber als Erstes und Letztes nur sagen können: weil er der Gott solchen Erbarmens und der Macht eines so gründlichen und totalen Erbarmens ist. Einen anderen Grund dafür, daß das Wort Fleisch wurde, und also für jene *assumptio* finden und angeben zu wollen, hätte keinen Sinn. Wir können nur sagen, daß dieser Grund in seiner hohen Unbegreiflichkeit – immer wieder neu und überraschend, so oft man ihn zu begreifen versucht – darum ein heiliger und gerechter, ein Gottes würdiger Grund ist, weil er eine Entsprechung der im trinitarischen Leben Gottes selbst in höchster Realität sich ereignenden Demut des ewigen S o h n e s Gottes ist und von dorther – gewiß nicht abzuleiten, wohl aber als ein in sich heller und zuverlässiger Grund zu erkennen ist.

Der Hinweis darauf ist nun aber auch darum nicht überflüssig, weil er klar macht, daß und warum der in der Inkarnation handelnde Gott gerade Gott in seiner Seinsweise als der S o h n ist: Er nimmt den Menschen, nimmt menschliches Sein an und auf in die Einheit mit seinem eigenen, dem göttlichen Sein. Er, Gottes S o h n wird Menschensohn. Er steigt so tief zum Menschen hinunter, um ihn so hoch zu erheben. Er geht in die Fremde, damit jener heimkehre. Er nicht ohne den V a t e r, sondern, wie das Johannesevangelium immer wieder sagt: als der vom Vater, mit dem er Einer ist, Gesendete und Er schon auf diesem seinem Weg in die Tiefe in der Vollmacht des Vaters, die denn auch in dieser Tiefe als seine Herrlichkeit offenbar werden wird – Er als der vom Vater ewig Geliebte und ihn wiederum ewig Liebende: aber er und nicht der Vater wird Fleisch, der eine Gott in dieser zweiten, nicht in jener ersten göttlichen Seinsweise. Er wird es auch nicht ohne den H e i l i g e n G e i s t, sondern im Vollzug jenes göttlichen Majestätsaktes, der ja (die Geburtsgeschichte Jesu und in anderer Weise die Geschichte von seiner Taufe am Jordan erinnern daran) das charakteristische Werk des Heiligen Geistes ist. Denn der Heilige Geist ist als die ewige Liebe zwischen Vater und Sohn zugleich die ewige Liebe, in der Gott wie nach innen, so auch nach außen hin der eine Gott ist: das göttliche Prinzip der Schöpfung und der Versöhnung und der Erlösung, das Prinzip auch schon jenes Willensdekretes, in welchem alle diese Werke Gottes sein ewiger Beschluß waren und sind. Aber der Sohn und nicht der Heilige Geist wird Fleisch. Die alte Dogmatik hatte wohl recht, wenn sie die Inkarnation als das Werk der ganzen heiligen Trinität bezeichnete. Ist und wirkt doch keine der drei Seinsweisen Gottes ohne die beiden anderen: *opera trinitatis ad extra sunt indivisa*. Ist doch das in diesen drei Seinsweisen existierende Wesen Gottes ein einziges, nicht das dreier «Personen» in unserem Sinn dieses Begriffs, sondern das des einen persönlichen Gottes. Er als solcher ist denn auch das Subjekt der Inkarnation, der Aufnahme menschlichen Seins in die Einheit mit ihm selbst und so mit seinem Wesen. Er ist es aber in der Seinsweise des S o h n e s, nicht des Vaters, nicht des Heiligen Geistes. Denn – und darauf war vorhin hinzuweisen – in der Seinsweise des Sohnes, als der vom Vater ewig Gezeugte und insofern, obwohl gleichen Wesens mit ihm, von ihm zuerst Geliebte, dann ihn wieder Liebende, als der ihm Nachgeordnete und Gehorsame, ist er der eine Gott nun eben in seiner Demut. Ihm also, Gott in dieser Seinsweise, entspricht das Demutswerk der Inkarnation. In Ihm, in dieser ewigen Existenzweise des einen Gottes hat sie ihr trinitarisches Urbild. In Ihm kann Gott Sendender nicht nur, sondern auch selber Gesendeter sein: Vollstrecker jenes gründlichen, totalen Erbarmens – kann er also, weil dieses sein freies Erbarmen es so will, die Schranken des göttlichen Seins durchbrechen, selber hinuntersteigen in die Tiefe, selber ausgehen in die Fremde, in die Welt, um daselbst auch ein ganz Anderer, nämlich Mensch, zu werden und zu sein, kann er jene Schranke öffnen, um den Menschen – nicht zu einem zweiten Gott zu machen, wohl aber ihn, indem er selbst Mensch wird und ist, als Menschen in diese Schranke hineinzuziehen, ihn als Menschen in seine eigene Heimat zu versetzen: ihn in und mit sich selbst an die Seite des Vaters, πρὸς τὸν θεόν (Joh. 1, 1–2). Das ist, in Gottes ewigem Dekret beschlossen und in der Zeit so geschehen, des ewigen Sohnes Gottes Werk als Sinn, Grund und Kraft der Versöhnung der Welt mit Gott. Das kann sein Werk und das muß gerade sein Werk sein, weil eben Er – der eine Gott in der Seinsweise des Sohnes – in Einheit mit dem Vater und mit dem Heiligen Geist, in der tiefsten Übereinstimmung der ganzen heiligen Trinität des einen Gottes – der demütige und so mit dem Vater und dem Heiligen Geist der hohe Gott ist.

Das also ist das Geheimnis des Werdens, des Wesens der Existenz Jesu Christi, daß das geschah und so ist: (1) daß Dieser, Gott, der Sohn, auch Mensch wurde und ist, daß (2) Seine Existenz auch die Existenz eines Menschen wurde und ist, daß (3) göttliches und menschliches Wesen durch Ihn und in Ihm vereinigt wurden und sind, daß (4) Er – darauf zielen wir ja hier – das menschliche Wesen zum Wesen in sich erhob und so als der wahre Gott auch der wahre Mensch wurde und ist. Dieses Geheimnis Jesu Christi haben wir jetzt von allen Seiten zu umschreiben.

Wir beginnen mit dem Einfachsten und zugleich Schwierigsten – es ist das Grundlegende: (1) Dieser, Gott der Sohn, wurde und ist auch Mensch. Er wurde, er ist: nach dem Willen Gottes des Vaters, in der Demut seines frei geleisteten Sohnesgehorsams, im Majestätsakt des Heiligen Geistes. Was ist das für ein Geschehen und Sein? Aus der Art des hier handelnden Subjektes ergibt sich zunächst noch einmal: es ist Gottes eigene Tat, souveräne Verfügung des Schöpfers über sein Geschöpf: ohne Veranlassung, ohne Verdienst, ohne Mitwirkung von Seiten des Geschöpfs. Nicht die Menschheit hat Jesus Christus hervorgebracht in Verwirklichung einer ihrer Möglichkeiten. Sie hat keinen Anlaß, sich neben Anderen, die sie für ihre Besten halten mag, nun auch seiner zu rühmen.

Sie war nicht handelndes Subjekt in seinem Werden. Sie ist nicht Garantin seines Seins. Sie war gerade nur da, indem er wurde: in Gestalt des selber ohne sein Zutun und Verdienst erwählten Volkes Israel und konkret in der die Geschichte dieses Volkes abschließenden Gestalt der Maria. Aber nicht Israel, nicht Maria, Gott handelte: an Israel und (in Erfüllung der ihm mit seiner Erwählung gegebenen Verheißung) endlich und zuletzt an Maria. Der Mensch war und ist in allen diesen Gestalten gerade nur der zur Einheit mit dem Sohne Gottes Zugelassene, in sie Aufgenommene. Der paulinische Begriff der «neuen Schöpfung» (2. Kor. 5, 17, Gal. 6, 15) kann zur Bezeichnung dieses Geschehens nicht vermieden werden. Um eine Schöpfung wie die erste: als schlechthiniger Anfang, als ein göttliches Werdenlassen, wo nichts war, handelt es sich hier freilich nicht. Die Menschheit, Israel, Maria, waren ja immerhin da. Mitten aus der vorgegebenen Welt heraus – wie wäre er sonst der Unsrige geworden? – hat der Sohn Gottes Menschheit angenommen. Aber wird diese Verschiedenheit nicht in den Schatten gestellt dadurch, daß die Welt doch die an Sünde und Tod verkaufte und also verlorene Welt war: die Menschenwelt Adams? Zu ihr gehörte ja wahrhaftig auch das erwählte Volk Israel, zu ihr auch Maria. Wo konnte da alle Mitwirkung des Geschöpfs an diesem Werk bleiben? Auch dem *fiat mihi* der Maria ging doch der Beschluß und die Verheißung Gottes voraus: es bestätigte sein Werk, es trug aber nicht das Geringste dazu bei. Es bestätigte auch die Erwählung Israels und der Maria, es machte sie aber weder wahr noch wirksam. In was konnte und kann denn alle Beteiligung des Menschen an diesem Werk Gottes, an dem Werden und Sein des Sohnes Gottes als Menschensohn bestehen, als darin, daß er schlecht und recht (mehr schlecht als recht!) sein Gegenstand ist und daß er es sich gefallen läßt, das zu sein? Wohl ihm, wenn er es sich wenigstens gefallen läßt! Es kann aber keine Rede davon sein, daß er, der Mensch in der Linie Adams, ihm damit einen Anknüpfungspunkt bieten würde. Im Blick auf die Freiheit des göttlichen Ratschlusses, auf die Untauglichkeit seines Gegenstandes und vor allem eben: im Blick auf den, der an und mit ihm handelt, wird man einem Anderen als ihm selbst angesichts dieses Geschehens unmöglich auch nur die geringste Ehre zusprechen können, wird man alle, die ganze Ehre, vielmehr ihm geben und lassen müssen.

So wurde, so ist Gottes Sohn Mensch. Es ist wichtig, auf die vollendete Tatsache zu blicken, die in dieser Gottestat geschaffen ist. «Das Wort ward Fleisch». Was Gottes ewiger Wille war, das ist in der Zeit geschehen, ein für allemal ein Perfektum, hinter das zurückzugehen, von dem zu abstrahieren, demgegenüber so zu tun, als ob es noch nicht geschehen wäre, unmöglich ist: *et homo factus est*. Das ist der Anfang aller Anfänge christlichen Denkens und Redens, die Voraussetzung aller Voraussetzungen, mit denen die christliche Gemeinde an die Welt herantritt. Wer «Jesus Christus» sagt, hat das nicht als Möglichkeit irgendwo vor sich, sondern als Wirklichkeit hinter sich. Mit diesem Namen im Herzen und auf den Lippen kann niemand erst mühsam bergauf steigen, kann man nur fröhlich bergab kommen. Alle christliche Erkenntnis und alles christliche Leben haben von daher ihr Gefälle oder sie sind nicht, was sie zu sein vorgeben. Es ist aber ebenso wichtig, den Ereignischarakter dieser Tatsache vor Augen zu behalten: die Gottestat, in der sie und ohne die sie nicht Tatsache ist – vollendet, aber im Geschehen als Gottes Tat vollendet, ein Sein, das nicht aufhört, als solches auch ein Werden zu sein: *et homo factus est*. Weihnacht feiern heißt: jenes Perfektums gedenken, aber nicht bloß erinnernd, sondern angesichts, in der Gegenwart des *perficere*, in dem allein es zu jeder Zeit Wirklichkeit ist. Wer «Jesus Christus» sagt, meint das göttliche *perficere*, das jene Tatsache schafft. «Jesus Christus» ist der Name, in dessen Gedächtnis jenes Ereignis als solches aufsteht und so ist christliche Erkenntnis und christliches Leben, wenn sie ihres Namens wert sind, nie ohne das Staunen der Beteiligung an dem Akt jenes Werdens, das, indem einmal in der Zeit Gottes Sohn Mensch wurde, nicht Vergangenheit werden kann, nicht aufhört, seine Tat zu sein. Inkarnation ist Wirklichkeit dieses Werkes Gottes. Gerade die Erkenntnis des ultimativen Charakters dieser Wirklichkeit hängt daran, daß es hier nach keiner Seite zu Abstraktionen kommt.

Was aber ist der Inhalt dieser Gottestat, der in diesem Werk geschaffenen Wirklichkeit – des Werkes, das in dieser Wirklichkeit nicht aufhört, Werk zu sein? Wir sprachen in Übernahme eines Begriffs schon der alten Dogmatik von einer Einheit (ἕνωσις, *unitio, unio*). Es geht um das Werden und Sein Gottes des Sohnes im menschlichen Wesen. Gott, der Sohn ist handelndes Subjekt in diesem Geschehen, er bleibt es auch in dem, was damit geschehen, Tatsache geworden ist: Er nimmt menschliches Sein auf in die Einheit mit seinem eigenen. So kommt als Grund dieser Einheit weder der Mensch als selbständiges Prinzip neben und gegenüber Gott in Frage, noch auch ein drittes, Gottes und dem Menschen vielleicht überlegenes Prinzip, in welchem beide in irgend einem Urgrund wesentlich zusammengehörten, und das nun in ihrer geschichtlichen Vereinigung zum Vollzug käme, sich selbst durchsetzte und realisierte. Auch jenes Willensdekret, in welchem Gott und Mensch allerdings von Ewigkeit her zusammengehören, ist ja Gottes Dekret, nicht eine dem Menschen immanente Bestimmung und auch nicht die Bestimmung eines Gott und den Menschen überlegen zusammenfügenden höheren Gesetzes. Und wenn nun, was Gott von Ewigkeit her wollte und beschloß, als Ereignis zwischen ihm und dem Menschen in der Zeit geschieht, so ist das erst recht weder mitbedingt durch ein Tun des Menschen, noch der Ablauf einer ihn an den Menschen, den Menschen an ihn bindenden Notwendigkeit, sondern das Werk seiner eigenen, freien Initiative und Tat, seiner Gnade. Die in seinem Sohn vollzogene Demutstat Gottes ist der alleinige Grund dieses Geschehens und dieses Seins. Eben von daher ist nun aber die in dieser Geschichte geschaffene Einheit nicht als eine zweiseitig, sondern als eine schlechterdings und ausschließlich in Ihm begründete und bestehende Einheit zu beschreiben. Er ist der Eine, der nicht sein wollte und nicht sein will, der er ist: der ewige Sohn Gottes, ohne auch Menschensohn zu sein – nicht hoch, ohne auch niedrig, nicht in der Heimat, ohne auch in der Fremde zu sein. «Der Sohn des Vaters, Gott von Art, ein Gast in der Welt hier ward». Nicht einfach und direkt göttliches und menschlich-geschöpfliches Wesen als solche haben sich in ihm gefunden und verbunden, sondern Er, der allerdings mit dem Vater und dem Heiligen Geist «Gott von Art» ist, hat menschliches Wesen sich zu eigen gemacht, und so mit seiner göttlichen Art geeinigt. Er nimmt auf und an, was von seiner göttlichen Art so ganz verschieden, dieser so fremd ist. Er macht sich dieses Andere, Fremde, zu eigen. Er ist der Eine, der diese Union begründet und erhält, der jenes Andere, Fremde, sein Menschsein als sein eigenes möglich und wirklich macht. Er, das ewige Wort, wurde und ist Fleisch. Seine Einheit mit diesem wurde und ist eine unumkehrbare. Und so ist der Satz Joh. 1, 14 unumkehrbar: eine abstrakte Aussage über das Fleisch als Wort wäre unmöglich. Das Fleisch wurde und ist gerade nur insofern das Wort, als das Wort Fleisch wurde und ist. Die dem Menschen in jener Einheit widerfahrene Erhöhung geschah, und sie ist und bleibt begründet in Gottes Erniedrigung. In ihr geschah sie und ist sie begründet, ist sie Werk und Wirklichkeit, aber nur in ihr. Ihr Charakter als Werk und Wirklichkeit, die reale Gottessohnschaft des Menschen Jesu also besteht kraft der Demuts-Initiative und Demuts-Tat Gottes: nicht anders. Die in diesem Menschen original stattfindende Bewegung von unten nach oben konkurriert also nicht mit Gottes Bewegung von oben nach unten. Sie findet statt, weil und indem jene stattfindet. Sie geschieht als Antwort der Dankbarkeit auf Gottes Gnade. Sie ist nach Matth. 13, 31 f der gen Himmel wachsende Baum, der aus dem in die Erde gesäten Senfkorn erwächst.

Zum Inhalt dieser Gottestat gehört nun aber auch ihr Gegenstand: das Andere, Fremde, Geschöpfliche, das in ihr in die Einheit mit dem Sohne Gottes und dessen eigenem Sein aufgenommen wird und ist. Es ist das menschliche Sein, dessen er sich von Ewigkeit her und dann in der Zeit erbarmt und angenommen hat: in der Radikalität und Totalität erbarmt und angenommen, daß er es als Sohn des Vaters sich selbst zu eigen machte und daß er sich ihm eben damit selbst zu eigen gab. Wir reden nachher von der damit entstehenden und bestehenden Einheit von Gott und Mensch in Jesus Christus und fragen zunächst, immer noch auf Gottes Tat als solche blickend: was ist es mit diesem ihrem Gegenstand? Als menschliches Sein haben wir ihn eben wieder bezeichnet. Von menschlicher «Natur» mag hier mit der alten Dogmatik unter dem Vorbehalt gesprochen werden, daß man sich, wenn der Begriff zur Bezeichnung der Menschheit Jesu Christi dienen soll, von der Vorstellung eines allgemein bekannten Menschlichen frei mache, ihm also gerade nur die Füllung gebe, die ihm in dieser Verbindung zukommt. Aber ob man von Natur oder Sein oder Wesen oder Art oder einfach von Menschlichkeit, oder mit Joh. 1, 14 vom «Fleisch» rede – wichtig ist, daß die Anschauung und der Begriff «ein Mensch» zunächst zurückgestellt wird. Was in der Gottestat der Inkarnation wird und ist, das ist freilich ein Mensch: der Mensch Jesus von Nazareth. Ihr Gegenstand aber, das, was Gott in seinem Sohn zur Einheit mit sich selbst und seinem Sein, seinem Wesen, seiner Art und Natur aufnimmt, das ist nicht «ein Mensch», d. h. Einer von den Vielen, der mit allen seinesgleichen zusammen im Unterschied zu anderen Geschöpfen in menschlicher Art und Natur, in menschlichem Sein und Wesen – und im Unterschied zu allen anderen Menschen nun eben als dieser eine Mensch existierte und wirklich wäre. Müßte das nicht heißen: entweder daß Gottes Sohn sich, seine eigene Existenz als solche preisgebend, in diesen einen Menschen verwandelt hätte und also in der von ihm angenommenen menschlichen Art, in Jesus Christus, als Mensch existierend, der Sohn Gottes und «Gott von Art» doch wohl nicht mehr wäre – oder aber, daß Jesus Christus nicht als Einer, sondern doppelt, als Sohn Gottes in Behauptung vor dessen eigener Existenz und nun eben irgendwo und irgendwie daneben auch als dieser einzelne Mensch existierte. Und wenn man, was doch wohl nicht möglich ist, diese nach beiden Seiten absurde Alternative in Kauf nehmen könnte und dürfte: wo blieben neben diesem einen Menschen, der in diesem oder jenem kuriosen Sinn der Sohn Gottes wäre, alle anderen? Was könnte seine Existenz in dieser ihrer Sonderbestimmung für die ihrige zu bedeuten haben? Inwiefern hätte sich Gott in und mit der Annahme dieses einen Menschen zur Einheit mit ihm selber ihrer Aller angenommen? Inwiefern wäre dann der eine Gottessohn nicht nur ein, sondern der eine Menschensohn geworden: der Mensch, der in sich selbst sie alle vertreten, für sie alle bei Gott und bei ihnen allen für Gott eintreten könnte? Der zurückhaltendere Satz: «Das Wort ward Fleisch», d. h. es nahm menschliche Art und Natur, menschliches Sein und Wesen an, nötigt zwar gewiß nicht dazu, die Anschauung und den Begriff «ein Mensch» fallen zu lassen – er muß und wird an seiner Stelle zu seinem Recht kommen – wohl aber ihn zunächst zurückzustellen. Er erlaubt uns damit, der Anfechtung jener anderenfalls offenbar unbeantwortbaren Fragen aus dem Weg zu gehen. Das, was Gott der Sohn in die Einheit mit sich selbst und sein göttliches Sein aufnahm, das war und ist – in einer bestimmten, dazu von ihm erwählten und zubereiteten individuellen Gestalt – nicht «ein Mensch», sondern das Menschliche: dasjenige Sein und Wesen, diejenige Art und Natur, die die aller Menschen ist, die sie alle als Menschen auszeichnet und von anderen Geschöpfen unterscheidet. Nicht die Idee des Menschlichen, in der dieses ja *per definitionem* nie und nirgends oder eben nur immer und überall in wirklichen Menschen existieren könnte, sondern in einer bestimmten Gestalt die konkrete **Möglichkeit der Existenz eines Menschen**: nicht durch sich selbst, sondern (hier greift die Erwählung und Berufung Israels und die der Maria ein) durch Gott dazu erwählt und zubereitet – aber in dieser Gestalt das Menschliche aller Menschen: die konkrete **Möglichkeit der Existenz eines Menschen**, die der **konkreten Möglichkeit der Existenz aller Menschen gleich** sein wird, in deren Verwirklichung er wie wir, unser Bruder sein wird. Weil es **unser Sein und Wesen**, unsere Art und Natur ist, die der Sohn Gottes in dieser einen von ihm bestimmten, erwählten und zubereiteten konkreten Möglichkeit menschlicher Existenz verwirklichen wollte und verwirklicht hat, darum geht seine Existenz als menschliche, seine Existenz als dieser eine Mensch unmittelbar **alle Menschen** an, bedeutet seine Inkarnation in der ganzen Einzigkeit, in der sie in Jesus Christus Ereignis ist, die Verheißung der grundlegenden Veränderung und Bestimmung dessen, was wir **alle** als Menschen sind. In Jesus Christus ist nicht nur ein Mensch, ist vielmehr das Menschliche **aller Menschen** als solches in die Einheit mit Gott versetzt und erhoben. Gerade weil sich da nicht die Verwandlung Gottes in einen Menschen vollzogen hat, gerade weil da auch nicht die Schaffung einer Doppelexistenz Gottes und eines Menschen stattfand und besteht! Gerade weil da nur **Einer, der Sohn des Vaters «Gott von Art»** existiert: dieser aber auch in unserer, in der Knechtsgestalt menschlicher Art (Phil. 2, 7), in der «Gleichheit des Sündenfleisches» (Röm. 8, 3).

Wir haben damit das erreicht, was die alte Dogmatik in der Sprache spätgriechischer Philosophie mit dem Begriff der **Anhypostasie**, der *impersonalitas* der menschlichen Natur Jesu Christi bezeichnete. Die Definition des Begriffs lautet bei Hollaz (*Ex. theol. acroam.* 1707, III, 1, 3 *qu.* 12): *carentia propriae subsistentiae, divina Filii Dei hypostasi tanquam longe eminentiori compensata.* Mit ὑπόστασις, *persona*, war eben gemeint: die selbständige Existenz (die *propria subsistentia*) seiner Menschlichkeit. Anhypostasie, *impersonalitas*, meint also: sie hat keine solche selbständige Existenz. Ihre ὑπόστασις ist, *longe eminentior*, die des Logos, keine andere. Als Mensch existiert Jesus Christus, weil und indem Jener existiert, weil und indem Er sich menschliches Wesen zu eigen macht, es in die Einheit mit sich selbst aufnimmt und erhebt. Er existiert also als Mensch unmittelbar in und mit dem einen Gott in der Existenzweise seines ewigen Sohnes und Logos: nicht anders, nicht abgesehen von dieser. Er existiert gewiß nicht nur ἐν ἰδέᾳ, sondern ἐν ἀτόμῳ: *in uno certo individuo* (Polan, *Synt. theol. chr.* 1609, VI, 15 *col.* 2406), in jener von Gott erwählten und zubereiteten und nun auch verwirklichten **einen** Gestalt menschlichen Seins und Wesens – aber nicht selbständig, wie es der Fall wäre, wenn das, womit Gott sich selbst einigt, ein *homo* und nicht eben *humanitas* wäre. In betonter Berücksichtigung dieser Anhypostasie der menschlichen Natur Jesu Christi hat H. Heidegger (*Corp. Theol. chr.* 1700 XVII 36, zit. nach Heppe 2. Aufl. S. 325) die Inkarnation definiert als die *assumptio humanae naturae in personam Filii Dei, qua* Λόγος, *Filius Dei... naturam humanam propriae* ὑποστάσεως *expertem in unitatem personae suae assumpsit, ut* Λόγου *assumentis et naturae humanae assumptae una*

2. Die Heimkehr des Menschensohnes

eademque sit ὑπόστασις, *extra quam ipsa nec subsistit unquam nec subsistere potest.*

Der Einwand ist diesem Theologumenon gegenüber oft erhoben worden: ob es mit dem, was es in Abrede stellt, und mit der von ihm indirekt behaupteten Enhypostasie, der Identität der Existenz des Menschen Jesus mit der des Sohnes Gottes, nicht an wichtiger Stelle eine Leugnung seiner wahren Menschlichkeit, einen heimlichen oder vielmehr sehr offenen Doketismus in sich schließe, da zur wahren Menschheit Jesu Christi doch auch das gehören müsse, daß er wie wir Anderen als Mensch auch selbständig existiere? Darauf ist doch wohl mit Hollaz (a. a. O.) zu antworten: *Perfectio rei ex essentia, non ex subsistentia aestimanda est.* Es ist wohl so, daß das Menschliche überall nur in Gestalt wirklicher Menschen existiert. Solche Existenz wird ja auch dem Menschen Jesus nicht abgestritten, sondern eben mit dem positiven Begriff der Enhypostasie zugesprochen. Es ist aber nicht einzusehen, daß eben die vollkommene Wahrheit der Menschlichkeit Jesu Christi dadurch tangiert oder gar aufgehoben wird, daß Er im Unterschied zu uns Anderen allen nur als Gottes Sohn auch ein wirklicher Mensch ist, daß also von einer eigenen, selbständigen Existenz seiner Menschlichkeit keine Rede sein kann.

Oder will man einwenden: ob dieses Theologumenon nicht mindestens überflüssig sein möchte? Wir haben gesehen, was daran hängt: nicht weniger als dies, daß wir es in Jesus Christus nicht mit einem Menschen, in den Gott sich verwandelt hätte, sondern unverwandelt und unmittelbar mit Gott selbst zu tun haben – und nicht weniger als die Einheit, in der er als Gottes Sohn Mensch, als Mensch der Sohn Gottes ist – und schließlich nicht weniger als die universale Tragweite und Bedeutung seiner Existenz für die aller anderen Menschen. Und wir können im Rückblick auf den Anfang unserer Analyse des Inkarnationsgeschehens zu dem allem noch hinzufügen: die reale Gottessohnschaft des Menschen Jesus würde offenbar – und das würde in sich unmöglich sein – noch anders wahr sein als kraft der Demutsinitiative und Demutstat Gottes, wenn ihr Gegenstand auch noch anders als in ihrem Vollzug, wenn er nicht vielmehr in ihrem Vollzug und nur so, ausschließlich darin wirklich würde und wäre, daß Gott der Sohn eine von ihm dazu erwählte und zubereitete konkrete Möglichkeit menschlichen Seins und Wesens annimmt, ihr damit Wirklichkeit verleiht, daß er sich selber zu ihrer Wirklichkeit macht. Dagegen, daß Gott in Jesus Christus das getan haben und daß das in Ihm nun so sein soll: daß Dieser ἐφανερώθη ἐν σαρκί (1. Tim. 3, 16) mag immer wieder Protest und Widerspruch angemeldet werden, der dann, weil er sich immerhin gegen das «anerkanntermaßen» (ὁμολογουμένως) große Geheimnis, gegen das christliche *sacramentum* richtet, wenigstens als sachgemäß und von dem uns allen innewohnenden Unglauben her als notwendig gelten mag. Der Protest gegen den Begriff der Anhypostasie bzw. Enhypostasie aber ist darum ein unsachgemäßer Protest, weil dieser Begriff zur Umschreibung jenes Geheimnisses an dieser Stelle unvermeidlich ist.

Wir nehmen sofort die letzte Darlegung auf, wenn wir nun unsere Umschreibung der Inkarnation (2) mit dem Satz fortsetzen: daß die Existenz des Sohnes Gottes auch die Existenz eines Menschen wurde und ist. Nicht Zwei existieren hier nebeneinander oder auch ineinander, sondern Einer – und Keiner, nichts, neben oder auch in ihm: Gott der Sohn, aber eben dieser nun nicht nur in seinem göttlichen, sondern auch in menschlichem Sein und Wesen, auch in unserer Art und Natur, nicht nur wie der Vater und der Heilige Geist als Gott, sondern im Vollzug jener Demutstat auch als Mensch, als ein, als dieser Mensch. Gottes Sohn wird und ist, wie Menschen werden und sind. Er existiert nicht nur unbegreiflich als Gott, sondern auch begreiflich, wie eben ein Mensch – nicht nur überweltlich, sondern auch weltlich, und in der Welt nicht nur himmlischunsichtbar, sondern auch irdisch-sichtbar. Er wird und ist, er existiert – wir können dem Satz nicht ausweichen: seine Leugnung bedeutet den schlimmsten Doketismus – objektiv wirklich. Also als ein Ding unter Dingen? Also als solches wie andere Dinge erkennbar, womöglich wißbar? Nun, man kann ihm auch solche Dinglichkeit und dingliche Erkennbarkeit. ja Wißbarkeit, war und ist er ein Mensch in der Welt und als solcher irdisch-sichtbar, nicht etwa absprechen. Aber freilich: ein Mensch ist nun einmal nicht nur ein Ding, sondern als Mensch unter Menschen ein menschliches Du, als solches allerdings von allen bloßen Dingen verschieden. Gerade als Du ist ein Mensch aber auch nicht etwa nur eine existentiale Bestimmung des Ich, sondern geradezu der Inbegriff aller objektiven Weltwirklichkeit. Und nun wird und ist in Jesus Christus Gott Mensch, aller Menschen Mitmensch. Als Gott nicht irgendeiner unter vielen Mitmenschen und wieder auch nicht nur als die Idee der Mitmenschlichkeit. Vom «Sohn des Vaters, Gott von Art» reden wir ja. Er wurde und ist Mensch und aller Menschen Mitmensch: und darum Du nicht in einfacher, sondern in potenziert objektiver Wirklichkeit, das menschliche Du, das als solches unmittelbar auch das Du des einen, ewigen Gottes ist. Nicht irgendein Mensch hat es da mit Recht oder Unrecht an sich genommen, die objektive Wirklichkeit dieses menschlichen Du zu sein, und nicht irgendein Mensch ist da von anderen als die objektive Wirklichkeit dieses Du aufgefaßt, verstanden, interpretiert worden. Sondern Gott hat es in seinem tiefen Erbarmen und in dessen hoher Macht auf sich genommen, in seinem Sohn auch in menschlichem Sein und Wesen zu existieren und also ein Mensch und also dieses menschliche Du ohnegleichen zu werden und zu sein. Gott selbst ist weltlich, irdisch, begreiflich, sichtbar, indem dieser Mensch es ist. Mit Gott selbst haben wir es zu tun, wenn und indem wir es mit diesem Menschen zu tun haben. Gott selbst spricht, wenn dieser Mensch in menschlicher Sprache spricht. Gott selbst handelt und leidet, wenn dieser Mensch menschlich handelt und leidet. Gott selbst triumphiert, wenn dieser als Mensch triumphiert. Und darum geht das menschliche Sprechen, Handeln, Leiden und Triumphieren dieses einen Menschen uns unmittelbar an, darum ist seine menschliche Geschichte unsere, die die ganze menschliche Situation verändernde Heilsgeschichte, weil Gott selbst in seinem Sohn ihr menschliches Subjekt ist, weil Gott selbst in seinem Sohn unsere Art und Natur angenommen und sich zu eigen gemacht hat, weil damit Gott selbst in seinem Sohn unseresgleichen «ein Gast in der Welt hier ward».

Wieder haben wir damit einen Punkt erreicht, wo uns ein Begriff der alten Dogmatik sichtbar und verständlich werden kann: der besonders wichtige und solenne Begriff der *unio hypostatica*, auch *unio personalis* oder *immediata* genannt. Er hat in der klassischen Inkarnationslehre aller großen Konfessionen so etwas wie eine Schlüsselstellung. Wir werden nachher auch von einer *communio naturarum* hören, von der ohne

Verwandlung und Vermischung, aber auch ohne Zerspaltung und Trennung geschaffenen Gemeinschaft göttlichen und menschlichen Wesens in dem einen Jesus Christus, und im Anschluß daran auch von der als Streitpunkt berühmt gewordenen *communicatio idiomatum*, einer Lehre, in der man jene Gemeinschaft der beiden «Naturen» entfalten und präzisieren wollte. Aber das Alles beruht, wie man es auch im Einzelnen verstehe und auslege, auf der «hypostatischen», d. h. von Gott in der Hypostase (Existenzweise) des Sohnes vollzogenen Union. Es beruht auf der unmittelbaren Existenzeinheit des Sohnes Gottes mit dem Menschen Jesus von Nazareth. Und diese ist dadurch geschaffen, daß Jener die in der Existenz des einen erwählten Israel und der einen erwählten Maria vorliegende Möglichkeit einer Gestalt menschlichen Seins und Wesens in sich selber in die Wirklichkeit erhob und in der Wirklichkeit erhält. Das tut er aber damit, daß er seine eigene göttliche Existenz die Existenz des Menschen Jesus sein läßt. Diese «hypostatische Union» ist der Grund und die Kraft der *nativitas Jesu Christi*, des Geheimnisses der Weihnacht, das als solches von der wunderbaren Erzeugung und Geburt Jesu Christi (KD I, 2 § 15, 3) als von seinem Zeichen begleitet, das aber nicht etwa in diesem Wunder, sondern schlechterdings nur darin begründet ist, daß es (ὁμολογουμένως μέγα) Ereignis ist. Sie, diese *unio immediata* – die dann freilich eine *communio naturarum* in sich schließt, die aber weder das göttliche Wesen des Logos, noch das durch ihn und in ihm existierende menschliche Wesen aufhebt und verändert – ist eigentlich, primär, zentral die Gottes- und Menschenwirklichkeit, als die Jesus Christus sich selbst auslegt und ausgelegt sein will.

Die Definition des W. Bucan (*Instit. Theol.* 1605 II, 15) lautet: *Unio personalis in Christo est, qua persona Filii Dei, iam ab aeterno existens persona, assumpsit humanam naturam purissimam, propria personalitate destitutam, in unitatem suae personae et suam propriam fecit, salvis utriusque proprietatibus*. In etwas anderer Begrifflichkeit Polan (*Synt. Theol. chr.* 1609 XVI, col. 2426): *Unio personalis consistit in communicatione subsistentiae Verbi cum natura assumta, i. e. qua communicatione Verbum humanae naturae, per se* ἀνυποστάτου, *i. e. nullam per se subsistentiam habentis, factum est hypostasis*. Daß die beiden angeführten Autoren ausgesprochene Calvinisten waren, verrät sich in dem Schwergewicht, das sie in ihren Definitionen auf die Vereinigung des Logos mit der menschlichen Natur gelegt haben, während sie die in dieser implizierte und dann auch von ihnen bejahte Vereinigung der göttlichen und der menschlichen Natur (also das, was man gemeinhin unter «Zweinaturenlehre» zu verstehen pflegt) zunächst unberührt oder jedenfalls unbetont ließen. Polan konnte diese *(l. c.)*, selbstverständlich ohne ihre Wahrheit damit leugnen zu wollen, aber doch in deutlicher Zurückhaltung, geradezu als eine *figurata locutio* bezeichnen; es heiße eben nicht, die göttliche Natur, die *divinitas*, sondern es heiße: das Wort ward Fleisch. Umgekehrt fiel für die Lutheraner des 16. und 17. Jahrhunderts aller Nachdruck gerade auf diesen *effectus unionis*, die Vereinigung der zwei Naturen in Jesus Christus, so daß die entsprechende Definition der *unio* etwa bei Hollaz (l. c. III 1, 3 *qu.* 29) lauten konnte: *Unio personalis est duarum naturarum, divinae et humanae, in una Filii Dei hypostasi subsistentium coniunctio mutuam, eamque indissolubilem utriusque naturae communionem inferens.* Man sieht: was hier interessant erscheint, ist die *conjunctio naturarum*. Immerhin: daß diese in der einen Hypostase des Sohnes Gottes stattfinde, wurde auch hier hervorgehoben und daß der Satz über diese *conjunctio* aus dem über jene *unio personalis* folge, mußte in der beigegebenen Erklärung auch Hollaz zugeben. Es konnte von den Lutheranern bei allem ihrem stürmischen Interesse an der *communio naturarum* deren Voraussetzung in der *unio personalis* so wenig geleugnet werden, wie von den Reformierten bei aller Zurückhaltung nach dieser Seite die aus der *unio personalis* sich ergebende Konsequenz der *communio naturarum*. Man war, indem man die Akzente offenkundig verschieden setzte, unter sich (und übrigens auch mit der überlieferten Christologie der alten und mittelalterlichen Kirche) einig darin, daß man von dort, von jener eigentlichen, primären, zentralen Einigung und Einheit aus weiter zu denken habe, und das heißt:

man war einig darin, daß es wunderbar, einseitig und selbstherrlich die in Gott dem Sohn, in seiner Demutsinitiative und Demutstat handelnde göttliche Treue ist, in der die Wirklichkeit Jesu Christi in seiner Einheit als wahrer Gott und wahrer Mensch ihren Grund hatte und hat. Man wird in Beurteilung jener Differenz nur sagen können, daß die gemeinsam vollzogene Grunderkenntnis in den weniger tiefsinnigen, dafür eindeutigeren Formulierungen der Reformierten eben als Grunderkenntnis besser zum Ausdruck gekommen sein dürfte.

Es wird nun, bevor wir selbst von da aus weiter zu denken versuchen, der Mühe wert und auch unserem eigenen Verständnis der Sache dienlich sein, die Unterscheidungen zur Kenntnis zu nehmen, in denen man im Zeitalter der protestantischen Orthodoxie gerade das Grundgeheimnis der «hypostatischen Union» zu bezeichnen und in seiner Einzigartigkeit zu kennzeichnen versucht hat. Was heißt hier *unio*? Es gibt ja innerhalb, aber auch außerhalb des Bereichs der theologischen Sprache so viele Einigungen und Einheiten. Ist das, was hier, als die Begründung der Wirklichkeit Jesu Christi *unio* heißen soll, formal ein Gleiches wie das, was hier oder dort auch so heißen kann? Gibt es also ein andersweitig sichtbares Schema, nach Maßgabe dessen jene *unio* zu verstehen wäre – vielleicht auch mehrere derartige Schemata? Oder ist sie auch formal einzigartig und also gerade nicht in einem von anderswoher gewonnenen Schema zu verstehen? Unsere alte Dogmatik war sich wiederum einig darin, daß die *unio hypostatica* von allen anderen Einigungen und Einheiten höherer und niederer Art auch formal zu unterscheiden sei, ein Genus für sich darstelle und also gerade nur aus sich selbst zu verstehen sei. (Ich halte mich im Folgenden – im Einzelnen in freier Bewegung – an die Zusammenstellung des Materials in Heppes bekanntem Kompendium der altreformierten Dogmatik).

a) Man darf diese Einigung und Einheit nicht verstehen nach Maßgabe der Einheit des Vaters, des Sohnes und des Heiligen Geistes in dem einen Wesen Gottes. Sie entsteht und besteht nicht συνουσιωδῶς. Sie ist keine *unio coessentialis*. Sie besteht nicht in einer doppelten Existenz desselben Seins und Wesens. Sie ist die Einheit der einen Existenz des Sohnes Gottes mit dem ohne ihn nicht existierenden menschlichen Sein und Wesen. Und vor allem: der Sohn ist wohl mit Gott dem Vater und dem Heiligen Geist, er ist aber nicht mit der von ihm angenommenen Menschheit gleichen Seins und Wesens. Zwischen ihm und seiner Menschheit besteht die ganze unendliche Verschiedenheit des schöpferischen und des geschaffenen Seins. Die Gottmenschheit Jesu Christi ist eben (schon in Gottes ewigem Ratschluß und erst recht in dessen Ausführung) kein Verhältnis zwischen zwei gleichartigen Partnern, sondern das Werk des sich dem Ihm ganz ungleichen Menschen in unbegreiflicher Herablassung zuwendenden Erbarmens Gottes.

b) Man darf aber die hier entstehende und bestehende Einheit auch nicht als einen Spezialfall der Einheit ansehen, in welcher Gott (auch Gott der Sohn als der ewige Logos) ohnehin allen Dingen und allem Geschehen im Innersten gegenwärtig ist. Sie entsteht und besteht nicht οὐσιωδῶς. Sie ist keine *unio essentialis*. Man könnte ja im Blick auf die Lehre von Gottes Vorsehung die Frage aufwerfen, ob Gottes Menschwerdung in Jesus Christus nicht zum vornherein überboten und überholt sein möchte durch sein allgemeines, nie und nirgends versagendes Erhalten, Mitwirken und Regieren im ganzen Weltsein und Weltgeschehen? Ob sie nicht doch nicht mehr als ein Ereignis im Zusammenhang des allgemeinen *concursus divinus* (KD III, 3 § 49, 2) sein möchte? Worauf zu erwidern ist, daß die Enhypostasie des Menschseins Jesu Christi, seine Existenz in und mit der des Sohnes Gottes von der *sustentatio generalis*, in der Gott die ganze Welt erhält, begleitet und regiert, darin spezifisch genug verschieden ist, daß die Existenz Gottes durch jenes sein Tun als Schöpfer keineswegs mit der Existenz der Welt, noch die Existenz der Welt mit der seinigen identisch wird, daß Gott der Welt gegenüber seine eigene, daß aber auch die Welt Gott gegenüber ihre eigene Existenz hat und behält. Daß Gott in und mit Allem, was ist und geschieht, gegenwärtig ist, daß wir in ihm leben, weben und sind (Act. 17, 28) ist Eines – ein ganz Anderes aber dies, daß er selbst Mensch wurde und ist. Es ist also auch die in dieser Hinsicht in Frage kommende Einigung und Einheit mit der *unio personalis* in Jesus Christus nicht zu vergleichen, nicht zu verwechseln.

c) Es wird aber auch ein Einswerden und Einssein zweier Menschen wie das zwischen Freund und Freund oder wie das Ein-Leib-Sein von Mann und Frau (Gen. 2, 24) als Schema zum Verständnis des Einswerdens und Einsseins des Sohnes Gottes mit seinem Menschsein von ferne nicht ausreichen. Einmal darum nicht, weil ja in jenen Einigungen zwei je für sich existierende Personen vorausgesetzt sind, was in dem Verhältnis zwischen dem göttlichen Logos und dem menschlichen Fleisch hinsichtlich dieses letzteren (Anhypostasie!) gerade nicht vorauszusetzen ist. Und sodann kommt ja die Einheit zwischen jenem und diesem, sehr anders als eine freundschaftliche Gesinnungs- oder als die eheliche Lebenseinheit, gerade nicht auf Grund einer gegenseitigen Übereinstimmung und in wechselseitig wirkender Anziehungskraft, sondern einseitig in der Tat Gottes: in Überwindung der Distanz zwischen Schöpfer und Geschöpf und in Überwindung des durch die Sünde geschaffenen Gegensatzes zwischen ihm und dem Menschen zustande.

d) Vollends ist Vorsicht geboten gegenüber allen offenkundigen Bildreden wie der: das Wort sei im Fleische wie ein Mensch in seinem Kleide oder wie ein Schiffer in seinem Schiff, oder wie Glut, Hitze und Leuchtkraft im Eisen. Die Kirchenväter haben sie gelegentlich gebraucht, und gelegentlich, vorübergehend, mögen sie ja zur Veranschaulichung gebraucht werden. Ihre Inkongruenz ist doch nicht zu übersehen: daß das Sein des Sohnes Gottes in menschlicher Art und Natur dem äußerlichen Ineinander zweier Wirklichkeiten, wie sie der Mensch in seinem Kleid, der Seefahrer in seinem Schiff doch sind – oder dem Verhältnis zwischen einem Wirklichen wie dem Eisen und einer seiner Zuständlichkeiten, der Glut und deren Hitze und Leuchtkraft, nicht gleich ist, daß es in den Proportionen solcher Verhältnisse auch keine echten Analogien hat, darüber muß man sich klar bleiben.

e) Es ist aber die hypostatische Union auch durchaus nicht nach dem Schema von Form und Materie oder von Idee und Erscheinung, von transzendenter Wahrheit und empirischer Wirklichkeit, von Geist und Natur, oder schließlich: von Himmel und Erde zu verstehen. Alle diese gegensätzlichen Begriffspaare verraten sich dadurch, daß ihre Glieder sich wechselseitig fordern, daß sie komplementär, daß sie nur in ihrer gegenseitigen Beziehung denkbar sind: sie bezeichnen und begreifen sekundäre, d. h. innerweltliche Gegensätze. Eben auf solche beziehen sich dann auch die hier in Frage kommenden Einigungen. In dem Verhältnis zwischen dem Logos und dem Fleisch in Jesus Christus geht es aber um die Einigung des primären Gegensatzes zwischen Gott dem Schöpfer und dem zur Existenz in jenen sekundären, jenen Weltgegensätzen bestimmten Menschen. Der Sohn Gottes bedarf seiner Menschheit nicht wie die Form der Materie, wie die Idee der Erscheinung, wie die transzendentale Vernunft des empirischen Seins, wie der Geist der Natur, wie die Transzendenz der Existenz bedarf, um wirklich zu sein, wie schließlich sogar der Himmel der begreiflichen Erde bedarf, um der unbegreifliche Himmel zu sein. Gott der Sohn bedarf keiner Sättigung, keiner Konkretisierung, keiner ihm vielleicht mangelnden Gestalt. Er ist weder eine irgend einem Wirklichen erst nacheilende, durch dessen Deutung gewonnene Abstraktion, noch ist er ein in sich leeres Prius, das erst auf seine Erfüllung durch allerlei Wirkliches warten müßte. Er hat keine Aktion eines Anderen nötig, um erst in der Reaktion dagegen – und keine Reaktion, um so in seiner Aktion zu sein, der er ist. Er muß sich nicht erst wie Hegels absoluter Geist in Thesis und Antithesis zur Synthesis entfalten. Er ist in sich selbst wirklich: der ursprünglich, der eigentlich, der original Wirkliche und als solcher auch in sich selbst wahr: der ursprünglich, eigentlich, original Wahre. Er ist der Ursprung aller Wahrheit und Wirklichkeit. In Ihm ist die Fülle aller Gestalten und aller Inhalte, in Ihm die Einheit von Form und Materie, Vernunft und Sein, Geist und Natur, Transzendenz und Existenz und wie das Alles heißen mag. Er ist der Schöpfer und Herr des Himmels und der Erde.

Als solcher macht er seine Existenz zu der eines Anderen, des an alle jene Gegensätze gebundenen, mit ihrer Überbrückung beschäftigten Menschen. Was hätte er von diesem Anderen zu erwarten? Was könnte dieser Andere ihm geben? Göttliche Treue und Barmherzigkeit ganz allein ist der Sinn und Grund seiner Hingabe zur Existenz als ein Anderer, als ein Mensch, und so zum Mittler zwischen Gott und allen Menschen. Braucht gesagt zu werden, daß der Mißbrauch des Wortes «Inkarnation» in der religiösen und profanen Sprache unserer Tage – ärger noch als der des Wortes «Schöpfung» – nachgerade gen Himmel schreit? Immer wieder die Verwechslung der scheinbaren Mysterien mit dem einen wirklichen! Immer wieder der Schrei nach «Inkarnation» oder gar die Behauptung, daß solche sich da und da ereignet habe und wirklich sei! Wo es doch ganz klar ist, daß es sich bei dem Gemeinten nur um allerhand erstrebte oder vermeintlich gewonnene Einigungen im Bereich jener komplementären, sekundären, innerweltlichen Gegensätze handelt. Wenn irgendwo, dann müßte ein sauberes Denken den Vergleich dieser Vereinigungen mit der *unio hypostatica* in Jesus Christus einfach und ohne Vorbehalt zu unterlassen entschlossen sein!

f) Wie ist es aber mit dem Vergleich dieser *unio* mit der von Seele und Leib des Menschen? In ihrem Verhältnis hat kein Geringerer als Calvin (*Instit.* II 14, 1), wahrscheinlich angeregt durch ein Diktum des Athanasius, die *aptissima similitudo* jenes Geheimnisses zu finden gemeint. Existiere doch der Mensch in der Einheit dieser beiden «Substanzen» u. zw. so, daß in deren Einheit jede von beiden ihre Art behalte, also weder die Seele Leib, noch der Leib Seele ist, so daß man Manches nur vom Leib, Manches nur von der Seele sagen, wiederum aber doch auch Eigenschaften der Seele auch im Leib und Eigenschaften des Leibes auch in der Seele erkennen kann, wobei der ganze Mensch, der aus Leib und Seele besteht, Einer ist, nicht Zwei. Die spätere reformierte Theologie hat sich Calvin in dieser Sache mit Recht nicht angeschlossen. Man sieht ja in der von ihm gegebenen Begründung des Vergleichs auf den ersten Blick, daß er sich dabei etwas geleistet hat, was gerade er sich am Letzten hätte leisten dürfen: er hat nämlich offenkundig nur die Vereinigung der göttlichen und der menschlichen Natur in Jesus Christus als solche vor Augen gehabt, deren Begründung in der *unio personalis* aber unberücksichtigt gelassen. Eben von dorther steht aber auch in der Vereinigung der göttlichen und der menschlichen Natur in Jesus Christus alles ganz anders als in der Einheit von Seele und Leib. Denkt man nicht so abstrakt, wie Calvin es in diesem Fall seltsamerweise getan hat, dann wird sofort ersichtlich: es ist in der Einheit von Seele und Leib (vgl. KD III, 2 § 46) gerade nicht so, wie es, wenn sie der Einheit des Göttlichen und des Menschlichen in Jesus Christus formal gleich sein sollte, sein müßte: daß die Seele den Leib erst in die Einheit mit sich selbst aufzunehmen hätte, um ihm Existenz, u. zw. ihre eigene Existenz zu geben. Es ist wahr, daß der Mensch die regierende Seele seines dienenden Leibes und nur in diesem Verhältnis beides und so der eine ganze Mensch ist. Es ist also wahr, daß der Leib nicht ohne die Seele ist. Es gilt aber in diesem Verhältnis auch das Umgekehrte: daß die Seele nicht ohne den Leib ist noch sein kann. Eben diese Umkehrung findet aber in der Einheit des Göttlichen und des Menschlichen in Jesus Christus offenbar nicht statt. Es ist hier die göttliche Natur in der Existenz Gottes des Sohnes der menschlichen unentbehrlich, es ist aber die menschliche Natur Gott dem Sohn und also der göttlichen Natur schlechterdings entbehrlich, wo der dienende Leib der regierenden Seele des Menschen ebenso schlechterdings unentbehrlich ist wie die regierende Seele dem dienenden Leibe. Es wird also ratsam sein, auch diesen Vergleich nicht geltend zu machen, die Einheit von Gott und Mensch in Jesus Christus nicht von daher verstehen zu wollen.

g) Es lag und liegt weiter nahe, die *unio hypostatica* in Jesus Christus mit dem in Vergleich zu setzen, was man in der alten Dogmatik die *unio sacramentalis* genannt hat, d. h. mit dem auf göttlicher Stiftung beruhenden und durch göttliche Tat sich realisierenden Zusammengeschehen eines göttlichen und eines menschlichen, eines inneren und eines äußeren, eines unsichtbaren und eines sichtbaren Wirkens und Empfangens der Gnade in den «sakramentalen» Handlungen der Taufe und des Abendmahles. Entspricht dieses doppelte Wirken und Empfangen – die durch den Heiligen Geist vollzogene Einheit dessen, was im «Sakrament» zugleich real als inneres Wirken und Empfangen und äußerlich zeichenhaft geschieht – nicht genau dem einen Sein und Wirken Jesu Christi in seinen zwei Naturen, der göttlichen und der menschlichen? Sind zum Verständnis nicht hier wie dort formal dieselben Bejahungen, aber auch dieselben Vorbehalte nötig? Ist es zufällig, daß die innerprotestantische Kontroverse über die Christologie mit der über den Begriff des Sakraments parallel gegangen ist, geschichtlich sogar in dieser ihren Ursprung gehabt hat? Der Vergleich ist offenbar bestechend und er könnte auch schlüssig sein – unter der Voraussetzung nämlich, daß es eine solche von der Einheit von Gott und Mensch in ihrer von Gott selbst begründeten und gewährleisteten Einheit in Jesus Christus zu unterscheidende «sakramentale» Einigung und Einheit überhaupt gibt. Hat die Kirche wohl getan, als sie aufhörte, in der Inkarnation und also in der *nativitas Jesu Christi*, im Geheimnis der Weihnacht das eine, einzige, ein für allemal vollzogene Sakrament zu erkennen, von dessen Wirklichkeit sie, die Kirche, als die eine Gestalt des einen Leibes ihres Hauptes, nämlich als Jesu Christi irdisch-geschichtliche Existenzform in der Zeit zwischen seiner Himmelfahrt und seiner Wiederkunft lebt? Hat sie wirklich nicht genug an der Gabe und am Empfang dieses einen Sakraments, dessen Wirklichkeit sie der Welt in ihrer Verkündigung und so auch in Taufe und Abendmahl zu bezeugen, dessen Wirklichkeit sie aber weder in Taufe und Abendmahl, noch in ihrer Predigt, noch sonstwie zu repräsentieren, zu wiederholen, in ihrem Tun selbst ins Werk zu setzen hat? Wie man auch diese «Sakramente» (und dann wohl gleich auch den «sakramentalen» Charakter der Kirche und ihres Tuns überhaupt) interpretiere – was geschah da, was wagte und unternahm man eigentlich, als man besondere «Sakramente», bzw. ein besonderes sakramentales Geschehen und Sein neben das eine, das in Jesus Christus geschah und ist, stellte? Es war ja ganz in Ordnung, daß man im 16. und 17. Jahrhundert zur Erklärung und Befestigung des als legitim vorausgesetzten Sakramentsbegriffs auf die Christologie zurückgriff. Nur daß man es eben auf allen Seiten unterließ, sich bei diesem Anlaß fragen zu lassen, ob es mit der Legitimität des vorausgesetzten, von der römischen Kirche übernommenen Sakramentsbegriffs seine Richtigkeit haben möchte? Wir können der Frage hier nicht nachgehen. Es ist aber einzusehen, daß der Vergleich zwischen der *unio personalis* und der in dieser begründeten *communio naturarum* in Jesus Christus mit der *unio sacramentalis* nur unter der in sich problematischen Voraussetzung statthaft und überhaupt möglich wäre, daß die Einsetzung von Taufe und Abendmahl und ihre Feier in der Kirche als Anordnung und Vollzug einer solchen Repräsentation und Wiederholung, d. h. wiederholten Verwirklichung der Inkarnation und in diesem Sinn als Sakrament neben und nach jener zu betrachten ist. Nur unter der Voraussetzung, daß die Kirche sich selbst als eine Art Prolongatur der Inkarnation verstehen dürfte! Sollte diese Voraussetzung nicht legitim sein, dann würde zu diesem Punkt zu sagen sein, daß die wirkliche *unio sacramentalis* die *unio personalis* in Jesus Christus selbst ist, daß also ein Vergleich zwischen beiden sich erübrigt.

h) Und nun sah sich schon die alte protestantische Dogmatik vor die Frage gestellt: ob die Einheit von Gott und Mensch in Jesus Christus nicht ihr eigentlichstes formales Gegenbild in dem haben möchte, was man damals die *unio mystica* nannte, d. h. in der Gnadengegenwart, in der Gott im christlich-religiösen Erlebnis und Verhältnis sich selbst einem jeden Menschen schenken, bzw. jeden Menschen in die Lebenseinheit mit sich selbst aufnehmen kann. Die orthodoxe Theologie hat die Frage damals auch in dieser Gestalt verneint. Aber wie unheimlich fruchtbar die theologische Möglichkeit war, an die man damit rührte, konnte man damals noch nicht wissen. Man denke: das persönliche Glaubensleben des Christen – und dieses verstanden als höchste und vollkommenste Form des religiösen Lebens überhaupt – sei eine Wiederholung und Entsprechung des Seins Gottes in Jesus Christus! es sei also das Sein Gottes in Jesus Christus am natürlichsten und sichersten aus dieser seiner Wiederholung und Entsprechung in des Menschen, im Christentum in reinster Weise sich darstellenden, Sein mit und in Gott abzulesen. Auf diesem Weg hat noch neulich Donald Baillie (*«God in Christ»*) den Zugang zur Christologie, zu einer neuen Interpretation der berühmten Formel von Chalcedon zu eröffnen gesucht. Etwa Gal. 2, 20 – «Ich lebe, aber nun nicht ich, sondern Christus lebt in mir» – würde nach ihm neben einer Aussage über das Sein des Apostels, bzw. des Christen, gleich auch noch das Schema zur Erkenntnis Jesu Christi selber bieten. Aber eben: die Entdeckung ist nicht neu. Man kann vielmehr wohl sagen, daß es sich hier um so etwas wie die heimliche *via regia* aller neuprotestantischen Christologie handelt, nur daß diese von da aus nicht immer gerade bis zum Chalcedonense vorgedrungen ist. Irgendwo auf diesem Weg konnte und mußte sich dann wohl auch die Frage aufdrängen: ob sich das Verhältnis zwischen *unio hypostatica* und *unio mystica* nicht auch umkehren ließe und genau besehen, tatsächlich besser umzukehren sei: ob nicht die *unio mystica* als das eigentliche und Grundphänomen, als das *analogans*, die *unio hypostatica* in Jesus Christus aber als das sekundäre, das *analogatum*, als das vorstellungsmäßige oder mythologische Abbild der *unio mystica*, des in uns selbst sich abspielenden religiösen Geschehens zu verstehen sei?

Mit großer Genauigkeit und Entschlossenheit hat A. E. Biedermann, nach Schleiermacher sicher der größte Klassiker des Neuprotestantismus (Chr. Dogmatik 2. Bd. 1885, § 788 ff.), das Verhältnis der beiden Unionen so beschrieben: Es sei das Prinzip der Gotteskindschaft das Subjekt, dessen Inhalt die kirchliche Christologie in der Form von Bestimmungen der Person Jesu Christi explizieren wollte. Es sei diese zwar als Quellpunkt, aber doch nur als der Quellpunkt zu verstehen, an welchem jenes Prinzip, jenes Verhältnis von Gott und Mensch als wesentlich neue religiöse Lebensmacht in die Menschheit eingetreten sei (§ 792). Gottmenschheit, wie sie die Kirchenlehre allein Jesus Christus zuschreibe, heiße eben allgemein: Gotteskindschaft: «die reale Einigung des göttlichen und des menschlichen Wesens zur wirklichen Einheit persönlichen Geisteslebens, in welcher das Wesen Gottes zu seiner vollen Offenbarung für den Menschen und das Wesen des Menschen zur Erfüllung seiner wahren Bestimmung in Gott kommt» (§ 795). Warum gerade «Gotteskindschaft»? Weil in dem in Jesus Christus verwirklichten und geschichtsmächtig gewordenen absoluten religiösen Selbstbewußtsein der absolute Geist der erzeugende Grund eines sein absolutes Geistesleben außer ihm, in der Kreatur verwirklichenden Geisteslebens (und also «Vater») sei, der Mensch aber in demselben absoluten religiösen Selbstbewußtsein in der Selbstaufschließung Gottes den Grund seines eigenen Wesens und Lebens (und also sich selbst als «Kind» jenes Vaters) finde (§ 800). Alle von der Kirchenlehre entfalteten Personalbestimmungen des Gottmenschen Jesus Christus seien also in Wahrheit die Bestimmungen dieses Verhältnisses zwischen dem absoluten und dem endlichen Geist, das in der religiösen Persönlichkeit Jesu nur zum ersten Mal in die Geschichte eingetreten sei (§ 801). Er sei also freilich – er sei aber doch nur das für alle Zeit welthistorisch gewährleistende Vorbild für die Wirksamkeit des Erlösungsprinzips; es sei und bleibe darum das Evangelium von ihm freilich – aber doch nur das fundamentale Vehikel aller christlichen Heilsverkündigung (§ 816). Von da aus seien die Aufstellungen der kirchlichen Christologie zugleich zu würdigen und im Blick auf das in ihnen Gemeinte richtig zu stellen. Was ist es mit der wahren Gottheit Jesu Christi? Sie ist notwendiger Ausdruck der Wahrheit, daß die Absolutheit des Geistes, die im Selbstbewußtsein der Gotteskindschaft sich aufschließt, nicht weniger als die Offenbarung Gottes, des absoluten Geistes selber ist (§ 820). Was ist es mit seiner wahren Menschheit? Sie ist Ausdruck der Wahrheit, daß das absolute religiöse Selbstbewußtsein der Gotteskindschaft zugleich die wahre und volle Verwirklichung des menschlichen Wesens ist, in welcher auch dessen sinnliche Naturvoraussetzung zur Erfüllung ihrer Bestimmung als dienendes Mittel kommt (§ 821). Was ist es mit der Einheit der beiden Naturen Jesu Christi? Sie ist – nicht ohne Reminiszenz an Chalcedon, aber statt vorstellungsmäßig-mythologisch nun im Blick auf das absolute religiöse Selbstbewußtsein formuliert: der Ausdruck der Wahrheit, daß in diesem die

2. Die Heimkehr des Menschensohnes 61

Absolutheit des Geistes und die kreatürliche Endlichkeit des Ich die beiden logisch wohl zu unterscheidenden, aber tatsächlich ungetrennten Momente des einen persönlichen Lebensprozesses des Selbstbewußtseins der Gotteskindschaft bilden (§ 822). So Biedermann, dem hier als Sprecher für viele Andere das Wort zu geben war.

Inwiefern geht auch diese wahrhaftig eindrucksvoll aufgestellte Rechnung nicht so glatt auf, wie es den Anschein haben möchte? Worauf beruht der Anschein, daß sie aufgehe? Er beruht schlicht darauf, daß der Begriff, der in dieser Rechnung dem der Gottmenschheit Jesu Christi so mächtig gegenübergestellt wird, daß diese als solche gerade nur noch «fundamentales Vehikel aller christlichen Heilsverkündigung» sein kann – der Begriff der *unio mystica* oder also des «absoluten religiösen Selbstbewußtseins» – (ganz ähnlich wie man es mit jener *unio sacramentalis* gemacht hat) zuvor heimlich, still und leise in einer nun doch sehr problematisch zu nennenden Weise gefüllt worden ist. Was soll da unter dem Titel «Gotteskindschaft» nicht Alles passieren? Volle Offenbarung des Wesens Gottes für den Menschen und zugleich wahre Bestimmungserfüllung des Menschen in Gott – absolutes in der Kreatur verwirklichtes Geistesleben, in welchem dann der Mensch zugleich seinen eigenen Wesens- und Lebensgrund entdeckt – ein Lebensprozeß, in welchem die Absolutheit Gottes und die Endlichkeit des kreatürlichen Ich gerade nur logisch als zwei tatsächlich doch ungetrennte Momente zu unterscheiden sind! Höher geht es ja nicht mehr: Chalcedon als Beschreibung dessen, was Inhalt des christlich-religiösen Erlebnisses und Bewußtseins sein soll! (Chalcedon übrigens unverkennbar in alexandrinischer, cyrillischer und – mitten im hellen Zürich des 19. Jahrhunderts vollzogen! – lutherischer Interpretation) Daß der so gefüllte oder vielmehr aufgeblähte Begriff in irgend eine Parallele und Nachbarschaft zu dem der Gottmenschheit Jesu Christi rückt, also mit diesem verglichen, ihm sachlich sogar vor- und übergeordnet werden kann, ist kein Wunder und die Durchführung der ganzen Operation unter dieser Voraussetzung auch kein Kunststück. Aber wie steht es eben mit dieser Voraussetzung? Was hat jenes absolute religiöse Selbstbewußtsein mit dem zu tun, was im Neuen Testament Gotteskindschaft und Heiligung heißt, oder als der Glaube, die Liebe, die Hoffnung der Christen sichtbar wird? Welche Verwechslung zwischen den letzten und gewissen vorletzten Dingen, zu denen doch auch unser bißchen christlich-religiöses Selbstbewußtsein gehört: zwischen der Tat Gottes und ihrem Reflex in der durch sie bestimmten Existenz des Menschen! Merkwürdig, daß ein so nüchterner Geist wie Biedermann gar nicht bemerkt zu haben scheint, daß, was er in jenen Paragraphen – das Geheimnis des ganzen Neuprotestantismus bis hin zu Bultmann in höchster Bestimmtheit ausplaudernd – dem christlichen Menschen zumutet und zuspricht, eine einzige Illusion des religiösen Übermutes und unter allen Mythen nun wirklich der abenteuerlichste ist: ein Produkt, das man wirklich nur als das Werk einer ins Rasen gekommenen Schwärmerei der Vernunft bezeichnen kann. Anders als um solchen Preis, anders als in solcher Schwärmerei, ist aber die Parallelisierung der Wirklichkeit Jesu Christi mit dem, was jeder bessere christliche Hinz und Kunz als seine *unio mystica* mit Gott erleben und kennen mag, nicht zu haben! Das hätte doch auch Donald Baillie bedenken müssen, bevor auch er sich – gewiß ohne Arg und ohne sich solcher Ausschreitungen schuldig zu machen wie Biedermann – aufmachte, um Christus noch und noch einmal vom Christen, statt den Christen von Christus her zu interpretieren. Paulus hat nun einmal nicht geschrieben: Gott – sondern Christus lebt in mir! So redet eine die Distanzen wahrende Mystik – wenn man die Sache überhaupt so nennen will. So bekennt sich der Christ, statt den Vollzug der Einigung von Gott und Mensch für sein eigenes Erlebnis und Selbstbewußtsein in Anspruch zu nehmen, zu dem Anderen, dem Mittler, in welchem sie für ihn geschehen ist. So wird er den Geber und die Gabe der Gnade von sich als Empfänger und ihrer Auswirkung in ihm zu unterscheiden wissen. Gilt und besteht dieser Unterschied, dann fällt gerade diese Parallelisierung oder gar Identifikation dahin. Es wäre denn, man wollte, wie bei dem vorangehenden Punkt, umgekehrt sagen: daß die *unio personalis* in Jesus Christus selbst und allein die wirkliche *unio mystica* ist, womit sich dann aber der Vergleich zwischen beiden wiederum erübrigen würde.

Wenn nicht alles täuscht, so sind wir im Ergebnis und am Ziel dieses Exkurses schließlich doch auf eine entscheidend wichtige sachliche Erkenntnis hingewiesen. Daß die Existenz Gottes in seinem Sohne auch die Existenz eines Menschen wurde und ist, die *unio hypostatica* als die Grundgestalt des Christusgeschehens also, scheint nach all den nun angestellten Erwägungen aller formalen Analogien zu entbehren. Scheint dem nur so zu sein? Sollten wir ihr rechtes Analogon nur noch nicht gefunden haben? Oder ist es so, muß es so sein, daß hier kein Analogon aufzuweisen ist? Wenn unsere alten Dogmatiker alle jene Erwägungen hinter sich hatten und wenn dann ihre Leser, wie es uns nun auch ergehen mag, auf irgend eine letzte positive These gewartet haben dürften, dann haben jene eine sehr auffallende Bewegung gemacht, indem sie nämlich ganz einfach – die *unio hypostatica* noch einmal definiert haben: die Aufnahme und das Aufgenommensein menschlicher Natur in die Einheit mit der Existenz des Sohnes Gottes, ihre Existenz in und mit seiner Existenz. Was wollten sie damit sagen? Offenbar dies: daß es sich in Jesus Christus um ein Geschehen und Sein handelt, das, wie es als Gottes unmittelbare Offenbarung überhaupt für sich selber spricht, so auch selber für seine Unvergleichlichkeit, oder positiv: dafür, daß es gerade nur sich selbst analog ist, und also wohl aus sich selbst, aber eben nur aus sich selbst, verstanden werden kann. Man kann Jesus Christus verkennen: als Darstellung und Vehikel eines allgemeinen gottmenschlichen (wohl auch gottweltlichen) Prinzips und so, als exemplarische «religiöse Persönlichkeit», wie Biedermann und vor und nach ihm so viele andere es getan haben; dann wird man bei der Suche nach Analogien zu dem, was in Ihm geschah und wirklich ist, selbstverständlich allerlei Glück haben. Prinzipien und Persönlichkeiten als deren Vehikel haben eben Analogien und sind darum auch anders als aus sich selbst zu verstehen. Man kann aber Jesus Christus nicht erkennen, ohne sich nicht auch über die Vergeblichkeit alles Suchens nach Analogien zum vornherein klar zu werden, ohne also die Nichtigkeit aller angeblichen Analogien zu seinem Werden und Sein zum vornherein durchschauen zu müssen.

Wohlverstanden: es gibt freilich Analogien des im Werden und Sein dieses Einen begründeten und ermöglichten Verhältnisses zwischen Gott und Mensch, Gott und Welt. Gleich das Gen. 1, 1 bezeichnete und nachher im Alten und Neuen Testament so oft berührte Verhältnis von Himmel und Erde ist eine solche. Das Sein des Menschen als Mann und Frau wird Gen. 1, 27 sogar ausdrücklich das Bild des mit dem Menschen und der Welt handelnden und koexistierenden, des lebendigen Gottes Israels genannt. Die Verhältnisse von Vater und Kind, König und Volk, Herr und Knecht, sind in der Bibel oft genug sichtbare Entsprechungen jenes Verhältnisses. Analogien haben überall da ihren Raum und ihr Recht, wo es um die Anschauung und den Begriff des in Gottes ewigem Ratschluß gewollten und in der Inkarnation seines Wortes in der Zeit erfüllten Bundes als solchen geht. Vergleichbar ist ferner die Erfüllung des Bundes, ist Jesus Christus, ist das Himmelreich in seiner Beziehung zu seiner irdischen Umwelt. In dieser Beziehung wird er bekanntlich im Neuen Testament zum Gegenstand von Gleichnissen gemacht. In Jesus Christus selbst aber – und von ihm reden wir hier – geht es eben um den ewigen Grund und um die zeitliche Erfüllung des Bundes und damit um Grund und Erfüllung auch aller jener natürlichen und geschichtlichen Verhältnisse, in denen sich der Bund, in denen er sich als das Grundverhältnis zwischen Gott und Mensch, Gott und Welt spiegelt, in denen er seine Analogien hat, geht es auch um die Voraussetzung der Beziehung, in der er dann auch zum Gegenstand von Gleichnissen werden kann. In ihm geht es also um die Grundwirklichkeit, von der her das Grundverhältnis des Bundes und damit alle jene natürlichen und geschichtlichen Verhältnisse und in ihnen jene Analogien und so auch seine eigene gleichnisfähige Beziehung zu seiner irdischen Umwelt überhaupt möglich sind: um ihren Anfang, ihren Sinn und ihr Ziel, um die das Ganze, die Schöpfung und den Bund tragende und zusammenhaltende

Mitte. Die von Gott aufgerichtete Existenzeinheit zwischen ihm und dem Menschen, die *unio hypostatica* in dem einen Jesus Christus selbst ist diese Mitte. Wie es aber in der Mitte eines Rades mit allen seinen Speichen keine weiteren Speichen geben kann, so auch in dieser Mitte der Schöpfung und des Bundes, in diesem Woher auch seiner eigenen Beziehung zu seiner irdischen Umwelt, kein solches Verhältnis zwischen Gott und Mensch, Gott und Welt, das jenen natürlichen und geschichtlichen Verhältnissen vergleichbar wäre, das in einem solchen Verhältnis sein Analogon oder Gleichnis hätte. Daß der Schöpfer auch Geschöpf wird, der Herr auch ein Knecht, um als solcher, als Bruder aller seiner Knechte, wahrhaft Herr zu sein, das göttliche Ich auch ein menschliches Du, Gottes Existenz auch die Existenz des ihm wesenhaft ungleichen Menschen – das Werden und Sein Jesu Christi selbst also, ist von keiner über ihn selbst hinausschauenden und hinausdenkenden Reflexion, von keinem ihm überlegenen oder ihm gegenüber auch nur neutralen Ort her vorweg oder auch nachträglich zu verstehen und in Griff zu bekommen. Hier geht es in wunderbarer, einseitiger, selbstherrlicher Spontaneität um das Tun und Werk der Treue, der Allmacht und Barmherzigkeit Gottes selbst, das außer in ihm selbst keinen Realgrund und außer seiner Selbstoffenbarung auch keinen Erkenntnisgrund hat. Wir haben gesehen, daß Gott in diesem Tun und Werk vor allem und zuerst auch sich selber treu ist: daß er als der ewige Sohn des ewigen Vaters Solches tun und wirken kann. Aber daß er Solches faktisch tut und wirkt, dafür gibt es auch im Wesen des trinitarischen Gottes selbst keine Analogie, das kann auch nicht von dorther – als wäre es Gott notwendig, gerade Solches zu tun und zu wirken – abgeleitet und verstanden werden. Das kann vielmehr im Blick auf Gott wie im Blick auf den Menschen gerade nur angesichts dessen, daß es zwischen Gott und Mensch von Gott her so geschehen ist, als das in Gottes freiem ewigem Willensratschluß begründete und in seiner Allmacht geschaffene Faktum – anerkannt, erkannt und bekannt werden. Die Inkarnation des Wortes ist dieses Faktum ohne Präzedenz, ohne Parallele und ohne Wiederholung: weder im göttlichen, noch (noch viel weniger!) im menschlichen, im natürlichen und geschichtlichen Kreaturbereich. Die Inkarnation des Wortes ist das große «So spricht der Herr», zu dem alle Theologie nur bestätigend sagen kann: daß sie es gehört und als solches verstanden hat, von dem alle nach Analogien fragende und Analogien entdeckende Reflexion nur herkommen kann, das aber von irgend einer himmlischen oder irdischen Analogie aus meistern zu wollen, in sich unsinnig ist. *Humana ratione doceri aut accipi non potest: quod nullum eius in tota natura perfectum et omnino respondens existet exemplum, quamvis recta ratione non pugnet: verum divinitus e scriptura doceri et probari, oculisque fidei accipi debet* (Leidener Synopse 1624, 25, 3).

Ein positives Wort darf und muß hier nun dennoch – ohne Rückfall in die nun kritisch ausgeschiedene Denkweise, vielmehr in Erläuterung des damit in seiner Einzigartigkeit charakterisierten Hauptsatzes selbst – den Schluß bilden. Wer «Jesus Christus» sagt, und also von der in ihm verwirklichten Existenz des Sohnes Gottes in menschlicher Natur redet, der redet wohl von dem Einen, der als Dieser und so existiert, aber nicht von einem Einsamen, der nun eben für sich Dieser geworden wäre und als solcher existierte. Wer «Jesus Christus» sagt, der sagt: «Jesus Christus und die Seinen», die von ihm als Sohn Gottes und in ihm als Menschensohn Miterwählten, er sagt «Jesus Christus und seine Gemeinde», «Jesus Christus als Haupt seines Leibes»: Jesus Christus in seiner himmlischen und in seiner irdisch-geschichtlichen Existenzform. Seine eine Existenz hat jene, und sie hat diese Form: diejenige, die er als der Eine, als Haupt, für sich und diejenige, die er wiederum und gerade als dieser Eine, als das Haupt, auch in und mit seinem Leib, seinem Volk, seiner Gemeinde zusammen hat. Das Verhältnis zwischen diesen beiden Gestalten seiner Existenz nun ist nicht sowohl vergleichbar als vielmehr indirekt identisch mit dem Verhältnis zwischen ihm als dem ewigen Sohn Gottes und dessen Menschsein. Wir hörten ja: die von ihm erwählte und in die Einheit mit seiner Existenz aufgenommene menschliche Natur ist implizit die aller Menschen: in seinem Menschsein hat sich Gott implizit des Menschseins aller Menschen angenommen. In Ihm existieren zwar nicht wir alle als *homines*, existiert aber unsere *humanitas* als solche – so gewiß sie die seinige und die unsrige ist – in und mit Gott selber. Und wo das durch die erweckende Macht des Heiligen Geistes im Glauben erkannt wird, da entsteht und besteht – kein zweiter Jesus Christus, kein zweites Haupt, wohl aber als die zweite Existenzform seiner einen, als die zweite Gestalt seines Leibes das Volk, die Gemeinde derer, die, indem sie auf ihn blicken, im Glauben, in der Liebe, in der Hoffnung durch den Heiligen Geist mit ihm vereint sind, ihr eigenes Menschentum in dem seinigen aufgehoben und also als solches in die Existenz in und mit Gott erhoben finden. Eben dieses Volk, diese Gemeinde, ist die Gestalt seines Leibes, in der Jesus Christus, sein eines himmlisches Haupt auch existiert und also seine irdisch-geschichtliche Existenzform. Ganz menschlichen Wesens – die Kirche ist ja wirklich menschlichen und nicht wie ihr Herr göttlichen Wesens – existiert sie ihm gegenüber nicht selbständig – eben ohne selbst Haupt zu sein oder zu werden – sondern (ἀνυπόστατος und ἐνυπόστατος) in und kraft seiner Existenz. Sie lebt, weil und indem er lebt: als Menschenvolk von ihm erwählt, erweckt, berufen, versammelt. Sie ist sein Werk und sie ist, indem sein Werk geschieht. Sie kann ohne ihn, ihr Haupt, keinen Moment und in keiner Hinsicht sein Leib, sie kann ohne ihn überhaupt nicht sein. Sie existiert also nicht getrennt von ihm. Sie existiert nur als der ihm als dem Haupte dienende Leib. Eben darum kann sie aber auch nicht – denn dazu müßte sie ja selbständig getrennt von ihm existieren – sein Abbild, sein Analogon sein. Darum kann von einer in ihr stattfindenden Wiederholung oder Fortsetzung der Inkarnation keine Rede sein. Sondern er, der eine Jesus Christus selbst, existiert als Mensch, indem er himmlisch existiert, auch so, auch irdisch-geschichtlich, hat zu seiner himmlischen Existenzform als der eine Gottes- und Menschensohn diese seine irdisch-geschichtliche, die Gemeinde als seinen einen Leib, der auch diese Gestalt hat, hinzugenommen, trägt und erhält sie in dieser Einheit mit sich selber und so als das ihm nicht nur gehörige sondern zugehörige Menschenvolk. Er war in Gottes ewigem Ratschluß, er war in seiner Epiphanie, er wird auch in seiner Offenbarung am Ende der Zeit dieser *totus Christus* sein: Christus mit seiner Christenheit. Und eben diese zwei dieser seines einen Seins verhalten sich nicht nur zueinander, wie er sich als Gottessohn zu seiner menschlichen Natur verhält. Sondern das in seinem eigenen Sein als Haupt und Leib stattfindende Verhältnis von Gott und Mensch ist – in dieser andern Gestalt – sein Verhältnis zu seinem Leibe, der Gemeinde. So darf denn die Gemeinde Jesu Christi eben das sein, was die menschliche Natur ihres Herrn und Hauptes ist. So kann und darf sie aber auch nicht mehr als das sein, kann also eine Umkehrung, in der sie oder gar der einzelne Christ sich selbst mit Jesus Christus identifizierte und also Subjekt, er aber bloßes Prädikat würde, kann eine in der Kirche oder im einzelnen Christen stattfindende Vergottung, der Jesus Christus dann als bloßes Vehikel und Heilsmittel zu dienen hätte, nicht in Frage kommen. Das Alles ist dadurch in der Wurzel abgeschnitten und unmöglich gemacht, daß er selbst das in seiner Gemeinde gegenwärtige, handelnde und wirkende Subjekt ist: «Christus lebt in mir», er nun eben in dieser seiner irdisch-geschichtlichen Existenzform, in der Gemeinde als in dieser Gestalt seines Leibes. Wir werden auf diesen umfassenden Charakter der Menschheit Jesu Christi als des *totus Christus* zurückkommen, wenn wir wieder von der Kirche zu reden haben werden. An dieser Stelle hatte die Erinnerung an den *totus Christus* nur die Bedeutung, die positive Seite der Grenze sichtbar zu machen, an der die Inkarnation als hypostatische Union allen anderen Unionen gegenüber in ihrer Einzigartigkeit zu erkennen ist. Die Erinnerung an die Einheit Jesu Christi als des Hauptes mit der Gemeinde als seinem Leibe verletzt diese Grenze nicht, sondern bestätigt und verstärkt sie.

Aus dem zweiten Satz: daß die Existenz des Sohnes Gottes auch die eines Menschen, des Menschen Jesus von Nazareth, wurde und ist, folgt (3), daß in dem einen Jesus Christus göttliches und menschliches Wesen vereinigt wurde und ist. Wir betreten mit diesem Satz den

2. Die Heimkehr des Menschensohnes

Bereich der eigentlich so zu nennenden «Zweinaturenlehre». Sie besagt in der Sache Unaufgebbares und kann darum nicht umgangen werden. Sie ist nicht d a s Schibboleth rechter Erkenntnis Jesu Christi. Sie ist ja nur ein F o l g e s a t z aus den beiden vorangehenden über das Tun Gottes des Sohnes, über seine Existenz im menschlichen Wesen, und zugleich die V o r a u s s e t z u n g des folgenden, über die in Jesus Christus Ereignis gewordene und wirkliche Erhöhung unseres, des menschlichen Wesens. Zum Schibboleth konnte sie nur im Gegensatz zur Verdunkelung bzw. Leugnung der ihr zugrunde liegenden und der aus ihr folgenden Erkenntnis werden. Sie hat aber an sich nur den Charakter einer unvermeidlichen Ü b e r l e i t u n g. Wiederum spricht das besondere Odium, das in der protestantischen Neuzeit gegen sie – eben als gegen ein Schibboleth der sogenannten «Orthodoxie» – aufgekommen ist, weniger gegen sie als gegen die, die sie damit belastet haben. Man konnte und wollte nicht mehr wissen, woher sie kam und wohin sie führte, so konnte und wollte man auch sie selbst nicht mehr verstehen.

Unter göttlichem und menschlichem W e s e n (gleichbedeutend mit: göttlicher und menschlicher «Natur», oder auch einfach: «Gottheit» und «Menschheit») ist zu verstehen: einerseits das, was Jesus Christus als G o t t e s s o h n mit Gott dem Vater und Gott dem Heiligen Geist gemeinsam hat, was also sein Sein und dessen Art von dem Sein und von der Art des Menschen und aller von Gott verschiedenen Wirklichkeit schlechterdings (in «unendlichem qualitativem Unterschied») auszeichnet – andererseits das, was Jesus Christus (auch in seiner Erhöhung) als M e n s c h e n s o h n mit jedem menschlichen Geschöpf gemeinsam hat, was also sein Sein und dessen Art von dem Sein und der Art Gottes in seinen ewigen Existenzweisen als Vater, Sohn und Heiliger Geist, und in seiner Stellung und Funktion als Schöpfer und Herr aller Dinge schlechterdings (wiederum: in «unendlichem qualitativem Unterschied») abhebt.

Die Unvereinbarkeit göttlichen und menschlichen Wesens als Wesen eines und desselben Subjektes leuchtet ein. Der Anstoß an dem Satz, daß Jesus Christus der Eine ist, der göttlichen u n d menschlichen Wesens ist, in welchem sie beide v e r e i n i g t sind, ist unvermeidlich. Wie man auch göttliches und menschliches Wesen definiere: man wird sie, will man nicht dem einen oder dem anderen zu nahe treten (auch bei aller Berücksichtigung der ursprünglichen Gottbezogenheit des menschlichen Wesens!) nur scharf unterscheidend, ja gegensätzlich definieren können. Der Satz über Jesus Christus als dem Einen, der göttlichen und menschlichen Wesens ist, wagt also die Vereinigung des definitionsmäßig Unvereinbaren.

Ist es aber wahr, daß in Jesus Christus die Existenz des Sohnes Gottes auch die eines Menschen wurde und ist, dann muß dieser Satz gewagt werden: gewiß nicht *in abstracto*, nicht im leeren Raum, nicht als Behauptung einer allgemeinen Wahrheit des Inhalts, daß das definitionsmäßig Unvereinbare, göttliches und menschliches Wesen, nun eben doch in bestimmten Subjekten vereinbar sei, wohl aber *in concreto*, in Begegnung mit diesem einen Subjekt, in Anerkennung, Erkenntnis und Bekenntnis seiner besonderen Wahrheit. Dieses Subjekt, der eine Jesus Christus, fordert diesen Satz: gerade nicht einen Satz über die Vereinbarkeit des Unvereinbaren, wohl aber über die faktisch in ihm stattgefundene und verwirklichte Vereinigung des sonst gewiß ganz und gar Verschiedenen, ja Gegensätzlichen. Wie wäre Jesus Christus, der als Sohn Gottes auch als Mensch Existierende, wenn in ihm nicht eben auch diese Vereinigung stattgefunden hätte und noch stattfände? Wie müßte es in der Begegnung mit ihm nicht auch zur Anerkennung, zur Erkenntnis, zum Bekenntnis kommen, daß diese Vereinigung in ihm Ereignis ist, und daraufhin – koste es, was es wolle – zum Wagnis jenes Satzes? Ein tollkühnes, ein unerlaubtes Wagnis wäre er ja doch nur, wenn er als allgemeiner Satz über eine allgemeine Wahrheit, über eine metaphysische Vereinbarkeit und Einheit des Göttlichen und des Menschlichen auftreten wollte. Wollte er das tun, dann würde man ihn allerdings nur als das Produkt jener ins Rasen gekommenen schwärmenden Vernunft bezeichnen können. Es war ja aber gerade nicht die klassische Kirchenlehre, sondern ihre spätere spekulative Umdeutung, die ihn so verstanden, die ihn verallgemeinert, d. h. auf des christlichen Hinzen und Kunzen inneres Erlebnis bezogen hat. Die klassische Zweinaturenlehre redet von dem einen Jesus Christus und nur von ihm, und das *a posteriori*, im Blick auf ihn, den im Fleisch existierenden Sohn Gottes, und nur so: nicht von einem ihr bekannten *a priori* als von einer ihm überlegenen Möglichkeit, sondern von seiner ihr vorgegebenen Wirklichkeit, von ihm selbst her. Eben in diesem seinem genuinen Sinn und Verständnis ist der Satz von den zwei Naturen gerade nur das kindliche Wagnis des Glaubens, das wohl besser gar nicht als «Wagnis», sondern viel anspruchsloser als Gehorsam, als der Ausdruck einer nun eben durch diesen Gegenstand bestimmten Sachlichkeit verstanden wird: der Sachlichkeit, die angesichts dieses Gegenstandes keine Störung durch allgemeine hier offenbar nicht zureichende Erwägungen und ihre Ergebnisse duldet, die sich, statt diesen Gegenstand einem ihm fremden Gesetz zu unterwerfen, ihr Gesetz durch diesen Gegenstand diktieren läßt.

Wir hörten in der zuletzt zitierten Stelle der Leidener Synopse über das analogielose und also allein in seiner Selbstoffenbarung erkennbare Ereignis der Inkarnation die ganz beiläufige Bemerkung: *quamvis recta ratione non pugnet*. Die *recta ratio*, der hier nicht widersprochen wird, die hier also auch ihrerseits keine Händel anzufangen nötig hat, ist nicht etwa die durch die Autorität des kirchlichen Dogmas als solche gebundene und also unfreie, sondern die nun eben auf diesen Gegenstand ausgerichtete, durch ihn bestimmte und also auch ihm gegenüber freie, durch keine allgemeinen Erwägungen und deren Resultate vorbelastete *ratio*. «Unvermeidlich» ist der Anstoß an dem Satz über die Vereinigung der zwei «Naturen» in Jesus Christus nur für ein von irgendwelchen allgemeinen Voraussetzungen her unbedingt gebundenes Denken. Eben solche unbedingte Bindung – ob sie nun die durch ein kirchliches Dogma oder die durch eine allgemeine Logik und Metaphysik sei – dürfte gerade der *recta ratio*, einem grundsätzlich freien Denken, nicht angemessen sein. Die *recta ratio* ist die jedem Gegenstand gegenüber zu der nun eben von ihm verlangten Sachlichkeit bereite und also freie Vernunft: frei nun auch diesem Gegenstand gegenüber. Die sogenannte «freie Wissenschaft» des 19. Jahrhunderts, die z. B. für Biedermann höchste und letzte Norm war, war in Wirklichkeit die von einer unbedingten Bindung in die andere geratene Wissenschaft, und darum gewiß weder frei noch das exemplarische Werk der *recta ratio*, für das sie sich selbst und für das man sie dann allgemein so lange gehalten hat.

Aus der Einheit mit seiner eigenen Existenz, in die der Sohn Gottes menschliches Wesen aufnimmt, in der er aber auch sein göttliches Wesen behält, folgt die in ihm stattfindende und wirkliche Vereinigung göttlichen und menschlichen Wesens, haben wir gesagt. So existiert Jesus Christus als Gottessohn nicht, ohne als solcher auch menschlichen Wesens teilhaftig zu sein. Und so existiert er als Menschensohn nicht, ohne als solcher auch des Wesens des Sohnes Gottes und also göttlichen Wesens teilhaftig zu sein. Es geht auf beiden Seiten um ein echtes und reales Teilhaftigsein. Echt und real vermöge der Tat Gottes des Sohnes, die ihren Grund und ihre Kraft in seinem Sein, in seiner ewigen Einheit mit dem Vater und dem Heiligen Geist hat. Er in seinem göttlichen Wesen nimmt Anteil am menschlichen Wesen: so radikalen und totalen Anteil, daß er seine Existenz auch die Existenz des Menschen Jesus von Nazareth werden und sein läßt. Und wieder gibt er damit dem menschlichen Wesen Jesu von Nazareth Anteil an seinem eigenen, dem göttlichen Wesen des ewigen, dem Vater und dem Heiligen Geist gleichen Sohnes. Dieses beiderseitige Teilnehmen und Teilhaben und also die Vereinigung der beiden «Naturen» in ihm entsteht und besteht also durch ihn, gewissermaßen «von oben nach unten» und nur daraufhin – wie wir noch sehen werden: in charakteristisch verschiedener Weise – dann auch «von unten nach oben». Es ist wohl beiderseitig, aber in dieser Folge und in der damit und mit der Verschiedenheit der beiden «Naturen» gegebenen differenzierten Beiderseitigkeit. Der Sohn Gottes bedarf dessen nicht, auch sein göttliches Wesen bedarf dessen nicht, auch menschlichen Wesens teilhaftig zu sein, sondern er schenkt sich in diesem Menschen dem menschlichen Wesen und macht es damit seines göttlichen Wesens teilhaftig. Und der Mensch Jesus von Nazareth nimmt, er raubt es sich ja nicht, der Sohn Gottes und also göttlichen Wesens teilhaftig zu sein, sondern es wird und ist ihm beides durch freie göttliche Gnade geschenkt, so daß sein Sein in dieser Erhöhung nur eben in einem Tun tiefster menschlicher Dankbarkeit bestehen kann. Die Vereinigung des göttlichen und des menschlichen Wesens in ihm, dem Einen, und also sein Sein als wahrer Gott und wahrer Mensch beruht eben schlechterdings auf jener von Gottes Sohn in Gottes Tat verwirklichten Einheit.

§ 64. Die Erhöhung des Menschensohnes

Eben indem sie auf dieser Einheit beruht, ihre unmittelbare Folge ist, ist deutlich, daß sie nicht wiederum eine Einheit, sondern eine Vereinigung zu jener gegenseitigen Teilnahme, die *communio naturarum* ist: In dem einen Subjekt Jesus Christus ist göttliches und menschliches Wesen vereinigt, aber nicht eins, nicht identisch. Das würde ja voraussetzen: entweder, daß Gott aufgehört hätte, Gott zu sein und sich in einen Menschen verwandelt hätte, oder (womöglich noch greulicher), daß der Mensch aufgehört hätte, Mensch zu sein und Gott geworden wäre oder (am greulichsten), daß aus göttlichem und menschlichen Wesen ein Drittes, Mittleres, weder wahrer Gott noch wahrer Mensch sich gebildet hätte. Seinem Bild, wie es im neutestamentlichen Zeugnis von ihm sichtbar ist, entspricht das Alles nicht. In Anerkennung, in Erkenntnis und im Bekenntnis der Wirklichkeit Jesu Christi konnte und kann weder das Erste noch das Zweite noch das Dritte von ihm gedacht und gesagt werden. Er ist miteinander, in echter, realer Vereinigung, aber ohne Zerstörung weder des Einen noch des Anderen, als Versöhner und Mittler zwischen Gott und den Menschen, als Wiederhersteller und Erfüller des von Gott gestifteten Bundes zwischen Gott und Mensch, Beides: göttlichen und menschlichen Wesens, «wahrhaftiger Gott vom Vater in Ewigkeit geboren und auch wahrhaftiger Mensch, von der Jungfrau Maria geboren» (Luther). Gerade die Einheit, in der er Beides ist, fordert dieses «und auch», fordert also den Begriff der «Vereinigung» mit seiner Voraussetzung der echten Eigentümlichkeit des göttlichen und des menschlichen Wesens und also die Ablehnung der Vorstellung von einer Identifizierung und Identität beider. «Einheit» würde hier nicht mehr, sie würde auch nicht nur weniger besagen als «Vereinigung»: sie würde an der Wirklichkeit Jesu Christi vollständig vorbei von einem mutwillig ersonnenen Hirngespinst reden.

Hier greift der gegen die Ausschreitungen alexandrinischer Theologie sich richtende erste Bestandteil der Formel von Chalcedon (451) ein: es sei der eine und selbe Christus, der eingeborene Sohn und Herr, in zwei «Naturen» ἀσυγχύτως *(inconfuse)* und ἀτρέπτως *(immutabiliter)*, also ohne Vorstellung einer Vermischung beider und ohne Vorstellung von einer Verwandlung der einen oder der anderen oder beider zu erkennen.

Der positive Sinn der Formel nach dieser Seite war: das göttliche wie das menschliche Wesen werden und sind in ihrer Vereinigung in Jesus Christus nicht alteriert, sich selber nicht entfremdet: weder (nach unten) das göttliche in der ihm widerfahrenden Erniedrigung zur Teilnahme am menschlichen, noch (nach oben) das menschliche in der ihm widerfahrenden Erhöhung zur Teilnahme am göttlichen. So real in dieser Vereinigung und gegenseitigen Teilnahme die Erniedrigung des göttlichen, und so real in ihr die Erhöhung des menschlichen Wesens ist, so hört doch jenes in seiner Erniedrigung nicht auf, das göttliche, und dieses in seiner Erhöhung nicht auf, das menschliche Wesen zu sein. Das Geheimnis der Inkarnation besteht darin, daß Jesus Christus in einem realen Zugleich echt göttlichen und echt menschlichen Wesens ist und daß auch die gegenseitige Teilnahme und Teilhabe beider gerade unter dieser Voraussetzung eine echte ist.

Aber nun müssen wir den Nachdruck ebenso kräftig auf die andere Seite dieses Geschehens und Seins legen. Eben indem sie aus der Einigung und

Einheit des Sohnes Gottes mit menschlichem Wesen hervorgeht, ist auch deutlich, daß die Vereinigung seines göttlichen mit menschlichem Wesen in jener beiderseitigen Teilnahme und Teilhabe beider aneinander, ohne zur Einheit zu werden, eine r e a l e, eine strenge, ganze und unauflösliche ist. Es gibt kein Moment des menschlichen Wesens, das von seiner Existenz in und mit der des Sohnes Gottes und damit von der Vereinigung mit und von der Teilnahme und Teilhabe an diesem göttlichen Wesen unberührt und ausgeschlossen wäre. Und so gibt es auch kein Moment seines göttlichen Wesens, das der Sohn Gottes, in menschlichem Wesen existierend, der Vereinigung mit diesem, der Teilnahme und Teilhabe an ihm entziehen würde. Wir werden festzustellen haben, was diese Vereinigung und beiderseitige Teilnahme und Teilhabe angesichts des unaufhebbaren Unterschiedes des göttlichen und des menschlichen Wesens bedeuten und nicht bedeuten kann. Wir haben aber zunächst grundsätzlich festzuhalten, daß das göttliche und das menschliche Wesen in dem einen Jesus Christus, der der Sohn Gottes ist, u n t e i l b a r vereinigt sind. Da ist kein göttlicher, ewiger, himmlischer Christus, der nicht g a n z menschlichen – und da ist kein menschlicher, zeitlicher, irdischer Jesus, der nicht g a n z göttlichen Wesens wäre. Da ist also kein doppelter, sondern nur der e i n e Jesus Christus, der als solcher zugleich göttlichen u n d menschlichen Wesens und so der eine Versöhner, Heiland und Herr ist. Als solcher präexistierte er in Gottes Ratschluß, als solcher wurde er geboren, lebte und starb er, als solcher wurde er in seiner Auferstehung den Jüngern offenbar, als solcher lebt und regiert er zur Rechten Gottes, des Vaters, in der mit seiner Offenbarung angebrochenen Endzeit, als solcher wird er seiner Gemeinde und der Welt offenbar werden, wenn auch diese Endzeit zu ihrem Ende gekommen sein wird. Alle Anerkennung, alle Erkenntnis, alles Bekenntnis Jesu Christi kann sich nur auf diesen unauflöslichen Einen beziehen. L u t h e r s «und auch» gilt nicht nur im disjunktiven, sondern auch im konjunktiven Sinn. Wenn das Wort «Vereinigung» nicht streng verstanden würde, so würde es an der Wirklichkeit Jesu Christi vollständig vorbei – diesmal von z w e i mutwillig ersonnenen Hirngespinsten reden.

Und hier greift nun der gegen die Ausschreitungen antiochenischer Theologie sich richtende andere Bestandteil der chalcedonensischen Formel ein, laut dessen der eine Jesus Christus, Gottes eingeborener Sohn und unser Herr, in seinen zwei Naturen ἀδιαιρέτως *(indivise)* und ἀχωρίστως *(inseparabiliter)*, also ohne Vorstellung von einer Teilbarkeit der einen oder der anderen und ohne Vorstellung von einer Trennbarkeit der einen von der anderen zu erkennen sei.

Der p o s i t i v e Sinn der Formel nach dieser Seite war: das göttliche und das menschliche Wesen wurden und sind je in ihrer Eigentümlichkeit in Jesus Christus nicht nur scheinbar, sondern r e a l, nicht nur teilweise, sondern g a n z, nicht nur vorübergehend, sondern d e f i n i t i v vereinigt. Die dem göttlichen Wesen in seiner Teilnahme am menschlichen Wesen widerfahrende Erniedrigung und die dem menschlichen in seiner Teilnahme am göttlichen Wesen widerfahrende Erhöhung sind – beide in ihrer ganzen Eigentümlichkeit, ja Gegensätzlichkeit – nicht zu trennen; sie sind ein einziges Geschehen und Sein. Wer an Jesus Christus glaubt, der glaubt an diesen Einen, der optiert also nicht für das eine unter Zurückstellung oder gar unter Ausschluß des anderen der beiden Momente dieser Geschichte, der begleitet vielmehr deren Verlauf in ihrer Einheit und Ganzheit. Das Geheimnis der Inkarnation besteht darin, daß das Zugleich göttlichen und menschlichen Wesens in Jesus Christus real und also auch deren gegenseitige Teilnahme und Teilhabe eine reale ist.

Es liegt nun zum Verständnis dieses unseres dritten Satzes und im Blick auf dessen im vierten zu ziehende Konsequenz Alles daran, daß sein Inhalt, die nun erklärte Vereinigung göttlichen und menschlichen Wesens in Jesus Christus mit seiner in unserem ersten und zweiten Satz umschriebenen Voraussetzung, nämlich damit zusammengesehen wird: daß das Subjekt der Versöhnung und also der Inkarnation, Jesus Christus, der Sohn Gottes ist. Dieser ist die Vernunft und die treibende Kraft jener Geschichte. Dieser ist der Sinn und die Macht, in denen das in jener Geschichte Geschehene ewiges und zeitliches Sein hat und ist. Das von ihm an- und aufgenommene menschliche Wesen kam und kommt hier als Subjekt, wie wir sahen, nicht in Frage. War und ist es doch nur eine individuelle Möglichkeit, die allein durch und in ihm Existenz erhielt, Wirklichkeit wurde und ist, an und für sich aber weder existiert noch wirklich ist. Wie sollte sie da Subjekt sein können? Aber auch die göttliche Natur als solche kommt als Subjekt der Versöhnung und der Inkarnation nicht in Frage: merkwürdigerweise aus demselben Grunde! Gottheit, göttliche Natur, göttliches Wesen an und für sich existiert nämlich nicht, ist nichts Wirkliches. Auch Gottheit existiert nur in und mit der Existenz des Vaters, des Sohnes und des Heiligen Geistes, nur als das gemeinsame Prädikat dieses in seinen Existenzweisen dreifaltigen einen Subjektes. Gottheit hat nur der, kann nur dem zugeschrieben werden, der Gott ist. Gottheit mit allen den Vollkommenheiten, die ihr eigentümlich sind, ist nur der Modus seines Seins. Und was Gottheit ist, kann gerade nur im Blick auf ihn, in Erkenntnis und Beschreibung des Modus, in dem Er ist, erkannt und ausgesagt werden. Er, das göttliche Subjekt, trägt und bestimmt das göttliche Wesen, nicht umgekehrt. So ist es tatsächlich kein Zufall, daß es nicht heißt: die Gottheit, die göttliche Natur, das göttliche Wesen ward Fleisch (Joh. 1, 14): die Gottheit als solche ist eben kein Existierendes, kein Wirkliches, kein Seiendes und also auch kein Handelndes, das sich mit einem anderen Existierenden, Wirklichen, Seienden (aber das ist ja eben auch das menschliche Wesen nicht!) vereinigen könnte. Das tut aber in und mit seinem göttlichen Wesen das göttliche Subjekt, der Existierende, der Wirkliche, der Seiende, Gott Vater, Sohn und Heiliger Geist, und nun also *in specie:* Gott der Sohn. Und darum heißt es: Er, der Sohn, das Wort ward Fleisch. Erst damit und so, in der Tat dieses Subjektes, kommt es dann auch zu jener Vereinigung göttlichen und menschlichen Wesens. Und Alles, was wir von dieser Vereinigung gehört haben: von jener beiderseitigen Teilnahme und Teilhabe des göttlichen und des menschlichen Wesens, von der Echtheit beider auch in ihrer Vereinigung, aber auch von der Realität dieser Vereinigung als solcher – kurz: die ganze eigentlich so zu nennende «Zweinaturenlehre» hängt an jener **primären, eigentlichen** Einigung und Einheit, wie sie Joh. 1, 14 beschrieben wird. Man kann auch noch einfacher sagen: Alles hängt an der schlichten Tatsache der Existenz und Wirklichkeit **Jesu Christi**, wie sie im Neuen Testament bezeugt ist. Die «Zweinaturenlehre» kann also nicht auf sich selbst stehen und in sich wahr sein wollen. Ihr ganzes Geheimnis ist das Geheimnis von Joh. 1, 14, so wie es in diesem Zentralwort umschrieben wird. Es kann Alles, was von der Vereinigung der zwei Naturen zu sagen ist, nur Kommentar zu diesem Zentralwort sein wollen. Keine der beiden «Naturen» als solche zählt: eben weil keine von beiden als solche existiert und wirklich ist. Der Sohn Gottes allein zählt: er, der sich zu seinem göttlichen hinzu menschliches Wesen zu eigen macht, ihm damit Existenz gibt und eben damit beide in sich vereinigt. **In ihm und nur in ihm** wurden und sind sie vereinigt. Wir werden das nachher zu bedenken haben, wenn von den Konsequenzen dieser Vereinigung, insbesondere von der uns hier interessierenden Konsequenz hinsichtlich der menschlichen Natur Jesu Christi zu reden sein wird.

Der Nachdruck, den wir von Anfang an und nun noch einmal auf diesen Begriff des göttlichen **Subjektes** der Inkarnation gelegt, mit dem wir also die Lehre von der *unio hypostatica* der Lehre von der *communio naturarum* vor- und übergeordnet haben, bedeutet, daß wir uns hier im Prinzip auf die Seite der Christologie reformierter Tradition gestellt haben. Noch immer ist die Differenz an dieser Stelle, obwohl nun schon deutlicher bemerkbar, kein eigentlich so zu nennender Gegensatz. Man würde aber nicht verstehen, daß und warum die Wege an späterer Stelle nun doch ziemlich ernstlich auseinandergehen, wenn man nicht darauf achten würde, wie sie sich eben hier zu trennen **anheben**. – Der geschichtliche Tatbestand soll kurz umrissen werden.

Es konnte nicht anders sein, als daß sich auch die **lutherisch**-orthodoxe Christologie auf die Lehre von der hypostatischen Union aufbaute. Es war aber von Anfang an so, daß sie faktisch **mehr** als an diesem Begriff an dem sich aus ihm ergebenden der *communio naturarum* und an den aus diesem zu ziehenden Konsequenzen interessiert war: **weniger** an dem primären Geheimnis des Gottmenschen Jesus Christus als solchem, als an dem sekundären Geheimnis des Verhältnisses zwischen seinem göttlichen und seinem menschlichen Wesen und ihrer beiderseitigen Teilnahme und Teilhabe. Die reformierte Christologie war an diesem Problemkreis auch nicht uninteressiert, und sie hat sich den von jener Mitte aus sich aufdrängenden Konsequenzen nicht entzogen. Niemand kann sich ihnen entziehen. Für die lutherische Christologie aber bildete gerade dieser sekundäre Problemkreis den **Brennpunkt** ihrer Aufmerksamkeit. Es ging ihr praktisch um jene in der Vereinigung der beiden Naturen eingeschlossene beiderseitige **Teilnahme und Teilhabe** und – wie wir noch sehen werden – ganz praktisch speziell um die Kommunikation der Eigenschaften der göttlichen an die menschliche Natur, bzw. um das Partizipieren der menschlichen an den Eigenschaften der göttlichen. Es ging ihr darum, daß direkt in der Menschlichkeit Jesu Christi als solcher der göttliche Triumph über den Unterschied und Gegensatz von Gott und Mensch Ereignis geworden und wirklich sei. Sie wußte und sagte auch, und sogar sehr betont: daß man die Gottheit als solche nicht unmittelbar erleben und erkennen könne. Es gebe aber, darauf wollte sie hinaus, eine unmittelbare Anschaulichkeit, Begreiflichkeit, Erlebbarkeit und Erkennbarkeit der Gottheit in der Menschheit Jesu Christi. Was sie wollte, wird schön, wenn auch etwas beschattet durch das Spiel mit einer jener problematischen Analogien, deutlich in einer Stelle aus der Konkordienformel (*Sol. decl.* VIII 66): «Also ist und bleibet in Christo nur eine einige göttliche Allmächtigkeit, Kraft, Majestät und Herrlichkeit, welche allein der göttlichen Natur eigen ist; dieselbige aber leuchtet, beweiset und erzeiget sich völlig, aber doch freiwillig in, mit und durch die angenommene erhöhte menschliche Natur in Christo; gleichwie in einem glühenden Eisen nicht zweierlei Kraft zu leuchten und zu brennen ist, sondern die Kraft zu leuchten und zu brennen ist des Feuers Eigenschaft, aber weil das Feuer mit dem Eisen vereiniget, so beweisets und erzeigets solche seine Kraft zu leuchten und zu brennen in, mit und durch das glühende Eisen also, daß auch das glühende Eisen daher und durch solche Vereinigung die Kraft hat, zu leuchten und zu brennen, ohne Verwandlung des Wesens und der natürlichen Eigenschaften des Feuers und Eisens». Eben darum wollte sie die *unio hypostatica* nun doch nur als Vorstufe oder Sprungbrett zum eigentlichen Ziel betrachten, von ihr aus zur Sache kommen: zur *communio naturarum*, zu der christologischen περιχώρησις, in der Solches möglich und wirklich wird. Eben darum machte es ihr nichts aus, diese *communio* gelegentlich (z. B. Hollaz, *Ex. theol.* 1707 III, 1, 3 *qu.* 30) ebenfalls als *unio* zu bezeichnen und sie tadelte es (z. B. Quenstedt, *Theol. did. pol.* 1685 III, 3 *sect.* 2, *qu.* 6, *antith.* 3), wenn sie die Reformierten nicht von einer unmittelbaren, sondern nur von einer mittelbaren Einigung der beiden Naturen reden hörte: sofern diese sich nur *consequenter et per concomitantiam propter identitatem cum personalitate, quae sola primo unita sit*, ergebe. Darum definierte sie (Hollaz, l. c. *qu.* 31): die *communio naturarum* sei die *mutua divinae et humanae Christi naturae participatio, per quam natura divina* τοῦ λόγου *particeps facta humanae naturae hanc permeat, perficit, inhabitat sibique appropriat, humana vero particeps facta divinae naturae ab hac permeatur, perficitur et inhabitatur.* Darum kann sie (Quenstedt, l. c. *sect.* 1, *th.* 36) bis zu dem nun doch schwer tragbaren Satz vorstoßen: so seien die beiden Naturen in Jesus Christus vereinigt, *ut ex utraque sibi invicem communicante fiat unum incommunicabile, una sc. persona.* Natürlich ist gemeint: die in der mit der Gottheit vereinten Menschheit anschauliche Person, die in der hypostatischen Union zugleich das Prinzip des ganzen Geschehens und Seins ist. Und natürlich wollte man an dem ἀσυγχύτως und ἀτρέπτως von Chalcedon und also an der Echtheit und Integrität der beiden Naturen festhalten, wie ja auch die lutherische Abendmahlslehre das Brot, indem es mit dem Leib Christi identisch ist, nicht aufhören läßt, echtes Brot zu sein. Aber nicht auf diesem unterscheidenden Vorbehalt, nicht auf dem ἀσυγχύτως und ἀτρέπτως, sondern auf dem ἀδιαιρέτως und ἀχωρίστως von Chalcedon lag für die lutherische Theologie der Nachdruck: auf der *arctissima et intima* περιχώρησις und ἐνδύασις der beiden Naturen (Quenstedt), auf den Gleichungen, die sich von da aus ergeben, etwa: Gottes Sohn und also Gott in seinem göttlichen Wesen ist dieser Mensch, Marias Sohn – und vor allem umgekehrt: dieser Mensch, Marias Sohn, ist der Sohn Gottes und also Gott in seinem göttlichen Wesen. Indem man daran festhielt, daß solche Gleichungen Folgesätze aus der *unio personalis* seien, nannte man sie *propositiones personales.* Als *essentiales et univocae* sollten sie also nicht verstanden werden: nicht analytisch, als wäre das Subjekt seinem Wesen nach das, was das Prädikat von ihm aussagt. Andererseits aber auch nicht bloß (N. B.: darin waren die Reformierten mit den Lutheranern einig) als *mere verbales*, als wäre das Prädikat bloß – das wäre nestorianisch! – ein dem Subjekt beigelegter Name oder Titel, dem dessen Sein nicht entspräche. Aber nun weiter (auch darüber hätte man sich wohl noch verständigen können) nicht nur als *propositiones impropriae, figuratae aut tropicae*, als wäre dem Subjekt mit dem ihm beigelegten Prädikat nicht auch dessen Wesen zugesprochen. Aber weiter (und hier gingen nun Lutheraner und Reformierte offenbar nicht einig) auch nicht als *propositiones identicae:*

2. Die Heimkehr des Menschensohnes

als gälte die von dem Subjekt gemachte Aussage nur in dem Sinn und Umfang, als es der Natur des Subjektes entsprechen kann. Das bedeutete praktisch: es sollten gerade von der Menschheit Jesu Christi auch solche Aussagen gemacht werden, die an sich nur das göttliche, nicht aber das menschliche Wesen bezeichnen und beschreiben können. Daß von der Menschheit Jesu als solcher gerade auch solche Aussagen gemacht werden könnten, dürften und müßten, darin kündigte sich das Anliegen der alten lutherischen Theologie in ihrer besonderen Lehre von der *communio naturarum* an. Es ist klar, daß sie sich damit zwar nicht auf die Seite der in Chalcedon verworfenen monophysitischen Haeresie des Eutyches stellte, wohl aber mit besonderer Schärfe der des Nestorius widersprach, oder positiv: daß sie sich das Anliegen der in Chalcedon gereinigten alexandrinischen Theologie zu eigen machte. Es lag nahe, daß sie von der Gegenseite trotz aller Vorbehalte und Verwahrungen in der Hitze des Gefechtes nun dennoch gelegentlich des Monophysitismus beschuldigt werden konnte, wie sie ihrerseits denn auch nicht müßig war, die Calvinisten mit dem Vorwurf des Nestorianismus zu belasten.

Die alte reformierte Christologie vertrat – auch sie innerhalb der Formel von Chalcedon – gerade das entgegengesetzte Anliegen. Sichtbar ist zunächst einfach, daß sie das betonte Interesse an der Präsenz, Anschaulichkeit, Erlebbarkeit, Erkennbarkeit der Gottheit in der Menschheit Jesu Christi – ohne sie zu leugnen, ohne zu unterdrücken, was dazu zu sagen war – so nicht hatte. Auch sie lehrte die *communio naturarum*, auch sie wagte jene *propositiones personales*. Auch sie betonte in Joh. 1, 14: das Wort ward Fleisch. Ihr lag aber alles an dem, von dem das gesagt ist: das Wort ward Fleisch, eben darum Alles an der *unio hypostatica* als dem (von den Lutheranern ja auch nicht übersehenen oder vergessenen) Sinn und Grund der *communio naturarum*, m. a. W.: Alles an dem Sohn Gottes als dem die *communio naturarum* schaffenden, tragenden und erhaltenden Subjekt der Inkarnation, an seiner Tat der Gleichsetzung göttlichen und menschlichen Wesens – weniger an ihrer daraus allerdings folgenden Gleichgesetztheit. Einen Satz wie der Quenstedts: daß die gottmenschliche Person in der Vereinigung der beiden Naturen entstehe *(fiat)*, wird man darum in den entsprechenden Definitionen, jedenfalls der durchgebildeten reformierten Dogmatik vergeblich suchen. In ihm müßten die Reformierten die Wahrheit vielmehr gerade auf den Kopf gestellt sehen. Und es ist von da aus klar, daß sie, ohne das chalcedonensische ἀδιαιρέτως und ἀχωρίστως in Abrede zu stellen, indem auch sie sich feierlich dazu bekannten, an dem ἀσυγχύτως und ἀτρέπτως, am Widerspruch gegen Eutyches und also an der Unterscheidung der beiden Naturen, an ihrer auch in ihrer Vereinigung sich durchsetzenden Eigentümlichkeit ein größeres Interesse nehmen mußten: an der bleibenden Eigentümlichkeit insbesondere des göttlichen Wesens des Logos, aber infolgedessen auch an der des von ihm mit sich selbst vereinigten menschlichen Wesens. Dahin konnten sie die *propositiones personales* nicht verstehen, daß von der Menschheit Jesu Christi auch solche Aussagen gemacht werden könnten, dürften und müßten, deren Inhalt wohl dem in göttlichem Wesen existierenden Logos, nicht aber dem von ihm in die Einheit seiner Existenz aufgenommenen menschlichen Wesen entsprechen.

Warum eigentlich nicht? Warum konnten und wollten die Reformierten dem in seiner Weise so großartigen Schwung des lutherischen Denkens nicht oder eben nur in größter Zurückhaltung folgen? Warum wurde da protestiert: *creator in aeternum vult manere distinctus ab omnibus creaturis, etiam ab illa massa quam assumpsit* (Olevian, cit. nach Heppe[2] S. 326)? Es ist – so oft das geschehen ist – völlig verkehrt, diesen Protest auf einen kahl verständigen Eifer um das Axiom: *finitum non capax infiniti* und also um die Unberührbarkeit des göttlichen Wesens zurückzuführen. Jenes Axiom hat in der alten reformierten Dogmatik die überragende Rolle nicht gespielt, die man ihm in späteren Darstellungen zugewiesen hat. Nach dem ganzen Duktus des altreformierten Denkens, wie er in dessen Dokumenten sichtbar ist, ist es vielmehr ganz klar: wenn es auf dieser Seite auch einen Eifer gab – und den gab es allerdings – so war es eben der Eifer um die Souveränität des in der Inkarnation in freier Gnade handelnden Subjektes, des lebendigen Gottes in der Person und Existenz seines Sohnes, auf den als solchen die Sicht gerade in seiner Fleischwerdung offen bleiben sollte, den man darum nicht in der von ihm angenommenen Menschheit, in der von ihm begnadeten Natur auf- und untergehen lassen wollte. Er, Dieser im Fleisch, in seinem göttlichen Wesen menschlichen Wesens teilhaftig – aber Er, Dieser, ist Jesus Christus, kein Neutrum, kein von der Gottheit durchleuchtetes oder durchtränktes menschliches Wesen. Daß die chalcedonensische Unterscheidung der Naturen von daher neue Dringlichkeit bekam, daß die Reformierten von daher gegen eine, wie ihnen schien, bei den Lutheranern drohende Vergottung der Menschheit Jesu Christi und gleichzeitige Entgottung seiner Gottheit Bedenken hatten und abwehrende Bewegungen machten, daß sie von daher, auf Chalcedon gesehen, zweifellos das dort gereinigte Anliegen der antiochenischen Schule aufnehmen mußten – und daß sie mit ihrer von daher bestimmten Tendenz ihrerseits in den Verdacht des Nestorianismus geraten konnten, ist richtig. Man muß aber, um zu verstehen, sehen und betonen: von daher haben nun eben sie zu denken versucht. Auch sie wollten Jesus Christus nicht aufspalten in einen Gottes- und einen Menschensohn. Auch sie wollten die Überwindung des Gegensatzes von Gott und Mensch und also die Versöhnung der Welt mit Gott nicht anderswo suchen, anschauen und begreifen, als in der von Gott angenommenen Menschheit und also in dem Menschen Jesus von Nazareth. Aber eben um sie in ihm anzuschauen und zu begreifen, wollten sie ihre eigentliche Aufmerksamkeit auf den in dieser Überwindung handelnden Überwinder und sein Überwinden richten: auf Jesus von Nazareth als den Christus, als den ewigen Gottessohn, auf die Tat Gottes, die in ihm Ereignis wurde und Wirklichkeit ist.

Indem nun auch wir uns zentral in diesem Sinn orientiert haben, haben wir uns der reformierten Tradition angeschlossen: ohne das Faszinierende des lutherischen Sonderinteresses an der *communio naturarum* als solcher und erst recht ohne das dahinter stehende Anliegen zu verkennen und fallen zu lassen, nur eben in der Meinung, daß man dem reformierten Anliegen – gerade um dann auch das lutherische, soweit es sich als berechtigt erweist, aufnehmen zu können, den Vorzug geben muß.

Es mag dazu zum Schluß historisch bemerkt sein, daß jenes lutherische Sonderinteresse und besonders die Weiterungen, die sich daraus ergaben, wenigstens im Raum der abendländischen Kirche, immerhin eine Neuerung und eine Partikularität darstellten – dogmengeschichtlich betrachtet eine Art Fernwirkung der Theologie der Ostkirche – während die Reformierten, in dieser Sache konservativer und weniger originell, nur eben angesichts jener Neuerung mit neuem Nachdruck das im Westen traditionelle Verständnis des Chalcedonense aufnahmen.

Wir kommen (4) zur Konklusion: Indem der Sohn Gottes Mensch wurde und ist, indem er seine Existenz auch die eines Menschen werden ließ, indem er göttliches und menschliches Wesen in sich vereinigte, hat er das menschliche Wesen in sich erhoben, ist er als wahrer Gott auch der wahre Mensch geworden. Das ist der besondere Aspekt, unter dem wir das Christusgeschehen in unserem jetzigen Zusammenhang zu verstehen versuchen. Es ist die Geschichte, in der Gott selbst in seinem Sohn Jesus von Nazareth, der Menschensohn, der wahre Mensch werden wollte, wurde, war, ist und sein wird. Und das ist die Kraft dieser Geschichte: die Erhebung, die Erhöhung des menschlichen Wesens dadurch, daß Gott selbst in seinem Sohn ihm seine eigene Existenz verlieh, es damit mit seinem eigenen, dem göttlichen Wesen vereinigte. Es geht um das allen Menschen gemeinsame Wesen. Es wird als solches dadurch, daß Gott selbst in seinem Sohn in ihm und indem es in Gott existiert – es wird auch dadurch, daß es in ihm mit dem göttlichen Wesen vereinigt wird, als menschliches Wesen nicht aufgehoben, nicht verändert. Jesus von Nazareth war und ist ein Mensch wie wir, unser Bruder. Er war und ist aber unser erstgeborener Bruder. Er war und ist – als Mensch wie alle Menschen – aller Menschen Haupt. Er ist, indem er ein Knecht wurde für uns, unser Herr geworden. Denn es geht in ihm, in diesem Menschen, um die Erhöhung des allen Menschen gemeinsamen Wesens. Kraft dessen, daß er der Sohn Gottes und so göttlichen und menschlichen Wesens ist, ist er der Menschensohn, der wahre Mensch. Uns ganz gleich als Mensch, ist er uns als der wahre Mensch auch ganz ungleich: in dem uns allen gemeinsamen Wesen, als Mensch wie wir, ganz anders als wir. Das ist seine Erhebung; darum und darin ist er erhöht über uns und so für uns: weil und indem er Gottes Sohn, weil und indem unser menschliches Wesen in ihm mit dem göttlichen Wesen vereinigt ist. In diesem seinem Sein als der Menschensohn, als der wahre Mensch, ist er der Versöhner der Welt mit Gott. Denn darin besteht die in ihm geschehene Versöhnung der Welt mit Gott, die Wiederherstellung und Erfüllung des Bundes zwischen Gott und dem Menschen, daß in ihm die Existenz eines neuen, des wahren Menschen dadurch Ereignis wurde, daß das menschliche Wesen, indem Gott ihm seine Existenz verlieh, indem Gott es sich zu eigen machte, zu ihm hin, an seine Seite, in die Gemeinschaft mit seinem Sein in seinem göttlichen Wesen erhoben wurde, ein für allemal erhoben ist. – Eben diese in Jesus Christus geschehene Erhöhung des menschlichen Wesens haben wir uns nun in tunlichster Präzision und mit allen nötigen Abgrenzungen klar zu machen.

Wir berührten in unserer Darstellung der durch den Sohn Gottes in seiner Fleischwerdung vollzogenen Vereinigung des göttlichen und des menschlichen Wesens mehrfach den Begriff der aus dieser Vereinigung folgenden, vielmehr in und mit ihr stattfindenden beiderseitigen Teilnahme und Teilhabe des göttlichen und des menschlichen Wesens aneinander. Er besagt: sie sind, im Sohne Gottes, der göttlichen Wesens ist und menschliches annimmt, nicht etwa nur so vereinigt wie – ich brauche ein in der alten Polemik gern gebrauchtes Bild – zwei zusammengebundene oder zusammengeleimte Bretter miteinander vereinigt sein mögen – nicht so also, daß sie in ihrer Vereinigung doch je für sich wären, in einem neutralen Nebeneinander sich doch gegenseitig fremd blieben. Sondern, im Sohne Gottes und also durch das göttliche Subjekt, in seiner Tat vereinigt, bekommt und hat jede seiner beiden Naturen, ohne als solche aufgehoben oder verändert zu werden, eine Bestimmung: Es bekommt die göttliche durch und in ihm ihre Bestimmung zur menschlichen hin, und es bekommt die menschliche durch und in ihm ihre Bestimmung von der göttlichen her. Es nimmt und hat der Sohn Gottes an dem von ihm angenommenen menschlichen Wesen Anteil: so nämlich, daß er diesem an seinem göttlichen Wesen Anteil gibt. Und es nimmt und hat das von ihm angenommene menschliche Wesen Anteil an seinem göttlichen: so nämlich, daß es diesen von ihm, dem Sohne Gottes, empfängt.

Auch die unentbehrliche Näherbestimmung jener beiderseitigen Teilnahme und Teilhabe muß dahin lauten: daß der Sohn Gottes das in diesem Geschehen initiativ handelnde Subjekt ist: nicht etwa sein göttliches oder gar sein menschliches Wesen, von denen beiden ja gilt, daß sie nur darin wirklich und handlungsfähig sind, daß Er in ihnen existiert: in sich selbst mit dem Vater und dem Heiligen Geist in seinem göttlichen, *per assumptionem* in seinem menschlichen Wesen. Er ergreift, hat und behält die Führung in dem, was sein göttliches für sein menschliches, sein menschliches für sein göttliches Wesen in ihrer beiderseitigen Teilnahme und Teilhabe ist und bedeutet. Er ist das Maß, die Grenze, das Kriterium dieses Geschehens: er, der göttlichen Wesens ist und menschliches annimmt und so Gottessohn und Menschensohn ist – aber Er, kein Es: weder ein menschliches noch ein göttliches! Faßt man das scharf ins Auge, dann ist einzusehen, daß die durch ihn und in ihm stattfindende beiderseitige Teilnahme und Teilhabe des göttlichen und des menschlichen Wesens aneinander in zweifacher Differenzierung Ereignis ist.

Die eine wurde bereits in unserem ersten Versuch, sie zu definieren, angedeutet: die Teilnahme und Teilhabe seines göttlichen an seinem menschlichen Wesen ist nicht einfach die gleiche wie die seines menschlichen an seinem göttlichen. Indem sein göttliches Wesen das ihm ursprünglich eigene, sein menschliches aber das von ihm angenommene, zu jenem hinzugenommen ist, ist deutlich, daß man ihre beiderseitige Bestimmung in der Unterscheidung sehen und verstehen muß, in der sie vorhin beschrieben wurde: es handelt sich um die Bestimmung seines göttlichen Wesens zu seinem menschlichen hin und es handelt sich um die Bestimmung seines menschlichen Wesens von seinem göttlichen her. Er gibt dem menschlichen Wesen Anteil an seinem göttlichen, das menschliche empfängt von ihm Anteil an seinem göttlichen. Das bedeutet, daß das Wort «beiderseitig» nicht verstanden werden darf als «wechselseitig». Das Verhältnis zwischen beiden ist nicht umkehrbar. Das Geschehen zwischen beiden ist kein zyklisches. Der Charakter beider in diesem Geschehen ist nicht vertauschbar. Mit Redensarten wie «gerade so», «eben so sehr», «ebenso gut», «ganz einerlei» wird man bei der Beschreibung dieses Geschehens sehr vorsichtig umgehen müssen. Es handelt sich in ihm wirklich um eine Geschichte, die freilich von oben nach unten und von unten nach oben verläuft, aber zuerst von oben nach unten, dann und daraufhin von unten nach oben: so gewiß eben der sich selbst erniedrigende Gottessohn in ihr auch der erhöhte Menschensohn wird und ist, so gewiß Er das Subjekt dieser Geschichte ist und bleibt. Nicht etwa nur wegen ihrer definitionsmäßigen Verschiedenheit, sondern wegen ihres verschiedenen Verhältnisses zu diesem Subjekt haben das göttliche und das menschliche Wesen in ihrer Teilnahme und Teilhabe aneinander je einen anderen Charakter.

Eben im Blick auf das in dieser Sache handelnde Subjekt wird man aber noch auf eine zweite Differenzierung achten müssen. Gottes Sohn wird Mensch, d. h. er nimmt zu seinem eigenen das menschliche Wesen hinzu, er nimmt auch menschliches Wesen an. Er wird und ist Jesus von Nazareth, der Menschensohn. So ist zwar ohne Vorbehalt zu sagen, daß Jesus, der Sohn Davids und der Maria, als der Sohn Gottes, wahrer Gott, Gott von Art, göttlichen Wesens war und ist. Eben der Sohn Gottes existiert ja, indem Jesus existiert, und so existiert Jesus, indem der Sohn Gottes existiert. Jesus selbst ist als wahrer Mensch der Sohn Gottes und also göttlichen Wesens, Gott von Art.

Um diese Einheit der Person Jesu Christi als Gottes- und Menschensohn sicherzustellen (was damals gegen Nestorius geschehen mußte), wurde Maria – zur Ehre Jesu Christi also, nicht zu ihrer eigenen – auf dem Konzil von Ephesus (431) die Bezeichnung «Mutter Gottes» ($\vartheta\varepsilon o\tau \acute o\varkappa o\varsigma$) zugesprochen. So wenig die Reformatoren praktisch damit anfangen konnten und so lästig es ihnen angesichts der römischen Marienverehrung sein mochte: Keiner von ihnen hat daran gerührt und auch Keiner von den lutherischen und reformierten Orthodoxen der folgenden Zeit hat die Notwendigkeit dieser (durch Luk. 1, 43 immerhin auch biblisch begründeten) Bezeichnung – eben zur Klärung jener Einheit der Person Christi – in Frage gestellt.

Das heißt aber nicht – und das ist die zweite Differenzierung, auf die in jener beiderseitigen Teilnahme und Teilhabe zum vornherein zu achten ist – daß das menschliche Wesen, von Gottes Sohn angenommen und also mit seinem göttlichen Wesen vereinigt, göttliches Wesen wurde und ist. Menschensohn wurde und ist Jesus Christus ja nur, weil und indem der Sohn Gottes menschliches Wesen annahm, ihm damit durch und in sich selbst Existenz und Wirklichkeit gab. Da war und ist also kein Menschensohn, der umgekehrt zu seinem menschlichen Wesen hinzu göttliches Wesen angenommen hätte und so Gottes Sohn geworden wäre. Das bedeutet aber, daß die beiden Momente jener Geschichte, die Erniedrigung Jesu Christi als Sohn Gottes und seine Erhöhung als Menschensohn sich nicht einfach entsprechen. Das erste, seine Erniedrigung als Sohn Gottes, bedeutet, daß er Mensch wurde. Das zweite, seine Erhöhung als Menschensohn bedeutet aber nicht, daß er Gott wurde. Wie sollte er das erst werden, was er doch als Sohn Gottes von Ewigkeit her schon war und auch als Menschensohn zu sein nicht aufhörte? Daß er als Gottes- und Menschensohn Einer und Derselbe ist, heißt eben nicht, daß er gar nicht Mensch wurde wie wir oder daß er es nur wurde, um alsbald wieder aufzuhören, es zu sein, um sein menschliches mit göttlichem Wesen zu vertauschen oder in dieses zu verwandeln. Müßte das nicht heißen, daß er seine Erniedrigung als Sohn Gottes, seine Fleischwerdung gar nicht wirklich vollzogen oder, kaum vollzogen, wieder rückgängig gemacht – eben damit aber auch seine Bruderschaft mit uns gar nicht wahr gemacht oder sofort wieder abgebrochen hätte? Wie könnte er dann der Versöhner und Mittler sein? Also: was es auch mit dem zweiten Moment jener Geschichte, mit der Erhöhung des Menschensohnes, der auch der Sohn Gottes ist, auf sich habe: in einer seiner Menschwerdung entsprechenden Vergottung seines menschlichen Wesens, die eine logische – aber eben nur eine logische, nicht die sachliche – Konsequenz hier zu fordern scheint, wird sie nicht zu suchen sein. Es wird das, was dem menschlichen Wesen in Jesus Christus in seiner Vereinigung mit dem göttlichen des Sohnes in jener beiderseitigen Teilnahme und Teilhabe zugewendet wird und was es als ihm Mitgeteiltes empfängt, vielmehr in einer solchen Bestimmung zu suchen sein, in der es gerade menschliches Wesen ist und bleibt. Es wird das menschliche Wesen des Sohnes Gottes sein: das mit dessen göttlichem Wesen vereinigte und also das durch ihn und in ihm erhöhte, das in ihm an die Seite Gottes des Vaters gerückte, in die vollkommenste Gemeinschaft mit ihm gesetzte, das vom Heiligen Geist erfüllte und regierte menschliche Wesen: mit dem dem Vater, dem Sohn und dem Heiligen Geist gemeinsamen göttlichen Wesen in gänzlicher Übereinstimmung. Es wird das freie, das wahre menschliche Wesen sein: die Humanität Gottes – aber Humanität, nicht Divinität, menschliches, nicht göttliches Wesen. Es wird das menschliche Wesen des Erstgeborenen unter seinen Brüdern sein: das menschliche Wesen dessen, der in seiner Identität mit dem Sohn Gottes ihrer aller Haupt und Herr ist – aber doch kein anderes Wesen als das ihrige, kein ihnen fremdes, auch von hier aus gesehen: menschliches, nicht das göttliche Wesen. Als dem menschlichen gibt ihm der Sohn Anteil an seinem göttlichen Wesen. Als menschliches nimmt und hat es Anteil an diesem.

Das ist die zweifache Differenzierung jener beiderseitigen Teilnahme und Teilhabe des göttlichen und des menschlichen Wesens in Jesus Christus: Es ist einmal der Charakter der beiden Momente dieses Geschehens bei aller Reziprozität ein anderer, indem das eine als das Wesen des Sohnes Gottes ganz das gebende, das andere, nur durch ihn und in ihm zur Existenz und Wirklichkeit erhobene, ganz das empfangende ist. Und sodann: sie haben und behalten auch als die beiden Momente dieses Geschehens je ihre Eigentümlichkeit, indem die Erniedrigung des Sohnes Gottes durch die Annahme menschlichen Wesens zwar seine Menschwerdung, seine Erhöhung als Menschensohn aber nicht die Gottwerdung seines menschlichen Wesens, sondern das bedeutet, daß es, als solches unverändert, in die vollkommenste Gemeinschaft mit dem göttlichen Wesen versetzt wird. Behält man die notwendige

Näherbestimmung jener beiderseitigen Teilnahme und Teilhabe des göttlichen und des menschlichen Wesens in Jesus Christus – daß sie in der Existenz und Tat des Sohnes Gottes wahr und wirklich ist – scharf im Auge, dann wird man sich dem Verständnis dieser zweifachen Differenzierung, in der sie stattfindet, nicht entziehen können.

Wir versuchen eine nähere Erklärung des Sachverhalts auf drei Linien: indem wir (1) von der in dem einen Jesus Christus stattfindenden **Mitteilung** seines, des Gottessohnes und Menschensohnes, menschlichen Wesens an sein göttliches, seines göttlichen an sein menschliches, reden – dann (2) im Besonderen von dem, was dem menschlichen Wesen Jesu Christi in dieser Mitteilung **zugewendet** ist – endlich (3) von der auf Grund dieser Mitteilung in Jesus Christus stattfindenden **gemeinsamen Verwirklichung** göttlichen und menschlichen Wesens.

Der besondere Bereich, den wir jetzt betreten, und in welchem wir uns nun noch genauer umzusehen haben, entspricht dem, was man in der alten Christologie die Lehre von den **Wirkungen** *(effecta)* der hypostatischen *unio* und der in ihr implizierten *communio* der beiden Naturen Jesu Christi zu nennen pflegte. Lutheraner und Reformierte sprachen an dieser Stelle von einer *communicatio* und meinten damit dasselbe, was wir vorhin als die beiderseitige Teilnahme und Teilhabe des göttlichen und menschlichen Wesens in Jesus Christus zunächst allgemein umschrieben haben. Auch die drei eben angedeuteten Linien zu deren Erklärung im Einzelnen sind, mehr oder weniger deutlich unterschieden, schon in der ganzen alten Dogmatik gezogen worden: von den Lutheranern durchweg, aber auch von vielen Reformierten, unter dem Begriff *communicatio* zusammengefaßt. Es entspricht, wenn wir uns der begrifflichen Zusammenfassung anschließen, dem, was man die *communicatio idiomatum* nannte (bei den Lutheranern war dies der Sammelbegriff für das Ganze) das, was wir (1) nennen: die in dem einen Jesus Christus stattfindende **Mitteilung** seines, des Gottes- und Menschensohnes, menschlichen Wesens an sein göttliches, seines göttlichen an sein menschliches Wesen. Es entspricht der *communicatio gratiarum* der alten Lehre das, was wir (2) nennen: die dem menschlichen Wesen in Jesus Christus in dieser Mitteilung widerfahrende **Zuwendung**. Und es entspricht dem, was dort die *communicatio operationum* hieß, das, was wir (3) nennen: die auf Grund dieser Mitteilung in Jesus Christus stattfindende **gemeinsame Verwirklichung** göttlichen und menschlichen Wesens. Was die Reihenfolge der drei Linien betrifft, so schließen wir uns der z. B. von J. Wolleb *(Chr. Theol. comp.* 1626 I 16, 4 can. 4) gewählten an, weil sie die beste Durchsicht ermöglicht.

1. Wir gehen aus von jener **Mitteilung** als solcher. Wurde das Wort Fleisch, so heißt das, daß der eine Gottessohn auch Menschensohn wurde: ein Mensch, aber nicht irgendeiner, sondern **der Menschensohn**, der Träger menschlichen Wesens, der als solcher auch Träger göttlichen Wesens ist. Der eine Jesus Christus ist, ohne Einschränkung und Vorbehalt, Beides: Gott und Mensch. Alles, was das göttliche Wesen im Unterschied zum menschlichen und allem sonstigen Wesen ausmacht, die ganze Höhe der Freiheit und die ganze Tiefe der Liebe, die in Gott, dem Vater, dem Sohn und dem Heiligen Geist Wirklichkeit sind, jede

Vollkommenheit der wahren Gottheit: sie heiße Heiligkeit oder Barmherzigkeit oder Weisheit, sie heiße Allgegenwart, Allmacht oder Ewigkeit – das Alles ist ohne Einschränkung und Vorbehalt dem zu eigen, der ja als der Sohn Gottes auch Menschensohn wurde. Der eine Jesus Christus existiert auch in diesem Wesen. Wiederum ist aber auch Alles, was das menschliche Wesen im Unterschied zum göttlichen und allem sonstigen Wesen ausmacht, seine ganze Geringfügigkeit und seine ganze Größe inmitten der übrigen Schöpfung, seine charakteristischen Beschaffenheiten, sein Vermögen und dessen Grenzen, seine Geschichtlichkeit und also Zeitlichkeit, seine Menschlichkeit als Mitmenschlichkeit, seine Verantwortlichkeit vor Gott und seine Bestimmung für ihn, wiederum aber auch seine Versuchlichkeit, Leidensfähigkeit und Sterblichkeit – und mehr noch: sein Gezeichnetsein durch des Menschen, durch aller Menschen Abweichung, seine aus dieser folgende unendliche Gefährdung, sein Verfallensein an das Nichtige, sein Charakter als «Fleisch» – es ist auch das Alles ohne Einschränkung und Vorbehalt dem zu eigen, der ja als der Sohn Gottes auch zum Menschensohn wurde. Der eine Jesus Christus existiert auch in diesem Wesen. In Ihm teilt sich göttliches Wesen dem menschlichen mit, in Ihm empfängt das menschliche die Mitteilung des göttlichen. Es geht um eine gänzliche Offenheit von jenem wie von diesem, und also von oben wie von unten her, um ein reales, völliges, definitives Geben und Empfangen. Wer «Jesus Christus» sieht, denkt, sagt, der sieht, denkt und sagt diese Mitteilung, göttliches und menschliches Wesen im Verhältnis dieses realen Gebens und Empfangens, Gott und Mensch in der Gemeinschaft dieser Geschichte. Er kann, sieht er ihn, nicht hin und her blicken, als wäre da zweierlei nebeneinander zu sehen: ein Sohn Gottes, der nicht Menschensohn, ein Menschensohn, der nicht der Sohn Gottes wäre. Er kann, indem er ihn denkt, nicht zweierlei meinen: eine Gottheit, die sich der Menschheit noch nicht mitteilte oder eine Menschheit, die der Mitteilung der Gottheit erst entgegensähe und also noch entbehrte. Er kann also von ihm auch nicht in Worten reden, die sich ausschließlich auf sein göttliches oder ausschließlich auf sein menschliches Wesen bezögen. Konkret in dem einen Jesus Christus ist Alles zu sehen, konkret von Ihm ist Alles zu denken und zu sagen, was zum göttlichen, und wieder Alles, was zum menschlichen Wesen gehört. Und was immer zum göttlichen, was immer zum menschlichen Wesen gehört, was immer beide je für sich bezeichnet und charakterisiert, das ist auch konkret in Jesus Christus zu sehen, von ihm zu denken und zu sagen.

Er, Jesus Christus, ist als der Sohn Gottes auch der Menschensohn, zu Bethlehem geboren, in seinem Wesen jeglichen menschlichen Vermögens und jeder menschlichen Schwachheit teilhaftig, Kind und Genosse seiner Zeit und seiner Umgebung, in seinem Tun und Erfahren

Einer unter den Vielen im großen Zusammenhang der Menschheit, auch unterworfen dem besonderen Lebensgesetz Israels, teilhaftig auch der Entfernung von Gott, des Fluches, der Last, der Vergänglichkeit – eben des Charakters als Fleisch, dem das menschliche Wesen verfallen ist und den es von sich aus nicht abstreifen kann. Der Sohn Gottes hat gelitten und so ist er – gerade dieses Äußerste ist ja auch und vor allem wahr: gekreuzigt, gestorben, begraben. Konkret auf Jesus Christus gesehen ist das Alles nicht etwa von einem von Gott verschiedenen Menschen namens Jesus, sondern von Gottes Sohn, der mit dem Vater und dem Heiligen Geist eines Wesens ist, zu sagen, weil eben das Alles in Jesus Christus als reale Teilnahme und Teilhabe des Sohnes Gottes am menschlichen Wesen Ereignis, wahr und wirklich ist.

Und wieder Er, Jesus Christus, ist als der Menschensohn auch der Sohn Gottes und als solcher gleichen Wesens mit dem Vater und dem Heiligen Geist und also der Herr aller Herren, die Quelle alles Guten, der allmächtige Erbarmer, das Wort, durch das die Welt erschaffen wurde und erhalten wird, der Ewige, vor dem Alles, was sein Geschöpf ist, wie Staub verwehen könnte, vergehen müßte und nun doch nicht verwehen und vergehen, sondern bestehen soll, und eben Er ist dem Größten wie dem Kleinsten, Er ist jedem räumlich und zeitlich Nahen und Fernen gegenwärtig, trägt, bewahrt und regiert es, eben Er ist der Gnädige, der um des Menschen Übertretung und Ohnmacht wohl weiß, dessen Zorn wohl brennt, aber als das Feuer der Liebe, die nicht des Menschen Tod, sondern sein Leben, die seine Errettung will. Er, der Menschensohn, ist der, der war, ist und sein wird: er existiert in der Vorzeitlichkeit, Überzeitlichkeit und Nachzeitlichkeit Gottes selbst. Konkret auf Jesus Christus gesehen ist das Alles nicht etwa von einer unserem Wesen fremden Gottheit, die ja vielleicht den Namen «Christus» tragen möchte, zu sagen, sondern schlicht von dem Menschen Jesus von Nazareth, in welchem jeder andere Mensch – gewiß nicht sich selbst, wohl aber sein menschliches Wesen, den er also als seinen Mitmenschen erkennen kann und darf. Darum ist das Alles von ihm zu sagen, weil eben das Alles in Jesus Christus als reale Teilnahme und Teilhabe des Menschensohns am göttlichen Wesen Ereignis, wahr und wirklich ist.

Das ist die in Jesus Christus stattfindende Mitteilung. Man darf sich wirklich nicht dagegen verwahren, zu sehen, zu bedenken und auch zu sagen: darum handelt es sich in Ihm. Das Geschehen dieser Mitteilung ist die Geschichte von Bethlehem, ist auch die Geschichte seines Weges vom Jordan nach Gethsemane, ist auch seine Leidensgeschichte, ist auch die Geschichte seines ersten, vorläufigen, partikularen Offenbarwerdens in seiner Auferstehung. Als das Subjekt dieser Geschichte ist er das himmlische Haupt seines irdischen Leibes, der Gemeinde, und wird er am Ende aller Tage vor aller Augen offenbar werden. Man hätte es nicht mit ihm zu tun, wenn man diese in ihm stattfindende Mitteilung nicht sehen, bedenken, bekennen würde. Wer an ihn glaubt, ihn liebt, auf ihn hofft, blickt auf diese Mitteilung. Die in ihm erschienene und kräftige Gnade Gottes ist die Gnade dieser Mitteilung. Indem er ist, geschieht es, daß das göttliche Wesen in seiner ganzen Eigentümlichkeit dem menschlichen geschenkt wird, das menschliche in seiner ganzen Eigentümlichkeit das göttliche empfängt. Indem er ist, geschieht die Erniedrigung des göttlichen zur Erhöhung des menschlichen Wesens, die Erhöhung des menschlichen durch die Erniedrigung des göttlichen. Indem er ist, bleibt nichts zurück, ist in der Höhe Gottes wie in der Tiefe des Menschen nichts ausgeschlossen von dieser Bewegung aus der Höhe Gottes hinunter in unsere Tiefe und wieder aus unserer Tiefe herauf in die Höhe Gottes. Indem er ist, kommt Gott ganz zu seiner Ehre, indem er ganzes Erbarmen übt, aber auch der Mensch ganz, indem ihm ganzes Erbarmen widerfährt. Alles weil und indem er, der Sohn Gottes, mit dem Vater und dem Heiligen Geist gleichen Wesens, auch der Menschensohn wurde und ist: gleichen Wesens mit uns, mit allen Menschen.

Das jetzt Entwickelte entspricht dem, was in der alten – lutherischen und reformierten – Christologie unter dem Begriff der *communicatio idiomatum* durchgedacht und vorgetragen wurde. Mit *idiomata* waren gemeint: die Eigentümlichkeiten (*propria, proprietates*) der beiden Naturen Jesu Christi. Mit *communicatio idiomatum* war also gemeint: die in dem einen Jesus Christus stattfindende Mitteilung und in dieser Mitteilung realisierte Gemeinsamkeit, in der die Eigentümlichkeiten beider Naturen die Eigentümlichkeiten Jesu Christi sind. Wir müssen freilich sofort hinzufügen: es entspricht das jetzt Entwickelte dem, worin die alten Reformierten und Lutheraner bei ihrer Entfaltung jenes Begriffs übereinstimmten. Es ist also nicht wahr, was man in modernen Darstellungen (etwa H. Stephan, Glaubenslehre² 1928 S. 169) lesen konnte: daß die reformierte Theologie den Begriff der *communicatio idiomatum* nicht gekannt, ja, pochend auf das *finitum non capax infiniti*, bekämpft hätte. Sie hat eine ganz bestimmte Weiterentwicklung dieses Begriffs bekämpft, aber nicht ihn selbst und als solchen. Auch sie hat ihn vielmehr in aller Form aufgenommen. Man höre Polan (*Synt. Theol. chr.* 1609 VI, 16 *col.* 2440f): *Proprietates utriusque naturae Christi personae ipsi communicantur. Quae enim naturis singulis sunt propria, ea personae Christi sunt communia.* Sie sind von seiner einen Person *indistincte* auszusagen, weil sie in ihr *indistincte* wahr sind: *idque non verbaliter tantum, seu inanibus titulis, sed realissime.* Denn weil er real in beiden Naturen existiert, ist ihm *realiter et verissime* Alles zu eigen, was jeder von ihnen eigentümlich ist. Er, der Eine, ist nicht nur *verbaliter*, sondern *realiter* Gott und Mensch und in dieser Einheit, als *totus Christus*, ist er *mediator, redemptor, intercessor et servator*, unser *rex, sacerdos et propheta,* der Hirte, das Haupt und der Weinstock, an dem wir Glieder und Reben sind, der Herr und Richter der Welt. Keiner von den alten Reformierten hat das bestritten, alle haben das mit Nachdruck auch gesagt. Die allgemeine Definition des Hollaz (*Ex. theol.* 1700 III 1, 3 *qu.* 37) könnte auch die eines Reformierten sein: *Communicatio idiomatum est vera et realis propriorum divinae et humanae naturae in Christo* θεανθρώπῳ *ab alterutra vel utraque natura denominata participatio, ex unione personali resultans.* Leise alarmiert wird man freilich, wenn man gleich darauf (*qu.* 40) vernimmt, daß dies nun doch erst das erste von drei verschiedenen *genera* der *communicatio idiomatum* sei. Man nannte es etwas verwirrend: das *genus idiomaticum*. Aber noch wird das Maß des Gemeinsamen nicht überschritten, wenn dann (*qu* 42) eben

2. Die Heimkehr des Menschensohnes

dieses erste Genus noch dreifach spezifiziert wurde: Eigenschaften der menschlichen Natur sind auch die des Sohnes Gottes und also Jesu Christi nach seiner göttlichen Natur (ἰδιοποίησις), sie können also im Blick auf ihn auch als göttliche Eigenschaften bezeichnet werden (κοινωνία τῶν θείων), es hat der eine, beide Naturen in sich vereinigende Jesus Christus sowohl göttliche wie menschliche Eigenschaften (ἀντίδοσις). Wo die Reformierten nicht hin wollten, zeigt sich hier höchstens darin, daß sie gewisse, im Rahmen dieses Gemeinsamen an sich mögliche, aber etwas mutwillig und ohne biblischen Anlaß ersonnene Sätze wie etwa «Gott ist gestorben» («O große Not, Gott selbst ist tot!») oder «Der Mensch Jesus Christus ist allmächtig» aufzustellen unterlassen haben.

Kann, darf, muß der Begriff der in Jesus Christus stattfindenden beiderseitigen Mitteilung zwischen seinem göttlichen und seinem menschlichen Wesen noch weiter als wir es bis jetzt getan haben, entfaltet werden? Das ist die nicht leichte Entscheidung, vor der wir nun stehen. Genügt der Hinweis darauf, daß sie eben in dem einen Gottes- und Menschensohn, in der einen Person Jesu Christi, tatsächlich stattfindet: in Ihm als in dem, der das wahre Heil und die heilsame Wahrheit selber ist? Oder genügt das vielleicht deshalb nicht, weil dieser Hinweis, um ganz deutlich zu sein, einer bestimmten Füllung bedürftig, aber auch fähig sein könnte? Kann und darf man gar nicht fragen: was denn in jener beiderseitigen Mitteilung zwischen göttlichem und menschlichem Wesen in dem einen Jesus Christus geschieht? Oder kann, darf, muß diese Frage vielleicht doch gestellt und mit der Aussicht auf eine sinnvolle Beantwortung in Erwägung gezogen werden?

Die Entscheidung ist darum nicht leicht, weil der Weg zu einer positiven Beantwortung dieser letzten Frage und also zu einer konkreten Füllung jenes Hinweises zunächst gewissermaßen blockiert ist: dadurch nämlich, daß hier eine positive Antwort möglich und tatsächlich in machtvoller Weise gegeben worden ist, die sich nun allerdings als untragbar erweisen dürfte: als so untragbar, daß man sich wohl veranlaßt finden könnte, erschreckt auch vor der Frage, deren Beantwortung sie sein will, zurückzuweichen, sich also tatsächlich an jenem Hinweis als solchem genügen zu lassen, auf seine Füllung zum vornherein zu verzichten.

Das ist es, was die alten Reformierten an dieser Stelle getan haben. Sie standen verblüfft, um nicht zu sagen: entsetzt vor der Entfaltung jener beiderseitigen Mitteilung zwischen dem göttlichen und dem menschlichen Wesen Jesu Christi, die sie in der lutherischen Idiomenlehre vorgetragen fanden. Sie wollten und konnten diese Entfaltung auf keinen Fall nachvollziehen. Und nun ließen sie das Problem als solches fallen, ließen sich daran genügen, mit aller Energie eben auf das Faktum jener Mitteilung, auf die Person des Mittlers, des wahren Gottes- und Menschensohnes, in welchem sie Ereignis ist, hinzuweisen. Vor die Wahl zwischen der damaligen lutherischen Antwort und dem damaligen reformierten Problemabweis gestellt, würde man wohl noch heute entscheiden müssen, daß die Reformierten das bessere Teil erwählt haben. Nur daß eben zu überlegen bleibt, ob das Dilemma unausweichlich ist, ob wir wirklich auf die Wahl zwischen diesen beiden Möglichkeiten angewiesen sind.

Wir vergegenwärtigen uns zunächst jene hier mögliche und tatsächlich gegebene Antwort, durch die man sich hier tatsächlich blockiert finden könnte. Sie lautet dahin: Es bestehe jene Mitteilung darin, daß in der hypostatischen Union, bzw. in der in dieser eingeschlossenen Vereinigung der beiden Naturen in Jesus Christus eine solche Aneignung, Durchleuchtung, Durchdringung – zwar nicht der göttlichen Natur durch die menschliche, wohl aber der menschlichen durch die göttliche stattfinde, daß alle Eigenschaften der göttlichen Natur Jesu Christi auch seiner menschlichen Natur zugeeignet würden. Ohne Aufhebung oder Alterierung seiner menschlichen Natur geschehe dies, wohl aber in der Weise, daß diese über ihre Menschlichkeit hinaus diesen Zuwachs erfahre: daß sie als menschliche Natur auch noch alle Merkmale der Gottheit bekomme und habe, als menschliche Natur der Majestät Gottes direkt und unmittelbar teilhaftig werde und sei: in ihrer Geschöpflichkeit auch jeglicher Vollkommenheit des ungeschaffenen Wesens des Schöpfers. Und eben darin sei Jesus Christus das wahre Heil und die heilsame Wahrheit, daß in ihm dies geschehe und wirklich sei: darin, daß er nach seiner menschlichen Natur, wie man dann wohl sagen konnte und gesagt hat, als in die Menschenwelt eingesenktes, neues, göttliches Lebenselement die gegenwärtige Gottheit in ihr unmittelbar zu offenbaren, ihre Versöhnung mit Gott unmittelbar zu vollziehen, ihr geistliches, ewiges Leben unmittelbar mitzuteilen in der Lage sei.

Was wir jetzt im Umriß wiedergegeben haben, ist die lutherische Lehre vom sogen. zweiten Genus der *communicatio idiomatum:* dem *genus majestaticum*, so genannt, weil *Filius Dei majestatem suam divinam assumptae carni communicavit* (Hollaz *l. c.* III 1, 3 *qu.* 45). Als die προσθήκη μεγάλη, als μετάληψις θείας ἀξίας, als μετοχὴ θείας δυνάμεως, ja direkt als θέωσις, ἀποθέωσις, θεοποίησις, als *deificatio* des menschlichen Wesens Jesu Christi hat man die so verstandene *communicatio idiomatum* unter ausdrücklicher Bezugnahme auf die Sprache der griechischen Kirchenväter in aller Form bezeichnet (*qu.* 47). Die Naturengemeinschaft selbst, abgesehen von der persönlichen, wenn auch auf Grund derselben, wie Fr. H. R. Frank (Theologie der Konkordienformel 3. Bd. 1863 S. 193) kommentiert, ist jetzt in den Lichtkegel des Interesses gerückt. Vor allem Kol. 2, 9 («In Ihm wohnt die ganze Fülle der Gottheit – das πλήρωμα θεότητος – leibhaftig») wird für sie als *locus probans classicus* immer wieder in Anspruch genommen – und sachlich die Notwendigkeit der Konsequenz, in der sie sich aus der *unio hypostatica* und aus der *communio naturarum* ergebe (*qu.* 49). Als *dona vere divina, increata, infinita et immensa* wurden die Zuwendungen bezeichnet, die der menschlichen Natur Jesu Christi gemacht seien (*qu.* 51). *Communicatio* soll bedeuten: auch die menschliche Natur Jesu Christi (sie wird *qu.* 50 ausdrücklich als *subjectum* bezeichnet) befindet sich in vollem Besitz, ist fähig des vollen Gebrauchs, ist teilhaftig der vollen Ehre der göttlichen (*qu.* 53). *Communicatio* soll also, wie besonders dringlich und ausführlich dargelegt und bewiesen wurde, bedeuten: die Allmacht, die Allwissenheit, die Allgegenwart des Fleisches, der menschlichen Natur Jesu Christi (*qu.* 56f.). Und so sei diese, das ist die letzte, solenne Aussage der ganzen Lehre, mit seiner Gottheit und wie diese anzubeten: *ut caro Christi mediatoris eadem adoratione cum divina natura* τοῦ λόγου *sit colenda et adoranda* (*qu.* 59).

Man muß zum Verständnis und zur gerechten Würdigung dieser lutherischen Sondertheorie beachten: Das Subjekt der Idiomenkommunikation ist auch nach ihrer ausdrücklichen Meinung (auch sie begründet sich ja letztlich auf die Lehre von der *unio hypostatica*) nicht die göttliche Natur als solche, sondern der Sohn Gottes, der menschliche Natur annimmt (Hollaz, *qu.* 48), nur daß man über das, was in diesem Subjekt Ereignis ist, nun eben gerade das zu wissen und sagen zu sollen meinte.

Ferner: der Lehre vom *genus majestaticum* entspricht k e i n e von einem *genus tapeinoticum*, d. h. es entspricht der behaupteten Vergottung der menschlichen Natur durch ihre Vereinigung mit der göttlichen k e i n e Vermenschlichung der göttlichen durch ihre Vereinigung mit der menschlichen. Es gebe hier (im Unterschied zum ersten, dem *genus idiomaticum*) keine *reciprocatio*, schreibt Quenstedt (*l. c.* III, 3, *sect.* 2, *qu.* 10 *ekth.*). Eine ταπείνωσις, κένωσις, ἐλάττωσις könne der göttlichen Natur nicht widerfahren, sei sie doch im Unterschied zur menschlichen unveränderlich, keines Zuwachses und keiner Verminderung, keiner Erhöhung und keiner Erniedrigung fähig. Erst die sogen. «Kenotiker» des 19. Jahrhunderts (vgl. KD IV, 1, S. 196f.) sind dann mit der Lehre von einer teilweisen Entgöttlichung des Logos in seiner Fleischwerdung ans Licht (oder vielmehr: in ein sehr kurioses Dunkel) getreten. Die alten Lutheraner haben sich ängstlich gehütet, in dieser Richtung auch nur den kleinsten Schritt zu tun – allzu ängstlich, wie wir noch sehen werden: man wird ihnen aber gerade im Blick auf ihre nach dieser Seite streng abweisende Haltung zubilligen müssen, daß es ihnen in dem, was sie behaupten wollten, nicht um eine logische Konsequenzmacherei im Rahmen einer metaphysischen Spekulation ging (die sich dann wohl auch nach dieser Seite ausgelebt haben könnte), sondern in ehrlichem, wenn auch offenkundig unverständigem Eifer um ein s a c h l i c h e s, durch die S c h r i f t begrenztes, Anliegen.

Man hat schließlich auch die verschiedenen vorsichtigen Einschränkungen zu beachten, mit denen sie ihre These – zum Schaden ihrer Klarheit und Geschlossenheit, aber auch in dieser Hinsicht an der Sache mehr als an ihrer Konstruktion interessiert – gegen gewisse absurde, bzw. ärgerliche Konsequenzen zu schützen suchten: Sollten zwar alle göttlichen Eigenschaften auch solche des Fleisches Christi sein, so sollte sich ihre unmittelbare Aktualisierung *(usurpatio)* in diesem doch auf die sogen. operativen Eigenschaften Gottes, seine Allmacht, Allwissenheit usw. beschränken, sollte ihm also etwa Ewigkeit und Unendlichkeit nun doch nur indirekt zugeschrieben werden (Hollaz *qu.* 52). Es sollte Jesus Christus *qua* Mensch in seiner irdischen Lebenszeit zwar in vollem Besitz (κτῆσις) der göttlichen Allmacht gewesen sein, deren vollen Gebrauch (χρῆσις) aber suspendiert haben, um ihn erst mit seiner Himmelfahrt aufzunehmen (*qu.* 56). So habe er damals von der seiner menschlichen Natur verliehenen Allwissenheit nicht beständig, sondern nur, wenn und wo er es wollte, Gebrauch gemacht (*qu.* 57). Zwischen Besitz und Gebrauch wollte man auch hinsichtlich seiner Allgegenwart unterscheiden und es sollte diese überhaupt nicht als eine physische, lokale, körperliche verstanden werden, sondern als die Teilnahme auch des Fleisches Christi an dem von ihm als dem Sohn Gottes in Kraft seiner göttlichen Natur ausgeübten *dominium* über alle Räume (*qu.* 58). Nach Frank a. a. O. S. 308f. würde endlich die besonders schwierige und anstößige These des Joh. Brenz von einer allgemeinen Allgegenwart des Leibes Christi dem Sinn des lutherischen Bekenntnisses n i c h t entsprechen, würde sich dessen Aussage vielmehr nur (die Unterscheidung ist mühsam) auf seine Menschheit als solche beziehen. Man kann und muß gerade alle diese Einschränkungen wohl als künstlich und etwas peinlich, unter dem Gesichtspunkt formaler Schönheit als störende Inkonsequenzen empfinden, man wird aber zugestehen müssen, daß sie der Sachlichkeit, dem Willen zur Schrifttreue der bei der Ausgestaltung dieses lutherischen Theologumenons maßgebenden Absicht alle Ehre machen.

Was ist gemeint und gewollt in diesem merkwürdigen Gedankengang? Man muß sich bei allem Befremden immer wieder klar machen: es soll mit der Realität der hohen Gnade der Versöhnung der Welt mit Gott, mit der Vollkommenheit der von Gott hergestellten Gemeinschaft zwischen ihm und dem Menschen, mit seiner Präsenz und Wirksamkeit in unserer Menschenwelt ganzer, letzter Ernst gemacht – es soll zu Ende gedacht werden, daß und inwiefern das Alles in Jesus Christus, dem einen Gottes- und Menschensohn Ereignis wurde und ist. Wer damit auch ernst machen und wer das auch zu Ende denken möchte, wer sich zugleich darüber im Klaren ist, daß das entscheidende Wort dazu eben in der Christologie u. zw. speziell im Verständnis der Menschheit Jesu Christi fallen muß, der wird sich jedenfalls gegenüber der Absicht dieses Theologumenons, die ja eben mit der von den griechischen Vätern bestimmten östlichen Christologie und Heilslehre zusammentrifft, nicht einfach distanzieren wollen: zu allerletzt, um einem reformiert-konfessionellen Prestige-Bedürfnis Genüge zu tun!

Aber wenn das Alles gesagt ist, dann muß auch das Andere gesehen und gesagt sein: daß diese Absicht, so wie es hier versucht wurde, nun doch nicht ausführbar ist. Es kann nicht darum gehen, die Energie, in der sie hier auszuführen versucht wurde, zu unterbieten. Aber verlangt nicht gerade die Erkenntnis der Realität der in Jesus Christus geschehenen Versöhnung, der Vollkommenheit der in ihm gestifteten neuen Gemeinschaft zwischen Gott und Mensch, der durch ihn garantierten Präsenz und Wirksamkeit Gottes in der Menschenwelt dies: daß der Blick auf ihn selbst, d. h. aber auf die in ihm geschehene Tat Gottes nicht nur offen, sondern ganz und gar eben darauf und nur darauf gerichtet bleibe, als Blick auf den Überwinder und sein Überwinden, sagten wir schon, oder: auf sein Geben und das ihm entsprechende Empfangen, als Blick auf die in Jesus Christus zwischen Gott und Mensch sich ereignende Geschichte als solche? Die Vertreter jenes Theologumenons haben freilich immer und sehr eifrig den Vorbehalt gemacht, daß das in der Tat geschehen müsse.

Die Lutheraner haben bei ihrer Aufstellung dringlich genug auf die *unio hypostatica* als deren letzten Grund zurückverwiesen. Und man kann hier wohl feststellen, daß die reformierten Polemiker das weithin übersahen – vielleicht übersehen mußten, nicht so ganz ernst nehmen konnten – und dann Argumente vorgebracht haben, denen sich ihre Gesprächspartner durch Geltendmachung dieses Vorbehalts, durch den Rückverweis auf den Ausgangspunkt, der auch der ihrige sei, entziehen konnten.

Aber das ist eben die Frage: ob hier ein bloßer Vorbehalt genügt? ob die Vertreter jener Lehre faktisch in offenem, direktem Blick dorthin gedacht haben: im denkenden Nachvollzug jener Geschichte also? Oder haben sie nun nicht doch im Blick auf ein in jener Geschichte Geschehenes als solches, auf die in ihr vollzogene Überwindung als solche, von dem Ereignis des göttlichen Gebens und des menschlichen Empfangens weg auf das, was dem menschlichen Wesen Jesu Christi in diesem Ereignis gegeben ist, auf eine ihm in diesem Ereignis vermittelte Zuständlichkeit gedacht und geredet? Was ist es mit dieser von seiner Gottheit angeeigneten, durchdrungenen, durchleuchteten, mit

Gottheit gewissermaßen geladenen, weil aller ihrer Prädikate teilhaftigen Menschheit Jesu Christi? Man konnte und mußte dieser Vorstellung natürlich entgegenhalten: was das für eine Gottheit sei, die auf einmal zum Prädikat menschlichen Wesens werden könne? und was für eine Menschheit, die auf einmal als Subjekt aller göttlichen Prädikate anzusprechen sei? ob da nicht die wahre Gottheit und die wahre Menschheit Jesu Christi miteinander in Frage gestellt würden? Ob da nicht doch eine Kreaturvergötterung oder eine Vermenschlichung des Schöpfers oder beides zugleich stattfinde? Eine durchschlagende Beseitigung dieser Einwände dürfte den Vertretern dieser Vorstellung tatsächlich nie gelungen sein. Aber ihr ganzes Gewicht bekommen diese Einwände doch erst im Zusammenhang der umfassenderen Frage: ob die so vorgestellte Menschheit Jesu Christi nicht eine einzige Abstraktion sein möchte – abstrahiert nämlich von der Geschichte, an die als solche sich zu halten der keinen Augenblick aufhören darf, der «Jesus Christus» sehen, denken, bekennen will, abstrahiert von dem einen wirklichen Gottes- und Menschensohn, in welchem das Göttliche und das Menschliche echt und real, unvermischt und ungetrennt, vereinigt sind? Wird in jener Vorstellung nicht zugleich vermischt und getrennt: vermischt, sofern das Menschliche in seiner Vereinigung mit der Gottheit, wie ja ausdrücklich gesagt wurde, deifiziert sein sollte – getrennt, sofern ihm solche Deifikation ja nur zugesprochen werden konnte, indem es nun eben doch für sich statisch, gelöst von der Dynamik der Geschichte, in der es mit dem Göttlichen eins wurde und ist, betrachtet wird? Eben in dieser Lösung, auf Grund derer es nun als apotheosiertes, als unmittelbar mit der ganzen Majestät des Wesens des Dreieinigen bekleidetes und erfülltes Menschenwesen erscheint, geschieht etwas tief Unheimliches, wird nämlich, aller Vorbehalte ungeachtet, an dem Subjekt, in welchem Gott und Mensch eins wurden und sind, an der Geschichte, in der das Ereignis ist – und damit der eigenen Intention zuwider gerade an der Realität der Versöhnung, gerade an der Vollkommenheit der neuen Gemeinschaft zwischen Gott und Mensch, gerade an der wirklichen Präsenz und Wirksamkeit Gottes mitten unter uns, gerade an jenem in Jesus Christus tatsächlich in die Menschenwelt eingesenkten neuen Lebenselement vorbeigesehen. Jesus Christus ist dieses Lebenselement, so wahr er der eine Gottes- und Menschensohn ist. Eine seiner Menschlichkeit als solcher übereignete Zuständlichkeit aber könnte das gerade dann nicht sein, wenn das ihr Übereignete die göttliche Majestät wäre, weil dann in der Tat nicht abzusehen wäre, wie diese in dieser Übereignung wirklich die echt göttliche Majestät und wie die Menschlichkeit, der diese Majestät übereignet wäre, noch echt menschlich sein könnte, weil gerade unter dieser Voraussetzung die reale Beziehung zwischen Gott und der Menschenwelt aufs schwerste in Frage gestellt wäre. Die

Erkenntnis Jesu Christi als des wahren Heils und der heilsamen Wahrheit wird durch die These von der Vergottung seines menschlichen Wesens nicht, wie beabsichtigt, stärker, sondern schwächer, wenn nicht überhaupt bedroht. Das ist der eine Grund, weshalb wir sie ablehnen müssen.

Wir können es uns hier schenken, die Polemik der alten Reformierten gegen das lutherische *genus majestaticum* explizit zu Worte kommen zu lassen. Es ist in dem, was nun selbständig dazu gesagt wurde, implizit zur Geltung gebracht. Gelang es den Lutheranern nicht, ihnen diese Sache einleuchtend zu machen, so gelang es ihnen ihrerseits nicht, jene daran irre zu machen. Sie haben zu einseitig negativ reagiert und so konnten die Richtigkeiten, die sie teils gegen die Absurdität der Konsequenzen, teils gegen die Inkonsequenzen der bestrittenen These vorbrachten, jene wohl in Verlegenheit bringen, aber in der Sache nicht erschüttern.

Es gibt aber noch einen ganz anderen Aspekt, unter welchem die Konzeption, gegen die wir uns hier abzugrenzen haben, einen ausgesprochen abschreckenden Eindruck macht und unter dem sich die Bedenken, die gegen sie anzumelden sind, noch verstärken müssen. Im 16. und 17. Jahrhundert war dieser andere Aspekt noch nicht zu sehen. Er liegt aber zutage angesichts dessen, was sich in der evangelischen Theologie seither zugetragen hat und bis heute zuträgt. Es ist darum nötig, daß wir auch ihn ins Auge fassen.

Wir sahen: bei dieser Konzeption wird im Rahmen der Christologie und unter Voraussetzung der Gottessohnschaft und also der wahren Gottheit Jesu Christi aller Nachdruck auf seine Existenz als Menschensohn gelegt. Das ist nicht die einzige, das ist aber eine legitime Betrachtungs- und Auslegungsmöglichkeit. Er ist eben als der Gottessohn auch der Menschensohn und will auch als solcher erkannt sein. Eben das zu tun ist in unserem jetzigen Zusammenhang auch unsere besondere Absicht. Jene Konzeption blickt dabei auf die Erhöhung der menschlichen Natur als auf das, was ihr in Jesus Christus widerfahren und mitgeteilt ist. Auch das ist legitim und eben danach soll auch in unserem Zusammenhang gefragt werden. Indem sie nun aber von einer dem menschlichen Wesen Jesu Christi widerfahrenden Vergottung redet, indem sie diese Vergottung des Fleisches Jesu Christi bis hin zu dessen Anbetungswürdigkeit als den höchsten, letzten und eigentlichen Sinn der Inkarnation versteht, schafft sie eine Situation von höchster Zweideutigkeit. Noch sagt sie das, was sie damit sagt, ganz im Rahmen der Christologie. Noch soll sich das da Gesagte also ganz allein auf die Humanität Jesu Christi beziehen. Wie wird sich aber hier eine sehr naheliegende und, wenn sie einmal entdeckt ist, sehr verlockende und, wenn sie einmal bejaht ist, sehr leicht zu ziehende Folgerung abwehren lassen, die mit einem Schlag nicht weniger als das Ganze der Christologie als solcher in Frage stellen könnte? Ist nämlich das menschliche Wesen Jesu Christi nicht definitionsmäßig das aller Menschen? So ist also, wenn auch nur im Blick auf ihn, gesagt, daß das Wesen aller Menschen, das menschliche

Wesen als solches, vergottungsfähig ist? Kann das im Blick auf ihn gesagt werden, warum dann eigentlich nicht auch im Blick auf andere, auf alle Menschen? Heißt das nicht, daß mit dem da Gesagten mitten in der Christologie eine Türe nach außen geöffnet wird – nicht durch irgend eine arglistig eingedrungene profane Philosophie diesmal, sondern im Vollzug strengster theologischer Erwägungen, vermeintlich aus dem Herzen des christlichen Glaubens heraus – eine Türe, durch die Jedermann aus der Christologie hinaus zu wandeln, grundsätzlich frei gegeben ist? Was kann ihn daran hindern? Streng und ausschließlich im Blick auf Jesus Christus selbst ist ja das, was da gesagt ist, wie wir sahen, nicht gesagt, sondern im Seitenblick auf das Abstraktum «menschliche Natur» Jesu Christi: auf das, was es mit ihr, in ihm mit der göttlichen vereinigt, auf sich haben möchte. Daß es sich um seine menschliche Natur handelt, das war ja eben nur der Vorbehalt, unter dem ihre Vergottung behauptet wurde. Wie aber dieser bloße Vorbehalt die Bedenken nicht aus dem Weg räumen konnte und kann, die sich gegen den Begriff jener vergotteten Menschennatur als solchen erheben mußten und müssen, so kann er offenbar auch die Frage nicht beseitigen, ob sich die christologische Klammer, in der diese Vergottung behauptet wird, nicht auch auflösen lassen, ob es nicht erlaubt sein möchte, die mit diesem Begriff geöffnete Türe zu durchschreiten, und also von der Mitte der Christologie her über sie hinaus zu gehen ?! Wohin führt aber diese Türe? Offenbar schlicht, direkt und ebenen Fußes hinüber in die Anthropologie: nicht in irgendeine platte, naturalistische oder moralistische, sondern sofort in eine Anthropologie «im höheren Chor»: in eine Lehre von der vergottungsfähigen, vielleicht schon vergotteten, jedenfalls in der Vergottung, in der Deifikation oder Apotheose begriffenen Humanität schlechthin. Sollte die Christologie, wenn wirklich das ihre Höchstleistung, ihr letztes Wort ist: das apotheosierte, allmächtig-allgegenwärtig-allwissende, das anbetungswürdige Fleisch Jesu Christi, sich nicht vielleicht als die harte Schale erweisen, die diesen süßen Kern birgt: die Göttlichkeit der Humanität überhaupt und als solcher – die Schale, die, nachdem sie diesen Dienst getan, getrost auch beiseite gelegt, bzw. geworfen werden darf?

Selbstverständlich lag die Öffnung dieser Türe und der durch sie zu bewerkstelligende Übergang von der Christologie zu einer ihr nachgebildeten allgemeinen Anthropologie von ferne nicht in der Absicht oder auch nur in den Gedanken eines Quenstedt und Hollaz, oder gar der älteren lutherischen Väter, eines M. Chemnitz oder Joh. Gerhard, die das, was dann das *genus majestaticum* genannt wurde, um die Wende vom 16. zum 17. Jahrhundert vertreten und gegen die Calvinisten verteidigt haben, nicht im Sinne der Konkordienformel oder gar Luthers selbst, der die Sache im Abendmahlstreit zuerst auf die Bahn gebracht hat. Man könnte freilich fragen, ob der Nachdruck, mit dem er das getan hat, nicht eine Nachwirkung dessen war, daß er in seinen jüngeren Jahren (etwa bis 1519?) eine Theologie vertreten hat, in der die Christologie weithin nur eine exemplarische Funktion zur Konsolidierung eines wesentlich anthropologischen u. zw. mystisch-anthropologischen Ansatzes und Schemas hatte (vgl. Gerhard

Ebeling, Die Anfänge von Luthers Hermeneutik ZThK. 1951 S. 172 ff.). Der junge Melanchthon – nicht nur die bekannte abschätzige Bemerkung über die alte Christologie in den *Loci* von 1521, sondern der ganze Duktus dieses seines ersten Entwurfes ist des Zeuge – schien ihm auf diesem Wege folgen zu wollen. Er ist später, wie Luther selbst, davon abgekommen. Es ist aber immerhin denkbar, daß Luthers eigentümliches Pochen auf die Gegenwart und Wirksamkeit der Gottheit gerade in der Menschheit Christi (wie auch auf die Identität von dessen verherrlichter Leiblichkeit mit dem Brot und Wein des Abendmahls!) mit jener ersten Phase seines theologischen Denkens nicht ohne Zusammenhang war: seine Christologie wäre dann gerade in dieser Spitze gewissermaßen von Haus aus eine Christologie mit jener offenen Türe gewesen. Aber wie dem auch sei: indem zuerst Luther jene Lehre aufstellte und indem das Luthertum sie durch eine ganze Reihe von Generationen hindurch unentwegt vertreten zu müssen meinte, war in seinem Bereich jene Türe da und stand sie auch offen: einerlei, ob sie in ihrer Bedeutung erkannt und geschätzt, oder gar benützt wurde oder nicht. Es ist dies tatsächlich, solange und sofern die alte Christologie in der evangelischen Kirche noch Kraft hatte, von ernst zu nehmender theologischer Seite nicht geschehen.

Man muß sich aber klar machen, was es bedeuten mußte, daß im Bereich des Luthertums während annähernd zweihundert Jahren diese Christologie in Predigt, Unterricht, Seelsorge und Gottesdienst maßgebend war. Es kam die Zeit, wo sie in ihrem expliziten theologischen Gehalt mit viel anderen Elementen christlicher Erkenntnis von der die Kirche umgebenden Welt her, aber bald auch in der Kirche selbst der direkten und indirekten, offenen und heimlichen Kritik der sog. Aufklärung und dann dem Vergessen bzw. Latentwerden verfiel. Aber eben: war sie deshalb nicht mehr da? Sollte sie keine Wirkungen hinterlassen haben? War es ein Zufall, daß auf demselben Boden deutschen Tiefsinns, auf dem diese Christologie einst gewachsen, gegen die calvinistische Korrektur jahrhundertelang stramm verteidigt worden, und eben: die geläufige Form aller Unterweisung im Evangelium von Jesus Christus gewesen war – daß eben auf diesem Boden, als die Zeit erfüllt war, die Wunderblume des dann weit über den lutherischen Bereich hinaus bedeutsam gewordenen deutschen Idealismus aufgehen konnte und aufgegangen ist? War er nicht ziemlich genau die von jener Christologie aus, wurde ihre offene Türe einmal durchschritten, mühelos zu erreichende Anthropologie der zur Vergottung bestimmten, der Vergottung auch fähigen und in der Vergottung schon begriffenen Humanität schlechthin? War die für ihn charakteristische Umkehrung von Oben und Unten, von Himmel und Erde, von Gott und Mensch, nun eigentlich etwas Anderes, war sie nicht im Tiefsten die Realisierung eben der Möglichkeit, die als Apotheose der menschlichen Natur, noch in der christologischen Schale eingeschlossen, in der lutherischen Form der Idiomenlehre längst vorgesehen war? War Hegel so ganz im Unrecht, wenn er sich als guten Lutheraner bekennen zu dürfen meinte? War es nur eine Unverschämtheit, wenn sich L. Feuerbach für seine Theorie von der Identität des göttlichen mit dem menschlichen Wesen und also von der Menschwerdung Gottes, die in Wahrheit die Erscheinung des Gott gewordenen Menschen sei, mit Vorliebe auf Luther zu berufen pflegte? In Verfeinerung und Veredelung der etwas brutalen These Feuerbachs hat dann, wie wir schon hörten, doch auch A. E. Biedermann ausgerechnet in der lutherischen Fassung der Idiomenlehre bzw. in der hinter dieser stehenden alexandrinischen Christologie den tiefsten vorstellungsmäßigen Ausdruck für die im absoluten religiösen Selbstbewußtsein Ereignis werdende Einheit zwischen dem absoluten und dem endlichen Geist finden wollen. Ferne sei es uns, Luther und dem Luthertum zu unterschieben, daß sie auf das Alles hinaus gewollt hätten! Das aber dürfte schwer zu leugnen sein, daß sie gerade mit ihrer himmelstürmenden Lehre von der Menschheit des Mittlers den für die ganze Neuzeit so bezeichnend gewordenen Übergang von der Theologie zu einer spekulativen Anthropologie faktisch vorbereitet haben. «Beiläufig», «folgeweise», sagt Frank (a. a. O. S. 232f.), sei im lutherischen Bekenntnis jenes mit Recht neuerdings betonte spekulative Prinzip herausgetreten, laut dessen das Endliche und das Unendliche sich nicht schlechthin ausschließen, sondern ersteres des letzteren fähig ist. So vorsichtig dieser Ruhm formuliert ist, er wäre wohl besser unterdrückt worden! Luther und die alten Lutheraner haben die Unumkehrbarkeit des Verhältnisses von Gott und Mensch tatsächlich – und das an zentralster Stelle – in Frage gestellt, lange bevor dies der Botschaft der Kirche gegenüber von einem aus ganz anderer Quelle sich nährenden säkularen menschlichen Selbstverständnis her geschehen ist. Ihre Nachfolger mußten sich diesem säkularen Humanismus gegenüber in einer tiefen Verlegenheit und Wehrlosigkeit befinden und es geschah bestimmt nicht nur unter dem Druck von außen, sondern auch aus dieser inneren Verlegenheit heraus, wenn die protestantische Theologie der Neuzeit wesentlich Anthropologie werden konnte und geworden ist. Es wird dann auch das kein Zufall sein, daß der Widerspruch gegen diese ihre Anthropologisierung um 1920 nun doch von reformierter Seite her erhoben worden ist.

Das also ist das Andere, was dem Vorstoß in der jetzt besprochenen Richtung einen bedenklichen Charakter gibt, was vor dem Betreten dieses Weges warnt und was also wohl Anlaß bieten könnte, die Frage, die mit diesem so problematischen Vorstoß beantwortet wurde und offenbar beantwortet werden konnte, lieber ganz fallen zu lassen. Man spielt, auch wenn es in bester Meinung und in Befriedigung des legitimsten Anliegens geschehen sollte, nicht ungestraft mit solchen Umkehrungen.

Aber eben: Kann und darf man das Problem selbst, indem man von dieser Beantwortung allerdings Abstand nehmen muß, abweisen und fallen lassen, die Frage: was sich denn in dem Gottes- und Menschensohn Jesus Christus zwischen dem in ihm vereinigten göttlichen und menschlichen Wesen ereignet, die Frage nach einer Füllung des Hinweises auf ihn, in welchem diese Vereinigung Ereignis ist? Dazu ist zu sagen: Nein, wir können und dürfen uns den Weg zu einer positiven Beantwortung dieser Frage nicht blockieren lassen. Es ist der einfache Abweis eines einmal sich stellenden ernsthaften Problems selten eine gute Sache. Der Verständigung innerhalb der Theologie der evangelischen Kirchen würden wir nicht dienen, wenn wir uns damit begnügen wollten, die lutherische Lösung zu kritisieren und abzulehnen. Und vor allem: was wir uns hier zum Ziel gesetzt haben, ist ja die Erkenntnis Jesu Christi als des Menschensohns, des wahren Menschen. Eben vor diesem Ziel würden wir Halt machen, bevor wir es erreicht hätten, wenn wir uns nicht darum bemühen wollten, die Frage aus dem Engpaß, in dem sie in der christologischen Diskussion der alten Protestanten stecken geblieben ist, herauszuführen.

2. Wir müssen dazu den zweiten vorgesehenen Schritt tun, haben also zu sprechen von der dem menschlichen Wesen in Jesus Christus, dem Gottes- und Menschensohn widerfahrenden Zuwendung: entsprechend dem, was in der alten Lehre genannt wurde: die *communicatio gratiarum*. Eben in ihr vollzieht sich nämlich die aus der Vereinigung göttlichen und menschlichen Wesens in dem einen Jesus Christus sich ergebende beiderseitige Teilnahme und Teilhabe des göttlichen und des

menschlichen Wesens. Eben hier läßt sich aufweisen, daß der Grundbegriff des einen Gottes- und Menschensohnes (der Begriff der hypostatischen Union also) kein leerer Begriff ist, daß der Hinweis auf ihn Sinn hat, indem er auf die Fülle der Konkretion zeigt, in der die Vereinigung der beiden Naturen in Jesus Christus Ereignis ist. Das Ereignis in der Fülle seiner Konkretion besteht in einer dem menschlichen Wesen widerfahrenden Zuwendung.

Stellen wir in Erinnerung an früher Gesagtes fest: diese Zuwendung hat einen doppelten Charakter. Da ist das handelnde Subjekt: Gott selber in der Existenzweise des Sohnes, der mit dem Vater und dem Heiligen Geist eines, des göttlichen Wesens ist. Und da ist das menschliche Wesen, dem der Sohn Gottes Existenz und Wirklichkeit – seine eigene nämlich – gibt, um eben in dieser Tat nicht mehr nur Gottessohn, sondern nun auch Menschensohn zu werden und zu sein. Was in dieser Zuwendung geschieht, hat, wie wir hörten, beiderseitige, wenn auch hier und dort ganz verschiedene Tragweite.

Was in dieser Zuwendung stattfindet, ist, damit müssen wir einsetzen, zweifellos auch und zuerst eine Bestimmung des göttlichen Wesens. Keine Veränderung, aber eine Bestimmung! Gott erwählt und bestimmt nicht erst den Menschen, sondern zuerst und vor allem sich selbst: in seinem ewigen Ratschluß, sich gerade dem Menschen zuzuwenden, u. zw. darin zuzuwenden, daß er selbst Mensch wird, dann in dessen Ausführung in der Zeit. Gott erwählt und bestimmt sich selbst dazu, des Menschen Gott zu sein. Und das bedeutet zweifellos – man hätte das nie leugnen sollen – er erwählt und bestimmt sich selbst zur Erniedrigung. Er hat es nicht nötig, sich selbst darin fremd zu werden, zu verändern. Die Gottheit des wahren Gottes ist kein Gefängnis, dessen Mauern er erst durchbrechen müßte, um das zu wählen und zu tun, was er in seiner Menschwerdung gewählt und getan hat. Die Gottheit des wahren Gottes umfaßt – im Unterschied zu der Gottheit der falschen Götter, des Gottes Mohammeds vor allem – die Höhe und die Tiefe, Souveränität und Demut, Herrschaft und Knechtschaft. Er ist der Herr über Leben und Tod. Er wird sich selber damit nicht fremd, daß er in seinem Sohn auch in die Fremde geht. Er wird damit kein Anderer, daß er in Jesus Christus auch Mensch wird und ist. Er ist auch – und warum sollten wir nicht sagen: er ist gerade darin in höchster Beständigkeit Gott, in höchster Bewährung seiner Treue nicht nur gegen uns, sondern zuerst und vor allem gegen sich selber.

Es ist nur des Menschen Hochmut, der sich einen Gott macht nach seinem Bilde und darum von einer in Jesus Christus stattfindenden Bestimmung des göttlichen Wesens nichts wissen will. An diesem Hochmut krankte die Voraussetzung der ganzen alten Christologie: schon die der Kirchenväter und nachher die der Reformierten, auch die der Lutheraner. Ihre Voraussetzung war ein philosophischer Gottesbegriff, laut dessen Gott viel zu vornehm wäre, als daß seine Zuwendung zum Menschen, seine

2. Die Heimkehr des Menschensohnes 93

Menschwerdung und also die Versöhnung der Welt mit ihm für ihn selber etwas bedeuten, seine Gottheit affizieren könnte, laut dessen er so etwas wie der Gefangene seiner eigenen Gottheit wäre. Wie gebannt durch diesen Gottesbegriff, meinten unsere alten Theologen nach dieser Seite einfach die Augen schließen zu sollen. Nur von dem, was in jener Zuwendung dem menschlichen Wesen widerfährt, sollte die Rede sein dürfen. Wir hörten von der Ängstlichkeit, mit der sich gerade die Lutheraner – mit den Reformierten in dieser Hinsicht im gleichen Spital – jeden Gedanken daran verbaten, daß es in der Naturengemeinschaft in Jesus Christus eine *reciprocatio*, so etwas wie ein ihrem *genus majestaticum* entsprechendes *genus tapeinoticum* geben möchte. Die Erinnerung an die *immutabilitas Dei* wirkte auch bei ihnen wie ein sowjetrussisches Veto und verhinderte jedes Weiterdenken. Eben in solcher Ängstlichkeit nach dieser Seite wollten sie dann nach der anderen ihre These von der Vergottung der menschlichen Natur Jesu Christi vertreten! War es ein Wunder, wenn sie sich von den Reformierten immer wieder – etwas boshaft – fragen lassen mußten: warum sie nun eigentlich nach jener ersten Seite inkonsequent seien? und ob sie nach der anderen Seite nun nicht doch eben der Gefahr verfallen seien, der sie dort entrinnen wollten? Aber die Reformierten verrieten damit nur, daß auch sie jene Voraussetzung für unveräußerlich hielten. Noch Schleiermacher hat sich hier für schlechterdings gebunden gehalten. Und als dann jene «Kenotiker» des 19. Jahrhunderts – das Problem erwies sich eben doch als unabweisbar – zum Weiterdenken in dieser Richtung schritten, da wußten sie jener Unveränderlichkeit Gottes doch nur eine nun allerdings erst recht unertragbare Veränderlichkeit Gottes entgegenzusetzen. Es war schon etwas daran, wenn es damals in den Augen der Liberalen (etwa Biedermann) und der Ritschlianer (etwa Loofs) so aussah, als ob diese «Kenotiker» die Leute seien, die die ganze alte Christologie als solche *ad absurdum* geführt hätten. *Ad absurdum* geführt haben sie die Orientierung der ganzen alten Christologie an dem zutiefst unchristlichen Begriff eines Gottes, dessen Gottheit von ihrer Vereinigung mit der Menschheit durchaus unberührt bleiben sollte. Nicht, wie man so oft gesagt hat, die Begrifflichkeit dieser Christologie als solche, sondern ihre an dieser entscheidenden Stelle inhaltlich falsche Begrifflichkeit, das starre Bild des vor lauter Majestät toten Gottes, mit dem sie arbeitete, hat ihr den etwas gespenstischen Charakter verliehen, den man immer wieder an ihr zu beklagen fand.

Machen wir uns von jenem Bann frei, versuchen wir es also, von der Gottheit Gottes biblisch statt heidnisch zu denken, so werden wir zwar mit keiner Veränderlichkeit, aber auch mit keiner solchen Unveränderlichkeit Gottes zu rechnen haben, die es ihm verbieten würde, sich selbst zu erniedrigen und also das zu tun, was er tun wollte und in Jesus Christus faktisch getan hat, d. h. aber sich selbst in seinem göttlichen Wesen dazu zu erwählen und zu bestimmen, in dem einen Gottes- und Menschensohn in göttlichem und menschlichem Wesen zu existieren und also beide in sich zu vereinigen, also sein göttliches Wesen seinem menschlichen zuzuwenden, es auf dieses auszurichten. Nein, in der Beständigkeit (sagen wir ruhig: in der Unveränderlichkeit) seines göttlichen Wesens tut er das, kann er das tun: neu, überraschend, befremdend nur für unsere durch unseren Hochmut verblendeten Menschenaugen, in Wahrheit nicht nur ohne Verletzung, sondern in höchster Betätigung und Bestätigung seines göttlichen Wesens. Nicht daß es in seinem Wesen läge, ihm also notwendig wäre, der Gott des Menschen, selber Mensch zu werden und zu sein. Daß er dieser Gott und als solcher Mensch sein will, wird und ist, das geschieht in seiner Freiheit, das ist göttliches Dekret und göttliche Tat. Und es liegt im Wesen des Menschen erst recht kein Grund vor, der gerade dieses göttliche Dekret, gerade diese göttliche Tat notwendig machte. Es liegt aber allerdings in Gottes Wesen, auch zu diesem Dekret und zu seiner Ausführung frei zu sein, sich selbst nun eben in dieser Gestalt wählen und bestimmen zu können. Es widerfährt ihm keine Verminderung damit, daß es in Jesus Christus dem Menschlichen ganz und gar zugewendet, ganz und gar auf dieses ausgerichtet wird und ist, an dessen Begrenztheit, Schwäche, ja Verlorenheit, radikalsten, konsequentesten Anteil nimmt. Es widerfährt ihm aber in dieser Zuwendung, Ausrichtung und Anteilnahme auch kein Zuwachs irgend eines ihm fremden Vermögens oder auch Unvermögens. Es widerfährt ihm überhaupt nichts. Was ist denn das göttliche Wesen? Es ist ja die freie Liebe, die allmächtige Barmherzigkeit, die heilige Geduld des Vaters, des Sohnes und des Heiligen Geistes. Und es ist der Gott, der dieses göttlichen Wesens ist, welcher in diesem Geschehen die Initiative hat und behält. So ist es nicht höherer Gewalt unterworfen, indem es dahingegeben ist in die Niedrigkeit des Menschseins des Sohnes Gottes. Der Vater hat ihn ja, und er hat ja sich selbst dahingegeben. Es ist also seine eigene Majestät – die Majestät des göttlichen Subjektes – in der es zu dieser Dahingabe erwählt und bestimmt ist.

Ist das Alles klar, dann kann, dann muß auch das große, das echte, das dankbare Staunen Platz greifen, angesichts dessen, daß Gott in ungebrochener Treue gegen sich selbst faktisch gerade das wollte und tat: sich selbst gerade für den Menschen wählte und bestimmte, sich selbst zum Gott des Menschen, sich selbst zum Sein in menschlicher Art. Was heißt das Alles? Was heißt: «Gott war in Christus» (2. Kor. 5, 19)? Das heißt offenbar: daß Alles und Jedes, was Gott ist, ohne einer Veränderung, ohne einer Verminderung oder eines Zuwachses zu bedürfen oder unterworfen zu sein, dadurch charakterisiert ist, daß er alles Göttliche nicht nur für sich, sondern in seinem Sohn auch um des Menschen willen und für ihn ist. Kol. 2, 9 sagt es: «In Ihm wohnt die ganze Fülle der Gottheit leibhaftig». Also: Gottes Souveränität wohnt in seiner, in dieses Menschensohnes geschöpflicher Abhängigkeit, Gottes Ewigkeit in seiner zeitlichen Einmaligkeit, Gottes Allgegenwart in seiner räumlichen Begrenztheit, Gottes Allmacht in seiner Schwachheit, Gottes Herrlichkeit in seiner Leidensfähigkeit und Sterblichkeit, Gottes Heiligkeit und Gerechtigkeit in seiner Adamshaftigkeit und Fleischlichkeit – kurz, das Göttliche in seiner Einheit und Ganzheit, das sein eigenes ursprüngliches Wesen ist, in seiner Menschlichkeit. Das ist die Wirklichkeit des fleischgewordenen Sohnes Gottes, das ist die Vereinigung der beiden Naturen in Ihm: in dem einen Jesus Christus die Konfrontierung des Göttlichen schlechthin mit dem Menschlichen.

Des Göttlichen schlechthin: es ist nämlich nicht einzusehen, warum es nötig sein sollte, hier vorsichtig Abstriche zu machen; statt vom Göttlichen schlechthin nur von gewissen Eigenschaften Gottes zu sprechen, die in Jesus Christus dem Menschlichen zugewendet und konfrontiert seien. Es ist auch nicht einzusehen, wie eine solche Aufspaltung des Göttlichen überhaupt möglich sein soll. Ist nicht jede Vollkommenheit Gottes für sich auch die Vollkommenheit seines ganzen Wesens und also in irgend einer Modifikation die Summe und der Inbegriff aller anderen? Wie sollten da einige von ihnen von den anderen zu trennen sein? Wäre das das göttliche Wesen des Vaters, des Sohnes und des Heiligen Geistes, in welchem solche Trennungen stattfänden?

Finden sie aber nicht statt, ist es also wahr, daß es sich in der Gottheit Jesu Christi um die Einheit und Ganzheit des Göttlichen handelt – wahr, daß in ihm die ganze Fülle der Gottheit leibhaftig wohnt und also dem Menschlichen unmittelbar konfrontiert ist, dann ist allerdings einzusehen, daß es in Ihm – nicht verändert, aber eben konkretisiert ist: konkret bestimmt als das Wesen des Sohnes Gottes, der auch menschliches Wesen annimmt und hat, und damit diesem seinem menschlichen Wesen in dessen ganzer Andersartigkeit zugewendet, damit erniedrigt zur Gemeinschaft mit ihm, ihm gegenüber freigebig, aufgeschlossen. Es wird auch in Jesus Christus nicht menschliches Wesen. Es ist aber in Jesus Christus nicht ohne dieses, sondern schlechterdings mit ihm. Daß Gott in seinem göttlichen Wesen sich das gefallen lassen kann und gefallen läßt, daß eben das sogar sein höchstes Wohlgefallen ist, das ist das Anbetungswürdige der Inkarnation, das Geheimnis der Weihnacht. Gott ist nicht nur die Liebe, sondern er liebt, und er liebt den Menschen, so sehr, daß er sich selbst an ihn dahingibt. Er ist nicht nur gnädig, sondern er übt Gnade; und er tut es, indem er als Gottessohn auch Menschensohn wird, also in gänzlicher, strenger Verbindung seiner Art mit unserer Art. Das geschieht nicht auf Kosten, das geschieht in der Kraft seiner göttlichen Art. Das ist aber allerdings eine Bestimmung, die er ihr gibt. Sie bekommt im Menschen ihr Telos. Sie bekommt, der menschlichen Art zugewendet, auf sie ausgerichtet, eine, nun eben diese Gestalt.

Eben darum sollte man auf keinen Fall behaupten, daß die Teilnahme und Teilhabe der beiden Naturen in Jesus Christus in Wahrheit nur eine einseitige, nur die der menschlichen an der göttlichen, sei. Sie ist vielmehr zuerst die der göttlichen an der menschlichen. Und eben darin, daß sie zuerst das ist, ist sie als Teilnahme und Teilhabe der menschlichen an der göttlichen in letzter Tiefe, in unerschütterlicher Festigkeit begründet. Wir können es ja jetzt auch ganz einfach ausdrücken: sie ist darin begründet, daß zuerst Gott es war, der die Situation des Menschen sich selbst zu Herzen gehen ließ, sich ihm verbunden, sich mit ihm eingelassen und kompromittiert hat. Das ist die eine Seite dessen, was in jener Zuwendung Ereignis wird. Von ihr mußte, eben, weil sie die Voraussetzung der anderen ist und weil sie so leicht übersehen wird, zuerst die Rede sein.

Aber nun sind wir hier allerdings an der anderen interessiert: an der in ihr stattfindenden Bestimmung des menschlichen Wesens durch das göttliche. Wir fragen nach der *humanitas* des Menschensohnes, der auch der Sohn Gottes war und ist: nach dem, was da mitgeteilt, geschenkt und empfangen wird – nach dem, was dem menschlichen Wesen dessen widerfährt, der (daraufhin, daß Gott Mensch wurde) nicht nur Mensch, sondern auch Gott ist. Wir fragen nach dem, was das für ihn menschlich bedeutet, daß in ihm leibhaftig die ganze Fülle der Gottheit wohnt. Wir fragen nach seiner damit begründeten menschlichen Art.

Die Antwort wird sich wie die auf die Frage nach der in Jesus Christus stattfindenden Bestimmung des göttlichen Wesens streng im Rahmen des Begriffs der beiderseitigen Teilnahme und Teilhabe bewegen müssen. Die Antwort wird also nicht dahin lauten dürfen, daß seine menschliche Art als solche auch göttliche Art erhielt, d. h. vergottet wurde. Wir haben diese Antwort erwogen und abgelehnt. Es geht in Jesus Christus nicht um (direkte oder indirekte) Identifikation, sondern um die wirksame Konfrontation wie des göttlichen mit dem menschlichen, so auch des menschlichen mit dem göttlichen Wesen und also um die Bestimmung des einen im Verhältnis zum andern, die, ohne ihr Wesen zu alterieren, in dieser Konfrontation Ereignis wird. Jeder von ihnen in der ihm eigenen, nicht in irgendeiner ihm willkürlich zugeschriebenen Weise: dem göttlichen, wie wir sahen, so, daß es das göttliche bleibt und nun auch dem menschlichen so, daß es das menschliche bleibt – nun aber als menschliches seinerseits dadurch bestimmt ist, daß es in dem, der Menschensohn, aber auch und zuerst der Sohn Gottes ist, dem göttlichen konfrontiert ist. Was ist das für eine Bestimmung?

Wir versuchen eine erste allgemeine Antwort und sagen: es ist das ganz und gar, durch und durch, von Grund auf und von Haus aus durch Gottes erwählende Gnade bestimmte menschliche Wesen. Darin kommt es ja zu seiner Konfrontation mit dem göttlichen Wesen, daß es Gott in seiner freien Gnade wohlgefiel, sich selbst zu ihm zu erniedrigen, in seinem Sohn selbst Mensch, dieser bestimmte Mensch zu werden und also sein göttliches mit dem menschlichen Wesen zu verbinden, seinem göttlichen Wesen um des Menschen willen jenes Telos und jene Gestalt zu geben. Das ist Gottes erwählende Gnade. Und so ist sie es, die dem menschlichen Wesen in Jesus Christus zugewendet, durch die es in ihm bestimmt und charakterisiert ist. Nur und völlig durch sie, müssen wir hinzufügen. Denn da ist ja kein von dem Sohne Gottes verschiedenes Subjekt, das dem menschlichen Wesen auch nur teilweise eine andere Bestimmung, einen anderen Charakter geben könnte. Da existiert ja der Menschensohn nur in seiner Identität mit dem Sohne Gottes, sein menschliches nur in seiner Konfrontation mit dessen göttlichem Wesen. Da ist also seine Bestimmung durch Gottes erwählende Gnade wie seine erste, so auch seine letzte, seine ausschließliche und gänzliche Bestimmung. Es ist menschliches Wesen, aber nun eben wirksam konfrontiert mit dem göttlichen, allein in dem Charakter, der ihm dadurch verliehen ist, daß Gott nicht nur Gott, sondern auch Mensch sein wollte und wurde: daß es also, ohne selbst göttlich zu werden, in und mit Gott existierendes und also von Gott angeeignetes, disponiertes, geheiligtes und regiertes menschliches Wesen ist. Eben dies ist die Erhöhung, die dem menschlichen Wesen in dem einen Jesus Christus widerfahren ist.

In der Sprache der alten Dogmatik ausgedrückt heißt das: die konkrete Füllung des Begriffs der *communicatio idiomatum*, und weiter zurück: der *communio naturarum*, und noch weiter zurück: der *unio hypostatica* ist nach dieser Seite: die *communicatio gratiarum*, die ausschließliche und völlige Bestimmung der menschlichen Natur Jesu Christi durch die Gnade Gottes. So ist sie die der Erniedrigung Jesu Christi des Gottessohnes folgende, ja in und mit ihr vollzogene Erhöhung Jesu Christi des Menschensohnes. Die alten Lutheraner haben das für zu wenig gehalten. Zu wenig nämlich, um die Auszeichnung Jesu Christi, des Menschensohnes vor uns Anderen und die Macht dessen, was er in seiner Menschheit für uns getan, sicherzustellen. Was die menschliche Natur über alle ihr zugewendete Gnade und ihre Gaben hinaus empfangen hat, müsse, wenn es mit der *communicatio idiomatum*, mit der *communio naturarum* und der *unio hypostatica* seine Richtigkeit habe, in jener Mitteilung und Übereignung der Eigentümlichkeiten der göttlichen Natur an die menschliche und also in deren Vergottung bestehen. Es ist nicht einzusehen, warum das so sein muß. Es ist nämlich nicht einzusehen, warum ihre ausschließliche und völlige Bestimmung durch die Gnade Gottes zu wenig, warum nicht gerade in ihr die schlechthinige Auszeichnung und Ermächtigung bestehen soll, die ihr in dem einen Menschensohn, der auch und zuerst der Sohn Gottes war und ist, widerfahren ist. Daß in Jesus Christus, dem Menschensohn, die Fülle der Gottheit leibhaftig wohnt (Kol. 2, 9), ist wahr. Aber nun wird in diesem *locus classicus* doch wohl auch das κατοικεῖ zu beachten sein. Kann man dieses anders umschreiben, als wie Calvin (*Instit.* II, 14, 1) es getan hat: *e virginis utero templum sibi delegit in quo habitaret?* Ist Tempel, Wohnung – von der Gottheit erfüllte, in höchster Ausschließlichkeit und Ganzheit in Anspruch genommene und so geheiligte Wohnung, aber Wohnung! – wirklich nicht genug für das, was im Blick auf Jesus Christus, auf die in ihm sich ereignende Geschichte, vom menschlichen Wesen zu sagen ist? Muß diese Wohnung, dieser Tempel als solcher vergottet sein, damit das Wohnen der Gottheit in ihm ein reales sei? Hätte er, wäre er selbst vergottet, nicht aufgehört, sein Tempel zu sein? Ohne Bild: hätte ein vergottetes menschliches Wesen nicht aufgehört, unser aller menschliches Wesen, als solches zum Werk des Sohnes Gottes für uns und an uns brauchbar und uns als solches zugänglich und erkennbar zu sein? Könnte Jesus Christus, wenn sein menschliches Wesen ein vergottetes wäre, der Mittler zwischen Gott und uns sein? Darin ist er uns, ist er auch den Heiligen und Heiligsten ganz ungleich, daß sein menschliches Wesen allein und völlig, weil von Grund auf und von Haus aus durch Gottes Gnade bestimmt ist. Das ist, qualitativ von der Bestimmung unseres menschlichen Wesens verschieden, die Bestimmung des seinigen und nur des seinigen, der als Menschensohn auch und zuerst der Sohn Gottes ist. Darin ist er uns aber gleich, daß sein so bestimmtes menschliches Wesen als solches auch das unsrige ist. Darin ist und bleibt er uns auch als der erhöhte Menschensohn Bruder, als solcher zugänglich und erkennbar, als solcher fähig, der Erstgeborene unter vielen Brüdern, unser Haupt zu sein. Das verändert ja das menschliche Wesen nicht, daß es zum Empfänger, u. zw. ausschließlich und völlig zum Empfänger der erwählenden Gnade Gottes wird. Darin zerbricht also die Gleichheit zwischen dem Menschensohn Jesus Christus und uns Anderen nicht, daß er uns in dieser Ungleichheit gegenübersteht. Im Gegenteil: als Empfänger der erwählenden Gnade Gottes, in der ihm als solchem widerfahrenden Erhöhung erweist sich sein menschliches Wesen als das wahre Wesen aller Menschen. Das ist ja im tiefsten Sinn echt und wahr menschlich: ganz und gar von der dem Menschen zugewendeten Gnade Gottes zu leben. So lebt Jesus Christus, der Menschensohn. So und darin ist er in der Kraft seiner Identität mit dem Sohne Gottes und also in der Kraft seiner Gottheit der Mittler zwischen Gott und uns Menschen. Wie sollte er es anders sein? Wie sollte nicht eben damit das Höchste von seinem menschlichen Wesen und zugleich das ihn vor allen anderen Menschen Auszeichnende gesagt sein?

Es geht nun also um die «Gnade unseres Herrn Jesus Christus» (2. Kor. 13, 13), sofern sie doch auch die ihm als Mensch von Gott besonders zugewendete Gnade und also die besondere Bestimmung seines menschlichen Wesens ist: die Bestimmung, auf Grund derer er als wahrer Gott und wahrer Mensch uns Anderen gnädig, die allen Menschen zugewendete Gnade Gottes in Person sein kann und ist. Wir versuchen es, sie unter diesem Gesichtspunkt: als die ihm als Mensch geschenkte und von ihm als Mensch empfangene Gnade in ihren wichtigsten Gestalten zu beschreiben.

Prägen wir uns wohl ein, daß wir das nur im Blick auf ihn selbst und also nur im Blick auf die sich in ihm ereignende besondere Geschichte tun können: nicht unter Abstraktion von ihrem Geschehen, nicht im Seitenblick auf ein in ihm Geschehenes, Entstandenes, Gewordenes und also nicht im Blick auf irgend eine Zuständlichkeit des menschlichen Wesens Jesu Christi als solche, nicht gelöst von dem Akt, in welchem ihm seine besondere Bestimmung gegeben wird, in welchem es sie empfängt.

Es war fatal, daß die alten Reformierten (z. B. Bucan, *Instit. theol.* 1605, 2, 23) an dieser Stelle, sachlich in prinzipiellem Anschluß an die Denkweise der Lutheraner, auch sie in einem solchen Seitenblick begriffen und sprachlich in bedrohlichem Anschluß an die mittelalterliche Scholastik, von einer der menschlichen Natur Jesu Christi durch Infusion mitgeteilten *gratia habitualis* oder von einer Mehrzahl von solchen geredet haben. *Habitus* kommt von *habere*, bezeichnet also von Jemandem Gehabtes. Gnade ist aber ein göttliches Geben und ein menschliches Empfangen. Sie kann nur im Verlaufe dieser Geschichte «gehabt» werden. Wir blicken jetzt allerdings im besonderen darauf, daß und wie sie von Jesus Christus dem Menschensohn, der auch und zuerst der Sohn Gottes ist, empfangen und so zur Bestimmung seines menschlichen Wesens wird. Wir können aber von dem Ereignis, in welchem dieses Empfangen stattfindet, nicht wegblicken. Wir können nur auf das Ereignis blicken, in welchem auch dieses Empfangen stattfindet. Wir können also nach keinem dem menschlichen Wesen Jesu Christi eigenen Habitus fragen. Es ist relativ verständlich, daß es den Lutheranern einen kümmerlichen Eindruck machte, wenn sie die Reformierten dort «nur» von einer der menschlichen Natur Jesu Christi eingegossenen habituellen Gnade reden hörten, wo sie selbst – auch sie freilich und sie zuerst im Seitenblick auf ein Geschehenes, Entstandenes, Gewordenes, auch sie mit einer Zuständlichkeit dieser Natur beschäftigt! – ihre Vergottung zu sehen und zu erkennen meinten. Ihr Seitenblick war ergiebiger, großartiger – er führte sie zu jenem Himmelssturm – gerade darum umso unheimlicher! Aber unheimlich ist der Seitenblick als solcher: auch in seiner vermeintlich nüchternen, der reformierten Form, das Abweichen von der Ausrichtung auf die Geschichte, in welcher die «Gnade unseres Herrn Jesus Christus» als die ihm als dem Menschensohn zugewendete und von ihm als dem Menschensohn empfangene Gnade Ereignis ist. Eben vor dieser Abweichung werden wir uns an dieser Stelle mit größtem Fleiß zu hüten haben!

Die Besonderheit Jesu Christi und also die Besonderheit der in ihm geschehenen Geschichte zwischen Gott und Mensch und also die Besonderheit der Bestimmung seines menschlichen Wesens durch Gottes Gnade zeigt sich sofort und umfassend, wenn wir zunächst auf den Ursprung seines Seins als Menschensohn, seines menschlichen Daseins blicken. Es geht nicht um die Jungfrauengeburt: sie ist es nicht, die die Gnade seines besonderen Ursprungs ausmacht; sie zeigt sie gerade nur an. Die Gnade seines besonderen Ursprungs besteht darin, daß er als Mensch existiert, indem (in der Existenzweise seines Sohnes) Gott selbst existiert. Nicht nur weil Gott existiert, existiert Dieser als Mensch: das gilt von jedem Menschen, ja von jedem Geschöpf, daß es zu seiner Existenz der Existenz Gottes als seines Schöpfers bedarf. Von dem Menschensohn Jesus Christus aber gilt im Besonderen: er existiert – auch als Geschöpf und also auch weil Gott existiert, aber darüber hinaus: indem Gott existiert. Seine Existenz als Mensch ist mit der Existenz Gottes in seinem Sohn identisch. Gott in seinem Sohn wird Mensch, existiert nicht nur als Gott, sondern auch als Mensch, als Dieser, als der Menschensohn Jesus von Nazareth. Das, diese Existenz Gottes als der Mensch Jesus Christus, ist die dem menschlichen Wesen in ihm zugewendete besondere Gnade seines Ursprungs. Des Menschen Jesu Christi Dasein ist Ereignis durch das und in dem Dasein des Sohnes Gottes, d. h. durch das und in dem Geschehen von Gottes Versöhnungstat, durch die und in der erwählenden Gnade Gottes. Er kommt ganz von daher. Er ist auch ganz von daher – konkret gesprochen: ganz von dem Willen des ihn sendenden Vaters, ganz von dem Willen des ihm gehorsamen Sohnes, ganz von dem Willen des Heiligen Geistes des Vaters und des Sohnes, ganz von der diesen göttlichen Willen vollstreckenden Tat her. Er kommt ausschließlich von diesem Willen und von dieser Tat her. Er ist als Mensch auch Gottes Geschöpf. Aber er hat gerade als Gottes Geschöpf kein anderes Dasein als sein Dasein von dorther. Ihm ist also die Gnade Gottes nicht nur in der Weise zugewendet, daß er zunächst ohne sie, zunächst irgendwelchen anderen Bestimmungen unterworfen wäre, um sie dann erst zu empfangen: über jene anderen Bestimmungen hinaus, in Ergänzung, vielleicht auch unter Veränderung oder in teilweiser oder ganzer Aufhebung jener anderen Bestimmungen.

Die Gnade Gottes und sie allein ist sein Ursprung, sie allein auch seine Bestimmung. Er ist durch sie und in ihr und nur so: nicht abstrahiert, nicht gelöst von ihrem Erweis, von ihrem Geschehen. Er ist nicht an sich. Er ist nur von seinem göttlichen Ursprung her. Wir beschreiben mit dem allem noch einmal die Enhypostasie bzw. Anhypostasie der menschlichen Natur Jesu Christi. Man kann wohl sagen: sie ist der Inbegriff und die Wurzel der ganzen ihm zugewendeten göttlichen Gnade. Alles, was weiter von ihr zu sagen ist, geht darauf zurück und hängt daran, daß der, der als Jesus Christus in menschlicher Natur da ist, der Sohn Gottes ist, daß Dieser da ist, indem dieser Mensch da ist – und dieser Mensch, indem kein Anderer als Dieser da ist.

Man kann und darf sich das folgendermaßen veranschaulichen: Nur als Gottessohn, aber eben als solcher, existiert Jesus Christus auch menschlich. Als Mensch und als solcher menschlichen Wesens ist er also auch für die da, die ihn als Sohn Gottes nicht erkennen: ist er auch ihnen sichtbar, kennbar, so oder so interpretierbar wie alle anderen Menschen. Er ist auch für Kaiphas und Pilatus da, kann von ihnen beurteilt, verurteilt, getötet werden, ist in einiger Ferne auch für einen Josephus und in noch weiterer Ferne auch für einen Sueton und Tacitus da. Er ist – es gibt ja allerlei Überlieferung von ihm – auch für den so oder so beteiligten oder auch unbeteiligten späteren Historiker da. Er ist als Jesus von Nazareth auch eine Figur der Weltgeschichte und der verschiedenen Weltbilder. Er wäre aber auch für Kaiphas und Pilatus, auch für Josephus, Sueton und Tacitus, auch für die sogenannte historische Wissenschaft und für die verschiedenen Weltbildner faktisch nicht da ohne die Gnade seines Ursprungs, wenn er nicht der Sohn Gottes wäre. Sie kennen ihn und seine Existenz, aber sie erkennen nicht, sondern sie verkennen ihn und sie. Sie wissen nicht, mit wem sie es zu tun haben. Sie nennen ihn wohl bei seinem richtigen und wahren Namen: Jesus von Nazareth. Aber sie wissen nicht, wer der ist, den sie so nennen, wie sie überhaupt dazu kommen, ihn so oder so zu sehen und zu kennen, so oder so zu interpretieren. Sie wissen nicht, was sie damit tun – und was sie damit tun, das ist denn auch danach. Umgekehrt ist es da, wo er als der Mensch gewordene, in menschlichem Wesen existierende Gottessohn erkannt wird, nicht an dem, daß ihm etwas beigelegt, daß seine Erscheinung als solche durchschaut und gedeutet würde. An der Frage nach dem, was hier «die Menschen» (die Leute!), dort die Jünger sagen, wer der Menschensohn sei, scheiden sich die Geister (Matth. 16, 13. 15). Ihn erkennen heißt ohne alles Durchschauen und Deuten: ihn sehen und kennen als den, der er, dieser Jesus von Nazareth, ist – heißt also, wenn es ums Interpretieren geht, nicht eine Erscheinung, sondern ihn selbst, seine Existenz, neben der er keine andere hat, interpretieren: von eben dem Ursprung her, von dem her er ist, ohne den er nicht wäre, ohne den er auch in keiner «Erscheinung» wäre, der er ist, heißt also unmittelbar: ihn als den Sohn Gottes, ihn als mit diesem identisch erkennen: «Du bist..» wie es dort v 16 von Petrus überliefert ist.

Diese Gnade seines Ursprungs bedeutet und bewirkt also keine Veränderung seines menschlichen Wesens als solchen. Es erfährt von diesem seinem Ursprung her keine Veränderung, keinen Zuwachs, keine Verwandlung. Es ist das Wesen eines Menschen wie wir alle: die individuelle Seele eines individuellen Leibes, menschlich erkennend, wollend und fühlend, tätig und leidend in seiner befristeten Zeit, Gott verantwortlich und dem Mitmenschen verbunden. Die Gnade seines Ursprungs bedeutet und bewirkt gerade nur – dies freilich in höchster Notwendigkeit und

Wirksamkeit – die Erhebung seines menschlichen Wesens. Erhebung wohin? In diejenige Übereinstimmung mit dem göttlichen Willen, in denjenigen Dienst der göttlichen Tat, in diejenige Entsprechung zu Gottes Gnade, in den Stand derjenigen Dankbarkeit also, die sich von daher als die einzige Möglichkeit ergibt, daß dieser Mensch ja eben von dort – von jenem Willen, jener Tat, jener Gnade Gottes her – und zwar allein von dorther bestimmt – von dorther, indem er existiert, dem göttlichen Wesen nicht mittelbar, sondern unmittelbar und unauflöslich konfrontiert ist. Man kann auch sagen: die Gnade des Ursprungs Jesu Christi bedeutet die prinzipielle Erhebung seiner menschlichen Freiheit zu deren Wahrheit, d. h. in den Gehorsam, in dessen Ausübung sie – keine übermenschliche, sondern gerade die rechte menschliche Freiheit wird.

Man versteht sie von da aus als die Gnade der Sündlosigkeit seines menschlichen Wesens. Auch sie ist Gnade, Bestimmung des menschlichen Wesens des Sohnes Gottes von daher, daß es in ihm und nur in ihm Existenz hat, daß es der Menschensohn ist, in welchem es wirklich ist. Sie versteht sich also durchaus nicht von selbst. Sie folgt nicht analytisch aus einer Beschaffenheit seines Menschseins. Dieses an sich ist durchaus nicht sündlos. Das Wort wurde ja Fleisch, nicht Mensch schlechthin, sondern Träger unseres menschlichen Wesens, das über seine ihm anerschaffene und als solche ihm unverlorene Güte hinaus (im Widerspruch zu sich selbst) durch die Sünde gezeichnet, verkehrt und als sündiges Wesen verloren ist. Wäre sein menschliches Wesen ein an sich sündloses, wie wäre es dann unser Wesen, wie wäre er dann gerade im entscheidenden Punkt unser Bruder, in unserer Verlorenheit mit uns solidarisch geworden? Würde das nicht heißen, daß der Sohn Gottes zwar Menschensohn geworden wäre, ohne doch als solcher unsere Sünde und Schuld auf sich genommen zu haben? Wie hätte er sie, wenn er als Menschensohn nicht auch sie und gerade sie trug, hinwegtragen können, wie er es doch getan hat? Er hat sie getragen, aber sündlos getragen. «Sündlos» heißt: er hat, indem er als Mensch in unserem menschlichen, sündigen Wesen existierte, nicht gesündigt. Er hat sich der Übertretung, die wir, indem wir desselben menschlichen Wesens sind, begehen, nicht schuldig gemacht. Er trug fremde, unsere, aller Menschen Schuld, ohne selber schuldig zu werden und zu sein. Er hat den inneren Widerspruch des menschlichen Wesens, indem er sich dieses auch in seiner Verkehrtheit zu eigen machte, nicht wiederholt, nicht aufs neue wahrgemacht. Er hat ihm überlegenen Widerspruch entgegengesetzt. Er hat ihn in seiner Person, indem er Mensch wurde und war wie wir, überwunden. Und man darf und muß wohl sagen, daß er ihn im Tiefsten gerade damit überwunden hat, daß er sich nicht weigerte, die Erniedrigung des Sohnes Gottes zum Geschöpf nicht nur, sondern zum sündigen Geschöpf in seinem Menschsein zu vollziehen, Träger des menschlichen Wesens in seinem Widerspruch zu werden und zu sein, als solcher Buße zu tun, der Zöllner und Sünder Geselle zu werden, als Verbrecher in der Mitte von Verbrechern zu leiden und zu sterben. Alle andere Reinheit seines menschlichen Tuns hängt ja an der Reinheit dieser seiner Lebenstat. Aber wie immer man sie interpretiere: gerade Jesu Sündlosigkeit war jedenfalls nicht eine Zuständlichkeit seines Menschseins, sondern die von seinem Ursprung her nun eben so verlaufende menschliche Tat seines Lebens. Und die Bestimmung seines menschlichen Wesens durch die Gnade Gottes besteht auch nach dieser Richtung nicht darin, daß ihm die merkwürdige Eigenschaft hinzugefügt wurde, daß er als Mensch nicht sündigen konnte, sondern in seiner von seinem Ursprung her wirksamen Bestimmung zu dieser Tat, in der er, unseres sündigen Wesens teilhaftig, nicht sündigen wollte und nicht gesündigt hat. Als Bestimmung zu dieser Tat nun allerdings seine schlechthin wirksame Bestimmung! Er hat sie darum getan, er hat darum nicht gesündigt, weil er als Mensch von seinem Ursprung her in jener wahrhaft menschlichen Freiheit: der Freiheit zum Gehorsam lebte, neben ihr eine andere Freiheit nicht kannte, nicht hatte. Der in jener Übereinstimmung mit dem göttlichen Willen, der in jenem Dienst der göttlichen Tat, der in jener Entsprechung zu Gottes Gnade, in jener Dankbarkeit als Mensch existierte, hatte zum Tun der Sünde keinen Raum. Er konnte und mußte sie, indem er sich das menschliche Wesen zu eigen machte, wohl kennen: auch als versuchliche Frage an ihn selbst kennen, wie es ja im Evangelium sichtbar genug gemacht ist. Sie konnte aber für ihn als seine Tat nicht in Frage kommen. Sie war, weil und indem er als Sohn Gottes und nur so Mensch war, von der Wahl seiner Taten ausgeschlossen. Er konnte sie von diesem Ursprung seines Daseins her nicht wählen. So wählte er sie auch nicht. So tat er sie auch nicht. Das ist die in Jesus Christus Ereignis gewordene Erhebung der menschlichen Natur unter diesem Gesichtspunkt gesehen: ihre Erhebung zur Sündlosigkeit, zur Freiheit von der Sünde. Man bemerke: auch unter diesem Gesichtspunkt ihre Erhebung, nicht ihre Veränderung oder gar Aufhebung. Ihr widerfährt auch unter diesem Gesichtspunkt kein Zuwachs, keine Vermehrung, keine Verwandlung. Es gehört ja wirklich nicht notwendig, sondern nur faktisch zur menschlichen Natur, die Sünde zu wollen und zu tun und also sündigen zu können. Sie befindet sich in diesem unserem «Können», in unserem *posse peccare* im Widerspruch zu sich selbst. Es ist nicht seine echte Freiheit, es ist nicht sein *liberum*, es ist sein *servum arbitrium*, in welchem der Mensch das Böse wählt. Er entfremdet sich nicht nur Gott und seinem Nächsten, sondern auch sich selbst, er handelt unfrei, als ein «Verrückter», indem er das Böse tut. Und nur indem er es faktisch tut, erweist es sich als eine von ihm nicht abzuschüttelnde, aber doch höchst unangemessene, höchst uneigentliche Bestimmung seines menschlichen Wesens. Darin überschreitet also der Mensch Jesus die Grenzen der ihm und uns gemeinsamen Humanität nicht, darin wird und ist er uns kein Fremder, daß er, indem er sich das menschliche Wesen auch in seiner Verkehrtheit zu eigen macht, die Verkehrung **nicht** wiederholt, das Böse nun eben **nicht** tut, von seinem Ursprung her **nicht** wollen und tun kann. Er unterscheidet sich, indem er ist, was und wie wir sind, nur dadurch von uns, daß er es in jener echten menschlichen Freiheit ist, daß er den Widerspruch unseres Wesens zwar auf sich nimmt, aber nur um ihn zu überwinden und aufzulösen. Es braucht keine Vergottung, es braucht aber allerdings die **Erhebung** unserer Natur durch die einmalige Gnade der Menschwerdung Gottes, um diese ihre Heiligung Ereignis werden zu lassen, um den in dieser echten menschlichen Freiheit lebenden Menschensohn auf den Plan zu führen. Man soll aber nicht sagen, daß er in dieser Freiheit uns nicht gleich, nicht unser Bruder sei. Im Gegenteil: er bewährt in ihr in seinem *non peccare* und *non posse peccare* die Bruderschaft mit uns, die Gemeinschaft mit unserem wahren menschlichen Wesen, die wir unsererseits mit unserem *peccare* und *posse peccare* und *non posse non peccare* fortwährend zerbrechen.

Und nun ist es wiederum nur eine andere Gestalt der einen, dem menschlichen Wesen in Jesus Christus zugewendeten Gnade, daß seine Humanität als die des Sohnes Gottes dadurch bestimmt ist, daß er als der Menschensohn wie des **Wohlgefallens Gottes des Vaters**, so auch der **Gegenwart und Machtwirkung des Heiligen Geistes** ständig und völlig teilhaftig ist: ständig und völlig, weil von seinem **Ursprung** her, weil er als **Sohn Gottes** auch Menschensohn ist. Existiert er nur, indem er der Sohn Gottes ist, so heißt das nicht, daß er im Übrigen allein gelassen «nur» als Sohn Gottes existierend, gewissermaßen über dem Abgrund des Nichtseins schwebte. Unterschieden sind die drei Existenzweisen Gottes wohl, aber nicht getrennt! Also gerade indem er der Sohn Gottes ist, ist er wie von außen durch das unerschütterliche Ja des Vaters und seinen unerschöpflichen Segen gehalten, so von innen durch den Trost, die Kraft, die Führung des Heiligen Geistes erleuchtet und bewegt. Denn wo der Sohn ist, da ist gleichen göttlichen Wesens mit ihm auch der Vater und wieder gleichen Wesens mit ihm auch der Heilige Geist. Wird der Menschensohn dadurch, daß er auch und zuerst der Sohn Gottes ist, nicht vergottet, um dann wohl gar als Vierter der heiligen Dreieinigkeit beizutreten, so kann es doch nicht anders sein, als daß er an ihrem Sein und Werk in der Schöpfung als Mensch denselben vollen **Anteil** bekommt und nimmt, den er als Gott an ihrem inneren Leben hat. Ihn, diesen Menschen, **umgibt** also die Gottheit wie ein Kleid und ihn **erfüllt** sie, wie es von jenem Saum Jahves Jes. 6, 1 heißt, daß er den Tempel füllte. Welche Bestimmung seines menschlichen Wesens! Wieder ist deutlich, daß es sich bei der ihm so zugewendeten Gnade nicht um eine ihm übermittelte Zuständlichkeit, nicht um einen ihm eingegossenen Gnadenhabitus handeln kann. Gerade da ist ja offenbar auf dem Hintergrund und im Lichte jenes inneren Lebens Gottes selbst Alles Geschichte: Geschichte, die sich in dem lebendigen Jesus Christus abspielt zwischen seinem menschlichen Sein als Menschensohn und seinem göttlichen Sein als der Gottessohn, der er auch und zuerst ist – Geschichte zwischen dem Vater und Geschichte zwischen dem Heiligen Geist und dem Sohn, der als solcher auch Menschensohn ist. Wie könnte diese Bestimmung seines menschlichen Wesens anders denn als Ereignis stattfinden, gesehen und verstanden werden? Welcher Habitus könnte ihm in seinem Verhältnis zu Gottes Gnade eignen oder zuzuschreiben sein? Die Gnade des väterlichen Ja, die Gnade der Fülle des Geistes ein Habitus? Umso weniger offenbar, weil ja doch auch der Mensch Jesus von Nazareth als ihr Empfänger in einer konkreten Geschichte existiert: auf einem Weg ist zwischen seiner Geburt und seinem Tod, von der verborgenen Vorbereitung zum Antritt, zum Vollzug, zur Vollendung seines menschlichen Werkes – auf einem Weg, auf dem sowohl das Wohlgefallen des Vaters wie die Gabe des Heiligen Geistes wie sein eigenes Dasein als der Sohn Gottes von einem Schritt zum anderen immer wieder etwas Neues und Besonderes bedeuten muß, auf dem eine sich gleich bleibende Zuständlichkeit des Begnadigtseins gar nicht entstehen kann – auf einem Weg, dessen Kontinuität nur dadurch (dadurch freilich definitiv) gesichert ist, daß es immer derselbe erwählte Mensch ist, der da immer derselben erwählenden Gnade Gottes konfrontiert, von ihr umgeben und erfüllt wird und ist. Behält man aber diesen Tatcharakter der Existenz Jesu Christi in seiner Einheit als Gottes- und Menschensohn klar vor Augen, dann dürfte es auch offenkundig sein, daß von einer Veränderung seiner Menschlichkeit auch unter diesem Gesichtspunkt nicht die Rede sein kann. Daß er als der Sohn Gottes der unbedingten Bejahung des Vaters und des Heiligen Geistes ohne Maß (Joh. 3, 34) teilhaftig ist, das unterscheidet ihn freilich nicht nur quantitativ, sondern qualitativ von allen anderen Menschen. Das ist eben wiederum die Erhebung, die dem menschlichen Wesen in seiner Person widerfährt; das tangiert, das verletzt es aber nicht, das macht ihn nicht zu einem Übermenschen in einem Zwischenwesen, der uns als solcher ungleich und fremd wäre. Ist es ein Einmaliges, daß die Existenz eines Menschen diese Geschichte ist, diesen Tatcharakter hat, so ist es doch nicht an dem, so sollte also auch nicht gesagt und geklagt werden, daß sie dem Begriff des Menschen, unter den auch wir Anderen fallen, widerstreite. Es widerstreitet gerade nur allen anderen Verwirklichungen dieses Begriffs, es ist aber darum keineswegs ein Ideal, das diesen Begriff sprengen würde. Warum soll ein des ganzen Wohlgefallens Gottes des Vaters und der Fülle des Heiligen Geistes teilhaftiger Mensch nicht als solcher wirklich sein können, nur ein leeres

2. Die Heimkehr des Menschensohnes

Ideal sein müssen? Warum soll nicht gerade dieses Einmalige und sein Widerstreit gegen alle anderen Verwirklichungen des Begriffs des Menschen dessen Erfüllung sein: des menschlichen Wesens Erhebung in seine **Wahrheit**?

Es ist darum, um dies hier zu erwähnen, nicht an dem, daß die dem menschlichen Wesen in Jesus Christus zugewendete ganze Gnade Gottes durch diejenigen Stellen in den Evangelien in Frage gestellt wäre – oder umgekehrt: die in Frage stellen würde – in denen die Grenze und Bedingtheit der Menschlichkeit Jesu als solche sichtbar werden. Etwa die hier besonders oft als schwierig empfundene Stelle aus der Kindheitsgeschichte Luk. 2, 52: «Und Jesus nahm zu an Weisheit und Alter und Gnade bei Gott und den Menschen». Oder (ebenso oft erwähnt) der Satz Mr. 13, 32 über das auch ihm, dem Sohn, vorenthaltene Wissen um Tag und Stunde des Endes. Dazu natürlich die Versuchungsgeschichte, die Gethsemane-Geschichte und das Gethsemane-Gebet, Hebr. 5, 7 fast noch drastischer beschrieben als in den Evangelien: dazu alle die Stellen, in denen von allerhand unzweideutig menschlichen inneren und äußeren Entbehrungen und Erregungen Jesu die Rede ist. Man hat schon gefragt, ob nicht auch der in der Perikope von der Tempelreinigung kaum oder gar nicht verhüllte Zorn Jesu oder die Schärfe seines Matth. 23, 13 f. dokumentierten Urteils über die «Pharisäer und Schriftgelehrten» in dieser Hinsicht ernstlich bemühend seien. Und mehr als all dies konnte in diesem Zusammenhang gerade die entscheidende Tatsache seines Leidens und Sterbens bedenklich erscheinen. Mit der These von der **Vergottung** der menschlichen Natur Jesu Christi dürfte das Alles in der Tat schwer oder eben nur künstlich vereinbar sein: nur in gefährlicher Nähe zu allerlei doketischen Vorstellungen. Es ist aber, wenn man auf diese These und auch auf die von einem ihm mitgeteilten Habitus verzichtet, nicht abzusehen, warum es dem Charakter seiner Existenz als Gottes- und Menschensohn nicht entsprechen soll, wenn gerade seine Menschlichkeit und ihre Bedingtheiten im Neuen Testament nicht zum Verschwinden gebracht, im Gegenteil, gelegentlich mit Beflissenheit hervorgehoben wird. Ärgerlich wäre es, wenn sie im Neuen Testament unsichtbar bliebe oder gar gemacht würde. Denn unsichtbar bliebe dann Jesus Christus als der Bruder aller Menschen, der als solcher, der auch in der Schwachheit seines menschlichen Wesens der Sohn Gottes, Gegenstand des ganzen väterlichen Wohlgefallens und der Fülle des göttlichen Geistes teilhaftig war. Wurde das Wort Fleisch, wurde Gott Mensch, wie sollte es dann anders sein, als daß er, als dieser Mensch in einer menschlichen Geschichte existierend, einen **Weg** gemacht, auf diesem Weg menschlich entbehrt hat, menschlich angefochten und bewegt wurde, eines nur relativen Wissens und Könnens teilhaftig war, «gelernt», gelitten hat und gestorben ist? Eben als dieser **Mensch** war Jesus von Nazareth «der Sohn des Vaters, Gott von Art». Eben als dieser war er der vom Vater Gehaltene und vom Geist Erfüllte. Man muß es nur unterlassen, ihn an einem vorgefaßten Begriff des Göttlichen, des des Sohnes Würdigen, des Gott dem Vater Wohlgefälligen, dessen, was die Gegenwart des Geistes in seiner Fülle bedeuten müsse, zu messen! Man muß es sich nur (gerade umgekehrt!) gefallen lassen, das Göttliche, das Würdige, das Wohlgefällige, das Geistliche genau da zu erkennen, wo es menschliche Geschichte ist – genau im Geschehen dieser Geschichte, genau im Weg des Menschen Jesus, in seinem menschlichen Wesen also. Nicht daß dann Alles mit einem Schlag klar würde: man befindet sich ja dann selber erst am Anfang eines Weges, auf dem man jene Geschichte zu begleiten, im Menschlichen das Göttliche zu erkennen hat. Man wird dann aber wissen, daß man gerade an dem Kind in der Krippe von Bethlehem, gerade an dem Versuchten in der Jordanwüste, gerade an dem Beter in Gethsemane, gerade an dem Mann am Kreuz von Golgatha nicht vorbeikommen kann, wenn es um die Erkenntnis des wahrhaft Göttlichen gehen soll. So sieht das aus, wenn der Sohn des Vaters, unter dessen vorbehaltlosem Ja, seines **Geistes ganz teilhaftig**, ein

Gast in der Welt hier wird. Hier, im Fleisch, wohnt das ewige Wort und wird seine Herrlichkeit gesehen: in der Erhebung des menschlichen Wesens, die hier und so – nicht anderswo und nicht anderswie – stattgefunden hat!

In einer weiteren Wendung gesehen ist die dem menschlichen Wesen in Jesus Christus zugewendete Gnade seine Qualifizierung zum Organ des Handelns, zum Werk des Sohnes als des Mittlers zwischen Gott und den Menschen, als des Versöhners der Welt mit Gott. Dieses Werk vollzieht er ja in einer in der Welt selbst, auf Erden, in der Zeit, inmitten der Menschheit sich abspielenden Geschichte. Er, Gott der Sohn, in seinem göttlichen Wesen ist das in ihr handelnde Subjekt. Dieses Amt auszuüben, dieses Werk zu tun, ist er vom Vater gesendet, ist er ihm gehorsam geworden, hat er sich selbst erniedrigt, ist er ein Mensch unter Menschen geworden, hat er menschliches Wesen angenommen. Er eignet es sich an als sein ihm zu diesem Amt und Werk unentbehrliches Organum. Es versteht sich aber nicht von selbst, daß es dazu geeignet ist. Es ist es nicht in und aus sich selbst. Es ist ja geschöpfliches, menschliches, ja menschlich-sündiges Wesen. Es ist ja Fleisch mit aller Schwachheit des Fleisches. Die erwählende Gnade Gottes – und das ist seine Erhebung unter diesem Gesichtspunkt – macht es geeignet zu dem, wozu es dienen soll. Die alte Dogmatik nannte das, was ihm als dem menschlichen Wesen des Sohnes Gottes mitgeteilt wird und ist, die *potestas officii*. Man könnte unter dieser Mitteilung seine Heiligung verstehen. Aber eben diese vollzieht sich ja in der sündlosen – oder positiv: in der von Gott dem Vater bejahten und vom Heiligen Geist erleuchteten Tat des Menschensohnes, der auch und zuerst der Sohn Gottes ist. Sie ist die entscheidende Voraussetzung – aber doch erst die Voraussetzung dessen, was jetzt zu sehen ist. Es geht um die Ermächtigung, deren dieses Organ bedarf, um des Dienstes, zu dem es als das menschliche Wesen des Sohnes Gottes bestimmt ist, fähig zu sein. Und diese Ermächtigung ist als die Mitteilung dessen zu verstehen, was unter dem neutestamentlichen Begriff der Jesus gegebenen und von ihm ausgeübten *exusia* zusammenzufassen ist. Das Wort redet allgemein von Handlungsfreiheit und dann im Besonderen entweder von Macht im Sinn von Vermögen, Gewalt oder von Vollmacht im Sinn von Autorität, Befugnis. In diesem doppelten Sinn wird und ist der Menschensohn, weil und indem er der Sohn Gottes ist, handlungsfrei, wird und ist das menschliche Wesen des Sohnes Gottes durch Gottes erwählende Gnade zu seinem Dienst ermächtigt.

Es empfängt Macht. Macht wozu? Halten wir uns vor Augen: Er, der Sohn Gottes, handelt. Er ist dem Vater gehorsam. Er erniedrigt sich selbst und geht in die Fremde. Er wird auf Erden von Maria geboren. Er wird am Jordan getauft. Er beruft die Jünger. Er redet am See von Galiläa und auf dem Berg zu ihnen und zum Volk. Er verkündigt – nach den Synoptikern: das Reich, nach Johannes (und das ist dasselbe!): sich selbst als den vom Vater Gesendeten und so vom Himmel Gekommenen. Er vergibt Sünden. Er fordert Nachfolge. Er streitet mit den Pharisäern und Schriftgelehrten. Er zieht hinauf nach Jerusalem und reinigt den Tempel. Er wird dort verraten, verleugnet, gefangen, verurteilt, geschlagen, gekreuzigt. Er stirbt und wird begraben. Er wird am dritten Tag auferweckt und offenbar in seiner Herrlichkeit. Er kehrt, nachdem er Alles, nachdem er die Versöhnung der Welt mit Gott ein für allemal und ganz vollbracht, zurück in seine Heimat, in die seinen Zeugen schon offenbarte, nur der Welt noch verborgene Herrlichkeit des göttlichen Wesens, das er mit dem Vater und dem Heiligen Geist gemein hat: in den Himmel, der Gottes Wohnung in seiner Schöpfung ist. Er ist es, der damit doch nicht aufhört, dort und hier zu existieren: dort mit dem Vater für sich, hier im Werk des Heiligen Geistes für uns, für die Welt: in der Sammlung, im Aufbau, in der Sendung seiner Gemeinde, in der Erweckung des Glaubens, der Liebe und der Hoffnung der Christen. Er rechtfertigt, er heiligt, er beruft die Seinen und ist, indem er das tut, die Hoffnung der ganzen Welt. Denn er wird wiederkommen, d. h. er wird als der dort und hier Existierende, in welchem die Versöhnung der Welt mit Gott ein für allemal und ganz vollbracht ist, offenbar werden: nicht mehr verborgen, nur noch (und das auch der Welt!) offenbar sein, und in ihm das Ziel aller Wege Gottes. Er, der ewige Sohn Gottes, tat und tut das Alles und wird es tun. Er tut das Alles aber eben nicht in der Nacktheit seiner göttlichen Macht, in der es ja nicht als die Versöhnung der Welt mit Gott getan sein könnte, sondern als Menschensohn, in seiner Identität mit dem Menschen Jesus von Nazareth. Das heißt aber, daß diesem Menschen in seiner Identität mit dem Sohne Gottes dessen göttliche Macht, alle Macht im Himmel und auf Erden, **gegeben ist**: in seiner Person also dem **menschlichen** Wesen die menschliche Macht dazu, seine göttliche Macht vollgültig zu **bezeugen**, ihr in ganzer Angemessenheit zu **dienen**, ihre Tat und ihre Taten wirksam **auszuführen**. Alles als **sein**, des **Sohnes Gottes menschliches** Wesen: Alles nicht aus sich, sondern als sein Organ, Alles als der Leib, dessen Haupt Er ist – aber Alles als das menschliche Wesen dessen, der Gottessohn und Menschensohn ist. Daß ihm die Macht zu solcher Bezeugung, zu solchem Dienst, zu solcher Ausführung der göttlichen Machttaten, diese *potestas officii* gegeben ist, das ist unter diesem Gesichtspunkt die ihm zugewendete, ihm mitgeteilte Gnade Gottes.

Aber nun geht es ja eben nicht nur um Macht, sondern um **Vollmacht**, nicht nur um *potentia*, sondern um *potestas*. Was der Sohn Gottes tut in göttlicher Macht, das tut er ja nicht eigenmächtig, sondern in Vollstreckung des **göttlichen Willens und Dekretes**, vom Vater gesendet und dem Vater gehorsam – und auch nicht für sich, sondern für die Welt, an Stelle aller Menschen, die das für sich selbst nicht tun könnten, und damit an ihnen allen, in radikaler Veränderung ihrer Situation, die sie von sich aus zu verändern nicht in der Lage sind. Er tut es als ihr Mittler. In Ihm, in seinem Tun wird und ist für und über sie alle entschieden. Er hat als der Sohn Gottes die Vollmacht, an Stelle Gottes und an unserer Stelle zu handeln, und zwar entscheidend zu handeln: in der Befugnis und Autorität unseres Heilandes. In dieser Vollmacht, in dieser Autorität und Befugnis übt er seine Macht aus. Sie ist die Macht des rechtmäßigen Herrn über Alle und Alles. So handelt er rechtmäßig, indem er in ihr handelt. Aber wieder ist zu sagen: er ist, indem er in dieser Vollmacht handelt, nicht allein der ewige Sohn Gottes. Es ist die von ihm im Namen Gottes und im Namen aller Menschen ausgeübte Vollmacht nicht die seiner nackten Gottheit. Er hat und betätigt sie – sonst könnte er sie ja nicht als Versöhner der Welt mit Gott betätigen – als Menschensohn, in seiner Identität mit dem Menschen Jesus von Nazareth. So ist sie also, vermöge dessen Identität mit dem Sohn Gottes, auch diesem Menschen gegeben. So ist also auch dieser Mensch der Mittler: er der Vollstrecker des göttlichen Willens und Dekretes an der Stelle Gottes, und er an unserer Stelle für und an uns Allen handelnd – er, der Knecht Gottes, und er, der Herr und König über Alle und Alles. So ist es denn in Ihm, in diesem einen Menschen, dem menschlichen Wesen gegeben, die göttliche Vollmacht zu bezeugen, ihr zu dienen, sie auszuführen, ihr unentbehrliches Organ zu sein. So ist denn auch es beteiligt an dem mittlerischen Tun dessen, der vor uns Allen, vor der Welt für Gott und vor Gott für uns Alle, für die Welt einsteht und gut steht. So hat denn seine göttliche Vollmacht auch die Gestalt menschlicher Vollmacht. So ist denn das, was dieser eine Mensch in den Grenzen und Bedingungen seines menschlichen Wesens tut, wirklich für Gott, und wirklich für uns getan: und nicht nur bedeutungsvoll, nicht nur wirksam, sondern in heiliger Rechtmäßigkeit und darum in ewiger Kraft getan. Das ist die dem menschlichen Wesen in Jesus Christus zugewendete Gnade: die Vollmacht der Bezeugung, des Dienstes, der Vollstreckung des entscheidenden «Für Gott für uns» des ewigen Sohnes: ihm zugewendet, weil und indem es in ihm das menschliche Wesen dieses Ewigen ist, der es in seiner Menschlichkeit an der göttlichen Vollmacht seines Tuns teilnehmen läßt.

An der schlichten Menschlichkeit Jesu Christi irre zu werden, besteht auch im Blick auf die Ermächtigung, die seinem menschlichen Wesen durch Gottes erwählende Gnade widerfährt, kein Anlaß. Wir halten fest: seine Funktion ist die eines Organs des Menschensohns, der auch und zuerst der Sohn Gottes ist. Ihm, nicht diesem Organ, nicht seinem menschlichen Wesen als solchem ist «gegeben alle Gewalt im Himmel und auf Erden» (Matth. 28, 18). Es hat nicht, sondern es vermittelt und bezeugt die göttliche Macht und Vollmacht, es ist ihr Träger, es dient ihr, es ist in seiner Funktion gebraucht zu dem, was das fleischgewordene Wort, der Gottes- und Menschensohn, indem er im menschlichen Bereich, in der Welt existiert, für sie und an ihr tun will und tut. Es wird und ist also nicht selbst ein göttlich mächtiges und vollmächtiges Wesen, in dem Jesus Christus, wahrer Gott und wahrer Mensch, das in der Welt existierende und handelnde göttliche Subjekt, von seiner göttlichen Macht und Vollmacht Gebrauch macht. Eben dazu wird es aber ermächtigt: das zu seinem Tun notwendige geschöpfliche Medium zu sein. Weil es in dessen Werk um den Menschen und seine Welt geht, weil es zu diesem Werk einer menschlichen Seele und eines menschlichen Leibes bedarf: menschlicher Vernunft und menschlichen Willens, menschlichen Gehorsams und menschlicher Demut, aber auch menschlichen Ernstes und Zornes, auch menschlicher Angst und menschlichen Vertrauens, menschlicher Liebe zu Gott und dem Nächsten, und das Alles in einem Dasein in unserer, der menschlichen, der geschaffenen Zeit – weil da menschlich zu reden und zu handeln, zu leiden und zu streiten, zu beten und zu helfen, zu unterliegen und zu überwinden ist, darum und dazu ist ihm menschliches Wesen notwendig. Und die Ermächtigung, ihm dazu zu dienen, ist die ihm in diesem einen Menschen widerfahrende Erhebung. Sicher seine Erhebung in die höchste Höhe! Aber was da in die höchste Höhe erhoben wird, ist doch kein anderes als das Wesen, das als menschliches unser aller Wesen ist, und es wird auch in dieser Erhöhung kein anderes. Indem in dem Menschen Jesus von Nazareth die Heilstat Gottes geschieht, indem Gottes Macht und Vollmacht durch ihn und an ihm, in seinen Worten und Handlungen offenbar wird, hört er doch nicht auf, ein Mensch wie wir, unser Bruder zu sein.

Eben um daran nicht irre zu werden, wird man aber auch im Blick auf die dem menschlichen Wesen in ihm zugewendete Amts- oder Dienst- oder Werkgnade dessen eingedenk bleiben müssen, daß sie Geschichte ist und keine ihm übereignete Zuständlichkeit. Man halte sich das Ganze seines schon geschehenen, noch geschehenden und noch zu vollendenden Werkes vor Augen und frage sich: was für eine Zuständlichkeit menschlichen Wesens könnte da in Betracht kommen? Was in diesem Menschen und also in dessen menschlichem Wesen und durch dieses wirksam und offenbar wurde, ist und sein wird, das ist doch – dem haben sich die alten Reformierten mit ihrer Habituslehre nur mit Hilfe sehr künstlicher Konstruktionen entziehen können – keine Höchstform menschlicher, geschöpflicher, sondern nicht weniger als die schlechthin göttliche Macht und Vollmacht. Daraus folgt aber keineswegs – die entgegengesetzte Konstruktion der alten Lutheraner war ebenso künstlich – eine Allmächtigkeit und also Göttlichkeit des menschlichen Wesens dieses Menschen als solchen. Daraus folgt vielmehr: daß wir es in der Existenz dieses Menschen mit der Identität seines Tuns als eines wahren Menschen mit dem Tun des wahren Gottes zu schaffen haben. Es ist also die dem menschlichen Wesen widerfahrende Gnade das Ereignis dieses Tuns. Und es ist das, was jenem in diesem Ereignis widerfährt, dies: daß es gerade in seiner reinen Geschöpflichkeit göttliche exusia bekommt, gerade in seiner menschlichen Schwachheit göttliche Kraft, gerade in seiner menschlichen Geringfügigkeit göttliche Autorität, gerade in seiner menschlichen Einmaligkeit (zu seiner Menschlichkeit gehört ja auch seine Individualität mit allen ihren Schranken) göttliche Universalität: das Alles im Geschehen dieses Ereignisses, oder sagen wir einfacher: das Alles, indem Jesus Christus – wir reden ja von seinem menschlichen Wesen – lebte, lebt und leben wird. Das ist es ja: wir reden von dem Leben Jesu Christi, das er nicht nur in göttlichem, sondern auch in menschlichem Wesen lebt und also den Tod überwindet: den Tod und so auch all den ihm in dieser oder jener (in der lutherischen wie in der reformierten) Form zugeschriebenen Scheintod – das eben als sein Leben Ereignis und nicht Zustand, nicht Habitus ist. In diesem Ereignis bekommt sein menschliches Wesen (indem es ganz und eindeutig menschliches, unser Wesen ist) göttliche Macht und Vollmacht, bekommt es die ihm an sich fehlende Qualität, deren Träger und Zeuge zu sein, geschieht also seine so unbegreifliche Erhebung. In ihrem Geschehen will sie erkannt, will sie – und das ist das Geheimnis des Heiligen Geistes in aller wahren Erkenntnis Jesu Christi – gewissermaßen begleitet, in dankbarem Verständnis nachvollzogen sein. Wobei dann dafür gesorgt sein wird, daß man die echte und rechte Menschlichkeit des so erhobenen Menschensohnes nicht aus den Augen verlieren, an ihr nicht irre werden kann.

Und nun, noch einmal in anderer Wendung: In Jesus Christus, dem Menschensohn, der auch und zuerst der Sohn Gottes ist, ist unser menschliches Wesen in die Ehre versetzt, in die Würde erhoben, mit der Majestät umkleidet, die der Sohn, der es angenommen hat, um in ihm zu existieren, mit dem Vater und dem Heiligen Geist gemeinsam hat: in die Ehre, Würde, Majestät der göttlichen Natur. Als sein menschliches Wesen nimmt es teil an dem Vorrang des Schöpfers vor allen seinen Geschöpfen. Indem das Wort Fleisch wurde, indem es auch Jesus von Nazareth werden und sein wollte, indem es mit diesem Menschen identisch wurde und ist, hat es dem menschlichen sein eigenes, das göttliche Wesen zugesellt. Gerade seine eigene Erniedrigung, in der er menschliches Wesen annimmt, ist also des menschlichen Wesens Erhöhung. Gerade indem ·der Schöpfer sich herabließ, ein Geschöpf zu werden, hat er das Geschöpf – nicht zum Schöpfer gemacht, aber in seiner Existenzeinheit mit seinem Sohn in die Gemeinschaft mit seinem

Sein als Gott, Schöpfer und Herr aufgenommen. Nicht erst in Jesu Christi Auferstehung und Himmelfahrt hat er das getan. Seine Auferstehung und Himmelfahrt war die erste, partikulare, vorübergehende **Offenbarung** dieses seines Tuns und also die **Offenbarung der Erhöhung des Menschensohnes** in seinem menschlichen Wesen, zur Rechten des Vaters. Und so wird er das auch nicht etwa erst in Jesu Christi Wiederkunft in Herrlichkeit tun. Seine Wiederkunft wird die zweite, universale, definitive **Offenbarung** dessen sein, was er schon getan und in seiner Existenz als Gottes- und Menschensohn zu tun nie aufgehört hat. **Die Tat der Erniedrigung des Sohnes Gottes als solche ist die Erhöhung des Menschensohnes** und in ihm des menschlichen Wesens. Als der Sohn Gottes geht er in die Fremde, als Menschensohn kehrt er eben damit heim und was er als solcher von dort – man darf es wohl so sagen: als die Beute des göttlichen Erbarmens – mitbringt und also aus der größten Gottesferne in die größte Gottesnähe versetzt, das ist eben das von ihm angenommene menschliche Wesen. Indem er es sich aneignet, seine eigene Existenz in seiner göttlichen Natur zur seinigen macht, vergottet er es zwar nicht, erhebt er es aber in das *consortium divinitatis*, in die unauflöslich innige Zugehörigkeit zu seiner Gottheit, die er selbst, indem er Mensch wird, ja im Geringsten nicht preisgibt oder verliert, sondern die er gerade darin aufs höchste bewährt. Er sollte und wollte schon in Gottes ewigem Willen und Dekret nicht nur Gott sein, sondern **Immanuel, Gott mit dem Menschen**, und in Vollstreckung dieses «mit», nach der freien Wahl seiner Gnade, **dieser Mensch**, Jesus von Nazareth. Und in der diesem ewigen Dekret entsprechenden Tat Gottes in der Zeit, indem der Sohn Gottes Dieser wurde und ist, hat er für alle Ewigkeit aufgehört, nur Gott zu sein, empfängt und hat und behält er für alle Ewigkeit auch menschliches Wesen, ist also das menschliche Wesen Jesu von Nazareth, ohne zum göttlichen zu werden, nein: in seiner Geschöpflichkeit an die Seite des Schöpfers versetzt, πρὸς τὸν θεόν (Joh. 1, 1): sein Kleid, das er nicht mehr abwirft, sein Tempel, den er nicht wieder verläßt, seine Gestalt, die er nicht mehr verliert, sein Organ, auf dessen Gebrauch er nicht mehr verzichtet. Er ist **Gott im Fleische**: ihm gegenüber alle von Menschen entworfenen und gestalteten Abgötter als solche schon dadurch gekennzeichnet, daß sie eben nicht Gott im Fleische, sondern die Produkte menschlicher Phantasien über eine nackte Gottheit, λόγοι ἄσαρκοι sind. Des wahren Gottes in seinem Sohn ins Werk gesetzte und offenbarte Ehre, Würde und Majestät besteht darin, Gott im Fleische zu sein und also das menschliche Wesen bei sich, zum Kleid, zum Tempel, zum Organ zu haben: weil und indem er auch Jesus von Nazareth heißt. Sofern nun aber Gott nach diesem seinem Willen und Dekret und in dieser seiner Tat in dieser Weise **mit uns** ist, sind wir in derselben Weise – in dem menschlichen Wesen dieses Einen aus unserer Mitte nämlich – mit ihm: so also, daß er uns nicht anders Gott ist, von uns nicht anders als Gott erkannt, geehrt, geliebt und angebetet werden kann als in und mit dem von seinem Sohn als dem Mittler des Bundes angenommenen menschlichen Wesen. Die diesem, in dem einen Jesus Christus zugewendete erwählende Gnade besteht darin, daß die Verbündung Gottes mit ihm und von daher seine Verbündung mit Gott (in diesem Einen unsere eigene!) hergestellt ist und nicht mehr aufhört. Und das ist die direkte und praktische Bedeutung der Erkenntnis dieser Gnade: daß wir es mit Gott nicht zu tun haben können, ohne es sofort, *eo ipso*, auch mit diesem seinem menschlichen (unserem eigenen!) Wesen, mit dem Fleisch seines Sohnes (und in ihm mit unserem eigenen Fleisch!) zu tun zu haben. Darum keine Erkenntnis, keine Anrufung, keine Anbetung Gottes, darum kein Vertrauen und keine Hoffnung auf ihn, darum kein Gehorsam gegen seinen Willen, darum keine einzige Bewegung in der Richtung auf ihn, die unter irgend einem Vorwand, auf irgend einem Weg an seiner (und so an unserer eigenen!) Menschlichkeit vorbeiginge, in der der Vater anders als in ihm, sein Geist anders als durch ihn gesucht würde.

Darum keine natürliche Religion, keine natürliche Theologie, kein natürliches Recht! «Natürlich» hieße ja in allen diesen Begriffen: vorbei an Jesus Christus, vorbei an dem Sohne Gottes, der auch Menschensohn wurde, der auch Jesus von Nazareth heißt und ist, der in seiner Identität mit diesem auch menschliches Wesen hat. Der Gegensatz zu diesem «Natürlichen» ist nicht in erster Linie der Begriff des «Offenbarten», sondern der Begriff der in Jesus Christus einmalig und definitiv erhobenen, einmalig und definitiv an die Seite Gottes und in die Gemeinschaft mit ihm versetzten menschlichen Natur. Ohne sie – und nun allerdings ohne Gottes Offenbarung in ihr – wäre und bliebe uns gerade der wahre Gott ein verborgener, wäre er uns praktisch überhaupt nicht Gott.

Gott ist Gott in seiner in Jesus Christus geschehenen und in seiner Existenz unauflöslichen Verbündung mit dessen (und so mit unserem eigenen!) menschlichen Wesen, und es ist dessen von Gott begründete Verbündung mit ihm, in welchem Gott allein zu erkennen, zu ehren, zu lieben, anzurufen ist.

Um Verbündung geht es, und also auch in dieser Hinsicht um Geschichte, um Gottes Tat, die ganz und allein die seinige ist, von der als solcher also im Blick auf sein menschliches Wesen auch in dieser Hinsicht nicht abstrahiert werden kann. Es geht im Blick auf sein menschliches Wesen um Ihn, um das, was Er in ihm ist und an ihm tut. Es geht also darum, in seiner Menschlichkeit Gott zu erkennen, zu ehren, zu lieben, anzubeten. Von Gott her, u. zw. in Gottes Tun bekommt und hat auch sie Ehre, Würde und Majestät, an der vorbeizusehen dem, der ihn erkennt, ehrt, liebt und anbetet, nicht möglich, deren dankbare Anerkennung vielmehr in aller ihm zugewandten Erkenntnis, Ehrung, Liebe und Anbetung notwendig einbeschlossen ist. Sie hat sie aber nicht an sich. Noch weniger als Gott ohne seine Menschlichkeit kann seine Menschlichkeit ohne Ihn sein, betrachtet, erkannt oder gar verehrt und angebetet werden. Jeder Versuch, sich ihr *in abstracto*, im leeren Raum, zuzuwenden, ist ein von Grund aus verkehrtes und undurchführbares Unternehmen. Als Menschensohn und also menschlich existiert ja Jesus Christus überhaupt nur in der Tat Gottes: indem er zuerst der Sohn Gottes ist. So kann er, wo er als dieser nicht erkannt ist, in seiner von ihm als deren Subjekt abstrahierten Menschlichkeit wohl gekannt, aber nur verkannt werden.

Das war die Problematik aller der, heute freilich selten gewordenen, neuzeitlichen Versuche des Entwurfs einer Biographie, eines Lebens- und Charakterbildes Jesu. Es wird kein Zufall sein, daß das neutestamentliche Material zu einem solchen so spärlich und so spröde ist. Die wissenschaftliche Forschung, die sich daran versuchte, mußte von einer Verlegenheit – und die Literaten, die das auf ihre Weise unternommen haben, mußten von einer Peinlichkeit in die andere geraten. Man kann ein Prädikat nicht gut ohne sein Subjekt sehen, verstehen, darstellen wollen. Die Menschlichkeit Jesu an sich und als solche wäre aber ein Prädikat ohne Subjekt. Und völlig unmöglich mußte, sofern sie gemacht wurde – und sie wurde z. T. sehr ernsthaft gemacht – die Zumutung sein, diesem im leeren Raum schwebenden Prädikat eine religiöse Bedeutsamkeit zuzuerkennen, zu ihm in ein religiöses Verhältnis zu treten. Zu einem Subjekt, das uns dazu aufriefe, ließ und läßt sich das leere Prädikat seiner Menschlichkeit nun eben nicht oder eben nur rhetorisch aufwerten!

Noch schwerer ist die Problematik aller Darstellung Jesu Christi in der bildenden Kunst. Noch schwerer, weil hier unvermeidlich, ja in höchster Absichtlichkeit und Ausschließlichkeit die besondere, die delikate Frage nach der Leiblichkeit Jesu in den Vordergrund tritt, weil das Christusbild den Anspruch erhebt, seinen Gegenstand sehen zu lassen. Und dies nun eben so, wie der Künstler, ganz und gar auf seine fromme oder unfromme, tiefe oder oberflächliche Phantasie angewiesen, ihn zu sehen und auch (und das vielleicht in höchst unübersehbarer Weise!) Andere sehen zu lassen meint, während der Jesus-Biograph immerhin nur redet bzw. schreibt, unter Voraussetzung von Texten, an Hand derer er von seinen Hörern oder Lesern einigermaßen kontrolliert werden kann und in Büchern, die man auch ungelesen lassen bzw. wieder vergessen kann! Auch sein Anspruch ist unmöglich; der des Christusbildners aber ist wegen seiner besonderen Zudringlichkeit untragbar. Dazu kommt aber noch Folgendes: jedes gezeichnete, gemalte, geformte Bild ist der Versuch, das dargestellte Wirkliche, welches sich als solches in einer Bewegung befindet, in einem bestimmten Moment dieser Bewegung festzuhalten, zu fixieren, seine Bewegung zu stoppen oder gerinnen zu lassen, es selbst aus dieser seiner Bewegung herauszunehmen. Der Jesus-Biograph ist dem Christusbildner auch darin wenigstens relativ im Vorsprung, daß er wohl oder übel erzählen, und also das von ihm vermeintlich erkannte Leben des Menschen Jesus wenigstens horizontal, auf der Zeitlinie, in Bewegung sehen, verstehen und darstellen muß. Das Christusbild ist als vermeintliche Darstellung der in irgendeinem Moment festgehaltenen Leiblichkeit des Menschen Jesus zu Allem hinzu auch noch starr. Was aber beiden, dem Jesusbiographen und dem Christusbildner erst recht entgehen muß, was ihren Werken unter allen Umständen fehlen wird, ist gerade das Entscheidende: die vertikale Bewegung, in der Jesus Christus wirklich ist, die Geschichte, in der der Sohn Gottes Menschensohn wird, menschliches Wesen annimmt, um so, in dieser seiner Tat, Mensch zu sein. In dieser Bewegung von oben nach unten präsentiert er sich selbst als Gottes Werk und Offenbarung durch den Heiligen Geist: als der in der Beziehung seiner Gottheit zu seiner Menschheit lebendige Jesus Christus. Eben in dieser für sein Sein wie für dessen Erkenntnis entscheidenden Bewegung kann er aber offenbar weder erzählend noch (und erst recht nicht!) zeichnend, malend, formend repräsentiert werden. Es wird der Versuch seiner Repräsentation nur unter Abstraktion von dieser Eigentlichkeit seines Seins unternommen und durchgeführt werden, und es wird darum sein Ergebnis in der Jesus-Biographie wie im Christusbild grundsätzlich nur eine Katastrophe sein können. Wir sagen das in allem geziemendem Respekt vor dem Können der großen und vor dem guten Willen auch der kleineren Künstler, die sich in allen Jahrhunderten – von der Kirche nicht gewarnt, sondern aufgemuntert! – an diesem Gegenstand versuchen wollten. Es kann uns aber nicht hindern an der Feststellung, daß die Geschichte des Christusbildes die Geschichte eines Versuches am denkbar ungeeignetsten Objekt ist. Wir werden uns dessen zu erinnern haben, wenn in der Lehre von der Kirche auch zu der Frage ihrer Auferbauung durch das Mittel der bildenden Kunst Stellung zu nehmen sein wird. Von der Christologie her ist so viel schon vorweg sicher: daß jedenfalls das Christusbild als Mittel zur Auferbauung der Gemeinde nicht in Frage kommen kann.

Man hat nur Alles zu unterlassen, was hier als Abstraktion angemessener Weise zu unterlassen ist, so wird die Aussicht frei auf das Konkret-Wirkliche, das in Jesus Christus Ereignis ist: so wunderbar und doch so einfach, unendlich beunruhigend und unendlich tröstlich zugleich, die in seinem Fleisch allem Fleisch widerfahrende *communicatio gratiarum*, die Erhebung des menschlichen Wesens in die Gemeinschaft der ϑεία φύσις (2. Petr. 1, 4). Sie geschieht: in der Heimkehr des Menschensohnes, die, nur unter dem entgegengesetzten Aspekt gesehen, erkannt und benannt, mit dem Weg und Gang des Sohnes Gottes in die Fremde identisch ist. Die Beute des göttlichen Erbarmens, der Ertrag des Versöhnungsgeschehens ist der erhöhte, der in Kraft der ihm widerfahrenden Erhebung neue, der Gott nicht mehr ferne, sondern nahe Mensch, der doch auch als solcher, gerade als solcher, ein Mensch wie wir, der Erstgeborene einer neuen Menschheit, der zweite Adam, der doch unser ältester Bruder ist, in dessen Erhöhung die unsrige schon geschehen ist.

Seine Geschichte ist das an uns, an die ganze Welt gerichtete Wort Gottes, die Verheißung: daß wir ihm gleich sein werden (1. Joh. 3, 2), daß wir «bestimmt sind, gleichgestaltet zu werden dem Bild seines Sohnes» (Röm. 8, 29), «daß das Leben Jesu offenbar werden soll an unserem sterblichen Fleisch» (2. Kor. 4, 11).

Wir haben den Punkt umschritten und wenigstens vorläufig bezeichnet, von dem aus wir später in allem, was dann über des Menschen Sünde und Heiligung, über den Aufbau der christlichen Gemeinde und über die christliche Liebe zu sagen sein wird, zu denken haben werden. Es fließt alle Erkenntnis der menschlichen Erhebung aus der Erkenntnis der Heimkehr des Menschensohnes Jesus Christus als der Tat, die in und mit dem Weg und Gang des Sohnes Gottes in die Fremde geschehen ist: aus der Erkenntnis der Erhebung unseres, des menschlichen Wesens, die in Ihm Ereignis ist. Mit Ihm ist unser Leben verborgen – noch nicht offenbart, noch also nicht auf Erden, sondern «droben», in ihm zu suchen, aber mit Ihm *realiter* schon geborgen und aufgehoben in Gott (Kol. 3, 1 f), hinaufgehoben in seine Herrlichkeit, Ehre, Würde und Majestät. Wir werden das Alles erst im vierten Abschnitt dieses grundlegenden Paragraphen entfalten können, nachdem wir uns in einem dritten viel konkreter als es jetzt geschehen konnte, veranschaulicht haben werden, was es mit der Heimkehr des einen Menschensohnes und mit der in ihm geschehenen Erhebung unserer, der menschlichen Natur, auf sich hat. Es sollte aber doch schon am Ziel dieser ersten christologischen Überlegung darauf hingewiesen sein: wir haben, von dem einen Jesus Christus redend, von dem geredet, was in ihm für und an uns Ereignis ist. *Tua res agitur – in aliena forma*, aber *tua res!*

3. Wir haben zunächst noch innerhalb des vierten Hauptpunktes unserer Darstellung der Inkarnation den vorgesehenen dritten Schritt zu tun und also von der in Jesus Christus stattfindenden gemeinsamen Verwirklichung des göttlichen und des menschlichen Wesens zu reden – in der Sprache der alten Dogmatik: von der *communicatio operationum*.

Sie wurde auch *communicatio apotelesmatum* (das Zusammenwirken der zwei Naturen auf bestimmte Ziele bzw. Erfolge hin) genannt und wurde etwa von Petrus van Mastricht (*Theor. pract. Theol.* 1698 V 4, 13) definiert: sie sei der *concursus utriusque naturae ad operationes mediatorias, sic ut opera illa procedant a persona θεανθρώπου per efficaciam distinctam utriusque naturae*. Die alten Lutheraner sprachen von derselben Sache unter dem Begriff eines dritten Genus ihrer Idiomenlehre, genannt das *genus apotelesmaticum*, von dem insofern zu reden sei, als (Hollaz, 1. c. qu. 61) *in actionibus officii utraque natura Christi agit, quod suum est cum alterius communicatione in agendo*. Diese Definitionen und die Ausführungen, die dazu von beiden Seiten gemacht wurden, veranschaulichen noch einmal sehr deutlich die Gemeinsamkeit, aber auch die Verschiedenheit der Interessen und Anliegen, von denen die Christologie des alten Protestantismus bewegt war: gerade weil ein thetischer Gegensatz an dieser Stelle nicht vorliegt, sondern wie in der allgemeinen Lehre von der *communio naturarum* nur eine Reihe von charakteristisch differenzierten Betonungen. Was die Lutheraner hier unterstrichen und hervorgehoben haben wollten, war – und eben darum fiel der Begriff für sie unter den der Idiomenkommunikation – die auch in Jesu Christi Werk stattfindende Einigkeit und Übereinstimmung seiner beiden Naturen als solcher. Konnte und sollte diese auch von den Reformierten nicht bestritten werden, so lag für sie das ganze Gewicht doch viel mehr auf dem Hinweis auf den Grund dieser Einigkeit in der Einheit der Person des Gottes- und Menschensohnes als des Subjektes der beiden je in ihrer Eigentümlichkeit zusammenwirkenden Naturen. Die Differenzierung des ganzen Bildes, die sich von da aus ergeben konnte und auch ergeben hat, ist klar: Wer die Einigkeit der beiden Naturen im Werk des Mittlers betonen wollte, der wollte, da in ihrer Einigkeit die göttliche als die aktive, die menschliche als die passive Seite aufzufassen war, auch im Blick auf Jesu Christi Handeln von der unmittelbaren Durchdringung der menschlichen Natur durch die göttliche, von der menschlichen als dem unmittelbaren Träger der Eigentümlichkeiten der göttlichen reden. Wer umgekehrt die jene Einigkeit der beiden Naturen begründende Einheit der Person des Mittlers als des Gottes- und Menschensohnes betonte, der wollte innerhalb seines zugleich göttlichen und menschlichen Wirkens das göttliche Moment als das das menschliche bestimmende und regierende, das menschliche aber als das von jenem bestimmte und regierte, ihm dienende unterschieden wissen. Lutheraner und Reformierte sagten, daß die beiden Naturen des Mittlers nicht *separatim*, sondern *conjunctim* wirken, nur daß die Lutheraner zu dem *conjunctim* noch den Zusatz machten: *et unite,* während die Reformierten die entgegengesetzte Verwahrung einlegten: *non confuse, sed distincte.* Lutheraner und Reformierte sagten: das *principium quod* dieses Wirkens bestehe in der gottmenschlichen Person und sein *principium quo* in den beiden Naturen, nur daß die Lutheraner sich begnügten, die beiden Naturen bedeutsam, aber ohne nähere Erläuterung miteinander zu nennen, während die Reformierten sagten, in der einen gottmenschlichen Tätigkeit sei die göttliche Natur die *causa principalis,* die menschliche aber die *causa minus principalis* oder *ministra.* Lutheraner und Reformierte erklärten, daß das Werk der Versöhnung weder allein durch die göttliche, noch allein durch die menschliche Natur vollbracht sei, aber während die Lutheraner fortfuhren: sondern durch die in Jesus Christus vollzogene Vereinigung beider, fuhren die Reformierten fort: sondern durch Jesus Christus, in welchem beide vereinigt sind. Lutheraner und Reformierte betonten, daß in seinem Werk jede seiner Naturen das ausrichte, was ihr als ihrer Eigentümlichkeit gemäß zukomme: seiner menschlichen Natur z. B. das Sterben des einen Gottes- und Menschensohnes, seiner göttlichen die Begründung der unendlichen und universalen Tragweite seines Todes. Aber während die Lutheraner daraus schlossen: also ist die Versöhnung das *apotelesma* beider Naturen, zogen die Reformierten diesen Schluß trotz seiner logischen Möglichkeit nicht, sondern sagten: weder die göttliche noch die menschliche Natur als solche, noch deren Vereinigung ist das in der Versöhnung handelnde Subjekt; diese Vereinigung ist vielmehr das *apotelesma* der in beiden und durch beide Naturen wirkenden Person des einen Jesus Christus, während das, was die beiden Naturen als die Prädikate dieses Subjektes «wirken», nur die seinem Wirken dienende, es unselbständig vollstreckende Aktion zu nennen ist. Weshalb die Reformierten denn hier auch mit Bedacht nicht von *communicatio idiomatum,* sondern eben von einer *communicatio operationum* der beiden Naturen geredet wissen wollten. – Streit um Worte? Haarspaltereien? So mögen wir empfinden. Es wäre aber doch wohl besser am Platz, zunächst einmal Respekt zu empfinden vor dem Ernst, mit dem unsere alten Theologen, statt irgend etwas in den Tag hinein zu beteuern, ihre Positionen bis in die letzten Konsequenzen hinein abzugrenzen wußten.

Nachdem wir die Inkarnationslehre, die wir nun nach allen Seiten entfaltet haben, von Anfang bis hieher geschichtlich, aktuell, als Darstellung einer zwischen Gott und Mensch, in Jesus Christus als Einigung Gottes mit dem Menschen vollzogene *operatio* verstanden und interpretiert haben – die Existenz Jesu Christi als sein Sein in seinem Tun – bleibt uns in diesem Abschluß unseres vierten Hauptpunktes verhältnismäßig wenig zu sagen übrig. Man könnte wohl sagen: wir haben hier zum vornherein im Rahmen eben dieses Begriffs der *communicatio operationum* gedacht und geredet. So kann es sich jetzt nur noch um einige nachträgliche Präzisierungen und Erläuterungen handeln.

Eine erste betrifft den wichtigen Begriff der *operatio* selbst und als solchen. Wir haben ihm – in grundsätzlichem Anschluß an die reformierte Tradition, aber ohne uns im Einzelnen an sie zu binden und faktisch weit auch über sie hinausgehend – einen Sinn und eine beherrschende Stellung gegeben, die er so in der ganzen alten Christologie nicht hatte. Wir haben die alte Inkarnationslehre «aktualisiert», d. h. wir haben die überlieferten Hauptbegriffe *unio, communio, communicatio* als konzentrisch angeordnete Begriffe zur Bezeichnung eines und desselben in Fluß begriffenen Vorgangs gebraucht und also das Ganze (mit

2. Die Heimkehr des Menschensohnes

Einschluß der dogmengeschichtlich so wichtigen und mit Recht maßgebend gewordenen Formel von Chalcedon) in Form einer Bezeichnung und Umschreibung eines einzigen Ereignisses zur Sprache gebracht: und also die Wirklichkeit Jesu Christi, mit der es die Christologie zu tun hat, als identisch mit diesem Ereignis, dieses Ereignis als identisch mit der Wirklichkeit Jesu Christi. Geben wir uns offen Rechenschaft über das, was damit geschehen ist!

Die Christologie der alten Dogmatik hat zwar ganz am Anfang ihrer Darstellung auch von einem Ereignis und dann wieder an deren Ziel auch von Ereignissen, von jenen *operationes* des einen Jesus Christus geredet: in Überleitung zu dem, was sie nachher in einem zweiten besonderen Teil als Lehre von seinem mittlerischen Amt und Werk zur Sprache brachte. Das Ereignis am Anfang aber sah man in der die *unio hypostatica* begründenden *unitio* des göttlichen Logos mit dem, was er als Möglichkeit seines Menschseins in Maria aufnahm, um ihm seine Existenz zu verleihen, in dem Inkarnationsgeschehen im engsten Sinn also, in der einmal geschehenen Geschichte: *et homo factus est*. Was man zwischen diesen beiden Polen sah, war so etwas wie ein großes, bestimmt strukturiertes Phänomen, und was man im Blick auf dieses als Lehre von der Person Jesu Christi vortrug, war so etwas wie eine große Phänomenologie des durch jene *unitio* geschaffenen und im Werk Jesu Christi vorausgesetzten, in sich nicht bewegten, sondern statisch in sich befestigten und ruhenden Verhältnisses zwischen dem Logos und seinen zwei Naturen, bzw. dieser zwei Naturen untereinander. Von Dynamik, von einem Ereignis der gottmenschlichen Existenz und Wirklichkeit sollte vorher und nachher die Rede sein, hier aber die tiefste Windstille eines zeitlosen, nicht aktuellen Seins und seiner Wahrheit herrschen – eine Windstille, die sich dann in der Lehre vom Werk des Mittlers in der Anschauung von seinen beiden sich folgenden «Ständen» eigentümlich wiederholte: einem «Stand» *(status)* der Erniedrigung in der Zeit zwischen seiner Geburt und seinem Begräbnis und, von jenem wohl getrennt, einem mit seiner Auferstehung anhebenden «Stand» der Erhöhung.

In dieser Konzeption, für die jene Windstille in der Umschreibung des gottmenschlichen Seins Jesu Christi und dann wieder die in der Lehre von den beiden Ständen bezeichnend ist, waren sich die lutherische und die reformierte Christologie unter sich und mit der vom Mittelalter und Altertum her überlieferten einig. Wir haben der reformierten wegen ihres beharrlichen – entschieden lehrreichen und fruchtbaren Kreisens um den entscheidenden Begriff der *unio hypostatica* relativ den Vorzug gegeben. Daß wir mit jener ganzen Konzeption auch sie hinter uns gelassen haben, kann kein Zweifel sein. Des Ruhmes der «Orthodoxie» werden wir also von keiner Seite gewärtig sein dürfen!

Was ist geschehen? Auch wir haben auf das Sein Jesu Christi in seiner Wahrheit und Wirklichkeit geblickt, sein Sein zu umschreiben versucht. Um eine Auflösung oder Abschwächung des harten Realitätscharakters, der echten Gegenständlichkeit («Objektivität»!) dieses Grundelements des göttlichen Tuns für und an uns, das als solches auch das Grundelement alles christlichen Erkennens und Bekennens ist, konnte es auch uns nicht gehen. Es ist aber allerdings dies geschehen, daß von der Statik in der breiten Mitte der überlieferten «Lehre von der Person Jesu Christi» – in ihrer Entfaltung der Begriffe *unio, communio, communicatio* – und auch in der überlieferten Lehre von den zwei Ständen nichts übrig geblieben ist. Wir haben die alte Dogmatik gewissermaßen bei jenen drei

Begriffen, aber auch bei den Begriffen *exinanitio* und *exaltatio* behaftet: bei deren Wortsinn nämlich, in welchem sie ja alle von Handlungen, *operationes*, Geschehnissen reden. Wir haben – in lauter Bewegungsbegriffen denkend und redend – jene ganze Phänomenologie zurückübersetzt in den Bericht von einer Geschichte: zurückübersetzt, weil ihr Gegenstand, mit dem auch wir es zu tun haben, ursprünglich ja wirklich kein Phänomen und kein Komplex von Phänomenen, sondern eine Geschichte ist: die Geschichte Gottes in seiner Existenzweise als der Sohn, in welchem er sich erniedrigt und auch der Menschensohn Jesus von Nazareth wird und also menschliches Wesen annimmt, dessen menschliches mit seinem göttlichen Wesen vereinigt und beide einander, insbesondere aber sein göttliches seinem menschlichen Wesen zuwendet und damit dessen Erhebung vollzieht. Wir haben also auch die alte Lehre von der Erniedrigung und von der Erhöhung Jesu Christi hier zu Ehren gezogen: nicht als Beschreibung von zwei verschiedenen sich folgenden *status*, sondern zur Bezeichnung der beiden entgegengesetzten, aber streng aufeinander bezogenen, gleichzeitig wirksamen und sich gegenseitig interpretierenden Grundmomente jener Geschichte: Gott wird Mensch, damit der Mensch – nicht Gott werde, aber zu Gott komme. Im Geschehen dieser Geschichte erkannten wir, was uns in unserem Zusammenhang besonders interessiert: ihre Bewegung von unten nach oben, die Erhöhung des Menschensohnes, der in seiner Identität mit dem Sohne Gottes als Träger unseres, des menschlichen Wesens eben zu Gott kommt. Eben diese Geschichte als solche und in ihrer Dynamik ist nach der hier versuchten Übersetzung jener Phänomenologie die Wirklichkeit, das Mysterium, das Sakrament des Seins Jesu Christi. In jedem theologischen Zusammenhang, in welchem direkt oder indirekt der Name «Jesus Christus» zu nennen ist – und es gibt keinen, in welchem er nicht an entscheidender Stelle zu bedenken wäre! – ist nach unserer Voraussetzung diese Geschichte gemeint: die Tat Gottes, in welcher Gottes Sohn mit dem Menschen Jesus von Nazareth identisch wird und also menschliches Wesen mit seinem göttlichen vereinigt und also das menschliche in die Gemeinschaft mit dem göttlichen erhebt – die Tat Gottes, in welcher er sich selbst erniedrigt, um den Menschen zu erhöhen. Das Subjekt Jesus Christus ist diese Geschichte. Sie ist der Inhalt des ewigen göttlichen Willens und Dekrets. Indem sie geschieht, geschieht die Versöhnung der Welt mit Gott. Sie ist das von Gott gesprochene Wort der Wahrheit, des Lebens, des Gerichtes, des Trostes, des Gebotes, der Hoffnung. Sie ist des Menschen Rechtfertigung, sie seine Heiligung, sie seine Berufung zum Reiche Gottes. Sie ist das Sein der Kirche in der Welt. Eben sie, diese Geschichte, ist in der Auferstehung und Himmelfahrt Jesu Christi ein erstes Mal, partikular und vorläufig, offenbar geworden, um endlich und zuletzt – und das wird Jesu Christi Wiederkunft sein –

universal und endgültig offenbar zu werden: Gott (der in dieser Geschichte handelnde und sich offenbarende Gott!) Alles in Allem (1. Kor. 15, 28). Wobei gemeint ist: die damals, in jenem Geborenwerden, Leben und Sterben Jesu Christi ein für allemal geschehene und damals in seiner Auferstehung erstmalig offenbarte Geschichte! Sie gehört insofern zweifellos einer bestimmten gewesenen Zeit an. Sie ist geschehen. Sie hat aber, indem sie als diese Geschichte, als Gottes Tat geschehen ist, nicht aufgehört, Geschichte zu sein und also zu geschehen. Sie ist als diese Geschichte nicht eingeschlossen, nicht gefangen in jene gewesene Zeit. Sie ist – «Meine Worte werden nicht vergehen» (Mr. 13, 31) – nicht vergangen, nicht zum historischen Faktum geworden. «Siehe, Ich bin bei euch alle Tage!» (Matth. 28, 20). Wer: Ich? Jesus Christus, das heißt aber eben die Geschichte, in der Er, der Sohn Gottes, Menschensohn wird und ist, als Gottessohn in die Fremde geht, um als Menschensohn heimzukehren. «Jesus Christus lebt» heißt: diese Geschichte geschieht heute wie die, ja als die, die gestern geschehen ist. Jesus Christus redet, handelt, regiert – das Alles heißt: diese Geschichte ist Gegenwart; sie ist, ob bekannt oder unbekannt, ob anerkannt oder nicht, das große entscheidende Ereignis heute, aktuellste Tagesgeschichte. Nur das? Geschieht sie nur heute, nur in der Gegenwart? Wohl gar nur als Reflex unserer eigenen gegenwärtigen Existenz? Nein, sondern nach rückwärts: eben damals, zu ihrer Zeit, bevor wir waren, als unsere Gegenwart noch Zukunft war, geschah sie – und nach vorwärts: sie ist auch zukünftig, sie wird auch geschehen «bis an der Welt Ende». Mit anderen Worten: daß Jesus Christus zu jeder Zeit ist, heißt: daß zu jeder Zeit diese seine Geschichte geschieht. Er ist in dieser *operatio*, in diesem Ereignis. – Das ist der Gestaltwandel, in welchem wir die Christologie hier verstanden und entfaltet haben. Darf, kann, muß man sie so verstehen und entfalten? Ist hier Alles mit rechten Dingen zugegangen?

Die Frage nach dem Dürfen und nach dem Können entscheidet sich in der nach dem Müssen. Die Frage nach dem Dürfen ist darum nicht leicht zu nehmen, weil die Transposition der statischen Sätze der alten Dogmatik in dynamische zweifellos eine Neuerung darstellt, bei der wir zwar sachlich kaum ein auch nur einigermaßen wichtiges Element der alten Konzeption haben fallen oder liegen lassen, die aber wegen der zugestandenermaßen radikalen Veränderung in der Form wohl Bedenken erregen kann. Aber wenn es hier ein Müssen geben sollte, dann erledigt sich allem Bedenken zum Trotz auch die nach dem Dürfen. Die Notwendigkeit, ihm gerecht zu werden, bedeutet dann eben eine in allem Respekt zu übende Freiheit der Tradition gegenüber. Die Frage nach dem Können ist darum nicht leicht zu nehmen, weil die vollzogene Transposition zweifellos eine Zerstörung der verhältnismäßig übersichtlichen Pragmatik der alten Konzeption bedeutet, und weil sie logische

Härten mit sich bringt, die in jener, wenn nicht überwunden, so doch sorgfältig verhüllt waren: Wie kann ein Sein als ein Akt, ein Akt als ein Sein, wie kann Gott, wie kann der Mensch, wie können beide in ihrer Einheit in Jesus Christus als Geschichte interpretiert werden? Wie kann Erniedrigung zugleich Erhöhung sein? Und wie kann von einer damals geschehenen Geschichte gesagt werden, daß sie als solche noch heute geschieht und als die damals geschehene und heute geschehende wieder geschehen wird? Wieviel einfacher erscheint es auf den ersten Blick, von dem damals geschaffenen Faktum dieser Person und deren Struktur, und dann eben von deren «Werk» oder in der Sprache neuerer Theologie: von ihrer «Bedeutsamkeit» für alle Folgezeit oder von ihren Nachwirkungen in ihr zu reden! Wie kann und soll die Geburt, das Leben, der Tod Jesu Christi heute und morgen Ereignis sein? Sind das Alles vollziehbare Gedanken und Sätze? Aber wiederum: wenn es hier ein Müssen gibt, dann wird auch das Bedenken angesichts der Schwierigkeit des Könnens nicht als letztlich durchschlagend zu anerkennen sein, sondern ob hart oder nicht: es wird dann eben dies zu denken und zu sagen versucht werden müssen.

Es gibt aber in dieser Sache ein Müssen, dem sich die alte Christologie in einer nicht gut zu heißenden und also nicht nachzuahmenden Weise entzogen hat. Das Gesetz des Denkens und Redens über einen bestimmten Gegenstand kann offenbar weder eine noch so mächtige Überlieferung sein, laut derer es durchaus nur in dieser und dieser Form verlaufen dürfte, noch auch eine allgemeine Vorstellung von dem, was als Gedanke und Aussage vollziehbar ist, sondern ganz allein sein Gegenstand selber, dieser aber als kategorisches Gesetz. Er fordert, daß ihm nachgedacht und daß er ausgesagt werde. Er fragt, wenn es um ihn gehen soll, nach keinem Dürfen und Können; er verlangt einfach, daß das, koste es, was es wolle, geschehe, daß das, was über ihn gedacht und von ihm geredet wird, ihm gerecht werde. Und nun soll in der Christologie, wie der Name sagt, über Jesus Christus nachgedacht und geredet werden. Nun ist also Er hier forderndes Gesetz des Denkens und Redens. Nun geht es also darum, Ihm gerecht zu werden. Wer aber ist Er? Der Gottes- und Menschensohn, der als solcher göttlichen und menschlichen Wesens ist, hat die alte Christologie mit Recht geantwortet. Eine Christologie, die nicht diese Antwort gäbe, hätte gar nicht Ihn zum Gegenstand, sondern irgend ein phantastisches Gottwesen oder irgend ein ebenso phantastisches Menschenwesen. Indem wir mit der alten Christologie zunächst nur diese Antwort geben können, bleiben wir in Kontinuität mit ihr verbunden, nehmen wir ihre Erkenntnis auf, auch wenn wir ihr eine ganz andere Gestalt geben müssen. Eben das müssen wir aber tatsächlich tun.

Was ist es nämlich mit dem entscheidenden Wörtlein «und» in dieser Antwort? Eben wer Er ist, besagt ja dieses «und». Sollte es aber irgend einen Gesichtspunkt geben, unter dem wir es als die Bezeichnung eines in sich unbewegten, erstarrten Zusammenseins oder Ineinanderseins zweier Elemente sehen könnten und auslegen dürften? Um die Vereinigung von Gott und Mensch soll es ja in diesem Wörtlein gehen: um eine solche Vereinigung, in der es weder eine Vermischung oder Verwandlung, noch eine Teilung oder Trennung geben soll. In dieser Vereinigung besteht das Sein Jesu Christi. «Vereinigung»? Schon haben wir einen Tätigkeits-, einen Bewegungsbegriff gebraucht. Gewiß darf, kann und muß man es auch ein Einssein nennen. Aber muß man nicht auch «Einssein» sofort mit «Vereinigung» erklären, wenn es um das Einssein von Gott und Mensch, und also von Schöpfer und Geschöpf, um dieses so gar nicht selbstverständliche, so unbegreifliche Einssein gehen soll? War es ein Zufall, daß hier auch die alte Christologie tatsächlich in lauter solchen Begriffen geredet hat, die jedenfalls in ihrem Wortsinn Tätigkeits- und Bewegungsbegriffe sind: *unio, communio, communicatio*? Woher dann diesen Begriffen zum Trotz jene Statik, jene Windstille in der Mitte der alten Lehre von der Person Christi? Woher, *quo iure* dann ihre Unterscheidung zwischen *unitio* und *unio*, von der her *unio* den Sinn von *unitas* bekommen, ein in sich unbewegtes, unaktuelles zwiefaches Sein bezeichnen mußte, was sich dann in ihrer Interpretation von *communio* und *communicatio* notwendig fortsetzte? Kann man «Jesus Christus» und also «Gott und Mensch», Schöpfer und Geschöpf sagen, ohne sich selbst und Anderen klar zu machen, daß man von dem redet, der als Dieser nur in Gottes Tat und also im Geschehen einer Geschichte existiert? Kann man das, was er in Gottes Tat geworden ist – «Gott und Mensch» – ins Auge fassen und die Tat Gottes, in der er das wurde, und also sein Werden, aus dem Auge verlieren, als eine bloße Voraussetzung hinter sich lassen? Kann man *Verbum caro* sagen, das *factum est* aber tonlos und unsichtbar machen? Ist Jesus Christus, *Verbum caro* noch anders wirklich als in der vollen Aktualität des *factum est*, und muß das nicht auch in dem Begriff seiner Wirklichkeit zum Ausdruck kommen? Hängt es nicht daran, daß man ihm als dem lebendigen Jesus Christus gerecht wird? Was ist denn das Leben Jesu Christi in seiner Wurzel Anderes als die Tat, in der Gott wahrer Gott und wahrer Mensch wird, sich selber in dieses Sein setzt, das Werk jener Vereinigung also? Kann das Sein Jesu Christi – vorausgesetzt, es sei von dem lebendigen Jesus Christus die Rede – von dem, was in seiner Existenz als Gottes- und Menschensohn als Tat Gottes geschieht, unterschieden werden?

Wir fragen unter einem anderen Gesichtspunkt weiter: Wer «Jesus Christus», wer also «Gott und Mensch» sagt, der sagt im Blick auf den Einen, der Beides ist: Erniedrigung des Sohnes Gottes und Erhöhung des Menschensohnes. In ihrer Lehre von den «Ständen» Jesu Christi hat die alte Christologie das auch gesagt. Wie aber konnte im Blick auf den Einen, der beides ist, von zwei verschiedenen sich folgenden «Ständen», wie hier überhaupt von «Ständen» geredet werden? Wieder waren die verwendeten Begriffe *exinanitio* und *exaltatio* – reden doch auch sie deutlich von einer Geschichte – besser als das, was man damit bezeichnen wollte. Indem man sie zur Bezeichnung je eines besonderen «Standes» gebrauchte, beraubte man das Sein Jesu Christi nicht nur noch einmal seiner Geschichtlichkeit als solcher, sondern gerade des inhaltlich Charakteristischen seiner Geschichtlichkeit, die ja eben die Geschichtlichkeit des sich in seiner Gnade erniedrigenden Gottes und zugleich die des im Empfang der Gnade Gottes erhöhten Menschen ist. Wohin verschwand dieses «zugleich»? Nun sollte Jesus Christus zuerst nur der Erniedrigte und noch nicht der Erhöhte, noch nicht der in die Glorie Gottes Versetzte, nachher aber nur noch der Erhöhte und nicht mehr der Erniedrigte, nicht mehr das im Stall von Bethlehem geborene Kind und der auf Golgatha gekreuzigte Mann sein. Welche Zerreißung der Joh. 3, 13 und Eph. 4, 9f. angezeigten Einheit des «Hinaufgestiegenen» und «Hinabgestiegenen»! Ein Glück, daß diese Zerreißung sich faktisch nie als durchführbar erwiesen hat! Denn wäre etwa jener nur Erniedrigte der eine ganze Gottes- und Menschensohn oder wäre er Dieser als der nur Erhöhte? Wäre er es aber in keinem dieser beiden «Stände» und also auch in keinem von beiden der Versöhner der Welt mit Gott, was wäre er dann überhaupt? Der in diesem abstrakten Nacheinander zweier *status* Existierende sollte Jesus Christus sein? Hängt nicht Alles an dem Zusammenhang, daß eben in und mit dem Geschehen der Erniedrigung des Gottessohnes die Erhöhung des Menschensohnes schon anhebt, ja vollendet wird und daß umgekehrt die Erhöhung des Menschensohnes die Erniedrigung des Gottessohnes noch in sich schließt, daß also der eine Jesus Christus in seiner Erniedrigung schon erhöht und in seiner Erhöhung noch erniedrigt ist? Ist also sein Sein in seiner Einheit von Gott und Mensch nicht wirklich diese Geschichte in ihrem Zusammenhang? Kann, wenn von ihm die Rede ist, in irgend einer Hinsicht von dieser Geschichte, von dem Wortsinn jener beiden Begriffe abstrahiert werden? Sieht und versteht man ihn konkret, wenn man ihn nicht in dieser doppelten Bewegung, und zwar wirklich zugleich in dieser und in jener Bewegung sieht und versteht, in welcher es gerade zu keinem Stillstand und also auch zu keinem Stand kommt? Wieder wäre zu fragen: wie wäre er denn der lebendige Jesus Christus, wenn er nicht in dieser Bewegung wäre, der er ist?

Und nun eine dritte Frage: wie steht es eigentlich mit der Existenz Jesu Christi in der Zeit: in Vergangenheit, Gegenwart und Zukunft? Auch die alte Christologie hat selbstverständlich damit gerechnet: Er war, Er ist, Er wird sein. Sie hat dann aber auf der einen Seite das «Er war» verstanden als sein Sein in jenem Stand seiner damals geschehenen, nun aber weit dahinten liegenden Erniedrigung, das heißt in seiner Geburt, seinem Leben und Sterben als Mensch, dazu in seinem ebenfalls damals geschehenen Übergang in den Stand seiner Erhöhung: in seiner Auferstehung und Himmelfahrt also. Und sie hat auf der anderen Seite unter dem «Er ist» und «Er wird sein» sein damals begonnenes und seither dauerndes Sein in diesem Stande der Erhöhung verstanden: in einer (begreiflicherweise nicht näher zu beschreibenden, weil gänzlich unanschaulichen) Fortsetzung seiner Tätigkeit als unser Fürsprecher vor Gott und als Regent, Schützer und Erhalter seiner Gemeinde auf Erden bis hin zu seinem zweiten Kommen im Gericht, in welchem er die Welt- und Kirchengeschichte zu ihrem Ziel und Ende führen wird. Sie sah ihn also zwar dort, in jener Vergangenheit, in der bekannten und erkennbaren Gestalt seiner damals geschehenen Geschichte, hier aber – und nun leider gerade als den gegenwärtigen und kommenden Jesus Christus, im Grunde gestaltlos oder aber in einer Gestalt, deren Umrisse kaum durch ein paar Begriffe anzugeben, im Übrigen aber der frommen Phantasie auszuziehen überlassen war. Noch einmal ist dazu zu fragen: Wer ist Er, der da war, ist und sein wird? Wir sind mit der alten Christologie einig in der Antwort: Er ist der Gottes- und Menschensohn, der als solcher Erniedrigte und Erhöhte. Aber wenn wir nun anfangen mit dem «Er war» und damit sein Sein in seiner damals geschehenen Geschichte meinen – wie kann dann das «Damals» (das «Damals» dieser, seiner Geschichte!) eine Schranke gegenüber irgend einem «Jetzt» oder irgend einem «Dereinst» bilden: eine Schranke, durch die er verhindert wäre, eben als der in der damals geschehenen Geschichte Existierende, Handelnde, Redende, Leidende und Überwindende, eben in seiner damaligen bekannten und erkennbaren Gestalt auch jetzt, auch dereinst zu sein? Wie könnte eigentlich eben das, was Gott in Jesus Christus gestern tat, heute und morgen nicht mehr seine Tat – vielleicht nur noch als Bedeutsamkeit oder Nachwirkung seiner damaligen Tat Gegenwart und Zukunft sein? Ist sie nicht in ihrer ganzen Damaligkeit ein für allemal und also, keiner Fortsetzung, Ergänzung, Überbietung bedürftig und fähig, auch heute seine Tat? und wird sie das nicht auch morgen sein? Und wenn wir nun fortfahren: «Er ist» und «Er wird sein», wie kann dann – wir fragen jetzt in umgekehrter Richtung – dieses sein gegenwärtiges und künftiges Sein ein anderes sein als seine Gegenwart und Zukunft eben als der in der damals geschehenen Geschichte Existierende, Handelnde, Redende, Leidende und Überwindende, eben sein Sein in den Umrissen seiner damaligen Gestalt? Geht es denn an, sein Sein nach jenem «Er war», nach der damals geschehenen Geschichte, die Fortsetzung seines Seins über jene gewesene Zeit hinaus als ein gegenwärtiges und noch zukünftiges Sein in einer zweiten, von jener verschiedenen, in einer uns notorisch unbekannten Geschichte zu verstehen? War er nicht eben in der Geschichte jener Zeit ganz, ein für allemal, der Gottes- und Menschensohn, der als solcher Erniedrigte und Erhöhte und so der Versöhner der Welt mit Gott? Kann denn sein Sein in der damals geschehenen Geschichte – als wäre es nicht eben in diesem Damals, in diesem Gestern sein vollkommenes Sein gewesen! – heute oder morgen durch irgend eine andere Geschichte abgelöst, ergänzt und überboten werden? Kann es in irgend einer anderen Geschichte seine Fortsetzung finden? Kann es sich anders fortsetzen denn als sein damaliges Sein heute und morgen und also in der Weise, daß eben seine damals geschehene Geschichte auch heute geschieht, auch morgen geschehen wird? Wie ist er als Gottes Sohn mit dem Vater und dem Heiligen Geist selber der ewige Gott und als Menschensohn bei und mit Gott? Wie unser Fürsprecher vor Gott? wie der Regent, Schützer und Erhalter seiner Gemeinde? Wie kann und wird er wiederkommen zum Gericht? – wie, wenn nicht als der, der eben in jener Geschichte vollkommen war und also auch ist und sein wird, der er ist? Wer ist Jesus Christus? Muß man nicht antworten: Der in der einen damals vollbrachten *operatio* seines Gott- und Menschseins, seiner damals geschehenen Erniedrigung und Erhöhung, in der damals in seinem Tod vollzogenen und damals in seiner Auferstehung offenbarten Versöhnung der Welt mit Gott heute ist und morgen sein wird!

Hat ihn seine Gemeinde in ihrem konkreten Verhältnis zu ihm, wenn und sofern sie nicht phantasierte, sondern bei der Sache war, im Grunde je anders gesehen und verstanden? War es nicht im Grunde doch bloß eine abstrahierende, die Einheit seines Seins analysierende statt als solche zur Kenntnis nehmende Theorie, in der er anders als so gesehen und verstanden wurde? Sollten ihn nicht auch die abstrahierenden Theoretiker in ihrem eigenen Glaubensleben faktisch so gesehen und verstanden haben?

Was tun wir, wenn wir Weihnacht, Karfreitag, Ostern feiern? Was tun wir aber auch in jeder Verkündigung und in allem Hören Jesu Christi als des zur Welt, zu uns gesprochenen Wortes Gottes? Was tun wir schlicht damit, daß wir an ihn glauben, ihn lieben, auf ihn hoffen? Was tun wir im Abendmahl? Hätte das Alles Sinn, wenn es sich um bloße Erinnerungs- und Repräsentationsakte handelte, vergleichbar den Anamnesen, den Gedächtnisfeiern und sonstigen Gedächtnisakten, wie sie ja auch im säkularen Raum häufig genug vorkommen? Oder ist die stillschweigend gemachte Voraussetzung alles dieses Tuns nicht die, daß, unserem Gedenken vorangehend, zuerst eben der, dessen wir da gedenken möchten, jetzt, heute, hier, selber im Tun begriffen ist? In welchem Tun? Doch wohl in eben dem Tun, das wir, indem wir ihn als Gottes Wort verkündigen und hören, als sein damals geschehenes gar nicht unanschaulich, sondern sehr anschaulich vor Augen haben! Doch wohl in eben der Tat der Weihnacht, des Karfreitags, des Ostertags, in dem ganzen Leben, Sterben und Überwinden des im Neuen Testament bezeugten Jesus Christus, das, damals geschehen, auch heute geschieht, auch morgen geschehen wird – in dem begriffen Er eben der lebendige Jesus Christus ist und an dem höchst real jetzt, heute, hier teilzunehmen wir eingeladen, als Christen je persönlich aufgerufen und als Gemeinde versammelt sind!

2. Die Heimkehr des Menschensohnes

Wieso real? Weil und indem er die Schranke seiner damaligen Zeit und also die historische Distanz überwindet, weil und indem er uns in seiner damals geschehenen Tat gegenwärtig und zukünftig, in seiner damals geschehenen Tat heute mitten unter uns ist und morgen mitten unter uns sein wird. Lebte irgend ein lebendiger Christ, lebte die lebendige Gemeinde jemals anders als in dieser Voraussetzung? Existierten er und sie überhaupt, wenn diese Voraussetzung nicht Wirklichkeit wäre?

Ich muß hier ein kleines, aber aufrichtig dankbares Lobwort einschalten. Es gilt einem – keinem großen, aber jedenfalls um mich in sehr merkwürdiger Weise verdienten Theologen namens Abel Burckhardt, der vor rund hundert Jahren als Zeitgenosse des berühmteren Jacob Burckhardt hier in Basel zweiter Pfarrer am Münster («Oberst-helfer») gewesen ist. Er hat eine Sammlung von baseldeutschen «Kinderliedern» gedichtet und herausgegeben. Sie waren das Textbuch, an Hand dessen ich zu Beginn des letzten Jahrzehnts des vorigen Jahrhunderts in der meiner damaligen Unmündigkeit angemessenen Form meinen ersten theologischen Unterricht empfing. Was sich mir unverlöschlich eingeprägt hat, war die heimelige Selbstverständlichkeit, in der in diesen gewiß bescheidenen Dichtungen von den Geschehnissen der Weihnacht, des Palmsonntags, des Karfreitags, der Ostern, der Himmelfahrt, des Pfingsttages geredet wurde als von Ereignissen, die sich zufällig gerade heute Morgen in Basel oder in der Nähe von Basel abspielten wie irgendwelche andere aufregende Tagesvorfälle. Historie? Lehre? Dogma? Mythus? Nein! Das Alles war ja in vollem Geschehen. Das Alles sich selbst anzusehen, anzuhören und sich zu Herzen zu nehmen, wurde man ja, indem einem diese Lieder in der Sprache, die man auch sonst hörte und zu sprechen begann, vorgesungen wurden und indem man sie mitsang, eben jetzt von der Mutter an der Hand mitgenommen: zum Stall von Bethlehem, auf die Straßen von Jerusalem, wo der Heiland, von anderen gleichaltrigen Kindern schon begrüßt, soeben seinen Einzug hielt, auf den düsteren Hügel Golgatha und bei aufgehender Sonne in den Garten des Joseph. Repräsentation – so ähnlich wie die unblutige Wiederholung des Opfers Christi im römischen Meßopfer? – oder so ähnlich wie der Glaube, der nach jener etwas krampfhaften Lehre in einem Nachvollzug der Kreuzigung Christi in unserer eigenen Existenz bestehen soll? Nochmals: Nein! Es war ja Alles ohnehin, keiner Vergegenwärtigung bedürftig, gegenwärtig: Lessings «garstiger Graben» nicht-existent, Kierkegaards Gleichzeitigkeit kein Problem, der Heiland selbst offenkundig gestern und heute derselbe! Eine naive Sache, unwürdig, im akademischen Raum überhaupt erwähnt zu werden? Gewiß sehr naiv, aber vielleicht in der Naivität tiefster Weisheit, in höchster Kraft, und, wenn einmal begriffen, wohl geeignet, den Menschen nachher durch ganze Ozeane von Historismus und Antihistorismus, Mystik und Rationalismus, Orthodoxie, Liberalismus und Existentialismus – gewiß nicht unversucht und unangefochten, aber doch verhältnismäßig schadlos hindurchzutragen und irgendeinmal zur Sache selbst zurückzuführen. Der gute Abel Burckhardt stand sicher, soweit man das im 19. Jahrhundert noch konnte und wollte (nicht ohne bemerklichen pietistischen Einschlag), auf dem Boden der alten Christologie, vermutlich gemäßigt reformierter Observanz. Es ist aber offenkundig, daß er ihren toten Punkt in aller Einfalt faktisch überwunden hatte und Anregung bot, ihn irgend einmal auch zu überwinden. Eben darum mußte er – akademischer Raum hin und her – hier genannt werden.

Soviel zur nochmaligen Unterstreichung und Erläuterung des Begriffs *operatio*. Aber wenden wir uns jetzt zu dem Begriff der *communicatio operationum* in dem engeren Sinn, den er in der alten Lehre hatte. Wenn und indem der eine Jesus Christus, wahrer Gottes- und wahrer Menschensohn, handelt, redet, leidet, stirbt, überwindet, wenn und indem er in seinem Werk für und an uns, für und an allen Menschen ist, der er ist –

unsere Rechtfertigung, unsere Heiligung, in seiner Lebenstat unser Heiland und Herr, das regierende Haupt seiner Kirche und der kommende Richter, dann geschieht das in einem gemeinsamen, einem koordinierten Wirken seines göttlichen und seines menschlichen Wesens. Das war – in jener charakteristischen Nuancierung der beiden evangelischen Konfessionen vorgetragen – die alte These. Daß wir die hinter ihr stehende Unterscheidung zwischen Sein und Akt nicht mitmachen, darf uns doch nicht hindern, sie in ihrem eigentümlichen, besonderen Sinn kurz aufzunehmen.

Wir sagen zunächst im Blick auf den Hauptbegriff: es geht um die Existenz Jesu Christi in der gemeinsamen Verwirklichung des göttlichen und des menschlichen Wesens.

Im inneren Leben Gottes – als das ewige Wesen des Vaters, des Sohnes und des Heiligen Geistes – bedarf das göttliche Wesen freilich keiner Verwirklichung, ist es vielmehr der schöpferische Grund aller anderen, d. h. aller geschöpflichen Verwirklichungen. Es bedurfte auch als das göttliche Wesen des Sohnes nicht erst dessen Fleischwerdung, seiner Existenz als Mensch und seiner Tat in seiner Einheit mit dem Menschen Jesus von Nazareth, um wirklich zu werden. Es ist als das göttliche Wesen des Sohnes das Prädikat des einen Gottes und als Prädikat dieses Subjektes in keinem Sinn bloß potentiell, in jedem Sinn aktuell wirklich. Es bedarf aber – und das ist das Neue Jesu Christi von da, von Gott her gesehen, sein göttliches Wesen einer besonderen Verwirklichung in der Identität des Sohnes Gottes mit diesem Menschensohn und also in seiner Vereinigung mit dessen menschlichem Wesen. In dieser Vereinigung ist es nicht ohnehin wirklich. In dieser Vereinigung wird und ist es ja dem von ihm selbst gänzlich verschiedenen menschlichen Wesen zugewendet, auf ein bestimmtes Ziel *(apotelesma)*, auf die Versöhnung der Welt mit Gott hin zugeordnet, jenem, ohne sich in sich zu verändern, gewissermaßen parallel geschaltet. Als das göttliche Wesen des im Akt der Kondeszendenz begriffenen Sohnes, als das durch dessen Akt, als das durch dessen Existenz in ihm und im menschlichen Wesen bestimmte und charakterisierte göttliche Wesen, muß es wirklich werden, bedarf es einer Verwirklichung, die auch von oben, von Gott her, ein Novum ist: das Novum der Ausführung jenes ewigen Willensdekretes, in welchem Gott den Menschen für sich, eben damit aber auch sich für den Menschen erwählt, seinem eigenen, dem göttlichen Wesen nun eben diese konkrete Bestimmung gibt. Das Sein und also das Werk: alles Handeln und Reden Jesu Christi als des einen Gottes- und Menschensohnes schließt auch dieses göttliche Novum in sich: die neue Verwirklichung des freilich in sich wirklichen göttlichen Wesens in seiner Zuwendung und Zuordnung zum menschlichen dieses einen Menschensohnes.

Vom menschlichen Wesen auf der anderen Seite ist zu sagen: daß auch es in ebenso vielen Fällen, als Menschen waren, sind und sein werden, auch sonst schon verwirklicht wird und ist: wirklich so, wie eben menschliches Wesen verwirklicht wird, nicht aus sich, sondern durch den Schöpferwillen, die Schöpfermacht und Schöpfertat Gottes als des allein ursprünglich, in sich selbst Wirklichen – und als geschöpfliches, durch seinen Willen, seine Macht und seine Tat schlechthin bedingtes und begrenztes Wesen. Auch es bedarf also zu seiner Verwirklichung nicht erst der Fleischwerdung des Sohnes Gottes. Daß es im Blick auf diese geschaffen ist und also in dieser seinen Sinn und sein Telos hat, daß es erst durch sie und in ihr wahres menschliches Wesen wird, ist eine Sache für sich. Man kann aber, da ja der Menschensohn Jesus Christus nur einer unter unzähligen anderen Menschen ist, die auch menschliches Wesen tragen, nicht sagen, daß dieses erst und nur in diesem Einen verwirklicht ist. Es bedarf aber allerdings einer besonderen Verwirklichung in der Identität dieses Einen, des Menschen Jesus von Nazareth, mit dem Sohne Gottes und also in der Vereinigung mit dessen göttlichem Wesen. In dieser Vereinigung verwirklicht es sich sonst in keinem, gerade nur in diesem einzigen Fall. In dieser Vereinigung wird und ist es ja seinerseits, als das von ihm so gänzlich verschiedene, dem göttlichen Wesen zugewendet, auf einen ihm ganz neuen Zweck *(apotelesma)*, die von dem Gottes- und Menschensohn zu vollziehende Versöhnung der Welt mit Gott ausgerichtet und so jenem zugeordnet. Es wird also, ohne in sich ein anderes zu werden, seinerseits dem göttlichen Wesen parallel geschaltet: im Sinn jener *communicatio gratiarum*, von der wir hier an zweiter Stelle geredet haben. Es wird und ist in der Person Jesu Christi das in die Gemeinschaft mit Gott erhobene menschliche Wesen. So wird und ist es nicht aus sich selbst wirklich. So, unter dieser Bestimmung, ist auch seine Verwirklichung ein Novum: wieder das Novum der Ausführung jenes ewigen Willensdekretes, in welchem Gott sich selbst für den Menschen, eben damit aber auch den Menschen für sich erwählte. Wir müssen also entsprechend dem vorhin Gesagten auch nach dieser Seite sagen: das Sein und also das Werk, alles Handeln und Reden Jesu Christi als der eine Gottes- und Menschensohn schließt auch dieses menschliche Novum in sich: inmitten der vielen Verwirklichungen menschlichen Wesens eine neue, besondere in der Zuwendung und Zuordnung des menschlichen zum göttlichen des einen Gottessohnes.

Es geht aber, darauf müssen wir jetzt den Nachdruck legen, in der Existenz Jesu Christi um die gemeinsame Verwirklichung des göttlichen und des menschlichen Wesens, um *communicatio operationum*. Kein göttliches, aber auch kein menschliches Novum für sich tritt in ihm auf den Plan, ist in ihm wirksam und offenbar, ist in ihm zu erkennen, sondern schlechterdings miteinander das große göttliche und das große menschliche Novum. Ganz und rein göttlich wirkt er sein Werk: in demselben Wesen, das das des Vaters, des Sohnes und des Heiligen Geistes war, ist und sein wird, aber eben nicht allein und für sich in diesem, sondern gemeinsam in diesem und in seinem menschlichen Wesen. Und ganz und rein menschlich: in demselben Wesen, das das aller anderen Menschen ist, aber wieder nicht allein und für sich in diesem, sondern gemeinsam in diesem und in seinem göttlichen Wesen. Der da handelt und redet, ist Einer und als solcher der Garant der Gemeinsamkeit, in der er sich als dieses göttliche und menschliche Novum verwirklicht, der Einheit des großen Novums in dieser seiner doppelten Gestalt.

Man hat Jesus Christus darum in der alten theologischen Sprache gern mit einem Wort als den «Gottmenschen» (θεάνθρωπος), sein Wesen als «gottmenschlich», bzw. als «Gottmenschheit» bezeichnet. Der Begriff ist möglich und naheliegend. Wir haben ihn hier (mit Ausnahme von Zitaten) doch lieber vermeiden wollen. Er verwischt schon die Geschichtlichkeit des Subjekts – der Sohn Gottes, der als solcher Menschensohn wurde und ist – und erst recht (indem er die Vorstellung eines Dritten, Mittleren, erweckt) die Geschichtlichkeit des Verhältnisses seiner beiden Prädikate: er handelt göttlich, indem er auch menschlich – und menschlich, indem er auch göttlich handelt, nicht in einem Zustand, sondern im Ereignis der Koordination der beiden Prädikate. Das Wort «Gottmensch» verdunkelt noch einmal das Geschehen, das Novum der Tat Gottes, in welcher Jesus Christus sich selbst verwirklicht und wirklich ist.

«Gemeinsame Verwirklichung» will sagen: Was Jesus Christus als Sohn Gottes und also kraft seines göttlichen Wesens, und was er als Menschensohn und also in Betätigung seines menschlichen Wesens tut, das tut er nicht nur miteinander, sondern in strengster Beziehung des Einen auf das Andere: das Göttliche, indem es sich ganz und gar im Menschlichen auswirkt und offenbart, das Menschliche, indem es dem Göttlichen dient und Zeugnis gibt – so also, daß nicht nur das Ziel eines und dasselbe ist, sondern auch die Bewegung zu ihm hin, obwohl zwei so verschiedene Faktoren sie bestimmen, eine Bewegung auf einem und demselben Wege ist – so also, daß die Verschiedenheit der beiden Faktoren in keinem Punkt dieses Weges zu einer Trennung wird und auch dem, der Jesus Christus erkennt, keine Abstraktionen erlaubt, kein dualistisches, Göttliches und Menschliches sonderndes, sondern nur ein geschichtliches Denken, das auf jedem Punkt in und mit der Erniedrigung und Erhöhung des einen Gottes- und Menschensohnes, in und mit seinem Sein als Knecht und als Herr das Ereignis der Vereinigung seines göttlichen und seines menschlichen Wesens zu begleiten willig ist.

«Gemeinsame Verwirklichung» will aber auch sagen: Was Jesus Christus als Sohn Gottes und also kraft seines göttlichen Wesens und was er als Menschensohn und also in Betätigung seines menschlichen Wesens tut, das tut er (eben in jener strengen Beziehung des Einen auf das Andere) so, daß beide sich je als das Eine und je als das Andere verwirklichen: *per efficaciam distinctam utriusque naturae*. Vereinigt in dem Einen, der wahrer Gott und wahrer Mensch wird und ist, sind und bleiben sie unter sich so verschieden, wie eben Gott und Mensch verschieden sind. Und eben in dieser Verschiedenheit werden sie in seinem Werk koordiniert, gemeinsam verwirklicht. Genau da, wo das Göttliche herrscht, offenbart, schenkt, genau da dient, bezeugt, vermittelt das Menschliche. Das eine Wort Jesu Christi ist seine Selbstaussprache als Gottes ewiges Wort und, mit diesem nicht identisch, aber ihm genau entsprechend, das menschlich artikulierte und bedingte Wort der Verkündigung dieses Menschen. Der eine Wille Jesu Christi ist der ewige Wille Gottes und, ihm bei aller Ungleichheit völlig konform, der bewegte Menschenwille, der den Weg dieses Menschenlebens als solchen bestimmt. Die eine Macht Jesu Christi ist die Allmacht Gottes und, von ihr verschieden, aber eben sie vollkommen bezeugend, die große, aber immerhin beschränkte Macht, in der dieser Mensch als solcher Zeichen und Wunder tut. Das eine Leiden und Sterben Jesu Christi ist die letzte Tiefe der Selbsterniedrigung Gottes und, ihr folgend, sie vollstreckend als menschliches Leiden und Sterben, der Weg, den der Mensch Jesus heimlich von Anfang an und offenkundig an seinem letzten Lebenstag bis in seine äußerste ihm nicht nur von den Menschen, sondern von Gott selbst bereitete Not hinein und durch sie hindurch gegangen ist. Und es ist die eine Herrlichkeit Jesu Christi, die in ihm geschehene Erhebung des Menschen zu Gott, der Triumph Gottes selbst, das Ziel aller seiner Wege in seinem Versöhnungswerk und sein menschliches Leben im Gehorsam samt der wieder an seinem menschlichen Leben offenbarten Antwort, mit der ihn Gott in seiner Auferweckung von den Toten sichtbar gekrönt hat. Es ist im Werk des einen Jesus Christus Alles zugleich, aber auch Alles distinkt göttlich und menschlich: so also, daß die Einheit der beiden Faktoren in keinem Punkt zu einem Einerlei wird und auch dem, der Jesus Christus erkennt, kein monistisches, Göttliches und Menschliches verwirrendes oder umkehrendes Denken erlaubt, sondern wieder in jedem Punkt nur ein geschichtliches, für das jeder der beiden Faktoren je seinen Charakter hat und behält, für das das Göttliche und das Menschliche im Ereignis ihrer Vereinigung ein nicht zu verwechselndes Oben und Unten, ihr Verhältnis eben darum das einer echten Handlung ist.

III.

Wir halten inne und blicken zurück. Das große Mittelstück unserer ersten christologischen Grundlegung unter dem Titel «Die Heimkehr des Menschensohnes» liegt hinter uns. Wir verstanden darunter die Geschichte, in der Jesus Christus wie der wahre Gott, so auch – und daran waren und sind wir jetzt im besonderen interessiert – der wahre Mensch, dessen Existenz – von unten gesehen – der Grund der Versöhnung der Welt mit Gott ist. Eine kürzere Überlegung zum prädestinatianischen Aspekt des Problems war vorausgegangen. Dann aber sind wir – und das bildete nun den Hauptteil unserer bisherigen Darlegung – zu dessen Entfaltung im Zusammenhang der Lehre von der Inkarnation übergegangen. Warum und wozu? Weil es sich eben in der Inkarnation, d. h. in der Fleischwerdung des ewigen Wortes und Sohnes Gottes um diejenige Erhebung unseres, des menschlichen Wesens handelt, in welcher die Existenz dieses wahren Menschen Ereignis wird. Wir verstanden sie als den Majestätsakt, in welchem der Sohn Gottes menschliches Wesen annimmt, um als der Menschensohn Jesus von Nazareth zu existieren, in welchem er also sein göttliches mit unserem menschlichen, unser menschliches mit seinem göttlichen Wesen in sich selber vereinigt, sie zu beidseitiger Teilnahme und Teilhabe aneinander verbindet, in welchem er insbesondere unser von ihm angenommenes menschliches Wesen erhebt, d. h. gnädig in die Gemeinschaft mit seiner ursprünglichen, der göttlichen Natur, in das *consortium divinitatis*, u. zw. wie wir nun zuletzt hörten: in jene Werkgemeinschaft mit der Gottheit versetzt. Dieser Majestätsakt, diese Tat Gottes in ihrer Totalität ist die Inkarnation als der geschichtliche Vollzug des ewigen Willensdekretes des Bundesgottes, dessen wir am Anfang zu gedenken hatten. Gott erniedrigt sich zum Menschen – ganz tief, in letzter Radikalität: indem er selbst Mensch wird, um eben damit den Menschen – nicht zu vergotten, aber zu jener vollkommenen Gemeinschaft mit sich selbst zu erheben. Im besonderen Lichte dieses Skopus und Telos haben wir das Inkarnationsgeschehen zu sehen und zu verstehen gesucht: in der Person des Menschen Jesus von Nazareth, der der Sohn Gottes ist, widerfährt dem menschlichen Wesen diese Erhebung – einmal, aber ein für allemal – in diesem Einen, aber in seiner Person gültig und kräftig für Alle, die auch menschlichen Wesens sind, für alle seine Brüder – in diesem Einen und nur in Ihm erkennbar, aber in Ihm als die über alle Menschen gefallene und proklamierte göttliche Entscheidung. Menschliches Wesen kann und muß im Blick auf alle anderen Menschen ein in seiner Geschöpflichkeit von Gott streng geschiedenes und in seiner Unart geradezu gottloses, Gott fremdes, Gott widriges, Gott feindliches Wesen genannt werden, nicht aber im Blick auf diesen Einen. In Ihm ist es das nicht. In Ihm ist es in seiner Geschöpflichkeit wohl von Gott verschieden, ihm aber auch verbunden und ist seine ganze Gottlosigkeit, Gottfremdheit, Gottwidrigkeit, Gottfeindlichkeit nicht nur Lügen gestraft, sondern beseitigt, ersetzt durch seine vollkommene Gemeinschaft mit Gott. In Ihm ist die Heimkehr des Menschensohns schon Ereignis, der wahre Mensch – wir haben diesen Begriff absichtlich in einem stärkeren Sinn gebraucht, als es in der alten Theologie üblich war – schon auf dem Plan, ist die göttliche Zusage: daß wir ihm gleich sein werden, all dem, was wir ohne ihn sind und heißen müssen, zum Trotz, schon ausgesprochen. In Ihm, in seinem Menschsein, ist die Versöhnung der Welt mit Gott schon geschehen, Gottes Reich schon auf die Erde gekommen, der neue Tag schon angebrochen. Wir werden uns dieser in ihm stattfindenden Erhebung des menschlichen Wesens zu seiner Wahrheit im Blick auf die (in der Dogmatik oft vernachlässigte) evangelische Überlieferung von seinem Leben im dritten Abschnitt dieses Paragraphen zu vergewissern haben. Indem sie in seinem Leben Ereignis wird, – sie in der Kraft der Erniedrigung des Sohnes Gottes! – wird und ist sein Leben, das Leben des zum Knecht gewordenen Herrn, das Leben des Menschen, der laut jener Überlieferung als der Herr durch die Mitte aller anderen Menschen geht. Sie ist das für diesen ganzen Teil der Versöhnungslehre entscheidende Faktum. Weil sie in ihm wirklich ist, darum ist die Existenz Jesu Christi die große göttliche Weisung an alle Menschen, das ihre Übertretung aufdeckende und strafende, das sie heiligende, das die Gemeinde in der Macht des Heiligen Geistes erbauende und den Christen in die Liebe rufende Gebot. Auf sie werden wir in allem Folgenden immer wieder zurückblicken müssen. Es gibt nicht nur einen Weg Gottes zum Menschen. Es gibt, eben weil es einen Weg Gottes in die Tiefe, zum Menschen, gibt, auch einen Weg des Menschen in die Höhe, zu Gott. Der eine Jesus Christus ist der Weg in diesem wie in jenem Sinn: auch der Weg des Menschen in die Höhe zu Gott – und das darum, weil er als wahrer Gott auch der wahre Mensch wurde und ist.

Aber wir müssen zunächst diesen zweiten Abschnitt zum Abschluß bringen. Der Grund der in Jesus Christus geschehenen Erhöhung des Menschen in Gottes ewiger Gnadenwahl war das Erste, was uns beschäftigt hat, ihr geschichtlicher Vollzug in der Inkarnation in großer Ausbreitung das Zweite. Wir kommen nun zum Dritten: zu ihrem Offenbarungsgrund in Jesu Christi Auferstehung und Himmelfahrt.

Die Frage läßt sich nicht länger zurückdrängen: Woher wissen wir eigentlich das Alles, was wir nun entfaltet und erklärt haben – vor Allem das Zentrale und Entscheidende, aus dem sich dann alles Übrige ergeben hat: daß Jesus Christus war, ist und sein wird das ewige Wort Gottes in unserem Fleische, der Sohn Gottes, der auch Menschensohn wird und ist, in dem also unser menschliches Wesen in die Gemeinschaft mit Gott erhoben ist? daß es so etwas wie das in solcher Formulierung Bezeichnete überhaupt gibt? und wenn es das gibt: daß es gerade in dem einen Jesus Christus Wirklichkeit ist? Wie kommt die Dogmatik dazu, mit diesem Faktum zu rechnen wie mit einem vorgegebenen Text, den sie bloß zu lesen und auszulegen braucht?

Das ist es ja, was wir nun getan haben. Haben wir über einen willkürlich vorausgesetzten oder gar von irgend Jemandem frei erfundenen Begriff spekuliert? Haben wir einen Mythus ausgesponnen? Das wäre ja sehr peinlich. Aber sind wir ganz sicher, daß dem nicht so ist? Oder wollen wir uns zur Rechtfertigung unseres Tuns auf die Kirche zurückziehen: auf ihre Symbole und Bekenntnisse, in denen uns ja das hier Vorausgesetzte in der Tat autoritativ und feierlich genug überliefert ist? oder auf die Geschichte der christlichen Theologie, in deren Kontinuität wir hier arbeiten und die ja in der Tat in ihren klassischen wie in ihren weniger klassischen Gestalten, in größerer oder kleinerer Übereinstimmung und Differenz direkt oder doch indirekt von dieser Voraussetzung herkam? Aber können wir uns dabei beruhigen? Die ganze Kirche mit allen ihren Dogmen und Theologien könnte sich ja auch irren, wenn sie mit dieser Voraussetzung rechnet. Sie könnte ja selbst auf einer enormen Fiktion beruhen. Wie kommt sie denn dazu, jene Voraussetzung zu machen? Woher nehmen wir also – als evangelische Christen müssen wir ja so fragen – das innere Recht, die Autorität der Kirche zu anerkennen, uns auf sie zu berufen, uns ihre Voraussetzung zu eigen zu machen? Bleibt der Rekurs auf die heilige Schrift! In Zusammenfassung, Wiederholung, Erklärung ihres Zeugnisses von Jesus Christus sind ja die Symbole und Bekenntnisse der Kirche entstanden. Aber die Kirche könnte die Schrift mißverstanden haben, wenn sie ihr gerade diese Voraussetzung entnahm. Und vor allem: wie kamen denn die biblischen Autoren selbst, angenommen, sie hätten es wirklich bezeugt, dazu, das zu tun? Wie können wir ihnen hinsichtlich ihres Hörens und Sehens dieses Faktums und hinsichtlich ihrer Wiedergabe bzw. ihrer Deutung des von ihnen Gesehenen und Gehörten unbedingtes Vertrauen schenken? Die Antwort: wir halten uns an dieses Faktum, wir gehen von ihm aus, weil es uns in der Bibel als solches bezeugt ist, soll damit nicht verworfen sein. Sie kann einen guten Sinn haben. Sie muß ihn aber wirklich haben, sonst könnten wir auch bei dieser Antwort kein ganz gutes Gewissen haben. Der fundamentalistische Sinn, nach welchem der heilige Text als solcher der eigentliche und letzte Erkenntnisgrund wäre, wäre kein guter Sinn dieser Antwort.

Und wenn die Frage: Woher wissen wir das Entscheidende, das wir hier zu wissen vorgeben? schon unsere Entfaltung der Inkarnationslehre zu belasten droht, so erst recht jene Einleitung, in der wir das *Verbum caro factum est* auf ein ewiges göttliches Willensdekret zurückgeführt haben. Es ist ja klar, daß dieses Prolegomenon in Wahrheit ein Postlegomenon war, daß man von der Prädestination überhaupt, und so vor allem von dem Grund der Existenz Jesu Christi in Gottes ewiger Gnadenwahl, da schließlich niemand im Rate Gottes gesessen hat, nicht apriorisch, sondern nur retrospektiv reden kann. Man kann das nicht im leeren Raum, sondern nur im Blick auf das Faktum seiner Existenz als des wahren Gottes- und Menschensohnes tun. Was ist die Prädestinationslehre gerade in diesem ihrem zentralen Gehalt Anderes als das angesichts dieses Faktums notwendige Bekenntnis dazu, daß es sich in ihm – fern von aller Zufälligkeit – nicht um eine Geschichte neben und unter vielen anderen, sondern um den Vollzug der Absicht handelt, die allem Geschehen vorangeht, daß vor aller anderen Geschichte gerade in ihr der souveräne Wille wirksam und erkennbar ist, der über den Sinn, den Weg, das Ziel alles Geschehens entscheidet. Das heißt aber: die Quelle der Erkenntnis des ewigen Willens Gottes ist keine andere als die Erkenntnis seiner in der Zeit vollbrachten Tat und also das Faktum der Existenz Jesu Christi als des Gottes- und Menschensohnes. Und das bedeutet, daß eben an der Frage der Erkenntnis dieses Faktums auch nach dieser Seite Alles hängt.

Erinnern wir uns nun zunächst, daß wir hinsichtlich der Frage nach dem hier maßgebenden Erkenntnisgrund von einer bereits gefallenen allgemeinen Vorentscheidung her kommen. Wir haben nämlich, sofort indem wir in die Inkarnationslehre eintraten, festgestellt, daß der die Existenz Jesu Christi in der Zeit und also die Erhebung des menschlichen Wesens in Ihm und also die Existenz des wahren Menschen realisierende göttliche Majestätsakt zugleich als die *ratio essendi* und als die *ratio cognoscendi* dieses Faktums zu bezeichnen ist. Der allen sonstigen Möglichkeiten göttlichen Verfügens und geschöpflicher Realisierung gegenüber neuen Dimension des Seins und Geschehens, die sich inmitten des Zusammenhangs des sonstigen Tuns Gottes des Schöpfers und also inmitten des von ihm regierten sonstigen kosmischen Zusammenhangs eröffnet, entspricht eine eben damit und durch denselben Majestätsakt eröffnete Dimension menschlichen Sehens, Verstehens, Denkens, Erkennens. Wie soll es anders sein: es muß und wird allem anderen menschlichen Erkennen gegenüber ebenso neu sein, wie eben die Tat Gottes, die Fleischwerdung seines Wortes, mit der es sich da konfrontiert findet, wie eben das Objektive, mit dem es das menschliche Subjekt da zu tun bekommt, unter allen seinen sonst wirklichen oder möglichen Objekten neu – das ganz und zugleich göttliche und menschliche Novum ist. Wie jener Majestätsakt zwar innerhalb der göttlichen und der ihr entsprechenden, durch sie begründeten kosmischen Ordnung stattfindet, ohne sich doch aus dieser zu ergeben, wie er wohl in der Reihe aller anderen Ereignisse geschieht und nun doch nicht ein Glied ihres Gefüges ist, nicht in dessen Zusammenhang seinen Grund hat – so spielt sich auch das ihm zugewendete Erkennen zwar innerhalb der Ordnung alles sonstigen menschlichen Erkennens ab, aber bedingt durch die Neuheit des ihm hier vorgegebenen Gegenstandes und also nicht begrenzt durch die Grenzen, die ihm durch die ihm sonst vorgegebenen Gegenstände gesetzt sind. Die in Gottes Majestätsakt begründete Wirklichkeit dieses neuen Seins und Geschehens schafft die Möglichkeit eines besonderen, ihr zugewendeten, von ihr regierten und gemeisterten, sich ihr anschließenden, ihr folgenden, sie begleitenden, sie nachvollziehenden Erkennens. Sie setzt sich dem erkennenden menschlichen Subjekt gegenüber – grundsätzlich in derselben Weise wie dessen sonstige Objekte, aber nun eben als dieses! – durch. Sie läßt sich durch die diesem zur Gewohnheit und Regel gewordene Begrenztheit und Bedingtheit von dessen Erkenntnisvermögen nicht aufhalten. Sie verschafft sich im menschlichen Erkennen *de facto* und *de jure* Raum, Respekt, Nachachtung. Sie nimmt ihm die Sorge, es möchte sich ihr, weil sie ihm in ihrer Eigenart so neu ist, nicht gewachsen finden. Sie nimmt ihm aber auch den Stolz des Sichgenügenlassens an der Wiederholung und Abbildung der ihm sonst vorgegebenen Objekte und also das Pochen auf seine gewohnte Begrenztheit und Bedingtheit. Sie gibt ihm das Vermögen und sie ruft es dazu auf: sie als Wirklichkeit, als dieses Sein und Geschehen zu sehen, zu denken, zu deuten, sie in ihrer Eigenart in Gedanke und Wort zu wiederholen und abzubilden. Kurz: wir haben damit zu rechnen, daß derselbe göttliche Majestätsakt, um den es sich in der Fleischwerdung des Wortes Gottes handelt, nicht nur den Charakter eines objektiven Seins und Geschehens hat, sondern als Ereignis mitten in der Welt und also im Bereich menschlichen Erkennens mit jenem objektiven auch subjektiven Charakter – in einem Wort: den Charakter von Offenbarung hat.

Auf den göttlichen Majestätsakt in diesem Charakter von Offenbarung bezieht sich das Zeugnis der biblischen, speziell der neutestamentlichen Schrift von jenem Faktum, auf ihn in diesem Charakter dann auch das Dogma und Bekenntnis der Kirche, die Theologie in ihrem Bemühen, diesem Faktum gerecht zu werden. Auf ihn in diesem Charakter haben auch wir uns bezogen, wenn wir uns nun getraut haben, an der Arbeit der christlichen Theologie im Blick auf dieses Faktum teilzunehmen.

Der Vorgang ist also, um ihn zunächst abgrenzend zu beschreiben, gerade nicht der, daß da von den Aposteln, von den Vätern und Lehrern der Kirche und endlich und zuletzt auch von uns irgend eine problematische Voraussetzung gemacht würde, der gegenüber dann die Frage zu stellen und schwer oder gar nicht zu beantworten wäre: wie denn dieses ganze Volk und schließlich wir selbst dazu kämen, sie zu machen? wie wir denn in der Lage seien, um jenes Faktum zu wissen? wie wir denn Jesus Christus erkennen könnten? Niemand kann das, niemand befindet sich in jener merkwürdigen Lage, niemand kann diese Voraussetzung machen. Und so kann auch niemand aufweisen, wie es denn dazu komme, von dieser Voraussetzung her zu denken und zu reden. Die Frage nach dem Aufweis seines Könnens, das es gar nicht gibt, ist offenbar verkehrt – und noch verkehrter jeder Versuch, ihr Genüge zu tun und also aufweisen zu wollen: so und so hätten die Apostel, habe die Kirche, habe man selber in die Lage kommen können, diese Voraussetzung zu machen, aus den und den Gründen finde man sich legitimiert, mit ihr zu rechnen und von ihr Gebrauch zu machen, mit diesen und diesen rechten Dingen gehe es zu, wenn man jenes Faktum erkennen und mit Bestimmtheit von ihm reden zu können meine. So, als Versuch solchen Aufweises, ist die Frage – nicht von den Aposteln, aber in der Kirche und auch von der Theologie leider oft genug beantwortet worden. Aber wer sie so beantwortet, beweist nur, daß er etwas Anderes meint als die Fleischwerdung des Wortes, daß er dieses Faktum zwar von außen kennt wie es eben, weil es auch den Außenaspekt eines Momentes im allgemeinen Weltgeschehen hat, von Jedermann gekannt werden kann, daß er es aber als dieses Faktum in seiner Besonderheit noch nie erkannt hat. Hätte er es erkannt, dann würde er nicht so reden, er würde ja dann um den göttlichen Majestätsakt wissen, in dessen Macht es wirklich und erkennbar ist. Er würde dann um seinen Charakter als Offenbarung wissen und also darum, daß der Grund und das *de jure* seiner Erkenntnis nicht außer diesem Faktum selbst liegen und wirksam sein, und also von niemandem aufgewiesen werden kann, als könnte er ihn legen, als sei er auf diesem und diesem Weg dazu gekommen, dieses Faktum zu erkennen, als könne er ein *de jure* seines Bekenntnisses dazu ins Feld führen. Was Gott denen bereitet hat, die ihn lieben, das hat kein Auge gesehen, kein Ohr gehört, das ist keinem Menschen ins Herz emporgestiegen (1. Kor. 2, 9) – keinem anders als durch seine Selbstmitteilung nämlich: keinem so, daß er sein Erkennen und Bekennen anders begründen, rechtfertigen, erklären könnte als damit, daß er es faktisch vollzieht. Wer es anders haben, wer dieses Faktum und sich selbst oder andere Menschen in seinem oder ihrem Verhältnis zu diesem Faktum überblicken, analysieren, durchschauen, sein Rechnen mit dieser Voraussetzung begründen zu sollen und zu können meint – als ginge es nicht um Gottes Majestätsakt im Charakter der Offenbarung Gottes – der darf sich nicht wundern, wenn seine Antwort auf jene Frage, auch wenn er sich selbst und Andere damit vorläufig zufrieden stellen sollte, keine klare Situation schaffen kann. Er wird das auch dann nicht können, wenn seine Antwort formell ganz richtig in dem Verweis auf Tradition, Kirche und Bibel bestehen sollte. Denn wenn er mit diesem Verweis einen Aufweis vollziehen, wenn er mit ihm erklären wollte, wie er dazu komme, um jenes Faktum zu wissen, jene Voraussetzung zu machen, wie er darum wissen könne, so wäre seine Antwort auch im Blick auf die wirkliche Autorität von Tradition, Kirche und Bibel letztlich unverständig. Jede Antwort, die dieses «Kommen» und «Machen» und «Können» erklären, die hier aufweisen will, redet an dem wirklichen Vorgang vorbei, der sich da abspielt, wo ein Wissen um jenes Faktum tatsächlich stattfindet, wo es die Voraussetzung christlich-theologischen Denkens und Redens tatsächlich ist, wo dieses tatsächlich von ihm herkommt. Sie wird dann immer, mit welcher Sicherheit sie auch vorgetragen werde, eine unkundige und darum verlegene Antwort sein, bei der man weder sich selbst noch Anderen glaubwürdig werden und sein kann. Jede nicht ganz einfältige ist hier im Grunde eine ganz falsche Antwort.

Was ist der wirkliche Vorgang? Wir haben uns nun offen dazu bekannt, daß wir, indem wir hier die Lehre von der Inkarnation nachzudenken und in unserer Weise zu formulieren versuchten, tatsächlich einen bestimmten vorgegebenen Text gelesen und ausgelegt haben. Die Texte der alten Theologie? oder die der kirchlichen Symbole? oder die der Bibel? Gewiß: sie alle – aber in all diesen Texten ihren Grundtext. Ihn haben ja die Apostel unmittelbar, ihn hat dann mittelbar auch die Kirche und ihre Theologie in größerer oder geringerer Treue und Vollkommenheit gelesen und ausgelegt und damit sein Vorgegebensein bezeugt, um uns kraft dieses ihres Zeugnisses von ihm ihrerseits zur Autorität zu werden. Mit ihm und seinem Vorgegebensein stehen und fallen auch wir. Dieser Grundtext ist aber eben jenes in Gottes Majestätsakt geschaffene Faktum selbst und als solches, sofern es nämlich **nicht nur** den Charakter eines Seins und Geschehens, **sondern** als dieses Faktum **auch** den Charakter von **Offenbarung** hat. In diesem Charakter enthüllt, eröffnet, erschließt es sich selbst, gibt es sich selbst zu erkennen, schafft es selbst die Möglichkeit eines ihm zugewendeten und entsprechenden Sehens, Hörens, Verstehens, vielmehr: schafft es Augen, die es sehen, Ohren, die es hören, ein Denken, das es versteht. In diesem Charakter ist es Licht, das als solches sichtbar und tatsächlich gesehen wird – *in tuo lumine lumen videmus* (Ps. 36, 10) – d. h. aber: macht es sich selbst zum **erkannten** Faktum. Es öffnet gewissermaßen die Schranke, das Tor seiner Objektivität, es erweitert sich selbst in der Richtung auf ein Subjekt hin, es umgreift und umschließt auch dieses Subjekt, es wird das erkannte Objekt dieses Subjekts. Es wird dieses Subjekt in dieser Aktion des Objekts aus einem es nicht erkennenden zu einem es erkennenden Subjekt.

Es ist wohl deutlich, daß wir es in diesem sekundären, dem Offenbarungscharakter jenes Faktums mit einem vollkommenen **Analogon** zu seinem primären (als das Sein und Geschehen, als das es in jenem offenbar und erkannt wird) zu tun haben. Es geht dort, in seinem ontischen und hier, in seinem noetischen Charakter, es geht in der Inkarnation selbst und als solcher, und es geht in deren Offenbarung und Erkenntnis je um eine einzige und einheitliche Aktion. Der Erniedrigung des Sohnes Gottes **dort** entspricht **hier** die Selbsterschließung jenes objektiven Faktums, in welcher es sich einem es erkennenden Subjekt mitteilt. Und der Erhöhung des Menschensohnes **dort** entspricht **hier** die in jener Selbsterschließung des Objektes begründete und bewirkte Begabung und Ausrüstung, nämlich die Öffnung des Subjektes zu jenem hin, sein Offensein für jenes, sein Sehen, Hören, Verstehenkönnen des objektiven Faktums. Beides ist nicht dasselbe. Es versteht sich ja nicht von selbst, daß Jesus Christus sich als der, der er ist, auch zu erkennen gibt und erkannt wird, daß seine Existenz auch die seiner ihn erkennenden Gemeinde, auch die des ihn erkennenden Christen in sich schließt. Es ist aber nicht zu verkennen, daß es sich um die beiden Charaktere **eines** und **desselben** Faktums handelt, daß es in seinem noetischen Charakter seinen ontischen widerspiegelt. Es ist also nicht zu verkennen, daß wir es dort wie hier mit dem Leben, mit der Aktion des **einen** Jesus Christus zu tun haben.

Jesus Christus in seiner **Selbstoffenbarung** also ist der **Grundtext**, den schon die Apostel gelesen und ausgelegt, als seine unmittelbaren Zeugen bezeugt haben und nach ihnen, ihr Zeugnis aufnehmend, die Symbole und die Theologie der Kirche, und wieder nach ihnen endlich und zuletzt auch wir, indem wir es wagten, die Arbeit der christlichen Theologie im Blick auf jenes Faktum aufzunehmen und fortzusetzen. Wir beziehen uns also mit dem Neuen Testament und mit der ganzen am

Neuen Testament orientierten Kirche darauf, daß jenes durch den göttlichen Majestätsakt geschaffene Faktum auch den Charakter von Offenbarung hat, daß sein Seinsgrund auch sein Erkenntnisgrund ist. Daraufhin wissen wir um dieses Faktum, rechnen wir mit ihm, ist es uns Voraussetzung.

Daraufhin – und nur daraufhin! müssen wir nun fortfahren. Es gibt hier keinen anderen Erkenntnisgrund als diesen. Alle sonst anzugebenden Erkenntnisgründe führen auf diesen einen zurück, sind ihrerseits durch ihn bedingt. Wir konnten, das haben wir uns nun nachträglich einzugestehen, in allem Erkennen und Bekennen Jesu Christi und so auch in aller Christologie, nicht anderswoher kommen, als von seiner Selbstoffenbarung her. Ist das Faktum, daß Gottes Sohn auch Menschensohn wurde und ist, inmitten all der sonstigen Fakten des Weltgeschehens als dieses erkennbar – wie dann anders als durch seine Selbstoffenbarung? Welche Anschauungs- und Denkformen unter denen, die uns zur Erkenntnis anderer Gegenstände bekannt und brauchbar sind, sollten hier zureichen? Welche Physik oder welche Metyphysik sollte uns an dieses Faktum auch nur heranführen, geschweige denn uns zu seiner Erkenntnis befähigen: zu einer solchen Erkenntnis nämlich, die uns erlaubte, es, wie es in der Theologie geschieht, materiell als Grundlage und formell als Axiom alles weiteren Nachdenkens anzusehen und zu behandeln? Welche Autorität – und wäre es die einer unfehlbaren Kirche, und wäre es die der Apostel – vermöchte es denn, uns dieses Faktum zu verbürgen, wenn es sich nicht auch in ihrem Zeugnis selbst verbürgte? Ist es uns verbürgt, dann durch sich selber, dann weil und indem es uns in dem beschriebenen Sinn offenbar ist. Sonst ist es uns eben nicht verbürgt. Sonst müßten wir uns jetzt nachträglich eingestehen, daß wir bloß eine Hypothese gewagt haben: eine vielleicht sehr kühne, sehr tiefsinnige Hypothese, aber doch nur eine Hypothese. Wir hätten dann eine Voraussetzung gemacht und müßten uns daran aufzurichten und zu halten versuchen, daß wir sie leidlich konsequent gemacht hätten, und daß sie doch auch sehr interessant und fruchtbar sein möchte. Wir wüßten dann aber im Grunde nicht, sondern wir vermuteten bloß. Die ganze Kirche beruhte dann auf dieser Hypothese, würde dann nicht wissen, sondern nur vermuten, wo und auf was sie eigentlich steht. Weiß sie, wissen wir, dann daraufhin, daß jenes Faktum nicht nur Faktum ist, sondern als solches für sich selbst spricht, daß es in jener Enthüllung, Eröffnung, Erschließung begriffen ist, daß es aus seiner Objektivität – ohne sie zu verlieren – hervorbricht, daß es sich selbst zum erkannten Faktum macht, daß es also ein Subjekt in sich schließt, das es als solches erkennt. Es wäre besser, sich nicht zu verheimlichen, daß es von anderswo als – in diesem Sinn – von ihm selbst her kein gewisses Wissen von ihm gibt.

Wir müssen aber weiterfahren: Da das Wissen um dieses Faktum in dessen Selbstoffenbarung seinen einzigen Grund hat, können wir, sofern wir darum zu wissen meinen, gerade nur faktisch von ihm herkommen. Daß wir uns, wie vorhin gesagt, darauf «beziehen», kann gerade nur geschehen. Wir können es also eben nur erkennen und uns eben nur zu ihm bekennen. Wir können dann jenen Grundtext nur eben lesen und auslegen, wie es die Apostel zuerst und grundlegend nur eben getan haben. Wir können uns nur eben verhalten als solche, denen er vorgegeben ist. Wir können also nicht «daninter» kommen wollen: weder hinter sein Vorgegebensein, noch dahinter, wie es uns möglich und erlaubt sein soll, uns selbst seinem Vorgegebensein entsprechend zu verhalten. Es wäre gefährlichste Zerstreutheit, in der wir, statt das Entsprechende ohne Verzug zu tun, nach einem «Dahinter» Ausschau halten wollten. Jener Grundtext besteht ja eben in der Selbstoffenbarung dieses Faktums, vielmehr des dieses Faktum schaffenden göttlichen Majestätsaktes. Wie wäre sie diese Offenbarung, wenn wir ihr Geschehen oder wenn wir unser eigenes ihr entsprechendes Verhalten zu ihr, unser Erkennen und Bekennen, unser Denken als das von ihr begründete und axiomatisch bestimmte zu erklären, sein *quo jure* aufzuweisen vermöchten? Vermöchten wir das, dann wäre sie gar nicht seine Offenbarung, sondern die Sprache irgend eines anderen Gegenstandes. Unser Wissen um dieses Faktum bedeutet ja, daß wir als die Subjekte, die es erkennen, von ihm selbst erreicht, umgriffen, umschlossen sind, daß es selbst sich uns erkennbar macht. Es bedeutet also gerade nicht, daß wir eine Voraussetzung gemacht haben und auf irgend einem Weg dazu gekommen sind, sie zu machen. Wir selbst sind ja die in dem Vorgang unseres Wissens Vorausgesetzten: vorausgesetzt eben als die Subjekte, denen es gegeben ist, dieses Faktum zu sehen, zu hören, zu verstehen. Unser Wissen darum schließt also in sich den Verzicht auf alles Vorherwissen um die Eröffnung dieses Faktums und um unser Offensein dafür. Unser Wissen darum kann gerade nur Ereignis sein, gerade nur vollzogen werden. Auch es kann uns selbst und Anderen gegenüber gerade nur für sich selbst sprechen: nicht durch seine eigene Macht, sondern durch die seines Inhaltes und Gegenstandes, durch die sich in ihm reflektierende Selbstoffenbarung jenes Faktums. Sollte es uns selbst und Anderen ein glaubwürdiges Wissen werden, dann auf alle Fälle nur darin, daß wir faktisch – in der erleuchtenden Macht jenes Faktums selbst! – wissen, was wir wissen und dann wohl auch sagen, was wir wissen. Zeugniswert und Zeugniskraft kann unser Wissen und unser Reden davon genau nur insofern haben, als wir uns zu ihm tatsächlich in größter Kindlichkeit und Promptheit als solche verhalten, denen es sich erschlossen hat.

Wir müssen aber endlich fortfahren: Wir werden über unser Wissen um dieses Faktum und also über unsere Legitimierung zu einem kundigen

Reden davon nie verfügen können. Es ist nicht unser Produkt, sondern das Werk jenes Faktums in seinem Charakter als Offenbarung. Es wird auch nicht zu unserem Besitz; da ist Keiner, der es in die Tasche bekäme und mit sich herumtragen könnte, sondern es kann uns, indem sein Werk in seinem Charakter als Offenbarung geschieht, nur eben zum sofortigen Gebrauch gegeben sein. Nicht zur Aufbewahrung also: es so wenig wie das Man in der Wüste den Israeliten! Auf Offenbarung hin kann und darf man wissen um jenes Faktum: mit der in sich selbst begründeten Gewißheit, die seinem in sich selbst begründeten Sein und Geschehen entspricht. Der wäre aber ein Tor – wirklich ein Tor im biblischen Sinn des Begriffs – der sich (sich selbst oder Anderen gegenüber) als Offenbarungskundiger, als Offenbarungsträger aufspielen, der sich zu seiner Legitimation sich selbst und Anderen gegenüber auf ein ihm institutionell übereignetes oder ihm persönlich eingegossenes Offenbarungswissen in der Weise berufen wollte, wie sich der römische Katholik auf die Autorität seiner Kirche oder wie sich der Fundamentalist auf die Autorität der biblischen Texte oder wie sich ein Illuminierter auf seine innere Stimme beruft. Er kann und soll sich als Wissender betätigen. Er soll es aber unterlassen, sich selbst als einen Wissenden auszugeben. Denn wenn sein Wissen um jenes Faktum auf dessen Selbstoffenbarung hin nicht jeden Morgen neu ist – von ihm als neue Gabe mit leeren Händen neu empfangen wird – dann ist es gar nicht dieses Wissen. Es wird sich dann schnell und gründlich genug als brüchig erweisen. Seine Kraft besteht in dem Ereignis des göttlichen Majestätsaktes, dem gegenüber gerade der wirklich Wissende sich immer wieder als Unwissender vorfinden und bekennen wird. Es wird also gerade das Verhalten des in jener Kraft Wissenden nur das der größten Demut sein können. Sie ist die notwendige Kehrseite der Entschlossenheit, in der er von seinem Wissen Gebrauch machen wird. Sie unterscheidet seine Entschlossenheit von dem Trotz und der Verzagtheit eines bloßen Meinens, Vermutens, Hypothesenmachens. Sie respektiert die Freiheit Gottes und ist eben damit die Wurzel der Freiheit, in der er von seinem Wissen tatsächlich Gebrauch machen wird. Sie führt ihn in die Pistis und so in die Gnosis, in das Gebet ohne Unterlaß und so in die Wissenschaft. Es konnten gerade die, die die Freiheit zur Wissenschaft von dieser Sache hatten, den Humor sich selbst gegenüber darum nie verlieren, weil sie sich über ihre gänzlich außerhalb ihres Verfügungsbereichs liegende Befreiung dazu unmöglich im Zweifel sein konnten.

Aber von was haben wir nun eigentlich geredet, indem wir den Erkenntnisgrund, d. h. aber: den Offenbarungsgrund alles Wissens um das Christusgeschehen anzugeben versucht haben? Es ging zunächst schlicht darum, den Ort dieses Grundes, seine Funktion, die Bedingungen, unter denen er wirksam ist, zu umschreiben. Wir haben das aber bis jetzt in fast lauter allgemeinen und formalen Anschauungen und Begriffen getan. Wir haben festgestellt: es geht um Gottes in Jesus Christus wirksamen Majestätsakt im Charakter der Offenbarung, in welchem die Inkarnation und also die Existenz des wahren Menschen für sich selbst spricht, sich selbst zum erkannten Faktum macht, aus ihrer Objektivität hervorbricht, um ein sie erkennendes Subjekt zu schaffen. Wir haben festgestellt: dies ist der Text, den die Christologie liest und auslegt; daraufhin und unter den damit gegebenen Bedingungen gibt es ein Wissen um den Sohn Gottes, der auch der Menschensohn wurde und ist. Aber eben: Was ist das in dieser Umschreibung Umschriebene? Von was haben wir in diesen noch reichlich abstrakten Ausdrücken geredet?

Und nun haben wir schon an der früheren Stelle, an der wir das Problem des Erkenntnisgrundes der Christologie gestreift haben, ganz kurz die konkrete Antwort gegeben: es ist derselbe Heilige Geist, durch den Jesus Christus ist, durch den er als der, der er ist, auch erkannt wird. Wir können und müssen das jetzt wohl aufnehmen: Es ist der Vorgang, in welchem alles Wissen um Jesus Christus und also um die Geschichte, in der er als wahrer Gott auch wahrer Mensch wird und ist, begründet ist – es ist also der Erkenntnisvorgang, der der Christologie zugrunde liegt, der in ihr praktisch vollzogen wird, identisch mit dem, was man von jeher als das Zeugnis des Heiligen Geistes bezeichnet hat. In seiner Macht vollzieht sich der Wille Gottes des Vaters darin, daß Gottes Sohn menschliches Wesen annimmt und also Menschensohn wird, das menschliche Wesen in sich selber zur Gemeinschaft mit der Gottheit erhebt. In der Macht desselben Heiligen Geistes vollzieht sich auch die Selbstoffenbarung Jesu Christi als der, der er ist.

<small>Merken wir an: die bekannte lateinische Formulierung: *testimonium Spiritus sancti internum* ist unvollständig und irreführend. Es ist zuerst und vor Allem *testimonium externum*, sofern es in ihm ja zuerst und vor Allem um die Erschließung des dem Menschen an sich objektiv Verschlossenen und Verborgenen geht, dann und daraufhin dann in der Tat auch *testimonium internum*, sofern es in ihm auch um die Erschließung des Menschen selbst für das ihm objektiv Erschlossene geht. Man denke bei dem Begriff des Geistzeugnisses immer an das Eine Ganze dieses Geschehens.</small>

Kein menschlicher Geist vollstreckt jene Enthüllung, Eröffnung, Erschließung dessen, was Jesus Christus ist, was in seinem Sein geschieht – und keiner seine eigene oder eines anderen menschlichen Geistes Erschließung für dieses Sein und Geschehen. Kommt es zu dieser Erschließung dort und hier – zu der Erschließung jenes Faktums und zu der des menschlichen Subjektes für dieses Faktum, zu dessen Erhebung zu seiner Erkenntnis – dann geschieht das im Ereignis des Redens des Heiligen Geistes – des Geistes, der selber Gott ist – zum menschlichen Geiste. Es geschieht dann von jenem Faktum her in der Autorität seines Zeugnisses, seiner Bürgschaft, seiner Versicherung – und zum Menschen hin in der Kraft seines Erneuerns, Befreiens, Erleuchtens, in der Kraft, in der er den menschlichen Geist am Licht jenes Faktums teilnehmen läßt. Es ist sein Werk, wenn dieses Faktum für sich selbst spricht und wenn der Mensch es für sich selbst zu sich selber sprechen hört und seine Sprache nachzusprechen sich befähigt, aber auch aufgerufen und genötigt findet. Was wir zu umschreiben versucht haben, konnte zunächst nichts Anderes sein als das Geheimnis seines Zeugnisses.

Kein Zweifel: diese erste Bezeichnung des Erkenntnisgrundes, des Offenbarungsgrundes des Christusgeschehens und insbesondere der Existenz des neuen, des wahren, des in Jesus Christus in die Gemeinschaft mit Gott erhobenen menschlichen Wesens ist, wenn sie recht verstanden wird, genügend, erschöpfend, umfassend. Erkenntnis Jesu Christi geschieht, wo und wann immer sie geschieht, in der Kraft des Zeugnisses, im Geheimnis und Wunder, in der Spendung und im Empfang der Gabe des Heiligen Geistes. Er ist das Leuchten jenes Lichtes, vermöge dessen es als Licht gesehen wird. Er ist der *doctor veritatis*. Er ist der Finger Gottes, der die blinden Augen und die tauben Ohren für die Wahrheit auftut, der die toten Herzen durch die Wahrheit und für die Wahrheit lebendig macht, der die um ihre Grenzen so besorgte und auf ihre Grenzen so stolze Vernunft die Wahrheit – Grenzen hin und her! – vernehmen läßt. Er schafft ja die christliche Gemeinde und in ihr den Glauben, die Liebe, die Hoffnung der Christen und in und mit ihrem Glauben, ihrer Liebe, ihrer Hoffnung die Erkenntnis Jesu Christi als der, der er ist: der wahre Sohn Gottes, der auch der wahre Menschensohn wurde und ist. Er ließ die Apostel um ihn wissen und er war die überführende Macht ihres Zeugnisses, wie es dann auch in der Kirche immer wieder gehört und weiter gegeben wurde. Christliche Gnosis ist, wo immer sie Ereignis wird, sein Werk und eben darum ohne alle anderen Quellen und Normen, eben darum nur eben vollziehbar ohne Aufweisbarkeit ihres Ursprungs, eben darum keines Menschen Produkt und Besitz. Er ist der Grund der Demut und der Entschlossenheit derer, die durch seine Gabe Wissende sind und nach ihm werden sie, die sich gerade als Wissende auch immer wieder als Unwissende vorfinden und bekennen werden, seufzen, ihn werden sie bitten: *Veni, creator Spiritus!*

Kein Zweifel auch daran, daß diese erste Bezeichnung des Grundes aller Erkenntnis Jesu Christi auch darin vollkommen ist, daß sie, wenn sie recht verstanden wird, das Konkreteste sagt, was von ihm gesagt werden kann. Verweis auf das Zeugnis des Heiligen Geistes bedeutet ja unmittelbar: Verweis auf den Sitz im Leben, der der Erkenntnis Jesu Christi eigentümlich ist, nämlich auf das Ereignis, in welchem das Objektive subjektiv, Gottes Wahrheit vom Menschen bejaht wird, als sein ins Fleisch gekommenes Wort menschliches Gehör und menschlichen Gehorsam findet. Lebendige Gemeinde ist die durch das Zeugnis des Heiligen Geistes gesammelte, erbaute, gesendete Gemeinde. Ein lebendiger Christ ist ein das Zeugnis des Heiligen Geistes vernehmender, ihm fügsamer und getreuer Christ. Lebendige Predigt ist die durch das Zeugnis des Heiligen Geistes erweckte und in Gang gebrachte, aus der Mitte der sein Zeugnis hörenden Gemeinde heraus und dieselbe Gemeinde zum weiteren Hören seines Zeugnisses aufrufende Predigt. Christliches Alltagsleben ist das inmitten aller Ansprüche, Geräusche und Aufregungen der Umwelt und vor allen Dingen des eigenen Herzens auch immer wieder auf dieses Zeugnis lauschende, heimlich aber bestimmt von ihm dirigierte Leben. In allen diesen Lebensgestalten, in denen es entscheidend um das Zeugnis des Heiligen Geistes geht, empfängt und hat dann auch die Erkenntnis Jesu Christi, die in der Kraft dieses Zeugnisses Ereignis wird, konkrete, konkreteste Gestalt. Ist die Bezeichnung dieses Zeugnisses als der Erkenntnis-, der Offenbarungsgrund des Christusgeschehens nicht auch unter diesem Gesichtspunkt, nicht auch praktisch, das erste nicht nur, sondern auch das letzte Wort, das über den Grund aller Erkenntnis Jesu Christi als des wahren Gottes- und Menschensohnes zu sagen ist?

Ja, haben wir nun zweimal gesagt: wenn diese Bezeichnung recht verstanden wird.

Der Verweis auf den Heiligen Geist und sein Zeugnis könnte auch nicht recht verstanden werden. Das wäre dann der Fall, wenn er doch wieder als der Verweis auf ein bloß Formales verstanden würde. Haben wir ihn, indem wir uns seiner erinnerten, nicht vielleicht doch nur als Titel- und Sammelbegriff für alles das eingeführt, was wir vorher in Beschreibung des Grundes der Erkenntnis Jesu Christi ebenfalls formal auszubreiten versucht haben? Wir wollten uns doch darüber klar werden, von was wir in dieser Beschreibung eigentlich geredet haben? Sind wir damit weiter gekommen, daß wir das Beschriebene nun mit dem Zeugnis des Heiligen Geistes identifiziert haben? Es könnte doch sein, daß uns die Sache mit diesem Verweis eher wieder dunkler geworden ist, daß wir eine schon beinahe bekannte Größe mit einer unbekannten oder doch vieldeutigen vertauscht haben. Der Fehler würde dann gewiß nicht am Heiligen Geist liegen. Der Verweis auf ihn und sein Zeugnis war und ist an dieser Stelle an sich durchaus am Platze. Es kann mit ihm Alles gesagt sein: ganz erschöpfend und ganz konkret. Es könnte aber in unserem Geist etwas insofern nicht in Ordnung sein, als wir, auf ihn verwiesen, so leicht an ein wehendes oder nicht wehendes, vorhandenes oder nicht vorhandenes Etwas denken könnten, an ein unbestimmtes Fluidum, an eine unkontrollierbar kommende und wieder gehende, anonyme und gestaltlose Macht, vielleicht auch an irgend einen leeren Begriff von Unweltlichkeit, Jenseitigkeit, Zukünftigkeit – und beim Verweis auf sein Zeugnis an ein dem Menschen widerfahrendes geheimnisvolles Überfallenwerden von dieser Macht oder an seine Konfrontation mit jenem Nicht-Gegebenen, bzw. an die dunklen Gefühle und Erregungen, die diesem Überfall oder dieser Konfrontierung entsprechen möchten, kurz: an eine Sache, von der die Einen kühn behaupten werden, daß sie Solches kennten und erfahren hätten, während es nicht wenig Andere geben dürfte, die sagen werden, daß ihnen Solches, ehrlich gestanden, noch nie widerfahren sei und daß es ihnen, so wie sie sich selbst zu kennen meinten, vermutlich ihrer Lebtage nie widerfahren werde. Sollte dies der göttliche Majestätsakt der Fleischwerdung des Wortes in seinem Charakter als Offenbarung, als Begründung der Erkenntnis Jesu Christi sein? Was sollte diese anonyme Macht und was gewissen Menschen durch ihre Einwirkung widerfahren mag, mit einem Erkenntnisgrund und nun gar mit dem Erkenntnisgrund in so entscheidend wichtiger Sache zu tun haben? Sollte der Verweis auf sie uns wirklich weiterhelfen, wenn es darum geht, uns über die Begründung der Erkenntnis Jesu Christi ins Klare zu kommen? Nun, dies ist sicher nicht der Heilige Geist und nicht sein Zeugnis. Dies dürfte mit dem Dämonischen, wie es in so vielen Religionen eine unheimlich wichtige Rolle spielt, mehr zu tun haben, als mit ihm. Das Numinose ist nun einmal noch lange nicht das Heilige. Es könnte also unser Verweis auf den Heiligen Geist an dieser Stelle darum nicht genügen, weil er praktisch der Verweis auf ein Unbekanntes und weil dann dieses Unbekannte tatsächlich doch jenes halb oder ganz Dämonische sein könnte. Oder eben, in besserem Fall: doch nur die Angabe eines Titel- und Sammelbegriffs für alles das, was zur Erläuterung des Offenbarungs- und des entsprechenden Erkenntnisvorgangs formal zu sagen ist und dann vielleicht besser ohne die Angabe dieses Titels und Namens gesagt bliebe, durch die wir in unserer Frage nach dem da Erläuterten jedenfalls nicht weiter geführt sind.

Der Verweis auf den Heiligen Geist und sein Zeugnis hat dann die Geltung eines ersten und letzten Wortes. Das geschieht aber dann, wenn er verstanden wird als der Verweis auf die mächtige und wirksame Gegenwart Jesu Christi selber: nicht auf ein zweites Gewaltiges neben ihm, sondern auf seine Gewalt. Wo er, Jesus Christus, Menschen, die ihm ferne sind, begegnet und nahetritt – Menschen, die Ihn nicht sehen und hören können, die, von ihm getrennt, irgendwo und irgendwie in der Welt leben, ein Bekannter nicht nur, sondern ihr Nächster, von ihnen als ihr ältester Bruder und als solcher als der über sie Bestimmende, als ihr Herr, erkannt wird, da hat er diesen Menschen eben damit den Heiligen Geist gegeben. Wo das überaus Merkwürdige geschieht, daß er von Menschen vernommen wird – einfach vernommen, wie sie als Vernunftwesen ja auch Anderes vernehmen – aber nun eben vernommen als der, der er ist: als das an alle Menschen und so auch an sie gerichtete, im Fleisch zu ihnen, die Fleisch sind, gesprochene Wort Gottes, als Gottes klarer Zuspruch und Anspruch, als die Botschaft, die damit ihren Gehorsam fordert, daß sie ihnen Gottes freie Gnade verkündigt und ihnen damit radikal hilft, daß sie sie in die Freiheit eben des Gehorsams versetzt – da und damit haben diese Menschen den Heiligen Geist empfangen. Der Heilige Geist ist das Kommen des Menschen Jesus, der der Sohn Gottes ist, zu anderen Menschen, die das keineswegs sind und denen er sich nun dennoch zugesellt. Und das Zeugnis des Heiligen Geistes ist die diesen anderen Menschen gemachte Eröffnung, die daraufhin von ihnen selbst gemachte Entdeckung, daß sie, weil und indem sie ihm zugesellt sind, heißen dürfen, was sie sich selbst gewiß nicht heißen, und sein, was sie aus sich selbst gewiß nicht werden noch sein können: Gottes Kinder, mitten im Tode von der Todesangst, weil als Sünder vom Fluch der Sünde befreite Kinder des Lichts und als solche ihrerseits Boten an Alle ihresgleichen, die, weil sie das Licht nicht sehen, noch in der Finsternis sind, in dieser Finsternis aber nicht bleiben sollen. Und weil und indem der Heilige Geist das Kommen

Jesu Christi selbst und sein Zeugnis die den Menschen über sie selbst gemachte Eröffnung ist, darum und so ist er und ist sein Zeugnis in der Tat Jesu Christi **Selbstoffenbarung** und als solche der **Grund aller Erkenntnis Jesu Christi.**

Gewiß – es geht ja in seinem Werk um den göttlichen Majestätsakt in seinem Charakter als Offenbarung – in höchster Macht, gewiß als jenes «Treiben», als das Paulus sein Werk Gal. 5, 18, Röm. 8, 14 beschrieben hat, gewiß, indem er (2. Kor. 10, 5) alle irrende menschliche Vernunft gefangen nimmt und Jesus Christus gehorsam macht. Aber gerade nicht in einer obskuren Macht, der der Mensch dann in ebenso obskurer Weise verfallen würde, sondern in einer Macht, die Gestalt und Kontur hat, die zu der der tröstlichen Wahrheit, daß zweimal zwei vier ist, jedenfalls viel mehr Affinität hat als zu den denkbar mächtigsten, grauslich-süßen Überrumpelungen aus dem Bereich irgend eines Numinosen. Der Heilige Geist ist Licht: das Leuchten dessen, der das Licht der Welt ist – und was er schafft, das ist wieder Licht: das Widerspiegeln der Herrlichkeit des Herrn in des Menschen nicht mehr zugedecktem – nicht etwa aufs neue zugedeckten! – sondern aufgedecktem Angesicht. Er ist der Geist des Herrn und wo er ist, da ist Freiheit (2. Kor. 3, 17f.): nicht die alte, aber auch nicht eine neue Knechtschaft, sondern die rechte Freiheit, zu der der Sohn frei macht (Joh. 8, 36) – darum «recht», weil ihr Grundakt eben darin besteht, daß der Mensch ihn erkennen darf, kann und wirklich erkennt als den, der er ist, und in ihm sich selber als sein Bruder und so als Gottes Kind.

Der so verstandene Hinweis auf den Heiligen Geist ist allerdings das erste und das letzte Wort, das zu unserer Frage nach dem Grund unserer Erkenntnis Jesu Christi zu sagen ist.

Was will man mehr? Was kann man hier mehr wollen? So, als der Geist des Herrn und also dessen Selbstoffenbarung ist der Heilige Geist den Aposteln gegeben, als solcher ist er von ihnen empfangen worden. Als solcher schuf er ihren Glauben, ihre Liebe, ihre Hoffnung. Als solcher schuf er in ihnen, indem er ihnen gegeben, von ihnen empfangen wurde, die Kirche. Sie wurde, in den Aposteln begründet, die Gemeinde derer, die den Sohn Gottes als den zu ihnen, für sie in die Welt, ins Fleisch Gekommenen, und die den Menschensohn Jesus von Nazareth als diesen Sohn Gottes erkennen durften, konnten und wirklich erkannten: als die Gemeinde der durch Jesus Christus für Jesus Christus und so recht Befreiten. Das Zeugnis des Heiligen Geistes widerfuhr jenen Menschen, und sie nahmen es auf, und es war darum nicht das Zeugnis irgendeines, sondern – fern von allem anonymen, numinosen, dämonischen oder halbdämonischen Raunen und Rauschen – des Heiligen Geistes, weil es schlicht das Zeugnis von Jesus Christus und zwar von dessen Selbstzeugnis war.

In schärfster Formulierung hat ja Paulus wenigstens einmal geradezu sagen können: «Der Herr – Jesus Christus selbst – ist der Geist». (2. Kor. 3, 17). Der Heilige Geist war für sie eben einfach und direkt: die Existenz Jesu Christi als der göttliche Majestätsakt in seinem Charakter als Offenbarung. Es war für sie das Ereignis des Pfingsttages nicht nur, sondern alles Wandelns, Handelns und Redens im Heiligen Geist, in seiner Erleuchtung und Kraft, unter seiner Herrschaft und Führung – ihr eigenes und das

2. Die Heimkehr des Menschensohnes

der ihnen durch die Macht seines Zeugnisses zugewendeten anderen Menschen – so neu und außerordentlich ihnen das Alles war, im Grunde sehr sachlich und nüchtern die Erfüllung der Verheißung: «Siehe, Ich bin bei euch alle Tage bis an der Welt Ende!» (Matth. 28, 20). Der Gottes- und Menschensohn Jesus Christus war zur Stelle: redete und lehrte, rief und berief, handelte und vollbrachte in ihrer Gegenwart, erreichte, umgriff, umschloß sie und andere menschliche Subjekte, indem er sich ihnen zu erkennen gab, bezog sie und dann auch jene als die ihn Erkennenden ein in sein eigenes Werk, machte sie zu seinen Mitarbeitern und Zeugen, sandte sie als solche zu Israel und zu den Völkern, gab ihnen die Macht und die Vollmacht, mitten in der Welt Echo und Spiegel seines Selbstzeugnisses zu werden und zu sein.

Heiliger Geist wird auch in der in den Aposteln begründeten Kirche, wird auch in ihrem Leben, ihrem Aufbau, ihrer Verkündigung, ihrem inneren Sein und in ihrem Sein und Verhalten zu der sie umgebenden Welt, wird also auch in ihrem Bekenntnis und Dogma und in ihrer Theologie genau insofern am Werk sein, als es der Geist des Herrn, der Herr selbst ist, von dem sie sich zu dem allem treiben läßt: insofern also, als sie dessen Selbstzeugnis hört und dessen Echo und Spiegel – als sein Leib, als seine irdisch-geschichtliche Existenzform – sein Bild ist, die in ihr versammelten, handelnden und auch denkenden und redenden Menschen diesem seinem Bilde eingefügt, eingeordnet sind (Röm. 8, 29) – insofern also, als sie als seine Gemeinde Ihn erkennt. Und umgekehrt: wenn und sofern seine Gemeinde, die in den Aposteln begründete Kirche, seine Herrlichkeit widerspiegelt und also Ihn erkennt, wenn und sofern das Leben und so auch das Denken und Reden der in ihr versammelten Menschen in sein Bild sich einordnet, seinem Selbstzeugnis entspricht – genau insofern wird ihr Sein und Tun und so auch ihr Bekenntnis, ihr Dogma und ihre Theologie bezeugen, daß der Heilige Geist in ihr am Werke ist. Ein höherer oder tieferer Erkenntnis-, d.h. aber Offenbarungsgrund als das Zeugnis des Heiligen Geistes, der der Geist Jesu Christi, des Herrn ist, wird also in der Tat nicht anzugeben sein.

Warum können und dürfen wir bei dem bloßen Verweis auf ihn nun doch nicht Halt machen? Wir können und dürfen das offenbar gerade dann nicht, wenn wir ihn jetzt recht verstanden und erklärt haben sollten: als Verweis auf den Heiligen Geist, der als der Geist Jesu Christi dessen Zeugnis, sein Selbstzeugnis wiedergibt. Wer diesen Verweis annimmt und befolgt, wer also auf das Zeugnis des Heiligen Geistes lauscht, und ihm recht gibt, der findet sich gerade damit nicht mittelbar, sondern höchst unmittelbar auf den verwiesen, der in ihm sich selbst bezeugt. Unmittelbar! Es gibt also für den, der das Zeugnis des Heiligen Geistes annimmt, kein Verweilen bei diesem als solchem, kein abstraktes Empfangen und Haben des Heiligen Geistes, kein in sich bewegtes und beruhigtes Geistesleben, keinen sich selbst genügenden «geistlichen Stand». Das Zeugnis des Heiligen Geistes hat seinen Ursprung nicht in sich und sein Ziel auch nicht. Es hat auch keinen eigenen

Inhalt. Es hat auch keine selbständige Kraft und es leuchtet und erleuchtet nicht vermöge eines ihm selbst innewohnenden Lichtes. Der Heilige Geist ist geradezu daran zu erkennen und von andern zu unterscheiden, daß er nicht von sich selber zeugt. Sein Zeugnis ist freilich **göttliches Zeugnis**. Kein menschliches ist ihm also an die Seite zu stellen: auch das der Propheten und Apostel nicht, geschweige denn das der Kirche, geschweige denn das irgend eines Einzelnen in der Kirche. Alles menschliche Zeugnis kommt vielmehr, sofern auch es von Gott ist, von ihm her, gibt ihm Antwort, lebt von seiner Autorität und Macht und hat an ihm sein Maß und seine Grenze. Es ist aber gerade darin **göttliches Zeugnis** – **Zeugnis des Heiligen Geistes** – daß Jesus Christus wie seine Kraft und sein Licht, so auch sein Inhalt, so auch sein Ursprung und Ziel ist. Es ist der **Vollzug** von dessen Selbstzeugnis. Es ist die **Vollstreckung** des göttlichen Majestätsaktes in seinem Offenbarungscharakter. Es ist nämlich der **Übergang** oder Ausgang und Eingang, in welchem die Geschichte und die Existenz Jesu Christi, die eben auch den Charakter von Offenbarung hat, die ganz und gar in diesem Charakter geschieht, sich darin bewährt, daß sie die Geschichte der Gemeinde und in der Gemeinde die Geschichte der Christen eröffnet, in Bewegung setzt und erhält. Das Zeugnis des Heiligen Geistes inauguriert also die ganze Geschichte, die inmitten der Weltgeschichte von deren Ursprung in Gottes Willen und Dekret her wie ein Pfeil deren Ziel und Ende entgegenfliegt, das ihr in der Geschichte Jesu Christi schon gesetzt und angekündigt ist. Im Zeugnis des Heiligen Geistes kommt es zu diesem Übergang: dem Übergang des Selbstzeugnisses Jesu Christi in die Kirchengeschichte, in menschliche Lebensgeschichten, in die Weltgeschichte. Eben darum kann nun aber der bloße Verweis auf das Zeugnis des Heiligen Geistes nicht unser letztes Wort sein – vielmehr: bedarf er gerade als letztes Wort, das in der Frage nach dem Erkenntnisgrund Jesu Christi zu sagen ist, der Erklärung durch den Rückverweis auf das **Selbstzeugnis Jesu Christi** als solches. Eben dessen eigene Geschichte und Existenz, die durch das Zeugnis des Heiligen Geistes Gegenstand menschlicher Erkenntnis wird, geschieht ja im Charakter von Offenbarung. Eben er selbst ist ja laut des Zeugnisses des Heiligen Geistes der Offenbarungsgrund, den es bezeugt und so sein Licht und seine Kraft, sein Ursprung und sein Ziel, sein Inhalt. Jesus Christus in seiner Selbstoffenbarung ist das **Woher** der im Zeugnis des Heiligen Geistes vollzogenen Inaugurierung jener zentralen Geschichte aller Geschichten. Und er – wieder in seiner Selbstoffenbarung – ist ja auch ihr **Wohin**. Zwischen **seinen Offenbarungen**, der ersten und der letzten, besser gesagt: in der Zwischenzeit, die am Anfang und am Ende von seiner einen Offenbarung umschlossen ist, vollzieht das Zeugnis des Heiligen Geistes in der Geschichte der Gemeinde und in den Lebensgeschichten der Christen und so in der Weltgeschichte das Selbstzeugnis Jesu Christi. Also: der Verweis auf das Zeugnis des Heiligen Geistes als Antwort auf die Frage nach dem Erkenntnisgrund Jesu Christi ist zwar tatsächlich nicht zu ergänzen, nicht zu überbieten, nicht durch ein anderes zu ersetzen. Das Zeugnis gilt. Es genügt. Wir müssen uns aber klar machen, warum es gilt und genügt. Und eben darum müssen wir jetzt direkt auf das zu reden kommen, was es mit dem Selbstzeugnis Jesu Christi als solchem auf sich hat, das im Zeugnis des Heiligen Geistes zur Vollstreckung kommt.

Es ist – wir kommen nun zum Ziel dieser unserer letzten Überlegung – das Selbstzeugnis des von den Toten auferstandenen und gen Himmel gefahrenen Jesus Christus. Ihn als solchen bringt das Zeugnis des Heiligen Geistes zur Sprache, sein Machtwort und seine Machttat als solche vollstreckt es, indem es sie für sich selbst reden, u. zw. zu Menschen reden läßt. Er als solcher bezeugt sich in ihm. Er als solcher ist sein Ursprung und Inhalt. Er als solcher ist in ihm zur Stelle, redet und handelt, ruft, beruft und vollbringt in irgend einer Gegenwart menschlicher Subjekte, erreicht, umgreift, umschließt sie, gibt sich ihnen zu erkennen als der, der er ist. Er als solcher, d. h. er, zu dessen Geschichte und Existenz als integrierendes Moment auch das gehört, daß er von den Toten auferstanden und gen Himmel gefahren ist – er gerade kraft dieses besonderen Momentes seiner Geschichte und Existenz, sein Sein gerade in diesem Charakter.

Die Reihenfolge: Ostern-Pfingsten ist also unumkehrbar. Daß das Zeugnis des Heiligen Geistes laut und daß es gehört wird, daß es Menschen gegeben und von ihnen empfangen wird, daß es eine christliche Gemeinde in der Welt gibt, die von ihm erleuchtet und getrieben ist, das setzt voraus, das kommt von daher, daß Jesus Christus auferstanden und gen Himmel gefahren ist. Als Dieser sendet er den Geist, und als der von Diesem gesendete ist er der Heilige Geist. Als Dieser ist Jesus Christus das himmlische Haupt der Gemeinde, in der er seinen Leib, seine eigene irdisch-geschichtliche Existenzform hat. Denn als Dieser ist er ihr durch das Zeugnis des Heiligen Geistes gegenwärtig, gibt er sich ihr – und gibt er sich durch ihren Dienst auch in der Welt – zu erkennen.

Die Evangelien beschließen bekanntlich ihren Bericht von der Geschichte Jesu Christi, deren erster Teil seinen Weg vom Jordan nach Galiläa, nach Jerusalem und deren zweiter Teil seine Passion beschrieben hatte, mit einem dritten, kürzeren – er wirkt zunächst wie ein Anhang – in welchem sie eben über seine Existenz als Dieser, über die Vorgänge, in denen er den Jüngern nach seinem Tode als Dieser, in diesem Charakter erschienen ist, einige Nachrichten geben. Sie hätten offenbar nicht nur unvollständig berichtet, sie hätten offenbar auch im Blick auf jene beiden ersten Bereiche der Geschichte Jesu Christi entweder nichts oder nur etwas ganz Anderes berichten können, wenn nicht in diesem dritten das für das Ganze Entscheidende vor ihren Augen gewesen und also in jenem dritten Teil ihrer Darstellung zu bezeugen gewesen wäre. Nachher, auf das in diesem dritten Bereich Geschehene hin kann dann im zweiten Hauptteil der lukanischen Darstellung von der Ausgießung des Heiligen Geistes und von den «Taten der Apostel» als deren Frucht geredet werden. Auf das hier Geschehene bzw. auf Jesus Christus als Diesen, als den den Jüngern laut dieses letzten Berichtes in diesem Charakter Erschienenen, blicken dann auch die neutestamentlichen Briefe und die Apokalypse zurück: da ist nichts, was nicht direkt oder indirekt von hier aus gedacht und gesagt wäre und von hier aus gehört und verstanden sein wollte. Und es ist offenkundig, daß auch jene beiden ersten Teile der Evangelien faktisch schon im Rückblick auf diesen Inhalt ihres dritten Teiles, jene kurze Nachgeschichte konzipiert und durchgedacht sind. Eine Tradition echt vorösterlichen Charakters wird man aus den Evangelien wohl immer nur mit Hilfe sehr zweifelhafter Operationen herausschälen können. Es weist eigentlich alles darauf hin, daß es nie eine solche Tradition, gegeben hat, daß das bekannte Wort Bengels nicht nur im Blick auf die Evangelien, sondern auch im Blick auf deren mutmaßliche literarische Vorlagen gültig ist: *spirant resurrectionem*. Überall aber merkwürdigerweise so, daß die Gemeinde eben im Rückblick auf jene Nach- oder Zwischengeschichte und also auf Ostern und Himmelfahrt sofort auch vorwärts blickt: daß sie Jesus Christus eben als Diesen, eben in dem Charakter, in welchem er den Aposteln damals erschienen war, wiederzukommen, ihn wiederzusehen erwartet, in ihm als Diesem, in diesem Charakter also zugleich ihren eigenen Ursprung und ihr Ziel erkennt. Jesus Christus interessiert die neutestamentliche Überlieferung – natürlich in seinem Sein und also in seinen Worten und Taten und vor allem natürlich als der Gekreuzigte von Golgatha, aber als der, der als Sprecher jener Worte, als Täter jener Taten, als der auf Golgatha Gekreuzigte Dieser war, in dem Charakter existierte, in welchem er den Jüngern laut jener Nach- oder Zwischenberichte begegnet war. Man kann ruhig sagen: wäre er nicht Dieser und der Gemeinde nicht als Dieser bekannt gewesen, so würde eine Überlieferung von ihm überhaupt nicht entstanden sein. Es würde dann eben ein Zeugnis des Heiligen Geistes als Vollzug seines Selbstzeugnisses gar nicht ergangen und vernommen worden sein. Er würde sich dann offenbar als der, der er war, gar nicht selbst bezeugt haben – oder es wäre sein Selbstzeugnis als der, der er war, nicht einmal unter Menschen der Rede wert, geschweige denn seines Vollzugs durch das Zeugnis des Heiligen Geistes würdig gewesen sein.

«Jesus Christus als Dieser» heißt aber: Jesus Christus als der sich selbst in seiner Auferstehung und Himmelfahrt Offenbarende. Darin besteht die Bedeutung dieses Ereignisses. Sie besteht also nicht in einer Fortsetzung seines Seins in einer veränderten Form, die dann wohl erst seine Vollendung wäre. Das Sein Jesu Christi war und ist in seiner Geschichte als der wahre Gottessohn und Menschensohn in sich vollkommen und abgeschlossen: keiner Überbietung, keiner Hinzufügung von neuen Qualitäten und keiner weiteren Entwicklungen bedürftig. Es war und ist die in ihm geschehene Erniedrigung Gottes und die eben damit in ihm geschehene Erhöhung des Menschen die vollzogene Erfüllung des Bundes, die vollbrachte Versöhnung der Welt mit Gott. Es war und ist sein Sein als solches (wenn man diese Abstraktion einen Augenblick wagen darf) auch ohne seine Auferstehung und Himmelfahrt das Ende der alten und der Anfang der neuen Weltgestalt. Es fehlte und fehlt ihm in sich gar nichts. Es fehlten ihm nur eben die Menschen, die es als Gottes Tat sahen und als Gottes Wort hörten: der Lob und der Dank und der Gehorsam ihrer Gedanken, Worte und Werke. Es fehlte ihm ihr Dienst als seine Zeugen und Verkündiger. Wie konnten Menschen das sein? Es war ihnen ja verborgen, es war ihnen ja verhüllt wie durch eine schwere, dichte Decke durch den Schein des Schmählichen oder doch

Verächtlichen oder doch Unbedeutenden, von dem es zunächst umgeben war. Es konnte für sie ein Ereignis von kommender und wieder gehender Eindrücklichkeit und Wichtigkeit gewesen sein wie so viele andere. Wer erkannte ihn schon in seinem Woher und Wohin: als den Gottessohn, der auch Menschensohn wurde und war? Wer wußte schon von dem in seiner Geschichte für Israel, für die Welt, für alle Menschen Geschehenen? Wer konnte denn darum wissen? Und die Frage gilt ja nicht nur für damals: Wer weiß denn darum? wer kennt ihn denn? wer sieht denn hinein in das Geheimnis seiner Geschichte? Wer sieht denn seine Herrlichkeit? wer kann sie denn sehen? wer hat denn die Augen, die Ohren dazu und wer die Vernunft, ihn zu vernehmen? Hier griff und hier greift seine Auferstehung und Himmelfahrt ein. Denn davon redet das Neue Testament, wenn es von diesen Ereignissen, oder vielmehr: von diesem einen Ereignis redet und davon müssen an dieser Stelle auch wir reden: von dem in sich vollkommenen Sein Jesu Christi, von der in ihm vollbrachten Versöhnung der Welt mit Gott in ihrem Charakter als Offenbarung. Auferstehung und Himmelfahrt Jesu Christi sind das Ereignis seiner Selbstkundgabe – oder, von den Jüngern, denen sie zuerst widerfuhr, von uns Menschen überhaupt her gesehen, das Ereignis Joh. 1, 14: «wir schauten seine Herrlichkeit – die Herrlichkeit des Einziggeborenen von seinem Vater her voll Gnade und Wahrheit». Auferstehung und Himmelfahrt fügen also dem, was Er war und ist und was in Ihm vollbracht ist – sie fügen dem, was in Ihm zu schauen war, nur eben das Neue hinzu, daß Er in diesem Ereignis als der, der er war und ist, zu schauen war und tatsächlich geschaut wurde. Er wurde und war in diesem Ereignis kein Anderer. Was hätte er Anderes, Besseres, Höheres noch werden können? Er war und ist in diesem Ereignis nur eben der, der er gewesen war und ist: eben der, als der er geboren wurde, gelebt, gesprochen, gehandelt und in dem Allem, endlich und zuletzt aber nur noch: gelitten hat, am Kreuz gestorben ist – eben Dieser in Herrlichkeit (was in der biblischen Sprache eben heißt: eben als Dieser offenbar), in seiner Herrlichkeit schaubar und tatsächlich von Menschen geschaut. Es war und ist seine Auferstehung und Himmelfahrt als seine Selbstoffenbarung nur eben das Fallen jener Decke, nur eben sein Schritt hinaus aus der Verborgenheit seines vollkommenen Seins als Gottes- und Menschensohn, als Mittler und Versöhner – hinaus in die Öffentlichkeit der Welt um derenwillen, zu deren Versöhnung er war, der er war, und ist, der er ist. Es war und ist seine Auferstehung und Himmelfahrt nur eben die authentische Kommunikation und Proklamation der in seiner vorangegangenen Geschichte und Existenz ein für allemal, u. zw. vollkommen geschehenen Heilstat, des in ihm ein für allemal, u. zw. vollkommen gesprochenen Heilswortes. Er ist jetzt, als der Auferstandene und gen Himmel Gefahrene nicht nur der, in welchem das Leben ist.

Das Leben, das in Ihm ist, ist jetzt, indem er auferstanden und gen Himmel gefahren ist, «das Licht der Menschen», es ist jetzt als das Licht der Welt auf den Leuchter gestellt. Es scheint jetzt als solches in der Finsternis: ob die Finsternis es begreift oder nicht, es scheint jetzt in ihr (Joh. 1, 4f.). Das ist das allerdings entscheidend Neue, das in seiner Auferstehung und Himmelfahrt – nicht zu seinem Sein hinzugekommen, vielmehr als Charakter seines Seins in diesem Ereignis aktuell und sichtbar geworden ist: es ist auch Offenbarung, es enthüllt und erschließt sich auch und es umschließt auch, es greift auch aus, und es umgreift auch. Es hat auch die Macht, sich selbst zu kommunizieren und zu proklamieren. Es übt diese Macht. Es hat sich selbst kommuniziert und proklamiert und tut es noch. Es hat für sich selbst gesprochen, sich selbst als dieses Sein ausgesprochen, und hört nicht mehr auf, das zu tun. Denn indem es noch ist, spricht es auch noch für sich selbst, spricht es sich als dieses Sein noch und noch, wieder und wieder aus, ist es eben das, als was es durch das Zeugnis des Heiligen Geistes bezeugt wird: sein eigener Erkenntnisgrund.

Es dürfte deutlich sein, warum das ganze Neue Testament gerade von diesem Ereignis her denkt und redet: im Rückblick auf Jesu Christi Auferstehung und Himmelfahrt und von ihr aus im Ausblick in die nächste wie in die fernste und letzte Zukunft. Gab es für die neutestamentlichen Menschen überhaupt ein Denken und Reden von Jesus Christus, eine Legitimation und Möglichkeit dazu, dann eben von hier aus: dann eben indem er sich ihnen in seiner Auferstehung und Himmelfahrt als der, der er war, selbst zu erkennen gegeben hatte, indem ihnen sein Sein in der in diesem Ereignis bewährten Offenbarungsmacht vor Augen stand. Er war für sie damit, in diesem Ereignis seiner Offenbarung das geworden, was er in sich selbst, im Geheimnis seiner vorangegangenen Geschichte auch ohne dieses Ereignis gewesen war, für sie aber nun eben in diesem Ereignis erst werden mußte: der Gottes- und Menschensohn, in seiner Existenz als solcher das sie und Israel und die Welt angehende Heilsereignis. Hier hat er sich ihnen als der, der er war und ist, zu sehen, zu hören, zu verstehen gegeben. Hier war er ihnen als Seiender auch Erkannter geworden. Von woher konnten, sollten, durften sie von Ihm irgend etwas denken und reden, von woher als seine Zeugen zu Israel und zu den Heiden gehen, wenn nicht eben von hier aus? Indem sie es von hier aus taten, nun freilich als authentisch Belehrte und also als ihn genuin und recht Erkennende, als durch ihn selber autorisierte Zeugen seiner Geschichte und Existenz!

Wir müssen aber, bevor wir diesem Ereignis in seiner Besonderheit und Eigenart näher treten, um Übersicht zu gewinnen, zunächst einen Schritt zurücktreten. Es will gewiß allen Ernstes auch für sich, es will aber auch in seinem Zusammenhang mit der ganzen Geschichte und Existenz Jesu Christi als dem göttlichen Majestätsakt der Fleischwerdung des Wortes gesehen und verstanden sein. Dieser Majestätsakt als solcher und in seiner Totalität hat den Charakter von Offenbarung. Auferstehung und Himmelfahrt Jesu Christi als das seinem Tode folgende Ereignis seiner Offenbarung ist der abschließende, der zusammenfassende, der schlechthin eindeutige Exponent des Offenbarungscharakters seines Seins. Eben darum ist es, wie wir es hier tun, wenn es um die Frage des Erkenntnisgrundes der Christologie geht, in so hervorgehobener Weise zu nennen. Es hat aber das ganze Sein, die ganze Geschichte und Existenz Jesu Christi den Offenbarungscharakter, als dessen entscheidenden, gewissermaßen exemplarischen Exponenten wir seine Auferstehung und Himmelfahrt zu sehen und zu verstehen haben. Es tritt also dieses Ereignis in seiner besonderen Novität und Denkwürdigkeit freilich neben das Ereignis bzw. die Ereignisfolge des ihm vorangehenden Seins des Wortes im Fleische, der von Geburt bis zum Tod und Begräbnis Jesu Christi geschehenen Erniedrigung des Sohnes Gottes, die als solche die Erhöhung des Menschensohnes war und ist. Indem es aber in seiner besonderen Novität und Denkwürdigkeit neben sie tritt, beleuchtet und unterstreicht es das Novum, das Denkwürdige, das doch schon jener ganzen ihm vorangegangenen Ereignisfolge eigentümlich war und ist. So abstrakt, wie es oft geschehen ist, kann und darf also zwischen jener «vorösterlichen» Ereignisreihe und dem auf Jesu Christi Tod folgenden Ereignis – und das bedeutet dann: zwischen dem Realgrund seines Seins und seinem Erkenntnisgrund – nicht unterschieden werden, als ob jene Ereignisreihe des Charakters der Offenbarung einfach entbehrt hätte, als ob Jesus Christus als der, der er war und ist, dort schlechterdings verborgen, unerkennbar und faktisch unerkannt gewesen wäre. Es war und ist ja das Sein Jesu Christi in jener Ereignisreihe nicht abstrakt das des erniedrigten Sohnes Gottes, der als der, der er war, unerkennbar sein müßte, sondern auch das vollkommene, durch kein weiteres Geschehen überbietbare und überbotene Sein des erhöhten Menschensohnes. Was über diesen und über unser in Ihm erhöhtes menschliches Wesen zu sagen ist, das wird also jedenfalls auch aus jener Ereignisreihe abzulesen sein. Natürlich im Licht des Ereignisses von Ostern und Himmelfahrt: wobei aber zu bemerken sein wird, daß auch jene «vorösterliche» Ereignisreihe selbst und als solche dieses Lichtes durchaus nicht entbehrt. Sie selbst ist vielmehr die vollkommen vollbrachte Gottestat, und wenn ihr das Ereignis nach dem Tode Christi in der ganzen Besonderheit und Eigenart einer anderen Gottestat gegenüber und zur Seite tritt – als die Gottestat der Offenbarung jener ersten vollkommen vollbrachten – so schließt das nicht aus, sondern ein, daß antizipierend schon jene an dieser partizipierte, d. h. daß schon jene den Charakter von Offenbarung hatte und auch tatsächlich Offenbarung war.

Es mag schon sein, daß sich der Wunsch nach pragmatischer Übersichtlichkeit und nach doktrinärer Einfachheit gegen diese Konzeption sträubt. Es ist also wohlverständlich, daß sich jene andere Konzeption bilden und weithin durchsetzen konnte, laut derer im Sein Jesu Christi zu unterscheiden wäre: Zuerst ein in seiner Geburt als Sohn der Maria bezogener Stand der Niedrigkeit (des Sohnes Gottes und der ihm entsprechenden Niedrigkeit des Menschen Jesus), der dann auch der Stand seiner Verborgenheit (seiner Gottheit und seiner mit dieser vereinigten Menschheit) wäre. Dann (erst in seiner

Auferstehung und Himmelfahrt bezogen) ein Stand der Hoheit (des Gottes- und des Menschensohnes), in welchem er sich als solcher offenbart hätte in der Osterzeit.

Die relative Übersichtlichkeit und Einfachheit dieser Konstruktion in Ehren: aber ohne verwirrende Konzessionen und Inkonsequenzen ist sie noch niemals durchgeführt worden, kann sie auch nicht durchgeführt werden. Ist denn die Inkarnation als solche wirklich nur Eingang in die Niedrigkeit und also das Sein und Tun Jesu Christi als Gottes- und Menschensohn in diesem angeblich ersten Stande, sein Leiden und Sterben vor allem, nur in Niedrigkeit, nicht auch in Hoheit geschehen? Und wenn auch in Hoheit, wirklich nur in Verborgenheit, ganz ohne offenbar zu werden und zu sein? Und umgekehrt: ist denn jener in seiner Auferstehung und Himmelfahrt gewonnene, angeblich zweite Stand Jesu Christi ein Stand abstrakter Hoheit, in welchem er nicht mehr das arme Kind in der Krippe und nicht mehr der von den Menschen verworfene und von Gott verlassene Mann am Kreuz von Golgatha, in welchem er dann folgerichtig nur noch offenbar wäre, ohne auch verborgen zu sein? Ist nicht in aller ihres Namens werten Verkündigung Jesu Christi faktisch ganz anders von ihm geredet worden? Konnte man von seiner Niedrigkeit je reden, ohne eben damit auch seiner Hoheit zu gedenken? Und von seiner Hoheit, ohne eben damit auch seiner Niedrigkeit zu gedenken? War er denen, denen er offenbar wurde und die ihn kraft seiner Offenbarung gesehen und gehört haben, jemals ein Anderer als Beides: der Erniedrigte und so und damit der Erhöhte? War er in seiner Offenbarung jemals jener in zwei getrennten «Ständen» – und nicht vielmehr der in der Geschichte der Erniedrigung des Gottes- und in der Erhöhung des Menschensohnes Existierende? Existierte er also – das ist ja nun unsere besondere Frage – nicht schon in seiner Erniedrigung als Gottessohn auch als der erhöhte Menschensohn so, daß er als Beides auch offenbar war?

Alle diese Fragen sind auf dem Boden jener Konzeption kaum oder gar nicht zu beantworten; die letzte aber wird und ist unabweisbar und für jene ganze Konzeption katastrophal, wenn man sich vor Augen hält, wie sich der neutestamentlichen, insbesondere der evangelischen Überlieferung schon jene vorösterliche Ereignisfolge der Geschichte und Existenz Jesu Christi dargestellt hat. Die Feststellung wurde schon gemacht: daß es eine nicht durch den Rückblick von Jesu Christi Auferstehung und Himmelfahrt her geformte Überlieferung von ihm wohl nie gegeben hat. Das sollte nun aber nicht bloß eine literarische Feststellung sein, deren Sinn ja dann auch der sein könnte, daß wir es in den Evangelien und in deren mutmaßlichen Quellen mit der umdeutenden Redaktion eines ursprünglich ganz andersartigen geschichtlichen Sachverhaltes zu tun hätten. Im Rückblick von Auferstehung und Himmelfahrt her, im Lichte dieses schlechterdings hervorgehobenen Offenbarungsereignisses entdeckte die Gemeinde vielmehr die Antizipation dieses Ereignisses in der Geschichte und Existenz Jesu Christi selbst und als solcher, d. h. aber die Offenbarung, die objektiv schon in jener «vorösterlichen» Ereignisfolge stattgefunden hatte. Damals von den Jüngern zwar miterlebt, bemerkt und von ihrer Erinnerung festgehalten, aber als faktisch schon damals gefallene Entscheidung in ihrer Tragweite nicht erkannt, damals bloß registriert, aber als Offenbarung des in Jesus Christus geschehenen und vollendeten göttlichen Majestätsaktes nicht gewürdigt! Damals also für sie, die doch nicht Zeugen waren, kein sie überwindendes und befreiendes Selbstzeugnis Jesu Christi: kein solches, durch das sie unwiderruflich an ihn gebunden und unerschütterlich in der Erkenntnis seiner Person und seines Werks befestigt worden wären, kein solches, dem ein Zeugnis des Heiligen Geistes entsprochen hätte – kein solches, in dessen Empfang und Entgegennahme sie, Petrus Allen voran, schon damals als der Felsen brauchbar gewesen wären, auf den Jesus Christus seine Gemeinde bauen wollte. Er hat sie damals tatsächlich noch nicht gebaut. Und wir müssen hinzufügen: nicht nur, weil er es damals im Blick auf die Jünger noch nicht tun konnte, sondern weil er es damals noch nicht tun wollte. Nach dem rätselhaften, aber unzweideutigen Zeugnis der Texte war er selbst es, der seiner damaligen Offenbarung eine bloß vorläufige, eine bloß antizipierende Gestalt gegeben,

2. Die Heimkehr des Menschensohnes

der sie zwar vollzogen, aber in deutlicher Zurückhaltung vollzogen hat, der damals als der, der er war, voll erkannt, aber noch nicht bekannt gemacht, noch nicht verkündigt werden wollte.

Immerhin: als den Felsen, auf den er seine Gemeinde bauen wollte und nachher tatsächlich gebaut hat, hat er nach Matth. 16, 18 den Petrus doch schon damals angeredet: «Du bist Petrus!» – und das auf ein Wort des Petrus hin, dessen Inhalt (v 16) eindeutig die Aussprache seiner Erkenntnis des Menschen Jesus als des Christus, d. h. als «Sohn des lebendigen Gottes» zum Inhalt hatte – ein Inhalt, um deswillen der, der es aussprach, von Jesus (v 17) selig gepriesen und im Blick auf den ihm von Jesus sofort gesagt wurde: das habe ihm nicht Fleisch und Blut, das habe ihm sein, Jesu Vater im Himmel offenbart. Das Petruswort hat seine Parallele in Joh. 6, 69, in den besseren Handschriften merkwürdigerweise in der zurückhaltenderen Form: «Wir haben geglaubt und erkannt, daß du der Heilige Gottes bist». Es fällt auf, wie isoliert dieses Wort in der «vorösterlichen» Darstellung der Evangelien dasteht. Gerade die Jünger sind sonst wohl als Zeugen, aber nicht als richtig wache, nicht als erkennende und bekennende Zeugen der schon damals sich ereignenden Offenbarung kenntlich gemacht. Eine Ausnahme bildet vielleicht der Lukasbericht (19, 37f.) über den Einzug in Jerusalem, in welchem die Jünger als die genannt werden, welche den messianischen Lobgesang angestimmt hätten. Nach Markus und Matthäus wäre auch das das Bekenntnis der anonymen Volksmenge gewesen. Die Jünger fragen freilich: «Wer ist doch dieser, daß ihm sogar der Wind und der See gehorsam sind?» (Mr. 4, 41), aber über ein verwirrtes Staunen vor dem, dem sie nachfolgten, kommen sie nach der überwiegenden Mehrzahl der Berichte so wenig hinaus wie die um den Propheten von Nazareth sich immer wieder sammelnde Menge. Und als es in dem Wort des Petrus nun dennoch zu jenem Durchbruch kommt, da werden sie von Jesus scharf angewiesen: «daß sie niemand sagen sollten, daß er der Christus sei» (Matth. 16, 20). Die ihn als den Heiligen oder als den Sohn Gottes ausrufen, sind die Dämonisierten (Mr. 1, 24; 5, 7), die er dann freilich, indem er sie heilt, ebenfalls sofort zum Schweigen bringt. Es sind (Matth. 21, 15f.) die Kinder im Tempel, die das «Hosianna dem Sohne Davids!» aufnehmen. Es sind der heidnische Hauptmann und seine Leute, von denen es Matth. 27, 54f. heißt, daß sie sich nach Jesu Tod am Kreuz fürchteten und sagten: «Dieser war in Wahrheit Gottes Sohn!» Dementsprechend fehlt in der synoptischen Überlieferung ein direktes und explizites Selbstzeugnis Jesu dieses Inhalts. Aber von einem absoluten Geheimnis ist der Messias doch auch hier – jedenfalls in den uns vorliegenden Texten, in denen ja sein Reden von sich selbst als dem «Menschensohn» eine so große Rolle spielt – auch in dieser Hinsicht nicht umgeben. Die große Ausnahme ist das «Ich bin es!» (Mr. 14, 62) oder «Du sagst es!» (Matth. 26, 64) im Verhör vor den Hohepriestern. Und in anderer Hinsicht – in seinen im Zusammenhang mit seiner Verkündigung des Reiches sich ereignenden Wundertaten wird das Geheimnis ja eigentlich (ob bemerkt und verstanden oder nicht) fortwährend durchbrochen. Man liest zwar (Mr. 1, 44; 3, 12; 5, 43; 7, 36) von ausdrücklichen, den Geheilten mitgegebenen Verboten, davon zu reden. Aber in viel mehr Fällen unterbleibt dieses Verbot. Und nach Mr. 5, 19 wird einem geheilten Dämonisierten geradezu geboten: «Geh in dein Haus zu den Deinen und berichte ihnen, was der Herr dir Großes getan und wie er sich deiner erbarmt hat!» Und dann geht er hin und verkündigt es gleich in der ganzen Dekapolis «und Alle verwunderten sich» (v 20). Man liest zwar Mr. 8, 12 von den ein Zeichen vom Himmel begehrenden Pharisäern und von dem Seufzer Jesu: «Warum begehrt dieses Geschlecht ein Zeichen? Wahrlich, ich sage euch: Diesem Geschlecht wird kein Zeichen gegeben werden» – ein Wort, das dann Matth. 12, 39 bekanntlich erweitert ist: «... als nur das Zeichen des Propheten Jona». Aber dem steht die Geschichte von der Heilung des Paralytischen Mr. 2, 1f. gegenüber, in der das erste, sündenvergebende Wort Jesu von den Schriftgelehrten mit der Frage angefochten wird: «Wer kann Sünden vergeben, außer Gott allein?», worauf sein zweites, das heilende Wort: «Steh auf, nimm dein Bett und geh in dein Haus» ausdrücklich motiviert wird «damit ihr wißt, daß der Sohn des Menschen Macht hat, auf Erden Sünden zu vergeben...». Daß das Gerücht über ihn (ἡ ἀκοὴ αὐτοῦ) sich faktisch sofort, von Anfang an, im ganzen Lande verbreitete, wird (Mr. 1, 28 Par.) von allen Synoptikern gleich an der Spitze ihrer Berichte gesagt, und dann immer wieder: daß er auf seinem ganzen Weg von jenem erfreuten und erschreckten θαυμάζειν umgeben war. Das Wort Mr. 4, 22: «Es ist nichts Verborgenes, das nicht offenbar werde und nichts Heimliches, das nicht ans Licht käme» dürfte in seinem ursprünglichen Sinn eine genaue Umschreibung dessen sein, was wir hier den dem messianischen Sein und Geschehen integrierenden und also nicht zu unterdrückenden Offenbarungscharakter genannt haben. Die Dämpfung, die Zurückhaltung, die Vorläufigkeit, in der er in dieser ersten Ereignisfolge zur Aussprache kommt und sichtbar wird, ist deutlich – aber ebenso deutlich das Faktum: er kommt zur Aussprache, er wird sichtbar. War er nach Mr. 1, 9f. Par. nicht schon dem Täufer am Jordan hörbar und sichtbar geworden? Ist dort die Theophanie nicht schon an den Anfang der Tätigkeit Jesu, und ist sie in der lukanischen Geburtsgeschichte, nach der ja (Luk. 2, 9) die δόξα κυρίου schon die Hirten von Bethlehem umleuchtete, nicht schon an den allerersten Anfang der Geschichte und Existenz Jesu Christi gerückt?

Und nun haben wir ja die offenbar allen Synoptikern irgendwie höchst wichtige Erzählung von der **Verklärung Jesu** auf dem Berge (Mr. 9, 2f. Par.) noch nicht erwähnt. Wie man das erzählte Ereignis auch verstehe – das ist mit Händen zu greifen, daß es sich um eine Antizipation des Auferstehungsgeschehens handelt: überall in gleichem Zusammenhang erzählt, nämlich folgend auf das Petrusbekenntnis, auf die erste Leidensankündigung, in der dann auch ein erstes Mal von der Auferstehung die Rede ist, und auf das Wort von der den Jüngern gebotenen Nachfolge in der Selbstverleugnung, im Tragen des Kreuzes, in der durch Lebensverlust hindurchgehenden und bedingten Lebenserrettung – überall unmittelbar eingeleitet durch das Wort von einigen der gegenwärtig Anwesenden, die den Tod nicht schmecken sollten, bevor sie das Reich Gottes (Luk. 9, 27), ἐν δυνάμει gekommen (Mr. 9, 1), oder den in seinem Reich kommenden Menschensohn (Matth. 16, 28) gesehen hätten. Und wieder in allen drei Relationen folgt auf den Bericht von der Verklärung, bei Markus in besonderer Ausführlichkeit entfaltet, der von der Heilung des jungen Epileptischen, zu der sich die Jünger als unfähig erwiesen hatten. Die entscheidenden Momente jenes Berichtes selber sind, wieder nach allen drei Versionen: **Einmal** eine vor den Augen des Petrus, des Johannes, des Jakobus sich ereignende «Verwandlung» (so Mr. 9, 2, Matth. 17, 2) der Gestalt (des εἶδος Luk. 9, 29) Jesu; sein Angesicht leuchtete wie die Sonne (Matth. 17, 2), seine Kleider (damit ist implizierend gemeint: seine ganze menschliche Erscheinung) «wurden ganz weißglänzend, wie sie kein Walker auf Erden so weiß machen kann» (Mr. 9, 3). (Weiß ist in der apokalyptischen Sprache die himmlische, genauer: die eschatologische Farbe.) Kein Zweifel: der Text will sagen, daß eben jenes einigen unter den gegenwärtigen Anwesenden zugesagte Sehen des Reiches, bzw. des in seinem Reich kommenden Menschensohnes an jenen drei Jüngern schon damals Ereignis geworden ist: noch nicht so wie dann in den Ostertagen und noch nicht so, wie er in seinem zweiten und letzten Kommen von der ganzen Welt gesehen werden wird, aber **Ereignis geworden!** Vom Schlaf erwacht εἶδαν τὴν δόξαν αὐτοῦ, wie es Luk. 9, 32 in fast wörtlicher Antizipation von Joh. 1, 14 heißt. (Es hat darum keinen Sinn, das Wort Mr. 9, 1 Par. als Beweis für die kurzatmige These von der «ausgebliebenen Parusie» anzuführen. Eben in dem Verklärungsgeschehen haben wir es offenbar mit deren erstem Anheben zu tun.) Dazu paßt das **Zweite**: die gleichzeitige Erscheinung und Gegenwart der beiden alttestamentlichen Offenbarungszeugen Mose und Elia, die mit Jesus reden – nach Luk. 9, 31 über seinen in Jerusalem zu vollendenden «Ausgang» (ἔξοδος) – und vor allem das **Dritte**: die Wolke (das die Präsenz der Gottheit auf Erden unter den Menschen zugleich verbergende und manifestierende Gotteszelt) – nach Matth. 17, 5 eine νεφέλη φωτεινή – aus der die Stimme (offenbar die schon vom Täufer am Jordan

2. Die Heimkehr des Menschensohnes 155

gehörte) proklamiert: «Dies ist mein geliebter Sohn!» und nach allen drei Versionen: «Ihn höret!» Und auch der Abschluß ist von sicher nicht ungewollter Eindrücklichkeit: sie sehen dann doch wieder niemand als Jesum allein mitten unter ihnen ('Ιησοῦν μόνον μεθ' ἑαυτῶν Mr. 9,8). Das Verbot Jesu von diesem ὅραμα zu reden, fehlt auch hier nirgends und charakterisiert auch hier die Vorläufigkeit und Schranke des Gesehenen und des Sehens. Es fehlt freilich gerade in diesem Verbot auch nicht der ausdrückliche Verweis auf seine Auferstehung: «in jenen Tagen» (Luk. 9, 36), bis des Menschen Sohn von den Toten auferstanden wäre, sollte das Gesehene noch nicht verkündigt werden. Noch fragen sich die Jünger: was es mit der «Auferstehung aus den Toten» auf sich haben möchte? (Mr. 9, 10). Und dem entspricht dann eben die Ohnmacht, in der sie gleich nachher dem Epileptischen gegenüberstehen: οὐκ ἴσχυσαν (Mr. 9, 18), οὐκ ἠδυνήθησαν (Matth. 17, 16, Luk. 9, 40). Der Mr. 9, 24 überlieferte Aufschrei des Vaters des Kranken charakterisiert die ganze noch nicht geklärte Situation: «Ich glaube, hilf meinem Unglauben!» Aber das ist ein Ton, der ja auch noch in den Osterberichten keineswegs einfach zum Verstummen kommen, der grundsätzlich eigentlich erst damit überwunden werden wird, daß die Jünger den Heiligen Geist empfangen, d. h. von der in seiner Auferstehung und Himmelfahrt definitiv vollzogenen Selbstbezeugung Jesu ihrerseits definitiv erreicht sein werden. Aber so deutlich die Einschränkung ist, in der die Überlieferung von diesem ganzen Geschehen redet, so deutlich ist es, daß sie ihm und damit der ganzen «vorösterlichen» Geschichte und Existenz des Kyrios hier so explizit wie nur möglich dieselbe Qualität zuschreibt, in deren definitiver Aktualisierung sie nachher in den Berichten von seiner Auferstehung und Himmelfahrt dargestellt ist.

Es ist klar, daß es nicht nur im Blick auf die Verklärungsgeschichte, sondern auch im Blick auf alle jene anderen Momente der synoptischen Überlieferung schwer halten dürfte, zwischen dem, was dabei durch die Retrospektive und dem, was dabei durch direkte Erinnerung geformt sein möchte, mit auch nur annähernder Sicherheit zu unterscheiden. Man kann ja nicht genug bedenken, wie unauflöslich für die Gemeinde des ersten Jahrhunderts das Vorher und das Nachher in der Jesusgeschichte zusammengehörte, sich gegenseitig beleuchten und interpretieren mußte. Aber ist es nicht so: Je höher man die nachträglich formende Gewalt der Retrospektive von Ostern her in Anschlag bringt, desto merkwürdiger wird eigentlich der Sachverhalt: Was war das für eine Gewalt jenes letzten Ereignisses, die die Gemeinde zwang, die Geschichte des Mannes von Nazareth schon verhältnismäßig so bald nach ihrem Geschehen so ganz in dieses Licht zu rücken und in diesem Licht darzustellen, sie (gegen alle Gesetze der Dramatik!) bei aller Zurückhaltung so unverhohlen als eine Vorwegnahme ihrer eigentlichen Pointe zu beschreiben? Und wiederum: was war das für eine Geschichte, die sich der Gemeinde, als sie die ihr zugänglichen literarischen oder unliterarischen Überlieferungsfragmente zu den Bildern zusammenfügte, die wir nun in den Evangelien vor Augen haben, auf Schritt und Tritt so gefüllt mit der Pointe darstellte, die sie doch eigentlich – zu ihr gehörte doch auch alles jenes aufhaltende «Noch nicht» – erst an ihrem Ziel haben konnte? Wieviel einfacher und einleuchtender wäre alles, wenn es möglich gewesen wäre, bei der Formung dieser Bilder zwischen schlichter Erinnerung und retrospektiver Beleuchtung und also zwischen dem Sein des erniedrigten und dem des erhöhten Christus, zwischen *theologia crucis* und *theologia gloriae* nach Art jener späteren dogmatischen Theorie säuberlich zu unterscheiden! Eben das scheint nun aber weder von jenem abschließenden Ereignis, noch von der ihm vorangegangenen Ereignisfolge her möglich gewesen zu sein.

Und nun werden wir in diesem Zusammenhang doch wohl auch der Eigentümlichkeit des Johannesevangeliums gedenken müssen. R. Bultmann hat seine Christologie geradezu auf den Begriff des «Offenbarers» reduziert. Ob sich seine Ansicht in dieser Zuspitzung bewähren und durchsetzen wird, bleibt abzuwarten. Das aber ist sicher, daß die für die synoptische Überlieferung so bezeichnende Spannung zwischen dem Sein und der Offenbarung Jesu Christi, zwischen dem Messiasgeheimnis und dessen Kundgebung, zwischen der in Jesus realen ζωή und deren Charakter als φῶς hier zwar nicht verschwunden, wohl aber auf ein (allerdings auch hier beharrendes) Minimum reduziert ist. πιστεύειν und γιγνώσκειν sind untrennbare Korrelatbegriffe geworden, die Ereignisfolge schon der «vorösterlichen» Geschichte und Existenz Jesu eine kaum unterbrochene Folge von Selbstaussagen des im Fleisch auf Erden wandelnden Sohnes Gottes, seine Worte eine Folge von Erläuterungen seiner Sendung und ihrer Tragweite für die Welt, seines Verhältnisses zum Vater und des damit notwendig gemachten rechten Verhältnisses zu ihm selbst, seine Wunder vom ersten an eine Folge von Offenbarungen seiner Herrlichkeit. Es kommt das Wort ἐγώ im vierten Evangelium nahezu doppelt so oft vor wie in allen drei Synoptikern miteinander. Viel bemerkbarer als bei diesen ist hier auch die Leidensgeschichte in das Licht der Majestät Jesu gerückt. Was meint der später ja vornehmlich diesem Evangelium entnommene Begriff der *exaltatio*? Wo redet er nicht gerade hier doppelsinnig von Jesu Erhöhung ans Kreuz und von seiner Erhöhung zum Vater? Und wie selbstverständlich reiht sich hier die Ostergeschichte an das Vorangehende an – noch unverkennbarer hier als eine fast zwangsläufige Bestätigung der Existenz dessen, der sich ja nicht nur allgemein als das «Licht» der Welt, sondern 11, 25 konkret als die «Auferstehung und das Leben» bezeichnet hatte. Man könnte wohl sagen, daß wir es in der Jesusgeschichte des vierten Evangeliums mit einer einzigen Verklärungsgeschichte zu tun haben. θαρσεῖτε, ἐγὼ νενίκηκα τὸν κόσμον (Joh. 16,33). Immerhin: eine besondere Ostergeschichte gibt es auch im Johannesevangelium, und die Sendung des Heiligen Geistes ist vor Ostern auch hier ein erst künftiges Ereignis: zu einer Einebnung des Unterschiedes von Vorher und Nachher ist es auch hier nicht gekommen. Die alte Kirche tat wohl daran, diese in dieser wie in anderer Hinsicht so eigenwillig originell entworfene Jesusgeschichte unbedenklich den drei anderen an die Seite zu stellen. Soll man ihrer Christologie den Vorzug vor der der anderen geben? Oder soll man sie als deren Mißverständnis und Entstellung beklagen? Ihr ist bekanntlich beides widerfahren. Es dürfte doch besser sein, sie nicht gegeneinander auszuspielen, sondern ruhig festzustellen, daß das vierte Evangelium die Konsequenzen ausgezogen hat, die sich auch dem Leser der Synoptiker von den Texten her aufdrängen: wer es dort nicht entdecken sollte, der lasse es sich durch dieses älteste Parallelbild zeigen, daß die Geschichte Jesu **vor** und **nach** Ostern gerade hinsichtlich ihres Offenbarungscharakters ein Ganzes nicht nur, sondern in der Sache eine ist. Wiederum kann aber die johanneische Paralleldarstellung ihrerseits nur dann sinnvoll gelesen werden, wenn man sich an Hand der synoptischen Bilder vor Augen hält, welches Problem in jener beantwortet ist: der **Schritt aus der relativen Verborgenheit in das schlechthinige Offenbarsein** des Seins Jesu Christi, die auch in dieser Hinsicht sich durchsetzende **Geschichtlichkeit** seines Seins, in welcher es wohl vorher wie nachher, aber eben nachher **anders als vorher** auch **offenbar** war.

Wir wenden uns nun zu dem Besonderen des Offenbarungsereignisses **nach dem Tode Jesu Christi: seiner Auferstehung und Himmelfahrt** als solcher. Wir sagten: sie tritt **neben** das Offenbarwerden des Seins Jesu Christi in seiner vorangehenden Geschichte und Existenz, sie tritt ihm **gegenüber und zur Seite**, sie ist eine von jener ersten zu **unterscheidende göttliche Offenbarungstat**. Es nimmt also der Offenbarungscharakter des Seins Jesu Christi an dessen **Geschichtlichkeit** insofern teil, als es sich in seiner Aktualisierung um einen **Weg** handelt, auf welchem bei aller Einheit das Vorher noch nicht das Nachher, das Nachher nicht mehr das Vorher ist. Wir nannten Auferstehung und Himmelfahrt im Unterschied zu allem Vorangegangenen das dieses abschließende und zusammenfassende, das entscheidende und eindeutige Offenbarungsereignis. Was aber ist der Sinn und das Recht dieser Unterscheidung?

Im Blick auf die evangelische Überlieferung gefragt: Was ist der Sinn und das Recht jener eigentümlichen Hemmung, Zurückhaltung, Zurückstauung der Selbstoffenbarung Jesu Christi in jener vorangehenden Ereignisreihe – jenes «Noch nicht», das nach den Texten damit zusammenfällt, daß mit der ganzen menschlichen Umgebung Jesu auch seine Jünger noch nicht wirklich sehen und hören können, das aber, wie alle jene Schweigegebote zeigen, seinen entscheidenden Grund im Willen Jesu Christi selber hat? Warum ist der Messias vor seinem Tod von jenem freilich dauernd durchbrochenen, aber doch nie wirklich gelüfteten Messiasgeheimnis umgeben? Warum kann es offenbar erst nach seinem Tode wirklich gelüftet, warum kann er als der, der er war, erst in diesem von jenem Vorher klar geschiedenen Nachher so offenbar werden, daß die Gabe des Heiligen Geistes an die, die ihn in seiner Offenbarung erkennen, und auf sein Zeugnis hin die Begründung der Gemeinde die notwendige Folge sein muß? Warum kann und will doch auch der vierte Evangelist diese Grenze nicht verwischen? Warum ist die Ostergeschichte doch auch bei ihm nicht nur eine Bestätigung, sondern ein Neues und als solches die Vorbedingung für das die Gemeinde begründende Zeugnis des Heiligen Geistes?

Das Eine, was dazu zu sagen ist, liegt so nahe, daß man es gerade deshalb leicht übersieht. Es war eben das, was offenbar werden sollte – das Sein Jesu Christi als wahrer Gott und Mensch und also die Erniedrigung des Sohnes Gottes und damit die Erhöhung des Menschensohnes – virtuell und potentiell wohl von Anfang seiner Geschichte und Existenz an, es war aber erst in seinem Tod am Kreuz aktuell und effektiv vollbracht und vollendet.

Als der, der in Wahrheit das Lamm Gottes ist, das die Sünde der Welt hinwegträgt, hat ihn nach Joh. 1, 29 schon der Täufer gesehen und verkündigt. Der das in Wirklichkeit gewesen ist und getan hat, war doch erst der, der nach Joh. 19, 30, nachdem er den Essig genommen, mit dem τετέλεσται auf den Lippen das Haupt neigte und den Geist aufgab.

Sein Tod am Kreuz war und ist der vollendete Vollzug der Fleischwerdung des Wortes und also der Erniedrigung des Gottessohnes und der Erhöhung des Menschensohnes. Dieser Vollendung ging er in jener ersten Ereignisfolge entgegen – aber doch erst entgegen. Wie konnte, was noch nicht vollendet geschehen war, in Vollendung offenbar werden? Wie konnte anders als antizipierend offenbar werden, was zwar in Wahrheit schon, in abgeschlossener Wirklichkeit aber noch nicht geschehen war? Man müßte sich wohl wundern, wenn es eine Überlieferung von Jesus gäbe, die von jener antizipierenden Wahrheitsoffenbarung etwa gar nichts zu berichten wüßte. Man müßte sich aber doch wohl noch mehr wundern, wenn sie ihren antizipierenden Charakter unterdrücken, wenn sie sie nicht mit jenem verschleiernden «Noch nicht» umgeben würde. Das Messiasgeheimnis ist doch wohl nichts Anderes als das Geheimnis des noch nicht vollendeten Messiaswerkes. Seine Vollendung ist das Passionsgeschehen. Daß auch es – in deutlichen

Antizipationen sichtbar – schon mit dem Anfang der Geschichte und Existenz Jesu anhebt, ist eine Sache für sich. Es sollte aber nicht nur anheben, sondern zu seinem bitteren und herrlichen Ende kommen. Am Ende und Ziel des allerdings schon in der Taufe am Jordan, ja nach Matthäus und Lukas schon in der Kindheitsgeschichte sich abzeichnenden Passionsgeschehens – und nicht vorher – war und ist das Messiaswerk vollendet, war und ist die in die letzte Tiefe hinein realisierte Erniedrigung, ist die Höllenfahrt Jesu Christi des Gottessohnes, ist aber eben damit auch die Erhöhung, die triumphale Krönung Jesu Christi des Menschensohnes geschehen. Und Offenbarung Jesu Christi konnte und mußte nun, nach diesem Geschehen – von allem vorangehenden Offenbarsein nicht nur graduell, sondern prinzipiell verschieden – als Offenbarung des vollendeten Messiaswerkes, statt bloße Durchbrechung des Messiasgeheimnisses, sein: dessen Aufhebung. Auferstehung und Himmelfahrt sind die seinem vollendeten Werk entsprechende vollendete Offenbarung Jesu Christi.

Es gibt aber eine andere Antwort auf jene Frage, die tiefer greift. Auferstehung und Himmelfahrt Jesu Christi sind seine dieser Vollendung seines Werkes entsprechende, gerade sie als solche, gerade ihren Sinn und ihr Recht ans Licht bringende Offenbarung. In ihnen enthüllt und erschließt sich ja eben, was abschließend und entscheidend in seinem Tod am Kreuz, was also in seiner Geschichte und Existenz, die nun eben dieses Telos haben sollte, geschehen war. Was in seiner Auferstehung und Himmelfahrt offenbar wurde, das war das Geheimnis seines Weges, der ja nicht irgend ein Weg war, sondern von Bethlehem gerade nach Golgatha führte: dorthin, wo er für uns verurteilt, aber auch freigesprochen wurde, wo in und mit seinem Leben das Leben der ganzen von ihm repräsentierten Menschheit ins Gericht kam, nach seinem Verdienst verworfen und verdammt wurde, verloren ging, um, weil ihm das im Verlust seines Lebens widerfuhr, wieder in seinem Leben durch Gottes Gnade gerechtfertigt, geheiligt und gerettet zu werden. So und darin – in diesem auf Golgatha zu Ende gesprochenen göttlichen Nein und Ja – hat sich sein Sein als der erniedrigte Gottes- und als der erhöhte Menschensohn und hat sich in dieser Einheit seines Seins die Versöhnung der Welt mit Gott vollendet. Und eben in dieser Vollendung seines Werkes ist sein Sein in seiner Auferstehung und Himmelfahrt offenbar geworden. Seine ganze Geschichte und Existenz zielte und zielt von Anfang an und in jedem einzelnen ihrer Momente dahin, hatte und hat in jedem seiner Worte, in jeder seiner Taten darin ihren Sinn und ihr Recht. Und so war auch seine von Anfang an sich ereignende Selbstoffenbarung immer seine Selbstbezeugung als der zum Heil der Welt leidende und sterbende Messias und Gottesknecht, als das dazu ins Fleisch gekommene Wort, als das Kommen des Reiches im Vollzug dieses göttlichen Nein

2. Die Heimkehr des Menschensohnes

und Ja. Der wirkliche Vollzug seiner Selbstoffenbarung aber mußte dem Vollzug dieses göttlichen Nein und Ja und so dem Kommen des Reiches Gottes gegenübertreten. Er konnte also nicht vor, sondern nur nach seinem Tode stattfinden. Als der, der er war und ist, konnte und kann er gerade nur jenseits seines abgeschlossenen Seins und Werkes erkannt werden.

Hier nun freilich, der hier offenbarten Völligkeit seines Seins und Werkes entsprechend, völlig erkannt, weil völlig offenbar! Denn wie sein Sein und Werk, seine Geschichte und Existenz in seinem Kreuzestod vollendet ist und wie in ihm das vor Gott und also in Wahrheit Genügende für die Menschen aller Zeiten und Räume ein für allemal geschehen ist und also keiner Fortsetzungen, Ergänzungen oder gar Überbietungen bedarf und fähig ist, so auch die seinem Kreuzestod folgende Offenbarung dieses Geschehens. Sie wird auch in seinem Kommen zum Gericht und zur Erlösung und also in seiner letzten Offenbarung nicht überboten werden, keine andere sein, geschweige denn, daß sie in der dazwischen zu Ende gehenden Zeit, die die Zeit der Gemeinde ist, ergänzt oder gar überboten werden könnte und müßte. Denn eben als der, der damals in Herrlichkeit gekommen ist, seinen Jüngern offenbar und von ihnen erkannt wurde – eben als dieser wird er in derselben Herrlichkeit (in der ihn doch schon jene Drei auf dem Berg der Verklärung gesehen haben!) wiederkommen, der ganzen Welt offenbar sein und von der ganzen Welt erkannt werden. Und wo und wann immer er in der Zwischenzeit, der Zeit der Gemeinde, durch das Zeugnis des Heiligen Geistes offenbar und erkannt ist, da in eben der Herrlichkeit, in der er damals seinen Jüngern offenbar, von ihnen erkannt wurde. Sein vollendetes Sein und Werk und dessen vollendete Offenbarung genügte damals, sie genügt heute, sie wird für alle Zeiten, und auch wenn keine Zeit mehr sein wird, genügen. Auferstehung und Himmelfahrt sind dieses ein für allemal geschehene und genügende Offenbarungsereignis: das Ereignis seiner Selbstkundgebung und also das Ereignis, in welchem der Erkenntnisgrund Jesu Christi, nach dem wir ja hier fragen, gelegt wurde und gelegt ist: der objektive Erkenntnisgrund, von welchem durch das Zeugnis des Heiligen Geistes alles subjektive Erkennen Jesu Christi – das Erkennen der Jünger, der ersten Gemeinde, der späteren Kirche und ihrer Theologie, unser eigenes Erkennen – allein herkommen kann, von dem her es ein unbedingtes und zuverlässiges, weil eben in seinem Gegenstand selbst begründetes Erkennen ist. – Wir wenden uns zu einigen formalen Feststellungen.

Eine erste: Es geht in der Auferstehung und Himmelfahrt Jesu Christi um ein in sich zusammenhängendes (davon nachher!) Ereignis. Es geschieht nach Abschluß der ganzen ihm vorangehenden Ereignisfolge: von dieser auch äußerlich klar geschieden, weil deren Abschluß ja eben der Tod Jesu Christi war. Es geschieht aber insofern im gleichen Charakter wie alles zuvor Geschehene, als auch es ein innerweltliches, ein im Raum und in der Zeit und also – gewiß nicht nur körperlich, aber auch körperlich geschehenes, von bestimmten Menschen innerlich, aber auch äußerlich miterlebtes und bezeugtes Ereignis ist.

Am dritten Tag nach dem von Golgatha hebt es vor den Toren Jerusalems an; nach Act. 1, 3 am vierzigsten nach diesem – wieder auf einem Berg (dem Ölberg? einem Berg in Galiläa? die Überlieferung widerspricht sich) – kommt es zu Ende. Es ist ein Ereignis, in dessen Verlauf, wie es die Osterberichte unmißverständlich und betont sagen, wie es dann aber auch 1. Joh. 1 unterstrichen wird, mit Augen gesehen, mit Ohren gehört, mit den Händen betastet wird. Es wird dabei gegessen und getrunken, geredet und geantwortet, räsonniert (διαλογισμοί Luk. 24, 38), gezweifelt und dann doch auch geglaubt. So außerordentlich das den Jüngern Widerfahrende ist: ihr Verhalten ihm gegenüber wird von der Überlieferung doch einmütig als ein sehr normal menschliches beschrieben, im Guten und weniger Guten ganz auf der Linie dessen, was man schon vorher von ihnen gehört hat. Sie sind als Teilnehmer an diesem Ereignis keine anderen geworden. Es ist höchstens der in allen Evangelien so auffallende Zug, daß gerade die vorher jedenfalls nicht so hervorgehobenen Frauen als die ersten Zeugen des Geschehenen genannt werden, der auf dieser Seite eine ungewöhnliche Situation verrät. Außerhalb des schon vorhandenen Jüngerkreises gibt es auch nach 1. Kor.15,5f. keine Zeugen dieses Ereignisses. «Nicht dem ganzen Volk», heißt es Act. 10, 41 ausdrücklich, sondern «den dazu auserwählten Zeugen» ist der Auferstandene erschienen. Paulus wird die große Ausnahme eines durch eine Erscheinung des Auferstandenen direkt als Ungläubiger, ja als Feind zum Glauben Berufenen sein, aber eben als ein dazu Auserwählter hat sich nach Gal. 1, 15f. ja auch er verstanden. Ein zu apologetischem Gebrauch nützlicher Beweis des Ereignisses erweist sich schon von da aus als unmöglich, ist offenbar auch 1. Kor. 15 nicht versucht. Immerhin zeigt gerade 1. Kor. 15, daß es jedenfalls innerhalb des Jüngerkreises hinsichtlich jener ersten Zeugenschaft auch eine feste Überlieferung, bezogen auf dasselbe bestimmte Ereignis, gab, dessen im Übrigen vielfach verworrene und widerspruchsvolle Bezeugung man sich, ohne sich darüber Sorgen zu machen, gefallen ließ. Es ist – nicht «historisch» in unserem Sinn – aber als eine wie andere Ereignisse unter Menschen geschehene, von ihnen miterlebte und nachher bezeugte Geschichte situiert und charakterisiert.

Anders als so, als ein nur überweltliches oder doch nur übersinnliches Ereignis, das als solches von Menschen weder erlebt noch bezeugt werden konnte, mochte es gewesen sein, was es wollte, wäre es kein Offenbarungsereignis. Daß es ein solches war und als solches entscheidende Tragweite hatte, zeigt die Folge in dem von Pfingsten ab, aber doch schon in Erwartung der Pfingsten sachlich ganz veränderten Verhältnis der Jünger zu ihrem Herrn. War es aber ein solches, dann als ein konkretes Element ihrer eigenen Geschichte und damit als ein konkretes Element der menschlichen Geschichte überhaupt.

Eine zweite formale Feststellung: Das Ereignis bestand in einer Reihe von konkreten Begegnungen und daran anknüpfenden kurzen Wechselreden zwischen dem auferstandenen Jesus und seinen Jüngern. Diese Begegnungen werden aber in der Überlieferung durchwegs als seine Selbst-

2. Die Heimkehr des Menschensohnes

kundgebungen im strengsten Sinn des Begriffs beschrieben. «Selbstkundgebung» heißt hier (1) : nicht nur die Initiative dazu, sondern auch deren Durchführung und Begrenzung liegt ganz in seiner, nicht in ihrer Hand. Sie reagieren normal menschlich, aber auf eine Aktion, an deren Zustandekommen und Vollzug sie keinerlei Anteil haben. Sie sind wirklich ihrem Herrn begegnet. Er verfügt über sie, während sie über ihn nicht verfügen. Und «Selbstkundgebung» heißt (2), daß der Sinn und die Absicht dieser Begegnungen schlicht und erschöpfend darin besteht, daß der auferstandene Jesus sich ihnen in seiner Identität mit dem, dem sie zuvor nachgefolgt waren, der am Kreuz gestorben und dann begraben worden war, bekundet.

ad 1) Nirgends heißt es, daß die Jünger Jesus aufgesucht und gefunden, oder auch nur erwartet hätten. Sondern: «Jesus kam» (Joh. 20, 24). «Jesus selbst nahte ihnen und ging mit ihnen» (Luk. 24, 15). Er kam den Frauen «entgegen» (Matth. 28, 9). Er kommt und tritt in die Mitte der Jünger (Luk. 24, 36, Joh. 20, 19. 26). Er tritt an das Gestade des Sees von Tiberias (Joh. 21, 4). Er kommt jedes Mal ungeklärt woher? und wie? (das wird Joh. 20, 19. 26 durch die Erwähnung der verschlossenen Türen unterstrichen!), jedes Mal gänzlich ungerufen und unerwartet: wirklich wie jener Dieb in der Nacht (Matth. 24, 43, 1. Thess. 5, 2), wirklich plötzlich wie jener Bräutigam (Matth. 25, 1f.) zu den schlafenden Jungfrauen. ἐφανερώθη (Joh. 21, 14, 1. Joh. 1, 2), aber das wird Joh. 21, 1 sicher richtig interpretiert ἐφανέρωσεν ἑαυτόν. Das 1. Kor. 15, 5f. dreimal gebrauchte ὤφθη (auch Luk. 24, 34) meint bestimmt eine sinnliche Wahrnehmung. Darum Joh. 20, 14: Maria Magdalena «kehrt sich um und sieht Jesus stehen». Darum Matth. 28, 17: «sie sahen ihn». Aber so einfach ist dieses Wahrnehmen auch wieder nicht. Nur indem er kommt, wird er ihnen wahrnehmbar. Und daß sie ihn effektiv wahrnehmen, darüber haben sie wieder keine Verfügung. «Gott hat ihn erweckt am dritten Tage» καὶ ἔδωκεν αὐτὸν ἐμφανῆ γενέσθαι heißt es Act. 10, 40 sehr bezeichnend. Jesus wurde ja von den Emmausjüngern wohl gesehen und gehört, aber zunächst nicht als Jesus erkannt. «Ihre Augen waren gehalten» (Luk. 24, 16) und ihre Ohren offenbar auch, obwohl sie sich nachher gestehen, daß ihr Herz in ihnen brannte, da er mit ihnen redete auf dem Wege und ihnen die Schrift öffnete (Luk. 24, 32). Auch Maria Magdalena sieht und hört ihn und weiß nicht, daß es Jesus ist. (Joh. 20, 14). Auch die Jünger, die ihn am Seeufer sahen, wußten es nicht (Joh. 21, 4). Es gibt da ein Zweifeln mitten im Sehen und Hören (Matth. 28, 17). Eine Alternative ist nach Luk. 24, 37: sie möchten es mit einem Geist zu tun haben. Und es gibt da auch Unglauben, nicht nur auf den Bericht Anderer hin (Luk. 24, 11, Joh. 20, 25), sondern auch bei eigenem und, wie es ausdrücklich heißt, freudigem Sehen und Hören (Luk. 24, 41). Es hat ihn ja dann auch Thomas gesehen und gehört und doch noch nicht geglaubt (Joh. 20, 26f.). Werden ihnen «die Augen geöffnet», kommt es zu einem erkennenden Sehen und Hören – ἐπέγνωσαν αὐτόν (Luk. 24, 31): «Wir haben den Herrn gesehen» (Joh. 20, 25). «Es ist der Herr!» (Joh. 21, 7) – dann ist ihnen die Möglichkeit und Freiheit dazu, soweit man sieht, in allen Fällen von Jesus selbst gegeben worden. Überall, besonders auch 1. Kor. 15, 5f. ist endlich vorausgesetzt, daß es sich nicht mehr um ein kontinuierliches Zusammensein Jesu mit den Seinen, sondern um immer neue einzelne Begegnungen mit ihnen handelte, die wie je einen von ihm selbst gesetzten Anfang, so auch ein je von ihm selbst gesetztes Ende hatten. Luk. 24, 31 heißt es unmittelbar nach jenem ἐπέγνωσαν αὐτόν: «und er verschwand vor ihren Blicken», und es hat die Himmelfahrt ja jedenfalls auch den Charakter eines von ihm selbst vollzogenen Abbruchs einer solchen, u. zw. der letzten dieser Begegnungen und also des ganzen Ereignisses: διέστη ἀπ' αὐτῶν (Luk. 24, 51).

ad 2) Die Frage: wie es zu jenem erkennenden Sehen und Hören kam? beantwortet sich merkwürdigerweise – nicht mit ganz gleichmäßiger Bestimmtheit freilich – überall und grundsätzlich mit der Feststellung, als welcher er da erkannt wurde: eben als der nämlich, der zuvor in ihrer Mitte gewesen war und dann gekreuzigt wurde, starb und begraben wurde. Das in seiner Art schöne und verdienstliche Buch von K. H. Rengstorf (Die Auferstehung Jesu 1952) leidet m. E. unter einer Überbetonung der Wichtigkeit der neuen glorifizierten Leiblichkeit, in der Jesus den Seinen erschienen sei. In ihr sieht Rengstorf das Anheben der zweiten Schöpfung, des neuen Äons und so in ihr das Thema und den Skopus der Osterberichte und des Osterkerygmas. Aber ist dem wirklich so? Ist es nicht auffallend, daß man darüber, wenn man es schon wollte, der Verklärungsgeschichte viel mehr entnehmen könnte als den Osterberichten, die sich wohl für die weißen (Mr. 16, 5) oder gar «blitzenden» (Luk. 24, 4) Gewänder der Engel, aber eigentlich nirgends für die neue Gestalt Jesu als solche interessieren, hinter denen man Angaben über diese schon suchen bzw. Konsequenzen ziehend (etwa aus jenem Erscheinen bei verschlossenen Türen), erraten muß: Fragen beantwortend, die sich die Evangelisten jedenfalls in diesem Zusammenhang nicht gestellt haben? Während das, was sie wissen und sagen, doch schlicht dies ist: daß die Jünger Jesus Christus nach seinem Tode aufs neue gesehen und gehört, u. zw. in der Weise erkennend gesehen und gehört haben, daß er selbst sie von seiner Identität mit dem, den sie zuvor gekannt, überführt hat. Wie das? Darüber geben die Texte allerdings Antwort: das zu sagen, scheint geradezu ihre besondere Absicht zu sein. Er sei von ihnen erkannt worden ἐν τῇ κλάσει τοῦ ἄρτου, berichten die Emmausjünger (Luk. 24, 35). In der Tat: «Da er mit ihnen zu Tische saß, nahm er das Brot, dankte und indem er es brach, gab er es ihnen» (Luk. 24, 30). Das ist doch bis auf die Worte und ihre Folge genau die Schilderung des Geschehens beim letzten Mahl und vorher bei der Speisung der Fünftausend und Viertausend. In der darauf folgenden Erscheinung vor den Elfen geschieht ihr Durchbruch zur Erkenntnis damit, daß er sie seine Hände und Füsse sehen und berühren läßt (Luk. 24, 39), was Joh. 20, 20. 25. 27, wo auch vom Berühren seiner Seite die Rede ist, sicher richtig dahin erläutert wird: daß er sich ihnen als der Gekreuzigte zu erkennen gegeben hat. Maria Magdalena erkennt ihn schlicht daran, daß er sie, offenbar nicht zum ersten Mal, bei ihrem Namen ruft (Joh. 20, 16). Man kann sich fragen, wie es nach der Meinung des Textes bei der Szene am See dazu gekommen ist, daß die Jünger schließlich alles Fragen: «Wer bist du?» unterlassen konnten und mußten, «weil sie wußten, daß es der Herr war» (Joh. 21, 12). Das gemeinsame Essen, bei dem Jesus auch hier als Hausherr auftritt, spielt auch in diesem Vorgang eine sicher bedeutsame, aber immerhin untergeordnete Rolle. Besteht die einfachste Erklärung nicht darin, daß der erzählte Vorgang ja eine bei allen Abweichungen im Einzelnen nicht zu verkennende Spiegelung des Luk. 5, 4–11 berichteten «Fischzuges des Petrus» war? Der den am Ufer auf das mit der reichen Beute zurückkehrende Schiff wartenden Jesus zuerst erkennt, ist freilich (Joh. 21, 7) «der Jünger, den Jesus lieb hatte». Es ist aber Petrus, der sich aus dem Schiff stürzt, um ihn auf dem schnellsten Weg zu erreichen: derselbe Petrus, der Ähnliches nach Matth. 14, 29 schon einmal getan, vor Allem aber: dem schon nach Luk. 5, 10 zugesagt war: «Fürchte dich nicht, von nun an sollst du Menschen fangen». Eben von seiner Sendung und Zukunft handelt ja dann im Johannesevangelium der unmittelbar folgende Schlußabschnitt 21, 15–23. Ist Luk. 5, 4–11 eine von jenen Antizipationen des Ostergeschehens? Oder liegt es nicht doch näher, das Joh. 21, 1–14 beschriebene Element des Ostergeschehens als die Vergegenwärtigung jenes so bedeutsamen Elementes der «vorösterlichen» Geschichte zu verstehen? Dürfte man endlich den Missionsbefehl Matth. 28, 18f. als eine gewaltige Überbietung und Ausweitung, aber immerhin auch Bestätigung der Aussendungsrede Matth. 10, 5–42 verstehen, so würde auch die Frage, wie es zur Überwindung der Matth. 28, 17 erwähnten Zweifler unter den Jüngern gekommen ist, ihre Antwort haben. Daran dürfte die etwas geringere Klarheit des Sachverhalts in den beiden zuletzt genannten Texten nichts ändern: die Relevanz der

2. Die Heimkehr des Menschensohnes

Selbstbekundung des Auferstandenen besteht nach diesen Texten in dem Aufweis seiner Identität mit dem, der zuvor gelebt, geredet, gehandelt hat und in den Tod gegangen ist. Eben Dieser in seiner Geschichte und Existenz ist allerdings, indem sie die Versöhnung der Welt mit Gott ist, der neue Mensch, der Anbruch der neuen Schöpfung und Welt. Er wird es aber nicht erst durch seine Auferstehung. Er wurde, war und ist es in seinem Leben und Sterben. In seiner Auferstehung aber offenbart er sich als der, der in seinem Leben und Sterben Dieser gewesen ist, ist und sein wird.

Eine dritte formale Feststellung betrifft den Offenbarungscharakter des Osterereignisses als solchen. Es ist das konkret geschichtliche Ereignis der Selbstkundgebung Jesu nach seinem Tode. Es ist das Ereignis, in welchem die mit seinem Tod abgeschlossene und vollendete Geschichte und Existenz Jesu Christi als die in ihm als dem Sohn Gottes, der auch Menschensohn wurde und ist, vollzogene Versöhnung der Welt mit Gott, in deren eigenem Raum und in deren eigener Zeit durch ihn selbst sichtbar, erkennbar gemacht wird. Es ist das Ereignis der Herausstellung und Emporhebung des der Welt noch verborgenen Seins und Werks Jesu Christi: das Ereignis, in welchem das Wort im Fleisch, von Gott gesprochen als das Wort seines Erbarmens und seiner Macht, seiner Treue und Gerechtigkeit, zum Leuchten kommt, sich selbst als zu den Menschen gesprochen in Kraft setzt, inmitten der Menschheit, im Bereich menschlicher Wahrnehmung, menschlicher Erfahrung, menschlichen Denkens erkennbar und tatsächlich erkannt wird. Was Gott als Herr des Bundes, der sich selbst von Ewigkeit her für den Menschen und den Menschen für sich bestimmte, wollte, will und wollen wird, ist nun nicht mehr nur verborgen in seinem Ratschluß, nicht mehr bloß himmlisch wahr, ist aber auch auf Erden nicht mehr bloß faktisch wahr gemacht und verwirklicht, sondern als verwirklichte Wahrheit der Welt kundgetan, von ihm selbst dem Menschen, für den er es wollte und tat, mitgeteilt. Diese Kundgebung und Mitteilung des Willens und der Tat Gottes ist das Ereignis der Auferstehung und der Himmelfahrt Jesu Christi. Im Licht dieses Ereignisses entsteht Erkenntnis des Willens und der Tat Gottes, die dann auch die Liebe zu ihm als den, der uns von Ewigkeit her und dann auch in der Zeit zuerst geliebt hat, nach sich zieht. Der Ort, wo solche Erkenntnis und Liebe entsteht, ist die Gemeinde Jesu Christi des Gekreuzigten, der als solcher von den Toten auferstanden und gen Himmel gefahren ist. Als solcher, in diesem Ereignis, wird er als der, der er ist, und wird in ihm der Wille und die Tat Gottes erkannt.

Eben als die diese Erkenntnis erweckende und begründende göttliche Kundgebung und Mitteilung partizipiert nun aber das Offenbarungsereignis an der Majestät des Willens und der Tat Gottes, die in ihm offenbar werden. Es geschieht in der Welt, auf Erden, unter Menschen. Es erweckt und begründet menschliches Erkennen. Es geschieht aber entsprechend dem, der – und dem, was in Ihm offenbar wird, in heiliger Unbegreiflichkeit. Es erweckt und begründet ein menschliches Erkennen, das nur insofern ein Begreifen ist, als es in einem Begreifen des heilig Unbegreiflichen besteht. Wir verstehen unter seiner heiligen Unbegreiflichkeit und also unter seiner Majestät diejenige Neuheit, Andersheit, ja Fremdheit, die ihm als dem Ereignis der Offenbarung der verborgenen Gegenwart und Aktion Gottes im Fleisch und so des Willens und der Tat Gottes inmitten einer ihr entfremdeten Welt und Menschheit wesentlich, notwendig, eigentümlich ist. «Es ist der Herr» (Joh. 21, 7), der schon in der Verborgenheit seiner Knechtschaft der Herr war und nun als der Herr aus dieser Verborgenheit heraustritt: der Herr des Bundes, der auch der Herr der Welt und des Menschen ist. Der Herr ist er, als der Herr offenbart er sich auch: als solcher allem menschlichen Wahrnehmen und Denken unzugänglich, aber der Herr auch des menschlichen Wahrnehmungs- und Denkvermögens: nicht gebunden an dessen Grenzen, frei, sich dem Menschen und in dessen Grenzen zu erkennen zu geben. Daß er sich offenbart, heißt: daß er eben das tut, daß er sich dem Menschen, der zu ihm keinen Zugang hat, zugänglich macht, indem er selbst sich Zugang zu ihm verschafft, indem er ihm erscheint, indem er zu ihm kommt. Das ist das Licht dieses Ereignisses, das Licht der Auferstehung und der Himmelfahrt, in welchem Erkenntnis entsteht: Erkenntnis Jesu Christi, Erkenntnis des Willens und der Tat Gottes. In einem anderen Licht, in anderer Zugänglichkeit als der durch seinen eigenen Zugang geschaffenen erkannt, wäre er nicht der Herr. Erkenntnis des Herrn ist von ihm als Herr, im Akt seiner Majestät geschaffene Erkenntnis.

Die Spuren dieses Sachverhalts in den Texten sind sehr deutlich: Von einer Flucht der Frauen angesichts des leeren Grabes ist in dem kurzen Osterbericht des Markus (16, 8) die Rede: Zittern und Entsetzen habe sie ergriffen und sie hätten niemand davon zu reden gewagt: οὐδενὶ οὐδὲν εἶπαν· ἐφοβοῦντο γάρ, ist hier der abrupte Schluß des Berichts: auch einer von den Widersprüchen der Überlieferung, die zu beseitigen offenbar niemand für nötig gehalten hat! Daß Bestürzung und Furcht über die Jünger gekommen sei, hört man aber auch Luk. 24, 37 und Matth. 28, 17: «Da sie ihn sahen, fielen sie vor ihm nieder» und Joh. 20, 28 das im Neuen Testament so sonst nirgends begegnende Bekenntnis des Thomas: ὁ κύριός μου καὶ ὁ θεός μου.

Weil und indem das Offenbarungsereignis an der Majestät des Willens und der Tat Gottes partizipiert, weil es als Offenbarung Gottes im Fleisch selber göttlicher Majestätsakt ist, hat es notwendig Wundercharakter, impliziert sein Geschehen ein Element, in dem es aus allen Analogien sonstigen Geschehens herausfällt, in welchem es als Gegenstand menschlicher Wahrnehmung unerklärlich und als Gegenstand menschlichen Denkens nicht nachvollziehbar ist, dem gegenüber menschliches Wahrnehmen und menschliches Denken und also menschliches Erkennen nur eben in der Feststellung seiner Faktizität bestehen kann. Man muß das freilich recht verstehen: nicht weil dieses Ereignis wunderbar ist, ist es majestätisch, sondern weil es majestätisch ist, ist es wunderbar; weil es als Offenbarung des Herrn in heiliger Unbegreiflichkeit geschieht, ist es auch unbegreiflich in jenem gewöhnlichen Sinn. Durch seinen Wundercharakter zeigt es sich mitten in der Welt des Fleisches an als Gottes Offenbarung im Fleisch. Wie sollte diese Offenbarung in der Welt anders als in tiefster Befremdlichkeit stattfinden – wie also ihre Erkenntnis ohne Anerkennung auch dieser ihrer Befremdlichkeit? Aber nicht ihre Befremdlichkeit, nicht dieses Negative und also nicht ihr Wundercharakter macht sie zur Offenbarung und begründet die Erkenntnis Jesu Christi in deren Anerkennung, sondern das Positive und die Anerkennung des Positiven: daß es Gottes Majestät, daß es der Herr ist, der in Ihm handelt, in Ihm sich selbst zu erkennen gibt: seinen ewigen Willen und seine im Kreuzestod des Gottessohns und Menschensohns vollbrachte Versöhnungstat. Das Wunder an sich und als solches ist zweideutig. Es könnte auch bloß beiläufig, mit irgend einem der Sache fremden Interesse festgestellt und dann doch wieder übersehen, es könnte auch geleugnet, es könnte als Wunder auch wegerklärt werden. Es könnte sogar für die, die es mit eigenen Augen gesehen haben – um von denen, die es nur durch Hörensagen kennen, nicht zu reden – irgend eine ganz andere Bedeutung haben als gerade die von Offenbarung. Ganz oder doch teilweise Befremdliches, als Gegenstand menschlicher Wahrnehmung Unerklärliches, denkend nicht Nachvollziehbares geschieht und gibt es in der Welt auch sonst, ohne daß es als solches gerade Gottes Offenbarung wäre und Erkenntnis Jesu Christi erwecken und begründen würde. Gottes Offenbarung im Fleisch impliziert auch das Wunder. Sie wäre nicht die Kundgabe und Mitteilung des real Neuen hinein in die menschliche Geschichte, wenn sie das nicht täte. Das Wunder von ihr absondern und trennen zu wollen, würde also immer ein vergebliches Bemühen sein, in welchem man auch sie selbst nur leugnen, sich der aus ihr entstehenden Erkenntnis nur verweigern könnte. Aber wie das Wunder als solches nicht Gottes Offenbarung impliziert, so impliziert auch die Anerkennung des Wunders keineswegs die Anerkennung und also die Erkenntnis des Offenbarungsgeschehens in seiner Majestät, keineswegs die Erkenntnis des Herrn.

Die neutestamentlichen Osterberichte haben den Wundercharakter des berichteten Ereignisses sichtbar genug gemacht. Wie konnten sie anders? Es war ja zweifellos höchst befremdlich, es war wunderbar, wenn der zuvor Gestorbene und Begrabene wieder vor ihre Augen, in ihre Mitte trat, mit ihnen redete, aß und trank und dann wieder vor ihren Augen entschwand, u. zw. nicht irgendwohin, sondern in den Himmel als den verborgenen Bereich Gottes in der Welt. Es besteht aber kein Anlaß (es kann die Sache mutwilliger Tendenz sein!), den Wundercharakter des von ihnen Berichteten noch mehr zu unterstreichen, als sie selbst es getan haben. Man lese sie genau und unter Vergleich mit anderen, den apokryphen Berichten oder mit sonstigen ähnlicher Art, um zu konstatieren, daß sie sich in dieser Hinsicht verhältnismäßig sparsam und zurückhaltend aussprechen und vor Allem: daß es nun doch nicht der Wundercharakter des Ereignisses als solcher ist, der sie interessiert und auf den sie aufmerksam machen wollen.

Vom Geschehen der Auferstehung selbst und als solcher geben sie bekanntlich keine Beschreibung und von der Himmelfahrt genau genommen nur die in dem einen kurzen Satz Act. 1, 9: «Und als er das gesprochen hatte, wurde er emporgehoben und eine Wolke nahm ihn auf vor ihren Augen» und des Nachsatzes v 10, laut dessen sie ihm nachsahen εἰς τὸν οὐρανὸν πορευόμενου. Gewiß, dieser Satz beherrscht die Perikope Act. 1, 4–14 und damit den Übergang und Eingang in die Apostelgeschichte, aber doch nicht als Wunderbericht, sondern im Blick auf das (allerdings wunderbare!) Geschehen des Ausgangs, Endes und Ziels des Offenbarungsereignisses der Selbstkundgebung Jesu, die am dritten Tag nach seinem Tod seinen Anfang genommen hatte, auf die dadurch geschaffene neue Situation der Jüngerschaft. Und so sind die die Evangelien abschließenden Berichte über das Anheben und den Fortgang dieses Ereignisses beherrscht von der Bezeugung des (allerdings wunderbaren!) Erscheinens, Kommens, Hereintretens, Daseins, von dem (allerdings wunderbaren!) Sehen, Hören und Betasten des Herrn, der lebend den Tod hinter sich hatte. Es ist aber dieser Herr selbst und nicht das (freilich hervorgehobene!) Wunder seiner Erscheinung, der das Bild beherrscht. Es ist nicht ein ihre merkwürdigerweise sonstwie erwachte, bzw. von Gott erweckte Erkenntnis des gekreuzigten Jesus nachträglich «beglaubigendes Mirakel», das sie bezeugen, sondern sie bezeugen ihn selbst, der (allerdings wunderbar wiedergekommen!) diese ihre Erkenntnis erst begründete und erweckte. Sie bezeugen die (allerdings wunderbare!) Folge der an ihm und so für sie geschehenen Gottestat seiner Auferweckung von den Toten: seine lebendige Gegenwart. Man setze die Akzente falsch – anders, als sie in den Texten gesetzt sind – so kommt man unvermeidlich in die Situation, vor lauter Bäumen den Wald, d. h. vor lauter entweder neugierig begrüßten oder überlegen kritisierten und abgelehnten Wundern das wunderbare Geschehen selbst nicht zu sehen, von dem diese Texte reden wollen und tatsächlich reden. Die Aussage «Christus ist auferstanden» impliziert freilich die Aussage: «Ein toter Mensch ist wieder lebendig geworden» samt die von seinem leer gefundenen Grab. Sie impliziert sie aber nur. Werden diese von jener ersten abstrahiert, so werden sie (ob bejaht oder verneint bzw. «entmythologisiert») für das Verständnis der Texte und ihres Zeugnisses uninteressant. Als Begründung der Erkenntnis Jesu Christi kämen sie, auch wenn sie – etwa im Sinn der gewiß bemerkenswerten Untersuchung von Hans Frhr. von Campenhausen (Der Ablauf der Osterereignisse und das leere Grab 1952) – «historisch» zu bejahen wären, nicht in Betracht. Die neutestamentlichen Osterberichte und auch die übrige neutestamentliche Osterbotschaft geben zu solcher Abstraktion keinen Anlaß. Und wenn nicht alle, so doch viele Fragen, die man an sie zu richten pflegt, dürften sich von da aus als gegenstandslos erweisen.

Die Eigenart des Offenbarungsereignisses bedingt nun die Eigenart der in ihm erweckten und begründeten Erkenntnis. Weil es in der Majestät des Willens und der Tat Gottes geschieht, kann seine Erkenntnis nicht vom erkennenden Menschen, sondern nur von dem ausgehen, der in ihm offenbar wird, bleibt sie an ihn gebunden und durch ihn bestimmt. Weil es den Charakter des Wunders hat, wird seine Erkenntnis auch die Anerkennung des Unerklärlichen und Undenkbaren seines Geschehens in sich schließen. Weil der, der in ihm offenbar wird, der lebendige Jesus Christus ist, wird eben er als solcher ihr in allen Dimensionen unerschöpflicher Gegenstand und Inhalt sein. Weil es das den Aposteln in ihrer Begegnung mit dem lebendigen Jesus Christus widerfahrene Ereignis ist, darum wird seine Erkenntnis durch ihr Zeugnis geordnet und an ihm orientiert sein und bleiben müssen. Weil endlich das, was in ihm offenbar wird, der gute Wille Gottes mit uns und die heilsame Tat Gottes für uns ist, wird seine Erkenntnis, wenn sie echt und fruchtbar ist, notwendig die Erkenntnis unserer Liebe zu ihm, der uns in Jesus Christus zuerst geliebt hat, werden und sein müssen.

Gibt es so etwas wie eine «historische», d. h. neutral und objektiv feststellende Erkenntnis dieses Ereignisses? Gewiß nicht in der zuletzt genannten Bestimmung: als echte und fruchtbare Erkenntnis der Liebe zu dem in ihm sich offenbarenden Gott. Aber als Heranführung zur Erkenntnis in dieser allerdings entscheidenden Bestimmung möchte, ja muß es so etwas allerdings geben. Liebe erkennt nicht neutral, nicht objektiv. Ein neutrales, objektives, ein «historisches» Erkennen ist aber ihre Voraussetzung.

Darunter wird hier (1) zu verstehen sein: die möglichst unbefangene und gewissenhafte Erforschung der dieses Ereignis bezeugenden neutestamentlichen Texte. Mit ihr wird seine Erkenntnis immer wieder anfangen, zu ihr wird sie auch immer wieder zurückkehren müssen. Soll sie als solche Hinzuführung sinnvoll sein, dann wird freilich das «Historische», dem sie sich zuwendet, die in den neutestamentlichen Texten, so wie sie uns als historisches Dokument vorliegen, stattfindende Bezeugung dieses Ereignisses sein müssen, nicht aber ein irgendwo hinter diesen Texten aufzuspürendes oder vermeintlich schon aufgespürtes «historisches Faktum», das dann als solches als objektive Wirklichkeit in Anspruch zu nehmen wäre. Die gewissenhafte Feststellung und Befragung des echt «Historischen», nämlich der neutestamentlichen Texte selbst und als solcher, ist mühsam, wichtig und lohnend genug, um jeder Generation immer neue Aufgaben zu stellen. Eben in ihr besteht jene notwendige Hinzuführung. Wogegen die Erfragung und nun gar die mit irgend einem Sicherheitsgrad behauptete Feststellung einer im leeren Raum hinter diesen Texten aufzuspürenden Tatsache nur eine Hinwegführung in irgend eine babylonische Gefangenschaft, in der es Bezeugung jenes Ereignisses nicht gibt, bedeuten und also mit der Erkenntnis jenes Ereignisses nichts zu tun haben könnte.

Und es wird die in jenem ersten Sinn als Hinzuführung allerdings gebotene «historische» Erkenntnis (2) in Unbefangenheit zu vollziehen sein: als schlichte Kenntnisnahme von dem, was die Texte in Bezeugung jenes Ereignisses sagen (und auch nicht sagen!), ohne sie an einem mitgebrachten Welt- und Geschichtsbild zu messen und durch dessen Brille zu lesen, ohne Vorentscheidungen hinsichtlich dessen, was allgemein möglich oder unmöglich, gut oder weniger gut sein möchte, ohne ihnen Vorschriften zu machen hinsichtlich dessen, was sie sagen müßten und nicht sagen dürften, ohne ihnen Fragestellungen aufzudrängen, die nun einmal nicht die ihrigen sind, dafür eingehend auf ihre Fragestellungen und aufgeschlossen für ihre eigenen Beantwortungen, die, wenn es um wirklich «historisches» Denken gehen soll, gegenüber der (natürlich vorzubehaltenden!) eigenen Stellungnahme grundsätzlich den Vortritt haben müssen. Und es wird zu dieser Unbefangenheit auch das gehören, daß man die neutestamentlichen Texte sagen läßt, was sie selber sagen wollen und tatsächlich sagen, ihnen also nur mit größter Vorsicht unterlege, was sie nach Ausweis von allerlei ihnen zeitgenössischer Literatur sagen wollen könnten! «Historische» Erkenntnis in dieser Unbefangenheit wird, weil zunächst niemand unbefangen ist, nie eine leichte und selbstverständliche Sache sein. Man wird aber nicht sagen dürfen, daß die Erfüllung dieser Bedingung zum vornherein unmöglich ist. Würde ihre Erfüllung als Aufgabe nicht ernst genommen oder geradezu abgelehnt, dann würde «historische» Erkenntnis allerdings auch unter diesem Gesichtspunkt keine Hinzuführung, sondern eine Hinwegführung bedeuten und mit Erkenntnis jenes Ereignisses nichts zu tun haben können.

Auferstehung und Himmelfahrt Jesu Christi sind die zwei zu unterscheidenden aber nicht zu trennenden Momente eines und desselben Ereignisses. Man kann und muß die Auferstehung als dessen *terminus a quo*, sein Anheben, die Himmelfahrt als dessen *terminus ad quem*, seinen Abschluß verstehen. Was dazwischen geschieht, sind die Erscheinungen des lebendigen Jesus Christus, mit denen es der neutestamentliche Bericht eigentlich zu tun hat. Die Unterscheidung von Auferstehung und Himmelfahrt macht noch einmal die der Geschichtlichkeit des Seins Jesu Christi entsprechende, sie nachbildende Geschichtlichkeit auch seiner Selbstoffenbarung sichtbar: es gibt auch da ein Hier und ein Dort, ein Damals und ein Dann, zwischen beiden eine Bewegung von dort nach hier, die der Vollzug ihrer Einheit ist. Zu dem «Er kam» des Anfangs der evangelischen Berichte gehört notwendig und unabtrennbar das «Er ging» an dessen Ende, genau so wie zu diesem jenes gehört. Es geht aber hier wie dort um die Offenbarung der Erhöhung Jesu Christi. Wir erinnern uns: um die Offenbarung seiner schon zuvor, schon in seinem «vorösterlichen» Leben, vollendet in seinem Tod am Kreuz, real geschehenen Erhöhung. Und wir erinnern uns: um die Offenbarung der Erhöhung des Menschensohnes – in der Kraft und Herrlichkeit des Sohnes Gottes, der auch Menschensohn wurde und ist, aber nun eben um seine Erhöhung in dem von ihm angenommenen menschlichen Wesen. Als Sohn Gottes war er ja keiner Erhöhung bedürftig und fähig. In seiner Hoheit als Sohn Gottes und ohne sie preiszugeben, vielmehr indem er sie betätigte, war er ja Mensch geworden, der Herr ein Knecht, hatte er sich selbst erniedrigt bis zum Tode, dem Tod am Kreuz (Phil. 2, 8) – nie größer als Herr denn in dieser Tiefe seiner Knechtschaft! Gewiß wurde und ist er in seiner Auferstehung und Himmelfahrt auch als Sohn Gottes offenbar, aber nun eben in der Kraft und Herrlichkeit seiner Einheit mit dem Menschen Jesus von Nazareth. Um dieses Menschen Erhöhung und Hoheit in seiner Einheit mit dem Sohne Gottes ging es in der vorösterlichen, in seinem Tod vollendeten Geschichte und Existenz Jesu Christi. Und um die Offenbarung von dieses Menschen Erhöhung und Hoheit in seiner Einheit mit dem Sohne Gottes ging und geht es in Jesu Christi Auferstehung und Himmelfahrt. Daß eben dieser Mensch in seiner Identität mit dem Sohne Gottes der Herr war, das wurde hier offenbar. Ihm, diesem Menschen, wurde in dieser Offenbarung der Herrenname als «Name, der über allen Namen ist, gegeben» (Phil. 2, 9). «Im Namen Jesu» sollten sich – darauf zielt diese Namengebung – die Knie aller im Himmel, auf Erden und unter der Erde beugen, diesen Menschen ehrend (Phil. 2, 10) jede Zunge bekennen: «Kyrios ist Jesus Christus zur Ehre Gottes des Vaters!» In der Geschichte und Existenz dieses Menschen war ja, weil und indem er der Sohn Gottes war, der ewige Wille Gottes in der Zeit erfüllt, der vom Menschen gebrochene Gnadenbund wiederhergestellt, die Versöhnung der Welt mit Gott geschehen, u. zw. vollkommen, ein für allemal geschehen. Es war eben, indem der Sohn Gottes sich selbst erniedrigte und ein Mensch wurde, dieser Mensch zum Täter des ewigen Willens Gottes, zum Vollbringer dieses Werks gemacht, in diese höchste Gemeinschaft mit Gott aufgenommen und eben damit erhöht. Eben das geschah im Verborgenen, eben das mußte offenbar, mußte ja in der Welt verkündigt und vernommen werden. Es mußte eben der diesem Menschen zukommende Name im Kosmos veröffentlicht, der Gesamtheit seiner Bewohner eben so bekannt gegeben werden, wie es Phil. 2, 9–11 beschrieben ist. Und das eben ist die Enthüllung und Erschließung, die in Jesu Christi Auferstehung und Himmelfahrt als konkrete Geschichte, zwischen jenem Woher und Wohin stattgefunden hat.

Die Auferstehung Jesu Christi ist das Woher, das Anheben dieser Offenbarungsgeschichte. «Jesus kam» – woher?

Fürs Erste ist zu sagen: von der irdischen Welt, vom Weg alles Fleisches, von einem wie alles Irdische, alles Menschliche insbesondere begrenzten und also auch befristeten, vorübergehenden und nun vorübergegangenen Dasein her. Mehr noch: vom Sterben nicht nur, sondern vom Tode in dem schweren Sinn des Begriffs, wonach das Sterben für jeden Menschen den Lohn der Sünde, sein Verderben, sein Verlorengehen bedeutet. Und es war ja sein besonderer Tod am Kreuz in aller Form der Tod eines verurteilten und gerichteten Verbrechers, ein Straftod gewesen. Indem der Sohn Gottes es auf sich nahm, Mensch zu werden, der Richter dieser an unserer Stelle Gerichtete, mußte es dem mit ihm identischen Menschen Jesus von Nazareth widerfahren, diesen Tod zu sterben. Und dann war er in unzweideutiger Feststellung und Bestätigung des ihm Widerfahrenen begraben worden: betrauert, aber als Toter beiseite geschafft, den Augen der ohne ihn weiter Lebenden entrückt, dem langsamen und dann immer schnelleren Vergessenwerden übergeben. Er war also dahin gegangen, wohin man zwar gehen muß und zuletzt getragen werden wird, von woher man aber nicht kommen kann. Und nun kam er eben von daher: vom Sterben, vom Tode, vom Grabe her – man möchte sagen: aus der Erde heraus, denn bis unter die Erde war er ja gegangen, gebracht worden. Und nun kam er von daher. Nun hatte er, dieser Mensch, das Alles, was man doch nur vor sich haben kann, hinter sich. So sagt und beschreibt es das Osterzeugnis des Neuen Testamentes in den Berichten von seinen Erscheinungen – angenommen, man lasse es sagen, was es sagt.

Aber nun ist da noch etwas Anderes, was mit dem ganzen Neuen Testament auch die Osterberichte zwar sagen, aber wohlweislich nicht beschreiben. Er kam ja in jenen Erscheinungen nicht nur von seinem Tod, sondern von seiner Erweckung aus den Toten her. So sagt es das Neue

Testament fast durchweg: «aus den Toten». Aus dem ganzen unübersehbaren Heer der Toten heraus ist dieser eine Mensch, der der Sohn Gottes war, herausgerufen, herauserweckt, als lebender Mensch, als derselbe, als der er zuvor gelebt hatte, herausgestellt worden. Dieses Andere, das das Neue Testament gerade nur ausgesprochen, aber nirgends zu beschreiben versucht hat, ist das Entscheidende. Was gäbe es da schon zu beschreiben? Gott hat ihn auferweckt und so ist er «auferstanden». Hätte es doch die christliche Kunst unterlassen, das Wunder nun doch darstellen zu wollen! Davon, von dem nicht zu Beschreibenden, nicht Darzustellenden, daß Gott ihn auferweckt hat, kommt er her. Daraufhin erscheint er seinen Jüngern. Und eben damit hebt an seine Offenbarung als der, der er zuvor war: als der zu Gott erhöhte, als der von Gott an Gottes Seite versetzte Mensch. Eben als Dieser war er zuvor unter seinen Jüngern und unter allem Volk gewesen. Eben als Dieser hat er schon zuvor mit ihnen geredet, sie zu sich gerufen und ausgesendet, Zeichen und Wunder getan. Eben als Dieser hat er sich auch vor ihnen verborgen und doch nicht ganz verborgen. Eben als Diesen haben sie ihn schon erkannt und doch noch nicht recht erkannt. Eben als Dieser war er dann der Vollbringer in Wirklichkeit gewesen, als den ihn der Täufer schon am Anfang seines Weges gesehen und ausgerufen hatte: das Lamm Gottes, welches der Welt Sünde hinwegträgt. Eben als dieser Vollbringer, als dieses Lamm Gottes, gerade in der eigentlichen Verwirklichung seiner Erhöhung, gerade in seinem Leiden, Sterben, Tod und Begräbnis war er in gänzliche Verborgenheit gehüllt, war er von ihnen gar nicht erkannt worden. «Das widerfahre dir nur nicht!» hatte Petrus (Matth. 16, 22) aufgeschrieen, als dieses Letzte in Sicht kam. Wie hätte er ihnen als der mit Dornen gekrönte König offenbar und erkennbar sein können? Als Dieser, gerade als der so gekrönte König, als der in der Kraft und Herrlichkeit seiner Gottessohnschaft so erhöhte Mensch wurde er ihnen in seiner Auferstehung von den Toten – vielmehr als der, der von diesem Geschehen herkam – offenbar: eben damit gewiß auch seine Gottessohnschaft, aber eben die Gottessohnschaft dieses Menschen, dieser Mensch als Gottes Sohn. In dem sichtbar, hörbar, betastbar von daher – von seinem Tod, dem Straftod, vom Grab, aber mehr noch von seiner Auferweckung aus den Toten herkommenden Menschen, in seinem Herkommen von daher, von wo noch keiner hergekommen ist: eben darin erkannten sie ihn als den, der er war und ist, den erhöhten Menschensohn und in ihm den erniedrigten Gottessohn in seiner Kraft und Herrlichkeit, und in dieser Einheit den Herrn, den Täter des Willens, den Vollbringer der Tat Gottes, den Versöhner der Welt mit Gott. Und indem sie ihn darin, in seinem Herkommen von daher erkannten, fielen sie vor ihm nieder ($προσεκύνησαν$ Matth. 28, 17): die Ersten von denen, die in seinem Namen ihre Kniee beugen, ihn als den Herrn bekennen sollten.

2. Die Heimkehr des Menschensohnes

Die **Himmelfahrt** Jesu Christi ist das **Wohin**, der Abschluß dieser Offenbarungsgeschichte. Jesus **ging** – wohin? Man kann und muß auch hier eine doppelte Antwort geben. Sie muß zunächst lauten: er ging an den schlechterdings unzugänglichen Ort, hinüber in die Weltwirklichkeit, von der der Mensch zwar ständig – er existiert ja auf der Erde unter dem **Himmel**! – umgeben ist und insofern herkommt, den er aber **nicht** erreichen, **nicht** betreten kann. Die Räume, die ihm zugänglich sind, sind die irdischen und nur die irdischen Räume.

Der Himmel ist in der biblischen Sprache zunächst die im Verhältnis zur Erde schlechthin andersartige, die obere und als solche im Gegensatz zur Erde **verborgene** Seite des geschaffenen Kosmos: jenseits auch des sichtbaren Himmels, der als solcher nicht zu ihr, sondern zur Erde gehört. Heißt es nun – in der großen Zurückhaltung, in der das Luk. 24, 51 und in der etwas geringeren, in der es Act. 1, 9–11 gesagt wird, daß Jesus dorthin ging (διέστη, πορευόμενος), so ist damit jedenfalls gesagt: er ging dorthin, wohin man nicht, wohin niemand gehen kann, innerhalb der Geschöpfwelt hinüber in dessen dem Irdischen **verborgenen** Raum, in sein ἄδυτον, in das kosmische Heiligtum.

Eben darum wird im Neuen Testament auch das, daß er **dorthin** ging – es geht wieder um das Wunder, das als solches gerade nur berührt werden kann – nur eben **gesagt** aber **nicht** beschrieben. Wie sollte das, daß er dahin ging, beschrieben werden? Wieder war es erst die christliche Kunst, die leider nicht davor zurückgeschreckt ist, auch das darstellen zu wollen. Es bezeichnet dieses Gehen im Blick auf sein Ziel das schlechthin Unerklärliche, ja Undenkbare der Offenbarungsgeschichte.

Aber nun geht es ja auch hier noch um ein **Anderes** und wieder ist Dieses das Entscheidende. Es hat ja das *ascendit ad coelos* des Glaubensbekenntnisses seinen Sinn und seine Pointe in dem *sedet ad dexteram Dei Patris omnipotentis*. Er ging, indem er in jenes Verborgene ging, zu Gott. Er wurde, indem er in den Himmel erhoben wurde, in seiner Identität mit dem Sohne Gottes – nicht vergottet, nicht in die Gottheit erhoben (dessen bedurfte er als Sohn Gottes nicht und dessen war er als Mensch nicht fähig), wohl aber als Mensch an die Seite Gottes, in die unmittelbare Gemeinschaft mit ihm, in die volle Teilnahme an seiner Herrschaft versetzt.

Der Himmel ist in der biblischen Sprache die nicht mit Händen gebaute **Wohnung Gottes in der Welt**, die Stätte seines Thrones, von der her er seine allmächtige Herrschaft ausübt, von der her er als Schöpfer, Versöhner und Erlöser regiert, redet und handelt, von der her er die Erde und die Menschen segnet und richtet, von der her er seinen Willen auch auf Erden geschehen, sein Reich (das «Himmelreich») auf die Erde kommen läßt, von der her er auch seinen eigenen Sohn auf die Erde gesendet hat. Und so ist die «Wolke», die Jesus nach Act. 1, 9 vor ihren Augen aufnahm, wie in der Verklärungsgeschichte nichts Anderes als die Gloriole des ursprünglichen Herrschaftsbereiches Gottes, seine auf Erden sichtbar werdende, dem Sohne Gottes und in und mit ihm dem Menschensohn sich eröffnende **Wohnung des Vaters**. In **diese** sahen die Jünger den Menschen Jesus mitten hinein gehen. Daß es sich **darin** um das Entscheidende des Abschlusses der österlichen Offenbarungsgeschichte handelt, erhellt aus all den neutestamentlichen Aussagen, die die Auferstehung unmittelbar mit der *sessio ad dexteram* in Verbindung bringen: Röm. 1, 4; 8, 34, Kol. 3, 1, 1. Petr. 3, 22, Eph. 1, 20 u. a.

Es ist die Sache Gottes, von dorther zu kommen. Man kann auch sagen, daß es die Sache des Menschen ist, von dorther zu sein: als des von dorther waltenden Schöpfers Geschöpf, als Empfänger der ihm von dorther zugewendeten Gnade des Vaters, des Sohnes und des Heiligen Geistes, als das Kind Gottes, als das er als Bruder seines Sohnes von dorther angesprochen ist. Man kann aber nicht sagen, daß es Sache des Menschen ist, dorthin zu gehen. Der eine Mensch Jesus aber geht – und das ist der Abschluß der Geschichte seiner Offenbarung – gerade dorthin: hinein in den Ursprungsort alles Waltens der göttlichen Macht, Gnade und Liebe. Nicht nur Gott ist jetzt dort, sondern indem Gott dort ist, ist auch er, dieser Mensch dort. Daß dem so ist, das ist das Verborgene, das in Jesu Christi Himmelfahrt offenbar wird. Es ist wieder das Verborgene, das schon zuvor, das in seiner ganzen Geschichte und Existenz als Gottessohn und Menschensohn wahr war, wirklich und in seinem Tod am Kreuz vollendet wurde. Es war seine Erhöhung ans Kreuz, wie es das Johannesevangelium sagt, als solche auch seine Erhöhung zum Vater. Aber wie sollte sie als solche, unter diesem für Menschenaugen undurchdringlichen Schein des Gegenteils offenbar sein und erkannt werden? Sie wird auch für Menschenaugen offenbar und erkennbar in dem Ereignis, dessen Abschluß die Himmelfahrt ist, und so noch einmal, nun auch von dieser Seite: die Erhöhung dieses Menschen, nun positiv: an die Seite Gottes, in die Werkgemeinschaft mit ihm. Es wurde also offenbar das ewige Leben dieses Getöteten, die Herrschaft dieses Knechtes, die Erwählung dieses Verworfenen und Dahingegebenen: das Lamm Gottes, das (Apok. 5, 6) als das geschlachtete Lamm vor Gottes Thron ist. Als der, der dahin ging, gab sich der auferstandene Jesus seinen Jüngern kund und ist er von ihnen erkannt worden und eben so als der, der er war und ist. Darum, in seinem Gehen dahin, erkannt als der Herr, in uneingeschränkter Kraft dieses Begriffs! Darum das Bekenntnis des Thomas: «Mein Herr und mein Gott!» darum, angesichts des Dahingehenden der Blick der Jünger in ihre eigene Zukunft und in die der Welt, die Erwartung des Zeugnisses des Heiligen Geistes vom Himmel und endlich und zuletzt die Erwartung des neuen Kommens desselben Herrn wieder vom Himmel her. Die christliche Gemeinde entstand in der Bezeugung und Erkenntnis des dahin gegangenen Jesus von Nazareth, des Menschensohns, der ihnen, indem er dahin ging, als der Sohn Gottes offenbar geworden war. Erkenntnis Jesu Christi wird zu allen Zeiten und an allen Orten in Erkenntnis dieser seiner Offenbarung stattfinden: in der Erkenntnis der in Jesu Christi Auferstehung und Himmelfahrt offenbaren, auf dem Weg des Sohnes Gottes in die Fremde vollzogenen Heimkehr des Menschensohnes.

3. DER KÖNIGLICHE MENSCH

Die Aufgabe, der wir uns unter diesem Titel zuwenden, besteht in der Entfaltung der Erkenntnis Jesu Christi, sofern er als der Sohn Gottes auch der Menschensohn ist: der Mensch Jesus von Nazareth. Er als solcher ist die Substanz der christologischen Grundlegung dieses zweiten Teils der Versöhnungslehre. Wir haben uns Klarheit darüber verschafft, daß und inwiefern der wahre Gott in Erniedrigung seiner selbst in Jesus Christus auch wahrer Mensch werden wollte, wurde und ist, und also über die in ihm geschehene Erhöhung des Menschen in die Gemeinschaft mit Gott. Jesus Christus als dem kraft dieser Erhöhung wahren, dem neuen Menschen, dem zweiten Adam, in welchem aller Menschen Heiligung geschehen und wirklich ist, haben wir nun unsere ganze Aufmerksamkeit zuzuwenden.

Wir nennen ihn den «königlichen Menschen» in Erinnerung daran, daß wir es jetzt mit dem *munus regium*, dem «königlichen Amt» Jesu Christi zu tun haben: mit dem Knecht als Herrn, mit dem Menschen, der das Reich, die Herrschaft des die Welt mit sich selbst versöhnenden Gottes nach der Darstellung des Neuen Testamentes nicht nur verkündigt, nicht nur gebracht hat, sondern in seiner Person war, ist und sein wird. Daß Gott König und Herr ist, das ist freilich wie die Botschaft des Alten, so auch die des Neuen Testamentes. Das ist aber das Spezifische der neutestamentlichen Botschaft als Interpretation der alttestamentlichen: er ist es in der Gestalt und Person dieses Menschen. Er regiert sein Volk und seinen Kosmos, indem dieser Mensch «zu seiner Rechten», d. h. die Konkretion und Manifestation seiner Macht und Gerechtigkeit ist: er regiert in dem Sinne dessen, was er in und mit der Fleischwerdung seines Wortes, d. h. in und mit der Identifikation seiner Existenz mit der dieses Menschen wollte, getan hat und tun wird. Er hat der Allmacht seiner Gnade und Heiligkeit ein für allemal den Charakter und die Gestalt dieses Menschen gegeben. Sein Reich, seine Herrschaft, sein Königtum ist konkret das Reich, die Herrschaft, das Königtum dieses von ihm in die Gemeinschaft mit seinem Sein und Werk erhöhten Menschen: desselben Menschen, in welchem er, Gott, in seinem Sohn sich selbst erniedrigend, ein Knecht wurde. Wir fassen das Zeugnis des Neuen Testamentes von Jesus Christus dem «Menschensohn» (in Übereinstimmung mit dem alt- und neutestamentlichen Sinn dieses Begriffs) zusammen, indem wir ihn jetzt den «königlichen Menschen» nennen. Und wir denken dabei an die Prophetie, die das Johannesevangelium ausgerechnet dem Pontius Pilatus in den Mund gelegt hat: ἰδοὺ ὁ ἄνθρωπος (19,5) und einige Verse weiter: ἴδε ὁ βασιλεὺς ὑμῶν (19, 14).

Wir stehen jetzt vor der *quaestio facti:* des Faktums, das wir bei unserem bisherigen Fragen und Feststellen, wie es in ihrer Weise auch die traditionelle Christologie getan hat, als solches stillschweigend vorausgesetzt haben. Wir haben ja schon bisher nicht in die Luft gebaut und die alte Kirche mit ihrer Lehre von der Inkarnation des Logos, von dessen beiden «Naturen» und deren Verhältnis zueinander hat das auch nicht getan, sondern sie und wir kamen her von dem Faktum der im Neuen Testament bezeugten Existenz und Geschichte dessen, der als der wahre Sohn Gottes auch der Menschensohn, der wahre, der neue, der königliche Mensch war, ist und sein wird. Und eben auf die Erklärung dieses Faktums war es dabei abgesehen. Es ist nun aber an der Zeit, daß wir dieses Faktum, das uns im Bisherigen Ausgangspunkt und Ziel war, als solches hervorheben und für sich selbst sprechen lassen. Das wird aber anders als im konkreten Gegenüber mit seiner neutestamentlichen Bezeugung nicht möglich sein. Dort ist es uns als Faktum vorgegeben. Dort existiert der königliche Mensch Jesus Christus: nicht nur dort, aber für unsere Erkenntnis nur dort. Dort stoßen wir auch auf seine Selbstkundgebung. Im Blick dorthin ist er von jeher erkannt worden und will er immer aufs neue erkannt werden.

Die alte Dogmatik hat es, ganz mit der allgemeinen und grundsätzlichen Frage nach der Gottheit und Menschheit Jesu Christi beschäftigt – und innerhalb dieses Fragenkreises doch mehr an seiner Gottheit als an seiner Menschheit interessiert – unterlassen, jenes Faktum für sich ins Auge zu fassen. Es war zweifellos die Voraussetzung und auch das Ziel ihrer Christologie, aber nicht mehr als das. Wir können uns mit dieser Lücke ihrer Darstellung nicht abfinden. Der Menschensohn, der der wahre Sohn Gottes ist, will offenbar auch für sich und als solcher gesehen und verstanden sein. Er, der königliche Mensch, gehört zur Substanz der Christologie. Er ist, von der Seite gesehen, in der wir sie jetzt erforschen, geradezu die Substanz des Ganzen.

Der königliche Mensch ist der Jesus der vier und insbesondere der drei ersten Evangelien. Darum – nicht ausschließlich, aber insbesondere – der Jesus der Synoptiker, weil hier eben der Mensch Jesus von Nazareth als Subjekt der Aussage: «Er war wahrhaftig Gottes Sohn» (Mr. 15, 39) im Mittelpunkt steht, während die johanneische Beschreibung umgekehrt aus der Höhe in die Tiefe, auf das Menschsein des ewigen Sohnes Gottes zeigt. Wobei wir uns zu erinnern haben, daß die in diesem oder jenem Sinn vollzogene Erkenntnis Jesu Christi und so auch dessen Darstellung im ganzen Neuen Testament und so von Anfang an auch in den Synoptikern auf derjenigen Selbstkundgebung beruht, in der er sich seinen Jüngern in seiner Auferstehung und Himmelfahrt offenbart hat. Seine neutestamentliche Bezeugung würde in dem Maß unbrauchbar, seine Geschichte, er als der königliche Mensch, würde in dem Maß unsichtbar, als man das Licht dieser seiner Selbstkundgebung künstlich abblenden, ein von dem österlichen Nachher abstrahiertes vorösterliches Vorher für sich ins Auge fassen wollte. Die Kirche hat von Anfang an – und wann und wo immer sie lebendige Kirche war – von und mit dem Jesus Christus des Neuen Testamentes, u. zw. des von seiner Auferstehung und Himmelfahrt her geschriebenen und gelesenen Neuen Testamentes gelebt. Man kann und muß es auch so ausdrücken: sie hat in ihrem Verhältnis zu ihm und im Blick auf ihn von Anfang an mit dem Zeugnis des Heiligen Geistes gerechnet, sich auf dieses Zeugnis angewiesen gewußt und auch im Blick auf die Welt auf die Macht dieses Zeugnisses vertraut. Man darf ruhig sagen, daß sie damit auch das «historische» Problem der Existenz und Geschichte Jesu in der allein sachgemäßen Weise beantwortet hat. Diesen geschlossenen Kreis zu verlassen, kann auch für uns nicht in Frage kommen, wenn wir es nun unternehmen, uns über den königlichen Menschen Jesus und damit über die Substanz unserer zweiten christologischen Grundlegung Rechenschaft abzulegen. Es kann nicht unsere Absicht sein, in irgend einem leeren Raum zu denken und zu reden, sondern in und mit der Kirche muß das geschehen, d. h. aber entscheidend: in der Schule der neutestamentlichen Schriftsteller und derer, bei denen diese selbst gelernt haben: die «von Anfang an Augenzeugen und Diener des Wortes» (Luk. 1, 2) waren.

3. Der königliche Mensch

I

Wir versuchen es nun also, die evangelische Jesus-Überlieferung (insbesondere die synoptische, aber ohne uns streng auf sie zu beschränken) in einigen Diagonalen zu überblicken und beginnen mit einer Feststellung hinsichtlich der Art, in der Jesus nach der Darstellung der neutestamentlichen Zeugen als Mensch unter den Menschen seiner Zeit da war.

Er war es (1) – darin ist sich die Tradition in ihren verschiedenen Schichten und Gestalten vor allem einig – in einer so oder so unübersehbaren und unüberhörbaren Weise. Sein Dasein hatte für seine Umgebung den Charakter einer qualifizierten Tat-Sache. Er begegnete den Menschen, und so konnten auch sie ihm nur begegnen. Sie konnten vor ihm zurückweichen. Sie konnten sich von ihm ab-, sich gegen ihn wenden. Sie konnten aber nicht an ihm vorbeikommen. Er brauchte sich Keinem aufzudrängen. Er war so oder so Jedem gegenwärtig. Er war und er machte eben damit Geschichte.

«Sie erschraken alle, so daß sie sich untereinander besprachen und sagten: Was ist das? ... Und das Gerücht über ihn (ἡ ἀκοὴ αὐτοῦ) ging alsbald überall hin (εὐθὺς πανταχοῦ) in die ganze Umgebung von Galiläa» (Mr. 1, 27f.). Er tat von sich aus nichts dazu, bekannt zu werden. Er verwahrte und wehrte sich immer wieder dagegen. Man hat (Matth. 12, 19) das Wort Jes. 42, 2 auf ihn angewendet: «Er wird nicht schreien noch rufen noch seine Stimme hören lassen auf der Gasse». Er konnte es aber nicht verhindern, daß er bekannt wurde. Er selbst war eben zuerst jenes Verborgene, das unmöglich nicht offenbar werden, jenes Heimliche, das unmöglich nicht an den Tag kommen kann (Mr. 4, 22), jene Stadt auf dem Berge, die nun einmal als solche sichtbar ist (Matth. 5, 14), jenes Licht, das allen leuchtet, die im Hause sind (Matth. 5, 15), der Sauerteig, den eine Frau nahm und unter drei Scheffel Mehl mengte, bis das Ganze durchsäuert war (Matth. 13, 33). Die Beschreibungen seines Auftretens könnten die der Wirkungen eines Erdbebens oder einer andern Naturkatastrophe sein: ἐθαύμαζον, ἐθαμβήθησαν, ἐξεπλήσσοντο, ἐφοβήθησαν liest man immer wieder. «Wir haben heute παράδοξα gesehen» (Luk. 5, 26). Und selig die Augen und Ohren, die zu sehen und zu hören bekamen, was da zu sehen und zu hören war! Ein Einmaliges und Einzigartiges war da auf dem Plan. «Wahrlich, Ich sage euch: Viele Propheten und Gerechte haben begehrt, zu sehen, was ihr seht und haben es nicht gesehen, und zu hören, was ihr hört und haben es nicht gehört» (Matth. 13, 16f.). Aber auch denen, die ihn jetzt sehen und hören, wird gesagt: «Es werden Tage kommen, da ihr euch danach sehnen werdet, einen von den Tagen des Menschensohnes zu sehen und ihr werdet ihn nicht sehen» (Luk. 17, 22). Es ging um das Sehen und Hören der Reden und der Wundertaten dieses Menschen. Es ist aber offenkundig, daß die Berichterstatter durch diese hindurch und über sie hinweg auf ihn selbst zeigen wollen, der da redete und handelte. Er selbst war den Leuten erstaunlich, ja erschrecklich, ein schlechterdings befremdliches und aufregendes Novum. So hat ihn seine Gemeinde gesehen, so war er für sie da gewesen.

Er war, wieder nach ihrem einmütigen Zeugnis (2), in der Weise dagewesen, daß er Entscheidung nicht nur forderte, sondern herbeiführte und vollzog. Die Erregung jenes Staunens war weder Zweck noch gar Selbstzweck. Seine Existenz war nicht neutral. So konnte es auch ihr gegenüber keine Neutralität geben. Sie war eine Frage, auf die mit Ja oder Nein geantwortet werden mußte – und wenn mit Ja, dann in einer entschlossenen Wendung und Umkehr des ganzen Menschen. Man muß es aber stärker sagen, wenn man im Sinn der Evangelien denken und reden will: seine Existenz, die selber von einer schon gefallenen Entscheidung herkam, fällte auch in denen, denen er begegnete, Entscheidungen, brachte an den Tag, was in einem Jeden, wer und was also ein Jeder war, vollzog also Scheidungen in ihnen, aber auch zwischen ihnen, Trennungen zwischen Mensch und Mensch, die mit deren sonstigen Verschiedenheiten und Gegensätzen nichts zu tun hatten, sondern quer durch sie alle hindurchliefen, die aber auch vor den nächsten Bindungen zwischen ihnen nicht Halt machten. Eben indem er als Richter da war und also entschied, letzte Scheidungen in und zwischen den Menschen vollzog und offenbar machte, war er freilich auch in einem letzten Sinn vereinigend in ihrer aller Mitte, wie denn auch sein Tod das Gericht über die Sünde der ganzen Welt war, das er, der Richter, nicht über sie, sondern über sich selbst ergehen ließ. Er ist aber, gerade von diesem Ziel und Ausgang her gesehen, da als der Richter aller derer, an deren Stelle er sich richten läßt.

Gehen wir hier von diesem Ersten und Letzten aus: Das Dasein des königlichen Menschen Jesus war nach dem Lobgesang der «Menge der himmlischen Heere» von Luk. 2, 14 wie in der Höhe identisch mit der Ehre Gottes, so auf Erden identisch mit dem «Frieden unter den Menschen als dem Gegenstand des göttlichen Wohlgefallens». Aber eben als dieser Friede, realisiert und vollzogen in der Menschenwelt, der das göttliche Wohlgefallen nur trotzdem, nur als freie Gnade zugewendet sein kann, realisiert und vollzogen in seinem Kreuzestod, forderte er, dieser Mensch inmitten aller anderen Menschen, Wahl und Entscheidung, vollzog er Scheidung, indem er da war. So hat denn auch Lukas (12, 51) die Tradition nicht unterdrückt, nach der Jesus gesagt hat: «Ihr meint, ich sei gekommen, der Erde Frieden zu geben? Nicht so, sondern ich sage euch: Zwiespalt (διαμερισμόν)!» Das «Schwert» heißt es Matth. 10, 34: dasselbe Schwert offenbar, von dem es Luk. 2, 35 heißt, es werde der Maria durch die Seele dringen, «damit aus vielen Herzen die Gedanken offenbar werden». «Schärfer denn jedes zweischneidige Schwert» wird das lebendige und wirksame Wort Gottes ja auch Hebr. 4, 12f. genannt: «hindurchdringend bis zur Scheidung von Gelenken und Mark der Seele und des Geistes und ein Richter der Gedanken und der Gesinnung des Herzens, und kein Geschöpf ist vor ihm unsichtbar, vielmehr ist Alles entblößt und aufgedeckt vor seinen Augen, dem wir verantwortlich sind». Indem der Mensch Jesus da war, war dieses Schwert da. Er war das Licht, von dem es Eph. 5, 13 heißt, daß von ihm Alles strafend aufgedeckt wird. Er war vom Anfang an, von Hause aus der *venturus judicare vivos et mortuos*. So schon nach dem Matth. 3, 12 überlieferten Zeugnis des Täufers: «Er hat die Wurfschaufel in seiner Hand und wird seine Tenne fegen und seinen Weizen in die Scheune sammeln, die Spreu aber wird er mit unauslöschlichem Feuer verbrennen». Indem er da war, war nach dem Wort, das Markus (1, 15) an die Spitze des Berichtes über seine Tätigkeit gestellt hat, die Zeit erfüllt, das Reich Gottes «in die Nähe gerückt», allen menschlichen Macht- und Herrschaftsbereichen zum bedrohlichen Nachbarn geworden. Es war, indem er da war, die Axt den Bäumen an die Wurzel gelegt (Matth. 3, 10). So gab es ihm gegenüber für alle Menschen nur eine einzige legitime Möglichkeit: die der μετάνοια, des radikalen Umdenkens und Umkehrens, gleichbedeutend mit dem Glauben an die, indem er da war, proklamierte frohe Botschaft. Er kam selbst als ein

3. Der königliche Mensch

vorweg Entschiedener: «Muß ich nicht sein, in dem, was meines Vaters ist?», läßt ihn das Kindheitsevangelium Luk. 2, 49 sagen und das Johannesevangelium (9, 4): «Ich muß wirken die Werke dessen, der mich gesandt hat, solange es Tag ist». Eben aus dieser seiner eigenen Entschiedenheit folgt die Strenge, in der die anderen Menschen auf Grund seiner Begegnung mit ihnen wählen mußten zwischen ihm und allem, was ihnen sonst als wichtig und notwendig erscheinen mochte, Reichtum, Sattwerden, Vergnügen, guter Ruf z. B. (Luk. 6, 24. 26), aber auch zwischen ihm und den ihnen sonst zunächst Stehenden. Zwischen Seligpreisung und Weheruf gab es da kein Drittes.«Wer Vater oder Mutter mehr liebt als mich, ist meiner nicht wert. Und wer Sohn oder Tochter mehr liebt als mich, ist meiner nicht wert» (Matth. 10, 37). Man bemerke, wie Matth. 10, 35f. ein Wort aus einer angesichts der sozialen Zerrüttungen seiner Zeit gesprochenen Anklagerede des Propheten Micha (7, 6) zu einem Wort Jesu wird, laut dessen er ausgerechnet dazu gekommen ist, «einen Menschen mit seinem Vater zu entzweien und eine Tochter mit ihrer Mutter und eine Schwiegertochter mit ihrer Schwiegermutter, und des Menschen Hausgenossen zu seinen Feinden zu machen!» Was den Menschen von Jesus trennt oder auch nur zurückhält, das ist σκάνδαλον. Und nichts, auch nicht seine eigene Hand, sein eigener Fuß, sein eigenes Auge kann ihm, wird es ihm zum «Ärgernis», zu kostbar sein, um es von sich zu tun und wegzuwerfen (Mr. 9, 43f.). Zwei Herren dienen konnte im Verhältnis zu ihm niemand: «entweder er wird den einen hassen und den anderen lieben, oder er wird dem einen anhangen und den anderen verachten» (Matth. 6, 24). Wem, indem er ihm begegnete, der im Acker verborgene Schatz, die eine kostbare Perle gezeigt war, der mußte, wollte er nicht verlieren, was er gefunden, wohl oder übel alles verkaufen, was er hatte (Matth. 13, 44f.). Man konnte sein Leben gerade nur verlieren um seinet- und des Evangeliums willen, um es zu finden, zu erhalten, zu erretten (Mr. 8, 35 Par.). Denn hier ging es um ausschließende Gegensätze. Sein Wort hören und tun oder hören und nicht tun, bedeutete nach Matth. 7, 24f.: ein Bauherr sein, der sein Haus auf den Felsen oder einer, der es auf den Sand gründet, mit den Folgen, die beides haben wird. Es bedeutete nach Matth. 7, 13f.: die schmale Pforte und Straße wählen, die zum Leben, oder die breite, die ins Verderben führt. Es bedeutete nach Matth. 13, 24f. 36. f: nützliche Saat oder Unkrautsamen, es bedeutete nach Matth. 13, 47f.: ein guter oder ein fauler Fisch sein, deren offenkundige Scheidung nur noch eine Frage der Zeit ist. Es gab wohl Leute, die, ohne zu der Gruppe seiner Jünger zu gehören, in seinem Namen Dämonen austrieben, und im Blick auf die er sagen konnte: «Wer nicht gegen uns ist, der ist für uns» (Mr. 9, 38f.). Es gab, wo er dem Menschen begegnete, ein wie alle andere Sünde und Lästerung vergebbares Reden auch gegen ihn, den Menschensohn, beruhend auf Unkenntnis und Unverstand seiner Existenz, seiner Worte und Taten. Es gab aber auch, scharf davon abgegrenzt, ein nicht vergebbares Reden gegen den Heiligen Geist, eine Verleugnung und Verleumdung des offenbaren und erkannten Geheimnisses seiner Existenz, seiner Worte und Taten: die Pharisäer, die sein ihnen offenkundiges Werk als Teufelswerk und also die guten Früchte eines guten Baumes als böse erklärten, sollten sich fragen, ob sie sich nicht dieser Lästerung schuldig machten (Matth. 12, 31–35). Grundsätzlich galt auf alle Fälle: «Wer nicht mit mir ist, der ist wider mich und wer nicht mit mir sammelt, der zerstreut» (Matth. 12, 30), von J. A. Bengel richtig interpretiert: *Non valet neutralitas in regno Dei*. Und man beachte, wie eigentümlich das Matth. 25, 31–46 beschriebene Weltgericht, in welchem der Menschensohn (hier ausdrücklich «der König» genannt) mit seinem Maßstab messend, die einen zu seiner Rechten, die Anderen zu seiner Linken stellen wird, vorausgenommen, schon Gegenwart zu sein scheint in der Kreuzigung der zwei (nach Luk. 23, 39f. so ungleichen) Räuber auf Golgatha. So, in dieser kritischen Funktion, hat der Mensch Jesus sich der Gemeinde und ihrer Überlieferung aufgedrängt. So hat sie ihn gesehen.

Und er war, das kann wieder als Gemeingut der Überlieferung von ihm festgestellt werden (3), in einer unvergeßlichen Weise da gewesen.

Hier greift natürlich die unterstreichende und interpretierende Wirkung seiner Auferstehung und Himmelfahrt ganz besonders ein: die «Erscheinungen», in denen ihn die Seinen von daher kommen sahen, von woher noch kein Mensch zurückgekommen ist und dahin gehen, wohin noch kein Mensch gegangen ist. Was haben sie ihnen offenbar gemacht? Daß dieser Mensch – ein Mensch in seiner Zeit wie alle anderen – nun doch nicht so gekommen und wieder gegangen war wie alle andern Menschen in ihrer Zeit. Es zeugt für die Macht dieser seiner Selbstoffenbarung, daß sie die Erinnerung an sein Leben und seinen Tod so zu gestalten vermocht hat, wie das zweifellos geschehen ist: in dem Maß, daß zwischen einem vorösterlichen und einem nachösterlichen Bild dieses Menschen im Neuen Testament praktisch nicht unterschieden werden kann. Das Ostergeschehen hatte doch nur aufgedeckt, daß er gerade vor und in seinem Sterben in ganz anderer Weise da gewesen war als alle Propheten vor ihm und als die großen Gestalten der griechischen oder römischen Vergangenheit, anders auch als alle großen und kleinen Menschen nach ihm da sein würden. Und so mußte die Erinnerung an ihn eine qualifizierte werden, neben der die an Andere in seiner geschichtlichen Umgebung zwar nicht einfach verblaßte, aber doch nur so sich formen konnte, daß sie durch die an ihn gänzlich beherrscht wurde, nur eben in ihrer Beziehung zu ihm wichtig sein konnte.

Indem die neutestamentlichen Autoren wohl ausnahmslos Juden waren, war ihnen der Mensch Jesus doch nicht eine Gestalt der Geschichte ihres Volkes nach und neben anderen, sondern schlechterdings deren Abschluß und Erfüllung, in deren mächtigen Sog sich die, die ihn erkannten, hineingezogen fanden. Man beachte die merkwürdige Kombination alttestamentlicher Worte (Gen. 46, 30; Jes. 25, 7; 40, 5; 42, 6; 46, 13; 49, 6) in dem Lobgesang des Simeon im Tempel (Luk. 2, 29f.): «Jetzt lässest du deinen Knecht, o Herr, nach deinem Wort in Frieden dahingehen; denn meine Augen haben dein Heil gesehen, das du im Angesicht aller Völker bereitet hast, ein Licht zur Erleuchtung der Heiden und zur Verherrlichung deines Volkes Israel». «Das Gesetz und die Propheten bis Johannes! Von da ab wird das Reich Gottes verkündigt» (Luk. 16, 16). Oder nach Matth. 11, 12: «Seit den Tagen der Taufe des Johannes bricht sich das Himmelreich mit Gewalt Bahn und gewaltsam Zugreifende reißen es an sich». Das war mit dem Auftreten dieses Menschen geschehen. Und so erscheinen jetzt Mose und Elia gerade nur noch neben dem in Antizipation seiner Auferstehung «verklärten» Jesus (Matth. 17, 3). So konnte jetzt das ganze Alte Testament gerade nur noch als Verheißung des Kommens dieses Menschen gelesen und ausgelegt werden. So dient erst recht die Nennung des Kaisers Augustus (Luk. 2, 1) oder die des Kaisers Tiberius, des Pontius Pilatus und anderer zeitgenössischer Potentaten (Luk. 3, 1) gerade nur dazu, seine Zeit zu fixieren: nicht er ist ihr Zeitgenosse – sie sind die seinigen.

Die menschliche Figur, mit der sich die vier Evangelien neben Jesus selbst am eingehendsten beschäftigt haben, ist die Johannes des Täufers. Aber die grundsätzliche Distanzierung ist gerade da ganz klar: «Unter denen, die von Frauen geboren sind, ist kein Größerer aufgestanden als Johannes der Täufer: doch der Kleinste im Himmelreich ist größer als er» (Matth. 11,11). Man liest Matth. 3, 14, daß er es nicht zulassen wollte, daß Jesus sich von ihm taufen lasse: «Ich habe es nötig, mich von dir taufen zu lassen, und du kommst zu mir?» Man liest Matth. 3, 11 (vgl. Joh. 1, 27) sein Wort: er sei nicht würdig, ihm die Schuhe zu tragen, und an derselben Stelle (vgl. Joh. 1, 33) die scharfe Unterscheidung: er, Johannes, taufe mit Wasser zur Buße, jener aber, der nach ihm kommende Stärkere, werde mit dem Heiligen Geist und mit Feuer taufen, und Joh. 1, 20f. seine ausdrückliche Erklärung: er sei nicht der Christus, nicht der wiederkommende Elias, nicht der Deut. 18, 18 verheißene Prophet. Wenn es zu Jesu Lebzeiten und nachher so etwas wie eine selbständige Täuferbewegung gegeben hat, so hat sich das Neue Testament deutlich gegen sie abgegrenzt: aber nie in Form einer Polemik gegen Johannes, sondern so, daß sie ihn Jesus zu- und so untergeordnet hat: «Dieser ist es, von dem geschrieben steht: Siehe, Ich sende dir meinen Boten voran, der deinen Weg vor dir bereiten soll» (Matth. 11, 10 vgl. Luk. 1, 76).

Wäre es nun wirklich so gewesen, daß die Gemeinde, in der das Neue Testament entstand, das Bewußtsein gehabt hätte, durch das ihr aufgetragene und von ihr übernommene Wort als solches (durch das sog. Kerygma) konstituiert zu sein, dann müßte das doch wohl darin sichtbar werden, daß dessen ersten Trägern, den Aposteln, als dessen eigentlichen Entdeckern, wenn nicht Urhebern, in der Überlieferung eine sehr viel hervorgehobenere Stellung und Funktion zugewiesen wäre, als sie sowohl bei den Synoptikern als auch in dem offenbar aus weiterer zeitlicher und räumlicher Ferne zurückblickenden Johannesevangelium festzustellen ist. Ihre Figuren sind unentbehrlich und gewiß nicht nur als Randfiguren: zu dem einen Menschen Jesus gehören von Anfang an als seine Nachfolger und Begleiter diese anderen, aber eben so, als solche – nicht in einer auch nur von ferne selbständigen und so mit der Jesu selbst auch nur aufs Leiseste konkurrierenden Stellung und Funktion. Er hatte sie zu sich gerufen. Er «machte» sie damit zu dem, was sie waren (ἐποίησεν Mr. 3, 14. 16 vgl. 1, 17). Er «gab» ihnen δύναμιν καὶ ἐξουσίαν (Luk. 9, 1). Er sandte sie aus (Matth. 10, 5). «Ohne mich könnt ihr nichts tun», wie ein Schoß nicht von sich aus, sondern nur indem es am Weinstock bleibt, Frucht tragen kann (Joh. 15, 5). Und «wenn ihr nicht das Fleisch des Menschensohns eßt und sein Blut trinkt, habt ihr kein Leben in euch» (Joh. 6, 53). Wenn nicht Alles täuscht, so wird gerade in der im vierten Evangelium gebotenen Interpretation der Gestalt Johannes des Täufers implizit auch die Position eines ganz anderen Johannes und damit eben die des Apostels, oder allgemein: des Kerygma-Trägers überhaupt positiv und kritisch definiert und interpretiert: «Dieser kam zum Zeugnis, um von dem Licht zu zeugen, damit alle durch ihn gläubig würden. Nicht war jener das Licht, sondern zeugen sollte er von dem Licht» (Joh. 1, 7f.). Das Kerygma der Gemeinde geht zurück auf das Leuchten seines Kerygmas, ist und bleibt von diesem verschieden und abhängig. In dieser seiner Grenze hat es, hat auch jeder seiner Träger seine Größe. Eine Gewichtsverschiebung in der umgekehrten Richtung ist nirgends sichtbar, auch nicht in der Apostelgeschichte. Die hervorgehobene Würde des Petrus und später des Paulus ist offenkundig, steht aber in einem anderen Buch, das nur *per nefas* neben deren Zeugnis von jenem einen Menschen gelegt werden könnte. Man denke an die bekannten Stellen von den Parteiungen zu Korinth; man kann nicht Paulus oder Apollos oder Kephas gehören, wie dort die Rede ging. «Ist Christus zerteilt? Ist Paulus für euch gekreuzigt worden oder seid ihr auf des Paulus Namen getauft worden?» (1. Kor. 1, 13). «Was ist Apollos, was ist Paulus? Diener, durch welche ihr zum Glauben gekommen seid und das so, wie es der Herr einem Jeden gegeben hat» (1. Kor. 3, 5). Die Überlieferung von Petrus hat durch ihre merkwürdig offenherzige Bezeichnung seiner menschlichen Grenzen – und es hat Paulus durch seine Selbstdarstellung (in der Apostelgeschichte womöglich noch deutlicher als in seinen Briefen) dafür gesorgt, daß die Erinnerung an sie sich in keinem Punkt mit der von dem Menschen Jesus verschmelzen konnte. Und die Erinnerung an die Mehrzahl «der Männer, die mit uns gegangen sind die ganze Zeit hindurch, in der der Herr Jesus bei uns ein- und ausgegangen ist» und die als solche «Zeugen der Auferstehung» werden konnten (Act. 1, 21f.), die also mit jenen Hervorgehobenen desselben Auftrags und derselben Verheißung teilhaftig waren, ist ja in der Überlieferung überhaupt nur in Form der Nennung ihrer Namen erhalten geblieben. Grundsätzlich war eben unter allen in Frage Kommenden ein und nur ein Mensch, dieser nun allerdings schlechthin unvergeßlich.

Warum und wieso er? Er war als der Herr unter seinen Mitmenschen gewesen, eben als der königliche Mensch: gewiß als Mensch wie sie, nicht im Besitz und nicht in Ausübung der göttlichen Souveränität, Autorität und Allmacht, aber allerdings als deren unmittelbarer und vollkommener Zeuge, und als solcher in ihrer Menge unmißverständlich ausgezeichnet. Er war ein Freier, der auf der Erde, aber außer seinem Vater auch im Himmel niemand und nichts über sich hatte, eben weil und indem er für das Tun des Willens dieses Vaters ganz frei war. Es gab für ihn keinen Menschen, keine Natur- und keine Geschichtsmacht, kein Schicksal und keine Ordnungen und offenbar auch keine inneren Grenzen und Hemmungen, an die er gebunden war, mit denen er stehen und fallen mußte, die er zu fürchten hatte: eben weil es für ihn nur ein Müssen gab. Diesem einen Müssen unterworfen und also nicht willkürlich, aber auch von nirgendswoher gedrungen und gezwungen, sah man ihn überlegen kommen und gehen, schalten und walten, hörte man ihn reden, sah man ihn aber auch schweigen und, indem er das Alles tat, Herrschaft aufrichten und ausüben. Wohlverstanden: auch indem er den Weg in sein Leiden und in seinen Tod antrat und zu Ende ging – da nicht weniger, sondern in der rückschauenden Erinnerung ganz klar: gerade da. Ein Reich war da; das Gottesreich, das Himmelreich nennt es die Überlieferung, indem dieser Mann von Nazareth da war. Das machte ihn schlechthin einzigartig und unvergeßlich.

Man denke zunächst an einige konkrete, von der Überlieferung beschriebene Szenen: Etwa wie er nach Matth. 4,1f.; Luk. 4, 1f., vom Geist in die Wüste geführt, den Versucher abwehrte. Oder an die majestätische Feststellung Mr. 1, 13: «Er war bei den Tieren und die Engel dienten ihm». Oder an die Schilderungen der ersten Jüngerberufungen, an jenes kategorische δεῦτε ὀπίσω μου von Mr. 1, 17. Oder an den bereits lebensgefährlichen Ausgang seines Auftretens in seiner Vaterstadt Nazareth: «Er aber schritt mitten durch sie hindurch und ging weg» (Luk. 4, 30). Oder an das θέλω, καθαρίσθητι bei der Heilung der Aussätzigen (Matth. 8, 3). Oder an die Worte, in denen nach Matth. 8, 9f. der Hauptmann von Kapernaum seinen Eindruck von ihm wiedergab: «Auch ich bin ein Mensch, der unter Vorgesetzten steht, und unter mir habe ich Soldaten, und wenn ich zu diesem sage: Geh!, so geht er, und zu einem anderen: Komm!, so kommt er, und zu meinem Knecht: Tu das!, so tut er es». Oder man denke daran, wie er die Weinenden und Klagenden (und erst noch Spottenden!) im Haus des Synagogenvorstehers Jairus nach Mr. 5, 38f. einfach hinausgetrieben hat. Oder daran, wie er (nach den Synoptikern am Ende, nach Johannes in bemerkenswerter historischer Freiheit, aber sicher nicht sinnlos, am Anfang seines Wirkens) die Händler und Wechsler aus dem Vorhof des Tempels gejagt hat. Oder an die Berichte über sein Verhör vor den Hohepriestern und an die Joh. 18, 28f. und 19, 1f. besonders eindrucksvoll gestaltete Beschreibung seines Verhörs vor Pilatus. Es hätte das Wort aus dem Auferstehungsbericht (Matth. 28, 18) tatsächlich schon am Anfang der evangelischen Texte stehen können: «Mir ist gegeben alle Gewalt im Himmel und auf Erden». «Alles ist mir von meinem Vater übergeben worden», liest man ja tatsächlich schon in deren Mitte (Matth. 11, 27).

3. Der königliche Mensch

Eben darum wird dieser Mensch in den Evangelien κύριος genannt, wird er nach ihrem Bericht immer wieder so angeredet. Als «Mutter meines Herrn» wurde Maria nach Luk. 1, 43 schon vor der Geburt Jesu von ihrer Verwandten Elisabeth in höchster Ehrfurcht begrüßt. Sicher wurde dieser Titel in jener Zeit (wie das deutsche Wort «Herr» bis auf diesen Tag) auch als Höflichkeits- und Ehrenbezeichnung gegenüber irgend einem Höherstehenden verwendet. Auch die Evangelien kennen es (besonders in den Gleichnissen) in diesem konventionellen Gebrauch. Dieselbe Zeit kannte aber auch einen singulären Gebrauch des Wortes: im griechisch redenden Judentum als Übersetzung des alttestamentlichen Gottesnamens, in der übrigen hellenistischen Welt z. B. als Bezeichnung des Gott-Kaisers. Und wenn nun in der den Evangelien zeitlich zum großen Teil vorangehenden neutestamentlichen Briefliteratur der Titel κύριος, zweifellos in singulärem Sinn verwendet, stehende Formel zur Bezeichnung Jesu Christi ist, so ist bestimmt anzunehmen, daß er auch in den Evangelien, wenn es um ihn geht, singulären, emphatischen Sinn hat, die Zusammenfassung eben der Souveränität ausdrückt, die der Gemeinde als das Besondere des Daseins Jesu unauslöschlichen Eindruck gemacht hat. Es gab schon in den christlichen Anfängen auch einen als leer, unnütz, verwerflich bezeichneten Gebrauch dieses Titels: im Munde von solchen, die mit «Herr, Herr!» auf den Lippen, und als Propheten, Dämonenbeschwörer und Wundertäter «in seinem Namen» tätig scheinbar in seinem Dienst standen, in Wirklichkeit aber das, was er ihnen sagte und also den Willen seines Vaters im Himmel nicht taten (Luk. 6, 46; Matth. 7, 21f.). Diese Kritik setzt aber voraus, daß gerade der normale Gebrauch dieses Titels kein konventioneller, sondern gewichtig und bedeutungsvoll war. Wenn die da visierten Leute sich selbst das Urteil sprachen («Ich habe euch nie gekannt, weichet von mir, ihr Übeltäter!» Matth. 7, 23), dann darum, weil doch auch sie die Wahrheit sprachen: Dieser war der Gehorsam fordernde Herr, als den sie ihn, indem sie ihn praktisch verleugneten, anredeten. Er war in seiner Person das, was er in Wort und Tat verkündigte: das nahe herbeigekommene, allen anderen Reichen und damit jedem Menschen auf den Leib gerückte Gottesreich. Überflüssig alle Überlegungen über das Wann? und Wie? von dessen Kommen: «Siehe, das Reich Gottes ist in eurer Mitte!» Es ist in ihrer Mitte, indem Jesus in ihrer Mitte ist (Luk. 17, 21). Denn «wenn ich mit dem Finger Gottes die Dämonen vertreibe, ἄρα ἔφθασεν ἐφ'ὑμᾶς ἡ βασιλεία τοῦ θεοῦ: so ist das Reich Gottes über euch gekommen» (Luk. 11, 20). Der König und sein Reich, der Herr und seine Herrschaft sind Eines. Er ist nach einem Wort des Origenes: die αὐτοβασιλεία. So hat ihn seine Gemeinde gesehen und darum war er ihr unvergeßlich.

Und nun können wir in Zusammenfassung alles bisher Gesagten fortfahren: Er war (4) in unwiderruflicher Weise da gewesen. Da gewesen?! Sicher auch «da gewesen!» Die Evangelien und so auch die vereinzelten und gesammelten Dokumente mündlicher Überlieferung, die ihnen zugrunde liegen mochten, sind ja bestimmt auch im Rückblick auf Jesu abgeschlossene, dahinten liegende Lebenszeit geschrieben: sie sind auch Monumente der Erinnerung nun eben an diesen Menschen.

Lukas insbesondere hat sich in seinem Evangelium nicht schlecht – gewiß nicht als «Historiker» in unserem Sinn, aber als bewußten und gewissenhaften Geschichtsschreiber einzuführen gewußt, der allem von vorne an genau nachgegangen sei und es – nämlich «die Ereignisse, die sich unter uns zugetragen haben» – der Reihe nach aufzeichnen wollte. Der Zweck seiner Arbeit sei der, dem Theophilus (einem Namen, hinter dem sich vielleicht einfach der Christ der zweiten, bzw. dritten Generation insgemein verbirgt) die ἀσφάλεια, die zuverlässige Grundlage der von diesem empfangenen Unterweisung mitzuteilen (Luk. 1, 1–4). Was war das für eine Grundlage? Lukas selbst hat in seinen Einleitungsworten zur Apostelgeschichte (1, 1f.), wieder in Anrede jenes Theophilus

§ 64. *Die Erhöhung des Menschensohnes*

den Inhalt seines Evangeliums angegeben mit den Worten: es handle sich darin um
«Alles, was Jesus zu tun und zu lehren begonnen hat bis zu dem Tage, an welchem er...
(in den Himmel) emporgehoben wurde». Das war die ἀσφάλεια. Auf Jesu mit diesem Tag
endende Zeit und Geschichte wird in den Evangelien in der Tat zurückgeblickt. Die
Existenz der Evangelien ermöglichte die Befolgung der Vorschrift 2. Tim. 2, 8: «Behalte
im Gedächtnis (μνημόνευε) Jesus Christus, der von den Toten erweckt, der aus dem
Stamme Davids ist!» Es gibt aber auch innerhalb der evangelischen – auffälliger Weise
nicht zum Wenigsten der johanneischen!. – Berichte Stellen, in denen dieses Zurückblicken explizit sichtbar gemacht wird: Joh. 2, 22 anläßlich des Wortes Jesu über den
Tempel, Joh. 12, 16 anläßlich des Einzugs in Jerusalem, Joh. 14, 26 in der Beschreibung
des Werkes des Parakleten – er «wird euch lehren und euch an Alles erinnern, was ich
euch gesagt habe» – in mehr als einer Aufforderung des evangelischen Jesus selber
(Luk. 24, 6, Joh. 15, 20; 16, 4), seiner Worte zu gedenken, im Abendmahlstext des
Lukas (22, 19, vgl. 1. Kor. 11, 24f.) in der Formel: Dies tut zu meinem Gedächtnis (εἰς τὴν
ἐμὴν ἀνάμνησιν), und indirekt in dem seltsamen Wort anläßlich der Salbung in Bethanien
(Mr. 14, 9): «Wahrlich, ich sage euch, wo immer das Evangelium in der ganzen Welt
verkündigt wird, da wird auch das, was sie getan hat, erzählt werden εἰς μνημόσυνον
αὐτῆς.

Aber eben von diesem Charakter der Evangelien als Monumente der
Erinnerung an diesen Menschen und also von dessen Dagewesensein kann
nun doch nicht ohne Setzung eines großen Frage- und Ausrufzeichens
geredet werden. Das Perfektum, auf das sie zurückblicken, ist kein Prä-
teritum, nicht «Vergangenheit», der «Herr», dessen Gedächtnis sie festhalten, kein toter Herr. Er ist der Gemeinde nicht nur unvergeßlich, sondern sie gedenkt seiner als dessen, der **ist**, der er war. Nicht zuerst sie,
sondern er selbst sorgt dafür, daß er nicht vergessen werden kann. Er
war in unwiderruflicher Weise da gewesen: in einer Weise, in der sein
Dasein durch seinen Tod nicht problematisiert, nicht gebrochen war. Er
war ihr gegenwärtig. Er lebte in seiner Gemeinde und sie lebte mit ihm.
Er war ihr auch zukünftig: sie gedachte seiner nicht, ohne ihm eben als
dem, dessen sie gedachte, auch entgegenzusehen. Und das Alles merkwürdigerweise gerade von seinem Leiden und Tod her, dessen Darstellung
ja alle evangelischen Berichte in mächtigem Gefälle entgegeneilen. Seine
Kreuzigung war nicht nur nicht die Katastrophe, sondern sie war (nicht
erst in der Sicht des Paulus, sondern schon in der der evangelischen
Überlieferung) das Telos seines Daseins. Er war der Mensch, der gerade
in seinem Sterben seine Sterblichkeit widerlegte und überwand. Hier
greift natürlich wieder seine Auferstehung und Himmelfahrt besonders
erleuchtend ein. Aber seine Erscheinung nach seinem Tode verdrängte
nicht sein seinem Tode entgegeneilendes Leben. Sondern gerade der damals endlich und zuletzt Gekreuzigte ist – eben das ist es, was in seiner
Auferstehung und Himmelfahrt offenbar wurde – der heute **gegenwärtige, der einst kommende, der lebendige Herr.**

Die Gemeinde verkündigte gerade den Tod des Herrn, bis daß er kommt (1. Kor.
11, 26). Sie konnte seinen Tod offenbar nicht verkündigen, ohne daß er ihr in seiner
Existenz als Mensch, ohne daß ihr seine Geschichte **gegenwärtig** war. Und sie konnte

3. Der königliche Mensch

sein Kommen nicht erwarten, ohne daß ihr seine Existenz als Mensch, seine Geschichte, bekannt war. Die menschliche ἀσφάλεια (Luk. 1, 4) hinsichtlich dieser seiner Gegenwart und der Bekanntschaft mit ihm bot eben die evangelische Kunde von seinem Leben in seiner Zeit. Nicht einen Χριστὸς κατὰ σάρκα (eine schon sprachlich tief unwahrscheinliche Wortverbindung, die dann wohl bedeuten müßte: den Menschen Jesus der Evangelien) hat Paulus zwar gekannt, kennt er aber jetzt nicht mehr (2. Kor. 5, 16): man hätte dieses Wort niemals zugunsten einer Abwertung der evangelischen Kunde vom Leben Jesu verwenden sollen! Sondern das sagt es: daß Paulus ihn, den Gekreuzigten, den er jetzt als Gegenstand seines einzigen Wissens eben so, aber als Gottes Kraft und Gottes Weisheit geltend macht (1. Kor. 1, 24; 2, 2), zwar einst κατὰ σάρκα, d. h. nach fleischlicher, allzu menschlicher Art sehend und urteilend, seinen Tod als sein klares, schimpfliches Ende verstanden habe, jetzt aber – dieses Bild sei für ihn jetzt gänzlich ausgewischt – so überhaupt nicht mehr sehen könne. Wie er ihn jetzt kennt, expliziert das, was 2. Kor. 5 unmittelbar vorangeht und folgt: für ihn ist mit allem Alten auch jenes verkehrte Bild vergangen, ein neues an seine Stelle getreten; er weiß jetzt, daß dieser eine Mensch für alle gestorben ist, daß Gott in Ihm die Welt mit sich selber versöhnt hat – expliziert Röm. 6, 9f.: «Wir wissen, daß Christus, von den Toten auferweckt, nicht mehr stirbt, der Tod keine Macht mehr über ihn hat. Denn indem er starb, starb er der Sünde: ein für allemal. Indem er aber lebt, lebt er Gott» – und expliziert 2. Tim. 1, 10: «Er hat den Tod entmachtet, Leben und Unvergänglichkeit sichtbar gemacht durch das (von ihm selbst verkündigte) Evangelium». Die neutestamentliche Kunde redet von Einem, der unvergänglich da war und also nicht nur da war, sondern da ist und da sein wird. Und darum sind die Evangelien, indem sie die Erinnerung an ihn dokumentieren, nun doch keine Chronik, keine Regesten. Die lukanische Bezeichnung ihres Inhaltes ist ja merkwürdig genug: «Alles, was Jesus zu tun und zu lehren begonnen hat» bis zu dem Tag seiner Himmelfahrt. Wo die evangelischen Erzählungen ihre Grenze erreichen, da ist offenbar keineswegs die Grenze des Seins, des Redens und Tuns dessen, von dem sie erzählen. «Seines Reiches wird kein Ende sein» ist nach Luk. 1, 33 der Maria wieder schon vor seiner Geburt zugesagt. Darum die bedeutungsschwere Bitte der Emmausjünger (Luk. 24, 29): «Bleibe bei uns, denn es will Abend werden und der Tag hat sich schon geneigt!» Darum Joh. 6, 56 und 15, 4 die Rede von seinem Bleiben bei denen, die bei ihm bleiben. Darum Matth. 18, 20: «Wo Zwei oder Drei unter euch versammelt sind in meinem Namen, da bin ich mitten unter ihnen». Darum Matth. 28, 20: «Siehe, ich bin bei euch alle Tage bis an das Ende der Welt». Darum noch umfassender Mr. 13, 31: «Himmel und Erde werden vergehen, aber meine Worte werden nicht vergehen». Und es mag wohl so sein, daß der für den johanneischen Stil so bezeichnende, immer wieder überraschende Wechsel zwischen Vergangenheits- und Gegenwartsformen der Erzählung (ohne daß man ihn im Einzelnen erklären wollen müßte) grundsätzlich in diesem Zusammenhang zu verstehen ist. – Man kann beim Lesen der evangelischen Geschichten nicht davon abstrahieren, daß das, was da auf Grund und als Inhalt des Wissens der Gemeinde berichtet wird, die Existenz eines für deren Sicht heute wie gestern (Hebr. 13, 8) lebendigen, redenden und handelnden Menschen war. So war er für sie «da gewesen».

Sie hat dabei wirklich auf diesen Menschen geblickt, das Dasein dieses Menschen bezeugt. Ein «Lebensbild» im Sinn einer Lebensgeschichte dieses Menschen ist dabei freilich nicht entstanden, konnte dabei nicht entstehen. Was uns das Neue Testament bietet und was wir ihm entnehmen können, ist ja gerade nur das Fragment einer solchen und auch dieses wohl in einige Etappen gegliedert, deren Kontinuität und innerer Zusammenhang «biographisch» doch sehr rätselhaft bleibt und von denen doch jede einzelne offenkundig auch das Ganze darstellt, so daß eine Entwicklung vom Anfang bis zum Ende nur künstlich und ohne Anhalt in den Texten konstruiert werden könnte. Also das Bild einer «Persönlichkeit», wie man vor 50 Jahren gerne gesagt hat? Aber deren Charakter zu definieren, ist zwar oft versucht worden, konnte aber offenbar darum nicht gelingen, weil die Texte auch dazu keinen brauchbaren Stoff bieten, offenbar auch nicht bieten wollen. Kein Zweifel, daß hier eine menschliche Person gesehen und beschrieben ist. Aber da ist Alles, was sie als solche bezeichnet, so singulär, im Verhältnis zu anderen menschlichen Personen so über-, zum Teil auch unterproportioniert, so eigenartig und insofern fremdartig, daß alle Kategorien, in denen man sie begreifen möchte, versagen. Es wird kein Zufall sein, daß Lukas in jener Einleitung zu seinem Evangelium gewissermaßen anonym von Ereignissen spricht, «die sich unter uns zugetragen haben». Der Mensch, um den es geht, existierte in diesen Ereignissen. Und was in diesen Ereignissen geschah, war letztlich immer wieder die Existenz dieses Menschen in den merkwürdigen Bestimmungen, von denen wir nun einige kennen gelernt haben: in seiner Unübersehbarkeit und Unüberhörbarkeit, in seiner kritischen Funktion, in seiner unvergeßlichen Herrschaftlichkeit, in seiner die Schranken seiner Lebenszeit sprengenden und überschreitenden Unwiderruflichkeit. Die Evangelien zeugen von ihm, indem sie diese Ereignisse bezeugen. Das Problem dieser Ereignisse und dessen Lösung ist, wie das Neue Testament weiß und sagt, seine **Gottessohnschaft**, die uns im ersten Teil der Versöhnungslehre beschäftigt hat, auf die hier als auf den Hintergrund alles dessen, was wir gehört haben und noch hören werden, nur eben hingewiesen sein soll. Uns beschäftigt jetzt, daß der Sohn Gottes auch der **Menschensohn**, der **königliche Mensch** war, ist und sein wird. Aber natürlich von jenem Hintergrund her mußte sich die Überlieferung vom Dasein dieses Menschen so gestalten, daß sie das Material zu dem, was wir eine Lebensgeschichte oder ein Charakterbild nennen, nicht hergeben konnte. Sie konnte ihn wohl als Menschen bezeugen und sie hat es getan. Sie konnte aber eben diesen Menschen nur so bezeugen, wie Gott, seine Offenbarung, sein Wort, seine Taten von Menschen bezeugt werden können: nur in der durch seine Identität mit dem einen Sohn des himmlischen Vaters bedingten Pragmatik: nicht in einer anderen!

Eben diesen königlichen Menschen als solchen sieht und bezeugt sie nun aber – natürlich wieder im Blick auf seine Identität mit dem einen Sohn des himmlischen Vaters – als irdische Wirklichkeit ersten und höchsten Grades.

Als **irdische Wirklichkeit**: also als Wirklichkeit derselben Art wie alles Geschaffene, alles Menschliche insbesondere – nicht als einen Engel also und noch weniger als eine Idee, sondern konkret als ein, wenn auch sehr besonderes Spezimen der menschlichen Natur. Man konnte sie von Anfang an nur mißverstehen, wenn man sie doketisch verstand, wenn man sich das Ohr davor verschloß, daß sie konkret von einem konkret in der Zeit und im Raum lebenden Menschen redete – an sich ebenso konkret, wie wenn sie von irgend einem anderen Menschen geredet hätte. Alles, was sie zu sagen hatte, war von diesem Menschen und im Blick auf ihn und also nicht in irgend einer Tiefen- oder Höhenschau gesagt. Sie sah und hörte ihn in der Welt Israels und so in der Menschenwelt und hat sich bekanntlich alle Mühe gegeben, ihn auch in ihrer Darstellung ausdrücklich in diese Welt hineinzustellen und also als jedes Menschen wirklichen Mitmenschen zu bezeichnen.

Nun aber eben als irdische Wirklichkeit ersten und höchsten Grades: als konkrete Grenze, als konkretes Maß und Kriterium aller anderen irdischen Wirklichkeit, als Erstes und Letztes, was zu sehen und zu bedenken, von dem her dann auch alles Andere zu sehen und zu bedenken ist, als das Geschöpf, den Menschen (den «Erstgeborenen der ganzen Schöpfung» nennt ihn Kol. 1, 15), im Blick auf den erst zu lernen ist, was das Geschöpf, was der Mensch ist, als das unbedingt Sichere inmitten des Ozeans des wenig Sicheren und Unsicheren. Die neutestamentliche Überlieferung hat nicht nur von diesem königlichen Menschen, geschweige denn bloß über ihn, sie hat von ihm her geredet. Er war als ihr Gegenstand auch ihr Ursprung, als ihr Theorem auch ihr Axiom. Und so ist sie eine einzige Aufforderung, nicht nur zu hören, was sie von ihm zu sagen hat, sondern ihm, von dem sie redet, zu gehorchen, d. h. aber dasselbe zu tun, was sie tut: von ihm her zu denken und zu wollen, in seine Nachfolge einzutreten. Als den Menschen, der das notwendig macht und fordert, der vielmehr den Anderen die Freiheit dazu gibt, hat sie ihn bezeugt. Als diese irdische Wirklichkeit – aber ersten und höchsten Grades – als dieser königliche Mensch ist er nach ihrem Zeugnis da gewesen, ist er da, wird er wieder da sein. Man kann es unterlassen, ihre Mitteilung zur Kenntnis zu nehmen. Man kann sich aber, nimmt man sie zur Kenntnis, nicht dagegen verwahren, sich über die Existenz dieses Menschen Bescheid sagen zu lassen.

II

Wir tun jetzt einen weiteren Schritt und wagen nach den mehr formalen Überlegungen, mit denen wir einsetzen mußten, in einem zweiten Gang eine sachliche Feststellung. Sie ist zunächst allgemein zusammenzufassen in die Formel, die Eph. 4, 24 zur Bezeichnung des «neuen Menschen» gebraucht wird: der königliche Mensch der neutestamentlichen Überlieferung ist «nach Gott» ($\varkappa\alpha\tau\grave{\alpha}\ \vartheta\varepsilon\acute{o}\nu$) geschaffen. Will sagen: er existiert als Mensch analog zur Existenzweise Gottes. Sein Denken und Wollen, sein Tun und seine Haltung geschieht in Entsprechung, bildet in der Geschöpfwelt eine Parallele zum Plan und zur Absicht, zum Werk und zum Verhalten Gottes.

Er bildet Gott ab, er ist als Mensch seine εἰκών (Kol. 1, 15). Er ist im menschlichen Raum im gleichen Sinn τέλειος, auf dasselbe Ziel ausgerichtet wie sein Vater im himmlischen (Matth. 5, 48). In Ihm geschieht dessen Wille auf Erden, wie er im Himmel geschieht (Matth. 6, 10). In seiner Lebenstat siegt, behauptet und offenbart sich der Friede der Schöpfung. Er ist und offenbart das Trotzdem! des dem Chaos überlegenen Schöpfers, das Durchhalten seines guten Schöpferwillens. In Ihm siegt, behauptet und offenbart sich aber darüber hinaus der Friede des Bundes, die Solidarität Gottes mit dem Menschen, seine vollkommene Zusammengehörigkeit mit seinem Volk nun auch als die vollkommene Zusammengehörigkeit seines Volkes mit ihm, der seiner Gnade entsprechende Dank der menschlichen Kreatur und so die Teleologie der göttlichen Erhaltung und Regierung der Geschöpfwelt. Von Israel und von der ganzen Menschenwelt gebrochen, von Gott aber nie verleugnet und aufgehoben ist der Bund in der Lebenstat dieses einen Menschen gehalten: er tut, was im Bunde, der Treue Gottes entsprechend, vom Menschen als Tat seiner Treue gefordert und erwartet ist. Er ist als der Sohn Gottes der gehorsame, der vom Heiligen Geist nicht nur erfüllte und getriebene (Mr. 1, 10.12), sondern selbst im Wirken des Geistes existierende, sein Werk ausrichtende, den Geist als die Kraft zum Empfang der Gnade Gottes und als ihre Wirkung in der Geschöpfwelt in sich selbst verkörpernde Mensch: selber πνεῦμα ζωοποιοῦν, wie Paulus ihn (1. Kor. 15, 45, 2. Kor. 3, 17) genannt hat, und als solcher der «Mensch vom Himmel», der zweite und endgültige, der ἔσχατος ’Αδάμ. (1. Kor. 15, 45–47), der Erwählte, der Geliebte, auf dem das der menschlichen Sünde trotzende göttliche Wohlgefallen ruht (Mr. 1, 11; 9, 7).

Wir gehen, um das konkret zu sehen, am Besten (1) von einem scheinbar ganz negativen Aspekt aus: Der königliche Mensch Jesus teilt als solcher das wunderliche Los, das Gott in seinem Volk und in der Welt zufällt: der von den Menschen Übersehene, Vergessene, gering Geschätzte, Verachtete zu sein. Dieser, der wahrhaft erhöhte Mensch, ist inmitten der anderen Menschen gerade als solcher kein hoher Mensch. Ihm fällt das nicht zu, was man Anerkennung, Geltung, Ehre, Erfolg nennt. Sein Ort ist keiner von den bekannten Gipfelpunkten auf der Sonnenseite des Lebens. Sein Königtum ist ohne den Glanz und die Gewalt, die Ausdehnung und Dauer auch nur des kleinsten der menschlichen Reiche, die es doch alle in den Schatten und gänzlich in Frage stellt. Seine Macht ist vor den Menschen in seiner Ohnmacht, seine Herrlichkeit vor ihnen in seiner Geringfügigkeit, sein Sieg vor ihnen in seiner Niederlage, schließlich in seinem Leiden und Sterben als ausgestoßener Verbrecher verborgen. Er, der allein Reiche, ist unter ihnen als der ärmste Mann. Er hat als der erhöhte Menschensohn die Erniedrigung des Sohnes Gottes nicht verleugnet, sondern getreulich und bis aufs letzte dargestellt und nachgebildet. Das Alles ist oft festgestellt, aber in seiner Notwendigkeit nicht immer begriffen worden. Bedeutet das Alles nicht doch in erster Linie, daß er es sich gefallen ließ, als Mensch in eben der Einsamkeit und Fremde, in eben dem Schandwinkel zu existieren, der in der von ihm abgefallenen Welt Gottes Teil ist?

3. Der königliche Mensch

Sein Reich ist eben, wie er es nach Joh. 18, 36 dem Pilatus bezeugt hat, wohl in, aber nicht von dieser Welt: weil nicht ἐκ τοῦ κόσμου, darum im Kosmos ein unansehnliches, nach menschlichem Maßstab bedeutungsloses, ein verborgenes Reich: verborgen wie jener Sauerteig in den drei Scheffeln Mehl (Matth. 13, 33), verborgen wie jener Schatz im Acker (Matth. 13, 44), klein wie jenes Senfkorn, das kleiner ist als alle Samenarten (Matth. 13, 32). Es kommt nicht μετὰ παρατηρήσεως, nicht direkt - wir würden sagen: nicht «historisch» - feststellbar, nicht so, daß man sagen könnte: Siehe hier, siehe da ist es! (Luk. 17, 20f.). Das Wort Matth. 11, 29, in welchem Jesus sich selbst als πραῢς und ταπεινὸς τῇ καρδίᾳ bezeichnet, ist wahrhaftig kein moralischer Selbstruhm, sondern sein Bekenntnis zu der von ihm als Menschensohn exerzierten Erniedrigung des Gottessohnes, zu der realen, in ihm geschehenen Fleischwerdung des Wortes. Und so legte ihn seine Mutter, da er geboren wurde, nach Luk. 2, 7 in eine Krippe, «weil sie in der Herberge keinen Platz fanden». So haben zwar die Füchse Gruben und die Vögel des Himmels Nester, «der Menschensohn aber hat nicht, da er sein Haupt hinlege» (Matth. 8, 20). So war er «verachtet in seiner Vaterstadt und bei seinen Verwandten und in seinem Hause» (Mr. 6, 4). Es konnte durchaus sein, und es geschah auch faktisch, daß seine Erscheinung als Mensch seiner Umgebung in höchstem Widerspruch zu dem, was er war, zum «Ärgernis» wurde, daß er sich selbst ihr gewissermaßen verstellte, befremdlich, unbegreiflich, anstössig machte. Nicht nur den Leuten von Nazareth widerfuhr das (Matth. 13, 57), sondern nach Matth. 11, 6 sogar dem Täufer, ja nach Mr. 14, 29 zuletzt allen seinen Jüngern. Seine eigene Familie sagte von ihm: «Er ist von Sinnen» (Mr. 3, 21). Er stand nach dem Urteil der Schriftgelehrten mit dem Satan im Bunde (Mr. 3, 22). Er war im Urteil der Pharisäer «ein Schlemmer und Zecher, ein Freund der Zöllner und Sünder» (Matth. 11, 19), ein Verführer zum Aufruhr (Luk. 23, 2.5.14) und schließlich so dann auch im Urteil des Hohen Rates) ein Gotteslästerer (Matth. 9, 3; 26, 65). Merkwürdiger Spiegel des königlichen Menschen! Das höhnische Spiel mit dem königlichen Purpurmantel und der Dornenkrone, das die römischen Soldaten nach Mr. 15, 16f. Par. vor seiner Kreuzigung mit ihm getrieben haben, bestätigt drastisch dieses Spiegelbild, und so auch die Spottreden unter dem Kreuz: «Andere hat er gerettet, sich selbst kann er nicht retten. Er ist der König Israels - er steige jetzt vom Kreuz herab, so wollen wir an ihn glauben... Er hat Gott vertraut, der helfe ihm jetzt heraus, wenn er ihn lieb hat. Er hat ja gesagt: Ich bin Gottes Sohn!» (Matth. 27, 41f.). So verborgen war das Reich, so verborgen sein König. Dieser König hatte sich ja schon vorher keine Illusionen gemacht: «Wird der Menschensohn, wenn er kommen wird, Glauben finden auf Erden?» (Luk. 18, 8). Auch alle seine Jünger verließen ihn zuletzt und flohen (Matth. 26, 56). Er war zuletzt tatsächlich ganz allein in der Welt: allein bis zu der Frage Mr. 15, 34: ob nicht auch Gott und gerade Gott ihn verlassen habe.) Er konnte das Alleinsein Gottes in dieser Welt nicht gründlicher teilen, seine Übereinstimmung mit ihm gerade in dieser Hinsicht nicht radikaler vollziehen, als er es getan hat. Wir müssen schon festhalten (die Evangelien haben das zuerst getan): es war der Knecht Gottes, der hier – nicht in Herren-, sondern äußerlich und innerlich in Knechtsgestalt (Phil. 2, 7) – als Herr auf den menschlichen Plan trat, als die αὐτοβασιλεία mitten unter all dieser jüdischen und heidnischen Menschheit war. Es konnte dieses Verborgene nicht verborgen bleiben, sondern es drängte und kam zu seiner Offenbarung. Denn sein Herrsein konnte ja durch das Alles nicht in Frage gestellt, sondern nur bestätigt werden: nicht zuletzt gerade in dieser Übereinstimmung mit Gott war er ja der κύριος. Aber wenn und wo er als solcher offenbar und erkannt wurde, da handelte es sich – «selig ist, wer sich nicht an mir ärgert» (Matth. 11, 6) – um eine wunderbare Ausnahme von dem, was zunächst die Regel bildete, um einen durchaus nicht zu erwartenden, nicht vom Menschen her, sondern nur im Menschen von Gott her zu vollziehenden Durchbruch. «Kinder, wie schwer ist es, ins Reich Gottes zu kommen!» Für einen Reichen – und im Verhältnis zu Jesus ist zunächst jeder Mensch ein solcher Reicher! – nicht leichter als der Durchgang eines Kamels durch ein Nadelöhr (Mr. 10, 25f.), nach Joh. 3, 3 nicht anders als durch eine neue Geburt des Menschen von oben her. Darum Jesu Antwort auf das Messiasbekenntnis des Petrus: «Fleisch und Blut hat dir das nicht offenbart, sondern mein Vater im Himmel» (Matth. 16, 17). Ohne seine Auferstehung und Himmelfahrt und also ohne das Zeugnis des Heiligen Geistes wäre Jesus bestimmt nicht anders denn als ein obskurer, wie so manche andere gescheiterter jüdischer Sonderling und Tumultuant in der Weltgeschichte übergegangen, vielmehr in dieser untergegangen. Die Parallele seiner Verborgenheit zu der Gottes war gerade darin vollkommen: durch seine Selbstkundgebung wurde sie aufgehoben; sie konnte aber nur durch seine Selbstkundgebung aufgehoben werden.

Es hängt damit zusammen, daß er (2) – man möchte fast klagen: parteiisch – an Allen, die in der Welt hoch, groß, mächtig, reich sind, vorübersah auf die Niedrigen, die Kleinen, die Schwachen, die Armen – und das bis hinein in die moralische Ordnung: vorbei an den Gerechten auf die Sünder, ja bis hinein in die geistliche Ordnung: endlich und zuletzt an Israel vorbei auf die Heiden. Hierhin und nicht dorthin fand er sich gerufen. Hier und nicht dort erwartete er, von Gott geöffnete Augen und Ohren und so jene «Menschen des Wohlgefallens» (Luk. 2, 14) zu finden, hier und nicht dort sah er seine Brüder und hierhin und nicht dorthin sollten sich seine Jünger nach seinem dringlichen Rat und Befehl stellen. Das Reich Gottes, das Evangelium, der Mann·Jesus hat nach dem ganzen Neuen Testament, fern von aller Gleichmacherei, eine merkwürdige Affinität zu all denen, die in der menschlichen Schätzung und Beurteilung dessen, was Glück, Güte, Erfolg und schließlich auch Gemeinschaft mit Gott ist, irgendwie da drunten, im Schatten existieren. Warum eigentlich? Wir werden noch mehr darüber zu hören haben. Ein Grund ist jedenfalls die dem Menschen Jesus eigentümliche Solidarität mit dem Gott, der in den Augen der Welt – und nicht nur der ordinären, sondern auch der moralischen und geistlichen Welt – *realiter* auch so ein Armer ist, in der Rangordnung ihrer Wertungen faktisch-praktisch und dann wohl auch theoretisch nur irgendwo am Rande, in irgend einer unbeachtlichen Tiefe oder Höhe, als Inhalt eines Grenzbegriffs existiert. In Gemeinschaft und Konformität mit diesem in der Welt armen Gott ist der königliche Mensch Jesus selbst ein Armer und vollzieht er jene Umwertung aller Werte, bekennt er sich zu denen, die in dieser Welt, ohne darum bessere Menschen zu sein, in irgend einem Sinn arme Menschen sind.

Es ist bekannt, daß innerhalb des Neuen Testamentes besonders der Evangelist Lukas und der Verfasser des Jakobusbriefes diese Seite der Existenz Jesu hervorgehoben haben. Sie ist aber auch im Zeugnis des Paulus unmöglich zu verkennen: man denke an die berühmte Schilderung der von Gott Erwählten 1. Kor. 1, 25f., an die Bedeutung des Begriffs ταπεινοφροσύνη in seiner Ethik, an sein Wort 2. Kor. 8, 9 von der Gnade unseres Herrn Jesus Christus, der, indem er reich war, um unseretwillen arm wurde, damit wir durch seine Armut reich würden, an sein Wort von der Kraft, die in der Schwachheit zu ihrem Ziele kommt (2. Kor. 12, 9). Und so zeichnet sie sich in klarer Linie auch in der ganzen evangelischen Überlieferung ab. Die bekannten Verschärfungen der Seligpreisungen Luk. 6, 20f. mit den dort gebotenen entsprechenden Weherufen unterstreichen eine Aussage, die auch in der Relation des Matthäus (5, 3f.) enthalten ist und bei deren Auslegung auf keinen Fall unterdrückt werden darf: die Aussage von dem Lazarus (Luk. 16, 19f.), der nur eben als der arme Lazarus dem reichen Mann, der, in Purpur und kostbare Leinwand gekleidet, alle Tage herrlich und in Freuden lebte, in einer für diesen so vernichtenden Weise gegenübergestellt wird. Die Radikalität, in der da (und mit der dann etwa Jak. 5, 1f.) Reichtum und Armut im ökonomischen Sinn der Begriffe konfrontiert und gewertet werden, darf nicht verharmlost werden.

Die andere Verharmlosung – ihr sollte wohl durch die Fassung der Seligpreisungen bei Matthäus gewehrt werden – wäre freilich die Beschränkung dieser Begriffe auf ihren ökonomischen Sinn. Die vielberufenen Zöllner waren ja nun gerade keine Armen in diesem Sinn, wohl aber «Arme im Geist» (Matth. 5, 3), wohl aber «Zöllner und Sünder» und also keine Gerechten. Und nun vergleicht sich Jesus gerade im Blick auf sie mit dem Arzt, dessen nicht die Gesunden, sondern die Kranken bedürfen: «Ich bin nicht gekommen, Gerechte zu berufen, sondern Sünder» (Matth. 9, 11f.). Es ging um eine höchst befremdliche Entscheidung Jesu im Verhältnis zum Ganzen jeglicher menschlichen Größe und Geringfügigkeit, Stärke und Schwäche. Es ist also der Mammon, dem man nach Matth. 6, 24 nicht als einem zweiten Herrn neben Gott dienen kann, sicher zunächst der Inbegriff des die einen Menschen von den anderen abhebenden materiellen – ebenso sicher aber implizit auch der Inbegriff jeglichen solchen Besitzes. Es geht selbstverständlich auch um den Besitz an Macht und Gewalt, von der die «Fürsten der Völker», die Großen in der Welt so selbstverständlich – und das auch noch unter dem Anspruch εὐεργέται zu sein (Luk. 22, 25)! – Gebrauch machen (Matth. 20, 25), aber auch und vor Allem um den Besitz an moralischer und religiöser Gerechtigkeit (Matth. 5, 6), der die Pharisäer vor den Zöllnern und Huren (Matth. 21, 31f.) zweifellos auszeichnet; auch um den Besitz an Einsicht und Verstand, den die Weisen vor den Törichten, die reifen Menschen vor den naiven zweifellos voraus haben. Gerade in diese Richtung blickt ja das Wort Matth. 11, 25: «Ich preise dich, Vater, Herr des Himmels und der Erde, daß du dies vor den Weisen und Verständigen verborgen und es den Unmündigen offenbart hast» – blickt das Wort Matth. 18, 1f., demzufolge niemand, der nicht umkehrt und wird wie ein Kind, ins Himmelreich kommen, geschweige denn der größte im Himmelreich werden kann – blickt das Wort von den Kleinen, deren Engel im Himmel allezeit das Angesicht von Jesu Vater im Himmel schauen (Matth. 18, 10). Es ist eben durchgehend und, der Konkretion der Begriffe Reichtum und Armut unbeschadet, in umfassendem Sinn so, daß die Hungrigen, die Durstigen, die Fremden, die Nackten, die Kranken, die Gefangenen Jesu Brüder sind, in denen er selbst erkannt oder eben nicht erkannt wird (Matth. 25, 35f., 42f.), daß er die Mühseligen und Beladenen zu sich ruft (Matth. 11, 28), daß er seine Jünger nur als die «kleine Herde» (Luk. 12, 32), nur wie Schafe mitten unter die Wölfe aussenden kann (Matth. 10, 16) und also ohne Gold noch Silber noch Kupfer in ihren Gürteln, ohne Tasche, ohne einen zweiten Rock, ohne Schuhe und Stab (Matth. 10, 9f.) in völliger Ungesichertheit. Merkwürdig genug, daß Matthäus gerade hier das Wort vom dem Arbeiter, der seiner Speise wert sei, angeschlossen hat: das, diese Ungesichertheit scheint der mit und für Jesus Arbeitenden verdienter Lohn zu sein! Es ist so, daß es ihnen rundweg verboten ist, sich nach dem Vorbild der Pharisäer und Schriftgelehrten durch die Anrede «Rabbi!» oder «Lehrer» oder «Vater» auszeichnen zu lassen (Matth. 23, 8f.). Es ist so, daß, wer in ihrem eigenen Kreis groß sein will, nur eben der Anderen Diener und daß der Erste unter ihnen nur eben aller Knecht sein kann (Mr. 10, 43f.). Und es ist schließlich so, daß man sie der Drangsal preisgebe, sie töten wird, daß sie um seines Namens willen von allen Völkern gehaßt sein werden (Matth. 24, 9). Als die so dran sind und denen es so geht, werden sie selig gepriesen.

Und dann erscheint – immer auf derselben Linie – am äußersten Horizont, aber theologisch bedeutsamer als alles Andere auch die Umkehrung des – im Unterschied zu allen anderen nun doch gerade geistlich so notwendigen und legitimen – Vorzugsverhältnisses zwischen dem erwählten und berufenen, dem erleuchteten und gesegneten Israel und der es umgebenden Welt der Heiden. Wir vergessen nicht die bündige Erklärung Matth. 15, 24: «Ich bin nur zu den verlorenen Schafen des Hauses Israel gesandt» – in dem Wort an die Syrophönizierin Mr. 7, 27 noch härter: «Laß zuerst die Kinder satt werden! denn es ist nicht recht, den Kindern das Brot zu nehmen und es den Hunden hinzuwerfen». Und wir vergessen nicht, die eben so bündige Instruktion Matth. 10, 5: «Gehet nicht auf eine Straße der Heiden und gehet nicht in eine Stadt der Samariter!» Da steht und gilt die Regel: Jesus ist der in Israel und für Israel (für die verlorenen Schafe des Hauses Israel freilich!) aufgestandene Menschensohn. Es kann aber nicht anders sein, als daß er, indem er dieser ist, diese Regel so, wie sie steht und gilt, durchbrechen wird. Heißt doch gerade «in Israel und für Israel» als Erfüllung der alttestamentlichen Bundesverheißung: in der Welt und für sie. Wie das Gerücht von ihm sich sofort über die Grenzen Galiläas hinaus verbreitete, haben wir bereits angeführt. «Er konnte nicht verborgen bleiben», heißt es auch am Anfang der Geschichte von jener Syrophönizierin (Mr. 7, 24), nachdem Jesus sich sowohl nach Markus wie nach Matthäus (man kann sich wohl wundern, daß Lukas sich gerade diesen Text nicht angeeignet hat) nun dennoch selber in das heidnische Nachbargebiet begeben hatte. Und als jene Frau (nach Luthers genialer Erklärung der Stelle) das unter Jesu Nein verborgene Ja hörte und das Recht der unter dem Tisch von den Brosamen der Kinder sich nährenden Hündlein anmeldete, da fehlte es nicht, daß ihre Bitte erhört wurde, daß sie also von dem Brot der Kinder tatsächlich zu essen bekam. Das Entsprechende geschah, als Jesus bei dem Hauptmann von Kapernaum einem Glauben begegnete, wie er ihn in Israel nicht gefunden (Matth. 8, 10). Und wenn sich nun andererseits die zum Gastmahl eigentlich Berufenen der an sie ergangenen Einladung verweigerten? Dann mußte offenbar die Situation eintreten, in der sich auch der Gegensatz Israel-Heiden in jenes Verhältnis von unseligen Reichen und seligen Armen einordnete, wie Luk. 14, 21f. beschrieben: «Da wurde der Hausherr zornig und sagte zu seinem Knecht: Gehe schnell hinaus auf die Straßen und Gassen der Stadt und führe die Armen und Krüppel und Blinden und Lahmen herein!» und weiter: «Gehe hinaus auf die Landstraßen und an die Zäune und nötige sie, hereinzukommen, damit mein Haus voll werde! Denn ich sage euch: Keiner jener Männer, die eingeladen waren, werden mein Gastmahl zu kosten bekommen». Die Luk. 13, 25f. beschriebene Situation muß dann eintreten, in der die, die eigentlich und von Rechts wegen zuerst und ausschließlich drinnen sein durften und sollten, draußen stehen, vergeblich an die Tür klopfen und sagen werden: Herr, tu uns auf! und ihnen gesagt werden wird: «Ich weiß von euch nicht, woher ihr seid! Dann werdet ihr anfangen zu sagen: Wir haben vor deinen Augen gegessen und getrunken und auf unseren Straßen hast du gelehrt. Und er wird sagen: Ich sage euch, ich weiß nicht, wer ihr seid. Weichet von mir alle, die ihr Ungerechtigkeit übt! Dort wird Heulen und Zähneknirschen sein, wenn ihr Abraham und Isaak und Jakob und alle Propheten im Reich Gottes sehen werdet, während ihr hinausgestoßen seid. Und sie werden von Morgen und Abend und von Mitternacht und Mittag kommen und sich im Reich Gottes zu Tische setzen.» Und schließlich zusammenfassend: «Siehe, es sind Letzte, die werden Erste sein und es sind Erste, die werden Letzte sein.» Oder nach dem Kommentar des Matthäus zum Gleichnis von den bösen Weingärtnern (21,43): «Das Reich Gottes wird von euch genommen und einem Volk gegeben werden, das diesem Frucht bringt.» Es klingt nur wie eine allgemein-rationale Wahrheit, wenn Paulus Röm. 3,29 schreibt: «Ist Gott nur der Juden Gott? Nicht auch der Heiden? Ja, auch der Heiden, so gewiß ja Gott Einer ist.» Tatsächlich ist das die Beschreibung der Situationsveränderung, der Geschichte, des Weges, der das Thema des zweiten Teils der lukanischen Geschichtsdarstellung und vor allem der entscheidende Inhalt der apostolischen Aktion des Paulus selber ist: «Euch zuerst mußte das Wort Gottes verkündigt werden; da ihr es von euch stoßt und euch des ewigen Lebens selbst nicht für würdig haltet, siehe, so wenden wir uns zu den Heiden» (Act. 13, 46). Eben diese Aktion des Paulus spiegelt aber doch nur den Weg, den zuerst der Mensch Jesus im Gehorsam gegen den Willen seines «himmlischen Vaters» gegangen ist, geführt wurde. Und es war dieses Weges entscheidender Wendepunkt, seine von den berufensten Vertretern Israels selbst vollzogene Auslieferung (παράδοσις Mr. 15, 1) an Pilatus und damit an die Heiden: das Ereignis, von dem her die Aussendung in die Nähe (Matth. 10, 1f.) sich automatisch in die Aussendung in die Ferne (Matth. 28, 19) wandeln mußte: «Gehet hin und machet zu Jüngern alle Völker!» Es spiegelte aber dieser Weg des Menschen Jesus seinerseits den von Gott selbst gegangenen Weg von denen, die Alles, zu denen, die nichts haben.

Über das Ganze dieser Umkehrung mag man wohl das Wort im Magnifikat der Maria (Luk. 1, 51f.) gestellt sehen: «Er hat Macht geübt mit seinem Arm; er hat zerstreut, die hochmütig sind in ihres Herzens Sinn; er hat Gewaltige von ihrem Thron gestoßen und Niedrige erhöht. Hungrige hat er mit Gütern erfüllt und Reiche leer hinweggeschickt.»

Die Konformität des Menschen Jesus mit der Existenzweise und dem Verhalten Gottes besteht nun aber aktiv (3) zunächst in dem – man wird den Ausdruck kaum vermeiden dürfen – ausgesprochen revolutionären Charakter seines Verhältnisses zu den in seiner Umgebung gültigen Wertordnungen und Lebensordnungen. Er prägte sich darin umso schärfer aus, daß er nicht etwa von prinzipieller, systematischer Art war. Jesus war in keinem Sinn ein Reformer, der sich jenen Ordnungen gegenüber für andere einsetzte, jene bekämpfte, um diese an ihre Stelle zu setzen. Er reihte sich und seine Jünger in keine der zu seiner Zeit bestehenden Fronten ein. Die Pharisäer waren eine solche und in ihrer Weise nicht die schlechteste. Jesus trat nicht an ihre Seite. Er errichtete auch gegen sie keine Gegenfront. Er vertrat, verteidigte und verfocht kein Programm: weder ein politisches, noch ein wirtschaftliches, noch ein moralisches, noch ein religiöses, weder ein konservatives noch ein fortschrittliches. Er machte sich bei den Vertretern aller solcher Programme, ohne daß er eines von ihnen besonders bekämpfte, gleich verdächtig und mißliebig. Er stellte – und das war das tief Beunruhigende seiner Existenz nach allen Seiten – alle Programme, alle Prinzipien in Frage. Und er tat das zunächst einfach damit, daß er jenen Ordnungen gegenüber, um die positiv oder negativ um ihn her gestritten wurde, eine merkwürdige – man muß gerade hier wieder sagen: eine königliche Freiheit hatte und an den Tag legte. Er brauchte keine von ihnen in dem Sinn, daß sie ihm absolute Autorität, daß sie ihm lebensnotwendig war oder daß er sie für Andere als lebensnotwendig, weil als absolute Autorität, hinstellen und verteidigen konnte und wollte. Er brauchte aber auch keine von ihnen konsequent zu durchbrechen, sie durchaus umstürzen zu wollen, sich für ihre Abschaffung oder Verbesserung einzusetzen. Er konnte in diesen Ordnungen leben. Er konnte praktisch in ernster Anerkennung damit rechnen, daß in Jerusalem der Tempel Gottes war und in diesem Tempel die Lehrer des Gesetzes und überall im Lande deren Schüler, die Schriftgelehrten und als deren eifrige Gegenspieler eben die Pharisäer. Er konnte auch und in derselben ernsten Anerkennung damit rechnen, daß die Römer samt ihren einheimischen Satelliten im Land waren und in Rom als der Träger der höchsten Macht auch über das Land und Volk des Gottesbundes der Kaiser. Er konnte auch damit rechnen, daß es Familien und daß es Reiche und Arme gab. Er hat nie gesagt, daß es das Alles nicht geben dürfe und solle. Er hat allen diesen «Systemen» kein anderes entgegengestellt. Er hat auch die essenische Reformbewegung nicht mitgemacht. Er hat nur eben die Grenze von dem allem sichtbar gemacht: die Freiheit des Reiches Gottes. Er hat nur eben in dieser Freiheit existiert und zu dieser Freiheit aufgerufen. Er hat von ihr nur eben den Gebrauch gemacht, für seine Person und mit seinen Jüngern quer durch alle jene Systeme hindurchzugehen, sie in seiner Weise, in seinem Sinn zu interpretieren und gelten zu lassen: in dem Licht, das von jener Grenze her nun einmal auf ihnen allen lag. Er war nur eben selber jene Grenze und das Licht, das von jener Grenze her gerade auf jene Ordnungswelt fiel. So konnte es freilich nicht anders sein, als daß er mit den Ordnungen dieser Welt in der Interpretation, in der sie in seiner Umgebung standen und galten, zusammenstoßen, daß ihre Vorläufigkeit, ihre Relativität, ihre menschlichen Bedingtheiten, ihre geheime Brüchigkeit in seinem Verhalten ihnen gegenüber, in seinem Urteil über ihre Bedeutung, gelegentlich – nie prinzipiell, nur gelegentlich, aber gelegentlich unmißverständlich! – an den Tag kommen mußte. Aber nicht diese gelegentlichen Offenbarungen der Freiheit des Reiches Gottes, sondern diese als solche, die von jenen Ordnungen her gesehen so gar nicht unter irgend eine Kategorie zu bringen war, machte ihn zu dem Revolutionär, dem an Radikalität keiner von denen, die vor ihm waren und nach ihm kamen, an die Seite zu stellen ist. Wie standen alle jene Ordnungen da, wenn er in Wort und Tat jene Erniedrigung alles Hohen, jene Erhöhung alles Niedrigen aussprach? War nicht ihrer aller Voraussetzung gerade die Hoheit der Hohen, gerade die Niedrigkeit der Niedrigen? War diesen Bäumen in und durch seine Existenz nicht wirklich die Axt an die Wurzel gelegt? Es war letztlich wieder die Konformität mit Gott selber, die das Geheimnis des Charakters Jesu auch nach dieser Seite ausmacht. Ebenso verhält sich ja Gott selber zu den in der Geschichte aller menschlichen Räume – wo und solange es eine Geschichte gibt – bestehenden und gültigen – in ihrem Bestand und ihrer Gültigkeit kommenden und gehenden Wertordnungen und Lebensordnungen. So läßt und gibt Gott ihnen ihre Zeiten und Bereiche, ohne an eine einzige von ihnen gebunden zu sein, ohne einer einzigen von ihnen seine göttliche Autorität, ihr über ihre Zeit und ihren Bereich hinaus bindende Kraft für Alle und Jeden, aber auch ohne ihn auch nur zu ihrer Zeit und in ihrem Bereich in jeder Hinsicht Lebensnotwendigkeit, totale Geltung zuzugestehen. So ist Gott selbst ihrer aller Grenze, so fällt von Gott selbst her ein fremdes Licht hinein in sie als das durch ihn Begrenzte. Und so handelt dann auch Gott selbst, auch er nicht prinzipiell, auch er nicht in Ausführung eines Programms, aber eben so umso revolutionärer, als «Durchbrecher aller Bande», in neuen geschichtlichen Wendungen und Setzungen, von denen dann jede für die, die sehen und hören können – gewiß nur ein Zeichen, aber ein unmißverständliches Zeichen seiner Freiheit, seines Reiches, seiner Regierung der Geschichte ist.

Man beachte zunächst das, was man den gelassenen Konservativismus Jesu nennen könnte. Jesus setzt merkwürdig viel als bestehend und geltend voraus, von dem man meint, er hätte es grundsätzlich und praktisch angreifen und beseitigen müssen, über das dann die Gemeinde, in der die Evangelien entstanden sind, jedenfalls zu einem großen Teil hinausgewachsen ist. Sie hat es sich nicht verdrießen lassen – sie konnte und durfte es offenbar nicht – auch diesen Aspekt seines überlieferten Bildes festzuhalten.

Ihm ist der Tempel ganz selbstverständlich das Haus seines Vaters (Luk. 2, 49). Gerade der erstaunliche Akt seiner Reinigung von dem Treiben der Wechsler und Händler setzt nach Mr. 11, 17 voraus, daß er ihm Gottes Haus ist. Er nimmt ihn (und im Tempel den Altar) nach Matth. 23, 16f. nicht weniger ernst, sondern ernster als die Pharisäer und Schriftgelehrten. Er rechnet damit, daß der fromme Israelit nach wie vor dorthin geht, um seine Opfergabe darzubringen (Matth. 5, 23f.). Kommt er selbst nach Jerusalem, so lehrt er nicht auf dessen Gassen und Plätzen, sondern (Mr. 12, 35; 14, 49) täglich in seinem Vorhof. Eben dort läßt er auch in dem den Gegensatz zwischen ihm und seiner Umwelt so scharf pointierenden Gleichnis Luk. 18, 9f. den Pharisäer und den Zöllner ihre Gebete sprechen. Wunderlich genug die Beschreibung des Verhaltens auch seiner Jünger im letzten Vers des Lukas-Evangeliums (24, 53): «Und sie waren allezeit im Tempel und priesen Gott». Man bedenke: noch nach seiner Kreuzigung, Auferstehung und Himmelfahrt «allezeit im Tempel!»

Nach Luk. 2, 51 war Jesus aber – die Ordnung der Familie wird hier sichtbar – auch seinen Eltern in Nazareth zunächst einfach untertan. Und er hat Mr. 7, 11 f. eingeschärft, daß die Pflicht, für Vater und Mutter zu sorgen, jedenfalls allen kultischen Verpflichtungen vorangehe. Mit Vorbehalt dürfte hier auch an das Joh. 19, 26 überlieferte Wort der Fürsorge erinnert werden, das der Gekreuzigte an seine Mutter richtete.

Nach Mr. 1, 21; 3, 1 hat er sich ferner, jedenfalls am Anfang seiner Lehrtätigkeit, auch an die galiläischen Synagogen gehalten; und Luk. 4, 17f. wird anschaulich beschrieben, wie er sich in die in ihnen üblichen Gebräuche eingefügt habe. Er hat, was das Gesetz betrifft, nicht nur (Matth. 5, 17f.) protestiert, daß er nicht gekommen sei, es oder die Propheten aufzulösen, sondern um ihr Wort zu erfüllen – daß bis zum Vergehen des Himmels und der Erde, kein einziges Jota oder Strichlein im Gesetz vergehen werde, daß im Himmelreich nur der groß heißen könne, der auch seine kleinsten Gebote tue und lehre. Er hat nach Matth. 23, 1 f. den das Gesetz auslegenden Schriftgelehrten und Pharisäern – etwas ironisch zwar – zugebilligt, daß sie auf dem Stuhl des Mose säßen und hat das Volk und seine Jünger zwar vor dem Vorbild ihrer Praxis gewarnt, aber immerhin angewiesen: «Alles, was sie euch sagen, das tut und befolget!» Und wenn er ihnen Matth. 23, 23 f. vorgehalten hat, daß sie heuchlerisch Minze, Anis und Kümmel verzehnteten, die gewichtigeren Stücke des Gesetzes aber, das Recht, die Barmherzigkeit und die Treue vernachlässigten, so hat er doch, als verstünde sich das von selbst, hinzugefügt: «Diese Dinge sollte man tun und jene nicht lassen.» Er kannte übrigens nach Matth. 13, 52 auch die Möglichkeit eines «zum Himmelreich unterrichteten Schriftgelehrten, der einem Hausherrn gleich ist, der aus seinem Schatz nicht nur Altes, sondern auch Neues», aber offenbar auch nicht nur Neues, sondern auch Altes hervorzuholen weiß. Es bedeutete die Antithetik von Matth. 5, 21 f. («Ihr habt gehört, daß zu den Alten gesagt ist ... Ich aber sage euch . .») zwar eine Radikalisierung des Verständnisses, aber eben damit auch eine Anerkennung der alttestamentlichen Gebote, und ebenso steht es Matth. 6, 1 f. bei der präzisierenden Auslegung der drei traditionellen

Frömmigkeitsübungen des Almosengebens, des Gebets und des Fastens. Wie die Überlieferung Jesus (bis zu seinen Worten am Kreuz!) am liebsten in direkten oder indirekten Zitaten aus dem Alten Testament reden läßt, so stellt sie ihn überhaupt in den Rahmen nicht nur der religiösen Welt, sondern der besonderen geistlichen Verheißung seines Volkes hinein. Ausgerechnet im Johannesevangelium (4, 22) steht das Wort: «Das Heil kommt von den Juden!» Sie tut das so betont, daß sie unbefangen berichten kann, er sei von den wohlwollenderen Zeitgenossen einfach für «einen Propheten wie einer der Propheten» (Mr. 6, 15), vielleicht als ein besonders «großer» Prophet (Luk. 7, 16) angesehen worden. Und so hat man später auf der Suche nach dem sog. «historischen Jesus» bekanntlich gemeint, diesen auf die Gestalt eines (freilich hervorgehobenen) Vertreters eines reformatorisch vertieften Spätjudentums reduzieren zu sollen.

Man sieht ihn aber auch nirgends im direkten Angriff gegen die ökonomischen Verhältnisse und Gepflogenheiten seiner Zeit und Umgebung. Man denke an die kritiklose Gleichmütigkeit, in der in den Gleichnissen (des Himmelreiches!) die Existenz von frei schaltenden Arbeitgebern und, abhängig von deren gutem Willen, von Arbeitnehmern, von Herren und Sklaven, von Kapital und Zins vorausgesetzt wird, als dürfte und müßte das Alles so sein. Nicht als einen Betrüger, wohl aber als einen Mann, der innerhalb der damals anerkannten Grundrentenpraxis klug zu handeln wußte, hat Jesus nach Luk. 16, 1f. jenen οἰκονόμος vorbehaltlos gelobt. Dem Zeitgenossen, der ihn auffordert, seinen Bruder zu einer billigen Teilung des gemeinsamen Erbgutes anzuhalten, wird nach Luk. 12, 13f. geantwortet: Er, Jesus, sei keineswegs zu ihrem Richter oder Erbteiler eingesetzt – und er hatte (jedenfalls nach dem Zusammenhang, in welchem Lukas davon berichtet) in jener Aufforderung nur den Schrei der Habsucht und keineswegs so etwas wie den Schrei nach Gerechtigkeit gehört. «Die Armen habt ihr allezeit bei euch!» wird (Mr. 14, 7) den Jüngern gesagt, die an Stelle der luxuriösen Huldigung jener Frau lieber eine entsprechende Almosenverteilung gesehen hätten: als ob es (wie Viele haben sich dessen später trösten zu können gemeint!) selbstverständlich sei, daß es zu allen Zeiten auch Arme geben werde! Und so wird der Mammon Luk. 16, 9.11 zwar der «ungerechte» Mammon genannt und nun doch gesagt: man solle sich «Freunde» mit ihm machen, und wer mit ihm nicht «treu» sei, dem sei auch das wahre Gut (τὸ ἀληθινόν) nicht anzuvertrauen. Eine Einladung, sein pekuniäres Vermögen möglichst klug zu erhalten und zu vermehren, wie es später etwa in bestimmten Sparten der calvinistischen Welt als besondere christliche Tugendübung angesehen worden ist, war das zwar bestimmt nicht, aber ebenso bestimmt auch kein Aufruf zum Sozialismus!

Dieselbe Haltung wird schließlich auch den politischen Verhältnissen, Ordnungen und Unordnungen gegenüber sichtbar. Daß es Richter, Gerichtsdiener, Gefängnisse gibt, wird Matth. 5, 25f. u. ö. wieder unbefangen vorausgesetzt. Daß die, «welche Fürsten über die Völker zu sein meinen» (δοκοῦντες, man beachte den zurückhaltenden Ausdruck!), die sie faktisch beherrschen und Gewalt über sie üben, wird Mr. 10, 42f. zwar als eben das Verfahren gekennzeichnet, das in der Gemeinde keinen Raum haben darf, wird aber auch nicht direkt getadelt. Da kann Gott, der seine Auserwählten nicht umsonst nach ihm rufen läßt (Luk. 18, 1f.), sehr wohl auch im Gleichnis eines weder ihn fürchtenden noch einen Menschen respektierenden, eines notorisch ungerechten Richters erscheinen. Daß Pilatus eine ihm von oben gegebene Macht auch über ihn selbst habe, hat Jesus nach Joh. 19, 11 ausdrücklich anerkannt. Und er hat dem Petrus nach Matth. 26, 52 auch gegenüber den Bewaffneten des Synedriums keine Gegenwehr erlaubt, sondern ihm geboten, sein Schwert in die Scheide zu stecken. Von einer grundsätzlichen Auflehnung gegen die Römerherrschaft oder gegen die des Herodes, aber auch von einem grundsätzlichen Anti-Imperialismus und Anti-Militarismus findet man in den Evangelien keine Spur.

Nur das ist klar und darf nun allerdings auch nicht übersehen werden: auch keine Spur einer konsequenten, prinzipiellen Anerkennung! Man kann die Haltung Jesu eben auch in dem Sinn nur als die eines gelassenen Konservativismus bezeichnen, als

3. Der königliche Mensch

er über einen vorläufigen und beschränkten Respekt gegenüber den bestehenden und gültigen Ordnungen – um nicht zu sagen: über ihre vorläufige und beschränkte Duldung nicht hinausgeht. Jesus anerkannte sie, er rechnete mit ihnen, er unterstellte sich ihnen und wies auch die Seinen an, sich ihnen zu unterstellen – indem er über ihnen stand. Und nun konnte es nicht anders sein – wir wenden uns jetzt nach dieser Seite – als daß diese seine Überlegenheit ihnen gegenüber – die Freiheit des Reiches Gottes – in seinen Worten und Taten gelegentlich auch konkret zum Durchbruch kam und in Erscheinung trat, ein Krachen im Gebälk gelegentlich unmißverständlich hörbar wurde.

Er hat, was den Tempel betraf, den Pharisäern nach Matth. 12, 6 nicht vorenthalten, daß es etwas Größeres gebe als diesen. Er hat nach Matth. 17, 24f. die Tempelsteuer für sich und Petrus bezahlt, aber gerade nicht auf Grund einer unbedingten Anerkennung, zu der sich der Jünger für verpflichtet zu halten meinte, sondern nur, «damit wir ihnen keinen Anstoß geben.» Denn: «Was meinst du, Simon? Von wem nehmen die Könige der Erde den Zoll oder die Steuer, von ihren Söhnen oder von den Fremden? Da er aber sagte: von den Fremden, sprach Jesus zu ihm: Also sind die Söhne frei.»

Es bedeutete einen unverkennbaren Stoß gegen die durch Natur und Sitte so gewaltig stabilisierte Ordnung der Familie, wenn er nach Mr. 3, 31f., als seine Mutter und seine Brüder nach ihm schickten und ihn rufen ließen, die kalte (oder eben in ganz anderer Richtung warme) Antwort gab: «Wer sind meine Mutter und meine Brüder?» und dann im Blick auf die um ihn Versammelten: «Siehe, das sind meine Mutter und meine Brüder. Wer den Willen Gottes tut, der ist mir Bruder und Schwester und Mutter.» Um von dem noch härteren Wort: τί ἐμοὶ καὶ σοί, «Was haben wir Gemeinsames?» in der Kana-Geschichte Joh. 2, 4 nicht zu reden! Wie destruktiv tönt es in derselben Hinsicht, wenn dem Mann, der ihm nachfolgen, nur eben noch seinen Vater begraben wollte (Luk. 9, 59f.), geantwortet wird: «Laß die Toten ihre Toten begraben, du aber gehe hin und verkündige das Reich Gottes!» und dem anderen, der zuvor immerhin noch von den Seinigen Abschied zu nehmen begehrte (Luk. 9, 61f.): «Wer seine Hand an den Pflug legt und sieht zurück, ist für das Reich Gottes nicht brauchbar»!

Und nun gibt es da doch auch die von Jesus vollzogenen Durchbrüche auch durch die religiös-kultischen Ordnungen seiner Umgebung. Ihm wurde nach Mr. 2, 18f. vorgehalten, warum seine Jünger nicht (wie es doch nicht nur die der Pharisäer, sondern auch die des Täufers taten) fasteten. Die ihn so fragten, bekamen die rätselhafte Antwort: «Können etwa die Hochzeitsleute fasten, während der Bräutigam bei ihnen ist?» Man beklagte sich nach Mr. 7, 1f. auch darüber, daß seine Jünger die für das Einnehmen von Mahlzeiten vorgeschriebenen Reinigungen vernachlässigten: «Warum wandeln deine Jünger nicht nach den Überlieferungen der Alten?» Darauf die Erklärung Mr. 7, 14f. über das, was den Menschen wirklich verunreinigt: nicht das, was von außen in ihn hineinkommt, sondern die bösen Gedanken und Taten, die aus ihm herauskommen. Dann aber und vor allem: seine Stellung zum Sabbath, die seinen Jüngern (Mr. 2, 23f.) erlaubte, am Sabbath zur Stillung ihres Hungers Ähren abzureissen und ihm selbst (Mr. 3, 1f., Joh. 5, 1f; 9, 1f.) am Sabbath zu heilen. Der von ihm gegebene Anstoß und die gegen ihn erhobenen Anklagen wurden hier besonders scharf. Dazu einige seiner Antworten: «Ist es erlaubt, am Sabbath Gutes zu tun oder Böses zu tun, ein Menschenleben zu retten oder zu töten? Sie aber schwiegen» (Mr. 3, 4). «Wenn ein Mensch am Sabbath die Beschneidung empfängt, damit das Gesetz Moses nicht aufgelöst werde, zürnt ihr da mir, daß ich einen ganzen Menschen am Sabbath gesund gemacht habe?» (Joh. 7, 23.) Vor allem aber: «Der Sabbath ist um des Menschen willen geschaffen worden und nicht der Mensch um des Sabbaths willen. Also ist der Menschensohn Herr auch über den Sabbath» (Mr. 2, 27f.). Es war, wie Mr. 3, 6 u. ö. sichtbar wird, gerade dieser Durchbruch etwas von dem Konkretesten, was in den Augen seiner Gegner seine Beseitigung notwendig machte.

Als gelegentlich geführte Stöße gegen die damalige (und nicht nur die damalige) Arbeits-, Erwerbs- und Wirtschaftsordnung wären einige auffallende, bestimmt nicht aus dem Leben gegriffene, sondern dem gewohnten Leben in diesem Bereich höchst fremde Züge in den Gleichnissen zu nennen: Welcher tüchtige Bauer hat wohl – schon Goethe hat das tadelnswert gefunden – jemals so gesät, wie es Matth. 13, 3f. beschrieben ist: unbesehen auf den Weg, auf steinigen Boden, unter die Dornen und dann auch auf die fruchtbare Ackererde? Welche Angestellten werden wohl, wenn sie Alles getan haben, was sie zu tun schuldig sind, bereit sein, mit Luk. 17, 10 zu sagen: «Wir sind unnütze Knechte?» Welcher König war wohl je so großmütig wie der von Matth. 18, 23f., der einen offenbar fehlbaren Verwalter des ihm anvertrauten Gutes zugleich von Strafe und Schuld bedingungslos freispricht? Welcher Arbeitgeber wird bei der Entlöhnung seiner Leute so verfahren, wie es Matth. 20, 1f. von jenem Weinbergbesitzer erzählt wird? Und wie soll es andererseits einleuchtend sein, daß der Mann nach Luk. 12, 16f. von Gott geradezu ein Tor genannt zu werden verdient, dessen Land wohl getragen hatte und der daraufhin (gut und gediegen bürgerlich) seine Scheunen abzubrechen, größere zu bauen und danach im Blick auf die Zukunft sich zu trösten, auszuruhen, zu essen, zu trinken und fröhlich zu sein gedachte: ein Tor nur deshalb, weil er über diesem ganzen Unternehmen – wer wäre davor geschützt? – plötzlich sterben mußte und also alles Seinige nicht mehr sein nennen können wird? Und daß er zu Handel und Wandel ein sehr positiv verstehendes Verhältnis hatte, wird man ja eben von allen vier Evangelien erzählten Geschichte von der Vertreibung der Geldwechsler und Taubenhändler aus dem Tempel nicht wohl entnehmen können. «Räuberhöhle» (Mr. 11, 17) ist doch eine ziemlich harte Bezeichnung für den ehrbaren kleinen Börsen- und Marktbetrieb, den man dort eingerichtet hatte! Die eigentliche Drohung und Umwälzung, die das Reich Gottes, die der Mensch Jesus gerade im Blick auf diesen Bereich bedeutet und mit sich bringt, kündigt sich in diesen einzelnen Schlaglichtern erst an; man wird aber auch sie nicht übersehen dürfen.

Eben solche vereinzelten Lichter fallen aber doch auch auf das politische Gebiet. Ob man das nicht eben ehrfurchtsvolle Wort Luk. 13, 32 hier anführen darf, in welchem Jesus seinen besonderen Landesherrn Herodes kurzweg einen «Fuchs» genannt hat? Sicher gehört aber die Frage und Antwort von Mr. 12, 13f. hieher: Darf und soll man dem Kaiser die Steuer geben oder nicht? Nun, da der Denar das Bild des Kaisers trägt, da also die im Lande bestehende Autorität offenkundig die seinige ist, so «Gebt dem Kaiser, was des Kaisers ist!» – genau das, nur das und nicht mehr als das, ist gemeint – «und Gott, was Gottes ist!» Kein zweites Gottesreich außer und neben dem einen also, sondern, durch das eine Gottesreich scharf begrenzt, ein menschliches Reich, das als solches, aber gerade nur als solches Autorität ist und Gehorsam fordern kann. Es ist die Macht des Pilatus über Jesus nach Joh. 19, 10 gerade nur die Macht, ihn frei zu lassen oder zu kreuzigen. Was Jesus ihm auf seine Frage: «Bist du der Juden König?» schuldig war und auch nicht schuldig blieb, war keine Verteidigung – ihm wird von jenem (wie zuvor von den Hohepriestern) der Prozeß gemacht, er führt aber keinen Prozeß! – sondern nach Mr. 15, 2 gerade nur das Bekenntnis: «Du sagst es.» Auch das Ausführlichere, was man Joh. 18, 33f. darüber hört, ist ja nur eine Umschreibung dieses Bekenntnisses, dieser καλὴ ὁμολογία, wie es 1. Tim. 6, 13 genannt wird. Eben mit diesem Bekenntnis als dem Einzigen, was er ihm entgegenzustellen hatte, hat er das Kaiserreich zugleich geehrt und in der denkwürdigsten Weise in seine Grenzen gewiesen, in den Schatten und in Frage gestellt. «Siehe, ich treibe Dämonen aus und vollbringe Heilungen heute und morgen und am dritten Tag werde ich zum Ziel geführt» hat er nach Luk. 13, 32 dem ihn bedrohenden Herodes sagen lassen. Sofern dies Wort sachlich auch nichts Anderes aussagt als jenes Bekenntnis, dürfte doch wohl auch es tatsächlich hieher gehören.

Aber eben: die Krisis, die in dem Menschen Jesus über die ganze menschliche Ordnungswelt hereingebrochen war, war umfassender und radikaler, als es in allen diesen einzelnen Lichtern sichtbar wurde. Wir stellen hier am besten die nach allen drei Synoptikern im Zusammenhang mit der Fastenfrage gesprochene Bildrede Mr. 2, 21f.

3. Der königliche Mensch

an die Spitze: «Niemand näht ein Stück frisch vom Webstuhl kommendes Tuch auf ein altes Kleid; sonst reißt diese Ergänzung ab, das Neue von dem Alten, und das Loch wird schlimmer. Und niemand füllt neuen Wein in alte Schläuche; sonst wird der Wein die Schläuche zerreißen und der Wein geht zugrunde. Sondern neuen Wein in neue Schläuche!» Die menschlichen Ordnungen insgesamt waren für Jesus und von ihm aus gesehen zweifellos jenes alte Kleid, jene alten Schläuche, ihr Gegensatz zu dem neuen Tuch und neuen Wein des Reiches Gottes erstlich und letztlich unversöhnlich: wie das neue Tuch auf dem alten Kleid dieses nur ganz zerstören kann, so kann der neue Wein des Reiches Gottes, in die alten Schläuche geschüttet, nur zugrunde gehen. Aller eigentliche, ernsthafte Konservativismus und aller eigentliche ernstliche Fortschrittsglaube setzt voraus, daß das Neue und das Alte in irgend einer Kommensurabilität und dann doch auch in irgend einer gegenseitigen Neutralität zusammen bestehen können. Nun ist aber das Neue Jesu eben das in befreiendem Gegensatz zur ganzen Welt und so auch zu allen ihren Ordnungen offenbar gewordene und hereingebrochene Reich Gottes. Und nun gilt auch in dieser Hinsicht: *neutralitas non valet in regno Dei*. Nun verbirgt und offenbart sich also sowohl in dem, was wir Jesu gelassenen Konservativismus nannten, wie in jenen einzelnen, die menschliche Ordnungswelt in sich selbst in Frage stellenden Lichtern und Durchbrüchen der nicht zu verwischende, der radikale Gegensatz des Gottesreiches zu allen Menschenreichen, die nicht zu beantwortende Frage, die nicht zu stillende Unruhe, die durch das Gottesreich in alle Menschenreiche hineingetragen ist.

Jesus hat dem den Tempel bestaunenden Jünger nach Mr. 13, 1f. geantwortet: «Siehst du diese großen Bauten? Kein Stein wird auf dem anderen bleiben, der nicht zerstört werde!» – ein Wort, das ihm dann nach Mr. 14, 58 (und nach Mr. 15, 29 auch noch am Kreuz) dahin ausgelegt wurde: er, Jesus, werde den mit Händen gebauten Tempel zerstören und nach drei Tagen einen anderen, nicht mit Händen gebauten erstehen lassen. Markus und Matthäus haben diese Anklage als die von falschen Zeugen bezeichnet. Es gab aber auch eine Joh. 2, 19 erhaltene Version, laut derer er zwar nicht von einer durch ihn herbeizuführenden Zerstörung des Tempels, wohl aber davon gesprochen habe, daß er ihn nach seiner Zerstörung in drei Tagen neu errichten werde. «Er sprach aber vom Tempel seines Leibes» wird Joh. 2, 21 kommentiert. So oder so: er hat dem jerusalemischen Tempel, indem er ihn als das Haus Gottes ehrte, für seine Heilighaltung sogar eiferte, von dem her, was er selbst brachte und war, eine permanente Dauer und Bedeutung abgesprochen. Er wird (anders als nach Matth. 5, 17f. das Gesetz) nicht einmal bis zum Vergehen des Himmels und der Erde Bestand haben. Hieher gehört das Wort an die Samariterin Joh. 4, 21: «Frau, glaube mir, die Stunde kommt, da ihr weder auf diesem Berge noch in Jerusalem anbeten werdet.» Und was man Apok. 21, 22 vom himmlischen Jerusalem liest, klingt wie ein Echo aller dieser Worte: «Einen Tempel sah ich nicht in ihr; denn der Herr, der allmächtige Gott ist ihr Tempel und das Lamm.»

Und nun kann ja alles Weitere, was über den radikalen Gegensatz des in Jesus realen und erschienenen Neuen zu der Ganzheit der Ordnung der alten Welt zu sagen ist, gewiß nur im Blick auf sein schlichtes Vorübersehen und Vorübergehen an dieser gesagt werden. Nun kann nur zu sehen versucht werden, in welcher abgründigen Tiefe er sie gerade durch dieses sein schlichtes Vorübersehen und Vorübergehen angegriffen hat. Er hat sie damit angegriffen – und das in einer Weise, von der sie sich nie mehr erholen wird – daß er, ihr fremd, in ihrem eigenen Bereich ihr gegenüber in seiner Weise da war. Welches war diese seine Weise, ihr gegenüber da zu sein?

Er hat zunächst damit, daß er selbst – es hat noch nie Jemand erklärt, in welcher selbstverständlichen Notwendigkeit – ehelos blieb und daß er nach Matth. 19, 12 auch mit anderen solchen gerechnet hat, die um des Himmelreichs willen ehelos bleiben möchten, den ganzen Bereich der Familie (über alle jene schon angeführten Worte hinaus) in seinem Urgrund vor die Frage nach deren Recht und Bestand als vor eine nur noch vorläufig und relativ beantwortbare Frage gestellt. «Wenn sie von den Toten auferstehen, werden sie weder freien noch sich freien lassen» (Mr. 12,25).

Wir müssen aber hier vor allem noch einmal auf sein Verhältnis zur ökonomischen Ordnung blicken. Auch sie ist ja von Jesus schon damit schlicht aber gründlich in Frage gestellt worden, daß er selbst mit seinen Jüngern sich an ihrer Grundvoraussetzung, nämlich am Erwerb und Besitz irgendwelchen Eigentums nicht beteiligt hat. Es ist, wie wenn die Ankündigung und der Einbruch des Gottesreiches den Menschen gerade in dieser Hinsicht den Boden unter den Füßen wegziehen würde. Die Stelle aus der Aussendungsrede (Matth. 10,9) wurde bereits erwähnt, in der von jener völligen materiellen Ungesichertheit, in die er seine Jünger entließ, die Rede ist. Die ihm nachfolgten, hatten Alles verlassen (Matth. 19, 27), ihre Netze und Schiffe (Mr. 1,18f.), mit ihren Familien auch ihre Häuser und Äcker (Matth. 19,29). «Habt ihr je an etwas Mangel gehabt?» fragt er sie, und sie sagten: «An nichts!» (Luk. 22, 35). Aber irgend einem Erwerb und Besitz haben sie das nicht zu verdanken. Wer zu ihm kam, der war durch die enge Pforte hindurchgegangen: «Verkaufe, was du hast und gib es den Armen, so wirst du einen Schatz im Himmel haben» (Mr. 10,21). Wer angesichts dieser engen Pforte traurig wurde und betrübt umkehrte (v 22), der kam eben nicht zu ihm. Gefährliches Entweder-Oder für jede menschlich denkbare und brauchbare Wirtschaftsgesinnung und Wirtschaftsführung! Man liest bekanntlich Act. 2, 44f. von einem kühnen Versuch der allerersten Gemeinde nach Pfingsten, diesen grundstürzenden Angriff aufzunehmen: «Alle zum Glauben Gekommenen waren beisammen und hatten alles gemeinsam und sie verkauften ihren Besitz und ihre Habe und verteilten sie unter alle, je nachdem einer es nötig hatte.» Dieser Versuch wird Act. 5,1 f. noch einmal, im übrigen Neuen Testament nicht mehr direkt erwähnt. Er ist später in mehr als einer Form neu aufgenommen worden. Konnte und kann er in irgend einer Form mehr sein und bedeuten als ein Versuch? Daß er gewagt wurde, bleibt denkwürdig. Und daß in irgend einer Form in dieser Richtung vorgestoßen wird, wird da, wo das Evangelium Jesu laut und gehört wird, immer wieder unvermeidlich sein. Es ist aber noch nie geschehen – und in dem System, das sich heute «Kommunismus» nennt, zuletzt – daß der Weg in dieser Richtung auch nur in kleinerem Kreise wirklich zu Ende gegangen worden wäre. Und noch gefährlicher war doch wohl die Proklamation Matth. 6,19: «Sammelt euch nicht Schätze auf Erden, wo Motten und Rost sie fressen und wo die Diebe einbrechen und stehlen!» und erst recht die von Matth. 6,25f.: «Sorget nicht um euer Leben, was ihr essen und was ihr trinken sollt, noch um euren Leib, was ihr anziehen sollt! . . . Sorget nicht um den morgigen Tag, denn der morgige Tag wird seine Sorge haben!» Als ob es ohne solches Sammeln und Sorgen irgend eine gesunde und solide Ökonomie privater oder kollektiver Art überhaupt geben könnte! Aber so stehen diese Worte da, merkwürdig erleuchtend, verheißungsvoll und andringend – wie könnte man sich ihrer Wahrheit, ihrem Trost, ihrem Ansporn entziehen? – obwohl und indem sie offenbar schon der Gemeinde, in der die Evangelien entstanden, zu ihrer Realisierung keine Weisungen an die Hand gaben: in letzter Gültigkeit, obwohl und indem doch der Einwand, sie möchten überhaupt nicht realisierbar sein, von Anfang an so nahe liegen mußte! Und wie gefährlich, wenn solches Sammeln und Sorgen dann geradezu als heidnisch verpönt, wenn ihm – und eben das hat Jesus doch getan – die Sorgenlosigkeit und doch auch die Arbeitslosigkeit der Vögel des Himmels und der Lilien auf dem Feld entgegengehalten wurde! Wie gefährlich, wenn, wie wir gehört haben, gerade der Begriff des Mammons, der doch nur eben die Idee des materiellen Eigentums zu bezeichnen scheint, zum Inbegriff aller dem Reiche Gottes widerstehenden Herrschaft, wenn gerade der Gegensatz von Armen und Reichen zum Grundschema aller dem Menschen zuzusprechenden Seligkeit oder Unseligkeit wurde! Es waren und sind doch offenbar die Grundpfeiler aller normalen menschlichen Aktivität im Blick auf die naheliegendsten menschlichen Lebensnotwendigkeiten, an denen da – aufregenderweise gerade nicht in Form der Proklamation einer besseren Sozialordnung, sondern in Form des einfachen freien Aufrufs zur Freiheit –

3. Der königliche Mensch

gerüttelt wurde. Es ging da offenbar um ein Neues, das in der Tat nicht auf ein altes Kleid zu flicken, nicht in irgendwelche alten Schläuche zu füllen war. Es tat sich dem Alten gegenüber gerade nur auf als das unmißverständlich von ihm Verschiedene, ihm Entgegengesetzte, als unüberhörbare Ankündigung seines Endes und eines Neuanfangs jenseits seines Endes, gerade nur als Frage, Aufruf, Einladung und Forderung, die als solche nicht zu stillen war. Es war eben – wir werden es hier bei der schlichten Feststellung bewenden lassen müssen – das Neue des königlichen Menschen Jesus, das da, allen vernünftigen und insofern ehrenwerten Einwendungen zum Trotz, faktisch gerade in die Fundamente der ökonomischen Welt hineinleuchtete und hineinbrach.

Dieselbe Situation ergab sich aber auch in Jesu Verhältnis zur rechtlichen und politischen Ordnung. Um eine gerade in ihrem Mangel an aller direkten Aggressivität nur umso wuchtigere Problematisierung schon der Voraussetzungen ging es auch hier. Was wären alle direkten Reform- oder Umsturzversuche, an denen Jesus sich hätte beteiligen oder die er hätte anregen und führen können, neben der Revolution gewesen, die er auch in diesem Bereich gerade so vollzogen hat? Er hat dem Bösen, das in der Wurzel auszurotten er doch gekommen war, nicht widerstanden. Er war der Richter und hat nicht gerichtet: es wären denn die, die ihrerseits Richter sein zu können meinten – und es wäre denn damit, daß er sich selbst für diese Usurpatoren des Gerichts richten ließ! Dementsprechend lautete seine Weisung an die Seinen (Matth. 5,38f.) – wieder nicht als ein Gesetz, aber als sein freier Aufruf zur Freiheit – dahin, daß auch sie dem Bösen nicht widerstehen, sich nach der rechten auch auf die linke Wange schlagen, daß sie dem, der nach ihrem Rock verlangte, auch den Mantel lassen, und mit dem, der sie eine Meile weit bemühen sollte, gleich zwei gehen sollten – und weiter dahin, daß auch sie (Matth. 7,1f.), wollten sie nicht selber gerichtet werden, nicht richten sollten – und weiter dahin, daß auch sie (Matth. 5,43f.) ihre Feinde lieben und für ihre Verfolger beten sollten: als Söhne des Vaters im Himmel nämlich, der seine Sonne aufgehen läßt über Böse und Gute und läßt regnen über Gerechte und Ungerechte – und offenbar als seine, Jesu, Brüder, der, als seine Feinde (wirklich die Feinde Gottes!) ihr Letztes an ihm vollbracht hatten, nach Luk. 23, 34 betete: «Vater, vergib ihnen, denn sie wissen nicht, was sie tun!» Es ist wieder klar – welches menschliche Rechts- und Staatsdenken vermöchte dieser Weisung und dem, der da Weisung gibt, gerecht zu werden und Genüge zu tun? – daß auch da an den menschlichen Grundlagen gerüttelt wird, daß da das Recht Gottes mit allem Menschenrecht, der Staat Gottes nicht nur mit irgend einem bösen Totalstaat, sondern mit jedem denkbaren menschlichen Staat zunächst einfach hart und unversöhnlich zusammenstößt, daß das Neue auch da nicht zum Flicken und Füllen des Alten verwendet werden kann. Es ist klar, daß die menschliche Ordnung auch da in eine Nachbarschaft von letzter, höchster Bedrohlichkeit geraten ist. Die Gemeinde hat das oft und oft vertuscht, verleugnet und auch wohl ganz vergessen, so daß es auch von der sie umgebenden Welt mehr oder weniger vergessen werden konnte. Sie hat aber die auch in dieser Dimension wirksame Unruhe, die sie als Gemeinde dieses, des königlichen Menschen – ob sie es wahr haben wollte oder nicht – in ihrer Mitte hatte, nie ganz loswerden und auch ihrer Umgebung gegenüber nie ganz verheimlichen können. Denn sofern sie als die Gemeinde dieses Menschen da war, war sie auch für die Welt da, war die Konfrontierung der alten Ordnungswelt mit dem Inkommensurablen des Reiches Gottes auch in dieser Hinsicht nicht mehr zu beseitigen. Die Welt hatte und hat sich, indem dieser Mensch da gewesen war und noch und wieder da war, von Anfang an und immer aufs neue, koste es, was es wolle, mit diesem Inkommensurablen auseinanderzusetzen.

Gott selbst war ihr und ist ihr in all den jetzt eben angedeuteten Dimensionen konkret auf den Leib gerückt: damit, daß der Mensch Jesus in ihre Mitte trat und in ihrer Mitte ist.

Aber nun haben wir den entscheidenden Punkt, in welchem der königliche Mensch Jesus Gott selbst widerspiegelt und abbildet, noch nicht genannt. Wir hatten diesen Punkt durch alles bisher Hervorgehobene zunächst vor aller Verharmlosung und Trivialisierung zu schützen: vor der Meinung, als ob das, was nun als das Entscheidende zu nennen ist, ein von uns anderen Menschen her Zugängliches, für uns Griffbereites und Verfügbares wäre: einzugliedern in die Skala der uns bekannten Größen- und Wertverhältnisse. So hatten wir Jesus dem Menschen und seinem Kosmos zunächst einfach g e g e n ü b e r zu stellen: als d e n A r m e n, der, wenn schon irgend welcher Menschen Freund und Seligsprecher, dann der d e r A r m e n war und nicht der Reichen, und als den R e v o l u - t i o n ä r sondergleichen, durch den die Axt den Bäumen an die Wurzel gelegt, durch den die menschliche Ordnung im Kosmos unversöhnlich, in einer von uns her schlechterdings nicht zu beantwortenden Weise in den Schatten und in Frage gestellt wurde. Der kennte eben Gott nicht, der ihn nicht als den unserer ganzen Welt – sie ist die von ihm abgefallene, ihm und damit sich selbst entfremdete Welt! – Entgegengesetzten, ihren Richter, der seinen Willen nicht als den auf ihre totale Veränderung und Erneuerung gerichteten erkennte. Meinte er ihn anders zu kennen, so kennte er in Wahrheit nur noch einmal, wenn auch in irgend einer milden oder wilden Transzendierung, diese Welt und letztlich sich selber, den alten Adam. In dem Menschen Jesus hat sich Gott selbst dieser Verkennung entzogen. Dieses göttliche S i c h e n t z i e h e n hatten wir in dem, was bisher hervorgehoben wurde, nachzuzeichnen. Der kennte eben auch Jesus (jedenfalls den Jesus des Neuen Testamentes) nicht, der ihn nicht als jenen Armen, als jenen – wagen wir das gefährliche Wort: Parteigänger der Armen und schließlich als jenen Revolutionär erkennte. Es war also zu warnen vor jedem Versuch, nun etwa auch ihn im Sinn einer weiteren, vielleicht der höchsten Selbstoffenbarung und Selbstbestätigung des alten Adam zu deuten und brauchbar zu machen. Aber das Alles kann hier gewiß nicht das l e t z t e Wort sein, wie es ja – das ist in berechtigter Reaktion gegen alle Verharmlosungen und Trivialisierungen des Evangeliums oft übersehen worden – auch nur didaktisch, aber nicht sachlich d a s e r s t e Wort sein kann.

Das wirklich erste und dann auch letzte Wort ist zweifellos dies, daß wie Gott selbst, so der Mensch Jesus (4) nicht gegen, sondern f ü r d i e M e n s c h e n ist – auch und gerade für die Menschen in der ganzen Unmöglichkeit ihrer Verkehrung, in ihrer Gestalt als die Menschen der alten Adamswelt. Der entscheidende Punkt, dem wir uns jetzt zuzuwenden haben, liegt darin, daß der königliche Mensch Jesus das g ö t t l i c h e J a zum Menschen und seinem Kosmos widerspiegelt und abbildet. Es ist Gottes kritisches, mit der Gewalt jenes Schwertes scheidendes, aufdeckendes, strafendes Ja. Ihm entspricht auch in dieser Hinsicht – das hörten wir nun – das in der Existenz, im Wort und in der Tat des Menschen Jesus gesprochene Ja. Gerade es ist aber, dem Ja Gottes entsprechend, ein Ja und nicht ein Nein: Ja, auch indem es ein Nein in sich schließt und mächtig mit sich bringt. Was es widerspiegelt und abbildet, ist die Liebe, in der Gott die Welt geliebt hat, liebt und lieben wird, die Treue, die er ihr geschworen hat und hält, die Solidarität mit ihr, in die er eingegangen ist und in der er verharrt, die Hoffnung des Heils und der Herrlichkeit, die er ihr damit geschenkt hat, daß er ihr nicht weniger als sich selbst dahingegeben hat. Der Mensch Jesus ist nämlich darin der königliche Mensch, daß er nicht nur ein Mensch mit den anderen Menschen ist, sondern der Mensch für sie: für sie, so wie Gott für sie ist – der Mensch, in dem ihnen die Liebe, die Treue, das Heil und die Herrlichkeit Gottes in der konkreten Gestalt einer geschichtlichen Beziehung von Mensch zu Mensch zugewendet ist. Trotz ihrer eigenen Adamsgestalt und also trotz ihrer Entfremdung und so trotz ihres fundamentalen Irrtums hinsichtlich dessen, was sie für gut, wahr, schön, tröstlich, hilfreich, befreiend, erlösend halten, trotz all der Sicherungen, mit denen sie sich ihm gegenüber umgeben – vor allem aber trotz des Elends, dem sie in dieser Entfremdung, in diesem Irrtum, in der Aufrichtung dieser Sicherungen notwendig verfallen sind! Das göttliche Ja, von dem königlichen Menschen Jesus nachgesprochen, ist das göttliche Trotzwort gerade und vor allem gegenüber diesem menschlichen Elend – erst so und von da aus, gewissermaßen rückwirkend, sein Trotzwort gegen die menschliche Verkehrtheit, die dieses Elends Grund ist. Er greift die Sünde an, indem er sich der als Sünder so elenden Menschen erbarmt. Er greift sie mit dem Evangelium an, mit der frohen Botschaft vom Ende ihres Elends und vom Anfang ihrer Erlösung, mit dem Kommen seines Reiches als dem Reich des Friedens auf Erden, der Versöhnung der Welt mit ihm selber. Der Mensch Jesus ist entscheidend darin «nach Gott geschaffen», daß er als Mensch das Werk und die Offenbarung des Erbarmens Gottes, seines Evangeliums, seines Friedensreiches, seiner Versöhnung, daß er in diesem Sinn Gottes geschöpfliche, irdische, menschliche Entsprechung ist.

Wir taten sicher recht daran, auf dieses sachlich Erste hier erst zuletzt zu reden zu kommen. Es liegt nämlich im Neuen Testament keineswegs auf der Hand, daß der Mensch Jesus den anderen Menschen tatsächlich in diesem – und nun gar noch primär und entscheidend in diesem Charakter gegenüber tritt, wie es ja auch keineswegs selbstverständlich ist, daß er gerade in diesem Charakter der Repräsentant des eigentlichen, des innersten Willens Gottes ist. Er konnte ja auch – ja mußte er nicht? – (gerade unter den Gesichtspunkten, die uns bisher beschäftigt haben) so gesehen werden, wie ihn Michelangelo gesehen hat: als den Weltrichter, als den selber zornig drohenden Repräsentanten des Zornes Gottes als dessen eigentlicher Gesinnung und Haltung der Menschenwelt gegenüber. Erinnern wir uns nochmals der verschiedenen Wendungen, in denen das Befremden, das Erschrecken, das Entsetzen beschrieben wird, von dem sein Auftreten umgeben war. Daß seine Erscheinung von einem *mysterium tremendum* und von einer ihm entsprechenden «Furcht» der Menschen umgeben war, wird von dem über die Hirten von Bethlehem (Luk. 2,9) bis zu dem über die Frauen am leeren Grab (Mr. 16,8) Berichteten mehr als einmal sehr nachdrücklich gesagt. Und es verstand sich nicht von selbst, wenn das Volk sich dann trotzdem freute über das Herrliche, das durch ihn geschah (Luk. 13, 17), wenn es (Luk. 7, 16) mitten aus dem großen φόβος heraus zu einem Lobpreis Gottes kam: in der Erkenntnis, daß Gott sein Volk in Gnade «heimgesucht» habe.

Aber das wird allerdings als die Meinung der ganzen Überlieferung deutlich: daß jene Furcht ein abnormales, ein auf Mißverständnis und Verkennung beruhendes Verhalten war, das einem ganz anderen weichen durfte und mußte. Zacharias (Luk. 1,13), Maria (Luk. 1, 30), die Hirten auf dem Feld (Luk. 2,10), Petrus nach dem großen Fischfang (Luk. 5, 10), die Jünger im Sturm auf dem See (Mr. 6, 50) und als ihnen der Auferstandene begegnete (Matth. 28,10), sollten ihn eben nicht fürchten. Die eindrucksvollste Darstellung dieser Wendung und ihres Grundes findet man freilich nicht in den Evangelien, sondern in der Beschreibung jener Vision am Anfang der Johannesapokalypse (1, 12f.), wo der Seher sich umwendet und erblickt den danielischen Menschensohn mit allen seinen Prädikaten: seine Augen wie eine Feuerflamme, seine Füße gleich schimmerndem Erz, seine Stimme wie das Rauschen vieler Wasser, in seiner Hand sieben Sterne, aus seinem Mund hervorgehend ein zweischneidiges scharfes Schwert, sein Angesicht leuchtend wie die Sonne in ihrer Kraft. «Und als ich ihn sah, sank ich wie tot zu seinen Füßen. Und er legte seine rechte Hand auf mich und sprach: Fürchte dich nicht! Ich bin der Erste und der Letzte und der Lebendige, und ich war tot und siehe, ich bin lebendig in alle Ewigkeit und habe den Schlüssel des Todes und des Totenreiches.» In und mit der Furcht vor ihm soll ja gerade alle Furcht, soll die Furcht als solche von den Menschen weggenommen werden: die Furcht vor dem Tode als der Sünde Sold (Röm. 6, 23), durch die sie ihr Leben lang in Sklaverei waren (Hebr. 2,15). Der Blinde (Mr. 10,49), der Gelähmte (Matth. 9, 2), die blutflüssige Frau (Matth. 9, 22) sollen getrost sein (θαρσεῖν). Es sollen die Jünger als jene «kleine Herde» (Luk. 12, 32) sich nicht fürchten, die Verfolger, die ja nur den Leib töten können, nicht fürchten (Matth. 10, 26. 28. 31), sich nicht fürchten, wenn sie von Kriegen und Kriegsgerüchten hören (Mr. 13,7). Es soll Paulus sich angesichts des Widerstandes, auf den er in Korinth gestoßen ist, nicht fürchten, sondern reden und nicht schweigen (Act. 18,9), sich auch im Sturm vor Kreta nicht fürchten, weil es ihm bestimmt ist, vor den Kaiser zu treten (Act. 27, 24). «Euer Herz lasse sich nicht erschüttern (μὴ ταρασσέσθω) und verzage nicht!» (Joh. 14, 27). «Dies habe ich zu euch geredet, damit ihr meinen Frieden habt. Im Kosmos habt ihr Bedrängnis (θλῖψιν), aber seid getrost (θαρσεῖτε), ich habe den Kosmos überwunden» (Joh. 16, 33). Das ist die Wendung, der Durchbruch des Ja, das in dem Menschen Jesus – in Entsprechung zu dem göttlichen Ja – zu den anderen Menschen gesagt wurde.

Aber wenn und indem es durchbrach, wurde ja den Menschen nicht nur gesagt, daß sie sich nicht fürchten, vielmehr getrost sein, sondern viel stärker: daß sie sich freuen dürften und sollten. So schon in der Kindheitsgeschichte (Luk. 1, 28) bezeichnet durch das χαῖρε des Engels an Maria und (Luk. 1, 44) durch die erstaunliche Nachricht, daß das Kind im Leibe der Elisabeth «jubelnd hüpfte» (ἐσκίρτησεν ἐν ἀγαλλιάσει), als der Klang des Grußes der Maria an ihr Ohr drang. Und dann (im Magnifikat Luk. 1, 47) die Freude der Maria selbst. Dann (Luk. 2, 10) die Verkündigung des Engels in der Christnacht von der den φόβος μέγας der Hirten aufhebenden, dem ganzen Israel durch die Geburt des σωτήρ widerfahrenen χαρὰ μεγάλη. Dann die Freude des Täufers, der als des Bräutigams Freund dessen Stimme hört (Joh. 3, 29). Dann die den Jüngern, weil ihre Namen im Himmel aufgeschrieben sind, erlaubte und gebotene Freude (Luk. 10,20) – erlaubt und geboten nicht trotzdem, sondern gerade weil sie auf Erden Verfolgung zu erleiden haben: «Freuet euch und hüpfet, denn euer Lohn wird groß sein im Himmel!» (Luk. 6, 23 vgl. Matth. 5, 12). Und wie merkwürdig die Wendung in der lukanischen

Ostergeschichte (24, 41), laut derer diese Freude gar nicht etwa die des Glaubens oder an den Glauben gebunden war, diesem vielmehr vorangeht und zunächst hindernd im Wege stehen konnte: «da sie noch vor lauter Freude nicht glaubten, ἀπιστεύοντες waren, sprach er zu ihnen...»! Es ist nach Joh. 15, 11 (vgl. 17, 13) dies, Freude zu bringen, geradezu der Sinn und Zweck der Sendung Jesu: «Solches habe ich zu euch geredet, daß meine Freude in euch sei und eure Freude vollkommen werde» – nach Joh. 16, 20f. der Sinn und Zweck auch der λύπη, die ihnen durch seinen Tod zunächst bereitet wird: «Eine Frau hat, wenn sie gebiert, Traurigkeit, denn ihre Stunde ist gekommen. Wenn sie aber das Kind geboren hat, denkt sie nicht mehr an die Bedrängnis um der Freude willen, daß ein Mensch in die Welt geboren ist.» Wieder tönt es dann bei Paulus (Phil. 4, 4) wie ein Echo: «Freuet euch in dem Herrn allezeit. Nochmals sage ich: Freuet euch!» Es jubelte aber nach Joh. 8, 56 schon Abraham, daß er den Tag Jesu sehen sollte, und er sah ihn tatsächlich und freute sich. Und so ist nach Luk. 15, 7.10 Freude im Himmel bei den Engeln Gottes über das messianische Ereignis des einen Sünders, der Buße tut. Aber eben: diese Freude ist ja nach jenen johanneischen Stellen, aber doch auch nach Luk. 10, 21 zuerst Jesu eigene Freude: ἡ χαρὰ ἡ ἐμή, seine ἀγαλλίασις im Heiligen Geiste. Die Menschen nahmen sie sich also nicht, sie brachten sie nicht aus sich selber hervor: sie kam in und mit dem Menschen Jesus zu ihnen. Sie wurde ihnen in ihm und durch ihn gegeben. Sie war eben zuerst – mit dem Reiche Gottes offenbar identisch (es ist nach Röm. 14, 17 wie Gerechtigkeit und Frieden, so auch Freude!) – objektiv für sie da, durfte, konnte, sollte in der ihnen erlaubten und gebotenen Freude nur eben nachvollzogen werden. Es war eben, indem der Mensch Jesus da war, für sie, die Menschen, faktisch, durch nichts und niemand zu widerlegen und zu zerstören – «eure Freude nimmt niemand von euch» (Joh. 16, 22) – Freude da: χαρά, ἀγαλλίασις.

Wir fragen: warum und an was? und werden nun doch wohl schlicht antworten müssen: darum und daran, daß das, was ihnen in diesem Menschen begegnete, das klare, unzweideutig und zwingend sprechende rettende Erbarmen Gottes war. Wohl auch sein Unwille, sein Zorn – sein Erbarmen ist nicht ohne seinen Zorn! von da her die Furcht, mit der dieser Mensch sie wohl erfüllen konnte – aber sein Zorn nicht *in abstracto*, und also nicht in irgend einem dunkeln dialektischen Gleichgewicht mit seinem Erbarmen – nach der Melodie «Gesetz und Evangelium» –, sondern als das reinigende Feuer seines Erbarmens, seiner freien, unverdienten, aber in ihrer ganzen Erstaunlichkeit realen tätigen Gnade, seiner Treue der Welt, seinem Volk, den Menschen gegenüber. Darum und daran die «große Freude!» Das machte die in der Person dieses Menschen ergehende Botschaft zur guten, zur frohen Nachricht, zum εὐαγγέλιον. Denn das ist das Gute, das Fröhliche und Fröhlichmachende für den Menschen, wenn er das hören und so hören darf, daß er sich daran halten, damit leben kann: daß Gott ihn nicht nur nicht verlassen, sondern sich ihm als sein Gott, der er immer war und immer sein wird, zuwendet, sein rettender Erbarmer ist. In der in und mit der Existenz des Menschen Jesus an ihn ergehenden Botschaft bekam er das – und das so: in letzter Klarheit und Zuverlässigkeit zu hören.

Wir sind nicht die Ersten, denen sich an dieser Stelle der Begriff des σωτήρ aufdrängt, des Erretters, Erhalters, Bewahrers, Befreiers – in der bekannten deutschen Übersetzung: des Heilands. Er war in der älteren griechisch sprechenden Welt bekannt als Beiname von Göttern, in der späteren als Bezeichnung von Mysteriengottheiten wie Serapis und Isis, aber auch als Ehrentitel hervorragender menschlicher Persönlichkeiten. Es kann sein, daß er von daher in den Wortschatz des Neuen Testamentes eingedrungen ist. Er wird in den Evangelien nur Luk. 2, 11 und Joh. 4, 42, in der Apostelgeschichte nur 5, 31 und 13, 23, in den unbestrittenen Paulusbriefen nur Phil. 3, 20 direkt auf Jesus angewendet und spielt erst in den Pastoralbriefen und im zweiten Petrusbrief zu seiner Bezeichnung eine bemerkbare Rolle. Das Verbum σῴζειν erscheint aber in der evangelischen Überlieferung (besonders in den Synoptikern, weniger bei Johannes), in der Apostelgeschichte und dann doch auch in der ganzen paulinischen Literatur (mit merkwürdiger Ausnahme des Galater- und des Kolosserbriefs) so häufig, es wird auch das Substantiv σωτηρία zwar (außer vier Stellen bei Lukas und einer bei Johannes) nicht in den Evangelien, wohl aber in den Briefen so oft gebraucht, daß es der Annahme einer Anregung durch außerchristliche Literatur vielleicht nicht einmal notwendig bedarf, um das Auftreten des Begriffs σωτήρ in jenen jüngeren Schichten des Neuen Testamentes und dann doch vereinzelt auch in der evangelischen Überlieferung verständlich zu machen. Sachlich war er die naheliegende Zusammenfassung dessen, was man den Menschen Jesus als Grund der «großen Freude» (Luk. 2, 10) sein und tun sah: in Entsprechung nämlich zu dem Sein und Tun des primären σωτήρ, als welcher ja Luk. 1,47 und an einer Reihe von Stellen der Pastoralbriefe Gott selber genannt wird. Jesus kam, sprach und wirkte als der Erretter und also als der Bringer der großen Freude, indem er der unmittelbare und schlechthin vollmächtige Zeuge des rettenden Erbarmens Gottes selber war.

Ein merkwürdiges Dokument dieses Zusammenhangs sind die beiden Hymnen, die Lukas in seine Kindheitsgeschichte aufgenommen hat: der Lobgesang der Maria (Luk. 1, 46–55) und der des Zacharias (1, 68–79). Von woher mögen sie ursprünglich stammen? Aus einer in diesem Fall doch wohl sehr frühen Zeit der christlichen Gemeinde? Aus ihrem Gottesdienst? Oder aus der privaten Dichtung eines oder mehrerer ihrer Glieder? Lassen sich die v 48 und 76 anders als aus christlichem Ursprung erklären? Oder stammen sie, vielleicht in christlicher Überarbeitung, aus den Kreisen einer jener dem ältesten Christentum parallel laufenden Erweckungs- und Erneuerungsbewegungen, von denen uns ja eine durch die Entdeckungen am Toten Meer in unseren Tagen näher bekannt geworden ist? Wie dem auch sei: Lukas hat es für richtig und wichtig gehalten, sie an dieser Stelle, gewissermaßen unter dem Eingangstor seiner Darstellung der «Ereignisse, die sich unter uns zugetragen haben», den so hervorgehobenen Personen der Mutter Jesu und des Vaters des Täufers in den Mund zu legen. Und so dürfte es sich wohl lohnen, sich ihren Gedankengehalt – ich versuche es in einer Zusammenschau der beiden (offenkundig verwandten) Texte – zu vergegenwärtigen:

Von dem Herrn, dem Gott Israels ist da – in beiden Texten in zahlreichen Zitaten und Nachklängen aus dem Alten Testament – die Rede (v 68). Eben dieser Gott ist von den Seinen, von den ihn erkennenden Menschen zu loben (v 68), «groß zu machen» (μεγαλύνειν, *magnificare*) als der Gott, der ihr σωτήρ und eben als solcher der Gegenstand ihrer ἀγαλλίασις ist (v 46–47). Warum? Weil er in Treue gegen sein an die Väter, an Abraham ergangenes Wort aufs neue zu handeln im Begriff steht (v 55): in Treue gegen das von ihm durch den Mund der Propheten vor alters Gesprochene (v 70). Er hat nicht vergessen, er gedenkt seines heiligen Bundes, des Eides, den er Abraham geschworen (v 72–73). Es dauert sein Erbarmen «von Geschlecht zu Geschlecht» (v 50). Es ging ihm einst darum, sein Volk den Händen seiner Feinde und damit der Furcht zu entreißen, damit es ihm sein Leben lang diene in Gerechtigkeit und Heiligkeit vor seinen Augen (v 74–75). Eben darum geht es ihm jetzt wieder und aufs neue. Es sind insofern schlicht und direkt die Väter selbst, deren er sich erbarmt (v. 72), indem er sich heute unser erbarmt. Indem er jenes seines alten Erbarmens «gedachte», hat er sich seines Knechtes Israel neu angenommen (ἀνελάβετο v 54). Das hat er nämlich heute getan: Er hat die Niedrigkeit seiner Magd angesehen (v 48). Er hat (v 68) sein Volk «heimgesucht» (ἐπεσκέψατο, wie Luk. 7, 16): er selber der «Aufgang aus der Höhe», um zu erleuchten die in der Finsternis und im Schatten des Todes sitzen, und um ihre Füße auf den Weg des Friedens zu lenken (v 79). Er, der Allmächtige, dessen Name heilig ist, hat wieder Großes an ihnen getan (v 49), hat ihnen wieder Erlösung (λύτρωσις) verschafft (v 68), ihnen wieder ein «Horn der Errettung» (σωτηρίας) aufgerichtet im Hause Davids, seines Knechtes (v 69) – wieder eine Errettung aus der Hand aller ihrer Feinde und Hasser (v 71), wieder sein Gericht geübt in Erniedrigung der Hohen und in Erhöhung der Niedrigen (v 51–53). In Vergebung seiner Sünden soll seinem Volk jetzt Erkenntnis,

3. Der königliche Mensch

Erfahrung (γνῶσις) seiner Errettung geschenkt werden (v 77) – und das Alles διὰ σπλάγχνα ἐλέους θεοῦ ἡμῶν (v 78).

Die von Gott in Treue gegen sich selbst und so in Treue gegen sein Israel vollzogene barmherzige, errettende Heimsuchung, die den Skopus dieser Hymnen bildet, ist aber offenbar, entweder schon im Sinn ihrer Verfasser oder doch sicher im Sinn des Lukas, der sie in seinen Text aufgenommen hat, indirekt identisch mit dem Leben, den Worten und Taten, dem Leiden, Sterben und Auferstehen des Jesus von Nazareth, dem ja seine Geschichtsdarstellung zugewendet ist. Indirekt identisch muß man darum sagen, weil das Subjekt, dem ihre Aussagen gelten, durchweg der heute wie gestern barmherzig errettende Gott Israels ist und weil es in diesen Texten nur einen bestimmten, aber eben indirekten Hinweis auf Jesus gibt, das vorhin noch nicht berücksichtigte Wort v 76 über Johannes den Täufer: «Und du, Kind, wirst Prophet des Höchsten genannt werden, denn du wirst dem Herrn vorangehen, um seine Wege zu bereiten.» Indirekt identisch muß man aber (jedenfalls im Sinn des Lukas) darum sagen, weil die Anführung dieser Hymnen ja literarisch keine Pointe hätte, wenn sie nicht (jedenfalls im Sinn des Lukas) eben von dem Sohn Marias reden würden, dem der Sohn des Zacharias als Prophet des Höchsten den Weg bereitete – von ihm als von dem, in welchem das neue Tun des treuen Gottes Israels an seinem Volk seine menschliche Entsprechung gefunden hat, in welchem jene göttliche Heimsuchung irdische Geschichte geworden ist.

Von hier aus können wir nun weiter denken. Wir versuchen es, indem wir aus den evangelischen Haupttexten nun eine, für die uns jetzt beschäftigende Frage höchst lehrreiche Einzelstelle herausgreifen: Matth. 9, 36, wo es heißt: «Da Jesus das Volk sah, erbarmte es ihn, denn sie waren abgequält und erschöpft (‚verschmachtet und zerstreut') wie Schafe, die keinen Hirten haben.»

Von den σπλάγχνα Gottes hörten wir vorhin (Luk. 1, 78), nun also von einem ἐσπλαγχνίσθη, ausdrücklich von dem durch die Städte und Dörfer Galiläas wandernden, lehrenden, verkündigenden und heilenden Menschen Jesus von Nazareth gesagt. Der Ausdruck ist unübersetzbar stark: das Elend, das er vor sich hatte, ging ihm nicht nur nahe, nicht nur zu Herzen – «Mitleid» in unserem Sinn des Begriffs wäre kein Wort dafür – sondern in sein Herz, in ihn selbst hinein, so daß es jetzt ganz sein Elend, viel mehr das seine als das der Elenden, letztlich und im Grunde – er nahm es ihnen ab und auf sich – nicht mehr das ihrige, ganz das seinige war. Er erlitt es an ihrer Stelle. Aller Jammer der Elenden war jetzt nur noch ein Nachklang, eigentlich schon überholt und überflüssig geworden. Jesus hatte ihn zu seiner eigenen Sache gemacht. Dem durchgreifend, gänzlich und endgültig rettenden Erbarmen Gottes entsprach die Hilfe, die Jesus den Menschen durch seine durchgreifende, gänzliche, endgültige Hingabe an und für ihre Sache gebracht hat: In dieser Hingabe, dadurch, daß es ihn in diesem qualifizierten Sinn erbarmte, die Menschen zu sehen, war er auf Erden wie Gott es im Himmel ist. In dieser Hingabe war er das auf Erden gekommene Reich Gottes.

Es erbarmte ihn aber nach dieser Stelle, die ὄχλοι zu sehen: das Menschenvolk als Masse, als Menge, als Haufe, «die Leute», das namenlose «Man». Gemeint ist also nicht nur irgendwelches «niedere», arme Volk, obwohl solches wohl auch dabei war: es waren ja doch auch solche dabei, wie jener Mann von Luk. 12, 13, der von Jesus verlangte, daß er in dem Erbschaftsstreit mit seinem Bruder für ihn Partei ergreife. Genau genommen gehörte niemand nicht dazu. Es war wohl immer und überall eine leidige Gewohnheit, daß ein Jeder zu den «Leuten», zur Menge, zu dem großen «Man» nur die Anderen, nicht sich selbst rechnen wollte, womit er sich dann nur erst recht als dazu gehörig erwies. Das Volk, wie es uns in den von der Überlieferung geschilderten Szenen neben den Jüngern hier, den Zöllnern und Sündern dort und den Pharisäern und Schriftgelehrten noch anderswo vor Augen steht, ist (jene alle nicht aus-, sondern einschließend) die laufende, drängende, schiebende Menge von lauter solchen, von denen jeder gerade sich selbst als Sonderfall zu betrachten, mit lauter Stimme Ich! zu rufen, etwas für sich sein und haben zu wollen schien, und die gerade damit zu einem Haufen, zu einem Meer von Köpfen, zu einer Herde verschmolzen, in der die Namen gleichgültig, die Personen charakterlos wurden, in welcher wohl da und dort einer für einen Augenblick auftauchte, um dann doch ebenso rasch und gründlich wieder im Ganzen zu verschwinden: die Menge, in der die Menschen eigentlich keine Menschen mehr waren. Dieses Volk zu sehen, erbarmte Jesus. Diese «Leute» rief er zu sich (Mr. 7, 14); sie ließ er sich um ihn versammeln (Mr. 4, 1). Er sah ihre Bedürfnisse gerade in solchen Massensituationen wie der in allen Synoptikern doppelt erzählten Speisungsgeschichten. Es fällt auf, daß er wohl die Pharisäer und die Schriftgelehrten und auch seine eigenen Jünger, aber gerade die ὄχλοι – geschmeichelt hat er diesen freilich auch nie! – als solche nie angeklagt oder gescholten hat. Er stand in einer kaum sichtbaren, aber starken Verbindung und Solidarität gerade mit ihnen: stark, weil sie in seinem Erbarmen begründet war – darin, daß er nichts von ihnen wollte, als ihr Elend, um es ihnen ab- und auf sich zu nehmen. Eben das mußte ihn freilich auch in die große, die größte Einsamkeit ihnen gegenüber führen. Man ahnt schon Gethsemane und Golgatha, wenn man etwa Mr. 6, 46 liest, wie er sich ihnen (wie übrigens auch seinen Jüngern) zu entziehen pflegte, um zu beten. Er ging aber doch auch für sie (um für sie zu beten) in die Einsamkeit und so dann auch nach Gethsemane und Golgatha. Wohl liest man in den Evangelien nur an einer einzigen Stelle (Joh. 7, 31), daß viele aus dem Volk an ihn glaubten, und ihnen stehen dort sofort Andere gegenüber, die das nicht taten. So heißt es denn auch nie allgemein: das Volk glaubte an ihn. Das kam offenbar nicht in Frage. Die glaubenden Jünger waren zwar auch Leute. Aber die Leute als solche waren keine Jünger, waren nicht die Gemeinde. Die Leute als solche pflegen nie zu glauben. Im Gegenteil: nach Mr. 15, 11f. ließ sich das Volk von den Hohenpriestern überreden, den Barabbas los zu bitten, schrie überlaut: «Kreuzige ihn!» und so meinte Pilatus gerade ihm einen Gefallen zu tun, indem er Jesus zum Tode verurteilte. Wiederum liest man aber Luk. 23, 48, daß das Volk nach dem Tode Jesu «an seine Brust geschlagen», sein «Kreuzige ihn!», also das Begehrte, kaum daß es geschehen war, ungeschehen gewünscht habe. Und jenes schlimme Letzte wischt ja all das früher Berichtete auch sonst nicht aus: wie dieses Volk immer wieder freiwillig zusammenlief, wo Jesus stand und ging, wie sie ihm vorangingen und nachfolgten, auf ihn warteten und ihm entgegengingen, wie sie ihn, wie es mehrfach heißt, umdrängten, zu Zehntausenden, «so daß sie einander traten» (Luk. 12,1), so daß er ein anderes Mal am Ufer nur von einem Schiff aus zu ihnen reden konnte (Matth. 13, 2), wie sie ihn grüßten (Mr. 9, 15), ihn gerne hörten (Mr. 12, 37), wie sie sich freuten «über all das Herrliche, das durch ihn geschah» (Luk. 13, 17), wie sie erschraken und dennoch oder gerade deshalb Gott priesen (Matth. 9, 8), wie sie sehr wohl bemerkten, daß er «mit Vollmacht redete und nicht wie die Schriftgelehrten» (Matth. 7, 28 f.), wie die Hohepriester sie aus allen diesen Gründen ursprünglich gefürchtet haben (Matth. 21, 26). Es ist keine Spur von Ironie in allen diesen Berichten. Es wird vielmehr als die ernstliche Meinung der Überlieferung beachtet sein, daß die ὄχλοι, auch indem sie als solche nicht glaubten, als solche nicht seine Jünger waren, faktisch auch ihrerseits in die Verbindung mit Jesus gestellt waren, die von ihm her sich darin darstellte, daß es ihn erbarmte, sie zu sehen.

Was aber war das Elend, um deswillen das Starke, was ihn mit ihnen und sie mit ihm verband, nun doch nur das Erbarmen sein konnte, das ihn erfaßte und erfüllte, indem er sie sah, indem er in ihrer Mitte war? Es heißt an der uns beschäftigenden Stelle – deutlich ein Kommentar des Evangelisten – es hätte ihn darum erbarmt, sie zu sehen, weil sie «zerquält und erschöpft waren wie Schafe, die keinen Hirten haben.» Das ist eine Anspielung auf Hes. 34, 2–6 und muß von dorther verstanden werden. Es heißt dort: «Wehe den Hirten Israels, die sich selbst geweidet haben! Sollten die Hirten nicht die Schafe weiden? Die Milch genießt ihr, mit der Wolle bekleidet ihr euch und das Gemästete schlachtet ihr; die Schafe aber weidet ihr nicht. Das Schwache habt ihr nicht gestärkt, das Kranke nicht geheilt und das Gebrochene nicht verbunden; ihr habt das Versprengte nicht heim geholt und das Verirrte nicht gesucht, und das Kräftige habt ihr gewalttätig niedergetreten. So zerstreuten sich denn meine Schafe, weil kein Hirte da war und wurden allem Getier des Feldes zum Fraße. Auf allen Bergen und auf jeder Anhöhe irrten meine Schafe umher. Über das ganze Land waren meine Schafe zerstreut; doch es war niemand, der nach ihnen fragte, niemand, der sie suchte.» So sah Jesus nach dem Zeugnis der Evangelisten das ihn umgebende Menschenvolk. Darum erbarmte es ihn, es zu sehen: weil sie so dran waren wie diese Schafe, die wohl Hirten und nun doch keine Hirten hatten, weil die, die sie hatten, keine rechten Hirten waren. Das war das Elend des Menschenvolkes, das Jesus sah, um deswillen es ihn erbarmte, das er ihm ab- und auf sich nahm, unter dessen Last er sterben mußte, wozu dann dasselbe Menschenvolk sein «Kreuzige ihn!» gerufen hat.

Der rechte Hirte, der ihnen fehlte, wäre nach jenen Hesekielworten Einer, der sich ganz für sie verantwortlich wüßte und also ganz für sie da wäre. Er würde das allgemeine törichte Rufen und Blöken: Ich! Ich! hören und in seinem tiefsten Grund, besser als die Leute selbst, verstehen. Er würde sie deshalb nicht verwerfen und verachten. Er würde wissen, was sie brauchen und wie ihnen wahrhaft und wirksam zu helfen ist. Er würde sie alle zusammenhalten, sie alle miteinander und einen Jeden für sich dorthin bringen, wo das, was sie eigentlich nötig haben, zu finden ist. Auch einen Jeden für sich! Für ihn wären sie nämlich keine namenlose, unmenschliche Masse, sondern ein einziges Volk von Menschen. Von ihm würde auch ein jeder Einzelne mit seinem Namen genannt und gerufen – von ihm geweidet, würden sie beieinander und doch ein Jeder und eine Jede an ihrem Ort sein. Und so würde er auch mit ihnen umgehen: ganz überlegen, aber auch ganz fürsorglich, auf das Ganze bedacht – aber auf die Schwachen, die Kranken, die Gebrochenen, die Versprengten, die Verirrten, wiederum aber auch auf die Gesunden und Kräftigen je nach ihrer Art besonders bedacht. So wären alle geborgen bei ihm. Er würde ohne ihrer Freiheit zu nahe zu treten, ihr Haupt, ohne sich selbst etwas zu vergeben, ihr Diener sein. Darum war das Menschenvolk, das Jesus sah, «abgequält und erschöpft», weil ihm dieser Hirte fehlte, und darum erbarmte es ihn, es zu sehen.

An anderen, so genannten, aber nur scheinbaren Hirten, hatte das Volk nach jenem Hesekielwort keinen Mangel. Irgend Jemand mußte wohl immer für die Leute denken und handeln. Irgend Jemanden brauchten sie immer, um den sie sich scharen, dem sie nachfolgen konnten. Es kam ja bei jenem allgemeinen Ich!-Rufen nie etwas Anderes heraus, als daß alle einander auf die Füße traten und schließlich ein Jeder verlassen war und betrübt von vorne anfangen mußte. Da haben sich dann ganz von selbst immer wieder die angeblichen und vermeintlichen Hirten angeboten. Es war ja auch immer schön, ehrenvoll und zugleich einträglich, Hirte und Haupt zu sein unter den Leuten, jene Lücke auszufüllen, der Mann zu sein, der den Leuten Bescheid zu sagen und den Weg zu zeigen weiß. So hat es auch nie an Personen gefehlt, die dazu Lust und wenigstens halbwegs das Zeug zu haben schienen. Es hat wohl auch je und je an ursprünglich echter Berufung und Beauftragung zu solchem Hirtenamt nicht gefehlt. Und so war das Volk zu allen Zeiten voll erwartungsvollen Vertrauens um allerlei besondere Köpfe versammelt, die sich für berufen und beauftragt hielten, die es übernehmen wollten und übernommen haben, den Anderen so etwas wie Häupter zu sein: große und kleine, politische, wirtschaftliche, literarische, auch ärztliche und vor allem auch geistliche Hirten, Führer und Führergruppen: auch da und vielleicht da erst recht, wo das Volk am überzeugtesten war (und ist), sein eigener Meister, ein freies Volk zu sein.

Aber die angeblichen und vermeintlichen Hirten waren keine rechten Hirten: haben die Hoffnungen, die man auf sie setzte, nie erfüllt. Sie hatten wohl Jeder seinen Kopf, es war aber keiner Haupt. Sie waren nicht für das Volk, sie waren im Grunde für sich selbst da: sie haben sich selbst geweidet; sie taten genau das, was alle anderen Leute auch taten. Wie sollten sie ihnen da helfen können? Sie haben das Vertrauen und den Respekt, die Liebe und die Furcht, die man ihnen entgegenbrachte, die Dankbarkeit und die Ehre, mit denen man sie umgab, und wohl auch die materiellen Vorteile, die mit dem allem verbunden waren, gerne entgegengenommen. Aber wo blieben dabei die

Anderen? Waren sie anders und besser dran, indem sie jeweils wieder einmal dieses oder jenes angebliche Haupt hatten? Hat man ihnen ihr ganzes trauriges Ich-Wesen mit all seinen Folgen auch nur ein bißchen abgenommen? «So zerstreuten sich denn meine Schafe, weil kein Hirte da war.» Sie haben sich noch jedesmal erst recht wieder zerstreut, nachdem sie wieder einmal einen solchen Hirten gehabt hatten, und wieder einmal enttäuscht worden waren «und wurden allem Getier des Feldes zum Fraß.» Die große Lücke, darin bestehend, daß sie in Wahrheit ohne Hirten waren, zeigte sich und schmerzte nun erst recht, nachdem wieder einmal einer gemeint hatte, ihr Hirte sein zu sollen und nachdem sie selber wieder einmal gemeint hatten, daß er es wohl sein könnte.

Ihr Elend sah Jesus und es trat sein Erbarmen mit ihnen (nach unserer Stelle) einfach in diese große Lücke. Genau dorthin gehörte er selber. Darum ging ihm ihr Elend nicht nur zu Herzen, sondern in sein Herz, in ihn selber hinein. «Ich bin der rechte Hirte, der rechte Hirte gibt sein Leben her für die Schafe» (Joh. 10, 11). In genauer Vollstreckung von Ps. 23: «Der Herr ist mein Hirte.» Dieser Hirte fehlte und für ihn trat unter allen Menschen und für sie alle der eine Mensch Jesus ein. Das Volk, von dem die Überlieferung erzählt, sah nicht, was ihm fehlte: es litt nur darunter; es war nur im Elend, ohne es zu erkennen. Und so konnte es auch den nicht erkennen, der gekommen, der schon da war, um es ihm ab- und auf sich zu nehmen. So konnte es sich durch seine Gegenwart, seine Worte und Taten wohl in jene aus Ahnung und Ahnungslosigkeit, aus Angst und Freude wunderlich gemischte Bewegung versetzen lassen, die dann offenkundig auch wieder in Gleichgültigkeit umschlagen konnte. Es konnte schließlich doch auch: «Kreuzige ihn!» rufen, wie seine alten, die nicht rechten Hirten, es von ihm haben wollten. Es ist aber auffallend, daß die evangelischen Berichte sich an der ganzen handgreiflichen Gnadenlosigkeit der ὄχλοι kaum interessiert zeigen. An ihrem Elend und an ihrem faktischen Leiden daran, an der großen vorhandenen Lücke in ihrer Existenz änderte ja ihr Nichterkennen nichts und noch weniger daran, daß jener gekommen und schon da war, diese Lücke zu schließen, ihr Haupt und damit ihr σωτήρ zu sein, der rechte Hirte, der nicht dafür hält, daß die Herde für ihn, sondern daß er für die Herde da sei, der wahrhaft königliche Mensch, in dessen menschlichem Erbarmen sich das Erbarmen Gottes widerspiegelte, der dem Menschen Treue geschworen und nun abschließend und vollendend zu erweisen im Begriffe war. Es änderte des Menschenvolkes Nichterkennen also nichts an der faktischen tiefen und starken Verbundenheit und Solidarität Jesu mit diesem Menschenvolk, dieses Menschenvolkes mit Jesus. Die ihm in der Existenz dieses einen Menschen widerfahrende göttliche Gnadenheimsuchung, jener «Aufgang aus der Höhe» war in Gestalt des Erbarmens, das Jesus mit ihm hatte, irdische Geschichte, die «große Freude», dem ganzen Volk zugedacht und schon bereitet, war objektiv Ereignis. Dieses Faktum als solches interessiert die evangelischen Berichte. Erst durch dieses Faktum als solches sahen sie dann die Frage des Glaubens gestellt: die Frage, die die Gemeinde, in der diese Berichte entstanden sind, durch das Werk des Heiligen Geistes beantwortet fand.

Wir schließen unsere Überlegungen zu diesem vierten Punkt mit einem Blick auf das eigentümliche Phänomen der evangelischen Makarismen: der in den evangelischen Berichten mit einer Ausnahme ausschließlich Jesus selbst in den Mund gelegten «Seligpreisungen.» Es handelt sich um Worte, in denen von einer Gruppe von Menschen – nur zweimal, wovon das eine Mal in jenem Ausnahmefall, gehen sie einen bestimmt genannten Menschen an – in der zweiten oder in der dritten Person gesagt wird, daß sie um der äußeren und inneren Situation willen, in der sie sich befinden, und im Blick auf das, was diese Situation für sie bedeutet, wohl dran, daß sie – ob sie selbst und Andere es wußten und auch so beurteilten oder nicht – glücklich seien, daß ihre Existenz als eine in diesem Sinn bevorzugte zu rühmen sei. Die Sprechform findet sich nicht nur in den Evangelien, wird also im Neuen Testament nicht nur als eine Jesus selbst zugeschriebene, sondern als Ausdruck von Urteilen der Verfasser auch in den Briefen und

3. Der königliche Mensch

besonders in der Johannesapokalypse gebraucht. Sie findet sich aber auch nicht nur im Neuen Testament, sondern hat ihre Vorgänger – und hier wird man wohl bestimmt sagen müssen: ihre Vorbilder – nicht nur in der alttestamentlichen, sondern auch in der älteren und jüngeren griechischen Sprache. Auch eine Sammlung solcher Makarismen wie die in Matth. 5, 3f., Luk. 6, 20f. findet sich schon bei Jesus Sirach 25, 7–10.

Was in den Evangelien zunächst formal auffällt, ist (außer dem Umstand, daß sie wie das übrige Neue Testament nur das Wort μακάριος, nicht aber nach jenen Vorbildern ὄλβιος oder εὐδαίμων verwenden) nur die bevorzugte Stellung an der Spitze der Berg- bzw. Feldrede, die jenen kleinen Sammlungen bei Matthäus und Lukas zugewiesen ist. Das bedeutet jedenfalls, daß sich gerade solche von Jesus selbst ausgesprochene Seligpreisung der Überlieferung als das grundlegende Wort seiner Verkündigung des Reiches Gottes eingeprägt hat. Die entscheidende, die sachliche Originalität der evangelischen Verwendung dieser Sprechform (im weiteren Sinn dann auch ihrer neutestamentlichen Verwendung überhaupt) besteht darin, daß sowohl die Situation der selig gesprochenen Menschen, als auch das, im Blick worauf sie selig gepriesen werden, so oder so durch das nahe herbeigekommene Reich Gottes geschaffen und bedingt ist. Die Seligpreisungen bezeichnen und beschreiben also die durch die Gegenwart Jesu begründete Situation dieser Menschen samt ihrer Bedeutung und Verheißung für diese. Es werden diese Menschen deshalb, weil Jesus für sie da ist und im Blick darauf, was das für sie mit sich bringt, selig gepriesen. Eben darum sind sie Jesus in den Mund gelegt. Im Sinne des evangelischen Gebrauchs des Wortes kann kein Mensch sich selber selig preisen. Und mit Ausnahme der offenkundig rhetorischen Stelle Act. 26, 2 geschieht das im Neuen Testament auch sonst nicht. Auch Maria (Luk. 1, 48) preist sich nicht selig, sondern sagt, daß alle Geschlechter sie selig preisen werden. Es kann dem Menschen nur widerfahren, daß er selig gepriesen wird. Die evangelischen Seligpreisungen sind nicht analytische, sondern synthetische Sätze. Sie beziehen sich ja auch – anders als die Makarismen der griechischen Welt – nicht auf den Besitz und Genuß äußerer oder innerer weltlicher Güter, auch nicht auf menschliche Begabungen, auch nicht auf die Übung menschlicher Tugenden. Sie sind in menschlichem Wort die Verkündigung eines Gottesurteils, ihr Inhalt (weithin offenkundig, aber im Grunde überall) ein Paradox, das den geläufigen Schätzungen von Wohlsein und Glück in einem Winkel von 180 Graden gegenübersteht. Genau genommen kann es keinem Menschen auch nur in den Sinn kommen, sich selbst (oder auch Andere) in dem Sinn selig zu preisen, in welchem es hier geschieht. Die neutestamentlichen Seligpreisungen reden von der Seligkeit des Gottesreiches. Und so sagen sie denen, die sie angehen, etwas ihnen ganz Neues. So können sie ihnen nur von dem gesagt werden, der als der königliche Mensch dieses Neue bringt und selber ist: er das Haupt, der σωτήρ, der rechte Hirte, der als das Werk der Offenbarung Gottes für sie ist, der ihnen, in ihrem eigenen Namen vollmächtig über sie selbst den Bescheid geben kann, den sie selbst sich nimmermehr geben könnten: Selig seid ihr! Er allein kann der Sprecher dieses menschlichen Wortes sein: er ist es.

Und nun ist also das das Bild von Jesus, das sich der Gemeinde und der Überlieferung eingeprägt hat: er hat die Menschen zuerst und vor allem in diesem synthetischen Satz, indem er ihnen diesen Bescheid über sie selbst gegeben hat, angeredet. Er hat sie um des nahe herbeigekommenen Reiches und um seiner Verheißung willen selig gepriesen. Das haben nach Matth. 5, 1, Luk. 6, 20 seine Jünger, nach der ausdrücklichen Angabe Matth. 7, 28 aber doch auch die ὄχλοι von ihm zu hören bekommen! Wir können die in Frage kommenden Worte und Wortgruppen hier gerade nur, um die Konkretion der Sache deutlich zu machen, berühren, nicht im Einzelnen auslegen.

Zuerst jene Ausnahme – es handelt sich um das Wort der Elisabeth an Maria (Luk. 1, 45): «Selig ist, die geglaubt hat, denn – so muß die Übersetzung in Analogie zu Matth. 5, 3f., Luk. 6, 20f. lauten – es wird Vollendung folgen (ὅτι ἔσται τελείωσις) dem, was ihr vom Herrn gesagt worden ist.» Maria hatte dem Engel nach Luk. 1, 38 gerade nur geantwortet: «Siehe, Ich bin des Herrn Magd; mir geschehe nach deinem

Wort!» Das war ihr Glaube, in welchem sie sich als die erwies, die sie doch nach dem Gruß des Engels Luk. 1, 28 schon war: die κεχαριτωμένη, mit der der Herr war und als die sie sich freuen durfte und sollte. Es ist klar, daß sie wohl angesichts ihres Glaubens, aber nicht um ihres Glaubens, sondern um des ihr vom Herrn Gesagten und von ihr Geglaubten willen, und im Blick auf dessen schon im Gang befindliche Vollstreckung selig gepriesen wird. Im selben Sinn ist die scharfe Entgegenstellung Luk. 11, 27f. zu verstehen, nach der, während Jesus redete, eine Frau aus dem Volk ihre Stimme erhob: «Selig der Leib, der dich getragen hat und die Brüste, an denen du dich genährt hast!», ihr aber geantwortet wird: «Selig sind vielmehr die, die das Wort Gottes hören und bewahren (zu hören und zu bewahren bekommen)!» Es geht bei den selig gepriesenen Menschen gewiß um ihr eigenes Sein, es geht aber zuerst entweder darum, daß ihr Sein durch das ihnen in Jesus nahe gekommene Reich Gottes ganz neu beleuchtet, oder aber darum, daß es durch dieses in einer ganz bestimmten Weise neu geordnet ist. Beides gleich erstaunlich! Jesus, das Reich Gottes, zeigt, erklärt, deutet ihnen ihr Sein, und er bestimmt es, er leitet und charakterisiert es. Und darin, in dieser Beleuchtung und in dieser Prägung sind sie – und das ist der Bescheid, den Jesus ihnen über sich selbst gibt – allem, was dagegen zu sprechen scheint zum Trotz, selig. Diese Seligkeit sollen sie sich gefallen lassen, sie dürfen sie realisieren. Das heißt aber: sie sollen und dürfen die große Freude haben, die dem ganzen Volk widerfahren ist. Es geht so oder so um die Beziehung des Reiches Gottes zu ihrem menschlichen Sein, nur daß diese in den verschiedenen Stellen, die hier in Frage kommen, in der Hauptsache mehr von der einen oder mehr von der anderen Seite her gesehen ist.

Es ist klar, daß es sich da, wo etwa (wie vorhin) vom Glauben und vom Hören und Bewahren des Wortes Gottes die Rede ist, vorzüglich um die dem Menschen widerfahrende Bestimmung, Charakterisierung, Prägung seines Tuns handelt: Als κεχαριτωμένη glaubt Maria. Wem das Wort Gottes gesagt wird, der darf und soll es hören und bewahren. So ist der Glaubende, der Hörende und Bewahrende der selig gepriesene Mensch. Hieher gehört Matth. 13, 16: «Selig sind eure Augen, weil sie sehen und eure Ohren, weil sie hören», gehört aber auch Joh. 20, 29: «Selig sind, die nicht sehen und doch glauben!» Ähnlich steht es in den Seligpreisungen Matth. 5, 7–9: Selig sind die Barmherzigen, die reinen Herzens sind, die Friedensstifter! und Luk. 14, 14, wo der selig gepriesen wird, der solchen Gutes tut, die es ihm nicht wieder vergelten können, und Act. 20, 35, wo ein sonst unbekanntes Jesus-Wort angeführt wird, laut dessen seliger das Geben als das Nehmen ist. Ebenfalls in Beziehung auf ein bestimmtes Tun heißt es Matth. 24, 46 (vgl. Apok. 16, 15): «Selig der Knecht, den der Herr bei seinem Kommen wachend findet!», und so wieder allgemeiner Joh. 13, 17: «Wenn ihr das wißt – selig seid ihr, indem ihr das tut!» und schließlich wird auch Matth. 11, 6 hiehergehören: «Selig ist, wer an mir keinen Anstoß nimmt!» Immer angesichts dessen, daß ein Mensch so und so gesinnt ist und handelt, wird er in diesen Stellen selig gepriesen. Im gleichen Sinn kann dann im Jakobusbrief (1, 12 vgl. 5, 11) – ganz im Stil der Makarismen der Bergpredigt übrigens – der Mann selig gepriesen werden, «der in der Versuchung standhaft bleibt», und 1, 25 der, der nicht ein vergeßlicher Hörer des Gesetzes, sondern ein Täter des Wortes ist, und wieder im gleichen Sinn Apok. 1, 3 und 22, 7 die, die das Buch vorlesen, hören, seinen Inhalt bewahren und festhalten. Man wird sich aber doch auch hier – und in den evangelischen Makarismen erst recht – vor Augen halten müssen: es ist die Gesinnung und Handlungsweise, angesichts derer gewisse Menschen als μακάριοι angeredet werden, vom Reiche Gottes her angeregt, bewegt, bestimmt und geordnet. Es geht also auch auf dieser ganzen Linie nicht darum, daß diese Menschen gewissermaßen im leeren Raum irgendetwas an sich Vortreffliches (etwa Glauben, Barmherzigkeit, Herzensreinheit, Standhaftigkeit...) an und in sich haben oder aber tun und üben (etwa beharrliches Wachen, Friedenstiften, selbstloses Wohltun, das Buch der Offenbarung vorlesen, hören und zu Herzen nehmen ...) und nun deshalb μακάριοι genannt würden, weil das Alles ein in sich gutes, löbliches Tun und Verhalten sein möchte, in welchem begriffen der Mensch an sich selbst wohl Freude haben dürfe! Nicht weil sie überhaupt sehen und hören, sondern weil sie sehen, was sie sehen und hören, was sie hören, werden die Augen und Ohren der Jünger Matth. 13, 16 selig genannt. Was alle diese Menschen mit ihren Augen und Ohren, mit ihren Herzen und Händen, mit ihrem Glauben und ihren Werken tun, das geschieht ja nicht beziehungslos, sondern in einem ganz bestimmten Zusammenhang: sie sind direkt oder indirekt von Jesus dazu aufgerufen und ermächtigt, verordnet und angeleitet. Daß sie das sind, das wird in ihrem Tun sichtbar. Und deshalb wird ihnen angesichts ihres Tuns Seligkeit zugesprochen, d. h. gesagt, daß sie wohl dran sind und allen Grund haben, fröhlich zu sein. Indem sie sich in ihren Gesinnungen und Taten als Kinder des Gottesreiches verraten, können, dürfen und sollen sie dabei guten, besten Mutes sein: nicht im Gedanken an die besondere Tugendhaftigkeit und Verdienstlichkeit ihres Tuns, sondern in Gedanken an die Wurzel, aus der es als ihr Tun hervorgeht. Es ist von dieser seiner Wurzel her ein lohnendes Tun und darum ein solches, in welchem sie nicht bedrückt und mißmutig, sondern munter und fröhlich sein dürfen und sollen. Die Stelle, die zu diesem Verständnis der evangelischen Seligpreisung menschlichen Tuns geradezu zwingt und die wegen ihrer sachlichen Wichtigkeit auch für das Verständnis der anderen maßgebend sein muß, ist Matth. 16, 17: Petrus hat (im Sinn der evangelischen Überlieferung wahrhaftig der Inbegriff höchster menschlicher Tat!) das «Messiasbekenntnis» ausgesprochen; darauf antwortet Jesus mit dem Makarismus (es ist der andere von den beiden, die sich an einen bestimmten Menschen richten): «Selig bist du, Simon Barjona», – natürlich indem du das, aber nicht, weil du das gesagt hast, sondern «weil nicht Fleisch und Blut es dir offenbart hat, sondern mein Vater im Himmel», weil es dir von daher auf die Lippen gelegt ist. Also: der Bekenner ist nicht um seines Bekennens, sondern um deswillen selig, weil sein Bekennen diesen Ursprung hat. Es dürfte mit der Seligkeit der Glaubenden, der Barmherzigen, der Herzensreinen, der Friedensstifter, der Wachenden usw. offenbar nicht anders stehen. Von daher die Kraft und die Gewißheit, in der sie den Menschen, die so sind und handeln, zugesprochen wird.

Eben dieser Sinn der Sache wird dann noch deutlicher in der anderen Reihe der Stellen, in welchen die Seligpreisung sich nicht wie in jener ersten auf das Tun, sondern schlicht auf das Dransein, ja Erleiden gewisser Menschen bezieht. Hier ist natürlich vor allem an die vier ersten Seligpreisungen in der Sammlung Matth. 5, 3f. zu denken. Selig die Armen im Geist, die Leidtragenden, die Erniedrigten (πραεῖς), die nach Gerechtigkeit Hungernden und Dürstenden! – in der vereinfachenden und verschärfenden Version Luk. 6, 20f.: die Armen, die Hungernden schlechthin, die Weinenden! Es ist offenbar nicht so, daß die hier selig genannten Menschen ihr Dransein, angesichts dessen sie so genannt werden, gesucht und gewollt, sich selbst in diese Situation versetzt hätten: es ist nur eben ihr Dransein, es widerfährt ihnen gerade nur, daß sie arm, traurig, erniedrigt, aller Gerechtigkeit nur eben bar und bedürftig sind. Es ist klar, daß das, was da als das Dransein dieser Menschen beschrieben wird, an sich gar nicht den Charakter des Erfreulichen und Erwünschten hat. Keine Rede aber auch von einem sonstigen, etwa verborgenen immanenten Wert dessen, worauf diese Seligpreisungen blicken! Es hat das Neue Testament so wenig wie das Alte das Erfreuliche, das Positive, das Leben als eine heimliche Qualität des Unerfreulichen, des Negativen, des Todes angesehen und gerühmt. Es hat Schwarz nicht Weiß genannt, und also das üble Dransein jener Menschen durchaus nicht als ihr wahres Wohlsein interpretiert. Die Seligpreisung bezieht sich nicht auf scheinbar, sondern auf wirklich elende Menschen. Sie sieht nun aber auch ihr Elend nicht abstrakt als solches, nicht im leeren Raume, sondern in einer bestimmten Beziehung. Sie meint nämlich gerade im Blick auf diese Elenden, daß auch sie – sie nun nicht in ihrem Tun, sondern sie in ihrem Erleiden – mit dem Reiche Gottes konfrontiert sind, daß von ihm, von Jesus her – wir müssen jetzt sagen: ein bestimmtes Licht auf ihre von ihnen weder herbeigeführte noch begehrte und gewollte Situation fällt, auf diese gerade in ihrem unerfreulichen, ihrem negativen, ihrem schon nach Tod schmeckenden Charakter. Sie befinden sich in ihrem Elend an der äußersten Grenze des mit dem Reich Gottes konfrontierten, durch den Menschen Jesus zu erneuernden Kosmos. In ihrem Elend kommt dessen Brüchigkeit zum Vorschein, wird er gewissermaßen durchsichtig, transparent. In der Glorie der reichen, der lachenden, der hohen, der gerechten, der in diesem Kosmos «glücklichen» Menschen bleibt seine Todeswunde zugedeckt, wird er nicht transparent. In der Existenz der Elenden als solcher wird er es. Und indem er nicht umsonst selber als ein Elender, der Elendeste unter allen, und nicht umsonst so parteiisch auf Seiten der Elenden – kommt, handelt, offenbar wird, leuchtet gerade in deren Existenz, im Dransein jener Armen, Leidtragenden, Erniedrigten usw. das Neue Gottes in die ganzen Lebensbereiche des alten Menschen hinein. Die «Glücklichen» können nichts dafür, daß der Kosmos in ihrer Existenz **nicht** transparent wird, das Neue des Reiches Gottes in ihnen **nicht** zum Leuchten kommt. Das «Wehe!», das Luk. 6, 24f. über sie gerufen wird, ist keine Anklage, sondern wie jene Kontrastierung des reichen Mannes in der Hölle mit dem armen Lazarus in Abrahams Schoß nur eben die Feststellung, daß sie faktisch zu bedauern sind: darum, weil die Nähe des Reiches, die Gegenwart Jesu in **ihrer** Existenz **nicht** bemerkbar wird. Und so können gewiß auch die Elenden nichts dafür, daß ihr Dasein jene Transparenz **hat**, daß das Reich, daß Jesus gerade ihnen faktisch **nahe** ist. Es ist auch ihre Seligpreisung ein synthetischer, kein analytischer Satz, der von dem Objektiven redet, das ihre Situation von oben, nicht von unten kennzeichnet. Es wird also auch ihnen das ganz Neue gesagt, wenn sie im Blick auf ihr Elend selig gepriesen werden. Sie schaffen es nicht und auch ihr noch so großes Elend schafft es nicht, daß sie in jenem Licht Jesu existieren. Es **ist** nur eben so und so werden sie einfach um deswillen, was durch ihr Elend angezeigt ist, selig gepriesen: «Den **Armen** wird die frohe Botschaft gebracht!» (Matth. 11, 5).

Aber nun haben wir einer **dritten** Gruppe von Seligpreisungen noch nicht gedacht. Ihrer sind nicht eben viele, aber gerade sie werden am nachdrücklichsten und beredtesten ausgesprochen. Die, denen sie gelten, stehen zwischen den Tätern und den Leidenden, an die sich die beiden ersten richten, irgendwo in der Mitte – oder soll man sagen: irgendwo erhöht noch über ihnen? Und gerade bei ihnen ist es mit Händen zu greifen, daß eine andere Auslegung als die, der wir bei den beiden ersten folgten, gar nicht möglich ist. Selig heißen Matth. 5, 10f., Luk. 6, 22, aber auch 1. Petr. 3, 14 und 4, 14 die um der Gerechtigkeit, um des Namens Jesu, um Jesu selber willen **verfolgt**, geschmäht, verleumdet, gehaßt und ausgeschlossen werden. Die Menschen, auf die da geblickt wird, sind offenbar zugleich **Tätige** und **Leidende** und machen den geheimen Zusammenhang zwischen Jenen und Diesen sichtbar. Sie sind ja tätig, indem sie sich zur Gerechtigkeit des Himmelreichs, zu Jesus bekennen. Sie müssen aber leiden, weil sie gerade mit diesem Tun Verfolgung, Geringschätzung, Haß auf sich ziehen. So sind sie gewissermaßen qualifizierte Täter und qualifizierte Leidende. Es ist klar, daß gerade diese Situation nicht durch diese Menschen geschaffen, wohl aber schlechterdings – und nun ganz direkt – in einer höchst besonderen Beziehung zwischen Jesus und ihnen begründet ist. Und es ist wieder klar, daß sie, sofern sie ihnen eben Leid bringt, keine begehrenswerte Situation ist. Leid ist nun einmal auch in diesem Zusammenhang nicht Freude. Die Seligpreisung ist auch hier kein analytischer, sondern ein synthetischer Satz. Sie können Jesus nicht verleugnen, so kann es ihnen nicht erspart sein, und so können sie sich auch nicht weigern, an «Christi Leiden teilzunehmen» (1. Petr. 4, 13). Sie existieren direkt im Schatten seines Kreuzes. Eben das macht aber ihre Situation verheißungsvoll, ganz ausgesprochen zu einer Himmelreichssituation, angesichts derer gerade Jesus (sie ist ja seiner eigenen benachbart) sie nicht beklagen, vielmehr nur selig preisen kann – und nun tatsächlich noch viel stärker («Freuet euch und frohlocket!») als jene anderen selig preist. Die Seligkeit jener anderen Täter und jener anderen Leidenden ist gewissermaßen kumuliert die dieser Menschen, der um Jesu willen Verfolgten, die ja beides sind: Leidende um ihres Tuns willen und ganz besonders **Tätige** gerade in ihrem Leiden. Es geht nicht um das Lob, nicht um die Aufforderung zum Genuß des Martyriums. Es geht aber um das Lob der Situation derer, die das Martyrium erleiden, weil sie Märtyrer, d. h. aber Zeugen des Reiches, Jesu selbst, sein und als solche sich bewähren und erst recht betätigen dürfen. Sie sind selig in der besonderen Freiheit, die ihnen dazu offenbar gegeben ist. Und es ist diese besondere Freiheit, derer sich zu freuen sie durch die Seligpreisung aufgerufen werden.

Es bleibt uns nun nur noch übrig, festzustellen, daß diesen Allen – jenen tätigen wie jenen leidenden wie jenen tätigen und leidenden Menschen – wirklich frohe Botschaft gebracht wird: diesem ganzen Volk, von dem es heißt, daß das Reich Gottes mitten unter ihnen war, frohe Botschaft! Die neutestamentliche Seligpreisung ist kein leeres Paradox. Sie zeigt auf die Menschen, die sie angeht, nicht an ihnen vorbei. Und sie verweist diese Menschen nicht ins Dunkle, nicht in eine neutrale Sphäre, in der die Verheißung ebensowohl Unheil wie Heil, Tod wie Leben bedeuten, für sie also ebensowohl Anlaß zur Traurigkeit wie zur Freude sein könnte. Sie spricht ihnen durchweg und eindeutig Heil, Leben, Freude zu. Sie ist ja die von Jesus, dem σωτήρ gesprochene Seligpreisung. Sie ist ja das Wort seines Erbarmens, das kein müßiges, kein unwirksames, sondern ein kräftiges Erbarmen ist. Sie bezieht sich ja eben auf ihn selbst, auf das in ihm nahe herbeigekommene Gottesreich. Er ist nicht umsonst in ihrer Mitte. Das Reich ist ihnen nicht umsonst so nahe. Daß dem so ist, das hat seine Heilsbedeutung, Lebensbedeutung, Freudenbedeutung für ihre Existenz. Das wird als Verheißung – und in der Verheißung verborgen als schon gegenwärtige Erfüllung – die realste, die entscheidende Bestimmung ihrer Existenz. Gewiß, deren «eschatologische» d. h. erst an ihr zu offenbarende, aber vor allem ihre christologische, ihre Reichsbestimmung, die ihnen als solche keineswegs jenseitig bleibt, sondern indem sie ihnen widerfährt, diesseitig, Bestimmung ihrer Seele nicht nur, sondern auch ihres Leibes, des einen ganzen Menschen wird. Es besagt die von Jesus gesprochene Seligpreisung, daß er der Herr aller dieser Menschen, daß also auch ihr Tun, so gewiß es von ihm bewegt und angeordnet, und auch ihr Leiden, so gewiß es in seinem Licht erlitten wird und erst recht ihr leidendes Tun und tätiges Leiden um seinetwillen nicht umsonst Ereignis sind. Und «nicht umsonst» heißt nicht nur: nicht ohne Sinn, heißt vielmehr ganz nüchtern: nicht ohne «Lohn», nicht ohne seine zu dem, was sie tun und leiden, in gar keinem Verhältnis stehende, aber konkret reale, seine himmlische Kompensation und Entsprechung von Heil, Leben und Freude zu haben. Nicht weniger als das Reich Gottes als solches, nicht weniger als er selbst ist der Lohn, den er jenen Tätigen und jenen Leidenden zuspricht: einfach darum zuspricht, weil sie in ihrem Tun und Leiden direkt oder indirekt, aber faktisch seine Zeugen sind. Wir können uns die Wortlaute dieses Zuspruchs gerade nur noch in Erinnerung rufen: «Ihrer ist das Himmelreich! sie werden getröstet werden! (ihr werdet lachen! Luk. 6, 21), sie werden die Erde besitzen, sie werden gesättigt werden!» wird Matth. 5, 3–6.10 den Elenden, den Leidenden zugerufen – und Matth. 5, 7–9 den Tätigen: «Sie werden Barmherzigkeit erlangen! sie werden Gott schauen! sie werden seine Söhne heißen!» und dann jenem in der Versuchung standhaften Mann Jak. 1, 12: «Er «wird den Kranz des Lebens empfangen, welchen Gott denen verheißen hat, die ihn lieben.» Indem die Seligpreisung Jesu diesen Zuspruch vollzieht, ist sie nicht nur Versprechen und Ankündigung, sondern die gegenwärtige, wenn auch verborgene Mitteilung des vollen Heils, des ganzen Lebens, der vollkommenen Freude. Wie dürfte man es schwächer sagen, da es doch um das Heil, das Leben, die Freude des Gottesreiches geht: um das Heil, das Leben, die Freude, die in Jesus erschienen und beschlossen ist? Dieser Mann redet nicht nur, sondern schafft, was er sagt, macht wirklich, was er wahr nennt. Eben er sagt in und mit der Seligpreisung, daß er heute, jetzt, hier für die ist, die er so anredet: ihr σωτήρ, ihr kräftiger Erbarmer, der ihnen, indem er ihnen sich selber schenkt, Alles schenkt, was sein ist. «Ich will euch Ruhe geben» (κἀγὼ ἀναπαύσω ὑμᾶς Matth. 11, 28.) Das tut er. Und darin, daß er das tut, ist er, der königliche Mensch, aufs Höchste, in seinem Eigentlichsten das Ebenbild des unsichtbaren Gottes.

III

Wir treten mit unserer Frage nach dem königlichen Menschen Jesus einen dritten Gang an. Die Eigentümlichkeit, in der Jesus laut der Überlieferung da gewesen war, beschäftigte uns in der ersten Reihe unserer Überlegungen und in der zweiten die Übereinstimmung seiner Existenz mit der Gottes, die Parallelität seines Werkes zu Gottes Wollen und Tun. Wir versuchen es nun, und kommen damit zum Entscheidenden, in dieser dritten Jesus in der von ihm vollzogenen Tat zu verstehen. In der Tat seines Lebens wurde die Eigentümlichkeit seines Daseins, wurde auch seine Gottebenbildlichkeit wirklich und damit anschaulich und begreiflich. Indem sein Leben seine Tat war, hatte es den Charakter von Geschichte. Auf sie hat die Gemeinde, in der das Neue Testament entstand, zurückgeblickt und eben sie war ihr auch Gegenwart und Zukunft. Man unterschied damals noch nicht, wie man es später getan hat, zwischen Jesu Person und seinem Werk. Man blickte auf sein vollendetes Werk, das als das Werk dieser Person schlechterdings denkwürdig war. Und man blickte auf seine Person, die sich umgekehrt als das Subjekt dieses Werkes als schlechterdings denkwürdig erfand. In seiner Geschichte und also in seinem Leben als seiner Tat war Jesus für seine Gemeinde da gewesen, sah sie ihn gegenwärtig, sah sie ihm auch entgegen. Die Totalität seines Seins in seiner Tragweite für sie und für die ganze Welt war ihr identisch mit der Totalität seines Handelns.

Von diesem (und in diesem Sinn von seiner Geschichte) berichtete die in ihrer Mitte lebendige Überlieferung: schon diese ein Unternehmen, das seiner Aufgabe (wegen der Inkommensurabilität dessen, was da zu überliefern war), schon in seinen Urformen bestimmt nicht in adäquater Weise gerecht wurde und darauf, ihr gerecht zu werden, auch keinen Anspruch erheben konnte. Und so waren die in ihrer Mitte entstandenen Evangelien erst recht inadäquate Versuche, die Überlieferung von Jesu Lebenstat festzuhalten. Über einige dieser Versuche, die wir in den «kanonisch» gewordenen Evangelien vor uns haben, ist die Gemeinde nicht hinausgekommen, meinte sie offenbar auch nicht hinauskommen zu sollen, obwohl es doch – ihre äußere Uneinheitlichkeit konnte ja niemandem verborgen sein – vor jedermanns Augen war, daß keines dieser Evangelien mehr als ein Versuch neben anderen war. Es hat aber schließlich ihre innere Einheitlichkeit für sich selbst gesprochen, hat diese Evangelien von anderen, unbrauchbaren Versuchen derselben Art abgehoben, sie als zuverlässig und so als Kanon, Richtschnur für den rechten Rückblick, Aufblick und Ausblick auf den Menschen Jesus brauchbar erwiesen. Und nun bestand ihre bei aller äußeren Uneinheitlichkeit ihrer Darstellungen sich durchsetzende innere Einheitlichkeit eben in der nicht zu übersehenden Einheit des von ihnen aufgewiesenen Bildes von der

Totalität des Handelns Jesu. Die Grundzüge dieses Bildes erfanden sich doch in allen diesen anerkannten Evangelien – und eben darum wurden sie anerkannt! – als dieselben. Eben in dem von ihnen in den Grundzügen übereinstimmend bezeugten Bild seines Handelns sah die sich konstituierende Gemeinde ihn selber, hörte sie das Zeugnis seines eigenen, des einen Heiligen Geistes. So konnte, durfte und mußte sie sich eben an diesen Versuchen, die Überlieferung von ihm festzuhalten, genügen lassen. Sie haben sich, obwohl und indem sie mehr als Versuche offenkundig nicht sind – nicht sein konnten! – in der Kirche aller Zeiten und Räume bewährt: die Lebenstat des Menschen Jesus und in ihr er selber ist in ihrem Zeugnis von ihm faktisch immer wieder vernehmbar geworden. – Wir fragen jetzt eben nach den von ihnen einmütig bezeugten Grundzügen seiner Lebenstat.

Wo wir einzusetzen haben, kann keine Frage sein: seine Lebenstat war (1) – konkret, aber auch umfassend, umfassend, aber auch konkret verstanden – sein Wort. Man sollte nicht sagen: Jesus hat nicht nur geredet, sondern auch gehandelt, auch geheilt und wohlgetan, auch eine Gemeinschaft des Geistes, des Wortes und der Tat ins Leben gerufen und schließlich auch gelitten – als ob er nicht auch in dem allem geredet hätte, als ob nicht dieses Ganze das von ihm gesprochene Wort, als ob nicht gerade sein konkretes Reden so etwas wie die Spitze oder das Licht dieses Ganzen gewesen wäre! Und vor allem umgekehrt: als ob nicht gerade sein konkretes Reden Handlung, Tat, u. zw. entscheidende, wirksame Tat gewesen wäre! Man muß die uns geläufigen Unterscheidungen von Logos und Ethos, Reden und Tun (hinter denen sich dann die von Erkenntnis und Leben, Theorie und Praxis, Wahrheit und Wirklichkeit zu verbergen pflegen), sofern damit Trennungen und Überwertungen des einen dem anderen gegenüber gemeint und vollzogen sein möchten, soll es um das Reden Jesu, wie es die evangelische Überlieferung verstanden hat, gehen, gänzlich fallen lassen, wenn man nicht sein Reden und sein Tun gänzlich mißverstehen will. Es besteht aber in der Tat ein ganzer konkreter Aspekt seiner Lebenstat darin, daß er konkret geredet hat. Und die Evangelien sind sich – es war sich offenbar schon die ihnen zugrunde liegende ältere Überlieferung darin einig, daß eben dies der primäre, der beherrschende Aspekt seiner Lebenstat war: diese nun einmal originell menschlichste Aktionsform, die Mitteilung, seine Selbstmitteilung durch das zu seinen Jüngern, zum Volk, zu den «Zöllnern und Sündern», zu den Pharisäern und Schriftgelehrten als seinen Gegenspielern, zu den Hohepriestern und zu Pilatus als seinen Richtern gesprochene Wort.

Es war ein menschliches Wort. Die Evangelisten und offenbar schon die älteste Überlieferung haben Jesus keine besondere Sprache, sie haben ihn in keiner ihm eigentümlichen Begrifflichkeit reden lassen. Sein in ihren Aufzeichnungen sichtbarer Sprachschatz, aber auch die von ihm gebrauchten Redeformen (etwa das Gleichnis, die Seligpreisung, der Weheruf, die Mahnrede, der Weisheitsspruch, das Streitgespräch) sind ihm als solche nicht originell eigentümlich. Es steht und fällt aber auch die sachliche Originalität seines Redens: dessen, was man allenfalls seine «Theologie» nennen könnte, letztlich allein mit der besonderen Pointierung, Gegenüberstellung und Verknüpfung auch sonst bekannter Gedanken und Gedankengänge, die er damit vollzog, daß sie nun eben als seine Worte ausgesprochen wurden. Es fällt weiter auf, mit welcher Unbekümmertheit die Gemeinde mit diesen seinen menschlichen Worten umgegangen ist: daß sie offenbar so gar nicht darauf bedacht war, nach seinen *ipsissima verba* zu fragen, daß es ihr nichts ausmachte, dieselben ihm zugesprochenen Aussprüche in zwei oder mehr verschiedenen Versionen, und seine Theologie, wenn es schon um eine solche gehen sollte, nebeneinander in Gestalt einer offensichtlich von Matthäus, von Markus, von Lukas, von Johannes, durch deren Person und durch deren zeitliches und räumliches Milieu geformten Lehre zur Kenntnis zu nehmen. Wie seltsam für unsere Begriffe von historischem Ernst auch das, daß offenbar niemand es für der Mühe wert hielt, sich des etwa erreichbaren aramäischen Wortlauts seiner Reden zu versichern, daß man sich gerade in dieser Hinsicht mit ein paar in die griechischen Texte eingestreuten Trümmern (Mr. 5, 41; 7, 34; 15, 34) zufrieden gab! Es fällt weiter auf, daß man nichts dabei fand, Jesus in diesen griechischen Texten nicht nur in der Begrifflichkeit des Spätjudentums, sondern gelegentlich doch auch sehr deutlich in der des außerjüdischen Hellenismus reden zu lassen. Ist es nicht eine nachdenkenswerte historische Tatsache für sich, daß die Gemeinde, in deren Mitte das Neue Testament entstand, die für uns von daher so nahe liegenden Probleme nicht nur nicht ernst genommen, sondern überhaupt nicht gekannt zu haben scheint? Muß man nicht vielleicht gerade von dieser historischen Tatsache ausgehen und feststellen: das menschliche Wort Jesu war offenbar so beschaffen, daß es sich jener Gemeinde als sein höchst besonderes, höchst distinktes, als sein eigenes Wort faktisch auch in seiner formalen und inhaltlichen Ähnlichkeit mit so viel Rabbinismus, auch in seinen Varianten bei den verschiedenen Evangelisten, auch in seiner Übertragung in die hellenistische Sprache, und doch auch in das hellenistische Denken objektiv vollkommen vernehmbar machte? Vielleicht sieht man doch nur dann konkret, welche alle Bedingtheiten sprengende, alle damit gegebenen Hindernisse überwindende Macht sein menschliches Wort – kraft seines Inhalts, d. h. aber als das seine, als das des laut der Überlieferung auferstandenen und also lebendigen Jesus – in der für die Entstehung und Anerkennung der Evangelientexte verantwortlichen Gemeinde des ersten Jahrhunderts hatte. Sein Wort erreichte, traf, erleuchtete, belehrte, überzeugte sie durch alle jene Prismen hindurch als das königliche Wort des königlichen Menschen von der königlichen Herrschaft Gottes – in einer Originalität, die durch keine jüdische oder auch hellenistische Verdeckung zu mindern, vielmehr gerade in dieser Verdeckung und indem es sie sich dienstbar machte, nur erst recht erkennbar war. Eben darum wäre sie denn für sie auch durch keine Annäherung an einen allfällig ausfindig zu machenden Urlaut und Urtext zu erhöhen gewesen. Seine Gemeinde hörte ihn sprechen: das aussprechen, was nur er auszusprechen hatte und so aussprechen, wie nur er es konnte. Sie war damit vor den primären, den beherrschenden Aspekt seiner Lebenstat und damit vor ihn selbst gestellt, und so von ihm selbst konstituiert, auferbaut, geleitet und gehalten als seine Gemeinde. Mehr noch: sie sah, indem sie ihn sprechen hörte, die ganze sie umgebende Welt, die Völker, ihre Ordnungen und Unordnungen, den ganzen Kosmos mit ihm konfrontiert, von ihm angeredet. Sie hörte sein Wort als das die Welt meinende und an sie gerichtete Wort der Versöhnung. Und so wußte sie, indem sie ihn dieses Wort sprechen hörte, ohne weiteres, wozu es gesprochen war und was sie selbst, indem sie es hörte, damit anfangen sollte: hinausgehen und eben der Welt verkündigen, was ihr selbst durch ihn verkündigt war! So also stand es mit seinem Wort als einem **menschlichen Wort**.

Wir vergegenwärtigen uns das im Einzelnen durch einen Blick auf den Sinn und Gehalt der wichtigsten Tätigkeitswörter, mit denen die Überlieferung das Reden Jesu bezeichnet und gekennzeichnet hat: εὐαγγελίζεσθαι, διδάσκειν, κηρύσσειν (vgl. zum Folgenden die Artikel im Kittelschen Wörterbuch).

Einige allgemeine Feststellungen vorweg: es werden (a) alle drei Begriffe – und es geschieht das sogar vorzugsweise – auch absolut, d. h. ohne ausdrückliche Angabe dessen, was Jesus und zu wem im besonderen er es gesagt hat, verwendet. Sie sind auch so nicht leer. Die Leser wissen auch so, und so sogar besonders deutlich, was gemeint ist. Die drei Begriffe sind (b) zwar nicht an sich synonyme, sie konvergieren aber in ihrer Anwendung auf das Tun Jesu so stark, daß ihr Sinn faktisch kaum auseinanderzuhalten ist: im entscheidenden Punkt treffen sie zusammen. Sie werden (c) in hervorgehobener Meinung auf das Tun Jesu, aber nun doch nicht nur auf dieses angewendet, sondern implizieren dann auch das Tun, das er seinen Jüngern aufgetragen und befohlen hat. Sie sind also bezeichnend für das Tun des *totus Christus*, zu dem als irdische Gestalt seines Leibes auch seine Gemeinde gehört. Es erscheint (d) in den sogenannten Sammelberichten der Evangelien und der Apostelgeschichte über Jesu Tun und dann auch in den Beauftragungen seiner Jünger einer dieser Begriffe (mit oder ohne einen der anderen) immer an erster – die, welche die die Worte Jesu begleitenden besonderen Taten bezeichnen (ἰᾶσθαι, θεραπεύειν, ἐκβάλλειν τὰ δαιμόνια), so wichtig auch sie sind, immer an zweiter Stelle. Es können jene ohne diese, diese aber nicht ohne jene gebraucht werden. Man beachte die ausgezeichnete Stelle, die dem εὐαγγελίζεσθαι in den Aufzählungen Luk. 4, 18 und Matth. 11, 4f. – dort am Anfang, hier am Ende der Reihe der messianischen Taten zugewiesen ist: εἰς τοῦτο γὰρ ἐξῆλθον (Mr. 1,38). Auch die schöne Stelle Act. 10, 38 macht von der Regel dieser Verordnung keine Ausnahme, wo Jesus von Nazareth als der bezeichnet wird, «den Gott mit Heiligem Geist und mit Kraft gesalbt hat, der umherzog, Gutes tat und alle heilte, die vom Teufel überwältigt waren, denn Gott war mit ihm» – denn das steht gerade dort unter dem beherrschenden

Vorzeichen v 36: dieser Jesus ist das Wort (λόγος), das Gott den Kindern Israels gesandt hat, Gott selbst war εὐαγγελιζόμενος τὴν εἰρήνην διὰ 'Ιησοῦ Χριστοῦ. So heißt Jesus ja auch Joh. 1, 14 umfassend das fleischgewordene Wort Gottes.

Wir beginnen passenderweise mit εὐαγγελίζεσθαι. «Evangelium» *(b'sorah)* ist im Alten Testament allgemein eine gute, Freude bringende Nachricht; es ist also der, der sie ausrichtet, der belohnungswürdige Urheber von Freude für die, denen er sie bringt. Das griechische Wort als solches ist ursprünglich *term. techn.* für «Siegesbotschaft», wobei auch hier der Begriff des Ereignisses selbst, der Begriff der Nachricht davon, aber auch der des Menschen, der sie überbringt, des εὐαγγελιζόμενος mindestens die Tendenz haben, ineinander überzugehen. In der hellenistischen Welt war εὐαγγέλιον ein geläufiger Begriff in der Sprache des Kaiserkultes. Nach dessen besonderer Ideologie war ja der Kaiser eine Soter-Gottheit, sein Erscheinen, seine Gegenwart, seine Tätigkeit *per se* Grund des allgemeinen Glücks. «Frohe Botschaften» waren alle seine Verordnungen als solche, «frohe Botschaften» aber schon die Nachrichten von seiner Geburt, seiner Mündigkeitserklärung, seiner Thronbesteigung: er führt eine neue Zeit herauf, er schenkt der Welt den Frieden. Wieder fällt der Glanz solcher Nachricht über ihn notwendig auch auf den, der sie verbreitet, oder auf den, der seine Verordnungen proklamiert und durchführt. In der Sprache des rabbinischen Judentums ist die Verschiebung des Freudencharakters von der Sache selbst auf die Nachricht und von dieser auf den, der diese ausrichtet, geradezu vordringlich. Was dieser zu melden hat, das Wesen und die Güter der messianischen Heils- und Friedenszeit, meint man ja aus den alttestamentlichen Weissagungen zu kennen. Das erwartete Neue besteht darin, daß einer in Vollmacht kommt, ihren Anbruch anzusagen und daß dann eben mit seinem Ansagen, dem εὐαγγελίζεσθαι jene Zeit tatsächlich anbricht.

Entscheidend in diesem Sinn wird der Mensch Jesus in den Evangelien der εὐαγγελιζόμενος genannt. Das Ereignis, von dem er redet, und sein Reden davon gehen im tiefsten darin auf, daß er als jener Eine selbst das Gute, das Freude Erregende ist, und daß er als dessen Bote und Künder (ἄγγελος) redet. Wir denken zunächst nochmals an Act. 10, 36, wo zunächst Gott selber als der εὐαγγελιζόμενος bezeichnet wird. εὐαγγέλιον τοῦ θεοῦ heißt das, was Jesus verkündigt habe, ja auch Röm. 1, 1, Mr. 1, 14 und ein Streit darüber, ob darunter die von Gott redende gute Nachricht *(Gen. obj.)* oder die von Gott selbst in der Welt ausgesprochene gute Nachricht *(Gen. subj.)* zu verstehen sei, dürfte gegenstandslos sein. Sie ist eben klar beides: natürlich redet sie von Gott – indem nämlich der Mensch Jesus von ihm redet. Und umgekehrt: indem er diesen Menschen zum Reden erweckt hat, hat Gott selbst sie ausgesprochen. Denn was sprach Gott als εὐαγγελιζόμενος nach Act. 10, 36 aus? Was war das Wort, das er an die Kinder Israels sandte? Der Friede (εἰρήνη) schließt das, was wir unter Frieden verstehen, in sich. Er gründet aber als Äquivalent von *schalom* in dem umfassenden Begriff des Heils «durch Jesus Christus!», wobei dieser Name als der Inbegriff der Friedenswirklichkeit unterstrichen wird durch den lapidaren Satz: οὗτός ἐστιν πάντων κύριος. Und nun liest man Eph. 2, 17: ἐλθὼν εὐηγγελίσατο εἰρήνην, kurz vorher aber v 14: «Er (Christus) ist unser Friede.» Dieselbe Koinzidenz zwischen dem Inhalt der von ihm gebrachten Nachricht und ihm selbst, der sie bringt, wird Luk. 4, 17f. sichtbar: Jesus verliest in der Synagoge von Nazareth die Stelle Jes. 61, 1f.: «Der Geist des Herrn ist über mir, weil er mich gesalbt hat; er hat mich gesandt, den Armen frohe Botschaft zu bringen, den Gefangenen Befreiung zu verkündigen und den Blinden das Augenlicht, die Zerschlagenen zu entlassen und loszugeben, das willkommene Jahr des Herrn zu verkündigen.» Und dann beginnt, was er selber, indem Aller Augen in der Synagoge auf ihn gerichtet waren, zu sagen hat: «Heute ist dieses Schriftwort erfüllt vor euren Ohren!» Heute also ist jenes willkommene Jahr angebrochen, heute erschallt ja in ihrer Aller Ohren die Freiheitsbotschaft, geschieht eben damit die Befreiung, von der sie redet: indem nämlich ich als jener Gesalbte und Gesandte da bin, der die

Vollmacht hat, die Befreiung mit seinem Wort anzuzeigen und eben mit dieser Tat seines Wortes zu vollziehen, die neue Zeit in seiner Person auf den Plan zu führen. Dieselbe Koinzidenz wird Matth. 11, 3f. sichtbar: Der gefangene Täufer hat Jesus durch seine Jünger die große Frage stellen lassen: «Bist du der Kommende, oder haben wir auf einen Anderen zu warten?» Die Antwort Jesu lautet: sie sollen hingehen und dem Täufer Bericht geben über das, was sie jetzt sind, indem sie bei ihm sind, sehen und hören: «Die Blinden sehen und die Lahmen gehen, die Aussätzigen werden rein und die Tauben hören und Tote werden auferweckt und den Armen wird die frohe Botschaft verkündigt – und selig, wer sich nicht an mir ärgert!» Der Inhalt der den Johannesjüngern mitgegebenen Kunde von diesem von ihnen selbst wahrgenommenen Geschehen ist eben entscheidend Er, der sie ihm schickt: er ist laut dieser seiner durch das Sehen und Hören jener Abgesandten bestätigten Botschaft der Kommende, und so sollen der Täufer und seine Jünger ja nicht auf einen Anderen warten. Man beachte weiter, wie in den Worten Mr. 10, 29 vom Verlassen von Haus, Hof und Familie und Mr. 8, 35 von der Hingabe des Lebens die Begründung solchen Tuns in den offenbar in einem Atemzug zu nennenden Faktoren angegeben wird: ἕνεκεν ἐμοῦ καὶ τοῦ εὐαγγελίου, wie als Inhalt des εὐαγγελίζεσθαι des Engels in der Christnacht (Luk. 2, 10f.) und also als der Gegenstand der «großen Freude» schlicht die Geburt Jesu und also seine ganze menschliche Existenz als solche angegeben und wie in der Apostelgeschichte und in den Briefen als das von den Aposteln als Evangelium Verkündigte immer wieder «Er» (αὐτός Gal. 1, 16) genannt wird – oder schlicht «Jesus» (Act. 8, 35) oder «der Christus Jesus» (Act. 5, 42) oder «der Herr Jesus» (Act. 11, 20) oder «der unergründliche Reichtum Christi» (Eph .3, 8) oder Christi «Leiden und die darauffolgende Herrlichkeit» (1. Petr. 1, 11f.) oder «Jesus und (seine) Auferstehung» (Act. 17, 18). Mit dem, was man in allen diesen Zusammenhängen an Stelle dieses Namens genannt zu sehen erwarten möchte: der von Jesus verkündigten βασιλεία τοῦ θεοῦ nämlich, steht die Nennung seines Namens nun eben in keiner Konkurrenz. Dieses Reich, besser: diese Herrschaft, kann im Neuen Testament ebensowohl das Reich Jesu Christi wie das Gottes heißen. «Ihr werdet essen und trinken an meinem Tisch in meinem Reich» (Luk. 22, 30), «Erinnere dich meiner, wenn du in dein Reich kommst!» (Luk. 23, 42), «Mein Reich ist nicht von dieser Welt» (Joh. 18, 36) usw. Daß es als Reich Christi ein besonderes Reich neben dem Gottes sei, ist (von allem Anderen, was dagegen spricht, abgesehen) schon dadurch als eine wenig glückliche These erwiesen, daß ja Eph. 5, 5 ausdrücklich von der βασιλεία τοῦ Χριστοῦ καὶ θεοῦ die Rede sein kann. So konnte in dem kleinen Hymnus in der Perikope vom Einzug in Jerusalem nach Mr. 11, 9f. einfach nebeneinandergestellt werden: «Gelobt sei der im Namen des Herrn Kommende!» und: «Gelobt sei das kommende Reich unseres Vaters David!». Und Matth. 21, 9, Luk. 19, 38 konnte dieses zweite Glied auch ausfallen und also nur von dem ἐρχόμενος (βασιλεύς) die Rede sein. Er kann an Stelle des «in Macht gekommenen Reiches Gottes» von Mr. 9, 1 in der Parallele Matth. 16, 28 unbekümmert der «in seinem Reich kommende Menschensohn» genannt werden. «Evangelium» ist in der Verkündigung jenes Philippus von Act. 8, 12 «das Reich Gottes und (das καί ist in allen diesen Stellen sicher epexegetisch zu verstehen!) der Name Jesu Christi.» Nach dem letzten Vers der Apostelgeschichte (28, 31) «verkündigte er (Paulus) das Reich Gottes und lehrte den Herrn Jesus Christus mit aller Freimütigkeit ungehindert.» Es ist laut jener großen Stimme aus dem Himmel (Apok. 12, 10) «die βασιλεία Gott und die ἐξουσία seinem Christus übergeben.» Die Nennung Jesu Christi und die Nennung des Reiches Gottes sollen sich offenbar in allen diesen Zusammenhängen gegenseitig interpretieren. Wir denken nochmals an den von Origenes (zu Matth. 18, 23) geprägten Begriff der αὐτοβασιλεία, den man in einer noch älteren Parallele, nämlich in einem Satz des Marcion (bei Tertullian, *Adv. Marc.* IV, 33) schön auseinandergelegt findet: *In Evangelio est Dei regnum Christus ipse.* Die Totalität, vielmehr: die Einheit des damit Bezeichneten ist der Inhalt des neutestamentlichen εὐαγγελίζεσθαι und, im Lichte dieses Begriffs gesehen,

§ 64. *Die Erhöhung des Menschensohnes*

der Inhalt des Tatwortes des Menschen Jesus selber. Es kann also auch darüber keinen sinnvollen Streit geben, ob Mr. 1, 1 unter der ἀρχὴ τοῦ εὐαγγελίου Ἰησοῦ Χριστοῦ der Anfang des Evangeliums, das Jesus Christus verkündigte *(Gen. subj.)* oder des Evangeliums, das ihn verkündigte *(Gen. obj.)* zu verstehen ist. Die Pointe des Ausdrucks liegt nun einmal gerade darin, daß in ihm beides völlig ineinandergreift. Alles in Allem und mit dem nötigen Vorbehalt wird man schließlich hinzufügen dürfen, daß das Wort Jesu unter dem mit dem Verbum εὐαγγελίζεσθαι bezeichneten Aspekt im Besonderen als der Aufruf zur Freude zu verstehen ist, über den als solchen wir schon bei unserer Besprechung der evangelischen Seligpreisung, die so etwas wie die Spitze dieses Aufrufs ist, das Nötigste gehört haben.

Das Reden Jesu wird nun aber auch mit dem Verbum διδάσκειν, lehren, bezeichnet. Daß die Texte mit solchem Wechsel der Bezeichnung eine Differenzierung zwischen den verschiedenen Worten und Reden Jesu beabsichtigt hätten, so daß man sich z. B. bei jeder von ihnen zu fragen hätte, ob man es mit εὐαγγέλιον oder mit διδαχή zu tun habe, wäre wohl eine abwegige Vermutung. Hier ist, recht verstanden, Alles εὐαγγέλιον aber auch Alles διδαχή, wie hier auch Alles κήρυγμα ist. Die Leser oder Hörer der Texte sollen aber offenbar durch den Wechsel und das Nebeneinander dieser Bezeichnungen auf die Vielseitigkeit, den Reichtum schon des Wortes Jesu aufmerksam gemacht werden, wobei man es dann allerdings *a parte potiori* hier mehr unter diesem, dort mehr unter jenem Aspekt hören und verstehen mag und muß.

Indem Jesu Reden auch als διδάσκειν bezeichnet wird, könnten wir uns freilich zunächst in eine ganz andere Welt versetzt finden, in der man sich erst orientieren muß, um es in seiner Einheit wiederzuerkennen. Διδάσκειν ist nämlich im klassischen Griechisch ein Reden, das sich, begründet auf die überlegene Sachkenntnis des Redenden, an den theoretischen und praktischen Verstand des Hörenden wendet mit der Absicht, diesen zu eigenem, selbständigen Wissen und Können anzuleiten. Der διδάσκαλος (der Begriff bezeichnete interessanterweise auch den Instruktor des Chors in der griechischen Tragödie!) ist das gerade in seiner Freiheit autoritative Vorbild des im μαθητής wiederum in Freiheit – in der Freiheit des Gehorsams jetzt – Gestalt annehmenden Nachbildes. Das Alles dürfte, auch wenn im Neuen Testament vom διδάσκειν Jesu die Rede ist, nicht zu unterschlagen, nicht zu vergessen sein. Nur daß hier, wo διδάσκειν zunächst die Entsprechung des hebräischen *limmed* ist, hinzukommt, daß es sich um eine Beanspruchung bzw. Unterrichtung nicht nur des theoretischen und praktischen Verstandes, sondern des zu belehrenden Menschen als solchen, also auch und entscheidend seines Willens handelt. Ein Lehrer ist im Bereich des Spätjudentums ein Mensch, den man, wie es die Zöllner nach Luk. 3, 12 dem Täufer gegenüber tun, fragen kann: «Was sollen wir tun?» dasselbe, was nach Act. 2, 37 nach der Predigt des Petrus von ihm und den anderen Aposteln erfragt wurde. Eben das hatte nun schon in jenem Bereich von selbst mit sich gebracht, daß der Person des Lehrers, diesem und diesem «Rabbi», das heißt «Großen» in seinem Verhältnis zu seinen Schülern bzw. Jüngern eine Bedeutung zukommen mußte, die sie im Griechentum so nicht haben konnte. Und das ist in diesem Bereich gegenüber dem griechischen Begriff des Lehrens natürlich ebenfalls neu, daß es sich hier grundsätzlich in einem bestimmten Rückblick, nämlich auf das große, dem Lehrer wie den Schülern Vorgegebene des Gesetzes und der Propheten des Alten Testamentes vollzieht. Lehre, διδαχή wird Ereignis im Zusammenhang von *explicatio* und *applicatio* dieser Texte, in der Auffindung und Fruchtbarmachung des in ihnen bezeugten Gotteswortes. Nikodemus (Joh. 3, 10) ist darum ein διδάσκαλος τοῦ Ἰσραήλ, weil er Einer ist, von dem ganz Israel erwarten darf, daß er den im Gesetz und in den Propheten niedergelegten Willen Gottes in hervorgehobener Weise kennt, zu deuten, zum Gehorsam ihm gegenüber anzuleiten weiß.

Mit diesem διδάσκαλος des Spätjudentums muß man nun, will man diese besondere Bezeichnung und Kennzeichnung des Redens Jesu verstehen, auch ihn als Lehrer zunächst ganz zusammen sehen. Er war nicht nur, er war aber in der Tat auch der «Rabbi von Nazareth», zu dem er dann in so viel liberaler Theologie unserer Neuzeit gänzlich zusammengeschrumpft ist. Das gilt gerade im Blick auf den zuletzt genannten Punkt: Auch sein Reden geschieht im Rückblick auf das Alte Testament, in Form von dessen Auslegung und Anwendung. Er lehrte, wie wir in früherem Zusammenhang notiert haben, nicht nur, aber auch in den Synagogen, u. zw. nach Luk. 4, 16 κατὰ τὸ εἰωθὸς αὐτῷ, d. h. einer für ihn zunächst selbstverständlich gültigen Regel folgend. Act. 17, 2 wird dann dasselbe wörtlich auch von Paulus gesagt. Es ist bemerkenswert, daß gerade Lukas das – auch die heidenchristlichen Gemeinden sollten es offenbar wissen – so betont berichtet. Und Jesus tat (dort oder sonst) formell und sachlich, was die anderen Rabbinen auch taten: er verlas und kommentierte nach Luk. 4, 17 eine Prophetenstelle, nach Matth. 5, 17f. bestimmte Stellen aus der Thora. Er berief und sammelte, wie es Brauch war, Schüler («Jünger») und unterrichtete sie im Besonderen. Er faßte, wie es auch andere jüdische Lehrer damals und später getan haben, das Gesetz oder das ganze Alte Testament (Luk. 24, 27) gelegentlich summarisch zusammen: so in der bekannten Formel Matth. 22, 36f. von dem gebotenen Lieben Gottes und des Nächsten, neben der aber auch Matth. 7, 12 beachtet werden will: «Alles nun, was ihr wollt, daß es euch die Menschen tun, das sollt auch ihr ihnen tun; denn darin besteht das Gesetz und die Propheten.» Er hat seine Jünger nach Luk. 11, 1 auch beten gelehrt, «wie auch Johannes seine Jünger lehrte.» Und auch bei ihm ist es klar – er steht darin freilich der pharisäischen Lehre näher als dem, wie es scheint, doch mehr am theoretischen Studium des Gesetzes als an der entsprechenden Praxis interessierten Schriftgelehrtentum: seine Auslegung steht, nach einer besseren Gerechtigkeit als der der Schriftgelehrten und der Pharisäer fragend (Matth. 5, 20), erst recht ganz im Dienst der Anwendung, sie ruft zum Gehorsam, zur tätigen Entscheidung für den im Gesetz offenbaren Willen Gottes, u. zw. – das hat seine Lehre mit der des Täufers zunächst noch gemein: – zur umfassenden, zur radikalen, zur grundsätzlichen, nun wirklich den ganzen Menschen in Anspruch nehmenden Entscheidung: zur μετάνοια (Mr. 1, 15). Eben zur Buße haben nach Act. 2, 38 auch die Apostel, nach der Pointe ihrer Lehre befragt, aufgerufen. Aber eben an dieser Stelle wird das Eigene, das Neue des Lehrens Jesu gegenüber den anderen Rabbinen sichtbar: das, worauf sich die Feststellung über das Staunen der ὄχλοι Matth. 7, 29 bezieht: ἦν γὰρ διδάσκων αὐτοὺς ὡς ἐξουσίαν ἔχων καὶ οὐχ ὡς οἱ γραμματεῖς αὐτῶν. Gerade der Bußruf als die existentielle Spitze seiner Lehre ist ja Mr. 1, 15 begründet in dem Satz, in welchem sein διδάσκειν freilich bereits in das εὐαγγελίζεσθαι bzw. in das κηρύσσειν übergeht: «Die Zeit ist erfüllt, das Reich Gottes ist nahe herbeigekommen.» Eben von da aus hat Jesus das Alte Testament ausgelegt nnd angewendet. Und darum heißt «Tut Buße!» als Spitze seiner Lehre (wieder nach Mr. 1, 15) – was es auch beim Täufer noch nicht heißen konnte, konkret: «Glaubet an das Evangelium!» Indem er mit dem sonstigen Rabbinat auf das Alte Testament zurückblickte und schlicht dessen Lehrer war, war es ihm nicht das Dokument einer ehrwürdig von ferne her maßgeblichen Vergangenheit, sondern als das, was (Matth. 5, 21f.) «zu den Alten gesagt wurde», das Buch auch der Gegenwart und der Zukunft. Dies nun aber nicht so, wie das allgemein von jedem noch heute und wahrscheinlich auch noch morgen lesenswerten und lehrreichen Buch gesagt werden könnte, sondern als das Buch, dessen Nachricht von dem, was einst, dort geschehen und gesagt war, in dem, was eben jetzt, heute, hier geschieht und gesagt wird, ihren eigentlichen Inhalt, ihre Erfüllung hat. Eben jetzt und hier ist das wirklich, was sich in ihm ankündigte, aber doch erst so, wie ein schattenwerfender Körper ankündigte. Und eben das ist die Wirklichkeit, deren allgemeine definitive Offenbarung dann auch die Zukunft erfüllen, auch ihr Inhalt sein wird. Denn für Jesus war, indem er in seinem Jetzt, Heute, Hier lehrte, auch diese seine Gegenwart nicht ein Zeitmoment unter, nach und vor vielen anderen, sondern der «erfüllte» Kairos: der Moment des Geschehens, des Wortes, dem alles bisher Geschehene und Gesagte entgegenlief, wie alles, was noch zu geschehen hatte und zu sagen war, nur der Offenbarung seiner faktischen Tragweite entgegenlaufen konnte. Jesus lehrte im Schnittpunkt dieses Kairos. Daß er da stand – daß Er da stand, war das Neue seines Lehrens. Wie sollte es das Alte, was es mit dem Lehren des übrigen Rabbinats gemeinsam hatte, aufheben und zerstören: die Autorität der alten Dokumente des Willens und der Taten Gottes, den Ernst der Bemühung um ihre Auslegung und Anwendung, die Notwendigkeit, ihrer Stimme zu gehorchen? Es war (Matth. 5, 17) wirklich nicht an dem, daß er gekommen war, das Gesetz und die Propheten aufzulösen. Sie zu erfüllen, war er gekommen: Es ging durchaus um ihre, nicht um irgend eine andere, neue Lehre. Aber eben: was war denn gerade ihre, die alte Lehre, neben der es eine andere nicht geben konnte? Zwei Worte des johanneischen Jesus decken den Sachverhalt auf: «Ihr durchforscht die Schriften, weil ihr meint, in ihnen ewiges Leben zu haben – und eben diese sind es, die von mir (περὶ ἐμοῦ) zeugen!» (Joh. 5, 39) und: «Euer Ankläger ist Mose, auf den ihr hofft. Denn wenn ihr Mose glaubtet, so würdet ihr mir glauben. Denn von mir (περὶ γὰρ ἐμοῦ) hat jener geschrieben. Wenn ihr aber seinen Buchstaben nicht glaubt, wie sollt ihr da meinen Worten glauben?» (Joh. 5, 45 f.). Man darf das περὶ ἐμοῦ in unserem Zusammenhang ruhig dahin verstehen: die Schriften zeugen, Mose schreibt von mir als von dem, der den von ihnen bezeugten Willen Gottes kennt, der also die zu ihrer Auslegung und Anwendung und so zum Lehren notwendige, überlegene Sachkenntnis hat – die Freiheit, Anderen, wenn es um Erkenntnis in dieser Sache gehen soll, autoritatives Vorbild zu sein und also die Fähigkeit und den Beruf, sie zu eigenem, selbständigem Wissen und Können anzuleiten – aber über dieses Griechische hinaus: sie zu einem gehorsamen Wollen, mehr noch: sie zu jenem totalen Gehorsam der Buße aufzurufen. Mose, die Schriften selbst, ihre alte Lehre, bezeugen die Wahrheit, das Recht, die Notwendigkeit des Lehrens Jesu, gerade wie er mit seinem Lehren, mit seinem kühnen ἐγὼ δὲ λέγω ὑμῖν nur scheinbar ein Neuerer ist, in Wahrheit den in der Schrift bezeugten Willen Gottes zur Sprache bringt. Wie kommt er dazu, dieser Lehrer zu sein? Wir dürfen noch ein Wort des johanneischen Jesus (8, 28) zur Hilfe nehmen: «Ich bin es (ἐγώ εἰμι) und tue von mir nichts, sondern wie mein Vater mich gelehrt hat, so rede ich.» Wohlverstanden: er hat dieses ἐγώ εἰμι, dieses sein direktes Belehrtsein durch den Vater als den, der in der Schrift spricht, seinem διδάσκειν nicht wie eine Fahne vorangetragen. Er hat nur eben faktisch gelehrt als der, der er war, er hat nur eben faktisch – und dieses Faktische wird dann in der johanneischen Christusrede herausgestellt – sich selbst als den Sohn des Vaters, die in ihm erfüllte Zeit, das in ihm nahe herbei gekommene Reich Gottes gelehrt: in jenem absoluten διδάσκειν, das ihm die Evangelien zuschreiben. Nicht direkt an seiner Lehre als solcher ist es dann zum Konflikt mit dem übrigen Rabbinat gekommen, sondern an diesem Faktischen, das sich in seiner Lehre als ihre, seine ἐξουσία unwiderstehlich bemerkbar machte. Es machte sich etwa darin bemerkbar, daß er mit seinen Gegnern wohl nicht selten disputiert, aber niemals (von einem gemeinsamen Fragen und Suchen nach der Wahrheit kann da gar keine Rede sein, nur von ihrer defensiven und vor allem offensiven Vertretung!) auf gleichem Fuß diskutiert hat, wie es die Übung und die Lust aller anderen Lehrer war. Es verrät sich darin, daß die Meldung an jenen Unbekannten (Matth. 26, 18): ὁ διδάσκαλος λέγει ... genügt, um seiner Anordnung ohne Weiteres Befolgung zu verschaffen. Es zeigt sich darin, daß er vom Volk, aber nach Luk. 24, 19 gelegentlich auch von seinen Jüngern als ein Prophet – ein «großer Prophet» (Luk. 7, 16) – verstanden und bezeichnet wurde. Es zeigt sich in der Gegenüberstellung Matth. 23, 8: «Ihr sollt euch nicht Rabbi nennen lassen, εἷς γάρ ἐστιν ὑμῶν ὁ διδάσκαλος, ihr alle aber seid Brüder!» und noch mehr darin, daß seine Jünger nach seinem Sterben und Auferstehen den Titel διδάσκαλος tatsächlich nicht für sich in Anspruch genommen haben, obwohl er doch kein eigentliches Würdeprädikat Jesu (etwa mit κύριος von ferne nicht zu vergleichen), sondern nur eine Art Standesbezeichnung gewesen war, obwohl nach allgemeiner Übung nichts näher gelegen hätte, als daß einer der überlegenen Führer seiner Schule jetzt selbst der διδάσκαλος geworden wäre. Auch Petrus, auf den Jesus seine Gemeinde bauen wollte, auch Jakobus als das Haupt der Jerusalemer Gemeinde, haben sich nicht so nennen lassen. Sie sahen offenbar keine Möglichkeit als die, die μαθηταί des einen διδάσκαλος Jesus zu sein und zu bleiben – und nun eben als solche ihrerseits zu lehren. Erst in der heidenchristlichen Kirche gibt es dann nach 1. Kor. 12, 28f., Act. 13, 1, Jak. 3, 1, Eph. 4, 11 auch christliche διδάσκαλοι als Träger einer besonderen (vielleicht gottesdienstlichen?) Funktion in der Gemeinde: Eph. 4, 11 auch ποιμένες genannt und an vierter Stelle nach den ἀπόστολοι, den προφῆται, den εὐαγγελισταί aufgezählt, und wird es möglich, daß Paulus selbst sich 2. Tim. 1, 11 κῆρυξ καὶ ἀπόστολος καὶ διδάσκαλος, 1. Tim. 2, 7 in der gleichen Folge speziell διδάσκαλος ἐθνῶν nennen kann. Eine Konkurrenzierung des einen Lehrers kam hier offenbar nicht mehr in Frage: vielleicht doch auch darum, weil es sich dabei um einen gewissen Rückgriff auf den allgemeinen griechischen Sprachgebrauch handelte, entscheidend aber doch wohl deshalb, weil sie gerade durch den eigentlichen Gegenstand und Inhalt des apostolischen und des in der Gemeinde ausgeübten διδάσκειν zum vornherein ausgeschlossen war.

Was aber hatte der μαθητής Jesu, sofern er nun selber zum διδάσκειν überging, zu lehren? Πάντα ὅσα ἐνετειλάμην ὑμῖν liest man Matth. 28, 20: die ihm selbst zuteil gewordene διδαχή Jesu also, was nun nach allem, was wir hörten, doch wieder nicht nur ein Inbegriff von irgendwelchen abstrakten Wahrheiten und Forderungen sein konnte. Eine διδαχή im Sinn einer Dogmatik und Ethik Jesu konnte es nicht geben und hat es nie gegeben. διδαχή bestand vielmehr, indem sie jetzt «im Namen Jesu» (Act. 4, 18) Ereignis, Tat der Apostel und anderer christlicher Menschen wurde, auch inhaltlich konkret: im διδάσκειν... τὸν Χριστὸν Ἰησοῦν (Act. 5, 42), im διδάσκειν τὰ περὶ τοῦ Ἰησοῦ (Act. 18, 25; 28, 31) und war so ihr διδάσκειν des λόγος τοῦ θεοῦ (Act. 18, 11). Das Konvergieren des Begriffs mit dem des εὐαγγελίζεσθαι, des κηρύσσειν, auch des καταγγέλλειν usw. ist unverkennbar. Man kann nur noch einmal feststellen, daß er in seiner in der Anwendung auf das Reden Jesu selbst noch sehr klaren Grundbedeutung auf das Vorgegebene des Alten Testamentes verweist und daß darum mit Sicherheit zu vermuten ist, daß sein Gebrauch, indem er wie jene anderen Begriffe und mit ihnen zusammen die Christuspredigt der Gemeinde bezeichnet, im Besonderen das dieser auch in der heidenchristlichen Gemeinde unveräußerlich zugehörige Zurückgreifen auf das Gesetz und die Propheten vor Augen hat, was dann wohl heißt: den in der Christuspredigt (direkt oder indirekt) zu führenden Schriftbeweis für die Tat und das Wort Jesu als die Erfüllung des alttestamentlichen Gotteswortes. Διδαχή bezeichnet recht verstanden: die spezifisch exegetische Substanz der apostolischen, der in der Gemeinde und durch sie in der Welt ausgerichteten Christuspredigt. Gerade indem auch das apostolische διδάσκειν in seiner Weise Christuspredigt ist, bekommt und hat es den Charakter des Bußrufs (Act. 5, 31), der ihm ja schon als das διδάσκειν Jesu selbst eigentümlich ist.

Und nun wird das Reden Jesu – und von da aus dann auch das Reden der Apostel und der Gemeinde – bevorzugt und mit besonderer Betonung auch ein κηρύσσειν genannt. Luther pflegte das Wort mit «predigen» zu übersetzen. Aber der Vorstellungsgehalt, den dieses Wort für uns hat, ist zu problematisch, als daß es sich empfehlen würde, dabei stehen zu bleiben.

Merkwürdig und doch wohl denkwürdig, daß aus der Sprache des Alten Testaments und auch des Spätjudentums zum Verständnis der Bedeutung dieses Begriffs kaum etwas Wichtiges zu lernen ist. κηρύσσειν hat in der alttestamentlichen Sprache die hervorragende Stellung und im Ganzen auch die prägnante Bedeutung, die ihm im Neuen Testament zukommt, nicht gehabt. Das möchte doch wohl damit zusammenhängen, daß das neutestamentliche κηρύσσειν von einem Faktum herkommt, das für das Alte Testament als Faktum noch nicht in Frage kommen konnte.

Mindestens formal Lehrreiches ergibt sich dagegen auch hier aus dem klassischen Griechisch, in welchem freilich – in wahrscheinlich ebenfalls bezeichnendem Unterschied zum neutestamentlichen – das Substantiv κῆρυξ häufiger und wichtiger ist als das Verbum κηρύσσειν. Ein κῆρυξ war ein im Dienst des Königs oder der Stadt oder eines Heiligtums besonders beamteter öffentlicher Ansager, der dann auch in der Funktion eines Gesandten tätig sein konnte. Das entscheidende Requisit zu solchem Amt war die Fähigkeit und Willigkeit, eine Botschaft genau so, wie sie dem Mann aufgetragen war, weiterzugeben, und im übrigen schlicht: eine möglichst laute, womöglich wohlklingende Stimme. Durchaus nur dies – dies aber in vollkommener Weise – sollte er sein: ausführendes Organ, Sprachrohr, Lautsprecher. Eben als solcher stand er nun aber nicht nur in menschlichem Dienst, sondern auch in dem der Gottheit. Er war eine sakrale Person: als Herold des Königs oder der Stadt oder des Heiligtums *per se* unberührbar, zu heiliger Redefreiheit autorisiert, *ex officio* auch κῆρυξ τῶν θεῶν, der u. a. auch öffentliche Gebete zu sprechen hatte und bei der Zubereitung von Opfern beteiligt war.

Ebèn Gottes Herold (κῆρυξ τοῦ θεοῦ, nun freilich ohne offiziellen menschlichen Auftrag) zu sein, hat nun aber in der Umwelt des griechischen Neuen Testamentes auch der stoische Philosoph (kynischer oder epikureischer Observanz) für sich in Anspruch genommen: sei es in freiem Anschluß an irgend einen Kult oder auch in Distanzierung allen Kulten, sogar dem des Kaisers gegenüber, in der kühnen Meinung, das Alles überflüssig zu machen und durch ein Besseres zu ersetzen. Der Stoiker wußte – um Gottes Offenbarung nämlich, der ihm sein Geheimnis anvertraut habe. Dieses sein Wissen den Unwissenden öffentlich bekannt zu geben, sah er als seine Aufgabe an. In diesem Sinn wußte und nannte er sich κῆρυξ: Gott spreche durch ihn und wolle in seinem Wort gehört und respektiert werden. Selber besitzlos, ohne Familie und Heimat (in erstaunlicher Nähe zu Matth. 10, 9f. usw.) predigte er die Bedürfnislosigkeit, kritisierte er allgemeine oder persönliche Verfehlungen, tröstete er die Schwachen, ermahnte er die Wohlhabenden, rief er Alle dazu auf, um ihr Seelenheil besorgt zu sein. So war tatsächlich auch er – den neutestamentlichen κηρύσσοντες in seinem ganzen Gehaben auf der ganzen Linie zum Verwechseln ähnlich – der Ausrufer einer ihm anvertrauten Botschaft. Die Meinung ist vertreten worden, daß wir es 1. Thess. 2, 3f. mit einer Verwahrung des Paulus gegen eine Verwechslung seiner Tätigkeit mit der solcher stoischer Prediger zu tun hätten. Der Gott des Stoikers war freilich unverkennbar der Inbegriff eines anthropologisch-ethischen Prinzips: es ging diesem um eine Art «moralischer Aufrüstung», um die Freilegung des im Menschen schlummernden göttlichen Keims, um Bekehrung im Sinn eines Ansatzes zur Entwicklung zum ganzen, gesunden Menschen und letztlich um dessen Vergottung, um die Beseitigung der Hindernisse, die dieser im Weg stehen. Vom Anbruch einer neuen Zeit, von der Gegenwart eines Reiches Gottes, von Gottes Gnade und Zorn, von einer radikalen Umkehr und Erneuerung des Menschen, von Vergebung der Sünden, von einer Menschwerdung Gottes war bei ihm nicht die Rede. Also: *duo cum faciunt idem non est idem*. Es war aber schon so: *duo faciebant idem*. Will man die neutestamentliche κηρύσσειν verstehen, so wird man das gleichzeitige Auftreten dieser Leute mindestens mit im Auge haben müssen.

Ob in diesem Zusammenhang auch die Literatur der sogenannten Hermes-Mystik zu nennen ist? Ob sie nämlich wirklich in den Bereich der Vorgeschichte des neutestamentlichen Gebrauchs von κηρύσσειν gehört? Die von Gerh. Friedrich (Kittel III, 697) gebotene Textprobe aus der ersten Abhandlung des *Corp. hermet.* aus einer Art Predigt des «Menschenhirten» Poimandres (einer Personifikation des als Offenbarungsmittler funktionierenden Geistes) frappiert gewiß: nicht nur, weil der Text sich (wie die Darbietungen jener Stoiker) ausdrücklich als κήρυγμα eines dazu himmlisch Beauftragten gibt, sondern weil er sich auch in seiner Terminologie mit der des Neuen Testamentes wenn nicht völlig, so doch in interessanten Bestandteilen – nicht nur φθορά, ἀθανασία, γνῶσις und dergleichen kommt da vor, sondern auch ἁμαρτία, μετάνοια, πίστις, βαπτίζεσθαι, σώζεσθαι – deckt. Aber in welchem Jahrhundert befinden wir uns da? Wirklich im

3. Der königliche Mensch

ersten oder nicht doch erst tief im zweiten oder gar dritten? Könnte es sich bei diesem gnostischen Kerygma nicht statt um ein Vorbild, um ein Nachbild des christlichen handeln? Es wäre aber, selbst wenn es ins erste Jahrhundert gehörte, auch hier zu sagen, daß das, was da als Inhalt des Kerygma in Betracht kommt, daß der Nenner, auf den hier alle jene Begriffe zu stehen kommen, die zur Befreiung von der Materialität und so auch hier zur Vergottung führende, im Vollzug eines sakramentalen Aktes zu gewinnende Gnosis ist. Es geht auch hier um «Aufrüstung» – nur daß sie hier sakramentale statt moralische Aufrüstung ist. Keine Rede auch hier von einem Handeln Gottes in der Geschichte, von einem von außen zu den Menschen gekommenen Heil, das den in der Verkündigung Angeredeten als das auch für sie geschehene und so auch sie angehende Ereignis mitgeteilt würde. Der «hermetische» κῆρυξ ist wesentlich Mystagoge. Es ist wahr, daß das kirchliche Kerygma schon im zweiten Jahrhundert und dann durch die Jahrhunderte hinunter in wechselnden Formen immer wieder eine Tendenz hatte, in Angleichung an jene und andere Formen heidnischer Frömmigkeit zur Mystagogie, zur Sakramentsbelehrung zu werden. Es war eben das eine der Gestalten, in denen vom zweiten Jahrhundert an das, was wir heute «Katholizismus» nennen, über das neutestamentliche Christentum mächtig geworden ist. Es braucht aber doch merkwürdige Augen dazu, um zu verkennen, daß die Kirche sich dabei gerade vom neutestamentlichen Kerygma nach Form und Inhalt entfernt hat, daß es also unangebracht wäre, dieses von jenem her zu interpretieren. Was aus jener «Parallele» im besten Fall zu lernen ist, dürfte sich doch auf die (sicher beachtliche) Feststellung reduzieren, daß es in der Umwelt des neutestamentlichen κηρύσσειν außer dem stoischen möglicherweise auch noch dieses (vielleicht auch noch allerlei weiteres, wieder andersartiges) κηρύσσειν gegeben hat.

Einige Abgrenzungen zum Verständnis des neutestamentlichen κηρύσσειν haben wir mit dem allem immerhin gewonnen. – Einmal: Es war zwar auch der neutestamentliche Verkündiger ein göttlich beauftragter und verpflichteter Ausrufer. Eine anerkannte und auf Grund von Sitte und Recht unantastbare Amts- und Würdeperson wie der altgriechische κῆρυξ war er aber gerade nicht: Jesus zu allererst nicht und so auch die nicht, die sein Kerygma aufnahmen und weitergaben. Ein καύχημα hat Paulus daran nicht, das Evangelium zu verkündigen (1. Kor. 9, 16): seine ganze Existenz als Apostel ist auch ein Kommentar zu diesem Wort! Im Gegenteil: «Nannten sie den Hausherrn Beelzebub, um wieviel mehr seine Hausleute!» (Matth. 10, 25 vgl. Joh. 15, 20). Jesu eigene Ehre und die seiner Jünger bestand darin, wie Schafe mitten unter Wölfen zu sein (Matth. 10, 16 vgl. Röm. 8, 36). Sie stand im Schatten des Kreuzes. Eben damit mag es zusammenhängen, daß die Verwendung des Substantivs κῆρυξ im Neuen Testament so selten ist. Wenn der Verkündiger ein wirkliches, durch keine äußere Schmach zu beseitigendes καύχημα hat, so kann es eben nur, ohne ihm als eine Art Amtsehre anzuhaften, im Akt seines κηρύσσειν Ereignis sein. Es besteht nach dem Wort des Paulus darin, das Evangelium kostenlos (ἀδάπανον) darzubieten (1. Kor. 9, 18).

Sodann: es treten zwar auch Jesus und so auch die Apostel mit ihrem Kerygma, dem Evangelium dem Menschen unter Berufung darauf entgegen, daß sie dazu gesandt, u. zw. in einer sie schlechthin verpflichtenden und auszeichnenden Weise gesandt und beauftragt seien, daß sie bei seiner Ausrichtung von daher unerschütterlich gehalten sind! «Dazu (zum κηρύσσειν) bin ich ausgegangen». Und (als der dazu Ausgegangene) kam er als Verkündiger (ἦλθεν κηρύσσων) in die Synagogen, in das «ganze Galiläa» (Mr. 1, 38f.). Von einer ihm widerfahrenen unbedingten Ermächtigung hat Paulus Gal. 1, 1f. 15f. – und von einer ihm von daher auferlegten ἀνάγκη hat er 1. Kor. 9, 16 gesprochen. Mit gleichem oder ähnlichem Anspruch sind bei ihrem κηρύσσειν auch die stoischen Moralisten und die gnostischen Mystagogen aufgetreten. Man muß, um den Unterschied auch in diesem fast gleichlautenden Anspruch zu erkennen, zunächst sicher auch auf das achten, was dem neutestamentlichen κηρύσσειν fehlt: der Eifer des Verbessernwollens auf der einen Seite und die Sicherheit des Besserwissens auf der anderen. Es war das Leitbild jener Moralisten wie das jener Mystagogen ein

Programm zur Erziehung des Menschengeschlechts, ein Plan zu seiner moralischen oder sakramentalen Erhebung, zur Entfaltung seiner tiefsten bisher verkannten und vernachlässigten Fähigkeiten, zu deren Aktualisierung bis hin zu dem als durchaus erreichbar vorgestellten Ziel seiner Vergottung. Und es war ihre eigene Gewißheit – sowohl um ihre Kraft, die menschliche Lage zu durchschauen, als auch um die Gestalt und die Güte des zu ihrer Hebung durchzuführenden Programms – das treibende und in seiner Art offenbar mächtig wirksame Motiv ihrer Predigt. Man muß zunächst feststellen, daß das Motiv solchen Besserwissens und dann auch der Eifer jenes Verbessernwollens dem neutestamentlichen κηρύσσειν ganz fremd ist. Es ist – auch in seiner Gestalt als διδάσκειν – gerade kein pädagogisches Tun. Man kann wohl sagen, daß das neutestamentliche κηρύσσειν in dieser Hinsicht mit dem Tun des altgriechischen κῆρυξ, der einfach der Lautsprecher seines Auftraggebers war, mehr Ähnlichkeit hatte als mit dem κηρύσσειν jener zeitgenössischen Moralisten und Mystagogen.

Es hebt sich aber endlich – wir kommen damit positiv zur Sache – auch von der alttestamentlichen Rede, auch in ihrer Form als prophetische Verkündigung, dadurch ab, daß es zwar auch in die Zukunft blickt, aber nun eben im Rückblick auf ein schon Ereignis gewordenes Faktum und von diesem Faktum her im Ausblick in eine ganz bestimmte, wieder durch dieses Faktum konkret gefüllte Zukunft. Das neutestamentliche κηρύσσειν ist der Angelpunkt zwischen jenem gefüllten Einst und diesem gefüllten Dann. Es geschieht in der Mitte zwischen dem, der gekommen ist und demselben, der wieder kommen wird. Es ist, von dorther aufbrechend und dahin eilend, ein Geschehen in einem gewissermaßen doppelt gefüllten Jetzt. Eben in diesem Jetzt ist es eine Aktion, die die alttestamentliche Rede so nicht sein konnte. Die Ereignisse, auf die auch die alttestamentliche Rede ständig zurückblickt: der Auszug aus Ägypten, der Durchzug durchs Schilfmeer, der Einzug in Kanaan, und diese überwölbt von den Ereignissen der Bundesschlüsse mit Abraham, auf dem Sinai usw. waren eben kein Äquivalent für das Ereignis, von dem das Neue Testament herkommt. Sie konnten und mußten in der alttestamentlichen Rede zwar beständig vorausgesetzt und kommemoriert, sie konnten aber nicht als das Heilsereignis «verkündigt» werden. Sie waren dauernde Verheißung einer erst kommenden Erfüllung, nicht selber Erfüllung. Ihnen stand also Israels Zukunft in der alttestamentlichen Weissagungsrede als ein Ereignis oder als eine Folge von Ereignissen ganz anderer Art gegenüber: eben als das Verheißene, nicht als die Offenbarung schon erfüllter Verheißung: ein erst kommender König, nicht der schon gekommene und wieder kommende. So konnte es denn im alttestamentlichen Bereich zu keiner Zeit, auch nicht im Munde der größten Propheten, ein solches Reden geben, das den Angelpunkt zwischen einem gefüllten Einst und einem ebenso gefüllten Dann gebildet, das also in seinem Jetzt als in einem gefüllten Kairos den Charakter einer definitiven Aktion gehabt hätte. Das neutestamentliche Reden in seiner Gestalt als Kerygma hat diesen Charakter. Es blickt auf ein schon geschehenes, schlechterdings abschließendes Ereignis zurück und von da aus vorwärts auf die Offenbarung des in diesem Ereignis schon geschehenen Abschlusses. Darum ist es in allen seinen Gestalten selbst ein abschließendes Reden. Es spricht Entscheidung aus. Es partizipiert, indem es von diesem Ereignis herkommt und seiner Offenbarung entgegeneilt, an dessen Entscheidungs-Charakter. Es steht – und kann nicht fallen! – indem es im Ausrufen, in der Aussage, in der Proklamation dieses Ereignisses besteht. Das ist es, was das Neue Testament unter «Predigen» versteht! Das ausgerufene Ereignis ist das Naheherbeikommen des Reiches, der Vollzug der Herrschaft Gottes auf Erden, ihre konkrete Aufrichtung in unmittelbarem Gegenüber zu allen menschlichen Reichen und Herrschaften, mit dem deren letzte Stunde – wie lange sie auch noch stehen und gelten mögen – geschlagen hat, Gottes inmitten der Menschheit ein für allemal, vollständig und unwiderruflich geschehene Machtergreifung als geschichtliche Wirklichkeit. Das war weder der Auszug aus Ägypten noch der Bundesschluß mit Abraham oder der auf dem Sinai gewesen. Sie waren – die ganze

Geschichte Israels, das ganze in und mit ihr gesprochene, von Mose und den Propheten nachgesprochene Gotteswort war jetzt, indem dies Ereignis geworden war, nicht etwa abgewertet, sondern aufs Höchste aufgewertet, d. h. als eine einzige Verheißung erwiesen, die in diesem Ereignis ihre Erfüllung gefunden hatte. Es ist klar, daß diese Erfüllung jetzt erst, von ihrem Geschehen her – wenn auch als Erfüllung jener Verheißung – «verkündigt» werden konnte. «Viele Propheten und Gerechte haben begehrt, zu sehen, was ihr seht und sahen es nicht, und zu hören, was ihr hört und hörten es nicht» (Matth. 13, 17). Dieses Nichtsehen und Nichthören ist die Grenze aller alttestamentlichen Rede. Und daß es umgekehrt von diesem Sehen und Hören herkommt, das ist das Neue des neutestamentlichen κηρύσσειν aller alttestamentlichen Rede gegenüber – beiläufig natürlich auch das positiv Andere gegenüber allem sonstigen (moralistischen oder sakramentalistischen) κηρύσσειν.

Wie steht es mit der heute vielberufenen Koinzidenz, ja Identität des neutestamentlichen Kerygmas mit dem in ihm verkündigten Ereignis? Es ist viel dran, aber man sollte hier nicht zu viel, sondern eben das Richtige sagen! Genau genommen ist es doch nur in einem einzigen Fall so, wie es etwa von Gerh. Friedrich (a. a. O. S. 702f.) allgemein behauptet wird: diese Handlung selbst, das Verkündigen als solches sei das Neue und Entscheidende, es führe das herbei, worauf die Propheten des Alten Testamentes gewartet haben, durch die Verkündigung vollziehe sich die Machtergreifung Gottes, in und mit ihr komme sein Reich. Das gilt allerdings, wenn und sofern es sich um das κηρύσσειν Jesu selbst handelt. Hier ist in der Tat viel mehr als Partizipation, hier ist Koinzidenz und Identität. Hier gilt Ps. 33, 9:«Denn er, er sprach, und es geschah; er gebot, und es stand da!» Jesus spricht nicht von einem Kommenden oder von etwas Kommendem. Er ist selbst der Kommende und indem er kommt, kommt Alles, was kommen soll. Als dieser ἐρχόμενος redet er – nicht von einer noch ausstehenden oder anderwärts geschehenden, sondern von der, indem er da ist, sich vollziehenden göttlichen Machtergreifung: er vollzieht sie, indem er redet. Was er ausruft, das wird in dem Augenblick, in dem er das tut, Wirklichkeit. Seine Verkündigung ist der Posaunenstoß, mit welchem das neue Jahr des Herrn (Luk. 4, 18f.) nicht nur angezeigt wird, sondern anbricht: bei dessen Schall, wie Lev. 25, 8f. vorgesehen, ein Jeder wieder zu seinem Besitz und in sein Geschlecht kommt, alle Gefängnisse sich öffnen, alle Schulden erlassen sind. Sagt er (Mr. 2, 5) zum Gelähmten: «Mein Sohn, deine Sünden sind dir vergeben!», dann sind sie ihm vergeben, und sagt er ihm (Mr. 2, 11): «Ich sage dir: ‚Steh auf, heb dein Bett auf und geh in dein Haus!'» dann ist mit diesem σοὶ λέγω die Entscheidung schon vollstreckt: «Er stand auf, hob alsbald sein Bett auf und ging vor aller Augen hinaus.» Gibt es ein Reden Jesu, das nicht als solches seine Tat, u. zw. die messianische Tat jenes Abschlusses war – und gibt es andererseits eine Tat Jesu, die nicht als solche abschließendes Wort seiner Verkündigung war? Wenn eine solche Trennung jedenfalls im Sinn der Evangelisten und der hinter ihnen stehenden Überlieferung nicht möglich ist, dann dürfte es sich doch wohl erübrigen, zwischen dem Johannesevangelium, in welchem Jesus das Wort selbst, und den Synoptikern, bei welchen er der das Wort verkündigende Herold ist, einen sachlichen Unterschied feststellen zu wollen.

Aber eben: diese Koinzidenz, ja Identität, in der das κηρύσσειν vom Gottesreich selber das Gottesreich ist, und also das unbedingte, das absolute κηρύσσειν, als Wort auch der Inhalt des Wortes ist – sie dürfte nun doch nur in diesem einen einzigen Fall, im Blick auf das κηρύσσειν Jesu selbst behauptet werden. Alles andere recht beschaffene neutestamentliche κηρύσσειν bezieht sich doch nur auf das κηρύσσειν Jesu, das als solches eine Gestalt seiner Lebenstat und also des Heilsereignisses ist, von dem alle Verkündigung herkommt. Indem es auf Jesus hinblickt, auf sein eigenes Kerygma in seiner ganzen Eigenständigkeit und Einzigartigkeit hinhört, partizipiert das apostolische Kerygma und das der Gemeinde an dem ihm (und ursprünglich und eigentlich nur ihm) eigenen Charakter der definitiven Aktion, in welcher es als Wort mit seinem

Inhalt identisch ist. Partizipieren heißt: es ist, sofern es das Verkündigen Jesu verkündigt, seinerseits mehr als alles sonstige menschliche Reden – mehr auch als das höchste alttestamentliche Verkündigungswort und selbstverständlich nicht nur mehr, sondern etwas qualitativ Anderes als das schönste κηρύσσειν aller alten und neuen Moralisten und Mystagogen mit allen ihren Aufrüstungen. Wie der christliche Glaube auch nur als Glaube an Jesus Christus gehorsamer und dann auch rettender Glaube sein kann, so auch das christliche Kerygma jenes Größere und Andere als alle sonstige Menschenrede nur darin, daß es Kerygma von Jesus Christus ist und also nicht etwa beansprucht, für sich und als solches noch einmal oder womöglich nun erst recht Jesus Christus zu sein: die gewaltige Sache, außer der der Mensch Jesus dann wohl gar keine eigene Existenz mehr haben würde – oder eben nur noch eine allen Winden und Windlein der sog. historischen Forschung ausgelieferte Schattenexistenz! Das κηρύσσειν der Anderen neben dem Einen hat in der neutestamentlichen Darstellung sein Gewicht gerade darin, daß es sich solcher Anmaßung enthält, sich daran genügen läßt, von der Existenz Jesu Christi und so auch von seinem κηρύσσειν herzukommen, unentwegt auf ihn hinzublicken, auf sein Wort zu hören.

Über Johannes den Täufer muß hier ein besonderes Wort gesagt werden. Die Frage, wie das Neue Testament bzw. wie die verschiedenen Schichten und Richtungen der neutestamentlichen Überlieferung sein Kerygma verstanden haben, ist nicht einfach zu beantworten. Im Johannesevangelium – es bevorzugt an Stelle des Begriffs κηρύσσειν den des μαρτυρεῖν – existiert der Täufer geradezu als eine Art Prototyp der anderen, mit Jesus nicht identischen Prediger, der Zeugen von Jesus. Aber inwiefern ist er das? Das hieße ja streng genommen, daß er mit seiner Wassertaufe zur Buße in seiner Weise mindestens mit einem Fuß – ein Apostel vor allen Aposteln! – schon in der christlichen Gemeinde stünde. Daß er im Johannesevangelium auf dieser Schwelle gesehen ist, wird man schwer in Abrede stellen können. Aber wie sieht ihn die übrige Tradition? Daß auch er das «Nahe Herbeikommen» des Himmelreichs verkündigte und von da aus zur Buße aufgerufen habe, wird in den Synoptikern nur einmal (Matth. 3, 2) so gesagt. Angesichts des Übrigen, was sie von seiner Predigt berichten, drängt sich doch der Eindruck auf, daß sie es jedenfalls zunächst nicht so meinten, daß sie ihn vielmehr als den letzten und größten Vertreter alttestamentlicher Rede, als den mächtigsten Träger des Hinweises auf ein erst kommendes Heil und einer im Blick auf diese Zukunft geformten Verkündigung des Gerichtes und der Umkehr darstellen wollten. Wir erinnern uns: «Der Kleinste im Himmelreich ist größer als er» (Matth. 11, 11). Er steht mit allen Propheten vor der noch verschlossenen Türe. Er sieht dem Ereignis, das die Wende bringt, erst entgegen. Sein κηρύσσειν hat noch immer den Charakter reiner Verheißung, es ist ein προκηρύσσειν (Act. 13, 24). Es sind darum die von ihm Getauften nicht solche, für die die Herrschaft Gottes schon gegenwärtiges Ereignis ist, die den Heiligen Geist und die Vergebung der Sünden schon empfangen haben, sondern solche, die dem Allem zwar aus nächster Nähe entgegensehen, die sich, indem sie Buße tun, darauf gefaßt machen und zurüsten, die ihm aber doch erst, noch immer wartend, entgegensehen. Die Distanzierung des Täufers Jesus und dem in ihm schon gekommenen Reich gegenüber geht bis zu jener Frage Matth. 11, 3: «Bist du der ἐρχόμενος oder sollen wir auf einen Anderen warten?», auf die hin dann auch ihm die entscheidende Belehrung erst widerfahren muß. Wer anders als er kann im Zusammenhang der Stelle mit dem «Selig ist, wer sich nicht an mir ärgert!» (Matth. 11, 6) gemeint sein? Das Alles darf nicht vergessen und verwischt werden. Aber nun doch auch nicht all das Andere, was ihn und sein κηρύσσειν – nicht aus der Reihe der alttestamentlichen Zeugen heraus, wohl aber als Letzten in dieser Reihe tatsächlich als Ersten in einer neuen an die Seite Jesu bzw. unmittelbar vor ihn hinstellt. Die Vorgeschichte seiner Geburt wird Luk. 1 nicht umsonst so eng mit der Jesu verknüpft. Er wird da nicht umsonst sogar als dessen leiblicher Verwandter aufgeführt. Es sind sich der Lobgesang der Maria und der des Zacharias nicht umsonst so ähnlich. Und eben dort, aber auch in jener großen Differenzierung Matth. 11, 2–15 wird etwas sehr Seltsames sichtbar: der Täufer gehört doch auch in der Sicht der synoptischen Überlieferung gerade in seinem in der Tat selber noch alttestamentlichen Charakter, gerade als letzter, mächtigster Träger der reinen Verheißung, schon in die Geschichte der Erfüllung der alttestamentlichen Verheißung hinein. Er verheißt, indem er selbst schon – nicht der, aber ein Verheißener ist. «Alle Propheten und das Gesetz haben bis auf Johannes hin geweissagt und wenn ihr es annehmen wollt: er ist Elia, der kommen soll» (Matth. 11, 13f.). So steht er, noch draußen, schon drinnen. Und sofern er nun doch auch schon drinnen steht, kann und muß er der Erste sein, dessen Reden in der evangelischen Geschichte als ein κηρύσσειν bezeichnet wird. Und eben: wenigstens nach Matth. 3, 2 (Markus und Lukas haben das nicht gesagt) hat auch er schon verkündigt, daß das Reich «nahe herbeigekommen» sei. Es ist nun einerseits im Blick auf Matth. 11, 2f. klar: der erste Evangelist konnte nicht der Meinung sein, daß diese Formel, die dann Matth. 4, 17 in der ersten Angabe über das Kerygma Jesu selbst wiederkehrt, im Munde des Täufers einfach dasselbe sagte wie im Munde Jesu. Wiederum konnte er aber, indem er sie beiden in den Mund legte, auch nicht der Meinung sein, daß sie hier und dort etwas ganz Anderes sage. Was bleibt vielmehr übrig, als das ἤγγικεν des Täufers mit A. Schlatter (Der Evangelist Matthäus 1929, S. 56) dahin zu erklären: es werde damit «das Verheißene unmittelbar an die Gegenwart herangestellt». Das ἤγγικεν Jesu sagt nach allem, was wir gehört haben und vor allem nach Matth. 11, 2f. entschieden mehr als das: es redet von der Gegenwart, an die das Verheißene nicht nur «herangestellt», in die es vielmehr – «die Zeit ist erfüllt» (Mr. 1, 15) ist hier als Kommentar hinzuzunehmen – hineingestellt ist. Es gab aber, so sehen es alle vier Evangelisten, dem κηρύσσειν Jesu selbst unmittelbar vorangehend, auch ein solches «Heranstellen» der Verheißung an die Gegenwart, eine solche Summe der alttestamentlichen Verheißungsrede, in der diese in die Ankündigung, in das κηρύσσειν der Erfüllung schon übergeht: in der sie der Erfüllung unmittelbar, wenn auch noch in einem unmittelbaren Vorher konfrontiert ist und antizipierend schon den Charakter der Verkündigung der Erfüllung selber annehmen muß. Dieses προ-κηρύσσειν ist die merkwürdige, noch alttestamentliche und schon neutestamentliche Funktion des Täufers. Für die Abhebung seiner Person und Funktion von der Jesu hat merkwürdigerweise kein Evangelist so gründlich gesorgt, wie der vierte: derselbe, der ihn andererseits auch so gründlich wie kein anderer als den Zeugen des Lichtes an Jesus herangerückt hat. Das weiß und sagt ja der Täufer im Johannesevangelium: «Den ihr nicht kennt, der nach mir kommt, steht mitten unter euch» (1, 26). Und «am folgenden Tag sieht er Jesus auf sich zukommen und sagt: Siehe, das Lamm Gottes, das die Sünde der Welt hinwegträgt» (1, 29). Und dann noch einmal: «Am folgenden Tag stand Johannes wieder da und zwei von seinen Jüngern. Und indem er auf Jesus blickte, wie er umherging, sagte er: Siehe, das Lamm Gottes!» (1, 35f.). Und nun gerade in diesem, an Unmittelbarkeit nicht zu übertreffenden Zeugnis sein eigenes völliges Zurücktreten: «Ich bin nicht würdig, ihm die Schuhriemen zu lösen» und im Anschluß an jene Wiederholung des Wortes: «Und die beiden Jünger hörten ihn reden und folgten Jesus nach» und dann in der großen Auseinandersetzung 3, 27f. «Ihr selbst bezeugt mir, daß ich gesagt habe: Nicht ich bin der Christus, sondern ich bin vor ihm hergesandt» (v 28) und dann das Wort vom Bräutigam und dem Freund des Bräutigams (v 29) und schließlich: «Jener muß wachsen, ich aber muß abnehmen» (v 30). Daß diese johanneische Darstellung des Verhältnisses zwischen dem Zeugnis des Täufers und dem Jesu selbst eine gewisse Abrundung und Verkürzung des Problems bedeutet, ist unverkennbar. Eine sachliche Verschiebung oder Verdunkelung hat aber nicht stattgefunden. Im Gegenteil: dasselbe Unterscheiden und Verbinden, um das sich offenbar schon die synoptische Darstellung mit ihren komplizierteren Linien bemüht hat, wird hier übersichtlich und einleuchtend. Blickt man in der im vierten Evangelium angegebenen Richtung auf die ersten zurück, so sieht man auch dort einerseits: wie in der Verkündigung des Täufers das ganze alttestamentliche Wort als solches über sich hinauswächst, wie es nämlich im Moment des unmittelbaren Bevorstehens der von ihm verheißenen Erfüllung und deren Proklamation durch den, der sie bringt und ist, ohne ihre alttestamentliche Art aufzugeben, in diese hineinragt und bis hin zu jenem Wortlaut von Matth. 3, 2 mit ihr einig gehen kann. Und man sieht dann andererseits auch dort: wie sich im Moment des Eintretens der Erfüllung die ganze Aktualität des alttestamentlichen Verheißungswortes erst recht bemerkbar macht und aufdrängt, wie es sich in seiner im Wort des Täufers erreichten letzten Gestalt als wahres, eben durch die ihm unmittelbar folgende Erfüllung bestätigtes Gotteswort erweist: man sieht dann die grundlegende Bedeutung, die das ganze Alte Testament nach Aufweis der Synoptikertexte, dessen des Matthäus vorab, für die Apostel und für die Gemeinde Jesu in und mit deren eigener Verkündigung nicht nur behalten, sondern erst recht und für immer gewinnen mußte. Im κηρύσσειν des Täufers wird es unzweideutig klar, daß das Neue des Kerygmas Jesu auch das Alte, das Älteste war: die Fleischwerdung des ewigen Wortes. Mit Joh. 1, 30 zu reden: «Nach mir kommt der Mann, welcher mir schon zuvor gekommen ist, weil er der Erste vor mir war.»

Aber nun sind da ja vor allem die anderen, Jesus nicht vorangehenden, sondern nachfolgenden neutestamentlichen κηρύσσοντες. Das grundsätzliche Wort Röm. 10, 14f. muß hier an der Spitze stehen. Paulus blickt auf die Synagogenjuden, die sich, obwohl sie doch das Gesetz des Mose haben und lesen, nicht zu Jesus als dem Herrn bekennen und damit Gefahr laufen, verloren zu gehen. Und nun fragt er: «Wie wird es dazu kommen, daß sie den anrufen, an den sie nicht zum Glauben kamen? Wie sollen sie aber zum Glauben an den kommen, den sie nicht hörten? Wie sollen sie aber hören ohne Verkündiger (χωρὶς κηρύσσοντος)? Wie sollen sie aber (das Subjekt des Satzes wird jetzt offenbar ein anderes) verkündigen, ohne daß sie gesandt sind?» Man sollte, wenn man die Stelle zitiert, das letzte Glied dieser Fragenreihe nicht weglassen! Eben an ihm hängt nämlich das Ganze. Das Problem der Errettung der Menschen, ihrer Anrufung des Namens des Herrn, ihres Glaubens an ihn, ihres Hörens auf sein Wort, ist freilich die Existenz oder Nichtexistenz von Verkündigern. Das Problem dieser Verkündiger selbst aber ist ihre Sendung. Hier muß man einsetzen, wenn man verstehen will, was κηρύσσειν und κήρυγμα als das Tun und Wort jener anderen, Jesus nachfolgenden Menschen im Neuen Testament ist und nicht ist. Verkündiger können diese Menschen nur sein, wenn und indem sie – im engeren oder weiteren Sinn des Begriffs – «Apostel», d. h. Gesendete sind. Sie müssen, zur Verkündigung beauftragt, von dem (nämlich von dem von den Toten auferweckten Menschen Jesus) herkommen, von dem das Gesetz des Mose redet. Sie müssen seine Zeugen und sie müssen die von ihm zu solchem Tun befohlenen und bevollmächtigten Ausrufer seines Namens, seiner Existenz sein. Eben diese ihre Sendung ist die Ermöglichung und Begründung ihres κηρύσσειν (mit allen Folgen dieses Tuns für das Hören, den Glauben, das Bekenntnis, die Errettung der Nahen und Fernen). Ihre Sendung beruht aber nicht auf einer unmittelbaren, sondern auf einer mittelbaren Begegnung mit Gott. Sie sind ja so wenig wie der Täufer (Joh. 3, 31f.) von oben, vom Himmel Gekommene. Für sie geht es ja wie für den Täufer um die Verkündigung des partikularen, einmaligen Ereignisses der Existenz des Einen, von dem das zu sagen ist. Einen «Knecht Jesu Christi» wird sich darum Paulus Röm. 1, 1 nennen: einen von Gott für sein Evangelium «Ausgesonderten», einen von ihm berufenen Apostel. «Diese Zwölf sandte Jesus, indem er zu ihnen sprach und ihnen gebot: ... Gehet und verkündiget (κηρύσσετε), indem ihr sprecht: Das Himmelreich ist nahe herbeigekommen!» (Matth. 10, 5.7). Die Formel taucht hier bei Matthäus zum dritten Mal auf: 3, 2 antizipierend im Munde des Täufers, 4, 17 im Munde Jesu selbst, nun also dessen Jüngern in den Mund gelegt. Sieht man nicht auf den ersten Blick ihre wie die des Täufers (wenn auch von der anderen Seite als bei ihm) konkret, d. h. nicht nur durch den außerweltlichen Gott als solchen, sondern durch dessen Menschwerdung innerweltlich begrenzte und nun eben so bestimmte und ausgezeichnete Situation? Es ist das κηρύσσειν Jesu selbst, seine Selbstverkündigung, die den Inhalt

3. Der königliche Mensch

ihres κηρύσσειν bilden soll. Wie sollte es da in sich selbst schwingen und begründet sein, das Kerygma Jesu selbst verdrängen und überflüssig machen können. Es ist gerade insofern Aufruf zum Hören, zum Glauben, zum Bekenntnis, Nachricht von geschehener Errettung, als es von seiner Sendung herkommt und in der Ausführung seines Auftrags besteht und also von seiner Sendung, von seinem Auftrag schlechthin abhängig, das Kerygma Jesu Christi aufnimmt und weitergibt. In dieser Beziehung beruht die Kraft ihres Tuns. In dieser Beziehung gilt ihm und ihnen die Zusage: «Wer euch hört, hört mich!» (Luk. 10, 16). Indem sie in dieser Beziehung reden, sind sie autorisiert, haben sie, wie die Aussendungsrede (Matth. 10, 26 f.) so eindringlich betont, niemand und nichts zu fürchten. Wie kommt Paulus 2. Kor. 1, 18 f. dazu, unter Berufung auf die Treue Gottes zu trotzen und zu sagen, daß sein zu den Korinthern gesprochenes Wort kein Ja und Nein, keine Rede sentimentaler, existentialer, sakramentaler oder sonstiger menschlicher Dialektik sei: mehr als das Angebot einer bloßen Möglichkeit – daß es sie nicht nur in eine Entscheidung stelle, sondern Entscheidung über sie vollziehe? Weil «Gottes Sohn, der Christus Jesus, der durch uns unter euch verkündigt ist, durch mich und Silvanus und Timotheus nicht Ja und Nein, sondern Ja war.» Solche Zuversicht steht dem apostolischen Wort darum zu, weil es in jener Beziehung gesprochen ist: ohne sie, außerhalb ihrer wäre sie nichtig. Es muß in höchster Konkretion dabei bleiben: «Wir verkündigen nicht uns selbst, sondern Christus Jesus den Herrn, uns selbst aber (betrachten wir) als eure Knechte um Jesu willen» (2. Kor. 4, 5). «Mein Evangelium» ist laut Röm. 16, 25 «das Kerygma Jesu Christi»: das von Jesus Christus verkündigte und so ihn selbst verkündigende Evangelium. Damit fällt doch wohl nicht nur jede Berufung auf die allfällige Philosophie, Gelehrsamkeit, Redekunst, moralische Tadellosigkeit und persönliche Christlichkeit seines Verkündigers, sondern vor allem auch die Vorstellung von irgend einer seinem Verkündigen als solchem immanenten Macht-, Wert- und Heilsfülle, vom christlichen Kerygma als einer sich selbst genügenden und durch sich selbst wirksamen Hypostase, die dann als solche das πρῶτον und das ἔσχατον wäre. Diese Vorstellung ist eines der enormsten Mythologumena aller Zeiten! Indem es als Wort vom Kreuz (1. Kor. 1, 18) als das Wort von der Versöhnung (2. Kor. 5, 19) über sich selbst hinaus, u. zw. auf die konkrete Geschichte Jesu Christi hinweist, indem es, johanneisch geredet, Zeugnis von ihm ist, hat der Verkündiger sich seiner nicht zu schämen, weil es göttliche δύναμις zum Heil für jeden Glaubenden (Röm. 1, 16) ist. Christus selbst ist wie seine göttliche σοφία, so auch diese seine göttliche δύναμις (1. Kor. 1, 24). Es ist also nicht selber das Reich, die Machtergreifung Gottes. Es macht bekannt, daß diese geschehen, Ereignis ist. Es ist Proklamation Jesu als des Herrn, Tatsachenmitteilung und Aufruf zu der ihr angemessenen Stellungnahme der Buße und des Glaubens – Alles als das Wort seines Gesandten, der nicht selber als Christus, sondern «an seiner Stelle» (ὑπὲρ Χριστοῦ) redet. Indem es ganz das und nur das ist, partizipiert es an der Wahrheit und Wirklichkeit des in ihm Proklamierten und Mitgeteilten, an der Autorität und Vollmacht Christi, kann, darf und soll es von seinem Apostel und je in den Grenzen seiner Zeit und Situation, je im Rahmen seines besonderen Auftrags auch in seiner Gemeinde und von dieser zu der sie umgebenden Welt als definitives Wort gesprochen werden, geschieht es, daß «Gott durch uns ermahnt» (2. Kor. 5, 20). «Deshalb, indem wir diesen Dienst haben, gemäß der Barmherzigkeit, die uns widerfahren ist, werden wir nicht müde, versagen wir uns der heimlichen Schande, wandeln wir nicht in Schlauheit, verfälschen wir das Wort Gottes nicht, stellen wir uns durch Offenbarung der Wahrheit dem Gewissen aller Menschen vor dem Angesichte Gottes» (2. Kor. 4, 1 f.). Deshalb und nur deshalb! «Wir haben aber diesen Schatz in irdenen Gefäßen, damit die überlegene Macht die Gottes sei, nicht die unsrige» (2. Kor. 4, 7). So steht es mit dem Verkündiger und mit seiner Verkündigung *post Christum*, in der Nachfolge der Verkündigung Jesu selber. Wir blicken zurück und fragen, ob die Darstellung des Täufers im Johannesevangelium nun nicht doch höchst zutreffend ist, laut derer jener als der letzte Träger der Verheißung im letzten Moment *ante Christum*, gleichsam im Spiegelbild auch der Prototyp aller Verkündiger der Erfüllung war – der, kleiner als der Kleinste im Himmelreich, nun dennoch das Gesetz sichtbar macht, nach dem die Verkündigung auch des Größten im Himmelreich unweigerlich anzutreten hat?

Der andere Aspekt der Lebenstat Jesu, in welchem sie sich der evangelischen Überlieferung eingeprägt hat, wird (2) in all dem sichtbar, was sie, in ständigem Nebeneinander mit ihren Berichten von seinem konkreten Reden als seine ebenso konkreten Handlungen beschrieben hat. Es ist wahr, daß wir es, wenn von seinem Ausrichten der frohen Botschaft, von seiner Lehre, von seiner Verkündigung berichtet wird, mit dem Aspekt seiner Lebenstat zu tun haben, der in der Sicht aller vier Evangelien der erste, der beherrschende war. Es wäre aber unmöglich, diesen zweiten, das Bild seines konkreten Handelns, als nebensächlich, als untergeordnet anzusehen: als einen Zug, der nur beiläufig zu beachten wäre, zur Not auch übersehen werden könnte. Aus unserer Verständigung über die verschiedenen Vokabeln zur Bezeichnung des konkreten Redens Jesu war vielmehr klar zu lernen: gerade indem seine Lebenstat ganz sein Wort war, war sie – nicht irgendwo neben dem, daß sie Wort war, sondern gerade als sein Wort – auch ganz seine Handlung. So treten auch zu den Berichten über sein konkretes Reden die über sein konkretes Handeln nicht nur faktisch, sondern in innerer grundsätzlicher Notwendigkeit hinzu. Sie könnten unter keinen Umständen fehlen. Sein Handeln war nämlich so etwas wie das leuchtende Licht seines Redens, man könnte sagen: das in die Wirklichkeit hineinleuchtende Licht der Wahrheit seines Redens. Sein Handeln ist, sachlich gesagt: der Erweis jener Koinzidenz, ja Identität seiner Verkündigung des Reiches, der Machtergreifung, der Herrschaft Gottes mit diesem Geschehen selbst und als solchem. Nicht umsonst besteht ja sein Handeln in der Regel zunächst selbst sehr einfach in einem von ihm gesprochenen Wort, das dann aber laut der evangelischen Erzählung als solches den Schein zerreißt, als möchte auch es «nur» ein Wort, ein Ereignis nur in der geistigen Sphäre sein, das vielmehr sofort im materiellen, im leiblichen und also im direkt anschaulichen und greifbaren Dasein seiner Umgebung diejenige Veränderung vollzieht, die seine Entsprechung ist. Sein Wort macht nicht nur teilweise, sondern in totalem Sinn kosmische, u. zw. irdisch-kosmische Geschichte: im Raum und in der Zeit, am See und in den Städten von Galiläa, in Jerusalem und auf dem Weg dahin, im Sosein bestimmter Menschen. Es vollzieht ein Geschehen des Willens Gottes auf Erden wie im Himmel, ein Reichsgeschehen vor den Augen der Glaubenden und der Nicht-Glaubenden, der ganz oder halb oder gar nicht Entschiedenen. Und so ist es als Wort auch Handlung: einzelne, konkrete Handlung als einzelnes, konkretes Anzeichen dessen, daß es als Wort in Kraft gesprochen ist. Es ist als Handlung das Symptom dafür, daß es als Wort in der

3. Der königliche Mensch

erfüllten Zeit von dem Erfüller gesprochen, daß es also nicht eine weitere Verheißung ist, sondern selbst das Verheißene: **abschließendes Wort in der unzweideutigen Gestalt von abschließender Aktion.**

Das von der Überlieferung festgehaltene und beschriebene Handeln Jesu hat durchgehend **diesen** Charakter (auch da, wo sein Anheben nicht ausdrücklich durch den Bericht von einem von ihm gesprochenen Wort bezeichnet wird): es ist noch einmal, nur jetzt eben in jener total kosmischen Gestalt seine Ausrichtung der guten Botschaft, seine Lehre, seine Verkündigung. Es ist immer die **Offenbarung der Entscheidung**, die in der Tatsache seiner menschlichen Existenz unter den anderen Menschen und also in und mit seinem Reden zu und mit ihnen gefallen ist. Es ist immer in **diesem** Sinn charakteristisches Handeln.

Irgend welche Nachrichten von einem **andersartigen**, dieses spezifischen Charakters entbehrenden, jener Entscheidung gegenüber indifferenten, wenn auch vielleicht anderweitig interessanten Handeln Jesu zu geben, haben die Evangelien und hat offenbar schon die ihnen vorangehende Überlieferung **nicht** für wichtig gehalten. Daß er dahin und dorthin ging, hier ein Schiff bestieg und dort in ein Haus ging, mit denen und denen sich zu Tisch setzte – das und Ähnliches gehört zwar zum Rahmen des Berichts von seinem Handeln als einem, als diesem **menschlichen**, hat aber kein eigenes Gewicht. Die gutgemeinte apokryphe Nachricht von seiner Tätigkeit als Handwerker in Nazareth z. B. gehört einer späteren Historik an. Wie schwer wir das auch vermissen mögen – in der Meinung, daß er uns dadurch näher gebracht werden möchte – die Evangelisten wissen nichts Nebensächliches von ihm zu erzählen, sie geben solches nicht einmal zu erraten, und es scheint offenkundig, daß sie solches zu wissen und mitzuteilen überhaupt nicht begehrten. Was sie interessiert und was wir von ihnen zu erfahren bekommen, ist gerade nur Nachricht über sein in jenem bestimmten Sinn **charakteristisches Handeln**.

Und nun brachte es eben dieser bestimmte Charakter seines Handelns im Verhältnis zu seinem Ausrichten des Evangeliums, seiner Lehre, seiner Verkündigung mit sich, daß die große **Mehrzahl** der von ihm berichteten Handlungen sich darin jedenfalls **negativ** von den Handlungen anderer Menschen abhoben und also von denen, die Ohren und Augen dafür hatten, als spezifische Werke **seines** Wortes, als Zeichen des nahe herbeigekommenen Gottesreiches schon im Blick auf ihre Art verstanden werden mußten: daß sie sich so wenig wie seine Worte in den gewohnten Gang und Lauf der menschlichen, der irdischen Dinge einfügten, sondern deren gewohnter Ordnung, Gestalt und Entwicklung gegenüber ein **Neues** – sagen wir zunächst allgemein: die Gegenwart einer **außerordentlichen Wirklichkeit** darstellten.

Nennen wir gleich einige der in Frage kommenden **Ausnahmen** von dieser Regel: Wenn Jesus als Zwölfjähriger in jener auffälligen Weise in Jerusalem zurückbleibt (Luk. 2, 43), wenn er (Mr. 10, 16 vgl. 9, 36) jene Kinder in seine Arme schließt, wenn er (Mr. 11, 1f.) in jener anspruchsvollen Anspruchslosigkeit in Jerusalem einzieht, wenn er (Joh. 13, 1f.) seinen Jüngern die Füße wäscht, wenn er (Mr. 11, 15f.) jene ihm immerhin nicht selbstverständlich zustehende Reinigung des Tempels vollzieht, so sind das zwar im Sinn und Zusammenhang der Berichte lauter in jenem bestimmten

Sinn wichtige und charakteristische, offenbarende Handlungen, aber immerhin keine solchen, die nicht an sich auch die irgend eines anderen Menschen sein konnten. Ihre Bedeutung kann ausschließlich aus dem abgelesen werden, was sie, durch die sie umgebenden Umstände erläutert, als seine Taten sind und ausrichten. Daß die Evangelien immerhin auch um solche Handlungen Jesu wissen, gibt natürlich einen wichtigen Fingerzeig zum Verständnis aller übrigen. Ihrer aller Gewicht und Bedeutung wird letztlich und entscheidend darin zu suchen sein, daß sie seine Taten waren.

In ihrer großen Mehrzahl waren seine Handlungen auch an sich und als solche – allgemein gesagt – außerordentlicher Art. Nicht nur auf sie, aber offenbar in der Hauptsache auf sie, bezog sich ja die Verwunderung, das Staunen, das Befremden, das Entsetzen, von dem sein Auftreten nach den evangelischen Berichten umgeben war. Sie hatten, wie es ja einmal (Luk. 5, 26) auch ausdrücklich heißt: «paradoxen» Charakter. Sie waren kraft ihrer besonderen konkreten Gestalt auch an sich, strukturmäßig, Abschlüsse und insofern wenigstens negative Zeichen eines Neuen, das er in seinem Wort verkündigte, das in seiner Existenz auf den Plan getreten war. Sie waren – immer zunächst allgemein gesagt – Wundertaten. Dem allgemeinen Ablauf der Dinge in seiner von der übergroßen Mehrzahl der Menschen als selbstverständlich und unzerbrechlich vorausgesetzten Normalität warf sich in den Handlungen Jesu ein ihnen fremder Wille und eine ihnen unbekannte Macht entgegen, dem System des Gewohnten widerfuhr in ihnen eine Durchbrechung, für deren Möglichkeit sie, auch wenn sie sie nicht verstanden, auch wenn ihnen Jesus und also die Art des da hereinbrechenden Neuen verborgen blieb, auch wenn sie sich dadurch keineswegs zum Glauben aufgerufen fanden, keine Erklärung hatten, durch das sie an die Grenze alles dessen gestellt waren, was ihnen als der Inbegriff menschlichen Seins, Sehens und Verstehens bekannt war.

Man bemerke und bedenke: im Sinn der evangelischen Überlieferung gilt ganz dasselbe schon von den Worten Jesu. Wer ihn hörte, der war faktisch, ob er nun glaubte oder nicht glaubte, mitten im Bereich der gewohnten und bekannten menschlichen Möglichkeiten und Verwirklichungen mit demselben Neuen, mit demselben fremden Willen, mit derselben unbekannten Macht konfrontiert, er war faktisch in der gleichen Realität auf das nahe herbeigekommene Reich gestoßen, wie die Augenzeugen einer jener besonderen Handlungen Jesu. Die Bergpredigt – man denke an jene Schlußbemerkung des Evangelisten (Matth. 7, 29) – war in nicht geringerem Sinn Wunderwort, Einbruch und Geschehen des dem Menschen Unbegreiflichen, wie etwa die Erweckung des Jünglings von Nain (Luk. 7, 11f.) Wundertat war. Dasselbe ist erst recht im Blick auf die Darstellung des Johannesevangeliums zu sagen, wo wir es in den «Werken» Jesu (nach dem einst von W. Heitmüller eingeführten Ausdruck) mit dem «Transparenten» seiner Worte zu tun haben, in denen (nicht nur, aber jedenfalls auch) die ganze Weltfremdheit seiner Verkündigung zum Leuchten kommt. Wer das Besondere, was Jesus nach den Evangelien getan hat, durch Verweisung in den Bereich des Mythus problematisieren will, sollte sich fragen, ob er nicht zuerst und vor allem das, was Jesus nach denselben Evangelien gesagt hat, dorthin verweisen müßte, weil es an normaler Begreiflichkeit wahrhaftig nicht weniger – vielleicht eher noch mehr! – zu wünschen übrig läßt.

3. Der königliche Mensch

Es ist danach unvermeidlich, daß wir unsere weiteren Überlegungen gerade auf diesen Wundercharakter, auf die außerordentliche, die weltfremde – sagen wir einmal: die «supranaturale» Art der überwiegenden Mehrzahl der eigentlichen Handlungen Jesu konzentrieren.

Wir beginnen mit der Feststellung, daß der Grad der ihnen eigentümlichen Unbegreiflichkeit nicht bei allen der gleiche zu sein, ja daß die Möglichkeit sich anzubieten scheint, viele, die meisten, vielleicht alle von ihnen als wenigstens annähernd begreiflich zu erklären, sie statt als Durchbruch und Erscheinung eines ganz Neuen nun doch als Neuigkeiten in einer Reihe von andern zu sehen und zu verstehen.

Es gibt unter ihnen solche, von denen schon die Überlieferung weiß und sagt, daß sie nicht ohne Analogien waren, denen sie also selbst nur einen relativ außerordentlichen Charakter zuzuschreiben scheint.

Und es handelt sich dabei auffallenderweise gerade um die, denen sie im übrigen, wenn nicht die, so doch eine höchste Bedeutung zugeschrieben hat: um die von Jesus vollzogenen Dämonenaustreibungen. Eben von ihnen erfährt man Matth. 12, 27, Luk. 11, 19 (offenbar eine Sonderaussage der hypothetischen Grundschrift Q), daß solche – u. zw. offenbar nicht einfach erfolglos – auch von den Schülern der Pharisäer praktiziert worden seien.

Eben solche Analogien könnten sich aber ohne Anhalt in den Texten bes. schon den im Bereich des Hellenismus lebenden frühen Lesern und Hörern der Evangelien aufgedrängt und die Einzigartigkeit, damit aber auch die Unbegreiflichkeit von deren Aussagen für sie, wenn nicht aufgehoben, so doch problematisiert und eingeschränkt haben.

Hierher gehören mindestens in weitem Umfang Jesu Krankenheilungen. Nachrichten über wunderbare Heilungen scheinen zwar gerade in Jesu nächster Umgebung: unter dem, was wir über die Tätigkeit der zeitgenössischen Rabbinen wissen, zu fehlen. Umso größer war die Rolle, die sie im Leben der hellenistischen Welt gespielt haben müssen. Sie waren, wie es sich auch mit ihrer Faktizität verhalten haben mag, ein bekanntes Phänomen im Zusammenhang mit dem um die Wende unserer Zeitrechnung modernen Kult des Gottes Asklepios, bei dem es sich um eine eigentümliche Mischung zwischen einer vom antiken Ägypten und Griechenland her überlieferten, schon recht hoch entwickelten wissenschaftlich-medizinischen und einer damals neu aufgekommenen religiösen Heiltechnik und -praxis handelte, in der die sogen. Inkubation (Heilung im Schlaf oder durch im Schlaf offenbarte Mittel) eine wichtige Rolle spielte. Es scheint das besonders berühmte Asklepios-Heiligtum in Epidauros eine Art Mittelding zwischen einem heidnischen Lourdes und einer profan-medizinisch organisierten Kuranstalt gewesen zu sein, in der doch auch Theater gespielt wurde. Das dem Hippokrates zugeschriebene Wort: πάντα θεῖα καὶ πάντα ἀνθρώπινα ist in diesem konkreten Zusammenhang bezeichnend. In späterer Zeit hat sich die Vorstellung von jenem Asklepios in die einer anthropomorphen Mittlergestalt verwandelt, die von Julian dem Abtrünnigen in aller Form gegen das Christentum ausgespielt werden konnte. Er dürfte dann freilich (wenigstens offiziell) in dieser Gestalt faktisch der letzte in der griechisch-römischen Welt Anerkannte unter ihren alten Göttern gewesen sein. Und noch deutlicher als durch diesen Komplex konnten sich schon die ältesten Leser der Evangelien durch die umlaufenden Erzählungen von dem im ersten Jahrhundert lebenden Wanderprediger Apollonius von Tyana an Jesus und seine Heilungen erinnert fühlen. Sein Bild schwankt freilich zwischen dem eines vulgären Zauberers und dem eines Gottesmenschen im Sinn der Mysterienfrömmigkeit. Er ist aber damals kaum der Einzige seiner Art gewesen. Und es spiegelte sich übrigens auch die den römischen Cäsaren zugeschriebene Göttlichkeit darin, daß man von den Kaisern Vespasian und Hadrian zu wissen meinte, sie hätten durch ihre Berührung und durch ihren Speichel Blinde und Lahme gesund gemacht. Erstaunliches (wenn auch schon wegen seiner Mannigfaltigkeit offenbar nicht schlechthin Erstaunliches) war jedenfalls gerade in diesem Bereich in der uns bekannten Umwelt des griechischen Neuen Testamentes keine ungewohnte Erscheinung.

Mehr als ein Stück, vielleicht sogar das Ganze der Überlieferung von Jesu Taten konnte und kann endlich vom Standpunkt neuzeitlicher Kenntnis und Beurteilung solcher Berichte und Vorgänge zur Interpretation in der Richtung von allerhand annähernd oder völlig «natürlichem» Verständnis verlocken.

Was sich die Exegese des 18. Jahrhunderts in dieser Richtung geleistet hat, mußte ja, als ein bißchen allzu plump und unbedacht ersonnen, später wieder fallen gelassen werden. Aber konnte nicht gerade hinsichtlich der wunderbaren Krankenheilungen, in besserer Einsicht als damals vorgebracht, Einiges übrig bleiben? Mit merkwürdigen – dann wohl etwa mit dem Stichwort «Suggestion» mehr bezeichneten als erklärten – Vorgängen ähnlicher Art hat die moderne Medizin längst wieder zu rechnen und von da aus, wenn sie dazu geneigt war, auch die neutestamentlichen Berichte (zusammen mit denen von Lourdes und anderen Kuriositäten!) wieder vorsichtiger zu beurteilen gelernt. Im Besonderen ist es heute in vielen, auch christlichen, auch theologischen Kreisen schon fast zur feststehenden Überzeugung geworden, daß das, was das Neue Testament mit δαιμονίζεσθαι («Besessenheit») bezeichnet, mit allerlei «Geisteskrankheit», speziell mit gewissen Formen dessen identisch sei, was wir «Hysterie» nennen – und das, was dort als das ἐκβάλλειν der Dämonen beschrieben wird, identisch mit dem, was unsere Psychiater, Psychoanalytiker, Psychagogen usw. gegen diese Übel vorzukehren und zu unternehmen pflegen: daß also das von Jesus in diesem Bereich Berichtete so verstanden durchaus glaubhaft sein möchte. Und welche Aussichten auf eine im erweiterten Sinn «natürliche» Erklärung dieser und anderer, vielleicht wirklich aller von Jesus berichteten Wunder haben sich erst denen eröffnet, die sie einst – wie es z. B. H. de Balzac mit Begeisterung getan hat – vom Standpunkt des Magnetismus und der Lehre Swedenborgs, oder die sie heute von dem des Okkultismus, Spiritismus, Somnambulismus usw. und wohl auch der Anthroposophie her verstehen wollten!

Man bemerke: Das Erstaunliche, das – allgemein verstanden – Außerordentliche der überlieferten Handlungen Jesu konnte von jenen zeitgenössischen und kann auch durch die verschiedenen modernen Analogien und Annäherungen bzw. durch ihre Beleuchtung von daher nicht in Frage gestellt werden. Man konnte und kann sie vielmehr gerade von daher mindestens in weitem Umfang gerade in ihrem außerordentlichen Charakter aufs Neue höchst glaubhaft finden! Alltäglich war ja auch das Tun jener Pharisäerschüler, waren auch die Heilungen in Epidauros, war auch das von jenem Apollonius Berichtete keineswegs. Alltäglich waren weder die Erfahrungen Swedenborgs, noch die Erfolge des Mesmerismus, alltäglich ist weder so manche beglaubigte Nachricht aus Lourdes und den entsprechenden protestantischen Plätzen, noch das, was als haltbare

Kunde aus den Bereichen des Okkultismus usw. gelten mag. Alltäglich ist es nicht einmal, wenn es einem modernen Seelenarzt wirklich gelingt, einen wirklichen Hysteriker wirklich zur Vernunft oder auch nur halbwegs zur Vernunft zu bringen. Höchst verwunderlich war und ist das Alles gewiß. Und in diesem Sinn «Wunder» wären die Taten Jesu auch dann zu nennen, wenn sie in die Ordnung dieser Phänomene gehört hätten und insofern annähernd begreiflich zu machen wären. Sie wären dann eben relativ außerordentliche Handlungen gewesen.

Nur Eines sollte man allerdings nicht meinen: mit der Sicht und Interpretation der Taten Jesu im Rahmen jener Phänomene auch nur von ferne den Sinn getroffen zu haben, in welchem sie der neutestamentlichen Überlieferung wichtig — als außerordentliche, «supranaturale» Handlungen, als Wunder, wichtig waren. Und auch darüber sollte man sich allerdings im Klaren sein, daß die Glaubhaftigkeit, die man ihnen durch ihre Interpretation von daher verschaffen kann, mit dem Glauben, den das Neue Testament, indem es sie erzählt, fordern und wecken will, nicht nur gar nichts zu tun hat, diesem Glauben gegenüber vielmehr gerade die letzte und stärkste Verhinderung bedeuten müßte.

Das *duo cum faciunt idem, non est idem*, gilt auch hier. Sicher auch hier weithin mit Unterstreichung der Voraussetzung des Vordersatzes: *faciunt idem!* Die Unbekümmertheit will beachtet sein, in der die christliche Überlieferung ihre Erzählungen von den nicht alltäglichen Taten Jesu neben all die umlaufenden Erzählungen von anderweitigem nicht alltäglichem Geschehen gestellt hat. Sie kennt diese offenbar – und ist ihrer Sache dennoch sicher. Daß sie sich in der Topik ihrer eigenen Erzählungen, aber auch in nicht wenigen konkreten Einzelzügen mit jenen berührt, ist ja nicht zu übersehen und sollte nicht bestritten werden – und so auch das nicht, daß es bei ihrer Wiedergabe ähnlich wie bei jenen zu allerhand Zuwachs und Ausmalung gekommen sein kann und mag. Sie scheinen aber für sie überhaupt nicht zu existieren; sie nimmt mit Ausnahme jenes Hinweises auf das Tun der Pharisäerschüler keinen Bezug auf sie: auch in diesem Fall gerade auch keinen polemischen Bezug. Sie bestreitet ihre Faktizität nicht, hat es offenbar nicht nötig, sie zu bestreiten.

Man denke an das Paulus-Wort 1. Kor. 8, 5 von den vielen Göttern und vielen Herren im Himmel und auf Erden, die als λεγόμενοι, als sogenannte Götter – aber nun doch nicht nur als das, sondern gerade in ihrer Angeblichkeit, auch wirklich existieren: ὥσπερ εἰσὶν θεοὶ πολλοὶ καὶ κύριοι πολλοί. Nach Analogie dieses Wortes ist anzunehmen, daß die neutestamentliche Gemeinde auch mit der Faktizität jenes anderweitig berichteten Wundergeschehens gerechnet hat.

Sie interessiert sich aber weder positiv noch negativ dafür. Sie hat offenbar kein Bewußtsein davon, daß das, was sie von Jesus zu erzählen hat, durch das konkurrenziert, nivelliert, relativiert werden könnte, was man in ihrer Umgebung auch vom Gott Asklepios, vom Thaumaturgen Apollonius oder von jenen wundertätigen Kaisern erzählen hörte. Sie bewegt sich mit ihren Erzählungen (bei aller gar nicht vermiedenen Ähnlichkeit mit jenen) offenbar auf einer anderen Ebene als jene, auf der sie weder von dorther angefochten ist, noch das, was dort erzählt wird, ihrerseits anzufechten braucht. Und dasselbe gilt *mutatis mutandis* von den Zusammenhängen, in denen man ihre Erzählungen von einem neuzeitlichen Standpunkt aus sehen, verstehen und würdigen wollen könnte. Wir mögen sie zunächst ruhig in einer Reihe mit vielen anderen, mehr oder weniger sicher und glaubhaft auch später, auch heute bezeugten Phänomenen ähnlicher Art sehen. Es hätte keinen Sinn, diese Zusammenhänge zu leugnen, und keinen Sinn, jene Phänomene auf ihrer besonderen Ebene um ihretwillen allgemein zu disqualifizieren: als ob es nicht auch außerhalb des Neuen Testamentes mehr Dinge zwischen Himmel und Erde geben dürfte und könnte «als eure Schulweisheit sich träumen läßt, Horatio»! Nur eben das wäre allerdings noch unsinniger: die Taten Jesu aus jenen Zusammenhängen und also nur als relativ außerordentliche Handlungen verstehen zu wollen. Sie sind – und als das werden sie in den Evangelien erzählt und bezeugt – in ihrer Einheit mit der guten Botschaft, der Lehre, der Verkündigung Jesu und also mit der Existenz dieses Menschen selbst, dem ganzen, dem nicht alltäglichen wie dem alltäglichen, dem ordentlichen wie dem relativ außerordentlichen Menschenwesen und Weltgeschehen gegenüber ein schlechthin Anderes, Neues. Sie sind im Verhältnis zu allem Gewöhnlichen und Ungewöhnlichen von damals, vorher und nachher («supranatural» ist in Wahrheit gar kein Wort für ihren Charakter!) absolute Wunder. Sie können im Sinn des Neuen Testamentes gerade nur als solche glaubhaft sein.

Es ist ja laut der in Jesu Wort vollzogenen Proklamation nichts, wirklich nichts Anderes als das Reich Gottes das Befremdliche, das Verwunderliche, das Unbegreifliche, das in seinen Handlungen mitten in der irdischen Welt dem ganzen menschlichen Sein, Sehen und Verstehen gegenüber Ereignis wird. Das bedeutet aber, daß in ihnen ein Gegensatz aufbricht, durch den die Gegensätze des für unser Denken (das unterscheidende Denken der Menschen aller Zeiten) Ordentlichen und Außerordentlichen, Begreiflichen und Unbegreiflichen, Natürlichen und Übernatürlichen, Weltlichen und Unweltlichen, Diesseitigen und Jenseitigen (im antiken wie im modernen Sinn dieser Begriffe!) unbedeutend werden, sich angleichen, ihren letztlich uneigentlichen Ernst verlieren müssen zugunsten des eigentlich ernsten, durch das Offenbarwerden jenes ganz andern Gegensatzes notwendig gemachten Unterscheidens.

Das Neue des Reiches Gottes ist ja nicht das Außerordentliche, das Unbegreifliche, das Übernatürliche, das Unweltliche, das Jenseitige eines Inbegriffs formaler Transzendenz, einer dem Menschen anonym begegnenden schlechthin überlegenen Machtfülle und also des leeren Geheimnisses seiner Existenz. Zu dem allem bedarf es weder eines Reiches Gottes noch zu seiner Manifestation seines Kommens; denn das Alles ist dem Menschen, auch ohne Gottes Machtergreifung auf Erden durchaus gegenwärtig und in dieser oder jener Form, bewußt oder unbewußt, auch sehr wohl bekannt: nur zu bekannt sogar, indem es geradezu der Inbegriff aller von Menschen erdachten und fabrizierten falschen Götter ist. Ein Wunder, das, ob es bloß angeblich oder wirklich geschehen sei, nur in einer Manifestation jener formalen Transzendenz, jener anonymen Machtfülle, jenes leeren Geheimnisses besteht, ist, verglichen mit den Wundern Jesu kein echtes, kein absolutes Wunder.

Und so ist auch das Ordentliche, das Begreifliche, das Natürliche, das Weltliche, das Diesseitige, das dem Reiche Gottes als das Alte gegenübersteht, und durch sein Kommen durchbrochen wird, nicht der Inbegriff der Geschöpflichkeit des Menschen, der Bestimmtheit und Begrenztheit seines Könnens, seiner Erfahrung und seines Wissens; es besteht auch keineswegs in des Menschen natürlicher Endlichkeit und Sterblichkeit. Wie sollte das Reich Gottes, der doch des Menschen Schöpfer ist, die Negation und sein Kommen die Durchbrechung seiner Geschöpflichkeit sein? Solche Negation und die ihr entsprechenden Durchbrüche gibt es. Es ist aber ein Wunder, das, ob angeblich oder wirklich geschehen, nur auf des Menschen Ungenügen an seiner Geschöpflichkeit antwortet, das nur in einer vermeintlichen, bisweilen – warum nicht? – auch realen Erweiterung der ihm bisher bekannten Grenzen seiner natürlichen Möglichkeiten besteht, verglichen mit den Wundern Jesu wieder kein echtes, kein absolutes Wunder.

Das unechte, das bloß relative Wunder verrät sich darin, daß es sich in jenem relativen, letztlich künstlichen und falschen Gegensatz abspielt: es bringt ein Neues, das doch nur eine Offenbarung der immer und überall vorhandenen und auch bemerkbaren Tiefe des Alten ist. Und es vollzieht eine Auflehnung gegen das Alte, dessen Grenzen sich wohl da und dort ein Stück weit zurückschieben lassen mögen, um sich dann doch als unerschütterlich zu erweisen. Die Wunder Jesu als die Wunder des Reiches Gottes werden von der neutestamentlichen Überlieferung unbefangen und trotzig zugleich mitten in den Bereich der Wunder dieser Art hineingestellt.

Symptome dafür, daß sie nicht Wunder dieser Art sind, werden freilich sichtbar – nur Symptome, aber als solche nicht zu übersehen.

1. Die Mehrzahl der Berichte von Jesu Wundertaten läßt nicht erkennen, daß sie seiner eigenen Initiative entsprangen, daß er sie von sich aus tun wollte und planmäßig getan hätte, erweckt vielmehr den Eindruck, als seien sie ihm aufgedrungen, wenn nicht aufgezwungen worden: angesichts bestimmter Situationen, Bedürfnisse, Verlegenheiten, Nöte, sehr oft durch die mehr oder weniger stürmische Bitte von allerhand Hilfsbedürftigen. Sie scheinen jeweilen in der Luft zu liegen. Es geht jeweilen einfach nicht anders,

als daß er sie tut. Er tut sie oft schlicht durch seine Gegenwart inmitten des ihn umdrängenden Volkes, wobei er dann – gewissermaßen sein eigener Zuschauer – «an sich selbst bemerkte, daß eine Kraft von ihm ausging» (Mr. 5, 30f.). «Die ihn anrührten, wurden gerettet» heißt es Mr. 6, 56 ganz allgemein. Jesus «macht» keine Wunder. Er tut sie, indem sie durch ihn geschehen. Wunder, die nicht in dieser Absichtslosigkeit geschehen, sind Wunder jener anderen Art!

2. Gerade die Heilwunder Jesu vollziehen sich ohne Anwendung einer therapeutischen Technik. Wir hören von konkret von ihm gesprochenen Worten, die aber nie den Charakter von allgemeinen Beschwörungsformeln u. dgl. haben. Wir hören (verhältnismäßig selten, etwa Mr. 6, 5, Luk. 4, 40) von Handauflegungen. Berührung von Blinden und Tauben mit seinem Speichel ist das Äußerste, was wir auf dieser Linie (im Ganzen dreimal: Mr. 7, 33; 8, 23; Joh. 9, 6) zu hören bekommen. Aber um das Mittel einer «Heilpraxis» kann es sich auch da nicht gehandelt haben. Es gab keine ernstlich so zu nennende Heilpraxis Jesu. Es war ja keine ihm zur Verfügung stehende Kunst, die in seinen Taten zur Anwendung kam. Er «arbeitete» keineswegs auf diesem Feld: als Mediziner nicht und nicht als Magiker – und übrigens auch nicht als «Seelsorger», denn von irgend einer geistlich-geistigen Vorbereitung derer, die es anging, ist nirgends die Rede und auch nicht davon, daß er sie zum Gebet aufgefordert oder mit ihnen gebetet oder daß er sie zu anderweitiger innerer Mitwirkung aufgerufen und angeleitet hätte. Wunder, die durch die Anwendung irgendeiner (physischen, magischen oder psychischen) Technik charakterisiert sind, sind Wunder von jener andern Art!

3. Es gibt keine Wundertaten Jesu, die er zu seinen eigenen Gunsten, zur Erhaltung oder Errettung seiner eigenen Person getan hätte. Die Abweisung der ersten Versuchung (Matth. 4, 2f.), sich in der Wüste Brot zu verschaffen (wie er es dann in den Speisungswundern den ὄχλοι verschafft hat) steht in dieser Hinsicht als Generalregel über dem Ganzen. Er bittet (Matth. 26, 53) nicht um den Beistand der zwölf Legionen Engel. «Andere hat er gerettet, sich selbst kann er nicht retten!» (Matth. 27, 42). Sich selbst kann er in der Tat nicht retten wollen: er steigt nicht herab vom Kreuz! Er verweigert sich aber auch einer Wundertat von der Art der ihm nach Matth. 4, 5f. nahegelegten: sich von der Zinne des Tempels zu stürzen, d. h. Gott zu seinem Beistand in einem von ihm selbst unternommenen Wagnis herauszufordern und sich so seines Verhältnisses zu ihm zu versichern. Um davon nicht zu reden, daß er für seine Hilfe von Seiten der Menschen irgendwelche Vergütung erwartet und entgegengenommen hätte! «Umsonst habt ihr es empfangen, umsonst gebet es auch!» lautet (Matth. 10, 8) seine Weisung an seine mit der Fortsetzung seines Tuns beauftragten Jünger. Was von den Empfängern seiner Hilfe erwartet ist, ist, daß sie «Gott die Ehre geben» (Luk. 17, 18) – nichts sonst! Wunder, denen diese totale Selbstlosigkeit fehlt, sind bestimmt Wunder von jener andern Art!

4. Die Wundertaten Jesu geschehen aber auch nicht im Rahmen oder als der Inhalt eines im kleineren oder größeren Maßstab unternommenen Versuchs von Weltverbesserung und organisierter Menschenbeglückung. Jesus war kein Aktivist. Seine Taten hatten, wie wir noch sehen werden, wohl eine ganz bestimmte Linie. Sie war aber nicht die Linie eines nun eben unter Zuhilfenahme supranaturaler Kräfte durchgeführten Wohlfahrtsprogramms. Es dürfte auf dem galiläischen Meer nach der Stillung jenes einen Sturmes noch manchen anderen gegeben und mehr als ein Schifflein mit Mann und Maus verschlungen haben. Es werden die Fünftausend und die Viertausend, die er damals in der Wüste gespeist hat, nachher wieder hungrig geworden und die von ihm Geheilten früher oder später an derselben oder an einer anderen Krankheit – und es werden auch die von ihm vom Tod Erweckten irgend einmal endgültig gestorben sein. Wie gerne läse man von irgend einer Kontinuität, von irgendwelchen Folgen und Konsequenzen seines Wohltuns! Die Evangelien wissen darüber kein Wort zu sagen. Sein Wohltun wird nicht zur Institution. Es begründet kein Lourdes und kein Möttlingen. Und eben das scheint die Evangelisten nicht einmal zu beschweren, daß sie auf die allem

3. Der königliche Mensch

gewöhnlichen oder außergewöhnlichen menschlichen Tun gegenüber wirklich kritische Frage: wie es weiterging? keine Antwort haben. Sie scheinen es vielmehr in Ordnung zu finden und gut zu heißen, daß die Handlungen Jesu alle so etwas wie Anfänge ohne die entsprechenden Fortsetzungen darstellen. Wunder mit Fortsetzungen, Wunder im Zusammenhang eines Programms oder einer Institution sind Wunder jener andern Art!

5. Jesu Wundertaten sind die irdisch-kosmischen Verwirklichungen seines Kerygmas und werden in diesem Zusammenhang getan, um die Menschen zum Glauben aufzurufen. Sie sind nicht selbständige, sondern in diesem doppelten Sinn – dem Wort und dem Aufruf zum Glauben – dienstbare Taten. Der Zusammenhang von Verkündigung, Wundertat und Glauben ist unzerreißbar; diese Dienstbarkeit des evangelischen Wunders ist unaufheblich. Es gibt keine Wundertaten Jesu im leeren Raum, keine, die an sich und als solche geschähen, erzählt würden und Bedeutung beanspruchten: anders denn als Verwirklichungen seines Wortes, anders denn als Aufruf zur Buße, zum Glauben. Sie gleichen außerhalb dieses Zusammenhangs (mit den überhörten oder schlecht gehörten Worten Jesu zusammen) dem auf den Weg, auf das Steinige, unter die Dornen gefallenen Samen von Mr. 4, 4f. Sie werden für Bethsaida, Chorazin und Kapernaum, wo ihrer so besonders viele geschehen waren, ohne daß diese Städte Buße getan hätten, geradezu zu Gerichtszeichen, Anlaß zu ganz besonderem Weheruf (Matth. 11, 20f.). Weil Jesus keine Wunder im leeren Raum tun wollte, darum hat er (Mr. 8, 11f.) dem Begehren der Pharisäer nach einem Zeichen vom Himmel nicht entsprochen: «Diesem Geschlecht wird kein Zeichen gegeben werden:» «und er verließ sie und ging hinweg» (Matth. 16, 4). Darum war er im Tun von Wundern bei aller Fülle, in der sie faktisch geschahen, so zurückhaltend und hat er so manchem Geheilten ausdrücklich verboten, von dem ihm Widerfahrenen zu reden. Darum kann man Mr. 6, 5 geradezu lesen, daß er in seiner Vaterstadt außer einigen wenigen Heilungen keine Zeichen tun konnte (offenbar: nicht wollen konnte!). Wunder, die nur als Offenbarung einer Überwelt, einer Übermacht, eines Geheimnisses als solchen zu begaffen oder bloß wegen ihrer angenehmen Folgen im Menschenleben zu begrüßen wären, Wunder als Mittel der Propaganda unter denen, die seine Verkündigung nicht annehmen, nicht umkehren, nicht glauben wollten, konnte und wollte der Jesus der Evangelien nicht tun. Selbständige, außerhalb jenes Zusammenhangs mit Verkündigung und Glauben geschehene, erzählte, Aufmerksamkeit beanspruchende Wunder sind Wunder von jener andern Art!

6. Was W. Heitmüller von dem Transparentcharakter der Wundertaten Jesu gesagt hat, gilt nicht nur von den im Johannesevangelium erzählten. Es beruht eben auf dem Zusammenhang zwischen Verkündigung, Wundertat und Glauben, daß es in den Evangelien wahrscheinlich keinen Bericht von solchen Handlungen Jesu gibt, der nicht, ihrer Faktizität und ihres konkreten Inhalts unbeschadet, auch – man braucht den Ausdruck nicht zu scheuen – symbolischen Gehalt hätte. Die Evangelisten wollen also nicht nur sagen: dies und dies geschah – und nicht nur: dies und dies geschah in dieser und dieser konkreten Verwirklichung des Reiches Gottes, sondern sie sagen eben damit auch: es entstand, indem in Verwirklichung des Reiches Gottes das und das geschah: von Jesus selbst geschaffen, ein Urbild gewisser Situationen in der Geschichte des Werdens, des Seins, der Gestaltung und des Werkes der von ihm in seiner Nachfolge mit der weiteren Verkündigung des Evangeliums, des Reiches, seines Namens beauftragten Gemeinde. Die Wunder sind auch in dieser Hinsicht keine zufälligen, sondern sinnvolle Geschichtstatsachen. Wenn die Gemeinde von der Heilung von Blinden, Tauben und Lahmen, ja von der Erweckung des Lazarus, des Jünglings von Nain, der Tochter des Jairus und anderer Toten las und hörte, dann sollte ihr dabei nicht nur, aber auch vor Augen stehen, welche totale Veränderung es für Jeden in ihrer Mitte gebraucht hatte, um zum Glauben an Jesus und so zur Erkenntnis seiner Errettung zu kommen und auch immer wieder brauchte, um in diesem Glauben zu stehen und zu wandeln und auch die wunderbare Hoffnung, in der sie unerschrocken an die sie

umgebende Menschheit herantreten durfte. Hörte sie vom wunderbaren Fischzug des Petrus (Luk. 5, 4f., Joh. 21, 1 f.), dann war sie doch nur schon durch das Wort von den «Menschenfischern» (Mr. 1, 17) geradezu aufgefordert, nicht nur, aber auch an die Sendung der Apostel und an ihre eigene Sendung in der Welt, an deren Voraussetzung in der in Jesus geschehenen Gottestat und an ihre von daher ihr gewisse Verheißung zu denken. Hörte sie von den Speisungen in der Wüste, so konnte es doch nur schon wegen des Wortlauts der Beschreibung des Handelns Jesu nicht anders sein, als daß sie – gewiß nicht nur, aber auch an das sie konstituierende Abendmahl und darüber hinaus an das Freudenmahl zu denken hatte, zu dem sie selbst die Tausende und Tausende von Hungrigen in der Welt einzuladen hatte, zu denen sie jetzt schon zu essen geben sollte. Hörte sie von der Seefahrt der Jünger und von der Stillung des Sturms, wie konnte sie es dann vermeiden, nicht nur, aber auch an die noch viel größere Gefährdung des «Schiffleins Petri» und an die ihm dennoch widerfahrende Errettung inmitten des Chaos, der Finsternisse und Stürme der Weltgeschichte zu denken: «Christ Kyrie, komm zu uns auf die See!» Und wie wurden die Leser und Hörer durch die so betonten Erzählungen von den Dämonenaustreibungen – nicht nur, aber auch vor das tiefste und dunkelste Problem des dem Evangelium fremden und widerstehenden Kosmos und vor dessen schon geschehene Lösung gestellt! Es wäre natürlich ganz unangebracht, die Erklärung der Wundertexte auf das zu reduzieren, was in dieser Richtung zu sehen ist. Es ist aber kein *pudendum*, sondern eine besondere Stärke dieser Texte, daß sie unleugbar auch diese Dimension haben: daß sie, indem Jesus in den von ihnen berichteten Handlungen Geschichte macht, faktisch zugleich deren Gleichnisse sind. Die Kirchenväter haben das noch gewußt und waren darum in diesem Stück grundsätzlich bessere Exegeten als die, die in panischer Angst vor dem, was man dann als «Allegorese» in Bausch und Bogen verurteilen zu können meinte, überhaupt nicht mehr in diese Richtung blicken wollten. Ein Wunder, das dieser Dimension entbehrt, das als Geschichte nicht auch gleichnishaft ist, ist bestimmt ein Wunder von jener andern Art!

Hält man alle diese Symptome zusammen, so kann man jedenfalls gewarnt sein, die Wunder Jesu jenen anderen, den relativen Wundern, an denen die alte und die neue Geschichte und sogar die Gegenwart nicht arm ist, einfach gleichzusetzen. Die genannten Symptome in ihrem Zusammenhang sind jenen anderen Wundern eben nicht eigentümlich. Man frage sich selbst: Wo bleibt bei diesen jene Unabsichtlichkeit? jene Abwesenheit aller Technik? jene Selbstlosigkeit? jene Verschiedenheit von allem Aktivismus? jene Dienstbarkeit? jene Transparenz und Gleichnishaftigkeit? Es ist aber klar, daß das Positive: daß und warum es sich in den Wundern Jesu um das echte, das absolute Wunder handelt, damit noch nicht aufgezeigt ist. Seine Erkenntnis hängt ganz und ausschließlich an der Einsicht, was es mit dem in Jesus nahe herbeigekommenen Reich Gottes auf sich hat. Seine Wunder, die «Machttaten des kommenden Äon» (Hebr. 6, 5) sind ja diese besonderen Handlungen Jesu. Und allein darin, daß sie Reichswunder sind, ist ihr Charakter als echte, als schlechthinige Wunder im Unterschied zu denen, die in jenen falschen Gegensätzen spielten und noch spielen – allein darin sind auch jene ihnen eigentümlichen, vor möglichen Verwechslungen jedenfalls warnenden Symptome begründet.

Daß es in diesen Handlungen um das in Jesus nahe herbei gekommene Reich Gottes geht: um das Geschehen, in welchem die Zeit erfüllt wurde, um die Verkündigung, die

3. Der königliche Mensch

als solche diese Erfüllung, Gottes abschließende Aktion, das Kommen des neuen Äon war, wird in den Evangelien gleich darin scharf sichtbar, daß sie Johannes dem Täufer – was doch im Rückblick auf Elia und Elisa wohl hätte geschehen können – keine solchen Handlungen zugeschrieben haben. Joh. 10, 41 wird das in aller Form ausgesprochen: «Johannes tat zwar keine Zeichen, aber Alles, was er von Diesem (Jesus) sagte, war wahr.» Das Letztere bezeichnet seine Größe, das Erstere seine Grenze. Das im Kosmos scheinende Licht ist die sich in seinen Taten offenbarende Herrlichkeit Jesu (Joh. 2, 11). Johannes ist der treue Zeuge dieses Lichtes. Er hat aber – und darum tut er keine solche Taten – keine ihm eigene Herrlichkeit zu offenbaren. Sie ist das Neue am Ziel und Ende der Geschichte Israels, auf das diese in ihrer Gesamtheit – nach neutestamentlicher Sicht offenbar mit Einschluß des Wunderwirkens des Elia und Elisa – erst hingewiesen hat. Die über eine Dämonenaustreibung staunenden ὄχλοι wissen und sagen darum: «Noch nie ist solches in Israel gesehen worden» (Matth. 9, 33). Obwohl da doch auch in ihrer Gegenwart bei den Schülern der Pharisäer (Matth. 12, 27 Par.) gerade auch Dämonenaustreibungen zu sehen waren! Aber daß das «Reich Gottes über euch gekommen ist» (Matth. 12, 28), war da offenbar nicht zu sehen. In den Taten Jesu war, ob erkannt oder unerkannt, eben das zu sehen.

Aber eben: was ist es mit dem Reiche Gottes und also mit ihrem Charakter als Reichswunder? Wir versuchen darauf zu antworten, indem wir jetzt schlicht nach der Linie fragen, auf der sich die Taten Jesu ereigneten.

Ein ihnen allen Gemeinsames bietet sich zunächst darin an, daß sie alle Machttaten ($\delta v v \acute{\alpha} \mu \varepsilon \iota \varsigma$) sind und auch öfters so genannt werden. In der Tat: sie sind alle in göttlicher und also in unbedingter Verfügungsfreiheit getan und eben darin in ihrem Verhältnis zu allen den Menschen bekannten Ordnungen, Gestaltungen und Entwicklungen so souverän, so fremd, so unbegreiflich, so jenseitig. Eben darum sind sie – um das beiläufig auch einmal zu sagen – an der antiken Vorstellung eines in den natürlichen und menschlichen Dingen waltenden Schicksals oder an der modernen Vorstellung von einem nach Maßgabe unerbittlich gültiger physikalischer, chemischer, biologischer und anderer Naturgesetze ablaufenden Mechanismus sinnvoller Weise überhaupt nicht zu messen: weil die Dimension, in der Gott mächtig ist, in solchen Vorstellungen keinen Raum hat, weil aber eben die Macht Gottes ganz allein die in den Wundern Jesu wirksame und sich offenbarende Macht ist.

Aber nun müssen wir streng präzisieren: es geht um die Macht Gottes und also nicht um irgend eine maximale Verfügungsfreiheit an sich, die ja, abstrakt als solche gedacht, nur das maximal Böse, die teuflische Macht sein könnte. Mit dieser spielt der Mensch ebenso, wie sie mit ihm spielt. Sie ist ihm unheimlich und vertraut zugleich, aber nicht fremd, nicht unbegreiflich, nicht jenseitig im strengen Sinn dieser Begriffe. Sie tritt ihm ja auch nicht in echter Souveränität gegenüber. Das tut aber die Macht Gottes, in deren Dienst der Mensch Jesus seine Taten tut.

Es will also das im Anschluß an die Verfluchung des Feigenbaums gesprochene Wort Mr. 11, 22f. ganz ernst – aber eben weil ganz ernst, als Bildrede und also *cum grano salis* ernst genommen sein: «Glaubet an Gott (ἔχετε πίστιν θεοῦ)! Wahrlich, ich sage euch: Wer zu diesem Berge sagt ‚Heb dich empor und wirf dich ins Meer!‘ und in seinem Herzen nicht zweifelt, sondern glaubt, daß das, was er sagt, geschieht, dem wird es zuteil werden!» Die Unbedingtheit der im echten Wunder sich ereignenden, der in der πίστις θεοῦ vollbrachten Machttat könnte nicht drastischer bezeichnet sein. Aber nicht ihre Unbedingtheit als solche macht sie zum echten, zum in der πίστις θεοῦ vollbrachten Wunder. Gerade umgekehrt: indem sie als echtes Wunder vollbracht wird, eignet ihr jene Unbedingtheit. Und das wird auch das Problem des das Wunder vollbringenden Glaubens sein: ob er πίστις θεοῦ ist. Ist er Glaube an ihn – oder vielleicht doch nur Glaube an eine anonyme Allmacht? Man findet in dem sehr beachtlichen Roman «Das Wunder des Malachias» von Bruce Marshall die Geschichte eines Mannes, der in gewaltigem Glauben etwas sehr Ähnliches wie das Mr. 11 Angegebene gewagt und der mit diesem seinem Wagnis sogar gewonnen, die Versetzung eines ganzen Vergnügungslokales mitten aus der Stadt Edinburgh auf einen einsamen Felsen am Meeresufer tatsächlich geschafft hat, um dann doch ganz unzweideutig die Erfahrung zu machen, daß dieser höchst sichtbare Erfolg seines Glaubens und Betens als Offenbarung Gottes in der Welt gerade nichts, sondern für die nach wie vor unbekehrten Weltkinder nur eben eine vorübergehende Sensation mehr, für die Kirchenmenschen aber im Grunde nichts als eine in frommer Diplomatie zu vertuschende Störung bedeutete, so daß das zweite von ihm erglaubte und erbetene und auch eintretende Wunder nur eben darin bestehen konnte, daß das erste ohne Aufsehen wieder rückgängig gemacht wurde. Wogegen zu beachten ist, daß Jesus faktisch keinem Berg befohlen hat, sich aufzuheben und ins Meer zu werfen, wie denn auch keiner seiner Jünger auch nur einen Versuch in dieser Richtung gemacht hat.

Wir werden also konkret fragen müssen, wie es sich mit den Wundern Jesu als den durch ihn geschehenen Machttaten Gottes, mit der Unbedingtheit ihres Vollzugs als solche und mit ihrer von daher charakterisierten Unbegreiflichkeit verhalten hat. Und nun dürfte sich hinsichtlich der Linie, auf der sie alle sich ereignet haben, folgende umfassende Beschreibung aufdrängen: Was in ihnen allen geschieht, ist dies, daß in und mit ihnen allen ein völlig neues, überraschendes Licht – es ist in vielen Brechungen immer dasselbe – in die menschliche Situation hineinfiel. Und es war eigentlich einfach dieses Licht, sein Leuchten, das von ihm ausgehende Hellwerden, was den Menschen in den Wundertaten Jesu als die unbedingte Macht Gottes entgegentrat. Es war dieses Licht das wahrhaft Unbegreifliche, das echt Wunderbare in diesen Wundern: das, was sie vor anderen befremdlichen Phänomenen auszeichnete als absolute Wunder, als Zeichen des in Jesu Handeln als der Verwirklichung seines Wortes nahe herbeigekommenen, mitten in die menschliche Situation hineingekommenen Gottesreiches. Die Frage des Verstehens oder Nichtverstehens seiner Wundertaten ist die Frage des Sehens oder Nichtsehens der durch alle mit ihnen beschäftigten Texte hindurchlaufenden, in ihnen allen mehr oder weniger sichtbaren Linie dieses Lichtes. Gott dort und der Mensch hier, jeder für sich und beide in ihrem Gegensatz und Zusammenhang, aber auch und vor allem ihre aktuelle Beziehung zueinander, die sich zwischen beiden ereignende Geschichte – das Alles hört, in dieses Licht gerückt, auf, ein Allgemeines, Abstraktes, Formales, Anonymes zu sein, bekommt vielmehr Bestimmtheit, Inhalt, Charakter,

3. Der königliche Mensch

Gesicht. Und eben das Alles in dieser Bestimmtheit ist das Reich Gottes in seiner Macht und Herrlichkeit und in seiner besonderen, mit keiner anderen zu verwechselnden Unbegreiflichkeit, die dann auch seinen Zeichen eigentümlich ist. – Wir versuchen es, etwas von dem zu sehen, was da zu sehen ist.

1. Eine Feststellung über das Sosein des durch das Licht des Reiches Gottes gewissermaßen angeleuchteten Menschen gehört hier an die Spitze. Wie sehen die aus, denen Jesus sich in diesem seinem besonderen Handeln zugewendet hat? Die Antwort drängt sich auf: es geht ihnen nicht gut; sie befinden sich alle in Bedrängnis und Not, in Angst und Bekümmernis. Sie sind alle nicht glücklich, sondern in irgend einem Sinn und Maß alle «unglücklich». Ihr Leben mochte früher, vielleicht auch noch gleichzeitig, auch andere, neutrale, vielleicht auch sonnige Aspekte gehabt haben. Den evangelischen Texten sind sie – ihnen ist offenbar die menschliche Situation als solche – nur unter diesem einen Aspekt interessant: daß da gelitten wird, so wie eben Blinde, Taube, Lahme, Aussätzige, Besessene, so wie die Angehörigen eines ihnen teuren Kranken oder gar schon Verstorbenen, so wie Menschen in Todesangst leiden. Man kann vor diesem Aspekt des menschlichen Daseins die Augen abwenden oder verschließen. Man kann wohl sagen, daß das Menschenleben als Ganzes schließlich noch andere Aspekte hat als den eines großen Spitals. Die Wunder Jesu kann man freilich ohne eben diesen Aspekt scharf ins Auge zu fassen, nicht sehen und nicht verstehen. Denn der Aspekt des Menschenlebens, der in diesem seinem Tun sichtbar wird, ist allerdings der des großen Spitals, in welchem sich so oder so alle Menschen befinden.

Er ist nach Mr. 2, 17 der Arzt, dessen die Kranken bedürfen und der für die Kranken da ist. Ihn ruft und schreit es manchmal buchstäblich an: «Wenn du willst, kannst du mich rein machen!» (Mr. 1, 40) «Sohn Davids, Jesus, erbarme dich meiner!» (Mr. 10, 47 u. ö.) «Wenn du etwas vermagst, so habe Erbarmen mit uns und hilf uns! ... Ich glaube, hilf meinem Unglauben!» (Mr. 9, 22f.). Aber im Seesturm auch seine eigenen Jünger: «Herr hilf, wir gehen unter!» (Matth. 8, 25). Um von dem besonderen Schreien der Besessenen hier noch nicht zu reden! Aber er wartet nicht immer auf solchen Anruf, er hört ihn offenbar auch, ohne daß er laut wird und handelt dann von sich aus: so oder so immer angesichts des menschlichen Elends. Es gibt Texte, im Blick auf die man fragen möchte, ob dieser Ausdruck nicht zu stark sei, als allgemein gültig zu sein? War das (Matth. 17, 27 freilich nur angedeutete) Wunder des stater ($\sigma\tau\alpha\tau\acute{\eta}\rho$) im Fischmaul und war besonders das auf der Hochzeit zu Kana (Joh. 2, 1f.) mehr als die Behebung von nun doch nicht allzu schlimmen Verlegenheiten? Und geradezu um Errettung vom Hungertod scheint es doch auch bei dem wunderbaren Fischzug des Petrus (Luk. 5, 3f.) und bei den Speisungen des Volkes in der Wüste nicht gegangen zu sein. Aber das möchten kleinliche Erwägungen sein! Alles wohl überlegt, dürfte doch zu sagen sein, daß faktisch auch diese Texte auf jene allgemeine Linie des menschlichen Elends gehören, auf der die Unterschiede von dessen größerer oder geringerer Peinlichkeit keine letztlich entscheidende Rolle spielen, auf der ein scheinbar kleineres Übel auch einmal das größte sein kann, auf der der Mensch ein armer Mensch ist, dem es wirklich nicht gut geht, auch wenn er sich nicht gerade *in extremis* befindet. Diesem Menschen sieht man Jesus auch in jenen Taten zu Hilfe kommen. Der Gesamteindruck, der sich aus der großen Mehrzahl der Texte ergibt und den diese offenbar erwecken wollen, ist ja eindeutig: «Sie brachten alle Leidenden zu ihm, die mit mancherlei Krankheiten und Qualen beschwert waren» (Matth. 4, 24). «Es kamen große Mengen zu ihm, die hatten Lahme, Krüppel, Stumme und viele andere bei sich und warfen sie zu seinen Füßen» (Matth. 15, 30). «Und er heilte Alle, denen es schlecht ging (πάντας τοὺς κακῶς ἔχοντας), damit das Wort des Propheten Jesaja in Erfüllung gehe: Er hat unsere Schwachheiten auf sich genommen und unsere Krankheiten getragen» (Matth. 8, 17).

2. Man kann es sich zunächst noch einmal im Blick auf die Menschen, denen Jesus sich zuwendete, dann aber auch im Blick auf die Absicht und den Sinn, in denen er das tut, unmöglich verhehlen: es ist schlechterdings ihr übles Dransein an sich und als solches, mit dem wir ihn in seinen Taten beschäftigt sehen. Man hat wohl oft und mit Recht gesagt: er hatte es mit dem «ganzen» Menschen zu tun. Man darf aber die genauere Feststellung nicht unterdrücken: mit dem ganzen Menschen in nahezu völliger Ausschließlichkeit gerade in seiner im engeren Sinn «natürlichen», in seiner leiblichen, in seiner durch die äußere Gestalt und Gewalt des Kosmos, dem er angehört, bestimmten Existenz. Daß diese ihre Bestimmtheit für ihn faktisch Leid und Elend bedeutet, daß der ganze ihr unterworfene Mensch ein Gefangener ist, ist das Problem der Wundertaten Jesu. Er findet und sieht den Menschen im Schatten des Todes. Und darin besteht seine Wundertat an ihm, daß er ihn aus diesem Schatten herausholt, aus diesem Gefängnis befreit, die Not und das Leid seiner kosmischen Bestimmtheit aufhebt. Er entlastet, er «erlöst» ihn. Er heißt und läßt und macht ihn ganz schlicht als Kreatur leben. Er darf wieder aufstehen und gehen, wieder sehen, hören, reden. Er darf mitten aus dem Sturm in ruhiger Fahrt ans Land kommen. Er darf essen und sogar Überfluß haben. Er darf auch trinken – sogar Wein, sogar guten Wein trinken! Er darf, aller großen und kleinen Qual und Verlegenheit entnommen, aufatmen, wieder Mensch – gerade in jenem primitiven Sinn: wieder ganzer Mensch sein. Seine Existenz als Kreatur im natürlichen Kosmos wird normalisiert. Man übersehe und verwische das nicht: als Kreatur im natürlichen Kosmos! Er als solcher ist es, dem durch die Wundertat Jesu radikale Wohltat widerfährt.

Man möchte an Ps. 124, 6f. denken: «Gelobt sei der Herr, der uns nicht dahingab, ihren Zähnen zum Raube! Unsere Seele ist wie ein Vogel, der dem Netz des Vogelstellers entronnen: das Netz ist zerrissen und wir sind entronnen.» Aber man sehe zu: im 124. Psalm sind die «Vogelsteller» (v 2) Menschen, die wider uns aufstanden und die uns, wäre der Herr nicht für uns gewesen, lebendig verschlungen hätten. Daß es auch ein dem Menschen durch andere Menschen bereitetes Elend gibt, auch geschichtliche, soziale Übel, liegt aber, wenn es um diese Handlungen Jesu geht, nicht im Gesichtskreis der neutestamentlichen Texte. Sie haben sehr einseitig des Menschen Physis im Auge. Die «Vogelsteller», deren Netz die Menschen durch Jesu Handlungen entrissen werden, sind eindeutig die ihn auch ohne menschliche Einwirkung bedrohenden Todesmächte.

3. Der königliche Mensch

Und das ist das überaus Merkwürdige, um nicht zu sagen Anstößige, in den neutestamentlichen Wundertexten, das nicht umsonst in so viel wohlgemeinter Auslegung (besonders der abendländischen Kirche) immer wieder verdeckt, d. h. ethisierend übermalt worden ist: Es scheint in ihnen keine Rolle zu spielen, daß die als Kreaturen leidenden Menschen doch vor allem sündige, an Gott, an ihrem Nächsten, an sich selbst sich verfehlende und also schuldige und durch ihre Schuld in allerlei Not geratene Menschen sind. Nein, sie sind hier gerade nicht vor allem sündige, sondern vor allem leidende Menschen. Jesus blickt nicht auf ihre Vergangenheit und von da aus in ihre traurige Gegenwart, sondern schafft ihnen aus dieser ihrer Gegenwart heraus ihre neue Zukunft. Und darum fragt er sie nicht nach ihrer Sünde. Er hält sie ihnen nicht vor. Er klagt sie ihretwegen nicht an. Die ihnen durch ihn widerfahrende Hilfe und Wohltat wird Ereignis, als ob sie nicht da wäre: fast – oder vielmehr nicht nur fast, sondern genau so, wie der himmlische Vater nach Matth. 5, 45 seine Sonne aufgehen läßt über Böse und Gute und läßt regnen über Gerechte und Ungerechte.

Die so naheliegende und in anderem Zusammenhang gewiß zu respektierende Wahrheit, daß das den Menschen beschwerende Übel etwas mit Strafe zu tun hat, daß «der Tod der Sünde Sold ist» (Röm. 6, 23), ist in dieser Sache unsichtbar. Der Gedanke an sie wird Joh. 9, 2f. in aller Form ausgeschlossen: «Rabbi, wer hat gesündigt, dieser oder seine Eltern, daß er blind geboren worden ist? Jesus antwortete: Weder dieser hat gesündigt, noch seine Eltern, sondern die Werke Gottes sollen an ihm offenbar werden!» Wie denn auch nach Luk. 13, 1f. die anläßlich einer Unruhe im Tempel ums Leben gekommenen Galiläer nicht sündiger waren als alle anderen Galiläer – wie denn auch die Achtzehn, die der Turm von Siloah bei seinem Einsturz tötete, nicht schuldiger waren als alle anderen Einwohner von Jerusalem. Σῴζεσθαι hat in den Wundertexten mit der Bekehrung der «Geretteten» direkt nichts zu tun, sondern heißt: geheilt –, gesund –, normalisiert, dem Leben im primitiven Sinn des Wortes zurückgegeben werden. Sie sind vom Tod Errettete. Es gibt nur eine Stelle, die Perikope von der Heilung des Gichtbrüchigen Mr. 2, 1f. Par., in welcher zuerst von der Sünde des Geheilten die Rede ist, aber auch hier nicht davon, daß Jesus ihn zur Reue und Buße ihretwegen angehalten hätte, sondern davon, daß er sie ungefragt und ungeprüft, nicht einmal im Blick auf seinen Glauben, sondern im Blick auf den Glauben derer, die ihn zu ihm gebracht, annulliert hat: «Mein Sohn, deine Sünden sind dir vergeben!» (v 5). In derselben rein initiativen Freiheit sagt er ihm dann auch das Andere: «Steh auf, hebe dein Bett auf und geh nach Hause!» (v 11). Es handelt sich in der Perikope offenbar darum, die Einordnung der Wundertat in Jesu Verkündigung deutlich zu machen. Aber statt dem zweiten Wort von jenem ersten her eine psychologisch-moralische Bedingtheit zu unterschieben, würde man offenbar besser tun, einzusehen, daß in der unmittelbaren Nachbarschaft mit diesem zweiten auch jenes erste reine, freie Verkündigung und also kein psychologisch-moralischer Zuspruch ist: Mit eben der freien Macht, in der der Menschensohn nachher den Gelähmten aufstehen heißt, hat er ihm zuerst auch seine Sünden vergeben: jenes, «damit ihr wißt», daß er die Macht hat, auch dieses zu tun. Und es gibt wieder nur eine Stelle, die Geschichte von der Heilung des Kranken am Teich Bethesda Joh. 5, 1f., in welcher nachher von der Sünde des Geheilten die Rede ist: «Siehe, du bist gesund geworden; sündige nicht mehr, damit dir nichts Schlimmeres widerfahre!» (v 14). Man bemerke aber, daß die

Frage, mit der Jesus an diesen Mann herangetreten war, schlicht gelautet hatte: Willst du gesund werden?» (v 6) und daß dessen Antwort nur in der Erklärung bestand, daß und warum er die von ihm tatsächlich begehrte Gesundung am Teich Bethesda bisher nicht gefunden hatte: «Herr, ich habe keinen Menschen, der mich in den Teich bringt, wenn das Wasser bewegt wird; während ich aber komme, steigt ein Anderer vor mir hinab» (v 7). Von ethischer Absicht bei Jesus und von ethischer Einsicht bei dem Kranken keine Rede! Es gibt – das sagt jene Ermahnung – allerdings noch Schlimmeres als 38 Jahre Siechtum; es würde darin bestehen, daß der Geheilte auf die ihm widerfahrene Gnade hin, als wäre nichts geschehen, weiterhin sündigen wollen könnte. Aber nicht diese Ermahnung, sondern wiederum die souveräne Beseitigung seines Siechtums als solche ist die Pointe auch dieses Textes. In allen übrigen aber ist – das muß man zunächst einfach einmal sehen und für sich würdigen – von des Menschen Sünde überhaupt nicht die Rede. Daß die Geheilten Sünder waren und nicht bleiben sollten, wird stillschweigend vorausgesetzt, hat in diesen Texten keine thematische Bedeutung. Ihre Übertretungen werden ihnen von Jesus wirklich (2. Kor. 5, 19) «nicht zugerechnet». Angerechnet wird ihnen nur das, ernstgenommen werden sie in seinem Handeln gerade nur darin: daß sie traurig, daß sie arme Menschen, leidende Kreaturen sind.

3. Wir können gleich von hier aus als erstes positives Moment dies hervorheben: der Gott, dessen Göttlichkeit und Macht in den Wundertaten Jesu wirksam und offenbar wird, ist der Gott, der eben am Menschen als an seiner Kreatur unmittelbar und unter allen Umständen interessiert ist: an seiner Sünde vorbei oder über sie hinweg oder durch sie hindurch an ihm selbst in seinem ihm von ihm gegebenen, durch ihn bestimmten und begrenzten Sein im Kosmos, an ihm als diesem besonderen kosmischen Wesen. Er hat ihn nicht vergessen, nicht sich selbst überlassen, trotz seiner Sünde nicht aufgegeben. Er steht zu seinem Bunde mit ihm. Er ist und bleibt ihm treu. Er nimmt seine Sünde wohl ernst; er nimmt aber noch ernster, er nimmt zuerst ernst, daß er auch als Sünder sein Mensch, und vor allem, daß er selbst der Gott auch dieses sündigen Menschen ist. Dieses direkte göttliche Ernstnehmen des Menschen als solchen findet statt, indem Jesu Verkündigung seines Reiches, seiner Machtergreifung auf Erden in seinen Wundertaten so schlicht den Charakter jenes unmittelbaren Tröstens des traurigen, jenes ganz freien Befreiens des armen Menschen, jener dem Menschen so bedingungslos zugewendeten Wohltat hat, wenn sie in dieser Gestalt so einfach darin besteht, daß bedrängte und darum verängstigte Menschen wieder atmen und leben, wieder Menschen sein dürfen.

Daß ihnen, entsprechend der guten Botschaft des wahren Wortes Jesu und in dessen Erweis als Wirklichkeit das widerfährt, das ist Gottes Machtergreifung auf Erden, darin ist er herrlich in ihrer Mitte, darin gibt er ihnen seinen Willen und in seinem Willen sein Wesen zu erkennen. Und weil dieser sein Wille, dieses sein Wesen, und so dieser Gott dem Menschen neu, unbegreiflich, wunderbar ist, darum werden wir eben das jedenfalls als ein Moment des Neuen, Unbegreiflichen, Wunderbaren der Taten Jesu nennen und festhalten müssen: daß es dieser Gott

– der gerade so majestätische Gott – ist, der in ihnen am Werk ist und so, indem er als dieser Gott Geschichte macht, erkennbar wird. Man bedenke: ein Gott, der in irgend einer Höhe, Ferne und Transzendenz sein eigenes göttliches Leben lebte, hätte gar nichts dem Menschen Fremdartiges und so auch nicht ein Gott, der zwar gleichmäßig wie über allem Andern, was ist, aber eben dem Menschen gegenüber auch gleichmäßig, an ihm durchaus nicht besonders interessiert, auch über ihm walten und regieren würde, und so auch nicht ein Gott, der mit dem Menschen vor allem hadern, ihn seiner Abweichung von ihm wegen vor allem anklagen und strafen und zur Ordnung rufen würde. Das sind die wohlbekannten Bilder einer vom Menschen ausgedachten Gottheit, zu deren Offenbarung es gewiß keiner Wunder bedürfte. Zu der der eigenmächtig mit allerlei Vorstellungen von Liebe und Güte gefüllten Idee einer menschenfreundlichen Gottheit allerdings auch nicht! Wohl aber zur Offenbarung des lebendigen Gottes, der sich selbst dazu erwählt und bestimmt hat, des Menschen Gott, Schöpfer, Herr, Verbündeter zu sein! Eben um ihn, um sein Werk und seine Offenbarung geht es in den Taten Jesu und eben darin besteht ihre Fremdartigkeit, eben darin sind sie Wundertaten, mit allem Wunderlichen nicht zu vergleichen und nicht zu verwechseln. Daß Gott Dieser ist, das ist in keines Menschen Herz gekommen: als Erfahrung nicht und als Idee auch nicht. Das kann gerade nur als das Neue über den Menschen kommen: im Geschehen des Wunders der Gegenwart und Handlung dieses Gottes. Und eben um das Geschehen dieses Wunders handelt es sich in den Taten Jesu.

4. Wir heben als zweites positives Moment das hervor, daß der Gott, der in den Taten Jesu wirksam und offenbar ist, sich in größter Selbstverständlichkeit darin an die Seite des Menschen stellt, daß eben das, worunter der Mensch als seine Kreatur leidet, auch ihm und ihm zuerst leid, fremd, widerwärtig ist. Indem Jesus in seinem Auftrag und in seiner Macht handelt, wird klar: Gott will das nicht, was den Menschen plagt, quält, stört und zerstört. Er will nicht die Verstrickung, die Erniedrigung, die Not und Schande, die ihm durch sein Sein im Kosmos und als kosmisches Wesen faktisch bereitet ist. Er will nicht sein Verderben, sondern sein Heil, im wörtlichsten, primitivsten Sinn: daß er heil sei. Er will nicht seinen Tod, sondern sein Leben. Er sagt nicht Nein, sondern Ja zu des Menschen natürlichem Dasein. Und er sagt nicht Ja, sondern Nein zu dessen Anfechtung und Vereitelung, zu dem Todesschatten und Gefängnis, in welchem der Mensch sich selber ein Fremder sein muß. Und wie sein Ja ein im Tiefsten freudiges Ja ist, so sein Nein ein im Tiefsten unwilliges, streitbares, zorniges Nein. Das Leid, dessen des Menschen Herz offenkundig oder heimlich voll ist, ist zuerst in seinem, Gottes Herzen. Die dem Menschen angetane Schmach ist zuerst

eine Beleidigung seiner Ehre. Des Menschen Feind, der ihn nicht
atmen und leben läßt, der ihm Angst einjagt und Pein zufügt, ist zuerst
sein, Gottes Feind. Gott zuerst ist Partei gegenüber dem Nichtigen, das
den Menschen zunichte machen will, widerspricht und widersteht seinem
Ansturm auf seine Schöpfung, seinem Triumph über sein Geschöpf. Er
widerspricht und widersteht auch der Sünde darum, weil sie dem Einbruch des Nichtigen in seine Schöpfung Tür und Tor öffnet, weil sein
Geschöpf in ihr sich selbst dem Nichtigen ausliefert, selbst nichtig,
chaotisch wird. Er zürnt diesem seinem eigentlichen Feind, der auch
des Menschen eigentlicher Feind ist, wenn er der Sünde zürnt. Und
nun ist das Kommen seines Reiches, seine Machtergreifung auf Erden
zentral und entscheidend eben die Kraft und die Offenbarung des Widerspruchs und Widerstandes, in welchem er, in eigener Sache redend und
handelnd, auf die Seite des Menschen und also gegen jene Macht der
Zerstörung in allen ihren Gestalten auf den Plan tritt. Darum muß
gerade das Handeln des Menschensohnes als Verwirklichung und
Kommentar seines Wortes zentral und entscheidend diese Spitze
haben, Befreiung, Erlösung, Wiederherstellung, Normalisierung, neue
Schöpfung sein: «Lasset fahren, liebe Brüder, was euch quält, was euch
fehlt, ich bring Alles wieder.» Darum geht es an der Sünde vorbei,
über sie hinweg, durch sie hindurch, unter Vergebung seiner Sünden
direkt auf den Menschen zu – unter allen Umständen: er ist gemeint!–,
greift seine Lebensnot und Lebensangst an, um eben sie von ihm wegzunehmen: «Geh hin im Frieden und sei von deiner Qual gesund!»
(Mr. 5, 34). Darum stellt er ihn allererst wieder auf die Füße, gibt ihm
wieder Augen, die sehen, Ohren, die hören, einen Mund, der redet, gibt
er ihm zu essen und zu trinken, heißt und läßt und macht er ihn als
Menschen leben. Darum ist sein Tun allererst kräftiges, realisierendes
Evangelium: dann und von da aus erst das neue Gesetz, das sein
begangenes Sündigen verurteilt, neues Sündigen ihm verwehrt und also
das Tor schließt, durch das das Chaos in sein Dasein eingebrochen ist.
Es geht aber um die Errettung seines Daseins und um diese wegen der
Ehre Gottes, die durch dessen Verderbnis in Frage gestellt ist, dessen
Verderbnis Gott nicht dulden kann.

Im Johannesevangelium werden mit dem häufig gebrauchten Begriff der «Werke»
Jesu zunächst und konkret eben seine «Wundertaten» bezeichnet. Er, Jesus, hat sie
zu «tun» (Joh. 10, 37), hat zu «wirken» (9, 4). Er tut sie aber im Namen seines Vaters
(10, 25). Dieser hat sie ihm, Jesus, «gegeben», damit er sie «vollende» (5, 36). Es ist eigentlich der in ihm wohnende Vater, der sie tut (14, 10). Sie sind also eigentlich die «Werke
Gottes» (9, 3): Jesus zum Tun, zum Wirken, zum Vollenden gegeben, um ihn und in
seiner Person das von Gott den Menschen zugewendete Heil und Leben zu bezeugen
(5, 36): das Leben, das als solches das Licht der Menschen ist (1, 4).

Und nun weiß auch das Johannesevangelium (5, 9; 9, 14f.) von Jesu Heilen am
Sabbat, das gleich am Anfang der Darstellung des Markus (1, 21f., 3, 1f.) und im
Sondergut des Lukas (13, 10f., 14, 1f.) eine so hervorgehobene Rolle spielt. Sollte es

der Überlieferung bei dieser besonderen Nachricht wirklich nur um die Betonung der formalen Freiheit Jesu dem Sabbatgebot gegenüber gegangen sein, so daß ihr die Sache, in deren Dienst er von dieser Freiheit Gebrauch machte, gleichgültig, so daß ihr gewissermaßen Jesu Übertretungen um des Übertretens willen das Interessante an seinem Verhalten gewesen wäre? Hält man das für unwahrscheinlich, so bleibt nur übrig anzunehmen, daß sie hervorheben wollte: er hat zwar nicht immer, aber mit Bewußtsein und gerne gerade am Sabbat geheilt, weil ja mit seinem Kommen der siebente, der letzte Tag, der «große Tag Jahves» angebrochen war und weil eben Heilen das spezifische Wort Gottes war, das an diesem Tag (im Namen Gottes und als Vollstrecker von dessen eigenem Werk) zu tun er gekommen war. So daß gerade er es war, der den Sabbat mit diesem seinem Tun nicht nur nicht gebrochen, sondern aufs Höchste heilig gehalten und gefeiert hat! Er hatte die Freiheit, nicht nur auch, sondern gerade am Sabbat Gutes und nicht Böses zu tun, d. h. aber Menschenleben zu retten und nicht zu verderben (Mr. 3, 4). Er habe, so heißt es, gleich darauf (v 10) zornig, betrübt über die Verstockung ihrer Herzen, um sich, auf die ihn Belauernden und Kritisierenden geblickt. Versteht man diesen Zorn und diese Betrübnis und überhaupt den bemerkbaren Affekt, in welchem er die pharisäisch-rabbinische Bemängelung seines Verhaltens ablehnt, wenn man nicht sieht: es ging um die Verteidigung seiner positiven Sabbatfreiheit, d. h. aber seiner Freiheit, an diesem seinem Tag, «solange es Tag ist» (Joh. 9, 4) die guten, die rettenden Werke Gottes zu tun, das «Licht des Lebens» (Joh. 8, 12) leuchten zu lassen, synoptisch geredet: die Zeichen des Reiches Gottes als des Reiches der Heilung und des Heils aufzurichten. Nicht über ihre Engherzigkeit in der Auslegung und Anwendung des Sabbatgebotes, sondern darüber ist er zornig und betrübt, daß sie diese «Zeichen der Zeit» (Matth. 16, 3) verkennen und verwerfen.

Und nun ist ja die Schärfe Jesu in der Verteidigung dieser seiner positiven Freiheit nur der Reflex der Schärfe des Angriffs, in welchem er als Täter und Wirker jener Werke Gottes begriffen ist. Und es ist diese ihrerseits wieder nur der Reflex der Schärfe des Unwillens, in welchem sich Gott selbst, der in ihm wohnende Vater, gegen das Regiment des Todes in dem von ihm geschaffenen Kosmos auf- und ans Werk gemacht hat: zwischen seiner Herrschaft und der des Menschen in Trauer und Angst versetzenden Verderbens. Man mag etwas von diesem Angriff Jesu und von diesem Unwillen Gottes selbst ahnen, wenn man etwa in der Jairusgeschichte (Mr. 5, 38f.) liest, wie er das Haus jenes Mannes betreten, den Lärm und die weinenden und laut klagenden Leute wahrgenommen und sie alle zunächst einfach (wie die Wechsler und Händler aus dem Tempel) hinausgetrieben habe. Warum diese Härte? Er stand vor dem Kult des Todes mit dem als mit einem unerschütterlichen Faktum und also als mit einer höchsten Majestät in feierlicher Sentimentalität zu rechnen jeder, alle für ein selbstverständliches Gebot der Vernunft und der guten Sitte hielten. Jesus sagte Nein zu dieser Majestät und Nein zu diesem Gebot: «Das Kind ist nicht gestorben, sondern es schläft.» Und dann: «*Talitha kumi* ... Mädchen, ich sage dir, steh auf!» Also: die Realität des in seinem Erbarmen allmächtigen Gottes gegen die manifeste Realität des Todes! Welche wird sich als die größere, als die Realität erweisen? Jesus allein sieht diese Entscheidung, steht selber in ihr, vollzieht sie. Sein einsames Nein zum Tode in der Kraft seines einsamen Ja zu der Allmacht des Erbarmens Gottes ist der Sinn seiner Härte im Trauerhaus: es soll und kann dieses Haus, indem er es betritt, gerade kein Trauerhaus bleiben! Und man mag im gleichen Sinn an jenen Leichenzug denken, den er (Luk. 7, 14) nicht minder anstößig vor dem Stadttor von Nain zum Stillstand gebracht hat.

Und dann auch und vor allem an die Schilderung der der Auferweckung des Lazarus vorangehenden Szene Joh. 11, 33f.: «Da nun Jesus sah, wie sie (Maria) weinte und wie die Juden, die mit ihr gekommen waren, weinten, ergrimmte er im Geist und empörte sich.» «Es empörte ihn zuerst diese Weinenswut, wie ein seinem Gegner, dem Tod, dargebrachtes Ehrenopfer, diese Lust der Menschen, in ihren

Wunden zu wühlen, diese stille Verherrlichung der Allmacht des Todes, die, ohne sich es zu gestehen, murrend ihre Spitze gegen Gott wendet... Aber sein Grimm ging über sie hinweg gegen seinen Gegner, den Fürsten dieser Welt, daß es ihm gelungen war, den Menschen, der ihm den Kopf zu zertreten berufen ist, so sklavisch zu stimmen» (Fr. Zündel, Jesus, Neuausg. 1922 S. 236). Sehr merkwürdig danach freilich die knappe Angabe v 35: ἐδάκρυσεν ὁ Ἰησοῦς. Also auch er? Ja, auch er! Das paulinische «Weinet mit den Weinenden!» (Röm. 12, 15) mag hier schon in Erinnerung gerufen sein. Jesus steht und kämpft ja nicht gegen die traurigen und trauernden Menschen, sondern solidarisch an ihrer Seite, «mitleidend tragend die Beschwerden der ganzen Zeitgenossenschaft» – aber eben: indem er für sie kämpft – und darum wohl mit ihnen weinend, aber nun doch ganz mißverstanden, wenn da (v 36f.) die Einen bei diesem Anblick so schön sagen: «Siehe, wie hat er ihn so lieb gehabt!» und die Anderen etwas maliziös: «Konnte der, der dem Blinden die Augen aufgetan, es nicht schaffen, daß dieser nicht stürbe?» Denn auf dem Wege zum Grabe des Lazarus, angesichts der auch hier unzweideutig manifesten Realität des Todes trauernd mit den Trauernden, ist seine, Jesu «Teilnahme» kein Kompromiß, ist sein, Jesu Trauern schon seine strikte Auflehnung gegen den Grund ihres und seines Trauerns, schon sein entschlossenes Nein zu dieser Realität. Indem er ihr und ihrem Schrecken nüchterner als alle Anderen ins Auge sieht, ist er schon auf dem Wege, sie aus der Welt zu schaffen. Darum die Fortsetzung v 38: «Jesus nun, abermals in seinem Inneren ergrimmt, kommt zur Gruft; es war aber eine Höhle und ein Stein lag davor.» So zog David dem Goliath, so zieht Einer einem Feind entgegen, dessen von allen anderen als selbstverständlich angesehene und anerkannte Übermacht auch er wohl kennt, und die zu brechen er nun dennoch entschlossen und auch gerüstet und darum gewiß ist: so hier Jesus dem schon verschlossenen Grabe, der schon angehobenen Verwesung, der schon besiegelten Endgültigkeit des Todes. Was hat er ihr entgegenzusetzen? Was besagt jetzt seine Zusage: «Dein Bruder wird auferstehen» (v 23)? Etwa die korrekte Glaubenslehre: «Ich weiß, daß er auferstehen wird bei der Auferstehung am jüngsten Tage» (v 24)? Nein: «Ich bin» – das Leben nicht nur, sondern weil das Leben, weil seine Gegenwart und Kraft mitten in der dem Tod verfallenen Welt, darum – «die Auferstehung und das Leben», das gegen den Tod sich behauptende und durchsetzende, ihn überwindende Leben. «Wer an mich glaubt, wird, auch wenn er stirbt, leben. Und Jeder, der lebt und an mich glaubt, wird in Ewigkeit nicht sterben» (v 25f.). Das ist – zugleich präsentisch und futurisch gesprochen, zugleich Indikativ und Imperativ – das von Jesus in das Reich des Todes hineingesprochene Wort: sein Wort als seine Tat, indem er es jetzt in das geöffnete Grab des Lazarus hineinspricht, «schreiend mit gewaltiger Stimme: Lazarus, hieher, heraus!» (δεῦρο, ἔξω v 43). Das ist der Kampf Jesu für die Sache des Menschen als Gottes Kreatur, die von Gott zum Leben und nicht zum Tod bestimmt ist – und indem der tote Lazarus hört und tut wie er geheißen ist, ist das Jesu Sieg in diesem Kampf. Wobei man zu bedenken hat, daß, was Joh. 11 in so fast atembeklemmender Dramatik entfaltet wird, das Geheimnis ist, mit dem es die neutestamentliche Überlieferung in allen seinen Taten und zuerst in seinem in seinen Taten konkretisierten Wort zu tun zu haben meinte.

Im selben Sinn ist hier endlich diejenige Gruppe von Texten lehrreich, die sich mit den von Jesus vollzogenen Dämonenaustreibungen beschäftigen. Daß sie für die Überlieferung eine hervorgehobene Bedeutung haben, ist nicht zu verkennen. In dem Sammelbericht Act. 10, 36f. wird geradezu das ganze Handeln Jesu in den Worten zusammengefaßt: «Er ist umhergezogen, hat wohlgetan und geheilt alle, die vom Teufel überwältigt waren, denn Gott war mit ihm» (v 38). Dieselbe Zusammenfassung liegt vor in dem Bericht über die Rückkehr der von ihm ausgesandten Jünger Luk. 10, 17: «Sie sagten freudig: Auch die Dämonen sind uns untertan in deinem Namen.» Und ihnen antwortet wieder Jesus selbst (v 18): «Ich sah den Satan wie einen Blitz vom Himmel herunterstürzen.» Anderwärts werden die Dämonenaustreibungen den Krankenheilungen jedenfalls als der eine große Bereich des Handelns Jesu gegenübergestellt: Mr. 1, 34

3. Der königliche Mensch

an zweiter, Matth. 8, 16 an erster Stelle. Und es ist zu beachten, daß Matth. 12, 22f. auch die Heilung eines Blinden und Stummen und Luk. 13, 10f. die einer Frau mit verkrümmtem Rücken als Dämonenaustreibungen beschrieben werden. Erschöpfend kann also das, auf was die mit den Dämonenaustreibungen beschäftigten Texte blicken, damit sicher nicht beschrieben sein, daß man erklärt, es habe sich dabei «eigentlich» – nämlich abzüglich der durch das damals maßgebende «mythische Weltbild» bedingten Einkleidung und Ausschmückung – um das gehandelt, was wir heute als «Geisteskrankheit» und als deren Heilung durch die ihr angemessene psychisch-physische Behandlung verstehen, bzw. zu verstehen meinen.

Man wird dabei keineswegs übersehen und bestreiten können – man darf das auch nicht tun! – daß zu den Phänomenen des Bereichs kosmischen Elends, auf den diese besonderen Texte blicken, indem sie von dämonischer «Besessenheit» gewisser leidender Menschen reden, faktisch auch das gehört, was wir «Geisteskrankheit» nennen. Man braucht – hier ist freilich größte Zurückhaltung geboten! – auch das nicht ohne Weiteres auszuschließen, daß in dem von ihnen beschriebenen Handeln Jesu an diesen Menschen eine Komponente dessen sichtbar sein mag, war wir eine – nicht im technischen, aber im sachlichen Sinn des Begriffs – «psychiatrische» Behandlung nennen würden. Gerade der ausführlichste von einem solchen Leidenden und von seiner Heilung handelnde evangelische Text, die Geschichte von jenem Gerasener (Mr. 5, 1f. Par.) hat jedenfalls, was die Symptome des Leidens des Mannes betrifft, etwas in dieser Hinsicht Zwingendes. Warum sollte der Kreis des Handelns Jesu gerade den Bereich kosmischen Elends nicht berührt und geschnitten haben, den wir heute mit jenem Namen bezeichnen? Und warum sollte der Eingriff Jesu in diesen Bereich nicht beiläufig auch so etwas wie einen psychiatrischen Charakter gehabt haben? So gewiß es sich in dem, was da geschah, um menschliche und also auch um seelische Zustände und Vorgänge handelte! Nur das sollte man allerdings nicht meinen, das, was jene Texte im Blick auf die leidenden Menschen und vor allem im Blick auf das Tun Jesu vor Augen hatten, mit jener Erklärung erschöpfend beschrieben, geschweige denn in seinem entscheidenden geistlichen, theologischen Sinn und Charakter erfaßt zu haben. Es ist das, was man bei jener Erklärung zu sehen bekommt, bestenfalls ein untergeordneter Teilaspekt dessen, auf was die Texte bei ihrer Schilderung jener Vorgänge blicken: so sehr «untergeordnet» und so sehr «Teilaspekt», daß man sich wohl fragen kann, ob die Erzähler, hätten sie unser erleuchteteres Wissen um seelische Krankheit, ihre Behandlung und eventuelle Heilung schon gehabt, sich wesentlich anders ausgedrückt hätten, als sie es getan haben.

Was nun aber das sog. «mythische Weltbild» jener Zeit betrifft, aus dessen Beständen die Vorstellung von Dämonen und dämonischer Besessenheit stammen soll, so wird jedenfalls zu beachten sein: Wir haben es bei dem in den evangelischen Berichten Erzählten durchaus nicht mit einer damals allgemein herrschenden «Vorstellung» zu tun. Allgemein herrschend konnte sie schon darum auch damals nicht sein, weil es schon im Altertum medizinisch-wissenschaftliche Stimmen wie die des Hippokrates gegeben hat, die sich gegen das Rechnen mit Dämonen gerade im Blick auf seelische Krankheitszustände in aller Form verwahrt und die mit diesem Reden bezeichneten Phänomene sehr materialistisch: aus abnormen Bewegungen der «Säfte» im Kopf des Kranken erklärt haben. Es geht aber im Neuen Testament auch innerhalb des damals gewiß weithin vorhandenen Konsensus über das Sein und Wirken solcher Wesenheiten um etwas Besonderes: um diejenigen (als solche in unsern Texten übrigens nie definierten, offenbar auch nicht als definierbar betrachteten) «Dämonen», denen es (a) eigentümlich ist, vom Menschen Besitz zu ergreifen, ihn sich selbst zu entfremden und zu beherrschen, um ihn nach Leib und Seele zu stören und zu zerstören, und (b) diese Absicht in einem ganz bestimmten Zusammenhang, nämlich im Dienste eines ganzen Reiches der Störung und Zerstörung, zusammengefaßt in der (ebenfalls nicht definierten) Gestalt des Teufels, des Satans, des «Beelzebul» zu vollstrecken. Diese spezifische Anschauung von den Dämonen, ihrem Wirken und ihrem Zusammenhang, ist zwar nicht original neutestamentlich, sie gehört aber durchaus nicht zum allgemeinen Inventar des sog. «mythischen Weltbildes». Sie ist eine spezifisch spätjüdische Anschauung, gehört also zu den Merkmalen der Schlußetappe der Geschichte Israels. Ob und inwieweit ihre Formung durch alttestamentliche Reminiszenzen einerseits, durch persische oder andere fremde Einflüsse andererseits angeregt und bedingt war, ist eine historisch interessante, aber theologisch zweitrangige Frage gegenüber dem Sachlichen: Wir befinden uns in einem ganz besonderen Wirklichkeitsbereich, in der Zeit eines in seinem geistlichen Charakter einzigartigen Ausgangs, der alle Kennzeichen eines ebenso einzigartigen Übergangs ins Leere hatte. Wir befinden uns in dem geschichtlichen Bereich, in welchem der alttestamentliche Kanon abgeschlossen, sein Inhalt zu einer Größe der Vergangenheit wurde: in der Gegenwart (ohne eigene Gegenwart) studiert, respektiert, verehrt, von einem Geschlecht dem anderen vorgehalten und eingeprägt wurde, in welchem die Prophetie verstummt, an ihre Stelle eine geschichtslose Apokalyptik getreten, das Gesetz mit seinen hunderten von erfüllbaren und unerfüllbaren Forderungen zur einzigen Gestalt des offenbaren Willens Gottes, in der aus der israelitischen Existenz im Jahvebund endgültig die jüdische Religion geworden war. Jahve hatte geredet, nun schwieg er. Diese furchtbare Wende war das Geheimnis jener Zeit, jenes Bereichs, des sog. «Spätjudentums». Hier, in dieser Wende, in diesem geistlich-geschichtlichen Vakuum ist jene «Vorstellung» aufgetaucht und herrschend geworden. Aber sagen wir es doch lieber objektiv: Hier sah und erfuhr man ganz real (konnte es anders sein? war das als Füllung jenes Vakuums nicht ganz real und gar keine subjektive Einbildung?) – an Stelle dessen, was man hier nicht mehr sah und erfuhr: die fatale Wirklichkeit des Gegenspielers, den Abgrund, die Finsternis, den Greuel des Bösen als den höchst präsenten Hintergrund des menschlichen Daseins, die jetzt unsichtbare, jetzt auch wieder höchst sichtbare, hörbare, greifbare Herrschaft des Nichtigen über den Menschen, das in seiner Einheit der Teufel, der Satan, der Beelzebul oder wie man es, persischer oder sonstiger Anregung folgend, nennen wollte, heißen konnte – in seiner Vielfältigkeit das Heer seiner Engel, die δαιμόνια, die πνεύματα, so oder so: die Macht und die Mächte des Verderbens. Hier sah und erfuhr man eben den Menschen, der von diesen Mächten im Besonderen bewohnt, «besessen», beherrscht, gefangen, an Leib und Seele gequält werden konnte, den man in einzelnen Gestalten tatsächlich von ihnen heimgesucht und nun eben so sich selber entfremdet fand. So ganz anders sich selber entfremdet als durch jene freundlichen, erhellenden, begeisternden, im schlimmsten Fall etwas spukhaften δαιμόνια und sonstigen Gottheiten, mit deren Einwohnungen es der Hellenismus zu tun zu haben meinte! Es war nicht umsonst der Jude – wo sonst als in seiner Welt gab es denn das geistliche Vakuum, in welchem er existierte? – der hier tiefer sah als alle anderen: die δαιμόνια als πνεύματα ἀκάθαρτα oder πονηρά, als Satansengel wie der, von dem Paulus sich nach 2. Kor. 12, 7 geplagt wußte. Natürlich nicht auf den jüdischen Bereich beschränkt, hier nur eben offenbar als das, was sie immer und überall waren und sind! Eben das Werk von dämonischen «Geistern» dieser Art hat die christliche Gemeinde dann im allgemeinen und besonderen Geschichtsverlauf als die eigentlichen Hindernisse und Gegner des Evangeliums (Eph. 6, 12, 1. Tim. 4, 1) und insbesondere im heidnischen Gottesdienst (1. Kor. 10, 20f., Apok. 9, 20) erkannt.

Und nun sollte man eben, besonders wenn es um unsere evangelischen Texte geht, von der allzu primitiv subjektivistischen Denk- und Redeweise lassen, laut derer Jesus sich in dieser Sache – nach den alten Rationalisten: der gängigen spätjüdischen «Vorstellung» pädagogisch angepaßt («akkomodiert») hätte – nach der heute geläufigen Auffassung: selber in dieser Vorstellungsweise befangen gewesen wäre. Es geht hier natürlich auch um «Vorstellungen», primär und entscheidend aber um objektive Sachverhalte, die als solche durch den Aufweis der Grenzen und Bedingtheiten der betreffenden «Vorstellungen» keineswegs in Frage zu stellen sind. Die Wahrheit war eben die, daß Jesus in jener spätjüdischen Wirklichkeit mit deren nicht nur subjektiven,

3. Der königliche Mensch

sondern auch objektiven, nicht nur anthropologischen, sondern auch theologischen und darum auch kosmologischen Vorgegebenheiten lebte und eben so wie jeder andere Jude, nur unvergleichlich viel genauer als jeder andere, sah, was da wirklich zu sehen – unvergleichlich viel schärfer als jeder andere erfuhr, was da wirklich zu erfahren war: nicht eine vermeintliche, ersonnene, erträumte, in den Bereich des Seins nur hineinprojizierte, sondern die wirkliche, die konkrete Abgründigkeit und Finsternis, die Gegenwart und Aktion des Nichtigen, des Bösen im Hintergrund und im Vordergrund des menschlichen Daseins. Er sah und erfuhr ihn wirklich: den (unsichtbar, weithin aber auch sichtbar und jedenfalls bestimmt real) von dorther in Anspruch genommenen und gefangenen, von seiner menschlichen Umgebung gefürchteten und darum gefesselten, seine Ketten je und je zerreissenden und in seiner so gewonnenen Freiheit nur erst recht elenden, den vom Nichtigen in irgend einer seiner Gestalten «besessenen», ihm unentrinnbar verfallenen Menschen: den Menschen, der von jenem verderblichen Hintergrund der menschlichen Situation her auch vordergründlich verdorben ist. Darum ging es in Jesu Dämonenaustreibungen und darum waren sie der Überlieferung nicht nur für sich genommen, sondern als bezeichnend für die Richtung seines ganzen Handelns so wichtig: daß sie, so wie sonst nur jene Totenerweckungen seinen, des Reiches Gottes totalen und schlechthin siegreichen Zusammenstoß mit dem Nichtigen, mit der ganzen Welt des von Gott verneinten Chaos, mit dem Gegenreich der Finsternis erkennbar machten. Auch hier weit über des Menschen Sünde und Schuld, aber hier nun auch weit über seine Not und Traurigkeit, weit sogar über den Tod hinaus, griff Jesu Handeln an dieser Stelle mitten hinein in den Bereich der Gewalt, die, durch des Menschen Sünde und Schuld in den Kosmos hereingelassen und in des Menschen Not und Traurigkeit wirksam, alle Wesen bindet, in die Giftquelle, deren Ergüsse den Kosmos durchdringen, seine Gestalt charakterisieren als die dieses «gegenwärtigen bösen Äons» (Gal. 1, 4).

Um was es Jesus in der Sicht der Überlieferung ging, wird sichtbar in der unheimlich drastischen, moralisch wirklich nicht unbedenklichen Bildrede Mr. 3, 27: «Niemand kann in das Haus eines Starken eindringen und ihm den Hausrat rauben, wenn er nicht vor allem den Starken bindet. Erst dann wird er sein Haus ausplündern!» Luk. 11, 21 mehr martialisch gewendet: «Wenn der Starke bewaffnet seinen Hof bewacht, bleibt sein Besitztum in Frieden. Doch wenn ein Stärkerer über ihn kommt und ihn überwindet, nimmt er ihm seine Waffenrüstung, auf die er sich verließ, und verteilt seine Beute.» So handelt Jesus in den Dämonenaustreibungen, so geht er, statt neue Lappen auf das alte Kleid zu flicken, dem Übel auf den Grund, an die Wurzel, nimmt er – und das als der Stärkere, der über den Starken kommt – seinen Kampf um und für den Menschen, den charakteristischen Kampf des Reiches Gottes dort auf, wo es in letzter Entscheidung hart auf hart geht, wo eben nur Einer oder der Andere Herr sein kann, der Eine dem Anderen weichen muß: «Da bedrohte ihn Jesus und sprach: Verstumme und fahre aus von ihm» (Mr. 1, 25). «Fahre aus, du unreiner Geist aus dem Menschen!» (Mr. 5, 8). Dazu die Stimme des Volkes: «Was ist das für eine Rede? Er gebietet ja den unreinen Geistern mit Gewalt und Macht und sie fahren aus» (Luk. 4, 36). Jetzt, von diesem aufs Ganze gehenden Kampf und Sieg her kann die «Ausplünderung» des Hauses des Starken in Angriff genommen, jetzt die «Beute» verteilt, jetzt dem Menschen seine Sünden vergeben, jetzt der traurige Mensch getröstet, jetzt der kranke Mensch gesund gemacht werden! Dieser aufs Ganze gehende Radikalismus jenes den Unwillen Gottes selbst widerspiegelnden Angriffs Jesu ist das Besondere dieser Texte.

In ihnen und nur in ihnen hat ja dann nicht nur der leidende und um Hilfe rufende Mensch als solcher, sondern – auf Zunge und Lippen dieses Menschen gelegt – das, was ihn gefangen hält und plagt, der Dämon oder die Dämonen Stimme und Wort. Die Krankheit redet nicht; der Tod redet auch nicht; die Dämonen aber, die undefinierbaren Konkretionen des undefinierbaren Chaos als die eigentlichen Gegenspieler Gottes und seines Reiches – sie reden, sie schreien! Natürlich nicht etwa im Namen der leidenden Menschen um Hilfe für diese: sie sind ja nicht deren Freunde, sondern deren Feinde; diesen Menschen kann ja nur gegen sie geholfen werden. Sie reden und schreien aber auch nicht – wie man wohl erwarten könnte – Lästerungen, Proteste, Kampfrufe. Sondern was da hörbar wird, ist das, daß die in ihnen konkretisierte Finsternis sich bedroht, in höchster Gefahr befindet und erkennt. Scharfsinniger als alle beteiligten Menschen weiß sie wohl, mit wem und was sie es in ihrer Konfrontierung mit Jesus zu tun hat und weiß, daß sie, sonst an lauter Sieg und Behauptung ihrer Herrschaft gewöhnt, Diesem nicht gewachsen ist. An ihr, der Erregerin aller Weltangst, ist es jetzt, selber Angst zu haben. Man lese etwa gleich Mr. 1, 24: «Was haben wir mit dir zu schaffen, Jesus von Nazareth? Bist du gekommen, uns zu verderben? Wir wissen, wer du bist: der Heilige Gottes!» Ein Bekenntnis in Form des jämmerlichen Geschreis eines schon zur Flucht gezwungenen Heeres! Das ist – auch in den anderen Texten – das Wort der Dämonen. Dazu und nur noch dazu kann das Chaos in der Gegenwart Jesu sein Maul auftun! Was in der Gegenwart Jesu manifest wurde, war dies, daß das Chaos nichts zu melden, nichts für seine Sache vorzubringen hat. Wie sollte es schon? Es brauchte aber Jesus dazu, damit es offenbar würde, daß es wirklich nichts zu sagen hat!

Die Sache hat zweifellos auch ihre groteske Seite. Man denke noch einmal an die Geschichte vom Gerasener Mr. 5, 1 Par., die jemand geradezu als eine «Schnurre» bezeichnet hat. Warum nicht? Es ist eben bei allem letzten Ernst auch einfach grotesk und – sei es denn! – schnurrig, was dem Bösen in seiner Konfrontierung mit Jesus widerfährt: wie es da nach dem Wort Luk. 10, 18 einfach vom Himmel herunter fällt, wie es da gerade nur noch um Erlaubnis betteln kann, als das Unreine ins Unreine: in eine Herde Schweine zu fahren, mit diesen über den Abgrund hinunter in den See zu stürzen und mit ihnen zu ersäufen, endgültig aus der Welt geschafft zu sein. Wäre doch die Gemeinde dabei geblieben oder hätte sie doch schon wieder gelernt, nicht bloß blöd zu lachen, sondern sich so richtig zu freuen über dieses Zeichen und über das, auf was es so drastisch zeigt!

Eben zum Grotesken der Sache gehört schließlich – nun freilich in einem sehr düsteren Sinn des Begriffs – auch das, daß man, wie nach Matth. 11, 18 von Johannes dem Täufer, so auch der johanneischen Überlieferung (7, 20; 8, 48; 10, 20) von Jesus selbst gesagt hat: «Er hat einen Dämon», also: er ist selbst ein Opfer der Sklaverei, aus der Andere befreien zu wollen er wagt, er ist das, gerade weil und indem er so undenkbar Kühnes und Umfassendes wagt! Bei den Synoptikern lautet die Anklage noch schärfer: «Er hat den Beelzebul und durch den Herrscher der Dämonen treibt er die Dämonen aus!» (Mr. 3, 22 Par.). Jesus hat darauf (v 23 f.) «in Gleichnissen» tief ironisch geantwortet: «Wie kann ein Satan den anderen austreiben? Wenn ein Reich in sich selbst entzweit ist, kann dieses Reich nicht bestehen. Und wenn ein Haus in sich selbst entzweit ist, wird dieses Haus nicht bestehen können. Und wenn der Satan wider sich selbst aufgetreten und in sich entzweit ist, kann er nicht bestehen, sondern es ist aus mit ihm.» Die Meinung ist: Es wäre offenbar aus mit ihm, auch wenn ihr mit eurer bösen Hypothese recht hättet! Aber dann taucht (v 28 f.) – die Hypothese ist und bleibt überaus böse! – hinter diesen «Gleichnissen» Jesu dunkelstes Wort auf (jedenfalls bei Markus und Matthäus gerade in diesem Zusammenhang): das von der Lästerung des Heiligen Geistes, die den, der sie ausspricht, ewiger, keiner Vergebung zugänglicher Sünde schuldig macht. «Denn sie hatten gesagt: Er hat einen unreinen Geist» (v 30). Wenn sie wußten, was sie damit sagten, so hatten sie das Reine unrein, das Heilige unheilig, das Gute böse, das Leben Tod, das Reich Gottes das Reich des Satans, eines sich selbst aufhebenden Satans, genannt, sich selber auf die Seite der Dämonen gestellt, zur Alleinwirklichkeit des Bösen bekannt und damit von der Befreiung, vom neuen Äon, von der Verkündigung der Vergebung und des Heils und vom Empfang beider, von jeder Hoffnung automatisch ausgeschlossen. Von Zorn oder Betrübnis Jesu ist hier nirgends die Rede. Es ist nur offenkundig, daß er denen, die so denken und reden wollten, nichts weiter zu sagen hatte: nicht einmal das, daß sie tatsächlich in diese Sünde gefallen waren.

3. Der königliche Mensch

Er hat sie nur eben auf diese Sünde aufmerksam gemacht. Fielen sie, so hat nicht er sie, so hatten sie selbst sich fallen gelassen: dahin, wo sie an der Seite der Dämonen auch deren Los, die Nichtigkeit des Nichtigen teilen mußten.

Wir blicken zurück auf das Ganze dieser unserer vierten Feststellung: die Wundertaten Jesu sind, nicht umsonst gerade in ihren anstößigsten Gestalten: in den Totenerweckungen und in den Dämonenaustreibungen – ausgesprochene **Kampfhandlungen**, von Jesus vollzogen im Dienste Gottes, als Vollstreckungen von Gottes eigenem Werk und also als Kundgebungen seines Willens und Wesens, als Offenbarungen des Charakters und der Natur seines Reiches. «Er bedrohte den Wind und sprach zum Meer: Schweig, verstumme!» (Mr. 4,39) könnte in dieser Hinsicht als Überschrift über allen diesen Geschichten stehen. Jesu Handeln, in ihm erkennbar Gott selbst und sein Reich, ist Schutz und Trutz gegen die den Menschen knechtende Gewalt des Verderbens, der $\varphi\vartheta o\varrho\acute{a}$ in allen ihren Gestalten. Nicht neutrale Macht bzw. Allmacht also, sondern Allmacht des **Erbarmens**, nicht eines ruhenden, passiven, sondern eines **tätigen** und in seinem Verhältnis zu jener Gewalt zugunsten des armen Menschen schlechthin **streitbaren** Erbarmens! Darum geht es in Jesu Wundern. Und indem es in ihnen **darum** geht, sind sie Wunder! Denn das ist **wunderbar**, neu – von allen: nicht nur von allen wissenschaftlichen, sondern auch von allen ethischen und religiösen – Standpunkten, übrigens auch von aller ästhetischen Weltverklärung her gesehen, **unbegreiflich**: daß Gott ein solcher Gott ist, der um des Menschen willen in dieser Sache nicht abseits steht, keine Ruhe gibt, dessen großer Sabbat wirklich, von ihm zuerst begangen und nun mit ihm und unter seiner Herrschaft auch vom Menschen zu begehen, der Tag seiner Feier, seiner Freude und seines Friedens ist.

5. Wir nennen als Letztes zur Feststellung jener Linie des konkreten Handelns Jesu, indem wir ein entscheidendes Moment des Bisherigen noch einmal unterstreichen und hervorheben: es ist glorreich **freie Gnade**, in welcher der Mensch Jesus handelt und die in seinem Handeln als Wahrheit und Wirklichkeit Gottes selbst wirksam und offenbar wird. Wir sahen: daß der Mensch ein Sünder und also Gottes Feind ist, wird in diesen Erbarmens- und Kampftaten Jesu **nicht** in Betracht gezogen, dem Menschen nicht angerechnet. Die ganze kümmerliche Verkehrtheit des menschlichen Herzens und Verhaltens wird da wohl hier und dort am Rande – aber wirklich nur am äußersten Rande – bemerkbar. Es ist Jesus nach dem, was da von ihm erzählt wird, wirklich **nicht** mit dem beschäftigt, was anthropologisch gesehen die Ursache des menschlichen Elends ist, sondern ganz mit diesem Elend selbst und als solchem. Es ist nicht der böse, sondern es ist der **leidende** Mensch, dem er, dem Gott selbst nach diesen Texten zur Seite tritt und zu Hilfe kommt: ihm, der

Kreatur, diesem kosmischen Wesen als solchen, ihm so gänzlich unverdient: einfach und ausschließlich darum, weil das der gute Wille Gottes mit ihm ist!

Man kann sich nachträglich wohl wundern: Wie war es nur möglich, daß die Reformation und dann – auf den Wegen Luthers und auf denen Calvins – der ganze alte und erst recht der neue Protestantismus, von gewissen Einzelgängern abgesehen, diese im Neuen Testament doch so klar bezeugte Dimension des Evangeliums: seine Kraft als Botschaft der erbarmungsvoll mächtigen, vorbehaltlos vollzogenen Befreiung, eben von der φθορά, vom Tode, vom Bösen als der Gewalt des Üblen, so gänzlich übersehen konnte? Wie kam es, daß der Protestantismus im Ganzen – Augustin, dem «Vater des Abendlandes» nur zu getreu – sich so einseitig anthropologisch (am Problem der Busse, statt an deren Voraussetzung: dem Reiche Gottes!) orientieren, und das hieß dann im Resultat: zu einer so einseitig moralischen und darum so glanzlosen, der Frage nach dem Menschen selbst gegenüber so gleichgültigen und darum so unfreudigen Angelegenheit werden mußte? Wie war es nur möglich, daß man auch das übersehen konnte: welche strahlende Begründung und Bestätigung gerade die spezifisch reformatorische Lehre von der Rechtfertigung und von der Heiligung man sich damit entgehen ließ, daß man nicht ganz anders auf den gerade in den Wundertaten Jesu, in diesen «Werken Gottes» sichtbaren Charakter der Selbstoffenbarung Gottes in ihm, dem Menschensohn, achtete: eben auf die Freiheit der in ihm erschienenen Gnade? Und von dem so gänzlich auf das Werk des Menschen in Kirchenrecht, Mystik, bürgerlich korrekter und mönchisch perfekter Moral ausgerichteten westlichen Katholizismus war und ist in dieser Hinsicht trotz seiner vielen Heiligen mit ihren vielen Mirakeln erst recht nichts Bemerkenswertes zu lernen. Können wir durch die Reformation wenigstens wissen, was freie Gnade sein möchte und also ihren Radikalismus, wie er in Jesu Wundertun sichtbar ist, vielleicht wieder sehen lernen, so hat es den Anschein, daß man sich dort, wo man die Reformation verweigert hat und also von freier Gnade Gottes nichts wissen will, nach dieser Seite fast hoffnungslos versperrt hat. Merkwürdig beschämend die Tatsache, auf die hier nur hinzuweisen ist: daß die Ostkirche in ihrer teilweise so wunderlichen und widerspruchsvollen Weise nicht aufgehört hat, zu sehen und ernst zu nehmen, was da zu sehen – für uns betrübte Abendländer insgesamt völlig neu zu sehen wäre!

Eben hier ist nun der Ort, schließlich das hervorzuheben, was in den neutestamentlichen Texten als die Beziehung zwischen den Handlungen Jesu und dem Glauben des Menschen sichtbar wird, an denen und unter denen sie geschehen. Sie wird nicht immer, aber gelegentlich doch so bestimmt sichtbar, daß wir, um die Linie, auf der sich die Wunder Jesu ereigneten, genau zu sehen, nicht daran vorübergehen können.

Das Wort vom Glauben, der einen Berg zu versetzen die Macht haben möchte, das Mr. 11, 23 im Zusammenhang mit der Verfluchung des Feigenbaumes angeführt wird, wird Matth. 17, 20 dem Versagen der Jünger im Fall jenes epileptischen Knaben entgegengestellt und ist Luk. 17, 6 (hier geht es freilich um die Versetzung eines Baumes!) Jesu Antwort auf deren Bitte: «Mehre uns den Glauben!» Neu im Verhältnis zu Markus ist in diesen beiden Versionen die Wendung: «Wenn ihr Glauben habt wie ein Senfkorn ...», durch die verdeutlicht wird: daß es nicht etwa eines großen, massiven, heroischen, gewissermaßen eklatanten, weithin als solchen erkennbaren Glaubens bedarf, damit das den Menschen Unmögliche, das Wunder, geschehe, daß dazu vielmehr ein Minimum genüge. Mit dem besonders bei Matthäus gern, immer in direkter Anrede (ὀλιγόπιστοι) und immer im Sinn eines Tadels angeführten «Kleinglauben», der nach

3. Der königliche Mensch

Matth. 14, 31 ein zweifelnder und darum nur eine Weile durchhaltender und dann verzagender Glaube ist, hat dieser «Senfkornglaube», dem solche Verheißung gegeben wird, offenbar nichts zu tun. Gemeint ist offenbar ein quantitativ (also etwa hinsichtlich seiner psychischen Intensität oder hinsichtlich seiner äußeren Darstellungskraft) minimaler, unscheinbarer, aber in dieser höchsten Geringfügigkeit durch eine bestimmte Qualität ausgezeichneter Glaube. Dem, der solchen Glauben hat, wird verheißen, daß sein Wort genügen werde, einen Berg zu jenem außergewöhnlichen «Gehorsam» zu veranlassen (Luk. 17, 6). «Und nichts wird euch unmöglich sein» (Matth. 17, 20). Das Logion bezieht sich in allen drei Versionen auf den Glauben, zu dem die Jünger zur Erfüllung der ihnen in der Welt übertragenen Aufgabe aufgerufen werden. Auch sie sollen ja das nahe herbeigekommene Himmelreich gerade nicht nur in Worten verkündigen («predigen»), sondern, wie Matth. 10, 8 in erschreckender Bestimmtheit zu lesen steht: Kranke heilen, Tote auferwecken, Aussätzige rein machen, Dämonen austreiben. Wir werden auf diesen Auftrag und dann auch auf das Logion vom Senfkornglauben, der zu seiner Erfüllung nötig ist, erst in einem viel spätern Zusammenhang: wenn von der Sendung der Gemeinde in der Welt zu reden sein wird, zurückkommen. Das Logion ist aber eben darum schon in unserem jetzigen Zusammenhang wichtig, weil es den – allgemein gesagt – in einer positiven Beziehung zum Wunder stehenden Glauben als einen bestimmt qualifizierten bezeichnet: so qualifiziert, daß er auch im Fall jenes Minimums seines Vorhandenseins der Glaube ist, dem das Geschehen des Wunders verheißen ist.

Solch besonderer Glaube ist offenbar gemeint, wenn Jesus seine Jünger (Mr. 4, 40), nachdem das Wunder der Stillung des Sturmes geschehen ist, mißbilligend fragt: «Warum seid ihr so furchtsam? Habt ihr noch keinen Glauben?» oder wenn er (Mr. 5, 36) dem Synagogenvorsteher ermutigend zuruft: «Fürchte dich nicht, glaube nur!» Oder wenn er (Matth. 9, 28f.) die beiden Blinden fragt: «Glaubt ihr, daß ich Solches tun kann?» und nachher, da sie diese Frage bejahen, zu ihnen sagt: «Euch geschehe nach eurem Glauben!» Oder wenn er (Mr. 9, 23) dem zögernden Vater des Epileptischen zuredet: «Alles ist möglich dem, der glaubt!» Oder wenn es (Mr. 2, 5) von ihm heißt, daß er den Glauben derer sah, die das Dach, da er war, abgedeckt und den Gichtbrüchigen von daher vor ihm njedergelegt hatten. Oder wenn er (Matth. 15, 28) zu der «kananäischen» Frau sagt: «Dein Glaube ist groß; dir geschehe, wie du willst!» oder von dem Hauptmann von Kapernaum: «Bei Keinem in Israel habe ich so großen Glauben gefunden» – und wenn endlich zweimal bei Markus, einmal bei Matthäus und viermal bei Lukas stereotyp die konzise Formel auftaucht: «Dein Glaube hat dich gerettet» (ἡ πίστις σου σέσωκέν σε). Sie bezieht sich mit einer Ausnahme (Luk. 7, 50) auf das Geschehen des Wunders, u. zw. fast durchweg deutlich: unmittelbar auf den Moment, das Ereignis seines Geschehens, das sie geradezu zu beschreiben und zu erklären scheint, während die anderen angeführten Worte (mit Ausnahme jenes nachträglichen Tadels der Jünger) offenkundig auf den erst kommenden Moment solchen Geschehens hinblicken. In allen Fällen ist es klar, daß es sich im doppelten Sinn jenes Logions um den Glauben handelt, der dort «Senfkornglaube» genannt wird: Er ist (a) ein hinsichtlich seiner Erscheinung minimaler Glaube: meist müssen die Leute ja nach ihm erst gefragt oder zu ihm erst aufgefordert werden; in mehreren Fällen handelt es sich um Heiden, in keinem Fall um Menschen, die irgendwie habituell «im Glauben stehen», solchen in irgend einer Form aufzuweisen haben. Er ist aber (b) ein Glaube, der in seiner Minimalität eine bestimmte Beschaffenheit hat, im Blick auf die ihm das Wunder in Aussicht gestellt, ja in der er (laut jener Formel), wenn sie ihm eignet, geradezu als der Vollbringer des Wunders erklärt werden kann. Eines ist deutlich: daß Jesus bei seinen Handlungen nach der Darstellung der Evangelien damit gerechnet hat, daß er solchem Senfkornglauben tatsächlich begegnen möchte und daß er ihm auch tatsächlich begegnet ist.

Welches ist die Beschaffenheit jenes am Geschehen des Wunders irgendwie beteiligten Glaubens, den Jesus bei den Menschen erwartet oder vermißt oder als bei ihnen vorhanden begrüßt? Was ist seine Art, in der er, auch wenn er nur so groß wie ein Senfkorn wäre, der Berge versetzende Glaube ist, der Glaube, dem Alles möglich ist? Was ist das für eine πίστις, von dem jene Formel geradezu sagen kann, daß sie den Menschen rettet? Diese erste Frage dürfte sich entscheiden an der Erklärung des Wortes Matth. 9, 28 – bei den Synoptikern das einzige, in welchem über den Inhalt dieses Glaubens eine konkrete Andeutung gemacht wird: «Glaubt ihr, daß ich dieses tun kann?» (ὅτι δύναμαι τοῦτο ποιῆσαι). Heißt das: Haltet ihr das für wahr, seid ihr überzeugt davon, daß es außer und über den euch bekannten natürlichen und menschlichen Möglichkeiten auch noch eine euch unbekannte höhere, vielleicht absolute, unbedingte Möglichkeit und Macht geben möchte: so groß und wunderbar, daß sie z. B. euch Blinde zu Sehenden machen könnte? Seid ihr ferner fest überzeugt davon, daß ich über solche höhere Macht verfüge und daß ich, wenn ich es will, auch das an euch tun kann: daß ihr sehen werdet? «Glaubt ihr, daß ich dieses tun kann?» hieße dann in Kürze: Glaubt ihr an Wunder? und glaubt ihr, daß ich ein Wundertäter bin? Es ist deutlich, daß dieser «Glaube» mit Jesus nur eben das zu tun gehabt hätte, daß die beiden Blinden ihn für den Träger und Agenten einer solchen höheren Macht gehalten hätten, auswechselbar mit irgend einer anderen menschlichen Person, die allenfalls ähnlich begabt und ermächtigt sein konnte. Es ist auch das deutlich, daß dieser «Glaube» nur insofern ein Glaube an Gott gewesen – vielleicht auch nicht gewesen – wäre, als sie jene höhere Macht nun eben für die Macht Gottes oder doch eines Gottes halten konnten, wenn auch nicht halten mußten: auch dieser Name auswechselbar mit irgend einem anderen Namen, der ja z. B. einfach auch «höhere Natur» oder – sei es denn! – «Übernatur» heißen konnte. Und es ist endlich deutlich: dieser ihr «Glaube» wäre dann als solcher eine vielleicht sehr feste weltanschauliche Überzeugung nun eben dieses Inhalts gewesen, die sie sich aus irgend einem Grund – wie weltanschauliche Überzeugungen sich eben zu bilden pflegen – gebildet hätte und zu der sie sich nun *ad hoc* bekennen sollten und wollten. War das der Glaube, nach dem Jesus sie fragte, zu dem sie sich mit «Ja, Herr!» bekannten und den er meinte, wenn er ihnen nachher (v 29) sagte: «Euch geschehe nach eurem Glauben!»? Und wir fragen weiter: War das der Glaube, den er bei seinen Jüngern im Seesturm vermißte, beim Hauptmann von Kapernaum, bei der kananäischen Frau, bei jenen Trägern des Gichtbrüchigen aber fand, der Glaube, zu dem er den Synagogenvorsteher aufrief, der Glaube, dem er verheißen hat, daß ihm Alles, auch das Versetzen eines Berges möglich sei – und vor allem: der Glaube, von dem er immer wieder sagen konnte: er hat dich gerettet? Das dürfte nun eben auch deutlich sein: Wäre diese Erklärung jener Frage richtig, dann hätte die Überlieferung Jesus hier – und dann doch wohl auch an allen jenen anderen Stellen – vom «Glauben» in einem Sinn reden lassen, der nicht nur dem Gebrauch von πίστις und πιστεύειν im übrigen Neuen Testament, sondern auch dem Wortsinn dieser Begriffe merkwürdig fremd wäre. Eine weltanschauliche Möglichkeit und deren mutmaßliche Verwirklichung ist nun einmal nicht das, womit der Glaube im Neuen Testament beschäftigt ist und von dem her er seine Art und Gestalt empfängt. Sollte es hier auf einmal anders sein?

Aber nun lautet ja der Schrei der beiden Blinden: «Erbarme dich unser, Sohn Davids!» Nun wenden sie sich also nicht an einen Wundertäter, der, wäre er nicht eben dieser Mann von Nazareth gewesen, auch ein ganz Anderer sein konnte, sondern an Jesus als den einen König Israels, neben dem sie keinen anderen kannten. Nun fragen sie auch nicht nach der Wirksamkeit einer anonymen höheren Macht oder Allmacht, Natur oder Übernatur, sondern nach der Tat des in der Existenz des Sohnes Davids seine Verheißung erfüllenden Gottes Israels. Nun schreien sie nicht aus irgend einer (zufällig supranaturalistischen) Überzeugung und in einer ihr entsprechenden Erwartung, sondern – sie schreien ja um Erbarmen! – aus ihrem Elend heraus, aber vor allem: indem sie den Sohn Davids und also den Gott Israels, seine erfüllte Verheißung erkennen und bekennen, ernst und für ihr besonderes Elend in Anspruch nehmen. Also: ob sie das (τοῦτο), wie ihr Schreien anzuzeigen schien, wirklich glaubten: daß der Sohn Davids und also der Gott Israels auf dem Plan sei, sich ihrer erbarmen, sich ihres Elends annehmen, es aus der Welt schaffen könne – ob sie glaubten, daß er, Jesus, die Macht habe, das zu tun – danach sind sie gefragt. Und indem sie sich zu diesem Glauben bekannten, rührte Jesus ihre Augen an, bekannte er sich seinerseits zu diesem ihrem Glauben: «Euch geschehe nach (diesem) eurem Glauben!» Und es geschah – nicht irgend etwas Ungewöhnliches – sondern, in höchster Ungewöhnlichkeit allerdings, in der ganzen Neuheit des nahe herbeigekommenen Gottesreiches: «ihre Augen wurden geöffnet.»

Und nun sehe man sich die übrigen Stellen in ihren Zusammenhängen daraufhin an, ob der von Jesus erforderte oder vermißte oder aber vorgefundene Glaube nicht überall diese Art und Gestalt hat, in welcher er dann auch – in einer besonderen Zuspitzung freilich – dem Wortsinn des Begriffs und dessen Gebrauch im übrigen Neuen Testament entspricht. Ist er nicht, allgemein gesagt, überall der privilegierte und charakteristische Akt elender, von irgend einer besonderen physischen Lebensnot bedrückten Menschen in ihrem Verhältnis zu dem treuen, seine Verheißung erfüllenden Gott Israels, d. h. aber konkret: in dem Verhältnis dieser Elenden zu Jesus, dem Erretter, in welchem die Hoffnung Israels ihre Erfüllung gefunden hatte? Wenn Menschen laut dieser Stellen glauben, so heißt das doch, daß sie – erst sekundär gedanklich, willensmäßig, gesinnungsmäßig, primär aber seinsmäßig in diesem Verhältnis stehen, also schon zu Jesus dem Erretter und also zu Israels Gott gehörten, weil sie schon von ihm gefunden, bevor sie ihn erkannten, ihrerseits von ihm erkannt waren, daraufhin ihn als ihren Herrn wiedererkannten, und nun – das ist die besondere Zuspitzung in diesen Stellen, die Freiheit hatten, ihm und in seiner Person dem treuen Gott Israels mit ihrer ganzen Person auch ihre physische Lebensnot gewissermaßen vor die Füße zu werfen: ihn als den zu erkennen und zu bekennen und in Anspruch zu nehmen, der sie in ihrer Totalität und also auch aus dieser ihrer Bedrückung erretten und also sie auch physisch heilen, gesund machen, ihnen ein normales Leben zurückgeben, sie der drohenden Todesmacht entreißen konnte. Nicht mußte, aber konnte! Denn schon, daß er als Israels Erretter von Gott gekommen und als solcher auch ihnen gegenwärtig, u. zw. so gegenwärtig war, daß sie, diese Elenden zu ihm gehörten, sich zu ihm rechnen, sich ihm hinwerfen und anbefehlen durften – schon das war doch Gottes freie, seinem Volk, der Welt, jedem einzelnen Menschen und so auch ihnen gänzlich ungeschuldete Gnade, lauteres Erbarmen. Und so stand erst recht dies – gewissermaßen als ein Überströmen dieses Erbarmens – vor ihnen: daß ihr Erretter auch noch ihre besondere, ihre physische Lebensnot ansehen, sie wenden, beseitigen, von ihnen nehmen möchte. Daß er das tun müsse, daß sie das von ihm zu fordern das Recht hätten, kam für sie schon darum nicht in Frage, weil sie ihm gegenüber überhaupt kein Recht anzumelden und nichts zu fordern hatten. Sie hatten aber die Freiheit, ihm auch diesen Überfluß seines Erbarmens zuzutrauen, dessen ohne Zweifel und Wanken gewiß zu sein, daß er in der Macht seiner freien Gnade auch dies tun konnte. Diese Freiheit zu solchem Vertrauen war der Glaube, zu dem Jesus die Einen aufrief, den er bei den Andern vermißte, den er bei den Dritten vorfand. Daß er Glaube an Jesus und so an Gott als den treuen und barmherzigen Gott des Israelsbundes, daß er so und als solcher auch dieses Vertrauen auf seine Macht war, das ist das Besondere des neutestamentlichen Wunderglaubens.

Man lege neben Matth. 9, 27f. die Erzählung vom Blindgeborenen Joh. 9, 1f.! Sie ist als Kommentar zu jenem «Glaubet ihr, daß ich dies tun kann?» umso lehrreicher, weil die entscheidende Frage: «Glaubst du an den Menschensohn?» (v 35) hier erst zuletzt hörbar wird, weil die ganze Geschichte hier äußerlich gerade umgekehrt verläuft als dort, die Beantwortung unseres Problems also gewissermaßen im Spiegel zeigt. Das Geschehen des Wunders, der Taterweis der freien Gnade in der besonderen Gestalt der Beseitigung der Blindheit jenes Menschen bildet ja hier den Anfang. Wie nach seiner Sünde und der seiner Eltern, so wird auch nach dem Glauben dieses Menschen, der ja auch nicht einmal ein Begehren nach seiner Heilung geäußert hat, zunächst gar nicht gefragt. Er wird, gewissermaßen über seinen Kopf weg, und scheinbar ohne jede Rücksichtnahme auf das, was er im Verhältnis zu Jesus sein oder nicht sein möchte, aus einem Blinden zu einem Sehenden gemacht. «Die Werke Gottes sollen an ihm offenbar werden» (v 3). Er hatte, nachdem ihm Jesus die Augen bestrichen hatte, nur eben zu gehorchen, sich am Teich Siloah zu waschen und war sehend, wurde auch von seiner Umwelt als Sehender vorgefunden. Er wußte in den langen Verhören, denen man ihn unterzog, nur zu antworten, daß «der Mensch, der Jesus heißt» (v 11), so an ihm gehandelt, solches ihm befohlen habe und daß er nun eben sehe –, dann auf Drängen hin: daß er diesen Menschen für einen Propheten halte (v 17), daß er jedenfalls nicht wisse, ob dieser Mensch ein Sünder sei (v 25), dann, schon entschlossener: wäre er ein Sünder, wie würde er dann solche Macht von Gott haben? «Wenn Jemand gottesfürchtig (θεοσεβής) ist und seinen Willen tut, auf den hört er» (v 31). Und: «Wenn dieser nicht von Gott wäre, vermöchte er nichts zu tun» (v 33). Daß er von den Pharisäern auf dieses Wort hin unter der Erklärung, daß er wie jener Mensch Jesus und womöglich noch schlimmer als er ein Sünder («ganz in Sünden geboren») sei, «hinausgestoßen» wird (v 34), widerfährt ihm nach der Meinung des Textes offenbar noch einmal über seinen Kopf weg: ohne daß er des Sinnes und der Tragweite seines Wortes gewahr wurde. Er scheint nur als Objekt und gar nicht als Subjekt an dem ganzen Geschehen und der ihm folgenden Aufregung beteiligt gewesen zu sein. Nun begegnet ihm aber Jesus (v 35f.) ein zweites Mal, jetzt unmittelbar, ohne Vorbereitung und Erklärung die Frage: «Glaubst du an den Menschensohn?» Seine immer noch unwissende Gegenfrage: «Und wer ist es, Herr, daß ich an ihn glaube?» Jesu Antwort: «Du hast ihn sogar gesehen, und der mit dir redet, der ist es.» «Er aber sprach: Ich glaube, Herr! und warf sich vor ihm nieder» (προσεκύνησεν αὐτῷ).

Also: Zuerst war angesichts dieses Häufleins menschlichen Elends nur eben Jesus da. Zuerst widerfuhr dem Elenden nur eben das mächtige Handeln seines Erbarmens, zuerst wurde dieser Blindgeborene zum Sehenden gemacht. Von seinem Glauben ist die längste Zeit nicht die Rede, kann und soll auch nicht die Rede sein, nur eben im voraus von dessen Gegenstand: nur eben von dem, an den zu glauben er dann zu allerletzt bekennen durfte und mußte, vor dem er sich dann niederwarf als vor der Gegenwart und Offenbarung Gottes selber. Aber noch ist auch von diesem Gegenstand seines Glaubens zunächst nur in einer gewissen Verschleierung die Rede – noch hat er sich ja dem Blinden und auch dem danach Sehenden nicht selbst als solcher offenbart – nur von dem «Menschen, der Jesus heißt», den die Pharisäer, unfähig zu leugnen, was als Tatsache auch vor ihren Augen war, einen Sünder nannten, im Blick auf den aber auch der Geheilte selbst nur immer wieder auf das ihm von ihm Widerfahrene: auf das Faktum, daß er jetzt sehe, berufen kann. Er ringt sich, mehr gepreßt als von sich aus, dazu durch, ihn nicht für einen Sünder, sondern für einen Gottesfürchtigen zu halten. Aber die Sache hat offenbar noch eine andere Seite, die auch unter diesem Schleier nicht ganz unsichtbar ist: Der Blinde hat ja Jesus gehorcht. Und er hat sich im Unterschied zu seinen vorsichtigen Eltern (v 18f.) zu der ihm widerfahrenen Wohltat und zu seinem ihm nur dem Namen nach bekannten Wohltäter immer wieder laut bekannt. Er hat sich schließlich auch jenes letzte für ihn so gefährliche Wort: daß dieser «von Gott» sein müsse, entreißen lassen. Muß man nicht sehen und sagen: Er gehörte offenbar faktisch, objektiv, seinsmäßig schon zu dem Unbekannten, der solches an ihm getan? «Du bist sein Jünger!» haben ihn ja (v 28) auch die Pharisäer geschmäht, und sie haben sein letztes Wort ohne Weiteres als sein Bekenntnis zu ihm verstanden und verurteilt, haben ihn als Sünder «hinausgestoßen», ihn gewissermaßen im voraus zu seinem mit ihm leidenden Zeugen gemacht. Eben dieser faktische, objektive, seinsmäßige Sachverhalt – Jesus war schon bei ihm und so war er unwissend schon bei Jesus – wurde dann durch Jesu Frage nach seinem Glauben ans Licht gezogen. Nicht ein zuvor schon vorhandener, verborgener Glaube des Geheilten, wohl aber dessen reale Voraussetzung: wer und was Jesus für ihn und also wer und was er selbst für Jesus schon war,

3. Der königliche Mensch

bevor er glaubte: Jesus für ihn der Bringer der freien Gnade Gottes in ihrem Überschuß als seine physische Heilung – er für Jesus der Empfänger dieses Überschusses und also der mit ihm als dem Bringer der freien Gnade Gottes Konfrontierte – beide in diesem Verhältnis zueinander, in dieser realen Verbundenheit. Er hatte, ohne danach begehrt zu haben, und – in diesem Sinn immer noch blind – ohne zu verstehen, was ihm geschah, erfahren, was der Menschensohn konnte. Das war die reale Voraussetzung seines Glaubens. Es mußte jetzt bloß, und das geschah in jenem Schlußgespräch, ans Licht gezogen werden: es war kein bloßer Prophet oder Gottesfürchtiger, sondern der Menschensohn, auf den alle Propheten und Gottesfürchtigen in Israel gehofft und gewartet hatten, es war der barmherzige Gott Israels in der Tat der Erfüllung seiner Verheißungen, dessen Können, dessen Macht der Geheilte erfahren, der ihn, den Blinden, sehend gemacht hatte und also selig machen konnte. Wie sollte er als Israelit nicht bereit sein, an Israels Gott und also an den Menschensohn zu glauben? Aber was hieß da Bereitschaft, da er doch den nicht sah, den Erfüller der göttlichen Verheißungen nicht kannte, an den er wohl glauben wollte? «Wer ist es, Herr, damit ich an ihn glaube?» Er sah und kannte ihn tatsächlich nicht, obwohl er doch nicht nur sichtbar und erkennbar, sondern als der Nächste, der ihm solche Barmherzigkeit schon erwiesen, durch sein erwiesenes Können schon beglaubigt, leibhaftig vor ihm stand. Es sollte und konnte aber diese Türe nicht von außen, sondern von innen aufgehen, von Jesus selbst geöffnet werden. Indem der Menschensohn sich selbst ihm als solcher entdeckte «der mit dir redet, der ist es» – tat er ihm, nachdem er ihm die leiblichen Augen aufgetan, auch die Augen des Glaubens auf, geschah es ihm – und jetzt sofort mit unwiderstehlicher Kraft – daß er zum Glauben an ihn erweckt und aufgerufen, in die Proskynese geworfen wurde wie ein vom Blitz Erschlagener. Nichts durfte fehlen, wenn das Ereignis werden sollte: jenes faktische, objektive, seinsmäßige Verhältnis zwischen Jesus und ihm nicht, in diesem Verhältnis nicht das Wunder der freien Gnade in deren Überschuß, nicht seine leibhafte Begegnung mit Jesus als Aktualisierung jenes Verhältnisses – und wieder und vor allem und als das Entscheidende auch dies nicht: daß Jesus selbst von sich selbst redete, sich ihm durch sein Wort von sich aus zu erkennen gab, sich also als seines Glaubens Gegenstand, der er schon zuvor war, nun auch zu seines Glaubens Schöpfer machte.

Wie der Mensch (vom Wunder Jesu und also von Jesus selbst und also von Gott her!) von daher kommt, wohin man ihn Matth. 9, 27f. gehen sieht (dem Wunder Jesu und also Jesus selbst und also Gott entgegen!), wie also der Glaube nicht nur des Menschen Eingang in das im Wunder manifeste Reich Gottes, sondern auch sein Ausgang von dort, wie er Wurzel nicht nur, sondern auch Frucht ist, das ist die überaus merkwürdige Lehre von Joh. 9, 1f. Er ist, wir fassen zusammen, der in diesem doppelten Sinn qualifizierte Glaube: des Menschen Zuwendung zu Jesus und seiner Macht, die darin begründet ist, daß Jesus sich in seiner Macht dem Menschen zugewendet hat. Der neutestamentliche Wunderglaube sollte, wenn man das Alles bedenkt, mit jenem Ungetüm eines Fürwahrhaltens der Möglichkeit und Wirklichkeit von allerlei Allmachtsmirakeln nicht mehr verwechselt werden können.

Und nun und von da aus zu dem anderen Problem, das sich in dieser Sache aufdrängt: Welches ist die Beziehung, die den Glauben mit dem Wunder, das Wunder mit dem Glauben verbindet?

Nehmen wir das Zweite vorweg: welches ist der Weg, der vom Wunder zum Glauben führt? Daß jene Beziehung auch diese Richtung hat, auch diesen Weg in sich schließt, dürfte, da wir eben von der Erzählung Joh. 9,1f. herkommen, nicht zu bestreiten sein. Und Joh. 10, 37 f. wird das ja auch theoretisch und nicht ohne Härte formuliert: «Tue ich die Werke meines Vaters nicht, so glaubet mir nicht! Tue ich sie aber, so glaubet, wenn ihr auch nicht mir glaubt, den Werken, damit ihr wißt und erkennt, daß der Vater in mir ist und ich im Vater!» In diesem positiven Sinn ist wahrscheinlich auch Joh. 4, 48 zu verstehen: «Wenn ihr nicht Zeichen und Wunder seht, werdet ihr nicht glauben.» Und im ersten Schluß des vierten Evangeliums 20,31 liest man, wieder sehr kategorisch: die Zeichen, die Jesus vor seinen Jüngern tat, seien in diesem Buch dazu aufgeschrieben, «damit ihr glaubt, daß Jesus der Christus, der Sohn Gottes ist, damit ihr dadurch, daß ihr glaubt, in seinem Namen Leben habt». Sie haben im Zusammenhang der zum Glauben aufrufenden und Glauben erweckenden Lebenstat Jesu unverkennbar eine wichtige und, recht verstanden, unentbehrliche Funktion. Er wäre nicht der gewesen, der er war, wenn er nicht auch diese Taten getan hätte. Und indem er als der, der er war, ein einziger erweckender Aufruf zum Glauben an Gottes in ihm sich ereignendes Handeln war, war die Kraft seines Aufrufs auch die Kraft dieser seiner Taten. Einige Erklärungen sind aber hier unentbehrlich: Es geht um seine Taten in ihrem spezifischen Charakter als die Allmachtstaten des Erbarmens des in Treue gegen seine Verheißung handelnden und sich offenbarenden Gottes Israels: in ihrem Charakter als Zeichen, als Versichtbarungen des nahe herbeigekommenen Reiches. Sie führten da zum Glauben, wo sie in diesem ihrem Charakter gesehen und verstanden wurden, d. h. aber da, wo Jesus selbst sich in ihnen als Bringer der den Menschen zugewendeten freien Gnade Gottes offenbarte und wo er selbst als dieser von den Menschen erkannt wurde. Ihr Geschehen an sich und als solches führte niemand zum Glauben – «obwohl er aber so viele Zeichen vor ihnen getan hatte, glaubten sie nicht an ihn» (Joh. 12,37) – sondern nur zu jenem θαυμάζειν. Es konnte praktisch in jener Sackgasse endigen, die Matth. 11,20f. im Blick auf die unbußfertigen Städte Galiläas beschrieben wird. Es konnte gerade nach der johanneischen Darstellung auch das Ärgernis, das man an ihm nahm, auf die Spitze treiben und zum Ausbruch bringen. Nach dem Schluß der Lazaruserzählung (Joh. 11, 47f.) wären es gerade die Taten Jesu gewesen, die den Hohen Rat zum Beschluß seiner Vernichtung geführt hätten, weil sie nämlich das Volk zum Glauben bewegen konnten. Sie taten das durchaus nicht an sich und als solche: nicht als die ungewohnten Phänomene, als die sie sich jedermann ohne Weiteres darstellen mochten. Sie waren keine mechanisch wirksamen Instrumente zur Hervorbringung des Glaubens. Gerade nicht so, wie es in der Frage Joh. 6,30 vorausgesetzt ist: «Was tust du für ein Zeichen, damit wir es sehen und dir glauben?» Wurden sie von Jesus als notwendige Bedingungen des von ihm erwarteten Glaubens – als «beglaubigende Mirakel» also – gefordert, so hat er es «seufzend im Geist» (Mr. 8, 11f. Par.) abgelehnt, solche Taten zu tun. Er handelte einmal ganz konkret – seine Taten haben alle auch einen bestimmten Selbstzweck – um zu helfen, um wohl zu tun, in seinem Kampf um und für den von der Macht des Chaos und des Todes bedrängten Menschen. Und er handelte gerade in dieser Konkretion als der Bringer und Offenbarer des Reiches. Wer nicht nach seinem Erbarmen und also nicht nach dem Sohn Davids, dem Menschensohn, nicht nach der Treue des Gottes Israels und nach dessen Allmacht fragte, der fragte umsonst nach Jesu Taten und bekam sie, auch wenn er sie zu sehen bekam, umsonst zu sehen. Irgend ein mächtiges Geschehen mochte er wohl sehen, nicht aber das Zeichen des kommenden Reiches. Zum Glauben konnte und sollte er so nicht kommen. Es brauchte das Wort Jesu dazu, um seine Taten als die Taten des Erbarmens Gottes, die Kampftaten des Erretters, des verheißenen und erschienenen Königs Israels und also als die Zeichen des nahe herbeigekommenen Reiches auszulegen, von innen zu erleuchten. Und es brauchte den Gehorsam gegen Jesu Wort dazu, um sich diese Auslegung gefallen zu lassen, um das in seinen Taten leuchtende Licht wahrzunehmen und in dessen Wahrnehmung zum Glauben zu erwachen. Es war also das Geschehen seiner Taten kein unfehlbar zu diesem Erfolg führendes Mittel: es so wenig wie das Gesprochenwerden seiner Worte. Unfehlbar hat, in seinen Worten und Taten handelnd, nur Jesus selbst die Menschen zum Glauben geführt – er, der «mächtig war in Werk und Wort vor Gott und dem ganzen Volk» (Luk. 24, 19), aber Er selbst in beiden und durch beides. So war denn auch der durch beides, durch seine Lebenstat in ihrer Ganzheit erweckte Glaube der Glaube an Ihn selbst, an den, der ihn gesandt hatte und in ihm war, an Gottes freie Gnade. Er war wohl Wunderglaube, aber nicht abstrakter, sondern konkreter, im Sehen des Wunders auf dessen Täter, auf seine Absicht, auf die sich in ihm ereignende Offenbarung, auf das in ihm wirksame Erbarmen Gottes gerichteter Wunderglaube. Glauben heißt darum in den synoptischen wie in den johanneischen Texten, auch wenn er in dem konkreten Sinn Wunderglaube ist, daß er von einem geschehenen Wunder herkommt, keineswegs: an diese Wunder, an die Unbegreiflichkeit dieses Geschehens, oder gar allgemein: an die Möglichkeit und Wirklichkeit solchen Geschehens glauben. Glauben heißt: angesichts des geschehenen Wunders, angeregt, belehrt, erweckt, aufgerufen durch dessen Geschehen, durch seine besondere Unbegreiflichkeit hindurch, den, den Willen, die Absicht und Herrschaft dessen erkennen, der da so unbegreiflich gehandelt, der durch solche Macht- und Erbarmungstat gesprochen, sich durch sie als der Davidssohn, der Menschensohn, als der König im Reich der freien Gnade zu erkennen gegeben hatte. Ihm, nicht dem Wunder, schenkt der glaubende Mensch seine Aufmerksamkeit und sein Interesse. Ihm, nicht dem Wunder, gibt er die Ehre. In der ganzen majestätischen Unbegreiflichkeit des Wunders ist Er ihm das eigentlich und entscheidend Unbegreifliche: er, der das Wunder getan hat – aber Er und nicht das Wunder! Er hat durch das Wunder nur eben gelernt, wer und was Er ist: der Herr. Er hätte es wohl auch durch sein Wort lernen können. Er hatte es vielleicht tatsächlich schon durch sein Wort gelernt. Es gibt darum im Neuen Testament keine strenge Pragmatik, keine Regel: daß der Glaube praktisch immer von der Erfahrung des Wunders herkommen müsse. Auch das Wort Jesu ist ja unbegreifliche Tat, hat auch die Dimension des Wunders, hat ja auch den Charakter göttlicher Erbarmens- und Machthandlung. So sieht man denn jene beiden Blinden von Matth. 9, 27f. (im Unterschied von dem Blindgeborenen von Joh. 9,1f.) und so manche Andere mit ihrem Glauben von keinem ihnen direkt widerfahrenen Wunder herkommen – dem Wunder, das ihnen widerfahren soll, vielmehr mit scheinbar leeren Händen entgegengehen. Es wird aber für das rechte Hören auch des Wortes Jesu entscheidend sein, ob auch es in jener Dimension gehört, ob dann auch der durch das Hören seines Wortes begründete Glaube jene Dimension hat, ob er also Glaube an den ist, der in der Barmherzigkeit und Macht Gottes auch Wunder tun kann. Insofern als Jesus selbst der in Werken und Worten Mächtige, nicht nur das Licht, sondern als solcher auch das Leben ist, insofern gibt es keinen Glauben, der nicht auch vom Wunder herkäme, so oder so in Jesu Wundertaten – genauer gesagt: in Ihm als dem großen Wundertäter begründet wäre. Wäre Jesus das nicht gewesen, wie wäre er dann der Bringer des Reiches Gottes und also als der Menschen Erretter aus der Macht des Teufels und des Todes erkennbar gewesen? Wie hätte sich dann sein Wort von einer bloß moralischen Lehre und religiösen Unterrichtung, wie sie auch die Schriftgelehrten vortragen konnten und vorgetragen haben, unterschieden? wie hätte sie sich dann als gewaltig, als die Verkündigung des Anbruchs einer neuen Welt erwiesen? Hier greift Joh. 10,37 ein: «Tue ich die Werke meines Vaters nicht, so glaubet mir nicht!» Und hätte es im Glauben an ihn ein Übersehen und Verdecken dessen, daß er der große Wundertäter war, gegeben, wie hätte er dann Ihn, den Herold des Gottesreichs, und nicht doch bloß einen verdienten Menschenfreund, Lebensreformer und Weltverbesserer zum Gegenstand und Inhalt gehabt? Hier mag Joh. 4,48 eingreifen: «Wenn ihr nicht Zeichen und Wunder seht, so werdet ihr nicht glauben!» Die Notwendigkeit des Weges vom Wunder zum Glauben ist also letztlich darin begründet, daß der totale, d. h. der des Menschen totale Befreiung und Erneuerung in Jesus ergreifende Glaube nicht anderswoher kommen konnte, als von der Totalität, in der Jesus real der Menschen Erretter und als solcher offenbar war.

Aber nun gibt es auch einen Weg, der vom Glauben zum Wunder führt. Was besagt – wir fassen die Frage am besten gleich an der schwierigsten Stelle an! – die Formel: «Dein Glaube hat dich gerettet?» An der Erklärung ihres Sinnes entscheidet sich ja dann auch das Verständnis der Funktion, die dem Glauben in den anderen Stellen zugeschrieben wird, in denen den elenden Menschen im Blick auf die

Machttat, nach der sie begehren oder deren sie einfach bedürften, eben das zugemutet würde: daß sie glauben sollten. Es bedeutet zunächst eine Erleichterung (obwohl es wie eine Erschwerung aussieht), daß die Formel nicht, wie Luther sie übersetzt hat, lautet: «Dein Glaube hat dir geholfen», weil dieses schwächere «Helfen», was natürlich auch Luthers Meinung nicht sein konnte, so leicht die Vorstellung eines partiellen Mitwirkens des Menschen beim Geschehen der ihm widerfahrenen Wundertat implizieren könnte. Σέσωκέν σε, «er hat dich gerettet» beschreibt aber nicht einen Teil, sondern das Totale des Vorgangs. Ich nenne das eine Erleichterung der exegetischen Situation, weil damit jedenfalls jede Vorstellung von einer im Geschehen des Wunders stattfindenden Kooperation ausgeschlossen ist. «Errettung» ist eine Aktion, in der es einen Erretter und einen Erretteten gibt, aber keine Kooperation der beiden. Gemeint ist in der Formel allgemein: des Menschen Errettung aus der Macht der Finsternis, dann aber auch und vor allem im Besonderen: seine konkrete Errettung von bestimmten ihn bedrückenden physischen Übeln, die Heilung seiner Augen und Ohren, seiner Glieder, seine Bewahrung vor der ihn bedrohenden und im voraus quälenden Herrschaft der φθορά. Von dieser Errettung scheint jene Formel zu sagen, daß sie total die Tat und das Werk des Menschen, nämlich seines Glaubens sei. Der Zusammenstoß scheint unvermeidlich und unerträglich: Ist es denn nicht Jesus und in dem, was er sagt und tut, Gott, der den Menschen in jenem allgemeinen und in jenem besonderen Sinn errettet? «Dich heilt Jesus Christus» sagt Petrus (Act. 9, 34) zu jenem Äneas. Wie kommt des Menschen Glaube dazu, in dieser Formel der Erretter genannt zu werden? Man illustriere sich die vorliegende Schwierigkeit gleich auch an dem rätselhaften Verhältnis zweier anderer Jesus-Logien: «Alles ist möglich bei Gott», liest man Mr. 10,27 – Mr. 9,23 aber: «Alles ist möglich dem, der glaubt». Die Frage müßte in ärgerlicher Weise offen bleiben, wenn wir uns nun nicht daran zu erinnern hätten, daß der Begriff des «Glaubens» gerade in den neutestamentlichen Wundergeschichten (aber nicht nur in ihnen) zwar auch, aber doch nur sekundär, eine Gesinnung, Verhaltungsweise und Tat des Menschen bezeichnet, daß er zugleich – und dies ist das Entscheidende – hinter diesen ganzen Bereich zurückgreift auf ein Primäres, aus dem er als menschliche Aktion, wird der Mensch dazu aufgerufen und erweckt, hervorgeht. Das Wort «Glaube» im neutestamentlichen Sinn umfaßt, indem es sicher auch das gläubige Denken, Erkennen, Bekennen und Tun des Menschen beschreibt, auch dessen Voraussetzung, die als solche nicht mentaler, sondern realer Natur ist. Wir nannten sie: des Menschen – nicht jedes, aber bestimmter Menschen – faktischen, objektiven, seinsmäßigen Stand in einer konkreten Verbundenheit mit Jesus und dem in ihm handelnden und offenbaren Gott. Wer glaubt, der tut das in diesem Stand: weil und indem er, wie dann Paulus gesagt hat, «in Christus» ist, ihm zugehörig, an seine Seite gestellt. Er glaubt von dorther. Es stammt der Akt, das Werk seines Glaubens, aus diesem seinem Sein – wirklich wie ein Stamm aus seiner Wurzel: und wer wollte da entscheiden, wo die Wurzel aufhört, der Stamm anfängt? Was wäre der Stamm, wenn er (vielleicht als Stamm eines abgehauenen Baumes!) nicht mehr aus seiner Wurzel wüchse? gibt es einen anderen sicheren Unterschied zwischen beiden außer dem, daß der Stamm sichtbar, die Wurzel aber unsichtbar ist? Wer im Sinn des Neuen Testamentes glaubt, der tut das – gewiß als seine eigene freie Tat – weil und indem er eben von dem her, an den er glaubt, die Freiheit dazu hat. Und eben in Ausübung dieser Freiheit greift er ja dann in seiner Tat auch aus nach dem, was vor und unabhängig von seiner Tat ist: hält er sich an Jesus, an den in ihm handelnden und offenbaren Gott, ist er von diesem Seienden her wie von rückwärts so auch von vorne selber gehalten, vielmehr angezogen, in Bewegung gesetzt, wie ein Eisenspan vom Magneten: wieder so, daß es müßig wäre, zwischen dessen Anziehung und seiner eigenen Bewegung unterscheiden zu wollen. Das ist das Geheimnis des Glaubens, daß er als des Menschen Werk ganz von dorther kommt und ganz dahin geht. Eben darum kann er Hebr. 11,1 ὑπόστασις, Wirklichkeit des Erhofften und ἔλεγχος, Erweis des Unsichtbaren genannt werden. Eben darum kann Paulus

Röm. 3,21 ff. die so wichtig gewordene Aussage machen, daß der Mensch zwar durch keines seiner vom Gesetz Gottes geforderten Werke als solches, wohl aber διὰ πίστεως, ἐκ πίστεως, πίστει, als πιστεύων ein im Urteil Gottes und also in Wahrheit Gerechter ist. In Wahrheit ist, weil der Mensch im Glauben von dem in Wahrheit Seienden, von Jesus Christus, her kommt und demselben in Wahrheit Seienden entgegengeht. Offenbar genau in diesem Sinn kann, darf und muß nun auch das gesagt werden: daß ein Mensch durch seinen Glauben gerettet, gesund, heil, vom Tode bewahrt ist, daß seinem Glauben die Erfahrung göttlicher Erbarmenstat bis ins Physische hinein nicht nur verheißen ist, daß sein Glaube vielmehr selbst deren Vollbringer, selbst der Erretter ist: Erretter des glaubenden Menschen aus seiner besonderen Not, aber, wie jener Auftrag Matth. 10, 8 an die Jünger voraussetzt, durch den Dienst des Glaubenden Erretter auch anderer Menschen aus ihrer besonderen Not werden darf und soll. «Alles ist möglich dem, der glaubt» (Mr. 9, 23). «Habe ich dir nicht gesagt, wenn du glaubest, werdest du die Herrlichkeit Gottes sehen?» (Joh. 11,40). Dazu Joh. 14,12: «Wahrlich, wahrlich, Ich sage euch: Wer an mich glaubt, der wird die Werke auch tun, die ich tue – er wird größere als diese tun!» Und Joh. 7, 38: «Wer an mich glaubt... von dessen Leibe werden Ströme lebendigen Wassers fließen.» Das Alles ist schon darum nicht unerträglich gesagt, weil es ja zu den Menschen über ihren Glauben von dem, nämlich von Jesus selbst gesagt ist, dessen Souveränität durch das, was er ihrem Glauben (ihrem πιστεύειν εἰς ἐμέ!) zuschreibt, gewiß nicht konkurrenziert und geschmälert, vielmehr nur in seinem vollen Umfang ans Licht gestellt werden – der mit dem, was er von ihrem Glauben sagt, auch der Ehre Gottes keinen Eintrag tun, sondern gerade die Ehre Gottes nur erst recht rühmen kann. Alles würde natürlich dunkel und falsch, wenn man davon abstrahieren wollte, daß es sich bei dem, was da vom Glauben gesagt ist, um seine, dem Glauben an Ihn gemachte Zusage handelt, und wenn man dann, weiter abstrahierend, auf jenes Sekundäre oder Mittlere, auf die menschliche Aktion des Glaubens als solche, auf seinen mentalen Vollzug blicken und also diesen als solchen, den gläubigen Menschen für sich, für den Vollbringer der göttlichen Machttat, für seinen eigenen Erretter und in seinem Dienst an Anderen auch für deren Erretter halten, bewundern und ausrufen wollte. Das sind die Abstraktionen, durch die ja auch Hebr. 11,1, auch die paulinische Rechtfertigungslehre nur verdunkelt und verfälscht werden könnten. Man wundere sich, wenn man mit diesen Abstraktionen arbeitet, nicht, wenn auch der Weg vom Glauben zum Wunder theoretisch und praktisch wie eine einzige Narrheit erscheint, die man dann gewiß besser, bevor die Enttäuschungen und Verirrungen allzu groß werden, als solche erkennt und abstellt, um in besserer Einsicht von vorn anzufangen. Als klar und wahr, wie sie als Worte Jesu gesagt sind, versteht man alle jene Worte, wenn man sich dabei bescheidet, daß die menschliche Aktion des Glaubens im neutestamentlichen Sinn des Begriffs gerade nur den Übergang von jenem Ursprung zu jenem Ziel, von des Menschen freier Erwählung zu seiner freien Berufung – aufs Einfachste und Konkreteste gesagt: von Jesus her zu Jesus hin – darstellen kann. Und wenn man dann erkennt, daß sie eben als dieser Übergang am Sein und an der Macht jenes Ursprungs und jenes Ziels, an Jesus selbst, von dem her und an den der Mensch glauben darf, realen Anteil hat. Man blicke dorthin, von woher der Glaube kommt und wohin er geht, dann sieht man in Wahrheit und Klarheit, daß er tatsächlich «Wirklichkeit des Erhofften, Erweis des Unsichtbaren» ist, den sündigen Menschen tatsächlich rechtfertigt, den elenden Menschen und durch diesen auch andere elende Menschen tatsächlich errettet, daß ihm tatsächlich nichts unmöglich ist, daß der Weg vom Glauben zum Wunder tatsächlich offen und gangbar ist. So groß ist die Souveränität Jesu, so groß die Ehre des durch ihn handelnden und offenbaren Gottes, daß dem Glauben an ihn dieser Weg tatsächlich offen und gangbar ist. Keines jener Worte sagt zu viel, wenn man sie nur sagen läßt, was sie sagen, und von Dem gesagt sein läßt, der sie gesagt hat. Als Glaube an ihn ist der Glaube tatsächlich des Menschen Erretter, ist ihm tatsächlich Alles möglich. Die innere Abgrenzung dieser Zusage ist selbstverständlich: Gerade weil sie sich nicht auf die menschliche Aktion des Glaubens als solche, sondern auf sie im Blick auf ihren Ursprung und ihr Ziel bezieht, schreibt sie ihm nicht irgendwelche Möglichkeiten und Mächtigkeiten zu, die der Mensch sich für sich selbst oder im Dienste Anderer erträumen, wünschen, im Schwung (vielleicht eher im Krampf!) seiner eigenen Gläubigkeit an sich reißen wollen könnte, sondern die echte Gewalt, in der Jesus selbst gehandelt hat: die Gewalt des nahe herbeigekommenen Reiches, der Treue und Barmherzigkeit des Gottes Israels, die Gewalt – nicht irgend eines frei schweifenden, sondern des Heiligen Geistes. Der Weg vom Glauben zum Wunder verschlösse sich sofort, er hätte sich da wohl überhaupt noch nicht eröffnet, wo die Gewalt des Glaubens als eine solche begehrt und in Anspruch genommen würde, in der der Mensch nach Lust und Willkür jetzt dies, jetzt das zu vollbringen das Vermögen hätte. Die Zusage lautet, daß der Glaube als Glaube an Jesus und den in ihm handelnden und offenbaren Gott die Gewalt habe, die ihm unter der Disziplin und in der Konkretion dieses seines Ursprungs und Ziels zukommt, in deren Ausübung er ganz und gar dieser Glaube ist. In dieser Bestimmung und Begrenzung aber wird ihm tatsächlich unbedingte Gewalt zugesprochen. Wir mögen uns den Abstand unserer Situation von der der neutestamentlichen Menschen gerade an diesem Punkt wohl klar machen. Das darf uns aber nicht hindern an der Feststellung, daß der im Neuen Testament verkündigte und laut seines Zeugnisses von Menschen gelebte Glaube von der Art war, daß ihm jene unbedingte Gewalt zugesprochen war, und daß er sie erfahren und ausüben durfte. Er hatte die Freiheit dazu.

Wir fassen zusammen: auch der Glaube ist tatsächlich eine Freiheit. Neutestamentlich denkend und redend wird man gewiß sagen müssen: er ist die höchste nicht nur, sondern die eigentliche Gestalt menschlicher Freiheit – darum, weil er (als die dem Menschen – sagen wir es einmal so: von Jesus für Jesus gegebene Freiheit!) seine Freiheit zum Umgang mit Gott ist: seine Freiheit von Gott her zu Gott hin zu sein. Wer in Jesus erwählt und durch Jesus berufen mit Gott umgehen darf, der ist im Sinn des Neuen Testamentes ein freier und das heißt nicht nur negativ ein unabhängiger, sondern positiv ein vermögender, ein mächtiger Mensch: ein in der ihm durch seinen Umgang mit Gott gegebenen Bestimmtheit und Begrenztheit unbedingt, unbeschränkt könnender Mensch. Er kann richtig danken und richtig begehren, richtig warten und richtig eilen, richtig gehorchen und richtig trotzen, richtig anheben und richtig vollenden, richtig mit den Menschen und für sie und auch richtig bei sich selbst sein. Er kann das Alles – und er kann das Alles richtig – nicht willkürlich, nicht dilettantisch, nicht stümperhaft, sondern sachgemäß, in Werktreue – weil er im Glauben als Partner Gottes frei ist: nicht in einer von ihm selbst erwählten, erschlichenen, gestohlenen oder geraubten Freiheit, sondern in der, zu der ihn Gott selbst befreit hat. Weil der Glaube die dem Menschen durch Gottes Gnade geschenkte Freiheit ist, darum kann der glaubende Mensch Alles und Alles richtig. In diesem seinem Ursprung, der auch immer wieder sein Ziel sein wird, berührt sich also der Glaube mit der freien Gnade Gottes selber, darf er wohl deren anthropologische Entsprechung genannt werden. Und weil wir im fünften Punkt unserer Erklärung der Wunder, die Jesus in Vollstreckung des Willens und in Offenbarung des Reiches Gottes getan hat, eben die freie Gnade Gottes den Sinn und die Kraft dieser Handlungen Jesu genannt haben, darum hatten wir hier auf den uns ja durch die Texte nahe genug gelegten Begriff des Glaubens, in welchem jene ihre Entsprechung hat, einzutreten. Wir achten auf den Glauben der an den Wundern Jesu beteiligten Menschen und sehen eben in ihm in allen Brechungen und Farben das eine Licht dieses Geheimnisses aller dieser Wundertaten.

Da sind Menschen, die dem Tun Jesu als schlechthin bedürftige, arme, leidende, elende Menschen entgegengehen. Nur daß sie eben an ihn glauben und in diesem Glauben an ihn die Freiheit haben, ihm, seinem Tun, so entgegenzusehen, als wenn es statt noch Zukunft schon Gegenwart, schon an ihnen vollbracht wäre: die Freiheit, sein Geschehen gewissermaßen vorwegzunehmen. Das tun ja diese Menschen! Woher ihre Freiheit, wenn nicht von der Freiheit der Gnade Gottes her: derselben, die im Geschehen des Wunders mächtig wirken wird, die aber jetzt schon an und in ihnen, die ihm doch erst entgegengehen, mächtig wirksam ist, so daß sie in ihrem vorwegnehmenden Glauben eigentlich selber Vorweggenommene sind, die als solche gar nicht anders können, als seinem Geschehen in schrankenloser Zuversicht entgegenzublicken. Nicht sie antizipieren das Wunder, sondern Jesus, der das Wunder tut, der in ihm handelnde und offenbarende Gott antizipiert sie! Und er tut das, indem er sie zu dem Glauben an ihn frei macht, in welchem sie dem Wunder oder vielmehr ihm, der das Wunder tut, in unaufhaltsamen Schritten entgegengehen dürfen. Er tut das, indem er es wie ein Licht in ihnen aufleuchten läßt, daß er, Jesus, Gott in Ihm, ihrer, dieser elenden Menschen, gedacht habe, ihnen gut, ihnen gnädig sei: ihnen in ihrer völligen Dürftigkeit, ihnen in ihrer Bedrückung, ihnen in der ganzen Finsternis und Verrottung ihrer Existenz – und ihnen ohne weitere Nachfrage, wer und was sie sonst seien. Der Akt ihres Glaubens ist nur ihre Reaktion auf das Aufleuchten dieses Lichtes. Als diese Reaktion ist er stark genug, um sie der kommenden Machttat ihrer Errettung nicht nur gewiß zu machen, sondern schon an ihr teilnehmen zu lassen, noch bevor sie geschehen ist, so daß es, indem sie geschieht, wirklich ihr Glaube – als das freie Geschenk der freien Gnade Gottes und als deren klarer Zeuge – ist, der sie errettet und in welchem sie auch Anderen zu Errettern werden dürfen. Alles nicht in ihrem eigenen Namen, aber im Namen dessen, der sie erwählt und berufen hat!

Und da sind andere Menschen, die eben von dort, wo jene hingehen, als Beschenkte, als Befreite, als Errettete herkommen: Blinde, die jetzt sehen, Lahme, die jetzt gehen, Besessene, die jetzt sich selber nicht mehr entfremdet sind, Menschen, deren Angehörigen solche Befreiung widerfahren war, auch wohl Dritte, die, ohne direkt beteiligt zu sein, Zeugen solcher Befreiungen waren. Sie waren dann nicht umsonst an ihnen geschehen, dann nicht umsonst an ihnen vorübergegangen, wenn sie ihnen die ohne und gegen ihr Erwarten, ohne daß sie sie als solche gefordert hatten, wieder wie das Aufleuchten eines Lichtes im Dunkel plötzlich aufgerichteten Zeichen des Reiches und seines Königs waren, wenn sie ihnen den Befreier offenbart, wenn ihnen der Befreier selbst durch dieses sein Tun die Freiheit nicht nur ihrer Augen, Ohren und Glieder oder ihrer Vernunft wiedergegeben, sondern in und mit dieser Wiedergabe als ein ganz Neues die Freiheit zum Glauben an ihn und an den in ihm handelnden und offenbaren Gott gegeben hatte. Die zum Glauben Befreiten im Rückblick auf das geschehene Wunder: Was war ihnen in und mit dem Wunder geschehen? Ihre Begegnung mit einem ihnen zuvor unbekannten Herrn, vor dem sie dann wohl wie jener Blindgeborene in die Kniee sinken mußten, weil er sich ihnen gleichzeitig als ihr über sie verfügender Herr und als der des Kosmos, der über Alles Macht hat, bekannt gemacht hatte. Aber nicht als irgend ein Potentat war er ihnen begegnet, sondern als der König, der schlechterdings für sie gehandelt, für und um sie gekämpft, der allen ihren sie beängstigenden Feinden gegenüber an ihrer Seite, mehr noch: allen den Kosmos zerstörenden und schändenden Gewalten gegenüber auf die Seite des Kosmos getreten, seine Sache und die des Menschen zu seiner eigenen gemacht. Und er war ihnen begegnet als der Herr, der ihre Sache und die des Kosmos in einem einzigen Punkt – sei es denn in einer Heilung, die an sich nur den Kranken und etwa einige seiner Nächsten interessieren konnte – in diesem kleinsten Punkte aber mit der größten Kraft und Leuchtkraft zum Siege geführt hatte. Gnade, u. zw. wirklich freie, gegenüber der Gewalt, die alle Wesen bindet, schlechthin mächtige Gnade war ihnen widerfahren – oder also umgekehrt: Freiheit, schlechthinige Macht also, aber eben nicht irgend eine freie Macht, sondern die der Gnade und also des Gottes, der des Menschen treuer Bundesgenosse ist, der in seiner Treue auch dem Menschen gegenüber durchhält, der es in seiner Untreue verwirkt hat, daß Gott ihm Treue bewahre und erweise. Und was war diesen Menschen in dieser Begegnung gegeben, auf ihren künftigen Weg mitgegeben? Ein wieder ganz neues Dürfen, das sie zuvor, in welcher Freiheit sie vorher auch gelebt oder zu leben gemeint hatten, so von ferne nicht gekannt hatten: sie durften sich, indem sie noch in dieser Welt und unter allen ihren Beschattungen existierten, indem sie wieder und schwerer krank oder siech werden konnten und alle einmal sterben mußten, indem auch ihre Untreue gegen den treuen Gott sie immer noch und sicher bis an ihr Ende anklagen mochte, von aller Weltangst, Lebensangst, Sündenangst, Höllenangst einfach und ganz los wissen. Sie durften an das Grab denken in Erinnerung an das Grab, das den gestorbenen Lazarus wieder hergeben mußte, an den Satan, als den von seinem lügnerisch usurpierten Ort im Himmel Herabgestürzten und – sei es denn – an die Dämonen als an die, die in die Säue gefahren und mit ihnen im See ersoffen waren. Sie durften auch ihre vergangenen, gegenwärtigen und noch künftigen Sünden für vergebene Sünden halten. Sie brauchten keine Dämonologie mehr zu studieren, keine selbständige Lehre *De peccato* mehr aufzustellen, keine Theodizee mehr zu ersinnen. Sie hatten ja die Zeichen des Reiches und seines Königs, sie hatten Jesus als den Erretter des ganzen Menschen und des ganzen Kosmos gesehen. Sie sahen ihn noch, wie jene Anderen ihn schon zuvor gesehen hatten. Nicht in irgend einem Übermut und Optimismus – noch sprach ja Alles gegen solches Dürfen, aber im festen Blick auf ihn durften sie das Alles: in der Freiheit des ihnen von ihm geschenkten Glaubens an ihn. Und waren doch in diesem ganzen Dürfen ihres Glaubens nur der Spiegel des viel Größeren: der freien Gnade Gottes selber, die sich ihnen in den Wundertaten Jesu erschlossen, der die Welt in der Welt vor ihren Augen für einmal, vorläufig, in diesem oder diesem besonderen Punkt, im Vorspiel noch ganz anderer Überwindung – seiner eigenen Auferstehung und Wiederkunft als der Auferstandene nämlich – aber für sie unvergeßlich und unwiderleglich überwunden hatte!

Und nun achten wir noch einmal auf das Spezifische, mit dem es alle diese, auf die Wundertaten Jesu hin oder von ihnen her glaubenden Menschen zu tun hatten: das Spezifische, das die Einen in ihrem Glauben an ihn noch begehrten und für das die Anderen wieder im Glauben an ihn schon dankbar waren. Und wir stellen fest: es war das Spezifische ihres Glaubens so etwas wie ein Überschuß über das hinaus, was man auch bei einem ernsten und tiefen und an der Bibel orientierten Begriff vom Glauben in der Regel unter dieser Sache zu verstehen pflegt. Glauben heißt in dieser Regel: seine Zuversicht ganz, für Zeit und Ewigkeit auf Gott setzen, alles Gute von ihm und von ihm alles Gute erwarten – und das im Blick auf Jesus Christus, im Zutrauen, daß Gott um seinetwillen als Vater an uns handelt, in ihm uns Alles schenken wolle. Glauben ist in dieser Regel: das Ergreifen der Vergebung unserer Sünden, die in seinem Tod geschehen ist, das Empfangen seines Heiligen Geistes, der uns seiner gewiß macht und zu einem neuen Wandel im Gehorsam erweckt, die Hoffnung der Auferstehung und des ewigen Lebens, in der er nicht aufhören kann, Bewegung nach vorwärts zu sein. Das ist, so oder noch besser formuliert, alles ganz richtig und in seiner Weise auch vollkommen, aber eben in der Regel (von *regula fidei* hat man ja schon bald nach dem apostolischen Zeitalter zu reden begonnen): der christliche Glaube. In dieser Regel fehlt nichts, nur eben das sie Überschießende: der Überfluß – man möchte fast sagen: der Luxus! – der das Eigentümliche des Glaubens derer ausmacht, die wir in den neutestamentlichen Erzählungen den Wundern Jesu entgegengehen oder von ihnen herkommen sehen. Die Glaubensregel kann auch bloß allgemein verstanden werden: als Beschreibung des positiven Verhältnisses des Menschen zu dem, was von der Epiphanie Jesu Christi her nach vorwärts und rückwärts für Alle gilt, zu den zu allen Zeiten und an allen Orten zu verkündigenden und zu hörenden göttlichen Heilswahrheiten. Das dürftigste «Ja, Herr!» jener Menschen aber, die es so oder so mit den Wundertaten Jesu zu tun haben, kann nicht nur so verstanden werden. Ihr Glaube war, viel weniger stattlich scheinbar als der des allgemeinen christlichen Credo, in einer merkwürdigen Partikularität ein ganz konkreter Glaube. Er konnte aber auch, wieder im Unterschied zu jenem Credo, unmöglich bloß als Bejahung geistiger oder religiöser Wahrheit verstanden werden. Es konnte und kann geringschätzig vermerkt werden, daß er sehr schlicht auf Jesus, auf Gott, als den gerichtet war, von dem die Menschen Heilung ihrer Bresten noch erwarteten oder schon empfangen hatten. Dieser Übergang ins Konkrete und ins Physische ist das Besondere des Glaubens dieser Menschen: der Überschuß, den er sichtbar macht. Die Epiphanie Jesu Christi erscheint in ihrem Glauben weniger wie ein eine ganze weite Landschaft von oben erhellender Sonnenaufgang – vielmehr wie ein einziger, scharf auf einen Punkt gezielter Strahl, der dafür an diesem einen Punkt durch die Oberfläche hindurch in eine sonst im Dunkel verbleibende Tiefe dringt. Wir haben das Neue Testament bzw. diese Menschen und den ihnen im Neuen Testament zugeschriebenen besonderen Glauben hier nicht zu verteidigen. Wir konstatieren nur das Faktum – und dann eben noch einmal dies: wie merkwürdig sich die freie Gnade Gottes gerade in diesem Faktum spiegelt. Wenn der Glaube dieser Menschen in Ordnung ging – nehmen wir einmal an, es sei so! – dann ist eben (und das wäre dann das Besondere in Jesu Wundertaten) auch in der Gnade Gottes ein solcher Überschuß, um nicht zu sagen: ein solcher Luxus. Sie ist dann ihrerseits noch in einem Sinn frei, an den man gewöhnlich auch dann nicht denkt, wenn man sie mit großem Ernst Gnade und freie Gnade nennt. Sie ist dann eben nicht nur universal allen Menschen gleich, sondern auch partikular diesen und diesen Menschen ganz besonders zugewendet. Sie ist dann in dieser ihrer Partikularität jetzt und hier schon nicht nur göttliche Verheißung und also Wahrheit für Jedermann, sondern da und dort – gewiß als Zeichen für Jedermann – aber eben als da und dort aufgerichtetes Zeichen! – auch göttlich erfüllte Verheißung, göttlich verwirklichte Wahrheit. Sie ist dann frei auch dazu, mitten in der Zeit, in Wiederherstellung der Glorie und des Friedens der Schöpfung und in Antizipation der Glorie und des Friedens der Endoffenbarung des Willens und des Reiches Gottes jetzt und hier schon reale Errettungen zu vollziehen. Und nun eben: solche Errettungen, die klar und kräftig den ganzen Menschen angehen – den Menschen in seiner Totalität als Seele seines Leibes und mitsamt seinem Leibe, in der Physis, in der er ja auch existiert und jetzt und hier in so mannigfacher Bedrängnis und Bedrückung existiert. «Was hier kranket, seufzt und fleht, wird dort frisch und herrlich gehen ... und die Schwachheit um und an wird von mir sein abgetan.» Wird? Dort? Nur «wird»? erst dort? Nein, sagt Gott in seiner freien Gnade, wenn jene Menschen in ihrem besonderen Glauben sein besonderes Wort richtig gehört und verstanden haben – nein, es kommt und geschieht da und dort das Ganze und also auch des Menschen physische Errettung jetzt und hier schon: damit die Wahrheit der Verheißung, die Wahrheit dessen, was einst und dort sein und offenbar sein wird, jetzt und hier schon leuchte und von allen illusionären Hoffnungen sich abhebe! So sehr ist sie Gnade, und so sehr als Gnade frei, daß sie auch dieses – gewissermaßen doppelt ungeschuldeten – Überfließens fähig ist. Die Evangelien bezeugen sie mit ihren Erzählungen von Jesu Wundertaten in diesem ihrem Überfluß. Wer es fassen kann, der fasse es! Es ist wohl verständlich, daß nicht nur die sog. Welt, sondern auch die normale Christlichkeit das zunächst nicht faßt und also an den Evangelien in diesem Punkt – gleichviel, ob sie die Wunder leugne oder rationalisiere oder in theoretischer Orthodoxie bejahe – faktisch keine Freude hat, faktisch vielmehr Ärgernis nimmt, faktisch über diese Erzählungen hinweggeht als über ein *pudendum*, mit dem sie faktisch nichts anzufangen weiß, weil ihr das Außerordentliche der Freiheit der Gnade Gottes, wie es in den Wundererzählungen bezeugt ist, im tiefsten Grunde nun doch zu außerordentlich ist. Wir haben bereits am Eingang dieser unserer fünften Überlegung festgestellt, daß wir es hier mit einer ganz besonderen Rigidität des westlichen Christentums und insbesondere des Protestantismus zu tun haben. Ein normaler Westchrist und Protestant hält sich an die Regel und hat für Luxus – und wäre es der Luxus des lieben Gottes – nun einmal kein oder nur ein höchst mißtrauisches Verständnis. Wenn er doch wenigstens nur nicht auch noch stolz darauf sein wollte! Von den Evangelien und ihrer Bezeugung der Epiphanie des Menschensohns her gesehen, geht es nämlich wohl in Ordnung, daß ihm jener Überfluß der Gnade Gottes – und in diesem Überfluß sie selber auch in ihrer vermeintlich normalen Gestalt – immer wieder als neu und überraschend in die Augen sticht – geht aber seine Rigidität diesem Überfluß gegenüber durchaus nicht in Ordnung. Er sehe zu: sie könnte bedeuten, daß er faktisch auch gegenüber dem, was er für ihre normale Gestalt hält, rigider ist, als er meint, daß er sich gerade ihrer Freiheit gegenüber im Tiefsten noch immer verschlossen hält. Kann man denn auch nur die Glaubensregel verstehen, wenn man von diesem Überschuß nichts wissen wollte? Redet nicht auch die Glaubensregel endlich und zuletzt vor der *resurectio carnis* und von der *vita venturi saeculi?* Zielt sie nicht als Ganzes auf dieses Ende, so daß der vermeintliche Luxus nicht einmal ein Luxus wäre? Aber wie dem auch sei und wie immer der weltliche und der christliche Mensch sich dazu stelle: sollte er sich dazu bequemen, sich bei der Frage nach Jesus, dem Menschensohn, an die einzige Auskunft, die wir über ihn haben – und das sind nun einmal die neutestamentlichen Evangelien – zu halten, so wird er sich so oder so damit abfinden müssen, daß das, was er da von ihm zu hören bekommt, dies ist: er war der Mann, der seine Verkündigung in jenen Taten ins Werk gesetzt und eben damit als die Verkündigung des Reiches, oder eben – und das ist dasselbe – der überströmend freien Gnade Gottes charakterisiert hat.

IV

Wir halten inne und blicken auf das Ganze des nun in der Hauptsache hinter uns liegenden Abschnittes zurück. Den Gottessohn, der als solcher auch der Menschensohn war, haben wir zu sehen versucht: den Erniedrigten, der als solcher der Erhöhte, den Knecht Gottes, der als solcher der Herr aller Menschen und des von Gott geschaffenen Kosmos war und ist, den königlichen Menschen Jesus von Nazareth. So hat ihn die Gemeinde, in der das Neue Testament entstanden ist, gesehen, so haben wir ihn nun unsererseits zu sehen versucht: nach bestem Wissen und Gewissen von dem Standort aus, von dem aus ihn das Neue Testament gesehen hat. Wobei wir als «Neues Testament» – nicht etwa naiv, sondern ganz bewußt! – nicht einen hypothetischen, sondern den uns historisch im Ganzen sicher bekannten Bestand der mit diesem Begriff bezeichneten Überlieferung vorausgesetzt und also, wieder bewußt, auf jede kritisch-historische Konstruktion oder Rekonstruktion dieser Voraussetzung verzichtet haben. Wir haben dabei auch das bewußt in Kauf genommen, was ja jedem unbefangenen Leser (nicht nur der Briefe, sondern schon der neutestamentlichen Evangelien) in die Augen springen muß: daß der Standort, von dem aus sie Jesus gesehen und von dem aus sie von ihm Kunde gegeben haben, sich jenseits der zeitlichen Grenze seines Lebens befand, daß sie ihn von dem Zusammenhang der Ereignisse nach seinem Tod her gesehen und bezeugt haben, die sie als seine Auferstehung, seine Himmelfahrt, die Mitteilung seines Heiligen Geistes an seine Gemeinde beschrieben haben. Sie haben von dorther das Ganze seines Lebens als das Leben jenes königlichen Menschen gesehen und dargestellt: nicht in der Meinung, der Wahrheit seiner geschichtlichen Existenz damit nachträglich etwas hinzuzufügen, sie irgendwie zu übermalen, sondern in der Meinung, eben damit die eine und einzige geschichtliche Wahrheit seiner geschichtlichen Existenz, so wie sie sich ihnen nachträglich selbst entdeckt hatte, in der ihr allein angemessenen Weise leuchten zu lassen. Wir haben ihnen darin schlicht Folge geleistet. Kein Standort der neutestamentlichen Überlieferung und dann auch Jesus selbst gegenüber, der unter Abstraktion von seiner Auferstehung gewonnen wäre, und dem entsprechend kein Versuch, sein Leben vor seinem Tode zu sehen und darzustellen, wie wenn es durch das nach seinem Tode Geschehene nicht erleuchtet, nicht oder ungenügend oder geradezu falsch interpretiert wäre, als stünde es uns frei, es nachträglich in diesem oder in einem ähnlichen oder auch in einem ganz anderen Lichte zu sehen und darzustellen! Diese «Neutralität» ist, wenn es um die Auslegung des neutestamentlichen Jesuszeugnisses als des Zeugnisses vom nahe herbeigekommenen Reiche Gottes gehen soll, illegitim. Es kann angenommen oder abgelehnt werden. Es muß aber auf alle Fälle zunächst in der Formierung, in der es entstanden ist, und mit der es steht und fällt, gehört werden.

Dazu ist lehrreich zu lesen: Bo Reicke, «Einheitlichkeit oder verschiedene ‚Lehrbegriffe' in der neutestamentlichen Theologie?» Theol. Zeitschr. IX, 6 (Nov./Dez. 1953) S. 401 f. und O. Cullmann, Die Tradition 1954 S. 8–27.

Wir haben uns, indem wir drei große Querschnitte vornahmen, einen gewissen Durchblick durch das Ganze dieses Zeugnisses zu verschaffen gesucht. Wir konstatierten in einem ersten Teil die Unübersehbarkeit, die die Evangelien dem Dasein des Menschen Jesus zugeschrieben haben, seinen Charakter als einer nicht nur geforderten, sondern objektiv vollzogenen finalen Entscheidung, seine Souveränität als Epiphanie des Herrn, seine Unwiderruflichkeit als Faktum. Wir umschrieben in einem zweiten Teil die Korrespondenz und Parallelität seiner Existenz mit der Gottes, in der sie ihn sahen und darstellten: Gott ähnlich gerade in seiner Unscheinbarkeit innerhalb dessen, was dem Menschen als seine Welt vor Augen ist, in seiner dementsprechenden Parteinahme für die, die in dieser Welt die Geringen sind, und weiter: in dem revolutionären Charakter seines Verhältnisses zu den in dieser Welt gültigen Ordnungen, in seiner positiven Zuwendung zu dem in dieser Welt existierenden und bedrängten Menschen. Und wir verstanden in einem dritten, ausführlichsten Teil sein Lebenswerk als die Selbstdarstellung der neuen, errettenden Wirklichkeit des Gottesreiches, sein mächtiges Handeln in Worten und Taten, die in ihrem gemeinsamen Skopus in immer wieder anderen Entfaltungen den Anbruch dieses Reiches zugleich anzeigten und vollzogen. Der Mensch, der so da war – in dieser einzigartigen Bestimmtheit seiner geschichtlichen Erscheinung, seiner geschichtlichen Beziehung zu Gott selbst, in diesem seinem geschichtlichen Handeln – dieser war und ist der königliche Mensch Jesus von Nazareth. Es wurde hier von ferne nicht Alles gesagt, was von ihm zu sagen wäre. Es mag uns aber das

Wenige, was hier aus der Fülle herausgegriffen wurde, den Blick auf das Ganze wenigstens so weit geöffnet haben, daß wir in der Versöhnungslehre, in der Dogmatik überhaupt, wenn es um ihre christologische Mitte geht (und wo ginge es nicht um diese Mitte?) davor geschützt sein sollten, ins Leere oder auf eine unbekannte Größe zu blicken, eine bloße Chiffre ohne konkreten Inhalt zu brauchen, wenn wir von dem zum Menschensohn gewordenen Sohn Gottes reden. Der Name Jesus Christus hat nach seiner menschlichen Seite die Fülle, die wir nun als Ganzes wenigstens zu visieren versucht haben.

Aber eben in der Sicht dieses Ganzen darf uns die Linie nicht entgehen, auf die wir nun abschließend – in unserem Zusammenhang freilich nur kurz – zu reden kommen müssen, weil von ihr aus einige Lichter auf dieses Ganze fallen, die zu dessen Verständnis auf keinen Fall entbehrlich sind. Wir haben in unserer bisherigen Darstellung das kaum berührt, was als Merkmal der ganzen Existenz, der ganzen Gottähnlichkeit, des ganzen Handelns des Menschen Jesus mit dem Wort «Kreuz» zu bezeichnen ist. Eben das Kreuz beherrscht, durchdringt, bestimmt aber dieses Ganze, ist das Vorzeichen, unter dem es als Ganzes wie im Einzelnen gesehen sein will. Es war nämlich nach der Darstellung der Evangelien so, daß dieser Mensch in der Welt und von der Welt, in der er in solcher Überlegenheit erschienen, in der er der Spiegel des väterlichen Herzens Gottes und die Selbstdarstellung seines Reiches war, nicht willkommen geheißen und aufgenommen, sondern verworfen und ausgelöscht wurde, daß er unter den Händen eben der Menschen, in deren Mitte und für die er eingetreten war – ausgeliefert von einem seiner eigenen Jünger und verleugnet von dem unter ihnen, auf den er seine Gemeinde bauen wollte, angeklagt von den berufenen Vertretern der göttlichen und verurteilt von dem berufenen Vertreter der höchsten menschlichen Autorität – leiden und sterben, u. zw. als Verbrecher gegen die göttliche und die menschliche Ordnung leiden und sterben mußte und daß er dazu Ja gesagt, das aus freiem Willen erduldet und auf sich genommen hat. Das war doch das Ende seines Weges: sein Hinausgeführtwerden, sein eigenes Hinausgehen in dieses Dunkel. Das war doch die Grenze, von deren Jenseits her die Evangelien ihn gesehen, verstanden und dargestellt haben. Und gerade diese Grenze haben sie nachträglich nicht etwa verwischt, nicht verharmlost, nicht unsichtbar gemacht, vielmehr als seine Passionsgeschichte seiner vorangehenden Geschichte integriert, sie als deren Ausgang breit und ausführlich hervorgehoben. Sie haben – und es hat das ganze Neue Testament – gerade den auferstandenen, den lebendigen, den erhöhten Menschen Jesus nicht anders gesehen, gekannt, bezeugt, denn als den Mann, dessen Ende und Ausgang dieser, dessen Geschichte zuletzt eben seine Passionsgeschichte war. Mehr noch: sie haben gerade von dem Jenseits jener Grenze her das Ganze

3. Der königliche Mensch

im Schatten – aber man sagt vielleicht besser gleich: in dem eben aus dem Schatten jener Grenze leuchtenden Licht gesehen. Der Auferstandene, der lebendige, der erhöhte Jesus war ihnen in seiner Totalität der Mann, der in jenes Dunkel hineingeführt wurde, erhobenen Hauptes selber dort hineinging. Es gab für sie keinen nachösterlichen Jesus, der nicht schlechterdings identisch gewesen wäre mit dem, zu dessen vorösterlicher Existenz auch jene Grenze gehörte. Er war dem ganzen Neuen Testament, sein ganzes Sein innerhalb jener Grenze von diesem seinem Ende her in sich schließend, der Gekreuzigte: der Glaube an ihn der Glaube an den Gekreuzigten, die Liebe zu ihm die Liebe zu dem Gekreuzigten, die Hoffnung auf ihn die Hoffnung auf den Gekreuzigten – alles Positive, was Glaube, Liebe und Hoffnung seiner Gemeinde in sich schlossen, konfrontiert mit, bezogen auf, charakterisiert durch dieses letzte Negative – dieses letzte Negative geradezu der Grund, von dem her ihr Glaube, ihre Liebe und ihre Hoffnung ihre Positivität hatten. Es war ihnen das große Licht der Ostern das die Finsternis durchbrechende Licht des Karfreitags. Wir hätten den Jesus der Evangelien und des ganzen Neuen Testamentes nicht genau gesehen, wenn wir uns nicht abschließend eben davon Rechenschaft ablegen wollten: daß das Licht, in dem wir ihn nun zu sehen versucht haben, eben das in seiner Auferstehung aufleuchtende Licht seines Todes und so das Licht seines Lebens, das Licht der Welt war.

Der schneidende Kontrast zwischen dem Anheben, dem Inhalt und Sinn der Existenz Jesu und seinem Ausgang und Ende liegt auf der Hand. Die Evangelien haben ihn und die Frage, die er in sich schließt, sehr wohl gesehen und auch sichtbar gemacht.

Sie berichten von der stumpfen Reaktion der Jünger auf die entsprechenden Ansagen Jesu. Ich zitiere Luk. 18,34 (vgl. 9, 45, Mr. 9,32): «Und sie erfaßten nichts von diesen Dingen und dieses Wort war vor ihnen verborgen und sie begriffen das Gesagte nicht.» Sie berichten von der sehr aktiven Reaktion des kurz zuvor so erleuchtet bekennenden Petrus (Matth. 16,22) – desselben, der Jesus dann im entscheidenden Augenblick verleugnete: er nahm ihn beiseite, «fing an, ihm Vorwürfe zu machen und sagte: Gott verhüte es, Herr, das soll dir nicht widerfahren!» Sie berichten (Mr. 14, 50f.), wie seine Jünger ihn zuletzt alle verließen und flohen. Sie referieren (Mr. 15, 29f. Par.) in brutaler Offenheit die naheliegenden höhnischen Vorhaltungen, die dem ans Kreuz Geschlagenen von seinen Gegnern gemacht wurden. Und Luk. 24,20f. hört man noch mitten in der Ostergeschichte so etwas wie ein Echo dieses Hohnes aus dem Munde der betrübten Jünger: «Unsere Hohepriester und unsere Oberen haben ihn zum Todesurteil ausgeliefert und haben ihn gekreuzigt. Wir aber hofften, er sei es, der Israel erlösen werde. Und bei dem allem ist es schon der dritte Tag, seit dies geschehen ist.» Und noch Paulus erwähnt es (1. Kor. 1,23) wie selbstverständlich, daß der von ihm verkündigte, gekreuzigte Christus für die Juden ein Ärgernis, für die Heiden eine Torheit war. Noch wichtiger ist die Tatsache, daß die Evangelien, aber auch der Hebräerbrief (5, 7 f.) nicht davor zurückgeschreckt sind, in den Gethsemane-Texten Jesus selbst in einem z. T. in den stärksten Ausdrücken beschriebenen Ringen mit der Frage nach dem Recht und der Notwendigkeit dieses seines Ausgangs, mit der Frage nach einer anderen Möglichkeit als diese, darzustellen – «Vater, rette mich aus dieser Stunde!» hat er auch nach Joh. 12,27 gebetet. Und noch auffallender ist ja dies, daß jedenfalls bei Markus (15, 34) und Matthäus (27,46) das einzige am Kreuz von ihm gesprochene Wort und damit sein letztes Wort überhaupt die Frage eines Verzweifelnden war: «Mein Gott, mein Gott, warum hast du mich verlassen?» Daß sein Tod ein Problem höchster und schwerster Ordnung – ja irgendwie das Problem aller Probleme seiner Existenz, seines Verhältnisses zu Gott und seines Lebenswerks, daß die Finsternis dieses Ausgangs reale, letzte, eigentliche, auch von ihm selbst durchaus nicht einfach durchschaute und wie ein Tunnel durchlaufene Finsternis war, das haben also die Evangelien nicht verschwiegen, sondern gesagt. Wie hätte sonst das, was sie darüber hinaus und als das Entscheidende dazu zu sagen hatten, Gewicht haben können?

Eines aber haben sie nicht getan: sie haben ihre Hörer und Leser bestimmt nicht zu einem Verweilen bei der Betrachtung dieser Finsternis und ihres Problems eingeladen. Die Passion Jesu hat in ihrer Darstellung auch in den äußersten Spitzen ihrer Berichte nie den Charakter einer tragischen Verwicklung, die dann wohl die Rückfrage nach einem zuvor mitwirkenden wenigstens teilweisen Irrtum, nach einer Mitschuld des Helden möglich und notwendig machte. Sie hat aber auch nicht den Charakter eines zufällig oder schicksalsmäßig über ihn hereinbrechenden Unglücks, durch das ihm die Initiative entrissen wurde, in welchem er aufhörte, der Herr zu sein: er ist vielmehr in seinem Leiden und Sterben noch einmal und in ganz anderer Gestalt, aber eben auch in dieser, derselbe, der er immer war. Die Passion ist also kein Fremdkörper in seinem Lebenswerk: daß dieses von Anfang an und in entscheidender Bedeutsamkeit gerade unter diesem Zeichen stand, wurde sichtbar, als sie Ereignis wurde, war aber auch schon vorher – das weiß die Überlieferung gerade weil sie seine ganze Geschichte von Ostern her sieht – nicht einfach unsichtbar. Man müßte sich von der Sicht der Evangelien dispensieren, wenn man sie als Fremdkörper auch nur visieren, geschweige denn studieren wollte. Sie erlauben es einem aufmerksamen Leser gewiß nicht, abstrakten Betrachtungen über jenen Kontrast und abstrakten Überlegungen über die durch ihn aufgerissene Problematik sich hinzugeben. Es ist vielmehr deutlich, daß sie einem gerade dazu keinen Atem lassen. Das wäre sogar dann zu sagen, wenn man sich die Ostergeschichte, in der sie ja alle auslaufen, einen Augenblick wegdenken würde: einfach im Blick auf die merkwürdige Kohaerenz, auf die gar nicht dramatische Geradlinigkeit, in der sie ihre Darstellungen der Ereignisse in Galiläa und derer in Jerusalem (bei Lukas verbunden durch den sog. Reisebericht, bei allen drei Synoptikern verklammert durch die sog. Leidensweissagungen unter allerlei Überkreuzungen in den Einzelangaben bes. hinsichtlich der Worte Jesu) aneinandergereiht haben. Sie haben diese Geschichte bei aller Differenzierung als ein Ganzes gesehen und dargestellt. Und gerade das Nahen und dann das Geschehen der Passion bedeutet in ihrem Zusammenhang bei aller Veränderung des ganzen Klimas keine grundsätzliche, etwa in irgend einem Wechsel des Erzählungsstils bemerkliche Differenzierung. Man hätte sie von Anfang an unrichtig verstanden, wenn man durch das, was dann als die Ankündigung und das Ereigniswerden der Passion erzählt wird, ernstlich überrascht und befremdet wäre, zur Frage nach einer ganz andern Sicht des vorangehenden Ganzen sich aufgerufen fände. Als dramatische Wendung, an die man dann die entsprechenden Betrachtungen und Überlegungen anknüpfen könnte, kann man die Passion nur dann interpretieren, wenn man die Texte zuvor gewissen kritischen Operationen unterworfen hat, die zu naheliegend und zu leicht sind, als daß sie sich empfehlen dürften, nach deren Vollzug die Evangelien dann leider nicht mehr sagen können, was sie offenbar sagen wollen, so daß man von ihnen her gesehen, mit allen von dorther zu ziehenden Konsequenzen ins Leere stößt. Folgt man dem, was sie sagen und offenbar sagen wollen, so muß man gewahr werden: das Kreuz ist wohl das Ende und der Abbruch des Weges Jesu, eben als das aber zugleich sein **Ziel** und **Abschluß**. Es geht in Ordnung und geschieht planmäßig, daß sein Weg dorthin führt, gerade im Dunkel seines Verbrechertodes endigt.

Wir nehmen das **Resultat** am besten gleich vorweg, um die Antithese zu allen gebrochenen Konstruktionen, in der man hier denken muß, gleich ganz klar zu machen. Nicht im Widerspruch dazu, daß er der königliche Mensch war, sondern gewissermaßen zu seiner **Krönung** als dieser Mensch wurde Jesus dorthin geführt, ist er selber dorthin gegangen. Kein Wort von all dem, was wir von seiner Existenz, seinem Verhältnis zu Gott, seinem Lebenswerk gehört haben, ist also im Blick auf den Ausgang seines Weges in jenes Dunkel zurückzunehmen oder einzuklammern oder abzuschwächen. Alles hat vielmehr seine **Spitze** und seinen eigentlichen **Glanz** darin, daß er – das tönt hart, aber darum geht es – zuletzt als ein Verbrecher zwischen zwei anderen Verbrechern am Galgen hing und dort als ein von den Menschen Verdammter, Mißhandelter und Verspotteter und als ein von Gott Verlassener mit jener Frage eines Verzweifelnden auf den Lippen gestorben ist. Die Geschichte seiner Passion reiht sich in seine vorangehende Geschichte darum hervorgehoben, aber ohne eigentliche Fuge ein, bildet mit ihr zusammen darum ein Ganzes, weil das Vorangehende – weit entfernt davon, durch dieses Nachfolgende Lügen gestraft oder auch nur in Frage gestellt zu sein, in diesem vielmehr **vollendet** wird. Abschließend in seiner **Passion** wird der Name des in ihm handelnden und sich offenbarenden Gottes geheiligt, geschieht sein Wille auf Erden wie im Himmel, kommt sein Reich, zu dessen Art und Gewalt er als Mensch nur tief erschrocken, aber auch nur ganz entschlossen Ja sagen kann. Und abschließend in seiner **Passion** existiert er als der, der er ist: der Gottessohn, der auch der Menschensohn ist, in der tiefsten **Finsternis** von Golgatha aufs Höchste in der Herrlichkeit der Einheit des **Sohnes** mit dem Vater, gerade in jener Gottverlassenheit der von Gott unmittelbar geliebte Mensch! Das ist es, was hier allerdings als ein Geheimnis, aber nicht als ein neues und besonderes, sondern als das Geheimnis des Ganzen und als das uns nicht mehr verschlossene, sondern in der Auferstehung Jesu aufgeschlossene Geheimnis zu sehen und zu verstehen ist.

Was hiezu zu sagen ist, mag beiläufig auch als Widerspruch gegen die Auffassung der Leidensgeschichte verstanden werden, die in J. S. Bachs «Matthäuspassion» ihren klassischen Ausdruck gefunden hat. Über ihre rein musikalische Größe ist kein Wort zu verlieren. Sie will aber eine Auslegung der Kap. 26–27 des Matthäusevangeliums sein. Als solche kann sie ihre Hörer nur irreführen. Sie ist ein einziges, in fast ununterbrochenem Moll gewiß wunderbar wogendes Wolkenmeer von Seufzern, Klagen und Anklagen, von Ausrufen des Entsetzens, des Bedauerns, des Mitleidens: eine Trauerode, die in einem regelrechten Grabgesang («Ruhe sanft!») ihren Ausklang findet, die durch die Osterbotschaft weder bestimmt, noch auch nur begrenzt ist, in der Jesus der Sieger völlig stumm bleibt. Wann wird die Kirche sich darüber klar werden, und dann auch die Tausende und Tausende, die die evangelische Leidensgeschichte ausgerechnet nur in dieser Version kennen mögen, darauf aufmerksam machen, daß es sich in ihr um eine Abstraktion handelt, daß das bestimmt nicht die Passion Jesu Christi ist?

Daß die Passionsgeschichte dem Ganzen der Existenz Jesu in einem ganz anderen Sinn einzuordnen ist, zeigen bei den Synoptikern die je drei meist umfangreicheren Leidensankündigungen, denen dann Matth. 26, 1 f. in der Überleitung zu den eigentlichen Passionstexten noch eine vierte und Mr. 14, 41, Matth. 26, 45 unmittelbar vor dem Bericht über Jesu Gefangennahme noch eine fünfte und letzte hinzugefügt wird. Fast identisch mit dieser letzten, ganz kurzen Formulierung lautet die zweite Leidensverkündigung bei Lukas (9, 44): «Der Menschensohn wird ausgeliefert werden in die Hände der Menschen» (der ἁμαρτωλοί wird es dann in jenem letzten Wort, jetzt schon im Praesens, παραδίδοται, bei Markus und Matthäus heißen). Wer nach der Genese dieser Texte und wohl gar nach dem Wortlaut des Ausspruchs des «historischen Jesus» fragt, wird natürlich geneigt sein, dies für den ursprünglichen Ort und für die Urform des Logions, und alle früher auftauchenden Fassungen mit Ausnahme von Luk. 9,44 für dessen nachträglich vorgenommene Zurückverlegungen und Erweiterungen zu halten und also als belanglos auszuscheiden. Das bedeutet dann aber eben, wie einleuchtend das Verfahren auch aussehen mag, die Zerstörung der Pragmatik, in der die Evangelien die Passion sahen und gesehen haben wollten. Es ist der Passion Jesu Christi wesentlich, die nicht plötzlich in sein vorangehendes Leben hereinbrechende Katastrophe, sondern dessen Ergebnis zu sein. Es ist ihr also wesentlich, sich in ihm schon anzukündigen.

Wir beachten zunächst, daß ausgerechnet die kürzeste von jenen früheren Leidensankündigungen (Luk. 9, 43f.) zugleich diejenige ist, die am eindrücklichsten eingeleitet und in der dann auch jenes sprachlose Befremden der Jünger am Ausführlichsten dargestellt wird. «Indem Alle sich wunderten über Alles, was er tat (πᾶσιν οἷς ἐποίει), sprach er zu seinen Jüngern: Tut ihr in eure Ohren diese Worte (θέσθε ὑμεῖς εἰς τὰ ὦτα ὑμῶν τοὺς λόγους τούτους): Der Menschensohn wird ... !» heißt es hier vorher, und nachher: «Sie aber verstanden diesen Ausspruch (dieses ῥῆμα) nicht, und er war verborgen vor ihnen, sodaß sie ihn nicht begriffen; und sie fürchteten sich, ihn wegen dieses Ausspruches zu befragen.» Das paßt so nur in jene frühere Situation, nicht in die im Garten Gethsemane. Wichtig ist aber auch die Anknüpfung der entsprechenden Worte Matth. 26, 2: wie Luk. 9, 44f. noch einmal auf die allgemeine Verwunderung erregende Gesamtheit der Taten Jesu zurückgeblickt wird, so hier (ὅτε ἐτέλεσεν ὁ ᾽Ιησοῦς πάντας τοὺς λόγους τούτους) auf die Gesamtheit seiner Worte, konkret natürlich auf die als Abschluß seiner Verkündigung Matth. 24 und 25: auf die entfaltete Voraussage seiner mit dem definitiven Ende der Welt zusammenfallenden Wiederkunft. Es mag aber auch beachtlich sein, daß sich auch jenes letzte, schon im Präsens gesprochene Wort Mr. 14, 41, Matth. 26, 45 abhebt von dem Hintergrund des zuvor siegreich durchgefochtenen Gethsemanekampfes. Eben im Anschluß an die Darstellung gewisser Höhepunkte der vorangegangenen Existenz, Tätigkeit und Selbstoffenbarung Jesu haben aber die drei Synoptiker auch jene drei viel früheren Leidensankündigungen zur Sprache gebracht. Es folgt in allen drei Relationen übereinstimmend die erste (Mr. 8, 31f. Par.) unmittelbar auf das Messiasbekenntnis des Petrus, die zweite (Mr. 9, 30f. Par.) unmittelbar auf die zusammenhängende Erzählung von der Verklärung auf dem Berg und der Heilung des epileptischen Knaben, die dritte (Mr. 10, 32f. Par.) unmittelbar auf die Worte Jesu von dem den Jüngern (nach dem Matth. 20, 1f. dazwischen geschobenen Gleichnis von den Arbeitern im Weinberg auch dem zuletzt gekommenen Jünger in gleicher Fülle!) verheißenen himmlischen Lohn. Diese übereinstimmend durchgeführte Anordnung kann kein Zufall sein. An Stelle der sonst in allen drei Textgruppen hervorgehobenen Nachricht von dem unverständigen Befremden der Jünger tritt nach der dritten Leidensankündigung bei Markus (10, 35f.) und Matthäus (20, 20f.) – ebenso bezeichnend für ihr gänzliches Verkennen der Situation – die von dem seltsamen Begehren der Zebedäussöhne und von dessen Ablehnung. Auch nach dieser Seite dürfte die Anordnung kein Zufall sein. Zur Leidensankündigung gehört vorher: ein besonderer Erweis des Menschensohnes, des Reiches Gottes, und gehört nachher: die gänzliche Verblüffung der Jünger.

Die Frage erhebt sich angesichts dieser Sachlage bei allen in Betracht kommenden Stellen: ob wir es in dem Verhältnis zwischen jenen jeweils vorausgehenden Erweisen des Menschensohnes bzw. des Gottesreiches zu den darauf folgenden Leidensankündigungen mit einer Antiklimax, gewissermaßen mit einem «Ja-Aber!» – mit einem positiven Ja, gefolgt von einem kritischen, negativen oder mindestens einschränkenden und also retardierenden Nein zu tun haben? Eine Antiklimax besteht nun zweifellos zwischen den sein Leiden ankündigenden Worten Jesu und dem, was die Jünger darauf zu sagen, bzw. nicht zu sagen haben. Wir könnten es also – aber schon das macht diese Auffassung schwieriger – mit einer zweifachen Antiklimax zu tun haben, von denen die erste sozusagen innerhalb der Verkündigung und Selbstoffenbarung Jesu selbst stattfände. Er selber würde sich dann mit der Leidensweissagung gewissermaßen unterbrochen und mindestens vorläufig widersprochen, würde dann zuerst ein Ja gesprochen und dann ein Aber dazu gesetzt haben. Entspricht solche Anordnung dem sonstigen evangelischen Erzählungsstil? In welchem anderen Zusammenhang hat der Jesus der Evangelien sich in dieser Weise zurückgenommen? Will man nun nicht mit einem beziehungslosen Nebeneinander der Berichte von jenen Höhepunkten und den darauf folgenden Leidensankündigungen rechnen, so bleibt keine andere Annahme übrig als die, daß wir es in diesem Verhältnis mit einer Klimax zu tun haben: nicht mit einem «Ja-Aber!», sondern mit einem «Ja – und noch mehr!» oder «Ja – und gerade darum!»: nicht mit einer ganzen oder halben Zurücknahme oder Einschränkung, sondern mit einer Überbietung des Vorangehenden. Indem sie diese Überbietung nicht als solche verstehen, stehen die Jünger der Leidensankündigung so fassungslos gegenüber, haben wir es in ihrem Verhältnis dazu allerdings mit einem Antiklimax zu tun.

Eine allerdings in einer ganz neuen Dimension verlaufende Bewegung ist der Inhalt und Gegenstand der Leidensankündigung: Jesus selbst zwar nicht unbekannt, nicht unerwartet, nicht widerwärtig, aber durchaus nicht selbstverständlich, für die Jünger nicht umsonst so verwirrend und verblüffend. Für sie war da – und die Überlieferung hat das sehr deutlich festgehalten – wohl eine Antiklimax, eine Bewegung in unerträglich abnormaler und verkehrter Richtung: herunter von jenen Höhepunkten, von Jesu Offenbarwerden als Israels Messias, vom Berg der Verklärung und dem an seinem Fuß noch einmal siegreich vollbrachten Wunder, von der Zusage des ihnen selbst verheißenen himmlischen Lohnes – von allen Taten und Worten Jesu herunter und hinein in eine

Zukunft, die absurder Weise hieß: Auslieferung des Menschensohnes, des Herrn, des Königs in die unreinen, die unwürdigen Hände der Menschen, die doch im Staub zu seinen Füßen anbeten sollten, endgültiger Triumph der Pharisäer und Schriftgelehrten, der Hohepriester und Ältesten in einem seinem Gott nach wie vor ungehorsamen und damit sein Heil nach wie vor und nun erst recht, nun endgültig von sich stoßenden Jerusalem, Verurteilung, Marter, Leiden und Tod des einen Gerechten, des einen Wohltäters und dieses als eines Verbrechers! Aber was die Jünger nach ihrem eigenen Bericht damals nicht sahen und hörten, das sahen und hörten sie und hörte nachher die neutestamentliche Gemeinde danach: daß, was damals sich ankündigte und dann auch geschah, keine Bewegung in abnormaler und verkehrter Richtung gewesen war, sondern gerade von jenen Höhepunkten, gerade von der Gesamtheit der Taten und Worte Jesu her die Bewegung in deren Tiefe oder höchste Höhe, hinein in ihre verborgene Herrlichkeit, hinüber in die Vollkommenheit des Seins des Menschensohnes, in die Vollendung des in seiner Erscheinung angebrochenen und offenbarten Gottesreiches.

Eben dort, wo die Jünger damals nichts oder eben nur das schreckliche Paradox einer radikalen Widerlegung und Auslöschung des Menschensohnes, die Überwältigung der in ihm angebrochenen neuen Weltwirklichkeit durch die alte wahrnahmen: eben da haben sie nachher umgekehrt seine radikale Betätigung und Bewährung, haben sie eben seine Krönung als der königliche Mensch, der er war, gesehen und gehört, und also umgekehrt den Sieg der neuen Weltwirklichkeit über die alte. Eben von der Stelle aus, an der sie damals zurückschreckten in der Meinung, daß dies die Niederlage, der Rückzug, der Absturz sei, sind sie nachher von seinem gerade da errungenen Triumph her freudig und dankbar mit ihm, ihm nachgegangen. Eben sein Kreuz, das ihnen damals das Zeichen der Hoffnungslosigkeit war, wurde ihnen nachher zum Zeichen nicht nur, sondern zum realen Grund der ewigen und dann auch aller zeitlichen Hoffnung, in der sie selbst leben und die sie der Welt verkündigen durften, zu dem Vorwärts, in dessen Kraft sie nicht nur von ihm als dem, der ihnen damals begegnet war, herkamen, sondern ihm entgegengingen, von seiner damaligen seiner künftigen Epiphanie entgegen.

Kann man gerade die Leidensankündigungen, die die Synoptiker in so eigentümlicher Weise zur Mitte und Klammer ihrer Darstellung der vorösterlichen Existenz Jesu gemacht haben, anders verstehen als so? Wird das Vorwärts!, um das es in diesen Texten geht, nicht schon dadurch unmißverständlich angezeigt, daß sie ja fast in allen ihren Formulierungen zuletzt ausdrücklich auch von Jesu Auferstehen am dritten Tag reden? Aber ihr Gewicht liegt nicht auf diesem letzten Satz. Er zeigt nur an, daß die Evangelien das Ganze ihrer Darstellung gerade an der Stelle, wie jene andere, die Todesdimension unzweideutig sichtbar zu machen hatten, nach vorwärts blickt und auch den Leser zum Blick nach vorwärts anleiten und aufrufen will. Die Richtung, in die dieses Vorwärts! weist, ist aber zunächst und entscheidend eben die Todesdimension. Nicht am Leiden und Sterben Jesu vorbei oder darüber hinweg, sondern in dieses hinein – eben um der dort stattfindenden Vollendung willen dort hinein – soll jetzt geblickt werden: eben auf die Wirklichkeit des Geschehens, dessen Möglichkeit den Jüngern damals nur starres Erschrecken bereitet hat, eben auf das Ende und den Abbruch seiner Existenz, der, wie sie nachher sahen und hörten, ihr siegreicher Abschluß war – nachher, als sie nicht mehr (Matth. 16, 23) τὰ τῶν ἀνθρώπων, sondern τὰ τοῦ θεοῦ dachten, als sie die Freiheit hatten, nicht mehr von unten, sondern von oben her über das damals kommende, nachmals geschehene Ereignis des Todes Jesu nachzudenken. Man beachte das Wörtlein δεῖ, von dem die erste jener Leidensankündigungen in allen drei Versionen beherrscht ist: «Der Menschensohn muß Vieles leiden.» An diesem «er muß» entschied und entscheidet sich Alles. «Muß» er, obwohl, trotzdem, in Widerspruch zu dem, daß er der Menschensohn, der königliche Mensch ist? Oder «muß» er es gerade darum, weil und indem er es ist? Unter dem Dienst einer fremden Notwendigkeit, oder in unausweichlichem Vollzug seiner Sendung, der ihm aufgetragenen Versöhnung der Welt mit Gott? Indem er einem auch ihm gegenüber mächtigen Weltgesetz eine große Konzession zu machen, sich ihm zu unterwerfen hat, oder als Täter des Gesetzes Gottes, als Erfüller der «ganzen Gerechtigkeit» (Matth. 3, 15) und also in Vollstreckung seines königlichen Amtes und darum in vollendetem Gehorsam? Wenn man den Evangelien das erste Verständnis jenes δεῖ nicht, sondern nur das zweite zutrauen kann, dann ist darüber entschieden, daß wir es in den Leidensverkündigungen, damit dann aber auch in der ganzen Passionsgeschichte selbst nicht mit einer Antiklimax, sondern mit einer Klimax ihres Zeugnisses zu tun haben.

Dann und nur dann steht ja das Zeugnis der Synoptiker auch in Übereinstimmung mit dem des Johannesevangeliums, in welchem die Situation in dieser Hinsicht zum vornherein klar ist, in dessen Darstellung die Passion, deren Rätselhaftigkeit auch von ihm nicht unsichtbar, sondern sehr sichtbar gemacht wird, durchgehend in die Verkündigung Jesu einbezogen, dem Ganzen seiner Worte und Werke integriert wird: eben die Todesdimension, die als solche die Lebensdimension ist, die Dimension des Vorwärts und der Hoffnung, die seiner Existenz notwendig, eigentümlich ist. Daß Jesus in den Tod geht, heißt hier: er geht zu dem, der ihn gesandt hat, zum Vater (Joh. 14,12; 16,5. 28; 17,11). «Vater, die Stunde ist gekommen; verherrliche deinen Sohn, damit dein Sohn dich verherrliche, wie du ihm Macht über alles Fleisch gegeben hast, damit er allen, die du ihm gegeben hast, ewiges Leben gebe!» (17, 1f. vgl. 13, 32). «Erhöht werden von der Erde» (12, 32), «wie Mose in der Wüste eine Schlange erhöhte» (3, 14) ist hier in einem schauerlichen, aber auch strahlenden Zugleich seine Erhöhung ans Kreuz – es wird ihm von den Juden widerfahren, erhöht zu werden (8,28), «das sagte er aber, um anzudeuten, welches Todes er sterben werde» (12, 33) – und seine siegreiche Erhöhung als Menschensohn, die geschehen muß (auch hier das δεῖ!), «damit Jeder, der an ihn glaubt, das ewige Leben habe» (3,14f.): geschehen muß (δεῖ 12,34), weil er eben in seiner Erhöhung «alle zu sich ziehen wird» (12, 32). Ist die Sicht des Johannesevangeliums genau und steht sie mit der des Paulus in keinem sachlichen Widerspruch, dann ist auch die Erhöhung des im Gehorsam sich selbst Erniedrigenden, von der Phil. 2,9 die Rede ist, kein dieser Erniedrigung folgender, sondern der eben in und mit seiner Erniedrigung selbst sich ereignende Gottesakt an diesem Menschen. Die Sicht des Johannesevangeliums ist auf alle Fälle diese: «Wahrlich, wahrlich, Ich sage euch, wenn das Weizenkorn nicht in die Erde fällt und stirbt, so bleibt es allein. Wenn es aber stirbt, trägt es viel Frucht» (12, 24). «Weil ich dies zu euch geredet habe, hat die Traurigkeit euer Herz erfüllt. Aber ich sage euch in Wahrheit: Es ist gut für euch, daß ich fortgehe. Denn wenn ich nicht fortgehe, wird der Beistand nicht zu euch kommen; wenn ich aber gehe, werde ich ihn zu euch senden» (16,6f.). «Ich gehe hin, euch die Stätte zu bereiten. Und wenn ich hingegangen bin und euch eine Stätte bereitet habe, komme ich wieder und werde euch zu mir nehmen, damit auch ihr seid, wo ich bin» (14, 2f.). Er gibt sein Leben also nicht von ungefähr, nicht umsonst hin, sondern in diesem zielbewußten Hingang. Niemand nimmt es von ihm; er gibt es von sich aus – «diesen Auftrag habe ich von meinem Vater empfangen» (10, 17f.) als der gute Hirte, der es dahingibt für seine Schafe (10,11.15) oder als der Freund für seine Freunde (15, 13). Er «heiligt» sich für sie, indem er das tut, wie der bezeichnende Ausdruck 17,19 lautet. Der «Fürst dieser Welt» wird, indem er das tut, gerichtet (16, 11), hinausgeworfen (12,31). So tönt es bei Johannes in den bei ihm an die Stelle jener Leidensankündigungen getretenen «Abschiedsreden» und eben nicht nur in den im besonderen so genannten Kapiteln, sondern schon durch das ganze Evangelium hin: sie sind wohl Reden eines realen und ernsten Abschieds, der aber mit Wehmut und Trauer gerade nichts zu tun haben soll, nur *per nefas* so verstanden werden kann, der in Wirklichkeit eine einzige Zusage seiner heilvollen Gegenwart und Zukunft, Zusage von Erfüllung, endgültiger Wohltat ewigen Lebens, eines gewissen «Beistandes» einer gesicherten «Stätte» ist. Als «das Lamm Gottes, welches die Sünde der Welt hinwegträgt» (1, 29) – eine kaum zu verkennende Anspielung auf Jes. 53, 7 – ist ja Jesus hier schon bei seinem ersten Erscheinen am Jordan vom Täufer bezeugt worden. Und so ist es natürlich kein Zufall, daß seine Benennung als König – sie tritt übrigens auch bei den Synoptikern erst in diesem Zusammenhang (Mr. 15, 2.9.18.26 Par.) in den Vordergrund – gerade in der johanneischen Passionsgeschichte eine so hervorgehobene Rolle spielt: in jener Wechselrede zwischen ihm und Pilatus (Joh. 18, 33 f.), in der sich der Angeklagte ausdrücklich zu diesem Titel bekennt, dann wieder in dem Wort, in welchem Pilatus den Gegeißelten und Verspotteten den Juden vorstellt: «Seht euren König!» (19, 14) und wieder (19, 19f.) in dem Hin und Her über die Aufschrift auf dem Kreuz: «Jesus der Nazarener, der König der Juden», in welchem die Juden die Abänderung durchsetzen möchten: «Er hat gesagt: Ich bin der König der Juden», und in welchem Pilatus in seinem berühmten Schlußwort noch einmal unwissend die Wahrheit verkündigt hatte: «Was ich geschrieben habe, das habe ich geschrieben.» Man beachte dazu, daß nur Johannes an früherer Stelle (6, 15) die merkwürdige Nachricht gebracht hatte, daß die Leute Jesus nach dem Speisungswunder gewaltsam zum König machen wollten und wie er sich dem entzogen habe. So wie es in seiner Passion geschah, sollte und wollte er als der König dastehen und proklamiert werden – nicht anders, eben so aber in höchster Solennität. Und es ist wieder kein Zufall, daß das letzte Wort Jesu am Kreuz – man bedenke: dasselbe, das Markus und Matthäus in Form jener Verzweiflungsfrage wiedergegeben haben – bei Johannes lautet: τετέλεσται, weil er nämlich, wie es vorher heißt, wußte, daß jetzt Alles vollendet sei. So, in solchem gänzlichen Vollenden, neigte er sein Haupt – nicht vor den Menschen, nicht vor dem Tode, sondern vor dem Vater, dessen Auftrag er damit bis zu seiner äußersten Forderung hin ausführte. So gab er seinen Geist auf (19, 28 f.).

Immer von dem in diesem Sinn positiven Verständnis der Passion in der Darstellung schon der Synoptiker her sieht man dann aber auch deren Übereinstimmung mit der Kreuzestheologie des Paulus. Sie ausführlich zu entfalten, ist hier nicht der Ort. Uns interessiert jetzt nur das Grundsätzliche. Formal: daß sich für ihn die ganze Bedeutsamkeit der geschichtlichen Existenz Jesu gerade in seinem Tode zusammendrängte, daß er, gerade weil auch er ganz von seiner Auferstehung her dachte, unmittelbar auf jene Grenze blickte und nun eben so auf das durch sie begrenzte vorösterliche Leben Jesu. Und sachlich: daß das höchst Positive der Bedeutsamkeit der geschichtlichen Existenz Jesu sich für ihn gerade im Anschauen und Begreifen jener Grenze als solcher erschloß. Ihn als den Gekreuzigten wollte er der Welt und den Gemeinden verkündigen («vor Augen malen» Gal. 3,1 vgl. 1. Kor. 1,23; 2,2): ihn, von dem er weiß, daß er nicht umsonst gestorben ist, daß er, der Sohn Gottes «mich geliebt und sich für mich dahingegeben hat» (Gal. 2, 20f.). Wir erinnern uns jetzt, ohne sie zu systematisieren, nur einiger der zentralsten unter den paulinischen Aussagen: Er hat sich dahingegeben, «um unserer Sünden willen, um uns aus der gegenwärtigen bösen Welt zu erretten nach dem Willen Gottes, unseres Vaters» (Gal. 1, 3 f.). «Er ist für uns zum Fluch geworden und hat uns damit vom Fluch des Gesetzes losgekauft» (Gal. 3, 13). Gott nämlich hat ihn, der von keiner Sünde wußte, wie die starken Ausdrücke 2. Kor. 5, 21 lauten: «für uns zur Sünde gemacht, damit wir in ihm Gerechtigkeit Gottes würden.» Und indem er gestorben ist, «hat er die Sünde (der ganzen Welt) in seinem Fleisch zum Tode verurteilt» (Röm. 8, 3), ist er der Sünde (unserer Sünde, indem er sie mit sich in den Tod riß) ein für allemal gestorben (Röm. 6, 10), so daß dafür Raum geschaffen ist, daß die, welche

3. Der königliche Mensch

leben, nicht mehr sich selbst, sondern ihm, dem für sie Gestorbenen und Auferstandenen, leben dürfen (2. Kor. 5, 15), daß die durch das Gesetz geforderte Gerechtigkeit (sein δικαίωμα) auch in uns erfüllt werde (Röm. 8, 4). Gerade in seinem Blut, d. h. in der Dahingabe seines Lebens, hat ihn also Gott, wie einst das ἱλαστήριον in der Stiftshütte, hingestellt als den mächtig wirksamen und sprechenden Erweis (ἔνδειξις) seiner eigenen Recht setzenden, Recht sprechenden und Recht schaffenden Gerechtigkeit (Röm. 3, 26). Und indem sein Tod als dieser Erweis der Gerechtigkeit Gottes geschah, hat er (Kol. 2, 15f) die gegen uns lautende, mit allen ihren Sätzen gegen uns sprechende Anklageurkunde ausgetilgt, aus dem Weg geräumt – er hat sie (mit dem alten Menschen der Sünde Gal. 2, 19, Röm. 7, 4) ans Kreuz geheftet, die Gewalten und die Mächte gänzlich entwaffnet, um sie in seiner Auferstehung öffentlich und im Triumph über sie zur Schau aufzuführen. Er ist in seinem Tod als diesem Erweis der Gerechtigkeit Gottes (Eph. 2, 14f.) schlechterdings «unser Friede», hat – immer in seinem im Fleisch erlittenen Tod – die Scheidewand des Zaunes zwischen Israel und den Heiden abgebrochen, die Feindschaft zwischen ihnen getötet, aus beiden ein Ganzes, in ihm selbst beide zu einem neuen Menschen geschaffen, in einem Leibe mit Gott versöhnt. Und Kol. 1, 19f. noch ausgreifender: er hat in seinem Kreuzesblut kosmischen, auf alle irdischen und himmlischen Wesen sich erstreckenden Frieden geschaffen.

Wie immer man das Alles im Einzelnen und in seinen Zusammenhängen interpretiere, das ist sicher, daß die Gemeinden des ersten Jahrhunderts, sofern sie auch nur einigermaßen auf der Linie des Paulus gedacht haben, nicht erst in der Auferstehung, sondern gerade im Tode des Herrn wie *in nuce* die Heilstat und Heilswirklichkeit seiner Existenz gesehen, das in ihm gesprochene göttliche Ja zum Menschen samt dem ihm entsprechenden Nein zu Sünde, Tod und Teufel gehört haben. Es müßte mit merkwürdigen Dingen zugegangen sein, wenn sie die Jesus-Überlieferung, die dann in den Evangelien ihren Niederschlag gefunden hat, in dieser Sache anders verstanden hätten, wenn wir also den Evangelien eine andere Auffassung der Passion als diese zu entnehmen hätten – und wieder mit merkwürdigen Dingen: wenn sie sie nicht richtig verstanden hätten, und wieder: wenn die so richtig verstandene Überlieferung nicht dem objektiven geschichtlichen Sachverhalt entsprochen hätte. Denn wie soll man sich die Entstehung einer Überlieferung von so seltsamem, so widersprüchlichem Inhalt vorstellig machen – nicht eines geschichtlichen Menschen Taten, Leistungen und Werke als solche, sondern sein schmählicher Untergang, sein obskures, alles Vorangegangene gänzlich in Frage stellendes Ausgelöschtwerden! – als Ereignis von solchen Dimensionen und eben: von solcher nach allen Seiten positiven Tragweite? Was ist da zur Erklärung geleistet, wenn man auf die Möglichkeiten des Mythus, seines Erfindens, Dichtens und Ausschmückens verweist? Wie kam ein Mythus dazu, hier anzusetzen, gerade da sich zu bilden? Wie erfindet man, wie erfindet sich so etwas: das, was da auf immerhin nicht ganz wenigen verschiedenen Linien 30–70 Jahre nach dem Tode eines geschichtlichen Menschen – in dieser merkwürdigen Konzentration gerade von diesem seinem Tod erzählt und gesagt worden ist? Aber wie dem auch sei: es gab im ersten Jahrhundert Leute – und sie waren die ersten Glieder der christlichen Gemeinde und Kirche – die gerade vom Tode dieses Menschen das, dieses Positive, gewußt, erzählt und gesagt haben: von seinem Kreuzestod, daß er die für sie und für alle Menschen heilvoll entscheidende Wende gewesen sei, von seinem Leben als von dem Weg, der in dieser Wende und also in seinem Kreuzestod seine Klimax erreichte, von der Bestätigung, die seine Existenz, sein Verhältnis zu Gott, sein Reden und Tun gerade von daher empfangen habe. Und wenn man sie fragte: woher sie das wüßten und also erzählen und sagen könnten? so antworteten sie – oder sie sagten es auch gleich von sich aus – daß er ihnen als Auferstandener von den Toten begegnet sei und eben damit das Geheimnis seines Todes und von seinem Tode her sein ganzes Leben als das Werk der heilenden und erleuchtenden Macht Gottes offenbart habe, entscheidend und umfassend aber: sich selbst als den königlichen Menschen ohnegleichen. Dazu ist hier weiter nichts zu sagen. Es war eben so: irgendeinmal und irgendwie hat die christliche Kirche mit dieser sehr soliden Gewißheit angefangen – ein Anfang, mit dessen Erklärung man es sich jedenfalls nicht zu leicht machen sollte.

Wir wenden uns von da aus noch einmal zurück zu einigen Feststellungen im Blick auf das vorösterliche Leben Jesu.

1. Was wir allgemein die Todesdimension nannten, ist eine Näherbestimmung, die diesem Leben nach der evangelischen Darstellung von Anfang an gerade auch als eine in diese Richtung weisende Willigkeit und Bereitschaft Jesu selbst eigentümlich ist. Es gibt keine Spur in den von ihm berichteten Worten und Taten, die darauf hinwiese, daß er einen anderen Ausgang als den, den sein Leben dann nahm, erwartet, in Aussicht genommen, gewünscht, angestrebt hätte, von der aus man also feststellen könnte, daß er, indem es dann diesem Ausgang entgegenging, überrascht, enttäuscht, befremdet worden wäre. Es gibt aber deutliche Spuren, die darauf hinweisen, daß seine ganze Existenz gerade auf diesen Ausgang vorbereitet, gerüstet, ausgerichtet war.

Man wird hier nochmals an das nach Matth. 3, 15 zu Johannes dem Täufer gesprochene Wort von der Jesus geziemenden Erfüllung der «ganzen Gerechtigkeit» erinnern müssen, in dem er verlangte, wie jeder von den Vielen, die an den Jordan kamen, zur Taufe der Buße zugelassen zu werden, mit dem er sich also statt über sie, in Erwartung des nahenden göttlichen Gerichtes solidarisch an ihre Seite stellte. Das war aber, zugleich mit dem Antritt seines Amtes auch der erste Schritt auf dem Weg, der mit dem Golgatha-Geschehen endigen mußte: in gewissem Sinn schon dessen Vorwegnahme. Und indem er sie vollzog, sah der Täufer den sich über ihm öffnenden Himmel, den auf ihn herabkommenden Geist, hörte er die Stimme von oben: «Dies ist mein geliebter Sohn, an welchem ich Wohlgefallen habe!» Wieder eine Taufe, mit der er getauft werden müsse, nannte Jesus nach Luk. 12, 49f. seinen eigenen Anteil an dem Feuer, das auf der Erde anzuzünden er gekommen sei: Möchte dieses Feuer schon brennen und möchte diese seine Taufe – sie ist offenbar die Vorbedingung zum Brennen jenes Feuers – schon vollendet sein! Und es wird nicht nur erlaubt, sondern geboten sein, hier an das andere Wort darüber, wozu der Menschensohn gekommen sei, zu denken (Mr. 10, 45): nicht um sich (wie die vermeintlichen Herren dieser Welt) dienen zu lassen, sondern um seinerseits, und das nicht teilweise und beiläufig (wie ja mancher, der im Grunde herrschen will, beiläufig auch noch dienen zu können meint), sondern ausschließlich und total: um unter Einsatz und Hingabe seines Lebens den Vielen, ihrer Befreiung, zu dienen, ihr λύτρον zu sein. Eben das ist die Bestimmung seiner geschichtlichen Existenz, seines Leibes und Blutes, die dann (Mr. 14, 22f. Par.) in dem Danken, dem Geben und Nehmen der Abendmahlshandlung mit seinen Jüngern (wie man hier auch die verschiedenen Texte im übrigen zu deuten habe) eindrucksvoll wiederholt wird. Damit sie, die Anderen, von ihm empfangen und nehmen möchten, daß ihnen zu eigen werde, was in ihm wirklich und offenbar ist, will und wird er für sie nicht irgendetwas, sondern sich selbst ganz, eben seinen Leib und sein Blut, hergeben: Da, das ist mein Leib! Und da, das ist mein Blut! Und gerade das tut er unter Danksagung, als den großen Akt seiner εὐλογία und εὐχαριστία! Dahin gehört dann (mit oder ohne Beziehung auf das Abendmahl verstanden) sicher auch Joh. 6, 53f.: die Worte von dem zur Erlangung des ewigen Lebens notwendigen Essen seines Fleisches und Trinken seines Blutes, und gehört selbstverständlich in seiner ganzen Seltsamkeit das Wort Mr. 14, 8 zu jener Frau in Bethanien von der Salbung seines Leibes zu seinem Begräbnis. Das in dieser Hinsicht

3. Der königliche Mensch

in aller Stille am meisten sprechende Einzelmoment dürfte doch schlicht darin bestehen, daß in dem Bericht Mr. 3, 13f. Par. von der Berufung der Zwölfe, die um ihn sein, und mit der Macht, Dämonen auszutreiben, von ihm zur Verkündigung ausgesendet werden sollten, auch die Berufung des Judas («der ihn auslieferte», wird in allen Versionen angemerkt!) eingeschlossen ist. Man bedenke: er selbst beruft – im Sinn der Evangelien sicher nicht arglos, nicht unwissend, nicht überrascht durch das, was der Mann nachher tut, sondern im Blick darauf, daß er das tun wird, auch den Judas! Er «macht» (v 14) auch diesen zu seinem Apostel! Er konnte seine Dahingabe nicht deutlicher in sein Lebenswerk einordnen, als indem er sich selbst diesen seinen παραδούς zugesellte, zuordnete.

2. Was in diesem Sinn seine Selbstbestimmung zu jenem Ende und Ausgang hin ist, das ist aber zugleich die über seinem Leben und dessen Verlauf waltende göttliche Verordnung. Er vollstreckt freiwillig, was über ihn beschlossen ist, wie umgekehrt die Göttlichkeit dieses Beschlusses darin sichtbar wird, daß seine Ausführung von ihm nicht als ein leidiger, schicksalsmäßiger Zwang oder als ein zufälliges Unglück, sondern eben, in jener Bereitschaft und Willigkeit erlitten, auch Inhalt seiner Selbstbestimmung wird. Der Menschensohn muß: er wäre nicht der Menschensohn, wenn er nicht müßte und wenn er sich dieses Müssen nicht zu eigen machte. Es ist aber auch die Gottheit des Gottes, der in ihm, der ja sein Sohn ist, lebt und regiert, dadurch charakterisiert, daß er, Jesu Vater, solches über ihn beschlossen hat, seinen freien Gehorsam gerade dafür in Anspruch nimmt.

Ein merkwürdiges Wort aus der Pfingstrede des Petrus (Act. 2,22f.) mag hier an der Spitze stehen: Daß die von ihm angeredeten «israelitischen Männer» den vor ihnen von Gott durch machtvolle Taten, Wunder und Zeichen beglaubigten Jesus durch die Hand der Heiden ans Kreuz nageln und töten ließen, das geschah, weil und indem er «nach Gottes festgesetztem Ratschluß und Vorsatz dahingegeben worden war.» Der Christus «mußte» Solches leiden und (nicht nachher, sondern darin!) zu seiner Herrlichkeit eingehen (Luk. 24, 26): nicht im Widerspruch zu Gottes Weltregiment, sondern weil Gott es so plante und wollte, und also auch nicht seiner Verheißung zuwider, nicht indem sie damit zunichte wurde, sondern ihr entsprechend, indem sie gerade so in Erfüllung ging. Es ist der wahre Gott, der Gott des Mose und der Propheten, der in der Passion Jesu recht behält, dessen Name gerade so geheiligt wird, dessen Reich gerade so kommt, dessen Wille gerade so auf Erden geschieht wie im Himmel. Von daher die Notwendigkeit, in der er nach der Kindheitsgeschichte des Matthäus (2, 1–23) sofort der von Herodes Bedrohte sein muß, in der nach der des Lukas (2, 35) der Maria das Wort von dem Schwert, das durch ihre Seele dringen werde, gesagt wird, in der die Jünger nach Mr. 2,20 gleich zu Anfang von den kommenden Tagen hören müssen, in denen der Bräutigam von ihnen genommen sein werde. Die Menschen taten mit Elia, sie taten mit dem Täufer nach ihrer Willkür. «So wird auch der Menschensohn durch sie leiden müssen» (Matth. 17, 12). Noch war jener erste, noch auch dieser zweite Herodes ihm gegenüber aufgehalten. Aber sein Wirken war nach Joh. 9, 4 beschränkt auf seinen Tag: «es kommt die Nacht, in der niemand wirken kann.» Wie sie denn auch kam: ἦν δὲ νύξ, wie Joh. 13, 30 nach dem Abgang des Judas lakonisch und majestätisch festgestellt wird. Dementsprechend im lukanischen Reisebericht (13, 32f.) und gewissermaßen als dessen Motto: «Siehe, heute und morgen treibe ich Dämonen aus und vollbringe ich Heilungen und am dritten Tage werde ich damit zum Ziel kommen (τελειοῦμαι).

Doch ich muß (δεῖ με) heute und morgen und am folgenden Tag unterwegs sein; denn es geht nicht an, daß ein Prophet außerhalb Jerusalems umkomme.» Die bösen Weingärtner, die zuvor die Knechte ihres Herrn geschlagen, mißhandelt und getötet haben, werden sich (Mr. 12, 6f. Par.) auch vor dessen einem geliebten Sohn nicht scheuen, sondern ihn, um das Gut ihres Herrn an sich zu bringen, erst recht umbringen. Das ist die Ordnung, die wie in so auch über der Existenz des Menschensohnes waltet: eine erschreckende Ordnung, aber eine Ordnung, und eine bei aller Verwerflichkeit der in ihr tätigen Organe von Gott aufgerichtete und durchgeführte und darum gute Ordnung. In dieser Welt und zu ihrer Versöhnung kann der Weg des Menschensohnes nur dieser sein. Wir kommen auf die Leidensankündigungen mit ihrem δεῖ, die ja hier vor allem zu nennen wären, nicht mehr zurück. Eben sie sind – in der hervorgehobenen positiven Grundbedeutung, die ihnen eigen ist – natürlich auch die notwendigen Exponenten eben jenes festgesetzten «Ratschlusses und Vorsatzes», der in der Passion Jesu in der einem göttlichen Dekret zukommenden Vollkommenheit ausgeführt wird, eben von dorther aber die Bestimmung schon seines ganzen Weges zu jenem Ziel bildet.

3. In das Bild der zugleich ganz freien und ganz von Gott verfügten Bestimmung der Existenz Jesu auf jenen Ausgang hin fügt sich nun Alles das ein, was in den Evangelien eben über das Verhalten der Umwelt, in der sich dann jene «bösen Weingärtner» als die entscheidenden Agenten hervorheben, gesagt ist. Wir befinden uns nicht irgendwo im allgemeinen Welt- und Menschheitsraum. Die Passion des Menschensohnes ist wohl auch, aber doch nur sekundär und indirekt das Werk der Heiden, des Pilatus und seiner Leute. Pilatus darf gewiß nicht fehlen. Er ist in mehr als einer Hinsicht, vor allem aber als der verantwortlich und faktisch doch so unverantwortlich handelnde Vertreter des Weltreichs eine von den Zentralfiguren der evangelischen Geschichte. Er ist, ohne es zu wollen und zu wissen, der *executor Novi Testamenti* (Bengel): Denn durch die Auslieferung Jesu an ihn vollzieht Israel, auch das ohne es zu wissen – sie wissen alle nicht, was sie tun! (Luk. 23, 34) – seine Übergabe an die Menschheit außerhalb Israels, wird er als Israels Messias der Erretter der Welt. Und indem Pilatus seinerseits ihn seinen Leuten ausliefert zur Hinrichtung, ist er der Mann, durch dessen Willen und Werk die göttliche Heilstat vollstreckt wird. Es ist aber nicht so, wie man es oft etwas schematisierend dargestellt hat, daß Israel und die Heiden, die Kirche und der Staat, in gleicher Weise zusammenwirkend es gewesen seien, die Jesus angeklagt, verurteilt und als Verbrecher ausgelöscht haben. Sondern im Anfang dieser Aktion steht nicht umsonst der erwählte Apostel Judas und in seiner Person der erwählte Stamm Juda, dem Jesus selbst angehörte, und in Juda (in den «Juden», wie sie im Johannesevangelium summarisch genannt werden) das erwählte und berufene Volk Israel. Wir befinden uns in der Passionsgeschichte in seinem Raum und also wirklich nicht im allgemeinen Welttheater, sondern im Weinberg des Herrn. Israel, vertreten durch seine geistlichen, kirchlichen, theologischen Führer, aber auch durch seine *vox populi*, hat Jesus abgelehnt, verworfen, verurteilt und zuletzt eben als Gotteslästerer

3. Der königliche Mensch

den Heiden zur Tötung ausgeliefert unter dem Namen eines Staatsverbrechers, als den ihn doch Pilatus nicht schuldig erklären konnte noch wollte, unter dem er ihn nur eben widerrechtlich und wider besseres Wissen faktisch töten ließ. Zur Auslieferung durch das ihn verwerfende und verurteilende Israel, zum Tod durch dessen Schuld hat Jesus sich selbst und hat Gott ihn dahingegeben: zum Geschehen dieses Abschlusses seiner Geschichte. Das ist es, an was man sich beim Verstehen seiner Passion wird halten müssen.

«Ihr habt nicht gewollt» (Matth. 23, 37). Man könnte hier Alles unter dieses an die Bewohner von Jerusalem gerichtete Wort stellen. Das ist das Rätsel der Existenz Israels in seinem Verhältnis zu Jesus. Er wollte sie sammeln, wie eine Henne ihre Küchlein unter ihre Flügel sammelt. Sie waren ja tatsächlich die Seinen – «er kam in das Seinige, aber die Seinen nahmen ihn nicht auf» (Joh. 1, 11). Und er war der Ihrige: der Sohn Davids; es war das in ihm nahe herbeigekommene Reich Israels erfüllte Verheißung und Hoffnung. Sie aber haben nicht gewollt. Die ganze Geschichte Israels wiederholte sich in konzentriertester Form, in einem Nu: Die diesem einen erwählte Volk gegenwärtige Herrlichkeit Jahves, das Angebot nicht nur, sondern das gewaltig sich ereignende Werk seiner Güte und Treue, der prophetische Mann, wie kein anderes Volk ihn den Seinigen nennen durfte, und das prophetische Wort, wie kein anderes Volk es zu sehen bekam. Von Seiten Gottes Alles – und Alles in höchster Überbietung und Konkretion – wie von alters her! Aber auch auf der Seite dieses Volkes Alles wie von alters her: sein Murren wie gegen Mose, sein Ungehorsam wie gegen Samuel, seine heimliche und dann offen ausbrechende Wut wie gegen Elia und Jeremia – Alles in Allem wie von alters her noch einmal: die Verstockung, die auf Treue mit Untreue antwortete. Sie reichte nachher wie ein ungeheurer Schatten bis hinaus in die jüdischen Kolonien und ihre Synagogen in Syrien, in Kleinasien, in Griechenland, in Rom und bildete das Problem, in dessen Beantwortung Paulus, nachdem es ihm in so vielen (auch christlichen!) Gestalten begegnet war, die Kapitel Röm. 9–11 geschrieben hat. Aber das war eben nur der Schatten des Ereignisses, in welchem Jerusalem jenem Sammeln Jesu selbst sein Nicht-Wollen wie die älteste, dickste und unzerbrechlichste seiner Mauern entgegengestellt hat: «Jerusalem, das die Propheten tötet und die steinigt, die zu ihm gesandt sind!» Denn Eines gab es für Jerusalem, für das ganze erwählte Volk Gottes jetzt noch weniger als jemals: eine bloße Neutralität dem Reden und Handeln seines Gottes gegenüber. Seine Existenz vor seinem Gott – nein: die Existenz Gottes als Gott dieses Volkes erlaubte ihm nur das Entweder-Oder. Alles wohl bedacht, was wir von der Existenz Jesu, von seinem Verhältnis zu Gott, von seiner Verkündigung des Reiches gehört haben, wird man sich nicht wundern können, daß, wo das Ja nicht möglich war, nur das Nein, u. zw. ein Nein radikaler Ablehnung, striktester Abwehr, des entschlossensten Gegenangriffs möglich blieb und wirklich werden konnte. Nicht bei den Heiden, nicht bei Herodes und Pilatus, wohl aber bei den Juden, bei den Pharisäern und Schriftgelehrten, bei den Hohepriestern und Ältesten, bei dem Volk von Jerusalem nur das! Sie waren nicht schlechter, sie waren in vielen Beziehungen notorisch besser als ihre heidnischen Zeitgenossen. Aber indem es in Jesu Wort und Werk nicht um diskutable Einzelheiten, nicht um eine jener mehr oder weniger zu bejahenden oder zu verneinenden Bewegungen und Neuerungen, nicht um eine kleine, sondern um die große Revolution, ums Ganze, um Leben und Tod ging, indem gerade Israel Jesu Fragestellung und die durch sie geschaffene Situation sehr wohl verstehen mußte, sie nur zu gut verstand und sie nun doch so wenig akzeptieren konnte wie irgend ein Volk von damals oder heute, konnte es nicht anders sein, als daß Jesus exemplarisch gerade von Israels Abwehr und Gegenangriff betroffen werden, gerade in Israel leiden, gerade in Jerusalem umkommen mußte.

Was ist das Kapitel Matth. 23 Anderes als eine große Beschreibung jener Mauer, die nicht nur unbeweglich da stand, von der her vielmehr gerade auf Jesus notwendig scharf und unbarmherzig geschossen werden mußte, sollte sie nicht durch ihn, durch das ihr in ihm bedrohlich nahe gerückte Reich Gottes wie durch ein Erdbeben doch zum Einsturz gebracht werden? Wie tief primitiv das Weltreich in seiner römischen, auch in seiner hellenistischen Gestalt neben der, in der es hier dem Reich Gottes konfrontiert war: genährt und gestärkt aus der Quelle der alten göttlichen Erwählung und Berufung, und so gerade hier in höchster Potenz Weltreich und als solches sich behauptend! Hier – was waren schon die Heidentümer von Hellas und Rom verglichen damit! – in Gestalt exquisitester und darum exklusivster und zugleich expansionsfreudigster Frömmigkeit (v 13f.), hier in Gestalt eines geschichtlich so wohl begründeten und aufs Sorgfältigste ausgebauten Ritualismus (v 16f.), hier in Gestalt höchster moralkasuistischer Akribie (v 23f.), hier in Gestalt des Ruhmes einer großen Vergangenheit, auf der Wacht an Gräbern von Propheten und anderen Gerechten, auf die sich zu berufen der Mühe wohl wert war (v 27f.). Das Alles, d. h. aber das Weltreich in seiner gerade innerlich herrlichsten Form, stand, indem Jesus ihm gegenübertrat, auf dem Spiel, mußte entweder abgebaut und preisgegeben oder eben um jeden Preis verteidigt werden. Zu dem Allen konnte ja Jesus, wie überhaupt etwas, nur Wehe euch! sagen. Das Alles war schon erledigt, wenn er nicht zu erledigen war. Der Mensch gegen Gott stand auf dem Spiel. Sicher auch in Rom und Hellas! Aber nur in Jerusalem konnte das erkannt werden. Und in Jerusalem – dem Jerusalem, das nicht wollte, das noch einmal und nun in letzter Stunde, den Menschen und nicht Gott wählen wollte, mußte das erkannt, mußte also – in fürchterlicher Umkehrung des Sinnes, in welchem ja gerade Jesus um den Menschen kämpfte – die Sache des Menschen, aber diese gegen Gott unter allen Umständen und um jeden Preis verkündigt und also der Kampf gegen den Menschensohn aufgenommen werden. Auch hier also ein Müssen: wie das frei gewählte Müssen des Menschensohns selber, wie das ihm durch die göttliche Bestimmung seines Lebens auferlegte! War es nur eine dritte Gestalt eines und desselben Müssens, das in diesem ganzen Geschehen waltete: nur einer von den Fäden, die unsichtbar alle in der ewigen göttlichen Prädestination mit ihrem Ineinander von Erwählung und Verwerfung und menschlicher Freiheit samt deren Gegenstück in der menschlichen Unfreiheit zusammenliefen? Wie dem auch sei: es zeigte auch, ja gerade, das unselige Müssen Israels auf den Ausgang Jesu in seinem Kreuzestod hin, er war auch von dieser Seite unvermeidlich.

Und so ist es nur sachgemäß, wenn man in den Evangelien Alles gerade von dieser Seite – man möchte fast sagen: mit der Präzision eines Uhrwerkes ablaufen sieht. Noch hatte die Luk. 4, 22f. beschriebene Ablehnung und Bedrohung Jesu in seiner Vaterstadt bloß den Charakter eines Vorspiels ohne weitere Konsequenzen. Was in den Städten am galiläischen Meer nach Matth. 11, 20f. geschah oder vielmehr nicht geschah, wies schon ins Grundsätzliche. Der eigentliche Angriff begann mit dem Schwarm jener zuerst höflich, fast lernbegierig vorgebrachten Fragen und Einwände wegen des Sabbaths, wegen des Fastens, wegen der Reinigungsbräuche, anschwellend zu der Frage nach Jesu Vollmacht (Mr. 11, 28 Par.) und zu der mit besonderer Ehrerbietung, aber auch in besonderer Verfänglichkeit vorgetragenen Frage nach dem Recht oder Unrecht der den Römern abzuliefernden Steuer (Mr. 12, 14f. Par.). Wobei doch hinter und in dem Allen nicht nur eine Jesus gegenüber schon fest bezogene Position, sondern auch die Absicht, «ihn in seinem Wort zu fangen» (Mr. 12, 13 Par.) lauerte, und irgendwo auch schon die Anklage (Matth. 12, 22f.): es möchte die Macht des Teufels sein, durch die er die Dämonen austreibe, ihm müsse also um Gottes willen und also im heiligen Zorn und Radikalismus widerstanden werden. So bringt denn Markus (3, 6) schon an früher Stelle die Nachricht von einem zwischen den Pharisäern und den Herodianern zustande gekommenen Einvernehmen (συμβούλιον) zwecks künftiger Vernichtung Jesu: ὅπως αὐτὸν ἀπολέσωσιν. Und so weiß auch das Johannesevangelium (7, 1.25) von verhältnismäßig frühen Absichten gegen sein Leben und (7, 32.44f.; 10, 39) – wo Mr. 12, 12 nur von einer entsprechenden, aus Furcht vor dem Volk nicht durchgeführten Absicht redet – sogar von einigen aus verschiedenen Gründen noch nicht geglückten Versuchen, sich seiner zu bemächtigen. Die entscheidende Verhandlung des Hohen Rates hätte nach Joh. 11,47f. nach der Auferweckung des Lazarus und veranlaßt durch dieses Ereignis stattgefunden: «Was tun wir? Denn dieser Mensch tut viele Zeichen. Lassen wir ihn auf diese Weise gewähren, so werden alle an ihn glauben und die Römer werden kommen und uns sowohl den Tempel als auch das Volk wegnehmen.» Und bei diesem Anlaß hätte Kaiphas das bedeutungsschwere Wort gesprochen: «Ihr bedenkt nicht, daß es für euch besser ist, wenn ein Mensch für das Volk stirbt und nicht das ganze Volk umkommt.» Von diesem Tag an hätten die Beratungen über seinen Untergang ihren gewissermaßen offiziellen Anfang genommen. Gemeint ist offenbar dieselbe Verhandlung, die nach Mr. 14, 1f., weniger feierlich eingeführt, zwei Tage vor dem Passahfest stattgefunden hätte und in der wegen dessen Nähe und wieder aus Angst vor einem Volksaufruhr zur Heimlichkeit und zur Eile gedrängt worden wäre. Das die Aktion auslösende Moment scheint nach allen vier Versionen das Angebot des Judas gewesen zu sein. Es folgt die Gefangennahme in Gethsemane durch des Hohepriesters Miliz und dann das Mr. 14, 53f. Par. geschilderte tumultuarische Verhör in dessen Palaste, auf dessen Höhepunkt das Jesus abgeforderte Bekenntnis zu seinem Messiasamt und die Feststellung seiner damit ausgesprochenen Gotteslästerung sich schroff gegenüberstehen – im Hintergrund bedeutsam genug die Verleugnung des Petrus – und (Mr. 15, 1f. Par.) am nächsten Morgen der solenne Beschluß (wieder ein συμβούλιον), die Verständigung über Jesu Überlieferung an Pilatus, und dessen Ausführung. Aber auch das weitere Geschehen wird entscheidend durch «Jerusalem» und nicht durch Rom bestimmt. Pilatus sieht ja die Schuld Jesu nicht ein, zögert und retardiert, wird nach Matth. 27, 19 von seiner eigenen Frau gewarnt, möchte sich nach Mr. 15, 6f. Par. dem von ihm verlangten Urteil durch das Vorschieben des Mörders Barrabas, nach Luk. 23, 6f. durch das Weiterschieben des Prozesses an Herodes entziehen, spricht denn auch bis zuletzt kein eigentliches Urteil, sondern eben nur eine Strafe aus, ist auch nicht der Urheber des Gedankens, daß gerade der Kreuzestod die über Jesus zu verhängende Strafe sein solle. Sondern, was er schließlich tut, wird ihm von denen, die ihm Jesus überliefert und unterdessen auch das Volk zur entsprechenden Einwirkung auf ihn gewonnen haben, förmlich und endlich mit Erfolg abgerungen. Und mit ihren Spottreden unter dem Kreuz bestätigen die Leute vom Hohen Rat noch einmal: faktisch haben sie gewollt und vollbracht, was da zu wollen und zu vollbringen war. Pilatus und seine Untergebenen waren gewaltsam zur Mitwirkung herangeholte Nebenagenten. Die Absicht der evangelischen Darstellung ist klar: so, durch den Unwillen Israels wurde der Menschensohn ans Kreuz zu Tode gebracht. Und so, durch Israels eigenste Aktion, wurde er eben als der Gekreuzigte unter die Heiden gebracht, ist sein Lebensausgang zugleich zu seinem Lebenseingang in die Welt gemacht worden – der Hauptmann unter dem Kreuz mit seinem Wort nach Jesu Verscheiden (Mr. 15, 39) zum Ersten, der ihn daselbst begrüßt und bekennt: «Dieser Mensch war in Wahrheit Gottes Sohn!» So daß man etwas zugespitzt wohl sagen darf, daß in und mit jener am Karfreitagmorgen vollzogenen «Überlieferung» die Begründung der Kirche als Kirche aus den Juden und aus den Heiden und also als Missionskirche stattgefunden hat.

4. Es bleibt noch das Letzte, das hier nur eben zu berühren ist, weil es uns später in seinem eigenen Zusammenhang ausführlich beschäftigen wird: Die zugleich freie und von Gott verfügte und als letzte Aktion der Geschichte Israels notwendige Bestimmung der Existenz Jesu auf seinen Tod hin hat ihr ungleiches, aber in seiner Ähnlichkeit nicht zu verkennendes Gegenbild in der Existenz seiner Jünger. Wir haben

sie in unserer Darstellung des königlichen Menschen nur immer wieder gestreift. Gerade im Blick auf das Letzte, was von Jesus zu sagen ist, ist aber dies als Erstes, was von den Seinen gilt, wenigstens andeutend, hier schon vorwegzunehmen: sie wären nicht die Seinen, wenn sie nicht in ihrer Weise unter eben dem Gesetz stehen würden, das seine Existenz begrenzte und bestimmte. Sie stehen – nicht im Schatten seines Kreuzes, denn eben sein Kreuz ist ja Licht, Macht, Herrlichkeit, Verheißung und Erfüllung zugleich, Hoffnung künftiger und Ereignis schon gegenwärtiger Befreiung, Vergebung der Sünden und jetzt und hier schon ewiges Leben. Wie wären sie die Seinen, wenn ihnen nicht gerade in seinem Tod die ganze Positivität der frohen Botschaft zu seiner Existenz vor Augen stünde und im Herzen wohnte? Sie stehen aber als die Seinen unter dem Zeichen, unter der Direktion seines Kreuzes. Das Müssen seiner Passion erstreckt sich auf sie. Daß der Ausgang seines Lebens dieser und kein anderer war und sein konnte, prägt und charakterisiert auch ihr Leben. Sie vernehmen, sie glauben das Evangelium seiner Existenz – ihn selber – in dieser Gestalt.

Wir notieren dazu nur das Nötigste in den wichtigsten Stichworten: auch sie werden unter den anderen Menschen «Überlieferte» und als solche als die von Jesus Gesendeten zu erkennen sein (Matth. 10, 17f.), selig zu preisen darum, weil man auch sie um der Gerechtigkeit willen verfolgen, schmähen, verleumden wird (Matth. 5, 10f.). Denn wo er ist, da wird, wer ihm dient, auch sein (Joh. 12, 26). Es geht nicht um Moral, es geht viel eher um «Ontologie»! «Ein Jünger ist nicht über den Meister, noch ein Knecht über seinen Herrn ... Haben sie den Hausherrn Beelzebul geheißen, um wieviel mehr seine Hausgenossen!» (Matth. 10,24f.). Sie müßten sich seiner und seiner Worte schämen unter diesem abtrünnigen und sündhaften Geschlecht und er müßte sich dann auch ihrer schämen (Mr. 8, 38), wenn es ihnen anders erginge oder wenn sie sich dem, daß es ihnen so ergehen muß, entziehen wollen könnten. Sie werden den Kelch, den er trinkt, auch trinken, und mit der Taufe, mit der er getauft wird, auch getauft werden (Mr. 10,39). Mit ihm gehen heißt (Mr. 8, 34f. Par.), für Alle und für Jeden unter denen, die dazu erwählt, berufen, willig, bereit und wirklich frei sind: sich selbst verleugnen, d. h. sich selbst nicht für sich behalten, sondern hergeben, in jenen totalen Dienst stellen, was dann wieder für Jeden konkret heißt: sein besonderes «Kreuz», die nun gerade ihn treffende Anfechtung nicht fürchten, nicht hassen und also nicht vermeiden, nicht umgehen, nicht listig oder gewaltsam los werden, sondern in Freiheit ergreifen und auf sich nehmen, um sie zu ertragen. Es geht nicht um das Kreuz Christi: dieses ist getragen, ein für allemal, und braucht von keinem Anderen fernerhin getragen zu werden. Identifizierung mit ihm, Nachvollzug seines Leidens und Sterbens kommt nicht in Frage. Es geht aber darum, je das eigene Kreuz, je die eigene Anfechtung, je die so oder so der eigenen Existenz bestimmte Todesgrenze zu ertragen und so, ein Jeder genau als der, der er ist, Jesus nachzufolgen, «in seinen Fußstapfen» hinter ihm her zu gehen (1. Petr. 2, 21). Sein Leben vor dem Anspruch dieser Nachfolge retten zu wollen, hieße, und wenn dabei die ganze Welt zu gewinnen wäre: sein Leben verlieren. Sein Leben im Gehorsam gegen den Anspruch dieser Nachfolge verlieren, heißt: es retten (Mr. 8, 35). Warum? Weil eben dieser Anspruch, eben dieses klare Gesetz Gottes die Form des Evangeliums ist: des Zuspruchs von Gottes freier Gnade, von der der Mensch allein leben kann, aber auch im Vollsinn des Begriffs leben darf. Im Durchgang durch diese enge Pforte ist Einer Jesu Jünger: ohne sie kann er es nicht sein (Luk. 14, 27). Das ist – nicht die primäre, aber die sekundäre Kreuzestheologie der Evangelien, die dann auch bei Paulus und in den anderen Briefen ihre genaue Entsprechung hat. Sie darf mit der primären, die ganz und ausschließlich die Theologie des Kreuzes Jesu ist, nicht verwechselt und nicht vermischt – sie kann und darf aber auch nicht von ihr getrennt und abgespalten werden. Sie ist nicht mit jener zusammen der Ausdruck eines allgemeinen Gebotes, für dessen Erfüllung dann jene wohl nur das große Exempel wäre. Es folgt aber auf das Wort vom Kreuz Jesu bei denen, die es hören, notwendig die Antwort des kleinen Kreuzes, das sie, die ihn erkennen, die ihm als die Seinen nachfolgen dürfen, auf sich zu nehmen und zu tragen ihrerseits willig, bereit und frei sind. Sie lassen es sich recht sein, an ihrem Ort und in ihrer Weise schlechterdings als «Überlieferte» zu existieren. Im Blick auf das, was in seinem Kreuz für sie, für die Welt geschehen ist, werden sie ja ihr Kreuz grüßen dürfen als das willkommene Zeichen ihrer gewissen Hoffnung und Zuversicht, als das Zeichen ihres einzigen Trostes im Leben und im Sterben: «daß ich nicht mein, sondern meines getreuen Heilandes Jesu Christi eigen bin.»

4. DIE WEISUNG DES SOHNES

Wir beschließen in diesem Abschnitt unsere christologische Grundlegung, indem wir nach der Bedeutung – oder sagen wir besser: nach der Kraft der Existenz des einen Menschen Jesus für die fragen, in deren Mitte und für die, als deren Versöhner er, der Sohn Gottes, auch der Menschensohn und also ihresgleichen, ihr Bruder wurde: für uns, die anderen Menschen, in unserem, dem anthropologischen Bereich, den er doch, indem er ein Mensch wurde, auch zu dem seinigen gemacht hat. Diese Kraft seiner Existenz nennen wir: «Die Weisung des Sohnes» – gemeint ist: die uns in göttlicher Macht und Autorität gegebene Weisung dessen, der als des ewigen Vaters ewiger Sohn auch der Menschensohn, der wahre, der königliche Mensch und als solcher gerade in unserem, dem anthropologischen Bereich der Herr, unser Herr, ist, *Dominus noster*. Diese Kraft seiner Existenz, sein Werk in seinem königlichen Amt: als der, der für uns ein Knecht wurde, um als solcher unser Herr zu sein, ist die Voraussetzung alles dessen, was dann im weiteren Verlauf dieses zweiten Teils der Versöhnungslehre zu entfalten sein wird.

Es bedarf auch hier einer Übergangsüberlegung, entsprechend der, die im ersten Teil der Versöhnungslehre unter dem Titel: «Das Urteil des Vaters» (KD IV, 1, § 59, 3) anzustellen war, bevor wir die Darstellung der Erniedrigung des Sohnes Gottes und des von ihm in seiner angenommenen Menschheit vollzogenen und erlittenen Gerichtes fortsetzen und abschließen konnten. Wir fragen auch hier: Wie kommen wir von unserem bisherigen Fragen und Antworten her an jene weiteren Aufgaben heran? Wie steht es mit jener Kraft der Existenz des einen Menschen Jesus für alle anderen Menschen? Inwiefern gibt es so etwas wie einen Weg von dort nach hier, von ihm zu uns? Inwiefern ist er unser Herr? Wie kann, muß und wird das, was er war, ist und sein wird, uns als die Tat göttlicher Kraft angehen und betreffen?

Schicken wir sofort voraus: Eben als solche **geht es uns schon an, betrifft es uns schon.** Jesus Christus ist schon unser Herr, von dem Kraft ausgeht. Der Weg von dort nach hier, von ihm zu uns, ist weit offen und er selber begeht ihn schon. Wir reden also nicht von einer vielleicht, möglicherweise, unter bestimmten Umständen, sondern von der effektiv wirksamen Kraft seiner Existenz. Sein Sein als der Menschensohn ist *per definitionem* sein Sein bei uns, sein Tun als solches sein Tun für uns. Es bedarf, um sein Sein bei uns und sein Tun für uns zu sein, keiner Ergänzung, keiner Vervollkommnung. Eben als der Menschensohn ist ja Jesus Christus schon mitten in unserem, dem anthropologischen Bereich, umfaßt und beherrscht er ihn ja schon. Was nachher von des Menschen Trägheit und Heiligung, vom Aufbau der Gemeinde und von der Liebe zu sagen sein wird, ist also ganz und gar in dem Sein und Tun des Menschensohnes beschlossen und enthalten, wird im Grunde nur als dessen Entfaltung und Erklärung zu verstehen und darzustellen sein.

Um etwas Anderes als um eine grundsätzliche und umfassende Explikation wird es also in der nun anzustellenden Übergangsüberlegung nicht gehen können. Die effektiv wirksame Kraft der Existenz des königlichen Menschen Jesus als Sache einer offenen Frage zu behandeln, wird uns schon hier nicht in den Sinn kommen können. Wir rechnen mit ihr als mit dem uns schlechthin Vorgegebenen, das wohl nach Entfaltung und Erklärung, nicht aber nach Begründung von einem ihm fremden, ihm gegenüber neutralen Ort her ruft. Jesu Auferstehung von den Toten ist seine Begründung. Wir würden sofort von etwas ganz Anderem reden, wenn wir mit der Kraft seiner Existenz umgehen wollen könnten, als wäre sie eine leere Möglichkeit, deren Wirklichkeit auf irgend einem anderen Blatt geschrieben und dort zu eruieren wäre: wenn wir es ihr nicht überlassen würden, als erfüllte Möglichkeit und also als Wirklichkeit ihre eigene Begründung und Bezeugung zu sein.

Was aber bedarf hier der Explikation, bevor wir an jene anderen Aufgaben herantreten können? Was ist hier durchaus nicht selbstverständlich? Sagen wir es schlicht: dies, daß wirklich **wir** die sind, die die Existenz des Menschensohnes Jesus Christus angeht und betrifft – **wir** die Empfänger der Weisung dieses Herrn, **wir** die, zu denen der Weg von ihm her weit offen, zu denen er als der von den Toten Auferstandene schon unterwegs ist. Wie kommen wir dazu, in diesem Zusammenhang, im Blick auf die Kraft und die Herrschaft des königlichen Menschen Jesus von uns zu reden, an dieser Stelle statt den oder die «Menschen» uns einzusetzen? Heißt das nicht, daß der Erkenntnis des Seins dieses königlichen Menschen in unserer Mitte und seines Tuns an und für uns unsere **Selbsterkenntnis** entsprechen muß, des Inhalts: daß wir auf Gnade und Ungnade die Seinigen sind? Wir? Wie kann das von uns, wie kann das im anthropologischen Bereich gesagt werden, der doch der Bereich der unversöhnten Welt, des Gott widersprechenden und widerstreitenden Menschen ist? Ist das nicht höchste Neuigkeit und wie kommt sie dahin: wir als solche, die zu diesem Menschen, zu Jesus gehören, die in ihm ihren Meister haben? Wie kann das Inhalt menschlicher – sagen wir sofort: unserer, meiner Selbsterkenntnis werden und sein: wir auch nur als die, die wirklich von ihm als Sünder durchschaut und erkannt sind, in seinem Lichte und also in Wahrheit sich als solche erkennen müssen und dürfen, und also wenigstens als solche, wie Petrus etwa, die Seinigen sind? und dann weiter: wir als die durch seine Kraft ihrer Sünde gegenüber in Widerspruch und Widerstand Versetzten, zu realem und ernsthaftem Streit gegen sie, zum Tun des Willens Gottes Aufgerufenen und also Geheiligten, wir als die ihm dienende und gehorsame Gemeinde? wir als solche, die als deren Glieder real und ernsthaft Liebende sein dürfen? In der Erkenntnis Jesu Christi ist das Alles zweifellos eingeschlossen und enthalten, uns unmittelbar – nicht etwa nur in den Kopf gesetzt, sondern ins Herz geschrieben und auf die Lippen gelegt: Ja, gerade wir! In der Erkenntnis Jesu Christi ist es einfach so, daß wir unausweichlich und unwidersprechlich diese Menschen sind. Sie schließt, wo immer sie stattfindet, auch diese menschliche Selbsterkenntnis in sich. Und doch – man unterlasse nur alle Abstraktionen, als ginge es um den Menschen oder die Menschheit im Allgemeinen, als ginge es nicht um uns selbst! – man unterlasse nur alles bloß logische Folgern und Deduzieren von jenem allerdings Vorgegebenen her! man denke nur praktisch, d. h. ein Jeder im Blick auf sich selbst! – wie kommen wir dazu, die Umschließung und Beherrschung unseres, des anthropologischen Bereichs, durch den königlichen Menschen Jesus ernstlich und also auch in jener Umkehrung zu realisieren und also jene Selbsterkenntnis als solche zu vollziehen, uns als Christen zu wissen und zu bekennen? Wie ist doch dieses Selbstverständliche bei Lichte besehen so gar nicht selbstverständlich! Was für ein Schritt will da – nicht nur denkend, aber auch denkend! – getan sein, wenn es bei dieser Umkehrung mit rechten Dingen zugehen soll? Welche Selbsttäuschungen (und objektiv: welche Lügen) könnten da Ereignis werden – wenn wir den Sprung etwa zu kurz nehmen, den Schluß etwa zu rasch, weil unbesehen ziehen würden! Welcher Leerlauf der christlichen Verkündigung in der Predigt, im Unterricht, in der Seelsorge – welcher Leerlauf schon in der Dogmatik könnte da in einer frommen Behaupterei seinen unheilvollen Anfang nehmen! Wie könnte es da mitten im vermeintlichen Triumph höchster, fröhlich, aber allzu billig gezogener, christlicher, kirchlicher, theologischer Konsequenz zu höchsten, finstersten Triumphen des Nichtigen kommen! Wie, wenn etwa der Vollzug jener Umkehrung und also jener Selbsterkenntnis nicht in Ordnung ginge, wenn etwa die Einfalt, in der wir sie vollziehen, nun doch nur die läppische und im Grunde willkürliche und anmaßliche Einfalt des Kunstgriffs einer sehr menschlichen Dialektik und gar nicht die wahre, die göttliche Einfalt wäre, in der sie sich uns aufdrängt und in der sie vollzogen sein will?

Zu vermeiden ist hier offenbar auf der einen Seite jede, auch die leiseste Problematisierung und Bezweiflung jenes Vorausgegebenen: der Kraft und der Herrschaft des Menschensohnes, die als solche alle Menschen, den ganzen anthropologischen Bereich und also konkret auch dich und mich angeht und betrifft, als Angebot und Möglichkeit nicht nur, sondern als Wirklichkeit, als Ereignis, das in seiner Tragweite für alles menschliche Existieren tatsächlich bestimmend ist. Die «Bedeutung» der Existenz dieses Menschen für die unsere ist nicht nur eine potentielle, sondern eine aktuelle, auf die wir, auf die alle Menschen ohne Weiteres und ohne Vorbehalt, anzusprechen sind. *Vivit*. Er, dieser königliche Mensch, lebt als unseresgleichen, als unser Bruder. Er muß das nicht erst werden. Und an der Entscheidung, die damit über uns, über jeden Menschen gefallen ist, ist nichts zu ändern, nichts zu verbessern oder zu ergänzen. Wir könnten ebenso gut den Boden, auf dem wir stehen, oder die Luft, in der wir atmen, in Frage stellen, wie die Vollkommenheit der in ihm auch über uns gefallenen Entscheidung.

Zu vermeiden ist hier aber auf der anderen Seite auch jeder Irrtum über den Sinn, den Umfang und die Radikalität der Veränderung, die die in der Existenz des Menschensohnes gefallene vollkommene Entscheidung, ob wir sie wahrhaben können und wollen oder nicht – es geht aber darum, sie wahr zu haben! – für unsere Existenz bedeutet. Zu vermeiden ist jedes Übersehen des scharfen Striches zwischen einem in ihm vergangenen Alten und dem in ihm schon gegenwärtigen Neuen, der eben damit für uns gezogen ist, daß er bei uns und für uns ist, jede Unklarheit über die Energie des Schrittes, in welchem wir von dort nach hier geführt sind. Sind wir in diesem Schritt begriffen? Die Kraft und die Herrschaft des Menschensohnes versetzt uns in eine mit keiner anderen zu verwechselnde, exklusiv in ihrer Eigenart zu gebrauchende und zu lebende Freiheit. Kennen wir sie? Gebrauchen wir sie, leben wir in ihr? Ist es uns klar, daß es einen furchtbaren Frevel gegenüber der Wirklichkeit, in der wir stehen, bedeuten müßte, wenn wir sie nicht von jeder anderen Freiheit unterscheiden würden?

Die Erinnerung an die Worte über das Abendmahl 1. Kor. 11, 26 f. stellt sich hier unwillkürlich ein: «So oft ihr dieses Brot eßt und diesen Kelch trinkt, verkündigt ihr den Tod des Herrn, bis daß er kommt. Sodaß, wer unwürdig das Brot ißt und den Kelch des Herrn trinkt, an Leib und Blut des Herrn schuldig wird. Der Mensch prüfe aber sich selbst und so esse er von diesem Brot und trinke er aus diesem Kelch! Denn wenn er ißt und trinkt, so ißt und trinkt er sich selbst ein Gericht, wenn er den Leib (des Herrn) nicht unterscheidet... Wenn wir aber mit uns selbst ins Gericht gehen, werden wir

4. Die Weisung des Sohnes

nicht gerichtet, vielmehr: als die Gerichteten vom Herrn erzogen, so daß wir nicht mit der Welt verurteilt werden.» Es geht jetzt eben darum, im Essen jenes Brotes, im Trinken jenes Kelches mit uns selbst ins Gericht zu gehen: ἑαυτοὺς διακρίνειν, um nicht etwa gerade über diesem Essen und Trinken dem göttlichen κατάκριμα zu verfallen.

Die uns in der Existenz des königlichen Menschen Jesus ohne Weiteres, vorbehaltlos und unwiderruflich **geschenkte** Freiheit will als solche **erkannt, gebraucht, gelebt** sein. Ob das geschieht, unter welchen Umständen das geschehen und also jener Frevel gegen die Wirklichkeit, in der wir stehen, unterbleiben, diese Wirklichkeit vielmehr **geehrt** werden kann, darf und muß, das ist – wo es von der Existenz Jesu, des königlichen Menschensohnes her **keine** offene Frage gibt – das Problem der Übergangsüberlegung, der wir uns in diesem Abschnitt zuzuwenden haben.

Eins ist klar: daß unser Blick auch nach dieser Seite der Blick auf **Jesus selbst** sein und bleiben muß, sich also nicht etwa in einer anderen Richtung verirren darf. Das Vorgegebene seiner Existenz als der königliche Mensch, seine effektive Kraft und Herrschaft, darf uns nicht etwa in den Hintergrund treten, zum Inhalt eines erledigt zurückbleibenden christologischen Vordersatzes werden, von dem aus wir nun gemächlich einen Nachsatz zu bilden hätten, dessen Subjekt nicht mehr er, sondern in irgend einem Abstand von ihm wir selbst wären: der Christ als ein mit Christus zwar in Beziehung stehendes, aber irgendwo selbständig außer ihm existierendes Wesen. Mit dem Beherrschtsein des anthropologischen Bereichs durch den Menschensohn als seinen Herrn und also damit, daß auch unsere Selbsterkenntnis in der Erkenntnis Jesu beschlossen und enthalten ist, muß jetzt vielmehr erst recht ernst gemacht werden. Es kann die Prüfung hinsichtlich unserer selbst in unserer Beziehung zu ihm schlechterdings nur vor seinem Angesicht stattfinden. Als die vom **Herrn** Gerichteten sollen wir ja nach 1. Kor. 11, 32 eben aus dem Gericht hervorgehen, in das wir mit uns selbst zu gehen nicht unterlassen dürfen. Er ist die Antwort auch auf die Frage nach dem unterscheidenden Erkennen, Gebrauchen und Leben der uns von ihm geschenkten Freiheit. Er, in welchem die Entscheidung über uns schon gefallen ist, ist als der lebendige, schöpferische Ursprung der Veränderung, die sie für unsere Existenz bedeutet, auch ihr Maß und Kriterium. Er bestimmt ihren Sinn, ihren Umfang, ihre Radikalität. Er als der bei uns und für uns ist, entscheidet auch darüber, was wir in ihm, durch ihn, mit ihm werden und sein können, dürfen und müssen. Er, in welchem das Alte schon vergangen, das Neue schon geworden ist, zieht auch den scharfen Strich zwischen beiden, um dessen Erkenntnis und Beachtung es bei uns gehen muß. So kann dieses Erkennen und Beachten wirklich nur im Blick auf ihn vollzogen werden.

Daß er uns, indem wir in ihm sind, nach 1. Kor. 1, 30 von Gott zur Weisheit gemacht ist, zur Gerechtigkeit und zur Heiligung und zur Erlösung, das kann ja gar nicht genug eingeschärft werden. Er auch zur Heiligung! – wir werden darauf noch mehr als einmal zurückkommen müssen: es könnte dieses Wort als Titel über alles nachher im Allgemeinen und im Besonderen zur Sprache zu Bringende gesetzt werden. Was uns an der Stelle zunächst interessiert, ist das vorgeordnete: «uns von Gott zur Weisheit gemacht», zur σοφία, zur *chokmah*, d. h. aber zur immer neu aufzusuchenden göttlichen Quelle aller praktischen Erkenntnis und also bestimmt in erster Linie gerade aller menschlichen Selbsterkenntnis. Dasselbe sagt, noch ausdrücklicher konzentrierend, Kol. 2, 2f., wo Paulus von dem Kampf redet, den er für die laodizenische und für andere ihm persönlich unbekannte Gemeinden kämpfte: er tue das «zum Trost ihrer Herzen und zu deren Zusammenhalt in der Liebe, nämlich in der Ausrichtung auf den Reichtum einer vollkommenen Einsicht: zur Erkenntnis des Geheimnisses Gottes, welches Christus ist, in welchem alle Schätze der Weisheit und Erkenntnis verborgen sind.» Wenn diese Gleichung gilt und auch für uns maßgebend ist: Er ist das Geheimnis Gottes, er also die uns von Gott zugänglich gemachte Fülle aller Lebensweisheit und Lebenskenntnis, so werden wir es unterlassen, uns gerade in unserem Zusammenhang aus anderen Erkenntnisquellen nähren zu wollen.

Wir werden auch bei unseren späteren Entfaltungen und Erklärungen nicht darum herumkommen, alles, was von dem und von den unter der Kraft, Herrschaft und Weisung Jesu Christi stehenden Menschen zu sagen ist, aus ihm selbst als dem Urbild des Ganzen, das in allen da in Frage kommenden Beziehungen nur als in seinen Spiegeln reflektiert werden kann, abzulesen. So erst recht nicht hier: in der nun anzustellenden grundsätzlichen Überlegung. Je gesammelter wir auf ihn blicken, desto mehr werden wir über uns selbst zu erfahren bekommen.

Und so müssen wir damit einsetzen, daß wir jetzt einen Satz in den Vordergrund rücken und ans Licht stellen, den wir am Anfang dieser unserer christologischen Grundlegung (in der im zweiten Abschnitt dieses Paragraphen unternommenen Darstellung der Inkarnation des Sohnes Gottes, ihrer ewigen Begründung und ihrer Offenbarung) immer nur implizit geltend machen, gewissermaßen erst anmelden konnten. Was geschah denn in dem Ereignis, das wir dort als die in dem einen Jesus Christus geschehene «Heimkehr des Menschensohnes», als seine Erhebung und Erhöhung in die Gemeinschaft mit Gott, an die Seite Gottes des Vaters, in die Teilnahme an seiner Herrschaft über Alles, als jene *communicatio idiomatum et gratiarum et operationum* erkannt und beschrieben haben? Eine Sondergeschichte dieses Einen? Gewiß: denn es war und ist das, was als solche Kommunikation zwischen dem göttlichen und dem menschlichen Sein und Tun in diesem Einen geschehen und zu erblicken ist, so – als die Versöhnung des Menschen mit Gott durch Gottes eigene Menschwerdung – nur seine und keines anderen Menschen Geschichte. Sie war und ist aber als seine Geschichte in ihrer ganzen Einzigartigkeit nicht eine private, sondern eine repräsentative und also öffentliche, seine an der Stelle aller anderen Menschen, im Vollzug ihrer Versöhnung geschehene Geschichte: die Geschichte ihres Hauptes, an der keiner von ihnen nicht beteiligt ist. Es ist gerade die besondere

Geschichte dieses Einen im konkretesten Sinn des Begriffs Weltgeschichte: indem Gott in Christus war, versöhnte er ja die Welt (2. Kor. 5, 19) und also uns – einen Jeden von uns – mit sich selber. Erhöht und erhoben wurde und ist ja in diesem Einen das Menschliche, unser Wesen als solches. In völliger Gleichheit mit uns, als unser echter Bruder, war und ist er so einzig in seiner Art: uns als der wahre, der königliche Mensch so ganz ungleich. Zu dem, worin jeder Mensch allen anderen gleich und also ein Mensch ist, gehört auch die Bruderschaft mit diesem Einzigen, mit dem, der ihm und allen Anderen so ganz ungleich ist: zum menschlichen Wesen in seiner Art und Unart auch das, daß es in dem einen Jesus Christus, der als der wahre Sohn Gottes auch der wahre Menschensohn war und ist, jener Erhebung und Erhöhung teilhaftig wurde und bleibt. Kein menschliches Existieren, das nicht auch – das nicht erstlich und letztlich – gerade dadurch und von da aus bestimmt und charakterisiert wäre, daß es nur in dieser Bruderschaft stattfinden kann. Und darum: keine menschliche Selbsterkenntnis, die nicht auch das in sich schlösse, die nicht erstlich und letztlich auch dies zum Gegenstand haben müßte: daß der Mensch als solcher dieses einen Menschen Bruder ist. Ihr eigentlicher Gegenstand und Ursprung wird immer nur die Aussage der Weihnachtsbotschaft sein können.

Was besagt sie? Gewiß nicht in mirakulösem Indikativ dies: daß dort, damals, ein Mensch geboren wurde, der nun eben als Ausnahme von der Regel zugleich Gott selbst, als Geschöpf auch der Schöpfer aller Dinge gewesen und daß dieses ferne Faktum unter der Bedingung, daß wir es heute und hier für wahr halten, unser Heil sei. Und gewiß auch nicht in ebenso mirakulösem Imperativ: es könne und solle das dort, damals Geschehene sich hier und heute wiederholen: eine Geburt Gottes in uns selbst oder doch in unserer Seele. Wohl aber besagt sie dies: daß in der damals und dort einzigartig in der Existenz jenes Menschen geschehenen Vereinigung Gottes mit unserem, dem menschlichen Wesen – vorgängig unserer Stellungnahme dazu, bevor wir in der Lage sind, das für wahr oder unwahr zu halten und keiner seelischen oder sonstigen Wiederholung bedürftig – als Träger desselben menschlichen Wesens auch wir hier und heute – alle in irgend einem Raum und zu irgend einer Zeit lebenden Menschen – ohne, ja gegen unser Zutun und Verdienst in die uns bestimmte, von uns aber verwirkte Gemeinschaft mit Gott aufgenommen wurden: in ihm, diesem Einen, also aufgenommen sind. Die Weihnachtsbotschaft redet von dem, was in diesem Einen für alle Menschen und also für einen Jeden von uns objektiv wirklich ist. Wir selbst sind gerade erstlich und letztlich, was wir in Ihm sind. In Ihm sein heißt aber: indem wir ihm gleich, seine Brüder sind, an dem Anteil haben, worin er uns so ganz ungleich ist, an seiner Gemeinschaft mit Gott, an Gottes Wohlgefallen an ihm, aber auch an seinem Gehorsam gegen Gott, an seiner Zuwendung zu ihm. Keine Rede davon, daß wir selbst außer ihm und ohne ihn, in unserer abstrakten, subjektiven Selbstheit auch nur von ferne in dieser Gemeinschaft stünden, in dieser gehorsamen Zuwendung zu Gott begriffen wären. Keine Rede aber auch davon, daß wir es in ihm als dem erwählten, berufenen, eingesetzten und offenbarten Herrn und Haupt aller Menschen, in seiner die unsrige repräsentierenden Existenz nicht wären, als ob in seinem Gehorsam nicht auch der unsrige antizipiert, virtuell vollzogen wäre.

In der Selbsterkenntnis, deren Gegenstand und Ursprung die Aussage der Botschaft von der Geburt des Menschen Jesus ist, erkennen wir, wenn wir diese in ihrem unmittelbaren und in ihrem primären und in ihrem sekundären Gehalt an- und ernstnehmen, uns selbst als die Seinigen, als Christen. Das heißt aber: als Menschen, mit denen Gott Gemeinschaft, die aber auch ihrerseits Gemeinschaft mit Gott haben, zu denen Gott Ja gesagt, die aber auch ihrerseits zu Gott Ja gesagt haben, als «Menschen des Wohlgefallens», d. h. als Menschen des Bundes, u. zw. des nicht nur von Seiten Gottes, sondern auch von Seiten des Menschen gehaltenen und also erfüllten Bundes. So daß insofern auch die an sich mißliche Übersetzung der Vulgata: *hominibus bonae voluntatis* sachlich nicht untragbar ist! Denn das geschah doch in der Geschichte, die der Inhalt des Namens Jesus Christus ist: daß der Bund zwischen Gott und Mensch von beiden Seiten gehalten und wieder hergestellt wurde – von beiden Seiten vollkommen, weil in dieser Geschichte der Sohn Gottes Menschensohn wurde – und aus demselben Grunde repräsentativ, d. h. so, daß durch diesen Einen die Sache aller Menschen vertreten und geführt wurde, daß also in diesem Einen alle Menschen in den von beiden Seiten vollkommen gehaltenen und wiederhergestellten Bund eingeschlossen sind. So daß da Keiner ist, der in Ihm nicht nur der Zuwendung Gottes teilhaftig, sondern selbst schon in der Zuwendung zu ihm begriffen ist: mit ihm auch er erhoben und erhöht zum wahren Menschsein. «Jesus lebt, mit ihm auch ich».

Es bleibt schon dabei, daß dieses «auch ich» Sache derjenigen Selbsterkenntnis ist und bleibt, in der der Mensch gerade sich selbst in diesem Einen suchen und finden darf. Anders als in Christus wird sich niemand als Christ wissen und bekennen können. Alle andere Selbsterkenntnis – und wäre sie noch so tief, fromm und gläubig – kann gar nicht auf dieses «auch ich» hinauslaufen. Anderswie als mit dem «Jesus lebt» anfangend, wird sie unmöglich mit dem «ich» endigen können. Außer dem einen Menschensohn, dessen Existenz die Tat des Sohnes Gottes ist, gibt es eben keinen den Bund haltenden, keinen Gott zugewendeten und gehorsamen, keinen des göttlichen Wohlgefallens teilhaftigen Menschen. Die Verwegenheit, in der Einer sich anders als im Blick auf diesen

Einen und sein Sein in ihm, der an seiner Stelle steht und handelt, für einen Gott zugewendeten und gehorsamen, ihm wohlgefälligen Menschen und also für einen Christen halten wollte, könnte nur Tollkühnheit sein: ein Ikarusflug, für den er, ob er es merkte oder nicht, schon nach den ersten Flügelschlägen nur gestraft sein könnte. In abstrakt subjektiver Selbstheit, anderswo als in Jesus Christus, existiert nun einmal Keiner als Gott zugewendeter und gehorsamer Mensch, kann sich also auch Keiner in Wahrheit als solcher erkennbar sein. **Wahrhaftig im Selbstsein eines solchen Menschen, wirklich als Christ, existiert Einer nur in diesem Einen.** Es steht und fällt also für einen Jeden das wahrhaftige Erkennen seiner selbst als ein solcher Mensch und also das Erkennen seiner eigenen christlichen Wirklichkeit mit seiner Erkenntnis Jesu Christi. In Ihm ist er sich selbst verborgen, nur in Ihm kann er sich selbst offenbar werden. Er kann sich selbst also nicht unmittelbar, sondern nur mittelbar, im Blick auf den, der auch für ihn Mittler zwischen Gott und den Menschen ist, offenbar werden und erkennen. Er wird sich seiner selbst immer nur rühmen können, indem er sich nicht seiner selbst, sondern des Herrn rühmt.

Er ist aber, indem er sich des Herrn rühmen darf, zweifellos eingeladen, sich auch seiner selbst zu rühmen: seines Seins als eines in Jesus Christus den Bund haltenden, Gott zugewendeten und gehorsamen Menschen, seines wahren Menschseins, seiner Erhebung und Erhöhung. In der Erhebung und Erhöhung des erniedrigten Knechtes Gottes zum Herrn und König ist mittelbar auch er erhoben und erhöht. **Außer ihm noch da drunten, ist er in ihm schon dort droben. Ohne ihn ein von Gott abgewendeter, ungehorsamer, ist er mit ihm schon ein ihm zugewendeter, gehorsamer Mensch.** Abgesehen von Christus, abstrakt subjektiv auf ihn selbst gesehen, ist er gewiß kein Christ, **wohl aber auf Christus gesehen**: und nun kein eingebildeter, aber auch kein gefrorener, kein aufgeblasener, aber auch kein zweifelnder, skeptischer, in irgend einer Dialektik sich verzehrender oder fälschlich ergötzender, sondern ein wahrhaft fröhlicher Christ, der sich auch als solcher wissen und bekennen darf und sogar soll. Sicher ist da eine «Dialektik»: «Außer ihm – in ihm» sagten wir ja eben, und «ohne ihn – mit ihm» und «auf ihn selbst – auf Jenen gesehen.» Aber nun sei man eben im Hören der Aussage der Weihnachtsbotschaft nicht sein eigener Zuschauer und also nicht das Opfer des falschen Bildes, als zeige und beschreibe sie uns zwei abwechselnd auf- und abschnellende Waagschalen oder Schaukelsitze, als lade sie uns ein, uns abwechselnd oder zugleich abstrakt-subjektiv und objektiv-wirklich, außer Christus und in ihm, ohne und mit ihm zu verstehen, abwechselnd oder zugleich auf uns selbst und auf ihn zu sehen. Solche Waagschalen- oder Schaukeldialektik ist unser eigener fataler Beitrag zur Sache, mit dem wir zurückhalten sollten, weil er mit der Sache, mit der Aussage der Weihnachtsbotschaft nichts zu tun hat. Diese besagt ja eindeutig, geradlinig und positiv: daß in dem «Jesus lebt» jenes «auch ich» eingeschlossen, von ihm gar nicht zu trennen ist, daß es also gar keinen Standort gibt, von dem aus der Mensch sein eigener Zuschauer sein und von ihm aus die Wirklichkeit seiner Zugehörigkeit zu Jesus in Frage stellen könnte. Die Dialektik der Weihnachtsbotschaft ist ja die einer fallenden, schon gefallenen Entscheidung, laut derer wir nicht außer, sondern in Jesus Christus, nicht ohne, sondern mit ihm sind, nicht auf uns selbst, sondern nur auf ihn sehen können und sollen. Sie spricht uns ja zu, daß wir die sind, für die er als der Menschensohn gut steht, deren Abwendung von Gott in seiner Zuwendung zu ihm überholt, deren Ungehorsam durch seinen Gehorsam schon in den Schatten gestellt, Vergangenheit geworden ist, deren abstrakt-subjektives und darum verkehrtes Menschsein durch sein wahres schon korrigiert und zurechtgestellt ist. Sie spricht uns zu, daß wir Menschen sind, deren Selbstheit er zu seiner Sache gemacht hat, die sie also nur noch in ihm suchen und finden können. Sie sagt uns also nicht, daß wir Christen und dann auch noch irgend etwas Anderes, sondern sie sagt uns einfach und ohne Vorbehalt, daß wir Christen sind. Einladung zu «einer falschen Sicherheit»? Solche entsteht und besteht da, wo der Mensch die Weihnachtsbotschaft überhört und also sich selbst anderswo als in dem auch für ihn gutstehenden Menschensohn, in ihm als seiner Heiligung suchen und finden und erkennen zu können und zu sollen meint! Und es dürfte die falscheste aller falschen Sicherheiten darin bestehen, daß er sich in jenem «Anderswo» in irgend einer dauernden Unsicherheit einrichten und gefallen zu können meint. Wir werden noch genug davon hören: es ist eine strenge, kühne, aufregende Sache um das Sein des Menschen in Jesus Christus und um deren Erkenntnis. Wir werden ihre sehr einschneidenden Konsequenzen noch kennen lernen und uns dann nur wundern können, wie es da Jemandem einfallen kann, vor «falscher Sicherheit» besorgt zu sein. Allem Weiteren vorangehend, muß aber das klar gestellt sein: wir sind eingeladen und aufgefordert, die Botschaft von dem Sohn Gottes, der unseresgleichen wurde, und also von der Existenz des königlichen Menschen Jesus inklusiv zu verstehen: unsere Existenz als umschlossen von der seinigen und also uns selbst als die in ihm Gott schon zugewendeten und gehorsamen, schon wiedergeborenen und bekehrten, schon als Christen anzusprechenden Menschen. «Wir haben nun Frieden mit Gott durch unseren Herrn Jesus Christus» (Röm. 5, 1). Viel Ernstes und tief Eingreifendes folgt aus diesem Frieden, wie es Röm. 5–8 wahrhaftig sichtbar wird. Es folgt aber daraus, daß wir diesen Frieden haben. Aus einem Unfrieden mit Gott oder aus einem vermeintlichen Frieden mit ihm, den wir anderswie als «durch unseren Herrn Jesus Christus» hätten oder zu haben meinten, würde nichts auch nur halbwegs Ernsthaftes,

4. Die Weisung des Sohnes

nichts auch nur oberflächlich Eingreifendes folgen. Die Weihnachtsbotschaft lautet: «Friede auf Erden unter den Menschen des (göttlichen) Wohlgefallens.» Und gemeint ist eben der Friede mit Gott, der in dem dort und damals geborenen Kind gültig für alle Menschenkinder geschlossen ist.

Man muß hier in die Ohren bekommen und in den Ohren behalten, was Luther die Engel der Christnacht singen und sagen läßt: «Er ist nun euer Fleisch und Blut» und darum umgekehrt: «Ihr seid nun worden sein Geschlecht» – «daß ihr mit uns im Himmelreich sollt leben nun und ewiglich.» Dazu die triumphale Schlußstrophe des Liedes von Nikolaus Herman: «Heut' schleußt er wieder auf die Tür' / Zum schönen Paradeis; / Der Cherub steht nicht mehr dafür: / Gott sei Lob, Ehr und Preis.» Dazu sehr eigenartig die Schlußstrophe des Liedes von Ambrosius Lobwasser: «Freu dich, du ewig Himmelreich, / freu dich, du Reich der Erden, / daß Gott euch hat gemachet gleich / und ein Reich lassen werden. / Drum weil du, lieber Jesu Christ, / des Reiches ew'ger König bist, / so wollst du uns vertreten / und von dem Feind erretten.» Und nicht zuletzt Paul Gerhardt: «Gott wird Mensch, dir, Mensch, zugute; / Gottes Kind ‚das verbindt/ sich mir unserm Blute» und darum umgekehrt: «Du bist meines Lebens Leben; / nun kann ich mich durch dich / wohl zufrieden geben.» Und derselbe anderswo: «Du bist mein Haupt, hinwiederum / bin ich dein Glied und Eigentum / und will, soviel dein Geist mir gibt, / dir dienen, wie dein Herz es liebt.» Und wieder anderswo, in Entfaltung der prädestinatianischen Tiefe solcher Aussage: «Da ich noch nicht geboren war, / da bist du mir geboren / und hast mich dir zu eigen gar, / eh ich dich kannt', erkoren. / Eh ich durch deine Hand gemacht, / da hast du schon bei dir bedacht, / wie du mein wolltest werden.» Und noch am Anfang des 19. Jahrhunderts Max von Schenkendorf: «Nun wird ein König, aller Welt / von Ewigkeit zum Heil bestellt, / ein zartes Kind geboren. / Der Teufel hat sein altes Recht / am ganzen menschlichen Geschlecht / verspielt schon und verloren.»

Weil dem so ist, darum ist Jesus Christus nach 1. Kor. 1, 30 unsere Rechtfertigung, will sagen: sind wir als die, die mit ihm gleichen menschlichen Wesens sind, in ihm als ihrem Haupt und Vertreter so, wie wir sind, Gott recht, angenehm, wohlgefällig, in und mit diesem unserem Bruder und also in Vergebung unserer Sünden um seinetwillen als Gottes Kinder von ihm angenommen, geliebt und gesegnet. Man muß aber nicht nur das sagen, sondern fortfahren: Weil dem so ist, darum ist er auch unsere Heiligung, will sagen: sind wir als die, die mit ihm gleichen menschlichen Wesens sind, in ihm als unserem Haupt und Herrn schon als von neuem Geborene und Bekehrte, schon als in der Zuwendung zu Gott und im Gehorsam gegen ihn Begriffene und also schon als Christen in Anspruch genommen. Nur weil dem so ist – weil wir vor Gott und also in Wahrheit das sind, was wir in Jesus Christus sind – nur darum kann beides von uns gesagt werden: daß wir vor Gott Gerechte, daß wir aber auch Gottes Heilige sind. Wäre dem nicht so, so wären beide Sätze Wahnwitz. Aber weil dem so ist, sind sie unvermeidlich, müssen sie also gewagt werden: der erste nicht nur, sondern auch der zweite. Und eben der zweite ist es, der uns in unserem Zusammenhang wichtig ist. Wir entfalten ihn jetzt noch nicht, sondern blicken zunächst nur auf seinen Grund, der eben darin besteht, daß die Erhebung und Erhöhung des Menschen in der Person des Einen, der der Sohn Gottes und so und als solcher der Menschensohn war, antizipierend schon die Erhebung und Erhöhung – oder sagen wir unterscheidend und ein wenig zurückhaltend: die **Aufrichtung** aller derer in sich schließt, die als Menschen dieses Einen Brüder sind. In der Antizipation, die in Diesem Ereignis ist, wurzelt des Menschen Heiligung, wurzelt das Leben der christlichen Gemeinde, wurzelt die christliche Liebe.

Im Blick auf diesen objektiven Grund unserer Heiligung hat der **Heidelberger Katechismus** es gewagt, auf seine Fr. 43: «Was bekommen wir **mehr** (über unsere Rechtfertigung hinaus!) für Nutzen aus dem Opfer und Tod Christi am Kreuz?» die Antwort zu geben: «Daß durch seine Kraft unser alter Mensch mit ihm gekreuzigt, getötet und begraben wird, auf daß die bösen Lüste des Fleisches nicht mehr in uns regieren, sondern daß wir uns selbst ihm zur Danksagung aufopfern» – auf seine Fr. 45: «Was nützet uns die Auferstehung Christi?» an zweiter Stelle die Antwort: «zum anderen werden wir auch jetzt durch seine **Kraft erweckt zu einem neuen Leben**» – und auf seine Frage 49: «Was nützet uns die Himmelfahrt Christi?» wieder an zweiter Stelle noch kühner: «daß wir **unser Fleisch im Himmel** zu einem sicheren Pfand haben, daß er, als das Haupt, uns, seine Glieder, auch zu sich werde hinaufnehmen.» Dem entspricht es dann, daß in Fr. 52, wo der Trost der Wiederkunft Christi erklärt wird, von dem «**aufgerichteten Haupt**» die Rede sein kann, mit dem wir dem Richter entgegensehen dürfen. Und dem entspricht in der Abendmahlslehre die Antwort auf die Frage 76: «Was heißt, den gekreuzigten Leib Christi essen und sein vergossenes Blut trinken? Es heißt nicht allein mit gläubigem Herzen das ganze Leiden und Sterben Christi annehmen und dadurch Vergebung der Sünden und ewiges Leben bekommen, sondern auch daneben durch den Heiligen Geist, der zugleich in Christo und in uns wohnt, also mit **seinem gebenedeiten Leibe je mehr und mehr vereinigt** werden, daß wir, obgleich er im Himmel und wir auf Erden sind, dennoch **Fleisch von seinem Fleisch und Bein von seinem Bein** sind und von einem Geist (wie die Glieder unseres Leibes von einer Seele) ewig leben und regiert werden.» Und wie sollte hier nicht in Allem an den umfassenden Satz zu erinnern sein, mit dem gleich Fr. 1: «Was ist dein einziger Trost im Leben und im Sterben?» beantwortet wird: «Daß ich mit Leib und Seele, beides im Leben und im Sterben, nicht mein, sondern meines getreuen Heilandes Jesu Christi eigen bin!»

Das Alles – und so auch das, was vorhin aus den klassischen Weihnachtsliedern der evangelischen Kirche angeführt wurde – sind keine willkürlich geformten Gedanken und Sätze. Sondern das Alles geht zurück auf den breiten Strom all der **neutestamentlichen Aussagen**, in denen sichtbar wird, daß gleich die ersten Zeugen der in Jesus Christus geschehenen Versöhnung und Offenbarung und also der Existenz des Menschensohn gewordenen Gottessohnes dessen Namen kaum je anders ausgesprochen haben dürften als in einem **inklusiven Sinn**: zunächst sie selbst mitumfassend, sich selbst ihm zuordnend, in und mit sich selbst aber auch nach den anderen Menschen, nach der ganzen Welt ausgreifend. Er war ihnen nach Phil. 2, 9f. der von Gott aufs höchste Erhöhte: beschenkt mit dem Namen, der über jeden Namen ist (τὸ ὄνομα τὸ ὑπὲρ πᾶν ὄνομα), «damit in dem Namen Jesu sich beuge jedes Knie derer, die im Himmel und auf Erden und unter der Erde sind und jede Zunge bekenne, daß Jesus Christus Herr ist, zur Ehre Gottes des Vaters.» Wußten sie nach Act. 4, 12 für sich selbst außer dem Namen «Jesus Christus von Nazareth» von keinem einem der unter dem Himmel lebenden Menschen gegebenen Namen, in welchem sie die Geschichte ihrer eigenen Errettung angezeigt fanden (ἐν ᾧ δεῖ σωθῆναι ἡμᾶς), so war das im Munde des Petrus (mit

4. Die Weisung des Sohnes

γάρ an das Vorangehende angeschlossen) nur die Begründung des allgemein gültigen Satzes: «es ist in keinem Anderen Errettung», der doch im Zusammenhang der Bekenntnisrede, in der er auftaucht, das Positive besagt: in dem Einen, der diesen Namen trägt, ist die Errettung, ist sie auch für die geschehen, an die die Bekenntnisrede sich richtet, die durch sie erst mit ihm bekannt gemacht werden sollen. Von ihm, den sie, indem er sich ihnen zu erkennen gegeben hatte, erkennen durften, konnten die neutestamentlichen Zeugen gar nicht reden, ohne eben damit auch von sich selbst zu reden – und wiederum von sich selbst nicht, ohne antizipierend auch von allen denen zu reden, die ihn und ihre eigene, in ihm geschehene Errettung noch nicht kannten. Jedes Wort von ihm war als solches ein Zeugnis von seiner Souveränität über sie selbst, aber auch über die, an die sie sich mit ihrem Wort und Zeugnis wendeten: eine ontologische Aussage über ihr eigenes Sein unter seiner Souveränität, als Gottes in ihm Gerechte und Heilige, als Angehörige des in ihm von der göttlichen, aber auch von der menschlichen Seite gehaltenen und erfüllten Gottesbundes – aber antizipierend, d. h. über die Unkenntnis und den Unglauben der Menschen ihrer Umwelt hinausgreifend, zugleich eine ontologische Aussage auch über diese, über jeden Menschen als solchen. Es ist dem Jesus Christus des Neuen Testamentes wesenhaft eigentümlich, als der, der er ganz allein ist, nun doch nicht für sich, sondern der königliche Repräsentant, der Herr und das Haupt Vieler zu sein. Es ist diesen Vielen, für die er ist und die insofern «in ihm» sind, sofern sie sich als Glieder seiner Gemeinde als solche erkennen, im Neuen Testament ihrerseits wesenhaft eigentümlich, sich freilich in ihrem Erkennen, in dieser Besonderheit ihres Seins «in ihm» von der sie umgebenden Welt zu unterscheiden, ohne sie deshalb für sich behalten zu können, sondern die Welt darauf ansprechen zu müssen, daß eben die in Jesus Christus gefallene Entscheidung, die ihnen im Unterschied zur Welt klar vor Augen steht, objektiv auch über sie, über jeden in ihr lebenden Menschen gefallen ist. Denn es ist im Neuen Testament auch allen in der Welt lebenden Menschen als solchen eigentümlich, daß die in Jesus Christus gefallene Entscheidung tatsächlich auch sie, ihr Sein betrifft: Jesus Christus ist auch ihr Herr und Haupt und also sind auch sie, ob sie ihn schon erkannt oder noch nicht erkannt haben, nur vorläufig, nur subjektiv, nur in ihrer Unkenntnis und ihrem Unglauben außer ihm, ohne ihn, sind objektiv auch sie die Seinigen, sein Eigentum und eben darauf *de iure* anzusprechen.

Es ist dieser ontologische Zusammenhang zwischen dem Menschen Jesus einerseits und allen anderen Menschen andererseits – und wiederum zwischen den aktiven Christen hier und den virtuellen und prospektiven dort – in welchem es begründet ist, daß sich im Neuen Testament einerseits die Sammlung und der Aufbau der Gemeinde, derer, die Jesus Christus erkennen, als eine in diesem selbst begründete Notwendigkeit darstellt, und daß andererseits eben diese Gemeinde wiederum mit einer in Jesus Christus selbst begründeten Notwendigkeit gesendet, mit der Aufgabe der Mission in der Welt betraut ist. Jesus Christus wäre nicht, der er ist, wenn ihm seine Gemeinde fehlen und wenn seiner Gemeinde der Charakter der Missionsgemeinde fehlte oder auch nur fehlen könnte. Man kann es auch so sagen: Es ist dieser ontologische Zusammenhang der Rechtsgrund des Kerygmas, das die Gemeinde bildet und mit dem die Gemeinde beauftragt ist. Und wieder in diesem ontologischen Zusammenhang ist auch das begründet, daß das Kerygma nicht Möglichkeiten andeutet, sondern Wirklichkeiten ausspricht. Das sind Dinge, auf die in sehr viel späterem Zusammenhang, nämlich im dritten Teil der Versöhnungslehre unter dem Zeichen des prophetischen Amtes Jesu Christi, zurückzukommen sein wird, und die dann gewiß genauerer Erklärung bedürfen werden. Uns interessiert jetzt nur das Grundsätzliche, daß, wer im Sinn des Neuen Testamentes Jesus Christus sagt, eben damit auch eine Aussage, u. zw. eine ontologische Aussage über andere Menschen macht: Aussagen von eben der Art, wie die der zitierten Stellen aus dem Heidelberger und aus unseren Kirchenliedern.

Lehrreich ist hier zunächst ein Blick auf Hebr. 6, 17–20, wo von den zwei «unwandelbaren Tatsachen» (πράγματα ἀμετάθετα) die Rede ist, in denen die Christen, derenZuflucht darin besteht, die vor ihnen liegende Hoffnung zu ergreifen, ihren «starken Zuspruch» (ἰσχυρὰ παράκλησις) haben: es ist unmöglich, daß Gott, durch dessen Verheißung sie dazu aufgerufen sind, sie etwa täusche. Als die erste wird genannt: der Eidescharakter dieser Verheißung selbst, die Selbstverbürgung Gottes in seinem Wort. Die zweite aber besteht darin, daß die, die sich an sein Wort halten, eben in der vor ihnen liegenden Hoffnung selbst, nach der sie sich doch erst ausstrecken können, «einen Anker der Seele haben, der sicher und fest ist, und ins Innere hinter den Vorhang hineinreicht», so daß in ihm sie selbst, die doch erst hier, noch diesseits sind, auch schon dort, schon drüben sind, noch in der Hoffnung als solcher schon in deren vor ihnen liegenden Erfüllung leben. Dies ist aber dieser «Anker der Seele»: daß «Jesus als Vorläufer für uns (πρόδρομος ὑπὲρ ἡμῶν) dort hineingegangen ist» und also an ihrer Stelle dort ist – er die andere «unwandelbare Tatsache» vor ihnen, wie das untrügliche Wort Gottes die erste ist, von der sie herkommen. Sie hoffen also, indem sie nach rückwärts wie nach vorwärts in einem Seinszusammenhang stehen. «Jesus meine Zuversicht» ist von hier wie von dorther keine ungewisse, sondern eine gewisse, weil unwandelbar begründete Aussage.

Wir blicken von da aus hinüber auf die in den johanneischen Schriften öfters auftauchende Rede von dem «Bleiben» (μένειν) der Jünger in Jesus, seinem Bleiben in ihnen. «Wer mein Fleisch ißt und mein Blut trinkt, der bleibt in mir und ich (bleibe) in ihm» (Joh. 6, 56). Das ist die Stelle, auf die sich der Heidelberger bei seiner Erklärung des Abendmahls Fr. 76 berufen hat. Joh. 15, 4f. kehrt das wieder: «Bleibet in mir und ich (bleibe) in euch!», dargestellt im Bild des zum Fruchttragen notwendigen Bleibens der Reben am Weinstock. «Wer in mir bleibt und ich in ihm, der trägt viel Frucht, denn ohne mich (χωρὶς ἐμοῦ) könnt ihr nichts tun» (v 5). Und weiter: «Wenn ihr in mir bleibt, und also auch meine Worte in euch bleiben, dann werdet ihr erbitten, was ihr wollt und es wird euch widerfahren» (v 7). So wird denn 1. Joh. 2, 6 gemahnt: «Wer da sagt, er bleibe in Ihm, der ist schuldig so zu wandeln, wie er wandelte.» So wird aber den Christen 1. Joh. 2, 27 auch ohne Weiteres zugesagt: «Was euch betrifft, so bleibt die Salbung (τὸ χρῖσμα), die ihr von ihm empfangen habt, in euch und ihr habt nicht nötig, daß euch Jemand lehre, sondern wie euch seine Salbung über alles belehrt, so ist es wahr und nicht Lüge und entsprechend ihrer Belehrung bleibt ihr in ihm.» Und 1. Joh. 3, 6, von allen andersartigen Voraussetzungen aus erschreckend eindeutig: «Jeder, der in ihm bleibt, sündigt nicht.» Und dann 1. Joh. 3, 24 und 4, 13 wieder mahnend, warnend: «Wer seine Gebote hält, der bleibt in Ihm und Er in ihm. Und daran erkennen wir, daß er in uns bleibt: an dem Geist, den er uns gegeben hat.» Dieses Bleiben hat offenbar ein Sein zur Voraussetzung. Kein totes, sondern ein lebendiges, fruchtbares in Erkenntnis und Wandel, im Halten der Gebote wirksames Sein! Auch kein diesen Menschen zur Verfügung stehendes, ihrer Willkür oder Trägheit überlassenes, sondern ein sie bestimmendes und verpflichtendes Sein: ein Sein, in dem zu bleiben, sie zu mahnen, sie aufzurufen sind! Und endlich: auch kein diesen Menschen in ihrer Kreatürlichkeit immanentes, ihrem Existieren als solchem inhärierendes, sondern ein ihnen durch das Evangelium zugesprochenes und geschenktes Sein! Darum 1. Joh. 2, 24 «Was ihr von Anfang an gehört habt, das bleibe in euch! Indem in euch bleibt, was ihr von Anfang an gehört habt, werdet ihr im Sohn und im Vater bleiben!» Aber unter allen diesen Näherbestimmungen ein Sein – nicht bloß ein ihnen widerfahrendes Erlebnis, keine bloße Gesinnung oder Willens- oder Gemütsverfassung, keine ihnen bloß angebotene und erst von ihnen realisierte Möglichkeit, sondern ihre eigenste Wirklichkeit, in der sie sich selbst in Wahrheit sehen und verstehen sollen, auf die sie anzusprechen sind, aus der sich für sie automatisch ganz bestimmte, von ihnen notwendig zu ziehende Konsequenzen ergeben, die sie weder in sich noch in diesen ihren Konsequenzen in Frage stellen dürfen, in der sie eben – sie haben nur diese Möglichkeit; die Wahl jeder anderen wäre die Wahl des für sie selbst Unmöglichen – bleiben sollen: bleiben wo sie und daselbst bleiben, die sie sind. Sie sind in ihm, von dem sie gehört haben, der ihnen verkündigt wurde – nicht umsonst, nicht auf gut Glück, nicht von ihnen, sondern von ihm aus: sie sind es aber. Aus diesem ihrem Sein folgt mit Notwendigkeit alles, was sie zu wollen und zu tun haben, folgt die Notwendigkeit, Alles abzuweisen, mit dem sie es verleugnen würden, folgt vor allem die Notwendigkeit: zu bleiben, wo und was sie sind.

Und nun kommen wir ja erst zu Paulus mit der ganzen Fülle seiner Aussagen über das, was, indem es primär die Geschichte Jesu Christi ist, sekundär, aber in unaufhaltsamer Folge, auch seine eigene Geschichte ist, auch als Geschichte aller derer am Tage ist, die Jesus Christus und in ihm sich selbst entdeckt haben und noch entdecken werden. «Im Glauben an den Sohn Gottes, der mich geliebt und sich für mich dahingegeben hat», lebe er, was er jetzt im Fleische lebe, hören wir Gal. 2, 20 – in Ihm – das Alte als Vergangenes hinter sich – als eine neue Kreatur (2. Kor. 5, 17, Gal. 6, 15). «Ich lebe, aber nicht mehr ich, sondern Christus lebt in mir» (Gal. 2, 20). Nicht individuell, sondern exemplarisch ist das gesagt: die Selbstaussage keines Christen kann eine andere sein. Ein Christ sein heißt *per definitionem*: ἐν Χριστῷ sein. Der Ort, der Raum der Gemeinde als solcher, der Schauplatz ihrer Geschichte, der Boden, auf dem sie steht, die Luft, in der sie atmet und also das Maß ihres Tuns und Lassens ist mit diesem Ausdruck bezeichnet. Das ἐν Χριστῷ εἶναι ist das Apriori aller Belehrung, die Paulus seinen Gemeinden gibt, alles Trostes und aller Mahnung, die er ihnen zuwendet. Auch sie leben im Fleische, in der Welt, indem Christus nicht nur für sich – für sie ist er ja dahingegeben – sondern für sie, in ihnen, und sie umschließend und regierend lebt, indem jede von ihnen sein «Leib», indem er das von allen ihren Gliedern anzuziehende, ja schon angezogene Kleid ist (Röm. 13, 14, Gal. 3, 27). In ihm wird die Gemeinde als solche und wird jeder Christ «miterbaut zu einer Wohnung Gottes im Geist» (Eph. 2, 22). Es lebt die Gemeinde und es lebt ein jedes ihrer Glieder, weil ἐν Χριστῷ, darum, wie der andere wichtige Ausdruck lautet σὺν Χριστῷ. Und «mit Christus» heißt: als Teilnehmer an seiner Geschichte – so, daß in seiner Geschichte die der Gemeinde und die eines jeden ihrer Glieder schon vorweg geschehen ist und darum in dieser sich abbilden und ausprägen, in ihr wiederzuerkennen sein muß – so also, daß sie in jeder eigenwilligen Abweichung von seiner Geschichte aufhören müßten, zu sein, was sie sind. Dieses «mit Christus» bestimmt ihre Vergangenheit, ihre Gegenwart, ihre Zukunft: eben ihre ganze Geschichte: Sie sind mit ihm gekreuzigt (Gal. 2, 19; 6, 14), mit ihm gestorben (Röm. 6, 8, Kol. 2, 20; 3, 3), mit ihm begraben (Röm. 6, 4, Kol. 2, 12), mit ihm hat Gott aber auch sie, wie Kol. 2, 13, Eph. 2, 5 in kühner Antizipation gesagt wird, lebendig gemacht, er hat ihnen – nach Eph. 2, 6 noch kühner gesagt (in der im Heidelberger Fr. 49 nachgebildeten Kühnheit) – «mit ihm Sitz im Himmel gegeben.» Es ist zu wenig, wenn Bengel die Stelle Eph. 2, 6 nur von einer *sedes assignata, suo tempore possidenda* im Himmel reden läßt. Gemeint ist tatsächlich, daß sie «mit ihm» jetzt schon im Himmel sind, jene *sedes* schon eingenommen haben, in jenem πολίτευμα ἐν οὐρανοῖς von Phil. 3, 20 schon wohnen. Sodaß sie im Fleisch lebend gar nichts vor sich haben und also auch nichts ins Auge fassen und in Erwägung ziehen können, als «ob schlafend oder wachend, zugleich mit ihm zu leben» (1. Thess. 5, 10), nach Kol. 3, 1f. zu suchen, was droben ist, wo Christus ist, sitzend zur Rechten Gottes: ihr eigenes mit ihm in Gott verborgenes, aber eben weil es ihr Leben mit ihm ist, ihr wirkliches Leben. Calvin (Pred. üb. Eph. 2, 3–6, CR. 51, 372) hat korrekt interpretiert: *Il est impossible que le chef soit séparé des membres, et nostre Seigneur Jesus n'y est pas entré pour soy. Il nous faut tousiours revenir à ce principe. Quand nous confessons que Jesus Christ est ressuscité des morts et monté au ciel, ce n'est pas seulement pour le glorifier en sa personne. Il est vray que cela viendra en premier lieu... Mais tant y a que ceste union... est accomplie: que Jesus Christ nous ayant recueillis en son corps, a voulu commencer en soy ce qu'il veut parfaire au nous, voire quand le temps opportun sera venu. Ainsi donc Jesus Christ est entré au ciel, à fin qu'aujourd'huy la porte nous soit ouverte, laquelle nous estoit close par le peché d'Adam: et voilà comme desia nous sommes colloquez avec luy.* Darum: weil und indem und sofern die Christen in ihm und mit ihm schon dort – in ihm und mit ihm schon Erhobene und Erhöhte sind, sind sie jetzt und hier schon Gottes Heilige und, wie Paulus es in seinen Briefanfängen in der Regel getan hat, als solche anzureden, darauf anzusprechen, und gibt es – ungeachtet dessen, daß ihre Existenz ja immer noch im Fleische, durch ihre eigene Art und Unart und durch die des sie umgebenden Kosmos bestimmt ist und trotz allem, was von daher gegen sie sprechen möchte, kein Urteil (κατάκριμα), das sie als Verdammung erreichen und treffen und also ihr Sein als Heilige wirklich gefährden oder gar zunichte machen könnte (Röm. 8, 1). Sofern es ihr Sein in Christus und also ihr Sein dort, wo Er ist: bei Gott, ist, ist es ein unzerstörbares Sein.

Man höre, wie Paulus diese Erkenntnis im Schlußteil von Röm. 8 entfaltet hat: Dort, bei Gott, – gestorben, auferstanden, zu seiner Rechten – steht Christus für sie ein (ἐντυγχάνει ὑπὲρ ἡμῶν v 34). Nun ersah sie nämlich Gott «im voraus» (προέγνω), bevor sie waren, bevor die Welt war. Nun bestimmte er sie als die von ihm Ersehenen und im selben Sinn «im voraus» (προώρισεν) dazu, seinem Ebenbild, nämlich seinem Mensch gewordenen Sohn gleichgestaltet (σύμμορφοι) zu sein. Und entsprechend diesem ewigen Ersehen und Bestimmen hat Gott in der Zeit an ihnen gehandelt. Er berief sie dahin, wohin sie auf Grund seines ewigen Erwählens gehörten, mit 1. Petr. 2, 9 zu reden: «aus der Finsternis zu seinem wunderbaren Lichte» (ἐκάλεσεν). Als die von ihm Berufenen sprach er sie aber auch – ohne ihr Zutun und also unbedingt – gerecht (ἐδικαίωσεν). Und eben als den von ihm in Wahrheit Gerechtgesprochenen schenkte er ihnen (himmlische) Herrlichkeit (ἐδόξασεν): jenes Sein mit Christus im Himmel, bei ihm selbst. Man bemerke, wie diese *catena aurea* (v 29-30) in allen ihren Gliedern, auch in diesem letzten, von einem Ereignis redet, in welchem Gott an den Christen handelte, von dem sie also als Christen nur herkommen können: als die, welche die Ersehenen, die Bestimmten, die Berufenen, die Gerechtfertigten, ja die Verherrlichten schon sind. Sie sind die, die sie kraft jenes ewigen und zeitlichen Wollens und Tuns Gottes sind. Sie sind, indem Christus für sie eintritt, indem also Gott selbst nicht gegen, sondern für sie ist (v 31). Das ist die Bedingung, das ist aber auch die Begründung ihres Seins, die dieses unzerstörbar macht. Daß sie über dieses nicht verfügen – so gewiß sie ja über Christus und also über Gott nicht verfügen können, so gewiß es Gottes freie Gnade ist, daß er für und nicht gegen sie ist – ändert nichts daran, daß von Christus und also von Gott her über sie und also über ihr Sein verfügt ist. Alles Weitere folgt aus diesem ihrem Seinsgrund. «Der seines eigenen Sohnes nicht verschonte, sondern hat ihn für uns Alle dahingegeben, wie sollte er uns in ihm nicht seine ganze Gnade zuwenden (τὰ πάντα χαρίσεται v 32)? Wer oder was könnte gegen sie sein (v 31), sie, die Erwählten Gottes anklagen, verdammen, ihr Sein als seine Heiligen wirksam in Frage oder gar in Abrede stellen (v 33)? Gott ist immer zuerst da und Gott als ihr δικαιῶν (v 33), so gewiß eben Jesus Christus zuerst da ist (v 34). Eine Gefährdung oder gar Vernichtung ihres Seins als Gottes Heilige könnte nur durch eine Zerspaltung und Zertrennung (ein χωρίζειν) des Zusammenhangs zwischen Christus und ihnen und also zwischen Gott und ihnen eintreten. Wie soll aber diese möglich werden? Wer oder was sollte zu solchem χωρίζειν das Recht und die Macht haben? «Wer wird uns scheiden von der Liebe Christi?» – der Liebe, in der freilich keiner von ihnen sich selbst, in der aber er sie alle in den Seins-Zusammenhang mit sich selber aufgenommen hat? Paulus blickt auf das, was die Menschen den Christen antun könnten und tatsächlich antun und zählt auf: Bedrängnis, Angst, Verfolgung, Hunger, Entblößung, Gefahr, Schwert. Das Alles könnte gegen ihr Sein als Gottes Heilige sprechen und wirksam sein. Das Alles könnte Anklage und Verdammnis bedeuten, könnte sie als Feinde Gottes, als auch von ihm Verworfene kennzeichnen. Es ist ja wahr: «Wir werden getötet den ganzen Tag, wir sind geachtet wie Schlachtschafe.» So geht es doch den Gottlosen! Sollten auch die Christen, vielleicht gerade sie Gottlose sein? So sagen es ja die sie bedrohenden Juden und Heiden. Warum und wieso geht es gerade ihnen so? Ἕνεκεν σοῦ, um Deinetwillen, als des ja selber getöteten Christus Zeugen und Bekenner und also

4. Die Weisung des Sohnes 309

als die ihn Liebenden und also – wie kämen sie sonst dazu, ihn zu lieben? – als die von ihm Geliebten, von seiner Liebe gerade nicht Geschiedenen. Wie kämen sie als die um seinetwillen Verfolgten dazu, in dem erschüttert, angefochten zu sein, was sie durch ihn, in ihm, mit ihm sind (v 35–36)? «In dem allem überwinden wir weit», (ὑπερνικῶμεν v 37): aus dem Allem gehen sie schlechthin als Sieger hervor, d. h. aber: als die, die sie sind: nicht als die von Gott Verworfenen, sondern als seine Erwählten, nicht als Gottlose, sondern als seine Heiligen. Sie? Ja, sie: nämlich διὰ τοῦ ἀγαπήσαντος ἡμᾶς, durch den, der sie liebte, was ja gerade darin wirksam wurde, daß sie ihn wiederlieben durften und als seine Zeugen und Bekenner das Alles von den Menschen zu erfahren bekamen, in solchen Nachgang seines eigenen Leidens versetzt wurden. Wären sie nicht die von ihm Geliebten, nicht die Seinigen und also nicht Gottes Erwählte und Heilige, dann würde ihnen solches nicht widerfahren. Indem es ihnen widerfährt, wird es offenbar, daß sie es sind. Die Liebe Christi hat aber darum die Kraft, sie als Sieger aus dem Allen hervorgehen zu lassen, weil sie die Liebe Gottes ist. Indem Christus für sie eintritt, ist ja eben Gott für sie. Und nun beachte man, wie Paulus hier (v 38–39) nicht etwa erst (in Entsprechung zu v 35) die Frage aufgeworfen hat: «Wer will uns scheiden von der Liebe Gottes?» Sie ist in und mit der Antwort auf jene erste Frage schon beantwortet. Die Liebe Gottes ist ja keine andere als die Liebe Christi, von der die Christen nicht zu scheiden sind. Sie ist die ἀγάπη τοῦ θεοῦ ἡ ἐν Χριστῷ Ἰησοῦ τῷ κυρίῳ ἡμῶν (v 39). Die von der Liebe Christi nicht zu scheiden sind, sind auch von der Liebe Gottes nicht zu scheiden. Darum sofort: πέπεισμαι. Die Verse 38–39 unterstreichen also nur: jede Zerspaltung des Zusammenhangs zwischen Christus und uns ist darum unmöglich, weil dieser Zusammenhang durch die Liebe Gottes geschaffen ist und erhalten wird. Diese Unterstreichung erfolgt aber allerdings in einer wichtigen Erweiterung des Gesichtskreises, in der es sich nun doch um die implizite Beantwortung einer latent bleibenden Frage handeln dürfte. Paulus blickt jetzt weg von der Bedeutung, die das Tun der anderen Menschen für das Sein der Christen haben könnte: hinein, hinauf und hinunter in die Struktur – oder vielmehr in die Zerstörung der Struktur des Kosmos, auf die zerrissene Gegensätzlichkeit, auf den Rätselcharakter, auf die Dämonie, auf die Gefährlichkeit, in der sich seine Elemente – alle mit irgend einem Anspruch auf totale Geltung und Macht – dem Menschen darstellen: dem Menschen der Sünde nämlich, dessen Situation und dessen Weltbild doch auch die Christen als die Menschen, die da drunten, im Fleisch, noch sind, auch immer noch nur zu gut kennen. Was heißt «In dem Allem überwinden wir weit?» im Blick auf diese Situation, in der es – Paulus zählt in den Anschauungsformen und Begriffen seiner Zeit auf: Tod und Leben gibt, Engel, Gewalten, Kräfte, Gegenwärtiges und Zukünftiges, Hohes und Tiefes – ein sich immer verschiebendes, in Form, Farbe und Bewegung, Nähe und Ferne sich ständig veränderndes, aber immer aufs neue die Sonne bedeckendes Wolkenmeer, in welchem sich die Grenzen des objektiv und des subjektiv Wirklichen, der guten Schöpfung Gottes und ihrer Zerstörung und Auflösung, fortwährend überschneiden, zu dessen Verständnis und Beurteilung denn auch jede Zeit und jedes Volk seine eigene Sprache gesucht und gefunden hat – die «vielen Götter und vielen Herren» (1. Kor. 8, 5), die großen, in ihrem Ursprung, in ihrem Wesen wie in ihren Funktionen dem Menschen so dunklen, sein bißchen Sehen und Verstehen immer wieder verblendenden und verwirrenden, hier in scheinbar höchster Konstanz und dort in scheinbar höchster Kontingenz wirksamen und sich kund gebenden Faktoren des Weltgeschehens im natürlichen wie im geschichtlichen, im materiellen wie im geistigen, im sichtbaren und unsichtbaren Weltraum, der als Gottes Geschöpf des Menschen Vaterhaus sein dürfte und müßte und nun doch so gar nicht ist, ihm vielmehr so unheimlich ist? Was heißt Christ-sein, das Sein der Heiligen jetzt und hier, wenn auch der Christen menschliches Sehen und Verstehen immer wieder auf diese dunklen Faktoren stößt, wenn auch sie sich die Unheimlichkeit dieses Jetzt und Hier, das wilde Spiel der vielen Inkoordinablen, den chaotischen oder doch chaosnahen, den verderblichen oder doch höchst gefährlichen Charakter der menschlichen

Situation nicht verhehlen können, mit ihm vielmehr, in welcher Sprache es auch geschehe, im Unterschied zu den Anderen **bewußt** und das in letztem Ernst **rechnen müssen?** In dieser Welt zu leben und von allen Seiten bedroht zu sein, könnte ja auch für die Christen bedeuten: dieser Welt verfallen und angehörig sein, könnte also auch für sie Anklage, Verdammnis, Fluch, kosmische Gefangenschaft und Sklaverei, und indirekt: Verwerfung, göttliches Gericht bedeuten. Das ist die latente **Frage**, die Paulus hier nicht stellt, aber faktisch **beantwortet.** Er bestreitet die beschriebene Situation nicht, er verharmlost sie nicht, er rationalisiert sie nicht. Er spricht, indem er selbst in dieser Situation lebt und sie nimmt, wie sie ist, einfach sein πέπεισμαι: es können uns auch alle Faktoren des Weltgeschehens, es kann uns auch die ganze Zerstörung der Struktur des Kosmos von der Liebe Gottes **nicht** scheiden! Man könnte so etwas wie eine Begründung dieser Überzeugung darin erblicken, daß er v 39 ganz beiläufig daran erinnert, daß sich jene ganze Bedrohung auf alle Fälle im Bereich der κτίσις abspielt, und also Gott nicht über- oder neben-, sondern untergeordnet ist und bleibt: etwa wie er 1. Kor. 8, 5 beiläufig daran erinnert hat, daß die vielen Götter ja nur **so genannte** Götter sind. Aber man versteht ihn wohl besser, wenn man das πέπεισμαι von v 38 ganz schlicht als eine Wiederholung und Anwendung des ὑπερνικῶμεν von v 37 auffaßt. Er macht der Gemeinde jenes ὑπερνικᾶν gewissermaßen vor. Er führt, indem er diese seine Überzeugung ausspricht, einen **Tatsachenbeweis.** Da ist Einer, er selbst, der Apostel, der von jener Scheidung nichts sieht und weiß und also auch nichts zu sagen hat. Er läßt die Ungebrochenheit der Liebe Gottes, die in Christus Jesus ist, für sich selbst sprechen, indem er sie im Namen der Gemeinde, und zugleich ihr zu Trost und zu Mahnung **bezeugt.** Die Christen sollen sein **Bekenntnis** hören und sich daran, daß er in der Lage ist, es abzulegen, seinen Inhalt als auch für sie alle maßgebend klar machen: es kann jenes ganze Wolkenmeer, was immer es mit ihm auf sich habe, sie **alle** von der Liebe Gottes so wenig scheiden wie ihn. Paulus, ein Mensch im Kosmos wie sie alle, ist des Zeuge: Es hat ihn nicht von ihr geschieden. Es hat also auch nicht die Macht dazu. Auch sie sollen es also nicht fürchten! Was wie sein persönliches Wagnis und Trotzwort aussieht, ist in Wirklichkeit der Kanon, der für sie alle gilt: ihr Sein als Christen ist als ihr Sein in Christus ein wie durch keinen menschlichen Angriff, so auch von keiner kosmischen Situation her wirklich angegriffenes Sein. Und nun muß man von v 35f., wie von v 38f. gewiß auf v 28 zurückblicken, wo Paulus ja noch viel **mehr** gesagt hatte: «Wir wissen, daß denen, die Gott lieben, Alles zum Guten mitwirkt»: πάντα συνεργεῖ. Alles, also auch das, was die Menschen ihnen antun mögen, also auch die kosmische Situation in ihrer ganzen Finsternis und Wildheit. Es ist das alles nicht nur keine reale Anfechtung, sondern eine reale Bestätigung und Verstärkung ihres Seins in Christus. Es muß und wird das Alles, wie es ja Gott nur dienen kann, auch ihnen dienen, helfen, zur Förderung, zum Gewinn sein, zu jenem Sieg und zu jener Überzeugung führen, eben dazu: erst recht die zu **sein,** die sie **sind,** nicht nur obwohl, sondern **weil** sie von den Menschen so angefochten und im Kosmos so bedroht sind. Es kann das Alles nicht nur nicht gegen, sondern nur für sie sprechen und wirksam sein: für ihren in Jesus Christus geschlossenen **Frieden** mit Gott. Denn es kann sie das Alles nur erst recht einladen, anleiten, bewegen, sich an diesen ihren Frieden mit Gott als an das Gewisseste von allem Gewissen und also an Jesus Christus zu **halten.** — So also hat Paulus das im Sein Jesu Christi begründete Sein der Christen gesehen und seine Unerschütterlichkeit zu rühmen gewußt.

Es ist, bevor wir weitergehen, an der Zeit und geboten, einen Moment inne zu halten, mehr noch: eine vorläufig retardierende Bewegung zu vollziehen.

Was haben wir nun gehört und gesagt? Daß die notwendige Aussage über das Sein Jesu Christi ebenso notwendig eine Aussage über alles menschliche Sein in sich schließt: die Aussage, die der Christ damit wagt und wagen muß, daß sein Bekenntnis «Jesus lebt» das Bekenntnis «mit ihm auch ich» nach sich zieht. Was die Gemeinde im Glauben als das Sein Jesu Christi ihres Herrn erkennt, das ist die in diesem Einen als dem Herrn aller Menschen für diese alle, über ihrer aller Sein gefallene göttliche Entscheidung und also ihre Teilnahme an seiner Erhebung. Der Zusammenhang dieser beiden Aussagen ist im Neuen Testament eindeutig: es gibt da keinen Menschen Jesus, der exklusiv für sich wäre, was er ist. Es gibt da aber auch kein in sich verschlossenes menschliches Sein diesem Menschen Jesus gegenüber. Man möchte hier natürlich an den sündigen Menschen denken. Aber eben die Sünder zu suchen und zu erretten, ist ja der Mensch Jesus nach dem Neuen Testament gekommen. Eben der sündige Mensch wird ja da mit dem Menschen Jesus zusammengesehen, was dann bedeutet, daß in dem Menschen Jesus eben dem sündigen Menschen der konfrontiert ist, in welchem jene göttliche Entscheidung auch über ihn gefallen, in welchem eben Errettung aus der Sünde, eben seine Erhebung, eben seine Wiederherstellung zum rechten Bundespartner Gottes vorweg beschlossen und vollzogen ist. Das heißt nun aber: es gibt da keinen exklusiv für sich existierenden Jesus und so auch keinen durch seine Existenz nicht mitbetroffenen, mitbestimmten sündigen Menschen.

Eine am Neuen Testament ausgerichtete christliche Verkündigung wird sich dieser Zusammenschau unmöglich entziehen dürfen. Sie wird den Gegensatz zwischen dem Sein Jesu und dem Sein gerade des sündigen Menschen immer nur dazu groß machen dürfen, um die in Jesus über den sündigen Menschen gefallene göttliche Entscheidung und also den ontologischen Zusammenhang zwischen beiden nur umso größer zu machen. Und wenn sie das unterlassen, wenn sie sich im Blick auf Jesus oder im Blick auf die anderen Menschen in Abstraktionen verlieren sollte, so ist die Dogmatik dazu da, sie an das eindeutige Zeugnis des Neuen Testamentes, an die Weihnachtsbotschaft und also daran zu erinnern, daß solche Abstraktion verboten ist, daß, wo das ganze, das volle Evangelium verkündigt wird – und wo es nicht das ganze, das volle ist, da ist es überhaupt nicht das Evangelium! – notwendig jener Zusammenhang zur Sprache kommen muß. Die kirchliche Verkündigung leidet ein wenig überall daran, daß er nicht in ganz anderer Wucht zur Sprache kommt. Wir durften also im Blick auf diesen Zusammenhang gerade in kirchlicher Verantwortung nicht weniger sagen und nicht unbestimmter reden, als es in der hinter uns liegenden ersten Überlegung geschehen ist.

Wir werden uns nun aber auch keiner Täuschung hingeben dürfen über die Befremdlichkeit, die Unerhörtheit, um nicht zu sagen: die Ungeheuerlichkeit des Zusammenhangs jener beiden Aussagen und also des Unternehmens der Zusammenschau ihrer Inhalte.

Man könnte diesen Zusammenhang ja nur dann für eine billige Sache halten, wenn man entweder die eine oder die andere dieser Aussagen und dann wahrscheinlich beide nicht ganz ernst nähme, wenn man die Glaubensaussage über Jesus und die über den mit ihm konfrontierten Menschen oder beide für bloße Werturteile halten würde, deren Sachgehalt dann wohl offen, besonderer Prüfung vorbehalten bleiben, an deren «enthusiastischer» Konsequenz man stillschweigend oder ausdrücklich auch diesen und jenen Abzug machen, die man ungestraft unter Anbringung dieses und jenes Vorbehalts zur Sprache bringen könnte. Nun zwingt uns aber die Sache selbst ebenso wie die neutestamentliche Schule, in der wir sie zu bedenken haben, diese Aussagen ernst zu nehmen, d. h. aber sie und also auch jenen Zusammenhang als Aussagen über ein Sein des Menschen Jesus und eben damit über ein Sein auch der anderen Menschen (unser eigenes Sein!) – als Aussagen von ontologischem Charakter zu verstehen. Gewiß als Glaubensaussagen – aber nun soll man eben nicht in der bekannten kränklichen Weise fortfahren: also «nur» als Glaubensaussagen! Als ob eine im Sinn des Neuen Testamentes gemachte Glaubensaussage nicht ganz ernst zu nehmen, nicht die Aussage einer Erkenntnis, u. zw. der Erkenntnis von Sein und von der Kraft dieses Seins als solchen wäre! Als ob sie es ertrüge, sich zerfasern zu lassen: hier ihr Charakter als überschwängliche Rede von einem dem Glauben einleuchtend gewordenen «Wert», von einer Tragweite und «Bedeutsamkeit» eines objektiven Sachverhaltes – dort und davon zu unterscheiden, jetzt womöglich irgendwelchen historisch-psychologischen Nachprüfungen unterworfen: ihr Charakter als Rede von jenem im Glauben visierten Sachverhalt als solchem! Als ob da zwei Reden – eine für die andere unverbindlich, aber dann doch auch die eine als Begrenzung und Problematisierung der anderen – nebeneinander hergingen! Als ob man im Glauben sagen könnte und dürfte: das und das ist, um dann die Frage offen zu lassen, was es nun etwa bedeuten möchte, oder: da und da liegt irgendeine Bedeutsamkeit vor, um dann die Frage offen zu lassen, ob und in welchem Sinn da etwas Bedeutsames sein möchte? Als ob das eine Glaubensaussage wäre, die nicht Beides untrennbar in sich schlösse: die Aussage von einem Sein und die Aussage von dessen Kraft als solchem! Wenn das Neue Testament Jesus den Herrn nennt, dann sagt und meint es damit, daß er das ist, mit allen Konsequenzen, die das auch für uns, für jeden Menschen hat.

Aber eben: wo stehen wir, wenn wir uns nun durch die Sache selbst und durch die neutestamentliche Schule, in der man in der Kirche zu denken hat, außerstande gesetzt sehen, uns die Sache billig zu machen, vielmehr gezwungen sind, was von dem Zusammenhang zwischen dem Menschen Jesus und allen anderen Menschen zu sagen ist, als ontologische und so und von daher als dynamologische Aussagen zu verstehen? Man versuche es, diesen Gedanken ernst zu nehmen und dann zu realisieren: Dort Er, der königliche Mensch, in seiner ganzen Hoheit und Einzigartigkeit, die darin begründet ist, daß er der ewige Sohn des

4. Die Weisung des Sohnes

ewigen Vaters und also Gott und als solcher Mensch ist – und nun wir, die das nicht sind, die nur eben Menschen sind: wir unter diesem Herrn, wir als die Seinigen, wir zu ihm gehörig, wir ihm zugeordnet, wir in ihm (in ihm «bleibend!») und mit ihm, und so wir in seine Gemeinschaft mit Gott erhoben, wir in ihm umgekehrt auf unserem eigenen bösen Weg, wir die in ihm Gott Gehorsamen, wir in ihm Gottes Heilige, wir in ihm rechtschaffene Partner des Gottesbundes. Man bedenke: Wir als die, die das Alles sind in jener schlechthinigen Unanfechtbarkeit, Unerschütterlichkeit, Unzerstörbarkeit, wie sie am Schluß von Röm. 8 beschrieben wird! Wir auch in der diesem objektiven Sein entsprechenden subjektiven Gewißheit: wir als die, die das nachsprechen in der Meinung, in der es dort geschrieben steht: Ich bin überzeugt, daß ... nichts (auf Erden und im Himmel nichts!) uns scheiden kann von der Liebe Gottes, die in Christus Jesus unserem Herrn ist! Es geht schon darum, daß wir das sind und daß wir es nicht als religiöse Floskel, nicht als enthusiastische Hyperbel, nicht als liturgischen Gesang, nicht als Werturteil unseres Glaubens, nicht als Deutung unserer geschichtlichen Situation und Existenz nachsprechen, sondern ohne alle Künste und Aufregungen schlicht und nüchtern in der Meinung: eben das sind wir. Was heißt da «wir»? Und was heißt da «sind»?

Die Frage muß auch dann und gerade dann gestellt werden, wenn wir jetzt von der Voraussetzung ausgehen, daß dem wirklich so ist: das sind wir! Denn es versteht sich auch dann nicht von selbst, daß wir es bei dem Versuch, diesen Gedanken zu realisieren, mit dieser Wirklichkeit zu tun haben, oder nicht vielleicht doch wieder daneben greifen, mit der Stange im Nebel herumfahren, etwas Triviales oder etwas Wahnwitziges denken, uns selbst und Anderen ein schönes Märchen erzählen, ein schwungvolles Gedicht vortragen, einen Mythus proklamieren oder auch einfach fromme Sprüche machen, über deren Sinn wir uns selbst und Anderen gar nicht Rechenschaft abzulegen vermögen und die dann bei aller Aufrichtigkeit, in der wir sie tun, doch nur vieldeutig und verwirrend in der Luft hängen können. Es ist in der christlichen Kirche gerade in diesem Punkt von altersher und bis auf diesen Tag auch unter der Voraussetzung, daß es da um Wirklichkeit gehe, auch in viel frommer Aufrichtigkeit, Vieles gedacht, gesagt, gepredigt oder vielmehr: geträumt und gefaselt worden, was mit dieser Wirklichkeit nichts zu tun hatte: taube Blüten, aus denen keine Frucht werden konnte. Auch hier: *vestigia terrent*. Wir haben allen Grund, hier sehr feste, aber auch sehr vorsichtige Tritte zu tun.

Eines geht zunächst aus unserem Bisherigen positiv klar hervor: Wir werden bei der Feststellung, daß wir das sind, gerade indem wir wissen, daß dem wirklich so ist, nicht streng und konsequent genug von uns selbst weg blicken können. Es geht dabei wohl um Selbsterkenntnis, aber um die Erkenntnis unserer selbst in Christus und also nicht hier, nicht in uns, sondern außer uns, dort, in diesem Anderen, der mit mir nicht identisch ist und mit dem ich nicht identisch bin noch werde, in dessen Menschlichkeit mir ja auch Gott selbst ein Anderer, ein konkretes Gegenüber wird, ist und bleibt. Uns selbst als das zu erkennen, was wir in ihm sind, kann also mit Selbstbetrachtung, Selbsterforschung, Selbstschau, Selbsteinschätzung, mit Introspektion in allen ihren bekannten und denkbaren Formen solchen Unternehmens gerade nichts zu tun haben, kann vielmehr nur im Abbruch aller dieser Unternehmungen Ereignis werden. Denn wie es auch mit dem stehe, den ich als mich selbst kenne oder zu kennen meine: ob ich mich gern oder ungern mit der merkwürdigen Figur «Ich selbst» beschäftige, ob ich mir meiner selbst genauer oder weniger genau bewußt, ob ich mir selbst sympathisch oder unsympathisch, mit mir selbst zufrieden oder unzufrieden bin, mich selbst glücklich oder beklagenswert finde – eben von dieser mir betrachtbaren und von mir betrachteten Figur «Ich selbst» werde ich, um mich selbst in dem Sinn, um den es uns hier geht, zu erkennen, wegblicken, und zwar radikal wegblicken müssen, ihr werde ich dabei nur den Rücken kehren können. Es mögen unser Interesse an dieser Figur, die liebende Aufmerksamkeit und Besorgtheit, mit der wir sie umgeben, das Vergnügen, das wir an ihr haben oder auch der Jammer oder die Ironie, die sie uns entlockt, die Kultur, die wir ihr zuwenden, die Verteidigungsmaßnahmen, die wir zu ihren Gunsten treffen – es mag das Alles in anderer Hinsicht sein relatives Recht haben: hier stößt es auf seine Grenze und hier geht es um das Hinaussehen über diese Grenze und um ihre Überschreitung und also darum, jene Figur und unsere ganze Beschäftigung mit ihr hinter uns zu lassen. In **ihrem** Dransein und Wirken, in **ihren** Erlebnissen und Erfahrungen, in **ihren** Taten und Unterlassungen wird das, was wir in Christus sind, bestimmt nicht festzustellen sein. Es geht um Jesus Christus und so, in **ihm**, um mich, um uns.

Das scheint eine bloß **kritische** Klärung zu sein. Sie ist in der Tat eminent kritisch, aber gerade damit von höchst **positiver** Bedeutung. Ihr Vollzug schließt einen einschneidenden Verzicht in sich. Es ist ja so gar nicht selbstverständlich, jener Figur wirklich den Rücken zuzukehren, gerade von ihr, von der man ja nicht mit Unrecht sagt, daß sie uns der Nächste sei, wegzublicken. Aber bedeutete nicht schon das, wenn es geschähe, **Befreiung**? Der große, mit jener Introspektion unvermeidlich verbundene Krampf würde ja in diesem Wegblicken – zwar nicht einfach beendigt, aber doch an seinen Ort, an eine zweite Stelle verwiesen: da hinter und unter uns mag sein Problem fernerhin sich stellen, mag es sich fernerhin abspielen und ausleben, aber nicht mehr vor und über uns, nicht mehr als die große Sache, der wir fortwährend entgegensehen, in die wir fortwährend hineingehen müssen, nicht mehr als die steile Rampe, an der wir ohne Ende zu klettern haben. Sich selbst erkennen heißt: sich selbst **dort** erkennen – und zu sich selbst kommen heißt: **dorthin** kommen: wo die Lust, aber auch die Last dieses Krampfes uns abgenommen sind. Also: unser Denken über das, was wir wirklich, nämlich in Jesus Christus sind, würde dann an dieser Wirklichkeit allerdings vorbeigehen, wäre dann allerdings ein illusionäres Denken, wenn es kein Befreiung verheißendes Denken wäre, wenn es in irgend einer niedereren oder höheren Form von Introspektion verlaufen und also auf irgend einer höheren Ebene auf die Fortsetzung jenes lust- und lastvollen Krampfes hinauslaufen würde. Es ist umgekehrt dann ein wahres, ein gehaltvolles, ein auf jene Wirklichkeit gerichtetes Denken, wenn es in Form jenes Verzichtes und Abbruches verläuft, wenn wir dabei über uns selbst hinaus schauen und wenn uns das darin bemerkbar wird, daß es ein uns selbst befreiendes Denken ist.

Aber nun muß präzisiert werden: wir blicken dann und nur dann wirklich von uns selbst weg, um eben damit wirklich und befreiend uns selbst zu erkennen, wenn wir wirklich auf Jesus Christus blicken. Nicht bloß formal von uns selbst weg und über uns selbst hinaus, nicht bloß in formaler Negation jener Figur «Ich selbst» also, nicht in ein leeres Jenseits!

An dem ist es ja nicht, daß wir uns einreden könnten, wir seien das, was wir nicht sind. Was würden wir dabei denken als unseren eigenen Tod – und das in der wahnwitzigen Meinung, unseren Tod für unser Leben halten zu können? Sich selbst verlieren, heißt durchaus nicht schon an sich: sich selbst finden. Aber an dem ist es ja zu unserem Heil gar nicht, daß wir diesen Gedanken zu vollziehen, geschweige denn seinen Inhalt – die Negation und den Verlust unserer selbst – zu verwirklichen in der Lage wären. Bloß formal hat noch keiner – auch kein spanischer Mystiker! – wirklich von sich selbst weg und über sich selbst hinaus geblickt, geschweige denn, daß er in bloß formaler Negation seiner selbst wirklich über sich selbst hinausgekommen wäre. Wer es unternimmt, in ein leeres Jenseits hinüberzublicken, der blickt vielmehr, wie feierlich er sich auch dabei gebärden mag, ganz schlicht und gemütlich noch einmal in sich selbst hinein. Was er erblickt, das ist nämlich doch nur seine eigene Grenze und auch diese nur von innen, nicht so, wie sie ihm wirklich gesetzt ist und also nicht sich selbst in der Freiheit jenseits seiner Selbstbetrachtung und des großen Krampfes, in welchem er in deren Vollzug notwendig begriffen ist. Er kann sich selbst gar nicht verlieren. So kann er sich selbst auch nicht finden, indem er es unternimmt, sich selbst verlieren zu wollen. Innerhalb der von ihm und also von innen gesehenen Grenze ist er nach wie vor und immer wieder der Alte, kann er nur meinen, sich selbst transzendieren zu können oder schon transzendiert zu haben: auch wenn er seines leeren Jenseits noch so gewiß zu sein, auch wenn er den Schritt dort hinüber und also das Finden seiner selbst, mit irgendwelchen ganz außerordentlichen Maßnahmen, im extremsten Fall in Form seines Selbstmordes, ins Werk setzen zu können meinte. Der Blick von uns selbst weg und über uns selbst hinaus wird dann und nur dann Ereignis, wenn er einen ihn unwiderstehlich anziehenden Gegenstand hat, wenn er also ein **material gefüllter** Blick ist, wenn wir als unser Jenseits nicht nichts, sondern gar sehr Etwas, nein **Jemand**, sehen: diesen Jemand als die uns wirklich, nämlich von außen und also positiv gesetzte Grenze, die zu sehen nicht nur Frage, sondern Antwort, die zu überschreiten nicht nur vermeintlichen, sondern echten Verlust und nicht nur eingebildeten, sondern wirklichen **Gewinn im Verlust** bedeutet: wenn wir in diesem Jemand als unserem Jenseits nämlich wirklich und unverlierbar **uns selbst** begegnen. Wie soll es anders auch nur zu einer echten Negation, geschweige denn zu einer solchen, die die Kraft einer Position hat, kommen, als von einer überlegenen, echten **Position** her? Wie anders auch nur zu einem echten Verlieren, geschweige denn zu einem solchen, das Gewinn ist, es wäre denn von da aus, wo echter Gewinn **ist** und darum zu suchen und zu finden ist? Kein Nein hat auch nur als solches Kraft, geschweige denn die eines heimlichen Ja, es wäre denn **das** Nein, das in und mit einem überlegenen, echten **Ja** gesprochen ist. Es geht darum, dieses überlegene, echte Ja zu hören. Dieses überlegene, echte Ja, in welchem auch das unvermeidliche Nein gültig und wirksam gesprochen ist, hört aber der und nur der, der darum von sich selbst weg und über sich selbst hinaus sieht, weil er ein Gegenüber und dieses als Jemand und in diesem Jemand wirklich sich selbst sieht, wenn er also in Ihm, in diesem Anderen, da draußen sich selbst zu suchen und zu finden aufgerufen und unwiderstehlich in Bewegung gesetzt ist.

Dieser Jemand, dieser Andere ist **Jesus Christus**. Und darin unterscheidet sich der, der gültig und mächtig von sich selbst und über sich selbst hinaussieht, von dem, der das nicht tun kann, sondern bloß vermeintlich und ohnmächtig zu tun versucht, daß er mit allen anderen auch diesen Selbsttranszendierungsversuch einstellt, daß er also nicht in ein leeres, sondern in ein **gefülltes** Jenseits blickt, nicht den Gedanken seines Todes zu denken versucht (und dann nicht einmal diesen zu denken vermag!), sondern den Gedanken seines eigenen **Lebens** wirklich denkt: indem er nämlich auf **Jesus Christus** sieht, **ihn** erkennt und in **ihm** sich selber. In seiner und nur in seiner Erkenntnis vollzieht sich jene kritische Klärung, vollzieht sich dann auch jene Befreiung, wird dem Menschen seine wirkliche Grenze gesetzt und gezeigt, bringt er sich selber, ohne sich einfach los zu werden, wirklich hinter und unter sich. Er hat sich selbst als den alten Menschen hinter und unter sich, indem er Jesus Christus vor sich und über sich hat und in Ihm sich selbst als den neuen Menschen: erhoben und erhöht in die Gemeinschaft mit Gott, in ihm sich selbst als den seiner Erhebung und Erhöhung auch gewissen, u. zw. unanfechtbar, unerschütterlich, unzerstörbar gewissen, von der Liebe Gottes nicht zu trennenden Menschen, der es als solcher gar nicht unterlassen kann, den Schluß von Röm. 8 mitzusprechen.

Geht es aber, sollen wir uns als Gottes Heilige erkennen, darum, von uns selbst weg und über uns selbst hinaus zu schauen – und kann und wird das nur damit geschehen, daß wir auf Jesus Christus sehen, weil wir das in ihm und nur in ihm sind – dann ist darüber entschieden, daß solche Erkenntnis nur in einem Sehen ins Verborgene geschehen kann. Denn das Sein Jesu Christi als Herr, als König, als Menschensohn, als der wahre Mensch ist ein verborgenes Sein. Und so ist auch unser Sein in ihm, als die Heiligen Gottes, ein verborgenes Sein. Wird er und werden in ihm auch wir gesehen, dann ist das kein solches Sehen, dessen wir fähig wären oder doch fähig werden könnten, zu dessen Vollzug wir ein Organ und dessen Macht, und im übrigen nur den entsprechenden Entschluß und Willen, davon Gebrauch zu machen, nötig hätten. Wir haben keine Möglichkeit zu solchem Sehen. Es kann nur eben Wirklichkeit sein, daß solches Sehen uns faktisch, nicht in Aktualisierung irgend einer unserer Potenzen, sondern in reiner Aktualität geschenkt ist. Es kann nur eben, von uns aus durchaus unbegreiflich, geschehen, daß wir ihn und in ihm uns selbst erkennen. Wobei doch solches Sehen, indem es geschieht, immer zugleich die Bestätigung sein wird, daß er uns verborgen ist, daß in ihm auch wir selbst uns verborgen sind. Daß die Liebe Jesu Christi seine Verborgenheit und also auch die Verborgenheit unseres Seins in ihm durchbricht, wenn er sich (und in ihm auch uns) sehen läßt – seine Herrschaft, sein Königtum und unser eigenes Wohnen in seinem Reich, uns selbst als die Seinigen, sein Eigentum – darin bestätigt er doch auch sein und auch unser Verborgensein. So wie eben die Ausnahme die Regel bestätigt! Und wenn wir auf seine Liebe und Offenbarung hin ihn und in ihm uns selbst sehen, ihn wieder lieben dürfen, dann ist das ein Sehen und Lieben ins Verborgene hinein, mit dem wir unsererseits sein und unser Verborgensein bestätigen müssen. So wie eben die Ausnahme die Regel bestätigt! Wir existieren nicht so, daß uns der Raum und die Zeit, die Natur und die Geschichte und die menschliche Situation ein einziger kontinuierlicher Erweis des Seins Jesu Christi und unseres Seins in ihm und also seiner Liebe wären: noch nicht so! Wir existieren freilich auch nicht etwa ohne ihre Erweise. Es geschieht ja, daß uns seine Liebe offenbar wird und so wir selbst in ihm: wir als die Seinen, sein Eigentum. Wir können aber nur wandern: von einem solchen Erweis zum anderen. Der Raum und die Zeit, die Natur und die Geschichte und die menschliche Situation als solche sind nicht dieser Erweis. Ihre Gestalt bedarf der Durchbrechung. Und diese Durchbrechung ist immer Ereignis, nicht Zustand, nicht beständiges, alles umfassendes und durchdringendes Licht, von dem wir, entsprechend dem Sein Jesu Christi und unserem Sein in ihm, entsprechend seiner Liebe von allen Seiten umgeben wären: noch nicht! Und so existieren wir denn auch unsererseits nicht in einem ununterbrochenen, ganzen Sehen seines Seins und des unsrigen in ihm und also in einer perennierenden, ganzen Antwort auf seine Liebe – nicht darin, daß wir ihn auch nur von ferne beständig wieder liebten: **noch nicht**! Wir sind vielmehr, auch und erst recht von dieser Seite gesehen, **Wanderer**: unterwegs von einer kleinen, vorläufigen Antwort, von einem kleinen, vorläufigen Sehen und Lieben zum anderen. Die Durchbrechung ist auch von unserer Seite Ereignis, nicht Zustand, kein beständiges, vollkommenes Hellsein: **noch nicht**! – gerade von unserer Seite vielmehr ein so seltenes, schwaches, kümmerliches, immer wieder fliehendes Dämmern, das zu der Vollkommenheit auch des kleinsten Lichtstrahls von seiner Seite in einem sehr traurigen Verhältnis steht.

Aber das ist ja nur ein Aspekt des Verborgenseins Jesu Christi und unseres Seins in ihm. Und nicht er – nicht diese Diskontinuität, in der er als der Verborgene sich sehen läßt und von uns gesehen wird, ist das, was das Problem dieses Verborgenseins so einschneidend macht. Es gibt da ein schwereres Geheimnis. So steht es ja mit diesem Verborgensein nicht, daß das, was Jesus Christus und so auch uns selbst verbirgt, irgend eine freundliche Hülle oder Decke wäre, die das darunter Verborgene zwar unsichtbar, aber immerhin insofern auch sichtbar macht, als es sich dem Verborgenen anschmiegt, seine Gestalt also nachbildet und also mindestens ahnen oder erraten, ja bei einiger Aufmerksamkeit ziemlich deutlich erkennen läßt, sodaß es ihrer Durchbrechung oder gar Entfernung streng genommen nicht durchaus bedürfte, sodaß man sich mit dem Verborgensein Jesu Christi und unseres Seins in ihm ohne allzu große Not auch abfinden könnte, weil er, und in ihm auch wir, in diesem Verborgensein doch nicht durchaus unerkennbar wären. Das Erschreckende an seinem und unserem Verborgensein besteht vielmehr darin, daß das Verbergende, die Hülle, die Decke, die darüber liegt, dem darunter Verborgenen die Gestalt seines **Gegenteils** gibt, dem Ja die Gestalt eines Nein. Dieses Verbergende entspricht nämlich dem Verborgenen durchaus nicht, sondern es widerspricht ihm. Es ist so, daß er uns als der, der er ist, und daß wir uns als die, die wir in ihm sind, in dem, was wir sehen, nicht nur einfach, sondern **potenziert unkenntlich** sind. Es ist so, daß das, was da ist und also auch zu **sehen** wäre, unter oder hinter dem, was es verbirgt, auch nicht indirekt wahrzunehmen, auch nicht analogisch zu erkennen, sondern von uns aus, im Gebrauch der Möglichkeiten unseres Sehens nur zu **verkennen** ist. Das Verbergende ist **nicht** das Analogon des Verborgenen, sondern sein Katalogon, **nicht** sein Gleichnis, sondern sein Ungleichnis, nicht Zeugnis von ihm, sondern Protest dagegen. Es erweist nicht, sondern es **leugnet** das Sein Jesu Christi und damit auch das unsrige in ihm. Was es erweist, was es da zu sehen gibt, ist dies: daß Jesus Christus **nicht** der Herr, daß es mit seinem Königtum **nichts**, daß wir also auch **nicht** die Seinigen, **keine** in ihm zu Heiligen Gottes Erhobenen und Erhöhten sind. Das Verbergende

4. Die Weisung des Sohnes

verneint ihn und uns. Und als **verneint** gibt es ihn uns, gibt es auch uns selbst uns zu sehen und zu erkennen. Es **verwehrt** uns den Einblick in sein Sein und so auch in unser Sein in ihm. Mit einem bloßen Transparentwerden und mit einem bloßen Durchschauen dieses Verbergenden wird es also bei dem Sehen des Verborgenen, ohne das es keine Erkenntnis Jesu Christi und kein Erkennen unserer selbst in ihm geben kann, nicht getan sein. Ohne **Durchbrechung** und endlich ohne **Beseitigung** dieses Verbergenden wird es, soll es zu jenem Sehen und also zu jenem Erkennen kommen, nicht abgehen können. Und nun ist seine **Durchbrechung** eben immer nur Ereignis und also Ausnahme, nicht Zustand. Nun ist seine **Beseitigung** eben **noch nicht geschehen**.

Wir reden von der – leider! – normalen **Ausgangssituation**, in der wir uns immer und überall befinden, wenn es darum gehen sollte, von uns weg, über uns hinaus, auf Jesus Christus zu sehen und in ihm uns selber zu erkennen, zu suchen, zu finden. Man kann das wohl sagen – in der Predigt, in der Seelsorge, auch als ein wichtigstes Element dogmatisch-theologischer Überlegung und schließlich und vor allem auch zu sich selbst: es ginge darum, auf **Jesus Christus zu sehen**: dann und damit werde man über sich selbst hinaus und so zu sich selbst kommen; dann und damit würden wir das Nein hören, das voller Ja ist; dann und damit würde **der** Verlust Ereignis, der höchster Gewinn ist; dann und damit würde jene Befreiung anheben, deren wir, in jener schrecklichen Weise mit uns selbst beschäftigt und in uns selbst verkrampft, so sehr bedürfen. Aber so ist es ja nicht – auch wenn wir unsere geistigen Augen noch so weit auftun – daß uns Jesus Christus einfach so zu Handen wäre und uns als der Herr und König, als der erhobene und erhöhte Menschensohn, der er ist, in seiner Herrlichkeit einfach anstrahlte und einleuchtete, sodaß es bloß ein wenig Offenheit und Bereitschaft brauchte, um ihn und in ihm dann auch uns selbst zu erkennen, um uns in ihm und durch ihn aufgerichtet, an den rechten Ort gestellt, in die rechtschaffene menschliche Partnerschaft im Bunde mit Gott versetzt zu finden. So einfach und heiter wird die Sache allerdings oft genug aufgefaßt und dargestellt. So billig hört man ihn und hört man seine Gemeinschaft mit uns, die unsere mit ihm, empfehlen und anpreisen. So billig meint man vor allem für sich selber, der Versöhnung und des Heils in ihm gewahr und mächtig werden zu können: als ginge es nur um ein Stück Papier, das mit dem Finger zu durchstoßen jedes Kind fertig brächte, als brauchte man sich selbst und Andere nur eben dazu zu überreden, diese kleine, leichte Bewegung zu machen. Aber eben so sind wir mit Jesus Christus und dann auch mit uns selbst durchaus nicht dran. So finden wir sein hohes Sein und so finden wir in ihm auch unser eigenes, die ganze hohe Wirklichkeit der in ihm geschehenen Versöhnung der Welt mit Gott, unseres, in ihm von Ewigkeit her beschlossenen und, als die Zeit erfüllt war, real beschafften Heils – so finden wir unseren Frieden mit Gott auch in der Bibel, auf die wir ja mit höchstem Recht verwiesen werden – durchaus nicht bezeugt: im Alten Testament nicht, aber auch nicht im Neuen. So zugänglich und handlich steht er nun einmal nicht in der Bibel und wir selbst, um die es ja in ihm geht, stehen so auch nicht in den Bibel – gerade in ihr sicher nicht! So zugänglich und handlich ist er und ist das, was er für uns ist, auch im aufrichtigsten und dringlichsten Gebet nicht zu haben. Was wollen wir? So zugänglich und handlich **ist er nun einmal nicht**: gerade er, der Hohe, gerade die Hoheit unseres eigenen Seins in und mit ihm!

Daß das **Sehen Jesu Christi** und unseres Seins in ihm ein **Sehen ins Verborgene** ist – ein diskontinuierliches Sehen, in Ereignissen, zwischen denen wir nur wandernd unterwegs sein können, und ein Sehen im Gegenteil dessen, was wir zu sehen erwarten und sehen möchten, daß es da ein ihn und in ihm uns selbst ernstlich Verbergendes gibt, das kann und muß uns wohl Unruhe bereiten und zur Besinnung mahnen. Es folgt daraus, daß es nicht eben selbstverständlich ist, wenn jemand in der Lage ist, die großen Sätze von Röm. 8 nach- und mitzusprechen. Was sollen wir halten von diesem Verborgensein und von dem Verbergenden, das da offenbar wirksam ist, das dem Sehen Jesu Christi und unseres Seins in ihm einen auf alle Fälle so außerordentlichen Charakter gibt? Das ist die weitere Frage, der wir uns nun zuwenden.

Mit einem Hinweis auf die vielen Fehler und Unterlassungen, die uns bei unseren Versuchen, Jesus Christus und in ihm uns selbst zu erkennen, unterlaufen möchten, wäre sie jedenfalls nicht befriedigend beantwortet. Gewiß unterlaufen sie uns: Fehler über Fehler, Unterlassungen über Unterlassungen, große und kleine, korrigierbare und unkorrigierbare. Aber auf dieses düstere Kapitel einzutreten, hieße die Klage über des Menschen Sünde anstimmen. Wir werden diese Klage an ihrem Ort nicht unterdrücken, sondern ausführlich zur Sprache bringen. Es ist nur zu wahr, daß wir weder Jesus Christus noch unser Sein in ihm erkennen können, ohne uns eben damit als Sünder – als Sünder auch im Vollzug dieses Erkennens – erkennen zu müssen und nicht ohne dabei faktisch durch die durch unsere Sünde bedingte Trübung unseres Wahrnehmens und Denkens gehemmt und gestört zu sein. Aber allein aus unseren Fehlern und Unterlassungen und also aus des Menschen Sünde läßt sich jenes Verborgensein und die Existenz jenes Verbergenden schon darum nicht erklären, weil ja Jesus Christus für uns eintritt, weil ja unser Sein in ihm unsere Rechtfertigung und also die Vergebung unserer Sünden, auch der unseres Erkennens, und mehr noch: unsere Heiligung und also die Erneuerung unseres Lebens und also auch unseres Erkennens in sich schließt, weil wir also wohl damit rechnen dürften, daß in Jesus Christus, läge sein und unser eigenes Verborgensein nur an unserer Sünde (speziell an unserer überaus großen Dummheit), für deren Unschädlichmachung und also auch für die Aufhebung jenes Verborgenseins gesorgt sein möchte. Nun gilt es aber wohl auch für unser Erkennen, daß wir in Jesus Christus Vergebung unserer Sünden und eine Erneuerung unseres Lebens empfangen und haben. Nun ist wohl anzunehmen, daß speziell unsere Heiligung in ihm mindestens eine kräftige Bändigung und Milderung unserer allzu großen Dummheit, eine gewisse Läuterung unseres Wahrnehmens und Denkens nach sich zieht. Mit einer Aufhebung des Verborgenseins Jesu Christi zu rechnen, ist uns aber, auch wenn wir auf die ganze Macht und Wirksamkeit seiner Gnade blicken, so wie sie uns jetzt und hier, diesseits seiner Wiederkunft in Herrlichkeit offenbar ist, weder geboten noch

4. Die Weisung des Sohnes

erlaubt. Verborgen ist und bleibt er uns doch auch, wenn und indem wir in ihm unsere Rechtfertigung haben und erkennen: diesseits seiner Wiederkunft in Herrlichkeit verborgen auch einem durch ihn selbst geläuterten Erkennen. Also muß dieses sein Verborgensein und das Vorhandensein jenes Verbergenden – so gewiß es in Gestalt der in unserer großen Dummheit wurzelnden Fehler und Unterlassungen im Vollzug unseres Sehens auch eine **subjektive** Komponente hat – auch einen ganz anderen, entscheidend gerade einen **objektiven** Grund haben.

Gänzlich verfehlt wäre aber natürlich auch die Beantwortung unserer Frage mit dem Hinweis auf ein Jesus Christus und in ihm dann auch uns widerfahrenes, von ungefähr oder aus irgend einer dunklen Tiefe hereingebrochenes **metaphysisches Mißgeschick**, das man ja dann, um die Sache theologisch erträglicher zu machen, als eine geheimnisvolle Fügung Gottes auslegen könnte: unter Offenlassen der Frage, wer oder was in diesem Fall unter dem Namen Gottes zu verstehen sein möchte! Als ein finsteres Hindernis müßte man sich dann jenes Verbergende vorstellen, das sich – man weiß nicht: welcher Art? woher? wozu? für wie lange? ob vorübergehend? ob definitiv? – faktisch zwischen Jesus Christus samt unserem Sein in ihm und uns, die ihn und in ihm uns selbst erkennen möchten, hineingeschoben hätte mit der Wirkung, daß er sich uns nur in jener außerordentlichen, diskontinuierlichen und konträren Art sichtbar machen, wir ihn nur in derselben, überdies noch durch unsere Torheit belasteten Art zu sehen vermöchten. Der Gedanke ist darum abenteuerlich und unvollziehbar, weil er in sich schließen würde, daß es nun doch etwas gäbe, was uns wenigstens relativ und teilweise, aber doch sehr mächtig von der Liebe Gottes, die in Jesus Christus ist, zu **scheiden** vermöchte. Nehmen wir mit Paulus an, daß es ein Fremdes, das solche Macht hätte, nicht gibt, machen wir ernst damit, daß Jesus Christus der Herr ist, neben dem es wohl andere Herren, aber keinen solchen gibt, der ihm überlegen oder auch nur gewachsen wäre, der die Ausübung seiner Herrschaft, den Gang und Lauf seiner Gnade also wenigstens teilweise hindern könnte, dann muß auch diese Erklärung dahinfallen. Jesu Christi Verborgensein und die Existenz des ihn Verbergenden muß dann, weit entfernt davon, ihn, seine Liebe und seine Offenbarung auch nur von ferne zu konkurrenzieren, unserem Erkennen seiner Liebe und Offenbarung zuwider zu sein und entgegenzuwirken, selber ein Moment, vielleicht ein an seiner Stelle entscheidendes Moment des Werkes seiner **Gnade** sein.

Man wird im Blick auf jene erste, wie auf diese zweite verkehrte Antwort die Stelle Kol. 3, 3 hören müssen, wo es von unserem Leben eben nicht nur heißt, daß es «mit Christus verborgen», sondern daß es «mit Christus in Gott verborgen» ist. Also nicht: verborgen in unserer Sünde, und auch nicht und noch weniger: verborgen in einem metaphysischen Zwischenfall und Mißgeschick! Denn «mit Christus» heißt nach dem dort unmittelbar vorangehenden Vers: mit dem zur Rechten Gottes erhöhten Christus.

Der Gott, dessen regierende Rechte Christus ist, ist bestimmt kein Gott, der einem fremden Herrn auch nur erlauben würde, der in demselben Christus geschehenen Versöhnung der Welt mit ihm wirksam zuwider zu handeln: geschweige denn, daß es sich dabei um eine geheimnisvolle Fügung dieses Gottes handeln könnte. Gibt es ein Verborgensein Jesu Christi und unseres Lebens in diesem Gott, dann muß es solid in dessen eigenem Versöhnungswillen begründet, ein Moment seiner Versöhnungtat sein: es kann dann weder subjektiv noch gar objektiv eine negative, es muß dann, so beunruhigend es ist, so scharf unser Sehen und Erkennen damit in Frage gestellt ist, eine positive Kraft und Bedeutung haben.

Eben zur rechten Beantwortung unserer Frage müssen wir nun auf den Schluß unseres vorangehenden Abschnittes «Der königliche Mensch» zurückgreifen. Was haben wir dort gehört? Von der Passionsgeschichte, vom Kreuz Jesu Christi, in dessen ausführlicher Hervorhebung die evangelische Darstellung des Menschensohns als des Herrn nicht abbricht, sondern ihre Spitze hat, der das Ganze entgegenläuft. Wir stellten fest, wie die Evangelisten von Anfang an und durchgehend sichtbar machen: eine Willigkeit und Bereitschaft Jesu selbst zu diesem Ausgang seines Lebens, als deren Begründung eine göttliche Notwendigkeit und Verordnung, die in dieser Richtung in seinem Leben erkennbar und wirksam ist, zu deren geschichtlichen Verwirklichung eine straffe Entschlossenheit seiner Umgebung, nämlich Israels, ihm dieses Ende zu bereiten, und schließlich: das geschichtliche Gegenbild dieses seines Ausgangs, seines Kreuzes in dem, was ihm als die ebenfalls unter das Zeichen des Kreuzes gestellte Existenz seiner Jünger vor Augen steht. Wir haben damals, nachdem wir uns über das sonstige Jesusbild der Evangelien in drei großen Querschnitten zu orientieren versucht hatten, einfach festgestellt: dies ist, von der Nachricht über seine Auferstehung abgesehen, ihr letztes Wort von ihm, betont gerade darin bezeugen sie ihn (gerade von seiner Auferstehung her!) als den Herrn, darin sehen sie seine Krönung zum König: daß er zuletzt gelitten hat, gekreuzigt wurde, gestorben und begraben ist. Der sich ihnen in seiner Auferstehung als der Überwinder seines Todes bezeugte, war kein Anderer als eben dieser in Erfüllung und Vollendung seiner menschlichen Existenz in den Tod Gegebene. Die definitive Gestalt der Erhebung und Erhöhung dieses Menschen, die definitive Gestalt seiner Identität mit Gottes ewigem Sohn war die, in der er dessen Demut und Gehorsam gegen den ewigen Vater, dessen Erniedrigung also, in seinem menschlichen Leiden und Sterben als verworfener und ausgestoßener Verbrecher, am Holz des Fluches und der Schande auch menschlich wahrmachte. Dazu war er als Gottes Sohn gesandt: dieser Sendung ist er als Menschensohn treu gewesen. Darin also erkannte und bejahte er selbst seine Bestimmung. Das also war der göttliche Beschluß, der in seinem Leben zur Vollstreckung kam. Das also mußte nun auch die letzte menschliche Aktion der Geschichte des auserwählten Bundespartners, des Volkes Israel sein, und zugleich der Anfang der Geschichte des neuen Bundes Gottes mit der ganzen Welt, auf den jener alte von Anfang an gezielt hatte, der immer dessen Sinn und Verheißung gewesen war. Darin also wurde nun auch die mit der Verkündigung dieses neuen Bundes Gottes mit der Welt beauftragte Gemeinde konstituiert; darin empfing sie ihre Prägung, ihren Charakter für alle Zeiten. Es ging Alles diesem Kreuz entgegen. Es geschah Alles, die ganze Versöhnung, die ganze Herstellung des Friedens des Menschen mit Gott, im Geschehen dieser Kreuzigung.

Es stand also die ganze Existenz des in den Evangelien bezeugten königlichen Menschen Jesus unter diesem Zeichen. Wir erinnern uns noch einmal an die von uns hervorgehobenen Merkmale seines evangelischen Bildes: an die Souveränität, die die erste Gemeinde im Leben dieses Menschen wahrgenommen, an dessen Parallelität zu Gottes eigenem Sein und Verhalten der Welt gegenüber, die die Gemeinde seltsamerweise gerade in seiner Unscheinbarkeit, aber auch in seinem heimlich, aber umso radikaler revolutionären Charakter gefunden hat, schließlich und vor allem: an die Selbstdarstellung der neuen, der errettenden Wirklichkeit des in unsere Mitte gekommenen Gottesreiches, die sie in dem aktiven Leben dieses Menschen, in seinen Worten und Taten Ereignis werden sah. Es stand doch, indem dieses Leben endlich und zuletzt jenem Ausgang entgegeneilte, zuletzt und zuhöchst alles unter dem Zeichen, hatte darin sein Telos und von daher seinen Charakter: daß er sich selbst hingab in diesen Tod, daß er von Gott für diesen Tod bestimmt und in diesen Tod geführt, daß er von Israel diesem Tod überliefert wurde, daß auch seine Jünger als die durch diesen seinen Tod Gezeichneten seine Zeugen werden sollten. Es zeigt die ganze neutestamentliche Botschaft von Jesus, es zeigt im Echo oder Spiegel dieser Botschaft er selbst auf diesen seinen Tod hin, auf ihn als auf sein Ziel, das als solches der von ihm gesetzte Anfang ist: der Neuanfang der in ihm mit Gott versöhnten Welt, der Neuanfang eines in ihm veränderten, zurechtgebrachten, gerechtfertigten, aber auch geheiligten, zu Gott hin umgekehrten, zum rechtschaffenen Bundespartner Gottes erhobenen und erhöhten Menschen. In seinem Tod hat er wie sein eigenes Ziel erreicht, so für uns, an unserer Stelle und also mit uns, mit dem Menschen diesen Neuanfang gemacht. In seinem Tod ist des Menschen Wiedergeburt und Bekehrung geschehen: in Jesus Christus als dem Gekreuzigten, weil er zuletzt und zuhöchst in seinem Kreuz als aller Menschen Herr und König gehandelt, seine Souveränität bewährt und betätigt, seine Ähnlichkeit mit dem in der Welt so unscheinbaren, aber ihr gegenüber auch so revolutionären Gott selbst bewiesen, sein Reich als geschichtliche Wirklichkeit auf den Plan geführt hat. So haben ihn die Jünger in seiner Auferstehung gesehen, so ihn als den Auferstandenen verkündigt: sein Leben als das dieses Getöteten und ihr eigenes Leben als das in seinem Tod gerettete, durch seinen Tod in seine eigene

Gemeinschaft mit Gott versetzte. Sie sahen in dem Auferstandenen seine **Herrschaft** über sie und alle Menschen als in seinem Tod aufgerichtet und also sich selbst als die in seinem Tod zu seinem Eigentum Gemachten, durch seinen Tod aus dem Stand des Ungehorsams in den des Gehorsams Versetzten. Sie sahen in dem Auferstandenen seine **Befehlsgewalt** als König, als ausgehend von seinem Tod und darum sich selbst als die durch seinen Tod ihm Unterstellten und Verpflichteten. Seine Auferstehung offenbarte ihn als den kraft seines Todes, vom Kreuz her Regierenden *(regnantem in cruce)* und offenbarte ihnen sich selbst als die kraft seines Todes, von seinem Kreuz her, von ihm Regierten.

Aber mit diesen letzten Sätzen haben wir bereits etwas vorgegriffen. Unserer ganzen Überlegung fehlte ein wichtiges Stück, wenn wir nicht an dieser Stelle – und hier ist der rechte Ort dafür – eine Erklärung versuchten, die wir am Ende unseres vorigen Abschnitts, auf das wir jetzt zurückgegriffen haben, noch nicht versucht haben. Wir haben dort kommentarlos festgestellt, daß es einfach so ist: daß das Kreuz, der Tod des Menschensohnes, nach der Darstellung des Neuen Testamentes, weit entfernt davon, ihn als solchen zu problematisieren, zu desavouieren, in irgend einen Schatten zu rücken, geradezu seine **Krönung** ist. Wir können auch jetzt nur auf dieses **Faktum** zurückkommen, uns an dieses Faktum halten. Wir können bei allem, was nun weiter zu bedenken ist, nur davon ausgehen, daß wir den königlichen Menschen Jesus, der an unserer Stelle steht, in welchem auch unsere Heiligung, Wiedergeburt und Bekehrung vollzogen ist, im Zeugnis derer, denen er sich selbst zuerst als der, der er ist, bekundet hat, gar nicht anders kennen denn als den, der zuletzt und in Zusammenfassung seines ganzen menschlichen Seins und Tuns darin als der von Gott eingesetzte König und Herr aller Menschen gehandelt hat, daß er in den Tod ging, von Gott in den Tod geführt und von Israel in den Tod gestoßen wurde, in seinem Tod sich auch den Seinigen eingeprägt, seinen Tod zum Grund und damit zum Charakter auch ihres Lebens gemacht hat. Wir können aber gerade in unserem Zusammenhang, in Beantwortung der uns jetzt beschäftigenden Frage nicht von diesem Faktum ausgehen, ohne uns jedenfalls Rechenschaft darüber zu geben, wie wir dieses Faktum **verstehen**, in welcher **Meinung** wir also davon ausgehen. In welchem Sinn ist gerade der Tod des Menschensohnes die Tat, gerade das Kreuz das beherrschende Merkmal seines königlichen Amtes? In welchem Sinn gerade sein Tod das Ziel seiner Existenz und also der Neuanfang der unsrigen und in der unsrigen antizipierend der Neuanfang der Welt, der Existenz aller, eines jeden Menschen?

1. Wir haben die entscheidende Antwort vorhin bereits berührt: sein Tod darum, weil er der klare, vollständige, konsequente Vollzug seiner

4. Die Weisung des Sohnes

menschlichen Erniedrigung ist, eben damit aber die menschliche Entsprechung und Wiederholung der Selbsterniedrigung, der Kondeszendenz, in der Gott selbst in seinem Sohn unseresgleichen wurde. Kraft dieser Erniedrigung Gottes, indem er elend und gering, indem sein ewiges Wort Fleisch wurde, menschliches Wesen annahm, als Mensch unter Menschen existierte, war und ist dieser Mensch, Jesus von Nazareth, der erhobene, der erhöhte, der wahre Mensch: unter allen anderen dieser Eine und Einzige, dieser Souverän, läuft sein menschliches Werk dem Werk Gottes so parallel, realisiert er in seinem Reden und Tun, in seiner Person das nahe herbeigekommene Reich Gottes. Seine Hoheit stammt aus der Tiefe der allmächtigen Barmherzigkeit Gottes, in welcher dieser in seinem Sohn wirklich sich selbst an den Menschen als seine Kreatur dahingeben, sich ihm bis aufs letzte solidarisch machen wollte und gemacht hat. Diese göttliche Begründung der Hoheit des Menschen Jesus wurde und ist darin Ereignis, unzweideutig greifbar und sichtbar, daß seine Hoheit sich in seiner klaren, vollständigen, konsequenten menschlichen Niedrigkeit darstellte: daß er gerade in seinem Leiden und Sterben, gerade als Verworfener und Ausgestoßener, gerade in seinem Verbrechertod am Kreuz Herr und König war. Was wir den «Ausgang des Sohnes Gottes in die Fremde» und was wir die «Heimkehr des Menschensohnes», was die alte Dogmatik die *exinanitio* und die *exaltatio* Jesu Christi nannte, das ist in seiner Kreuzigung ein einziges Ereignis. So war es mit der Demut und dem Gehorsam des ewigen Sohnes Gottes und so war es mit der ihm entsprechenden Hoheit des Menschensohnes bestellt: so wie sich beides in dem Geschehen von Gethsemane und Golgatha darstellt. Es wurde wirklich das Wort wirklich Fleisch. Es versöhnte wirklich Gott wirklich die Welt mit sich selber: in dem Einen, der wahrer, in der Tiefe seiner Barmherzigkeit allmächtiger Gott und in diesem seinem Leiden und Sterben wahrer, dieser allmächtigen Barmherzigkeit Gottes an sich selber freien Lauf lassender Mensch war. So war und ist das mit der Tiefe, in die Gott sich in seinem eigenen Sohn um unseretwillen hingab und mit der Höhe, zu der er uns in demselben, der auch Mensch wie wir war, eben damit erhoben hat. So, von beiden Seiten echt, wurde der Bund zwischen ihm und dem Menschen wiederhergestellt: indem es Gott gefiel, sich selbst so ganz dahinzugeben, und indem dieser Mensch es sich gefallen ließ, diese göttliche Dahingabe menschlich so ganz wahr zu machen. Darum war gerade der zeitliche Tod des Menschensohnes die Tat und das Zeichen der ewigen Liebe Gottes und darum das Ziel des menschlichen Lebens Jesu und in ihm der Neuanfang des unsrigen. Das Geheimnis des Kreuzes ist kein anderes als das Geheimnis der Inkarnation in seiner Fülle.

2. Von hier aus können wir nun fortfahren: das Kreuz war und ist darum die Krone des Lebens des Menschen Jesus, weil es abschließend in seinem Kreuzestod geschah, daß er sich die Situation des Menschen, wie sie in Gottes Urteil und also in Wahrheit beschaffen ist, in Wahrheit angeeignet, sie in seiner Person zur Sache Gottes gemacht und damit radikal verändert, umgekehrt hat. Darin war und ist er unser Bruder, vollendete er seine Bruderschaft mit uns, daß er zu diesem Ausgang seines Lebens von dessen Anfang her nicht Nein, sondern Ja sagte. Darin vollzog sich das rettende Eintreten Gottes für uns, daß er seinen Sohn als den Menschensohn auf diesen Weg stellte und in die letzte Tiefe dieses Weges führte. Darin erwies sich diese letzte Tiefe seines Weges als der Ort, an dem sich tatsächlich alle Menschen befinden, daß gerade das von Gott (unter allen Völkern in Vertretung aller andern) erwählte Volk Israel den in seiner Mitte aufgestandenen König nur dahin zu stoßen, nur so zu krönen wußte. Und darin hat dieser König auch sein neues Volk zur Solidarität mit allen Menschen bestimmt, daß er alle seine Glieder zum vornherein dazu verordnet hat, das Malzeichen der von ihm an aller Stelle ertragenen Not und Schande auch zu tragen. Das ist eben der Mensch in der Situation, in der Gott ihm in Barmherzigkeit und Allmacht begegnete, in der er sich seiner annahm, in der er die Welt mit sich selber versöhnte, sie so radikal veränderte und zu sich hin umkehrte. Er ist der vor und an Gott, vor und an seinen Mitmenschen und so auch vor und an sich selbst schuldige Mensch, der als solcher nur verderben, vergehen und sterben kann, der als solcher verloren ist. In seiner Allmacht und Barmherzigkeit hat sich der Sohn Gottes zu dieses Menschen Bruder gemacht, ist er als sein Bruder sein Repräsentant geworden, an seine Stelle getreten, hat er seine Schuld auf sich genommen, ist er an seiner Stelle für ihn verdorben, vergangen, gestorben, verloren gegangen. So – als der Nächste dieses Nächsten! – kam er ans Kreuz, so litt und starb er am Kreuz. Den, der da Gott selbst zum Richter haben, den bitteren Kelch seines Zornes trinken, die schwerste menschliche Anklage, die schärfste menschliche Verurteilung nach Gottes Willen sich gefallen lassen und endlich unter Spott und Schande, in höchster Qual und Verlassenheit als Träger einer verlorenen Sache dahingehen mußte – diesen Menschen müßten wir doch wiedererkennen! Es ist doch offenkundig unser aller menschliches Wesen, unser Fleisch, das sind doch wir selbst, mit denen da in der uns zukommenden Weise Schluß gemacht wurde. Nicht ihm, sondern uns mußte doch solches widerfahren. Und nun widerfährt es nicht uns, sondern ihm, nun widerfährt es uns offenbar, indem es ihm widerfährt. Nun widerfährt es ihm für uns, an unserer Stelle: uns gerade nur, indem es ihm widerfährt. Und wenn nun gerade das: daß ihm solche Erniedrigung an unserer Stelle widerfuhr – daß er sich ihr nicht verweigerte, daß er sich solches gefallen ließ –

4. Die Weisung des Sohnes

daß sie ja nach Gottes Ratschluß und Willen geschah und zugleich als letzte Aktion der Geschichte des auserwählten Volkes Israel – daß gerade die Seinigen solche Erniedrigung an ihrem Ort und in ihrer Art mit ihm zu teilen haben – wenn nun gerade das Alles seine Erhebung und Erhöhung, wenn er gerade darin der Menschensohn, der Heilige Gottes, sein gehorsamer, von ihm geliebter und ihn wieder liebender Knecht war? Dann offenbar auch das für uns, an unserer Stelle! An unserer Niedrigkeit an sich und als solcher, die er zu der seinigen gemacht und die wir im Spiegel seiner Erniedrigung nur zu deutlich wiedererkennen, ist nichts Hohes. Sie ist als die unsrige gerade nur die Niedrigkeit unserer Sünde, unserer Trägheit, unseres verdienten Elends. Wir für uns sind gar keine Heiligen, im Gegenteil. Ist er aber gerade in seiner Erniedrigung zur Bruderschaft mit uns, gerade als der, der unsere Niedrigkeit auf sich nahm, der Heilige Gottes, erhoben und erhöht zum Menschen des göttlichen Wohlgefallens, dann ist offenbar auch diese seine Erhöhung als die seinige nicht nur die seinige, sondern auch die derer, für die er sich erniedrigte, dann ist also in ihm auch unsere Erhöhung geschehen, sind in ihm kraft seines Todes auch wir, die aus und in uns selbst Unheiligen, Gottes Heilige, auch wir, denen Gott im Blick auf das, was wir aus und in uns selbst sind, nur zürnen kann, Menschen seines Wohlgefallens. In ihm, in seinem Kreuzestod, als die Alten, die wir aus und in uns selbst sind, abgetan und getötet, sind wir wieder in ihm auch aufgerichtet und also schon wiedergeboren und bekehrt zum Leben eines neuen Menschen. Da er sich zu unserem Bruder machte, indem er die Gestalt unseres Ungehorsams annahm und dessen Konsequenzen trug, hat er uns auch zu seinen Brüdern gemacht in der Gestalt des von ihm geleisteten Gehorsams und in Gestalt der an ihm schon erfüllten Verheißung dieses Gehorsams. Darum also und in diesem Sinn ist gerade das Kreuz die Krone des Lebens des Menschen Jesus: weil er gerade in seinem Kreuzestod unser Bruder war und unsere Befreiung von unserem alten zu einem neuen Wesen vollzogen hat.

3. Aber nun kann und muß man sich dasselbe auch von der entgegengesetzten Seite her deutlich machen: Das Kreuz ist nicht nur darum das beherrschende Zeichen und sein Tod ist nicht nur darum das beherrschende Faktum des Lebens Jesu, weil es unter dieser Bestimmung sein Leben für und an Stelle des für den Tod gezeichneten und dem Tode verfallenen Menschen ist. Seine abschließende und beherrschende Funktion ist umgekehrt auch darin begründet, daß das Leben Jesu gerade unter dieser Bestimmung den Charakter einer Tat Gottes hat und offenbar macht. Es ist diese Bestimmung, die diesem Leben die Kraft gibt, ein für uns Andere, für alle Menschen eintretendes, vorweg an ihrer, an unserer Stelle gelebtes, auch ihr, unser Leben und Sein einschließendes

und beherrschendes Leben zu sein. Durch sie ist nämlich dieses Leben unterschieden und auch unübersehbar gekennzeichnet in seiner Verschiedenheit von den Taten und Leistungen jedes anderen Menschen und überhaupt von allen Bewegungen und Hervorbringungen geschöpflicher Art. Auch alle sonstigen menschlichen Taten und Leistungen, alle kosmischen Bewegungen und Hervorbringungen, sind zwar – aber das ist ihrer aller tiefe Problematik, Relativierung und Beschattung! – zum Tode hin. Ihrer keine ist aber vom Tode her. Der Tod ist ihre Grenze, von der her es für ihre Subjekte keine Umkehr, kein Neues gibt. In ihrem Tod sind sie nicht mehr mächtig, nicht mehr fruchtbar: wie sehr sie das bis zu ihrem Tode hin gewesen sein mögen. In ihrem Tode schaffen und wirken sie nichts mehr, weder positiv noch auch nur negativ. Was ist und vermag auch der Größte in seinem Tode? Tod ist nur eben das Ende alles menschlichen, alles kreatürlichen Lebens, Schaffens und Wirkens und die Relativierung und Beschattung auch aller in dessen vorangehendem Lauf etwa stattgefundenen Erhöhungen. Tod ist keine weitere menschlich geschöpfliche Höhe, sondern nur eben die Erniedrigung des Ganzen, das ihm voranging. Der Gedanke einer Erniedrigung zum Tode, die als solche Erhöhung, Ermächtigung zur Tat und deren Verwirklichung wäre, die gar so etwas wie Herrschaft und Königtum wäre, ist – im menschlich geschöpflichen Raum als solchem gedacht, bezogen auf seine Ereignisse und Gestalten – ein absurder Gedanke. Das im Neuen Testament bezeugte Leben des Menschen Jesus ist auch zum Tode hin, aber das problematisiert, das relativiert und beschattet dieses Leben nicht, im Gegenteil! Es ist zum Tode hin, um in seinem Tode seine vollkommene Gestalt anzunehmen. In diesem Leben ist der Tod nicht Ende, sondern Ziel, Telos. Es hat Kraft und Bedeutung, indem es diesem Tode entgegenstrebt und also wirklich von ihm her ist. Man muß geradezu sagen: es ist Leben von seinem Tode her. So ist der auferstandene Jesus seinen Jüngern in der Tat erschienen: als der von seinem Tod her Lebendige, als der in seinem Tod seine Herrschaft, sein Königtum betätigt, bestätigt, bewährt hatte. Von dorther tröstete er die Seinen und nahm er sie in Pflicht: von dorther, wo kein Besitz und keine Ausübung menschlicher Hilfe und Autorität in Frage kommt. Er wurde von dorther ihre Zuversicht für ihr eigenes Leben, wo jede auf einen Menschen zu setzende Zuversicht dahinfiel, weil sie da ihren Gegenstand verloren hatte. Er wurde von dorther ihre Hoffnung, wo es mit allem menschlichen Hoffen aus war. Er wurde also in der Tat gerade als der Erniedrigte erhöht. Das Licht seiner Auferstehung war das Licht seines Kreuzes. In diesem Licht haben seine Zeugen nachher und fortan sein ganzes Leben gesehen, verstanden, als das der ganzen Welt, allen Menschen geschenkte Leben verkündigt. Diese Ausrichtung auf seinen Tod hin und von seinem Tod her, diese seine Erhöhung in und mit seiner Erniedrigung, ist aber die klare Unterscheidung seines Lebens von jedem anderen menschlich-kreatürlichen Leben. Und nun müssen wir fortfahren: eben in dieser Unterscheidung war und ist dieses menschliche Leben als solches Gottes Tat, hatte und hat es Macht über alle Menschen: die Macht, für sie einzutreten, die Macht, sie in ihrem alten Wesen in sich selbst zu richten und zu einem neuen auch aufzurichten, unvergleichliche Herrenmacht, höchste Königsmacht. Hatte und hat es nämlich im Unterschied zu allem anderen Leben Macht vom Tode, von der Grenze alles Lebens her, dann ist eben damit darüber entschieden: es hat nicht irgendwelche begrenzte, sondern die unbegrenzte Macht des barmherzigen Gottes, der allein von dort, vom schlechthinigen Jenseits alles kreatürlichen Seins und Lebens her im Diesseits handeln kann, dem es aber auch eigentümlich ist, gerade von dorther zu handeln, der sich eben darin als der barmherzige und allmächtige Gott bewährt und offenbart, daß er vom Jenseits her im Diesseits handelt. Daß in Jesus Christus eben im Diesseits auf der Erde, inmitten der Welt und ihrer Geschichte, in konträrem Gegensatz zu allem sonstigen Geschehen im menschlich kreatürlichen Raum und eben so als die große Wende der menschlichen Situation, nein: des Menschen selbst, das geschehen ist, ein Handeln von dort, vom Tode, vom Jenseits her und also ein Handeln Gottes, das macht diesen Menschen zu dem Einzigen, der nur er ist, zum Retter, zum Heiland aller Anderen. Wir haben es in dem mit seinem Leben für uns eintretenden Jesus, in der uns in ihm widerfahrenden negativen und positiven Befreiung, wohl mit einem Menschen und seinem Werk, aber nicht nur mit einem Menschen und seinem Werk als solchem, sondern – und das ist es, was sein Eintreten und Befreien legitimiert, unanfechtbar gültig und unwiderstehlich wirksam macht, mit Gott selbst und seiner Tat zu tun. Gott selbst ist der ewig Lebendige, der in diesem Menschen, der als dieser Mensch auf dem Plan und am Werk ist: so gewiß dieser Mensch der aus dem Tode Lebendige ist, der Sieger als der Unterliegende, als der Verworfene und Verurteilte, als der Gekreuzigte.

Das war es, was hier in Erklärung des Schlusses unseres vorangehenden Abschnittes zu entfalten war. Und eben damit haben wir nun auch die Antwort gefunden auf die uns in unserem jetzigen Zusammenhang beschäftigende Frage nach der Verborgenheit des Seins Jesu Christi und unseres eigenen Seins in ihm. Sie beruht auf der Wahrheit und Klarheit, in der er der königliche Mensch und als solcher unser Herr und Repräsentant und Heiland war und ist, auf dem Geheimnis seines Kreuzes. Sie ist geradezu das Geheimnis seiner und unserer Erhöhung in seiner und also auch unserer Erniedrigung. Sie hat also wohl kritischen, aber nicht negativ, sondern positiv kritischen Charakter. Sie ist das Geheimnis der

Versöhnung, des in diesem Menschen Ereignis gewordenen und in ihm uns zugewendeten Heils. Sie gehört nicht nur unveräußerlich, sondern zentral zu ihm und in ihm auch zu uns. Er wäre nicht der, der er für uns ist, und so wären wir auch nicht die, die wir in ihm sind, wenn er und wenn in ihm nicht auch wir nicht in dieser Verborgenheit wären.

Wir fragten: Wie kommen wir dazu, unser Sein in Jesus Christus und also uns selbst als in ihm Aufgerichtete, als Gott nicht mehr Ab-, sondern Zugewendete und also als wiedergeborene und bekehrte Menschen, als Heilige Gottes, als Christen zu sehen und zu erkennen? Nicht das Sein Jesu Christi und also auch nicht unser Sein in ihm steht in Frage, nicht die Liebe, in der Gott uns in ihm von Ewigkeit her und in der Zeit ein für allemal geliebt hat. Sie bedarf keiner Nachhilfe und Ergänzung, keiner Mitwirkung, geschweige denn eines Nachvollzugs auf unserer Seite. Sie bedarf nicht einmal dessen, von uns gesehen zu werden. Was sie angeht, gibt es nichts zu fragen. Wessen sie bedarf und was auf unserer Seite in Frage steht, ist aber ihre Bezeugung in einer ihr entsprechenden Denkweise, Willensrichtung und Verhaltungsart, in einer Ausrichtung und Bestimmung unserer Existenz, die uns im Blick auf sie widerfährt und die wir im Blick auf sie auch selbst vollziehen: damit, daß wir ihn entsprechend der Liebe, mit der Gott uns in ihm geliebt hat, wiederlieben. Eben das müssen wir doch tun, so gewiß das Sein Jesu Christi und unser Sein in ihm (in sich selbst fraglos, unwidersprechbar und unanfechtbar) begründet ist. Wie müßte es von diesem seinem und unserem Sein her nicht zu einer ihm entsprechenden – der «christlichen»! – Ausrichtung und Bestimmung unserer Existenz kommen? Wie soll es aber dazu kommen, als eben im Blick auf dieses Sein: indem wir seiner gewahr werden, d. h. indem seine Wirklichkeit auch für uns den Charakter der Wahrheit bekommt, d. h. aber: indem wir sie sehen, verstehen, erkennen. Wirklichkeit, die uns nicht Wahrheit würde, könnte uns offenbar – und wenn ihre ontologische Dignität die allerhöchste wäre – nicht angehen. Ihr könnte keine ihr entsprechende, keine «christliche» Ausrichtung und Bestimmung unserer Existenz folgen. Sie würde und müßte auf unserer Seite unbezeugt bleiben, ein Wort ohne Antwort, ein Licht ohne Widerschein. Die unerkannte Liebe Gottes in Jesus Christus könnte uns nicht zu ihrer Bezeugung und also zur Gegenliebe erwecken und aufrufen. Zwischen ihr, zwischen Jesus Christus samt unserem Sein in ihm und uns, die diesem seinem und unserem objektiven Sein entsprechen müßten, erhebt sich für uns die Wahrheitsfrage, die Frage nach ihrem Erkennen.

Also: wie wird uns die von uns unerkannte zur von uns erkannten Wirklichkeit, zur Wirklichkeit in Wahrheit? wie kommt es zu unserem Sehen Jesu Christi und unseres Seins in Ihm? wie soll und wird es zugehen, daß wir ihn und in ihm uns selbst in Blick bekommen?

4. Die Weisung des Sohnes

Was haben wir nun gelernt? Der wirkliche Jesus ist der Gekreuzigte und als solcher der König, unser Herr und Haupt und Stellvertreter. In ihm als solchem haben auch wir Frieden mit Gott, oder wir haben ihn gar nicht. Und so kann auch der Blick auf den wirklichen Jesus und auf das, was er für uns ist, was wir in ihm sind, nur der Blick auf den Gekreuzigten sein. Wie soll er uns aber möglich, vollziehbar sein: der Blick auf den Erhöhten, den König und Herrn nämlich und der Blick auf uns selbst als die Seinigen, als sein Eigentum, als die in und mit ihm auch Aufgerichteten, in ein neues Leben im Frieden mit Gott Versetzten, als die Heiligen Gottes? Das ist die Frage des Sehens ins Verborgene: was heißt Sehen des Gekreuzigten, des Knechtes, der der Herr, des Erniedrigten, der der Erhöhte war und ist, des Königs von Gethsemane und Golgatha? was ist Wahrheit, wenn der wirkliche Jesus der Verworfene, Verurteilte, Getötete, wenn die ganze Wirklichkeit auch unseres Seins in diesem Getöteten beschlossen ist?

Eins ist sicher: Ist sein Kreuz das Geheimnis, mit dem wir es da zu tun haben, dann ist uns zunächst Halt geboten, dann gibt es da faktisch kein Eindringen in die Wahrheit von unserer Seite. Darum nicht, weil dieses Geheimnis Sache seines Willens, seiner Macht, seiner Tat, die freie Entscheidung eben dessen ist, der in diesem Geheimnis wohnt – eben des wirklichen Jesus, den wir da sehen, verstehen, erkennen möchten. Er selbst hat sich da verborgen. Er selbst hat diese Türe verschlossen. Und die Freiheit seiner damit vollzogenen Entscheidung ist allen unseren Versuchen und Unternehmungen gegenüber souverän. Seine Entscheidung ist durch keine von unseren Entscheidungen zu beeinflussen, zu lenken oder gar zu brechen, auch wenn wir bei diesen noch so tief ansetzen, noch so gewaltig ausholen würden. Er und er allein ist auch seine Wahrheit. Diese Türe kann nicht von außen, sondern nur von innen geöffnet, sie kann nicht von uns, sondern nur von ihm selbst, der sie verschlossen hat, aufgetan werden. An ihr kann man nur eben anklopfen, indem man weiß, daß sie, um aufzugehen, von innen, von dem, der da wohnt, aufgetan werden muß und indem man ihn eben damit bittet, daß er das tun möchte. Ob sie aufgetan wird, steht bei ihm, ist wieder Sache seines Willens, seiner Macht, seiner Tat. Eben darum können wir jetzt nicht fortfahren mit Überlegungen unserer Situation da draußen, vor dieser Türe: wie wir da dran seien, was uns da möglich und unmöglich sein, was da unsererseits zu tun und zu lassen sein möchte? Sie könnten uns nicht weiter führen. Die Entscheidung fällt nicht von hier aus dorthin, sondern von dort aus hierhin. Wollte der uns nicht öffnen, der sich selbst in dieses Geheimnis verschlossen, was bliebe uns dann zu wollen? Könnte er es vielleicht nicht, wie sollten wir es können? Täte er nicht, was da geschehen muß, was sollten wir dann tun? Auch das Neue Testament sagt uns bestimmt nicht, daß ein effektives, ein siegreiches Wollen, Können und Tun von unserer

Seite hier in Frage kommen könnte. Auch es beschreibt jenes Aufsehen, jene Lichtung (ohne uns an der objektiven Wirklichkeit und Wahrheit dessen, was da ans Licht kommt, in Zweifel zu lassen) als ein Geschehen, zu dem es entweder von ihrer Seite oder dann gar nicht kommt.

Aber nun müssen wir eben auf das Zeugnis des Neuen Testamentes noch genauer hinhören, als wir es bisher getan haben. An dem ist es ja nicht, daß es uns die Wirklichkeit Jesu bezeugte, als ob sie uns gegenüber irgendwo hoch, fern und fremd in der Luft hinge, als ob wir ihre Beziehung zu uns doch bloß als eine Möglichkeit betrachten und behandeln könnten. So steht es auch mit der Wahrheit dieser Wirklichkeit nicht, daß sie in irgend einem objektiven Ansich ruhte, in welchem sie es sich gefallen ließe und ertrüge, uns verschlossen zu bleiben, keine subjektive Gestalt zu haben, von uns nicht erkannt zu werden, ohne unsere Antwort zu bleiben. Sicher: sie ist weder in ihrer Wirklichkeit noch als Wahrheit dadurch in Frage zu stellen oder gar zu erschüttern oder gar aufzuheben, daß sie ohne unsere Antwort bleibt. Das heißt aber nicht, daß sie sich damit zufrieden gäbe und genügen ließe, uns nur in den Ohren zu klingen, statt uns vor Augen zu treten und zu Herzen zu gehen. Und nun ist auch damit noch nicht genug gesagt, daß sie ontologisch, wesensmäßig eine auch nach subjektiver Gestalt drängende Wahrheit ist. Dem ist so. So ist es uns gesagt und so müssen wir es uns auch gesagt sein lassen. Aber uns ist mehr als das gesagt. Uns ist gesagt, daß sie – daß das Sein Jesu Christi und unser Sein in ihm in der Verborgenheit seines Kreuzestodes – Kraft: nicht nur ruhende, sondern wirkende, nicht nur latente, sondern manifeste Kraft, u. zw. eben die Wahrheitskraft eines Wahrheitsgeschehens ist: eines nicht nur eventuell, sondern – so wird es im Neuen Testament beschrieben – wirklich sich ereignenden Wahrheitsgeschehens. Es will sich bekannt machen, es kann das, es tut das auch. Uns ist gesagt, daß eben der, der hinter jener verschlossenen Türe wohnt, der sie selbst verschließt – weit entfernt davon, daß er sie nicht öffnen könnte oder wollte – sie tatsächlich weit auftut. Wir hätten, was das Neue Testament uns von ihm, was er selbst uns durch seinen Dienst von sich sagen will und sagt, nur halb und dann faktisch gar nicht gehört, wenn wir ihn nur als den erblicken wollten, der sich unserem eigenen Sehen, Verstehen, Erkennen gegenüber in das Geheimnis seines Kreuzes verschließt, und also uns selbst nur als die da draußen Stehenden, ihm gegenüber in hoffnungsloser Unzuständigkeit sich selbst Überlassenen. Die neutestamentliche Überwindung solcher Abstraktion dort lautet: daß eben der gekreuzigte Jesus Christus von den Toten auferstanden ist. Das will aber in unserem Zusammenhang eben dies sagen: in demselben Willen, in derselben Macht, in derselben Tat, in der er sich uns verschließt, erschließt er sich uns auch. Wir müssen Beides hören, u. zw. in der unumkehrbaren Reihenfolge hören, das Erste als Erstes (es bleibt mitzuhören!), aber sofort auch das Zweite als Zweites: er ist der Gekreuzigte, der sich uns als solcher verschließt, und: er ist der Auferstandene, der sich uns als solcher erschließt.

Wir behalten das Erste genau vor Augen – wir werden auch wieder darauf zurückkommen müssen – aber wir unterstreichen jetzt das Zweite: er verschließt sich uns nicht, um sich uns vorzuenthalten. Er erschließt sich uns auch. Er schweigt nicht nur, sondern er sagt uns auch, wer und was er ist. Er verbirgt sich uns nicht nur, sondern er offenbart sich uns auch. Will sagen: er stellt sich unserem Blick, der ihn, wenn er das nicht täte, nicht erreichen würde. Er tut es. Daraufhin, daß er das tut, wie das Neue Testament von ihm sagt, daß er das tue, ist es Evangelium, Freudenbotschaft und wendet es sich mit dem Anspruch und der Verheißung, als diese Freudenbotschaft lösende und bindende Wahrheitsverkündigung zu sein, an die Menschen aller Zeiten und aller Räume. Er ist auferstanden, er offenbart sich. Will sagen: Er selbst, Jesus Christus, sagt seine Höhe aus: sich selbst als den königlichen Menschen, sich selbst in jener eigentümlichen Souveränität als menschliche Person, sich selbst in jener Gottesnähe seiner Stellungnahmen und Entscheidungen, sich selbst als den Verkünder und Bringer, als die Verwirklichung der Herrschaft Gottes auf der Erde, zu höchst aber und in Bewährung, Klärung und Krönung von dem Allem: sich selbst als den, der in seinem Tode die gnadenvolle Selbsterniedrigung Gottes menschlich vollendete, in seinem Tode wirklich für uns, die dem Tode Verfallenen, eintrat, u. zw. von allen menschlichen Unternehmungen verschieden, im Namen, in der Autorität und Macht Gottes eintrat. Dieser Hohe ist der in der Niedrigkeit seines Todes Verborgene: der gerade in dieser Verborgenheit wahrhaft Hohe. Und indem er die verschlossene Türe dieses Verborgenseins, seines Todes, von innen aufstößt, offenbart er sich als dieser Hohe. Niemand hat ihn als diesen Hohen entdeckt, enthüllt, aus seiner Verborgenheit herausgeholt. Er selbst hat sich als dieser herausgestellt, offenbar, bekannt gemacht. Indem er selbst das tat, ist er als dieser gesehen, verstanden, erkannt worden: als der Messias Israels, als der Heiland der Welt! Das war das Ereignis seiner Auferstehung. Es ist darum an sich wohlverständlich, wenn man in der früheren Theologie seine Auferstehung gewissermaßen als das Datum seiner Erhöhung ausgegeben hat. Wenn wir die neutestamentlichen Texte bisher richtig gelesen haben, so ist das «Datum» der Erniedrigung und der Erhöhung Jesu Christi sein ganzes menschliches Leben mit Einschluß seines Sterbens. Seine Auferstehung aber ist nicht nur das Datum, sondern auch das Ereignis der Offenbarung des in seiner Niedrigkeit Hohen. Von ihr als seiner Selbstoffenbarung in seiner Hoheit her ist das Neue Testament Evangelium von ihm, ist er sein Inhalt, steht und fällt es mit der Verkündigung seines Namens. Indem es von dorther kommt, kann es nicht als die Doktrin einer menschlichen Religion oder Moral, kann es auch erst nachträglich, sekundär und relativ als Explikation eines menschlichen Glaubens und insofern eines menschlichen Selbstverständnisses interpretiert werden. Indem es von dorther kommt, hat die christliche Gemeinde es gewagt und wagen müssen, Jesus Christus und das in ihm wirkliche Heil, seine Herrschaft über alle Menschen, seine Gegenwart und Zukunft, ihn als den gestern, heute und in Ewigkeit Lebendigen und Lebenschaffenden, ihn als ontologische Wirklichkeit, als in sich selbst befestigte und zugleich stürmisch nach allen Menschen ausgreifende Wahrheit auszurufen: ihn, den Gekreuzigten, ihn auf Grund seiner Selbstkundgabe als den hohen, den königlichen Menschen. Alles christliche Erkennen und Bekennen, alles christliche Wissen um Gott, Mensch und Welt stammt aus dieser Selbstkundgabe Jesu Christi, kommt von seiner Auferstehung her. Wir rechnen auch das (noch immer zurückhaltend) zu dem, was man sich von den Ursprüngen alles christlichen Erkennens und Wissens her und also durch das Neue Testament schlicht sagen zu lassen hat. Wie man sich auch zu diesem Erkennen und Wissen selber stelle, ob man sich in der Lage finde, diese zweite neutestamentliche Aussage nachzusagen oder nicht! Man hat sich jedenfalls klar zu machen, daß es in dieser Aussage auch um dieses Zweite geht. Sie lautet auch dahin: daß eben jener aufs Tiefste erniedrigte Mensch sich selber als den hohen, den königlichen Menschen kundgegeben hat und daß er als solcher gesehen, verstanden, erkannt worden ist: als der aus dem Tode Lebendige.

Noch einmal in Unterstreichung dieses Zweiten ist nun aber im gleichen Sinn auch Entsprechendes von uns selbst zu sagen: In Jesu Christi Tod ist nicht nur er, sind auch wir selbst uns verschlossen, sofern wir ja in seinem Tod als solchem nicht unser Leben, sondern nur unseren eigenen Tod wiedererkennen, besiegelt und bestätigt finden können. Indem er sich selbst erschließt, erschließt er uns auch uns selbst. Er selbst ist ja gar nicht ohne uns, sondern, indem er Mensch ist, aller Menschen erstgeborener Bruder, ihr Haupt und Stellvertreter. Er selbst ist nur, indem in ihm auch wir erwählt und berufen sind. Ist es nun nach der Aussage des neutestamentlichen Zeugnisses so, daß er selbst nicht nur im Tod, sondern auch der aus dem Tode Lebendige war, dann offenbart er in und mit sich selbst auch uns, als die – weil in und mit ihm Erwählten und Berufenen – auch mit ihm Lebendigen. Es kann dann dies, daß wir in seiner Niedrigkeit die unsrige wiedererkennen, nicht Alles sein, es schließt dann die Offenbarung seiner Hoheit auch die der relativen, der seinigen untergeordneten, aber echten Hoheit in sich, zu der wir in ihm erwählt und berufen sind. Er macht dann in der Offenbarung seines Seins als der neue Mensch auch uns in einem neuen menschlichen Sein offenbar, in und mit seinem Leben aus dem Tode auch das unsrige

4. Die Weisung des Sohnes

als in ihm gerettetes, in die verlorene Gemeinschaft mit Gott gnädig, aber gerade so höchst real neu eingesetztes Leben: unsere Aufrichtung! Alles nicht abstrakt, d. h. keinen Augenblick von ihm gelöst, wohl aber konkret und höchst real in und mit seiner Selbstoffenbarung, seiner Auferstehung, seinem Leben aus dem Tode! Alles in unserer Vereinigung mit ihm (unabhängig von unserer Erkenntnis und Antwort!) fest begründet!

Ist nun in und mit dem Sein Jesu Christi als der neue Mensch auch unser neues Sein nicht nur verborgen, sondern aus seiner Verborgenheit heraus auch offenbar – nicht von uns in ihm entdeckt, aber durch ihn und in ihm selbst uns offenbar gemacht – dann bedeutet das die radikale Problematisierung jener Situation, in der wir uns der Wahrheit Jesu Christi gegenüber als die Ausgeschlossenen, unserer eigenen Unzuständigkeit Überlassenen, zu befinden meinen. Eben als diese Ausgeschlossenen, irgendwo da draußen Stehenden müßten wir uns zwar, könnten wir uns aber auch nur sehen, wenn und solange es dabei sein Bewenden haben würde, daß wir im Tod Jesu Christi nur unseren eigenen wiederzuerkennen, besiegelt und bestätigt zu finden haben. Ist er aber der aus seinem Tode Lebendige, ist seine Wirklichkeit als der hohe, der wahre, der neue Mensch auch offenbare Wahrheit und ist in und mit seiner Wahrheit auch die unsere ans Licht gebracht, dann ist auch das am Licht: daß jenes erste Wort auch über uns selbst, über unser Draußenstehen zwar gilt, aber durch ein zweites überholt ist, nur zusammen mit diesem zweiten, es überholenden Wort gilt und richtig gehört werden kann. Laut dieses zweiten Wortes ist aber der ganze Unterschied zwischen Draußen und Drinnen, indem er besteht, auch überwunden: nicht dadurch, daß wir von draußen nach drinnen vorgedrungen wären, wohl aber dadurch, daß der da drinnen Verborgene aus seiner Verborgenheit heraus und in das Licht tritt. Eben in ihm treten aber auch wir ins Licht, als die Lebenden, u. zw. als die, mit ihm auch darin vereinigt, von ihm wie in seiner Niedrigkeit, so auch in seiner Hoheit nicht zu Trennenden. Sind wir uns in ihm als diese offenbar gemacht, dann ist es uns, wie wir uns auch dazu stellen mögen, verboten, uns auf unsere Ferne und Fremde ihm gegenüber, auf unser Draußenstehen, zu versteifen. Es wäre dann wohl das Wort Labans an jenen ältesten Knecht Abrahams Gen. 24, 31 zu zitieren: «Komm herein, du Gesegneter des Herrn! Warum bleibst du da draußen stehen?» Ein Verharrenwollen in der Unwissenheit ist dann jedenfalls als ein unvernünftiger Widerspruch gegen das gekennzeichnet, was uns auch über uns selbst bekannt gemacht ist. Laut dessen, was uns im Neuen Testament über uns selbst gesagt ist, sind wir ihm nicht fern, sondern nahe, nicht in der Finsternis, sondern im Licht, können wir keine Unwissenden sein, können wir uns nicht als solche gehabt haben wollen.

Wir müssen uns, bevor wir von da aus weitergehen, klar machen, mit welcher Kraft im Neuen Testament bei jener zweiten Aussage, bei dem Bekenntnis zu Jesu Christi Leben aus dem Tode, in welchem er uns als der Herr und in welchem wir uns als die Seinigen bekannt gemacht werden, gerechnet wird. Man bedenke nicht nur die Distanz zwischen Tod und Leben in der Unüberbrückbarkeit, in der sie uns in jeder anderen Anwendung dieser Begriffe im geschöpflichen Raum vor Augen steht, und die nun in der Aussage von der Auferstehung Jesu Christi mit einem Schlag als überwunden hingestellt wird. Es geht auch, es geht aber zum wenigsten um diese allgemeine, gewissermaßen naturwissenschaftlich zu beschreibende Distanz, um die weltanschauliche Schwierigkeit jener zweiten Aussage. Es geht um den unerbittlichen Ernst des Kreuzes als der Krone des menschlichen Lebens Jesu, um die strenge Wirklichkeit der Selbsterniedrigung Gottes in seinem Sohn, der der Menschensohn in derselben Strenge zu folgen hatte und gefolgt ist. Es geht um die Vollkommenheit des göttlichen, aber auch des menschlichen Willens und der göttlichen, aber auch der menschlichen Tat in dem, was auf Golgatha – nicht scheinbar, sondern wirklich geschehen ist: bis hinein in die Gottverlassenheit des daselbst Gekreuzigten. Und es geht um die Vollkommenheit, in der er als unser Stellvertreter auch unseren, den von uns verdienten Tod erlitten hat, in welcher er an unserer Stelle gestorben ist. Eben diese Vollkommenheit, die der Inhalt der ersten neutestamentlichen Aussage ist, darf – soll die zweite recht gehört und aufgenommen sein – nicht aus den Augen verloren werden. Die Auferstehung ist die Auferstehung dieses Gekreuzigten. Sein Leben ist sein Leben aus diesem Tode. Es kommt auch unser Leben in und mit ihm von seinem Tode her – wir selbst in unserem neuen Sein aus dem Tod, den wir in seinem Tod wirklich gestorben sind. Es kommt Alles von dem Ereignis her, das in seinem ganzen Ernst nicht das Ende, sondern das Ziel des menschlichen Lebens Jesu, seines menschlichen Gehorsams, seines menschlichen Willens und Tuns und so der in ihm erfüllte Wille Gottes, die in ihm geschehene Tat Gottes war. Und nun jenseits dieses Ziels Offenbarung der Hoheit des königlichen Menschen samt unserer eigenen, in ihm beschlossenen! Nun Leben nicht nur, sondern das Leben des neuen, des wahren Menschen, neues Leben auch als das unsrige! Was ist schon die Distanz zwischen Tod und Leben als solche neben der, die auf dieser Wasserscheide auf einmal überwunden ist? In welcher Kraft kann dieses Eine, Ganze in seiner Folge wahr sein und für uns wahr werden: Jesus Christus gestorben, derselbe auch auferstanden! In seinem Tod auch wir zu unserem Ziel gekommen, in seiner Auferstehung wieder auch wir in einen neuen Anfang gestellt! Er und in ihm wir selbst verborgen, verschlossen, unerkennbar, und wieder er und in ihm wir selbst offenbar, erschlossen, erkennbar – nein: tatsächlich erkannt! Was ist, was gilt, was wird und geschieht zwischen dem, was diese beiden Aussagen über ihn und uns anzeigen? Wir werden uns über die Kraft des Übergangs, mit der in der neutestamentlichen Folge und Zusammengehörigkeit dieser beiden Aussagen gerechnet wird, nicht sorgfältig genug Rechenschaft ablegen können.

Es geht aber, wenn das geschehen soll, nicht anders, als daß wir jetzt noch einmal eine Wendung vollziehen: von allen die entscheidende. Wir haben uns bisher und gerade in der letzten Überlegung, die uns nun auf das Problem dieser Kraft geführt hat – in unserer Besinnung auf die in seiner Auferstehung geschehene Offenbarung des Gekreuzigten als des Herrn und auf das, was sie hinsichtlich unserer selbst als den Seinigen in sich schließt – darauf bezogen, daß es uns im Neuen Testament so gesagt ist. Wir hielten uns daran, daß uns Beides – das Erste im Übergang zum Zweiten, das Zweite im Übergang vom Ersten her – im Neuen Testament bezeugt wird: daß die objektive Wirklichkeit des Seins Jesu Christi und unseres eigenen Seins auch den Charakter objektiver Wahrheit, daß sich aber eben diese Wahrheit an einer bloß objektiven, nicht auch subjektiven Gestalt nicht genügen läßt, sondern zu uns hin drängt: hinein in unser Sehen, Verstehen und Erkennen mit dem Ziel der Ausrichtung und Bestimmung unserer Existenz von dorther, mit dem Zweck, uns zu erwecken und aufzurufen, den wieder zu lieben, der uns zuerst geliebt hat. Wir haben versucht, immer genauer auf jenes Zeugnis zu hören. Wir sind dabei der Beantwortung unserer Frage wohl immer näher gekommen. Aber noch haben wir uns streng an das gehalten, was uns im Neuen Testament über den Zusammenhang der Wirklichkeit und Wahrheit Jesu Christi gesagt ist. Noch haben wir die Frage nach unserer eigenen Stellungnahme zu diesem uns Gesagten sorgfältig ausgeklammert, haben sie und also gerade die Zielfrage offen gelassen: wie es nun mit unserem eigenen Sehen, Verstehen und Erkennen des uns Gesagten und mit all dem, was daran hängt, stehen möchte? Ob wir nun eigentlich mitgehen können und wollen, tatsächlich mitgehen, oder aus irgend einem Grund irgendwo zurück und auf der Strecke bleiben? Wir mußten es zunächst so halten: schon um uns ganz klar zu machen, daß es sich auf unserer Seite wirklich nur um ein Mitgehen oder Nachgehen, nur um eine Entsprechung, nicht um eine Wiederholung des Originals handeln kann, wie es sich ja auch auf der anderen Seite nicht um eine durch unser Mitgehen oder Nachgehen bedingte oder gar hervorgerufene, sondern umgekehrt unser Mitgehen oder Nachgehen bedingende, es souverän hervorrufende Wirklichkeit und Wahrheit handelt. Wir mußten dem Werk und Wort Gottes, von dem wir reden, wenn es um das Sein Jesu Christi und unser Sein in ihm geht, die Ehre geben und also dem, was uns im Neuen Testament über den erniedrigten Jesus Christus als den Erhöhten und über seine Offenbarung in seiner Hoheit gesagt ist, samt dem, was das hinsichtlich unserer selbst in sich schließt, unbedingt den Vortritt lassen: wirklich unbedingt und also so, daß die Frage nach unserer Stellungnahme, nach unserem Nach- und Mitgehen zunächst offen bleiben mußte. Es geht gerade bei dieser Frage um unsere Entscheidung, die der in Jesus Christus über ihn gefallenen Entscheidung nicht vorangehen, sondern nur folgen kann.

Es ist nun aber klar, daß es, wenn wir uns auch fernerhin an das Neue Testament halten wollen, beim Offenlassen der Frage nach unserer Entscheidung nicht bleiben kann. Im Neuen Testament ist sie eben nicht offen gelassen. Im Neuen Testament wird uns das und das «gesagt», haben wir bis jetzt formuliert. In der Tat, und damit mußten wir anfangen: gesagt. Und es gehe unsererseits darum, drückten wir uns aus, uns das einfach, ob es uns nun einleuchte und annehmbar erscheine oder nicht, «gesagt sein zu lassen». In der Tat, eben ohne das wird es nicht gehen: daß wir es uns, was dann auch daraus werde, gesagt sein lassen. Aber diese etwas steifen, kalten und unverbindlichen Ausdrücke erschöpfen die Sache nicht. Was das Neue Testament uns sagt – und gerade in seiner Mitte, um die wir uns ja hier bewegen, sagt – das sagt es uns doch, indem es uns (und das ist sein sehr spezifisches Sagen) anredet, aufruft, uns das von ihm Gesagte zusagt, uns dafür in Anspruch nimmt. Es sagt es uns ja als Zeugnis: als Zeugnis von Jemand, nämlich von Jesus Christus, von dem ganzen Zusammenhang, der ganzen Geschichte von Wirklichkeit und Wahrheit, die in diesem Namen beschlossen ist, abgelegt von solchen, die dieser Sache kundig sind – aber auch als Zeugnis an Jemand, nämlich an uns, die damit, daß wir es empfangen, auch zu Kundigen werden sollen, antizipierend bereits als solche, die es bestimmt angeht, angesprochen werden. Was wir von der objektiven Wahrheitsgestalt der Wirklichkeit Jesu Christi, die doch auch unsere eigene Wirklichkeit in sich schließt, gesagt haben: sie greife nach uns aus, sie greife aus ihrer Objektivität heraus hinein in unsere Subjektivität, damit es in ihr zu ihrer Entsprechung komme – das haben wir aus dem abgelesen, was sich in ihrer menschlichen Bezeugung, mit der wir es im Neuen Testament zu tun haben, abspielt. In der Existenz des Neuen Testamentes hat das nämlich seine geschichtliche Gestalt. In der Begegnung zwischen seinem Zeugnis und uns wird das geschichtliches Ereignis. Im Namen und Auftrag der Wirklichkeit und Wahrheit Jesu Christi wird da, eben indem da Anrede, Aufruf, Zusage, Inanspruchnahme stattfindet, ob es uns paßt oder nicht paßt, ganz konkret nach uns gegriffen. Nicht in gelassenem Abstand, nicht so, daß wir dabei uns selbst überlassen bleiben, sondern in diesem Griff nach uns «sagt» uns das Neue Testament, was es uns zu sagen hat, und was wir uns gesagt sein lassen sollen: wer und was da wirklich und wahr ist: Jesus Christus als der Herr und wir als die Seinen, wer und was da aber auch tätig, wirksam auf uns zukommt, gerade uns angeht. Es sagt uns das nicht als bloße Mitteilung, sondern indem es uns mit seiner Mitteilung und für das in ihm Mitgeteilte in Beschlag nimmt. Die Existenz des Neuen Testamentes war von Anfang an, sie ist in ihrem Verhältnis zu allen Geschlechtern und so auch zu uns diese Herausforderung, das Wagnis solcher Beschlagnahme des Menschen, das Wagnis seiner Beanspruchung als Mitkundiger seines Inhalts, als Empfänger und sofort auch als neuer Zeuge seiner Botschaft. So heißt aber auch dies, daß wir uns «gesagt sein lassen», was es uns sagt, sofort mehr als diese Formel zum Ausdruck zu bringen scheint, heißt das vielmehr: diesem im Neuen Testament sich ereignenden Zugriff ausgesetzt, in die Auseinandersetzung mit seiner Herausforderung verwickelt sein. Wir sind, indem uns das Neue Testament begegnet, gar nicht bloß die uns vermeintlich (aber eben nur vermeintlich!) so wohlbekannten, so kühn über sich selbst verfügen wollenden «Wir» in unserer Neutralität, mit unseren Vorbehalten, Fragezeichen, Einwänden, Eigenwilligkeiten und Sonderbestrebungen, sondern indem sein Zeugnis uns erreicht, indem wir mit seinen Zeugen konfrontiert sind, schon im Umkreis der Gültigkeit des von ihnen Gesagten, darin schon nicht mehr die Gleichen, daß wir, wie Bäume zum Schlagen gezeichnet, für den Vollzug unserer eigenen faktischen Anerkennung seiner Gültigkeit auch für uns vorgemerkt sind. So haben doch schon die Propheten ihre Zeitgenossen, so dann auch die Apostel die ihrigen, Juden und Heiden, angesehen und behandelt. Sie treten ihnen, sie treten der Welt in der gar nicht enthusiastischen, sondern sehr nüchternen Voraussetzung entgegen, daß sie Jesus Christus gehöre und also zum Hören der Kunde von ihm bestimmt sei. Die seine Zeugen sind, sind für die Anderen, ihre Umwelt, für uns, schon durch ihre Existenz auf keinen Fall umsonst da. Wer sie hört, hört ihn und wer ihn hört, der ist damit ganz direkt vor und in die durch ihn veränderte Weltsituation, vor seinen Herrn, der der Herr über Alles ist, gestellt. Der träume nur nicht, daß er immer noch irgendwo neben und außer dem Wort sei, das Gott durch Jenen gesprochen hat! Er steht schon unter dem Wort.

Es ist nun aber weiter auch das klar, daß im Neuen Testament, indem es eben nicht nur Aussage und Mitteilung, sondern Zeugnis an alle Menschen, denen es begegnet, indem es jene Herausforderung, das Wagnis jenes Zugriffs ist, mit einer ganz bestimmten Kraft gerechnet wird: mit einer Kraft, die weiter geht und wirkt, als es in dieser Herausforderung als solcher sichtbar wird. Daß das Neue Testament uns «unter das Wort» stellt, ist ja nicht Alles. Die Kraft, mit der dabei gerechnet wird, ist die Kraft, uns selbst, die Empfänger seines Zeugnisses, in eine ganz bestimmte Freiheit zu versetzen: in die Freiheit nämlich, die in Jesus Christus geschehene Umkehrung des Menschen zu Gott hin, seinen Übergang aus dem Stand des Ungehorsams in den des Gehorsams, als unsere eigene Umkehrung zu begreifen, uns selbst daran zu halten und danach zu richten, daß die in ihm vollzogene Veränderung der menschlichen Situation unsere eigene ist, uns selbst also auf die in ihm geschehene Veränderung einzustellen. Es wirkt also die Kraft, mit der da gerechnet wird, nicht nur darin, daß sie uns solche Freiheit gewissermaßen von außen nahe legt und anbietet, sie uns als eine auch uns und gerade uns mögliche Freiheit empfiehlt und ans Herz legt, sondern darüber hinaus darin, daß sie sie uns zu eigen gibt. Sie ist die Kraft, in deren Wirkung wir von innen, von uns selbst aus veranlaßt und in Bewegung gesetzt sind, in dieser Freiheit zu sein, von ihr als unserer eigenen Gebrauch zu machen. Sie ist die Kraft, uns wirksam in die positive Entscheidung gegenüber dem uns Gesagten, in die Freiheit jenes Mitgehens und Nachgehens, in die Freiheit der Umkehr zu rufen und in ihr als der Entsprechung unserer in Jesus Christus schon geschehenen Umkehr festzuhalten, täglich neu im freien Vollzug dieser Entsprechung zu leben. Sie ist die Kraft, uns dazu wach, lustig, willig und bereit zu machen, diese Entsprechung in immer neuen Anläufen, in immer neuen Formen und Dimensionen wahr werden zu lassen. Sie ist die Kraft, das Sein Jesu Christi und unser Sein in ihm – nicht nachzuvollziehen, denn dessen bedarf es nicht, das steht uns nicht zu, dazu sind wir von ferne nicht in der Lage, wohl aber (nun können wir unsere früher gebrauchten Begriffe einsetzen) es zu sehen, zu verstehen, zu erkennen, den wieder zu lieben, der uns zuerst geliebt hat. Es ist die Kraft, in der wir eben dazu die Freiheit bekommen, haben und gebrauchen. Sie ist also die Kraft, in der ein Mensch die Freiheit dazu bekommt, hat und gebraucht, ein Christ zu werden und zu sein. Kein zweiter Jesus Christus, aber ein Mensch, dem es gegeben ist, Ihn zu sehen als den, der er ist, und sich selber als den, der er in Ihm ist. Ihm ist es gegeben, zu verstehen, daß Jener für ihn einsteht und also sich selbst als Einen, dessen Leben durch den, der für ihn einsteht, bestimmt ist. Ihm ist es gegeben, Jenen nicht nur zu kennen, sondern zu erkennen: als seinen Herrn nämlich und also sich selbst als sein Eigentum, das unter seinem Schutz, aber auch zu seiner Disposition steht. Er hat es sich nicht genommen, Ihm ist es aber gegeben, ihn zu lieben: schlicht als Antwort auf die Liebe Gottes, indem er sich als in Ihm von Gott Geliebter sehen, verstehen, erkennen darf, schlicht als das Verhalten, das ihm als dem Heiligen Gottes, als der er sich in Ihm geliebt findet, zusteht, unvermeidlich ist. Das ist ein Christ: ein Mensch, der diese Freiheit hat. Die Kraft, einen Menschen in die Freiheit zu versetzen, in welcher ihm das gegeben ist, ist die Kraft, mit der im Neuen Testament gerechnet wird. Es rechnet mit dieser nicht nur hinweisenden, sondern tätigen, nicht nur anbietenden, sondern schenkenden Kraft! Mit der Kraft, die uns die Freiheit der Umkehr, die Freiheit,

4. Die Weisung des Sohnes

Christen zu sein, nicht nur vorhält, sie nicht nur beschreibt und empfiehlt in irgendwelchen Indikativen und Imperativen, die uns vielmehr frei macht. In ihrer Wirkung sind wir frei. Wenn uns im Neuen Testament gesagt wird, was ist: wer und was Jesus Christus ist, wer und was in Ihm auch wir sind, wenn uns dieses Gesagte im Neuen Testament zugesagt wird, wenn wir also, indem uns das Neue Testament begegnet, jenem Zugriff ausgesetzt werden, dann geschieht das in der Voraussetzung dieser Kraft, im Blick und im Vertrauen auf sie, in der Erwartung und Zuversicht, daß sie auf dem Plan ist und das ausrichtet, worauf es mit seinem Zeugnis, mit seinem Sagen und Zusagen zielt: daß sie nämlich in denen, denen es begegnet, die Freiheit der Umkehr schafft, die Freiheit des Sehens, Verstehens und Erkennens, die Freiheit zur Liebe, die Freiheit, Christen zu werden.

Wir haben damit bereits gesagt: sie ist größer und anders als das, was man ja auch die Kraft des neutestamentlichen Zeugnisses selbst oder die seiner Träger, der Evangelisten und Apostel nennen könnte, größer und anders als die Kraft, in der sie sagen, was sie uns sagen und in der sie uns herausfordern. Ist ihnen solches Sagen und solche Herausforderung aufgetragen und befohlen, so ist das Alles doch ihr menschliches Sagen und Zusagen, mit dem sie, wie klar und gewaltig es immer laut werde, doch nur von außen an uns herankommen, uns wohl unter das Wort, aber nicht in den Gehorsam gegen das Wort stellen, uns nicht in jene Freiheit versetzen können. Und so ist sie auch nicht die Kraft ihrer in ihrem Sagen und Zusagen wirksamen christlichen Personen. Sie sind auch als Zeugen Jesu Christi menschliche Personen und es ist noch nie geschehen, daß ein Mensch im anderen jene Freiheit geschaffen, daß ein Mensch, und wäre er ein Apostel, den anderen zum Christen gemacht hätte. Es ist wahr, daß diese Kraft sich des Zeugnisses des Neuen Testamentes und seiner Träger bedient, daß sie ihr Sagen und Zusagen braucht, daß sie in und mit ihm wirksam ist. Es ist wahr, daß man sie hören muß, um Jesus Christus zu hören. Denn es ist wahr, daß er eben dieses Sagen und Zusagen ihnen befohlen, sie zu ihrem Mitteilen und Zugreifen bevollmächtigt hat. Und es ist auch wahr, daß sie es sich nicht genommen haben, sondern daß es ihnen gegeben ist, dabei mit jener Kraft zu rechnen, sich darauf zu verlassen, daß sie ausrichten wird, worauf sie zielen, indem sie sich mit ihrem Sagen und Zusagen an andere Menschen wenden. Es ist wahr, daß sie offenbar selbst in der ihnen durch diese Kraft geschenkten Freiheit leben, reden, handeln. Aber die Kraft dazu ist nicht ihre Kraft: ihre so wenig wie die unsrige. Auch sie bedurften ihrer. Auch ihre Freiheit war und ist die durch diese Kraft in ihnen geschaffene, ihnen geschenkte Freiheit. Auch sie waren und sind auf ihre Wirkung und also darauf angewiesen, daß ihnen ihre Freiheit durch sie geschenkt, erhalten und immer wieder erneuert werde. Auch ihr Zeugendienst, den sie in dieser geschenkten Freiheit taten und tun, lebt davon, daß diese Kraft als ihre Quelle nicht versagt, sondern wirksam ist. Und ihr Zeugendienst als solcher kann diese Kraft auch Anderen gegenüber nicht haben. Er geschieht nicht in Verfügung über diese Kraft und nicht in ihrer Ausübung. Nicht er tut ihr Werk. Sondern umgekehrt: indem diese Kraft auf dem Plan und am Werk ist, gibt es auch diese Zeugen und ihren Dienst. Und es ist ihr Werk, wenn dieser Dienst geschieht und wenn er zu seinem Ziel kommt, wenn es geschieht, daß die, an die sich die Zeugen wenden, Sehende werden, Verstehende, Erkennende und so Liebende, so Christen. Die Zeugen können nur darauf vertrauen und hoffen und darum bitten, daß dies geschehe, wie sie es ja auch selbst nur empfangen haben können, daß sie Zeugen sind, diesen Dienst versehen dürfen. Ihr Entschluß und Wille hätte sie nicht zu solchen gemacht. Und so könnte ihr Sagen und Zusagen, ihr

Mitteilen und Zugreifen, ihre Herausforderung es auch bei den Anderen nicht schaffen, daß sie jene Freiheit bekommen: die Freiheit, Buße zu tun und in der Buße zu verharren. Die Kraft, mit der die neutestamentlichen Zeugen rechnen, ist eine nach beiden Seiten, gegenüber ihnen selbst wie gegenüber denen, an die sie sich wenden, **souveräne Kraft**. Sie allein wirkt es, daß hier wie dort, hinüber und drüben die Herzen aufgehen, daß hier der Mund zum rechten lebendigen Wort, und dort die Ohren zum rechten lebendigen Hören sich öffnen, daß das Wort hier fliegt wie ein wohlgezielter Pfeil vom Bogen nach seinem Ziel und daß es dort genau an der rechten Stelle einschlägt und stecken bleibt, genau in dem ihm gegebenen Sinn und Inhalt auch empfangen wird. Das Neue Testament rechnet mit dem zwischen Mensch und Mensch sich ereignenden Werk dieser **anderen, größeren Kraft**. Auf dem Vertrauen, der Zuversicht, der Hoffnung auf sie beruht die **Freudigkeit** seiner Zeugen. Und wo und wann immer ihr Zeugnis Anderen gegenüber so zur Sprache kommt, daß es in **Freudigkeit** aufgenommen wird, da hat diese andere, größere Kraft gewirkt. Es beruht dann auch die Freudigkeit dieser Anderen auf dem Vertrauen, der Zuversicht, der Hoffnung, die eben diese souveräne Kraft auch in ihnen erweckt hat.

Sie ist die Kraft, in der Jesus Christus als der neue, der erhöhte Mensch samt dem, was in ihm auch wir sind, sich uns erschließt, bekannt, **offenbar** macht. Sie ist also die uns gegenüber sich erweisende Kraft seiner **Auferstehung**. Und sie ist als solche die Kraft, die uns berührt mit der **Wirkung**, daß uns die Augen, die Ohren, das Herz, das Gewissen, die Vernunft für seine Offenbarung und also für ihn als den neuen, den erhöhten Menschen und für das, was in ihm auch wir sind, aufgehen – und also mit der Wirkung, daß wir **dabei** sind, vielmehr: daß wir uns dazu erweckt und aufgerufen finden, unsere **Folgerungen** daraus zu ziehen, **daß wir ja schon dabei sind**. Indem Einer anfängt, diese Folgerungen zu ziehen, fängt er an, ein Christ zu werden. Die Kraft, von der wir reden, ist die Kraft dieses **Anfangs**. Diese Folgerungen wollen aber, solange wir Zeit haben, solange unser befristetes Leben währt, immer **neu** gezogen werden. Ein Christ steht in Jesus Christus wohl im Gewordensein, für sich und in seiner Zeit aber im **Werden**. Es sind da so viele Folgerungen zu ziehen, u. zw. wohl auch, aber nicht entscheidend aus den früher von uns gezogenen Folgerungen, entscheidend vielmehr als je ganz neue Folgerungen eben aus unserem Dabeisein, wie es uns in und mit der Auferstehung Jesu Christi offenbar ist. Die Kraft, von der wir reden, ist nicht nur die Kraft jenes **Anfangs**, sondern auch die Kraft dieser jeden Tag ganz **neu** zu ziehenden Folgerungen. Und indem sie die Kraft dazu ist, ist sie auch jeden Tag ganz neu die Kraft der Offenbarung Jesu Christi selbst, die Kraft seiner Auferstehung, an der es ja hängt, daß uns auch unser Dabeisein offenbar, daß uns also die Voraussetzung, von der her wir Folgerungen zu vollziehen, von der her wir immer wieder Christen zu werden haben, gegeben ist. Das Geheimnis dieser Kraft kann uns nicht groß genug vor Augen stehen. Sie ist, einfach gesagt: die Kraft des unbegreiflich hohen Übergangs von dem, was **in Jesus Christus** wirklich und wahr zu dem, was **für uns** wahr ist, noch einfacher gesagt: von Christus zu uns als Christen.

4. Die Weisung des Sohnes

Es ist die eine hohe Kraft, die dort und hier, zugleich dort und hier, dort von ihm her, hier zu uns hin, am Werk ist. Wo gibt es noch mehr zu staunen? Wo sollen wir diese Kraft und ihr Werk noch mehr bewundern und preisen? Man lasse es nur an der nötigen Aufrichtigkeit und auch an dem nötigen Aufgebot von konkretem Vorstellungsvermögen nicht fehlen, so wird man sich gestehen müssen: daß ich ein Christ und also für Christus erschlossen, ein Sehender und Hörender, ein für ihn Williger und Bereiter, ein ihn Liebender werden und sein möchte, das ist jedenfalls mindestens ebenso befremdlich zu sagen und zu hören, wie das Entsprechende, die Voraussetzung auf der anderen Seite: daß Jesus Christus sich für mich und meinesgleichen erschlossen, in unser Blickfeld getreten, uns sich selbst und in sich selbst die Liebe Gottes und so unser eigenes Sein als die in ihm von Gott Geliebten offenbar gemacht hat, indem er von den Toten auferstanden ist. Welche Ahnungslosigkeit, in der man es zwar für schwer oder gar unmöglich halten wollte, sich das anzueignen und zu begreifen, daß Jesus auferstanden ist und als unser Stellvertreter, Herr und Haupt lebt – für wohl möglich und relativ leicht vollziehbar aber das Andere: daß wir, diese Menschen so, wie wir uns kennen, oder jedenfalls kennen müßten, von dorther Betroffene seien, einer dort über uns gefallenen Entscheidung begegnet und nun gar von dorther in eigener Entscheidung, im Vollzug von Folgerungen von dorther begriffen seien, dort unseren Anfang als Christen gemacht hätten und heute, jetzt wieder machten, daß wir dazu Erweckte, dazu Berufene – heute, jetzt, wieder Erweckte und Berufene – seien: Wie kommen wir gerade zu diesem zweiten Satz über uns selbst: Wir sind Christen? Als ob, damit das wirklich und wahr sei, nicht ein Stein von einer Grabestüre gewälzt sein müßte, mindestens so groß und schwer – nicht vielleicht noch größer und schwerer? – als der vor der Grabestüre im Garten des Joseph von Arimathia!

Eben um nicht daran irre zu werden, müssen wir uns sehr klar sein über die Gewalt des Widerspruchs, die eben da überwunden und aus dem Weg geschafft ist, wo ein Mensch wirklich dazu erweckt und berufen ist, in dem Hier zu leben, das jenem Dort entspricht, von jenem Anfang her zu kommen – und das jeden Tag aufs neue – von dorther seine Folgerungen, immer neue Folgerungen und eine jede neu von jenem Anfang her zu ziehen, zu existieren, indem er diese Folgerungen zieht: in der Freiheit zur Umkehr und also ein Christ zu sein! Was muß da geschehen sein, wenn Einer das wirklich ist? Setzen wir jetzt ruhig und fröhlich und also ohne daran zu mäkeln und zu nörgeln voraus: er ist es. Unsere Frage sei jetzt nur: Was muß gerade dazu geschehen sein, damit diese Voraussetzung im Blick auf irgend einen Menschen (z. B. auf mich) gelten und legitim gemacht werden darf? Wie ist da «christliche» Subjektivität allem zum Trotz zustande gekommen? Wie kommt es, daß sie sich gegen alle, sofern wir uns selbst ehrlich befragen, doch gerade von innen, aus uns selbst heraus sich erhebenden Bedenken und Infragestellungen behaupten kann, darf und soll? Wobei wir ja Alles, was von außen gegen sie spricht, noch nicht einmal in Betracht gezogen haben, sondern ruhig und fröhlich voraussetzen, daß sie sich auch nach dieser Seite tatsächlich behauptet. Tut sie das aber wirklich: was hat sich da mit uns zugetragen? von welchem Wundergeschehen leben wir dann? Könnte die Auferweckung des Lazarus nicht beinahe verblassen vor der, deren direkte Zeugen und zugleich Schauplatz wir selber sind? Nicht auch die Geburt Jesu Christi aus der Jungfrau? Nicht auch sein leeres Grab? Nicht alles das, was uns dort so wunderbar vorkommt, uns in die Klemme bringt, ob wir es mit einiger Mühsal als Historie oder rasch entschlossen als Mythus erklären wollen? In welcher Klemme befinden wir uns erst hier – und es dürfte weise und der Mühe wert sein, sich zuerst und vor allem gerade die Klemme zu vergegenwärtigen, in der wir uns hier befinden: hier, wo es darum geht, das Faktum, daß wir Christen sind, das Faktum unserer christlichen Freiheit, zu erklären. Spottet es nicht aller Erklärung?

Das ist sicher, daß es aller Erklärung von uns her spottet. Ein Christ kann man gerade nur sein, indem man es von sich selbst aus nicht sein kann, ohne Autorisation, ohne Ermächtigung dazu, die man sich selbst – aus einer der Höhlen heraus, in denen wir uns selbst zu Hause finden! – gegeben hätte. Was wir in uns selbst finden, was uns, wenn wir danach fragen, aus jenen Höhlen heraus höhnisch entgegenklingt, ist der Widerspruch dagegen, daß wir Christen seien, ist die Bestreitung unserer christlichen Freiheit. Wir müßten sie preisgeben, wir müßten uns selbst als Christen verleugnen, wenn wir sie, wenn wir den Grund unseres Christseins in uns selber suchen würden. Der Sprung, der da gemacht ist, wo ein Mensch Buße (täglich Buße) tut, ist von Anfang an und täglich zu groß, als daß er als ein von uns selbst gemachter oder wenigstens vorbereiteter, erleichterter, ermöglichter Sprung interpretiert werden könnte. Wer sich selbst kennt – und eben der Christ kennt sich selbst! – der interpretiert sich selbst nicht als einen dieses Sprunges Mächtigen. Und er wird die ganze Vorstellung von einem von ihm gemachten oder zu machenden Sprung am liebsten ganz fallen lassen. Hier springt niemand. Hier wird Jemand – und das eben ist der Christ – getragen wie auf Adlersflügeln. Er müßte sein Herz sofort wieder – und dann vielleicht unheilbar – verstocken, wenn er die Auflösung der Verstockung seines Herzens, wenn er dies, daß er das «Heute, Heute!» hört und also sein Herz faktisch nicht verstockt, seinem eigenen Vermögen zuschriebe. Es steht das christliche «Ich kann nicht anders» allem anderen «Ich kann nicht anders» darin scharf, in grundsätzlicher Verschiedenheit gegenüber, daß es sich in diesem um unser eigenes, in jenem aber bestimmt nicht um unser eigenes

4. Die Weisung des Sohnes

Können handelt. Es bezeichnet dort einen menschlichen Akt ohne die entsprechende menschliche Potenz, einen reinen Akt, der daraufhin Ereignis wird, daß jene andere, größere Kraft, mit der im Neuen Testament gerechnet wird, sich an und in einem Menschen faktisch mächtig erweist, ihm gegenüber ein Dennoch und Darum nicht nur ausspricht, sondern an ihm vollstreckt, das ihn, das den ganzen aus ihm selbst hervorgehenden Widerspruch übergreift und hinter sich läßt, das diesen Menschen, jenem ganzen Widerspruch zum Trotz, an jenen Anfang – immer aufs neue an jenen Anfang und damit auf den Weg jener immer neuen Folgerungen – stellt, ihn in die Freiheit der Umkehr versetzt. Er kann, indem sein Tun von daher begründet ist, wirklich nicht anders, während er in allem seinem sonstigen Tun, mag er noch so laut beteuern, er könne nicht anders, faktisch auch anders könnte. Der Christ rechnet, indem er Christ ist und sich selbst als solchen versteht und bekennt, allein mit dem Werk dieser Kraft als dem Grunde dieses seines Seins. Er glaubt bekanntlich, daß er «nicht aus eigener Vernunft noch Kraft an Jesus Christus, seinen Herrn, glauben oder zu ihm kommen kann, sondern ...» Er vollzieht dieses Glauben und Kommen gerade nur, indem er Zeuge des Werkes dieser anderen, größeren Kraft, indem er für ihr Werk und dafür, daß er sein unmittelbarer Zeuge sein darf, dankbar ist. In allem, was er sonst und mehr sein wollte als dankbar, wäre er nicht Christ. In allem Selbstverständnis, in welchem er sein Christsein anders verstehen wollte denn als den Vollzug dieser Dankbarkeit, würde er sich selbst gerade als Christ mißverstehen. Das ist es, was nicht geschehen darf, damit die Voraussetzung, mit der wir, dem Neuen Testament folgend, rechnen, gelten, damit sie ruhig und fröhlich gemacht werden darf: Wir sind Christen.

Es ist aber, wollen wir uns genau einprägen, was es mit der Kraft des Übergangs von Christus zu uns Christen auf sich hat, mehr zu sagen als dies: daß sie im Verhältnis zu allem menschlichen Können eine andere, größere Kraft, eine Wunderkraft ist und also ihr Werk, die Erschließung des Menschen für Jesus Christus und sein eigenes Sein in ihm ein Wunderwerk. Das könnte ohne nähere Bestimmung wie eine bloß formale und insofern leere bzw. vieldeutige Bezeichnung dieser Kraft und ihres Geheimnisses aussehen. Und es bedarf auch der Begriff der «Kraft» als solcher, den wir bis jetzt ebenfalls ohne Näherbestimmung verwendet haben, soll er uns in unserem gegenwärtigen Zusammenhang Belehrung bieten, der Klärung: der Unterscheidung nämlich von der Vorstellung einer mechanisch schiebenden, drängenden, stoßenden, ziehenden oder auch organisch produzierenden Macht, einer höheren Naturmacht, deren Werk und Ergebnis nun eben merkwürdigerweise die Hervorbringung der christlichen Subjektivität, die Existenz des Christen wäre. Wäre das Alles, was von ihr zu sagen ist, dann könnte man sich, auch wenn man ihren Wundercharakter im Auge behält und in Rechnung stellt, fragen: ob sie nun nicht doch vielleicht nur eine von den vielen Weltkräften sein möchte, die von etwas anderen Ursprüngen her ihre entsprechend anderen Ergebnisse hervorbringen? Was dann die andere Frage unvermeidlich nach sich ziehen müßte: ob nicht Jesus Christus als ihr Ursprung dort und die Existenz des Christen als ihr Ergebnis hier samt dem durch sie vollzogenen Übergang von dort nach hier sehr hervorgehobene, aber doch grundsätzlich im gleichen Sinn wie alle anderen einzuschätzende Faktoren und Phänomene des allgemeinen Weltgeschehens sein möchten. In ihm könnte ja auch das dem Werk dieser Kraft eigentümliche Wunderbare den ihm gebührenden Raum haben, ohne daß diese Kraft deshalb mehr als eine von den Weltkräften zu sein braucht. Als Faktoren und Phänomene des allgemeinen Weltgeschehens werden nun im Neuen Testament allerdings weder der Ursprung dieser Kraft in der Existenz Jesu Christi noch das Ergebnis ihrer Wirkung in der Existenz des Christen verstanden, und darum auch diese Kraft selbst nicht als eine, wenn auch sehr besondere und wunderbar wirkende Weltkraft unter vielen anderen. Die Kraft des Übergangs, mit der das Neue Testament rechnet, wenn es von dem Grund und Inhalt seines Zeugnisses in Jesus Christus auf dessen Ziel, die Existenz der Christen, blickt, ist als Kraft der Auferstehung Jesu Christi schlechthin einzig in ihrer Art: wirksam in der Welt, aber nicht als eine von ihren Kräften, nicht als eine von ihrer Art: weder mechanisch noch organisch wirksam, von ihnen und unter ihnen auch vom Können der Menschen zwar gewiß auch als Wunderkraft, gewiß auch durch ihre Souveränität, aber eben durch den ganz bestimmten Charakter ihrer Souveränität und ihres Wunderwerkes verschieden. Nicht irgendwie, sondern in diesem ganz bestimmten Charakter ist sie souveräne, ist sie Wunderkraft, handelt sie an und mit den Menschen, indem sie sie zu Christen macht in jener ihrem eigenen Können so schlechthin überlegenen Weise. Das Neue Testament läßt uns über diesen ihren bestimmten Charakter, in welchem sie sich von allen anderen Kräften und auch Wunderkräften unterscheidet, keinen Augenblick im Unklaren. Man blicke auf den Ursprung und man blicke auf das Ergebnis ihrer Wirkung, so kann man diesen ihren Charakter fast wie von einer Tafel ablesen.

Ihr Charakter ist, damit mögen wir einsetzen, Licht: Licht, das aus dem Dunkel wieder ins Dunkel leuchtet – aus dem Dunkel des Kreuzestodes Jesu Christi in das Dunkel unseres Lebens – aber unzweideutig Licht, nur Licht, ohne Schatten und Dunkel. Sie ist die Kraft der aus dem Dunkel seines Kreuzestodes leuchtenden Wirklichkeit des erhöhten, des neuen, des wahren, des zur Rechten Gottes thronenden Menschen und als solche die in das Dunkel unseres Lebens hineinleuchtende Kraft, durch die wir darin mitten im Dunkel auch hell werden, daß wir durch sie gewissermaßen vor unseren eigenen Augen entdeckt werden als solche, die zu diesem erhöhten, wahren Menschen gehören, sich an ihn als ihr Haupt halten können, dürfen, müssen. Sie ist unter allen Umständen, auch indem sie uns damit unter ihr Gericht stellt, die Kraft des Lichtes, in welchem uns dies wahr wird als unsere eigenste Wirklichkeit: daß wir nicht uns selbst, sondern diesem Menschen gehören, außer ihm keinem, in ihm allen Halt haben. Die Kraft seiner Auferstehung – und von ihr reden wir ja – ist eben das in die trübe Bude unseres Daseins fallende Oberlicht seiner Auferstehung. Wo dieses Licht leuchtet – und daß es das tut, das ist das Werk dieser Kraft – da kann der Mensch nicht nur, da muß er in dem beschriebenen Sinn mitten im Dunkel des Weltgeschehens und des Geschehens seines eigenen äußeren und inneren Lebens hell werden. Darin sind wir, indem diese Kraft wirkt, mitten im Dunkel nicht mehr dunkel, sondern hell, daß ihr Licht uns selbst als die, die wir in jenem Menschen, in seiner Hut, in seinem Namen sind, sichtbar macht und so uns dazu erweckt, zu sehen, was da sichtbar ist: uns selbst als die zu diesem Menschen Gehörigen, uns an ihn zu halten und so gehalten zu sein. Eine Kraft, die uns im Dunkel unseres Lebens uns selbst überließe oder es wohl gar noch vermehrte, neues Dunkel dem alten hinzufügte, uns selbst nur noch mehr als Dunkelmänner hinstellte und also unsere Traurigkeit vertiefte und verschärfte, statt sie zu durchbrechen und in ihrer Wurzel aufzuheben, wäre schon daran – und wenn ihre Macht, sogar ihre Wundermacht, noch so groß wäre, und wenn sie als *mysterium tremendum et stupendum*, als das Numinose in Person über uns käme und mit uns schaltete und waltete – bestimmt als eine der Kraft, von der wir hier reden, fremde Kraft zu erkennen. Man soll sie nicht respektieren; geschweige denn, daß man sich ihr ausliefern dürfte. Indem die Kraft des Übergangs, von der wir reden, Licht ist: Licht aus dem Dunkel des Kreuzes Jesu Christi heraus hinein in das Dunkel unseres Daseins, indem sie daselbst jenes ganz bestimmte Hellwerden bewirkt, bewirkt sie – sei es denn inmitten aller Traurigkeit, die uns im übrigen erfüllen mag – eine klare, unbezwingbare Freudigkeit. Denn es ist unter allen Umständen Freude, zu jenem hohen, wahren Menschen zu gehören, sich an ihn halten zu dürfen. Wenn das unsere Wirklichkeit ist, daß wir das tun dürfen, und wenn das die Wirkung dieser Kraft ist, daß wir in dieser unserer Wirklichkeit entdeckt werden und daraufhin tun, was wir tun dürfen, dann bewirkt sie unter allen Umständen Freude. In jenem Oberlicht leben, heißt unter allen Umständen: Freude haben. Und eben daran, daß sie uns unter allen Umständen, auch in allem Leid Freude macht, ist sie als diese Kraft zu erkennen. Eben damit ist uns das Zeichen gegeben, uns ihrem Wirken ja nicht zu widersetzen, sondern hinzugeben.

Ihr Charakter ist weiter – wir greifen einfach nach dem Nächsten, was sich uns von ihrem Ursprung und von ihrem Ergebnis her darbietet – der einer Befreiung. Sie befreit uns zur Umkehr und damit dazu, Christen zu werden, wurde ja schon gesagt. Aber blicken wir zuerst auf ihren Ursprung und also wieder auf die Offenbarung des gekreuzigten Jesus Christus in seiner Auferstehung. Was wird uns in ihr offenbar? Die Freiheit Jesu Christi selbst, in seiner Erniedrigung als Gottes Sohn der wahrhaft hohe, der königliche Mensch zu sein: uns Ungehorsamen gleich, in unserer Situation der eine Gehorsame, unseren Tod erleidend, der eine Lebendige aus dem Tode, Gottes Heiliger, der von Gott Geliebte – dazu seine Freiheit, das Alles an unserer Stelle zu sein, als unser Herr, Haupt und Hirte. Die Kraft des Übergangs, mit der im Neuen Testament gerechnet wird, ist die Kraft unserer in dieser Freiheit Jesu Christi schon vollzogenen Befreiung: unserer Befreiung von dem Zwang, unseren Ungehorsam fortsetzen zu müssen, nachdem der Sohn Gottes, zu Einem unseresgleichen erniedrigt, der an unserer Stelle Gehorsame war und ist und unserer Befreiung zu einem Leben als Brüder jenes hohen, königlichen Menschen und also zu einem Leben, dem auch ihr Tod nichts anhaben kann, das sich auch in ihrem Tod als Leben erweisen wird. Das ist also der Charakter jener Kraft, daß sie uns zu Kundigen dieser unserer Befreiung macht, daß sie diese als die frische Luft, in der wir schon atmen können und dürfen, in unser Gefängnis hineinträgt, daß sie uns schon den Geschmack von dem gibt, was wir vermöge jener unserer Befreiung sind, daß sie uns schon den Ausblick auf diese unsere Wirklichkeit gibt – auf die Freiheit, die in Jesus Christus auch die unsrige ist. Das ist ihr Charakter, daß sie uns damit den Mut und die Entschlußkraft gibt, uns jetzt und hier schon nach dieser unserer Wirklichkeit auszustrecken, auf sie auszurichten, im besten Sinn des Wortes: zu uns selbst zu kommen. Was doch praktisch heißen wird: «Ich will mich aufmachen und zu meinem Vater gehen.» Daß wir uns dahin aufmachen, geschieht in der Freiheit, in die wir durch jene Kraft versetzt sind. Indem sie uns für diese unserer in Jesus Christus schon geschehenen Befreiung entsprechende Bewegung frei macht, ist sie diese besondere, von allen anderen Kräften verschiedene Kraft. Man halte keine noch so große, noch so herrliche, noch so wunderbare, noch so supranaturale Kraft, unter deren Wirkung wir stehen oder geraten mögen, für diese Kraft, solange sie sich nicht dadurch ausweist, daß sie uns zu solcher Umkehr frei macht. Es gibt andere Kräfte, deren Wirkung in anderer Hinsicht sehr erhebend sein mag, nur daß sie gerade unser Sein als die Gefangenen der Sünde und des Todes entweder unberührt lassen, jene Kunde, jene frische Luft, jenen Geschmack unserer schon geschehenen Befreiung uns jedenfalls nicht zutragen, zu jener Bewegung der Umkehr uns jedenfalls nicht erwecken und aufrufen – oder die unsere Gefangenschaft geradezu bestätigen, die Mauern unseres Gefängnisses nur noch dicker, unsere Ketten nur noch schwerer, die uns unsere Sünde nur noch selbstverständlicher, die uns den Tod nur noch

4. Die Weisung des Sohnes 349

gewisser machen, die uns von dem Vollzug jener Bewegung nur abhalten können und wollen. Die Kraft des Übergangs, von dem das Neue Testament redet, ist daran unzweideutig erkennbar, daß wir uns durch ihre Wirkung als die noch Gefangenen s c h o n befreit, s c h o n als Freie angesprochen und behandelt, der Einwirkung all der anderen, neutralen oder entgegengesetzten Kräfte gegenüber s c h o n gelockert, s c h o n in eine letzte, aber reale Unabhängigkeit versetzt, s c h o n in Widerstand, s c h o n zu offensivem Streit gegen sie aufgerufen und dazu auch s c h o n willig und auch s c h o n ausgerüstet finden. Erweist sie sich darin als befreiende Kraft, dann mag uns das wieder das Zeichen sein, daß wir ihr Vertrauen schenken dürfen, daß wir ihrer Wirkung ja nicht widerstehen, sondern nachgeben sollen.

Ihr Charakter ist ferner der des E r k e n n e n s : eines Erkennens, das uns widerfährt, in welchem wir erkannt werden und eines entsprechenden Erkennens von unserer Seite, in welchem wir uns als die Erkannten selber erkennen dürfen und müssen. Sie hat insofern – man schrecke vor dem Ausdruck nicht zurück! – r a t i o n a l e n Charakter. In Jesus Christus sind wir nun einmal von Ewigkeit her von Gott erwählt und also in jeder Hinsicht durchschaut, gesehen, verstanden, erkannt: ein Jeder genau als das menschliche Geschöpf, das gerade er ist, ein Jeder in seinem besonderen Ungehorsam und Abfall und also unter seinem besonderen Todesgericht, ein Jeder aber auch als dieses besondere Glied des Bundes, den Gott mit dem Menschen geschlossen, zu dem er in seiner Besonderheit gerade ihn erwählte. Und als Jesus Christus litt, gekreuzigt wurde und starb, da hat Gott in ihm auch einen Jeden von uns im Auge gehabt in seiner besonderen Niedrigkeit, aber auch in der ihm bestimmten besonderen Hoheit, ihn als den alten Menschen, der er ist, und als den neuen, der er werden soll, seinen besonderen Tod und sein besonderes Leben aus dem Tode. Seiner wurde da im Besonderen gedacht und zu ihm wurde in Jesu Christi Auferstehung wieder im Besonderen gesprochen. Die Kraft des Übergangs ist die Kraft dieses besonderen göttlichen Sehens, Gedenkens, Sprechens. Und so ist ihre Wirkung ein Geschehen an und in der V e r n u n f t eines Jeden: das Geschehen eines Vernehmens, in welchem das göttliche Sehen, Gedenken und Sprechen in Jesus Christus in einem menschlichen, einem christlichen Sehen, Verstehen, Erkennen, in einer Auferweckung und Erleuchtung seiner Vernunft seine Antwort findet. Das Zustandekommen dieser Antwort ist die Wirkung der Kraft des Übergangs, von der wir reden. Sie wird, entsprechend der Art des besonderen Verhaltens Gottes zu einem Jeden, eines Jeden ganz besondere Antwort sein, aber bestimmt eine dem logischen Verhalten Gottes entsprechend l o g i s c h e Antwort. Der Mensch wird vermöge jener Kraft ein Sehender, ein Verständiger, ein Erkennender. Sie wäre nicht diese Kraft, wenn ihre Wirkung nicht diese wäre. Sie ist also nicht die Kraft eines blinden, gestaltlosen, unartikulierten, irrationalen Rauschens – und ihre Wirkung nicht die einer blinden und gestaltlosen Aufregung oder auch Beruhigung, einer unvernünftigen, unartikulierten Bewegtheit oder auch Stille. Es gibt auch solche Kräfte mit solcher Wirkung. Alle Religionen sind des Zeuge, feiern ihre höchsten Mysterien in der Begegnung und im Zusammensein blinder Götter mit blinden, in jener Begegnung erst recht und sogar in höchster Feierlichkeit erblindeten Menschen. Man verwechsle die so wirksamen Kräfte nicht mit der Kraft des Übergangs, von der das Neue Testament redet. Man interpretiere diese nicht, als ob sie eine von jenen Kräften wäre! Wo sie wirkt, da wird es in einem Jeden auch in dem Sinn hell, daß er seine Augen und Ohren und auch seinen Verstand zu brauchen beginnt, wie er es zuvor noch nie getan hat. Er wird dann ein Schüler. Er beginnt dann zu lernen, zu denken. Er bekommt dann ein Gewissen, d. h. er wird dann ein *consciens*, ein Mitwisser Gottes. Er wird dann auch nicht schweigen, auch nicht stammeln oder lallen, sondern reden – gewiß in sehr neuen, fremden Zungen, aber reden: nicht in einem «eingewickelten», sondern in einem «ausgewickelten» Glauben! Er ist ja dann auch dazu bestimmt, zu sagen, was er weiß, ein Zeuge zu sein. Als es die Apostel mit dieser Kraft zu tun bekamen, da erwies sich deren Werk an ihnen als eine *fides explicita*. Nicht zu irgend einem Enthusiasmus oder zu irgend einem heiligen Schweigen, sondern zur Theo-Logie fanden sie sich da angeregt, aufgerufen und befähigt. Kein Zweifel: diese Kraft hat, so hoch und wunderbar sie ist, eine klare Affinität zum gesunden Menschenverstand. Sie weist ihn in seine Schranken, sie macht seinem Schweifen und Rasen, sie macht aber auch aller Faulheit in seinem Gebrauch ein Ende, sie entbindet ihn also auch, sie setzt ihn in die ihm zukommende heilsame Bewegung. Sie bringt es dem Menschen bei, in unerschütterlicher Gewißheit zu denken und zu sagen, daß zwei mal zwei vier und auf keinen Fall fünf ist. Wo sie das nicht oder gar das Gegenteil täte, da wäre sie bestimmt eine andere Kraft, der man nur mit tiefstem Mißtrauen begegnen dürfte. Wo sie das tut, da schenke man ihr Vertrauen, da nehme man das als Zeichen, ihrer Wirkung ihren Lauf zu lassen. Wo sie sich als sinnvoll erweist, da ist es auch sinnvoll, das einzig Sinnvolle, sich ihrem Werk von ganzem Herzen, von ganzem Gemüt und aus allen seinen Kräften hinzugeben.

Ihr Charakter ist ferner der des Friedens. Ihr Ursprung ist ja die in Gottes ewigem Willen beschlossene und in der Zeit auf Golgatha vollzogene Versöhnung der Welt mit Gott. Diese Versöhnung und also dieser Friede ist offenbar in Jesu Christi Auferstehung von den Toten. Und so ist deren Kraft die Kraft, Frieden zu verbreiten: auf Erden den im Himmel beschlossenen, vom Himmel auf die Erde gekommenen, und auf der Erde schon geschlossenen Frieden. Wir könnten sie dem biblischen Begriff von «Frieden» entsprechend auch einfach die Kraft des Heils nennen.

Aber das Heil besteht ja im Geschehen der Versöhnung und also in einer Heilung: der Heilung des Risses, der Schließung der Todeswunde, an der die Menschheit – offen oder heimlich jeder Mensch – leidet. Sie besteht in der Aufhebung der Gegensätze: des Menschen zu Gott zuerst, damit aber auch des Menschen zum Menschen und nicht zuletzt des Menschen zu sich selbst. So heißt «Heil» eben doch «Frieden». Und es besteht die Kraft der Offenbarung des auf Golgatha Ereignis gewordenen Heils aller und eines jeden Menschen darin, den dort in ihrem Namen, für sie geschlossenen Frieden an sie heran-, in sie hineinzutragen, damit sie ihn beachten, respektieren und insofern mitten in allem Streit auch schon haben möchten. Es kann, wo diese Kraft wirkt, der Mensch nicht mehr ungebrochen wähnen, an der Grenze seines Daseins einem Feind gegenüber zu stehen, dem er nur entweder in trauriger Resignation gegenüber seinem unerbittlichen Walten oder mit irgend einem trotzigen Freiheitsgeschrei begegnen könnte: er bekommt es dort vielmehr, wenn diese Kraft wirkt, als einer der Brüder des Menschen Jesus mit Gott als seinem Vater zu tun. Er kann dann auch im Mitmenschen nicht mehr vorbehaltlos den Störenfried sehen, vor dem er fliehen oder dessen er sich erwehren müßte, den er im besten Fall nur eben ertragen könnte: er bekommt es dann auch in ihm mit einem vielleicht sehr bedenklichen und beschwerlichen, aber nicht zu verkennenden und nicht zu verleugnenden Bruder jenes Menschen und also mit seinem eigenen Bruder zu tun. Er kann dann nicht einmal mit sich selbst in einem unheilbaren, einem grenzenlosen Zwiespalt leben: was sollte das, da er in jenem Menschen ja wirklich auch mit sich selbst versöhnt ist? Wo jene Kraft wirkt, da beginnt in allen diesen Dimensionen Frieden zu entstehen; da wächst so etwas wie eine feine Haut über jene – sei es denn: noch immer offene, noch immer schmerzende – Wunde, nicht einfach als ihre Heilung, wohl aber als unverkennbares Anzeichen und Anheben ihrer Heilung. Der böse Streit muß dann nicht mehr schlechthinige Dauer haben, er kann dann auch nicht mehr in letztem Ernst gestritten werden: des Menschen Streit gegen Gott nicht und so auch nicht der gegen den Mitmenschen und so auch nicht der Streit des Menschen mit sich selbst. Es entsteht dann mindestens so etwas wie eine sturmfreie Anhöhe, von der aus der Kriegsschauplatz zu übersehen ist. Man erkennt jene Kraft daran, daß der Mensch sich, wo sie wirkt, wie zum Aufbruch hinein in den Streit gegen die Macht der Sünde und des Todes, so zum Aufbruch heraus aus jenem dreifachen Streit gegen Gott, gegen den Mitmenschen und gegen sich selbst aufgerufen und in Bewegung gesetzt findet. Man erkennt sie daran, daß sie ihm jenen guten Kampf natürlich, dieses leidige Gezänk aber, an dem er ja immer noch gar sehr beteiligt sein mag, mindestens unheimlich macht. Man erkennt sie an einem leise, aber stetig wachsenden Vertrauen zu Gott und zu den Menschen und sogar zu sich selbst! Wogegen alle

Kräfte, die nicht diese oder die entgegengesetzte Wirkung haben, mögen sie sich ihm auch noch so gewaltig und vielleicht geheimnisvoll aufdrängen, eben daran, daß sie nicht Frieden oder geradezu Unfrieden wirken, als jener Kraft fremde und also nicht zu respektierende oder zu scheuende Kräfte erkennbar sind. Man muß es aber noch etwas genauer sagen: die Kraft der Auferstehung Jesu Christi ist daran erkennbar, daß sie den Menschen zugleich, miteinander, in den Frieden mit Gott, in den Frieden mit den Menschen und in den Frieden mit sich selbst treibt. Der Friede, den sie verbreitet, ist unteilbar. Wogegen die anderen, die ihr fremden Kräfte, vor deren Wirkung man sich in Acht zu nehmen hat, daran erkennbar sind, daß sie den Menschen vielleicht in einen vermeintlichen Frieden mit Gott (er kann dann nur ein vermeintlicher sein!) locken, in welchem er sich doch ohne Frieden mit den Menschen findet – oder umgekehrt: in einen (wieder nur vermeintlichen!) Frieden mit den Menschen, der ohne Macht und Frucht bleiben muß, weil er in keinem Frieden mit Gott verwurzelt und begründet ist – oder in einen Frieden mit sich selbst ohne Frieden mit Gott und den Menschen – oder endlich: in einen vermeintlichen Frieden mit Gott und den Menschen, der nicht auch seinen Frieden mit sich selbst in sich schließt. Wo es an der Wirkung auch nur in einer dieser drei Dimensionen fehlte – auch nur vorläufig fehlte, so daß die Frage offen bliebe, ob und wie sie sich auch in den beiden andern auswirken möchte – da wäre eine andere Kraft am Werk – die Kraft eines Friedens, der irgend ein fauler Frieden wäre, auch wenn er sich unterdessen in der oder jener Richtung noch so lieblich auswirkte. Da ist sofort höchstes Mißtrauen geboten. Wo sie Friedenswirkung in allen drei Dimensionen zugleich nach sich zieht, da nehme man das zum Zeichen, daß man es mit der Kraft zu tun hat, der dann gar nicht genug Raum gegeben werden kann: mit der Friedenskraft der Auferstehung Jesu Christi.

Was möchte von ihrem Charakter noch zu sagen sein? Noch Vieles! Sie ist auch die Kraft der Demut, auch die des Hungerns und Dürstens nach Gerechtigkeit, auch die der Gemeinschaft, auch die des Gebetes und des Bekenntnisses, auch die des Glaubens und der Hoffnung und vor allem auch die der Liebe. Und man käme an kein Ende, wenn man vollständig ablesen wollte, was von der Tafel ihres Ursprungs und ihres Ergebnisses abzulesen ist. Aber es geht uns ja hier nur um die Feststellung, daß sie nicht leere, vieldeutige Kraft und Wunderkraft ist, sondern als solche einen bestimmten Charakter hat, an dem sie zu erkennen und von anderen Kräften zu unterscheiden ist. So greifen wir jetzt nur noch Eines heraus, was in der Sprache, in der sie im Neuen Testament beschrieben wird, manchmal wie das Einzige oder eben das Ganze zu sein scheint. Ihr Charakter ist der des Lebens. Sie ist Kraft in der Richtung auf das Entstehen echten, d. h. eines rechten, eines in Übereinstimmung mit dem Willen Gottes gelebten und also makellosen, unklagbaren und darum unverwüstlichen und unzerstörbaren Menschenlebens. Ein geradezu göttliches Prädikat wird dem Leben, in Richtung auf das sie wirkt, im Neuen Testament ungescheut zugesprochen: es ist ewiges Menschenleben. Als dies ist doch der ans Kreuz geschlagene Mensch Jesus in seiner Auferstehung offenbar geworden: als der Herr, der für uns Knecht wurde, in der Folge und Entsprechung der Erniedrigung des Sohnes Gottes der hohe, der königliche, der kraft seiner Einheit mit Gott ewig lebende Mensch, der auch als solcher unser Stellvertreter und Haupt ist. Gibt es eine Kraft seiner Offenbarung – und das Neue Testament rechnet damit, daß es eine solche gibt – dann ist sie die Kraft, die, wo sie wirkt, Samen solchen Lebens im Menschen wirkt, in das menschliche Dasein einsenkt. Mehr können wir im Blick auf den noch in der Zeit, noch im Machtbereich der Sünde und des Todes existierenden Menschen nicht sagen. Wer sähe da mehr als Samen? Wer sähe es dem da gesäten Samen an, daß er gerade der selber unvergängliche Same des ewigen Lebens ist? Wer sähe es einem Menschen an, daß er Träger dieses Samens ist? Aber wer da was sieht, ist jetzt nicht wichtig, sondern was da ist: die Kraft des Auferstandenen als die Kraft des Sämanns, der unter allen Umständen eben diesen guten Samen sät. Wo sie wirkt, da wird der Mensch auf alle Fälle gespeist und getränkt mit dem für ihn gebrochenen Leib, mit dem für ihn vergossenen Blut des Menschensohnes und so erhalten zum ewigen Leben, da kündigt sich die Gegenwart dieses Lebens unter allen Umständen schon an, da will es sich als solches schon entfalten, Blüte und Frucht tragen. Es geht um menschliches Leben: nicht um irgend eine angelische und nicht um eine tierische Vitalität also. In dem Menschensohn Jesus hat ja die Kraft, die dieses Leben wirkt, ihren Ursprung. Andere Kräfte mögen anderes Leben wirken. Man verwechsle sie nicht mit dieser Kraft. Diese zielt auf menschliches Leben. Aber nun eben von jenem ihrem Ursprung her: auf erhöhtes, der Unechtheit eines ohne und gegen Gott bloß vegetierenden Menschenlebens sich entwindendes, auf ein dem Feuer der Reinigung übergebenes, auf ein von dem um sich selbst kreisenden Raffen und Sorgen sich lösendes, seiner Bestimmung, Leben mit Gott zu sein, sich zuwendendes Leben. Wir könnten hier alles bisher Festgestellte noch einmal einsetzen: sie zielt auf ein erleuchtetes, befreites, erkennendes, in allen Dimensionen friedliches Leben. Es gibt andere Kräfte, die nicht auf diese Erhöhung des menschlichen Lebens zielen, die den Menschen vielmehr da drunten, in einer abstrakt vegetativen Existenzweise festhalten oder die ihn wieder da hinunter drücken wollen. Die Kraft der Auferstehung Jesu Christi ist daran erkennbar, daß sie den Menschen nach oben reißt. Aber nun ist nochmals Vorsicht und Unterscheidung geboten: Es ist das Droben, auf das diese Kraft zielt, auch nicht etwa die zweifelhafte Höhe eines abstrakt seelischen bzw. geistigen Lebens, einer bloßen Innerlichkeit. Es geht um des Menschen Leben in seiner Totalität, um ihn als die Seele seines Leibes und also um sein, dem Leben anderer kosmischer Wesen verwandtes, äußeres Leben in allen seinen ihm eigentümlichen Elementen und Funktionen ebenso wie um sein vernünftig geistiges Inneres, das ihn unter jenen auszuzeichnen scheint. Es geht also um sein Leben nicht unter Ausschluß, sondern mit Einschluß auch seiner vegetativen Komponente! Ist doch der erhöhte Mensch Jesus, von dem die Kraft solchen Lebens ausgeht, der in seiner Totalität nach Seele und Leib erhöhte, wie er auch der in seiner Totalität, innerlich und äußerlich, erniedrigte Mensch ist: auch Fleisch und Blut in seinem Sein und so auch in dessen Offenbarung. Es kann nicht anders sein, als daß auch die von seiner Auferstehung ausgehende Kraft, daß er selber als der Auferstandene nicht nur seelischen, sondern auch leiblichen Samen sät, nicht nur geistige, sondern auch materielle Speisung und Tränkung gibt: in des ganzen Menschen ganzer Erhaltung. Ewiges Leben, wie es durch jene Kraft dem Menschen zugewendet wird, ist Ankündigung und Unterpfand seiner Lebenserhöhung auf der ganzen Linie, von der auch kein Haar auf seinem Kopf und kein Atemzug, den er tut, ausgeschlossen bleiben kann. Es gibt wohl auch allerlei rein seelische bzw. geistige Kräfte. Man sehe wohl zu: ihre Reinheit ist eine verdächtige Reinheit; sie könnte auch höchste Unreinheit sein. Und so könnte die abstrakt geistige Lebenserhöhung, auf die sie zielen, indem des Menschen Äußeres, sein leibliches Leben, sein Fleisch und Blut dabei irgendwo neutral oder verachtet in der Tiefe zurückbleiben, darauf hinauslaufen, daß er sich nur eben täuschte darüber, wie total in und mit seinem wirklichen Leben er selbst da drunten festgehalten ist. Die Kraft der Auferstehung Jesu Christi wird sich in der Totalität des Zuges nach oben bemerkbar machen, der ihre Wirkung ist. Und es mag dann wohl sein, daß eine einzige von einem Menschen gewagte kleine Bewegung gerade leiblicher Ordnung, Disziplinierung und Sanierung das deutlichere Anzeichen der Gegenwart und Aktion dieser Kraft ist, als die tiefsten seelischen Erschütterungen oder als die höchsten Geistesflüge, die nach jener Seite keine oder keine ernstliche und bemerkbare Bedeutung haben sollten. Verweilen wir aber doch noch einen Augenblick bei der entscheidenden Bestimmung, daß der Lebenssame, dessen Aussaat das Werk dieser Kraft ist, der Same ewigen Lebens ist. Das menschliche Leben ohne die Wirkung dieser Kraft und also ohne diesen Samen kann sich uns gar nicht anders darstellen, denn als in beständig sich erneuernder Diskontinuität, als eine fortgesetzte Flucht aus der Vergangenheit durch die Gegenwart in die Zukunft. Wir leben es im Schatten des Todes. Das Leben Gottes ist ewiges Leben: Leben in der Einheit und Kontinuität der Zeiten, Leben in ungebrochener Ruhe und Bewegung. Menschliches Leben, in der Gemeinschaft mit Gott

4. Die Weisung des Sohnes

und also mit seinem Leben gelebt, müßte jener Diskontinuität, indem es sie erleidet, jedenfalls trotzen, müßte sich in jener Flucht, indem es ihr verfallen ist, jedenfalls erhalten, müßte ewigen Lebens auch mitten im Schatten des Todes teilhaftig sein. Als solches menschliches Leben, erhöht zur Teilnahme am ewigen Leben Gottes, ist das Leben des Menschen Jesus in seiner Auferstehung offenbar geworden und ist es die über allen Menschen aufleuchtende Verheißung ewigen Lebens. Darin erweist sich aber die Kraft seiner Auferstehung, daß sie dem Menschen dieses Leben Jesu offenbar macht, die in ihm ergangene Verheißung ewigen Lebens wirksam an ihn heran und in ihn hinein trägt, sie ihm zu eigen macht, daß sie ihn dazu bewegt, sie sich seinerseits zu eigen zu machen, sie zu ergreifen, sie den Trost, die Zuversicht, die Hoffnung seines noch im Schatten des Todes, noch in jener Diskontinuität, noch in jener Flucht durch die Zeiten zu lebenden Lebens sein zu lassen. In der Gestalt der Verheißung – aber das verheißene ewige Leben selbst! In dem in seiner Auferstehung offenbaren Menschen Jesus, in seiner Teilnahme an dem ewigen Leben Gottes, ist ja dem Menschen, der sein Bruder ist, der ewige Gott selbst Trost, Zuversicht und Hoffnung: er als die Einheit und Kontinuität auch seiner Zeit, als die ungebrochene Ruhe und Bewegung auch seines Lebens. Kraft der Offenbarung dieses Menschen das Licht der in ihm ergangenen Verheißung sehen, mit und von ihr leben und so ein Träger jenes Samens sein dürfen, heißt also: ein solches Leben leben, das sich, indem es noch von jenem Schatten des Todes, noch von jener Diskontinuität, noch als Leben in jener Flucht angefochten ist, kraft jener Verheißung schon als Einheit und Kontinuität, schon als unverwüstliche und unzerstörbare Ruhe und Bewegung darstellt und erweist, das schon ein dem Tod trotzendes, in jener Diskontinuität durchhaltendes, in jener Flucht beständiges Leben ist. Die Kraft der Auferstehung Jesu Christi hat, wo sie wirkt, unweigerlich eben dies zum Ergebnis: daß der Mensch das Licht jener Verheißung erblicken, mit und von ihr leben darf und tatsächlich zu leben beginnt – mit und von der Verheißung, die die Gestalt des ewigen Lebens selber ist. Das wirkt keine von den anderen Kräften. Sie mögen dem Menschen manche andere Verheißung ans Herz legen und ins Herz pflanzen, aber nicht die, die die Gestalt des ewigen Lebens ist, und darum keine, in deren Empfang und Besitz er ein dem Tod schon trotzendes, in der Diskontinuität sich schon erhaltendes, in jener Flucht durch die Zeiten schon beständiges Leben leben darf. Sie werden vielmehr alle daran erkennbar sein, daß sie direkt oder indirekt gegen diese Verheißung streiten und also den Menschen ins Bodenlose versinken lassen oder geradezu hineinstoßen. Die Kraft, mit der das Neue Testament rechnet, unterscheidet sich darin von allen anderen Kräften, daß sie dem Menschen einen in allen Bewegungen seines Lebens unveränderlichen Lebensgrund gibt. Man muß aber eben im selben Atemzug sagen: daß sie den Menschen in eine durch keinen Stillstand seines Lebens aufzuhaltende Lebensbewegung versetzt.

Das also sei nun unsere Antwort auf die Frage: wie es möglich und wirklich sein und dann auch in Wahrheit gesagt werden möchte, daß ein Mensch ein Christ wird und ist? Wollen wir mit dem Neuen Testament denken und reden, dann kann die Antwort nur lauten: Es gibt eine von Jesus Christus, nämlich von seiner Auferstehung her souverän wirkende Kraft der Offenbarung und so des Übergangs von ihm zu uns, seiner Kommunikation mit uns: eine Kraft, durch deren Wirkung uns unsere in ihm geschehene Erwählung, seine für uns geschehene Erniedrigung als Gottes Sohn, aber auch seine für uns geschehene Erhöhung als Menschensohn und so die Errettung und Aufrichtung unseres eigenen Seins in ihm offenbar und bekannt und so zu einer neuen Bestimmung unseres Daseins wird. In der Wirkung dieser Kraft werden und sind wir Christen. Wir haben uns den Charakter dieser Kraft: das, worin sie sich von anderen auch wirksamen Kräften unterscheidet, in einigen Umrissen vergegenwärtigt. Als ein obskurer *Deus ex machina* sollte sie uns, Alles wohl überlegt, doch wohl nicht erscheinen können, und so auch ihre Wirkung, die unserem Dasein durch sie widerfahrende neue Bestimmung, bei aller fremden Hoheit ihrer Art jedenfalls nicht als eine magische Verwandlung, in deren Ergebnis wir uns selbst nicht wiedererkennen könnten. Warum sollten wir uns selbst nicht als solche entdecken, erkennen und bekennen, die unter dieser neuen Bestimmung existieren? Wohlverstanden: uns selbst auch in unserer ganzen Diesseitigkeit, in den Grenzen unseres geschöpflichen Wesens, und mehr noch: in unserer von der Macht der Sünde und des Todes noch und noch angefochtenen und bedrängten Menschlichkeit! Das Werk jener Kraft ist nicht die Aufhebung, wohl aber eine uns widerfahrende neue Bestimmung unserer Diesseitigkeit. Gerade auf sie beziehen sich alle charakteristischen Wirkungen dieser Kraft: nicht auf einen Idealmenschen oder Übermenschen, sondern auf den Menschen, wie er in seiner Diesseitigkeit vor Gott, vor den Menschen und vor sich selbst wirklich dran ist. Wir haben es darum sorgfältig vermieden, bei der Beschreibung ihrer Wirkung allzu große Worte zu gebrauchen, zu viel und dann faktisch zu wenig zu sagen. Der Christ ist kein zweiter Christus, sondern ein Mensch wie alle anderen, nur daß er eben an der in Christus geschehenen Erhebung des Menschen in der Weise teilnimmt, daß sie ihm offenbar, in sein eigenes begrenztes angefochtenes und bedrücktes Dasein hinein offenbar und damit ein dessen ganzer Problematik zum Trotz nicht mehr zu beseitigender und von ihm selbst nicht mehr zu übersehender Faktor dieses seines Daseins geworden ist. Er glaubt an Christus und hofft auf ihn. Er liebt ihn. Er folgt ihm nach.

Darin ist er ein Christ. Daß dem so ist: daß ihm des Menschen im Tode Jesu Christi geschehene Erhebung als Quelle unzerstörbarer Ruhe und zugleich nicht mehr zu beschwichtigender Unruhe, als realer Trost und als reale Mahnung präsent ist, das ist es, was er jener Kraft zu verdanken hat: eine, so groß das Geheimnis ist, mit dem er sich damit konfrontiert findet, im Grunde doch auch ganz schlichte und einfache, konkrete, in allerlei bestimmtem Tun und Lassen sich vollziehende und bemerkbare Veränderung seines Daseins, begreiflich in ihrer ganzen Unbegreiflichkeit, Sache seines eigenen Wollens und Tuns, indem dieses seinen Ursprung doch gar nicht in ihm selber hat. Sie besteht ja schließlich nur darin, daß er inmitten der ganzen Begrenzung, Anfechtung und Bedrückung seines Daseins vor die Tatsache eines dem Allem zum Trotz mit ihm gemachten Anfangs seiner Aufrichtung gestellt ist und daß er selbst von diesem Anfang her weiterleben darf: in der Nacht, aber dem Morgen entgegen.

Die Kraft, deren Wirkung im Neuen Testament vorausgesetzt wird, ist der Ausgang, der Empfang, die Gegenwart und Aktion des Heiligen Geistes. Er schafft es, daß Menschen wie alle anderen, in denselben Grenzen und Schranken existierend wie sie, auch Zeugen Jesu Christi sein können und sind. Er schafft es, daß Andere durch ihr Zeugnis erweckt und bewegt werden, Jesus Christus mit ihnen und wie sie und sich selbst mit ihnen und wie sie in Jesus Christus zu erkennen, um von dieser Erkenntnis her neu, anders als zuvor, bestimmt durch diese Erkenntnis, zu denken, zu reden, zu wollen, zu handeln. Er schafft die Gemeinschaft, in der die Zeugen und die durch ihr Zeugnis Erreichten, Betroffenen und Veränderten Brüder und Schwestern in Jesus Christus und so Eines werden und bleiben: sein Volk, seine Gemeinde. Er öffnet ihren Mund zum Bekenntnis, zur Ausrichtung ihres Kerygmas. Er gibt aber ihr und allen ihren Gliedern, den Zeugen und denen, die sie hören und damit selber zu Zeugen werden – er gibt den Christen, indem er sie als solche schafft, auch die ihnen zukommende Kontur, Prägung, Gestalt, Richtung, in der sie bei aller Gleichheit mit anderen Menschen auch anders sind und sich bewegen als sie. Er ruft sie ins Feld und gibt ihnen seine Befehle und Aufträge. Er bestimmt und regiert ihre Aktionen und ermächtigt sie dazu, sie auszuführen. Ohne ihn, sein Schaffen, Geben, Beauftragen, Regieren, Ermächtigen kein Christ, keine Gemeinde, kein christliches Wort, keine christliche Tat! Von ihm her und durch ihn, u. zw. allein von ihm und durch ihn das Alles!

Man muß schon auch auf die Wehrlosigkeit achten, in der die sich selbst darstellen, zu der die sich bekennen, die es an dieser entscheidenden Stelle wagen, mit dieser und nur mit dieser Voraussetzung zu rechnen: mit dem Heiligen Geist als mit dem A und O, dem Anfang und jeder

Fortsetzung, dem Ordnungsprinzip und der Macht der christlichen Existenz – nur mit ihm, sich ganz und allein auf ihn angewiesen zu sehen, sich an ihm genügen zu lassen, keinen anderen Bürgen der Möglichkeit und Richtigkeit ihres Seins und Tuns zu kennen oder zu suchen. Der hohe Ort, an den man sich mit dieser Voraussetzung stellt, ist, von allen anderen Voraussetzungen aus gesehen, doch wohl ein sehr gefährdeter Ort. Es könnte nun doch als sicherer erscheinen, sich nicht so ganz und ausschließlich auf den Heiligen Geist angewiesen zu finden, wie es im Neuen Testament für die Gemeinde und für die Christen als ihre Glieder vorgesehen ist.

Um sich das deutlich zu machen, braucht man ja bloß an den Wortsinn von πνεῦμα (mit seinem Hintergrund in dem alttestamentlichen *ruach*) zu denken, in welchem er nur so etwas wie einen «Wind» oder nur so etwas wie den «Atem» eines animalischen Wesens oder nur so etwas wie die «Seele» als das beherrschende Moment des menschlichen Lebens zu bezeichnen scheint: in allen diesen Bedeutungen eine, wie es in der berühmten Stelle Joh. 3, 8 vom πνεῦμα gesagt wird, auch einem «Lehrer Israels» wie jenem Nikodemus unsichtbare, unbegreifliche Realität und ihre Wirkung. Wie kann man πνεῦμα in so königlichem Charakter, in so entscheidender Funktion voraussetzen, mit seinem Werk als dem alleinigen Existenzgrund des christlichen Menschen, der christlichen Gemeinde rechnen, wenn das seine Art ist? Es kommt dazu, was das Neue Testament in seinem Gebrauch dieser Vokabel auch nicht verborgen hat: daß es mancherlei andere πνεύματα gibt. Nach Luk. 24, 39, Hebr. 12, 23, 1. Petr. 3, 19 können ja abgeschiedene Menschen, bzw. deren Erscheinungen so genannt werden, nach Hebr. 1, 7.14 die Engel Gottes, nach Mr. 1, 23f. usw. – als πνεύματα ἀκάθαρτα – auch die Dämonen. Es gibt nach 1. Kor. 14, 32 auch – in der Gemeinde – Prophetengeister. «Geist» kann aber, eben (etwa Luk. 23, 46) auch einfach für das eintreten, was sonst «Seele» genannt wird. In welcher Nachbarschaft befindet sich der «Heilige» Geist in einem gerade für unseren Zusammenhang so bedeutsamen Wort wie dem des Paulus Röm. 8, 16, wo es heißt: er bezeuge, «zusammen mit unserem Geist», daß wir Gottes Kinder sind! Wie wird er von «unserem Geist» (dem πνεῦμα ἡμῶν) und von allen jenen anderen Geistern verschieden sein, sich unterscheiden lassen? Daß die Frage schon der neutestamentlichen Gemeinde nicht unbekannt war, zeigt 1. Joh. 4, 1, wo zur Prüfung der Geister aufgefordert wird, zeigt 1. Kor. 12, 10, wo unter den verschiedenen Gaben des Heiligen Geistes eine genannt wird, die als διακρίσεις πνευμάτων beschrieben wird. Eben diese Stelle zeigt freilich auch, daß man sich dieser Frage – und das gerade vom Heiligen Geist her! – gewachsen wußte.

Eine Unsicherheit, eine Unruhe und Sorge an diesem vitalen Punkt scheint es im neutestamentlichen Bereich tatsächlich nicht zu geben. Wer in diesen Bereich eintritt, der kennt auch die Existenz und das Wirken dieses Geistes, kennt ihn tatsächlich als die Kraft, von deren Geheimnis und Charakter wir gesprochen haben, und kennt ihn tatsächlich als den alleinigen und souveränen Schöpfer, Begründer, Regenten und Gestalter alles individuellen und kollektiven christlichen Seins und Wesens. In diesem Bereich ist niemand, dem seine Unsichtbarkeit oder seine scheinbare Verwandtschaft mit allerlei anderen guten oder bösen Geistern Gedanken und Not macht – niemand, der es für bedenklich hielte, sich seinem Ziehen und Treiben ganz und ausschließlich anzuvertrauen, niemand, der da die «Gefahr des Spiritualismus», der «Schwärmerei» usw. witterte und nach Sicherungsmaßnahmen dagegen ausschaute und verlangte. Der Geist ist da auch nicht ein Zweites neben einem Ersten, das dann wohl eine anderswoher gegebene, in eigenem Schwergewicht stabile christliche Institution, Ordnung, Lehre, Moral wäre. Auch Institution und Ordnung, Lehre und Moral, sind da vielmehr seine Gaben, Sache seines Verfügens und Regierens. Wer vor ihm Angst haben wollte, der müßte vor dem christlichen Bereich als solchem Angst haben; denn der ist, wie er durch ihn allein begründet und erhalten ist, auch ausschließlich sein Machtbereich. Es gibt da aber keine Angst vor dem Geist. «Pneumatiker» sind da nicht so etwas wie Virtuosen inmitten der übrigen, solcher Fähigkeit und Kunst nicht teilhaftigen Christen. Niemand ist Christ, der nicht als solcher so oder so «Pneumatiker» ist. Die Gemeinde als solche ist da pneumatisch. Es gibt da wohl ein Zuwenig des Pneumatischen, aber kein Zuviel. Aus dem Zuwenig, aus einem unvollkommenen, unklaren, eigenwilligen oder auch zaghaften Gehorsam gegen den Geist stammen alle Gebrechen, Entartungen, Verirrungen und Verwilderungen in der Gemeinde, wogegen sie in dem Maß gesund ist, als sie ihm freien Lauf läßt. Sie hat also – und es haben alle Christen – ihre Stärke gerade in der Wehrlosigkeit, in der sie sich ganz auf den Geist verlassen, ganz der Autorität und Übermacht seines Waltens anvertrauen.

Daß an irgend einem Ort Gemeinde ist, daß da Christen sind, das ist sein eigentümliches Werk: er hat da Menschen ausgesondert, beiseite genommen, unter seine Gewalt und Ordnung gebracht: ἁγιασμός πνεύματος (2. Thess. 2,13, 1. Petr. 1,2) hat da stattgefunden, die Auferbauung (οἰκοδομή) eines οἶκος πνευματικός (1. Petr. 2,5). Sind die Gaben der einer solchen Gemeinde zugewendeten Gnade (die χαρίσματα) nach 1. Kor. 12,4–11 viele und verschiedene, so ist das ihr Gemeinsames, so ist damit für ihr Zusammenspiel und so für die Einheit der Gemeinde gesorgt, daß sie – nicht etwa durch eine Verfassung, durch einen «Bekenntnisstand» oder durch die Existenz eines Amtes koordiniert sind (so meinte man sich dann vom 2. Jahrhundert an, des Heiligen Geistes nicht mehr so recht sicher, helfen zu müssen), sondern daß sie alle Gaben des einen Geistes sind, der sie jedem Einzelnen nach seinem Willen – er ist kein neutral herrschender «Gemeingeist», sondern hat als solcher auch einen je besonderen Willen mit jedem Christen – zuteilt. Alle Verschiedenheiten (διαιρέσεις) in der Gemeinde beruhen nur auf der Verschiedenheit dieses seines Zuteilens (διαιρεῖν). «Ein Leib» ist nach Eph.4,3f. identisch mit «Ein Geist». Er garantiert das «Band des Friedens», er schafft es, daß da auch Eine Hoffnung, Ein Herr, Ein Glaube, Eine Taufe, Ein Gott und Vater Aller, über Allen, bei Allen, in Allen walten und regieren. Es gibt in der Gemeinde nur eine Einheit zu bewahren und zu pflegen: die ἑνότης τοῦ πνεύματος. Und so heißt ein Christ sein auch für den Einzelnen *per definitionem:* «im Geist (ἐν πνεύματι) sein». «Wenn Jemand den Geist Christi nicht hat, der ist nicht sein» (Röm. 8,9). Christen sind als solche μέτοχοι πνεύματος ἁγίου (Hebr. 6,4), «Tempel des Heiligen Geistes» (1. Kor. 6,19) und also πνευματικοί (Gal. 6,1): man bemerke, daß auch die galatischen Christen unbesehen als solche angeredet werden! Und man bedenke, daß das nach 1. Kor. 2,15 in sich schließt: der πνευματικός beurteilt Alles, ohne daß ein Anderer ihn beurteilen kann. Es ist abnormal, beschämend, wenn Paulus den Korinthern im gleichen Brief (3,1) sagen muß, daß er sie in bestimmter Beziehung nicht als πνευματικοί, sondern nur als σάρκινοι, als νήπιοι ἐν Χριστῷ, als noch draußen Stehende ansprechen konnte und kann. Christen sind solche, die das «Bad der neuen Geburt», bestehend in ihrer «Erneuerung durch den Heiligen Geist» (Tit.3,5) hinter sich haben: von da aus leben sie, auf das sind sie anzureden. Sie sind Träger jenes bleibenden Samens (1. Joh. 3,9), Empfänger jener Salbung von dem, der heilig ist (1. Joh. 2,20). Sie sind vom Geiste «getrieben» (Röm. 8,14), sie sind selig zu preisen als solche, auf denen der «Geist der Herrlichkeit und Gottes» ruht (1. Petr. 4,14). Sie haben den Geist, als ἀπαρχή (Röm. 8,23), als ἀρραβών (2. Kor. 1,22; 5,5), als σφραγίς (2. Kor. 1,22, Eph. 1,14) und also als Verheißung (Luk. 24,49). Als den noch in der Zeit, in der Welt Wandernden, noch von der Macht der Sünde und des Todes Bedrohten, als den noch nicht Schauenden, sondern erst Glaubenden ist er ihnen ja gegeben. Als solche Verheißung ist er ihnen aber gegeben, haben sie ihn. Es kann für sie nur Eines geben: ihn nicht zu «dämpfen» (1. Thess. 5,19), ihn nicht zu «betrüben» (Eph. 4,30), nicht gegen ihn zu «freveln» (Hebr. 10,29), geschweige denn, ihn zu «lästern» (Matth. 12,31, Luk. 12,10). Alle christliche Mahnung hat diese letzte Spitze. Alle christliche Selbstbesinnung zielt darauf: daß das unter keinen Umständen geschehen darf, weil es hier um die unantastbare Voraussetzung alles Weiteren geht. Gilt sie, bleibt sie unangetastet, dann kann, darf, muß im Neuen Testament so kühn geredet werden, wie es etwa 1. Joh. 2,27 geschieht: «Ihr habt nicht nötig, daß euch jemand belehrt, sondern wie euch seine Salbung über Alles belehrt, so ist es auch wahr.» Oder Act. 5,32: «Wir sind Zeugen von diesen Dingen und der Heilige Geist, welchen Gott denen, die ihm gehorchen, gegeben hat». Oder Act. 15,28: «Es schien dem Heiligen Geist und uns gut...» Oder Apok. 22,17, wo «der Geist und die Braut» (die Gemeinde) miteinander rufen, miteinander Jeden, der es hört, einladen, in den Ruf einzustimmen: «Komm!» Oder eben Röm. 8,16, wo von jenem συμμαρτυρεῖν des Geistes Gottes mit dem unsrigen die Rede ist. Es gibt dann keine Grenze der Zuversicht, der axiomatischen Gewißheit und Freudigkeit, in der die Gemeinde und in der Gemeinde alle Christen glauben, lieben, hoffen, beten, denken, reden und handeln dürfen. «Der Heilige Geist zeugt für uns» (Hebr. 10,15). Wo er ist, da ist Freiheit (2. Kor. 3,17). Das ist das Geheimnis des Mutes, in welchem sie als christliche Gemeinde, als christliche Menschen existieren.

Vom Heiligen Geist ist die Rede und also, um zunächst dem Wortsinn gerecht zu werden, von einem im eminentesten Sinn besonderen und wieder im eminentesten Sinn aussondernden Geist. So sonderlich ist kein anderer Geist, und so sondert nur er aus. Die Selbstverständlichkeit, um nicht zu sagen: die Naivität, mit der im Neuen Testament mit dem Geist gerechnet wird, beruht darauf, daß er der neutestamentlichen Gemeinde und den neutestamentlichen Christen gerade in seiner Heiligkeit und also in der Besonderheit, in der er Geist ist und als solcher wirkt und also aussondert, kein Problem ist. Er ist ihnen in seiner Heiligkeit unmittelbar und ohne weiteres erkennbar. Nach ihrer Heiligung durch ihn sind und bleiben sie gefragt: nach den von ihnen zu ziehenden Konsequenzen seines heiligenden Wirkens. Daß er heilig ist und heiligt, steht außer Frage. Wie kommt das? Was enthebt sie jeder Rückfrage nach seiner Heiligkeit? Was macht ihn für sie zu dem *per definitionem* Heiligen Geist, mit dessen Autorität und Macht in jener Ausschließlichkeit und mit jenem unanfechtbaren Mut zu rechnen sie sich aufgerufen und instandgesetzt finden?

Die Antwort ist verblüffend einfach: er ist darum und darin im eminenten Sinn Heiliger Geist – heilig in einer Heiligkeit ohne alle Analogien – weil er nichts Anderes ist als die **Gegenwart und Aktion Jesu Christi** selber: sein eigener verlängerter Arm gewissermaßen, er selbst in der Kraft seiner Auferstehung, d. h. in der in und mit seiner Auferstehung anhebenden und von da aus weiterwirkenden Kraft seiner **Offenbarung.** Es ist seine Kraft, durch die er Menschen in Stand setzt, ihn, den im Gehorsam gegen Gott zur Versöhnung der Welt mit ihm in den Tod gegangenen, ihn, den in seiner Erniedrigung als Gottes Sohn erhöhten Menschensohn und in ihm ihre eigene Erhöhung zu Kindern Gottes zu sehen, zu hören, zu vernehmen, zu erkennen und also in seiner Gegenwart, in Aufmerksamkeit auf seine Aktion, als die ihm Zugehörigen in seiner Nachfolge zu leben. Er ist die Kraft, in der Jesus Christus mitten unter diesen Menschen lebendig ist und sie damit zu seinen Zeugen macht – die Kraft, in deren Wirkung es ihnen erlaubt, geboten, ermöglicht ist, in der sie in den Grenzen und Schranken ihres menschlichen Seins dazu **frei** werden und sind, seine Zeugen zu **sein,** als solche zu denken, zu reden, zu handeln. Er ist die Kraft des Gottes- und Menschensohnes selber, in der er sich erniedrigen ließ, um in seiner Erniedrigung als Gott der wahre, der hohe Mensch zu sein, die er aber nicht für sich behalten, nicht nur seine Kraft sein lassen, die er vielmehr offenbaren, die er Menschen, die er eben seiner Gemeinde, die er eben den Christen **mitteilen** wollte, damit sie in der Welt seine Zeugen seien, damit die **Welt** durch ihr Zeugnis **erfahre,** daß Gott sie in Ihm mit sich selbst versöhnt hat, daß ihr Bruch und Zwiespalt geheilt, daß ihr Friede mit Gott geschlossen ist. In der Kraft des Heiligen Geistes ist er selbst wie in den Tod gegangen, so auch vom Tod auferstanden: damit, was in seinem Tod geschehen, nicht verborgen bleibe, sondern offenbar werde. Und so ist der Geist, der die Christen zu Christen macht, diese Kraft des Offenbarwerdens Jesu Christi selber, **sein Geist.** Darum und darin ist er der **Heilige Geist.** Darum kann seine Heiligkeit den Christen kein Problem sein. Darum ist für sie sein Besonderes und die Besonderheit seines Wirkens von allen Besonderheiten anderer Kräfte klar unterschieden. Von daher der unanfechtbare Mut der Christen, sich ihm allein und ihm ganz anzuvertrauen. Er legitimiert und erweist sich als der Geist Jesu Christi selber als der von ihm «ausgesendete», «ausgegossene», der Gemeinde, ihnen, den Christen, von Ihm gegebene Geist. Wer ihn empfängt, der empfängt ihn von **Ihm,** als **seinen Geist,** der tritt, indem er ihn empfängt, in den Bereich seiner Gegenwart, seiner Aktion, seiner Herrschaft.

Die Linie des neutestamentlichen Denkens und Redens vom Geist verläuft gerade in dieser Hinsicht sehr klar, man möchte sagen: schnurgerade von Jesus Christus selbst herunter zu seiner Gemeinde, zu uns Christen. Wir fangen oben an und hören in einfachster Formel: Er ist «der Geist Jesu Christi» (Phil. 1, 19, Röm. 8, 9); er ist der vom Vater in unsere Herzen gesandte «Geist seines Sohnes» (Gal. 4, 6). Das heißt aber doch wohl vor allem: Er ist **sein Geist,** der Geist, in dessen Kraft und Wirkung er selber ist, der er ist und tut, was er tut. Er ist ἅγιον, weil er κύριον ist, wie er später im *Nic. Constant.*

genannt wurde: der Geist des Herrn Jesus, d. h. weil der Mensch Jesus durch ihn, in der ihm durch ihn gegebenen Macht, Knecht, aber auch Herr war und also ganz durch ihn wurde, war und ist. Er braucht ihn also nicht erst besonders zu empfangen. Er wurde, indem er sein Empfänger, Träger und Bringer wurde. Und eben das war, blieb und ist er auch. Τὸ γὰρ ἐν αὐτῇ γεννηθὲν ἐκ πνεύματός ἐστιν ἁγίου, wird (Matth. 1,20) dem Joseph von Maria gesagt. Es wäre schon darum nicht gut, das *conceptus de Spiritu Sancto, natus ex Maria virgine* als theologisch irrelevante Legende zu behandeln, weil damit die wichtige Grundbeziehung zwischen Jesus selbst und dem Geiste undurchsichtig werden muß. Jesus ist nicht ein nachträglich mit dem Geist Begabter und von ihm Getriebener wie Andere, wie vor ihm die Propheten, durch die der Geist ja auch geredet hat *(qui loquutus est per prophetas, Nic. Constant.)* und wie nach ihm seine Jünger, wie wir es als Christen zweifellos auch sein dürfen und müssen. Er hat ihn aus erster Hand, von Hause aus. Das Wort wurde Fleisch (Joh. 1, 14) und also Mensch wie die Propheten und Apostel, wie wir. Es wurde aber, weil er als Mensch nicht aus dem Fleisch, sondern aus dem Geist gezeugt war (Joh. 3, 6), sofort auch Geist im Fleische: in der Niedrigkeit des Fleisches, wie von Anfang an auf dem Wege zu seiner Erniedrigung in den Tod, so von Anfang an auch ein vom Geiste lebender und durch den Geist selber Leben schaffender und schenkender Mensch. Der zugespitzte Satz 1. Kor. 15, 45 vom letzten Adam, der im Unterschied zum ersten πνεῦμα ζωοποιοῦν wurde, wird von da aus verständlich und so auch die ebenfalls zugespitzte Gleichung 2. Kor. 3, 17: ὁ κύριος τὸ πνεῦμά ἐστιν. Was Johannes der Täufer am Jordan «sah» (man bedenke, daß es sich im Sinne der Texte bestimmt um eine Vision handelte): das Aufgehen des Himmels, das dem Abwärtsflug einer Taube vergleichbare Herabsteigen des Geistes Gottes, sein Kommen auf den aus dem Jordanwasser heraufsteigenden Jesus (Matth. 3, 16 Par.), war also nicht das einzelne Ereignis jener Stunde, nach und vor anderen: als wäre Jesus des Geistes, der ihm zuvor noch fehlte, erst in dieser Stunde teilhaftig geworden. «Dieser ist (nicht: dieser wurde jetzt) mein geliebter Sohn!» sagt ja auch die vom Täufer vernommene Stimme vom Himmel. Es geht – so entspricht es der Stellung und Funktion des Täufers in allen Evangelien – um die ihm, dem Mann an der Schwelle vom alten zum neuen Bunde, als dem Ersten zuteil gewordene Offenbarung und Erkenntnis des Menschen Jesus – in Antizipation der Osteroffenbarung um die erste, von Gott selbst vor den Augen und Ohren dieses Mannes vollzogene Proklamation der Wirklichkeit Jesu: er ist sein, Gottes geliebter Sohn und als solcher von Anfang an, in seiner ganzen Existenz, der geistliche, d. h. der durch das Herabkommen des Geistes Gottes lebende und also von ihm ganz erfüllte und regierte und so der wahre, der hohe, der königliche Mensch: der Mensch des göttlichen Wohlgefallens. Er, der soeben, damit die ganze Gerechtigkeit Gottes erfüllt werde, zu ihrem Ziele komme, solidarisch mit jenem ganzen Volk der Taufe der Buße sich unterzogen, sich als dieser Mensch also wahrhaftig verborgen, ins Inkognito gehüllt hatte! Er, der das Zeichen dieser Taufe in der noch größeren Verborgenheit seines Todes am Kreuz verwirklichen, erfüllen sollte! Ich sah den Geist «bleiben auf ihm», heißt es Joh. 1, 32f. zweimal sehr nachdrücklich und in dem späteren Zeugnis des Täufers (Joh. 3, 34): Gott gibt ihm, den er gesendet hat, den Geist nicht ἐκ μέτρου (in jenem διαιρεῖν von 1. Kor. 12, 11, wie er ihn den Propheten und nachher den Aposteln, der Gemeinde, den Christen gab und gibt), sondern ungeteilt, unbeschränkt, die Fülle des Geistes: so daß sein Sein als Fleisch, als Mensch wie alle anderen unmittelbar als solches auch sein Sein als Geist ist. Als diesen ganz geheiligten Menschen und also nicht in Form einer einzelnen, kommenden und wieder gehenden Inspiration, sondern entsprechend der umfassenden Notwendigkeit dieses seines heiligen Menschseins treibt ihn der Geist (Mr. 1, 12) in die Wüste, d. h. aber – im Vollzug der von ihm übernommenen Buße – in den siegreichen Kampf gegen den Satan. Und wieder als dieser ganz geheiligte Mensch hat er in seinem Tod (Hebr. 9, 14) «durch den ewigen Geist sich selbst Gott makellos dargebracht.» Eben als Dieser wurde er (1. Petr. 3, 18) «getötet nach dem Fleische» (σαρκί: nach dem Gesetz, dem er sich, indem

4. Die Weisung des Sohnes

er Fleisch wurde und war, beugte), aber auch «lebendig gemacht nach dem Geiste» (πνεύματι: nach dem Gesetz seines Seins als lebenschaffender und also den Tod überwindender Geist) – als der Herr, der selber der Geist ist. Oder, mit Röm. 1, 3f. zu reden, wo Paulus seine zweifache geschichtliche Herkunft beschreibt: er, der Sohn Gottes, kam κατὰ σάρκα, als Mensch, von David und seinem Geschlecht her. Er kam aber auch (und darin war er als Sohn Gottes ὁρισθεὶς ἐν δυνάμει mächtig ausgesondert, von anderen Menschen abgegrenzt und unterschieden, ihnen allen gegenübergestellt) κατὰ πνεῦμα ἁγιωσύνης, durch den ihn als Davidsohn und also als Menschen heiligenden Geist von dorther, von woher noch keiner gekommen ist: ἐξ ἀναστάσεως νεκρῶν. Oder nach jenem merkwürdigen Hymnus 1. Tim. 3, 16: im Fleisch (und also in der Verborgenheit) offenbart, wurde er (als der, der er im Fleische war) «gerechtfertigt im Geiste». In diesem radikalen Sinn ist der Heilige Geist der Geist Jesu Christi selber: Jesus ist, weil und indem er der Sohn Gottes ist, der geistliche Mensch; er geht als solcher den Weg, der ihn ans Kreuz führt; er wird aber auch als solcher offenbar und erkannt, indem er von den Toten erweckt wird. Das Letzte ist in unserem Zusammenhang entscheidend: heilig ist der Geist darin, daß er die Kraft ist, in der der Mensch Jesus sich selber jenseits seines Todes, als der zum Heil der Welt Getötete, vergegenwärtigt und also lebt, in der er als der Mensch, der er wurde, war und ist, als der im Fleisch Gekreuzigte wieder und wieder in Aktion tritt.

Er tut das, das ist das Zweite, was wir nun hervorzuheben haben, als der, der seinen, aber auch unseren Tod erlitten und überwunden hat, als der Erniedrigte und in seiner Erniedrigung Erhöhte, als der in seiner Hoheit Verborgene, aber auch in und aus seiner Verborgenheit heraus sich Offenbarende. Er lebt in dieser doppelten und einfachen Majestät des Sohnes Gottes, als das Subjekt dieses doppelten und einfachen Geschehens. Als so Lebender will er nicht allein, nicht für sich sein, sondern Gefährten, Teilnehmer, Zeugen dieses seines Lebens haben: Menschen, in denen sich seine Erniedrigung und seine Erhöhung, sein Sterben und Auferstehen – nicht wiederholt, aber widerspiegelt, in deren Dasein es zu einer Entsprechung dieses seines Lebens kommt. Und eben solche Entsprechung seines Lebens im Dasein anderer Menschen (und das sind seine Jünger, das sind die Christen, das waren aber nach neutestamentlicher Auffassung schon die Propheten!) verschafft er sich tatsächlich. Das ist das Ereignis, die Entscheidung, die im Neuen Testament als sein Geben, Senden, Mitteilen, als die von ihm ausgehende Ausgießung des Heiligen Geistes beschrieben wird. Man muß Beides beachten: Er selbst ist frei handelndes Subjekt dieses Ereignisses. Er ist es aber als das Subjekt jenes doppelten und einfachen Geschehens. Ohne ihn, ohne seine freie, souveräne Zuwendung zu bestimmten Menschen kein Heiliger Geist als Faktor anderen menschlichen Daseins – und kein Heiliger Geist, den er ihnen anders denn als der Gekreuzigte und Auferstandene zuwendet, der als Faktor ihres menschlichen Daseins seine Herkunft von ihm als Diesem verleugnen könnte. Heilig ist der Geist im Neuen Testament darum, weil er Jesu Christi eigener Geist ist. Als Jesu Christi eigener Geist erweist er sich aber darin, daß er den Menschen von ihm, u. zw. von ihm, dem Gekreuzigten und Auferstandenen, als die in seiner Auferstehung offenbare Kraft seines Todes geschenkt wird. Das Neue Testament macht beides gleich deutlich: Er, «der nach mir kommt», sagt (Joh. 1, 30) wieder der Täufer, ist der ἐν πνεύματι ἁγίῳ, in der Macht des Heiligen Geistes und mit dem Heiligen Geist, als Geber des Heiligen Geistes Taufende. Er sagt, noch auf dem Wege jenem doppelten Geschehen entgegen, daß er ihn vom Vater her «senden» wird (Joh. 15, 26; 16, 7). Er kündigt den Jüngern (Luk. 24, 49) an: «Ich sende die Verheißung meines Vaters auf euch.» Er ist es, der laut der Pfingstrede des Petrus (Act. 2, 33) als der zur Rechten Gottes Erhöhte (als solcher der Empfänger, der Träger der Verheißung, des Heiligen Geistes) «das, was ihr sehet und hört, ausgegossen hat.» Er haucht nach der verkürzenden Darstellung des Johannesevangeliums (20, 22) als der Auferstandene seine Jünger an und spricht: «Empfanget den Heiligen Geist!» Immer Er, aber eben Er nicht diesseits, sondern jenseits jener Grenze, Er als der sie überschritten, der in seinem Tod seine Erniedrigung wie seine Erhöhung vollendet und der sich in seiner Auferstehung als der «heilige Knecht» (Act. 4, 27f.) und eben so als der Herr erwiesen hat. Er als der in seinem Sterben Gekrönte und in seinem Auferstehen als König Offenbarte schafft seine Gegenwart und Aktion im Dasein auch anderer Menschen. Haben sie den Geist, so haben sie ihn von Ihm, von Diesem und so als Heiligen Geist. Vor dieser seiner Vollendung und anders als von dieser Vollendung her kein Heiliger Geist, keine ermächtigten Zeugen, Apostel, Christen, keine Gemeinde. «Der Geist war (für Andere) noch nicht», heißt es Joh. 7, 39, «weil Jesus noch nicht verherrlicht war.» «Wenn ich nicht weggehe, kommt der παράκλητος nicht zu euch» (Joh. 16, 7). Die Kraft der geschehenen und offenbarten Versöhnung der Welt mit Gott und also die Kraft des Geschehens des Karfreitags und des Ostertags ist die Voraussetzung, die im Neuen Testament im Blick auf diese anderen Menschen gemacht wird. Daß eben dieses Geschehen sich in ihrem Dasein widerspiegelt, ist das Ereignis ihres Empfangens und Besitzens des Heiligen Geistes, ihres Lebens von und mit ihm, ihres Regiertwerdens durch ihn. Daß sie seiner teilhaftig sind, heißt: daß sie im Unterschied zu allen Menschen und allen anderen Menschen gegenüber zu Zeugen bestellt, durch ihn zu Kundigen seines Seins und Tuns, u. zw. seines vollendeten Seins und Tuns, gemacht sind. Im Heiligen Geist leben heißt mit und in und von dieser Kunde und für sie leben.

Wir haben damit schon das Dritte genannt, was nach der Angabe des Neuen Testamentes zu beachten ist: der Geist erweist sich darin als heilig, d. h. als der Geist Jesu Christi selber, daß er von ihm zeugt. Er ruft die Menschen, denen er von ihm gegeben wird, zu ihm, erinnert sie an ihn, stellt sie in seine Gegenwart, hält sie bei ihm fest: eben dort, wohin sie nach dem in ihm offenbaren Willen Gottes gehören. Der Geist macht ihnen ja eben nicht nur Jesus Christus, sondern in ihm ihr eigenes Sein offenbar: aber eben dieses als in ihm beschlossen, als ihm gehörig. Und so tut er das, indem er ihnen ihn selbst vor Augen stellt und zu Gehör bringt: ihn als den, der Macht über sie hat, dem sie verbunden und verpflichtet sind, dem sie alles zu danken haben, alles schuldig sind, ihn als den Herrn und das Heil der ganzen Welt, den zu verkündigen sie berufen sind. Es ist besonders das Johannesevangelium, das in diesem Punkt sehr ausdrücklich und eindrücklich redet. Der Geist ist τὸ πνεῦμα τῆς ἀληθείας, der «Geist der Wahrheit» (Joh. 14, 17), die Macht, welche, ferne von allem eigenwilligen oder eigengesetzlichen Wirken, nur eben Jesus kundgibt, nur eben die Erschließung, die Aufdeckung, die Offenbarung seiner Wirklichkeit immer aufs neue vollstreckt: ὁδηγήσει ὑμᾶς εἰς τὴν ἀλήθειαν πᾶσαν, er wird sie in den ganzen Umfang der Offenbarung dieser Wirklichkeit hinein und zugleich ihrer letzten, vollkommenen Gestalt entgegenführen (Joh. 16,13). «Er wird mich verherrlichen; denn aus dem Meinigen wird er es nehmen und euch verkündigen» (Joh. 16, 14). «Er wird euch Alles lehren und wird euch an Alles erinnern, was ich euch gesagt habe» (Joh. 14, 26). Er wird «von mir zeugen» (Joh. 15,26). Μαρτυρία ist aber im Neuen Testament eine höchst aktive, angreifende, ihren Empfänger aus aller Neutralität herausreißende Mitteilung: sie besteht in einem παρακαλεῖν, d. h. in einem Aufrufen, Herbeirufen, Einladen, Auffordern, Ermahnen, Ermuntern, in einem zugleich bittenden, zurechtweisenden und tröstlichen Zuspruch. Der Geist wird also für die Gemeinde, für jeden Christen ein, der große παράκλητος sein. Im Johannesevangelium (14, 16.26; 15, 26; 16, 7) auf den Geist angewendet, beschreibt ihn dieser Begriff, als den Mittler, Anwalt, Fürsprecher Jesu Christi bei den Seinigen. Er redet von ihm und für ihn, als Vertreter seiner Sache: mit dem Ziel, daß sie sie als ihre eigene erkennen und zu ihrer eigenen machen sollen. Er stellt sie ja vor ihn als (so, als Bezeichnung Jesu Christi selbst, wird derselbe Begriff 1. Joh. 2, 1 gebraucht) vor ihren Mittler, Anwalt, Fürsprecher bei Gott. Er sorgt dafür, daß er als solcher bei ihnen nicht vergessen und auch nicht mißverstanden, sondern als der, der er ist, immer wieder erkannt und bekannt werde, nicht auf Ungehorsam stoße, sondern Gehorsam finde, daß seine Wahrheit, d. h. seine Offenbarung unter ihnen nicht zum Stillstand komme, ihr Licht nicht unter den Scheffel gerate, sondern auf dem Leuchter bleibe, auf den es gehört, und Allen leuchte, die im Hause sind (Matth. 5, 14f.). Er wird insofern der ἄλλος παράκλητος (Joh. 14, 16) sein, als sein Werk eben jenseits des Sterbens und Auferstehens des Menschen Jesus anheben, als es in dessen Selbstoffenbarung in dieser seiner Vollendung und von ihr her bestehen wird. Daß der Sohn Gottes als dieser Mensch, einmal, zu seiner Zeit und an seinem Ort, in der Welt, Fleisch von unserem Fleisch, in seinem Tod die Versöhnung der Welt mit Gott und in seiner Auferstehung als der Versöhner offenbar wurde, das ist ja nicht eine in jenen Ort und in jene Zeit eingeschlossene Geschichtstatsache, darf unter den Christen unter keinen Umständen als solche behandelt werden. Was damals war und geschah, das ist ja vielmehr die der Welt, den Menschen aller Orte und Zeiten gegebene lebendige Verheißung des Inhalts: daß es nicht nur einmal, sondern ein für allemal, für sie alle war und geschah. Lebendig ist diese Verheißung aber darum, weil er, von den Toten auferstanden, selber in ihr lebt, sich selber in ihr vergegenwärtigt. Hier greift als sein Mittler, Anwalt und Fürsprecher der Geist ein. «Ich will euch nicht als Waisen zurücklassen, ich komme zu euch» (Joh. 14, 18). Will sagen: So gewiß die Geschichte der Welt, nachdem sie einmal in diesem Menschen, in seinem Tod, zu ihrem Ziel gekommen ist, nicht weitergehen kann, als wäre nichts geschehen, so gewiß in der Welt seine Gemeinde, die Christen, als seine Zeugen existieren – so gewiß sollen, dürfen und werden diese nicht sich selbst überlassen, nicht ohne ihn in der Welt, nicht auf sich selbst angewiesen sein müssen. Sondern er wird bei ihnen, mit ihnen sein bis zur συντέλεια dieser Welt, d. h. bis es vor aller Augen offenbar werden wird, daß sie, daß jeder Mensch damals und dort tatsächlich zu seinem Ziel gekommen ist (Matth. 28, 20). Die Erfüllung dieser Zusage seines Kommens in der Zeit vor seiner letzten Offenbarung ist die Gegenwart und Aktion des Heiligen Geistes. Er erweist sich darin als der Geist des Sohnes Gottes, der unter uns Mensch wurde und war, aber auch ist, daß er das in seinem Tod vollendete und in seiner Auferstehung offenbarte Leben Jesu der Gemeinde, den Christen immer aufs neue zum Gegenstand ihres eigenen Erkennens macht, es ihnen immer aufs neue einprägt, es auch an ihrem Leib, in ihrer Person offenbar macht (2. Kor. 4, 6), es zum entscheidenden, ja beherrschenden Faktor ihres eigenen menschlichen Daseins werden läßt. Er erweist sich darin als der Heilige Geist.

Damit ist aber wieder das Vierte und Letzte, was im Neuen Testament auf dieser von oben nach unten gehenden Linie vom Geist zu hören ist, eigentlich schon ausgesprochen: seine Gegenwart und Aktion ist daran unzweideutig zu erkennen, daß die Menschen, an und in denen er wirkt, Jesus Christus, den Sohn Gottes im Fleische, den Menschen Jesus als ihren lebendigen Herrn, als das lebendige Haupt seiner Gemeinde, als den lebendigen Heiland der Welt erkennen, eben damit aber auch sich selbst als die Seinigen, die ihm Verbundenen und Verpflichteten. Sie stehen im Licht seines aus seinem Tod hervorbrechenden Lebens: der Offenbarung der in seinem Tod geschehenen Versöhnung. Sie sehen und hören ihn. Und als die ihn Sehenden und Hörenden denken sie wie über ihn, so auch über sich selbst. Und wieder entsprechend ihrem so begründeten Denken über ihn und sich selbst möchten sie nun leben; von diesem Anfang her brechen sie jeden Morgen neu auf. Zu diesem Letzten wäre nun Alles noch einzusetzen und zu entfalten, was wir von der Kraft des Heiligen Geistes in der Wirkung jenes Freudenlichtes, jener Befreiung, jenes Erkennens, jenes Friedens, jenes Lebens beispielsweise und im Umriß schon gesagt haben. Wir werden, wenn wir von des Menschen Heiligung als solcher zu reden haben werden, ausführlich eben von diesem Aufbruch zu handeln haben. Wir notieren hier nur das Grundsätzliche und Umfassende: das Werk des Geistes an und in denen, denen er geschenkt wird, besteht darin, daß ihnen das Sein, das Leben, die Gegenwart und Aktion Jesu Christi als Versöhner, Mittler, Herr, Haupt und Heiland – das Alles in der Gestalt des königlichen Menschen Jesus – zum entscheidenden, zum bestimmenden Faktor ihres Daseins wird. Im Blick auf das Pfingstwunder wagt es die Apostelgeschichte (2, 36) die Rede des Petrus in der Proklamation endigen zu lassen: «Mit Gewißheit (ἀσφαλῶς) erkenne das ganze Haus Israel, daß Gott ihn zum Herrn und Christus gemacht hat – diesen Jesus, den ihr gekreuzigt habt.» Diese ἀσφάλεια ist die durch den Heiligen Geist bewirkte Daseinsveränderung *in nuce*. In dieser durch den Heiligen Geist zu empfangenden und zu vollziehenden gewissen Erkenntnis Jesu sammelt sich nämlich «das ganze Haus Israel», scheidet es sich von den Weltvölkern, um seine Mission unter ihnen anzutreten. An dieser Erkenntnis scheiden sich die menschlichen Geister: nicht ohne Weiteres in Gute und Böse, nicht ohne Weiteres in Erwählte und Verworfene, in Gerettete und Verlorene, wohl aber in Christen und Nichtchristen. Fügen wir gleich hinzu: so relativ, so vorläufig, wie menschliche Geister sich in der Welt, in der Relativität und Vorläufigkeit aller menschlichen Geschichte, unter der noch wirksamen Macht der Sünde und des Todes, diesseits der συντέλεια dieses Äons scheiden können. Fügen wir ferner hinzu: unter Vorbehalt des Urteils Jesu Christi selbst über die sich hier Scheidenden, über die auch nur relative und vorläufige Echtheit ihrer Scheidung und also darüber, welche nun wirklich und letztlich Christen und Nichtchristen sein möchten. Und fügen wir ferner hinzu, daß diese Scheidung immer wieder vollzogen und wahr werden muß, daß ein Jeder jeden Morgen neu gefragt ist, ob er ein Christ oder ein Nichtchrist sei, daß ein Jeder jeden Tag neu aufhören müssen wird, ein Nichtchrist und jeden Tag neu anfangen müssen wird, ein Christ zu sein, wozu er dann auch den Heiligen Geist jeden Tag neu nötig haben wird. Aber hier, an dieser Erkenntnis scheiden sich die Geister. 1. Kor. 12, 3: «Niemand, der im Geiste Gottes redet, sagt: ἀνάθεμα Ἰησοῦς (was ja, scharf formuliert, auch das Bekenntnis dessen ist, der sich ihm gegenüber neutral verhalten zu können meint!) und niemand kann sagen: κύριος Ἰησοῦς außer im Heiligen Geist.» Und 1. Joh. 4, 2f.: «Daran erkennt ihr den Geist Gottes: Jeder (menschliche) Geist, der Jesus Christus bekennt als den im Fleisch Gekommenen, ist von Gott; und jeder (menschliche) Geist, der Jesus nicht bekennt, ist nicht von Gott». Und das Recht, dieses Kriterium als solches geltend zu machen, wird 1. Joh. 4, 6 unterstrichen durch die Sätze: «Wer Gott erkennt, der hört auf uns (der wird dieses Kriterium anerkennen). Wer nicht aus Gott ist, hört nicht auf uns (anerkennt es nicht). Daran erkennen wir den Geist der Wahrheit und den Geist des Irrtums.» Man beachte die Kürze und Allgemeinheit der in diesen Texten gebrauchten Formeln! Es geht offenbar weder in dem λέγειν im 1. Korintherbrief, noch in dem ὁμολογεῖν im 1. Johannesbrief in erster Linie um die Bejahung bzw. Verneinung bestimmter theologischer Sätze. In solchen lassen sich die beschriebenen Stellungnahmen freilich zuspitzen und zusammenfassen. Daß das Aussprechen solcher Sätze den Christen (der sie auszusprechen sich nicht weigern wird!) als solchen noch nicht vom Nichtchristen unterscheidet, dürfte Paulus und dem Autor des 1. Johannesbriefes auch schon bekannt gewesen sein. Es wird ja auch das Herrenwort von denen, die Jesus mit «Herr, Herr!» anreden (Matth. 7, 21), ohne den Willen seines Vaters im Himmel zu tun, in ihrem Bereich und in dem ihrer Leser irgendwie bekannt gewesen sein: gerade der erste Johannesbrief redet übrigens in dieser Hinsicht, gegen eine allenfalls drohende «tote Orthodoxie», eine unmißverständliche Sprache: schärfer als alle anderen neutestamentlichen Schriften! Es geht um die in jenen kurzen Formeln angedeuteten Stellungnahmen – von einem bekennenden bzw. nicht bekennenden πνεῦμα ist ja 1. Joh. 4,2f. die Rede – des Menschen selbst, des ganzen Menschen, um eine Orientierung seines Daseins als solchen. Es geht aber, darin sind beide Formeln bei aller Kürze eindeutig, um seine Stellungnahme gerade zu dem Menschen Jesus, um seine κυριότης, um Jesus Christus als den «im Fleisch Gekommenen». Das Nein zu diesem macht den Nichtchristen. Das Ja zu diesem, das keiner anders als im Heiligen Geist ernstlich – in einer seine Existenz wirklich bestimmenden Entscheidung – sprechen kann, macht den Christen.

Über die Einheit mit Christus, in die die Christen mit ihrem durch den Heiligen Geist erweckten Ja eingetreten sind, hat Paulus die stärksten Aussagen gewagt. Ἡμεῖς δὲ νοῦν Χριστοῦ ἔχομεν, kann er 1. Kor. 2, 16 sagen und 1. Kor. 6, 17 (in Überbietung

4. Die Weisung des Sohnes

jenes Wortes vom συμμαρτυρεῖν des Heiligen Geistes mit dem unsrigen Röm. 8, 16): «Wer dem Herrn anhängt, der ist ein Geist (ἓν πνεῦμα) mit ihm». Und eben auf das durch den Heiligen Geist geschaffene Verhältnis des Christen zu Christus bezieht sich ja die ganze Stelle Röm. 8, 14–17 (vgl. Gal. 4,6–7), wo der Geist als πνεῦμα υἱοθεσίας, also als Kraft beschrieben wird, in welcher den Christen Anteil an dem Sohnsein und Sohnesrecht Christi verliehen wird: sie dürfen kraft dieses πνεῦμα jetzt und hier schon «Söhne Gottes» und also von aller knechtischen Furcht vor ihm, zu der sie doch, auf sie selbst gesehen, allen Anlaß hätten, frei sein. Sie dürfen jetzt und hier schon *de profundis*, aber in der Tiefe, in der sie noch hausen, mit dem einen Sohn Gottes zusammen – «schreien: Abba! Vater!» Sie dürfen sich selbst jetzt und hier schon bezeugen: ὅτι ἐσμὲν τέκνα θεοῦ – und weil Kinder, darum Anwärter auf die Erbschaft, über die allein dieser Vater, Gott, verfügt – Miterben Christi. Sie dürfen ihr Leiden als ein nachträgliches Leiden mit ihm ertragen und mit ihm – ihm nach, der ihnen ja dahin vorangegangen ist – der Herrlichkeit, ihrer eigenen Verherrlichung im Lichte Gottes, entgegengehen. Kurz und gut: in und mit ihrem «Herr ist Jesus!», ihrem Bekenntnis zu der Hoheit, dem Königtum dieses Menschen, entdecken die Christen ihr eigenes εἶναι ἐν Χριστῷ, sich selbst als die in und mit ihm von Gott erwählten und geliebten Brüder und Gefährten des königlichen Menschen Jesus. «Die Liebe Gottes (uns an sich und von uns her so verborgen wie allen anderen Menschen) ist ausgegossen in unsere Herzen durch den uns gegebenen Heiligen Geist!» (Röm. 5, 5). Das macht sie zu Christen und unterscheidet sie von den Nichtchristen, daß sie sich selbst an der Seite dessen entdecken dürfen, auf dem Gottes Wohlgefallen ruht, daß sie von dieser Entdeckung her leben dürfen. Unmöglich zu entscheiden, was als Konsequenz jener «Ausgießung» das Erste ist: ihr freies Ja zu Jesus als dem Herrn oder ihr freies Ja zu sich selbst als den zu ihm Gehörigen, seiner Rechte Teilhaftigen! Wie könnten sie das erste Ja vollziehen, ohne daß es das zweite in sich schlösse? Und wie das zweite, ohne eben mit ihm vor allem das erste auszusprechen? I h n e n s e l b s t ist ja die Liebe Gottes – aber eben ihnen selbst ist sie ja in C h r i s t u s zugewendet (Röm. 8, 39). Alle Konstruktion einer Pragmatik dürfte hier unmöglich sein. Es ist die «Liebe Gottes», das «in Christus» und das «ihnen selbst zugewendet», zusammengeschlossen in dem «durch den Heiligen Geist», ein einziges Geschehen, nur daß es allerdings als Ganzes durch das «in Christus» geprägt und charakterisiert, als das die Liebe Gottes in unsere Herzen ausgießende Werk des H e i l i g e n G e i s t e s von allem anderen, auch geistigen Geschehen, klar unterschieden ist. – Wobei man, um zu verstehen, auch die drei Fortsetzungen der Stelle Röm. 8, 14–17 nicht vergessen dürfen wird:

R ö m. 8, 18–22, wo von der Herrlichkeit, der die Christen mit Christus schon entgegengehen dürfen, noch einmal zurückgeblickt wird, auf die von ihnen noch zu ertragenden παθήματα τοῦ νῦν καιροῦ. Daß sie der künftig an ihnen zu offenbarenden Herrlichkeit nicht wert seien, unermeßlich gering neben dieser, heißt es zuerst. Dann aber – eben im Blick darauf, daß sie sie im Nachgang der Leiden Christi jetzt und hier noch zu ertragen haben – die Erinnerung, daß ihre christliche Existenz als Leidende wie als Hoffende nicht etwa eine isolierte, partikulare, nicht etwa Selbstzweck ist. Sie sind ja umgeben von der ἀποκαραδοκία, dem ängstlichen Harren der ganzen Schöpfung, der ganzen n i c h t c h r i s t l i c h existierenden, ihrer in Jesus Christus geschehenen Versöhnung mit Gott unkundigen Welt, bei der Paulus wahrscheinlich mindestens a u c h an die g a n z e, auch an die nicht-menschliche Kreatur gedacht hat. Wie existieren denn auch die Menschen (und sonstigen Kreaturen), die des Heiligen Geistes und also der Erkenntnis Jesu Christi und also jener Selbsterkenntnis und also jener neuen Bestimmung ihres Daseins n i c h t teilhaftig sind? Nicht faktisch auch sie (der Christ als Mensch, der des Geistes Christi teilhaftig ist, in Einheit mit ihm lebt, weiß das!) samt und sonders, indem auch sie die παθήματα τοῦ νῦν καιροῦ zu ertragen haben – nicht faktisch auch sie mit den Christen seufzend, mit ihnen schreiend wie in Geburtswehen, weil sie mit ihnen noch der Nichtigkeit (ματαιότης) unterworfen sind: entgegen dem, was sie als Gottes Geschöpfe meinen, suchen und möchten, aber ohne Möglichkeit eigenen Widerstandes gänzlich unterworfen sind? Und existieren nicht faktisch auch sie ἐπ' ἐλπίδι : auf die Hoffnung einer andern Seinsgestalt hin, die wie die der Christen nur eben ihre Hoffnung sein kann: ohne irgendwelches Sehen irgendwelcher Gegenwart? Tun sie das etwa umsonst? Nein, sagt Paulus, auch von ihnen sehr positiv: «Auch die Schöpfung wird befreit werden (ἐλευθερωθήσεται) von der Knechtschaft der φθορά zur Freiheit der den Kindern Gottes verheißenen Herrlichkeit.» So existieren die Christen (in ihrem «Herr ist Jesus!» wahrhaftig von Jenen unterschieden!) doch nicht geschieden von ihnen, sondern ihnen verbunden in jener doppelten Solidarität: faktisch mit ihnen leidend, «tragend die Beschwerden der ganzen Zeitgenossenschaft» (nur eben als die, die im Blick auf Jesus wissen, warum) und faktisch mit ihnen hoffend (nur eben als die, die im Blick auf Jesus wissen, auf wen und auf was). So ist ihre Existenz bei aller Besonderheit keine partikulare, sondern die einer universalen Sendung. So sind sie in der ganzen Eigenartigkeit ihrer Existenz doch nur des gekreuzigten und auferstandenen Jesus Christus Vorhut inmitten der ihn und ihre in ihm schon geschehene Versöhnung noch nicht erkennenden Welt.

Dazu Röm. 8, 23–25, wo nun eben auch die Form der durch den Heiligen Geist begründeten und gestalteten christlichen Existenz ausdrücklich als eine vorläufige, das Werk des Heiligen Geistes, das sie jetzt und hier schon bestimmt, als die Gabe eines Anfangs (ἀπαρχή) beschrieben wird: Er ist nach Luk. 24, 49, Act. 2, 33 die ihnen gegebene Verheißung. Sein Werk ist des Menschen Versetzung in den Besitz einer gewissen, weil in Jesus Christus schon erfüllten, aber in ihrer Erfüllung auch an und in ihnen, diesen Menschen, den Christen, noch nicht offenbaren, noch nicht sichtbaren Hoffnung. Der des Geistes Christi teilhaftige, ihm vereinte Mensch weiß das. «Auch wir, die wir die ἀπαρχή des Geistes haben (deren Dasein durch die Erkenntnis der κυριότης des Menschen Jesus und unserer Zugehörigkeit zu ihm schon bestimmt ist) – auch wir seufzen bei uns selbst, da doch auch wir unsere Sohnschaft (die direkte Erfahrung dessen, was das in sich schließt, daß wir in Christus auch Gottes Söhne sind) erst erwarten: die Erlösung unseres σῶμα (die der φθορά entzogene, die vollendete Gestalt unserer Personen, in der Gott uns jetzt schon sieht, die uns als den in und mit Christus Erwählten zusteht, die uns in ihm schon bereit gehalten ist), in der wir aber jetzt und hier noch nicht leben. Wir sind gerettet (ἐσώθημεν), wir sind es aber, indem wir uns in Hoffnung daran halten, daß wir es sind, ohne es zu sehen, erst unterwegs dazu, es zu sehen, noch in der Nacht, in der wir es nicht sehen, noch zum Warten (ἀπεκδέχεσθαι) und noch zur Beharrlichkeit aufgerufen. Nur daß Paulus gerade das nicht in Form eines Imperativs, sondern in der eines konstatierenden Indikativs sagt: als die nicht Sehenden, aber Hoffenden δι' ὑπομονῆς ἀπεκδεχόμεθα. Das ist Gegenwart. Das tun sie.

Und schließlich Röm. 8, 26–27: Daß die Christen in und mit der ἀπαρχὴ τοῦ πνεύματος leben, erweist sich darin, daß sie in der Lage sind, ohne zu sehen, zu hoffen, u. zw. ohne Wanken zu hoffen: daß sie faktisch «in Beharrlichkeit warten» können. Sie können das darum, weil er, der Geist, «ihrer Schwachheit zuvorkommt», d. h. sie in der Schwachheit, die ihnen damit, daß sie jetzt noch nicht sehen, was sie doch sind, auferlegt ist, stark macht. Und er tut das (der des Geistes Christi teilhaftige Mensch weiß, daß darauf Alles ankommt und daß ihm gerade darin geholfen ist), indem er ihr Gebet möglich und wirksam macht: Möglich, indem er sie mit Gott in die Beziehung und Verbindung setzt, in der sie, was sie von sich aus nicht schaffen könnten, wirklich zu ihm reden können. Vermittelt durch ihn, kraft seines ὑπερεντυγχάνειν reden sie wirklich mit Gott. Und wirksam: kraft seiner Vermittlung ist das Stammeln (die στεναγμοὶ ἀλάλητοι), ihr Reden mit Gott, wie sie es von sich aus fertig bringen, von Gott gehört und verstanden. Indem sie mit Gott reden und von ihm gehört und verstanden werden, harren sie aus, noch in der Nacht, schon dem Morgen entgegen. Alles, das Ganze, indem der Geist die Kraft ist, in der die in Jesus Christus erwählende und handelnde Liebe Gottes ausgegossen ist in ihre Herzen. Er macht sie zu Christen. Er scheidet sie von den Nichtchristen. Er verbindet sie aber auch mit ihnen. Er ist die ihnen gegebene

Verheißung und er versetzt sie in den Stand der Hoffnung. Er gibt ihnen die Macht, auf die Offenbarung dessen von Tag zu Tag zu warten, was sie schon sind, an dem Tag von Golgatha geworden sind. Er ist die Kraft des Gebetes, das dieses ihr Warten zu einem kräftigen Tun macht. Indem er das Alles schafft, indem er sich in dem Allem als der Geist Jesu Christi erweist, ist er der Heilige Geist.

Nach der Heiligkeit des Heiligen Geistes fragten wir und also nach dem Besonderen und der besonderen Wirkung der Kraft, mit der wir zu rechnen haben, wenn es einen Übergang von Jesus Christus zu anderen Menschen, eine Gemeinschaft, eine Einheit zwischen ihm und ihnen, wenn es also Christen wirklich gibt: Menschen, die ihn als den aus der Verborgenheit seines Kreuzestodes Heraustretenden, als den Lebendigen, als den königlichen Menschen und Herrn und in ihm sich selbst erkennen, in dieser Erkenntnis an einen neuen Anfang ihres eigenen Daseins gestellt sind. Die Frage drängte sich uns auf angesichts der Zuversicht, mit der im Neuen Testament damit gerechnet wird, daß es eine christliche Gemeinde, daß es Christen tatsächlich gibt – und also offenbar mit der Wirkung der Kraft eben des Heiligen Geistes, die das möglich und wirklich macht. Daß das Neue Testament damit rechnet, bedeutet offenbar für die ganze auf sein Zeugnis begründete Kirche und so auch für uns die Einladung und Aufforderung, das auch zu tun, u. zw. mit derselben Zuversicht, in der wir es dort getan sehen. Aber eben nach dem Grund und Sinn dieses Tuns und seiner Zuversicht fragen wir ja und müssen wir doch wohl fragen, um zu wissen, was wir tun, wenn wir jener Einladung Folge leisten, wenn wir also im Blick auf Jesus Christus ohne weiteres voraussetzen, daß auch seine Gemeinde ist, auch die Christen als die Seinigen sind, wenn wir uns gar getrauen, vorauszusetzen, daß wir selber seine Gemeinde, daß wir Christen seien. Was macht die Kraft, in der das möglich und wirklich wird, zur heiligen Kraft, und wenn wir sie mit dem Neuen Testament den Geist nennen, zum Heiligen Geist, dem unser Vertrauen und unseren Gehorsam zuzuwenden uns, eben weil er heilig ist, erlaubt und geboten ist, so daß uns dann auch jene Voraussetzung selbstverständlich wird? Wir haben nun gesehen, daß das Neue Testament die Antwort auf diese Frage nicht schuldig bleibt. Es erklärt die Heiligkeit des Geistes schlicht damit, daß es ihn als den Geist Jesu Christi bezeichnet und beschreibt und also als die Selbstoffenbarung eben dessen, nach dessen Erschließung zu anderen Menschen hin, nach dessen Gemeinschaft und Einheit mit diesen Anderen wir angesichts des Geheimnisses seiner Hoheit in der Niedrigkeit seines Todes und angesichts unserer eigenen Unfähigkeit, in dieses Geheimnis einzudringen, nicht ohne Sorge gefragt haben. Es erklärt also, daß sich die von innen geschlossene Türe zu dem Sein Jesu Christi und zu unserem Sein in und mit ihm, in der Tat von innen, in der Kraft seines Lebens als der königliche Mensch geöffnet hat: einmal und entscheidend in seiner Auferstehung und nun eben – und das wieder und wieder – öffnet in der Gegenwart und Aktion des Heiligen Geistes. Und so ist der Heilige Geist nach dem Neuen Testament darin heilig, daß er des Menschen Jesus eigene Lebensäußerung und in ihr er selbst ist: als seine Lebensäußerung seine kräftige Zuwendung zu uns und unsere kräftige Umwendung zu ihm hin, seine Erschließung für uns und unsere Erschließung für ihn, und damit, daß sie uns in diesem doppelten Sinn widerfährt, das Neue in der irdischen Geschichte, die Veränderung im menschlichen Dasein, die gemeint ist, wenn wir von der Existenz der christlichen Gemeinde, der Existenz von Christen reden.

Ist das die einzige Antwort, die hier zu geben ist? Sie ist in der Tat die einzige, die ganze, die sachlich nicht zu ergänzende und nicht zu überbietende Antwort. Jesus Christus ist der Heilige, neben oder über dem es keinen noch Heiligeren gibt: in seinem Sein der Inbegriff des Besonderen, in seinem Werk der Inbegriff besonderen Wirkens. Wir sagen von der Heiligkeit des Heiligen Geistes das Höchste, das Alles Umfassende, wenn wir ihn, jener neutestamentlichen Linie von oben nach unten folgend, den Geist Jesu Christi nennen. Alle Überlegungen dessen, was ihn als Kraft vor anderen Kräften autorisiert und legitimiert, was ihn zur echten Kraft macht, nach deren Wirkung man seufzen und schreien muß, wo sie auszubleiben scheint, und deren Wirkung man sich gar nicht freudig und vertrauensvoll genug hingeben kann, wo sie sich bemerkbar macht – alle solche Überlegungen werden, wenn sie sinnvoll angestellt sind, immer wieder um den Namen, um den Mann Jesus Christus kreisen und darauf hinauslaufen müssen, daß der Heilige Geist darin heilig ist, daß er ursprünglich der Geist dieses Einen ist, von ihm herkommt, zu ihm hinführt, daß er der Geist seines Offenbarens und Offenbarseins ist. Wäre er nicht sein Geist, käme er anderswoher als von ihm oder führte er anderswohin als zu ihm, offenbarte sich ein Anderer in ihm oder würde ein Anderes in ihm offenbar, so wäre er nicht der Heilige Geist: nicht der, den das Neue Testament heilig nennt und den die auf das Neue Testament begründete Kirche als den einen Geist, der ihr Vertrauen und ihren Gehorsam ausschließlich verdient und ganz in Anspruch nimmt, zu respektieren allen Anlaß, um den sie unablässig zu bitten hat und dessen sie sich unablässig freuen darf.

Es möchte aber sein, daß eben diese einzige, ganze und genügende Antwort einer bestimmten Erklärung bedarf. Es ist wieder das Neue Testament selbst, das uns darauf aufmerksam macht, daß eben diese einzige Antwort, wird sie im rechten Verstand gegeben, eine Höhendimension hat, die wir in unsrer bisherigen Darlegung nur stillschweigend bedacht, auf die wir aber noch nicht ausdrücklich hingewiesen haben. Es ist nämlich so, daß das Neue Testament den Heiligen Geist nicht etwa

4. Die Weisung des Sohnes

mit der zunächst zu erwartenden Konsequenz den Geist Jesu Christi, sondern an einer immerhin beachtlichen Reihe von Stellen, wenn auch ohne Abweichung in der Beschreibung seines Wirkens den Geist Gottes oder auch des Herrn oder den Geist des Vaters nennt und auch den Ursprung seines Kommens, seines Gegebenwerdens manchmal mit dem Namen Jesu Christi zusammen, manchmal aber auch ausschließlich mit diesen andern Namen bezeichnet.

Gott selbst wird ja in der berühmten Definition Joh. 4, 24 πνεῦμα genannt, mit der Folgerung: die ihn anbeten (ihm Proskynese erweisen) müssen das, anders als es in Jerusalem und auf dem Garizim geschieht, im Geist und in der Wahrheit tun. Röm. 8, 9 wird der Geist in einem Atemzug zuerst das πνεῦμα θεοῦ, dann das πνεῦμα Χριστοῦ genannt, Röm. 8, 11 der «Geist dessen, der Jesus von den Toten auferweckt hat», 2. Kor. 3, 3 der «Geist des lebendigen Gottes», 1. Kor. 2, 12 der «Geist, der aus Gott ist», Röm. 8, 14, 1. Kor. 2, 11 u. ö. aber auch einfach der «Geist Gottes», Act. 5, 9 und 8, 39 offenbar in alttestamentlicher Reminiszenz der «Geist des Herrn». So ist es denn auch Gott, der nach 1. Thess. 4, 8 «den Geist in euch gibt», der ihn nach Gal. 4, 6 (allerdings als den Geist seines Sohnes) in unsere Herzen sendet. Und schließlich dürfte auch bei dem «Darreichen» (ἐπιχορηγεῖν) des Geistes Gal. 3, 5 das Subjekt «Gott» zu ergänzen sein. πνεῦμα θεοῦ wird der auf Jesus bei der Taufe am Jordan herabsteigende Geist Matth. 3, 16 genannt. Und: Gott gießt «von seinem Geist» aus über alles Fleisch, liest man in der Joelstelle, mit der die Petrusrede Act. 2, 17 anfängt. In derselben Funktion als Ursprung und Geber des Geistes wird im Johannesevangelium der «Vater» genannt. «Ich werde den Vater bitten und er wird euch den anderen παράκλητος senden» (Joh. 14, 16). Und bestätigend: «Der Vater wird ihn senden» (in meinem Namen! Joh. 14, 26). In sehr kompliziertem Verhältnis der beiden Subjekte Joh. 15, 26: «Wenn der παράκλητος kommen wird, den ich euch vom Vater senden werde, der Geist der Wahrheit, der vom Vater ausgeht, dann wird er von mir zeugen.» Tit. 3, 6 erscheint Gott als der Geber des Geistes, Jesus Christus als der Vermittler, durch den er ihn gibt: «... welchen er reichlich über uns ausgegossen hat durch Jesus Christus unseren Heiland.» Endlich die eigenartige Anschauung Act. 2, 33: der auferstandene und zur Rechten Gottes erhöhte Jesus habe dort die ἐπαγγελία τοῦ πνεύματος ἁγίου vom Vater empfangen, um dann seinerseits das im Pfingstwunder Sicht- und Hörbare «auszugießen.»

Der Befund ist – nicht überall im Einzelnen, wohl aber im Ganzen – jedenfalls äußerlich und formal klar: Ein sachlicher Widerspruch zwischen beiden Redeweisen kommt schon darum nicht in Betracht, weil sie so oft kombiniert werden. Von einer Absicht, mit der einen oder anderen etwas sachlich Verschiedenes zu sagen, oder gar von einer Absicht, die eine gegen die andere auszuspielen, ist keine Spur zu entdecken. Man wird angesichts des häufigeren und auch betonteren Vorkommens der im engeren Sinn christologischen Benennung und Begründung nicht wohl verkennen können, daß sie so etwas wie das Grundschema ist, in dessen Rahmen dann aber gerade so wichtige Autoren wie Paulus und Johannes die Freiheit haben und mit einer gewissen Notwendigkeit auch gebrauchen, im Blick auf das Wesen und den Ursprung des Geistes den Namen Gottes oder des Vaters mit dem Namen Jesu Christi alternieren zu lassen.

Über diesen Befund ist nachzudenken. Wir können zum vornherein sagen: nicht in der Richtung einer sachlichen Einschränkung oder Veränderung oder gar Aufhebung unserer bisherigen Feststellung – nicht, um sie durch eine ihr übergeordnete zu korrigieren, überhaupt nicht: um eine Feststellung anderen Inhaltes neben sie zu stellen, wohl aber zu ihrer Erklärung. Sie bedarf offenbar, wenn sie im Sinn des Neuen Testamentes gemacht sein und gelten soll, einer gewissen inneren Bewegung und Erläuterung.

Wir blickten bis jetzt auf die Geschichte, die sich zwischen der Existenz des Menschen Jesus und der Existenz anderer Menschen zuträgt, wenn es zwischen ihm und ihnen zu einem Übergang, zu einer Kommunikation, zu einem Verein kommt, wenn infolge dieser Kommunikation außer mit der Wirklichkeit Jesu Christi auch mit der Wirklichkeit seiner Gemeinde, der Christen, zu rechnen ist. Im Blick nach dieser Seite hatten wir vom Heiligen Geist als der Selbstoffenbarung des Menschen Jesus zu reden; davon, wie er selbst sich anderen Menschen – und davon, wie er andere Menschen für sich erschließt, sich mit ihnen und sie mit sich verbindet: er als der, der er im Geheimnis seines Todes in sich und für uns war und ist – sie als die, denen es nicht nur an Wissen und Verstand, sondern auch am Willen, an jedem Organ für sein Sein und ihr eigenes Sein in ihm fehlt. Die Ausgießung des Geistes als die Wirkung seiner Auferstehung, seines Lebens in seinem Tode und in Überwindung seines Todes, und also das Geschehen seiner Selbstmitteilung («Ich lebe und ihr sollt auch leben» Joh. 14, 19) war die Antwort, die wir uns nach Anleitung des Neuen Testamentes angesichts dieses geschichtlichen Problems gegeben haben.

Wieder das Neue Testament macht uns nun aber, indem es im gleichen Sinn und Zusammenhang auch von dem Geistsein und Geistwirken Gottes oder des Vaters redet, darauf aufmerksam: Diese auf Erden, in der Zeit sich ereignende Geschichte und das Sein und Wirken des Geistes in ihr hat einen Hintergrund, von dem sie herkommt, von dem her sie ihre nicht nur für das Sein oder Nichtsein der Gemeinde und der Christen, sondern eben damit für das Sein oder Nichtsein, für Leben und Tod der Welt, aller Menschen, entscheidende Tragweite und Bedeutung hat. Nicht nur um das, was die Christen zu Christen macht, geht es ja in der Gegenwart und Aktion des Heiligen Geistes. Sondern eben, indem es allerdings um sie geht, eben in der Erweckung und Berufung – sagen wir ruhig: in der Erschaffung – der Gemeinde und der Christen inmitten aller anderen Menschen, inmitten des geschaffenen Kosmos geht es um die Bezeugung, die Proklamation des Einen Notwendigen, was diesem Kosmos zu sagen ist, des Dringlichsten, was alle Menschen hören und wissen müssen, was überhaupt laut werden und vernommen werden kann. In der Welt soll laut und soll vernommen werden: daß Gott sie ihrer Entfremdung von ihm, ihrer Feindschaft gegen ihn zum Trotz, ihrem Zwiespalt und Verderben und Verlorengehen eine Grenze setzend, ihr Frieden und ihr Heil schaffend, in Dahingabe seiner selbst geliebt hat, liebt und lieben wird. Daß dieses gnädige, selbstlose, dieses mächtig rettende Ja Gottes, gesprochen in der Existenz des Menschen Jesus unter denen, für die es gesprochen ist, laut und vernommen werde, das ist Gottes Wille in der Existenz der Gemeinde, der Christen. Gott will die exemplarische Existenz eines Volkes, das im Namen der Welt, der dieses sein Ja gilt, darauf antwortet. Dieser Wille Gottes geschieht auf Erden, indem er die Existenz dieses Volkes durch die Gegenwart und Aktion des Heiligen Geistes möglich und wirklich macht. Diesen Willen Gottes nennen wir den «Hintergrund» jener irdischen Geschichte: die bei allem Denken und Reden über den Heiligen Geist und sein Werk ins Auge zu fassende andere, obere Dimension seines Seins und Wirkens.

Eine Ausgießung des Geistes über alles Fleisch hat die Petrusrede Act. 2, 17 in dem gesehen, was dort am Pfingsttag nur jenen Wenigen widerfahren ist. Es ist eben die unscheinbare, die kleine Geschichte der Christen – als durch den Heiligen Geist ermöglicht und verwirklicht – nicht eine Geschichte unter anderen – mag sie sich von außen, historisch betrachtet, tausendmal so darstellen – sondern so etwas wie die Zentralgeschichte unter allen anderen. Damit sie geschehe, gibt es immer noch Weltgeschichte, immer noch Zeit zu deren Geschehen. Zugespitzt gesagt: sie ist die eigentliche Weltgeschichte, zu der alles Andere, was man sonst so nennt, nur die etwas merkwürdige Begleitmusik macht. Daß das Neue Testament es so meint und sagt, unterliegt keinem Zweifel. Die Kirche muß es auch so meinen und sagen: nicht, um damit irgend einen eitlen Anspruch für sich selbst zu erheben, sondern um sich der unvergleichlichen Verantwortlichkeit ihrer Existenz, Sendung und Aufgabe bewußt zu sein. Sie ist, von jenem Hintergrund im Willen Gottes her, mitten in der Welt jenes exemplarische Volk: Sie hat sich daran zu halten und danach zu richten, oder sie hat mit dem Heiligen Geist und es hat der Heilige Geist mit ihr nichts zu tun – sie ist gar nicht, was sie zu sein scheint und vorgibt. *Tertium non datur.* Das ist es, worauf wir uns durch jene Differenzierung in der neutestamentlichen Terminologie hinsichtlich des Geistes aufmerksam machen lassen müssen. Es geht von Gott her in letztem Ernst ums Ganze, wenn es um die Einheit zwischen dem Menschen Jesus und anderen Menschen und also um das Sein und Werk des Heiligen Geistes geht.

Gott selbst ist auf dem Plan in diesem Geschehen. Um uns das einzuprägen, müssen wir jetzt – nicht von diesem Geschehen weg, aber in die Höhe, man kann ebenso gut sagen: in die Tiefe blicken, von der her es geschieht, in der es begründet, durch die es aber auch bestimmt und geordnet ist – in die Höhe und Tiefe Gottes selbst, der in ihm auf dem Plane ist. Die Geschichte der Kommunikation zwischen Christus und den Christen sei nun als solche für einmal erzählt, der Heilige Geist als die Kraft dieser Kommunikation für einmal bezeichnet, die Heiligkeit, in der er diese Kraft ist und als solche wirkt, für einmal definiert. Auf dieser Ebene sei also vorläufig nichts Weiteres zu bedenken und zu sagen.

Nur eben das – aber damit eröffnet sich eben eine neue Dimension – bleibt uns im Blick auf die vorhin angedeutete Eigenart und Tragweite jener Geschichte mit größtem Ernst zu bedenken und zu sagen: daß Gott selbst in ihr gegenwärtig und tätig ist. Darum ist sie eine so hervorgehobene Geschichte. Darum ist es so nötig, sie genau zu kennen und darzustellen. Ihr spezifisches Gewicht, durch das sie sich von anderen Geschichten unterscheidet, besteht darin, daß Gott selbst in ihr auf dem Plan ist – im gleichen Sinn und gleich völlig und vorbehaltlos in ihrem Ursprung: in der Existenz des gekreuzigten und auferstandenen Menschen Jesus, des königlichen Menschen, wie in ihrem Ziel: in der Existenz der christlichen Gemeinde, christlicher Menschen, wie in dem Übergang, der Vermittlung zwischen dort und hier, in der Kraft und Wirkung des Heiligen Geistes – in allen diesen drei entscheidenden Momenten oder Faktoren dieser Geschichte Gott selbst. Und das nicht nur so, wie Gott selbst zweifellos in allem kreatürlichen Geschehen, in allen menschlichen Geschichten gegenwärtig und tätig ist, sondern in dieser Geschichte Gott selbst in seiner eigensten Sache handelnd: in der Sache, in der es um die Absicht und den Sinn der ganzen Schöpfung, um das Ziel seines Willens mit ihr geht – Gott selbst in seinem Walten in seinem Heiligtum in der Mitte des ganzen von ihm regierten Weltgeschehens. Nach Gott haben wir jetzt im Blick auf dieses Heiligtum, auf jene besondere Geschichte zu fragen. Warum? Weil es wohl so sein möchte, daß wir sie bei aller Bemühung um ihr Verständnis noch nicht so ernst nehmen, wie sie ernst genommen sein will, daß sie – vielleicht logisch und auch ästhetisch eindrucksvoll – nur wie eine Art Mythus an uns vorüberrauschte, so lange uns gerade das nicht klar ist, daß ihre Pragmatik die Pragmatik Gottes ist, daß wir in ihr vor ihn selbst gestellt sind: vor den Ersten und Letzten, um den es in jedem Menschenleben geht, der seiner nicht spotten läßt, gerade indem er die Quelle und der Inbegriff aller Barmherzigkeit, aber auch aller Macht ist: vor den, dem Keiner entlaufen kann, weil er alle umgibt von allen Seiten, weil wir Alle, ungefragt, ob wir es wissen und ob es uns paßt oder nicht, von ihm herkommen, ihm entgegengehen. Uns einzuprägen, daß Dieser der Herr jener Geschichte ist, das ist die Aufgabe, die jetzt noch vor uns liegt.

Es geht nicht darum, unsere Überlegungen jetzt in das Gebiet des Dunkels irgendeiner Metaphysik zu verlegen. Wir werden jene Geschichte keinen Moment aus den Augen verlieren, sie vielmehr nur noch viel genauer ins Auge zu fassen, uns selbst nur noch strenger als die an ihr aufs höchste Beteiligten zu verstehen haben. Eben dazu rücken wir sie jetzt aber entschlossen in das Licht des Gottesgedankens – nicht irgend eines frei gewählten oder erfundenen, sondern des christlichen Gottesgedankens. In seinem Licht will sie gesehen und verstanden sein, wenn sie uns so leuchten, so einleuchten soll, wie es ihr zukommt, und wie sie uns wohl noch nicht leuchtet und einleuchtet, so lange wir ihr Geschehen nur auf der Ebene wahrnehmen und betrachten, auf der wir sie bis jetzt zu sehen und zu verstehen versucht haben. Er zeigt die Höhe und die Tiefe an, die ihr eigentliches Geheimnis ausmacht: das Geheimnis all der Geheimnisse,

4. Die Weisung des Sohnes

auf die wir ja auch bei ihrer Betrachtung auf jener Ebene in jedem Punkt – am Anfang und am Ziel und in der Mitte jener Geschichte – gestoßen sind. Der christliche Gottesgedanke hat sich, wo er rechtschaffen gedacht wurde, von Anfang an an jener Geschichte entzündet, deren Ursprung der Mensch Jesus, deren Ziel die Christenheit, deren Mitte der Heilige Geist als der lebendige Übergang von dort nach hier ist. Er hat, wo er rechtschaffen gedacht wurde, jene Geschichte auch nicht hinter sich gelassen, um von ihr aus eine Fahrt ins Blaue anzutreten. Er konnte und kann vielmehr nichts Anderes sein als der in einer allerdings gewaltigen Unterstreichung ihrer drei entscheidenden Faktoren vollzogene Gedanke dieser Geschichte: der Vollzug dieser Unterstreichung durch die Feststellung, daß in ihr allemal und so in ihrem Ganzen Gott selbst der Faktor, das handelnde Subjekt ist. Weil und indem diese Geschichte sich selbst so auslegt – noch weiter zurück: weil sie diese Geschichte ist, an deren Anfang und Ziel und in deren Mitte Gott selbst handelt und das Wort führt, weil sie selbst nach dieser Unterstreichung ruft, weil man sie überhaupt nicht zur Kenntnis nehmen kann, ohne sofort zur Kenntnis zu nehmen, daß es in ihr um Gott geht, weil man ihrer eigenen Bewegung nachgehen und diese Bewegung nachzudenken versuchen muß, muß sie im Vollzug des christlichen Gottesgedankens verstanden werden. Es geht also nicht darum, aus irgend einer anderen Quelle um Gott zu wissen, um dann dieses Wissen nachträglich auf diese Geschichte anzuwenden, sie als Symbol dieses vermeintlich schon vorher und sonst von Gott Gewußten zu interpretieren. Das kann man nicht. Man kann aber nicht nur, sondern man muß an Hand dieser Geschichte lernen, um Gott zu wissen, um sie dann und von daher erst recht als diese besondere Geschichte in ihren Geheimnissen, in ihrer Eigenart und Wichtigkeit, in ihrer Unterschiedenheit von irgendwelchen Mythen und von anderen Geschichten zu verstehen und zu würdigen. Der christliche Gottesgedanke ist insofern der gewaltige Hebel, durch dessen Bewegung es zu diesem Verstehen und Würdigen kommen darf, als er von ihr selbst ausgeht, um eben zu ihr auch wieder zurückzukehren. Das also soll gemeint sein, wenn wir sagten, es gehe darum, jene Geschichte in das Licht des christlichen Gottesgedankens zu rücken. Wir sagten damit nichts Anderes als: in das Licht, in das sie gehört, weil es ihr eigenes Licht ist.

Wir beginnen mit einer allgemeinen, **formalen Feststellung** über das, was wir die **drei entscheidenden Faktoren** dieser Geschichte nannten.

Die Existenz des Menschen Jesus ist der erste, grundlegende und beherrschende, sofern von ihr die Initiative ausgeht, die das Ganze möglich und wirklich macht, bestimmt und gestaltet. Sie ist die Höhe, von der her diese Geschichte – sie ist von Anfang bis ans Ende Jesusgeschichte – ihr Gefälle und ihren Charakter hat. Sie antizipiert aber auch schon ihr Ziel: in ihr ist ja Alles schon geschehen, was in deren Verlauf und Resultat Ereignis werden soll. Solches Antizipieren als das Werk eines Menschen, im Raum seiner begrenzten Existenz, ist aber als solches ein göttliches Werk. Und so ist die Höhe, von der aus diese Geschichte ihr Gefälle, ihre teleologische Kraft hat, eine göttliche Höhe, die von ihr ausgehende Initiative eine göttliche Initiative. So koinzidiert eben die Existenz des Menschen Jesus (als Anfang dieser Geschichte, die schon die Fülle des Ganzen in sich schließt) mit der Existenz Gottes selbst. Indem Gott nicht nur für sich, sondern in der Welt, in der Mitte der Menschen und für sie existieren, Gott sein will, existiert dieser Mensch: als der Ursprung, in dem doch auch schon die Ausführung und das Ziel alles dessen beschlossen ist, was Gott unter den Menschen und für sie tun will, schon getan hat und noch tut.

Der zweite Faktor, als den wir jetzt den der Folge nach dritten hervorheben, nämlich eben das Ziel jener Geschichte, ist die Existenz der Gemeinde, der Christen. Nicht nur um ihretwillen, aber zunächst um ihretwillen existiert der Mensch Jesus: als Herr und Heiland der Welt zunächst als ihr Haupt, als der von ihnen Erkannte und Geliebte. Fürs Erste sie – sie exemplarisch für die Welt – sind in der Tiefe, der jene Geschichte mit ihrem ganzen Gefälle entgegeneilt. Es hat aber auch das, was an diesem Ziel ist und geschieht, obwohl und indem es sich auch hier um Menschen handelt, göttliche Art. Daß Gott auch in dieser Tiefe Gott und unter und mit diesen Menschen ist, und sie bei und mit Gott: kraft seiner Präsenz und Aktion seine Kinder, Zeugen seines Werkes in der Welt, Verkündiger seines Wortes an sie, das ist es ja, was ihnen damit widerfährt, daß sie in die Gemeinschaft, in den Verein mit dem Menschen Jesus aufgenommen werden und sind. Sie sind von Gott gefunden, indem sie in diesem Menschen ihr Haupt, in ihm als ihrem Ursprung sich selbst entdecken. In ihrer Existenz ist Gott zu seinem Ziel gekommen.

Der dritte Faktor ist der mittlere: die Kraft des Übergangs, der Bewegung, des Gefälles von dort nach hier, von Christus zur Christenheit, die Kraft der Überwindung der Distanz zwischen jenem einen und diesen vielen Menschen, zwischen seiner Höhe und ihrer Tiefe. Was in jener Geschichte geschieht, ist ja dies, daß diese Distanz überwunden wird: der Mensch Jesus bleibt nicht allein und diese anderen Menschen ihrerseits auch nicht. Seine Erschließung für sie und ihre Erschließung für ihn wird ja da Ereignis. Das ist aber ein göttliches Erschließen. Es ist Gott, der nicht nur dort, sondern auch hier sein, nicht nur jenen einen Menschen erhöhen, sondern in der Kraft der Offenbarung seiner Erhöhung auch diese vielen Menschen an der seinigen teilnehmen lassen will: der ihnen offenbar wird als der, der sie in jenem Einen schon erhöht hat. Daß Gott selbst durch Gott selbst offenbar wird als der, der mit Jesus, und weil mit Jesus, darum auch mit der Christenheit ist, das ist der dritte, mittlere Faktor jener Geschichte.

Noch betrachten wir sie bloß formal, in ihrer allgemeinen Struktur – aber eben daraufhin, mit Unterstreichung dessen, daß Gott in ihr auf dem Plan, gegenwärtig und am Werk ist, und konstatieren: er ist es in ihrem Ursprung, er ist es in ihrem Ziel, er ist es in der Vermittlung und Einheit Beider. Wir müssen dreimal «Gott» sagen, wenn wir diese Geschichte sehen und verstehen wollen: an keiner Stelle weniger als an der anderen, an keiner in einem abgeschwächten, uneigentlichen Sinn, auf der ganzen Linie, wirklich dreimal «Gott». Sie wäre nicht diese Geschichte, wenn sie uns erlaubte, auch nur an einer dieser drei Stellen weniger als «Gott» oder nicht ernstlich «Gott» zu sagen. Wem es klar und eindrücklich ist, daß es in ihr total und also im gleichen Sinn in allen ihren drei Momenten um Gott geht, der hat sie verstanden, angeschaut und begriffen – intellektuell nicht nur, sondern, um es nun auch einmal so zu sagen: existentiell – als seine eigene Geschichte. Denn wo Einer in dieser Geschichte Gott gegenwärtig und am Werk findet, da findet er auch – weil Keiner ist, der nicht zuerst Gott und dann erst und so sich selber gehört – sich selbst: nicht *a priori*, aber *a posteriori* wirklich **sich selbst**: sein eigenes Woher, Wohin und Wie als seinen Anteil an dem Woher, Wohin und Wie schlechthin, das auch das Woher, Wohin und Wie aller Dinge ist: **seinen Anteil an Gott** also. In jener Geschichte **Gott** erkennen, heißt – nachträglich, beiläufig, aber ernstlich wie sich das Alles gehört – auch **sich selbst** erkennen. Und – in der gehörigen Nachträglichkeit, Beiläufigkeit, aber auch Ernsthaftigkeit – **sich selbst** erkennen, heißt, in jener Geschichte, in ihren drei Momenten oder Faktoren, **Gott** erkennen.

Mag es mit der literarischen und religionsgeschichtlichen Herkunft der berühmten Formel Röm. 11, 36, mit der Paulus seine große Erwägung über Christus, Israel und die Kirche abgeschlossen, und mag es auch mit dem besonderen Sinn, in dem er sie in diesem Zusammenhang verstanden wissen wollte, stehen, wie es will: das ist sicher, daß sie faktisch auch auf das Genaueste die Gegenwart und Aktion Gottes in der zwischen jenem Ursprung und jenem Ziel durch jene Vermittlung sich ereignenden Geschichte beschreibt. Ἐξ αὐτοῦ heißt es da: offenbar im Blick auf einen alles Folgende hervorbringenden, beherrschenden, bestimmenden und schon antizipierenden **Anfang** – δι' αὐτοῦ: im Blick auf eine von diesem Anfang auf ein ihm entsprechendes Ziel hinstrebende, den Übergang von jenem zu diesem vermittelnde **Kraft und ihre Wirkung** – εἰς αὐτόν im Blick auf ein **Ziel**, das sich darin als echtes, d. h. als in jenem Anfang antizipiertes und durch jene Kraft und ihre Wirkung erreichtes Ziel erweist, daß von ihm aus nur der Rückblick auf jenen Anfang, nur die Rückkehr zu ihm möglich ist: wobei der Rückblick, die Rückkehr, das εἰς αὐτόν offenbar in derselben Kraft, in demselben δι' αὐτοῦ Ereignis wird, durch das es als Ziel erreicht wird. Und nun aber: τὰ πάντα, das ganze Geschehen, unter diesem dreifachen Vorzeichen: Alles von ihm her, Alles durch ihn, Alles zu ihm hin. Und also Er, αὐτός, Derselbe, aber in dreifacher Weise seines Seins der Herr des ganzen Geschehens. Er, Derselbe, sagen wir jetzt, in einem Stück irdischer Geschichte – auf alle Fälle auf ein solches blickt ja die Formel auch in dem Zusammenhang, in dem Paulus sie gebraucht hat – aber in dieser Geschichte in dreifacher Weise und Gestalt, als Ursprung, Mittel und Ziel der eine **Herr**. So daß der liturgische Schluß auch in der Anwendung, in der wir die Formel hier anführen, auf keinen Fall leicht genommen werden darf, vielmehr als die **Anbetung** verstanden werden muß, in der der christliche Gottesgedanke auch im Blick auf jene Geschichte allein wirklich gedacht werden kann.

Es geht um den **christlichen** Gottesgedanken. Er ist das Licht jener Geschichte. In seinem Licht will sie gesehen und verstanden sein. Der christliche ist aber der **trinitarische** Gottesgedanke. Daß Gott, der in jener Geschichte gegenwärtig ist und handelt, der **dreieinige** Gott ist, Vater, Sohn und Heiliger Geist, das ist uns nun freilich erst im Umriß – genau genommen sogar nur im Umriß eines seiner Reflexe, eines *vestigium trinitatis* sichtbar geworden: natürlich nicht bloß in der Dreizahl der Faktoren jener Geschichte als solcher, wohl aber in deren Charakter, Funktion und gegenseitigem Verhältnis. Es gibt kein eigentliches, kein unmittelbares *vestigium trinitatis*, keine direkten und vollkommenen Entsprechungen der Dreieinigkeit Gottes außerhalb von dessen innerem Sein und Leben und also innerhalb der Geschöpfwelt (vgl. KD I, 1 § 8, 3). Auch die uns beschäftigende Geschichte ist das nicht. Von ihren drei Faktoren koinzidiert ja nur einer mit einer der drei Seinsweisen («Personen») Gottes, dieser allerdings unzweideutig: der, den wir den dritten, mittleren unter ihnen nannten, die Gotteskraft des Übergangs von Christus zur Christenheit, die identisch ist mit Gott in der Seinsweise des Heiligen Geistes. Eben von dieser Mitte aus werden wir dann nachher weiter zu denken haben, um das Licht des christlichen Gottesgedankens – oder sagen wir jetzt objektiv: das Licht des dreieinigen Gottes, das in und über dieser Geschichte leuchtet, zu erkennen. Es kann aber weder die Existenz des Menschen Jesus am Anfang dieser Geschichte direkt, d. h. material mit Gott dem Vater, noch die Existenz der Christenheit an deren Ende direkt, d. h. material mit Gott dem Sohn identifiziert werden. Wir können gerade nur auf den formalen Charakter jenes ersten Faktors verweisen: daß er ebenso der Ursprung, u. zw. der das Ziel schon antizipierende, schon in sich schließende Ursprung jener ganzen Geschichte ist, wie Gott der Vater im trinitarischen Sein und Leben Gottes der *fons et origo totius Deitatis* genannt werden muß. Und wir können wieder nur auf den formalen Charakter jenes zweiten Faktors verweisen: daß er ebenso das seinem Ursprung entsprechende und auf ihn zurückweisende Ziel jener Geschichte ist, wie in Gott selbst der Sohn zugleich der vom Vater ewig Geliebte und der ihn ewig Wiederliebende ist und so *Deus de Deo, lumen de lumine ... consubstantialis Patri*. Daß es sich sowohl in dem dritten vermittelnden Faktor jener Geschichte, wie in der dritten vermittelnden Seinsweise Gottes um den Heiligen Geist handelt – dort innerhalb des ungeteilten *opus trinitatis ad extra*, hier in seinem besonderen *opus ad intra* – das mag uns vorläufig eine Bestätigung dafür sein, daß wir uns auch bei jenem formalen Vergleich zwischen dem ersten und zweiten Faktor jener Geschichte und der ersten und zweiten Seinsweise Gottes – mag er auch nur formal durchführbar sein – nicht auf abenteuerlicher Fährte befinden. Nicht mehr als das – aber so viel darf gesagt werden. Mit jener offenkundigen materialen Koinzidenz in der Mitte zusammen erinnert der Umriß, die Struktur, die Pragmatik jener Geschichte an Gottes dreieiniges Wesen, auch wenn sie es nicht direkt abbildet, auch wenn sie also als direktes *vestigium trinitatis* nicht in Anspruch genommen werden kann. Man kann sie schon als Ganzes nicht bedenken, ohne angesichts des Charakters, der Funktion und der gegenseitigen Beziehung ihrer drei Faktoren *ceteris imparibus* an den dreieinigen Gott, ohne also den christlichen Gottesgedanken zu denken mindestens angeregt und eingeladen zu sein. Zur Durchführung dieses Gedankens und also zum Erweis unseres Satzes, daß in jener Geschichte Gott selbst, u. zw. der dreieinige Gott auf dem Plan, gegenwärtig, am Werk und erkennbar ist, genügt dieses Ergebnis unserer formalen Betrachtung des Ganzen dieser Geschichte nicht. Ermächtigt dazu werden wir nur an der einen Stelle, wo – über die formale Ähnlichkeit zwischen jener Geschichte im Ganzen und dem dreieinigen Wesen Gottes hinaus – jenes materiale Zusammentreffen festzustellen ist: bei dem Heiligen Geist, der wie die Gotteskraft der Vermittlung zwischen Christus und der Christenheit, so auch die den Vater und den Sohn verbindende Seinsweise des einen Gottes ist. An dieser Stelle sind wir zum Erweis jenes Satzes ermächtigt – und von da aus dann allerdings zum Erweis seiner Gültigkeit für das Ganze jener Geschichte. Gerade der Heilige Geist wird also, nachdem er sich uns mehr und mehr als das eigentliche Thema dieses Abschnittes aufgedrängt hat, unser Thema auch jetzt bleiben: indem wir die Sache nach dieser ihrer Höhen- oder Tiefendimension hin zu durchdringen versuchen.

Auf den Wunder- und Geheimnischarakter des Dazwischentretens des Heiligen Geistes schon in seiner Funktion in jener Geschichte ist hier immer wieder hingewiesen worden. «Heiliger Geist» bezeichnet eben tatsächlich – das wird im Neuen Testament auch nicht verschwiegen – ein Unanschauliches, ein Unbegreifliches, eine Wirklichkeit, deren eigentliche Erkenntnis wir von unserer Seite überhaupt nur vollziehen können, indem wir darum beten, daß sie in ihrer ganzen Unanschaulichkeit und Unbegreiflichkeit Ereignis werde. Aber eben indem wir nur darum beten – immer wieder erschrocken vor der großen Verschlossenheit des königlichen Menschen Jesus in seinem Kreuzestod und immer wieder erschrocken vor unserer eigenen Verschlossenheit in unsere Geistesträgheit – bezeugen wir ja schon, daß uns der Heilige Geist in seiner ganzen Unanschaulichkeit und Unbegreiflichkeit kein einfach Unbekannter ist, daß wir ihn nicht einfach nicht haben, daß wir um seine Kraft und Wirksamkeit wissen. *Credo in Spiritum sanctum.* Wäre es anders, wie sollten wir auch nur um ihn bitten können? Und wie sollte uns das ganze Problem jener Vermittlung auch nur ein Problem sein – wie sollten wir nach jener doppelten Erschließung auch nur fragen können, wenn sie nicht faktisch stattfände, wenn Jesus nicht auferstanden wäre, wenn es keine Gemeinde, keine Christen mit ihrem immerhin vernehmbaren Zeugnis gäbe, wenn also der Heilige Geist als Kraft der Auferstehung Jesu, als *creator Spiritus* nicht im Kommen, am Werk, wenn uns durch das Alles das Problem – wie er zu verstehen sein möchte? – nicht mindestens als echtes Problem aufgegeben wäre? Ganz abgesehen davon, daß ja auch das Neue Testament da ist und nicht aufhört, uns das Kommen und Wirken des Geistes zu bezeugen: sein Dazwischentreten, seine Vermittlung, sein Hindurchbrechen durch alle Mauern und Wände, vielmehr sein stilles Hinaus- und Hineingehen von Hüben nach Drüben durch in Wahrheit nicht geschlossene, sondern geöffnete Türen, als Wunder und Geheimnis, aber in jener großen Zuversicht zu bezeugen. Oder hört es denn auf, uns zu fragen: ob wir es eigentlich verantworten könnten, nicht unsererseits Zuversicht zu fassen, nicht auch unsererseits Zeugen des von ihm Bezeugten zu sein?

Warum ist das Wunder und das Geheimnis des Heiligen Geistes so groß, so **bedrückend** und zugleich – wie wir uns mindestens durch das Zeugnis des Neuen Testamentes sagen lassen mögen – so **befreiend**? Warum stehen wir ihm und seinem Wirken in solcher **Verlegenheit** gegenüber, immer nur in einem nicht der Rede werten Anfang und Anlauf, im Grunde nur mit der Bitte, daß er uns gegeben oder nicht von uns genommen werden möchte? Und warum dann doch wieder, auch in solch kümmerlichem Anfang und Anlauf, wenn er nur gewagt wird in der in sich klaren Erkenntnis, daß Jesus lebt und daß mit ihm auch wir leben dürfen, und darum unter allem Seufzen in einer nie ganz zu unterdrückenden und manchmal doch auch hell durchbrechenden **Fröhlichkeit**? Warum ist und bleibt er uns freilich so oder so immer so **unanschaulich** und **unbegreiflich**, immer so **neu**, zugänglich immer nur, indem er selbst sich uns zugänglich macht, um uns von sich aus Zeuge dafür zu sein, daß Jesus lebt und wir auch leben dürfen? Wiederum – und das muß hier doch das letzte Wort, auch das letzte fragende Wort sein: Warum ist er und das, was er tut und ausrichtet – jener Übergang, jene Kommunikation, jene Vermittlung, jene gegenseitige Erschließung, in der der Mensch Jesus und andere Menschen sich finden und eins werden – warum ist dieses Geschehen, erfahre und beurteile es ein Jeder, wie er kann, will und mag, so **real** – wie Jeder, der es auch nur von ferne kennt, weiß: realer als alle die anderen, übersichtlicheren, anschaulicheren und begreiflicheren Beziehungen irdisch-menschlicher Geschichte? Man könnte ja auch so fragen: Warum muß sein Kommen in der Pfingstgeschichte gerade so beschrieben werden, wie es Act 2,2f. geschieht: als ein, wie es scheint, senkrecht vom Himmel fallendes «Brausen, wie wenn ein gewaltiger Wind daherfährt» und dann sein Wirken als die Begabung jener Menschen, durch die sie **werden**, was sie zuvor nicht waren: Zeugen der großen Taten Gottes, seiner in der Existenz des Menschen Jesus geschehenen Taten nämlich – und **können**, was sie zuvor nicht konnten: dieses ihr Zeugnis so aussprechen, daß es nun doch in allen profanen Sprachen der Welt gehört und verstanden wird? Was ist das für ein Dazwischentreten? Warum ist es schon auf jener anderen Ebene so mit dem Heiligen Geist?

4. Die Weisung des Sohnes

Wir antworten jetzt: weil sich in diesem Geheimnis seines Seins und Wirkens in unserer, der irdischen Geschichte wiederholt, darstellt und auswirkt, was er in Gott selbst ist, weil eben gerade in seinem Sein und Wirken als Vermittler zwischen Jesus und uns anderen Menschen, in seinem Schaffen, Begründen und Erhalten der Gemeinschaft zwischen ihm und uns Gott selbst unter uns Menschen handelt und offenbar wird: die Gemeinschaft, die Einheit, der Friede, die Liebe nämlich, die in Gott ist, in der Gott Gott war und ist und sein wird von Ewigkeit zu Ewigkeit. Wir reden von der Gemeinschaft des Vaters und des Sohnes. Nicht als ein höchstes Wesen, das zufällig der Inbegriff und die Summe aller denkbaren ausgezeichneten Eigenschaften, darunter wohl auch der der Einheit, des Friedens und der Liebe wäre, ist Gott ja Gott, sondern konkret als der Vater und der Sohn, und das in der Gemeinschaft, in der Einheit, im Frieden, in der Liebe des Heiligen Geistes, der selber der Geist des Vaters und des Sohnes ist – als der in diesen drei Weisen seines Seins, als der in ihnen dreimal in sich Einige. Eben mit Gottes Einigkeit und so mit ihm selbst haben wir es zu tun, wenn wir es im Geschehen des Übergangs, der Kommunikation, der Vermittlung zwischen Jesus und uns mit dem Heiligen Geist zu tun haben. Das macht sein Geheimnis so einzigartig und so groß. Darum ist dieser Übergang so unanschaulich und unbegreiflich, darum in seiner ganzen Unanschaulichkeit und Unbegreiflichkeit so wirklich. Darum vollzieht er sich so souverän, so frei, ist er unserer Verfügung so ganz entzogen. Darum kann er eigentlich nur im Akt der Anbetung erkannt werden. Darum ist er aber auch Ereignis, zu dem wir so oder so (problematisierend, oder mit dem Neuen Testament in kindlicher Zuversicht), zu dem wir zweifelnd oder einfach dankbar Stellung nehmen mögen, an dessen Wirklichkeit wir aber so oder so nichts ändern können. Er ist zuerst in Gott selbst, in seinem Wesen, Sein und Leben Ereignis. Er fällt – in der Tat senkrecht von oben – von ihm her herein in den Bereich unseres Wesens, Seins und Lebens, um sich hier im Geschehen jener Geschichte in dem uns bekannten – so unbekannten und doch so bekannten – Ereignis jenes Übergangs zu wiederholen, darzustellen und auszuwirken. Gottes Gemeinschaft stiftendes Dazwischentreten offenbart sich da, findet da statt – nicht als ein ihm fremdes, sondern als sein eigenstes, zuerst in ihm selbst, in seinem göttlichen Leben von Ewigkeit zu Ewigkeit stattfindendes Dazwischentreten, in seiner Gemeinschaft, in seinem Frieden mit sich selbst, in der Liebe, die zuerst und eigentlich in ihm ist. Die Einigkeit des Vaters und des Sohnes – eben im Heiligen Geist, der wie der Vater und der Sohn, als Geist des Vaters und des Sohnes, der eine wahre Gott ist, *qui ex Patre Filioque procedit, qui cum Patre et Filio simul adoratur et conglorificatur*, offenbart sich da, stellt sich da dar, wirkt und handelt da. Wie sollte das nicht Geheimnis sein? Was ist schon alle unsere Verlegenheit oder auch Freude angesichts dieses Geschehens, alles Fragen und Antworten, mit dem wir es umgeben mögen: wo es uns ja, ob zum rechten Antworten oder auch nur zum rechten Fragen, gegeben sein müßte, unsererseits senkrecht empor zu sehen oder eben hinein in jene «Tiefen Gottes» (1. Kor. 2, 10), in denen dieses Geschehen seinen Grund hat, in denen es erstlich und eigentlich Ereignis ist, um uns nun doch nicht verborgen zu bleiben, nicht vorenthalten zu sein, um nun doch auch unter uns und für uns Ereignis zu werden: im Heiligen Geist die Liebe des Vaters und des Sohnes, die Liebe, die in Gott selber ist? Aber nicht das ist hier interessant, ob unser bißchen Staunen diesem Geheimnis angemessen ist oder nicht – wir müssen es wohl unser Leben lang erst lernen, hier zu staunen, um dann zu wissen, was Staunen überhaupt ist! – sondern daß wir hier objektiv vor diesem Geheimnis stehen: In dem, was, wenn wir Christen werden und sein dürfen, zwischen dem Menschen Jesus und uns geschieht, lebt Gott selber – nicht ein ihm fremdes, sondern sein eigenstes Leben, lebt der Vater mit dem Sohn, der Sohn mit dem Vater – im Heiligen Geist, der selber Gott, der Geist des Vaters und des Sohnes ist. Als Dieser ist Gott der lebendige Gott. Und als dieser lebendige Gott ist er in jenem Geschehen unter uns, mit uns. So kräftig ist dieses Geschehen, so besonders, so verschieden von der Art und Kräftigkeit alles sonstigen Geschehens. So gänzlich ist das Geschenk, das uns in ihm gemacht wird, so gänzlich auch der Anspruch, der in ihm auf uns erhoben wird. Gerade in der Mitte dieses Geschehens haben wir es eindeutig und vorbehaltlos mit Gott selbst zu tun. Weil aber in dieser Mitte, darum ebenso eindeutig und vorbehaltlos auch im Umkreis, auch im Ursprung und Ziel dieses Geschehens. Darüber haben wir nun von dieser Mitte aus weiter nachzudenken.

Das Problem der Geschichte zwischen dem Menschen Jesus und uns anderen Menschen ist auf dem Feld der irdischen, der menschlichen Geschichte die eigentliche Form des Problems der Distanz und des Gegenübers, der Begegnung und der Partnerschaft. Es ist darum Problem, weil Jesus der königliche Mensch ist, wir aber eben das nicht sind, weil aber wiederum Jesus, was er ist, nicht für sich, sondern für uns ist, mit uns sein will, weil also seine Existenz antizipierend unsere Existenz mit ihm in sich schließt. Wie kann Jenes wahr sein und Dieses wahr werden? Ist nun die Lösung dieses Problems das Dazwischentreten, die Gegenwart und Aktion des Heiligen Geistes, nimmt also im Heiligen Geist Gott selbst sich dieses Problems an, so sind wir aufgefordert, es schon als Problem geistlich, d. h. von seiner Lösung im Heiligen Geist her zu verstehen, d. h. aber zu sehen und zu verstehen, daß es gar nicht zuerst unser, ein menschliches, ein irdisch-geschichtliches, sondern zuerst ein göttliches Problem ist: das Problem von Gottes eigenem Sein, seine Beantwortung und Lösung, in und mit der er – eben indem er selbst im Heiligen Geist bei uns auf den Plan und dazwischen tritt – auch unser Problem beantwortet und löst. Es ist also nicht so, daß es ihn selbst eigentlich nichts anginge, daß er in jenem Dazwischentreten, in der Gabe des Heiligen Geistes, sich selber gewissermaßen fremd würde. Und es ist wiederum für uns nicht so, daß wir bei jenem seinem Dazwischentreten nun doch nicht mit ihm selbst, nicht mit seiner inneren, sondern nur mit einer äußerlichen Anteilnahme, in der er sich selbst zurückbehielte, zu tun hätten. Der Heilige Geist ist kein magisches Drittes zwischen Jesus und uns. Gott selber handelt in eigenster Sache, wenn er im Heiligen Geist zwischen dem Menschen Jesus und uns anderen Menschen in die Mitte tritt. Gott ist ja eben nicht das große unbewegliche und unveränderliche Eins und Alles, das uns und unseren Fragen und Antworten als solches nur andersartig, fern, jenseitig gegenüberstehen könnte, dem man dann, sollte mit seinem Dazwischentreten zur Beantwortung und Lösung unseres Problems gerechnet werden, nicht eben glaubwürdig und nicht eben zutrauenerweckend eine Selbstentfremdung seines eigenen Wesens – eben eine Art Magie – zuschreiben müßte, dessen Anteilnahme an unserem Fragen und Antworten also doch nur eine äußerliche sein könnte. So denkt der Mensch sich seinen «Gott» aus, ohne zu bemerken, daß er damit im Grunde nur den Gedanken seiner eigenen Grenze, oder sagen wir es härter: den Gedanken seines eigenen Todes denkt – oder vielmehr, weil ihm ja auch das nicht gelingen kann, zu denken versucht. Gott im Heiligen Geist, wie er zwischen dem Menschen Jesus und uns anderen Menschen handelt und sich offenbart, ist darin der lebendige und als solcher unser Gott – der sich uns wirklich als der, der er ist und nicht bloß unter einer Maske zuwendet, hinter der er ein Anderer wäre – daß Distanz und Gegenüber, Begegnung und Partnerschaft zuerst in ihm selber sind: in ihm selbst also die ewige Gestalt des damit gestellten Problems und wieder in ihm selbst die ewige Gestalt seiner Beantwortung und Lösung. So groß ist die Macht, in der er «bei uns wohl auf dem Plan» ist «mit seinem Geist und Gaben.» So tief und gründlich ist der uns in der Gegenwart und Aktion des Heiligen Geistes gegebene Trost, so streng die uns durch sie gegebene Weisung. Was wir als die Gegensätze von Hier und Dort, Vorher und Nachher, Oben und Unten für bloß menschliche, irdische, innerweltliche Gegensätze halten möchten, mit denen wir dann immer wieder auf eigene Faust meinen fertigwerden zu müssen und zu können, das waren und sind in ihrer ursprünglichen und eigentlichen Gestalt ganz ohne uns und bevor die Welt war, die ewig fruchtbaren, als solche nie aufgehobenen, wenn auch nie in abstrakter Trennung erstarrenden, sondern nur in gegenseitiger Beziehung bestehenden, sich öffnenden, aber auch schließenden Gegensätze in Gottes eigenem Sein und Leben. Gott ist in sich selber – und das ist die Distanz und das Gegenüber, die Begegnung und die Partnerschaft, die zuerst in ihm sind – Vater und Sohn. Er ist in gleicher Gottheit Beides – ohne alle Abstraktion und also ohne Widerspruch Vater und Sohn, aber eben Beides und nicht nur das Eine oder das Andere, sondern als der Vater und als der Sohn unverwischbar zweimal der eine, zweimal derselbe Gott. Das ist sein göttliches Hier und Dort, Vorher und Nachher, Oben und Unten. Das ist das Problem, das zugleich mit seiner Beantwortung und Lösung zuerst das seinige ist, sodaß wir ihm nicht fremd sind und er auch uns kein Fremder ist, wenn er, indem nun auch wir vor und in dem durch diese Gegensätze bezeichneten Problem stehen, mit seiner Beantwortung und Lösung, eben im Heiligen Geist dazwischen tritt. Er kannte es, bevor wir es kannten, bevor wir waren, bevor die Welt war: so gewiß er sich selbst von Ewigkeit her erkannte, der Vater den Sohn, der Sohn den Vater. Und wir sollten es auch nicht anders kennen wollen, denn als geistliches, durch seine Beantwortung und Lösung in der Gegenwart und Aktion des Heiligen Geistes als das Problem Gottes selbst sich charakterisierende Problem.

Ein Problem Gottes selbst? Das kann so gewiß nur gesagt werden, indem man sofort unterstreicht, daß es sich in Gott selbst, als die Frage nach dem Verhältnis von Vater und Sohn, nie anders stellen konnte, kann und können wird, als in und mit seiner Beantwortung und Lösung. Was zuerst in Gott ist, das ist ja eben der in jener Distanz stattfindende Übergang, die Vermittlung in jenem Gegenüber, die Kommunikation in jener Begegnung, die Geschichte in jener Partnerschaft. So ist ja Gott Einer und Derselbe zweimal, in zwei Seinsweisen, als der Vater und der Sohn: in einer Verschiedenheit, die nicht nur nicht Trennung, sondern positiv: höchste und innigste Beziehung ist, nicht in irgendeinem auch nur neutralen, geschweige denn feindseligen Nebeneinander, sondern im Miteinander der Liebe, in welchem, weil es das Miteinander der göttlichen Liebe ist, weder der Eine im Anderen verschwindet, noch der Eine oder Andere für sich bleiben oder sich gegen den Anderen wenden kann.

Heben wir den zuletzt gebrauchten Begriff, weil er für unser heutiges Denken wichtig ist, hervor: Was zuerst in Gott selbst war und ist und sein wird und also nicht zuerst in der Gestalt, in der wir es kennen oder zu kennen meinen, das ist Geschichte in Partnerschaft. In Partnerschaft und also nicht als Geschichte eines Einsamen. Gott war nie einsam. So kann auch der Gedanke eines einsamen Menschen und seiner Geschichte nur die Verirrung eines gottlosen Denkens sein oder eben eines solchen, das mit jenem fremden Gott, der eigentlich der Tod ist, beschäftigt ist. Gott war immer Partner: der Vater dem Sohn, der Sohn dem Vater. Was aber zuerst in Gott selbst war, ist und sein wird, das ist Geschichte in dieser Partnerschaft: der geschlossene Kreis jenes Er-

4. Die Weisung des Sohnes

kennens des Sohnes durch den Vater, des Vaters durch den Sohn, der nach Matth. 11,27 nur dadurch von innen her durchbrochen werden kann, daß der Sohn einen Menschen durch seine Offenbarung an diesem Erkennen teilnehmen läßt – oder in der Sprache des Dogmas: jenes ewige Zeugen des Sohnes durch den Vater, jenes ewige Gezeugtwerden des Sohnes vom Vater samt dem diese Beziehung bestätigenden, beiden gemeinsamen Werk, in welchem es ewig geschieht, daß der eine Gott nicht nur Vater und Sohn, sondern, ewig vom Vater und vom Sohn ausgehend, auch Heiliger Geist ist. Sodaß jene Partnerschaft nicht etwa ein Erstes, Statisches ist, dem dann die so stattfindende Geschichte als ein Zweites, Dynamisches erst folgte, sondern indem da Partnerschaft ist, geschieht da auch Geschichte und indem da Geschichte geschieht, entsteht, erneuert sich da – fern von aller Erstarrung eines Seins, das nicht als solches auch Akt wäre – ewig auch die Partnerschaft: Gottes Sein als Vater und Sohn mit dem Heiligen Geist, der ihrer Beider Geist ist, in dessen ewigem Ausgang sie Beide tätig vereinigt sind. Diese Geschichte in Partnerschaft ist das Leben Gottes vor und über allem kreatürlichen Leben. Entsprechend wäre es an Hand jener anderen Begriffe zu beschreiben: es ist Übergang in der Distanz, Vermittlung im Gegenüber, Kommunikation in der Begegnung. Wobei offenbar immer in dem dritten Moment des göttlichen Lebens, eben im Heiligen Geist, die Geschichte, der Übergang, die Vermittlung, die Kommunikation zwischen Vater und Sohn als solche Ereignis und sichtbar werden: als die Seinsweise Gottes, in der sich seine Einigung mit sich selbst als seine freie Tat, als Majestätsakt von dem zirkulären Ablauf eines Naturvorgangs unterscheidet. Indem die Geschichte zwischen Vater und Sohn darin kulminiert, daß Gott in ihr auch *Spiritus Sanctus Dominus vivificans* ist, *qui ex Patre Filioque procedit*, ist es klar: sie unterliegt keiner Notwendigkeit; es sind Vater und Sohn nicht zwei Gefangene, nicht zwei in Wechselwirkung sich gegenseitig bedingende Faktoren. Sie sind, indem sie der gemeinsame Ursprung des Geistes sind, indem auch dieser noch einmal Gott selber ist, Herr dieses Geschehens. Eben indem Gott der freie Herr seiner Einigung mit sich selbst ist – und also konkret indem er Geist ist, ist vor aller irdischen Geschichte, aber auch in dieser die seinige, ist er der, der auch für uns und bei uns Übergang, Vermittlung, Kommunikation und so Leben schafft und gibt: die Beantwortung und Lösung unseres Problems. Er selbst tut das und tut es aus seinem Eigensten. Er ist und bleibt bei sich, indem er bei uns ist. Er offenbart sich in diesem seinem Tun auf Erden als der, der er auch im Himmel ist, so daß wir wirklich nicht nur auf Erden, sondern auch im Himmel nach nichts noch Höherem, noch Besserem, noch Gewisserem Ausschau zu halten Anlaß haben. Er ist, indem er den Abgrund zwischen Dort und Hier, Vorher und Nachher, Oben und Unten, vor dem wir stehen, überbrückt, selbst Bürge seiner wirklichen Überbrückung, über den hinaus nach einem noch Stärkeren uns umzusehen keinen Sinn hätte, weil alle noch so starken anderen Bürgen, wenn sie echt sind, nur seine Bürgschaft wiederholen und bestätigen können.

In dem dreieinigen Leben Gottes, das darin freies Leben ist, daß er Geist ist, ist ja als sein uns zugewendeter Lebensakt sein ganzes Wollen und Tun auch nach außen, in seinem *decretum et opus ad extra*, in seinem beschlossenen und durchgeführten Verhältnis zu einer von ihm verschiedenen, von ihm mit einem eigenen, ganz andersartigen, dem geschöpflichen Sein beschenkten Wirklichkeit begründet: die Erwählung des Menschen zum Bunde mit ihm, die Bestimmung des Sohnes zur Menschwerdung und so zur Vollstreckung dieses Bundes, die Schöpfung und in Überwindung des Widerspruchs und Widerstandes des Geschöpfs, zu seiner Errettung vor dem Verlorengehen, die Versöhnung mit ihrem Ziel in seiner Erlösung zum ewigen Leben mit ihm. Man bemerke: Gott ist es sich nicht schuldig, das Alles zu wollen und zu tun. Ihm fehlt es ja auch in sich weder an Andersheit noch an Einheit in der Andersheit, weder an Bewegung noch an Ruhe, weder an Gegensätzlichkeit noch an Frieden. Im dreieinigen Gott ist keine Stille, in der er nach Bewegung und keine Bewegung, in der er nach Stille begehren, das Eine oder das Andere erst suchen müßte. Dieser Gott braucht uns nicht. Dieser Gott genügt sich selber. Dieser Gott ist in sich selbst selig. Er unterliegt also keinem Bedürfnis, keiner Nötigung, sondern es geschieht in einem unbegreiflich freien Überströmen seiner Güte, wenn er sich selbst dazu bestimmt, einer von ihm verschiedenen Wirklichkeit, der Geschöpfwelt, uns – und uns dazu bestimmt, ihm – zu koexistieren. Es ist Wille und Werk seiner freien Gnade, wenn er uns solche Ehre antut und wenn er seine eigene Ehre darein setzt, mit dieser anderen Wirklichkeit zusammen, mit uns, ja für uns, als unser Schöpfer, Erhalter, Herr, Hirte und Heiland Gott zu sein, sich unserer, die das nicht verdienen, anzunehmen, sich uns zu verpflichten, sich mit uns zu kompromittieren, uns unserer Untreue zum Trotz Treue zu halten und zu bewähren, wenn er uns schließlich auch das Höchste: ewiges Leben, Sein im Licht seiner Herrlichkeit, nicht vorenthalten, sondern zusagen, es uns im Menschsein seines Sohnes verheißen, sehen, hören, schmecken lassen will. Gott muß das Alles weder wollen noch tun. Er will und tut es aber. Und weil und indem er der dreieinig Lebende ist, will und tut er damit nichts ihm Fremdes, lebt er eben darin in Wiederholung und Bestätigung dessen, was er in sich selber ist. Was ist denn auf der einen Seite: die auf Grund dieses seines freien Wollens und Tuns verwirklichte Distanz, das Gegenüber, die Begegnung und Partnerschaft zwischen ihm und der Welt, ihm und dem Menschen, Anderes als eine Darstellung, Abbildung und Entsprechung der Verschiedenheit, in der er in sich selbst der Vater und der Sohn ist?

Und was ist denn auf der andern Seite: der Übergang, die Vermittlung, die Kommunikation, die Geschichte, die er im Bund mit dem Menschen, in dessen Erwählung, in der Inkarnation des Sohnes, aber auch im Walten seiner väterlichen Vorsehung über dem Dasein aller seiner Geschöpfe und dann im Vollzug der Versöhnung der Welt mit sich selber Ereignis werden läßt, wenn nicht wieder die Darstellung, Abbildung und Entsprechung der Einigung von Vater und Sohn im Heiligen Geist, die sein eigener ewiger Lebensakt ist? Indem er die Welt, indem er uns in seiner Gnade seine Geschöpfe, seine Menschen sein, in der uns zukommenden Weise vor ihm existieren läßt, und indem er uns in derselben freien Gnade nun doch nicht unserer Wege gehen, uns nicht fallen läßt, sich selbst uns doch nicht vorenthält, sondern als unser Partner sich uns offenbart und mit uns handelt — vom täglichen Brot bis hinauf zur Erlösung von allem Bösen — eben damit ist er allererst sich selbst treu, handelt und offenbart er sich als der, der er in sich selbst ist: als Vater, als Sohn, als Geist, in Äußerung, in Anwendung, in Betätigung eben der Liebe, in der er Gott ist. So daß wir unsererseits, indem Geschichte in Partnerschaft unser Teil — das in Gottes freier Gnade uns zugewiesene Teil — wird, wirklich in der Teilnahme an ihm selbst, an seinem dreieinigen Leben existieren: in dessen Problem und in dessen Beantwortung und Lösung. So daß wir, indem wir den Heiligen Geist empfangen, indem wir ihm unser Vertrauen und unseren Gehorsam zuwenden, in Obhut genommen sind, keine ungewissen Tritte tun müssen, sondern auf Felsgrund stehen und gehen dürfen, im Himmel und auf Erden keinen tieferen Trost und keine höhere Weisung erwarten, sondern uns nur eben daran halten können, daß wir durch den Heiligen Geist mit Gott selbst sein und leben dürfen: ganz allein aus Gnade, aber ohne Vorbehalt mit ihm selbst, weil eben in seinem Geist er selbst auf unserem Plane ist.

Wir haben mit diesen Erwägungen zunächst dem Rechnung getragen und das zu verstehen gesucht, daß der Heilige Geist im Neuen Testament nicht nur der Geist Jesu Christi, sondern auch der Geist Gottes oder des Vaters oder des Herrn heißen kann. Die Dimension nach oben hat sich uns, indem wir diesem Wink folgten, aufgetan, die wir zu bedenken haben, wenn wir von der Heiligkeit des Geistes reden, der der Vermittler zwischen der Existenz des Menschen Jesus und der unsrigen ist, wenn wir nach der Wirklichkeit und Wahrheit fragen, in der es geschieht, daß es unter uns Menschen christliche Gemeinde gibt, daß Menschen Christen werden und sein dürfen. Aber eben diese Dimension nach oben ist nun auch im Blick darauf zu bedenken, daß der Geist im Neuen Testament in dem von uns festgestellten vierfachen Sinn der Geist Jesu Christi genannt wird: der Geist, der zuerst der Geist des Menschen Jesus selbst ist, der von ihm und nur von ihm ausgehende, der von ihm und nur von ihm zeugende Geist – der Geist, in welchem wir uns selbst in diesem Menschen erkennen und so mit ihm sein dürfen. Er ist als Geist Jesu Christi in dieser Totalität seiner Gegenwart und Aktion kein anderer als eben der Geist Gottes oder des Vaters oder des Herrn: die Kraft des Übergangs, der Vermittlung, der Kommunikation, der Geschichte, die zuerst im Leben Gottes selbst, dann und von da aus in unserem Leben, in dem Verhältnis des Menschen Jesus zu uns stattfindet. Der Geist dieses Menschen – der ihm eigene, von ihm geschenkte, ihn bezeugende, andere Menschen mit ihm vereinigende Geist – ist ja der Geist Gottes des Sohnes und als solcher kein vom Geist des Vaters verschiedener, im Gegenteil der Geist, in welchem der Vater und der Sohn, ewig verschieden, sich auch ewig einigen, der Geist des Gegensatzes aber auch des Friedens, der in Gott ist und in welchem Gott Schöpfer, Versöhner und Erlöser seiner Kreatur ist, in welchem er den Menschen frei erwählt, ihn frei sein und gelten läßt, um sich ihm in ebenso freier Treue zuzugesellen. Das ist ja das Geheimnis Jesu, des Menschensohnes, daß er zuerst der Sohn Gottes des Vaters und als solcher selbst Gott und dann und als solcher auch Menschensohn ist. Da dem so ist, ist sein Geist – der diesen Menschen regierende, von ihm ausgehende, ihn bezeugende, andere Menschen mit ihm vereinigende Geist kein anderer als der in der geschaffenen Welt unter und an uns Menschen handelnde und sich offenbarende Geist Gottes, ist also inmitten aller irdisch-menschlichen Geschichte zuerst und eigentlich die Geschichte zwischen ihm und uns die Darstellung, Abbildung und Entsprechung des Lebens Gottes selbst, Gottes eigenste Selbstbetätigung und Selbstoffenbarung, in der nichts Gott Fremdes, nichts nur uneigentlich und indirekt Göttliches geschieht, in welcher Gott sich selbst nicht untreu wird, sondern uns treu ist, indem er zuerst sich selbst treu ist und eben damit auch die Wirklichkeit und Wahrheit seiner Treue gegen uns besiegelt. Eben das zu entfalten, ist die uns jetzt noch bleibende Aufgabe.

Verhehlen wir uns nicht, daß wir in unserem bisherigen Reden gerade von Jesus Christus und von der in ihm geschehenen Versöhnung der Welt, damit aber auch von unserem Verhältnis zu ihm, von der Erkenntnis, in der Menschen als Christen, als Jesu Christi Zeugen in der Welt leben dürfen, mit einem Rätsel gearbeitet haben. Wir sprachen von seiner Knechtschaft, in der er der Herr ist, von seinem Kreuzestod, in welchem er der Lebendige und Lebenschaffende ist, von seinem Ende, in welchem er für alle Menschen Anfang, von seiner Verborgenheit, in der er offenbar wird und ist, kurz, von seiner Niedrigkeit, in welcher er der hohe, der wahre, der königliche Mensch ist. Wir haben dieses Rätsel nicht erfunden, nicht konstruiert. Seine Härte ist die des neutestamentlichen Christuszeugnisses. Wir durften es, wollten wir diesem gerecht werden, nicht verhüllen, nicht abschwächen. Wir können es nun auch nachträglich keineswegs auflösen und aus dem Weg schaffen. Das Verständnis Jesu Christi, gerade in seiner königlichen Menschlichkeit, hängt daran, daß wir die Härte dieses Gegensatzes ins Auge fassen und im Auge behalten. Alle christlichen Irrtümer würden sich wohl letztlich auch darauf zurückführen lassen, daß man diesem Gegensatz nach der einen oder anderen Seite hin ausweichen wollte. Wir können aber bei seiner Feststellung nicht stehen bleiben. «Paradox» kann unser letztes Wort im Blick auf Jesus Christus nicht sein. Mit der Doxa Gottes streitet dieses Paradox auch nach seiner neutestamentlichen Darstellung auf keinen Fall. Wir haben also zwar nicht nach seiner Beseitigung, wohl aber nach seiner Begründung eben in der Doxa Gottes und d. h. nun wieder: im trinitarischen Leben Gottes zu fragen: danach, inwiefern wir es gerade in diesem Gegensatz zuerst mit Gott selbst – und weil mit Gott selbst, darum und daraufhin mit einem notwendigen Gegensatz, aber auch mit dessen Überwindung zu tun haben. Wir haben zu fragen, inwiefern der Heilige Geist gerade hier der Zeuge der Distanz nicht nur, sondern auch des Übergangs, des Gegenübers nicht nur, sondern auch der Vermittlung, der Begegnung nicht nur, sondern auch der Kommunikation, der Partnerschaft nicht nur, sondern auch der Geschichte in der Partnerschaft sein möchte.

Die Frage nach dem Heiligen Geist und nun also konkret nach dem Geist Jesu Christi, d. h. aber: die Frage nach der Begründung des Rätsels seiner Existenz, nach der Notwendigkeit des in ihr stattfindenden Gegensatzes und nach dessen Überwindung ist von zwei Seiten zu stellen: im Blick auf die Erniedrigung des Hohen, nämlich des Sohnes Gottes und im Blick auf die Erhöhung des Niedrigen, nämlich des Menschensohnes, die sich in ihm als unsere Versöhnung mit Gott, nämlich als die uns zugute geschehene Erniedrigung und Erhöhung ereignet hat. Daß und inwiefern der Geist Jesu Christi, durch welchen dieser sich ebenso als der Erniedrigte wie als der Erhöhte bezeugt, der Heilige Geist ist, der als solcher Macht über uns und Recht auf uns hat, muß uns von beiden Seiten gleich einsichtig werden.

1. Wir greifen teilweise, aber unter Hinzufügung dessen, was wir nun in der christologischen Grundlegung dieses zweiten Teils der Versöhnungslehre gelernt haben, zurück auf die Thematik ihres ersten Teils. Der Hohe, der in Jesus Christus niedrig ist, ist der ewige Sohn Gottes. Er wurde niedrig, gering, verächtlich. Er wurde menschliches Geschöpf, Fleisch, Mensch aus dem Geschlecht Adams, Träger der Schuld, der Not, der Schande, der Strafe, unter der dieses Geschlecht in allen seinen Gliedern lebt. Er wurde eines von den Gliedern dieses Geschlechtes. Als solcher und in voller Teilnahme an seiner Situation lebt er jenes seiner

Gottessohnschaft entsprechende hohe, wahre, königliche Menschenleben: in jener souveränen Einzigartigkeit, in jener Entsprechung zum Verhalten Gottes, als jener Verkündiger und Bringer des Gottesreiches. Und nun war das die von Anfang an sich ankündigende Krönung seines Lebens: daß er den Weg ans Kreuz sich führen ließ, selber willig ging und zum bitteren Ende ging: er, der Sohn Gottes, er, der auch der Menschensohn ohnegleichen war! Er, der Herr aller Herren im Himmel und auf Erden, wird und ist der verworfenste, der elendeste unter allen Knechten! Er, das göttliche und menschliche Licht, verhüllt in tiefste Verborgenheit! Er, der göttlich und menschlich Gerechte, gerichtet! Er, der lebendige Gott und der einzig wirklich lebendige Mensch, abgetan, beseitigt, verschwunden in der Nacht des Todes! Das ist der eine Gegensatz in der Existenz Jesu Christi. Man denkt mit Recht zuerst an ihn, wenn man sich fragt, warum uns die Existenz Jesu Christi unzugänglich ist. Ist das die Erfüllung des Bundes? das der Versöhner und Mittler zwischen Gott und uns Menschen, der Messias Israels, der Heiland der Welt? das seine Offenbarung? Wo bleibt in dieser Niedrigkeit der wahre Gottessohn samt dem wahren Menschensohn? War er nicht bloß einen Augenblick da, um nachher schon wieder nicht mehr da zu sein, jetzt uns gezeigt, jetzt uns – und das mit allen Kennzeichen der Endgültigkeit – erst recht entzogen, einem kurzen schönen Traum ähnlich, auf den wir nun nur in einem langen, bitteren Wachsein tief enttäuscht zurückblicken können? Und was wurde und wird aus uns, wenn es wahr sein sollte, daß jener Hohe an unserer Stelle erniedrigt, geschändet, getötet wurde, daß der Gottes- und Menschensohn in unserem Namen als Letztes gefragt hat: warum ihn sein, unser Gott, verlassen habe? Sollte die Fleischwerdung des Wortes und also der Existenz des Sohnes Gottes als Einer von uns uns nur eben das klar machen, was wir ohne ihn vielleicht nur ahnen würden: daß wir alle verworfen und verloren sind? nur eben die Unmöglichkeit der menschlichen Situation besiegeln? Und sollte sie uns etwas Anderes bedeuten, sollte er in seiner Niedrigkeit doch der Hohe, doch der Herr und Erretter sein, sein Name doch das Heil der Welt und unser Heil in sich schließen, wie soll das, da sein Tod am Kreuz sein letztes Werk und sein letztes Wort war, für uns wahr sein? wie sollen wir ihn als den wahren Gottes- und Menschensohn, sein Sein für uns in dieser Verborgenheit erkennen, wie uns an ihn halten, wie auch nur glauben, daß er es ist? Da uns doch, indem sein Ausgang dieser war, die Türe zu ihm zugeschlagen und von innen verriegelt ist?!

Die christliche Gemeinde, der Christenmensch, glaubt, daß er Gottes Sohn und als solcher für uns war und ist und hält sich daran. Nehmen wir an, es wäre uns gegeben, Christen zu sein, dann müßten und dürften wir jetzt sagen: Eben in dieser Verborgenheit erkennen wir ihn. Eben in seiner Niedrigkeit ist er unser Herr und Held und Hirte der ganzen

Welt und unser Erretter. Gerade im Erleiden seines Kreuzestodes hat er als der wahre Sohn Gottes gehandelt. Und gerade in seiner Tötung sind wir lebendig gemacht, gerechtfertigt und geheiligt, in den Stand der Kinder Gottes erhoben, Erben des ewigen Lebens geworden. Denn gerade in seiner Erniedrigung geschah die Erfüllung des Bundes, geschah die Versöhnung der Welt mit Gott. Gerade in ihm haben wir Frieden und gerade von ihm her haben wir Zuversicht und Hoffnung für uns selbst und für alle Menschen. Nehmen wir an, wir dürften das von Herzen glauben und mit unserem Munde bekennen. Wo der Heilige Geist als der Geist Jesu Christi, als des lebendigen Jesus Christus Selbstbetätigung und Selbstoffenbarung zwischen ihn und uns Andere hinein tritt und wirksam ist, da wird das angesichts jenes harten Gegensatzes geglaubt und bekannt werden. Christus der Gekreuzigte, den Juden ein Ärgernis, den Griechen eine Torheit, wird da den Berufenen Gottes Kraft und Gottes Weisheit (1. Kor. 1, 23 f.).

Wir sollen uns aber eben darüber klar werden, daß solche Umkehrung, solches Glauben und Bekennen unter keinem Titel, auch nicht unter dem einer wunderbar geschehenden Tat Gottes, ein Mirakel und der Heilige Geist nicht der große Magier ist, der solches mit Menschen fertig bringt. Eben darum fragen wir nach dem Grund dieses Rätsels, d. h. nach der Notwendigkeit jenes Gegensatzes der Existenz Christi, nach der Notwendigkeit, ihm standzuhalten und ja nicht auszuweichen, nach der Notwendigkeit, in der sich alles christliche Glauben und Bekennen durchaus auf diesen Gegensatz beziehen muß – fragen wir aber auch nach dessen Überwindung und also nach der Freiheit, in der die christliche Gemeinde, der Christ, in jenem bis in die tiefste Tiefe Erniedrigten den hohen Gottessohn, in jenem verworfenen Knecht den Herrn, in jener undurchdringlichen Verborgenheit das Licht der Welt, ihre und seine Errettung, ihren und seinen Frieden erkennen und darum auch glauben und bekennen darf, kann und muß. Wir fragen also: inwiefern der Geist Jesu Christi, der die Gemeinde, der den Christen dazu anleitet, in solcher Umkehrung, von solcher Offenbarung gerade in der Verborgenheit her zu denken, der Heilige Geist ist und kein Gaukler, der ihnen etwas vormacht, was nicht ist? Inwiefern ist er gerade in dieser seiner eigensten Sache der «Geist der Wahrheit»?

Darauf antworten wir jetzt: Er ist darum der Geist der Wahrheit, weil in ihm kein Anderer als der lebendige, d. h. aber der trinitarische Gott auf dem Plan ist, sich offenbart und handelt. Er ist der Geist des Vaters und des Sohnes. Belehrt er uns über die Notwendigkeit jenes Gegensatzes in der Existenz Jesu Christi und alles dessen, was er für unsere Existenz in sich schließt, belehrt er uns aber auch über dessen Überwindung, dann heißt das: daß er uns auf den Grund dieser Sache führt und stellt. Er macht uns nämlich mit dem Willen des Vaters und des

Sohnes bekannt und vertraut, in welchem die Erniedrigung, der Tod, die Verborgenheit des Gottessohnes beschlossen, und dem entsprechend sie vollzogen und Wirklichkeit ist: mit einem in Gott sich begegnenden, aber nicht widerstreitenden, sondern einigen, weil in der gleichen Absicht auf das gleiche Ziel gerichteten Willen. Seine gleiche Absicht ist die der Liebe, in der sich Gott der Welt, dem Menschen zugewendet hat und in der er der Welt, dem Menschen sich zuzuwenden auch angesichts von dessen Sünde nicht aufhört, angesichts der Verlorenheit, der er als Sünder verfallen ist, vielmehr nur erst recht sich zuwendet. Das gleiche Ziel ist – so ernstlich und total ist jene Absicht – die in dieser Zuwendung stattfindende Selbsthingabe Gottes an die Welt, sein Eintreten für den Menschen, an des Menschen Stelle. Dies als das entscheidende Werk der göttlichen Liebe zu tun, gebietet der Vater dem Sohn. Dies als das entscheidende Werk der göttlichen Liebe zu tun, ist der Sohn willig. Dazu sendet ihn der Vater, und dieser Sendung ist der Sohn gehorsam. In diesem Gehorsam wird er Mensch. Weil in diesem Gehorsam, darum jener wahre, hohe, königliche Mensch! Aber wieder, weil im Gehorsam, darum an der Stelle, in der Situation des sündigen, des verlorenen Menschen, darum Mensch in jener tiefsten Erniedrigung! So weit ließ ihn der Vater, so weit wollte er selbst heruntersteigen, um wirklich für uns Menschen einzutreten, um in seinem Gehorsam wirklich unseren Frieden mit Gott zu schließen. Und so weit ist er tatsächlich heruntergestiegen. Der Vater will es so und der Sohn will es mit ihm. Er bejaht, wählt und geht in göttlicher Freiheit eben den Weg, den ihm der Vater in derselben göttlichen Freiheit bestimmt hat. Die göttliche Freiheit des gebietenden Vaters und des gehorsamen Sohnes ist aber die Freiheit der Liebe, in der Gott sich der Welt, des Menschen annehmen, u. zw. ganz, im Einsatz seiner selbst, annehmen wollte und angenommen hat. Das ist der zweifache, aber in sich einige Wille Gottes, der in der Existenz Jesu Christi in jenem Gegensatz von Höhe und Niedrigkeit geschehen ist. Sie ist in ihrer ganzen Rätselhaftigkeit Darstellung, Abbildung, Entsprechung des Lebens Gottes selber. Insofern nur Entsprechung, als es ja in dem menschlichen Leben des Sohnes Gottes geschieht, das als solches das Leben Gottes nur bezeugen kann – aber wahre, treue, vollständige Entsprechung, sofern eben das menschliche Leben des Sohnes Gottes, eben der Mensch Jesus von Nazareth also, der als solcher diesen Weg des Gehorsams geht, der direkte, vollkommene Zeuge des Lebens Gottes selber ist. Er bezeugt, daß zuerst in Gott selbst Höhe und Tiefe ist, Über- und Unterordnung, Gebot und Willigkeit, Autorität und Gehorsam: nicht in Identität, sondern in realer Verschiedenheit, weil er die Höhe, die Überordnung, das Gebot, die Autorität des Vaters und nicht seine eigene bezeugt, und weil die Tiefe, die Unterordnung, die Willigkeit, der Gehorsam, den er bezeugt, seine und nicht die des Vaters ist. Er bezeugt aber, daß weder das Eine noch das Andere Gott fremd ist: die Höhe nicht, aus der der Vater den Sohn sendet und die auch im menschlichen Leben des Sohnes als dessen Gehorsamstat nicht verborgen bleiben kann, in seiner Existenz als der königliche Mensch vielmehr strahlend offenbar werden muß – aber auch nicht die Tiefe, in die der Vater den Sohn sendet und in der dieser den Weg seiner Erniedrigung als niedrigster Mensch zu Ende geht. Er bezeugt aber auch, daß das Eine vom Anderen in Gott wohl verschieden ist, sich aber nicht neutral, geschweige denn ausschließend und feindselig, sondern im Frieden der einen freien göttlichen Liebe gegenübersteht, daß zwischen dem Einen und dem Anderen in Gott kein Widerspruch, kein Abgrund klafft. Er bezeugt, daß Beides, die Höhe und die Tiefe, nicht nur in der Liebe, in der Gott sich des Menschen annehmen will und annimmt, sondern zuerst in der ewigen Liebe vereinigt ist, in der der Vater den Sohn, der Sohn den Vater liebt, in dieser ewigen Liebe also seinen einen ewigen Grund hat. Er bezeugt eine göttliche Höhe, Überordnung, gebieterische Autorität, die gerade nicht Eigensinn, Hochmut, Härte ist, die Gott nicht hindert, in der er vielmehr frei bleibt, sich in seiner ganzen Souveränität auch herunterzubeugen in die tiefste Tiefe – und wiederum eine Tiefe, eine Unterordnung, eine Willigkeit, einen Gehorsam in Gott, der von knechtischer Unterwürfigkeit und also von unterdrücktem Unwillen, von potentieller Auflehnung nichts an sich hat, der eben auch in Freiheit und also nicht in Not, nicht in Scham und Schande, sondern in voller Ehre geleistet wird, in welchem Gott nicht kleiner, sondern nur noch größer wird. Er bezeugt, daß in Gott freie Wahl ist – die Wahl seiner Gnade – niedrig zu sein, indem er hoch ist, und hoch, indem er niedrig ist. Dies ist es, was der Sohn Gottes in seinem menschlichen Leben, indem er der königliche und indem er der am Kreuz der Schande gekrönte königliche Mensch ist, vom Leben Gottes selbst zu bezeugen hat und tatsächlich bezeugt.

Und nun ist der Heilige Geist als der Geist Jesu Christi schlicht die Macht dieses Zeugnisses des Sohnes Gottes in seinem menschlichen Leben, wie es in seiner Auferstehung von den Toten laut und vernommen worden ist. Er ist darum der Heilige Geist, darum der Geist der Wahrheit, weil er das Leben des Menschen Jesus erhellt als das Leben des Sohnes mit dem Vater, des Vaters mit dem Sohne, weil er den dieses Leben beherrschenden Gegensatz aufhellt in seiner Notwendigkeit, als den Gegensatz, der zuerst in Gott, weil in seinem Willen sich öffnet – aber eben in seinem Willen auch überwunden, geeinigt ist. Er ist darum der Geist der Wahrheit, der auch die Erkenntnis der Gemeinde, christliche Erkenntnis erweckt als wahre Erkenntnis, ihren Glauben als wahren Glauben, ihr Bekenntnis als wahres Bekenntnis, weil er den Menschen nicht nur vor das Rätsel der Existenz Jesu Christi als solches, sondern vor und auf deren ewigen Grund in der Doxa Gottes, in der Freiheit, in der

Gott, Vater und Sohn, hoch und niedrig ist, stellt. In dieser Doxa und Freiheit, indem er um unsertwillen von ihr Gebrauch macht, ist er in der Existenz Jesu Christi uns zugewendet, unser Gott, der Erfüller des Bundes, der Versöhner der Welt mit ihm selber, der Quell und der Geber des ewigen Lebens. Das lehrt uns der Heilige Geist als der Geist des Vaters und des Sohnes. Er überführt uns von der in der Existenz Jesu Christi irdisch-geschichtliches Ereignis gewordenen Liebe Gottes zu uns, die echt, wirksam, unbeweglich ist, weil sie ein Überströmen der Liebe ist, die in Gott selber ist. Weil und indem er das tut, weil und indem er nichts Anderes und nicht weniger als Gott selbst als Zeugen seines Werkes auf den Plan führt – den in seiner Höhe und in seiner Tiefe verschiedenen, aber in sich einigen Gott, den Vater und den Sohn – darum hat er die Macht, der man, indem er sie übt, nicht widerstehen kann, darum schafft er Recht und Gerechtigkeit, gegen die ein legitimer Widerspruch nicht möglich ist. Darum hat er die Macht und das Recht des Parakleten, der uns damit tröstet und damit Weisung gibt, daß er uns als die Gewalt des Selbstzeugnisses der Existenz Jesu Christi sagt, was ist: für uns ist, weil und indem es zuerst in Gott selbst ist.

2. Wir versuchen es, dieselbe Frage von der entgegengesetzten Seite zu stellen und zu beantworten. Das Rätsel der Existenz Jesu Christi ist ja nicht nur das seiner Erniedrigung, sondern auch das seiner **Erhöhung**, nicht nur das seiner Verborgenheit als der königliche Mensch, sondern auch das seiner **Offenbarung** als solcher, nicht nur das seines Todes, sondern auch das seiner **Auferstehung** und seines **Lebens**. Das ist ja der andere Aspekt seiner Existenz, daß der ewige Sohn Gottes sich in der Erhöhung des Menschen Jesus von Nazareth bewährt, das Geheimnis seiner Identität mit ihm offenbart hat. So war und ist es doch: daß dieser Mensch eben in seiner Niedrigkeit und seiner Niedrigkeit zum Trotz, sie überstrahlend – möchte man nicht fast sagen (aber so war es freilich nicht!) sie hinter sich lassend, sie abstreifend wie ein altes Kleid? – der eindeutig **hohe** Mensch war und ist. Wie ging er denn über unsere Erde? Wie war und ist er denn in unserer Mitte? Als ein Mensch wie wir, in unserer ganzen Gebrechlichkeit und Begrenztheit! In Solidarität, mehr noch: an unserer Stelle unsere Schuld, Schande und Not tragend! Schließlich verraten, verworfen und verdammt, den Tod eines Verbrechers erleidend! Aber das verblaßt doch Alles vor der Art, wie er Mensch war und als solcher gelebt, gehandelt und gelitten hat. Er hat in dem Allem (und in seinem Leiden und Sterben nicht am Wenigsten, sondern aufs Höchste) das überlegene Leben eines anderen, von uns so ganz verschiedenen, eines neuen Menschen gelebt! Was für ein Herr unter einem Volk von Knechten: dieser eine, vollkommene Knecht, gerade indem er das ganz war! Was für eine Sache hat er ihnen, uns allen gegenüber für uns Alle ver-

treten: für uns, die mit lauter so kümmerlichen Sachen Beschäftigten! Was für Worte wurden da geredet – in menschlicher Sprache und in menschlicher Bedingtheit, aber was für Worte! Und was für Taten wurden da getan – wieder menschliche Taten und wieder in menschlicher Bedingtheit, aber was für Taten! Es kam dieser Mensch und es kam in und mit ihm das Reich, es geschah in ihm die Machtergreifung Gottes auf Erden: nicht gestört, geschweige denn rückgängig gemacht durch seinen Tod, indem er den Weg seiner Erniedrigung zu Ende ging, sondern gerade damit vollendet, definitiv vollzogen. Wir sahen – Fleisch von unserem Fleisch? und also das Gericht Gottes über alles Fleisch an ihm vollstreckt, und also sein und unser Elend? Nein, wir sahen (indem wir das Alles sahen!) seine Herrlichkeit, «eine Herrlichkeit, wie sie der einige Sohn von seinem Vater hat, voll Gnade und Wahrheit» (Joh. 1, 14). Wir hörten – noch einmal und nun erst recht, daß niemand Gott jemals gesehen hat? und so noch einmal von unserer Gottesferne, Gottlosigkeit und Gottverlassenheit? Nein (indem wir das wohl hörten!), die Kunde von Gott, uns gebracht von dem, der im Schoß des Vaters ist und «aus seiner Fülle haben wir Alle empfangen Gnade um Gnade» (Joh. 1, 16). Das ist auch paradox; nicht nur, weil es von dem Menschen Jesus, von dem ewigen Wort gesagt ist, das Fleisch wurde, von dem erniedrigten Gottessohn als dem Menschensohn, von dem in die große Verborgenheit seiner Gottheit Eingegangenen, sondern darum, weil dieser Mensch so überlegen, so hoch, so wahrhaftig, so herrlich Mensch war. Das Rätsel der Existenz Jesu Christi hat auch diese ganz andere Seite. Da ist ja nicht nur Nacht, sondern auch Tag, nicht nur verwirrende Dunkelheit, sondern, ebenso befremdlich oder noch befremdlicher, auch blendendes Licht: im Kontrast zu jenem, aber Licht! Da ist nicht nur die Frage am Platz: wo und wie denn die in ihm geschehene Versöhnung der Welt mit Gott, ihr und unser Heil, das nahe herbeigekommene Reich und sein Friede überhaupt zu sehen und zugänglich sein möchte? – sondern, gerade indem diese sich beantwortet, auch die andere Frage: wie denn das, was da tatsächlich ist und sichtbar ist, von menschlichen Augen gesehen werden kann? Wie wir vor diesem Menschen bestehen können? Wo und wie denn in unserem Herzen, in unserer Vernunft für die da gegenwärtige Menschen-Herrlichkeit Raum sein möchte? Ob und wie wir dazu begabt und geeignet sein möchten, Gnade aus jener Fülle zu empfangen, auch nur zu realisieren, daß da die Fülle göttlicher und darum auch menschlicher Herrlichkeit wirklich für uns auf dem Plan ist? Hätte denn das Rätsel der Existenz Jesu Christi wirklich nur die Seite, nach der es zu bedeuten scheint, daß wir wegen der Niedrigkeit, in der Gott uns in ihr begegnet, zu wenig oder gar nichts mit diesem Gott anzufangen wüßten? Nicht auch und vielleicht noch viel ernsthafter die andere Seite, nach der es bedeutet, daß wir ihm darum ohnmächtig gegenüberstehen, weil in diesem Menschen nur zu viel, geradezu Alles mit uns angefangen ist: eine Erhöhung, ein Neuanfang menschlichen Wesens stattgefunden hat, dem wir uns einfach nicht gewachsen finden? daß uns da ein Leben begegnet, das wir weder als das Leben dieses Menschen, noch gar als das in ihm uns geschenkte Leben uns auch nur vorzustellen, geschweige denn zu denken, geschweige denn zu leben wissen?

Und nun ist es wieder so: die christliche Gemeinde, der christliche Mensch befindet sich, von der Auferstehung Jesu Christi herkommend, faktisch jenseits dieser Frage, sagt faktisch Ja zu diesem königlichen Menschen, zu der in seiner menschlichen Hoheit offenbarten Herrlichkeit des Sohnes Gottes, zu seinem menschlichen Leben und zu der in ihm auch uns widerfahrenen Erhöhung auch unseres Lebens. Nehmen wir wieder an, wir seien Christen, wir kämen von Ostern her: dann verschließen wir ja unsere Augen nicht vor diesem Licht, dann starren und gaffen wir es auch nicht nur an wie ein fremdes Mirakel. Es hat dann die in diesem wahren Gottes- und Menschensohn geschehene Versöhnung, der in ihm auch von Seiten der Menschen erfüllte Bund, es hat dann das Reich, der Friede, das Heil Gottes, beschlossen in der Existenz dieses Menschen, Raum in unserem Herzen und in unserer Vernunft. Wir hören dann das Wort im Fleische, diesen Menschen, und wir gehorchen ihm dann. Wir dürfen und müssen dann seine Zeugen werden, wir glauben dann an den Herrn Jesus Christus: den Gekreuzigten, aber als der Gekreuzigte Siegenden und als dieser Sieger von den Toten Auferstandenen und Offenbarten. Wir bekennen dann seinen menschlichen Namen als den Namen, der über alle Namen ist. Aber ob wir in diesem Sinn so richtig dabei sind und mittun oder irgendwo auf halber Strecke Halt machen – das gibt es: christliche Gemeinde als Ostergemeinde, Osterpredigt, Osterlieder, des Osterglaubens – *theologia crucis* nicht nur, sondern auch *theologia resurrectionis* und also *theologia gloriae*, will sagen: Theologie der Herrlichkeit des in dem gekreuzigten, aber als der Gekreuzigte triumphierenden Jesus Christus verwirklichten und auf den Plan getretenen neuen Menschen, Theologie der Verheißung unseres ewigen Lebens, das in dem Tode dieses Menschen seinen Grund und Ursprung hat. Es wäre ein falscher Ernst und Tiefsinn, in welchem man es sich etwa verbergen wollte, daß die christliche Beantwortung des einen Rätsels der Existenz Jesu Christi auch diese andere Seite hat. Wir leugnen oder vergessen ihre erste Seite deshalb nicht. Wir verdecken sie nicht. Denn nur von ihr her kann sie auch diese andere Seite haben. Daß es angesichts der großen Erniedrigung, der tiefen Verborgenheit des Sohnes Gottes ein gewissermaßen ingrimmig widerstehendes und angreifendes christliches Trotzdem! und Dennoch! gibt, ein durch die angesichts des Kreuzes drohende Verzweiflung hindurchbrechendes Vernehmen und Nachsprechen des in und unter solch gewaltigem Nein gesprochenen Ja und also christlichen Karfreitagsglauben, *theologia crucis* – das ist und bleibt groß, wunderbar und notwendig genug. Die christliche Gemeinde hat dieses Dennoch! und Trotzdem! in allen Jahrhunderten ihrer Geschichte erschrocken, aber mutig zu sprechen gewagt und wird es – immer erschrocken, aber auch immer mutig – zu sprechen nie aufhören dürfen. Der Heilige Geist ermuntert, belehrt und treibt sie zu solch trotzigem Hindurchbrechen und wird auf keinen Fall aufhören, den christlichen Glauben und das christliche Bekennen immer wieder von dieser ersten Seite her zu entzünden und dementsprechend zu charakterisieren. Aber ist es nicht fast noch größer, wunderbarer und notwendiger, daß sich das eine Rätsel der Existenz Jesu Christi derselben christlichen Gemeinde – und das wieder in allen Jahrhunderten ihrer Geschichte – noch von einer ganz anderen Seite erschlossen, ihr denselben Glauben an ihn noch in einer ganz anderen Gestalt ins Herz und dasselbe Bekenntnis zu ihm noch in einer ganz anderen Form auf die Lippen gelegt hat: in einer Gestalt und Form, in der aus dem Dennoch! ein Darum!, aus dem Trotzdem! ein Deshalb! geworden ist? Das gibt es eben faktisch auch: daß das Vernehmen und Nachsprechen jenes Ja über den Charakter eines ingrimmig seufzenden Widerstehens und Angreifens, eines Durchbruchs durch drohende Verzweiflung hinaus – ohne diesen abzustreifen, ihn aber gewissermaßen überkleidend – den Charakter eines schlichten, von aller Kampfesnot befreiten Akzeptierens bekommt. Es bezieht sich dann eben viel weniger darauf, daß jenes Ja in und unter dem so gewaltigen Nein des Kreuzes gesprochen ist und diesem zum Trotz vernommen und nachgesprochen werden muß. Es bezieht sich dann viel mehr darauf, daß es, in und unter dem Nein des Kreuzes gesprochen, ein so gewaltiges Ja ist: «Christ ist erstanden!» und als dieses gewaltige Ja vernommen und nachgesprochen werden darf. Mit Erschrockenheit und Mut hat es dann der Glaube und das Bekenntnis viel weniger zu tun als mit Freude und Dankbarkeit. Aus der Befreiung hat sich dann Freiheit ergeben. Daß in der Erniedrigung des Sohnes Gottes die Erhöhung des Menschensohnes und in ihm als unserem Bruder und Haupt unsere eigene Erhöhung verwirklicht und offenbar ist, das ist dann das Rätsel der Existenz Jesu Christi, auf das sich dessen christliche Beantwortung, auf das sich der christliche Glaube und sein Bekenntnis bezieht. Ist es – jedenfalls im ganzen Bereich der Westkirche! – nicht fast noch dringlicher, festzustellen, daß der Glaube und das Bekenntnis notwendig auch diese Gestalt und Form haben müssen, und also die Legitimität nicht nur, sondern die Unentbehrlichkeit einer *theologia gloriae* zu proklamieren, in der die *theologia crucis* zu ihrem Ziele kommt? Sicher ist, daß der Heilige Geist nicht aufhören kann und wird, das christliche Glauben und Bekennen auch nach dieser anderen Seite zu entzünden, die christliche Gemeinde nicht nur zu jenem Hindurchbrechen, sondern auch zu der diesem anderen Aspekt des Christusgeschehens entsprechenden Freude und Dankbarkeit aufzurufen.

Aber eben, weil es hier um das Vernehmen und Nachsprechen des großen Ja geht, das in der Existenz Jesu Christi (aber eben im Rätsel seiner Existenz!) gesprochen ist, um die in und mit der Erniedrigung des Sohnes Gottes geschehene Erhöhung des Menschensohnes und in ihm um unsere eigene: um den in seinem Kreuzestod vollzogenen und in seiner Auferstehung offenbarten Sieg Jesu Christi und in ihm um unser eigenes Siegen – gerade darum haben wir hier erst recht Anlaß, uns zu vergewissern, daß die große Umkehrung, von der das «Christ ist erstanden» als der Ausdruck jenes schlichten Akzeptierens nur noch befremdlicher redet, mit einem Mirakel und der Heilige Geist, der uns zu solchem Akzeptieren anleitet, mit einem großen Magier nichts zu tun hat. Eben darum fragen wir jetzt noch einmal nach dem Grund jenes Rätsels und also nach der Notwendigkeit, in der Jesus Christus als Gottes Sohn der an unserer Stelle und für uns Niedrige und als Menschensohn, wieder an unserer Stelle und für uns, der Hohe ist, nach der Notwendigkeit, ihn in diesem Gegensatz – in der Dynamik und Teleologie dieses Gegensatzes – zu sehen und zu verstehen: als den Niedrigen um seiner (und unserer) Hoheit willen, auf seine (und unsere!) Hoheit hin, als den Hohen um seiner (und unserer) Niedrigkeit willen, von ihr her, nach der Notwendigkeit, in der alles christliche Glauben und Bekennen auf die Dynamik und Teleologie dieses Gegensatzes blicken muß. Und eben darum fragen wir hier - und weil wir ja hier im besonderen auf das Telos dieses Gegensatzes blicken, mit besonderer Dringlichkeit – nach dessen Überwindung und also nach der Freiheit, in der die christliche Gemeinde an den in seinem Kreuzestod triumphierenden Jesus Christus, an das in seinem wirklichen Sterben nicht zerstörte, sondern bewährte Leben des Menschensohnes glaubt: an die Begründung des Lebens aller Menschen im Sterben dieses Einen, an die Vollstreckung ihrer Erwählung in der Vollstreckung seiner Verwerfung, an ihre Ehre in seiner Schande, an ihren Frieden in seiner Strafe – in der sie also bekennt: «Jesus ist Sieger!» – in der Meinung, daß in ihm auch wir Sieger sind. Und nun tut ja die Gemeinde, tut der Christ gerade diesen zweiten entscheidenden Schritt seines Glaubens und Bekennens nicht aus eigener Phantasie und Willkür und nicht aus eigener Macht, sondern aus Anregen und in der Kraft des Geistes, in seiner Freiheit. Wir müssen also noch einmal nach ihm – und, weil dieser zweite Schritt ja das Ziel schon des ersten ist, mit besonderer Dringlichkeit – nach der Heiligkeit des Geistes, d. h. danach fragen, inwiefern er, indem er uns zu diesem Glauben und Bekennen bewegt, der «Geist der Wahrheit» ist, in welchem wir glauben und bekennen, was ist und also nicht nur, was uns vielleicht dünken möchte, daß es sein könnte!

4. Die Weisung des Sohnes

Und nun ist noch einmal zu antworten: er erweist sich darin als der Geist der Wahrheit, daß er uns auf den ewigen Grund dieser Sache im Leben Gottes selber führt und stellt. Der Vater, der den Sohn, der Sohn, der den Vater verherrlicht, und so der lebendige Gott selbst spricht und handelt, wenn die Gemeinde, wenn der Christ glauben und bekennen darf, daß Jesus Sieger – Sieger an unserer Stelle ist. Wir haben es mit ihm zu tun, wir leben in Übereinstimmung mit seinem Leben, wenn wir das aus Anregen und in der Kraft des Geistes glauben und bekennen. Denn es ist die Dynamik und Teleologie des göttlichen Lebens, der Weg des göttlichen Wollens, Beschließens und Wirkens, das sich im Rätsel der Existenz Jesu Christi abzeichnet, darstellt und abbildet. Darin zuerst, daß Gott selbst in seinem Sohn sich dazu hergibt und dahin erniedrigt, Fleisch zu werden, als Einer von uns unsere Verwerfung zu tragen, um sie von uns wegzunehmen. Dann aber auch darin, daß eben dieser Eine von uns, von Gott zum Tragen und Hinwegtun unserer Verwerfung erwählt und also in seiner Niedrigkeit, sich in derselben göttlichen Kraft, in der er dieser seiner Erwählung gehorsam ist und gerecht wird, als der Repräsentant und Offenbarer auch unserer Erwählung erweist: als der in seinem Tode lebendige, in seiner Erniedrigung erhöhte, als der königliche Mensch, in welchem auch wir zum Leben, zur Erhöhung, zum königlichen Menschsein bestimmt und berufen sind.

Denn was sich in jener Erniedrigung Gottes darstellt und abbildet, das ist das Erbarmen des Vaters, in welchem auch er nicht nur hoch, sondern mit seinem Sohn auch niedrig ist, das Elend der Kreatur, des Menschen, sich so nahe gehen läßt, daß ihm zu dessen Errettung, zu seiner Begabung mit ewigem Leben die Dahingabe und Sendung seines Sohnes, seine Erwählung dazu, als Verworfener an unsere Stelle zu treten und also seine Erniedrigung nicht zu viel, kein zu hoher Preis ist. Es ist also nicht an dem, daß Gott am Leiden Jesu Christi auch nur in der Seinsweise des Vaters unbeteiligt wäre. Nein (das ist die *particula veri* in der Lehre der alten «Patripassianer»): zuerst Gott, u. zw. gerade Gott der Vater leidet in der Dahingabe und Sendung seines Sohnes, in dessen Erniedrigung: kein eigenes, sondern das fremde Leiden seiner Kreatur, des Menschen, dessen er sich in ihm annimmt. Aber eben dieses leidet er in der Erniedrigung seines Sohnes, in einer Tiefe, in der es von keiner Kreatur, von keinem Menschen – außer dem Einen, der sein Sohn ist – je erlitten wurde oder erlitten werden wird, damit der Mensch es so nicht leiden müsse, nachdem es von ihm in der Dahingabe und Sendung seines Sohnes erlitten wurde. Dieses väterliche Mitleiden Gottes ist das Geheimnis, ist der Grund der Erniedrigung seines Sohnes, das Reale, das Eigentliche, was in dessen Kreuzestod geschichtliches Ereignis wird.

Und was sich auf der anderen Seite in der Erhöhung des Menschen Jesus darstellt und abbildet, das ist die Majestät des Sohnes, in welcher auch er – indem er es ist, in welchem sich, begründet im Erbarmen des Vaters, die Erniedrigung Gottes vollzieht – nicht nur niedrig, sondern mit dem Vater auch hoch, nicht nur schwach, sondern auch gewaltig ist. Sie wirkt sich darin aus, daß er Mensch geworden und als der erwählte Mensch Jesus die Erniedrigung Gottes vollziehend, der neue, der wahre, der königliche, der auch in seinem Sterben und gerade in seinem Sterben triumphal lebende Mensch ist. Wie sollte es anders sein? An dem ist es ja nicht, daß er, indem er Mensch und als Mensch erniedrigt wurde, sich selbst zum Knecht und als Knecht zum Gehorsam bis in den Tod erniedrigte, aufhörte, der ewige Sohn Gottes zu sein, gleichen Wesens mit Gott dem Vater und also in gleicher Majestät wie dieser. An dem ist es vielmehr, daß er sich gerade in seiner Erniedrigung als dieses wahren Vaters wahrer Sohn betätigt und offenbart hat. Und wie sollte das umsonst geschehen sein? Er wurde, war und ist Mensch – aber eben weil als Gottes Sohn, darum von Anfang an – und in Gottes Wahl und Dekret von Ewigkeit her – der erwählte, der in der ganzen Niedrigkeit seines Menschseins **erhöhte** Mensch: in seiner Auferstehung und Himmelfahrt offenbart als der in die ewige Gemeinschaft mit Gott versetzte, zur Rechten Gottes des Vaters gesetzte Mensch. Wie soll es anders sein, da er der Mensch ist, der in seiner ganzen Menschlichkeit nur als der Sohn Gottes existiert, als Mensch mit dem Sohne Gottes identisch ist? Er, der Sohn Gottes, wurde nicht nur scheinbar und er wurde nicht halber, sondern ganzer Mensch wie wir. Er hört auch in seiner Erhöhung nicht auf, Mensch zu sein wie wir – sonst wäre er ja nicht unser Bruder, sonst könnte er ja nicht an unserer Stelle stehen, und, seiner Erwählung entsprechend, unsere Verwerfung tragen und hinwegtragen. Indem er aber als der Sohn Gottes ein Mensch wie wir wurde, war und ist, wurde, war und ist er der eine wirkliche und wahre, der eine lebendige, der eine **königliche** Mensch und steht er als solcher an unserer Stelle. Die Majestät des Sohnes Gottes ist das Geheimnis, der Grund der Erhöhung des Menschensohnes, des Herrennamens und des Herrseins des Menschen Jesus von Nazareth. Und so ist «Jesus ist Sieger!» nichts Anderes als das Bekenntnis zur Majestät des Fleisch gewordenen **Gottessohnes**.

Und nun bleibt uns nur übrig, festzustellen, daß das Rätsel der Existenz Jesu Christi darum überstrahlt ist von der Herrlichkeit Gottes, weil im Grunde, im Geheimnis seiner Existenz Beides – nicht einfach Eines, vielmehr Beides in seiner Verschiedenheit wirklich und wahr ist, aber auch Beides vereinigt in der einen freien Liebe, die Gott selbst ist: in dem **Erbarmen**, in welchem der **Vater** auch das ohnmächtigste Seufzerlein, auch das törichteste Tränlein auch der unnützesten Kreatur in seinem ewigen Dekret und in dessen Ausführung am Kreuz von Golgatha in der Bestimmung seines Sohnes zur Erniedrigung um ihrer Erhöhung willen gekannt, vorweggenommen, mitgelitten, in seinem eigenen Weh um sie überboten, sich ihrer ganz und vorbehaltlos angenommen hat – und in der Majestät, in der der Sohn in seiner Erniedrigung, indem er selbst seufzende Kreatur wurde, diese in sich selbst erhöht, zu Ehren gebracht, mit dem Abglanz seiner Herrlichkeit, die auch die des Vaters ist, umkleidet hat. Tiefstes göttliches Erbarmen und höchste göttliche Majestät treffen im Grunde der Existenz Jesu Christi aufs Genaueste zusammen. Denn es zielt die Tat des Erbarmens des Vaters genau auf jenen Majestätsakt des Sohnes. Und es geschieht der Majestätsakt des Sohnes in genauer Vollendung jener Erbarmenstat des Vaters. Sie sind, wie Gott als Vater und als Sohn der eine Gott ist, miteinander, in dieser Folge der eine widerspruchslose Lebensakt Gottes, der Akt der einen freien Liebe, die sein Wesen und sein Werk nach innen und nach außen ist.

Die Existenz Jesu Christi bezeugt diesen göttlichen Lebensakt. Sie tut es gerade in ihrer Rätselhaftigkeit. Sie bezeugt aber, indem sie aus der Dynamik und Teleologie dieses ihres Grundes in Gott stammt, keine von unseren närrischen Paradoxien, kein Ja neben einem Nein: kein solches Ja, das dann auch wieder in ein Nein umschlagen könnte. Sie bezeugt ein um des ihm folgenden Ja willen gesprochenes und in dieser Ordnung gewaltiges, notwendiges, nicht zu vergessendes Nein. Und sie bezeugt ein Ja, das, gerade indem es von jenem Nein herkommt, ein gültiges und endgültiges Ja ist: ein Ja und Amen (2. Kor. 1, 20). So zerstört zwar ihr Zeugnis ihren Rätselaspekt keineswegs, so überstrahlt es ihn aber, indem es eben in ihm das Werk der Liebe und der Weisheit Gottes erkennen läßt.

Dieses ihr Zeugnis ist der Heilige Geist als der Geist Jesu. Er ist der Geist des Sohnes, der auch der des Vaters ist: der Geist Gottes. Wir können jetzt nur wiederholen, er ist der Geist der Wahrheit, weil er das Leben des Menschen Jesus erhellt als das Leben des Sohnes mit dem Vater, des Vaters mit dem Sohn, und den dieses Leben beherrschenden Gegensatz in seiner Notwendigkeit, aber auch in seiner Vereinigung, in der Dynamik und Teleologie, die zuerst in Gottes eigenem Lebensakt stattfindet. Er weckt wahre Erkenntnis, wahren Glauben, wahres Bekenntnis, weil er, von dem zur Rechten Gottes erhobenen Menschen Jesus ausgehend, ausgegossen, gegeben, nicht nur die Gabe des Vaters und des Sohnes und also Gottes ist, sondern mit dem Vater und dem Sohn selber Gott und also der Geber, die Quelle aller Wahrheit, *creator Spiritus:* Schöpfer auch alles Erkennens der Wahrheit, alles Lebens und Wandelns in ihr, der Paraklet, der die Gemeinde wirklich «in alle Wahrheit leitet». Darum kann die Gemeinde, indem sie seinem Zeugnis Gehör und Gehorsam schenkt, nicht irren, kann sie sich seiner Erleuchtung und Führung gar nicht willig und völlig genug anvertrauen. Sie vernimmt in ihm – wir wiederholen auch das – was ist: für uns ist, weil und indem es zuerst in Gott selbst ist.

Nach der Kraft und Herrschaft des Menschen Jesus haben wir in diesem letzten Abschnitt unserer christologischen Grundlegung gefragt. Gemeint war: nach dem Übergang von ihm zu uns anderen Menschen, nach der Macht unserer Teilnahme an der Erhöhung, in der er als der Sohn Gottes Mensch war und ist, sofern sie ja in ihm auch uns widerfahren ist. Wir haben gleich zu Beginn festgestellt: daß uns die Antwort auf diese Frage vorgegeben und also nicht erst zu suchen ist. Ohne diese Kraft und Herrschaft, ohne uns, d. h. ohne für uns und über uns mächtig zu sein, wäre ja der Mensch Jesus gar nicht der königliche Mensch, der er ist. Wir durften es uns aber nicht leicht machen, die uns vorgegebene Antwort, die Erkenntnis der Realität jenes Übergangs von ihm zu uns, die Macht unserer Teilnahme an ihm, der in ihm auch uns widerfahrenen Erhöhung nachzuvollziehen, sie uns zu eigen zu machen. Wir sahen, wie sie sich so gar nicht von selbst versteht: weder auf uns gesehen, noch vor allem auf Jesus selbst gesehen, dessen Erhöhung – und mit ihr auch die unsrige! – vollendend geschehen, aber auch verborgen ist in seinem Kreuzestod und also in seiner Erniedrigung. Was blieb uns aber, wenn wir auf der Linie des Neuen Testamentes bleiben wollten, schon übrig, als die positive Antwort zu hören und anzunehmen – u. zw. eben nicht nur als das unter einem gewaltigen Nein verborgene, sondern als das in diesem Nein gesprochene und es durchbrechende gewaltige Ja der Liebe Gottes, ausgegossen in unsere Herzen? Und also nicht nur in einem seufzenden Dennoch! sondern in einem freudigen Darum! einzustimmen in die Antwort: daß die Kraft und Herrschaft des Menschen Jesus bei uns auf dem Plan, daß jener Übergang von ihm zu uns in vollem Gang, daß die Macht unserer Teilnahme an seiner Erhöhung am Werk, daß unsere Erhöhung in ihm schon Ereignis ist? Wir hätten ja den ganzen dritten Artikel des Glaubensbekenntnisses leugnen, wir hätten ja den Heiligen Geist lästern müssen, wenn wir uns dieser Antwort hätten verweigern wollen. Der Heilige Geist, der der Geist Gottes, weil der Geist des Vaters und des Sohnes und also Gott selbst ist, seine Kraft und Herrschaft, ist die Kraft und Herrschaft des Menschen Jesus. Wir haben gesehen, wie er sich von anderen Kräften und Herrschaften unterscheidet, daß und inwiefern es also der Heilige Geist ist, in dessen Werk es sich real um jenen Übergang von Jesus zu uns und also real um unsere Teilnahme an der Erhöhung handelt, in der der Sohn Gottes Mensch wurde, war, ist und sein wird: wahrer Mensch – daß und inwiefern dieser Geist also unser ganzes Vertrauen verdient, unseren ganzen Gehorsam in Anspruch nimmt, unsere ganze Hoffnung ist.

Es bleibt uns übrig die Frage nach dem Wie seines Wirkens und also der Kraft- und Herrschaftsentfaltung des Menschen Jesus. Wie handelt der Heilige Geist? Wie begegnet er uns? Wie berührt und bewegt er uns? Was heißt das: den Geist «empfangen»? den Geist «haben»? im Geiste «sein» und «wandeln»?

Es könnte sich, da wir nun wissen, daß wir es in ihm unmittelbar mit Gott selbst zu tun haben, nahelegen, entweder auf eine Antwort auf die so gestellte Frage überhaupt zu verzichten (wer könnte denn wissen und dürfte denn sagen wollen, wie Gott wirkt?), oder aber uns an einer verschleiernden, nur eben auf ein Geheimnis hindeutenden und insofern ausweichenden Antwort genügen zu lassen und also etwa zu sagen: es sei ein undefinierbares Raunen und Flüstern, Drängen und Treiben, eine gerade in ihrer Stille heftige und gerade in ihrer Heftigkeit stille Bewegung des menschlichen Herzens, Gewissens, Gemütes oder unmittelbaren Selbstbewußtseins, in welchem das Wirken des Heiligen Geistes im Menschen sich ursprünglich zutrage, um sich von da aus in bestimmten Gedanken- und Willensbildungen, Verhaltungsweisen und Taten zu äußern und darzustellen. Aber wie würde sich solcher Verzicht oder solche dunkle Beschreibung darauf reimen, daß wir es im Heiligen Geist freilich mit Gott, aber nun doch nicht bloß mit Gott in seinem unmittelbaren Sein in sich selber, das uns als solches nur Schweigen gebieten oder zu stammeln erlauben würde, sondern –wohl unmittelbar mit Gott, aber mit ihm in der Gestalt der Kraft und Herrschaft des Menschen Jesus zu tun haben? Und was würde eine solche dunkle Beschreibung, wenn wir statt des Schweigens diese wählen sollten, mit dem Wirken des Heiligen Geistes zu tun haben? Würde sie sich nicht doch bloß auf einen möglichen Reflex seines Wirkens beziehen und damit insofern auf ein sehr zweideutiges Phänomen, als wir aus der Geschichte aller Religion und Mystik und sogar aus der Geschichte alles ästhetischen Erlebens wissen können, daß es, was solche angebliche oder wirkliche seelische Erfahrungen angeht, glaubhafte Nachrichten auch aus dem Bereich ganz anderer Geister als dem des Heiligen Geistes in Fülle gibt? Würde er sich, wenn jenes Raunen und Treiben, jenes stille oder auch heftige Geschehen in irgend einem Seelengrund das Charakteristikum seines Wirkens wäre, nicht doch wieder als einer von den Vielen aus der Klasse der Geister erweisen, der als solcher nun doch nicht als der Heilige Geist zu erkennen und zu anerkennen wäre? Würde das übrigens nicht auch dann gelten, wenn wir meinen sollten, völliges Schweigen für die beste Antwort auf die Frage nach dem Wie seines Wirkens halten zu müssen?

Es dürfte sich hier nach dem, was wir nun gelernt haben, weder der Verzicht auf eine Antwort und also ein feierliches Schweigen, noch eine solche Antwort als sachgemäß erweisen, die in einem Verweis auf Emotionen der angedeuteten Art bestehen würde. Der Mensch Jesus als der erhöhte, der wahre, der neue Mensch hat einen bestimmten Umriß und so auch seine Kraft und Herrschaft, so auch der Übergang von ihm zu uns, so auch die Macht unserer Teilnahme an seiner Erhöhung, so also auch das Wirken des Heiligen Geistes. Es ist sein Wirken kein anonymes, es ist auch kein amorphes – es ist, wie wir bereits einmal festgestellt haben, auch kein irrationales Wirken. Es ist ein Wirken von Mensch zu Mensch: ein göttliches Wirken freilich, weil der Mensch, von dem es ausgeht, Gottes ewiger Sohn ist – ein echt menschliches und also gar nicht undefinierbares und auch nicht bloß stammelnd zu beschreibendes Wirken aber, weil Gottes ewiger Sohn, der sein Ursprung ist, ein Mensch ist. Eben weil es sich bei aller dem Wirken des Heiligen Geistes und nur ihm eigenen göttlichen Höhe und Tiefe, in seinem ganzen Charakter als Gottes Tat an uns um ein Geschehen in einer Beziehung von Mensch zu Mensch handelt, eben darum läßt es sich präzis und nüchtern mit einem bestimmten Begriff dessen bezeichnen, was ein Mensch einem oder vielen anderen Menschen sein und geben kann: Er kann ihm oder ihnen Weisung sein und geben – allgemein definiert: er kann ihm oder ihnen Auftraggeber und Auftrag, Befehlshaber und Befehl, Direktor und Direktive sein und geben. Wir beschreiben einen Grenzfall menschlicher Beziehungen. In unseren menschlichen Beziehungen als solchen wird das ja immer nur aufleuchten, als eine letzte äußerste Möglichkeit: daß ein «Weiser» einem anderen oder vielen anderen Menschen «Weisung» ist und gibt: Weisung für ihre eigene «Weise» zu sein, zu denken, zu wollen, zu handeln, exemplarisch ihre eigene «Weisheit»! In der Beziehung zwischen dem Menschen Jesus und uns anderen Menschen, in der Ausübung seiner Kraft und Herrschaft, im Wirken des Heiligen Geistes also, ist eben dies nicht nur eine Möglichkeit unter vielen, nicht nur der Normalfall, sondern die einzige Wirklichkeit. Indem dieser Mensch der Sohn Gottes ist, ist und gibt er uns Weisung. Nicht ein herrliches, aber unverbindliches Vorbild also, nicht eine hohe, aber immerhin der Nachprüfung bedürftige Lehre, nicht ein leuchtendes, aber im besten Fall doch erst zu realisierendes Ideal, sondern Weisung, die so Ereignis wird, wie es im Buch der Sprüche vorgesehen ist, wo bekanntlich nicht nur ein Weiser, sondern die Weisheit selbst unter dem Tor und auf den Gassen das Wort führt und über die Weise, in der die sie Hörenden zu sein und sich zu verhalten haben, entscheidet. Weil und indem der Heilige Geist die Kraft und Herrschaft des Menschen Jesus, und weil und indem der Mensch Jesus der Sohn Gottes war und ist, darum ist vom Wie des Wirkens des Heiligen Geistes präzis und nüchtern dies zu sagen, daß er in diesem realen und dynamischen Sinn Weisung ist und gibt. Ihn empfangen und haben, heißt fern von allem dunkelmännerischen oder romantizistischen Geheimniswesen: Weisung empfangen und haben. In ihm «sein» oder «wandeln» heißt: unter Weisung sein, von ihr bestimmt stehen und gehen. Und was immer es mit den damit verbundenen seelischen Erregungen oder Beruhigungen auf sich haben mag, wie ähnlich oder unähnlich das Wirken des Heiligen Geistes den Wirkungen anderer Geister in dem

Bereich sein mag, in dem es solche Erregungen und Beruhigungen gibt: darin zeichnet sich sein Wirken von dem ihrigen ab: daß es uns Weisung ist und gibt, u. zw. konkret: die von dem Menschen Jesus ausgehende Weisung, die uns damit gegeben ist, daß dieser Mensch lebt, seine Weisung als die des ewigen Sohnes Gottes. Christliche Gemeinde existiert als unter dieser Weisung sich erbauendes Volk. Ob ein Mensch ein Christ ist oder nicht, entscheidet sich immer wieder daran, ob seine Existenz, wie er sich auch dazu stelle, durch diese Weisung bestimmt, oder aber, was ihn auch im übrigen vor anderen Menschen auszeichnen möge, nicht bestimmt ist.

Unsere letzte, zum abschließenden Verständnis jenes Übergangs von Jesus zu uns nötige Überlegung bestehe nun also in einer Entfaltung dieses Begriffs des Heiligen Geistes als der uns gegebenen Weisung des Sohnes Gottes. Wir vollziehen sie auf drei Linien. Diese Weisung ist (1) eine Einweisung: sie weist uns nämlich hinein in eine ganz bestimmte, immer wieder zu beziehende Ausgangsstellung, hinein in unsere wirkliche Freiheit. Man könnte insofern sagen: sie ist eine Art Orts- oder Platzanweisung. Sie hat feststellenden Charakter. Sie ist (2) eine Zurechtweisung: sie grenzt die eine, dem Menschen von jener Ausgangsstellung her gegebene Möglichkeit ab gegenüber allen anderen, die von dort aus für ihn ausgeschlossene, keine Möglichkeiten sind. Sie trennt seine Freiheit von Allem, was für ihn von dorther nur Unfreiheit sein könnte. Sie hat kritischen Charakter. Sie ist (3) eine Unterweisung: sie zeigt ihm gebieterisch die eine von ihm zu verwirklichende Möglichkeit; sie ruft ihn auf, sich als der zu betätigen, der er ist – zur Tat seiner wirklichen Freiheit. Sie hat positiven Charakter. Wir folgen dabei den drei Hauptlinien der neutestamentlichen Ermahnung ($\pi\alpha\rho\acute{\alpha}\kappa\lambda\eta\sigma\iota\varsigma$), indem wir uns von dieser sagen lassen, um was es sich im Wirken des Heiligen Geistes als der Weisung des Sohnes Gottes konkret handelt.

1. Wenn wir das Sein und Wirken des Heiligen Geistes und also die Weisung des Sohnes Gottes zunächst als eine Einweisung bezeichnen, so ist darunter eine schlichte Feststellung zu verstehen. Der Heilige Geist arbeitet nicht mit offenen Möglichkeiten: weder im Blick auf das, was hinter uns, noch im Blick auf das, was vor uns liegt, und so auch nicht im Blick auf unsere Gegenwart. Er macht die Kraft und Herrschaft des Menschen Jesus, das Faktum, daß er lebt und für uns lebt und daß in und mit ihm auch wir leben, zu unserer jetzt und hier bestehenden und gültigen Voraussetzung. Er zeigt uns an, wo wir auf alle Fälle und vorbehaltlos hingehören, weil wir da sind und einen anderen Ort gar nicht haben. Er macht uns also keine Offerte; er gibt uns keine Chance. Die anderen Geister mit ihren Ratschlägen und Aufforderungen bieten

sich selbst und bieten uns empfehlend und verheißend bestimmte Möglichkeiten an, die wir von unseren anderweitig bestimmten Ausgangsstellungen her ergreifen oder auch nicht ergreifen mögen. Sie parlamentieren mit dem Menschen. Der Heilige Geist tut das nicht. Er versetzt den Menschen sofort in eine ganz bestimmte Ausgangsstellung, in eine ganz bestimmte, die wirkliche Freiheit. Aus ihr und in ihr muß und wird sich alles Weitere ergeben: in des Menschen freiem, eigenem, spontanem, aktivem Tun und Lassen, aber in seinem Tun und Lassen von da aus, in dieser Freiheit. Er darf, muß, soll aber vor allem erwachen, die Augen aufschlagen und bemerken, daß er sich in dieser Ausgangsstellung befindet, daß ihm diese Freiheit geschenkt ist. Er lebt, indem Jesus lebt. Er ist nicht irgendwo für sich, sondern er ist in ihm. Und in ihm ist er nicht, was ihm sonst paßt oder notwendig oder lustig scheint, sondern – was auch dagegen sprechen mag – wahrer, erhöhter, neuer Mensch, in ihm schon umgekehrt aus dem Streit gegen Gott in den Frieden der Gemeinschaft mit ihm, schon nicht mehr da drunten, schon droben – schon nicht mehr in der Fremde, schon daheim – schon nicht mehr Knecht, sondern Kind Gottes, oder: schon nicht mehr fauler, unnützer, weil ungehorsamer, schon gehorsamer und brauchbarer Knecht. Der Heilige Geist schafft nicht das Gespenst eines «in der Entscheidung stehenden» Menschen, sondern die Realität des Menschen, über den in der Existenz des Menschen Jesus entschieden ist. Er offenbart ihm dieses sein Entschiedensein als seinen *terminus a quo:* für seine Erkenntnis ein Neues, Allerneuestes, *in re* die alleralteste, die eigentliche Bestimmung seiner Existenz, der gegenüber seine Vergangenheit ohne jene Erkenntnis, die ganze Welt seines eigenmächtigen Entscheidens eine einzige törichte Neuerung war: töricht und vergeblich, weil sie nicht durchzuführen war, weil er (sich selber zum Trotz) doch zu Jesus gehörte, weil der Sohn Gottes sich seine Entfremdung von ihm nicht gefallen ließ, sondern in seiner Berufung bestätigte, wer und was er dennoch war, weil er, Jesus, dennoch auch für ihn war. Das ist der indikativische, der feststellende Grundton der göttlichen Weisung, sofern sie eben Einweisung ist, sofern ihr Imperativ auf ein ganz schlichtes: Sei, was du bist! hinausläuft.

Aber nun geht es ja um das Wirken des Heiligen Geistes an Menschen, für die es, auch wenn sie Christen sind, auf sie als diese Menschen gesehen, so gar nicht selbstverständlich ist, von jener Ausgangsstellung wirklich herzukommen, in jener Freiheit wirklich zu leben, dessen, was sie in Jesus schon sind, weil sie es von Anfang an, von Ewigkeit her schon waren, auch nur theoretisch, geschweige denn praktisch gewiß zu sein: ihrem Sein in ihm auch nur mit ihrem Wollen, geschweige denn mit ihrem Vollbringen, gerecht zu werden. Nun stellt ja der Mensch das, was der Heilige Geist feststellt und nicht in Frage gestellt haben will, faktisch doch immer wieder in Frage. Nun rutscht er doch immer wieder aus. Nun denkt, redet, benimmt und verhält er sich doch immer wieder vorbei an dem, was er doch laut des Indikativs des Heiligen Geistes schon war und ist, vorbei an seiner einzigen Möglichkeit, vorbei an seinem Frieden mit Gott, vorbei an seiner Gotteskindschaft, vorbei an seinem Gehorsam und seiner Brauchbarkeit als ein guter Knecht Gottes – kurzum: vorbei an seinem wirklichen, seinem wahren, erhöhten Menschsein. Als wäre nichts geschehen! Als wäre er ein ganz Anderer als der, der er doch ist und als der er sich doch bekannt gemacht hat! Solange die Zeit währt, wird es der Heilige Geist auch in der christlichen Gemeinde, auch in den Christen mit Menschen zu tun haben, die ihre in Jesus geschehene Umkehrung durchaus nicht wahr machen, ihr wohl geradezu widersprechen, die sich in Gedanken, Worten und Werken als eingeschlafene und träumende, als gefrorene, versteinerte oder verholzte oder auch als aus der Schule gelaufene, verwilderte und verirrte Christen benehmen. Sind wir etwas Besseres? Sind wir nicht üble Zeugen dessen, was doch laut des Zeugnisses des Heiligen Geistes nicht nur unser, sondern – von uns den Andern zu bezeugen! – aller Menschen wahres Sein ist? Ist es nicht so, daß wir (auch wenn die Welt uns nicht sähe und hörte und die Botschaft von Jesus nicht im Blick auf uns beurteilte und vielleicht ablehnte) diesem wahren, in Jesus erschienenen und befestigten menschlichen Sein und damit dem für uns und für die Welt vergossenen Blut Jesu Christi und seinem Leben als Auferstandener faktisch Schande machen: wir, denen es doch offenbar wurde, wir, die ihn doch erkannt haben? Die Freiheit ist uns geschenkt, und wir greifen immer wieder nach Möglichkeiten, die keine sind, gebärden uns, wie wenn wir noch immer oder schon wieder Gefangene wären. Das ist die Situation, auf die man die christlichen Gemeinden im Neuen Testament – schonender die einen, schärfer die anderen – durchgehend angeredet findet: gerade indem der indikativische Grundton der ihnen zugewendeten apostolischen Ermahnung so unverkennbar ist. Ebenso unverkennbar ist das Andere: daß sie von jener Voraussetzung her (und gerade von ihr her in höchster Bestimmtheit) Appell, Weckruf, Aufruf, Imperativ ist: Sei, was du bist! Und eben aus der apostolischen Ermahnung schon der ältesten Gemeinden, schon der ersten Christen, haben wir auch nach dieser Seite abzulesen, was es mit dem Wirken des Heiligen Geistes, sofern es als jene Einweisung zu verstehen ist, auf sich hat. Es ist ein schlicht feststellendes und befestigendes, aber gerade von daher und damit ein radikal alarmierendes, aufregendes, beunruhigendes Wirken, ein einziges Aufscheuchen und Aufrütteln des Menschen: in höchster Intensität, gerade indem es ihn eigentlich nur erinnert, indem es ihm kein ihm fremdes Gesetz vorhält, sondern ihn in seine Senkrechte, unter sein eigenes Gesetz stellt. Ist es doch eben das Gesetz, nach dem er angetreten ist, dem er sich darum nicht entziehen, nicht verweigern kann, weil es das Gesetz der ihm zugewendeten Gnade und als solches das Grundgesetz seiner Existenz ist: das Gesetz der Freiheit, des Friedens, der Freude, mit dessen Geltendmachung ihm nichts zugemutet wird als der Mut, da zu stehen, wo er steht, sich selbst zu behaupten und durchzusetzen als der, der er ist, von da auszugehen, wo er sich schon befindet. So besteht das Wirken des Heiligen Geistes gerade nur darin, daß es den Menschen zurückholt zu seinem eigenen Anfang, von dem her er lebt und allein leben kann. Es belastet ihn mit keinem anderen Sollen als mit dem seines Dürfens, in welchem seine Entlastung besteht.

Wir fassen zusammen: Das Wirken des Heiligen Geistes ist ein nach beiden Seiten realistisches Wirken. Er macht sich selbst und er macht dem Menschen, an und in dem er wirkt, keine Illusionen. Er wirkt gerade in seinem Einweisen als der Geist der Wahrheit. Er kennt und offenbart und behandelt den Menschen ebenso bestimmt im Blick auf das, was er in Jesus ist, wie im Blick auf das, was er aus sich selber zu machen versucht, ebenso kategorisch im Blick auf seine echte wie im Blick auf seine falsche, seine nichtige Wirklichkeit. Er hält ihn dort fest, um ihn hier zu lockern. Er bestätigt und befestigt ihn dort, um ihm hier entgegenzutreten, ihn hier in Bewegung zu setzen. Das ist seine Macht als Weisung: zunächst und grundlegend als Einweisung. Und in ihm ist, recht verstanden, das, was er als Macht der Zurechtweisung und der Unterweisung ist, schon enthalten, schon vorweggenommen.

Man bedenke bei diesem Grundaspekt der Sache schon die Anreden und Bezeichnungen der im Neuen Testament Ermahnten: sie sind die Erwählten, die Berufenen, die Geliebten, die Heiligen, die Brüder – und wie dann gerade dieses Verständnis ihres Seins der Hebelarm ist, der den ihnen zugewendeten Warnungen und Ermunterungen Grund und Kraft gibt. Und man bedenke vor allem die Fülle von aoristischen, perfektischen und präsentischen Wendungen in der Beschreibung ihres Seins und Dranseins, das die Voraussetzung alles dessen bildet, was ihnen nachher zugerufen, verwehrt und zugemutet wird: die eigentümliche Höhe, von der her dieses Zurufen sein Gefälle hat. οἱ τοῦ Χριστοῦ (daß auch die galatischen Christen solche seien, wird unbesehen vorausgesetzt) haben ihr Fleisch samt seinen Leidenschaften und Begierden gekreuzigt (Gal. 5, 24). Mit ihm wurde nämlich ihr alter Mensch gekreuzigt zur Hinwegnahme des σῶμα (des Subjektes) der Sünde (Röm. 6, 6). Mit ihm sind sie begraben (Röm. 6, 4, Kol. 2, 12). Sie sollen sich selbst nach Röm. 6, 11 im Blick auf das Sterben Jesu für solche halten, die der Sünde tot sind, gestorben sind (Kol. 3, 3). Sie haben den alten Menschen ausgezogen (Kol. 3, 9). Sie sind ἄζυμοι, frei vom alten Sauerteig (1. Kor. 5, 7). Und nun positiv: Gott hat sie mit Christus lebendig gemacht (Kol. 2, 13, Eph. 2, 5), gezeugt durch das Wort der Wahrheit (Jak. 1, 18), wiedergeboren aus unvergänglichem Samen (1. Petr. 1, 23) und damit zu einer lebendigen Hoffnung (1. Petr. 1, 3). Sie stammen von Gott (1. Joh. 4, 4). Sie sind abgewaschen, sind geheiligt, sind gerechtfertigt worden (1. Kor. 6, 11), so gewiß ja Jesus Christus ihre Rechtfertigung und Heiligung ist (1. Kor. 1, 30). Und Gott hat es in ihren Herzen aufstrahlen lassen, «so daß wir erleuchtet wurden durch die Erkenntnis der Herrlichkeit Gottes im Angesichte Jesu Christi» (2. Kor. 4, 6). Sie haben sich hingewendet zu dem Hirten und Hüter ihrer Seelen (1. Petr. 2, 25). Sie sind dem einen Mann Christus verlobt, ihm als reine Jungfrau zugeführt zu werden (2. Kor. 11, 2). Sie sind in ihm erschaffen zu guten Werken, zu

4. Die Weisung des Sohnes

denen Gott sie im voraus zubereitet hat, damit sie in ihnen wandeln sollten (Eph. 2, 10). Sie haben den neuen Menschen angezogen, der nach dem Bilde seines Schöpfers zur Erkenntnis erneuert wird (Kol. 3, 10). Und so sind sie «ein Brief Jesu Christi, ausgefertigt durch unseren Dienst, geschrieben nicht mit Tinte, sondern mit dem Geist des lebendigen Gottes, nicht auf steinerne, sondern auf fleischerne Tafeln» (2. Kor. 3, 3). So sind sie Gottes Tempel (1. Kor. 3, 16, 2. Kor. 6, 16), Christi Leib, und als Teile betrachtet: seine Glieder (1. Kor. 12, 27), «das auserwählte Geschlecht, die königliche Priesterschaft, das heilige Volk, das Volk des Eigentums, damit ihr die herrlichen Taten dessen verkündigt, der euch aus der Finsternis zu seinem wunderbaren Lichte berufen hat» (1. Petr. 2, 9). Gott wirkt in ihnen das Wollen und das Vollbringen (Phil. 2, 13). Ihr Leben ist schon droben, mit Christus in Gott verborgen (Kol. 3, 3). So daß Paulus sie 2. Kor. 13, 5 fragen kann: ob sie sich selbst nicht erkennten – daß nämlich Jesus Christus unter ihnen sei?, ihnen aber (Röm. 15, 14) auch einfach zusprechen kann: «daß ihr voll ἀγαθωσύνη seid, erfüllt mit aller Erkenntnis, fähig, euch auch untereinander zu ermahnen», oder Phil. 2, 15: daß sie leuchten wie Himmelslichter in der Welt, mitten in einem verkehrten und verdrehten Geschlecht. Besonders merkwürdig klingt in dieser Hinsicht Phil. 2, 1, wo Paulus eben die Bewegung, in der er sich der Gemeinde zuwenden will: παράκλησις ἐν Χριστῷ, παραμύθιον ἀγάπης, κοινωνία πνεύματος, σπλάγχνα καὶ οἰκτιρμοί als etwas bezeichnet, das der Gemeinde selber bekannt ist, an das er also, indem er sie anredet, nur zu appellieren braucht: da ihr das selber schon kennt, «so macht meine Freude vollkommen...»! Alle den Christen zugewendete Mahnung und Warnung geht – weithin dringlich und scharf genug – von diesem Festen aus, das in keiner noch so scharfen Anrede in Frage gestellt wird, von dem sie vielmehr gerade in ihrer Schärfe herkommt. Eben das Festsein, Festbleiben, Wiederfestwerden in diesem Festen ist nun das Grundproblem der apostolischen Ethik, die doch nur die Dynamik des durch den Heiligen Geist vollzogenen Einweisens ist. Ist dieses Feste doch eben die Ausgangssituation, die den Christen als solche zwar gegeben ist, von der aus aber gelebt, von der aus ein bestimmter Weg immer wieder betreten und gegangen sein will.

Daß das geschieht, versteht sich aber nicht von selbst. Es könnte eben sein, daß auch das Leben und die Wege der Christen unversehens doch wieder anderswoher kommen als von jenem ihnen so gewissen und so bestimmt zugesprochenen Sein und Haben. Alle neutestamentlichen Briefe setzen mehr oder weniger bestimmt voraus, daß das in den Gemeinden als solchen und bei ihren einzelnen Gliedern tatsächlich der Fall ist. Man beachte den schneidenden Kontrast in den Schlußworten des ersten Johannesbriefes (5, 20f.): «Wir wissen, daß der Sohn Gottes gekommen ist, und uns Einsicht gegeben hat, den Wahren (τὸν ἀληθινόν) zu erkennen. Und wir sind in dem Wahren, in seinem Sohn Jesus Christus. Dieser ist der wahre Gott und das ewige Leben. Kinder, hütet euch vor den Götzen!» Darum der Aufruf: στήκετε ἐν κυρίῳ (Phil. 4, 1), Bleibet in ihm! (1. Joh. 2, 28), der Aufruf, festzuhalten am λόγος ζωῆς (Phil. 2, 16). Darum der schon in den evangelischen Texten so häufige Aufruf zum Wachen. Ob das nötig ist? Derselbe Heilige Geist, der in allen jenen Worten so indikativisch redet, scheint in der Tat auch zu meinen: nötig, gut und heilsam zu halten! Welch eine Aufforderung zum Neuanfang *quasi ab ovo* in dem Eph. 5, 14 zitierten Hymnus: «Wache auf, der du schläfst und steh auf von den Toten, so wird Christus dir als Licht aufgehen!» Das zu Christen gesagt! Welche im Verhältnis zu jener Voraussetzung wirklich befremdliche Drastik in dem Passus 1. Thess. 5, 4f.: «Ihr aber, Brüder, seid nicht in der Finsternis, daß euch der Tag wie ein Dieb überraschen sollte. Denn ihr alle seid Kinder des Lichtes und Kinder des Tages. Wir gehören nicht der Nacht und nicht der Finsternis an. Also laßt uns nicht schlafen wie die Anderen, sondern wachen und nüchtern sein, denn die Schlafenden schlafen des Nachts und die Trunkenen sind des Nachts trunken. Wir aber, die wir dem Tag angehören, wollen nüchtern sein!» Daß man das den Christen erst sagen muß! Und welche scheinbaren Widersprüche, wenn 1. Kor. 5, 7 denen, die doch schon ἄζυμοι sind, zugerufen wird: daß sie den alten Sauerteig ausfegen sollen, oder Eph. 4, 22f. denen, die doch den alten Menschen schon aus-, den neuen schon angezogen haben: daß sie das erst (offenbar noch einmal und erst recht) tun sollen, oder (Kol. 3, 5) denen, die doch schon mit Christus gekreuzigt und gestorben sind: daß sie ihre Glieder, die auf Erden sind, in den Tod geben sollen, oder Gal. 6, 8 denen, die doch im Geiste sind und wandeln: daß sie auf den Geist und nicht auf das Fleisch säen sollen. Aber das Alles geht in Ordnung. In Wirklichkeit zeigen ja gerade diese (nur logischen, nicht theologischen!) Widersprüche, um was es bei dem großen, grundlegenden Einweisen des Heiligen Geistes geht: um das Feststellen jenes Festen, aber auch um die Befestigung derer, denen es als das Feste vorgegeben ist: um die Weisung, eben dort wieder und wieder einzusetzen und anzufangen – mit dem Anfang, den nicht sie selbst gemacht haben, der vielmehr mit ihnen gemacht ist und von dem her sie nur in einer Richtung weitergehen können. «Werdet gekräftigt im Herrn und in der Macht seiner Stärke!» (Eph. 6, 10): in diesem Wort mag man wohl das Eine, Ganze, ausgesprochen hören, was unter diesem ersten Aspekt von der Weisung des Sohnes Gottes und also vom Wirken des Heiligen Geistes zu sagen ist – die Ontologie und die Dynamik dessen, was wir hier sein Einweisen genannt haben.

2. Wir kommen zu dem kritischen Moment unseres Begriffs: Weisung heißt, wenn es um das Weisen des Heiligen Geistes geht, Zurechtweisung. Sie bezieht sich auf die vom Menschen gewählten und ergriffenen Möglichkeiten, d. h. aber auf seinen Gebrauch oder Nichtgebrauch der ihm in jener Ausgangssituation geschenkten Freiheit. Man bemerke: Mißbrauch dieser Freiheit kommt nicht in Frage, nur Gebrauch oder Nichtgebrauch. Mißbrauchen kann man sie nämlich nicht; denn wer sie gebraucht, der gebraucht sie recht: sie kann nur recht gebraucht werden. Man kann sie aber gebrauchen oder nicht gebrauchen: man kann die ihr entsprechende Möglichkeit, oder in Unfreiheit andere wählen und ergreifen. Um diese Unterscheidung geht es im Wirken, in der Zurechtweisung des Heiligen Geistes: um die Abgrenzung der in der Freiheit der Ausgangssituation gegenüber den in irgend einer Unfreiheit gewählten und ergriffenen Möglichkeiten. Die in jener Freiheit, von jener Ausgangssituation aus gewählte und ergriffene Möglichkeit wird immer nur je eine, diese einzige sein: ein ganz bestimmtes Denken, Reden, Wollen, Handeln, Sichverhalten. Wogegen sich die in Unfreiheit gewählten und ergriffenen immer schon dadurch kennzeichnen, daß sie viele sind, von denen dann der einen nach Zufall oder Willkür, in Vernunft oder Unvernunft der Vorzug vor den anderen gegeben wird. Sie stammen, und es stammt auch ihre Wahl aus dem Bereich, in den sich der Sohn Gottes erniedrigte, um eben daselbst der erhöhte, der wahre, der königliche Mensch zu sein. Sie stammen aus dem Bereich des Fleisches, der Sünde, der Trägheit, die der Mensch Jesus in seinem Tod für alle Menschen, in ihrer aller Namen abgetan und erledigt hat. Sie stammen aus dem von ihm verschlossenen Totenreich, aus dem von ihm, in seinem Leben, seiner Nichtigkeit überführten Nichtigen. Wer sie wählt und ergreift, der wählt und ergreift nachträglich jenes Abgetane und Erledigte – wählt und ergreift jenem Verschluß und

jener Überführung zum Trotz noch einmal ein Element des Totenreiches, eine Gestalt des Nichtigen, noch einmal das Fleisch: von seinem eigenen in der Kraft und Herrschaft des Menschen Jesus gesetzten Anfang her – als gäbe es für ihn doch noch einen anderen – das Unmögliche. Er, der in Jesus schon Freie, denkt, redet, will, handelt, verhält sich noch einmal als Unfreier, als wäre er es noch, als wäre er noch da drunten, als könnte er sich selbst da drunten suchen, bejahen, lieben, ausleben, als ob eben in dem Menschen Jesus nicht auch er schon erhöht, schon erneuert, schon geheiligt wäre. Er stellt sich noch einmal in den Schatten, dem er doch schon entnommen, dessen Bereich gegenüber er doch schon an die Sonne gestellt ist: unter das Gericht und die Verwerfung, die Jesus doch auch für ihn getragen, von der in ihm doch auch er losgesprochen ist. Das Wirken des Heiligen Geistes besteht darin, daß Beides an den Tag gebracht, erkannt und unterschieden wird: Da kommt auf die rechte Seite: was aus ihm, dem Geist stammt, d. h. was in Konsequenz seines Einweisens, seiner Platzanweisung gedacht, gesagt, gewollt, getan wird, die in der Freiheit der Kinder Gottes gewählte und ergriffene eine Möglichkeit, das gute Werk und die Folge der guten Werke, zu deren Tun der Mensch in Jesus Christus geschaffen ist, in dessen Tun er auf dem Weg zum ewigen Leben begriffen ist. Und da kommt auf die linke Seite: was aus dem Widerspruch zu des Menschen Sein in Jesus Christus stammt, was im Rückfall und Abfall in die Unfreiheit, in das doch schon abgetane und erledigte Nichtige, in Rückkehr in das verschlossene Totenreich getan ist, was Weiterleben im Fleische ist (nur da drunten möglich, wo der Mensch doch nicht mehr ist), was er nur in völliger Verkennung und Mißachtung seiner wirklichen Situation wählen und ergreifen kann: eine von den vielen Unmöglichkeiten eines nur vermeintlichen Lebens, dessen Frucht und Lohn nur der Tod sein kann. Der Heilige Geist kennt, unterscheidet und trennt im Menschen, an dem und in dem er wirkt: den neuen Menschen, der zu sein er erwählt, geschaffen, bestimmt und berufen ist, der er sein darf und in Wahrheit ist, seine Gedanken, Worte und Werke, seinen Weg und Lauf – und den alten, in der Existenz des Menschen Jesus schon überholten, der sich in uns Anderen immer noch und immer wieder regt und bewegt, als ob er noch oder schon wieder das Recht und den Raum dazu hätte, die Vernunft und Unvernunft, die Klugheit und Torheit seiner Unternehmungen und Abenteuer, sein Schweifen und seine Faulenzerei. Und der Heilige Geist sagt dort Ja und hier Nein, streitet für den neuen, gegen den alten Menschen, für die Freiheit gegen die Unfreiheit, für den Gehorsam gegen den Ungehorsam, für unser Leben gegen unseren Tod, für das eine Mögliche gegen das viele Unmögliche. Und man erkennt sein Wirken an der Unbestechlichkeit, Unnachgiebigkeit, Unerbittlichkeit, in der er diesen Streit führt, den Menschen selbst in diesen Streit stürzt. Die anderen

Geister mögen auch allerlei Ja und Nein sagen, können aber Fünfe immer auch gerade sein lassen. Der Heilige Geist tut das nicht. Die anderen Geister mögen in ihrer Weise auch streitbar sein, können aber auch immer Kompromisse anbieten und schließen. Der Heilige Geist tut das niemals. Die anderen Geister versetzen ja den Menschen immer in eine von jenen Ausgangssituationen, von denen aus er viele Möglichkeiten hat, über deren Wahl sich dann reden läßt. Sie haben keine entscheidende, keine ausschließende, keine richtende Kraft und Wirkung. Sie weisen den Menschen nicht ernstlich zurecht: nicht so, daß es ihm auf Herz und Nieren, durch Mark und Bein geht – nicht so, daß sie ihm gründlich wohl und auch weh tun – nicht so, daß er sich unter ein striktes Gebot und unter ein entsprechend striktes Verbot gestellt findet. Der Heilige Geist tut gründlich wohl, aber auch weh, denn er tritt ganz für, eben damit aber auch ganz gegen den Menschen auf den Plan und ruft ihn eben so dazu auf, seinerseits (um ganz für sich, ganz im Seinigen zu sein!) ganz gegen sich selbst Stellung zu nehmen: gegen sein ganzes Wählen und Ergreifen von Möglichkeiten, die keine sind, gegen sein ganzes Zurückkommen auf eine Vergangenheit, die vergangen ist, gegen das ganze altmodische, antiquierte Wesen, das sich immer noch oder schon wieder in ihm regen, behaupten, durchsetzen, breit machen will, und vor allem: gegen seine listige Neigung, sein in Jesus vergangenes mit seinem in Jesus zukünftigen, ihm zukommenden Wesen in irgend einem Ausgleich vereinigen zu wollen, einen *deal* zu machen, d. h. sich der über ihn gefallenen Entscheidung gegenüber teils annehmend, teils ablehnend zu verhalten, sich selbst also in der Balance zu halten. Der Heilige Geist ist gerade als der Anwalt des Friedens und der Freude, in der der Mensch leben darf, der unabweisliche Zerstörer dieser Balance, in welcher der Mensch nie Frieden finden, nie Freude haben kann. Der Heilige Geist sagt ihm jeden Morgen und in jeder Stunde neu, daß er das Eine, was jener Entscheidung entspricht, eben jetzt, gründlich und um jeden Preis, wählen und ergreifen darf – wirklich darf, weil es um das Wählen und Ergreifen in der ihm geschenkten Freiheit geht, aber auch wählen soll, weil er in der ihm geschenkten Freiheit nicht zwischen Vielem, sondern nur das Eine wählen kann. Er sagt ihm aber eben damit auch jeden Morgen und jede Stunde neu, daß er von dem, was jener Entscheidung widerspricht, sofort, unbedingt und um jeden Preis lassen darf und soll. So ist er das Feuer und das Schwert, das Jesus auf die Erde zu bringen gekommen ist.

Das Alles mag hart klingen: intransigent, intolerant. Aber es klingt doch nur so, solange man sich darauf versteift, nicht merken zu wollen, daß es sich in der Weisung des Heiligen Geistes ja nur darum handelt, daß der Mensch die in Jesus Christus geschehene Versöhnung der Welt mit Gott, des Menschen Erhöhung als auch und gerade für ihn geschehen, als seine Versöhnung mit Gott, als seine Erhöhung geschehen sein und gelten lasse. Wie sollte sie als solche nicht Zurechtweisung, u. zw. radikale, unbedingte, gründliche Zurechtweisung sein müssen? Es geht um die Erkenntnis und Anerkennung des Übergangs von Jesus zu uns, um das menschliche Leben angesichts und in Konsequenz dieses Übergangs. Eine schmerzlose Operation, «billige Gnade» kann diese Erkenntnis und Anerkennung nicht sein. Was es Gott den Vater und den Sohn und was es den Menschen Jesus gekostet hat, das dem Volk, das im Finstern wandert, leuchtende Licht der Welt heraufzuführen und scheinen zu lassen, ist wirklich mehr, als es uns kosten mag, uns der Zurechtweisung durch den Heiligen Geist zu unterziehen, uns jene Scheidung zwischen unserem neuen und unserem alten Wesen, uns das Diktat, das uns in jenen Streit stürzt, gefallen zu lassen – mehr als das bißchen Erschrecken und Opfer, das uns unter solcher Zurechtweisung nicht erspart bleiben kann. Darum geht es ja nicht, daß wir unsere Versöhnung mit Gott und also unsere Erhöhung zu wahren Menschen erst zu vollziehen oder auch nur nachzuvollziehen hätten. Das ist es ja – das ist ja die Liebe Gottes des Vaters und die Gnade unseres Herrn Jesus Christus – daß sie in ihm, und in ihm ein für allemal, keines weiteren Golgatha bedürftig, geschehen, uns vorgegeben ist: unsere Rechtfertigung und unsere Heiligung und unsere Wiedergeburt und unsere Bekehrung. Das ist es ja, daß das Alles vollbracht ist und gilt, keiner Wiederholung oder Ergänzung bedürftig, wirklich und wahr ist. Nur eben darum geht es in der Gemeinschaft, im Wirken, in der Weisung des Heiligen Geistes: daß wir das in unserem Leben als so wirklich und wahr gelten lassen, wie es in sich wirklich und wahr ist. Darum aber geht es allerdings. Daran unter irgend einem Vorwand vorbei zu kommen, das in irgend einer Traurigkeit zu versäumen, das in irgend einer Heiterkeit zu verbummeln, will und wird uns der Heilige Geist allerdings nicht erlauben. Denn darauf – als ob es vielleicht nicht oder nur teilweise wirklich und wahr wäre! – gibt es kein Zurückkommen. Das Zurückkommen darauf will und wird er uns allerdings jeden Morgen und jede Stunde neu verwehren. Und weil und indem wir wohl wissen, daß wir es jeden Morgen und zu jeder Stunde nötig haben, daß uns das verwehrt wird, darum werden wir es uns das – dieses Kleine! – allerdings kosten lassen müssen: daß seine Weisung, gerade indem sie jene kategorische Einweisung ist, auch den Charakter von Zurechtweisung, immer auch jenen eminent kritischen Charakter hat. Man lasse sich das kosten, man bezahle diesen – im Verhältnis zu dem von Gott und von dem Menschen Jesus bezahlten – unendlich bescheidenen Preis, um alsbald zu bemerken, daß der Heilige Geist auch, indem er uns zurechtweist, Frieden und Freude wirkt, daß wir zu seiner Weisung auch in diesem Charakter Ja und Amen zu sagen allen Grund und Anlaß haben, daß man Gott nur bitten kann, uns seine Weisung gerade auch in dieser Gestalt nicht zu entziehen, sondern immer wieder zuteil werden zu lassen. Was würde aus uns, was würde aus Jesu Gemeinde in der Welt, was würde auch aus den besten Christen – um von uns schlechten nicht zu reden – wenn der Geist je aufhören wollte und würde, eminent kritisch, radikal zurechtweisend gegen uns und gerade damit für uns einzutreten? Wir brauchen uns aber keine Sorge zu machen: Gott müßte aufhören, Gott zu sein, wenn sein Heiliger Geist aufhören sollte, unser **Richter** – unser **gnädiger** Richter – zu sein und als solcher an uns zu handeln.

«Das Wort Gottes (das uns durch den Geist eröffnete Wort Gottes!) ist lebendig und wirksam und schärfer als jedes zweischneidige Schwert und hindurchdringend bis zur Scheidung von Gelenken und Mark der Seele und des Geistes und ein Richter der Gedanken und der Gesinnung des Herzens» (Hebr. 4, 12). All die Antithesen sind hier zu beachten, in denen die neutestamentlichen Ermahnungen ihre kritischen Spitzen haben. Wer das praktisch verwirft, daß Gott uns ἐν ἁγιασμῷ, im Akt unserer Heiligung und also nicht zur ἀκαθαρσία berufen hat, der verwirft nicht einen ihn deswegen tadelnden Menschen, den Apostel, sondern Gott: den Gott, der jenen Akt damit vollzogen hat, daß er dem Christen, auch dem in jener Unreinheit lebenden Christen, den Heiligen Geist ins Herz gegeben hat (1. Thess. 4, 8). Dies ist es, was nicht geschehen darf! «Wandelt im Geist, so werdet ihr die Begierden des Fleisches **nicht** vollziehen!» (Gal. 5, 16). Da ist nämlich Streit: des Fleisches gegen den Geist, des Geistes gegen das Fleisch. Und wohin der Christ in diesem Streit gehört, kann darum keine Frage sein, weil er, der zur Freiheit Berufene (v 13), den Begierden des Fleisches folgend, tun müßte und würde, was er doch nicht will (v 17), wo er, dem Geist folgend, bewähren dürfte, daß er nicht unter dem Gesetz steht (v 18). «Darum, meine Geliebten, fliehet vor dem Götzendienst!» (1. Kor. 10, 14) «Ihr könnt nicht den Kelch des Herrn trinken und den Kelch der Dämonen. Ihr könnt nicht am Tisch des Herrn sitzen **und** am Tisch der Dämonen. Oder wollen wir den Herrn herausfordern? Oder sollten wir (indem wir vereinigen wollten, was er scheidet) stärker sein als er» (1. Kor. 10, 21f.)? Sich selbst zu leben, ist den Menschen dadurch, daß Jesus für sie gestorben und auferstanden ist, abgeschnitten (2. Kor. 5, 15). Sie können ja die Gnade Gottes nicht umsonst empfangen haben (2. Kor. 6, 1). Sie können also nicht an einem Joch ziehen mit den Ungläubigen: Zwischen δικαιοσύνη und ἀνομία, zwischen Licht und Finsternis, zwischen Christus und Beliar, zwischen den Gläubigen und den Ungläubigen, d. h. zwischen dem Tun dieser und jener, zwischen dem Tempel Gottes und den Götzen gibt es eben keine μετοχή, keine κοινωνία, keine συμφώνησις, keine συγκατάθεσις (2. Kor. 6. 14f.). Wer der Welt Freund ist, kann nur Gottes Feind sein (Jak. 4, 4).

Der *locus classicus* für dieses Unterscheiden, Distanzieren, Trennen des dem Christen von Haus aus, von seinem Herrn her Unmöglichen von dem ihm allein Möglichen ist das Kapitel Röm. 6 mit seiner Beantwortung der Vexierfragen: «Sollen wir in der Sünde verharren, damit die Gnade noch größer werde?» (v 1). «Sollen wir sündigen, weil wir nicht unter dem Gesetz, sondern unter der Gnade sind?» (v 15). Das zweimalige emphatische μὴ γένοιτο spiegelt das förmliche Entsetzen, mit dem Paulus schon solches Fragen abweist. Die der Sünde gestorben sind, können nicht mehr in ihr leben (v 2). Die Christen, im Blick auf den Tod Christi getauft, sind in ihm gestorben, mit ihm begraben, und positiv: in eine der Sünde entgegengesetzte Bewegung versetzt: in das περιπατεῖν ἐν καινότητι ζωῆς (v. 3–5). Sie erkennen, daß das σῶμα (das Subjekt) der Sünde, der alte Mensch im Tod Christi **abgetan** ist (κατᾳργηθῇ), so daß sie ihr gar nicht mehr dienen **können** (v 6). Sie können nur noch an ihr Leben mit diesem ein für allemal für sie Gestorbenen, aber auch Auferstandenen und Gott Lebenden glauben, sich also nur für der Sünde **Tote**, nur für die in Jesus Christus Gott Lebenden halten (v 7–11). Und

4. Die Weisung des Sohnes

dann – wie eine an die Sünde in Person gerichtete Absetzungs- und Ausweisungsverfügung: Sie herrsche nicht in eurem sterblichen σῶμα! Als das σῶμα τῆς ἁμαρτίας existiert es ja gar nicht mehr, so daß ihr seinen Begierden gehorchen müßtet (v 12). Sie wird nicht Herr über euch sein, wird v 14 kategorisch versichert: gerade weil wir nicht unter dem Gesetz, sondern unter der Gnade sind! Denn Gott sei Dank sind die Christen zwar Knechte der Sünde – gewesen, sind sie aber, und das ἐκ καρδίας, gehorsam, von der Sünde befreit (ἐλευθερωθέντες), zu Knechten der δικαιοσύνη, zu Knechten Gottes geworden (v 17–18, 22). Die Warnung und Abwehr, ihnen als solchen gegenüber ausgesprochen, ist selbstverständlich: daß sie ihre Glieder nicht dazu hergeben sollen, als Werkzeuge der Ungerechtigkeit, der Sünde, zu dienen (v 13), daß diese Knechtschaft für sie, die ja in der Gottesknechtschaft stehen, nur noch Vergangenheit sein und daß ein Alternieren zwischen der einen und anderen für sie ausgeschlossen ist (v 16.19) – unmöglich ein Dasein, eine Situation, deren Ziel und Lohn nur der Tod sein könnte (v 21.23)! Eben das ist ja das schreckliche Ziel, an das Jesus in seinem Tod an ihrer Stelle getreten ist, eben das der böse Lohn, den er in seinem Tod an ihrer Stelle in Empfang genommen hat. So daß sie ein Leben, das dieses Ziel hat und diesen Lohn einbringt, nicht mehr leben können, darum auch nicht mehr leben wollen dürfen!

Die Formulierungen des ersten Johannesbriefes klingen wie eine kürzeste, straffste Zusammenfassung jenes Pauluskapitels: Wer von Gott gezeugt ist – wer in dem bleibt, der dazu offenbar wurde, um die Sünde wegzunehmen – der sündigt nicht, tut die Sünde nicht (3, 5f. 9; 5, 18). Νενικήκατε τὸν πονηρόν (2, 14). Von da aus dann mit der gleichen Notwendigkeit wie Röm. 6 die Ermahnung: «Habt nicht lieb die Welt und was in der Welt ist. Wenn Jemand die Welt liebt, ist die Liebe des Vaters nicht in ihm. Denn was in der Welt ist – die Begierde des Fleisches und die Begierde der Augen und das protzerische Leben (ἀλαζονεία τοῦ βίου) – ist nicht aus dem Vater, sondern aus der Welt. Und die Welt vergeht mit ihrer Begierde. Wer aber den Willen Gottes tut, bleibt in Ewigkeit» (2, 15f.). Eben von da aus erfolgt auch das große Sagen und Bezeugen «im Herrn» Eph. 4, 17f.: daß ihr nicht mehr wandeln sollt wie die Heiden wandeln in der Nichtigkeit ihrer Sinne, verfinstert in ihrem Denken, entfremdet dem Leben Gottes durch die Unwissenheit, die in ihnen ist, durch die Verstockung ihres Herzens – die sich, aller Scham sich entblößend, der Schwelgerei ausgeliefert haben und in Habsucht alles Unreine ins Werk setzen! ὑμεῖς δὲ οὐχ οὕτως ἐμάθετε τὸν Χριστόν – wie sollten sie ihn auch so «gelernt» haben? – sondern «damit ihr im Streit gegen euren früheren Wandel den in seinen betrügerischen Begierden zugrunde gehenden alten Menschen ablegt!»– Ablegen! wie man ein notorisch zu Lumpen gewordenes Kleid nur noch ablegen kann – ablegen in einer Wendung, in der es kein Zögern, kein Zurückblicken, kein Aufhalten in der Mitte geben, das nur eben sofort und gänzlich vollzogen werden kann, weil es um Tod und Leben geht, weil Alles auf dem Spiel steht und verloren wäre, wenn sie nicht sofort und gänzlich vollzogen würde: das fordert die apostolische Ermahnung. Man kann beim Vergleich zwischen den älteren und den jüngeren Bestandteilen des Neuen Testamentes feststellen, wie sie immer dringlicher, ihre Anklage und Drohung immer schärfer wird. Und wenn wir wohl daran tun, sie als den Spiegel des Wirkens des Heiligen Geistes zu verstehen, so ist zu sagen: so sieht sein Wirken aus, sofern es Zurechtweisung, sofern es sein kritisches, richtendes und reinigendes Wirken ist. Mit solchem Entweder-Oder streitet er für den Menschen und darum gegen ihn. Die Christen sind in der Mitte der Anderen diejenigen, die ihn zu spüren bekommen. Gerade weil sie die Versöhnung der Welt mit Gott kennen und verkündigen, können sie mit der Welt nicht paktieren. Gerade weil sie auf die Auferstehung des Fleisches hoffen, nachdem sie ihnen in der Auferstehung des Menschen Jesus schon offenbar geworden ist, können sie seinen Begierden keine Autorität, kein Recht zuerkennen. Gerade weil sie von der Vergebung der Sünde leben, können sie sie nicht in ihr Programm aufnehmen. Und gerade weil sie das Haus Gottes sind, fängt das Gericht über den fleischlichen, den sündigen, den Weltmenschen, ausgerechnet bei ihnen an (1. Petr. 4, 17).

3. Wir beschreiben das positive Moment des Wirkens des Geistes, wenn wir es endlich als eine bestimmte Unterweisung bezeichnen. Man muß das Wort – man müßte die allenfalls auch brauchbaren Worte Unterrichtung, Belehrung, Orientierung in ihrem stärksten Sinn verstehen, wenn sie das, was hier gemeint sein muß, angemessen zum Ausdruck bringen sollen. Der Geist ist nämlich der Geist des Herrn und selber Herr. Und so besteht seine Unterweisung nicht etwa darin, daß er mit dem Menschen Erwägungen anstellt, ihm wohl gar nur Material zu solchen unterbreitet. Das gehört freilich zu seinem Unterweisen, daß er den Menschen veranlaßt und auffordert, sich selbst und seine Situation zu prüfen, seine Möglichkeiten und sein Wählen in sorgsamste Erwägung zu ziehen. Das ist es, was die Aufgabe aller theologischen Ethik ist, die sich darin als theologische Ethik erweisen wird, daß sie Anleitung dazu ist, angesichts der vielen, dem Menschen sich bietenden Möglichkeiten nach dem zu fragen, was Gott von ihm will: nach dem gerade jetzt, gerade hier, gerade ihm gegebenen Gebot Gottes, nach dem er sich zu richten hat. Der Heilige Geist ist aber ein bißchen mehr als ein theologischer Ethiker! Eben er ist es nämlich, der – und das ist sein Unterweisen – den Willen Gottes, wie er konkret jetzt und hier gerade diesen Menschen angeht, Gottes Gebot in seiner besondersten Gestalt, in der er es in seiner, in dieser Situation zu respektieren hat, eröffnet, bekannt macht, mitteilt, ihm ins Herz und Gewissen schreibt. Der Heilige Geist tut also eben das, wonach der Mensch, wonach auch die beste theologische Ethik nur eben fragen kann. Sein Unterweisen, das man ja auch ein Unterrichten, Lehren, Orientieren nennen kann, ist ein konkretes Anweisen, vollzogen in einer Autorität und mit einer Strenge, mit der sich keine andere dem Menschen widerfahrende Unterweisung auch nur vergleichen läßt. Was der Mensch in ihr empfängt, das sind eben nicht nur so etwas wie allgemeine Grundsätze und Richtlinien, in deren Interpretation er dann im Einzelnen – wie wenn nicht gerade auf das Einzelne Alles ankäme! – immer noch Dieses oder auch Jenes wählen und ergreifen könnte. Sondern er zeigt ihm genau gerade die eine, einzelne gute Möglichkeit, die sich gerade für ihn, gerade jetzt und hier aus der Freiheit seiner Ausgangssituation ergibt, die er also nicht nur vielleicht, sondern unter allen Umständen zu wählen und zu ergreifen hat. Dem Unterweisen des Heiligen Geistes gegenüber gibt es nur konkretesten Gehorsam – oder eben (der unvorhergesehene, der ja nicht systematisch in Rechnung zu setzende Fall!) ebenso konkreten Ungehorsam. Es ist, auch was seine Präzision betrifft, mit keinem anderen Unterweisen zu vergleichen. Eben darum läßt es sich aber vom Menschen her in kein allgemeines Gesetz auffangen, keiner Regulierung unterwerfen, in keinen Buchstaben fixieren. Wie sollte das möglich sein, da der Heilige Geist selber Gesetz und Regel, u. zw. speziellste, buchstäblich zu erfüllende Regel ist, sein Unterweisen das

4. Die Weisung des Sohnes

lebendige Gebieten des lebendigen Gottes, auf das die Gemeinde, auf das auch jeder Einzelne immer direkt und immer wieder neu zu hören hat? Sein Unterweisen sprengt jede Fessel, mit Hilfe derer der immer auf Sicherungen, d. h. aber auf Sicherheit seinem Zugriff gegenüber bedachte Mensch sich seiner bemächtigen, es zu seinem eigenen Instrument machen möchte. Sie geschieht ihm gegenüber auch in einer Souveränität, in der keine andere Unterweisung geschieht. Es ist wohl verständlich, daß man da zögern, daß man geneigt sein möchte, ihre Autorität oder ihre Präzision oder ihre Souveränität oder am liebsten das Alles zu limitieren. Die Gefahr der «Schwärmerei» könnte man ja da drohen sehen, könnte es also für geboten halten, das göttliche Fordern des Geistes mit irgendwelchen institutionellen Garantieen zu umgeben: zum Schutz seiner Objektivität, Allgemeingültigkeit und Kontinuität, zum Schutz auch der menschlichen Verantwortlichkeit. Man wird solche Sorge fallen lassen und auf solche Künste verzichten, wenn man sich klar macht, daß wir es ja mit der wahrhaftig konkret umrissenen, wahrhaftig universalen, wahrhaftig kontinuierlich und den Menschen wahrhaftig in die Verantwortung rufenden Kraft und Herrschaft des lebendigen Menschen Jesus zu tun haben, der der wahre Sohn Gottes ist. Er, der ewige Logos im Fleisch, ist allerdings der unbedingt fordernde, u. zw. immer und überall konkret und präzis und nie und nimmer verfügbar, sondern immer und überall selber verfügende Herr. Er hat aber auch das Recht, uns als solcher und also mit jener Autorität und Strenge zu unterweisen. Er gibt sich, indem er das in jeder Zeit und an jedem Ort und in jeder Situation der Gemeinde und jedes einzelnen Christen in je ganz besonderer Weise tut, immer und überall als Einer und Derselbe zu erkennen: Es wird also für die Kontinuität seines Unterweisens und dafür, daß es die Gemeinschaft nicht sprengt, sondern begründet und erhält, schlicht dadurch gesorgt sein, daß es sich ja immer und überall in demselben Umriß seiner, mit keiner anderen, vor allem auch nicht mit unserer eigenen zu verwechselnden Person vollziehen wird. Er wird uns immer als dieser Andere gegenüberstehen. Es wird sich seine Unterweisung immer als die seine von aller Selbstunterweisung unterscheiden, in der Dieser und Jener sich selbst – jetzt so und jetzt so, auf eigene Faust und ohne Zusammenhang, unter Zerstörung seines Zusammenhangs mit den Anderen – Herr und Gebieter sein möchte. Indem der die Gemeinde und den Christen unterweisende Heilige Geist konkret der Geist Jesu ist, wird er nie aus den Menschen heraus, immer zu ihnen und wird er bei aller Konkretheit und Besonderheit gemeinsam, Bruderschaft schaffend, zu ihnen Allen reden. Es wird also sein Wirken nie mit dem ihrigen identisch werden und also nie in ein Wirken ihrer Willkür umschlagen können, vielmehr gerade ihrer Willkür gegenüber ein neues, fremdes, ihnen allen gegenüber überlegenes Wirken bleiben. Es wird immer und überall die Kraft und Herrschaft dieses Einen, des königlichen Menschen, sein, die er, indem er sie ausübt, an keinen Anderen abgibt – das Wirken des Hauptes, an dem wir Glieder sind, aber nur Glieder sein können. Welche andere «Sorge» könnte ihm gegenüber am Platz sein als die: wir möchten ihm immer noch zu wenig Autorität, Präzision und Souveränität zutrauen, immer noch zu wenig Raum und Ehre geben, sie bisher nur zu sehr limitiert – vielleicht noch gar nicht richtig angefangen haben, sie zu respektieren, ihr in unserem Denken, Reden und Tun Nachachtung zu verschaffen.

Daß wir es mit seiner Unterweisung zu tun haben, wird schließlich immer daran zu erkennen sein, daß sie in genauer Entsprechung zu jener kritischen Zurechtweisung stattfindet, daß wir, indem wir sie empfangen, von jener herkommen, uns aber auch gefallen lassen müssen, uns jener aufs neue zu unterwerfen. Die Weisung des Heiligen Geistes sagt eben von dem Punkt aus als Unterweisung Ja und Vorwärts!, von dem aus sie als Zurechtweisung Nein sagt, Halt und Zurück! gebietet. Von dort aus, wo sie jene schlichte Einweisung ist, tötet sie – eben von dort aus macht sie auch lebendig. Sie entlarvt und verwirft von dort aus des Menschen Unfreiheit, sie enthüllt und rühmt eben von dort aus seine Freiheit. Sie verschließt und verriegelt von dort aus die Türe zur Linken, in deren Durchschreiten der Mensch sich fallen lassen müßte und würde ins Bodenlose; sie reißt wieder von dort aus die Türe zur Rechten weit auf, in deren Durchschreiten er als ein Freier denken, reden, handeln, sich verhalten darf und wird: als ein sehr kleiner Bruder des Herrn, des königlichen Menschen Jesus, aber als sein Bruder und damit auch in Bruderschaft mit Allen, die ihn mit ihm als ihren großen Bruder erkennen und bekennen – und prospektiv, präsumptiv wahrhaftig auch in Bruderschaft mit all den Anderen, die ihn als solchen noch nicht erkennen und bekennen. Die Unterweisung des Heiligen Geistes erweckt und beruft ihn – und das nun eben in jener Autorität, Präzision und Souveränität – zu dem Gebrauch, zur Tat seiner Freiheit in Jesus: zu dem guten Werk, das in vorbehaltlosem Gehorsam gegen ihn gerade jetzt, gerade hier, gerade von ihm getan sein will: von mir, weil und indem ich «nicht mein, sondern meines getreuen Heilandes Jesu Christi Eigentum bin». Das ist das herrlich Positive seiner Unterweisung, die sich darin von aller schwärmerischen Selbstunterweisung unterscheidet, daß sie sich als die Unterweisung des lebendigen Jesus selbst erweist, daß sie uns offenkundig zur Teilnahme an seiner Erhöhung erweckt und aufruft.

Wenn wir uns jetzt noch einmal der apostolischen Mahnung zuwenden, so müssen wir uns vorweg deutlich machen, daß sie, so wie sie in den neutestamentlichen Texten dokumentiert ist, gerade die positive Unterweisung des Heiligen Geistes in bestimmter Hinsicht doch nur unvollkommen widerspiegeln kann. Da spricht ja nicht unmittelbar der Sohn Gottes selber in seiner Weisung, sondern seine hervorgehobenen, aber immerhin menschlichen Zeugen. Da müssen wir uns also die Autorität des Heiligen Geistes, an die sie dabei appelliert und in der sie auch zweifellos geredet und ge-

4. Die Weisung des Sohnes

schrieben haben, als die durchschlagende Kraft ihrer Worte zu diesen hinzudenken, ohne daß sie in dieser als solchen sichtbar aufzuweisen ist. Da reden sie auch ja nur in selteneren Fällen (etwa im ersten Korintherbrief in einiger Häufigkeit) wenigstens verhältnismäßig konkret und verbindlich zu ganz bestimmten Phänomenen und Problemen des Gemeindelebens: aber genau genommen in der Hauptsache doch nur, wenn es ums Verbieten und gerade nicht, wenn es um das uns jetzt interessierende positive Gebieten geht. Es hat vielmehr gerade dieses, auch wenn es etwa zur Liebe, zur Demut, zum Frieden, zur Keuschheit, zur Geduld mahnt, die Form allgemeiner und gerade nicht spezieller oder gar speziellster Anweisung, in der es als das eigentümliche Wirken und Gebieten des Heiligen Geistes direkt erkennbar wäre. Was es mit der Präzision des göttlichen Unterweisens auf sich hat, kann man aus gewissen Stellen der Apostelgeschichte (etwa 8, 29; 10, 19; 16, 7) erkennen, während man sich in den Mahnungen der Briefe wieder hinzudenken muß, was in ihrem Wortlaut nicht sichtbar ist: daß und inwiefern sie bestimmte Gemeinden und in diesen bestimmte Christen in besonderer und besonderster Weise betroffen und getroffen haben mögen. Und es ist auch die Souveränität der göttlichen Unterweisung, ihre Überlegenheit gegenüber allen Versuchen, sie in Gesetz und Regel einzufangen, in den Texten nur darin sichtbar, daß die in ihnen ausgesprochenen Anweisungen so gar nicht gesetzlich nebeneinander hergehen, sich in ihrer Mannigfaltigkeit im Einzelnen oft genug überkreuzen, sich aller Kodifizierung faktisch bis auf diesen Tag erfolgreich widersetzt haben.

Unter diesen Vorbehalten und unter der Bedingung, daß man das mithört, was die Texte nicht sagen, auch nicht sagen können, dürfte aber das, worum es in dem Unterweisen des Heiligen Geistes geht, in der großen Linie der apostolischen Mahnung doch in völliger Klarheit zu erkennen sein.

Was der Heilige Geist positiv will und wirkt, wozu er erweckt und aufruft, das ist auf alle Fälle ein menschliches Dasein, das insofern Leben zu heißen verdient, als es im Blick, in der Aufmerksamkeit, in der Ausrichtung auf den königlichen Menschen Jesus gelebt wird – auf ihn deshalb, weil der Christ, der den Geist empfängt und hat, erkennt und anerkennt, daß dieser Mensch wie für ihn gestorben, so auch für ihn auferstanden ist, für ihn lebt, der Inhaber, Träger, Repräsentant und Herr seines eigenen Lebens ist: daß in seiner Erhöhung auch er erhöht, in die Lebensgemeinschaft mit Gott versetzt, daß er in ihm eine «neue Kreatur» ist (2. Kor. 5, 17). Der Geist will und wirkt, daß der Mensch, diesem seinem Sein in jenem Einen entsprechend, sich zu Diesem halte, sein Jünger, Schüler, Geselle, Begleiter, Gefolgsmann, Knecht werde. Er führt ihn zu diesem Einen, hält ihn bei ihm fest, heißt und läßt ihn mit ihm, ihm nach, vorwärts gehen. Die vom Geist zu diesem Einen Geführten, bei Ihm Festgehaltenen und mit ihm Vorwärtsgehenden sind die Christen. Das ist das Sichere und zugleich das Entscheidende, was vom Verhältnis des Geistes zu diesen positiv zu sagen ist. «Kommet her zu mir!» (Matth. 11, 28), «Komm, folge mir nach!» (Mr. 10, 21), «Bleibet in mir!» (Joh. 15, 4), lautet ja der beherrschende Appell schon in den evangelischen Texten. Das vom Heiligen Geist geforderte und geschaffene Leben ist ein solches, das Jesu als des κύριος (Kol. 1, 10), das des Evangeliums von ihm (Phil. 1, 27), das der Berufung durch ihn und zu ihm (1. Thess. 2, 12) «würdig» ist, d. h. das zu dem archetypischen, dem exemplarischen Leben dieses Menschen in einem angemessenen und verantwortlichen Verhältnis steht. Es zielt die apostolische Ermahnung, es zielt, von ihr bezeugt, das Unterweisen des Heiligen Geistes auf die «Gefangennahme» jedes menschlichen Gedankens (νόημα) zur Leistung der ὑπακοὴ τοῦ Χριστοῦ (2. Kor. 10, 5). Es zielt auf ein συζῆν αὐτῷ (Röm. 6, 8), ein ἅμα σὺν αὐτῷ ζῆν: perennierend «im Wachen wie im Schlafen» (1. Thess. 5, 10). Was kann und muß das aber heißen: «mit ihm leben», da ja zwischen Jesus und den Christen der ganze Unterschied besteht, daß Jener das Haupt, sie aber nur Glieder an ihm, Jener zur Rechten Gottes ist: erhöht, wie sie alle es noch nicht sind und so wie er auch nie sein werden, da sie noch auf Erden – und da mit ihm auch ihr Leben als solches noch nicht offenbar, ihnen nicht greifbar, ihrem Dasein jetzt und hier transzendent, obwohl real ihr Leben, mit ihm in Gott verborgen ist (Kol. 3, 3)? «Mit ihm leben» heißt offenbar: sein eigenes Leben eben dort suchen, wo es real ist, nämlich in ihm. Darum und in diesem Sinn der Imperativ (Kol. 3,1f.): «Suchet, was droben ist, wo Christus ist! ... Sinnet auf das, was droben ist, nicht auf das, was auf Erden ist!» «Droben» – und also jetzt und hier zu suchen, aber nicht in diesem Jetzt und Hier, nicht «auf Erden» zu suchen, weil dort und einst für ihn aufgehoben, ist mit Christus eben das eigene Leben des Christen: sein mit dem Tod Christi als seinem eigenen, dem Tod des alten Menschen, anhebendes wahres, erhöhtes, sein eigentlich so zu nennendes Leben nämlich. «Droben» ist Christus, und ist der Christ selbst, sofern er in Christus ist. Indem er τὰ ἄνω sucht, auf τὰ ἄνω sinnt, lebt er jetzt und hier schon das des Herrn, das des Evangeliums, das seiner Berufung würdige Leben, vollzieht er die ἀγαθὴ ἐν Χριστῷ ἀναστροφή (1. Petr. 3, 16). Es ist wirklich ein Gehen, ein Wandeln in Hoffnung; es ist, der Definition der Taufe (1. Petr. 3, 21) entsprechend, eine einzige «Bitte an Gott um ein gutes Gewissen durch die Auferstehung Jesu Christi.» Durch die Auferstehung Jesu Christi, durch seine erste, noch vorübergehende und partikulare, aber für die Existenz der Gemeinde in der Welt entscheidende Offenbarung als der in seiner Erniedrigung Erhöhte, als der aus den Toten Lebendige ist ja dieses Suchen, Sinnen, Gehen und Bitten in Bewegung gesetzt: der letzten und universalen Offenbarung Jesu Christi und alles menschlichen Lebens entgegen. Anders denn als dieses sorglose, furchtlose, rücksichtslose Suchen, Sinnen, Gehen und Bitten kann sich das christliche Leben in der Zwischenzeit zwischen dieser und jener Offenbarung Jesu Christi, kann es sich jetzt und hier, «auf Erden», nicht darstellen. Die Selbstbeschreibung des Paulus (Phil. 3, 12f.) wird hier nicht genug beachtet werden können: von Jesus Christus ergriffen, kann er doch nicht meinen, es – ihn und in ihm sein eigenes Leben! – schon ergriffen zu haben, schon zum Ziel gekommen zu sein. Von Jesus Christus ergriffen, jagt er ihm aber nach, ob er ihn und es ergreifen möchte: vergessend, was hinter ihm ist, sich ausstreckend nach dem, was da vorne ist, jagt er dem Ziel zu – nach dem Kampfpreis der Berufung nach oben, die ihm durch Gott in Jesus Christus zuteil geworden ist. So allein kann das Leben «mit ihm» jetzt und hier aussehen. So soll es aber auch aussehen! Phil. 3, 12f. ist offenbar eine Variation des schon 1. Kor. 9, 24f. verwendeten Bildes vom Wettläufer im Stadion, nur daß der Nachdruck dort auf die Anstrengung und die Disziplin verlegt ist, die von dem verlangt sind, der siegen will: er laufe, hatte Paulus auch dort von sich selbst gesagt, nicht wie Einer, der ins Ungewisse läuft; er kämpfe nicht wie Einer, der in die Luft schlägt. Man wird beide Texte nebeneinander halten müssen und also zusammen sehen: die offenkundige Vorläufigkeit der christlichen Situation, in der es nur eben darum gehen kann, zu laufen, eben darum aber auch gehen muß – aber auch das, was sie zur christlichen Situation macht: die Notwendigkeit in totalem, rücksichtslosem Einsatz zu laufen. Das ist es genau, wozu der Heilige Geist den Menschen unterweist. Er stellt ihn nicht auf einen Standpunkt, nicht in eine Position; er setzt ihn aber auf den Weg und in Marsch, u. zw. in Eilmarsch: in eine Bewegung, die nicht aufhören, in der es auch keinen Aufenthalt geben kann. Er gibt ihm nichts in die Hand; er macht ihn weder zu einem großen noch zu einem kleinen *beatus possidens;* er macht ihn gerade nur zu einem Suchenden: nicht zu einem unbestimmt und planlos Suchenden allerdings, sondern zu Einem, der sehr wohl weiß, was er sucht und wo er es zu suchen hat, aber zu einem Suchenden, dessen Hände schlechterdings leer sind, weil er noch nicht ergriffen hat, sondern ergreifen möchte: daraufhin, daß er ein Ergriffener ist. Und er erlaubt es ihm nicht, nur beiläufig und zerstreut zu suchen, seine Kraft zu teilen zwischen jenem Laufen und irgend einer Ruhe oder irgend einem anderweitigen Laufen, zwischen jenem Suchen und irgend einem Haben, oder zwischen dem Suchen des Einen, seines Lebens in Christus, und dem Suchen irgendwelcher anderer Lebensmöglichkeiten. Das positive Unterweisen des Heiligen Geistes besteht unter allen Umständen in einem Sammeln, Zusammenraffen, Konzentrieren des ganzen von ihm unterwiesenen Menschen. «Würdig des Herrn», freie Tat, gutes Werk wird sein Dasein,

4. Die Weisung des Sohnes

indem es ein entschiedenes, ein entschlossenes Dasein wird. Davon reden im besonderen die Worte am Anfang des paränetischen Teils des Römerbriefs (12, 1f.), wo Paulus den Lesern, indem er sie beschwörend an das ihnen zugewendete Erbarmen Gottes erinnert, zuruft, sie möchten ihre Leiber, ihre ganze Existenz – natürlich ohne Rückfrage nach dem Wert, den diese vor Gott, für andere Menschen und für sie selbst haben möchte – darbringen (παραστῆσαι), als ein einziges lebendiges, heiliges, gottwohlgefälliges Opfer hinlegen. Dies sei die ihnen erlaubte und gebotene λογικὴ λατρεία, ihr im Gegensatz zu allem religiösen Quidproquo jüdischer oder heidnischer Observanz vernunftgemäßer, sachgemäßer, ihr eigentlich so zu nennender Gottesdienst: gefeiert in der Entschiedenheit und Entschlossenheit von Leuten, denen nichts Anderes übrig bleibt, weil sie zu diesem Hinlegen disponiert sind, weil sie nur dieser Disposition entsprechend selber disponieren können, immer in der Befreiung von der Schematik dieser Welt, in der solches παραστῆσαι nicht vorgesehen ist, immer in der Erneuerung ihres Sinnes begriffen, gerade nur das Eine wollen zu können. Und nun bestehe dieses Eine schlicht in einem δοκιμάζειν: in einem ständigen und allseitig prüfenden, kritischen Erforschen der sich ihnen bietenden Möglichkeiten und ihres eigenen Wählens und Wollens mit der Frage nach dem einen von Gott Gewollten als dem Guten, ihm Wohlgefälligen und Vollkommenen, das als das ihnen Gebotene eben jetzt und hier gerade von ihnen zu wählen, zu wollen, zu tun sei. Wieder liegt offenbar Alles, das Ganze, wirklich ihr eigenes Leben außer ihnen, vor ihnen, über ihnen. Wieder ist da in und bei ihnen, von ihnen herbeizubringen nichts vorausgesetzt als eben ihre Person, nichts gefordert als dies, daß sie dabei, daß sie auf das ihnen bestimmte Ziel ausgerichtet seien. Aber wieder ist das allerdings klar und unbedingt gefordert: daß sie das ganz seien, das in ungeteilter Aufmerksamkeit und Willigkeit, das ohne Vorbehalt, wie eben ein Opfer, es sei nun groß oder klein, kostbar oder gering sei, nur vorbehaltlos aus der Hand gegeben, nur hingelegt werden, nur aus der eigenen Bestimmung darüber in die Bestimmung dessen, der es fordert und annimmt, übergehen – das dem, der es darbringt, nun eben nicht mehr gehören kann. Das wird des Menschen Heiligung sein, das als deren Ergebnis die *vita christiana:* daß der Anspruch auf solches anspruchsloses Sichhergeben in einem menschlichen Dasein Raum, Geltung, Gewalt bekommt. Darin wird der Mensch an der Erhöhung des königlichen Menschen Jesus Anteil bekommen, daß er diesem Anspruch weichen darf und muß. Darin wird «der Name unseres Herrn Jesus Christus» in den Christen verherrlicht, werden aber auch sie in ihm verherrlicht (2. Thess. 1, 12). Darin kommt in ihrer Tat ihr zu seinem Ziel, was der προθυμία τοῦ θέλειν, der Bereitschaft ihres eigenen Willens, was ihrem realen ἔχειν, was ihrer Freiheit entspricht (2. Kor. 8, 11), eben darin aber auch ihr Gehorsam ist (2. Kor. 10, 6). Eben darin werden sie ihre σωτηρία ins Werk setzen, werden sie selbst das ihr Entsprechende schaffen, werden sie selbst sie wahr machen: sie, denen der das Wollen und Vollbringen in ihnen wirkende Gott außer dieser wahrhaft freien keine andere Wahl läßt (Phil. 2, 12). Eben darin erweisen sie sich als εἰς Χριστόν Befestigte und Gesalbte (2. Kor. 1, 21).

Man bemerke, daß die Grenze zwischen Gott, zwischen Jesus Christus, zwischen dem Heiligen Geist auf der einen und dem Menschen, auch dem Christenmenschen, auf der andern Seite in der apostolischen Ermahnung nie aufgehoben, nie überrannt wird. Daß der Christ durch den Gott des Friedens ganz und gar (ὁλόκληρος) geheiligt wird (1. Thess. 5, 23), daß er in Jesus Christus diesem Gott leben darf (Röm. 6, 11), hat mit Vergottung nichts, mit demütiger Unterwerfung unter Gott Alles zu tun. Sagt Paulus Gal. 2, 20 von sich selbst, daß er nicht mehr, daß Christus in ihm lebe, so interpretiert er das sofort: «was ich aber jetzt im Fleische lebe, das lebe ich im Glauben an den Sohn Gottes, der mich geliebt und sich selbst für mich dahingegeben hat.» Daß die Christen ἐν πνεύματι sind, weil das πνεῦμα τοῦ Χριστοῦ in ihnen wohnt, weil sie es haben (Röm. 8, 9), daß sie also πνευματικοί sind, Alles zu beurteilen fähig, keiner Beurteilung Anderer unterworfen (1. Kor. 2, 15), heißt, daß sie es (v 12) empfangen haben und also nicht, daß sie selbst heiliges πνεῦμα sind. Nichts ist dem Geist der apostolischen

Ermahnung fremder, als die Mixturen und Identifikationen, die sich der religiöse Übermut in diesem Zusammenhang so oft erlaubt hat. Man denke noch einmal an 1. Kor. 9, 24f. und Phil. 3, 12f., um sich klar zu machen und darüber im Klaren zu bleiben: als «die Erstlinge seiner Geschöpfe» (Jak. 1, 18) sind die Christen die von Gott Berufenen, die in Jesus Christus mit ihm Versöhnten und in die Lebensgemeinschaft mit ihm Erhöhten, sind sie die durch den Heiligen Geist Unterwiesenen. Sie suchen, sie sinnen, sie gehen, sie laufen, sie jagen, sie opfern als solche – das ist und bleibt ihr Teil. Sie sind mit dem Herrn, sie folgen ihm nach, sie dienen ihm – sie werden nicht selbst Herren. Er allein ist und bleibt Herr. Seine Gnade genügt ihnen. Seine Kraft kommt in ihrer Schwachheit zu ihrem Ziel, sie können sich ihrer nicht anders als in ihrer Schwachheit rühmen (2. Kor. 12,8f.). Wenn sie das je vergessen sollten, so wird durch den einen oder andern Dorn (σκόλοψ) in ihrem Fleisch, durch den einen oder andern Engel Satans, der ihnen ins Gesicht schlagen darf (2. Kor. 12,7), dafür gesorgt sein, daß es ihnen wieder zum Bewußtsein kommt. Es ist aber noch wichtiger – und damit soll hier der Schluß gemacht sein – zu bedenken: daß das Unterweisen des Heiligen Geistes, indem es sein und nicht unser eigenes Unterweisen ist, indem es uns gerade nur dazu anleitet, ihm und also Gott dem Vater und dem Sohn, dem fleischgewordenen Wort, dem königlichen Menschen Jesus alle Ehre zu geben, mächtig, wirksam, fruchtbar und siegreich ist: jetzt und hier schon fruchtbar und siegreich. Keiner wird je umsonst in der Schule dieses Lehrers sein.

§ 65

DES MENSCHEN TRÄGHEIT UND ELEND

Die in der Auferstehung des für uns gekreuzigten Jesus Christus ausgegangene Weisung Gottes deckt nachträglich auf, wer in seinem Tod überwunden ist: der Mensch, der von seiner Freiheit nicht Gebrauch machen, sondern sich in der Niederung eines in sich verschlossenen Seins genügen wollte, um eben damit unverbesserlich, von Grund auf und gänzlich der Macht seiner eigenen Dummheit, Unmenschlichkeit, Verlotterung und Sorge unterworfen, seinem eigenen Tod überliefert zu sein.

1. DER MENSCH DER SÜNDE IM LICHT DER HERRSCHAFT DES MENSCHENSOHNES

Uns hat im Bisherigen beschäftigt: die Existenz des Menschensohnes, der kein anderer ist als der erniedrigte Sohn Gottes, d. h. aber die vom Neuen Testament bezeugte Existenz des wahren, des erhöhten, des königlichen Menschen Jesus – und dann zuletzt: das Problem seiner Beziehung, des Übergangs von ihm zu uns anderen Menschen, die in der Kraft und im Werk des Heiligen Geistes von diesem Menschen ausgegangene und noch ausgehende göttliche Weisung. Die durch diesen Menschen und seine Weisung, im Akt seiner Herrschaft herbeigeführte Veränderung der menschlichen Situation wirkt sich darin aus, daß es in der Welt auch christliche Gemeinde, auch Christen gab, noch gibt, wieder geben darf. Von dieser Veränderung wird in den nachher folgenden Paragraphen allgemein und im Besonderen die Rede sein: von der Heiligung, vom Aufbau der christlichen Gemeinde, von der christlichen Liebe.

Um sie zu sehen und zu verstehen, haben wir aber die menschliche Situation zunächst in der dieser Veränderung vorangehenden, von ihr noch nicht berührten Gestalt ins Auge zu fassen. Sie ist bestimmt durch des Menschen Sünde, genauer gesagt: dadurch, daß der Mensch, mit dem der königliche Mensch Jesus es im Akt seiner Herrschaft zu tun hat, der Mensch der Sünde ist – der die Sünde wollende und tuende, der von ihr bestimmte und belastete Mensch. Er als solcher ist der durch die Existenz des Menschen Jesus, durch die von ihm ausgehende Weisung geheiligte Mensch. Auch in der christlichen Gemeinde, auch beim christlichen Menschen handelt es sich – in einer sehr eingreifenden Modifikation freilich – um diesen Menschen: um seine Überwindung. Zu seinem Bruder, zum Träger seiner Verantwortlichkeit, hat sich der Sohn Gottes erniedrigt, indem er Fleisch und im Fleisch getötet wurde. Und indem er ihn in sich selbst überwand, seine Sünde nicht wählte und nicht tat, stellt er ihn in den Schatten, macht er ihn zum überholten, gewesenen, zum alten Menschen, wurde und war und ist er an seiner Stelle der andere, der wahre, der erhöhte, der königliche Mensch, trat er als solcher an die Spitze einer neuen, der mit Gott versöhnten Menschheit und Welt, erging und ergeht in seiner Auferstehung seine mächtige Weisung, geschah und geschieht im Werk des Heiligen Geistes – hinein in die durch die Sünde bestimmte menschliche Situation der Akt seiner Herrschaft, die große Veränderung dieser Situation. Sie muß, um in ihrer Konkretion und in ihrer Tragweite erkennbar zu werden, zunächst in ihrer Bestimmung durch die Sünde – es muß zunächst der in Jesus überwundene, durch ihn in den Schatten gestellte alte Mensch als solcher gesehen und verstanden sein.

Das Licht, in welchem dieser sichtbar und verständlich wird, ist aber kein anderes als das Licht seiner Überwindung. Von der Herrschaft des Menschensohnes her und in der Kraft seiner Weisung und also in der Erkenntnis Jesu Christi durch den Heiligen Geist wird erkannt, was die Sünde und wer der Mensch der Sünde ist.

Die allgemeine Begründung dieses Satzes (KD IV, 1, § 60, 1) soll hier nicht noch einmal entfaltet, sondern nur eben skizziert sein: Sünde ist als Widerspruch des Menschen zu Gott, zum Mitmenschen und zu sich selbst mehr als ein in ihm selbst sich abspielender und also bloß relativer und begrenzter Konflikt, dessen Aufdeckung Sache eines von ihm selbst und von sich aus vollziehbaren Selbstbewußtseins und Selbstverständnisses sein könnte. Als Täter der Sünde ist gerade er selbst radikal und total in Frage gestellt. Ihre Erkenntnis geschieht, wo sie wahre Erkenntnis ist, als Element von Gotteserkenntnis, Offenbarungserkenntnis und also Glaubenserkenntnis, auf deren Vollzug er sich selbst von sich aus nicht einmal vorbereiten kann und wird. Verkehrt auch in seinem Selbstverständnis, auch in der Erkenntnis seiner Verkehrtheit wird der Mensch über jenen inneren Konflikt und dessen bloß relative Tragweite niemals hinaussehen, seine Sünde und sich selbst als Menschen der Sünde niemals zu Gesicht bekommen, sich der wahren Erkenntnis seiner Verkehrtheit nicht zuwenden, sondern nur erst recht entziehen. Es bedarf Gottes und seiner Offenbarung, es bedarf des Glaubens, damit er der Anklage, der Verurteilung und Verdammnis, der er untersteht, seiner Übertretung und der ihr folgenden Not, in der er existiert, gewahr werde. Es wird aber nicht der Glaube an einen Abgott und dessen Offenbarung sein, der die Macht hat, ihn dessen gewahr zu machen: kein weiteres Werk des verkehrten Menschen, kein von ihm aus irgendwelchen Materialien frei aufgebauter Normbegriff von Majestät, Güte, Gerechtigkeit, Heiligkeit, kein von ihm selbst und von sich aus vermeintlich entdecktes, in Wirklichkeit

1. Der Mensch der Sünde im Licht der Herrschaft des Menschensohnes

ersonnenes, entworfenes und konstruiertes Gesetz. Wirklich bindende und verpflichtende und darum wirklich anklagende, verurteilende und verdammende Macht wird ein solches Gesetz darum nie haben, weil der Mensch sich im Gegenüber mit ihm endlich und letztlich doch nur im Gegenüber mit seinem eigenen Spiegelbild, im Gespräch mit ihm im Grunde doch nur in einem Selbstgespräch befinden wird. Jeder von ihm selbst aufgebaute Normbegriff ist eben noch einmal er selber. An seiner Hand mag er sich wohl jenes inneren, relativen und heilbaren Konfliktes mit sich selbst bewußt werden, nicht aber seine Sünde als seinen unheilbaren Widerspruch zu Gott, zu seinem Nächsten und zu sich selbst klar machen können.

Er wird es vielleicht faktisch können, sofern und solange das Material zum Aufbau jenes Normbegriffs den Aussagen der Heiligen Schrift entnommen ist und ihm von deren Zusammenhang her faktisch die dazu nötige Schärfe gibt. So stand es bei dem in der Reformationstheologie maßgebenden und angewendeten Gesetzesbegriff. Es ist aber in dieser wie in anderer Hinsicht ein zweideutiges und gefährliches Unternehmen, der Bibel Materialien zu entnehmen, statt sie in ihrem Zusammenhang, in ihrer Substanz, von ihrem Zentrum her zu sich reden zu lassen. Auf Grund welcher Voraussetzung wird sie da wohl gelesen und nach welchem Plan wird da wohl – sei es denn: streng biblizistisch – aufgebaut? Von woher wird da wohl entschieden, was unter Gott, seiner Majestät, seinem Willen und Gesetz zu verstehen ist? Wie, wenn bei der Beantwortung dieser Frage neben der Bibel heimlich oder auch wohl offen noch eine andere Offenbarungs- und Erkenntnisquelle mitreden sollte – das Buch des menschlichen Vernunftgesetzes, des Consensus der Völker über das, was für den Menschen allgemein und von Haus aus recht und billig sei, das Votum des ihm angeborenen individuellen «Gewissens», kurz, eine *lex naturalis*, die dann als die eigentliche *lex aeterna* in der Bibel doch nur wiederzuentdecken wäre, weil sie in dem, was in der Bibel gut und böse genannt wird, doch nur ihre positive Offenbarung, Anwendung und Konkretion gefunden haben möchte? (Zur Frage der Ursprünge dieses verhängnisvollen Begriffs und seines Eindringens in die christliche Theologie kann jetzt die Lektüre des wichtigen Buches von Felix Flückiger, Geschichte des Naturrechts, 1. Bd. 1954, nicht dringend genug empfohlen werden). Wie, wenn es dann wirksam würde und an den Tag käme, daß der Baumeister des dem Menschen angeblich überlegenen und entgegenstehenden Gesetzes eben doch der Mensch selbst – daß das Gesetz das Ideal ist, an dem er sich nur eben mißt, nachdem er selbst es aufgerichtet hat? Ob dann nicht auch die biblischen Elemente, deren er sich dabei bediente, die ihnen in ihrem ursprünglichen Zusammenhang, vom biblischen Zentrum her eigentümliche Kraft verlieren, schließlich als störend und entbehrlich erscheinen müßten? Ob dann nicht notwendig ein synthetisches Sehen und Denken siegen wird, für das es zwischen dem Bösen und dem Guten, zwischen dem Menschen, wie er ist und wie er sein soll, nur die Spannung eines relativen, eines heilbaren Gegensatzes gibt – ein Sehen und Denken, in dessen Bereich so etwas wie Sünde und ein Mensch der Sünde (in einem ernstlichen Verständnis dieses Begriffs) keinen Raum hat? Wie, wenn sich darin der stille Rationalismus und Immanentismus schon des biblizistischen Ansatzes verriete? – Wir beschreiben mit diesen Fragen keine Hypothese, sondern (vgl. KD IV, 1 S. 407ff., 413ff.) die Entwicklung, die hinsichtlich des Begriffs des Gesetzes und des ihm entsprechenden Begriffs der Sünde – in Wiederholung altkirchlicher und mittelalterlicher Verirrungen! – in der Geschichte der protestantischen Theologie vom Ausgang der Reformation bis hinein in die Blütezeit des Neuprotestantismus tatsächlich stattgefunden hat.

Mißt sich der Mensch an einem Normbegriff, an einem Begriff von Gott und seiner Offenbarung, der so oder so – mit oder ohne biblische Materialien entworfen und konstruiert – sein eigenes Werk und so im Spiegel noch einmal er selber ist, dann ist es grundsätzlich unmöglich, daß er seine Abweichung als ein Zerbrechen seines Friedens mit Gott, mit seinem Nächsten und mit sich selbst und also als seine Bedrohung mit ewigem Verlorengehen sehen und verstehen kann. Er wird sich dann auch in seiner Abweichung mit jener Norm zusammensehen und zusammendenken. Er wird mit seinem Gegensatz zu ihr, d. h. er wird mit sich selbst in Ordnung zu kommen und fertig zu werden wissen. Er wird seine Übertretung als einen Zwischenfall, einen Durchgangspunkt, ein Entwicklungsstadium interpretieren. Er wird sich selbst auch durch das schärfste Urteil, mit dem er sie bedenken mag, nicht betroffen, er wird sich in ihr nicht so erniedrigt sehen, daß er sich nicht auch in ihr noch immer auf einer gewissen Höhe zu finden und irgend eines Aufstieges mindestens für fähig zu halten in der Lage wäre. *Quanti ponderis sit peccatum*, daß er als Sünder ein Mann des Todes sei, daß er einer Errettung und gänzlichen Erneuerung bedürftig sein könnte, wird ihm eine völlig fremde Vorstellung bleiben.

Echte Sündenerkenntnis wird möglich und wirklich als Element echter Gotteserkenntnis, Offenbarungserkenntnis, Glaubenserkenntnis. Eben als Element solcher Erkenntnis besteht sie aber nicht in der Feststellung dieses oder jenes allgemeinen oder besonderen Vorwurfs, den der Mensch sich selber machen, dem er sich aber eben, weil er nur ein Selbstvorwurf ist, auch immer wieder entziehen kann, besteht sie aber auch nicht in der Anerkennung und Aufnahme dieser und jener den Menschen im Namen Gottes anklagenden und verurteilenden Bibelstelle, durch die er sich, indem er sie ihrem Zusammenhang entnimmt und nach seinem eigenen Gutdünken deutet, auch nicht nachhaltig treffen lassen wird, besteht sie vielmehr in der Einsicht in die menschliche Situation, die sich von der Substanz, vom Zentrum der biblischen Botschaft her ergibt: aus der Weisung, die uns durch die Existenz Jesu Christi, in und mit seiner Auferstehung, in und mit dem Zeugnis und Werk des Heiligen Geistes gegeben ist. Wo das Wort Gottes Fleisch wurde und ist, da wird aufgedeckt, daß der Mensch Fleisch ist und was das heißt und nach sich zieht, daß er Fleisch ist. Wo ihm Gottes Gnade widerfährt, da wird seine Sünde und daß er der Mensch der Sünde ist, offenbar. Wo sein Heil vollbracht ist, da wird das Unheil, dem er dadurch entrissen ist, unübersehbar und unwidersprechlich. Es ist das von keinem Menschen ersonnene, entworfene und konstruierte, sondern allen Menschen, wenn überhaupt, dann gerade nur als Gottes freie Offenbarung begegnende Evangelium – es ganz allein – das Gesetz, in dessen Erkenntnis der Mensch sich als angeklagt, verurteilt, verdammt finden wird. Das Fleisch

1. Der Mensch der Sünde im Licht der Herrschaft des Menschensohnes

gewordene Wort, die dem Menschen widerfahrende Gnade Gottes, sein Heil, das Evangelium, ist aber Jesus Christus. Er, seine Existenz als Gottessohn und Menschensohn ist das Licht, in welchem der Mensch als Mensch der Sünde sich selbst aus einem Unbekannten zu einem Bekannten wird: das Licht, in welchem er sich selbst als solcher sehen und bekennen muß. Es geht um christliche Gottes-, Offenbarungs- und Glaubenserkenntnis, wo echte Sündenerkenntnis Ereignis wird: um Erkenntnis Jesu Christi. – Wir wenden uns zu dem Versuch einer besonderen Formulierung und Begründung dieses Satzes in unserem jetzigen Zusammenhang.

Es muß nun zur Geltung und zum Tragen kommen, was von der *humanitas Christi*, von der Existenz des Menschen Jesus zu sagen ist. Er ist der zum Knecht erniedrigte Sohn Gottes. Und er ist eben als solcher der zum Herrn erhobene Menschensohn: beides, seine Erniedrigung als Gott und seine Erhöhung als Mensch vollendet in seinem Tode – und beides, die wahre Gottheit und die wahre Menschheit seiner Existenz, offenbart in seiner Auferstehung von den Toten. Uns beschäftigt jetzt das Zweite: seine in seinem Tod vollendete und in seiner Auferstehung offenbarte wahre Menschheit: seine Erhebung zum königlichen, kraft seiner Identität mit dem Sohne Gottes in voller Gemeinschaft und Konformität mit Gott dem Vater lebenden und regierenden Menschen. Weil und indem Gott in diesem Menschen das menschliche Wesen als solches und also alle Menschen, jeden Menschen erwählt hat zum Bunde mit ihm, weil und indem dieser Mensch ihrer aller Vertreter, Haupt und Herr ist, darum ist sein Tod nicht nur das an ihrer Stelle über sie alle ergangene Gericht, darum ist er auch ihrer aller in ihm schon vollzogene Aufrichtung, darum sind in ihm auch sie ausgerichtet auf ein ewiges Leben im Dienste Gottes. Und darum ist die in seiner Auferstehung geschehene Offenbarung seiner Erhöhung die Offenbarung auch der ihrigen. Darum erging und ergeht im Werk seines Heiligen Geistes die Weisung Eph. 5, 14 an sie, an uns alle: «Wache auf, der du schläfst und steh auf von den Toten und Christus erleuchte dich!» Sie ist nicht immer und überall wirksam und gleich wirksam. Sie ist ja noch nicht oder auch nicht mehr von Allen vernommen, recht und ganz zu Herzen genommen. Aber nicht diese und ähnliche Fragen sind jetzt wichtig, sondern die in allen solchen Fragen vorausgesetzte, allem Vernehmen oder Nichtvernehmen unsererseits vorangehende Wirklichkeit, das objektive Faktum der Existenz Jesu inmitten der übrigen Menschheit aller Zeiten und Räume.

«Die Morgenröte war noch nicht / mit ihrem Licht vorhanden; / und siehe, da war schon das Licht, / das ewig leucht, erstanden. / Die Sonne war noch nicht erwacht, / da wacht und ging in voller Macht / die unerschaffne Sonne» (P. Gerhardt). Das aber ist das vor allem Morgenrot schon erstandene Licht: die Wirklichkeit der dem Menschen im Tode Jesu widerfahrenen **Erhebung** und **Aufrichtung**, seiner Versetzung in die Lebensgemeinschaft mit Gott und in seinen Dienst und die Wirklichkeit des in seiner Auferstehung geschehenen **Offenbarwerdens** dieser entscheidenden Veränderung der ganzen menschlichen Situation. Sie ist in dem Menschen Jesus ein für allemal und grundsätzlich für alle Menschen geschehen. Was nach Luk. 17, 24 von der letzten und abschließenden Offenbarung Jesu zu sagen ist, das gilt virtuell schon von seiner ersten, mit der die Endzeit der menschlichen Geschichte angebrochen ist: «Wie der Blitz aufblitzt und von einem Ort unter dem Himmel her zum anderen unter dem Himmel leuchtet, so wird der Sohn des Menschen sein an seinem Tage.» «Das wahre Licht, das jeden Menschen erleuchtet, **kam in die Welt**» (Joh. 1, 9). Es «scheint in der Finsternis», obwohl die Finsternis es nicht begriffen hat. Das Feuer, das auf Erden anzuzünden Jesus nach Luk. 12, 49 gekommen ist, brennt und ist nicht mehr zu löschen.

Indem Gott sich selbst erniedrigte und Mensch geworden ist, indem er damit den Menschen zu sich erhöht hat, gibt es in der Niedrigkeit des menschlichen Daseins keine Ruhe mehr. In der Kraft der ewigen göttlichen Gnadenwahl und in der Kraft von deren Ausführung in der Zeit, d. h. aber eben: in der Existenz des Menschen Jesus und durch das Faktum der von ihm ausgegangenen und ausgehenden Weisung, ist, ob er es wisse, bejahe und wolle oder nicht, jeder andere Mensch **schon entheimatet** an dem Ort, der an sich, der, wenn in der Mitte aller anderen nicht auch dieser Mensch existierte, sein Ort notwendig sein und bleiben müßte – **schon aufgeschreckt** von dort, **schon alarmiert** und **aufgerufen**, die Bewegung mitzumachen, in deren Bereich kraft der Erhebung dieses einen Menschen auch er versetzt ist. Es gibt, weil und indem dieser Mensch lebt – weil und indem Gott in ihm niedrig, der Mensch in ihm hoch wurde – keine absolute Bindung eines Menschen an seine Niedrigkeit, keine absolute Unmöglichkeit auch seines Seins in der Höhe der Lebensgemeinschaft mit Gott und in seinem Dienst, keine Gefangenschaft, aber auch keine Sicherheit seiner Existenz da drunten, keine absolute Unfreiheit, sich erheben zu lassen und sich selbst zu erheben. Es ist die Existenz dieses einen Menschen mit dem Faktum der von ihm ausgehenden Weisung des Heiligen Geistes praktisch gleichbedeutend mit einem grundsätzlich und objektiv jedem Menschen – und fände er sich auf der tiefsten Stufe und hätte er nie von ihm gehört – zugerufenen, auch ihn meinenden und angehenden *Sursum corda! Sursum homines!* Es existiert, weil dieser Mensch existiert, keiner mehr anders als unter dem Zeichen dieses *Sursum!* So gewiß eben dieser Mensch keine Privatperson, sondern als dieser Eine, Einzelne, als Erstling, Haupt und Herr an aller Anderen Stelle getreten ist, um für sie zu sterben und zu leben: als der für sie Sterbende auch für sie zu **leben**! Und so gewiß keiner etwas daran ändern kann, daß auch er ein Bruder dieses einen Menschen ist, daß dieser auch für ihn lebt!

Es ist die Erkenntnis dieses Menschen **Jesus**, die uns zur Erkenntnis der **Sünde** – zur Erkenntnis des Menschen als des Menschen der Sünde zwingt, vielmehr: frei macht. Alles zusammengefaßt: einfach damit, daß er das menschliche Dasein, wie wir Anderen es als das unsrige fristen und kennen, in das Licht der in ihm geschehenen Erhöhung unseres, des menschlichen Wesens, rückt. Unter das Zeichen des großen *Sursum!* Vorwärts! und Aufwärts! haben wir eben gesagt – unter den Befehl, die Verheißung und die Kraft seines jeden Menschen angehenden: «Folge mir nach!» Von diesem Positiven wird in unserem nächsten Paragraphen, der von des Menschen Heiligung handeln soll, die Rede sein. Von ihm kann aber nicht sinnvoll die Rede sein, ohne daß wir des Negativen gewahr sind, das auf unserer Seite in demselben Licht der in Jesus geschehenen Erhöhung des menschlichen Wesens auch und zuerst sichtbar wird: der Tiefe, aus der es in ihm – und in ihm gültig und kräftig, für das Dasein jedes Menschen – erhoben ist.

Es grenzt sich doch eben die in ihm vollzogene Veränderung der menschlichen Situation ab von einem Vorher, in dem sie noch nicht verändert war. Es geht doch der Bewegung, in die er sie gebracht hat, ein früheres Unbewegtsein voran. Es entspricht doch offenbar dem in ihm verwirklichten Droben des Menschen ein ganz bestimmtes Drunten, der Gemeinschaft mit Gott, in die er in ihm versetzt ist, eine Trennung von ihm. Dieses Vorher, dieses Unbewegtsein, dieses Drunten des Menschen, diese seine Trennung von Gott hat Gott selbst, um sie zu überwinden, um den Menschen zu sich zu ziehen, in seinem Sohn auf sich genommen: eben in dieser Ausgangssituation hat er sich uns solidarisch gemacht, ist er unser Bruder geworden, und eben indem er sich die Bedingungen und die Konsequenz dieser Situation zu eigen machen und erleiden wollte, ist er an unsere Stelle getreten, ist er am Kreuz gestorben. Und eben von daher wurde, war und ist er – in derselben Tat seines Leidens und Sterbens – der Überwinder, der Sieger, ist er als Mensch erhoben worden, emporgefahren in jenes Droben, ist er aus der Verlassenheit von Gott heraus hinübergetreten in die völlige Gemeinschaft mit ihm, hat er sich als Mensch zur Rechten Gottes des Vaters gesetzt, hat er, immer an unserer Stelle und also für uns, jene Veränderung der ganzen menschlichen Situation ins Werk gesetzt. Jenes Vorher, jenes Unbewegtsein dort drunten, jene Trennung von Gott, die er sich zu eigen machte, um sie zu überwinden, ist des Menschen Sünde. Es führt zu nichts, sie anderswo sehen, feststellen, erkennen zu wollen als im Blick auf diese dem Menschen widerfahrene Gnadentat Gottes. Eben sie ist das Gesetz, das sie offenbar macht, wo jedes andere vom Menschen selbst ausgedachte und entworfene Gesetz, wie heilig und unerbittlich er es sich auch vorstellen möchte, ihn nur zu Illusionen über sich selbst anleiten könnte. Wo der Mensch Grund zum Danken bekommt, da und nur da bekommt er Grund zu der Reue, in der dann auch die Buße, die Umkehr, seine Heiligung anheben wird.

Es sei dasselbe noch einmal, aber anders gesagt: Es geht dem von Jesus gelebten Leben eines neuen Menschen das von ihm erlittene Sterben eines alten voraus, dem Aufstieg des wahren Menschen wiederum in seiner Existenz, wiederum in seinem Tode, die Beseitigung eines falschen, eines verkehrten Menschen, seinem Sein als der königliche das von ihm angenommene und überwundene Sein des versklavten Menschen, seinem Leben im Geist das vegetierende und vergehende Fleisch, in welchem er uns gleich, der Unsrige werden wollte. Gott hat sich ja des Menschen, der auch in der Gestalt jenes alten, falschen, verkehrten Menschen, auch als jener Sklave, auch als «Fleisch» sein gutes, das von ihm erwählte und geliebte Geschöpf ist und bleibt, erbarmt: so tief, so gründlich angenommen, daß er sich selbst in seinem Sohn zu seinem Bruder, zum Gesellen seiner Situation, zum Träger seiner Schande machen, daß er selbst an seiner Stelle und für ihn ein Geschändeter werden und sein wollte – um den Menschen eben damit jener seiner Erwählung, seiner Liebe, seinem Schöpferwillen widersprechenden Situation zu entreißen, ihn seiner Schande zu entkleiden, ihn mit seiner eigenen Ehre zu überkleiden, um nun wieder an seiner Stelle und für ihn der neue, der wahre, der königliche, der geistliche, der seiner würdige Mensch zu sein: der Mensch, in dessen Person der Bund auch von des Menschen Seite gehalten und erfüllt wird, der Mensch, der im Frieden mit ihm auch im Frieden mit sich selbst und mit seinem Nächsten existieren darf. Jener erste, der falsche, der verkehrte, fleischliche Mensch, dessen Gott sich so erbarmt und angenommen hat, ist der Mensch der Sünde. So wird er sichtbar im Licht der ihm in Jesus widerfahrenen göttlichen Gnadentat. Und als dieser Mensch der Sünde wird in ihrem Licht, konfrontiert mit ihrem Gesetz, jeder Mensch sichtbar. Es ist schon so: Wo er Gott zu loben den tiefsten Grund hat, eben da wird es mit seinem Selbstlob gänzlich und für immer zu Ende sein.

Wir versuchen es, das, was von der in der Erkenntnis dieses Menschen und so in der christlichen Gottes-, Offenbarungs- und Glaubenserkenntnis eingeschlossenen Erkenntnis der Sünde und des Menschen der Sünde zu sagen ist, auf einen allgemeinen Nenner zu bringen, indem wir feststellen: die Existenz des Menschen Jesus und das Ereignis der von ihm ausgehenden Weisung des Heiligen Geistes bringt die Beschämung aller, eines jeden anderen Menschen, mit sich. Beschämung ist Aufdeckung von Schande. Das unterscheidet Jesus von allen anderen Menschen und die Erkenntnis Jesu von der aller übrigen Menschen, von der aller anderen wirklichen und möglichen Erkenntnisgegenstände, daß da unsere Beschämung unwidersprechlich Ereignis, daß da unsere Schande aufgedeckt wird. Wir bezeichnen auch damit zunächst ein rein Faktisches im Verhältnis zwischen ihm und uns Anderen: er ist der uns Beschämende und wir sind die von ihm Beschämten, ganz unabhängig davon, ob wir das schon bemerkt, ob wir selbst uns also schon entsprechend geschämt haben oder ob wir uns vor dem, was uns da faktisch widerfahren ist und noch widerfährt, die Augen noch oder schon wieder verschließen können. Das Sein geht dem Erkennen auch in dieser Hinsicht voran. Es ist aber allerdings ein entscheidendes Kriterium unserer Erkenntnis des Menschen Jesus, daß wir uns, dem entsprechend, daß er der uns Beschämende ist und wir die von ihm Beschämten sind, auch selber schämen. Wo dieses Entsprechende nicht stattfände, da würden wir uns grimmig täuschen, wenn wir meinten, ihn auch nur von ferne erkannt zu haben.

Das Gleichnis vom Pharisäer und Zöllner (Luk. 18, 9f.) redet von zwei Menschen, die faktisch beide gleich beschämt vor Gott stehen, aber auch von ihrer ganzen, durch ihre Erkenntnis und Nicht-Erkenntnis ihrer Beschämung bedingten Verschiedenheit. Hier, im Tempel, und also vor dem Angesichte Gottes breit und schön aufgestellt der in dieser Sache ganz Unwissende, der Unverschämte, der Gott so trefflich dafür dankt, daß er ist, wie er ist und also nicht ist wie die übrigen Menschen, kein Räuber, kein Ungerechter, kein Ehebrecher und keiner wie der Zöllner dahinten – der Mann, der auch seine Freiheit den sinnlichen Begierden gegenüber für sich geltend machen kann: «Ich faste zweimal in der Woche» – und seine Freiheit gegenüber dem Mammon: «Ich gebe den Zehnten von meinem ganzen Einkommen.» Dort, auch im Tempel und also vor dem Angesichte Gottes der Wissende, der Verschämte, der an diesem Ort gerade nur von ferne dabei sein mag, sich nicht einmal getraut, seine Augen zum Himmel zu erheben, der nur eben an seine Brust schlagen kann, dessen Glaubensbekenntnis nur eben lautet: «Gott sei mir Sünder gnädig!» Ihrer Beider Schande ist schon aufgedeckt. Aber Dieser weiß, Jener weiß nicht, daß dem so ist. Diesem bleibt nur übrig, sich selbst zu erniedrigen, während Jenem noch viel Anderes übrig bleibt, was ihn vielmehr ermuntert, sich selbst zu erhöhen. So scheiden sich am Problem der Beschämung, an seinem Akutwerden oder Latentbleiben, die Geister und die Wege.

Beschämung des Menschen – mit oder ohne die entsprechende Scham auf seiner Seite – geschieht damit, daß er sich in einen Vergleich gestellt findet. Mit Gott? Ja, wenn sie seine gründliche und gänzliche Beschämung ist, dann sicher mit Gott: gemessen an seiner Heiligkeit muß und wird er seine Unheiligkeit entdeckt finden. Im Vergleich zwischen Mensch und Mensch kann und wird es immer nur zu beiläufigen, teilweisen und oberflächlichen Beschämungen kommen. Und weil sie angesichts der Verschiedenheit der Beziehungen, in denen Menschen untereinander vergleichbar und verglichen sein mögen, im Grunde immer auch gegenseitige Beschämungen sein werden, wird es dem Einen oder dem Anderen oder auch Beiden immer auch möglich sein, sich ihnen mit gutem Grund irgendwie zu entziehen. Die gründliche und gänzliche Beschämung, der wir uns nicht entziehen können, kommt von Gott her oder gar nicht über uns. Wir müssen aber hinzufügen: von dem uns konkret lebendig begegnenden wahren Gott her. Eine vermeintlich unmittelbare Gegenüberstellung des Menschen mit einem Gott, der in irgend einer Höhe oder Tiefe nur in und an und für sich Gott wäre, ist keine Begegnung mit dem Heiligen, an dessen Heiligkeit gemessen der Mensch sich als unheilig entdeckt fände. Er unterhält sich dann mit einer Idee, mit einem Begriff Gottes, von dem her, wie hoch oder tief er auch sein möge, keine Beschämung, keine Aufdeckung seiner Schande über ihn kommen, vor dem er sich niemals ernstlich schämen wird, wie er denn auch in Wirklichkeit durch ihn keineswegs beschämt ist. Ein Gott, der nur in und an und für sich Gott ist, ist eben nicht der wahre Gott. Es ist der Begriff eines solchen vielmehr der Begriff eines Abgottes. Zwischen ihm und dem Menschen kann es keinen Vergleich, von ihm her darum auch keine ernstliche Beschämung des Menschen geben. Und die Frage liegt nahe, ob der Mensch sich diesen Abgott nicht geradezu darum zu ersinnen und zurecht zu machen pflegt, weil er wohl weiß, daß er und dieser Abgott unvergleichbar sind, daß er vor einer ernstlichen Beschämung von ihm her in guter Sicherheit ist.

Er ist aber schon verglichen und in diesem Vergleich ernstlich, gründlich und gänzlich beschämt in seinem Gegenüber zu dem Gott, der sich als der wahre von allen Abgöttern dadurch unterscheidet, daß er nicht nur in und an und für sich Gott ist, sondern Immanuel, «Gott mit uns»: wahrer Mensch, indem er wahrer Gott ist. Zwischen uns anderen Menschen ist es ja nicht so, daß der Eine im Anderen Gott begegnen wird. Mag sein, daß wir einander Gott und damit auch unser Verglichensein mit ihm und unsere Beschämung durch ihn gegenseitig bezeugen, uns zur Scham vor ihm gegenseitig anleiten dürfen oder müssen. Mit Gott selbst konfrontiert und durch ihn selbst beschämt ist aber keiner von uns durch die Existenz irgend eines anderen, von jenem Einen verschiedenen Menschen. Das widerfährt uns allein, das widerfährt uns aber auch faktisch durch die Existenz des wahren Menschen Jesus, des Sohnes Gottes. Im Verhältnis zu ihm – und alle Menschen stehen faktisch im Verhältnis zu ihm – kommt es zu unserem Vergleich mit einem Menschen, der als solcher auch unser Vergleich mit dem heiligen Gott ist. Und in diesem Vergleich unserer Taten und Leistungen, unserer Möglichkeiten und Verwirklichungen, der wahren Äußerung unseres Innersten und des wahren Innersten unserer Äußerungen, unseres ganzen Woher und Wohin, der Wurzel und der Krone unseres Existierens mit dem seinigen, wird und ist unsere Beschämung Ereignis. Damit nämlich, daß uns dasselbe menschliche Wesen, das auch das unsrige ist, in ihm in einer Gestalt begegnet, der gegenüber es in der Gestalt, die wir ihm geben, schlechterdings abfällt und zurückbleibt. Kein Engel, kein unserer Natur überlegenes und fremdes Wesen tritt uns in ihm gegenüber, so daß wir uns für entschuldigt halten könnten, wenn wir ihm nicht entsprechen, sondern ein Mensch wie wir, dem wir also sehr wohl vergleichbar sind, aber nun eben ein Mensch in der klaren Erhebung unserer Natur zu ihrer Wahrheit, in der Erfüllung ihrer Bestimmung, in der Entsprechung zu des Menschen Erwählung und Erschaffung: der Mensch, der bei, unter, für und mit Gott ist, wie Gott mit ihm, im Frieden mit Gott und

1. Der Mensch der Sünde im Licht der Herrschaft des Menschensohnes

darum auch im Frieden mit dem Mitmenschen und mit sich selbst. Das bedeutet aber, daß wir Alle durch ihn gefragt sind: wer und was denn als seine Brüder wir sein möchten? das menschliche Leben, wie wir es leben? Unser menschliches Denken und Wollen, Reden und Handeln? unser Herz und unsere Taten? der Gebrauch, den wir von unserem Dasein, von der uns gewährten Frist, von der uns einmalig gebotenen Gelegenheit in ihrer Ganzheit und in ihren Einzelheiten machen? unser Kommen und Gehen? unsere Motive und Quietive? unser Planen und Ausrichten? die Ordnung unseres Verhältnisses zu Gott, zu unserem Nächsten und zu uns selbst? und schließlich umfassend: unsere Lebenstat als Gottes gute Geschöpfe inmitten des Kosmos der guten göttlichen Schöpfung? Hätten wir die Freiheit, uns an irgendwelchen anderen Menschen, oder an jenem Abstraktum, das wir für Gott halten möchten, oder eben: an einem von uns selbst ersonnenen und aufgerichteten Gesetz zu orientieren und zu messen, so dürfte es uns nicht unmöglich sein, solchem Fragen gegenüber rühmlich oder doch nicht unrühmlich zu bestehen. Wir haben diese Freiheit nicht. Wir können uns gerade nur einbilden, wir hätten sie. Das Maß, an dem wir gemessen sind, ist der wahre Mensch, in welchem uns konkret lebendig der wahre Gott begegnet. Verglichen mit ihm stehen wir da in unserer Verkehrtheit, steht alles Unsrige da in seiner Mißfälligkeit, unsere Menschlichkeit in ihrem Verlorensein. Unsere Heiligkeit, ob groß oder klein, fällt ab. Unser Glanz erlischt, unser Ruhm wird nichtig, unser Stolz wird gegenstandslos, die Unwahrheit, in der wir Menschen sind, aufgedeckt. Die Bedürftigkeit, in der Gott sich unser in seinem Sohn angenommen hat – und daß sie eben in der Unwahrheit unseres Menschseins besteht, wird unwidersprechlich. Das ist, ob wir sie einsehen oder nicht einsehen, ob wir uns selbst schämen oder nicht, unsere faktische Beschämung. Als die so Beschämten, in solcher Schande, stehen wir da, weil und indem der Mensch Jesus in unserer Mitte ist.

Und wenn nun Einer sich selbst schämt, so heißt das, daß er der Beschämung, die auch ihm durch den Menschen Jesus widerfahren ist, der Schande, in der er, an ihm gemessen, dasteht, gewahr wird und daß sie ihm wehtut, ohne daß er sich doch von ihr, wie er wohl möchte, befreien kann. Er kann sich selbst als der, der für sie verantwortlich ist – und wenn die ganze Welt für ihn Partei nähme – nicht genügen. Und wenn sie von niemand sonst gesehen wäre, er sieht sie. Und wenn niemand ihn ihretwegen verklagen würde, er muß es tun. Und wenn er sie vor sich selbst verbergen wollte, so ist sie – und das immer wieder schmerzend – dennoch da: so gewiß er sich vor sich selbst nicht verbergen kann. Er muß sich selbst in eben der Häßlichkeit erkennen und anschauen, in der er sich erkannt und durchschaut findet. Er möchte wohl vergehen und verschwinden und weiß doch keinen Ort, an dem er nicht mehr der Mißfällige sein würde, als der er erkannt ist, sich selbst erkannt hat. Er kann sich selbst als dieser Mißfällige nur eben aushalten. Es braucht einen Christen, es braucht ja eben die Erkenntnis des Menschen Jesus dazu, daß Jemand der allen Menschen in der Existenz dieses Einen widerfahrenden Beschämung gewahr wird, sich von ihr betroffen findet, daß sie ihm durchs Herz geht, daß er es sich gefallen läßt, sich selbst schämen zu müssen. Man kann dagegen solange und insofern Verwahrung einlegen und schamlos sein und bleiben wollen, als man Jesus noch nicht gesehen oder immer noch oder schon wieder an ihm vorbeigesehen und also noch nicht realisiert hat, daß man als Mensch im Verhältnis zu ihm steht, mit ihm verglichen, an ihm gemessen und also wie jeder Andere von ihm, diesem wahren Menschen und so von dem wahren Gott her, beschämt ist. Der Christ kann sich dessen nicht weigern und wird das auch nicht tun. Er tut nichts Sonderliches, indem er nach dem so beredten biblischen Ausdruck «an seine Brust schlägt». Er wäre kein Christ, wenn er das nicht täte. Er tut aber damit gerade nur, was zu tun ausnahmslos eines jeden Menschen Sache ist und im letzten Gericht auch eines jeden Menschen Sache sein wird. Wir werden uns dann als die mit Jesus Verglichenen, an ihm Gemessenen und durch ihn Beschämten alle vor ihm zu schämen haben.

Es ist auffällig und denkwürdig, daß die Evangelien des Menschen Beschämung durch Jesus ausgerechnet an der von ihnen so hervorgehobenen Gestalt des Petrus deutlich gemacht haben. Er ist offenbar schon beschämt (ohne daß ausdrücklich gesagt würde, daß er sich geschämt habe), wenn er nach Mr. 8, 33 Par. von Jesus – weil er im Blick auf dessen angekündigtes Leiden und Sterben nicht göttlich, sondern menschlich denke – «bedroht» wird und jenes ὕπαγε ὀπίσω μου, σατανᾶ hören, Jesus aus den Augen, «hinter ihm» treten muß. Er ist schon beschämt, wenn Jesus ihm nach Luk. 22, 32 – in einem Wort, das dort in der Mitte steht zwischen einer allen Jüngern zugesprochenen höchsten Verheißung (Essen und Trinken, Sitzen auf Thronen, Teilnahme am Richteramt im kommenden messianischen Reich) und einer höchsten Treueversicherung aus dem Munde gerade dieses ersten Jüngers – sagt, daß er für ihn gebetet habe, daß sein Glaube in der großen zuvor kommenden Versuchung nicht aufhöre: «Und du, wenn du dich einst bekehrt hast, stärke deine Brüder!» Er ist schon beschämt, wenn ihm Mr. 14, 30f. Par., vorbei an seiner überlaut (ἐκπερισσῶς) geäußerten Beteuerung seiner Zuverlässigkeit auf den Kopf zugesagt wird: «Du wirst mich heute in dieser Nacht, ehe der Hahn zweimal kräht, dreimal verleugnen» – wenn er nach Mr. 14, 37 gefragt wird: «Simon, du schläfst? Vermochtest du nicht eine Stunde zu wachen?» – wenn er nach Matth. 26, 52, Joh. 18, 11 geheißen wird, sein Schwert in die Scheide zu stecken. Und es erfolgt ja auch seine Joh. 21, 15f. beschriebene Auszeichnung und besondere Beauftragung nicht ohne die vorangehende, wahrhaftig beschämende Frage: ob er ihn, Jesus, liebe – ob mehr als die anderen Jünger, wie er sich zuvor gerühmt hatte? – ob er ihn überhaupt liebe? Der von der rettenden und erhebenden Hand Jesu Ergriffene ist nicht nur nach Matth. 14, 31 der als Kleingläubiger, als Zweifler vor Jesus versinkende Petrus. Und es wirkt wie ein merkwürdiger Reflex seines evangelischen Bildes, daß wieder er es sein muß, dem Paulus in Antiochien nach Gal. 2, 11f. wegen Hypokrisie «ins Angesicht zu widerstehen» hatte. Wiederum wird nun aber auch gerade von ihm ausdrücklich gesagt, daß er seine Beschämung erkannt und ihr entsprechend sich auch selbst geschämt habe. «Geh hinaus, denn ich bin ein sündiger Mensch, Herr!» ist ja nach Luk. 5, 8

1. Der Mensch der Sünde im Licht der Herrschaft des Menschensohnes

sogar das erste Wort, das von diesem ersten Jünger überliefert ist: seine erste Reaktion in seiner Begegnung mit dem Herrn. Und dann drastisch die Beschreibung der Szene nach seiner Verleugnung (nach Luk. 22, 61 f.): «Und der Herr wandte sich und blickte Petrus an. Da erinnerte sich Petrus an das Wort des Herrn, wie er zu ihm gesagt hatte: Ehe heute der Hahn kräht, wirst du mich dreimal verleugnen. Und er ging hinaus und weinte bitterlich.» Und schließlich Joh. 21, 17: «Petrus wurde betrübt, daß er zum dritten Mal zu ihm sagte: Hast du mich lieb?» Im Sinn der neutestamentlichen Überlieferung soll offenbar Alles, was sie sonst von ihm zu berichten weiß und was man in der ältesten christlichen Gemeinde auch sonst von ihm wissen mochte, auf diesem Hintergrund gesehen und verstanden werden. So sah im Verhältnis zu Jesus selbst der Felsen aus, auf den er seine Gemeinde bauen wollte und gebaut hat. Und es war die Meinung der Überlieferung zweifellos auch die, in der Person dieses ersten Jüngers *mutatis mutandis* die Situation, die Schande auch aller übrigen in ihrem Verhältnis zu ihrem Herrn zu kennzeichnen: die christliche Situation in ihrer exemplarischen Bedeutung für die menschliche Situation als solche. Es gibt in ihrem Sinn weder in der Gemeinde noch in der Welt irgend jemand, der nicht, gemessen an Jesus, ein wie dieser Petrus durch ihn Beschämter wäre.

Der Satz von der dem Menschen im Lichte der Herrschaft des Menschensohnes widerfahrenen Beschämung bedarf nun aber, bevor wir von der Erkenntnisfrage zur Sachfrage übergehen können, einer bestimmten Füllung und Erklärung. Daß es da um des Menschen ernstliche, gründliche und gänzliche Beschämung gehe, darf nicht im Schein einer auf gut Glück geäußerten und anzunehmenden Behauptung stehen bleiben. Eben um die Wahrheit über den Menschen soll es ja in dieser Beschämung und um Erkenntnis dieser Wahrheit soll es da gehen, wo ein Mensch, der Christ, der von der Existenz Jesu ausgehenden Beschämung aller Menschen entsprechend, sich selber schämen muß. Sieht er sich durch die Weisung Jesu Christi und also durch den Heiligen Geist gezwungen oder vielmehr: frei gemacht, das zu tun, dann ist das kein dumpfes, gestaltloses, unverantwortliches Innewerden. Eben in das Licht der Herrschaft des Menschensohnes findet er sich ja da gerückt. Eben eines Wissens um ihn und sich selbst wird er ja da teilhaftig. Eben zur Rechenschaftsablage über seine Situation, eben zum Bedenken ihrer Entstehung, ihrer Natur, ihrer Tragweite, ihrer Schwere wird er ja da aufgefordert und in Stand gesetzt: eben dazu, sich selbst über seine Sünde und sich selbst als Menschen der Sünde klar zu werden und den Andern, der Welt gegenüber auch klar zu machen. Er redet nicht ins Blaue, er beteuert nicht bloß, er beruft sich nicht bloß auf ein unkontrollierbares Erfahren oder Erleben – er weiß, was er sagt, wenn er sich selbst als einen durch Jesus Beschämten bekennt und wenn er auch an jeden anderen Menschen mit der Voraussetzung herantritt, daß er es auch in ihm – ganz unabhängig davon, ob er es wisse und eingestehe oder nicht – mit einem durch Jesus faktisch Beschämten zu tun habe. – Eben was der Christ von sich selbst und von jedem Menschen als solchem weiß, soll nun noch in einigen besonderen Feststellungen und Erwägungen entfaltet werden.

1. Wir gehen aus von der Tatsachenfrage: ob es denn wirklich so ist, daß alle Menschen dem einen erhöhten Menschen Jesus unzweideutig in Niedrigkeit gegenüberstehen? ob das Phänomen des beschämten, vor ihm versinkenden Petrus wirklich grundsätzliche, allgemeine Bedeutung hat? ob es nicht auch Andere gibt, in denen uns das menschliche Wesen, mindestens auf ihre Tendenz gesehen, mindestens teilweise, ebenfalls in einer gewissen Erhebung vor Augen stehen möchte: solche, die dann jenem Einen doch zu vergleichen wären, ohne daß sie in diesem Vergleich einfach und vorbehaltlos als die durch ihn Beschämten dastehen würden – als mindestens edle, vielleicht sogar fürstliche neben ihm, dem königlichen Menschen? und ob irgend etwas Adliges nicht sogar in jedem Menschen, auch in solchen, deren Bild im übrigen beherrschend durch ihre Niedrigkeit bestimmt sein möchte, zu entdecken wäre, ob also der Satz von der dem Menschen durch Jesus widerfahrenden Beschämung nicht überhaupt bloß in einem relativen Sinn Geltung haben könne? ob wir uns nicht einer Übertreibung schuldig machen, wenn wir ihn als den einen wahren Menschen der Verkehrtheit aller übrigen gegenüberstellen? Wie kommt man als Christ dazu, von sich selbst und von jedem Menschen das zu wissen, daß wir uns, wie es auch mit unserer sonstigen Höhe oder Niedrigkeit stehe, ihm gegenüber, gemessen an ihm, nicht, auch nicht halbwegs oder teilweise auf der Höhe, sondern in der Tiefe eines tatsächlich verkehrten Menschentums befinden?

Die Antwort auf diese Tatsachenfrage ergibt sich schlicht daraus, daß Jesus für den Christen – und er allein weiß ja, was er sagt, wenn er diesen Namen ausspricht – lebt, und zwar lebt als der Mann der in den Evangelien überlieferten Geschichte und daß er, der Christ, eben an dieser Geschichte persönlich beteiligt, und zwar in der Weise beteiligt ist, daß er nicht umhin kann, sich selbst und jeden anderen Menschen in eben den Gestalten, in eben der Art und an eben dem Ort der Menschen wiederzuerkennen, von denen Jesus in dieser Geschichte umgeben ist. Mögen sie ihm sonst auch noch so fern und fremd sein: in ihrem Verhältnis zu Jesus erkennt er sein eigenes – und nicht nur sein eigenes, sondern das für alle Menschen, für den Menschen als solchen Charakteristische. Er hält sich und jeden anderen Menschen in dieser Hinsicht für ihresgleichen: gemessen an diesem Maß vielleicht nicht für schlechter, aber sicher auch nicht für besser, nicht für anders als sie. Was hätte er mit dem in der evangelischen Geschichte lebendigen Jesus zu tun, wenn er an ihr nicht beteiligt wäre, wenn er sich also der Solidarität mit den Menschen seiner Umgebung: mit dem Volk von Galiläa und Jerusalem, mit jenen Zöllnern und Sündern, jenen Kranken und Besessenen, mit den Pharisäern und Schriftgelehrten, mit Kaiphas und Pilatus und ihren Leuten, mit Jesu Jüngern von Petrus, dem Felsen, bis hinunter zu Judas, der ihn verriet, entziehen, und wenn er es unterlassen könnte, im Verhältnis zu dem

1. Der Mensch der Sünde im Licht der Herrschaft des Menschensohnes

einen Jesus auch jeden anderen Menschen in der Solidarität mit jenen als einen ihresgleichen zu sehen und zu verstehen? Von daher weiß der Christ, daß er selbst und jeder Andere – und wäre er, verglichen mit seinesgleichen, ein noch so adliger oder gar fürstlicher Mensch – ein durch diesen Einen Beschämter ist und daß es an dieser Beschämung, sei er im übrigen, was er wolle und könne, für ihn und für Andere nichts zu deuten, zu relativieren und abzuschwächen gibt. Er steht in einer Reihe mit denen, die diesem Einen in jener Geschichte gegenüberstehen. Das bedeutet gewiß nicht, daß er sich in besonders schlechter Gesellschaft befindet. In diese Reihe gehören freilich auch jener Barabbas und die beiden mit Jesus Gekreuzigten. Es sind aber gerade keine irgendwie bemerkenswerten Bösewichte, es sind keine Titanen der Ungerechtigkeit, es sind auch keine greifbar zerrütteten sozialen Verhältnisse, von denen dieser Eine sich abhebt. Er befindet sich in einer Umgebung, in der er keinen ernstlich so zu nennenden Gegenspieler hat. Aber freilich auch keinen ernstlich so zu nennenden Gefährten, Helfer, Mitarbeiter! Es fehlen da eben auch alle im positiven Sinn erheblichen, gemessen an ihm irgendwie bestehenden Gestalten. Johannes der Täufer, der vielleicht zu nennen wäre, bleibt am Anfang dieser Geschichte zurück und die Evangelien haben Sorge getragen, ihn so zu kennzeichnen, daß die Vorstellung einer Gleichartigkeit auch im Vergleich zwischen ihm und Jesus keinen Raum gewinnen kann. Und im Übrigen gibt es da wohl geheilte Kranke, Menschen, denen ihre Sünden vergeben werden – Menschen, die von Jesu Verkündigung ergriffen und erschüttert scheinen und wohl auch sind – Menschen, denen er sich in einer sie selbst und Andere völlig überraschenden Weise zuwendet und schließlich Menschen, die er in seine Nachfolge ruft und die ihm auch tatsächlich ein Stück weit nachfolgen. Da ist aber unter diesen Allen kein Einziger, der ihm gegenüber selbständige Bedeutung, eigenes spezifisches Gewicht hätte. Sie sehen, sie hören ihn, ihnen wird durch ihn geholfen, sie glauben an ihn oder meinen doch, es zu tun. Aber auch in allen diesen Verhältnissen ist er der Gebende, dem sie alle nichts zu geben haben. Er geht als der Herr einsam durch ihre Mitte. Die ihn umgebende Menschheit hat – immer gemessen an ihm – weder im Bösen noch im Guten großes Format, und wenn sie solches in anderer Hinsicht gehabt haben mag, so verblaßt es im Vergleich mit ihm. Sie fällt ab neben ihm. Sie existiert, an ihm gemessen, auf einer anderen Ebene. Was in der Begegnung mit ihm, in seinem Lichte an den Tag kommt, ist im Guten wie im Bösen mittelmäßige, gewöhnliche, triviale Menschheit. Und daß ihr Unterschied und Gegensatz zu ihm nicht relativ, nicht fließend ist, das bewährt sich darin, daß eben sie, diese im Guten wie im Bösen triviale Menschheit, im Endeffekt darin beieinander und einig ist, daß sie an ihm zweifelt, ihn nicht versteht, sich vor ihm zurückzieht, sich gegen ihn auflehnt, ihn verleugnet und verrät, im besten

Fall ohnmächtig beklagt, ihn aus geistlichen und weltlichen Gründen verurteilt, ans Kreuz bringt und am Kreuz erst recht allein läßt. Der Durchschnittsmensch hat das getan. Er ist der Rebell, der nicht will, daß Dieser über uns herrsche. Er ist der von dem wahren Menschen scharf genug unterschiedene, sich selbst notorisch von ihm unterscheidende verkehrte Mensch, der Mensch der Sünde. Und seine Sünde besteht eben in seiner Durchschnittlichkeit. Der Christ weiß sich in dieser Gesellschaft und er bekennt sich dazu, daß er – gleichviel, ob er sich etwas oberhalb oder etwas unterhalb ihres Durchschnitts befinde – in dieser Gesellschaft ist: und mit ihm sein Mitmensch, jeder andere Mensch, der Mensch als solcher. Er kennt den in jener Geschichte und so in jener menschlichen Umgebung lebenden Jesus und erkennt eben damit, wer und was wir Anderen sind: die Niedrigkeit, die Kümmerlichkeit, in der wir ihm als Einzelne wie als Masse, in unseren besseren wie in unseren schlechteren Regungen und Begierden, gegenüberstehen, den Abstieg, in dem wir, gemessen an seinem Aufstieg, alle begriffen sind. Er kennt des Menschen beste Möglichkeit: jenem sinkenden Petrus gleich zu sein, der ohne die rettende, aufrichtende Hand des Herrn gerade in seiner Trivialität nur eben versinken könnte. Das ist es, was zunächst zu jener Tatsachenfrage zu sagen ist: ob denn der Unterschied und Gegensatz zwischen dem einen Menschensohn und uns Andern so klar, so streng, so gefährlich sein möchte? Er ist schon sehr gefährlich. Unser Aller Gewöhnlichkeit kommt da an den Tag und eben sie als unsere Art, in der wir ihm unzweideutig entgegengesetzt sind.

2. Die Frage erhebt sich aber und muß beantwortet werden: ob und inwiefern es denn in und mit der Unterscheidung aller Anderen jenem Einen gegenüber wirklich zu deren Disqualifizierung als Sünder komme? ob und inwiefern denn gerade die Mittelmäßigkeit, die Gewöhnlichkeit, in der sie ihm gegenüberstehen, schlimm, böse zu nennen ist? Mag es denn sein, daß es in der Konfrontierung jedes anderen Menschen mit dem Menschen Jesus zur Aufdeckung seiner Trivialität komme, in der er nicht nur anders als er, sondern ihm letztlich geradezu entgegengesetzt ist. Aber ist es wirklich des Menschen Schande, die da aufgedeckt wird? Ist er um deswillen wirklich ein Beschämter? Ist denn Trivialität wirklich gleich Verkehrtheit? Sollte Mittelmäßigkeit dem Menschen nicht mindestens – als das dem Herrn Omnes zugängliche Optimum – erlaubt, vielleicht aber als das im Grunde Normale geradezu geboten sein? Es könnten ja für alle jene Menschen in der Umgebung Jesu, die nicht oder nicht recht mit ihm oder geradezu gegen ihn sein wollten, irgendwelche Erklärungen und Entschuldigungen gesucht und gefunden werden – und so dann auch für uns, sofern wir ihnen gleichen, mit ihnen solidarisch sind. Mehr noch: Es könnte gefragt werden, ob sie nicht im

Recht waren? ob der in Wahrheit Verkehrte nicht jener so Andere, so Seltsame und Einsame in ihrer Mitte war – dieser viel zu einseitig auf Gott Ausgerichtete, viel zu unbesonnen auch mit der Sache des Menschen Beschäftigte und wiederum viel zu einfach und viel zu streng sich selbst Verkündigende? Ob es nicht ein gesunder Instinkt für das Mögliche und insofern Richtige gewesen sein möchte, der jene Anderen veranlaßte, ihn nicht zu nahe an sich herankommen zu lassen, sich ihm nicht ganz, nicht ohne die Freiheit zum Absprung im letzten Moment gefangen zu geben, sich vielleicht auch zum vornherein kopfschüttelnd von ihm abzuwenden, vielleicht auch einfach kühl an ihm vorüber zu gehen und ihn seiner Wege ziehen zu lassen, im extremsten Fall aber, wenn man sich seiner nicht anders erwehren konnte und wenn er selbst es offenbar so haben wollte, mit ihm Schluß zu machen, ihn als Unerwünschten, als Störenfried aus der Welt zu schaffen? Mit Goethe: «Jeglichen Schwärmer schlagt mir ans Kreuz im dreißigsten Jahre ...» War es nicht das Wahrscheinlichste, daß Alle gegen den Einen im Recht waren und nicht dieser Eine gegen Alle? Und liegt es, wenn wir denn also zu diesen Allen, zu den von ihm Verschiedenen gehören, nicht auch für uns am nächsten, uns – weit entfernt davon, uns durch ihn disqualifiziert zu finden – diesem Einen gegenüber für entschuldigt und im letzten Grunde: für im Recht zu halten?

Die Frage ist insofern ernsthaft, als wir hier zweifellos vor einem wichtigen Aspekt des kritischen Punktes stehen, an welchem Christen und Nichtchristen notwendig auseinandergehen. «Dezidierte» (auch geistig und moralisch hochstehende) Nichtchristen werden sich immer auch dadurch charakterisieren, daß sie den im Verhältnis zu Jesus gewöhnlichen Menschen gegen den Vorwurf, daß er in dieser seiner Gewöhnlichkeit ein Sünder sei, mehr oder weniger bewußt und ausgesprochen, aber in einer letzten Entschlossenheit, in Schutz zu nehmen pflegen. Was man dem Menschen Jesus auch vorgeben mag: das nicht, daß alle Anderen in ihrer Verschiedenheit von ihm disqualifiziert seien, Beschämte, die sich eigentlich auch selbst zu schämen hätten. Was wissen nun eigentlich wir Christen – angenommen, wir seien Christen – wenn wir jene so naheliegende Frage praktisch ebenso selbstverständlich für unernsthaft halten müssen, wie sie jenen als ernsthaft erscheinen mag? Was begann Petrus zu wissen, als er, der Erste und Beste unter den Vielen, die damals um Jesus waren, nach seiner Verleugnung den Blick Jesu nicht ertrug, sondern «ging hinaus und weinte bitterlich»?

Der Grund ist zunächst schlicht der: Wer Jesus überhaupt kennt, der kann das nicht ganz, sondern nur vorübergehend vergessen, kann davon, wenn überhaupt, nur oberflächlich abstrahieren, daß Dieser ja nicht eine Privatperson neben und unter vielen anderen ist, von der er sich distanzieren, der gegenüber er sich selbst behalten könnte, sondern in der Allmacht des barmherzigen Willens Gottes – als dieser Einzelne, der er ist –

an seiner, an aller anderen Menschen Stelle getreten ist und steht, so daß, was er ist, notwendig auch ihr wahres, ihnen von Gott zugesprochenes und verliehenes Sein in sich schließt. Wenn also Dieser ganz anders Mensch ist als er, wenn sich zwischen Diesem auf der einen, ihm und allen Menschen auf der anderen Seite jene Verschiedenheit auftut, wenn er Diesem mit allen Anderen seinesgleichen zusammen in jener Gewöhnlichkeit gegenübersteht, dann kann er sich ihm gegenüber gar nicht in ihr behaupten, sie ihm gegenüber nicht verteidigen, entschuldigen, rechtfertigen, ihn womöglich von da aus seinerseits unter Anklage stellen wollen. Gerade ihm, dem Menschen in seiner Gewöhnlichkeit, ist ja in und mit der Existenz dieses Einen der Boden unter den Füßen weggezogen. In und mit jenem Einen, der an seiner Stelle steht, ist ja gerade ihm selbst Gnade, Befreiung widerfahren, hat er seine Gewöhnlichkeit hinter und unter sich, ist auch er ein anderer, aus ihr erhobener, von ihr getrennter Mensch geworden. Das ist das Eine, was der Christ, indem er um Jesus weiß, auch um sich selbst, um den Menschen weiß: er gehört zu ihm, an seine Seite; er gehört also nicht in die Front der trivialen Menschheit, in der er ihm gegenübersteht.

Aus diesem Ersten folgt dann aber unaufhaltsam das Zweite: es ist nicht normal, nicht zu entschuldigen und nicht zu rechtfertigen, es ist schlimm und böse, daß er nicht an seiner Seite, daß er ihm tatsächlich in jener Front gegenübersteht. Er widerspricht sich selbst, indem er ihm widerspricht. Er tut damit etwas, gerade auf ihn selbst gesehen, Unmögliches. Er selbst dürfte nicht da drunten, müßte mit jenem Einen, der ja für ihn da droben ist, auch dort droben sein. Seine Mittelmäßigkeit, seine Trivialität, die ordinäre Menschlichkeit seiner Art und seines Ortes ist tatsächlich Sünde, untragbar, unverantwortlich. Sie ist unzweideutig Undankbarkeit gegenüber der ihm zugewendeten Gnade. Er gleicht in ihr einem Gefangenen, der bei geöffneter Türe seiner Zelle nun doch nicht hinausgehen, sondern in ihr bleiben würde. Sie disqualifiziert ihn unzweideutig. Er selbst, der ordinäre Mensch, der er mit allen Anderen ist, ist unhaltbar. Seine Beschämung ist Ereignis. Das ist das Zweite, was der Christ weiß.

Und daraus folgt das Dritte: Er weiß, daß jeder Versuch, sich seiner Beschämung zu entziehen, sich zu verteidigen, zu entschuldigen, das Abnormale für normal, sein Unrecht für Recht zu halten, womöglich zum Gegenschlag auszuholen, nicht nur keine Aussicht auf Gelingen hat, an seiner faktischen Beschämung nichts ändern, sondern seine Schande nur bestätigen kann. Ist es nicht genug daran, daß er dort steht, wo er steht: in jenem unmöglichen Widerspruch zu sich selbst dort, wo er nicht hingehört? Soll er, der in seinem Sein da drunten schlechthin Angefochtene, sich auch noch zu diesem seinem Druntensein bekennen – verharmlosen, was nun einmal nicht harmlos ist, es sich wohl sein lassen, wo es ihm nicht wohl sein kann, glorifizieren, was einfach schimpflich ist, ablehnen und bekämpfen, was doch seine eigene Gesundheit, Größe und Ehre ist? Ist es nicht klar, daß jeder Streich, den er in dieser Richtung führt, alles Tun und Lassen, in welchem er sich an der Abwehr des Einen durch die Vielen beteiligt, aber schon jede Regung vornehmer Gleichgültigkeit und Ablehnung ihm gegenüber ihn selbst trifft, seine Beschämung endgültig und absolut zu machen droht! Das ist die Begründung der christlichen Antwort auf jene Frage. Der Christ müßte kein Christ sein, d. h. er müßte Jesus und damit sich selbst nicht kennen, wenn er die so begründete Antwort nicht sofort zu geben wüßte, wenn er jene Frage nicht mit derselben Selbstverständlichkeit als unsinnig abschütteln würde, in der der Nichtchrist sie für sinnvoll und womöglich für tiefsinnig halten mag. Er weiß, daß der Mensch der ihm aus seiner Entgegensetzung zu dem Menschen Jesus erwachsenden Anklage gegenüber wehrlos ist. Er muß ihr standhalten und muß sie gut heißen. In der Unterscheidung aller Anderen jenem Einen gegenüber kommt es in der Tat zu ihrer Disqualifizierung als Sünder. Zu dem Zeugnis, das die Christen den Nichtchristen, ob diese es annehmen oder nicht, nicht vorenthalten dürfen, gehört – indem er sich zuerst gegen sie selbst richtet – auch dieser Satz.

3. Es könnte aber weiter gefragt werden: ob und inwiefern es denn wirklich unmittelbar **jeder Mensch selber** sei, der von der ihm in seinem Verhältnis zu Jesus widerfahrenden Disqualifizierung als Sünder **betroffen** werde? ob und inwiefern denn seine in seiner Konfrontierung mit ihm aufgedeckte Sünde wirklich als eine Bestimmung seines Seins und also seines ganzen Tuns und Lassens zu verstehen sei? ob der Begriff «Mensch der Sünde» also nicht doch zu viel sagen möchte? Es muß ja doch Einverständnis darüber bestehen, daß des Menschen böse Tat kein aus ihm selbst heraus automatisch sich ereignendes Geschehen, sondern ein neues, verantwortliches Werk, keine Funktion seiner geschöpflichen Natur, sondern dieser gegenüber ein Widerspruch ist, in dessen Vollbringung er sich selbst ein Fremder wird – und Einverständnis auch darüber, daß er auch als ihr Täter nicht aufhört, in Gottes Hand und der von Gott nicht schlecht, sondern gut geschaffene Mensch zu sein. Daraus könnte gefolgert werden: Es mag zwar, indem er sündigt, d. h. indem er gegenüber dem, was er als Mensch sein sollte und könnte, tatsächlich oft und schwer genug versagt, mit seiner Disqualifizierung weithin seine Richtigkeit haben – weithin, aber nicht so weit, daß er selbst, sein Sein und also sein ganzes Tun und Lassen von ihr erreicht und bestimmt würde. Die sündige Tat könnte ihm selbst gegenüber eine bedauerliche, aber äußere, zufällige, vereinzelte Verfehlung und Befleckung, ein Betriebsunfall sein, einer jener vorübergehenden Erkrankungen vergleichbar, in denen ein gesunder Organismus gesund bleibt und denen er sich

als gewachsen erweist. Der Mensch – ich selbst, wäre von meinem bösen Werk nicht berührt, hätte an seiner Häßlichkeit und Mißfälligkeit keinen unmittelbaren Anteil; es wäre im letzten Grunde in meiner Abwesenheit passiert; ich selbst hätte mich dabei anderswo befunden, mich ihm gegenüber behalten. Und eben von diesem anderen, neutralen Ort her, an welchem ich mich eigentlich zuhause fände, könnte ich das Böse, das mir passiert ist, immerhin überblicken und abschätzen: in seinen Ausmaßen, in seiner Verflechtung mit anderen weniger schlimmen, vielleicht sogar guten Motiven und Elementen, in seinen vielleicht nicht unbedingt unheilvollen, sondern teilweise auch positiven Auswirkungen, in seinem Verhältnis zu meinen sonstigen, weniger anfechtbaren, vielleicht geradezu löblichen Vollbringungen – und vor allem auch in meinem Verhältnis zu dem, was ich andere Menschen tun und lassen sehe (ein Vergleich, in welchem ich vielleicht doch nicht allzu schlecht bestehen möchte!), kurz, in einer Relativität, in der es mich selbst im Grunde nichts anginge. Wenn ich dann immer noch zugestehen und beklagen möchte, daß ich gesündigt habe, so brauchte ich damit also doch nicht zu bekennen, daß ich geradezu ein Sünder sei. Das Fremde meiner Tat würde mich also mir selbst doch nicht geradezu entfremdet haben. Es könnte dann doch nicht sein, daß ich wirklich mich selbst beschämt fände, geradezu mich selbst schämen müßte. Daß uns Niedriges, Triviales, in unserer Beziehung zu Gott, zum Nächsten und zu uns selbst Unwürdiges oft genug unterlaufen sei und wohl auch wieder unterlaufen möchte, brauchte uns also nicht verborgen zu sein und auch nicht verschwiegen zu werden, ohne daß das doch bedeuten müßte, daß wir selbst, daß wir Menschen in der Totalität unserer Vollbringungen niedrig wären und mit dieser unserer eigensten Niedrigkeit zu rechnen hätten. Daß ich ein «Mensch der Sünde», daß ich selbst trivial, gewöhnlich, ordinär, sei, wäre eine Hyperbel, die ich mir verbitten dürfte. Wie und woher soll ich mich wirksam verhindert sehen, mich meiner Sünde gegenüber, wenn Alles bedacht und gesagt ist, nun eben doch einer mich selbst schützenden Glasglocke, eines solchen Alibis für versichert zu halten?

Und nun ist eben das eine weitere Probe für die Beantwortung der Frage, ob einer ein Christ ist oder nicht ist: Ist er sich im Klaren darüber, daß er als solcher unmöglich so denken und reden kann? daß ihm schon der erste Schritt eines Denkens und Redens in dieser Richtung nicht nur schwer gemacht, sondern schlechterdings verwehrt ist? Nicht als ob er solche Argumentation nicht nachzuvollziehen vermöchte! Nicht daß sie ihm nicht sogar irgendwie unheimlich bekannt vorkäme: als ob er mindestens im Traum gelegentlich auch schon so argumentiert hätte! Bei wachen Sinnen kann er sie sich doch keinen Augenblick zu eigen machen, ist es ihm selbstverständlich, daß da nicht weniger als Alles von Grund auf falsch ist: daß es nichts damit ist, daß der Mensch kraft der ihm zweifellos auch als Täter der Sünde erhaltenen Güte seiner geschöpflichen Natur davor geborgen wäre, eben der zu sein, der sie tut und also ein Sünder, ein in seinem Tun des Fremden sich selbst Entfremdeter zu sein! daß es nichts ist mit jenem neutralen Ort, von dem her er sein Böses zu relativieren mächtig und also ihm gegenüber ein freier Mann sein, als solcher sich behaupten könnte! daß er kein Alibi hat noch finden kann! daß er als Täter des Niedrigen wirklich selber niedrig ist! daß er schon Grund hat, wirklich sich selber zu schämen!

Welchen Grund? Schlicht den, daß er weiß: gerade der Ort, den er seinem Tun und Lassen gegenüber beziehen und behaupten möchte, um sich dessen Häßlichkeit und Mißfälligkeit von da aus vom Leibe, sich selbst der ihm widerfahrenden Disqualifizierung und Beschämung gegenüber frei zu halten, gerade dieser Ort ist schon besetzt und gerade von dort aus wird ganz anders argumentiert, als er selbst argumentieren möchte. Genau an dieser seiner Stelle steht der Mensch Jesus: ein Anderer neben ihm und in der Mitte aller übrigen Menschen, aber als dieser Andere neben ihm mitten unter allen Anderen an seiner, an ihrer Aller Stelle Gottes Sohn, der als Mensch dazu eingesetzt, bestimmt und bevollmächtigt ist, seine, ihrer aller Sache zu führen – wirklich an ihrer Stelle, wirklich für sie. Seine Existenz ist also die Entscheidung darüber, wer und was sie selbst mit ihren Taten und Unterlassungen sind und nicht sind, die Entscheidung über ihrer Aller Woher und Wohin. So ist sie ihren Händen, ihrem Gutfinden und Meinen gänzlich und ein für allemal entnommen. So kann es für sie Alle nur darum gehen, die in seiner Existenz über sie Alle gefallene Entscheidung zu erkennen, anzunehmen, sich zu ihr zu bekennen. So gibt es für Keinen von ihnen ein Zurückweichen in die Träumereien irgendwelcher strenger oder milder vollzogener Selbstbeurteilungen. Die allmächtige Barmherzigkeit Gottes hat diesen Menschen in ihrer Mitte auf den Plan geführt. Sie steht hinter der in seiner Existenz gefallenen Entscheidung und macht sie unwidersprechlich und unwiderrufbar. Das ist das Erste, was der Christ in dieser Sache weiß: er kann sich, was das auch bedeute, nur zu dem Sein als dem seinigen bekennen, in welchem er sich von der Existenz dieses an seine und an aller anderen Menschen Stelle getretenen und stehenden Menschen her erkannt findet.

Und nun darf und soll er sich in diesem an seine Stelle getretenen Menschen Jesus als ein neuer, als ein in den Frieden und in die Gemeinschaft mit Gott erhobener Mensch, als Gottes liebes Kind und willkommener Heiliger erkannt finden: in ihm die Versöhnung der Welt mit Gott, in ihm auch die seinige. Darauf zielt ja die in ihm über alle Menschen gefallene göttliche Entscheidung, zielt ja die Bewegung, in die die ganze menschliche Situation durch seine Existenz geraten ist. Geschah sie aber in dem Menschen Jesus an ihrer aller, auch an seiner Stelle, war und ist er an ihrem, an seinem Ort, als ihr, als sein Bruder und Geselle der neue Mensch, in welchem sich nun auch jeder andere, auch er, als von neuem geboren erkannt und angesprochen entdecken darf, dann ist in ihm auch darüber entschieden, welches denn ihre und so auch seine Stelle ist, die er eingenommen hat, wessen Bruder und Geselle er denn geworden ist, um für ihn dieser andere neue Mensch und als solcher seine Versöhnung mit Gott zu sein. Das ist das Zweite, was der Christ in dieser Sache weiß: Ist ihm in der Existenz dieses Menschen sein eigenes Wohin offenbar, dann ist ihm wiederum in dessen Existenz auch über sein Woher Bescheid gesagt. Er könnte sich seiner in diesem Menschen geschehenen Versöhnung mit Gott, seiner in ihm gewonnenen Gotteskindschaft und Heiligkeit nicht trösten und freuen, wenn er es sich nicht eben damit auch gefallen ließe, daß ihm, indem dieser Mensch an seine Stelle getreten ist, darüber Bescheid gesagt wird, wer und was er selbst als der ist, für den er als dieser Andere eingetreten, dessen Hoffnung und Zuversicht nun eben ganz in ihm, diesem Anderen begründet ist.

Und nun ist dieser Andere, um als der neue Mensch aller Übrigen Hoffnung und Zuversicht zu sein, als Gottes Sohn eindeutig niedrig, ein Träger der menschlichen Trivialität und Gewöhnlichkeit geworden, der Zöllner und Sünder Geselle, der Bruder des ordinären Menschen – um die Welt, wie sie ist, mit Gott zu versöhnen, um sich des Menschen als des erwählten und geliebten Geschöpfes Gottes in eben dem Stand anzunehmen, in welchem er sich tatsächlich befindet. Nicht in irgendeiner Höhe über uns anderen Menschen, sondern in unserer Tiefe, als einer unseresgleichen wurde, war und ist er der neue Mensch. Wer ihn nicht in dieser Tiefe sieht, der sieht ihn überhaupt nicht und darum auch nicht seine eigene in ihm geschehene Erhöhung. Diese Tiefe also ist unsere Stelle, an die er für uns getreten ist. Das ist das Dritte, was der Christ hier weiß: in dem aus seiner Höhe herabsteigenden Gottessohn erkennt er den erhöhten Menschensohn, der als solcher aller anderen Menschen Versöhner mit Gott, ihre Hoffnung und Zuversicht ist.

Und eben damit weiß er nun entscheidend das Vierte: daß er selbst sich in jener Tiefe befindet und also in seinem Tun und Lassen ein niedriger Mensch ist. Zu ihm als einem solchen hat sich der Sohn Gottes gesellt, indem er Mensch wurde. Er als solcher, der Zöllner und Sünder, der sich selbst Entfremdete und also Disqualifizierte, ist der in ihm als dem neuen Menschen mit Gott Versöhnte, Gottes Kind, Gottes Heiliger. Wollte er kein solcher, nicht ein Mensch der Sünde sein, so wäre das gleichbedeutend damit, daß er keiner von denen sein wollte, deren Gott sich in diesem einen Menschen angenommen und denen er sich gleichgemacht hat, an deren Stelle zu ihrem Heil dieser Eine getreten ist. In dem Maß, als er seine Disqualifizierung zu bestreiten oder mit Vorbehalten zu umgeben, nicht selber der von ihr Betroffene zu sein begehren würde – in dem Maß müßte er seine wirkliche Qualifizierung als Kind und Heiliger Gottes in Frage stellen. Es könnte das Alibi, das er sich verschaffen möchte, gerade nur die Hölle sein. Wer durchaus nicht in der Fremde sein wollte, der wollte ja nicht, daß der Sohn Gottes auch zu ihm gekommen wäre. Der wollte also in der Hölle sein. Eben in dem Einen, in welchem der Christ sich als qualifiziert, als erhöht erkennen darf, in eben diesem muß er sich auch als disqualifiziert, als erniedrigt erkennen. Die Freudigkeit des Mutes, in welchem er sich im Blick auf ihn rühmen darf, ist schlechterdings gebunden an die Demut, in der er sich, wieder im Blick auf ihn, schämen muß – darum schämen muß, weil er sonst die Gemeinschaft mit ihm und also seine eigene in ihm geschehene Erhebung ausschlagen, sich selbst verdammen müßte. Dieser Eine bekennt sich total zu den durch ihn Beschämten und nur zu ihnen. So kann sich niemand zu ihm bekennen, kann niemand ein Christ sein, ohne sich selbst als ein durch ihn total Beschämter zu bekennen. Das ist der Grund, weshalb es vor der Erkenntnis, daß wir Sünder sind, kein Ausweichen gibt. Es braucht Christen dazu, um die Gewalt dieses Grundes zu erkennen. Er ist aber gültig und gewichtig für alle Menschen, so gewiß Gottes Sohn für alle Menschen niedrig geworden ist, in Niedrigkeit als der neue Mensch an ihrer aller Stelle steht, ihrer aller Hoffnung und Zuversicht ist. Die Christen sind nur die, die diesen Grund kennen und die es darum auch sich selbst und Anderen gegenüber nicht verbergen können, daß man sich seiner Sünde gegenüber nicht distanzieren, unter keiner Glasglocke isolieren kann, daß es in dieser Sache kein Alibi gibt.

4. Nehmen wir an, unsere drei ersten Fragen seien alle in dem Sinn, wie wir es hier zu tun versuchten, beantwortet bzw. als unmögliche Fragen abgewiesen – es sei also so, daß (1) im Vergleich mit dem Menschen Jesus jeder andere als ihm entgegengesetzt offenbar werde, daß (2) diese Entgegensetzung seine Disqualifizierung bedeute und daß (3) diese seine Disqualifizierung wirklich und unentrinnbar ihn selbst betreffe – so könnten alle diese Feststellungen noch immer durch folgende letzte Frage überrundet und eingeklammert werden: Ob es nicht eine höhere oder tiefere synthetische Schau geben möchte, in der sich die so beschriebene Situation des Menschen als eines Beschämten nun doch als notwendig, als so etwas wie eine metaphysische Gegebenheit und insofern bei aller Bedenklichkeit nun doch nicht als letztlich und eigentlich beunruhigend erwiese? Es könnte ja sein, daß es dem Menschen einfach gesetzt, auferlegt, unentrinnbar bestimmt wäre, ein Mensch der Sünde, als solcher entdeckt, objektiv beschämt zu sein und sich als solcher schämen zu müssen. Es könnte das z. B. bedingt sein durch sein von dem Wesen Gottes verschiedenes Wesen als Geschöpf, durch die ihm als solchem gesetzte

Grenze: dadurch, daß er dem Nichtigen nun einmal nicht wie Gott souverän gegenübersteht, sondern seiner Versuchung und Bedrohung ausgesetzt ist, daß er der Nachbarschaft und Koexistenz der Finsternis und ihrer Macht gar nicht ausweichen, sondern an ihr teilnehmen muß und diese Teilnahme auch nicht verkennen und verleugnen kann. Es könnte seine Beschämung gerade für seine besondere Existenz als Mensch inmitten der übrigen Geschöpfwelt (der dasselbe widerfahren möchte, ohne daß sie deshalb beschämt wäre und sich schämen müßte) charakteristisch sein. Mensch sein könnte das unvermeidlich in sich schließen: durch jene Entgegensetzung disqualifiziert und durch diese Disqualifizierung unmittelbar und aufs intimste betroffen zu sein. Und es könnte schließlich und entscheidend zur Vollkommenheit, nämlich zu der unnahbaren und unvergleichlichen, den Menschen als sein gutes Geschöpf und das ihn bedrohende Nichtige umgreifenden Hoheit und Majestät Gottes gehören, in dem wider ihn sündigenden und durch ihn beschämten Menschen seinen Schatten und so sein ihn negativ bezeugendes Gegenbild zu haben. Es könnte der Mensch in seiner Niedrigkeit, es könnte seine Sünde und er selbst als der Mensch der Sünde, es könnte seine Schande gewissermaßen eingefriedet, eingeordnet sein in den umfassenden Zusammenhang, in das System einer Harmonie des Seienden, in welchem er wie verneint, so auch bejaht und in dieser doppelten Bestimmung in einer letzten, höchsten, ruhigen und beruhigenden Zwangsläufigkeit geborgen wäre und sich als geborgen erkennen dürfte: als der, der er und so, wie er ist, beschämt und sich schämend und dennoch nicht verloren, sondern gehalten und getragen: letztlich auch in dem, was gegen ihn spricht und in dem daraus folgenden Elend und in der Erkenntnis dieser seiner Situation doch ein freier Mann. Und wie, wenn dann auch die Existenz des Menschen Jesus, seine Hoheit in der Niedrigkeit des ihn umgebenden und von ihm auf- und angenommenen Menschentums eine höchste Bezeugung und Bestätigung dieser auch die Disharmonie der menschlichen Sünde umspannenden, in dieser Universalität nur umso herrlicher erklingenden Harmonie und also für ihn die Erlaubnis bedeuten würde,. bei und in aller Beunruhigung über seinen Stand im letzten Grunde ruhig zu sein und zu bleiben?

Gibt es auch da eine durchschlagende christliche Antwort? Sollte auch diese in ihrer Überlegenheit ziemlich einladende Aufhellung der menschlichen Lage als eine Vernebelung – und vielleicht unter allen als die schlimmste – zu durchschauen sein? Man antworte nicht zu rasch. Mit einem bloßen Protest (etwa mit dem Schimpfwort Monismus!) wird es gerade hier nicht getan sein. Die Frage ist darum versuchlich, weil sie jene drei ersten Fragen in ihrer mehr oder weniger bemerkbaren Oberflächlichkeit überwunden hinter sich zu lassen, und von da aus in eine gewisse Nähe der christlichen Wahrheit vorzustoßen scheint. Auch eine christliche Lehre von der Sünde, in der von einer der menschlichen Natur schöpfungsmäßig innewohnenden Potentialität des Bösen nicht die Rede sein kann, wird ja damit rechnen müssen, daß der Mensch vermöge seiner Geschöpflichkeit im Unterschied zu Gott der Anfechtung vom Chaos her ausgesetzt ist, daß er dem ihm innerlich fremden Nichtigen nicht in der Überlegenheit Gottes, sondern, ohne daß ihm eine in diese Richtung weisende Möglichkeit zuzuschreiben wäre, in einer gewissen Anfälligkeit gegenübersteht. Nicht bestreiten, sondern ihrerseits behaupten wird sie auch dies, daß es innerhalb der übrigen Geschöpfwelt gerade des Menschen Sache ist, in der mit der Schöpfung anhebenden Auseinandersetzung Gottes mit dem Nichtigen zugleich Kampfplatz, Kampfobjekt und Kämpfer zu sein. Und erst recht wird sie sich schließlich zu der schlechthinigen Souveränität bekennen, in der Gott über das Nichtige auch in der Gestalt der menschlichen Sünde verfügt und triumphiert, in der er es – weit entfernt davon, daß es ihm Schach bieten könnte – in den Dienst seiner Ehre, des Werkes seiner freien Liebe stellt. Das Alles sind Sätze, denen man gerade dann nicht ausweichen kann, wenn man entschlossen ist, von Jesus Christus her über Gott, die Welt, den Menschen und auch über das Böse nachzudenken. Die uns jetzt beschäftigende vierte Frage scheint sich mit diesen Sätzen zu berühren, scheint also auf die Einklammerung der Sünde zu zielen, in der sie auch in einer christlichen Lehre von der Sünde gesehen werden muß. Umso sorgfältiger ist zu überlegen, ob wir uns im Sinn dieser Frage zu entscheiden, oder ob wir als Christen und also eben von jenem Zentrum christlicher Erkenntnis her nun doch auch sie negativ zu beantworten, bzw. abzuweisen haben, weil die Erkenntnis der Sünde und des Menschen der Sünde im letzten Augenblick noch einmal und erst recht verdunkelt, ja zunichte gemacht würde, wenn wir uns auch nur mit einem Fuß auf den gerade durch diese letzte Frage bezeichneten Boden stellen würden.

Was weiß der Christ, wenn er sich in der Tat schlechterdings verhindert sieht, bei jener höheren oder tieferen Schau seiner und der menschlichen Sünde überhaupt mitzutun? sie im Blick auf das Verhältnis von Schöpfer und Geschöpf oder im Blick auf den Menschen oder im Blick auf Gott selbst als eine notwendige, in einen umfassenden Seinszusammenhang eingeordnete Gegebenheit, als eine innerhalb einer überlegenen Harmonie unvermeidliche, aber nicht letztlich und eigentlich störende Disharmonie zu verstehen? sich also in einem letzten Grund damit abzufinden, daß der Mensch nun einmal ein Beschämter ist, der sich wohl auch schämen muß – sich letztlich dabei zu beruhigen, ein solcher zu sein, weil eine eigentliche Beleidigung Gottes, eine wirkliche Gefahr des Verlorengehens, ein schlechthin Ungehöriges und Schreckliches, eine unheilbare Wunde, ein schlechterdings verderblicher Widerspruch in des Menschen Sein in der Niedrigkeit der Sünde doch nicht vorliege? Was weiß der Christ, das es ihm verbietet, sich selbst als Täter seiner Sünde, den Menschen der Sünde überhaupt, im Rahmen einer solchen universellen Systematik für im letzten Grunde geborgen zu halten? Was weiß er, wenn er weiß, daß es eine solche universelle Systematik nicht gibt und also auch keinen Rahmen, in welchem er einen letzten Grund, in dem er als Sünder geborgen wäre, finden könnte – daß er sich nicht davon dispensieren kann, sich als Mensch der Sünde allen Ernstes fürchten zu müssen – daß er sich gerade nur dort, wo er sich allen Ernstes fürchten muß, geborgen finden kann, um dort allerdings die Freiheit zu haben, sich nicht fürchten zu müssen?

Der jener Frage gegenüber entscheidende Inhalt des christlichen Wissens ist noch einmal der Mensch Jesus und also gerade die Wirklichkeit, in der der Christ seine Sünde, die Sünde der ganzen Welt allerdings, begrenzt, ja in ihrer ganzen Furchtbarkeit schon durchgestrichen, schon besiegt, schon wie einen fliehenden Schatten verjagt findet: die Wirklichkeit, von der her ihm aller Respekt, alle Angst vor der Sünde in der Tat verboten ist, weil sie dort völlig entmachtet, völlig verächtlich gemacht ist, in der er ihr gegenüber befreit und auf die Füße gestellt, aus ihren Niederungen schon erhoben ist. Es ist ja wahr, daß das Licht der Herrschaft des Menschensohnes, seine in der Kraft seiner Auferstehung und in der Macht des Heiligen Geistes ausgehende Weisung nur eben nachträglich aufdeckt, wer und was in seinem Tod schon überwunden, welcher Situation er schon entnommen ist. Aber diese radikale Begrenzung der Sünde und des Menschen als ihres Täters, die der Christ in dem einen Menschen Jesus als schon geschehen erkennt (wie wäre er ein Christ, wenn er sie nicht als dort schon geschehen erkennen würde?), hat mit einem Seinszusammenhang, in welchem die Sünde und ihre Schande systematisch eingeklammert, Gott und der Mensch und die Sünde friedlich zusammengeschlossen wären, nichts zu tun. Mehr noch: wenn eben in jener Begrenzung mit der Sünde eine Vorstellung als Lüge ausgeschlossen ist, so ist es die von diesem friedlichen Miteinander von Gott, Mensch und Sünde und von dem Trost, den man sich mit Hilfe dieser Vorstellung verschaffen wollen könnte.

Denn wer und was im Tode des Menschensohns überwunden ist, wird in seiner Auferstehung nachträglich aufgedeckt. Der Sohn Gottes starb an unserer Stelle den Tod eines alten Menschen, eben des Menschen der Sünde. Und der es auf sich nahm, an unserer Stelle den Tod dieses alten Menschen zu erleiden, war der neue Mensch, der als der Heilige Gottes, in welchem wir Alle zu Gottes Heiligen erhoben sind, wieder an unser aller Stelle lebt. Zwischen dem Tod jenes alten Menschen und dem Leben dieses neuen gibt es keine Kontinuität, keine Harmonie, keinen Frieden. Die am Kreuz des Menschensohns geschehene Begrenzung der Sünde, die dort vollzogene Beseitigung des Menschen der Sünde

1. Der Mensch der Sünde im Licht der Herrschaft des Menschensohnes

geschah in Ausfechtung eines unversöhnlichen und unüberbrückbaren Gegensatzes, in welchem nur der Eine oder der Andere bestehen konnte, der Eine oder der Andere gänzlich weichen mußte. Es konnte und kann weder der alte Mensch dem neuen, noch der neue dem alten Menschen zugeordnet bleiben. Sondern so gewiß jener nur leben konnte, konnte dieser nur weichen und sterben. Das schneidende Nein des Zornes Gottes, der das verzehrende Feuer seiner Liebe ist, lag auf jenem alten Menschen, hat ihn zunichte gemacht und ausgelöscht. Das ist das Erste, was der Christ in Erkenntnis dessen, was in dem Menschen Jesus für ihn und alle Menschen geschehen ist, jener Frage gegenüber weiß: kein Kompromiß, kein Stillhalteabkommen, kein Nichtangriffspakt ist dort geschlossen worden, wo ihm und allen Menschen geholfen wurde, sondern einem eindeutigen, unerträglichen und definitiven Feind Gottes und des Menschen ist dort widerfahren, was er verdiente: sein Untergang. Dieser Feind ist des Menschen Sünde, ist als der alte Mensch, der die Sünde will und tut, er selber. Er wurde dort nicht geduldet; ihm wurde dort kein Pardon gegeben; mit ihm wurde dort Schluß gemacht. So steht er als Sünder da im Lichte der Auferstehung des Menschensohnes. So sieht seine Sünde in diesem Lichte aus. Sie ist von da aus eindeutig definiert als das, was Gott nie wollte, nicht will und niemals wollen wird, was an Gott keinen Anteil hat, was auch nicht sein Geschöpf ist, was in ihm und darum auch in sich selber keine Möglichkeit hat. Sie ist das vor ihm Absurde und also das von ihm Verbotene und Verworfene. Gott kann nicht anders mit ihr zusammengedacht werden als in dem Tat-Gegensatz, in welchem er sie meistert, bestreitet, besiegt. Eben das ist es, was er auf Golgatha getan hat. Jede Gott und die Sünde zusammenordnende Systematik ist dem Christen, der um das Geschehen von Golgatha weiß, unmöglich gemacht. Eben von daher ist es ihm aber auch verwehrt, sich selber mit ihr zusammenzuordnen, sich selbst als ihren Täter begreiflich machen, erklären und verstehen, sich als solchen im Frieden irgend einer höheren Sicht und Synthese geborgen wissen zu wollen. Daß er sich als Gottes Geschöpf als ein von ihm Gehaltener und Gesegneter und in dem Menschen Jesus als ein in und mit ihm Lebender erkennen darf, ist wahr – gerade diese Erkenntnis steht und fällt aber mit der anderen: daß er als Mensch der Sünde von Gott verflucht und getötet ist, verstoßen ins Wesenlose, finster in der Finsternis, ein Verlorener. Auch da kann also von Harmonie keine Rede sein. Der Mensch schlägt mit seiner Sünde einen Ton an, für den es in keinem Akkord, in keiner Melodie eine Verwendung gibt. Er kann sie gerade nur als übersehen, bedeckt, vergeben verstehen, niemals als eine seiner Natur angemessene, seiner Bestimmung als Mensch koordinierte Wirklichkeit, nur als das Inkoordinable – und sich selbst gerade nur als einen, der aus ihrem Bereich errettet ist wie ein aus dem Brand gerissenes Scheit:

als Einen, der sie nur fliehen, ihr nur widerstehen kann. Wie könnte er die radikale Entscheidung, die in Jesus Christus für die Welt und für ihn selber und gegen das Böse gefallen ist, erkennen und dann Gott und das Böse, die Welt und das Böse, sich selbst und das Böse immer noch synthetisch verstehen wollen?

Aus diesem Ersten folgt dann aber ein Zweites: Der in jener Entscheidung gegen die Sünde gehandelt, d. h. aber an unserer Stelle den Tod des alten Menschen, des Menschen der Sünde, erlitten hat, ist in der Person des Menschensohnes kein anderer als Gott selber. Er hat gegen diesen Feind nicht nur von ferne reagiert als gegen einen Störer des Friedens innerhalb der von ihm verschiedenen Wirklichkeit seiner Schöpfung, von dessen bösem Werk er selbst doch unberührt geblieben wäre. Es bedeutet dieses böse Werk in seinen Augen offenbar keine bloße Unvollkommenheit, sondern ein schlechthin untragbares – und kein endliches, relatives, sondern ein unendliches, absolutes Übel: kein solches also, das in einem innerweltlichen Ausgleich zu kompensieren, durch den Dienst und die Vermittlung eines Geschöpfs abzuwehren war – kein solches, zu dessen Bestreitung und Austilgung ein Geschöpf gut genug, mächtig und geeignet war. Es wollte, es mußte Gott selbst auf den Plan treten, sich dazu hergeben, dahingeben, um einem von diesem Übel befreiten Menschen Raum zu schaffen und um in diesem befreiten Menschen eine mit ihm versöhnte Welt heraufzuführen. Am Kreuz von Golgatha hat Gott für diese Befreiung sich selbst eingesetzt, mit sich selbst bezahlt, sich selbst in den Tod gegeben. War ihm das nicht zu viel, dieser Einsatz und Preis nicht zu hoch, war jene Entscheidung gegen die Sünde und den Menschen als deren Täter so und nur so zu vollziehen, dann ist daran zu ermessen, was es mit ihrer Absurdität auf sich hat, wie schwer sie wiegt. Gott selbst ist durch sie tangiert, betrübt und beleidigt. Seine eigene Sache, seine Absicht mit dem Menschen und der Welt ist durch sie gestört und aufgehalten, seine eigene Ehre in Frage gestellt. Er selbst findet sich in seinem Sein als Gott durch sie angefochten und setzt nicht weniger als sein Sein als Gott aufs Spiel, um ihr zu begegnen. Ist dem so, dann haben wir allen Grund, auf jede Vorstellung von einer anderen Begrenzung, Kompensation und Relativierung der Sünde außer der so und damit vollzogenen resolut und ein für allemal zu verzichten. Die Schwere dieser Störung ist gerade nur dadurch aufgewogen, daß sie durch Gott selbst bestritten und ausgetilgt ist. Indem er für uns und gegen sie ist, ist sie begrenzt, kompensiert und relativiert, aber gerade nur damit: nur im Geschehen dieser Geschichte, in der Gott handelndes, kämpfendes, leidendes Subjekt ist, nicht in einem Seinszusammenhang, in welchem sie neben ihm und in welchem wir als ihre Täter toleriert wären. Was in dieser Geschichte für uns und gegen unsere Sünde geschehen ist, beweist, daß sie in keinem Sinn toleriert ist und wir als ihre Täter auch nicht.

1. Der Mensch der Sünde im Licht der Herrschaft des Menschensohnes

Der Christ weiß das und macht sich in dieser Hinsicht keine, auch nicht die freundlichsten und schönsten Illusionen.

Wieder folgt dann aber aus diesem Zweiten das Dritte: Es geschah das Sterben des alten Menschen der Sünde und es geschah der Aufstieg des neuen Menschen, in welchem wir von der Sünde für Gott frei gemacht sind, nicht als unsere Tat, sondern an unserer Stelle als die Tat des wahren Gottes- und Menschensohnes. Es ist weder jener Niedergang noch dieser Aufstieg, weder der Tod des alten noch das Leben des neuen Menschen unser Vollbringen und Werk. Wir können an ihm gerade nur in der Weise Anteil haben, es kann unsere Heiligung, unser Abtreten als Sünder und unser Kommen als Gottes und Jesu Christi Nachfolger gerade nur darin bestehen, daß wir den wiederlieben, der uns in solcher Tat zuerst geliebt hat. Es ist Gottes freie Gnade, daß der von ihm selbst und allein geführte Streit um seine Ehre auch der Streit um unser Heil, daß in seinem Sieg auch unsere Errettung und Befreiung eingeschlossen ist. Und es ist wieder Gottes freie Gnade, wenn wir an diesem Streit aktiven Anteil bekommen, wenn wir dazu berufen und ermächtigt sind, in dieser Sache mitzustreiten, auch mitzuleiden, auch mitzusiegen. Wir können es uns nicht nehmen, sondern es kann uns gerade nur geschenkt sein, das zu tun. Kein Christ wird der auf Golgatha in der Person des wahren Gottes- und Menschensohnes gefallenen Entscheidung anders gegenüberstehen als in der reinen Dankbarkeit des Wissens darum, daß sie ohne ihn und gegen sein Verdienst auch für ihn geschehen ist. Und kein Christ wird der in der Kraft der Auferstehung Jesu Christi ausgegangenen und ausgehenden göttlichen Weisung des Heiligen Geistes anders als in dem Werk der reinen Dankbarkeit dieses Wissens gehorsam sein. Nicht im Sinn einer originalen Leistung also, sondern im Sinn einer sekundären Entsprechung, der er sich darum nicht entziehen kann, weil er erkennt, daß in jener Entscheidung auch über ihn verfügt ist – aber eben ohne und gegen ihn verfügt ist. Es ist freie Gnade, unverdientes Geschenk, daß das, was auf Golgatha als Tod des alten und als Leben des neuen Menschen geschehen ist, auch für ihn Geltung hat, auch in seiner Existenz Gestalt bekommt, wenn er sich nicht fürchten muß, nicht fürchten darf, wenn er ein von der Sünde und für Gott freier Mann werden und sein darf. Wer nun aber nur so, durch die ihm in der Person eines Anderen zugewendete freie Gnade, ein solcher freier Mann werden und sein darf, der ist offenbar für sich selbst, auf seine eigene Person gesehen, ein gänzlich gefangener Mann: nicht in der Lage, diese seine Gefangenschaft in einer höheren Synthese begrenzt zu sehen und also seine Situation als in einem letzten Grunde harmlos zu verstehen. Freie Gnade ist eben nicht ein Moment im Ganzen eines Seinszusammenhangs, in welchem dann auch das, was der Mensch ohne und gegen sie ist, seinen ruhigen Sinn und Ort, womöglich irgend eine positive Bedeutung hätte. Freie Gnade ist vielmehr das Ereignis der Ausschaltung und Beseitigung dessen, was er ohne sie und gegen sie ist. Es bedeutet seine völlige Disqualifizierung, vor der er sich in kein System flüchten kann, in welchem sie ihre relative Bedeutung und Tragweite, aber auch ihre Grenze hätte. Ihm bleibt nur der Ausweg nach vorne. Fliehen kann er nur eben dorthin, von woher ihm diese Disqualifizierung widerfährt: hinein in die freie Gnade, die ihn als solche auch richtet, die ihn **disqualifiziert**, indem sie ihn qualifiziert, die ihn **erniedrigt**, indem sie ihn erhöht. Anders als von ihr aus und also anders als in der Erkenntnis des Menschensohnes, in welchem sie uns in dieser doppelten Weise zugewendet ist, wird solche unerbittlich kritische Selbstbeurteilung des Menschen niemals stattfinden. Sie ist die Selbstbeurteilung des christlichen und nur des christlichen Menschen. Es ist aber unmöglich, daß die Liebe zu dem Menschensohn, der der Herr über Alle ist, dem christlichen Menschen eine andere Beurteilung der menschlichen Situation erlaube, daß sie ihm den faulen Trost einer harmonisierenden Betrachtung nicht unmöglich mache. Das Licht der befreienden Herrschaft des Menschensohnes, in welchem er sich selbst und alle Menschen erblickt, ist der Zwang – oder sagen wir noch einmal besser: die Befreiung zu solch kompromißlos **nüchterner** Sicht der menschlichen Situation, zur Erkenntnis, daß sie in ihrer Bestimmung durch des Menschen Niedrigkeit eine unhaltbare Situation ist. «Die Gottlosen haben keinen Frieden, spricht der Herr» (Jes. 48,22).

---

2. DES MENSCHEN TRÄGHEIT

Wir wenden uns zu der materiellen Frage: **Was ist – von dem in Jesus Christus auf den Plan getretenen neuen Menschen her gesehen – die Sünde?** Was ist das Tun des im Tode Jesu Christi überwundenen alten Menschen? In welchem Charakter ist er in seiner Auferstehung, im Licht der ihn von dorther treffenden göttlichen Weisung nachträglich offenbar geworden? Wir antworten jetzt: **des Menschen Sünde ist des Menschen Trägheit**. Der besondere christologische Aspekt, unter dem sie uns hier beschäftigt, ruft nach diesem oder einem ähnlichen Begriff. Auch Schläfrigkeit, Faulheit, Schwerfälligkeit, Rückständigkeit könnten als Bezeichnungen des Gemeinten gebraucht werden. Gemeint ist: das böse, das schlechthin verbotene und verwerfliche **Unterlassen**, als das sich des Menschen Sünde von dem in den Überlegungen unseres ersten Abschnittes vorausgesetzten Standort her darstellt.

Es gibt so etwas wie eine heroische, die prometheische Gestalt der Sünde. Sie tritt dann – als des Menschen Hochmut, der nicht nur vor seinem Fall kommt, sondern als solcher sein Fall ist – ans Licht, wenn man den Menschen in seiner Konfrontation mit dem für ihn niedrig, zum Knecht gewordenen Herrn, dem Fleisch gewordenen Sohn Gottes sieht, wie es an der entsprechenden Stelle des ersten Teils der Versöhnungslehre geschehen ist: seine Sünde als die menschliche Gegenbewegung zu der göttlichen Kondeszendenz, die in Jesus Christus Ereignis und offenbar ist. Des Menschen Sünde hat in ihrer Einheit und Ganzheit immer auch diese heroische Gestalt, gerade wie Gottes dem Menschen zugewendete freie Gnade in ihrer Einheit und Ganzheit immer auch die Gestalt der diesem seinem Hochmut positiv begegnenden Rechtfertigung hat. Aber wie die versöhnende Gnade nicht nur rechtfertigende, sondern auch ganz und gar heiligende, aufweckende und aufrichtende Gnade ist, so hat die Sünde wirklich nicht nur jene heroische Gestalt des Hochmuts, sondern im Gegensatz, aber auch in tiefster Entsprechung dazu die ganz unheroische, die triviale Gestalt der Trägheit: die Gestalt des bösen Tuns nicht nur, sondern auch die des bösen Unterlassens, die des verbotenen und verwerflichen Übergriffs nicht nur, sondern auch die des verbotenen und verwerflichen Zurückbleibens und Versagens. Sie ist auch die Gegenbewegung zu der Erhebung, die dem Menschen in Jesus Christus von Gott her widerfahren ist.

Wir sind im Protestantismus und vielleicht im abendländischen Christentum überhaupt in einer gewissen Versuchung, diese Seite der Sache zu übersehen oder doch in ihrem Gewicht zu unterschätzen. Was uns vor Augen steht und interessiert, ist eben Prometheus, der dem Zeus seinen Blitz entreißt und in eigenen Betrieb übernehmen will: der Mensch, der sein will wie Gott und also nicht Knecht, sondern Herr, der selber Richter und sein eigener Helfer sein will – der Mensch in seiner Hybris als trotziger Aufrührer. Wir tun wohl daran, uns für diese Figur zu interessieren und uns immer wieder klar zu machen, wie gewaltig ihr durch Gottes den Sünder rechtfertigende, den Erniedrigten und nur den Erniedrigten erhöhende Gnade widersprochen, wie sie durch Jesus Christus, den Sohn Gottes, den Herrn, der für uns ein Knecht wurde, aus dem Feld geschlagen ist. Aber der Mensch der Sünde ist nicht nur dieser Aufrührer und seine Sünde hat nicht nur diese heroische Gestalt, in der man, wie schrecklich man sie auch sehen mag, auch gewisse Züge einer finsteren Schönheit – der Schönheit nun eben des luziferischen Menschen! – zu entdecken nicht wohl umhin kann. Man sieht doch am wirklichen Menschen, wie er in seiner Masse, aber auch in seinen Spitzenerscheinungen – und also gar nicht nur im Pöbel, sondern auch in den aus diesem hervorragenden Besten aller Zeiten und Räume existiert – man sieht vor allem an sich selbst leicht vorbei, wenn man seine Sünde dauernd und einseitig als Hybris, als jenes genialische Unwesen des menschlichen Hochmuts sehen und verstehen will. Sie ist bestimmt in jedem Menschen in irgend einer verborgenen Tiefe auch dieses genialische Unwesen. Es dürfte aber einer nüchternen Betrachtung geboten sein, festzustellen, daß das, worin sie in der übergroßen Mehrzahl der Menschen sichtbar und greifbar wird, von genialischer, luziferischer, prometheischer Art, und dann auch von jener finsteren Schönheit wenig oder fast gar nichts an sich hat, und daß es auch bei denen, die man als Ausnahmen in dieser übergroßen Mehrzahl einschätzen möchte, eine nun eben bei ihnen verborgene Tiefe gibt, in der sie auch und gar sehr als Sünder und nun doch nicht eben als Aufrührer, sondern auf etwas ganz Anderes, viel Primitiveres anzusprechen sind: auf eine Gestalt der Sünde, in der diese schlicht banal, unschön, ja häßlich ist. Und es würde von einer sehr dürftigen, jedenfalls von einer christlich sehr unerleuchteten Selbsterkenntnis zeugen, wenn Jemand sich weigern wollte, sich jenseits alles dessen, was er als seinen Hochmut einsehen und beklagen mag, auch noch zu diesem ganz Anderen, viel Primitiveren, aller, auch jener problematischen Schönheit Entbehrenden zu bekennen. Jenseits? Man sagt vielleicht, weil das Unwesen der Sünde ein einziges ist, nur eben verschiedene Dimensionen und Aspekte hat, besser: zu diesem Anderen, das mitten in seinem Hochmut steckt, das dessen letzten Grund bildet. Aber die Beziehung zwischen diesen beiden Gestalten der Sünde läßt sich kaum auf einen Nenner bringen. Es könnte ja ebensowohl gesagt werden, daß dieses Andere, viel Primitivere, seinen letzten Grund in des Menschen Hochmut habe. Wie dem auch sei: Es besteht aller Anlaß, sie auch in dieser anderen Gestalt scharf ins Auge zu fassen. Würde man sie nur in jener ersten, gewissermaßen vornehmeren Gestalt sehen wollen, so könnte ihr Bild leicht etwas Irreales, vielleicht fast Gespenstisches bekommen, in welchem sich der wirkliche Mensch, dessen Herz nach Luthers Übersetzung von Jer. 17, 9 nicht nur ein trotziges, sondern auch ein verzagtes Ding ist, womöglich gar nicht wiedererkennen würde. Und das Konkrete, um das es in des sündigen Menschen Heiligung, in seiner Erhebung geht, würde dann auch verdunkelt werden. Also: des Menschen Sünde ist nicht nur ein heroisches, sondern – nach dem schon in unserem ersten Abschnitt mehrfach gebrauchten Ausdruck – auch ein gewöhnliches, triviales, ordinäres Unwesen. Er ist nicht nur Prometheus oder Luzifer, sondern – brauchen wir der Deutlichkeit halber und der Grobheit der Sache entsprechend, ein paar grobe Ausdrücke! – auch ganz einfach ein Faulpelz, ein Siebenschläfer, ein Nichtstuer, ein Bummler. Er existiert nicht nur in einem üblen Droben, sondern (in wunderlicher Einheit und Reziprozität dieser beiden nur scheinbar entgegengesetzten Bestimmungen) auch in einem ebenso üblen Drunten. Er ist wie dort der Erniedrigung, so hier der Erhebung bitter bedürftig – und das im Blick auf seine Existenz und Lebenstat in ihrer Ganzheit. Was unter dieser zweiten Bestimmung von ihm zu sagen ist, fassen wir jetzt zusammen in den Begriff der Trägheit.

Unter die allgemeine Definition der Sünde als Ungehorsam fällt natürlich auch des Menschen verbotenes und verwerfliches Versagen und Zurückbleiben. Gegenüber der ihn zu einem bestimmten Tun aufrufenden göttlichen Weisung versagt er ja: ihr nachzukommen, nach ihr sich zu richten, unterläßt er ja. Er ist aber auch in diesem Versagen und Unterlassen und also Nicht-Tun in einem bestimmten Tun begriffen. Auch der Nichtstuer, auch der Bummler, tut etwas – meist sogar sehr intensiv und sehr viel – nur eben nicht das der göttlichen Weisung Entsprechende, eben damit aber das ihr Fremde und Widersprechende: nicht was Gott will und also, was Gott nicht will und also als ihm Ungehorsamer das Böse. Wir werden das bei allem Folgenden im Auge behalten müssen: Sünde als Trägheit ist darum, weil sie hier wesentlich als Vakuum erscheint, die Gestalt von Unterlassung hat, nicht etwa in gemildertem, abgeschwächtem, geringerem Sinn Sünde als in ihrer aktiven Gestalt als Hochmut. Auch sie ist eindeutig Ungehorsam.

Und sie fällt auch in dieser Gestalt unter die noch tiefer greifende Definition als Unglaube, sofern der Ungehorsam, in welchem der Mensch der göttlichen Weisung gegenüber versagt, und damit positiv tut, was Gott nicht will, ihren Grund darin hat, daß er die ihm mit seiner Weisung gegebene Verheißung nicht ergreift, daß er dem sein Vertrauen verweigert, der ihm in überwältigender Weise Treue erweist und hält, der seinen Gehorsam doch gerade nicht in der Härte und Kälte eines ihm fremden Tyrannen, sondern als die Quelle seines Lebens, in der Majestät und Freiheit der Liebe, in der er ihn von jeher geliebt hat, in Anspruch nimmt. Er verschließt sich dem göttlichen Wohlwollen, das ihm in der göttlichen Forderung zugewendet ist. Auch des Menschen Trägheit ist eine Gestalt seines Unglaubens.

Aber dieser Begriff bedarf, um für des Menschen Trägheit bezeichnend zu sein, besonderer Bestimmung. Sie hat, gerade indem sie die Sünde in ihrer Gestalt als des Menschen Versagen und Unterlassen ist, noch mehr als das in ihrer Gestalt als Hochmut sichtbar wird, den Charakter positiver, aggressiver, Gutes mit Bösem vergeltender Undankbarkeit. Sie besteht nicht nur darin, daß der Mensch Gott nicht traut, sondern darüber hinaus darin, daß er ihn nicht liebt, d. h. aber ihn nicht als den erkennen und haben, mit ihm nicht als mit dem umgehen will, der ihn zuerst, von jeher geliebt hat. Im Verhältnis zu Gott gibt es aber zwischen Liebe und Haß kein Drittes. Der Gott nicht liebende Mensch verwahrt und wehrt sich dagegen, daß Gott sei, der er ist, und der er gerade für ihn ist. Er kehrt ihm den Rücken, um sich wie ein Igel mit gespreizten Stacheln in sich selbst zusammen zu rollen. Das ist, wie wir noch sehen werden, auf der ganzen Linie das seltsame, das untätige Tun des trägen Menschen. Mag sein, daß es sich vielfach in tolerante Indifferenz Gott gegenüber verkleidet. Es ist faktisch das Tun des Hasses, der Gott los sein möchte, der es lieber hätte, wenn Gott nicht wäre oder nicht der wäre – jedenfalls für ihn, den trägen Menschen, nicht der wäre – der er ist. Eben auf diesen Haß Gottes läuft letztlich auch des Menschen Hochmut hinaus. Man könnte des Menschen sich aufreckenden Hochmut, der ja darin besteht, daß er sein und sich verhalten möchte wie Gott, zur Not auch – und darin mag seine finstere Schönheit ihren Grund haben – als eine perverse Liebe zu Gott verstehen, deren frivoler Übergriff und Zugriff, deren illegitimes Verfügen über ihren Gegenstand dann freilich auch in dem Begehren gipfeln muß, daß dieser Gegenstand als solcher verschwinde, daß Gott nicht sein, bzw. nicht Gott sein möchte, daß der Mensch sich ungehindert auf seinen Thron setzen könne. Die Sünde als des Menschen sich duckende und verkriechende Trägheit ist von Haus aus sein Begehren, von der Existenz Gottes, von seinem Gottsein nicht behelligt zu werden, ihn also nicht wahr haben zu müssen, ohne Gott in der Welt sein zu dürfen. Der träge Mensch, der freilich mit dem hochmütigen identisch ist, fängt dort an, wo dieser endigt: damit nämlich, daß er in seinem Herzen sagt: «Es ist kein Gott!» Das ist das Charakteristische der Sünde, des Ungehorsams, des Unglaubens in dieser zweiten Gestalt. Alles, was des Menschen Trägheit ausmacht, wächst aus dieser Wurzel.

Die Sünde in der Gestalt der Trägheit kristallisiert sich in der Ablehnung des Menschen Jesus. Im Verhältnis zu ihm wird die Ablehnung Gottes, aus der sie ursprünglich erwächst, virulent, konkret, kräftig. Denn in ihm widerfährt dem Menschen die Weisung, der Zugriff, der Anspruch Gottes, in ihm fällt Gottes Entscheidung über ihn, die er sich nicht gefallen lassen, der er sich verschließen und entziehen möchte. Man bemerke: gegen die Idee Gottes als eines höheren oder höchsten Wesens, dem der Mensch sich für verbunden hält, gegen die Vorstellung eines seiner Existenz Jenseitigen, Transzendenten und gegen die Zumutung, mit diesem in eine mehr oder weniger bewußte oder unbewußte, gepflegte oder ungepflegte Beziehung zu treten, wird sich der Mensch in der Regel durchaus nicht grundsätzlich verschließen. Religion, Frömmigkeit in irgend einer Form wird er sich ernstlich und im Grunde nie ganz versagen und sie in irgend einer offenen oder verkappten Gestalt auch zu üben und zu pflegen, wird er nie lange und nie ganz unterlassen. Flucht in die Religion, d. h. Flucht vor Gott in die gläubige Verehrung eines ihm kongenialen höheren Wesens ist vielmehr die reinste, die reifste, die eigentlichste Möglichkeit, nach der er in seiner Trägheit greift, nach der zu greifen er als der träge Mensch letzlich gar nicht unterlassen kann. Gewichtig und wuchtig wird seine Ablehnung Gottes sogar dann und erst dann, wenn sie in irgend einer letzten gesammelten Andacht vollzogen wird. Daß es sich aber gerade in seiner Andacht um die Ablehnung und Unschädlichmachung Gottes handelt, wird darin manifest, daß er die Wirklichkeit, die Gegenwart und Aktion Gottes in der Existenz des Menschen Jesus und den mit ihr stattfindenden Zugriff und Anspruch Gottes ihm selbst gegenüber bestimmt nicht wahrhaben und gelten lassen wird: bestimmt nicht als die gerade ihn absolut, ausschließlich, gänzlich und unmittelbar angehende und fordernde Wirklichkeit, Gegenwart und Aktion Gottes. Gerade als Verehrer eines höheren Wesens, gerade als religiöser, als frommer Mensch wird er sich gerade dagegen bestimmt zu verwahren wissen. Wie auch das von ihm verehrte höhere Wesen benannt und gestaltet sei: er wird sich von ihm toleriert, nicht in Frage gestellt, nicht gestört, nicht angegriffen, vielmehr bestärkt und bestätigt, auf der Waage und im Gleichgewicht erhalten finden. Es – und in seiner Gestalt «Gott» seinerseits im Mindestfall freundlich zu tolerieren, wird er immer in der Lage sein. Es bietet ihm kein Ärgernis und so braucht er sich nicht an ihm zu ärgern. Er wird sich aber durch die Wirklichkeit, Gegenwart und Aktion Gottes in der Existenz des Menschen Jesus gerade nicht toleriert, geschweige denn bestätigt – er wird sich durch die Gottheit Gottes in der konkreten Erscheinung der Existenz dieses Menschen aufs Gründlichste behelligt, radikal in Frage gestellt, aus dem Gleichgewicht geworfen und also geärgert finden. Und so wird seine eigene Toleranz Gott gegenüber, wenn es in diesem Menschen um Gott geht, ihre Grenze finden. So wird seine Ablehnung Gottes in seinem Verhältnis zu diesem Menschen zum Vorschein und Ausbruch kommen. Gerade als frommer, gerade als religiöser Mensch wird er, auf diese Probe gestellt, vor Gott unweigerlich zurückweichen, was dann aber heißt: gegen Gott unweigerlich aufstehen, wird er sich als der im Verhältnis zu Gott träge, in sich selbst verschlossene, sich in seinem Ichsein genügende und vergnügende Mensch erweisen.

Warum hier, warum in der Ablehnung des Menschen Jesus? Darum, weil er es – im Unterschied zu allen höheren Wesen und Transzendenzen jeder Art, die er als sich kongenial erkennen und denen er sich verbunden wissen mag, mit dem wahren, lebendigen Gott zu tun bekommt, der von aller Ewigkeit her diesen Menschen liebte, sein Gott war, in alle Ewigkeit ihn lieben, sein Gott sein wird: der Gott, dessen inmitten seiner Schöpfung verheißend, bewahrend, rettend und gebietend ausgereckte Hand von jeher, immer und überall die Existenz dieses Menschen war und sein wird: weil das, was Gott allen Menschen von jeher und überall gab und aufgab, was er für sie, mit ihnen und von ihnen wollte, was er für sie war, ist und sein wird, schlicht der Erweis eben der freien Gnade ist, die in der Erscheinung und im Werk, im Sterben und Auferstehen dieses Menschen geschichtliches Ereignis wurde. Der Gott dieses Menschen und also konkret dieser Mensch ist uns ärgerlich, Ihm gegenüber versagt unsere Trägheit. Ihm gegenüber ist sie unser großes Unterlassen, Zurückbleiben, Bei-uns-selbst-bleiben-wollen. Ihn verwirft der Mensch, um sich selbst zu wählen und zu wollen, um in diesem seinem Wählen und Wollen nicht gestört zu werden. Denn durch ihn – durch den Willen Gottes, der ihm in der konkreten Gestalt der Existenz dieses Menschen auf den Leib rückt – durch den Willen Gottes, der immer den Namen Jesus trug und tragen wird, der in diesem Namen sein unveränderliches Ziel und seine unauslöschliche Kontur hat – durch diesen Willen Gottes ist der Mensch und findet er sich gestört. Hier stößt er auf seine Grenze, in deren Überschreitung er sich selbst und alle ihm kongenialen Götter preisgeben müßte, um Gott und sich selbst erst in diesem anderen Menschen wiederzufinden. Hier muß er protestieren, hier ist er tatsächlich nicht toleriert, hier kann er denn auch seinerseits nicht tolerieren. Diesen Menschen, d. h. aber den Gott dieses Menschen los zu werden, wird er für lebensnotwendig und für eine gerade in Andacht vor dem ihn tolerierenden höheren Wesen zu vollbringende, für eine fromme Tat halten. «Es ist kein Gott!» heißt konkret: es ist kein solcher Gott – ein solcher, dieser Gott kann und darf nicht sein!

Warum nicht? Warum bekommt und hat des Menschen Ungehorsam, Unglaube, Undankbarkeit in ihrer Gestalt als Trägheit gerade diese Spitze? Warum wird und ist seine Sünde gerade in dieser Entgegenstellung sichtbar? Wir antworten darauf zunächst allgemein: darum, weil der Mensch an sich und als solcher nicht in der dem Menschen Jesus eigentümlichen Freiheit leben will und also diesen seinen Mitmenschen und Bruder für einen Fremdling in seinem Bereich, seine Existenz für eine nicht tragbare Herausforderung halten muß.

Er möchte von dem Gott, der diesen Menschen in seiner eigentümlichen Freiheit zu seinem Nächsten gemacht hat, er möchte also von diesem Nächsten mit seinem Ruf in die Freiheit in Ruhe gelassen sein. Er hält die ihm in seiner Existenz angekündigte Erneuerung des menschlichen Wesens für unnötig; er sieht und empfindet vielleicht dessen Begrenztheit und Unvollkommenheit; sie berührt ihn aber nicht so tief, daß er sich nicht endlich und zuletzt mit ihm, wie es ist, abfinden, mit der Art, in der er es erfüllt, sich nicht zufrieden geben könnte. Ein ernstliches Bedürfnis, ein Hunger und Durst nach dessen Erneuerung ist ihm unbekannt. So ist ihm der Mensch Jesus in seiner Freiheit, ein neuer Mensch zu sein, uninteressant.

Und nun meint er ja auch, nüchtern Bescheid zu wissen über das, was in den Grenzen des Menschlichen erreichbar, möglich und unmöglich ist. Von da aus zweifelt er auch an dem, was jene Erneuerung sachlich bedeuten sollte: an des menschlichen Wesens Erhebung. Das Beschränkte, an dem er sich genügen läßt, erscheint ihm auch als das Notwendige, seine Überbietung in der Freiheit des Menschen Jesus als ein Werk der Phantasie, an dem er sich nicht beteiligen möchte.

Hinter seiner Gleichgültigkeit und hinter seinem Zweifel steckt aber ein ganz bestimmtes Mißtrauen. Um des menschlichen Wesens Erneuerung und Erhebung aus der Knechtschaft zur Herrschaft scheint es sich ja in der Freiheit jenes Menschen zu handeln. Eine anspruchsvolle und gefährliche Sache, wenn das bedeuten sollte und müßte, daß wir Anderen in Jenem einen Herrn bekommen und haben sollten – mehr noch: wenn dessen Herrschaft überdies in sich schließen sollte, daß auch uns zugemutet wäre, unser vielleicht beschwerliches, aber auch bequemes, weil in sich gesichertes Sklavenleben aufzugeben und unsererseits verantwortlich, Herren zu werden!

Und wenn nun die Freiheit des Menschen Jesus als der neue, der erhöhte, der herrschaftliche Mensch schlicht darin seinen Grund und Sinn haben sollte, daß er der in der Gemeinschaft mit Gott lebende Mensch ist, so wird die Gleichgültigkeit, der Zweifel, das Mißtrauen, in dem wir Anderen ihm gegenüberstehen, ebenso schlicht darin seinen Grund und Sinn bzw. Unsinn haben, daß wir es für unpraktisch, lästig und unerwünscht halten, in Gemeinschaft mit Gott zu leben, daß uns ein in sich selbst bewegtes und kreisendes, auf sich selbst angewiesenes, aber auch über sich selbst verfügendes Menschenleben viel besser als ein in jener Gemeinschaft gelebtes zusagt.

Das ist es, was uns den Menschenbruder Jesus zum Fremdling, seine Existenz in unserer Mitte zur untragbaren Herausforderung, den Gott, der sein Gott ist, unannehmbar macht. Und das ist, zunächst in all-

2. Des Menschen Trägheit

gemeinsten Zügen beschrieben, der Aufmarsch – vielmehr: die erstarrte Front, in der ihm des Menschen Sünde in der Gestalt seiner Trägheit gegenübersteht, in der sie ihm gegenüber wirklich und sichtbar ist.

Warum und inwiefern des Menschen Sünde? Darum, weil das Alles als Zurückstoßung der nach dem Menschen ausgestreckten Hand Gottes, als Zurückweisung seiner Gnade zugleich dies bedeutet: daß der Mensch seine eigene Berufung versäumt, seiner eigenen Sache untreu wird und ist, neben seine eigene Wirklichkeit hinaustritt ins Irreale, ins Bodenlose, wo er gerade nicht stehen und sein kann, was er mit dem Allem sein möchte – wo er gerade nicht Mensch, nicht er selbst, sondern nur sein eigener Schatten sein kann. Der ihm in der Freiheit des Menschen Jesus gegenübersteht, ist ja nicht nur dieser Mitmensch und Bruder als solcher und nicht nur dessen, sondern auch eines jeden Menschen eigener Gott, ohne den keiner wäre noch sein kann, der er ist. Und es ist in der Person jenes ihm von seinem eigenen Gott gegebenen Mitmenschen und Bruders er selbst, seine eigene Wirklichkeit, sein eigenes von seinem Gott in der Person jenes Einen geliebtes, erwähltes, geschaffenes und erhaltenes Menschsein, mit dem er es zu tun bekommt. Verweigert er sich – das ist das schreckliche Paradoxon seiner Sünde in dieser Gestalt – dem Menschen Jesus, so verweigert er sich nicht nur ihm und seinem (und so auch seinem eigenen) Gott, so weigert er sich eben damit schlicht, er selbst zu sein, so reißt er sich los von seiner eigenen Wirklichkeit, so verliert er sich selbst gerade im Versuch, sich selbst zu behaupten, so wird er, kläglich genug, zu seinem eigenen Gespenste. Es ist kein Kleines, das man sich unbesehen leisten könnte, als Versager in jener Front der menschlichen Trägheit zu stehen. Man wird und ist damit «der Mensch im Widerspruch»: der als Widersprecher Gottes sich selbst widersprechende und so sich selbst unrettbar gefährdende Mensch – der Mensch, der verloren wäre, wenn ihm nicht in dem Widerspruch zu sich selbst, den er sich leistet, in eben dem Menschen Jesus, an dem er sich stößt und zu Falle kommt, der überlegene Widerspruch Gottes entgegenstünde, dessen Wille es nie war, nie ist, nie sein wird, daß er, der träge Mensch, verloren gehe. Aber eben was es mit seinem lebensgefährlichen Versagen im Gegensatz zu der ihm in dem Menschen Jesus zugesprochenen Freiheit auf sich hat, werden wir nun auf vier großen Linien zu entfalten haben.

Wir stehen vor des Menschen Versagen (1) in seinem Verhältnis zu Gott, (2) in seinem Verhältnis zum Mitmenschen, (3) in seinem Verhältnis zu seiner geschöpflichen Struktur und (4) in seinem Verhältnis zu seiner zeitlich geschichtlichen Begrenztheit. Es sind dieselben vier Punkte, in denen s. Z. (KD III, 2), ebenfalls von der wahren Menschheit Jesu Christi her, die Lehre vom Menschen als Gottes Geschöpf und später (KD III, 4) im ersten Teil der theologischen Ethik die Lehre vom Gebot Gottes des Schöpfers entfaltet wurde. Wieder von der *humanitas Jesu Christi* her blicken wir jetzt auf des Menschen Sünde in der Gestalt seiner Trägheit, auf sein Versagen seiner eigenen, ihm in dem Menschen Jesus konfrontierten Wirklichkeit gegenüber. Wir gehen dabei, weil dieses

Versagen in seiner Vielfältigkeit ein einziges, in sich zusammenhängendes und verknüpftes Ganzes ist, in der Weise vor, daß wir nacheinander je eine der Relationen, in denen es stattfindet, in den Vordergrund und in die Mitte rücken, um uns dann jeweils voraus- und zurückblickend klar zu machen, daß und inwiefern es als Versagen in **einer** dieser Relationen notwendig auch das in den drei **anderen** in sich schließt, voraussetzt und nach sich zieht.

---

1. Das **Wort** – **Gottes ewiges Wort** – wurde Fleisch, wurde und ist in der Existenz des Menschen Jesus menschlich zu uns Menschen gesprochen. Mit diesem Wort, das dieser Mensch selbst war und ist, haben wir es in ihm zu tun: verkündigt in und mit dem, was er in seiner Geschichte war, redete, tat und litt – verkündigt, indem er am Kreuz starb – verkündigt, indem er als dieser Gekreuzigte lebt und regiert. Es war und ist dies seine **königliche Freiheit**: als Mensch Gottes vollkommener Hörer, der Gott vollkommen Erkennende und so Gottes vollkommener Diener, Zeuge, Lehrer zu sein, Gottes in der Welt für uns scheinendes Licht, die Offenbarung, in der er sich für uns und uns für sich erschloß und erschließt – ganz Ohr zu sein für die Weisheit, den Sinn, den Plan, die Vernunft seiner allmächtigen Barmherzigkeit und ganz ihr Mund, ganz klug und so ganz dazu befähigt und ausgerüstet zu sein, auch uns Andere klug, lebensklug zu machen. Er war und ist in der Mitte von uns Anderen, als Einer von uns, aber erhoben über uns Alle, und wiederum eben damit deutliche Weisung für uns Alle: der Vollstrecker, Bringer und Begründer der Erkenntnis Gottes, seiner Existenz, seines Wesens, seines Werkes, seiner Gegenwart und Aktion – keiner überflüssigen, sondern der jedem Menschen zugedachten und unentbehrlichen, keiner müßigen, sondern der sofort lebendigen und tätigen, keiner bloß teilweisen, sondern der ganzen, keiner schwankenden, sondern der gewissen und beständigen Erkenntnis Gottes. Und eben dazu, an der von ihm in unserer Mitte vollstreckten, uns eröffneten, für uns begründeten Erkenntnis Gottes als dankbare Empfänger teilzunehmen – eben dazu, in der Kraft seiner Weisung selbst weise zu werden und zu sein, sind in ihm auch wir erwählt, geschaffen, bestimmt.

Wir aber, für die, zu deren Erleuchtung, Belehrung, Unterrichtung dieser Mensch solche Freiheit hat, **unterlassen** es, von ihr, die doch auch, die gerade unsere Freiheit ist, Gebrauch zu machen, verharren am hellen Tag – weil mit geschlossenen Augen – in eben dem Dunkel, das in jenem Menschen auch für uns schon durchbrochen und verscheucht ist, verharren in der Unvernunft, in der Unwissenheit um Gott, in unserer Unklugheit, in unserer Torheit, in unserer **Dummheit**. Und eben das Verharren, wo wir uns bewegen lassen und mitgehen, nachfolgen könnten, dürften und sollten, ist unsere Unvernunft und Unwissenheit, macht uns zu den Unklugen, den Toren, den Dummen, die wir sind: die **Trägheit**, in der wir durchaus bei uns selbst bleiben wollen, statt die sein zu wollen, die wir in ihm und durch ihn sind.

Es gehört zu der Nichtigkeit dieses menschlichen Verharrens und also Versagens und Unterlassens, daß es letztlich und objektiv vergeblich ist, d. h. daß es an dem, was der Mensch Jesus in der Freiheit seiner Erkenntnis Gottes für uns und alle Menschen ist, nichts ändern kann. Es kann unser Versagen das in ihm gesprochene Wort Gottes nicht ungesprochen machen, sein Leben nicht töten und also seine Verkündigung nicht zum Verstummen bringen. Es kann sein Licht nicht verdecken, geschweige denn auslöschen, seine Offenbarung nicht aufhalten, seine Weisung nicht zunichte machen, den Strom von Erkenntnis Gottes, dessen Quelle er ist, nicht verstopfen. Es ist paradox, es ist absurd, aber es kann das Faktum des neuen, Gott lebendig und tätig, ganz und gewiß erkennenden Menschen Jesus nicht ausstreichen. Es kann dem Feuer, das er auf Erden zu entzünden gekommen ist, nicht wehren. Es kann ihm gegenüber gerade nur des Menschen Trägheit sein, seine Puerilität und Senilität, seine Mediokrität. Es kann also auch daran nichts ändern, daß in jenem einen Menschen jeder andere – unter den unzähligen Unbelehrten auch der Unbelehrteste und Unbelehrbarste – dazu erwählt und bestimmt ist, über Gott belehrt zu werden. Daß ich die Augen schließe, daß ich sie mir nach Kräften zuhalte, daß ich mich von der Sonne abwende, kann ja nichts daran ändern, daß sie auch mir scheint und daß auch ich Augen habe, sie zu sehen. Ich kann wohl aufhören wollen, ich kann mich wohl weigern, der zu sein, der ich in jenem einen, dem neuen Menschen bin, ich kann aber faktisch nicht aufhören, eben dieser zu sein. Ich kann, indem ich mich der Erkenntnis Gottes entziehe, mir selbst wohl widersprechen – und eben das ist meine Dummheit, daß ich das tue. Ich kann mir aber in dieser meiner Dummheit gerade nur widersprechen, mich selbst aber so wenig wie das Licht des Menschen Jesus, in dem ich existiere, zum Verschwinden bringen. Es kann mein Selbstwiderspruch daran, daß ich in ihm auch in meiner üblen Nichterkenntnis Gottes von Gott erkannt bin, nicht rühren, die Wirklichkeit, in der ich von diesem Erkennen Gottes lebe, nicht beseitigen. Wie das Unternehmen meines Hochmuts, sein zu wollen wie Gott, ohnmächtig ist, weil ich das nie sein können werde, so ist das Versagen meiner Trägheit, in welcher ich mich damit zufrieden geben möchte, ohne Gott in der Welt zu sein, vergeblich, weil er, der sich in Jesus als der Gott des Menschen, eines jeden Menschen, auch als mein Gott offenbart und wirksam betätigt hat, nie ohne mich Gott sein wird, so daß ich meinerseits auch im tiefsten Schlupfwinkel dieser Welt nie ohne ihn sein werde, nie außerhalb seines Lichtes, nie ohne die Augen, mit denen ich ihn sehen könnte, dürfte, sollte, mit denen ihn zu sehen ich als Mitmensch und Bruder jenes Einen erwählt und bestimmt bin. Was bei meinem Versagen herauskommen kann, kann nur wieder ein Versagen bzw. die Offenbarung eines Versagens sein: der Erweis der Vergeblichkeit meines Verharrens an einem Ort, den es doch nicht gibt. Ich kann nicht faktisch bei mir selbst bleiben. Ich kann das zwar wollen und ich kann damit zwar eine Realität schaffen – und eben das tue ich auch – aber doch nur eine zum vornherein begrenzte, eine Realität zweiten, u. zw. auch innerlich, materiell inferioren Grades, eine Realität, die als solche zur Hinfälligkeit verurteilt ist. Ich kann mit meiner Dummheit gerade nur meine Sünde und Schande betätigen und offenbar machen.

Es geht uns nun aber gerade um diese Realität zweiten Grades: um die (wie immer begrenzte) Sünde und Schande der Dummheit, in der wir von der uns in Jesus geschenkten Freiheit keinen Gebrauch machen. Die innere Vergeblichkeit der menschlichen Trägheit ändert ja wie die Ohnmacht des menschlichen Hochmuts nichts daran, daß sie als eine Gestalt der menschlichen Verkehrtheit Ereignis, Tatsache ist: Tatsache nur negativen Charakters, nicht notwendige, eigentlich und streng genommen nicht einmal mögliche, sondern nur unmögliche, grundlose, von nirgendswoher abzuleitende, zu erklärende, zu entschuldigende oder gar zu rechtfertigende Tatsache – aber Tatsache. Tatsache auch in der ganzen Vergeblichkeit, in der der Mensch sie schafft und setzt! Also leider nicht Nichts, sondern gar sehr Etwas: das Etwas unseres Verharrens in der Zuwendung zum Nichtigen, zu dem von Gott nicht Gewollten, sondern Verneinten und Verworfenen, das Etwas unserer Nichterkenntnis Gottes und damit unseres Selbstwiderspruches. Der Mensch will tatsächlich das Unmögliche, er will Gott nicht erkennen, wie er es doch dank der Freiheit, in der der Mensch Jesus das für ihn tut, wie er es im hellen Licht der Existenz dieses Mitmenschen und Bruders tun könnte, dürfte, sollte. Und seine Gedanken, Verhaltensweisen und Handlungen sind die Exponenten dieses Nichtwollens, dieses Zurückbleibens. Er setzt sich in jenen tödlichen Widerspruch zu sich selbst. Er kann damit weder seinen Mitmenschen und Bruder Jesus, noch seine eigene in ihm begründete Wirklichkeit aus dem Weg schaffen. Er kann sich selbst damit gerade nur unmöglich machen. Und auch dieses «Können» ist grundlos wie das Nichtige, dem er in jenem Nichtwollen zugewendet bleiben will. Aber eben das will er und eben in diesem, dem guten Willen Gottes entgegengesetzten Willen schafft er eine Tatsache, in ihm lebt er. Er lebt nicht als ein Weiser, sondern als Tor, als ein Dummer.

Der etwas ungewöhnliche Satz muß also gewagt werden: Sünde ist auch Dummheit und Dummheit ist auch Sünde. Wobei unter Dummheit freilich streng das Verwerfliche zu verstehen ist, was die Bibel des Menschen Torheit oder Narrheit nennt. Von ihr kann man also gerade nicht etwa sagen, daß der Mensch nichts dafür könne, wenn sie ihm nun einmal beschieden sei. Sie kann man aber auch nicht als Entschuldigungs- oder Milderungsgrund für des Menschen entsprechendes Denken und Reden, Benehmen und Tun geltend machen. Sie ist nicht bloß eine bedauerliche Schwäche, ein verdrießlicher Übelstand, der durch Erziehung und Aufklärung teilweise oder ganz zu beheben, vielleicht auch in Nachsicht und Gelassenheit zu ertragen, vielleicht auch durch andere, bessere Eigenschaften des Menschen wett zu machen wäre. Sie ist des Menschen – des ganzen Menschen – üble Tat, oder, da es sich in ihr ja um die Grunddimension seiner Trägheit handelt, seine «Untat», sein verantwortliches und sträfliches Versagen und Unterlassen.

Von Mangel an intellektueller Begabung, Auffassungs- und Denkkraft oder an der dem Menschen nötigen oder doch wünschbaren Erudition ist ja nicht die Rede, wenn die Bibel vom *nabal* oder *chesil* redet: etwa Ps.14, 1 von denen, die in ihrem Herzen sprechen: Es ist kein Gott! Der biblische Tor oder Narr oder Alberne kann so leidlich gescheit und unterrichtet sein, wie es ein Mensch, am Maßstab dieser oder jener Kulturstufe gemessen, im Durchschnitt zu sein pflegt. Er kann gewiß auch unter, er kann aber auch über, er kann vielleicht sogar irgendwo sehr hoch über diesem Durchschnitt stehen. Was ihn zum Toren macht, ist aber nichts, was mit einem schwächer veranlagten Gehirn oder mit unvollkommen erlangter Bildung und Wissenschaft zusammenhinge und über ihn verhängt wäre. Wie denn umgekehrt ein intellektuell schwach Begabter oder wissenschaftlich kaum oder nur primitiv Ausgerüsteter, ein sog. «Ungebildeter», nicht als solcher ein Tor zu sein braucht, im Gegenteil – man denke an die νήπιοι von Matth. 11,25! – ein im Sinn der Bibel Weiser sein kann. Töricht, närrisch, albern ist der Mensch nach biblischem Begriff dann, wenn er, wie es auch mit seiner Begabung und Bildung bestellt sei, der Erleuchtung durch Gottes Offenbarung und Wort entbehren zu können, sich ihr widersetzen zu sollen meint, um dann sein Leben von dem so entstehenden Vakuum her und also nach Maßgabe von von Grund auf verkehrten Maximen und Motiven lebt: von seiner falschen Voraussetzung her nach falscher Methode.

Anselm von Canterbury hat darum wohl recht gehabt, wenn er den Gottesleugner von Ps. 14, 1, den er am Anfang seines Beweises für die Existenz Gottes *(Prosl. 2)* zu Worte kommen läßt, nicht etwa als den *ignorans*, sondern als den *insipiens* (= *insapiens*) einführte. Seine Gegenthese, auf die Anselm Bezug nimmt, lautet dahin, daß Gott kein wirklicher, sondern nur ein gedachter bzw. denkbarer Gegenstand, keine *res* sei und also nicht existiere: *non est Deus*. Nicht aus Beschränktheit oder Unbildung denkt oder redet er so, sondern aus dem fundamentalen Mangel, der darin besteht, daß er *(Prosl. 4)* kein *intelligens id quod Deus est* ist; aus seinem in seinem Unglauben begründeten Nichtverstehen des offenbarten Namens Gottes, laut dessen Gott ist *quo maius cogitari nequit*. Mit dem Bekenntnis seines Glaubens an Gott als den, der diesen Namen trägt (den Namen des Schöpfers, über den sich kein legitimes Denken erheben wollen, von dem es nur herkommen kann) hat Anselm seinen eigenen Gedankengang eröffnet. Der Erkenntnis dieses Glaubens, die auch die Erkenntnis der Existenz Gottes notwendig in sich schließt, gilt seine Nachforschung, gilt sein Beweis. Hat ihn die Gegenthese des Gottesleugners dazu aufgerufen und angeregt, so ist es doch klar, daß dieser in der weiteren Diskussion nicht mitreden kann. Denkt und redet er doch als *insipiens* und also von daher, daß er den nicht kennt, als Nichtglaubender nicht kennen kann, dessen Existenz er in Abrede stellt. Das ist seine Torheit, in der er sich von der Erkenntnis der Existenz Gottes zum vornherein ausschließt, um derenwillen Anselm darum bewußt an ihm vorbei beweist: daß Gottes Existenz (unter Voraussetzung des Verständnisses seines offenbarten Namens) gar nicht in Abrede gestellt werden kann. Welch ein Mißgriff, daß der gute Gaunilo dem Gottesleugner mit einer Schutzschrift *Pro insipiente* gegen Anselm zu Hilfe eilen zu müssen meinte: als ob seine Leugnung – aus seiner Torheit stammend, leugnend, was er nicht kennt und versteht – eben doch einen vertretbaren und diskutablen Sinn haben, als ob sie, aus der Urdummheit hervorgehend, etwas Anderes als eben dumm sein könnte!

Man muß einsehen, daß Dummheit als Grunddimension der menschlichen Trägheit Sünde ist: Sie ist Ungehorsam, Unglaube, Undankbarkeit gegen den Gott, der sich dem Menschen zu erkennen gibt, damit er weise werde und lebe. Sie ist eben damit das schuldhafte Abgleiten des Menschen in den Widerspruch zu sich selbst: in ein inkohaerentes, verworrenes, verderbliches Denken, Reden und Handeln. Man muß das einsehen, um würdigen zu können, was für eine Wirksamkeit sie hat, in welch rätselhaft mächtiger, aufregender und furchtbarer Gewalt sie in der Weltgeschichte, in jeglichem menschlichen Lebensbereich und tief verborgen oder auch handgreiflich offenbar in jeder menschlichen Lebensgeschichte ihre Rolle – wahrlich eine Hauptrolle! – spielt. Dumm ist eben im Großen und im Kleinen alle Zuversicht, alles Sichstützen und Vertrauen auf das, was man sich, ohne Gottes Wort räsonnierend, selber sagen kann, sagen zu können meint. Dumm ist jedes Verhalten, in welchem man sich selbst über das, was wahr, gut und schön, recht, nützlich und heilsam ist, meint autoritative Auskunft geben zu können: alles Denken, Reden und Handeln, das man auf diese Auskunft begründen zu können und zu sollen meint. Dumm ist dieses Verhalten selbstverständlich, u. zw. noch verschärft auch in der Form, daß man Gottes Wort je schon meint so gehört, seine Weisung und Weisheit in Form irgend eines Prinzips oder Systems sich schon so angeeignet zu haben, daß man es neu zu hören und zu betätigen nicht nötig habe – in der Form also, daß man sich selbst für einen durch Gottes Wort schon so Erleuchteten hält, daß man der Offenheit für die weitere, die fortgehende Belehrung durch das, was es eben jetzt und hier meinen, sagen und wollen könnte, sich entschlagen zu können denkt. Wo irgend eine herrenlos gewordene Wahrheit oder Regel – und besäße sie die goldenste Klarheit – den Menschen oder die Menschen so regiert, wie sie sich nur in Erkenntnis Gottes selber, durch sein lebendiges Wort regieren lassen dürften, da haben wir es bestimmt mit einer Offenbarung, ja im Prinzip mit der ganzen Offenbarungsökonomie der Dummheit zu tun. Und wo Menschen in der Meinung, einer ihnen nicht im tätigen Vollzug ihrer Erkenntnis Gottes, sondern an sich und als solche gesicherten Güte teilhaftig zu sein, als die Guten leben, sich aufspielen und geltend machen wollen, da ist das nicht nur des Menschen Selbstrechtfertigung, in der er den Glauben verleugnet, sondern, indem es das auch ist, zugleich seine ihm durch Gottes lebendiges Wort verbotene, seine alles ihm wirklich verliehene Gute verheerende und zerstörende Dummheit. Als Adam und sein Weib, statt sich an Gottes Wort und Gebot genügen zu lassen, durchaus selber wissen wollten, was gut und böse ist, da war das auch ihr Ungehorsam, zugleich aber der Schritt in eben die Dummheit, die als solche gerade nicht wissen kann und nie wissen wird, was gut und böse ist, die darum gut und böse immer wieder verwechseln und verwirren wird. Und es liegt ein tiefer Sinn in der bekannten Redensart, laut welcher auch der Teufel in all seiner teuflischen Klugheit und Schlauheit letzten Grundes ein dummer Teufel ist. Wie könnte es anders sein, da er offenbar der *insipiens* im Prinzip, die Unkenntnis Gottes und die angemaßte Independenz und Souveränität ihm gegenüber in Person ist?

Darin besteht und äußert sich des Menschen Dummheit, daß er in der Meinung, ohne Erkenntnis Gottes, ohne Gehör und Gehorsam seinem Wort gegenüber und also in solcher Independenz und Souveränität, wesentlich zu sein und das Wesentliche zu treffen, gerade nie wesentlich ist, nie das Wesentliche trifft: Immer kommt er zu früh oder zu spät. Immer schläft er, wo er wachen sollte und immer regt er sich auf, wo er ruhig schlafen dürfte. Immer schweigt er, wo er reden sollte und immer führt er das Wort, wo Schweigen das allein gute Teil wäre. Immer lacht er, wo er weinen sollte, und immer weint er, wo er getrost lachen dürfte. Er will immer eine Ausnahme machen, wo die Regel gelten müßte und immer unterwirft er sich einem Gesetz, wo er die Freiheit zu wählen hätte. Er werkelt immer, wo nur Beten, und betet immer, wo nur Arbeiten helfen würde. Immer betrachtet er historisch und psychologisch, wo es um Entscheidungen ginge und will immer rasch entscheiden, wo nun wirklich zunächst historisches und psychologisches Betrachten am Platze wäre. Immer streitet er, wo es nicht nötig, sondern schädlich ist und immer redet er von Liebe und Frieden, wo einmal in aller Ruhe dreinzuschlagen wäre. Er führt immer den Glauben und das Evangelium im Munde, wo es gelten würde, ein Stück gesunden Menschenverstandes zur Sprache zu bringen und immer vernünftelt er, wo man sich und Andere getrost in die Hände Gottes befehlen dürfte und sollte. Man lese Pred. 3 die große Aufzählung, wie alles seine Zeit hat, zu seiner Zeit getan sein will: dem entsprechend, daß Gott «alles fein zu seiner Zeit tut.» Die Dummheit ist genial darin, alles zur Unzeit zu meinen, alles den unrichtigen Leuten zu sagen, alles in verkehrter Richtung zu tun, keine Möglichkeit mißzuverstehen und mißverständlich zu sein, vorübergehen zu lassen, das Einfache, das Notwendige, das eben jetzt Geforderte regelmäßig zu unterlassen, um dafür mit sicherem Instinkt das Komplizierte, das Überflüssige, das eben jetzt nur Störende und Aufhaltende zu wählen, zu wollen und zu tun.

Man muß, daß Dummheit Sünde ist, weiter auch dazu einsehen, um zu würdigen, wie gefährlich ihre Wirksamkeit ist. Daß sie lebensgefährlich, gemeingefährlich, staats- und kirchengefährlich ist, verrät schon ihr Gehaben an sich und als solches. Die Dummheit führt wie die Dämonen und als eine der bemerkenswertesten Gestalten des Dämonischen ein Leben von unheimlicher Eigenständigkeit, dessen Expansionen und Evolutionen keine Gegenwehr sobald gewachsen ist. Man hat von ihr mit Recht gesagt, daß gegen sie die Götter selbst vergeblich kämpfen. Irgendwelche Götter wird man in der Tat vergeblich gegen sie an- und aufrufen. Wer sie bei Anderen in heiligem Zorn oder mit ironischer Geringschätzung bestreiten, wer sie schulmeistern oder wer ihrer damit Herr werden will, daß er ihr ein wenig entgegenkommt oder wohl gar den Hof macht, und wer sie nutzbar machen und in den Dienst höherer Zwecke stellen – auch wer sie dann endlich und zuletzt wohl auch in sich selbst überwinden und loswerden will, der sehe zu, daß er nicht Dummheit mit Dummheit multipliziere und potenziere, daß er ihr nicht heimlich oder offen erst recht Raum und Nahrung gebe und, indem er ihr begegnen will, nur umso völliger von ihr überrannt werde.

Sie ist ja gerade und vor allem darin so gefährlich, daß sie die unheimliche Eigenschaft hat, ansteckend, magnetisch, vermehrungsfähig zu sein: als die Dummheit des Einen die des oder der Anderen zu erwecken und unwiderstehlich auf den Plan zu rufen – zum gegenseitigen Aufeinanderprall oder auch zu Werken finsterer Gemeinsamkeit, zu kalter oder heißer Kriegführung oder zur Bildung massiver Kollektive oder Mehrheiten, die dann wie Elephantenherden Alles vor sich niederzutrampeln pflegen – und noch bedenklicher in eines Jeden eigenem Inneren: in einer Gestalt alsbald eine andere zu gewinnen, gewissermaßen Kinder zu erzeugen und in diesen neues Leben anzunehmen. Sie ist auch darin so gefährlich, daß ein Jeder sie doch entweder gar nicht oder erst zuletzt und wenn es zu spät ist, als den Balken in seinem eigenen Auge, als seine Dummheit erkennen wird, um ihr unterdessen nur umso unbekümmerter und selbstbewußter zu frönen und ihrem Überhandnehmen auch bei Anderen nur umso mächtigeren Vorschub zu leisten. Sie ist auch darum so gefährlich, weil sie nur in den seltensten Fällen, im Grunde wohl gar nie, ungetarnt, unkostümiert, demaskiert, vielmehr – darauf ist noch zurückzukommen – in der Gestalt ihres Gegenteils, etwa als überlegene Klugheit und Rechtlichkeit, oder auch als Überschwang edlen Gefühls auftreten wird: Mit welcher Sicherheit, Behendigkeit und Ausdauer weiß sie für ihre Meinungen und Behauptungen, für ihr Tun und Treiben Gründe auf Gründe zu entdecken und aufeinander zu türmen! Mit welcher Bestimmtheit pflegt sie immer schon im voraus recht zu haben und nachträglich Alles besser gewußt zu haben («Habe ich es euch nicht gesagt?»)! Mit welcher Selbstverständlichkeit pflegt sie sich als Säule der Gesellschaft oder auch als heilige Kraft revolutionärer Erneuerung auszugeben und darzustellen! Und wie gewaltig vermag sie sich so durch sich selbst (im Widerspruch oder im Einklang mit der Gestalt, in der sie dem Einen im Anderen begegnet) zu bestärken, zu vertiefen und zu erhöhen, sich unermüdlich zu immer neuen Untaten zu rüsten und in Bewegung zu setzen! Sie ist aber auch darum so gefährlich, weil sie auf den ersten Blick immer so harmlos, gutmütig, familiär aufzutreten und also eben zur Duldung oder auch zu verzeihender Sympathie oder sogar zu einer gewissen Anerkennung einzuladen weiß, während sich hinter ihrer Biederkeit und Sanftmut (wie die Krallen des Katzengeschlechtes in dessen weichen Pfoten) ihre höchste Bösartigkeit, zänkische Aggressivität, rücksichtslose Gewalttätigkeit verbergen mag und irgendwo sicher verbirgt, die ihr Opfer anfallen und zerreißen wird, bevor es sich dessen versehen hat.

Aber was hilft schon alle Aufmerksamkeit auf ihre Symptome und alle Warnung vor deren besonderer Gefährlichkeit? Nicht zuerst in ihren Symptomen und Früchten, sondern zuerst in ihrer Wurzel ist Dummheit Sünde und nicht wegen der besonderen Gefährlichkeit ihrer Symptome und Früchte, sondern von ihrer Wurzel her ist sie als Sünde der Leute Verderben. Von seiner Wurzel her ist das dumme Tun des Menschen Sünde und ist es als solches gefährlich, aber nur von ihr her – und was hülfe es, es in seiner Dummheit zu sehen und sich vor ihm auf die Hut setzen zu wollen, wenn es in seiner Wurzel, von der her es Sünde und gefährlich ist, unerkannt bliebe? In seiner Wurzel ist es aber das verkehrte Tun jener großen Unterlassung, die Paulus 1. Kor. 15, 34 als die ἀγνωσία θεοῦ des Menschen böses, schuldhaftes, unverantwortliches Nicht-

Wissen um Gott beschrieben hat. Anselm hatte wohl recht, wenn er auch das dumme Herzensbekenntnis des Toren von Ps. 14, 1: «Es ist kein Gott!» nur zu den Symptomen und Früchten seiner Torheit gerechnet, über dieses Toren Bekenntnis hinaus auf dessen Wurzel in seinem eigentlichen Atheismus, der eben in jenem bösen Nicht-Wissen um Gott besteht, hingewiesen hat. Das Dumme seiner Dummheit, der eigentliche, in jenem dummen Bekenntnis und in seinen sonstigen Symptomen und Früchten nur eben manifeste Atheismus des törichten Menschen ist nicht erst sein theoretischer, sondern sein praktischer Atheismus. Zu jenem wird er sich selten – und selten sehr explizit und verbindlich – versteigen. Ihn kann er auch entbehren, ja verleugnen, ohne deshalb diesen seinen praktischen Atheismus weniger zu betätigen. Es gibt doch einen ganzen Ozean auch von religiöser, auch christlich religiöser Dummheit und wer schwämme nun eigentlich nicht auch als religiöser, auch als christlicher Mensch irgendwo in dessen Wassern? Der praktische Atheismus – dessen sich gerade der wahrhaft Weise mit dem Toren als schuldig wissen und bekennen wird – und also des Menschen Dummheit in ihrer Wurzel besteht aber darin, daß ihm Gott offenbar ist, daß er das aber als Täter seines Lebens nicht wahr haben will, daß er in Erkenntnis Gottes, im hellen Licht seiner Wirklichkeit, Gegenwart und Aktion, von Gott erkannt bis auf den Grund, Gott seinerseits zu erkennen und in diesem Erkennen zu existieren sich weigert und unterläßt, sich als schon von Gott und zu Gott Erhobener fallen läßt. Dieses Sichfallenlassen, in welchem nicht nur Diese und Jene, sondern wir Alle begriffen sind, ist – mit oder ohne theoretischen Atheismus, bzw. mit oder ohne Religion und Christentum – das Dumme unserer menschlichen Dummheit.

Sie wäre nun aber nicht, was sie ist: das Urphänomen der Sünde in einem seiner bemerkenswertesten Aspekte, wenn sie als dieses Sichfallenlassen einen Sinn und Grund hätte und also erklärbar wäre. Relativ erklärbar sind des dummen Menschen dumme, immer unzeitgemäße Bewegungen zur Linken und zur Rechten, in denen sie sich manifestiert. Wie sollten sie nicht als solche alle auch ihre mehr oder weniger aufweisbaren Gründe und Anlässe, ihre inneren und äußeren Motive und Quietive haben, aus denen man sie mindestens ein gutes Stück weit verstehen kann. Ihre Wurzel aber, das Dumme seiner Dummheit, seine in seinem Tun und Treiben manifeste Sünde, ist unverständlich und unerklärlich. Sie hat keinen Grund, so gewiß sie eben als solche direkt aus dem Nichtigen stammt und in des Menschen Zuwendung zum Nichtigen besteht. Sie ist nur eben Tatsache, *factum brutum*. Von ihr kann man nur eben sagen, daß er sie tut: er ist frei und macht keinen Gebrauch davon, daß er es ist; er ist erhoben und läßt sich fallen; er ist im Licht und hat auch Augen, es zu sehen und sieht doch nicht, bleibt also in der Finsternis;

er hört und wird doch kein Hörender, kein Gehorsamer. Warum? Mit welchem Sinn? Ohne Grund, ohne Sinn! Es ist nur eben so, daß er es gerade so hält. Wer diesem Geschehen einen Grund und Sinn zuschreiben wollte, würde damit nur zeigen, daß er nicht weiß, daß er von dem Bösen redet, das nur gerade böse ist.

Es gibt unter allen Symptomen der Dummheit nur eines – es ist allerdings eines der hervorstechendsten – das in die Tiefe, in das Urdumme, aus dem sie stammt, wenigstens deutlich hinunterweist: dies nämlich, daß sie immer nur in Verdeckung zum Vorschein kommt und in Tätigkeit tritt. Wer hätte sie je schon glotzen gesehen – und wäre es auch nur in seinem eigenen Herzen – wie sie einen anglotzen müßte, wenn sie sich als das, was und so, wie sie ist, offen, direkt, unmittelbar bemerkbar machte und erkennbar wäre? Welcher Dumme würde sich denn zu seiner Dummheit, zu seiner ἀγνωσία θεοῦ, zu seinem praktischen Atheismus, dazu, daß er sich fallen läßt, bekennen? Wer würde denn als Dummer – er müßte denn schon zum wahrhaft Weisen geworden sein! – zu seiner Dummheit jemals stehen wollen? Auch der theoretische Atheist, der ja nur eine Species des praktischen ist, tut das keineswegs, kann das gar nicht tun, weil er ja gar nicht weiß, nicht wissen will, wen und was er leugnet – wie sollte er da in der Lage sein, sich zu seiner Dummheit zu bekennen? Woher diese Scheu? Warum will niemand dazu stehen, daß er dumm ist? Warum kann das offenbar niemand? Warum tritt die Dummheit immer nur in Verdeckung, im Incognito, anonym oder vielmehr pseudonym, in Erscheinung? Offenbar darum, weil der Mensch in eben der Tiefe, in der er ein Tor ist, dessen gewahr ist, daß seine Torheit aus dem Nichtigen stammt und in seiner Zuwendung zum Nichtigen besteht: ohne sich darüber klar zu sein, was los ist, aber gewahr ist, wie etwa ein Blinder dessen instinktiv gewahr sein mag, daß er im Begriff steht, einem Abgrund entgegen zu tappen. Davor erschrickt der Mensch, sich geradezu dazu zu bekennen, sich darauf anreden, sich dabei behaften zu lassen, daß er selbst zum Nichtigen gehöre, selbst nichtig sei. Das will er, obwohl und indem er im Begriff steht, es wahr zu machen, nicht wahr haben. Das ist er ja auch nicht, dahin gehört er ja auch nicht, so gewiß er trotz und in seiner Torheit als Mensch Gott gehört, sein gutes Geschöpf ist. Wie sollte er es da wahrhaben, sich dazu bekennen können, daß dem nicht so sei? Und warum soll es nicht so sein, daß es faktisch eben der Gott ist, den er nicht kennen will, der aber ihn zu kennen nicht aufhört, der ihn davon abhält, ihm das unmöglich macht? daß jenes Gewahrwerden und Erschrecken das Werk seiner gnädigen Hand ist? Das ihm nun freilich nur zum Gericht werden, auf das er, indem er sich verstecken will, nur in der verkehrtesten Weise reagieren kann!

Aber wie dem auch sei: die Torheit des Toren scheut das Licht; sie mag sich nicht als solche kenntlich machen; und sie verbirgt sich mit sicherem Instinkt und Griff in ihr Gegenteil, sie gibt sich als Weisheit aus. Nicht als die Weisheit natürlich, deren Anfang die Furcht des Herrn ist. Das wäre ja der von seiner Torheit, von seiner Unkenntnis Gottes bekehrte Tor, der es in jenem tiefen Erschrecken über sich selbst zuließe, diese Weisheit anzunehmen, sich vor ihr zu demütigen, von ihr überkleidet zu werden, in ihr sich zu verbergen. Der das täte, würde sich ja dann auch nicht als Weisen ausgeben, sondern seine wahre Weisheit gerade damit betätigen und an den Tag legen, daß er sich – eben in der Furcht des Herrn – zu seiner Torheit bekennen, sich in seiner Torheit ganz an die Weisheit Gottes halten würde. Wir reden jetzt von dem unbekehrten Toren, der den Herrn und die Furcht des Herrn nicht kennt und darum auch der mit ihr anfangenden Weisheit entbehren muß. Wie sollte er sich zu seiner Torheit bekennen können? Wie sollte er sie nicht verleugnen und also verhüllen müssen? Und wie sollte er sie anders verhüllen als mit dem, was er für Weisheit hält: mit seiner eigenen Weisheit nämlich, mit dem, was Paulus 1. Kor. 1, 20 die «Weisheit der Welt», 1. Kor. 2, 5 die «Weisheit der Menschen» nennt? Man könnte sie theoretisch und allgemein definieren als die Fülle aller dem Menschen von sich aus zugänglichen Wahrheits-, Tatsachen- und Lebenserkenntnis *minus* die Erkenntnis Gottes in seinem geoffenbarten Wort. Praktisch und im Besonderen wird er sie natürlich nie in deren ganzer Fülle, sondern in irgend einem Ausschnitt, in irgend einer Spielart, in der Realisierung irgend einer ihrer vielen Möglichkeiten darstellen. Sie kann – immer in jenem Rahmen, immer in der Klammer jenes Minus – vielleicht eine etwas borniertes, vielleicht aber auch eine sehr großzügige Angelegenheit sein. Sie kann sich bescheiden als Selbstbehauptung des gesunden Menschenverstandes oder auch stolz als irgend ein begeisterter Tiefsinn, sie kann sich in kindischer Heiterkeit oder in tiefer Melancholie, oder auch skeptisch lächelnd als irgend eine reife Altersweisheit geben und aufspielen. Sie kann sich mehr nach einer wissenschaftlichen oder mehr nach einer ästhetischen Seite entfalten oder auch ausgesprochen moralischen, vielleicht auch unmoralischen, vielleicht irgend einen politischen Charakter annehmen. Und weil der Mensch auch in seiner Torheit Gottes gutes Geschöpf ist und bleibt, kann es gar nicht anders sein, als daß seine eigene Weisheit oder was er dafür hält, tatsächlich in allen ihren Formen, die primitivsten und bedenklichsten nicht ausgenommen, irgendwelche positiv bedeutsamen und eindrucksvollen Elemente und Aspekte aufweisen wird, in deren Kraft sie wohl fähig ist, sich ihm und Anderen zu empfehlen. Die «Weisheit der Welt» oder «der Menschen» ist von daher auf keinen Fall eine einfach gering zu schätzende und in vielen Fällen eine geradezu hoch zu schätzende Sache, auf keinen Fall einfach und eindeutig teuflisch und in vielen Fällen – immer in ihrem Rahmen – ernsthaftesten Respektes durchaus würdig.

Sie kann in ihrer Art sogar für den wirklich Weisen – sagen wir also: für den Christen – unter Umständen geradezu exemplarische Bedeutung bekommen. Derselbe Paulus, der ihre Grenze mit jenem Ausdruck scharf genug gekennzeichnet, der sie 1. Kor. 2, 6 und 3, 18 die «Weisheit dieses (vergehenden!) Aeons» genannt hat, hat ja Phil. 4, 8 kein Bedenken getragen, seiner Ermahnung der Christen auch einmal eine Form zu geben, die in ihrer Begrifflichkeit durchaus auch die der «Weltweisheit» irgend eines stoischen Lehrers seiner Zeit gewesen sein könnte: sie sollten in Betracht und Erwägung ziehen (λογίζεσθαι) «was wahr, was ehrbar, was gerecht, was rein, was liebenswert, was wohllautend, was irgendwie tugendhaft und löblich ist.» Und das unmittelbar nach dem Wort von dem allen Verstand wie eine Mauer überragenden und einschließenden Frieden Gottes, der ihre Herzen und Gedanken bewahren möge in Christus Jesus! Und Luk. 16,8 liest man ja, daß der Herr selbst jenen «ungerechten» Haushalter bzw. dessen sehr weltliche Lebenskunst gelobt habe mit der Begründung, die Kinder dieses Aeons seien «in ihrem Geschlecht» (auf ihrer Ebene, in ihrem Raum) klüger als die Kinder des Lichtes in dem ihrigen.

In direkter Gegenüberstellung wird die die menschliche Dummheit verdeckende weltliche Weisheit wohl kaum je wirksam anzugreifen, zu entlarven und zu überwinden sein. Sie ist kraft der ihr in ihrem Rahmen gar nicht abzusprechenden Vorzüge, ja Vortrefflichkeiten wirklich imstande, der Dummheit als Verdeckung zu dienen, ihr ein Alibi zu verschaffen. Das ist es ja, daß die Sünde (wie in allen ihren Gestalten so auch in dieser) profitiert von der Güte der göttlichen Schöpfung, an der auch der gottlose, der törichte Mensch teilzunehmen nicht aufhört. Es geht also bei jener Pseudoweisheit durchaus nicht notwendig und sicher, in keinem Fall ausschließlich, um bloße Spiegelfechterei. Sondern da gibt es in der Klammer jenes Minus wahrscheinlich in jedem Fall tatsächlich allerlei in höherem oder geringerem Maß Schönes, Wahres und Gutes oder doch Unanfechtbares, hinter dem sich der Tor in sehr wirksamer Weise abschirmen, in dessen Entfaltung er es sich mit ruhigem Gewissen wohl sein lassen und seiner Mitkreatur Eindruck machen kann. Wie sollte er, der durch keine Erkenntnis Gottes Beunruhigte, sich auch nur dessen bewußt sein, daß seine Weisheit sich tatsächlich in jener Klammer entfaltet? Wie sollte er sich dessen nicht trösten oder freuen, innerhalb dieser Klammer mit mehr oder weniger Eifer und Erfolg sein relativ Bestes zu tun? Besonders da er sich dabei in der hilfreichen Gesellschaft nicht nur der übergroßen Mehrheit, sondern im Grunde der Gesamtheit aller Menschen befindet, in der dieselbe Verdeckung, in der er selbst lebt, in irgendwelchen anderen Formen überall auch im Gang ist! Mag sein, daß es in dieser Gesellschaft ohne fortwährende Reibungen und Zusammenstöße zwischen den verschiedenen Weltweisheiten nicht abgehen kann, daß da allerlei gegenseitige Befremdung, Geringschätzung und auch wohl Bestreitung hin und her in den aufregendsten unter-und überirdischen Feindseligkeiten an der Tagesordnung sein werden. Das ändert doch nichts daran, daß der Mensch als Tor sich in dem unschätzbaren Vorteil befindet, mit unzähligen Anderen seinesgleichen in Reih und Glied, in

Schritt und Tritt marschieren zu dürfen. Denn im letzten Grunde verstehen sich doch alle Toren unter sich darum sehr wohl, weil der Maßstab, der Standard der verschiedenen Weltweisheiten, hinter denen sie ihre Dummheit abschirmen, innerhalb jener Klammer bei allen Differenzen im Einzelnen letztlich doch derselbe ist, sodaß sie sich unter sich wohl schlagen können, sich auch tatsächlich in der verheerendsten Weise schlagen müssen, irgendwie und irgendeinmal aber auch vertragen können und oft, wie nach Luk. 23, 12 Pilatus und Herodes, erstaunlich plötzlich, wenn auch schwerlich sehr haltbar, zu vertragen pflegen. Darin, daß sie die Verwaltung der guten Schöpfung Gottes, die Sache des Menschen, als gehörte sie ihnen, in eigenen Betrieb nehmen wollen – und negativ darin, daß die von ihnen entfaltete und betätigte Weisheit nun doch durchaus nicht in der Erkenntnis und Furcht des Herrn anfangen soll – darin sind sie eben beieinander, wie weit sie im Übrigen auseinander sein mögen, darin können und werden sie sich im Grunde alle gegenseitig verstehen und gegenseitig nur bestärken können. Daß sie das tun, das wird dann unfehlbar sichtbar und wirksam werden, wenn sie plötzlich auf die Frage stoßen sollten, ob denn ihre Weisheit in dem Rahmen, in welchem sie sie so oder so entfalten, mit allen ihren Vorzügen und Vortrefflichkeiten echte Weisheit wirklich sei und sein könne – oder gar auf den Protest, daß da mit der guten Schöpfung Gottes Mißbrauch getrieben werde – oder gar auf die Zumutung, daß allem Anderen vorangehend jener Rahmen zerbrochen, jene Klammer mit dem vorausgesetzten Minus aufgelöst werden, die ganze Verdeckungsabsicht und der ganze Verdeckungscharakter der Entfaltung menschlicher Weisheit dahinfallen, die Erkenntnis und Furcht Gottes als deren Realgrund und Anfang in ihr von ihnen allen bestrittenes Recht zu treten habe. Schlimm genug, wenn ihnen diese Frage, dieser Protest, diese Zumutung vielleicht nur in der unglaubwürdigen Gestalt des Hochmuts einer schlecht beratenen, im Grunde auch nur weltweisen Christenheit entgegentreten sollte, dem gegenüber sie sich dann menschlich gerechtfertigt finden und erst recht verhärten werden!

Wer will entscheiden, ob es an seinem Gegensatz zu einer schlecht beratenen Christenheit lag, wenn der große Goethe sich über das Wort 1. Kor. 3, 18 f. («Niemand betrüge sich selbst! Wenn sich Jemand unter euch weise zu sein dünkt in dieser Welt, so werde er töricht, damit er weise werde. Denn die Weisheit dieses Aeons ist Torheit vor Gott») so geärgert hat, daß er meinte, das Leben werde unlebenswert, wenn das wahr sei! Er hätte sich das vielleicht auch von einer besser beratenen Christenheit nicht sagen lassen. Lassen wir es, was ihn betrifft, dabei bewenden, daß er es jetzt bestimmt besser weiß.

Das ist sicher, daß alle – natürlich auch die im inneren Raum der schlechter, aber auch der besser unterrichteten Christenheit – sich entfaltenden Weltweisheiten sich in ihrer ganzen Divergenz darin gegenseitig wiedererkennen und praktisch zusammenschließen werden, daß sie sich auf jene Frage, jenen Protest, jene Zumutung nicht einlassen können, jeden Kompromiß und Friedensschluß in ihrem eigenen Lager einem Nachgeben an diesem Punkt vorziehen werden. Und eben diese ihre Übereinstimmung wird dann immer wieder eine Potenzierung und Intensivierung ihrer Wirksamkeit als Verdeckungen – als die eine große Verdeckung – dessen herbeiführen, was der Mensch an dieser Stelle sein und tun, bzw. nicht sein und nicht tun, wozu er aber auch nicht stehen und sich bekennen will: ein Tor, der Torheit begeht. Nichts liegt nämlich näher, als daß er an dieser Stelle den Spieß umkehren, daß sich also gerade die von ihm verkannte und darum abgelehnte Weisheit Gottes von dem, was er für Weisheit hält, her gesehen, als Torheit, als dumm, lächerlich, verächtlich oder auch als gefährlich, hassenswert und bekämpfenswert darstellen wird. Wieder ohne zu durchschauen, was ihm eigentlich widerfährt, wird der Mensch jedenfalls empfinden, daß er von dorther nicht toleriert ist und daß er das seinerseits nicht tolerieren kann. Er wird die Spitze jenes Schwertes sehen und fühlen, das Jesus nach Matth. 10,34 auf Erden zu bringen gekommen ist und er wird sich dieser Bedrohung mit einer Energie zu erwehren wissen, an die die Heftigkeit aller inneren Konflikte der verschiedenen menschlichen Weisheiten von ferne nicht heranreichen. Was er eigentlich nur eben nicht mag und unbesehen links liegen lassen möchte, was eigentlich nur Gegenstand seines Desinteresses, seines passiven Widerstandes ist: die Erkenntnis Gottes, das wird sich ihm, wenn es ihm in irgend einer Form herausfordernd auf den Leib rücken sollte – und in irgend einer Form kann das einem Jeden plötzlich genug widerfahren – als Unsinn und Widersinn erscheinen, dem gegenüber er seine Dummheit, jenes große Minus, in dessen Klammer er weise sein zu können und zu sollen meint, als den wahren Sinn bis aufs Messer zu verteidigen hat. Torheit ist ihm nun die Weisheit Gottes, das Kreuz Christi (1. Kor. 1, 18). Umso besser für ihn, wenn er sich dabei vielleicht durch den Hochmut einer schlecht beratenen Christenheit, der sich ihm gegenüber *per nefas* als die Weisheit Gottes ausgeben mag, gerechtfertigt fühlen kann. Er wird aber, auch wenn sie ihm von einem Engel vom Himmel in der größten Demut nahe gelegt wäre, ein Künstler darin sein, sie dennoch unglaubwürdig zu finden, sie dennoch als Unsinn und Widersinn aufzufassen, auszulegen und zu diffamieren, sich ihr gegenüber kriegerisch als der wahre Weise zu behaupten. Er wird sich ihr gegenüber auf alle Fälle verstecken müssen und wird dabei auch hinsichtlich der Mittel und Wege, das eben mit solcher Behauptung zu tun, in keinem Fall verlegen sein. Und eben weil er dabei von den guten Gaben Gottes selbst Gebrauch macht, kann und wird es ihm immer wieder relativ gelingen, sich der Erkenntnis Gottes zu entziehen, das Inkognito dieser seiner Dummheit zu bewahren und feuerfest zu machen, eben sie sich selbst und Anderen gegenüber als die wahre Weisheit leuchten zu lassen. Mehr als relativ kann ihm das nicht gelingen, weil Gottes gute Gaben dazu nun einmal weder bestimmt noch geeignet sind, den Menschen zu einer absoluten Widersetzlichkeit gegen ihren Geber zu legitimieren und zu ermächtigen und also als Mittel solcher Verdeckung gebraucht zu werden. Ein relatives Gelingen findet da aber zweifellos immer statt: stark genug, um eine Tatsache zu schaffen, die anders als durch Gottes eigenes Wort und seinen Heiligen Geist nicht aus der Welt zu schaffen ist.

Es kann aber keine noch so wirksame Verdeckung daran etwas ändern, daß des Menschen hinter seiner vermeintlichen Weisheit verborgene fundamentale Dummheit sich als solche nach allen Seiten geltend macht. Er kann es sich leisten, aber nicht ungestraft leisten, Gott wohl kennen zu wollen und unter dem Vorzeichen dieses Minus auch noch weise sein zu wollen.

Ihm geht nämlich (1) in und mit der Erkenntnis Gottes notwendig auch diejenige Bindung verloren, die seinem Dasein den Charakter der Menschlichkeit gibt: seine Bindung an den Mitmenschen. Gott ist der Garant dieser Bindung. Es hat die Ordnung seines Verhältnisses zum Nächsten ihr Rückgrat in der Ordnung seines Verhältnisses zu Gott, ohne das sie nicht bestehen kann. Es ist das Wissen um sein göttliches Gegenüber und darum, daß der dreieinige und also auch in sich selbst nicht einsame Gott dieses Gegenüber ist, die notwendige Voraussetzung alles Wissens um die Unentbehrlichkeit, die Würde, die Verheißung und den Anspruch des Gegenübers des Menschen. Dem Toren fehlt jenes Wissen: gerade ihm möchte er sich ja entziehen, gerade es ist ihm ja Torheit, gerade es meint er ja durch seine eigene Weisheit übertreffen und ersetzen zu können. Woher sollte er da dieses andere Wissen haben? Ist ihm Gott entbehrlich, so ist es ihm der Nächste erst recht. Fühlt er sich bei sich selbst mehr wohl als in der Gemeinschaft mit Gott, so wird er seine eigene Gesellschaft der mit dem anderen Menschen erst recht vorziehen. Meint er sich Gott vom Leibe halten zu können, so wird er das dem Wesen seinesgleichen gegenüber mit nur noch größerem Nachdruck ins Werk zu setzen versuchen. Wer sollte ihn daran hindern können – und umgekehrt: wie sollte ihn jenes so problematische Wesen seinesgleichen, der Mitmensch, dazu veranlassen, gerade sich selbst nur in der Bindung an ihn, nur in der Begegnung, Gemeinschaft und Partnerschaft von Ich und Du zu suchen, nur in dieser Bindung sein Menschsein zu betätigen – wenn Gott das nicht tut? Wie sollte der Mensch im Menschen seinen Bruder suchen und finden, wenn er es Gott verwehren will, sein Vater zu sein? Die notwendige Folge seiner Verschlossenheit in der Vertikale ist seine Verschlossenheit, seine Einsamkeit in der Horizontale. Daß ein Mensch den anderen immerhin braucht, ihn für sich in Anspruch nimmt, möglichst weitgehend über ihn zu verfügen sucht, bleibt auch dann möglich und wird auch dann nur zu wirklich werden. Aber das heißt ja nicht Mitmenschlichkeit. Das heißt ja nicht, daß Einer den Anderen als Menschen sieht, versteht, gelten läßt als den ihm und sich selbst als den diesem Anderen zugeordneten Gefährten und Beistand. Das bedeutet ja vielmehr des Menschen grundsätzliche Überordnung über den Mitmenschen, seine Emanzipation von ihm, die gerade weil und indem sie die Gestalt eines Brauchens, Beanspruchens, Verfügens hat, das sich der Andere schwerlich gefallen lassen dürfte, notwendig den Charakter des Gegensatzes zu ihm, des Streites mit ihm tragen, und früher oder später auch offenbar machen wird. Der einsame Mensch ist der potentielle und in irgend einer feinen oder groben Form auch der aktuelle Feind aller anderen. Der Ausbruch des Krieges zwischen ihm und ihnen wird immer nur eine Frage der Zeit, der Gelegenheit, oft genug auch eines lächerlichen Zufalls sein. Des Menschen Dummheit, das falsche Meinen seiner eigenen Weisheit (wie groß und schön diese im übrigen sein möge) will es so haben, ruft danach. Ohne die Erkenntnis Gottes – und die verschmäht ja der dumme Mensch – gibt es kein sinnvolles Nebeneinander von Mensch und Mensch, keine echte Mitarbeit, kein echtes Mitleiden, keine echte Mitfreude, keine echte Sozietät. Und Arbeit, die nicht Mitarbeit ist, ist geschäftiger Müßiggang. Freude, die nicht Mitfreude ist, ist leeres Ergötzen. Leiden, das nicht Mitleiden ist, ist dumpfes Weh. Der Mensch, der nicht Mitmensch ist, ist Unmensch. Und alle Sozietät der Unmenschen bricht auseinander schon indem sie gegründet, und indem sie, und geschähe das noch so eifrig, zu bauen und zu erhalten versucht wird. Nochmals: des Menschen Dummheit ruft danach. Humanität ohne Erkenntnis Gottes hat auch in ihren edelsten Formen den Kern der Zwietracht und damit der Inhumanität in sich und wird diese früher oder später sichtbar machen. Von jenem Vakuum her, in welchem das «Ehre sei Gott in der Höhe!» ausbleibt, kann auch die aufrichtigste Sehnsucht und auch das lauteste Rufen nach dem Frieden auf Erden zu nichts als zu neuen Entzweiungen führen. Das ist das Erste, woran alle Verdeckung der menschlichen Torheit nichts ändern kann.

Von jenem Vakuum her ist aber (2) auch der Dualismus zwischen dem geistig-seelischen und dem leiblich-natürlichen Moment des menschlichen Wesens unvermeidlich. Gott ist der Garant seiner Einheit, des ganzen Menschen als solchen, der nicht nur Seele und nicht nur Leib ist, der auch nicht aus Seele und Leib als zwei Teilen besteht, sondern der die Seele seines Leibes ist. Er hat den Menschen in dieser geordneten Einheit geschaffen. Er steht für deren Erhaltung ein und so hat die Verantwortlichkeit des Menschen im Blick auf diese Einheit und ihre Ordnung ihren Grund in seiner Verantwortung Gott gegenüber. So ist sein Wissen um sich selbst in dieser Einheit der Exponent seines Wissens um den einen Gott, den Herrn des Himmels und der Erde, aller unsichtbaren und aller sichtbaren Wirklichkeit. Versagt er in jener Verantwortung, fehlt ihm jenes Wissen, dann auch dieses, das nur als dessen Exponent vollziehbar ist. Er wird dann zwar das Werk Gottes, sich selbst in jener Einheit nicht zerstören können: das könnte nur Gott tun, der ihn in dieser Einheit geschaffen hat. Es wird dann aber Alles, was von ihm selbst ausgeht (in seiner Torheit verdeckt durch seine vermeintliche Weisheit), auf eine Störung dieser Einheit, auf einen Dualismus jener beiden Momente, auf irgend eine Verwirrung ihres Verhältnisses hinauslaufen. Er wird dann in irgend einer der unzähligen fatalen Varianten, die da in Frage kommen, ein mehr abstrakt seelisches oder ein mehr abstrakt leibliches Leben führen. Er wird abwechselnd dem Geist oder der Materie leben, abwechselnd seinen Kopf oder seine Nerven und seinen Bauch regieren lassen. Er wird Beides nie ganz tun können, nach beiden Seiten sich immer gehemmt sehen und darum nie sehr weit kommen und darum nach beiden Seiten nie aus der Spannung herauskommen, nie ruhig, satt und zufrieden werden, kein gutes Gewissen haben, von hier nach dort und von dort nach hier ein Verdränger und ein Verdrängter sein. Er wird jene Ordnung, nämlich die Über- und Unterordnung in der Einheit seiner Natur nie zerbrechen und auch nie ganz vergessen, aber auch nie innehalten können. Er wird die Unruhe, die ihm der Doppelcharakter seiner Existenz bereiten muß, nie loswerden – oder nur mittelst der seltsamsten Kompromisse und Heucheleien hin und her zwischen einem abstrahierten Oben und einem ebenso abstrahierten Unten seines Wesens und also nur scheinbar herauskommen. Er wird sich in eine Innenwelt flüchten, eine Geisteswelt aufzubauen versuchen, in der er sich, um ihrer froh zu sein, vor den Gewalten seiner Physis die Augen verschließen muß. Und er wird sich den Gewalten seiner Physis gegenüber zu Nachgiebigkeiten gezwungen sehen, in deren Vollzug er sich (eingedenk dessen, daß er doch zuerst Seele und dann erst und als solcher Leib ist) im Grunde schämen muß. Er wird dort droben die Lust nach da drunten und da drunten das Heimweh nach dort droben nie los werden und in beidem zugleich krank sein. Er wird, ob nur in der Tiefe oder auch auf der Anderen bemerkbaren Oberfläche, ein Mensch der Unordnung sein. Alles darum, weil er den Höchsten nicht kennt und darum auch das Droben und das Drunten seiner eigenen Struktur als menschliches Wesen, die Norm ihres Verhältnisses nicht durchschaut, sich darum auch nicht nach ihr zu richten und also nicht als ganzer Mensch zu leben weiß. Es zieht seine primäre Torheit auch hier die sekundäre unweigerlich nach sich, an der dann eingreifende Änderung herbei zu führen keine noch so kluge psychische und physische Diagnose und Therapie fähig sein wird. Sie kann die von dorther fort und fort neu entstehenden Schäden feststellen und beschreiben, zu ihrer Milderung gewisse Winke und Ratschläge geben. Das Problem der Verwandlung des Menschen der Unordnung in einen Menschen der Ordnung aber wäre das Problem **der Beseitigung** jenes Vakuums, der primären Torheit, in der der Mensch Gott nicht verstehen will und kann und darum, aller Verdeckung zum Trotz, auch sich selbst nicht verstehen, darum auch nicht gesund, nicht lebenstüchtig werden und sein kann. Das ist das Zweite, was hier festzustellen ist.

Noch einmal von jener Grundunterlassung her und wieder aller Verdeckung zum Trotz muß es aber (3) zu des Menschen verkehrter Einstellung zu der begrenzten Zeitlichkeit seines Daseins kommen. Gott ist der Herr und der Garant der Zeit und auch der Zeiten aller einzelnen Menschen. Gottes Ja macht sie, eine jede in ihrer Begrenzung und die ganze Zeit mit ihrem Anfang und Ende, zu gefüllten Zeiten: gefüllt durch sein Handeln mit dem Menschen, durch seinen Aufruf, seinen Anspruch, seine Verheißung, seine Geduld, seinen Segen. Und das Verhältnis des Menschen zu Gott ist der Sinn des ganzen gemeinschaftlichen und individuellen Kommens und Gehens, der Sinn der Geschichte, aller menschlichen Vergangenheit, Gegenwart und Zukunft. So ist das Wissen um ihn die Voraussetzung alles Wissens des Menschen um seine Geschichtlichkeit, d. h. um sein Sein als Sein in der Zeit, in ihren Grenzen. So fällt mit jenem auch dieses dahin und mit diesem alle Klarheit und Sicherheit in der Praxis des Lebens in seiner Zeitlichkeit, in der Wahrnehmung seiner geschichtlichen Verantwortlichkeit. Woher kommen, wohin gehen wir, wenn nicht von Gott her und zu Gott hin? Was sind, denken, wollen und tun wir, wenn uns gerade dieser Anfang und dieses Ziel unserer Existenz nicht interessant, gar nicht bekannt sein sollte? Was soll uns dann unsere Gegenwart? In welchem Sinn will und soll sie dann von uns ganz ernst, aber in heiterer Freiheit ganz ernst genommen werden? In welchem Sinn sollen wir dann je neu verpflichtet und mit immer neuem Mut durch sie hindurch, vom Gestern her ins Morgen hineingehen? Was soll uns dann die ganze einmalige Gelegenheit unseres langen oder kurzen Lebens? Gott ist die einzige Antwort. Er selbst gibt und offenbart sich uns als diese Antwort. Die Torheit des Toren äußert sich darin, daß eben diese Antwort für ihn kein Gewicht hat, weil er ja eben Gott nicht kennen will. Wie sehr wir alle Toren sind, ermesse ein Jeder daran, wie oft auch er in Versuchung und der Versuchung sogar schon erlegen war, diese Antwort für gewichtlos zu halten. Und da wird dann aus Gestern Heute, aus Morgen Abend, aus Jugend Alter, da geht dann die Zeit um und die einmalige Gelegenheit vorüber, und der Mensch träumt: vielleicht von einer schöneren oder noch schlimmeren Vergangenheit, vielleicht von einer schöneren oder noch schlimmeren Zukunft, vielleicht von den Möglichkeiten eines allgemeinen oder persönlichen Fortschritts, den er zu fördern und zu erleben meint, vielleicht auch von dessen Unmöglichkeit, vielleicht wenigstens von einem dauernden Ehrengedächtnis, das er seinem Namen und wäre es auch nur im Kreis seiner Nächsten durch irgendwelche Tugenden oder Leistungen verschaffen möchte, vielleicht auch von jenseitig-übernatürlichen Entwicklungen persönlicher oder kosmischer Art. Vielleicht träumt er auch wie ein Kind von allerlei Spiel oder von allerhand Schulangst und noch näherliegenden Erziehungsschrecken. Vielleicht träumt er auch gar nicht, sondern schläft wachen Auges traumlos, gedankenlos, ziellos: in mehr oder weniger rastloser Arbeit und in den ihm erreichbaren Vergnügungen sich selbst vergessend. Seine den ganzen Jammer verdeckende Weisheit mag vielleicht in der Meinung bestehen, daß das nun eben das Leben sei, und in dem resignierten Entschluß, es als solches möglichst tapfer durchzustehen, das Beste daraus zu machen, vielleicht in einem höheren oder niedrigeren Leichtsinn oder in dem entsprechenden Trübsinn, vielleicht in ängstlichem Bedenken, vielleicht auch in unbesonnenem Vergessen des nahenden Todes. Was soll das Alles, wenn das Alles ist? Das ist nun aber, wenn wir Toren sind, in irgend einer zufälligen oder notwendigen Variante tatsächlich Alles: die ganze Fülle unseres Daseins in den Grenzen der uns zugemessenen Zeitlichkeit, die Fülle unserer Geschichte. Wir werden von jener Grundtorheit her immer zu viel und immer zu wenig Zeit, für unsere Zeit keinen Inhalt haben. Und das Entsprechende, dasselbe in größerem Maßstab und in womöglich noch dunklerer Gestalt wird dem törichten Menschen auch die Weltgeschichte in ihrer Größe und ihrem Elend, in ihren Wundern und in ihren Greueln, innerhalb der ihr gesetzten Grenze sein: ein Rätsel, an dessen Deutung man sich jetzt mehr oder weniger kühn versuchen und an dessen Deutung man jetzt mit vielleicht noch größerer Kühnheit verzweifeln kann, in der man sich für verantwortlich oder auch für unverantwortlich halten mag. Kein Mangel an optimistischen, pessimistischen, skeptischen, an idealistischen und historischen, an moralischen und unmoralischen, an hoch ästhetischen und tief brutalen Verdeckungen dieser Situation, des Seins des Menschen in der Zeit; des Menschen, der Gott und also den Herrn der Zeit, seiner eigenen und aller Geschichte, nicht verstehen kann, weil er ihn nicht kennen will! Aber keine Veränderung dieser Situation durch irgend eine solche Verdeckung! Das ist das Dritte, was als Folge jenes Vakuums, als Konsequenz der menschlichen Grunddummheit einzusehen ist.

Das also wäre – in einer ersten Gestalt und Sicht – der Mensch, den Gott in dem Menschen Jesus mit sich selbst versöhnt, ergriffen und zu sich erhoben hat! Er ist, von jenem her gesichtet und an jenem gemessen, dieser träge Mensch: der Mensch, der sich, auf sein Tun, bzw. Nichttun gesehen, so fallen läßt, so dumm, ein solcher Tor ist. Seiner hat Gott sich angenommen: nicht in Unkenntnis, sondern in Kenntnis dieser seiner Sünde. Was Gott in der Existenz jenes Einen wollte und tat, war genau die Heilung der Krankheit, an der wir uns Alle im Lichte jenes Einen leiden sehen: die Unterweisung der Toren, als die wir uns bekennen müssen. Sein Licht scheint in der Finsternis. Daß die Finsternis es nicht begriffen hat, ist wohl wahr, noch wahrer aber das, was nach der besseren Übersetzung von Joh. 1, 5 zu sagen ist: «die Finsternis hat es nicht überwältigt.»

Der Narr, der Tor, der Alberne in seiner Gottlosigkeit und in seiner in ihr begründeten Lebensuntüchtigkeit und Gefährlichkeit bildet besonders im Buch der Sprüche und im Kohelet die sehr konkret gezeichnete Folie, von der sich die in diesen Schriften zur Sprache gebrachte Gottes- und Lebensweisheit abhebt, die jenem in der Gestalt des Weisen, des Klugen, des Verständigen, des Gottesfürchtigen ebenfalls personifiziert gegenübersteht. Einige Grundzüge seines Bildes sollen hier in Erinnerung gerufen sein: Er ist der Mann, der sich auf seinen Verstand verläßt (Spr. 28, 26), den sein Weg, ohne daß er auf guten Rat zu hören nötig hätte, der rechte zu sein dünkt (12, 15). Und so läßt er sich sorglos auf das Böse ein (14, 16). Seine Torheit macht ihm Freude (15, 21). Er trägt sie wie einen Kranz (14, 24). Er schreit sie aus (12, 23). Das ist überhaupt das Schlimme an ihm: sein Reden, in welchem er sich in seiner Torheit bestätigt, sich immer wieder auf sie festlegt. Ihn «verderben seine eigenen Lippen. Mit Torheit fängt er zu reden an, mit schlimmer Tollheit hört er zu reden auf» (Koh. 10, 12f.). Er könnte auch für weise gelten, solange er schwiege, und für verständig, wenn er das Maul hielte (Spr. 17, 28). Das tut er aber nicht, und so bedeutet schon das, daß er ein Maul hat, «nahes Verderben» (10, 14), denn es birgt Gewalttat (10, 11). Läßt er doch Torheit nur so sprudeln (15, 2). Man nehme sich in Acht vor ihm: er pflegt immer loszubrechen (20, 3). Seine Lippen bringen Streit und sein Mund ruft nach Schlägen (18, 6). «Wenn ein Weiser rechtet mit einem Toren, so zürnt oder lacht der und es gibt keineRuhe»(29, 9). «Wer sich zu ihm gesellt, dem geht es schlecht» (13, 20). «Lieber einer Bärin begegnen, der man die Jungen geraubt, als einem Toren in seinem Unverstand» (17, 12). Und er kann dabei eben auch ansteckend wirken: Er vererbt Torheit wie der Kluge Erkenntnis hinterläßt (14, 18). «Schwer ist der Stein, eine Last der Sand; doch Ärger wegen des Toren ist schwerer als Beides» (27, 3). Ganz bedenklich, wenn er auch noch aufgeräumt und lustig wird: «Besser auf das Schelten des Weisen hören als auf den Gesang des Toren; denn wie das Krachen der Dornen unter dem Topfe, so ist das Lachen des Toren» (Koh. 7, 6f.). Und ganz schlimm, wenn er auch noch geistreich wird: «Wie das Hüpfen der Beine beim Krüppel» – oder: «wie ein Dornzweig, der in die Hand eines Trunkenen gerät, so ist ein weiser Spruch im Munde des Toren» (Spr. 26, 7.9). Sein Gebet sogar ist ein Greuel (28, 9). Kann man ihn und kann er sich selbst bessern? Nein: «Wie ein Hund, der zu seinem Gespei zurückkehrt, so ist der Tor, der seine Torheit wiederholt» (26, 11). «Zerstampfst du gleich den Toren im Mörser, samt den Körnern mit dem Kolben, seine Torheit weicht nicht von ihm» (27, 22), weil sein Herz verkehrt ist (15, 7). Er wird in seinem Unverstand sterben (10, 21). Er ist und bleibt ein Narr: eben weil er keinen Zuspruch annehmen kann und will (12, 1).

Wen meinen die Weisheitsschriften mit dieser Figur? Sicher blicken ihre Sprüche auch auf ganz bestimmte, ihren Urhebern vor Augen stehende Personen und Personengruppen, auf gewisse Zerfallserscheinungen der spätisraelitischen Gesellschaft. Sie zielen sicher auch auf konkrete Situationen. Nicht alle, an die sie sich wenden, haben sich aller der da auch einzeln bezeichneten Torheiten, etwa des Ungehorsams gegen Vater und Mutter, der sexuellen und ökonomischen Verlotterung, der Trunksucht, der offenen Hartherzigkeit, gar des Blutdurstes, der Spötterei usw. schuldig gemacht. Wiederum wären diese Sprüche aber sicher falsch verstanden, wenn man sie dahin auslegen wollte, als werde da ein abgegrenzter Personenkreis, eine unliebsame Schicht oder Partei, die der «Toren» von einer anderen her, die nun eben der Kreis, die Partei oder Schicht der «Weisen» wäre, aufs Korn genommen und verurteilt. Die eigentliche Zerfallserscheinung, auf die mit dem Begriff «Torheit» gezielt wird, ist ja grundsätzlich eine Eigentümlichkeit des ganzen Lebens des älteren und des späteren Israel, virtuell und irgendwie auch aktuell in allen seinen Gliedern und letztlich eine Eigentümlichkeit des Lebens aller Menschen. «Der Herr hieb Israel ab Kopf und Schwanz, Palmzweig und Binse an einem Tag ... denn sie alle sind Frevler und Bösewichter und jeder Mund redet gottlos» heißt es Jes. 9, 14.17 im Blick auf Nordisrael, und in einer in das Buch Jeremia (10, 8.14) aufgenommenen Rede gegen den Götzendienst im Blick auch auf die Heiden: «Allzumal sind sie unvernünftig und töricht, eine nichtige Weisheit ... Als Tor steht da jeder Mensch, ohne Einsicht.» Man beachte auch den von Paulus Röm. 3, 10f. aufgenommenen Zusammenhang des Wortes Ps. 14, 1 vom Gottesleugner: «Verderbt, abscheulich handeln sie; Keiner ist, der Gutes tut. Der Herr schaut vom Himmel herab auf die Menschenkinder, daß er sehe, ob ein Verständiger da sei, der nach Gott frage. Alle sind sie entartet und miteinander verdorben; Keiner ist, der Gutes tut, auch nicht Einer» (Ps. 14, 1–3 vgl. Ps. 53, 2f.). Dazu das direkte Bekenntnis (nicht eines Gottlosen, sondern eines Frommen!) Ps. 69, 6: «O Gott, du weißt um meine Torheit» und Ps. 73, 22: «Ich war dumm und ohne Einsicht, war wie ein Tier vor dir» – dies unmittelbar vor dem Wort: «Nun aber bleibe ich stets bei dir, du hältst mich bei meiner rechten Hand!» Torheit steckt ja nach Spr. 22, 15 dem Knaben im Herzen und mit der «Rute der Zucht», die daraus vertreibt, sind gewiß nur beiläufig die ihm zuzuwendende Prügelstrafe und andere pädagogische Maßnahmen gemeint. Es ist nach Kohelet 9, 3 ganz allgemein «das Herz der Menschenkinder voll Bosheit, und Torheit wohnt in ihren Herzen, solange sie leben – und darnach geht's zu den Toten.» Ist dem aber so, dann ist die in diesen Schriften visierte «Torheit», der ganzen Konkretheit ihrer Erscheinungen unbeschadet, nicht nur eine Sache Dieser und Jener, denen allerlei Andere unbetroffen und überlegen gegenüberstehen würden, nicht die Sache einer Gruppe, sondern eine Bestimmung, unter der die Verständigen den Unverständigen, die Klugen den Albernen, die Weisen den Toren, die nach Gott fragen denen, die das nicht tun, wohl gegenüberstehen, aber auch solidarisch verbunden mit ihnen sind, weil gerade sie wohl wissen, daß Jene sich doch nur dort befinden, von wo sie selbst auch herkommen, und zwar immer noch und immer wieder herkommen, von woher auch sie immer wieder aufbrechen müssen, wo auch sie ihr Leben lang sein und bleiben müßten, wenn es ihnen nicht – das allein macht sie zu Weisen – durch Gottes mächtiges, sie zur Erkenntnis befreiendes Wort gegeben wäre, eben von dorther aufzubrechen, ihrer Torheit also den Rücken zuzukehren, so daß auch sie es nötig haben, sich jene Sprüche zurufen zu lassen und selbst zuzurufen. Torheit ist die Sache Israels! wann wäre es von seinen Propheten anders als ein im Verhältnis zu seinem Gott törichtes Volk angeredet worden? Torheit ist die Sache der in das Licht der Geschichte Israels, d. h. in das Licht des sie regierenden Gottes tretenden Völker. Torheit ist die Sache eines jeden in Gottes Gericht offenbar werdenden Menschen. Und so ist das Bild des Toren der Allen vorgehaltene Spiegel ihrer verdienten Verwerfung, aus der es ohne Gottes gnädige Erwählung, ohne Gottes mächtiges, berufendes und züchtigendes Wort für Keinen ein Entrinnen gäbe. So bedeutet das Entrollen seines Bildes den Aufruf zur Entscheidung, wie ihn gerade der Weise gehört hat und immer wieder hören muß und zu hören begehrt. Wer ist schon der Weise, wenn nicht der Tor von gestern, der ohne neues Ergehen dieses Aufrufs und ohne neuen Gehorsam auch der Tor von heute und morgen sein müßte? Und wer ist der Tor, wenn nicht der Mensch, der durch Gottes Wort aufgerufen wird, der Weise von heute und morgen zu sein? Es ist also auch der als solcher unverbesserliche Tor der Mensch vor Gott – vielmehr: der Mensch in der Geschichte, in der Gott seinen Bund mit ihm – den von ihm gebrochenen, von Gott aber gehaltenen Bund – zu erfüllen und wahr zu machen im Begriff steht. Das Bild des Toren zeigt mit unerbittlicher Klarheit, wo der Mensch herkommt, wer und was er dort ist, wo Gott ihn, der ihn nicht sucht, findet, und wer und was er dort, wenn Gott ihn nicht fände, sein und bleiben müßte. Der wäre offenbar kein Weiser, der den Toren anders sehen würde, als er in den Weisheitsschriften gesehen ist: keiner, der seine Gottlosigkeit und seine daraus folgende

Lebensuntüchtigkeit und Gefährlichkeit nicht ganz ernst nehmen würde. Der wäre aber wiederum kein Weiser, sondern selbst ein Tor, der nicht bedenken wollte, daß Gott auch der Gott des Toren und nur als solcher sein, des Weisen eigener Gott ist – der sich also dem Toren nur gegenüberstellen, der sich mit ihm nicht auch solidarisch wissen und anders als in dieser Solidarität über ihn und zu ihm reden wollte. Das Bild des Toren in den Sprüchen ist keine Einladung zu solch unweiser Weisheit. Man kann und muß wohl das Buch Kohelet auch als Warnung vor solchem Mißverständnis der Sprüche verstehen. Die merkwürdige Stelle Koh. 7, 17–19 dürfte hier mit besonderem Ernst zu hören sein: «Sei nicht überfromm und gebärde dich nicht gar zu weise; warum willst du dich zugrunde richten? Sei auch nicht zu gottlos und sei kein Tor; warum willst du vor der Zeit sterben? Gut ist es, wenn du an dem einen festhältst und auch von dem andern nicht lässest; denn wer Gott fürchtet, entgeht dem Allem.» Man wird aber schon im Buch der Sprüche selbst die ebenfalls überraschenden Worte Agurs, des Sohnes Jakes (30, 1f.) beachten müssen: «Ich mühte mich ab um Gott, ich mühte mich ab um Gott und bin zu Ende. Zu stumpf bin ich, um ein Mensch zu sein und Menschenverstand besitze ich nicht. Und Weisheit habe ich nicht gelernt, so daß ich den Heiligen zu erkennen vermöchte. Wer ist in den Himmel hinaufgestiegen und wieder herunter? wer hat den Wind in seine Fäuste gefaßt? Wer hat die Wasser in ein Gewand gebunden? wer festgestellt alle Enden der Erde? Wie ist sein Name, wie der seines Sohnes?» Kein Zweifel: gerade ein Weiser frägt so, aber wieder kein Zweifel: ein Weiser, der gerade darin weise ist, daß er sich selbst in und mit solchem Fragen nach Gott neben den Toren stellt, sich selbst als Toren bekennt. Ist er dennoch ein Weiser und als solcher fähig und berufen, den Toren Weisheit zu lehren? Zweifellos ja, auf das hin nämlich, was er sich nach v 5f. desselben Textes antworten läßt und selber zur Antwort gibt: «Alle Rede Gottes ist lauter. Er ist ein Schild denen, die bei ihm sich bergen. Tue nichts zu seinen Worten hinzu, daß er dich nicht rüge und du als Lügner dastehest!»

Damit – mit der gebotenen Bescheidenheit, in der der Weise, will er ein Weiser sein und bleiben, allein zum Toren hinüberblicken kann (also nicht auf ihn herunterblicken wird!) – dürfte es nun zusammenhängen, daß Matth. 5, 22 die Anrede μωρέ, Du Tor! als direkt und persönlich von einem Menschen an einen anderen bestimmten Menschen gerichtetes Scheltwort bei schwerster Strafdrohung unter Verbot gestellt wird: als die schärfste Form dessen, was Jesus in Auslegung des alttestamentlichen Gebotes als «Mord» bezeichnet! Sie taucht freilich im Neuen Testament in lehrhaften, bzw. prophetischen Zusammenhängen mehr als einmal auf: Luk. 11, 40 in den Worten gegen die pharisäische Ansicht von der Reinigung: ἄφρονες. «hat nicht der das Äußere schuf, auch das Innere geschaffen?», Matth. 23, 17 in den Worten gegen die pharisäische Eidespraxis: μωροὶ καὶ τυφλοί, «was ist mehr, das Gold (am Tempel) oder der Tempel, der das Gold heiligt?» Matth. 25, 2f., wo im Gleichnis fünf von jenen zehn Jungfrauen μωραί genannt werden, 1. Kor. 15, 36: ἄφρων, «was du säest, wird nicht lebendig gemacht, es sterbe denn!», Luk. 12, 20, zum reichen Kornbauer gesagt: ἄφρων, «in dieser Nacht wird man dir dein Leben abfordern – wem wird dann gehören, was du bereit gestellt hast?» Man beachte, daß ihm das nicht von einem Menschen, sondern von Gott gesagt wird! Und man beachte in allen diesen Stellen, daß es sich um die Verurteilung bestimmter Denkarten und Verhaltensweisen und also nur indirekt um die der betreffenden Personen handelt. Eben sie ist es, die nach Matth. 5, 22 als qualifizierter Mord, als schlechthiniger Bruch der Kommunikation mit dem Bruder zu unterbleiben hat. Der ganze hintergründliche Ernst des Begriffs des «Toren» tritt damit nochmals an den Tag. Er wird ja auch in seinem so reichlichen und drastischen Vorkommen im Alten Testament nirgends in der zweiten, immer nur in der dritten Person verwendet. Es läßt sich nicht vermeiden, daß von ihm geredet wird. Es gibt nun einmal unzählige Vertreter, arme Sklaven, aber auch Priester, kühne Propheten und Propagandisten der Torheit und also unzählige Toren. Es hat aber niemand dazu Raum und dazu das Recht, einen Anderen als solchen anzusehen und zu behandeln. Mag wohl sein, daß er mir

2. Des Menschen Trägheit 481

eben jetzt schrecklich konkret gegenübersteht, so daß ich ihn als solchen förmlich zu tasten und zu riechen meine. Er steht mir aber doch nicht so gegenüber, daß er mir als solcher nun wirklich konkret erkennbar wäre. «Tor», vom Einen dem Anderen gesagt, wäre eine Verfluchung, mit der der Mensch wie Einer, der «mordet» und eben als ein qualifizierter Mörder in die Majestätsrechte Gottes eingriffe, mit der er also selber in Unkenntnis Gottes handeln, sich selbst als Tor erweisen – eine Verfluchung, die auf ihn selbst zurückfallen würde. Selber allzu gottlos und also dumm wäre der bestimmt, der seinem Mitdummen diese mörderische Verachtung und Verdammung zuzuwenden sich erlauben würde.

Es gibt nun aber einen merkwürdigen alttestamentlichen Text, 1. Sam. 25, in welchem ein bestimmter Mann, der (v 25) das, was sein Name besagt, auch ist: Nabal, gegenübergestellt mit seiner Frau Abigail als der Vertreterin der Weisheit und mit David als dem Exponenten des göttlichen Handelns in und mit Israel, der göttlichen Verheißung – wie es sich gehört, eine Nebenrolle, aber eine als Folie auch hier wichtige Nebenrolle spielt. Es lohnt sich, auf diese Geschichte zum Schluß hier kurz einzutreten. Sicher bietet sie auch «ein Sittenbild aus der Steppe» (so R. Kittel), aber eben so sicher wäre sie um deswillen kaum in die Sammlung der «Königsgeschichten» aufgenommen worden, mit deren Anfang wir es in den Samuelsbüchern zu tun haben. Auch das Zustandekommen der zweiten, bzw. dritten Heirat Davids (eben mit jener Abigail), mit der die Erzählung endigt, würde die breite Entfaltung des hier vorangegangenen Geschehens an sich kaum gerechtfertigt haben. In der Schilderung der seltsamen Ereignisse zwischen jenen drei Personen soll vielmehr offenkundig etwas sachlich Bedeutsames aufgezeigt werden, und die Betonungen, in denen sie, besonders Nabal und Abigail, vorgeführt werden, zeigen unmißverständlich: es handelt sich um Davids, des Verheißungsträgers κατ'ἐξοχήν, Begegnung mit einem ausgesprochen törichten und mit einem ausgesprochen klugen Menschen, um seine Verwerfung durch Jenen, der Nabal heißt und ist und um seine Anerkennung und demütige Aufnahme durch Diesen, eben durch die Abigail.

Die Geschichte spielt in dem Ort Karmel und dessen Umgebung, südöstlich von Hebron, in welchem der vermögliche Nabal (ihm gehören 3000 Schafe und 1000 Ziegen) sein Anwesen hat und eben im Begriff steht, das Fest der Schafschur zu feiern (v 2). Wir befinden uns mitten in den Berichten über Davids, des schon erwählten, berufenen und gesalbten künftigen Königs Erfahrungen und Taten in der Zeit seines ihm durch die Nachstellungen Sauls aufgezwungenen Exils. Er hält sich zu jener Zeit mit 600 Gefährten in dem Karmel benachbarten Westgebiet der Wüste Juda auf, wo auch die Hirten des Nabal ihre Weideplätze haben, hört von jenem bevorstehenden Fest und schickt zehn seiner Leute zu ihm. Als seinen «Bruder» und mit: «Heil dir und Heil deinem Hause, Heil Allem, was du hast!» sollen sie ihn (v 6) anreden. Seine Botschaft: Es sei seinen Hirten, wie diese bezeugen könnten (und nach v 15 nachher tatsächlich bezeugt haben) von der schweifenden Schar der Exilierten, in deren Machtbereich sie sich befanden, was wohl nicht so selbstverständlich war, kein Leid angetan, es sei auch sein Eigentum von ihnen nicht angetastet worden (v 7). Im Gegenteil: er und seine Leute haben sie und Nabals Herden offenbar auch vor fremden Räubern beschützt. Sie waren ihnen (v 16), weit entfernt von einer Bedrohung, vielmehr bei Tag und Nacht «eine Mauer». Aber nicht diese positive Leistung, sondern nur eben die von ihm und seinen Leuten bewiesene Integrität und Loyalität bringt David dem Nabal in Erinnerung und nur eben um das bei solchen Festen übliche Gastrecht bewirbt er sich, wenn er ihn bitten läßt, gütig gegen seine Abgesandten zu sein und ihnen zu seinen und seiner übrigen Leute Händen zu geben «was du gerade hast». Als von «deinem Sohn David» hat er daher von sich selbst reden lassen (v 8).

Das ist der Augenblick, in welchem sich der Nabal als solcher, als «roh und bösartig», als ein richtiger Kalebiter (v 3), als «dieser nichtswürdige Mensch», wie er nachher (v 25) von seiner eigenen Frau genannt wird, beweist – «so bösartig, daß man nicht mit ihm reden konnte» (v 17): «Wer ist David? Wer ist der Sohn Isais? Es gibt heute genug Knechte, die ihrem Herrn davonlaufen! Soll ich mein Brot und meinen Wein und mein Schlachtvieh, das ich für meine Scherer geschlachtet habe, nehmen und es Leuten geben, von denen ich nicht weiß, woher sie kommen?» Worin besteht das Törichte dieser Torenrede? Darin, daß sie die Rede eines ungewöhnlich eingebildeten und zugeknöpften und überdies auch noch unerträglich moralisierenden Bourgeois ist? Darin sicher auch: die Dimension zum bedürftigen Nächsten hin, aber auch jede Urbanität im Verkehr mit Menschen überhaupt scheint dem Mann völlig abzugehen. Er ist ein unmöglicher Geselle. Man müßte aber die Geschichte selbst allzu moralistisch lesen, wenn man dabei stehen bleiben wollte. «Im Namen Davids» war der Nabal angeredet (v 9). Die spätere so ganz andere Reaktion Abigails, kaum, daß sie diesen Namen Davids gehört hat, zeigt, um was es in der Torheit ihres Mannes entscheidend geht. Man achte auf den Anfang und den Schluß seiner Worte: Es ist eben nicht irgend ein Beduinenscheich, es ist der Erwählte Jahves, von dem er nichts wissen will und den er verachten und verhöhnen zu können meint: den er verdächtigt, ein seinem Herrn entlaufener Knecht zu sein, dem er so ungastlich geizig Speise und Trank verweigert. Wie kann er das dreifache *Schalom!*, mit dem ihn Dieser grüßen läßt, überhört haben? Er hat es tatsächlich überhört. Es ist wirklich die Begegnung mit seinem, mit ganz Israels Heil, die er versäumt, die er in einen wüsten Zusammenstoß verkehrt hat. Es ist in der Person dieses Menschen Jahves Gegenwart und Handeln, das er gering geschätzt, dem er seinen Dienst verweigert, dem gegenüber er sich protzig auf seinen Besitz und auf sein Recht, darüber zu verfügen, zurückgezogen hat. Er hat es mit Jahve zu tun bekommen und hat sich als ein Jahves gänzlich Unkundiger und darum als ein so unmöglicher Geselle benommen.

Nun ist aber auch David ein Mensch wie Andere, die auf einen groben Klotz einen groben Keil zu setzen, auf die Taten und Worte der Torheit mit Empörung und irgendwelcher Vergeltung – d. h. aber unter dem Titel rächender Gerechtigkeit mit Torheit auf Torheit! – zu antworten pflegen. Er zieht (v 12f.), wie ihm jener üble Bescheid ausgerichtet wird, unverzüglich mit Vierhundert von seinen Sechshundert umgegürteten Schwertes nach Westen, Richtung Karmel: eine Donnerwolke, aus der mit Nabal auch sein Haus, d. h. die Seinigen und alle seine Leute das Schlimmste, nach dem damaligen Stil solcher Händel gänzliche Ausrottung zu erwarten haben. Man liest später (v 21f., 34), wie David räsoniert hat: «Rein umsonst habe ich Alles, was diesem da gehört, in der Wüste behütet, so daß nichts abhanden gekommen ist von allem, was er hat; er aber hat mir Gutes mit Bösem vergolten. Gott tue David dies und das, wenn ich von allen seinen Leuten bis zum Morgen auch nur etwas übrig lasse, was männlich ist!»

Hier tritt Abigail (nach v 3 «klug und von schöner Gestalt») ins Spiel. An sie wendet sich (v 14f.) einer von Nabals Knechten und berichtet ihr das (nach v 25 in ihrer Abwesenheit) Geschehene: «Nun überlege und sieh zu, was du tun willst; denn das Verderben ist beschlossen über unseren Herrn und sein ganzes Haus!» (v 17). Aber ihre Klugheit bedarf langen Überlegens so wenig wie die Torheit ihres Mannes. Was weiß sie, was dieser nicht weiß? Daß man so wie er nicht mit den Leuten umgehen soll? Das natürlich auch. Aber das ist nicht das Entscheidende. Sie hört den Namen David, weiß, mit wem sie es zu tun hat (genau so unmittelbar, wie Jener es nicht weiß), überblickt die Situation in einem Augenblick und handelt entsprechend (v 18f.): «Was du gerade hast», hatte David von Nabal erbeten – sie aber ladet zweihundert Brote, zwei Schläuche Wein, fünf zubereitete Schafe, fünf Scheffel gerösteten Korns, hundert getrocknete Trauben und zweihundert Feigenkuchen auf Esel; einige ihrer Leute sollen ihr voraneilen, sie besteigt selbst einen Esel und folgt ihnen: Richtung nach Osten, David entgegen – alles ohne ihrem Manne Nabal auch nur ein Wort zu sagen! Wenn der Erwählte Gottes naht, und mit ihm das Gericht, dann diskutiert die Weisheit nicht erst mit der Torheit, sondern geht stracks an ihr vorbei und tut das Gebotene.

Und nun ihre Begegnung mit David und seiner Schar: nach den Angaben von v 20 für beide Teile überraschend in einer Talsenkung, in die Abigail von der einen, David

2. Des Menschen Trägheit 483

von der anderen Seite heruntersteigt. «Als nun Abigail David sah, stieg sie eilends vom Esel, warf sich vor David auf ihr Angesicht und verneigte sich zur Erde, fiel ihm zu Füßen» (v 23): die vollendete Proskynese also, wie Abraham (Gen. 17, 3) sie vor Gott, wie Josua (5, 14) sie vor seinem Engel und (7, 6) vor der Lade vollzogen hat. Gebärde der Angst? Nein – und das ist etwas Anderes: der unbedingten Ehrfurcht. Angst hat Abigail gerade nicht. Sie wird sofort beweisen, daß sie auch dem Menschen David gegenüber sehr wohl weiß, was sie will und in ganz bestimmter Überlegenheit zu vertreten hat. Was sie tut, ist die Demonstration ihres Wissens, mit wem sie es in der in dieser Situation allerdings bedrohlichen Person dieses Menschen zu tun hat. Das ist der Kern und Stern der langen, ihr im Text (v 24–31) in den Mund gelegten Rede: der Grund ihres Verhaltens, der Geschenke, die sie vor David ausbreitet und der Bitte, die sie an ihn richtet – darum muß und will sie das Böse ihres Nabal gut machen, vor allem aber das Böse verhindern, das David selbst zu tun eben im Begriffe steht – darin ist sie die kluge Abigail: daß der Name David ihr etwas sagt, daß sie weiß und solenn ausspricht, wer Dieser ist und sein wird. Seit der wortlos vollzogenen Salbung Davids durch Samuel (1. Sam. 16, 1–13), dessen Tod wohl nicht zufällig gerade in v 1 unseres Kapitels berichtet wird, hat die Überlieferung Niemanden Solches von David oder gar zu ihm sagen lassen: «Jahve wird dir alles Gute tun, das er dir verheißen hat und wird dich zum Fürsten über Israel bestellen» (v 30). Mehr noch: «Jahve wird dir ein dauerndes Haus gründen, weil du Jahves Kriege führst und nichts Böses an dir gefunden werden wird dein Leben lang, und wenn sich ein Mensch erhebt, dich zu verfolgen und dir nach dem Leben zu stellen, so möge die Seele meines Herrn im Beutel des Lebens verwahrt sein bei Jahve, deinem Gott, die Seele deiner Feinde aber schleudere er in der Schleuderpfanne fort!» (v 28b–29). Alles Andere hängt daran, hat darin seinen Sinn und seine Kraft, daß Abigail von David und damit von des Gottes Israels Willen und Verheißung, vom Geheimnis des Bundes das weiß und zu sagen hat.

Eben dieses Wissen verpflichtet und nötigt sie nun zunächst, David gegenüber für den Nabal rücksichtslos und völlig in die Lücke zu springen. Der Nabal kann als der in dieser entscheidenden Hinsicht Unwissende mit seinem ganzen Tun und Reden, das aus dieser Unwissenheit folgt, in dieser Situation nur ausfallen. Das wird sich nachher in einem für ihn schrecklichen Sinn bewahrheiten. Es bedeutet fürs Erste, daß er als Gesprächspartner und Kontrahent David gegenüber in keinem Sinn in Frage kommen kann: «Mein Herr möge sich doch nicht um diesen nichtswürdigen Menschen, den Nabal, kümmern! Denn wie er heißt, so ist er: Nabal heißt und voll Torheit ist er!» (v 25a). Abigail kann David nur nahelegen, sich an sie, statt an ihn zu halten: «Laß doch deine Magd vor dir reden und höre die Worte deiner Magd!» (v 24b). Das bedeutet nun aber, daß sie sich selbst David gegenüber für das Tun und Reden des Nabal haftbar machen, sich ihm gegenüber tatsächlich an dessen Stelle setzen muß. Sie weiß und sagt, daß sie an jenem Vorgang nicht beteiligt war: «Ich, deine Magd, habe die Leute, die mein Herr gesandt hat, nicht gesehen» (v 25b). Dennoch: «Auf mir allein, o Herr, liegt die Schuld!» (v 24a). Das ist der erste praktische Sinn ihrer Proskynese: daß sie sich auf Gnade und Ungnade in Davids Hand gibt – nur daß er sie nun eben anhören, an Stelle des Nabal wirklich sie anhören soll.

Was hat sie ihm zu sagen? Sie hat ihm gegenüber vor allem etwas zu tun, nämlich den Fehltritt des Nabal praktisch gut zu machen, Davids von jenem abgewiesene Bitte nachträglich zu erfüllen: die Esel werden abgeladen, die Brote, der Wein, die Schafe, das Korn, die Trauben, die Feigenkuchen vor David ausgebreitet. «Diese Geschenke nun, die deine Magd für meinen Herrn mitgebracht hat, mögen den Leuten gegeben werden, die in meines Herrn Gefolge sind» (v 27). Und nun: «Vergib doch deiner Magd den Fehltritt!» (v 28a). Warum soll David vergeben? Im Blick auf dieses Gutmachen, auf die Geschenke also? Nein, sondern – es folgen nun v 28b–29 jene Worte der Verheißung – darum, weil David der schon gesalbte künftige König Israels ist! Als die um ihn als Diesen Wissende hat sich Abigail zwischen ihn und den Nabal hineingeworfen: sie als diese Wissende und sie im Blick auf das von ihr Gewußte bittet ihn nun um Vergebung. Und nun wird die Erfüllung dieser Bitte durch David die Verschonung des Nabal und seines Hauses vor der ihm drohenden Ausrottung zwar faktisch in sich schließen. Auch ihr persönlich wird (wie nachher v 34 angedeutet wird) das für die israelitische Frau schlimmste Leid, der Verlust ihrer Söhne, nicht zustoßen. Aber mit dieser Gefahr ist Abigail nicht beschäftigt. Um sie ging es jenem Knecht, der sie auf das Geschehene und dessen drohende Folge aufmerksam machte. Was Abigail bewegt, ist nicht dies, daß die Rachetat von Nabal und seinem Hause und damit indirekt auch von ihr nicht erlitten, sondern daß sie – nämlich von David! – nicht begangen werden möchte. Insbesondere das Schicksal des Nabal liegt bei ihrer Intervention überhaupt nicht in ihrem Blickfeld. Damit, daß es mit ihm ein schlimmes Ende nehmen wird, wird vielmehr gerechnet, als ob es schon vollendete Tatsache wäre: «Mögen wie Nabal werden deine Feinde und die Böses sinnen wider meinen Herrn!» (v 26b). Was sie, indem sie sich vor David auf ihr Angesicht wirft, indem sie des Nabal Schuld auf sich selbst nimmt, mit der Bitte, daß sein Fehltritt ihr vergeben werden möchte, verhindern will, ist dies, daß David zum Instrument seines Verderbens und damit seinerseits schuldig werde.

Verhindern will? Das Denkwürdige ihrer Anrede an David besteht nun gerade darin, daß sie das für objektiv schon verhindert hält. So überlegen steht sie dem zürnenden Mann David (vor dem sie doch auch dem Angesicht auf der Erde liegt!) gegenüber, so wenig fürchtet sie ihn, so wenig zweifelt sie an den Erfolg ihrer Intervention, daß sie auch von diesem von Anfang an wie von einer schon vollendeten Tatsache redet: «Und nun, Herr, so wahr Gott lebt, und so wahr Du selbst lebst, den Jahve davon abgehalten hat, in Blutschuld zu fallen und dir mit eigener Hand zu helfen ...!» (v 26a). Und dieselbe Antizipation wagt sie auch in jenen Worten der Verheißung im Blick auf Davids Zukunft als von Jahve erhobener und geschützter Fürst über Israel: wird Jahve ihn dazu bestellt haben (daß er das tun wird, steht zum vornherein fest), «so wird dir das kein Anstoß und keine Gewissensnot sein, daß du ohne Ursache Blut vergossen und dir mit eigener Hand geholfen hättest» (v 31). Das also ist die Weisheit der Abigail in ihrem Verhältnis zu David, der in seiner beabsichtigten Rachetat, menschlich, allzu menschlich, sich selbst zum Toren zu machen in Gefahr steht: ihr Wissen darum, daß er als der, der er ist und sein wird, das, was er da tun will, nicht tun darf, nicht tun kann und also faktisch nicht tun wird. Der Erwählte Jahves kann, darf und wird nicht als sein eigener Rächer handeln, sich mit dem Blut des Nabal und so und so vieler an dessen Tat unschuldiger Männer beladen und mit solcher Selbsthilfe in das Majestätsrecht Jahves, dem jener ohnehin nicht entgehen wird, eingreifen. Turmhoch steht sie, indem sie auch das weiß, im Augenblick, da sie das ausspricht, auch dem David gegenüber!

Und David? Wir nehmen das praktische Ergebnis voraus: «Also nahm David von ihr an, was sie ihm mitgebracht hatte; zu ihr aber sprach er: Zieh in Frieden wieder in dein Haus hinauf! Sieh, ich habe dir Gehör geschenkt und dich mit Respekt (in Berücksichtigung deiner Person und deines Dazwischentretens) aufgenommen» (v 35). Der Grund seines Vergebens und seines Verzichtes auf die beabsichtigte Rachetat ist aber auch bei ihm nicht das empfangene Geschenk und noch weniger eine Veränderung seiner Meinung über das, was der Nabal verdient hätte. Er bekennt sich ja noch einmal in aller Form zu dem, was er eigentlich tun wollte: «So wahr Jahve lebt, der Gott Israels, der mich davon abgehalten hat, dir ein Leid zu tun: wärest du mir nicht eilends entgegengekommen, so wäre dem Nabal, bis der Morgen tagte, nicht Einer übrig gebliegen, der männlich ist» (v 34). Der Grund seines Vergebens ist vielmehr genau derselbe, wie der, aus dem ihn Abigail um Vergebung bittet. Und genau wie in ihren Worten ist dieser Grund auch in den seinen nicht ein erst in Erwägung zu ziehender und also diskutabler, sondern ein schon realisierter und wirksamer, die Ausführung seiner Absicht zum vornherein ausschließender Grund. So lautet nämlich der entscheidende Anfang seiner

2. Des Menschen Trägheit

Antwort: «Gelobt sei Jahve, der Gott Israels, der dich heute mir entgegengesandt hat! Und gelobt sei deine Klugheit und gelobt seist du selbst, daß du mich heute abgehalten hast, in Blutschuld zu fallen und mir mit eigener Hand zu helfen!» (v 32 f.). Die Bitte der Abigail bedurfte also nicht erst der Erfüllung: sie war schon erfüllt, indem, ja bevor sie ausgesprochen wurde. Sie machte ihn nur eben aufmerksam auf die vollendete Tatsache, daß er das, was er tun wollte, nicht tun könne und also nicht tun werde. Denn es ist, durch die Stimme der Abigail angezeigt, Jahve der Gott Israels, der ihm auf dem von ihm geplanten Weg als schlechthin wirksames Hindernis entgegensteht, ihn nötigt, Halt zu machen und umzukehren – das Hindernis, bei dessen Anblick David nur in jenes laute Lob Gottes, aber auch der klugen Abigail ausbrechen kann! Er als der, der er auf Grund der Erwählung Jahves ist und als der, der er in der Kraft von Jahves Berufung sein wird, ist nicht in der Lage, seine Absicht auszuführen. So wahr Jahve lebt! Jahve müßte – und so müßte er selbst ein Anderer sein, wenn er dazu in der Lage wäre! Abigails Weisheit besteht darin, daß sie um Jahve und eben damit um David weiß. Indem David die Stimme dieser Weisheit hört, braucht es keines besonderen Beschlusses, ist es für ihn entschieden: er ist abgehalten, zu tun, was er tun wollte.

Und nun noch die beiden Abschlüsse der Erzählung. Der erste ist düster: er handelt vom Verschwinden des der Rache Davids entronnenen, aber darum nicht weniger in sein Verderben rennenden, ihm in seiner Verkehrtheit notwendig verfallenen Nabal. Der zweite ist hell: er handelt von der Eheschließung zwischen David und Abigail als der Konsequenz ihrer so merkwürdiger Übereinstimmung verlaufenen Begegnung.

Das Ausscheiden des Nabal: Abigail kehrt von jener Unternehmung nach Karmel zurück und findet den Unbesinnlichen und Ahnungslosen in weiterer Betätigung seiner Torheit: «da hielt er eben in seinem Hause ein Gelage wie ein König, und Nabals Herz war guter Dinge und er war schwer betrunken. Daher sagte sie ihm nichts, weder Kleines noch Großes, bis der Morgen anbrach» (v 36). Aber einmal muß er ja doch erfahren, welche Gefahr er heraufbeschworen, was ihm tatsächlich gedroht hatte – vor allem aber: wie er, während er sich so königlich amüsierte und betrank, und also wirklich ohne sein Zutun und Verdienst – einfach in der Macht des auf David gerichteten, von Abigail erkannten und verkündigten Heilswillens Jahves – vor dem Verderben bewahrt worden war. Also: «Am Morgen, als der Rausch von Nabal gewichen war, erzählte ihm seine Frau, was vorgefallen war» (v 37a). Aber gerade nicht, daß er tatsächlich bewahrt wurde, macht dem Toren Eindruck, gibt ihm zu denken – welche Gelegenheit darin den doch noch zu erkennen, den er bisher verkannte! Nein – auch der ernüchterte Tor bleibt Tor, wie er es in und vor seinem Rausch war: es ist die Nachricht von dem, vor was er bewahrt blieb, von was er also (wie der Reiter über den Bodensee) bedroht war, die ihn – seine nachträgliche Angst ist noch größer wie zuvor die Sicherheit, in der er sich wiegte – wie ein Schlag und offenbar mit der Folge eines Schlaganfalls trifft: «Da erstarb ihm das Herz im Leibe, und er wurde wie ein Stein. Und es währte noch etwa zehn Tage, dann schlug Jahve den Nabal, daß er starb» (v 37b-38). Die Heilsbotschaft selbst wurde ihm, noch einmal verkannt, zum Gericht, zum Tode. Er kann nur verschwinden und so verschwindet er tatsächlich von der Szene. Für David bleibt bei der Nachricht von des Nabal Ende, im Blick auf diesen nur übrig, Jahve zu loben, daß er als sein Rächer gehandelt, und – nochmals! – daß er ihn, David, vom Unrecht abgehalten hat (v 39a).

Und nun schließlich Abigail, die Witwe Gewordene. Sie bleibt es nicht lange; sie wird Davids Frau. Diese Wendung kommt auf den ersten Blick überraschend, weil sie in allem Vorangehenden durch keine – gerade durch keine Andeutung romantischer Art vorbereitet ist. Das Hin und Her zwischen ihr und David war als ein streng sachlich bewegtes beschrieben, und es wäre natürlich vom Übel, dem vorangehenden Text im Blick auf diesen Ausgang nachträglich durch novellistische Vermutungen eine Note zu geben, in der er diesen Ausgang vorbereitete. Jede Spur von Sentimentalität fehlt nun aber auch der Schilderung dieses abschließenden Geschehens selbst: es will offenbar ganz in der nüchternen Linie der Haupterzählung verstanden werden. «Und David sandte hin und ließ mit Abigail reden, um sie sich zum Weibe zu nehmen» (v 39b). Der Antrag wird von den Knechten Davids gestellt (v 40) und von Abigail in derselben fraglosen Entschlossenheit, die ihre frühere Handlungs- und Redeweise kennzeichnet, angenommen – und das nun wieder in eben der unbedingten Unterwerfung, in der sie dort dem großen gefährlichen Mann faktisch immerhin sehr furchtlos und sehr kritisch über Jahve und über ihn selbst Bescheid gegeben, die Wahrheit gesagt hatte. Sie vergibt sich nichts, sie führt die ihr durch ihre Klugheit zugewiesene Rolle nur zu Ende in dem, was man nun von ihr liest: «Da stand sie auf, verneigte sich mit ihrem Angesicht zur Erde und sprach (das Folgende, wie wenn sie statt der Knechte Davids ihn selber vor sich hätte): Da hast du deine Sklavin als Magd, um den Knechten meines Herrn die Füße zu waschen! Und Abigail machte sich eilends auf und setzte sich auf ihren Esel, indem ihre fünf Mägde sie begleiteten. So folgte sie den Boten Davids und wurde sein Weib» (v 41–42). Man soll durch diese Wendung offenbar doch nicht überrascht sein, sollte bemerkt haben, wie die Hauptgeschichte mit derselben inneren Notwendigkeit wie dem Tod des Nabal, so auch dem neuen Leben der Abigail in der Verbindung mit David entgegeneilte. In einer besonderen Wichtigkeit, die gerade dieser Frau Davids im weiteren Verlauf seiner Geschichte zukäme, kann man den Sinn dieser Zielstrebigkeit des Textes 1. Sam. 25 nicht sehen. Abigail wird nachher unter Davids anderen Frauen gerade nur noch einmal genannt: 2. Sam. 3,3 als Mutter des Kileab, der in der Parallele 1. Chron. 3,1 Daniel heißt. Michal und später Bathseba spielen in der Überlieferung eine sehr viel breiter angelegte Rolle. Man wird aber sagen müssen, daß Abigail unter den Frauen Davids, ja unter den im Alten Testament sichtbaren Frauengestalten überhaupt, dadurch in einzigartiger Weise ausgezeichnet ist, daß nur sie gerade die Funktion hat, die ihr 1. Sam. 25 zugeschrieben wird: die Funktion der klugen Frau, die den Gesalbten Jahves in der Zeit von dessen schwerster Angefochtenheit und tiefster Verborgenheit und die in ihm den Ratschluß Jahves mit Israel erkennt und ehrt, wo ihm der törichte Mann blind, taub und stumpf gegenübersteht – die aber auch dem Erwählten selbst gegenüber den Sinn und Willen Jahves, die Tatsache seiner Erwählung und Berufung in ihrer Konsequenz vertritt und offenbar macht, die ihn davor bewahrt, sein Vertrauen auf seinen eigenen Arm und sein Schwert zu setzen und damit selbst töricht zu werden. In dieser Funktion gehört sie zu David, schon bevor sie ihm gehört. Sie gehört zu ihm als die an die Stelle der Torheit tretende und an ihrer Stelle redende Weisheit, ohne die er nicht der sein könnte, der er als Jahves Erwählter doch ist und der König Israels nicht werden könnte, der er als von Jahve Berufener doch werden wird. Als die in dieser Funktion ihm zugeordnete Hilfe (Gen. 2, 18f.) gehört sie unentbehrlich zu ihm. Eben das ist es, was David – nachdem unter die Existenz des Toren und das Werk seiner Torheit der Schlußstrich gezogen ist – mit jenem raschen Antrag und sie selbst mit dessen rascher, fragloser Annahme betätigen und wahrmachen. David wäre nicht David ohne Abigail, ohne sie seinerseits zu erkennen – wie Abigail, ohne das zu tun und also ohne David nicht die kluge Abigail wäre. Darum muß er sie zum Weibe nehmen, muß sie sein Weib, müssen diese Beiden ein Fleisch werden. Es gibt keine weitere Eheschließung Davids und auch keine andere Eheschließung, die die biblische Darstellung mit dem Merkmal gerade dieser inneren heilsgeschichtlichen Notwendigkeit ausgezeichnet hätte.

---

2. Wir setzen wieder mit einer christologischen Feststellung ein: Gottes Wort wurde und ist Fleisch, wurde und ist in der Existenz des Menschen Jesus zu uns gesprochen, uns gegenwärtig, über uns mächtig. Es bestand und besteht also die königliche Freiheit dieses einen Menschen darin, uns als seinen Mitmenschen ganz Mitmensch, uns als

seinen Nächsten ganz Nächster, uns als seinen Brüdern ganz Bruder zu sein – als Mensch der uns Menschen gegebene und zugewendete Zeuge, Lehrer, Arzt, Helfer, Fürsprecher. Menschsein heißt in der Verwirklichung, die es in ihm gefunden hat: den anderen Menschen verbunden und verpflichtet sein. In ihm ist also der Mensch nicht nur Gott, sondern eben damit auch dem anderen Menschen zugekehrt: ganz offen, ganz willig und bereit, ganz rüstig für ihn. In ihm gibt der Mensch nicht nur Gott die Ehre, sondern sieht, bejaht und erhebt er eben damit auch die Würde, das Recht, den Anspruch des anderen Menschen. In ihm lebt er nicht nur in der Gemeinschaft mit Gott, sondern eben damit auch in der mit den anderen Menschen. In ihm, in diesem Menschen, ist ja Gott selbst für alle anderen Menschen. Das kann man so nur von ihm sagen. Darin, daß er, indem er mit uns ist, auch für uns ist, ist und bleibt er erhoben über Alle. Er ist aber eben in diesem Erhobensein über Alle auch Weisung für Alle: Aufruf, an der Humanität, wie sie in ihm Ereignis wurde und ist, als dankbarer Empfänger dieser Gnade teilzunehmen, Aufruf zur Menschlichkeit in dieser konkreten Bestimmtheit: als Ausrichtung auf den Mitmenschen, den Nächsten, den Bruder. Wer seinen Heiligen Geist empfängt, empfängt diese Weisung, vernimmt diesen Aufruf. Er erkennt sich in ihm als einen zur Existenz in solcher Menschlichkeit Erwählten, Geschaffenen, Bestimmten.

Wir aber, für die, zu deren Orientierung und Ausrichtung er in dieser Freiheit Mensch war und ist, unterlassen es, dem Ruf in diese Freiheit Folge zu leisten, verharren mitten unter all den Anderen, denen er doch mit und wie uns selbst Mitmensch, Nächster, Bruder ist, die also offenkundig auch die unseren sind, in unserer Einsamkeit, Abgeschlossenheit, Eigen- und Unwilligkeit und also in unserer latenten oder offenkundigen Feindseligkeit ihnen gegenüber: in unserer Unmenschlichkeit. Wieder verharren wir, wo wir uns bewegen lassen und – in der Richtung auf diese Anderen hin – bewegt sein könnten, dürften und müßten. Dies ist die zweite Form unserer Trägheit, in der wir durchaus bei uns selbst bleiben wollen, statt die sein zu wollen, die wir doch in jenem Einen und durch Ihn schon sind!

Auch dieses menschliche Versagen ist vor allem in seiner Nichtigkeit zu durchschauen. Es kann daran, daß der Mensch Jesus wie für Alle das Licht der Erkenntnis Gottes, so auch für Alle die Kraft der Humanität ist, nichts ändern, es kann ihn als aller Menschen Mitmenschen, Nächsten und Bruder nicht aus der Welt schaffen, kann das von ihm auch in diesem Sinn angezündete Feuer auf Erden nicht auslöschen, seine Weisung nicht rückgängig machen. Es kann ihm gegenüber gerade nur als des Menschen Trägheit wirksam sein. Eine absolute Tatsache kann es ihm nicht in den Weg stellen. Es kann auch daran nichts ändern, daß in ihm jeder Mensch – das gilt auch vom deformiertesten Unmenschen – zur Mitmenschlichkeit, zur Nächstenliebe, zur Bruderschaft erwählt, geschaffen und bestimmt ist. Man wird gut tun, das auch dem übelsten Gesellen nicht vorzuenthalten, sondern auf den Kopf zuzusagen, vor Allem aber: sich selbst gesagt sein zu lassen. Weigern kann ich mich wohl auch in dieser Hinsicht, der neue, der mitmenschliche Mensch zu sein, der ich in jenem Einen schon bin. Wir können uns wohl auch in dieser Hinsicht in Widerspruch zu uns selbst setzen. Wir können aber uns selbst auch in dieser Hinsicht nicht zum Verschwinden bringen – und so auch nicht dies, daß die Anderen als unsere Mitmenschen, Nächsten und Brüder nun einmal da sind. Wir können sie auf unser entsprechendes Tun und Verhalten warten, vergeblich warten lassen, aber eben als solche sind sie darum doch da und dagegen, daß sie als solche auf unser entsprechendes Tun und Verhalten warten, ist auch nichts zu machen. Sie sind immer noch da und warten immer noch auf uns, auch wenn unsere Gleichgültigkeit, unsere Abneigung und vielleicht unsere feine oder auch grobe Ruchlosigkeit ihnen gegenüber noch so sehr überhand nähme: im Gegenteil, dann erst recht! Der Sohn Gottes hat sich nicht umsonst zu dem Ihrigen und zu dem Unsrigen gemacht. Nicht seine Weisung, sondern unsere Trägheit ist vergeblich, in der wir die Anderen vergeblich auf uns warten lassen. Wir verharren dabei an einem Ort, wo wir keinen Grund unter den Füßen haben, wo wir uns nicht behaupten können. Gegenüber der Gemeinschaft, die in dem einen Menschen Jesus zwischen allen Menschen schon aufgerichtet ist, kann sich niemand in letzter Wirksamkeit verschließen. Ich kann sie nur sabotieren – und das tue ich allerdings – ich kann aber auch damit doch nur eine Realität zweiten, inferioren Grades, eine zum Verschwinden bestimmte Realität schaffen. Ich kann auch mit meiner Unmenschlichkeit gerade nur meine Sünde betätigen und meine Schande offenbar machen.

Das ist ja nun aber schlimm genug und eben davon muß nun die Rede sein. In ihrer ganzen Relativität und letzten Vergeblichkeit ist unsere Trägheit auch in dieser besonderen Form Tatsache: nicht Nichts also, sondern – höchst schmerzlich für die Anderen und noch viel peinlicher für uns selbst – das sehr konkrete Etwas unseres Verharrens in der Zuwendung zum Nichtigen. Der Mensch will, was Gott laut seiner eigenen Menschwerdung nicht will, das Unmögliche: er will Mensch sein ohne und gegen den Mitmenschen. Sein Tun und Verhalten in der Beziehung zu diesem verläuft tatsächlich nicht in der Freiheit, an der der Mensch Jesus ihn in der Macht seiner Weisung teilnehmen läßt. Er scheidet aus der von Jesus ausgehenden Bewegung zum anderen Menschen hin ohne allen Grund aus oder er nimmt sie gar nicht erst auf, obwohl doch auch er sich in ihrem Bereich befindet. Er lebt nicht menschlich, sondern, weil nicht als Mitmensch, unmenschlich.

Es gibt nämlich zwischen Menschlichkeit und Unmenschlichkeit, geschieden durch das Kriterium der Mitmenschlichkeit, kein Drittes: wie es ja auch zwischen Weisheit und Torheit, Erkenntnis und Nichterkenntnis Gottes kein Drittes gibt. «Unmenschlich» heißt eben: ohne den anderen Menschen. Der Mensch kann nur entweder mit diesem, d. h. in der Ausrichtung auf ihn hin und damit menschlich existieren, dementsprechend menschlich denken, wollen, reden, handeln – oder eben ohne ihn und damit in allen seinen Taten und Verhaltungsweisen nicht menschlich, sondern unmenschlich. Ist er ohne ihn, dann ist er nämlich gegen ihn. Und wie des Menschen Dummheit nicht erst mit der theoretischen Leugnung Gottes anfängt, sondern in dieser nur in besonderer Weise ins Werk gesetzt wird, was aber wohl auch unterbleiben mag, so hat die Unmenschlichkeit ihren Grund und ihr Wesen nicht erst in diesen und jenen konkreten Taten und Unterlassungen dem Nächsten gegenüber, sondern mit diesen oder ohne sie darin, daß der Mensch ohne seinen Nächsten und also für sich da sein zu können und zu sollen meint: eine verkehrte Grundeinstellung, die dann allerdings sofort auch in entsprechenden Taten und Unterlassungen kräftig und sichtbar werden muß und wird. Von dieser Grundeinstellung her ist sein Sichverhalten und Handeln in der Beziehung zum Anderen Sünde, schuldhaftes Versinken in den Widerspruch zu sich selbst, in dessen Vollzug er Gott als seinen Schöpfer und damit sein eigenes Wesen als dessen gutes Geschöpf verleugnet, Lügen straft, schändet und so – nicht aufhört, Mensch zu sein, aber eben ein unmenschlicher Mensch wird und ist. Wir sind immer schon vorher unmenschlich: bevor wir das Entsprechende begehen, bevor wir dem Mitmenschen und eben damit uns selbst so oder so zu nahe treten, ihn und eben damit uns selbst so oder so im Stich lassen. Das große Versagen war immer schon Ereignis, wenn und indem es sich dann auch noch in irgendwelchen Manifestationen ereignete. Es ist also nicht bestimmt durch des Menschen bessere oder schlechtere, mehr gesellige oder ungesellige, mehr altruistische oder mehr egoistische Anlagen, Eigenschaften, Neigungen, durch seine Umgebung oder durch die sich ihm bietenden oder fehlenden Gelegenheiten, sondern es bestimmt seinerseits, was sich in dem Bereich aller dieser Voraussetzungen als Tat bzw. Untat des besseren oder schlechteren, des geselligen oder ungeselligen, des altruistischen oder egoistischen Menschen faktisch ereignen wird. Es wird, was sich faktisch ereignet, des Menschen Unmenschlichkeit als die zweite Grunddimension seiner Trägheit wiederspiegeln. Es wird, in der einen oder anderen Gestalt und Dichtigkeit seine Sünde, sein Ungehorsam, sein Unglaube, seine Undankbarkeit sein, die sich in jenem Bereich manifestieren werden: Sünde, weil und indem der Mensch damit aus der ihm von Gott wie in der Ordnung seiner Beziehung zu ihm selbst, so auch in der seiner Beziehung zum Mitmenschen zugewendeten Gnade heraustritt, ihr Gesetz verletzt, d. h. aber sich selbst, wo er doch erhoben wird und ist und stehen dürfte, könnte und sollte, fallen läßt.

Man muß das einsehen, um zu verstehen, woher und von was die notorische Unmenschlichkeit des menschlichen Lebens und Zusammenlebens sich nährt, von woher sie so unerschöpflich sich erneuert, so unwiderstehliche Wirksamkeit hat. Es ist ja so schnell festgestellt und gesagt, wie leicht Alles sein könnte, wenn wir nur ein wenig menschlich miteinander umgehen, ein wenig aufmerksamer aufeinander sein, ein wenig mehr Verständnis und tätige Bereitschaft füreinander aufbringen wollten. Die Vermutung kann sich ja wirklich aufdrängen, ob nicht alle wesentlichen Übel des menschlichen Daseins zu vermeiden und alle beiläufigen so zu mildern wären, daß sie tragbar würden, wenn da nicht dauernd das große Loch damit sich auftäte und offen bliebe, daß wir eben nicht menschlich, sondern unmenschlich miteinander umgehen. Und auch die entsprechenden Ermahnungen – sich selbst und Anderen zuzuwenden – sind rasch, sind mit einer gewissen Selbstverständlichkeit zur Hand; auch gewisse große und kleine Gegenmaßnahmen zur Ausfüllung oder doch Überbrückung jenes Loches haben sich immer als denkbar und auch als ausführbar erwiesen und werden immer wieder denkbar und auch ausführbar sein. Nur daß sich das Loch im Großen wie im Kleinen immer wieder zeigen wird: darin, daß das Denken eines Jeden über den Anderen, sein Reden zu ihm und sein Handeln mit ihm entscheidend eben doch dadurch bestimmt ist, daß er ihm gegenüber immer wieder in die Reserve, auf sich selbst zurückfällt und immer wieder nur von da aus, nur in Form seines eigenen Interesses an ihm, mit ihm zu tun haben, nicht wirklich für ihn zu haben und so mit ihm Mensch sein will. An diese von uns Allen geübte Reserve reichen keine Ermahnungen und keine Gegenmaßnahmen, reicht keine Psychologie und keine individuelle oder soziale Pädagogik, reicht keine noch so radikale Umwälzung der Gesellschaftsordnung und wirklich auch keine noch so radikale persönliche Bekehrung heran. Es ist im Gegenteil erschreckend zu sehen, wie alles Große und Kleine, was um diese Lücke in der Mitte herum geschehen kann und auch immer wieder geschehen ist und geschehen wird, an irgend einem Punkt nur aufs neue offenbar machen kann, daß der Mensch dieses auch im Verhältnis zu seinem Mitmenschen träge, auf sich selbst zurückfallende und dann unmenschlich agierende und reagierende Wesen ist: in diesem Verhältnis wie in dem zu Gott der sündige Mensch. Wer das nicht einsehen, wer sich das nicht vor allem im Blick auf seine eigene Person gesagt sein lassen will, der wird das wirklich Unverständliche als solches nie verstehen: die fortwährend sich erneuernde Verwirrung des Einfachen, des menschlichen Lebens, das nur als Zusammenleben menschlich zu leben wäre – und gerade als Zusammenleben nie wirklich gelebt und darum unmenschlich gelebt wird – unmenschlich in notwendiger Einheit damit, daß es ja auch gottlos gelebt wird.

Man muß das aber auch dazu einsehen, um sich über die **Gefährlichkeit**, in der des Menschen Unmenschlichkeit wirksam ist, Rechenschaft zu geben. Wir achten zunächst wieder nur auf ihr Gehaben als solches. Auch sie hat, indem sie im Vorher jener verkehrten Grundeinstellung und nachher in den entsprechenden Taten Ereignis wird, **Machtcharakter**: den Charakter einer Gewalt, die, einmal entfesselt, wie es in der Tat bzw. Untat unseres Versagens geschieht, unserer Kontrolle entzogen, ihrem eigenen Gesetz folgt, ihre eigene Dynamik besitzt, deren Auswirkungen wir dann nur noch – eben darin Schuld auf Schuld häufend – als Zuschauer miterleben können. Durch den Verzicht auf ein mitmenschliches Menschsein gewinnt ja der Mensch zweifellos eine Art Dienstbefreiung, Unabhängigkeit, überlegene Aktionsfähigkeit, in deren Ausübung er den Anderen gegenüber in einer unheimlichen Weise in Vorsprung zu kommen, der Stärkere zu werden scheint. Sie erweist sich aber, indem er sie genießt und geltend macht, auch ihm selbst gegenüber als unheimlich, als eine Fremdmacht, die stärker auch als er selber ist. Ihn versetzt seine Unmenschlichkeit in ein Dominium, nach dessen Verfassung und Recht Eines Hand wider den Anderen sein muß und in dem auch er nur noch als Untertan mittun kann. Ferner: sie hat eine ganz bestimmte **Finalität**, d. h. ihre Entfaltung geschieht auf einer Linie, deren Anfang auf ein ganz bestimmtes Ziel ausgerichtet ist, auf der der Mensch mit dem ersten Schritt virtuell auch schon den letzten getan hat, auch wenn er ihn faktisch nie tun sollte. Mit den moralisch kaum und juristisch gar nicht faßbaren Unterlassungen und Taten eines gleichgültigen Nebeneinanders von Mensch und Mensch hebt sie an, in der heimlichen oder offenkundigen Unterdrückung und Ausnützung des Anderen, in der passiven oder aktiven Verletzung seiner Würde, seiner Ehre, seines Rechtes geht sie weiter, in dem, was man dann Vergehen und Verbrechen nennt, in Diebstahl und Raub, Totschlag und Mord im Sinn des öffentlichen Gesetzes und schließlich im Krieg, in welchem ungefähr Alles, was Gott verboten hat, erlaubt und geboten ist, endigt sie. Wohlverstanden: indem sie auf diesem ganzen Weg eine und dieselbe – indem das, was der Eine dem Anderen und damit sich selbst antut, auf der ersten wie auf der letzten Stufe wesentlich das Gleiche ist. Selbstverständlich nicht im Urteil der Gesellschaft und auch nicht in dem einer schlecht beratenen Kirche, wohl aber im Urteil eines durch Gott erleuchteten und geschärften Gewissens ist der in den Schranken des Gebräuchlichen und Anständigen nur etwas harte und rücksichtslose Bürger (der Staatsanwalt oder Richter auf seinem Stuhl vielleicht!), mit dem von ihm angeklagten und verurteilten flagranten Übertreter im selben Boot, trägt Jener Diesen schon in sich, wie Dieser vielleicht auch lange genug wie Jener gewesen ist. Der Mensch wäre erst zu finden, der den Mörder nicht in sich trüge, der nicht auch zum Mörder werden könnte, auch wenn er es nie werden sollte.

Die Gefährlichkeit des unmenschlichen Lebens, das unser Aller Leben ist, wird an diesem Ende der Linie – es wird auch im Ausbruch von Kriegen und Weltkriegen – nur handgreiflich: sie besteht entscheidend darin, daß es das Leben auf der schiefen Ebene ist, auf der es so oder so solchem Ende zugeneigt ist. Und es besteht auch seine Gefährlichkeit (wie die der Dummheit) vor allem darin, daß es im höchsten Grade ansteckend, übertragbar, zeugungsfähig ist, d. h., daß es, vom Einen gelebt, den Anderen alsbald herausfordert, es ebenfalls zu leben. Mit der in jeder großen oder kleinen Unmenschlichkeit gewonnenen und ausgeübten Macht imponiert Einer dem Anderen, weil er ihm, indem er sie ausübt, die Frage stellt: warum er sie eigentlich der Einfachheit halber nicht auch ausübe – als ob er sie nicht ebenso gut wie Jener ausüben könnte und dürfte? Und mit ihr legitimiert Einer den Anderen: besonders, wenn dieser zufällig oder nicht zufällig dessen Opfer ist: Warum soll er der Dümmere sein? warum nicht Gleiches mit Gleichem vergelten: Gleichgültigkeit mit Gleichgültigkeit, Drohung mit Drohung, Druck mit Druck erwidern? warum sich der Unmenschlichkeit gegenüber nicht durch Unmenschlichkeit Luft und Recht verschaffen? Es kann ja «der Frömmste nicht im Frieden leben, wenn es dem bösen Nachbar nicht gefällt.» Warum dann ein Frommer oder gar der Frömmste bleiben? Und dann mag in endloser Kette geschlagen und zurückgeschlagen werden. Eben das geschieht denn ja auch tatsächlich: in kleinen, persönlichen Händeln nicht weniger als in der großen Weltpolitik. – Man würde aber die ganze Heillosigkeit dessen, was wir einander und was wir eben damit uns selbst fortwährend antun, nicht verstehen, man würde vor ihr nur oberflächlich und unfruchtbar erschrecken, wenn man der Wurzel nicht gewahr wäre, in der der Mensch unmenschlich ist, um der Unmenschlichkeit dann sofort auch tätlich opfern und selber zu ihrem Opfer werden zu müssen. Dort, in ihrer Wurzel – gewiß auch in ihren Früchten, aber nicht erst in ihnen – ist sie als Sünde auch drohendes und schon hereinbrechendes Verderben: dort, wo sie ganz unscheinbar nur eben darin besteht, daß der Mensch der ihn aufrichtenden Bewegung Gottes nicht folgt, sich ihr entzieht, sich sinken und fallen läßt – hinein in die Einsamkeit, in der er sich wie ohne Gott so auch ohne den Nächsten besser aufgehoben wähnt als in der Gemeinschaft mit ihm, in der zu leben er, um selber Mensch zu sein, verbunden und verpflichtet ist.

Aber nun müssen wir auch hier der Verdeckung gedenken, in der der Mensch unmenschlich ist. An dem ist es ja auch bei dieser Form der Trägheit nicht, daß irgend jemand sich offen zu ihr bekennen möchte und würde. Ein bißchen Übermensch – und manchmal (etwas verschämt) auch ein bißchen Untermensch zu sein, wird niemand ganz verleugnen. Aber geradezu Unmensch? Die Scheu, sich als solchen zu bekennen, hat ihren guten, positiven Grund darin, daß der Mensch sich ja in der Tat als solcher nicht aufheben, sich nicht in ein andersartiges Wesen, in ein Tier oder gar in einen Dämon verwandeln kann. Bei aller Zuwendung zum Nichtigen, dessen er sich auch im Verhältnis zum Mitmenschen schuldig macht, hat er ja dazu nicht das Vermögen, die gute Schöpfung Gottes rückgängig und also sich selbst als Mensch zunichte zu machen. Eben das mag denn wohl der objektive Grund seiner Scheu sein, dazu zu stehen, daß er ein Unmensch ist. Aber das ist ja das schreckliche Wesen des Unmenschlichen, daß der Mensch, ohne aufzuhören, Mensch und als solcher Gottes gutes Geschöpf zu sein, sich stellt, gebärdet und benimmt, wie wenn er kein Mensch, sondern ein Tier oder gar ein Dämon wäre. Der Unmensch ist der seine Menschlichkeit verleugnende Mensch und er verleugnet sie darin, daß er meint, sie als Menschlichkeit *minus* Mitmenschlichkeit ins Werk setzen zu können und zu sollen. Indem er das zu verdecken, gerade diese Verleugnung seiner Menschlichkeit zu verleugnen sucht, ist er von jenem guten, positiven Grund seiner Scheu her durchaus nicht gerechtfertigt, sondern erst recht angeklagt und verurteilt. In seinem Leugnen und Verdecken dessen, was er ist und tut, kann und wird er dieses ja nur potenzieren, kann und wird er es ja nur noch einmal und erst recht sein und tun. Heuchelei ist die verschärfte Wiederholung dessen, was der Mensch mit ihr verleugnen möchte.

Mit Heuchelei pflegt der Mensch seine Unmenschlichkeit, zu der er sich nicht bekennen will, tatsächlich zu verbergen, um sie eben damit nicht besser, sondern schlimmer zu machen. Und die Verdeckung, die er dazu wählt, ist, auch hier mit Bedacht ausgewählt, der Schein des Gegenteils dessen, was er zu verbergen hat: eine Einstellung und Haltung also, in der er sich selbst und Anderen und, wie er wohl meint, auch Gott einreden kann, daß sie höchst menschlich und sogar mitmenschlich sei. Man kann Alles, was da als Verdeckung in Frage kommt, zusammenfassen in den ernstlich respektablen Begriff der Sachlichkeit. Bei «Sache» mag hier (in dem solennen Sinn von *causa*) gedacht sein an irgend eine besondere Gestalt solcher großer oder kleiner Ideen, Systeme und Programme, Organisationen, Institutionen, Bewegungen und Unternehmungen, in welchen es unter diesem oder jenem Titel, in dieser oder jener Richtung um die Befriedigung eines mehr oder weniger notwendigen und tiefen, allgemein menschlichen Anliegens und Bedürfnisses und insofern um den Menschen gehen soll: um seine physische und seelische Erhaltung, um die Ordnung seines Zusammenlebens im Kollektiv, um seine Erziehung und Bildung, um die Mehrung, Wahrung und Pflege seines materiellen und geistigen Besitzes, um seinen individuellen und sozialen, wissenschaftlichen, technischen, zivilisatorischen und kulturellen Fortschritt. Wobei unter «Mensch» allerdings zu verstehen ist: der Mensch im Allgemeinen, vielleicht geradezu die «Menschheit» – jedenfalls: der anonyme Mensch!

«Sachlichkeit» heißt dann: Ausrichtung und Konzentration des menschlichen Wollens und Tuns auf die Beschäftigung mit einer solchen anonym menschlichen Sache, auf ihre Durchführung, ihren Sieg, ihren Erfolg. Und nun schließt Menschlichkeit auch in ihrem echten Sinn als Mitmenschlichkeit gewiß immer auch solche Sachlichkeit in sich. Eben daß es im menschlichen Zusammenleben immer wieder solche, vom Einzelnen als solchem und in der Gemeinschaft mit Anderen zu bedenkende Sachfragen, weil zu betreuende Sachen gibt, die dann auch die ihnen zukommende Sachlichkeit erfordern, ist ja, weil es in ihnen Allen so oder so um den Menschen geht, auch ein Merkmal der großen Zusammengehörigkeit, in welcher wir Menschen allein Menschen sein können. Es geht auch das auf Gottes gute Schöpfung zurück: konkret mit dem anderen Menschen sein, wird immer auch bedeuten: im Blick auf ihn sachlich mit einer solchen Sache beschäftigt sein. Im Blick auf ihn? Hier scheiden sich die Wege. Eben das versteht sich nämlich durchaus nicht von selbst, daß ich, sachlich mit einer solchen Sache beschäftigt, konkret den anderen Menschen, den Mitmenschen, den Nächsten, den Bruder im Blick habe, verbindlich mit ihm und nicht nur unverbindlich mit einem abstrakten, anonymen Menschen bin. Eben diesem Sein mit ihm kann ich mich vielmehr in irgend einer Sachlichkeit entziehen: umso wirksamer, je wichtiger und besser die Sache ist, von der ich mich, je größer also die Dringlichkeit ist, in der ich mich von ihr in Anspruch genommen finde. Wie ich inmitten der guten Schöpfung und selber ein gutes Geschöpf Gottes der Erkenntnis Gottes ausweichen und also dumm sein kann, so kann ich – wieder inmitten der guten Schöpfung und selber als Gottes gutes Geschöpf – irgend einer menschlichen Sache sehr sachlich zugewendet, ganz auf die Ausführung, den Sieg und Erfolg des betreffenden Programms und Unternehmens bedacht, statt des anderen Menschen doch nur meinen eigenen Tätigkeitsdrang und also mich selbst im Auge haben, an seinen Fragen, Bedürfnissen und Erwartungen, an seinem Dransein völlig vorbeisehen, vorbeidenken, vorbeireden, vorbeihandeln, und also doch völlig unmenschlich sein. Und nun erkennt und benützt der Unmensch in uns Allen – er ist ein raffiniertes Wesen – eben diese Möglichkeit, gibt sich in irgend einer Sachlichkeit höchst menschlich, verdeckt mit ihr, was er eigentlich meint und vorhat und ist gerade in ihr, weil nicht mitmenschlich, erst recht unmenschlich. Und ihm wird in dieser Verdeckung frontal ebenso wenig beizukommen sein wie dem Dummen, der seine Dummheit als Weisheit tarnt. Man wird ihm faktisch bei sich selbst und bei Anderen kaum je nackt und bloß begegnen, ihn vielmehr am sichersten immer dort erfragen, wo er sich, in den Dienst irgend eines großen oder kleinen Sachzwecks versteckt, nun eben in der Zuwendung zu ihm, als Freund und Diener des anonymen Menschen aufs Trefflichste verkleidet, vom konkreten Menschen umso energischer abwendet, vielmehr: umso

2. Des Menschen Trägheit

energischer über ihn hinweg geht: «über Leichen», wie man dann wohl nicht mit Unrecht zu sagen pflegt, weil der lebende Mitmensch für ihn tatsächlich nicht-existent ist und von ihm tatsächlich dementsprechend behandelt wird.

Das Feld, auf das wir da blicken, ist zu unermeßlich, als daß wir es hier anders als mit einem kürzesten Hinweis auf einige Beispiele beschreiben können. Es kann sich des Menschen Unmenschlichkeit in die notwendige Aufrichtung und Aufrechterhaltung des Rechtes, der Institution, der Ordnung – oder auch in deren gelegentlich notwendige Problematisierung und Destruktion verkleiden. Sie kann sich in der Konservierung alter und in der Heraufführung neuer politischer und sozialer Gestalten, sie kann sich in den Funktionen der geheiligten Zwangsorganisation des totalen – und sie kann sich in dem geheiligten freien Spiel der Kräfte des demokratischen Staates ausleben: sie kann also den Anspruch der Sozietät auf das Individuum oder dessen Libertät gegenüber dem Kollektiv zu verteidigen vorgeben. Sie kann – wenigstens bei uns in Europa und in Amerika – die rastlose Arbeit als solche zu ihrem Vorwand machen. Sie kann sich in das Gewand der reinen Wissenschaft oder auch in das der reinen Kunst hüllen oder in das des Dienstes an den gemeinsamen Interessen einer völkischen oder wirtschaftlichen oder gesinnungsmäßigen Gruppe oder in eine Offizialität, in die konsequent regeltreue Bedienung eines Amtsapparates oder auch einfach in die immer noch weitere Verfeinerung irgend einer Technik mit deren Anwendungen. Sie kann etwa die Ehe, sofern diese ja auch den Charakter eines Institutes und also einer Sache hat, zu ihrem Instrument machen. Es ist die Familie, ihr Zusammenhalt, ihr Eigentum, ihre Ehre eine Sache, in deren emotionale Respektabilität sie sich mit ganz besonderem Anstand verbergen kann. Und so wieder mit besonderem Ernst in die strengen Aufgaben der Erziehung und Schulung der jeweils jüngeren Generationen, die zu diesem Werk das nötige «Schülermaterial» zu liefern haben. Zu unmenschlich sachlicher Betätigung kann aber nicht zuletzt auch die Kirche, die Verkündigung und das Hören des Wortes Gottes, die kirchliche Konfession und Lehre, Ordnung und Liturgie – kann die Theologie! – unheimlich reichen Anlaß bieten. Das Alles sind «Sachen», von denen es in ihrem Zusammenhang keine ganz ohne den Glanz menschlicher Berechtigung, Notwendigkeit, Heilsamkeit ist, keine, die nicht unter irgend einem Gesichtspunkt Sache des dem Mitmenschen zugewendeten Menschen sein könnte und müßte und als solche nicht Anspruch auf Beachtung und Pflege hätte – keine auch, die dabei nicht nach je einer besonderen Sachlichkeit riefe. Da ist aber auch keine, bei der die Frage nicht offen bliebe: was denn nun bei ihrem sachlichen Betrieb eben aus dem konkreten, in ihr visierten und von ihr erfaßten Menschen werden möchte? ob und inwiefern seiner dabei überhaupt gedacht werde? ob und inwiefern er dabei als Zweck und Ziel oder nicht doch bloß als mehr oder weniger brauchbares Mittel und Material oder als störendes Hindernis im Blickfeld stehe? Und da ist keine, die sich der Unmensch in uns nicht zu eigen machen kann und tatsächlich im Kleinen und Großen zu eigen macht, um sich, geschirmt durch ihre Menschlichkeit, des konkreten Mitmenschen zu entschlagen, um ohne ihn und über ihn souverän zu sein, um sich eben damit heimlich oder offen gegen ihn zu wenden. Es läßt sich doch einfach nicht leugnen, daß irgendwo im Hintergrund oder in der Tiefe des Betriebes auch der besten «Sache» – einfach weil und indem sie von Menschen betrieben wird – das harte, das geradezu böse Gesicht des Menschen sichtbar zu werden pflegt, der sich mit dem Mitmenschen im Grunde so wenig einlassen will wie mit Gott, der vor ihm die Augen zuhalten möchte und der, um das ihm und sich selbst und Gott nicht eingestehen zu müssen, in irgend eine Tätigkeit flieht, in der dann das, was er eigentlich meint, vielmehr nicht meint, nur umso mächtiger wirksam werden muß. Die Sache wird durchgeführt, hat Erfolg, siegt – und der Mensch kommt erst recht unter die Räder. So daß man, gewiß unangebrachter Weise, manchmal wohl wünschen könnte: wenn es doch alle diese menschlichen «Sachen» gar nicht gäbe, in deren rastlosem Betrieb alles nur noch schlimmer, der Friede auf Erden, auf den sie zu zielen scheinen, nur immer noch weiter hinausgerückt, der Streit aller gegen alle nur immer noch intensiver wird! Da doch der Unmensch in uns allen sich in ihrem Dienst nicht nur sonderlich geborgen, sondern auch mit ganz sonderlichen Defensiv- und Offensivwaffen ausgerüstet findet! Aber was würde das helfen? Nicht die verschiedenen «Sachen» und nicht die ihnen zugewendete Sachlichkeit sind ja schlimm, sondern der Unmensch in uns, der sich ihrer unter dem Vorwand des Dienstes am Menschen so unheimlich zu bemächtigen und zu bedienen weiß.

Eine solche Sache bedarf doch wohl besonderer Erwähnung. Sollte in ihrer Weise nicht auch das klarste Gegenteil der Unmenschlichkeit: die Liebe, die Menschen- und Bruderliebe nämlich, eine Sache, in einer besonderen Sachlichkeit ins Werk zu setzen und damit zur Verdeckung der Unmenschlichkeit besonders geeignet sein? Es ist schrecklich zu sagen, aber es ist schon so. Es gibt ja tatsächlich auch eine Sachlichkeit der Liebe, der Teilnahme, der Fürsorge, der Wohltat, der Hilfeleistung, in der man sich mit Eifer und Hingabe betätigen kann, ohne sich aus der festen Burg seines Seins ohne den Mitmenschen auch nur einen Schritt weit hinauszubewegen – im Gegenteil: um sich damit nur noch tiefer in dieses sein Schneckenhaus zu verkriechen. Es gibt Liebe, in der man durchaus nicht liebt: in der man nämlich den Anderen, dem man sie zuwendet, gar nicht meint und sieht, in der man, was ihm wohl und weh tut, überhaupt nicht bemerkt, noch bemerken will, in der man ihn als Objekt seiner notwendig zu betätigenden Liebe dichtet, um ihn dann als solches meistern und benützen zu können. Weil man nämlich seine eigene Liebe ins Werk setzen und entfalten, sie vor ihm, vor Anderen, vor Gott und vor sich selbst unter Beweis stellen und nun eben in dieser sublimen Form sich selbst ausleben will. Und so gibt es Liebe, in der sich der Andere, wie hingebend sie auch geübt werde, nun doch nicht von einer menschlichen Hand, sondern von einem kalten Instrument oder gar von einer klauenbewehrten Tatze ergriffen und nun erst recht isoliert, erkältet, befremdet, bedrängt, gedemütigt, auf seine eigenen bzw. unter die Füße des angeblich Liebenden getreten fühlen und also nicht eben dankbar reagieren wird. Großes Trauerspiel, das sich vielleicht gerade im Umkreis christlich begründeter und geformter Nächstenliebe (in christlichen Familien und Häusern, Vereinigungen und Anstalten) womöglich noch häufiger und erschütternder abzuspielen pflegt als im Umkreis der so viel weniger tief begründeten und differenziert geschulten und darum anspruchsloseren Menschenliebe, Höflichkeit, Umgänglichkeit und Geselligkeit der Weltkinder! Grund genug, zu bedenken, daß man sich auch als Christ schwerlich so bald außerhalb des bewußten Feldes befindet!

An der Wirksamkeit auch der Verdeckung der uns Allen irgendwie inhaerierenden Unmenschlichkeit durch irgend eine Sachlichkeit ist nicht zu zweifeln. Sie pflegt in der Regel nur in verhältnismäßig wenigen Individuen und im Leben der übrigen nur ab und zu in relativ harmlosen und entschuldbaren Formen durchbrochen zu werden. Massenhaft geschieht das wohl in gewissen Krisenzeiten. Da mag und kann dann die Unmenschlichkeit allerdings für eine Weile alle oder fast alle Dämme zerbrechen, zum Entsetzen der nicht direkt Beteiligten in allerlei allgemeiner Verrohung und Verwilderung an den Tag treten. Da mag dann das untere Ende jener schiefen Ebene plötzlich bei Vielen, auch bei Menschen und in Kreisen, in denen das von ferne nicht zu erwarten war, sichtbar werden. Es kann dann wohl das menschliche Kollektiv als solches in erschreckender Weise zum Scheusal werden. Aber solche Krisenzeiten pflegen vorüber zu gehen, das zivile Zusammenleben der Menschen nachher wieder relativ zur Ruhe zu kommen, die ihm notorisch gefährlichen Erscheinungen wieder zu Ausnahmen zu werden. Der Unmensch verzieht sich dann im Ganzen wieder in die Kulisse. Man schämt sich seiner aufs neue. Man möchte die Namen, unter denen er aufgetreten ist, und die Ereignisse, in denen er gewütet hat, am liebsten nicht mehr erwähnt hören. Es sind wieder die mehr oder weniger heiligen Sachen und Sachlichkeiten, die das Bild der Gesellschaft beherrschen. Und in ihrem Licht oder Zwielicht wird die Situation wieder leidlich normal und tragbar. Es wird jetzt aufs neue wie eine aufgeregte, pessimistische, ungerechte und zersetzende Übertreibung erscheinen, im Blick auf gewisse beunruhigende Einzelphänomene zu behaupten, daß der Unmensch immer noch gegenwärtig und gerade in den verschiedenen Sachlichkeiten in Aktion – oder gar: daß ein jeder Mensch zutiefst unmenschlicher Art, daß er nach der bekannten, oft beanstandeten Formel des Heidelbergers geneigt sei, Gott und seinen Nächsten zu hassen. Die solches aussprechen, müssen sich nun ihrerseits als Verwirrer Israels, als Feinde des Menschengeschlechts, als Unmenschen verklagen lassen. Der wirkliche Unmensch lacht solcher Propheten und haust – bis zum nächsten Ausbruch – wieder dort, wo er am liebsten haust: in der Verdeckung irgend einer guten, nötigen und feierlich gepflegten Betriebsamkeit. Und so sind seine Ausbrüche ja auch im Leben des Einzelnen die verhältnismäßig seltenen Unterbrechungen seiner normalen Existenz in der Verborgenheit, in der man sich seiner Taten, Worte und Verhaltungsweisen erinnert, als wäre man es nicht gewesen, in der man sich gar nicht unmenschlich, sondern im Dienst irgend einer Sache sehr menschlich beschäftigt findet. Alles scheint nun wieder intakt und in Ordnung zu sein, so daß man die Anklage: daß da in Wirklichkeit Alles in Unordnung, Alles tief unmenschlich sei, leichthin als gegenstandslos abweisen kann. Es ist die Kraft, mit der diese Verdeckung sich vollzieht, in ihrer Mächtigkeit gar nicht hoch genug einzuschätzen.

Die Verdeckung vermag aber daran nichts zu ändern, daß die durch Sachlichkeit verdeckte Unmenschlichkeit sich faktisch – auch abgesehen von ihren gelegentlichen individuellen und kollektiven Ausbrüchen – auch nach allen anderen Richtungen dessen, was den Menschen zum Menschen macht, zur Geltung bringt.

Mit der Bindung an den Mitmenschen ist (1) sofort auch die Bindung an Gott aufs Spiel gesetzt und in tödliche Gefahr gebracht. Wir beschrieben die Auflösung des Verhältnisses zum Mitmenschen als eine notwendige Konsequenz der Auflösung seines Verhältnisses zu Gott. Man muß aber – des Menschen Trägheit bewegt sich in einem *circulus vitiosus* – auch die Umkehrung sehen: es ist die Dummheit immer auch die notwendige Konsequenz der Unmenschlichkeit. Die lapidaren Sätze 1. Joh.

4, 20 gelten: «Wenn Jemand sagt: Ich liebe Gott! und haßt seine Brüder, so ist er ein Lügner. Denn wer seinen Bruder nicht liebt, den er sieht, kann Gott nicht lieben, den er nicht sieht.» Er kann in der Tat nicht. Das Zusammensein des Menschen mit dem sichtbaren Mitmenschen ist zwar nicht an sich und als solches sein Zusammensein mit Gott. Es schließt aber dieses, weil Gott nicht nur sein, sondern auch seines Mitmenschen Gott ist, jenes unweigerlich in sich. Es ist jenes die Horizontale, auf die dieses als Vertikale bezogen ist, ohne das sie nicht Vertikale wäre. Ohne mathematisches Bild gesagt: Ich kann Gott nicht als meinen Gott erkennen, ehren, lieben, es wäre denn nach Anleitung des Herrengebetes als unseren Gott, den Gott seines Menschenvolkes, und also nicht anders, als indem ich zusammen mit Gott in der ihnen zukommenden Weise auch die erkenne, ehre und liebe, die wie ich dieses Volkes Glieder sind. Wähle ich den anderen Menschen gegenüber mich selbst in meiner Einsamkeit, so betrete ich *eo ipso* den Bereich der noch furchtbareren Einsamkeit, in der mir Gott nicht mehr Gott sein kann. Werden Jene mir gleichgültig, so bin ich, ob ich es gleich bemerke oder nicht, schon mitten in die Indifferenz Diesem gegenüber getreten. Bringe ich es fertig, den Menschen zu verachten, so wird mir auch mein noch so willig und freudig dargebrachtes Lob Gottes im Halse stecken bleiben. Bin ich ein bloßer Nutznießer meines Nächsten, dann meine ich bestimmt, mir auch Gott bloß zunutze machen zu können, und werde es unter Schmerzen erleben, daß er sich das nicht gefallen läßt. Ich habe immer schon Gott gehaßt, geschmäht, beleidigt, ich habe immer schon gegen Gott Krieg geführt, indem ich das Alles – ob in der Tat oder «nur» in Worten oder «nur» in meinem Herzen – meinem Bruder zugewendet habe. Und wenn ich diesem gegenüber unterlasse, was ich nicht unterlassen sollte, dann ist das *eo ipso* eine Unterlassung Gott gegenüber. Kurz: Bin ich unmenschlich, so bin ich eben damit auch dumm, töricht, gottlos. Die große Krisis, in der sich alle Gottesverehrung, alle Frömmigkeit, alle Anbetung und Anrufung Gottes, auch alle Theologie dauernd befindet, stammt wohl aus der Frage: ob und inwiefern wir es dabei mit dem wahren, dem lebendigen, dem in seinem Wort sich offenbarenden Gott und nicht etwa mit einem Götzen zu tun haben. Aber eben diese Frage entscheidet sich ihrerseits konkret praktisch immer wieder an der anderen, die von ihr unabtrennlich ist: ob und inwiefern wir bei allem jenem Tun miteinander und nicht etwa ohne und gegeneinander vor Gott treten. Wahres Christentum kann gar nicht Privatchristentum, d. h. aber ein räuberisches Christentum sein. Unmenschlichkeit macht es sofort zum falschen Christentum, ist also nicht nur ein ihm anhaftender Schönheitsfehler, sondern greift das Vertrauen, die Tröstung, die Hoffnung, die Freudigkeit, greift die ganze Parrhesie, in der wir als Christen leben dürften, greift dann auch das Zeugnis, das die Christenheit der Welt schuldig ist, in der Wurzel an.

2. Des Menschen Trägheit

Es wäre bestimmt bei aller vielleicht sehr tiefsinnig, sehr tragisch sich gebenden sog. Glaubensnot bzw. Zweifelsnot mindestens auch zu fragen: ob der betreffende Zweifler sich nicht einmal schlicht darüber Rechenschaft geben sollte, wie vielen Menschen er sich schon entzogen und verweigert, wie viele er schon gekränkt und geplagt, wie viele er vielleicht im Sinn des Evangeliums schon gemordet hat? und ob er denn ernstlich meinen kann, von da aus fröhlich oder auch nur in einiger Konstanz getrost seines Glaubens leben zu können? Und wenn man heute von christlich-kirchlicher Seite – gewiß nicht mit Unrecht – zu behaupten pflegt, es hänge der zunehmende Zerfall aller menschlichen Gemeinschaften mit dem großen modernen Abfall vom Glauben zusammen, so wäre bestimmt auch die Rückfrage zu stellen, ob es nicht umgekehrt die in der Neuzeit ohne ernsthaften und rechtzeitigen Einspruch der Kirche und der Christenheit in so ungeheurem Maßstab erfolgte Versachlichung und also Dehumanisierung des menschlichen Gesellschaftslebens gewesen sein möchte, die den großen Abfall vom Glauben nach sich gezogen hat und nach sich ziehen mußte?

Will und wählt man die Unmenschlichkeit, dann kann man eben nur noch wähnen, zu glauben und die Erkenntnis des Glaubens vollziehen zu können. Man wird sich dann nach einiger Zeit eingestehen müssen, daß man es, auch wenn man es möchte, auch wenn man darum «ringt», tatsächlich nicht kann. Man bekommt es dann dort, wo es um Gott, seine Taten und sein Wort ginge, wo der *intellectus fidei* stattfinden müßte, könnte und dürfte, mit lauter Illusionen und Mythen zu tun. Gott ohne den Mitmenschen ist eben eine Illusion, ist eben ein Mythus, ist eben – und wenn es der Gott der heiligen Schrift wäre, und wenn er als Jahve und als der Vater Jesu Christi angerufen würde, ein Götze, an den man bestimmt nicht glauben kann. Das ist das Erste, woran alle Verdeckung unserer Unmenschlichkeit nichts ändern kann.

Von des Menschen Unmenschlichkeit führt nun aber (2) auch ein direkter Weg zum Zerfall der Struktur und Ordnung seines menschlichen Wesens als Seele seines Leibes, der Ordnung, in der er er selbst ist. Er kann und wird ohne den Mitmenschen gerade das nicht sein, was er, indem er sich ihm gegenüber auf sich selbst zurückzieht, offenbar sein möchte: er selbst in dieser Ganzheit, als Seele seines Leibes. Ein Ich ohne Du kann und wird auch kein Ich sein. Sieht und hört er das Du, nämlich das in diesem (im Unterschied zu allen anderen Gegenständen) lebendige andere Ich nicht, dann ist automatisch auch er seinerseits nicht als Du (und also als das lebendige Ich, das er sein möchte) ernst genommen, gewährleistet, gesetzt. Wie soll er sich selbst gewährleisten und setzen, wo er doch seinem Wesen nach nur in seiner Koexistenz mit dem Anderen, im Gegenüber mit ihm als er selbst, als dieser Mensch gewährleistet und gesetzt sein kann? Verweigert er sich diesem, dann vertrocknet und zerfällt gerade er selbst. Die Beschäftigung mit den Sachen kann ihm nämlich das, was nur der Mitmensch ihm bieten könnte – die Gewährleistung und Setzung seiner selbst – nicht ersetzen. Sie könnte das nur dann tun, wenn es ihm in ihr um den Menschen und nicht darum ginge, den Menschen los zu werden. Ist sie ihm Instrument solcher Verdeckung, dann wird er gerade in ihr sich selbst nicht finden, sondern verlieren. Er wird dann seelenlos und letztlich auch leiblos, zum Vehikel, zum treibenden und getriebenen Rad der ihn beschäftigenden Sache. Er geht dann in ihr auf und unter. Sie verzehrt ihn dann. Es müßte nicht so sein. Der Mitmensch, mit dem zusammen er zu sich selbst kommen könnte, ist ja fortwährend da, wartet sogar auf ihn, weil auch er mit ihm zusammen zu sich selbst kommen möchte. Aber was hilft er ihm, wenn er ihm nicht helfen will, wenn er ihm gleichgültig oder feindselig gegenübersteht? In dem Maß, als er das tut, kommt er auch sich selbst abhanden. Er kann dann nur zu seiner eigenen Zerstörung wirken, nur zu seinem Tode leben, als ein an Seele und Leib kranker Mann, krank an der Beziehung, in der er steht und die ihm doch fehlt, weil er es ausschlägt, sie zu vollziehen, krank am Mitmenschen, der fortwährend da ist und dem er doch nicht seinerseits Mitmensch sein will. In Wirklichkeit ist es ja so, daß wir insgeheim oder offen alle aneinander kranken, an unserem gegenseitigen Versagen, an der Isolierung, in der sich Dieser ohne Jenen besser helfen zu können meint, an den Nadelstichen oder auch Keulenschlägen, mit denen man sich von hüben wie von drüben durchzusetzen versucht und mit denen man sich selbst immer noch weher tut als dem Anderen. Wir mißbrauchen und erniedrigen ja in erster Linie uns selbst in diesem Verfahren. Wer ginge wem nicht irgendwie auf die Nerven? Wir müßten uns wohl zu Herzen gehen, wenn es anders sein sollte. Aber gerade das ist es, was der Unmensch in Jedem von uns nicht haben will. Und dann triumphiert seine Herrschaft immer darin, daß man am meisten sich selbst auf die Nerven geht. Die Ordnung unserer seelischen und leiblichen Natur, zu der auch die Nerven gehören, ist eben nicht auf die Herrschaft des Unmenschen abgestimmt: sie kann unter ihr nur zerbrechen. Wir werden also den Widerspruch zu uns selbst, in welchen wir uns mit unserem Widerspruch zu den Anderen verwickeln, immer nur mit Leiden – mit Leiden, die wir uns selbst zufügen, bezahlen können. Und es ist eine Krankheit zum Tode, die wir uns damit zuziehen, die wir da erleiden müssen. Das ist das Zweite, was alle Verdeckung des Unmenschlichen nur eben zu verdecken, aber nicht zu beseitigen vermag.

Und nun endlich (3) die Tragweite des unmenschlichen Wesens für das durch seine **beschränkte zeitliche Dauer** charakterisierte menschliche Leben. «Es fährt schnell dahin, als flögen wir davon» (Ps. 90,10). Wie aber fährt es dahin? Die Fülle der einem Jeden zugewiesenen Zeit, seiner Lebenszeit, wenn sie eine solche hat – das, was, wenn wir gelebt haben werden, vor Gott und in seinem Gericht sein wird, ist seine **Geschichte. Seine Geschichte?** Sie ist ja nur die seinige, indem er sie mit den Anderen zusammen hat und erlebt, in die Tat setzt, erleidet: in einer Strecke derselben Zeit, die auch die ihrige ist. Sie ist seine Geschichte als die Geschichte seiner Beziehungen zu seinen Zeitgenossen im engeren, weiteren und weitesten Sinn des Begriffs, also auch zu den Älteren, die ihn gestern noch begleiteten, und zu den Jüngeren, die heute schon seine Begleiter sind. Sie ist die zusammenhängende, in seinem Schreiten aus der Vergangenheit in die Zukunft in der Folge immer neuer Gegenwart sich formende Reihe seiner Begegnungen und seines Zusammenseins mit konkreten Menschen, zu denen dann direkt oder indirekt auch die Menschen der Zeit vor seiner Zeit gehören können und weithin tatsächlich gehören und wieder direkt oder indirekt auch die, die nach ihm ihre Zeit haben werden. Sie ist sein Anteil, seine verantwortliche Mitwirkung in der Weltgeschichte. Wenn er in dieser seiner Geschichte, d. h. aber wenn er seinen Mitmenschen gegenüber versagte – was war er dann in seiner Zeit? wozu hat er dann gelebt? wozu ist ihm dann Raum zum Leben und Wirken gegeben worden? Wie wird er dann vor Gott und in seinem Gericht dastehen? Wer wird da alles gegen ihn aufstehen und ihn verklagen: Mir bist du in meiner Geschichte, die in die deinige verwoben war, kein Geselle und kein Gehilfe gewesen. An mir bist du vorbeigegangen, ich habe dich nicht interessiert, mich hast du enttäuscht, als ich auf dich wartete. Für mich hast du nie Zeit gehabt. Mit mir hast du bloß gespielt. Oder weiter: Mir hast du nur scheinbar geholfen, in Wirklichkeit geschadet. Mich hast du irregeführt, so daß ich mich nachher nur mit größter Mühe oder auch gar nicht mehr zurecht finden konnte. Mich hast du bestärkt in dem, wovon du mich solltest abgehalten haben. Und mich hast du abgehalten von dem, worin ich der Bestärkung bedurfte. Oder weiter: Mir hast du nicht vergeben wollen. Mich hast du in deiner großen Gerechtigkeit, oder einfach, weil du der Stärkere warst, an die Wand gedrückt. Mich hast du erniedrigt und beleidigt. Über meine Schultern bist du verächtlich, vielleicht höhnisch hinweggeklettert, deinen eigenen Zielen entgegen. Mir hast du – ich weiß nicht, warum – Steine in den Weg gelegt. Mich hast du preisgegeben und verraten. Mir hast du das Liebste, was ich hatte, genommen. Mir hat die Begegnung mit dir das Leben gekostet. Sicher, da werden wir auch unsere Gegenrechnungen Anderen gegenüber vorzulegen haben: nehmen wir an, daß sie in Ordnung gehen! Aber wer wird da schon vor den Anderen ernstlich im Vorsprung sein? wer wird da nicht für seine Person gerade schwer genug belastet sein? Und was wird das Ganze, was wird es für jeden Einzelnen gewesen sein, wenn sein Ergebnis ein ungeheuerlicher Stoß solcher kreuz und quer zu stellender Schuldenrechnungen sein wird? Wird es sich gelohnt haben, daraufhin zu leben, daß die Fülle, die Ernte unserer Zeit sich darin darstellen wird? Man bedenke: der Unmensch in uns Allen will es haben, daß wir so dahinfahren. Er zielt auf diese Fülle unserer Zeit, auf diese Ernte. Er macht ja diese Geschichte. Immer indem er sich versteckt, immer indem er es uns verbirgt, daß wir unserer Zeit diesen Inhalt geben! Immer indem er sich und uns tröstet mit dem Verweis auf allerlei Sachen, mit denen wir uns im Verlauf unserer Zeit irgendwie schön und nützlich immerhin auch beschäftigen: indem er zudeckt, daß wir das ohne und gegen den Anderen tun, der auf uns wartet. Er macht unser Leben offen und unter dieser Decke zur Geschichte dieser vielen versäumten, verdorbenen Gelegenheiten. Das wird sie nicht retten, daß sie gewiß auch die Geschichte unserer sachlichen Beschäftigungen gewesen sein wird. Das ist die dritte Konsequenz, die wir in diesem Zusammenhang zu bedenken haben.

So viel zu diesem zweiten Aspekt des vor Gott in dem einen Jesus bejahten und in die Gemeinschaft mit ihm erhobenen Menschen: Er ist, von diesem Einen her gesehen, wie in seinem Verhalten zu Gott so auch in dem zu seinen Mitmenschen dieser Träge, dieser üble Versager. Als diesen Sünder kennt ihn Gott. Dieser seiner Sünde zum Trotz hat er sich seiner erbarmt und hört er nicht auf, sich seiner zu erbarmen. Und um seine Erhebung aus seiner Unmenschlichkeit geht es in seiner Versöhnung. Daß er um seinen Mitmenschen nicht wisse, sein Hüter nicht sein will (Gen. 4,9), vielmehr sein Mörder ist, ist Eines. Das Andere, was ihm, wie Jesu Jünger es gehört haben, von dem an Stelle des Barabbas (Luk. 23,25) Gerichteten gesagt ist, ist und bleibt dem gegenüber das Überlegene, das Kräftige, das Letzte: «Ihr aber seid Alle Brüder!» (Matth. 23, 8).

Wir veranschaulichen uns die Situation auch hier an einem biblischen Bild und wählen: die Sünde Israels im Licht der Gerichtsbotschaft des Propheten Amos. Des Propheten? Er ist ja unter den so bezeichneten Urhebern alttestamentlichen Schrifttums nicht nur der älteste, sondern auch derjenige, der nach 7, 14 gerade kein Prophet und kein Schüler eines solchen sein wollte. Das mußte in Nordisrael, wo er aufgetreten ist, jedenfalls auch konkret bedeuten: er wollte nicht als ein Fortsetzer der Tradition erscheinen und aufgenommen sein, die dort in Elia und dessen Nachfolger Elisa ihre im Guten oder Bösen bekannten Vertreter gehabt hatte. «Ein Rinderhirte bin ich und züchte Maulbeerfeigen» lautet dort seine antithetische Selbstbezeichnung. So, als ein «Herdenbesitzer von Thekoa» im jüdischen Südstaat, wird er auch im Vorspruch des Buches (1,1) eingeführt. Er ist also nicht ein Mann aus dem «niederen Volk», dem ländlichen Proletariat etwa, sondern – darauf scheint auch seine literarische Bildung hinzuweisen – einer von den Besitzenden. Aus seiner sozialen Herkunft und Situation wird seine Botschaft nicht zu erklären sein. «Aber Jahve hat mich hinter der Herde weggeholt» (7, 15), hat ihn, der nicht zum Stande der Propheten gehörte, sondern im tätigen Erwerbsleben stand, zu einer Funktion genötigt, in der er nach den Worten jenes Amazja, des Oberpriesters von Bethel (7, 10f.), dem Tun und Reden der Propheten zwar zum Verwechseln ähnlich sah, in der er selbst aber sich von diesem unterschieden wußte. Im Namen Jahves und als Verkündiger von dessen Wille und Absicht als Herr der Geschichte Israels redet auch er. Als öffentlicher Ankläger tritt auch er auf – und auch er unter direkter Berufung auf ihm zuteil gewordene Visionen. Auch daß seine Rede Drohung enthielt, ist nach dem Bericht über jene Szene mit Amazja nicht an sich als etwas Neues empfunden worden.

Was ihn zunächst für sein persönliches Bewußtsein zu einem Mann außer der Reihe macht, ist die schlechthin unmittelbare Nötigung, aus der er redet. Er tut es nicht, weil es in seinem bisherigen Lebensweg so vorgesehen und vorbereitet war, sondern

2. Des Menschen Trägheit

weil er von dem Zwang, das zu tun, gewissermaßen überfallen, außer Stande gesetzt ist, sich ihm zu entziehen. «Der Löwe brüllt – wer fürchtet sich nicht? Der Herr Jahve redet – wer weissagt nicht?» heißt es 3, 8 am Ende jener Gleichnisworte, die alle das Eine umschreiben: er weiß sich selbst nur als Wirkung jener übermächtigen Ursache, die objektiv gleich in dem ersten ihm zugeschriebenen Wort 1, 2 beschrieben wird: «Jahve brüllt von Zion her und aus Jerusalem läßt er seine Stimme erschallen.» Weil und indem er dieser Stimme seinen menschlichen Mund leihen muß, muß er sich in das samarische Israel begeben, sich im dortigen Nationalheiligtum zu Bethel, wie 7, 10 angedeutet, als Ausländer lästig machen und wegweisen lassen. Sein Auftreten ist nicht einfach eine Fortsetzung der bisherigen Geschichte, sondern bedeutet, ihm selbst überraschend, eine geschichtliche Wende.

Es kommt aber in engstem Zusammenhang mit diesem Ersten – als zweite Besonderheit hinzu: die schlechthinige Eindeutigkeit seiner Rede als Gerichtsrede. Das Unheil, das er verkündigt, ist definitiv und total: der Untergang des samarischen Königtums, Staates und Volkes. «Siehe, so mache ich den Boden unter euch schwanken, wie der Wagen schwankt, der voller Garben ist. Da hilft kein Fliehen dem Schnellen und dem Starken versagt die Kraft; der Held rettet sein Leben nicht. Der Schnellfüßige kann nicht entrinnen und der Reiter sein Leben nicht retten. Auch wer unter den Helden ein tapferes Herz hat, flieht nackt an jenem Tage, spricht Jahve» – so am Anfang des Buches (2, 13f.) und am Ende: «Siehe, die Augen des Herrn Jahve sind auf das sündige Königreich gerichtet; ich will es vom Erdboden vertilgen ... Durch das Schwert sollen sterben alle Sünder meines Volkes, die da sprechen: nicht wird uns erreichen noch überholen das Unheil» (9, 8a u. 10). Noch ist dieses totale Unheil nicht da – Amos redet «zwei Jahre vor dem Erdbeben», wie es in der Einführung 1,1 schwerlich ohne Bedeutsamkeit heißt – aber schon ist es unweigerlich beschlossen, rückt es unaufhaltsam in die Nähe. Die Mahnungen aller vorlaufenden Gerichte Jahves waren umsonst: «Dennoch seid ihr nicht umgekehrt zu mir, spricht Jahve» (so 4,6f. fünfmal). Eben noch hatte sich Amos bei Gott für das «geringe» Volk Jakobs verwendet. Und: «Es reute Jahve. Es soll nicht geschehen! sprach Jahwe»: so das Ergebnis der zwei ersten jener Visionen (7, 1f., 4f.). Dann aber: «Ich will ihnen nicht länger vergeben. Die Höhen Isaaks werden verwüstet und die Heiligtümer Israels werden zerstört und wider das Haus Jerobeam erhebe ich mich mit dem Schwert» als Ergebnis der dritten (7, 7f.) – als Ergebnis der vierten (8, 1f.): «Reif zum Ende ist mein Volk Israel; ich will ihm nicht länger vergeben. An jenem Tage werden wehklagen die Sängerinnen in den Palästen, spricht der Herr Jahve; viel sind der Leichen an allen Orten» – und die fünfte und ihr Ergebnis (9, 1f.): «Ich sah den Herrn am Altare stehen und er schlug den Säulenknauf; daß die Schwellen erbebten, und er sprach: Ich schlage sie alle aufs Haupt und töte ihre Nachkommenschaft mit dem Schwert: keiner von ihnen soll entfliehen, keiner von ihnen sich retten. Wenn sie in die Unterwelt einbrechen, soll meine Hand sie von dort holen, und wenn sie in den Himmel hinaufsteigen, will ich sie von dort herabstürzen. Wenn sie sich auf dem Gipfel des Karmel verstecken, will ich sie dort ausfindig machen und holen; und wenn sie sich auf dem Grunde des Meeres vor meinen Augen verbergen, will ich dort die Schlange entbieten, die soll sie beißen ... Ich richte mein Auge auf sie zum Bösen und nicht zum Guten.» Und darum in zusammenfassender Antizipation die Totenklage 5,2: «Gefallen ist sie, steht nimmermehr auf, die Jungfrau Israel, hingestreckt liegt sie auf ihrem Lande, keiner richtet sie auf.» Das besagt das Brüllen Jahves vom Zion her, das die Stimme des Viehzüchters von Thekoa: daß das unwiderruflich beschlossen ist und kommt. Eben das hatte so Keiner von den vor Amos als «Propheten» bekannten Männern gesagt: auch Elia nicht.

Die dritte und doch wohl entscheidende Besonderheit seiner Botschaft besteht nun aber – und damit kommen wir zu dem, was uns in unserem Zusammenhang interessiert – in der Begründung seiner Gerichtsverkündigung durch die in ihrer Einseitigkeit schlechthin spezifische Anklage, die er gegen das samarische Israel zu erheben hat. Sie richtet sich – hundert Jahre nach dem erbitterten Kampf Elias gegen Ahab und die Königin Isebel! – mit keinem Wort gegen den damals in breiter Front siegreich gewordenen Baalskult. Sollte das Problem inzwischen gänzlich gegenstandslos geworden sein? Mit ihm ist Amos jedenfalls in keiner Weise beschäftigt. Er ist aber im Unterschied zu seinem jüngeren Zeitgenossen Jesaja auch in keiner Weise an irgendwelchen dem Jahvebund widerstehenden Aktionen auf dem Gebiet der hohen Politik interessiert. Sollte Jerobeam II. sich gar keiner solchen schuldig gemacht haben? Auch aus diesem Grunde hat Amos den so gewissen, so nahen, so totalen Untergang Israels jedenfalls nicht angekündigt. Seine Anklage bezieht sich aber auch nicht (oder jedenfalls nur stillschweigend) auf die Person oder auf die innere Politik dieses Königs. Sondern es ist einzig und allein eben die Unmenschlichkeit der in seinem Reich herrschenden sozialen Verhältnisse, die Amos – nicht ihn, sondern zuerst Jahve selbst – so ernstlich, so radikal beleidigend herausgefordert hat, daß er dieser Gesellschaft nur eben dessen Zorn und, unwiderruflich beschlossen und bevorstehend, dessen Ausbruch und als dessen Werk ihr Ende zu verkündigen hat. Seine Anklage – ihm von Jahve mit jener unmittelbaren Dringlichkeit, in Überspringung der prophetischen Tradition als Begründung jener totalen Drohung auf die Lippen gelegt – visiert in erstaunlicher Ausschließlichkeit diesen und nur diesen Punkt: daß der Mensch dort nicht mit dem Menschen lebt und umgeht, wie es nach dem Willen Jahves geschehen müßte: daß dort auf der Horizontale der menschlichen Beziehungen und eben damit auf der Vertikale des Verhältnisses des Volkes Jahves zu diesem als dem Begründer und Herrn seiner Geschichte Unrecht geschieht. Das haben offenbar die bisher aufgetretenen Propheten und ihre Schüler so nicht ausgesprochen. Das gibt der Prophetie des Amos einen für ihn selbst so neuen Charakter, daß er auf die Rolle eines Propheten geradezu verzichtet und, von Jahves Auftrag abgesehen, nur eben als der Rinderhirte und Züchter von Maulbeerfeigen auftreten und angehört sein will. Er verkündet Jahve als den Gott des durch den Menschen beleidigten, erniedrigten, erdrückten Mitmenschen, als den durch das, was diesem angetan wird, unmittelbar und unversöhnlich auf den Plan gerufenen Rächer. Man beachte, wie das schon in den zunächst gegen Israels Nachbarvölker gerichteten Klagen der beiden ersten Kapitel: gegen Damaskus (1,3f.), die Philister (1,6f.), die Edomiter (1,11f.), die Ammoniter (1,13f.), die Moabiter (2,1f.) als das Entscheidende sichtbar wird. In lauter Vergehen gegen die Menschlichkeit bestehen die «drei, ja vier Freveltaten» auch dieser andern Völker. Sie stehen nicht im Jahvebund, sind aber darum nicht minder am Maßstab von dessen gerechtem Willen gemessen und wie Israel gerade wegen dieser Vergehen seinem Gericht verfallen. Dann aber (2,6f.) in konzentrierter und verschärfter Form derselbe Vorwurf erst recht an die Adresse eben von Israel, der dann die ganze Sammlung der von Amos überlieferten Worte beherrschen wird. Der Protest des Amos ist, in dieser Einseitigkeit, in dieser Wucht ausgesprochen, ein Novum. Man ist etwa durch die Darstellung der Königsbücher nicht darauf vorbereitet, als Grund des Zornes Jahves – und nun gar sofort: seines offenbar längst angesammelten und dann plötzlich unabänderlich gewordenen und drohenden Zornes – gerade das angegeben zu hören. Jesaja wird diese Linie kräftig genug aufnehmen, nur daß sie bei ihm eine neben anderen ist. Der ebenfalls etwas jüngere Nordisraelit Hosea wird sie nicht unberührt lassen, aber seine Aufmerksamkeit geht entscheidend in andere Richtung. Der von Amos angeschlagene Ton wird in der ganzen noch späteren Prophetie nicht mehr ganz verstummen, oft sehr laut werden. Das Denkwürdige der Botschaft des Amos, der ihn zuerst angeschlagen, besteht aber darin, daß er als Ankläger auf dieser und nur auf dieser Linie redet: Eben damit redet er unüberhörbar. Eben das macht sein besonderes Wort zu der biblischen Botschaft von der Sache Gottes als der Sache des Menschen: der Sache des vom Menschen schwer und dauernd verletzten, von Gott aber unweigerlich vertretenen und rücksichtslos verteidigten Mitmenschen. Amos ist in der Geschichte der tätigen Auslegung der Bibel nicht umsonst so oft überhört, und andererseits nicht umsonst der klassische biblische Zeuge aller der Bewegungen geworden, in denen das Gewissen der Kirche aufs Neue gerade in dieser Richtung in Bewegung gekommen ist: in Auflehnung gegen das schnöde, das zutiefst gefährliche Vergessen dieses Grundelementes der christlichen Wahrheit, des offenbaren Wortes Gottes selber.

Die Mitte des 8. Jahrhunderts, in die die Anklage des Amos fällt, war keine Kriegs- oder sonstige Krisenzeit, sondern für die beiden israelitischen Reiche (vgl. M. Noth, Gesch. Israels 1950 S. 216f.) eine gewisse Blütezeit: die Zeit ihres Wiederauflebens nach der langen Bedrückung durch die Aramäer, die um 800 den Assyrern unterlegen waren. Fiel der samarische König Jerobeam II. zwar nach 2. Kön. 14,23f. auch unter das stereotype Urteil über alle Herrscher dieses Staates: er habe getan, was Jahve mißfiel und habe von der Sünde des ersten Jerobeam (die nach 1. Kön. 12,25f. in der Einrichtung eines separaten, vor Stierbildern in Bethel und Dan dargebrachten Jahvekultes bestand) nicht abgelassen, so werden doch an derselben Stelle sein Verdienst um die Wiederherstellung des alten israelitischen Gebietes («von Hamath an bis zum Meer der Araba») und seine dabei offenbar bewiesene militärische Tüchtigkeit anerkannt: mit der ausdrücklichen Erklärung: Jahve, der nicht wollte, daß der Name Israels ausgetilgt werde unter dem Himmel, habe ihm «durch Jerobeam, den Sohn des Joas», geholfen. Dieser relativ glückliche Stand der politischen Dinge muß nun freilich (M. Noth, S. 189) zusammengetroffen sein mit einem gewissen Höhepunkt der schon in der davidisch-salomonischen Zeit anhebenden Entwicklung eines der Lebensweise der Kanaanäer nachgebildeten Städtewesens, einer dementsprechenden Zivilisation, einer Differenzierung des Gewerbes und des Handels, der beginnenden Geldwirtschaft und im Zusammenhang damit einer merklichen Herausbildung des Unterschiedes zwischen wirtschaftlich und dann auch gesellschaftlich und politisch Mächtigen und Schwachen. In diese Situation hinein «brüllt Jahve vom Zion her», redet der Herdenbesitzer von Thekoa.

Ist seine Stimme die des Ressentiments des alten Bauerntums gegen jene «moderne» Entwicklung als solche? Warum soll er als gebildeter Mann vom Lande ihr tief Mißliches nicht schärfer und deutlicher gesehen haben als die, die so oder so unmittelbar an ihr beteiligt waren? Wiederum ist seine Anklage aber zu grundsätzlich und zu radikal, als daß sie als Ausdruck dieses Gegensatzes verstanden werden könnte. Daß ein Prophet nun einmal kein Staatsmann und Sozialpolitiker ist, wird man zum Verständnis seiner Anklage gewiß vor Augen haben, man wird also mit der Möglichkeit rechnen müssen, daß die von Amos gerügten Mißstände jener Situation, von einzelnen krassen Fällen abgesehen, so greifbar und schreiend vielleicht nicht waren, wie sie sich im Wortlaut seiner Reden darstellen. Staatsmänner und Sozialpolitiker pflegen ja zu ihrem und unserem Vorteil und Nachteil auch keine Visionen zu haben! Ein Prophet aber hat sie und sieht dementsprechend auch in der ihn umgebenden geschichtlichen Wirklichkeit nicht nur, was vor aller Augen ist, um es dann ungefähr so zu charakterisieren, wie jeder andere einigermaßen kritisch und billig denkende Beobachter es auch charakterisieren könnte. Er sieht den Dingen – indem es ihm gegeben ist, sie mit den Augen Gottes zu sehen – auf den Grund, um ihnen dann den Namen zu geben, den sie vielleicht nicht oder doch nicht allgemein in ihrer äußeren Erscheinung, wohl aber in diesem ihrem Grund, im Blick auf die in ihnen waltende Tendenz, den sie vielleicht nicht nach menschlicher, wohl aber nach göttlicher Gerechtigkeit verdienen. Eben von daher steht er dann auch unter dem Zwang, der als solcher auch seine prophetische Freiheit ist, ihre von Gott her notwendige Konsequenz, das Gericht, in das sie hineinlaufen, vorauszusehen und anzukündigen. Wie wäre Amos ein Prophet gewesen (gerade der, der kein solcher sein wollte!), wenn sein Bild von Gegenwart und Zukunft nicht im Widerspruch gestanden hätte zu den gewiß harmloseren, mindestens vieldeutigeren Bildern, die sich ein anderer kluger Zeitgenosse von derselben Situation machen mochte, oder die sich wohl auch der nachprüfende Historiker nachträglich von ihr machen könnte. Für die Richtigkeit seiner Schau sprach und spricht (wenn man einmal davon absehen wollte, daß er Gottes wahres Wort redete) auf der Ebene des gewöhnlichen menschlichen Sehens, Denkens und Redens nur eben dies, daß im Jahr 722 Alles so gekommen ist, wie es nach seiner Sicht und nach seinem Wort kommen mußte. In diesem Sinn also ist zu fragen: Was hat Amos damals gesehen?

Er sah einmal den Wohlstand, ja Luxus, dessen sich diejenigen Kreise erfreuten, die die Nutznießer jener Entwicklung waren, die durch sie zu Vermögen, Geltung und Einfluß gekommen waren. Er sah ihre aufgehäuften Schätze (3, 10), ihre aus Quadersteinen errichteten Paläste und ihre köstlichen Weingärten (5, 11), die Annehmlichkeit, in der sie sich zwischen ihren Winter- und Sommerwohnungen hin und her bewegten (3, 15), die noble Ausstattung ihrer Häuser, bei der nach 3, 12 und 6, 4 bequeme Diwane, nach 3, 15 und 6, 4 besonders Elfenbeinschmuck, mit dem einst (1. Kön. 22, 39) schon König Ahab geprunkt hatte, eine auffallende Rolle spielten. Er sah, wie sie, wohlig auf jene Lager ausgestreckt, ihre Mahlzeiten hielten. Er sah und hörte «die da leiern zum Klang der Harfe und sich Lieder ersinnen wie David, die da trinken vom feinsten Wein und sich salben mit dem besten Öl» (6, 4f.). Er sah (4, 1) die «Basanskühe auf dem Berge Samarias» – gemeint ist: die Damen dieser Gesellschaft, mit B. Duhm (Israels Propheten 1916 S. 129) zu reden: «die unflätig dicken Paschaweiber» – die zu ihren Männern sagen: «Schaff her, daß wir zechen!» Ist es wirklich (so B. Duhm S. 130) «der Verfechter der alten schlichten Sitte ... sein Widerwille gegen neue Moden und ausländischen Prunk», der bei diesen Kennzeichnungen das Wort führt? Ist Amos als ein Vorläufer von J. J. Rousseau anzusprechen? Oder wird, wenn das Alles unter jene schwerste Anklage gestellt und mit Jahves nahem Gericht gedroht wird, im Sinn moderner Lebensreform gegen Luxus, Schlemmerei und Sauferei als solche gestritten (so hat L. Ragaz in seinem Bibelwerk seine Botschaft gedeutet)? Implizit sicher auch dagegen! Es dürfte aber doch zu beachten sein, daß in den Texten kaum eine dieser Vorhaltungen für sich steht und also selbständiges Gewicht hat. Wenn Amos jenes ganze noble Treiben als von Gott verdammt und verworfen ansah, dann darum, weil es die Folie dessen bildete, was er 6, 6 den «Schaden Josephs» nennt, um den sich jene Gesellschaft nicht nur nicht kümmerte, den sie vielmehr direkt und indirekt, bewußt und unbewußt, verursachte und herbeiführte: die Lage und das Los derer, denen jene Blütezeit nicht zugute kam, die vielmehr ihre Opfer waren, die von deren Nutznießern faktisch übervorteilt und unterdrückt wurden. Darum: «Ich verabscheue die Hoffart Jakobs und hasse seine Paläste!» (6,8).

Ein Gegenbild zu jener Beschreibung des Lebens der Wohlhabenden: eine Schilderung der Situation dieser Anderen da drunten, im Dunkel, wird nicht gegeben, wohl aber in immer neuen Anläufen die Beschreibung des Vorgangs, in welchem sie von jenen dort droben im Licht dahinunter, immer tiefer ins Dunkel gestoßen werden. Das ist der Punkt, der Amos, der laut seiner Botschaft Jahve selbst interessiert, auf den dieser bei seinem Urteil blickt und um deswillen es das Todesurteil über sein Volk sein muß: dieses Hinunterstoßen der Anderen, die als die weniger Begünstigten zugleich die Schwächeren sind, geübt von denen, die es sich selbst so gut gehen lassen, die in so großer Herrlichkeit die bessere Gesellschaft sind. Wie sieht die Kehrseite ihres Wohlstandes und Wohlergehens aus? Auf welchem Grund erhebt sich dieser stolze und lustige Bau? Da wird der rechtschaffene Mann, weil er eine Schuld nicht begleichen kann, um Geld als Sklave verkauft – ein Armer wegen des Wertes eines Paares Schuhe (2, 6). Da trinken sie den Wein, den sie sich in Form einer Buße, die ihnen ein im Rückstand befindlicher Pächter bezahlen mußte, verschafft haben und strecken sich aus auf gepfändete Gewänder (2, 8). Da werden Unschuldige bedrängt (5, 12), die Geringen bedrückt, die Dürftigen zermalmt (das wird 4, 1 merkwürdigerweise gerade jenen vornehmen Damen Schuld gegeben!). Da werden die Elenden an die Wand gedrückt, da wird ihnen der Kopf in den Staub der Erde gestoßen (2, 7). Ein besonderer Anlaß, so mit ihnen umzugehen, muß der anscheinend von einigen Wenigen monopolisierte Kornhandel gewesen sein, in welchem die Konsumenten mit allerlei, wahrscheinlich in größter

2. Des Menschen Trägheit

Ehrbarkeit ausgeführten Tricks – Verkleinerung des Epha, Vergrößerung des Gewichtes, zweifelhafte Manipulationen mit der Waage werden 8, 5 erwähnt – und in welchen durch allerlei Abzüge (5, 11) offenbar auch die kleineren Produzenten geplagt und faktisch geprellt wurden. Die Bewohner von Assyrien und Ägypten sollten einmal herkommen und sich das Alles ansehen, ruft Amos: «Sammelt euch auf dem Berge Samarias und schaut das große Getümmel und die Bedrückung in ihrer Mitte! Sie verstehen nicht redlich zu handeln, spricht Jahve, sie, die sich aus Gewalt und Unrecht jene Schätze aufhäufen!» (3, 9f.).

Und nun das in der Botschaft des Amos offenbar entscheidende Merkmal der ganzen Situation! Es gibt faktisch kein Recht, das die Großen an diesem ganzen Hinunterstoßen der Kleinen verhindern und also die Kleinen schützen würde. Nicht, daß es kein überliefertes, vielleicht wohl teilweise auch geschriebenes Recht und keine Richter gäbe! Da ist ja in jeder Stadt das «Tor», d. h. der innerhalb des Stadttors gelegene freie Platz, wo nicht nur Markt abgehalten, sondern an gewissen Tagen auch Jedem Gelegenheit geboten war, seine Klagen, wenn er solche hatte, vor den dazu bestellten Respektspersonen vorzubringen. Aber was half das Alles, wenn gerade das «Tor» zum Schauplatz der Unterdrückung der Geringen wurde (5, 12) – wenn, wo diese Recht suchten, das Recht in Wermut verkehrt (5, 7), ja (6, 12) in Gift verwandelt wurde? Indem jene Respektspersonen Bestechung annahmen (5,12)? Oder weil sie selbst zu denen gehörten, gegen die das Recht angerufen wurde? Oder weil sie sich bei diesen nicht unbeliebt machen wollten, weil man wohl wußte: «Sie hassen den, der im Tor für das Recht eintritt, und verabscheuen den, der die Wahrheit redet» (5, 10). Wahrscheinlich hört man 5, 13 einen solchen Vorsichtigen reden, dem es bei der Sache nicht eben wohl ist: «Darum schweigt, wer klug ist, in dieser Zeit, denn sie ist eine böse Zeit.» Sicher ist, daß die Stimme der Gerechtigkeit auch dort und gerade dort nicht durchdringt, daß Macht auch dort vor Recht geht. Wer soll den Armen helfen? Amos weiß auch das, daß es auch in Samaria einmal und offenbar noch bis in seine Tage hinein Männer Jahves gegeben hat, die dafür in Frage kommen konnten: «Ich habe aus euren Söhnen Propheten erweckt und Geweihte (Nasiräer) aus euren Jünglingen. Ist dem nicht so? spricht Jahve» (2,11). Aber auch diese Stimme ist zum Verstummen gebracht: «Ihr gabt den Geweihten Wein zu trinken und gebotet den Propheten: Ihr dürft nicht weissagen!» (2,12) – eben so, wie man es dann auch Amos selbst gebieten wollte. So bleibt als Freund, Parteigänger, Helfer und gerechter Richter der Kleinen, der Armen, der durch die Entwicklung – nein: durch die Härte des Menschen gegen den Menschen – unter die Räder Geratenen, Jahve selbst ganz allein übrig. In seinem Auftrag und Namen tritt Amos auf den samarischen Schauplatz: «Der Herr hat geschworen beim Stolz Jakobs (also bei sich selbst!): Nie werde ich alle ihre Taten vergessen!» (8,7).

Jahve selbst! Aber sind da nicht eben die Stätten der Jahve-Verehrung auch in Israel; das Königsheiligtum, der Reichstempel von Bethel (7,13) vor allem? Es ist dies die Stelle, an der die Anklage des Amos erst ihre ganze, letzte Schärfe bekommt. Man beachte zunächst, daß seine berühmte Polemik gegen den samarischen Kult sich kaum in einem Zug gegen dessen bekannte synkretistische Dekadenz richtet. Sie stand ihm bestimmt vor Augen. Aber es ging jetzt nicht darum. Nur die 2,7 kurz gestreifte Hierodulie erinnert eben daran, während die Stelle 5,26 («Sukkoth, euer König, und Kewan, der Stern eures Gottes»: es handelt sich nach 2. Kön. 17,29f. um Gottheiten der nach dem Untergang Samarias dort angesiedelten Fremden) wahrscheinlich als Zusatz eines Späteren in den Text gekommen ist. Aber auch die von Jerobeam I. eingeführten Stierbilder Jahves spielen in den Sprüchen des Amos keine Rolle. Er hat den samarischen Kult, wie er ihn vorfand, als Jahvekult ernst genommen. Er hat ihn gerade als solchen – als *usus*, nicht im Blick auf einen *abusus* – bekämpft. Das war es ja, daß die ganze Unmenschlichkeit und Rechtlosigkeit der samarischen Gesellschaft sich – nicht mit irgend einem Götter- oder Götzendienst, sondern in aller Feierlichkeit mit dem Dienst Jahves verband, durch diesen verdeckt und legitimiert wurde, daß eben vom Heiligtum

§ 65. *Des Menschen Trägheit und Elend*

Jahves her durch den Oberpriester Amazja jene Botschaft (7,10) an den König ergehen konnte: «Amos stiftet Aufruhr wider dich inmitten des Hauses Israel; das Land vermag alle seine Worte nicht zu ertragen!» und an Amos selbst die Aufforderung, die fast wie eine Bitte klingt: «Seher, geh, fliehe ins Land Juda; dort iß dein Brot und dort prophezeie! In Bethel aber darfst du nicht mehr prophezeien!» (7,12f.) – Kundgebungen eines Kirchenmannes (keines heidnischen, sondern eines die Kirche Jahves vertretenden Kirchenmannes!) der offenbar nicht nur Thron und Altar (den Altar Jahves!), sondern auch Mammon und diesen Altar für selbstverständlich verbündet hielt. Um dieses Bündnisses willen, um deswillen, daß da das Böse durch das Gute, das tief Unheilige durch das Heilige maskiert wurde, schreit Amos gegen die samarische Kirchlichkeit womöglich noch lauter als gegen die samarische Weltlichkeit, verkündigt er dieser Gesellschaft Gottes unerbittliches Gericht, das über sie kommt, nicht obwohl, sondern gerade **weil** sie auch noch eine so **frommer** Gesellschaft ist. «Zieht nach Bethel – damit ihr frevelt! Hin nach Gilgal – damit ihr noch mehr frevelt! Bringt nur am Morgen die Schlachtopfer dar, am dritten Tag eure Zehnten! Verbrennt nur gesäuerte Brote als Dankopfer und verkündigt nur laut eure freiwilligen Opfer! So liebt ihr es ja, ihr Israeliten!» (4,4f.). Was sagt der dazu, in dessen Dienst und Verehrung das Alles geschieht? «Ich hasse, ich verachte eure Feste und kann eure Feiertage nicht riechen. Bringt ihr mir Brandopfer dar, so habe ich an euren Gaben kein Gefallen und die Mahlopfer von euren Mastkälbern sehe ich gar nicht an. Hinweg von mir mit dem Geplärre eurer Lieder! Das Spiel eurer Harfen mag ich nicht hören!» (5,21f.). Jahve ist **nicht** angewiesen auf ihre Jahveverehrung: er hat Israel in der Wüste geführt, ohne daß es ihm opferte (5,25). Ihre Jahve-Verehrung ist aber auf **Jahve** angewiesen, kann ihm nur in Erfüllung seines Willens, kann ihm nicht zur Verschleierung von dessen Verkehrung dargebracht werden – sollte ihm, wenn es sich dabei doch nur um diese Verschleierung handelt, besser überhaupt **nicht** dargebracht werden! In diesem Sinn: «Suchet **mich**, auf daß ihr lebet, und suchet nicht Bethel! Nach Gilgal sollt ihr nicht gehen und nicht hinüberziehen nach Beerseba!» (5,4f.). Suchet mich! heißt aber: «Suchet das **Gute** und nicht das Böse, damit ihr lebet! Dann würde Jahve mit euch sein, wie ihr es sagt» (5,14). «Hasset das Böse und liebet das **Gute** und stellt das **Recht** her im Tor: vielleicht würde Jahve dem Rest Josephs dann gnädig sein» (5,15). «Es ströme wie Wasser das Recht und die Gerechtigkeit wie ein unversieglicher Bach!» (5,24). Das ists, was geschehen müßte, und weil das nicht geschieht, fordert der ganze Jahvedienst Israels, weit entfernt davon, die Ungerechtigkeit seines Lebens zu kompensieren, Jahves Zorn und Gericht nur erst recht heraus. Er bedarf des Stromes ihrer Geschenke nicht: sie sollen Gerechtigkeit gegen die Menschen üben. «Von Leuten, die das Recht mißachten, will Jahve nicht gefeiert werden, die will er vernichten» (B. Duhm, S. 133).

Und nun hoffen sie endlich auf einen «Tag Jahves»: auf die Erfüllung seiner Zusage als Herr des mit ihnen, seinem Volk, geschlossenen Bundes in der Heraufführung einer Glanzzeit, in der es ihnen mit Hilfe Gottes womöglich noch besser gehen wird als in der schon so erfreulichen Gegenwart? Nun, daß Jahve der Herr des Bundes mit ihnen ist und seine Zusage als solcher halten wird, ist bei dem allem nicht vergessen – im Gegenteil! Gegen wen sonst richtet sich denn die ganze Anklage und Drohung als eben «wider das ganze Geschlecht, das ich aus dem Lande Ägypten heraufgeführt habe» (3,1)? Wie er die Philister von Kaphthor und die Syrer aus Kir heraufgeführt hat (9,7)! Aber: «Euch **allein** habe ich erwählt vor allen Geschlechtern der Erde, **darum** suche ich an **euch** heim alle eure Schuld!» (3,2). Gerade die ihnen zugewendete, von ihnen aber zurückgewiesene **Gnade** muß gerade ihnen zum **Gericht** werden. Und so wird jener Tag allerdings anbrechen, aber sehr anders als sie es sich denken: eben als Tag des Gerichtes Gottes, das gerade darum in letzter Schärfe über **sie** ergehen muß, **weil sie sein Volk sind**. Und darum: «Wehe denen, die den Tag Jahves herbeiwünschen! Was soll euch der Tag Jahves? Er ist ja Finsternis, nicht Licht – wie wenn Jemand, der einem Löwen entflieht, von einem Bären gestellt wird und wenn er nach Hause kommt und sich mit der Hand gegen die Wand stützt, von einer Schlange gebissen wird. Ja, Finsternis ist der Tag Jahves und nicht Licht, dunkel und glanzlos!» (5, 18f.)

Des Menschen Unmenschlichkeit bekommt nach der Botschaft des Amos von Gott her keine andere Antwort als diese: sie ist wie des Menschen Dummheit nur verwerflich, im Voraus schon verworfen. Gott müßte sich selbst, er müßte seinem gerade im Bund mit Israel geschlossenen Bund mit dem Menschen untreu sein, wenn er diese Antwort zurücknehmen oder auch nur abschwächen könnte. Er hält diesen Bund, indem er des Menschen Unmenschlichkeit unter seine unerbittliche Anklage und unter sein unaufhaltsam über sie hereinbrechendes Gericht stellt.

---

3. Wir setzen neu ein mit der Feststellung, daß wir es in der Existenz des Menschen Jesus mit der echten, der normalen Gestalt der menschlichen Natur und also mit dem authentisch menschlichen Leben zu tun haben. Er lebt nach dem Geist, indem er Fleisch ist. Das heißt konkret: er lebt ganz Gott und ganz dem Mitmenschen zugewendet. Er lebt eben damit in einer einzigen Erhebung, Reinigung, Heiligung, Indienststellung des Fleisches, d. h. der menschlichen Natur, die wir nur als Fleisch, nur in ihrer abnormalen Gestalt, nur in ihrer Dekomposition kennen. Sein Leben ist ihre Normalisierung. Und so ist es der zu sich selbst gekommene Mensch, der uns in ihm begegnet: der Mensch, der mit sich selbst als Seele seines Leibes im Reinen, in Ordnung, im Frieden ist. Er lebt in der dem menschlichen Geschöpf zugedachten Einheit, in dem seiner Natur konform zugeordneten Verhältnis von Seele und Leib. Er selbst ist ganz Seele und ganz Leib. Und er ist als Seele wie als Leib ganz er selbst: in Freiheit verfügende Seele seines Leibes, in Freiheit dienender Leib seiner Seele. Er ist Mensch wie wir, aber in dieser königlichen Freiheit. Nicht in einer von ihm errungenen und auch nicht in einer ihm verliehenen oder geschenkten, sondern original, in seiner eigenen Freiheit freilich! Er hat sein Leben in sich selber. Er gestaltet, er normalisiert es. So daß es sein Leben ist, das er lebt, das er darum auch als freie Gabe dem Willen Gottes gehorsam für uns Menschen hinzugeben in der Lage ist und wirklich hingibt. Er macht es zum Leben für Gott und für uns und so als sein Leben in seiner Zeit zum Leben ohnegleichen. Er kommt aus dem Geiste, dem gemäß er lebt. Es ist also kein ihm fremder, sondern sein Geist, in welchem er Fleisch ist, das Fleisch erhebt, reinigt, heiligt, in Dienst stellt. Wieder ist zu sagen, daß das so nur von ihm, dem Menschensohn, der auch der Sohn Gottes ist, gilt: daß er darin erhoben über uns alle Mensch ist. Es ist aber eben so Gottes für uns gültige und kräftige Weisung, die uns in ihm begegnet: in einem Menschen wie wir, die Wahrheit unserer Natur, des Menschen Heiligkeit, Würde und Recht, des menschlichen Lebens Herrlichkeit. So daß, wer seinen Heiligen Geist empfängt, in ihm sich selbst erkennt als einen zur Existenz in der Wahrheit seiner menschlichen Natur, zu einem authentisch menschlichen Leben Erwählten, Geschaffenen, Bestimmten.

Wir aber sind, mit ihm konfrontiert, auch in dieser Hinsicht die, die es unterlassen, die zu sein, die wir in ihm doch sind – die es versäumen, von der uns in ihm doch geschenkten Freiheit des Geistes im Fleisch Gebrauch zu machen. Wir verharren vielmehr – unbewegt, wo wir uns doch bewegen dürften – in einem Sein als geistloses Fleisch, in der Unordnung und leben ein dementsprechendes Leben. Wir nennen es, der Kraft der zuvor aufgenommenen Begriffe «Dummheit» und «Unmenschlichkeit» entsprechend: ein Leben in der Verlotterung. Sie ist die dritte Form der Trägheit, in der wir bei uns selbst bleiben wollen, statt als die zu existieren, die wir doch in jenem Einen und durch Ihn schon sind.

Wir konstatieren auch hier zuerst die Nichtigkeit auch dieser Form unseres Versagens. Die Normalisierung unserer Natur, das Ereignis der Herrlichkeit des menschlichen Lebens, ist in Jesus ein für allemal geschehen. Dieser Mensch, der in königlicher Freiheit die Seele seines Leibes ist, lebt – und lebt als unser Herr, Haupt und Stellvertreter. Seine Weisung ergeht und geht uns alle an. Sie ist nicht rückgängig zu machen. Ihr kann unsere Verlotterung keinen absoluten Widerspruch entgegenstellen. Seine Weisung bezieht sich ja auf das, wozu wir als Menschen erwählt, geschaffen und bestimmt sind: auf uns selbst, wie Gott uns von Ewigkeit her und unwiderruflich haben will. Sie heißt uns die sein, die wir ursprünglich sind, als die wir uns also nicht zerstören, nicht auslöschen können. Stören können wir Gottes auf uns selbst gerichtete Absicht wohl, aber nur, indem wir uns mit uns selbst in Widerspruch setzen. Verlottern heißt: verwahrlosen, durch Nachlässigkeit in Unordnung, aus den Fugen kommen und damit: herunterkommen. So weit können wir aber nicht herunterkommen, daß wir aufhörten, Menschen: das zu sein, als was Gott uns geschaffen hat. Wir können ein geisterhaftes oder ein tier- oder gar pflanzenhaftes Leben leben – Verlotterung ist Beides! – wir können aber weder Geister, noch Tiere, noch Pflanzen werden. Unsere Seele und unser Leib werden immer wieder ihr Recht anmelden, aber auch ihre Macht geltend machen – immer in der Richtung ihrer ursprünglichen Einheit, immer indem die Seele über den Leib verfügen, immer, indem der Leib der Seele dienen will. Ihre Zerspaltung, der Widerstreit, die Verkehrung der Ordnung, in der der Mensch die Seele seines Leibes ist, wird sich immer wieder als widernatürlich erweisen. Wie Gott und wie der Mitmensch, indem wir sie übersehen, vergessen und bestreiten, dennoch da sind und unsere Trägheit durch ihre Existenz Lügen strafen und ins Unrecht setzen, so sind auch wir selbst, wir mögen uns selbst widersprechen wie wir wollen, dennoch da und protestieren – und das mit überlegenem Recht und größerer Macht – gegen das, was wir uns selbst antun. Wir tun auch das letztlich vergeblich. Unser Wählen und Wollen des Nichtigen kann auch in dieser Hinsicht nur jene Realität inferioren Grades schaffen. Mehr als unsere Sünde ins Werk zu setzen und unsere

Schande offenbar zu machen, sind wir auch in unserer Verlotterung nicht fähig. Man müßte ja die Existenz des wahren Menschen Jesus als des Herrn, Hauptes und Stellvertreters aller Menschen in Frage stellen, wenn man es anders sagen, wenn man der menschlichen Trägheit, die auch diese eigentümliche Häßlichkeit hat, ein größeres Vermögen zuschreiben wollte.

Aber da ist sie nun – die in ihrer ganzen Häßlichkeit als des Menschen Verlotterung nicht zu leugnende Tatsache: auch in dieser Form nicht Nichts, sondern Etwas, tatsächliche Beschaffenheit des menschlichen Willens, seiner Entscheidungen, seiner Vollbringungen. Wie der Mensch Gott nicht erkennen und wie er ohne und gegen seinen Mitmenschen sein will, so will er auch sich selbst in der Unordnung, im Zwiespalt und im Zerfall seiner Natur, so versäumt er den Gebrauch der ihm in der Weisung Jesu zugewendeten, geschenkten Freiheit, ein ganzer Mensch zu sein, so schaltet er sich auch in dieser Hinsicht aus der von Jesus ausgehenden reinigenden, heiligenden, reformierenden Bewegung aus. Unsere allgemeine Kennzeichnung der Sünde als des Menschen Trägheit: daß er sich «fallen läßt» dürfte auf ihren uns jetzt beschäftigenden Aspekt in ganz besonderer Weise zutreffen. Der Mensch verlottert, indem er von dem ihm durch Gottes Gnade zugewiesenen Ort abrutscht – und das widerfährt ihm, indem er es selbst nicht anders haben will. Er läßt sich gehen, er läßt sich treiben, d. h. aber: er läßt es zu, daß er, wo er seinerseits gehen und treiben sollte und dürfte, gegangen und getrieben wird: ein Widerfahrnis, das nur eben ein Fallen, ein Unfall sein kann, der aber nicht schicksalhaft über ihn kommt, sondern dadurch von ihm selbst herbeigeführt wird, daß er sich fallen läßt. Sünde als Trägheit – und nun gerade in dieser besonderen Dimension als «Verlotterung» – ist Disziplinlosigkeit. Als authentischer Mensch leben würde heißen: sich selbst in Disziplin, auf der Höhe halten, auf die man als Mensch gehört, in Strenge gegen sich selbst sein wollen, was man als Mensch ist. Eben hier findet aber, von dieser Seite gesehen, das große Versagen statt: es steckt ein Vagabund in uns Allen – ein Jeder kann ihn gar nicht tief genug in sich selbst suchen! – der sich gerade Disziplin nicht gefallen lassen und darum, vielleicht nicht ungern gegen Andere, aber gerade gegen sich selbst durchaus nicht üben will. Er zieht es vor, Erlaubnisse, statt Befehle zu bekommen, und weil er sich sich selbst gegenüber für die höchste Instanz hält, lebt er – lebt der im tiefsten Grund vagabundierende Mensch – davon, sich selbst lauter Erlaubnisse statt Befehle zu geben. Eben damit zerfällt aber die Einheit, in der er Mensch ist, zersetzt er also sich selber, beginnen seine Seele und sein Leib je ihre eigenen Wege zu gehen, will seine Seele nicht mehr über seinen Leib verfügen, will sein Leib seiner Seele nicht mehr gehorchen, widersprechen sich beide nicht nur in ihrem gegenseitigen Verhältnis, sondern, indem sie ihre besonderen Funktionen in diesem

Verhältnis nicht wahrnehmen, je auch ihrem eigenen Wesen als die beiden zusammengehörigen Momente der menschlichen Natur. Will er geistlos sein – und das will der verlotterte Mensch – dann ist er von da ab unaufhaltsam auf dem Weg, auf dem er endlich und zuletzt zugleich seelenlos und leiblos werden und sein wird: auf dem Weg, der nur zum Tode führen kann.

Und nun geht es auch hier um eine Entscheidung, von der wir, indem wir sie in einzelnen Taten und Unterlassungen aktualisieren, immer schon herkommen: um den verkehrten menschlichen Grundwillen, der all den großen und kleinen Verirrungen, die von da aus möglich, notwendig und wirklich werden, immer schon vorangeht, in ihnen nur konkrete Gestalt annimmt. Was sich in seinen einzelnen Verirrungen ereignet, wird des Menschen Verlotterung widerspiegeln, die in ihrer eigentlichen, originalen Gestalt, in ihrer bitteren Wurzel wieder nichts Anderes ist als des Menschen Ungehorsam, sein Unglaube, seine Undankbarkeit, seine Feindschaft gegen die ihm zugewendete Gnade, die Übertretung ihres Gesetzes. Es wird nun diese Übertretung als solche das Gesetz, dem (mehr oder weniger kenntlich) alle seine Gedanken, Worte und Taten folgen werden.

Wir heben das gewiß nicht dazu hervor, um des menschlichen Lebens praktische Verlotterung in das – wer weiß? dann irgendwie entschuldigende und versöhnliche – Licht eines Verhängnisses zu rücken, was ja gerade hier, wo es um die Frage unseres Umganges mit uns selbst und also um die Vernachlässigung unserer unmittelbarsten Verantwortlichkeit geht, ganz besonders unangebracht wäre. Es muß aber gerade hier eingesehen werden, daß die Verlotterung unseres Tuns und Lassens als solche ihre Wirksamkeit von da her hat, daß wir selbst die – nicht sind, aber von uns aus sein wollen, die dann gar nicht anders als in einem tief und mannigfach verlotterten Tun und Lassen existieren können. Von daher hatten wir ja auch des Menschen Gottlosigkeit und des Menschen Unmenschlichkeit zu verstehen. Es wäre ja so schön und so einfach, wenn man den Menschen und wenn man sich selbst nur auf die Häßlichkeit und Verderblichkeit seines immer wieder so «fleischlichen» Denkens, Redens und Tuns, auf die tiefe Unnatur seiner in jenem Dualismus von Seele und Leib unternommenen und durchgeführten Vollbringungen und andererseits auf die Würde eines Lebens in der ihm zugedachten Einheit und Ganzheit anzusprechen, aufmerksam zu machen, ihn und sich selbst bloß aufzuklären und zur Ordnung zu rufen hätte, um ihn damit auf seine Füße zu stellen. Diese Aufklärung und diesen Ordnungsruf kann und soll man ihm und vor allem sich selbst denn auch wohl energisch zuteil werden lassen. Die Wirksamkeit der Sünde ist aber auch in dieser Gestalt größer als die alles derartigen Zuspruchs. Die ganze Geschichte der Moral – auch der christlichen Moral – war ja immer vorzugsweise eine Geschichte gerade dieses besonderen Zuspruchs, des Kampfes im Namen des Geistes gegen das Fleisch, wie man wohl dachte, und so des Kampfes um den Menschen selbst, für seine Erhebung, gegen sein Absinken, seine Verwahrlosung, seinen Zerfall. Tatsache ist, daß seine Trägheit gerade in dieser Form, aller Moral machtmäßig überlegen, in immer neuen Erscheinungen immer wieder Ereignis wird: daß der Vagabund in uns sich der ihm zugewendeten Disziplin immer wieder fröhlich zu entziehen weiß, daß ihm auch der Verweis auf die Verderblichkeit seines Treibens nie ernstlichen, nie endgültigen Eindruck zu machen scheint. Der ihm erteilte Zuspruch wäre schon gut, aber er pflegt nicht nur nicht zu haften und wirklich einzudringen, sondern es sieht alles danach aus, als ob er durch die Wirksamkeit der Sünde gerade in dieser Gestalt immer schon im voraus überholt wäre, als ob er auch mit der besten Moral überhaupt nicht in Griff zu bekommen sei. Eine höchst unerfreuliche und höchst irrationale Tatsache, die man aber offenbar als solche sehen und zu deren Verständnis man auf alle Fälle einsehen muß, daß der Mensch selbst, auch indem er sich oder Anderen jenen Zuspruch erteilt, auch der an der Geschichte der Moral, an jenem Kampf ernstlich teilnehmende Mensch das träge, auf sich selbst zurückfallende und im besonderen das verlotterte, das die Disziplin nicht liebende, sondern scheuende Wesen ist: im Verhältnis zu sich selbst, wie zu Gott, wie zum Mitmenschen der sündige Mensch. Von daher ist seine Verlotterung so wirksam, von daher der ihm entgegenzustellende Zuspruch so wenig, so ungenügend wirksam. Wie sollte die menschliche Verlotterung in Griff zu bekommen sein, da sie zuerst auch in dem Menschen wirksam ist, der den moralischen Zuspruch sich selbst und Anderen erteilen möchte, da er selber so Einer ist, der auch in dieser Hinsicht will, was er nicht wollen, und nicht will, was er wollen sollte? Wer das nicht – vor allem für seine eigene Person! – einsehen mag, der wird sich angesichts jener so unerfreulichen, irrationalen Tatsache nur entweder in Illusionen wiegen oder aber verzweifelnd die Hände verwerfen und schließlich müde werden können. Die Wirksamkeit der menschlichen Verlotterung ist – zusammen mit der der menschlichen Dummheit und Unmenschlichkeit – darum so groß, weil der Mensch selbst wie dumm und unmenschlich, so auch verlottert ist. Von da, von uns selbst aus erneuert sich unsere Trägheit auch in dieser Gestalt unerschöpflich, kann das, was vom Fleisch geboren, vom Fleisch gedacht, gesagt, gewählt, getan wird, auch wenn es den Charakter des ernstesten und schärfsten Einspruchs gegen sein Treiben hätte, selber nur Fleisch sein und also das Fleisch nicht überwinden.

Eben dorthin als an die Quelle des Übels ist nun aber auch zu blicken, wenn man sich auch unter diesem Gesichtspunkt über die **Gefährlichkeit der Sünde** klar werden will. Wir fragen zunächst wieder nach ihrer inneren Gefährlichkeit, die der Grund ihrer so unheimlichen Wirksamkeit ist. Man wird auch von dem Gesichtspunkt her, unter dem wir sie jetzt als des Menschen Verlotterung betrachten, vor allem sagen müssen: daß diese eine vom Menschen entfesselte und dann ihn ihrerseits fesselnde Macht hat. Das pflegt man ja dem Vagabunden in sich selbst und wohl auch in Anderen ein wenig bewundernd zuzugestehen: er «interessiere» uns, er sei nämlich eben «fesselnd», faszinierend, bezaubernd, kurz: mächtig. Bezeichnen wir die Sache aber sofort näher: es handelt sich um die Macht einer Lust, in der wir uns gehen und treiben lassen. Das ist darum schlimm, weil es ja in Wahrheit so ist, daß ihre Wirksamkeit vielmehr auf eine Entmachtung des Menschen und also auf höchste Unlust hinausläuft. Aber dessen sind wir eben nicht gewahr, dessen wollen wir dabei nicht gewahr sein: davon wird nachher noch zu reden sein. Es ist zunächst eben doch eine Macht, u. zw. die Macht einer bestimmten Lust, die dabei wirksam ist. Sie möchte vergleichbar sein mit dem Trieb mancher Kinder, das ihnen geschenkte Spielzeug alsbald möglichst gründlich und vollständig auseinanderzunehmen, es in seine verschiedenen Bestandteile zu zerlegen – eben damit dann freilich auch unbrauchbar zu machen. Aber wie sollte das nicht lustig, u. zw. unwiderstehlich lustig sein? Wir sind alle solche Kinder. Uns gelüstet es – und das ist das unheimlich positive Element dessen, was wir zunächst als unsere Disziplinlosigkeit bezeichneten, unsere menschliche Natur zu dekomponieren. Wir versprechen uns eine ganz besondere Befriedigung davon. Wir meinen gerade in der Begierde danach besonders menschlich zu sein. Wir entlassen also vielleicht unsere Seele aus ihrem Amt als Beherrscher, Wächter, Bewahrer unseres Leibes, um sie, von dessen Materialität und ihren Problemen befreit, wandern, schweifen, fliegen zu lassen in ihrer eigenen Weise. Wie sollte es uns nicht lustig dünken, ein vermeintlich reines Geistes- oder Innenleben zu führen, uns in einer wissenschaftlichen Gedanken- oder in einer ästhetischen oder auch religiösen Traumwelt ein neues, wir denken dann wohl: ewiges Haus zu bauen, möglichst ganz dem Unsichtbaren, möglichst wenig dem Sichtbaren zugewendet? So schön und verlockend kann diese Möglichkeit sich darstellen und so sublim die Lust, sie zu ergreifen. Man müßte sie nicht kennen, um nicht zu wissen, was für eine Macht sie hat. Daß sie die Macht böser Lust, daß auch sie nur eine bestimmte Form der Lust dieser Welt, eine Gestalt unserer Verlotterung, daß sie Trägheit, Sünde ist, werden wir uns freilich, wenn wir ihr einmal verfallen sein sollten, so schnell gewiß nicht sagen lassen. Warum soll sie nicht heilig sein? Wir können aber auch umgekehrt unseren Leib aus dem Dienst unserer Seele entlassen und seinen eigenen Trieben und Bedürfnissen offene Bahn geben. Wie sollte nicht auch das lustig sein, ihm endlich seine Souveränität und sein Recht zu geben, uns selbst – endlich aufrichtig, endlich realistisch geworden, endlich uns zu uns selbst bekennend –

nun eben nach dieser Seite möglichst getrost und hemmungslos auszuleben? Als schön und verlockend kann und wird sich auch das darstellen, und als irgendwie berechtigt und jedenfalls als stark auch die Lust, nun eben diese Möglichkeit zu ergreifen. Der sie vielleicht nicht oder nicht aus der Nähe kennt, sage nicht zu schnell, daß sie keine Macht sei! Er brauchte sie bloß einmal kennen zu lernen, um dann gerade darüber Bescheid zu bekommen. Sinnenlust, Fleischeslust, Weltlust? Böse Lust? Auswirkung der menschlichen Verlotterung, Trägheit, Sünde? Der Protest gegen solche Disqualifizierung kann und wird sich auch da melden. Warum sollte sie nicht auch in dieser Form heilig sein? Und nun nannten wir ja nur die beiden extremen Möglichkeiten, die so abstrakt vielleicht nur selten oder gar nie realisiert zu werden pflegen. Der Vagabund in uns treibt sich in der Regel irgendwo in der Mitte zwischen beiden herum, ergeht sich jetzt als in die Höhe entlassene Seele, jetzt als in die Tiefe entlassener Leib: ja nicht nur so oder so, sondern immer so und so, immer – und das mag dann wohl seine höchste, raffinierteste Lust sein – herüber und hinüber schielend und spielend, jetzt sich hier verleugnend und dort bekennend, und dann wieder hier sich bekennend und dort verleugnend, sich selbst jetzt so, jetzt so gefällig, und gerade in diesem (in fast unzähligen Varianten möglichen) koketten Kontretanz in höchster Entfaltung seiner Macht. Wie soll sich der Mensch, einmal von ihr gefesselt, indem er selbst sie entfesselt hat, wieder von ihr frei machen? Darin also besteht ihre Gefährlichkeit, daß sie in dieser oder jener Form die Macht einer den Menschen eigentümlich beherrschenden, aber aus ihm selbst hervorbrechenden Lust, einer richtigen «Herzenslust» hat. Weisen wir schließlich nur eben darauf hin, daß die Sünde auch in dieser Gestalt – indem an der Lust des Einen die des Anderen erwacht und sich entzündet – ansteckend, propagationsmächtig ist. Merkwürdig genug, weil sie doch gerade in dieser Gestalt so ausgesprochen «Schwachheitssünde» ist. Sich nach der einen oder nach der anderen Seite nachgeben, die Zügel schießen lassen, um sie dann schon der Abwechslung und des neuen Reizes halber wieder etwas aufzunehmen und doch wieder fahren zu lassen – das ist ja nicht umsonst die «populärste» Gestalt der Sünde: diejenige, in der sie einem Jeden ohne weiteres bekannt ist. Im Blick auf sie pflegt wohl ein Jeder, wenn es denn sein muß, zuzugeben, daß auch er ein Sünder, vielleicht sogar ein großer Sünder sei. Im Blick auf sie glaubt man sich aber, eben weil sie so allgemein verbreitet ist, auch ziemlich schnell Vergebung zusprechen, ja der Vergebung im voraus gewiß sein zu können. «Wir sind alle nur Menschen.» Man weiß nicht, daß man damit sagt: wir sind alle im Begriff, uns selbst gerade als Menschen zu widersprechen, abzubauen, aufzulösen; wir sind alle mit der Herstellung unserer eigenen Karikatur beschäftigt; wir sägen alle an dem Ast, auf dem wir sitzen. Aber es ist schon wahr: Es hat da Keiner dem Anderen viel vorzuhalten, es kann sich da in der Tat der Eine immer damit trösten, daß der Andere – zum Mindesten nicht viel besser als er – in seiner Weise auch so Einer ist, und womöglich damit, daß jener es offenkundig noch schlimmer treibt als er selbst. Um sich dann durch solchen Trost legitimiert zu finden, dasselbe, was er jenen tun sieht, in seiner Weise erst recht zu tun! Und so ruft Einer den Andern, zieht Einer den Andern nach sich.

Man mag hier wohl an das wie eine einzige klebrige Masse von Fleisch abstürzende Heer der Verdammten denken, wie es Michelangelo und Rubens in ihren Darstellungen des jüngsten Gerichtes geschildert haben. Wobei man sich freilich wundern mag, wie sie es wagen konnten, ihnen ein Heer von allerlei von dieser Verhaftung an das Fleisch, seine Lust und sein Verderben offenbar ausgenommenen Heiligen so selbstverständlich gegenüber zu stellen. Gibt es irgend einen (wirklichen, nicht gemalten!) Heiligen, der sich selbst von dieser Verhaftung frei zu sprechen, der sich also gerade an jenem Sturz der Masse alles Fleisches nicht beteiligt wissen wollte? Wird sich nicht der wahrhaft Heilige gerade dadurch von den falschen unterscheiden, daß er sich – nur eben: ohne sich damit zu trösten, ohne sich daraufhin selbst mit Vergebung zu bedienen – dazu bekennt, auch so Einer zu sein – Einer, der etwas Anderes als solchen Sturz so wenig oder noch weniger verdient hat als irgend ein großer oder kleiner gewöhnlicher Sünder? Waren das nicht immer die falschen Heiligen, die sich von jener Masse so einfach aussondern zu können meinten?

Lebten wir doch in der Solidarität vor Gott und untereinander, in der wir – durch die Macht der Schwachheit zusammengeschweißt – faktisch in der Verlotterung, in der Verwahrlosung, in der jetzt mehr geistigen, jetzt mehr materiellen Lust des Fleisches und so in der kindischen Destruktion der Würde unseres menschlichen Wesens leben, um dann gerade damit auch noch zu prunken, als ob das Alles gut machte: «Wir sind alle nur Menschen!» Aber daß das heillos ist, ein Exponent der Todesgefahr, in die wir uns begeben, in der wir uns schon befinden, das kann und wird uns eben nur einleuchten in der Einsicht in den Ursprung unserer Lust, in der Erkenntnis der Quelle, in der sie böse ist: dort, wo sie nur eben darin besteht, daß wir zu faul sind, der uns erhebenden Bewegung Gottes zu folgen, statt dessen uns sinken und fallen lassen. Wohin? Hinein in unser gnadenloses Sein für uns selbst! Eben dort – in unserem eigenen Herzen thront und regiert schon der Tod. Von dort her muß es zu des Menschen todesgefährlicher Verlotterung kommen, genau so wie es von dorther auch zu des Menschen Dummheit und Unmenschlichkeit und ihren Taten kommen muß und immer wieder kommen wird.

Ohne das Problem der Verdeckung zu visieren, würden wir dem Problem der Sünde auch in dieser Gestalt nicht gerecht werden. Diese erscheint hier offener, bekannter als in ihren anderen Gestalten: offenbar darum, weil wir uns hier in der direktesten und konkretesten Dialektik des Widerspruchs eines Jeden zu sich selbst befinden. Es steht aber zum vornherein zu erwarten, daß die Sünde sich gerade hier womöglich noch wirksamer als in ihren anderen Gestalten zu camouflieren versteht. Damit bekennen wir uns ja eben noch nicht zu ihr, daß wir im Blick auf sie einräumen, daß alle Menschen, daß also auch wir Sünder seien. Es ginge darum, dazu zu stehen, daß wir im Begriff sind, unsere Würde als Menschen und damit uns selbst zu verleugnen und zu zerstören. Dazu zu stehen, daß unser Wollen darauf hinausläuft, sind wir nun freilich objektiv wieder durch den guten Grund gehindert, daß wir in Gottes Hand sind, dessen Wille nach Hes. 18, 23 nicht unser Tod ist, sondern daß wir umkehren und leben sollen. Aber was wissen wir von diesem guten Grund? Es ist ja gerade nicht Gottes Hand, in die wir uns bergen wollen. Das würde ja bedeuten, daß wir wollen, was er will: daß wir also umkehren und in der Umkehr leben wollten. Wir aber möchten einfach – und das ist unser gar nicht guter Grund, zu der Selbstdestruktion, in der wir begriffen sind, nicht zu stehen – zwar leben, aber leben, ohne umzukehren: in der mächtigen Schwachheit unserer bösen Lust weiter leben! Dieses Minus ist auch hier das, was wir vor Gott, vor den Anderen und vor uns selbst verbergen möchten. Was wir nicht wahr haben wollen, ist auch hier die verkehrte Tendenz des Willens, in dem wir nicht aus Gott, sondern aus uns selbst heraus leben wollen. So entsteht auch hier die Heuchelei als Wiederholung, Bestätigung und Verschärfung der Sünde selbst und als solcher.

Die Heuchelei und also die Verdeckung der Sünde geschieht auch hier unter dem Titel und Ruhm ihres Gegenteils. Nur daß wir ihr Werk hier – dementsprechend, daß es ja in jener Aufspaltung der menschlichen Natur besteht, nicht auf den Nenner eines einzigen Begriffs bringen können. Wir schützen jene zweifache Lust des Fleisches mit dem doppelten Vorwand der Freiheit und der Natürlichkeit. Es liegt ja so nahe, sich jene Entlassung der Seele aus ihrer Bindung an den Leib, aus ihrer Verpflichtung, sein Herr und Hüter zu sein, und jene Entlassung des Leibes aus dem Dienst und also aus der Kontrolle der Seele, jenes doppelten Sichgehen- und Sichtreibenlassen als eine Befreiung von einem dem Menschen beiderseitig auferlegten Druck vorstellig zu machen. Sollte die Disziplin, die uns jene Entlassungen verwehren will, nicht so etwas wie eine Fremdherrschaft sein, die der Mensch sich nicht gefallen zu lassen braucht, gegen die er sich auflehnen darf und wohl geradezu muß – weit entfernt davon, daß es seine Sache sein sollte, sie auch noch selbst zu üben? Sollte nicht vielmehr gerade er selbst erst damit zu existieren anheben, sollte nicht das seine Lebenstat sein, daß er diese Disziplin als einen überflüssigen und unguten Zwang durchschaut: als einen gegen ihn gerichteten Angriff entschlossen abwehrt und also gerade um seiner selbst willen, in Betätigung seiner Einheit und Ganzheit als Mensch den Schritt wagt (aus seiner Freiheit) in seine Freiheit und also jene Entlassungen vornimmt, also sich selbst nach oben oder nach unten, und wenn es ihm ganz ernst ist, zugleich nach oben und nach unten, Erlaubnis, Urlaub gibt? Verlotterung, Entwürdigung, Degradierung? Das Werk des geistlosen und damit auch alsbald seelenlosen und leiblosen Menschen? Nein, das mutige Werk gerade des freien Geistesmenschen: das Werk, in welchem er seiner Seele und seinem Leib ihre Rechte gibt und eben damit als Mensch zu sich selbst kommt, seine Menschenwürde entdeckt und behauptet! Trägheit? Ist nicht vielmehr Alles, was er vor dieser Befreiung denkt, will und tut, Trägheit? Sünde? Ist nicht das Sünde, sich dem Walten des freien Geistes zu widersetzen, jene Entlassungen nicht zu vollziehen? Und es liegt ebenso nahe, sich das, was aus diesen Entlassungen folgt, den doppelten Doketismus einer hier spiritualisierten, hier materialisierten Existenzweise als Rückkehr zur Natur, zu einem echt seelischen und zu einem echt leiblichen Wesen im Gegensatz zu einem beide verfälschenden, vermeintlichen Geist auszulegen. Sollte die Authentie, in der der Mensch Seele und Leib ist, nicht genau jenseits der Bindung anfangen, in der sie dieser sog. «Geist» allein als menschlich gelten lassen will? Sollte die Disziplin, die er von uns fordert, die selber uns selbst gegenüber zu üben er uns zumutet, nicht auf einen Krampf hinauslaufen, auf eine Vortäuschung, der gegenüber es nicht nur erlaubt, sondern im Namen der Wahrhaftigkeit geboten ist, nach beiden Seiten auf jene Entlassung zu sinnen, Urlaub zu nehmen und zu genießen? Existenz im Gegensatz und Widerspruch? – und also Verlotterung, also Trägheit, Sünde? Wie, wenn gerade die Existenz im Gegensatz und Widerspruch jener beiden Momente, gerade jene Dialektik der mächtigen Schwachheit, das Natürliche, das Normale wäre, wenn der wahre Geist gerade in ihrem Dualismus triumphieren würde, wenn es also schlicht unehrlich wäre, sich diesem Dualismus entwinden, nicht im Fleisch sein zu wollen? Wie, wenn es gerade das Gewiesene wäre, statt Einer Zwei und also im Fleisch zu sein? Gibt es nicht eine ganze auch unter christlichem Namen umgehende Anthropologie, die diesen Dualismus ausdrücklich anerkennt und als notwendig begründet, nur daß sie dann inkonsequenterweise den Leib als das Gefängnis der Seele keiner ernstlichen Betrachtung für würdig zu halten, seine Triebe nur zu disqualifizieren und umgekehrt das Leben der Seele in seltsamer Abstraktion doch nur als die Aktion ihrer Befreiung aus diesem Gefängnis zu beschreiben pflegt? Warum nicht ernst machen mit diesem durch altehrwürdigste Zeugnisse bestätigten Dualismus? Warum von Sünde reden, wo es sich schlicht darum handelt, der Seele in ihrer und dem Leib in seiner Weise Raum zu geben, und also für die Befriedigung der Bedürfnisse beider frei zu werden?

Man hat das, was wir hier des Menschen «Verlotterung» nennen, wohl noch nicht erkannt, bevor man sie ihre Sprüche hat zu Ende reden lassen, in denen sie sich zu verdecken, zu verteidigen, zu rechtfertigen, ja zu glorifizieren versucht – bevor man den Heiligenschein gesehen hat, mit dem sie sich – wir haben ihn hier gerade nur angedeutet – zu umgeben weiß. Es fällt dem Vagabunden in uns ja gar nicht ein, sich uns als der Lump, der er eigentlich ist, vorzustellen. Er gibt sich vielmehr als Edelmann, Ritter und Held. Er, der doch nur die Darstellung der Regel, des ordinär und trivial Menschlichen ist, empfiehlt sich, indem er die Fahne der Freiheit und Natürlichkeit vor sich herträgt, als die hoch interessante Ausnahme von der Regel! Und wer wollte denn nicht frei und natürlich und also eine Ausnahme sein und machen und also hoch interessant werden? Er braucht diese Verdeckung. Er würde uns ohne sie abschrecken, wie uns der Dumme in uns, gäbe er sich nicht als Weiser, und wie uns der Unmensch in uns, gäbe er sich nicht als menschlich in Ausübung irgend einer Sachlichkeit, abschrecken würde. Wir würden ja ohne sie dem Tod ins Gesicht sehen. So gibt er sich als der wahrhaft lebendige Mensch. So kann es auch der Verdeckung, in der der Mensch verlottert, an Wirksamkeit nicht fehlen. Sie vereinigt sich mit der Wirksamkeit, die die Macht jener destruktiven Lust ohnehin hat. Sie potenziert diese Macht; sie treibt ihr Werk auf die Spitze, sie gibt ihm Glanz und Schönheit. Solange diese ihre Verdeckung nicht fällt, wird des Menschen Verlotterung nicht nur unaufhaltsam weitergehen, wird sie vielmehr immer neue, u. zw. höchst qualifizierte Antriebe empfangen. Man wird sogar sagen müssen, daß sie, daß unser Sein im Fleisch entscheidend gerade von den Antrieben lebt, die es aus dieser seiner Verdeckung empfängt.

Eines vermag diese freilich nicht: sie vermag die verheerende Auswirkung unserer Verlotterung weder zu verhindern noch zu verbergen. Sie hat wie unsere Dummheit und wie unsere Unmenschlichkeit ihre unvermeidlich sich einstellenden Folgen. Wir veranschaulichen uns das wieder, indem wir nach den drei anderen Seiten dessen blicken, was den Menschen zum Menschen macht.

Wie sollte es anders sein: die Gefährdung seiner selbst, die der Mensch sich leistet, indem er sich selbst, statt sich in Disziplin zu halten, gehen und treiben läßt, schließt (1) unmittelbar auch die Gefährdung seines Seins vor Gott und mit Gott in sich. Er bewegt sich auch hier in einem *circulus vitiosus:* indem er sich der Erkenntnis Gottes entzieht, ist er schon im Absinken in die Unordnung seines eigenen Seins als Mensch begriffen. Und indem er ein Mensch der Unordnung wird und ist, kann es nicht fehlen, daß ihm auch Gott ein Fremder, ein Feind wird: Gott, der ein Gott nicht der Unordnung, sondern des Friedens ist – der Schöpfer und Garant gerade auch des Friedens, auf den des Menschen Natur als Seele seines Leibes ausgerichtet ist. Bricht er diesen Frieden, so bricht er eben damit auch mit Gott als dessen Schöpfer und Garanten. In seiner durch den Heiligen Geist immer wieder zu erneuernden Einheit und

Ganzheit gehört er Gott: indem er das durch die Ausübung jener Disziplin betätigt, die ja nichts Anderes als der Gehorşam ist, den er Gott schuldig ist. Wählt er aber das Fleisch, d. h. nach der einen oder anderen Seite oder nach beiden den Dualismus, dann hat er eben damit Gott verworfen. Er wird dann blind für dessen Werk und taub für dessen Stimme. Er kann dann bestimmt nicht mehr wirklich beten. Er kann es auch dann nicht, wenn sein Libertinismus sich etwa mehr nach der geistig-seelischen Seite hin entfalten sollte: in einem vielleicht sehr ausgeprägten Idealismus, in allerlei kühnem inneren Aufschwung oder auch in einer vielleicht sehr intensiven Religiosität, in einem vielleicht sehr strengen Eifer um Gott und seine Sache. Aus dem Fleisch geboren, wird auch das fleischlich sein, wird ihn auch das von Gott trennen und nicht mit ihm verbinden: auch dann nicht, wenn er sich nach der leiblichen Seite nicht ebenso gehen und treiben ließe, sondern möglicherweise allerlei Härte an den Tag legte. Daß die andere, die flagrantere und gewöhnlichere Form der Libertinage, die sog. «Emanzipation des Fleisches» im engeren Sinn dieses Begriffs dieselbe Folge hat und haben muß, liegt auf der Hand. Nicht nur in diesem, aber vorwiegend in diesem Sinn reden die Lasterkataloge der neutestamentlichen Episteln sehr nachdrücklich von denen, die «nicht in das Reich Gottes kommen werden». Wie sollten die Verbummelten, die Verspielten, die Sklaven ihrer herrenlos gewordenen Sinne und ihrer Triebe ins Reich Gottes kommen? Gerade der Herrschaft Gottes haben sie sich ja entzogen, indem sie die Herrschaft über sich selbst preisgaben – wie sollten sie da wieder dorthin zurückkehren können? Aber ob es sich nun um die Ausschweifung nach oben oder um die nach unten, um die Libertinage der Gedanken und Gefühle oder um die des Bauches handle: Gott ist nicht da für den Vagabunden in uns. Wie frei der sich auch gebärde: für Gott ist er nicht frei, weder dazu, ihn zu erkennen, noch dazu, ihm zu dienen. Und für wie natürlich er auch sein Treiben halte: vor Gott und mit Gott zu sein, kann ihm nicht natürlich sein. Ihm verdirbt die Gewohnheit, sich selbst mit Vergebung zu bedienen, den Geschmack an einem Leben aus der frei sich schenkenden Gnade. Die böse Lust muß die Liebe zu Gott und mit ihr auch den Glauben an ihn und die Hoffnung auf ihn schon in seinem Herzen und von da aus auch in seinem Denken und Tun, im Vollzug seines Lebens auslöschen. Mit irgend einer Spielart eines grob oder fein heuchelnden Christentums mag sie sich wohl verbinden, mit einem wahren Christentum, das sich in der Anfechtung bewährt, und das der Welt gegenüber zeugniskräftig ist, niemals. Sie stört uns schlechthin, wenn wir Gott suchen, vor Gott treten, Gott anrufen, mit Gott und für Gott wohl auch noch allerlei Taten tun wollen. Wir können, von ihrer Macht beherrscht, Gott nicht einmal meinen, und dürfen uns auch nicht wundern, entdecken zu müssen, daß Gott seinerseits mit uns nichts anzufangen weiß, für uns keine Verwendung hat. Es könnte hier nur sinngemäß wiederholt werden, was wir bei unserer zweiten Überlegung von der Unmenschlichkeit als dem wahren Grund so vieler persönlicher und allgemeiner Glaubens- und Zweifelsnöte gesagt haben: zum wahren Grund dieser schmerzlichen Erscheinungen gehört auch des Menschen Verlotterung. Das ist das Erste, was durch keine Verdeckung, deren diese sich bedienen mag, aus der Welt zu schaffen ist.

Sie ruft aber (2) auch der Unmenschlichkeit, wie diese, wie wir sahen, ihre Folge ist. Auch hier der fatale Kreislauf von Ursache und Wirkung! Wie sollte der die Offenheit und Freudigkeit des Herzens für die Andern aufbringen, die Zusammenordnung von Mensch und Mensch bedenken und in die Tat setzen können, der sich an die Ordnung des menschlichen Seins in sich selbst nicht halten will? Wie sollte er die Würde des Menschen im Anderen respektieren, wenn sie ihm in seiner eigenen Person aus den Augen gekommen ist? Was sollte übrigens der verlotterte Mensch seinem Mitmenschen schon sein können und zu bieten haben – es wäre denn jene fatale Anziehungskraft des bösen Beispiels, durch die er den Anderen nicht zu seinem Heil, sondern zu seinem Unheil stärken wird – vielleicht auch, wenn der Andere etwas weniger tief gesunken sein sollte als er selbst, den ebenso fatalen Anlaß, sich als der vermeintlich Bessere über ihn zu erheben und gerade damit seinerseits erst recht in noch viel gefährlicherer Weise zu sinken? Man kann sich darüber gar nicht klar genug sein: in dem Maß, als wir uns selbst gehen und treiben lassen, fallen wir für die Gemeinschaft aus, werden wir im Verkehr mit dem Mitmenschen, dem Nächsten, dem Bruder zu Versagern, zu sozialen Blindgängern. Es hat die Destruktion des Ich, indem ich in ihr begriffen bin, die notwendige Folge, daß dort, wo der Andere ein Du sucht, um seinerseits Ich sein zu können, ein Vakuum entsteht. Der verlotterte Mensch wird zu einem Neutrum, zu einem Es ohne personale Aktivität, zu dem dann auch der Andere in keine fruchtbare personale Reziprozität treten kann. Man muß aber noch mehr sagen: der Vagabund in mir macht mich im Verkehr mit den Anderen nicht nur zum Versager, sondern zum Störenfried und Schädling. Meine innere Unruhe wird sich notwendig auch nach außen geltend machen. Ich werde, indem ich mir selbst nicht genügen kann, Kompensationsversuche in Form von allerlei Eingriffen und Übergriffen in die Bereiche meiner Mitmenschen vorzunehmen nicht unterlassen können. Ich werde meinen Streit mit mir selber in Streitigkeiten mit den Anderen teils zu verdecken, teils zu offenbaren genötigt sein. Der Mensch der Unordnung ist als solcher ein gefährlicher, ein für jeden Anderen potentiell bedrohlicher Mensch. Wie der innere und der äußere Friede nicht zu trennen sind, so leider auch nicht der innere und der äußere Unfriede. Das ist das Zweite, worin sich des Menschen Verlotterung aller Verdeckung zum Trotz immer wieder geltend machen wird.

Und dann wird sie sich (3) bestimmt auch darin auswirken, daß uns die **befristete Dauer** unseres menschlichen Daseins unerträglich wird. Der Abscheu vor diesem unserem Begrenztsein, die Flucht vor ihm ist freilich auch eine **originale** Gestalt der menschlichen Trägheit. Wir werden in unserer letzten Überlegung auf sie zurückkommen. Wir haben es aber hier auch mit einer direkten **Folge** der Destruktion und Auflösung der menschlichen Natur, des Seins im Fleisch, zu tun, das uns jetzt als des Menschen Verlotterung beschäftigt hat. Der verlotterte Mensch hat **Angst**, Lebensangst, Weltangst. Er ist in Wahrheit der freie Geist nicht, als der er sich gibt. Er genießt sich selbst durchaus nicht in der Heiterkeit, die er sich selbst und Anderen vormachen möchte. «Sei du dir selbst genug!» ruft er seinem stolzen Herzen zu. Warum aber muß er ihm das, wenn die Sache in Ordnung geht, erst zurufen? Die Wahrheit ist, daß sein Herz sich selbst nie genug, durchaus nicht genug ist. Er hat Angst. Er fürchtet sich. Mag sein: nicht vor dem Sterben als solchem. Er kann den Gedanken an sein Sterben neutralisieren, ja verklären. Das bringen wir alle fertig. Wir bringen es aber faktisch nicht fertig, uns dabei zu beruhigen, daß alles Ding und mit allen Dingen der Mensch seine Zeit, nur eben seine Zeit hat, um dann auf seine **Grenze** zu stoßen. Es geht nicht ums Sterben, es geht um den **Tod** als die Bestimmung der menschlichen Existenz, kraft derer sie endlich ist. Eben mit dieser Bestimmung vermag sich der verlotterte Mensch, er gebärde sich so unerschrocken wie er wolle – sein Tun beweist das Gegenteil – nicht abzufinden. Er ist ja der aus der Einheit und Ganzheit des menschlichen Lebens nach oben oder nach unten oder nach beiden Seiten ausbrechende Mensch. In und mit diesem Ausbruch verurteilt er sich aber nach beiden Seiten zu einem unendlichen, zu einem unersättlichen Streben. «Alle Lust will Ewigkeit»: erneuert sich, indem sie ihre Befriedigung findet, kann sie nur befriedigen, um sie alsbald aufs neue suchen zu müssen. Das gilt von der Lust unserer Gedanken und Gefühle ebenso wie von der Lust unserer Sinne. Ist sie einmal entfesselt, dann kennt sie kein Genügen, dann läßt sie uns von Begierde zum Genuß taumeln und im Genuß verschmachten nach Begierde. Gerade darin ist sie ja so lustig, gerade darin empfiehlt sie sich ja auch als schön: daß sie uns nach oben wie nach unten Fenster mit unendlichen Prospekten eröffnet, bei deren Anblick wir wohl feierlich oder auch übermütig jauchzend erschauern möchten. Aber ist nicht das Tiefste in diesem Erschauern immer eine schreckliche, nicht zu stillende, nicht wegzudiskutierende **Wehmut** angesichts der Unendlichkeit der sich nach allen Seiten eröffnenden Horizonte? Erschauern wir nicht schlicht vor der Wirklichkeit, die darin besteht, daß wir begrenzt und nicht unbegrenzt sind, daß unser Streben uns gerade in seiner Unendlichkeit nirgendswohin führen kann? *Carpe diem!* tröstet und ermuntert sich der verlotterte Mensch. Aber das ist doch nichts Anderes als der Ausdruck der

Torschlußpanik, in der er faktisch lebt. Meinen wir nicht immer, zu spät und zu kurz zu kommen: womöglich schon in der Jugend, dann erst recht in dem so gefährlichen Mittelalter und potenziert im Alter, wo wir uns nicht mehr verhehlen können, in dieser und jener Hinsicht tatsächlich und endgültig zu spät und zu kurz gekommen zu sein, um dann umso gieriger nach den Blüten zu greifen, die uns der Spätherbst übrig gelassen oder überraschend schenken mag? Bis es dann auch dafür irgendeinmal zu spät ist! Daß diese Jagd als solche, ob in der Jugend oder im Alter betrieben, sinnlos ist, weil ihr Objekt nicht existiert, weil es ein Unendliches zur Befriedigung unserer unendlichen Begierde nicht gibt, das kann der verlotterte Mensch, ausgebrochen aus der Einheit und Ganzheit von Seele und Leib, in der Gott ihn zur Existenz in der Grenze seiner Zeit geschaffen hat, nicht begreifen, dagegen muß er sich, ein endlos Unbefriedigter, endlos auflehnen. Indem er erfolgreich zu jagen meint, ist er selbst ein mit schrecklichem Erfolg von seiner Angst Gejagter. Er hat sie, indem er sich ausredet, daß er sie habe, indem er sie betäuben will und doch nicht einmal wirksam betäuben, jedenfalls nicht ersticken kann. Welches Menschen Lebensgeschichte wäre nicht im Durchblick durch alle Ansehnlichkeiten seines Unternehmens und Vollbringens und ohne seinem Charakter und seinen Leistungen zu nahe zu treten, auch als die Geschichte dieser seiner Angst zu beschreiben? Und so vielleicht auch die Weltgeschichte: die Geschichte der Völker, ihrer Politik und ihrer Kulturen, der Werke ihrer Kunst, Wissenschaft und Technik als die Geschichte der großen Jagd des nach dem Unendlichen greifenden und immer wieder auf seine Endlichkeit stoßenden Menschen als des in Wahrheit von seiner Angst Gejagten, von seiner großen Torschlußpanik Ergriffenen und Beherrschten, und darum keines ruhigen und kontinuierlichen Aufbaus Fähigen? Ist der Mensch aller Zeiten nicht darum so groß, weil er in der Furcht und in der Flucht vor seinen Grenzen so klein ist? Und ist er in dieser Furcht nicht darum so klein, weil er in jenem Ausbruch lebt, weil er der verlotterte und als solcher, wohlverstanden, der im Grunde träge Mensch ist? In jenem Ausbruch begriffen, muß er auch in dem Gelingen, das ihm dabei immer ein Stück weit beschieden sein mag, zweifeln und letztlich verzweifeln: eben darum, weil es ihm immer nur ein kürzestes Stück weit beschieden sein wird, von dem aus gesehen das Unendliche, das er törichterweise meint, immer wieder unerreichbar vor ihm liegen wird. Der nach oben oder nach unten verlotterte Mensch kann sich nicht bescheiden. Er sieht es nicht als natürlich, sondern als unnatürlich, nicht als eine Ehre, sondern als eine Schande an, sich zu bescheiden. Und weil er sich nicht bescheiden kann, muß er sich – und damit, wie wir sahen: auch seine Mitmenschen – von einer Unruhe in die andere stürzen: sehr zuwider dem im tiefsten Sinn ruhigen, in sich befestigten und auch nach außen Ruhe ausstrahlenden und Festigkeit schaffenden Leben, zu dem er durch Gottes Erwählung und Schöpfung bestimmt ist. Das ist das Dritte, was seine Heuchelei verdecken, aber eben nur verdecken, nicht ändern kann.

Wir blicken wieder auf unseren Ausgangspunkt zurück: Das also ist – in einer dritten Sicht – der Mensch, dessen Gott sich in dem Menschen Jesus angenommen, den er in diesem Einen in die Gemeinschaft mit seinem göttlichen Leben erhoben hat. Er ist im Lichte der Existenz dieses seines Heilandes gesehen der träge Mensch: der Mensch, der sich, auf sein eigenes Tun und Lassen gesehen, so sinken läßt, diese nach allen Seiten so folgenreiche Verwilderung sich leisten zu können meint. Als solche Menschen kennt uns Gott, indem er uns in jenem Einen sein Erbarmen zuwendet. Er sieht uns als die, die im Fleische sind, weil und indem wir es sein wollen. Was meint Gott, indem er inmitten der in die Tiefe stürzenden Masse Mensch die Existenz jenes Einen will und schafft und erhält? Den Aufweis des Gesetzes, von dem wir abgefallen sind? Die Beleuchtung des Sturzes, in welchem wir begriffen sind? Das ist die notwendige Nebenwirkung des göttlichen Werkes, die wir hier als solche für sich sprechen zu lassen hatten. Es ist wohl wahr: im Licht jenes Einen wird die Krankheit unseres Seins als eines schuldhaften Seins im Fleische offenbar. Vergessen wir aber nicht, was noch wahrer ist: «Unsere Krankheiten hat er getragen und unsere Schmerzen auf sich geladen.» Und «durch seine Wunden sind wir genesen» (Jes. 53,4f.). Vergessen wir also nicht: es ist positiv unsere Heilung, unsere Heiligung, die Gott in der Existenz des Menschensohnes, des königlich freien Menschen Jesus, als mächtige Weisung an uns alle gewollt und geschaffen hat! Wir aber, an die sie ergeht, sind diese, sind solche Menschen.

Wir lassen auch in diesem Zusammenhang einen alttestamentlichen Text reden: in diesem Fall die unheimliche Geschichte von David und Bathseba, 2. Sam. 11,1–12,25. Sie ist schon darum unheimlich, weil sie im Kontext der Erzählungen von den großen Taten Davids nach seiner Einsetzung zum König einen Fremdkörper bildet, dessen peinlicher Eindruck durch ihren bei aller Schmerzlichkeit doch versöhnlichen und sogar verheißungsvollen Schluß zwar gemildert, aber nicht beseitigt wird. Es dürfte, wenn man darauf achtet, wie der 2. Sam. 10 begonnene Bericht über den Ammoniterkrieg 12,26f. unmittelbar fortgesetzt und zum Abschluß gebracht wird – es dürfte auch im Vergleich mit 1. Chron. 19,1–20,3, wo dieses Zwischenspiel fehlt, einleuchten, daß es eine andere, besondere Quelle ist, aus der die Redaktion der Samuelsbücher hier geschöpft hat. Geht es um die Einführung der Person der Bathseba, die ja 12,24 als Mutter des Salomo und also als Stammutter des ganzen späteren Davidhauses erscheint, wie sie dann auch im Neuen Testament (Matth. 1,3f.) mit drei anderen seltsamen Frauen (Thamar, Rahab und Ruth) zusammen unter den Stamm-Müttern Jesu auftauchen wird? Aber wenn das in der Tat eine Absicht dieses Textes sein dürfte, dann doch nur in Verbindung mit einer ganz anderen: dem Aufweis der von David begangenen Sünde, in deren Schatten es zur Einführung jener für die Begründung des Davidshauses so wichtigen Person gekommen ist. Man wird dazu beachten müssen, daß die Gestalt der Bathseba durch die ganze Erzählung hindurch eigentümlich farblos bleibt: sie scheint in höchstem Gegensatz zu jener Abigail eigentlich nur Objekt des ganzen Geschehens zu sein: ohne Initiative, ohne eigenen Beitrag zu dessen Gestaltung. Davids Übertretung ist der Hintergrund, charakterisiert diese Geschichte ihrer Einführung. Und eben das macht sie unheimlich. In den ganzen vorangegangenen Berichten der Samuelsbücher hat man ja nichts davon gehört, daß David gesündigt hätte, vielmehr, wie er sich davor gehütet habe, oder wie er in jener Begegnung mit Nabal und Abigail davor bewahrt worden sei, zu sündigen. Merkwürdiger Kontrast gerade zu der Abigailgeschichte: nun hütet er sich nicht im Geringsten; nun ist niemand da, der ihn bewahrt. Nun tut er doch, was er als Träger der Verheißung nach jenem Text unmöglich tun konnte: und nun sogar ohne den Schein eines rechtlichen Anlasses, nun in dieser plötzlich mit frech erhobener Hand begangenen Übeltat. Nun kann er sich nur nachträglich sagen lassen – nun muß er, David, von dem Propheten Nathan (einer bei diesem Anlaß auch ganz neu auftretenden Figur) die Anklage hören: «So spricht Jahve, der Gott Israels: Ich habe dich zum König über Israel gesalbt und dich aus der Hand Sauls errettet; ich habe dir das Haus deines Herrn gegeben und die Frauen deines Herrn an deinen Busen gelegt; ich habe dir das Haus Israels und Juda gegeben und wäre das noch zu wenig, so wollte ich dir noch mehr geben auf diese oder jene Weise. Warum hast du Jahves Wort verachtet und getan, was ihm mißfällt?» (12,7f.). Man beachte die scharfe Kontrastierung des göttlichen Ich mit dem Menschen David, der nun auf einmal eben dorthin zu stehen kommt, wo ja das ganze Israel in der prophetischen Verkündigung immer hingestellt wird: in die Stellung dessen, der von Jahve alles Gute empfangen und es ihm mit Bösem vergolten hat. Gewiß, er hat auch in und mit dieser Übeltat nicht aufgehört, David, Jahves Erwählter und Berufener zu sein. Das beweist er ja sofort damit, daß er (12, 13), von Nathan angeklagt, ohne Zögern bekennt: «Ich habe gegen Jahve gesündigt» und das zeigt sich auch darin, daß ihm, anders als einst (1. Sam. 15,30) Saul, die Antwort wird: «So hat auch Jahve deine Sünde vergeben; du wirst nicht sterben.» Sie ist vergeben – sie ist aber mit allen ihren Folgen geschehen. Ist die Haltung Davids beim Tode des Kindes der Bathseba großartig, seiner wieder ganz würdig, so kann das doch nichts daran ändern, daß dieses von ihm in der Tat seiner Sünde gezeugte Kind sterben muß. Und es dürfte bestimmt literarische Absicht sein, daß die ganze Geschichte – eingebettet in den Bericht über den endlich und zuletzt siegreichen Ammoniterkrieg – nun doch den sehr düsteren Höhepunkt des vorher höher und immer höher hinaufführenden Weges Davids bildet, jenseits dessen er dann alsbald in die große Katastrophe des Absalom-Aufruhrs hineinführen wird. Als die im Gegensatz zu Saul eindeutig strahlende Lichtgestalt wird David von da ab nicht mehr dastehen. Man möchte – aber das würde wohl ein dem Text fremder Gedanke sein – sagen, daß er dem Leser nun menschlich näher gerückt ist. Der Skopus des Textes ist wohl, sofern es ihm nicht eben um die Einführung der Bathseba geht, schlicht der Aufweis: daß auch David an Israels Untreue gegen Jahve Anteil hat und darum mit seinem Volk, ohne Jahves Treue zunichte zu machen – unter Jahves Gericht steht.

Das Entscheidende zum Inhalt des Textes ist erschütternd schnell gesagt. Der Vorgang, in welchem auch David zum Übertreter wird, entbehrt aller – etwa tragisch zu nennenden – menschlichen Größe. Er ist primitiv, gerade in der Hinterlist, in der David seine Ehrbarkeit wahren will, unwürdig, brutal. Wie soll man ihn anders bezeichnen, als eben als einen Akt der Verlotterung? Es muß ja, wenn man von der Lektüre des ersten Samuelbuches herkommt, auffallen, daß man das von der Sünde des von Jahve verworfenen Saul nicht sagen kann. Sie bestand darin, daß er im Gegensatz zu seiner Berufung ein *melek* sein wollte, wie die Könige der anderen Völker. In dieser Verkehrung wurde er aus einem Charismatiker zu einem von einem bösen Geist Besessenen. Aber Saul war auch in seiner, moralisch ja kaum erfaßbaren Übertretung, auch in seiner Dämonie, auch in seinem finsteren Untergang groß, ein ganzer Mann. Der erwählte und an seine Stelle berufene und eingesetzte David ist in seiner Übertretung nur eben kummervoll klein, halt- und würdelos: in seinem «Verachten des Wortes Jahves» (12,9) selber nur eben verächtlich. Wäre es noch so etwas wie ein böses Prinzip und Programm, in dessen Ausführung man ihn dabei begriffen sähe! Wäre es noch irgend eine bedeutende Verwicklung, in der er irrte und fehlbar wurde! Was ihm passiert, ist doch nur eine sehr triviale, wenn gleich schließlich wild und bös verlaufende Hintertreppengeschichte. Da geschieht nichts als ein fast zufälliges, nur eben von ihm selbst verantwortlich vollzogenes Hinaustreten aus der ihm wohl bekannten und grundsätzlich auch von ihm anerkannten Ordnung, ein Seitensprung, in welchem er auf einmal einen ihm selbst fremden Charakter annimmt und in deren Folge er lauter ihm ebenso Fremdes tut, in fast mechanischem Ablauf lauter weiteres Hinaustreten sich leistet – einmal aus jener Ordnung herausgetreten, sich offenbar leisten muß. Alles, das Erste wie das Folgende, nur eben unter seinem Niveau, nur eben klein und häßlich.

Da – während Israels Mannschaft unter Joab (nach 11,11 unter Mitführung der Lade Jahves) in der Ferne zu Felde liegt – der in Jerusalem zurückgebliebene König (nach 11,2 eben vom Nachmittagsschlaf erwacht!) auf dem flachen Dach seines Palastes: keine böse, aber keine sehr verheißungsvolle Ausgangssituation! Da nun sein müßiges Gaffen hinunter in den Hof eines der niedriger gelegenen Nachbarhäuser. «Du sollst nicht begehren nach dem Weibe deines Nächsten!» (Ex. 20,17). Der gaffende David begehrt nach der Frau – wie er sich berichten läßt, Bathseba, der Frau des Hethiters Uria – die er dort baden sieht. «Du sollst nicht ehebrechen!» (Ex. 20,14). David will und vollzieht – er braucht sie ja als König nur her zu befehlen und tut es – den Ehebruch mit dieser Frau. Hat er ihn (Matth. 5,28) nicht schon begangen «in seinem Herzen», indem er sie, die Frau eines Anderen, ansah, um sie zu begehren? Aber nun begeht er das schon Begangene! Die Frau wird schwanger. Wird er ihr, ihrem Mann, dann wohl auch dem Volk von Jerusalem gegenüber stehen zu dem, was er getan hat? Vielleicht doch auch seinem noch ungeborenen Kind gegenüber? Der König Israels als Ehebrecher! Die Folgen mußten unabsehbar sein. Er scheut sie nicht ohne Grund, nur eben ohne Recht. Aber nun ist er schon sein eigener Gefangener. Nun bleibt ihm zur Abwendung der Folgen des begangenen Unrechts nur weiteres Unrecht übrig. Ein dummschlauer Betrugsversuch zuerst: Uria wird aus dem Felde zurückgerufen. Um dem König über das Kriegsgeschehen Bericht zu erstatten? So stellt sich David ihm gegenüber. Seine Absicht ist, ihn zu veranlassen, sich in sein Haus und also zu Bathseba zu begeben: er wird dann der Meinung sein, eine andere Meinung auch im schlimmsten Fall nicht vertreten können, daß das von ihr erwartete Kind das seinige sei. Diese Absicht scheitert an einem unerwarteten Hindernis: «Uria aber sprach zu David: die Lade und Israel und Juda wohnen in Zelten und mein Gebieter Joab und die Knechte meines Herrn lagern im freien Feld und ich sollte in mein Haus gehen, um zu essen und zu trinken und bei meinem Weibe zu schlafen? So wahr der Herr lebt und so wahr du lebst, ich kann das nicht tun!» (11,11). Er tut das auch auf dringendstes Zureden nicht, tut es auch nicht, da David ihn zur königlichen Tafel einlädt und betrunken macht, sondern schläft zwei Nächte am Eingang des Palastes bei Davids Leibwache. «In sein Haus aber ging er nicht hinab» (11,13). David ist – ein letzter Appell möchte man sagen – auf einen Mann gestoßen, der weiß, was sich gehört, und sogar im Rausch senkrecht will und tut, was er weiß. Was bleibt ihm schon übrig – vorausgesetzt, daß er den Weg zurück nicht gehen konnte, und er konnte es offenbar nicht – als den Mann verschwinden, sterben zu lassen, damit Bathseba seine Frau werden, der begangene Ehebruch nun eben so zugedeckt werden konnte. Er hat als König die Macht auch dazu. «Du sollst nicht morden!» (Ex. 20,13). Nun, er hat die Macht, zu morden, ohne sich selbst dazu bekennen zu müssen – und er tut das mit der berühmten, dem ins Feld zurückkehrenden Mann selbst mitgegebenen Weisung an Joab, ihn dort, wo der Kampf um die belagerte Ammoniterstadt am heftigsten war, voranzustellen und dann im Stich, dann ihn durch die Hand der Feinde Israels töten zu lassen. So befohlen, so geschehen: im Verlauf eines Unternehmens, das, an sich unnötig, unvorsichtig und verlustreich, von David hätte getadelt werden müssen. Unmöglich, daß er zu dieser Sache sagt, was er sagen müßte! Der darüber erstattete Bericht des Joab schließt ja mit der erwünschten Nachricht: «Auch dein Knecht Uria, der Hethiter, ist tot.» Sie macht Alles gut: auch den Tod der andern Männer, die bei dieser Sache ihr Leben lassen mußten. «Da sprach David zu dem Boten: So sollst du zu Joab sprechen: Laß dich das nicht anfechten; denn das Schwert frißt bald so, bald so. Kämpfe nur unentwegt gegen die Stadt und zerstöre sie! So sollst du ihn ermutigen» (11,25). Aber was interessiert ihn jetzt Joab, sein Heer, die Stadt Rabba? So hat David offenbar vor Allem sich selbst ermutigt: zum Genuß der Beruhigung nämlich, nach der er verlangt und die ihm durch den Tod des Uria, für den er so umsichtig gesorgt hatte, verschafft war. Bathseba hält Totenklage. «Sobald die Trauerzeit vorüber war, sandte David hin und ließ sie in sein Haus holen und sie wurde sein Weib und gebar ihm einen Sohn» (11, 27). Er konnte nun ohne Aufsehen geboren werden. Alles ist geschehen und Alles ist zugedeckt.

«Jahve aber mißfiel, was David getan hatte.» Das ist es, was der Prophet Nathan ihm zu bestellen hat. Er hatte getan, was er als Jahves Erwählter nicht tun durfte noch konnte. Er hatte sich selbst und damit seiner Erwählung und Berufung und damit Jahve auf der ganzen Linie widersprochen. Er hatte sich gehen und fallen lassen in das Begehren, in den Ehebruch, in den Betrug, in den mörderischen Verrat – in eherner Konsequenz das Eine aus dem Anderen sich ergebend – und so hinein in den Bereich des Zornes, des Gerichtes Gottes. «So wahr der Herr lebt: der Mann, der das getan hat, ist ein Kind des Todes!» bekennt er selbst, da ihm seine Tat im Spiegel des Gleichnisses von Nathan vorgehalten wird – um sich dann auf den Kopf zusagen lassen zu müssen: «Du bist der Mann!» (12,5f.). Daß das auch ihm widerfahren ist: nein, daß auch er Solches gewollt, getan und bis zum Letzten vollbracht hat, daß auch er, der Träger der Verheißung, so Einer war, das ist's, was der Bericht 2. Sam. 11–12 in so denkwürdig offener Weise ans Licht stellen wollte. David nun eben doch in der Rolle, im Stil, auf dem Niveau irgend eines kleinen *melek*, Sultans, Despoten der andern Völker? Und also David wie alle anderen Menschen? Das soll ihn offenbar nicht entlasten. Damit soll offenbar gezeigt werden, wie sehr umgekehrt seinem Gott gegenüber ganz Israel, jeder Mensch belastet ist: durch sein menschliches, allzu menschliches, aber damit nicht entschuldigtes, sondern höchst schuldiges Abrutschen – gerade durch das tief Gewöhnliche, das da auch als die Art und die Tat des Herzens und des Lebens des Auserwählten und Berufenen sichtbar wird.

---

4. Der Mensch Jesus, von dessen Existenz wir nun in unserem Zusammenhang ein letztes Mal ausgehen, betätigte und bewies seine königliche Freiheit zuletzt, zuhöchst und Alles umgreifend darin, daß er sein Leben Gott und den Menschen hingab, daß er es sich von Gott und von den Menschen nehmen ließ. Um es zu verlieren? Ja, aber um es gerade so zu gewinnen und zu bewahren! Um zu vergehen, nicht mehr oder eben nur noch vergangen zu sein? Ja, aber um sich als der gerade in seinem Vergehen und Vergangensein unvergänglich Seiende zu offenbaren: um als der am Schluß und Ende seiner Zeit Gekreuzigte ewig und für alle Zeiten zu leben. So, indem sein Leben dieser Krönung entgegeneilte und in ihr sich vollendete, wurde, war und ist es sein Leben für Gott und für uns, das Leben Jesu des Siegers, des treuen Knechtes Gottes, der als solcher in derselben Treue unser Herr, Haupt und Stellvertreter ist: das Leben des neuen, des heiligen, des erhöhten Menschen, in dessen Person

wir – noch da drunten, schon da droben, noch Sünder, schon geheiligt, noch Gottes Feinde, schon in die Gemeinschaft mit seinem Leben erhoben sind. Alles als das Leben des Mannes, der den Tod und also den Schluß und das Ende seines Seins in der Zeit nicht zurückwies, sondern annahm, um es eben in ihm zu erfüllen. Wir sind und bleiben ihm darin ungleich, daß sein Lebensausgang im Charakter dieser Lebenserfüllung, sein Ende in der Kraft und Bedeutung dieses Ziels einzig und einmalig, für uns geschehen, in unserem eigenen Ausgang und Ende sich nicht wiederholen kann. Es ist aber unser Ausgang und Ende in das Licht des seinigen gerückt. Es könnte und dürfte das seinige widerspiegeln. Es leuchtet ja sein Ausgang und Ende, sein Kreuzestod, d. h. sein in seinem Kreuzestod erfülltes und triumphierendes Leben, eben weil und indem es für uns gelebt ist, als Weisung hinein in unser Aller durch unsere Endlichkeit bestimmtes Dasein. Wir sind nicht Er und nicht wie Er. Wir sind aber, weil und indem er ja für uns und also nicht ohne, sondern mit uns ist, unsererseits nicht ohne, sondern mit Ihm – zuletzt und zuhöchst und Alles umgreifend auch darin und gerade darin, daß unser Dasein begrenzt, zum Tode hin ist: unser Dasein in unserer kurzen, unerbittlich befristeten Zeit. Er, der als der Gekreuzigte eben dort lebt, wo auch unsere Grenze einmal erreicht, unsere Frist abgelaufen sein wird – er, Jesus, der eben dort Sieger ist. Er ruft uns also nicht nur zu, getrost, mutig, zuversichtlich vorwärts zu sehen und vorwärts zu gehen. Er gibt uns – und das ist die Kraft seiner Weisung – die Freiheit, uns auf unser Ende, auf unsere Ankunft an unserer Grenze zu freuen. Denn eben dort ist Er, lebt Er sein Leben, das das unsrige als ewiges Leben in sich schließt. Er ist unsere Hoffnung und er heißt, er macht uns hoffen.

Wir aber – wir müssen diese bittere Wendung nun noch einmal vollziehen – wir scheuen gerade dort zurück, wo wir nicht nur ruhig und getrost sein, sondern hoffen dürften. Wir grämen uns, dessen gewahr sein zu müssen, daß unser Dasein jene Grenze hat. Wir möchten es anders haben und versuchen, unseren Fuß, der uns jener Grenze mit jedem Schritt näher bringt, zurückzuhalten. Und weil wir wohl wissen, daß wir es nicht anders haben können, daß wir gar nicht aufhören können, zu schreiten und also unaufhaltsam dorthin zu schreiten, sehen wir uns ängstlich um nach Sicherungen diesseits des Momentes, in welchem freilich auch sie dahinfallen werden, bemühen wir uns eifrig um solche Sicherungen: darum, zu leben, bevor wir sterben werden. Auch das ist eine Gestalt unserer Trägheit. Auch darin widersetzen wir uns Gott, entziehen wir uns seiner Gnade: der Teilnahme an der von Jesus ausgehenden Bewegung und Erhebung. Auch darin fallen wir zurück, bleiben wir im Rückstand. Und auch das ist verantwortliche Übertretung, ist Sünde. Wir nennen sie unter diesem vierten Aspekt: des Menschen Sorge. Wir sind ihr in unseren bisherigen Überlegungen unter anderen

Namen nun schon dreimal begegnet: als Folge und Frucht unserer Dummheit, unserer Unmenschlichkeit, unserer Verlotterung. Sie mußte ja schon unter diesen anderen Aspekten der menschlichen Trägheit notwendig in unser Blickfeld kommen. Sie ist aber auch eine selbständige Gestalt unserer Trägheit und als solche ihrerseits Grund und Ursache unserer Dummheit, Unmenschlichkeit und Verlotterung. Es fängt alles Böse auch damit an, daß wir der Begrenzung unseres Daseins nicht dankbar standhalten wollen, wo wir gerade im Blick auf sie hoffen, der Erfüllung unseres Lebens gerade in der Erwartung seines Endes gewiß, u. zw. freudig gewiß sein dürfen. Die Wurzel alles Bösen ist auch schlicht und gewaltig: des Menschen Sorge.

Sie ist nichtig – das ist die Feststellung, mit der wir auch hier einsetzen müssen. Sie ist vergeblich. Warum? Wegen der Unausweichlichkeit des Schicksals bzw. Naturablaufs, kraft dessen mit allen Dingen auch wir selbst vergänglich sind und einmal vergehen werden? Mit diesem lahmen Gedanken wird man jenen Satz, soll er gesichert sein, freilich nicht begründen dürfen. Gegen Schicksal oder Naturablauf wird sich der Mensch immer wieder – und das an sich mit Recht – so oder so zur Wehr setzen, wird er auch sein böses Sorgen gar nicht für vergeblich halten. Es ist aber vergeblich, weil und indem unser Vorübergehen, die Befristung unseres Daseins, der wir mit unserem Sorgen begegnen zu sollen meinen, Gottes gute Ordnung, einer von den Exponenten seines gnädigen, barmherzigen und unbesieglichen Schöpferwillens ist. Wir wählen kein Besseres, sondern ein Schlechteres, vielmehr das dezidiert Schlechte, unsere Verwerfung, wir schlagen uns auf die Seite des Chaos, wenn wir uns dieser Ordnung widersetzen, wo wir sie dankbar und freudig bejahen sollten. Das Chaos ist das, was Gott nie wollte und nie wollen wird und also das Nichtige. Darum ist unsere Sorge vergeblich, umsonst. Von da her müssen wir uns sagen lassen: daß wir unserer Lebenslänge keine Elle zusetzen können (Matth. 6, 27) und daß es sinnlos ist, das tun zu wollen – und von da her, daß unser himmlischer Vater weiß, wessen wir bedürfen (Matth. 6, 32). Von daher ist unserem Sorgen der Boden und die Luft entzogen. Es ist darum vergeblich, umsonst, weil es uns von des himmlischen Vaters irdischem Sohn gesagt ist, daß es das ist: von ihm, der an eben der Grenze, im Blick auf die wir scheuen und zurückweichen und uns sorgen, der eben im Ausgang und Ende seines Lebens Sieger und als Sieger offenbar wurde. Diese Durchbrechung und Beseitigung des Gegenstandes alles Sorgens (auch in seiner Gestalt als Schicksal und Naturablauf!) ist geschehen und nicht wieder rückgängig zu machen. Und so kann alles Verharren in der Sorge, das wir uns leisten mögen, nichts verändern an der Gültigkeit und Kraft des Veto, das er nicht nur mit Worten, sondern mit der Tat seines am Kreuz dahingegebenen und vollendeten Lebens dagegen eingelegt hat – nichts daran, daß er die

Hoffnung der Welt und unsere Hoffnung ist. Wogegen wollen wir uns denn sichern? Wir können uns wohl sorgen, wir können aber unserem Sorgen den Gegenstand nicht geben, den es haben müßte, um eine letztlich ernsthafte Angelegenheit zu sein. Wir können ihm keinen absoluten Charakter verschaffen. Wir können uns selbst und Andere nur täuschen, wenn wir der Meinung sind, daß es begründet sei und daß wir mit ihm etwas ausrichten, zu einem Ziel kommen könnten. Unsere Sorge ist vergeblich, umsonst. Wir können auch mit ihr nur unsere Sünde und Schande realisieren und an den Tag bringen.

Aber eben das tun wir und schaffen eben damit (auch unter diesem Gesichtspunkt gesehen) die üble Tatsache unseres Selbstwiderspruches. Wir stellen uns, als ob das Werk und das Wort Gottes nichts, als ob Jesus Christus nicht auferstanden wäre. Wir machen von der uns in Ihm geschenkten Freiheit keinen Gebrauch. Das Unmögliche, die Unruhe, in der sich der Mensch gegen die Endlichkeit seines Daseins, der er doch nicht entrinnen kann, auflehnt, wird Ereignis. Die Negation, die er sich damit erlaubt, wird als solche zu einer Position. Das nur eben Böse seiner Scheu vor seiner Grenze, die Gottes gute Ordnung ist, bekommt lebensgeschichtliche und weltgeschichtliche Gestalt und Bedeutung. Sein Leben wird nun zu einer ununterbrochenen Kette von Bewegungen seiner nach Sicherungen verlangenden Sorge: sei es im Blick auf diese und jene Möglichkeiten, die er darum fürchtet, weil er in ihnen die vorauslaufenden Schatten der Todesgrenze, der er entgegengeht, erkennen muß, um deren Vermeidung er also bekümmert ist – sei es im Blick auf andere Möglichkeiten, deren Realisierung er wünscht, weil er Erfüllungen von ihnen erwartet, die ihm das gewisse Ende mindestens vorläufig verbergen, die ihm ein mindestens zeitweiliges Vergessen dessen, was auf ihn zukommt, erlauben könnten. Sorge ist der merkwürdige Wechsel und das merkwürdige Gemisch solchen Fürchtens und Wünschens auf dem Hintergrund dessen, was wir für unsere Bedrohung statt für unsere Hoffnung meinen halten zu sollen. In dem trägen Verharren in diesem Meinen, in dem bösen Willen, in welchem wir uns dieses Verharren erlauben, besteht, von dieser Seite gesehen, des Menschen Ungehorsam, sein Unglaube, seine Undankbarkeit. Von dieser Meinung her quillt unerschöpflich auf die Sorge als jenes Fürchten und Wünschen in allen seinen großen und kleinen, mehr oder weniger aufregenden oder scheinbar nur beiläufigen und oberflächlichen Formen. Aus dieser Meinung heraus wird und ist der Mensch der so oder so Besorgte: er, der doch gerade von dorther versorgt ist, als ein Versorgter, ein aller Sorge Entnommener leben dürfte, von woher er sich für bedroht hält, gerade von seinem Ausgang und Ende her, das die ihm bestimmte Zukunft ist. Eben weil seine Besorgnis ihren Grund in jener Meinung hat, kann man auch ihr frontal gar nicht beikommen. Welcher andere Mensch, ja welcher Engel vom

Himmel könnte mir mit Erfolg zurufen, geschweige denn, daß ich das selbst mit Erfolg tun könnte: daß ich doch von jenem Fürchten und Wünschen lassen, daß ich mich also nicht sorgen solle?

Man wage es (es ist wirklich ein Wagnis!) über Matth. 6,25-34 zu predigen! Auf was für deprimierend grämliche, mutlose, unwillige (geheim oder auch laut geäußerte) Antworten wird man – u. zw. wenn man aufrichtig ist, sicher am meisten aus seinem eigenen Kopf und Herzen heraus – gefaßt sein müssen. Wie kann man sich denn nicht sorgen um sein Leben? Wie sich die Vögel des Himmels und die Lilien des Feldes zum Vorbild nehmen? Wie am Ersten nach dem Reich und seiner Gerechtigkeit trachten in der Zuversicht, es werde Essen, Trinken und Kleidung (als sei das so sicher!) «hinzugefügt» werden? Wie dem morgenden Tag seine eigene Sorge, sein dann vielleicht aufsteigendes und losbrechendes Gewitter, seinen dann vielleicht durchbrechenden Sonnenschein lassen, um sich unterdessen an die Plage (vielleicht auch die Freude) des heutigen Tages zu halten. Wie wird das Alles möglich?

Wie kann der Mensch von der Sorge lassen, da er nun einmal jener Meinung ist? Man beseitige Alles, wovor er sich fürchtet, man gebe ihm Alles, was er wünscht, so würden aus dem unerschöpflichen Quell jener Meinung sofort andere neue Befürchtungen und Wünsche emporsteigen, neue Sorgen sein Teil werden! Einmal wird es ja doch aus sein mit ihm. Wenn ihn der Ausblick auf diesen fatalen Punkt nicht positiv tröstet und freut, sondern bekümmert, wenn er, indem er diesem Endpunkt, diesem Jenseits aller seiner Befürchtungen und Wünsche entgegengeht, nicht Gott, sondern das Nichts auf sich zukommen sieht, dann kann er sich unterdessen nur sorgen. Er ist dann eben der Gefangene jener endlosen, von ihm selbst zu vollziehenden und in mechanischem Ablauf vollzogenen Sorgenbewegungen. Eben von daher muß man verstehen, daß des Menschen Trägheit, sein sträfliches Unterlassen auch in dieser Hinsicht so wirksam ist: obwohl doch wie die Meinung, in der dieses Unterlassen ursprünglich besteht, so auch das ganze aus ihr hervorgehende Sorgendasein nichtig, vergeblich, umsonst, weil gegenstandslos ist. Wie der Mensch zuerst – alles ganz unverständlich und unerklärlich, nur eben faktisch – der praktische Atheist, der Unmensch, der Vagabund ist, der er ist, um dann als solcher dementsprechend denken, reden und handeln zu müssen, so ist er zuerst – wie soll man ihn unter diesem unserem letzten Gesichtspunkt nennen? – der Unzufriedene, der als solcher sein eigener Sklave werden, im Frondienst seines Sicherungsbedürfnisses leben muß. Man muß diesen Zusammenhang sehen, wenn man angesichts des Ozeans von lebensgeschichtlicher und weltgeschichtlicher Sorge, in welchem wir, nächstens ertrinkend, alle schwimmen, nicht in einer müßigen Verwunderung stecken bleiben will.

Man muß ihn aber auch sehen, um ihre Gefährlichkeit zu erkennen. Wir beschreiben sie zunächst wieder nur unter dem formalen Gesichtspunkt, daß auch sie Macht hat: sie, die wie des Menschen Verlotterung doch nur in einer Art Schwachheit des Menschen einem vermeintlich übermächtig drohenden Gegner gegenüber zu bestehen scheint. Die Sorge hat ihre Eigentümlichkeit darin, daß sie ihre Macht eben von dem Gegner her hat, dem sie gilt, gegen den der Mensch sich sichern möchte. Sie hat die Macht des Endes, des Todes ohne Gott, des Todes ohne Hoffnung. Es ist dieser illusionäre, dieser schon aus dem Feld geschlagene Gegner, es ist diese Gestalt des Nichtigen, die in des Menschen Sorge unverständlich, unerklärlich, aber als tatsächlich herrschende Gewalt in sein Leben hineinwirkt. Der Gedanke an ihn macht ja den Menschen zum Unzufriedenen. Von ihm meint er ja bedroht zu sein, um in dieser Meinung gar nicht anders zu können als sich eben zu sorgen, um seiner Zukunft in der tiefen Unruhe des mit seiner Endlichkeit Unzufriedenen entgegensehen und entgegengehen zu müssen. Und siehe da: es ist eben dieses illusionäre Gebilde seiner Meinung, es ist eben das Gespenst des hoffnungslosen Todes, das ihm mit großer Bestimmtheit und Folgerichtigkeit das Gesetz seines Handelns diktiert. Indem er sich Sorgen macht, gibt er selbst diesem Gespenst Leben, drückt er ihm seine gespenstischen Waffen in die Hand, führt er seinen gespenstischen Arm. Sorge ist wirklich Existenz von diesem Tode her, und so zu ihm hin, weil sie von diesem Tod schon getroffene, gelähmte, entnervte, mit Krankheit geschlagene und nun wirklich dahinsiechende, vergehende Existenz ist. Es vermehrt, vertieft, verschärft sich die Bekümmernis des Menschen in dem Maß, als er ihr erlaubt, sich in jenem Wechsel oder Gemisch von Befürchtungen und Wünschen auszuleben. Indem der Mensch es verschmäht, sich seiner Grenze zu trösten und zu freuen, rückt sie (aber nun eben so, wie er sie sieht und also nur untröstlich, nur unerfreulich) tatsächlich lebensgefährlich in seine Gegenwart herein. Er holt sich eben das zu seinem eigenen Leid heran, er macht eben das aus einer gnadenvollen zu einer gnadenlosen Bestimmung seines Daseins, was er als dessen noch fernes Ende scheut, dessen Kommen er durchaus ausweichen, vor dem er sich durch allerlei Erfüllungen verbergen möchte. Und nun zeichnet ihn dieses mutwillig heraufbeschworene Gespenst, nun muß er gerade in der Gegenwart, in der er so ganz mit seiner Abwehr im Blick auf die Zukunft beschäftigt ist, sein Opfer werden. Nun befindet er sich, auch so gesehen, auf jener unseligen Jagd, in der in Wahrheit er selbst der Gejagte ist. Das ist die unheimliche, die gewiß nur pseudoschöpferische, aber als solche in ihrer ganzen Hinfälligkeit sehr reale Macht der Sorge: ihre Wirksamkeit, vor der es darum kein Entrinnen gibt, weil sie, indem der Mensch jene Meinung von seinem Ende faßt und nährt, notwendig, durch ihn selbst wirksam gemacht, eben das gemeinte Ende schon in seine Gegenwart versetzt. Es wäre nun davon zu reden, wie auch die Macht der Sorge Expansions- und Ansteckungskraft hat: wie man sich in jenes bekümmerte Fürchten und Wünschen und in die ihm entsprechende freudlose Gegenwart gegenseitig hineintreiben und hinein-

2. Des Menschen Trägheit

steigern, wie die Panik eines Einzelnen oder einiger Weniger sich ganzen Massen fast blitzartig mitteilen kann. Es wäre nun daran zu erinnern, wie sich ganze weltgeschichtliche Situationen entscheidend nur noch als Zustände epidemisch auftretender Sorge darstellen können, in denen jenes in ängstlicher Abwehr oder in gierigem Zugreifen sich manifestierende Herbeirufen und Hereinholen des hoffnungslosen Todes in irgend einer seiner Gestalten und das damit hereinbrechende Leid zum Alles und Jedes nun wirklich gefährdenden Strom des allgemeinen Geschehens wird. Macht man sich klar, daß Solches ja nicht einfach über uns kommt wie ein Bergsturz oder wie ein Erdbeben, sondern aus uns selbst heraus, in lauter verantwortlichen menschlichen Entscheidungen Ereignis wird, so besteht aller Anlaß, die Sorge wirklich nicht nur als eine bedauerliche menschliche Schwäche oder als einen beiläufigen Fehltritt unter anderen zu verstehen. Sie ist als des Menschen böses Versagen und Unterlassen, unter dem Aspekt seiner Zeitlichkeit gesehen, die menschliche Sünde. Des Menschen Trägheit hat in ihrer Einheit und Ganzheit auch diese Gestalt.

Er denkt freilich gar nicht daran, sich zu dem zu bekennen, was er ist und tut, indem er sich sorgt und also sich der Sorge gefangen gibt. Der Widerspruch zu sich selbst, in den er sich damit versetzt, ist ja auch zu eklatant und peinlich, als daß er sich eingestehen könnte: das ist es, was ich wirklich meine, will und tue. Die Sorge hat eine rein lächerliche Seite, auf die gesehen sie sich dem Verfahren des Mannes wohl vergleichen läßt, der im Verlangen nach einer Taube auf dem Dach (es könnte ja auch die Furcht vor einem ihm von dorther drohenden Raubvogel sein) den Spatzen in der Hand fahren läßt. Wer wollte sich denn dazu bekennen, daß er dieses Närrische tut? Aber nun ist ja dieses Lächerliche und Närrische in Wirklichkeit selbstmörderischer Wahnsinn. Nun legt ja der Mensch mit seinem Sorgen Feuer an sein eigenes Haus. Nun durchsticht er ja mit ihr den Damm, der sein Land vor der Überflutung schützt. Nun zerquält und zermürbt er sich ja mit ihr. Nun beraubt er sich ja aller Sicherheit – gerade indem er sich sichern will. Wer wollte sich denn dazu bekennen? Hinter dem menschlichen Widerwillen, das zu tun, steht irgendwo auch sehr ernsthaft der Wille Gottes, kraft dessen das, was der Mensch in seiner Sorge meint, will und tut, überholt, erledigt, unmöglich ist. Er, der lebendige Gott, ist ja in Wahrheit des Menschen Grenze: seine Macht und seine Barmherzigkeit – wie sollte da der Mensch nicht zögern müssen, zu seiner Sorge offen zu stehen? Daß er das in Wahrhaftigkeit tue, ist offenbar dadurch ausgeschlossen, daß eine objektive Wirklichkeit, die ihn dazu veranlassen könnte, gar nicht in Frage kommt, daß es sich objektiv nur um die allerdings bittere Realität seines lächerlich-wahnsinnigen Verhältnisses zu jenem von ihm selbst an die Wand projizierten Gespenst handelt. Aber das Wissen darum ist es ja leider nicht, was den Menschen praktisch hemmt, sich zu seiner Sünde zu bekennen. Wüßte er darum, lebte er angesichts der objektiven Wirklichkeit: daß es mit dem drohenden Feind, dem Abgrund da vorne nichts ist, daß er sich in der Hand und Hut Gottes befindet, dann würde er sich ja der Sorge gar nicht erst hingeben, sich also in voller Wahrhaftigkeit auch nicht zu ihr zu bekennen brauchen und folglich sich auch des Bekenntnisses zu ihr nicht zu schämen haben. Indem er sich ihr hingibt, des Bekenntnisses zu ihr sich aber nur schämen könnte, bleibt ihm nichts übrig als der Versuch, sich selbst und Anderen und, wie er meint, auch Gott das Närrische und den Wahnsinn dessen wenigstens zu verbergen, was er damit tut. Gerade in unwahrhaftiger Scham muß er ja nun auch hier nach einer Verdeckung, einem vornehmen, einem das stattliche Gegenteil dessen, was er tut, ankündigenden Pseudonym suchen, muß er darauf aus sein, sich ein Alibi zu verschaffen.

Die Verdeckung der Sorge wird nicht bei allen Menschen dieselbe sein, weil die Sorge (auf ihren Ursprung in jener falschen Meinung, wie auf ihre Auswirkungen gesehen) zwar in allen Menschen dieselbe ist, nicht aber die Vorstellungen von dem stattlichen Gegenteil, durch das sie am besten zu verdecken sein möchte.

Es gibt einen durch Veranlagung, Umgebung und Geschichte wesentlich aktiv geprägten Menschen – etwas allgemein gesagt: den Menschen der westlichen Welt, zu der wir gehören, wobei wir es dahingestellt sein lassen können, wie ferne oder nahe die Zeit sein mag, in der auch der Mensch der östlichen Welt diese Prägung tragen wird. Die Verdeckung, die der wesentlich aktiv eingestellte Mensch hier wählt, ist der hohe Begriff der pflichtmäßigen Arbeit. Er schützt, rechtfertigt, verherrlicht seine Sorge unter dem Titel des dem Menschen aufgetragenen, ihm äußerlich wie innerlich notwendigen Werkes. Er will den Kampf für das, was er wünscht, gegen das, was er fürchtet, aufnehmen. Er will dazu die ihm gegebene und gelassene Zeit und er will in dieser seiner Zeit seine Fähigkeiten und Kräfte, die ihm gebotenen Gelegenheiten, er will die Möglichkeiten ausnützen und fruchtbar machen, sich selbst in den ihn umgebenden natürlichen und geschichtlichen Kosmos hinein zu entfalten, sich im Großen und im Kleinen zu seinem Herrn zu machen. Er setzt sich höhere oder bescheidenere, nähere und fernere, aber verbindliche Ziele. Er kann im Streben nach ihnen nicht ernst und eifrig genug sein. Er möchte und muß dabei Erfolge aufzuweisen haben. Er muß etwas leisten. Er schafft. An diesem Maßstab mißt er sich selbst und Andere. Ihm fehlt etwas, er wird unruhig, er klagt sich an, wenn er nichts schafft und erreicht. Er sieht auch Andere bedenklich an, wenn sie nichts oder nichts Rechtes schaffen. Er ist geradezu froh, durch konkrete Verpflichtungen genötigt zu sein, zu arbeiten und findet sich erquickt und getröstet durch den Gedanken, daß er seine Aufgabe nach bestem Wissen und Können erfülle, daß er ein an seinem Ort planmäßig getriebenes und auch treibendes, jedenfalls rotierendes Rad sei. Sein ganzes Fürchten und Wünschen auf dem Hintergrund der großen Bedrohung, sein ganzes Sicherungsbedürfnis ergießt sich in diesen wohlgemauerten Kanal. Seine Sorge wird zu seiner Ehre, indem sie die an den Ufern dieses Kanals errichteten Mühlen und Kraftwerke – seine eigenen und die des ihn umgebenden Kollektivs – in Bewegung setzt, indem damit, daß er sich so sorgt, faktisch etwas erreicht wird, für ihn selbst und für Andere zustande kommt. Wie ist da des Menschen Sorge, mag sie auch im Grund seiner Betriebsamkeit gelegentlich durchschimmern, so herrlich transformiert und in ihrem eigentlichen Charakter verdeckt! Wer würde sie, die in pflichtmäßige Arbeit umgesetzte Sorge, auch nur von ferne in dem Charakter wieder erkennen, in welchem sie ja eine Gestalt der menschlichen Trägheit ist! Trägheit? Der von seiner Sorge gejagte Arbeitsmensch scheint wirklich alles Andere als ein träger Mensch zu sein. Es braucht kein weiteres Wort darüber verloren zu werden, wie wirksam die Verdeckung des menschlichen Versagens in seiner Form als Sorge gerade in dieser uns so naheliegenden Form ist.

Es gibt aber auch einen wesentlich passiv geprägten Menschen. Er soll im tropischen Orient und überhaupt in der Nähe des Äquators besser gedeihen als im nördlichen Europa oder in den Vereinigten Staaten. Vielleicht auch dort nicht mehr lange, aber wer weiß? Wir müssen jedenfalls auch mit ihm rechnen: schon darum, weil er immerhin auch unter uns vorkommen soll. Ein Mensch der Sorge ist auch er: auch er weiß um des menschlichen Lebens Bedrohung von seiner Grenze, vom Tode her. Und um die Hoffnung, die diese Grenze darum bedeutet, weil Gottes Barmherzigkeit sie dem Menschen setzt, weiß auch er nicht. Mit diesem seinem Wissen und Nicht-Wissen muß auch er sich auseinandersetzen. Mit der Verdeckung seiner Sorge ist auch er beschäftigt. Er löst aber das Problem auf seine andere Weise: unter dem ebenso hohen Begriff und Titel der Resignation, des Nichtwiderstandes, der Betrachtung. Er durchschaut die in dem Eifer, den Werken, der Moral des Arbeitsmenschen wirksamen Illusionen. Er schüttelt über den aktiven Menschen nicht weniger den Kopf als dieser über ihn. Und wer hat nun mehr Recht? Ihm schlagen nicht beständig Stunden, halbe und Viertelstunden, um ihn daran zu erinnern, was noch alles getan sein sollte. Er hat viel Zeit und sie ist ihm weder Geld, noch sonst besonders wertvoll. Ihm ist nun eben nicht die Arbeit heilig, sondern die Ruhe des Beschauens, des Sichfügens, des Abwartens: nicht das Gebot der Pflicht, sondern das der Gelassenheit. Warum denn durchaus ein getriebenes und treibendes Rad sein wollen? Als ob nicht auch das eitel wäre und Haschen nach Wind! Wenn in jenen glücklichen Gefilden zwei Arbeitstage zur Erwerbung des Lebensunterhaltes einer Familie genügen – warum dann sechs Tage arbeiten?

Warum dann gar Schaffen um des Schaffens willen? Wenn der unerforschliche Wille Allahs auf alle Fälle geschieht, warum dann die Flamme des Fürchtens und Wünschens, da sie sich nicht geradezu auslöschen läßt, nicht jedenfalls hinunter schrauben auf das kleinste Minimum? Wenn die Bedrohung unseres Daseins vom Tode her nun einmal unvermeidlich ist, warum dann so tun, als ob man ihr wehren könnte, statt sie einfach auszuhalten: so, wie sie sich eben in jedem Moment und schließlich endgültig kundgibt? Man wird schon sagen müssen, daß auch das eine in ihrer Weise herrliche Transformation und also Verdeckung der Sorge ist; und nicht in allen, aber in manchen ihrer Formen dürfte sie nicht allen, aber manchen Formen der Betriebsamkeit, mit der der aktive Mensch sie zu verdecken pflegt, an Würde weit überlegen sein. Sorgt sich der passive Mensch überhaupt? Ist die Predigt von den Vögeln des Himmels und den Lilien des Feldes, an ihn gerichtet, nicht überflüssig, weil gegenstandslos? Ist er nicht ohnehin, vielleicht nur zu sehr, Vogel und Lilie? Träge? Eine Art Schlaraffe? So mag er dem Arbeitsmenschen erscheinen. Und der Trägheit im strengen, theologischen Sinn des Begriffs wird wohl auch er schuldig, in einer großen Illusion wird wohl mit der von ihm gewählten Alternative auch er begriffen sein. Man wird das aber nicht ohne das Verständnis dafür sagen dürfen, daß auch seine Illusion eine in ihrer Weise schöne, vielleicht in einer uns schwer zugänglichen Weise geradezu heroische und jedenfalls eine kräftige Illusion ist.

Wie stark die Verdeckung der Sorge in diesen beiden Formen ist, ermißt man am besten daran, wie leicht es von beiden her ist, den Vorwurf, daß es sich da um ein böses Verdecken einer bösen Sache handle, nicht nur mit überlegener Gebärde abzuweisen, sondern zum Gegenangriff überzugehen mit der Frage: ob denn eine Ethik der Arbeit oder auch eine Ethik der Resignation nicht die besseren Mittel zur Beseitigung dessen, was die christliche Botschaft als Sorge verurteilt, sein möchte als diese selbst? Der positive Gehalt dieser Botschaft wird ja von dorther bestimmt überhört werden: die Aussage vom Sein und Leben Gottes für den Menschen an eben der Stelle, wo der Mensch nur seine Grenze und von dieser Grenze her seine Bedrohung zu erkennen meint. Diese ihre Aussage wird von dorther notwendig nur als ein im Optativ vorgetragenes Postulat erscheinen. Daß Jesus auferstanden ist und lebt, müßte ja zum Verständnis dieser ihrer Aussage gehört und begriffen sein. Und wie, wenn die Ausrichtung der christlichen Botschaft vielleicht nicht oder nur unsicher von diesem Punkt herkommen, jene Aussage also gar nicht mit der ihr zukommenden radikalen Wucht zu vollziehen in der Lage sein sollte? Wie einfach ist es dann, einerseits des Menschen Sorge von dorther zu verharmlosen, sie ihres Charakters als Sünde zu entkleiden, sie als einen bedauerlichen, aber natürlichen Rest menschlicher Schwachheit darzustellen – und andererseits zu zeigen, wie wirksam dieser Schwach-

heit, sei es mit pflichtmäßiger Arbeit, sei es in heroischer Resignation
– und diese beiden Methoden könnten sich ja auch vereinigen lassen! –
zu begegnen sei. Wie einfach ist es dann, gerade die christliche Aussage
über jene Grenze in das Licht einer Illusion zu rücken, der gegenüber sich
jene beiden Wege immerhin als ungleich nüchterner und solider, als
effektivere Mittel zu des armen Menschen Entlastung empfehlen dürften.
Man wird wohl – entsprechend dem, was wir von des Menschen Torheit,
Unmenschlichkeit und Verlotterung zu sagen hatten – auch von seiner
Sorge sagen müssen, daß man sie noch nicht erkannt hat, wenn man sich
nicht genau angehört hat, was sie gerade in ihrer Verdeckung für sich
zu sagen hat – wie wirksam sie nicht nur an sich und als solche, sondern
gerade auch in ihrer Verdeckung ist, wie vortrefflich sie sich, gerade indem
sie sich verdeckt, zu verteidigen, zu verstärken, zu behaupten und erst
recht zu betätigen weiß.

Nur Eines vermag auch sie nicht: sie wird ihre notwendigen Folgen
durch keine Verdeckung verhindern, sie wird ihren Charakter als Sünde,
die der Leute Verderben ist, in diesen ihren Folgen nicht verleugnen
können. Wir blicken, um uns das einsichtig zu machen, von diesem letzten
Punkt unserer Untersuchung aus noch einmal auf die drei zuvor durch-
laufenen zurück. Die Zerrüttung des rechten Verhältnisses des Menschen
zu der Zeitlichkeit seiner Existenz, die wir nun zuletzt als «Sorge» bezeichnet haben, erschien uns von jedem jener drei ersten Punkte aus
selbst als Folge der Sünde, wie sie sich uns unter jenen anderen Aspekten
darstellte. Es geht nun noch darum, einzusehen, wie sie ihrerseits auch die
Ursache eben der Verkehrungen ist, von denen wir dort ausgegangen sind.

Sie spielt – es spielt jene falsche Meinung über die uns von unserer
Grenze her bekümmernde Bedrohung – (1) eine entscheidende und sehr
spezielle Rolle in der Entstehung dessen, was wir zuerst als des Menschen
Unkenntnis Gottes, seine Unwilligkeit, ihn als Gott zu ehren und zu
lieben, beschrieben haben. Das Spezifische der Wirkung der Sorge in
dieser Richtung besteht darin, daß sie schon in ihrer Wurzel nicht nur
im Allgemeinen Abwendung von Gott bedeutet, sondern unbegreiflicherweise gewollte Gottesferne gerade an der Stelle, wo Gott dem
Menschen als Gott am Nächsten ist, am Eindrücklichsten, am konkret
Greifbarsten ihm als Gott begegnet: als Gott in seiner heiligen Souveränität uns und allem von Ihm Geschaffenen gegenüber, als Gott in seiner
Macht, sich unser in der nur ihm eigentümlichen Wirksamkeit anzunehmen,
als Gott in der Barmherzigkeit, in der er heilig ist und von seiner Souveränität Gebrauch macht. Diese Stelle ist eben die uns gesetzte Grenze, die
darin, daß es uns bestimmt ist, einmal zu sterben, ihren unzweideutigen
Ausdruck hat. Es versteht sich nicht von selbst, es braucht Gottes Selbstoffenbarung, es braucht das Werk seines Wortes und seines Heiligen Geistes

dazu, daß wir ihn an jener Stelle, daß wir ihn als unsre Hoffnung im Tode erkennen. Wenn er uns aber irgendwo nahe ist, dann gerade dort, an jener Grenze. Bestimmt von ihr her erfolgt seine Selbstoffenbarung: bestimmt darin, daß uns dort, wo es mit uns zu Ende ist, unser Herr, Schöpfer, Versöhner und Erlöser begegnet, bestimmt darin, daß sein Sein uns eben dort aufleuchtet, wo wir nur die Finsternis des Todes zu erkennen meinen – im Charakter des Herrn über Leben und Tod. In der Sorge aber versteift sich der Mensch eben darauf, daß, was er von dorther zu erwarten habe, Finsternis und nicht Licht, Unheil und nicht Heil, eine ewige Frage und nicht die definitive Antwort sei: ein ihn bedrohender Gegner, dem er, zum Kampf oder zur Kapitulation bereit, entgegenzugehen, mit dem er sich so oder so auseinanderzusetzen habe. In der Sorge macht sich der Mensch die Zukunft zu seinem eigenen Problem, will er, was sie ihm bringen könnte, entweder abwehren oder herbeiführen, maßt er sich an, sie zu kennen und – sei es mittels seiner Werke, sei es mittels seiner Gelassenheit – sie meistern zu können. Alles von Grund aus verkehrt! Gott, der ihn dort erwartet, der von dorther auf ihn zukommt, ist nicht des Menschen Gegner. Gott ist nicht des Menschen Problem. Mit Gott kann und soll sich der Mensch gerade nicht auseinandersetzen wollen. Gott von sich aus zu kennen und zu meistern, kann und soll sich der Mensch gerade nicht anmaßen. Eben in dieser ganzen Verkehrtheit blickt er aber, indem er sich sorgt, genau dorthin, wo Gott seiner wartet, wo Gott ihm in seiner Selbstoffenbarung begegnen will. Eben gegen Gott hat der Mensch sich in seiner Sorge zum vornherein verwahrt und verschlossen. Eben mit Gott meint er umgehen zu sollen und zu können, als ob er nicht Gott, sondern jener von ihm an die Wand projizierte Schemen, jenes Gespenst wäre. Wie soll es da anders sein, als daß er ihn in seiner Selbstoffenbarung mit hörenden Ohren nicht hören, mit sehenden Augen nicht sehen wird? Wie soll er da an ihn glauben, ihn lieben, auf ihn hoffen, zu ihm beten können – und wenn man ihm, wenn er selbst sich noch so eifrig einredete, daß ihm das gut sei und daß er das tun solle, auch wenn er es noch so aufrichtig wollte? Indem er sich sorgt, verbarrikadiert er sich selbst den doch auch für ihn offenen Zugang zu der doch auch für ihn fließenden Quelle. Die Sorge macht den Menschen dumm. Das ist das Erste, woran keine ihrer Verdeckungen etwas zu ändern vermag, was durch sie nur immer noch schlimmer werden kann.

Die Sorge zerstört aber (2) – wir blicken jetzt in die Horizontale – auch die menschliche Gemeinschaft. Sie tut das vermöge der Irrealität ihres Gegenstandes. Nur das Reale vermag uns Menschen wirklich zu sammeln. Das Gespenst unserer Bedrohung durch einen Tod ohne Hoffnung hat keine sammelnde Kraft. Es ist nicht umsonst das Produkt des sich Gott gegenüber isolierenden Menschen. Es isoliert ihn damit notwendig auch seinem Mitmenschen gegenüber. Es sammelt uns nicht nur nicht – es zerstreut und zersprengt uns. Es stellt sich nämlich einem Jeden in einer besonderen Gestalt dar: entsprechend der Besonderheit der Höhle, von der aus nun gerade er in die Zukunft blickt, ihre Chancen zu ergreifen sucht, ihren Gefahren ausweichen möchte. Eben darum führt denn auch die Sorge uns Menschen nicht zueinander, sondern mit zentrifugaler Kraft auseinander. Man kann und wird wohl immer wieder versuchen, an allerhand Solidarität der Sorge zu appellieren und also die besorgten Menschen zu organisieren, ihre Wünsche und Befürchtungen auf gewisse gemeinsame Nenner zu bringen und deren Auswirkungen einigermaßen zu koordinieren. Aber zwei oder drei oder auch Millionen Sandkörner, momentan noch so fest zusammengedrückt, können nun einmal zu keinem Felsen werden. Der besorgte Mensch ist als solcher ein bloßes Sandkorn. Da hat und behält eben doch Jeder seine eigenen Sorgen, die kein Anderer mit ihm teilen, die ihm auch keine Nachbarschaft, keine Freundschaft, keine Kollegialität, keine Ehe, auch keine noch so fest ausgebaute Korporation abnehmen kann. Er ist als solcher der in seinem Herzen und von da aus notwendig auch in seinem ganzen Tun und Lassen einsame Mensch, der auch in der Gemeinschaft mit Anderen, ganz uneingesehen von außen, seine Wünsche und Befürchtungen hegt. Er erwartet auch von den Anderen entscheidend dies: daß sie ihm (gegenüber der Bedrohung, unter der er zu stehen meint) beistehen möchten – von den Anderen, denen es doch Allen ebenso geht wie ihm selber! Keine Organisation und Koordination der Sorgen, die nicht offen oder heimlich an der gegenseitigen Enttäuschung und darum an dem gegenseitigen Mißtrauen der in ihr Vereinigten leiden würde und letztlich scheitern müßte! Hinter der Enttäuschung und dem Mißtrauen lauert aber sprungbereit schon die Gegensätzlichkeit, die Feindschaft, der Streit der verschiedenen Besorgten. Ist es doch ein seltener Glücksfall, wenn die verschiedenen Sorgen, ohne daß sie sich in echter Weise vereinigen ließen, wenigstens parallel laufen und also zu keinen Konflikten führen. Die Regel wird aber die sein, daß sich diese Parallelen irgendwo (u. zw. leider nicht erst im Unendlichen, sondern nun doch in sehr konkreten Begegnungen der verschiedenen Besorgten!) schneiden, daß des Einen angeblich schwerere Sorge den Vorrang vor der angeblich geringeren des Anderen fordert, daß das Wünschen des Einen sich nur auf Kosten des Wünschens des Anderen erfüllen kann, oder daß sich beide damit in die Quere kommen, daß sie je etwas ganz Anderes befürchten, oder – im schlimmsten Fall – daß der Eine gerade das wünscht, was der Andere befürchtet oder eben das am meisten befürchtet, was Dieser am stärksten wünscht. Der Weg von der fatalen Neutralität in die noch fatalere Konkurrenz der verschiedenen Sorgen und Besorgten ist ganz kurz. Fällt die Sorge als solche nicht dahin – und das tut sie eben nicht, weil sie sich aus dem Quell der falschen Meinung über des Menschen Zeitlichkeit fort und fort erneuert – dann werden wir uns in unserem Verhältnis zueinander auf diesem Weg befinden und ihn zu gehen haben, ob wir es wollen oder nicht. Zu einem echten Miteinander von Mensch und Mensch kann es dann nicht kommen und zu Reibung, Zank, Krieg und Weltkrieg muß es dann kommen. Die Sorge zersetzt, destruiert, atomisiert die menschliche Gemeinschaft. Ein ruhiges, stetiges, positives Verhältnis zum Mitmenschen, zum Nächsten, zum Bruder, kann und wird in ihrem Schatten niemals entstehen können. Sie ruft vielmehr den Unmenschen in uns auf den Plan. Das ist das Zweite, was sie, und wäre ihre Verdeckung noch so kräftig und schön, unweigerlich zur Folge hat.

Sie führt aber (3) ebenso notwendig zu jener Unordnung, die wir als die Auflösung der disziplinierten Einheit des Menschen als Seele seines Leibes beschrieben haben. Der Widerspruch zu sich selbst, in welchem sich der Besorgte, weil mit seiner Endlichkeit Unzufriedene, stürzt, ist zu stark, als daß er jene Einheit nicht aufs schwerste gefährden müßte. Wir erinnern uns des Gespenstes und seiner Macht, des hoffnungslosen Todes, den der Besorgte als das Bild der ihn vermeintlich bedrohenden Zukunft an die Wand malt, um es eben damit in seine Gegenwart herein zu rufen, herein zu holen, um nun tatsächlich mit ihm leben – vielmehr: an ihm sterben zu müssen. Das zu tun ist ihm nämlich im tiefsten Sinn ungesund. Das geht ihm selbst durchs Herz und auf die Nieren. Unter diesen Umständen kann er kein ganzer Mensch sein, kann er als Seele nicht mehr herrschen, als Leib nicht mehr dienen. Dagegen reagiert er als Seele mit jener schweifenden Flucht in irgendwelche selbstgewählten und wohl auch selbst erfundenen besseren Regionen und dagegen reagiert bestimmt auch sein Leib in Form von allerlei Selbstherrlichkeit und dann wohl auch in Form des Versagens oder in Form von Erkrankungen aller seiner Organe. Sorge bedeutet auch in dieser Hinsicht: Zersetzung der Humanität. Wir beschreiben den Vorgang nur in seiner grundsätzlichen Linie. Er wird sich wohl selten so kraß darstellen, jedenfalls nicht mit einem Schlag so sichtbar machen. Es kann aber keine Frage sein, daß die Sorge den Menschen auf diese schiefe Ebene führt. Sie ist lebensgefährlich. Sie verzehrt ihn. Sie hat den Charakter und die Wirkung des hoffnungslosen Todes. Sie ist Gift. Sie kann nicht seinem Aufbau, sie kann nur seinem Zerfall dienen: eben dem Zerfall, den wir des Menschen Verlotterung nannten. Sie ruft wie den Atheisten, wie den Unmenschen, so auch den Vagabunden in uns auf den Plan. Der mit seiner Endlichkeit Unzufriedene hat alle jene drei in sich, wie alle jene drei auch ihn in sich haben. Das ist das Dritte, was durch keine Verdeckung unserer Sorge aufzuhalten und wirksam zu verleugnen ist.

Wir halten inne und machen uns klar: der Mensch, um dessen Versöhnung mit Gott, um dessen Erhebung, Heiligung, Reinigung es da geht,

2. Des Menschen Trägheit

wo der Name Jesu verkündigt und geglaubt wird, ist dieser Mensch: der Unzufriedene, der sich in dem zum vornherein verfehlten Versuch, sich gegen seine Endlichkeit aufzulehnen, zugleich um den Frieden mit Gott wie um den mit dem Menschen bringen und sich selbst unermeßliches Leid antun muß. Gott meint den auch in der Gestalt seiner Sorge trägen, seine Freiheit nicht ins Werk setzenden, der ihm zugewendeten Gnade gegenüber versagenden Menschen. Gott kennt ihn, der sich selbst ja nicht erkennen will und kann. Und Gott liebt ihn nicht obwohl, sondern weil er ihn kennt: als sein Geschöpf nämlich, das zu sein er ja nicht aufgehört und von dem er, Gott, seine Hand nicht abgezogen hat, und – so gewiß er sich selbst treu ist – nicht abziehen will und wird. Ihm, seinem Geschöpf und Bundesgenossen in seiner ganzen Verkehrung, hat er Jesus zum Heiland, zur heilsamen Weisung, zum Erretter in und aus seiner Verkehrung gegeben: Jesus, der eben dort für ihn Sieger, Befreier, Erlöser ist, wo er in sein Verhältnis zu dem von ihm selbst an die Wand gemalten Schreckbild ihn, Gott, beleidigt, seinen Mitmenschen mit Füßen tritt, sich selbst zugrunde richtet. Für ihn lebt dieser Jesus. Die Fülle seines ewigen Lebens ist in Diesem beschlossen, ihm ist Dieser als Verheißung geschenkt. Es ist wahr, daß er der unselige Mensch der Sorge ist. Es ist aber noch wahrer, daß ihm mit überlegener Bestimmtheit, mit der ganzen Kraft der ein für allemal geschehenen Tat Gottes gesagt ist: «Der Herr ist nahe. Sorget euch um nichts!» (Phil. 4,5f.).

Ein biblischer Text soll uns auch hier die konkrete Anschauung vermitteln: Num. 13–14, die Historie von den von Mose in das dem Volk verheißene Land ausgesendeten Kundschaftern.

«Historie?» Dazu eine kurze hermeneutische Anmerkung, die sich nachträglich auch auf die drei vorangegangenen Exkurse beziehen mag. Man verstehe den Begriff «Historie» in seiner älteren naiven Bedeutung, in welcher er – neutral gegenüber den Unterscheidungen zwischen dem historisch Nachweisbaren, dem Sagenhaften und dem in späterer synthetischer Schau bewußt Gestalteten bzw. «Erfundenen» – eine in einem bestimmten kerygmatischen Sinn aufgenommene, festgehaltene und überlieferte Geschichtserzählung bezeichnet. Man kann selbstverständlich auch bei der Lektüre der biblischen Historien nach jenen Unterscheidungen fragen, sie auch hypothetisch vollziehen. Nur eben deren kerygmatischem Sinn, in welchem sie erzählt sind, wird man sich dann – je bestimmter man sie vollzieht und je maßgebender man sie für die Erklärung werden läßt, um so sicherer – entziehen. Um ihm gerecht zu werden, muß man nach jenen Unterscheidungen entweder noch nicht gefragt haben oder, nachdem man nach ihnen gefragt hat, nicht mehr fragen, muß man diese Historien noch oder wieder naiv, in ihrer Einheit und Ganzheit, lesen. Dann sagen sie nämlich, was sie sagen wollen – sonst nicht! Es enthält bestimmt auch die Historie von den Kundschaftern (etwa unter den angeführten Namen von Personen, Städten und Gegenden) einiges «historische» und (etwa in der Erwähnung der von zwei Männern getragenen Weintraube oder in der der riesenhaften Ureinwohner Kanaans) einiges «sagenhafte» Material, und bestimmt auch solches, das seinen Ursprung in der synthetischen (Gegenwart und Vergangenheit nicht ganz, aber fast in eins setzenden) Geschichtsschau hat, die für die alt- wie für die neutestamentliche Historik so bezeichnend ist. Aber gerade auf die Elemente, die aus dieser letzten Quelle zu stammen scheinen, wird man bei der Lektüre solcher Historien, will man die Texte verstehen, darum besonders aufmerksam achten müssen, weil eben sie in der Regel den Skopus verraten, im Blick auf den sie in die Texte aufgenommen wurden. Im Zusammenhang damit wird man dann als besinnlicher Leser auch die «historischen» Elemente nicht übersehen, aber auch die «sagenhaften» nicht eskamotieren wollen. Man wird dann jene Unterscheidungen, nachdem man sie gemacht hat, wieder zurückstellen und das Ganze (in so geprüfter, kritischer Naivität!) als Ganzes lesen, wie es sich im Text darbietet.

Der Skopus des Textes Nu. 13–14 ist der Aufweis der schrecklichen, der lebensgefährlich retardierenden Rolle, die eben die böse Sorge in der heilsgeschichtlichen Aktion des Übergangs Israels aus der Wüste in das ihm verheißene Land gespielt hat. So, im Schatten auch dieser besonderen Verfehlung Jahve gegenüber mag Israel in irgend einer späteren Gegenwart – vielleicht vom Exil aus im Blick auf seine ja ebenfalls gefährliche Rückkehr in jenes Land – schon seine Vergangenheit gesehen haben. Wobei doch nichts dagegen spricht, daß es sich in jener viel früheren Zeit seiner Existenz in der Wüste tatsächlich so oder ähnlich verhalten haben mag, wie es in unserem Text dargestellt ist. Wir versuchen es, das uns in ihm gebotene Bild zu überblicken.

Israels Wüstenwanderung scheint ihrem Ende und Ziel entgegenzugehen. Es befindet sich in der Steppe Paran (13,1) an der Schwelle des Landes, aus dem einst Jakob und seine Söhne nach dem nun wieder weit hinter ihren Nachkommen liegenden Ägypten ausgezogen waren. Der Wille Jahves in der großen Tat am Schilfmeer, die ihre Errettung und Befreiung gewesen war, sein Bund mit ihnen hatte darauf gezielt, daß sie in dem jetzt vor ihnen liegenden Land wohnen sollten. Es war, obwohl dort jetzt andere Völker hausten, noch, schon wieder ihr Land: so gewiß Jahve es ihnen verheißen hatte. Das Wohnen in diesem Lande war auf ihrem ganzen Zug durch die Wüste ihre ihnen schlechterdings gewisse, weil durch Jahve selbst garantierte Zukunft gewesen – und nun sollte es Ereignis werden. Aber sie sollen nicht als Blinde und nicht passiv dort hinein gebracht werden, sondern, von Jahve durch die Hand des Mose geführt, auch selbst handelnd und wagend: indem sie wissen, wohin sie kommen, in Kenntnis des Landes, seiner Bewohner, seines Bodens, seiner Städte (13,18f.). Durch glaubwürdige Zeugen soll ihnen diese Kenntnis vermittelt, sollen sie zu freudiger Tat aufgerufen werden. Darum die Berufung und Aussendung der zwölf Kundschafter, Alle aus ihrer eigenen Mitte, aus jedem der zwölf Stämme Einer, u. zw. je einer von den Fürsten, den Häuptern dieser Stämme. Kaleb vom Stamme Juda und Hosea, den Mose Josua nannte (13,17), vom Stamme Ephraim – man erkennt die beiden Hauptstämme des späteren Süd- und Nordisrael – werden nachher besonders hervorgehoben. Diese Kundschafter sollen die sehenden Augen des ganzen heiligen Volkes, und nachdem sie gesehen haben werden, sollen sie der zu diesem ganzen heiligen Volk sprechende Mund authentischer Zeugen sein. Mit dem Auftrag zu sehen, sollen sie über die Grenze des verheißenen, des Israel nach dem Willen und Wort Gottes schon zugeeigneten, von ihm nur noch faktisch einzunehmenden Landes gehen. Mit dem Auftrag zu reden, sollen sie von dort wieder zurückkommen. So auf Jahves Befehl die Anordnung Moses (13, 1–21). Daß der Übergang über diese Grenze schon für sie (und nachher für das ganze Volk) nicht ohne Risiko, ein Wagnis sein wird, erkennt man hier eben erst aus Moses Zuspruch: «So zeigt euch nun tapfer!» Im übrigen sollen sie auch einige von den Früchten des Landes mitbringen. «Es war aber gerade die Zeit der ersten Weintrauben» (13, 21): noch nicht die der eigentlichen, sondern gerade erst die der anhebenden Ernte. Die Israeliten sollen also auch unmittelbar etwas zu sehen bekommen – nur erst von den Erstlingen des Landes, aber Mose ist seiner Sache sicher: schon diese werden, Dankbarkeit, Freude und Mut erregend, für sich selbst sprechen. Man muß sich bei dem Allem vor Augen halten: es handelt sich bei diesem Auftrag nicht darum, den überaus herrlichen Inhalt der Verheißung und die Gewißheit, daß Jahve sie erfüllen, ihnen dieses gute Land geben werde, dem Volk gegenüber erst zu begründen, sondern – es ist ja selbst das durch diese Verheißung Jahves begründete Volk – nur darum, sie ihm direkt zu bestätigen, ihm ihren Inhalt und ihre Gewißheit in Erinnerung zu rufen. Die zwölf Kundschafter können und sollen nur die Zeugen der Verheißung sein, und das Volk soll sie nur eben von ihnen bezeugt hören, und also in jenen Proben seiner Fruchtbarkeit auch bezeugt sehen.

Aber jetzt bricht – im Sinn der Erzählung gesagt: völlig unerwartet und unbegreiflich – die Sorge auf. Zuerst unter den zwölf Kundschaftern selbst, von denen zehn sich als Versager erweisen. Noch haben sie freilich alle den ersten Teil ihres Auftrages korrekt und eifrig ausgeführt. Sie haben das ganze Südland bis Hebron durchwandert und haben zu Eskol die große Traube abgeschnitten «und trugen sie zu zweit an einer Stange, auch einige Granatäpfel und Feigen» (13, 24). Und nun kommen sie zurück, erstatten Mose und Aaron und der ganzen Gemeinde Bericht, weisen jene Früchte vor und erzählen: «Wir sind in das Land gekommen, in das du uns gesandt hast. Wohl fließt es von Milch und Honig, aber ...!» (13,26f.). So gab es da allerdings ein ernstes Aber! Nicht umsonst waren ja auch sie schon zur Tapferkeit aufgerufen worden. Und ohne Tapferkeit konnte auch die dem ganzen Volk gegebene Verheißung nicht in Erfüllung gehen. Es war da schon auch ein Risiko; es mußte da schon auch etwas gewagt werden. Alle zwölf Kundschafter waren dessen wohl gewahr geworden. Es war aber zehn von ihnen auf jener Reise offenbar nicht eben tapfer zumute gewesen. Gerade diese zehn – die überwältigende Mehrheit, wie es sich gehört – sind jetzt offenbar die Wortführer. Und so lautet denn der zweite Teil ihres Berichtes: «Aber das Volk, das darin wohnt, ist stark und ihre Städte sind sehr fest und groß. Auch die Enakskinder haben wir daselbst gesehen!» Und dann die Aufzählung all der kriegerischen Völker, die sie dort wohnhaft gefunden: Amalekiter, Hethiter, Jebusiter, Amoriter, Kanaaniter (13,29f.). Hören wir aus der Fortsetzung gleich noch das Weitere von ihrer Kunde: «Und sie berichteten den Israeliten schlimme Dinge von dem Lande, das sie ausgekundschaftet hatten und sprachen: Das Land, das wir durchzogen haben, um es auszukundschaften, verzehrt seine Bewohner und das ganze Volk, das wir darin sahen, besteht aus Leuten von außerordentlicher Größe. Wir sahen dort auch die Riesen, die Enakiter aus dem Riesengeschlecht, und wir kamen uns vor wie Heuschrecken und so erschienen wir auch ihnen» (13, 33f.). Dagegen kamen in ihren Augen Milch und Honig samt der großen Traube nicht auf: gewiß nicht mit Unrecht – das zu Befürchtende war in der Tat unverhältnismäßig größer als das so Erwünschte. Gegen jene Völkerheere, gegen deren so starke und feste Städte und gar gegen die Riesen konnte, mußte die Wahrheit und Macht der göttlichen Verheißung, die zu bezeugen sie ja ausgezogen waren und nun dem Volk gegenüberstanden, ins Gewicht fallen. Sie war aber schon für sie selbst nicht ins Gewicht gefallen und so lautete die Konklusion ihres Berichtes: «Wir können nicht gegen dieses Volk ziehen; es ist uns zu stark» (13,32). So hatten sie nicht als Zeugen Jahves gesehen, so konnten sie auch nicht als seine Zeugen reden, konnten sie seinem Volk kein tapferes Wort sagen, konnten sie nur ihre Sorge bezeugen.

Wir erinnern uns: es ist das Volk Jahves, zu dem sie reden – das Volk, dem die Verheißung, ihr Inhalt, ihre Gewißheit nichts Neues war, dem sie durch die Kundschafter nur eben bestätigt werden, das sich durch sie nur eben zu entschlossener Tat aufrufen lassen sollte. Es wird ihren Bericht ja sicher samt seiner Konklusion als falsches Zeugnis wie ein Mann zurückweisen! Leider nicht! Statt dessen liest man, daß sich unter diesem Volk Jahves schon beim Anhören jenes Berichtes ein Murren: das Murren der auch in ihm sofort erwachten Sorge erhoben habe. Wohl waren da auch die zwei unbesorgten und also wahren Zeugen, Josua und Kaleb. Und man hört (13, 31) von Kaleb, er habe dieses Murren beschwichtigt mit den Worten: «Laßt uns gleichwohl hinaufziehen und das Land erobern; wir vermögen es gewiß zu überwältigen!» Aber der fortgesetzte Bericht der zehn Besorgten schwemmt diesen Zuspruch hinweg. Als sie erst von den Riesen hörten, gab es kein Halten mehr: «Da erhob die ganze Gemeinde ihre Stimme und schrie und das Volk wehklagte in jener Nacht» (14,1). Ihr Murren richtet sich am folgenden Tag gegen Mose und Aaron, man ahnt schon: es geht nicht um ein zufälliges, sondern um ein höchst grundsätzliches, Alles in Frage stellendes Versagen. Und in der Tat: «Die ganze Gemeinde sprach zu ihnen: Ach, daß wir doch in Ägypten gestorben wären! Oder wären wir doch hier in der Wüste gestorben! Warum will uns Jahve in dieses Land bringen, daß wir durch das Schwert fallen, daß unsere Frauen und Kinder zum Raube werden?» (14,2f.). So greift der Tod von der Zukunft her, in der sie nicht Jahve, seine Verheißung und deren Erfüllung, seine Treue und Macht, sondern nur jene Völker und ihre Burgen, nur die Riesen sehen, vor denen sich die Kundschafter wie Heuschrecken vorkamen, zunächst in Form dieses irrsinnigen Wunsches hinein in ihre Gegenwart, ja über diese zurück in ihre Vergangenheit: sie fürchten sich – die armen Frauen und Kinder! – vor dem, was Jahve ihnen verheißt, sie tun heißt; sie möchten alle miteinander – was soll ihnen auch Milch und Honig, samt Granatäpfeln und Feigen und der großen Traube? – lieber längst tot sein, in Ägypten oder in der Wüste: lieber das, als der offenbar riesengroßen Gefahr jener Zukunft entgegengehen! Aber nun sind sie ja, wenn gleich schrecklich besorgt, noch am Leben und können noch etwas tun, um jener Gefahr zu entrinnen. Und nun kommt das Tollste: ihre Konklusion, die über die bloß negative jener zehn besorgten Kundschafter noch weit hinausgeht: «Ist es nicht besser, wir ziehen wieder nach Ägypten? Und sie sprachen zueinander: Laßt uns einen Führer wählen und wieder nach Ägypten ziehen!» (16,3f.). Schlechterdings Alles ist durch ihre, durch das, was sie von den Riesen hörten, ebenfalls riesengroß gewordene Sorge in Frage gestellt: ihre Errettung und Befreiung, der Wille und das Wort Jahves in dieser seiner Tat, sein Bund mit ihnen und selbstverständlich auch die Autorität Moses und Aarons. Freie Wahl eines anderen Führers aus ihrer Mitte! Aufbruch in der umgekehrten Richtung! Rückkehr zu Pharao und in die Sklaverei! Alles übrigens genau so, wie es das judäische Restvolk nach der Zerstörung Jerusalems nicht nur gewollt, sondern gegen den Protest und die Warnung Jeremias getan hat: «um den Chaldäern zu entgehen; denn sie fürchteten sich vor ihnen» (Jer. 41, 18). «Ins Land Ägypten wollen wir ziehen, wo wir weder Krieg sehen, noch Posaunenschall hören, noch Hunger leiden werden und dort wollen wir uns niederlassen!» (Jer. 42,14). Der Irrsinn wird vollkommen. Die Panik kennt keine Grenzen. So bewährt sich das Volk Jahves. So geht es mit seiner Verheißung um und so mit seiner eigenen Geschichte, seiner Erwählung und Berufung!

Majestätisch, was angesichts dieser Lage zunächst geschieht: «Da warfen sich Mose und Aaron vor der ganzen Versammlung der Gemeinde Israel auf ihr Angesicht» (14,5). Von ihrer Seite also keine Gegenrede, kein Trost- und auch kein Mahnwort! Wo das Volk Jahves versagt, bleibt als einzige Hoffnung gerade für dieses Volk Jahve selbst, Jahve allein übrig: die schweigende Beugung der Anbetung vor ihm, die Fürbitte derer, die ihn kennen, für die, die ihn nicht kennen – derer, die in seiner Berufung, in der Gewißheit seiner Verheißung verharren, für die, die sie vergessen, verleugnen, preisgeben. Aber von Fürbitte ist hier noch nicht einmal die Rede und nicht einmal ausdrücklich von Jahve. Es heißt nur eben, daß sie vor den Augen der ganzen in ihrer Sorge rasenden Menge auf ihr Angesicht fielen.

Noch ist das freilich nicht Alles. Noch sind da ja auch – offenbar auf einer unteren Stufe, dem Volke näher, aber auch sie seiner Sorge widerstehend, auch sie für dieses Volkes recht verstandene Sache, weil für die Sache Jahves eintretend, weil bei seiner Berufung und Verheißung beharrend – die beiden treuen und wahrhaftigen Zeugen Josua und Kaleb (ob Apok. 11,3f. auf sie angespielt wird?). Daß sie ihre Kleider zerrissen, ist das Erste, was von ihnen (14,6) erzählt wird: das Zeichen ihres höchsten Entsetzens angesichts dessen, was sie als das Geschehen höchsten Frevels erkennen. Dann aber ihre beschwörende Rede, in den Sturm jener rasenden Sorge hineingerufen, ihr letzter Appell zur Freude, zum Mut, zur Tat: «Das Land, das wir durchzogen haben, um es auszukundschaften, ist ein sehr, sehr schönes Land. Wenn Jahve

2. Des Menschen Trägheit

uns wohl will, so wird er uns in dieses Land bringen und es uns geben, ein Land, darin Milch und Honig fließt. Nur seid nicht widerspenstig gegen Jahve und fürchtet euch nicht vor dem Volk dieses Landes; denn wir werden sie verschlingen. Ihr Schutz ist von ihnen gewichen, mit uns aber ist Jahve; fürchtet euch nicht vor ihnen!» (14,7f.). Noch einmal die klare Linie der der Güte und Gewißheit der göttlichen Verheißung entsprechenden, ihr gehorsamen menschlichen Aktion in ihrer apriorischen Sieghaftigkeit: Jahve ist mit uns, so sind die riesigen Feinde schon schutzlos, so werden wir sie verschlingen – nur daß wir uns eben nicht fürchten, d. h. aber gegen Jahve nicht widerspenstig sein, sein Wohlmeinen nicht in Frage und damit aufs Spiel setzen dürfen! Aber eben das ist schon geschehen, eben die Taubheit gegen ihren letzten Appell ist damit schon eingetreten, eben ihre erneute Erinnerung an Jahves Zusage ist damit schon gegenstandslos, leer geworden. «Die ganze Gemeinde wollte sie steinigen» (14, 10). Die beiden wahrhaftigen Zeugen? Oder gleich auch Mose und Aaron? Das ist sicher, daß die rasende Sorge den im Namen der göttlichen Verheißung gegen sie erhobenen Einspruch nun auch physisch auslöschen, in der Person dieser Menschen ihren göttlichen Richter richten und damit ihr letztes Wort sprechen will.

Es ist auch eine Bewahrung vor diesem Letzten, wenn in diesem Augenblick vor dem Offenbarungszelt vor aller Israeliten Augen die «Herrlichkeit Jahves» erscheint – als Verhinderung des Mordes seiner Zeugen und damit des unwiderruflichen Vergehens an ihm selber, aber nun allerdings auch zum Gericht über sie. Sie haben sich den Gott, dessen Freundschaft sie verachteten und verwarfen, zum Feinde gemacht. Sie haben dem Tod, indem sie ihn fürchteten, gerufen. Ein großer Zwischenabschnitt (14, 11–20), der von der göttlichen Bedrohung mit dem, was sie verdient hätten, und von deren Abwendung durch die nun explizit angeführte Fürbitte des Mose handelt, zeigt das Äußerste, was dem Äußersten, das sie sich Jahve gegenüber geleistet, von seiner Seite entsprechen mußte: ihre Ausrottung und also des Bundes und der Verheißung Annullierung. Sie tritt nicht ein. So betet Mose: «Vergib doch deinem Volk seine Schuld nach deiner großen Güte, wie du ihm schon von Ägypten an bis hier vergeben hast!» Und das ist Jahves Antwort: «Ich vergebe, wie du gebeten hast!» (14,19f.). Das bedeutet aber nicht, daß das Geschehene ungeschehen und ohne Folge ist. Die zehn falschen Zeugen müssen jetzt schon sterben eines plötzlichen Todes (14,37). Und mit dem Einzug in das Land und also mit der Erfüllung der Verheißung ist es fürs Erste, für die ganze Generation, die sich jener erst kindischen, dann rasenden Sorge schuldig gemacht hat, nichts. Sie wird, mit Ausnahme von Josua und Kaleb, «der einen anderen Geist gezeigt und unwandelbar zu mir gehalten hat» (14,24) jenes Land nicht sehen (14,23). Sie, «die ganze böse Gemeinde, die sich wider mich zusammengerottet hat» (14,35), wird in der Wüste sterben – nicht in Ägypten, denn der Wille und die Tat Gottes sind nicht rückgängig zu machen, der Bund ist nicht annulliert und die Verheißung auch nicht – aber, ohne die Erfüllung zu erleben, in der Wüste, wie sie es sich ja als Alternative ebenfalls gewünscht hatten!

Unversöhnlich und dunkel ist dann doch auch der Schluß der Erzählung (14,39f.). Eine «tiefe Betrübnis» kam über das Volk, als Mose diese Worte allen Israeliten kund tat. «Wir haben gesündigt» bekennen sie nun plötzlich. Es scheint aber nicht, daß sie über ihre Sünde und also über ihre Sorge und also über ihr Widerstreben gegen Jahve und also über ihren Bundesbruch so tief betrübt sind, daß also ihr Bekenntnis sehr tief geht, wenn sie damit am anderen Morgen in der Frühe, nun auf einmal gerüstet zum Abmarsch nach Norden, in das Land, vor Mose hintreten: «Hier sind wir! Wir wollen hinaufziehen an den Ort, den uns Jahve gewiesen hat!» Ist ihre Sorge vor dem von ihnen gewünschten und dementsprechend ihnen nun bestimmten Tod in der Wüste auf einmal doch noch größer geworden als ihre Sorge vor den Riesen? Genug, nun wollen sie eben auch diese durch ihre eigene Schuld über sie verhängte andere Bestimmung nicht annehmen. Nun wollen sie marschieren und kämpfen. Es konnte auch das nur auf Übertretung des Befehles Jahves hinauslaufen. Es konnte der Mut der Besorgten ihm nicht wohlgefälliger sein als zuvor ihr Unmut. Mose warnt: «Es wird nicht gelingen, zieht nicht hinauf, denn der Herr ist nicht unter euch, sonst werdet ihr von euren Feinden geschlagen werden ... Weil ihr euch vom Herrn abgewandt habt, wird der Herr nicht mit euch sein» (14,41f.). «Aber vermessen zogen sie hinauf auf die Höhe des Gebirges ... da kamen die Amalekiter und Kanaaniter, die dort wohnten, herab, schlugen und zersprengten sie bis nach Horma» (14, 44f.). *Ubi cessandum est, semper agilis, prompta et audax est incredulitas, ubi autem pergendi autor est Deus, timida est, pigra et mortua*», hat Calvin (CR 25, 209) zu diesem Vorgang bemerkt. Es ging ihrer *incredulitas*, wie es ihr in dieser wie in jener Gestalt gehen mußte. Daß die Lade Jahves zu dieser unbesorgten Unternehmung der Besorgten nach 14,44 nicht mitgenommen und also in jene Katastrophe nicht verwickelt wurde, ist – außer der Existenz der 14,31 erwähnten Kinder, um die sie sich so sehr gesorgt hatten – das einzige Zeichen des Trostes, das am Ausgang dieser Geschichte sichtbar wird.

3. DES MENSCHEN ELEND

Wir fragen unter diesem Titel nach dem Menschen als dem, der die Sünde in der Gestalt der Trägheit, in der wir sie nun kennen gelernt haben, tut. Wer und was ist er in der Bestimmung, in dem Charakter, den er sich selbst gibt und den er tragen muß, indem er sie tut? Über unseren Ausgangspunkt zur Beantwortung auch dieser Frage ist im ersten Abschnitt unseres Paragraphen entschieden. Wir haben, wie über des Menschen Sünde als solche, so auch über seine durch sie geschaffene Situation nicht nach unserem eigenen Gutdünken und Urteil, sondern im Aufmerken auf Gottes Tat, Offenbarung und Wort zu denken und zu reden. Wir blicken auf den Menschensohn Jesus, auf die königliche Freiheit seiner Existenz als der erhöhte, der heilige Mensch, in der in Wahrheit, in ihrer Eigentlichkeit, unsere eigene eingeschlossen ist: von ihr aus auf unser Existieren in der Unwahrheit und Uneigentlichkeit, als Täter der Werke unserer Trägheit. Die Situation, die wir als solche (als die Dummen, die Unmenschlichen, die Vagabunden, die Unzufriedenen, die wir sind!), schaffen, ist des Menschen Elend – im alten Sinn dieses deutschen Wortes: sein Sein im Ausland, in der Fremde als Inbegriff eines üblen menschlichen Dranseins. In diese unsere Fremde ist der Sohn Gottes zu uns gekommen, um als Menschensohn – nicht einsam, sondern als unser Herr, Haupt und Stellvertreter, uns mit sich führend – in seine Heimat zurückzukehren. Wir aber, statt die in und mit ihm dorthin Erhobenen zu sein, die wir in Wahrheit sind, sind in seinem Licht als die in der Unwahrheit Existierenden entdeckt, die hier, in der Fremde und also in unserem Elend Zurückbleibenden: als wäre der wahre Gott umsonst hieher, zu uns gekommen, als hätte er uns umsonst dorthin mitgenommen, als ob wir in und mit ihm nicht auch schon dort, in seiner Heimat, seiner königlichen Freiheit teilhaftig wären. Das ist es, was der menschlichen Situation die Bestimmung, den Charakter eben des menschlichen Elends gibt. Es ist die böse Frucht der bösen menschlichen Trägheit. Es ist das unvermeidliche Los des trägen Menschen. Indem er zurückbleibt, statt mitzugehen, muß er sein: der im Elend Zurückgebliebene. Er zieht sein Drunten dem göttlichen Droben vor. Er will in seinem Drunten verharren. Nun muß er es haben, wie er es haben will, der sein, der er sein will. Nun ist er also der Mensch da drunten, wo er nicht hingehört, wo er nicht daheim ist, wo er aber – es wäre denn, daß sein verkehrter Wille durch die Weisung Jesu gebrochen würde – unwiderruflich seinen Ort hat. So stellt sich unter dem Gesichtspunkt der Sünde als des Menschen Trägheit das dar, was wir (KD IV, 1 § 60, 3) unter dem Gesichtspunkt seines Hochmuts als des Menschen Fall beschrieben haben – so unter diesem besonderen Aspekt das, was die alte Dogmatik in seiner Totalität als den *status corruptionis* bezeichnet hat: als des Menschen Elend.

Er befindet sich auch in diesem *status corruptionis* nicht außerhalb des Machtbereiches der Gnade Gottes: so gewiß er diesen, wie wir sahen, mit allen Taten seiner Trägheit nicht verlassen kann. Er ist in seinem schrecklichen und allerdings folgenschweren Zurückbleiben Gott nicht abhanden gekommen. Gott hört nicht auf, auch des dummen, des unmenschlichen, des vagabundierenden, des unzufriedenen Menschen Gott, Herr, Schöpfer und Bundespartner zu sein: auch in der Fremde, die nun eben der Ort dieses Menschen sein muß. Und so hat auch der Mensch in all jenem trägen Tun und nun auch in dessen Folge, in seinem Elend, nicht aufgehört, Gottes Geschöpf und Bundesgenosse zu sein. Er hat sich ja nicht selbst geschaffen: so kann er sich auch nicht selbst annullieren oder in ein anderes Wesen verwandeln. Er hat ja den Bund nicht begründet: so kann er ihn auch nicht aufheben oder für seine Person aus ihm austreten, als ob er ein freier Verein wäre. Sagen wir es aber auch hier gleich ganz konkret: das Herabkommen des Sohnes Gottes in unser Elend und das Hinaufsteigen des Menschensohnes in die Herrlichkeit Gottes, die Existenz des königlichen Menschen Jesus inmitten der trägen Menschheit, sein in seinem Kreuzestod vollzogener Sieg als ihr Herr, Haupt und Stellvertreter, die Offenbarung dieses seines Sieges in seiner Auferstehung, das Ausgehen seiner Weisung, die Ausgießung des Heiligen Geistes auf alles Fleisch – das Alles ist Faktum. Der Mensch hat es nicht gewirkt, so kann er es mit seinem Tun auch nicht rückgängig machen, so ist und bleibt es Faktum auch gegenüber und mitten in seinem Elend. So ist er auch in seiner Zuwendung zum Nichtigen und unter dessen übermächtiger Bedrohung nicht selbst nichtig geworden. So gehört er auch in seinem Elend Gott: nicht dem Teufel und auch nicht sich selbst. So ist und bleibt das Ja der göttlichen Gnade, obgleich in das Nein seines Gerichtes furchtbar verhüllt, auch zu ihm gesprochen: auch zu dem unseligen Nabal, auch zu dem Volk von Nordisrael, auch zu dem so trivial sündigenden David, auch zu den Murrenden in der Wüste: Jesus lebt, als wahrer Mensch und als der wahre Gott, der sich zum Menschen erniedrigt, zu ihm in sein Elend gekommen ist, sein Elend auf sich genommen hat. Und so lebt der Mensch auch in seinem Elend als der Mensch, für den Jesus lebt. Man müßte Jesus Christus als den Herrn, der ein Knecht und der als Knecht der Herr war und ist, leugnen, man müßte Gott lästern, wenn man anders als mit dieser Einschränkung von des Menschen Elend reden wollte.

Man muß sich aber darüber klar sein, daß man eben damit auch von dessen Schärfe redet. Gerade darin unterscheidet sich nämlich der Ernst des aus der Sünde der Trägheit folgenden Elends von der Schwere irgend einer Schicksalsfügung, daß der mit ihm geschlagene Mensch aus dem Machtbereich Gottes und seiner Gnade keineswegs entlassen ist. Dem Stachel auch der schwersten Schicksalsfügung kann man sich entziehen, indem man sie erleidet, aber auch erträgt. Sie beunruhigt uns nur solange, als wir selbst unruhig sind, uns gegen sie zur Wehr setzen. Ihr gegenüber gibt es eine Ruhe, in der der Mensch sie überbieten und überholen, sich, indem er sich ihr wehrlos hingibt, zu ihrem Herrn machen kann. Nicht so gegenüber der harten Hand des lebendigen Gottes, die der Grund des seiner Trägheit folgenden Elends ist. Gerade weil Gott auch den in dieses Elend gestürzten Menschen nicht fallen gelassen hat, gerade weil seine Gnade auch von ihm nicht weicht (Jes. 54, 10), kann er sich der Beunruhigung durch sie durch keine ihr entgegengesetzte Ruhe entziehen. Sie kann er durch keine wehrlose Hingabe überlisten. Sie wird er also nicht überbieten und überholen. Zu ihrem Herrn wird er sich nicht machen. Es gibt keine noch so tiefe Höhle, und wenn sie mitten in der Hölle läge, in der er sich damit abfinden könnte, in jenem Elend zu sein. Das Werk und Wort der Gnade Gottes bleibt auch für ihn aktuell und gültig. Wie ja auch er selbst nicht aufgehört hat, auch an diesem Ort als Mensch, als Gottes Geschöpf und Bundesgenosse zu existieren: nur eben als Versager, in der Verkehrung seiner menschlichen Geschöpflichkeit, als Bundesbrecher: nur eben als der, den Gottes Ja als Nein treffen, der seine Gnade als Ungnade, Zorn, Gericht erleiden muß. Sein unbegründetes Ungenügen, seine unentschuldbare Schande ist sein Elend: sein Selbstwiderspruch, dem keine Beschwichtigung gewachsen ist. Gerade was die Begrenzung seines Elends ausmacht: daß er auch in ihm Gott gehört, macht also auch seine Schärfe aus. Schon darum hatten wir gerade hier vor allem eben seiner Begrenzung zu gedenken.

Was aber ist des Menschen aus seiner Trägheit unweigerlich folgendes Elend? Wir beantworten diese Frage in drei Sätzen: alle weder aus irgend einer vermeintlichen Empirie, noch aus irgend welcher begrifflichen Ab-

3. Des Menschen Elend

straktion zu gewinnen und zu begründen, alle vielmehr im Blick auf das, was als des Menschen Versöhnung, die auch seine Befreiung aus diesem Elend in sich schließt, im Sein und Werk des Menschen Jesus Wirklichkeit, unsere lebendige Hoffnung ist. Im Licht dieser unserer Hoffnung bekommen wir authentische Kunde über unsere Gegenwart in der Fremde – die in ihm, d. h. in dem für uns lebenden Jesus doch schon unsere Vergangenheit ist.

1. Mit des Menschen Befreiung aus dem durch seine Trägheit geschaffenen Elend steht es so: Sie ist ganz allein in dem gekreuzigten Menschen Jesus Wirklichkeit und also aller anderen Menschen lebendige Hoffnung. Er hat, um uns daraus zu befreien, indem er es auf sich selbst nahm, es zu seinem eigenen Elend machte, als dessen Träger also, gerade nur sterben, er hat ihm gerade nur in seinem Tod jene Grenze setzen, ein Ende machen können. Eine Krankheit, die nur mit dem Tode des Patienten endigen, von der er nur, indem er stirbt, befreit werden kann, nennt man eine unheilbare Krankheit – oder eben heilbar nur in dem Sinn, daß sie in der Aufhebung des kranken Subjektes zu ihrem Ziel und Ende kommt, auf die Grenze stößt, die auch sie nicht überschreiten kann. Ist nun Jesus der für uns, an unserer Stelle, mit unserer Krankheit beladene Patient, so ist es klar, was von unserer Krankheit zu halten ist: sie, das Elend, dem der dumme, der unmenschliche, der verlotterte, der besorgte Mensch verfällt, ist, wie es uns in allen hier behandelten alttestamentlichen Texten besonders eindrücklich werden mußte, unheilbar. Es ist – das ist unser erster Satz – «Krankheit zum Tode», d. h. sie könnte, wenn wir selbst sie durchstehen müßten, wenn Jesus sie nicht an unserer Stelle leidend durchgestanden hätte, nur mit unserem Tode, mit unserer Beseitigung endigen.

Mit unserem Tode endigt sie denn auch, sofern Jesus, mit unserer Krankheit beladen, auch unseren Tod erlitten, eben in seinem Tod freilich – für uns triumphierend, indem er ihn für uns erlitt – auch unsere neue, gesunde Geburt vollzogen hat. Das ändert aber nichts an ihrem Charakter als Krankheit zum Tode. Eben das offenbart vielmehr diesen ihren Charakter. Des Menschen Elend ist von der Art, daß ihm (negativ) nur durch seinen von Jesus erlittenen Tod und (positiv) nur in einem im Überschreiten dieser Grenze von Jesus inaugurierten neuen Leben ein Ende zu setzen war und ist. Es ist durch das, was Jesus zu unserer Befreiung von ihm getan hat und ist, gekennzeichnet als «mein Elend übermaßen» (Luther), d. h. als unser Elend, das innerhalb des Bestandes meines menschlichen Seins, meines Denkens, Wollens und Vollbringens, im Raum der ganzen Tat, in der ich als Mensch existiere, kein Maß, keine Grenze hat. Es gibt da keine Reservationen, keine Inseln, auf denen ich (und keine Pausen, in denen ich) – auf mich selbst gesehen und also abgesehen von dem, was ich in Jesus bin, **nicht** im Elend wäre. Es umgreift und es durchdringt mich **ganz**; es ist da, indem ich selbst da bin. Ich kann mich auf meinem Krankenbett von der einen auf die andere Seite kehren. Ich kann mich von einem Krankenbett in ein anderes legen oder bringen lassen. Ich kann, wenn es hoch kommt, auch das Spital wechseln oder mich, wenn ich das vorziehe, in Privatpflege begeben. Ich bleibe doch der Kranke und es bleibt doch meine Krankheit dieselbe: mein mich ganz beherrschendes und so oder so in meinem ganzen Dransein immer bemerkbareres unheilbares Elend.

Von was reden wir? Wir reden schlicht davon, daß wir keine Wahl haben als die: zu **sein**, die wir in der Kraft oder Unkraft unseres **Tuns** sind. Wir reden von der Destruktion und Dekomposition unseres Seins, die damit Ereignis wird, daß wir uns das Tun unserer Dummheit, Unmenschlichkeit, Verlotterung und Sorge meinen leisten zu dürfen. Wir sahen, woher dieses Tun kommt: aus unserer grundlosen und darum unerklärlichen, aber leider faktischen und lebensgefährlichen Zuwendung zum Nichtigen, aus der perversen Liebe zum Chaos, in der der Mensch sich fallen läßt, wo er sich aufrichten und erheben dürfte. Und wir sahen, wohin dieses Tun zielt: hinein in das Netz seines Widerspruchs zu sich selbst mit allen seinen sich überkreuzenden Maschen, hinein in seine eigene Verwüstung, in die Verkehrung seines Verhältnisses zu Gott, zum Mitmenschen, zu sich selbst, zu seiner Zeitlichkeit. Daß er, indem er von **dorther** kommt, notwendig **dahin** unterwegs, ein **dahin** Eilender sein muß, daß sein Sein von dorther notwendig alle Merkmale eines Seins dahin, hinein in jene ganze Verkehrung und Verwüstung tragen muß, das ist des Menschen Elend. Es ist wirklich sein Sein im Ausland, in der Fremde. Denn er ist wirklich nicht bei sich, nicht daheim auf dem Weg, in seinem Eilen dahin. Es gehören die Merkmale eines Seins dahin wirklich nicht zu ihm. Aber er selbst trägt sie und muß sie tragen, so gewiß er selbst auf jenem Wege ist und dorthin eilt, wo er außer seiner eigenen Destruktion und Dekomposition, außer dem Nichtigen und sich selbst als dem dem Nichtigen Verfallenen nichts vor sich, keine andere Zukunft hat.

Man sieht: es handelt sich **noch nicht** um den **Tod**. Noch existiert, noch lebt er ja. Noch ist das Ziel nicht erreicht. Oder noch ist er nicht erreicht von dem Letzten, was von dorther auf ihn zukommt. Wie man ja auch auf jenen Darstellungen des Sturzes der Verdammten den Höllenrachen, dem sie entgegenstürzen, erst für sie geöffnet, das ewige Feuer erst auf sie warten sieht. Des Menschen Elend ist «nur» sein Sein im Stürzen dorthin, «nur» sein Sein **zum Tode**. Nur?! Als ob das weniger schlimm wäre, als ob da das Sein **im Tode** nicht als das Bessere erscheinen könnte! Als ob nicht eben dieses dem Sichfallenlassen des trägen Menschen notwendig folgende unaufhaltsame Stürzen in jener üblen Richtung als solches – nun auch in diesem qualitativen Sinn – «mein Elend übermaßen» wäre: gerade dies, daß ich mich selbst dabei durchaus nicht los bin, daß ich selbst noch und noch dabei sein, mich selbst in dieser Situation haben muß und nicht los werden kann. Jene Schärfe des menschlichen Elends, die gerade in seiner Begrenzung begründet ist, wirkt sich nun aus. Indem Gott den Menschen nicht verläßt, ist er auch verhindert, sich selbst zu verlassen – und wenn er es schon wollte, und wenn er es mit dem, was man Selbstmord nennt, zu bewerkstelligen versuchen wollte. Er selbst tut, was er tut: die Taten seiner Trägheit. Und wieder er selbst muß das sein, was er tut, muß dem Gesetz der Trägheit, unter das er sich selbst gestellt hat, folgen, muß also auf dem Weg dorthin sein, dorthin eilen: nicht als sein eigener Zuschauer, wie er wohl möchte, sondern als die wie handelnde, so nun auch leidende Person: noch nicht im Tode, aber schon – und das rettungslos – zum Tode hin.

Man bemerke: Wir reden von einem objektiven Sachverhalt, von einer Realität, die unabhängig davon, ob und wie wir sie kennen, in sich fest steht. Der Einwand von der Erfahrung bzw. von der mangelnden Erfahrung solchen Elends her würde also zum vornherein ins Leere gehen. Des Menschen Elend in seiner Ausdehnung und Tiefe, in seiner Substanz und eigentlichen Finsternis, hat außer dem Menschen Jesus Keiner erfahren. Was wir davon sehen, bemerken, kennen und also mehr oder weniger leidend erfahren, sind die uns noch berührenden Schatten seines Kreuzes. Nicht als ob es nicht auch in seiner Substanz, in seiner eigentlichen Finsternis, unser Elend wäre. Wir sind schon jene Stürzenden, aber daß wir das sind, das können wir gerade nur angesichts des Kreuzesleidens Jesu erkennen, im Hören seines Schreis: «Mein Gott, mein Gott, warum hast du mich verlassen?» (Mr. 15, 34) – wirklich nicht in dem Erschrecken, Entsetzen, Zweifeln und Verzweifeln, das wohl auch uns widerfahren mag – oder eben in diesem nur als in einer fernen Erinnerung an unser Elend, dem er in seinem Tod ein Ende gemacht hat, in einem schwachen Nachklang seines Schreiens: gerade nur indem das Alles ein Zeichen dessen ist, daß wir ja in Wahrheit in Ihm und also auch an seinem Leiden beteiligt sind. Eine direkte Erfahrung davon haben wir nicht. Von dem sollte also auch niemand reden, als wäre es ein Element seiner Lebensgeschichte. Wie schwer Einer sich auch das eine oder andere Mal geschlagen finde: Wiederholungen von Golgatha werden das nicht sein. Hinter dem einen Golgatha bleiben alle unsere Erlebnisinhalte nicht nur quantitativ, sondern auch qualitativ schlechthin zurück. Aber: daß Golgatha nie zu unserem eigenen Erlebnis- und Bewußtseinsinhalt wird, ändert nichts daran, daß eben des Menschen Elend, wie es dort von Jesus ertragen wurde und offenbar ist und wie es sich wohl auch in unseren Erfahrungen reflektieren mag, objektiv und real unser eigenes Elend ist. Was immer wir davon bemerken oder nicht bemerken mögen:

eben als die, die zum Tode hin sind, sieht uns Gott, eben das sind wir also in Wahrheit. Und eben daß wir das und daß wir so dran sind, haben wir uns von dorther, wo Gott in dem Einen zusammengefaßt uns Alle gesehen hat – vom Kreuzesleiden Jesu her – gesagt sein zu lassen. Die sich in ihrem Leben für von jenen Schatten ganz besonders berührt halten, sollen nicht meinen, daß das menschliche Elend nur eben das ihrige sei. Und die sich in ihrem Leben in der Lage finden, in einer gewissen Heiterkeit und Gelassenheit über jene auch sie treffenden Schatten hinwegzukommen, sollen nicht meinen, daß des Menschen Elend deshalb nicht auch oder weniger ihr Elend sei. Es ist objektiv so, daß wir alle nicht daheim, sondern in der Fremde sind. In Jesus sind wir wohl daheim, haben wir das ganze menschliche Elend schon hinter uns. In ihm sind wir ja durch die Fremde hindurchgegangen, sind wir als ihre Bewohner gestorben und wiedergeboren als neue Menschen, wandeln wir schon droben im Licht. Aber das ist es ja: daß wir gerade im Lichte Jesu, an dem auch wir teilnehmen, angeklagt sind als die, die sich in ihre eigene Vergangenheit zurücksinken lassen und also dastehen als die in dieser unserer Vergangenheit Versinkenden: noch in der Fremde, noch im Elend.

Dies ist aber – wenn wir das Wort nun auch in seinem geläufigeren Sinn von *miseria* verstehen wollen – des Menschen Elend, das Schreckliche seines Eilens und Stürzens zum Tode hin: daß er auf der ganzen Linie in einer radikalen Verkehrung existieren muß. «Verkehrung» muß man ja sagen: nicht Verwandlung, nicht Vernichtung. Er ist auch in dem, was er kraft seiner Trägheit in allen ihren Gestalten sein muß, Gottes gutes Geschöpf. Ihm fehlt auch in seiner Krankheit keines von allen seinen Gliedern und Organen. Ihm ist von allen seinen Bestimmungen, die ihn zum Menschen machen, keine abhanden gekommen. Er ist kein Dämon, kein Tier und keine Pflanze geworden. Er ist auch in seinem Elend kein halber, sondern ein ganzer Mensch. Sein Elend besteht aber gerade in der Korruption dieses Optimums. Dem verkehrten Gebrauch, den er von ihm macht, folgt unmittelbar sein verkehrter Zustand, das Pessimum. Alles, was da an sich hell ist, ist für ihn nun dunkel. Alles, was er da haben dürfte, gleitet ihm nun fortwährend aus den Händen. Alles, was da eigentlich seine Ehre ist, wird ihm nun zur Schande. Alles Reine wird ihm nun unrein. Alles Erfreuliche verhüllt sich ihm nun in tiefe Traurigkeit. Alles Erhebende wird ihm nun zur Versuchung, aller Segen zum Fluch, alles Heil zum Unheil. Man sieht gerade nicht tief genug, wenn man meint und sagt, daß da nur Dunkel, nur Entbehrung, nur Schande, nur Unreinheit, nur Traurigkeit, Versuchung, Fluch und Unheil sei. Auch des Menschen Elend ist eben genau genommen gerade kein *status*, keine Zuständlichkeit, sondern sein Sein in einer Geschichte, in der es gerade kein abstraktes «nur» geben kann. Also: das Licht ist auch noch da, aber in seinem Erlöschen, der Reichtum in seinem Schwinden, die Ehre in ihrer Schändung, das Reine in seiner Verunreinigung, die Freude in ihrem schmerzlichen Übergang in Traurigkeit: Alles in dieser Wendung von rechts nach links, von oben nach unten, in seiner Verkehrung, in seinem Verderben – man verstehe recht: im Ereignis dieses Verderbens! Im Zusammenhang dieses Ereignisses, in der Folge lauter solcher Ereignisse, in dieser sinistren Geschichte ist und existiert der träge Mensch. Sie ist die Geschichte seines ohnmächtigen Vorübergehens an Gottes ihm gegenwärtiger Gnade, die Geschichte der ihm fortwährend gebotenen, von ihm fortwährend versäumten und so ihm entgehenden Gelegenheiten, seine Geschichte unter den Gerichten Gottes. Sein Sein in dieser Geschichte ist sein Elend. Indem er in dieser Geschichte ist, ist er der *miser*, der ohne die *misericordia Dei* verloren, im Tode sein müßte.

Unterstreichen wir schließlich noch: er ist es auf der ganzen Linie, will sagen, im ganzen Vollzug seiner Existenz, in allen Bestimmungen seiner Menschlichkeit. Das will also nicht sagen: er sei in allem, was er ist und tut, nur eben da drunten, in der Finsternis. Man muß vielmehr sagen: er ist in allem, was er ist und tut, auch droben – aber nun eben auch nicht nur droben, sondern von da droben her im Abrutschen, Absinken, Abstürzen auf der Einbahnstraße nach da drunten. Es gibt da nirgends einen festen Punkt, an welchem er und von dem aus er in einer anderen Bewegung und also nicht in jener Verkehrung begriffen wäre. Er ist ganz in dieser Geschichte, in keinem Seelengrund etwa nicht in dieser Verkehrung begriffen! Was soll die Rede von einem dem Menschen auch als Sünder verbliebenen «guten Rest», bei dem man dann etwas kümmerlich an die Anlage seiner Vernunft, an ein religiöses oder moralisches Apriori und dergleichen zu denken pflegt? Zu dieser Rede ist pünktlich zu sagen, daß (1) das dem Menschen auch als Sünder verbliebene Gute gar nicht nur ein «Rest», sondern die Totalität der ihm von Gott gegebenen Natur und ihrer Bestimmung ist, daß er aber (2) in derselben Totalität in der Geschichte der Verkehrung eben dieses Guten ins Böse existiert: in der Bewegung von oben nach unten begriffen ist. Sein totales Sein in dieser Bewegung ist seine *miseria*, die nur in der *misericordia Dei* ihre Grenze hat.

Was wir «des Menschen Elend» nennen, ist die ziemlich genaue Entsprechung zu dem, was im Neuen Testament des Menschen Sein im Fleische heißt. Der Begriff σάρξ ist bekanntlich doppelsinnig. Er bezeichnet einerseits (wie das alttestamentliche *basar*) einfach beschreibend den Menschen, seine Person als in der Zeit seiendes Subjekt in der Totalität seiner menschlichen Natur – allerdings in der besonderen Bestimmung, in der er in seiner Gesamtheit auch physisches Lebewesen ist: «Fleisch und Blut» wie darum gelegentlich auch gesagt werden kann. Ἐν σαρκί, auch κατὰ σάρκα sein oder leben, heißt insofern einfach: als menschliches Lebewesen in der Zeit da sein, existieren, leben – allerdings mit dem besonderen Ton: leiblich, im Zusammenhang der physisch-natürlichen

Ordnung. Daß der Begriff gerade diese Spitze hat, zeigt zunächst nur an, daß der Mensch in ihm, wenn auch neutral, nach der unteren Komponente seines Seins ins Auge gefaßt ist. Σάρξ bezeichnet aber andererseits pejorativ: den Menschen in der durch die Macht seiner eigenen Sünde beherrschten Sphäre, wiederum den ganzen Menschen in seiner damit eingetretenen und sich vollziehenden Verkehrung, den Gott in seinem Begehren abgewendeten, vielmehr feindselig entgegengesetzten, seines Geistes entbehrenden und darum in seiner Totalität der φθορά verfallenen Menschen. Ἐν σαρκί oder κατὰ σάρκα sein, wandeln und handeln, heißt in diesem Sinn – an die Stelle des neutralen tritt nun ein disqualifiziertes Unten – als Mensch in jener Sphäre und also unter jener Macht, also in jener Verkehrung, also in einer Gott und seinem Geist entgegengesetzten Begehrlichkeit da sein und also: als ein der φθορά Verfallener. Man muß bei der doppelten Bedeutung des Begriffs beachten, daß sich die zweite Bedeutung in der ersten schon ankündigt. σάρξ ist auch in jenem ersten Sinn nicht eindeutig (wie etwa ψυχή, σῶμα, νοῦς ein Begriff der normalen, er ist auch schon ein Begriff der pathologischen Anthropologie, er sieht den Menschen bereits als das Subjekt der Geschichte, in der er σάρξ im zweiten Sinn des Begriffs werden wird. Man darf aber umgekehrt auch bei dieser zweiten Bedeutung des Begriffs die erste nicht aus den Augen verlieren: es ist der im pejorativen Sinn im Fleisch lebende Mensch derselbe, der, mit demselben Ausdruck beschrieben, schlicht in seiner Menschlichkeit in der Zeit da ist. Man darf mit einem Wort die in diesem Bedeutungswechsel sichtbare Spannung des Begriffs nicht auflösen: wahrscheinlich in keiner der in Frage kommenden – hier mehr nach der einen, dort mehr nach der anderen Seite weisenden – Stellen. Er beschreibt gerade im Zusammenhang seiner beiden Bedeutungen eben die fatale Geschichte, die den neutestamentlichen Autoren vor Augen stand, wenn sie – nicht nur in der Person Anderer, sondern (Röm. 7!) zuerst und vor allem in ihrer eigenen Person – auf den Menschen blickten, wie er sich außerhalb seines Seins in dem einen Menschen Jesus, seinem Geist widerstrebend, der Befreiung durch ihn total bedürftig, darstellt. Sein Sein in der Geschichte der Zerspaltung seines Ich, seiner Selbstentfremdung, seines Selbstwiderspruchs bezeichnen sie mit dem Wort σάρξ gerade in dem doppelten Sinn, in dem sie es brauchen – und so den ταλαίπωρος ἄνθρωπος (Röm. 7,24), der nur schreiend nach seiner Erlösung fragen kann: den Menschen in seinem Elend.

2. Mit unserer Befreiung aus diesem Elend verhält es sich so, daß in dem gekreuzigten Menschen Jesus, in dem unser alter Mensch in ihm starb, ein neuer Mensch, der Heilige Gottes an unsere Stelle getreten ist: ein neuer Mensch als das Subjekt neuer, anderer, Gott gehorsamer und Gott wohlgefälliger Taten. Wir sind aus unserem Elend insofern befreit, als in ihm auch wir neue Menschen und also Subjekte neuer Taten sind. Weniger als des Menschen Wiedergeburt genügte und genügt nicht, um ihn zu einem Täter solcher neuen Taten zu machen: in welchen nicht mehr seine Trägheit wirksam und erkennbar ist, in welchen er sich, statt immer wieder abzusinken, aufrichten, erheben, als wahrer Mensch tätig sein darf. Im Hervorgang aus einem anderen Ursprung als dem des neuen Anfangs, der in Jesus mit ihm gemacht ist, werden seine Taten – das ist unser zweiter Satz – samt und sonders die Taten seiner Trägheit sein, in denen er wieder und wieder der elende Mensch sein wird.

Des Menschen Elend, wie es gerade im Licht seiner Befreiung erkennbar wird, ist eben auch in dem Sinn eine Geschichte und nicht bloß ein *status*, eine Zuständlichkeit, daß es ein Eigenleben hat, in welchem

3. Des Menschen Elend

es sich fort und fort, in einem Kreislauf ohne Ausgang bestätigt und aus sich selbst erneuert. Was der Mensch tut, das ist er, hatten wir zunächst festzustellen. Es gilt aber auch die Umkehrung: was er ist, das tut er, das wird er immer wieder tun, sofern er nicht in Jesus ein anderer Mensch ist und wird, sofern sein Tun nicht das Tun des anderen Menschen, der er in Jesus ist, sein wird. Mit der alten Dogmatik zu reden: aus dem *peccatum originale* folgen mit Notwendigkeit die *peccata actualia*. Peccata actualia («Tatsünden») heißt: *peccata in actione*. Das charakterisiert des Menschen Elend, daß er gerade nicht nur ein Sünder ist. Das ist er, dazu macht er sich freilich, indem er die Sünde tut. Aber daß er das ist, daran könnte man sich gewöhnen, damit könnte man sich abfinden. Daß er das ist, das möchte dann doch noch als so etwas wie ein Schicksal verstanden werden: freilich verschuldet, aber vom Einzelnen doch nur seiner Solidarität mit der ganzen Weltgeschichte und Menschheit, von ihm doch in seinem Gebeugtsein unter das über Adam und in Adam über Alle gesprochene Urteil zu tragen – und dann wohl auch zu ertragen. Aber damit wäre schon dieses Urteil mißverstanden, das sich ja gerade auf die Schuldhaftigkeit der Tat, nämlich der bösen Grundtat bezieht, in der die Menschheit, die in jedem einzelnen Menschen ihr verantwortliches Subjekt hat, von ihrem Anfang, von Adam her, begriffen war und ist. Und nun ist der Mensch – und das charakterisiert sein Elend – nicht nur in seiner Beteiligung an dieser Grundtat, nicht nur als Adams Kind in seinem Herzen von Jugend an böse, sondern – indem er das ist und eben von daher – auch von Augenblick zu Augenblick, «in bösen Gedanken, Worten und Werken von Jugend an bis auf diese gegenwärtige Stunde», in lauter Einzelentscheidungen, die von dorther wieder Fehlentscheidungen sind, jede mit ihrem eigenen fatalen Gesicht und Gericht, jede in ihrer Eigenart ein Akt der Untreue, des Unglaubens, des Ungehorsams, der Undankbarkeit, jede in ihrer besonderen Weise ein Werk seiner Trägheit, für das er wieder und ebenso streng wie für die Grundtat seiner Existenz verantwortlich ist. Es ist wahr, es entlastet ihn aber nicht (denn er selbst ist der, der das will und tut), daß er als Adams Kind von der großen menschlichen Trägheit immer schon herkommt und es ist auch wahr, er ist aber auch darin nicht entlastet (weil wieder er selbst dabei wollendes und handelndes Subjekt ist), daß er von dorther in Form von lauter konkreten und konkretesten Vollbringungen, von aktuellen Sünden, in den Bereich jener Trägheit immer wieder hineinläuft. Des Menschen in Jesus geschehene und wirkliche Befreiung ist seine Befreiung aus diesem Kreislauf. Daß er (er selbst!) sich in diesem Kreislauf bewegt, das ist sein Elend.

Und nun gehört zum Elend seines Seins auch in seinen einzelnen bösen Taten jener Widerspruch: daß es ja kein in sich und als solches, kein in seiner natürlichen Beschaffenheit böses Tun gibt, daß aber des Menschen ganzes Tun, indem er es in jenem Kreislauf vollbringt, böse werden und sein muß. «Alles von Gott Geschaffene ist gut und nichts ist verwerflich – wenn es mit Danksagung empfangen wird.» (1. Tim. 4,4). Aber eben daran fehlt es ja! Die seelischen und leiblichen, geistigen und sinnlichen Funktionen, in denen sich des Menschen böse Taten vollziehen, könnten als Funktionen des reinen Menschen rein sein (Tit. 1,15). Und an sich und als solche sind und bleiben sie es auch. Die gute Schöpfung Gottes hält durch. Man wird das allerletztlich nicht nur von den Lebensfunktionen des «gesunden», sondern auch von denen des seelisch oder leiblich «kranken» Menschen sagen müssen. Das Böse besteht nicht in einer Beschaffenheit seiner Psyche oder Physis, sondern in der aus der Trägheit seines Herzens stammenden Trägheit seines seelischen und leiblichen Tuns. In ihm, in seinem Dienst, wird erst böse, was an sich und als solches nicht böse wäre: das psychische und physische Geschehen, in welchem sich des Menschen Taten vollziehen. Bis ins Einzelne hinein bewegt sich also der träge Mensch im Widerspruch und Konflikt mit sich selbst. Bis ins Einzelne hinein existiert er in der Geschichte jener Verkehrung. In seinen aktuellen Sünden bekommt sie dauernd, in einer ganzen zusammenhängenden Folge von offenen und heimlichen Einzelgeschichten, neue Aktualität. Ohne seinen Neuanfang – ohne seine Wiedergeburt, die in Jesus schon stattgefunden hat – ohne daß er in der Kraft seiner Weisung anders wird, um dann auch das Subjekt anderer Taten zu werden, ist ein Ende seines Elends auch in dieser Hinsicht nicht abzusehen.

Eine theologiegeschichtliche Anmerkung: der Locus *De peccato actuali* bietet in der altprotestantischen Dogmatik ein etwas seltsames Bild. Er besteht da nämlich in der Hauptsache in einem merkwürdigen, mehr oder minder engmaschigen Netz von in sich gegensätzlichen Begriffspaaren, von denen jedes einzelne in seiner Weise zeigt, wie die «Tatsünde», so oder so betrachtet, auf der Linie zwischen je zwei sehr weit auseinander liegenden Punkten stattfinden mag und nun doch, ob mehr von da oder von dorther charakterisiert, in gleicher Weise Sünde ist. Es gebe, so wurde gelehrt: *peccata commissionis* und *ommissionis* (Begehungs- und Unterlassungssünden), *pecc. infirmitatis* bzw. *ignorantiae* und *pecc. malitiae, pecc. voluntaria* und *involuntaria, pecc. regnantia*, d. h. Sünden, die den Menschen beherrschen und die er ohne Kampf und Widerstand über sich herrschen läßt und *pecc. non regnantia*, die von ihm zwar nicht überwunden sind, aber auch nicht anerkannt, sondern bekämpft werden. Es gebe ein *pecc. mortuum*, eine gewissermaßen nur latente bzw. potentielle Sünde, deren man sich nicht oder doch nicht in ihrer Tragweite bewußt sei, und ein *pecc. vivens:* die im Sinn von Röm. 7,8–9 auflebende und erkannte Sünde. Es gebe *pecc. spiritualia*, deren sich vornehmlich die Seele als solche schuldig macht (z. B. Hochmut, Neid, theologische Haeresie!) und *pecc. carnalia* wie Fressen, Saufen und Huren. Es gebe *pecc. clamantia*, offenkundig gen Himmel schreiende Sünden und *pecc. tolerantiae*, die in ihrer Schuldhaftigkeit und Strafwürdigkeit von der Geduld Gottes einstweilen getragen werden. Die Problematik dieser Sache spiegelt sich schon in der zu Tage liegenden Bedenklichkeit, ja Unmöglichkeit mehr als einer dieser Unterscheidungen. Die Absicht des Ganzen konnte sein und war es wohl auch weithin: die eine Sünde von der anderen nun doch als mehr oder weniger gefährlich und beunruhigend abzuheben. Eine naheliegende Absicht, aber gefährlich

3. Des Menschen Elend

für die Voraussetzung, an der man auch und z. T. mit starken Worten festhalten wollte: es seien alle Sünden darin gleich, *ut vel minima minimi peccati cogitatio, mortem aeternam millies mereamur* (Bucan, *Inst. theol.* 1602, XVI, 9). – Sieht man weniger auf die Absicht, als auf den faktischen Ertrag des ganzen Theologumens, so dürfte doch – über den praktischen Wert als Bestandteil eines Beichtspiegels, den es wohl auch gehabt hat, hinaus – zu anerkennen sein: es kann deutlich machen, wie das ganze Tun des Menschen, in dem Kreuzfeuer aller mit jenen Unterscheidungen gestellten Fragen gesichtet, dem Urteil, daß es Sünde sei, schwerlich entgehen kann – und andererseits: wie es von diesem Urteil nun doch nicht unterschiedslos, sondern je in seiner Verschiedenheit von anderem, je in seiner Besonderheit und Eigenart betroffen wird. Hält man sich das Netz dieser Entgegenstellungen als Ganzes vor Augen, so kann man dessen gewahr werden, daß das Urteil, unter dem wir stehen, ein umfassendes, daß es aber auch ein je ganz konkretes Urteil ist. Spricht das Wort Gottes Alle in Allem schuldig, so tut es das doch nicht im Allgemeinen und gleichförmig, sondern im besonderen Blick auf einen Jeden an seinem Ort und wieder im besonderen Blick auf dieses und dieses besondere Tun: so daß des Menschen Elend durchaus keine Nacht ist, in der alle Katzen grau sind, sondern für jeden – und bei Jedem je in diesem und diesem besonderen Tun – sein eigenes Profil und seine eigene dunkle Farbe hat.

Eines von den Begriffspaaren, die im Blick auf die *peccata actualia* aufgestellt wurden, war zwischen den Römischen und den Lutheranern einerseits, den Reformierten andererseits strittig: die Unterscheidung zwischen sogen. **Todsünden** *(pecc. mortalia)* und **läßlichen Sünden** *(pecc. venialia)*. Nach römischer Lehre gäbe es Sünden, die ihrer Natur nach so leicht seien, daß sie keine *macula in anima* nach sich ziehen (Thomas v. Aquino, *S. th.* II[1] 89, 1), indem sie, mit dem irdischen Leben seit dem Sündenfall praktisch unvermeidlich verbunden, dem zu vergleichen seien, was Paulus 1. Kor. 3,12 Holz, Heu und Stoppeln nennt, die das Seligwerden nicht verhindern (89,2), die an sich auch ohne Gegenwirkung der göttlichen Gnade reparabel wären. Ihnen gegenüber dann allerdings die sieben Todsünden – nach Thomas (84,4) *inanis gloria, gula, luxuria, avaritia, tristitia (quae tristatur de bono spirituali propter laborem corporalem adiunctum) invidia, ira* –, die, an sich irreparabel, nur durch die Gnade (praktisch: die Erneuerung der Taufgnade durch das Bußsakrament) gutzumachen seien. Ein vom *pecc. mortale* zu unterscheidendes *pecc. veniale* kannte aber auch die alte lutherische Dogmatik. «Läßlich» ist nach Hollaz *(Ex. theol. acroam.* 1707 II, 4 qu. 20*) omne peccatum involuntarium in renatis, quod neque gratiam inhabitantem Spiritus sancti excutit, neque fidem extinguit, sed eodem momento, quo committitur, veniam indivulso nexu coniunctam habet*. Während Todsünde nur das sei, was vom Menschen in Übertretung des göttlichen Gesetzes *contra dictamen conscientiae deliberato voluntatis proposito* getan werde (qu. 9)! Die alten Reformierten haben diese ganze Unterscheidung in Abrede gestellt, auch den Wiedergeborenen eine solche Ruhebank nicht zuerkannt: es sei einerseits alle Sünde, wie leicht sie auch erscheine, Todsünde und andererseits wieder alle durch die Barmherzigkeit Gottes vergebbare Sünde.

Unsere Stellungnahme zu dieser Kontroverse kann von unseren Voraussetzungen her nicht zweifelhaft sein: die römische und die lutherische Unterscheidung von *pecc. mortale* und *veniale* setzt einen quantitativen Begriff von Sünde voraus, der sich mit dem Entscheidungsernst des göttlichen Gerichtes und der unter diesem Gericht stehenden menschlichen Situation nicht vereinigen läßt. Sie kann nur dazu dienen, die Tiefe des menschlichen Elends, eben damit aber auch die Tiefe der freien Gnade Gottes zu verschleiern. Aus dem gleichen Grund ist auch die Unterscheidung von willentlicher und unwillentlicher Sünde abzulehnen und erst recht die Vorstellung, als ob sich die Christen mit ihren «unwillentlichen» Sünden in einer Vorzugsstellung gegenüber ihren «nicht wiedergeborenen» Mitmenschen befänden. Todsünde ist, sofern sie des Todes würdig ist, und sofern sie dem Menschen jene Krankheit zum Tode zuzieht, offenbar jede, auch die «kleinste» Sünde: warum nur die auf jener Tafel der sieben Todsünden verzeichneten – also ob eine dort nicht verzeichnete und also «läßliche» nicht ebenso schwer oder noch schwerer wiegen könnte als alle dort verzeichneten miteinander? Und welche angeblich «kleine» oder kleinste Sünde geschähe nicht im Widerstreit des Menschen und also auch des menschlichen Willens mit sich selber: welche wäre also nicht zugleich willentliche und unwillentliche Sünde? Was denkt man sich endlich bei dem Begriff einer an sich und also irgendwie anders als durch den barmherzigen Gott vergebbaren, seiner vergebenden Gnade nicht bedürftigen Sünde? Gibt es noch eine andere Vergebung als die seinige? Ist seiner Vergebung nicht Jeder mit allen seinen Sünden schlechterdings bedürftig und ist seine Vergebung nicht unterschiedslos jedem Sünder mit allen seinen Sünden verheißen – mit alleiniger Ausnahme gerade dessen, dem er als der barmherzige Gott offenbar und bekannt sein, der sich aber an seine Barmherzigkeit dennoch nicht halten, der sich der Vergebung, aber auch der Vergebungsbedürftigkeit aller seiner Sünden entziehen, der sich also jener Mr. 3,28f. Par. als Grenzbegriff angedeuteten «Sünde gegen den Heiligen Geist» schuldig machen sollte? Die Unterscheidung von letaler und venialer Sünde ist undurchführbar. Sie ist tief uninteressant. Sie ist aber in letztem Ernst darum abzulehnen, weil sie eine gefährliche Tendenz in der Richtung auf diesen schrecklichen Grenzbegriff hat.

3. Mit des Menschen Befreiung aus seinem Elend verhält es sich endlich so, daß sie ganz allein in der königlichen Freiheit geschehen und wirklich ist, in der der Mensch Jesus sie damit vollzogen hat, daß er sich selbst, sein Leben als wahrer Gott und wahrer Mensch im Gehorsam gegen Gott und als unser Herr, Haupt und Stellvertreter, für uns dahin, in den Tod gegeben hat. Dies ist die Tat des freien Willens, die Entscheidung des *liberum arbitrium*, in welcher des Menschen Befreiung aus seinem Elend ein für allemal vollzogen ist. Jesus lebt: er lebt als Täter dieser Tat des freien, des den Kreislauf des sündigen menschlichen Tuns und Seins durchbrechenden, des überwindenden, des siegreichen menschlichen Willens: des Willens des neuen, in seiner Person von Gott auf den Plan geführten heiligen, für ihn und für uns freien Menschen. Als solcher lebt er für uns. Und in ihm leben als Menschen desselben freien Willens auch wir: in und mit ihm also auch wir als Durchbrecher, Überwinder, Besieger unseres Elends, als freie Menschen. In Ihm ist uns die das menschliche Elend begrenzende Barmherzigkeit Gottes als Geschenk der Freiheit – unserer eigenen Freiheit! – real gegenwärtig. Daraus ergibt sich aber, daß wir in dem Elend, aus dem wir durch ihn befreit sind, d. h. aber in unserem durch unsere Trägheit bedingten Zurückgebliebensein in unserer eigenen Vergangenheit – daß wir außer ihm nicht frei, jenes freien, den Kreislauf unseres Sündigens durchbrechenden, überwindenden, besiegenden Willens nicht teilhaftig sind. Das ist unser dritter Satz: Unser Elend ist – gerade durch unsere Befreiung aus ihm müssen wir gerade das bezeugen und uns sagen lassen: die Bestimmung unseres Willens als *servum arbitrium*.

Es war immer mißlich, wenn man den Satz von der Unfreiheit des Willens anders als christologisch begründen und verstehen wollte. Er kann durch empiristische Feststellungen oder durch aprioristische Reflexionen weder bewiesen noch widerlegt werden. Er ist als Korollarium zu dem Bekenntnis zu der uns in dem Menschen Jesus erworbenen und geschenkten Freiheit ein theologischer, ein Glaubenssatz. Er hat als solcher mit dem Streit zwischen den Deterministen und den Indeterministen nichts zu tun. Er ist – daß das in Luthers *De servo arbitrio* nicht klar wird, ist der Einwand, den man dieser berühmten Schrift, den man aber auch den Konzeptionen Zwinglis und Calvins gegenüber nicht unterdrücken kann! – nicht etwa eine Entscheidung im Sinn des Determinismus. Er kann, sofern sich Determinismus und Indeterminismus als empiristische bzw. aprioristische Hypothesen verstehen lassen, beide in sich aufnehmen. Er müßte, sollten sie sich als so oder so gewonnene metaphysische Dogmen verstehen wollen, beide ausschließen. Er beschreibt die aus des Menschen Trägheit in seinem Verhältnis zu Gott sich ergebende Verkehrung der menschlichen Situation. Sie besteht keineswegs darin, daß der Mensch nicht mehr so oder so wollen und entscheiden könnte, d. h. aber, daß er, des *arbitrium* beraubt, keinen Willen mehr hätte. Das würde ja bedeuten, daß er nicht mehr Mensch, sondern ein von außen bewegter Bestandteil eines Mechanismus wäre. Das wäre ja eben die Verwandlung des Menschen in ein ganz anderes, nicht menschliches Wesen: die Vorstellung, die wir in diesem ganzen Zusammenhang von Anfang an nicht scharf genug abweisen konnten. Aber nun ist das ja gar nicht – oder eben nur in der Phantasie der Unverbesserlichen aller Zeiten – des Menschen Freiheit: daß er wie Herkules am Scheidewege so oder so wählen und wollen kann. Es besteht also auch des Menschen Unfreiheit nicht darin, daß er nicht mehr so oder so wählen könnte.

Freiheit ist nicht ein leerer, ein formaler, sondern ein positiv gefüllter Begriff. Er redet nicht von irgend einem Können, sondern konkret davon, daß der Mensch wahrhaft Mensch sein kann, wie Gott, der ihm dieses Können geschenkt hat, in seiner Freiheit wahrhaft Gott sein kann. Der freie Mensch ist der Mensch, der in seiner Gemeinschaft mit Gott wahrhaft Mensch sein kann. Er übt und hat also Freiheit nicht in irgend einer unbestimmten, sondern in der sehr bestimmten Wahl, in der er dieses sein Können bewährt, d. h. aber, weil dieses Können in seiner Gemeinschaft mit Gott begründet ist: in der Wahl, in der er seine Gemeinschaft mit Gott bestätigt und ins Werk setzt – in dem seiner eigenen Erwählung, Erschaffung und Bestimmung entsprechenden Erwählen des Glaubens, des Gehorsams, des Dankes, der Treue gegen Gott als den, der der Schöpfer und Geber wie seines menschlichen Wesens, wie seiner Existenz, so auch dieses Könnens ist.

Und nun sage man doch nicht, daß die so oft als *posse peccare* und *posse non peccare* beschriebene «Freiheit» diesen großen Namen verdiene! Als ob die Möglichkeit des *peccare* eine echte, dem Menschen von Gott dargebotene und nicht vielmehr die ihm von Gott verwehrte und verschlossene Möglichkeit wäre! Als ob er in echter Freiheit – in seiner Freiheit, wahrhaft Mensch zu sein – diese Möglichkeit haben könnte. Der diese Möglichkeit hat, der sie wollen kann, ist schon der unfreie Mensch, der sie als solcher wollen muß. *Non potest peccare*, heißt es vom freien Menschen: seine Freiheit schließt gerade das, schließt auch die Möglichkeit aus, daß er sündigt. Sündigen «kann» er nicht in dem ihm von Gott geschenkten Können – in diesem kann er nur glauben, gehorchen, danken, Gottes Treue mit Treue erwidern! – sondern nur in seinem Verzicht auf dieses Können und also – wie wir immer wieder festzustellen hatten – nur im Nichtgebrauch seiner Freiheit. Eben darin besteht des Menschen Trägheit in allen ihren Gestalten – als Dummheit, als Unmenschlichkeit, als Verlotterung, als Sorge – und in allen ihren einzelnen Taten und Untaten: daß er von seiner Freiheit keinen Gebrauch macht. Es ist das Alles ein rein negatives Geschehen, das durchaus nicht auf einem ernstlich so zu nennenden *posse* beruht, das auf irgend einen Grund in Gott oder im Menschen selbst zurückzuführen und von daher zu erklären, das als «Freiheit zur Unfreiheit» zu beschreiben keinen Sinn hätte. Es ist nur eben als des Menschen Zuwendung zum Nichtigen faktisch Ereignis. Es ist das Ergreifen der Möglichkeit, die keine ist, die sich nur als Unmöglichkeit charakterisieren läßt. Es ist das «Wählen», das durchaus keine Alternative zu dem echten Wählen des Glaubens, des Gehorsams, der Dankbarkeit, sondern nur eben die greuliche Negation dieses allein echten Wählens, das nur eben des Menschen unbegründete und unbegreifliche Entscheidung ist, nur eben als *peccare*, ἁμαρτάνειν, Hinaustreten, Faktum ist. Aber eben in diesem Charakter ist es Faktum: das schlechthin sinistre, durch kein *posse* erleuchtete Faktum der Sünde, in welcher sich der Mensch – warum? hier gibt es kein Darum! – als der träge, als der von seiner Freiheit keinen Gebrauch machende Mensch offenbart und herausstellt. Er kann seine Freiheit nur haben, indem er sie gebraucht: in der Wahl der ihr entsprechenden Möglichkeit. Gebraucht er sie nicht, tritt er also hinaus in die schlechthinige Leere eines Seins im Unglauben, im Ungehorsam, in der Undankbarkeit, in ein Wesen, das gerade nur Unwesen ist, dann schließt das unmittelbar ihren Verlust in sich: er hat sie dann auch nicht. In jenem Unwesen und für den, der sich ihm zuwendet, gibt es keine Freiheit. Jenes Unwesen ist *eo ipso* das Reich der Unfreiheit. Gerade gegen seine Freiheit, wahrhaftig Mensch zu sein, hat sich ja der Mensch als Täter der Sünde entschieden, gerade gegen sie wird er sich in dieser Entschiedenheit immer wieder entscheiden müssen. «Wer Sünde tut, der ist der Sünde Knecht» (Joh. 8, 34). Das ist in kürzester biblischer Formulierung die Lehre vom unfreien Willen. *Non potest non peccare*, muß es nun vom sündigen, vom trägen Menschen heißen: seine Sünde schließt es aus, daß er frei ist, gerade wie des Menschen Freiheit es ausschließt, daß er sündigt. Ein Drittes zwischen diesem Ersten und jenem Zweiten gibt es nicht. Für den sündigen, den trägen Menschen gibt es nur das Zweite. Er hat nicht aufgehört, Mensch zu sein. Auch er will; auch er ist Herkules, *arbiter* seines Tuns. Er tut aber, was er tut – weil er es in Verkehrung seines Willens tut – nicht *libero*, sondern *servo arbitrio*. Es ist in tieferem Sinn als der Dichter es meinte, das tatsächlich «der Fluch der bösen Tat, daß sie fortzeugend Böses muß gebären». Sicher: auch der träge Mensch «wählt» – in jener greulichen Negation echten Wählens – nach wie vor: so oder so. Aber das ist es ja: er wählt so oder so auf der von ihm betretenen Linie, auf der er – er wähle so oder so – niemals (denn von dieser echten Möglichkeit hat er sich ja abgewendet) als wahrer Mensch, auf der er vielmehr – er wähle wie er wolle – immer (denn der Verkehrtheit hat er sich ja verschrieben) verkehrt handeln wird. Indem er von dem Abweis der ihm geschenkten Freiheit herkommt, kann und wird er, was das ihr entsprechende Tun wäre, auf alle Fälle unterlassen und das auf alle Fälle tun, was er in ihrem Gebrauch nicht tun dürfte, müßte und würde. Das ist die Unfreiheit des menschlichen Willens, in der des Menschen Elend ihr bitterstes Charakteristikum hat.

In Gottes Barmherzigkeit – konkret: in der dem Menschen in Jesus geschehenen Befreiung hat sie ihre Grenze. In des Menschen Heiligung, von der im nächsten Paragraphen zu reden sein wird, wird sie ihm gesetzt. Wir müssen aber hier schon – vorsorglich! – folgende Feststellung machen: Der Begriff der Begrenzung (und anders als unter diesem Begriff wird des Menschen Heiligung nicht zu beschreiben sein) schließt auch den eines durch sie Begrenzten ein. Des Menschen in Jesus geschehene Befreiung ist seine in Ihm geschehene Wiedergeburt und Bekehrung. Die Freiheit, die der Mensch in Ihm hat und gebraucht, ist neue Schöpfung. In Ihm ist er frei vom Tun der Sünde, frei für den Glauben, den Gehorsam, die Dankbarkeit und also «recht frei», ὄντως ἐλεύθερος (Joh. 8, 36). Das ist die seiner Unfreiheit durch seine Heiligung gesetzte Grenze. Es ist aber auch der dieser Freiheit teilhaftige, der geheiligte Mensch, es ist auch der Christ, solange er lebt, nicht nur in Jesus, nicht nur das, was er in Ihm ist, und also nicht nur frei. Es ist ja auch er, in Solidarität mit allen Menschen, bei sich selbst, im Fleische, in seiner immer noch gegenwärtigen Vergangenheit. Er ist auch der durch jene Begrenzung Begrenzte und als solcher der Heiligung, der Befreiung erst Bedürftige. Sofern er auch Dieser ist, ist auch er nicht frei, ist alles von der Unfreiheit des menschlichen Willens Gesagte allen Ernstes auch von ihm zu sagen. Er ist, sofern er «im Fleisch» und nicht «im Geiste» ist, «tot in den Sünden» (Kol. 2,13, Eph. 2,1): nicht nur halbtot oder scheintot, sondern ein Leichnam, der seiner Auferstehung wartet und allen Ernstes auf diese seine leider immer noch gegenwärtige Vergangenheit anzureden.

Er steht in jenem Streit des Geistes wider das Fleisch, aber auch in dem Streit des Fleisches gegen den Geist (Gal. 5,17) und gerade er (Paulus, der Apostel) wird sich zuletzt weigern, zu bekennen: «daß in mir, das ist in meinem Fleische, nichts Gutes wohnt» (Röm. 7,18). Streit heißt nicht friedliches Nebeneinandersein, geschweige denn Kooperation. Es ist der alte Mensch auch im Christen eindeutig der alte Mensch. Er ist in seinem Verhältnis zum neuen einem Rebellen zu vergleichen, dessen Aufruhr durch die Macht seines Königs so in Schach gehalten wird, daß er sich nicht hemmungslos auswirken kann, daß er als gebändigter Aufruhr dem Ganzen des Reiches u. U. sogar dienen muß. Er ist aber Rebell auch so: nicht Helfer des Königs. Es ist der alte Mensch auch im Christen nicht so etwas wie der Vorläufer, Wegbereiter und Partner des neuen. Er ist in dem nun beschriebenen Sinn unfrei. Er will *servo*, nicht *libero arbitrio*. Er glaubt also nicht, er liebt nicht, er hofft nicht, er betet auch nicht – oder eben nur scheinbar, sich selbst und Andere täuschend. Er ist untauglich u. zw. völlig untauglich – zum Guten. Er ist dumm, unmenschlich, verlottert, unzufrieden. Er wählt so oder so, aber nie das Rechte, immer das Unrechte: Alles in jener Begrenzung, aber innerhalb dieser Begrenzung genau so, wie es auch von dem jener Begrenzung nicht teilhaftigen Menschen, dem Nichtchristen, zu sagen ist. In jener Begrenzung, als der durch sie Begrenzte ist eben der Christ selbst tatsächlich auch Nichtchrist. In einem und demselben Menschen stoßen da also Freiheit und Unfreiheit aufeinander: seine ihm geschenkte Freiheit als neuer Mensch in Jesus, im Heiligen Geist und seine Unfreiheit als alter Mensch, außer Jesus, in seinem Fürsichsein, im Fleisch, in seiner noch präsenten Vergangenheit, beide total, zwischen beiden kein *tertium*, keine Brücke, keine Vermittlung, keine Synthese, zwischen beiden eben nur die Auseinandersetzung jenes Streites, das Leben in der Heiligung, die *militia Christi*. Zwischen beiden also auch kein Zusammenwirken! Wie sollten denn totale Freiheit und totale Unfreiheit zusammenwirken? Wie sollte denn der Geist dem Fleisch, das Fleisch dem Geiste irgendwelche Hilfsstellung geben können?

Die Front, in der das Alles zu sagen ist, ist die römische Lehre von der Mitwirkung des Menschen im Vollzug seiner Rechtfertigung (die in der römischen Terminologie auch das in sich begreift, was wir seine Heiligung nennen): seiner *translatio ab eo statu, in quo homo nascitur filius primi Adae, in statum gratiae... per secundum Adam Jesum Christum* (*Trid.* VI *c.* 4). Ohne Wiedergeburt in Christus, ohne Mitteilung des uns zugute kommenden Verdienstes seiner Passion (*c.* 3), konkret: ohne die sakramentale Taufgnade (*c.* 4) kann diese *translatio* freilich auch nach römischer Ansicht nicht zustande kommen und auch nicht ohne die jedenfalls erwachsene Menschen schon vor ihrer Taufe erreichende, aufrufende und unterstützende *gratia praeveniens* (*c.* 5) – aber nun auch nicht ohne daß sie selbst, eben durch die vorlaufende Gnade bewegt, «disponiert» werden *ad convertendum se ad suam ipsorum iustificationem:* zu einem freien *assentire* und *cooperari* mit dieser Gnade nämlich. So daß der Mensch im Verhältnis zu ihr weder ganz untätig, noch ohne sie tätig sei (*c.* 5), wenn es (immer noch vor Empfang der eigentlichen Rechtfertigungsgnade!) dazu kommt, daß er die Offenbarung

3. Des Menschen Elend

für wahr hält, sich selbst als Sünder erkennt und darum zu Gottes Barmherzigkeit seine Zuflucht nimmt, an Gottes Güte in Christus glaubt, ihn zu lieben und seine Sünde zu hassen beginnt und schließlich sich vornimmt, die Taufe zu empfangen, ein neues Leben anzufangen und den göttlichen Geboten zu gehorchen (*c.* 6). Das Alles kann und muß aber nach römischer Ansicht darum gesagt werden, weil das *liberum arbitrium* des Menschen auch im Stande der Erbsünde *minime exstinctum, viribus licet attenuatum et inclinatum* ist (*c.* 1) – nicht so sehr geschwächt, nicht dahin verkehrt, daß der Mensch unter Voraussetzung der *gratia praeveniens* jenes *assentire et cooperari*, jenes *se disponere et praeparare (can.* 4) nicht fähig wäre. Steht es schon mit dem der eigentlichen rechtfertigenden Gnade noch nicht teilhaftigen Menschen so, um wieviel mehr mit dem, der von der Taufgnade (*c.* 7) oder von deren Erneuerung im Bußsakrament (*c,* 14) herkommt. Diese sakramentale Gnade hat alle streng so zu nennende Sünde *(totum id, quod veram et propriam peccati rationem habet)* weggeschwemmt; was noch übrig bleibt, ist eine *concupiscentia vel fomes peccati*, ein «Erdenrest zu tragen peinlich», der denen, die ihm nicht Raum geben, sondern *per gratiam Christi Jesu* tapfer dagegen ankämpfen, nicht schaden kann, obwohl er aus der Sünde stammt und zur Sünde hinneigt (V. *c.* 5). Sie sind nun vielmehr eines in Form von guten Werken vollziehbaren *incrementum iustificationis* fähig (VI. *c.* 10). Sie tun nur noch jene leichten, alltäglichen, läßlichen Sünden, in denen sie nicht aufhören, Gerechte zu sein, tun aber auch gute Werke, in denen sie sogar von läßlichen Sünden frei sind (*c.* 11). Sie werden, auch wenn sie in Todsünde fallen sollten, und also durch Empfang des Bußsakraments von vorne anfangen müssen, den Glauben nicht verlieren (*c.* 15, *can.* 28). Sie können über das Alles hinaus durch gute Werke ein *augmentum gratiae* – sie können, wenn sie im Gnadenstand sterben, auch den tatsächlichen Empfang des ewigen Lebens und schließlich sogar ein *augmentum gloriae*, eine angemessene Erhöhung ihrer ewigen Seligkeit verdienen *(mereri c.* 16, *can.* 24 und 33).

So die im Todesjahr Luthers unverkennbar in Front gegen die reformatorische Lehre aufgesetzten, in gewissenhafter und auch kritischer Berücksichtigung der ganzen scholastischen und spätscholastischen Lehrentwicklung sorgfältig erwogenen und auch dem reformatorischen Einwand gegenüber mit allen erdenklichen Kautelen formulierten Konzilssätze. Mitten in der Darlegung über das *meritum bonorum operum* (*c.* 16) liest man auch den gewiß aufrichtig gemeinten Satz: *Absit tamen, ut christianus homo in se ipso vel confidet vel glorietur et non in Domino!* Wir hören, wir wissen aber nicht ein, welches spezifische Gewicht das im Abschluß einer Lehre haben kann, deren Pointe doch offenbar die ist, den Menschen sowohl der Gnade Gottes, als auch und vor allem seiner eigenen Sünde gegenüber im Gleichgewicht eines unerschütterten Selbstbewußtseins zu erhalten. Beide, Sünde und Gnade, sind als Quanten verstanden und unter dieser Voraussetzung einander angeglichen, beide pragmatisiert, domestiziert und verharmlost. Was Geist und Fleisch in ihrem Streit gegeneinander sind, was der neue Mensch in Jesus ist und was der alte, in dessen Gestalt wir Jesus gegenüberstehen, wie Freiheit und Unfreiheit je ein Ganzes sind, sich also nicht ergänzen, sondern gegenseitig ganz ausschließen – das Alles ist hier von ferne nicht gesehen, vielmehr unsichtbar gemacht in einem Meer von verwischenden Formeln und Einwänden und Protesten gegen allerlei Quietismus und Fatalismus, von denen doch weder das, was vom *liberum*, noch das, was vom *servum arbitrium* im Ernst zu sagen ist, getroffen werden, mit denen man sich nur davor schützen wollen kann, dieses Ernsthafte einzusehen und auch sagen zu müssen. Das Lehramt der römischen Kirche konnte und wollte, kann und will dieses Ernsthafte nicht sagen. Es redet an Stelle dessen von jenem *assentire* und *cooperari* des unwiedergeborenen Menschen in seinem Verhältnis zu jener *ad hoc* erfundenen dunklen, bestimmt nicht verantwortlich zu definierenden *gratia praeveniens*, in dessen Vollzug auch er des Glaubens, der Buße, der Zuwendung zur Gnade fähig sein soll – und von den guten Werken des wiedergeborenen Menschen, der nur noch ein bißchen Sünder ist und Sünde tut, dafür im Zusammenwirken mit der rechtfertigenden Gnade diese noch zu vermehren, ja sogar den Grad seiner ewigen Seligkeit zu steigern in der Lage sein soll. Alles mit dem praktischen Ergebnis, daß es mit des Menschen Elend **weder** bei den Christen **noch** bei den Nichtchristen so sehr gefährlich sein möchte! In die Einheit mit der so lehrenden Kirche konnten sich die Gemeinden der Reformation damals – und können sie sich auch heute nicht zurückrufen lassen. Wir blicken – etwas anders als es die evangelischen Theologen des 16. Jahrhunderts getan haben – von des Menschen in Jesus geschehener und gegenwärtig wirklicher **Befreiung** auf des Menschen Elend. Mit Determinismus, Pessimismus usf. hat unser Verständnis des «geknechteten» Willens des sündigen Menschen **nichts** zu tun. Eben von da aus können wir uns die durch die römische Lehre gebotene Beschwichtigung hinsichtlich dieses Elends **erst recht** nicht (noch viel **weniger** als jene!) gefallen lassen. «Gott sei Dank, der uns den Sieg gibt durch unseren Herrn Jesus Christus!» (1. Kor. 15,57). Es geht um das Ja dieses Dankes, wenn wir in sachlicher Übereinstimmung mit der alten evangelischen Theologie an dieser Stelle entschlossen **Nein** sagen müssen.

§ 66

DES MENSCHEN HEILIGUNG

Die dem menschlichen Versagen zum Trotz im Tode Jesu Christi geschehene und in seiner Auferstehung kundgemachte Erhebung des Menschen ist als solche die Erschaffung von dessen neuer Existenzform als Gottes getreuer Bundesgenosse. Sie beruht ganz auf des Menschen Rechtfertigung vor Gott und sie ist wie diese nur in dem einen Jesus Christus, sie ist aber in Ihm mächtig und verbindlich für alle verwirklicht. Sie bezeugt sich, indem sie als seine Weisung unter ihnen wirksam ist: im Leben eines Volkes von Menschen, die kraft des an sie ergehenden Rufes in seine Nachfolge, ihrer Erweckung zur Umkehr, des Lobes ihrer Werke, ihrer Auszeichnung durch das ihnen auferlegte Kreuz noch als Sünder schon Gehorsam zu leisten, schon als Gottes Heilige sich aufzurichten die Freiheit haben – als vorläufige Darbringung der Dankbarkeit, zu der die ganze Welt durch die Tat der Liebe Gottes bestimmt ist.

1. RECHTFERTIGUNG UND HEILIGUNG

Wir treten unter dem Titel «Heiligung» an das Thema heran, das im Besonderen den Skopus dieses zweiten Teiles der Versöhnungslehre bildet. Die in Jesus Christus geschehene und offenbarte Gottestat der Versöhnung besteht nicht nur in der Erniedrigung Gottes, sondern in und mit dieser in der Erhöhung des Menschen. Sie besteht also nicht nur darin, daß Gott sich selbst für die Menschen dahingibt und er, der Richter, sich an ihrer Stelle richten läßt und so mitten unter den Sündern und ihrer Sünde zum Trotz sein göttliches Recht aufrichtet und proklamiert, das als solches der Grund eines neuen Rechtes des Menschen vor ihm ist. Sie besteht also nicht nur in des Menschen Rechtfertigung, sondern, mit dieser unzertrennlich verbunden, auch in seiner Heiligung, d.h. darin, daß er den Menschen, eben indem Er sich ihm seiner Sünde zum Trotz zuwendet, wieder seiner Sünde zum Trotz seinerseits sich selbst zuwendet. Es geschieht des Menschen Versöhnung mit Gott auch in der Gestalt, daß Gott ihn, dem gegenüber er sich als Gott und den er sich selbst gegenüber als Menschen neu ins Recht gesetzt hat, als einen neuen Menschen auf den Plan führt – wir sagen: «in der neuen Existenzform eines ihm getreuen und darum ihm wohlgefälligen und von ihm gesegneten Bundesgenossen». «Ich will euer Gott sein»: das ist des Menschen Rechtfertigung. «Ihr sollt mein Volk sein»: das ist seine Heiligung. Sie ist nicht das Letzte, was von der Veränderung der menschlichen Situation zu sagen ist, die in der in Jesus Christus geschehenen und offenbarten Versöhnung Ereignis wurde und ist: Wir werden in einem dritten Teil der Versöhnungslehre das Ganze auch im Blick auf das vorläufige Ziel des in Jesus Christus neu und endgültig aufgerichteten Bundes und also im

Blick auf des Menschen Berufung durchzudenken haben. Das jetzt vor uns liegende Problem ist das seiner Heiligung: seine Versöhnung mit Gott unter dem Aspekt seiner von Gott gewollten und vollzogenen Umkehr zu ihm hin.

Es könnte das, was mit «Heiligung» *(sanctificatio)* gemeint ist, auch mit den selteneren biblischen Begriffen der Wiedergeburt *(regeneratio)* oder Erneuerung *(renovatio)* oder mit dem der Bekehrung *(conversio)* oder mit dem im Alten und Neuen Testament so wichtigen Begriff der Buße *(poenitentia)* oder umfassend mit dem besonders für die Synoptiker so bezeichnenden Begriff der Nachfolge Jesu bezeichnet werden. Der Gehalt aller dieser Begriffe wird tatsächlich auch unter dem Titel «Heiligung» zur Geltung und zur Sprache kommen müssen. Es besteht aber Grund, hier den Begriff der Heiligung in den Vordergrund zu rücken. Indem er schon in seinem Wortlaut den Begriff des «Heiligen» in sich schließt, macht er nämlich im Unterschied zu jenen anderen Bezeichnungen derselben Sache sofort darauf aufmerksam, daß es in ihm um ein Sein und Tun Gottes geht, erinnert er, vorbildlich für die Interpretation auch jener anderen Bezeichnungen, sofort an das Grundlegende und Entscheidende: Gott ist wie das handelnde Subjekt der Versöhnung überhaupt, so auch das der Umkehr des Menschen zu ihm hin. Sie ist genau so wie seine Zuwendung zum Menschen und also wie des Menschen Rechtfertigung sein Werk, sein *facere:* nur jetzt nicht als sein *iustificare*, sondern jetzt als sein *sanctificare* gesehen und verstanden.

Ursprünglich und eigentlich Gott ist in der biblischen Sprache heilig, d.h. der, der dem Menschen in dessen Kreatürlichkeit und Sündigkeit, der dem ganzen geschaffenen Kosmos in schlechthinniger Eigenart und Verschiedenheit, in unverletzlicher Hoheit gegenübersteht. «Gott bin ich und nicht ein Mensch» (Hos. 11,9). Als den in diesem Sinn, in dieser seiner Sonderung und Überlegenheit dreimal Heiligen – «heilig gewissermaßen in dritter Potenz» (Procksch bei Kittel I, S. 93) – verkündigen ihn (Jes. 6,3) die Seraphim. Aber die biblische Belehrung über Gott erfolgt in dieser wie in jeder anderen Hinsicht nicht theoretisch, sondern im Kontext ihrer Berichte über Gottes Handeln in der von ihm inaugurierten Geschichte. Sie blickt also nirgends abstrahierend auf jenen Gegenüberstehenden als solchen, in seinem Fürsichsein. Er ist wohl in sich und für sich heilig. Aber gerade als solcher bewährt und offenbart er sich, indem er mit dem Menschen und seiner Welt Gemeinschaft aufrichtet und hält. Zuerst und in seiner Weise (jedenfalls im Alten Testament) einzigartig hat der Prophet Hosea gerade jenen in sich Heiligen als den sein Volk Liebenden verstanden und beschrieben. Aber diese Gleichung ist implizit die Aussage doch schon des ganzen Alten Testamentes. Diese bezieht sich doch durchweg auf den Heiligen, der dem von ihm so verschiedenen Menschen als solcher, eben in jener unnahbaren Hoheit, begegnet u.zw. nicht unwirksam, sondern wirksam begegnet, der sich darin als der in sich Heilige darstellt und offenbart, daß er Unheilige durch sein Handeln mit und an ihnen heiligt, d.h. ihnen an seiner eigenen Heiligkeit abbildlichen, limitierten, aber höchst realen Anteil gibt. Sie bezieht sich nach dem die beiden Teile des Jesaja-Buches beherrschenden Begriff auf den «Heiligen Israels». «Der heilige Gott erweist sich heilig durch Gerechtigkeit» (Jes. 5,16). Es sind seine richtenden und gnädigen Taten unter und an diesem Volk, durch die er es «unter den Heiden» (Hes. 20,41), «vor ihren Augen» (Hes.

1. Rechtfertigung und Heiligung

36,23) als sein Herr heilig macht (Hes. 37,28) – eben damit aber sich selbst in der Welt heiligt, d.h. in seiner Hoheit in menschlich geschichtlichen Gestalten und Begebenheiten ins Werk setzt und offenbar macht. Dieses Volk darf, soll, muß «mir heilig» sein (Lev. 10,3), d.h. befähigt dazu, mich, den Heiligen, anzubeten («kultfähig») und damit mich als den Heiligen in der Welt zu bezeugen. Nach der klassischen 1. Petr. 1, 16 aufgenommenen Definition Lev. 19, 2 (vgl. 11, 44; 20, 7): «Ihr sollt heilig sein, denn Ich bin heilig». Dieses Gottes Heiligkeit fordert, erheischt, erzwingt die Heiligkeit seines Volkes, d. h. sie erfordert, daß sein eigenes, das göttliche Gegenüber zur Welt und zu allen Menschen in der Existenzweise dieses Volkes eine menschliche, als solche gewiß inadäquate, aber in ihrer ganzen Inadäquatheit reale Entsprechung und Nachbildung finde. Sie erfordert das schon in und mit der Erwählung und Berufung dieses Volkes, schon in und mit der Tatsache, daß er sich zum Gott dieses Volkes und dieses zu seinem Volk gemacht hat. Es ist also der Imperativ: «Ihr sollt heilig sein!» nichts anderes als die imperativische Anzeige der unwiderstehlichen Dynamik des Indikativs: «Ich bin heilig!», will sagen: Ich bin und handle als der Heilige in eurer Mitte und eben damit mache ich euch heilig – worein ihr euch zu finden, wonach ihr euch zu richten habt. Es ist keines Menschen, keines Geschöpfes, auch nicht Israels eigene, sondern Jahves Herrlichkeit, durch die das «Zelt der Zusammenkunft» zu seinem Heiligtum geheiligt wird (Ex. 29, 43). Darum an zentralster Stelle auch des Neuen Testamentes – aller Aufrufe und Mahnungen zu einem heiligen Leben unbeschadet, vielmehr als deren Voraussetzung – die erste Bitte (Matth. 6, 9, Luk. 11, 2): ἁγιασθήτω τὸ ὄνομά σου. Der «Name» Gottes ist eben der heilige Gott selbst, der als solcher in seinem Heiligtum, seinem Volk als Herr gegenwärtig ist, um es und damit sich selbst zu heiligen. «Durch die Menschen wird Gottes Name so wenig geheiligt, als sein Reich durch sie kommt, sein Wille durch sie geschieht» (Procksch, a.a.O.S.113). «Gott selbst ist es, der seinen Namen als heilig erweist» (S.91). Er erweist ihn an Menschen; er heiligt sie; es bedeutet sein Heiligen eine Modifikation ihrer Situation und Verfassung; sie haben daraus die Konsequenzen zu ziehen. Es ist aber sein Heiligen, durch das er sie als sein Eigentum und ihr Tun für seinen Dienst in Anspruch nimmt und brauchbar macht, eine «Machtentfaltung Gottes» (E. Gaugler, Die Heiligung im Zeugnis der Schrift 1948 S.13) und als solche ganz und exklusiv seine und nicht ihre Tat. «Er selbst, der Gott des Friedens heilige euch!» (1. Thess. 5, 23). Er will und vollbringt wie seine eigene Zuwendung zum Menschen so auch des Menschen Umkehr zu ihm, seine Indienststellung. Eben darum, daß sie geschehe, will er jeden Tag neu angerufen sein. «Ich bin der Herr, der euch heiligt» (Lev. 20,8). Wir werden uns in allem, was nun zu entfalten ist, zu befleißigen haben, von diesem Grund der Sache her zu denken.

Es bedarf zunächst, und das ist die Aufgabe, der wir uns in diesem ersten Abschnitt zuwenden, im Rückblick auf den ersten Teil der Versöhnungslehre einiger Klärungen hinsichtlich des vorhin in großen Linien angegebenen Verhältnisses von Rechtfertigung und Heiligung untereinander.

Vgl. zum Folgenden: Alfred Göhler, Calvins Lehre von der Heiligung 1934, S.81f., 107f. und G. C. Berkouwer, *Faith and Sanctification*, 1952, mit dem weithin übereinzustimmen ich mich besonders freue.

1. Wir reden, indem wir jetzt des Menschen Heiligung für sich ins Auge fassen, nicht von einer zweiten, neben der Rechtfertigung herlaufenden oder ihr zeitlich vorangehenden oder nachfolgenden göttlichen

Aktion. Das Handeln des die Welt in Jesus Christus mit sich selber versöhnenden Gottes ist ein einziges. Es verläuft in verschiedenen Momenten von verschiedener Tragweite: es vollstreckt des Menschen Rechtfertigung und seine Heiligung, indem es in Jesus Christus selbst Gottes Herablassung und des Menschen Erhöhung ist. Es vollstreckt aber beide zugleich: in und mit dem Einen sofort und gänzlich auch das Andere. Und entsprechend diesen seinen verschiedenen Momenten bietet es verschiedene Aspekte, kann es nicht in einem Blick erfaßt und nicht mit einem Wort bezeichnet werden, sondern – entsprechend dem einen geschichtlichen Sein Jesu Christi als wahrer Gottes- und wahrer Menschensohn – nur als jene Bewegung von oben nach unten, oder umgekehrt: von unten nach oben, nur als Rechtfertigung oder als Heiligung. Seine Erkenntnis kann, darf und muß aber unter diesem oder unter jenem Aspekt Erkenntnis des einen Ganzen der versöhnenden Aktion Gottes, Erkenntnis des ganzen und nicht eines geteilten Jesus Christus, seiner einen Gnade sein.

Die spätere altprotestantische Dogmatik wollte *iustificatio* und *sanctificatio* als Stufen eines sog. *ordo salutis* verstehen, indem sie ihnen eine *vocatio* und eine *illuminatio* voranstellte und (diese als selbständige Vorgänge verstanden) die *regeneratio* und die *conversio*, ferner (bei den Lutheranern) eine *unio mystica* und eine *glorificatio* folgen ließ. Man verstand unter diesem *ordo salutis* in zunehmendem Maß eine zeitliche Folge, in der der Heilige Geist seine Wirkungen – die Auswirkungen der dort, damals, auf Golgatha vollbrachten Versöhnung – heute und hier im Menschen hervorbringe. Es entsprach das nur zu sehr der zeitlichen Folge, als die man sich in der Christologie der alten Dogmatik das Verhältnis zwischen Christi Erniedrigung und Erhöhung vorstellig machte. Es entsprach m. a. W. der historistischen Pragmatik in der Christologie eine psychologistische in der sog. Soteriologie. Psychologistisch? Man hat sich das nicht von Anfang an eingestanden und eben die Scheu vor einem Abgleiten in die Psychologie, in das Erzählen der Seelengeschichte des christlichen Menschen war es wohl, was die ältere Orthodoxie hinsichtlich der Konstruktion eines solchen als zeitliche Stufenfolge zu verstehenden *ordo salutis* lange Zeit zögern ließ. Um die Beschreibung der Ordnung der *gratia Spiritus sancti applicatrix*, der Übereignung des in Jesus Christus objektiv geschafften Heiles an das seiner bedürftige menschliche Subjekt sollte es sich ursprünglich handeln – nach dem Titel des dritten Buches von Calvins Institutio: *De modo percipiendae Christi gratiae et qui inde fructus nobis proveniant, et qui effectus consequantur*. Wie aber wollte man sich dieses *percipere*, sollte es in einer Folge von verschiedenen Stufen verlaufen, anders anschaulich machen als in der Beschreibung einer Folge von seelischen Erregungen, Bewegungen, Akten und Zuständen religiös-moralischer Art? Je mehr und ausdrücklicher man auf dem so zu verstehenden *ordo salutis* bestand – und je weiter das 17. Jahrhundert vorrückte, desto mehr hat man das getan – desto mehr zeigte es sich schon in den Unsicherheiten und Widersprüchen, in der exegetischen und begrifflichen Willkür und Künstelei, in die sich die Darsteller verfingen, daß man den theologischen Boden zu verlassen im Begriff war. Und desto näher rückte die Zeit – die im Pietismus anhebende Zeit der Aufklärung – in der eine religiös-moralische Psychologie zuerst an dieser Stelle, dann auf der ganzen Linie tatsächlich und offen die Herrschaft übernehmen und das theologische Denken verdrängen sollte. Es bedeutet gewiß einen Lichtblick, wenn man noch bei Quenstedt (*Theol. did. pol.* 1685 III c. 10 th. 16) plötzlich liest, daß alle jene ἀποτελέσματα Jesu Christi und des Heiligen Geistes, insbesondere auch Rechtfertigung und Heiligung, *tempore simul* einträten *et quovis puncto*

1. Rechtfertigung und Heiligung

mathematico arctiores adeo ut divelli et sequestrari nequeant, cohaerent. In der Tat: Wie konnte es anders sein, wenn es sich ernstlich um die dem Menschen in Jesus Christus durch den Heiligen Geist widerfahrende Tat Gottes handeln sollte? Hätten Quenstedt und jene ganze Theologie mit dieser Einsicht ernst gemacht, so hätte das bedeutet, daß sie jenen *ordo* gerade nicht als Folge verschiedener göttlicher Aktionen, sondern eben als Ordnung der verschiedenen Momente des dem Menschen im *simul* des einen Ereignisses widerfahrenden Heilsgeschehens hätten verstehen müssen. Es wäre dann vielleicht gleich auch jene historistische Pragmatik in der Christologie – und darüber hinaus vielleicht gleich auch der Dualismus zwischen einer objektiven Heilsbeschaffung dort und damals und einer subjektiven Heilszueignung heute und hier zum Einsturz gekommen: zugunsten der Erkenntnis der Gleichzeitigkeit der einen Heilstat, deren Subjekt der eine Gott durch den einen Christus durch den einen Geist ist – «näher (!) als in einem mathematischen Punkt verbunden». In ihrer Einheit der sich erniedrigende Gott, der uns rechtfertigt und der erhöhte Mensch, der uns heiligt, dort und hier, damals und heute, der eine lebendige Herr, in welchem Alles für Alle geschehen ist, geschieht und geschehen wird! Mit der Erkenntnis jenes *simul* ist aber damals nicht einmal hinsichtlich des Verhältnisses von Rechtfertigung und Heiligung ernst gemacht worden, geschweige denn, daß es von da aus zu einem allgemeinen Vorstoß in dieser Richtung gekommen wäre. Wir werden uns heute der Aufgabe nicht entziehen können, mit jener Erkenntnis ernst zu machen.

2. Es geht aber, wenn wir von Rechtfertigung und Heiligung reden, tatsächlich um zwei verschiedene Aspekte des einen Heilsgeschehens: in ihrer Verschiedenheit darin begründet, daß es sich auch in diesem Geschehen selbst um zwei real verschiedene Momente handelt. Daß Jesus Christus wahrer Gott und wahrer Mensch in einer Person ist, heißt eben nicht, daß seine wahre Gottheit und seine wahre Menschheit eins und dasselbe, die eine in die andere verwandelt sind. Und so ist die Wirklichkeit Jesu Christi als der zum Menschen sich erniedrigende Gottessohn und als der in die Gemeinschaft mit Gott erhobene Menschensohn eine, ohne daß deshalb jene Erniedrigung und diese Erhöhung eines und dasselbe wären. Schon aus dem christologischen ἀσυγχύτως und ἀτρέπτως von Chalcedon folgt, daß auch Rechtfertigung und Heiligung als die beiden Momente der einen in Jesus Christus geschehenen Versöhnungstat unter sich nicht identisch, ihre Begriffe nicht auswechselbar sind. Das ergibt sich aber auch im Blick auf den besonderen Gehalt dieser Begriffe selbst. Sie sind «unvermischt und unverwandelt» je in ihrem besonderen Gehalt zu würdigen. Rechtfertigung ist nicht Heiligung und geht nicht in ihr auf. Und Heiligung ist nicht Rechtfertigung und geht nicht in ihr auf. So kann auch die eine – so gewiß beide unauflöslich zusammengehören – nicht durch die andere erklärt werden. Es ist und bleibt eben Eines, daß Gott sich dem sündigen Menschen in freier Gnade zuwendet – ein Anderes, daß er in derselben freien Gnade den Menschen zu sich hin bekehrt. Es ist und bleibt Eines, daß Gott sich diesem Menschen gegenüber als Richter ins Recht setzt und ihm eben damit seinerseits ein neues Recht vor ihm verschafft – ein Anderes, daß er eben diesen Menschen durch seine mächtige Weisung für seinen Dienst in Anspruch nimmt, willig und bereit

macht. Es ist und bleibt ja auch innerhalb der rechten menschlichen Antwort auf diese eine göttliche Tat der Glaube, in welchem der sündige Mensch die ihm in Jesus Christus zugesprochene Gerechtigkeit ergreifen darf, Eines – ein Anderes aber der Gehorsam, die Liebe als seine Entsprechung zu der ihm in Jesus Christus mitgeteilten Heiligkeit. Von dem unzerreißbaren Zusammenhang Beider wird nachher zu reden sein. Es besteht aber eben Zusammenhang zwischen Beiden, nicht Identität. Es kann das Eine nicht für das Andere eintreten. Es kann also das Eine auch nicht durch das Andere interpretiert werden.

Es ist eine *duplex gratia*, die wir in der *participatio Christi* empfangen (Calvin, *Instit.* III,11,1). So ist auch ihr Empfang im Glauben und in der Buße ein doppelter: *etsi separari non possunt, distingui tamen debent. Quamquam perpetuo inter se vinculo cohaerent, magis tamen coniungi volunt quam confundi* (3,5). Denn: *Si solis claritas non potest a calore separari, an ideo dicemus luce calefieri terram, calore vero illustrari* (11,6)?
Heiligung ist nicht Rechtfertigung! Die Soteriologie kann, wenn man jenes «unvermischt und unverwandelt» nicht beachtet, daran kranken, daß sie (wie es in der Nachfolge Augustins im römischen Katholizismus auf breitester Front, wie es aber in vielen Varianten auch in der Theologie des Neuprotestantismus geschehen ist) des Menschen Rechtfertigung aufgehen läßt in dem durch den Akt der Sündenvergebung nur eben in Gang gesetzten Prozeß seiner Heiligung bzw. (hier ist das m. E. schwerste Bedenken gegen die Theologie von R. Bultmann anzumelden) den Glauben an den an unserer Stelle gerichteten Richter Jesus Christus auflöst in den Gehorsam, in welchem der Christ in seiner Nachfolge der Welt und sich selbst zu sterben hat. Das «Ich bin heilig!» ist eben wirklich nicht nur so etwas wie ein Vordersatz oder Auftakt zu dem, was dann das Eigentliche wäre: «Ihr sollt heilig sein!» Wo bleibt bei allem Denken auf jener Linie über der berechtigten Betonung der existentiellen Relevanz der Versöhnung der Blick auf Gott, der sie vollbringt, die Beugung unter die Freiheit seiner Gnade, die Anbetung des Geheimnisses, in welchem er wirklich zu dem sündigen Menschen ein gänzlich unverdientes Ja sagt, die Freude der reinen Dankbarkeit für solche Wohltat? Wo bleibt hier gerade die Voraussetzung einer ernstlich so zu nennenden Heiligung? Wäre es nicht ratsam, die Rechtfertigung in ihrer ganzen Tragweite für die Heiligung Rechtfertigung sein zu lassen, statt sie zum vornherein nur als anhebende Heiligung verstehen zu wollen?
Rechtfertigung ist aber auch nicht Heiligung! Die Soteriologie kann, wieder bei Nichtbeachtung des «unvermischt und unverwandelt», umgekehrt auch daran kranken, daß sie die Heiligung in der Rechtfertigung verschwinden läßt. Etwa auf Grund des in der Tat überwältigenden Eindrucks des Trostes der als Rechtfertigung wirksamen und zu verstehenden Gnade! Etwa in der sehr richtigen Erwägung, daß eben die Rechtfertigung auf alle Fälle die beherrschende Voraussetzung der Heiligung ist! Etwa in der wieder sehr richtigen Einsicht, daß doch auch der geheiligte Mensch auch in seinen besten Werken der Rechtfertigung vor Gott schlechterdings bedürftig ist und bleibt! Etwa in der nicht unbegründeten Sorge, es könnte sich unter dem besonderen Titel der Heiligung zum Schaden der Souveränität der Gnade so etwas wie eine vorlaufende oder nachträgliche Selbstrechtfertigung des Menschen einschleichen! Es konnten alle diese gewiß nicht abzuweisenden Überlegungen – etwa vom jüngeren Luther, von Zinzendorf, von H. F. Kohlbrügge her – teils in legitimer Aufnahme gewisser Spitzensätze dieser Männer, teils in eigener Überspitzung (und damit doch auch Verfärbung und Entstellung) ihrer Grundgedanken zu einem Monismus der *theologia crucis* und der Rechtfertigungslehre führen. In diesem Monismus konnte und

kann dann die Notwendigkeit guter Werke nur etwas mühsam und beiläufig behauptet werden, konnte und kann dann mehr als ein etwas unbestimmtes Reden von einem «Leben von der Vergebung» oder auch von der «getrosten Verzweiflung» oder von der christlichen Freiheit oder von der Liebe, in der der Glaube tätig sei, manchmal nicht möglich werden. Mußte und muß die «existentielle» Tragweite der Versöhnung: die schlichte Tatsache, daß es immerhin auch in der Rechtfertigung um den Menschen und sein Handeln geht, daß der Glaube an sie, wie sehr immer ein Werk des Heiligen Geistes, jedenfalls auch eine Entscheidung des Menschen ist – mußte und muß das Alles, wo man dem Problem der Heiligung seine selbständige Bedeutung nicht lassen wollte, nicht mindestens bedenklich verdunkelt werden? Und kann man übersehen, daß in der Bibel gerade das Werk der souveränen Gnade Gottes als Werk Jesu Christi und des Heiligen Geistes des Menschen Heiligung in ihrer Eigenart gegenüber seiner Rechtfertigung in sich schließt? Könnte sie nicht gerade in ihrer Souveränität und Autorität auch von dieser Seite aufs Bedenklichste verkannt werden? Versteht man sie nämlich nicht auch als heiligende Gnade, so tritt man nicht nur ihrem Reichtum zu nahe, so liegt es auch allzu nahe, so wird es eigentlich unvermeidlich, daß man im Ausblick nach einer doch wohl unentbehrlichen Norm der christlichen Lebensgestaltung am Evangelium vorbei – in welchem man ja nur das Trostwort von der Rechtfertigungsgnade zu hören vermeint – nach irgend einem durch biblische oder naturrechtliche Erwägungen oder auch einfach nach irgend einem nach historischer Konvenienz geformten Gesetz fragen und greifen muß. Was dann bedeutet, daß man sich in irgend eine doppelte Buchführung verfangen, in aller Stille oder zugestandenermaßen außer dem angeblich nur für die Vergebung der Sünden zuständigen Herrn Jesus Christus in einem Reich zur Linken auch noch anderen Herren untertan werden wird! Wäre es nicht doch ratsam, die Heiligung in ihrer ganzen Zusammengehörigkeit mit der Rechtfertigung Heiligung sein zu lassen, statt sie zum vornherein nur als eine Umschreibung der Rechtfertigung verstehen zu wollen?

3. Die entgegengesetzte Erinnerung ist faktisch noch wichtiger und die entsprechende Warnung muß hier noch schärfer formuliert werden: Da Rechtfertigung und Heiligung doch nur zwei Momente und Aspekte einer und derselben Aktion des einen göttlichen Subjektes sind, gehören sie unter sich untrennbar zusammen. Wir hatten vorhin auf von beiden Seiten fast unvermeidliche Gefahren aufmerksam zu machen, die sich in der Kirchen- und Theologiegeschichte denn auch tatsächlich nach beiden Seiten verhängnisvoll genug ausgewirkt haben. Hier aber wäre zu sagen, daß das Außerachtlassen der gegenseitigen Bezogenheit der beiden Begriffe sofort zu von Grund aus falschen Sätzen über beide und zu den entsprechenden praktischen Verirrungen führen muß: zur Vorstellung von einem einsam handelnden Gott und seiner «billigen Gnade» (D. Bonhoeffer) und also zu einem faulen Quietismus, wo die Beziehung der Rechtfertigung auf die Heiligung vernachlässigt wird – oder zur Vorstellung von einem in sich begnadigten, seinerseits einsam handelnden Menschen und also zu einem illusionistischen Aktivismus, wo die Beziehung der Heiligung auf die Rechtfertigung vergessen wird. Eine Trennung von Rechtfertigung und Heiligung würde ja in einer Trennung innerhalb der einen Wirklichkeit Jesu Christi und des Heiligen Geistes begründet sein müssen: in einem Fürsichsein des sich erniedrigenden

§ 66. *Des Menschen Heiligung*

Gottessohnes hier, des erhöhten Menschensohnes dort. Wenn es auch bei dem christologischen ἀχωρίστως und ἀδιαιρέτως von Chalcedon sein Bewenden haben muß, dann sind auch Rechtfertigung und Heiligung zwar zu unterscheiden, aber nicht zu scheiden, nicht zu trennen. Man bedenke: Was hieße Sündenvergebung, wenn ihr nicht (wie immer sie zu verstehen sei) eine faktische Befreiung vom Tun der Sünde unmittelbar zur Seite ginge? Was wäre Gotteskindschaft ohne des Menschen Einordnung in den Dienst Gottes und des Bruders? Hoffnung auf des ewigen Gottes universale und endgültige Offenbarung ohne Streben nach vorläufigen aber konkreten Nahzielen? Glaube ohne Gehorsam? Und **umgekehrt**: Was wäre das für eine Befreiung zu neuem Tun, das nicht von Anfang an und jeden Tag neu auf Sündenvergebung beruhte? Wer wird und kann Gott dienen als das von der Verheißung seiner unverdienten Annahme lebende Kind Gottes? Wie gäbe es ein getrostes Warten und Eilen in der Zeit ohne den Grund ewiger Hoffnung? Ernstlich so zu nennenden Gehorsam, der nicht der Gehorsam des Glaubens wäre? Indem Gott sich dem sündigen Menschen zuwendet, kann des Menschen Bekehrung zu ihm hin keinen Augenblick ausbleiben. Und Bekehrung des Menschen zu Gott setzt auf jeder Stufe und in jeder Gestalt dieses Geschehens voraus, daß Gott sich ihm in freier Gnade zuwendet. Daß Beides unzertrennbar ist, bedeutet für die Lehre von der **Rechtfertigung**, daß schon diese als der Weg von der Sünde zum Rechte Gottes und des Menschen und so als der Weg vom Tode zum Leben zu beschreiben ist, den **Gott** mit ihm geht. Und es bedeutet für die Lehre von der **Heiligung**: sie hat zu zeigen, daß es wirklich der **Mensch** ist, mit dem Gott, indem er die Welt in Jesus Christus mit sich selbst versöhnt, auf jenem Wege ist.

Es war Calvin, der in diesem Punkt nach beiden Seiten besonders klar gesehen und geredet hat. Er, bei dem man kaum an einer Stelle zweifeln kann, ob er von der rechtfertigenden oder von der heiligenden Gnade redet, ist auch der Theologe, bei dem man die gegenseitige Verklammerung der beiden Momente und Aspekte kaum irgendwo übersehen kann. Sein Obersatz und Ausgangspunkt: *Sicut non potest discerpi Christus in partes, ita inseparabilia sunt haec duo, quae simul et coniunctim in ipso percipimus: iustitiam et sanctificationem. Quoscunque ergo in gratiam recipit Deus, simul Spiritu adoptionis donat, cuius virtute eos reformat ad suam imaginem* (*Inst.* III, 11, 6).

Darum: Rechtfertigung nicht ohne Heiligung! *Sola fide et mera venia iustificatur homo, neque tamen a gratuita iustitiae imputatione separatur realis (ut ita loquar) vitae sanctitas.* Es zielt die Verkündigung der Vergebung darauf, *ut a tyrannide satanae, peccati iugo et misera servitute vitiorum liberatus peccator in regnum Dei transeat.* Ohne *meditatio poenitentiae* kann also niemand die Gnade des Evangeliums ergreifen (3, 1). Gewiß nicht kraft unserer Heiligkeit treten wir in die Gemeinschaft mit Gott ein. Wir müssen schon in ihr stehen, um, von seiner Heiligkeit überströmt (*eius sanctitate perfusi*) zu folgen, wohin er uns ruft. Es gehört aber zu seiner Ehre, daß er das tut, weil es zwischen ihm und unserer *iniquitas* und *immunditia* kein *consortium* geben kann (6,2). So kann man sich Gottes nicht rühmen, ohne *eo ipso* – das ist nach Calvin der grundlegende Akt der Buße und des neuen Lebens – allem Selbstruhm zu

1. Rechtfertigung und Heiligung

entsagen, um von da aus zu einem Leben zur Ehre Gottes aufzubrechen (13,2). So ruft Gottes Gerechtigkeit nach einer *symmetria*, einem *consensus*, der im Gehorsam des Glaubenden wirklich werden muß, nach deren eigener Bestätigung ihrer Aufnahme in die Gotteskindschaft (6,1). Eben darum ist die eine Gnade Gottes notwendig auch heiligende Gnade. *In Christi participatione, qua iustificamur, non minus sanctificatio continetur quam iustitia ... Inseparabiliter utrumque Christus in se continet ... Nullum ergo Christus iustificat, quem non simul sanctificet* (16,1, dasselbe *simul* auch 3,19). *Fatemur dum nos ... Deus gratuita peccatorum remissione donatos pro iustis habet: cum eiusmodi misericordia coniunctam simul esse hanc eius beneficentiam, quod per Spiritum suum sanctum in nobis habitat, cuius virtute nos sanctificamur, hoc est consecramur Domino in veram vitae puritatem* (14,9). So kann bei Calvin wirklich keine Unklarheit darüber bestehen, daß die Reformation, wie er sie verstand, dem Problem der *vita hominis christiani*, der Buße, der guten Werke nicht nur keine geringere, sondern eine größere, ernsthaftere, tiefer dringende Aufmerksamkeit zuwenden wollte als die humanistischen (etwa von Erasmus herkommenden) oder römischen Zeitgenossen. Zu einem bequemen Ruhekissen konnte das *sola fide* jedenfalls in dem Zusammenhang, in welchen es bei ihm gestellt wurde, notorisch nicht werden.

Aber nun allerdings: Heiligung auch nicht ohne Rechtfertigung! *An vera poenitentia citra fidem consistere potest? Minime!* (3,5). Kein *spatium temporis* zwischen beiden, in welchem der vor Gott im Glauben Gerechte noch nicht sein Heiliger, ihm noch nicht gehorsam wäre. Aber nur er kann und wird ihm gehorsam, kann sein Heiliger sein. Wie könnte einer nämlich ernstlich Buße tun, wenn er nicht wüßte: *se Dei esse? Dei autem se esse nemo vere persuasus est, nisi qui eius gratiam prius apprehenderit* (3,2). Wie sollte es im Vollzug der Buße und also im Leben des Christen ein freies und freudiges Gewissen Gott gegenüber geben ohne die Gewißheit der ihm von Gott umsonst geschenkten und immer wieder zu schenkenden Gerechtigkeit vor ihm (13,3)? Im Fleisch und also als ein Sünder vor Gott lebt ja auch der diese Gerechtigkeit bußfertig ergreifende, der gehorsame, der liebende, der geheiligte Mensch. Und daraus folgt: *Nullum unquam extitisse pii hominis opus, quod, si severo Dei iudicio examinaretur, non esset damnabile* (14,11) und: *nec unum a sanctis exire opus, quod, si in se censeatur, non mereatur iustam opprobrii mercedem* (14,9). Der Sündenvergebung und also der Rechtfertigung sind und bleiben darum auch die Wiedergeborenen und Bekehrten in allen Werken ihrer Buße und ihres Gehorsams – weit entfernt davon, daß sie sie vor Gott rechtfertigen könnten – schlechterdings bedürftig (14,13). «Gute» Werke, denen Gottes Lohn verheißen ist (18,1f.), in denen man fortschreiten und als deren Täter man sich sogar getröstet wissen darf (14, 18f.), gibt es nur, indem Gott die Person des Menschen nicht nur, sondern auch seine Werke in freier Güte rechtfertigt (17,5f.), indem Er, was der Mensch in höchster Unvollkommenheit, ja Verkehrtheit und Verwerflichkeit tut, *assidua peccatorum remissione* (14,10.12) auf Grund der ihm zugerechneten Gerechtigkeit Jesu Christi als gut beurteilt, anerkennt und annimmt (14, 8f.). Daß Calvin – der Reformator in der Zeit des neuen Aufbaus der evangelischen Gemeinden und der anhebenden Gegenreformation und als solcher der Mann eines anderen Anliegens als Luther – von diesem herkommt, dürfte unverkennbar sein. Die Anschauung von der *duplex gratia* war nicht seine Erfindung. Schon der ältere Luther selbst hat nämlich (vgl. KD IV, 1 S. 586f.), an freilich etwas versteckten Stellen und sprachlich nicht ohne Dunkelheit, im gleichen Sinn wie später Calvin gern verbindend und unterscheidend von einer doppelten Rechtfertigung und Heiligung, Heilung, Reinigung usw. geredet. Und Calvin seinerseits hat von Luthers entscheidender Einsicht hinsichtlich der Rechtfertigung selbst wirklich kein Jota preisgegeben. Spezifisch calvinisch – aber darum nicht unlutherisch, keine Beeinträchtigung des Inhalts und der Funktion der Rechtfertigungslehre – war formal nur die Konsequenz, in der er von jener *duplex gratia* geredet, und sachlich nur der Nachdruck, den er auf die Lehre von der in der Rechtfertigung begründeten *novitas vitae* gelegt hat.

4. Es bleibt uns noch übrig, uns zu fragen, ob es im Verhältnis von Rechtfertigung und Heiligung nun doch so etwas wie einen *ordo (salutis)* und also in dem einen Gnaden- und Heilsgeschehen eine Vor- und Nachordnung, ein *Prius* und *Posterius* geben möchte. Wir nehmen vorweg: sicher kein solches zeitlicher Art. In eine zeitliche Folge läßt sich das *simul* der einen Heilstat Gottes in Jesus Christus – und darum kann sie nicht psychologisiert werden! – nicht aufdröseln. Eben in diesem *simul* sind des Menschen Rechtfertigung und seine Heiligung – offenbar in Jesu Christi Auferstehung und wirksam im Heiligen Geiste – Ereignis: nicht so also, daß zuerst, für sich, des Menschen Rechtfertigung geschähe (als wäre sie seine Rechtfertigung durch Gott, wenn nicht zusammen mit ihr auch seine Heiligung geschähe!) – nachher erst, und wieder für sich, seine Heiligung (als wäre sie seine Heiligung durch Gott, wenn sie nicht in allen ihren Stufen und Gestalten durch das Geschehen seiner Rechtfertigung begründet und getragen wäre!). Nein, zugleich und miteinander werden beide Ereignis: so gewiß der lebendige Jesus Christus, in welchem beide geschehen und wirksam sind, zugleich und miteinander wahrer Gott und wahrer Mensch, der Erniedrigte und der Erhöhte ist. Aber damit kann die Frage nach der Ordnung ihres Verhältnisses nicht erledigt sein. Sie muß gestellt und beantwortet werden, weil auch der letzte Rest des monistischen oder des dualistischen Denkens in dieser Sache, mit dem wir es unter Punkt 2 und 3 zu tun hatten, zum Verschwinden gebracht werden muß. Gibt es hier keine zeitliche Ordnung, dann kann nur eine Sachordnung in Frage kommen. Nur daß die Frage nach ihr nicht ganz so einfach zu beantworten ist, wie es auf den ersten Blick aussehen möchte.

Aus unseren Überlegungen zu Punkt 2 und 3 geht wohl deutlich hervor, in welchem Sinn die Rechtfertigung zunächst als das erste, das begründende und insofern übergeordnete, die Heiligung als das zweite, durch jenes ermöglichte und insofern untergeordnete jener beiden Momente und Aspekte des einen Heilsgeschehens zu verstehen ist. Es ist schon so: kraft der Kondeszendenz Gottes, in der das ewige Wort unser armes Fleisch annimmt, kommt es zu der Erhebung des Menschen in der Existenz des königlichen Menschen Jesus. Kraft der Vergebung seiner Sünden und seiner Einsetzung zu Gottes Kind – beide vollzogen in Gottes gnädigem Gericht und Urteil – wird der Mensch in Jesu Nachfolge, in die Umkehr, zum Tun guter Werke, zum Tragen seines Kreuzes aufgerufen, willig und bereit gemacht. Kraft dessen, daß er von Gott vor ihm gerechtfertigt wird, wird er von ihm geheiligt. Es liegt auf der Hand, daß, wenn man nach der Struktur des ganzen Geschehens fragt, der Rechtfertigung die Priorität der Heiligung gegenüber zukommen muß.

Aber ist damit Alles gesehen und gesagt? Kann man nämlich verkennen, daß eben die Existenz des königlichen Menschen Jesus und also die rechte Beantwortung der Gehorsamsfrage: jenes Aufrufen, jene Zubereitung des Menschen zum Dienste Gottes im Zusammenhang der biblischen Texte ein Gewicht und ein Leuchten hat, das dem der rechtfertigenden Gnade um nichts nachgibt? Kann da jene erste Antwort die einzig mögliche sein? Muß die Frage nach der Sachordnung des ganzen Geschehens nicht doch auch – der Frage nach seinem innern Gang unbeschadet – im Blick auf seinen Sinn, seine Absicht, sein Ziel gestellt werden? Und erscheint dann nicht das im Vollzug Zweite *(executione posterius)*, die Heiligung, als das in der Absicht Erste *(intentione prius)* ? Was will und wirkt denn Gott in der Versöhnung des Menschen mit ihm? Durch die Fleischwerdung seines Wortes eben die Existenz des königlichen Menschen Jesus und seine Herrschaft über alle seine Brüder, über die ganze Welt! Durch seine eigene Erniedrigung zu dem für uns gerichteten Richter und also durch des Menschen Rechtfertigung vor ihm die Existenz eines im Bunde mit ihm treuen und tapferen Volkes dieses Königs – und also des Menschen Heiligung! Noch dürfte auch damit das letzte oder auch nur vorletzte Wort über das Telos des Versöhnungsgeschehens nicht gesagt sein. Muß man aber, zunächst auf das Verhältnis von Rechtfertigung und Heiligung gesehen, nicht sagen, daß teleologisch die Heiligung der Rechtfertigung übergeordnet ist und nicht umgekehrt? Es ist offenbar unvermeidlich, die Frage auch so zu stellen und zu beantworten.

Nun hat und behält aber gewiß auch die erste Antwort ihr gutes Recht und ihr ganzes Gewicht. Ist es angesichts dieser Sachlage wohl nötig und weise, zwischen jener ersten und der zweiten Antwort durchaus wählen zu wollen? Wir könnten dabei der Wirklichkeit der einen Gnade des einen Jesus Christus zu nahe treten. Und eben das darf um keines systematischen Begehrens willen geschehen. Wir fragen ja nach der göttlichen Ordnung des in der Gnade Jesu Christi wirksamen und offenbaren göttlichen Wollens und Tuns. Wie, wenn in ihr – je in besonderer Funktion und Hinsicht – das *Prius* auch das *Posterius*, das *Posterius* auch das *Prius* sein könnte und tatsächlich wäre! Das würde bedeuten, daß mit gleichem Ernst je ihrer besonderen Wahrheit beide Antworten – sich gegenseitig überschneidend, aber darum nicht aufhebend – zu geben wären und gelten würden: Im *simul* des einen göttlichen Wollens und Tuns Rechtfertigung als Grund, Heiligung als Ziel das Erste, und wiederum: Rechtfertigung als Voraussetzung, Heiligung als Folge das Zweite – in diesem Sinn beide über- und beide untergeordnet. Die Verschiedenheit und Einheit dieser beiden Momente und Aspekte umschließend, wirkt und schafft ja eben die eine Gnade des einen Christus, die Beides ist: rechtfertigende und heiligende Gnade, beide zur Ehre Gottes und zum Heil des Menschen. Im Blick darauf ist zu fragen: Wo anders sucht und schafft Gott (der in Jesus

Christus erkannte Gott!) seine Ehre als im Heil des Menschen? Wer will aber sagen, daß die Ehre Gottes zum Heil des Menschen in des Menschen Rechtfertigung oder in seiner Heiligkeit größer oder hier oder dort kleiner sei? Und wo anders ist das Heil des Menschen (des in Jesus Christus erkannten Menschen!) als in der Ehre, die Gott sich in seinem Tun an und mit ihm bereitet? Wer will aber sagen, daß das Heil des Menschen zur Ehre Gottes darin, daß er von Gott gerechtfertigt, oder darin, daß er von ihm geheiligt wird, größer oder hier oder dort kleiner sei? Denken wir von da aus und also von der in Jesus Christus wirklichen und offenbaren Gnade des Bundes her, dann haben wir die Freiheit, dann sind wir aber auch gebunden, auf die Frage nach der Ordnung des Verhältnisses von Rechtfertigung und Heiligung jene doppelte Antwort zu geben. Sie widerspricht sich nicht. Sie ist gerade als doppelte die der Sache entsprechende Antwort.

Die Frage nach der Ordnung des Verhältnisses von Rechtfertigung und Heiligung hat auch Calvin beschäftigt und es dient der Veranschaulichung des Gesagten, wenn wir uns kurz in Erinnerung rufen, wie er sie beantwortet hat. Man kann wohl sagen: eben diese Frage ist das methodische Problem des dritten Buches seiner *Institutio*. Wo liegt eigentlich der Schwerpunkt seiner Aussage über die Gnade Jesu Christi, ihre Früchte und Wirkungen: auf der Rechtfertigung oder auf der Heiligung? Man kann da – es sollte aber nicht unvermeidlich sein – als Calvins Leser immer wieder in Verwirrung kommen.

Daß er praktisch zunächst entscheidend am Problem der Heiligung interessiert ist, ist deutlich. Wer von Luther herkommt, wird fast notwendig schon dadurch befremdet sein, wie gleich am Anfang des dritten Buches (1,1) – übrigens nicht ohne Grund im biblischen Sprachgebrauch – aller Nachdruck auf die heiligende Macht des Heiligen Geistes gelegt wird und daß es nachher so lange geht, bis Calvin endlich (erst im 11. Kapitel) überhaupt auf die Rechtfertigung zu reden kommt. Er wollte nach seiner eigenen Erklärung (11,1) zunächst – und dieser Absicht dient vorher jedenfalls der ganze große Zusammenhang Kap. 3–10 – zeigen, (1) daß der Glaube, durch den allein wir durch Gottes Barmherzigkeit die Gnade der Gerechtigkeit vor ihm erlangen, kein der guten Werke müßig gehender Glaube, keine *fides otiosa* sei, und (2) positiv: *qualia sint sanctorum bona opera*. Er hat in dieser Absicht (Kap. 3–5) den Glauben selbst als Wiedergeburt u. zw. als in der Buße sich vollziehende Wiedergeburt beschrieben und von da aus (Kap. 6–10) das christliche Leben in seinem Charakter als Selbstverleugnung, als Tragen des Kreuzes, als *meditatio futurae vitae*, als rechten Umgang mit den irdisch-zeitlichen Möglichkeiten und Gütern dargestellt. Hier greift dann Kap. 11–18 – man möchte beim ersten Eindruck sagen: mehr im Charakter eines großen Vorbehaltes und Korrektivs – die Rechtfertigungslehre ein. Und so scheint es sich in dem, was noch folgt: im Kap. 19 über die christliche Freiheit und im Kap. 20 über das Gebet um eine Fortsetzung und Durchführung der dort unterbrochenen Bewegungslinie zu handeln, die dann erst im Rückblick auf ihren ewigen Ursprung in Gottes Erwählung (Kap. 21–24) und im Ausblick auf ihr letztes Ziel in der Auferstehung der Toten (Kap. 25) endgültig zur Ruhe kommt: um sich so als die eigentliche Substanz von Calvins Lehre darzustellen. *Ad colendam justitiam renovat Deus quos pro justis gratis censet* (11, 6). Auf diesen Aufriß und auf den immer wieder durchbrechenden paränetischen Tenor des Ganzen gesehen, möchte man es für eindeutig erwiesen halten, daß Calvin im Unterschied zu Luther als Theologe der Heiligung anzusprechen sei. In dem Sinn ist er es in der Tat, als eben das scharfe Unterstreichen des lebensmäßigen Neuanfangs und

1. Rechtfertigung und Heiligung

veränderten Weitergehens des an Jesus Christus glaubenden Menschen, der Hinweis auf seine notwendige innere und äußere Umgestaltung das besondere Anliegen war, das Calvin gegenüber der z. T. nicht ohne Berufung auf das reformatorische Evangelium überhandnehmenden Verwilderung jenes Zeitalters und gegenüber der humanistischen und römischen Kritik des *sola fide* der reformatorischen Lehre praktisch geltend machte. Und abgesehen von diesem zeitgeschichtlichen Hintergrund und Anlaß: seine Frage war nun eben die biblisch wahrhaft auch begründete nach dem, was Gott in seiner Gnade mit dem Menschen will und in seinem Leben ausrichtet. Es hat mit dem Primat der Heiligung bei Calvin in dieser – man könnte sagen : in strategischer Hinsicht schon seine Richtigkeit.

Das Bild verändert sich aber sehr eigentümlich, wenn man statt auf das, worauf er praktisch hinauswollte, auf seine Ausführung seiner Absicht achtet. Man wird dann vor allem feststellen müssen, daß es ja die in dem großen zweiten Kapitel des Buches entwickelte Lehre vom Glauben ist, auf die er alles Folgende unter dem beherrschenden Gesichtspunkt der Wiedergeburt in der Umkehr begründet hat. Eben vom Glauben hat Calvin aber gar nicht reden können (vgl. im Besonderen die Abschnitte 16, 23, 24, 29, 30, 32 des 2. Kapitels), ohne den entscheidenden Gehalt der Lehre von der Rechtfertigung zu antizipieren: Glaube ist die durch den Heiligen Geist in unserem Denken *(mentibus)* offenbarte und in unseren Herzen versiegelte feste und gewisse, in der Wahrheit der in Christus ergangenen Gnadenverheißung begründete Erkenntnis. In keinem anderen als diesem Glauben geschieht des Menschen Wiedergeburt und also seine Heiligung in allen ihren Stufen und Gestalten (2, 7): in dem Glauben, dessen *proprius scopus* die *promissio misericordiae*, das evangelische Wort von der freien göttlichen *benevolentia* gegen den Menschen ist (2, 29). Und so erfährt man gleich zu Beginn der Entfaltung der Rechtfertigungslehre (11, 1) – etwas überraschend, aber im Rückblick auf jenes zweite Kapitel auch gar nicht überraschend: sie, die im Bisherigen nur eben leicht berührte *iustificatio*, sei der *cardo praecipuus sustinendae religionis*, dem nun größere Aufmerksamkeit und Sorgfalt (eine *maior attentio curaque*) zuzuwenden sei, die Heiligung im Verhältnis zu ihr doch nur die *secunda gratia*. *Primum omnium* müsse ja feststehen, *quo sis apud Deum loco et qualé, de te sit illius iudicium*. Ohne dieses Fundament gäbe es wie keine Heilsgewißheit, so auch keine *pietas in Deum*. Man beachte dazu die äußerste Genauigkeit, mit der Calvin gerade das, was er im Blick auf so manche alttestamentlichen Stellen und Zusammenhänge auch im Zusammenhang der Rechtfertigungslehre (bes. Kap. 13-14 und 17-18) von der positiven Bedeutung der guten Werke der Glaubenden zu sagen weiß, eingeklammert hat durch dringlichste Erinnerungen an die freie und freibleibende Rechtfertigungsgnade, durch ein ständiges Zurückrufen zum Ruhen des Glaubens in der Verheißung, von der her allein von der Güte der Werke auch der Wiedergeborenen, von ihrem Trost und Lohn die Rede sein kann. Und man beachte endlich, wie er auch in der für die Tendenz seines dritten Buches so charakteristischen Beschreibung der *novitas vitae* (Kap. 3-10 und 19-20) die unverdiente und nie zu verdienende Einsetzung des Menschen in den Gnadenstand durch den Majestätsakt der göttlichen Barmherzigkeit nicht nur nicht aus den Augen verliert, wie vielmehr das da Beschriebene selbst offenkundig in den Wiederschein dieses Majestätsaktes gerückt wird. Von der Selbstverleugnung und vom Kreuz, von der Ausrichtung auf das Jenseits, von der christlichen Freiheit und vom Gebet ist ja da in der Hauptsache die Rede und also genau genommen von lauter kritischen, eingrenzenden Bestimmungen der *vita hominis christiani*, während auch Kap. 10, in welchem die diesseitige Bedingtheit und Verantwortlichkeit dieses Lebens in den Vordergrund tritt, gerade von dem legendären Aktivismus der calvinischen Ethik eigentlich recht wenig zu bemerken ist. Diese Zurückhaltung in der Darstellung der Heiligung hängt bestimmt damit zusammen, daß diese bei Calvin nicht nur neben der dem Menschen *simul* widerfahrenden Rechtfertigung hergeht, sondern in ihrer Zusammengehörigkeit mit jener und von ihr her den Charakter einer einzigen Beugung jenem Majestätsakt gegenüber bekommt. Stellt man das Alles in Rechnung, so kann man sich wohl fragen, ob nicht doch auch Calvin primär ein Theologe der Rechtfertigung gewesen sein möchte.

Faktisch kann und soll man sich gerade an dem in dieser Sache klassischen Vorbild seiner Lehrweise klar machen, daß die Frage nach der Priorität im Verhältnis jener beiden Momente und Aspekte nur doppelt beantwortet werden kann. Es war Calvin ganz ernst, wenn er die Heiligung der Rechtfertigung «strategisch» überordnete. Und es war ihm wieder ganz ernst, wenn er sie jener «taktisch» unterordnete. Woher er sich zu Beidem frei und verpflichtet wußte? Von dem der Rechtfertigung wie der Heiligung des Menschen überlegenen, weil sie beide umschließenden Orte her, von dem aus ihm unter jenen verschiedenen Gesichtspunkten je die eine oder die andere im Primat innerhalb des Ganzen vor Augen stehen konnte und mußte. Der Grundakt, in welchem sie ein Ganzes, in welchem sie wie verbunden, so auch verschieden sind, und ohne Widerspruch unter sich verschiedene Funktionen haben – Funktionen, in denen dann je dem einen oder dem anderen der Primat zukommen muß – dieser Grundakt heißt bei Calvin (im ersten Kapitel des dritten Buches beschrieben) die dem Menschen durch den Heiligen Geist geschenkte *participatio Christi*. Was es mit ihr auf sich hat, wird in seinem eigenen Zusammenhang zu erwägen und zu verstehen sein.

2. DER HEILIGE UND DIE HEILIGEN

Die Versöhnung der Welt mit Gott in ihrer Gestalt als Heiligung geschieht darin, daß Gott sich ein Volk von heiligen, d.h. von solchen Menschen schafft, die ihrer Sünde zum Trotz die Freiheit haben – von ihm empfangen haben, um in ihr zu leben! – inmitten aller Anderen für ihn da zu sein, mit ihrem Sein, Tun und Leiden ihm zu dienen. «Also hat Gott die Welt geliebet...» gilt auch hier. Des Menschen Heiligung, seine Umkehrung zu Gott hin, ist also wie seine Rechtfertigung eine *de iure* der Welt und also allen Menschen widerfahrene Veränderung und Neubestimmung. Sie widerfährt aber *de facto* nicht allen Menschen, wie ja auch ihre Rechtfertigung *de facto* nur von den zum Glauben Erweckten als ihre eigene Rechtfertigung ergriffen, anerkannt, erkannt und bekannt wird. Eben diesem Volk dieser Menschen widerfährt auch die Heiligung. Den Umfang und die Angehörigen dieses Volkes kennt Gott allein. Die Einladung, zu ihm zu gehören, ergeht an alle Menschen. Wohl ist es nicht identisch mit der Menschheit als solcher, wohl ist es ein besonderes Volk besonderer, weil von Gott inmitten aller Anderen beiseite genommener, allen Anderen gegenübergestellter Menschen. Diese seine Sonderexistenz ist aber nicht Selbstzweck. Es ist den Anderen, der Menschheit als solcher gegenübergestellt zur «vorläufigen Darbringung der Dankbarkeit, zu welcher die ganze Welt durch die Tat der Liebe Gottes bestimmt ist». Es ist die lebendige Verheißung des positiven Sinnes, den Gott in der Tat der Versöhnung nicht nur seiner, sondern der Existenz aller Menschen wiedergegeben hat. Es ist der Zeuge der Liebe, mit der Gott eben die Welt geliebt hat. Was ihm *de facto* widerfahren ist, ist *de iure* allen Menschen widerfahren. Es ist aber, indem es *de facto* nur ihm wider-

2. Der Heilige und die Heiligen 579

fahren ist (in der Vorläufigkeit des ihm damit verliehenen Auftrags) der Welt, allen anderen Menschen konkret gegenüber gestellt, von ihnen geschieden. Es ist insofern ein heiliges Volk heiliger Menschen: inmitten der *de facto* Unheiligen das kreatürliche Abbild der Heiligkeit, in der Gott ihm selbst und der ganzen Welt – nicht müßig, sondern handelnd! – gegenübersteht, von ihr verschieden ihr zugewendet ist. Mit diesem in seiner Heiligkeit an und mit seinem Volk – dem Volk seiner Heiligen – handelnden Gott haben wir es in den nun vor uns liegenden Überlegungen zu tun. Sein Handeln ist des Menschen Heiligung.

Die sachlich so naheliegende Wortverbindung «Heiliges Volk» findet sich im kanonischen Alten Testament auffallend selten: – in merkwürdigster Form in der 1. Petr. 2, 9 aufgenommenen Stelle Ex. 19, 6, wo die von Jahve dem Mose in den Mund gelegte Botschaft an die Israeliten dahin lautet: sie sollten aus allen Völkern sein Eigentum sein («denn mein ist die ganze Erde!»), ein Königreich von Priestern, ein heiliges Volk, *goj* (ein in der Regel nur auf Heidenvölker angewendetes Wort) *qadosch*. *Am qadosch* findet sich m. W. noch Deut. 7, 6 und 28, 9, Jes. 62, 12, Dan. 7, 27. Regelmäßig wird nur die gottesdienstliche Versammlung (genauer: ihre Einberufung) als «heilig» bezeichnet, nicht das Volk als solches. Und eben so selten werden im Alten Testament die Menschen oder gewisse Menschen dieses Volkes «Heilige» genannt. Unter den *qodaschim* sind öfters (so in der Verbindung *qahal q'doschim* Ps. 89, 6 und wohl auch im Danielbuch) die Engel zu verstehen. Das Wort *chasidim*, das Luther im Psalter durchgehend mit «die Heiligen» übersetzt hat, bezeichnet die Frommen in Israel. Wird Aaron einmal (Ps. 106,16) «der Heilige des Herrn» genannt, so bezieht sich das auf sein Amt, nicht auf seine Person, ähnlich wie ja auch Worte und Dinge wegen ihrer Bedeutung und Funktion in der im Alten Testament bezeugten Geschichte häufig genug «heilig» genannt werden. Und ähnlich wird wohl auch der Jes. 43, 28 gebrauchte Ausdruck «heilige Fürsten» zu verstehen sein. Und die Bezeichnung des bis auf einen übrig gebliebenen Stumpf vernichteten Israels als «heiliger Same» (Jes.6,13) ist offenbar eschatologisch ausgerichtet. Als echte Ausnahmen dürften, soweit ich sehe, nur Ex. 22, 31 («Heilige Leute sollt ihr mir sein!»), Ps. 16,3 («die Heiligen auf der Erde»), Ps. 34, 10 («Fürchtet den Herrn, ihr seine Heiligen!»), Deut.33,3 («Alle seine Heiligen sind in seiner Hand») in Frage kommen. Daß da bewußte Zurückhaltung im Spiel ist, scheint unverkennbar. Es geht in der im Alten Testament bezeugten Geschichte wohl um die Heiligung dieses Volkes und seiner Menschen. Es fällt aber, indem von deren Heiligsein nur so selten und beiläufig die Rede ist, das ganze Gewicht der Aussagen auf jenes Geschehen selbst und als solches, bzw. auf den, der als der Heilige das in ihm handelnde, dem heiligen Volk und seinen Menschen souverän gegenüberstehende Subjekt ist.

Noch überraschender und auch etwas komplizierter ist der neutestamentliche Befund. Hier muß man nämlich zunächst feststellen, daß die Zahl der Texte, aus denen man die in den kirchlichen Symbolen so wichtig gewordene Formel «*sancta ecclesia*» ableiten könnte, noch geringer ist als die der alttestamentlichen, in denen Israel das «heilige Volk» genannt wird. Jene Formel braucht darum nicht falsch zu sein. Man wird aber bei ihrer Interpretation beachten müssen, in welchem Sinn in den wenigen neutestamentlichen Texten, die so etwas wie die *sancta ecclesia* auszusagen scheinen, von ihr geredet wird. Es kommen, soweit ich sehe, nur zwei Stellen in Betracht. Die eine ist jenes alttestamentliche Zitat 1.Petr.2,9: «Ihr seid ... das heilige Volk» (ἔθνος ἅγιον). Ein ἔστε, das den Satz zu einem analytischen machen könnte, steht aber nicht da. Die Meinung scheint vielmehr die zu sein: die Angeredeten seien (im Unterschied zu den unmittelbar vorher erwähnten Verworfenen) dazu erwählt und berufen, als das heilige Volk seinen nachher beschriebenen Auftrag in der Welt auszuführen. Auch Eph. 5, 24 f., die andere in Betracht kommende Stelle, enthält keine direkte Aussage des Inhalts: «die Kirche ist heilig», sondern sie sagt, daß Christus die ἐκκλησία geliebt und sich für sie dahingegeben habe, um sie – nachdem er sie im Wasserbad des Wortes gereinigt – «zu heiligen, damit er selbst sie in Herrlichkeitsgestalt (ἔνδοξον) vor sich hinstelle, ohne Flecken und Runzeln und dergleichen mehr, damit sie vielmehr heilig und untadelig sei». Ganz unzweideutig wird also hier die Heiligkeit der Gemeinde als Ziel und beabsichtigtes Ergebnis der heiligenden Aktion Jesu Christi bezeichnet: nicht als eine ihr inhaerierende Eigenschaft, sondern als der Charakter, den er ihr im Vollzug dieser Aktion geben will. Und man wird mindestens ernstlich fragen müssen, ob jenes ἵνα παραστήσῃ sich nicht auf die Gestalt der Gemeinde bezieht, in der sie nach Vollendung jener Aktion dereinst, in der Wiederkunft, und also nach Ablauf der Endzeit, in der sie jetzt existiert, dastehen wird. Von Zurückhaltung in der Aussage über die Heiligkeit der Gemeinde als solcher wird man da (nicht anders als bei den entsprechenden alttestamentlichen Aussagen über Israel) auf alle Fälle reden müssen. Dem steht nun freilich merkwürdig gegenüber, daß die Menschen, aus denen die Gemeinde besteht (anders als im Alten Testament die Menschen Israels), im Neuen Testament ungemein freigebig nicht nur mit dem Prädikat «heilig» bedacht, sondern substantivisch als «die Heiligen» bezeichnet werden. ἅγιοι oder οἱ ἅγιοι scheint ja – noch nicht in den Evangelien, seltener in der Apostelgeschichte, dafür umso durchgängiger in allen älteren und jüngeren Schichten der Briefliteratur und in der Apokalypse – geradezu so etwas wie der *term. techn.* zur Bezeichnung der Christen zu sein – in einer Reihe von Stellen (1. Kor. 16, 1; 2. Kor. 8, 4 usw.) auch noch im spezielleren Sinn: der Christen der jerusalemischen Urgemeinde. Ein einzelner Christ wird allerdings bemerkenswerter Weise nie ἅγιος genannt. Denn daß Johannes der Täufer Mr. 6, 20 «ein gerechter und heiliger Mann» heißt, wird man ja hier nicht als Ausnahme geltend machen können. Die «Heiligen» des Neuen Testamentes existieren als solche nur in ihrer Vielzahl: in einer Heiligkeit, die ihnen zukommt, aber offenbar nur gemeinsam zukommt, nicht als einzelnen menschlichen Personen. In dieser Vielzahl sind sie ja nun freilich doch identisch mit der christlichen Gemeinde, sodaß die Wortverbindung «heilige Gemeinde», obwohl sie als solche so dünn bezeugt ist, schon von da aus gesehen nicht als abwegig erscheinen kann. 1. Kor. 14, 33 werden ja die christlichen Gemeinden insgemein «Gemeinden der Heiligen» genannt. Nicht als ob ihre Heiligkeit ihnen etwa von der Heiligkeit der in ihnen vereinigten einzelnen Menschen her zuströmte: eben als Einzelne werden ja auch diese nicht «Heilige» genannt. Es dürfte sich aber so verhalten, daß die Heiligkeit der Gemeinde wie die der in ihr vereinigten Menschen in dem zu suchen ist, was mit diesen Menschen gemeinsam geschieht, was ihr und ihnen in diesem Geschehen zukommt. Die vorläufige Definition wird erlaubt sein: die ἅγιοι sind die Menschen, denen in einer gemeinsam erlebten Geschichte, die sie als ἔθνος ἅγιον konstituiert, ἁγιότης zukommt. So sind wir durch den Sprachgebrauch des Neuen Testamentes bei aller seiner wichtigen Verschiedenheit von dem des Alten grundsätzlich doch in die gleiche Richtung gewiesen, sind wir nämlich aufgefordert, auf die Geschichte zu blicken, in der miteinander die Heiligung, der ἁγιασμός dieser Menschen und damit ihre Einheit als Gemeinde Ereignis wird – und damit automatisch auf den, der als der Heilige das in dieser Geschichte handelnde Subjekt ist. Der Heilige schafft die Heiligen.

Der Heilige im ursprünglichen und eigentlichen Sinn des Begriffs: der Heilige, der das handelnde Subjekt der Heiligung ist und der in diesem Geschehen die Heiligen schafft – dieser Heilige existiert ebenso nur in der Einzahl, wie jene, die Heiligen, nur in der Vielzahl existieren. So wie Gott ist keiner von allem, was außer ihm ist, verschieden – keiner so allen Anderen gegenüber hoch, fern und fremd, keiner ihm so überlegen. Verschiedenheit, Höhe, Überlegenheit und insofern Heiligkeit gibt es auch innerhalb der sichtbaren und unsichtbaren, materiellen und geistigen Welt außerhalb Gottes. Von irgendwelchen Punkten her sind sie aber – mit alleiniger Ausnahme derer, die Gott selbst schafft, indem Er heiligt – alle überschaubar, die Distanzen, in denen sie sich zeigen, alle auch überbrückbar. Und wenn nun die Heiligkeit Gottes letztlich gerade darin ihre sie auszeichnende Qualität hat, daß er die Distanz, die ihn von dem, was er nicht, was insofern unheilig ist, scheidet, nicht nur zu überbrücken, sondern, ohne seine eigene Überlegenheit aufzuheben oder auch nur zu verleugnen, vielmehr, indem er sie betätigt und offenbart, auch überschreiten kann und tatsächlich überschreitet – so ist zu sagen, daß ihm auch in dieser Qualität seiner Heiligkeit kein Heiliges außer ihm gleichkommt. Denn wenn es zwischen dem, was außer Gott als ein einem Anderen Überlegenes zu verstehen wäre, und diesem Anderen wohl auch Überbrückungen der Distanzen, sogar Umkehrungen ihrer Verhältnisse (damit freilich auch Aufhebungen der Überlegenheit des Überlegenen) geben mag, so doch kein solches Überschreiten von dort nach hier, in welchem das Überlegene seine Überlegenheit nicht nur nicht verliert, sondern betätigt und offenbar macht. Einfacher gesagt: als der in Barmherzigkeit Heilige und heilig Bleibende, der Gott laut seiner Offenbarung als Schöpfer, Versöhner und Erlöser ist – der Vater, der Sohn und der Heilige Geist – als der gerade so Heilige der allein Heilige. Wo es außer ihm solche Heiligkeit gibt, da ist sie das besondere Werk seiner besonderen Tat, die Frucht des Handelns, in welchem er, der Heilige, als Abbilder seiner Heiligkeit Heilige schafft.

Heilige? Wir sind noch nicht so weit! Heiligung, das Handeln des in seiner Barmherzigkeit heiligen und heilig bleibenden Gottes, das Tun, in welchem jenes Überschreiten stattfindet, bedeutet ja: die Erschaffung einer neuen Existenzform des Menschen, in welcher er als Gottes getreuer, ihm wohlgefälliger und von ihm gesegneter Bundesgenosse leben darf. Das sind weitgreifende, überschwenglich große Worte, wenn sie wörtlich zu nehmen sind. «Als wären es Märlein» (Luk. 24, 11)! – aus guten Gründen (in ihnen scheint ja, weil vom Menschen, von uns Allen die Rede zu sein) nicht weniger befremdlich als die Nachricht von Jesu Christi Auferstehung! Wo ist denn der Mensch in dieser neuen Existenzform, der Mensch als Gottes rechter Bundesgenosse? Wer wäre denn ein solcher? Weniger große Worte als diese würden aber nicht genügen (und auch diese würden nicht genügen, wenn sie nicht wörtlich genommen würden) zur Bezeichnung dessen, um was es geht in des Menschen Heiligung durch Gott. Soll es sich dabei auch nur um die Schaffung eines Abbildes seiner eigenen Heiligkeit, gewissermaßen nur um deren Reflex in der von ihm verschiedenen Welt handeln, so wird doch auch die Wirklichkeit dieses Reflexes keine geringere sein können als die eines Menschen, der von der übrigen Welt – nicht als ein zweiter Gott, wohl aber als ein solcher Mensch gesondert ist, der das Leben eines rechten, d. h. Gott nicht untreuen, sondern treuen, ihm nicht mißfälligen, sondern wohlgefälligen, von ihm nicht verfluchten, sondern gesegneten Bundesgenossen leben, der in dieser Freiheit in einer der übrigen Welt gegenüber neuen Form existieren darf. Zu viel ist damit über den Inhalt des Begriffs Heiligung (im biblischen Sinn dieses Begriffs) auf keinen Fall gesagt. Wir werden nachher zu noch stärkeren Ausdrücken greifen müssen. Als Mindestes ist von der Heiligung jedenfalls das zu sagen: sie zielt auf den Menschen, der den Bund, den Gott von Ewigkeit her mit ihm geschlossen hat, nicht bricht, sondern hält. Der, durch das Tun des heiligen Gottes dazu erweckt und ermächtigt, das tut, ist ein Geheiligter, ein Heiliger Gottes. Aber eben: wo und wer sind die Menschen, die als solche anzusprechen wären? Wir werden wohl von ihnen reden müssen, es wird aber gut sein, nicht zu schnell und nicht zu direkt von ihnen reden zu wollen.

Daß Gott, der das Subjekt des Geschehens ist, in dessen Verlauf es zur Existenz von Heiligen kommt, der ursprünglich und eigentlich allein Heilige ist, das bringt es notwendig mit sich, daß auch die menschliche Heiligkeit als die neue menschliche Existenzform des Bundesgenossen dieses Gottes ursprünglich und eigentlich nicht die Sache vieler, sondern nur die eines Menschen sein kann, der auf der menschlichen Ebene allen Anderen (auch dem heiligen Volk und seinen Menschen) als der von Gott Geheiligte und so als der Heilige gegenübersteht. Auf ihn hin existiert das Volk Israel als Gottes Volk, von ihm her die Gemeinde der Endzeit als die Gemeinde Gottes. Des Menschen in diesem Einen geschehene Heiligung ist ihre Heiligung. Sie ist aber ursprünglich und eigentlich die nicht ihnen, sondern diesem Einen widerfahrene Heiligung. Es ist ihre Heiligkeit ursprünglich und eigentlich die seinige und nicht die ihrige. Das Alles darum, weil in der Existenz dieses Einen, weil in Jesus Christus das wirklich wurde und ist und sein wird, daß Gott selbst Mensch wurde, der Sohn Gottes auch Menschensohn, um in seiner eigenen Person des Menschen Umkehr zu ihm hin und so seine Erhebung aus der Tiefe seiner Übertretung und des ihr folgenden Elends, so seine Befreiung von seinem unheiligen Wesen und für den Dienst im Bunde mit ihm, so also seine Heiligung zu vollziehen. Das ist die Gottestat der Heiligung in ihrer ursprünglichen und eigentlichen, weil unmittelbaren Gestalt in ihrer Einmaligkeit. In ihr sind alle ihre anderen Gestalten – die Heiligung Israels und der Gemeinde mit dem Fernziel der Heiligung der ganzen Menschheit und Welt – eingeschlossen, durch sie sind sie alle bedingt. Man wird immer ins Leere blicken, wenn man nicht bei Allem, was im Umkreis um Jesus Christus herum, was im alttestamentlichen und im neutestamentlichen Bereich als Heiligung Ereignis ist, bei der Auslegung aller ihrer Gestalten (der Nachfolge, der Umkehr, der guten Werke, des Kreuzes) unbeweglich auf diese Mitte hinblickt als auf den Ort, wo sie (was man von keinem anderen Ort sagen kann) unmittelbar Ereignis ist: von da aus dann in gleicher Realität (aber kraft der Realität dieser Mitte!) auch an allen anderen Orten. Wieviel falsche Lehre und praktische Irrtümer in Sachen der Heiligung wären zu vermeiden gewesen, wenn man es in genauer Analogie zur Lehre von der Rechtfertigung allein durch den Glauben gewagt (man kann auch sagen: sich dabei beschieden) hätte, dem Heiligen vor den Heiligen grundsätzlich, gänzlich und endgültig den Vortritt zu lassen und alle Ehre zu geben – dem Heiligen, der Gott, aber eben Gott in Jesus Christus ist und also dem königlichen Menschen Jesus als dem allein Heiligen, in welchem die Heiligung aller Heiligen Wirklichkeit ist.

Jesus Christus selbst ist uns nach 1. Kor. 1,30 wie zur Rechtfertigung so auch zur Heiligung geworden. E. Gaugler schreibt (a.a.O.S.76) mit Recht, dieses Wort bringe die Erkenntnis auf ihre kürzeste Formel: daß auch die Heiligung heilsgeschichtlich zu deuten ist. Heiligung geschieht als Geschichte, weil und indem dieser unmittelbar von Gott selbst geheiligte Mensch: er in der ihm damit von Gott gegebenen Königsmacht – er, indem Gott durch ihn handelt, das in ihr handelnde Subjekt ist. Er nennt sich Joh. 10,36 den, «den der Vater heiligt». Er, der ja als der Sohn Gottes Mensch ist, kann aber Joh. 17,19 ebenso gut sagen: «Ich heilige mich selbst». Denn durch sein Blut als das Blut des Bundes ist nach Hebr. 10,29 vor allem er selbst geheiligt worden. Es bleibt also schon bei der ihm in den Mund gelegten Anrede: «Heiliger Vater!» (Joh. 17,11). Und bei seiner Bitte: «Heilige (du) sie in der Wahrheit» (Joh. 17,17). Es bleibt aber auch dabei, daß er selbst die Erfüllung dieser Bitte ist, so gewiß er ja der Sohn des Vaters ist. Als der in dieser Unmittelbarkeit Geheiligte heißt er Act. 4, 27.30 «der heilige Knecht Jesus» und Act. 3, 14 «der Heilige und Gerechte», den die Juden verleugnet haben. Als Diesen haben ihn (Mr. 1,24, Luk. 4,34) die Dämonischen erkannt und ausgerufen: «Ich weiß, wer du bist, der Heilige Gottes!» Aber eben das ist ja nach Joh. 6,69 auch das Bekenntnis des Petrus: «Wir haben geglaubt und erkannt, daß du der Heilige Gottes bist»! Er als solcher ist «der, der euch als Heiliger berufen hat» (1. Petr. 1,15). Noch stärker Hebr. 2, 11: Er ist der ἁγιάζων, der Heiligende, durch dessen Existenz und Aktion es dann auch ἁγιαζόμενοι, Geheiligte gibt. Alles Weitere strömt aus dieser Quelle, wächst aus dieser Wurzel; von daher kann dann auch Anderen zugerufen werden, daß sie «in ihrem ganzen Wandel» (1. Petr. 1,15) Heilige sein dürfen, müssen, sollen.

Denn dieser Eine ist so wenig wie der allein heilige Gott ein Einsamer. Nun ist er ja, was er einmalig, unvergleichlich und unnachahmbar ist, als der von Gott Erwählte und Gott seinerseits Erwählende, in dessen Person von Ewigkeit her über alle Menschen entschieden ist, in welchem sie in den Bund mit Gott hineingestellt und also zur Zuwendung zu ihm vorherbestimmt sind. Nun ist er ihrer Aller, zunächst und zuerst aber seines besonderen Volkes, seiner Gemeinde in der Welt Herr, Haupt, Hirte und Stellvertreter. Man hat gerade damit oft nicht ernst gemacht, daß er nicht nur als der Gottessohn, der Gottes und unser Recht aufrichtete, indem er, der Richter, sich für uns richten ließ, sondern auch als der Menschensohn, der geheiligt wurde, sich selbst heiligte, an unserer

Stelle, für uns gehandelt hat. Man hat die Sache zu oft so aufgefaßt und dargestellt, als ob zwar seine zu unserer Rechtfertigung von ihm als unserem Stellvertreter geschehene Erniedrigung zum Tode seine Tat gewesen wäre, während unsere eigene Erhebung in die Gemeinschaft Gottes als die entsprechende Gegenbewegung und also unsere Heiligung uns überlassen, von uns ins Werk zu setzen wäre. «Das tat ich für dich. Was tust du für mich?» Das Neue Testament redet nie so. Es weiß von keinem Jesus, der zwar zur Vergebung unserer Sünden, um uns gewissermaßen nach rückwärts frei zu machen, gelebt hätte und gestorben wäre, dann aber gewissermaßen mit verschränkten Armen darauf wartete, ob wir uns der uns so verschafften Freiheit entsprechend verhalten möchten. Daß man ihn so sehen konnte, hing wohl damit zusammen, daß man weithin vergessen und übersehen hat, daß er ja nicht nur der leidende Gottessohn, sondern als solcher auch der siegende und triumphierende Menschensohn ist. Er ist auch das an unserer Stelle, tut auch das uns zugute. Es ist auch das – in seiner Auferstehung von den Toten kund gemacht! – ein Moment und Aspekt des versöhnenden Machthandelns Gottes, das in ihm Ereignis ist. Es ist auch das die uns in ihm zugewendete freie und frei über uns verfügende Gnade Gottes. Das bedeutet nun aber, daß in und mit seiner Heiligung auch die unsrige schon vollzogen ist, von uns – das allein kann die Sache unseres Verhaltens sein – gerade nur dankbar erkannt und respektiert werden kann: in jenem vorläufigen Lob, dessen Darbringung den Sinngrund der Existenz seines Volkes, seiner Gemeinde und aller ihrer Glieder ausmacht. Nicht durch unser Erkennen und Respektieren, nicht durch das arme Lob, das wir ihm darbringen, werden wir geheiligt, sind wir (womöglich durch uns selbst dazu gemacht) Heilige, sondern weil und indem wir in jenem Einen schon geheiligt, schon Heilige sind, sind wir zu jenem Tun aufgerufen, und daß wir es sind – nicht in uns, aber in jenem Einen in höchster Realität sind – das ist der Grund jenes Tuns und der Gegenstand unserer Erkenntnis, unseres Respektes und unseres Lobens. Die Erschaffung der neuen Existenzform des Menschen als Gottes Bundesgenosse steht also, auch was uns angeht, nicht erst vor uns. Wir haben sie nicht erst durch Nachvollzug in Kraft zu setzen. Wir kämen zu spät, selbst wenn wir – was wir nicht sind – dazu in der Lage wären. Genau so, wie wir mit einer Nacherschaffung des Himmels und der Erde, selbst wenn wir solchen Werkes fähig wären, hoffnungslos zu spät kämen: uns kann ja nur übrig bleiben, unter dem von Gott gut geschaffenen Himmel auf der von ihm gut geschaffenen Erde zu leben! Und so: des Menschen neue Existenzform als geschaffen, unsere Heiligung als vollzogen einzusehen und gelten zu lassen und uns danach auszurichten! Er hat sie mächtig und verbindlich für alle, für sein ganzes Volk und für jeden Einzelnen von dessen Menschen, er hat sie ja letztlich mächtig und verbindlich für die ganze Welt

2. Der Heilige und die Heiligen

verwirklicht. Wir sind dadurch, daß sie in Jesus als unserem Herrn und Haupt verwirklicht ist, nach unserem Gehorsam – um das höchste Wort zu nennen: nach unserer Liebe gefragt, wie wir durch unsere in ihm verwirklichte Rechtfertigung nach unserem Glauben gefragt sind. Zu ihrer Verwirklichung haben wir nichts beizutragen: weder vorbereitend noch nachträglich. Nach unserer Selbstrechtfertigung sind wir nicht gefragt und so auch nicht nach unserer Selbstheiligung. Unsere Heiligung besteht in unserer in der Wirksamkeit und Offenbarung der Gnade Jesu Christi begründeten Teilnahme an seiner Heiligkeit.

Das Neue Testament redet auch in dieser Hinsicht eindeutig. «Ich heilige mich selbst für sie (ὑπὲρ αὐτῶν), damit auch sie wahrhaftig geheiligt seien» (Joh. 17,19). Wunderliche Heilige! möchte man denken, denen man nach 1. Kor. 6, 9f. erst einschärfen muß: «Wißt ihr nicht, daß Ungerechte das Reich Gottes nicht ererben werden? Irret euch nicht: weder Unzüchtige noch Götzendiener, noch Ehebrecher, noch Päderasten, noch Diebe, noch Habsüchtige, noch Säufer, noch Lästerer, noch Räuber werden das Reich Gottes ererben. Und Derartiges w a r e n gewisse Leute!» Wie wird Paulus nach solcher Vorhaltung weiterfahren? Mit der Aufforderung: Ja keine Rückfälle in dieser Richtung!? Abbau aller von dorther etwa noch vorhandenen Reste? Bemühung um die möglichen Wiedergutmachungen und um die entsprechenden Neuanfänge in der entgegengesetzten Richtung? Wie sollte dazu nicht Anlaß gewesen und wie sollte das nicht des Paulus Meinung gewesen sein? Er hat aber sein «Irret euch nicht!» und seinen Zuspruch ganz anders entfaltet: So nämlich in unmittelbarer Fortsetzung jener Worte v 11: «Aber ihr seid abgewaschen – Aber ihr seid geheiligt – Aber ihr seid gerechtfertigt worden durch den Namen unseres Herrn Jesus Christus und durch den Geist unseres Gottes». Um der ganzen Sturmflut alles jenes menschlichen Unfugs einen Damm entgegenzustellen, durch den er wirksam in die Vergangenheit verwiesen wird, genügt dieses ἀλλά der Erinnerung an das, was in Jesus Christus und in ihm für sie, an ihnen geschehen ist! So auch Kol. 1,21f., wo die Leser angeredet werden als solche, die in ihrer laut ihrer bösen Werke feindseligen Gesinnung Gott Entfremdete waren, «nun aber hat er (Christus) euch durch seinen Tod in seinem Fleischesleibe versöhnt, um euch (vgl. Eph. 5,27) als Heilige, Untadelhafte, Unbescholtene vor sich hinzustellen». So auch Hebr. 13,12: «Um durch sein eigenes Blut das Volk zu heiligen, hat Jesus draußen vor dem Tor gelitten.» Die Meinung aller dieser ἵνα-Sätze ist eben nicht die: um ihnen zu ihrer Heiligung – etwa durch sein Vorbild – eine Möglichkeit, eine Chance, eine Gelegenheit zu geben, um sie in eine von ihnen zu vollziehende Entscheidung zu stellen, sondern: um in seinem Leiden und Sterben die Entscheidung, ihre Heiligung an ihrer Stelle zu vollziehen, um den Grund und Boden zu legen, auf dem sie jetzt faktisch stehen und nun eben auch stehen und gehen zu wollen berufen und bestimmt sind. So am Deutlichsten Hebr. 10,5f. , wo die Stelle Ps. 40, 7–9 zitiert und so exegesiert wird: Es habe der wahre Hohepriester Jesus Christus «das Erste», die von den Menschen darzubringenden Opfer und Gaben als von Gott nicht gewollt, aufgehoben, um «das Zweite» in Geltung zu setzen, dies nämlich: «Siehe, ich komme, deinen Willen zu tun!» (v 9). Und nun v 10: «In diesem Willen sind wir geheiligt durch die Darbringung des Leibes Jesu Christi – ein für allemal». Man beachte das ἐφάπαξ gerade in diesem Zusammenhang und Sinn. Der Satz wird sachlich wiederholt v 14: «Durch eine einzige Darbringung hat er die, die (durch sie) geheiligt wurden, für immer (εἰς τὸ διηνεκές) zum Ziele geführt». Und man beachte: den Ersatz jenes Ersten, der durch Menschen zu vollziehenden Opfer und Darbringungen, durch das Zweite: sein eigenes Tun des Willens Gottes, vollzog Jesus Christus nach v 5 schon εἰσερχόμενος εἰς τὸν κόσμον, d.h. gleich bei seinem zunächst in der alttestamentlichen Verheißung verborgenen Eingang in die Menschenwelt.

Und noch weiter wird ja 2. Thess. 2,13 zurückgegriffen, wo Paulus Gott dankt: daß er die Leser «vom Anfang her (ἀπ' ἀρχῆς) erwählt hat zur Errettung in der Heiligung durch den Geist und im Glauben an die Wahrheit» und Eph. 1,4, wo die große Eingangshymne einsetzt mit den Worten: «In Ihm hat er uns vor der Grundlegung der Welt erwählt zum Sein als Heilige und Untadelhafte vor ihm». So weit oben also ist die Entscheidung über des Menschen Heiligung beschlossen, ja, weil es sich doch um Gottes Beschluß handelt, schon gefallen! So tief ist es begründet, daß Jesus Christus, auch was unsere eigene Umkehr zu Gott hin betrifft, als unser Herr und Haupt für uns ist und handelt! Die Geschichte des in seinem Tod auf Golgatha gekrönten königlichen Menschen Jesus hat, indem das ihr Sinn und Inhalt ist, diese Dimension von der Ewigkeit des Willens Gottes her, der in ihm auf Erden, in der Zeit, geschehen ist. Daraufhin kann dann ein Satz wie 1. Kor. 3, 17 gewagt werden: «Der Tempel Gottes ist heilig – und der seid ihr!» Daraufhin können und müssen die zur Gemeinde Versammelten «Heilige» heißen. Sie sind Geheiligte und also «Heilige in Christus Jesus» (1. Kor. 1,2, Phil. 1, 1): in und mit dem, der ursprünglich und eigentlich der allein Heilige ist, weil und indem er ihr Haupt, Herr und König ist, weil sie nicht sich selbst, sondern ihm gehören, nicht *propria*, sondern *aliena sanctitate: sanctitate Jesu Christi*. Sie sind heilig in der Wahrheit und Kraft seiner Heiligkeit. Man verstehe: nicht trotzdem, sondern gerade deshalb kann die neutestamentliche Aussage von der Existenz geheiligter und also heiliger Menschen nicht wörtlich genug ernst genommen werden! Wo wäre das Neue Testament wörtlicher ernst zu nehmen, als wenn es von der Macht und Verbindlichkeit der in Jesus Christus verwirklichten und so von Gott geschaffenen neuen menschlichen Existenzform redet? Wie realistisch seine Meinung über die Existenz solcher – von daher! in Jesus Christus! – heiliger Menschen ist, kann man dem entnehmen, daß Paulus 1. Kor. 7,14 ganz beiläufig, aber sehr kategorisch die Aussage wagt, daß in und mit der Existenz dieser Menschen auch die Heiligung ihrer an sich ungeheiligten menschlichen Umgebung Ereignis werde: «Denn es ist der nicht glaubende Mann geheiligt in der (glaubenden) Frau. Und es ist die nicht glaubende Frau geheiligt in dem Bruder (der ihr Mann ist). Sonst wären ja (auch) eure Kinder unrein, nun aber (das in der neutestamentlichen Sprache so geladene νῦν δέ erinnert an den christologischen Bezug, in welchem das Alles gesagt ist) sind (auch) sie heilig». Daß es Menschen gegeben ist, in ihrer Teilnahme an der Heiligkeit des einen Heiligen – nur so, aber eben so in unüberbietbarer Realität – selbst Heilige zu werden, das bedeutet mitten in der Welt die Schaffung einer Tatsache, von der die Welt nicht etwa unberührt bleibt, sondern, ob sie dessen gewahr ist oder nicht, sofort objektiv bestimmt und verändert wird: sie ist nun eben die Welt, zu deren Bestand auch die Existenz dieser Menschen, dieses Volkes gehört. Sie hat sich mit dieser Tatsache auseinanderzusetzen.

In der Teilnahme der Heiligen an der Heiligkeit Jesu Christi bezeugt sich des Menschen in diesem einen Heiligen schon verwirklichte Heiligung. Nach dem, was sich für das menschliche Tun und Lassen aus dieser Selbstbezeugung der schon verwirklichten Heiligung des Menschen ergibt, nach dem Gebot Gottes des Versöhners also wird dann viel später, in der spezifisch christlichen Ethik, als dem vierten und abschließenden Teil der Versöhnungslehre, zu fragen sein. Uns beschäftigt jetzt diese ihre Selbstbezeugung als solche, die eben in der Teilnahme der Heiligen an der Heiligkeit Jesu Christi besteht: in dem, was Calvin ihre *participatio Christi* genannt hat.

Zunächst ein Wort über deren Voraussetzung. Sie besteht darin, daß des Menschen Heiligung, die sich in ihr ja nur bezeugt, in dem einen Jesus Christus tatsächlich mächtig und verbindlich für alle – für alle Menschen also, nicht nur für das Volk Gottes, nicht nur für die Heiligen, sondern für jeden Menschen – verwirklicht ist. Es kommt nicht wenig darauf an, daß das klar gesehen und immer wieder bedacht wird. Es geht in der Teilnahme der Heiligen an der Heiligkeit des einen Jesus Christus nicht um die Abwicklung einer Privatangelegenheit zwischen ihm und ihnen, sondern um seine Sache als König, um die Ausübung seines Amtes als solcher. Er bezeugt sich in ihrer Heiligung als der Herr aller Menschen. Ihre Heiligung ist in ihrer ganzen Partikularität der Exponent des universalen Handelns Gottes, dessen Sinn und Ziel ja die Versöhnung der Welt und also nicht nur die dieser Vielzahl Einiger in der Welt ist. Ihre Heiligung bezeugt, indem sie mitten in der Welt die Tatsache der Existenz dieser besonderen Menschen, dieses Volkes schafft, die große Entscheidung Gottes, die in Jesus Christus nicht nur über sie, sondern über alle Menschen aller Zeiten und Räume gefallen ist. Das enthebt die besondere Existenz dieser Menschen jedem Schein von Zufälligkeit, gibt ihr das Metall höchster Notwendigkeit und Verpflichtung. Das entrückt ihre Behauptung und Betätigung dem Dunstkreis des Hochmuts einer christlich religiösen Selbstsucht und Selbstgenügsamkeit, stellt sie hinein in den weiten Raum der Schöpfung Gottes, in die Solidarität auch mit den Profanen, denen gegenüber sie geltend gemacht wird, kennzeichnet sie auch in ihrem Gegensatz zu diesen als demütige Dienstleistung. Das begründet wie die Unruhe, so auch die Ruhe der Heiligen in ihrem Verhältnis zu den Unheiligen. Das – das Wissen darum, daß des Menschen, aller Menschen Heiligung, in dem einen Menschen Jesus (wie ihrer aller Rechtfertigung) schon vollzogen (und zwar mächtig und verbindlich vollzogen) ist und eben so nach ihrem Glauben und nach ihrer Liebe ruft!

Das Wissen darum ist aber das Wissen um den Menschen Jesus als den «Erstgeborenen unter vielen Brüdern», wie es Röm. 8,29 in herrlicher Offenheit heißt: als den «Erstgeborenen der Schöpfung» (Kol. 1, 15). Der in ihm von Gott erwählt ist und der in ihm Gott erwählt hat, ist der Mensch – in diesem Einen der Mensch als solcher. Und so ist Jesu Menschlichkeit in der Besonderheit, in der er dieser eine Mensch ist, als die Menschlichkeit des Sohnes Gottes, die Menschlichkeit als solche, zu der jeder Mensch bestimmt ist, an der in ihm auch jeder andere Mensch Anteil hat. Was also in ihm geschah: des Menschen Erhebung und damit seine Heiligung für Gott, das ist als Neuprägung der Humanität als solcher – das ist an Stelle aller Anderen, in Ausübung seines königlichen Amtes auch für sie geschehen: mit der Barmherzigkeit der sie Alle suchenden Liebe, mit dem Ernst des sie Alle meinenden Willens, mit der Macht der an ihnen Allen getanen Tat, mit der Verbindlichkeit der über sie Alle gefallenen Entscheidung Gottes. Jesus Christus, der Einzige, war in dem Sinn nie ein Einsamer, ist es nicht und wird es nicht sein, als er gerade als dieser Einzige von Ewigkeit her und zu aller Zeit für Alle war, ist und sein wird, wirkte und wirken wird. Ein Jeder sieht so lange an ihm vorbei, als er ihn noch nicht an seiner eigenen Stelle sieht und also die unmittelbare Tragweite seines Seins und Tuns für sein eigenes noch nicht sieht und also sich selbst noch nicht als bestimmt durch sein Sein und Tun. Aber eben das Alles nicht als eine Privatangelegenheit zwischen ihm und sich selbst, ihn also nicht nur als seinen Herrn und Stellvertreter, sondern ihn wie an der eigenen Stelle, so auch an der des Bruders, eines jeden Mitmenschen – die Tragweite seines Seins und Tuns wie für das eigene, so auch für das der Anderen, die er neben sich, um sich hat als seinesgleichen – und also mit sich selbst auch diese Anderen als durch ihn bestimmt. Das Wissen um den Menschen Jesus schließt in sich das Wissen und das Eingeschlossensein der eigenen und jeder anderen menschlichen Existenz in die seinige. Keine Heiligen also – und sie sind ja die, die um den Menschen Jesus wissen – zu deren Teilnahme an der Heiligkeit jenes Einen nicht auch das Wissen um den umfassenden – mit ihm selbst auch die «Kinder der Welt» umfassenden – Charakter seiner Existenz gehörte!

Die Lehre Calvins von der *participatio Christi* hat eine nicht genug zu beklagende Schwäche, die man dann doch auch in seiner ganzen, in sich so wohl abgewogenen und lehrreichen Darstellung von Rechtfertigung und Heiligung nie ganz vergessen kann. Sie besteht darin, daß er sich eben dem Wissen um die universale Tragweite der Existenz des Menschen Jesus, um die in ihm vollstreckte Heiligung aller Menschen verschlossen hat – von der ihm eigentümlichen Prädestinationslehre her verschließen mußte. Von der nach Eph. 1,4 in Jesus Christus vollzogenen ewigen Erwählung wollte Calvin ja nur im Blick auf die reden, die in Gottes ewigem Ratschluß zum Heil und damit zur Versöhnung, zur Rechtfertigung und Heiligung in Jesus Christus vorherbestimmt seien, während seine Existenz für alle Anderen, die von dieser Vorherbestimmung Ausgeschlossenen, für die Verworfenen also, überhaupt keine positive Bedeutung habe. Infolgedessen ist bei Calvin das Werk des Heiligen Geistes, in welchem Christus den Menschen erleuchtet und zum Glauben erweckt (im ersten Kapitel des dritten Buches beschrieben) zum vornherein auf den Kreis jener seiner Erwählten beschränkt. Infolgedessen ist auch die *participatio* oder *communicatio Christi* und in ihr begründet des Menschen Rechtfertigung und Heiligung eine göttliche Aktion von bloß partikularer Bedeutung. Für die Verworfenen ist Jesus Christus nicht gestorben, hat er sich weder als Gottes Sohn zum Menschen erniedrigt, noch ist er als Menschensohn in die Gemeinschaft Gottes erhoben, für sie hat er weder so noch so stellvertretend als ihr Herr und Haupt und Hirte gehandelt. Wir sehen jetzt davon ab, uns über die in dieser Konzeption vorliegende schwere Entstellung der biblischen Botschaft zu verbreiten (vgl. KD II, 2, § 32–35) und erst recht nicht über ihre betrübliche Inhumanität. Sie bedeutet jedenfalls, (1) daß die strenge Korrelation zwischen der Ehre Gottes und dem Heil des Menschen sich auflöst: die Ehre Gottes triumphiert bei Calvin nur im Heil bestimmter Menschen, ihr dient aber auch das Unheil aller übrigen. Sie bedeutet, (2) daß der letzte und eigentliche Grund der Erwählung auch der Erwählten selbst nicht in Jesus Christus, sondern in jener ebenso unergründlichen wie unbeweglichen Vorherbestimmung zu suchen ist, in der darüber entschieden ist, ob sie zu den in Jesus Christus Erwählten

2. Der Heilige und die Heiligen

gehören oder eben nicht gehören. Sie bedeutet, (3) daß ihre Erwählung auf Grund solcher Vorherbestimmung und also ihre *participatio Christi* und also ihre Rechtfertigung und Heiligung zwar der Ehre Gottes dienen soll, im übrigen aber Selbstzweck, ziellos, unfruchtbar wird, da sie, indem sie sich realisiert, im Verhältnis zu Gottes übriger Schöpfung keine positive Funktion hat. Sie bedeutet, (4) daß sie nur der Bezeugung der Heiligkeit eines Gottes dienen kann, dessen Barmherzigkeit sich auf sie beschränkt – eines Gottes also, dessen Liebe an einer von ihm selbst in unergründlicher Willkür bestimmten Grenze inne hält. Ihr kann, da sie nicht ganze Liebe ist, vom Menschen auch kein ganzes Vertrauen geschenkt werden: auch für die in Jesus Christus Gerechten und Heiligen selbst eine bedenkliche Belastung ihrer scheinbar so ausgezeichneten Position! Gerade das, was wir als die objektive Voraussetzung der Teilnahme der Heiligen an der Heiligkeit Jesu Christi beschrieben haben: die dem Menschen in Ihm *a priori* widerfahrene Heiligung, deren die Heiligen vorbehaltlos gewiß sein dürfen und die ihrer Existenz inmitten der anderen Menschen teleologischen Sinn gibt – gerade diese Voraussetzung fehlt in Calvins Konzeption von der *participatio Christi*. An ihrer Stelle eröffnet sich bei ihm der Abgrund des «absoluten Dekretes» eines schlechthin verborgenen, anonymen, nicht in Jesus Christus handelnden, nicht in seinem Angesicht offenbaren und erkennbaren Gottes: eines Gottes, der in irgend einem anderweitigen Geheimnis, nicht in dem seiner barmherzigen Allmacht, Gott ist. Das bedeutet, daß Calvins Lehre von der Heiligung gerade des letztlich tragenden Fundamentes entbehren muß. Wir hatten also an dieser Stelle entschlossen über seine Konzeption hinauszugehen.

Was über die den Heiligen kraft ihrer Teilnahme an der Heiligkeit Jesu Christi *de facto* widerfahrende Heiligung zu sagen ist, bedarf des Gefälles von dem her, was hinsichtlich der dem Menschen – den Heiligen, aber auch den anderen Menschen! – in Jesus Christus *de iure* schon zuvor widerfahrende Heiligung zu sagen ist. Wir wenden uns nun aber, nachdem diese Voraussetzung aufgezeigt ist, zu der Frage: Wie kommt es von dieser Voraussetzung her zur Teilnahme der Heiligen, des besonderen Volkes Gottes in der Welt also, an der Heiligkeit Jesu Christi – wie also zu der ihnen *de facto* widerfahrenden Heiligung? Wie werden diese zu Zeugen dessen, was in dem einen Jesus Christus der ganzen Welt, allen Menschen widerfahren ist? Welches Geschehen konstituiert sie als das in diesem Zeugnis ausgerüstete und mit ihm beauftragte besondere Volk Gottes? Die Entfaltung der Antwort auf diese Frage ist die Aufgabe dieses ganzen Paragraphen. Wir haben sie in diesem grundlegenden Abschnitt zunächst in ihrem Grundriß und Umriß sichtbar zu machen.

Nur ein Ausgangspunkt kann da in Betracht kommen: diese Heiligen, Gottes Volk in der Welt, sind die Menschen, denen der Heilige, der in seinem Tod in die Lebensgemeinschaft mit Gott erhobene, königliche Mensch Jesus Christus nicht in irgendeiner Objektivität, gerade nicht als «historischer Jesus», gerade nicht nur als ein ihnen gestelltes Problem, als eine ihnen gebotene Möglichkeit und Chance, nicht so also gegenübersteht, daß sie die Tragweite seiner Existenz für sie selber (aber damit auch für alle Menschen!) erst zu realisieren hätten. Haben sie sich mit ihm «auseinanderzusetzen»? Nachträglich wohl und das sehr ernsthaft – hier kündigt sich wieder das Problem der christlichen Ethik an – aber doch nur auf Grund dessen, daß es zwischen ihm und ihnen kein «auseinander», sondern nur ein «miteinander» gibt, in dem er sich mit ihnen nicht auseinander – sondern «zusammengesetzt» hat. Er als der nämlich, der, von den Toten auferstanden, lebt: als der, der in der Macht des in seinem Tod triumphierenden ewigen Willens Gottes war, ist und sein wird: der gekreuzigte Herr aller Menschen und so auch ihr Herr – jetzt im Besonderen ihr Herr, weil es ihnen nicht verborgen, sondern offenbar ist, daß er der Herr aller Menschen und so auch der ihrige ist! Es geht bei der Besonderheit ihrer Existenz nicht (oder eben auch das nur nachträglich!) um ihr Verstehen, Deuten, Interpretieren seiner Existenz und ihrer Tragweite. Es geht um deren ihnen nicht verborgen gebliebene, sondern offenbar gewordene Selbstinterpretation. Sie ist ihre Heiligung, konstituiert ihre eigene Existenz als die des besonderen Volkes Gottes in der Welt. Läßt sie doch ihre eigene Existenz nicht unberührt, wird doch in ihr die grundlegende Entscheidung offenbar, die auch über sie schon gefallen ist. Nötigt sie sie doch, sofort auch sich selbst neu, ihrer bisher unterdrückten Wahrheit gemäß, zu interpretieren. Lebt Er, dieser königliche Mensch – und das als der Herr, als ihr Herr, so schließt das in sich, so wird das auch für ihr Selbstverständnis die Konsequenz haben; sie sind die Seinen, das Volk seines Eigentums. Sie können ihm also auch ihrerseits nicht fern und fremd als einem Fernen und Fremden neutral (in Wirklichkeit – denn was hieße hier Neutralität? – feindselig) gegenüberstehen. Sie gehören zu ihm und das in der Weise, daß sie ihm gehören. Sie sind nicht Er; sie werden es auch nie sein; Er und Er allein ist der Heilige Gottes, der ursprünglich und eigentlich Heilige in ihrer Mitte, an ihrer Spitze, so gewiß er allein, weil wahrer Gott, darum auch wahrer, der königliche Mensch ist. Er aber, der Heilige, hat, indem er ihnen als solcher nicht verborgen blieb, sondern offenbar, als ihr lebendiger Herr gegenwärtig wurde, seine Hand auf ihr kreatürliches und sündiges Sein, Denken, Tun und Lassen gelegt, hat es als solches für sich in Anspruch genommen, hat sie damit als die sündigen Kreaturen, die sie sind, zu Zeugen seiner Heiligkeit und so und insofern zu seinen Mitheiligen gemacht. Er hat sie, ihr ganzes Sein, Denken, Tun und Lassen – wir müssen nun den Spitzensatz unserer christologischen Grundlegung (§ 64, 4) aufnehmen: unter seine Weisung gestellt. Das Neue Testament nennt das: er hat sie erreicht und berührt in der belebenden Macht seines Heiligen Geistes. Der Heilige Geist ist Er selbst in der Aktion, in der er sich anderen Menschen als der, der er ist, offenbart und bekannt macht, sie eben damit unter seine Weisung stellt, sie eben damit als die Seinigen, als Zeugen seiner Heiligkeit in Anspruch nimmt. Der Heilige Geist ist der lebendige Herr Jesus Christus selbst im Werk der Heiligung seines besonderen Volkes in der Welt: seiner Gemeinde und aller ihrer Glieder.

2. Der Heilige und die Heiligen

Hier treffen wir nun wieder mit Calvin zusammen. Kann man die durch seine Prädestinationslehre bedingte Schwäche seiner Begründung der *participatio Christi* nicht übersehen, so doch noch weniger, in welch vorbildlicher Entschlossenheit und Kraft er im ersten Kapitel des dritten Buches (innerhalb jener Schranke!) eben dies: die durch Jesus Christus selbst geschaffene Teilnahme der Heiligen an seiner Heiligkeit und also ihre Zugehörigkeit zu ihm als ihrem Herrn als Grund der ganzen Soteriologie geltend gemacht hat. Von da her, als Frucht seines Denkens von dieser Mitte her, die Klarheit seiner Sicht des Verhältnisses von Rechtfertigung und Heiligung, die wir in unserem ersten Abschnitt zu bewundern Anlaß hatten.

Das wäre nicht Christus, lesen wir gleich 1, 1, der, als wäre er *in privatum usum* Subjekt des göttlichen Heilsgeschehens, nur irgendwo *extra nos* (als ein *Christus otiosus frigide extra nos, procul a nobis* existierte 1,3), vielmehr: über den wir als von ihm Getrennte in der Meinung, er existiere da draußen für sich, «spekulieren» zu können meinten. Es geht Ihm in Wirklichkeit darum, der Unsrige zu werden *(nostrum fieri)*, als unser Haupt und Erstgeborener nach Eph. 3, 17 in uns zu wohnen. Und es geht für uns darum, ihm nach Röm. 11,17 «eingepflanzt» zu werden *(inseri)*, nach Gal. 3,27: ihn anzuziehen, mit ihm zu einem Ganzen zusammenzuwachsen *(in unum coalescere)*. Eben das schafft er aber durch den Heiligen Geist. Ohne ihn ginge ja die Heilsverheißung in die leere Luft, würde sie nur irgendwo Ohren erreichen (1,3), ohne ihn würden auch alle menschlichen Lehrer erfolglos schreien (1,4). Er aber, der Heilige Geist, ist das Band *(vinculum)*, durch das uns Christus wirksam mit sich verbindet (1,1). Denn darin besteht sein Werk, daß er uns als *magister* oder *doctor internus*, als *Spiritus intelligentiae*, als Geist der Wahrheit erleuchtet, d.h. uns an das Licht des Evangeliums heranführt, uns die Augen gibt, es zu sehen, uns so die himmlische Weisheit erfassen läßt, uns eben damit den Glauben schenkt, in welchem die *communicatio Christi* mit uns als den Seinen und so unsere Rechtfertigung und Heiligung konkretes Ereignis wird (1,1.4). Das Ganze – der Heilige Geist ist ja wie der Geist des Vaters so auch der des Sohnes – als Werk und Gabe Jesu Christi selbst, der als der zweite Adam 1. Kor.15,45 nicht umsonst selbst der *Spiritus vivificans* genannt wird (1,2).

Versuchen wir es nun, von diesem Ausgangspunkt her einige Schritte weiter zu tun, um das besondere Geschehen, in welchem des Menschen Heiligung *de facto* Ereignis wird, in seinen allgemeinsten Zügen zu Gesicht zu bekommen. – «Heilige» sind nach dem, was wir nun gehört, diejenigen Menschen, deren Existenz dadurch affiziert, grundsätzlich verändert, neu bestimmt ist, daß sie in einer besonderen Zuwendung des einen Heiligen seine Weisung empfangen. Er schafft die Heiligen, indem er ihnen Weisung gibt. Der Ausdruck könnte als zu schwach, vielleicht als zu äußerlich und darum als zu ineffektiv erscheinen im Verhältnis zu dem, was er beschreiben soll. Aber das Wort «Weisung» redet schon an sich sehr gehaltvoll und auch dynamisch genug von einer dem Menschen widerfahrenden Einweisung in eine bestimmte, ihm neue Situation, von einer Zurechtweisung, die er sich dort gefallen lassen muß, von einer Anweisung zu bestimmtem Verhalten, die ihm damit gegeben wird. Und gemeint ist ja jetzt nicht irgend eine Weisung, wie sie irgend ein Mensch dem anderen geben kann, sondern die Weisung des königlichen Menschen Jesus, der der eine wahre Sohn Gottes ist: von ihm als Herrn diesen Menschen gegeben, indem er ihnen im Werk seines Heiligen Geistes als der Auferstandene und Lebendige, als ihr Haupt und Hirte offenbar und gegenwärtig wird. So fällt sie – was man von keiner von einem anderen Menschen seinem Mitmenschen gegebenen Weisung sagen kann – gewissermaßen senkrecht von oben in das Leben derer hinein, denen er sie gibt. So erfolgt sie wirklich mit schöpferischer Macht. So ist sie Aussaat und wachsender Same neuen Lebens. So zermalmt, bricht und zerstört sie aber auch, was ihr widersteht. So macht sie sich zum Regiment und zur Gestaltung des ganzen Menschen, dem sie gegeben wird. So wird sie ihm – das klingt ja in dem deutschen Wort «Weisung» auch schon mit und gilt in dem Sinn, in welchem wir es hier brauchen, aufs Höchste: zur Weisheit. Wir brauchen also gerade dieses Wort nicht irgendwie einschränkend, wohl aber präzisierend. Es erinnert daran, daß die von der Existenz des königlichen Menschen Jesus ausgehende Macht oder Aussaat, die Kritik und Gestaltung, mit der er in das Dasein der Menschen eingreift, die er zu seinen Heiligen macht, nicht etwa eine mechanische oder organische oder sonstwie physikalische oder gar magische Kraftwirkung ist, sondern die Kraft seines in göttlicher Autorität und darum erleuchtend und fruchtbar und wirksam gesprochenen Wortes. Die Heiligung der Heiligen durch den Heiligen geschieht in der dem Wesen des Sohnes Gottes, der der ewige Logos ist, und in der dem Verhältnis des Menschensohnes zu anderen Menschen angemessenen Weise: Er redet – gewaltig, mit seinen Worten nicht nur, sondern mit seinen Taten, mit seiner ganzen Existenz, Alles umfassend mit seinem Tode – aber er redet. Und ihn bekommen jene Anderen zu hören – was kein Ohr gehört, was sie von keinem anderen Menschen zu hören bekommen, wirksam als Ruf in den Gehorsam – aber zu hören. Eben darum ist des Menschen Heiligung als das Werk des Heiligen Geistes dahin zu beschreiben: daß da Weisung gegeben und empfangen wird. So schafft der Heilige die Heiligen. So teilt er ihnen, wahrhaftig in höchster Realität, Heiligkeit mit: die neue Existenzform des Menschen als Gottes rechter Bundesgenosse.

Wir fragen, zunächst immer noch in größter Allgemeinheit, weiter: wie diese Mitteilung zu verstehen sein möchte? und fangen dabei am sichersten ganz unten an. Sie sind ja tatsächlich weit unten, diese Heiligen: sie selber gar keine königlichen Menschen, gar nicht erhoben in die Lebens- und Werkgemeinschaft mit Gott, wie das von jenem Einen zu sagen ist. Er thront ja «zur Rechten Gottes des Vaters». Das heißt aber: Er steht ihnen, indem sie ihn kraft seiner Weisung als den Ihrigen und sich als die Seinigen erkennen, innerhalb der Welt so gegenüber, wie Gott der ganzen Welt gegenübersteht. Sie selbst sind ja bloße Geschöpfe nicht nur, sondern träge, törichte, unmenschliche, verwilderte, ängstliche Sünder, und gerade indem seine Weisung an sie ergeht, müssen sie sich als solche erkennen und bekennen. Sie sind immer noch solche Sünder, diese Heiligen, diese Empfänger der Weisung des erhöhten Menschen, des

Menschensohnes, der auch der Sohn Gottes ist. Sie sind immer noch da drunten. Die ihnen gegebene und von ihnen empfangene Weisung ist Eines, sie selbst, an ihr gemessen, noch ein ganz Anderes. Was unterscheidet sie dann von der Welt, von den übrigen Menschen, von den Unheiligen? Kein Zweifel: sie sind von der Welt unterschieden, sie sind, indem das Wort zu ihnen geredet und von ihnen gehört wird, Heilige, die Mit-Heiligen des Heiligen, sein Volk. Aber in welchem Sinn sind sie es, ist das von ihnen zu sagen?

Zur Beschreibung ihrer Heiligkeit – in Berücksichtigung dessen, daß sie zweifellos noch Sünder sind – zunächst ein sehr zurückhaltender und bescheidener Ausdruck (er dürfte doch schon gewichtig genug sein): sie sind gestörte Sünder. Ihr Schlaf als solche ist ein unruhiger. Ihr Laufen als solche ist ein müdes, lahmes, hinkendes. Ihr Treiben als solche ist ein durch Bedenken und Zweifel gehemmtes. Es ist ihnen nicht mehr wohl bei ihrer Sache. Es versteht sich nicht von selbst, daß der Mensch ein solch gestörter Sünder ist. Der unversöhnte, bezw. der Mensch, dem die Versöhnung der Welt mit Gott, in der auch seine Heiligung inbegriffen ist, verborgen ist, ist ein ungestörter Sünder. Natürlich hat er auch seine Hemmungen und Unruhen. Ihm gelingt es aber, darüber hinwegzukommen oder sich mit ihnen abzufinden. Darin besteht seine bewußte oder auch unbewußte, primitive oder auch raffinierte Lebenskunst, daß es ihm gelingt, ihrer Meister zu werden und also seinen Schlaf, seinen Lauf, sein Treiben versöhnt mit sich selbst friedlich fortzusetzen. Sein Schlafen, Laufen und Treiben, seine Existenz da drunten, sind und bleiben ihm trotz aller sich etwa regenden Unruhe möglich, notwendig, natürlich. Und er kann sich die wirkliche Störung auch nicht etwa selbst bereiten. Es hat darum auch keinen Sinn, ihn anzuklagen oder zu ironisieren. Er weiß gar nicht, von was die Rede ist, wenn man ihm vorhält, er müßte über sich selbst ernstlich beunruhigt sein. Er weiß nur um überwindliche, nicht um die unüberwindliche Störung. Es bedarf der Weisung des Menschensohnes, des Werkes des Heiligen Geistes, um ihn unüberwindlich zu stören. Die Heiligen sind die unüberwindlich gestörten Sünder. Sie sind durch die Existenz des Heiligen als die Sünder, die sie noch sind, mit dem Namen, dem Reiche, dem Willen Gottes konfrontiert. Daß das Reich «nahe herbeigekommen» ist, das ist ihnen nicht verborgen. Es ist nicht nur ihnen, sondern auch den Anderen auf den Leib gerückt. Sie aber, und das sondert sie aus unter den Anderen, sind dessen gewahr und müssen damit leben, daß dem so ist. Das Reich Gottes ist aber der Widerspruch und Widerstand gegen alle und nun gerade gegen ihre Trägheit, der Tatprotest gegen ihr Tun und Lassen da drunten. Diesen Tatprotest müssen sie aushalten. Er gehört, indem er eingelegt und indem er ihnen offenbar ist, zu ihrem eigenen Dasein. Sie sind noch Sünder und müssen sich als solche erkennen und bekennen.

Aber eben: zur Zufriedenheit mit sich selbst langt es bei ihnen nicht mehr: ihnen kann bei ihrer Sache nicht mehr wohl sein. Sie tun, was sie tun. Sie tun es aber als solche, denen gesagt ist und die gehört haben, daß es so nicht geht. Die Legitimation zu ihrem Tun, die Möglichkeit, es zu beschönigen oder doch zu entschuldigen, ist ihnen genommen. Getrost können sie es nicht mehr fortsetzen. Warum nicht? Weil sie in dem erhöhten Menschensohn, dem königlichen Menschen Jesus ihren Bruder, sich selbst als seine Brüder erkannt und vor Augen haben. Er stört sie da drunten, wo sie sich bewegen. Er hört nicht auf, sie in ihrer Bewegung da drunten wirksam zu stören. Als die von ihm wirksam Gestörten sind sie seine Heiligen. Heiligung ist schon in dieser zurückhaltenden Beschreibung reale Veränderung, wirklich die Schaffung einer neuen Existenzform, in der der Mensch Gottes rechter Bundesgenosse wird. Gerade als ungestörter Sünder wäre und bliebe er ja der Bundbrüchige, der mit Gott nicht Versöhnte, den Gott nicht brauchen kann: und das umso weniger, je besser es ihm gelänge, sich mit sich selbst zu versöhnen. Indem er, obwohl da drunten, obwohl ein Sünder wie alle anderen, kraft der Weisung des Mensch gewordenen Sohnes Gottes mit Gottes Namen, Reich und Willen und also mit jenem Tatprotest konfrontiert ist, ihn aushalten muß, ist er noch da drunten schon dahingestellt, wohin er gehört: an die Seite Gottes, gegen sich selbst, gegen die Welt in ihm selbst schon zu Gottes Parteigänger gemacht – schon, und das radikal und endgültig, geschieden von den Unheiligen, die ja eben – obwohl vielleicht viel kleinere Sünder als er – ungestörte Sünder sind. Gewaltige Verschiedenheit: ob der Mensch das Eine oder das Andere ist, ob die Sünde der Welt in seiner Person aufgehaltene oder immer noch unaufgehaltene Sünde ist! Das Volk Gottes in der Welt sind die Leute, denen, indem sie der Vergebung ihrer Sünden täglich bedürftig sind und bleiben, – nicht irgend ein eigener oder sonstwie menschlicher, sondern der göttliche Widerspruch und Widerstand gegen ihr Sündigen ins Herz und ins Gewissen geschrieben ist.

Wir wählen jetzt zur Beschreibung der Menschen dieses Volkes, ihrer Heiligkeit, einen anderen, immer noch zurückhaltenden, aber etwas tiefer greifenden Ausdruck. Sie sind eben nicht nur gestört in ihrem sündigen Wollen und Tun, sondern ihrem Sein als Sünder ist durch die ihnen widerfahrende Weisung eine Grenze gesetzt. Innerhalb dieser Grenze ist ihr Sein immer noch das Sein von Sündern, leben sie noch «im Fleische». Im Blick auf dieses Innerhalb ist Alles, was über des Menschen Elend, vor allem über seine Unfreiheit, den Willen Gottes zu tun, zu sagen ist, auch von ihnen zu sagen. Aber nun ist eben dieses Innerhalb in ihrem Leben kein Unendliches, sondern ihm ist – und das ist ihre Heiligung – eine Grenze gesetzt. Von dieser Grenze her widerfährt dem Menschen das, was wir vorhin als die Störung seines sündigen Tuns beschrieben haben. Nichts ist abzubrechen an dem Ernst, in welchem er sich dort als ein Gott gegenüber zutiefst träges und seine Trägheit fort und fort reproduzierendes Geschöpf erkennen muß und nichts an dem Ernst, in welchem er dort tatsächlich unter Gottes Anklage, ja Verdammnis steht. Aber noch weniger ist daran abzubrechen, daß dieses sein Sein durch die an ihn ergehende Weisung übermächtig (*de iure* nicht nur, sondern *de facto*) eingeschränkt, auf jenes Innerhalb beschränkt und damit relativiert, in seinem Bestande radikal bedroht ist. Was es von jener Grenze her beschränkt, ist ja wieder der offenbare Name, das nahe herbeigekommene Reich, der geschehende Wille Gottes mit dem Menschen, durch den er sich als sein Geschöpf in Anspruch genommen, durch den er also sein Sein als Sünder verneint, die Gewalt, die ihn bindet, elend und unfrei macht, abgewehrt findet. Die Begrenzung, die ihm damit widerfährt, ist seine Heiligung. Sie ist, weil sie Gottes Tat an ihm ist, eine übermächtige Begrenzung. Nicht an dem ist es also, daß das Sein der Heiligen durch ihr Sein als Sünder in Frage gestellt würde. Gerade umgekehrt: durch ihr Sein als Heilige ist ihr Sein als Sünder, ihr Leben im Fleisch – und das überlegen und gründlich – in Frage gestellt. Indem kraft der ihnen gegebenen Weisung, in diesem Herrschaftsakt des Menschensohnes, in der Wahrheit seines Wortes, in der Wirklichkeit des Heiligen Geistes Gott selbst in ihrem Leben konkret an ihnen handelnd auf den Plan tritt, wird und ist ihr Sein als Sünder, so ernstlich es sich fortwährend geltend machen mag, in den Winkel verwiesen, zur Vergangenheit – die noch in die Gegenwart hineinragt, aber zu des Menschen Vergangenheit gemacht. In diesem Winkel b e f i n d e t sich, dieses Vergangene i s t jenes Innerhalb! Was zählt, ist nicht es, sondern seine Begrenzung, weil deren Realität in der Erhöhung Jesu Christi begründet und so göttliche Realität ist, während das Sein des Menschen als Sünder seine Realität gerade nur vom Nichtigen her hat. Das Volk Gottes in der Welt sind die Menschen, denen es offenbar ist, die in und von der Erkenntnis leben dürfen, daß ihr Sein als Sünder nur noch als ein – weil von Gott her, darum gründlich und endgültig – angefochtenes ist, daß ihnen der Boden, auf dem sie Sünder sind, indem sie es noch sind, schon entzogen ist. Das unterscheidet die Empfänger der Weisung des Sohnes Gottes von der Welt, die dieser Erkenntnis – obwohl doch der Boden auch ihrem sündigen Sein schon entzogen ist – nicht teilhaftig ist.

Das Wort «Störung», das wir vorhin zur Beschreibung der Heiligung als *participatio* Christi verwendet haben, bezieht sich, ohne darum bloß formal zu sein, auf deren kritischen Charakter. Wir müssen jetzt einen Schritt weiter gehen. Noch als Sünder sind die Empfänger der Weisung des einen Heiligen in ihrem sündigen Wollen und Tun dadurch gestört, daß ihre Existenz positiv unter eine neue Bestimmung gestellt ist.

Sie sind Aufgerufene: sie sind in ihrer Gesamtheit ἐκκλησία, eine Versammlung von solchen, zu denen der Menschensohn geredet hat und die seine Stimme gehört haben. Eben damit sind sie von ihm beiseite genommen, vielmehr: da drunten, mitten in der Welt, die ihrer in ihm geschehenen Versöhnung mit Gott, ihrer Heiligung durch ihn noch nicht gewahr geworden ist, an seine Seite gestellt, damit sie daselbst seine, des Heiligen Zeugen sein möchten. Als solche sind sie «gestörte Sünder»: dadurch gestört, daß er ihnen das göttliche Nein zu ihrem und aller Menschen sündigem Wollen und Tun vernehmlich gemacht hat. Weil es sein Nein ist, darum ist es wirksam, widerfährt ihnen unausweichliche und unüberwindliche Störung. Es ist aber, wiederum, weil es sein Nein ist, kein leeres, kein abstraktes Nein, sondern konkret gefüllt mit dem Ja seiner Weisung. Die ist ja nicht nur Zurechtweisung, sondern als solche auch Anweisung. Als die von ihm Aufgerufenen sind sie nicht nur heraus-, sondern hineingerufen: hinein in die Gemeinschaft ihrer Existenz mit der seinigen. Man bemerke: als die, die sie sind, in ihrem Tun da drunten, das noch und noch alle Merkmale sündigen Tuns an sich trägt. Noch existieren sie ja da drunten: «sofern wir im Leibe unsere Heimat haben, in der Fremde gegenüber dem Herrn» (2. Kor. 5, 6), weil nicht da droben, wo er, der königliche Mensch existiert. Aber eben dort droben ist er ja ihr Herr, Haupt und Stellvertreter: der vom Vater für alle Menschen und so auch für sie geheiligte und sich selbst für alle Menschen und so auch für sie heiligende Sohn, in der Lebens- und Werkgemeinschaft mit Gott, der rechte Bundesgenosse Gottes. Er ist das Alles nicht nur für sich, sondern als der Ihrige, als ihr Bruder. Das stört sie da drunten, daß sie dort droben diesen Bruder, Fleisch von ihrem Fleisch, Blut von ihrem Blut haben. Denn eben als der, der als der so Erhöhte der Ihrige, ihr Bruder ist, ist er ihnen im Unterschied zu den Anderen – er ist auch der Ihrige, er ist auch ihr Bruder – nicht verborgen, sondern offenbar, nicht ferne, sondern nahe, kein «historischer Jesus», sondern ihr lebendiger Herr. Eben als dieser bezeugt er sich ihnen, teilt er sich ihnen mit in der Wahrheit und Kraft seines, des Heiligen Geistes. Indem er Dieser ist und als Dieser zu ihnen redet, stört er sie: in ihrem trägen Schlafen, Laufen und Treiben nämlich. Indem er als Dieser sie aufruft, schreckt er sie auf aus der Ruhe, in der sie ihr Sein als Sünder wie alle Anderen fort und fort betätigen zu können meinten. Aber indem er sie so herausruft, ruft er sie ja zu sich: als die, die noch da drunten leben, hinein in die Gemeinschaft mit ihm, der als der Erhöhte dort droben ist. Das bedeutet nicht nur jene kritische Bestimmung, das bedeutet in und mit ihr eine positive Veränderung ihres Seins da drunten. Als die von ihm Aufgerufenen können, dürfen, müssen sie sich aufrichten. «Hebet eure Häupter empor!» (Luk. 21, 28) lautet der Aufruf. Er meint schlicht: Blickt auf mich, den erhöhten, den königlichen Menschen, der als der Eurige, als euer Bruder, zu euch gekommen ist und wieder zu euch kommen wird und eben jetzt – er da droben euch da drunten – gegenwärtig ist, auf mich, den Heiligen: um in diesem Blick auf mich als euren Herrn und Stellvertreter meine Heiligen zu sein! Der Blick auf ihn, nicht geduckten, sondern erhobenen Hauptes vollzogen, ist die Aufrichtung dieser Menschen, ist, nun in positivem Sinn: ihre Heiligung – im Unterschied zu den Anderen, denen sie *de iure* auch, aber eben doch nur *de iure*, widerfahren ist. «Aufsehend auf Jesus, den Anfänger und Vollender unseres Glaubens» (Hebr. 12,2) leben diese Menschen. Dieses Aufsehen ist ihre Heiligung *de facto*. Indem sie von ihm aufgerufen sind und also auf ihn blicken und also sich aufrichten, nehmen sie da drunten teil an der Heiligkeit, in der er dort droben der eine Heilige ist.

Wir reden von Menschen, die Sünder sind und auch bleiben wie alle anderen: keinen Augenblick und in keiner Hinsicht der Vergebung, der Rechtfertigung vor Gott, die reine Barmherzigkeit ist, nicht bedürftig. Ihre Heiligung ereignet sich da drunten, wo es kein Tun gibt, das nicht auch alle Merkmale der Trägheit an sich trüge, in deren Betätigung der Mensch Gott nicht gefallen, sondern nur mißfallen kann. Das gilt auch von jenem Sichaufrichten, von jenem Blick auf den Herrn, in welchem sich diese Menschen als seine Heiligen betätigen. Wer erhebt denn wirklich sein Haupt, um direkt und ganz beharrlich auf ihn zu blicken als auf den, der für uns der Heilige ist: so also, wie das geschehen müßte, um es als menschliche Tat Gott wohlgefällig zu machen, um den Menschen als rechten Bundesgenossen Gottes auszuweisen? Was ist das für ein kümmerliches Sichaufrichten: als solches so gründlich in Frage gestellt durch so viel faules und mutwilliges Zusammensacken! Ist es mehr als eine Gegenströmung, wie sie da und dort im Lauf eines jeden und gerade jedes mächtig strömenden Flusses von selbst entstehen und als solche sichtbar werden mag, ohne doch an dessen Lauf im Ganzen irgend etwas zu verändern? Werden und sind diese Menschen, indem sie sich, dem an sie ergehenden Ruf gehorsam, aufrichten, Heilige, dann bestimmt nicht kraft des Ernstes und der Folgerichtigkeit, in der sie diese Bewegung vollziehen, in der sie auf ihn, der sie ruft, blicken, sondern dann allein kraft der Heiligkeit dessen, der sie dazu aufruft, auf den ihr Blick – mehr schlecht als recht! – gerichtet ist. Er allein, auf den sie blicken, entnimmt das, was sie da tun, entnimmt ihr Sichaufrichten der Fragwürdigkeit, der Anfechtbarkeit, von der es an sich durchaus nicht frei ist. Allein Er entnimmt es damit auch der Unkraft und Bedeutungslosigkeit, der Unfähigkeit, Zeugnis zu sein, der es in seiner allzu großen Ähnlichkeit mit dem Tun aller anderen Menschen an sich verfallen sein müßte. Er allein heiligt es, indem er es annimmt, als wäre es vollkommen getan, indem er es also fort und fort auch rechtfertigt. Er allein gibt ihm mitten in der Welt: da drunten, wo auch diese Menschen existieren, die Kraft und Bedeutung einer rechten Antwort auf seine Selbstbezeugung und also die eines Zeugnisses von des Menschen in ihm geschehener Heiligung.

Aber noch wichtiger ist es jetzt, das Andere zu bedenken: daß er das tatsächlich tut. Es ist nicht irgend ein, sondern sein Aufruf, der an sie ergeht und dem sie, indem sie sich aufrichten und auf ihn blicken, gehorsam werden. Wollte man also das Bild von einer in einem Fluß bemerkbaren Gegenströmung für einmal gelten lassen, so müßte diese, um als Bild die Sache zu treffen, vorgestellt sein als erregt durch die Einwirkung eines dem Fluß fremden Elementes – etwa eines ihn aufwühlenden mächtigen Sturmwindes – ja nicht als entstanden durch irgend ein Spiel seiner natürlichen Strömung. Es gehört das durch des Menschen Heiligung bewirkte Sichaufrichten, in dem es seine Tat und als solche seinen sonstigen Taten nur zu ähnlich ist, insofern nicht zu diesen, als gerade die Initiative, in der der Mensch auch das tut, die Spontaneität, in der er sich auch darin betätigt, nun doch nicht aus seinem Herzen oder Gefühl oder Verstand oder Gewissen stammt, in diesem Bereich vielmehr in der Kraft der an ihn ergehenden Weisung ihren Ursprung hat. Daß er selbst sich dabei aufraffe und zusammennehme, Mut und Vertrauen schöpfe, Entschlüße fasse und ausführe, ist wohl notwendig, wird da gewiß nicht ausbleiben können, ist aber doch nur die seelische und auch leibliche Form eines Geschehens, das als sein Gehorsam gegen den Heiligen Geist nicht aus ihm stammt, nicht sein Werk, sondern göttliche Gabe ist. Nicht als sein eigener Herr, sondern als Empfänger dieser Gabe führt er die Bewegung aus, die wir sein Sichaufrichten nennen. Er führt sie aus als Antwort auf einen Ruf, der nicht aus ihm, sondern eben von dem kommt, der ihm als der Herr und nun auch als sein Herr begegnet, gegenwärtig und offenbar wird. Wie ähnlich die Bewegung, die er da vollzieht, den Bewegungen aller anderen Menschen sein mag – er hat dazu ja auch keine anderen Mittel als jede andere sündige Menschenkreatur – eben darin wird sie jener doch ganz unähnlich sein, daß sie die nicht in der Willkür des Menschen, sondern durch das Wollen, Anrühren, Anreden, Schaffen und Schenken dieses Herrn selbst hergestellte Entsprechung zu dessen eigener Lebensbewegung ist. Die ihn aufnehmen, denen er die Macht gibt, Gottes Kinder zu werden, die an seinen Namen glauben, die sind in dem allem nicht aus Blut, nicht aus dem Wollen des Fleisches, nicht aus Manneswillen, sondern aus Gott gezeugt (Joh. 1, 12f.). Es nährt sich ihr Tun von dem Geheimnis des lebendig machenden Geistes, durch den der Herr sich ihnen, diesen sündigen Menschenkreaturen, verbunden hat. Ihr Tun bezeugt dieses ihr Geheimnis und damit den, der sich ihnen verbunden hat. Das ist es, was von ihnen und so nur von ihnen zu sagen ist, das ist ihre Heiligung.

Sie ist, weil und indem und sofern sie ihnen von ihm her zukommt, sein Werk an ihnen, reale Veränderung ihres Daseins. Daß sie Sünder sind und bleiben, ihr Tun mit allen Merkmalen der menschlichen Trägheit belastet und also der Vergebung, der Rechtfertigung bedürftig, die sie sich nicht selbst verschaffen können, und die Gott ihnen nicht schuldig ist, ist wahr. Es ist aber noch wahrer, daß sie, indem sie sich aufrichten, eine Bewegung vollziehen, in der ihr Dasein, wie anfechtbar sie sie auch vollziehen mögen, seinem Dasein, dem Dasein ihres Herrn konform wird und ist. Ihr Dasein da drunten seinem Dasein dort droben! Ihr kümmerliches Sichaufrichten im Fleisch, in der Welt, der auch sie nicht entnommen sind, konform seinem Thronen zur Rechten Gottes, des Vaters, des Allmächtigen? Ja: «Wenn ich erhöht werde von der Erde, werde ich Alle nach mir ziehen!» (Joh. 12, 32). In der Kraft dieses seines Nachsichziehens vollzieht sich die Konstituierung seines Volkes auf Erden. Weil dieses sein Nachsichziehen als sein in göttlicher Macht vollstrecktes königliches Werk nicht zu problematisieren ist, darum auch nicht die Existenz dieses seines Volkes, die Existenz seiner Heiligen, ihr Sichaufrichten, in welchem sie seinem Ziehen folgen. Es ist als Entsprechung zu seiner Erhebung – als Bezeugung der in ihm geschehenen Erhebung des Menschen – geschichtliches Ereignis. Es hat seine Erhöhung in dem, was an ihnen geschieht, indem er sie aufruft, sich aufzurichten, seine konkrete Folge in der Welt und ihren noch fortgehenden, noch zugelassenen Entfaltungen. Die Gegenströmung in deren Fluß findet statt und macht sich bemerkbar: im Leben dieser Menschen zunächst, aber, da diese ja nicht ohne ihre Mitmenschen sind, auch als Faktum im Zusammenleben aller Menschen. Es waltet und regiert da drunten nun doch nicht nur die menschliche Trägheit, sondern, indem es diesen Menschen gegeben ist, sich aufzurichten, der menschlichen Trägheit zuwider und zum Trotz (mitten in ihrem Bereich und nicht ohne von ihr belastet zu sein) eine Willigkeit und Bereitschaft, ein Mut und eine Freudigkeit zum neuen Menschen hin: zur Treue in der Bundesgenossenschaft mit Gott und damit auch zur Treue gegen den menschlichen Bruder. Der Fluß strömt und strömt und alle Menschen – die Heiligen nicht ausgeschlossen: auch sie sind ja noch da drunten – sind in diesem Fluß. Aber der mächtige Sturmwind von oben weht auch. Und so ist da, von ihm erregt, auch Gehorsam mitten im Ungehorsam: tief ungenügender und also vergebungsbedürftiger Gehorsam, aber Gehorsam und insofern in dem Acker, der die Welt ist, Aussaat und Same neuen Lebens. Nur Aussaat und Same: Same, der sterben muß, um Frucht zu tragen, aber echter, weil nicht von unten, sondern von oben stammender und nun doch da drunten gesäter Same. Das ist die Heiligung, die faktisch sich ereignende Heiligung der Heiligen durch den Heiligen. Sie hat keine geringere, sondern dieselbe Dignität und Realität wie ihre Rechtfertigung. Die menschliche Situation bleibt nicht, die sie war, die sie in sich allerdings bleiben müßte und die sie für die Augen, die nicht sehen, was zu sehen ist, zu bleiben scheint. Noch ist sie – Heiligung ist ja kein letztes, sondern ein vorletztes Wort: Heiligung ist ja ebenso wie Rechtfertigung noch nicht Erlösung, noch nicht Verherrlichung – nur relativ verändert. Schon ist sie aber in aller Relativität **wirklich** verändert: in dem da auch Menschen sind, die sich aufrichten und ihre Häupter erheben.

Wir müssen nun aber noch zurückkommen auf das andere Wort, das wir zur Beschreibung des **kritischen** Charakters der Heiligung als *participatio Christi* verwendet haben. Wir bezeichneten sie ja auch als die dem Menschen in seinem Sein als Sünder gesetzte **Grenze**. Der Schritt zum **Positiven** muß nun auch von diesem Begriff her getan werden. Wir sagten: Der Name, das Reich, der Wille Gottes mit dem Menschen begrenzt sein verkehrtes und elendes Sein, verweist es in den Winkel, macht es zur Vergangenheit, relativiert es auf der ganzen Linie. Es ist der Herrschaftsakt des Menschensohnes, es ist seine Weisung, die gewissermaßen quer hindurch durch des Menschen Existenz diesen Schnitt vollzieht, diese Grenze zieht. Daß damit das Sein des Menschen als Sünder angefochten, eingeschränkt, zum Alten gemacht wird, das vergangen ist, ist offenbar nicht Alles, was von diesem Geschehen zu sagen ist. **Neues** ist vielmehr nach 2. Kor. 5, 17 eben damit schon geworden. Es kann ja der Raum, den der Heilige Geist außerhalb des durch ihn eingeschränkten sündigen Seins des Menschen schafft, indem er ihn erfüllt, kein leerer Raum sein. Sondern «wo der Geist des Herrn ist, da ist **Freiheit**» (2. Kor. 3, 17): die Freiheit zum Sein für Gott und für die Brüder, die der sündige Mensch als solcher nicht hat, deren Mangel das tiefste Elend ist, in das er sich als Sünder gestürzt findet. Er soll sich in seinem sündigen Tun durch die ihm widerfahrende Weisung nicht nur gestört finden, sondern auch erweckt dazu, sich aufzurichten, auf Jesus zu sehen und darin geheiligt und heilig zu werden. Er bedarf aber des Könnens, des Vermögens, der Freiheit zu solchem Tun. Da drunten, noch in der Welt, noch im Fleisch, soll das ja geschehen. Da ist aber weit und breit keine Freiheit dazu. Da existiert der Mensch ja *servo arbitrio*, ein Gefangener der Sünde, immer neu im Aufbruch zu immer neuen Sünden. Kein wirklicher Christ hat sich darüber jemals ernstlich täuschen können, daß er innerhalb des durch die göttliche Weisung eingegrenzten Raumes noch und noch in dieser Unfreiheit existiert, in der er an jenes Sichaufrichten, an jenes Sehen auf Jesus nicht einmal denken, geschweige denn es vollziehen kann. Ihm wird und ist aber, indem es in der Kraft der göttlichen Weisung zu jener Eingrenzung seines sündigen Seins kommt, dieser seiner totalen Unfreiheit gegenüber auch totale **Freiheit** gegeben. «Freiheit» – und also (im neutestamentlichen Sinn dieses Begriffs) nicht etwa bloß die Möglichkeit, sich entweder aufzurichten oder auch nicht aufzurichten, vielleicht auf Jesus, vielleicht aber doch auch anderswohin und auf andere Herren zu blicken. Nein: wie wäre der, der jenes mächtige Abgrenzen vollzieht, der Herr, wenn er dem sündigen Sein des Menschen nur diese dürftige, diese Herkulesfreiheit, entgegenzustellen hätte? Was er dem Menschen, indem er ihm Weisung gibt, mitteilt, das ist keine Möglichkeit, sondern die neue Wirklichkeit, in der er jener Unfreiheit gegenüber faktisch frei ist, in der allein ernstlich so zu nennenden Freiheit: dazu nämlich, sich in dem beschriebenen Sinn aufzurichten. Er kann das tun, nicht weil er es soll, sondern weil er es darf. Die Mitteilung dieses Dürfens ist des Menschen Befreiung, seine Heiligung. In diesem Dürfen ist er seinem Sein als Sünder souverän gegenübergestellt. Er muß nicht immer neu zu immer neuen Sünden aufbrechen. Er darf das auch unterlassen. Er darf auch in der entgegengesetzten Richtung aufbrechen. In dem ihm mitgeteilten Dürfen, auf Grund der ihm gegebenen Erlaubnis, indem er von ihr Gebrauch macht, wird er eben das, kann er nichts Anderes tun. Ob er von dieser Erlaubnis Gebrauch macht, ist eine Frage für sich. Die ihm gegebene Erlaubnis als solche, die Souveränität, in der er seinem eigenen Sein als Sünder gegenübergestellt ist, ist diese und hat als solche keine Grenze.

Wir sagen auch das von den Heiligen, die alle sehr greifbar und bemerkbar Sünder sind, in deren Leben fortwährend noch sehr viel Anderes als jenes Sichaufrichten stattfindet, die offenbar fortwährend auch noch von ganz anderen Freiheiten und Erlaubnissen als der Gebrauch machen, die ihnen durch die göttliche Weisung gegeben ist: von allerlei vermeintlichen Freiheiten und Erlaubnissen, die sie sich selbst meinen geben zu können und zu sollen und die eben darum keine sind. Noch sind sie ja, indem ihnen die totale, die unbegrenzte, die souveräne Freiheit des Geistes gegeben wird und ist, mit allen Weltmenschen in der Welt. Noch ist ja auch ihr Sein als Sünder zwar radikal angefochten, aber nicht ausgetilgt. Noch denken, reden, handeln sie ja immer auch noch in jener Unfreiheit, auch sie – nach der (leider!) klassischen Formel des Heidelberger Katechismus «von Natur geneigt, Gott und meinen Nächsten zu hassen». Was wäre es mit der Freiheit der Heiligen, wenn sie ihnen etwa durch den Gebrauch, den sie davon machen, garantiert sein müßte, wenn sie sie nur in der Kraft, in der sie sie betätigen, besitzen würden! Sie haben von ihr Gebrauch zu machen, sie haben sie zu betätigen! Wie würden sie sie empfangen, wenn sie das nicht täten? Aber nicht in der Würde und Macht dieses ihres Empfangens, sondern in der Würde und Macht der ihnen verliehenen Gabe, vielmehr: des ihnen diese Gabe verleihenden Gebers, in der Freiheit des königlichen Menschen Jesus, auf den zu blicken sie aufgerufen sind, ist die Freiheit seiner Heiligen nicht nur begründet, sondern auch beschlossen. Sie blicken wohl alle mehr schlecht als recht auf ihn. Es macht sie und sie sind gerade nur darin frei, daß Er es ist, auf den sie blicken, Heilige allein darin, daß Er sie heiligt. Was Paulus Gal. 4,25f.

im Blick auf die Synagoge gesagt hat, wird sinngemäß auf jede Gestalt des Volkes Gottes auf Erden anzuwenden sein: daß das «Jerusalem droben» die Freie, unsere Mutter ist.

Aber der Nachdruck muß nun doch auch hier auf das Andere fallen: daß der Heilige es seinen Heiligen tatsächlich gibt, frei zu sein: frei sich aufzurichten und auf ihn zu blicken, eben damit aber frei von dem von ihrem Sein als Sünder ausgehenden Zwang, wieder zu sündigen. Darüber werden sie sich auch noch da drunten, auch als die noch im Fleisch Lebenden nie, in keiner Hinsicht beklagen dürfen, daß sie sündigen und also von jenen ganz anderen vermeintlichen Freiheiten und Erlaubnissen Gebrauch machen und also in der allgemeinen und auch ihnen eigentümlichen menschlichen Trägheit in irgend einer Beziehung verharren müßten, daß sie sich also nicht aufrichten könnten. Zusammen mit dem Übermut der Indeterministen ist es für sie auch mit dem Kleinmut, mit der Wehmut und mit den faulen Ausreden der Deterministen vorbei. Von dem her, auf den sie schlecht und recht blicken in ihrer *participatio Christi*, ist hinsichtlich ihrer Freiheit alles in bester Ordnung, ist ihre Souveränität über ihr Sein im Fleisch und in der Sünde eindeutig und einwandfrei begründet und befestigt. Was es da an alten und neuen Bindungen nach unten mit Grund zu beseufzen geben mag – was da, gäbe es keine Vergebung der Sünden, ihr Verlorengehen bedeuten müßte – das können sie jedenfalls keiner Halbheit und Unkraft der ihnen geschenkten Freiheit zuschreiben. Sie verfehlen sich dann an ihr, indem sie es versäumen, von ihr Gebrauch zu machen. Aber daß sie ihnen nicht gegeben sei und daß sie sie – immer in ihrer Gemeinschaft mit dem Heiligen – nicht hätten, davon kann keine Rede sein. Sie sind, wie berufen, so auch ausgerüstet dazu, ein tapferes Volk ihres Herrn zu sein. Sie würden sich den Kindern dieser Welt, für die sie ja als seine Zeugen da sein sollen, gleich stellen, wenn sie das in Zweifel ziehen, wenn sie in das allgemeine Seufzen über das menschliche Nichtkönnen auch für ihre Person einstimmen wollten, statt entschlossen zu tun, was sie sehr wohl tun können. Sie können sich aufrichten und auf Jesus blicken und darin sein, was sie sind: seine Heiligen, so gewiß er sich, was ihnen sehr wohlbekannt ist, zu ihnen herniederbeugt und sie anblickt. Man muß auch das Positive, das sich in der ihnen widerfahrenden Begrenzung ihres unheiligen Seins verbirgt, man muß auch die Freiheit, die damit zu einem Faktor ihres Lebens geworden ist, real verstehen. Sonst gäbe es so etwas wie die apostolische Ermahnung nicht, die im Neuen Testament an die Christen ergeht. Sie ergeht nicht als ein in den leeren Raum hinein verkündigtes Gesetz oder Ideal, sie ergeht nicht, als ob die Frage: ob diese Menschen gehorchen könnten oder nicht könnten? noch offen, erst zu beantworten wäre. Sie ergeht offenkundig unter der Voraussetzung, daß diese Menschen Freie seien, von der Freiheit, zu der sie Christus befreit (Gal. 5, 1), Gebrauch machen könnten. Ohne diese Voraussetzung gäbe es auch für uns keine christliche Ethik. Alles, was in ihr im Blick auf das Gebot des die Welt mit sich selbst versöhnenden Gottes zu entfalten sein wird, werden ja nur Konkretionen des Sichaufrichtens, des Blickens auf Jesus sein können, dessen die Christen darum fähig sind, weil ihnen die Freiheit dazu gegeben ist. Es ist wahr: sie haben sie in ihrer ursprünglichen und eigentlichen Gestalt nicht in sich, sondern in Ihm, der droben ist. Von Ihm in die Gemeinschaft mit Ihm gerufen und versetzt, Ihm verbunden durch seinen Heiligen Geist, sind sie aber in Entsprechung zu seinem königlichen Regieren zur Rechten Gottes des Vaters, des Allmächtigen, doch schon jetzt und da drunten frei – ihnen zum Heil nur dazu frei, eben dazu aber recht frei: zu ihm aufzublicken und in allem, was sie in diesem Aufblick tun, seine Heiligen zu sein. 2. Kor. 5, 17 gilt von ihnen: «Ist Jemand in Christus, so ist er neue Schöpfung». Und im Besonderen Hebr. 12, 10: sie sind «seiner Heiligkeit teilhaftig». Und nun eben im Besondersten Joh. 8, 36: «Wenn euch der Sohn frei macht, so werdet ihr recht frei sein» – ὄντως ἐλεύθεροι. Alles in großer Vorläufigkeit: die Heiligen sind ja die auch noch Gefangenen, aber Alles ganz real: sie sind ja auch die schon Befreiten. Und das zählt: daß sie die schon Befreiten sind. Daß sie noch Gefangene sind, das ist wohl wahr, das zählt aber nicht. Die Gefangenschaft liegt hinter ihnen, die Freiheit vor ihnen: Alles in ihrer Gemeinschaft mit dem Heiligen, Alles kraft dessen, daß sie die von Ihm Aufgerufenen sind. «Jhr seid schon rein um des Wortes willen, das ich zu euch geredet habe» (Joh. 15, 3).

3. DER RUF IN DIE NACHFOLGE

«Folge mir nach!», das ist der Wortlaut des Aufrufs, in dessen Gewalt Jesus Menschen zu seinen Heiligen macht. Das ist also die Konkretion dieses seines Tuns, der wir uns nun zuwenden müssen. Ihr Sichaufrichten, zu dem er ihnen die Freiheit gibt, ist keine formlose, von ihnen selbst erst zu formende Bewegung, sondern es geschieht in einer bestimmten Richtung und in einer dadurch bestimmten Gestalt. Und es geht bei dem Blick auf Jesus als ihren Herrn nicht um ein müßiges Gaffen, sondern um ein Sehen, durch das sich die, denen es geschenkt ist, sofort in eine bestimmte Aktion versetzt finden. Der an sie ergehende Ruf Jesu ist der Ruf in seine Nachfolge.

Halten wir uns nicht auf mit einer Beschreibung und Kritik dessen, was in Aufnahme ältester Traditionen das Spätmittelalter und nachher auch gewisse evangelische Richtungen unter der *imitatio Christi* verstanden und als solche ins Werk zu setzen versucht haben. Die Sache ist bekannt: es ging um das Programm einer christlichen Lebensgestaltung nach dem Buchstaben des in den neutestamentlichen Evangelien vorgezeichneten Vorbildes des Lebens Jesu und der von ihm den Seinigen, den Menschen überhaupt gegebenen Gebote. Und die Einwände dagegen sind billig, weil sie auf der Hand liegen.

§ 66. *Des Menschen Heiligung*

Es dürfte lehrreicher sein, wenn wir uns sofort dem immerhin auch durch jene Bewegungen, vor allem aber durch die neutestamentlichen Texte selbst unübersehbar gestellten Problem zuwenden, bei dessen Überlegung sich das von selbst ergeben wird, was zu jener Lehre und Übung der *imitatio Christi* – nicht nur kritisch übrigens, sondern doch auch positiv – zu sagen ist.

[Bonhoeffer] Mit Abstand das Beste, was dazu geschrieben ist, scheint mir in dem Buch «Nachfolge» von Dietrich Bonhoeffer (1937) vorzuliegen: nicht in allen von dessen, offenbar aus verschiedenen Vorlagen zusammengesetzten Teilen, wohl aber in den gleich am Anfang erscheinenden Abschnitten: «Der Ruf in die Nachfolge», «Der einfältige Gehorsam» und «Die Nachfolge und der Einzelne», in denen die Sache so tief angefaßt und so präzis behandelt ist, daß ich wohl versucht sein könnte, sie hier einfach als großes Zitat einzurücken, weil ich wirklich nicht der Meinung bin, etwas Besseres dazu sagen zu können, als da gesagt ist: von einem Mann, der die Nachfolge, nachdem er über sie geschrieben, auch persönlich und mit der Tat bis zum Ende wahr machen wollte und in seiner Weise wahr gemacht hat. Indem ich nun doch meinem eigenen Duktus folge, bin ich froh, mich einmal so stark, wie das in diesem Fall geschehen darf, an einen Anderen anlehnen zu dürfen.

Bevor wir auf das Problem als solches eintreten, eine kurze Übersicht über das, was dem biblischen Gebrauch des entscheidenden Begriffs ἀκολουθεῖν sprachlich zu entnehmen ist: ich gebe sie im Anschluß an G. Kittels Artikel in seinem Wörterbuch.

[AT] Ἀκολουθεῖν heißt: hinter Jemand hergehen. Das Alte Testament hat das entsprechende Wort merkwürdigerweise hauptsächlich als *term. techn.* zur Bezeichnung des sündigen Wandelns des Volkes hinter fremden Göttern her verwendet. Von einer «Nachfolge Jahwes» ist (vielleicht, weil der Ausdruck von dorther zu belastet war) nur Jer. 2,2 die Rede: «Ich gedenke deiner, wie du mir hold warst in deiner Jugend, wie du mich liebtest in deiner Brautzeit, wie du mir folgtest in der Wüste, im saatlosen Lande». Daß es eine «Nachfolge Gottes» überhaupt gebe, haben dann die Rabbinen, sofern es sich um Gott selbst, seine *schekina*, handle, wegen deren Transzendenz geradezu in Abrede gestellt. Sie haben aber (in auffallender Parallele zu der griechischen Vorstellung von einer durch ἕπεσθαι, indem man handelt wie der Gott, zu vollziehenden Verähnlichung des Menschen mit ihm) davon geredet, es gelte den Eigenschaften bzw. Taten Gottes zu «folgen»: das Land zu bepflanzen wie Gott den Garten Eden, Nackte zu bekleiden wie Gott den Adam, Kranke zu besuchen wie Gott den Abraham, Trauernde zu trösten wie Gott den Isaak, Tote zu begraben wie Gott den Mose – vielleicht so etwas wie eine Vorform des späteren christlichen Imitatiogedankens. Im Übrigen gibt es (scheinbar ohne theologische Bedeutsamkeit) schon im Alten Testament und dann wieder bei den Rabbinen die einer menschlichen Respektsperson geleistete Nachfolge: des Kriegers hinter dem Führer, der Frau hinter dem Mann, der Braut hinter dem Bräutigam, des Prophetenjüngers hinter dem Meister, des Rabbinenschülers hinter dem vorangehenden oder auf einem Esel voranreitenden Rabbi her. [NT] Hier greift das Neue Testament ein, (mit Ausnahme der Stelle Apok. 14, 4) ausschließlich in den vier Evangelien, immer auf die Nachfolge Jesu bezogen. Ein äußeres Hinterihmhergehen steht zunächst auch hier im Blickfeld, und wenn es Mr. 3,7 u.ö. von der Volksmenge heißt, daß sie ihm «folgte», so scheint sich das Wort auf diesen Sinn zu beschränken. Ihre «Nachfolge» hatte ihre innere und auch äußere Grenze. Es gibt da aber, und hier erst bekommen wir es mit dem prägnanten Sinn des Wortes zu tun, auch Menschen, die Jesus, von ihm dazu berufen, in dem Sinn «folgen», daß sie ganz, dauernd, mit ihm herumziehen, unter Preisgabe anderer Verbindungen und Verpflichtungen sein Leben und sein Geschick mit ihm teilen, sich ihm anschließen, sich in seinen Dienst stellen und sich damit – nicht als ob das messianische Heil nur ihnen oder ihnen insbesondere zugedacht wäre, wohl aber als dessen besondere Zeugen und Verkündiger – als seine Jünger qualifiziert erweisen. Gabe, ein εὔθετος εἶναι für das Reich Gottes (Luk. 9, 62), ein ihnen verliehenes Dürfen ist nämlich ihre Qualifikation zu Jüngern und also zur Nachfolge Jesu in diesem prägnanten Sinn. Daß sie in diesem Sinn Begabte sind und daß sie mit ihm durchs Land ziehen, ist in der Regel, aber doch nicht durchweg Eines. Es gibt auch zu seiner Jüngerschaft Qualifizierte, die nicht mit ihm herumziehen und andererseits Leute, die mit ihm herumziehen, ohne zu seiner Jüngerschaft qualifiziert zu sein. Bemerkenswert ist schließlich die Tatsache, daß das Neue Testament gerade das Substantiv «Nachfolge» (ἀκολούθησις) nicht, sondern nur das Verbum ἀκολουθεῖν oder ὀπίσω μου ἔρχεσθαι kennt: eine Warnung für alle Beschäftigung mit dieser Sache, in der es sich in ihrem neutestamentlichen Verständnis offenbar im strengsten Sinn um ein nicht in einen allgemeinen Begriff einzufangendes Geschehen handelt. Alles, was es mit der «Nachfolge» weiter auf sich hat, wird sich nun im Blick auf die konkreten Texte aus dem größeren Sachzusammenhang ergeben müssen.

1. Setzen wir noch einmal ein mit der Feststellung: Der Ruf in die Nachfolge ist die besondere Form des Aufrufs, durch welchen sich Jesus einem Menschen erschließt und offenbart, um ihn damit als den Seinigen, als seinen Zeugen in der Welt in Anspruch zu nehmen und also zu heiligen. Er hat die Form des den Menschen treffenden Gebotes Jesu. Es ist Gnade, die diesem Menschen damit widerfährt: ihm erschließt und offenbart sich ja in Jesus die in ihm geschehene Versöhnung der Welt mit Gott gerade als seine Versöhnung und also die Fülle des Heils, das auch sein Heil ist. Es ist aber Gnade in Gestalt des Gebotes, «Evangelium» in der Gestalt des «Gesetzes», was ihm in seinem Aufruf begegnet. Daß er etwas tun, nämlich Jesus nachfolgen soll, das will ja die ihm widerfahrende Gnade. Darum ist sie gebieterische Gnade. Jesus sucht Menschen, die ihm dienen. Er hat sie schon gefunden, sofern er sie, als dazu bestimmt, schon erwählt hat. Sie sind schon seine Leute, indem er sie beruft. Darum begründet er seine besondere Beziehung zu ihnen damit, daß er ihnen gebietet: in seiner Autorität als der Menschensohn, der ihr Herr ist, der demgemäß über sie zu verfügen hat, schon verfügt hat und eben darauf sie anredet. Als schon im Mutterleib zu dem ihm gebotenen Tun bestimmt, hat sich Jeremia, hat sich Paulus verstanden. Jesus ist schon der Herr der von ihm in seine Nachfolge Berufenen. Als solcher beruft er sie; er gebietet ihnen als solchen, die ihm schon zugehören. Das macht die Überlegenheit und das Gefälle seines Gebietens aus. Darum gibt es ihm gegenüber keinen legitimen Widerspruch und Widerstand. Darum kommen ihm gegenüber aber auch keine Voraussetzungen auf Seiten der von ihm Berufenen in Frage: keine Befähigung und Ausrüstung zum Tun des ihnen Gebotenen, kein etwa schon in ihnen schlummernder Glaube, keine äußere oder innere Vorbereitung. Darum kommt erst recht nicht in Frage, daß Einer es sich selbst erwählt, ihm nachzufolgen. Darum wiederum auch das nicht, daß Einer, von ihm berufen, Bedingungen stellt, unter denen er seinem Gebot Folge zu leisten bereit sei. Eben weil Jesu Gebot die Gestalt der dem Menschen konkret widerfahrenden Gnade ist, trifft es sie auch in der ganzen

Freiheit und Souveränität der Gnade, gegen die es keine rechtmäßigen Einwände gibt, deren niemand würdig ist und auf die niemand sich zurüsten, die Keiner wählen, der gegenüber dann auch Keiner irgendwelche Vorbehalte anmelden kann.

Ungehorsam gegenüber Jesu «Folge mir nach!», wie er etwa im Fall des «reichen Jünglings» Mr. 10, 17 f. Par. sichtbar wird, ist nur eben ein in seiner Unmöglichkeit schlechthin erschreckendes Phänomen – gerade indem es die Jünger zu der Frage veranlaßt: «Wer kann da gerettet werden?», gerade indem es also so etwas wie die nur zu allgemeine Regel des natürlichen, vielmehr widernatürlichen Dranseins der Menschen jenem Gebot gegenüber sichtbar macht. Von dem einem Menschen gegebenen Gebot Jesu her ist sein Ungehorsam undenkbar, unerklärlich, unmöglich. Anderseits: Wer ist schon der Mann Levi, den Jesus (Mr. 2, 14 f.) im Vorübergehen an seiner Zollstätte sieht, um ihm ohne Weiteres dasselbe zu gebieten: «Folge mir nach!»? Was müßte man über seine charakterliche und religiöse Tauglichkeit in den so knappen Text hineinlesen, um von diesem Levi aus zu begründen und zu verstehen, wie er dazu kommt, dieses Gebot zu erhalten – und umgehend auszuführen! Man wird das nur unterlassen können. Das Geheimnis dieses Levi ist das Geheimnis dessen, der ihn beruft, nicht sein eigenes. Wiederum liest man Luk. 9, 57–58 von Einem, der sich Jesus in den Weg stellt mit dem Angebot: «Ich will dir nachfolgen, wohin du auch gehest». Offenbar Einer, der es sich selbst ausgedacht und genommen hat, solches zu tun! Die Antwort ist der abschreckende Spruch von den Füchsen, die Gruben, von den Vögeln des Himmels, die Nester haben, während der Menschensohn, dem er nachfolgen will, nicht hat, wo er sein Haupt hinlege. Er weiß nicht, was er da wählen zu können meint. Er kennt das Ungeheuerliche des Wagnisses nicht, auf das er, um diese Wahl zu vollziehen, sich einlassen würde. Sonst würde er das nicht wählen. Das kann und wird sich niemand als seinen Weg ausdenken und nehmen. Was Jesus mit dem «Folge mir nach!» will, kann man gerade nur im Gehorsam gegen seinen Ruf wählen. Man beachte als Gegenbild dazu das Wort des Petrus Matth. 14, 28: «Herr, bist du es, so heiße mich über das Wasser zu dir kommen!» Ohne von ihm geheißen zu sein, dürfte er das gar nicht tun! Und keine Bedingungen können da gestellt werden, sagten wir. Der Luk. 9, 61–62 erwähnte Mann verfehlt die Nachfolge nicht nur damit, daß auch er sie Jesus als Sache seiner eigenen Wahl anbietet, sondern auch damit, daß er gleich auch noch den Vorbehalt kundgibt: «Jedoch erlaube mir, von denen, die in meinem Hause sind, Abschied zu nehmen!» Wer sich selbst für die Nachfolge zur Verfügung stellt, der kann, der muß offenbar der Meinung sein, er habe das Recht, geltend zu machen, unter welchen Voraussetzungen er seinen Vorsatz auszuführen gedenke. Eingeschränkte Bereitschaft ist aber Jesus gegenüber gar keine. Auch er weiß offenbar nicht, was er erwählt zu haben meint: die Nachfolge Jesu ist das jedenfalls nicht. Jesus gebietet sie unbedingt und so kann sie auch nur bedingungslos angetreten werden. Daß dieser Mann für sie nicht in Betracht kommt, das sagt ihm die Antwort Jesu: «Niemand, der seine Hand an den Pflug legt und zurückblickt, ist tauglich für das Reich Gottes».

2. Der Ruf in die Nachfolge bindet den Menschen an den, der da ruft. Nicht eine Christusidee, nicht eine Christologie, nicht ein christozentrisches Gedankensystem, geschweige denn die angeblich christliche Vorstellung eines Vatergottes ruft in die Nachfolge. Wie könnten sie das schon? Sie haben ja kein Wort und keine Stimme. Sie können auch Keinen binden. Man sehe zu, daß man sich den lebendigen Jesus dort droben nicht durch solche Schemata verdecke: in der Furcht davor, daß man von ihm, der das kann, der ein Wort und eine Stimme und

vor Allem die Autorität, das Recht und die Kraft, zu binden hat, in die Nachfolge gerufen werden könnte! Und so ist Nachfolge auch nicht die Anerkennung und Übernahme eines Programms, eines Ideals, eines Gesetzes, nicht der Versuch, ein solches zu verwirklichen. Nachfolge ist nicht die Ausführung eines dem Menschen von Jesus mitgeteilten und zur Nachachtung empfohlenen Planes individueller oder sozialer Lebensgestaltung. Würde das Wort «Nachfolge» überhaupt etwas Allgemeines bezeichnen und nicht eben ein konkretes und darum auch immer konkret gefülltes Geschehen zwischen Jesus und diesem und diesem Menschen, so müßte man das Gebot «Folge mir nach!» wohl als zunächst ganz inhaltsleer bezeichnen, sofern es eben nichts Anderes besagt als dies: daß dieser und dieser Mensch, dem es gegeben wird, zu dem kommen, dem nachlaufen, mit dem sein soll, der es ihm gibt. In diesem Einen, in dem damit begründeten Verhältnis zwischen ihm und dem, der ihn berufen hat, ist dann sehr viel – aber nur gerade darin ist dann alles Weitere beschlossen. Daß er zu ihm komme, ist das eine, ganze Werk, das zu tun er berufen wird. Man kann also sehr wohl sagen, daß das Gebot der Nachfolge Jesu praktisch mit dem Gebot des Glaubens an ihn zusammenfällt. Es fordert, daß ein Mensch, der als solcher keine anderen Voraussetzungen mitbringt als die, daß er in die allgemeine menschliche Trägheit eingesponnen ist wie alle übrigen Menschen und an ihren Folgen zu leiden hat wie jeder Andere, Vertrauen fasse: Vertrauen zu dem Gott, der ihm, dem Ungetreuen, treu ist, der ihn, der ihn vergaß, nicht vergessen hat, der ohne sein Zutun und Verdienst will, daß er lebe und nicht sterbe. Ihm begegnet in Jesu Ruf Gottes schon erfüllte Verheißung als gerade für ihn gültig. Ihm, der im Begriff steht, ins Leere zu fallen, wird in und mit Jesu Gebot Boden unter die Füsse geschoben und was das Gebot von ihm verlangt, ist schlicht, aber höchst umfassend dies, daß er ihn nicht theoretisch, sondern praktisch für tragfähig halte und also darauf stehe und ja nicht wieder neben ihn hinaustrete. Wer vertraut, der tut das und eben damit Alles, was von ihm verlangt ist. Das heißt ja Glauben. Es geht aber in dem da gebotenen Glauben nicht um ein Vertrauen *in abstracto* und im Allgemeinen, nicht um irgend eine kühne Zuversicht zum Wagnis einer Reise ins Blaue. Jesus fordert ihn: der Menschensohn, der als Sohn Gottes in dessen Namen und Vollmacht redet. Er fordert also Vertrauen zu ihm, und so, in der damit gegebenen konkreten Gestalt, Gottvertrauen. Er fordert also den Glauben in der Gestalt des Gehorsams u. zw. des ihm zu leistenden Gehorsams. Das ist die Bindung an ihn, die den Inhalt des Rufes in die Nachfolge ausmacht. Die Nachfolge entsteht im Glauben, um sofort in der Tat des Jesus geleisteten Gehorsams zu bestehen. Man darf kein Moment dieses Geschehens von keinem der anderen lösen. Daß Er, der Menschensohn, der der Sohn des Vaters ist, als Herr aller Menschen lebt und regiert – daß Er als aller Menschen Heiland an einen bestimmten Menschen, der dessen so wenig würdig ist wie irgend ein anderer, herantritt, um sich ihm als der bekannt zu machen, der auch sein Heiland ist – daß er ihn eben damit schlicht für sich als den Seinigen, für seinen Dienst in Anspruch nimmt – daß er damit Glauben an Gott, Vertrauen auf ihn von ihm fordert – daß der von ihm von diesem Menschen geforderte Glaube die Tat des ihm, Jesus, zu leistenden Gehorsams in sich schließt – das sind, eines untrennbar vom anderen, die Momente dieses Geschehens. Nachfolge gibt es nicht ohne Ihn, der einen Menschen dazu aufruft. Nachfolge gibt es nicht anders denn als Glaube an Gott, bestimmt durch Ihn, der den Menschen dazu aufruft und befreit. Nachfolge gibt es nicht, die nicht in der Tat des Gehorsams dieses Glaubens an Gott und also an Ihn bestünde.

In diesen Konturen ergeht der Ruf in die Nachfolge nach Allem, was uns in den Evangelien darüber dokumentiert und bezeugt ist. Daß Jesus da ist, lebt und Menschen zu sich ruft, daran liegt, daran entscheidet sich Alles. Was er mit Levi, mit Simon Petrus, mit den Anderen, die er beruft, will, das wird nirgends gesagt, wie ja auch seine Legitimation, sie zu berufen, nirgends begründet und erklärt wird. Daß er sie ruft und daß er sie zu sich ruft, genügt den Evangelisten zur Beschreibung der Entstehung des Jüngerverhältnisses, soll offenbar zu dessen Verständnis auch uns genügen. Er ruft sie auf, Ihm den Glauben zu schenken, dessen Gott würdig, den der Mensch Gott schuldig ist: den Glauben und also die Zuversicht, daß ihnen durch Ihn und also durch Gott geholfen, mitten in der Welt der menschlichen Trägheit und ihrer Folgen zu deren Überwindung, zu ihrer eigenen Aufrichtung geholfen ist: «Wer mir nachfolgt, der wird nicht wandeln in der Finsternis, sondern er wird das Licht des Lebens haben» (Joh. 8, 12). Oder wie es Apok. 14,4 von den 144 000 heißt, die dem Lamm nachfolgen, wohin es auch geht: sie sind als Erstlinge aus den Menschen erkauft, sie tragen seinen Namen und den Namen seines Vaters auf ihren Stirnen geschrieben, sie singen ein neues Lied vor seinem Thron. Er ruft sie aber auf, Ihm den und also rechten, ernstlichen, ganzen Glauben zu schenken, kein leeres Fürwahrhalten dessen, daß er ihr Herr ist und auch kein müßiges Vertrauen darauf, daß ihnen durch Ihn geholfen ist, sondern Beides: dieses Fürwahrhalten und dieses Vertrauen als von ihnen gelebten und also betätigten Glauben – als Glauben, dessen Ernst als reiner Glaube sich darin erweist, daß er sofort auch ihren Gehorsam in sich schließt: was Paulus Röm. 1, 5 und 16, 26 die ὑπακοὴ πίστεως, was er 2. Kor. 10, 5 die ὑπακοὴ τοῦ Χριστοῦ genannt hat. «Was nennt ihr mich aber: Herr, Herr! und tut nicht, was ich sage?» (Luk. 6, 44). Kein Zweifel, daß das, was die zu Jüngern Berufenen, indem sie dem Ruf Jesu folgten, bewegte, schlicht ihr Glaube an Ihn als den Herrn und also an Gott war. Er war aber ihr sie sofort zum Gehorsam bewegender Glaube. Nichts in den Berichten über diese Jüngerberufungen weist darauf hin, daß es hier so etwas wie ein Intervall gab, daß sie etwa zuerst an ihn geglaubt, dann erst sich zum Gehorsam entschlossen und diesen betätigt hätten. Die Frage, ob, wann und wie der Gehorsam unter Voraussetzung des Glaubens anzufangen habe, bleibt keinen Augenblick offen. Glaube ist nicht Gehorsam, aber wie Gehorsam ohne Glauben nicht Gehorsam wäre, so wäre Glaube ohne Gehorsam nicht Glaube. Sie sind wie Blitz und Donner in einem im Zenith stehenden Gewitter in einem Moment. Levi würde nicht glauben, wenn er nicht aufstünde und Jesu nachfolgte. Die Fischer am See würden nicht glauben, wenn sie ihre Netze nicht sofort (εὐθύς) verlassen und ihm nachfolgen würden. Auch Petrus auf dem See (Matth. 14, 29) würde nicht glauben, wenn er Jesu Ruf: «Komm!» nicht gehorchen, das Schiff nicht verlassen und über das Wasser auf ihn zugehen würde. Er glaubte, sie Alle glaubten aber und taten darum selbstverständlich und sofort, was ihnen geboten war. Daß Petrus dann nach der bekannten Fortsetzung jener Erzählung statt auf Jesus auf den den See bewegenden Wind gesehen, sich gefürchtet, kleingläubig gezweifelt hat und darum auch nicht weitergehen, sondern nur versinken konnte, versunken wäre, wenn ihn der, an den er so kleingläubig glaubte, nicht bei der Hand ergriffen hätte – das zeigt nur, daß der Jünger, ohne zu glauben, gewiß nicht gehorchen kann, bestätigt aber auch umgekehrt, daß er, indem er glaubt, auch zu gehorchen hat, gehorchen kann und tatsächlich gehorcht.

3. Der Ruf in die Nachfolge ist, wann und wie er auch an einen Menschen ergehe und ob ihm das ein erstes oder in Bestätigung des ersten ein zweites, drittes oder hundertstes Mal widerfahre, immer der Aufruf, im Glauben, ohne den das nicht geschehen kann, einen bestimmten, jeweils ersten Schritt zu tun. Er wird sich als im Glauben u.zw. im Glauben an Jesus, als Akt des Gehorsams gegen seinen Aufruf, dadurch von anderen Schritten, die dieser Mensch auch tun mag, unterscheiden, daß er im Verhältnis zu seinem eigenen bisherigen Dransein, Gutdünken und Rechtfinden eine Wendung um 180 Grad und also einen Bruch und Neuanfang bedeutet. Jesus nachfolgen heißt: in einem bestimmten Tun und Verhalten über sich selbst hinausgehen und also sich selbst den Rücken kehren, sich selbst hinter sich lassen. Daß es sich darum handelt, mag und wird aus dem von ihm als Tat seines Glaubens geforderten Schritt, aus dem bestimmten Tun und Verhalten, in welchem dieser besteht, nicht immer gleich ersichtlich sein. Um die Fortsetzung einer Routine in Wiederholung des von gestern her Gewohnten wird es sich dabei aber – und wäre, was er tut, an sich noch so unscheinbar – niemals handeln können, sondern immer nur um die Entscheidung eines neuen Tages, um das Ergreifen einer gestern so nicht vorhandenen, jetzt aber in und mit dem Ruf Jesu gegebenen, neuen Möglichkeit. Und es wird nicht anders gehen, als daß sich der von Ihm aufgerufene Mensch dabei von sich selbst als dem, der er gestern war, lossagt und abwendet, daß er, wie der wichtige neutestamentliche Ausdruck lautet: sich selbst verleugnet.

Ἀρνεῖσθαι bezeichnet im Neuen Testament (dort, wo es in gewichtigem Sinn, nicht nur in dem eines einfachen Verneinens gebraucht wird) das Abstreiten, das Außerkraftsetzen, das Aufkündigen eines zuvor bestehenden Gehorsams- und Treueverhältnisses. Petrus verleugnet, mit dem Nazarener Jesus gewesen zu sein. «Ich kenne ihn nicht, noch weiß ich, von was du redest» (Mr. 14, 68 Par.). Die Juden verleugnen Jesus, den Ihrigen, den Gottesknecht, vor Pilatus (Act. 3, 13). Es gibt aber auch angebliche, in Wirklichkeit antichristliche Christen, die den Herrscher, der sie erkauft hat, verleugnen (2. Petr. 2, 1), im Besonderen damit, daß sie bestreiten, daß Jesus der Christus ist und sich damit der Verleugnung des Vaters und des Sohnes schuldig machen (1. Joh. 2, 22). Während Johannes der Täufer, der (Joh. 1, 20) leugnet, daß er der Messias sei, eben damit nicht leugnet, vielmehr indirekt bekennt, daß Jesus es sei. Verleugnen ist das Gegenteil von Bekennen (ὁμολογεῖσθαι), in welchem ein Mensch zu einem Gehorsams- und Treueverhältnis, in dem er sich befindet, in Wort und Tat steht. Der Jünger, der das hinsichtlich seines Verhältnisses zu Jesus den anderen Menschen gegenüber nicht tut – «wer sich meiner und meiner Worte schämt vor diesem ehebrecherischen und sündigen

Geschlecht» (Mr. 8, 38) – wie Petrus es getan hat, der verleugnet ihn, was dann automatisch bedeutet, daß, solange und sofern er das tut, auch das Verhältnis Jesu zu ihm, sein Einstehen für ihn vor Gott, hinfällig ist: «den werde ich auch verleugnen vor meinem Vater im Himmel» (Matth. 10,33 vgl. 2. Tim. 2, 12). Das ist das Objektive in der Bitternis, durch die Petrus in der Folge seines Verleugnens hindurch gehen muß. Es gibt in demselben Sinn und in derselben furchtbaren Gefährlichkeit auch eine Verleugnung des Namens Jesu (Apok. 3,8) oder seiner πίστις (Apok. 2,13). Sehr merkwürdig, daß nun dasselbe Verbum, das in seiner prägnanten Verwendung das im Verhältnis des Jüngers zu Jesus denkbar Verkehrteste und Bedrohlichste bezeichnet, das er sich ihm gegenüber zu Schulden kommen lassen kann, in demselben Verhältnis (nun aber einem ganz Anderen, nämlich eben sich selbst gegenüber) ein Optimum, die charakteristische Wendung des Gehorsams bezeichnet. Liest man 2. Tim. 2,13 als letzte Begründung der Unmöglichkeit, in der das Verleugnen Jesu dem Christen vor Augen stehen müßte, den Satz: «Er (Jesus) kann sich selbst nicht verleugnen» – wie könnte und dürfte der Menschensohn verleugnen, daß er der Sohn Gottes ist? so heißt es an der entscheidenden Stelle bei den Synoptikern (Mr. 8,34) gerade umgekehrt: «Will Einer mir nachfolgen, der verleugne sich selbst!» ἀπαρνησάσθω ἑαυτόν). Die Vorstellung ist ganz dieselbe: es geht nicht anders, als daß der von Jesus in seine Nachfolge gerufene Mensch ein bestimmtes Gehorsams- und Treueverhältnis, in dem er sich befindet, abstreitet, außer Kraft setzt und aufkündigt. Er war sich selbst der Nächste. Eben als solchen läßt er sich, in die Nachfolge gerufen, resolut und gänzlich fallen. «Ich kenne den Menschen nicht!» (Matth. 26, 72), könnte und müßte er jetzt statt von Jesus von sich selber sagen. Er kann diesen Menschen nur noch als seinen Fernsten gelten lassen. Er stand im treulich gehaltenen und zärtlich gepflegten Bunde mit ihm. Eben auf diesen Bund verzichtet er in aller Form. Er kann sich nur noch zu Jesus bekennen, und eben darum gerade zu sich selbst nicht mehr. Gerade sich selbst kann und wird er nur noch verleugnen.

Aber eben: das ist im Zug und Zusammenhang der Nachfolge Jesu, die ja ein Geschehen ist, je ein ganz bestimmter Schritt. Nicht nur eine neue, irgendwie kritisch-negative Einstellung, Haltung, Gesinnung sich selbst gegenüber also! Die wird sich da wohl auch einstellen. Die könnte sich aber an sich und als solche, bliebe sie in der unverbindlichen Sphäre der Innerlichkeit, auch eingestellt haben, ohne daß es zu jenem Lossagen des Menschen von sich selbst und also zum Akt seines Gehorsams wirklich gekommen wäre. Die Nachfolge bliebe dann eine theoretische, sie würde dann faktisch nicht Ereignis. Der Ruf in die Nachfolge hätte dann den Menschen gar nicht wirklich erreicht und getroffen, oder der Mensch hätte ihn dann im sicheren Bereich emotionaler Rührung und gedanklicher Reflexion aufgefangen, gewissermaßen domestiziert und unschädlich gemacht. Innere Distanzierung sich selbst gegenüber ist noch lange kein Bruch des Bundes mit sich selbst, noch lange keine Absage an diesen Nächsten, noch lange nicht Selbstverleugnung im Sinn der Nachfolge. Sie könnte an sich und als solche, sollte es bei ihr sein Bewenden haben, auch die gründlichste und nachhaltigste Verweigerung dieses Bruches, dieser Absage sein. Und wo es bei ihr sein Bewenden hat, da ist sie sogar sicher diese Verweigerung. Selbstverleugnung im Zug und Zusammenhang der Nachfolge Jesu ist die Sache eines Schrittes ins Offene, ins Freie, nämlich ins Freie einer bestimmten Entscheidung und Tat, in der der

Mensch nun eben nicht unverbindlich, sondern verbindlich von sich selbst, dem Gestrigen, von sich selbst in seiner «Vorfindlichkeit» Abschied nimmt, in der er sich selbst im bisherigen Bestand seiner Existenz preisgibt, riskiert, aufs Spiel setzt, sich ohne zurückzusehen und ohne zu fragen, was dabei aus ihm werden möchte, gänzlich kompromittiert, weil es ihm dabei auf ihn selbst faktisch nicht ankommt, sondern nur eben darauf, daß das vor ihm Liegende, ihm Vorgelegte um jeden Preis u. zw. wirklich von ihm getan werden muß, weil ihm gar nichts übrig bleibt, als sich, koste es, was es wolle, in der Richtung auf dies ihm Vorgelegte zu entscheiden und in Bewegung zu setzen. «Tut um Gottes willen etwas Tapferes!» hat einst Zwingli gewissen Zeitgenossen zugerufen. Nicht: fühlt! denkt! erwägt! meditiert! Nicht: bewegt in eurem Herzen und Kopf, sondern: Tut etwas Tapferes! Ist es das Tapfere, zu dem Jesus den Menschen in seiner Nachfolge aufruft, dann wird es dabei ohne echte Verleugnung seiner selbst bestimmt nicht abgehen.

Gewiß: nicht irgend etwas Tapferes oder nach Tapferkeit Schmeckendes! Das könnte, auch wenn man dabei die größten Vorbilder aus der Kirchen- und Weltgeschichte oder aus der Bibel selbst vor Augen hätte, noch immer ein Tun ohne alle Selbstverleugnung, ja ein Tun höchster Selbstbehauptung sein. Der alte Adam, um dessen Dahintenbleiben es ja ginge, liebt es in aller seiner Trägheit durchaus, sich gelegentlich auch in großen Taten zu ergehen! Es geht um das Tun eines dem Menschen Vorgelegten u. zw. von Jesus Vorgelegten, das, ob es in einer großen oder kleinen, auffälligen oder unauffälligen Verrichtung ins Werk zu setzen ist, jedenfalls nicht von ihm, sondern von dem, der ihn zu sich ruft, für ihn gewählt und gewollt, ihm zur Verrichtung anbefohlen wird: zur Verrichtung im Akt jenes vom Glauben an ihn nicht zu trennenden Gehorsams. Indem der Mensch diesen Gehorsam des Glaubens leistet, wird er sich selbst bestimmt nicht behaupten, sondern eben nur verleugnen können. Der Ruf, mit dem Jesus ihn zu sich ruft und so an sich bindet, bedeutet für ihn auf alle Fälle: Heraus! heraus einmal aus dem Gehäuse alles dessen, was ihm noch gestern, nein: noch eben vorhin als selbstverständlich, gut und recht, nützlich und möglich und zukunftsvoll erschien! Und sodann: Heraus aus dem Gehäuse einer bloß innerlichen, seelischen, geistigen Bewegung, in der er faktisch noch nichts tut, sondern nur eben maikäfert in tatloser Dialektik, in lauter Erwägungen und Projekten im Blick auf dies und jenes, was er wohl tun könnte und auch wohl möchte, nur eben vorläufig doch noch nicht tun kann und will, weil er in seiner Besinnung darüber und über die Situation, in der es zu tun wäre, noch nicht so weit ist! Heraus aus diesen beiden Gehäusen! Eben in ihnen thront der alte Adam, das Selbst, das in der Nachfolge Jesu zu verleugnen ist. In der durch seinen Ruf verlangten neuen Tat wird es verleugnet und besteht das Tapfere, das von Jesu Jüngern zu tun ist:

in dem, was D. Bonhoeffer den «einfältigen Gehorsam» nennt. Einfältig ist der Gehorsam, in welchem ein Mensch eben das tut, was ihm geboten ist: nicht mehr und nicht weniger und nichts Anderes als eben das. Das tut und also nicht etwa endlich und letztlich doch nicht tut! Und das, wörtlich und genau das tut, was ihm zu tun geboten ist! Als Gehorsam gegen Jesu Ruf in seiner Nachfolge kommt nur der in diesen beiden Richtungen einfältige Gehorsam in Frage. Er und nur er wird in Selbstverleugnung geleistet. Erst er und nur er ist die tapfere Tat des Glaubens an Jesus.

Bonhoeffer hat zehnmal recht, wenn er an dieser Stelle scharf gemacht hat gegen eine theologische Interpretation des gegebenen Gebotes und des verlangten Gehorsams, die darauf hinausläuft, daß der Ruf Jesu zwar zu hören, sein Gebot aber dahin zu verstehen sei, daß der Gehorsam, den es fordert, nun doch nicht notwendig die von ihm offenbar geforderte Tat sein müsse, sondern gegebenen Falles auch in deren Unterlassung und im Tun ganz anderer Taten bestehen könne.

Diese Interpretation könnte etwa so laufen: Das Gebot Jesu ist natürlich mit Freude und Dankbarkeit zu hören, entgegenzunehmen und zu befolgen. Ist es doch eben die gebieterische Gnade Gottes und also das Heil der ganzen Welt und des Menschen, die damit als freies Angebot in dessen Leben hineintritt. Wie sollte er sich ihm verweigern? Aber was heißt: es befolgen? Was es gebietet, ist offenbar dies, daß der Mensch zu Jesus komme, an ihn glaube wie an Gott – an Gott glaube, indem er an ihn glaubt – sich ihm (und das ist kein Geringes) ganz und gar anvertraue und also von Herzen willig und bereit sei zu jedem Einsatz, jedem Wagnis, jedem Opfer, das sich, um dieses ganze Vertrauen wahr zu machen, bei gegebener Gelegenheit und Situation als notwendig erweisen könnte. Was nun aber die besondere Gestalt des Gebotes Jesu betrifft, in welchem ja von einem bestimmten, konkret umschriebenen Tun und Lassen die Rede ist, so ist dieses Konkrete doch nur als scharfe Umschreibung und Hervorhebung der Ganzheit, der Radikalität zu verstehen, in der das Gebot eben den Glauben und mit dem Glauben jene Willigkeit und Bereitschaft zu höchster, vollkommenster Hingabe im gegebenen Fall fordert. Gehorsam ihm gegenüber heißt: innerliche Befreiung von allem, worauf der Mensch sonst sein Vertrauen setzen könnte, Lockerung aller sonstigen Bindungen bis zu dem Grad, daß er sie jeden Augenblick auch preisgeben könnte. Er braucht dazu also nicht geradezu das zu tun, was das Gebot Jesu explizit von ihm verlangt. Gemeint ist mit diesem Expliziten das Implizite: daß er glaube und im Glauben gewissermaßen im Sprung sei, gegebenenfalls das explizit Geforderte oder doch etwas Ähnliches, etwas auf seiner Linie Liegendes zu tun. Indem er sich dieses im Gebot Gemeinte zu eigen macht, hat er, recht verstanden, schon gehorcht. Er hat nun, «als hätte er nicht». Durch das im Gebot Gemeinte und durch die Willigkeit und Bereitschaft, die er dem Gebot entgegenbringt, ist ja in der Tat all sein sonstiges Haben grundsätzlich in Frage gestellt. Er tut ja jetzt Alles nur noch, «als täte er es nicht». Er ist also jetzt innerlich frei, vielleicht auch das explizit Geforderte zu tun. Aber ob er gerade jetzt gerade das tun muß? Das doch nicht! Das wäre ja ein gesetzliches Verständnis des Gebotes, das ihn auch im Wortlaut, in welchem es dies und das bestimmt zu fordern scheint, in Wirklichkeit nur in die Freiheit rufen will, die dann wohl auch die Freiheit dazu sein kann, aber nicht sein muß. Also nein: gerade dieses Bestimmte eben jetzt zu tun, ist ihm durch das recht und tief verstandene Gebot Jesu nicht geboten; gerade das muß er vorläufig nicht tun. Er kann im Gehorsam gegen sein Gebot vielleicht auch etwas ganz Anderes, vielleicht gerade das Gegenteil tun, z. B. statt alle seine Habe den Armen zu geben, seine alten Schätze behalten und neue sammeln, die vom Anderen empfangene Ohrfeige zurückgeben, statt ihm die andere Wange auch hinzuhalten. Alles natürlich «als

3. Der Ruf in die Nachfolge 613

täte er es nicht», Alles in der Willigkeit und Bereitschaft, das konkret Geforderte eines Tages vielleicht – wenn die Gelegenheit und Situation dazu sich findet – doch noch zu tun! Alles im recht, im geistig verstandenen und betätigten Gehorsam des Glaubens! Alles im dankbaren Ergreifen des Heils, das dem Menschen durch Jesu Ruf in seine Nachfolge widerfahren ist! Nur eben mit dem Resultat, daß das, was Jesus dem Menschen wörtlich sagt, vorläufig ungetan, der äußere Stand und Lauf der Dinge von seinem Gebot und von des Menschen Gehorsam vorläufig unberührt bleibt.

Bonhoeffers Kommentar zu diesem Gedankengang und seinem Resultat ist (a.a.O. S. 35) dieser: «Wo immer sonst in der Welt Befehle ausgegeben werden, sind die Verhältnisse klar. Ein Vater sagt zu seinem Kind: Geh ins Bett!, so weiß das Kind wohl, woran es ist. Ein pseudotheologisch dressiertes Kind aber müßte nun folgendermaßen argumentieren: Der Vater sagt: Geh ins Bett! Er meint, du bist müde; er will nicht, daß ich müde bin. Ich kann über meine Müdigkeit auch hinwegkommen, indem ich spielen gehe. Also, der Vater sagt zwar: Geh ins Bett!, er meint aber eigentlich: Geh spielen! Mit einer solchen Argumentation würde das Kind beim Vater, würde der Bürger bei der Obrigkeit auf eine sehr unmißverständliche Sprache stoßen, nämlich auf Strafe. Nur dem Befehl Jesu gegenüber soll das anders sein».

Das Gespinste jener Interpretation kann in der Tat nur aufs Rascheste aufgelöst werden. So tritt die gebieterische Gnade Gottes und also das Heil als Jesu Ruf in seine Nachfolge in keines Menschen Leben, daß dieser dabei noch Raum hätte, seinerseits zu überlegen, warum und wie er das ihm gegebene Gebot am besten befolgen möchte. Das ihm gegebene Gebot wird vielmehr als das Gebot Jesu daran zu erkennen sein, daß es eindeutig ist und von ihm – und daran hängt dann auch der Empfang und Nichtempfang des Heils – nur eben so, wie es lautet, sofort befolgt sein will. So steht es auch mit dem von Jesus in der Tat geforderten Glauben an ihn nicht, daß er bloß so etwas wie eine radikale Willigkeit und Bereitschaft für alle Fälle, gewissermaßen auf Vorrat – bei sich bietender Gelegenheit dann ins Werk zu setzen, vorläufig aber zu magazinieren – wäre. Es ist das Vertrauen auf Jesus und also das rechte Gottvertrauen vielmehr dadurch ausgezeichnet, daß es, indem es dem Menschen geschenkt und von diesem gefaßt wird, sofort die Form der bestimmten, durch Jesu Ruf ihm zugewiesenen Entschließung und Tat annimmt. So steht es mit dem dem Menschen von ihm gegebenen Gebot nicht, daß es dem, der es empfängt, freigegeben wäre, zwischen dem, was es meint und dem, was es will, zwischen seinem impliziten Gehalt und seiner expliziten Gestalt nach eigenem Gutdünken zu unterscheiden, sich dann an das Erste zu halten, nach dem Zweiten aber sich vorläufig nicht zu richten. In seiner bestimmten Gestalt vielmehr hat es seinen Gehalt: nur so – und nur indem er sich nach diesem Zweiten richtet, kann und wird er sich auch an jenes Erste halten. Und so steht es endlich mit dem Gehorsam gegen Jesu Ruf nicht, daß der Mensch zu dessen ganzer, innerer und äußerer Darbringung erst die rechte Gelegenheit und Situation – etwa die zu seiner integralen Leistung nötige oder günstige psychologische, historische, oekonomische, politische Situation – abwarten könnte, dürfte oder gar in großer Weisheit abwarten müßte. Gewiß ist er es auch nicht, der diese Situation seinerseits zu schaffen hätte! Wohl aber hat er einzusehen, daß eben durch das an ihn ergehende Gebot Jesu selbst die Situation und alle Bedingungen der Situation schon geschaffen sind, in der er zu gehorchen hat, sodaß weiteres Warten auf den eintretenden Fall, auf den passenden Augenblick, weiteres Betrachten, Erwägen und Wählen anderer Möglichkeiten sich erübrigt, so daß ihm nichts übrig bleibt, als ihm eben jetzt und also sofort zu gehorchen. Wer gehorcht, ist nicht bloß im Sprung, sondern er springt!

Die Argumentation, die wir vorhin zu rekonstruieren versuchten, hört sich gewiß nicht schlecht, sondern ziemlich tiefsinnig an. Gegen Mönche, Schwärmer und andere irgendwie «gesetzliche» Leute kann man mit ihrer Hilfe herrlich triumphieren zu können meinen. Aber das beruht auf Täuschung. «Gesetzlich» war nie der wirklich einfältige, wohl aber immer der eigenmächtig diskutierende, unterscheiden wollende, sich vom Gebot distanzierende Gehorsam, vielmehr: der als Gehorsam sich verkleidende Ungehorsam der Flucht in die Innerlichkeit, wo gerade der innere Mensch sich äußern dürfte und sollte. Er ist der Ungehorsam der Flucht in den Glauben, wo gerade der Glaube als Gehorsam des Herzens den Gehorsam der Tat unweigerlich nach sich ziehen wird. Nicht von Jesu konkretem Gebot her droht dem Menschen das Gesetz, unter dessen Herrschaft er sich nicht mehr begeben soll, sondern von den Zwangsvorstellungen her, in Rücksicht auf die er sich eigenmächtig vom konkreten Gehorsam gegen Jesu konkretes Gebot meint freisprechen zu sollen. Nicht die Fischer am See, die auf Jesu Geheiß ihre Netze verließen und ihm nachfolgten, haben «gesetzlich» gehandelt, wohl aber der reiche Jüngling, der, als er hörte, um was es dabei für ihn ginge, nach Mr. 10,22 traurig wurde und betrübt hinwegging, «denn er hatte viele Güter». Indem Einer das Joch Christi nicht tragen will, bekommt er, hundert Mal schwerer, das von ihm selbst gewählte Joch zu tragen. Mit der rechten Flucht zu Jesus hat das jener Argumentation entsprechende Verhalten nichts zu tun: es bedeutet vielmehr die Flucht vor ihm, die Verweigerung des ersten Schrittes zu ihm hin, der dann faktisch auch keine weiteren folgen können. Wo die Flucht zu ihm ergriffen wird, da kann es nicht anders sein, als daß in und mit dem von ihm geforderten ersten Schritt nicht nur der innere, sondern auch der äußere Stand und Lauf der Dinge im Leben des Menschen und damit auch seiner Umgebung berührt und so oder so grundlegend verändert wird. Der vom Menschen vernommene und ernst genommene Ruf Jesu macht Geschichte. Daran erweist es sich, ob er vernommen: als der Ruf in die Selbstverleugnung vernommen und ernst genommen ist.

4. Der Ruf in die Nachfolge vollzieht einen Bruch. Nicht der ihm gehorsame Mensch vollzieht ihn: auch nicht mit seinem «einfältigen Gehorsam». Was er in solchem Gehorsam tut, das wird ja immer nur eine Andeutung dieses Bruches sein können. Was bleibt ihm, will er nicht ungehorsam sein, übrig, als zu tun, wie er geheißen ist? Es wird aber dafür gesorgt – und er muß und wird sich auch selbst darüber klar sein, daß er mit seinem Tun mehr als eine Andeutung, eine Demonstration, eine Bezeugung jenes Bruches nicht vollziehen kann. Der in die Welt ergehende, von ihm vernommene Ruf Jesu vollzieht den Bruch, hat ihn schon vollzogen. Das Reich Gottes offenbart sich ja in diesem Ruf: inmitten aller Reiche dieser Welt ihnen allen gegenüber, ihnen allen widersprechend und widerstehend, die in der Existenz des Menschen Jesus schon proklamierte, ja schon vollzogene Revolution Gottes. Ihrer Offenbarung hat der Mensch, den Jesus zu sich ruft, standzuhalten, – mehr noch: ihr hat er mit seinem Tun und Lassen zu entsprechen. Es wird sein Tun, indem es gehorsames Tun wird, auf alle Fälle sie bezeugen und anzeigen müssen: nicht nach seinem Gutfinden und Gelüsten, sondern so, wie er geheissen ist, aber, weil es der Mensch Jesus ist, der ihn tun läßt, was er tut, sie und nichts Anderes, in kleinem oder großem Maßstab, in Kraft oder Schwachheit, das nahe herbeigekommene Reich und also den größten, den allein wahren und endgültigen Bruch inmitten der Welt und ihrer Geschichte, der in Jesus schon Ereignis und nicht mehr zu beseitigen ist.

Darum geht es in der in Selbstverleugnung zu betätigenden Nachfolge Jesu. Des Jüngers Selbstverleugnung ist, indem es da um sein, des einzelnen von Jesus gerufenen Menschen eigenes, persönliches Selbst, um die Auflösung seines Bundes mit diesem geht, doch nur so etwas wie die Spitze des großen Angriffs, an dem sich als sein Zeuge zu beteiligen er aufgerufen ist, den er also vor allem als Angriff gegen sich selbst anerkennen, mitmachen muß. Wer nicht sich selbst verleugnen wollte, wie wäre der brauchbar zum Zeugen des großen Angriffs, der in und mit dem Naheherbeikommen des Reiches gegen die Welt (um ihrer Versöhnung mit Gott willen!) gerichtet ist. Seine Selbstverleugnung und der erste Schritt, den zu tun ihm durch den, der ihn beruft, geboten wird, ist eben nicht Selbstzweck. Sie steht vielmehr im Dienst jenes großen Angriffs.

Es geht aber in jenem großen Angriff um Gottes in der Existenz des Menschensohnes schon vollbrachtes Zerbrechen all der sog. «Gegebenheiten», all der angeblich natürlichen Lebensordnungen, aller «Geschichtsmächte», die sich mit dem Anspruch auf absolute Würde und Geltung, als unmittelbare Autoritäten – mythologisch, aber sehr realistisch bezeichnet, als Götter – zwischen Gott und den Menschen, aber auch zwischen den Menschen und seinen Mitmenschen hineingeschoben haben, vielmehr die der erfinderische Mensch zwischen Gott und sich selbst und zwischen sich selbst und den Mitmenschen hineingeschoben hat. Ihre Herrschaft charakterisiert die Welt als die Welt des trägen Menschen, macht sie immer wieder dazu: zur gegen Gott streitenden, eben darum auch in sich selbst endlos zerfallenen und darum der Versöhnung mit Gott und seines Friedens bedürftigen Welt. Der absolut gesetzte Besitz (Luk. 16, 9 nicht umsonst der «Mammon der Ungerechtigkeit» genannt), die absolut gesetzte Ehre vor den Menschen, die zur Verteidigung beider absolut gesetzte Gewalt, die absolut gesetzte Familie mit ihren Ansprüchen, aber auch der absolut gesetzte Nomos einer Religion (am Schlimmsten, wenn es der der Offenbarungsreligion ist!) sind solche, vom Menschen erst aufgerichtete, dann praktisch angebetete, dann ihn seinerseits beherrschende Götter, welche zwischen Gott und ihn, ihn und seinen Mitmenschen hineingeschoben sind und nun sich selbst in dieser Mittlerstellung behaupten. Nicht die Menschen, nicht irgend ein Mensch vollzieht den Bruch mit diesen Gegebenheiten, Lebensordnungen, Geschichtsmächten. Was der Mensch von sich aus tut, auch was er in Auflehnung gegen sie sich von sich aus herausnehmen mag, läuft immer wieder auf ihre Bestätigung und Verstärkung hinaus, ruft immer neuen Formen ihres Regimentes. Die kleinen Revolutionen und Angriffe, durch die sie je und je mehr erschüttert scheinen als wirklich erschüttert werden, haben ihrer Macht noch nie auch nur wirkliche Grenzen gesetzt, geschweige denn, daß sie sie gebrochen hätten. Das Reich, die Revolution Gottes bricht sie, hat sie schon gebrochen. Jesus ist ihr Besieger.

Wer nun sein Jünger wird, der wird dessen notwendig Zeuge sein müssen. Gerade aus dem Traum, daß jene Mächte göttliche oder gottgegebene Wirklichkeiten, ewige Ordnungen seien, ist er durch ihn aufgeweckt. Gerade daß die Menschen und unter ihnen er selbst unlöslich an sie gebunden, ihnen unbedingt verpflichtet seien, kann er nicht mehr glauben und darum auch nicht mehr denken und für wahr halten. Genau an ihrer Stelle steht für ihn ihr Besieger, Jesus, der eine Mittler zwischen Gott und den Menschen, zwischen Mensch und Mitmensch: er, die göttliche Wirklichkeit und er der, der darüber entscheidet, was für ihn gottgegebene Wirklichkeit sein und nicht sein kann, ist und nicht ist. Wer sein Jünger wird, wird durch ihn ein freier Mann ihnen allen gegenüber. Das heißt nun aber nicht nur: ein ihnen gegenüber zwar überlegener, aber praktisch neutraler Mann, sondern ein solcher, der seine Freiheit ihnen gegenüber ins Werk setzen darf und muß. Sie soll ja als Kundgabe des Sieges Jesu in der Welt bezeugt werden. Die unter jenen Mächten seufzende Welt soll ja hören, vernehmen, beherzigen, daß ihre Herrschaft gebrochen ist. Durch das Dasein bloß innerlich freier Menschen wird ihr diese Kunde aber nicht vermittelt werden. Sie muß, indem ihr diese Kunde gesagt wird, mindestens andeutend, mindestens zeichenhaft, zu hören und zu sehen bekommen, was geschehen ist. Der von Gott in Jesus vollzogene Bruch muß eben – Geschichte werden. Dazu beruft Jesus seine Jünger. Eben darum kann sich, wer sein Jünger wird, an einer bloßen Theorie über die Relativierung jener falschen Absolutheiten, an einer bloßen Gesinnung, in der es für ihn keine solchen Götter mehr gibt, an seiner inneren Freiheit ihnen gegenüber nicht genügen lassen. Eben darum wird und ist er, der Eine so, der Andere anders, aus den Bindungen an sie auch praktisch herausgerufen, wäre es Verweigerung des Rufes in die Nachfolge, wenn er sich der Vollstreckung solcher Taten und Handlungsweisen entziehen würde, in denen er auch äußerlich sichtbar aus diesen Bindungen heraustritt. Er wird das in keinem Fall und in keiner Richtung aus eigenem Antrieb und in eigener Willkür tun. Es geht nicht um sein Revolutiönchen oder um das seiner Gruppe von Gleichgesinnten. Es geht um das Reich Gottes und um seine Revolution. Aber eben zu deren Bezeugung durch sein Tun und Verhalten ist der Jünger Jesu auf alle Fälle, und das für Jeden in ganz bestimmter Weise, aufgerufen. Sich diesem ihm gegebenen konkreten Gebot zu entziehen, hat er nun eben kein Recht, keine Freiheit. Alles, was unter Punkt 3 über den «einfältigen Gehorsam» gesagt wurde, muß nun in Kraft treten. Mit einer in sich schwingenden und sich beruhigenden Mystik der Weltentsagung, Weltfreiheit, Weltüberwindung bei sich gleich bleibendem Bindungsverhältnis zu den in Jesus schon zerbrochenen gottlosen und menschenfeindlichen Ordnungen dieser Welt, bei womöglich nun erst recht geltender und geheiligter Bindung an sie kann seine Selbstverleugnung nichts zu tun haben. Wie tief sie dann immer begründet und geartet sein möge: sie wäre dann ein ebenso tief uninteressantes Unternehmen. Sie hat dann Gewicht, wenn sie im Gehorsam gegen den, der sie fordert, Anzeige seines Angriffs und Sieges und also ein konkreter Schritt ins Freie der Entscheidung und der Tat ist: solcher Entscheidung und Tat, in welcher der Mensch der ihn umgebenden Welt gegenüber, obwohl er doch nur andeuten kann, um was es eigentlich geht, notwendig als ein Fremdling, ein Narr, ein Schädling, erscheinen muß. Wie sollte es anders sein, als daß er selbst sich zuerst immer wieder als ein solcher vorkommen mag? Er muß und wird es darauf ankommen lassen, seiner Umgebung – und wenn er sich mit deren Augen sieht, auch sich selbst – ärgerlich zu werden. Er wird das nicht suchen und wollen. Er wird es aber auch nicht vermeiden können, es darauf ankommen zu lassen, daß er es wird. Er kann sich also der Welt gegenüber nicht auf so etwas wie eine «innere Emigration» einlassen und beschränken, in der er den anderen, den auf der Verehrung ihrer Götter bestehenden Menschen, nicht widrig, kaum verdächtig und vielleicht nicht einmal bemerkbar würde. Es geht ja für ihn nicht darum, in Erwerbung eines privaten Heils seine Seele zu retten. Vielmehr: er würde seine Seele gerade damit verlieren, das Heil gerade damit verscherzen, daß er die öffentliche Verantwortlichkeit nicht wahrnehmen würde, die er, indem er Jesu Jünger wird, auf sich nimmt. Ob er das tut, wäre mehr als fraglich, wenn seine Umgebung durch seine Existenz nicht – mit allen peinlichen Folgen, die das für ihn haben muß – genötigt wäre, aufzumerken. Sie wird das aber solange nicht tun, sie wird sich durch seine Existenz solange nicht gestört und beschwert finden, als er als der, der er ist, noch nicht ins Freie tritt, d.h. offen tut, was sie nicht tut, und nicht tut, was sie tut, solange er ihr in seinem Verhalten zu den für sie absoluten Gegebenheiten, Lebensordnungen und Geschichtsmächten «gleichgeschaltet» ist, konform bleibt. Das möchte für ihn den Vorteil haben, daß er – von ihr seinerseits ungestört und unangefochten, «seines Glaubens leben», seiner vielleicht sehr radikal oppositionellen Gesinnung sich erfreuen und heimlich rühmen darf. Nur daß ihn eben das zum Zeugen des Reiches Gottes unbrauchbar machen würde. Er vermiede dann mit dem Ärgernis, das er als solcher «stiller Teilhaber» an der Sache des Reiches Gottes in der Tat niemandem geben würde, auch den Gehorsam, den zu leisten ihm geboten ist. Denn dieser Gehorsam müßte eben darin bestehen, daß er vor den Augen und Ohren der ihn umgebenden anderen Menschen in der ihm bestimmten Weise einen neuen Weg einschlägt, der ihn aus der Konformität mit ihnen an irgend einer, an der nun gerade ihm zugewiesenen Stelle, hinausführt, auf dem er also sich ihnen, den noch in der Konformität Verharrenden, den noch «Gleichgeschalteten», ohne daß er es will, aber ohne daß er es verhindern kann, auffällig, verdächtig, widrig macht, auf dem er mit großen oder kleinen Unannehmlichkeiten von ihrer Seite wird rechnen müssen. Er wird sie nicht herausfordern. Ihm wird als Daniel in der Löwengrube keinenfalls aufgetragen sein, die Löwen auch noch an den Schwänzen zu zupfen! Es wird ihm nur eben widerfahren, was ihm da, wenn Gott es nicht unvermuteter Weise anders will, widerfahren muß. Er wird das nur eben zu ertragen haben. Man wird ihn darum besser nicht als einen «Kämpfer» bezeichnen und beschreiben. Er selbst wird sich, wenn er bei Sinnen ist, bestimmt nicht als einen solchen verstehen. Er geht ja seinen Weg aus der Konformität heraus nicht gegen irgendwelche, sondern für alle Menschen: als Einer, der ihnen ihrer aller schon geschehene Befreiung anzuzeigen hat. Zur *militia Christi* wird es dabei ganz von selbst kommen, nicht aber zu christlichen Rechthabereien gegenüber den Nicht-Christen, zu keinen im Namen des Evangeliums veranstalteten und durchgeführten Katzbalgereien, um von Kreuzzügen u. dgl. schon gar nicht zu reden. Die *militia Christi* wird nicht in seinem Streiten gegen Andere, sondern entscheidend in seinem Streit gegen sich selbst und dann eben darin bestehen, daß er von Anderen bestritten wird, von ihnen das Seinige in dieser oder jener Form zu leiden bekommt und daß er sich das gefallen läßt. Ihnen wieder ein Leid zuzufügen und also gegen sie zu kämpfen, ist nicht sein Auftrag. Und auch für die Sache des Reiches Gottes, für die er eingesetzt ist, braucht er nur eben in der Form zu kämpfen, daß er seinen Anbruch, seinen Einbruch in die alte Welt durch sein Tun und Lassen anzuzeigen hat: indem er nämlich den von Jedermann anerkannten und kultivierten Autoritäten und Göttern seinerseits – und das eben nicht unsichtbar, sondern sichtbar – den Respekt und den Gehorsam verweigert, seinen Hut vor den Hüten der verschiedenen Landvögte nun eben nicht lüftet. Er weiß, daß der Kampf gegen sie schon gekämpft, der Sieg über sie schon Ereignis, ihre Macht schon gebrochen ist. Eben das praktisch anzuzeigen, ist sein den Anderen ärgerlicher, in sich aber sehr friedlicher und freudevoller Auftrag, bei dem es ja nur um die Entlastung und Befreiung gerade auch dieser Anderen geht. Diesem Auftrag wird er sich nicht entziehen können.

Hier ist nun der Ort, der konkreten Gestalten der Forderung zu gedenken, mit der Jesus laut der Evangelien damals an die herantrat, die er in seine Nachfolge rief. Gemeinsam ist ihnen allen dies, daß dabei auf ein solches Tun und Lassen gezielt ist, durch das seine Jünger den durch den Anbruch und Einbruch des Reiches entstandenen Bruch in der menschlichen Situation, das Ende der widerstandslos ausgeübten und widerspruchslos hingenommenen Herrschaft der Gegebenheiten, der Lebensordnungen, der Geschichtsmächte sichtbar machen und also der Welt anzeigen sollen. Gemeinsam ist ihnen allen auch dies, daß der konkret geforderte und zu leistende Gehorsam des Jüngers in jedem Fall dies bedeutet, daß er aus der Konformität mit dem zuvor auch ihm selbstverständlichen Tun und Lassen des Herrn Jedermann an der ihm zugewiesenen Stelle heraustreten, in seiner Umgebung ein Einsamer werden muß: ein Einsamer damit, daß er an dieser Stelle nicht das von den in seiner Umgebung noch in allen

Ehren stehenden Göttern verlangte Allgemeine tun darf und will. Er ist an dieser bestimmten Stelle vom Tun jenes Allgemeinen entbunden: weil und indem er an Jesus gebunden ist.

Man muß dieses «weil und indem» unterstreichen: anders als in der unmittelbaren Bindung an Jesus findet das, daß ein Mensch aus der Konformität mit seiner Umwelt herausgerufen und also vom Tun jenes Allgemeinen entbunden wird, nicht statt. Und man wird sich auch diese Bindung an Jesus als eine ganz partikulare, jedem Menschen – und einem jeden Menschen auch in jeder besonderen Zeit und Situation ganz besonders widerfahrende vorstellen müssen: eben diesem Menschen gibt er jetzt – und dieser Mensch empfängt jetzt von ihm gerade diesen Befehl als die konkrete Gestalt des ihn jetzt angehenden Rufes in die Nachfolge. An dem ist es also nicht, daß er von einem Allgemeinen, von der durch die Herrschaft jener Götter bestimmten Gesetzlichkeit der Welt entbunden, gleichzeitig aber an die Gesetzlichkeit einer anderen Allgemeinheit gebunden würde, die dann in der prinzipiellen, systematischen, programmatischen Durchbrechung und Aufhebung jener ersten bestehen würde. Das konkrete Befehlen Jesu errichtet der Front des regelmäßigen Tuns der Weltmenschen gegenüber nicht so etwas wie die Gegenfront eines ebenso regelmäßigen Tuns aller seiner Jünger in allen Zeiten und Situationen. Er heißt sie – und das ist etwas Anderes – jene Front nach seiner einem Jeden besonders gegebenen Anweisung jetzt hier, jetzt dort zu durchstoßen und eben damit inmitten der von den Göttern beherrschten, ihrer Gesetzlichkeit unterworfenen Menschenwelt die Zeichen des Reiches aufzurichten. Es gibt also – außer ihm selbst als ihrem Herrn! – kein neues Gesetz der Revolution, dem seine Jünger nun ebenso unterworfen wären wie die Anderen dem alten Gesetz des von den falschen Absolutheiten beherrschten Kosmos. Es gibt keine durch dieses neue Gesetz zusammengefügte Partei, die es in der gleichen Weise zu verfechten hätte, wie die Parteien der in sich gespaltenen Welt für ihre verschiedenen Auffassungen der Weltgesetze zu fechten haben. Es gibt nur Jesu neues Gebieten in seinem Verhältnis zu je diesem von ihm erwählten Menschen, in je dieser von ihm bestimmten Zeit und Situation. Dieses sein neues Gebieten ist die konkrete Gestalt, in der er je diese Menschen, je jetzt und hier in seine Nachfolge ruft und also heiligt.

Es ist ja klar, daß es sich in den in der evangelischen Überlieferung festgehaltenen Anweisungen zur Nachfolge um «Sammelberichte» handelt: auch da und gerade da, wo sie sich als generell an eine Mehrzahl oder auch an die Gesamtheit seiner Jünger gerichtet geben. Sehr früh ist das verkannt und sehr falsch ist dann aus diesen Anweisungen eine *nova lex*, ein dem Allgemeinen der Welt gegenüber aufgerichtetes christliches Allgemeines gemacht worden. Festgehalten werden in den evangelischen Logien von der Nachfolge der Jünger gewisse große Linien, auf denen sich das konkrete und konkreten Gehorsam fordernde Gebieten Jesu lauter einzelnen Menschen gegenüber auf alle Fälle bewegte, auf denen es sich als sein Gebieten charakterisierte als unterschieden von allem Gebieten anderer Herren. Und richtig gelesen werden diese Logien wieder von lauter Einzelnen, die sich durch sie bezeugen lassen: auch sie sind zum Gehorsam gegen denselben Herrn aufgerufen, der als dieser Herr daran erkennbar ist, daß sein Gebieten – indem es nicht von Allen und nicht von Jedem in jeder Zeit und Situation dasselbe fordert – sich doch in jedem Fall auf einer oder auch mehreren jener großen Linien bewegt. Eben darin treffen aber alle in den Evangelien dokumentierten Linien der Anweisungen Jesu unter sich zusammen, daß der Mensch sich durch diese auf alle Fälle zu einem ihm aufgetragenen Durchstoßen der Front des allgemeinen Tuns und Lassens der Anderen aufgerufen findet: zu einem Heraustreten aus der praktischen Anerkennung der durch die Herrschaft der Weltautoritäten bestimmten Gesetzlichkeit. Alles hängt daran, daß es Jesus ist, der solches Durchstoßen und Heraustreten von ihnen fordert. Es würde aber, wo solches Durchstoßen und Heraustreten nicht gefordert wäre, nicht um sein Gebot, und wo solches Durchstoßen und Heraustreten nicht stattfände, nicht um den Gehorsam gegen ihn gehen. Gibt es auch in einem Tun auf jenen großen Linien der konkreten Gestalten seiner Forderung kein rechtes Tun außer der Bindung an ihn, d.h. es werde denn um seinetwillen getan, so gibt es doch auch keine Bindung an ihn, in der sich das Tun des Jüngers nicht auf einer oder mehreren jener in den Evangelien sichtbar gemachten großen Linien bewegen, in der es nicht – und das eben ist ihr Gemeinsames – der gefangenen Welt die Freiheit des Reiches Gottes in sichtbarer Konkretion bezeugen würde.

Die jedenfalls für uns Abendländer auffälligste unter diesen großen Linien ist die, auf der Jesus nach der evangelischen Überlieferung offenbar an viele Menschen als konkrete Gestalt ihres Gehorsams in der Nachfolge dies gefordert hat: daß sie sich von der allgemeinen Bindung an die Autorität, Geltung und Zuverlässigkeit des Besitzes nicht nur innerlich, sondern auch äußerlich, im Wagnis und in der Verbindlichkeit einer bestimmten Tat loszusagen hätten. Es geht nicht um die Realisierung eines Ideals oder Prinzips der Armut, wie es später in die Mönchsregel aufgenommen worden ist. Und es geht auch nicht um die Grundlegung einer vom Prinzip des Privateigentums befreiten neuen Gesellschaft. Sondern es geht schlicht und zugleich viel einschneidender um bestimmte Aufrufe an bestimmte Menschen, wie der Matth. 5,42: «Gib dem, der dich bittet, und wende dich nicht von dem ab, der von dir borgen will!» (Luk. 6,35 in der peinlichen Verschärfung: «Leihet, ohne etwas zurückzuerwarten!), oder Matth. 5,40: «Wer dir den Rock nehmen will, dem laß auch den Mantel!», oder 6,31: «Ihr sollt euch nicht sorgen und sagen: Was werden wir essen und was werden wir trinken oder womit werden wir uns kleiden? Denn nach all dem trachten die Heiden!», oder 6, 19: «Sammelt euch nicht Schätze auf Erden, wo Motten und Rost sie zunichte machen und wo Diebe einbrechen und stehlen!», oder 6,24: «Niemand kann zwei Herren dienen ... Ihr könnt nicht Gott dienen und dem Mammon!», oder die Worte in der Aussendungsrede Matth. 10,9f.: «Verschaffet euch nicht Gold noch Silber noch Kupfer in eure Gürtel, keine Tasche auf den Weg, auch nicht zwei Röcke, auch nicht Schuhe noch Stab!» Oder die im Gleichnis von jenem bankerotten Verwalter illustrierte Aufforderung, sich mit dem ungerechten Mammon, solange man ihn noch unter Händen habe, Freunde zu machen (Luk. 16, 9) und in diesem Sinn «treu» mit ihm umzugehen. Oder das Radikale, das Mr. 10, 21 von dem reichen Jüngling, den Jesus lieb hatte, verlangt wird: «Eins fehlt dir, geh hin, verkaufe Alles, was du hast und gib es den Armen!» Dazu Mr. 10,28 das Echo aus dem Munde des Petrus: «Siehe, wir haben Alles verlassen und sind dir nachgefolgt!» Die Linie, auf der das Alles gesagt ist, ist offenbar dieselbe, ohne daß es doch möglich wäre, das Alles auf den Nenner einer für Alle gültigen technischen Regel für ihren Umgang mit dem Besitz zu bringen. Es ist vielmehr mit Händen zu greifen, daß es sich da um lauter bestimmten Menschen zu bestimmter Zeit gegebene, bestimmte und ebenso bestimmt zu befolgende, also nicht zu formalisierende, nicht zu spiritualisierende, sondern in ihrem Wortlaut auszuführende Anweisungen handelt. Wohin sie alle zielen, ist auch klar: die selbstverständliche Bindung des Menschen an das, was sein ist, ist da, wo Jesus in seine Nachfolge ruft, nicht nur problematisiert, sondern praktisch durchlöchert. Der Mensch, dem Jesu Aufruf widerfährt, denkt, fühlt nicht nur, sondern handelt (jetzt! hier! in dieser bestimmten Begegnung mit seinem Nächsten!) als ein von dieser Bindung Befreiter. Er kann nicht nur fahren lassen, was sein ist: er tut es! Er vollzieht, indem er genau so tut, wie er von Jesus geheißen ist, jenen Durchstoß, jenes Hinaustreten: er bezeugt, daß das Reich des Mammon durch das Kommen des Reiches Gottes gebrochen ist.

Es geht auf einer anderen Linie der Weisungen Jesu ebenso direkt um das mit dem Kommen des Reiches geschehene Zerbrechen dessen, was in der ganzen Welt als des Menschen Ehre in Geltung steht: «Selig seid ihr, wenn sie euch schmähen und verfolgen und alles Arge wider euch reden um meinetwillen!» (Matth. 5,11). Denn: «Haben sie den Hausherrn Beelzebul geheißen, um wieviel mehr seine Hausgenossen» (Matth. 10,25). Und darum: «Wer dich auf die rechte Wange schlägt, dem biete auch die andere dar!» (Matth. 5,39). Darum nach dem Gleichnis von dem zum Gastmahl Eingeladenen

3. Der Ruf in die Nachfolge

(Luk. 14, 7 f.): Setze dich nicht auf den obersten, sondern auf den untersten Platz! «Denn wer sich selbst erhöht, wird erniedrigt und wer sich selbst erniedrigt, wird erhöht werden». Darum: «Wer unter euch groß sein will, sei euer Diener, und wer unter euch der Erste sein will, sei euer Knecht!» (Matth. 20, 26 f.). Darum: «Wenn ihr nicht umkehrt und werdet wie die Kinder, so werdet ihr nicht ins Himmelreich kommen» – dies gesagt in Gegenwart eines wirklichen, von Jesus herbeigerufenen Kindes, hineingestellt in die Mitte seiner mit der Frage nach dem Größten im Himmelreich beschäftigten Jünger (Matth. 18, 1 f.)! Darum: anders als die, die die obersten Plätze bei den Mahlzeiten, die den Vorsitz in den Synagogen, die das feierliche Begrüßtwerden auf dem Markt lieben und für sich in Anspruch nehmen, sollt ihr euch nicht «Rabbi», nicht «Vater», nicht «Lehrer» anreden lassen (Matth. 23, 6 f.). «Wie könnt ihr glauben, die ihr Ehre voneinander nehmet?» hält Jesus (Joh. 5, 44) den Juden vor, um umgekehrt von seinen Jüngern zu verlangen, daß sie einander die Füße waschen sollten: «denn ein Vorbild habe ich euch gegeben, damit auch ihr tut, wie ich euch getan habe» (Joh. 13, 14 f.). Wer zu Jesus kommt, der nimmt (Matth. 11, 29) ein Joch auf sich wie ein braver Ochse! Als allgemeine Regel für ein verbessertes Spiel des gesellschaftlichen Verkehrs wäre das alles offenbar nicht einmal formulierbar, geschweige denn durchführbar. Wiederum ist es klar, daß in diesen Worten mit der Existenz von Menschen gerechnet wird, die durch Jesu ihnen konkret gegebenes Gebot von den allgemein herrschenden Zwangsvorstellungen hinsichtlich dessen, was in der Gesellschaft Geltung, Würde, Bedeutung heißt, freigesprochen sind. Daß sie durch den Einbruch des Reiches Gottes überholt, antiquiert sind, die Umwertung aller Werte, die da Ereignis wird, wo Gottes Gnade das Szepter führt, ist diesen Menschen nicht verborgen geblieben. Das dürfen und sollen sie in einem Tun und Lassen sichtbar machen, in welchem sie aus dem Rahmen dessen, was ihre Umgebung für Ehre und Unehre hält, unbekümmert heraustreten. Der Jünger Jesu kann von dem Thron oder Thrönchen, das in der menschlichen Gesellschaft auch ihm beschieden sein mag, auch heruntersteigen! Er tut es nicht aus Mutwillen und nicht nach seinem eigenen Geschmack, sondern so, wie es ihm befohlen ist. Aber so, wie es ihm befohlen ist, tut er es auch.

Es geht auf einer anderen Linie der konkreten Gestalten des Gebotes Jesu und des ihm zu leistenden Gehorsams um die Bezeugung des Reiches Gottes als des Endes der fixen Idee von der Notwendigkeit und Heilsamkeit der Gewalt. Die Weisung Jesu muß sich seinen Jüngern besonders tief eingegraben haben: daß die Gewalt von ihnen weder zu fürchten, noch auszuüben sei. Nicht zu fürchten, wenn sie ihnen von Anderen angetan wird: die können im schlimmsten Fall ihren Leib, in keinem Fall aber ihre Seele töten, nicht sie selbst erreichen und erledigen. Warum und inwiefern nicht? Weil jedes einzelne Haar auf ihrem Haupt, sollte es ihnen gekrümmt werden, weil sie selbst, sollte es ihnen auch ans Leben gehen, in der Hut des väterlichen Zutuns und Bewahrens Gottes steht, ohne den auch kein Sperling zur Erde fällt. Und sie sind mehr als viele Sperlinge. Sie sind der über sie ergehenden Gewalt gegenüber, indem sie sie erleiden, geborgen. Von daher der Imperativ: Fürchtet euch nicht! (Matth. 10, 28 f.). Die aber von der Gewaltübung Anderer ihnen gegenüber nichts zu befürchten haben, weil sie ihnen nichts anzutun vermag, die können auch nichts davon erwarten, sie ihrerseits Anderen gegenüber zur Anwendung zu bringen. Feuer vom Himmel auf das Dorf jener Samariter, die Jesus nicht aufnehmen wollten (Luk. 9, 52 f.)? Darauf hätte dieser nach der einen Textvariante nur stumm geantwortet, indem er sich umwandte und sie «bedrohte», nach der anderen explizit: «Wisset ihr nicht, welches Geistes Leute ihr seid? Der Menschensohn ist nicht gekommen, Menschen zu verderben, sondern sie zu retten». Mit dem Satz: «Und sie zogen in ein anderes Dorf» endigt die kurze Perikope. So entspricht es der Matth. 10, 13 f. den Jüngern gegebenen Weisung: Wo sie nicht aufgenommen werden, da sollen sie ihnen den Staub von den Füßen schütteln und weiterziehen. Ihr Friede, den sie seiner vorläufig offenbar Unwürdigen bringen wollten, kehrt dann zu ihnen selbst zurück (während sie selbst ihn bei anderem Verhalten offenbar ihrerseits verlieren würden). Und als dann (Matth. 26, 51 f.) die Leute der Hohenpriester «wie gegen einen Räuber auszogen mit Schwertern und Stöcken», um Jesus zu ergreifen, als dann einer von den Jüngern seine Hand ausstreckte, sein Schwert zog, nach einem der Knechte schlug und ihm das Ohr abhieb, da wurde er geheißen, sein Schwert in die Scheide zu stecken. «Denn alle, die zum Schwert greifen, werden durch das Schwert umkommen». Zwölf Legionen Engel könnte ihm sein Vater sofort zur Seite stellen: er bittet ihn nicht darum, er ist solcher Verteidigung nicht bedürftig, sie auszuüben nicht willig. Aus jenem *circulus vitiosus* soll darum auch der seinen Säbel zückende Jünger sofort heraustreten. Aber die Gewaltübung fängt ja nicht erst mit dem Töten an, sondern schon mit dem Zürnen gegen den Bruder, schon mit seiner Benennung als *raka*, als Tor, schon mit dem Händeln vor Gericht (Matth. 5, 21 f.): der Jünger Jesu wird auch das unterwege lassen, vom Zurückschlagen um der Ehre und des Besitzes willen (Matth. 5, 38 f.) nicht zu reden! Man beachte, daß ein Hinweis auf die großen und kleinen Greuel, ohne die es, wo ein Mensch dem anderen Gewalt antut, nicht abzugehen pflegt, in allen diesen Worten keine Rolle spielt! Der entscheidende Widerspruch des Reiches Gottes gegen alle verborgenen und offenkundigen Reiche der Gewalt dürfte vielmehr schlicht darin zu erblicken sein, daß es jede Freund-Feind-Beziehung zwischen Mensch und Mensch außer Kraft setzt. So oder so, in diesem Verhältnis ist ja die Gewalt die *ultima ratio*. Lieben, die euch lieben? Das können und tun auch die Zöllner! Humanität unter Brüdern? Das können und tun auch die Heiden (Matth. 5, 46 f.)! Was soll das? Des ungeachtet ist und bleibt ja die Welt voll Gewaltübung, weil die Freund-Feind-Verhältnisse davon unberührt bleiben. Den Jüngern aber wird gesagt «Liebet eure Feinde!» (Matth. 5, 44). Das ist das Ende der Freund-Feind-Beziehung – euer von euch geliebter Feind hört ja eben damit auf, euer Feind zu sein – und also das Ende der Gewaltübung, die ja dieses Verhältnis voraussetzt, nur in ihm Sinn hat. Der Jünger bezeugt – und das mit seinem Tun und Lassen – jenes und damit auch dieses Ende. Für ihn heißt es jetzt in dieser doppelten Beziehung ganz ernsthaft und ganz konkret: «Ohne mich!» Wieder keine allgemeine Regel, kein christliches System, das dem System der Welt gegenüberstünde, mit ihm konkurrieren würde, mit ihm in irgendeinem Ausgleich zu versöhnen wäre! Aber wieder für den, den Jesus damit in seine Nachfolge ruft, daß er ihn gerade in dieser Richtung unter sein Gebot und Verbot stellt, konkrete, nicht zu diskutierende, sondern so, wie sie lautet, auszuführende Weisung! Man kann im Sinn des Neuen Testamentes nicht prinzipiell, nur praktisch Pazifist sein. Es sehe aber Jeder zu, ob er es, in die Nachfolge gerufen, vermeiden kann und unterlassen darf, praktisch Pazifist zu werden!

Geht es auf jener dritten Hauptlinie der hier in Frage kommenden Texte um die mit dem Anbruch des Reiches Gottes sich ankündigende Beseitigung der falschen, in der Freund-Feind-Beziehung sichtbaren und in der Gewaltübung sich konkretisierenden Distanzierung zwischen Mensch und Mensch, so bekommen wir es auf einer vierten umgekehrt mit der von dorther sich aufdrängenden Auflösung ihrer allzu selbstverständlichen Bindung aneinander zu tun. Es handelt sich um diejenige, die nicht die Sprache der Bibel, wohl aber unsere sonstige Sprache mit dem Begriff der Familie zu bezeichnen pflegt. Die Verhältnisse von Mann und Frau, Eltern und Kindern, Brüdern und Schwestern usf. als solche stehen nicht in Frage – der Mensch wäre ja nicht Mensch, wenn er nicht in diesen Verhältnissen stünde – wohl aber die triebhafte Intensität, in der sich der Mensch von den ihm in diesen Verhältnissen gegenüberstehenden Mitmenschen umklammern läßt, diese Mitmenschen seinerseits umklammern zu müssen meint, sein Selbstgenügen in der Nest- und Brutwärme dieser Verhältnisse, in der Abwicklung ihrer Probleme, im Bereich ihrer Freuden und Leiden, kurz: sein Gefangensein in ihnen, genau so, wie er in anderer Hinsicht der Gefangene seines Besitzes oder seiner Ehre ist. In diese Gefangenschaft der Sippe, des Clans hinein erklingt die Freiheitsbotschaft. Da erscheint die Entschuldigung des zum Gastmahl Geladenen (Luk. 14, 20): «Ich habe eine Frau genommen und kann deshalb nicht kommen» in einer Reihe mit

3. Der Ruf in die Nachfolge

denen der anderen, die einen Acker oder die fünf Joch Ochsen gekauft haben und sich mit ihnen beschäftigen müssen. Da fällt (Luk. 9,59f.) das merkwürdige Wort an den Mann, der Jesus nachfolgen, zuerst aber seinen Vater begraben wollte: «Laß die Toten ihre Toten begraben! Du aber gehe hin und verkündige das Reich Gottes!» Und da alle jene aufregenden Logien, in denen von einem mit der Nachfolge Jesu verbundenen ἀφεῖναι (verlassen), διχάζειν (entzweien), διαμερίζειν (veruneinigen), ja μισεῖν (hassen) die Rede ist, laut welcher es – nicht zu einer Beseitigung jener Verhältnisse als solcher, wohl aber der in jenen Verhältnissen immer wieder entstehenden und bestehenden Bindungen kommen muß. Da werden (Mr. 10, 29) nicht nur Haus oder Acker, sondern eben auch Bruder oder Schwester, Mutter oder Vater oder Kinder (man sieht schon an dem «oder», daß auf lauter einzelne Fälle gezielt wird!) verlassen um seinet-, um des Evangeliums willen. Da warnt Jesus (Matth. 10,34f.) vor der Meinung, er sei gekommen, Frieden auf Erden zu bringen: nicht den Frieden, sondern das Schwert! Einen Menschen mit seinem Vater zu entzweien, eine Tochter mit ihrer Mutter, eine Schwiegertochter mit ihrer Schwiegermutter, des Menschen Hausgenossen seine Feinde werden zu lassen – dazu sei er gekommen! Und wer Vater oder Mutter, Sohn oder Tochter mehr liebe als ihn, der sei seiner nicht wert! Oder nach der Parallele (Luk.12,52): «Von jetzt an werden fünf in einem Haus entzweit sein, drei mit zweien und zwei mit dreien». Da hört man Luk. 14, 26, nun in schärfstem Ausdruck: «Wenn Jemand zu mir kommt und nicht seinen Vater und seine Mutter und sein Weib und seine Kinder und auch sich selbst haßt, kann er nicht mein Jünger sein». Haßt?! Nicht diese Personen wollen gehaßt sein – wie sollten sie von der gebotenen Liebe des Nächsten ausgeschlossen sein? – wohl aber der von diesen Personen zwingend ausgehende und eben diese Personen wieder zwingend packende Griff, die Konzentration der Nächstenliebe auf diese Personen, die in Wirklichkeit deren Verleugnung ist, der faule Friede jener Nest- und Brutwärme im Verhältnis zu diesen Personen, in der sich doch irgendwo der kalte Krieg gegen alle anderen vorbereitet! Es wird der absoluten Familie im Anbruch des Reiches Gottes ebenso bestimmt Feierabend angekündigt wie dem absoluten Besitz und wie der absoluten Ehre. Eine allgemeine Regel ist auch damit nicht gegeben, ein neues Gesetz in Konkurrenz mit dem so mächtig in die entgegengesetzte Richtung weisenden Weltgesetz ist auch damit nicht aufgerichtet. Aber allerdings: die dem Jünger in bestimmter Situation (bestimmt durch die ihm besonders zukommende Weisung!) gegebene und von ihm zu betätigende Freiheit vom Weltgesetz ist auch damit proklamiert. Keine Frage, daß der Protestantismus gerade diese Proklamation Jesu – nicht auch die jener anderen Freiheiten? – aus lauter Angst vor dem Schreckbild des Mönchtums allzu gründlich überhört, vielmehr weithin so getan hat, als ob Jesus gerade umgekehrt jene Bindung, als ob er erst recht die absolute Familie proklamiert hätte. Kann man sich eigentlich auch nur einen der alttestamentlichen Propheten oder der neutestamentlichen Apostel in der durch das vielgerühmte evangelische Pfarrhaus so selbstverständlich neu geweihten Rolle des glücklichen Vaters oder Großvaters oder gar eines Onkels vorstellig machen? Mögen sie solche gewesen sein: in der Funktion, in der sie uns sichtbar sind, stehen sie jedenfalls außerhalb der damit gegebenen Bindungen. Zu eigenmächtigen Abenteuern ist auch in dieser Hinsicht niemand aufgefordert. Wiederum wird sich niemand, der dafür hält, ein von Jesus in die Nachfolge Gerufener zu sein, der Frage entziehen können, wie es mit seinem inneren und äußeren Gehorsam gerade in dieser Hinsicht nun etwa bestellt sein möchte. Das Leben der neuen Kreatur ist nun einmal etwas Anderes als eine gesunde und würdige Fortsetzung des Lebens der alten. Wer den Befehl bekommt, das sichtbar zu machen, der wird sich nicht weigern dürfen, ihm so konkret wie er lautet, Folge zu leisten.

Auf einer fünften, nicht genug zu beachtenden Linie besteht der vom Jünger geforderte Gehorsam endlich im Durchstoß durch den absolut gesetzten Nomos der Religion, der frommen Welt. Nicht irgend eine heidnische, sondern denkwürdigerweise die Frömmigkeit der israelitischen Offenbarungsreligion hat Jesus dabei vor Augen.

Daß er gekommen sei, sie zu leugnen, abzuschaffen, aufzulösen, kommt (Matth. 5, 17 f.) nicht in Frage. Er hat sie bejaht, er hat auch seine Jünger nicht geheißen, sie preiszugeben und durch eine andere zu ersetzen. Er hat aber von seinen Jüngern verlangt, in ihrer Übung einen neuen Weg zu gehen, eine «bessere Gerechtigkeit» zu bewähren: nicht etwa besser als die der «Leute», der armen Menge, sondern besser gerade als die ihrer damals besten, strengsten, eifrigsten Vertreter: der Schriftgelehrten und Pharisäer (Matth. 5, 20), besser als die offizielle Gestalt, die sie unter den Händen gerade ihrer kompetentesten menschlichen Vertreter angenommen hatte. Die «bessere» Gerechtigkeit ist keine feinere, keine tiefere, keine strengere, sondern schlicht die Frömmigkeit, die der Jünger angesichts des nahe herbeigekommenen Reiches allein üben kann. Sie hat mit religiöser Aristokratie wahrlich nichts zu tun! Im Gegenteil: Das Reich klopft an die Pforten des Heiligtums gerade der höchsten menschlichen Gottesverehrung. Das Tun der Jünger hat sich danach zu richten. Im Blick auf zwei Punkte hat Jesus sie nach zwei (beide in der «Bergpredigt» enthaltenen) Logiengruppen zu diesem Vorstoß aufgerufen. Um die Moral handelt es sich in der einen, um die Religiosität an der anderen Stelle. Matth. 5, 21–48 um die Moral: «Du sollst nicht töten». Alle rechten Leute sind sich einig darin. Aber was heißt das? Es gibt ein Schlimmeres als Töten, weil es der Grund und der Sinn alles Tötens ist: der Zorn gegen den Bruder, die rechthaberische Zwietracht mit ihm. Hier setzt der Gehorsam des Jüngers ein! Was heißt ehebrechen? Das Böse geschieht und der Jünger unterläßt es an einer viel früheren Stelle als erst in der vollendeten Tat: es ist das böse Begehren, das schon da ist, bevor diese vollendet ist; dort ist sie zu unterlassen oder sie wird gar nicht unterlassen. Was heißt falsch schwören? Alles Schwören darum, weil es als solches eine dem Menschen nicht zustehende Kompromittierung Gottes ist. Die unterläßt der Jünger, indem es ihm genug ist, nach bestem Wissen und Gewissen vernehmlich Ja oder Nein und nicht etwa heimlich beides zugleich zu sagen. Was heißt gerechte Vergeltung? Der Jünger übt überhaupt keine Vergeltung. Was heißt Nächstenliebe? Dem Jünger ist Liebe geboten, die auch den Feind in sich schließt. Aber freilich: Was wird dabei aus dem ganzen Gefüge der praktikablen Moral? Und wie werden ihre Vertreter und Anhänger auf solche Interpretation reagieren? Um die Religiosität geht es in den Sprüchen über das Almosengeben, das Beten, das Fasten (Matth. 6, 1–18), überall in demselben Sinn: es soll das Alles nicht vor den Leuten, nicht öffentlich also, sondern im Verborgenen geschehen. Wo bleibt das Zeugnis? möchte man fragen. Antwort: das Zeugnis des Jüngers besteht gerade darin, daß er sich der Bezeugung seiner Frömmigkeit als solcher enthält. Wird er das Reich Gottes (Matth. 10, 27) am hellen Tag und von den Dächern verkündigen, so wird er seine eigene Gläubigkeit, statt sie unter Beweis zu stellen, fein für sich behalten, Gott allein seinen Richter und Vergelter sein lassen. Der frommen Welt mit ihrem immer wieder durchbrechenden Öffentlichkeitsbedürfnis und Öffentlichkeitsanspruch und vielleicht doch auch der profanen Welt gegenüber wird ja gewiß gerade dieser Verzicht ein Zeugnis sein, merkwürdig für sich selbst – oder vielmehr gerade für das sprechen, was ernstlich und wirklich nach Öffentlichkeit schreit! Keine offizielle Religiosität wird sich das stumme Zeugnis dieses Verzichtes gerne gefallen lassen. Nun, Prinzipien werden auch in dieser Hinsicht nicht formuliert und in Kraft gesetzt. Wiederum ist aber auch mit diesem doppelten Vorstoß hinein in den Bereich des allgemeinen, nur zu allgemeinen Heiligtums eine klare Linie gezogen, an der sich die Geister um Jesus herum scheiden mußten und immer wieder scheiden werden. Und wie sollte es gerade hier zu verkennen sein, daß sein Gebot sich auf lauter bestimmte Menschen in bestimmten Situationen bezieht, um von ihnen ebenso bestimmten Gehorsam, den Gehorsam der Nachfolge, zu verlangen?

(Eine ebenfalls durchgehende Linie konkreter Weisung Jesu ist nun noch nicht berührt und soll hier auch noch nicht zur Sprache kommen. Mit der Aufforderung: «... der nehme sein Kreuz auf sich!» schließt ja der Ruf in die Nachfolge in mehr als einer seiner neutestamentlichen Dokumentationen. Es handelt sich um die Krönung alles

3. Der Ruf in die Nachfolge

dessen, wozu der Jünger aufgerufen wird: entsprechend dem, daß es sich im Kreuz Jesu selbst um die Krönung des Lebens des Menschensohnes handelt. Gerade wegen der außerordentlichen Bedeutung dieses Momentes heben wir es uns zunächst auf, um es dann am Schluß dieses Paragraphen selbständig zur Geltung zu bringen.)

Rückblickend auf das, was nun zuletzt über die konkreten Gestalten der Nachfolge gesagt wurde, noch eine allgemeine Anmerkung: Die aufgezeigten Hauptlinien des Aufrufs, in welchem Jesus nach den Evangelien Menschen zu seinen Jüngern machte, ermöglichen es, uns die Situationen, in welchen diese Menschen durch seinen Aufruf erreicht wurden und wie sie ihm konkret zu gehorchen hatten, einigermaßen anschaulich zu machen. Und das neutestamentliche Kerygma erlaubt es uns nicht nur, sondern gebietet uns, das wirklich zu tun: das Bild dieser Menschen, ihres konkreten Gefordertseins und Gehorchens soll sich uns einprägen. Es ist eben in dieser Hinsicht mit dem an sie ergangenen Ruf Jesu zusammen selbst Inhalt des neutestamentlichen Kerygmas. Der an uns ergehende Ruf in die Nachfolge wird – und darum hatten wir uns die Hauptlinien seiner konkreten Gestalt zu vergegenwärtigen – unter allen Umständen auch durch dieses zusammengehörige Bild geformt sein. Er wird aber, wie er es ihnen gegenüber war, auch uns gegenüber ein heute und hier direkt und besonders an einen Jeden von uns gerichteter Ruf sein, über dessen konkreten Inhalt durch das, was wir aus den Evangelien über den konkreten Inhalt von Jesu damaligem Gebieten zu lernen haben, noch nicht entschieden ist. Jesu Ruf wird zwar bestimmt auch für uns auf einer jener Linien der Begegnung zwischen dem Reiche Gottes mit den Reichen dieser Welt erfolgen und zu vernehmen sein. Das heißt aber nicht, daß der lebendige Menschensohn gewissermaßen eingeschlossen wäre in die Folge seiner Begegnungen mit jenen Menschen und sein Gebieten gewissermaßen eingeschlossen in die Bilder dessen, was damals und für Jene sein Gebieten und ihr Gehorchen war. Wir haben also nicht jene Bilder zu reproduzieren. Will sagen: es ist nicht an dem, daß wir uns mit den damals von ihm Berufenen direkt, unmittelbar zu identifizieren und also aus dem ihnen Gebotenen das uns Gebotene, aus ihrem Gehorsam, was unser Gehorsam sein muß, direkt und unmittelbar abzulesen hätten. Daß es seine Stimme ist, die uns ruft, das werden wir allerdings daran erkennen, daß es bei dem, was von uns verlangt ist, unter allen Umständen um einen auf den angezeigten neutestamentlichen Linien tätlich, innerlich und äußerlich zu vollziehenden, dem Einbruch des Reiches Gottes entsprechenden und ihn bezeugenden Bruch mit den großen Selbstverständlichkeiten unserer Umgebung und so der Welt insgemein handeln wird: um eine Gestalt des freien Tuns, das Paulus Röm. 12, 2 mit dem Imperativ: μὴ συσχηματίζεσθε τῷ αἰῶνι τούτῳ beschrieben hat. Wir haben aber aus dem, was uns das Neue Testament über Jesu Gebieten und über das geforderte und geleistete Gehorchen jener Menschen bezeugt, seine zu uns redende, uns in die durch sein Wort bestimmte Situation des Gehorsams rufende Stimme zu vernehmen. Es würde also nicht angehen, es würde das nicht unseren Eintritt in seine Nachfolge bedeuten, wenn wir mit unserem Tun die Umrisse des Tuns kopieren wollten, in welchem jene Menschen damals seiner Forderung gehorsam zu sein hatten. Wir könnten – das ist jeder «Regel» gegenüber warnend in Erinnerung zu bringen! – die ganze Summe des von Jesus damals Gebotenen und von Jenen damals Getanen zu kopieren versuchen, ohne damit auch nur von ferne in seine Nachfolge einzutreten: dann nämlich, wenn das, was wir tun zu sollen meinen, nicht seinem, wie einst an sie, so jetzt an uns ergehenden Ruf und Gebot entsprechen würde. Wie sollte uns von ihm nicht je und je auch genau dasselbe zu tun geboten sein, was er damals Jenen geboten hat? Es könnte uns aber wieder von ihm – und also bestimmt auf denselben Linien – auch ganz Anderes, viel mehr vielleicht, oder in ganz neuer Anwendung und Konkretion geboten sein als ihnen. Da könnte es dann Ungehorsam sein, uns daran genügen zu lassen, sie nachzuahmen: Ungehorsam und nicht etwa «einfältiger Gehorsam» – denn den sind wir Ihm schuldig, der damals sie rief, heute uns ruft. Ihm – ohne Diskussion und Reserve und also ebenso pünktlich, in derselben Einheit des Inneren und des Äußeren – Gehorsam zu leisten, wird in genauer

Entsprechung zu dem neutestamentlichen Zeugnis von seiner Begegnung mit Jenen nun eben unsere Sache sein. Eine Abweichung von jenen Hauptlinien wird dabei bestimmt nicht in Frage kommen. Ein bloßes *consilium evangelicum* wird das, was wir auf jenen Linien von ihm zu hören bekommen, nie sein, sondern immer verbindlich: ein *mandatum evangelicum*, auf das mit der entsprechenden Entscheidung und Tat zu antworten ist. Und es wird immer Grund zum Mißtrauen gegen sich selbst vorhanden sein, wo man der Meinung sein sollte, es möchte das von uns auf jenen Linien Verlangte ein Geringeres, ein Leichteres, ein Bequemeres als das von Jenen Verlangte sein. Die Gnade – wir erinnern uns nochmals, daß es ja in dem Ruf in die Nachfolge um die Gnade, um das Heil der Welt und so auch um unser eigenes Heil geht! – dürfte seither (nochmals mit Bonhoeffer zu reden) nicht «billiger», vermutlich eher noch «teurer» geworden sein. Oder drücken wir es anders aus: Es könnte so sein, daß die in und mit dem Gehorsam gegen den Ruf in die Nachfolge dem Menschen geschenkte Freiheit seither nicht kleiner, sondern noch größer geworden ist. Aber sei dem, wie ihm wolle: die dem Menschen so geschenkte Freiheit war damals und ist heute des Menschen Heiligung.

4. DIE ERWECKUNG ZUR UMKEHR

Wir setzen noch einmal ein bei dem Ergebnis unseres zweiten Abschnitts, wonach des Menschen Heiligung in der ihm in der Gemeinschaft mit Jesus, dem Menschensohn, und in der Kraft von dessen Aufruf, in der in der Macht seines Heiligen Geistes geschenkten Freiheit besteht, sich entgegen der Abwärtsbewegung seines sündig trägen Wesens im Aufblick auf ihn aufzurichten. Es geht uns jetzt um diese seine Aufrichtung als solche – sagen wir es von Anfang an deutlich: um das göttliche Geheimnis und Wunder dieser seiner Aufrichtung. Sie charakterisiert die Heiligung als ein an und in Menschen, jetzt und hier, in der Zeit und auf Erden sich abspielendes, reales Geschehen. Real ist es freilich nicht darum, weil es sich als menschlich-irdische Geschichte, sondern darum, weil es sich als solche in der Gemeinschaft mit dem Leben des heiligen Menschensohnes abspielt, in ihm begründet, auf ihn ausgerichtet, von ihm in Bewegung gesetzt ist. In ihrer ganzen Vorläufigkeit und Beschränkung ist auch des Menschen Heiligung als dessen Aufrichtung das ewig beschlossene, ernstlich gewollte und kräftig durchgeführte Werk Gottes. Aber eben in dieser göttlichen Realität geschieht Heiligung in der Zeit und auf Erden, besteht sie darin, daß Menschen jetzt und hier, indem sie sich aufrichten dürfen, in ihrer ganzen Unfreiheit die Freiheit dazu bekommen und haben, von der Freiheit dazu Gebrauch machen. Diesem Geschehen als solchem wenden wir jetzt unsere Aufmerksamkeit zu. Wie kommt es dazu, daß im Vollzug jenes göttlich realen Werkes Menschen zu Christen werden?

Die Thematik unseres dritten Abschnitts war gewiß auch schon eine Antwort auf diese Frage: Dazu kommt es, indem Jesus Menschen in seine Nachfolge ruft. Wir können diese Antwort nicht überbieten. Wir können und müssen aber die Rückfrage stellen: Wie kommt es, wie wird das wirklich, daß Menschen von diesem Ruf so erreicht werden, daß sie ihm Gehorsam leisten, Jesu Jünger werden und tun, was ihnen als solchen

4. Die Erweckung zur Umkehr

befohlen ist? Wir werden gleich sehen – wir haben es übrigens vorhin gleich im ersten Satz aus unseren früheren Überlegungen aufgenommen und wiederholt – daß es sich um die ihnen von eben dem, der sie ruft, von Jesus geschenkte Freiheit handelt. Wie sollte das anders als in dieser Freiheit wirklich werden? Wir müssen und möchten nun aber wissen: wie das in der von Jesus ihnen, diesen Menschen, geschenkten Freiheit wirklich wird? Wir fragen jetzt nach der inneren Bewegung, in der diese Menschen solche sind, denen jene Freiheit geschenkt ist, um sie dann sofort in dem nun beschriebenen Gehorsam der Nachfolge ins Werk setzen zu dürfen und zu müssen. Im Bild: Wir fragen jetzt nach der Quelle, aus der ohne Übergang und Verzug jenes lebendige Wasser fließt.

Und nun sagen wir als Erstes: die Christen (und also die durch den Heiligen Geheiligten) sind Erwachende. Auch das ist ein Bild, aber es ist ja biblisch und es sagt deutlicher als jeder abstrakte Begriff, den man hier einsetzen könnte, um was es geht. Indem sie erwachen, blicken sie auf, richten sie sich auf, vollziehen sie die dem Gefälle ihres sündig trägen Wesens widersetzliche Gegenbewegung. Sie sind aber Erwachende, weil sie Erweckte sind. Sie sind also nicht von selbst aufgewacht, um sich dann auch selbst aufzurichten, sondern sie sind erweckt und sind eben damit veranlaßt worden, sich aufzurichten, eben damit in jene Gegenbewegung versetzt. Letztlich und genau genommen ist also ganz und gar diese ihnen widerfahrende Erweckung als solche die Quelle, in deren unaufhaltsamem Fluß sie in den Gehorsam der Nachfolge versetzt werden. Aber dem gehen wir jetzt noch nicht nach.

Wo Einer erweckt wird und also erwacht und infolgedessen sich aufrichtet, da hat er zuvor geschlafen, als Schlafender da gelegen. Die Christen haben in der Tat wie alle anderen Menschen schlafend da gelegen. Das unterscheidet sie von diesen Anderen, daß das für sie Vergangenheit ist, daß sie erweckt wurden und aufgewacht sind. Oder sollten sie doch auch noch – oder vielleicht schon wieder – schlafen? Gibt es nicht immer wieder eine mit der Welt und wie sie schlafende Christenheit?

«Lasset uns nicht schlafen wie die Übrigen, sondern wachen und nüchtern sein!» (1. Thess. 5,6). «Die Stunde für uns ist da, aus dem Schlaf aufzuwachen» (Röm. 13,11). «Wache auf, der du schläfst, und stehe auf von den Toten, so wird Christus dich erleuchten» (Eph. 5,14). Das Alles ist nicht Missionspredigt – oder eben nur in dem Sinn, daß es auch und zuerst der Christengemeinde zugerufen wird. Wie waren nach Mr. 14,40 die Augen der Jünger in Gethsemane vom Schlaf so ganz überwältigt! Und sind nach Matth. 25,5 nicht alle jene Jungfrauen, die klugen wie die törichten, schläfrig geworden und eingeschlafen? «Selig die Knechte, die der Herr, wenn er kommt, wachend findet!» (Luk. 12,37). Aber sollte das nicht ein höchster Ausnahmefall sein, wenn er sie wirklich wachend findet? Welcher von ihnen hätte es denn je nicht nötig, aufs Neue und im Besonderen erweckt zu werden?

Es wird also geboten sein, die Christen nicht etwa einfach als die im Gegensatz zu der schlafenden Welt Wachen zu definieren, sondern ein wenig zurückhaltend als Erwachende, in der Meinung: als irgendeinmal zuerst und dann zu ihrer Beschämung und zu ihrem Glück wieder Erweckte – des Erwecktwerdens immer aufs neue Bedürftige und ganz und gar darauf angewiesen, daß sie immer aufs neue erweckt werden – insofern dann: als hoffentlich immer wieder Erwachende.

Der Schlaf, aus dem sie erwachen, ist die unaufhaltsame, dem Gesetz ihrer Trägheit folgende Abwärtsbewegung, an der sie mit allen anderen Menschen unter vielen schönen und wüsten Träumen, ohne zu wissen wie ihnen geschieht, teilnehmen. Ihr Erwachen, das eben ein Erwecktwerden ist, ist das Werk eines ihnen widerfahrenden Anstoßes, durch den sie sich gleichzeitig in jener Bewegung aufgehalten und in der entgegengesetzten Richtung in Bewegung gesetzt finden und eben damit sich klar werden, wohin die Fahrt ging, daß es so nicht weitergehen durfte, daß es im umgekehrten Sinn weitergehen darf und muß. In diesem Ereignis und in dieser Erkenntnis – der eine empfangene Anstoß schließt Beides in sich – erwachen sie: ein erstes Mal, das bestimmt nicht das letzte sein wird, um jedes Mal im Geschehen dieses Erwachens Christen zu sein, Menschen, die frei geworden sind und von der Freiheit Gebrauch machen, aufzublicken und sich aufzurichten. Von ihnen im Geschehen dieses Erwachens gilt 2. Kor. 5,17: «Das Alte ist vergangen, Neues ist geworden». Denn je in diesem Erwachen sind sie – nun im engeren, so nur sie angehenden Sinn des Begriffs: «in Christus».

Es geht aber – und nun sprengt die Sache das Bild – um ein Erwachen und darum auch um ein Aufstehen aus dem Schlaf des Todes: aus dem Schlaf also, aus dem es – es wäre denn in der Kraft des Geheimnisses und des Wunders Gottes – kein Erwachen gibt. So steht es ja mit dem Abstieg, dem Absturz des sündenträgen Menschen und mit der Unwissenheit, in der er ihn mitmacht und erleidet. Aus dem Schlaf von allerhand Irrtümern, Einbildungen und Lügen kann man auch von selbst erwachen: vielleicht gerade in der Heftigkeit der Träume, in denen man sich ihnen hingibt. Auch durch irgend einen Zufall, ein äußeres Ereignis oder Schicksal, auch durch das absichtliche oder unabsichtliche Eingreifen anderer Menschen kann man aus solchen anderweitigen Schlaf- und Dämmerzuständen wohl aufgeweckt werden. Nicht aber – und wäre es durch die größten Katastrophen, und stürzten ganze Städte in Trümmer, und wäre Einer ganz persönlich vom Schlimmsten bedroht, und wäre es durch die Donnerstimme der größten Propheten – aus dem Schlaf der bundbrüchigen Menschheit, der mit Gott im Streit liegenden Welt! Geschweige denn, daß jemals Einer von sich selbst aus den Stoß geführt hätte, der ihn aus diesem Schlaf erweckte! Es gibt kein den Menschen von außen treffendes Heil und Unheil, das ihn in diesem Schlaf erreichen, erschrecken, erhellen, auf die Füße zwingen könnte. Und es gibt keine Aufregungen, keine Gemütsbewegungen, keine noch so tiefschürfenden Reflexionen, in denen er sich selbst in dieser Tiefe zu erreichen und zu erwecken vermöchte. Der Schlaf, den er schläft, ist der Schlaf des Todes und es geht um sein Erwecktwerden und Erwachen aus dem Tode, es geht also ganz und gar um Gottes eigene, direkte, unmittelbare, neue Tat an ihm, wenn es zu dem Erwachen kommt, in welchem ein Mensch zum Jünger, zum Christen wird.

Man denke jetzt an den (in den Parallelen gleichförmig bezeugten) Schluß der Perikope vom reichen Jüngling Mr. 10,23f.: das Wort, wie schwer es doch sei – leichter gehe ein Kamel durch ein Nadelöhr, als daß das geschehe! – daß ein Reicher ins Reich Gottes komme, auf das hin die Jünger in höchstes Entsetzen (περισσῶς ἐξεπλήσσοντο) geraten, weil sie richtig verstanden haben, daß es sich gar nicht nur um die reichen, sondern um alle Menschen, auch um sie selbst, daß es sich bei der Verhinderung des reichen Jünglings gar nicht um eine traurige Ausnahme, sondern um den Normalfall handelt. «Wer kann (unter diesen Umständen: überhaupt) gerettet werden?» sagen sie zueinander. «Und Jesus blickte sie an und sprach: Bei den Menschen ist es unmöglich, aber nicht bei Gott. Denn bei Gott ist Alles möglich». Eben dies also, daß Einer Jesus nachfolge und so ins Reich komme, des Reiches Genosse und Zeuge werde – ist wohl bei Gott, aber auch nur bei Gott möglich. Darum am Ende der Perikope vom verlorenen Sohn Luk.15,32: «Dieser dein Bruder war tot und ist lebendig geworden, war verloren und ist wieder gefunden worden». Darum Eph.5,14: «Steh auf von den Toten!» Darum Eph.2,1f.: «Euch, die ihr tot wart durch eure Übertretungen und eure Sünden, in denen ihr einst wandeltet gemäß dem Weltäon, gemäß dem, der in seiner Atmosphäre herrscht, dem Geist, der jetzt wirksam ist in den Kindern des Ungehorsams ... Uns, die wir durch die Übertretungen tot waren, hat Gott, der reich ist an Barmherzigkeit, um seiner großen Liebe willen, mit der er uns geliebt hat, mit Christus lebendig gemacht und mit ihm auferweckt: durch Gnade seid ihr gerettet – nicht durch euch, Gottes Gabe ist es, nicht aus Werken, damit sich niemand rühme.» Wirklich aus dem Tod ist ins Leben hinübergegangen (μεταβέβηκεν), wer das Wort Jesu hört, an den glaubt, der ihn gesandt hat, um dann auch die Brüder zu lieben (Joh.5,24, 1.Joh.3,14). Weniger als dieses Hinübergehen aus dem Tode ins Leben, zu dem kein Mensch durch seine Erfahrung in Bewegung gesetzt ist, zu dem keiner sich selbst in Bewegung setzt, das seine Analogie ganz allein in der Auferweckung Jesu Christi von den Toten hat – weniger als das kommt da nicht in Frage, wo ein Mensch zum Gehorsam der Nachfolge erwachen und sich aufrichten sollte.

Die Erweckung, von der wir reden, gehört in die Ordnung und geschieht nach dem Gesetz des göttlichen Tuns. Wir schließen damit nicht aus, sondern ein, daß sie im Zusammenhang und unter den Bedingungen menschlichen Tuns geschieht. Wie wäre sie des wirklichen Menschen wirkliche Heiligung, wenn der Mensch u. zw. der Mensch in seinem inneren und äußeren Tun etwa gar nicht dabei wäre, wenn sie sich in irgendeiner mirakulösen Höhe oder Tiefe ohne ihn ereignete? Sicher nicht ohne ihn, sondern an und in und mit ihm, in totaler und intensivster Inanspruchnahme und Mitwirkung aller seiner inneren und äußeren Kräfte, seines ganzen Herzens, seiner ganzen Seele, seines ganzen Gemütes, was aber im biblischen Sinn dieser Begriffe in sich schließt: auch seiner ganzen Leiblichkeit. Anders wäre sie ja nicht seine Erweckung. Und auch sein Mitmensch, ohne den er ja gar nicht Mensch wäre, wird dabei gewiß nicht abwesend, nicht nur als passiver Zuschauer im Spiel sein, sondern bei seiner Erweckung mittun: vielleicht als ein selber

Erwachender, vielleicht auch anders. Seine Erweckung – wir stellten ja fest: es handelt sich um ein irdisch-zeitliches Geschehen – wird auch eine weltgeschichtliche Dimension haben: die engere und weitere menschliche Gemeinschaft, in der er lebt, wird daran nicht unbeteiligt, sondern höchst beteiligt sein. Es wird also in diesem Geschehen an kreatürlichen Faktoren aller Art nicht fehlen. Es wird, indem es sich ganz und gar auf der irdisch-zeitlichen Ebene zuträgt, nicht nur auch einen ganz und gar kreatürlichen Aspekt haben, sondern faktisch auch ganz und gar kreatürlicher Art sein. Nur daß es eben, das Alles vorausgesetzt, seinen Ursprung und sein Ziel in Gott hat, in die Ordnung des spezifisch göttlichen Tuns gehört, ein untergeordnetes Moment desselben Majestätsaktes ist, in welchem das Wort Fleisch wurde und in welchem Jesus Christus von den Toten auferstand. Eben unter diesem Aspekt – er ist sein eigentlicher, sein wahrer Aspekt! – ist es Geheimnis und Wunder. Will sagen: Der Anstoß, durch den der Mensch erweckt wird und an dem er erwacht, seine Erweckung selbst als der Akt, in welchem ihm dies widerfährt und in welchem er sich selbst aufrichtet, ist nicht das Werk eines der kreatürlichen Faktoren, Koeffizienten, Vermittlungen, die dabei bestimmt wirksam und sichtbar sind, sondern das Werk des Willens und der Tat Gottes, der sich jener Faktoren bedient, der sie zu Koeffizienten und Vermittlungen dieses Geschehens erst macht, um sie als solche in dem von ihm bestimmten Sinn und in der von ihm bestimmten Richtung in Bewegung zu setzen. Man wird also sagen müssen, daß es bei dieser Erweckung eben so ganz kreatürlich wie ganz göttlich zugeht – nur eben, weil der Anstoß, von dem her sie Ereignis wird, von Gott gegeben wird, nicht in Koordination zweier vergleichbarer Elemente, sondern im schlechthinigen Primat des Göttlichen über das Kreatürliche, indem das Kreatürliche dem Göttlichen ganz dienstbar gemacht wird und faktisch ganz dient, ganz als sein Organ oder Instrument von Gott gebraucht wird, indem es ganz von Gott her, doch ohne seine Kreatürlichkeit einzubüßen, eine besondere Funktion, einen besonderen Charakter bekommt. Es wirkt mit, indem und sofern es von Gott zur Mitwirkung qualifiziert und herangezogen wird, so also, daß das Ganze eben doch spezifisch göttliches Tun ist und bleibt.

Wir stellen nun aber die Frage nach dem Anstoß, mit dem es als solches anhebt – um von ihm her in seiner Totalität, alle kreatürlichen Faktoren und ihre Bewegungen nicht aus-, sondern einschließend, aber eben übergreifend, dominierend, göttliches Tun zu sein – zunächst zurück. Da kann und darf doch zunächst einfach nach jener Erweckung als solcher, nach dem Sinn und Inhalt dieses Ereignisses gefragt werden. Wo es auch seinen Ursprung und sein Ziel habe, was auch in ihm das Erste und was in ihm das Zweite, von woher es auch dominiert sei: es geschieht jedenfalls. Und es geschieht ungeteilt: nicht in Etappen, nicht so, daß zuerst mit einem besonderen Sinn und Inhalt Etwas geschähe – und dann, wieder mit einem besonderen Sinn und Inhalt noch etwas Anderes: ein Göttliches dort und ein Menschliches hier – und auch nicht auf zwei verschiedenen Ebenen, so daß wir gezwungen wären, bald auf eine obere, bald auf eine untere Bühne mit je ihrem besonderen Geschehen zu blicken: auf Gottes Gabe und Werk dort und auf des Menschen Aufgabe, Tun und Lassen hier. Es ist diese Erweckung und dieses Erwachen des Menschen vielmehr ein Ereignis mit einem Sinn und Inhalt. Eben in seiner Einheit als solches soll es uns nun also zunächst beschäftigen. Wir nennen es die Erweckung des Menschen zur Umkehr.

Die christliche Kirche rechnet damit, daß es das gibt: eine Erweckung des Menschen zur Umkehr. Sie würde nicht an Gott den Vater, sie würde nicht an Gottes Sohn, der Fleisch wurde und im Fleisch der heilige Menschensohn, der königliche Mensch war, sie würde nicht an den Heiligen Geist glauben, wenn sie damit nicht rechnen würde. Sie würde dann bei ihrem vermeintlichen Bekenntnis zu diesem Gott eine bloße Idee denken und ein totes Idol anstarren. Wer im Sinn der christlichen Kirche an Gott glaubt, der glaubt eben damit auch an eine Erweckung des Menschen zur Umkehr: er rechnet damit, daß es das gibt, nein: daß eben Gott das gibt, schafft, wirklich macht. Er rechnet also nicht mit einer Möglichkeit, Chance und Offerte. Das würde ja bedeuten: er rechne damit, daß es das geben könne. Daß es das geben könne, damit kann ohne Glauben an Gott unmöglich gerechnet werden. Es geht ja um die Erweckung, die den Charakter von Totenerweckung hat und bei der Umkehr, zu der der Mensch da erweckt wird, um sein Erwachen und Aufstehen aus dem Tode. Wer würde ohne Glauben damit rechnen? Im Glauben an Gott rechnet man aber umgekehrt gerade nicht nur damit, daß es, oder daß Gott das geben könne, sondern damit, daß er es tatsächlich gibt. Man rechnet dann mit der Erweckung des Menschen zur Umkehr als mit einer Wirklichkeit: so wahr Gott lebt und Gott ist, so wahr geschieht auch diese Erweckung. Wer Gott Vater, Sohn und Heiliger Geist sagt, der sagt auch: Erweckung des Menschen zur Umkehr. Das ist der erste Nagel, der hier zu befestigen ist. Die Wirklichkeit dieser Erweckung hängt ganz an der Wirklichkeit Gottes. Sie hängt aber so ernstlich, so unbedingt, so unauflöslich an ihr, daß man auch umgekehrt sagen muß: die Wirklichkeit Gottes steht und fällt mit der Wirklichkeit dieser Erweckung. Nur für uns? Man macht diese Einschränkung vielleicht besser nicht! Gott wäre eben nicht Gott, wenn diese Erweckung nicht geschähe. Denn der nicht der Gott des Bundes – des Bundes seiner freien Gnade – und der in diesem Bunde nicht treu wäre als Versöhner der von ihm abgefallenen Welt und also als der, der den Menschen aus seinem Sündenschlaf weckt, um ihn zu sich zu rufen, der wäre nicht Gott. So wahr er Gott ist, so wahr tut er das. So tief liegt das Fundament der christlichen Existenz. Nicht der Christ, Gott selbst garantiert sie, läßt sich selbst bei ihrer Wirklichkeit behaften. Man mache die Probe: Glaubst du an Gott? Dann und nur dann glaubst du an des Menschen Erweckung zur Umkehr! Und wiederum: Glaubst du an des Menschen Erweckung zur Umkehr? Dann und nur dann glaubst du an Gott!

Die christliche Kirche rechnet aber daraufhin mit des Menschen Erweckung zur Umkehr, daß sie sich der Tatsache nicht verschließen kann, daß die heilige Schrift des Alten und des Neuen Testamentes damit rechnet, weil sie durch sie aufgerufen ist, das auch zu tun. Es ist wohl wahr, daß die Heilige Schrift ein einziger Bericht von den großen Taten Gottes ist, die in Jesus Christus ihre Mitte haben, die auch ihr noch verborgenes Ziel haben und die schon dessen verborgener Anfang sind. Diese Taten Gottes geschehen aber, und es existiert auch der Eine, in welchem sie ihre Mitte, ihr Ziel und ihren Anfang haben, unter und an vielen Menschen, als Gottes Handeln mit diesen, als Gottes Offenbarung, in deren Macht diese Menschen zu ihren Zeugen werden. Sie sind – wie wir beiläufig schon im vorigen Abschnitt festgestellt haben – indem Gottes Tun und Reden sie angeht, sie zu seinen Zeugen macht, mit im Bilde des biblischen Berichtes. Sie sind als Zeugen seines Gegenstandes selbst integrierender Bestandteil des biblischen Zeugnisses von Gottes Werk und Offenbarung. Eben zum Gesamtbild des biblischen Berichtes gehört nun aber auch dies, daß von dem handelnden und sich offenbarenden Gott, daß von dem verheißenen, gekommenen und erwarteten Jesus Christus her unter diesen Menschen Erweckung zur Umkehr Wirklichkeit ist: so wirklich wie Gott, wie Jesus Christus selber. Es ist jetzt unwichtig, es geht uns jetzt nichts an: in welchem Grad von Klarheit und Verworrenheit, Vollkommenheit und Unvollkommenheit sie sich in diesen Menschen ausprägt und darstellt – sie ist so oder so Wirklichkeit. Es geschieht da in und mit der Geschichte Gottes und Jesu Christi auch die Geschichte, deren Sinn und Inhalt ist: Erweckung von Menschen zur Umkehr. Es sind da Menschen, deren Existenz positiv oder negativ oder kritisch durch diese Wirklichkeit bestimmt ist. Weil durch das richterliche und gnädige, das als gnädiges auch richterliche Reden und Tun Gottes: darum auch durch diese Wirklichkeit! Weil durch die Existenz Jesu Christi, darum auch durch sie! In und mit dem ganzen Gewicht des Zeugnisses von Gott und seinem einen Heiligen fällt für den, der die Schrift für sich reden läßt, sofort auch das andere, sei es denn: kleinere, aber von dem ersten größeren (und dieses von ihm!) nicht zu trennen! – in die Waagschale, sagen wir: nicht nur das Zeugnis des, sondern auch der Heiligen, das Zeugnis von Abraham, von Mose, von David, das Zeugnis vom Volk Israel und seinen großen und kleinen Propheten, das Zeugnis von der Gemeinde und von den Aposteln in ihrer Bestimmtheit durch den, von dem sie selber zeugen. Das ist aber in seiner ganzen Deutlichkeit und Undeutlichkeit, *hominum confusione et Dei providentia* das Zeugnis von jener Wirklichkeit. Indem die Kirche die Schrift zu sich reden ließ, konnte sie es, wenn sie es schon gewollt hätte, zu keiner Zeit unterlassen, im Blick auf jene Menschen auch mit der Wirklichkeit solcher Erweckung zur Umkehr zu rechnen, konnte sie es nie ganz vermeiden, daß diese ihr (als auch ihr gestelltes Problem!) auf den Leib rückte – nicht einfach, «daß es das gibt», aber daß Gott das gibt, schafft und wirkt: Erweckung zur Umkehr. Laut der Heiligen Schrift tut er das. Man müßte ihr Zeugnis ganz leugnen, wenn man in Abrede stellen wollte, daß es auch Zeugnis von dieser Wirklichkeit ist. Was die Kirche damit angefangen hat, ist eine Sache für sich. Sie hat sehr Vieles, Gutes und auch Verkehrtes, damit angefangen. Es sah auch oft genug danach aus, als wisse sie überhaupt nichts damit anzufangen. Nur sie zu beseitigen, zu ignorieren, es zu vergessen vermochte sie nie oder doch nie ganz. Die Kirche? Wir sind die Kirche. Die Reihe ist nun an uns, die wir da versuchen, des Menschen Heiligung und nun also im besonderen dies zu verstehen und zu erklären: wie es dazu kommt, daß Menschen – als träge Sünder darnieder liegende Menschen – aufblicken, sich aufrichten, aus Ungehorsamen zu Gehorsamen werden?

Treten wir sofort auf das Entscheidende ein mit der Antwort: dazu, zu dieser Aufrichtung des Menschen kommt es in seiner Umkehr. Der Schlaf, aus dem laut der Schrift Menschen erweckt werden, ist ihr Gehen auf verkehrtem Weg: ein Gehen, in welchem begriffen sie selbst Verkehrte sind und Verkehrte auch bleiben müßten. Mit einem Erwachen aus diesem Schlaf und mit dem ihm folgenden Sichaufrichten hätte also ein bloßes Sichaufrecken in der Vertikale noch gar nichts zu tun. Ob der Mensch jenen verkehrten Weg kriechend oder erhobenen Hauptes begeht, kommt auf dasselbe hinaus. Aufwachen und Sichaufrichten aus diesem Schlaf heißt laut der Schrift Umkehren, heißt Einschlagen des entgegengesetzten Weges. Daß Gott eine Erweckung dazu gibt, das ist das der Kirche und nun auch uns durch die heilige Schrift gestellte Problem. Es wird vor allem nicht verwechselt werden dürfen mit den an sich auch interessanten Problemen des Weitergehens in so oder so verbesserter Verfassung, in reformiertem Stil, in edlerer Aufmachung. Es geht nicht um Verbesserung, sondern um Änderung, nicht um ein reformiertes und veredeltes, sondern um ein neues Leben. Und die Änderung, die Erneuerung heißt eben Umkehr – wir können das belastete Wort nicht vermeiden: Bekehrung. Die von der Wirklichkeit Gottes und Jesu Christi nicht zu trennende, durch sie bestimmte Menschenwirklichkeit ist, so wie es in der heiligen Schrift sichtbar wird: die Erweckung des Menschen dazu, daß er sich bekehrt. Es ist die Bewegung, die wir die Menschen in der heiligen Schrift vollziehen sehen, oder auf deren Vollzug dort gezielt wird, diese Bewegung. Man kann nicht sagen – weil das einfach nicht wahr wäre – man sehe dort bekehrte Menschen. Man muß aber, und daran ist nichts abzudingen, sagen: man sieht dort Menschen, die in der Umkehr, die in der Bekehrung begriffen sind – Menschen, die sie gewiß nicht irgendwo hinter sich, die sie aber auch nicht erst in irgend einem Nebel vor sich haben, sondern die mitten in dieser Bewegung drinstehen. Sie liefen von Gott weg. Daß sie jetzt geradezu auf Gott zulaufen, wäre zu viel gesagt. Es muß aber gesagt sein: sie können Gott nicht mehr entlaufen, sie sind vielmehr genötigt und im Begriff, sich aufzumachen, um Gott entgegenzulaufen. Das ist die Bewegung der Umkehr. Und die Erweckung zu dieser Bewegung, die so oder so jenen Menschen widerfahren, zuteil geworden und eigentümlich ist, ist die Wirklichkeit, die uns in der Heiligen Schrift in und mit der Wirklichkeit Gottes und Jesu Christi auf den Leib rückt, zu unserem eigenen Problem wird.

«Umkehr» und also Leben in der damit beschriebenen Bewegung heißt Lebenserneuerung, heißt – im Verhältnis zu einem nicht in dieser Bewegung begriffenen Leben – das neue Leben eines neuen Menschen. «Umkehr» beschreibt ja eine Bewegung um eine Achse. In Bewegung befindet sich auch das nicht in dieser Umkehr begriffene Leben des alten Menschen. Ihm fehlt aber – und darum ist es nicht in der Umkehr begriffen – die Achse. Es läuft geradeaus, und dieses «geradeaus» bedeutet: es verläuft im Abstieg, im Absturz dem Tod entgegen, es ist vom Tode schon umfangenes Leben. Nicht daß es sich überhaupt bewegt, aber daß da eine Achse ist, um die es sich bewegt, unterscheidet das Leben dessen, der in der Umkehr begriffen ist, von dem, der das nicht ist. Es ist eigentlich diese Achse, die ihn, indem sie ihn an ihrer Eigenbewegung teilnehmen läßt, zum neuen Menschen macht. Die Achse, die sein Leben zur Bewegung in der Umkehr macht, ist aber das ihm nicht nur verborgene, sondern als Wahrheit auch offenbare Wirkliche: daß Gott für ihn und daß er eben darum für Gott ist. Daß Gott für ihn ist, wie eben ein Herr für sein Eigentum ist, es in seiner Hut, Bewahrung und Pflege, aber auch zu seiner Verfügung hat, sein Dasein verantwortet, aber auch disponiert nach seiner Absicht! Und daß eben darum er selbst für Gott ist, wie ein Eigentum in der Hut und zur Verfügung seines Herrn, unter seiner Verantwortung und Disposition steht. Das ist die Achse, deren Befestigung in seinem Leben dieses zum Leben in der Umkehr macht. Denn mit diesem doppelten «Für» – das zweite im ersten begründet – ist ihm zugleich Halt! und Vorwärts! geboten: Halt! in seiner bisherigen Bewegung und Vorwärts! zur Bewegung in der entgegengesetzten Richtung, ist ihm (in der nicht aufzulösenden Einheit dieser beiden Momente) gegeben: daß er sich bekehrt! Gottes Sein für ihn, sein Sein für Gott – dieses Wirkliche als ihm offenbare Wahrheit versetzt den Menschen in diese Bewegung, in die *conversio*, die als solche seine *renovatio* ist. In der Dynamik

4. Die Erweckung zur Umkehr

dieses doppelten Prinzips: weil Gott für ihn und weil er für Gott ist, kann und darf der Mensch auf seinem bisherigen Weg nicht weitergehen, darf und muß er umkehren, um den entgegengesetzten einzuschlagen.

Calvin hat dieses Prinzip der Bekehrung und Erneuerung (*Instit.* III 7,1) in meisterhaft kurzem und umfassendem Ausdruck bezeichnet mit dem Sätzlein: *Nostri non sumus, sed Domini.* Gottes Ja zum Menschen und des Menschen Ja zu Gott und ebenso die daraus folgende Abwendung und Zuwendung ist ja damit auf eine einzige Formel gebracht. Wir gehören nicht uns selbst: indem wir uns selbst gehörten, etwas Anderes nicht wußten und kannten, als daß wir uns selbst gehörten, waren wir als alte Menschen auf unserem alten Weg in jenem Abstieg und Absturz begriffen. Wir gehören Gott als unserem Herrn: indem wir ihm gehören, sind wir frei und bleibt uns etwas Anderes gar nicht übrig als das Weitergehen auf unserem alten Weg aufzugeben, den Weg einzuschlagen, der unserer Zugehörigkeit zu ihm gemäß ist. *Nostri non sumus, sed Domini:* indem wir der Eigenbewegung dieser Achse folgen, werden wir andere, neue Menschen.

Es ist offenkundig die Befestigung dieser Achse im menschlichen Leben – man sagt wohl besser: die Befestigung des menschlichen Lebens an ihr! – und die damit einsetzende Veränderung der menschlichen Lebensbewegung, um die Ps. 51,12f. gebetet wird: «Schaffe mir, Gott, ein reines Herz und gib mir einen neuen gewissen Geist! Verwirf mich nicht von deinem Angesicht und nimm deinen heiligen Geist nicht von mir!» Und um dasselbe Prinzip der Bekehrung und Erneuerung geht es offenbar Jer. 31, 33 in der Zusage des neuen Bundes: «Ich werde mein Gesetz in ihr Inneres legen und es ihnen ins Herz schreiben; ich werde ihr Gott sein und sie werden mein Volk sein», und Jer. 32, 39: «Ich werde ihnen ein anderes Herz und einen anderen Wandel geben, daß sie mich fürchten alle Zeit ihnen selbst zum Heil und den Kindern, die nach ihnen kommen». Und so in der Parallele Hes. 36,26f. (vgl. 11,19f.): «Ich werde euch ein neues Herz geben und einen neuen Geist in euer Inneres legen; ich werde das steinerne Herz aus eurem Leib herausnehmen und euch ein fleischernes Herz geben. Meinen Geist werde ich in euer Inneres legen und machen, daß ihr in meinen Satzungen wandelt und meine Gesetze treulich erfüllt». Das sind die Stellen, auf die sich dann Paulus in den so oft mißverstandenen Worten Röm. 2,14f. (vgl. Felix Flückiger, Die Werke des Gesetzes bei den Heiden nach Röm. 2, 14ff., Th. Z. Basel 1952, S. 17f.) bezogen hat, als er dem Ungehorsam der Juden jene Heiden – gemeint sind: die durch das Evangelium zu Israels Gott gerufenen Heiden – gegenüberstellte, die das Gesetz nicht haben, die aber φύσει, von sich aus, tun, was das Gesetz fordert und also sich selber Gesetz sind, zu erkennen geben, «daß das Werk des Gesetzes in ihre Herzen geschrieben ist, indem auch ihr Gewissen dies bezeugt und ihre Gedanken sich untereinander anklagen oder auch verteidigen».

Was mit jenen Jeremia- und Hesekielworten gemeint ist, sieht man, wenn man beachtet: sie sind Überbietungen der von den Propheten Amos, Hosea, Jesaja, auch von Jeremia selbst oft und eindringlich genug als Aufforderung vorgetragenen Rede von der notwendigen Umkehr Israels zu Jahwe, d.h. aber zu unbedingtem, gehorsamem Vertrauen zu ihm im Gegensatz zu allem Vertrauen auf Menschen und auf fremde Götter und zu ebenso unbedingter Abwendung von allem Bösen, d.h. der Herrschaft Jahwes Widerstrebenden. Von der Realität des Bundes her, die ja ebenso das «Ich euer Gott!» wie das «Ihr mein Volk!» in sich schließt, wird der Imperativ ausgesprochen: es gelte Jahwe zu suchen, um zu leben (Amos 5,4), zu Jahwe zurückzukehren, statt vor ihm zu fliehen (Jer. 4,1), sich einen Neubruch zu pflügen, statt unter die Dornen zu säen, sich für Jahwe beschneiden zu lassen und die Vorhaut des Herzens zu entfernen (Jer.

4,3f.). Aber wer tut das? Auf eine faktische oder als Faktum auch nur mögliche Erfüllung dieser Forderung wird in allen diesen älteren Prophetenreden nicht geblickt. Sie wissen von keinem sich zu Jahwe bekehrenden Volke. Sogar bei dem so eindringlich werbenden Hosea findet man (5,4) das spitze Wort: «Ihr Treiben gestattet ihnen nicht, umzukehren zu ihrem Gott; denn es ist ein Geist der Unzucht in ihnen und sie kennen Jahwe nicht». Und bei Jesaja (1, 3f.): «Der Ochse kennt seinen Meister und der Esel die Krippe seines Herrn; Israel aber hat keine Einsicht, mein Volk hat keinen Verstand. O wehe der sündigen Nation, des schuldbeladenen Volkes, der Brut von Bösewichten, der mißratenen Kinder! Verlassen haben sie den Herrn, verworfen den Heiligen Israels, den Rücken haben sie ihm gewandt. Worauf wollt ihr noch geschlagen werden, die ihr im Abfall verharrt? Das ganze Haupt ist krank, das ganze Herz ist siech. Von der Fußsohle bis zum Haupte ist nichts Gesundes an ihnen». Und wieder bei Jesaja (30,15f.) : «So sprach Gott der Herr, der Heilige Israels: In Umkehr und Ruhe liegt euer Heil, im Stillehalten und Vertrauen besteht eure Stärke. Doch ihr habt nicht gewollt, ihr sprachet: Nein, auf Rossen wollen wir rasen!... auf Rennern wollen wir reiten!» Und so bei Jeremia (13,23): «Vermag wohl ein Mohr seine Haut zu ändern oder ein Panther seine Flecken? Dann freilich könnt auch ihr Gutes tun, die ihr des Bösen gewohnt seid!» Daß ein Rest in einer nicht näher bezeichneten Zukunft umkehren wird (Jes. 10, 21) ist durch den Namen *sch'ar Jaschub*, den der Prophet (7,3) seinem Sohn gegeben hat, allerdings bedeutsam hervorgehoben, ist aber auch das Äußerste, was in jenem Bereich in dieser Richtung laut wird. Denn wenn wir Jes. 30, 20f. von dem Lehrer Israels lesen, der sich nicht mehr verbergen wird, «sondern deine Augen werden stets deinen Lehrer sehen, und wenn ihr zur Rechten oder zur Linken abweichen wollt, werden deine Ohren den Ruf hinter dir vernehmen: Dies ist der Weg, den gehet!» so steht zu vermuten, daß wir es da bereits mit einer Stimme aus dem Bereich jener späteren Prophetie zu tun haben, die es gewagt hat, von dem neuen, Israel zu schenkenden Geist, Herz und Wandel zu reden und also von der nicht von Israel geleisteten, wohl aber an ihm vollzogenen Erfüllung dessen, was in der älteren Prophetie nur eben als unerfüllte und unerfüllbare Forderung sichtbar wird: das Wirkliche des Bundes als dem Menschen offenbare, sein Leben mächtig verändernde Wahrheit, das dynamische Prinzip: *Nostri non sumus, sed Domini.*

Man muß die in der älteren Prophetie bezeugte dunkle Folie vor Augen haben und behalten, wenn man ermessen will, was das heißt, wenn es (im Sinn des Alten und des Neuen Testamentes) zur Umkehr und also zur Lebenserneuerung kommt, wenn das Leben des Menschen an jener Achse befestigt wird, so daß es in jene Bewegung versetzt wird. Die Ordnung, in der das geschieht, wird durch Jes. 48,6f. bestimmt sein und bleiben: «Ich lasse dich Neues hören von jetzt an und Verborgenes, das du nicht wußtest. Jetzt erst wurde es geschaffen und nicht vorlängst und vordem hörtest du nichts davon, daß du nicht sagest: Siehe, ich habe es wohl gewußt. Du hast es weder gehört noch gewußt, noch hat vordem dein Ohr sich geöffnet». Es geht darum, das Reich Gottes zu sehen (Joh. 3,3), ja ins Reich Gottes zu kommen (Joh. 3,5). Das aber ist allein Sache eines von Gott neu gezeugten und geborenen Menschen (Joh. 1,13, 1. Joh. 3,9). Das ist «neue Schöpfung» (2. Kor. 5,17) und «der Wind weht, wo er will, und du hörst seine Stimme, aber du weißt nicht, woher er kommt und wohin er fährt. So ist Jeder, der aus dem Geist geboren ist» (Joh. 3, 8). Die Frage des Nikodemus (Joh. 3,4) ist so dumm nicht, wie sie sich anhört: «Wie kann ein Mensch geboren werden, wenn er alt ist? Kann er etwa zum zweiten Mal in den Leib seiner Mutter eingehen und geboren werden?» In der Tat (Joh. 3,9): «Wie kann das geschehen?» Von einem δύνασθαι, von einer allgemeinen Möglichkeit dieses γενέσθαι kann keine Rede sein. Nur eben davon, daß es, indem das Wirkliche jenes Doppelten «für» als Wahrheit offenbar wird, in seiner ihm eigenen Möglichkeit, als «Geburt von oben» (Joh. 3, 3) Ereignis ist! Es ist dann ein im Verhältnis zu allem, was der Mensch vorher war und sonst ist, von Gott neu gesetzter Anfang. Es beruht das der Auferweckung Jesu Christi entsprechende Wandeln ἐν καινότητι ζωῆς

(Röm. 6, 4) auf einer dem Menschen als ἀνακαίνωσις τοῦ νοός widerfahrenden Verwandlung («Metamorphose» Röm. 12, 2). Sie wird Tit. 3, 5 mit demselben Wort (παλιγγενεσία) bezeichnet, das Math. 19, 28 zur Beschreibung der die Endzeit abschließenden messianischen Erneuerung des Kosmos verwendet wird. In dieser Ordnung ist zu denken, wenn man realisieren will, was es mit des Menschen Umkehr auf sich hat. *Conversio* und *renovatio*, von des Menschen faktischer Heiligung ausgesagt, ist schon nicht weniger als *regeneratio*, Wiedergeburt! Der in der Umkehr begriffene Mensch ist nicht mehr der alte – auch nicht eine korrigierte und emendierte Ausgabe des alten – sondern ein neuer Mensch.

Wir fahren jetzt fort mit dem Satz: daß es sich bei dieser Umkehr um die Bewegung des ganzen Menschen handelt. Es gibt in seinem Dasein keine von ihr unberührten, ihr gegenüber neutralen Reservate, in welchen es ihm gestattet wäre, auch noch ein Anderer als eben der neue, der in der Umkehr begriffene Mensch zu sein. Es ist durch die Befestigung seines Lebens an jene Achse Alles, was er ist und hat und tut, in deren Umschwung einbezogen. Was in diesen nicht einbezogen wäre und also zurückbliebe in Kontinuität seines vorigen Seins als alter Mensch, das könnte er nur noch *per nefas* sein, haben und tun. Dem ist aber so, weil es sich bei dem Prinzip seiner Bekehrung und Erneuerung, in jener Mitte, wo sein Leben mit jener Achse verbunden ist, um Gott handelt. Daß Gott für ihn und daß er für Gott ist, das ist totale Wirklichkeit, die sich in des Menschen Leben in der Macht totaler Wahrheit geltend macht, durch die er also nicht nur teilweise, sondern ganz in Bewegung gesetzt, ganz unter jenes Halt! und Vorwärts! gestellt wird. – Versuchen wir es, uns eben die Ganzheit dieser Bewegung in einigen der wichtigsten hier in Frage kommenden Dimensionen zu veranschaulichen!

1. Es wird vor allem nicht angehen, des Menschen Bekehrung und Erneuerung als ein Geschehen zu interpretieren, das sich abseits von seiner Beziehung zum Bruder, allein zwischen ihm und Gott abspielte. Gewiß: es geht darum, daß Gott für ihn, er für Gott ist – um dieses Wirkliche als offenbare Wahrheit, die ihn mächtig in Bewegung setzt. Aber nun ist er ja gar nicht Mensch ohne seinen Mitmenschen. Wie sollte ihn da jene Wahrheit in Bewegung setzen, wenn diese Bewegung, indem er ihr folgt, nicht sofort übergriffe auf seine Beziehung zum Mitmenschen: als ob nicht sofort auch in ihr ein Altes vergehen, ein Neues werden müßte? Sie wäre nicht die Umkehr des ganzen Menschen, wenn sie nicht sofort auch in dieser Beziehung anheben und geschehen würde.

Calvin befand sich auf gutem biblischem Grund, nämlich auf dem der alttestamentlichen Propheten von Amos ab, wenn er bei seiner Einzelerklärung jenes Hauptsatzes – er hat sie unter den Titel *De abnegatione nostri* gestellt – nach einer allgemeinen Entfaltung des Begriffs der Selbstverleugnung und nach einer (allerdings etwas frostigen) Erläuterung der Begriffe *sobrietas*, *iustitia* und *pietas* (im Anschluß an Tit. 2, 11 f.), den von Augustin so bevorzugten Bereich *Deus et anima* sofort verließ, um (*Instit.* III 7, 4–7) zu zeigen, wie sich die *abnegatio nostri* als Demut, Sanftmut, Dienstbereitschaft

Verantwortlichkeit, Treue in der Gemeinde und in der menschlichen Gemeinschaft überhaupt auswirke, wie sie keinem Menschen gegenüber, und wäre er noch so gering, ginge er uns noch so wenig an, hätte er es noch so wenig verdient – versagen dürfe, wie sie zuletzt und zuhöchst bestehe in Taten einer heiteren, den anderen nicht erniedrigenden und bindenden, sondern ehrenden und befreienden Liebe. Alles gerade weil es im Leben des neuen Menschen um die *gloria Dei*, darum geht, *ut sibi in tota vita negotium cum Deo esse reputet* (7,2). So haben die alttestamentlichen Propheten die von ihnen verkündigte Umkehr, gerade weil sie sie in größter Strenge als Umkehr Israels zu seinem Gott verstanden haben (fern von allem Ethizismus und Reformeifer!) sofort und aufs nachdrücklichste als Umkehr und Erneuerung in Israels praktischem, kultischem, wirtschaftlichem, politischem Verhalten, als durchgreifende Änderung der herrschenden sozialen Beziehungen interpretiert, und haben sie Israels große Unwilligkeit zur Umkehr vor allem in seiner in den zwischenmenschlichen Relationen betätigten Halsstarrigkeit gesehen.

2. Es wird weiter nicht gehen, des Menschen Umkehr in einer, sei es bloß innerlichen, sei es bloß äußerlichen, neuen Bewegung und Tätigkeit sehen und realisieren zu wollen. Es geht, weil Gott für ihn, er für Gott ist, um sein Herz, um sein Denken, um seinen Willen, sagen wir für einmal: um seine «Gesinnung» – und vom gleichen bewegenden Grund her um sein von dorther entschiedenes und bestimmtes Tun und Lassen: um Beides miteinander, ums Ganze. Umkehr in einem abgesonderten Innenraum, in einer rein religiösen Sphäre etwa, oder Umkehr in bloß kultischer oder auch moralischer, bloß politischer oder kirchenpolitischer Gestalt wäre nicht die von Gott her in Bewegung gesetzte Umkehr des Menschen. Der Friede mit Gott ist unteilbar. Die Umkehr, in der er in diesen Frieden zurückkehrt, umgreift auch in diesem Sinn den ganzen Menschen.

Man kann also bei der Erklärung des Begriffs μετάνοια schon davon ausgehen, daß da im Wortsinn zunächst von einem «Umdenken», von einer Wandlung des Urteilens, von einer neuen Gesinnung und inneren Einstellung die Rede ist. Man hüte sich aber wohl, dabei stehen zu bleiben! Das hieße nämlich, den Begriff von seinem biblischen Sinn zurückschrauben auf den, in welchem er im Griechentum eine, ev. mit Reue verknüpfte, nachträgliche Sinnesänderung bezeichnete. Wogegen die ἀνακαίνωσις τοῦ νοός von Röm. 12,2 im Rahmen der umfassenden Bewegung geschieht, die Röm. 12,1 als ein παραστῆσαι τὰ σώματα ὑμῶν θυσίαν ζῶσαν ἁγίαν τῷ θεῷ εὐάρεστον beschrieben wird. τὰ σώματα ὑμῶν heißt: eure Leiber, d.h. eure ganzen Personen. Es ist denn auch schon das von Johannes dem Täufer verkündigte μετανοεῖν ein Baum, der sofort Früchte trägt (Luk. 3,8). Sie erstreckt sich (Luk. 3,10f.) auf das Tun sehr konkreter Taten praktischer Änderung des bisherigen menschlichen Verhaltens. Wiederum aber ohne daß sie sich im Tun solcher oder irgendwelcher Taten und Verrichtungen erschöpfen könnte! Gerade hier griff ja die Kritik der Propheten an dem ein, was als vermeintliche, in allerlei Praxis bewährte Umkehr vor ihren Augen war. Man denke an die bekannte prophetische Kritik des Opfers, beachte aber den Zusammenhang, in welchem sie etwa Hos. 6,1f. erscheint. Ein – man möchte sagen: vorbildlich schönes – Wallfahrtslied zu einem Bußgottesdienst wird da zunächst zitiert: «Kommt, laßt uns umkehren zu dem Herrn; denn er hat uns zerrissen, er wird uns heilen; er hat geschlagen, er wird uns verbinden. Nach zwei Tagen wird er uns neu beleben, am dritten uns wieder aufrichten, daß wir leben vor ihm. Laßt uns streben, mit Eifer streben nach Erkenntnis des Herrn! Sobald wir ihn suchen, werden wir ihn finden und er wird zu uns kommen wie der Regen, wie der Frühjahrsregen, der die Erde erquickt». Wie oft mag an den Bußtagen auch der Christenheit über diesen Text gepredigt worden sein! Nur daß man wohl zu oft die Fortsetzung übersehen hat, die Antwort des Propheten nämlich, die so lautet: «Was soll ich dir tun, Ephraim? Was soll ich dir tun, Juda? Ist doch eure Liebe der Morgenwolke gleich, wie der Tau, der bald verschwindet. Darum habe ich sie behauen durch die Propheten, sie getötet durch die Worte meines Mundes, und mein Recht geht auf wie das Licht. Denn an Liebe habe ich Wohlgefallen, nicht an Schlachtopfern und an Gotteserkenntnis mehr als an Brandopfern,» Was stimmt nicht? möchte man fragen. An Taten fehlt es hier offenbar nicht und nicht einmal an der Willigkeit, dem religiösen Eifer, in dem sie getan werden. Es fehlt aber – hier ist nun eben nicht das Äußere, sondern das Innere nicht da, das die Bewegung, in der sich die Menschen befinden, zur Umkehr machen würde – die eigentliche, die gründliche und durchhaltende Liebe, in der diese Willigkeit und ihre Verrichtungen begründet sein müßten, um sinnvoll zu sein. Man könnte in der Verlängerung und Vertiefung dieser Hosea-Stelle wohl an 1. Kor. 13, 3 denken: «Wenn ich alle meine Habe zur Armenspeisung austeile und wenn ich meinen Leib hingebe zum Verbranntwerden, habe aber die Liebe nicht, so nützt es mir nichts» – so hat das mit Umkehr gar nichts zu tun!

3. Es geht weiter nicht an, des Menschen Umkehr zu privatisieren: als wäre sie nur eine Angelegenheit des Einzelnen, die Ordnung seiner Beziehung zu Gott und zum Nächsten, seines inneren und äußeren Daseins, seines Wesentlich- oder Eigentlichwerdens. Es ist schon recht, wenn man ihren personalen Charakter betont, die Je-Einmaligkeit dieses Geschehens, die Einsamkeit, in der je dieser Mensch als der, der er war, vergehen und neu werden darf und soll. Man bedenke aber auch hier den bewegenden Grund, von dem her sie, wenn sie stattfindet, allerdings die Sache je dieses einzelnen Menschen sein wird. Der biblische «Einzelne» ist kein Selbstversorger! Es geht ja um Gott: daß Gott für ihn, er für Gott ist. Wer aber Gott sagt, der sagt: Gottes Name, der geheiligt zu werden, Gottes Reich, das zu kommen, Gottes Wille, der auf Erden wie im Himmel zu geschehen im Begriff steht. Daß Gott als das Subjekt dieser universalen Geschichte, in dieser seiner Aktion für ihn ist und er seinerseits für den in dieser Aktion begriffenen Gott – das ist doch die Achse, um die sich gerade der Einzelne bewegt, der sich von seinem eigenen Weg ab- und ihm zuwendet. Seine Bekehrung und Erneuerung ist also nicht Selbstzweck, wie ein allzu egozentrisches Christentum es oft gemeint und dargestellt hat. Das wäre wieder nicht der ganze Mensch, der sich als Einzelner nur um seinetwillen und für sich selbst, statt zu Gott dem Herrn und also zum Eintritt in den Dienst seiner Sache auf Erden, zu seinem Zeugen im Kosmos bekehren wollte. In Ganzheit sich bekehrend und erneuernd, tritt der Mensch über die Schwelle seiner privaten Existenz hinaus: und ginge es gerade dort um seine intimsten, brennendsten und aufregendsten Probleme! – es könnte sonst sein, daß er noch gar nicht in der Umkehr stünde, wenn er durchaus bei jenen verweilen, die Schwelle ins Freie also durchaus nicht überschreiten wollte! Es möchte sonst sein, daß er erst recht (und nur noch raffinierter) auf seinem eigenen Weg ge-

radeaus, also ins Verderben rennt. In Ganzheit sich bekehrend und erneuernd übernimmt der Mensch in und mit seiner persönlichen auch öffentliche Verantwortlichkeit: weil der große Gott des Himmels und der Erde für ihn, weil er für diesen Gott ist!

Das Wort Jesu an Petrus Luk. 22, 32 : «Wenn du dich dereinst umkehren wirst ... », ist eine der wenigen neutestamentlichen Stellen, in welchen der persönliche Charakter dieser Bewegung direkt sichtbar wird; man beachte aber auch hier die Fortsetzung: « ... so stärke deine Brüder!» Eindrücklich in jener Hinsicht ist gewiß auch Act. 3, 26 (vgl. Jer. 25,5, Jona 3,8): «Euch zuerst hat Gott seinen Knecht erstehen lassen, euch zu segnen, indem ihr euch ein Jeder (ἕκαστος) von euren schlechten Taten abwendet». Im Alten Testament vernimmt man besonders bei Hesekiel (etwa 3, 16f., 18, 4f., 20f.) die «existentiell» an den Einzelnen sich wendende Zusage und Aufforderung: daß eben er sich von seinem bisherigen Wandel bekehren und so am Leben bleiben solle. Selbstverständlich ist das, was bei Hesekiel explizit wird, die Meinung des ganzen Alten und Neuen Testamentes: es ist die verkündigte Umkehr zu Gott ein persönlich jedem Einzelnen zugemutetes und verheißenes Tun und Sein, ein Geschehen, das nun eben gerade ihm, diesem und diesem bestimmten Menschen aufs Herz und auf die Nieren, durch Mark und Bein gehen wird. Und was in der neueren Kirche als individuelle Seelsorge eine so große Rolle spielt, dürfte im Buch der Sprüche seinen biblischen Vorgang haben. Im übrigen kann aber unmöglich übersehen werden, daß sich der biblische Aufruf zur Umkehr in der Regel an einen Pluralis wendet – auch dann, wenn da von einem Du die Rede ist – an das Volk Gottes, an Jakob-Israel in seiner Gesamtheit, an Jerusalem, an Ephraim. Man hat sich dessen etwa bei Deuterojesaja zu erinnern, bei welchem ja besonders viele in der zweiten Person Singularis formulierten Sätze geradezu einladen, sie als an eine einzelne Person gerichtet zu verstehen. Sie können und sollen wohl auch so gelesen werden. Das sollte aber nicht geschehen, ohne daß sie zugleich in ihrem Ursinn, in welchem sie ein Volk anreden, zu Worte kommen. Mit einem umfassenden μετανοεῖτε setzt dann auch die Verkündigung des Täufers, auch die Jesu selbst ein: offenbar ohne die Sorge vor einer Kollektivierung, die den Ernst der vom Einzelnen als solchen geforderten Entscheidung abschwächen könnte. Der Pluralis schwächt ihn nicht ab; er ist es vielmehr, der ihm seinen Ernst gibt. Der Ernst der großen Sache Gottes in der Welt, seines Namens, seines Reiches, seines Willens, dem seine Gemeinde in allen ihren Gliedern zu dienen hat, der Ernst seiner in jedem Einzelnen Alle angehenden und betreffenden Entscheidung steht hinter diesem Pluralis. Dann und nur dann ist des Menschen Umkehr seine Umkehr zu Gott, wenn er sich mit ihr als *sanctus* einfügt in die *communio sanctorum*.

4. Es geht schließlich nicht an, des Menschen Umkehr als die Sache bloß einer Zeit seines Daseins zu verstehen, der dann andere folgen würden, in denen er auf das damals Geschehene *quasi re bene gesta* zurückblicken könnte, oder in denen er sie je und je, wieder zu dieser oder jener Zeit, wiederholen könnte und zu wiederholen hätte, um vorher oder in den Zwischenzeiten doch irgendwie anders als in der Umkehr zu existieren: als ein schon Bekehrter oder als ein neuer Bekehrung Bedürftiger, aber auch Fähiger, ihr erst wieder Entgegengehender. Ist es die offenbare Wahrheit, daß Gott für ihn, er selber für Gott ist, die ihn zur Umkehr nötigt, in diese Bewegung versetzt, dann ist diese eine nicht abbrechende, sondern durchgehende Bewegung seines ganzen Lebens. Sie erschöpft sich also nicht in einem einmal vollzogenen besonderen Akt,

4. Die Erweckung zur Umkehr

sie vollzieht sich auch nicht in einer Reihe solcher besonderen Akte – wie wäre sie sonst Sache des ganzen Menschen? – sondern sie wird und ist Inhalt und Charakter seines Lebensaktes als solchen. Bestimmte Momente im Ganzen des Vollzugs dieses Aktes, bestimmte einzelne Anregungen und Erleuchtungen, Erschütterungen und Wendungen, bestimmte Erlebnisse und Erfahrungen, zu dieser oder jener Zeit gemacht, können gerade nur den Sinn und Charakter besonderer Erinnerungen an seinen Gehalt in seiner Ganzheit haben. Heiligung in der Umkehr ist aber nicht die Sache solcher einzelner Momente, sondern Sache des Ganzen der menschlichen Lebensbewegung. Heilig leben heißt: von der Mitte jener offenbaren Wahrheit her durchhaltend immer bestimmter aufgehalten und vorwärts getrieben sein und also immer aufrichtiger, immer gründlicher, immer ausgeprägter in der Umkehr leben.

Die Reformation des 16. Jahrhunderts hat nach dem Bewußtsein der Zeitgenossen angefangen mit den am 31. Oktober 1517 an die Türe der Schloßkirche zu Wittenberg angeschlagenen Thesen Luthers über den Ablaß. Die beiden ersten dieser Thesen lauteten: (1) *Dominus et magister noster Jesus Christus dicendo 'penitentiam agite etc.' omnem vitam fidelium penitentiam esse voluit*, (2) *quod verbum de penitentia sacramentali (id est confessionis et satisfactionis, que sacerdotum ministerio celebratur) non potest intelligi.* Wir haben das Wort «Buße» als die geläufige Bezeichnung der uns hier beschäftigenden Sache auch darum durch das Wort «Umkehr» ersetzt, weil es fast zwangsweise Assoziationen erweckt, durch die diese Sache in das Licht eines einmaligen oder mehrmaligen Einzelereignisses gerückt wird. Eben solche Einzelereignisse – ob es sich nun um den Empfang eines «Bußsakramentes» im Sinn der römischen Lehre oder um das einfache oder abgestufte Bekehrungserlebnis im Sinn des Pietismus und Methodismus handle – sind aber mit der Umkehr zu Gott darum nicht identisch, weil diese das Ganze der das menschliche Leben beherrschenden und charakterisierenden Bewegung seiner Heiligung ist, in der es keine Unterbrüche geben kann: keine Pausen, in denen der Mensch der Umkehr nicht mehr oder erst wieder bedürftig wäre, in denen er es sich aber auch vorbehalten könnte, sie ein zweites, drittes oder hundertstes Mal wieder zu vollziehen. Was können solche Einzelereignisse, ob man sie nun mehr sakramental oder sentimental oder ethisch verstehe, was können alle besonderen Bußliturgien, Bußerlebnisse, Bußkämpfe, Bußbekenntnisse, Bußleistungen mehr sein als hervorgehobene Momente der Lebensbewegung, in der sich der Mensch wandelt vom alten zum neuen Menschen? Wird es ihm an solchen besonderen Momenten schwerlich fehlen dürfen, so wird doch bestimmt keiner von ihnen auch nur so sicher zu fixieren, geschweige denn zu bewerten sein, daß es zu verantworten wäre, gerade seinen besonderen Inhalt mit dem Geschehen zu identifizieren, in welchem der Mensch zum Heiligen Gottes wird, mit seiner von jenem Zentrum aus in Bewegung gesetzten Umkehr. Geschieht diese nur dort und nicht im ganzen Zusammenhang des menschlichen Lebens, dann geschieht sie gar nicht.

Umkehren, μετανοεῖν, im Munde des Täufers und des synoptischen Jesus schließt freilich einen zu bestimmter Zeit anhebenden Neuanfang des menschlichen Lebens in sich. Es schließt auch allerlei wieder zu bestimmter Zeit ihm gebotenes Tun in sich: wir haben, was den Täufer betrifft, bereits an Luk. 3, 10f. erinnert und beziehen uns zurück auf das zum Begriff der Nachfolge Gesagte. Das neutestamentliche μετανοεῖν unterscheidet sich aber von dem der jüdischen Theologie und Frömmigkeit jener Zeit bekannten und von ihr hochgerühmten «Buße tun» (der *t'schubah*), das in einer einmaligen oder auch vielmaligen Einzelbewegung sein Wesen hatte, als «radikale Wandlung des Verhältnisses Gott-Mensch und Mensch-Gott» (so Joh. Behm bei Kittel IV, 995), der als solcher auch das eigentümlich ist, daß sie nicht irgendwo als schon geschehen zurückbleibt oder als dann und dann zu wiederholen isoliert stattfindet, sondern von jenem Anfang her das ganze Leben des Menschen umgreift, beherrscht und bezeichnet. In der neutestamentlichen μετάνοια bewegt sich der Mensch weiter: stets aufs Neue in derselben Bewegung. «Wenn auch unser äußerer Mensch verdirbt, so wird doch unser innerer von Tag zu Tag erneuert» (2.Kor.4,16).

Man beachte dazu den Ruf zur Umkehr, wie er in den Sendschreiben der Apokalypse ergeht: an christliche Gemeinden, die als solche wohl eine «erste Liebe» (Apok.2,4), «frühere Werke» (2,5), z. T. sogar solche, die größer sind als die ersten (2,19), hinter sich haben, die aber, eine jede in besonderer Hinsicht, irgendwo stecken geblieben zu sein und deshalb praktisch zu versagen scheinen. Μετανόησον wird ihnen da mehr oder weniger drohend zugerufen. Ihnen Allen – auch der Gemeinde von Philadelphia (3,7f.), deren Versagen am wenigsten deutlich erscheint – wird gegenübergestellt: ὁ νικῶν, der «Überwinder», dem Jesus zu essen gibt vom Baume des Lebens (2,7), dem durch den zweiten Tod kein Leid geschieht (2, 11), dem Jesus den weißen Stein verleiht mit dem Namen, den niemand kennt als sein Empfänger (2,17), dem er Macht über die Heiden gibt (2,26), zu dem er sich bekennen wird vor seinem Vater und vor dessen Engeln (3,5), den er zu einem Pfeiler macht im Tempel Gottes (3,12), ja, dem er es verleiht, mit ihm auf seinem Thron zu sitzen, wie er selber überwunden und sich mit seinem Vater auf seinen Thron gesetzt hat (3, 21). «Wer ein Ohr hat, der höre, was der Geist den Gemeinden sagt!» heißt es am Ende jedes dieser Sendschreiben. Was sagt ihnen der Geist? Wer ist der ihnen gegenübergestellte «Überwinder» in all der ihm zugeschriebenen Glorie? Der Inhalt des μετανόησον ist in den Texten klar: gerade die «erste Liebe» kann nicht dahinten, gerade die «früheren Werke» können nachher nicht ungetan bleiben (2,4f.). «Sei getreu bis in den Tod, so will ich dir die Krone des Lebens geben» (2, 10). «Bewahre, was du empfangen und gehört hast!» (3, 3). «Wache!» (3, 2). «Ich komme bald; halte fest, was du hast, damit niemand deine Krone nehme!» (3, 11 vgl. 2,25). Man beachte das Präsens in dem bekannten Satz: «Siehe, Ich stehe vor der Tür und klopfe an. Wenn Jemand meine Stimme hört und die Tür öffnet, werde ich zu ihm hineingehen und das Mahl mit ihm halten und er mit mir» (3,20). Der das jetzt, heute tut, ist der jener Glorie teilhaftige «Überwinder». Und daß sie das tun und in diesem Tun «Überwinder», Sieger sein sollen, sagt der Geist den Gemeinden. Er sagt ihnen also – und darin soll all ihr μετανοεῖν bestehen – daß der Inhalt ihres heutigen Tages nur der ihres ersten sein, daß er nur in ihrem pausenlosen verantwortlichen Weitergehen von jenem Anfang her bestehen kann.

Eine merkwürdig für sich selbst sprechende Tatsache ist dies, daß Paulus die Vokabeln μετανοεῖν und μετάνοια nur relativ selten und daß Johannes sie gar nicht gebraucht hat. Die Vermutung mag richtig sein, sie möchten ihnen wegen ihrer Belastung durch die Erinnerung an die jüdische Bußtheorie und Bußpraxis aus dem Weg gegangen sein. Wenn Paulus es vorzieht, dieselbe Sache als ἀνακαίνωσις oder παλιγγενεσία oder als das Sterben des alten und das Auferstehen des neuen Menschen zu beschreiben, und wenn bei Johannes das πιστεύειν zum vornherein so bestimmt ist, daß es des Menschen Umkehr in sich schließt, wenn speziell im 1. Johannesbrief dauernd in den Alternativen: Licht–Finsternis, Wahrheit–Lüge, Liebe–Haß, Leben–Tod, Gott–Welt gedacht und geredet wird, so wird damit dasselbe Radikale zur Sprache gebracht, das bei den Synoptikern im Gegensatz zu dem rabbinischen «Buße tun» mit μετανοεῖν bezeichnet wird: so aber, daß eben der aktuelle, immer aufs neue aktuelle Charakter der Sache ohne weiteres klar bleibt.

Ein kurzes Eingehen auf die als schwierig bekannte Stelle Hebr. 6, 1-10 dürfte in diesem Zusammenhang geboten sein. Sie sagt klipp und klar, daß eine Wiederholung der Umkehr darum nicht möglich ist, weil sie, einmal Ereignis geworden, das ganze Leben des Menschen bestimmt als deren nicht zu unterbrechende Fortsetzung. Es ist

4. Die Erweckung zur Umkehr

lehrreich, sich zu vergegenwärtigen, wie das in der Stelle begründet und erklärt wird. Sie setzt v 1a ein mit der an die Christen gerichteten Aufforderung: wir sollten das Problem (den λόγος) der ἀρχή Χριστοῦ, des von Christus mit uns gemachten Anfangs, als gelöst und entschieden hinter uns lassen (ἀφέντες) – sollten nicht so tun, als hätten wir einen solchen mit ihm erst zu machen. Wir sollten an Stelle dessen eben von dem von ihm mit uns gemachten Anfang her entschlossen und entschieden dem von ihm gesetzten Ziel entgegen uns tragen lassen, in Bewegung sein und bleiben, ἐπὶ τὴν τελειότητα φερώμεθα. Wir sollten es darum unterlassen (V 1b–2), «wiederum Grund legen» zu wollen mit Suchen nach Antworten auf Fragen, die hinter jenen Anfang zurückgreifen, als ob er nicht mit uns gemacht wäre, als ob wir nicht von ihm her kämen, als hätten wir ihn erst zu setzen. Einige solche Fragen werden genannt: Wie komme ich dazu, mich von einem Leben in toten Werken abzuwenden? Wie kann ich an Gott glauben? Was bedeutet für mich die Taufe? Gibt es eine Auferstehung der Toten? Was ist es mit dem ewigen Gericht? Lauter an sich wohl mögliche und berechtigte Fragen – nicht umsonst steht ja gerade die Frage nach der μετάνοια an ihrer Spitze! Sie sind aber alle miteinander nur als schon beantwortete Fragen aufzuwerfen, als unernst und unfruchtbar aber dahinten zu lassen, sofern sie den Versuch darstellen, «wiederum Grund zu legen», sofern sie als Fragen in dem leeren Raum aufgeworfen sind, wo der Mensch die ἀρχή Χριστοῦ, damit auch seine Umkehr, den Glauben, die Taufe, die Auferstehung, das Gericht erst als Möglichkeiten vor sich sieht. «Das werden wir tun» (καὶ τοῦτο ποιήσομεν), fährt v 3 entschlossen fort: wir werden jenen Versuch, «wiederum Grund zu legen» – er war und ist ohnmächtig, denn wir haben ihn nicht gelegt, hatten ihn nie zu legen! – hinter uns, Vergangenheit sein lassen, wir werden dem Ziel entgegen in Bewegung sein und bleiben – «wenn Gott es uns gestattet». Wir werden das tun! Zu unserer Verfügung haben wir die Freiheit dazu gewiß nicht. Haben wir sie, so werden wir sie immer nur als von Gott uns geschenkte haben. Wir rechnen aber mit der uns von Gott dazu geschenkten Freiheit nach v 4–6 darum, weil uns das Andere, jenes Zurückgelassene, zu tun unmöglich ist. Wer sind wir nämlich? v 4–5 wird kühn vorausgesetzt: wir sind von denen, die ein für allemal erleuchtet sind, die himmlischen Güter geschmeckt haben, des Heiligen Geistes teilhaftig geworden sind, das herrliche Wort Gottes und die Kräfte der künftigen Welt geschmeckt haben. Eben als solche dürfen, sollen wir uns verstehen. Uns als solchen ist es (v 6) unmöglich, als Rückfällige (παραπεσόντες) noch einmal neu zur Umkehr anzusetzen (ἀνακαινίζειν εἰς μετάνοιαν): als wäre nichts geschehen! Was hieße das Anderes, als daß wir dem Sohn Gottes, den Sieger, der jenen Anfang mit uns gemacht, der uns in jene Bewegung versetzt hat, von dem wir so herrlich beschenkt herkommen, noch einmal kreuzigen und zu Schanden machen würden? Was Anderes, als daß wir nicht nur hinter uns selbst, sondern hinter ihn zurückgehen, mit seinem ganzen Geschenk ihn, den Schenker, ausstreichen würden? Wir sind nicht frei, das zu tun – wir sind also frei, hinter uns zu lassen, was als zum Scheitern verurteiltes Unternehmen nur hinter uns möglich war, und vorwärts zu gehen. v 7–8 wiederholen dasselbe in einem Bilde: die Erde hat den oft auf sie gefallenen Regen getrunken und nun bringt sie Gewächs hervor, nützlich für die, um deretwillen sie auch bearbeitet wurde (v 7). Wüchsen da freilich Disteln und Dornen, so würde sie sich als untauglich erweisen, was bliebe dann übrig, als sie zu «verfluchen» und ein Feuer auf ihr anzuzünden? (v 8). Die Christen sind doch nicht diesem, sondern jenem Acker zu vergleichen! v 9–10 machen die Konsequenz sichtbar: die v 1a gegebene Weisung gilt! Sie kann und wird (v 3) befolgt werden. Kein Zweifel, daß v 1–8 auch Sorge, Mahnung, ja Drohung in sich schließen! Die Leser scheinen mit den v 4–6 beschriebenen zu jenem Tun Befreiten nicht ohne weiteres identisch zu sein. Ob sie sich *per nefas* doch wieder in jenem fatalen Raum *ante Christum* befinden? nicht in jener Bewegung aufs Ziel hin begriffen sind? statt dessen mit jenen unernsten Fragen beschäftigt? und also doch damit, «wiederum Grund zu legen»? im Begriff, Jesus Christus den Sieger zu verleugnen? Sind sie ein Acker, der Dornen und Disteln hervorbringt, auf dem nur jenes verzehrende Feuer angezündet werden kann? Daß die Frage sich dem *autor ad Hebraeos* aufdrängt, ist deutlich: wie hätte er es sonst für nötig gehalten, das Alles zu entfalten? Er hat ja schon 3, 12f. die Frage aufgeworfen: «Sehet zu, ob etwa Jemand von euch ein böses Herz des Unglaubens hat, so daß er von dem lebendigen Gott abfallen möchte – ermahnet euch vielmehr jeden Tag, solange es ‚heute' heißt!» Und er wird sie nachher (12, 17) noch einmal an Esau erinnern, der, nachdem er seine Erstgeburt verkauft hatte, keinen τόπος μετανοίας mehr fand, obwohl er sie mit Tränen suchte. Der ganze Tenor des Briefes läuft ja auf eine Beschwörung hinaus, diese Gefahr zu meiden, auf jenes eindringliche: «Heute, heute!» Der Autor **behaftet** aber die Leser gerade in dieser besonders ernsten Stelle 6, 1–10 **nicht** bei der Gefahr, in der er sie sieht, im Gegenteil: «Wir sind im Blick auf euch, liebe Brüder, des Besseren überzeugt, dessen nämlich, daß ihr dem Heil nahe seid – εἰ καὶ οὕτως λαλοῦμεν: obwohl und indem wir so (mit euch) reden» (v 9). Der Grund seiner Gewißheit: Gott ist nicht ungerecht, sondern gerecht; er vergißt nicht, sondern gedenkt dessen, daß sie am Werk sind, seinen Namen lieben, den Heiligen gedient haben und noch dienen (v 10). Also – Gefahr hin und her! – es gibt etwas Gewisseres als die Gefahr, in der der Autor die Leser offenbar sieht und auf die er sie ernst genug aufmerksam gemacht hat: sie **sind** – Gott kennt und anerkennt sie als solche, die es sind – in der v 1a beschriebenen Bewegung. Es wird zu deren Fortsetzung (v 11f.) nur der mit der dort gegebenen Weisung übereinstimmenden Mahnung bedürfen, in ihr zu verharren, nicht «stumpf» zu werden: in der in ihrer einmaligen μετάνοια ein für allemal ausgelösten Bewegung.

Die Kirche und Theologie der **nach**apostolischen, der frühkatholischen Zeit hat sich durch die Evangelien, durch Paulus und Johannes und so auch durch diese Warnung des Hebräerbriefs nicht hindern lassen, aus der das **ganze Leben der Christen** regierenden Umkehr (im Rückfall in spätjüdisches Denken) nun doch wieder eine Sache **besonderer Akte**, später einer besonderen Bußdisziplin zu machen, aus der dann das besondere «Sakrament der Buße» herausgewachsen ist, das **Luther** in erstaunlichem Scharfblick dem μετανοεῖτε Jesu gegenübergestellt hat: sie, die sakramentale Buße sei **nicht** die von Jesus geforderte Umkehr. Es könne diese nur «im ganzen Leben der Glaubenden» geschehen. **Calvin** hat es genau so gesehen: im Gegensatz zur Lehre der Wiedertäufer und ihrer Genossen *(sodales!)*, der Jesuiten, müsse gelten: *poenitentia in totam vitam proroganda est homini Christiano (Instit. III,* 3,2). Die Glaubenden wissen, daß dieser Kampf *(militia)* erst mit ihrem Tode zu seinem Ende kommt (3, 9).

Wir fassen das Bisherige zusammen: Durch die offenbare Wahrheit, daß Gott für ihn, er für Gott ist, wird der ganze Mensch in die Bewegung der Umkehr versetzt. Dazu wird er in der Heiligung erweckt und darin besteht seine Aufrichtung. In allen Dimensionen der **ganze Mensch**! Die nötigen Erklärungen dazu sind gegeben. Es wird nun aber gerade von dieser Feststellung her ein zweiter Hauptsatz nicht zu unterdrücken, sondern ebenfalls zu entfalten sein: daß es sich in dieser Bewegung um einen Kampf, oder sagen wir weniger dramatisch und zugleich genauer: um eine **Auseinandersetzung** handelt.

Schade, daß es für dieses sehr brauchbare deutsche Wort m.W. kein englisches und kein französisches Aequivalent gibt! Es ist freilich in der Theologie nur mit Vorsicht und in Auswahl anzuwenden. Man kann sich mit Gott, mit Jesus Christus, mit dem Heiligen Geist nicht «auseinandersetzen» wollen, sondern soll froh und dankbar sein dafür, daß Gott sich noch und noch mit unsereins zusammensetzt! Man wird es auch besser unterlassen, sich mit der heiligen Schrift und auch mit der Kirche als der Gemeinschaft der Heiligen «auseinanderzusetzen». Und so sollte gerade das auch im Verhältnis zum

4. Die Erweckung zur Umkehr

Nächsten entschieden lieber nicht geschehen. Es besteht aber aller Anlaß – und darum geht es in unserem Zusammenhang – sich mit sich selbst auseinanderzusetzen. Genau das zu tun, wird der in der Umkehr begriffene Mensch nicht unterlassen können. Man kann und muß geradezu sagen: daß seine Umkehr darin besteht, daß er sich allen Ernstes mit sich selbst auseinandersetzt.

Es kann ja nicht übersehen werden, daß der Mensch sich im Vollzug dieser Bewegung unter einer zweifachen Bestimmung befindet.

Es besteht die eine in dem mächtigen Halt! und Vorwärts!, das ihm dadurch geboten, durch das er damit in jene eigentümliche Bewegung versetzt ist, daß Gott für ihn, er für Gott, daß ihm das unübersehbar und mächtig offenbar geworden ist. In dieser Bestimmung ist er der neue, mit Röm. 8,14 zu reden: der vom Geiste Gottes getriebene Mensch. In dieser Bestimmung bereut und verabschiedet er, was er bis dahin war und tut, verläßt er seinen alten Weg, läßt er sich selbst in seinem Gewesensein fahren und fallen, faßt er Mut zu einem seinem bisherigen gegenüber ganz anderen, gerade entgegengesetzten Sein und Tun, betritt er einen neuen Weg, bejaht und ergreift er sich selbst in der sich ihm damit eröffnenden Zukunft. Und das nun eben – entsprechend dem mächtigen Grund, der ihn in diese Bewegung versetzt – in der Ganzheit seiner Existenz und seines Wesens als Mensch, ohne Reservationen in dieser oder jener Hinsicht.

Es besteht aber die andere Bestimmung, unter der er sich dabei befindet, darin, daß immerhin er es ist, der sich da ganz in diese Bewegung versetzt, ganz zu deren Vollstrecker gemacht findet. Er, d.h. aber derselbe, für den jenes Halt! und Vorwärts! zuvor keinen Sinn und keine Kraft hatte. Indem er sich anschickt, seinen neuen Weg zu betreten, kommt er von seinem alten her. Er bereut, aber als eben der, der von Reue zuvor nichts wußte. Er faßt Mut: aber eben als der, der zuvor keinen Mut hatte. Er bejaht und ergreift sich selbst in der ihm von jenem mächtig bewegenden Grund her gezeigten Zukunft: aber als eben der Mensch, der auch seine Vergangenheit hat. Er ist auch in der von ihm vollzogenen Wendung, er ist mitten in der Gegenwart dieses Geschehens nicht ohne diese seine Vergangenheit. Er ist heute, schon vom Geist Gottes getrieben, von gestern her noch im Fleisch, schon der neue, noch der alte Mensch. Nur teilweise, nur so ein bißchen, in ein paar Restbeständen? Die alte Theologie hatte schon recht, wenn sie im Blick auf die in der Gegenwart der Umkehr immer noch mitlaufende sündige Vergangenheit des Menschen gerne von einem «Rest» (von «Residuen» oder «Reliquien» des alten Menschen, des Fleisches und seines sündigen Tuns) gesprochen hat. Es ist ja wahr: anders denn als (schäbiger) «Rest» kann das Sein und Tun des Menschen unter dieser anderen Bestimmung von jener ersten her nicht gesehen und beurteilt werden. Es beruhte aber auf schwerer Täuschung, wenn man sich diesen «Rest» als ein – im Verhältnis zu einem anderen, besseren Quantum – zum Glück kleineres vorstellen wollte. Es läßt sich vielmehr (man sei doch ein bißchen aufrichtig! – und in der ernstlichen Umkehr ist man das!) nicht verhehlen, daß es noch einmal der ganze Mensch ist, der sich da im Rückstand, «im Rest» befindet und also auch unter dieser anderen Bestimmung – sich selbst unter jener ersten Bestimmung rätselhaft gegenüber steht. Der heute mit jenem Halt! und Vorwärts! konfrontiert, heute durch die mächtige Wahrheit, daß Gott für ihn, er für Gott ist, in der Ganzheit seiner Existenz und seines Wesens in jene Bewegung versetzt ist, ist auch heute noch der in der Ganzheit seiner Existenz und seines Wesens sündenträge Mensch von gestern. Es geht also in dem Heute der Umkehr nicht nur um das Vorhandensein einiger bedauerlicher Spuren seines Seins und Tuns von gestern. Nein, der da unter der Bestimmung und im Begriff steht, ein total neuer Mensch zu werden, ist der in seiner Totalität alte Mensch von gestern her.

Die Situation kann also nicht wohl anders verstanden werden als dahin: daß es sich bei der zwiefachen Bestimmung des in der Umkehr begriffenen Menschen, weil um zwei totale, darum um zwei nicht zu vereinigende, sondern sich aufs Äußerste widersprechende, um zwei sich gegenseitig ausschließende Bestimmungen handelt.

Es ist interessant, festzustellen, daß Calvin dieses Verhältnis zwischen neu und alt in der Fassung seiner *Institutio* von 1539 noch nicht, in der von 1559 aber offenbar gesehen hat. Man las damals noch: eine *pars nostri* bleibe in der Wiedergeburt dem Joch der Sünde unterworfen. Wir hielten in ihr noch an einem *aliquod de vetustate* fest. Die Seele des Gläubigen sei also in ihr in zwei Teile gespalten, die sich wie zwei Ringkämpfer *(duo athletae)* gegenüberstünden, von denen aber der eine, obwohl durch den anderen angefochten und behindert, der stärkere sei. *Praecipuo cordis voto et affectu* strebe nämlich der Gläubige doch zu Gott hin, seinem Geiste folgten des Menschen *superiores partes*. Was er *per imbecillitatem* noch Böses tue, das hasse und verdamme er. Nur unter Widerspruch seines Gewissens und Herzens könne er noch wissentlich sündigen. Und eben dadurch unterscheide sich der Wiedergeborene vom Nichtwiedergeborenen. Das Alles ist 1559 an der entsprechenden Stelle (III 3, 9f.) in Wegfall gekommen. Alt und Neu, Sünde und Gnade sind jetzt nicht mehr zwei Teile im Sein des Wiedergeborenen. Es soll jetzt auch nicht mehr bloß mit der römischen Lehre von einem in ihm nachwirkenden *fomen mali*, von einer bloßen *infirmitas* die Rede sein, sondern (auch gegen Augustin!) strikt mit Paulus von der auch ihm eigentümlichen *pravitas*, von der auch in ihm wohnenden Sünde, der gegenüber offenbar nicht ein Höheres in ihm – jene *superiores partes* – sondern nur der aus dem Geist gezeugte neue Mensch als solcher im Felde stehen kann. Es ist klar, daß von daher – aber auch nur von daher – jene Sätze Calvins über die Rechtfertigung, die Sündenvergebung, der auch der Wiedergeborene gänzlich bedürftig ist und bleibt, in der Strenge, in der er sie formuliert hat, möglich, notwendig und durchführbar sind. Wären die Heiligen wenigstens teilweise keine Sünder, so dürfte die Folgerung schwer abzuwehren sein: daß wenigstens auf diesen Teil, auf den stärkeren jener Ringkämpfer gesehen, keiner Rechtfertigung mehr bedürftig wären.

An der strengen Anwendung von Luthers: *simul (totus) iustus, simul (totus) peccator* auch auf den Begriff der Heiligung und also der Umkehr hängt es, ob das mit diesem Begriff bezeichnete Geschehen in seiner Tiefe gesehen und in dem ihm zukommenden Ernst verstanden wird. Gewiß eine harte Sache: er, derselbe eine Mensch unter zwei entgegengesetzten, sich gegenseitig ausschließenden, totalen Bestimmungen! Er, derselbe eine Mensch zugleich, im *simul* je seines heutigen Tages – von gestern her noch der alte, für morgen schon der neue Mensch, von gestern her noch unfrei, für morgen schon frei, von gestern her noch träge darniederliegend, für morgen schon sich aufrichtend! Aber billiger als so ist die Sicht und das Verständnis dieser Sache nicht zu haben. In statischen und quantitativen Begriffen, die ihr Verständnis scheinbar erleichtern würden, ist diese Situation nun einmal nicht zu beschreiben. Das hieße ja sie aufspalten in ein Nebeneinander ihrer beiden Momente. Wohl wahr, daß sie gerade danach förmlich zu schreien scheint: der ganze Mensch noch der alte, und wieder der ganze Mensch schon der neue, beides in konträrem Gegensatz – wie würde Alles so übersichtlich, wenn man an Stelle dessen sagen dürfte: der Mensch teilweise noch, teilweise schon! Aber wie würde man dann an der Sache vorbeireden! Ist doch der neue der ganze und der alte wieder der ganze Mensch! Und ist doch die Umkehr der Übergang, der Wandel, in welchem der Mensch tatsächlich noch ganz der alte, schon ganz der neue Mensch ist. Die Abneigung, die Furcht vor der Härte dieses Gegensatzes wäre eine schlechte Lehrmeisterin. Sofort, wenn man ihr nachgeben und also dazu schreiten würde, jenes *simul* in ein *partim-partim* umzudeuten, d.h. aufzuspalten, einen alten Menschen vorher und einen neuen nachher säuberlich und schon ein wenig triumphal auseinanderzuhalten, würde man aus dem Bereich der wirklich gelebten *vita christiana* in den eines psychologischen Mythus ohne allen Sachgehalt geraten. Die *vita christiana* in der Umkehr ist das Ereignis, der Akt, die Geschichte, in welcher der Mensch je zugleich noch ganz der alte und schon ganz der neue Mensch ist: so mächtig ist die Sünde, durch die er von rückwärts, so mächtig erst recht die Gnade, durch die er nach vorwärts bestimmt ist. So kennt sich gerade der wirklich in der Umkehr begriffene Mensch!

Aber nun müssen wir freilich ebenso scharf unterstreichen: die Umkehr, in der der Mensch zugleich Beides ganz ist, ist Ereignis, Akt, Geschichte. Die Koinzidenz jenes Noch und jenes Schon ist ja der Inhalt dieses Zugleich. Weil dieses «Noch» und dieses «Schon» in ihm koinzidieren, darum ist es nicht das Zugleich einer Balance, eines Schwebezustandes, einer Koordination zweier gleichartiger Faktoren, darum ist die Stellung der beiden Momente, die da zugleich sind, die des alten und des neuen Menschen, nicht etwa vertauschbar, sondern ganz und gar ungleich. Darum ist Ordnung und Folge in diesem Zugleich: Richtung und Zielstrebigkeit. Darum stehen der alte und der neue Mensch, die da zugleich sind, im Verhältnis eines *terminus a quo* und eines *terminus ad quem*. Es ist also des Menschen Umkehr, in der er zugleich noch alter und schon neuer Mensch und beides ganz ist, weder eine Schaukelbewegung, noch eine Kreisbewegung. Sondern entsprechend dem, daß sie ausgelöst ist durch das göttliche Halt! und Vorwärts! findet sich der in ihr begriffene Mensch – das Eine mit dem Anderen wirklich nicht zu verwechseln! – als der alte von gestern ganz verneint, als der neue für morgen ganz bejaht, aus seiner Identität mit jenem ganz herausversetzt, in die Identität mit diesem ganz hineinversetzt, dort von Gott ganz und gar nicht, hier aber ganz und ohne Vorbehalt ernst genommen, dort ganz, nämlich dem ewigen Tode preisgegeben, hier ganz, nämlich ins ewige Leben aufgenommen. Neutral, in irgend einem ruhigen Ebenmaß beides, zugleich alter und neuer Mensch zu sein, wird ihm, der das in Ganzheit dort und in Ganzheit hier ist, nicht nur verboten, sondern praktisch verwehrt, verunmöglicht sein. Er wird beides gerade nur in der ganzen Wendung von dort nach hier sein können. Wir reden von dieser Wendung, wenn wir von des Menschen Umkehr reden. Und wir unterstreichen ihren Ernst, ihre Radikalität, wenn wir von der zwiefachen totalen Bestimmung des in ihr begriffenen Menschen reden.

Und nun dürfte eben der Begriff der Auseinandersetzung der genaueste Ausdruck zur Beschreibung dieser Wendung sein. Er zeigt zunächst an, daß es bei jener Koinzidenz von Noch und Schon, des alten und des neuen Menschen, des *homo peccator* und des *homo sanctus* nicht bleiben kann. Gibt es keine Gegenwart, in der wir über dieses *simul* hinaus sehen, in der sich der in der Umkehr begriffene Mensch nicht ganz unter der Macht der Sünde und erst recht ganz unter der Macht der Gnade fände, so wird es ihm doch eben durch den Inhalt der beiden in diesem *simul* koinzidierenden Bestimmungen seines Seins nicht nur nicht erlaubt und nicht nur verboten, sondern schlechterdings verwehrt sein, dieses *simul* als einen Dauerzustand, ein Definitivum zu verstehen. Er hat da – zu seinem Heil! – keine bleibende Stätte. So wahr das ist, daß wir in keiner Gegenwart über dieses *simul* hinaussehen können, so wahr ist es wiederum, daß eben dieses *simul* – kraft seiner Dynamik als Moment der Geschichte Gottes mit dem Menschen, des Menschen mit Gott – über sich selbst hinausweist, hinausdrängt auf die allein mögliche Entscheidung zwischen den beiden jetzt in ihm koinzidierenden totalen Bestimmungen: Was der Mensch jetzt noch ganz ist, das kann er nicht bleiben, das wird er angesichts dessen, was er jetzt schon ganz ist, gar nicht mehr sein können, zu sein aufhören müssen. Und was er jetzt schon ganz ist, das wird er in der Weise werden und sein dürfen, daß er ganz allein (unter Ausschluß dessen, was er jetzt noch ganz ist) nur noch eben das sein wird. Was in jenem Zugleich beieinander und ineinander ist als zwiefache Bestimmung eines und desselben Menschen, das kann wesensmäßig nicht beieinander und ineinander bleiben, das will und strebt und drängt wesensmäßig auseinander. Und nun eben auseinander in der durch den radikal verschiedenen Inhalt jener zwiefachen Bestimmung eindeutig charakterisierten Richtung! Also wieder nicht dualistisch in der Richtung auf eine Spaltung des Menschen, auf ein nun doch zu stabilisierendes Nebeneinander eines alten und eines neuen Menschen, eines Sünders und eines Heiligen – sondern durchaus monistisch in der Richtung auf das Vergehen, den Tod, das definitive Ende und Verschwinden des Einen zugunsten des Werdens, des Lebens, der ausschließlichen, unproblematischen, unangreifbaren Existenz des Anderen. Es ist also auch die Auseinandersetzung, in der sich der Mensch – jetzt noch ganz der alte, jetzt schon ganz der neue Mensch – in der Umkehr befindet, keine partielle, sondern seine totale Auseinandersetzung mit sich selbst – total eben in dem Sinn: sie zielt darauf, daß er gar nicht mehr sein kann, der er war, nur noch sein kann, der er sein wird.

Die großen Antinomien der johanneischen Sprache (Licht–Finsternis usf.) und die ebenso alternative paulinische Rede vom Ausziehen, ja Sterben des alten und vom Anziehen, ja Auferstehen des neuen Menschen, vom Gegensatz und Kampf des Geistes mit dem Fleisch sollen hier nur nochmals in Erinnerung gerufen sein. Man bedenke: so wird im Neuen Testament in die Gegenwart der christlichen Gemeinde und ihrer Glieder (der Glieder am Leibe Christi!), so also gerade in das Leben der Glaubenden, der Wiedergeborenen hineingeredet. Keine Rede davon, daß da die eine der damit bezeichneten Bestimmungen des in der Umkehr begriffenen, des christlichen Menschen nur als dessen heidnische oder jüdische Vergangenheit, die andere nur als Zukunft gesehen und beurteilt wäre. Es ist vielmehr gerade das Leben der Glaubenden, die christliche Gegenwart, die da – und wie wird das durch die konkreten Ermahnungen und Verheißungen der Briefe illustriert! – ganz unerbittlich, aber auch ganz unverzagt in das Licht dieser zwiefachen Bestimmung gerückt wird. Keine Rede aber auch davon, daß dabei auch nur für einen Augenblick das Bild eines Ruhe- oder Schwebezustandes, eines Gleichgewichtes zweier irgendwie koordinierter Zuständlichkeiten entstünde. Eben aus jeder eingebildeten Gleichgewichtslage und Koordination werden ja die Christen gerade damit, daß sie auf dieses *simul* mit jenen in ihre Gegenwart hineingerufenen Drohungen und Verheißungen höchst konkret angeredet werden, mächtig herausgeholt. Nicht vor oder in eine Wahl und Entscheidung, sondern unter die auf sie schon gefallene Wahl, unter die über sie beschlossene und schon vollzogene Entscheidung werden sie ja gestellt. Eben ein Halt! und ein Vorwärts! wird ihnen ja mächtig offenbar gemacht. Und dieses als das göttliche Halt! und Vorwärts!, in welchem es nach beiden Seiten ums Ganze geht, u. zw. um Tod hier, um Leben dort, in dessen Kraft, was sie in ihrer Ganzheit noch sind, keinen Bestand mehr hat, nur noch aufhören und verschwinden kann, in welchem also dieses Alte, ihr Sein im Fleische, nicht ergänzt, sondern nur eben ersetzt wird durch das, was sie in ihrer Ganzheit schon sind, durch ihr Sein im Geiste. Wandeln können sie gerade nur als die, die sie schon – nicht mehr als die, die sie noch sind: im Geiste und nicht mehr im Fleische. Was dann heißt: daß sie, was sie noch sind, nur noch hinter sich haben und vor sich nur noch das, was sie schon sind. Der wäre nicht in der Umkehr begriffen, der wäre nicht Christ im Sinn des Neuen Testamentes, der sich nicht in dieser Auseinandersetzung mit sich selbst befände, in welcher es weder hier noch dort um dies oder das, sondern – und das in dieser Folge und Teleologie – dort um seinen Tod und hier um sein Leben geht.

Calvin hatte darum schon recht, wenn er (III, 3, 3) die überlieferte und von Melanchthon und M. Bucer auch in die reformatorische Lehre eingeführte Beschreibung der Buße als *mortificatio* und *vivificatio* als schriftgemäß lobte. Er hat aber hinzugefügt: sie müsse recht verstanden werden. Ihn befriedigte es offenbar nicht, unter *mortificatio* mit den Scholastikern eine bloße *contritio cordis* zu verstehen: einen *dolor*, ja *terror animae* auf Grund der Erkenntnis der Sünde und des ihr folgenden Gerichtes, ein gründliches Mißfallen des Menschen an sich selbst, in welchem er sich verloren findet und ein Anderer zu werden begehrt, die innere Erschütterung des an sich selbst verzweifelnden Menschen. Und ihm genügte es auch nicht, unter *vivificatio* nur des Menschen Tröstung durch den Glauben im Blick auf Gottes Güte, Barmherzigkeit und Gnade zu verstehen: sein Sichaufrichten, sein zu Atem und zu sich selbst Kommen im Blick auf das ihm in Christus verheißene Heil. Nichts ist falsch an diesen beiden Umschreibungen, in welchen offenbar der psychologische Aspekt der Umkehr ins Auge gefaßt, anschaulich und leidlich korrekt dargestellt wird. Man entnimmt aber Calvins eigener Erklärung (3, 8), warum ihm diese Umschreibungen nicht genügten: offenbar gerade darum nicht, weil sie es nur mit der subjektiv-seelischen Seite des Vorgangs zu tun haben und darum dem objektiven Gehalt der beiden schweren Worte *mortificatio* und *vivificatio* – auch bei Anwendung der stärksten Ausdrücke *(consternatio, humiliatio,* ja *desperatio)*, auch mit der schönsten Beschreibung jener *consolatio* nicht gerecht werden können. Unter *mortificatio* sei, so sagt Calvin jetzt in seiner eigenen Sprache, zu verstehen: *totius carnis, quae malitia et perversitate referta est, interitus*. Es gehe um die *res difficilis et ardua* einer Aktion, in welcher wir uns unserer selbst wie eines Kleides zu entledigen hätten, in welcher wir zur Auswanderung aus unserem *nativum ingenium* gezwungen seien. Sei nicht Alles, was wir aus uns selbst haben, abgeschafft *(abolitum)*, so sollten wir nur nicht meinen, daß jener *interitus carnis* und also die *mortificatio* wirklich geschehen sei. Es sei also der erste Schritt in den Gehorsam hinein die *abnegatio naturae nostrae* – eben die *abnegatio nostri*, wie er nachher das entscheidende Kapitel seiner Heiligungslehre überschrieben hat. Das, meint er, hätten die alttestamentlichen Propheten unter Umkehr verstanden. Und es sei – wieder im Sinn der Propheten – unter *vivificatio* zu verstehen: die Frucht der Gerechtigkeit, des Rechtes und der Barmherzigkeit, die nur aus dem Herzen, der Seele und Vernunft eines Menschen erwachse, der durch den Heiligen Geist mit einem von rechtswegen *(iure!)* neu zu nennenden Denken und Wollen erfüllt ist. Calvin kommt aber von da sofort – fast ängstlich und mit auffallender Wucht – auf den ersten Punkt zurück: da wir Gott von Natur abgewandt sind, werden wir *nisi praecedat abnegatio nostri* niemals jenes Rechte tun. Keine Erweckung zur Gottesfurcht, kein *initium pietatis, nisi ubi gladio Spiritus violenter mactati in nihilum redigimur*. Es bedarf des *interitus communis naturae* (der allen Menschen gemeinsamen Natur) in ihrer bisherigen Verfassung, damit Gott uns zu seinen Kindern rechnen kann!

Ist nun aber der Eindruck, den man von dieser Darlegung hat, nicht ein merkwürdig gemischter? Kein Zweifel: Der wörtliche Ernst jener biblischen Begriffe und damit die prinzipielle Schärfe, der objektive, streng alternative Charakter der Auseinandersetzung mit sich selbst, in der sich der in der Umkehr begriffene Mensch befindet, der ultimative Ernst der Entscheidung, die in dieser Auseinandersetzung stattfindet, das resolute «Auseinander», um das es in ihr geht (im Unterschied zu der bloßen Spannung zwischen zwei entgegengesetzten Seelenzuständen, im Blick auf welche Worte wie *mortificatio* und *vivificatio* doch wohl nur als etwas übertreibende Bildreden erscheinen möchten) – das Alles kommt bei Calvin in großer Klarheit heraus. Er hatte wahrhaftig recht, wenn er unter Verzicht auf alle Anschaulichkeit so unerbittlich von *interitus, abnegatio, redactio ad nihilum,* von jenem tötenden Schwert des Geistes, und dann wieder vom Heiligen Geist als dem alleinigen Prinzip eines ernstlich so zu nennenden neuen Lebens reden wollte. Kein Wort gegen den Radikalismus seiner Darlegung! Calvin hat mit ihm über alle Psychologismen hinaus in bedeutsamster Weise in die Höhe gezeigt, in der des Menschen Umkehr wirklich ist, und wo alle sie bezeugenden Seelenvorgänge ihren Grund und ihre überlegene Wahrheit haben. Es kann aber nicht geleugnet werden (und es hat seinen Grund in einem noch tiefer sitzenden Gebrechen seiner Lehre), daß diese nun doch (vgl. A. Göhler, a.a.O. S.41f.) offenkundig an einer seltsamen **Überbetonung** der *mortificatio* gegenüber der *vivificatio* leidet, die sich so ein Stück weit im Blick auf die älteren, aber schon nicht mehr im Blick auf die jüngeren Propheten des Alten Testamentes und erst recht nicht im Blick auf das, was im Neuen Testament μετάνοια heißt, rechtfertigen läßt. Was wir das göttliche, dem Menschen gebotene **Vorwärts!** nannten, wird bei Calvin durch das göttliche Halt! so übertönt, daß es nun doch kaum zum Klingen kommt. Seine Darlegung wird von daher nicht nur, wie es sein muß, streng, sondern düster, nahezu finster. Und eben das ist nun der dargelegten Sache doch nicht angemessen. Die in dem *simul peccator et sanctus* wirksame **Entscheidung**, die **Teleologie** der Auseinandersetzung des Menschen mit sich selbst kann so nicht sichtbar werden. Es ist vielmehr, als ob man ihn doch nur «an Ort» treten sähe. Im Neuen Testament ist es so, daß dem realen Streben, Vergehen, Verschwinden des **alten** Menschen ein ebenso reales Auferstehen, Kommen, Erscheinen des **neuen** entspricht und daß es eigentlich dieses, die *vivificatio*, ist, in deren Kraft es dann auch zu jener, zur *mortificatio*, kommt. Man beachte, um nur ein Beispiel zu nennen, das Gefälle der Aussage von Texten wie Kol. 3,1f. oder Eph.2,1f.! Von dem in der Allmacht der göttlichen Barmherzigkeit zum Menschen gesprochenen Ja ihm kommt es da zu dessen Auseinandersetzung mit sich selbst, bekommt er jenes unerbittliche Nein zu seinem Sein im Fleische zu hören. Das ist es, was in der Darlegung Calvins nicht recht zur Geltung und zum Leuchten kommt. Sie erweckt den Anschein, als ob eben doch der *interitus* des alten Menschen als solcher das Eigentliche des ganzen Geschehens sei, dem gegenüber die *vivificatio* nur so etwas wie eine ein bißchen blasse Hoffnung sein möchte. Nicht umsonst, daß bei deren Beschreibung der in der Darstellung der *mortificatio* so eindrucksvolle Realismus nun doch zurück, die Entstehung neuer *cogitationes et affectus* nun doch wieder – eigentlich programmwidrig – in den Vordergrund tritt. Warum hat Calvin nicht ebenso prinzipiell und kategorisch – oder vielmehr: noch viel prinzipieller und kategorischer als vom Tod des alten vom **Leben** des **neuen** Menschen reden können?

Die gleiche Frage ist aber an diesem Punkt (sogar noch etwas verschärft) an die von H. F. Kohlbrügge vorgetragene Lehre von der Umkehr zu richten (vgl. dazu W. Kreck, Die Lehre von der Heiligung bei H. F. K. 1936 bes. S. 90f.). Inmitten der großen pietistischen, rationalistischen und romantischen Dämmerung des 19. Jahrhunderts war Kohlbrügge – und das soll ihm nicht vergessen werden – einer der ganz Wenigen, die von der Höhe, in der des Menschen Umkehr ihre Wirklichkeit und ihren Ursprung hat, ein präzises Wissen an den Tag gelegt hat. Eben von da aus hat er nun mit Macht den (schon bei Calvin mehr als einmal explicit aufgestellten) Satz vertreten, daß des Menschen **Erneuerung** entscheidend in einer wachsenden, immer tieferen **Sündenerkenntnis** bestehe. Da werde er (Kreck, S. 98f.) im Lichte des Gesetzes «verkehrter und verkehrter, immer sündiger und sündiger, und das Ende ist, daß er gewahr wird, wie er um und um Mensch ist». «Der ist vor Gott ein großer Heiliger und ist der allerbeste Doktor und Professor, der von sich selbst nichts mehr weiß, als daß er ein Übertreter ist». Gott verrenkt seinen Heiligen die Hüfte, so daß sie einen gebrochenen Gang haben: «Was aus Gott ist, bekommt eine Haltung und einen Gang wie Jacob, während Esau mächtig vor aller Welt einhertritt». «Die Heiligen Gottes können nie voran, es ist ihnen alles immerdar aus den Händen genommen... sie vermögen nichts von sich selbst und haben keine Weisheit, haben auch keinen Glauben, wenns drum geht, sondern sind immerdar voller Furcht, Zittern und Zagen, alles ängstigt sie». Fromme sind die, die «nicht verhehlen, daß sie nicht fromm sind und nur von dem frommen Gott leben wollen». «Werde hundert Jahre alt in seinem Dienst, du bleibst derselbige Narr, und Gott bleibt derselbige erbarmende Gott» (S.94). Es ist «all mein Werk, all mein Tun, all mein Glauben so beschaffen, daß, wenn ich auch mit allem Glauben und allen Werken aller Heiligen, aller Patriarchen, aller Propheten, aller Apostel bekleidet wäre, und wenn ich auch mit einem ungefärbten Glauben vor euch stehe: ich doch Alles sammt und sonders, das eine mit dem anderen, von mir ab und wegwerfe, und als Dreck von mir schüttle bei meinem Gott. Denn nur für Nackte ist Gnade da» (S. 95). Kann man das lesen, ohne aus tiefstem Herzen zuzustimmen – und ohne sich nun dennoch fragen zu müssen, ob da Alles in Ordnung sein möchte? Heben sich diese Sätze von denen Calvins nicht zunächst dadurch zu ihrem Nachteil ab, daß die *mortificatio*, von der offenbar auch in ihnen die Rede ist, jetzt offenkundig doch wieder – Kohlbrügge war darin eben auch ein Kind seines Jahrhunderts – auf der psychologischen Ebene gesehen, als ein äußerst negativ gearteter Bewußtseinsvorgang verstanden und beschrieben wird? Das hat zur Folge, daß Kohlbrügge doch auch wieder zu jener etwas zweifelhaften Einschränkung greifen konnte, die Calvin gerade hinter sich gelassen hatte: «Da kannst du zwar sündigen wie ein Weltkind es kann; unter das Vieh und unter die Teufel sinkst du hinab» – es sei aber doch Reue und Schmerz da, man könne nicht dabei beharren, nicht darauf sitzen bleiben, man müsse es mit der Sünde aufnehmen, man hasse und fliehe sie (S. 99f.). Und das hat weiter zur Folge, daß Kohlbrügge umgekehrt die jenseits aller solcher Selbsterniedrigung anhebende *vivificatio* in Sätzen beschreiben kann, in denen man (eben weil sie ebenfalls auf der psychologischen Ebene erklingen) mindestens Mühe hat, nicht plötzlich geradezu perfektionistische Töne zu hören: «Ich lebe aber, spricht der Gläubige. Ich lebe vor dem Angesicht Gottes, ich lebe vor seinem Richterstuhl in seiner Gnade; ich lebe in seiner Huld, in seinem Licht, in seiner Liebe; ich bin vollkommen erlöst von allen meinen Sünden; es steht in dem Schuldbuch nichts mehr offen oder unbezahlt. Das Gesetz fordert nichts mehr von mir, es treibt mich nicht mehr, es verdammt mich nicht mehr. Ich bin gerecht vor meinem Gott, wie er gerecht ist; heilig und vollkommen, wie mein Gott heilig ist, wie mein Vater im Himmel vollkommen ist. Das ganze Wohlgefallen Gottes umfaßt mich; es ist mein Grund, worauf ich stehe, mein Obdach, darunter ich geborgen bin. Die ganze Seligkeit Gottes, alle seine Ruhe hebt und trägt mich; darin atme ich auf und befinde mich darin ewig wohl. Sünde habe ich nicht mehr und tue ich nicht mehr; ich weiß mit gutem Gewissen, daß ich in Gottes Wegen bin und seinen Willen tue, daß ich ganz nach seinem Willen bin – ich gehe oder stehe, ich sitze oder liege, ich wache oder schlafe. Auch was ich denke oder rede, ist nach seinem Willen. Wo ich mich befinde, es sei draußen oder daheim, es ist nach seinem gnädigen Willen. Ich bin ihm angenehm, es sei, daß ich wirke oder ruhe. Meine Schuld ist auf ewig ausgetilgt und neue Schulden, die nicht sollten ausgetilgt sein, kann ich nicht mehr machen. Ich bin wohlverwahrt in seiner Gnade und kann nicht mehr sündigen. Kein Tod kann mich mehr töten, ich lebe ewig, wie alle Engel Gottes. Auf mich zürnen oder mich schelten wird mein Gott nicht mehr; ich bin für immer erlöst von dem zukünftigen Zorn. Der Arge wird mich nicht mehr antasten, die Welt bekommt mich nie mehr in ihre Stricke. Wer will uns scheiden von der Liebe Gottes? So Gott für uns ist, wer mag wider uns sein?» (zit. nach Bonhoeffer, Nachfolge, S.205f.). Möchte es aber immerhin möglich sein, daß ein Christ *in extremis* den Mund negativ nach jener oder positiv nach dieser Seite einmal so voll nehmen könnte, wie Kohlbrügge es liebte, so bleibt es doch bei ihm wie bei Calvin Tatsache, daß das Übergewicht der Aussage auf jener, auf der negativen Seite liegt, auf dem Abbau, auf der Destruktion aller und jeder eigenen Heiligkeit des Menschen, auch des christlichen Menschen, auf dem vernichtenden Angriff gegen alle, auch die feinste, auch die auf die Gnade Gottes, auf Christus, auf den Heiligen Geist sich berufende Selbstgerechtigkeit. Wer Kohlbrügge gelesen hat, wird diesen Angriff nicht mehr vergessen können und wird es ihm danken, daß er ihn so radikal geführt hat. Die Sache hat sich bei einigen seiner Schüler geradezu zu einem Triumph des sein Sündenbewußtsein fast jubelnd vor sich hertragenden (auf die armen Pietisten usw. hoch herabschauenden) Zöllners und Sünders entwickelt! Dazu hätte es nicht kommen und es hätte auch jener Angriff viel ernsthafter und nachhaltiger wirken können, wenn ihm Kohlbrügge einen positiven Aufweis der der *mortificatio* entsprechenden *vivificatio* ebenso mächtig, nein noch mächtiger gegenüber zu stellen in der Lage gewesen wäre. Natürlich nicht in Form eines «christlichen Charakterbildes» (Kreck S. 102) oder dergl., wozu er merkwürdigerweise doch ein paarmal (und in der eben angeführten Stelle sogar so überschwenglich) angesetzt hat, wohl aber in Form eines Aufweises des Lebensgesetzes, unter dessen Herrschaft sich der Mensch, mit dessen eigener Meisterschaft es unwiderruflich vorbei ist, gestellt findet. Seine Kraft ist es, die jenen Angriff von der Anfechtung durch einen halb selbstquälerischen, halb selbstgefälligen Defaitismus unterscheidet, als die er in der Darstellung Kohlbrügges nun doch leicht erscheinen könnte. Seine Kraft macht ihn ernsthaft, wirksam und heilsam, führt den Menschen in die Demut des echten und also sicher nicht in den Übermut des unechten, womöglich seinerseits zum Pharisäer gewordenen Zöllners. Weil und indem Gott dem Menschen Vorwärts! gebietet, gebietet er ihm Halt! und nicht umgekehrt. Er tötet den alten Menschen, indem er den neuen auf den Plan führt, und nicht umgekehrt. Mit seinem Ja zu dem von ihm erwählten, geliebten und berufenen Menschen sagt er Nein zu seiner sündigen Existenz, nötigt er ihn zu der Erkenntnis, daß wir vor Gott immer Unrecht haben.

Das ist es, was sowohl in der Darstellung Calvins als auch in der Kohlbrügges mit ihren entgegengesetzten Akzentgebungen verdunkelt wird oder jedenfalls nicht zum Leuchten kommt. Beide haben den überlegenen Ort wohl gekannt, von dem aus es zu des Menschen Umkehr und also zu seiner ernstlich so zu nennenden Auseinandersetzung mit sich selbst allein kommen kann. Beide haben es aber, indem sie ihren Ursprung – in Jesus Christus! – nicht genügend für sich sprechen ließen, versäumt, die Teleologie dieser Auseinandersetzung, d. h. aber die *vivificatio* als den Sinn und die Intention der *mortificatio* klar zu machen.

Vom Grund und Ursprung der Umkehr, von des Menschen Erweckung dazu, von der Macht, die sie als seine Auseinandersetzung mit sich selbst in Bewegung setzt und erhält, muß nun noch besonders gesprochen werden. Wir haben sie am Anfang dieser Überlegung zunächst bildhaft die Achse genannt, die sich in des Menschen Leben – vielmehr: an der der Mensch sein Leben befestigt findet und deren Eigenbewegung mit seinem Sein und Existieren zu folgen er nicht umhin kann, deren Umdrehung sein Leben von selbst zum Leben in der Umkehr macht. Wir nannten dieses dynamische Prinzip die Macht der den Menschen sich offenbarenden, sich ihm als Wahrheit erweisenden Wirklichkeit: daß Gott für ihn, er für Gott ist. Eben im Blick auf diese Mitte des Problems bedarf es nun noch einiger Klärungen.

Wir müssen nun nämlich (1) jenes Bild von der Achse mit den magischen oder auch mechanischen Assoziationen, die es erwecken könnte, hinter uns lassen, und das mit dem Bilde Gemeinte mit seinem eigentlichen Namen bezeichnen. Es geht ja, wenn Paulus von dem vom Heiligen Geist in die Umkehr «getriebenen» Menschen redet, wahrlich nicht darum, daß dieser in den Bereich und unter die Einwirkung eines übermächtigen Getriebes geraten wäre, dessen ihm eigentlich fremde und fremd bleibende Eigenbewegung er nun eben mitzumachen hätte, durch das er *nolens volens* in seiner Ganzheit unter jene zwiefache Bestimmung als alter und neuer Mensch und so in jene Auseinandersetzung mit sich selbst versetzt würde. Daß es Gottes Allmacht ist, durch die er zur Umkehr erweckt und in diese Bewegung versetzt wird, ist wohl wahr. Aber eben Gottes Allmacht ist ja keine magisch oder mechanisch wirkende Potenz, im

Verhältnis zu deren Wirkung der Mensch nur Objekt, ein getragener oder geschobener Fremdkörper – vielleicht einem auf dem Rhein unaufhaltsam flußabwärts schwimmenden Holzstück vergleichbar – sein könnte. Um Gottes allmächtige Barmherzigkeit, um seinen Heiligen Geist geht es ja und also um des Menschen Befreiung und also um seine Umkehr zu seinem Sein und Tun in der ihm von Gott geschenkten Freiheit. Gewiß: er muß – von seiner nur zu wohl bekannten Vergangenheit weg in eine sich ihm nun erst eröffnende Zukunft, «in ein Land, das ich dir zeigen will», von sich selbst als alter Mensch weg hin zu sich selbst als neuer Mensch, von seinem eigenen Tode weg, nun erst hinein in sein eigenes Leben. Ja, er muß: es geht nicht anders, eine Wahl kommt da nicht in Frage; er steht nun nicht bloß in, d.h. vor einer Entscheidung, sondern er vollzieht sie: ohne nach links noch rechts und vor allem ohne zurück zu sehen. Das ist aber kein bloßes, kein abstraktes, kein blindes und taubes Müssen. Machen wir uns klar, daß alles bloße Müssen eine von Grund aus wüste, dämonische Sache ist. Das Müssen, dem der Mensch in der Umkehr folgt, ist kein Müssen von dieser Art. Es ist das Müssen des ihm geschenkten Dürfens: das Müssen des freien Mannes, der als solcher nur eben seine Freiheit in die Tat setzen kann. Das schafft und wirkt Gottes Allmacht in dem von ihm zur Umkehr erweckten Menschen: daß er, der zuvor unter einem wahrhaft höllischen Müssen dem Tode entgegen vegetierte (wirklich einem flußabwärts treibenden Holzstück vergleichbar!), nunmehr darf: wirklich ganz von sich selbst aus leben, Mensch sein darf. Der Einbruch, die Eröffnung dieses Dürfens ist die Offenbarung des göttlichen Halt! und Vorwärts!, ist die Macht, die sein Leben zum Leben in der Umkehr macht. Weil und indem ihm dieses Dürfen geschenkt ist, steht er da und kann nicht anders – muß er lassen, was dahinten ist, um sich auszustrecken nach dem da vorn, dem ihm vorgesteckten Ziel (Phil. 3,13). Eben dazu ist er befreit und frei. Eben in dieser Freiheit ist er dem ganzen blöden Wählen und Sichentscheiden ein für allemal enthoben. Eben im Gebrauch dieser Freiheit vollzieht er – noch als der, der er war, schon als der, der er sein wird – die Tat seiner Umkehr.

Calvin hat (III, 3, 21) gut gewußt darum: *singulare esse Dei donum poenitentiam*. Mit Recht erinnert er daran, wie die jerusalemischen Christen, da sie den Bericht des Petrus hörten, nach Act. 11, 18 Gott priesen und sprachen: «Also hat Gott auch den Heiden Umkehr zum Leben (μετάνοιαν εἰς ζωήν) geschenkt». Und an 2. Tim. 2, 25f., wo Timotheus ermahnt wird, die Widerspenstigen mit Sanftmut zurecht zu weisen: in der Erwartung, daß Gott ihnen «Umkehr zur Erkenntnis der Wahrheit» geben und daß sie aus der Schlinge des Teufels heraus zur Besinnung kommen (eigentlich: sich ernüchtern) möchten, nachdem sie von ihm gefangen waren, seinen Willen zu tun. Wieder mit Recht sagt Calvin, es möchte leichter sein, uns selbst als Menschen zu erschaffen, als *proprio morte* eine neue Natur anzuziehen. Aber eben darum heiße es ja Eph. 2,10: daß wir von Gott geschaffen seien zu guten Werken. *Quoscunque eripere vult Deus ab interitu, hos Spiritu regenerationis vivificat*. Buße ist untrennbar verbunden mit der Treue und

Barmherzigkeit Gottes. Es ist nach Jes. 59, 20 Zions Erlöser, der in und mit Jakobs Umkehr vom Abfall zu diesem kommt. – Wenn dem so ist, wie Calvin selbst es gesehen und gesagt hat – warum nur konnte und mußte seine Bußlehre im Ganzen nun doch zu jener düsteren Landschaft werden, in der in der Hauptsache nur die Blitze und Donnerschläge der *mortificatio* zu sehen und zu hören sind? Mußte er nicht von seiner eigenen Voraussetzung her die *vivificatio* als Gottes *opus proprium*, die *mortificatio* doch nur als dessen Kehrseite, als Gottes *opus alienum* beschreiben? Warum hat er das nicht getan? Wer erlaubte ihm, den von ihrem Grund und Ursprung her so klaren positiven Sinn und Charakter der Umkehr als Befreiung dadurch fast zuzudecken, daß er vielmehr die *vivificatio* als die Kehrseite der *mortificatio* (so A. Göhler, a. a. O. S. 43) nur eben von ferne sichtbar machte? Oder wer verbot ihm, das Verhältnis von jenem Grund und Ursprung des Ganzen her gerade umgekehrt zu verstehen?

Wir müssen nun aber – indem wir (2) nach dem besonderen Charakter des Grundes und Ursprungs der Umkehr und also nach der besonderen Art der Erweckung des Menschen dazu fragen – noch einen Schritt weiter zurückgehen. Das dynamische Prinzip dieser Bewegung ist die dem Menschen sich offenbarende Wahrheit, daß Gott für ihn ist, daß er selbst eben darum – in der Kraft dessen, daß Gott für ihn ist – für Gott ist. Diese Wahrheit ist es, die ihn frei macht für Gott und damit für die Auseinandersetzung mit sich selbst. Diese Wahrheit tötet und macht lebendig. In ihrem Grund und Ursprung, an dem überlegenen Ort, von woher sie in Bewegung kommt, ist also des Menschen Umkehr eine Entscheidung Gottes für ihn, die eine entsprechende Entscheidung des Menschen für Gott, die freie Tat seines Gehorsams nicht nur möglich, sondern wirklich macht, sie unmittelbar Ereignis werden läßt. Würde die Ordnung in diesem Grund und Ursprung die entgegengesetzte sein und also die dem Menschen offenbare Wahrheit umgekehrt lauten: der Mensch für Gott, darum und daraufhin Gott für den Menschen, dann würde uns diese Wahrheit jedenfalls nicht frei machen. Sie wäre ja dann nichts als eine Aufforderung an den Menschen, zu sein, was zu sein er nicht frei ist. Sie hätte dann mit *vivificatio* nichts zu tun. Denn wie sollte er, der gegen Gott ist, dadurch zu einem neuen Menschen werden, daß ihm zugemutet wird, sich als solcher in einem ihm so fremden Sinn zu entscheiden und also für Gott zu sein? Sie könnte aber auch mit *mortificatio* nichts zu tun haben. Könnte sie den Menschen allenfalls verblüffen und erschrecken, so könnte und würde sie doch seine Existenz als Sünder keineswegs aus den Angeln heben, sie nicht einmal anrühren. Sie wäre ja dann abstraktes Gesetz: Gesetz ohne Sitz in einem es erfüllenden und darstellenden Leben, sondern nur eben Gesetz mit dem dürren Anspruch, Gottes Gesetz zu sein, als solches Autorität und das Recht zu haben, zu verlangen, daß der Mensch für Gott sein und so die Bedingung erfüllen solle, unter der Gott dann auch für ihn sein werde. Dieses abstrakte Gesetz hat noch nie einen Menschen in die Umkehr geführt: weder, daß es ihn getötet, geschweige denn, daß es ihn lebendig gemacht hätte. Es hat zu Beidem keine Kraft. Denn es ist nicht der lebendige Gott, nicht sein lebendig machender Geist, der den Menschen unter dieses Gesetz stellt. Die offenbare Wahrheit des lebendigen Gottes in seinem lebendig machenden Geist hat darin ihren Gehalt und ihre Kraft: daß zuerst er, Gott, für den Menschen, dann und daraufhin der Mensch für Gott ist. Gott kommt also dem Menschen zuvor und setzt ihn damit in Bewegung, daß er ihm folge. Er sagt Ja zu ihm, da der Mensch noch Nein zu ihm sagt, bringt damit dessen Nein zum Schweigen, legt ihm damit das Ja zu ihm ins Herz und auf die Lippen. Er liebt ihn, da er noch sein Feind ist (Röm. 5, 10) und macht ihn damit zu seinem ihn wieder liebenden Freunde. Indem es dem Menschen offenbar wird, daß es zwischen Gott und ihm so steht – und eben das ist es, was ihm durch den Heiligen Geist offenbar wird – bekommt er es mit dem lebendigen Gott und seinem lebendig machenden Geist zu tun, wird er zur Umkehr erweckt, in die Auseinandersetzung mit sich selbst gestürzt, in deren Vollzug er als alter Mensch stirbt, als neuer aufersteht. Kurz gesagt: es ist eindeutig und ausschließlich das Evangelium, die ihm offenbare Gnade Gottes, durch die ihm die Umkehr als radikales Abschliessen und ebenso radikales Neuanfangen effektiv geboten wird. Effektiv, d.h. als Geschenk der Freiheit und damit dann auch als Gesetz seiner eigenen freien Tat, neben der er eine andere gerade von sich aus nicht wählen kann. In seinem durch das Evangelium befreiten Leben hat das Gesetz, dem er dabei gehorcht, seinen Sitz. Indem es ihn als «Gesetz des Geistes des Lebens» (Röm. 8, 2) frei macht, bindet, verpflichtet es ihn wirklich, macht es ihm das göttliche Halt! und Vorwärts! unausweichlich, das Sein im Übergang von dem, was er noch, zu dem, was er schon ist, selbstverständlich, natürlich.

Wir stehen jetzt erst vor dem tieferen Grund des gewissen Kummers, mit dem wir die Bußlehre Calvins bei allem Respekt vor ihren vortrefflichen Momenten bis hieher verfolgt haben und den man auch Kohlbrügge gegenüber nicht recht los werden kann. Hatten wir nicht von Calvin selbst (III, 3, 2) gehört, daß die Umkehr aus dem Glauben komme? Daß niemand ernstlich Buße tun könne, er kenne denn Gott, daß aber niemand Gott kenne, er habe denn zuvor seine Gnade ergriffen? daß sowohl die Bußpredigt des Täufers wie die Jesu selbst von daher, von dem nahe herbeigekommenen Himmelreich her ihr Gefälle habe und zu verstehen sei? Dürfte man ihn doch bei seinem Satz über *mortificatio* und *vivificatio* (3, 9) behaften: *utrumque ex Christi participatione nobis contingit!* Oder bei dem Abschnitt 3, 19, wo er nochmals darauf zurückkommt: *per evangelii doctrinam audiunt homines suas omnes cogitationes, suos affectus, sua studia corrupta et vitiosa esse!* Man darf ihn leider nicht dabei behaften. Gerade das bekommt man bei ihm nun doch nicht eindeutig zu hören: daß es die im Evangelium offenbare, freie und frei machende Gnade, Güte und Barmherzigkeit Gottes, sein mächtiges Ja zum Menschen sei, das den Menschen in das Ja zu Gott und zu einem Leben nach seiner Verheissung und damit in das Nein zu sich selbst und seinem bisherigen Weg hineinführt. Sondern nun wird jene Linie fortwährend durchkreuzt durch eine ganz andere, auf der man (3, 7) belehrt wird: es sei die Furcht vor Gott, der Gedanke an sein drohendes Gericht, des Menschen Entsetzen vor seiner Sünde, die sich ihm aufdrängende Verpflichtung, Gott die ihm schuldige Ehre zu erweisen – es sei das das *principium*, das *exordium poenitentiae* und also der Eingang zur Erkenntnis Christi (3, 20). Hat man es

4. Die Erweckung zur Umkehr

nicht zuerst ganz anders gehört? Daß Calvins Anschauung von der Buße praktisch von jener Prämisse her geformt war, kann angesichts jener in seiner Lehre so auffallenden Überbetonung der *mortificatio* leider nicht behauptet werden. Warum hat er sich (3, 3) so griesgrämig dagegen ausgesprochen, daß unter *vivificatio* eine Freude (*laetitia*) zu verstehen sei: im *studium sancte pieque vivendi* müsse sie vielmehr bestehen! – als ob das ein Gegensatz wäre, als ob dieses *studium* anderswo als in einer großen Freudigkeit – in der Freudigkeit des zu solchem Eifer Befreiten! – seinen Ursprung haben könnte? Warum endigt das Kapitel, das mit dem Zusammenhang von Glauben und Buße so schön begonnen hatte – in den Abschnitten 22–25 – mit einer nun wirklich nicht hieher gehörigen Erörterung über die drohende Sünde gegen den Heiligen Geist und schließlich mit einem grimmigen Ausblick auf den König Ahab und ähnliche Repräsentanten einer nur heuchlerischen und darum unfruchtbaren Buße? Sofern Calvins Lehre von solchen Gedanken her geformt, das *principium poenitentiae* nun doch in das Erschrecken vor Gott und ihr Vollzug in der Hauptsache in die *mortificatio* verlegt wird, sofern das Ganze von daher jenen vorwiegend düsteren Charakter bekommen mußte, wird man doch wohl sagen müssen, daß er seine Lehre – seinem eigenen besseren Ansatz zuwider – vom Begriff eines Gesetzes aus entworfen hat, das mit jenem «Gesetz des Geistes des Lebens» von Röm. 8, 2 gerade nicht identisch sein kann. Und es würde sich zeigen lassen, daß von Kohlbrügge, der in diesem Zusammenhang (mit ähnlichen Auswirkungen auf seine Gesamtanschauung) auch explizit mit dem Begriff des tötenden Gesetzes als dem die Umkehr in Bewegung setzenden Hebel gearbeitet hat, Ähnliches zu sagen wäre. Daß und wie die Umkehr als des Menschen Befreiung wirklich wird, ist weder bei ihm noch bei Calvin in der wünschenswerten Klarheit deutlich geworden. Sieht und sagt man nicht, oder macht man nicht ernst damit, daß sie im Evangelium ihren Grund und Ursprung hat, wie soll das dann deutlich werden?

Und nun ist endlich (3) nach dem überlegenen Ort selbst und als solchem zu fragen, wo das wirklich ist, um von da aus im Werk des Heiligen Geistes als mächtige Wahrheit offenbar zu werden: daß Gott für den Menschen, der Mensch für Gott ist. Alles bisher Entfaltete hängt ja letztlich daran, daß das keine Vermutung, keine Hypothese, keine Konstruktion, kein Axiom philosophischer Metaphysik und auch kein Dogma irgendeiner Theologie – daß dem vielmehr in unangreifbarer Objektivität so ist. Wir sagen besser: daß das Offenbarungsgeschehen, von dem wir bei allen unseren Entfaltungen ausgegangen sind, nur eben das Hellwerden eines in unanfechtbarer Objektivität sich ereignenden Tatgeschehens ist. Im Blick in diese Höhe wurde Alles gesagt, was bis dahin – wir blicken von dem zuletzt erreichten Punkt aus nochmals zurück – gesagt wurde: von dem Primat des Evangeliums, kraft dessen das entscheidende Werk jenes Offenbarungsgeschehens des Menschen neues Leben, seine *vivificatio* ist – von der Befreiung, deren der Mensch in ihr teilhaftig wird – von der Macht, Radikalität und Teleologie der Auseinandersetzung, in der sich diese Befreiung vollzieht – von der Ganzheit, in der sich der Mensch, zur Umkehr erweckt, in Anspruch genommen und in Bewegung gesetzt findet. Woher wissen wir das Alles? Wie kommen wir dazu, mit dem Allem als mit einer Wirklichkeit zu rechnen und diese Wirklichkeit gerade so und nicht anders zu interpretieren, als es nun geschehen ist? Von wo aus haben wir über das Ganze der Umkehr nachgedacht und geredet und im Einzelnen gerade so und nicht anders uns entschieden – zum Teil mit, zum Teil ohne und auch gegen Calvin, an dem wir uns in diesem Bereich im Besonderen orientieren wollten?

Die Antwort kann nun ganz einfach sein. Wir haben nur mit dem Ernst gemacht, was eben Calvin die *participatio Christi* genannt und seiner ganzen Lehre von der Heiligung zugrunde gelegt hat. Das Tatgeschehen, das kraft des erleuchtenden Werkes des Heiligen Geistes auch Offenbarungsgeschehen ist und als solches des Menschen Umkehr in Bewegung setzt, ist das Christusgeschehen. Jesus Christus ist die Höhe, der überlegene Ort, wo das eigentlich, zuerst und umfassend wirklich ist, wo das ursprünglich geschieht, daß Gott *(vere Deus)* für den Menschen, der Mensch *(vere homo)* für Gott ist. Ist nun des Menschen Umkehr die Bewegung, die von dort aus, wo das eigentlich zuerst und umfassend wirklich ist, in Gang gebracht und erhalten ist, dann ist zu sagen: des Menschen Umkehr hat dort, in jener Höhe, hat in Jesus Christus ihren Grund und Ursprung.

Wir fragen: Woher es nun eigentlich zu dem Einbruch des göttlichen Halt! und Vorwärts! in eines Menschen, in unserem Leben kommen möchte? Darauf ist zu antworten: wenn es dazu wirklich kommt, dann in der Macht des Heiligen Geistes von jenem einen Menschen her, der uns als unser Bruder ganz gleich, uns ganz nahe und als unser Herr darin ganz ungleich ist, hoch über uns steht, daß er dieses Halt! und Vorwärts! nicht nur eigentlich, als Erster und unmittelbar von Gott vernommen, sondern auch als Mensch eigentlich, sofort und völlig realisiert, in der Tat seines Lebens und Sterbens vollzogen hat. Er und eigentlich nur Er ist der Hörer und der Täter des göttlichen Halt! und Vorwärts!

Wir fragen: Wo und wann jene Bewegung des Menschen in dessen Ganzheit, jene radikale Auseinandersetzung, in der der alte Mensch stirbt, der neue aufersteht, jene Befreiung durch Gottes freie Gnade geschehen ist, geschieht und geschehen wird – wo sie Ereignis ist? Darauf ist zu antworten: Eigentlich nur in Ihm, in seinem Leben, in seinem Gehorsam als wahrer Gottes- und wahrer Menschensohn. In Ihm allerdings mächtig und gültig für Viele in der Wahrheitsmacht des Heiligen Geistes, aber eigentlich nur in Ihm.

Wir fragen: Wer ist der Mensch, von dem wir jetzt dauernd als von dem in der Umkehr Begriffenen geredet haben? Darauf ist zu antworten: eigentlich nur Er – Er nicht ohne die, denen er als solcher in der Macht des Heiligen Geistes offenbar wird, Er als ihr Haupt an ihrer Spitze, aber eben so: als Grund und Ursprung der Umkehr dieser Vielen, Er und nur Er.

Seien wir doch aufrichtig: direkt auf unsereins, auf dich oder mich, auf diesen oder jenen Christen (und wäre er der beste!) bezogen, müßte Alles,

4. Die Erweckung zur Umkehr

was im Neuen Testament von des Menschen Umkehr gesagt und dem Neuen Testament nachzusagen ist, verdächtig nach Hyperbel, ja nach Illusion schmecken: umsomehr, je mehr man es in Form von Aussagen über seelisch-leibliche Zustände, Erregungen, Erfahrungen dieser und dieser Christen oder der Christen insgemein, in Form von besonderen oder allgemeinen christlichen Lebensbildern analysierend und behauptend auf den Plan stellen wollte. Was sind denn schon wir mit unserem bißchen Umkehr, mit unserem bißchen Bereuen und Mutfassen, mit unserem bißchen Schlußmachen und Neuanfangen, mit unseren Lebensveränderungen – und wenn wir uns dabei in die Wüste oder ins Kloster oder wenigstens nach Caux geführt fänden? Was für ein Mißverhältnis auch im besten, bzw. extremsten Fall zwischen den großen Kategorien, in denen des Menschen Umkehr im Neuen Testament beschrieben wird – und dem, was ihr als Geschehen in unserem inneren und äußeren Leben allenfalls entsprechen möchte? Wer könnte denn, bezogen auf seine Person oder die irgend eines andern Menschen, sagen, daß er oder dieser Andere aus der Finsternis ans Licht gekommen, aus dem Tode ins Leben hinübergegangen, als alter Mensch gestorben, als neuer auferstanden sei, daß er im Stande der *mortificatio* und *vivificatio* existiere, oder auch nur: daß er oder daß Dieser und Jener «sich bekehrt» habe oder «sich zu bekehren» im Begriff stehe? Wäre man, wenn das Alles direkt auf unsereins bezogen zu sagen wäre, nicht verurteilt, zwischen einem himmelhoch jauchzenden geistlichen Optimismus und einem zu Tode betrübten geistlichen Pessimismus (beides vielleicht in den erstaunlichen Ausmaßen Kohlbrügge'schen Denkens!) und unter beiden Vorzeichen zugleich zwischen Gesetzlichkeit und Libertinismus hin und her zu irren?

Es wird aber Alles einfach, wahr und klar, wenn jene Aussagen **direkt auf Jesus Christus** und dann, als in Ihm für uns erfüllt und für uns mächtig wahr gemacht, **indirekt auf unsereins** zu beziehen sind. Man bemerke: Sie sind indirekt, und gerade so **echt und wahrhaftig** auf unsereins zu beziehen – auf unsereins nämlich kraft dessen, daß Er unser Haupt ist, wir seine Glieder sind, auf unsereins kraft unseres Seins in und mit Ihm, kraft dessen, daß Er uns durch seinen Heiligen Geist mit dem, was eigentlich Er und nur Er ist und hat, überkleidet, kraft dessen, daß Er uns an seinen Gütern teilnehmen läßt. Was wollen wir mehr? Wir wären und hätten sofort weniger, ja gar nichts, wenn wir hier nach einem Mehreren verlangen und greifen wollten. Es ist **seine** Umkehr, in der wir begriffen sind. Es ist **seine** Geburt von oben, das Geheimnis und Wunder der Weihnacht, in welchem wir von Neuem geboren sind. Es ist **seine** Taufe am Jordan, in der wir mit dem Heiligen Geist und mit Feuer getauft wurden. Es ist **sein** Sterben am Kreuz, in welchem **wir** als alte Menschen gestorben – und **sein** Auferstehen im Garten des Joseph von Arimathia, in welchem **wir** als neue Menschen auferstanden sind. Wer dürfte denn, was seine oder eines anderen Menschen Bekehrung betrifft, im Ernst um einen anderen Termin dieses Geschehens wissen wollen als um den Tag von Golgatha, an dem Er die Wende und Veränderung der menschlichen Situation an unserer Stelle für uns Alle vollzogen hat und, indem er das tat, als der königliche Mensch, der er war, als unser Herr, gekrönt wurde? Weil dem so ist, weil Alles von dieser Höhe her wirklich und wahr ist, darum ist die Erweckung zur Umkehr die Kraft des Evangeliums, darum Befreiung, von daher hat sie die Macht, die Radikalität und Teleologie, die ihr eigentümlich ist, eben von daher nimmt sie den Menschen in seiner Ganzheit in Anspruch.

Was bleibt uns? Er, Jesus Christus, bleibt uns und in und mit ihm Alles, in und mit ihm die ganze Wirklichkeit und Wahrheit, daß Gott für uns, wir für Gott sind und also die ganze Kraft unserer Umkehr. Und die Erkenntnis des Glaubens bleibt uns, daß er der Mann ist, in dessen Existenz das gerade für uns gilt, daß also die von ihm vollzogene Bewegung wirklich die unsrige ist. Und dann bleiben uns die kleinen, bescheiden und nüchtern zu vollziehenden und – ohne den Mund allzu voll zu nehmen – zu beurteilenden Bewegungen unseres inneren und äußeren Lebens, unserer Herzen und Hände, in denen sich die große von Ihm für uns und mit uns vollzogene kritische und positive Bewegung spiegeln muß und wird, in denen wir diese aber gerade nur (in dem uns gegebenen und von uns zu verwaltenden Maß von Ernst und Treue) bezeugen können. Uns bleibt, daß wir uns dabei in der ganzen Dürftigkeit unserer christlichen Existenz von der großen, von Ihm vollzogenen – alle Maße unserer Bewegungen übersteigenden – Bewegung getragen wissen und so, wirklich als die Seinigen, Ihn als den Unsrigen lieben dürfen: immer und ganz und ausschließlich als Antwort darauf, daß Er uns zuerst geliebt hat.

5. DAS LOB DER WERKE

Werke – das sind (zunächst) die Taten und Früchte menschlichen Wirkens: im Unterschied zu dem Hervorbringen und den Hervorbringungen in der organischen Naturwelt. Der Begriff zeigt also auf Geschichte im eigentlichen Sinn dieses Begriffs. Indem der Mensch als solcher existiert, wirkt er. Es ist sein Leben eine Folge von – bewußten oder unbewußten, größeren oder kleineren, wichtigen oder weniger wichtigen, beachtlichen oder unscheinbaren – Werken. Und wo wären auch nur die durch solche Unterscheidungen angedeuteten Grenzen sicher und allgemein zu bestimmen? Geschweige denn, daß die Folge seiner Werke je unterbrochen würde! «Ach, laß die Seel im Schlaf auch Gutes schaffen!» Und zu des Menschen Werken gehören selbstverständlich auch seine Unterlassungen

5. Das Lob der Werke

mit allem, was sie nach sich ziehen. Die Folge der Werke, in der des Menschen Leben besteht, kann und wird erst, indem er stirbt, abbrechen. – Wir reden hier vom Leben und also von den Werken der Christen, nach unseren bisherigen Feststellungen: der in dem einen Heiligen Geheiligten, der in seine Nachfolge Gerufenen, der durch ihn zur Umkehr Erweckten.

Es gibt – und das soll das besondere Thema dieses fünften, kürzeren Abschnittes sein – ein Lob ihrer Werke. «Lob» – das heißt allgemein: Bejahung, Anerkennung, Gutheißung, Beifall. Geht es um die Werke der Christen, so wird sich deren Lob irgendwie auf ihr besonderes Verhältnis zu Gott, konkret: zu Jesus Christus beziehen müssen, der als der wahre Gottes- und Menschensohn ihr Herr und Haupt ist, dem sie angehören, an dem sie mit ihren Werken gemessen sind. Und nun kann «Lob der Werke» in diesem Zusammenhang zweierlei bedeuten, nämlich (1), daß Gott sie lobt, bejaht, anerkennt, gutheißt, und (2) daß ihre Werke ihrerseits Gott loben, eine Bejahung, Anerkennung, Gutheißung Gottes darstellen.

Man mag als neutestamentliches Beispiel für den ersten Sinn von «Lob» an den Schluß des Verses 1. Kor. 4, 5 denken, wo Paulus im Blick auf das auch von ihm persönlich zu erwartende Gericht Gottes sagt: τότε ὁ ἔπαινος γενήσεται ἑκάστῳ ἀπὸ τοῦ θεοῦ, es werde dann einem Jeden von Gott Lob zukommen – und als Beispiel für den zweiten Sinn an Eph. 1, 12, wo es von den Christen heißt, sie seien von Gott erwählt, berufen und bestimmt εἰς τὸ εἶναι ἡμᾶς εἰς ἔπαινον δόξης αὐτοῦ dazu, ein Lob seiner Herrlichkeit zu sein. Beide Stellen fassen etwas Anderes, als daß der Christ mit seinem Tun und dessen Früchten von Gott Lob empfangen werde, bzw. daß er Gott mit seinen Werken seinerseits loben werde, überhaupt nicht ins Auge. Das ist 1. Kor. 4, 5 eben darum umso auffälliger, weil dort vom künftigen Gericht die Rede ist. Man sollte erwarten, es müsse heißen: dann wird einem Jeden Lob oder Tadel widerfahren. Es ist aber, als ob sich das von selbst verstünde, nur von dem von einem Jeden zu erwartenden Lob die Rede! Und auch Eph. 1, 12 ist die Möglichkeit, daß die Werke der Christen vielleicht faktisch auch zu etwas Anderem als zum Lob Gottes dienen könnten, überhaupt nicht in Betracht gezogen.

Wir werden, wenn nun vom «Lob der Werke» die Rede sein soll, diesen Doppelsinn des Begriffs durchgehend im Auge behalten müssen. Darin treffen die beiden Bedeutungen zusammen, daß die in Rede stehenden Werke offenbar gute Werke sind. Wären sie nicht gut – in welchem Sinn sie auch so zu nennen seien – so würde Gott sie nicht loben, und so würden sie auch ihrerseits Gott nicht loben können. Lobt er sie, dann schließt das in sich, daß sie als gute Werke sein Wohlgefallen haben. Und loben sie ihn, so schließt das in sich, daß sie als gute Werke dazu tauglich und brauchbar sind. Wir hätten also diesen Abschnitt wohl auch mit dem bekannteren, so viel umstrittenen Begriff «Die guten Werke» überschreiben können. Wir ziehen «Das Lob der Werke» darum vor, weil damit (in jenem doppelten Sinn) sofort etwas Bestimmtes, das Entscheidende darüber gesagt wird, was die Güte der guten Werke der Christen ausmacht: sie besteht darin, daß Gott sie loben kann und will und tatsächlich lobt – und darin, daß sie ihrerseits Gott loben können und dürfen, ihn tatsächlich loben.

Stellen wir, zunächst ganz allgemein und ungeklärt, fest: solche guten – in jenem doppelten Sinn guten – Werke der Christen muß es geben. Sie können ja nicht umsonst Christen sein und also zu Jesus Christus als ihrem Herrn und Haupt gehören. Sind sie die in ihm Geheiligten, die von ihm in seine Nachfolge Gerufenen, die von ihm zur Umkehr Erweckten und unter seiner mächtigen Regierung in der Umkehr Begriffenen – und sind sie das in ihrem Leben und also in der Folge ihrer Werke – wie könnte es dann sein, daß ihre Werke des Lobes Gottes (in jenem doppelten Sinn) und also der Güte einfach und gänzlich entbehren sollten? Müßte man nicht sagen: das ganze Versöhnungsgeschehen, sofern es doch auch in der Umwendung des Menschen zu Gott hin und also in seiner Heiligung besteht, wäre und würde dann umsonst Ereignis? Der wahre Sohn Gottes wäre dann umsonst der wahre, der königliche Mensch inmitten aller Anderen geworden, umsonst ihr lebendiger Herr. Und müßte man nicht fortfahren: auch als Gottes gnädige Zuwendung zum Menschen, auch als des Menschen Rechtfertigung vor ihm wäre dann die Versöhnung umsonst geschehen, auch als wahrer Gott wäre Jesus Christus dann umsonst an unsere Stelle getreten, für uns zur Vergebung unserer Sünden dahingegeben worden? Gäbe es keine von Gott gelobten und Gott wieder lobenden und also guten menschlichen Werke, in welchem Sinn würde man dann von einer im Tode Jesu Christi geschehenen und in der Kraft seiner Auferstehung durch den Heiligen Geist offenbarten wirklichen Veränderung der menschlichen Situation reden dürfen? Inwiefern wäre dann deren Bezeugung nicht gegenstandslos und also leer?

Aber wir brauchen hier nicht postulierend weiterzureden. Das Zeugnis der Heiligen Schrift von Gottes großen Taten umfaßt ja auch das Zeugnis von dem, was den Menschen in und mit diesen Taten Gottes widerfahren ist, widerfährt und widerfahren wird. Und zu diesem klar bezeugten Widerfahrnis gehört zweifellos auch die Existenz von Menschen, die tatsächlich – wie immer das zu verstehen sei – gute Werke, solche Werke tun, die Gottes Wohlgefallen für sich haben und also seines Lobes teilhaftig sind, die aber auch ihrerseits dem Lobe Gottes dienen. Es ist nach dem Alten und nach dem Neuen Testament so, daß von bestimmten Menschen Worte nicht nur gefordert, sondern gesprochen werden, Taten nicht nur verlangt, sondern vollbracht, Haltungen nicht nur erwartet, sondern eingenommen werden, zu denen Gott Ja sagt und die dann auch ihrerseits ein menschliches Ja zu Gott bedeuten, in denen also des Menschen Umwendung zu Gott hin ebenso Ereignis wird wie Gottes Zuwendung zu ihnen: gute Werke, die als solche von anderen Werken, Taten und Verhaltungsweisen als von bösen Werken scharf und bestimmt unterschieden werden.

5. Das Lob der Werke

Es ist wieder nach dem Alten und dem Neuen Testament so, daß diesen guten Werken sogar Lohn verheißen wird. Der Begriff gehört in die Eschatologie und kann uns hier noch nicht beschäftigen. Wir erwähnen ihn jetzt nur, um zu unterstreichen, in welcher Bestimmtheit in der Heiligen Schrift mit dem Geschehen guter Werke gerechnet wird.

Wie scharf auch das Urteil Gottes über alle Menschen: daß sie Übertreter sind – auch über seine Heiligen und über diese zuerst – in der Bibel formuliert, wie unbedingt da ihrer Aller schlechthinige Abhängigkeit von Gottes freier Gnade in Erinnerung gerufen wird – davon kann keine Rede sein, daß das Tun und Lassen der Menschen als eine Nacht beschrieben würde, in der alle Katzen grau sind. Weder von der Erkenntnis der allgemeinen Sündhaftigkeit, noch von der der Allen gegenüber souveränen Barmherzigkeit Gottes her! Sondern gerade weil da Gott – aber nicht in irgend einer Höhe und Ferne, sondern in seinen Taten unter und an den Menschen – allein gerecht und heilig ist, gibt es da Gerechte und Ungerechte, Heilige und Unheilige, gibt es im Leben jedes Menschen (auch in dem der Gerechten und Heiligen) Gutes und Böses, gute und böse Werke. Was es mit der Menschen bösen Werken auf sich hat, hat uns zuletzt im vorangehenden Paragraphen beschäftigt. Wir reden jetzt von des Menschen Heiligung. Uns interessiert jetzt also dies, daß es da auch gute Werke gibt: gut, weil von Gott gelobt und zum Lobe Gottes getan. Daß es das gibt, darf, wenn man auf das Zeugnis der Schrift hören will, nicht verschwiegen, geschweige denn geleugnet werden. Die Schrift traut es dem Gott des Bundes, sie traut es Jesus Christus und dem Heiligen Geist nicht nur zu, daß das möglich ist. Sie bezeugt das vielmehr, inbegriffen in ihrem Zeugnis von Gott Vater, Sohn und Heiligem Geist und seinen Taten, als Wirklichkeit. Davon haben wir hier auszugehen.

Wir setzen bei dem, was nun weiter zu sagen ist (nach dem Vorbild des Jakobusbriefes!), voraus: die paulinische und reformatorische Lehre von des Menschen Rechtfertigung, ohne des Gesetzes Werke, allein durch den Glauben, wie sie KD IV, 1 § 61 verstanden und entwickelt worden ist. Von daher ergeben sich einige Abgrenzungen, deren wir hier ausdrücklich zu gedenken haben:

Keine Werke, auch keine guten – und wären es die besten – Werke haben die Kraft, den Menschen, der sie tut, vor Gott zu rechtfertigen, ihn in das Recht, vor ihm zu existieren, das er als Sünder verwirkt hat und täglich neu verwirkt, wieder einzusetzen, ihn zum Kind Gottes zu machen, ihm die Verheissung des ewigen Lebens zu erwerben. Werke, die der Mensch in dieser Absicht und mit diesem Anspruch tun wollte, wären als solche Werke seines ungebrochenen Hochmuts und also keine guten, sondern böse Werke. Gerecht vor Gott, Gottes Kind und Erbe des ewigen Lebens wird der Mensch ganz allein durch das in keinem Werk, sondern allein durch den im Glauben zu ergreifenden Freispruch der Gnade des in Jesus Christus handelnden und offenbaren Gottes, die in der unverdienten Vergebung seiner Sünden besteht.

Daraus folgt: Kein Mensch – und wäre er der Täter guter, der besten Werke, und wäre er der heiligste Heilige – der der Vergebung seiner Sünden und also jenes Freispruchs nicht bis zu seinem Lebensende bedürftig wäre und also ganz und gar auf den jenen Freispruch ergreifenden Glauben angewiesen bliebe. «Wir sind Bettler, das ist wahr» (Luther).

Daraus folgt weiter: Weil der Mensch in jener Folge seiner Werke existiert, darum ist mit ihm selbst auch jedes seiner Werke im Besonderen – als das Werk eines sündigen Menschen – der Rechtfertigung und also der Vergebung und so der auf alle Fälle unverdienten Anerkennung Gottes bedürftig. Es ist sein Ruhm – wie der des Menschen, der es tut – allein in der ihm zugewendeten freien Gnade Gottes begründet, die der Mensch nie anders als eben im Glauben auf sich, auf seine Werke, seine Taten und deren Früchte beziehen kann. Jeder andere Ruhm, den er sich und den er seinen Werken zuschreiben wollte, würde diese – und wenn sie seine besten wären – disqualifizieren als böse Werke.

Und endlich: Da wir unsere eigene Gerechtigkeit und die unserer Werke (als Vergebung unserer Sünden, auch derer, die wir in unseren Werken – und wären sie die besten – begehen) nur im Glauben ergreifen, nie schauen, nie direkt wahrnehmen können, bleibt das letzte Wort über unser Recht und Unrecht und über das unserer Werke dem universalen und endgültigen Offenbarwerden des Gerichtes Gottes vorbehalten, einem Offenbarwerden, dessen wir jetzt warten, aber noch nicht teilhaftig sind. «Wir müssen aber alle offenbar werden vor dem Richterstuhl Christi, damit einem Jeden das zuteil werde, was seinem guten oder üblen Tun in seinem Leibesleben entspricht» (2. Kor. 5, 10). Unser alleiniger Trost und unsere ganze Ruhe bei diesem Vorbehalt: «daß ich eben des Richters gewärtig bin, der sich für mich zuvor dem Gerichte Gottes dargestellt und alle Vermaledeiung von mir hinweggenommen hat» (Heid. Kat. Fr. 52). Wir wandeln aber im Glauben und nicht im Schauen (2. Kor. 5, 7) – auch hinsichtlich unseres (gewissen!) Wissens um das freisprechende Urteil dieses Richters.

Das Alles haben wir bei dem, was nun von den guten Werken zu sagen ist, gleichsam im Rücken. Nicht als erledigt und vergessen, sondern als die Grenze, über die wir mit keinem Wort wieder zurückgehen dürfen, als den Boden, den wir unter allen Umständen unter den Füßen behalten müssen, um sichere Tritte zu tun – aber als die Grenze, von der wir nun herkommen, durch die wir uns nun also nicht jeden Augenblick wieder hemmen und verwirren zu lassen haben, als den Boden, auf dem wir nun eben sichere Tritte nach vorwärts zu tun haben. Unsere Frage ist nicht die nach guten menschlichen Werken im Allgemeinen, sondern die nach denen der Christen und also nach den unter Voraussetzung der Rechtfertigung allein durch den Glauben ernstlich gut zu nennenden Werke. Eben diese Frage muß – als besondere Gestalt der Frage nach des Menschen Heiligung – angesichts dessen, daß die heilige Schrift notorisch mit «guten Werken» rechnet, in ihrem ganzen Eigenrecht anerkannt, gestellt und beantwortet werden.

Wir kommen vorwärts, wenn wir darauf achten, daß der Begriff des Werkes und der Werke in der Bibel in erster Linie – und entscheidend für Alles, was sonst dazu zu sagen ist – auf die Taten Gottes und ihre Ergebnisse angewendet wird. Zuerst und vor allem Gott ist am Werk. Von da aus ergibt sich, was es bedeutet, daß auch der Mensch am Werk ist. Und Gottes Werke sind gut: Zuerst und eigentlich von ihm heißt es ja (Gen. 1, 31), daß er ansah Alles, was er gemacht hatte, und siehe, es war sehr gut. Und zuerst und eigentlich seine Werke loben ihrerseits ihren Meister. Gibt es menschliche Werke, von denen das auch zu sagen ist, dann wird man sie im Zusammenhang mit dem Werk und den Werken Gottes zu suchen haben.

Daß das keine bloße Vermutung ist, geht daraus hervor, daß eben das Wirken Gottes nach dem Zeugnis der Schrift von Anfang an und von Grund aus im Zusammenhang mit dem Menschen steht. Es ist freilich sein die ganze Schöpfung, Himmel und Erde und was darinnen ist, umfassendes, aber auch zusammenfassendes, sein in diesem ganzen Bereich auf ein besonderes Ziel, nämlich auf seinen Bund mit dem Menschen, auf seine Ehre in diesem Bund und also zugleich auf des Menschen Heil ausgerichtetes Wirken. Es ist sein Wirken in der Geschichte dieses Bundes, an der die Geschichte des ganzen Kosmos teilnimmt, die also ihrerseits den Sinn, den eigentlichen Inhalt der Geschichte des ganzen Kosmos ausmacht. Indem die Schöpfung nach Gen. 1 der äußere Grund dieses Bundes, und indem dieser Bund nach Gen. 2 der innere Grund der Schöpfung ist, beginnt in und mit der Schöpfung sofort auch die Geschichte dieses Bundes und also das eigentliche Werk Gottes, dem alle seine anderen Werke zugeordnet sind. Eben diese Geschichte und also das eigentliche Werk Gottes tritt ans Licht in der Erwählung, Berufung, Erhaltung und Regierung des Volkes Israel, in der sich die Verwirklichung der Ehre Gottes und des Heils des Menschen nach dem Zeugnis des Alten Testamentes einst, damals, ankündigt. Sie kommt darin zu ihrem Ziel, daß Gott selbst Mensch wird und als solcher jenes Verheissene tut, miteinander seine eigene Ehre und des Menschen Heil verwirklicht. Daß das in Jesus Christus geschehen ist, daß alle menschliche Geschichte, aber mit ihr auch die des ganzen Kosmos nur noch der direkten, universalen, endgültigen Offenbarung dieses vollendeten Werkes Gottes entgegeneilen kann, das ist es, was die in ihrem Herrn und Haupt aus Israel hervorgegangene Gemeinde jetzt, danach, – in der ihr und der Welt noch gelassenen letzten Zeit – nach dem Zeugnis des Neuen Testamentes zu verkündigen hat. Dieses Geschehen in seiner Totalität – von der Schöpfung über die in Jesus Christus beschlossene und vollbrachte Versöhnung hin zu der in deren Offenbarung zu erwartenden Erlösung – diese Geschichte des Bundes ist das Werk Gottes, dem alle seine anderen Werke dienen und zugeordnet sind. Das gute Werk Gottes! Darin erweist er sich als der in seinem Wesen Gute und als der Ursprung und das Maß alles Guten, daß das sein Werk und also sein Wille ist. Es ist der Wille seiner Güte, der da am Werk ist, in welchem Gott sich selbst dazu bestimmt, in seiner ganzen Heiligkeit, Gerechtigkeit und Weisheit, in seiner Allgegenwart, Allmacht und Herrlichkeit gerade in diesem auf den Menschen zielenden Werk tätig zu sein. Er bedürfte dessen nicht. Er tut das nicht für sich. Er gibt sich selbst her dazu. Er ist in diesem Werk nur eben in der Weise in sich selber gut, daß er es dem Menschen ist: daß er seine eigene Ehre nur zusammen mit dem Heil des Menschen verwirklicht. Mit ihm hat er es in diesem seinem Werk zu tun; ihm ist er darin ganz zugewendet, ja hingegeben: unter rücksichtsloser Kompromittierung seiner eigenen, ganz seiner, des Menschen Sache!

Man muß das zunächst einmal ganz für sich ins Auge fassen: das Werk, die Tat, die Taten Gottes als des Herrn seines Bundes mit dem Menschen – Jesus Christus als den

Vollender dieses seines Werkes. «Gehet hin und schauet die Werke des Herrn, der Erstaunliches geschaffen auf Erden!» (Ps. 46, 9). Oder Ps. 66, 5 als Aufruf an den ganzen Erdkreis gerichtet: «Kommt und schauet die Taten Gottes, der mächtig waltet über den Menschenkindern!» Das ist die Jes. 5, 12 gegen die Unbesonnenen zu Jerusalem gerichtete Anklage: daß sie auf das Werk Jahwes nicht achten und das Tun seiner Hände nicht sehen. Es in seiner Gesamtheit, im Blick auf Alles, was unter der Sonne bei Tag und Nacht geschieht, zu ergründen, zu verstehen, zu erklären, das kommt freilich nach Koh. 8, 16–17 für den Menschen jetzt und hier nicht in Frage. In seiner Mitte aber, als Geschichte des Gnadenbundes, ist es – macht es sich selbst sehr wohl erkennbar. «Die Werke seiner Hände sind Treue und Recht; verläßlich sind alle seine Gebote. Sie stehen fest auf immer und ewig, erfüllt in Treue und Redlichkeit. Er hat seinem Volk Erlösung gesandt, hat seinen Bund auf ewig bestellt; heilig und furchtbar ist sein Name» (Ps. 111, 7f.). Von dieser Mitte des göttlichen Wortes – in diesem Sinn: von Gottes «eigentlichem» Werk – redet das johanneische Jesuswort (Joh. 5, 17): «Mein Vater wirkt bis jetzt und auch Ich wirke» – ich das Werk meines Vaters (Joh. 10, 37), der Vater selbst, indem er bleibend in mir ist (Joh. 14, 10), sein Werk. Es ist Jesu Speise, er lebt davon und dazu, den Willen dessen zu tun, der ihn gesandt hat, sein Werk zu vollenden (Joh. 4, 34). Er hat es nach Joh. 17,4 schon vollendet und damit den, der ihn gesandt hat, auf Erden verherrlicht. Das in Rede stehende Gotteswerk ist die in Israel angekündigte, von der Gemeinde verkündigte Verwirklichung des Bundes zwischen Gott und Mensch, das Geschehen der Versöhnung. Von ihr als dem vollendeten guten Werk Gottes muß man ausgehen, um zu sehen, was es mit der Möglichkeit und Wirklichkeit menschlicher guter Werke auf sich hat.

Gibt es gute Werke des Menschen – und nach der Bibel gibt es solche – dann ist (zunächst noch ohne nähere Bestimmung) zu sagen: jedenfalls nur in Beziehung zu diesem guten Werk Gottes. Das Tun und Vollbringen des Menschen ist dann in irgend einem Sinn hell im Lichte, kräftig in der Kraft dessen, was Gott tut und vollbringt. Ein menschliches Werk ist dann irgendwie dadurch unter und vor anderen ausgezeichnet, daß es das Geschehen des guten Werkes Gottes bekundet. Menschliches Werk kann das tun: eben darum, weil es Gott in seinem Werk ja um den Menschen zu tun ist und weil es sich keineswegs in irgend einer Ferne von den Menschen, sondern mitten unter ihnen ereignet. Es ist ja von Anfang bis zu Ende Gottes Geschichte mit den Menschen und unter ihnen. Wie sollte es da kein menschliches Werk geben, das Gottes Werk bekunden, gewissermaßen widerspiegeln könnte? Die Werke des Menschen Jesus zeigen, daß menschliche Werke dessen fähig sind. Was es mit des Menschen innerer Qualität – nicht nur nach menschlichem Urteil, sondern auch im Urteil Gottes – auf sich hat, ist eine Frage für sich, deren Beantwortung für die der anderen Frage: ob es als Bekundung des guten Werkes Gottes ein gutes menschliches Werk sein kann? nicht entscheidend ist. Indem er an unserer, der Sünder Stelle, im Fleisch, in unserem Charakter lebte und starb, hat ja der Mensch Jesus die guten Werke seines Vaters getan. Wir schließen: Es kann auch ein sündiger Mensch mit einem sündigen Werk – und Sünder sind ja alle Menschen, sündig alle ihre Werke! – das gute Werk Gottes bekunden und also als Sünder und sündigend ein gutes Werk tun.

5. Das Lob der Werke

«Ich werde nicht sterben, ich werde leben und die Taten des Herrn verkündigen. Gezüchtigt hat mich der Herr, aber dem Tod mich nicht übergeben» (Ps. 118, 17f.). Da sind Gezüchtigte – das um seiner Sünden willen gezüchtigte Volk Israel scheint das Subjekt dieser Aussage zu sein – aber diese Gezüchtigten sind dazu dem verdienten Tod entrissen, dürfen dazu leben, daß gerade sie die Taten des Herrn verkündigen sollen! Der Herr ist ihre Stärke und ihr Loblied, er wurde ihr Heil, wie es vorher (v 14) hieß. Und so sind ja auch die, die nach Ps. 107, 31 dem Herrn danken für seine Güte und für seine Wunder an den Menschenkindern – die nämlich auf großen Wassern die Werke des Herrn geschaut haben und seine Wunder in der Tiefe (v 24) – solche, deren Seele in Not verzagte: «sie tanzten und wankten wie Trunkene, mit all ihrer Weisheit war es zu Ende» (v 26f.). Und so könnte man sich wohl wundern – und soll sich doch gerade nicht wundern – darüber, daß Paulus den Korinthern, denen er doch so viel Schlimmes warnend und strafend vorzuhalten fand, endlich und zuletzt (1. Kor. 15,58) doch ganz selbstverständlich zurufen kann: «Darum, meine lieben Brüder, werdet fest, unerschütterlich, immer reicher im Werk des Herrn!» und 16, 13: «Wachet, stehet fest im Glauben, seid mannhaft, seid stark!» Der Boden des «Werkes des Herrn» und des ihm zugewendeten Glaubens ist offenbar auch im Blick auf die Korinther als stark genug vorausgesetzt, um auch dieses wunderliche Volk zu tragen, so daß Paulus es nur aufzurufen braucht, fest auf ihm zu stehen, um eben so ein mannhaftes, starkes Volk zu sein, ja «immer reicher» zu werden. Von einer ihnen eigenen Möglichkeit dazu ist nicht die Rede, wohl aber von dem, was das ἔργον τοῦ κυρίου auch über sie vermag: von ihrer von jenem her ihnen verliehenen Fähigkeit dazu. Tit. 2, 14 mag hier wohl zur Erläuterung herangezogen werden, wo es von Jesus Christus heißt, daß er sich für uns dahin gegeben habe, um sich selbst ein Volk seines Eigentums, eifrig zu guten Werken, zu reinigen. Was das auch im übrigen für ein Volk sein mag, das in Jesus Christus vollendete Werk des Herrn vermag es, es eben dazu zu reinigen: es zu einem seiner Sünde zum Trotz zu seinem Dienst brauchbaren Volk zu machen.

Es ist von da aus klar, daß von einer Verdienstlichkeit der guten Werke, von einem von ihrem menschlichen Täter zu beanspruchenden und ihm zufallenden Ruhm seiner Leistung keine Rede sein kann. Auch dann nicht, wenn es etwa das weniger sündige und insofern bessere Werk eines kleineren Sünders sein sollte. Gut kann es gerade nur insofern sein, als es das gute Tun und Vollbringen Gottes bekundet: jene Güte, in der Er sich dem Menschen zuwendet und dahingibt. Daß es dieser Bekundung fähig ist, daran vermag aber auch das nichts zu ändern, daß es das sündige Werk eines großen oder kleinen Sünders ist. Eben mit lauter solchen Menschen und ihren Werken hat es ja Gott in seinem guten Werk zu tun. Ist er ihnen gut, warum sollten sie seine Güte nicht als eben die, die sie sind, bekunden können? Aber eben: nicht in einem von ihnen mitgebrachten Können, sondern nur daraufhin, daß es da etwas zu bekunden gibt, d.h. aber, daß das gute Werk Gottes geschieht, daß er dem Menschen – diesem unguten Menschen mit seinem ihm nur zu entsprechenden Werk – gut ist, daß er sich ihm zuwendet, sich selbst für ihn einsetzt und dahingibt. In irgend einer anderen Beziehung kann es gute menschliche Werke nicht geben und gibt es sie nicht. Die in der Bibel gut genannten und als gut beschriebenen menschlichen Werke geschehen alle in dieser Beziehung. Ihre Güte kommt von oben in die menschliche Tiefe, wird ihnen von oben zuteil und kann in der menschlichen Tiefe nur die Höhe Gottes rühmen, dem sie ursprünglich zu eigen ist.

Was «von oben», von dem Gotteswerk des erfüllten Bundes, der vollbrachten Versöhnung, in des Menschen Tiefe kommt, das ist (Jak. 1,17) «gute Gabe, vollkommenes Geschenk», aber eben: das und nur das! Anders als auf Grund dieses Gotteswerkes und von ihm her gibt es kein gutes Menschenwerk. Böse, nach Eph. 5, 11 «unfruchtbare», nach Hebr. 6, 1 und 9, 14 «tote» Werke (unter denen es nach Jak. 2, 17f. sogar einen «toten» Glauben geben kann!) sind schlechthin alle nicht auf Grund dieses Gotteswerkes, nicht von ihm her getanen Menschenwerke. Indem sie nämlich blinde Spiegel sind, das Werk Gottes nicht widerspiegeln, nicht bekunden, indem sie faktisch – obwohl sie es könnten – nicht in dieser Beziehung geschehen! Und es ist umgekehrt das von Gottes Gesetz geforderte gute menschliche Tun – das Tun auf dem Israel besonders im Deuteronomium immer wieder zur Wahl nahegelegten rechten Weg – schlicht das in Beziehung auf das Werk Jahwes vollbrachte, das der Gnade des Jahwebundes entsprechende Tun. Ohne sie und ohne sie zu erkennen, könnte Israel dieses Tun nicht einmal wählen, geschweige denn verwirklichen. Wählt und vollbringt es dieses Tun, tut es die von Gottes Gesetz als gut bezeichneten und von ihm geforderten Werke, so tut es mit ihnen nichts Sonderliches, bekundet es vielmehr mit seinem eigenen Wirken nur das Wirken des ihm gnädigen Gottes, bekennt es sich schlicht als dessen Werk und Eigentum: «Er hat uns gemacht und sein sind wir, sein Volk und die Schafe seiner Weide» (Ps. 100, 3). Verdienstlichkeit solchen Tuns? Was sollte dieses Volk sich erst verdienen müssen, das ihm als Werk der Hände Gottes nicht schon gegeben wäre? Ruhm solchen Tuns? Doch kein Eigenruhm derer, die das von ihnen schlechthin zu erwartende Gute tun, mit dem sie nur eben bekunden, was sie durch Gottes Güte sind! «Wenn ihr alles euch Aufgetragene getan habt, dann sprecht: Wir sind unbrauchbare Knechte, wir haben nur unsere Schuldigkeit getan» (Luk. 17, 10). Warum ist das Gesetz Gottes so herrlich, wie es etwa Ps. 119 beschrieben wird? Doch nicht deshalb, weil es das Mittel anzeigte und Israel in die Hand gäbe, durch dessen Gebrauch es sich einen gnädigen Gott erst verschaffen, seiner Treue und Durchhilfe sich erst durch entsprechende Leistungen versichern müßte! Sondern das ist die Glorie des Gesetzes, daß es ihm die Weisung gibt, die es gerne hört und der es gerne gehorsam ist, weil es, indem sie ihm immer neu gegeben wird, dessen immer neu gewahr wird, daß Gottes Macht und Barmherzigkeit ihm schon gegenwärtig, daß es seiner Treue und Durchhilfe schon und fort und fort teilhaftig ist! Aber eben: wo Gottes Wille und Gebot nicht als Erweis seiner freien, dem Menschen schon zugewendeten Güte und Wohltat, sondern als eine Forderung verstanden wird, deren Erfüllung durch den Menschen die Bedingung wäre, unter der ihm Gottes Güte und Wohltat allenfalls zugewendet werden, durch die er sie sich selbst zuwenden könnte – wo der Mensch sich im Verhältnis zu Gott Verdienste erwerben zu müssen und Ruhm verschaffen zu können meint – wie soll es da Gehorsam und also gute Werke geben? Schon tut er da bestimmt nicht seine Schuldigkeit. Schon ist da notwendig Alles, was er tun wird, von Grund aus verkehrt! Und eben das war Israels Übertretung nach dem Zeugnis des ganzen Alten Testamentes: daß es die Gnade seines Gottes verkannte und in deren Verkennung nur eben des Ungehorsams, nur eben böser, unfruchtbarer, toter Werke fähig war, wie sie die aller anderen Völker auch waren. Nicht umsonst, daß es sich denn auch immer wieder den Göttern dieser anderen Völker zuwendete! Es geschah immer nur auf kürzeste Zeiten, daß Israel seinem Gott dankbar und eben damit dann auch selbstverständlich treu und sofort gehorsam war. Es waren in der Regel nur eben einzelne, die prophetischen Menschen jenes «Restes», in deren Existenz, Reden und Tun der Zusammenhang zwischen göttlicher und menschlicher Güte lebendig und als Zeugnis gegenüber dem immer aufs neue übertretenden Volk erhalten blieb. Sie haben mit ihrem Protest gegen Israels Übertretung doch nur die Vollendung des guten Werkes Gottes und damit die Verwirklichung guter menschlicher Werke angekündigt, auf die der Bund Jahwes mit Israel von Anfang an gezielt hatte. Des guten Werkes Gottes Vollendung und der guten menschlichen Werke Verwirklichung verkündigt das Zeugnis des Neuen Testamentes als Botschaft von Jesus Christus, als Aufruf zum Glauben an ihn. Ihn selbst und den Glauben an ihn preist es als den für uns Menschen schon gewählten rechten Weg – den Weg, auf dem wir uns in ihm schon befinden: «In Gnade seid ihr gerettet durch den Glauben. Und das nicht aus euch – Gottes Gabe ist es – so daß Keiner sich rühmen können wird. Denn wir sind sein Gebilde ($\pi o i \eta \mu a$), geschaffen ($\kappa \tau \iota \sigma \vartheta \acute{\epsilon} \nu \tau \epsilon \varsigma$) in Jesus Christus zu guten Werken, zu welchen uns Gott (in Ihm) zum voraus bereitet hat, daß wir in ihnen wandeln sollten» (Eph. 2,8f.).

Aber nun haben wir erst davon geredet, daß es das gute Werk Gottes ist, das menschlich gute Werke möglich macht. Das gute Werk Gottes hat aber überall da eine ganz besondere Gestalt, wo menschlich gutes Werk wirklich wird, wo es also faktisch geschieht, daß menschliches Werk das gute Werk Gottes bekundet. Was heißt denn «bekunden» Anderes, als daß es an der alttestamentlichen Ankündigung oder an der neutestamentlichen Verkündigung der Geschichte des Bundes, und also, weil diese das Werk Gottes ist, an dessen Bezeugung teilnimmt? Nimmt es aber auch nur an seiner Bezeugung teil, so nimmt es, so wie es das als menschliches Werk tun kann, an diesem selbst teil. Es geschieht also in seinem Dienst. Und als in seinem Dienst getan, geschieht es wirklich als gutes Werk. Das versteht sich aber nicht von selbst, daß irgend ein Mensch wirklich im Dienste des guten Werkes Gottes steht und daß irgend ein menschliches Werk wirklich in diesem Dienst getan wird. An dem ist es ja nicht, daß alle Werke aller Menschen das Werk Gottes einfach darum, weil es in ihrer Mitte geschieht, auch bekunden und also in seinem Dienst geschehen und also gute Werke sind. Was sollte, da alle Menschen Sünder und alle ihre Werke sündig sind, Anderes zu erwarten sein, als daß es zu jener Bekundung des Werkes Gottes durch menschliche Werke faktisch niemals und nirgends kommen, daß von keinem Werk irgend eines Menschen das zu sagen sein möchte: daß es im Dienste des Werkes Gottes und also als gutes Werk geschehe? Es braucht durchaus keinen besonderen Pessimismus zu dieser betrüblichen Erwartung. Man wird vielmehr sagen müssen, daß sie sich auf die Regel richtet, die, wo gute Werke faktisch geschehen, durchbrochen wird. Es sind aber nicht irgendwelche besseren Sünder und ihre etwas gemildert sündigen Werke, die diese Regel nun doch von unten her durchbrechen würden. Auch der beste Mensch stellt sich und sein Werk nicht selbst in den Dienst des Werkes Gottes, macht sein eigenes Werk nicht von sich aus zu dessen Bekundung und also zum guten Werk. Sondern es hat offenbar das Werk Gottes seinerseits da eine ganz besondere Gestalt, wo das wirklich wird. Es geschieht dann dieses Werk selbst – und davon redet das Alte und das Neue Testament, wenn sie von guten menschlichen Werken reden – in höchst besonderer Weise an bestimmten Menschen: in der Weise nämlich, daß es selbst sich ihnen bekundet, anzeigt, bezeugt, bekannt macht und sie eben damit heranholt und befähigt zu seinem Dienst, sie dazu, es auch ihrerseits zu bekunden, willig und bereit macht. Man kann es einmal so sagen: das für sie wie für alle Menschen geschehene Werk Gottes geschieht in Gestalt jener Erleuchtung auch in ihnen: mit der Wirkung, daß sie als die, die sie sind, an ihm beteiligt – nur als seine Zeugen, aber als seine Zeugen wirklich an ihm beteiligt werden. Die Geschichte des Bundes, deren handelndes Subjekt Gott ist, geschieht jetzt in ihrer Beziehung zu ihnen in der besonderen Weise, daß ihre persönliche Geschichte, deren Subjekt sie selber sind, jener nicht mehr einfach fremd bleiben, im Verhältnis zu ihr nicht mehr neutral verlaufen kann, sondern faktisch in einer Entsprechung zu ihr verlaufen muß. Sofern das geschieht, werden und sind ihre Werke Bekundungen des Werkes Gottes, nehmen sie nach dem Alten Testament teil an der Ankündigung und nach dem Neuen an der Verkündigung Jesu Christi – werden und sind sie also gute Werke. Man merke: die Menschen, in Beziehung zu denen das gute Werk Gottes diese besondere Gestalt hat, sind vielleicht kleinere, vielleicht aber auch größere Sünder als die anderen, jedenfalls Sünder wie sie. Das unterscheidet sie nicht von jenen, daß nicht auch sie im Urteil Gottes Übertreter und daß nicht auch ihre guten Werke voll Übertretung wären. Nur eben das unterscheidet sie von jenen – das aber wirklich! – daß sie (wir nehmen jetzt die beherrschenden Begriffe unserer vorangehenden Abschnitte nochmals auf) die in dem einen Heiligen und durch ihn Geheiligten, die in seine Nachfolge Gerufenen, die durch seinen Heiligen Geist zur Umkehr Erweckten und in der Umkehr Begriffenen sind. Sofern sie das sind, sofern sie als solche existieren, sind ihre Werke von Gott in Dienst genommene und so gute Werke: ohne Rücksicht darauf, was sie an sich, von jener Beziehung abgesehen, im Auge der Menschen und vor allem im Auge Gottes selbst auch noch sein mögen, ohne Rücksicht darauf, daß sie auch als gute Werke bestimmt voll Übertretung sind. Was diese Menschen als die, die sie in Jesus Christus sind, was sie in der Liebe zu ihm, was sie in Entsprechung zum Werke Gottes tun, das ist wohlgetan.

Es ist nach dem Alten und nach dem Neuen Testament eine schlechthin neue, erstaunliche Sache, wenn Einer inmitten aller anderen Menschen (1. Kor. 3,9) ein «Mitarbeiter (συνεργός) Gottes» wird, dessen Werke als Bezeugung der «Arbeit» Gottes unter der Verheißung stehen, wohlgetan, gute Werke zu sein. Keiner ist von Haus aus ein solcher. Keiner nimmt es sich von sich aus, ein solcher zu sein. Die es sind, sind es alle auf Grund eines im Rahmen des Bundes zwischen Gott und dem Menschen als solchem noch einmal besonderen Verhaltens Gottes gerade zu ihm. Er ist es als von Gott für seinen Dienst, ohne nach seiner Eignung und Würdigkeit zu fragen, Erwählter, aus der Mitte der Anderen Heraus- und an Gottes Seite Herangerufener. Von ihm als einem solchen sind gute Werke erwartet. Er als solcher soll und kann, darf und wird sie tun. Er selbst! Denn zum Gehorsam, zu eigenem freien Tun als die, die sie sind, sind diese Menschen gerufen: ihre guten Werke sollen und können, dürfen und werden

5. Das Lob der Werke

wirklich ihre eigenen sein. Darum Matth. 5, 16f. Jesu Wort an seine Jünger: «Euer Licht leuchte im Angesicht der Menschen – (dazu) daß sie eure guten Werke sehen und euren Vater im Himmel preisen». Aber daß sie dieses Licht haben, ja sind – Ihr seid das Licht der Welt, die Stadt, die auf dem Berge liegt, der nicht unter den Scheffel, sondern auf ihn gestellte Leuchter (Matth. 5, 14f.) – dazu haben sie sich nicht aufgerafft, ermannt, entschlossen, das sind sie damit geworden, daß Er sie gerufen hat. In der Kraft seines Rufens werden ihre eigenen Werke wirklich als ihre guten Werke. Indem Jahwe seine Hand ausstreckt, eines Menschen Mund berührt, seine Worte in dessen Mund legt, ihn heute, jetzt, über die Völker und über die Königreiche setzt, wird ja (Jer. 1, 9 f.) schon der alttestamentliche Prophet zu dem, was er ist, nämlich zu dem, wozu Jahwe ihn (Jer. 1, 5) schon erwählt hat, noch ehe er ihn bildete im Mutterleibe. Und genau so hat nach Gal. 1, 15 auch der Apostel des Neuen Testamentes seine Existenz und seine Freiheit zum Reden und Wirken als solcher verstanden. In einem bestimmten Wollen und Vollbringen setzt das Volk Gottes seine Errettung ins Werk: es tut es aber daraufhin, daß Gott der Beweger (ὁ ἐνεργῶν) dieses seines eigenen Wollens und Vollbringens ist (Phil. 2, 12f.). Paulus redet, er wagt aber (Röm. 15, 18) gerade nur das zu reden, was Christus durch ihn ins Werk setzt, um die Heiden zum Gehorsam zu bringen durch Wort und Werk. Er eilt (Phil. 3, 12) strackten Laufes dahin, um zu ergreifen: daraufhin nämlich, daß er selber von Christus ergriffen ist. Er arbeitet und kämpft nach Kol. 1, 29 gemäß der Wirksamkeit (ἐνέργεια) Christi, die sich in ihm als wirksam erweist. Es gilt aber nach 1. Thess. 2, 13 auch von jedem anderen Glaubenden, daß das zu ihm gesagte Wort Gottes das in ihm Wirksame ist. «Was hast du, das du nicht empfangen hast?» (1. Kor. 4, 7). Wo Menschen in der Gemeinde als vom Geist Erweckte und Begabte so oder so tätig sind, da ist es Gott, der in ihnen Allen und Alles wirkt (1. Kor. 12, 6). Gott! – und nicht trotzdem, sondern offenbar gerade darum sind da Alle in voller, mannigfacher Tätigkeit, die doch wiederum nur ihn preisen, nur insofern eine gute Sache sein kann, als sie sein Werk bekundet. Gott ist (Eph. 3, 20) da der δυνάμενος, der Vermögende. Er ist es in seinem in uns wirkenden Vermögen (in seiner δύναμις ἐνεργουμένη ἐν ἡμῖν), von dem bewegt also wir selbst tätig sind. Es gedt dieses sein in uns wirksames Vermögen über alles unser Bitten und Verstehen weit hinaus. Wie dürften wir uns da in unserem Tun nichts oder zu wenig zutrauen? Wobei wir dann doch nur bestätigen können: «Ihm sei die Ehre in der Gemeinde und in Christus Jesus!» Was sich, als von Ihm in Bewegung gesetzt, in dieser Bewegung befindet und als in ihr begriffen versteht und erweist, das ist im Sinn der heiligen Schrift gutes menschliches Werk.

Das vorhin Gesagte ist von da aus mit doppeltem Nachdruck zu wiederholen: es ist die besondere Güte des Werkes Gottes, an der der Mensch mit seinem guten Werk teilnehmen darf. Es ist sein freies Geschenk, wenn er sich mit seiner Lebensgeschichte in jenen besonderen Zusammenhang mit der Geschichte des Bundes versetzt, zum Dienst am Werke Gottes, zu dessen Bekundung herangeholt, eingesetzt, gebraucht finden darf. Und es ist in jedem einzelnen Fall seines Wirkens wieder Gottes freies Geschenk, wenn nun des Menschen Werk tatsächlich eine Bekundung seines Werkes darstellen, wenn der Mensch, indem er das und das tut, an der Ankündigung oder an der Verkündigung Jesu Christi sich beteiligen darf. Wie er sich nicht selbst zu einem jener besonderen Menschen machen kann, so kann er es sich auch als solcher nie nehmen, daß dieses oder jenes seiner Werke nun wirklich in jener Entsprechung, im Licht und in der Kraft des göttlichen Werkes geschieht und also wohlgetan ist. Er kann gerade nur glauben an Gottes ihm begegnende und offenbare Gnade. Er kann – und wenn er aufs höchste von ihr erleuchtet, erfüllt und getrieben wäre – gerade nur dankbar sein dafür, daß sie ihm – indem sie ihm nicht verborgen, sondern offenbar ist – in so besonderer Weise zugewendet ist. Er kann nur beten darum, daß Gott sein Angesicht nicht vor ihm verberge, ihn nicht fallen lassen möchte, wie er es jeden Augenblick als hundertmal verdient anerkennen müßte. Er kann es gerade nur wagen, von der ihm geschenkten Freiheit Gebrauch zu machen: sich bei allem, was er tut, vor Augen zu halten, daß er in der Gesamtheit und nun auch in diesem und diesem seiner Werke einfach dankbar sein dürfte und müßte. Er wird es dann ruhig, entschlossen und rüstig tun – aber in keiner anderen Meinung als der, sich selbst mit seinem Wollen, Tun und Vollbringen ganz in die Hand des ihn so gnädig zur Teilnahme an seinem Werk erwählenden und berufenden Gottes zu legen. Er wird es ihm anbefehlen und anheimstellen, daß er wie ihn selbst, so auch dieses sein Werk in Vergebung dessen, worin bestimmt auch es Sünde ist, annehme und nun eben, daß er es heilige, d. h. daß er ihm, indem er es braucht, in die Reihe stellt und lenkt, den Charakter eines ihm geleisteten, ihm wohlgefälligen Dienstes gebe, den sein menschlicher Täter ihm nicht geben kann. Daß er mit irgend einem seiner Werke in dem Sinn etwas Besonderes tue, daß er sich Gott damit verpflichten, seine Gnade und sein Wohlgefallen sich damit verschaffen könne, das sollte keiner der wirklichen Heiligen Gottes jemals meinen können. Wird es ihm gelingen, sich dieses törichten Meinens wenigstens für einmal zu enthalten – oder gar: es sich ein bißchen abzugewöhnen, immer wieder in dieses törichte Meinen zu verfallen? Das mag ihm dann – zwar keine Gewähr, wohl aber ein gewisses Kriterium dafür sein, daß, was er tut, wohlgetan sein dürfte. Die Gewähr dafür kann er sich nämlich auch mit keiner noch so demütigen Gesinnung, in der er es tut, verschaffen: die kann ihm nur der ihn erwählende und berufende Gott geben und die kann er gerade nur im Glauben ergreifen. Aber eben im Glauben kann und darf und wird er sie ergreifen. Und eben aus dem Glauben, in welchem er das tut, eben aus der im Glauben ergriffenen Gewährleistung Gottes wird er dann nicht nur die gründliche Anspruchslosigkeit, sondern auch die Ruhe, die Entschlossenheit, die Rüstigkeit, den freien Humor schöpfen, die das wohlgetane, das gute Werk – gewiß nicht unzweideutig, aber auch nicht unmerklich – von anderen unterscheiden. Er wird es dann nicht ungetröstet, sondern getröstet tun. Es wird ihm dann sogar erlaubt und möglich sein, sich selbst schlicht damit zu trösten, seiner Freiheit und also seiner Heiligkeit sich damit zu vergewissern, daß er frischweg als solcher lebt, als von Gott mit Freiheit Beschenkter munter zur Tat schreitet.

Er tut es, indem er (nach dem im Neuen Testament so gern gebrauchten Bild) als guter Baum gute Früchte hervorbringt und trägt. Er tut es als Werk (Act. 26, 20) oder

5. Das Lob der Werke

eben als Frucht (Matth 3,8) seiner Umkehr, ihrem Geschehen entsprechend. Er tut es als das Werk der Liebe (Hebr. 6,10) oder des Glaubens (1. Thess 1,3, 2. Thess. 1,11). Man liest Joh. 6, 28f. die äußerst kontrakte Antwort Jesu auf die an ihn gerichtete Frage: «Was sollen wir tun, daß wir die Werke Gottes ins Werk setzen?» (ἐργαζώμεθα τὰ ἔργα τοῦ θεοῦ)? «Das ist das Werk Gottes, daß ihr glaubt an den, den er gesandt hat». Wie sollte darin nicht in der Tat alles menschliche Wirken in seiner Beziehung zum Werke Gottes beschlossen sein? So hat man der bekannten negativen Formel Röm. 14,23: «Was nicht aus dem Glauben kommt, ist Sünde» wohl von jeher mit Recht auch das Positive entnommen, daß, was aus dem Glauben kommt und Werk des Glaubens ist, wohlgetan ist. Aber ist es das Werk des Glaubens? Eben, daß es beim Tun guter Werke um die Werke der Umkehr, der Liebe, des Glaubens geht, macht es deutlich, daß es auch im Einzelnen nicht in der Willkür und im Verfügen des Menschen (auch nicht des in der Heiligung stehenden Menschen) steht, gute Werke zu tun: daß die Freiheit dazu ihm auch im Einzelnen immer wieder geschenkt werden muß. Es steht also auch mit ihm nicht so, daß Gott mit und in ihm etwas angefangen hätte, das nun er selber fortzuführen und zu vollenden die Autorität und die Macht hätte, sondern «der in euch angefangen hat das gute Werk, der wird es auch zum Ziel führen (ἐπιτελέσει) bis auf den Tag Jesu Christi» (Phil. 1,6). Gott ist (2. Kor. 9,8) mächtig genug, die Fülle seiner Gnade über die Seinen zu ergießen: «damit ihr in Allem allezeit ganzes Genügen (eigentlich Autarkie) habt und zu jedem guten Werk überreich seid». Aber eben: Gott (und er allein) ist mächtig, ihnen die Freiheit zu geben, solche Werke von sich aus zu tun. Indem sie ihnen von Ihm gegeben ist, will sie eben von Ihm immer aufs neue erwartet, erhofft, erbeten sein. Daß in der Gemeinde mit dem Geschehen des ἔργον πίστεως und darum, wie es vorher heißt, mit einer εὐδοκία ἀγαθωσύνης (mit dem göttlichen Wohlgefallen an dem Guten, das da Ereignis wird) zu rechnen ist, setzt Paulus 2. Thess. 1, 11 voraus, was ihn aber nicht hindert, vielmehr erst recht dazu zu veranlassen scheint, eben um die Erfüllung dieser ἀγαθωσύνη und dieses ἔργον – als wäre es doch wieder so etwas wie ein erst zu füllendes Gefäß – und darum daß es in der Gemeinde zur Verherrlichung des Namens Jesu Christi komme, zu beten. Die Gemeinde bedarf nach 2. Thess. 2, 17 der «Bestärkung» zu jedem guten Werk und Wort. Darum, daß sie Frucht trage in jedem guten Werk, wird auch Kol. 1, 10, um ihr Zugerüstetwerden dazu auch Hebr. 13, 21, gebetet. Eben zu dieser auch den Heiligen unentbehrlichen Zurüstung, hat Christus nach Eph. 4, 11f. Apostel, Propheten, Evangelisten, Hirten, Lehrer eingesetzt. Und darin ist nach 2. Tim. 3, 16f. die heilsame Kraft der von Gottes Geist eingegebenen Schrift zu erblicken: daß sie «den Menschen Gottes» in die richtige Verfassung setze (ἵνα ἄρτιος ᾖ), in der er zu jedem guten Werk voll ausgerüstet sei.

Geht es nun in allen guten menschlichen Werken um deren Teilnahme am guten Werk Gottes, zu der bestimmte Menschen durch Gott selbst erwählt und herangeholt, zu der sie wiederum durch ihn selbst in diesem und diesem bestimmten Tun ermächtigt werden – dann folgt von selbst, daß sie sich von allen anderen menschlichen Werken dadurch unterscheiden, daß sie auf Gottes Anordnung, Gebot und Befehl hin getan werden. Wir sagen dasselbe, wenn wir sagen: in der dem Menschen von Gott gegebenen Freiheit. Ihre Werke haben im Zusammenhang mit Gottes eigenem Werk, im Dienst von dessen Bekundung je eine ganz besondere Funktion. In Ausübung dieser Funktion kann und soll, darf und wird der dazu bestimmte Mensch je bei dieser bestimmten Gelegenheit je dies sagen, je jenes tun, je so sich verhalten. Erkennt und erfüllt er sie, dann ist sein Werk ein gutes Werk. Er redet, handelt, verhält sich dann also nicht nach eigener Neigung, Lust, Planung oder Willkür, sondern nach der ihm gegebenen und von ihm vernommenen Weisung. Er hört sie. Und er gehorcht ihr dann: nicht mechanisch von außen bewegt, sondern in der ihm selbst gegebenen Freiheit, aber in dieser, nicht in einer anderen Freiheit. In jeder andern Freiheit würde er ja in Wahrheit ein Gefangener sein. Er dient dann: nicht zu seiner Erniedrigung und Beschämung, sondern zu seiner Erhöhung und Ehrung, aber in der Hoheit und Ehre, zu der er als Teilnehmer am Werke Gottes bestimmt ist: nicht also in der, die er sich (in Wahrheit zu seiner Erniedrigung und Beschämung) erwerben möchte, wenn er sich selbst oder den Meinungen und Bestrebungen der Menschen oder den dunklen Mächten des Kosmos und der Geschichte dienen würde. Und er fügt sich dann ein in die Gemeinschaft der Heiligen. Er geht dann an bestimmter Stelle, mit bestimmtem Auftrag mit auf dem Weg des Volkes Gottes, der Gemeinde: an seinem Ort und zu seiner Zeit gerade er schlechthin unentbehrlich und schlechthin verantwortlich für das Ganze ihrer Geschichte, aber als Bruder unter Brüdern, um gerade so wahrhaftig zu sich selbst zu kommen und seines eigenen Glaubens zu leben. Eben an diesem seinem Sicheinfügen wird zu erkennen sein – und eben indem er sich im Tun seines besonderen Werkes einfügt, wird er sich dessen immer wieder vergewissern, daß es mit seinem Gehorchen und Dienen und also auch mit seiner Freiheit seine Richtigkeit hat, daß die Weisung, auf die er dabei hört, nicht etwa heimlich doch wieder die Stimme seiner eigenen Neigung, Lust, Planung und Willkür ist. Er wird darauf achten, wie das Gesetz, das Gebot, die Weisung Gottes von Anderen, zu anderer Zeit und an anderem Ort vernommen wurde, auf die Mannigfaltigkeit, in der sie in der Geschichte des Volkes Gottes in ihrer Gesamtheit ergangen und vernommen worden ist. Er wird also, um die heute und jetzt gerade ihn angehende Weisung – nicht die einer menschlichen Übereinkunft und Tradition, aber auch nicht die seines eigenen Herzens und Kopfes, sondern die Weisung Gottes! – zu hören und um dann wirklich ihr und nicht der Weisung eines kollektiven oder individuellen Dämons zu gehorchen und zu dienen, auch auf diese Anderen, die Brüder, er wird, wo es immer geht, mit ihnen Allen oder doch mit Vielen von ihnen zusammen zu hören und dann und von da aus ihr zu gehorchen bemüht sein. Nicht weil er der gerade ihm gewährten Teilnahme am Werke Gottes nicht traute, wohl aber, weil er weiß, daß sie nicht nur ihm, sondern daß sie ihm in ihrer ganzen Besonderheit doch nur zusammen mit Jenen, als einem Heiligen in der Gemeinschaft der Heiligen gewährt ist. Seines eigenen Auftrags umso gewisser und in seiner eigenen Freiheit umso entschlossener, wird er dann seinen eigenen Weg gehen!

In diesem Sinn und unter allen diesen Voraussetzungen ist von des Menschen Heiligung zu sagen, daß sie schon jetzt und hier in wirklich

5. Das Lob der Werke

guten menschlichen Werken – in solchen Werken, die Gott lobt und die ihrerseits Gott loben – Ereignis wird. Wir hatten uns im Blick auf das, was die Schrift dazu sagt, genau darüber zu verständigen, wie das geschieht und nicht geschieht. Daß es geschieht, könnte nur unter Infragestellung der ganzen Versöhnungs- und Offenbarungstat Gottes geleugnet werden, und nur indem man eine ganze Seite des biblischen Zeugnisses – nicht ohne damit auch alle anderen in Mitleidenschaft zu ziehen – abblenden würde.

Ein einziger Verweis soll in dieser Hinsicht genügen. Kann man sich der Aussage des großen Zusammenhangs von Hebr. 11 entziehen? Wir entfalten ihn jetzt nicht, sondern begnügen uns, festzustellen: Um den Glauben als Zuversicht, auf das, was man hofft, und als Gewißheit der Dinge, die man nicht sieht, geht es in diesem Kapitel. Und nun gerade in dieser Darstellung dieses Glaubens um lauter menschliche Taten und Verhaltungsweisen – Abels, Henochs, Noahs, Abrahams, Isaaks, Jakobs, Moses, der Dirne Rahab und all der Anderen – sie alle (v 13) gekennzeichnet als solche, die «starben, ohne die Verheißungen erlangt zu haben, sondern schauten sie von ferne und begrüßten sie und bekannten, daß sie Gäste und Fremdlinge seien auf Erden», sie Alle aber auch gekennzeichnet durch das, was sie, ein Jeder in seiner besonderen Beziehung zu den großen Taten Gottes und eben durch diese gemeinsame Beziehung zu einem großen Volk vereinigt, im Gehorsam tätig und leidend gewirkt haben. Es sind lauter Taten von größter Konsequenz im Zusammenhang jener Geschichte und ihre Schilderung hat darum weithin etwas Überdimensioniertes: daß sie Königreiche niederkämpften, Gerechtigkeit übten, Verheißungen erlangten, Löwen den Rachen verstopften, die Gewalt des Feuers auslöschten, der Schärfe des Schwertes entrannen, von Schwachheit zur Kraft kamen, in Kriegen stark wurden, die Heere der Feinde zum Weichen brachten, wird da den Einen in der Zusammenfassung v 33 f. mitten im Neuen Testament sehr alttestamentlich nachgerühmt, dann (v 35 f.) allerdings auch Anderen ihr Erleiden und ihre Beharrlichkeit in gewaltigster, schlimmster Verfolgung. Daß «die Welt ihrer nicht wert war», wird v 38 von diesen Menschen – Alles im Blick auf ihren Glauben, aber eben: die Werke ihres Glaubens – gesagt. Was der Hebräerbrief mit dieser Schilderung will, wird 12,1f. klar: Die neutestamentliche Gemeinde sieht sich gewissermaßen von allen Seiten umgeben und – wie durch eine einzige mächtige Aussage und Ansage – verpflichtet und in Anspruch genommen durch die Existenz dieser Glaubenden des alten Gottesvolkes und ihrer Taten. Ihr kann sie sich doch nicht entziehen! Nein: «Darum wollen auch wir, da wir eine so große Wolke von Zeugen um uns haben, alle hemmende Last, nämlich die uns nur zu leicht bedrängende Sünde abwerfen und in Ausdauer laufen in dem uns bevorstehenden Wettlauf, indem wir hinblicken auf den Anfänger und Vollender des Glaubens, Jesus». Er ist offenbar der von jener Wolke von Zeugen Bezeugte. Ihn, der (Röm. 10,4), weil das Ziel ($\tau\acute{\epsilon}\lambda o\varsigma$) des Werkes, darum auch das Ziel des Gesetzes Gottes ist – ihn haben alle jene Menschen mit ihren Taten bezeugt und ihn können und sollen, dürfen und werden die Christen mit ihrem Tun – mit ihren guten Werken – auch und erst recht bezeugen.

Wir schließen: Es gibt außer viel bösen auch gute menschliche Gedanken, Worte und Werke. Genauer gesagt: Gott im Tun seines Werkes gibt es, daß es solche gibt! Keiner von denen, denen Gottes Werk offenbar ist, kein Christ wird das bezweifeln oder gar bestreiten, kein Christ wird sich je für entschuldigt halten, wenn sein Werk kein gutes Werk ist, keiner wird verkennen wollen, daß auch er und gerade er gute Werke zu tun erwählt, berufen und fähig ist. Seiner Erwählung, Berufung und Befähigung entsprechend, als Werke des Glaubens, der Umkehr, der Liebe wird er sie tun: sich selbst oder den Christen als ihren Täter werden sie gewiß nicht loben. Sie werden aber das Lob Gottes für sich haben und Gott wiederum loben. Gott gibt es den Seinen, daß sie in ihrer ganzen Trägheit, Verkehrtheit und Zerstreutheit auch solche Werke tun dürfen – tun werden.

Er gibt es, daß es in seinem Volk (er allein kennt es!) als Taten von dessen Gliedern – um ein paar konkrete Beispiele (tief unter dem Niveau derer von Hebr. 11, aber dafür aus unserer eigenen Anschauung) zu nennen – auch gute Hilfe gibt, die Einer dem Anderen leisten darf, auch gutes Zusammenhalten Einiger und Vieler, auch gutes Sichbegegnen und gutes Auseinandergehen, auch gutes Wagen im Großen und gute Erfüllung kleiner unscheinbarer Pflichten, auch gute Haltung in schwieriger und versuchlicher Lage, je und dann auch ein Stück guten Familienlebens und guter Nachbarschaft, gutes Festhalten an alter Ordnung und gute Aufrichtung einer neuen, gutes Reden und gutes Schweigen, gutes Lachen und gutes Weinen, gute Arbeit und gutes Ausruhen, gutes Suchen und gutes Finden – auch gute politische Entschließung und Entscheidung, auch gutes christliches Bekenntnis, auch ein gutes Beten, auch ein gutes Hören, Lesen, Studieren, auch einmal eine gute Predigt – und was da noch konkret und ganz konkret zu nennen wäre. Wobei es in dem allem (Röm. 9,16) nicht an Jemandes Wollen und Laufen liegt, sondern an Gottes Erbarmen! Es hätte aber keinen Sinn, es könnte nur im Unglauben geschehen, wenn man damit nicht rechnen wollte, daß es das gibt, weil Gott es gibt und eben in seinem Erbarmen immer neu geben will. Es dürfte im Leben des Christen kein Augenblick sein, in welchem er nicht allen Ernstes damit rechnete: Gott gibt das Alles, in jenem Überfluß sogar, von dem die Apostelbriefe so gerne reden. Des Menschen Heiligung besteht dezidiert auch darin, daß Gott ihm Solches gibt – nicht nur im Allgemeinen, sondern gerade ihm, und ihm gewiß nicht magisch oder mechanisch oder im Schlafe, sondern ihm zu tun gibt! Die Heiligen Gottes nehmen Solches in Empfang und tun es.

Wir setzen zwei hier bedeutsame Fragen und Antworten aus dem Heidelberger Katechismus an das Ende dieser Überlegung:

Frage 86: Dieweil wir denn aus unserem Elend ohne alle unsere Verdienste aus Gnade durch Christus erlöst sind, warum sollen wir gute Werke tun? Antwort: Darum, daß Christus, nachdem er uns mit seinem Blut erkauft hat, uns auch durch seinen Heiligen Geist erneuert zu seinem Ebenbild, daß wir mit unserem ganzen Leben uns dankbar gegen Gott für seine Wohltat erzeigen und er durch uns gepriesen werde. Danach auch, daß wir bei uns selbst unseres Glaubens aus seinen Früchten gewiß seien und mit unserem gottseligen Wandel unsere Nächsten auch Christo gewinnen.

Und Frage 91: Welches sind aber gute Werke? Antwort: Allein die aus wahrem Glauben nach dem Gesetz Gottes ihm zu Ehren geschehen und nicht auf unser Gutdünken oder Menschensatzung gegründet sind.

6. DIE WÜRDE DES KREUZES

Das Kreuz – wir haben uns dieses unentbehrliche Element jeder christlichen Lehre von der Heiligung bis zuletzt aufgehoben. Es gehört (1) darum an diese Stelle, weil es die Grenze der Heiligung als der dem trägen Menschen in der Kraft der Auferstehung Jesu Christi widerfahrenden Aufrichtung bezeichnet: den Punkt, an welchem dieses Geschehen über sich selbst hinausweist auf das neue Kommen Jesu Christi, auf die Auferstehung des Fleisches, auf das letzte Gericht, in welchem es zu einem Offenbarwerden der Heiligen als solcher, zur Aufhebung des Widerspruches zwischen dem, was sie noch und dem, was sie schon sind, kommen wird, und so zu ihrem Eingang in das ewige Leben, in das Licht, dem sie als Gottes Volk mit dem ganzen Kosmos jetzt und hier schon entgegengehen. Und das Kreuz gehört (2) darum an diese Stelle, weil des Menschen Heiligung unter allen ihren jetzt besprochenen Aspekten – als *participatio Christi*, als Ruf in seine Nachfolge, als Erweckung zur Umkehr, als das Lob guter Werke – eben von da, vom Kreuz her, als die menschliche Bewegung jenem Ziel entgegen sichtbar gemacht und also in jenes Licht der großen christlichen Hoffnung gerückt wird.

An der entsprechenden Stelle erscheint des Christen Kreuz bei Calvin (*Instit.* III 8) und bei A. de Quervain (Die Heiligung I 1942 S. 151–221). D. Bonhoeffer hat es dadurch hervorgehoben, daß er es sofort im Anschluß an die hier bereits erwähnten grundlegenden Abschnitte seiner «Nachfolge» zur Sprache gebracht hat. Wogegen es auffällt, daß es in der Heiligungslehre H. F. Kohlbrügges (jedenfalls nach der Darstellung von W. Kreck) zwar gewiß nicht übersehen und unwirksam ist, aber doch keine hervorgehobene Stellung und Rolle hat.

Wir reden von dem Kreuz, das jeder in Jesus Christus Geheiligte und also jeder Christ als solcher zu tragen bekommt, indem das Volk Gottes in der Welt als solches es zu tragen bestimmt ist. Es ist klar, daß es mit dem Kreuz Jesu Christi selber in nächster Beziehung steht. Das Kreuz ist die konkreteste Gestalt der Gemeinschaft zwischen Christus und den Christen. Wie Jesu Christi Erleiden seines Kreuzes seine, des einen Menschensohnes, des königlichen Menschen Krönung war und ist, so ist das von jedem Christen zu erleidende Kreuz seine Überkleidung mit der ihm als einem Christen zukommenden Auszeichnung, Ehre, Würde. Und diese Parallele hat ihren Grund in einem sachlichen, geschichtlichen Zusammenhang. Ohne das Kreuz Christi, des Meisters, gäbe es auch kein Kreuz der Jünger, der Christen. Damit, daß er sein Kreuz getragen und erlitten hat, sind sie geheiligt, in die Nachfolge gerufen, in die Umkehr versetzt, zum Tun guter Werke befreit. Und eben damit bekommen sie auch ihr Kreuz zu tragen und zu erleiden. Von seiner Erhöhung her, die in seinem Tod am Kreuz, als dem Tod des an unserer Stelle Verworfenen, vollendet ist, kommt es zu ihrer Aufrichtung, die darin ihre Grenze und ihr Ziel erreicht, daß auch sie ihr Kreuz zu tragen und zu erleiden bekommen.

Die Mitteilung Jesu, daß, wer ihm nachfolgen wolle, sich selbst zu verleugnen und sein Kreuz auf sich zu nehmen habe, erfolgt nach allen synoptischen Berichten (Mr. 8, 34f. Par.) im unmittelbaren Anschluß an das Messiasbekenntnis des Petrus und die erste Leidensankündigung. Bonhoeffer hat recht, wenn er den Finger darauf legt, daß in dieser Leidensankündigung nach Mr. 8,31 und Luk. 9,22 ausdrücklich von Jesu Verwerfung durch die Ältesten, Hohepriester und Schriftgelehrten die Rede ist. Es handelt sich im Kreuzesleiden Jesu Christi um das besondere Leiden eines von den Menschen – und das nicht von den Ersten Besten, sondern von den geistlichen Führern des Volkes Gottes – Verworfenen, Ausgestoßenen, ehrlos Gemachten. Der Anstoß, den eben der Jünger, der Jesus zuvor als den Messias erkannt und bekannt hat, an dieser Ankündigung nimmt, ist naheliegend und verständlich. Aber sein Bekenntnis implizierte offenbar den Ausdruck seines Willens, Jesus nachzufolgen. Und eben darauf – sein Anstoß und Protest wird durch das bekannte zornige Wort Jesu weggewischt – bekommt er die Antwort, daß er – und mit ihm Jeder, der jenes Bekenntnis mit ihm spricht und mit ihm jenes Willens ist, in seiner, des Gekreuzigten, des Verworfenen Nachfolge sein eigenes Kreuz auf sich zu nehmen und also an seinem Ort in die Teilnahme an Jesu Leiden als dem Leiden eines Verworfenen und Ausgestoßenen, an seinem ehrlosen Leiden einzutreten habe.

Wir haben nun aber sofort klar zu stellen: die Beziehung zwischen dem Kreuz Christi und dem Kreuz der Christen ist bei aller unmittelbaren Notwendigkeit keine direkte, sondern eine **indirekte Beziehung**. Die als Christen ihr Kreuz aufzunehmen haben, folgen ihm darin – endlich und zuletzt auch darin! – nach, sie folgen «seinen Fußstapfen» (1. Petr. 2,21). Sie gehen also nicht neben ihm her in Gleichheit ihres Kreuzes mit dem seinen, geschweige denn, daß sie ihm eigentlich vorangingen, indem nämlich sein Kreuz seine Realität und Bedeutsamkeit erst darin bekäme, daß sie ihr Kreuz auf sich nehmen. Hinter dieser Anschauung steht die alte mystische Vorstellung, es sei das Kreuz Christi selbst, das die Christen aufzunehmen und zu tragen hätten. Diese Vorstellung ist falsch.

Ἀράτω τὸν σταυρὸν αὐτοῦ heißt es Mr. 8,34 Par., und daß der Jünger τὴν ψυχὴν αὐτοῦ verlieren müsse, um sie zu erretten, heißt es in der Fortsetzung dieses Wortes: ἕνεκεν ἐμοῦ um meinetwillen, indem er sich darin als mein Jünger erweist und bekennt, aber sein eigenes Leben, wie er ja auch nach dem, was vorangeht, sich selbst (ἑαυτόν) zu verleugnen hat. Was jener Simon von Kyrene (Mr. 15,21 Par.) getan hat, hat er nicht auf das Geheiß Jesu, sondern gezwungen durch die, die Jesus zur Kreuzigung führten, getan, wie es ja dann auch Jesus und nicht er war, der gekreuzigt wurde und (Mr. 10,45) sein Leben, nicht das dieses Simon, dahingegeben hat.

Das Kreuz Christi ist **sein Kreuz**, getragen und erlitten für Viele, aber nicht **von** diesen Vielen, geschweige denn von Allen und Jeden, sondern an ihrer Stelle von Ihm ganz allein. Er erleidet jene Verwerfung – nicht nur als Verwerfung durch Menschen, sondern – von diesen vollstreckt – als Verwerfung durch Gott: als die Verwerfung, die alle Anderen vor Gott verdient haben, der sie verfallen sein müßten, damit sie sie **nicht mehr** treffe. Das bedeutet **ihr Kreuz nicht**, daß sie Gottes Verwerfung nochmals zu erleiden hätten. Die ist (als ihre Verwerfung!) von ihm schon erlitten, kann von ihnen nicht mehr erlitten werden. Wie denn auch seine in seinem Kreuzestod und also im Erleiden jener Verwerfung vollendete Erhöhung **seine** und nicht die seiner Jünger, nicht die der Menschenwelt ist, über die er, indem er für sie starb, zum Herrn erhoben wurde.

6. Die Würde des Kreuzes

Seiner Erhöhung entspricht die seinen Erwählten und Berufenen, den Christen jetzt und hier widerfahrende und allen Menschen verheißene Aufrichtung, ihre Auferweckung aus dem Todesschlaf der allgemeinen Sündenträgheit. Und wir haben gehört, daß diese Aufrichtung des Menschen dort, in Ihm, in seiner in seinem Tode vollendeten Erhöhung zur Rechten des Vaters ihren bewegenden Grund hat, daß sie ganz und gar von dort her wirklich wird und ist. Ihre Aufrichtung ist darum doch nicht identisch mit seiner Erhöhung, sondern dank und in der Kraft seiner Erhöhung kommt es zu ihrer Aufrichtung. Dieses Verhältnis ist unumkehrbar. Und wenn nun ihre Aufrichtung endlich und zuletzt darin besteht, daß sie ihr Kreuz zu tragen bekommen und aufzunehmen haben, so geschieht das keineswegs als ein Nachvollzug seiner Kreuzigung, sondern eben: in Entsprechung zu ihr – in der Ähnlichkeit, die dem dem Meister nachfolgenden Jünger zukommt, nicht in Gleichheit, geschweige denn in Identität mit ihm. Seine Krone und die dem Jünger in seiner Nachfolge zukommende Würde sind und bleiben jetzt und hier zweierlei. Die «Krone des Lebens», deren Empfang aus der Hand des Königs ihm verheißen ist (Apok. 2, 10), ist das Ziel des Weges, den er als Träger jener Würde jetzt und hier gehen darf.

Wenn Paulus (Gal. 2, 20) von sich selbst gesagt hat, er lebe nicht mehr, es lebe aber Christus in ihm, so hat er sich damit nicht mit ihm identifiziert, nicht als zweiter Christus ausgegeben. Hat er doch diesen Satz sofort durch den anderen interpretiert: «Was ich aber jetzt im Fleische lebe, das lebe ich im Glauben an den Sohn Gottes, der mich geliebt und sich selbst für mich dahingegeben hat»: an dieser Dahingabe Christi – sie ist ja für ihn als den von ihm Geliebten geschehen – ist er, Paulus, nicht – oder eben nur, indem er sie im Glauben als für ihn geschehen empfängt – beteiligt. Davon war auch unmittelbar vorher (Gal. 2, 19) keine Rede, wo er sagt, daß er mit Christus gekreuzigt sei (Χριστῷ συνεσταύρωμαι) oder Gal. 6, 17: daß er die Wundmale (στίγματα) Jesu, oder 2. Kor. 4, 10: die Tötung (νέκρωσις) Jesu an seinem Leibe trage. So auch nicht Gal. 6, 14, wo er sich (allein) des Kreuzes Jesu Christi rühmen will, «durch welchen mir die Welt gekreuzigt ist und ich ihr», so auch nicht, wenn er Röm. 6, 6 allgemein von den Christen sagt, daß «unser alter Mensch mit ihm gekreuzigt wurde» oder Gal. 5, 24: «daß die, die Jesus Christus gehören, ihr Fleisch mit seinen Leidenschaften und Begierden gekreuzigt haben» oder Kol. 3, 5, wo die Christen zum «Töten» ihrer Glieder aufgefordert werden, oder an den anderen Stellen, wo von ihrem Sterben mit Christus die Rede ist. Eine Verwechslung zwischen Christus und den Christen, dem Haupt und den Gliedern, dem Vorangehenden und den ihm Nachfolgenden ist im Text und in den Zusammenhängen aller dieser Stellen ausgeschlossen. Sie reden von einem schmerzlichen, peinlichen, ja tödlichen, aber auch heilsamen Eingriff, der dem Christen in der Gemeinschaft mit dem leidenden, gekreuzigten, gestorbenen Christus widerfahren muß, widerfahren ist und noch widerfährt, durch dessen Einwirkung und Nachwirkung ihr ganzes Leben bestimmt, geprägt, charakterisiert wird. Es ist aber das Leiden, das damit über sie kommt, das Kreuz, an das damit sie geschlagen werden, der Tod, den sie damit sterben müssen, ihr Leid, ihr Kreuz, ihr Tod, wie ja auch das Heil, das ihnen damit widerfährt, ihr, das ihnen im Leiden, Kreuz und Tod Christi für sie (ἀντὶ πολλῶν) erworbene, ihnen zugewendete Heil ist. Ihr Kreuz ist eben eine Entsprechung des Kreuzes Christi: eine höchst reale Entsprechung, aber nichts Anderes, nicht mehr als das, keine Wiederholung, keine Re-Präsentation des Kreuzes Christi.

Es gibt nur eine Stelle, die in dieser Hinsicht auf den ersten Blick dunkel erscheint, die Stelle Kol.1,24, wo Paulus sein Leiden als Apostel zweimal als ein Leiden ὑπέρ, für Andere bezeichnet – ein Ausdruck, der sonst bei ihm wie im übrigen Neuen Testament nur auf das Leiden Christi angewendet wird: er freue sich seiner παθήματα für seine Leser, er erfülle, ergänze, ersetze nämlich (ἀνταναπληρῶ) mit ihnen den noch ausstehenden Teil der Trübsale (eigentlich: der Bedrängnisse) Christi (τὰ ὑστερήματα τῶν θλίψεων τοῦ Χριστοῦ), er leide an seinem Fleisch für (ὑπέρ) seinen (Christi) Leib, der die Gemeinde ist. Das erklärt sich aber einerseits daraus, daß ja die Gemeinde als der «Leib», d. h. als die irdisch-geschichtliche Darstellung und Gestalt der Gegenwart und Aktion Jesu Christi als ihres Hauptes in einer irdisch-geschichtlichen Entsprechung auch seiner «Trübsale», seines Kreuzesleidens zu existieren hat (das sind dessen ὑστερήματα) – und andererseits daraus, daß der Apostel der Gemeinde als «Botschafter an Christi Statt» (ὑπὲρ Χριστοῦ 2. Kor.5,20) zugeordnet und als solcher in seiner Menschlichkeit (ἐν τῇ σαρκί μου) auch für das einzustehen, ihr – nicht als ein zweites Haupt, aber als ausgezeichnetes, in besonderer Verantwortung existierendes Glied am Leibe Christi auch das zu bezeugen hat, was als irdisch-geschichtliche Entsprechung von dessen Leiden noch Ereignis werden muß. Daß er das mit seinen, den apostolischen παθήματα, als Träger seines Kreuzes tun darf, dessen sich zu freuen, bekundet Paulus an dieser Stelle. Er leidet nach der Fortsetzung (v 25) als Diener der Gemeinde gemäß der göttlichen Veranstaltung (οἰκονομία), mit deren Ausführung er sich beschenkt weiß. Weil er sich, indem er als Mensch zu leiden hat, in diesem Sinn beschenkt, mit einer besonderen Würde bekleidet weiß, darum freut er sich, indem er als Apostel leidet. Die Beziehung des Leidens des Christen zu dem Christi selbst ist und bleibt auch nach dieser allerdings hervorgehobenen Stelle eine indirekte.

Wir wenden uns nach dieser Abgrenzung zu der positiven Aussage, die in diesem Zusammenhang zu machen ist. Es ist dem Geschehen der Heiligung – der *participatio Christi,* dem Ruf in seine Nachfolge, der Erweckung zur Umkehr, dem Lob guter Werke – eben weil es in Jesus Christus geschieht, daß der Mensch in diese ganze Bewegung versetzt wird – wesentlich, daß sie als Lebensbewegung des Christen – als menschliche, irdisch-geschichtliche Lebensbewegung – an einer bestimmten Stelle unweigerlich und radikal aufgehalten, gehemmt, durchbrochen ist. Sie ist ein – ganz wörtlich so zu nennen – durchkreuztes, durch ein Kreuz bestimmtes und charakterisiertes Geschehen. Kreuz schließt in sich Ungemach, Beschwerde, Schmerz, Leid und schließlich Tod, die von dem in diese Lebensbewegung Versetzten zu ertragen, willig auf sich zu nehmen sind, weil es dieser wesentlich ist, endlich und zuletzt, d.h. in ihrem Grund und Ziel diese durchkreuzte Bewegung zu sein. Er würde und müßte sich ihr ganz entziehen, wenn er sein Kreuz nicht auf sich nehmen und tragen, wenn er sich der *tolerantia crucis* (Calvin) entziehen wollte.

Es geht nicht um Ungemach, Schmerz und Tod an sich und im allgemeinen, wie es ja auch nicht um die menschliche Lebensbewegung an sich und als solche geht.

Daß der Mensch sich in dieser nicht aufgehalten und gestört zu finden, sie nicht abgebrochen zu sehen wünscht, daß er sich gegen Schmerz und Tod zur Wehr setzt, geht in Ordnung. Auch der Christ tut das. Leid,

Schmerz und Tod an sich und als solche sind Infragestellung, Abbau und schließlich Negation des menschlichen Lebens. Es kann sich gerade für den Christen nicht darum handeln, diese umzudeuten, sie zu glorifizieren. Er kann ihnen keine Lust abgewinnen, er kann sie nicht wollen und suchen: schon darum nicht, weil er im Leben eine Gabe Gottes erkennt, ehrt und liebt, für deren Erhaltung er verantwortlich ist. Er kann kein Liebhaber des Todes sein, wie es der natürliche Mensch in merkwürdiger Umkehrung und Demaskierung seiner zur Schau getragenen Lebensbejahung, Lebensgier, Lebenslust jeden Augenblick werden kann. Sein Ja zum Leben ist kein solches, das hinterrücks in ein Nein umschlagen kann. Er weiß besser als Andere, was er am Leben hat und was er tut, wenn er sich gegen seine Negation zur Wehr setzt. Er bejaht es gerade darum, weil es ihm im Leben um mehr als ums Leben geht: darum nämlich, daß in ihm der Wille Gottes geschehe – seine Heiligung (1. Thess. 4, 3). Gerade weil er also nicht sein Leben an sich und als solches liebt, kann er auch nicht dessen Negation und also Leid, Schmerz und Tod als solche lieben. Er bejaht sein Leben in jenem Kontext.

In demselben Kontext darf, kann und muß er nun aber auch dessen Negation bejahen. «Leben wir, so leben wir dem Herrn, sterben wir, so sterben wir dem Herrn. Wir leben nun oder wir sterben, so sind wir des Herrn» (Röm. 14, 8). Wir sind sein Eigentum «mit Leib und Seele, beides im Leben und im Sterben». Sein Eigentum sein, das Geschehen des Willens Gottes, seine Heiligung ist also das, was auch im Sterben des Christen mehr ist als Sterben. «Des Herrn sein» schließt nun eben auch diese Alternative in sich: das Sterben. Der Christ weiß darum auch besser als Andere – aus irgend einem Grund lebensunlustig, lebensmüde Gewordene, nach Ende und Auflösung Begierige – was er tut, wenn er zur Negation seines Lebens, zu Leid, Schmerz und Tod Ja sagt. Er sagt Ja dazu, weil das Geschehen seiner Heiligung in der Gemeinschaft mit Jesus Christus, in seiner Nachfolge, in der durch ihn in Gang gesetzten Umkehr, im Tun guter Werke, endlich und zuletzt auch das in sich schließt, daß er die Grenze seiner Existenz – auch seiner christlichen, seiner in der Heiligung begriffenen Existenz – als Grenze seines kreatürlich-menschlichen Lebens zu sehen, zu fühlen, zu erfahren bekommt, wobei es dann eben notwendig um Leid, Schmerz und Tod, um Vieles, was zum Sterben führt und das Sterben ankündigt, und schließlich ums Sterben selbst gehen wird. Gerade um sein Leben zu retten, muß er es nun preisgeben, verlieren. Er wird diesen Verlust nicht aufsuchen und herbeiführen. Ihm wird er widerfahren. Aber eben zu diesem Widerfahrnis wird er als Christ, obwohl und indem es ihm dabei ans Leben geht, nicht Nein, sondern Ja sagen: genau so, wie er im Übrigen und bis an die Grenze hin zum Leben nicht Nein, sondern Ja sagt. Zu Beidem: zum Leben und zum Sterben, nicht um ihrer selbst willen, aber zu Beidem, auch zum Sterben – weil ἕνεκεν ἐμοῦ, weil um Jesu willen – ein bestimmtes Ja. Er wird es sich gefallen lassen, daß ihm jene Grenze gesetzt wird und daß er sie zu merken bekommt. Er wird sein Kreuz auf sich nehmen.

«Sterben wir, so sterben wir dem Herrn». Christus setzt dem Christen jene Grenze. Sie wird ihm also nicht von ungefähr gesetzt, nicht durch ein Schicksal, nicht durch einen unbekannten Gott. Sie ist ihm auch nicht einfach gesetzt mit der Grenze des Sterbens, das als Merkmal seiner Endlichkeit zu des Menschen Natur gehört. Es gehört zwar das natürliche Sterben auch zu dem Kreuz, das der Christ auf sich zu nehmen hat. Aber nicht gemäß dem Gesetz der Natur, die er mit allen anderen Menschen gemeinsam hat, wird ihm jene Grenze gesetzt, sondern in seiner besonderen Gemeinschaft mit Jesus Christus geschieht das, und also, weil Er der diese Gemeinschaft beherrschende König ist, gemäß seinem Gesetz, der der Herr auch über die Natur und über das Geschehen nach ihren Gesetzen ist. Er, Jesus Christus, hat ja wohl auch das Leiden und den Tod erlitten, wie es allen Menschen als solchen bestimmt ist und in irgend einer Form widerfährt. Er erlitt es aber im Gehorsam gegen seinen Vater, in Ausübung seines Amtes: um ihn und seine Liebe damit aufs höchste zu ehren, daß er das göttliche Verwerfungsurteil über alle Menschen auf sich genommen und damit der Verwirklichung der Erwählung aller Menschen freie Bahn gemacht hat. Er erlitt es in der Tat der Versöhnung der Welt mit Gott; als der Mann, in welchem Gott sich erniedrigte, damit der Mensch erhöht werde. Er erlitt es, daß ihm in Negation seines Lebens jene Grenze gesetzt wurde – und hat gerade damit die Scheidewand, die den Menschen von Gott trennt, niedergerissen, ist gerade, indem er sein Leben hingab und verlor, der lebendige, der wahre, der königliche Mensch gewesen, als der er dann in seiner Auferstehung offenbar wurde. Das ist das Gesetz seines Kreuzestodes. Ihm gemäß widerfährt es den Christen, daß auch ihnen ihre Grenze gesetzt, ihr Kreuz ihnen zu tragen gegeben wird. Von jedem anderen Gesetz göttlicher oder menschlicher oder dämonischer, innerer oder äußerer, geistiger oder natürlicher Art, sind sie dabei, obwohl und indem ihnen das in deren Herrschaftsbereich widerfährt, wunderbar frei, vielmehr: sie werden es, indem ihnen widerfährt, was ihnen da widerfährt. Sie haben dabei keine noch so übermächtige Gewalt zu fürchten, sondern nur den Herrn, von dem her ihnen solches widerfährt, weil er der Ihrige ist, sie die Seinigen sind. Und gerade ihn werden sie ja nicht – nur ihre eigene Untreue können sie ja fürchten, weil sein Gesetz, dem gemäß sie ihr Kreuz zu tragen bekommen, das Gesetz der von Gott der Welt zugewendeten, von ihnen erkannten Gnade ist – weil sie gerade daran, daß er ihnen ihr Kreuz zu tragen gibt, bemerken können, daß Gott ihnen dieses besondere Licht geschenkt hat, daß sie solcher besonderer Gemeinschaft mit Jesus Christus gewürdigt sind.

6. Die Würde des Kreuzes

Das sei, schreibt Calvin am Ende des angeführten Kapitels (III 8, 11) der Unterschied zwischen der philosophischen (stoischen) und der christlichen Geduld: daß diese von der Vorstellung der Notwendigkeit *(necessitas)* ganz unbelastet sei. Der Christ nimmt sein Kreuz nicht darum auf sich, er weicht Gott gegenüber nicht darum zurück, weil der Versuch, ihm, dem Übermächtigen, zu widerstehen, ja doch vergeblich sein müßte. Wer Gott nur darum gehorcht, weil er nicht anders kann, der denkt heimlich an Ungehorsam, ans Entrinnen und unterläßt dieses nur, weil er keine Möglichkeit dazu hat. Der Christ beugt sich in Erkenntnis der Gerechtigkeit und Weisheit der über seinem Leben waltenden göttlichen Vorsehung. Er gehorcht einem lebendigen, nicht einem toten Gebot. Er weiß, daß Widerstand, daß Ungeduld Unrecht wäre. Er versteht, daß es Gott, gerade indem er ihm sein Kreuz auferlegt, um sein Heil zu tun ist. Darum nimmt er es *grata placidaque anima*, ja, seiner natürlichen Bitterkeit ungeachtet und zuwider, in dankbarem und freudigem Lob Gottes entgegen. – So ist es, und man kann sich höchstens wundern, daß Calvin diese Abgrenzung nicht nochmals durch die Erkenntnis unterstrichen hat, mit der die Darlegung jenes Kapitels beginnt: daß es Gott in Jesus Christus ist, mit dem der Christ es zu tun hat, der ihm auch im Leiden begegnet, dem er darum seinerseits nur in jener freien, willigen und freudigen und nicht in jener unfreudigen Geduld des Stoikers mit seinem *«necesse est»* begegnen kann.

Die besondere Gemeinschaft des Christen mit Christus zieht die Teilnahme an seinem Kreuzesleiden nach sich. Indem die Christen ihr Kreuz auf sich nehmen und tragen, leiden sie gewiß nicht in dem unmittelbaren, originalen, reinen Gehorsam, den seinem Vater darzubringen dem Sohne Gottes, der auch der Menschensohn war, in aller Bitterkeit natürlich, selbstverständlich war. Ihr Gehorsam wird ja immer nur das Werk der ihnen geschenkten Freiheit sein, nachträglich, und unter so viel Befleckung durch allerlei Ungehorsam geleistet, daß er, wenn er nicht durch Gottes Barmherzigkeit mit dem Charakter des Gehorsams bekleidet würde, Gehorsam zu heißen gewiß nicht verdienen würde. Ihr Leiden ist ja gewiß auch nicht der kleinste Beitrag zur Versöhnung der Welt mit Gott. Es beruht vielmehr darauf, daß diese – nicht durch sie, sondern durch Gott selbst in Christus – vollkommen geschehen ist, einer Ergänzung durch ihr Leiden, durch allerlei weitere Golgathas durchaus nicht bedürftig ist. Sie, die Christen, sind inmitten aller anderen Menschen nur eben die, denen sie in ihrer Realität und Vollkommenheit nicht verborgen, sondern offenbar ist. Sie kommen gerade nur als ihre Zeugen in Frage. Was sie erleiden, ist denn auch nicht, was Jesus erlitt: das Gericht Gottes über den Menschen der Ungerechtigkeit, nicht die göttliche Verwerfung, ohne die des Menschen Erwählung nicht zu verwirklichen ist. Die hat Jesus für die ganze Welt und so auch für sie erlitten. Sie existieren nur eben – es ist genug daran – im Nachklang seines Urteils, im Schatten seines Gerichtes, in den Nachwehen der göttlichen Verwerfung. Sie bekommen in ihrem Kreuz nur eben nachträglich etwas von dem zu schmecken, was die Welt und in und mit der Welt auch sie von Gottes Seite verdient hätten, was Jesus an ihrer Stelle, als ihr Haupt, in seiner ganzen Schrecklichkeit erlitten hat. Es ist wahr – davon wird noch zu reden sein – Verwerfung von Seiten der Menschen haben auch sie zu erleiden: aber eben gerade nicht die Verwerfung durch Gott, als dessen Erwählte sie sich dabei vielmehr getröstet wissen dürfen. Sie werden sich übrigens auch nie wie Jesus von allen, sondern im schlimmsten Fall doch nur von vielen, vielleicht von den allermeisten Menschen verworfen finden. Und ganz unschuldig werden sie in dieser wie in anderer Hinsicht auch nie leiden: nie bloß unter und an der Verkehrtheit und Übeltat anderer Menschen, und auch nie bloß unter einfach unverdienten Fügungen und Schlägen des Schicksals und Weltlaufs, sondern es steht das Nachträgliche, das ihnen widerfährt, immer auch in einem vielleicht verborgenen aber bestimmten Zusammenhang mit ihrer eigenen Beteiligung an der Übertretung und Schuld, in die sich Alle gemeinsam fort und fort verwickeln. Und wo Jesus als der an unserer Stelle Verworfene und Leidende ganz allein war, da werden sie sich, auch wenn sie sich von noch so vielen Menschen verworfen finden, bestimmt daran halten dürfen, daß sie dabei – sie leiden ja als Glieder seiner Gemeinde – mindestens mit einigen Anderen zusammen leiden, und werden sie auch sonst mit dem Beistand und mit der Fürbitte, mindestens mit dem Gedenken vieler Anderer rechnen dürfen. Wo es sich endlich beim Leiden Jesu klar um sein Leiden zugunsten, zum Heil, zur Befreiung und Erhebung aller anderen Menschen handelt, da wird man vom Leiden eines Christen doch nur unter größtem Vorbehalt sagen können, daß es für Andere bedeutsam, fruchtbar ist, ihnen wirklich zugute kommt. Was das heißt, daß Einer sein Leben (Joh. 15, 13) hingibt für seine Freunde, das wird man doch in all den Beziehungen eines Leidenden zu Anderen, an die man da denken könnte, nur eben von ferne angedeutet finden können.

Kurz: die Aussage des Heidelberger Katechismus (Fr. 37) «daß er an Leib und Seele die ganze Zeit seines Lebens auf Erden, sonderlich aber am Ende desselben, den Zorn Gottes wider die Sünde des ganzen menschlichen Geschlechts getragen hat, auf daß er mit seinem Leiden als mit dem einigen Sühnopfer uns nach Leib und Seele von der ewigen Verdammnis erlöste und uns Gottes Gnade, Gerechtigkeit und ewiges Leben erwerbe» – ist auf keinen sein Kreuz tragenden Christen, auch nicht auf den größten Märtyrer anzuwenden. Für den Christen gilt, was dort Fr. 44 zu lesen ist: «daß ich in meinen höchsten Anfechtungen versichert sei, mein Herr Christus habe mich durch seine unaussprechliche Angst, Schmerzen und Schrecken, die er auch an seiner Seele am Kreuz und zuvor erlitten, von der höllischen Angst und Pein erlöst».

Es geht zwischen Christus und den Christen, zwischen seinem und ihrem Kreuz um Ähnlichkeit in großer Unähnlichkeit. Aber nun allerdings: um große, starke, offenkundige Ähnlichkeit. Im Blick auf sie ist eben von einer Würde ihres Kreuzes zu reden. Sie sind dadurch ausgezeichnet und geehrt, daß die Gemeinschaft mit Jesus, in die er selbst sie aufgenommen, sich endlich und zuletzt auch darin durchsetzt, daß ihr menschliches und damit doch auch ihr christliches Leben gezeichnet wird: so wie Bäume im Wald zum Fällen gezeichnet werden. Das Zeichen des Kreuzes ist das Zeichen auch der Vorläufigkeit gerade ihrer christlichen

Existenz. Das ist ja nicht Alles, von ferne nicht das Ganze, nicht das Eigentliche, was mit ihr gemeint ist: daß da diese Menschen sich mit ihrem bißchen Aufblicken auf Jesus als den Anfänger und Vollender ihres Glaubens, mit ihrem bißchen Gehorsam in seiner Nachfolge, in ihrem merkwürdigen, jeden Tag der Erneuerung bedürftigen Übergang vom Alten zum Neuen, vom Tode zum Leben, mit ihren von so viel Problematik umgebenen guten Werken unterwegs befinden. Wie ja auch das Leben, Reden und Tun Jesu auf seinem Weg vom Jordan nach Gethsemane ohne die dann in ganz neuer Wendung schrecklich hereinbrechende Vollendung in seiner Passion nicht Alles, nicht das Ganze, in dieser Gestalt noch nicht der Herr in seiner Eigentlichkeit war. Es geht ja im Leben der Christen erst recht – wohl um sie selbst, um den Vollzug ihrer Heiligung, aber (so gewiß die ja in Jesus ihren bewegenden Grund hat) um unendlich viel mehr als um sie selbst, nämlich um die Ehre, um das Wort und Werk des ewigen Gottes, gemessen an dem sie mit Allem, was bei ihnen wirklich werden mag, Staub und Asche sind und bleiben. Oder unter anderem Gesichtspunkt: wohl um sie als Gottes Zeugen, um ihre Existenz als Einzelne und als Gemeinde – eigentlich aber um die Erde, die Gottes ist, um die weite Welt in all ihrer Verblendung, Not und Bekümmerung, die Gott so geliebt hat, daß er seinen eingeborenen Sohn für sie dahingab. Was sind die kleinen Christen mit all dem Kleinen, das im Rahmen ihrer Existenz von dieses Gottes Sohn her Ereignis werden mag, gemessen an jenem umfassenden Plan und Willen Gottes? Und nochmals unter einem anderen Gesichtspunkt: Es geht wohl um diese kleinen Christen, aber um sie gerade nur sofern sie mit der ganzen großen Welt der Offenbarung der Herrlichkeit ihres Schöpfers und Herrn «wartend und eilend» (2. Petr. 3, 12) entgegensehen und entgegengehen dürfen. Was ist schon Alles, was sie jetzt und hier – auch auf ihrem Weg in der Gemeinschaft mit Jesus – sehen, erfahren, begreifen und bezeugen mögen, neben dieser seiner und der Welt von Gott her sich ankündigenden ewigen Zukunft? Ja, und was sind und haben sie schon, gemessen an der Glorie ihres vom Tod auferstandenen lebendigen Herrn, aus dessen Fülle sie jetzt und hier Gnade um Gnade empfangen, um ihm doch immer noch als Arme gegenüber zu stehen – in Gemeinschaft mit Gott durch ihn doch immer noch in Unwürdigkeit, seufzend um sich selber und seufzend um die Welt, die ihn noch nicht erkennt, seufzend nach dem eigentlichen Hellwerden dessen, was für die Welt und für sie selbst in Jenem geschehen ist? Das ist die dem Christen (gerade ihm!) gesetzte Grenze und des zum Zeichen bekommt er – nicht in Gleichheit, aber in Ähnlichkeit mit dem Kreuz Jesu – sein Kreuz zu tragen. Sein Kreuz zeigt auf das Ganze, das Eigentliche, dessen er als der in Jesus Christus Geheiligte wartet und dem er entgegeneilt: auf Gott selbst, auf seinen Willen mit der Welt, auf die künftige Offenbarung seiner Herrlichkeit, auf die Glorie, in der sein

Herr jetzt schon lebt und regiert. Indem er sein Kreuz zu tragen bekommt, findet er sich verhindert, dieses Ganze und Eigentliche zu vergessen und ermuntert, sich seiner zu trösten, sich nach ihm auszustrecken. Sein Kreuz durchkreuzt ihm gerade sein Christenleben. Er wird, daß ihm das widerfahre, nicht wünschen, nicht wollen, nicht herbeizuführen versuchen. Es wird ihm aber ungefragt und ungesucht widerfahren. Indem er zu Jesus gehört, kann es nicht anders sein, als daß ihm das widerfährt. Seine Heiligung vollendet sich gerade in diesem Widerfahrnis.

Hier hat Calvin (III 8,1) in diesem Zusammenhang sein Bestes gegeben. Es geht auch ihm bei dem, was von des Christen Kreuz zu denken und zu sagen ist, nicht um die Verarbeitung eines störenden Paradoxes, sondern um ein *altius conscendere:* um die Erkenntnis des Punktes, wo des Menschen Heiligung von ihrer Wurzel in dem einen Heiligen her über sich selbst hinausweist. *Quoscunque Dominus cooptavit ac suorum consortio dignatus est, ii se ad duram, laboriosam, inquietam plurimisque ac variis malorum generibus refertam vitam praeparare debent.* Hat es doch der himmlische Vater seinem eingeborenen, vor allen anderen geliebten Sohn, an dem er (Matth. 3,17; 17,5) sein Wohlgefallen hatte, nicht leicht, sondern, solange er auf Erden weilte, hart und schwer gemacht. Muß man doch – das dürfte wohl die Calvinstelle sein, auf die sich der Heidelberger in Frage 37 bezogen hat – sagen: *totam eius vitam nihil aliud fuisse quam perpetuae crucis speciem.* Mußte doch auch er (Hebr.5,8), indem er litt, lernen, was Gehorsam ist. Mit Ihm anhebend, verfährt der Vater mit allen seinen Kindern nach dieser Ordnung. Von ihr können wir uns, nachdem Christus sich ihr um unseretwillen unterworfen hat, als solche, die (Röm.8,29) bestimmt sind, ihm gleichgestaltet zu werden, nicht emanzipieren. Sie wirkt sich aber aus in den *res durae et asperae,* welche wir, indem wir sie zu erfahren bekommen, für widrig und böse halten. (Die das auch wirklich sind! hat Calvin III 8, 8 gegenüber der stoischen Lehre betont: Armut ist hart, Krankheit ist eine Pein, Schande ist stechend, Sterben ist schrecklich!) Es geht aber in dem Allem darum: *Christi passionibus communicare,* um, wie er und mit ihm (Act.14,22), «durch viele Trübsale in das Reich Gottes einzugehen». Also: je stärker die uns treffende Bedrängnis, umso stärker auch die Bestätigung unserer *societas cum Christo.*

Von den einschlägigen neutestamentlichen Stellen seien nur zwei angeführt: Phil.3,10 (auch von Calvin zitiert): Was heißt für Paulus Erkenntnis Christi und der Kraft seiner Auferstehung? Antwort: Erkenntnis der κοινωνία τῶν παθημάτων αὐτοῦ, in der er sich als Apostel befindet! Was heißt der Auferstehung der Toten entgegengehen? Antwort: ein seinem Tode Gleichgestalteter sein (ein συμμορφιζόμενος τῷ θανάτῳ αὐτοῦ)! Dazu 1.Petr.4,12: «Geliebte, ihr sollt euch in der Feuersglut, die euch jetzt zur Versuchung wird, nicht als Fremde fühlen (ξενίζεσθε), sondern freuet euch, daß ihr in ihr an den Leiden Christi teilnehmt, damit ihr auch bei der Offenbarung seiner Herrlichkeit Freude haben und frohlocken möget!»

Gerade von da aus darf und muß nun gewiß Einiges auch darüber angedeutet werden, daß und inwiefern es sich bei dem dem Christen auferlegten Kreuz tatsächlich um die Vollendung seiner Heiligung handelt. Ganz durchschlagend ist hier freilich nur das Umfassende jenes Ausgangspunktes: wie das Kreuz von Jesus herkommt, zu dem der Christ gehört, so ist es in allen seinen Gestalten ein einziger Weckruf mit der Aufforderung, zu ihm aufzublicken und eben damit, wie wir früher hörten, sich selbst wieder und wieder aufzurichten. Alles konkretere Bedenken kann, wenn es nicht den Charakter eines fragwürdigen Moralisierens haben soll, nur in diesem Kontext gewagt werden.

Wir sagen also mit diesem Rückverweis und Vorbehalt (1), daß es dem Christen nötig, gut und zur Heiligung dienlich ist, durch das von ihm zu tragende Kreuz, in der keinem Menschen und so auch ihm durchaus nicht selbstverständlichen Demut erhalten, bzw. in diese zurückgerufen zu werden. Er könnte, wenn ihm diese Grenze nicht gesetzt und auch handgreiflich vor Augen gestellt würde, den Kopf allzu leicht, statt in der Zuversicht auf Gott, in der Zuversicht auf seine Christlichkeit hoch tragen wollen, in dem Gewaltigen, daß er ein Christ sein darf, selber der in seinen Gefühlen, Gedanken und Taten Gewaltige sein wollen: um damit nicht weniger als Alles aufs Spiel zu setzen! Sein Kreuz, nimmt er es wirklich auf sich, wird ihn daran verhindern. Es wird ihn (und wenn es nur in einem ordentlichen Zahnweh bestünde) an die Bedingtheit auch seiner christlichen Existenz, an seine Gebrechlichkeit, ja Winzigkeit erinnern, es wird ihm abraten, sich selbst, auch seine eigene Geistlichkeit, auch seinen eigenen Glauben und dessen praktische Verrichtungen allzu unkritisch und allzu humorlos ernst zu nehmen. Es wird ihn dazu aufrufen, sein Heil, die Ehre Gottes und die Macht seines eigenen Dienstes, immer aufs neue dort, *extra se*, zu suchen und zu finden, von woher sie zu ihm kommen und wo sie allein unerschütterlich begründet sind, sich also schleunigst wieder in die Reihe zu stellen, in die er gehört, in die Reihe mit allen anderen Christen nicht nur, sondern durchaus auch mit den Weltkindern. Das Kreuz bricht über die Christen herein, um auch die höchsten Offiziere dazu zu erziehen, jeden Morgen als gemeine Soldaten von vorne anzufangen.

Wir sagen (2), daß dem Christen auch das zur Heiligung dient, sich die ihm mit seinem Kreuz in irgendeinem, vielleicht verborgenen, aber realen Sinn zukommende Strafe gefallen zu lassen. Die große Strafe hat Jesus für ihn und für die ganze Welt erlitten. Es kann aber nicht anders sein, als daß dem, der zu Jesus gehört, in seinem Nachgang allerlei kleinere Strafe zu ertragen übrig gelassen ist, und daß er Grund genug finden wird, diese als gerecht zu erkennen und anzunehmen. Das Schwert – nämlich das Schwert des Zornes Gottes – wird, was ihn trifft, bestimmt nicht sein, wohl aber die Rute seiner väterlichen Liebe. Und der Christ müßte erst gefunden werden, der sie nicht verdient hätte, der in dem, was ihm widerfährt, nur das Werk fremder Bosheit oder kosmischen Schicksals und nicht auch eine Antwort auf seine eigene Verkehrtheit zu erblicken hätte. Die mag ihm dann in dem, was ihm widerfährt, direkt oder indirekt vor Augen geführt werden. Und diese Entdeckung mag und wird ihn dann an die große Strafe erinnern, die ihm erspart bleibt. Wieder von da aus mag und wird dann seine Dankbarkeit neu werden und seine Umkehrbewegung – wer weiß, wie nötig sie das hat! – neuen Ernst und neuen Schwung bekommen.

Wir sagen (3), daß das Kreuz dem Christen, der es wirklich auf sich nimmt und trägt, eine mächtige Disziplinierung und damit Bestärkung seines Glaubens, seines Gehorsams, seiner Liebe verschafft und einträgt. Es ist ja so eine Sache mit dem Getriebensein des Christen durch den Heiligen Geist. Übersetzt sich dieses in das Treiben seines eigenen Geistes, so widerfährt es auch dem noch so ernstlich in der Heiligung sich bewegenden Menschen allzu leicht, daß er in ein nur vermeintlich geistliches Schweifen, Zigeunern, Marodieren oder gar Räubern – aber vielleicht auch (in höherer oder auch niederer Form) in irgend ein frommes Faulenzen gerät. Ohne daß er selbst es bemerkt! Andere Leute aber – und besonders die scharfen Augen der Weltkinder – bemerken es, bekommen Grund, die Köpfe zu schütteln, zu lächeln oder sich zu ärgern, sein Christentum unglaubwürdig zu finden. Wenn das Kreuz kommt, bekommt er Gelegenheit, wird er eigentlich darauf gestossen, es auch selbst zu bemerken. Das Kreuz wird ihn nämlich, indem es ihm seine Grenze setzt und zeigt, ganz schlicht vor sich selbst erschrecken lassen. Es wird ihm dringend nahe legen, sich auf das Eine, Notwendige zu besinnen, sich zu sammeln, zu konzentrieren, zusammenzunehmen. Es wird ihm so oder so ein Ultimatum stellen, weil es ja wirklich das Letzte ist, was sich da in seinem Leben, Denken und Gewissen anmeldet. Wenn das Kreuz kommt, wird es ernst, wird des Menschen eigener Geist zurechtgewiesen vom Heiligen Geist, wie er es sich vorher – vermeintlich des Heiligen Geistes voll – durchaus nicht gefallen lassen wollte. Er wird dann in Zucht genommen. Und wie sollte ihm das nicht zur Heiligung dienen, seinem Glauben, seinem Gehorsam, seiner Liebe nicht zugute kommen? Wie sollte er aus solcher Krisis – er wird sie aber sicher mehr als einmal und nicht nur in einer Gestalt nötig haben! – nicht jedesmal stärker hervorgehen, als er hineingegangen ist?

Und wir sagen (4) – aber nun wirklich mit besonderer Vorsicht und Bescheidenheit – auch dies, daß es für den Christen gerade im Tragen seines Kreuzes zu ganz besonderen Bewährungen kommen darf, sagen wir einmal: zu ganz besonders guten, Gott ganz besonders wohlgefälligen und Gott wiederum ganz besonders lobenden Werken seines Glaubens und seiner Liebe. Die römische Kirche hat in ihrer Legende und Lehre von den Heiligen darin sicher recht, daß sie sie alle als große Leidende verstanden und dargestellt hat. Was wir als Christen in guten Tagen, in ruhiger, ja günstiger Situation, von außen und innen nicht oder nicht ernsthaft angefochten, sind, haben, denken, tun und treiben, das unterliegt doch bei aller Aufrichtigkeit und allem Ernst, dessen wir uns dabei bewußt sein mögen, der besorglichen Frage: ob und inwiefern es wohl auch geprüft, erhärtet, gediegen, haltbar sein möchte? Nicht jede über den

6. Die Würde des Kreuzes

Menschen – auch über den Christen – kommende Bedrängnis und Not, und wäre es die schrecklichste, hat an sich und als solche die Macht, ihm solche Bewährung zu verschaffen, ihn zum Täter geprüften Werkes zu machen. Daß es in dieser Hinsicht versäumte Gelegenheiten gibt, ändert aber nichts daran: sein Kreuz ist dem Christen die Gelegenheit – und wenn er es auf sich nimmt und trägt, bestimmt nicht nur Gelegenheit, sondern Macht zur Bewährung und also zur Klärung und Vertiefung seiner christlichen Existenz, zur Intensivierung seines christlichen Werkes. In seinen eigenen Kräften reduziert und mehr als eines der von ihm zuvor kaum geschätzten äußeren Hilfsmittel beraubt, so in die Enge getrieben, an die Wand gedrückt, auf schwankenden, vielleicht zusammenbrechenden Boden geführt und damit in ganz neuer Intensität auf Gott geworfen, auf die ihm aus dem Bunde mit ihm zuströmende Stärke angewiesen, wird, wer sein Kreuz zu tragen bekommt und auf sich nimmt, mit von ihrem Grund aus erneuerter Willigkeit und Energie Hand ans Werk legen, wird er – vielleicht nicht Besseres, nicht Größeres – aber eben Geprüfteres, Gereinigteres, Substantielleres leisten als zuvor, da ihm seine Grenze noch nicht gesetzt oder eben noch nicht fühlbar und eindrücklich war – ja, und vielleicht dann eben doch auch Besseres und Größeres! Das ist sicher, daß das eigentlich so zu nennende gute Werk des Christen seinen Charakter als solches endlich und zuletzt in jener 1. Petr. 4, 12 erwähnten «Feuersglut» bekommt.

Aber nun haben wir bis jetzt die Frage nur beiläufig berührt: Was denn unter dem dem Christen zum Tragen gegebenen Kreuz konkret zu verstehen sein möchte? Versuchen wir es noch, uns in dieser Hinsicht, wenigstens auf die großen Linien blickend, zu orientieren.

Im Neuen Testament steht ein Aspekt des Kreuzes schlechterdings beherrschend im Vordergrund – und es bedeutet eine ernste Frage an so viel späteres und so auch an unser heutiges Christentum: ob es wohl mit rechten Dingen zugeht, wenn gerade dieser Aspekt seine Aktualität weithin verloren, erst in der letzten Vergangenheit da und dort wenigstens vereinzelt wiedergewonnen hat? Kreuz heißt im Neuen Testament jedenfalls in der Hauptsache: Verfolgung – Verfolgung der Christen von Seiten der Welt, d. h. von Seiten der Juden und Heiden, in deren Mitte die Christen – «wie Schafe mitten unter die Wölfe» (Matth. 10, 16) – gesendet sind. Christliche Existenz, christliches Bekenntnis und Leben war in der neutestamentlichen Zeit und in den darauf folgenden ersten Jahrhunderten ein – nicht ununterbrochen, aber latent doch dauernd – mit Repressalien bis hin zur physischen Auslöschung bedrohtes Unternehmen. Das Kreuz, auf das das Neue Testament zeigt, ist nachher und bis heute in dieser eindeutigen Form rar, in der Regel zur Ausnahme geworden. Wir können darum auch an dieser Stelle nur in großer Zurückhaltung, im Blick auf gewiße Analogien jenes Phänomens weiter reden. Daran hat sich allerdings nichts geändert, daß ein Christ inmitten seiner – auch seiner angeblich, vielleicht übrigens auch sehr bewußt und eifrig christlichen – Umgebung immer ein seltsamer und bedrohter Vogel sein wird. Der Weg der Christen kann nun einmal, wie solidarisch sie sich mit ihr wissen und verhalten mögen, nicht der der Welt – und wohl am allerwenigsten der einer vermeintlich christianisierten Welt – sein. Sie werden von der sie bewegenden Stelle her im Großen und im Kleinen ihren eigenen Weg gehen müssen und darum in dem, was sie denken, sagen und vertreten – hier bemerklich, dort weniger bemerklich, aber im Grunde immer – Fremdlinge sein, an denen man unter den verschiedensten Gesichtspunkten Anstoß zu nehmen viel und vielleicht schwersten Anlaß haben wird. Sie werden den Einen als allzu asketisch erscheinen und den Anderen als allzu unbesorgte Lebensbejaher – hier als Individualisten und dort als Kollektivisten, hier als Autoritätsgläubige und dort als Freigeister, hier als Optimisten und dort als Pessimisten, hier als Bourgeois und dort als Anarchisten. Sie werden selten bei der in ihrer Umgebung herrschenden Mehrheit zu finden sein. Sie werden jedenfalls nie mit dem Strom schwimmen. Sie werden bei allem Offiziellen und Offiziösen im besten Fall beiläufig und in Verkleidung dabei sein können. Die großen Selbstverständlichkeiten werden für sie eben nie – auch dann und gerade dann nicht, wenn sie in christlicher Aufmachung auftreten – absolute Geltung haben. Gewiß dann auch nie deren absolute Negation, so daß sie auch auf den Beifall der jeweiligen Revolutionäre schwerlich werden rechnen dürfen. Und sie werden ihre Freiheit – wir haben, als von der Nachfolge Jesu die Rede war, darauf hingewiesen – nicht nur in freien Gedanken im Verborgenen pflegen, sondern in freier Tat und Verhaltungsweise an den Tag legen, in der sie es den Leuten nie recht machen werden. Und das werden sich die Leute nicht gefallen lassen. Es braucht dann vielleicht nicht einmal das explizite christliche Bekenntnis, obwohl dieses den Anstoß, den sie geben, gelegentlich noch verstärken kann. Aber darüber könnte sich die Welt, wenigstens heute, im Zeitalter der doktrinellen Toleranz, allenfalls auch hinwegsetzen. Gerade für die freie Entscheidung und Tat des Christen wird sie dafür umso weniger Toleranz aufbringen. Auf sie werden die Leute vielmehr sauer und bitter reagieren; mit Mißtrauen und Ablehnung, mit stiller Verdächtigung und Verachtung und auch wohl mit offenem Zorn. Sie werden die Störenfriede leise oder laut in Anklagezustand und ins Unrecht zu versetzen wissen. Sie werden dann auch wohl ihre Maßnahmen gegen sie ergreifen, sie möglichst einzuschüchtern, mundtot oder sonstwie unschädlich zu machen versuchen. Sie können dabei unter Umständen auch noch weiter gehen und Dinge unternehmen, die den Christen an die Situation von Matth. 10, 16–39, auch wenn es soweit nicht kommt, mindestens in einiger Distanz heranführen

6. Die Würde des Kreuzes

mögen. Es braucht ja auch nicht so weit zu kommen, um ihn mit dem Kreuz der Verwerfung auszuzeichnen. Wie sollte ihn das nicht betrüben und kränken, verwirren und anfechten, in seiner Umgebung immer wieder so einsam, umstritten und bestritten zu sein? Er würde den Leuten auch lieber gefallen als mißfallen. Ein bißchen Ehre wäre ihm als Antwort auf eine Haltung, die für ihn so klar, einfach und notwendig ist, auch lieber als Schande. Und nun muß es leichtere oder schwerere Schande sein; nun kann er es nicht unterlassen, einen Weg zu gehen, an dessen Ende er die Vielen, die Meisten gegen sich hat, sich gewissermaßen ins Leere gestoßen findet. Das bedeutet, auch wenn er es nicht gleich mit Nero oder Diokletian zu tun bekommt, ein hartes Aufgehaltensein durch eine ihm sehr greifbar und wirksam gesetzte Grenze seiner Lebensbewegung. Ist es – wenn man die Schande bedenkt, in der Jesus, nicht nur von Gott, sondern auch von den Menschen verworfen, gestorben ist – nicht verwunderlich, daß, soweit man sieht, verhältnismäßig so wenig Christen gerade dieses Kreuz zu tragen bekommen? Oder sollte es allzu vielen gelungen sein, ihm auszuweichen, indem sie den eigentümlich christlichen Weg, auf dem sie von ihrer Begrenzung gerade in dieser Form längst bedroht und betroffen sein müßten, noch gar nicht angetreten haben?

Es ist aber immerhin nicht bei allen in Frage kommenden neutestamentlichen Stellen ausgemacht, daß sich, was sie von den «Leiden dieser Zeit» sagen, ausschließlich auf die Verfolgung bezieht. Es dürfte vielmehr bes. Röm. 8,19f. die Auffassung durchschimmern, nach der des Christen Kreuz auch in seinem besonderen Anteil an der Zwiespältigkeit, Vergänglichkeit, Peinlichkeit und Dunkelheit besteht, von der in irgendeiner Gestalt auch jeder andere Mensch als solcher gehemmt, gestört und schließlich auf den Tod hin orientiert ist, in der sich der Mensch auch in einem schmerzlichen Zusammenhang mit der Kreatur als solcher und in ihrer Gesamtheit zu befinden scheint. Das alte evangelische Kirchenlied hat das vom Christen zu tragende Kreuz – in einer gewissen Entfernung vom Neuen Testament, aber sehr eindrücklich – vor allem in diesem Lichte dargestellt. Wenn es in seiner Weise auch recht hat, dann ist bei dem dem Christen auferlegten Kreuz jedenfalls auch an die plötzlich oder allmählich, vorübergehend oder dauernd, aber schließlich in endgültiger Gewalt über ihn kommende Hinfälligkeit seines kreatürlichen Wesens und Daseins zu denken: an Unfall und Gebrechen, Krankheit und Altwerden, an das Verlieren und Entbehren liebster Mitmenschen, an die Brüchigkeit, vielleicht Widrigkeit wichtigster menschlicher Relationen und Kommunikationen, an die Sorge um das tägliche Brot oder was man dafür hält, an die gewollten oder ungewollten Erniedrigungen und Beleidigungen, die sich Einer von seiner nächsten Umgebung her gefallen lassen muß, an den Mangel an freier Entfaltung, an dem der Andere vielleicht sein Leben lang krankt, an die Minderwertigkeit, in der ein

Dritter bestimmten Aufgaben vielleicht tatsächlich gegenüber stehen mag, an die Teilnahme an den allgemeinen geschichtlichen Adversitäten des Saeculums, der sich jeweils Keiner ganz entziehen kann – und schließlich schlicht an das auf uns Alle wartende Sterben selbst und als solches. Ist Jesus jedenfalls auch leidende Kreatur schlechthin – und gerade so ihr Herr! – gewesen, dann wird es doch wohl nicht nur erlaubt, sondern geboten sein, auch alles dieses, in dem Gesagten gerade nur angedeutete menschliche Leiden als ein Leiden mit ihm, in seiner Gemeinschaft, und also den Einbruch solchen Leidens in das Leben des Christen als das Zeichen dieser Gemeinschaft und also als das Sichtbarwerden der höchsten Würde des Christen zu verstehen.

Und nun darf, ja muß man hier doch wohl auch an das Leiden denken, das sich auch ohne Verfolgung, auch abgesehen von aller besonderen Anteilnahme an der Qual alles menschlichen Daseins als solchem, vielleicht aber auch in Verbindung mit Beidem, in großer Furchtbarkeit von daher erhebt, daß auch der Christ – dem zuwider, was er schon ist – noch unter dem Gesetz der Sünde steht, noch mit der Last seines Fleisches sich zu schleppen hat und von daher anfechtbar und latent wohl immer, manchmal aber auch akut – kein Alter und keine Reife, kein noch so ernstlich getanes christliches Lebenswerk schützt ihn davor – angefochten ist. Angefochten schlicht in seinem Glauben, in seiner Liebe, in seiner Hoffnung und also im Vollzug seiner in Jesu Versöhnungstod doch vollkommen wiederhergestellten Beziehung zu Gott! Anfechtung in Form von intellektuellen, theoretischen Zweifeln ist die relativ harmloseste Gestalt dieses Kreuzes. Es geht dabei allerdings um die Wahrheitsfrage. Aber die läßt sich, sofern sie sich je und dann auch theoretisch stellen mag, bei ordentlicher Anleitung mit rechtem Studium und Nachdenken beantworten – um dann plötzlich oder allmählich in ganz neuem Charakter doch wieder aufzustehen als die Frage: ob denn das Wahre – das theoretisch als wahr Erkannte oder doch zu Erkennende – dem Christen auch geltende, kräftige, erleuchtende, hilfreiche Wahrheit, Lebenswahrheit sein möchte? Es geht um den praktischen Zweifel, von dem sich gerade der wirkliche Christ oft überfallen und vielleicht auch beständig belagert findet wie durch ein übermächtiges Feindesheer: ob er (indem er das christliche Credo bejaht und mitspricht) an der Gegenwart und Aktion des Vaters, des Sohnes und des Heiligen Geistes für seine Person nicht im Grunde doch verzagen müsse? Ob er seine Gnade denn wirklich erfahren habe, kenne, in und von ihr leben dürfte? ob sie ihm denn wirklich zugewendet sein möchte? wie es denn damit sei, daß er an dem innersten Ort, wo er als Christ, wenn nicht reich, so doch mit Wenigem zufrieden sein müßte, so leer und trocken dran ist, hilflos in dem Unternehmen, die wohlbekannte Hilfe zu ergreifen und nutzbar zu machen, unfähig zu einem des Angebeteten würdigen und seiner Erhörung gewissen Gebet? ob er vor Gott irgend etwas Anderes als ein Narr, ein nun wirklich unnützer Knecht sei und das auch bleiben werde? ob Gott sein Angesicht – wenn es ihm je geleuchtet haben sollte – nicht längst wieder von ihm abgewendet haben möchte? ob er also nicht besser täte, irgend etwas Anderes als gerade ein Christ sein zu wollen? Es gibt diesen Zweifel, dieses Verzweifeln gerade an der wohl erkannten und sogar von Herzen bekannten Wahrheit! Gott weiß es: wir bewegen uns, ob wir es wissen oder nicht, alle am Rande dieser Verzweiflung. Man hüte sich, etwa gerade diese Not dialektisch umzudeuten und wohl gar zu glorifizieren! Wer sie einmal gekannt hat, wird das nicht wieder tun. Sie ist die schärfste Gestalt, in der dem Christen seine Grenze gesetzt wird. Sie ist die bitterste Form des Kreuzes. Es ist gerade in dieser Form entsetzenerregend auch den – menschlich geredet – größten Christen auferlegt worden. Und Jesus selbst hat sein Kreuz nach Mr. 15, 34 zuletzt und zuhöchst gerade in dieser Form erlitten; Er, der eingeborene Sohn des Vaters in der Frage: Warum hast du mich verlassen? Das ist tröstlich. Was sind schon unsere Zweifel und Verzweiflungen, die schleichenden und die akuten, neben seiner *derelictio:* auch sie und gerade sie an unserer Stelle erlitten? Das heißt aber auch, daß wir in der Gemeinschaft mit ihm ernstlich damit zu rechnen haben, daß auch unser Kreuz diesen Charakter bekommen und vielleicht nie ganz verlieren möchte. Es ist gerade in diesem Charakter in kein intellektuelles Spiel einzubeziehen, sondern gerade in diesem Charakter – es wäre denn, wir wollten uns unserer Heiligung im entscheidenden Punkt entziehen, zu erleiden, durchzustehen: nur eben nicht verlassen von dem, der dort die Frage nach seinem, nach unser aller Verlassensein von Gott gestellt – und beantwortet hat. Wir befinden uns gerade dann in tiefster Gemeinschaft mit ihm.

Zwei Bemerkungen zum Schluß:

Zum Ersten: Wir hatten immer wieder zu betonen: Wer weiß, was das Kreuz ist, der wird es sich nicht wünschen, wird nicht darauf aus sein, es zu erleiden. Selbstgesuchtes Leiden hat mit der Teilnahme an der Passion Jesu Christi und also mit des Menschen Heiligung bestimmt nichts zu tun. Das in der Nachfolge Jesu zu tragende Kreuz kommt: ohne des Christen Wünschen und Zutun. Daß es für ihn nicht komme, hat Niemand zu besorgen! Zu besorgen ist dann nur, daß man ihm nicht ausweiche, sich nicht trotzig oder schlau weigere, es aufzunehmen, daß man es nicht, kaum hat man es halbwegs aufgenommen, hastig wieder von sich werfe. Zu besorgen ist nur, daß man dann zwar bestimmt trotzdem so oder so wird leiden müssen, aber dann wie ein Gottloser, dann ohne den Trost und die Verheißung des Leidens mit Jesus. Daß das nicht geschehe, daß der Heilige Geist den Christen frei mache, sich das ihm bestimmte Kreuz gefallen zu lassen und also zu tragen, d.h. es sich zu eigen zu machen, darum wird er – und das nicht erst, wenn es in großer Widerwärtigkeit kommt, sondern schon vorher, schon in seinen guten Tagen – zu beten haben.

Zum Anderen: die *tolerantia crucis* ist nicht Selbstzweck und die nötige Anweisung dazu ist wie alle Anweisung zur Heiligung kein letztes, sondern ein vorletztes Wort. Vorläufig – bezeichnend für die Vorläufigkeit der christlichen Existenz und aller Heiligung ist auch die Würde des Kreuzes. Die Krone des Lebens ist mehr als sie. Es gehört zum Wesen des vom Christen zu tragenden Kreuzes, daß es ein Ziel und also auch ein Ende und also seine Zeit hat. Es bedeutet Grenzsetzung und darum tut es weh. Aber diese Grenzsetzung selbst ist nicht unbegrenzt. In der Teilnahme am Leiden Jesu ertragen, wird sie genau dort aufgehoben, wo das Leiden Jesu in der Kraft seiner Auferstehung und wo mit dem seinigen auch unser Leiden hinweist. Nicht unser Kreuz, sondern das, nachdem wir es getragen, durch den Kreuzestod Jesu eröffnete künftige Leben ist ewig. Apoc. 21, 4 wird dort Gegenwart geworden sein: «Er wird alle Tränen abwischen von ihren Augen und der Tod wird nicht mehr sein und kein Leid noch Geschrei noch Schmerz wird mehr sein. Denn das Erste ist vergangen». P. Gerhardt hat es darum richtig gesagt: «Christenkreuz hat seine Maße / Und wird endlich stille steh'n. / Wenn der Winter ausgeschneiet, / Tritt der schöne Sommer ein; / Also wird auch nach der Pein, / Wer's erwarten kann, erfreuet». Und an der Vorfreude wird es ja auch in der Zwischenzeit dieses Erwartens – in der Zeit der Heiligung und so auch des Kreuzes – nicht fehlen können.

§ 67

DER HEILIGE GEIST UND DIE ERBAUUNG DER CHRISTLICHEN GEMEINDE

Der Heilige Geist ist die belebende Macht, in der Jesus, der Herr, die Christenheit in der Welt auferbaut als seinen Leib, d. h. als seine eigene irdisch-geschichtliche Existenzform, sie wachsen läßt, erhält und ordnet als die Gemeinschaft seiner Heiligen und so tauglich macht zur vorläufigen Darstellung der in ihm geschehenen Heiligung der ganzen Menschenwelt.

1. DIE WIRKLICHE KIRCHE

Die Erbauung der christlichen Gemeinde und nachher die christliche Liebe sind die Themata, die wir nun im Abschluß des zweiten Teiles der Versöhnungslehre noch vor uns haben. Mit dem Gotteswerk der Heiligung als einer besonderen Gestalt der Versöhnung der Welt mit Gott, die in Jesus Christus Ereignis war, ist und sein wird, haben wir es auch in diesen Bereichen zu tun. Es kann der Unterschied unserem bisherigen Weg gegenüber nur darin bestehen, daß wir jetzt im Besonderen auf das blicken, was in diesem Gotteswerk gewirkt und also wirklich wird. Die mächtig belebende Weisung des Auferstandenen, des lebendigen Herrn Jesus und also der Heilige Geist, den wir als das Prinzip der Heiligung zu verstehen hatten, wirkt die Erbauung der christlichen Gemeinde und in und mit ihr das Ereigniswerden der christlichen Liebe, wirkt also die Existenz der Christenheit und in und mit ihr die Existenz der einzelnen Christen.

Es scheint, als könnte (vielleicht müßte) man es umgekehrt sagen: der Heilige Geist wirkt das Ereigniswerden der christlichen Liebe und also die Existenz der einzelnen Christen – und in und mit ihr die Erbauung der christlichen Gemeinde und also die Existenz der Christenheit. Es scheint aber nur so. Wenn es nämlich wahr ist, daß die christliche Liebe (zusammen mit dem christlichen Glauben und der christlichen Hoffnung) das ist, was einen einzelnen Menschen zum Christen macht, so ist doch zu bedenken, daß eben der einzelne Mensch nicht im leeren Raum, sondern in einem bestimmten geschichtlichen Zusammenhang, nämlich in und mit der Erbauung der christlichen Gemeinde zum Christen wird und als solcher lebt: von der Existenz der Gemeinde her und in ihrem Sinn, in seiner besonderen Beteiligung an ihrer Erbauung, in Betätigung ihres Glaubens, ihrer Liebe und ihrer Hoffnung. Calvin hat darum schon recht gehabt, wenn er (*Instit.* IV 1,1) das schon von Cyprian und Augustin gebrauchte Bild von der Kirche als der «Mutter» aller Glaubenden aufgenommen hat: *quando non alius est in vitam ingressus nisi nos ipsa concipiat in utero, nisi pariat, nisi nos alat suis uberibus, denique sub custodia et gubernatione sua nos tueatur* (1, 4). Hat er die Tragweite des in diesem Bild ausgesprochenen Satzes erkannt? Warum kommt dann die Kirche bei ihm doch erst im vierten Buch, als eines, das vornehmste der *externa media vel adminicula* zur Sprache, durch die Gott uns in die Gemeinschaft Christi einlade und in ihr festhalte?

E. Brunner (Das Mißverständnis der Kirche 1951, S. 11) dürfte recht haben mit der Vermutung, die Vorstellung von der Gemeinde als von einem einem anderen Zweck, nämlich dem Heil der einzelnen Christen bloß dienenden «äußeren Mittel» würde keinem Apostel in den Sinn gekommen sein. Gewiß: was sollte hier ausschließlich Zweck und nicht auch Mittel sein? Die Existenz jener «Mutter» und also der Gemeinde ist auch Mittel, aber so auch die ihrer «Kinder», der einzelnen Christen! Dann, und das kommt in jener Bildrede nicht zum Ausdruck, ist aber auch wahr: eben die Gemeinde existiert doch nur im gemeinsamen Sein, Leben und Tun, im Glauben, in der Liebe und in der Hoffnung ihrer Glieder und also der einzelnen Christen. Wiederum: Was sollte hier ausschließlich Mittel und nicht auch Zweck sein? Zweck ist gewiß auch die Existenz der einzelnen Christen, aber so nun doch auch die der Gemeinde. Denn eben in der Gemeinde, lebend von der ihr zugewendeten besonderen Gnade und für den ihr zugewiesenen besonderen Dienst, existieren ja die einzelnen Christen. Zweck und Mittel sind offenbar beide. Und wenn die Heiligung der einzelnen Christen nicht nur «äußerlich» zum Vollzug der Versöhnung gehört, dann auch nicht die Auferbauung der Gemeinde. Sondern innerlich notwendig geschieht in und mit der einen auch die andere. Weil man aber den einzelnen Christen nicht sehen und verstehen kann, es sei denn an dem Ort, wo er ist, der er ist, und weil dieser Ort die Gemeinde ist, darum muß zunächst diese als solche ins Auge gefaßt werden: nicht ohne dessen gewahr zu bleiben, daß es sich in ihr auf der ganzen Linie um die vielen, in ihr versammelten einzelnen Christen handelt.

Wir hörten am Anfang des vorangehenden Paragraphen: Mit einem (freilich aus lauter Einzelnen bestehenden) Volk von Menschen hat Gott es im Werk der Heiligung zu tun: entsprechend dem, daß es in ihm, wie in dem Werk der Versöhnung überhaupt, ursprünglich und letztlich auf die ganze Menschenwelt als solche abgesehen ist. Wie Jesus Christus der Versöhner aller Menschen und so (in seiner Gemeinschaft mit ihnen allen) der Versöhner jedes einzelnen Menschen ist, so ist er als Haupt seiner Gemeinde der Herr ihrer vielen Glieder und so (in seiner besonderen Gemeinschaft mit diesen Vielen, mit diesem besonderen Menschenvolk) der Herr jedes Einzelnen von dessen Angehörigen. Wir werden die Frage nach dem, was den einzelnen Menschen als solchen zum Christen macht, nachher aufzuwerfen und also von der christlichen Liebe zu reden haben. Wir haben aber zunächst den Kontext zu lesen und zu verstehen, in den diese Frage und ihre Beantwortung gehört, und also zunächst darauf zu achten, daß, was im Werk des Heiligen Geistes wirklich wird, die Erbauung der Gemeinde ist.

Daß wir jetzt im besonderen auf das im Werk der Heiligung Gewirkte blicken, kann nun, weder wenn es zunächst um die christliche Gemeinde, noch wenn es nachher um die christliche Liebe geht, bedeuten, daß wir nun dem Tun Gottes in Jesus Christus durch den Heiligen Geist den Rücken zu kehren hätten, um uns *in abstracto* mit einem Sein, Tun und Wirken von Menschen als seinem Resultat zu beschäftigen.

Um ein inmitten der Menschheit und ihrer Geschichte von einer Mehrzahl bestimmter Menschen gemeinsam getanes Werk geht es allerdings, wenn wir zunächst von der Erbauung der christlichen Gemeinde reden. Wie es sich ja in der Heiligung überhaupt um das Sein, Tun und Wirken von Menschen handelt: um die schlechterdings von Gott ausgehende Anregung und Charakterisierung der Existenz der Menschen, denen sie als etwas Besonderes widerfährt – so auch in der nun zunächst in Erwägung zu ziehenden Form der Heiligung um das Werk der belebenden Macht seines Geistes, in der Jesus Christus inmitten der übrigen Menschenwelt nun eben die Christenheit auferbaut, um das göttliche Inaugurieren, Beherrschen und Tragen der in der Christenheit stattfindenden menschlichen Aktion.

Es ist mir darum nicht durchsichtig, was E. Brunner meint, wenn er a.a.O. S.121f. von der neutestamentlichen Gemeinde sagt, daß sie nicht «gemacht» – nämlich wie die Reformationskirchen durch menschliche Gründungsakte gemacht, sondern durch eine unmittelbare Aktion des Heiligen Geistes «geworden» sei, und wenn er darin einen «Vorzug» der orthodoxen und der römischen Kirchen erblickt, daß von ihnen dasselbe zu sagen sei: sofern sie in einem langsamen und kontinuierlichen Prozeß (freilich unter fataler Transformation des ursprünglichen Wesens der Ekklesia) bruchlos zu dem «geworden» seien, was sie heute sind. Was ist das für eine Alternative? Welcher von den für die Reformation des 16. Jahrhunderts verantwortlichen Männern würde sich wohl in dem Satz wiedererkannt haben, daß die damals entstandenen Kirchen «durch einen menschlichen Akt gemacht worden» seien? Haben sie sie nicht ausdrücklich als «durch Gottes Wort reformiert» und so in der Kontinuität mit der einen durch Gottes Wort formierten Kirche des Anfangs und aller Zeiten gesehen, verstanden und bezeichnet? Wobei sie es allerdings an den diesem göttlichen Reformieren entsprechenden und dienenden menschlichen Entscheidungen und Taten und insofern an allerlei «Machen» nicht fehlen lassen konnten! An solchem – ganz anderer Art freilich – hat es denn auch im Verlauf des Prozesses, in welchem die orthodoxe und die römische Kirche «geworden» sind, nicht gefehlt – und so doch wohl auch nicht in der urchristlichen Gemeinde. Was wäre ein geschichtliches «Werden» – und wäre es (Brunner, S.134) das der Christusgemeinde als «das große Wunder der Geschichte» – was wäre das Gotteswerk der Heiligung, wenn es sich dabei nicht gerade um ein menschliches Sein, Tun und Wirken – sei es denn: um ein menschliches «Machen», nämlich eben um dessen göttliches Inaugurieren und Beherrschen und Tragen handelte?

Aber das ist klar: Um das von Gott Gewirkte, die Kirche in ihrer Wirklichkeit, zu sehen und zu verstehen, wird man an dem Geschehen des göttlichen Wirkens und also konkret: an dem Gotteswerk der Auferbauung der Gemeinde durch den Heiligen Geist keinen Augenblick auch nur beiläufig vorbeisehen dürfen. Die Gemeinde ist freilich ein menschliches, ein irdisch-geschichtliches Gebilde, in dessen Geschichte menschliches Tun von Anfang an am Werk war und immer am Werk sein wird. Sie ist aber dieses menschliche Gebilde, die christliche Gemeinde, weil und indem Gott in Jesus Christus durch seinen Heiligen Geist in ihr auf dem Plan ist. Kraft dieses von Gott her für Menschen und an Menschen, als Bestimmung ihres menschlichen Tuns sich ereignenden Geschehens ist, entsteht, besteht, lebt die wirkliche Kirche wirklich in dem doppelten Sinn: daß Gott da wirkt und daß es menschliches Wirken ist, das er da veranlaßt und gestaltet. Anders als in dieser Geschichte, deren Subjekt Gott, aber der für, an und mit bestimmten Menschen handelnde Gott ist, ist sie nicht die wirkliche Kirche. Anders als im Blick auf diese Geschichte ist sie als solche auch nicht sichtbar.

Man darf also, um die wirkliche Kirche in Sicht zu bekommen, allerdings nicht abstrahierend darauf sehen, wie da ein bestimmtes menschliches Wirken sich selbst darzustellen scheint. Man würde dabei nicht auf ein echtes, sondern auf ein unechtes Phänomen blicken. Gerade das wirkliche Resultat des göttlichen Wirkens, gerade das in der wirklichen Kirche stattfindende, von Gott veranlaßte und gestaltete menschliche Wirken wird nämlich niemals sich selbst darstellen wollen, sondern das göttliche Wirken, das Gotteswerk der Heiligung, die Auferbauung der Christenheit durch den Heiligen Geist Jesu, des Herrn, durch die es inauguriert, beherrscht und getragen ist. Sofern es sich selbst darstellt, entsteht da gerade nur das Phänomen der Scheinkirche, und nur diese, nicht aber die wirkliche Kirche, würde man in Sicht bekommen, indem man auf dieses Phänomen blicken würde.

Die Abstraktion, zu der man sich da verführen ließe und deren man sich da schuldig machte, würde sich sofort darin verraten, daß sich die sämtlichen biblischen Lobpreisungen der ἐκκλησία auf das, was man da erblickt, bzw. zu erblicken meint, nur poetisch mythologisierend, nicht im eigentlichen Sinn anwenden ließen. Wie sollte das da sich selbst darstellen wollende Menschenwerk als solches das «Volk Gottes» sein oder Gottes «Stadt» oder «Haus» oder «Pflanzung» oder die von Jesus Christus geweidete «Herde», oder seine «Braut» oder gar sein «Leib» oder die «Gemeinschaft der Heiligen» oder nach 1. Tim. 3, 15 «die Säule und Grundfeste der Wahrheit»? Müßte und würde sich die Scheinkirche, auch wenn sie sich selbst tausendmal mit diesen Prädikaten schmücken wollte, nicht wesensmäßig (eben in ihrem Wesen als Scheinkirche) dagegen sträuben, in dem durch diese Prädikate bezeichneten Charakter ernst genommen zu werden? Dasselbe gilt aber auch von der durch das Nic. Constant. Symbol klassisch gewordenen Wesensbezeichnung der Kirche als der *una sancta catholica et apostolica* (zu ihr vergl. KD IV, 1 S. 746–809): keine dieser Bezeichnungen, die sich anders als im Blick auf das in der Kirche stattfindende göttliche Wirken – keine, die sich im Blick auf ein Phänomen durchführen ließe, das doch nur der Inbegriff dessen wäre, was da als angeblich von Gott veranlaßtes und gestaltetes menschliches Wirken sich selbst darstellt, das sich in dieser Selbstdarstellung als «Kirche» ausgeben wollte. Dunkel, weil gegenstandslos, würden im Blick auf dieses Phänomen geführt auch alle Diskussionen über die Ordnung und die Aufgabe der Kirche, über ihr inneres Leben und über ihren Auftrag in der Welt! Alle (theoretischen und praktischen, enthusiastischen und nüchternen, optimistischen und pessimistischen) Betrachtungen und Behauptungen über die Kirche würden dann möglich, keine einzige aber notwendig! Wo es mit dem Denken und Reden über die Kirche so steht, da wird das immer ein alarmierendes Anzeichen sein, daß man auf ein vermeintlich sich selbst darstellendes Menschenwerk blickt und Sätze über dieses an sich und als solches bilden zu können meint. Wo doch das in der wirklichen Kirche geschehende, von Gott veranlaßte und gestaltete Menschenwerk sich selbst gerade nur damit darstellt und sichtbar macht, daß es, über sich selbst hinausweisend, dieses göttliche Veranlassen und Gestalten bezeugt: das Gotteswerk der Heiligung, die Auferbauung der Gemeinde durch den Heiligen Geist, durch die es inauguriert, bestimmt und charakterisiert ist!

Indem der Heilige Geist wirkt – die belebende Macht des lebendigen Herrn Jesus Christus – entsteht und ist christliche Gemeinde, die wirkliche

Kirche. Sie besteht und ist, indem er Menschen und ihr menschliches Werk heiligt, sie und ihr Werk auferbaut zur wirklichen Kirche. Er tut das aber in der Zeit zwischen der Auferstehung und der Wiederkunft Jesu Christi und also in der «Zeit der Gemeinde» (vgl. dazu KD IV, 1 § 62,3) in der Welt – gemeint sei hier: in der erst der partikularen und vorläufigen Offenbarung Jesu Christi teilhaftigen und insofern noch dem Fleisch, der Sünde und dem Tod verhafteten Menschenwelt. Zu ihr gehört, in ihr wirkt, denkt, redet und handelt auch die Christenheit: auch indem ihr Wirken durch das des Heiligen Geistes veranlaßt und gestaltet ist. Ihr Wirken wird darum auch im besten Fall ein zweideutiges Zeugnis von dieser seiner Veranlassung und Gestaltung sein. Es wird aber in seinem Vollzug auch zu weniger guten, zu schlimmen und schlimmsten Fällen kommen, in denen es das Zeugnis, das es ablegen sollte, unterläßt oder verdunkelt und verfälscht, in denen es vielmehr des Menschen Hochmut oder seine Trägheit oder beide miteinander darstellt und sichtbar macht als das Werk des göttlichen Heiligens und Auferbauens. Kurz: es steht zu befürchten, daß es nun doch – denn darauf läuft seine Bestimmung durch des Menschen Hochmut und Trägheit, der auch es noch unterliegt, hinaus – weithin sich selbst darstellen und sichtbar machen wird. Sich selbst als von Gott veranlaßt und gestaltet, aber eben in diesem hohen Bewußtsein und eben mit diesem großen Anspruch: sich selbst und nicht das göttliche Veranlassen und Gestalten, das sein Sinn und seine Kraft ist! Und also nun doch nicht die wirkliche, sondern die Scheinkirche! Das ist die spezifische Sünde, die, wo Gemeinde jetzt und hier entsteht und besteht, in irgend einem Maß und in irgend einer Gestalt immer auch geschieht.

Und nun versteht es sich nie und nirgends von selbst, sondern ist es immer und überall die Machttat eines besonderen göttlichen Erbarmens, wenn die Kirche faktisch nicht nur Scheinkirche, sondern der Sündigkeit des menschlichen Wirkens der Christen zum Trotz auch wirkliche Kirche ist und als solche sich darstellt und sichtbar macht. In ihrer eigenen Macht könnte und würde sie das nicht tun. Ihre Institutionen und Traditionen, aber auch ihre Reformationen als solche sind keine Garantie dafür, daß sie wirkliche Kirche ist, denn in dem allem handelt es sich ja auch um menschliches und also sündiges Wirken, handelt es sich also so oder so auch um ihre Selbstdarstellung, in deren Vollzug sie eigentlich nur Scheinkirche sein könnte. Setzt sich die göttliche Veranlassung und Gestaltung dieses menschlichen Wirkens ihm selbst, d. h. seiner sündigen Tendenz zum Trotz durch, dann ist das nicht eine Eigenschaft der Kirche, in der sie sich in ihrer Wirklichkeit durchsetzte, sondern der Sieg der sie auferbauenden Macht Jesu Christi, eine des menschlich-sündigen Wirkens der Gemeinde sich bedienende, aber nicht aus ihm hervorgegangene und nicht von ihm her begreifliche Machttat des ihr zugewendeten besonderen göttlichen Erbarmens.

Lassen wir die berühmte Definition der *una sancta ecclesia perpetuo mensura Conf. Aug. VII* für einmal gelten: sie sei die *congregatio sanctorum, in qua evangelium pure docetur et recte administrantur sacramenta.* Was folgt aber daraus, daß «in diesem Leben» nach Art. VIII «viel falsche Christen und Heuchler, auch öffentliche Sünder» unter den Frommen sind, ja als Pharisäer und Schriftgelehrte auf dem Stuhl des Mose sitzen? Gewiß kein donatistischer Unglaube an die Überlegenheit des Heiligen Geistes über alle christliche Verkehrtheit! Aber doch wohl dies: daß auch jenes *pure docere* und jenes *recte administrare* von Art. VII als Sache des menschlichen Tuns der zur Kirche Versammelten jedenfalls keine selbstverständlich vorauszusetzende Gegebenheit ist. Wenn aber keine solche, dann offenbar eine der Kirche zwar gewiß verheißene, aber eben als Inhalt der Verheißung ihr nicht etwa inhaerierende, sondern immer wieder von ihr zu erbittende und zu empfangende göttliche Gabe! Hinsichtlich des durch die Predigt und die Sakramente vermittelten und zu erlangenden Glaubens ist das Art. V denn auch ausdrücklich gesagt: es werde der den Glauben wirkende Heilige Geist durch Predigt und Sakramente *tamquam per instrumenta* gegeben: *ubi et quando visum est Deo.* Wenn das im Sinn Melanchthons gewiß nicht prädestinatianisch zu verstehen ist, so doch (zusammen mit jenem zum Aufsehen mahnenden *pure* und *recte* von Art. VII) sicher als Abgrenzung gegenüber der Vorstellung von einer *ex opere operato,* indem sie in gewissen Formen und Verrichtungen existiert, wirklichen und wirksamen, von einer der freien Gnade Gottes nicht bedürftigen, von einer anders als immer wieder von ihr lebenden Kirche.

Die Sache hat ihre wohl zu bedenkende Tragweite auch für die Frage der Sichtbarkeit der wirklichen Kirche. Kann man es anders sagen als so: die wirkliche Kirche (ihre Auferbauung durch Gott als Grund und Bestimmung dessen, was Menschen da wollen, tun und vollbringen!) wird sichtbar, indem sie als solche in der Kraft des Heiligen Geistes (desselben Heiligen Geistes, in dessen siegreichem Wirken sie wirkliche Kirche ist!) aus ihrer Verborgenheit in der kirchlichen Einrichtung, Überlieferung und Gewohnheit, aber auch in aller kirchlichen Neuerung und Veränderung hervorbricht und herausleuchtet? Wir illustrieren mit diesem «hervor» und «heraus» die Freiheit der Gnade, die Machttat des besonderen göttlichen Erbarmens, die da stattfindet, wo das menschliche Wirken der Christen seiner sündigen Tendenz zuwider nicht sich selbst, sondern seinen Grund und Sinn bezeugt: das göttliche Heiligen und Auferbauen darstellt und sichtbar macht. Etwa so wie die dunklen Buchstaben einer Lichtreklame dadurch sichtbar, lesbar, sprechend werden, daß der elektrische Strom eingeschaltet wird! So direkt, wie man einen Staat in seinen Bürgern, Behörden und Organen, in seinen Gesetzen und Einrichtungen sehen kann, wird man die wirkliche Kirche nie zu sehen bekommen. Direkt sieht man zwar Kirchenmitglieder und Kirchenbehörden, Kirchenverfassungen und Kirchenordnungen, kirchliche Dogmatik und kirchlichen Kultus, kirchliche Vereine und Anstalten, Kirchenmänner mit ihrer Kirchenpolitik und das sogenannte Kirchenvolk, kirchliche Kunst und kirchliche Presse – und das Alles im Zusammenhang von viel Kirchengeschichte. Ja: wo anders als in dem Allem soll die wirkliche Kirche sichtbar sein? Wenn nicht in dem Allem, dann offenbar überhaupt nicht! Aber ob sie in dem Allem sichtbar ist? Doch wohl nicht ohne weiteres! Wie, wenn dieses Etwas, das den Anspruch erhebt, Kirche zu sein, und in jenen Erscheinungen vor aller Augen ist, nun doch bloß die Scheinkirche wäre, in welcher ein menschliches Wollen und Wirken, vorgebend, daß es als solches von Gott veranlaßt und geformt sei, sich selbst darzustellen begehrte? Wie, wenn das in dem Allem Sichtbare nun doch nur eine – «Religionsgesellschaft» sein sollte? Und nehmen wir an, dem sei nicht nur so, sondern in dem Allem sei tatsächlich auch wirkliche Kirche, so wird es sich doch immer noch nicht von selbst verstehen, daß diese in dem Allem als solche auch sichtbar, daß ihre Wirklichkeit auch sprechende Wahrheit wird. Wie sie sich ihre Wirklichkeit nicht selbst verschaffen und beilegen kann, so auch nicht deren Sichtbarkeit. Ihr kann diese wie jene nur verliehen werden. Wird und ist sie als wirkliche Kirche auch sichtbar, dann heißt das: es setzt sich jetzt der Sieg des göttlichen Wirkens, die Machttat des Heiligen Geistes gegenüber der Sündigkeit des menschlichen Wirkens fort in einem freien Hervortreten und Herausleuchten der wirklichen Kirche aus der Verborgenheit, in die sie durch die Sündigkeit alles und so auch des kirchlichen menschlichen Willens gehüllt ist und in der sie ohne diesen Fortgang des Wirkens des Heiligen Geistes verhüllt bleiben müßte. Es wird immer Gottes Offenbarung sein, in der die wirkliche Kirche sichtbar wird. Und es wird immer der durch diese Offenbarung erweckte Glaube sein, in welchem sie von Menschen faktisch gesehen wird: genau dort, wo ohne Offenbarung und Glauben nur jenes vielgestaltige kirchliche Etwas in seiner Vieldeutigkeit (vielleicht nur eben verfänglich und irreführend!) zu sehen wäre.

In diesem Sinn rechnen wir damit, daß wirkliche Kirche ist und auch sichtbar ist, und wenden uns nun der Sache zu: der Geschichte nämlich, in der ihr Sein und ihr Sichtbarsein als wirkliche Kirche seinen lebendigen Grund hat. Wir nannten sie das göttliche Inaugurieren, Beherrschen und Tragen der in der Gemeinde stattfindenden menschlichen Aktion, in welcher inmitten der übrigen Menschenwelt die Christenheit existiert, und fassen dieses Geschehen (in diesem ersten Abschnitt zunächst umfassend, in Erklärung der Überschrift dieses Paragraphen) zusammen in den Begriff der Erbauung der christlichen Gemeinde.

Diese Geschichte hat eine Richtung und ein Ziel. Darauf ist, wenn es darum gehen soll, sie zu sehen und zu verstehen, zuerst zu achten. Um was es sich handelt, ist am Schluß unseres Leitsatzes angedeutet: Der Heilige Geist ist die Macht, in der Jesus seine Gemeinde «tauglich macht zur vorläufigen Darstellung der in ihm geschehenen Heiligung der ganzen Menschenwelt».

Die Existenz der wirklichen Kirche ist nicht Selbstzweck. Gerade das göttliche Wirken, durch das sie belebt und konstituiert wird, macht es ihr unmöglich, ihre Existenz als wirkliche Kirche als das Ziel dessen zu verstehen, was Gott mit ihr will. Gerade das göttliche Wirken, dank dessen sie wirkliche Kirche wird und ist, macht sie zu einer Bewegung in der Richtung auf ein Ziel, das damit noch nicht erreicht ist, daß sie als wirkliche Kirche existiert, das sie gerade als solche nur anzeigen und bezeugen kann. Auf dem Weg, in der Bewegung zu diesem Ziel hin, darf und soll sie ihrem Herrn dienen. Eben darum würde sie in dem Maß wirkliche Kirche gar nicht sein, als sie sich selbst, statt das sie konstituierende göttliche Wirken darstellen wollte. Als solche wird sie sich an jenem Ziel in Herrlichkeit herausstellen, vielmehr: herausgestellt werden: dann aber gerade als die Kirche, die nicht sich selbst suchen, darstellen und verherrlichen, sich vielmehr mit ihrem Zeugnis dem schlechterdings unterordnen, sich dem anspruchslos dienend zur Verfügung stellen wollte, was Gott mit ihr wollte und in ihr wirkte.

Das Ziel, in Richtung auf das die wirkliche Kirche auf dem Weg und in Bewegung ist, ist die Offenbarung der in Jesus Christus *de iure* schon geschehenen Heiligung der ganzen Menschenwelt. In der Erhöhung des einen Jesus, der als Gottessohn ein Knecht wurde, um als solcher aller Menschen Herr zu werden, ist wie die Auslöschung der Sünden und also die Rechtfertigung, so auch die Erhebung, die Aufrichtung der ganzen Menschenwelt und also ihre Heiligung in kräftiger Urbildlichkeit schon vollzogen. Daß dem so ist, das ist der Gegenstand und Inhalt des seiner Gemeinde aufgetragenen Zeugnisses. Von dem ersten in Jesu Christi Auferstehung geschehenen Offenbarwerden der auch in diesem Sinn vollbrachten Versöhnung der Welt mit Gott kommt sie her, ihrem letzten Offenbarwerden in Jesu Christi Wiederkunft geht sie entgegen. Die heilige Gemeinde der so begrenzten Zwischenzeit, die Versammlung, das Volk, dem jene Erhebung und Aufrichtung, dem also Heiligung nicht nur *de iure,* sondern auch schon *de facto* widerfahren ist und das nun allen anderen Menschen zum Zeugnis, die auch ihnen, die allen Menschen in Jesus Christus schon widerfahrene Heiligung darzustellen hat – das ist die Christenheit. Sie hat sie vorläufig darzustellen. Vorläufig, weil sie sie ja nicht vollbracht hat, noch jemals vollbringen wird, sondern nur eben bezeugen kann: «in der Rätselgestalt eines Spiegelbildes». (1. Kor. 13, 12). Und vorläufig, weil sie zwar von der Auferstehung Jesu Christi herkommt, seiner Wiederkunft aber, und also der direkten, universalen und definitiven Offenbarung seines für alle Menschen und an ihnen allen vollbrachten Werkes mit der ganzen übrigen Welt erst entgegengeht. «Vorläufig» schließt in sich: in gebrochener Form, unvollkommen, gefährdet und fragwürdig – so gewiß ja auch die Gemeinde immer noch an der Finsternis Anteil hat, die (Joh. 1, 5) das Licht nicht begreifen, aber auch nicht überwältigen kann. «Vorläufig» – in der Vorläufigkeit, in der sie dies, die in Jesus Christus geschehene Heiligung der Menschheit darstellen darf – schließt aber auch in sich: dieses Gotteswerk als solches in seiner Ganzheit, wirklich und wirksam, echt und unüberwindlich, in mannigfacher Verborgenheit, aber doch nicht ohne als Gottes heiliges Volk aus dieser Verborgenheit auch je und je herauszuleuchten und hervorzubrechen. Um diese vorläufige Darstellung geht es auf dem Weg und in der Bewegung der wirklichen Kirche. Um sie zu vollziehen, befindet sie sich auf ihrem Weg und in ihrer Bewegung. Damit sie sie vollziehe, ist ihr Zeit gegeben: die Zeit «zwischen den Zeiten», zwischen der ersten und der letzten Offenbarung des in Jesus Christus vollbrachten Gotteswerkes. Der Sinn und Inhalt dieser unsrer, der letzten Zeit, ist der der Gemeinde Jesu Christi aufgetragene Vollzug dieser vorläufigen Darstellung.

Stellen wir schon hier fest – es wird für alles in diesem Paragraphen zu Entfaltende bedeutsam sein – daß das Stattfinden dieser vorläufigen Darstellung notwendig und also nicht nur möglich, und auch nicht nur äußerlich, sondern innerlich, nicht nur technisch, sondern sachlich, nicht nur beiläufig, sondern entscheidend notwendig ist: heilsnotwendig. Die wirkliche Kirche ist keine bloße Gestalt der Gnade, des von Gott den Menschen zugewendeten Heils, der Versöhnung der Welt mit ihm: als solche dann wohl nur akzidentiell, nur relativ, vielleicht dann auch nur fakultativ ernst zu nehmen. Sie ist nicht nur Mittel zum Zweck, von dessen Gebrauch man sich, nach anderen, vielleicht besseren Mitteln ausschauend, allenfalls auch dispensieren, der gegenüber man sich mindestens auch distanzieren könnte. Distanzieren kann und mag, ja soll man sich von der sich selbst suchenden, darstellenden und verherrlichenden Scheinkirche. Die wirkliche Kirche aber – und wo wäre die Scheinkirche, in der nicht auch wirkliche Kirche verborgen wäre, aus der sie nicht herausleuchten und hervorbrechen könnte? – ist heilsnotwendig. Daß dem so ist, sieht und versteht man, wenn man jene vorläufige Darstellung als den Sinn des Weges, auf dem – und der Bewegung, in der sie sich befindet, versteht. Das dem Menschen von Gott zugewendete Heil, und nun also im Besonderen des Menschen, aller Menschen in Jesus Christus schon vollbrachte Erhebung und Aufrichtung, ist keine in irgend einer Ferne hinter uns oder in irgend einer Höhe über uns in sich verschlossene «Heilstatsache», sondern ein lebendig sich ereignendes Heilsgeschehen, oder sagen wir noch konkreter: das in seiner Offenbarung am Ostertag nicht abgeschlossene, sondern vielmehr anhebende Heilswirken des lebendigen Herrn Jesus. In seiner Gesamtheit, in seinem Fortgang bis hin zu seiner letzten Offenbarung hat es die Kraft des auf Golgatha einmal von ihm Vollbrachten. Es ist ihm (Hebr. 13, 8) wesentlich und also notwendig, nicht nur gestrig und auch nicht nur in Ewigkeit, sondern heutig zu sein: auch in der Zwischenzeit, die unsere Zeit ist. Und eben in jener vorläufigen Darstellung, eben in der Gestalt der wirklichen Kirche ist es auch heutig. Es wäre nicht Gottes, und so wäre es auch nicht unser

Heil, wenn es sich die vorläufige Darstellung, in der es je heutig ist, nicht schaffen, erhalten und immer wieder erneuern würde. Wer es in ihr nicht ernst nimmt, der nimmt es überhaupt nicht ernst. Wer sich von ihr distanzierte, der würde sich eben damit vom Heil und vom Heiland distanzieren. Denn der *ad dexteram Patris omnipotentis* die Welt regierende Jesus Christus ist identisch mit dem König dieses seines Volkes, das sich auf Erden auf jenem Weg und in jener Bewegung befindet, ist anderswo als in dessen von ihm regierten Geschichte Niemandem offenbar, für Niemand zu sprechen. Mehr als eine individuell und zeitlich beschränkte vorläufige Darstellung der in Jesus Christus allen Menschen widerfahrenen Heiligung kann ja auch die christliche Liebe und das christliche Leben des größten Heiligen nicht sein: in seiner Beschränktheit darauf angewiesen, von ihrer Darstellung in ihrer Ganzheit, d. h. aber von der Liebe und vom Leben der Gemeinde umgeben, getragen, genährt, aber auch kritisch begrenzt zu werden, um seinerseits zu deren Darstellung in ihrer Ganzheit das Seinige beizutragen. Er ist ja nur dieser Mensch: ein Heiliger nur in der Gemeinschaft der Heiligen. Und er ist ja nicht *perpetuo mansurus*: ein Heiliger nur in der *ecclesia perpetuo mansura*. Der wäre kein Heiliger, der sich dieser vorläufigen Darstellung der in Jesus Christus geschehenen Heiligung gegenüber abseits stellen und ein Heiliger für sich sein wollte. *Extra ecclesiam nulla salus*. Wir werden Anlaß haben, uns dieser Feststellung zu erinnern.

Aber nun geht es um die Frage: ob die Kirche dazu tauglich sein möchte, diese vorläufige Darstellung zu vollziehen? Man bedenke noch einmal, was das bedeutet: die vorläufige, aber wirkliche und wirksame, echte und unüberwindliche Darstellung der in der Erhöhung des Menschen Jesus vollzogenen Erhebung und Aufrichtung aller Menschen und so des Gotteswerks der Heiligung in seiner Ganzheit! Wird das zur Gemeinde versammelte Volk – es ist ja ein Volk von Menschen und nicht von Engeln – zum Träger dieses (notwendigen! heilsnotwendigen!) Geschehens tauglich sein? etwa sich selber tauglich machen können? Wir erinnern uns: es ist ja auch nur ein Weltvolk, jederzeit mit Recht nicht nur auf seine Erweckung und Versammlung zum Volke Gottes, sondern auch auf die Trägheit und auf den Hochmut anzureden, die es bei den anderen Weltvölkern mit scharfem Auge wahrnimmt, die sich aber auch bei ihm, und bei ihm gerade, weil es das Volk Gottes ist (man denke an die ganze Geschichte Israels!) wohl nur noch greller ins Licht gerückt finden. Dazu eben auf jene spezifisch kirchliche Sünde, in die zu fallen es keinen Augenblick nicht in Gefahr oder schon im Begriff steht: sich selbst, statt die in Jesus Christus geschehene Heiligung darstellen zu wollen – vergessen zu wollen die Vorläufigkeit seiner Existenz und daß es nur, indem es über sich selbst hinausweist, existieren kann, sich selbst schön definiert in irgend einer gegenwärtigen Zuständlichkeit für Gott

1. Die wirkliche Kirche

und den Menschen wohlgefällig und darum darstellungswürdig zu halten, auszugeben und zu proklamieren. Nein, dieses Volk wird sich zu der Darstellung, die zu vollziehen der Sinn seiner Existenz ist, nie selbst tauglich, sondern immer wieder untauglich machen. Darum – und daß es sie in solcher aus ihm selbst hervorgebrachten Tüchtigkeit vollziehe, wird es sich in der Geschichte, von der wir reden, nie handeln. Jesus, der Herr, in der belebenden Macht des Heiligen Geistes ist der, der da handelt, wo es zu diesem Vollzug kommt, wo also jene vorläufige Darstellung und damit wirkliche Kirche Ereignis wird. Er handelt nicht unmittelbar, nicht ohne jenes Volk also, wohl aber indem Er dieses Volk zu solcher Darstellung tüchtig und also das Unmögliche möglich macht: daß dieses Menschenvolk in seiner ganzen Art und Unart die Freiheit bekommt und hat, ihm dienen zu dürfen. Es ist also schon die Geschichte dieses Menschenvolkes in der Folge seiner menschlichen Gedanken, Bestrebungen und Vollbringungen, von der wir reden, aber nun eben die Geschichte, in der es, das untaugliche, fort und fort tauglich gemacht wird, in und mit seinem menschlichen Denken und Reden, Wollen und Vollbringen jene vorläufige Darstellung zu vollziehen. Es ist, genauer gesagt: die Geschichte, in der Gott dieses Volk fort und fort auf den Weg und in Bewegung setzt, ihm fort und fort sein Ziel zeigt und die zu ihm führende Richtung anweist. Es ist, aufs Genaueste gesagt: die Geschichte des Handelns Jesu, des schon gekommenen und wiederkommenden, aber auch je heute lebendigen Herrn, an und mit seinem Volke. Indem Er an und mit ihm handelt, erfüllt es mit seinem Handeln die der Welt und ihm noch geschenkte Zeit, sieht und geht es als Zeuge dessen, was in ihm für alle Menschen geschehen ist! – der direkten, der universalen und definitiven Offenbarung dieses Geschehens entgegen.

Es gibt eine Stelle im Epheserbrief (4,12–15) – ihrer wird hier noch in anderem Zusammenhang zu gedenken sein – in welcher eben diese der christlichen Gemeinde widerfahrende Ertüchtigung zur vorläufigen Darstellung der jetzt noch verborgenen allgemeinen Tragweite der Person und des Werkes Jesu Christi eigenartig kräftig, schön und zugleich nüchtern zum Ausdruck kommt.

Von einer den ἅγιοι widerfahrenden Zubereitung oder Ausrüstung (καταρτισμός) ist v 12 die Rede. Die der Gemeinde (v 11) von Christus geschenkten Charismatiker: Apostel die einen, Propheten die anderen, Evangelisten die dritten, Hirten und Lehrer die vierten, alle (v 7) in den Grenzen und mit der Bestimmung ihrer besonderen Begabung (κατὰ τὸ μέτρον τῆς δωρεᾶς τοῦ Χριστοῦ), sind die menschlichen Mittler dieser ihrer Zubereitung, in der Jesus Christus an und mit ihr handelt. Sie widerfährt ihr aber, und das interessiert uns jetzt: im Blick auf den von ihr zu leistenden, durch ihr menschliches Werk zu vollziehenden Dienst (εἰς ἔργον διακονίας). Und es ist das, um was es sich bei diesem ihrem Dienstwerk handelt, «die Erbauung des Leibes Christi». Wir werden auf den zentralen Begriff der οἰκοδομή nachher und auf den des σῶμα τοῦ Χριστοῦ im zweiten Abschnitt zurückkommen. Beide bezeichnen in ihrer Verbindung das Sachliche, um was es sich in jener «vorläufigen Darstellung» handelt. Wir notieren zunächst, was aus v 13 im Besonderen über deren Vorläufigkeit und Zielstrebigkeit und damit auch über die der der Gemeinde widerfahrenden Ertüchtigung zu lernen ist:

§ 67. *Der Heilige Geist und die Erbauung der christlichen Gemeinde*

«Bis wir Alle gelangen zu ...» (μέχρι καταντήσωμεν οἱ πάντες εἰς ...) – mit diesen Worten wird die Richtung jenes der Erbauung des Leibes Christi dienenden Werkes, zu dem die Gemeinde von ihrem Herrn ertüchtigt wird, beschrieben: es geht darum, daß sie – wobei der Ausdruck οἱ πάντες wahrscheinlich schon über den gegenwärtigen Bestand dieser «Wir» hinausgereift – an einen Ort hingelange, einen Punkt erreiche, an einem Ziel ankomme, an dem sie sich jetzt noch nicht befindet, auf den aber ihre Existenz, auf die das Werk, zu dem sie tauglich gemacht wird, als auf sein Eschaton jetzt schon ausgerichtet ist, und auf das ausgerichtet sie sich schon jetzt gestalten lassen soll. Ein dreifaches εἰς beschreibt v 13 dieses ihr künftiges, aber in seiner Künftigkeit schon ihre Gegenwart, ihr Dienstwerk und ihre Instandsetzung zu dessen Leistung bestimmendes und charakterisierendes Ziel.

Εἰς τὴν ἑνότητα τῆς πίστεως καὶ τῆς ἐπιγνώσεως τοῦ υἱοῦ τοῦ θεοῦ: ihr Werk und ihre Ertüchtigung dazu ist ausgerichtet auf eine erst zu erreichende und zu erlangende, erst zu vollstreckende Einheit, die Einheit des Glaubens und der Erkenntnis (man übersetzt wohl am besten: der Glaubenserkenntnis), die im Sohne Gottes ihr ursprüngliches und eigentliches Subjekt (*gen. subj.*) und ihren einzigen Alles umfassenden Gegenstand und Inhalt (*gen. obj.*) hat. Der einheitliche Vollzug dieser Glaubenserkenntnis ist der Gemeinde jetzt noch künftig, und das offenbar nicht nur im Blick auf seine Bedrohung durch die den Epheserbrief (2,11–21; 3,1–13) so lebhaft beschäftigende Zusammensetzung aus Juden und Heiden oder auf andere in ihr offenbar auch noch wirksame Gegensätze, sondern künftig auch im Blick auf die «draußen», auf die Welt. Alles, das All, hat ja Gott Christus mit seiner Auferweckung von den Toten zu Füßen gelegt; ihn als das «Haupt über Alles» hat er ja der Gemeinde gegeben (1,22 vgl. Kol. 1,17f). Diesem All: all den «Vaterschaften» (πατριά), all den Geschlechtern im Himmel und auf der Erde, die doch von dem einen Vater ihren Namen haben (3,15), den alle Menschen beherrschenden himmlischen Gewalten und Mächten soll doch (3,10) durch die Existenz der ἐκκλησία die «mannigfaltige Weisheit Gottes» verkündigt werden. Das ist aber noch kaum geschehen und da draußen noch kaum vernommen. Was da draußen existiert und geschieht, das existiert und geschieht ja – und das reflektiert sich in der Uneinheit auch innerhalb der Gemeinde – von ferne nicht in der «Einheit der Glaubenserkenntnis», zu der doch die ganze Welt bestimmt ist. Mit dieser ganzen Welt zusammen (das impliziert doch wohl jenes οἱ πάντες) sieht und geht die Gemeinde dieser ἑνότης erst entgegen. Aber eben zu diesem Sehen und Gehen wird sie (im Unterschied zur Welt) jetzt schon tauglich gemacht.

Εἰς ἄνδρα τέλειον. «Volljährig» gäbe dem τέλειος in diesem Zusammenhang keinen guten Sinn, und «vollkommen» auch nicht. Wenn das εἰς nicht plötzlich auf ein anderes Eschaton weisen soll als das vorangehende, sondern mit diesem zusammen auf dasselbe Ziel, dann muß es sich bei dem Bezeichneten (1) auch hier um einen Punkt handeln, bei dem die Gemeinde einmal anlangen wird, und es muß dann (2) möglich sein, das, was zuerst als jene «Einheit» beschrieben wurde, in diesem Zweiten irgendwie wiederzuerkennen. Damit ist ausgeschlossen, unter dem ἀνὴρ τέλειος den «volljährig» gewordenen, bzw. ausgereiften, den religiös-sittlich «vollkommenen» einzelnen Christen zu verstehen. Dann bleibt aber nur übrig, τέλειος mit «vollständig» (im Sinn von «komplett») zu übersetzen. Und dann kommt als der ἀνὴρ τέλειος nur Christus in Betracht: der *totus Christus* nämlich, Christus mit Einschluß aller in ihm Erwählten, Gerechtfertigten, Geheiligten und Berufenen, Christus als Haupt mit seinem Leibe und also mit seiner Gemeinde. Mag sein, daß die gnostische Lehre von dem himmlischen Anthropos, bzw. Archanthropos eine formale Anregung zu dieser eigentümlichen Gedankenbildung geboten hat. Sie dürfte aber im Zusammenhang der übrigen Aussagen des Epheserbriefes auch ohne diese Ableitung durchsichtig sein. Zu Christus gehören eben auch alle die Seinigen: die Gesamtheit der in ihm vor Grundlegung der Welt Erwählten (1,4). Diesem Christus (mit seinem πλήρωμα, wie es nachher heißt) sieht und geht seine Gemeinde entgegen, sofern er ihr als solcher (wie Eph. 2 und 3 expliziert) zwar verkündigt, aber

1. Die wirkliche Kirche

noch nicht offenbar ist: noch nicht als der, der ihr (1,22) als Haupt über Alles zu ihrem Haupt gegeben ist. Der Christus, unter dem Gott in Herbeiführung der Fülle der Zeiten das himmlische und irdische All zusammenfassen (ἀνακεφαλαιοῦν) wollte und schon zusammengefaßt hat (1, 10) – dieser ist «der vollständige Mann», der *totus Christus*, dem die Gemeinde, indem er ihr verkündigt und von ihr geglaubt und erkannt ist, entgegensieht und entgegengeht, bei dem sie aber, weil er ihr als solcher wie der übrigen Welt noch nicht offenbar, sondern verborgen ist, noch nicht angelangt ist. Eben dazu: ihm entgegenzusehen und entgegenzugehen, wird und ist sie aber tauglich gemacht.

Εἰς μέτρον ἡλικίας τοῦ πληρώματος τοῦ Χριστοῦ. Ist es wieder korrekt, anzunehmen, daß das hier Angegebene mit dem in den beiden vorangehenden Satzteilen Beschriebenen identisch sei, daß es sich also (1) in neuer Beleuchtung wieder um jenen Punkt handeln muß, den die Gemeinde noch nicht erreicht hat, dem sie aber entgegeneilt, und daß (2) die Identität des hier Bezeichneten mit dem, was dort die «Einheit» und der «vollständige Mann» genannt wird, einigermaßen erkennbar sein muß, dann dürfte zunächst die Übersetzung von ἡλικία mit «Alter» dahinfallen, die mit «Körpergröße» sich nahelegen. Μέτρον ἡλικίας heißt dann: das Höchstmaß, das Maximum des Umfangs, zu dem ein Körper heranwachsen, sich ausdehnen kann. Das könnte sich auf den «ἀνὴρ τέλειος» beziehen. Aber dann würde diese dritte Wendung des Gedankens nichts Neues bringen. Und nun ist ja eben nicht direkt von Christus, sondern von seinem πλήρωμα die Rede. Sein πλήρωμα ist aber nach 1,23 die Gemeinde, die sein Leib ist. Sie heißt darum sein πλήρωμα, weil er, indem sie zu ihm und er zu ihr gehört: er mit ihr zusammen der «vollständige Mann» Christus, der *totus Christus* ist. Auf sie als solche als dieses πλήρωμα τοῦ Χριστοῦ fällt jetzt also der Blick und bezieht sich die Aussage: sie sieht und geht, jetzt noch ferne davon, dem Höchstmaß ihres eigenen Umfangs entgegen. Größer als der ihres Hauptes kann dieses Höchstmaß ihres Umfangs nicht sein, aber auch nicht kleiner. Denn es ist ja der, dessen πλήρωμα die Gemeinde ist, wieder nach 1,23 (vgl. Kol. 3, 11) seinerseits der τὰ πάντα ἐν πᾶσιν πληρούμενος. Man bemerke: das ist ein nur in seiner christologischen Form dem Epheser- bzw. Kolosserbrief eigentümlicher Gedanke. In der Sache ist mit der 1. Kor. 15,28 gebotenen Bezeichnung des Eschaton: θεὸς πάντα ἐν πᾶσιν, dasselbe gesagt, und es ist doch auch dort Christus, durch den dieses Eschaton, diese komplette Gegenwart und Herrschaft Gottes in Allem und über Allem, herbeigeführt wird. Das All der geschaffenen Wesen, und dieses in allen seinen Gestalten (ἐν πᾶσιν), kann nicht ohne ihn, der ja nach 1,22 sein Haupt ist, sein und bestehen. Es muß aber auch nicht ohne ihn sein. Er hat es (1. Kor. 15,28) Gott, Gott hat es ihm (Eph. 1,22) unterworfen. Er ist (Eph. 4, 10) «über alle Himmel emporgestiegen», ἵνα πληρώσῃ τὰ πάντα. Die ἀνακεφαλαίωσις des Alls ist (Eph. 1, 10) in Ihm schon vollzogen, die Erfüllung der ohne ihn leeren καιροί dieses Äons in ihm schon herbeigeführt. Ist nun die Gemeinde ihrerseits das πλήρωμα dessen, der selber das πλήρωμα des Kosmos ist, dann heißt das, daß sie in jenem Höchstmaß ihres Umfangs nicht mehr, aber auch nicht weniger als den Kosmos umfassen wird. Mit anderen Worten: das Ganze der himmlischen und irdischen Welt hat dann keine Existenz mehr, die von der ihrigen – sie ist ja das πλήρωμα τοῦ Χριστοῦ – verschieden ist. Es wird dann (weil Alles, was ist, in ihr sein wird!) gerade nur noch ἐκκλησία sein: der Leib Christi, Christus in und mit diesem seinem πλήρωμα! Es ist klar: in dieser Gestalt, in diesem «Höchstmaß ihres Umfangs» ist die Gemeinde sich selbst schlechterdings zukünftig, so wie ihr Christus als jener ἀνὴρ τέλειος: als der, in welchem das All zusammengefaßt ist, so wie ihr jene ἑνότης der Glaubenserkenntnis schlechterdings zukünftig ist. Aber eben sich selbst in dieser ihrer zukünftigen Gestalt sieht und geht sie jetzt entgegen. Sie existiert (1, 11) als «Erbe»: dazu vorherbestimmt, nach der zuvor getroffenen Entscheidung (πρόθεσις) dessen, der Alles wirkt nach dem Ratschluß seines Willens und also (in diesem Stand des Erben) jetzt schon (1, 12) zum Lob von dessen Herrlichkeit: als die Gemeinde derer, die jetzt schon (als προηλπικότες) auf Christus (den *totus Christus*) hoffen und darum auf ihre eigene, jetzt noch verborgene, in ihm doch schon realisierte Zukunft in der Gestalt jenes

«Höchstmaßes ihres Umfangs». Und eben dazu wird die Gemeinde jetzt schon zubereitet: Ihm in seiner – und damit sich selbst in ihrer künftigen Gestalt entgegenzusehen und entgegenzugehen, ihn als das πλήρωμα des Alls und sich selbst als sein πλήρωμα «vorläufig darzustellen».

Erstaunlich die nüchterne Wendung, in der man sich nach dem umfassenden Blick auf das von der Gemeinde zu erlangende Eschaton und also in ihre schlechthinige Zukunft in der mit ἵνα angeschlossenen Fortsetzung v 14 in ihre Gegenwart zurückversetzt findet! Nun sieht man sie auf einmal wieder in ihrer jetzigen Gestalt, inmitten der jetzigen Welt, und also als eine Versammlung von Menschen, die mindestens in schwerer Gefahr sind, immer noch νήπιοι, Unmündige zu sein: «wie auf Wellen hin und her geworfen und getrieben von jedem Wind der Lehre durch das betrügerische Spiel, das die Menschen in ihrer Schlauheit im Dienst der μεθοδεία τῆς πλάνης (τοῦ διαβόλου 6, 11) treiben». Von dieser vielgestaltigen, immer als solenne διδασκαλία sich ausgebenden «Methode» der Welt bestimmt und dirigiert, würde die Gemeinde offenbar der auf jenes Eschaton gerichteten Denk- und Lebensbewegung unfähig sein. Die sie umgebende Menschenwelt kennt ja Christus, der in Wahrheit auch ihr Haupt ist, kennt also jenes Eschaton nicht. Lauscht nun die Gemeinde, selber ein Menschenvolk, auf die Stimme ihrer Umgebung, denkt sie in ihren Kategorien, redet sie ernstlich und nicht nur beiläufig ihre Sprache und paßt sie sich in ihrem Leben ihren Maßstäben an, dann macht sie sich ihrer doch gerade die Welt angehenden und umfassenden Hoffnung unfähig. Ihr Ausblick auf jene ἑνότης, auf den ἀνὴρ τέλειος, auf das Höchstmaß ihres eigenen Umfangs, wird dann verfinstert, ihr Weg zu diesem Ziel blockiert. Sie wird dann – das sagt jenes Bild von Wind und Wellen – orientierungs-, weil ziellos. Das ist es, was ihr «nicht mehr» (μηκέτι) widerfahren dürfte und auch nicht widerfahren muß, denn eben im Blick auf diese ihre Gefährdung, eben zu ihrer Ertüchtigung zu jenem Sehen und Gehen wird sie ja von ihrem Herrn durch den Dienst jener Charismatiker (v 11 f.) zubereitet. Die Zubereitung (der καταρτισμός) der Heiligen besteht in der Erinnerung an das, was Christus schon ist: als Haupt des Alls nun gerade ihr Haupt, und an das, was in ihm auch sie, die Gemeinde, schon ist, sein Leib und in dem Aufruf, eben diesem seinem und ihrem eigenen Sein und damit auch jener zuerst genannten ἑνότης entgegenzueilen. Dort ist (v 15) die aller «Schlauheit der Menschen» und allen «Methoden des Irrtums» schlechterdings überlegene, sie bestimmende Wahrheit. Die Zubereitung der Heiligen besteht in ihrer Ertüchtigung zum ἀληθεύειν, d. h. zu einem jetzt und hier schon zu lebenden Leben von dieser Wahrheit her und für diese Wahrheit: zu leben in der Liebe zu ihrem Haupt, die die Gemeinde auch in sich zu einigen nicht verfehlen wird. Kraft dieser Zubereitung ἀληθεύοντες ἐν ἀγάπῃ werden die Heiligen das ἔργον τῆς διακονίας (v 12) tun und also dem Sinn ihrer Existenz als die Heiligen gerecht werden: sie werden «wachsen» (wir werden im zweiten Abschnitt auf diesen Begriff zurückkommen) – nämlich εἰς αὐτόν, Christus entgegen, der ihr Haupt ist, in der ihnen damit gewiesenen Richtung, auf das ihnen damit gezeigte Ziel hin. Indem die Gemeinde diese Bewegung vollzieht, in diesem «Wachsen» begriffen ist, existiert sie (1, 12) εἰς ἔπαινον δόξης αὐτοῦ. Und es dürfte sich mindestens fragen, ob das τὰ πάντα in diesem Satz mit «in jeder Hinsicht» oder «in allen Stücken» nicht zu dünn übersetzt, ob es nicht seinen sonstigen Gebrauch im Epheserbrief und dem ganzen Tenor dieser Stelle entsprechend inklusiv zu verstehen ist und also besagt: daß in und mit dem von der Gemeinde in Liebe zu lebenden Leben von der Wahrheit her und für die Wahrheit das All, die ganze Welt, dem entgegenwächst, der als sein Haupt auch ihr πλήρωμα ist. Die Meinung wäre dann, entsprechend der des οἱ πάντες von v 13, die: daß der Kosmos, in der in seiner Mitte gesondert existierenden Gemeinde repräsentiert, seinerseits teilnimmt an der ihr im Besonderen aufgetragenen «vorläufigen Darstellung».

V 16 beschreibt dann jenes «Wachsen», das natürlich zunächst und an sich das «Wachsen» der Gemeinde als solcher ist. Wir heben ihn uns auf zu späterer Erklärung.

1. Die wirkliche Kirche

Und nun ist das, wozu sie tauglich gemacht wird, jene vorläufige Darstellung also, die **Erbauung der Gemeinde**. Man kann, und wir werden sie auch noch mit anderen Begriffen bezeichnen: vom Wachstum des Leibes Christi wird zu reden sein, von seiner Erhaltung, von seiner Ordnung. «Erbauung der Gemeinde» sei nun zunächst der Oberbegriff, unter den sich das Ganze zusammenfassen und in den Grundlinien erkennen läßt. Die wichtige Rolle, die er im Neuen Testament spielt, ladet dazu ein, mit ihm einzusetzen.

Wichtige Beiträge zu seinem Verständnis bieten: Ph. Vielhauer, Oikodome, 1939, K. L. Schmidt, Die Erbauung der Kirche mit ihren Gliedern als den Fremdlingen und Beisaßen auf Erden (Verhandl. des Schweiz. Ref. Pfarrvereins 1946, ersch. 1947), O. Michel, Art. οἶκος etc., in Kittels Wörterbuch V.

Der Begriff der «Erbauung» in dem Sinn, in dem wir ihn hier nach dem Vorbild des Neuen Testamentes einführen, bezieht sich eindeutig auf die christliche **Gemeinde**. Sie wird erbaut, sie läßt sich erbauen, sie erbaut sich auch selbst: sie in ihren einzelnen Gliedern und durch deren gegenseitig zu leistenden Dienst, aber sie und also nicht die christlichen Individuen als solche.

Der in der Neuzeit durch den Pietismus zur Herrschaft gelangte Begriff der «Erbauung» des einzelnen Christen – im Sinn seiner inneren Anregung, Bestärkung, Ermutigung, Aufrichtung usw. – (samt dem entsprechenden Begriff des «Erbaulichen») ist in dem ernstlich so zu nennenden theologischen Begriff zwar eingeschlossen (das sollte nicht geleugnet werden!), aber doch nur eingeschlossen: abstrakt verstanden also unmöglich. Ἐποικοδομεῖν dürfte auch in der einzigen m.W. in Frage kommenden Stelle Judas 20 faktisch gerade nicht von «privater» Erbauung reden. Eben eine solche dürfte im Neuen Testament nicht vorgesehen sein. Es redet von der Erbauung der **Gemeinde**. Ich kann mich selbst gerade nur erbauen, indem ich eben damit die Gemeinde erbaue.

Und nun geht es um das **Geschehen, das Ereignis, den Vollzug, das Werk** ihrer Erbauung, um ein im **Werden** begriffenes «**Gebäude**» also. Die Vorstellung von einigen schon erstellten und rudimentär schon **vorhandenen Bauteilen** mag unvermeidlich und in der Bildrede eingeschlossen sein. Wesentlich ist sie ihr nicht. Natürlich eignet der christlichen Gemeinde auch immer diese und jene, so oder so erreichte Zuständlichkeit. Aber nicht kraft dieser Zuständlichkeit ist sie die christliche Gemeinde, sondern kraft dessen, daß diese das Ergebnis ihres bisherigen und der Ausgangspunkt ihres weiteren Werdens, ihrer Geschichte, ihrer Erbauung darstellt. Sie ist es im Durchgang durch viele solche niedere oder höhere Rudimente, aber nicht in diesem oder jenem von ihnen, nicht in dieser oder jener Zuständlichkeit als solcher.

Noch wichtiger ist eine andere Unterscheidung: in der Bildrede von der Erbauung ist gewiß – als Blickpunkt des im Gang begriffenen menschlichen Werkes – auch die Vorstellung des **vollendeten Gebäudes** eingeschlossen. Von ihr kann und muß man freilich sagen, daß sie dieser Bildrede wesentlich ist. Was wäre die Erbauung der christlichen Gemeinde, wenn sie sich nicht im Blick auf diese ihre künftige Ganzheit vollzöge? Sie sieht, sie geht ihr entgegen, sonst wäre ihre Erbauung umsonst, sonst wäre sie nicht – indem diese Erbauung Ereignis wird – die christliche Gemeinde. Es ist aber das in Frage kommende vollendete Gebäude nicht – hier hat eben die Bildrede ihre Grenze – das Ergebnis ihrer Erbauung. Sondern indem sie erbaut wird und sich erbaut, blickt und wartet die Gemeinde auf das vollendete Gebäude, das gegenüber dem ganzen Werden, dem ganzen Erbauungsgeschehen, in welchem sie jetzt und hier die christliche Gemeinde ist, als ihr eigenes Eschaton ein Neues sein wird, das nicht als Resultat ihrer Existenz aus ihr hervorgehen, nicht das letzte Wort ihrer Geschichte sein, sondern ihr von Gott her – wirklich als ihr Eschaton und so als das Eschaton des ganzen Kosmos – entgegenkommen, zukommen wird.

Es hat seinen Grund, daß in den von der οἰκοδομή handelnden neutestamentlichen Stellen zwar in gelegentlicher Andeutung von jenen schon vorhandenen Rudimenten eines Baus, von dessen vollendeter Gestalt aber nie als vom Ergebnis des im Gang begriffenen Bauens und also nie als von einer Höchstleistung der Gemeinde (und wäre ihr diese durch Gottes Gnade möglich gemacht!), sondern immer als von einer anderen Wirklichkeit die Rede ist, in der die Gemeinde sich selbst nicht nur künftig, sondern jenseitig ist. «Die heilige Stadt, das neue Jerusalem» wächst also nicht von der Erde her in den Himmel hinein, sondern es kommt (Apok. 21,2) «von Gott her aus dem Himmel herab, gerüstet wie eine Braut, die für ihren Mann geschmückt ist» und so ist sie laut jener Stimme vom Thron her (v 3) die Hütte Gottes bei den Menschen, in der er wohnen wird, in der sie sein Volk sein werden, er selbst bei ihnen sein wird. Struktur, Architektonik und sonstige Beschaffenheit dieser vom Himmel herabgekommenen Stadt wird in der Vision Apok. 21, 10–23 ausführlich beschrieben – aber eben erst und nur die dieses, des der Gemeinde jenseitig-künftigen Baus: es gibt im Neuen Testament keine dieser Stelle auch nur von ferne entsprechende Beschreibung der οἰκοδομή, die die gegenwärtige Wirklichkeit der Gemeinde ist. Wohl weiß diese sich jetzt und hier schon dort «zu Hause» – aber eben in jenem Einst und Dort, in keinem Jetzt und Hier als solchem. «Unser πολίτευμα (mit ihm doch wohl auch unsere πόλις) ist im Himmel, aus dem wir den Erretter, den Herrn Jesus Christus erwarten» (Phil. 3,20). Während wir jetzt, in der οἰκοδομή begriffen – darauf hat K. L. Schmidt (a.a.O. S.25) den Finger gelegt – nach 1. Petr. 1,17 wie Israel in Ägypten (Act. 13,17) in der Fremde (παροικία, wörtlich: «außer Hause») und nach 1. Petr. 2, 11 tatsächlich (mit Ps. 39,13) als πάροικοι καὶ ἐπίδημοι (Beisassen, Wohnberechtigte im Unterschied zu den ansässigen Bürgern) – nach 1. Petr. 1, 1 freilich als auserwählte ἐπίδημοι – anzusprechen sind.

Und nun scheint mir mindestens die Frage erlaubt, ob es eigentlich so sicher ist, daß die Stelle 2. Kor. 5, 1–5 wirklich nur von dem individuell-anthropologischen Eschaton redet, nicht vielmehr auch in unseren jetzigen Zusammenhang gehört und also (nicht exklusiv, aber auch) ekklesiologisch-eschatologisch zu verstehen ist? Von «unserem irdischen Haus, das ein Zelt ist» (ἐπίγειος ἡμῶν οἰκία τῆς σκηνῆς) ist (v 1) die Rede. Dieses offenbar provisorische «Haus» wird einmal abgebrochen werden. Diesem seinem Abbruch entgegengehend, haben wir aber jetzt schon, fix und fertig auf uns wartend, eine οἰκοδομή ἐκ θεοῦ, ein «nicht mit Händen gemachtes, ein ewiges Haus im Himmel». In jenem ersten Haus «seufzen» wir (v 2–4) – im Blick auf den Übergang von ihm zu jenem zweiten nämlich. Indem wir begehren, mit jener unserer Behausung (οἰκητήριον) vom Himmel her «bekleidet», überdeckt zu werden; blicken wir doch erschrocken auf den Moment, da jenes erste Haus uns nicht mehr, dieses zweite uns noch nicht umgeben und schützen möchte, da wir also «als nackt erfunden werden», gleichsam «auf der Straße» uns befinden möchten. Was wäre ein bloßes Ausziehen aus dem alten Haus, wenn der Einzug in das neue nicht gesichert wäre? Aber die Korrektur und der Trost sind zur Hand: eben zum gesicherten Einzug in das neue und also zum unerschrockenen Auszug aus dem alten Haus macht uns (v 5) Gott tüchtig, indem er uns ja (vgl. 2. Kor. 1,22) das «Unterpfand des Geistes» in unsere Herzen gegeben hat.

Von was ist die Rede? Nach dem vorangehenden und nach dem anschließenden Text sicher auch individuell-anthropologisch von dem Übergang aus dem jetzigen «Zuhausesein» (ἐνδημεῖν) im σῶμα, dem jetzigen physischen Dasein des apostolischen, des christlichen Menschen insgemein, das als solches ein «Nicht-Zuhausesein» (ἐκδημεῖν) beim Herrn bedeutet (ein Unterschied, der daran erkennbar ist, daß wir jetzt und hier im Glauben und nicht im Schauen wandeln v 6–7) – in ein entsprechendes «Zuhausesein» bei dem Herrn, das negativ auch das in sich schließt, daß sie im σῶμα nicht mehr zuhause sein, ihres jetzigen physischen Seins ledig sein werden (v 8). Das alte Haus, die «irdenen Gefäße», in denen wir den Schatz jetzt haben (4,7), unser seinem Vergehen entgegengehender ἔξω ἄνθρωπος (4, 16), ist also (4,11) sicher auch «unser sterbliches Fleisch» eben im individuell-anthropologischen Sinn des Begriffs – und so das neue, von Gott uns schon bereitete, im Himmel unser schon wartendes Haus sicher auch der unvergängliche Leib, das neue Sein, in welchem der apostolische, der christliche Mensch insgemein beim Herrn «zuhause» sein wird.

Aber nun sind die «Wir», in deren Namen Paulus das Alles sagt, schließlich nicht der Pluralis irgendwelcher Leute, die sich, christlich-religiös belehrt, über ihren individuellen Tod und ihr individuelles Jenseits ihre besorgten und hoffnungsvollen Gedanken machen, sondern sein bekannter *pluralis apostolicus et ecclesiasticus*. Nun wird hier das Eschaton doch ausdrücklich als οἰκοδομή beschrieben, die sich, wenn es mit der ἐπίγειος οἰκία zu Ende geht, ἐκ θεοῦ auf die herniedersenken wird, die in dieser dann nicht mehr zuhause sein können. Und eben als ein vergängliches Haus wird ja auch ihr gegenwärtiger Stand beschrieben. Nun sind, wie Ph. Vielhauer (a.a.O. S. 108, ohne sich dadurch an der üblichen Exegese irre machen zu lassen) feststellt, «Bau» und «Haus» jedenfalls im rabbinischen Judentum keine anthropologischen Termini gewesen, sondern muß man, wenn man sie hier als solche verstehen will, schon (was ja gewiß nicht unmöglich, aber auch nicht notwendig ist) auf mandäische, bzw. iranische Vorbilder zurückgreifen. Und nun sind diese Vorstellungen im übrigen Neuen Testament immerhin durchgehend ekklesiologische Termini. Hält man das Alles zusammen, so erscheint es mir doch naheliegend, unter «unserem irdischen Haus, das ein Zelt ist» und also seinem Abbruch entgegengeht, umgreifend die Gemeinde in ihrer jetzigen Gestalt zu verstehen, und dann erst, inklusiv, das Dasein des einzelnen Christen in seinem jetzigen physischen Sein, in seinem σῶμα – und umgekehrt unter dem «nicht mit Händen gemachten ewigen Haus im Himmel» – wieder umgreifend die der Gemeinde jetzt und hier ganz und gar künftige und jenseitige, von Gott, vom Himmel her sich auf sie herabsenkende, die vollendete und in dieser doppelten Hinsicht ganz neue Gestalt ihrer Existenz (identisch mit dem πολίτευμα von Phil. 3,20 und mit dem himmlischen Jerusalem Apok. 21,2 und 10–23), in der dann auch der einzelne Christ sein besonderes unvergängliches οἰκητήριον, sein «ewiges Zelt» (Luk.16,9) haben wird. Daß der zweite Gedanke im ersten hier wie dort eingeschlossen ist, kann man angesichts des Textzusammenhangs nicht bestreiten. Wiederum sollte aber m. E. auch nicht behauptet werden, daß es sich in der Aussage des Paulus nur um jenen zweiten Gedanken handle, es sollte vielmehr anerkannt werden, daß der zweite in jenem ersten eingeschlossen ist, daß die paulinische Aussage also primär ekklesiologisch-eschatologischen Charakter hat.

Ebenfalls an diese der Gemeinde jetzt und hier schlechthin zukünftige Gestalt wird man auch bei den abschließenden Worten des Textes Eph. 2, 19–22 zu denken haben, wo v 20 (wie 1. Petr. 2,6) Christus als der krönende Schlußstein (ἀκρογωνιαῖον) des auf dem Grund der Apostel und Propheten errichteten Baus bezeichnet wird und wo es v 21 heißt, es wachse die ganze οἰκοδομή in Christus heran εἰς ναὸν ἅγιον ἐν κυρίῳ, und v 22: «in Ihm werdet ihr miterbaut εἰς κατοικητήριον τοῦ θεοῦ ἐν πνεύματι. Die Gegensätzlichkeit von 2. Kor. 5,1–5 fehlt hier und auch ein anthropologischer Untersinn der Aussage wird hier nicht explizit sichtbar. Es geht aber hier wie dort um das zuerst christologisch, dann ekklesiologisch bezeichnete Eschaton. Hat man nämlich die beiden εἰς v 21 und 22 nach Analogie des dreifachen εἰς Eph. 4,13, und hat man die «Wohnung Gottes», auf die hin die Gemeinde erbaut werden soll, nach Analogie von Apok. 21,3 zu verstehen, dann ist dieses κατοικητήριον und also auch der parallel genannte ναός wieder das von Gott selbst erbaute und von ihm her sich auf die Gemeinde herabsenkende Gebäude, im Blick und in der Richtung auf dessen Kommen sie jetzt und hier erbaut wird. Bezüglich des ναός v 21 scheint freilich die Stelle 1. Kor. 3, 16–17 Bedenken zu erregen. Nicht weniger als dreimal wird ja da die Gemeinde ganz direkt «der Tempel Gottes» genannt, nachdem (das scheint besonders ins Gewicht zu fallen) unmittelbar vorher (v 10–15) ausführlich von der οἰκοδομή der Gemeinde auf Grund des θεμέλιος Christus die Rede gewesen war. Es dürfte aber richtig sein, mit Vielhauer (a. a. O. S. 85) anzunehmen, daß die Identifikation der Gemeinde mit dem Sakralgebäude des Tempels mit dem vorher beschriebenen Bauen nichts, oder nur eben indirekt das zu tun hat: daß die Haltung der Christen bei diesem Bauen dem entsprechen soll, daß sie als die, die sie sind, in der Welt (wie einst der Tempel in der Stadt und im Lande) der Ort sind, wo (Ps. 26,8) Gottes Herrlichkeit wohnt. Das *tertium comparationis* bei dieser Identifikation ist also nicht die Erbauung des Tempels, bzw. der Tempel als Bauwerk, sondern seine Heiligkeit. Daß «der Geist Gottes in euch wohnt» (v 16), das macht die Gemeinde zum Tempel, den sie – auf die Gefahr hin, von Gott geschändet zu werden! – ja nicht schänden darf. Das schließt nicht in sich, daß er das Werk und Ergebnis der οἰκοδομή ist, die das Problem der Existenz der Gemeinde Christi bildet. Er ist das nicht und seine Heiligkeit ist es erst recht nicht! Der Begriff der «vorläufigen Darstellung» dürfte zur Umschreibung dessen, was der Gemeinde (für sie höchst verpflichtend!) zukommt, auch hier hilfreich sein. Als den schon vorhandenen, bzw. in ihrer οἰκοδομή in der Errichtung begriffenen Tempel Gottes hat Paulus die korinthische Gemeinde bestimmt ebensowenig wie irgend eine andere anreden wollen und können! Dieselben Erwägungen werden sinngemäß auch auf die Stellen 1. Kor. 6,19 («euer Leib ein Tempel des Heiligen Geistes») und 2. Kor. 6,16 («wir sind der Tempel des lebendigen Gottes») anzuwenden sein. Beide beziehen sich auf die Heiligkeit des vom Heiligen Geist bewohnten Ortes (das ist die Christenheit!), beide haben paränetischen Charakter und sprechen nicht gegen ein streng eschatologisches Verständnis des «heiligen Tempels» von Eph. 2,21. Er dürfte auch identisch sein mit dem «nicht mit Händen gemachten» Tempel, den Jesus nach Mr. 14,58 unter Abbruch des alten nach drei Tagen aufrichten will – unter dem man gewiß die Gemeinde, aber eben die Gemeinde in ihrer jetzt noch verborgenen, künftig zu offenbarenden ewigen Gestalt zu verstehen hat.

Wir kehren nach dieser notwendigen Abgrenzung zurück zu dem Begriff der Erbauung als solcher, verstanden als ein in Gang begriffenes Werk. Indem dieses Werk geschieht, ist die Kirche die wirkliche Kirche.

Was ist das für ein Werk? Was heißt hier Erbauen: das Erbauen, das mit der Existenz der christlichen Gemeinde als eines geschichtlichen Wesens identisch ist? Wir haben den Begriff beiläufig eine «Bildrede» genannt. In seinem Verhältnis zu der Bezeichnung und Beschreibung dessen, was man sonst unter dem Erbauen eines Hauses oder eines anderen

Bauwerks versteht, ist er das auch. Aber das heißt nun gerade nicht, daß wir hier nur von einem uneigentlichen Bauen reden, von einem ganz andersartigen Geschehen, das wir mit dem, was man sonst Bauen und Erbauen nennt, nur eben der Anschaulichkeit halber vergleichen würden. Was ist schon das Bauen eines Architekten mit den von ihm dirigierten Maurern, Zimmerleuten, Installateuren usw. neben diesem Erbauen? Geschieht Erbauung nicht etwa gerade hier im eigentlichen, und dort nur in einem uneigentlichen, sekundären Sinn des Begriffs, so daß wir ihn in Wahrheit gerade dort nur bildlich, hier aber real verwenden würden, indem es sich gerade hier um das reale, das urbildliche Erbauen handelte? Aber wir bedürfen hier keiner Platonismen, sondern es soll diese Problematik des Begriffs Erbauung nur eben berührt sein, um uns auf die Hut zu setzen vor jedem Versuch, von einer allgemein bekannten Vorstellung statt von der Sache selbst her feststellen zu wollen, um was es sich bei der Erbauung der Gemeinde handelt.

Sicher auch hier darum, daß da verschiedene und verschiedenartige je zu ihrem besonderen Halten und Tragen im Verhältnis zu den anderen zubereitete Elemente aneinandergereiht, aufeinandergeschichtet, zusammengefügt werden. Aber eben: das Wort Elemente oder ein ähnliches Wort müssen wir hier wählen – auf keinen Fall das für das gewöhnliche «Erbauen» so bezeichnende Wort «Materialien»! Denn die hier zusammengefügt werden, sind ja – ein jeder in ganzer Ursprünglichkeit und Spontaneität, keiner wie die anderen und keiner ohne weiteres mit den übrigen zusammenzufügen, unvertauschbar und unvermischbar ein jeder in seiner Art und an seinem Ort – lebendige Menschen in ihrer Freiheit, mit ihren Gedanken, ihrer Sprache, ihren Verhaltensweisen und Taten, ein jeder auf seinem Lebensweg und in seinem Lebenswerk, ein jeder in unmittelbarer und unbedingter Verantwortlichkeit. Sie und ihre Werke sind das, womit hier gebaut wird!

Sicher handelt es sich auch hier darum, daß bei diesem Bauen eine Absicht waltet und in Ausführung dieser Absicht eine Leitung sich geltend macht. Aber gerade wo sich beim gewöhnlichen Bauen der Bauherr mit seiner ein für allemal festgelegten und kundgegebenen Absicht, und der Baumeister mit seinen entsprechend festgelegten Plänen und von daher zu erwartenden Anweisungen befindet, befindet sich in der Erbauung der Gemeinde gerade nur ihr Herr, dessen Absicht und Plan verborgen ist, vielmehr gerade nur in den Anordnungen, die er fort und fort gibt, offenbar und erkennbar werden: immer ohne daß er auf eine den Beteiligten vermeintlich schon bekannte Intention und Systematik festzulegen wäre.

Sicher handelt es sich auch hier um ein Aneinanderreihen, Aufeinanderschichten, Zusammenfügen. Aber wo es beim gewöhnlichen Bauen erledigte Arbeiten gibt, auf die dann andere unter Voraussetzung jener folgen können, bis die letzte unter Voraussetzung aller vorangehenden auch noch getan wird, gibt es in der Erbauung der christlichen Gemeinde, die ja in der Zeit in einer Folge von Ereignissen geschieht, zwar gewiß auch Fortschritte, ein Aufbauen unter Beziehung auf früher Gebautes, nur eben merkwürdigerweise so, daß es schon erledigte Arbeiten da nicht gibt, daß vielmehr jeder Fortschritt auch und zuerst die Wiederholung des allerersten und dann grundsätzlich auch die aller folgenden, schon getanen Schritte in sich schließen, alles spätere Aufbauen zugleich ein neues Aufbauen vom Anfang her, von Grund auf sein muß, während ein abschließendes, letztes Bauen hier überhaupt nicht in Frage kommt.

Sicher regiert in dem Werk jener anderen an dem Bauen des einen Herrn Beteiligten eine Ordnung, in der sie auch unter sich stehen und tätig sind, um abgestufte, über- und untergeordnete Verantwortlichkeiten und Wirksamkeiten. Nur daß es hier im Unterschied zum gewöhnlichen Bauen keine vornehmeren und geringfügigeren Funktionen und Beiträge und keine unbewegliche, sondern nur eine höchst bewegliche «Hierarchie» aller Beteiligten geben kann: beweglich gemäß dem unmittelbaren Befehlsverhältnis des Herrn zu jedem von ihnen. Nur daß hier also jederzeit Umdispositionen stattfinden können, vermöge derer (ohne daß das eine Degradierung der Einen oder eine Dekoration der Anderen bedeuten muß) Erste zu Letzten, Letzte zu Ersten werden können: ein bisheriger Vorarbeiter oder auch höchster Aufseher ins Glied zurückzutreten und als gewöhnlicher Handlanger einen dann gewiß auch wichtigen Beitrag zum Ganzen zu leisten hat, während umgekehrt ein bisheriger Handlanger oder Lehrling – und das ohne lange Schulung und Prüfung – an hoher oder höchster Stelle sich zu betätigen die Gelegenheit bekommen mag.

Noch etwas – wir haben ohne besondere Absicht nach den verschiedensten Seiten geblickt und blicken jetzt noch nach einer letzten: Sicher ist auch das Bild, das dieses Erbauen bietet, das Bild eines richtigen Bauplatzes, erfüllt von richtigem Betrieb, von der mannigfachsten Geschäftigkeit. Wir befinden uns ja mitten in der menschlichen Geschichte, in der der Mensch, auch Christ, sich schlecht und recht regen und bewegen muß. Was soll beim gewöhnlichen Bauen Anderes zu sehen sein als dieses menschliche Sichregen und Bewegen? Aber wie würde man das Bild dieses Bauens mißverstehen, wenn man nicht sehen würde, daß da auch einfaches, stilles, natürliches Wachstum stattfindet, jenes «automatische» Fruchttragen der guten Erde (Mr. 4, 28)! Nicht umsonst, daß die Rede vom Bau im Neuen Testament so oft (oft ziemlich verwirrend) vermischt ist mit der von der Pflanzung Gottes! Es geht um das Wachstum, das so wenig wie die Vollendung des Baus das Ergebnis menschlicher Geschäftigkeit ist – und um die menschliche Geschäftigkeit, die gerade nur der Effekt und das Symptom dieses Wachstums ist, so daß der Mensch, indem er seine Hände rührt, aber auch indem er sie faltet und gelegentlich einfach in den Schoß legt, nur eben dabei sein und konstatieren kann, daß es sich (Mr. 4, 27) ereignet, «er weiß selbst nicht wie» : während er arbeitet, aber auch während er gar nicht arbeitet, sondern vielleicht, mit Luther zu reden, «mit Philippo und Amsdorf wittenbergisches Bier trinkt». Ein gewöhnlicher Bau pflegt nicht so zu wachsen. Man könnte den Unterschied noch unter anderen Gesichtspunkten beschreiben. Das Gesagte mag vorerst genügen, um darauf aufmerksam zu machen, daß man sich durch die Vorstellungen, die sich sonst mit dem Begriff des Bauens verbinden, nicht stören lassen darf in dem Versuch, zu sehen, um was es bei diesem Bauen gehen möchte – übrigens auch als Voranzeige, daß es ein geschlossener Gedankenbau nicht ist, den wir, indem wir diesen Versuch unternehmen, zu sehen erwarten dürfen, sondern eben nur einige Punkte, in denen sich die Bewegung abzeichnen mag, die ja hier (wie in der Dogmatik so oft, im Grunde immer!) der Gegenstand unserer Betrachtung ist.

Unsere entscheidende Frage muß einfach lauten: Wer baut da eigentlich? Die Antwort hat zweifellos zu lauten: Eigentlich, erstlich und letztlich Gott, er selber, er ganz allein. Nur diese Antwort ist richtig, trifft nämlich den umfassenden und beherrschenden Charakter der in Frage stehenden Aktion: das, was stillschweigend auch da als selbstverständlich impliziert zu ergänzen ist, wo nun doch auch andere Subjekte dieses Bauens durchaus und in vollem Ernst zu nennen sind. Wir beziehen uns noch einmal auf das, was schon am Anfang der Lehre von der Heiligung gesagt wurde. Die Auferbauung der christlichen Gemeinde ist ja nur eine besondere Wirkungsweise und ein besonderer Aspekt der Heiligung, in der, was dann immer auch vom menschlichen Subjekt und seinem Wirken zu sagen sei, primär Gott am Werk ist: nicht nur im Ganzen, sondern auch im Einzelnen, nicht nur in ihrem Anheben, sondern auch in ihrem ganzen Vollzug, nicht nur im Hintergrund, sondern auch im Vordergrund. Derselbe eine Gott, der den Himmel und die Erde geschaffen hat, dessen irdische Kreaturen auch die Christen mit all dem sind, was sie zur Tätigkeit in diesem Werk zunächst rein physisch fähig macht! Derselbe eine Gott, der dann der Auferbauung der Gemeinde in einem ganz anderen neuen Werk seiner Hand ihr Ziel setzt und schenkt: nicht mehr als weiteres Erbauen ihrer irdischen Gestalt, in der auch die Christen (Hebr. 11, 13 f.) noch Gäste und Fremdlinge sind, ihr Vaterland erst suchen, sondern (Hebr. 11, 10) als Erbauer und Schöpfer der Stadt mit den festen Fundamenten, die zu sehen, in der zu sein, ihnen jetzt erst verheißen ist. Eben dieses einen Gottes Werk ist doch schon ihre Auferbauung zur Gemeinde in der Jetztzeit, die (1. Petr. 1, 17) die «Zeit ihrer Fremdlingschaft» ist: ganz und gar sein Werk.

So ausdrücklich 1. Kor. 3, 9: θεοῦ οἰκοδομή ἐστε (unmittelbar vorher in gleicher Bedeutung: θεοῦ γεώργιον, das Feld, auf dem Gott der Ackermann ist. So Act. 15, 16 in dem Zitat aus Amos 9,11: «Nach diesem will ich wieder aufrichten und wieder aufbauen die zerfallene Hütte Davids». Indem Gott seinem Namen unter den Heiden ein Volk verschafft, vollzieht er nach dem Zusammenhang der Stelle den Wiederaufbau des zur zerfallenen Hütte gewordenen Hauses David, bestätigt er, wunderbar genug, seine Treue gegen das von ihm erwählte und berufene Juda-Israel, erfüllt er die ihm mit seiner Erwählung und Berufung gegebene Verheißung. Und so ist es Gott und das Wort seiner Gnade, dem Paulus nach Act. 20, 32 die Ältesten von Ephesus anbefiehlt: ihm als dem, der die Macht habe, sie (jetzt) zu erbauen und ihnen (einst: das wird das andere, das neue Werk desselben Gottes sein) mit allen Geheiligten das «Erbe» zu geben. Hierher dürfte endlich auch 2. Tim. 2, 19 f. gehören, wo die Gemeinde ein «großes Haus» genannt wird, in welchem es allerlei wertvolle, aber auch wertlose Geräte gibt, Gott aber «der feste Grund» ist, der als solcher auch der zwischen jenen unterscheidende Hausherr ist: «Er hat die Seinigen erkannt».

Aber nun ist ja der eine Gott, der da baut, kein anonym Mächtiger, Wirksamer und Handelnder, sondern es ist der Mensch Jesus in der Macht seines Geistes, in dem und durch den der eine Gott in der Erbauung der Gemeinde tätig ist. Nun ist also *in concreto* Er der Herr, von dessen Wirken alles sonstige menschliche Wirken bei diesem Bauen geleitet und bestimmt, ja der da in allem sonstigen menschlichen Wirken der primär, der eigentlich Wirkende ist. Indem Er in ihr als Autor (im umfassendsten Sinn des Wortes) gegenwärtig ist, redet und schafft, ist die christliche Gemeinde, was sie ist. Sie ist es, indem sie seine Gemeinde, indem ihre Geschichte im Grunde seine Geschichte ist. Sie ist ja (wir werden das im zweiten Abschnitt besonders zu erwägen haben) sein Leib, seine eigene irdisch-geschichtliche Existenzform. Je treuer, je bestimmter ihr Handeln das seinige – nicht ergänzt, geschweige denn ersetzt, aber bezeugt, widerspiegelt, desto bestimmter geschieht in und mit dem, was in aller Menschlichkeit in ihrem Raum geschieht, ihre eigene Auferbauung.

Man wird ja Matth. 16, 18 über dem, was, in die Augen springend, über die besondere Funktion des Petrus gesagt wird, den Hauptsatz nicht übersehen dürfen: οἰκοδομήσω μου τὴν ἐκκλησίαν, die von den Mächten des Todes und der Hölle schon jetzt und hier, mitten in den Versuchungen und Bedrohungen der Weltgeschichte nicht überwunden werden wird. Nicht Petrus, sondern (indem Petrus, durch sein Bekenntnis als Jünger ausgewiesen, als der Felsen dient, auf dem nach Matth. 7, 25 ein kluger Mann sein Haus bauen wird) Jesus «baut» seine, weil er das tut, unüberwindliche Gemeinde. Die Stelle ist m. W. die einzige im Neuen Testament – Vielhauer hat sie (a.a.O. S. 76) einen «erratischen Block» genannt – in der Jesus explizit als der Erbauer der Gemeinde bezeichnet wird. Aber was sollte er, den sie ihren Herrn nennt, der für die in ihrer Mitte maßgebende apostolische Verkündigung erste und letzte Instanz, ihr Gegenstand und einziger Inhalt ist, im Verhältnis zu ihr Anderes sein als eben ihr Erbauer? Und wer sonst neben ihm sollte das sein? Indem er als Mensch unter den Menschen da ist, erbaut er auch seine Gemeinde, fügt er – nicht alle, aber diese und jene von ihm Berufenen zusammen zu gemeinsamem Erkennen und Glauben, Leben und Dienen. In anderer Wendung des Gedankens vom Bau ist natürlich dasselbe gemeint, wenn er 1. Kor. 3, 11 der θεμέλιος der Korinthergemeinde genannt wird, neben den niemand einen anderen legen kann. Warum nicht? Weil dieser und nur dieser durch den Dienst des Paulus von Gott gelegt ist: außer Konkurrenz mit dem Dasein, der Funktion aller anderen an der οἰκοδομή

1. Die wirkliche Kirche

der Gemeinde Beteiligten, des Paulus selbst vor allem. Wer nicht auf diesem Grunde baut, oder wer wie die Hebr. 6,1 Angeredeten so tut, als müsse der Grund der Gemeinde erst gefunden und gelegt werden, der wird hier überhaupt nicht bauen. Und wieder in anderer Wendung dasselbe, wenn Jesus von der der ersten Gemeinde offenbar besonders wichtigen Stelle Ps.118,22 her in deutlicher Beziehung zum Baugedanken 1.Petr. 2,4f. (etwas weniger deutlich Matth.21, 42, Luk.20,17, Act.4,11) der von den menschlichen Bauleuten des Hauses Israel verworfene Stein genannt wird, der, von Gott erwählt und zu Ehren gebracht, zum Eckstein gemacht ist. Der «lebendige Stein» heißt er 1. Petr.2,4, zu dem die Christen ihrerseits als «lebendige Steine» hinzugefügt und so zum οἶκος πνευματικός auferbaut werden. Die in ihrer Souveränität schlechthin einzigartige Stellung und Funktion, die ihm bei diesem Bau zukommt, wird doch wohl auch in diesen anderen Wendungen unzweideutig sichtbar.

Aber nun ist es der in dem Menschen Jesus und durch ihn an und mit anderen Menschen handelnde – der nicht nur ihn, sondern in ihm auch diese anderen erwählende und heiligende Gott, der da wirkendes Subjekt ist. So kann mit dem Verweis auf ihn und auf den Menschen Jesus, so entscheidend er ist, hinsichtlich des Subjektes dieses Bauens nicht das letzte Wort gesagt sein. Wer «Christus» sagt, der sagt, wenn auch jetzt noch glaubend und nicht schauend: «Christus und sie Seinen» – Christus in und mit seiner Fülle also, die die Gemeinde ist. Die kann darum als seine Gemeinde (sein Leib!) nicht nur passives Objekt ihrer Erbauung sein, ihr nicht nur beiwohnen und zusehen. Sie baut sich selber. Und man wird sagen müssen: es ist ihre Erbauung wie ganz und gar Gottes, bzw. Jesu Christi, so auch ganz und gar ihr eigenes Werk – als ihr Werk freilich gebrechlich, immer neuer Korrektur und Überbietung bedürftig, die ihr in der ihr zuteil werdenden apostolischen Belehrung und Zurechtweisung auch immer neu widerfahren müssen und, nicht zu vergessen: auch seinem künftigen Gericht unterworfen, aber in solcher menschlicher Schwachheit, Bedürftigkeit und Fragwürdigkeit, als «vorläufige Darstellung» des Zieles, das ihr von Gott gesetzt und geschenkt werden wird, ihr Werk, Sache ihrer Tat, Verantwortung, aber auch Ehre.

Es steht also nicht in Widerspruch zu dem, was wir bisher gehört, wenn Paulus sich selbst und den in der Entwicklung der korinthischen Gemeinde besonders tätigen Apollos 1. Kor. 3,9 als Gottes συνεργοί bezeichnet und v 10 sich selbst als den σοφὸς ἀρχιτέκτων, der als solcher in Korinth jenen Grund, neben dem kein anderer in Frage kommt, gelegt, nämlich Jesus Christus verkündigt habe. Ihm sei, so schreibt er 2. Kor. 10,8 und 13,10 (vgl. auch 12, 19) derselben Gemeinde, vom Herrn ἐξουσία gegeben zu ihrer Erbauung – nicht zu ihrer Zerstörung, wird beide Male in deutlicher Anspielung auf Jer.1,10 hinzugefügt: darin unterscheidet sich (wohl zu beachten!) der Auftrag des neutestamentlichen Apostels von dem des alttestamentlichen Propheten, daß es in ihm eindeutig positiv um ein Erbauen und nicht um ein Niederreissen geht. Wenn ein «Niederreissen» allerdings auch hier vorgesehen und zu bedenken ist, so wird das Sache des kommenden Richters sein. Er, Paulus, hat aufzubauen! Ihm, Paulus, sei diese ἐξουσία gegeben. Was aber nach 1. Kor. 3, 12 f. unmöglich bedeuten kann, daß sie nicht in anderer Weise auch Anderen, z. B. jenem Apollos gegeben sei. Und er weiß nach Röm. 15, 20, daß anderswo Andere sogar in derselben Weise wie er, nämlich «grundlegend» gebaut haben und noch aufbauen und damit – natürlich in sekundärem Sinn –

718　§ 67. *Der Heilige Geist und die Erbauung der christlichen Gemeinde*

selber «Grundlage» (θεμέλιον) der durch ihr Wort versammelten Gemeinde wurden und sind. In diesem Sinn wird Matth. 16,18 Petrus als Erster aller Erkennenden und Bekennenden die πέτρα genannt, auf die Jesus seine Gemeinde erbauen, dem er die «Schlüssel des Himmelreichs» anvertrauen will. In diesem Sinn werden Eph.2,20 die «Apostel und Propheten» das θεμέλιον genannt, auf das auferbaut die Christen aus den Heiden im Verhältnis zu Israel keine «Gäste und Fremdlinge» mehr sind, sondern «Mitbürger der Heiligen und Gottes Hausgenossen», eingebaut in jenen Wiederaufbau des zerfallenen Hauses David. In diesem Sinn können Eph.4, 11f. diese menschlichen Erbauer erster Ordnung, aber auch die anderen Charismatiker die Werkzeuge jener «Zubereitung der Heiligen» genannt werden. Daß im Besonderen die Gabe der Prophetie zur Erbauung der Gemeinde diene, wird 1. Kor. 14,3f. sehr betont gesagt, wogegen nach der Fortsetzung die Problematik der in Korinth so geschätzten Zungenredner darin zu sehen ist, daß ihr Tun nur ihrer privaten Erbauung (hier taucht diese Möglichkeit am Rande auf; um sofort abgelehnt zu werden!), nicht aber, sie fänden denn Ausleger, der Erbauung der Gemeinde dient. «Ihr sollt, da ihr hinsichtlich der Geister so eifrig seid, danach eifern, daß ihr zur Erbauung der Gemeinde reich werdet» (v 12). Ihr: Man bemerke, wie sich der Kreis der Beteiligten zusehends erweitert. Sind die Apostel bei diesem Bauen Mitarbeiter erster, die Charismatiker Mitarbeiter zweiter Ordnung, so kann es 1. Thess. 5,11 doch auch ganz allgemein heißen: οἰκοδομεῖτε εἰς τὸν ἕνα, so ist 1. Kor. 10,23 wieder ganz allgemein «das, was erbaut», das Kriterium des Tuns, das nicht nur möglich ist, sondern das συμφέρει, das also das christlich Gebotene ist. In der Liebe und also in dem Spezifischen, das alles Tun aller Christen auszeichnet, geschieht Erbauung (Eph.4,16). Die Liebe selbst erbaut (1. Kor. 8,1), während die in Korinth gepflegte Gnosis das nicht tut, sondern nur «aufbläht». Kurz: Alle sind, die ganze Gemeinde ist das Subjekt ihrer Erbauung. Gewiß nicht ohne daß es da Erste und Letzte, Große und Kleine, Urheber und Fortsetzer, Lehrer und Schüler gibt, aber auch nicht so, daß es da delegierte und also geringere Verantwortlichkeiten gäbe; nicht so also, als ob da irgend Jemand von der Frage dispensiert wäre, ob und in welchem Sinn gerade er mit dem, was er gerade jetzt ist und tut, an der Erbauung der Gemeinde beteiligt oder nicht beteiligt sein möchte.

Erbauen heißt Zusammenfügen. Das ist es, was Gott, was Jesus tut, was dann auch die Apostel und die Charismatiker tun, was letztlich, ist sie die wirkliche Kirche, die ganze Gemeinde in allen ihren Gliedern tut. Da ist eine Vielheit von Menschen, versammelt durch die Verkündigung des Evangeliums, und damit dieses in der Welt durch sie verkündigt werde. Diese Menschen bedürfen dessen, zusammengefügt und so als Gemeinwesen, als ein zu einmütiger Aktion befähigtes Volk konstituiert, begründet und erhalten zu werden. Denn als Menschen sind sie zunächst ein auseinanderstrebender, jedenfalls nicht gemeinsam wirkender Haufe, kein Gemeinwesen. Sie sind das jedenfalls von keiner der natürlichen und geschichtlichen Bindungen her so, wie sie es hier, im Dienst des einen Vaters, als Jünger des einen Herrn Jesus Christus, im Gehorsam gegen den einen Heiligen Geist werden und sein müssen. Zur Erreichung bestimmter einzelner Zwecke mögen Menschen ja auch sonst miteinander verbunden sein, aber eben darum nicht ganz, nicht völlig verbunden. Zur Gemeinde versammelt sind sie zum Zweck aller Zwecke, muß ihre Verbindung also eine ganze, völlige, unbedingt haltbare sein: Verbindung zur Bruderschaft. Nicht zu einem Kollektiv also, in dessen Existenz und

1. Die wirkliche Kirche

Aktion der Einzelne als solcher belanglos, seine Besonderheit zum *pudendum* wird. Verbindung zur Bruderschaft ist solide Verbindung, aber Verbindung in Freiheit, in der kein Einzelner aufhört, dieser Einzelne zu sein, in der er sich gerade in seiner Besonderheit mit den Anderen in ihrer Besonderheit verbindet. So heißt Erbauen und also Zusammenfügen hier nicht die Herstellung eines fugenlosen Gebildes, wohl aber die Herstellung eines solchen, in dessen Fugen die Ecken und Kanten der einzelnen Bauelemente zueinander passen, so daß sie nicht nur aesthetisch unter sich übereinstimmen, sondern ihre technische Funktion auszuüben: sich nämlich gegenseitig zu halten und zu tragen vermögen. Gerade die Herstellung einer ganz und völlig positiven Beziehung, gerade das Zusammenpassen in den Fugen zwischen einem Jeden und seinem Nächsten ist hier also das eigentliche Bauproblem. Die Liebe (zum Nächsten nämlich) baut die Gemeinde. Tut sie es nicht, dann wird die Gemeinde überhaupt nicht gebaut. Und so besteht die Erbauung konkret darin, daß die Glieder der von Gott, von Jesus als ihrem Herrn geliebten Gemeinde, sich auch untereinander lieben. Aber damit berühren wir schon das Thema unseres letzten Paragraphen. Hier beschäftigt uns die Umkehrung: die Liebe als die Bruderliebe der Christen besteht (man sieht: ohne allen sentimentalen Nebenklang des Wortes) darin, daß sie, von Gott, von Jesus zusammengefügt, sich auch unter sich zusammenfügen, um so das Gemeinwesen zu sein, das für seinen Dienst in der Welt brauchbar ist. Ohne zusammengefügt zu sein und sich selbst zusammenzufügen, können sie sich auch nicht halten und tragen. Tun sie das aber nicht, dann muß die Gemeinde auseinanderbrechen, auseinanderfallen. Sie kann dann die vorläufige Darstellung der in Jesus Christus geheiligten Menschheit nicht sein. Die zeitlich-geschichtlichen Gerichte, die in Form von Verirrungen und Verwirrungen, von Erstarrungen und Auflösungen, von Stillständen und Niederlagen über die Kirche ergehen, sind immer Symptom dafür, daß sie es an diesem Sichzusammenfügen fehlen läßt. Ihre Erbauung durch Gott, durch Jesus, wirkt dem entgegen und indem sie sich selbst erbaut, hat sie dem auch ihrerseits entgegenzuwirken. Was sie in Lehre und Leben und zentral in ihrem Gottesdienst zu tun hat, will in dem gegenseitigen Halten und Tragen getan sein, das dieses Sichzusammenfügen zur Voraussetzung hat. Indem sie dieses übt, vielmehr, indem sie es zuläßt, daß der Heilige Geist sie darin übe, sich zusammenzufügen, wird und ist sie wirkliche Kirche, zubereitet zu jenem Sehen und Gehen nach vorwärts, zu jener vorläufigen Darstellung und eben: zu dem Zeugnis, das der Sinn ihrer Existenz in der Weltgeschichte ist.

«Zusammenfügen» ist die Übersetzung des Eph. 2,21 gebrauchten Verbums συναρμολογεῖν, das an die Stelle des attisch-griechischen συναρμόζειν getreten ist. Daß dieses συναρμόζειν auch das «Komponieren» des Tonkünstlers bezeichnen konnte, soll (ohne exegetische Folgerungen zu ziehen!) nur eben erwähnt sein. Συναρμολογεῖν wird Eph. 4,16 auch zur Bezeichnung des Zusammenspiels des σῶμα Χριστοῦ bzw. seiner verschiedenen Organe verwendet. Aber ἁρμός heißt Fuge, ἅρμοσμα ist ein «Zusammengefügtes», so daß anzunehmen ist, daß der Begriff jedenfalls ursprünglich in den Bereich des Baugedankens gehört und also zunächst hier zu berücksichtigen ist.

Und nun scheint die eigentliche Gestalt dieses συναρμολογεῖν im Neuen Testament tatsächlich durchgehend in einer Aktion von Mann zu Mann zu bestehen, deren Charakter dann eben notwendig die ἀγάπη ist, und es dürfte die einfachste Form dieser Aktion schlicht darin bestehen, daß Einer dem Anderen Nächster, Bruder, und daß der Andere dem Einen wiederum Nächster, Bruder ist, daß sie sich beiderseits als solche begegnen und zueinander verhalten. Das ist die «Fuge»! Fragt man weiter, was in dieser Fuge – in den vielen Fugen, in denen die vielen Erbauten sich gegenseitig begrenzen, aber auch berühren – geschieht, so daß (1. Thess. 5, 11) εἰς τὸν ἕνα erbaut, so wird man wohl gut tun, dem Hinweis von O. Michel (a.a.O.S.143,28f.) folgend, darauf zu achten, daß der Imperativ οἰκοδομεῖτε an derselben Stelle mit παρακαλεῖτε ἀλλήλους zusammen steht, und so 1. Kor. 14, 3 οἰκοδομή mit παράκλησις und παραμυθία (Trost). Die Antwort wird dann lauten müssen: es geschieht in dieser Fuge, daß jeder Einzelne «den Zuspruch des Evangeliums an sich selbst geschehen läßt und an Andere weitergibt» – in kleinem Maßstab also eine Wiederholung des Verhältnisses, in welchem die Gemeinde als solche in und mit der Welt lebt – nur daß jenes Verhältnis unumkehrbar, dieses aber, innerhalb der Gemeinde, immer reziprok ist. Alle die Stellen wären hier zu bedenken, wo der Begriff ἀλλήλων auftaucht zur Bezeichnung des wechsel- und gegenseitigen Verhaltens und Tuns, in welchem die Christen auf Eines sinnen (Röm. 12,16), indem sie Salz bei sich haben, Frieden halten (Mr. 9,50), sich aufnehmen (Röm. 15,7), sich warnen (Röm. 15,14), sich vergeben (Kol. 3,13), sich einander unterordnen (Eph. 5,21), sich gastfrei begegnen (1. Petr. 4,9), Einer des Anderen Last tragen (Gal. 6,2) usw.- und so auch die, in denen mit den Deklinationen des Pronomens ἑαυτῶν dieselbe oder ähnliche Verhaltungsweisen in ihrer Wechselseitigkeit beschrieben werden.

Natürlich befinden wir uns da mitten im Bereich der christlichen Ethik. Aber das ist es ja, daß es sich in der christlichen Ethik in ihrer neutestamentlichen Gestalt wohl nirgends um die Aufforderung zu einer abstrakten Privatmoral, sondern primär immer um die Anweisung zum Aufbau der Gemeinde handelt. Indem Einer sich zum Anderen in der beschriebenen Weise verhält, erbaut er die Gemeinde. Daß das in allen seinen Anwendungen auf dem einen Grund geschieht, neben dem es (1. Kor. 3,11) keinen anderen gibt, ist die Voraussetzung. Aber indem dieser Grund gelegt ist, will auf ihm gebaut sein, will von ihm her dieses «Zusammenfügen» stattfinden, steht alles Tun der Christen unter dem Kriterium, ob dieses Zusammenfügen in ihm stattfinde oder nicht stattfinde. Das feinste εὐχαριστεῖν taugt nichts, wenn der Andere (und in seiner Person die Gemeinde) dadurch nicht erbaut wird (1. Kor. 14,17). Man sehe aber zu – es sind ja lauter Menschen, die da am Werk sind! – daß man nicht baue und also «zusammenfüge», was als Erbauen der Gemeinde keinen Wert hat und also «unerbaulich», wohl gar gefährlich, destruktiv ist. «Erbaue», d. h. ermuntere ich den im Gewissen noch schwachen, seiner Freiheit noch nicht sicheren Bruder durch mein Beispiel, durch den Gebrauch der mir gegebenen Freiheit dazu, Götzenopferfleisch zu essen, so stürzt solcher Triumph meiner Gnosis diesen Schwachen, den Bruder, um dessentwillen Christus gestorben ist, ins Verderben, womit ich dann gewiß die Gemeinde nicht erbaue. Lieber selber in Ewigkeit kein Fleisch essen, als so bauen (1. Kor. 8, 10–13)! Und es ist auch kein Aufbauen der Gemeinde, wenn Petrus (Gal. 2,18) sich in Antiochien, nachdem er sich den Heidenchristen schon zugesellt, aufs neue als Jude von der Tischgemeinschaft mit ihnen trennt, damit sich selbst nachträglich desavouiert und erst noch so tut, als müßten die Heiden, um Christen zu werden, zuerst Juden werden, wenn er also «wiederaufbaut» πάλιν οἰκοδομεῖ), was er selbst mit Recht niedergerissen (was ja in Christus ein für allemal niedergerissen ist!).

1. Die wirkliche Kirche

Daß es aber eine Krisis alles, auch des bestgemeinten, durchaus von jenem Grund her anhebenden christlichen Bauens gibt, zeigt eindringlich die Stelle 1.Kor.3,12–15, wo fast selbstverständlich damit gerechnet wird, daß da faktisch mit Gold, Silber, Edelsteinen, aber auch mit Holz, Heu und Stroh gebaut wird. Und nun wird der Tag der Erscheinung der vollendeten Gemeinde (des Kommens des neuen Jerusalem von Gott, vom Himmel her Apok.21,2, des Herabsteigens der οἰκία ἀχειροποίητος αἰώνιος 2.Kor. 5,1) – der Tag der letzten und universalen Offenbarung Jesu Christi nicht nur für die Welt, sondern auch für die jetzt und hier in der οἰκοδομή begriffene Gemeinde eine *dies irae* (der Tag des Gerichts, das nach 1.Petr. 4,17 beim Hause Gottes sogar anfängt!) sein: ein Tag des Feuers, durch welches alles in der Gemeinde unnütz und verkehrt Gebaute, das Holz, Heu und Stroh, mit dem da faktisch so mannigfach gebaut worden ist, verbrannt werden wird. 2.Kor.5,10 muß bestimmt auch unter diesem Aspekt verstanden werden: «Wir Alle (die jetzt am Bau der Gemeinde Beteiligten) müssen offenbar werden vor dem Richterstuhl Christi, damit ein Jeder empfange, je nachdem er bei Leibesleben gewirkt hat: Gutes oder Böses». Es wird dann Jeder seinen Lohn empfangen, hieß es schon 1.Kor.3,8.14. Das gilt von denen, deren Werk dann bestehen, im Feuer sich bewähren wird (1.Kor.3,13f). Aber wer wird da bestehen? *Quid sum miser tunc dicturus?* Mit einem Verlorengehen derer, die da als solche, die unnütz und verkehrt gebaut haben, offenbar sein werden, deren mit Holz, Heu und Stroh Gebautes dann also verbrennen wird, hat Paulus nach 1.Kor.3,15 nicht gerechnet. Röm. 8,1 dürfte hier eingreifen: «So gibt es nun keine Verdammnis derer, die in Christus Jesus sind». Es werden die schlechten Bauleute (und wer wird da nicht auch zu den schlechten gehören?) Schaden leiden – wie sollten sie nicht, da ihr Werk verbrannt, schlechthin vertilgt werden wird, als wäre es bei allem aufrichtigen, aber unverständigen Eifer, den sie daran gewendet haben mögen, nie gewesen? – sie selbst aber werden gerettet werden: nicht etwa, weil doch noch irgend etwas Gutes an ihrer Sache war, im Blick auf das sie dessen würdig wären, sondern hart an ihrem Verderben vorbei (ὡς διὰ πυρός; gewissermaßen angebrannt durch das ihr Werk verzehrende Feuer) allein darum, weil dieses immerhin auf dem einen Grunde Christus gebaut war und von daher in seiner ganzen Unbrauchbarkeit als ihnen vergebene Sünde dastehen wird. Man beachte und bedenke, daß das der letzte Aspekt ist, unter dem Paulus nicht etwa polemisch nur das οἰκοδομεῖν irgendwelcher Anderer, etwa das des Apollos, sondern auch sein eigenes gesehen hat!

Von Christus her ist es notwendig, erlaubt, geboten, daß bei der Erbauung der Gemeinde ausnahmslos Jeder Hand anlege. Das «Zusammenfügen» der Christen zueinander und damit die Erbauung der Gemeinde muß, soll und darf geschehen. Indem Jeder in seinem Nächsten seinen Bruder hat, im Verhältnis zu dem er sich selbst einfügen und ihn seinerseits einfügen kann, ist der Bauplatz für einen Jeden vorhanden und abgesteckt, kann Keiner sich herausreden: er wisse nicht, was gerade ihn in so großer Sache zu tun habe, kann Keiner sich beklagen, ein armer Arbeitsloser zu sein, ist ein Jeder – und Keiner in geringerer Verantwortlichkeit und Ehre als der Andere – geheißen und in der Lage, als Gottes συνεργός an dem für den ganzen Kosmos und seine Geschichte, für jeden fernen und nahen Menschen auch außerhalb der Christenheit so entscheidend wichtigen Werk aktiv mitzutun. Es wird aber derselbe Christus, von dem her ihm das notwendig gemacht, erlaubt und geboten ist, auch der Richter sein über sein Mittun, über das Verständnis und Mißverständnis, über den Gehorsam und Ungehorsam, über den Eifer und die Trägheit, in der er da mittut und also mitbaut an der Gemeinde als der vorläufigen Darstellung der in Jesus Christus schon geschehenen Heiligung aller Menschen. Indem eben dieser Jesus Christus endgültig und universal offenbar werden wird, wird auch er, wird sein besonderes συνεργεῖν, wird das συνεργεῖν und οἰκοδομεῖν aller Christen in seinem Wert oder Unwert, d.h. in seiner Brauchbarkeit oder Unbrauchbarkeit für dieses vorläufige Werk Gottes inmitten der ihrem Ende entgegeneilenden Welt offenbar werden. Die Ehre Gottes und sein eigenes Heil verlangen, daß ein Jeder sein Christsein unter diesem Aspekt ganz ernst nehme, die Gewißheit seiner Errettung ὡς διὰ πυρός also nicht als ein Faulbett oder als Befreiung zu irgendwelcher schweifenden (frommen oder unfrommen) Willkür verstehe. Er kann diese Gewißheit gerade nur haben, indem er es mit seiner Verpflichtung zum οἰκοδομεῖν, aber auch mit dem Gedanken an das kommende, wahrhaftig gefährliche Verbrennen alles nichtig Gebauten ganz ernst nimmt. Wer das Eine oder das Andere nicht ernst nimmt, der kann und wird jene Gewißheit von Röm. 8,1 unmöglich haben.

Wir schließen mit einer Feststellung, die schon zur Konkretisierung des ganzen Bildes unentbehrlich ist. Das Baugeschehen, in welchem die Gemeinde die wirkliche Kirche ist, ist in seiner Mitte, in welcher es immer neu anhebt und direkt greifbar und anschaulich wird, das Geschehen, in welchem sie, ihrem Namen ἐκκλησία wörtlich entsprechend, zur «Versammlung» ihres Herrn zusammentritt, als solche am Werk ist und sich vor Gott und seinen Engeln, vor der Welt und nicht zuletzt vor sich selbst und allen ihren einzelnen Gliedern bekennt und zu erkennen gibt: in ihrem gemeinsamen Gottesdienst.

Ich möchte es nicht unterlassen, bei Anlaß dessen, was hier und nachher im 4. Abschnitt dieses Paragraphen zu diesem Thema zu sagen ist, ausdrücklich auf die durch ihre Weiträumigkeit wie durch ihren Tiefsinn gleich ausgezeichnete Arbeit von Peter Brunner, «Zur Lehre vom Gottesdienst der im Namen Jesu versammelten Gemeinde» (In: Leiturgia. Handbuch des evangelischen Gottesdienstes, Band I 1951) hinzuweisen. Wenn ich ihm auch nicht überall folgen kann, so ist mir doch der Ernst seiner Fragestellung und Nachforschung tief eindrücklich. Und über wesentliche Übereinstimmungen zwischen ihm und mir darf ich mich auch freuen.

Nicht nur im Gottesdienst wird sie erbaut und erbaut sie sich selbst; sie tut es aber zuerst immer aufs neue hier, und wenn sie es hier nicht täte, täte sie es gar nicht. Tut sie es auch sonst, dann in Erweiterung und Transformierung dessen, was sie hier tut. Hier unterscheidet sich das Bauen Gottes und das Bauen des gottmenschlichen Herrn und das Bauen der Christen als der beteiligten Menschen sichtbar von der Herrschaft und Erscheinung einer bloßen Idee, hier wird es zu bestimmter Zeit und an bestimmtem Ort in seiner Ganzheit konkretes Ereignis. Hier sind nicht nur diese und jene Einzelnen, sondern alle Christen dabei, sich «zusammenzufügen», hier sind alle in grundsätzlich gleicher Rezeptivität und Spontaneität, als Hörer und als Täter des Wortes (Jak.1,22) allen zugewendet. Hier ermahnen und trösten sie sich in jener Gegenseitigkeit. Und hier finden sie sich, indem sie in der Macht des Heiligen Geistes ihres auferstandenen Herrn gemeinsam zum Aufblick auf dessen künftige Offenbarung und so auf ihr eigenes Eschaton aufgerufen sind, zum Sehen und Gehen in der Richtung auf dieses der Gemeinde am Ende der Endzeit zu setzende, zu schenkende Ziel ihrer Auferbauung gemeinsam in Bewegung gesetzt. Christlicher Gottesdienst ist in allen seinen Elementen, nicht nur in der Mahlfeier, aber indem er in ihr seine Spitze erreicht, Kommunion: Handlung Gottes, Jesu, der Gemeinde selbst für die Gemeinde und also eben: **Erbauung der Gemeinde**. Von dieser Mitte her kann, soll und darf sie sich dann auch im Umkreis, im Alltagsleben der Christen und nun also doch auch zwischen diesen und jenen Einzelnen vollziehen, wird ihr Reden, Tun und Verhalten im Alltag dazu bestimmt, ein erweiterter und transformierter Gottesdienst zu werden. Es ist aber jene Mitte, in der die **Kommunion** als das Wesen des christlichen Gottesdienstes in ihrer **primären**, alle Einzelnen **miteinander** angehenden, verpflichtenden und in Anspruch nehmenden, aber auch tragenden Form stattfindet. Und es ist wieder jene Mitte, in der die Gemeinde – nicht ein Kollektiv, sondern die lebendige Gemeinde lebendiger Christen – als solche verbunden am **Werk** und für jeden Christen wie für die Außenwelt verbindlich **sichtbar** ist. Hier erbaut sie sich und hier entscheidet es sich, ob und in welchem Sinn sie sich auch sonst, draußen, im Umkreis, im Alltagsleben erbaut, ob und in welchem Sinn sie sich schließlich der Welt gegenüber als «vorläufige Darstellung» ihrer in Jesus Christus geschehenen Versöhnung, Rechtfertigung und Heiligung bewähren wird. Erbaut sie sich hier nicht, dann bestimmt auch nicht im Alltagsleben und dann auch nicht in der Ausführung ihres Zeugendienstes im Kosmos.

Der Hinweis von Vielhauer (a.a.O. S.115) ist also beachtlich: «Es ist schwerlich ein historischer Zufall, bzw. durch die historische Situation bedingt, daß Paulus das Wort (οἰκοδομή) da am häufigsten gebraucht, wo er von der kultisch versammelten Gemeinde spricht: 1.Kor. 14. Der Kult ist die eigentliche Erscheinungsweise der Ekklesia ... Hier ist der eigentliche Sitz der Erbauung». Röm.12,1: «Ich ermahne euch, Brüder, um des Erbarmens Gottes willen eure Leiber darzureichen als ein lebendiges, heiliges, Gott wohlgefälliges Opfer (θυσία) und damit eure λογικὴ λατρεία (zu vollziehen)». Sicher ist damit auf die christliche Existenz in ihrer Ganzheit gezielt. Es dürfte aber wieder kein Zufall sein, daß diese gerade als ihr «vernünftiger» (sachgemäßer) Gottesdienst bezeichnet und daß jenes «Darreichen» gerade mit dem gottesdienstlichen Begriff des «Opferns» beschrieben wird: Es ist eben der Gottesdienst, zu welchem Alle sich auch ganz konkret leiblich hergeben und zusammenfinden, in welchem die christliche Existenz in ihrer Totalität gewissermaßen *in nuce* Ereignis und sichtbar wird. Eben als auf diese Mitte zielend dürfte auch Röm.15,16 zu verstehen sein, wo Paulus sich in seiner Eigenschaft als Apostel der Heiden einen λειτουργὸς Χριστοῦ Ἰησοῦ nennt, der am Evangelium Gottes einen heiligen Dienst (ein ἱερουργεῖν) zu vollziehen, die Heiden als eine Gott wohlgefällige, weil durch den Heiligen Geist geheiligte Opfergabe (προσφορά) darzubringen habe. Und so Phil.2,17, wo er im Blick auf sein bevorstehendes Martyrium von sich selbst sagt, er werde (wie ein Trankopfer) «ausgegossen» (σπένδομαι) im Blick auf die θυσία καὶ λειτουργία τῆς πίστεως ὑμῶν, d. h. im Blick auf das Opfern, den Priesterdienst, den die Gemeinde ihrerseits in und mit ihrem Glauben darzubringen habe. Gottesdienst und Alltagsleben der Christen verhalten sich eben – das scheint mir in der etwas abstrahierenden Darstellung von E. Brunner (a.a.O. S.67f. und 146) mindestens verundeutlicht – nicht zueinander wie zwei zwar zusammengehörige, aber getrennte Bezirke, sondern wie zwei konzentrische Kreise, von denen der Gottesdienst der innere ist, von dem her dann auch der äußere seinen Inhalt und Charakter bekommt: eine Anschauungsweise, die es dem Paulus bekanntlich (Röm.13,6) ermöglicht hat, auch im Blick auf einen noch umfassenderen Kreis, nämlich auf die Repräsentanten sogar des heidnischen Staates von λειτουργοὶ θεοῦ zu reden. Daß das, was in jener Mitte, im christlichen Gottesdienst

geschieht (wie es vom zweiten Jahrhundert ab in gründlichem Mißverständnis der
Eucharistiefeier aufgefaßt wurde) ein neuer Opferdienst sei, ist mit dem allem nicht
gesagt, konnte von Paulus und von der urchristlichen Gemeinde entscheidend darum
nicht gemeint und gesagt sein, weil ja das eine Opfer Jesu Christi nach ihrer noch klaren
Erkenntnis ein für allemal und also unwiederholbar dargebracht war. Sondern es dient
diese ganze Terminologie der Aussage: daß eben das Tun, das sich für Juden und Heiden
mit der Vorstellung des Opferns verband – das Tun der sich konkret konstituierenden
Versammlung des Gottesvolkes – die in Jesus Christus geschehene Erfüllung und
Beendigung alles menschlichen Opferns darzustellen hat: in dem konkreten συναρμολογεῖν der Christen, d. h. in ihrem gemeinsamen Sagen und Hören des Wortes Gottes, in
ihrer gemeinsamen, dankbaren, bußfertigen, bittenden und vor allem lobenden Anrufung
Gottes, zuletzt und zuhöchst in ihrem gemeinsamen Essen und Trinken im Gedächtnis
an den Tod des Herrn, in der Freude angesichts seiner Auferstehung und in der Erwartung seiner Wiederkunft. Von da aus hat sich (im erweiterten und transformierten Sinn
des Begriffs) ihr ganzes Leben zu einem «sachgemäßen Gottesdienst» und so eben: zu
ihrer gegenseitigen Erbauung, zur Erbauung der Gemeinde zu gestalten.

Es ist wahr, daß das Stattfinden und auch die Formen des christlichen Gottesdienstes
im Neuen Testament zwar immer wieder berührt werden, daß es aber für uns schwierig
ist, sich (jedenfalls an Hand der kanonischen Texte) ein anschauliches Bild von ihm zu
machen. Es ist auch wahr, daß von seiner zentralen Wichtigkeit und Notwendigkeit
selten explizit die Rede ist. Die Mahnung Hebr. 10,23f. ist zwar wegen des Zusammenhangs, in dem die Sache erscheint, sehr instruktiv, ertönt aber in dieser Explizitheit
m. W. so nur an dieser Stelle: die Christen sollen «das Bekenntnis festhalten ohne
Wanken», sollen «darauf achten, einander zur Liebe und zu guten Werken anzuspornen»
(das ist ja das konkrete Tun des οἰκοδομεῖν!) und sollen «ihre Versammlung (τὴν ἐπισυνα-
γωγὴν ἑαυτῶν) nicht verlassen, wie es bei Etlichen Sitte (ἔθος) ist» – und das «umso
weniger, als sie den Tag sich nahen sehen.». Man darf sich aber durch das Alles nicht
darüber täuschen lassen: solche «Sitte» und also die Möglichkeit eines unkirchlichen,
d. h. dem gemeinsamen kirchlichen Gottesdienst sich fernhaltenden Christentums, hätte
in der neutestamentlichen Gemeinde gerade nur Gegenstand höchster, verständnisloser
Verwunderung sein können. Man konnte dort ebenso gut das Bekenntnis fahren lassen,
jenem gegenseitigen Sichanspornen und also dem οἰκοδομεῖν als solchem sich entziehen,
ebenso gut das Nahen «des Tages» übersehen, wie der ἐπισυναγωγή aus dem Wege gehen!
Die gottesdienstliche Zusammenkunft ist eben selbstverständlich die Mitte, die
Voraussetzung, in deren Atmosphäre das ganze christliche Leben sich abspielt. Sie
bedarf gerade deshalb keiner besonderen Hervorhebung und Beschreibung.

Und damit stimmt überein, was in dieser Hinsicht von den Schriften des Neuen
Testamentes als solchen zu sagen ist. Ob im Besonderen das Johannesevangelium so
voll ist von Beziehungen auf den Gottesdienst, insbes. auf Taufe und Abendmahl, wie
O. Cullmann (Urchristentum und Gottesdienst 1944) annimmt, mag der Diskussion
der Fachleute überlassen bleiben. Sicher ist, daß dieses Evangelium und die synoptischen und die neutestamentlichen Episteln notorisch nicht zu privater Unterrichtung,
sondern eben zu gemeinsamer Erbauung, d. h. eben im Blick auf und teilweise vielleicht
direkt für den Gottesdienst geschrieben sind. Sie stellen jedenfalls die konkrete Gestalt
(oder das Rückgrat der Gestalt) des in der versammelten Gemeinde verkündigten Kerygmas dar. Sie sind darum nicht umsonst von so zahlreichen Rudimenten von Gebeten,
Bekenntnissen, Hymnen, Gruß- und Segensformeln, Doxologien und anderen liturgischen
Elementen durchzogen, haben nicht umsonst teilweise schon in ihrer Sprache direkt
liturgischen Charakter. Sie würden jedenfalls samt und sonders mißverstanden, wenn
man sie nicht als – nicht nur im allgemeinen, sondern eben auch und zuerst in dieser
Besonderheit – «erbauliche», d. h. die Gemeinde erbauende, «zusammenfügende»
Schriften verstehen würde.

2. DAS WACHSTUM DER GEMEINDE

Inwiefern ist, wàs Kirche heißt, als Kirche sich ausgibt und angesehen wird, **wirkliche Kirche?** haben wir uns gefragt. Wirklich, d. h. ihrem Namen entsprechend, existierend in Bestätigung ihres Wesens, seiend, was sie zu sein scheint, in Erfüllung des Anspruchs, den sie erhebt und der Erwartung, von der sie umgeben ist? Wir haben zunächst allgemein geantwortet: sie ist es im Ereignis, im Geschehen, im **Akt ihrer Erbauung als Gemeinde zur Gemeinde.** Eben der Begriff dieses Ereignisses ihrer Erbauung ist nun zu erklären und nach seinen wichtigsten Dimensionen zu entfalten.

Es wird sich als fruchtbar erweisen, wenn wir ihn zunächst interpretieren durch den uns im Glaubensbekenntnis vorgegebenen Begriff: die Erbauung der Gemeinde ist die **Gemeinschaft der Heiligen,** die *communio sanctorum.*

Ich habe auch hier auf ein Buch von Dietrich Bonhoeffer aufmerksam zu machen. Es handelt sich um die Dissertation, die er 1930 unter dem Titel «*Sanctorum communio,* Eine dogmatische Untersuchung zur Soziologie der Kirche» – als Einundzwanzigjähriger! – geschrieben und veröffentlicht hat. Wenn es eine Rechtfertigung von Reinhold Seeberg gibt, dann mag sie darin bestehen, daß aus seiner Schule nun doch auch dieser Mann und diese Dissertation hervorgehen konnte, die mit ihrer weiten und tiefen Sicht nicht nur im Rückblick auf die damalige Lage tiefsten Respekt erregt, sondern heute noch instruktiver, anregender, erleuchtender, wirklich «erbaulicher» zu lesen ist, als allerlei Berühmteres, was seither zum Problem der Kirche geschrieben wurde. Es befindet sich, wie Ernst Wolf im Vorwort zur Neuausgabe des Buches (1954) mit Recht bemerkt, solches darunter, was unter Berücksichtigung der Darlegungen Bonhoeffers so nicht hätte geschrieben werden können. Ich gestehe offen, daß es mir selbst Sorge macht, die von Bonhoeffer damals erreichte Höhe hier wenigstens zu halten, von meinem Ort her und in meiner Sprache nicht weniger zu sagen und nicht schwächer zu reden, als es dieser junge Mann damals getan hat.

Das Wort **Gemeinschaft** muß, wenn es hier zur Interpretation des Begriffs «Erbauung» brauchbar sein soll, streng im Sinn des lateinischen Wortes *communio,* bzw. des griechischen κοινωνία verstanden werden. Gemeinschaft ist eine **Aktion,** in der viele Menschen von einer ihnen vorgegebenen Einigung *(unio)* her derselben Einigung **entgegen,** miteinander, gemeinsam unterwegs, im Tun begriffen sind. Gemeinschaft geschieht in der Macht, im **Werk des Heiligen Geistes** und in dem ihm entsprechenden Werk der durch ihn versammelten und belebten Menschen. Gemeinschaft findet statt, indem dieses göttliche und menschliche Werk **im Gang** ist: von seinem Ursprung her, in welchem es schon Vollendung ist, seinem Ziel entgegen, in welchem es in seiner Vollendung offenbar werden wird. Gemeinschaft **geschieht** in dem zwischen Vollendung und Vollendung, d. h. zwischen Einigung und Einigung liegenden Bereich des Unvollendeten, ist mithin in jedem Stadium ihres Vollzugs *per definitionem* selbst unvollendet, nicht mehr und noch nicht Einigung, nimmt aber wieder *per definitionem* in jedem Stadium ihres Vollzugs teil an der Vollendung, an der *unio*, von der sie herkommt und der sie entgegengeht. In dem Maß, als sie in dieser Mitte unter vielen Menschen und unter Beteiligung dieser Vielen an ihrem Vollzug geschieht, geschieht dann auch dies, daß diese miteinander sind, gemeinsam handeln, geschieht also auch ihre Verbindung unter sich: auch sie daraufhin, daß ihre Einigung nicht erst herzustellen ist, sondern schon geschehen ist, daß sie miteinander von ihr herkommen und miteinander der Offenbarung ihrer jetzt noch verborgenen Wirklichkeit entgegengehen. Indem sie auf ihre Einigung zurück und vorwärts auf dieselbe Einigung hinblicken, werden und sind sie unter sich verbunden, sind sie miteinander, handeln sie gemeinsam. In dieser Gemeinschaft geschieht die Erbauung der Gemeinde.

Die in dieser Gemeinschaft sind und handeln, sind die Heiligen. Die Heiligen sind die in der Welt und selber in der Art der Welt existierenden Menschen, die dadurch, daß von sie ihrer im Geschehen ihrer Gemeinschaft vorausgesetzten Einigung herkommen, ihrer Offenbarung entgegengehen, zusammengefügt werden, sich selber zusammenfügen. Die Heiligen sind die durch die Macht und das Werk des Heiligen Geistes versammelten und zum Tun des ihm entsprechenden menschlichen Werkes bestimmten Menschen. Sie leben und handeln im Geschehen jener Gemeinschaft und also in jener Verbindung untereinander. Indem sie jetzt, auf Erden, in der Zeit, inmitten der Weltgeschichte leben und handeln (oder gelebt und gehandelt haben – denn die einst waren und jetzt nicht mehr sind, sind damit aus jener Gemeinschaft nicht herausgefallen!) sind sie immer auch noch *communio peccatorum,* Angehörige des Adamsgeschlechtes, an der Übertretung, am Fall und Elend aller Menschen auch sie beteiligt. Dem zum Trotz und in Überwindung dessen aber auch schon, von allen anderen Menschen unterschieden, der Welt gegenüber und doch für die Welt, *communio sanctorum,* inmitten der alten Menschheit die vorläufige Darstellung der neuen! Diese in der Gemeinschaft des einen Heiligen Geistes und so auch in Gemeinschaft untereinander lebenden und handelnden Menschen, die Heiligen sind die Christen.

Was aber macht sie zu solchen? Gewiß kann und muß darauf, in letzter Bezeichnung des Grundes ihres besonderen Seins und Tuns geantwortet werden: es ist Gottes ewige Erwählung, seine in dieser besonderen Weise auf sie gerichtete, gerade sie umfassende und bewegende Liebe, die sie dazu macht: jeden Einzelnen von ihnen in seiner Einsamkeit, aber auch in seiner Zusammengehörigkeit mit den Anderen und so sie Alle als Volk eines Stammes. Wir möchten jetzt aber wissen, was ihr Sein und Tun als Menschen auf Erden, in der Zeit, vor den anderen auszeichnet und was dann auch das Besondere ist, das in ihrer Gemeinschaft geschichtliches Ereignis wird. Um das zu Gesicht zu bekommen, werden wir die Doppelsinnigkeit zu bedenken haben, in der die Kirche im Glaubensbekenntnis die *communio sanctorum* genannt wird. Sicher bedeutet dieser Genitiv zunächst: die Gemeinschaft der *sancti*, d. h. der durch den Heiligen Geist geheiligten Menschen, der Christen in ihrer Totalität aller Zeiten und Orte. Er bedeutet aber auch – und ohne das wäre nicht einzusehen, was die *sancti* in ihrem menschlichen Sein und Tun zu solchen macht: Gemeinschaft in den *sancta*, den heiligen Beziehungen, in denen die *sancti* stehen, in den heiligen Gaben, deren sie teilhaftig, in den heiligen Aufgaben, die ihnen übertragen sind, in der heiligen Stellung, die sie einnehmen, in der heiligen Funktion, die sie auszuüben haben. Und *communio sanctorum* ist von daher gesehen: das Geschehen, in welchem die *sancti* an diesen *sancta* beteiligt sind. Die Gemeinschaft der Heiligen ist von da aus sachlich zu beschreiben: sie geschieht als Gemeinschaft der Christen in der Erkenntnis und im Bekenntnis ihres Glaubens. Sie geschieht – beide Begriffe in ihrem umfassenden Sinn zu verstehen – zweifellos auch und sogar grundlegend als theologische und «konfessionelle» Gemeinschaft! Sie geschieht von daher als Gemeinschaft ihrer Dankbarkeit und ihrer Danksagung. Sie geschieht als Gemeinschaft ihrer in der Umkehr zu betätigenden Reue, aber auch in der Freudigkeit, ohne die diese Reue nicht in der Umkehr der Heiligen stattfände. Sie geschieht als Gemeinschaft des Gebetes, das ja, auch wenn es im Kämmerlein gebetet wird, keine Privatverhandlung mit Gott, sondern nur das Gebet der Gemeinde sein kann. Sie geschieht im Verhältnis zur Welt als die Notgemeinschaft derer, die gerade durch die Beschwernisse der Welt, aber auch durch die ihr gegebene Verheißung als durch ihr eigenstes Anliegen bewegt sind, freilich wieder im Verhältnis zur Welt auch als Kampfgemeinschaft derer, die entschlossen sind, sich ihr, gerade um ihr treu zu sein, gerade um sich ihr sinnvoll zuwenden zu können, in keiner Hinsicht gleichzustellen. Sie geschieht als Gemeinschaft des Dienstes, in der die Heiligen einander beizustehen und zu tragen, in der sie aber auch den Draußenstehenden durch die Tat zu bezeugen haben, welcher Art der Wille dessen ist, durch den sie ihnen gegenüber beiseite genommen, geheiligt sind. Sie geschieht als Gemeinschaft ihrer über die Gegenwart in die Zukunft hineinblickenden und hineingreifenden, aber auch über alle zeitliche Zukunft hinausblickenden und hinausgreifenden Hoffnung und Prophetie. Sie geschieht natürlich vor allem als Gemeinschaft der Verkündigung des Evangeliums: eben des Wortes, durch das sie selbst versammelt, in Bewegung gesetzt und erhalten sind: Sie geschieht von daher (und von daher, daß sie als Gemeinschaft des Gebetes geschieht!) als Gemeinschaft des Gottesdienstes, als liturgische Gemeinschaft. Und sie geschieht in dem Allem und über das Alles hinaus als die Gemeinschaft der Anbetung, des stillen aber auch lauten Gotteslobes. Das sind – ohne Anspruch auf Vollständigkeit aufgezählt – die *sancta*, um die es sich in dem Sein und Tun der *sancti*, der Christen und also in der *communio sanctorum* handelt. Die *sancti* sind die, denen diese *sancta* anvertraut und anbefohlen sind. Keinem von ihnen irgend etwas von dem Allem nur für seine Person! Jedem von ihnen das Alles in seiner Verbindung mit den Anderen: so dann auch für seine Person, so gerade für ihn, aber nur so! Und so ist die *communio sanctorum* als das Ereignis der Erbauung der Gemeinde das Geschehen, in welchem es sich im Sein und Tun gewöhnlicher, sündiger Menschen – in einer *communio*, die immer noch und immer wieder eine *communio peccatorum* ist – um das gemeinsame Empfangen und Betätigen dieser *sancta* handelt.

Indem wir diese Interpretation des Begriffs der «Erbauung der Gemeinde» voraussetzen: sie geschieht in der Gemeinschaft der Heiligen – wenden wir uns der eigentlichen Aufgabe dieses Paragraphen zu. Wir haben die verschiedenen Dimensionen zu sehen und zu verstehen, in denen sich dieses Geschehen abspielt.

Wir blicken in diesem Abschnitt nach innen, d. h. wir vergegenwärtigen uns den diesem Geschehen als solchem immanenten Charakter und wagen den Satz: es geschieht da ein Wachsen.

Der Begriff (αὔξειν, αὐξάνειν) läuft im Neuen Testament dem Hauptbegriff οἰκοδομή parallel. Er scheint ihn freilich gelegentlich auch zu durchkreuzen, den Sinn, in dem dieser gebraucht wird, zu verundeutlichen. Es ist doch vielmehr so, daß er ihn verdeutlicht. Wir haben ihn darum schon dort – unter Erinnerung an das Gleichnis von der selbstwachsenden Saat Mr. 4, 26–29 – einmal berühren müssen. Er charakterisiert das Geschehen dieser οἰκοδομή. Er weist auf sein Geheimnis hin. Die Gemeinde wächst: nicht nur weil und indem sie von Gott und Menschen erbaut wird: in diesem Sinn könnte man ja auch von jedem anderen Bau sagen, daß er wächst. Bei diesem Bau ist gerade das Wachsen das Primäre. Gott baut und die Menschen bauen die Gemeinde in der Folge, in Bestätigung, in Konkretisierung und Verherrlichung ihres Wachsens. Sie wächst und ihre Erbauung manifestiert, daß sie das tut. Das ist das Geheimnis dieses Bauens.

Wachsen ist eine Bildrede aus dem organischen Bereich. Ihre Anwendung besagt nicht, daß die Gemeinschaft der Heiligen ein Organismus sei, wie ja auch die Anwendung der Rede vom Bauen nicht besagt, daß sie ein Gebäude sei. Beide Reden würden sich, würde man solche Konsequenzen aus ihnen ziehen, gegenseitig unmöglich machen. Nun erläutert aber die Rede vom Wachsen die von diesem Bauen. Sie besagt, daß das Geschehen der Gemeinschaft der Heiligen und also die Erbauung der Gemeinde sich selbst in Analogie zu dem Geschehen organischen Wachsens darstelle. Das *tertium comparationis* ist ihr Zunehmen, ihre Erweiterung und Vergrößerung aus sich selbst heraus: ohne äußeres, fremdes Zutun in eigener Kraft in der ihr eigenen Form und Richtung: das αὐτομάτη von Mr. 4, 28. Das ist das Geheimnis der Gemeinschaft der Heiligen, daß sie solchen Zunehmens fähig, in solchem Zunehmen begriffen ist. Daß da von Menschen nach dem Willen und nach der Anordnung Gottes gedacht und geredet, geglaubt und geliebt, entschieden und gehandelt wird, ist auch wahr, wird durch den Hinweis auf das Geheimnis des Wachsens der Gemeinde nicht in Abrede gestellt, erklärt es freilich auch nicht, kann also umgekehrt auch den Hinweis auf dieses Geheimnis nicht Lügen strafen. Daß die Gemeinde als Gemeinschaft der Heiligen wächst wie ein Samenkorn zur Pflanze, wie ein Pflänzlein zum Baum, wie ein Embryo zum Kind, wie ein Kind zum «erwachsenen» Menschen, das ist die Voraussetzung nicht nur alles menschlichen, sondern auch des göttlichen Tuns, durch das sie erbaut wird. Sie wächst – wir müssen den Satz wagen – in einer ihr souverän eigenen Macht und Art, und nur indem sie das tut, wird sie dann auch gebaut, erbaut sie sich dann auch selber. Daß die *sancti* werden – gezeugt und geboren werden, um in der *communio* aller jener *sancta* und so auch in der *communio* untereinander zu leben und zu handeln, dieses Geschehen ist in seinem ganzen Verlauf zuerst und eigentlich ein Wachsen.

Ich halte dafür, daß nicht nur das Gleichnis von der selbstwachsenden Saat, sondern auch das vom Senfkorn (Mr. 4, 30–32 Par.) auf die in der Endzeit der Weltgeschichte existierende Gemeinde zeigt. Wachsen ist ein Zeit erfüllender Vorgang. Von was würden die Gleichnisse reden, wenn sie nicht von dem in die Zeit gekommenen und in der Zeit verkündigten Reich Gottes reden würden? Als solches und nur als solches kann es einem von selbst und darum unaufhaltsam ins Große und Größte wachsenden Samen verglichen werden. In der in der Geschichte existierenden Gemeinde hat das Reich Gottes, solange es Geschichte überhaupt gibt, seine Geschichte. Die beiden Gleichnisse sagen, daß die Geschichte der Gemeinde, weil und indem sie als die Gemeinschaft der Heiligen vom Reiche Gottes herkommt, dem Reiche Gottes entgegengeht, das Reich Gottes verkündigt, die Geschichte eines aus sich selbst wachsenden Subjektes ist.

Wir fragen, bevor wir der Sache weiter auf den Grund gehen: in was besteht dieses ihr Wachsen?

Die naheliegendste Antwort ist, ohne als die letzte gelten zu dürfen, nicht abzuweisen: die Gemeinschaft der Heiligen erweist sich schon darin als fruchtbar, daß sie, indem sie existiert, ihren eigenen Umkreis, ihren personellen Bestand inmitten der Welt erweitert. Sie bringt die Existenz neuer Heiliger hervor, durch deren Hinzutritt sie sich immer wieder ergänzt und insofern zunimmt. Daß sie in diesem Sinn kontinuierlich immer größer werde, daß einmal womöglich alle dann lebenden Menschen Christen, Heilige sein werden, ist damit nicht, ist auch durch das Gleichnis vom Senfkorn nicht gesagt, sondern nur eben, daß sie die höchste Kraft auch solchen, auch extensiven Wachstums hat und also von keinem Abnehmen ernstlich bedroht, daß sie als ein *per definitionem* wachsendes

Subjekt auch numerisch immer wieder erstaunlich zunehmen werde. Es versteht sich nicht von selbst, daß das geschieht, daß sie die Kraft dazu hat, daß es immer wieder, als Abrahams Kinder aus den Steinen erweckt, Christen geben darf und wird. Je deutlicher man die ganze von Anfang an und in allen Jahrhunderten greifbare menschliche Schwäche der Heiligen und ihrer Gemeinschaft sieht, umso erstaunlicher wird man die Tatsache finden müssen, daß sie sich nun dennoch von Anfang an und bis auf unsere Tage in der Existenz von Menschen, die durch ihr schwaches Zeugnis erreicht wurden und auf ihr Zeugnis hin Christen wurden, erneuert und wieder erneuert hat. Daß ihre Kraft dazu vielleicht durch die Schuld der Christen weithin versagte, vielleicht auch nur in bestimmtem Umfang wirken konnte und sollte, ist wahr. Es ist aber auch wahr und zunächst sogar als noch wahrer zu bedenken, daß sie die **Kraft dazu** in aller Schwachheit immer wieder **gehabt** und tatsächlich **bewiesen** hat. Sie hat sich, wo oft genug Alles dagegen zu sprechen schien, daß das möglich und wirklich werden könne, fortgepflanzt, nicht ohne ihre Gestalt allmählich, manchmal auch sehr plötzlich zu verändern – oft im Guten, oft auch im weniger Guten, aber auch nicht ohne in ihrem Wesen eine und dieselbe und in ihm auch immer wieder erkennbar zu bleiben. Denn da waren immer wieder – ob direkt oder indirekt: immerhin durch **ihre** Existenz zu solchen erweckt und versammelt – **Christen** und also Menschen, die zu jener Gemeinschaft hinzukamen und dann in ihr lebten und handelten. Indem diese Menschen – oft von den seltsamsten Orten her und oft solche, von denen man es auch individuell zuletzt erwartet hätte – aufstanden und zu ihr traten, d.h. entdeckten und die Entdeckung bestätigten, daß sie zu ihr gehörten, **wuchs die Gemeinde**: ob in großem oder kleinem Maßstab tut nichts zur Sache – sie **wuchs** aber immer wieder. Und so wächst sie auch immer noch. Sie hat die **Kraft dazu**.

Schon das Neue Testament kennt und betont diesen, wenn man will: primitiven, aber wahrhaftig nicht unwesentlichen Aspekt des Wachsens der Gemeinde, bzw. die ihr innewohnende Kraft zum Wachsen auch in diesem Sinne. Es ist besonders die Apostelgeschichte, die sich als in dieser Richtung interessiert erweist. Etwa 3 000 Personen wurden (2,41) bei Anlaß des Pfingstzeugnisses des Petrus «hinzugetan», nahmen das Wort an und ließen sich taufen. Es hat das fröhliche Gotteslob der Gemeinde nach 2,47 zur Folge, daß der Herr täglich noch mehr solcher «Geretteter» hinzutat. Die Zahl derer, die das Wort gehört und zum Glauben gekommen waren, stieg nach 4,4 bald darauf auf ungefähr 5 000. Ihre weitere Vermehrung (6,1) stellte die Gemeinde vor jenes Ordnungsproblem, das durch die Beauftragung des Stephanus und seiner Gefährten gelöst wurde, die dann (6,7) ein weiteres Anwachsen der Zahl der Jünger (unter ihnen eine «große Menge» von Priestern), aber auch jene Verfolgung nach sich zog, der Stephanus als erster christlicher «Märtyrer» zum Opfer fiel. Der 6,7 gebrauchte merkwürdige Ausdruck lautet: «Das Wort Gottes wuchs und die Zahl der Jünger mehrte sich». Er kehrt 12,24 wieder, so auch 19,20 mit dem Zusatz, daß es sich als kräftig erwiesen habe – gemeint ist auch hier doch wohl: zur Gewinnung weiterer Menschen. Und so heißt es 16,5 in einem Atemzug: daß der Glaube der Gemeinden in Kleinasien gestärkt wurde und daß sie

2. Das Wachstum der Gemeinde

an Zahl (ihrer Glieder) täglich zunahmen. Es ist das Bild des den ersten Menschen nach Gen. 1, 28 LXX verheissenen αὐξάνεσθαι καὶ πληθύνεσθαι auf dem ganzen Erdreich, das dem Lukas wohl in allen diesen Stellen vor Augen stand und (7, 17 ausdrücklich erwähnt) das «Wachsen und Zunehmen» des Volkes Israel in Ägypten von Ex. 1, 7, das ja seinerseits die Erfüllung der entsprechenden, schon den Patriarchen gegebenen Verheißungen war. Es ist deutlich, daß die Sache dem Lukas, seiner universalgeschichtlichen Schau der Dinge entsprechend, wichtig war. Sie ist es denn auch. Die Gemeinde existiert inmitten der Universalgeschichte und ihr eignet zweifellos die Kraft, auch in ihr und also auch extensiv – sagen wir es dem Lukas ruhig nach: auch zahlenmäßig – sich zu vermehren und also in diesem Sinn: zu wachsen.

Es wäre nun aber offenbar völlig unangemessen, die der Gemeinschaft der Heiligen eigentümliche Kraft nur oder auch nur vorwiegend als ihre Kraft zu extensivem Wachsen zu verstehen. Daß sie sich auch personell immer wieder ergänzt und erweitert, ist ihr zwar – indem sie ja eine in der Geschichte existierende menschliche Sozietät ist – lebensnotwendig. Sie bedarf zur Erfüllung des Sinnes ihrer zeitlichen Existenz immer weiterer Heiliger. Sie kann ihrer – ihre Aufgabe ist umfassend und vielseitig genug – gar nicht genug haben und also zu gewinnen versuchen. Aber der Vorgang ihrer numerischen Vermehrung ist als solcher kein unzweideutiges Phänomen: umso weniger, je stattlicher die Vermehrung etwa sein – aber grundsätzlich auch dann, wenn sie nur gering sein sollte. Sind es, wenn sie stattfindet, wirklich die Heiligen, zu denen da andere Heilige hinzukommen, um mit ihnen Jünger und Zeugen zu sein? Oder sind es da Menschen, die – wie es ja auch anderen menschlichen Sozietäten zuteil wird – menschlichen Zulauf finden und insofern «Erfolg» haben? Ist es die der Gemeinschaft der Heiligen schlechterdings eigentümliche Kraft, in der sie da wächst oder vielleicht doch nur irgendeine ganz andere Dynamik, die auch die der *communio peccatorum* sein könnte, die sie ja auch ist? Eine abstrakt nur extensiv wirkende Kraft wäre sicher nicht die der Gemeinde eigentümliche Wachstumskraft, und so wäre ein abstrakt nur extensives Wachsen bestimmt nicht ihr Wachsen als *communio sanctorum*. So konnte es nie vom Guten sein, wenn die Kirche nur oder vornehmlich in diesem Sinn: horizontal, in der Richtung auf eine möglichst große Zahl ihrer Angehörigen wachsen wollte, wenn ihre Mission in der Welt zur Propaganda zugunsten ihrer eigenen räumlichen Ausbreitung wurde. Sie hat das Evangelium zu bezeugen. Sie hat um Gehör und Verständnis für seine Stimme zu werben. Sie kann das nicht tun, ohne sich darum zu bemühen, ihm zu den bisherigen hinzu neue Zeugen zu gewinnen. Aber eben das kann ihr nicht Selbstzweck werden. Sie kennt nur einen Selbstzweck: die Verkündigung des Reiches Gottes, die sie – natürlich nicht nur in Worten, sondern in ihrer ganzen Existenz zu vollziehen hat. Im Dienst dieses Selbstzwecks muß und wird ihr notwendig auch das zum Zweck werden, ihm neue Zeugen zu gewinnen und durch deren Hinzutritt auch extensiv zu wachsen. Sie wird aber nicht vergessen, daß es eine hohe und rare Sache ist, wenn ein Mensch zum Glauben kommt, zum Zeugen des Evangeliums, zum Heiligen, zum Christen wird. Sie wird sich, indem sie auf die Existenz von möglichst vielen Christen aus ist, vor der Versuchung zu hüten haben, zu deren Gewinnung Wasser in ihren Wein zu schütten. Sie wird zwar beunruhigt und traurig sein, sie wird sich aber nicht entsetzen darüber, daß die Vermehrung der Christen nicht so leicht und sicher nicht ins Unendliche weiter zu gehen, daß ihr immer wieder eine bestimmte Grenze gesetzt zu sein scheint. Sie wird nicht träumen, daß sie – selber nur ein Menschenvolk unter anderen mit dem Auftrag der vorläufigen Darstellung der neuen Menschheit inmitten der alten – als solches, in ihrer jetzigen geschichtlichen Gestalt – jemals alle oder auch nur die Mehrheit aller Menschen umfassen werde. Sie wird ja sich selbst in ihrer jetzigen Gestalt niemals mit ihrem ihr von Gott her neu entgegenkommenden Eschaton verwechseln und also nicht der Meinung sein, dieses ihr Eschaton jetzt und hier verwirklichen zu können und zu sollen. Sie wird darauf vertrauen, daß die in ihr wirksame Wachstumskraft inmitten dieser Welt nicht versagen, nicht weniger, aber auch nicht mehr als das ausrichten wird, was ihrem eigenen Gesetz gemäß jetzt und hier notwendig und recht ist. Und so wird sie diese Kraft walten lassen, ihr dienstbar sein, wird aber eben darum mehr von der Frage nach der Qualität derer, die schon Christen sind und die es noch werden mögen, als von der Frage nach ihrer Quantität bewegt sein – und mehr als um beides bemüht um den Vollzug ihrer Gemeinschaft: um das gemeinsame Empfangen und Betätigen der *sancta* durch die *sancti*.

Es spricht nicht gegen Lukas, es ist aber immerhin zu beachten, daß er der Einzige unter den neutestamentlichen Schriftstellern ist, den das numerische Wachsen der Gemeinde so sichtlich beschäftigt hat. Die Frage kann übrigens gestellt werden, ob jene seltsamen Stellen, in denen er von einem «Wachsen des Wortes Gottes» redet, nicht ihres nicht zu verkennenden nächsten Sinnes unbeschadet, zugleich in eine andere Richtung weisen. Es ist jedenfalls auch das beachtlich, daß gerade Lukas im Evangelium (12,32) das Wort von der «kleinen Herde», der «das Reich gegeben» ist, und (18, 8) das Wort überliefert hat, das, was Zurückhaltung hinsichtlich des extensiven Wachsens der Gemeinde betrifft, im Neuen Testament nicht seinesgleichen hat: «Jedoch – wird der Menschensohn, wenn er kommt, den Glauben finden auf Erden?» Man bedenke: ob denn überhaupt Jemandes Glaube, ob da auch nur der Glaube der Gemeinde zu finden sein, ihm begegnen werde, wird da in dürrem Wort als fraglich bezeichnet: wie soll da eine im christlichen Glauben stehende Menschheit, oder auch nur eine Majorität solcher Menschen in Frage kommen? Daß die lukanische Betrachtung ihre Grenze hat, kann man also an dieser Stelle bei Lukas selbst lernen – nachdem man bei ihm gelernt hat, daß eben das personelle, das extensive, das quantitative Wachsen der Gemeinde auch ein ernstes, ja notwendiges Problem ist. Im übrigen widerspricht es, recht verstanden, nicht einmal ihrem in diesem Sinn stattfindenden «Wachsen», wenn die Gemeinde sich der Welt gegenüber immer auch als jene «kleine Herde» erkennen und bekennen müssen wird, und wenn ihr der Seufzer Ps. 12,2 – zitiert nach Luthers Übersetzung – zu allen Zeiten nur zu vertraut sein wird: «Hilf Herr! Die Heiligen haben abgenommen und der Gläubigen ist wenig unter den Menschenkindern».

Von einer weiteren Vorstellung, die sich im Zusammenhang mit dem legitimen Begriff des extensiven Wachstums der Gemeinde leicht einschleicht, ist hier nur zu sagen, daß sie als gänzlich unsachlich *a limine* abzuweisen ist. Sollte der Gemeinschaft der Heiligen auch das eigentümlich sein, an Ansehen, Prestige, Einfluß und Glanz inmitten der sie umgebenden Welt zu wachsen, sich als Machtfaktor dem Staat und den anderen menschlichen Gemeinschaften gegenüber immer größere Geltung und Beachtung zu erzwingen, im Gefüge und Getriebe der weltlichen Politik, Wissenschaft, Literatur und Kunst, in der öffentlichen Meinung einen immer gesicherteren Standort zu gewinnen? Es braucht hier nicht besonders gezeigt und beklagt zu werden, wie oft die Kirche sich tatsächlich so verhalten hat, als ob diese Frage positiv zu beantworten wäre. Sie ist rundweg zu verneinen. Die Gemeinde hat die Verheißung, daß «die Pforten der Unterwelt sie nicht überwältigen sollen». (Matth. 16,18). Sie hat aber keinerlei Verheißung von jener Art. Ihre Herrlichkeit wird offenbar werden, wenn ihr Herr der Welt offenbar werden wird. Inzwischen ist sie dankbar für allen ihr in der Welt faktisch gewährten Lebensraum, den sie zur Erfüllung ihrer Aufgabe nötig hat. Es hat aber seine Vergrößerung (oder Verkleinerung) mit ihrem Wesen und mit ihrer Aufgabe nichts zu tun. Seine Vergrößerung ist ihr nicht zugesagt und zu seiner Vergrößerung ist sie nicht aufgefordert. Sie hat alle Hände voll damit zu tun, ihn (ob groß oder klein) in dem Maß als er ihr gegeben ist, im Dienst ihrer Sache zu füllen. Es wird sie nicht wundern und ärgern dürfen, in der Welt im Winkel zu stehen – vielleicht an Stattlichkeit (wo ihr solche *per fas* oder *nefas* zugefallen) gewaltig abnehmen zu müssen und also noch mehr in den Winkel zu geraten. Sie irrte bestimmt noch immer, wenn sie in dieser Dimension «wachsen» wollte. Die Kirche Jesu Christi als – in irgend einer Hinsicht! – pompöse Kirche ist ein hölzernes Eisen!

Das eigentliche Wachsen, das das Geheimnis der Erbauung der Gemeinde ist, ist nicht ihr extensives, sondern ihr intensives, ihr vertikales, in die Höhe und in die Tiefe strebendes Wachsen. Geht es bei jenem mit rechten Dingen zu – und warum sollte es da nicht auch mit rechten Dingen zugehen können? – dann beruht es auf diesem. In dem numerischen Zunehmen der Gemeinde kündigt sich dann an, daß sie in diesem ganz anderen Zunehmen begriffen ist. Dieses Verhältnis läßt sich aber nicht umkehren: es ist nicht an dem, daß ihr intensives Zunehmen ein extensives zwangsläufig nach sich zöge. Man wird sich also nicht etwa um die vertikale Erneuerung der Kirche bemühen können, um ihr von daher eine größere Ausdehnung in der Horizontale, größeren Zulauf zu verschaffen. Irgendeinmal und irgendwie wird sie, wo sie in der Erneuerung in der Vertikale wirklich begriffen ist, wohl auch jenes Aufstehen neuer Christen und also jenen Zuwachs ihres Bestandes erleben, aber vielleicht zu einer ganz anderen Zeit und in ganz anderem Stil und Umfang, als sie es vermutet hatte. Als Mittel zum Zweck einer extensiven gebraucht, würde die intensive Erneuerung sofort ihren Sinn und ihre Kraft verlieren. Sie will nun gerade um ihrer selbst willen vollzogen sein, um dann – aber ungeplant und nicht auf Bestellung! – auch ihre Früchte zu tragen. Indem die Gemeinschaft der Heiligen Ereignis wird, waltet und wirkt auf alle Fälle zuerst und in ihrer eigentlichen Gestalt die Kraft intensiven, vertikalen, geistlichen Wachstums.

Es geht um die Kraft, in der die Heiligen zunehmen im Empfang und in der Betätigung des ihnen anvertrauten und anbefohlenen Heiligen: als *sancti* zunehmen in ihrem Verhältnis zu den *sancta,* die ihnen gemeinsam und denen sie ihrerseits gemeinsam zugewendet sind. In diesem Verhältnis geschieht eine Geschichte: gibt es nicht nur ein paar Grade und Stufen, sondern einen ganzen weiten Weg vom Geringeren zum Höheren, das dann im Blick auf ein noch Höheres selbst wieder ein Geringeres werden mag und von da zu noch Höherem weiter und weiter. Wo wäre da nicht Weg zu machen: von gutem zu besserem Glauben, Erkennen und Bekennen, zu besserem Denken, besserer Reue, besserer Freude, besserem Beten, Dienen, Hoffen, Verkündigen, Anbeten und was da als *sancta* weiter zu nennen ist – kurz: von guter zu besserer Gemeinschaft der Heiligen im Heiligen? Die der Gemeinde innewohnende Kraft ist die Kraft dieser Geschichte und also die Kraft, diesen Weg (eigentlich diese vielen Wege) zu gehen, wie es sich gehört: nicht dieser und jener Christ für sich, sondern die Christen miteinander als Gemeinde, in der Einer den Anderen mahnt, ermutigt, warnt, tröstet, stützt und auch wohl zu tragen hat. Indem die Gemeinde in der ihr innewohnenden Kraft diesen Weg, diese Wege, geht, nimmt sie – jetzt Alles innerlich verstanden! – zu, erweitert und vergrößert sie sich, wächst sie.

Man darf sich die Sache nur nicht etwa schulmäßig vorstellen: als gäbe es da ein allgemeines Erziehungs- und Bildungspensum, das im Blick auf ein glücklich zu bestehendes Examen Punkt für Punkt abzuwickeln wäre und im Verlauf der Kirchengeschichte abgewickelt würde. Das jeweils Geringere, Höhere und noch Höhere, das Gute und Bessere im Verhältnis zu jenen *sancta* wird für die *sancti* der verschiedenen Zeiten und Räume, in denen ihre *communio* stattfindet, im Einzelnen immer wieder Anderes bedeuten. Ganz neue Ziele können da, während alte dahinfallen, auftauchen und Beachtung fordern. Auch merkwürdige Umkehrungen der schon bekannten, vermeintlich unbeweglich bestehenden Rangordnungen können sich da durchaus aufdrängen. Es wird jetzt und hier Alles immer wieder ganz anders laufen müssen als einst und dort. Man wird es sich ferner – wir reden ja von der in der Zeit auf Erden und also immer auch als *communio peccatorum* in der Wanderschaft begriffenen Gemeinde – verboten sein lassen müssen, mit dem Erreichen eines Höchsten und Besten in irgend einer jener Beziehungen zu rechnen: mit einem Punkt also, an dem die Gemeinde oder in der Gemeinde irgendwelche Christen der Meinung sein könnten, ihr Schäflein schon ins Trockene gebracht zu haben. Man wird vielmehr damit rechnen müssen, daß die Gemeinde und alle in ihr lebenden und handelnden Christen sich immer wieder – und wenn sie je Neigung zum Einschlafen haben sollten, sicher ziemlich unsanft! – auf den Weg gestellt finden werden. Man wird sich ferner an den Gedanken gewöhnen müssen, auf all den angedeuteten Wegen, auf denen die Christenheit unterwegs ist, nicht etwa nur auf die Grenze ihrer Geschöpflichkeit und Sündigkeit zu stoßen, sondern auch darauf, daß es, wie hinsichtlich ihrer äußeren Ausdehnung, so auch hinsichtlich ihres geistlichen Wachstums eine Grenze gibt, die sie gar nicht überschreiten kann und soll, weil sie ja nicht zu einer vollkommenen, sondern nur zu einer vorläufigen und also unvollkommenen Darstellung der neuen Menscheit bestimmt ist, weil Gott sich deren endgültige und vollkommene Darstellung für sein in der letzten Offenbarung kommendes Reich vorbehalten hat. Die Gemeinde der *sancti* wird diese Grenze ihres Verhältnisses zu den *sancta* zu respektieren haben. Und man wird endlich darauf gefaßt sein müssen, daß sich das innere Wachstum der Gemeinde auch innerhalb jener Grenze weithin unter der Gestalt seines Gegenteils darstellen wird: in vermeintlichen Stillständen, in Engpässen, in denen sie gerade innerlich nur steile Wände ringsum und keinen Ausweg, kein Vorwärtskommen sieht, in scheinbar rückläufigen Entwicklungen sogar, in denen ihr schon Geglaubtes, Erkanntes, Errungenes, bzw. Geschenktes wieder aus der Hand genommen wird, und die nun doch, damit sie wirklich wachse, zunehme, größer werde, genau so verlaufen, durchstritten und durchlitten werden müßen. Es gibt nichts Wunderlicheres als dieses eigentliche, das intensive, das geistliche Wachsen der Gemeinschaft der Heiligen auf Erden. Die Kirchengeschichte – aber wer kennt sie denn, wie sie wirklich geschah und noch geschieht? – gibt uns gerade eine Ahnung von der Kraft, die da in immer neuen, vielgestaltigen, oft widerspruchsvollen und oft unterbrochenen und doch immer wieder Ereignis werdenden Wachstumsvorgängen am Werk ist. Merken wir uns zum Schluß: diese Kraft wirkt auch das geistliche Wachsen der Gemeinschaft der Heiligen nach ihrem eigenen Gesetz. Wohl ist sie die der Gemeinde selbst innewohnende, ihr immanente Wachstumskraft: wir werden noch hören, was das bedeutet. Sie waltet und wirkt aber durchaus nicht entsprechend dem menschlichen Dichten und Trachten der Christen. Es handelt sich um ihr geistliches und also nicht von ihnen zu dirigierendes Wachsen. Es wird ihnen darum wohl immer wieder die größten – manchmal freudigen, manchmal auch bitteren – Überraschungen bereiten. Das Dichten und Trachten der Christen wird sich in den Augenblicken, in denen es sich zu einem «vernünftigen Gottesdienst» entschließen sollte, nach ihm zu richten haben, nicht umgekehrt. Es wird zu ihrem Befremden immer gerade die Niedrigen erhöhen, immer gerade die Schwachen stark, immer gerade die Armen reich, immer gerade die Traurigen fröhlich, immer gerade die Elenden zu Helden machen. Das Walten und Wirken seiner Kraft wird mit weltgeschichtlichen Maßstäben – wenn die Christen ihre Geschichte etwa mit solchen zu begreifen versuchen wollten – niemals zu ermessen, vorauszusehen oder nachträglich zu beurteilen sein. Sie führt die Gemeinde mitten durch die Weltgeschichte hindurch einen neuen, ihren eigenen Weg. Sie führt sie aber, und indem sie das tut, wächst die Gemeinde:

vielleicht mit Reperkussionen in der Weltgeschichte, vielleicht auch ohne sie. Von da aus, indem sie geistlich wächst, muß sie nicht, aber mag sie je und dann auch in jener ersten Weise, auch extensiv und also numerisch, wachsen.

Welche von diesen zwei Richtungen des Wachsens der Gemeinde in den Gleichnissen Mr. 4,26–29 und 30–32 bezeichnet ist, läßt sich formell nicht entscheiden. Es dürfte aber nicht ratsam sein, sich bei ihrer Auslegung so zu stellen, als ob ein anderes Verständnis als das von der Apostelgeschichte her sich anbietende, gar nicht in Frage käme und also an Hand dieser Texte etwa hemmungslos von der «Ausbreitung des Reiches Gottes über die ganze Erde», von der Evangelisation der Welt in dieser oder der nächsten oder übernächsten Generation und dgl. zu reden! Das übrige Neue Testament weist doch deutlich in die andere Richtung. Αὐξάνειν heißt 2. Kor. 10,15 Wachsen im Glauben, so, ergänzt durch Vermehrung der Liebe, auch 2. Thess. 1,3. Es heißt Kol. 1,10f. Wachsen in der Erkenntnis Gottes: zusammen mit Starkwerden in Beharrlichkeit und freudiger Geduld; es bezeichnet 2. Kor. 9,10 das Wachsen von «Früchten der Gerechtigkeit», 2. Petr. 3,18 das Wachsen in der Gnade. Und eben dahin zeigt auch das πληθύνειν 1. Petr. 1,2 und 2. Petr. 1, 2. περισσεύειν ist 1. Kor. 15,58 das Zunehmen im Werk des Herrn, zusammen mit: fest und unbeweglich werden. Es ist 2. Kor. 1,5 die Vermehrung des Trostes, 2. Kor. 4,15 die der Danksagung, 2. Kor. 8,7 die des Glaubens, des Wortes, der Erkenntnis, des Eifers, 2. Kor. 9,8 die der Gnade zu jedem guten Werk, Röm. 15,13 die Vermehrung der Hoffnung (durch die Kraft des Heiligen Geistes), Phil. 1,9 das Reicherwerden der Liebe an Erkenntnis und Verständnis, Kol. 2,7 wieder die Vertiefung oder Erweiterung der Danksagung. Und so weist auch der Ausdruck προκοπή τοῦ εὐαγγελίου Phil. 1,12f. nach dem Zusammenhang nicht auf die Vermehrung der Zahl, sondern auf die Verstärkung der Haltung der Gemeinde, die Paulus von seiner Anwesenheit in ihrer Mitte erwartet. Zusammengefaßt: «Kirchlicher Fortschritt» – um dieses in der baslerischen Kirchenpolitik in seltsamer Weise gangbar gewordene Wort zu Ehren zu bringen – bedeutet im Neuen Testament zwar nicht ausschließlich, aber primär und überwiegend: geistlichen Fortschritt – Fortschritt der *sancti* in ihrem Verhältnis zu den *sancta*. Fortschritt heißt: daß sie auf dem ihnen von ihrem Ursprung und von ihrem Ziel her bestimmten Weg gemeinsam vorwärts schreiten. Das Neue Testament schreibt vor, daß, wo Gemeinschaft der Heiligen stattfindet, auch dieses Fortschreiten zu erwarten steht. Und eben in ihm sieht es die eigentliche Gestalt des Wachsens, das die Gemeinde der ihr innewohnenden Kraft zu verdanken hat. Es ist dieses Geschehen, in welchem sie ihr Wesen aktualisiert: ihre Einsetzung zur vorläufigen Darstellung der neuen, der in Jesus Christus schon geheiligten Menschheit inmitten der alten.

Es ist erlaubt und geboten, was von dem Geschehen der Gemeinschaft der Heiligen, sofern es in ihrem (horizontalen und vertikalen) Wachsen besteht, zu sagen ist, zusammenzufassen in den einfachen Satz: als Gemeinschaft der Heiligen lebt die Gemeinde. Wachsen ist ja der Ausdruck, der Vollzug und das Kennzeichen des Lebens. Die Kraft, in der die Gemeinde wächst, ist die ihr innewohnende Lebenskraft. Indem wir im Wachsen der Gemeinde ihr Leben und in ihrer Kraft dazu ihre Lebenskraft erkennen, stehen wir unmittelbar vor der in unserer bisherigen Überlegung noch nicht beantworteten Frage, was es mit dieser ihr, der Gemeinde, innewohnenden (immanenten!) Kraft auf sich habe? Wir beantworten sie vorwegnehmend in einem zweiten, ganz einfachen

Satz: als Gemeinschaft der Heiligen lebt die Gemeinde, weil und indem Jesus lebt. Jesus ist die ihr innewohnende, immanente Lebenskraft: die Kraft, in der sie wächst, in der also auch sie lebt. Das ist es, was wir jetzt noch zu erklären haben.

Vom Heiligen Geist ist im Leitsatz unseres Paragraphen die Rede als von der belebenden Macht, durch die die Christenheit in der Welt auferbaut wird als wirkliche Kirche. Es ist aber, wie es dort heißt, Jesus, der Herr, der in dieser belebenden Macht des Heiligen Geistes am Werk ist. Und nun müssen wir früher hier Ausgeführtes aufnehmen und feststellen: der Heilige Geist ist nach der für uns maßgebenden neutestamentlichen Anschauung die authentische und wirksame Selbstbezeugung des auferstandenen, des lebendigen Herrn Jesus: seine Selbstbezeugung eben als der Auferstandene, der Lebendige, der Herr, der erhöhte Menschensohn, in welchem die Heiligung aller Menschen, aber auch die besondere, faktische Heiligung der Christen und in ihm deren Einigung mit ihm und so auch ihre Einigung untereinander schon vollzogen ist. Im Heiligen Geist als seiner Selbstbezeugung erkennen wir ihn, noch einmal: eben als den Auferstandenen, als den Lebendigen, als den Herrn, als den Menschensohn, in dessen Erhöhung alle Menschen und nun eben – seine Selbstbezeugung und also ihre Erkenntnis unterscheidet die Christen zunächst von allen anderen – im besonderen, faktisch, konkret gerade sie geheiligt sind. Im Heiligen Geist als der Selbstbezeugung Jesu erkennen sie also in und mit ihm zugleich sich selbst; sich selbst in jener Einigung mit ihm, sich selbst in ihrer Einigung auch untereinander, in der Gemeinsamkeit des Glaubens, Liebens und Hoffens, in welchem sie sich als die Seinigen betätigen, in welchem sie ihrer selbst als jenes Volk eines Stammes gewahr werden. In diesem Sinn ist der Heilige Geist als die Selbstbezeugung Jesu die belebende Macht, durch die die Christenheit in der Welt erweckt, gesammelt, auferbaut wird zur wirklichen Kirche. Als die Selbstbezeugung Jesu vollzieht Er die *communio sanctorum*, läßt Er sie (extensiv und intensiv) wachsen. Sie lebt in seiner Macht: von ihrer Begründung her, auf ihrem ganzen Weg, auf allen ihren Wegen in der Realisierung des Verhältnisses der *sancti* zu den *sancta* bis hin zu ihrem Ziel am Ende aller Geschichte, bis hin zu ihrer Konfrontierung mit ihrem Eschaton, das auch das Eschaton des Kosmos sein wird. – Aber nun gilt es, eben das in seinem Vollsinn zu verstehen: daß der Heilige Geist, durch den die Gemeinde lebt, wird, war, ist und sein wird, die Selbstbezeugung Jesu ist.

So ist die Macht, in der er wirkt, nicht nur eine Fernwirkung Jesu. Sie ist auch seine Fernwirkung. Auferstanden von den Toten, aufgefahren gen Himmel, sitzend zur Rechten Gottes des Vaters ist Jesus ja der irdischen Geschichte und der in ihr existierenden Gemeinde auch ferne, ihr unerreichbar hoch überlegen, durch einen von ihr her nicht zu überschreitenden Abgrund von ihr geschieden, auch ihr gegenüber in Gott verborgen (Kol. 3,3) – und mit ihm, wohlverstanden, gerade ihr, der Gemeinde eigenes Leben: er also (und mit ihm gerade ihr Leben) ihrem Zugriff, ihrer Verfügung gänzlich entzogen. Ist Jesus nun in der belebenden Macht seines Heiligen Geistes dennoch auch in der irdischen Geschichte, in der in ihr existierenden Gemeinde am Werk, dann kann man das wohl seine Fernwirkung nennen. Von dort, wohin von ihr her kein Weg ist, vom Himmel, vom Thron, von der Rechten Gottes her, aus jener seiner Verborgenheit in Gott heraus überwindet er im Heiligen Geist jenen Abgrund, wirkt er von dorther nach hier, aus der Ewigkeit seines Lebens, das er mit Gott gemeinsam hat, hinein in die Zeit, in der die *communio sanctorum* Ereignis ist, in vielen Ereignissen ihre Geschichte hat. Der Mensch Jesus hat auch jene Existenzform und so ist es wohl wahr, daß sein Tun an seiner Gemeinde in der belebenden Macht des Heiligen Geistes auch eine Fernwirkung ist.

Aber das ist nur das Eine, was von diesem seinem Tun zu sagen ist, und wenn wir es jetzt als die seine Gemeinde nicht nur von oben, von der Höhe Gottes und also von ferne her erreichende, sie von außen berührende und bewegende, sondern als die ihr innewohnende, ihr immanente Kraft ihres Wachsens und also ihres Lebens verstehen wollen, dann müssen wir jetzt dieses Andere ins Auge fassen. Man bemerke: es hebt jenes Erste nicht auf; es bleibt auch bei jenem Ersten: daß der Mensch Jesus auch ganz da droben, seiner Gemeinde auch ganz überlegen, ihr ganz fern, ganz transzendent ist: und mit ihr dann auch ihr eigenes Leben. Er hat und behält auch jene himmlische, durch seine einzigartige Gemeinschaft mit Gott bestimmte Existenzform. Er existiert auch zur Rechten Gottes des Vaters, wo wir Menschen, auch wir Christen, nicht sind, wo auch die *communio sanctorum* nicht ist. Und es ist darum auch der Heilige Geist tatsächlich die sie aus der Höhe, aus der Ferne von Gott her belebende Macht: von dem Gott her, der in einem Licht wohnt, da niemand zukann. Aber da ist nun eben auch ein Anderes zu bedenken. Was heißt denn Dort und Hier, Höhe und Tiefe, Ferne und Nähe, wenn wir von dem Einen reden, der nicht nur der wahre Menschensohn, sondern auch der wahre Sohn Gottes ist: der (durch die Selbsterniedrigung der göttlichen Person ins menschliche Sein) erhöhte, in der Lebensgemeinschaft mit Gott existierende Mensch? Gewiß heißt das nicht, daß jene Gegensätze in ihm beseitigt, ausgelöscht, in Gleichungen verwandelt wären. Es heißt aber, weil Gott nicht darauf beschränkt ist, dort zu sein, weil er nicht der Gefangene seiner eigenen Höhe und Ferne ist: daß diese Gegensätze in dem Menschen Jesus, der auch der wahre Sohn Gottes ist, indem sie bestehen, umfaßt und beherrscht sind, daß er über sie Macht hat, daß er also nicht nur dort, sondern auch hier, nicht nur in der Höhe, sondern auch in der Tiefe, nicht nur in der Ferne, sondern auch in der Nähe und also der *communio sanctorum* auf Erden nicht nur transzendent, sondern auch immanent sein kann. Er kann nicht nur jene himmlische, sondern auch eine irdisch-geschichtliche Existenzform haben. Er kann sich eben die *communio sanctorum* auf Erden erschaffen, erhalten, regieren, kann irdisch-geschichtlich auch in ihr existieren. Wir reden von seiner himmlischen Existenzform – von der Form, in der er in der Höhe, der Ferne, der Verborgenheit Gottes existiert – wenn wir von ihm mit dem Neuen Testament als von dem Haupt seiner Gemeinde reden. Wir reden von seiner irdisch-geschichtlichen Existenzform – von der Form, in der er in der Souveränität desselben Gottes auch jetzt und hier, in der noch nicht abgeschlossenen Geschichte mitten unter den Sündern existiert – wenn wir wieder mit dem Neuen Testament von der Gemeinde als von seinem Leibe reden (vgl. zu diesem Begriff KD IV, 1 S. 740–46). Und wir reden beide Male, so oder so, von dem einen Menschen Jesus Christus: er ist dort, er ist aber auch hier; er ist das Haupt, er aber auch der Leib. Und so ist auch der Christen eigenes Leben als das Leben der in ihm Geheiligten eines: mit ihm als ihrem Haupt verborgen in Gott, aber mit ihm auch vorläufig offenbar im zeitlichen Sein und Handeln der Gemeinde auf Erden. So ist auch sein Heiliger Geist einer: als belebende Macht zum Vollzug der Heiligung von Gott her, in ganzer Neuheit und Fremdheit senkrecht von oben (wie in der Pfingstgeschichte beschrieben) vom Himmel herabfallend und so schlechthin begründend – und als dieselbe belebende Macht waltend und wirkend in den Ereignissen, in der Folge und Mannigfaltigkeit der zeitlichen Geschichte der *communio sanctorum,* die immer auch noch *communio peccatorum* ist, wirksam in all den Relativitäten dessen, was man christliche, kirchliche, auch theologische Existenz nennt. Es hängt aber Alles daran, daß zuerst und vor allem der eine Mensch Jesus Christus selbst in jener ersten, aber auch in jener anderen Form existiert – nicht im Widerspruch der einen zur anderen und also zu sich selbst, sondern weil in der einen, darum auch in der anderen und also in der ganzen Herrlichkeit seines Seins als der wahre Gottes- und Menschensohn. Uns beschäftigt in unserem Zusammenhang eben diese andere, seine irdisch-geschichtliche Existenzform, sein Leib, die Gemeinde, in der er – kein Anderer als bei Gott, aber noch einmal, nun bei uns der wahre Sohn Gottes und so der wahre Menschensohn ist, in welchem wir schon geeinigt, schon geheiligt sind.

Gehen wir, um besser zu verstehen, noch einmal zurück auf die Gleichung: der Heilige Geist als die die Gemeinde belebende Macht ist Jesu Christi Selbstbezeugung. Der Heilige Geist hat also keinen anderen Inhalt als Ihn, kein anderes Werk als Seine vorläufige Offenbarung, keine andere Wirkung als menschliche Erkenntnis, die Ihn (und eben in Ihm auch den erkennenden Menschen selbst) zum Gegenstand hat. Der

Heilige Geist ist aber als Jesu Selbstbezeugung mehr als eine bloße Anzeige, eine bloße Nachricht von Ihm. Wo der Mensch Jesus in der Macht des Geistes Gottes sich selbst bezeugt, da vergegenwärtigt er sich selbst: es werden die, denen er in seiner Selbstbezeugung nahe tritt, zu solchen, die nun auch ihm nahe treten und sein dürfen. Mehr noch: Wo er in dieser seiner Macht sich selbst vergegenwärtigt, da teilt er sich selbst mit: es werden die, denen er kraft seiner Selbstvergegenwärtigung gehören will, zu solchen, die nun ihrerseits auch ihm, zu ihm gehören dürfen. Im Heiligen Geist als seiner Selbstbezeugung eröffnet, erschließt er sich ja bestimmten auf Erden, in der Zeit lebenden Menschen als der Heilige, der vor Gott und also in Wirklichkeit an ihrer Stelle steht, schenkt er ihnen die Erkenntnis, daß er der Ihrige ist: der Heilige, in welchem auch sie heilig sind – und sie die Seinigen sind: Heilige in seiner heiligen Person. Er eröffnet, erschließt, schenkt ihnen die Erkenntnis seiner Einheit mit ihnen, ihrer Einheit mit ihm. Eben in dieser Erkenntnis finden sie sich auf Erden und in der Zeit mit ihm und so auch untereinander vereinigt. So – durch solche Selbstbezeugung, Selbstvergegenwärtigung, Selbstmitteilung – begründet und belebt er – und das ist das Machtwerk seines Heiligen Geistes – die Gemeinde.

Von und in dem Geschehen dieses Machtwerkes ist, lebt und wächst sie mitten in der Weltgeschichte: die Voranzeige, die vorläufige Darstellung der in ihm schon geschehenen Heiligung aller Menschen, der neuen, mit Gott versöhnten Menschheit. Sie wird sich also nie als ein Verein verstehen können, zu dem Menschen von sich aus zusammengetreten und in welchem sie in Verfolgung ihres eigenen, und wäre es eines religiösen Zweckes tätig wären: sie sind gerade nur durch und mit Jesus und nur so auch untereinander vereinigt und gerade nur zur Erfüllung seines Willens und Zweckes. Sie wird sich aber auch nie als eine von ihm gestiftete Anstalt, bzw. als ein von ihm eingerichteter Apparat verstehen können, für dessen richtiges Funktionieren sie, wesentlich in ihren Ämtern existierend, zu sorgen hätte: sie existiert gerade nur, indem Jesu Machtwerk auf Erden geschieht und indem sie es an sich und durch sie in der Welt geschehen läßt. Sie kann sich gerade nur von ihm her verstehen, sich nur in ihm in ihrer eigenen Wirklichkeit wiederkennen. Sie ist eben nur in ihm, auch in ihrem menschlichen Sein, Tun und Wirken nur von ihm her und durch ihn. Was in ihr nicht von ihm her ist, darin kann sie auch sich selbst nicht wiederfinden und ernst nehmen. Was nicht er selbst ist, das ist auch sie nicht, darin ist sie nicht seine Gemeinde, darin kann sie sich selbst nur fremd sein, ihm gegenüber nur beschämt zurücktreten, klein werden, gewissermaßen «verduften». Darin, abseits von dem Machtwerk seiner Selbstbezeugung lebt sie eben nicht, sie lebt, indem im Geschehen dieses Machtwerkes er selber in ihr lebt, indem sie nur eben seine irdisch-geschichtliche Existenzform, sein Leib ist, in allen seinen Gliedern und deren Funktionen zu seiner Verfügung stehend, von ihm regiert und bewegt.

Wir haben damit den Satz wieder erreicht, von dem diese Kirchliche Dogmatik sofort am Anfang ihrer Prolegomena (I, 1 S.2), alles Folgende antizipierend, als von ihrem Axiom ausgegangen ist: das Sein Jesu Christi ist das Sein der Kirche, nach welchem sich ihr Selbstverständnis, ihre Verkündigung, ihre Praxis, ihre Problemstellungen und deren Beantwortung, ihre innere und äußere Politik und so auch ihre Theologie zu richten haben.

Dieser Satz erweist sich als unvermeidlich: Jesus Christus ist die Gemeinde. Nicht Jesus Christus in seiner Gestalt als ihr himmlisches Haupt, in seiner Verborgenheit in Gott. An ihn kann sie ja nur glauben, zu ihm kann sie ja jetzt und hier nur aus der Tiefe als zu ihrem Herrn aufschauen. Ihn kann sie ja nur lieb haben, indem sie ihn nicht sieht (1. Petr. 1,8). Seiner, nämlich seiner Offenbarung, kann sie ja nur warten: «Amen, ja komm, Herr Jesu!» (Apok. 22,20). Ihm kann sie nur entgegengehen. Der Satz ist also nicht umzukehren! Er ist ein christologischer und nur als solcher auch ein ekklesiologischer Satz. Die Gemeinde ist also nicht Jesus Christus. Sie ist ja nicht der ewige Sohn Gottes, nicht das fleischgewordene Wort, nicht der Versöhner der Welt mit Gott. In ihr geschah und geschieht nicht die Rechtfertigung und nicht die Heiligung aller Menschen, sondern gerade nur deren vorläufige Darstellung, ihre Bezeugung durch eine Handvoll sündiger Menschen inmitten aller anderen: von Heiligen, die nur darin heilig sind, daß er es ist und sich ihnen als der Heilige eröffnet und erschlossen hat, daß sie ihn als solchen erkannt haben und bekennen dürfen. Ihr eignet auch nicht die Macht der Sendung, der Ausgießung und Wirkung des Heiligen Geistes. Sie «hat» ihn nicht. Sie kann sich ihn nicht verschaffen, nicht über ihn verfügen. Er ist ihr verheißen. Sie kann ihn aber immer nur empfangen, um ihm dann gehorsam zu sein. Das sei also ferne, daß das Sein Jesu Christi in das Sein seiner Gemeinde eingeschlossen wäre, in ihm sich erschöpfte, daß es so etwas wie ein Prädikat ihres Seins wäre! Wohl aber erschöpft sich ihr Sein in dem seinigen, ist es in ihm eingeschlossen, in ihm wohl aufgehoben und geborgen und also ihr schlechterdings von dem seinigen bestimmtes und regiertes Sein. Es ist ihr Sein ein Prädikat seines Seins. Indem sie kraft des Machtwerkes des Heiligen Geistes auf Erden, in der Zeit existiert, ist sie sein Leib, hat er, ihr himmlisches Haupt, er, das fleischgewordene Wort, er, der Heilige, neben dem kein Anderer ist, in ihr seine eigene irdisch – geschichtliche Existenzform, ist in ihr er selbst – der der Welt und ihr jetzt und hier noch nicht direkt, noch nicht universal, noch nicht endgültig Offenbare – jetzt und hier schon auf dem Plan, schon am Werk. Sie, die Gemeinde, ist nicht Er. Aber Er, Jesus Christus – in Wirklichkeit nur Er, aber Er in höchster Wirklichkeit – ist auch sie, die Gemeinde. Er lebt nicht, weil und indem sie lebt. Sie lebt aber, darf leben, kann nicht anders leben, als weil und indem er lebt. «Ich lebe und ihr werdet leben!»

(Joh. 14,19). Alles hängt an dieser Folge und Ordnung. Aber in dieser Folge und Ordnung gilt und ist zu sagen: Jesus Christus ist die Gemeinde.

Wir sagen dasselbe in Heranziehung des neutestamentlichen Zentralbegriffs des Reiches Gottes. «Reich Gottes» heißt: die in Jesus Christus in der Welt aufgerichtete Herrschaft, das in ihm stattfindende Herrschen Gottes. Er selbst ist das Reich Gottes. Der in der protestantischen Theologie oft zu eilfertig und zu unsorgfältig bestrittene Satz ist darum nicht zu unterdrücken: das Reich Gottes ist die Gemeinde. Wieder nicht das Reich, die Herrschaft Gottes in ihrer vollendeten Gestalt, die in der Person des einen Menschensohnes, des einen Heiligen Gottes, gültig für die ganze Welt Bestand gewonnen hat und in der sie am Ende und Ziel aller Geschichte direkt, universal, endgültig, sichtbar und erkannt werden wird. Wohl aber Gottes Herrschaft in der Darstellung der neuen, ihm gehorsamen Menschheit, wie sie in der jenem Ziel entgegenlaufenden Geschichtszeit vorläufig und in gründlichster Unvollkommenheit, aber real da schon verwirklicht wird, wo es vermöge des Machtwerkes des Heiligen Geistes zur Erkenntnis ihres Anbruchs und so zur Gemeinschaft der Heiligen kommt. Die Gemeinde ist nicht das Reich Gottes. Aber das Reich Gottes ist – in seiner irdisch-geschichtlichen Existenzform von Sündern unter Sündern verkündigt und geglaubt, indem Unheilige in Erkenntnis seines Anbruchs Gottes Heilige sein dürfen – die Gemeinde. Sie kommt eben nicht umsonst von der Auferstehung Jesu Christi als seiner ersten Offenbarung her und geht seiner letzten Offenbarung in der Wiederkunft Jesu Christi nicht umsonst entgegen. Indem das Reich Gottes selbst auf diesem Weg zwischen seiner ersten und seiner letzten Offenbarung ist, ist es die Gemeinde. Indem es, indem Gottes Herrschen in der Bewegung von hier nach dort begriffen ist, schafft es sich seinen diesem Übergang entsprechenden Bereich, findet es also auch auf diesem Wege statt. Und eben das geschieht in dem die Gemeinde begründenden und belebenden Machtwerk des Heiligen Geistes. Die Gemeinde ist nicht das Reich Gottes und wird es, bevor es ihr am Ende aller Geschichte in seiner Herrlichkeit begegnen und offenbar werden wird, auch niemals werden. Sie betet um sein Kommen: eben darum, daß es ihr in seiner eigentlichen und vollkommenen Gestalt begegnend, direkt, universal und endgültig offenbar werden möchte. Das Reich Gottes seinerseits aber ist schon diesseits dieses Endes auch in der Gestalt dieser um sein Kommen betenden Gemeinde wirklich auf Erden, in der Zeit, in der Geschichte. Die Gemeinde wäre nichts, wenn sie nicht vom Reich Gottes herkäme und ihm entgegenginge, wenn es ihr nicht in diesem Übergang präsent wäre. Sie kann nichts tun – in allem anderen Tun würde sie nicht nur ihre Eigentümlichkeit preisgeben, sondern ihre Wirklichkeit als Gemeinschaft der Heiligen verraten – als seinem Übergang von hier nach dort folgen. Ihre Verkündigung kann gerade nur der Selbstverkündigung des auch jetzt und hier präsenten, weil gekommenen und wiederkommenden Reiches Gottes dienstbar sein. Steht sie nicht in diesem Dienst, so ist sie nichts, gar nichts. Steht sie in diesem Dienst, so ist sie in aller Anspruchslosigkeit größer als alle Größen der Weltgeschichte, so hat sie inmitten all der sonst von und zu den Menschen gesprochenen Worte das letzte Wort zu sprechen.

Wir fassen zusammen: es gibt, Gott gibt eine nie und nirgends *in abstracto* bestehende und «vorhandene», wohl aber im Machtwerk des Heiligen Geistes sich ereignende reale Identität des einen Heiligen, des in ihm vollkommen aufgerichteten Reiches Gottes mit der Gemeinschaft der Heiligen auf Erden, die doch als solche auch eine Gemeinschaft von Sündern ist. Und so ist die Kraft dieses Heiligen, des Herrn Jesus Christus als des himmlischen Hauptes, in welchem Gottes Herrschaft vollkommen aufgerichtet ist, auch die der Gemeinde auf Erden innewohnende, ihr immanente Lebens- und Wachstumskraft. Von dieser realen Identität her ist Alles zu verstehen, was über ihr Leben und Wachsen (im extensiven wie im intensiven Sinn dieses Begriffs) zu sagen ist. Er, Jesus Christus, muß wachsen (Joh. 3, 30) und wächst tatsächlich. Es wächst das Reich Gottes wie jener Same, wie jenes Senfkorn. Dann und daraufhin wächst auch die Gemeinde als solche: die Gemeinschaft der mit offenen Augen, Ohren und Herzen von Jesus Christus, vom Reiche Gottes herkommenden und ihm entgegengehenden Menschen. Sie wächst, indem sie seinem Wachsen Raum gibt und insofern, wie es dort der Täufer von sich selbst gesagt hat, «abnimmt»! Sie lebt, weil und indem ihr Herr lebt, sie ganz und gar als sein Volk.

Wir verifizieren das nun Entfaltete an den direkten Aussagen des Neuen Testamentes: zunächst hinsichtlich des zuletzt hervorgehobenen Begriffs des Reiches Gottes. Daß es Mr. 4, 26–29 und 30–32 als ein wachsendes und also in der Zeit existierendes, geschichtliches Subjekt bezeichnet wird, haben wir schon konstatiert. Welches andere Subjekt – außer Jesus Christus selbst – als eben seine Gemeinde, in der das Reich verkündigt und geglaubt, in der um sein Kommen gebetet wird, könnte da gemeint sein? Daß es das Wohlgefallen dessen sei, den die Jünger ihren Vater nennen dürfen, ihnen, der «kleinen Herde», das Reich zu geben (δοῦναι), lesen wir Luk. 12, 32. Was kann das heißen, als daß es nun eben in dieser kleinen Herde auf dem Plan und so nicht nur in dem erhöhten Menschensohn, nicht nur im Himmel, sondern in der vom Himmel her wirkenden Kraft Jesu Christi wunderbar, aber real auch auf Erden unter den Menschen sein soll? Was kann «in das Reich Gottes eingehen» nach den Zusammenhängen Mr. 9, 47; 10, 24; Joh. 3, 5 praktisch bedeuten als: ein Jünger werden und also zur Gemeinde hinzutreten? Eben dazu müßte der Luk. 9, 62 erwähnte Mann «geeignet» sein und ist es nicht, weil er die Hand an den Pflug legt und zurücksieht. Wir lesen Luk. 17, 20 f.: das Reich Gottes komme nicht μετὰ παρατηρήσεως, d. h. nicht so, daß man seine Gegenwart direkt feststellen, mit Hier! und Da! darauf hinweisen könne – es sei nun aber doch (nicht in der Unsichtbarkeit einer bloßen Idee, sondern in konkreter, wenn auch verhüllter Gestalt: die Pharisäer sehen es und sehen es doch nicht!) ἐντὸς ὑμῖν «in eurer Mitte». Jesus selbst, das Reich in Person, wird damit vor allem gemeint sein, aber im

§ 67. Der Heilige Geist und die Erbauung der christlichen Gemeinde

Sinn der dieses Wort tradierenden Gemeinde doch wohl auch sie selbst in ihrer wunderbaren, aber realen Existenz als die vorläufige Gestalt des Reiches inmitten der Welt. Eben in diesem Sinn ist «Reich Gottes» doch wohl auch 1. Kor. 4,19f. gebraucht, wo Paulus schreibt: das Reich Gottes beruhe nicht auf Reden (ἐν λόγῳ), sondern auf Kraft (ἐν δυνάμει) und an diesem Maßstab werde er, wenn er nach Korinth komme, gewisse Leute in der dortigen Gemeinde messen – und Röm. 14,17: es gehe im Reiche Gottes nicht um Essen und Trinken, sondern um Gerechtigkeit, Frieden und Freude im Heiligen Geiste – und so wenn Kol. 4,11 von des Paulus συνεργοὶ εἰς τὴν βασιλείαν τοῦ θεοῦ die Rede ist. Wieder nur das vorläufig in der Geschichte und also in der Gemeinde verwirklichte Reich Gottes kann schließlich gemeint sein, wenn es 1. Kor. 15,24 heißt: daß Christus es endlich und zuletzt Gott dem Vater «überliefern» werde. Man bemerke: in der Regel erscheint der Begriff nicht in diesem Gebrauch. Das macht Augustins generelle Gleichsetzung der *civitas Dei* mit der Kirche unmöglich. Der Hinweis der genannten Stellen (er könnte im Blick auf die Himmelreichsgleichnisse der Synoptiker erweitert werden) ist aber doch stark genug, um auch vor einer generellen, undifferenzierten Abweisung der augustinischen Auffassung zu warnen! Es gibt außer dem absoluten, christologischen und eschatologischen auch einen abgewandelten, relativen, weltgeschichtlichen Sinn des Begriffs, und in diesem ist das Reich Gottes tatsächlich – die Kirche. In diesem restringierten Sinn verstanden möchte dann auch die pietistische und auch die angelsächsische Version vom «Reiche Gottes» ihre Geltung haben.

Nun ist aber, wie schon Origenes und Tertullian richtig erkannt haben, das Reich, die Herrschaft Gottes, neutestamentlich verstanden, mit Jesus Christus schlechthin identisch. Er ist das Reich, er ist die αὐτοβασιλεία. Eben als seine Herrschaft wird ja die Herrschaft Gottes in der Welt aufgerichtet. Wie Gott, so ist auch er von der βασιλεία nicht zu unterscheiden. Das gilt im absoluten, das gilt aber auch im relativen Sinn des Begriffs: sofern das Reich auch die Gemeinde ist. Wir lesen Matth. 18,20: «Wo Zwei oder Drei zusammengebracht sind in der Gemeinschaft meines Namens (συνηγμένοι εἰς τὸ ἐμὸν ὄνομα, wahrscheinlich eine Anspielung auf das Bekenntnis, in welchem die christliche συναγωγή erkennbar wird) daselbst bin Ich in ihrer Mitte». Was heißt das? Daß er da als ein Dritter oder Vierter auch noch dazu komme und dabei sei? Doch wohl vielmehr: daß da, im Zusammengebrachtwerden dieser Zwei oder Drei, vor Allem in dem diesen Kreis konstituierenden Zentrum, Er selbst gegenwärtig und am Werk sei. Im selben Sinn Matth. 28,20: «Siehe, Ich bin mit euch alle Tage bis zum Abschluß dieser Weltzeit» (ἕως τῆς συντελείας τοῦ αἰῶνος). Was heißt μεθ' ὑμῶν? Als interessierter Zuschauer und gelegentlich als freundlicher Beistand ihres Tuns? Doch wohl vielmehr: daß, wenn und indem sie seinem Befehl gemäß in der zu Ende gehenden Weltzeit handeln werden, jeden Tag Er auf dem Plan sein wird, um sie in seiner Barmherzigkeit zu erhalten, zu bewahren, zu retten, um ihnen mit seinem allmächtigen *concursus* zur Seite zu gehen, um sie nach seinem allein heiligen Willen zu regieren – er also als das mit und unter ihnen handelnde primäre und eigentliche Subjekt. Von da aus kann dann auch Luk. 10,16 direkt gesagt werden: «Wer euch hört, hört mich, und wer euch verwirft, verwirft mich». Und so werden nach Matth. 25,31–46 die zum Weltgericht versammelten Völker vom Menschensohn nach ihrem Verhalten zu seinen Brüdern gefragt und danach beurteilt werden: Was ihr diesen meinen geringsten Brüdern getan (oder nicht getan) habt, das habt ihr mir getan (oder nicht getan): er ist nicht nur solidarisch mit diesen seinen Brüdern, er selbst hungert und dürstet, er selbst ist fremd, nackt, krank, gefangen, indem sie es sind. Darum Act. 9,4, zum Verfolger der Gemeinde gesagt: «Saul, Saul, was verfolgst du mich?» Und so ist die den Gemeindegottesdienst krönende Aktion des Herrenmahls – τοῦτο, das – nämlich das von Jesus angeordnete gemeinsame Essen und Trinken der Jünger – nicht mehr und nicht weniger als sein Leib und sein Blut (nach 1. Kor. 10, 16: die κοινωνία seines Leibes und Blutes). Es ist also diese Aktion, εἰς τὴν ἐμὴν ἀνάμνησιν vollzogen, nach 1. Kor. 11, 26 unmittelbar die Verkündigung seines Todes, bis daß er kommt. Sie ist (in dieser vorläufigen Gestalt als

2. Das Wachstum der Gemeinde 745

Aktion der Gemeinde) seine eigene Aktion, das Werk seiner Realpräsenz. Das ist jetzt und hier Er selbst für sie, sein dahingegebener Leib und sein vergossenes Blut: die in dieser Aktion ihm dankende, zu ihm sich bekennende Gemeinschaft der Heiligen.

Und nun ist ja auch die in den Briefen des Paulus so häufige Formel ἐν ('Ἰησοῦ) Χριστῷ die Angabe des Ortes, des Bereiches, in welchem sich (durch ihn schlechterdings bestimmt!) das den Apostel und seine Gemeinden bewegende göttliche Wirken, Schaffen, Schenken, auch das göttliche Offenbaren, Fragen, Einladen und Fordern, in welchem sich auch das entsprechende menschliche Danken, Denken, Reden, Glauben, Gehorchen, Dienen abspielt. Das ἐν Χριστῷ bezeichnet den Raum, in welchem die *sancta* sich darbieten und die *sancti* im Begriff sind, ihre *communio* an und in ihnen und so ihre *communio* unter sich zu realisieren. Jesus Christus ist – und in seinem Sein sind die Apostel, sind die Gemeinden. Eben darum kann Alles über das Sein der Christen Gesagte unmittelbar oder mittelbar nur Explikation des Seins Jesu Christi sein, und ist alles über das Sein Jesu Christi Gesagte unmittelbar oder mittelbar appliziert auf das Sein der Christen. Eine Voraussetzung wird da sichtbar, die für Paulus und seine Gemeinden gerade keine Hypothese, keine Theorie (und also auch kein Problem!), sondern – vom Ostertag her, aber in stets gegenwärtiger, weil erneuerter Konfrontation mit der Offenbarung des Ostertages – wie die Luft ist, in der da geatmet wird. Die Voraussetzung ist schlicht die: daß der gekreuzigte Jesus Christus lebt. Er lebt aber, und das ist hier entscheidend, als der *totus Christus*. Und das heißt: er lebt wohl auch und vor Allem als der eine erhöhte Menschensohn, auch zur Rechten des Vaters, auch (und mit ihm das Leben der Christen) in der Verborgenheit Gottes, auch in der unerreichbaren Höhe über der Welt und über der Gemeinde – er lebt aber nicht nur dort, sondern (in der Kraft seines von dorther ausgegossenen, nun aber auch hier wirksamen Heiligen Geistes) auch auf Erden in der Weltgeschichte: in den Gemeindlein in Thessalonich und Korinth und Philippi, in Galatien und Rom. Nicht zuerst in ihrem Erkennen, Glauben, Beten und Lieben, überhaupt nicht zuerst in ihrem christlichen Sein, sondern zuerst eben als der Raum, in welchem das Alles geschehen kann, darf, muß und wird, in welchem sie Christen sind: wirklich als die Luft, in der sie atmen, als der Boden, auf dem sie stehen und gehen. Sie haben – so wird es ja auch Joh. 15, 4 f. beschrieben – außer ihm kein Sein, kein Leben: wie die Schosse nur am Weinstock sein, von ihm abgeschnitten nur verdorren und verbrannt werden können: «Ohne mich könnt ihr nichts tun». Sie brauchen aber auch nichts ohne ihn tun zu wollen. Er ist der Weinstock und sie sind dessen Schosse.

So kommen wir von allen Seiten auf unseren Hauptsatz zurück: die Gemeinde lebt – nicht nur weil, sondern indem Jesus lebt, das Reich Gottes in Person. Und so ist wirklich Er es, der lebt, indem sie lebt, der wächst, indem sie wächst. So ist die προκοπὴ τοῦ εὐαγγελίου (Phil. 1, 12) sein Werk. So ist Er der προκόπτων, der vorwärts Schreitende, der sich (2. Kor. 4, 16) von Tag zu Tag erneuernde «innere Mensch», das Subjekt alles kirchlichen Fortschritts. Indem er der Gemeinde innewohnt, immanent ist (als das Haupt seinem Leibe), wächst auch sie: von ihm als ihrem himmlischen Haupt her, aber nur in und mit ihm, indem er in ihr seinen Leib hat: seine irdisch-geschichtliche Existenzform.

Noch bleibt uns hier als Letztes übrig, unsere im ersten Abschnitt nicht zu Ende geführte Besprechung der Stelle Eph. 4, 11–16 zum Abschluß zu bringen. Hieher gehört nämlich der letzte Satzteil dieser Stelle: v 16.

Wir hörten v 15, wie die Christen aufgerufen werden ἀληθεύοντες ἐν ἀγάπῃ (in einem sie mit ihrem Herrn und sie unter sich in Liebe verbindenden Leben von der Wahrheit her und für sie) auf den hin zu «wachsen», der das Haupt ist, Christus. Κεφαλὴ τῆς ἐκκλησίας heißt er auch Eph. 5, 23. Wir hören nun Eph. 1, 20–23: er ist primär das Haupt des Alls. Gott hat ihn von den Toten auferweckt und in der himmlischen Welt zu seiner Rechten eingesetzt, erhoben über jede ἀρχή und ἐξουσία und δύναμις und κυριότης, über jeden Namen, der nicht nur in dieser, sondern auch in der kommenden Weltzeit genannt werden mag. Er ist der πληρούμενος τὰ πάντα ἐν πᾶσιν: der die sonst unvermeidliche Leere des Alls in allen seinen Gestalten Erfüllende. Eben als diesen hat ihn Gott der Gemeinde zum Haupt gegeben, ihm selbst als diesem die Gemeinde zum Leibe. Er kann und soll als der *totus Christus* nicht ohne sie sein. Sie ist insofern (1,23) sein πλήρωμα: nur mit ihr zusammen, nur indem er auch in ihr lebt und regiert, ist er (4,13) der ἀνὴρ τέλειος (so wie das All nur mit ihm zusammen, nur als das durch ihn erfüllte, von ihm regierte All bestehen kann). In dieser himmlischen Gestalt: als Haupt des Kosmos und als Haupt der Gemeinde ist er aber ihr wie dem Kosmos schlechthin zukünftig, weil noch nicht offenbar. Und zukünftig, weil noch nicht offenbar, ist der Gemeinde auch ihre eigene Gestalt als das σῶμα und also als das πλήρωμα dieses Hauptes. Sie glaubt an ihn als an ihr Haupt, sie sieht aus der Tiefe und Ferne zu ihm empor und geht ihm als dem in dieser himmlischen Gestalt Existierenden entgegen. Und indem sie an ihn glaubt, glaubt sie auch sich selbst als sein σῶμα und also sein πλήρωμα. Das Alles sieht sie aber nicht. Noch ist sie auf dem Weg dieser Zukunft entgegen, in der offenbar werden wird: er als das πλήρωμα des Alls, sie als sein πλήρωμα: ihn als den, der die Welt regiert, sich selbst als von ihm regiert und so ihn und sich zusammen als den *totus Christus*, den ἀνὴρ τέλειος. Wohlverstanden: es muß das Alles, es muß also der *totus Christus* nicht erst werden, er muß zu diesem nicht erst gemacht werden. Eben als Dieser ist er, der Vorherbestimmung Gottes (1,10f.) entsprechend, ein für allemal eingesetzt: in seinem Verhältnis zum Kosmos sowohl wie in dem zu seiner Gemeinde und beides gültig im Himmel nicht nur, sondern auch auf Erden: nur eben auf Erden, den Menschen, auch den Christen, noch nicht offenbar und insofern zukünftig. Also: die Gemeinde ist sein Leib, sie ist das πλήρωμα, ohne das er nicht wäre, wozu Gott ihn eingesetzt hat.

Eben hier greift der Aufruf 4,15 ein: αὐξήσωμεν εἰς αὐτόν. Wie kann die Gemeinde dazu aufgerufen werden, zu ihm hinzuwachsen? Wie kann sie das tun? Sie kann das nach v 16 darum tun, weil ihr Wachsen faktisch – der Aufruf dazu soll sie offenbar nur darauf und auf die zu ziehende Konsequenz aufmerksam machen – vor allem ihrem Tun schon im Geschehen ist. Ἐξ οὗ heißt es jetzt, geschehe es, daß sie das tue. Und dieses ἐξ οὗ verweist zurück auf Christus, der das Haupt der Gemeinde ist. Sie wächst also, ist zu antworten, von demselben her, auf den hin (εἰς αὐτόν) zu wachsen sie aufgerufen ist. Wer wächst ἐξ αὐτοῦ, von ihm her? Das σῶμα selbst. Es ist ja das Subjekt der ganzen folgenden Aussage: τὸ σῶμα ... τὴν αὔξησιν τοῦ σώματος ποιεῖται. Die Parallele Kol.2,19 sagt es in der Sache genau so, nur daß das Verbum dort αὔξει ist, mit dem merkwürdigen Akkusativobjekt: τὴν αὔξησιν τοῦ θεοῦ, also: der Leib vollzieht das Wachsen, das von Gott kommt, in Gott begründet, von Gott gegeben ist. Gemeint kann auch in dieser Verschärfung der Paradoxie nur sein: der Leib vollzieht sein eigenes Wachsen. Und nun wird es als sein Wachsen Eph.4,16 (und ähnlich Kol.2,19) näher charakterisiert: der ganze Leib vollziehe seine αὔξησις «zusammengefügt und zusammengehalten durch alle sich unterstützenden Gelenke nach dem Maß des jedem Einzelnen zugewiesenen Anteils». Es ist deutlich, daß hier die Einheit und Verschiedenheit innerhalb der Gemeinde, bedingt durch die Einheit des Geistes und durch die Verschiedenheit seiner Gaben visiert ist, wie sie ausführlich 1. Kor. 12,4–31 und kürzer Röm. 12, 3–8 dargestellt wird. Nicht eine mythologische Größe «Soma», sondern die in der Geschichte geschichtlich existierende Gemeinde ist also das Subjekt der Aussage: sie vollzieht ihr eigenes Wachsen, eben das αὔξειν, das Kol. 2, 19 als ein αὔξειν τὴν αὔξησιν τοῦ θεοῦ bezeichnet wird! Daß dabei auch das konkrete Tun der Christen, das ἔργον διακονίας, zu dem sie nach v 12 zubereitet werden sollen, nicht aus den Augen verloren ist, zeigt ja der Schluß: die Gemeinde wächst εἰς οἰκοδομὴν ἑαυτοῦ ἐν ἀγάπῃ. Weil und indem sie wächst, wird sie in der früher beschriebenen Weise «erbaut», ein Begriff, in welchem doch integrierend auch das eingeschlossen ist, daß sie, in allen ihren Gliedern und in deren Verhältnissen zueinander in menschlicher Weise wirkend, selbst Hand anlegt und insofern sich selbst erbaut. Mit diesem ihrem Tun wird ja dann wohl das αὐξάνειν, zu dem die Christen v 15 aufgerufen werden, identisch sein. Was aber ist es mit dem in diesem ihrem Tun vorausgesetzten «Wachsen»? Wie kann das geschehen, daß die Gemeinde ihr eigenes Wachstum nicht erst im Gehorsam gegen jenen Aufruf vollziehen soll, sondern schon vollzieht (ποιεῖται), so daß sie daraufhin zum Wachsen, d. h. zu ihrer eigenen Auferbauung in der Liebe aufgerufen werden kann? Es gibt hier nur eine Antwort: weil und indem Jesus Christus ihr Haupt, sie sein Leib schon ist, obwohl er ihr, und obwohl auch sie selbst sich in dieser Eigenschaft noch nicht offenbar und insofern erst künftig ist. Sein Sein ist das ihrige, von ihm her (ἐξ οὗ), der im Himmel, zur Rechten Gottes ist, hat sie das ihrige. Weil er als das Haupt ihr als seinem Leibe gegenwärtig ist, kraft seines Lebens und Wachsens, wächst unfehlbar – nach der Konsequenz menschlichen Tuns rufend, aber durch keine Problematik menschlichen Tuns bedroht, auch sie. Sie ist in ihrem Tun nicht auf sich selbst gestellt. Sie wächst ἐξ αὐτοῦ, darum εἰς αὐτόν. Sie vollzieht ihr eigenes Wachstum – kraft seiner Realpräsenz.

3. DIE ERHALTUNG DER GEMEINDE

Communio sanctorum! Wir wenden uns nach einer anderen Seite, nun gewissermaßen nach außen: zur Frage nach ihrem Bestand, nach der Möglichkeit ihres Wirkens inmitten der sie umgebenden Welt, und versuchen, ihre Geschichte zu verstehen als die Geschichte ihrer gnädigen Erhaltung. Wie der unsere ganze Überlegung beherrschende Begriff der «Erbauung», wie der besondere Begriff des «Wachsens» der Gemeinde, von dessen Analyse wir herkommen, so ist auch bei dem der «Erhaltung» die göttliche und die menschliche Seite des visierten Geschehens zu bedenken. Gott und die Menschen (die Christenmenschen!) sind auch hier am Werk: Gott in seiner allmächtigen Gnade, die Christenmenschen (möchten sie es in diesem Sinne sein:) in der der Gnade Gottes entsprechenden Dankbarkeit. Wir sehen aber diese beiden Seiten des Geschehens gerade hier am besten sofort dort zusammen, wo sie ja ursprünglich zusammen sind, indem wir es (schon von dem her, was wir nun über seinen Charakter als «Wachsen» gelernt haben) sofort als Christusgeschehen, als Werk des *totus Christus* verstehen. Von der menschlichen Schwachheit der Gemeinschaft der Heiligen auf Erden muß ja hier im besonderen die Rede sein: von ihrer dieser ihrer Schwachheit trotzenden Erhaltung. Existierte sie nicht «in Christus», wäre dieser ihr Herr nicht ihr Trotz, wie sollte sie da erhalten werden und sein?

Es mag wohl am Platze sein, gerade hier die herrliche Definition des Heidelberger Katechismus – wir hätten sie wohl auch über das Ganze dieses Paragraphen setzen können – zu zitieren. Frage 54: «Was glaubst du von der heiligen, allgemeinen christlichen Kirche? Antwort: Daß der Sohn Gottes aus dem ganzen menschlichen Geschlecht ihm eine auserwählte Gemeinde zum ewigen Leben durch seinen Geist und (sein) Wort in Einigkeit des wahren Glaubens von Anbeginn der Welt bis ans Ende versammle, schütze und erhalte und daß ich derselbigen ein lebendiges Glied bin und ewig bleiben werde». Man beachte, wer nach dieser Definition der Kirche das handelnde Subjekt ist: kein gläubiges Volk, das sich als solches selber zu versammeln, zu schützen und zu erhalten hätte, kein das Wort und die Sakramente «verwaltendes» Amt, auch keine als Patronin der

Kirche schon gen Himmel gefahrene und dort sie repräsentierende, für sie wirkende Maria, sondern der Sohn Gottes. Er schafft es, daß die Kirche trotzdem ist. Setzen wir noch die Antwort auf Frage 123 dazu, wo die Bitte «Dein Reich komme!» dahin erklärt wird: «Regiere uns also durch dein Wort und (deinen) Geist, daß wir uns dir je länger je mehr unterwerfen, halte und mehre deine Kirche und zerstöre die Werke des Teufels und alle Gewalt, die sich wider dich erhebt und alle bösen Ratschläge, die wider dein heiliges Wort erdacht werden, bis die Vollkommenheit deines Reiches hinzukomme, darin du wirst Alles in Allem sein».

Die Gemeinschaft der Heiligen bedarf des Schutzes, der Bewahrung, der Erhaltung, weil sie in Gefahr ist. Sie war immer in Gefahr. Sie wird, solange die Zeit währt, in Gefahr sein. Weil und sofern sie nämlich eine menschliche Gemeinschaft mitten unter den Menschen und im Bereich ihrer ganz anderen menschlichen Gemeinschaften ist – der familiären, politischen, wirtschaftlichen, auch geselligen, auch wissenschaftlichen Gemeinschaften, die alle gar nicht daran denken, sich von Jesus Christus, vom gekommenen Gottesreich her und wieder auf Jesus Christus, auf das kommende Reich hin zu orientieren, deren Bestand und deren Wirken aber die Existenz der Gemeinde in der mannigfaltigsten Weise überschneidet. Und was ist sie selbst, auf ihren eigenen menschlichen Bestand, auf ihr eigenes menschliches Wirken gesehen, als ein Stück Welt inmitten der übrigen Welt? Als solches in ihrer Eigenart zu existieren, ist ihr aufgegeben. Aber nun doch nicht, als wäre ihre Existenz Selbstzweck, sondern um der übrigen, sie umgebenden Welt Zeuge, Anzeiger, Botschafter zu sein von der auch sie angehenden, auch für sie gültigen Wahrheit Gottes, von Jesus Christus, von ihrer eigenen, ihr unbekannten, von ihr theoretisch und praktisch ignorierten, ja geleugneten Wirklichkeit: vorläufige Darstellung der neuen Menschheit, und so nach 2. Petr. 1, 19 ein an einem dunklen Ort, zum Heil aller derer, die da wohnen, scheinendes Licht. Dieses Licht in der Welt zu sein, ist ihr, die doch in ihrem menschlichen Bestand und Wirken auch nur ein Stück Welt ist, aufgegeben. Die Gefahr, in der sie sich befindet, liegt auf der Hand: um zu sein, was zu sein ihr aufgegeben ist, um sich in der Welt auch nur zu behaupten, geschweige denn ihrem Auftrage ihr gegenüber gerecht zu werden, müßte sie ja wirkliche Kirche, in ihrer Auferbauung als solche begriffen sein und also, wie wir zuletzt gehört, leben, wachsen. Eben ihr Leben und Wachsen wird aber immer bedroht, in Gefahr sein, von der übrigen Welt und insofern von außen her, aber auch (indem sie ja in ihrem menschlichen Bestand und Wirken selbst auch nur ein Stück Welt ist) auch von innen, von ihr selbst her. Wird sie dieser Gefahr gewachsen sein, in ihr erhalten werden?

Vergegenwärtigen wir uns zunächst die ihr von außen drohende Gefahr. Es geht in ihren beiden gleich zu bezeichnenden Gestalten um die Hemmung dessen, was wir das extensive Wachsen der Gemeinde, die lebensnotwendige Erhaltung, d. h. aber die dauernde Erneuerung ihres menschlichen Bestandes genannt haben. Die Gefahr entsteht in ihren beiden Gestalten von daher, daß es so gar nicht selbstverständlich, nie als das Natürliche zu erwarten ist, daß sich die Welt die Existenz dieses Stückleins Welt, daß sich jene anderen menschlichen Gemeinschaften die Existenz dieser Gemeinschaft ohne weiteres gefallen lassen werden. Diese bekundet ja einen so ganz anderen Ursprung und auch ein so ganz anderes Ziel als sie. Sollte sie das ernstlich und wirksam tun, sollte sie als eine lebendige und also wachsende Gemeinde in ihrer Mitte existieren, sollte sie als solche überdies Miene machen, sich nach außen mit ihrer Botschaft an Alle hörbar und möglicherweise durch Zunahme ihrer Glieder bemerkbar zu machen – wie sollte sich da die Welt, wie sollten sich da jene anderen menschlichen Gemeinschaften durch sie nicht befremdet, beunruhigt, in Frage gestellt, gestört, vielleicht geradezu bedroht fühlen? Ihre Botschaft ist ja revolutionär genug (die Gemeinde selbst weiß das am besten), um gerade diese Reaktion nur zu verständlich zu machen. Sie verkündigt ja Jesus Christus und also eine andere, neue Menschheit, die Herrschaft Gottes über alle anderen Herrschaften, die große Freiheit und Notwendigkeit der Umkehr, der *vivificatio*, in der es ohne *mortificatio* nicht abgeht, die Nachfolge, das Kreuz. Solches gern und nicht ungern, oder auch nur nachdenklich und nicht sofort verächtlich und entrüstet zu hören und also die christliche Gemeinde auch nur gelten und leben zu lassen, geschweige denn ihr Wort ernsthaft zur Kenntnis zu nehmen, geschweige denn ihr beizutreten – ist keine menschliche Möglichkeit, sondern die (die Gemeinde selbst weiß auch das am besten) des Heiligen Geistes, der weht, wo er will, den niemand sich nehmen kann. Wo diese nicht gegeben ist, da wird sich die Gemeinde darauf gefaßt machen müssen, in irgend einer Form auf die Defensive und wohl auch Gegenoffensive der Außenwelt zu stoßen, sich von ihr her nun ebenfalls beunruhigt, in Frage gestellt, gestört und vielleicht bedroht zu finden: ihr Dasein bedauert, beklagt, im Grunde weggewünscht, ihr Wirken belächelt, mißbilligt, verdächtigt, ihre Ausbreitung, d. h. aber die lebensnotwendige Erneuerung ihres personalen Bestandes als eine Gefahr hingestellt, tunlichst behindert, vielleicht zu verhindern gesucht. Des *odium humani generis* wird man sie beschuldigen und das *odium humani generis* wird sie treffen. Die Verweisung ins Ghetto mag ihr dann bevorstehen und in irgend einer Nähe oder Ferne auch ihre äußere Beseitigung und Auslöschung: Alles gewiß umso weniger, als sie vielleicht wirkliche Kirche gar nicht ist, aber Alles umso sicherer, je mehr sie etwa lebendige und wohl auch äußerlich wachsende Gemeinde sein sollte. Lebendige Gemeinde wird, selbst wenn ihr äußeres Wachsen nicht allzu auffallend sein sollte, bestimmt damit rechnen müssen, irgendeinmal und in irgend einer Form Gemeinde in der Anfechtung, vielleicht auch Gemeinde unter dem Kreuz werden zu müssen.

Die eine Form, in der ihr das widerfahren kann, besteht darin, daß sie von ihrer Umgebung, weil man sie am liebsten weg haben, mindestens aber anders, in harmloserer Gestalt, haben möchte, unter Druck gesetzt wird. Man mutet ihr vielleicht nicht gleich Irrglauben und Unglauben zu, nicht gleich, daß sie ihre Tätigkeit einstelle, sich auflöse, nicht gleich Verleugnung ihres Bekenntnisses u. dgl., sondern nur etwas mehr Zurückhaltung hier, und eine etwas positivere Einstellung zu den in ihrer Umgebung herrschenden geistigen oder auch ungeistigen Mächten dort, nur ein paar Konzessionen (die ihr selbst wohl zunächst als unwesentlich erscheinen mögen), nur daß sie sich einige Einschränkungen und Anpassungen, über deren Tragweite sich allenfalls reden ließe, gefallen lasse. Das Wort «Verfolgung» wird wahrscheinlich für das, was ihr widerfährt, zunächst ein viel zu dramatisches Wort sein. Der auf sie ausgeübte Druck wird sie ja zunächst auch ziemlich ungleich treffen: vielleicht nur für Wenige beschwerlich: vielleicht nur für einige besonders Verantwortliche und Tätige unter ihren Gliedern, vielleicht – in dem Maß nämlich, als es mit ihrer Lebendigkeit als *communio* nicht zum besten bestellt sein könnte – so, daß die Mehrzahl ihrer Glieder seiner zunächst kaum gewahr werden. Massivere Versuche mögen dann allerdings folgen. Es gibt Mittel – und sie werden zur Anwendung kommen – ihr den Mund zu verschließen oder ihre Stimme wenigstens mehr oder weniger tonlos zu machen. Man kann ihre wichtigsten Wortführer von ihr und sie von ihnen zu trennen versuchen. Man kann sie dem übrigen Leben gegenüber isolieren, ihre natürlichen Verbindungen zu weiteren Kreisen, besonders etwa zur heranwachsenden Jugend, unterbinden, bzw. abschneiden, sie auf ihren «Kult» reduzieren und so in den Winkel drängen wollen, um sie dort umso leichter lächerlich, verächtlich, auch wohl verhaßt zu machen. Man wird ihr die nötigen Gegenwirkungen schwer, schließlich vielleicht unmöglich machen. Es mag sich in unseren Tagen das vielgestaltige Ungeheuer der Presse, auch der sog. «guten» Presse (selbst gelenkt von den unsichtbaren Gewalten, denen sie zu dienen hat) der Sache annehmen. Es mag dann auch der Staat, im Hintergrund und wohl auch im Vordergrund gerade der Staat (vielleicht in Gestalt einer allmächtigen Staatspartei!) sein, der da mittut, der da möglicherweise sogar führt und vermöge seiner öffentlichen und geheimen Organe, aber auch seiner indirekt ausgeübten Macht über Personen und Verhältnisse sehr energisch zu führen weiß. Und es mag dann vielen Christen erst so recht (vielleicht zum ersten Mal) zum Bewußtsein kommen, daß es etwas kostet, ein lebendiges Glied der lebendigen Gemeinde zu sein: daß das Entscheidung und Tat, stilles, aber auch offenes und lautes Aushalten bedeuten möchte – und damit die Frage: ob es wohlgetan gewesen sein möchte, sich bisher als Christ zu bekennen, und weise, das fernerhin zu tun. Es könnte das die lebenswichtigsten menschlichen Beziehungen, es könnte Fortkommen, Beruf und Lebensunterhalt, es könnte in einiger Ferne eines Tages die Freiheit und in noch größerer Ferne – aber wer weiß? – auch das Leben kosten. «Nehmen sie den Leib, Gut, Ehr, Kind und Weib, laß fahren dahin...!» Laß fahren dahin? Das sang sich gut, solange es eben nur zu singen war. Nun aber? Werden sich nun nicht vielleicht Viele eingestehen, daß es so nun eben doch nicht gemeint war? Und nun lebt ja die Gemeinde auf Erden, es lebt die *communio sanctorum* in den Personen dieser vielen, so angefochtenen Christen, der *sancti*, die doch samt und sonders auch *peccatores* sind, in denen der Geist willig sein mag, das Fleisch aber bestimmt schwach ist. Nun ist in ihrer Anfechtung auch sie angefochten. Nun kann sie ja nur wachsen, indem die *communio* dieser ihrer Glieder im Verhältnis zu den *sancta* und untereinander Ereignis ist. Wird sie auch unter diesen Umständen Ereignis werden und bleiben: in einer Situation, in der jeder Einzelne ganz konkret gefragt ist, ob er dem Druck der Umgebung nicht besser weichen, sich aus dieser gemeinsamen Bewegung nicht besser ausschalten würde? Wird sie unter diesen Umständen erhalten bleiben, nicht doch allmählich zum Stillstand kommen, die Gemeinde als solche nun eben doch der Auflösung, dem Absterben, der Auslöschung entgegentreiben?

Es kann aber die Anfechtung von außen auch eine ganz andere Form haben als diese, und wer kann sagen, ob sie dem Bestand der Gemeinde in dieser anderen Form nicht noch viel gefährlicher ist? Was in feinerer oder gröberer Weise in der Richtung «Verfolgung» läuft, das kann und mag ja nach vielen alten und neuen Erfahrungen die gegenteilige Wirkung auf sie haben: sie gerade unter dem Druck auch in ihrem Bestand nur noch stärker zu machen, ihr nach Ausscheidung der Spreu vom Weizen neuen, besseren Zuwachs zu verschaffen, sie der Beschwerung durch die feinen und groben Tyrannen zum Trotz auch menschlich erst recht zu konsolidieren. Ganz abgesehen davon, daß die Ausübung solchen Drucks lange nicht immer und überall die Art ist, in der die Umwelt ihr Befremden und ihren Unwillen über die Existenz der Gemeinde Ausdruck zu geben pflegt. So dicht, wie man es auf christlicher Seite manchmal unnötig dramatisierend darzustellen liebt, sind Figuren wie Nero und Diokletian, wie Ludwig XIV., wie Adolf Hitler und die anderen modernen Diktatoren mit ihren «Gottlosenbewegungen» samt ihren neu erfundenen Staatsreligionen nun einmal nicht gesät. Wie aber, wenn das Befremden und der Unwille der Umwelt sich schlicht darin Luft machte, daß sie die ihr durch die Existenz der Gemeinde bereitete Störung nicht ernst nimmt, sie ruhig machen läßt, sie «duldet» – Toleranz als furchtbarste Waffe ihrer Intoleranz! – um ihr einfach mit Gleichgültigkeit, mit Indifferenz zu begegnen? Das kann doch die Welt praktisch für das Gescheitere, das Gescheiteste halten: die Christenheit ruhig sich selbst zu überlassen, um unterdessen, als wäre sie nicht da, ihre eigenen ganz anderen Wege zu gehen, ihr nur eben das *factum brutum* ihres eigenen säkularen Geistes, ihrer säkularen Methoden, einer ihrer selbst gewissen und sich selbst genügenden säkularen Technik, Wirtschaft, Politik, Kunst, Wissenschaft, Lebensweise entgegenzustellen. Sie kann ihr nur eben durch die T a t vorführen, daß es auch so geht – im Stil dessen, was die Gemeinde als «Sünde» bezeichnen und anklagen zu müssen meint – das es so eigentlich viel besser geht, daß der Mensch so auf realem Boden steht und die phantastische Erkenntnis seines Anfangs und Zieles in Gott, die Erkenntnis der Gnade Gottes und seiner Versöhnung mit ihm, einer schon geschehenen Erneuerung der Menschheit und deren Verbindlichkeit für alle – kurz, die Erkenntnis Jesu Christi, die «belebende Macht des Heiligen Geistes» gar nicht nötig hat! Eben d a s kann doch die Reaktion der Welt auf die Existenz der christlichen Gemeinde a u c h sein und eben das i s t sie doch auch, und das kräftig genug, auch wenn sie gar nicht daran denkt, sich die überflüssige Mühe zu machen, sie unter jenen Druck zu setzen. Was wird dann aus ihr, angesichts d i e s e r Anfechtung von außen her? Jetzt, wo ihr die Welt – nicht einmal absichtlich und planvoll, sondern nur eben faktisch – damit widerspricht, daß sie so unbekümmert mit sich selbst beschäftigt ist, nur mit ihrer gänzlichen Interesselosigkeit an ihrer Botschaft, nur durch die Beziehungslosigkeit ihres Tuns und Treibens zu dem, was die Gemeinde für das A und O hält und als das A und O auch ihr entgegenhalten möchte! Jetzt wo die Welt ihre Duldung, bzw. ihre Verachtung womöglich so weit treibt, sich die Dienste der Gemeinde zum Zweck einer gewissen Verklärung ihres praktischen Atheismus – so wie sie ja zu dessen Verschönerung auch von Konzerten, Theatern und Kunstmuseen gerne Gebrauch macht – gelegentlich (etwa in Form von Kindertaufen, Konfirmationen, Trauungen, Bestattungs- und Weihnachtsfeiern, auch von vaterländischen Bettagen und dgl.) doch in Anspruch zu nehmen! Jetzt, wo sie in der Welt zwar nichts zu fürchten, aber auch nichts zu hoffen hat – oder eben nur das zu fürchten, daß sie selbst in ihrer Mitte gänzlich umsonst da sein möchte, ein fünftes Rad an einem Wagen, der offenkundig auch ohne sie laufen würde! Jetzt, wo ihr auch die konsolidierende und werbende Kraft der Verfolgung nicht zugute kommt, weil die Welt sie ja gar nicht verfolgt, sondern nur eben still oder lärmend an ihr vorübergeht! Wie wird den Christen zumute sein und wie werden sie bestehen, wenn ihnen die Welt – ohne besondere Bosheit, vielleicht sogar ganz freundlich – einfach dieses Gesicht zeigt? Was soll ihnen, in diesem Licht gesehen, das ganze Alte und Neue Testament, ihr Gottesdienst, ihre Mission, ihr ganzes christliches Denken, Wollen und Tun? «Wo ist nun dein Gott?» (Ps. 42, 11). Werden die Heiligen, von diesem Aspekt bedrängt, fortfahren zu glauben und gar noch zu lieben und zu hoffen? Werden sie nicht Lust bekommen, sich hier aus- und dort, wo der Herr *Omnes* am Werk ist, einzuschalten? Wie kann da die Gemeinde noch

3. Die Erhaltung der Gemeinde

wachsen? Wo wird da ihr Bestand bleiben? Wird da das Geschehen der *communio sanctorum* nicht aus Atemnot ins Stocken kommen, aufhören? Wird die Gemeinde er halten werden und nicht scheitern an dieser ganz neutralen, aber umso gewichtigeren Anfechtung von außen her?

Wir gehen sofort weiter und vergegenwärtigen uns die sie von innen bedrohende Gefahr. Es geht jetzt nicht um ihren Bestand, sondern um ihr ihrem Wesen entsprechendes Wirken. Wir werden auch hier von zwei Gestalten der ihr drohenden Gefahr zu reden haben. Zuerst auch hier von dem, was ihr in beiden gemeinsam ist: Sie entsteht in beiden Gestalten von daher, daß die Gemeinde in ihrem menschlichen Wirken selbst auch ein Stück Welt ist. Sie hat also die Welt gar nicht nur um sich her, sondern – und das in allen ihren Gliedern – auch in sich selber: die Welt, d. h. aber das Fleisch der Sünde, den alten Menschen in allen Variationen seines Hochmuts und seiner Trägheit, mit allen seinen Möglichkeiten und Werken. Es gibt keine einzige Gestalt der Sünde, d.h. der Verwerfung von Gottes Gnade, die der *communio sanctorum* nicht auch zur Verlockung werden könnte und in ihrer Geschichte faktisch zur Verlockung, der sie erlag, geworden wäre. Die Verlockung kann dabei gewiß immer auch von außen kommen: veranlaßt durch den Druck oder eben schlicht: durch den Eindruck der Umwelt auf die Gemeinde. Aber das ist es ja: daß die Art der Menschen da draußen immer auch schon die Art der Menschen da drinnen, in der Gemeinde selbst ist. Die Heiligen sind eben gar nicht etwa nur die leider von den bösen Buben verlockten, an sich artigen Kinder, sondern selber auch böse Buben – wohl imstande, denen da draußen nicht nur nachzufolgen, sondern gelegentlich auch als Rädelsführer mit dem unguten Beispiel voranzugehen. Die Verlockung, von der die Gemeinde bedroht ist, ist in ihrer Grundform immer dieselbe. Ihr kann es – auf Anregung von außen und unter Entgegenkommen von innen her – auf einmal oder auch allmählich als eine zu schwere Zumutung erscheinen, ihr Wirken ganz und gar darauf abzustellen und danach einzurichten, daß sie sich, mit jener Formulierung des Heidelbergers zu reden, dem Willen Gottes je länger je mehr unterwerfe, ihr eigenes Leben und Wachsen (als ein Abnehmen ihm gegenüber!) von daher anregen und bestimmen lasse, daß es in der Macht des Heiligen Geistes Jesus Christus selbst ist, der in ihr lebt und wächst. Sie kann der freien Gnade Gottes, aus und in der sie existiert, in irgend einer Besserwisserei mißtrauen. Sie kann ihrer auch wie ein verwöhntes Kind müde werden; sie kann sich auch, begehrlich nach eigener Hoheit und Größe, gegen die Souveränität auflehnen, in der sie in ihr walten und regieren will. Es kann sie gelüsten nach den gesunden Grundlagen, den übersichtlichen Prinzipien, den Erfolg versprechenden Methoden, dem nüchternen oder auch enthusiastischen Realismus, in dem sie die anderen menschlichen Gemeinschaften existieren sieht. Man denke auch hier nicht gleich an Verrat und Abfall, an Haeresie und Apostasie. Die Gemeinde braucht, indem sie jenem Gelüste nachgibt, nicht gleich heidnisch oder gar gottlos werden zu wollen, geschweige denn, daß sie das – das ist nämlich nicht so einfach! – gleich würde. Es wird sich dann nur darum handeln, daß sie ihre Fremdlingsschaft in der Welt, die Inkongruität ihrer Existenz gegenüber der der anderen menschlichen Gemeinschaften ein Stück weit los werden, in ein spannungsloseres Verhältnis zu ihnen treten, in irgend einer angemessenen Form nicht nur christliche, sondern christlich-weltliche Gemeinde werden möchte. Eine Neigung dazu werden die in ihr vereinigten *sancti,* so gewiß sie auch *peccatores* sind, immer haben und irgendwie kundgeben. Man kann dazu nur sagen: in dem Maß, als diese Neigung in der Gemeinde Gewicht bekommt und herrschend wird, wird sie auch den Heiligen Geist und seine Gaben los werden, wird die Intensität ihres Wachsens in Christus abnehmen, wird ihre Substanz sich verdünnen, wird ihre Existenz ihr selbst und der sie umgebenden Welt problematisch werden. In dem Maß, als sie nicht von der freien Gnade Gottes leben will, beginnt sie zu sterben. Am Endpunkt solcher Entwicklung wird sie zwar in ihren eigenen Augen und in denen der Welt als Kirche immer noch da zu sein scheinen, in Wirklichkeit aber nicht mehr da sein. Gemeinde in der Anfechtung oder gar unter dem Kreuz braucht sie, je mehr sie der Verlockung in dieser Richtung folgt, nicht mehr zu werden. Sie wird dann nur eben (bei vielleicht glänzendem Außenaspekt) Gemeinde in der Korruption werden: im inneren Verfall begriffene Gemeinde.

Und nun gibt es zwei Gestalten, in denen ihr solches widerfahren kann. Sie kann entweder der Fremdhörigkeit (der Säkularisierung) oder der Selbstverherrlichung (der Sakralisierung) verfallen.

Ich verdanke die Anregung zu dieser Unterscheidung einem bemerkenswerten Passus aus dem Aufsatz von Heinrich Vogel, «Wesen und Auftrag der Kirche», in: «Bekennende Kirche» (Martin Niemöller zum 60. Geburtstag) 1952, dort S. 49–50. Vogel legt mit Recht Gewicht darauf: je die eine dieser Gestalten pflegt die andere nach sich zu ziehen, so daß es nicht schwer fällt, je das Gesicht der einen auch in dem der anderen wiederzuerkennen. Es wird aber gut sein, sie auch je für sich ins Auge zu fassen.

In Fremdhörigkeit gerät die Gemeinde, indem sie statt oder auch neben der Stimme des guten Hirten, dem sie gehört, die Stimme eines Fremden hört, dem sie nicht gehört, dem sie aber, indem sie seine Stimme hört, hörig, zugehörig wird. Das muß nicht, das kann aber geschehen, indem sie in der Welt und selber ein Stück Welt ist. Es muß nicht: denn daß sie im Rahmen der Gewohnheiten, Sitten und Anschauungen der Menschen dieser und dieser Zeiten und Orte erscheint, ihre Sprache spricht, an ihren allgemeinen Beschränkungen und Bestrebungen teilnimmt, sich daselbst freut mit den Fröhlichen und weint mit den Weinenden (Röm. 12, 15), darin ist sie noch nicht fremdhörig. Sie wird es aber, wenn sie sich von dorther prinzipiell bestimmen, festlegen, verpflichten, binden, gefangennehmen läßt: in ihrer Erkenntnis durch die Übernahme einer bestimmten Philosophie oder Weltanschauung als Maßstab ihres Vorverständnisses des Wortes Gottes – in ihrem Ethos durch das Gebot einer bestimmten Überlieferung oder auch eines bestimmten geschichtlichen Kairos – in ihren Stellungnahmen zu den jeweiligen Weltverhältnissen durch eine bestimmte Ideologie oder durch die jeweils ehrwürdigste oder auch neueste oder auch einfach stärkste in ihrer Umgebung regierende politische und wirtschaftliche Macht – in ihrer Verkündigung, indem sie sich bestimmen läßt durch das, was ihr von ihrer Umgebung her als das dringendste und heiligste Bedürfnis angemeldet und nahe gelegt wird. Sie wird immer da fremdhörig, wo sie sich von ihrer Umgebung her oder in spontaner Rücksichtnahme auf sie ein Gesetz vorschreiben und auferlegen läßt, das mit dem Gesetz des Evangeliums, mit dem Verfügen der freien Gnade Gottes, mit dem Willen Jesu als des Herrn und Hauptes seines Volkes nicht identisch ist. Indem und sofern sie dieses Gesetz als Gesetz hört, hört sie nicht die Stimme des guten Hirten, sondern die eines Fremden, die Welt in irgend einem ihrer Phänomene, wird sie ihr «gleichgeschaltet», fügt sie sich nach dem Ausdruck Röm. 12, 2 ihrem «Schema» ein, gehört sie ihr. Man bemerke: es mag das manchmal in Schwäche geschehen und also in Form einer Rückzugs- ja Fluchtbewegung oder doch eines Sicherungsversuches der übermächtigen Welt gegenüber. Es kann aber dasselbe auch den Charakter großer Krafttaten haben: in solchem Hören auf die Welt, in solcher Unterwerfung unter ihre Gesetze meint dann die Gemeinde in ihr zu leben und zu wachsen, sich in ihr zur Geltung zu bringen; gerade in den Stücken, in denen sie sich von der Welt erobern läßt, meint sie umgekehrt die Welt zu erobern, sie ihrem Gesetz, nein, dem Gesetz Gottes und Jesu Christi zu unterwerfen und also *in maiorem gloriam Dei* zu wirken. Daß es sich um Vermittlungen, um Brückenbauten zwischen draußen und drinnen handele: um Werke der sog. «Wahrhaftigkeit» einerseits, und um ernste und notwendige Versuche, die Welt für Christus zu gewinnen andererseits, wird man sich da ja in der Regel einreden, oder: um durch die Liebe gebotene Übersetzungen des Christlichen ins Weltliche, oder umgekehrt: des Weltlichen ins Christliche, um eine Art Taufe der nicht-christlichen Ideen, Gepflogenheiten, Unternehmungen durch neue, christliche Deutungen und Inhaltgebungen, oder um eine Art Ausmünzung des christlichen Goldes zugunsten der armen Nicht-Christen. Alles schön und gut: wenn eben nur nicht ein heimlicher Respekt vor der Art der Welt, ein heimliches Lauschen auf ihren Grundgesang, ein heimliches Schielen nach ihrer Herrlichkeit dahinterstünde, und umgekehrt: eine heimliche Sorge, so ganz allein aus Jesus Christus und von der freien Gnade Gottes her möchte die Gemeinde nicht leben können, eine heimliche Unfreudigkeit gegenüber dem Wagnis, es darauf ankommen zu lassen, als *communio sanctorum* in der Welt (nicht gegen, sondern für die Welt, nicht im Streit gegen sie, sondern im wohlverstandenen tiefsten Frieden mit ihr) schlicht von ihrem eigenen Grund und nicht von den Wurzeln der Welt her zu leben und zu wachsen. In jenem Respekt, in jenem Lauschen, in jenem Schielen, in jener Sorge und Unfreudigkeit ereignet sich die Säkularisierung der Gemeinde. Säkularisierung ist der Prozeß, an dessen Ende sie nun wirklich nichts Anderes mehr sein würde als ein Stück Welt inmitten von viel anderer Welt: eine von den religiösen Ecken, die diese zu ihrem Vollbestand schließlich auch für unentbehrlich halten mag, ohne daß sie für ihre Art und ihren Weg praktisch auch nur das Geringste zu bedeuten haben. Säkularisierung ist jene Verdummung des Salzes der Erde, von der Matth. 5, 13 die Rede ist. Daß die Welt säkular ist, ist nichts Besonderes. Was ist damit gesagt, als daß die Welt die Welt ist? Sie war immer säkular: kein größerer Irrtum als daß sie es etwa in dem vielgerühmten Mittelalter nicht gewesen sei! Wenn aber die Kirche säkular wird, dann geschieht das größte für die Kirche und für die Welt denkbare Unglück. Sie wird dann, wo sie Kirche für die Welt, für das Volk, auch für die Kultur, auch für den Staat sein dürfte und müßte, Weltkirche, Volkskirche, Kulturkirche, Staatskirche. Sie verliert dann ihr spezifisches Gewicht, ihren Sinn und ihre Existenzberechtigung. Sie säkularisiert sich aber, sie gerät auf die schiefe Ebene, in deren Tiefe sie selbst nur noch Welt ist, indem sie fremdhörig wird. Und nun besteht sie ja aus lauter Menschen — Christenmenschen freilich! — die als solche Fleisch sind und in denen die Neigung und Lust zur Fremdhörigkeit jeden Augenblick zum Durchbruch kommen kann. Sie hat es wirklich nötig, vor der Korruption und vor dem Verfall, von dem sie gerade in dieser Gestalt bedroht ist, bewahrt zu werden!

Die andere Gestalt dieses Verfalls ist ihre Selbstverherrlichung. Sich selbst in der Welt entfalten und erhalten möchte sie auch jetzt. Nur daß sie das jetzt weniger damit, daß sie sich anpaßt, als damit, daß sie sich selbst behauptet, ins Werk zu setzen versucht. Sie wird sich jetzt nämlich ihrer selbst in der Besonderheit ihres Seins und Wirkens in der Welt bewußt. Sie entdeckt jetzt, daß sie sich inmitten der Welt mit gutem Grund und Sinn als eine Welt für sich verstehen und darstellen kann: allen anderen Weltfaktoren gegenüber in ihrer eigenen Struktur und Würde, begründet auf das ihr wohlbekannte Geheimnis ihrer Existenz, endlich und zuletzt nicht weniger stattlich als jene, mehr noch: ihnen gegenüber als von ihrem Geheimnis her der stattlichste aller Weltfaktoren. Sie weiß ja um die Herrschaft und Glorie Jesu Christi. Und nun entdeckt sie sich selbst als dessen Leib, als seine irdisch-geschichtliche Existenzform, sich selbst als seinen Stellvertreter allen anderen Menschen gegenüber, sich selbst als den Repräsentanten seines Rechtes, seines Anspruchs auf die Welt. Nun entschlägt sie sich darum aller Minderwertigkeits-

3. Die Erhaltung der Gemeinde

gefühle den anderen Gemeinschaftsformen und Lebensgestalten gegenüber. Nun freut und rühmt sie sich ihrer eigenen Lebens- und Gestaltungskraft, ihres eigenen Seins als die *communio* ohnegleichen: die *communio* der *sancti* im Verhältnis zu den *sancta,* als die mit keiner anderen zu verwechselnde, alle anderen (wie einst die Kathedralen die sich an sie anschmiegenden Kleinstädte) überhöhende *civitas Dei* auf Erden. Ist sie es denn nicht? Hat sie nicht recht? Antwort: sie ist es wohl und sie hat wohl recht: es ist aber eben das das Furchtbare, daß sie sich gerade, indem sie (sie!) recht haben will, in der schlimmsten Weise ins Unrecht setzen kann. Wir hörten ja, daß jener wichtige Satz nicht umgekehrt werden kann: die Gemeinde ist nicht Christus, nicht das Reich Gottes. Gerade das ist also der Sinn der von ihr zu verkündigenden Herrschaft und Glorie Jesu Christi zu allerletzt: sie, diese Menschlein, die Christenheit, den anderen Menschen, der Welt gegenüber zu erhöhen und ins Recht zu setzen, sie mit Geltung und Macht ihnen gegenüber zu bekleiden, sie in der Welt groß zu machen. Wie aber, wenn die Gemeinde sich jene Umkehrung dennoch erlaubt? Wie setzt sie sich dann ins Unrecht! Wie setzt sie sich gerade damit der Welt gleich und wie entzieht sie sich der Welt gerade damit, daß sie in ihrer Mitte ansehnlich und mächtig sein, statt dienen, groß, statt klein, Ansprüche für sich erheben, statt nüchtern für den Anspruch Gottes eintreten will! Es muß nicht sein, daß sie das will. Eben damit kann sie sich aber tatsächlich unter höchster Gefährdung ihres wirklichen Lebens und Wachsens ins Unrecht setzen. Nun soll ihr eigener Gemeingeist der Heilige Geist, nun soll ihr eigenes Werk das Werk Gottes sein: ihre Ämter, ihre Sakramente, ihre reine Evangeliumsverkündigung, ihre Liturgien, ihre Konfessionen, ihre Bekenntnistaten und Liebestaten, ihre Kunst, ihre Theologie, ihre Bibeltreue, ihre souveränen Gemeinden oder ihre Kollegialregierungen oder ihre autoritären Spitzengestalten mit oder ohne Talare und goldene Kreuze, ihre Institutionen und die besonderen Ereignisse ihrer Begegnung mit Gottes Offenbarung – ihr ganzes *Kyrie eleison*, das doch ein Schreien nach Gottes Erbarmen in ihrem Munde gar nicht mehr ist, in dem sie sich selbst gar nicht beim Wort nimmt, geschweige denn, daß sie es der Welt erlauben würde, sie darin beim Wort zu nehmen. Nun entstehen da mitten in der Welt – warum sollte weltliches Gelingen nicht auch diesen, den christlichen Menschen weithin beschieden sein können – in großem, kleinem und kleinstem Maßstab in sich selbst schwingende und beruhigte Kirchenherrlichkeiten. Man denke hier wirklich nicht nur an den Papst und seine Kirche, sondern auch an das, was sogar in den kleinsten Sekten geschehen kann, was in hundert verschiedenen Formen immer und überall geschehen konnte und geschehen ist: das Abgleiten der Gemeinde in die Sakralisierung, in der sie sich selbst nicht nur von ihrem eigenen Ursprung und Ziel abschneidet, nicht nur ihres Geheimnisses, indem sie es selbst offenbaren wollte, verlustig geht, sondern eben darum auch der armen, sündigen, irrenden, aus tausend Wunden blutenden Menschheit gegenüber sich absondert, um ihrer selbst froh zu sein, ihr imponieren will, wo sie ihr ihr Zeugnis schuldig wäre, das sie eben damit verleugnet und unterdrückt, daß sie ihr gegenüber doch nur sich selbst bezeugt. Sakralisierung heißt: Verwandlung der Herrschaft Jesu Christi in die Eitelkeit eines sich in seinem Namen aufblähenden, in Wirklichkeit in sich selbst – in seine Traditionen, Konfessionen, Konstitutionen – verliebten Christentums. Sakralisierung heißt: Verdrängung des Evangeliums durch ein unter Berufung auf das Evangelium aufgerichtetes und proklamiertes pseudo-heiliges Menschengesetz. Sakralisierung heißt: Aufstellung eines Götzenbildes, das wie alle von Menschen gemachten Bilder Gottes tot ist, nicht hören, nicht reden, nicht erleuchten, nicht helfen, nicht heilen, in welchem der Mensch, der es erfunden und gemacht hat, endlich und zuletzt nur sich selbst bewundern und anbeten kann. Nicht nur Säkularisierung, sondern auch Sakralisierung (und beide hangen unter sich nur zu nahe zusammen!) sind das Ende der Gemeinde. Die Menschen, die Christenmenschen, in denen die Gemeinde existiert, sind aber Fleisch und so ist ihnen die Neigung und Lust auch nach dieser Seite nur zu natürlich. Es ist wohl ein Wunder, daß die Gemeinde gerade an dieser menschlichen Neigung der Christen nicht längst zugrunde gegangen ist. Sie bedarf wahrhaftig der Erhaltung gerade in dieser Hinsicht – in dieser vielleicht am meisten!

Das ist die Gefahr – oder also die ganze Vielfältigkeit der Gefahren, durch die die christliche Gemeinde in der Welt, ihr Bestand und ihr Wirken in ihr bedroht ist. An Beispielen ihrer Realität wäre in Geschichte und Gegenwart kein Mangel. Indem die Welt und der Mensch *extra et intra muros* der Mensch ist, sind sie alle unvermeidlich. Und sie bedrohen die Kirche gewissermaßen von allen vier Windrichtungen her. Ist oder scheint jeweils die eine von ihnen fürs Erste abgewehrt und überwunden, so pflegt die entgegengesetzte nur umso größer und dringlicher zu werden. Endgültige Sicherungen dürfte es aber gegen keine einzige von ihnen geben; es hat vielmehr jede von ihnen die Neigung, sich in veränderter Gestalt wieder und wieder einzustellen und dann auf dem Wege der Reaktion auch die anderen in neuer Gestalt auf den Plan zu rufen. So kann man das Bild, das die Gemeinde in ihrer Geschichte und Gegenwart bietet, wohl mit dem eines in die Mitte eines Cyklons geratenen Bootes vergleichen, für das und für dessen hilflose und ungeschickte Bemannung man jeden Augenblick das Schlimmste befürchten zu müssen meint. Wie oft war der Druck von außen oder jene böse Vereinsamung der Gemeinde so schlimm, wie oft war auch ihre Fremdhörigkeit oder ihre Selbstverherrlichung so kraß, daß man denken mußte, es könnte und möchte jetzt Alles vorbei und zu Ende sein: *finis christianismi!* Es hätte ja auch tatsächlich keinen

3. Die Erhaltung der Gemeinde

Sinn, sich zu verbergen, daß an und für sich jede von den die Gemeinde bedrohenden Gefahren und erst recht sie alle in ihrer Wechselwirkung und ihrem Zusammenspiel tödliche Kraft haben. Geht es doch draußen und drinnen nicht nur um menschliche Bosheit und Torheit, Härte und Schwäche, Irrung und Verwirrung, sondern in und hinter dem allem um das Gefälle einer im Vergehen begriffenen Welt, um die in dieser letzten Zeit, die die Zeit der Gemeinde ist, in ihren letzten Todeszuckungen umso gewaltiger um sich schlagende Macht des Nichtigen, um den Aufruhr des Chaos, das seine Stunde gekommen weiß und, da es gegen den, der es schon unter seine Füße getreten hat, nichts auszurichten vermag, gegen dessen menschliche Bezeugung, zu deren Unterdrückung, Verfälschung und Auslöschung noch einmal und erst recht sein Äußerstes tut. Ist es der in Jesus Christus aufgerichteten Herrschaft Gottes nicht gewachsen, so vermag es doch – es sieht wirklich Alles danach aus, als ob es so sein müsse – mit der bekümmerten und selbst so kümmerlichen Christenheit noch lange, und das spielend, fertig zu werden. Vielerlei relativierende Erwägungen, vorläufige Tröstungen und teilweise Abwehrbewegungen nach dieser oder jener Seite mögen ihrer Gefährdung gegenüber im Einzelnen möglich, erlaubt und geboten sein. Man täusche sich aber nicht: letztlich und eigentlich und durchschlagend kann und wird ihr gegenüber nur eine Erkenntnis, nur ein hier zu Erkennender hilfreich sein. Niemand und nichts in der Welt ist so bedroht wie gerade die Christenheit, ihr Bestand, ihr Wirken, ihre Zukunft. Niemand und nichts in der Welt ist zu seiner Erhaltung so gänzlich auf einen einzigen überlegenen Halt angewiesen wie sie.

Kein Zufall, daß unter allen Büchern des Alten Testamentes gerade der Psalter in der Christenheit immer wieder aktuell geworden ist. Nicht obwohl, sondern gerade weil er in weiten Teilen die Stimme des in letzter Bedrängnis um seine Erhaltung gegenüber den übermächtigen Feinden zitternden Volkes des Israelbundes ist. Die christliche Gemeinde hatte zu allen Zeiten Anlaß, in diesem Volk unmittelbar sich selbst wieder zu erkennen, das Wort seines hilflosen Seufzens, sein Schreien aus tiefster Not, wie es dort laut wird, in ihren eigenen Mund zu nehmen. Nicht obwohl, sondern gerade weil sie sich als das Volk Jesu Christi auf Felsengrund wußte (von dem sie ja auch die Psalmen gewaltig zeugen hörte) – aber eben auf dem von allen Seiten bestürmten, in aller Menschen Augen und so auch in ihren eigenen schlechterdings in Frage gestellten, nur eben in sich gewissen und unerschütterlichen Felsengrund.

Darum auch im Neuen Testament Töne wie die – um nur an einen Text zu erinnern – Eph. 6, 10–20 angeschlagenen. Nicht einfach zu Geduld, Zuversicht und Tapferkeit wird da aufgerufen, sondern – und das ist etwas Anderes – zum ἐνδυναμεῖσθαι im Herrn und in der Kraft seiner Stärke (v 10) und darum – es gehe nämlich um das Vermögen zum Standhalten gegen die μεθοδεῖαι des Teufels – zum Anziehen der πανοπλία τοῦ θεοῦ. Also: keine andere Waffenrüstung als die, in der Gott selbst zu Felde zieht, ist da brauchbar, und Gottes ganze Waffenrüstung ist da vonnöten (v 11). Nicht mit «Fleisch und Blut», entscheidend gerade nicht mit der Verkehrtheit der Menschen draußen und drinnen hat es die Gemeinde in ihrem Kampf zu tun, sondern (v 12) mit den Mächten, den Gewalten, den großen allgemein gültigen Voraussetzungen, die in der noch vorhandenen Finsternis dieser Zeit die Welt beherrschen, mit den Geistern des Bösen, die sich ihr jetzt wie geradezu vom Himmel herunter sie anfechtend darstellen. Soll sie am bösen Tag ihrerseits Widerstand zu leisten, Alles wohl zu vollbringen, standzuhalten in der Lage sein, dann kommt etwas Anderes, als eben nach jener Waffenrüstung Gottes zu greifen, für sie nicht in Frage (v 13). Lauschen auf seine Wahrheit, Unterwerfung unter seine Gerechtigkeit, Bereitschaft für sein Evangelium, Glaube an ihn, das Heil, das in ihm ist und von ihm kommt – so wird diese Waffenrüstung v 14–17 beschrieben – ihr letztes und höchstes Stück: «das Schwert des Geistes, welches sein Wort ist». Und dann zum Schluß (v 18–19) doch wieder ganz schlicht – wahrhaftig eine deutliche Erinnerung daran, daß es sich in dem allem um Gottes eigene Rüstung handelt und daß von einem selbständigen Triumph der nach ihr greifenden menschlichen Gottesstreiter gar keine Rede sein kann: der Aufruf zum Gebet, zum Wachsein dazu, «mit aller Ausdauer und in der Fürbitte für alle Heiligen» – auch für mich, fügt der Apostel hinzu, daß mir (es scheint sich das auch für ihn nicht von selbst zu verstehen, ihm nicht irgendwie eigentümlich zu sein!) «das Wort geschenkt werde in Eröffnung meines Mundes, mit Freudigkeit das Geheimnis des Evangeliums kundzutun.» So, in der Exklusivität dieses Vertrauens blickt die von der großen Gefahr bedrohte Gemeinde auf ihre Erhaltung ihr gegenüber. Man bedenke: gerade die im Epheserbrief so glorreich beschriebene Gemeinde! Man lese das erste und zweite Kapitel dieses Briefes, man lese die Stelle 4,11–16 noch einmal unter diesem Aspekt, um sich sicher erst dann richtig zu verstehen: von der Glorie der in der Welt wahrhaftig bedrohten Gemeinde ist da die Rede!

Ist die radikale Gefährdung, in der die Gemeinde steht, nicht gesehen, dann kann auch der Satz nicht einsichtig werden, zu dem wir nun fortschreiten müssen: sie ist wohl zerstörbar, sie **kann und wird** aber faktisch **nicht zerstört werden**. Sie ist wohl zerstörbar. Sie gehört zur Kreaturwelt, die noch die Welt des Fleisches, des vergehenden, vom Nichtigen und allen seinen Dämonen angefochtenen Menschen, die Welt des Todes ist: mit allem, was Menschen da nun eben in christlicher Form denken und dichten, wollen und tun, planen und vollbringen. Sie könnte wie so viele andere menschliche Bildungen, Reiche und Systeme einmal ihre Zeit gehabt haben und dann dahin sein. Es könnte einmal mit ihr zu Ende gehen. Sie hat keine Wunderqualität, durch die sie dagegen gefeit, durch die ihre Konstanz in der Welt, jenes *perpetuo mansura est* von *Conf. Aug. VII* ihr zum vornherein garantiert wäre. Sie könnte zerstört werden. Sie kann und wird aber faktisch **nicht zerstört werden**. Sie kann wohl in einen Winkel hinein verfolgt und daselbst in die kleinste Minderheit versetzt, sie kann aber nicht ausgelöscht werden. Sondern hier zum Verschwinden gebracht, wird sie sich dort erst recht wieder erheben. Sie kann wohl Ignorierung, Demütigung, Verachtung durch eine in übermächtiger Fremdheit an ihr vorübereilende Welt ertragen müssen, sie kann und wird aber auch unter dieser Last nicht zusammenbrechen, sondern sich behaupten in einer Höhe, an der die Überlegenheit der Überlegenen faktisch zuschanden wird. Sie kann durch ihre eigene Trägheit und Zerstreuung der Säkularisierung verfallen; die kann und wird ihr aber nie so auf den Grund gehen, daß nicht auch in ihrer schwersten Überfremdung ein dem Säkularen widersprechendes Element übrig bleibt: ein Rest, von dem aus es plötzlich oder allmählich zur Gegenbewegung

3. Die Erhaltung der Gemeinde

kommen kann und in irgendeiner Form noch immer gekommen ist. Sie kann sich auch die Maskerade der Sakralisierung in dieser oder jener Form leisten und wird dann dafür bezahlen müssen, aber irgendwo wird inmitten alles falschen Glanzes, mit dem sie sich umgibt, auch das echte, das wirkliche Licht des Evangeliums unter den in so wunderlicher Weise um die *sancta* vereinigten *sancti* weiterleuchten, wird dann auch deren *communio* Bestand haben und behalten. Kurz: die Gemeinde kann der sie von außen und von innen bedrohenden Gefahr oft genug fast, aber doch immer nur f a s t , nie g a n z , erliegen. Sie kann krank werden – und wann und wo war sie eigentlich nicht schwer krank? in welcher großen und in welcher kleinen Kirchengemeinschaft nicht? in welcher Zeit des Aufschwungs etwa weniger als in den Zeiten ihres Niederganges? – sie kann aber nicht sterben: *non omnis moriar*. Ein merkwürdiges Durchhalten wird sich da immer wieder bemerkbar machen, auch merkwürdige Reformationen und prophetische Erneuerungen, merkwürdige Entdeckungen, gefolgt von merkwürdigen Rückgriffen auf ihre Ursprünge und ebenso merkwürdige Vorstöße in die Zukunft hinein werden da stattfinden: gewiß im Schatten der Zerstörbarkeit aller, auch aller christlichen Menschenwerke, der alten wie der neuen, aber doch auch als Anzeichen des Unzerstörbaren jenseits aller menschlichen Werke, das da auf dem Plane ist. Es wird ihnen nicht gelingen: den Weisen und Gewaltigen dieser Welt nicht und den schwankenden Gestalten der Christenheit selbst auch nicht – es wird ihnen allen nicht gelingen, der Gemeinde, bevor ihre Zeit um ist, bevor sie zu ihrem Ziel gekommen ist, ein Ende zu setzen. Sie wird immer – und in irgend einer Verborgenheit sogar jung wie am ersten Tag, auffahrend mit Flügeln wie die Adler – doch noch, doch wieder, allen Gewalten zum Trotz erst recht wieder da sein. Die Pforten der Unterwelt (Matth. 16, 18) werden sich zwar gewaltig gegen sie öffnen, sie werden sie aber tatsächlich nicht verschlingen.

Warum nun eigentlich nicht? wo doch Alles darauf hinweist, daß sie das wohl tun könnten und eigentlich schon lange getan haben müßten! Alle einzelnen Christen – die großen und die kleinen, die guten und die schlechten, in denen die Gemeinde und die in der Gemeinde in all den Zeiten innerhalb dieser letzten Zeit gelebt haben, scheinen ja jener Gewalt gegenüber jedenfalls insofern nicht immun gewesen zu sein, als sie, wie alles Fleisch, kamen und nachher, nachdem sie ihren Anteil am Glauben, aber auch wohl an Irrglauben, Aberglauben, Unglauben der Gemeinde, an ihrem Tun und Leiden, jeder in seiner Weise genommen und gehabt haben, wieder gegangen sind. Und so ist auch von einer den verschiedenen Kirchengemeinschaften, ihren Dogmen, ihren Kultformen, ihren Traditionen und Institutionen greifbar eignenden Immunität jener Gewalt gegenüber nur vorsichtig zu reden: wieviel künstlicher Konservativismus und wieviel nachträgliche Interpretationen und Konstruktionen verdecken da die nüchterne Tatsache, daß auch die scheinbar solidesten Formen, in denen die Gemeinde in der Zeit existiert hat und noch existiert, dem Dahingehen und Dahinfallen grundsätzlich ebenso verfallen sind wie alle anderen Formen menschlich-geschichtlichen Lebens! Ihre Kontinuität, ob sie sich nun auf vier oder zehn oder fünfzehn Jahrhunderte zurückführen lasse, könnte der sichere Grund nicht sein, auf dem fußend wir die Wahrheit der Verheißung von Matth. 16, 18 erkennen könnten und unentwegt gegenüber allem Augenschein zu bekennen wagen dürften. Sie mag im besten Fall ein Anzeichen ihrer Wahrheit und also der Erhaltung der Gemeinde sein. Sie kann aber im schlimmeren Fall auch bloß ein Produkt menschlicher Ängstlichkeit, Hartnäckigkeit und auch wohl Verlogenheit und dann ein sehr trügerisches Anzeichen jener Wahrheit sein. Sie ist es nicht – sie so wenig als die Existenz der einzelnen Christenmenschen als solcher – in der und durch deren Eigengewicht die Gemeinschaft der Heiligen erhalten wird.

Fragen wir: wie es denn zu dieser Erhaltung und also zur Bewährung jener Verheißung kommt? so dürfte es doch wohl das Sicherste sein, sich jedenfalls zunächst an die schlichte Tatsache zu halten, daß bis auf diesen Tag die Schrift des Alten und des Neuen Testamentes in der Christenheit nie gänzlich zum bloßen Buchstaben werden konnte, sondern immer aufs neue lebendige Stimme und lebendiges Wort geworden ist und als solches Macht gehabt und gewirkt hat. Gewiß: es war hier die in einem Wald von hinzugekommener Tradition fast zum Schweigen gebrachte, dort die eben nur noch in liturgischem Singsang ertönende, hier die durch kühne Spekulation in ihrer eigentlichen Aussage übertönte, dort die bloß nach *dicta probantia* für die kirchliche oder für irgend eine private Doktrin abgesuchte, es war hier die zur Quelle frommer oder auch naturrechtlich unfrommer Moral erniedrigte und dort die durch «historisch-kritische» Phantasielosigkeit und Besserwisserei in tausend Fetzen (einer belangloser als der andere!) zerrissene Schrift. Es war aber doch immer dieselbe Schrift, die der Gemeinde immer wieder vorlag und die sie nie und nirgends ganz auf die Seite zu legen sich getraut hat. Die Schrift! Ein Buch also? Nein, ein Chor von lauter sehr verschiedenen, unter sich weithin unabhängigen, aber in ihrer Aussage zusammenklingenden Stimmen, ein in ihren vielen und verschiedenen Texten in der Mitte der Gemeinde höchst lebendiges Wesen, das durch seine Mißhandlung von seiten all der Halbblinden, Eigenmächtigen und Zudringlichen hindurch immer wieder sich selbst zum Worte zu melden und zu Gehör zu bringen wußte. Auf viel Anderes – auch auf viel vermeintlich der Schrift Entnommenes – konnte man, kurz oder lang nachdem man es entdeckt und geziemend bewundert hatte, nicht wieder zurückkommen. Auf die Schrift selbst ist man faktisch so oder so immer wieder zurückgekommen. Viel Anderes wurde nämlich früher oder später zur bloßen Wiederholung und

3. Die Erhaltung der Gemeinde

damit schal, klanglos, nichtssagend. Die Schrift selbst hat so oder so immer wieder, weil stets neu, oft genug auch im Medium von allerlei Mißbrauch und Mißverständnis nur umso eindrücklicher geredet. Die Christen würden es nie geschafft haben – auch nicht mit ihrer Bibellektüre und Bibelforschung, auch nicht mit ihrem «Schriftprinzip» übrigens – die Schrift selbst aber scheint es offenkundig geschafft zu haben und noch zu schaffen: Sie erhielt und erhält die Gemeinde: oft auf sehr wunderlichen Wegen und Umwegen, oft zur Beschämung ihrer treusten und aufmerksamsten Leser nicht einmal direkt, sondern in Form eines von ihr in der Außenwelt erweckten Echos, auf das hin auch jene noch einmal ganz neu mit ihr anfangen mußten. Irgendwo um die Schrift herum, als eine Gemeinschaft von Hörern ihrer Stimme, pflegt sich dann die von der großen Gefahr bedrohte Gemeinschaft der Heiligen jeweils neu zu formieren, zu konsolidieren, zu konstituieren und eben als solche, wo Alles zu wanken scheint, aufs neue festen Boden zu finden. Der Heilige Geist erhält eben die Gemeinde, wie er sie ja auch wachsen und leben läßt. Das «Schwert des Geistes», das sie schützt und verteidigt, ist aber nach dem Trotzwort Eph. 6,17 das Wort Gottes. Und eben das Wort Gottes in seiner einen, ursprünglichen, authentischen Gestalt wurde nun einmal nach der oft widerwillig vollzogenen Erkenntnis der Gemeinde aller Zeiten und Räume je da gehört, wo sich die Schrift wieder hören ließ und Hörer verschaffte. So daß das Gebet der bedrängten Gemeinde um ihre Erhaltung konkret zweifellos lauten muß: «Erhalt uns, Herr, bei deinem Wort!», in der konkreten Meinung: bei deinem in der Schrift bezeugten Wort. Die Erhaltung der Gemeinde geschieht, indem sie bei diesem, dem Wort der Propheten und Apostel, erhalten oder eben: als hörende Gemeinde aufs neue an dieses Wort herangeführt wird. Und so wird man auch jedem einzelnen im Blick auf die Erhaltung der Gemeinde, auf die Bewährung ihrer Sache angefochtenen Christen zunächst nur sagen können: er möchte doch an allen allgemeinen, an allen geschichtsphilosophischen Erwägungen (allzu betrübter oder allzu munterer Art) vorbei eben dieses Wort hören, wieder hören, neu hören, um eben als sein Hörer in seiner eigenen Person und dann gewiß auch mit Anderen zusammen vor das Faktum gestellt zu werden, daß die Gemeinde sich selbst gewiß nicht erhalten kann, wohl aber erhalten wird: hineingestellt zu werden in die Gemeinschaft der Heiligen, wie sie im Hören dieses Wortes eben jetzt noch und wieder Ereignis ist. Indem diese Quelle fließt – und täte sie es im einzelnen Fall noch so dünn und trüb – ist die Gemeinschaft der Heiligen Ereignis, wird sie also erhalten.

Die letzte und entscheidende Antwort auf die Frage nach dem gewissen, zuverlässigen Modus ihrer Erhaltung kann der Verweis auf die Schrift natürlich nicht sein. Sie – das Wort aller Propheten und Apostel miteinander – kann ja selbst nur Zeugnis sein, das der Beglaubigung durch den von ihnen Bezeugten bedarf – und nun eben nicht entbehrt. In der Kraft dieser ihrer Beglaubigung ist die Schrift das Instrument, durch das die Kirche erhalten wird. Indem der in ihr Bezeugte ihr Zeugnis beglaubigt, ist primär und eigentlich Er es, der die Kirche erhält. Er beglaubigt die Schrift schlicht damit, daß Er, Jesus Christus, ihr Inhalt ist, in ihr, indem sie redet und gehört wird, als der lebendige Herr der Kirche auf dem Plan ist, das Wort führt, handelt. Konkret dort: als der, der er laut des Wortes der Propheten und Apostel war, ist und sein wird, existiert er für die Welt und für die Gemeinde unserer Zeit, der Endzeit. Konkret dort, d. h. in seiner dort bezeugten Gestalt ist er offenbar, ist er erkennbar. Konkret dort begegnet er den Christen und so der Welt. Konkret von dorther kommt, wirkt und waltet sein, der Heilige Geist. Und so ist es schon wahr, daß die Kirche konkret von dorther, durch die Heilige Schrift erhalten wird. Nur eben doch nicht anders als indem er selbst, der in der Schrift Bezeugte das tut: indem er selbst dort nicht Buchstabe, sondern Geist und Leben, kein bloß damaliger und also vergangener, sondern der heute gegenwärtige, kein untätiger, sondern der eben jetzt und hier handelnde und tätige, kein schweigender, sondern der mit den Seinigen redende Gottes- und Menschensohn, der Heiland der Welt ist. Weil und indem inmitten seiner Gemeinde Dieser für sie (und so für die Welt), angesichts der großen, die Gemeinde bedrohenden Gefahr ihre Sache führt, die die seinige (und in Wahrheit ja die Sache der ganzen Welt) ist, darum kann die zerstörbare Kirche faktisch nicht zerstört werden, kann sie, die wahrhaftig sterbliche, nicht sterben, darum werden die Pforten der Unterwelt sie nicht verschlingen. Sie steht und fällt mit Ihm. Nun fällt Er aber nicht und so kann auch sie nicht fallen, sondern nur stehen, kann und muß und wird sie durch alles Fallen hindurch immer wieder aufstehen. Er kann sich selbst nicht verleugnen, nicht untreu werden. Eben als der, der das nicht kann, erhält er seine Gemeinde, wird und ist und bleibt sie erhalten: schlicht dadurch, daß er ist und bleibt, der er ist und daß es in ihr um ihn selbst geht, daß sie ja sein Leib, seine eigene irdisch-geschichtliche Existenzform ist. Weil die ganze äußere und innere Bedrohung der Gemeinde, weil der ganze Ansturm des durch ihn schon tödlich getroffenen Chaos ihm nicht gewachsen ist, ihn nicht überwinden und ihn als das Haupt und die Gemeinde als seinen Leib nicht voneinander trennen, weil Er – und Er als der *totus Christus* – nicht sterben kann, darum auch nicht die Gemeinschaft seiner so bekümmerten und kümmerlichen Heiligen auf Erden.

Es hängt für deren Zuversicht auf ihre Sache, auf ihre Dauer, ihre Zukunft, ihren Sieg schlechthin Alles daran, daß sie ihre Zuversicht auf Ihn sei, bleibe, immer neu werde, daß sie sich unter Verzicht auf alle anderweitigen Nothelfer an Ihn hält, der eben nicht nur Nothelfer, sondern schon Überwinder, schon Sieger, schon des Todes Tod und als solcher nicht ohne sie, sondern mit und bei ihnen ist. Es hängt für die Gemeinde Alles daran, daß sie etwas Anderes, Besseres, Sichereres als eben sein Volk, sein Leib nicht sein will, um eben so auf Erden wachsen und leben zu dürfen. In jeder Abweichung von der Zuversicht auf ihn könnte sie sich im Blick auf ihre Erhaltung nur täuschen, könnte sie sich in Wahrheit nur eben als dem Untergang geweiht, als verloren erkennen. Eine objektive Notwendigkeit oder auch nur Möglichkeit, um ihre Erhaltung bekümmert, in Angst und Sorge zu sein oder gar an ihr zu verzweifeln, gibt es nicht. Sie kann nur aus jener Abweichung entstehen, nur aus dem Ausschauen nach anderen Nothelfern, nur aus der Abkehr von dem Sieger, von dem her auch die Gemeinde – sei es denn als jenes von allen Seiten bedrohte Gefährt, sei es denn als Gemeinde in der Anfechtung oder unter dem Kreuz, sei es denn sogar als säkularisierte oder sakralisierte Gemeinde – objektiv siegreich ist und also alle, wirklich alle Furcht hinter sich zu werfen jeden Augenblick in der Lage ist. Es gibt eine objektive Notwendigkeit, sich ihrer faktischen Erhaltung zu freuen! Eben indem die Gemeinde das tut, wird sie auch dazu in der Lage sein, ihre menschlichen Verantwortlichkeiten in neuer Dankbarkeit, in neuem Ernst und neuer Nüchternheit aufzunehmen, die Hände also nicht etwa in den Schoß zu legen, sondern nachdem sie gebetet hat und indem sie zu beten nicht aufhört, rüstig an die Arbeit zu gehen, als ob es keine sie bedrohenden Gefahren gäbe. *Fluctuat nec mergitur.* Der in der Schrift Bezeugte und sich selbst Bezeugende wird seiner gefährdeten Gemeinde nie etwas Anderes als das zu sagen haben: daß sie getrost sein soll, nicht weil sie in der Welt existierend nicht allen Grund zur Angst haben könnte, aber aus dem diesen Grund radikal beseitigenden Gegengrund: weil er die Welt überwunden hat (Joh. 16, 33).

4. DIE ORDNUNG DER GEMEINDE

Wir blicken jetzt, immer im Bewußtsein, daß wir es mit der *communio sanctorum* zu tun haben, noch in eine dritte Richtung: auf die Form, in welcher sich die Erbauung der Gemeinde (diese auch als ihr Wachstum, auch als ihre Erhaltung in der Welt verstanden) vollzieht. Die ihr wesensnotwendige Form ist die der Ordnung. Wir können den Begriff sofort umschreiben, indem wir sagen: es ist der Erbauung der Gemeinde und also der *communio sanctorum* wesensnotwendig, sich nicht ohne und auch nicht in einer unbestimmten, nicht in irgend einer, sondern in einer bestimmten Form zu ereignen. Erbauung ist kein dem Zufall, kein der Willkür überlassenes, kein wildes, kein anarchisches, sondern ein von einer bestimmten Form beherrschtes und auf deren Anwendung, Herausstellung und Geltung zielendes Geschehen. Erbauung folgt einem Gesetz und vollzieht sich in dessen Ausübung und Betätigung. So – nicht in abgeleiteter, sondern in ursprünglicher und exemplarischer Gestalt – auch und zuerst die Erbauung der Gemeinde. Im Raum der menschlichen Geschichte ist doch die Erbauung der Gemeinde als Bezeugung der in Jesus Christus geschehenen Versöhnung der Welt mit Gott die große Kampfaktion gegen das Chaos und also gegen die Unordnung. Wie sollte sie da anders als in Ordnung sich ereignen können? Wie sollte es ihr da nicht wesensnotwendig sein, der Gesetzlosigkeit schon in der Form ihres Geschehens das Gesetz entgegenzustellen? Auch wenn man ihre Erbauung, wie wir es an erster Stelle taten, als ihr Wachsen und Leben versteht, ist sofort zu sagen: es geschieht ihr Wachsen in einer bestimmten Form, nach einem bestimmten, nach dem ihr eigenen Gesetz. Und wenn wir sie, wie an zweiter Stelle geschehen, als ihre Erhaltung in der Welt verstehen, so ist wieder zu sagen, daß es ihre eigentümliche Form, ihr Gesetz und nicht irgendeine blinde Macht ist, die sich darin durchsetzt und darin zu Ehren kommt, daß sie mitten in der Welt Dauer und Bestand haben darf.

Wir reden von Ordnung da, wo bestimmte Verhältnisse und Beziehungen als der Sache, um die es geht, entsprechend und insofern als notwendig sich erweisen und als gültig erkannt werden, sich als solche von Fall zu Fall bestätigen, als solche Anerkennung und Nachachtung fordern und finden. Die Erbauung der Gemeinde, das Ereignis der Gemeinschaft der Heiligen vollzieht sich in solchen bestimmten Verhältnissen und Beziehungen und insofern eben: in Ordnung. Greifen wir gleich noch zu einer anderen Umschreibung: Es geht bei der Erbauung der Gemeinde «mit rechten Dingen» zu. «Recht», bzw. «richtig» ist dieses Geschehen im Besonderen im Blick eben darauf, daß es der Sache, um die es in diesem Geschehen geht, entspricht. Wir werden es, wenn von der Ordnung der Gemeinde die Rede sein soll, nicht vermeiden können, im gleichen Atemzug und mit demselben Bedeutungsgehalt von dem in ihr offenbaren, erkannten, anerkannten und gültigen Recht zu reden. Wie Unordnung nicht nur als Teilnahme am Chaos, sondern auch als die Auflösung der der Gemeinde wesensnotwendigen Form, als Zerstörung der Bestimmtheit der ihr eigentümlichen Verhältnisse und Beziehungen, als solche Unrecht wäre: unrichtiger Umgang mit der Sache, um die es in ihrer Geschichte geht – so ist Ordnung, als Protest gegen das Chaos nicht nur, sondern als Bestätigung jener Form und Bestimmtheit zugleich Recht, d. h. richtiger Umgang mit dieser Sache.

Das Stichwort «Recht» hat nun schon angezeigt, daß wir im Begriff stehen, einen in der Neuzeit heiß umstrittenen Boden zu betreten. Ich nenne einige Schriften aus den letzten Jahren, in denen sich der heutige Stand der Diskussion, aber auch deren ältere Voraussetzungen in besonders bemerkenswerter Weise spiegeln: Wilhelm Vischer, Die evangelische Gemeindeordnung (nach Matth. 16,13–20,28) 1946, Eduard Schweizer, Das Leben des Herrn in der Gemeinde und ihren Diensten 1946, ferner: Gemeinde nach dem Neuen Testament 1949 und: Geist und Gemeinde im Neuen Testament und heute 1952, Emil Brunner, Das Mißverständnis der Kirche 1951, Erik Wolf, Bekennendes Kirchenrecht (in: Rechtsgedanke und biblische Weisung 1947 S. 65ff.) und: Zur Rechtsgestalt der Kirche (in: «Bekennende Kirche» S. 254f.) 1952, Max Schoch, Evangelisches Kirchenrecht und biblische Weisung 1954, Max Geiger, Wesen und Aufgabe kirchlicher Ordnung 1954. Die Beiträge von Erik Wolf dürfen m. E. als besonders erhellend hervorgehoben werden.

Von was reden wir? Was darf und muß hier in Ordnung und also in bestimmter Form, nach Gesetz und Recht geschehen? Darauf ist zu antworten: Nicht mehr und nicht weniger als das ganze menschliche Sein und Tun der christlichen Gemeinde als der vorläufigen Darstellung der in Jesus Christus geschehenen Heiligung des Menschen. Wir nennen, um deutlich zu sein, einige der wichtigsten Punkte, an denen sich eben das Ordnungsproblem immer wieder erheben und nach Beantwortung rufen wird. Es geht um die Ordnung des besonderen Geschehens, in welchem die Existenz der Gemeinde nicht nur am konkretesten in Erscheinung tritt, sondern auch sachlich ihre Mitte und Spitze hat: um die Ordnung ihres Gottesdienstes. Es geht weiter um die Bestimmung und Verteilung der den einzelnen Christen innerhalb der Tätigkeit der Gemeinde zufallenden besonderen Verantwortungen, Verpflichtungen und Funktionen und deren Verhältnis untereinander. Es geht weiter um die Frage, in welcher Weise die Gemeinde als solche ihre gemeinsame Sache und deren Hoheit in ihrem Verhältnis zu ihren einzelnen Gliedern wahrzunehmen, in welchem Sinn sie gegenüber den einzelnen Christen sowohl im Blick auf die diesen anvertrauten besonderen Funktionen, als auch im Blick auf ihre christliche Existenz im Allgemeinen, Disziplin, Aufsicht und Zucht zu üben hat. Es geht weiter um das Verhältnis der einzelnen christlichen Gemeinden als solcher zu den in der Nähe und in der Ferne neben ihr existierenden anderen christlichen Gemeinden, um die Erhaltung und Durchführung der Einheit aller Gemeinden, um die Gewährleistung der Gemeinsamkeit ihrer Aktionen und also um die Frage nach ihrer Verständigung untereinander, nach einer sie zusammenfassenden, ihre Existenz und Aktion koordinierenden Leitung. Und es geht weiter, sofern eine solche möglich und notwendig ist, um die Regelung ihrer Beziehungen zu den sonstigen menschlichen Gemeinschaftsbildungen, insbesondere zu der ausgezeichnetsten und umfassendsten unter ihnen, die da auf alle Fälle in Frage kommen wird: um die Ordnung ihres Verhältnisses zu dem in ihrem Bereich existierenden und maßgebenden Staat, seinen Gesetzen, Organen und Maßnahmen.

Eine Entfaltung und Beantwortung dieser Ordnungsfragen im Einzelnen kann hier nicht unsere Aufgabe sein. Dogmatik ist nicht Kirchenrecht. Dogmatik kann es aber auch nicht unterlassen, sich auf die für alles Kirchenrecht maßgebenden Gesichtspunkte zu besinnen, sich über den Ort Rechenschaft abzulegen, von dem her die einzelnen Ordnungsfragen auf alle Fälle zu beantworten sind, von dem auch alles Kirchenrecht – soll es nämlich Kirchenrecht, aber eben Kirchenrecht sein – herkommen muß.

Sind wir bei den über die Erbauung der Gemeinde bisher angestellten Überlegungen auf der rechten Spur gewesen und haben wir ihr auch in dieser Sache zu folgen, dann wird hier vor Allem die folgende Entscheidung allem Weiteren zugrunde zu legen sein: Es muß, auch wenn nach der Ordnung und also nach dem Recht in der Gemeinde gefragt wird, das echte Verhältnis zwischen dem primären und dem sekundären Subjekt im Begriff «Gemeinde» gewahrt und also nicht etwa umgekehrt, auch nicht im Blick auf diese besondere Frage oder auf irgend eine ihrer Verästelungen suspendiert, eingeklammert, zum Behuf ihrer Beantwortung durch das entgegengesetzte ersetzt werden. Es wird auch im Kirchenrecht zu keiner μετάβασις εἰς ἄλλο γένος kommen dürfen. Ist es so, daß in dem Begriff «Gemeinde» Jesus Christus als Haupt dieses seines Leibes das primär handelnde Subjekt ist, dem gegenüber sich die daselbst ebenfalls handelnde menschliche Gemeinschaft der Heiligen nur als sekundäres verstehen kann, dann muß das in deren Ordnung nicht nur «unberührt» bleiben, d. h. als theologische Wahrheit, als Aussage des christlichen Glaubens und seines Bekenntnisses respektiert werden, dann muß das vielmehr auch in der Ordnung der Gemeinde und zwar in der Beantwortung aller in Frage kommenden Ordnungsprobleme in aller Form zum Ausdruck und zu Ehren kommen. Recht ist in der Kirche das, was nach Maßgabe jenes Verhältnisses richtig ist: alles Andere ist in der Kirche Unrecht. Das ist gewissermaßen das Axiom, das von der Dogmatik her jedem geltenden oder geplanten Kirchenrecht gegenüber anzumelden, von dem her es bis in seine detailliertesten Bestimmungen hinein zu messen, zu dessen Anerkennung es einzuladen, ev. zurückzurufen ist.

Es würde nicht ratsam sein, die Begründung des Kirchenrechtes von einem anderen als eben dem christologisch-ekklesiologischen Begriff der Gemeinde her unternehmen zu wollen. Sie ist, indem Jesus Christus ist: der Herr der menschlichen Gemeinschaft der Heiligen, das Haupt dieses seines Leibes, der seine eigene irdisch-geschichtliche Existenzform ist – oder umgekehrt formuliert: Sie ist die menschliche Gemeinschaft der Heiligen, in welcher als in seinem Leibe, als in seiner irdisch-geschichtlichen Existenzform, Er das Haupt und der Herr ist. Zweierlei Desiderien zur Begründung des Kirchenrechtes können nämlich nur von diesem Begriff der Gemeinde her erfüllt werden: es kann (1) nur von ihm her gezeigt werden, daß und warum nach Ordnung und also nach einer bestimmten Form, nach Gesetz und Recht im Leben der christlichen Gemeinde über-

4. Die Ordnung der Gemeinde

haupt gefragt werden muß, daß und wie geordnete und ungeordnete (wir könnten, indem wir an unseren größeren Zusammenhang denken, auch sagen: geheiligte und ungeheiligte) Gemeinde sich unterscheiden müssen. Und es kann (2) nur von ihm her gezeigt werden, nach welcher besonderen Ordnung und Form, nach welchem eigentümlichen Gesetz und Recht zu fragen ist, wenn das im Blick auf die christliche Gemeinde, die als solche mit keiner anderen menschlichen Gemeinschaft zu verwechseln ist, geschehen soll.

Die von Rudolph Sohm und in seiner Nachfolge von Emil Brunner zur Bezeichnung des Wesens der christlichen Gemeinde eingeführten Begriffe umgehen die christologische Frage und Antwort. Die Gemeinde sei (nach Sohm sogar unsichtbare) Geistkirche, Freiwilligkeitskirche, Liebeskirche, Kirche des Glaubens, oder nach Brunner (a.a.O. S.12,20) «reine Personengemeinschaft», (S.118) «Brudergemeinschaft», bzw. (S.130) «Lebensgemeinschaft». Ich übersehe nicht, daß sie bei Brunner alternierend mit diesen Begriffen häufig auch «Christusgemeinschaft» genannt wird und daß in seinem Buch sogar nicht weniger als fünf Abschnitte unter dem Titel «Christusgemeinde» stehen. Ich habe aber keine einzige Stelle bei ihm gefunden, in der er darin über Sohm hinausgegangen wäre, daß er den Begriff der Gemeinde ernstlich von Christus her durchgedacht und formuliert hätte. Was die christliche Gemeinde konstituiert, ist auch für ihn nicht die Existenz und Herrschaft Jesu Christi, sondern bestimmt geartete Beziehungen, in denen die ihr angehörigen Menschen, die Christen zu ihm und vor allem zueinander stehen. Was Brunner «Christusgemeinde» nennt, ist sachlich nichts Anderes als das, was bei Sohm «Geistkirche», «Liebeskirche» usw. heißt. Christus ist auch bei ihm Prädikat der christlichen Gemeinschaft und nicht umgekehrt. Aber wie dem auch sei: das ist klar, daß es von seinem wie von Sohms Begriff der Gemeinde her zu einer Erfüllung jenes ersten Desideriums, zu einem ernsthaften Fragen nach Ordnung und Recht im Leben der Gemeinde nicht kommen kann. Selbstverständlich nicht: ist dieser Begriff doch bei Sohm wie bei Brunner eben in der Absicht gewählt, nur schon diese Frage, geschweige denn jede Beantwortung dieser Frage als ein «Mißverständnis der Kirche» aufzuweisen, um der sog. «Rechtskirche» die wahre, mit keinen Ordnungs- und Rechtsproblemen beschwerte Gemeinde polemisch entgegenzustellen. Es möchte darum als sinnlos und unbillig erscheinen, ihn auf seine Brauchbarkeit im Licht unseres zweiten Desideriums anzusehen: ob sich von ihm her ein nützliches Fragen nach der besonderen, der der christlichen Gemeinde eigentümlichen Ordnung ergeben möchte? Selbstverständlich kann und will er auch dazu nicht brauchbar sein. Immerhin: Es könnte ja auch unter Voraussetzung des Sohm-Brunnerschen Gemeindebegriffs verlangt werden, daß die christliche Eigentümlichkeit nun eben der für ihn charakteristischen Abweisung des Ordnungsproblems sich von ihm her aufzeigen lassen müsse. Es gibt ja auch andere Person- oder Brudergemeinschaften, Geist- oder Liebesgemeinschaften – private Freundschaftsbünde etwa, aber auch wissenschaftliche oder künstlerische Interessengemeinschaften – für die das Ordnungsproblem ebenfalls keine wesentliche Bedeutung haben mag. In welchem besonderen Sinn dies für die christliche Gemeinschaft gelten soll, ist von Sohm und von Brunner nicht gezeigt worden, ist von ihrer Definition dieser Gemeinschaft her auch unmöglich zu zeigen.

Wir stellen (1) fest: mit dem christologisch-ekklesiologischen Begriff der Gemeinde verhält es sich so, daß er schon als solcher von Ordnung und Recht redet und also zur Frage nach Ordnung und Recht nötigt und aufruft. Von ihm aus kann man sich dieser Frage darum zum vornherein nicht entziehen, weil er selbst ein Begriff von Ordnung und Recht ist, den man gar nicht vollziehen kann, ohne sofort auf diese Frage zu stoßen. Ist es nämlich so, daß die christliche Gemeinde diejenige menschliche Gemeinschaft ist, in der Jesus Christus als das Haupt das primäre Subjekt, die menschliche und menschlich handelnde Gemeinschaft der Heiligen als sein Leib das sekundäre ist, dann sagt man schon, indem man «Gemeinde» sagt, auch Ordnung und Recht. Man redet dann schon mit diesem Begriff als solchem von einer bestimmten Form, die dem mit *communio sanctorum* bezeichneten Geschehen eigentümlich, von einem Gesetz, dem es unter allen Umständen unterworfen ist, von einem Verhältnis, von einer Beziehung, von Proportionen, in denen es – der Sache, um die es da geht, entsprechend – notwendig verlaufen muß. Die Sache, um die es da geht, ist die vorläufige Darstellung der in Jesus Christus geheiligten Menschheit. Dieser Sache entsprechend geht es in der christlichen Gemeinde auf alle Fälle um ein Anordnen, Befehlen, Verfügen des einen Heiligen, in welchem Alle geheiligt sind und also Jesu Christi auf der einen Seite – und auf der anderen um ein ihm gehorsames, ihm sich unterordnendes Verhalten der menschlichen Gemeinschaft der Heiligen. Dieses Verhältnis konstituiert die christliche Gemeinde. Dieses Verhältnis ist ihr Ordnungsprinzip, ihr Grundrecht. Dieses Verhältnis hat sie, indem sie christliche Gemeinde ist, als «Kirchenrecht», d. h. als das in ihr als Kirche aufgerichtete und für sie als Kirche geltende Recht in sich. Die Fragen, die vielen Fragen: Was das für ihr Leben und Tun im Einzelnen bedeuten möchte, sind mit dem Verweis auf dieses kirchliche Grundrecht noch nicht beantwortet. Eben sie wird die Gemeinde in der Besinnung auf die Rechtmässigkeit ihres Lebens und Tuns zu beantworten haben. Aber eben indem dies das kirchliche Grundrecht ist, werden ihr diese Fragen immer aufs neue gestellt werden, kann sie unmöglich sein, was sie ist, ohne ihnen standzuhalten und ohne sich um ihre Beantwortung zu bemühen. Man wird die Frage nach dem rechten Kirchenrecht von daher unmöglich unterdrücken oder als eine Frage von minderer Bedeutung behandeln können.

Die Hauptdefinition von Erik Wolf trifft genau das Richtige: Die christliche Gemeinde ist «die Gemeinde des Herrn und der von ihm Erwählten, die so zu Brüdern gemacht sind» (Rechtsgestalt S.258f.), sie ist (S.261, man beachte das Verhältnis von Subjekt und Prädikat!) «bruderschaftliche Christokratie». Nachträglich und in untergeordnetem Sinn darf und mag sie dann (S.259, 261) wohl auch als «christokratische Bruderschaft» gesehen, verstanden und bezeichnet werden. Der Begriff der «Christokratie» bleibt auch so der beherrschende. Und eben durch ihn wird die «Bruderschaft» als eine Rechtsgemeinschaft, d. h. eine durch das überlegene Recht Jesu Christi geordnete Gemeinschaft gekennzeichnet.

Wogegen die Definitionen von Sohm und von Brunner nur schon darum untragbar sind, weil sie – wahrhaftig ohne Grund im Neuen Testament – an dem mit «Christokratie» bezeichneten Sachverhalt und damit an dem in der Kirche und für die Kirche gültigen Grundrecht vorbeigehen. Und es macht die Sache nicht besser, daß das – und damit die Diskriminierung alles Kirchenrechtes als solchen – ja gerade die Absicht ist,

4. Die Ordnung der Gemeinde

in der sie am entscheidenden Punkt von Geist, Freiwilligkeit, Liebe und dergl., statt von Jesus Christus reden. Es sei, so hört man von ihnen, die «Verrechtlichung» der Kirche das große Übel, das große «Mißverständnis der Kirche», das durch diese Gewaltlösung beseitigt werden müsse. Die entscheidende Tat der Reformation Luthers wäre nach Brunner (S.110) nicht etwa der Thesenanschlag von 1517, sondern die am 10. Dez. 1520 vollzogene Verbrennung des *Corpus iuris canonici* gewesen. Kirchenrecht als solches sei das Werk des «Kleinglaubens» (Sohm), Ersatz der fehlenden «Fülle des Geistes» (Brunner S.58), identisch mit dem Verlust der messianischen Existenz oder doch mit der Schwächung des messianischen Bewußtseins (S.67). «Was wir brauchen, ist der Heilige Geist» (S.132). Sicher! Nur daß sich eine nach Ordnung und Recht nicht fragende, ihr Leben ohne diese Frage unvermeidlich dem Zufall, der Willkür, der Verwilderung preisgebende Gemeinde mit dem Heiligen Geist Jesu Christi ebenso in Widerspruch setzen dürfte wie eine solche, die ihre Beantwortungen dieser Frage über den Heiligen Geist oder an dessen Stelle setzt. «Verrechtlichung» ist (in dem größeren Zusammenhang dessen, was wir als «Sakralisierung» beschrieben haben) gewiß auch eine von den die Kirche bedrohenden Gefahren. Aber ist sie die einzige? Und bekämpft man sie damit wirksam, daß man den Begriff des Kirchenrechtes überhaupt und als solchen mit dem großen Bann belegt? Sollte es demgegenüber nicht weiser sein, mit Erik Wolf (S.254f,) festzustellen, daß gerade die Juridifizierung und Bureaukratisierung, gerade die Formalisierung und Technisierung des kirchlichen Lebens Phänomene der **Un**ordnung sind, der nicht mit Abweisung des Rechtsproblems, nicht mit Auflösung, sondern nur mit Erkenntnis und Befestigung der wahren **Ordnung** der Gemeinde zu begegnen ist: Kirchen**un**recht, dem gegenüber die der Sache entsprechende «Rechtsgestalt» und also ein **rechtes** Kirchenrecht (das dann aber auch allen Chiliasmus ausschließen wird) geltend zu machen ist. Das ist aber das rechte Kirchenrecht, das von dem in der Kirche gültigen **Grundrecht**, d.h. eben von dem **christologisch-ekklesiologischen** Begriff der Gemeinde her zu erfragen ist. Calvin war (bei aller Problematik seiner konkreten Antwort – aller hier zu gebenden Antworten!) grundsätzlich im Recht: *Quant est de la vraye Eglise, nous croyons, qu'elle doit estre gouverne selon la police que nostre Seigneur Jesus Christ a establie (Conf. Gall. Art.29)*. Man beachte: *nous croyons*. Es geht auch hier um einen **Glaubenssatz**: eben darum um einen Satz, der Jesus Christus zum Gegenstand und Inhalt hat, aber eben **weil** Jesus Christus, darum auch die in ihm aufgerichtete **Ordnung** und daraus folgend die **Verpflichtung**, die Kirche unsererseits nicht anders als dieser seiner Ordnung entsprechend, zu «regieren». Die Argumentation von Sohm und Brunner bewegt sich dem gegenüber in einem *circulus vitiosus:* Weil sie das christologisch-ekklesiologische Grundrecht ignorieren, müssen sie nach einer Definition der Kirche greifen, auf deren Boden die Frage nach dem Kirchenrecht unmöglich ist. Und weil sie die Frage nach dem Kirchenrecht eliminieren wollen, müssen sie auf jene Definition der Kirche geraten und für deren christologisch-ekklesiologisches Grundrecht blind bleiben.

Eben mit dem **christologisch-ekklesiologischen** Begriff der Gemeinde verhält es sich nun aber (2) auch so, daß Ordnung und Recht, wie sie von ihm her zu erfragen sind, als **christlich-kirchliche** Ordnung, als **christlich-kirchliches** Recht von allem, was in der Welt sonst so heißen mag, **verschieden**, in seiner **Besonderheit** wirksam und sichtbar werden wird. Es wird sich von der der christlichen Gemeinde eigentümlichen Grundform her als notwendig erweisen, daß die ganze Formung ihres Lebens eine allen anderen Formungen gegenüber **eigenartige** werden muß. Von einer Bindung an die für den Bestand und die Tätigkeit **anderer** menschlicher Gemeinschaften – vielleicht allgemein, vielleicht unter bestimmten geschichtlichen Voraussetzungen – gültigen Regeln wird dabei nicht die Rede sein können. Die in der christlichen Gemeinde handelnden Menschen werden eben bei der Frage nach dem, was in ihrem Leben Ordnung und Recht sein möchte, niemals von der Voraussetzung ausgehen können, daß sie, daß ihre Gemeinschaft untereinander, das Subjekt sei, das nun freilich in ihrem Fall ihren gemeinsamen Glauben, ihr gemeinsames Bekenntnis und Gebet, ihre gemeinsame Botschaft an die Welt und zuletzt und zuhöchst auch noch den von ihnen gemeinsam erkannten und anerkannten Herrn Jesus Christus zum Prädikat habe. Sie wird also niemals von der Voraussetzung ausgehen können, daß sie als diese menschliche Gemeinschaft (wie alle anderen Gemeinschaften in der Welt) selbst darüber zu befinden habe, was in ihr als Ordnung und Recht zu gelten habe. Gerade umgekehrt: Er, Jesus Christus, ist ja hier das Haupt, der Herr, das primär handelnde Subjekt. Er befindet wie über ihren Glauben, ihr Gebet, ihr Bekenntnis, ihre Verkündigung, so auch über die Form ihres Lebens, so auch darüber, was in ihrem ganzen Tun Ordnung und Recht ist. Sie ist sich nicht selbst Gesetz – auch nicht und gerade nicht in ihrem Verhältnis zu Ihm. Sondern in seinem Verhältnis zu ihr ist Er ihr lebendiges Gesetz. Was den in der christlichen Gemeinde handelnden Menschen zukommt, ist dies: Ihn als das für ihr Verhältnis zu Ihm maßgebende Gesetz zu erkennen, immer neu zu erkennen und also: Ihm gehorsam, immer besser, genauer, vollständiger gehorsam zu werden. Rechtes Fragen nach dem, was in der Kirche recht ist, wird also immer ein Fragen nach seinem Anordnen, Befehlen, Verfügen und nach dem ihm entsprechenden Gehorsam sein müssen. Kirchliches Recht muß von seinem Ansatz her und bis hinein in alle seine Verästelungen geistliches Recht sein – «geistlich» im strengen Sinn des Begriffs: Recht, das in der Gemeinschaft des Heiligen Geistes Jesu Christi aufzusuchen, zu finden, aufzurichten und zu handhaben ist. In diesem Charakter wird sich jedes geltende und jedes geplante Kirchenrecht – soll es rechtes Kirchenrecht sein – von allem, was sonst «Recht» heißt, scharf und klar unterscheiden müssen. Rechtes Kirchenrecht entsteht (in großen und kleinen, in allen Dingen!) aus dem Hören auf die Stimme Jesu Christi. Solches, dieses Recht entsteht sonst nirgends in der Welt, formal nicht und dann auch nicht material. Es bildet das Suchen und Finden, die Aufrichtung und Handhabung solchen Rechtes einen integrierenden Bestandteil des Tuns, das der Gemeinde in der Welt und der Welt gegenüber aufgetragen ist. Man wird die Frage nach dem rechten Kirchenrecht auch von daher unmöglich eliminieren oder auch nur als zweitrangig behandeln können.

Das immer wieder zu erfragende rechte Kirchenrecht ist integrierender Bestandteil des ja ebenfalls immer wieder zu erfragenden rechten (nach innen und nach außen zu bewährenden) Bekenntnisses der Gemeinde. Wieder hat Erik Wolf schon in seinem

Aufsatz von 1947 genau das Richtige gesagt: Rechtes Kirchenrecht ist «bekennendes Recht». Es ist doch sehr verwunderlich, daß weder Sohm noch Brunner sich überlegt zu haben scheinen, ob es nicht jenseits der kurzatmigen Alternative «Verrechtlichung oder Rechtlosigkeit» dieses Dritte geben möchte – und geben muß: weil nicht abzusehen ist, inwiefern es der Kirche erlaubt sein sollte, gerade auf dieser Ebene nicht zu bekennen, untätig zu bleiben, ihr besonderes Zeugnis zu unterdrücken.

Eine Näherbestimmung ist hier notwendig: die zu hörende Stimme ist die des in der heiligen Schrift bezeugten Jesus Christus. Er in seiner dort bezeugten Gestalt ist das Haupt, der lebendige Herr der Gemeinde. Sein in seiner Bezeugung durch die Propheten und Apostel wirksamer Geist ist der Heilige Geist, die Macht seines Gehorsam fordernden Gebietens und Verfügens. Es ist also konkret die Schrift, auf die die Gemeinde bei der Frage nach der Ordnung und dem Recht, im Kampf gegen kirchliche Unordnung und kirchliches Unrecht zu hören hat. Sie hat sich biblische Weisung geben zu lassen. Es geht um die Bibel, in der Er bezeugt ist – anders gesagt: Es geht um Ihn als den in der Bibel Bezeugten und sich selbst Bezeugenden, um sein Handeln als *incarnandus* im alten und als *incarnatus* im neuen Israel. Es ist sein Handeln damals und dort das Gesetz, dem die Gemeinde heute und hier zu gehorchen hat. Biblische Weisung ist seine Weisung. Die Gemeinde hat also bei der Frage nach ihrer von Ihm zu bestimmenden Lebensform nicht etwa abzuschreiben, zu übernehmen, nachzuahmen, was im Achten auf seine Weisung als Lebensform des alten und des neuen Israels damals und dort Ereignis geworden und in der Schrift erkennbar ist. So wird sie ja mit der Schrift auch sonst nicht umgehen dürfen. Wie sollte sie aber seine Weisung heute und hier hören, ohne genau darauf zu achten, wie er damals und dort als Haupt seines Leibes gehandelt hat und welche Form, welche Ordnungen und Rechte seinem Handeln im Leben seines Leibes damals und dort entsprochen haben? Sie wird sich – wie in Lehre und Leben überhaupt – immer wieder an dem Leben des Herrn in der alt- und neutestamentlichen Gemeinde als an der ersten und originalen Gestalt der «bruderschaftlichen Christokratie» zu orientieren haben – nicht um sie in ihrer damaligen und dortigen Gestalt wiederherzustellen, sondern um sich durch sie anleiten zu lassen, Ihn den damals und dort, aber auch heute und hier in seiner Gemeinde lebenden und handelnden Herrn selbst zu erkennen. Es kann ja für sie nicht darum gehen, irgend einer Gestalt des Leibes Jesu Christi – und wäre sie die biblische! – sondern ihm als dem Haupt seines Leibes gehorsam zu werden, nicht um ihre Anpassung an die alttestamentliche also, und auch nicht um ihre Anpassung an die neutestamentliche Ökonomie als solche, sondern darum, sich dem unterzuordnen, der in beiden der Ökonom, der Hausherr war und auch der ihrige ist und als solcher heute und hier regiert. Wie sollte sie Ihn hören, wenn sie die Schrift nicht hören wollte? Sie hört aber die Schrift – und in der Schrift auch das Zeugnis des alt- und neutestamentlichen Volkes Gottes, seiner Ordnungen und Rechte – um Ihn zu hören, um über das, was Ordnung und Recht in ihrem Leben sein soll, seine direkte Weisung entgegenzunehmen. In diesem Sinne ist die Schrift (selber *norma normata!*) *norma normans* ihres Fragens nach dem rechten Kirchenrecht, wird das «bekennende Recht» praktisch Bekenntnis zu dem in der Schrift bezeugten Recht Jesu Christi sein müssen.

Zu der Lehre von der kirchenrechtfreien Gemeinde (nach Sohm: der unsichtbaren «Kirche im Glaubensinn», nach Brunner: der sichtbaren «Ekklesia») nun noch ein letztes Wort. Merkwürdig, daß sich nun doch auch ihre Vertreter mit der Frage beschäftigt zeigen, sich offenbar mit ihr beschäftigen mußten: wie denn ihre reine Geist- und Liebesgemeinschaft in der Welt existieren, den anderen menschlichen Gemeinschaften koexistieren soll? Warum unternehmen sie es nicht, sie – ob als sichtbar oder als unsichtbar verstanden – vertrauend auf die ihr zugeschriebene pneumatische Überlegenheit und Kraft – der Welt und den sämtlichen, wegen ihres Sündenfalls in das Kirchenrecht verworfenen Kirchen als die eine, wahre christliche Kirche oder Gemeinde oder Gemeinschaft trotzig gegenüberzustellen? Warum soll es sich nach Brunner (S. 135) nun doch nicht darum handeln, «aus der Unterscheidung von Ekklesia und Kirche ein negatives Urteil oder gar eine feindliche Haltung gegen die Kirchen abzuleiten»? Oder warum werden die verirrten Kirchen nicht aufgerufen, umzukehren und ihrerseits Ekklesia zu werden? Warum werden wir vielmehr (S. 123 f.) versichert, daß sie das niemals werden könnten und nicht einmal sollten? Es ist schlechterdings nicht einzusehen, warum nicht das Eine oder das Andere die Konsequenz aus den von Sohm und von Brunner angegebenen Prämissen sein müßte. Sie wird nicht gezogen, sondern nun vernimmt man überrascht, daß es außer und neben der unter soviel Polemik gegen Kirchenrecht und Rechtskirche so hoch gepriesenen Ekklesia doch auch noch kirchliche Institutionen im Rechtssinn geben dürfe und sogar müsse, die als solche niemals «wahre Kirche» sein könnten – hoffnungslos dem «Mißverständnis der Kirche» verfallene Gebilde offenbar! – denen nun doch nicht nur die Aufgabe zufalle, die «Schale» zu bilden, in der jener «kostbare Kern» bewahrt wird (S. 134), die nicht nur «unter dem Gesichtspunkt der Kontinuität der Verkündigung und Lehre» unentbehrlich seien (S. 127), sondern von denen nun doch zu verlangen sei, daß sie «dem Werden von Ekklesia» zu dienen, im Minimalfall es nicht zu hindern hätten (S. 123). «Die Institution Kirche hat sich trotz allem als das wirksamste *externum subsidium* der Christusgemeinschaft erwiesen» (S. 134). – Die Fragen, auf die ich hier als Vertreter dieser Ansicht keine Antwort wüßte, sind diese:

1. Wer oder was konstituiert und ordnet nun eigentlich diese nicht wahre, von der Ekklesia (der «Kirche im Glaubenssinn») so scharf und endgültig unterschiedene «Kirche im Rechtssinn»? Der Heilige Geist kann es definitionsmäßig nicht sein. Gerade er will oder kann ja nach den Voraussetzungen dieser Konzeption mit der Auffindung und Aufrichtung von Recht nichts zu tun haben. Wer oder was aber dann? Eine allgemeine, vielleicht naturrechtlich, vielleicht historisch-positivistisch begründete Anschauung vom Wesen von Vereinen, speziell religiösen Vereinen? Wer aber wird der Interpret dieser Anschauung sein? Vielleicht der Staat mit seinem «Staatskirchenrecht»? Oder werden sich die an der Existenz dieser Schale nun doch irgendwie interessierten Glieder der «Christusgemeinschaft» zum Behuf von deren sachgemäßer Konstruktion vielleicht ihrerseits beiläufig (unter Verzicht auf das Votum des Heiligen Geistes) auf den Boden einer solchen allgemeinen naturrechtlichen oder historisch-positivistischen Anschauung zu begeben haben? Eines ist sicher: Es wird das bei der Bildung und beim Bestand dieser «Schale» wirksame Prinzip ein jenem «kostbaren Kern» wesensfremdes Prinzip sein müssen.

4. Die Ordnung der Gemeinde

2. Was wird aber aus jenem Kern in dieser ihm wesensfremden Schale werden? Ob sich das Leben jenes selbst gesetzlosen Geist- und Liebesgebildes gegenüber dem seine Existenz in der Welt schützenden und regelnden fremden Gesetz jenes Rechtsgebildes behaupten – oder ob es sich ihm nicht zwangsläufig anpassen, ob es daher dem Lauf und Leben der Welt nicht praktisch früher oder später «gleichgeschaltet» werden wird? Man bedenke: nachdem man ausgerechnet die Aufgabe von «Verkündigung und Lehre» vertrauensvoll diesem fremden Rechtsgebilde übertragen hat! Und wenn die von daher drohende Gefahr praktisch nicht immer gleich akut sein sollte: wie hat man sich das vorzustellen, in welchem Sinn soll das zu erwarten sein, daß diese Schale jenem Kern, daß die Institution im Rechtssinn dem Werden der pneumatischen Ekklesia geradezu dienen, es nicht vielmehr nun eben doch – hemmen werde? Sollten nun dennoch Trauben von den Dornen und Feigen von den Disteln zu lesen sein?

3. Was wird aus der pneumatischen Reinheit der Ekklesia, wenn diese nach der Brunner'schen Version (S. 124) eine sichtbare Größe ist, als «kirchlich völlig unstrukturiertes Gebilde» (S. 126) immerhin kirchengeschichtliche Ausdehnung und Wirksamkeit hat, so daß es im Blick auf die Vergangenheit (von der urchristlichen Gemeinde ganz abgesehen) möglich ist, etwa auf die Quäker als auf eine annähernde Realisierung dieser Sache hinzuweisen, oder im Blick auf die Gegenwart auf die innere Mission Wicherns, auf den Weltbund der christlichen Jungmänner- und Jungfrauenvereine, die christliche Studentenbewegung, die «Oxford-Gruppenbewegung und jetzige MRA», auf die Basler und auf die China-Inland-Mission, und schließlich im Blick auf die Zukunft die Erscheinung weiterer, jetzt noch ungeahnter neuer «Formen» der Ekklesia in Aussicht zu nehmen? «Formen»! Das ist es ja: existiert die Ekklesia sichtbar, dann heißt das: sie existiert in einer Form. Existiert sie aber in einer Form, dann wird sich auch die Frage nach deren Richtigkeit nicht unterdrücken lassen, es werden dann Versuche zu deren Beantwortung schwerlich unterbleiben können. Sie haben faktisch im Raume keiner der von Brunner erwähnten Möglichkeiten ganz unterbleiben können – wirklich nicht nur als «etwas völlig Spontanes» (S. 66), sondern (auf Grund von Reflexionen und Diskussionen) in Form von an irgend einem Punkt verbindlichen Vereinbarungen und Einrichtungen («Institutionen»!) – und es wäre erst zu fragen: ob es dabei etwa noch nicht auch zu mehr oder weniger üblen «Verrechtlichungen» gekommen ist? So wird es auf dem von Brunner visierten Feld wohl auch in Zukunft zugehen. Das bedeutet aber: gerade «kirchlich völlig unstrukturiert» wird die Brunner'sche Ekklesia an keinem Ort und in keinem Augenblick sein: sie wird sich von anderen – «Kirchen» nur dadurch – und das nicht zu ihrem Vorteil! – unterscheiden, daß sie die Ordnungsfrage tunlichst zu bagatellisieren, nebenbei zu erledigen wünscht, statt ihr offen, grundsätzlich und ernsthaft standzuhalten.

4. Was wird aus dem Zeugnis an die Welt, zu dem doch wohl auch die «Kirche im Glaubenssinn» verpflichtet sein dürfte, wenn diese nach Sohm als solche nicht sichtbar werden, sondern irgendwo im Rahmen und Schatten der «Kirche im Rechtssinn» unsichtbar existieren soll? Verzichtet sie auf die Herausbildung einer ihr eigentümlichen, im Raum der Welt sich abzeichnenden Gestalt, läßt sie es zu oder wünscht sie es geradezu, in diesem Raum anonym zu bleiben, bzw. sich durch die Fremdgestalt der «Kirche im Rechtssinn» repräsentieren zu lassen – was heißt das Anderes, als daß sie sich darauf verläßt, es möchte ja in der Person einzelner ihrer Glieder und durch deren Wort, Leben und Werk trotzdem zu einem christlichen Zeugnis in der Welt kommen? Sie wird wahrscheinlich sogar darauf pochen, daß eben das die einzig mögliche und wahre Form dieses Zeugnisses sei! Heißt das aber nicht, daß sie sich selbst der Welt gerade in ihrem wesentlichen Sein als der Leib Jesu Christi vorenthält? Kann es anders sein, als daß sie damit auch das Zeugnis jener Einzelnen zum vornherein entwerten, es nämlich dem Verdacht aussetzen wird, es möchte sich da doch nur um die Äußerung von

deren privater, für Andere unverbindlicher Gesinnung und Frömmigkeit handeln? Und kann es anders sein, als daß die Welt sie – den ganzen Bereich des christlichen Geistes, Glaubens, Liebens – nach der wesensfremden Kulisse beurteilen wird, durch deren Ritzen hindurch sich zwar jene christlichen Privatpersonen bemerkbar machen mögen, hinter der sie selbst, d. h. aber hinter der die irdisch-geschichtliche Existenzform Jesu Christi in ihrer weltweiten Bedeutung verborgen bleibt? Alles nur weil sie sich in ganz unangebrachter Eigenwilligkeit für zu vornehm hält, in Erfüllung ihrer öffentlichen Mission sich, als das was sie ist, in der Weltöffentlichkeit zur Geltung zu bringen, sich darum die Frage nach der ihr angemessenen und eigentümlichen Form allen Ernstes gestellt sein zu lassen und selber zu stellen! Darf sich die Christenheit das wirklich leisten?

5. Die letzte Frage ist die einschneidendste: Wie steht es eigentlich mit der Maßgeblichkeit des jene ganze Konzeption beherrschenden Leitbildes der «Kirche im Glaubenssinn», bzw. der (angeblich neutestamentlichen) Ekklesia? «Die Christusgemeinde ist das große Wunder der Geschichte» (Brunner, S.134). Die Gemeinde der ersten Jahrhunderte als dieses Wunder darzustellen, ist schon in der für die Geschichte der protestantischen Theologie so schicksalsschweren Wende vom 17. zum 18. Jahrhundert unternommen worden – in dem umfangreichen und in seiner Weise hochgelehrten Werk von Gottfried Arnold: «Die erste Liebe der Gemeinden Jesu Christi, das ist wahre Abbildung der ersten Christen und ihres lebendigen Glaubens und heiligen Lebens» (1696) – in ähnlicher Einschätzung und Absicht wie der von Sohm und Brunner schon damals! Aber haben Arnolds «Erste Christen», hat Sohms Geist- und Liebeskirche, hat Brunners Ekklesia so jemals existiert, daß sie als Quelle und Norm alles Nachdenkens über das Kirchenproblem auch nur greifbar wäre? Braucht es nicht ein nun doch zu großes Stück freier Imagination, ihre «Abbildung» für eine wahre Abbildung zu halten? Trocken gefragt: Ist dieses «große Wunder» wirklich geschehen? Auch nur nach dem, was im Zeugnis des Neuen Testamentes sichtbar ist – um von den ersten Jahrhunderten, die G. Arnold als Zeugen dieses Wunders zum Sprechen bringen wollte, nicht zu reden? Sollte dieses Leitbild nicht in den Bereich dessen gehören, «was sich nie und nimmer hat begeben» – in die Welt der Ideen und Ideale also? Aber nehmen wir an: so etwas wie jene rein pneumatische Gemeinde hätte wirklich und in einer uns erkennbaren Weise existiert, so wäre die entscheidende Frage noch immer offen: wie sie, bzw. ihre «Abbildung» nun zu der ihr in jener ganzen Konzeption zugeschriebenen Maßgeblichkeit kommen möchte? Heißt *credo ecclesiam* nun eigentlich: Ich glaube an ein von mir entdecktes oder aufgestelltes oder mir sonstwie vorschwebendes und von mir als «großes Wunder» ausgezeichnetes Leitbild christlicher Gemeinschaft? Ist das Unternehmen, das Kirchenproblem an Hand dieses Kriteriums zu diskutieren, nun nicht doch ein im Grunde – romantisches Unternehmen, bei dem auf theologische Überlegung schon im Ansatz verzichtet wird? Kraft welcher Autorität gilt nun gerade dieses Kriterium? Soll nun doch eine bestimmte Gestalt des Leibes Christi – nehmen wir an, daß sie ups im Neuen Testament und in der ältesten Kirchengeschichte so bezeugt sei – das Gesetz des Handelns der christlichen Gemeinde sein? Ich finde diese Frage weder bei G. Arnold noch in jenen neueren Verherrlichungen der «ersten Christen» beantwortet und merkwürdigerweise nicht einmal in Erwägung gezogen. Entscheidend darum meine ich, daß man bei dieser Sache nicht mittun kann. Das Neue Testament bezeugt kein Leitbild christlicher Gemeinschaft, wohl aber «das Leben des Herrn in der Gemeinde» (Ed. Schweizer) und eben damit das Grundrecht, das für die Gemeinde aller Zeiten gültig und maßgeblich ist. Es bezeugt die «bruderschaftliche Christokratie», die «lebendige Gemeinde des lebendigen Herrn Jesus Christus». Indem dieses sein Zeugnis nicht beachtet wurde, ist es schon in den ersten Jahrhunderten zu allerlei «Verrechtlichung», aber ebenfalls schon damals auch zu allerhand Verlotterung gekommen. Man wehrt ihrer «Verrechtlichung» nicht, man entgeht ihr nicht einmal damit, daß man sich eine solche christliche Gemeinschaft vor Augen hält oder ausdenkt und zum Leit-

4. Die Ordnung der Gemeinde

bild erhebt, in der es erlaubt und geboten sein soll, die von ihrem Grundrecht her gestellte Frage nach der Ordnung ihres Lebens niederzuschlagen, bzw. nur beiläufig und in Anwendung kirchenfremder Maßstäbe zu erledigen. Man wehrt ihr, man wehrt aber auch dem Chiliasmus und der Unordnung, indem man jenes Grundrecht respektiert und von ihm her die Frage nach dem rechten Kirchenrecht weder unterdrückt noch bagatellisiert, sondern ernst nimmt: als Gehorsamsfrage, als Frage nach der rechten Gestalt der *communio sanctorum*, und dann auch als Frage nach dem rechten Zeugnis der Gemeinde in der Welt! – nach oben, nach innen und nach außen als Frage ersten Ranges.

Bevor wir von daher zur Erkenntnis der Grundsätze rechten Kirchenrechtes vorzudringen versuchen, eine notwendige Zwischenerklärung: Die Gemeinde kann es der sie umgebenden Welt nicht verwehren, sie zunächst – und im entscheidenden Punkt, solange die Zeit dauert, sogar endgültig – ganz anders zu verstehen, als sie sich selbst versteht und also: sie mißzuverstehen. Was weiß die Welt – was kann sie, bevor Jesus Christus auf den Wolken des Himmels wiederkommt und es auch ihr offenbar macht, wissen von der «bruderschaftlichen Christokratie» als dem in der christlichen Gemeinde gültigen Grundrecht? Sie muß und wird sie, die ja in der Tat auch eine menschliche Gemeinschaft unter andern ist – in Ermangelung der zu ihrem Verständnis nötigen Kategorien – immer zusammenwerfen und verwechseln mit den anderen in ihrem Raum entstandenen und noch entstehenden Gemeinschaften. Sie wird sie für eines jener soziologischen Gebilde halten, in denen die in ihnen vereinigten Menschen das handelnde Subjekt, deren besondere Überzeugungen und Bestrebungen aber dessen Prädikat sind – und das auch dann, wenn es sich um sogenannte «religiöse» Gemeinschaften handeln sollte. Eben als eine solche wird sie auch die christliche Gemeinde betrachten und behandeln: als einen Verein oder als eine Körperschaft, der nun eben in dieser, der christlichen Gesinnung, zu dieser, der christlichen Betätigung vereinigten Menschen. Sie wird sich zwar deren gemeinsames Bekenntnis zu Jesus Christus als zu ihrem Herrn, der übrigens auch ihr, der Welt Herr sei (im besseren Fall mit Respekt, im mittleren Fall gleichgültig, im schlimmeren Fall ablehnend) anhören und zur Kenntnis nehmen. Sie wird zwar irgend ein Verständnis dafür aufbringen, daß es nun einmal größere oder kleinere Gruppen von Menschen gibt, die dieses Glaubens (in irgend einer seiner konfessionellen Gestalten) sind. Sie wird sich aber – sonst wäre sie nicht die Welt – auf keinen Fall darauf einlassen, sich ihrerseits mit der Kirche von daher (indem sie deren Glauben und Bekenntnis ernst nähme!) zu beschäftigen und auseinanderzusetzen. Sie wird sie, dem kirchlichen Bekenntnis zuwider, als ein soziologisches Gebilde wie andere interpretieren. Sie wird von ihr erwarten, daß sie sich jedenfalls in ihrem Verhältnis zu ihr im Rahmen dessen bewege, was man allgemein unter dem Rechtssubjekt eines Vereins, einer Körperschaft, eines natürlichen oder geschichtlich entstandenen oder frei sich bildenden Zweckverbandes versteht. Die Gemeinde ihrerseits wird sich diese Interpretation niemals zu eigen machen können und dürfen. So ziemlich alle kirchenrechtlichen Irrtümer haben ihren Grund darin, daß die Gemeinde das – mehr oder weniger konsequent – immer wieder getan, daß sie sich selbst nach Maßgabe des ihr von der Welt her widerfahrenden Mißverständnisses verstanden hat. Sie wird es der Welt faktisch nicht verbieten können, sie so zu interpretieren und also mißzuverstehen. Sie wird wissen müssen, daß ihr von außen her etwas Anderes gar nicht widerfahren kann. Sie kann und soll dieser Fehlinterpretation ihr Bekenntnis, ihr Selbstverständnis laut und deutlich entgegenstellen. Sie kann aber die Welt nicht zwingen – sie soll sie auch nicht dazu zwingen wollen – ihr Bekenntnis und Selbstverständnis ernst zu nehmen. Sie wird praktisch immer wieder damit rechnen müssen, daß sie von einem ganzen Ozean von Welt umgeben ist, die dazu nicht in der Lage und willens ist, die sie also nicht hindern kann, sie ganz anders zu verstehen als sie sich selbst verstehen muß.

Das gilt nun besonders für den wichtigsten der Kirche konkret gegenüberstehenden weltlichen Partner, den Staat. Es ist eine Sache für sich, daß die Kirche unter allen anderen menschlichen Gemeinschaften vorzüglich die sie alle umfassende und zusammenordnende des Staates als ein Werk göttlicher Anordnung, als ein Element der Herrschaft Jesu Christi – als den großen menschlichen Exponenten seiner Herrschaft auch über die Welt da draußen – seine Vertreter als «Diener Gottes» (Röm. 13,6) in diesem weiteren Sinn verstehen muß. Sie kann und soll ihm gegenüber bekennen: sie versteht ihn dahin, daß eben ihre eigene geistliche Mitte faktisch auch die Mitte seines Wesens und Bestandes ist. Sie kann aber auch ihn – sogar wenn sie das in irgend einer geschichtlichen Situation zu tun vermöchte – nicht zwingen wollen, sich selbst so zu verstehen, wie sie ihn versteht – eben darum auch nicht dazu, sie zu verstehen, wie sie sich selbst versteht. Sie wird sich faktisch darein finden müssen, daß er ihr, auch wenn die Mehrheit seiner Bürger und manche seiner Vertreter selbst mehr oder weniger gute Christen sein sollten, als ihr weltlicher Partner gegenüberstehen und in seinem Verhältnis zu ihr von seinen und nicht von ihren eigenen Voraussetzungen her denken und argumentieren, in seiner Gesetzgebung und in seinen Verwaltungsmaßnahmen mit ihr umgehen wird. Gerade vom Staat wird sie praktisch nichts Anderes erwarten, als daß er ihr eine – vielleicht mehr oder weniger hervorgehobene – Stellung und Funktion im Rahmen seines Vereinsrechtes bzw. Korporationsrechtes zuweisen wird.

Die Form, in der er seine Beziehung zu ihr, d. h. ihre Einordnung in seine Ordnung im Rahmen seines Verständnisses (bzw. Mißverständnisses!) ihres Wesens regelt, ist das sogenannte Staatskirchenrecht, in welchem er ihr als Inhaber der in seinem Bereich bestehenden Souveränität und als höchster Wahrer der daselbst aufgerichteten und geltenden allgemeinen Rechtsordnung ihren angemessenen Raum garantiert, aber auch darüber wacht, daß sie ihrerseits dessen Grenze nicht überschreitet.

Er tut das, indem er neben vielen anderen ihm zustehenden Rechten auch ein *ius circa sacra* beansprucht und ausübt: nicht *in sacra*, nicht indem er selber als Willensbildner in der Kirche auftritt, ihr inneres Leben regiert, wohl aber *circa sacra:* als Hüter jener Grenze nach beiden Seiten. Er kann solches Staatskirchenrecht entweder von sich aus (etwa durch bestimmte Verfassungsartikel und durch Erlaß der ihnen entsprechenden Kirchengesetze) setzen oder auch in Form von Verträgen («Konkordaten») mit der Kirche vereinbaren. Er kann ihr dabei auch gewisse Privilegien verleihen, die bis zu ihrer Anerkennung als einer «Körperschaft öffentlichen Rechtes» oder gar (wie im alten Europa überall und in Spanien heute noch) bis zu ihrer Anerkennung als Kirche der offiziellen Staatsreligion gehen mögen.

Davon, daß der Staat als solcher sich das Selbstverständnis der Kirche zu eigen machen würde, wird doch auch in diesem Fall keine Rede sein können. Es wird also ihr Selbstverständnis in dem ihr vom Staat gesetzten oder von ihr mit dem Staat vereinbarten Recht niemals zum Ausdruck kommen. Das bedeutet aber: Staatskirchenrecht kann nie Kirchenrecht werden oder sein wollen oder als solches von der Kirche übernommen und anerkannt werden. Staatskirchenrechtliche Sätze gehören also nie und nimmer in eine Kirchenverfassung oder Kirchenordnung – darum nicht, weil sie als solche ein Verständnis der Kirche voraussetzen und wohl auch direkt oder indirekt aussprechen, das sich die Kirche ihrerseits nicht zu eigen machen kann. Sie kann die Entstehung von Staatskirchenrecht gerade nur geschehen und sich seine Geltung gerade nur gefallen lassen. Das prinzipiell nicht zu tun, hat sie keinen Anlaß. Daß sie eine menschliche Gemeinschaft unter anderen ist und sich als solche im Hoheitsgebiet des Staates befindet – eben des Staates, dessen Bürger ja auch ihre Glieder, die einzelnen Christen sind und den sie ja ihrerseits als eine göttliche Anordnung versteht und anerkennt – das wird sie nicht in Abrede stellen. Sie wird sich also prinzipiell loyal in das vom Staat beanspruchte und ausgeübte *ius circa sacra* fügen. Und wenn ihr Gelegenheit geboten ist, auf dessen Gestalt und auf dessen Ausübung direkt oder indirekt Einfluß zu nehmen, so wird sie das dankbar und im Bewußtsein ihrer Verantwortlichkeit auch für die Existenz und den Bestand des Staates tun. Sie wird sich aber darüber im Klaren sein, daß es sich in allem Staatskirchenrecht als solchem – auch im besten – nun wirklich um das «Mißverständnis der Kirche», nämlich um die Ignorierung des in der Kirche gültigen Grundrechtes handelt, daß sie in ihm auf alle Fälle – weil als Verein oder Körperschaft im Charakter eines souveränen Rechtssubjektes, das sie nun einmal nicht ist – nur in enormer optischer Verzerrung gesehen und verstanden ist, in der sie sich selbst nur eben unter Vornahme einer energischen Rückübersetzung wiedererkennen kann. Sie wird sich also in alles ihr gesetzte oder geschenkte oder auch mit ihrer Einwilligung aufgerichtete Staatskirchenrecht nur eben so einfügen, wie sie sich dem Lauf der Welt überhaupt einfügt. Hier gilt nun wirklich: ὡς μή, als täte sie es nicht! Sie wird ihre **ursprüngliche und eigentliche** Verantwortlichkeit, die ihr auch der beste Staat nicht abnimmt, noch abnehmen kann, auch im Rahmen von dessen Recht wahrzunehmen keinen Augenblick unterlassen dürfen. Um ihre eigene **Macht** oder auch nur um die Wahrung ihres **Prestiges** wird es ihr dabei **niemals** gehen dürfen. Wohl aber wird sie bei dem, was sie in jenem Rahmen tut und läßt, die im Unterschied zum Staat ihr anvertraute **Sache** beständig und scharf im Auge behalten müssen. Sie wird die sämtlichen Bestimmungen des Staatskirchenrechtes ihrerseits, soweit es immer möglich ist, in der Richtung auf das hin interpretieren, was sie von ihrem Selbstverständnis her für Recht halten muß. Sie wird geradezu eifersüchtig darüber wachen, daß aus dem staatlichen *ius circa sacra* nicht offen oder heimlich doch etwa – die Tendenz dazu wird auch dem besten, auch dem ihr gegenüber loyalsten Staat (und diesem vielleicht am meisten!) nur zu nahe liegen – ein staatliches *ius in sacra* werden: ein staatliches Hineinregieren in ihre eigene Ordnung und dann wohl auch ein Verfügenwollen über ihre Verkündigung, Lehre, Theologie, wenn nicht über ihr Bekenntnis, so doch über dessen praktischen Vollzug. Sie darf sich durch das sie begrenzende Staatskirchenrecht nicht säkularisieren lassen. Sie wird sich nicht scheuen dürfen, hinsichtlich seiner Anwendung den für sie Verantwortlichen (ob es sich nun um Behörden oder um politische Majoritäten handelt), wenn es not tut, energisch entgegenzutreten. Es wird da immer wieder eine Grenze sichtbar werden, die sie von ihrem Selbstverständnis her zu hüten, jenseits derer sie vom Staate keinerlei Gebote oder Verbote entgegenzunehmen hat. Sie wird aber vor allem nicht müde werden dürfen, ihr Selbstverständnis immer aufs neue positiv ans Licht zu stellen: entscheidend in den Konturen ihres Lebens und ihrer Tätigkeit innerhalb des staatlichen Bereiches, indem sie (an dem Zerrbild, in welchem sie im Staatskirchenrecht sichtbar ist, vorbei!) rein faktisch in ihrem eigenen Charakter, in Ausführung ihres Auftrages da ist, redet und handelt als die nun eben nicht sich selbst gehörige und regierende menschliche Gemeinschaft, als der Bereich, in welchem Jesus Christus das Regiment führt; indem sie ihren Glauben an ihn damit bewährt, daß sie ihm ernstlich und unbekümmert gehorsam ist. Das Alles **nicht** (auch im kritischsten Fall nicht!) **gegen** den Staat, sondern in wohlverstandener Verantwortlichkeit auch **für** ihn – um ihn, indem sie sich selbst, vielmehr: dem in ihr gültigen Grundrecht treu ist, an das zu erinnern, was letztlich auch ihn legitimiert, was auch seinen Auftrag begründet, was auch seine Würde ausmacht: daß nämlich auch er von Gott ist, ein ihm nicht eigenes, sondern nur übertragenes Recht ausübt und also seinerseits auch nur in beschränktem Sinn Rechtssubjekt ist. Was

4. Die Ordnung der Gemeinde

gerade der Staat braucht, ist eine – im Rahmen dieses oder jenes konkreten Staatskirchenrechtes! – freie Kirche, die ihn als solche an seine Grenzen und damit an seine Bestimmung erinnert, ihn vor dem Absturz in Anarchie und Tyrannis in gleicher Weise zu warnen in der Lage ist. Unter allen Umständen als freie Kirche – und nur als solche! – wird sich die christliche Gemeinde in die Rechtsordnung des Staates einfügen lassen und selber willig und freudig einfügen.

Wir gehen nach Klärung dieser Vorfrage an die Aufgabe heran, die allgemeinen Voraussetzungen zu umschreiben, die vom christologisch-ekklesiologischen Begriff der Gemeinde als deren Grundrecht her für jedes rechte Kirchenrecht maßgebend, in jedem rechten Kirchenrecht wirksam und sichtbar werden müssen. Unter «Kirchenrecht» sei nun also im Unterschied zu «Staatskirchenrecht» verstanden: diejenige Ordnung, die die Gemeinde von ihrem Grundrecht her sich selbst – gemeint ist: unabhängig von allem Staatskirchenrecht und ohne die – wäre es auch leiseste – Einwirkung staatlicher Instanzen (in Form von Kirchenverfassung und Kirchenordnung) im Gehorsam gegen ihren Herrn selber zu finden, aufzurichten und zu handhaben hat.

Um mehr als um das Aufzeigen seiner allgemeinen, für alle Kirchen und ihr Recht theologisch verbindlichen Voraussetzungen kann es hier nicht gehen: also nicht um die Entfaltung des Kirchenrechtes selber. Sie ist Sache der verschiedenen Kirchen hier und dort, in dieser oder jener Zeit und Situation, in denen sie jeweils außer der nötigen theologischen Einsicht auch eine speziell juristische Wissenschaft und Kunst erfordern wird. Es gibt wohl jenes Grundrecht und in Form von dessen Analyse allgemeine Voraussetzungen alles Kirchenrechtes. Es gibt aber kein allgemeines Kirchenrecht. Es kann und muß von jenem Grundrecht und von den von ihm her geltend zu machenden Voraussetzungen her – und also als rechtes Kirchenrecht! – verschieden entfaltet werden. Uns interessieren aber eben die aus dem Grundrecht der christlichen Gemeinde sich ergebenden, die nun eben dieses Grundrecht selbst explizierenden Voraussetzungen alles Kirchenrechtes. Sie sind in ihrer theologischen Verbindlichkeit für alles Kirchenrecht aufweisbar. Eben diese Voraussetzungen – und diese in ihrer Verbindlichkeit – deutlich und geltend zu machen, ihrer Erkenntnis und Anerkennung zu dienen, gehört nun allerdings in den Aufgabenkreis der Dogmatik. Ihnen haben wir uns nun zuzuwenden.

1. Das in der christlichen Gemeinde zu erfragende, aufzurichtende und auszuübende Recht muß von ihrem Grundrecht her auf alle Fälle den Charakter und Sinn von Dienstrecht, Recht im Rahmen einer Dienstordnung haben. Die Gemeinde Jesu Christi existiert (als der Leib, dessen Haupt Er ist), indem sie ihm dient. Und es existieren ihre Glieder, die Christen (als Glieder dieses seines Leibes), indem sie sich – durch den von ihnen dem Herrn gemeinsam zu leistenden Dienst auch unter sich verbunden – auch untereinander dienen. Diese erste und entscheidende Bestimmung alles Kirchenrechtes gründet darin, daß der Herr selbst, der

die Gemeinde als Haupt seines Leibes regiert, «nicht gekommen ist, damit ihm gedient werde, sondern damit er diene» (Mr. 10,45). Er ist (in seiner Auferstehung als solcher offenbar geworden, durch seinen Heiligen Geist als solcher regierend) König und Herr der Welt und der Gemeinde als der am Kreuz Unterliegende und so Siegreiche, Erniedrigte und so Erhöhte. Er ist König und Herr als der seinem Vater und damit den Seinigen und so allen Menschen Dienende. Als dieser Dienende herrscht er und verlangt er Gehorsam. Er tut es also nicht als einer von den Herren, die selber nicht dienen, sondern nur herrschen, um das Dienen Anderen zu überlassen. Er herrscht, indem er zuerst Gottes und aller Anderen Knecht ist. Beides läßt sich nicht trennen und nicht umkehren: Es ist also nicht so, daß er herrscht und daneben auch noch dient – oder dient, indem er daneben auch herrscht. Sondern eben indem er dient, herrscht er. Eben als der erniedrigte Gottessohn ist er ja der erhöhte Menschensohn. Und so kann der seinem Herrschen entsprechende Gehorsam seiner Gemeinde nur Dienst, so kann das in ihr geltende Recht – Recht nach Maßgabe ihres Grundrechtes, das in der in ihr aufgerichteten Herrschaft Jesu Christi besteht – nur Dienstrecht sein. Die Gemeinde ist als sein Leib in Ordnung, wenn und indem ihr Tun Dienst ist. Und so sind auch ihre Glieder, die Christen, in Ordnung, wenn und indem sie im Dienst stehen. Im Unterschied zu allen anderen menschlichen Gemeinschaften ist in der christlichen Gemeinde die Scheidung zwischen Anrechten und Pflichten, Ansprüchen und Beanspruchungen, Würden und Bürden undurchführbar. Nur in und mit den Pflichten, den Beanspruchungen, den Bürden des Dienstes, nur in diesem beschlossen und verborgen, gibt es da auch Ansprüche, Anrechte, Würden. «Wer unter euch der Erste sein will, der sei euer aller Knecht» (Mr. 10,44). Heiligung heißt – auf die Gemeinde als solche und auf alle ihre Glieder gesehen – Erhebung, aber eben (weil Erhebung in die Gemeinschaft mit dem, der gekommen ist zu dienen) Erhebung in die Niedrigkeit, in der er gedient hat und noch dient, um als Dienender zu herrschen. Gerade indem die Gemeinde in ihrem Herrn (exemplarisch für die ganze Menschheit) dieser Erhebung teilhaftig ist, gerade indem sie mit ihm herrscht, kann sie und kann jeder Einzelne in ihr nur dienen, kann es sich in dem in ihr geltenden Recht – im Kirchenrecht – nur um die Richtigkeit ihres Dienstes handeln.

Diese Bestimmung ist (1) eindeutig, undialektisch, unumkehrbar. Es ist also in der Gemeinde nicht so, daß das in ihr geltende Dienstrecht doch auch noch allerlei Herrschaftsrecht nach sich zöge und dann irgendwo neben sich hätte – als ob die von ihr und in ihrem Raum zu tragende Bürde doch auch mit allerlei Würde verknüpft wäre, als ob die ihr und jedem Christen widerfahrende Beanspruchung auch zu allerlei Ansprüchen legitimierte, als ob die ihr auferlegte und in ihr wirksame Verpflichtung zum Dienst doch auch allerlei Anrechte begründete. So mag es in jeder anderen menschlichen Gemeinschaft zugehen und in Ordnung sein. In der christlichen Gemeinde geht es nicht so zu. Sie ist – und es ist ein jedes ihrer Glieder – gefordert: schlechterdings zum Dienst gefordert. In diesem Gefordertsein besteht und erfüllt sich ihr ganzes Recht. Nach der rechten Form, in der sie diesem ihrem Gefordertsein, in der auch ein jedes ihrer Glieder seinem besonderen Gefordertsein zu entsprechen hat, ist zu fragen. Ein von diesem Gefordertsein abstrahiertes, ihm irgendwie gegenüberstehendes Fordern kann für sie und kann in ihr nicht recht sein. Sie hat für sich und es hat in ihr Keiner etwas für sich zu fordern. Berechtigtes Fordern kann für sie und kann in ihr immer nur das Fordern dessen sein, was dazu nötig ist, um dem gemeinsamen Gefordertsein zum Dienst gerecht zu werden: nur die Würde der Bürde also, nur der Anspruch der Beanspruchung, nur das Anrecht der Pflichterfüllung – nur das Herrschen, das selbst und als solches Dienst und nur Dienst ist. Die Freiheit der Gemeinde und die Freiheit eines jeden der in ihr versammelten Christenmenschen ist eindeutig, mit keinem spekulativen Zweck verwirrt, diese Freiheit: die Freiheit zum Dienen.

Es gibt kein rechtes Kirchenrecht, das versäumen dürfte, der Eindeutigkeit dieser Bestimmung Rechnung zu tragen, keines, das – dem Vorbild des Rechtes anderer Gemeinschaften folgend – einem dem Gefordertsein gegenüberstehenden Fordern, einem vom Dienen unterschiedenen Herrschen Raum geben, ihm auch nur die Türe öffnen oder doch offen halten dürfte. Es gibt in der Gemeinde wohl auch ein Herrschen, wohl auch Anrechte, Ansprüche, Würden. Es gibt da wohl auch Forderungen, die die Gemeinde an ihre Glieder und ihre Glieder an die Gemeinde, oder eines ihrer Glieder an ein anderes zu richten hat. Es mögen auch Forderungen in Frage kommen, die hin und her zwischen einer Gemeinde und einer anderen oder hin und her zwischen einer der verschiedenen Gemeinden gemeinsamen Leitung und ihnen entstehen, oder kirchliche Forderungen, die gegenüber dem Staat oder anderen weltlichen Partnern geltend zu machen sind. Sie alle werden – und dazu hat das zu erfragende rechte Kirchenrecht Anweisung und Anleitung zu geben – genau und streng darauf zu prüfen sein, ob es sich dabei nicht etwa um ein abstraktes Fordern von Herrschaft, um ein abstraktes Geltendmachen von Anrecht, Anspruch und Würde dieser oder jener Art, sondern um ein dienstliches, d. h. um ein solches Fordern handelt, das schlechterdings nur im Zusammenhang und im Vollzug des Dienstes geboten ist und Raum hat, das eben selbst nur das Angefordertsein der Gemeinde und aller ihrer Glieder zum Ausdruck bringt. Solches und nur solches Fordern kann – solches soll freilich im rechten Kirchenrecht anerkannt, geregelt, geschützt werden. Wogegen es alles solche Fordern nicht nur zurück zu binden, sondern auszuschließen hat, in dem die Gemeinde oder Jemand in der Gemeinde sich selbst durchzusetzen und zu behaupten oder wenigstens sich selbst sichern zu wollen unternehmen sollte. Rechtes Kirchenrecht kann weder der Gemeinde als solcher, noch Jemandem in der Gemeinde ein außerdienstliches Recht verschaffen. Die Gemeinde weiß und rechnet damit, daß es anderwärts auch außerdienstliches Recht gibt. Ihr Recht aber ist Dienstrecht.

Diese Bestimmung ist (2) total, will sagen: Es ist im Leben der christlichen Gemeinde nicht so, daß es da eine rechtlich und nun also dienstrechtlich geordnete Sphäre gäbe, aber auch andere, in denen es nicht den

Sinn und Charakter von Dienst hätte, in denen es unter irgend einer anderen Bestimmung stünde oder für andere, vielleicht wechselnde Bestimmungen frei gegeben wäre. Dienst ist nicht eine unter den Funktionen des Seins der Gemeinde, sondern Dienst ist ihr Sein in allen seinen Funktionen. Es gibt nichts, was da getan werden und geschehen mag, das der Frage entzogen wäre: ob und inwiefern die Gemeinde damit ihrem Herrn und seinem Werk in der Welt und ob und inwiefern ihre Glieder damit auch einander dienen möchten – Einer dem Anderen dazu nämlich, um ihn zur Beteiligung am Dienst des Ganzen frei zu machen? Was dieser Frage nicht standhält, was nur eben so geschieht, weil es, ohne dienlich zu sein, immer geschah oder weil zufällig die Meinung aufkommt, daß es, ohne dienlich zu sein, auch noch geschehen könnte, das geschieht in der Gemeinde nicht zu Recht, sondern zu Unrecht, das muß entweder als ihr wesensfremder Ballast in Wegfall kommen, oder aber (was oft nicht leicht sein wird) nachträglich dienstbar gemacht werden. Auf keinen Fall darf es da tote Winkel geben, in welchen irgend ein fremder Herr sein bedenkliches oder mindestens unnützes Wesen treibt. Die Gemeinde hat weder Zeit noch Kraft an Allotria zu verlieren. Die Frage nach dem Dienstcharakter alles kirchlichen Tuns darf aber nicht nur kritisch, sie muß auch divinatorisch gestellt werden: es möchten ja alte, brachliegende, zu Unrecht obsolet gewordene Möglichkeiten des Dienstes wieder zu entdecken und zu reaktivieren und es möchten neue, bisher zu Unrecht nicht bedachte Möglichkeiten neu zu entdecken und zu realisieren sein. Wo und wann sollte sich die Gemeinde bei dem ihr jetzt geläufigen Tun beruhigen können, als ob sie damit die Totalität des von ihr geforderten Dienstes und also dessen, was für sie und in ihr recht ist, schon erschöpft habe oder – immer so weitermachend wie bisher – zu erschöpfen im Begriff stehe? Gerade die Grenzen der Totalität, in der sie ihrem Herrn und in der ihre Glieder sich untereinander zu dienen haben, bestimmt nicht sie, sondern ihr lebendiger Herr selber, dessen Halt! oder Vorwärts! sie als seine lebendige Gemeinde zu folgen hat. Also: welches die Totalität ist, in der sie zu dienen hat, das darf sie nie schon zum vornherein und endgültig zu wissen meinen. Sie muß aber wissen, daß sie auf alle Fälle in der Totalität ihres Seins und Tuns zu dienen hat.

Man bedenke von hier aus, wie ohnmächtig es doch ist, daß gerade die Begriffe διακονία und *ministerium* weithin zur Bezeichnung besonderer Funktionen des gemeindlichen Lebens verwendet wurden und noch werden: «Diakonie» zur Bezeichnung der kirchlichen Liebes- und Hilfstätigkeit an Armen, Kranken usw., «Ministerium» zur Bezeichnung des berufsmäßigen Predigtdienstes. Als ob die der Gemeinde geschenkte und in der Gemeinde zu betätigende Freiheit zum Dienst so beschränkt wäre! Als ob nicht das ganze, alles ihr Tun Diakonie und *ministerium Verbi divini* sein dürfte und müßte! Als ob es anderweitige Sparten gäbe, in denen es das nicht wäre! Oder irgend ein neues Tun in noch unerschlossenen Sparten, in welchen es nicht wieder als Dienst Gestalt gewinnen dürfte und müßte! Rechtes Kirchenrecht wird dem Entstehen solcher falschen Grenzziehungen zu wehren, schon gezogene Grenzziehungen dieser Art zu beseitigen, es wird die grundsätzliche Offenheit des ganzen gemeindlichen Lebens für seine Bestimmung zum Dienst festzustellen und geltend zu machen haben. Um ein paar Beispiele zu nennen: Kirchliche Verwaltung (in der es ja weithin um den Umgang der Kirche mit ihrem Geld gehen wird) fällt auch unter die Frage der Dienlichkeit, kann also nicht plötzlich, als sei eine Eigengesetzlichkeit dieses Gebietes selbstverständlich, bureaukratisiert und kommerzialisiert werden. Unter die Frage der Dienlichkeit fällt auch die kirchliche Wissenschaft, die Theologie: muß und darf sie in der Wahl und Anwendung ihrer Methoden jede denkbare Freiheit beanspruchen, so kann doch eine andere Freiheit als die – nicht der Kirche, geschweige denn einer Kirchenbehörde, aber in der Kirche zu dienen, für sie nicht in Frage kommen. Eine Eigengesetzlichkeit philosophischer oder historischer Interessen wird sie also auch unter diesem Gesichtspunkt gerade nicht geltend machen dürfen. Dasselbe gilt von der in der Kirche zu übenden Disziplin: das *fiat iustitia et pereat mundus* würde bei deren Ordnung und Durchführung, weil es mit dem dienstlichen Charakter auch dieses Tuns unvereinbar ist, in der Gemeinde gerade nicht Recht, sondern Unrecht sein. Und weil es sich bei jeder Ausübung von Leitung in der Kirche nur um Dienst und nicht um Machtübung handeln kann, werden so offenkundig auf die Ausübung von Macht zielende Begriffe wie Mon-Archie, Aristo-Kratie, Demo-Kratie (wenn man sie nicht am besten ganz ausschaltet) das Verständnis des in der Christo-Kratie begründeten kirchlichen «Herrschens» auf keinen Fall anders bestimmen dürfen, als indem «Herrschen» energisch als ein ausgezeichnetes «Dienen» interpretiert wird!

Die Bestimmung des in der Kirche geltenden Rechtes als Dienstrecht ist endlich (3) universal. Will sagen: Wie es keinen Bereich kirchlichen Handelns gibt, der nicht unter der Bestimmung des Dienstes stünde, so auch keinen in der Gemeinde existierenden einzelnen Menschen, der dem Dienst entzogen oder nur in geringerem Grad und Ernst zu seiner Verrichtung berechtigt und verpflichtet wäre. Ein Christ und also ein Heiliger in der Gemeinde der Heiligen sein, heißt: in und mit der christlichen Gemeinde dienen. Es haben nicht alle Christen gleich, d. h. in derselben Funktion, es haben aber alle Christen, und zwar alle an ihrem Ort in gleicher Auszeichnung und Belastung wie die anderen an ihren Orten, zu dienen. Wie die Gemeinde nur als Leib ihres Hauptes Jesus Christus existiert, so auch nur in der Gesamtheit der Glieder dieses Leibes, der als *communio sanctorum* kein Kollektiv ist, in welchem jeder Einzelne auch ausfallen, in seinem Werk sofort durch das Werk eines Anderen ersetzt werden könnte. Im Leben der christlichen Gemeinde kann kein Einziger fehlen, in der Verrichtung ihres Dienstes das Dienen keines Einzigen entbehrt werden. Ihr Dienst ist nicht das Vorrecht oder die besondere Mühsal Einiger, deren Bevorzugung dann wohl die Dienstbefreiung vieler Anderer als deren geringeres (oder besseres?) Teil gegenüberstünde. In die Gemeinschaft mit Jesus Christus erhoben, ist jeder Christ als solcher in die Niedrigkeit seines Dienstes versetzt. Und wie sollte es ihm auferlegt sein – oder wie sollte er es sich nehmen können, sich für in geringerem Grad als Andere dahin versetzt und also beansprucht halten zu müssen oder zu dürfen? Grundsätzlich gesehen und gesagt ist aber auch die Gemeinde als solche nicht in Ordnung, wenn bei ihrem Dienst auch nur eines ihrer Glieder ausfällt und zurückbleibt. Grundsätzlich gesehen werden an solchem Versagen auch nur eines ihrer Glieder notwendig auch alle anderen zu leiden haben. Das Alles ist es, was nicht geschehen darf.

Daß die Einen mit ihrem Dienst für den ganz oder teilweise ausfallenden Dienst Anderer eintreten müssen, mag praktisch und tatsächlich immer der Fall sein, zeigt aber einen Notstand an und nicht das, was in der Gemeinde Ordnung und Recht ist. Grundsätzlich gibt es in ihr keine Demissionen und keine (ganzen oder halben) Beurlaubungen, kein Delegieren des Dienstes auf Andere – gibt es nämlich keine Stellvertretung, ist Jeder – und Jeder in gleichem Ernst! – berufen, dabei zu sein, und zwar, als käme Alles gerade auf ihn an, ganz dabei zu sein. Und es wird auch die Besonderheit und also Verschiedenheit, in der die Einzelnen dabei zu sein, zu dienen haben, nicht etwa bedeuten dürfen, daß die im Besonderen hier Verantwortlichen der Verantwortlichkeit, die dort wahrzunehmen ist, überhoben wären, die dort verantwortlichen Brüder sich selbst überlassen dürften. Der Dienst der Gemeinde ist ein gegliederter; er ist aber ein gegliedertes Ganzes, so daß die Sorge des Einen, unbeschadet dessen, daß sie zunächst seine besondere Sorge ist, auch die des Anderen ist, so daß Keiner nur in seiner Sparte dienen wollen kann, ohne auch auf alle anderen Sparten zu blicken, für die sein besonderer Dienst sicher indirekte Bedeutung hat, vielleicht aber auch sehr direkte Bedeutung gewinnen und haben kann, an deren andersartigen Problemen er, indem er seinen eigenen nachgeht, faktisch jeden Augenblick auch beteiligt ist. Notstand und nicht Recht und Ordnung wird also auch das sein, wenn die Gliederung und also Teilung des Dienstes praktisch und tatsächlich auf seine Zerteilung hinausläuft – wenn sie das bedeuten sollte, daß die besonderen und verschiedenen Dienste in gegenseitiger Unbekümmertheit nebeneinander her wuchern, sich womöglich wie die Gewächse eines schlecht gehaltenen Gartens gegenseitig Boden, Luft und Sonne wegnehmen und sonst in die Quere kommen dürfen. Vergebung ihrer Sünden werden bei ihrem Mittun im Dienst alle Christen, und zwar alle gleich nötig haben. Es darf aber die Vergebung der Sünden hier wie sonst nicht zum vornherein in dem Sinn einkalkuliert werden, daß man im Blick auf sie, was nur Notstand ist, für gerechtfertigt hält und als Recht und Ordnung proklamiert. Wird nach Recht und Ordnung gefragt – und eben danach muß gefragt werden – dann kann und darf sich niemand unter dem Vorwand, daß ja auch Andere ihn ersetzen könnten, von seiner Dienstpflicht frei oder doch teilweise frei sprechen – und niemand unter dem Vorwand, daß er nur in seinem Bereich zuständig sei, aus seiner Verantwortlichkeit für das Ganze in allen seinen Sparten entlassen werden. Ordnung und Recht in der Gemeinde ist nie und nimmer das besondere Priestertum einiger, sondern das allgemeine Priestertum aller Gläubigen.

4. Die Ordnung der Gemeinde

Aufgabe des rechten Kirchenrechtes wird es sein, diese Wahrheit vor Verkehrung und Vergessen zu bewahren, sie ihnen immer wieder zu entreißen. Wird es nicht schon sprachlich den fatalen Begriff «Amt» zum Verschwinden zu bringen und durch den im Unterschied zu jenem auf alle Christen anzuwendenden Begriff eben des «Dienstes» zu ersetzen haben? Sicher ist, daß es ihn nur in diesem Sinn wird interpretieren und akzeptieren dürfen: in der christlichen Gemeinde sind entweder Alle Amtsträger oder Keiner – wenn aber Alle, dann Alle als Dienstleute. Rechtes Kirchenrecht wird aber auch da, wo das theoretisch anerkannt sein sollte, allem praktischen Klerikalismus um so entschiedener wehren müssen: allem Unterscheiden zwischen einer aktiven und einer inaktiven, bzw. passiven Kirche und allem Auseinanderreißen von regierender und regierter, von lehrender und hörender, von bekennender und ortsansässiger, steuerpflichtiger und stimmberechtigter Gemeinde. Mag es mit den da zu beachtenden Gegebenheiten stehen wie es will – als vom Himmel gefallen und also als normativ werden sie in einem ordentlichen Kirchenrecht auf keinen Fall betrachtet und behandelt werden dürfen. Ihnen wird es vielmehr die Einheit und Universalität des kirchlichen Dienstes – nicht als ein schönes Ideal, sondern als das, was in der Gemeinde schlechterdings gilt und also als *conditio sine qua non* ihres Lebens unerschütterlich entgegenhalten. Rechtfertigen und heiligen wird es solche Unterscheidungen also gerade nicht, sondern Punkt für Punkt zu ihrer Überwindung aufrufen und anleiten – in den auf Zeit und Zusehen gesetzten Grenzen vielleicht, aber innerhalb dieser Grenzen deutlich, vorwärtsweisend, *suaviter in modo,* aber *fortiter in re,* in der Sache kompromißlos. Und wenn es selbstverständlich zu seinen Aufgaben gehört, die Verteilung der verschiedenen Funktionen an die verschiedenen Glieder der Gemeinde zu regeln, sich über deren Qualifikation und Einsetzung zum Dienst in dieser oder jener Sparte klar zu äußern, so wird es bei den bei solcher Regelung unvermeidlichen Grenzziehungen scharf darauf achten müssen, daß aus ihnen keine Ressortpartikularismen, keine departementalen Isolierungen, Eigenmächtigkeiten, Prestige-Streitigkeiten erwachsen können, daß bei aller Respektierung der besonderen Gaben und Aufgaben und ihrer Schranken die Verantwortlichkeit Aller für Alle und für Alles gewahrt bleibt und zur Geltung kommt, daß die Unordnung, die Paulus 1. Kor. 14 am Beispiel des im damaligen Korinth überwuchernden Zungenredens gerügt hat, auch in keiner anderen, anderen Zeiten vielleicht näher liegenden, Form aufkomme und überhand nehme. Es ist Aufgabe des Kirchenrechtes, die Freiheit zum Gehorsam und gerade damit den Frieden des Dienstes der Gemeinde zu garantieren.

II. Wir blicken etwas anders, nämlich nun etwas konkreter, von demselben Ort her in dieselbe Richtung, wenn wir das in der Gemeinde aufzufindende, aufzurichtende und zu betätigende Recht (in etwas gewagtem Ausdruck) als liturgisches Recht bezeichnen. Kirchenrecht hat eine ursprüngliche Beziehung zu dem besonderen Geschehen des christlichen Gottesdienstes. Es hat in ihm seinen ursprünglichen Sitz. Es wird ursprünglich in seinem Vollzug gefunden und erkannt. Es ist – als Gottesdienstordnung – ursprünglich ihm zugewendet. Eben von ihm aus umfaßt und ordnet es dann das ganze Leben der Gemeinde. Wir haben den christlichen Gottesdienst an früherer Stelle die Mitte des ganzen Lebens der Gemeinde, den eigentlichen Akt ihres Aufbaus genannt und in diesem Sinn hervorgehoben. Unser jetziger Zusammenhang ist der Ort, uns die Begründung dieser seiner Hervorhebung klar zu machen.

Auch die Notwendigkeit und die zentrale Bedeutung dieses besonderen Geschehens – wir können jetzt im Rückblick auf unseren ersten

Punkt auch sagen: dieses besonderen Dienstes – ergibt sich unmittelbar aus dem **Grundrecht** (aus dem christologisch-ekklesiologischen Begriff) der Gemeinde, laut dessen sie der Leib ist, dessen Haupt Jesus Christus ist. Jesus Christus ist nämlich nach der heiligen Schrift der mitten in der Weltgeschichte in **einer**, in seiner **besonderen Geschichte** Existierende. Er wird laut seiner Auferstehung von den Toten zu allen Zeiten und in Ewigkeit eben **Dieser** und als solcher das Haupt seiner Gemeinde sein.

Wir betonen (a): der in seiner **Geschichte** Existierende. Der das Haupt der Gemeinde ist, ist der Mensch, der den Weg von Bethlehem nach Golgatha nicht nur gegangen ist, sondern noch geht und immer wieder gehen wird. Der diesen Weg Gehende ist der am Ostertag als der lebendige **Herr** Offenbarte, und **sein** Geist, seine belebende Macht ist der Heilige Geist, der die christliche Gemeinde geschaffen hat, regiert und erhält. Das Sein des Hauptes der Gemeinde ist das Ereignis des Lebens dieses Menschen.

Und wir betonen (b): er ist der in seiner **besonderen** Geschichte Existierende. Das Ereignis dieses Lebens ist unzertrennbar verknüpft mit seinem Namen: es ist, in diesem Namen sich erschöpfend, konkretes, räumlich und zeitlich begrenztes, einmaliges, einzelnes, es ist **dieses** und kein anderes Ereignis – mit **Lessing** zu reden: «zufällige Geschichtstatsache».

So war, ist und kommt der wahre Gott und der wahre Mensch, der erniedrigte Gottessohn und der erhöhte Menschensohn, der Erfüller des Bundes von Gott und vom Menschen her, der Versöhner der Welt mit Gott, das Wort, das am Anfang bei Gott war und das auch Gottes letztes Wort sein wird, sein ewiges Wort: es war, ist und kommt in Jesus Christus, d. h. in seiner **besonderen Geschichte**. Im Himmel, in Gott verborgen, ist Er, dessen Sein dieser einmalige Akt, diese besondere Geschichte ist, das Haupt seiner Gemeinde.

Ist nun diese, durch seinen Heiligen Geist geschaffen, regiert und erhalten in der Zeit zwischen seiner Auferstehung und seiner Wiederkunft in Herrlichkeit, sein Leib, seine irdisch-geschichtliche Existenzform, ist dies ihr Grundrecht, dann kann es nicht anders sein, als daß seine besondere Geschichte – als **Geschichte** und in ihrer **Besonderheit** – in ihrem Leben wirksam und erkennbar wird, sich selbst spiegelt und darstellt.

Es kann also nicht genug sein, es würde gegen ihr Grundrecht verstoßen, wenn sie in der Welt nur eben da wäre: als seine Hinterlassenschaft und Stiftung, als von ihm begründete und geordnete Anstalt und Institution und also als ein seiendes Etwas. Daß sie sein für diese Zwischenzeit gültiges, lebendiges Vermächtnis an die Welt ist, ist wohl wahr, und es ist auch wahr, daß sie, ohne im Gehorsam gegen ihn allerhand Anstalten zu treffen, allerhand Institutionen zu begründen, dieses sein lebendiges Vermächtnis nicht sein könnte. Sie ist aber als sein lebendiges Vermächtnis, sie ist als Leib, dessen Haupt er ist, selber Geschichte. Die christliche Gemeinde ist kein noch so ausgezeichnetes Etwas, sie ist Ereignis oder sie ist nicht die christliche Gemeinde. Daß es in diesem Ereignis auch dazu kommt, daß sie Anstalten trifft und Institutionen schafft, ist eine Sache für sich. Sie ist aber weder Anstalt noch Institution, sondern – entsprechend dem verborgenen Sein Jesu Christi selbst – irdisch-geschichtliches Ereignis und eben als solches seine irdisch-geschichtliche Existenzform.

Es würde nun aber auch daran nicht genug sein, es würde auch das gegen ihr Grundrecht verstoßen, wenn in ihrem Leben nicht auch die Besonderheit seiner Geschichte ihre Entsprechung fände. Unter dem Ereignis der christlichen Gemeinde kann und muß ja gewiß auch das Umfassende verstanden werden, daß sie als menschliche Gemeinschaft der von ihm Erwählten, Berufenen und Ausgesendeten, der an ihn Glaubenden und ihm Gehorchenden in der allgemeinen Zeit und im allgemeinen Raum am Werk ist, indem ihre Glieder kraft ihrer Beziehung zu ihm faktisch zusammen gehören, innerlich und, wenn es sich so gibt, auch äußerlich verbunden sind, sich von ihren gemeinsamen Überzeugungen, Interessen und Hoffnungen her auch gelegentlich begegnen, diese und jene Schritte miteinander tun, sich von jenem Gemeinsamen her unter sich und Dritten gegenüber diesen und jenen Beistand leisten. In der Regel und im Ganzen werden sie ja tatsächlich in solcher Zerstreuung existieren, ein Jeder an seinem Ort, als Christ – vielleicht auch in dieser oder jener Gruppierung mit anderen Christen – mit seinen Nöten und Aufgaben beschäftigt. Gerade als *communio sanctorum* werden sie voreinander und vor der Außenwelt so freilich nicht: nicht als solche Raum und Zeit erfüllend, nicht als solche in konkreter Gestalt in Erscheinung treten. Kein Zweifel: die christliche Gemeinde ist auch so Ereignis. Ihre Geschichte hat auch diesen Charakter und Aspekt. Sie existiert – auch so real! – auch untergetaucht in die Profanität ihrer Umgebung, auch im Werktagskleid einer nur zufällig und unverbindlich, dann und wann unterbrochenen Anonymität: eine stille Verschwörung, deren Glieder sich unter sich weithin unbekannt sein mögen, sich jedenfalls nur von Fall zu Fall sehen, die – weil ihre Stunde noch nicht gekommen ist – darauf keinen allzugroßen Wert legen können, in der sie umfassenden Kontur auch nur unter sich, geschweige denn nach außen bemerkbar zu sein. Es «glänzt» dann (hoffentlich glänzt es!) – entscheidend im privaten oder auch kombinierten Verhalten, Tun und Lassen der Einzelnen – «der Christen inwendiges Leben, obgleich sie von außen die Sonne verbrannt». Wir reden von dem gewiß nicht gering zu schätzenden, aber nun doch oft etwas zu einseitig und unbedacht gepriesenen «christlichen Alltagsleben». Es ist legitim und notwendig, daß die Gemeinde auch in dieser Gestalt existiert: darum legitim und notwendig, weil sie ja auch im Alltag und im Verkehr der Welt existiert, – und höher hinauf: weil ihr Haupt ja der ist, in welchem sich Gott gerade der Welt und also wahrhaftig gerade des menschlichen, und auch des christlichen Alltags angenommen hat. Es genügt aber nicht, daß die Gemeinde in dieser Gestalt existiert: darum nicht, weil sie, wenn das Alles wäre, der Besonderheit ihres Hauptes Jesus Christus, seiner Geschichte, nicht entspräche, gerade deren konkrete, einmalige, begrenzte Wirklichkeit: ihn, der einzeln, für sich, als Dieser und kein Anderer existiert, nicht bezeugen würde. Ihr fehlte zu der Darstellung seiner Geschichte gerade das Bekenntnis zu der Ärgerlichkeit und Herrlichkeit, in der es «zufällige Geschichtstatsache» ist.

Hier greift das besondere Geschehen des christlichen Gottesdienstes ein. Das Ereignis der Gemeinde geschieht nicht nur in ihm. Und umgekehrt: Gottesdienst in diesem besonderen Sinn des Begriffs ist nicht ein dauerndes, sondern innerhalb des Gesamtereignisses «Gemeinde» ein besonderes Ereignis. Wie das Gesamtereignis «Gemeinde» sich innerhalb der Welt von der Welt abhebt, so hebt sich der Gottesdienst innerhalb des Gesamtereignisses «Gemeinde» von diesem ab. Und nur indem diese in ihrem Gottesdienst ihre distinkte Mitte hat, kann und wird sie sich auch innerhalb der Welt distinkt von dieser abheben. Eben das muß aber geschehen, wenn es in ihrer Geschichte zu einer Darstellung der besonderen Geschichte ihres Hauptes, zur Bezeugung Jesu Christi kommen soll.

Im Gottesdienst geschieht, was sonst auch in der christlichen Gemeinde nicht geschieht. Im Gottesdienst bricht nach sechs Wochentagen und vor sechs weiteren ihr Sabbat an. In ihm vertauscht sie ihr alltägliches mit ihrem Feierkleid. Sie wird jetzt als Gemeinde Ereignis. Sie tritt jetzt in aller Anspruchslosigkeit, aber auch Bestimmtheit aus der Profanität ihrer Umgebung, in die sie sonst eingetaucht ist, heraus. Sie verzichtet jetzt auf die Anonymität des ihr Eigentümlichen und ihren Gliedern Gemeinsamen, auf die Zufälligkeit und die Unverbindlichkeit, auf den Privatcharakter, in welchem die Äußerungen dieses Gemeinsamen sonst auftreten. Sie existiert und handelt jetzt konkret wirklich und sichtbar als Versammlung, zu der die Einzelnen und Vielen, ein Jeder von seinem menschlichen und christlichen Ort in der Zerstreuung her an einem Ort, zu einer Zeit zusammenkommen, um zusammen, denselben Raum und dieselbe Zeit füllend, die *communio sanctorum* in bestimmter Gestalt ins Werk zu setzen. Kein Zweifel: nicht nur das Leben der Welt, sondern auch ihr eigenes christliches Alltagsleben, wie es gestern war und morgen wieder sein wird, liegt jetzt zunächst hinter ihr. Kein Zweifel: die Stunde, auf die die still Verschworenen in der Zerstreuung sonst warten, hat jetzt für einmal – noch immer eine vorläufige, nicht die letzte Stunde freilich – geschlagen. Die die einzelnen Christen und die christlichen Gruppen umfassende Kontur wird jetzt ihnen selbst, wird in ihrem gemeinsamen Tun aber auch der Umwelt bemerkbar. Das ist das Besondere dieses Geschehens im größeren Zusammenhang des Lebens der Gemeinde, durch das sie sich distinkt, mit dem weltlichen, aber auch mit dem christlichen Alltag nicht zu verwechseln, als die Mitte ihres Lebens erweist. Als dessen Mitte: weil die Gemeinde hier – und so nur hier – in direkter Entsprechung zu ihrem Grundrecht, in allgemeiner nicht nur, sondern in besonderer Geschichtlichkeit existiert und handelt. Im Gottesdienst wird und ist sie sich denn auch selber Zeuge ihres eigenen Wesens, ihrer Bestimmung in der Welt der Faktizität ihrer Existenz. Und im Gottesdienst existiert und handelt sie auch der Welt gegenüber prophetisch, sofern es im Gottesdienst – und so direkt nur in ihm – ernst wird mit ihrer Aufgabe, die in Jesus Christus geheiligte Menschheit vorläufig darzustellen. Vorläufig! Man soll den Mund also nicht zu voll nehmen und den Gottesdienst oder irgend einen seiner Teile nun gleich ein «eschatologisches Geschehen» nennen! Es genügt völlig, und man sagt schon damit Unerhörtes, wenn man sagt, daß die Gemeinde, zwischen Auferstehung und Wiederkunft Jesu Christi unterwegs, in ihrem Gottesdienst vorläufig, aber in konkreter Realität jene Darstellung vollzieht, daß sie also in ihm in ihrer eigentlichen Gestalt existiert und handelt. Von dieser Mitte ihres Lebens her kann, muß, darf und wird es dann auch in dessen Umkreis, auch im christlichen Alltag also, eigentliches christliches Sein, eigentliches christliches Handeln der Gemeinde geben, von ihm aus dann auch das Recht und die Ordnung des Ganzen. Eben darum wird sich ihr Kirchenrecht von seiner Wurzel her als liturgisches: (1) vom Gottesdienst her ordnendes, (2) in ihm immer wieder zu findendes und (3) ihn seinerseits ordnendes Recht verstehen müssen. Wir haben das Problem unter diesen drei Gesichtspunkten zu entfalten.

Die Feststellung, mit der wir (1) beginnen müssen, lautet: daß alles Recht in der Kirche im Geschehen ihres Gottesdienstes seinen ursprünglichen Sitz hat, daß es primär in diesem besonderen Geschehen aufgerichtet wird. Wo Zwei oder Drei im Namen Jesu, d. h. dadurch zusammengeführt sind, daß ihnen der Name Jesu offenbar geworden ist, da ist Er nach Matth. 18, 20 selber mit und unter ihnen. Das Wort zielt unverkennbar auf das Ereignis der Versammlung (die «Synagoge»!) der Gemeinde. Ist dem so, wie dieses Wort sagt, dann heißt das doch: in dem, was im Zusammenkommen dieser Menschen getan wird und geschieht, ist ihr König und Herr gegenwärtig und am Werk, der als solcher die Quelle und der Garant des für sie geltenden Rechtes ist. Wie sie nicht zufällig zusammengetroffen und nicht willkürlich zusammengelaufen, sondern eben durch die Offenbarung seines Namens zusammengeführt wird, so wird sie auch in ihrem gemeinsamen Tun nicht sich selbst überlassen, sondern ihr König und Herr selbst gibt da Weisung, Anordnung, Befehl, aber auch Trost und Verheißung. Er gibt die Freiheit zu dem, was da geschieht. Weil und indem er, der Rechte, in ihrer Versammlung auf dem Plan ist, geschieht in ihr das, was für diese Menschen, für die Seinigen das Rechte ist. Ungeachtet und zuwider aller Unvollkommenheit, ja Verkehrtheit ihres Tuns, in der sie sich selbst gänzlich oder doch weithin selbst ins Unrecht setzen mögen! Keine Rede davon, daß die im Gottesdienst versammelte Gemeinde sich mit ihrem Tun selbst zur Quelle und zum Garanten des für sie geltenden Rechtes erheben würde, sich je dazu erheben wollen dürfte! Sie, die da versammelten Menschen, werden ja, auch wenn sie in seiner Gegenwart, unter seiner Weisung und als die von ihm Getrösteten handeln, als die sündigen Menschen, die sie sind, niemals die Rechten und also auch nicht in der Lage sein, mit ihrem Handeln das für sie gültige Gesetz des Rechten aufzurichten. Sie sind und werden nicht selbst König und Herr. Sie sind nur sein Volk: seiner nur eben würdig, indem er sie dessen würdigt, mit ihrem Handeln Zeugen seiner Gegenwart und also des von ihm aufgerichteten, ihnen von ihm zum Gesetz gemachten Rechtes zu werden. Daß er das in ihrer Versammlung tut, daß er selbst das dem Geschehen ihres Gottesdienstes zugrunde liegende, es formende und ordnende Recht ist, das ist das Geheimnis dieses ihres Tuns, das macht es zum ursprünglichen Sitz alles für sie geltenden Rechtes. – Es sind wesentlich und entscheidend vier konkrete Elemente dieses Geschehens, in welchen – nochmals : ungeachtet und zuwider aller Unvollkommenheit, ja Verkehrtheit des menschlichen Tuns der Christen als solchen – Jesus Christus und also das Gesetz der *communio sanctorum*, das für sie gültige Recht real gegenwärtig ist.

Zum Ersten: Wo Zwei oder Drei versammelt sind in seinem Namen, da werden diese Zwei oder Drei in menschlichen Worten miteinander und zueinander sprechen. Sie werden das nicht nur darum tun, weil das charakteristische Vehikel menschlicher Gemeinschaft nun einmal die menschliche Sprache ist, sondern weil diese, ihre menschliche Gemeinschaft, ihren Sinn und Bestand vom ersten Augenblick an darin hat, daß etwas ganz Bestimmtes zu gemeinsamer Aussprache drängt und von denen, die zu dieser Gemeinschaft zusammengeführt sind, zu gemeinsamer Aussprache gebracht werden muß. Es geht, umfassend gesagt, um das gemeinsame Bekenntnis zu dem, der sie damit zusammenführte, daß er sie Alle dazu erweckte, ihn zu erkennen, an ihn zu glauben, ihn zu lieben, auf ihn zu hoffen. Diese Erkenntnis, dieser Glaube, diese Liebe, diese Hoffnung – nein: der da Erkannte, Geglaubte, Geliebte, Erhoffte selbst drängt, indem er die Zwei oder Drei zusammenruft, zu deren gemeinsamem Bekenntnis. Sie hören ihn gemeinsam als Gottes an sie gerichtetes Wort und können das nicht tun, ohne ihm gemeinsame menschliche Antwort zu geben. Sie sind sich diese Antwort aber auch gegenseitig schuldig: zur Bestätigung und Bestärkung, zur Tröstung, Zurechtweisung und Erneuerung der Erkenntnis, des Glaubens, der Liebe, der

Hoffnung der Einen durch die der Anderen, zur *mutua consolatio fratrum*. Und nun können sie diese Antwort eben nicht nur privatim geben, nicht nur in den zufälligen, vereinzelten, unverbindlichen Begegnungen, in denen die Christen miteinander und zueinander reden mögen. Sie können, dürfen und sollen sie auch so geben. Die menschliche Antwort auf das Wort Gottes drängt aber – von Gottes Wort ihrerseits gedrängt – darüber hinaus ins Offene; die Einheit der Erkenntnis, des Glaubens, der Liebe, der Hoffnung, die Einheit des Erkannten, Geglaubten, Geliebten, Erhofften selbst drängt nach Einheit ihres Bekenntnisses. Bekenntnis kann, darf und soll wohl Bekenntnis der einzelnen oder in allerlei Gruppen vereinigten Christen sein – es kann aber dabei nicht verharren, mehr noch: es kann auch das nicht wirklich sein, wenn es nicht schon zuvor Bekenntnis der Gemeinde ist und einmündet in das Bekenntnis der Gemeinde, in welcher die menschliche Antwort auf Gottes Wort das gemeinsame Wort Aller, in welchem auch die *mutua consolatio fratrum* nicht nur im Winkel zwischen Einzelnen und Einzelnen geschieht, sondern das objektive und verbindliche Werk Aller an Alle ist. Diese im gemeinsamen Hören des Wortes Gottes gemeinsam gegebene Antwort, das in Erneuerung der gemeinsamen Erkenntnis gemeinsam gesprochene und vernommene Bekenntnis ist das erste Element des christlichen Gottesdienstes. Es mag auch die gemeinsame Rezitation einer Bekenntnisformel, es wird sicher auch gemeinsamen Gesang in sich schließen, es wird sich aber entscheidend in freiem, nur eben an und durch seinen Gegenstand gebundenem Zeugnis in der Ausrichtung und Anhörung der der Gemeinde von ihrem Herrn aufgetragenen Verkündigung, Botschaft, Lehre und Predigt des Wortes Gottes vollziehen. Indem diese ausgerichtet und angehört wird, geschieht das für und in der Gemeinde Rechte, wird und ist sie konstituiert – als Bekenntnisgemeinschaft: nicht in der Kraft, bzw. Unkraft der menschlichen Worte, die da gesprochen und vernommen werden, wohl aber weil sie die Antwort auf Gottes Wort sind, weil es in den da in Kraft oder Unkraft gesprochenen menschlichen Worten um das Zeugnis von Jesus Christus geht – weil er es ist, der will, daß sie gesprochen werden – weil er selbst da gegenwärtig ist, wo sie von den von ihm Zusammengeführten gesprochen und gehört werden. Im Bekenntnis der Gemeinde geschieht darum auch dann das Rechte, wird und ist sie auch dann konstituiert, wenn sie sich – und wo täte sie das nicht? – mit ihrem menschlichen Sprechen und Hören ins Unrecht setzt: auch im ohnmächtigen Zeugnis, auch in der schlechten Verkündigung, Botschaft, Lehre, Predigt also! Das Rechte mag ihr dann teilweise oder auch ganz verborgen sein, und es mag sein, daß es ihr dann, indem sie es nicht erkennt, faktisch auch nicht zurecht hilft. Aber das sind spätere Fragen. Ohne Frage steht das fest, daß wir es in dem liturgischen Akt des Bekenntnisses als solchem mit dem zu tun haben, was in der

Gemeinde Recht und als solches zu erkennen und zu praktizieren ist. Indem die Gemeinde sich versammelt und indem in dieser Versammlung nicht nur geredet, sondern gesprochen, nämlich bekannt wird, ist sie schon konstituiert: ob sie es weiß oder nicht, ob sie es gut oder schlecht weiß, wie immer sie sich dann auf diesem Boden ihrerseits konstituiere und also ihr Recht Recht sein lasse.

Zum Zweiten: Wo Zwei oder Drei versammelt sind im Namen Jesu, da werden sie sich gegenseitig als die von ihm als ihrem einen Herrn Zusammengeführten, als Christen also, erkennen und anerkennen, sich als Brüder jenes Erstgeborenen auch untereinander als Brüder ansehen und aufnehmen. Wer gehört zu ihnen? Wer ist, durch die belebende Macht des Heiligen Geistes erweckt, ein Heiliger und als solcher ein Glied der Gemeinschaft der Heiligen, ein Bruder der mit ihm in dieser Gemeinschaft Verbundenen? Sie alle sehen und beurteilen einander ja nur mit menschlichen und nicht mit göttlichen Augen. Sie blicken einander nicht ins Herz. Sie können sich gegenseitig nur Vertrauen schenken. Und welcher von ihnen blickte da auch nur in sein eigenes Herz, wäre darüber anders als eben menschlich zu urteilen imstande, daß er selbst ein vom Heiligen Geist Erweckter, ein Glied der Gemeinschaft der Heiligen wirklich ist und also in diese Versammlung gehört? Er kann auch das und das vor allem nur im Vertrauen wissen. Die christliche Gemeinde erbaut sich aber darauf, daß ihr dieses Vertrauen erlaubt und geboten ist: das gegenseitige Vertrauen, in welchem Einer den Anderen erkennt und anerkennt als Bruder, der zu ihr gehört, und auch das Vertrauen, daß ein Jeder zu sich selbst zu fassen hat, um freudig und getrost dabei zu sein. In diesem ihr erlaubten und gebotenen Vertrauen versammelt sich die Gemeinde zum Gottesdienst. Wie wären ihre Glieder miteinander und mit sich selbst dran, wenn sie es nicht hätten, oder wenn sie es sich, gegründet auf das, was sie übereinander und über sich selbst zu wissen meinen, eigenmächtig genommen hätten? Sie würden dann wohl nur, eben zusammengekommen, wieder auseinandergehen können. Sie haben aber dieses Vertrauen und es ist gerade nicht ein solches, das bloß auf ihr Meinen voneinander und von sich selbst gegründet wäre. Obwohl sie doch nur sehen können, was vor ihren menschlichen Augen ist! Obwohl sie wissen, daß ihr Sehen sie auch betrügen könnte! Was sehen sie? Den Heiligen Geist, der sie erweckt und zusammengeführt hat, können sie nicht sehen und die Erkenntnis, den Glauben, die Liebe, das Hoffen, zu dem er die Anderen und sie selbst erweckt hat, auch nicht. Gerade als Brüder können sie sich nicht sehen. Sie sehen aber, daß diese da und sie selbst getauft sind: auf den einen neuen Namen, der ihnen Allen gemeinsam ist, den Namen Jesu und also den Namen des Vaters, des Sohnes und des Heiligen Geistes. Sie sehen nur, daß diese da und sie selbst solche sind, die offenbar einmal zu wissen begannen um

4. Die Ordnung der Gemeinde

das in diesem Namen beschlossene Heil der Welt und so auch um ihr Heil, zu wissen um sich selbst als um Leute, die seiner, die also der Vergebung ihrer Sünden, der Rechtfertigung und der Heiligung, der Umkehr schlechterdings bedürftig sind. Sie sehen nur, daß diese und sie selbst einmal im Begehren und mit der Bitte um Gottes Heil zur Gemeinde kamen, mit ihrem Munde diesen Namen bekannten, nach der Taufe und also nach ihrer Anerkennung als Glieder des Leibes Jesu Christi und also nach ihrer Aufnahme in die Gemeinde verlangten und daß ihnen diese Anerkennung und Aufnahme, indem sie getauft wurden – nicht im Namen der Gemeinde, sondern im Namen ihres Herrn – gewährt wurde. Sie sehen die Anderen und sich selbst genau genommen nur eben als Getaufte – darüber hinaus ja wirklich nur in derselben Verfassung, in der sie zur Taufe hinzutraten: immer noch als Anfänger in jenem Wissen, immer noch in jenem Begehren und Bitten, immer noch als jene mit ihrem Munde Bekennenden. Aber eben daran halten sie sich für die Person der Anderen und für ihre eigene Person: sie alle kommen und so kommen auch sie selbst davon her, daß sie im Namen des Herrn getauft sind. Weil sie Alle im Namen des Herrn unter dieses Zeichen gestellt sind, lassen sie es gelten. Sie haben von daher die Erlaubnis und das Gebot, das zu tun, wozu sie von sich selbst her die Macht und die Kompetenz nicht hätten: die Anderen und sich selbst als Glieder des Leibes Jesu Christi ernst zu nehmen und also mit ihnen zusammen getrost und freudig in der Gemeinde zu sein. Indem das geschieht, geschieht, was in der Gemeinde das Rechte ist. Es könnte nicht geschehen, wenn er, der sie zusammenführte, nicht selber in ihrer Mitte, wenn eben die Taufe nicht seine Erlaubnis und sein Gebot und also das Zeichen wäre, auf das hin jenes Vertrauen nicht bloß in guter Meinung gefaßt werden darf, sondern ein in gewisser Zuversicht vollzogener Gehorsamsakt ist. Und so sagen wir zum Zweiten: die christliche Gemeinde ist Taufgemeinschaft. Will sagen: es ist die Taufe, von der sie, im Namen Jesu versammelt, in allen ihren Gliedern herkommt; in der von dorther ihr geschenkten und von ihr ergriffenen Freiheit feiert sie ihren Gottesdienst. Was auch im Übrigen für oder gegen sie, für oder gegen ihre Glieder zu sagen sein mag: indem sie von dorther kommt und zusammenkommt, ist sie schon konstituiert, ist sie im Recht – auch wenn sie sich diesem ihrem Recht gegenüber tausendmal ins Unrecht setzte!

Zum Dritten: Wo Zwei oder Drei im Namen Jesu zusammengeführt werden, da geschieht das dazu, daß sie miteinander gestärkt und erhalten werden möchten zum ewigen Leben. Das ewige Leben ist dieses ihr menschliches Leben, aber dieses geborgen und herrlich bei Gott, dieses als ihr wirkliches und wahres Leben. Um zum Erlangen ihres Lebens in dieser Gestalt zubereitet zu werden, gehen, kommen sie als Glieder der christlichen Gemeinde in deren Versammlung, begehen und feiern sie den christlichen Gottesdienst. Es handelt sich in diesem ihrem Gehen und Kommen um den Vollzug einer exemplarischen Bewegung. Eben zum ewigen Leben sind doch alle Menschen bestimmt. Eben die Frage nach ihrer Stärkung und Erhaltung, nach ihrer Zubereitung zum Erlangen des ewigen Lebens müßte, dürfte, könnte doch ihrer aller Frage sein. Die Christen sind inmitten aller anderen Menschen die zu dieser Frage Erwachten. Von ihr bewegt eilen sie zusammen – darum zusammen, weil sie auch das wissen, daß die Beantwortung dieser Frage nur gemeinsam empfangen werden kann: in der christlichen Gemeinde als der vorläufigen Darstellung der ganzen Menschheit, für die sie schon geschehen und die ihres Empfanges bedürftig ist. Sie wissen, wie es um das menschliche Leben – auch um das ihrige, gerade um das ihrige! – bestellt ist: daß es Gottes, des Schöpfers wunderbare Gabe ist, in Dankbarkeit zu genießen, in täglicher Bitte und Arbeit vom Menschen zu betätigen in der ihm dazu gesetzten Frist. Sie wissen freilich auch, daß es ein durch des Menschen Hochmut und Trägheit gegenüber Gott und dem Mitmenschen über und über verschuldetes und darum radikal gefährdetes, ein verwirktes Leben ist. Sie wissen aber wiederum um seine unbewegliche Bestimmung, ewiges Leben zu sein: Leben in der Geborgenheit und Herrlichkeit bei Gott und so wirkliches und wahres Leben. Das Alles wissen sie, indem sie ja durch die Offenbarung des Namens Jesu zusammengeführt sind, vereinigt zu der Gemeinde, in deren Mitte er auf dem Plan ist. Und so gehen und kommen sie zu Ihm, indem sie in die Gemeinde gehen, zur Gemeinde kommen, indem sie an der Realisierung ihrer Versammlung konkret Anteil nehmen. Sie begehren nach der Beantwortung der Frage nach dem Erlangen des ewigen Lebens, die in Ihm gegeben, die Er selber ist. Sie hungern und dürsten nach der Zubereitung dazu, nach dem Gestärkt- und Erhaltenwerden zum ewigen Leben, das – der Hinfälligkeit der jetzigen Gestalt ihres Lebens zum Trotz – sein Werk ist und nur sein Werk sein kann. Daß Er sie speise und tränke, daß Er ihnen mitten in dem Leben, in dem auch sie vom Tod umfangen sind, Wegzehrung geben und selber sein will, das ist die Verheißung, mit der er sie zusammenführt. Und so gehen und kommen sie in die Versammlung der Gemeinde, um sich daselbst als Brüder und Schwestern an den Tisch zu setzen, an dem Tisch gemeinsam zu essen und zu trinken, an welchem Er als Hausherr und Gastgeber obenan sitzt, sie seine eingeladenen und willkommenen Gäste sein dürfen. Sie gehen und kommen zum «Herrenmahl». Sie tun damit das, was sie zur Erhaltung und Stärkung ihres geschöpflichen Lebens auch sonst tun: sie essen und trinken – gerade wie sie, indem sie da miteinander und zueinander sprechen, eben das tun, was sie als Menschen, indem sie miteinander reden, auch sonst tun. Aber wie es bei ihrem Reden in der Gemeinde nicht um privaten und unverbindlichen Austausch von menschlichen Überzeugungen und Meinungen, sondern um die gemeinsame Aussprache des Bekenntnisses geht, so in dem Essen und Trinken beim Abendmahl nicht um die Ernährung des Einen mit seinen Nächsten hier, des Anderen dort, sondern um das Essen von einem Brot und das Trinken aus einem Kelch, um die ihnen Allen gemeinsame Ernährung: und nun eben – weil Er, Jesus Christus, sie dazu zusammenführt, zu diesem Essen und Trinken einlädt, weil er da der Hausherr und Gastgeber, mehr noch: selber Speise und Trank ist – um ihre Ernährung durch ihn selbst. Sie geschieht damit, daß er sich ihnen, so oft sie da gemeinsam essen und trinken, aufs neue als der, der er ist, als der schlechthin Ihrige zuwendet und schenkt, und umgekehrt: sie aufs neue zu dem, was sie sind, zu den schlechthin Seinigen macht. Er stärkt und erhält sie in ihrer Existenz als solche, mit denen im dunklen Tal er selbst, der Gekreuzigte und Auferstandene, auf dem Wege ist. Stärker gesagt: er stärkt und erhält sie in ihrer Existenz als sein Leib und als dessen Glieder und eben so zum ewigen Leben in der Geborgenheit und Herrlichkeit Gottes. Er selbst macht sich zu ihrer Zubereitung, um dieses zu erlangen. Man bemerke, wie sich gerade im Ereignis des Abendmahls (wie übrigens auch in dem des Bekenntnisses und der Taufe) das Ereignis seines eigenen Lebens spiegelt und wiederholt: «zu seinem Gedächtnis» geschieht ja in der Gemeinde jetzt und hier dasselbe, was damals und dort, unmittelbar vor seinem Tod und seiner Auferstehung zwischen ihm und seinen ersten Jüngern geschehen ist. Es muß so sein: davon lebt, vorläufig an Stelle der ganzen übrigen Menschheit, die Gemeinde – darin lebt sie in allen ihren Gliedern dem ewigen Leben entgegen, daß es in ihrem Leben jetzt und hier zu dieser Spiegelung und Abbildung kommen darf. Und eben das ist noch einmal, auch in dieser Gestalt, das in ihrem Gottesdienst aufgerichtete Recht: daß eben das geschieht. Sie mag sich ihm gegenüber ins Unrecht setzen. Sie hat das immer wieder getan und wird es wohl auch immer wieder tun. Auf sie, auf die am Tisch des Herrn versammelte Gastgenossenschaft gesehen, wird das, was da geschieht, immer ein tief problematisches Geschehen sein. Sie ist und bleibt dem zum Trotz Abendmahlsgemeinschaft, Gemeinschaft im Mahl des Herrn: durch Ihn selbst mit Ihm, und weil mit Ihm, darum auch gliedschaftlich in sich verbunden, *communio sanctorum* als Gemeinschaft der gewissen Hoffnung auf das ewige Leben. In ihrem Gottesdienst, der auch Kommunion in diesem konkreten Sinn ist, wird das greifbar und sichtbar und eben damit, in dem Geschehen dieser Kommunion das Recht, das ihr, allem von ihr begangenen Unrecht zum Trotz, innewohnt und auch in dieser besonderen Gestalt in allen Gestalten ihres Lebens nach Beachtung ruft.

Zum Vierten: Wo Zwei oder Drei im Namen Jesu zusammengeführt werden, da sind sie von ihm dazu aufgerufen, miteinander zu beten. Die durch die Offenbarung seines Namens Zusammengeführten sind solche Menschen, die ganz und gar auf Gott angewiesen und kategorisch hingewiesen sind. Daß sie auf Gott angewiesen sind, das haben sie mit allen anderen Menschen gemein. Sie aber sind darüber hinaus auf ihn hingewiesen. Sie wissen, daß sie nichts und zuallerletzt sich selbst in der Hand und zur Verfügung haben. Sie wissen, daß sie nur Geschöpfe und nicht der Schöpfer sind. Sie wissen auch, daß sie Gottes sündige Geschöpfe sind, ihr Tun durch ihre eigene Verkehrung ein verkehrtes Tun. Sie wissen also, daß sie den Jammer der Welt nicht wenden und ihr eigenes Elend nicht beseitigen, die menschliche Situation nicht ändern, des Menschen Versöhnung mit Gott als deren wirkliche Veränderung nicht vollziehen, Gottes Namen die ihm zukommende Glorie nicht verschaffen, sein Reich des Friedens und des Heils nicht herbeiführen, seinen Willen nicht erfüllen können. Sie wissen von daher, daß sie sich auch ihr tägliches Brot nicht nehmen, ihre alten und neuen Schulden sich nicht erlassen, der Versuchung nicht widerstehen, den Bösen und das Böse nicht überwinden können und werden. Sie wissen, daß sie darum, daß das Alles geschehe, gerade nur beten können – im Glauben, in der Liebe, in der Hoffnung, und also gewiß nicht müßig, sondern, um Gott die Ehre zu geben, in praktischer Tat und Arbeit – aber im Prinzip und als Spitze von dem allem doch nur beten: Ihn suchen und anrufen, daß Er das Alles anhebe, durchführe und vollende, wozu sie selbst sich in allem ihrem, auch in ihrem eifrigsten und redlichsten Tun gänzlich ohnmächtig finden. Das entscheidende Werk, die bewegende Kraft ihres tätigen Widerstehens und Angreifens wird in ihrer Ergebung bestehen, das entscheidende Werk ihrer Hände darin, daß sie Alles – wirklich Alles, das Große und das Kleine – in die Hände Gottes legen. Sie wissen, daß Alles, was der Mensch tun kann, gerade nur in Einem hilfreich sein kann, nämlich in seinem Verzicht auf alle Selbsthilfe, in der Anrufung Gottes, daß er des Menschen, aller Menschen Helfer und Hilfe sein möchte. Sie wissen aber auch, daß sie eben darum beten und der Erhörung ihres Gebetes gewiß sein dürfen. Sie haben die Freiheit und die Freudigkeit dazu. Und nun kommen sie zusammen, um miteinander zu beten. Sie beten ja wohl auch ein Jeder für sich und wohl auch in einzelnen Gruppen. Aber das genügt nicht: wie ja auch das besondere Reden der Christen miteinander, wie die privaten guten Meinungen, die sie übereinander haben mögen, wie ihr besonderes Essen und Trinken in ihren Häusern nicht genügt, wie es, damit das Alles eigentlich und recht geschehe, des Bekenntnisses, der Taufe, des Abendmahls, kurz, des Tuns der Gemeinde bedarf. Auch das Gebet der Christen drängt danach, im Gebet der versammelten Gemeinde seine eigentliche und rechte Gestalt anzunehmen: darin, daß sie Gott miteinander anrufen: «Unser Vater im Himmel...!» Nicht dazu «miteinander», weil es etwa leichter, schöner, tröstlicher wäre, gemeinsam statt einsam zu beten: dazu wäre ja mehr als ein Fragezeichen zu setzen.

Wohl aber darum miteinander, weil die zur Gemeinde Versammelten mit dem zusammen, durch den unter sich vereinigt, beten dürfen, der in ihrer Mitte gegenwärtig, der da gewissermaßen ihr Vorbeter ist. Das dürfte doch die eigentümliche Würde und Wichtigkeit gerade des «Unser Vater»-Gebetes als des Gebetes des Herrn ausmachen, daß Jesus sich in dessen Worten so ganz neben seine Jünger, vielmehr seine Jünger so ganz neben sich stellt, sie zu seinem eigenen Beten mit-, in sein eigenes Beten hineinnimmt. Das «Wir» dieses Gebetes ist das Wir, zu dem sich der Herr mit den Seinen zusammenschließt. Das Wir, in welchem er das tut, ist das Wir der Gemeinde. Und das Wir der Gemeinde hat seine konkrete Gestalt in deren Versammlung. Darum drängt das christliche Gebet über alle vereinzelte oder gruppenweise Anrufung Gottes hinaus zum Gebet der versammelten Gemeinde. Darum kann es auch als vereinzelte oder gruppenweise Anrufung Gottes eigentliches und ernstliches Gebet nur sein, indem es vom Gebet der versammelten Gemeinde herkommt. Es bedarf, um eigentliches und ernstliches, von Gott erhörtes und gehörtes Gebet zu sein, dessen, daß es zuerst und zuletzt das Gebet dessen ist, der ihn als sein wahrer Sohn in Wahrheit als Vater anzureden das Recht und die Macht hat. Als seine Brüder und Schwestern, Gottes Kinder in seinem Namen, können und dürfen ihn die Christen als Vater anrufen. Es bedarf ihr Gebet, weil und indem es das seiner Brüder und Schwestern ist, keiner besonderen Kunst, Kraft und Lust. Es ist, weil in der Gemeinschaft mit dem Erstgeborenen gebetet, die Ausbreitung der Totalität dessen, was des Menschen wirkliches Bedürfnis ist und das Ausgreifen nach der Totalität dessen, was Gott ihm sein und geben will. Es ist, in der Gemeinschaft mit ihm gebetet, nie umsonst, immer an den rechten Adressaten, immer in der Gewißheit erhört und gehört zu werden, gebetet. Es geschieht in ihm, dem in der Versammlung der Gemeinde gebeteten Gebet noch einmal das Rechte: es wird, indem es da als das Gebet des Herrn selbst gebetet wird, bei aller Armut, Gedankenlosigkeit, Unsicherheit und Zerstreuung, an der es im Munde der Christen wohl immer leiden wird, Gottes Recht auf Erden aufgerichtet. Denn das ist es doch, was vor Gott recht ist: daß er so angerufen wird, wie ihn die versammelte Gemeinde im Gebet ihres Herrn anrufen darf. Indem sie es betet, wird und ist sie konstituiert. Und wenn sie vor der vielfältigen Frage steht: wie sie sich ihrerseits konstituieren soll, so wird sie sich immer daran halten, immer darauf zurückgreifen dürfen, daß sie ja schon konstituiert ist, daß ihr Gottesdienst, in welchem sie als Gemeinde betet, bei aller Schwachheit und Verkehrtheit, in der sie das tun mag, der Ort ist, wo das, was für sie nach außen wie nach innen recht ist, schon geschieht: in ihrem konkreten Leben als Bekenntnisgemeinschaft, als Taufgemeinschaft, als Abendmahlsgemeinschaft und nun eben: als Gebetsgemeinschaft.

Die Feststellung, mit der wir zur Erklärung des Kirchenrechtes als liturgisches Recht fortfahren müssen, lautet (2), daß es ursprünglich im Geschehen des christlichen Gottesdienstes zu finden, zu entdecken, zu erkennen ist. Kirchenrecht hat das mit allem menschlichen Recht – und es ist ja selbst auch menschliches Recht – gemeinsam, daß es gefunden, erkannt werden muß. Die Richtung, in der es zu suchen, in der bei der Aufstellung seiner Sätze zu blicken ist, ist gegeben: hier wie sonst nicht anderswohin als auf den in der Heiligen Schrift bezeugten Jesus Christus als das Haupt und den Herrn der Gemeinde! In strenger Ausschließlichkeit von seinem Verhältnis zu ihr her – indem ja dieses Verhältnis das sie konstituierende Grundrecht ist – ist bei jeder Frage nach dem, was in der Kirche Recht sein möchte, zu denken. Nun ist aber die konkrete Gestalt seines Verhältnisses zu ihr und also die konkrete Gestalt ihres Grundrechtes seine eigene Gegenwart und Herrschaft in ihrer Versammlung zum Gottesdienst: im Geschehen des Bekenntnisses, der Taufe, des Abendmahls, des Gebetes. Ist dem so, dann wird bei allem Fragen nach dem, was in der Kirche Recht sein möchte, eben von ihrer Versammlung zum Gottesdienst und also von diesem vierfachen Geschehen her zu denken sein. Es ist also bei der Bildung eines jeden kirchenrechtlichen Satzes zunächst dahin zu blicken. Daß die Gemeinde sich dabei an dem orientiere, was in ihrem Gottesdienst ihr eigenes Tun ist, daß sie dieses zu ihrem Gesetz erhebe und nun als solches zu entfalten hätte, kommt nicht in Frage. Sie kann sich selbst nicht Herr, König und Gesetzgeber sein wollen: auch nicht sich selbst in ihrer Liturgie also: auch nicht, wenn diese etwa noch so alt und auch nicht, wenn sie aufrichtig der Meinung sein sollte, sich in ihr in höchster Übereinstimmung mit diesem oder jenem biblischen Vorbild zu befinden. Mit der bei ihrem Tun mitlaufenden menschlichen Schwachheit und Verirrung, mit dem dem Recht ihres Herrn widersprechenden menschlichen Unrecht der Christen haben wir ja auf der ganzen Linie auch hier zu rechnen. Wir haben aber auch, noch viel mehr und vor allem mit dem in diesem ihrem Tun gegenwärtigen Jesus Christus zu rechnen: mit ihm als dem Herrn ihres Bekennens, ihres Herkommens von der Taufe, ihres Gehens zum Abendmahl, ihrer gemeinsamen Anrufung Gottes. Er ist ihr Gesetz. Er, der in der Heiligen Schrift Bezeugte! Wir treten also auch dem Schriftprinzip nicht zu nahe, wenn wir feststellen, daß der christliche Gottesdienst die konkrete Erkenntnisquelle des kirchlichen Rechtes ist. Ist der im Gottesdienst gegenwärtige und handelnde Herr dessen Gesetz (und also das Gesetz des ganzen Lebens der Gemeinde), dann ist es ja klar, daß wir bei der Frage nach ihm als dem im christlichen Gottesdienst gegenwärtigen und handelnden Herrn aufs neue und erst recht auf die Heilige Schrift verwiesen sind. Er, der in ihr Bezeugte, ist aber das für alles kirchliche Recht und Gesetz maßgebende Grundgesetz eben in der Gestalt, in der er hier, in dieser Mitte des kirchlichen Lebens gegenwärtig ist und handelt.

Die Herrschaft Jesu Christi in seiner Gemeinde wird Ereignis, indem sie in ihrem Gottesdienst seinen Aufruf mit ihrem Bekenntnis beantwortet. Diesem ihrem Bekenntnis wird schon formal auch das entsprechen müssen, was in ihrem Leben als Recht gelten soll. Es werden die Sätze des Kirchenrechtes dem Bekenntnis der Gemeinde zu folgen, es mit besonderer Rücksicht auf die Ordnung ihres menschlichen Tuns auszulegen und zu umschreiben haben. Sie werden zwar selber keine liturgischen Sätze (weder Bekenntnisformeln, noch Gesänge, noch Verkündigung und Predigt!), sie werden auch keine theologischen Sätze – sie werden aber auf das liturgische Geschehen des Bekenntnisses ausgerichtete und auf theologische Besinnung begründete juristische Sätze sein. Sie haben diejenigen Regeln der menschlichen Gestaltung der Existenz der Gemeinde zu fixieren, die durch die von ihr verkündigte Botschaft gefordert, die ihr angemessen sind. Das Kriterium ihrer Richtigkeit wird die Frage sein: ob und inwiefern die Gemeinde bei ihrer Aufstellung und Durchführung ihrer eigenen Botschaft, bzw. dem, der ihr ihre Botschaft aufgetragen, verpflichtet und treu ist? ob und inwiefern sie geeignet sind, ihre Glieder damit frei zu machen und zu binden, daß sie sie bei ihrem Glauben als ihrer Antwort auf das Wort ihres gemeinsamen Herrn behaftet? ob und inwiefern sie auch dazu dienlich sind, den Draußenstehenden die in ihrer Lehre und Predigt begründete Eigenart der christlichen Gemeinde praktisch sichtbar zu machen? Nicht direkt aber indirekt ist rechtes Kirchenrecht notwendig «bekennendes», d. h. solches menschliches Recht, das im Blick auf das Bekenntnis und so im Blick auf den, den das Bekenntnis bekennt, entworfen und also auch notwendig im Blick auf ihn zu handhaben ist. Die bekennende Gemeinde bedarf solchen bekennenden Rechtes, so gewiß sich ihre Existenz in der Welt in Form menschlicher und also soziologisch-juristischer Gestaltung vollzieht und darstellt, so gewiß sie als Gemeinde gerade hier vor der Gehorsamsfrage steht. Kein Fragen nach solchem Recht hieße: kein Fragen nach dem gehorsamen Vollzug ihres Bekenntnisses – eben an der Stelle, wo er am unmittelbarsten geboten ist. Im rechten Kirchenrecht unternimmt es die Gemeinde, ihr Bekenntnis fürs Erste an sich selbst zu vollziehen. Ist die Herrschaft Jesu Christi in ihr Ereignis, dann muß dieses Unternehmen gewagt werden.

Die Herrschaft Jesu Christi in seiner Gemeinde wird Ereignis, indem sie, zum Gottesdienst versammelt, in allen ihren Gliedern von der Taufe auf seinen Namen herkommt. Wir sahen: auf der Erlaubnis und auf dem Befehl, den ihre Glieder in ihrer Taufe empfangen haben, beruht das Vertrauen, das da ein Jeder zu allen Anderen und auch zu sich selbst fassen und haben darf und soll. Auf diesem Vertrauen beruhen nun wiederum alle kirchlichen Rechtssätze. In der Gemeinde trauen es sich Menschen zu, der Fragwürdigkeit alles menschlichen Suchens und Findens zum Trotz, zum Suchen und Finden solcher Sätze berufen und fähig zu sein. Schon ihre Aufstellung und Formulierung geschieht also in diesem Vertrauen, könnte ohne dieses nicht geschehen. Und in der Gemeinde traut man es einander zu, daß die so gesuchten und gefundenen Sätze Allen und Jeden gegenüber Autorität genug haben werden, um sich durchzusetzen, um von ihnen respektiert zu werden. Auch bei ihrer Anwendung kann und wird also nur an dieses Vertrauen appelliert werden. Das bedeutet negativ: die Kompetenz zur Aufrichtung von Kirchenrecht ist (im Unterschied zu dem alles anderen Rechtes) grundsätzlich nicht aufweisbar, weil ja alle etwa in Frage kommenden Bestimmungen über die Kompetenz dazu (etwa über die Legitimierung der Gemeindeversammlung oder die ihrer Vertreter oder anderer dazu beauftragter Personen) selber nur im Vertrauen darauf getroffen sein können, daß jene Vielen oder diese Wenigen sie von ihrer Taufe her haben möchten. Und so sind kirchenrechtliche Bestimmungen (wieder im Unterschied zu denen allen anderen Rechtes) grundsätzlich nicht erzwingbar, weil auch die größte Strenge, in der sie geltend zu machen sind, doch nur in der höchsten

Dringlichkeit bestehen kann, in der sie eben das Vertrauen und so den Gehorsam derer in Anspruch nehmen, die durch sie betroffen sind. Außerhalb der gemeinsamen Erinnerung an die Taufe und also außerhalb dieses gegenseitigen Vertrauens kann rechtes Kirchenrecht weder entstehen noch gehandhabt werden. Wogegen eben dieses in der Taufe begründete Vertrauen seiner Entstehung und seiner Handhabung – weit entfernt davon, daß es sie hindern würde – eine geistliche Kraft gibt, wie sie kein anderes, kein weltliches Recht haben kann.

Die Herrschaft Jesu Christi in seiner Gemeinde wird Ereignis, indem sie, zum Gottesdienst versammelt, dem Abendmahl und also der ihr von ihrem Herrn gewährten gemeinsamen Ernährung auf dem Weg zum ewigen Leben entgegengeht. Im Blick auf dieses Geschehen entworfen und angewendet, wird ihre Rechtsordnung notwendig den Charakter einer Gemeinschaftsordnung schon dieses gegenwärtigen Lebens der in ihr versammelten Menschen bekommen müssen. An den Begriff der *communio* der *sancti* in und an den *sancta* ist hier nochmals zu erinnern. Da gibt es also keine *sancta*, keine Gaben und Kräfte der Erkenntnis oder der Liebe, die einer der *sancti* nur für sich oder nur mit einigen der übrigen zusammen, keine die er anders als mit allen Anderen zusammen haben, anwenden und genießen könnte und dürfte – auch in keiner ihm etwa gegebenen Besonderheit ihrer Gestalt anders als im Austausch mit ihnen. Daß im Abendmahl, wenn es mit rechten Dingen zugeht, Einer dem Anderen ohne Unterschied der Person das Brot und den Kelch reichen und daß da Alle von einem Brot essen und aus einem Kelch trinken und also von dem einen gegenwärtigen Hausherrn und Gastgeber gestärkt und erhalten werden zum ewigen Leben, das wird in dem in der Kirche gültigen Recht zu Ehren zu bringen und gegen alle Zerteilung ihres geistlichen Lebens in die privaten Bereiche der Einzelnen oder gewisser frommer, frömmerer und ganz frommer Gruppen in Schutz zu nehmen sein. Arbeitsgemeinschaften im Dienst besonderer Zwecke und Aufgaben, denen nicht Alle zugleich, sondern nur die besonders dazu Berufenen und Begabten nachgehen können, mag und soll es in der Gemeinde in Fülle geben. Wogegen der Begriff einer *ecclesiola in ecclesia,* einer sonderlichen *communio sanctorum* innerhalb der einen, offen oder heimlich immer so etwas wie eine Preisgabe oder doch Relativierung dieser einen in sich schließt. Vom Abendmahl her, zu dem Alle als gleich Hungernde und Dürstende hinzukommen, um alle in gleicher Weise gespiesen und getränkt zu werden, wird keine *ecclesiola* zu begründen und so auch kirchenrechtlich nicht zu legitimieren sein. Es wäre denn, daß mitten in einer toten oder falschen Kirche die lebendige und wahre Kirche aufzustehen sich nun zu bilden genötigt und befähigt wäre. Für ein wahres Kirchlein innerhalb der wahren Kirche aber dürfte in einer vom Abendmahl her gewonnenen Gemeinschaftsordnung kein Raum sein. Und nun ist hier noch das Besondere zu bedenken, daß es sich im Abendmahl um das Eigentümliche zugleich einer äußeren und inneren, sichtbaren und unsichtbaren, leiblichen und seelischen Ernährung handelt. Wo der menschliche Geist diese beiden Bereiche zu trennen pflegt, da werden sie im Werk des Heiligen Geistes und nun eben drastisch gerade in der Aktion des Abendmahls umgriffen und vereinigt. Und es ist ja auch das ewige Leben, zu dem die Gemeinde im Abendmahl gestärkt und erhalten wird, die Verherrlichung des ganzen menschlichen Lebens. Es wird also die aus der Aktion des Abendmahls abzulesende Kirchenordnung das Leben der Gemeinde und ihrer Glieder schon in seiner gegenwärtigen Gestalt in seiner Ganzheit und also zugleich in seiner spirituellen und materiellen Natur umfassen, schützen und in Anspruch nehmen müssen. Sie wird auf Lebensgemeinschaft der Christen in den beiden Bereichen zielen. Sie wird die Starken für die Schwachen, die Gesunden für die Kranken, die Reichen für die Armen in jeder Hinsicht verantwortlich, sie wird die Christen nicht nur innerlich, sondern auch äußerlich für einander und auch für den Bestand der Gemeinde haftbar machen. Sie wird die Zumutung, in jeder Hinsicht zu helfen, Niemandem ersparen. Und sie wird die Aussicht auf Hilfe in jeder Hinsicht Niemandem vorenthalten. Sie wird die Gemeinde daran erinnern, daß eben, was im Abendmahl recht

4. Die Ordnung der Gemeinde

ist, auf der ganzen Linie billig ist: die Gemeinschaft in den himmlischen und darum auch die in den irdischen Dingen, und so die *communio* der *sancti* in und an den *sancta*.

Die Herrschaft Jesu Christi in seiner Gemeinde wird Ereignis, indem sie sich in ihrem Gottesdienst zum Gebet versammelt: als die Gemeinschaft der allein auf Gott Angewiesenen und nun eben als Christen ganz auf ihn Hingewiesenen. Als «unseren Vater» rufen sie Gott an, indem sie als die Brüder seines zu solcher Anrufung ermächtigten Sohnes ihrerseits frei gemacht sind, das zu tun. Das in der Gemeinde gültige Recht wird, von da aus gesehen, auf alle Fälle das Recht der dazu befreiten und also auch unter sich zu Brüdern gewordenen Menschen sein müssen. Sie sind – und das wird im rechten Kirchenrecht zum Ausdruck kommen müssen – darin unter sich verbunden, eben darin aber auch ein Jeder dem Anderen gleich, daß sie Gottes alle gleich bedürftig und daß sie des Zugangs zu ihm alle gleich – in gleicher Gewißheit, Direktheit, Fülle und Würde – teilhaftig sind. Stärkere und schwächere, ältere und jüngere, vor- und nachgeordnete Brüder mag und muß es da wohl geben, und das in der Gemeinde geltende Recht wird zu ihrem Zusammenleben als solche die nötigen Anweisungen zu geben haben. Es wird aber auch sichtbar machen müssen, daß alle nötigen Differenzierungen die Einheit der Brüder nicht nur nicht verletzen, sondern nur bestätigen können, in der sie in der Anrufung des Vaters im Namen des einen wahren Sohnes Gottes beieinander sind, in der – mit alleiniger Ausnahme eben dieses Einen, des Erstgeborenen – Keiner eine geringere Bedürftigkeit Gott gegenüber geltend machen oder einen höheren Zugang zu ihm für sich in Anspruch nehmen kann, in der also Keiner als Mittler zwischen Gott und die Anderen hineintreten, sich ihnen als von Gott unmittelbar Beauftragter empfehlen oder aufdrängen oder von den Anderen als solcher anerkannt und proklamiert werden darf. Eine «Hierarchie» wird das Kirchenrecht in der Gemeinde nur schon darum nicht aufrichten können, weil auch dieser Begriff die Vorstellung eines «Herrschens» enthält und erweckt, für die es unter Brüdern nun einmal keinen Raum gibt. Es wird vielmehr zu zeigen haben, in welcher Weise Einer dem Anderen in der Gemeinde wirklich Bruder – sei es denn: stärkerer, älterer, vorgeordneter Bruder, aber eben Bruder sein, in gleicher Bedürftigkeit vor Gott und in gleich offenem Zugang zu ihm und also ohne jeden wesentlichen Vorrang und Anspruch (im Namen des Erstgeborenen und als sein menschlicher Zeuge!) Helfer, Ratgeber und dann wohl auch – in faktischer, nicht in institutioneller Autorität! – Führer, Lehrer, Seelsorger sein kann. Wer sich am Ernstlichsten, am Vorbehaltlosesten neben alle Anderen, auch unter die Geringsten unter ihnen, zu stellen, wer sich am Aufrichtigsten mit ihnen in die Tiefe zu begeben weiß, in die hinein die Sonne des Vaters leuchtet über Gute und Böse, Gerechte und Ungerechte, Weise und Toren, wer ihn von dort aus am Demütigsten und Freudigsten (aber eben mit ihnen zusammen und als ihresgleichen) anzurufen weiß – der und nur der wird sich in der Gemeinde als zum Führer Berufener erweisen: indem er es faktisch ist, nicht indem er es zu sein beansprucht oder mit der Würde eines solchen bekleidet ist. Die Freiheit des Heiligen Geistes, die christokratische Bruderschaft in diesem Sinn zu ordnen, solche faktische Führerschaft des Bruders für den Bruder nicht zu verhindern, sondern zu garantieren – das wird die Aufgabe und Sorge des rechten Kirchenrechtes sein.

Unsere letzte Feststellung zur Definition des Kirchenrechtes als liturgisches Recht: Wie es im Gottesdienst seinen ursprünglichen Sitz und seine Erkenntnisquelle hat, so (3) wieder im Gottesdienst selbst seinen vornehmsten, seinen eigentlichen Gegenstand. Es hat diesen seinen eigenen Grund und diese seine eigene Quelle zu hüten. Auch der christliche Gottesdienst als die Mitte des gemeindlichen Lebens wird ja in allen seinen Elementen von Menschen begangen. Sie bekennen, sie taufen, sie feiern das Abendmahl, sie beten das «Unser Vater». Und so ist dieses ganze Geschehen nicht geschützt vor ihrem Mißverstand und Mißbrauch, so trägt die Gemeinde ihren Schatz gerade in dieser Hinsicht in irdenen Gefäßen. Sie wird sich mit der Gefährdung, in der er sich deshalb befindet, nicht abfinden, sie wird sich aus der Unvollkommenheit dieses wie alles irdischen Geschehens keinen Trostgrund und aus der Erinnerung an die Vergebung ihrer Sünden kein Beruhigungsmittel machen. Die Gnade der Heiligung und also die Gnade Jesu Christi überhaupt müßte ihr ja fremd sein, wenn sie nicht gerade gegen die beständig drohende und wirksame Entheiligung des Heiligen durch ihre eigenen menschlichen und als solche immer auch unheiligen Hände nicht angehen, wenn sie ihr nicht nach bestem Wissen und Gewissen widerstehen wollte. Eben um das zu tun, fragt sie nach dem rechten Kirchenrecht als nach der rechten Ordnung ihres Gottesdienstes. Daß allein der, der als ihr Herr in ihm gegenwärtig ist und handelt, auch die Autorität und Kompetenz hat, ihn zu ordnen und so vor Verderbnis zu bewahren, wird die Gemeinde wohl wissen. Ihr menschliches Ordnen wird also nur im gehorsamen Achten auf das seinige bestehen und geschehen können. Aber eben dieses kann sie ihm nicht versagen. Und eben darum wird sie ihre Liturgie nicht für unberührbar, weil fehlerfrei halten, wird sie sie der kritischen Frage: ob sie recht getan sein möchte? ob sie nicht anders und besser getan werden sollte? nie (und am Allerwenigsten aus irgendwelchen Pietätsgründen!) entziehen können. Eben darum wird ihre Bemühung um das Kirchenrecht als Gottesdienstordnung nie abreißen können.

Wir deuten nur an: Wer soll für das Bekenntnis der Gemeinde verantwortlich sein: dafür, daß es als Verkündigung, Lehre und Predigt zur rechten Zeit, am rechten Ort und in der rechten Form laut wird – für seine Reinerhaltung, Vertiefung und fortgehende Interpretation und Applikation – für die Gestalt, die ihm jetzt und hier, je in dieser und dieser bestimmten geschichtlichen Situation angemessen ist? Weiter: welches sind die Erfordernisse zum Empfang der Taufe und also zur Aufnahme in die Gemeinde, und welches die besonderen Verpflichtungen der Gemeindeglieder, die sich in jenem gegenseitigen Vertrauen aus ihrem Getauftsein ergeben? Weiter: Wer ist zum Abendmahl zuzulassen, eventuell auch nicht, noch nicht oder nicht mehr zuzulassen? Wie ist die Ordnung der Lebensgemeinschaft zu gestalten, die sich vom Abendmahl her als notwendig erweist, welche besonderen Tätigkeiten sind zu ihrem Vollzug notwendig und wer soll mit ihnen beauftragt werden? Endlich: Wie und durch wen soll von der Mitte der gemeinsamen Anrufung Gottes des Vaters her der christliche Gottesdienst als Ganzes gestaltet werden? In welchem Verhältnis seiner verschiedenen Elemente zueinander? Ob da auch irgendwelche Nebenelemente etwa aesthetischer oder geselliger Art Raum oder keinen Raum haben sollen? Ob und in welchen Grenzen es da auch sonst – nicht Bereiche der Willkür und des Zufalls, wohl aber Bereiche des freien verantwortlichen Ermessens, der Entscheidung von Fall zu Fall, von Person zu Person geben soll? Schließlich: in welchem Verhältnis zwischen Spontaneität und Rezeptivität der Haltung der am Gottesdienst Beteiligten er sich abspielen soll. Man kann alle diese Fragen in die eine zusammenfassen: in welcher Weise gedenkt die Gemeinde sich selber und ihre Glieder gerade in dieser Mitte ihres Lebens, durch ihren Herrn in Zucht genommen, ihrerseits in Zucht – in «Kirchenzucht»! – zu nehmen und zu halten? Entscheidend auf diese Frage wird das Kirchenrecht zu antworten haben, eben damit implizit mindestens grundsätzlich auch auf alle die Fragen, die sich im Umkreis dieser Mitte ergeben mögen – auf sie alle auf den vorhin angedeuteten Linien: das Bekenntnis will nicht nur ausgesprochen, sondern vollzogen sein; auf der Basis des Vertrauens soll da gemeinsam gehandelt, umfassende und völlige Lebensgemeinschaft soll da verwirklicht werden, in Brüderlichkeit sollen die Menschen da miteinander umgehen. Alles dem Heiligen Geist zu überlassen! rufen die Schnellfertigen. Schon recht, aber gerade weil dem Heiligen Geist, darum nicht dem Mutwillen und nicht dem Schlendrian, sondern das Alles in gemeinsamem, gewissenhaftem, an der Heiligen Schrift orientiertem Fragen nach dem, was da Gehorsam sein möchte! In der Beantwortung dieser Frage kommt es zu kirchlicher Ordnung, zum Kirchenrecht.

III. Kirchenrecht ist **lebendiges Recht**. Auch das ergibt sich unmittelbar aus dem Grundrecht der Gemeinde, laut dessen sie der Leib ist, dessen Haupt – oder die Gemeinschaft, deren Gesetz der **lebendige Jesus Christus** ist. Wer er ist, ergibt sich aus dem in der heiligen Schrift bezeugten und erkennbaren Umriß seiner Person, seiner Geschichte. Aber eben seine in der Heiligen Schrift bezeugte Person **lebt**: in ihrer ganzen Damaligkeit auch heute, auch morgen. Und eben als diese lebendige Person regiert er seine Gemeinde, erhält er sie, ordnet er sie auch: in der belebenden Macht des Heiligen Geistes zu jeder Stunde er selber. Er als der Rechte ist es, der darüber verfügt, was je eben jetzt für sie und in ihr Recht sein soll. Und so hat die Gemeinde bei der Auffindung, Aufrichtung und Betätigung dieses ihres Rechtes ununterbrochen und also immer aufs neue auf **Ihn** zu hören, auf **Sein** lebendiges Verfügen zu achten, **Seine** Weisung zu respektieren: so gestern, so heute, so morgen. Es wird umso gewisser begründetes, klares, festes und also gültiges und brauchbares Recht sein, je mehr seine Entstehung und Anwendung daraus erwächst, daß die Gemeinde in diesem Hören, Achten, Respektieren begriffen ist, je weniger sie bei seiner Auffindung und Handhabung aus der Aufmerksamkeit, der Ehrfurcht, der Willigkeit ihrem Haupt gegenüber herausfällt, je weniger sie der Macht des Heiligen Geistes ausweicht, um dann sicher in allerhand alte oder neue Eigenmächtigkeiten zu geraten. Indem der lebendige Jesus Christus das Gesetz ist, dem sie bei der Auffindung und Handhabung des ihr angemessenen Rechtes gehorsam ist, bekommt ihr Recht, das Kirchenrecht, notwendig seinerseits den Charakter **lebendigen, dynamisch bewegten Rechtes**. Kein Zeitgeist, keine politischen oder gesellschaftlichen Veränderungen oder Umwälzungen in ihrer Umgebung und erst recht keine eigenen Einfälle und Velleitäten der Christen werden ihr Recht bewegen dürfen. Der Heilige Geist aber, durch den ihr in der Schrift bezeugter Herr zu ihr redet, **muß** es in Bewegung setzen und in Bewegung erhalten. Dynamik von unten darf auf das Kirchenrecht gar keinen Einfluß haben. In dem Maß, als das geschähe, hörte es auf, Kirchenrecht zu sein. Es wäre und bliebe aber erst recht nicht Kirchenrecht, wenn es für die Dynamik von oben nicht schon in seinem Entstehen und dann in seinem Bestand und in seiner Anwendung weit offen wäre und bliebe. Wir haben dem schon in unseren bisherigen Überlegungen Rechnung getragen, indem wir an allen entscheidenden Stellen von dem in der im Gehorsam stehenden Gemeinde unmöglich zu unterlassenden Fragen nach dem für sie und in ihr gültigen Recht geredet haben. Es ist in der Tat so, daß dieses Recht, weil und indem es lebendiges Recht ist, immer aufs neue erfragt sein will durch eine für neue Weisung und Belehrung (nicht von unten, aber von oben!) aufgeschlossene und also zu neuen Beantwortungen willige und bereite Gemeinde.

Willig und bereit zu neuen Beantwortungen – das muß nun doch als Erstes hervorgehoben werden. Sie darf sich also durch die Erkenntnis, daß Kirchenrecht nur als lebendiges Recht entstehen und bestehen kann, den Mut und die Lust dazu nicht nehmen lassen, sich auf ihre Frage nach ihm je und je auch bestimmte Antwort zu geben. Nicht eigenmächtig, nicht aus fremder oder getrübter Quelle schöpfend, sondern hörend und gehorsam, aber bestimmte Antwort – konkret gesagt: Antwort in der Bildung kirchenrechtlicher Sätze, noch konkreter: in der Aufstellung und Durchführung von Kirchen-, bzw. Gemeindeordnungen, in denen Dieses geboten, Jenes verboten, ein Drittes wohl auch erlaubt, bzw. jenem freien, verantwortlichen Ermessen in bestimmter Abgrenzung anheimgestellt wird, in welcher nach bestem Wissen und Gewissen explizite Entscheidungen vollzogen werden. Alles ohne Ziererei auch in juristischer Form und Genauigkeit! Das wäre ja kein echtes Fragen, das als solches in einem *processus ad infinitum* weitergehen wollte, in welchem die Fragenden sich nie auch antworten, sich nicht je und je auf bestimmte Erkenntnisse und Entschlüsse zunächst festlegen lassen wollten, um dann von ihnen aus weiter zu fragen. Das wäre kein echtes Fragen, in welchem begriffen die Fragenden im Grunde Angst davor hätten, Antworten zu finden, und also solche vorläufigen Erkenntnisse und Entschlüsse wagen zu dürfen und zu müssen. Und vor allem: das wäre bestimmt nicht die Dynamik von oben, nicht die Macht des Heiligen Geistes (der bekanntlich kein Skeptiker ist!), durch die sich die Gemeinde von solchem Wagnis zurückhalten lassen würde. So kann und darf es ja auch im christlichen Leben des Einzelnen nicht zugehen, daß er ewig in ethischer Besinnung und Überlegung verweilen und angesichts der übergroßen Tiefe und Schwierigkeit der ethischen Aufgaben und Probleme nie zum Ethos, d. h. zur ethischen Entschließung und Tat vorstoßen wollte. Lebendiges Recht heißt nicht gestaltloses, wortloses, in bloßen Instinkten und Gefühlen existierendes, in unkontrollierbaren Eingebungen und Intuitionen sich äußerndes, der juristischen Fixierung und Kodifizierung sich entziehendes Recht. Es kann und wird wie alles menschliche Recht auch wichtige ungeschriebene Elemente enthalten; es ist aber durchaus nicht prinzipiell und ausschließlich ungeschriebenes Recht. Es wird sich auch nicht etwa dadurch auszeichnen, daß es möglichst weitmaschig ist, sich tunlichst auf die Angabe allgemeiner Richtlinien beschränkt – und auch nicht dadurch, daß es in seinen einzelnen Bestimmungen – wohl geradezu absichtlich! – möglichst dehnbar bleibt, möglichst vielen und verschiedenen Deutungen Raum gibt. Es wird sich als Kirchenrecht auch nicht etwa dadurch kenntlich machen und empfehlen, daß es seine Bedeutung für das Leben der Gemeinde möglichst minimalisiert. Daß es wie alle ihre Lebensäußerungen (das Dogma, die Predigt und die Theologie nicht ausgeschlossen!) nur dienenden Charakter haben kann, heißt nicht, daß ihm keine konstitutive Bedeutung, nur untergeordnete und beiläufige Wichtigkeit zukomme. Es wird gerade als lebendiges Kirchenrecht dem in allen diesen Formen drohenden, groben oder feinen ekklesiologischen Doketismus nicht Vorschub zu leisten, sondern zu widerstehen haben. Indem die Gemeinde sich je und je darüber einigt und ausspricht, was sie hinsichtlich der Form ihrer Existenz als eine irdisch-geschichtliche und also auch sichtbare Gemeinschaft vor Gott und den Menschen für verantwortlich oder unverantwortlich, für Recht oder Unrecht hält, nimmt sie sich selbst genau so ernst, wie sie es auch in ihrem Gottesdienst im engeren und dann auch im weiteren Sinn des Begriffs tun muß. Es geht auch hier – und wie wir sahen: in nächster Beziehung gerade zu ihrem Gottesdienst – um die Gehorsamsfrage. Wo aber diese aufgeworfen ist, da ist nicht abzusehen, wie sie hier mit größerem, dort mit geringerem Gewicht gestellt und beantwortet werden könnte. Kann und darf sich z. B. die kirchliche Dogmatik (indem auch sie sich ihres dienenden Charakters und aller ihrer damit gesetzten Grenzen bewußt ist) solche Differenzierung nicht leisten, dann wird sie sie der Gemeinde auch hinsichtlich der ihr notwendigen Rechtsbildung und Rechtspraxis nicht empfehlen können. Nach ihrem lebendigen Recht (in dem vorhin beschriebenen Sinn) hat sie zu fragen – eben nach diesem aber allen Ernstes. Und «allen Ernstes» wird dann heißen: im Wagnis bestimmter Entscheidungen, in welchen sie sich für weitere Entscheidungen offen zu halten hat, die sie aber zunächst nicht vermeidet, sondern rüstig vollzieht. «Allen Ernstes» wird heißen: in der Bemühung, sich dem Stand ihrer jeweiligen Erkenntnis gemäß so deutlich, so eindeutig und präzis wie möglich auszusprechen: in Form von klarem Ja oder Nein auch über die Punkte, die sie einer allgemeinen Regelung ganz oder teilweise meint entziehen zu sollen. «Allen Ernstes» wird heißen: in der Willigkeit zu fixieren und auch zu kodifizieren, was sich nach Maßgabe der Sache und ihrer Erkenntnis der Sache fixieren und kodifizieren läßt und zur Abwehr drohender oder schon eingetretener Unordnung fixiert und auch kodifiziert werden muß. «Allen Ernstes» heißt: aus der Sphäre des unverbindlichen «Es ist mir so» heraustretend, um die nötigen Worte, die hier nun eben juristisch brauchbare Worte sein müssen, ohne Zimperlichkeit, weil zu ihrer Aussprache verpflichtet, auszusprechen und auch aufzuschreiben. «Allen Ernstes» heißt also wirklich: Die Gemeinde hat zu fragen und je und je in aller Form auch zu antworten – zu antworten, um dann weiter zu fragen, aber zu antworten, etwas zu sagen und nicht stumm – vielleicht in einer Fülle erbaulicher Redensarten erst recht stumm! – zu bleiben. Alles, was von der Lebendigkeit kirchlichen Rechtes weiter zu sagen ist, hat den Ernst des konkreten Wagnisses zur Voraussetzung, in welchem es aufzusuchen, aufzurichten und zu handhaben ist – könnte ohne es nur als unfruchtbarer Liberalismus verstanden werden.

Das ist aber das Weitere, was dazu zu sagen ist: es kann alles kirchliche Recht – und wäre der Ernst, in welchem es gesucht, gefunden und aufgerichtet wurde, noch so groß – nur menschliches, nicht göttliches Recht *(ius humanum,* nicht *ius divinum)* sein wollen. Man kann und muß das auch von allem anderen Recht sagen. Die Erkenntnis Gottes und des Menschen, die zu dieser Unterscheidung und zum Zeichen der sich aus ihr ergebenden Konsequenzen nötig ist, kann aber in der dabei gebotenen Bestimmtheit nicht in jeder menschlichen Gemeinschaft, sondern nur in der christlichen Gemeinde vorausgesetzt werden. Unbedingt und klar kann nur sie wissen, was sie sagt, und was das bedeutet, wenn sie ihr Recht menschliches und nicht göttliches Recht nennt. Alles andere Recht wird sich gegenüber der Gefahr der Konfusion dieser beiden Bestimmungen, der Gefahr seiner eigenen Verabsolutierung als letztlich ungesichert erweisen. Im Kirchenrecht ist sie schon von dessen Wurzel und Wesen, von dem Grundrecht der Gemeinde, von der Herrschaft Jesu Christi über sie als seinen Leib her abgewehrt. Kirchenrecht wird dieses Grundrecht der Gemeinde schlechthin respektieren als die Autorität, im Blick auf die es die Gemeinde zu ordnen, der es sie und vor allem sich selbst in allen seinen Bestimmungen zu unterwerfen hat. Es kann nicht selber dieses Grundrecht sein, kann es nicht ersetzen, kann es auch nicht authentisch interpretieren, kann sich also nicht mit seiner Autorität bekleiden wollen. Es kann nicht vom Himmel her, sondern nur auf Erden wählen, entscheiden, bestimmen, Sätze bilden, aussprechen und in Kraft setzen – gerade wie das ja auch die kirchliche Dogmatik nicht vom Himmel her, sondern nur auf Erden tun kann. Es muß das *ius divinum* der Christokratie wie als seinen Ursprung, so auch als seine Grenze im Auge behalten, sich selbst also in aller Strenge als *ius humanum* verstehen. Und gerade indem es das tut, ist es lebendiges Recht in einem Sinn, wie anderes irdisches Recht es darum nicht sein kann, weil es ohne unmittelbares und zwingendes Wissen um diesen fruchtbaren Unterschied und Gegensatz zustandezukommen und gehandhabt zu werden pflegt. Eben dieser Unterschied und Gegensatz ist nämlich fruchtbar, verhindert das kirchliche Recht, steril zu werden, wie es die ständige Gefahr alles anderen Rechtes ist, treibt es auf der ganzen Linie vorwärts. Eben er ist das Geheimnis seiner Lebendigkeit. Indem es diese Grenze respektiert, stellt es sich nämlich in den Zusammenhang des Lebens der unter der Herrschaft ihres lebendigen Hauptes in ihrer Erbauung begriffenen, der extensiv und intensiv wachsenden Gemeinde: der Gemeinde, die sich selbst aufgeben müßte oder nicht ernst nehmen würde, wenn sie nur *ecclesia formata*, bzw. *reformata* und nicht gerade als solche *ecclesia semper reformanda* sein wollte. Wie sollte sie als solche existieren und sich als solche erkennen, wenn sie sich für ihren eigenen Herrn und also für das souveräne Subjekt des in ihr gelten sollenden Rechtes hielte, statt strikt und ausschließlich der Mandatar Jesu Christi zu sein, der sich ihm auf jeder Stufe seines Weges unmittelbar und neu verantwortlich und verpflichtet weiß? Indem sie als sein Mandatar handelt, – und nun eben gerade in Sachen ihres Rechtes als solcher und nur als solcher, indem ihr Recht an ihrem Leben als Leib, dessen Haupt Jesus Christus ist, teilnimmt, wird das Kirchenrecht lebendiges, wachsendes, von jeder denkbaren Formation und Reformation her neu zu reformierendes Recht: eben darin keinem anderen Recht zu vergleichen, ein *ius sui generis*.

Das bedeutet nun aber Folgendes: Wir setzen voraus, es sei in der christlichen Gemeinde da und da, zu der und der Zeit, in dieser und dieser Situation ihrer inneren und äußeren Geschichte ernstlich nach dem gefragt worden, was in ihrem Leben Recht zu heißen und als solches praktiziert zu werden verdienen möchte: ernstlich und also in jenem Wagnis, sich – nicht ohne Fixierungen und Kodifizierungen – nach bestem Wissen und Gewissen auch konkrete Antwort geben zu lassen und selbst zu geben – ernstlich, und also auch in Respektierung ihres göttlichen Grundrechtes und so in voller Klarheit darüber, daß, was sie als Recht jetzt eben gefunden und in Geltung gesetzt hat, menschliches Recht, aber nicht mehr als das ist. Wie wird sie sich zu diesem ihrem gestern erkannten, anerkannten und in Kraft gesetzten Recht heute verhalten? Sie wird – es müßte denn sein, daß sie schon heute mit dem schlechten Gewissen gestraft wäre, das sie dann aber bestimmt schon bei ihrem gestrigen Entscheiden und Handeln hatte – nicht daran zweifeln, daß der Wille, in dem sie gestern entschieden und gehandelt hat, als ihr Wille, gehorsam zu sein, notwendig – sagen wir ruhig: glaubens- und heilsnotwendig und also heilig, gerecht und gut war. Sie wird darum zu ihren Entschließungen und Bestimmungen von gestern zu den nun eben formulierten und ganz oder teilweise auch zu Papier gebrachten kirchenrechtlichen Sätzen auch heute stehen – immer genau so, wie es in der kirchlichen Dogmatik *mutatis mutandis* auch geschehen muß! Sie wird ihr bekennendes Recht von gestern heute sprechen und gelten lassen, d. h. sie wird ihm praktisch Folge und den nötigen Nachdruck geben. Sie wird nun eben heute als die gestern so und so geordnete Gemeinde weiterleben. Alles so gewiß, als sie gestern nicht geträumt und gespielt, sondern gebetet und gearbeitet hat! Und alles so gewiß, als sie dabei nicht ihrem eigenen oder einem fremden, sondern dem Heiligen Geist gehorsam gewesen zu sein und also heute auf der Linie von gestern her wieder gehorsam zu sein glauben darf. In seiner Freiheit hat und übt sie ihrerseits die Freiheit, das von ihr gefundene und aufgerichtete Kirchenrecht als rechtes Recht in Geltung und in die Praxis zu setzen. Heute: bis morgen, bis auf weiteres! Eben indem sie es in der Freiheit des Heiligen Geistes in Geltung setzt und praktiziert, wird sie es so hoch, aber nun eben doch nicht höher als so halten: Heute! bis morgen, bis auf weiteres! Für ein ewiges oder auch nur für alle Zeiten geschaffenes Werk und gültiges Gesetz wird sie es also nicht halten. Heilsnotwendig, für alle Zeiten und in Ewigkeit feststehende Autorität war und ist das Grundrecht, von dem sie bei der Findung und Aufrichtung ihres Rechtes herkam. Heilsnotwendig war auch der ihr gebotene Wille, von dort her zu denken, sich zu entschließen, schlicht: ihr Wille, Jesus Christus als ihrem Haupt gehorsam zu sein. Aber eben, weil es morgen wieder heilsnotwendig sein wird, Jesus Christus auch hinsichtlich der Gestalt ihres Rechtes aufs neue gehorsam zu sein, aufs neue von diesem ihrem Grundrecht her zu denken und zu entscheiden, wird es die Gemeinde unterlassen, das Werk ihres Gehorsams und also die von ihr gestern gefundenen und in Geltung gesetzten kirchenrechtlichen Sätze als solche für heilsnotwendig zu halten und mit göttlicher Autorität zu umkleiden. So ernstlich sie gestern bei ihrer Auffindung gebetet und gearbeitet haben – so fest sie überzeugt sein mag, mit ihnen das Wichtige und Richtige getroffen zu haben, so vortrefflich sie sich vielleicht in ihrem Leben schon bewährt haben mögen! Müssen sie denn, um in ihrem Leben Geltung zu haben und brauchbar zu sein, gerade heilsnotwendig sein, gerade göttliche Autorität haben? Mindert es denn ihre Kraft, wenn sie nicht von der Vorstellung umwittert sind, daß sie nun für alle Zeit oder gar ewige Geltung haben müßten? Eben mit diesem Anspruch kann und darf nun einmal als *ius humanum* kein Kirchenrecht auftreten. Gerade indem es in konkretem Gehorsam von dem heute und hier gegenwärtigen und handelnden Jesus Christus her entsteht, bezieht es sich doch notwendig auf bestimmte Zeiten und Umstände, auf das Leben der Gemeinde in einer bestimmten Etappe ihrer Geschichte, hat es also schon von Haus aus nur eine relative, je diese besondere Notwendigkeit, in der es sich der an anderem Ort und zu anderer Zeit lebenden Gemeinde so nicht darstellen wird. Dazu kommt dann aber vor allem auch das, daß ja der Gehorsam, in welchem die Kirche sich jetzt und hier gerade zu dieser und dieser Rechtsgestalt als der richtigen bekennt, nie und nirgends ein ungemischter, sondern im besten Fall nur ein sehr teilweiser, bestimmt durch allerlei Mißverständnis und verkehrtes Wollen getrübter Gehorsam sein wird, so daß sie von dieser Seite erst recht von ferne keinen Grund hat, dem Ergebnis ihrer Nachforschung und Bemühung Vollkommenheit und also allgemeine und dauernde Gültigkeit, göttliche Autorität zuzuschreiben. Ihr Kirchenrecht wird in allen Fällen ein schon prinzipiell bedingtes, und dann nicht nur prinzipiell, sondern auch praktisch fehlbares, verbesserungs- und revisionsbedürftiges Werk sein. Daß sie es ernst nimmt, schließt nicht aus, sondern vielmehr ein, daß sie sich schon bei seiner Entstehung und vom ersten Tag seines Inkrafttretens an bewußt ist unb bleibt: es ist un ab geschlossenes Recht. Die Herrschaft Jesu Christi hat sich, indem es entstand und nun Bestand hat, nicht erschöpft. Sie hat sich darin keine Grenze gezogen, daß der Gemeinde jetzt und hier diese Erkenntnis geschenkt wurde, daß sie gerade zu diesen Entschließungen angeleitet wurde. Die Gemeinde wird sich, gerade wenn sie sich ihres Glaubens und Gehorsams ihrem Herrn gegenüber in letzter Treue bewußt ist, von dem jetzt und hier erreichten Punkt her für neue Weisung und Anleitung bereit halten müssen. Und daß sie ihrerseits in seiner Schule schon so treu und so viel gelernt hätte, daß sie weiteren Unterrichts und eines besseren Lernens nicht bedürftig wäre, das wird sie ja erst recht nicht meinen können. Wir haben die Aufstellung und Handhabung von Kirchenrecht bereits ein Wagnis genannt. Gemeint ist: das notwendige Wagnis des Gehorsams. Gerade der Mut zu diesem Wagnis kann aber nur dann echt und stark sein, wenn er ganz bewußt der Mut zum Provisorium ist: der Mut zu vorläufiger, bis auf weiteres gelten sollender Ordnung des kirchlichen Lebens. Diesen Mut kann die Gemeinde nur fassen und haben mit dem bewußten und ausgesprochenen (am besten auch in aller Form ausgesprochenen) demütigen Vorbehalt kommender besserer Belehrung und künftig besser zu leistenden Gehorsams und also mit dem Vorbehalt, ihre Hefte von gestern vielleicht nicht erst morgen, sondern heute schon revidieren zu müssen – und mit dem Vorbehalt der Freiheit, dies tun zu dürfen! Er kann nur in Gestalt dieser freien Demut der wahre Mut sein, den sie zur Beantwortung ihrer Ordnungsfrage nötig hat. Eben als Mut in dieser freien Demut ist er der Mut zu dem ihr als der Gemeinde Jesu Christi allein angemessenen, von Grund aus lebendigen Recht und zu dessen lebendiger Handhabung. Vor der tödlichen Gleichgültigkeit oder Liederlichkeit der Ordnungsfrage gegenüber und damit vor der tödlichen Unordnung wird sie, indem sie den Mut zum lebendigen Recht faßt, ebenso bewahrt sein, wie vor der tödlichen Überschätzung irgend einer ihrer Beantwortungen dieser Frage: vor der tödlichen Erstarrung in irgend einer neueren oder älteren Tradition, vor der tödlichen Gesetzlichkeit irgendwelcher ein für allemal geordneter Institutionen. Die freie – in der Demut gegen ihr Haupt freie – Gemeinde geht, indem sie nach dem für sie maßgebenden lebendigen Recht fragt und indem sie durch dieses nach links wie nach rechts geschützt wird, zwischen den von beiden Seiten drohenden Gefahren mitten hindurch wie jener Ritter zwischen Tod und Teufel. Sie ehrt ihre Vergangenheit, weil sie auch in ihrer Vergangenheit mit und also unter Jesus Christus lebte. Und eben indem sie sie ehrt, blickt sie in die Zukunft, in der sie wieder mit und unter Jesus Christus zu leben begehrt, hofft und gewiß ist. Im Übergang von dort nach hier lebt sie wie überhaupt, so auch hinsichtlich ihrer Rechtsordnung. Sie wird sich gerade, indem sie Übergangsordnung ist, als hilfreich und heilsam – und vor allem: als würdig des Gesetzes erweisen, nach dem sie angetreten, unter das sie gestellt, unter dessen Herrschaft sie die christliche Gemeinde, die *communio sanctorum* ist, der irdische Leib ihres himmlischen Hauptes.

Es ist, von da aus gesehen, klar, daß es besseres und schlechteres Kirchenrecht geben kann: hier in diesem, dort in jenem Punkt starkes oder versagendes, dienliches oder weniger dienliches, sauberes oder trübes – kurz: richtigeres und weniger richtiges, bzw. unrichtiges Recht: Alles gemessen an der in ihm zu beantwortenden Gehorsamsfrage! Und nun wird sich die christliche Gemeinde faktisch immer und überall – und das im Einzelnen wie im Ganzen – irgendwo in jenem Übergang von Gestern ins Morgen und also *Deo bene volente* auf dem Wege vom Schlechteren zum Besseren befinden. Ist nun Kirchenrecht lebendiges Recht, so wird das bedeuten: sie wird sich auf diesem Weg immer und überall zu bewegen, sie wird ihn – hoffentlich in der rechten und nicht etwa in rückläufiger Richtung! – zu begehen, sich also vom Schlechteren zu entfernen, dem Besseren zu nähern haben. Es wäre das sichere Anzeichen dafür, daß sie vom Heiligen Geist verlassen, aus der Gehorsamshaltung ihrem Herrn gegenüber herausgefallen wäre, wenn sie sich irgendwo und irgendeinmal nicht in dieser Bewegung befände. Man bedenke noch einmal, wie viel schon jenes Allgemeine in sich schließt: daß sie ihr ganzes Leben als Dienst zu verstehen und zu gestalten hat! Man bedenke noch einmal die Fülle der Probleme, die ihr in der Mitte ihres Lebens von ihrem Gottesdienst her und dann wieder gerade im Blick auf diesen gestellt sind! Wo und wann würde sich die Kirche in einer Situation befinden, in der nicht eine ganze Fülle von Fragen – hier diese, dort jene in besonderer Dringlichkeit – auf neue, bessere Beantwortung warten würden? Man bedenke ferner die im einen oder anderen Sinn bestimmt immer und überall aktuelle Spannung zwischen den Möglichkeiten der geforderten Offenheit und der ebenfalls geforderten Bestimmtheit ihrer Rechtsordnung auf der einen und den Unmöglichkeiten des bösen Schlendrians und der ebenso bösen Starrheit kirchlicher Jurisprudenz auf der anderen Seite! Wo und wann hätte die Gemeinde es nicht nötig, nach der einen oder anderen Seite (oder auch nach beiden zugleich!) allen Ernstes mit sich ins Gericht zu gehen und also nach Besserung ihres Rechtes auszuschauen und dementsprechend rüstig ans Werk zu gehen?

Und nun kann und wird sie sich, indem sie an diesem Werk ist, an diesem und jenem Ort, zu dieser und jener Zeit in je ganz verschiedenen Stationen jenes Übergangs befinden, denen entsprechend ihr Recht dann wohl auch hier und dort, dann und dann sehr verschiedene Gestalten bekommen kann und wird. Nicht das ist wichtig, ist heilsnotwendig, daß sie sich hier und dort, dann und dann, gerade an dieser Station befindet, wohl aber dies: daß sie ihr immer und überall eine Station ihres Gehorsams und also Übergangs- und nicht etwa Endstation bedeute, daß sie auch im Durchgang durch diese und diese Station wirklich im Gang, auf dem Weg vom Schlechteren zum Besseren begriffen sei und bleibe. Nicht das ist also wichtig und heilsnotwendig, daß ihr Recht jetzt und hier gerade diese und diese Gestalt annimmt und bis auf weiteres behält, wohl aber dies, daß es auch in dieser und dieser Gestalt als lebendiges Recht erkannt, ergriffen und gehandhabt wird: im Gehorsam als das ihr jetzt und hier gebotene, aber schon in seinem Entstehen und dann auch in seinem ganzen vorläufigen Bestand über sich selbst hinausweisende *ius humanum* – nicht also als ein *ius divinum,* zu dessen Aufrichtung und Durchsetzung sie – ihm als ihrem eigenen Gesetz unterworfen und also nicht dessen Meister! – nun einmal keine Befugnis hat. Sie darf und soll sich, vorausgesetzt, daß es im Gehorsam geschieht, jetzt und hier und bis auf weiteres diese und diese Rechtsordnung geben. Sie darf und soll sich dann auch mit gutem Gewissen und allen Ernstes an sie halten: vorausgesetzt, daß sie dabei aus dem Gehorsam nicht herausfällt, sondern – als *ecclesia semper reformanda* – für das weitere Anordnen ihres Herrn offen und also zu neuem Gehorsam bereit und also zur Auffindung und Aufrichtung neuer, besserer Rechtsordnung auf Grund neuer, besserer Belehrung willig bleibt.

Geht es nur immer und überall um das lebendige Kirchenrecht, dann sollte auch ein tragbares, ja sinnvolles, ja fruchtbares Verhältnis zwischen den verschieden verfaßten und geordneten Kirchen hier und dort (in dieser und dieser geschichtlichen Situation, d. h. auf dieser und dieser Übergangsstation) nicht unmöglich sein: eine ruhige Einschätzung der eigenen, jetzt und hier bezogenen und gehaltenen Position und damit dann auch eine ebenso ruhige – und darüber hinaus: eine aufmerksame und lernbegierige – Einschätzung der Positionen, die man andere Kirchen beziehen und halten sieht.

Für eine vollkommene und also allgemein, zu allen Zeiten und an allen Orten für jede christliche Gemeinde verbindliche Rechtsform wird man ja da, wo es um lebendiges Kirchenrecht geht, wo man also in jenem Übergang lebt und zu leben sich bewußt und willig ist, auch die nicht halten, die man hierseits für einmal im Gehorsam gegen den Herrn der Kirche zu wählen und in Geltung zu setzen und vorläufig respektieren zu müssen glaubt. Eben von daher wird man die Rechtsformen anderer

Kirchen, die man hierseits im Gehorsam nicht gutheißen, nicht wählen, sich auch nicht aufdrängen lassen wollen könnte, mindestens im Licht der Frage betrachten: ob sie dort nicht ebenfalls im Gehorsam – in dem nun eben dort geforderten Gehorsam – für gut befunden, gewählt, in Kraft gesetzt und also rechte kirchliche Ordnung sein möchte? Immer in der Voraussetzung, daß auch sie nicht vollkommen, sondern höchst verbesserungsbedürftig sind, daß sie auch dort nicht ernstlich als *ius divinum,* sondern ehrlich und nüchtern als *ius humanum* eingeschätzt und behandelt werden! Dieselbe Beurteilung wird aber doch auch da stattfinden müssen, wo man auf der Gegenseite mehr oder weniger deutlich gerade diese Verwechslung wahrzunehmen meint. Wo man sich selber als christliche Gemeinde richtig versteht, da hat man die Freiheit, im gegebenen Falle auch eine solche dem Anschein – vielleicht doch mehr dem Anschein nach als in Wirklichkeit obstinate Gegenseite *in meliorem partem,* besser zu verstehen als sie sich selbst versteht, um sich dann in ihrer Beurteilung und ev. im Verkehr mit ihr nach diesem besseren Verständnis zu richten.

Mit «Relativismus» hat das nichts zu tun. Mehr als die aufgeschlossene Frage: ob dort nicht auch der Herr das Wort führen und gehört sein möchte? wird ja in solcher Begegnung zwischen verschieden verfaßten und geordneten Kirchen nicht möglich sein. Und an der Treue des Gehorsams hierseits wird diese Frage nichts ändern können. Daß in Sachen des Kirchenrechtes (wie übrigens auch in Sachen des Dogmas und der Dogmatik – und in welcher Sache nicht?) von der offenbaren Herrschaft Jesu Christi und nicht von irgendwelchen Prinzipien her und also im Gehorsam gedacht und entschieden wird, das ist es, was *semper et ubique et ab omnibus* verlangt ist. Fügt man sich selbst diesem Verlangen – und weiß man darum, wie unvollkommen man es selber tut – dann hat man die Freiheit, dann steht man eigentlich unter der Verpflichtung, damit zu rechnen, daß Andere es in ihrer ganz anderen Weise auch tun möchten: und das eben auch dann, wenn diese Anderen einem dabei nicht Gegenrecht halten sollten. Man wird sich dann durch sie nur umso intensiver anregen lassen, es selber umso ernstlicher zu tun. Was Paulus zu gewissen Gegensätzen der Lebenshaltung innerhalb der römischen Gemeinde geschrieben hat, dürfte dem Verdacht des Relativismus doch wohl enthoben sein: «Du hast Glauben – habe ihn für dich selbst vor Gott! Wohl dem, der sich nicht richten muß in dem, was er gut heißt!» (Röm. 14,22). Und Röm. 14,4: «Wer bist du, der du einen fremden Knecht richtest? Er steht und fällt dem eigenen Herrn. Er wird aber stehen bleiben, denn der Herr vermag ihn aufrecht zu halten». Vollkommen, weil direkt vom Himmel gefallen oder eben mit dem Grundrecht der christlichen Gemeinde identisch war, ist keine kirchliche Rechtsform: die der neutestamentlichen Urgemeinde (wie immer sie beschaffen gewesen sein mag) nicht und so auch nicht die des westlichen Papsttums und auch nicht die der östlichen Patriarchate, so auch nicht die calvinische Vierämter-Ordnung samt der darauf aufgebauten Synodal-Presbyterial-Verfassung, so auch nicht die der anglikanischen, methodistischen, neulutherischen und andern Episkopate, so auch nicht die der im Sinn des Kongregationalismus souveränen Einzelgemeinde. Und die verschiedenen Derivate und Variationen dieser Grundtypen waren und sind es auch nicht. Kein Anlaß, hochmütig und schlechthin abweisend von der einen auf die andere hinunterzublicken! Sie können lebendiges, im Gehorsam gesuchtes und in bestimmter Zuspitzung gefundenes Recht und also legitime Rechtsgestalten des Leibes Jesu Christi einmal gewesen, können es auch noch sein und als solche bei aller Problematik, von der sie umgeben sein mögen, auch von den anderen her zu respektieren sein. Aller Anlaß, sich, indem man sich für die Frage danach offen hält, auch die Rückfrage gefallen zu lassen: wie es denn mit dem lebendigen Recht hierseits stehen, ob die Entfernung des Matth.7,4 erwähnten Balkens im eigenen Auge nicht doch noch dringlicher sein möchte als die Bekümmerung um den Splitter im Auge des Bruders – ob man nicht endlich und zuletzt gerade von diesem Bruder Dieses oder Jenes zur eigenen Reformation zu lernen bedürftig wäre? Es ist immer und überall der Perfektionismus, der (wie das Leben des einzelnen Christen, wie die Theologie!) auch das Kirchenrecht steril macht. Im aufgeschlossenen und auch lernbereiten Vergleich seiner verschiedenen Gestalten, in der aufrichtigen ökumenischen Begegnung – in der es bestimmt nicht nur zur Auseinandersetzung, sondern auch zu Zusammensetzungen kommen wird – wird und bleibt das Recht der Gemeinde (wie ihre Theologie und Predigt) je in seinen besonderen Gestalten hier und dort fruchtbar. Sie wird keine Kirche davon abhalten, jede vielmehr dazu anregen, von der von ihr erreichten Übergangsstation her aufs neue und mit neuem Ernst ihr lebendiges und so ihr rechtes Recht zu suchen und zu finden.

IV. Rechtes Kirchenrecht ist vorbildliches Recht: in seiner ganzen Eigenartigkeit exemplarisch für die Bildung und Handhabung des menschlichen Rechtes überhaupt und also des Rechtes auch der anderen, der politischen, wirtschaftlichen, kulturellen und sonstigen menschlichen Gemeinschaften.

Ich beginne am besten mit der Anführung einiger Sätze von Erik Wolf (Rechtsgedanke und bibl. Weisung 1948, S.93): «Was könnte es für die Welt bedeuten, wenn die Kirchenordnung und das Kirchenrecht nicht bloß geistliche Umstilisierungen weltlicher Verfassungen und Gesetzbücher wären, sondern echte, ursprüngliche Zeugnisse der brüderlichen Gemeinschaft der Jünger Christi. Was könnte es bedeuten, wenn das Kirchenrecht nicht mehr die positivistisch-juristische Ordnung auf dem Boden irgend einer historischen Staatsform oder eine positivistisch-theologische Ordnung auf dem Boden irgend einer historischen Bekenntnisschrift wäre, sondern ein wahrhaft bekennendes Kirchenrecht, eine lebendige Gemeinschaftsordnung, die für alle anderen Menschen ein Zeugnis ablegte für die Mitte und das Haupt dieser Gemeinschaft: Christus!»

Um was geht es? Es geht vor allem um die Erkenntnis, daß die christliche Gemeinde bei der Bildung und bei der Handhabung ihres Rechts, indem sie dabei zuerst und entscheidend ihrem Herrn verantwortlich ist, auf der menschlichen Ebene eine Verantwortlichkeit nach zwei Seiten – nach innen und nach außen nämlich – auf sich nimmt. Keine gespaltene, keine zweifache Verantwortlichkeit: sondern in und mit ihrer Verantwortlichkeit nach innen, sich selbst gegenüber, auch nach außen, der Welt gegenüber. Sie ordnet sich selbst, ihr eigenes, von dem der Welt verschiedenes Leben: von dessen Mitte, von ihrem Gottesdienst her – und das, indem sie vor allem eben ihren Gottesdienst ordnet. Sie tut das aber nicht nur um ihrer selbst willen, in keiner noch so heiligen Selbstsucht. Wie würde sie damit gegen ihr Grundrecht verstoßen, das sie doch in ihrer Ganzheit und in allen ihren Gliedern zum Dienst verpflichtet: zum Dienst in der Nachfolge dessen, der nicht gekommen ist, sich dienen zu lassen, sondern zu dienen! Wir greifen noch einmal auf unsere Definition zurück: die christliche Kirche ist als Leib Jesu Christi und also als seine irdisch-geschichtliche Existenzform die vorläufige Darstellung der in ihm geheiligten Menschheit. Nicht für sich, sondern für die Menschheit hat sich doch Jesus Christus selbst geheiligt. Eben daß er das getan hat, daß also die Menschheit in ihm schon geheiligt ist, hat die christliche Gemeinde ihr – nämlich der dessen noch nicht gewahr gewordenen, weil ihn noch nicht erkennenden Welt – gegenüber darzustellen. Vorläufig darzustellen, indem die völlige und endgültige Darstellung dieser Veränderung der ganzen menschlichen Situation nicht ihre Sache, sondern nur die ihres Herrn in seiner Offenbarung sein kann, der sie jetzt und hier mit der Welt zusammen erst entgegengeht. Diese Veränderung: die in Jesus Christus geheiligte Menschheit vorläufig darzustellen, ist aber die Aufgabe, die Bestimmung, der klare Auftrag, dem sich die Gemeinde in der Zeit zwischen seiner Auferstehung und seiner Wiederkunft, die nun eben ihre Zeit ist, nicht entziehen kann. Sie existiert im Dienst des Zeugnisses, das sie, indem sie als christliche Gemeinde existiert, der Welt schuldig ist und also nicht vorenthalten darf. Und nun ist ja gerade ihre Rechtsordnung die Gestalt, in der sie sich nach außen in den Augen der Welt darstellt: in der sie sich als eine menschliche Rechtsgemeinschaft inmitten aller anderen – zuerst und vor allem dem Staat gegenüber – abzeichnet, bemerkbar, auffällig macht. Das bedeutet nun aber: Es ist schon recht mit dem Satz, daß das Kirchenrecht ein *ius sui generis,* in seiner Begründung und Gestaltung von dem des Staates und von dem aller anderen Gemeinschaften *toto coelo* verschiedenes Recht ist. Es ist schon recht, daß es vom Staatskirchenrecht, das nur der Ausdruck eines *ius circa sacra* sein kann, als *ius in sacra* scharf zu unterscheiden und also streng als Ausdruck der eigenen Hoheit der Gemeinde – vielmehr als der Reflex der Hoheit ihres Herrn zu verstehen ist. Es wäre aber nicht recht, sondern höchst unrecht, wenn die Gemeinde meinte, es bei seiner Bildung und Handhabung nur mit sich selbst, mit ihrer eigenen Sache, mit ihrem Gottesdienst als der Mitte ihres Lebens zu tun zu haben. Es wäre das eben darum höchst unrecht, weil ja gerade ihre eigene Sache, um die es in ihrem Gottesdienst und in ihrem ganzen wieder als Dienst zu verstehenden Leben geht, das Zeugnis ist, das sie denen, die draußen sind, schuldig ist. Sie kann also denen, die draußen sind, nicht gleichgültig und stumm, nur mit sich selbst beschäftigt gegenüberstehen. Sie kann nur dann recht mit sich selbst beschäftigt sein, wenn sie eben damit auch mit ihnen beschäftigt ist, sich auch ihnen verantwortlich weiß. Sie muß mit ihnen reden – und nun eben auch in der Weise mit ihnen reden, daß sie ihnen das in ihr gültige Recht vor Augen führt.

Wozu das? Gewiß nicht zur Erhebung des Anspruchs: es müsse das in der Kirche gültige Recht auch das Recht des Staates und der anderen menschlichen Gemeinschaften werden! Gewiß nicht, um sie aufzufordern oder auch nur einzuladen, sich ihre, die kirchlichen Rechtssätze anzu-

4. Die Ordnung der Gemeinde

eignen und also das Kirchenrecht an die Stelle ihres Rechtes treten zu lassen. Kurzum: gewiß nicht in der Absicht, die Welt und insbesondere den Staat als die alle anderen umfassende Gemeinschaftsform zu verkirchlichen! In der in der künftigen Offenbarung Jesu Christi kommenden Erlösung, im himmlischen Jerusalem, in der Herrlichkeit des ewigen Lebens wird es allerdings nur ein Recht geben: aber das wird das Recht Jesu Christi über alle Lebensbereiche, das Recht des Reiches Gottes sein, kein menschliches Recht also, und so auch kein Kirchenrecht. Welches Recht welcher Kirche in welchem Stadium ihres Übergangs vom Gestern ins Morgen, vom Schlechteren zum Besseren, könnte denn der Welt jemals als Norm vorgehalten und zur Nachachtung empfohlen werden? Und vor allem: Wie könnte denn erwartet werden, daß die Welt auch ein approximativ vollkommenes Kirchenrecht auch nur verstehen, als für ihre Zwecke brauchbar erkennen, geschweige denn ihrerseits sinnvoll handhaben werde? Dazu müßte sie ja erkennen, was sie nicht erkennt, anerkennen, was sie nicht anerkennt: die Herrschaft Jesu Christi als die Autorität dessen, in welchem ihre Versöhnung mit Gott vollzogen ist, die Majestät seines Wortes, die Macht seines Heiligen Geistes. Das Recht des Staates und das Recht aller übrigen menschlichen Gemeinschaften ist in dem Sinn «weltliches» Recht, daß es, auch wenn ihre Glieder und Vertreter für sich persönlich Christen sind und zur Gemeinde gehören, mit dem für das Recht der Gemeinde entscheidenden Grundrecht gerade nicht rechnet, sondern von anderweitigen (historischen oder spekulativen) Prinzipien her begründet und geformt ist. Die Welt müßte ihre eigenen Voraussetzungen preisgeben und in der Gemeinde aufgehen, wenn sie deren Recht auch nur in einem einzigen Punkt direkt zu übernehmen wüßte. Wo bliebe übrigens, wenn die Kirche der Welt mit dieser Zumutung entgegentreten, wenn sie sie gewissermaßen schulmeistern wollte, der gerade ihr gebotene Respekt vor dem selbständigen göttlichen Auftrag, der insbesondere in der Existenz des Staates wirksam und sichtbar ist? So, im Sinn eines der Welt aufzunötigenden und von ihr zu erfüllenden Gesetzes kann also der Begriff der Vorbildlichkeit des Kirchenrechtes auf keinen Fall verstanden werden.

Aber warum nun nicht in dem Sinn, daß sie der Welt auch in der Gestalt ihres besonderen Rechtes das Evangelium vernehmbar zu machen hat? Nicht ein Gesetz oder Ideal, nicht eine Zumutung und Forderung, sondern das Evangelium ist doch das, was die christliche Gemeinde der Welt schuldig ist: die gute Botschaft von der Wirklichkeit Jesu Christi, in der ihr geholfen, in der ihre Sünde überwunden, ihr Jammer behoben ist, das Wort von der Hoffnung auf das große kommende Licht, in welchem ihre Versöhnung mit Gott offenbar werden wird. Es ist hier noch nicht der Ort, das Problem der prophetischen Sendung der Gemeinde in der Welt und insbesondere das ihrer Verantwortlichkeit im Verhältnis zu der in der

Existenz des Staates wirksamen und sichtbaren göttlichen Anordnung auch nur im Umriß zu entfalten: den ganzen Komplex «Christengemeinde und Bürgergemeinde» zur Sprache zu bringen. Das ist sicher und das muß hier vorwegnehmend festgestellt sein: der entscheidende Beitrag, den die Christengemeinde zum Aufbau, zum Werk und zur Erhaltung der Bürgergemeinde zu leisten hat, besteht in dem Zeugnis, das sie ihr und allen anderen menschlichen Gemeinschaften gegenüber in Gestalt der Ordnung ihres eigenen Aufbaus und Bestandes abzulegen hat. Jesus Christus selbst, der auch ihr Herr und Heiland ist, den Frieden, die Freiheit und die Freude des Reiches Gottes kann sie der Welt freilich n i c h t unmittelbar vor Augen führen, so gewiß sie ja selbst nur eine menschliche Gemeinschaft ist, die seiner Offenbarung mit allen anderen zusammen erst entgegengeht. Sie kann und muß aber der sie umgebenden Menschheit in der Form, in der in ihrer Mitte nun eben sie existiert, E r i n n e r u n g an das Recht des auf Erden in Jesus Christus schon aufgerichteten Reiches Gottes – sie kann und muß ihr V e r h e i ß u n g seiner künftigen Offenbarung sein. Sie kann und soll ihr – *de facto,* ob sie es bemerkt oder nicht – vor Augen führen, daß es auf Erden jetzt schon eine Rechtsordnung gibt, die auf jene große Veränderung der menschlichen Situation begründet und auf deren Offenbarung hin ausgerichtet ist. Sie kann und soll denen da draußen nicht nur sagen, sondern durch die Tat vordemonstrieren, daß das weltliche Recht in der Form, in der sie es für verbindlich halten und außer der sie einander nicht zu kennen, nicht für brauchbar halten zu können meinen, jetzt schon kein letztes Wort ist, keine unbegrenzte Autorität und Macht haben kann, daß es nicht nur im Himmel, sondern auch auf Erden, nicht nur dereinst, sondern auch jetzt schon a u c h a n d e r s g e h t, als sie es bei der Bildung und Handhabung ihres Rechtes für allein möglich halten. Sie kann ihnen kein vollkommenes, endgültig geformtes, sondern auch nur ein gebrechliches, weil vorläufiges – sie kann und soll ihnen aber ein in seiner ganzen Gebrechlichkeit und Vorläufigkeit andersartiges, korrigiertes, über sich selbst hinausweisendes und insofern nun doch – höheres, b e s s e r e s menschliches Rechtsdenken und Rechtshandeln vorführen. Ihr können ja die Schranken, die Härten und Schwächen, das Unzureichende, Unbefriedigende, die tiefe Gefährdung und Gefährlichkeit eines nicht in Erkenntnis der Herrschaft Jesu Christi entworfenen *ius humanum* nicht verborgen sein. Sie weiß doch, daß es, soll es Recht, Ordnung, Frieden und Freiheit auf Erden auch nur in der Gebrechlichkeit und Vorläufigkeit der Jetztzeit geben, der Erkenntnis und der Anerkennung des Rechtes dessen bedürfte, der sie mit Gott versöhnt hat und in welchem die Heiligung der Menschheit schon Ereignis ist. Das Recht der Kirche ist das Ergebnis ihres Versuches, in E r k e n n t n i s u n d A n e r k e n n u n g d e s R e c h t e s J e s u C h r i s t i zu denken und zu handeln: in der ganzen, auch ihr eigenen Gebrechlichkeit und

Vorläufigkeit nun eben dieser menschliche Versuch! Von daher und darin ist es allem weltlichen Recht gegenüber – nicht in absolutem, aber in relativem Vorsprung. Von daher und darin bezeugt es allem Völkerrecht und Staatsrecht, allem Privatrecht und Strafrecht, allem Vermögensrecht und Vereinsrecht der Welt gegenüber das Evangelium vom Reiche Gottes. Die Gemeinde weiß wohl, daß sie selber es am Nötigsten hat, es zu hören und immer wieder zu hören. Das darf sie aber nicht hindern, das kann sie nur umsomehr verpflichten, es auch in der Welt – und nun eben auch in der Gestalt ihrer Rechtsordnung – zu Gehör zu bringen. Sie weiß ferner wohl, daß sie ihr das Recht Gottes nicht direkt, nicht unmittelbar, sondern nur eben in der gebrochenen Form dieses ihres menschlichen Rechtes gegenüberstellen kann, mit der sie auf das Recht Gottes auch im besten Fall nur hinzuweisen vermag. Aber eben diesen Hinweis zu vollziehen kann und darf sie sich selbst nicht ersparen und eben ihn kann und darf sie der Welt nicht vorenthalten. Schon dieser Hinweis in Gestalt ihres relativ höheren und besseren Rechtes könnte ja der Welt, auch wenn sie seinen Ursprung und Grund nicht erkennt, relativ hilfreich und heilsam und in dieser verhüllten Gestalt gute Botschaft sein: das Angebot von besseren Möglichkeiten, die sie noch nicht bedacht hat, die Einladung, ihr eigenes Rechtsdenken und Rechtshandeln mindestens in der Richtung auf die ihr hier gezeigten Möglichkeiten zu revidieren, ev. zu korrigieren: sie hier zu klären, dort zu vertiefen, hier zu vereinfachen, dort zu differenzieren, hier zu lockern, dort zu festigen. Die Gemeinde kann und darf der Welt diesen Hinweis darum nicht vorenthalten, sie muß sich ihr, indem sie ihr eigenes Recht bildet und handhabt, darum verantwortlich wissen, weil sie erkennt, daß Jesus Christus nicht nur den Anspruch, sondern, *sedens ad dexteram Patris omnipotentis* auch die Macht hat und ausübt, auch in der Welt zu herrschen, daß es also kein Zufall ist, wenn auch in der Welt, die ihn als den, der er ist, nicht kennt und anerkennt – und nun doch auch da in lauter Versuchen einer Bewegung vom Schlechteren zum Besseren – nach Recht gefragt und auch allerlei Recht gefunden und aufgerichtet wird. Die Gemeinde sieht in diesem Geschehen nicht nur ein Meer ewig sich erneuernden menschlichen Irrtums und Unrechts, sondern – in einer ihr undurchsichtigen, aber realen Weise – denselben Herrn am Werk, der ihr im Unterschied zur Welt offenbar ist, und dem sie sich, wieder im Unterschied zur Welt, bewußt verantwortlich und verpflichtet weiß. Sie kann also diesem Geschehen bei aller Einsicht in dessen Schranken und Schwächen weder ablehnend und feindselig, noch auch nur gleichgültig gegenüberstehen. Sie weiß sich an ihm beteiligt. Sie rechnet damit, daß es auch dort – eben von der Mitte her, die auch und zuerst ihre eigene Mitte ist – ein Rechtsempfinden und einen Weg vom schlechteren zum besseren Recht tatsächlich gibt. Und sie weiß sich selbst verantwortlich dafür, daß dieser Weg auch dort gesucht, gefunden und begangen werde: der Weg – nicht zum Reiche Gottes, denn von ihm kommt auch die Welt schon her, und seine Offenbarung kommt ohne alles menschliche Zutun – aber der Weg zu **etwas besserem Recht**, zu **etwas ernsthafterer Ordnung**, zu **etwas sichererem Frieden**, zu **etwas echterer Freiheit**, zu einer **etwas solideren Erhaltung** und Gestaltung des menschlichen Lebens und Zusammenlebens. Daß die Tragweite der in Jesus Christus geschehenen Heiligung der Menschheit sich auf sich selbst, auf die Versammlung der an ihn Glaubenden beschränke, daß sie nicht auch *extra muros ecclesiae* ihre Auswirkungen und Entsprechungen habe – das würde ja eine Meinung sein, in der die Gemeinde ihrem eigenen Bekenntnis zu ihrem Herrn allzusehr widersprechen würde. Rechnet sie aber mit ihrer Auswirkung und Entsprechung auch da draußen, dann wird sie sich der Aufgabe nicht entziehen können – sie wird es sich dann auch in aller Bescheidenheit zutrauen, vor Allem durch ihre eigene, auf ihre Erkenntnis und Anerkennung des Herrn Jesus Christus begründete Rechtsordnung zur **Besserung** auch des weltlichen Rechtes das **Ihrige** beizutragen.

Es möchte sein, daß die Vorbildlichkeit des Kirchenrechtes und damit der Beitrag der Gemeinde zur Besserung auch des weltlichen Rechtes einfach darin besteht, daß sie ihrer Umgebung das Faktum einer solchen Ordnung vor Augen führt, die als reine **Dienstordnung** die Dialektik von Leistung und Anspruch, Würde und Bürde, Nehmen und Geben grundsätzlich hinter sich hat. Weltliches Recht, auch das des besten Staates, wird diese kümmerliche Dialektik nie hinter sich, sondern als sein eigentliches Problem immer wieder vor sich haben. Und eben daran leidet es auch. Wie hilfreich könnte es auch innerhalb dieser Unvollkommenheit für die Meisterung des Rechtsproblems sein, im Kirchenrecht eine solche reine Dienstordnung wenigstens richtungweisend vor Augen zu haben!

Es möchte sein, daß die Vorbildlichkeit des Kirchenrechtes darin besteht, daß es der ihrerseits nach Recht fragenden Menschheit veranschaulicht, wie die Ordnung einer solchen Gemeinschaft aussieht, die sich selbst erstaunlicherweise **nicht** zum Rechtssubjekt qualifiziert weiß, die also **nicht** auf irgendeine historische Autorität und auch **nicht** auf die irgendeiner naturrechtlichen Spekulation angewiesen ist, sondern ... die Alternative: «auf die Autorität Jesu Christi» wird der Welt nicht einsichtig zu machen sein. Aber wird ihrem Rechtsdenken und Rechtshandeln nicht schon das gesund sein, sich mit der Rechtsfindung und dem Rechtsgebaren einer menschlichen Gemeinschaft konfrontiert zu finden, die von dem Fahren auf jenem Karussell dispensiert zu sein scheint? Wäre ihm nicht schon das hilfreich zu seiner eigenen Besserung, im Kirchenrecht nun eben dem Rätsel dieser Freiheit, dem Geheimnis eines der menschlichen Gemeinschaft **überlegenen Rechtssubjektes** begegnen zu müssen?

Es möchte dessen Vorbildlichkeit auch darin bestehen, daß es sich auf keine rechtsfremde **Macht** stützt – bei seiner Aufrichtung nicht und bei seiner Durchführung auch nicht – daß es gerade nur im **Vertrauen Aller zu Allen** zustande kommen und gehandhabt werden kann, eben in diesem Vertrauen aber tatsächlich zustande kommt und gehandhabt wird. Kein weltliches Recht wird sich an dieser Voraussetzung genügen lassen können und wollen. Aber könnte es nicht auch zu seiner Besserung dienlich, vielleicht unentbehrlich sein, durch die Existenz des Kirchenrechtes an die Basis erinnert zu werden, ohne deren Vorhandensein letztlich und endlich auch in Staat und Gesellschaft keine Ordnung zustande kommen und gehandhabt werden kann? Was hülfe ihm alle

4. Die Ordnung der Gemeinde

seine Beachtung erzwingende äußere Gewalt, wenn es nicht darüber hinaus an das Recht im Recht, nämlich eben an das Vertrauen der Menschen zueinander appellieren könnte?

Es möchte die Vorbildlichkeit des Kirchenrechtes weiter auch darin bestehen, daß es die in der christlichen Gemeinschaft vereinigten Menschen nicht nur unter bestimmten Gesichtspunkten bindet, sondern gänzlich miteinander verbindet, daß es sie gerade dort in den Schutz und unter die Kontrolle der Gemeinschaft stellt, wo das weltliche Recht seine Grenze hat: einen Jeden in seinem eigenen und eigentlichen Leben. Es gibt sich mit weniger als der gemeinsam und gegenseitig zu übernehmenden Verantwortlichkeit Aller für Alle – und das in jeder Hinsicht! – nicht zufrieden. Kein weltliches Recht wird es darin nachahmen können. Aber wird es zum Entstehen und zum Bestand rechten menschlichen Rechtes nicht gut, vielleicht geradezu erforderlich sein, daß die dafür Verantwortlichen konkret daran erinnert werden, daß jede ernstlich so zu nennende Gemeinschaft eigentlich Lebensgemeinschaft, Kommunion meint und ohne ganze Zuwendung der Einen zu den Anderen auch partiell letztlich nicht durchzuführen ist? Die Existenz des Kirchenrechtes könnte ihm das paradigmatisch sichtbar machen.

Es möchte weiter auch darin vorbildlich sein, daß es in ihm im Blick auf jedes einzelne Glied der Gemeinde – ob hoch oder niedrig, begabt oder weniger begabt, ob von dieser oder jener Herkunft und Art – in erster Linie schlechterdings um den Bruder geht. Weltliches Recht sieht den Menschen in lauter sachlichen Beziehungen. Es regelt seine Einordnung in das Gefüge der Gesellschaft und des Staates und die ihm von daher erwachsenden Verpflichtungen. Es schützt und begrenzt seinen Lebensraum, seine Tätigkeit, seinen Besitz, seine Ehre, es bestimmt die ihm erlaubten und die ihm versagten Freiheiten. Es erreicht aber nicht den Menschen selbst – obwohl und indem es doch in allen jenen Sachbeziehungen zuerst und zuletzt um den Menschen geht. Rechtes Kirchenrecht fängt auch in dieser Hinsicht genau dort an, wo alles weltliche Recht aufhört. Sollte es nicht auch diesem, auch wenn und indem es jenem seinem Bereiche treu bleibt – heilsam sein, konkret an den Menschen als an seinen eigentlichen Gegenstand erinnert zu werden?

Und vorbildlich möchte das Kirchenrecht schließlich auch in seinem Charakter als von Hause aus lebendiges Recht sein: als – vom göttlichen unterschiedenes – menschliches, als solches aber ernsthaftes und zugleich bewegtes, nach vorne aufgeschlossenes Recht – Recht in nach rückwärts wie nach vorwärts gleicher Verantwortlichkeit. Wissen die für das weltliche Recht Verantwortlichen, daß auch das von ihnen zu findende, zu hütende und anzuwendende Gesetz nur als lebendiges Gesetz richtiges Recht sein kann? Wieviele von seinen Härten und Schwachheiten sind dadurch bedingt, daß gerade das in Staat und Gesellschaft allzu leicht ignoriert oder wieder vergessen oder bewußt mißachtet wird? Die Kirche könnte es der Welt durch das in ihrer Mitte aufgerichtete Faktum ihres Rechtes warnend und ermutigend zu bedenken geben, daß wirkliche Gerechtigkeit schon in der Gebrechlichkeit und Vorläufigkeit der Jetztzeit kein gefrorener oder sonstwie stehender Tümpel sein kann, sondern, unablässig vom Schlechteren zum Besseren fließend, ein lebendiger Strom sein müßte.

Man verstehe die ganze Gegenüberstellung von kirchlichem und weltlichem Recht richtig! Die Welt mit ihrem Recht liegt im Argen. Sie liegt aber immerhin auch abgesehen von ihrer Konfrontierung mit der Kirche und ihrem Recht nicht nur im Argen! Sie ist doch auch in Gottes Hand, und seinem Gericht und seiner Gnade ist auch sie nicht entfallen. So gewiß es ja unter Gottes Anordnung und Führung geschieht, daß auch in der Welt außerhalb der Kirche nach Recht gefragt, Recht proklamiert, respektiert und praktiziert wird! So gewiß ja Jesus Christus Herr und König über Alle und Alles und als solcher auch *extra muros ecclesiae* nicht müßig ist. An dem ist es also nicht, daß das relativ Höhere, Bessere und insofern Vorbildliche des kirchlichen Rechtes der Welt und ihrem Recht notwendig, immer und überall schlechthin neu und fremd sein müßte. Wäre dem so, daß kirchliches und weltliches Recht sich schlechterdings beziehungslos, gegenseitig exklusiv gegenüberstünden, dann würde ja das mit dem kirchlichen dem weltlichen Recht gegenüber abzulegende Zeugnis unmöglich, gegenstandslos sein. Nun haben aber beide das Doppelte gemein, daß sie menschliches Recht sind und daß sie in ihrer ganzen Menschlichkeit anderswo als im Raume des göttlichen Rechtes weder aufgerichtet werden, noch Geltung und Kraft haben können. Ein Hinüber und Herüber zwischen ihnen wird von daher nicht prinzipiell ausgeschlossen, eine absolute Überlegenheit des kirchlichen dem weltlichen Recht gegenüber schon von daher nicht möglich sein. Wirklich – und nun allerdings *toto coelo* – überlegen ist es diesem schließlich doch nur von seinem Erkenntnisgrund her, während es in allen seinen jeweils von daher gewonnenen Gestaltungen – als das jeweilig erkannte und aufgerichtete Recht dieser Kirche zu dieser Zeit – an den Schranken und Schwächen des weltlichen Rechtes seinen nicht geringen Anteil haben wird. Eben sein Erkenntnisgrund – die Herrschaft Jesu Christi *ad dexteram Patris omnipotentis* – ist aber der Realgrund auch alles weltlichen Rechtes. Wie sollte es da zu erwarten sein, daß es in dessen Gestaltungen – mag ihnen, da sie nicht von der Erkenntnis des Grundes alles Rechtes herkommen, noch so viel fehlen – an Analogien (Entsprechungen!) zum kirchlichen Recht gänzlich fehlen werde? Von seinem Realgrund her, den es mit dem kirchlichen Recht gemeinsam hat, ist auch das weltliche gleichnisbedürftig und gleichnisfähig: gleichnisbedürftig, weil es gerade nur insofern Recht und nicht Unrecht ist, als die Herrschaft Jesu Christi faktisch auch in seiner Bildung und Handhabung wirksam ist – gleichnisfähig, weil die Herrschaft Jesu Christi sich faktisch auch in seiner Bildung und Handhabung auswirken kann. Mit seinem Anteil an dem Realgrund allen Rechtes wird also prinzipiell ebenso bestimmt zu rechnen sein, wie mit dem Anteil des kirchlichen Rechtes an den Schranken, Härten und Schwächen allen Weltrechtes. Und mit dem Sichtbarwerden von Analogieen, von λόγοι σπερματικοί des weltlichen Rechtes zum kirchlichen wird praktisch mindestens von Fall zu Fall ebenfalls zu rechnen sein. Gerade weil und indem die Kirche bei der Frage nach ihrem Recht sich strikte an die offenbare Herrschaft Jesu Christi zu halten hat, wird sie sich nicht weigern dürfen, sich durch faktische Auswirkungen auch außerhalb ihres eigenen Raumes an sie erinnern, vielleicht sich zu ihr zurückrufen zu lassen. Es möchte nämlich in ihrer Begegnung mit der Welt gerade auf diesem Gebiet gelegentlich wohl vorkommen, daß die Kinder der Welt sich faktisch als klüger erweisen als die Kinder des Lichtes, daß also die Kirche in der Frage nach

4. Die Ordnung der Gemeinde

ihrem Recht faktisch Anlaß bekommt, bei der Welt (die doch nicht weiß, was sie weiß!) in die Schule zu gehen, sich von denen da draußen bezeugen lassen zu müssen, was sie eigentlich ihnen zu bezeugen hätte. Sie wird sich dieser Möglichkeit gegenüber bei allem Wissen um die Selbständigkeit ihrer Aufgabe nicht verschließen dürfen.

Sie wird ihr aber, wenn sie Wirklichkeit werden sollte, nur dies entnehmen, daß sie selbst umso ernstlicher aufgefordert ist, das ihr aufgetragene Zeugnis nun erst recht – und nun eben besser als bisher – auszurichten. Und nun eben nicht in grämlichem Pessimismus: als ob es da draußen doch nicht vernommen und angenommen werden könne, sondern in der zuversichtlichen Erwartung, daß ihr Beitrag zu der Besserung, die nach Gottes Anordnung auch inmitten der Gebrechlichkeit und Vorläufigkeit alles jetzigen Geschehens Ereignis werden kann und soll, leistet sie ihn nur treulich, bestimmt nicht umsonst geleistet sein, sondern innerhalb der allem menschlichen Tun gesteckten Grenzen seine Früchte tragen wird. Nicht in der Aufrichtung des Rechtes und also des Reiches Gottes auf Erden! Nochmals: es ist ja schon aufgerichtet und seine Offenbarung kann und wird weder das Werk der Welt noch das der Kirche sein. Sagen wir aber bescheiden: in gewissen Klärungen und Vertiefungen, Vereinfachungen und Differenzierungen, Lockerungen und Befestigungen, in einer gewissen Korrektur des in der Welt geltenden Rechtes. Es hat solche wahrhaftig auf der ganzen Linie nötig. Sollte die Kirche nicht hören, wie die Menschen nach ihr schreien, nach Gerechtigkeit, Frieden und Freiheit in einer Gestalt und in einem Maß, wie sie ihnen in dem, was bisher «Recht» hieß, nicht geboten würden? Besserung ist dem Recht der Welt denn auch – und das gewiß nicht ohne daß das auch durch den Dienst der Kirche geschehen durfte – schon widerfahren. Wirkt ihr Zeugnis nicht vielleicht auf allerlei Wegen und Umwegen faktisch viel stärker, als christlicher Trübsinn und die hinter ihm verborgene christliche Trägheit es manchmal Wort haben möchten? Die Gemeinde lasse es sich nicht verdrießen, daß das Vorbild, das der Welt zu sein ihr aufgetragen ist, mehr als relativ korrigierende Wirkung da draußen nicht haben kann. Was würde es für die Welt und ihr Recht bedeuten, wenn sie bei dessen Bildung und Handhabung wenigstens beständig unter der bescheiden aber heilsam korrigierenden Einwirkung der Existenz der Gemeinde und ihres Rechtes stünde! Die Menschen in der Welt – und in ihr doch auch die christlichen Menschen! – leben davon, daß dieses Recht fern von aller Vollkommenheit wenigstens in der Korrektur begriffen ist. Lebt denn nicht auch die Gemeinde selbst und als solche davon, daß sie sich durch das Wort und den Geist ihres Herrn fort und fort korrigieren lassen darf? Sie wartet und hofft mit der Welt und für die Welt auf den Abend, an dem es licht sein wird. Unterdessen kann und darf es ihr nicht zu gering sein, in der Bemühung um ihr Recht das Recht Gottes vorläufig, aber real darzustellen und damit mitten in der Welt ihr und ihren Kindern eine vorläufige, aber reale Hilfe zu sein. Und eben darin wird sich ihr Recht als richtig erweisen: als vom Evangelium her Evangelium verkündigendes Recht.

§ 68

DER HEILIGE GEIST
UND DIE CHRISTLICHE LIEBE

Der Heilige Geist ist die belebende Macht, in der Jesus Christus einen sündigen Menschen in seine Gemeinde versetzt, ihm also die Freiheit gibt, der Liebe, in der Gott ihn in Überwindung seiner Trägheit und seines Elends zu sich gezogen und aufgerichtet hat, in tätiger Hingabe an ihn und an den Mitmenschen als Gottes Zeuge zu entsprechen.

1. DAS PROBLEM DER CHRISTLICHEN LIEBE

Wir wenden uns, am Ende dieses zweiten Teils der Versöhnungslehre, zum Problem des einzelnen christlichen Menschen. Es hat uns schon am Ende ihres ersten Teils beschäftigt und wird uns am Ende ihres dritten Teils noch einmal beschäftigen müssen. Der einzelne christliche Mensch – das ist der einzelne Christ, das einzelne Glied der christlichen Gemeinde und also des Leibes Jesu Christi als seiner irdisch-geschichtlichen Existenzform. Der einzelne Christ ist, wenn es um den Namen, das Reich, den Willen Gottes, um die Gnade und Wahl des Bundes und um dessen Erfüllung und so eben um die Versöhnung geht, nicht die Mitte aller Dinge. Er befindet sich nur im Umkreis der wirklichen Mitte. Er ist in dieser Sache weder Real- noch Erkenntnisgrund. Er empfängt und nimmt nur Anteil an dem, was da ist und zu erkennen ist: bedeutenden, höchst realen Anteil, aber doch nur Anteil. Er gehört zu der Versöhnung der Welt mit Gott – zunächst insofern, als er ja auch in der Welt, sofern sie also auch seine Versöhnung ist, auch ihn angeht. Er gehört aber entscheidend dazu, weil und indem er zu dem Menschen Jesus gehört, in welchem die Versöhnung der Welt mit Gott Ereignis ist. Kein einzelner Mensch, der nicht als solcher zu diesem Menschen gehörte, der nicht sein Bruder wäre. Das gilt aber vom Christen darum in besonderer Weise, weil seine menschliche Existenz dadurch verändert und neu bestimmt ist, daß ihm eben das, was für alle Menschen gilt, nicht verborgen, sondern offenbar ist, weil er, ein Mensch wie alle andern, in der Erkenntnis seiner Zugehörigkeit zu Jesus leben und nun eben doch ganz anders als die leben darf, die dieser Erkenntnis nicht teilhaftig sind. Daß Gott die Welt in Jesus Christus mit sich selber versöhnt hat, das ist für die Person jedes einzelnen Christen nicht nur wahr, wie es für alle Menschen wahr ist; das bekommt in seiner Existenz Gestalt. Ihm ist es gegeben, aktuell in der Gemeinschaft mit Jesus Christus, in und mit ihm zu leben. Darin und insofern empfängt und nimmt er seinen spezifischen Anteil an der in ihm geschehenen Versöhnung. Darum kann und muß, wenn von ihr die Rede ist, auch von ihm, muß endlich und zuletzt ausdrücklich gerade von ihm geredet werden. Nicht in ihm, geschweige denn durch ihn ist sie Ereignis, wohl aber so, daß sie ihn in jener besonderen Weise angeht, ihm in jener besonderen, für die allen Menschen zugewendete Gnade Gottes exemplarischen Weise zugute kommt: *de facto* und nicht nur *de iure*. Die Versöhnung der Welt mit Gott geschieht mit der ihr eigenen Kraft, die die Kraft Gottes ist. Die Existenz der christlichen Gemeinde und in und mit dieser die des Christen ist aber der Exponent dieses Geschehens. Und wenn dieses sich selbst offenbart, bezeugt und zu erkennen gibt, so ist daran als sekundärer Zeuge in und mit der christlichen Gemeinde doch auch jeder einzelne Christ beteiligt. So daß wir, um die Versöhnung vollständig und genau zu verstehen, abschließend doch auch ihn zu verstehen versuchen müssen: das überaus merkwürdige, das erstaunliche Faktum und Phänomen des Menschen, der zu ihrem Geschehen und zu dessen Offenbarung in jener besonderen Beziehung steht.

Wir haben ihn an der entsprechenden Stelle des ersten Teils der Versöhnungslehre unter der Bestimmung des Glaubens verstanden. Jesus Christus der Herr, der als Gottes Sohn im Gehorsam gegen seinen Vater für uns ein Knecht wurde, diese gnädige Herablassung Gottes als der Grund und die Kraft der Rechtfertigung des sündigen Menschen vor Gott war die jene erste Gestalt der Versöhnungslehre bestimmende Realität. Welche andere Frage konnte da im Blick auf den dieser Realität konfrontierten Menschen, den Christen, gestellt und beantwortet werden, als die des Adventsliedes: «Wie soll ich dich empfangen?» Was kann, darf, soll und muß der Mensch tun, zu dem der Schöpfer und Herr des Himmels und der Erde aus seiner ewigen Höhe, zu der er keinen Zutritt hat, in unbegreiflicher Güte, in überströmendem Erbarmen herniedergestiegen ist, um sich seiner damit anzunehmen, daß er selbst an seine Stelle tritt, seinen Fluch und seine Last auf sich selber nimmt: der Mensch, dem es kraft der erweckenden Macht des Heiligen Geistes geschenkt ist, Solches, daß Gott so für ihn ist, wahrzunehmen? Was bleibt da dem Christen übrig? Was ist da sein Teil? vielmehr: was ist ihm da zu tun erlaubt, aufgetragen, befohlen? in was besteht, da dem so ist und indem er darum wissen darf, seine, die christliche Freiheit? Hier kann es offenbar nur um Eines gehen, nämlich schlicht und eindeutig eben darum, den, der da zu ihm kommt, und das, was er in ihm und durch ihn geschenkt bekommt, zu empfangen, aufzunehmen, in vorbehaltloser, kindlicher Zuversicht sich das gefallen zu lassen, sich daran zu halten, daß Gott für ihn ist, das zu anerkennen, zu erkennen und zu bekennen, sich auf diesen Boden zu stellen und ohne Wanken und Schwanken auf ihm zu wandeln, damit sich zufrieden zu geben und daran sich zu freuen, darin immer wieder zur Ruhe zu kommen, daß er das sein darf: Gottes Kind, ganz unverdient, aber ganz gewiß. Dieses lebendige, tätige Empfangen ist der Glaube: der Glaube der christlichen Gemeinde und in ihr der Glaube jedes einzelnen Christen. Das «Christentum» besteht auch ganz in diesem Empfangen und also in der Tat des Glaubens.

«Auch ganz» – so wird es wohl richtig gesagt sein. Exklusiv dürfte das nämlich nicht gesagt werden. Das Christentum besteht wohl ganz und nun doch nicht ausschließlich in diesem Empfangen und also wohl ganz, aber nicht ausschließlich in der Tat des Glaubens.

Das vorhin zitierte Adventslied von P. Gerhardt ist ein einziger Hymnus auf die Rechtfertigung allein durch den Glauben. Kein Wort, das zu entbehren wäre! Die Fortsetzung des angeführten Anfangs lautet aber immerhin: «Wie soll ich dich empfangen und wie begegn ich dir...?» Und dann: «O Jesu, Jesu, setze mir selbst die Fackel bei, damit, was dich ergötze, mir kund und wissend sei.» Und von «dem, der ihn liebt und sucht» und im Weltgericht von Jesus als solcher erfunden werden wird, ist dann auch in der Schlußstrophe die Rede. Der Protestantismus – wie man sieht: auch der lutherische Protestantismus – des 17. und 18. Jahrhunderts hat das, was damit angedeutet ist, auf mannigfachen, teilweise dann leider auch unguten Wegen zu Ehren zu bringen versucht. Wir haben dieses Anliegen aufzunehmen: «Und wie begegn ich dir?» Darüber und von da aus ist weiter nachzudenken.

Das Geschehen der Versöhnung der Welt mit Gott hat ja auch den Aspekt, der uns nun vom Anfang dieses zweiten Teils der Versöhnungslehre her beschäftigt hat: den Aspekt des hohepriesterlichen nicht nur, sondern in ungeminderter Klarheit auch den des königlichen Amtes Jesu Christi, in dessen Ausübung er, der Knecht, als Mensch wie wir und in unserer Mitte zum Herrn erhoben wird, der als solcher den sündigen, den in seiner Sünde trägen und elenden Menschen in der Macht Gottes zu sich, nach sich zieht und aufrichtet. Und so hat es nicht nur die Gestalt der Rechtfertigung dieses Menschen, der ihm zugesprochenen Vergebung seiner Sünden, seiner freien Aufnahme in die Kindschaft Gottes, sondern auch die seiner Heiligung, seiner ebenso gnädigen Beanspruchung, Begabung und Einsetzung zum Gehorsam, zum Dienst, zum Werk. Dementsprechend wird nun zu sagen sein, daß es sich in der Lebenstat des christlichen Menschen nicht nur rein und ganz um jenes Empfangen, sondern in derselben Reinheit und Ganzheit auch um die Entscheidung für eine bestimmte Richtung der menschlichen Lebensbewegung und um des Menschen Aufbruch in dieser Richtung handelt. Ein neuer, der wahre Mensch, ist in Jesus Christus dynamisch auf den menschlichen Plan getreten, Umkehr und Nachfolge nicht nur anbietend, sondern in der belebenden Macht seines Heiligen Geistes in die Umkehr und Nachfolge rufend und versetzend. Sind die Christen die Menschen, denen Jesus Christus als dieser neue, wahre Mensch und in ihm ihre eigene schon vollbrachte Heiligung offenbar und gegenwärtig ist, die sich ihm als ihrem erstgeborenen Bruder zugeordnet, als ihrem dazu von Ewigkeit her eingesetzten König untergeordnet wissen, dann existieren sie, wie total in der Tat jenes Empfangens und also des Glaubens, so ebenso total in der Tat, in der sie diese ihre Zuordnung und Unterordnung dem von Gott erhöhten Menschen Jesus gegenüber bestätigen dürfen und müssen: nicht aus eigenem Antrieb und nicht in eigenem Können, aber eben in der belebenden Macht des Heiligen Geistes in der Einheit dieser zweiten Tat mit jener ersten. Die zweite Tat ist die des reinen ganzen Wahrmachens eben dessen, was die Christen als die in der Tat ihres Glaubens rein und ganz Empfangenden sind: die Tat eines jenem Empfangen entsprechenden reinen, ganzen Gebens, Hergebens, Hingebens. «Und wie begegn ich dir?» Antwort: in der dem großen Empfangen entsprechenden großen Hingabe, in der «was dich ergötze» Ereignis wird.

Eine Erinnerung an den Zusammenhang, in welchem wir auf diese Sache zu sprechen kommen, ist, bevor wir ihr nähertreten, unvermeidlich. Es ging im vorangehenden Paragraphen um den Aufbau der christlichen Gemeinde. Das Gegenüber Jesu Christi, das als vorläufige Darstellung der in ihm mit Gott versöhnten Menschenwelt zugleich sein Leib, seine eigene irdisch-geschichtliche Existenzform ist, ist ja unter allen Aspekten seines Werkes zunächst nicht der einzelne Christ als solcher, d. h. als Individuum, sondern seine Gemeinde. In ihr ist es auch der einzelne Christ: als ihr lebendiges Glied, in der Freiheit, die ihm als einem solchen geschenkt ist. Seine Bestimmung zum Glauben und also zum Empfangen dessen, was der Welt durch die Herablassung des Sohnes Gottes in unser Fleisch geschenkt ist, ist seine Bestimmung zum Glauben in und mit der Gemeinde. Er hat ihn nicht für sich, sondern als Einer, der in der Gemeinschaft der Heiligen lebt, kraft der erweckenden Macht des Heiligen Geistes an ihrer Versammlung, an ihrem gemeinsamen Anerkennen, Erkennen, Bekennen Jesu Christi teilnimmt. Ebenso ist ihm aber auch die in der Erhöhung des Menschen Jesus begründete Freiheit zu jener Hingabe nicht privatim, sondern nur damit gegeben, daß er durch die belebende Macht desselben Heiligen Geistes in die Gemeinde Jesu Christi versetzt, zu ihrem lebendigen Glied gemacht ist. Umgekehrt ist freilich von der christlichen Gemeinde – ob man sie nun von der Herablassung des Sohnes Gottes oder, wie wir es im vorigen Paragraphen taten, von der Erhöhung des Menschensohnes her betrachtet – zu sagen, daß sie ja nicht als amorphes Kollektiv, sondern nur als die differenzierte Gemeinschaft der Heiligen und also in diesen existiert: in den einzelnen Christen, in dem, was sie alle gemeinsam und zugleich je persönlich auszeichnet, in der Tat ihres Empfangens und nun also in der Tat ihrer Hingabe. Es handelt sich also in der Existenz der Gemeinde und in der der einzelnen Christen sachlich um dasselbe durch den Heiligen Geist bewirkte Geschehen, dessen primäres Subjekt Jesus Christus ist – man darf die Formel wohl wagen: dort um die makrokosmische, hier um die mikrokosmische Gestalt dieses Geschehens. Angewendet auf die uns jetzt besonders interessierende Bestimmung: in und mit dem Aufbau der christlichen Gemeinde vollzieht sich als jene andere, von der ersten nicht zu trennende Tat des einzelnen Christen das, was wir jetzt vorläufig die Tat der Hingabe nannten. Und umgekehrt: in und mit dieser Tat des einzelnen, mit allen seinesgleichen verbundenen Christen vollzieht sich der Aufbau der christlichen Gemeinde.

Hingabe – wir benennen diese Tat jetzt mit ihrem biblischen Namen, wir reden von der christlichen Liebe. Als Hingabe steht die Liebe dem Glauben als Empfangen gegenüber. Wie es sich auf der Seite Gottes in der Erniedrigung und Erhöhung Jesu Christi, und also in der Rechtfertigung und Heiligung und in dem sie offenbarenden Werk seines Heiligen Geistes nicht um zwei geschiedene göttliche Aktionen, sondern um zwei ungetrennte, gleichzeitig wirksame, aber allerdings unterschiedliche Momente und Gestalten der einen Gottestat handelt, so sind auch Glauben und Liebe, Empfangen und Hingabe auf Seiten des Menschen zwei nicht zu scheidende, nur eben zu unterscheidende Momente der einen Lebensbewegung und Tat, die die christliche Existenz ausmacht. Sie stehen sich also nur relativ gegenüber, und man wird die Liebe kaum beschreiben können, ohne (mit anderen Worten!) von Begriffen und Anschauungen Gebrauch zu machen, mit denen auch der Glaube zu beschreiben ist, und umgekehrt den Glauben nicht, ohne daß man ihm gewisse, eigentlich der Liebe zukommende Züge beilegt.

In diesem relativen Sinn werden gerade Glaube und Liebe im Neuen Testament – ihm im besonderen haben wir ja diese Begriffe entnommen – nicht selten gegenüber- und zusammengestellt: Glaube und Liebe allein 1. Thess. 3,6, 1. Tim. 1,14; 4,12 u. 2. Tim. 1,13 – Glaube und Liebe mit «Hoffnung» zusammen 1. Thess. 1,3; 5,8, 1. Kor. 13,13 – Glaube und Liebe mit «Geduld» zusammen 1. Tim. 6,11, Tit. 2,2 – Glaube und Liebe mit «Friede» zusammen 2. Tim. 2,22. Es handelt sich in den allgemeinen Charakterisierungen des christlichen Tuns, wie sie in diesen und ähnlichen Stellen versucht werden, offenbar um zwei und mehr in besonderer Weise aufeinander bezogene Begriffe. Uns interessiert jetzt die besondere Beziehung zwischen Glaube und Liebe.

Sehr instruktiv für den Sinn dieser Verbindung ist natürlich die berühmte Stelle Gal. 5,6, wo der Beschnittenheit der Juden und der Unbeschnittenheit der Heiden als das in Jesus Christus Gültige die πίστις δι' ἀγάπης ἐνεργουμένη entgegengestellt wird. Daß es so etwas wie die Jak. 2,14–26 visierte und kritisierte πίστις, die keine ἔργα hat, einen untätigen, wohl gar in einem bloßen Wissen sich erschöpfenden, dort v 26 mit Recht als geistlos und also tot bezeichneten christlichen Glauben geben möchte, daran hat Paulus bestimmt auch im Traum nie gedacht, und damit hat er auch in jener Stelle nicht etwa als mit einer Alternative gerechnet. Es gibt keinen anderen Glauben als den «der in der Liebe tätig ist». Die von ihm und auch vom übrigen Neuen Testament, wenn positiv darüber geredet wird, sogenannte πίστις ist als solche ἐνεργουμένη, je eine bestimmte Tat, und, wenn allgemein von ihr geredet wird, unter einem bestimmten Aspekt gesehen, die ganze spezifisch christliche Lebenstat. Eben als solche wird sie Gal. 5,6 den bloßen Zuständlichkeiten der jüdischen περιτομή und der heidnischen ἀκροβυστία sinnvoll gegenübergestellt. Nicht erst in der ἀγάπη, die als ein Zweites zu ihr hinzuträte (sie, wie man später gesagt hat, «formierte») wird sie also ἐνεργουμένη, wohl aber erweist sie sich darin als solche, daß dieselbe eine christliche Tat auch den Charakter der ἀγάπη hat – wir interpretieren: indem sie wie reines, ganzes Empfangen, so auch reine, ganze Hingabe ist – als δι'ἀγάπης ἐνεργουμένη. Sollte zur Vermeidung jenes Mißverständnisses nicht auch das beachtet werden, daß die Christen gerade von Paulus aktivisch als πιστεύοντες bzw. πιστοί, umgekehrt aber nicht etwa als ἀγαπῶντες, sondern passivisch (an so vielen Stellen fast technisch) als ἀγαπητοί bezeichnet werden: gerade im Blick auf die Seite ihrer Existenz also, in der deren Tatcharakter zwar nicht anfängt, aber konkret in die Augen springt?

Daß eben dies im Besonderen von der ἀγάπη zu sagen ist, ist die Erklärung der Stelle 1. Kor. 13,13, die wir hier ebenfalls vorweg nehmen. Als die gegenwärtige Realität, die auch in der künftigen, der letzten Offenbarung Bestand haben wird, in der doch so viele, auch christliche, auch geistgewirkte Tätigkeiten ihrer Fortsetzung beraubt, zu ihrem Ziel gekommen, aufhören und insofern dahinfallen werden, «bleibt» (man beachte den Singularis!) als das jetzt und hier Wesentliche und über das Ende aller Dinge hinaus Beständige «Glaube, Hoffnung, Liebe, diese drei». Und nun der merkwürdige Nachsatz: μείζων δὲ τούτων, größer als diese (als Glaube und Hoffnung offenbar), diese überragend die ἀγάπη. Wieso diese überragend? Gewiß nicht als das nun endlich und zuletzt doch allein Wesentliche und Eigentliche und also Bleibende. Als solches ist ja vorher mit der Liebe auch der Glaube und die Hoffnung den v 8 erwähnten Geistesgaben und Tätigkeiten (Prophetie, Zungenrede, Erkenntnis) gegenüber ausgezeichnet worden. Es überragt aber die Liebe den Glauben und die Hoffnung innerhalb des triadischen Begriffs, in welchem die christliche Existenz in ihrem wesentlichen und bleibenden Charakter beschrieben und von ihren vorübergehenden Merkmalen und Äußerungen unterschieden wird, sofern eben in ihr ihr Tatcharakter (der Tatcharakter auch des Glaubens und der Hoffnung!) sichtbar wird, in die Augen springt. Es antwortet ja das ganze Kapitel 1. Kor. 13 auf die Frage nach dem christlichen «Weg». Die korinthische Gemeinde meint ihn im Besitz jener Geistesgaben und in Ausübung der entsprechenden Tätigkeiten zu sehen. Paulus beanstandet es nicht, daß sie das tut; er ermuntert sie, das auch fernerhin zu tun. Er macht sie aber (schon im Blick auf die Uneinigkeiten und Unordnungen, in die sie dabei hineingelaufen sind) auf den Weg, auf die Tat aufmerksam, die in und über allen jenen Tätigkeiten die καθ'ὑπερβολὴν ὁδός (1. Kor. 12,31) ist und als solche zu verstehen ist. Eben als diesen eigentlichen Weg beschreibt dann das Kapitel die ἀγάπη. Warum nicht wie Hebr. 11 die πίστις, die ja gerade dort so unverkennbar Tatcharakter hat? Warum nicht die ἐλπίς, von der an sich das Gleiche gesagt werden könnte? Sie sind, wie v 13 zeigt, nicht vergessen: der «köstlichere Weg», auf den Paulus die Korinther hinweist, ist der Weg des Glaubens und der Hoffnung und der Liebe. Sie sind miteinander das im Unterschied zu allen jenen Tätigkeiten Wesentliche und Bleibende der christlichen Lebenstat. Es war aber hier darum gerade die Liebe zu nennen und zu beschreiben, weil es ja in diesem Zusammenhang eben darauf ankam, die wesentliche und bleibende christliche Tat als solche von den nicht wesentlichen und vorübergehenden christlichen Tätigkeiten abzuheben. Es mußte hier an der Liebe und es konnte so nur an der Liebe klar gemacht werden, wie der «köstlichere Weg» aussieht, den die korinthischen Christen, indem sie den Weg jener Tätigkeiten gingen und immerhin gehen mochten, als den Weg und die Tat zu vergessen schienen und doch ja nicht vergessen sollten. Die eigentliche, jetzt zu lebende und das Feuer des letzten Gerichtes überdauernde christliche Existenz ist in ihrer Ganzheit Weg und Tat. Aber eben daß sie das ist, beweist sie und es wird darin erkennbar, daß sie Liebe ist.

Ein drittes paulinisches Wort sei hier gleich auch noch im voraus berücksichtigt, der lapidare Satz Röm 13,10: πλήρωμα οὖν νόμου ἡ ἀγάπη, weil er wieder zeigt, wie sich die christliche Lebenstat als solche eben in der Liebe zuspitzt und erkennbar macht. Daß von der christlichen Tat die Rede ist, macht der vorangegangene Satz v 8 unzweifelhaft deutlich: ὁ γὰρ ἀγαπῶν τὸν ἕτερον νόμον πεπλήρωκεν. Die Meinung ist im Zusammenhang diese: wer das tut, was das Gesetz im Blick auf den Nächsten fordert, wer ihn also liebt, der bewährt und erweist sich damit als ein solcher, der das Gesetz überhaupt erfüllt, der insbesondere auch Gott liebt. Gottesliebe ohne die von demselben Gottesgesetz geforderte Nächstenliebe wäre auch nicht die von ihm geforderte Gottesliebe. Wir werden später darauf zurückkommen. Hier interessiert uns nur das Grundsätzliche: das Gesetz fordert ein bestimmtes Tun. Dieses Tun ist die Liebe. Also ist die Liebe des Gesetzes Erfüllung. Ist da Einer, der liebt, der hat damit getan, was das Gesetz fordert, der hat es erfüllt. Das könnte vom Glauben – abstrakt genommen und betrachtet – so nicht gesagt werden (von der Hoffnung auch nicht, von der Geduld auch nicht!). Tat, ein Moment und Aspekt der einen christlichen Lebenstat ist zwar auch der Glaube. Sie ist aber als Glaube die Tat eines reinen, ganzen Empfangens. Als diese Tat kommt sie von der in Jesus Christus für uns geschehenen Erfüllung des Gesetzes – weit entfernt davon, sie erfüllen zu müssen und erfüllen zu wollen – nur eben in Dankbarkeit her. Aber nun kennt ja Paulus (und kennt, wo es positiv redet, auch das übrige Neue Testament) gerade keinen abstrakt zu nehmenden und zu betrachtenden Glauben, sondern nur den, der die Liebe (auch die Hoffnung, auch die Geduld, auch den Frieden!) als Komplement innerhalb der einen christlichen Lebenstat bei sich hat. Eben in der Liebe (wieder nicht in einer abstrakten Liebe, sondern in der, in der eben der Glaube tätig ist), in der jenem Empfangen entsprechenden Hingabe erfüllt aber der Christ das Gesetz, tut er, was Gott fordert und was vor ihm recht ist. Daß die Liebe die Menge der Sünden verhüllt, bedeckt, ist 1. Petr. 4,8 zunächst von den Sünden des zu liebenden Nächsten gesagt, gilt aber auch von den Sünden dessen, der ihm gegenüber Liebe übt. Indem er das tut – und der Christ tut das – handelt er als ein vor Gott Gerechtfertigter, tritt er also – in und mit dem, was er selbst tut jetzt! – über die Schwelle eines sturmfreien, eines sündenfreien Raumes. Als im Glauben rein und ganz Empfangender ist er dazu ermächtigt, dazu frei, überschreitet er jene Schwelle. *Ama et fac quod vis!* Liebst du christlich, so kannst und wirst du darin nicht sündigen. Nur wenn du nicht oder eben nicht christlich liebst, kannst du sündigen, wirst du freilich ganz bestimmt sündigen. Wer christlich liebt, den kann das Gesetz nicht verklagen, der bleibt hinter seiner Forderung nicht zurück, der erfüllt es. Denn von seiner reinen, ganzen Hingabe in der Liebe ist nicht zu trennen, mit ihr ist Eines das reine, ganze Empfangen der Rechtfertigung allein durch den Glauben. Und umgekehrt: daß Gott es mit ihm, dem Sünder, unverdienter Weise, aber in allem Ernst, gut meint und macht und daß er das erkennen darf, das bestätigt der Christ mit der Tat dieser Hingabe: «Ihr sind ihre vielen Sünden vergeben, denn sie hat viel geliebt!» (Luk. 7,47) Tut der Mensch diese Tat, so ist der Wille Gottes in seinem Leben nicht ungetan, sondern getan, sein Gesetz nicht unerfüllt, sondern erfüllt.

Wir haben den Begriff der Liebe zunächst allgemein gleichgesetzt bzw. erklärt mit dem der Hingabe. Es geht – wir reden von der christlichen Liebe – um eine Bewegung, in der sich der Mensch (der früher besprochene Begriff der «Selbstverleugnung» ist hier am Anfang in nächster Nähe) von sich selbst abwendet. Das ist aber nur der kritische Anfang, in dessen Fortsetzung die Liebe sich einem Anderen, einem von dem liebenden Subjekt gänzlich verschiedenen Anderen zuwendet. Sie tut das aber – der kritische Anfang bleibt nicht zurück, sondern setzt sich in der Fortsetzung durch – indem sie sich diesem Anderen, dem Geliebten, nicht etwa im Interesse des liebenden Subjektes zuwendet: weder in dem Sinn, daß dieses das geliebte Objekt um irgend eines ihm eignenden Wertes willen und für irgend einen Zweck für sich zu haben begehrt, noch in dem Sinn, daß es in diesem Begehren als solchem sich selber ausleben will. Die christliche Liebe wendet sich dem Anderen um dessen selbst willen zu. Sie begehrt es nicht für sich. Sie begehrt es überhaupt nicht. Sie liebt es, weil und indem es in seinem Wert oder auch in seinem Unwert als dieses Andere da ist, gerade als dieses Andere. Sie liebt es frei. Sie ist aber noch mehr als diese Zuwendung: in der christlichen Liebe gibt nämlich das liebende Subjekt dem Anderen, dem Geliebten, das, was es hat, was sein ist, was ihm gehört, ohne Rücksicht auf das Recht und den Anspruch, den es selber darauf hat, ohne Rücksicht auf den anderweitigen Gebrauch, den es davon machen könnte und wohl auch möchte, wieder in Bewährung der Freiheit sich selbst gegenüber, in welcher sein Lieben seinen kritischen Anfang hat, in grundsätzlich unbeschränkter Freigebigkeit. Eben diese Freigebigkeit beschränkt sich aber wieder nicht auf das, was das liebende Subjekt so oder so «hat», sondern in der christlichen Liebe greift das liebende Subjekt gewissermaßen hinter sich, ergreift es eben das, was es am Anfang verleugnet, wovon es sich dort abgewendet hat, nämlich sich selbst, um (es würde Alles fehlen, wenn dieses Letzte fehlte!) gerade sich selbst zu geben, wegzugeben, an das Andere, dem es um dessen selbst willen zugewendet ist, hinzugeben. Dazu hat der liebende Mensch seine Verfügung über sich selbst aufgegeben: um gerade sich selbst dem Anderen, dem Geliebten zur Verfügung zu stellen. Dazu ist er frei. In dieser Freiheit liebt der christlich Liebende. Wo diese Bewegung in allen ihren Momenten vollzogen wird und schließlich in dieser Hingabe des liebenden Subjektes zu ihrem Ziele kommt, da wird christlich geliebt. Und diese Bewegung ist, mit der des Glaubens (auch mit der der Hoffnung usw.) zusammen, unabtrennbar von diesem und gleichzeitig mit ihm vollzogen, je im Einzelnen und schließlich im Ganzen die christliche Lebenstat. Ihr Vollzug ist das besondere Problem der christlichen Liebe.

Sie unterscheidet sich, wie aus dieser allgemeinen Analyse bereits ersichtlich, von einer anderen menschlichen Lebensbewegung, die auch «Liebe» heißt und in ihrer Weise ist, die aber von Anfang an und bis zu ihrem Ziel in einer ganz anderen Weise und Richtung verläuft. Versuchen wir es, um dem Bilde der uns interessierenden Bewegung Relief zu geben, auch diese andere Liebe kurz zu analysieren. Sie hebt, weit entfernt von aller Selbstverleugnung, an in einer eigentümlich unkritischen Intensivierung und Verstärkung der natürlichen Selbstbehauptung. Eben in ihr findet sich jetzt das «liebende» Subjekt zur Zuwendung zu einem Anderen aufgerufen und angeregt. Es hungert, und nun verlangt es nach der Speise, die ihm dieses Andere zu bieten scheint. So ist es interessiert an diesem Anderen. Es braucht es um irgend eines ihm eignenden Wertes willen und zu irgend einem Zwecke. Indem dieses Andere ihm etwas verspricht – sich selbst in irgend einer seiner Eigenschaften – begehrt der

Mensch danach, es zu besitzen, darüber zu verfügen, es zu genießen. Er will es für sich haben: zur Erhaltung, Erhöhung, Vertiefung, Erweiterung, Beleuchtung, Bereicherung seiner eigenen Existenz, vielleicht auch einfach im Bedürfnis sich selbst zu äußern, zu betätigen, vielleicht noch einfacher: in einem bei aller Unruhe sich selbst genügenden Begehren. Und so geschieht es, daß der Mensch, was sein ist, wie sehr er es scheinbar herschenken, an das geliebte Objekt verschwenden und verschleudern mag, doch nicht hergibt, vielmehr als das Seinige als Mittel zur Gewinnung, zur Sicherung und zum Genuß des Geliebten spielen läßt (wie der Pfau seinen Schweif vor dem Weibchen oder umgekehrt: wie so manches Menschenweibchen seine inneren und äußeren, natürlichen und künstlichen Vorzüge spielen läßt als seinen Besitz, damit auch das Männchen sein werde!). Und so geschieht es weiter, daß der «Liebende», wie sehr er scheinbar sich selbst vergesse, wie sehr er in der Richtung auf das geliebte Objekt über sich selbst hinausfliege – je nach dessen Art vielleicht in höchste, edelste, geistigste Höhen und über sie hinaus – ihm gegenüber sich selbst nur erst recht behält, indem er es gewinnt, besitzt und genießt, nur erst recht sich selbst meint, bestätigt und entfaltet. Einigung mit dem Geliebten als das höchste Ziel dieser Liebe besteht bei aller Entäußerung auf Seiten des liebenden Menschen darin, daß er das geliebte Objekt zu sich nimmt – um nicht ausdrücklich zu sagen: verschlingt und verzehrt – mit dem Ergebnis, daß er nachher (wie der Wolf, nachdem er das Rotkäppchen samt der Großmutter gefressen hat) vorläufig allein auf dem Platze bleibt. Es verläuft eben die Bewegung dieser Liebe in Form eines Kreises: mag sie über alles Endliche hinaus ins Unendliche ausholen wollen, so ist sie doch von ihrem Anfang her so angelegt, daß sie endlich und zuletzt (und wäre es auf dem Umweg über die Unendlichkeit!) doch wieder zu ihrem Anfang zurückkehren muß. Ihre Objekte brauchen ja wahrlich nicht nur sinnlicher Art zu sein. Sie kann sich auf das Schöne, Wahre und Gute richten. Sie kann es auch in ihrer sexuellen Gestalt nicht nur auf den Leib, sondern (vielleicht ganz und gar) auf die Seele des Anderen abgesehen haben. Sie kann über alle anderen Güter und Werte hinaus auf die Gottheit und auf diese in ihrer reinsten Gestalt sich beziehen, sie kann die herrlichste Gottesminne sein. Sie wird aber in allen ihren Gestalten nehmende, erobernde, possessive Liebe, Selbstliebe sein und sich so oder so als solche verraten.

Eben als solche ist sie das genaue Gegenspiel der christlichen – der Liebe, die als Hingabe des Liebenden an das Geliebte zu ihrem Ziele strebt und kommt. Man gebe sich freilich Rechenschaft darüber, was man wagt, wenn man sie von der christlichen Liebe her kritisieren und disqualifizieren will. Einmal darum, weil es bestimmt keinen Christen gibt, der nicht, der ihm erlaubten und gebotenen christlichen Liebe ungeachtet, in feinerer oder massiverer Form (und wahrscheinlich in beiden) auch so, auch nach Maßgabe dieser ganz anderen Liebe «liebt» – keinen also, der sich nicht durch jedes Wort, das für jene und gegen diese gesagt werden kann, als zuerst betroffen ansehen und also so viel vor seiner eigenen Türe zu wischen finden müßte, daß ihm die allzu laute Anpreisung der christlichen Liebe und der allzu laute Tadel der theoretischen und der praktischen, der griechischen und der sonstigen Gestalten jener anderen Liebe wohl für lange verwehrt sein möchte. Zu einer gewissen Zurückhaltung wird dann aber vor allem auch die Tatsache mahnen, daß zu den Freunden jener anderen Liebe nun einmal gerade gewisse größte Gestalten der menschlichen Geistesgeschichte gehören, denen in kurz entschlossener Christlichkeit abzusagen und den Rücken zu kehren besonders für den, der sie vielleicht nicht einmal ordentlich kennt und zu schätzen weiß, ein höchst bedenkliches Unternehmen sein dürfte. Dazu die weitere Tatsache, daß wir Alle, auch wir Christen, inmitten einer Welt existieren, die nicht nur in ihren lebensnotwendigsten, sondern auch in ihren besten und schönsten Erscheinungen nicht oder kaum durch die christliche, sondern in der Hauptsache gerade durch jene ganz andere Liebe aufgebaut ist, daß wir von ihren Werken, Früchten, Errungenschaften leben, so daß der Christ, indem er sie von der christlichen Liebe her in Frage stellt, es auf alle Fälle auf sich nimmt, selber als eine sehr fragwürdige Erscheinung dazustehen. Es ist die ganze Fremdartigkeit des Christentums gegenüber der es umgebenden Welt, die in der – noch einmal betont: auch mitten durch den Christen selbst hindurchlaufenden – Geschiedenheit der christlichen von jener anderen Liebe sichtbar wird.

Das Alles darf uns nun aber nicht hindern an der nüchternen Feststellung dieser Geschiedenheit. Die christliche Liebe will mit jener anderen tatsächlich nicht verwechselt sein: mit keiner von den Gestalten dieser anderen, auch nicht mit den höchsten und reinsten unter ihnen – wie übrigens auch jene andere Liebe ihrerseits mit der christlichen notorisch nicht verwechselt sein will. Die christliche Liebe will aber mit jener anderen auch nicht vermischt, nicht synthetisch zu einem höheren Dritten verbunden werden. Man kann für jene andere Liebe also nicht etwa mit der Behauptung eintreten, daß sie eine Art Vorstufe der christlichen Liebe sei. Und man kann umgekehrt die christliche Liebe nicht damit empfehlen wollen, daß man sie als die gereinigte Form, die höchste Spitze jener anderen Liebe ausgibt und darstellt. Es gibt wohl ein Gemeinsames zwischen dieser und jener Liebe – wir werden darauf noch zu reden kommen. Aber merkwürdigerweise gerade von diesem Gemeinsamen her muß und wird es zwischen beiden immer wieder zur Entscheidung und zu Entscheidungen kommen: in der Geschichte der christlichen Gemeinde in ihrem Verhältnis zur Welt, in der Geschichte der christlichen Gemeinde selbst, die ja auch Welt ist und aus Menschen besteht, die samt und sonders von beiden bewegt sind und nun doch unmöglich von beiden zugleich und in gleicher Weise bewegt sein können – und schließlich und vor allem in diesen Menschen selbst, in den Lebensgeschichten der Christen.

Man wird sich ja schon bei einem oberflächlichen Blick auf die beiden Phänome und Begriffe, vielmehr: auf die Wirklichkeiten dieser und jener Liebe unmöglich verbergen können, daß es sich um zwei gerade in umgekehrter Richtung verlaufende Bewegungen handelt, von denen die eine nicht mit der anderen zusammen, sondern je nur im Gegensatz zu dieser, im Streit gegen sie, vollzogen werden kann. Es kann weder die erste in die zweite, noch die zweite in die erste übergehen und umgedeutet werden. Der Mensch liebt entweder so oder so und hat zu wählen, ob er so oder so lieben will. Und wenn er faktisch nebeneinander so und so liebt – und es verhält sich auch im christlichen Menschen so, daß er faktisch nebeneinander so und so liebt – dann kann dieses Nebeneinander nur in jener «Auseinandersetzung» stattfinden, von der hier, als wir von der «Umkehr» sprachen, die Rede war. Wo die christliche Liebe auf den Plan tritt, da hebt sofort die Auseinandersetzung zwischen ihr und jener anderen Liebe an, und da kann sie von daher nicht mehr aufhören. Christliches Leben ist Dasein in der Geschichte der Unterscheidung dieser und jener Liebe. Es hätte noch gar nicht angefangen oder es wäre wieder erloschen, wo der Mensch sich überlegen, neutral, nach beiden Seiten tolerant, zwischen beide hineinstellen wollte und könnte, wo die christliche Liebe (eben daran als solche sterbend!) sich zu einem Ausgleich mit jener anderen Liebe herbeilassen würde. Nicht der Moment jenes andersartigen Liebens als solcher, wohl aber jeder Moment der Toleranz, des Ausgleichs der christlichen Liebe mit dieser anderen, jeder Moment des Stillstandes jener Auseinandersetzung wäre eine Lücke, ein Ausfall, ein Vakuum im christlichen Leben, wäre ein dezidiert unchristlicher Moment. Die christliche Liebe läßt sich jener anderen gegenüber auf keinen Ausgleich ein, nur eben auf Auseinandersetzung. Und jene andere Liebe hält es der christlichen gegenüber auch nicht anders.

Die biblische Begründung der Unterscheidung und Gegenüberstellung dieser und jener Liebe kann mit der sachlichen zusammen erst in den Zusammenhängen sichtbar gemacht werden, auf die wir in diesem Paragraphen einzutreten haben. Wir haben hier erst anzuzeigen, daß es immer auch um diese Unterscheidung und Gegenüberstellung gehen wird.

Ein Hinweis auf ihre biblische Begründung ist immerhin schon einer Erinnerung an den biblischen Sprachgebrauch zu entnehmen. Es fällt zunächst auf, daß das Neue Testament das Verbum ἐρᾶν und das Substantiv ἔρως zu verwenden konsequent vermeidet: das Wort, das im klassischen Griechisch nun eben eindeutig jene andere, die ihren Gegenstand begehrende, erobernde, besitzende, genießende Liebe beschreibt. Noch bei den Apostolischen Vätern kommt ἔρως nur ein einziges Mal (Ignatius *ad. Rom.* 7,2) vor: zur Bezeichnung dessen, was der Autor als «gekreuzigt» hinter sich zu haben erklärt!, im Neuen Testament nicht einmal in so abschätzigem Zusammenhang. Der Leser, der in seinen Texten auf den Begriff der Liebe stieß, sollte offenbar überhaupt nicht an jene andere Liebe erinnert werden. «Liebe» heißt im Neuen Testament (abgesehen von dem selteneren Gebrauch des gefühlsbetonten φιλεῖν) in der Regel ἀγαπᾶν mit dem im klassischen Griechisch gar nicht, im hellenistischen nur spärlich vorkommenden Substantiv ἀγάπη. Das Wort hat erst im neutestamentlichen Gebrauch den uns bekannten, dem ἔρως entgegengesetzten Sinn und Inhalt bekommen. An sich ist es ziemlich farblos, redet nur eben – etwa auf der Linie des englischen *to like* – davon, daß Jemand etwas oder Jemanden mag, billigt, willkommen heißt, als zufriedenstellend loben kann. Ist es gerade deshalb, weil es sich dazu eignete, gewissermaßen neu geprägt zu werden, in Gebrauch genommen worden? Das Neue Testament folgt darin übrigens den Septuaginta, die sich nach einer tragbaren Wiedergabe des Verbums *aheb* (mit dem Substantiv *ahabah*) und der sonstigen Synonyme zur Bezeichnung der Liebe umzusehen hatten. *Aheb* im Besonderen kann allerhand positiv betonte familiäre und freundschaftliche Beziehungen, aber allerdings und in erster Linie auch die zwischen Mann und Frau beschreiben, wie denn das hebräische Alte Testament zwischen der theologisch bedeutsamen und der nachmals «erotisch» genannten Liebe auch sonst wohl sachlich, sprachlich aber nicht unterscheidet. Offenbar um die zweite Vorstellung fernzuhalten, haben schon die Septuaginta zu den blassen Vokabeln ἀγαπᾶν und ἀγάπη gegriffen, auffallenderweise sogar im Buch Hosea mit seinem Bild von der Ehe zwischen Jahve und Israel und noch auffallender sogar im Hohelied. Als Grund für die Wahl des Wortes ἀγάπη wird man wohl schon hier nur den Willen angeben können, zur Bezeichnung dessen, was man als «Liebe» in den Texten bezeugt fand, auf alle Fälle nicht von ἔρως zu reden. In diesem Willen waren sich das das Alte Testament interpretierende griechische Judentum und das Urchristentum in seiner Bezeugung Jesu Christi einig. Alles, was über ἀγάπη weiter zu sagen ist, kann sich also nur aus dem Sinn und Inhalt ergeben, den man diesem Wort (hier wie dort nach Eliminierung jenes anderen) im Blick auf den Ursprung, die Tat und die Art des so andersartig zu bezeichnenden Liebens geben wollte und gegeben hat.

Man machte sich von dem von den Septuaginta und von den neutestamentlichen Schriftstellern zunächst sprachlich schlicht eliminierten Gegenspieler der von ihnen bezeugten Liebe eine zu dürftige Vorstellung, wenn man ihn nur in der sexuellen Liebe, bzw. in bestimmten Gestalten von deren Entartung und Verwilderung suchen würde. Es handelte sich bei dem unter dem Stichwort «Eros» zusammenzufassenden Lebens-, Macht- und Gedankengebilde, von dem die Umwelt des griechischen Alten und die des Neuen Testamentes weithin beherrscht war, um eine Größe, die die sexuelle Liebe, und diese allerdings auch in wunderlichen Gestalten in sich schloß, das in ihr wohl auch so etwas wie ihr gelegentlich sehr auffallendes Symbol haben mochte, das man aber in seiner Tiefe und in seinem Reichtum und dann auch in seiner wirklich gefährlichen Gegensätzlichkeit zur christlichen Liebe von ferne nicht verstehen würde, wenn man es nur oder auch nur vorzugsweise auf seine Wirksamkeit gerade in diesem Bereich betrachten wollte. Und es handelt sich in ihm auch nicht nur um eine gerade in jener Zeit mächtige und wirksame Größe, sondern sie ist – damals in der Mysterienfrömmigkeit und theoretisch durch die Wirkung so überragender Denker wie Plato und Aristoteles und später Plotin allerdings besonders eindrucksvoll dargestellt – ein, soweit die geschichtliche Erinnerung zurückgreift, und dann auch in allen folgenden Zeiten und in immer neuen Gestalten auch in die Gegenwart hinein höchst allgemeines und aktuelles Menschheitsphänomen. Man muß wohl sagen, daß die schon durch den biblischen Sprachgebrauch gegebene Warnung zunächst weithin umsonst war und daß sich auch die positive Verkündigung der anderen, der christlichen Liebe, zunächst als ein – nicht ganz, aber fast vergebliches – Schwimmen gegen den übermächtigen Strom der Eros-Liebe erwiesen hat. Geschah es doch – Beweis genug für seine Gewalt – daß sich «Eros» auch des christlichen Denkens und Lebens schon vom Ende des zweiten Jahrhunderts ab zu bemächtigen vermocht und es (auf christlicher Seite teils bewußt, teils, und dann nur noch kräftiger, unbewußt) sehr gründlich und tief bestimmt und durchdrungen hat. Die *Caritas* des entscheidend durch Augustin unterrichteten Mittelalters war eine

1. Das Problem der christlichen Liebe

Synthese der biblischen Agape und des antiken bzw. hellenistischen Eros, in der der Gegensatz zwischen beiden zwar nicht einfach unerkennbar, aber nun doch auch von ferne nicht unzweideutig erkennbar war, in der er seine Spannung und deren Fruchtbarkeit weithin verloren hatte. Wie sollte es anders sein? Solange es liebende Menschen gibt, werden sie, ob sie Christen sind oder nicht, immer auch im Schema des Eros leben und zu einer Synthese zwischen Eros und Agape die größte Neigung haben, zu deren Vollzug allerlei große und kleine Kunst aufzubringen wissen.

Heinrich Scholz (Eros und Caritas 1929) hat es verstanden, den Unterschied zwischen der «platonischen Liebe» und der «Liebe im Sinne des Christentums» sachlich in aller wünschenswerten Plastik und Klarheit (holzschnittartig möchte man sagen) und bemerkbar zur Entscheidung nötigend, herauszustellen. Obwohl er die christliche Liebe (historisch etwas verwirrend für den Leser) eben unter dem schillernden Begriff der Caritas zusammengefaßt und als ihre Vertreter (ebenso verwirrend) in einem Atemzug die Evangelien, Paulus, Augustin, Dante und Pascal namhaft gemacht hat. Wie es denn jedenfalls mir etwas schwer fällt, ihm bis in die Spitze seiner Darstellung zu folgen, in der der exklusiv von Männern zu betätigenden platonischen Liebe die christliche in Typen von Frauengestalten wie Dantes Beatrice gegenübergestellt wird.

Es war dann kurz darauf Anders Nygren, (Eros und Agape 1930 u. 1937), der – mit seinen durch die schwedische, insbesondere Lunder Kampftheologie geschärften, wenn nicht überschärften Augen! – die historischen Konturen gewiß genauer gesehen, besonders den Prozeß jener Amalgamierung der einen mit der anderen Liebe, den inneren Widerspruch der mittelalterlichen Caritas als solchen kritischer erfaßt und durchsichtig gemacht hat. Man wird nicht wohl hinter das zurückgehen können, was er als die Historie dieses Gegensatzes herausgearbeitet hat. Wobei es freilich eine seltsame Sache für sich ist, daß er sie als eine Historie dargestellt hat, die mit dem durch Luther vollbrachten «Abbruch» der «Caritassynthese» und seinem Neuaufbau der «Agapeliebe» zu ihrem Abschluß gekommen wäre. Liegt es nicht im Wesen dieser Historie, daß sie mit diesem Gegensatz nirgends fertig sein kann? Schon deshalb möchte ich dem Buch von Scholz, seiner angedeuteten Problematik ungeachtet, schließlich doch den Vorzug geben. Die sachliche Antithetik wird auch bei ihm genugsam deutlich. Gerade ein triumphaler geistesgeschichtlicher Abschluß zugunsten der Agape wird aber bei ihm nicht geboten, indem es ihm offenbar entgangen ist, daß alle Wege Gottes bei Luther endigen könnten und müßten. So kommt die mit der Aufdeckung des Gegensatzes aufgeworfene Frage bei ihm bis zuletzt offen auf den Leser zu, statt daß dieser mit einer ihm machtvoll nahegelegten Antwort und Lösung befriedigt und entlassen wird. Und ich möchte (halblaut) hinzufügen, daß ich mich bei Scholz endlich und zuletzt auch darum mehr zuhause finde, weil ich bei ihm eben das besser geübt zu sehen meine, was bei Nygren redend in historisch spitzerer Konsequenz und Polemik auf den Plan geführt wird – ganz schlicht eben die sich auch in der Person des historischen Betrachters und Beurteilers nicht behauptende, sondern hingebende christliche Liebe. Daß zu deren Objekten doch wohl auch die Vertreter der Erosliebe und der «Caritassynthese» gehören, das – und damit die oekumenische und missionarische Kraft der christlichen Liebe – wird mir im Tenor des Buches von Scholz eindrucksvoller als in dem Nygrens.

Wir versuchen es, die Gestalt, in der der «Eros» dem neutestamentlichen Menschen und schon dem Septuaginta-Judentum mit dem, was man da als «Liebe» vor Augen hatte, gegenüberstehen und sichtbar sein mochte, unsererseits in einigen Strichen anzudeuten. Wer und was war dieser Eros? Was widerfuhr dem und was tat der, der «erotisch» liebte? So, also nach einer bestimmten Lebenserfahrung und Lebenspraxis, wird man hier nämlich in erster Linie fragen müssen. War doch «Eros» in seinem Ursprung in der Orphik und in deren Mythus und Mystik zunächst viel mehr als der philosophische Begriff, den dann erstmalig und unvergeßlich Plato in das abendländische Denken eingeführt hat. Eros war angeblich offenbarte und jedenfalls als solche geglaubte und verkündigte Erlösungs- und Heilslehre, mehr noch: erlebte, solenn gefeierte und dann auch im Alltagsleben praktizierte Erlösungs- und Heilswirklichkeit. Eben als solche, der christlichen Agape von daher scheinbar nicht ungleich, konnte und mußte er dieser unmittelbar gegenüber stehen, bei deren Vertretern jenes kritische Interesse erwecken, das sich in seiner konsequenten sprachlichen Eliminierung so merkwürdig geäußert hat. Eben als solche konnte er sie aber auch zu der nachher so oft positiv beantworteten Frage veranlassen: ob es sich in Eros und Agape nicht doch um zwei vergleichbare, kombinierbare Realitäten, endlich und zuletzt wohl gar um eine und dieselbe Realität handeln möchte? – die Ansicht, zu der sich zuerst Origenes in aller Form bekannt hat. Um den Menschen, um seine Begrenzung und deren Sinn und Aufhebung, um seine Existenz und Transzendenz, um seine Not und Hoffnung, ging es in der Eroswirklichkeit und da, wo (erbaulich, dichterisch oder dialektisch, mythologisierend oder in rationalen Begriffen) von ihr die Rede war. Es ging, genauer gesagt, um den in der Mitte zwischen einer niederen und einer höheren, einer dunklen und einer lichten Welt gewissermaßen aufwärts schwebenden Menschen: um das Erleben und um die Betätigung dieser seiner eigenen doppelseitigen Wirklichkeit. Sie bestand – so wurde sie gesehen und ausgelegt – in seinem Entbehren und in seinem durch dieses Entbehren geweckten Begehren, man kann freilich auch sagen: in seinem Begehren und in seinem durch dieses geweckten Entbehren – beide ihm unveräußerlich – als dem Wesen jener Mitte. Es sollte aber jene Mitte darum der Ort seines Entbehrens und Begehrens sein, weil sie die Mitte sei zwischen seinem Unten und seinem Oben, zwischen seinem eigentlichen und seinem uneigentlichen Sein, zwischen seiner Leere und seiner Fülle, zwischen seinem Sein im Zerfall und seinem Sein in der Wiedervereinigung mit sich selbst. Eros war die ihm widerfahrende und von ihm selbst vollzogene Abkehr von seinem Sein da drunten im Dunkel und zugleich seine Einkehr in sein Sein da droben im Lichte. Eros war die Macht und die Tat, in der er sich selbst hier verlieren mußte, um dort sich selbst wiederzufinden. Und so war Eros in erhöhter, hypostasierter Gestalt er selbst in jener Mitte und in der der Natur dieses Ortes angemessenen Bewegung, Abwendung, Zuwendung. Eben als diese Hypostase des Menschen selbst, im Menschen mächtig und offenbar, vom Menschen erkannt und betätigt, als des Menschen eigener Dämon konnte Eros als ein, letztlich als das metaphysisch Mittlere (das μεταξύ) zwischen der bloß erscheinenden und der wahrhaft seienden Welt, als der Inbegriff der von dort nach hier stattfindenden Bewegung verstanden werden. Und eben so ist er dann von Aristoteles, über Plato nicht ohne Folgerichtigkeit hinausgehend (als anthropologisches nicht nur, sondern auch als kosmologisches Prinzip) gedeutet worden; als Auftrieb, mit dem Begriff des Eros berührt sich bei ihm mit dem der Entelechie – nicht nur die psychischen Individuen, sondern alle Weltelemente, auch die niederen und höheren physikalischen Körper in ihrer Materialität nach ihrer Form, in ihrer Potentialität nach Aktualität, in ihrer Bewegtheit und Vielheit nach dem unbewegten Einen begehren und so ihrem Normalzustand entgegenstreben, in universalem Aufbruch und Aufstieg begriffen sind. Zurückhaltender, auf die Machtergreifung und Machtübung des Eros im Menschen blickend, hatte Plato die große Abkehr und Einkehr dahin beschrieben: es begegne dem Menschen in den sichtbaren Eidola der vergänglichen Dinge und ihrer relativen Werte, nicht sichtbar, aber dem erleuchteten Auge erschaubar, das Eidos, der absolute Wert des unveränderlich Seienden, das Schöne nämlich, durch das er sich zugleich angezogen und angetrieben und so in jene Bewegung versetzt findet. Wie könnte er bei den Eidola verweilen, ohne sie in der Richtung auf das Eidos hin alsbald fliehen zu müssen? Nur um des Eidos willen kann er auch die Eidola lieben. Aber wiederum: wie könnte er sie um des Eidos willen fliehen, ohne gerade im Blick auf sie, die ja an der Schönheit des Eidos von ferne Anteil haben, zu verweilen? Eben um seinetwillen darf und muß er auch sie lieben. In mächtiger Beleuchtung der religiösen Bedeutsamkeit der Eroswirklichkeit hat dann Plotin (auch er nicht ohne Anknüpfung an original platonische Gedanken) die Theorie noch dahin erweitert, daß er der Lehre von dem Aufstieg der Seele aus der niederen in die höhere Welt bzw. aus der Welt in die Gottheit eine solche von ihrem

Ausgang von dorther, von ihrer Emanation aus der Gottheit vorgeordnet und damit jenes Entbehren und Begehren, jene Abkehr und Einkehr, jenes Sein in der Schwebe zwischen Weltverneinung und Weltbejahung als ihre Heimkehr, ihre Rückkehr zu ihrem Ursprung und so zu sich selbst gekennzeichnet hat: eine Neuerung, in der er doch nur die Kreisbewegung wieder sichtbar gemacht hat, auf die die Praxis und Theorie der Eroswirklichkeit von ihren Anfängen her angelegt war. Sie ist die Wirklichkeit des Menschen, der in seinem Verhältnis zu dem ihm vorgegebenen sichtbaren und unsichtbaren Sein, zuletzt und zuhöchst gerade in seinem Verhältnis zur Gottheit, seine eigene Entelechie zu realisieren, das heißt aber sich selbst in seiner Eigentlichkeit zu entbehren und darum zu suchen, zu begehren und erfolgreich zu finden und zu besitzen im Begriffe steht. Indem er sich selbst in dieser Wirklichkeit erkennt, ernst nimmt und gutheißt, indem er sich selbst in dieser Gestalt voraussetzt, ordnet und versteht er seinen Lebensprozeß, liebt er.

Das war das ἐρᾶν und der ἔρως, mit dem die neutestamentlichen Autoren und schon die Übersetzer des Alten Testamentes das, was ihnen «Liebe» war, nicht verwechselt haben wollten! Die eben versuchte Skizze hat das konkrete Problematik, die gedanklichen, moralischen und religiösen Gefahren, die Verderbnisse, in denen die Sache sich der biblischen Liebe gegenüber praktisch darstellen mochte, nicht berührt. Der Gegensatz der Agape zum Eros bezieht sich auf dessen Art, nicht auf dessen Unart, nicht auf die Vulgarisierungen, in denen sich das, was Plato, Aristoteles und Plotin als Liebe geschaut und verstanden haben, auf den Straßen, in den Tempeln und Häusern der antiken und hellenistischen Menschheit darstellen mochte. Weniger als das Beste unter dem, was uns etwa unter den Werken der Plastik jener Zeit erhalten ist, dürfte nicht genügen, um uns das nicht nur begreiflich, sondern auch anschaulich zu machen, dem das Christentum mit seiner «Liebe» nun allerdings entschlossen den Rücken gekehrt hat. Läßt man das außer Acht, kapriziert man sich insbesondere etwa auf die spezielle, gewiß nicht zu übersehende Gegensätzlichkeit der Agape zu den durch des Menschen Sünde belasteten Gestalten der sexuellen Liebe oder gar zu deren schlimmeren Entartungen, dann versteht man weder jene gerade in ihrem Schweigen so schneidende Konsequenz, in der schon die biblische Sprache von dieser Sache Abstand genommen hat, noch auch, daß diese dann doch auch im christlichen Bereich so mächtige Bedeutung bekommen konnte, noch endlich die Notwendigkeit, soll es um die christliche Liebe gehen, sauber, das heißt von deren eigenen Voraussetzungen her und also nicht im Schema der Eroswirklichkeit und Eroslehre und also nicht in orphischen, platonischen, aristotelischen oder neuplatonischen Bahnen zu denken und zu reden. Es handelt sich um einen Gegenspieler, den man in seiner Größe würdigen muß und gerade als Gegenspieler nur in seiner Größe würdigen kann.

Bei der bloßen Konstatierung der Verschiedenartigkeit und des Gegensatzes der christlichen und jener anderen Liebe können wir es nun aber offenbar nicht bewenden lassen. Wir wenden uns darum zum Abschluß dieser Einleitung zu der Frage, an welcher Stelle und in welchem Sinn sich diese und jene Liebe nun eigentlich scheiden. Ohne uns darüber Rechenschaft abzulegen, hätten wir ihr Verhältnis (auch ihren Gegensatz und gerade diesen), hätten wir dann wohl auch hier den Eros, dort die Agape noch nicht verstanden. Nach diesem kritischen Punkt fragen, heißt aber zweifellos: nach einem ihnen gemeinsamen Ort fragen, von dem sie beide herkommen. Es kann nicht nach einem Ort gefragt werden, wo sie zusammenzusehen, als Komponenten, als Teilgestalten und Teilaspekte einer und derselben Wirklichkeit und also endlich und zuletzt doch als Eines zu verstehen wären. Schon die Frage nach einem solchen ursprünglichen Identitätspunkt zöge ja zwangsläufig die Frage nach einer Synthese nach sich, nötigte geradezu zum Ausblick auf eine neue Identifizierung, der sich doch nicht nur die Agape, sondern auch der Eros (sind sie beide, was sie in ihrer Wirklichkeit und nach deren Begriff sind) mit letzter Bestimmtheit widersetzen müssen. Es kann und muß aber nach dem Ort gefragt werden, von dem her sie beide gerade als das, was sie sind, herkommen und gerade in ihrer beiderseitigen Widersetzlichkeit einsichtig werden. Es kann und muß nach dem Punkt gefragt werden, von dem her sie unmöglich im Ausgleich, unmöglich auch nur in gegenseitiger Toleranz, sondern gerade nur in der Geschichte ihrer Auseinandersetzung koexistieren können. Es hieße auf Erkenntnis in dieser ganzen Sache verzichten, wenn wir diese Frage nicht stellen, um ihre Beantwortung uns nicht bemühen wollten.

«Vergleichen kann man zwei Gestalten nur dann, wenn es wenigstens Eine Eigenschaft gibt, die sie miteinander gemein haben. Wenn eine solche Eigenschaft nicht existiert, so sprechen wir von Unvergleichbarkeit» (H. Scholz, a.a.O. S.47). Diese Feststellung scheint mir unwidersprechlich, nur daß ich die eine gemeinsame Eigenschaft, nach der im Blick auf Eros und Agape zu fragen ist, lieber nicht mit Scholz als den «Koinzidenzpunkt», sondern als den «Ausgangspunkt» dieser beiden Bewegungen bezeichnen möchte. Eben von zwei nur unvergleichbaren Gestalten zu reden, hat sich nun aber A. Nygren, zum vornherein, schon indem er das Problem aufgreift und als solches umschreibt, vorgenommen. Eros und Agape seien (a.a.O. 1.Bd. S. 14 f.) zwei Erscheinungen, die «ursprünglich gar nichts miteinander zu tun hatten», zwischen denen es nur eben den «Abgrund» einer «ursprünglichen Beziehungslosigkeit» geben konnte. Als Kronzeuge dieser prinzipiellen Aporie wird U. von Wilamowitz-Moellendorf mit einer Äußerung angeführt, laut derer Paulus nichts vom Eros, Plato nichts von Agape gewußt habe. «Warum soll man sie dann überhaupt vergleichen?» fragt sich, nachdem darüber *a priori* entschieden ist, Nygren selber: «Ist nicht ein Vergleich zwischen unter so verschiedenen Voraussetzungen entstandenen Erscheinungen willkürlich und in seiner Willkür sinnlos? Man könnte mit Recht fragen, ob nicht die richtige Antwort auf die Frage nach dem Verhältnis zwischen Eros und Agape in diesem Sinn (Nygren meint: als «historische Gestaltungen») so lauten müßte: zwischen ihnen besteht gar kein Verhältnis.» Von Nygrens Vorentscheidung her in der Tat mit Recht – und man wundert sich nur, wie er meinen kann, damit nun doch zu einer anderen Antwort vorzustoßen, daß er von den beiden «historischen Gestaltungen» auf die beiden ihnen zugrundeliegenden «ethisch-religiösen Grundmotive» zurückgeht, um deren Verhältnis in der zwischen ihnen stattfindenden Auseinandersetzung zu sehen. Gewiß sachgemäß! Nur ist damit auf jene Frage keine Antwort gegeben! Was heißt nämlich «Verhältnis» und wie soll es als Auseinandersetzung einsichtig werden, wenn die sich zueinander verhaltenden und miteinander auseinandersetzenden Partner unter sich so schlechthin beziehungslos und also unvergleichbar sind, wie Nygren es (von den seltsam manichäisierenden Voraussetzungen der Lunder Theologie her) durchaus haben will? Kann man sich damit abfinden, die Tatsache stirnrunzelnd «mißlich» zu nennen, daß wir im Deutschen (offenbar auch im Schwedischen) ähnlich wie das alttestamentliche Hebräisch zur Bezeichnung von Eros und Agape nun einmal nur das eine Wort «Liebe» haben? Bedeutet sie nur die Aufforderung, möglichst rasch und energisch zur Unterscheidung von Eros und Agape zu schreiten? Nicht auch einen beachtlichen Hinweis darauf, daß es geboten sein möchte, darüber nachzudenken, welches die eine Eigenschaft sein möchte, die beide miteinander gemeinsam haben, und damit eben nach dem Ort und Sinn zu fragen, in welchem sie sich unterscheiden? Wird es ohne Beantwortung dieser Frage nicht schon historisch unverständlich, wie es dazu kommen konnte, daß Eros und Agape sich so verwechseln und verwischen ließen, wie es immer wieder geschehen ist, und wie sich die Agape der Umklammerung durch den Eros im neutestamentlichen Christentum und (wie Nygren meint) nach so viel Caritas-Synthese bei Luther nun immerhin auch zu erwehren wußte? **Um was ging und geht es in diesem Gegensatz?** Kann man ihn nämlich auch sachlich ernst nehmen, wenn man sich aus lauter Furcht, es möchte mit jeder Beantwortung dieser Frage zu deren Einebnung kommen, der Aufgabe entzieht, sich über den Ort, an dem er, und über die Art, in der er entspringt, Rechenschaft zu geben, wenn man also über die Konstatierung des «Abgrunds» nicht hinausgehen will? Sollte in einer nicht vom Teufel, sondern von Gott regierten Welt nicht jeder Abgrund – ohne darum weniger Abgrund und als solcher lebensgefährlich zu sein – auch einen Grund haben?

Höchst naheliegend und nun doch nicht gehaltlos dürfte zunächst die Feststellung sein, daß es sich, ob wir zur Linken oder zur Rechten, auf den Eros oder auf die Agape blicken, um den **Menschen** handelt – sofern es um den Christen geht, sogar je um denselben einzelnen Menschen! Er, der Mensch, liebt so **oder** so – und im Fall des Christen im Vollzug jener Auseinandersetzung so **und** so. Wie scharf man auch den Gegensatz zwischen dieser und jener Liebe sehe und definiere: es ist jedenfalls nicht das Lieben zweier verschiedenartiger Wesen, im Fall des Christen sogar nicht einmal zweier verschiedener Individuen desselben Wesens. Es ist dasselbe menschliche Wesen, mit dem wir es hier und dort in einer je allerdings ganz verschiedenen, genau entgegengesetzten Bestimmung, Ausrichtung und Gestalt zu tun haben. Es ist immer der **Mensch**, der uns in beiden Gestalten begegnet.

Wir sagen damit **nicht** – wir sagen es von keiner von diesen beiden Bestimmungen, daß sie dem menschlichen **Wesen** als solchem **eigentümlich**, ihm inhaerent, in ihm begründet seien. Das wird man nämlich weder vom Eros noch von der Agape sagen können: es beruht weder jener noch diese in einer in der menschlichen Natur als solcher angelegten Möglichkeit; es ist weder jener noch diese eine in der Verwirklichung solcher Möglichkeit erreichte oder zu erreichende Vollkommenheit der menschlichen Natur. Man kann nur das, man muß aber das sagen: es sind faktisch beide – wir tun einen **zweiten** Schritt – **geschichtliche** Bestimmungen der menschlichen Natur. Es ist dieselbe menschliche Natur, die sich – indem der Mensch faktisch so oder so liebt – als dieses und jenes Liebens fähig erweist: nicht in einer ihr von Haus aus eigenen, wohl aber in einer ihr in des Menschen Geschichte, in seiner Existenz – sagen wir zunächst allgemein **kontingenten**, d.h. zufallenden Fähigkeit. Es ist nur eben so, daß der Mensch sein menschliches Wesen in der Gestalt des Eros oder in der Gestalt der Agape – und im Fall des Christen: in beiden, nämlich in deren Widerstreit – **betätigt** und insofern (nur eben im Blick darauf gesagt, daß er es faktisch tut!) betätigen **kann**. Es ist nur eben so, daß uns der Mensch immer in diesen beiden Gestalten seines Liebens und insofern in den ihnen entsprechenden Gestalten seines Wesens begegnet.

Der Mensch je in einer bestimmten Betätigung seines Wesens – diese Präzisierung ist der dritte Schritt, der hier zu tun ist. Was ihm als so oder so Liebenden faktisch «zufällt», ist eine je verschiedene, ja entgegengesetzte Bestimmung und Ausrichtung des Aktes, in welchem er sein menschliches Wesen in seiner Totalität selber, existierend als der, der er ist, ins Werk setzt.

H. Scholz (a.a.O. S.46) redet an dieser Stelle von je einer «Gemütsverfassung». Ich möchte die Vorstellung von einer bloß innerlichen abstrakt-seelischen Affektion und Zuständlichkeit, die sich hinter diesem Ausdruck nicht verbergen muß, aber verbergen kann, vermeiden. Und so auch (mit demselben Vorbehalt) die bei Gebrauch dieses Ausdrucks mögliche Verdunkelung dessen, daß es sich bei dieser wie bei jener Liebe um ein Tun des Menschen handelt. So ziehe ich es vor, hier wie dort von je einem Akt zu reden, in welchem der Mensch sich selbst ins Werk setzt, in seiner Essenz existiert – wobei es hier wie dort um den ganzen Menschen, um seine Selbstbetätigung in der Totalität seiner Natur geht.

Es geht also – vierter Schritt – nicht um eine Veränderung des menschlichen Wesens: im Eros nicht und in der Agape auch nicht. Es ist, ob er so oder so liebt, derselbe Mensch in der Betätigung desselben menschlichen Wesens begriffen. Was ihm in seiner Geschichte, im Vollzug seiner Selbstbetätigung hier wie dort zufällt, ist nur eben dies, daß er hier und dort so ganz anders derselbe Mensch ist. Wie Gott hier wie dort nicht aufhört, sein Schöpfer zu sein, so hört auch der Mensch hier wie dort nicht auf, eben das Geschöpf zu sein, das Gott wollte und setzte, indem er gerade ihn – ihn gerade zum Menschen, in der Struktur menschlichen Wesens schuf. Nicht nur die Kontinuität des göttlichen Willens mit ihm, sondern auch die Kontinuität der dem Menschen von Gott so und so gegebenen Natur bricht in des Menschen Geschichte, wie immer diese verlaufe, nicht ab. Und sie wird in seiner Geschichte und so auch in den beiden Gestalten seines Liebens zwar sehr verschieden sichtbar, aber nicht einfach unsichtbar. Nur eben die menschliche Tat ist in ihnen je eine ganz andere. Nur eben das fällt dem Menschen, indem er so oder so liebt, zu, daß dieselbe, die unverändert perennierende menschliche Natur von ihm selbst in einem je ganz verschiedenen Gebrauch und Charakter ins Werk gesetzt ist: ohne Grund in ihr selbst (und also nicht aus ihr zu erklären und abzuleiten) nur eben in dieser geschichtlichen Bestimmung.

Eben über die Verschiedenheit des Gebrauchs und Charakters der menschlichen Natur im Geschehen der Erosliebe hier, der Agapeliebe dort, ist nun – fünfter Schritt – zunächst eine formale Feststellung zu machen. Man kann und muß auch sagen: über die Verschiedenheit des der menschlichen Natur gegenüber Neuen, das dem Menschen, indem er so oder so liebt, rein geschichtlich, einfach faktisch zufällt, passiert, widerfährt. Ohne in ihr begründet zu sein, geschieht doch dieses und

1. Das Problem der christlichen Liebe

jenes Lieben in je einem eigenartigen Verhältnis gerade zu dem, was den Menschen zum Menschen macht, zu seiner Natur. Wir sagen damit von ferne nicht Alles, was über dieses und jenes Lieben zu sagen ist. Nur eben nach seinem gemeinsamen Ausgangspunkt als dem Ort, wo beide vergleichbar sind, um dann sofort unvergleichbar zu werden, soll ja hier gefragt werden. Der gemeinsame Ausgangspunkt besteht aber darin, daß sie beide im Verhältnis zu der von Gott gewählten, gewollten, gesetzten und geordneten Natur des Menschen Ereignis werden: beide als ein ihr gegenüber Neues, aber beide im Verhältnis zu ihr. Darin sind sie beieinander und also vergleichbar und eben darin gehen sie auch auseinander, werden sie auch völlig unvergleichbar. Der entscheidende (eben für die Unterscheidung entscheidende) Satz muß jetzt gewagt werden: es geschieht die Agapeliebe in Entsprechung, es geschieht aber die Erosliebe im Widerspruch zur menschlichen Natur, die eine als ihr Analogon, die andere als ihr Katalogon, die eine, indem der Mensch tut, was im Verhältnis zu ihr recht, die andere, indem er tut, was im Verhältnis zu ihr nicht recht ist. Es geschieht die Agapeliebe in Affinität zur menschlichen Natur, die Erosliebe in ihrer Bestreitung. Wie man sieht: beide (und darin sind sie vergleichbar) im Verhältnis zu ihr, nur eben (und darin werden sie unvergleichbar) die eine in positivem, die andere in negativem Verhältnis zu ihr. In diesem entgegengesetzten – wie Ja und Nein verschiedenen (nur eben in dessen Gegenstand zusammentreffenden) – Gebrauch und Charakter, in welchem die eine unverändert durchhaltende menschliche Natur Gestalt bekommt, unterscheiden sich Eros und Agape.

Diese formale Feststellung ist nun materiell in den zwei in dieser Sache Beachtung erzwingenden Richtungen zu klären und zu bewähren. – Wir gehen in einem sechsten Schritt davon aus, daß es dem Menschen wesentlich, natürlich, von Haus aus, in seiner Struktur als dieses besondere, das menschliche Geschöpf Gottes eigentümlich ist, mit Gott, der sein Schöpfer und Herr ist, als mit seinem ewigen Gegenüber zusammen zu sein: ganz von diesem Gott her, als von ihm Erwählter der Bewahrung durch ihn, seiner wirksamen Durchhilfe zum vornherein und unter allen Umständen teilhaftig, durch ihn und bei ihm schlechterdings geborgen – und ganz zu diesem Gott hin, als von ihm Aufgerufener ihm dankend, in der Verantwortung vor ihm, im Gehorsam gegen ihn, ihn anrufend. Von diesem Gott her frei – und frei für diesen Gott, in der Tat dieser doppelten Freiheit begriffen sein, das macht nach dieser Seite, gewissermaßen in der Vertikale, die Natur, das Wesen des Menschen, den wirklichen Menschen aus (vgl. KD III, 2 § 44, 3). Er kann dem nicht entlaufen, er kann das nicht aufheben noch verlieren, er kann daran nichts ändern, daß er darin und nur darin wirklich, natürlich, wesentlich Mensch ist. Es entscheidet sich aber in eines jeden Menschen

Lebenstat (im Ganzen und in allen ihren Einzelheiten): ob und inwiefern er im Verhältnis zu dem, was er in seinem Zusammensein mit Gott wirklich ist, sich selbst (in dieser Hinsicht: seinem Sein von Gott her und zu Gott hin) treu oder untreu ist, entspricht oder widerspricht. In dieser Entscheidung kommt es zu dem Neuen entweder der Agapeliebe, in der er seinem Sein von Gott her und zu Gott hin entspricht, oder der Erosliebe, in der er ihm widerspricht. Darin besteht nämlich in dieser Hinsicht die Agapeliebe, daß er sich Gott als sein ewiges Gegenüber und damit sein eigenes Sein als das eines von diesem Gott Erwählten, kraft seines Bewahrens und Durchhelfens schlechthin Geborgenen, zugleich aber auch eben von ihm zum Danken, zur Verantwortung, zum Gehorsam, zum Gebet Aufgerufenen gefallen läßt. Sie besteht darin, daß er nun eben von daher und dahin zu leben nach bestem Erkennen und Vermögen entschlossen und willig ist: Alles ohne Anspruch, ohne über Gott verfügen zu wollen, Alles ohne die Absicht, Gott für sich zu gewinnen oder irgend etwas von ihm zu erlangen, Alles nur eben, weil er Gott und als solcher liebenswert ist. Agape besteht in ihrer Richtung auf Gott in einem Geschehen, das die menschliche Natur nicht nur bestätigt, sondern ihr gegenüber ein Überschwängliches bedeutet: darin nämlich, daß der Mensch sich selbst dazu hergibt, von Gott her und für ihn recht frei zu sein: frei von der Angst um sich selbst und frei für seinen Dienst. Darin aber, in dem der menschlichen Natur gegenüber absurd Neuen besteht in dieser Hinsicht die Erosliebe, daß der Mensch sich eben dieser Freiheit gegenüber verschließt: indem er nämlich ein Sein aus und durch, in und für sich selbst dem Zusammensein mit Gott als seinem ewigen Gegenüber vorzieht, indem er aus Gott den Ursprung dieses seines durch sich selbst aufgeblähten und in sich selbst verklemmten Fürsichseins macht. Und indem er aus der Nötigung und dem Antrieb zu diesem Fürsichsein und also aus seiner eigenen Willkür seinen Gott macht und nun im Namen dieses Spiegelbildes zum Grund, von dem er herkommt, sich selbst erwählt und also die Sorge für seine Bewahrung und für die ihm nötige Durchhilfe, die ganze Mühe um die Bergung seines Seins sich selbst zur Last und zur Aufgabe macht. Und weiter: indem er sich selbst auch zu seinem Ziel erhebt und also das Danken, die Verantwortung, den Gehorsam, die Anrufung Gottes unterläßt, vielmehr transponiert in ein Sehnen, Begehren, Streben, Transzendieren, in welchem er sich – sich selbst! – in irgendeinem Grad gröberen oder feineren Appetites und mit mehr oder weniger Kunst und Konsequenz in die sinnliche und geistige Welt hinein ausbreitet, sie als seine Umwelt, als Quelle der Befriedigung seiner Bedürfnisse, als sein Saat- und Erntefeld, als seinen Arbeitsbereich, vielleicht auch nur als seinen Turnsaal und Spielplatz benützt, sich selbst dienstbar macht. Eros ist die Liebe, die gerade in der Richtung auf Gott ganz Anspruch, ganz Verfügenwollen, ganz der Versuch tatsächlichen Verfügens ist. Wie sollte es anders sein, da er die Liebe ist, in der der Liebende und der Geliebte Einer und Derselbe sind, da er in seinem Ausgang und Eingang Selbstliebe ist? Man sieht: Liebe, sogar Gottesliebe, nur eben eine sehr verschiedene Gottesliebe, ist beides. Und man sieht: im Verhältnis zu dem, was dem Menschen wesentlich, in seiner von Gott geschaffenen und strukturierten Natur eigentümlich ist, geschieht dieses und jenes Lieben – nur eben das eine, die Agape, (ob in Schwachheit oder Kraft ist jetzt nicht die Frage) in Entsprechung, das andere, der Eros, (ob in dieser oder jener Gestalt und Intensität) im Widerspruch zu ihr, jene als ihre Überbietung, dieser als ihre Unterbietung. Es wird praktisch immer so sein, daß das auf Gott ausgerichtete menschliche Wesen und insofern die Agape als dessen Entsprechung auch im Negativ der radikalsten Gestalt des Widerspruchs und also des Eros sehr wohl erkennbar sein wird, und daß andererseits auch die vollkommenste Gestalt der Entsprechung und also die Agape in und mit dem menschlichen Wesen auch den Widerspruch und also den Eros aus größerer oder geringerer Nähe reflektieren wird. Die Unterscheidung beider und die Notwendigkeit der Entscheidung zwischen ihnen ist doch gerade von dem her, was sie begrifflich gemeinsam haben, und in der Art, wie sie praktisch beieinander sind, ganz klar.

Wir gehen in einem siebenten und letzten Schritt davon aus, daß auch das – wir blicken jetzt in die Horizontale – dem Menschen wesentlich, natürlich ist, wie mit Gott, so (und im Gleichnis seines Zusammenseins mit Gott!) auch mit seinem Mitmenschen zusammen zu sein: nicht einsam, nicht im Gegensatz, nicht in Neutralität diesem Anderen gegenüber, aber auch nicht erst nachträglich ihm verbunden, sondern zum vornherein und von Grund aus mitmenschlich, d. h. ausgerichtet auf die Begegnung von Ich und Du, ohne das Du auch nicht Ich, ohne den Mitmenschen so wenig Mensch, wie er ohne Gott Mensch sein kann. Er ist Mensch, indem er den anderen Menschen sieht und ihm sichtbar ist, indem er ihn hört und mit ihm redet, indem er ihm beisteht und seinen Beistand empfängt. Er ist Mensch, indem er dazu frei ist, indem er nicht nur notgedrungen, sondern gerne des Anderen Kamerad, Gefährte, Genosse ist (vgl. KD III, 2 § 45, 2). Das Wesen des Menschen ist auch in dieser Hinsicht, unabhängig von seiner Geschichte, unveränderlich. Es entscheidet sich aber in des Menschen Geschichte und Lebensstat auch in dieser Hinsicht (in unauflöslichem Zusammenhang mit seiner Entscheidung in der Beziehung zu Gott), ob und inwiefern er seinem Wesen, der Humanität in diesem besonderen Sinn und so sich selbst treu oder untreu ist, entspricht oder widerspricht. Und wieder, auch in dieser Beziehung, bedeutet Agape Entsprechung, Eros Widerspruch. In der Agapeliebe kommt die dem Menschen wesentliche Mitmenschlichkeit zu Ehren. Für den so Liebenden ist aller Gegensatz und alle Neutralität dem Anderen gegenüber faktisch erledigt. In seinem Lieben wird die

Begegnung von Ich und Du, das offene Sehen des Anderen und das
ebenso offene Sichsichtbarmachen für ihn, wird das Gespräch mit ihm,
wird die freie Beistandleistung und das freie Annehmen des Beistandes
des Anderen, wird die Freudigkeit zu dem Allem Ereignis. Hier tritt auch
in dieser Hinsicht der wirkliche Mensch auf den Plan – und nun doch auch
in dieser Hinsicht nicht nur in Bestätigung, sondern auch in Überbietung
seiner Natur. Agape heißt ja auch in dieser Hinsicht Hingabe – kein
Sichselbstverlieren an den Anderen: da befänden wir uns schon im Bereich der Erosliebe – wohl aber das Einstehen für ihn in voller Unabhängigkeit von der Frage nach seiner Anziehungskraft, nach dem was
er ihm zu bieten hat, aber auch von der Frage nach der Reziprozität seiner
Beziehung zu ihm, ohne Absicht auf Vergeltung in Form gleicher Hingabe
auf der Gegenseite. In der Agapeliebe gibt sich der Mensch dem Mitmenschen ohne Erwartung seiner Gegengabe, in reinem Wagnis, auch auf
die Gefahr des Undanks des Anderen, des Ausbleibens seiner Gegenliebe,
die dann auch im Versagen seiner Humanität bestehen würde. Er liebt
den Anderen, weil er dieser Andere, sein Bruder ist. Aber eben indem
der so Liebende im Mitmenschen den Bruder sieht und ihn als solchen
behandelt, ehrt er ihn auch als Menschen. Eben indem Agape die Humanität überbietet, ist der so liebende Mensch selber auch schlicht der humane,
der das menschliche Wesen betätigende, der wirkliche Mensch. Das ist es,
was man von der Erosliebe nicht sagen kann. Sie besteht wohl in den
meisten Fällen auch, und vielleicht in höchster Wärme und Dringlichkeit,
in allerlei Zuwendung zum Mitmenschen. Es meint aber der erotisch
liebende Mensch wie in der Beziehung zu Gott, so in der Beziehung zum
Mitmenschen nicht ihn, sondern hier wie dort sich selbst: den Mitmenschen
als erhofften Zuwachs und Gewinn für seine eigene Existenz, als Erwerb,
Beute, Fraß, wie er ihn in dieser oder jener Absicht für sich selbst braucht.
Wie sollte er ihm da Kamerad, Gefährte, Genosse sein? Wie sollte er ihn
da offen sehen, sich selbst ihm offen sichtbar machen wollen und können?
Wie mit ihm in ein ehrliches Gespräch kommen? Wie ihm beistehen und
seinen Beistand annehmen können? Der erotisch Liebende hat den
Anderen nur scheinbar, in Wahrheit gerade nicht «gern». Indem er nach
ihm greift, hat er ihn heimlich schon fallen gelassen und von sich ge-
stoßen. Und es kann nicht fehlen, daß er das früher oder später auch
offenkundig tun wird. In der erotisch gesuchten und scheinbar gefundenen
Zweisamkeit lauert die Einsamkeit, die der so Liebende nie verlassen hat
und in der er zuletzt auch wieder auf dem Platze bleiben wird. Erotische
Liebe ist Verleugnung der Humanität. Gewiß: Liebe, sogar Menschenliebe, ein Tun im Verhältnis – nun eben in diesem Verhältnis – zur
Humanität ist auch sie und so wird die Humanität und insofern die
Agape – nur eben im Negativ – auch in ihr nicht einfach unerkennbar
sein: es wird sich der Mensch nun eben in dieser verkehrten Gestalt zu

ihr bekennen müssen, wie anderseits auch die Agapeliebe als Tat des Menschen in seinem menschlichen Wesen nie so rein sein wird, um nicht auch die Nähe der Erosliebe, die ihr Gegenspieler ist, so oder so zu verraten. Verschieden – gerade in ihrem Verhältnis zur Humanität grundverschieden – wird diese und jene Liebe darum doch sein und bleiben. Und gerade indem beide dort ihren Ausgangspunkt haben, von dorther kommen, wird es dabei bleiben, daß sich der Mensch zwischen Eros und Agape nur eben – entscheiden kann.

Das Problem der christlichen Liebe dürfte gerade mit diesem Versuch einer Klärung ihres Verhältnisses zu dieser anderen Liebe entfaltet sein. Es mußte wohl entfaltet, ihr Gegensatz zu jener anderen Liebe mußte deutlich zur Sprache gebracht werden. Er wird wohl auch bei dem, was nun von der christlichen Liebe weiter zu sagen ist, gelegentlich berührt werden müssen. Thematische Bedeutung konnte und durfte er doch nur in dieser Einleitung bekommen und haben. Die christliche Liebe lebt nämlich wohl in diesem Gegensatz, aber nicht von ihm. Und eine Darstellung der christlichen Liebe darf auch nicht von diesem Gegensatz leben, darf also nicht in dem nun entfalteten Problem stecken bleiben. Die Liebe eifert ja nicht, die Liebe prahlt nicht, sie bläht sich nicht auf (1. Kor. 13, 4): auch nicht in ihrem Verhältnis zur erotischen Liebe! Wie würde sie sich selbst desavouieren, wenn sie ihre eigene Größe darin sehen würde, von jener verschieden zu sein, «nicht zu sein wie dieser Zöllner», an diesem Gegensatz sich immer aufs neue weiden zu dürfen! Merkwürdig lieblose Liebe, die sich daran genügen ließe! Sie hat es aber vor allem nicht nötig, sich auf diesen Gegensatz zu versteifen. Wir hörten ja: Sie kommt wohl mit jener anderen Liebe von des Menschen Natur her. Sie hat aber ihren Grund nicht in ihr, sie entspringt ihr also nicht: sie so wenig wie jene andere Liebe. Es ist also jene andere Liebe nicht so etwas wie ihre Zwillingsschwester, mit der sie sich womöglich schon im Wesen des Menschen als in ihrem gemeinsamen Mutterschoß gestoßen hätte, und mit der sie sich nun, um als christliche Liebe zu bestehen, wesensnotwendig immer wieder streiten müßte. Sie ist vielmehr ein dem menschlichen Wesen gegenüber neues, ein nicht in ihm angelegtes, sondern ein kontingentes Geschehen im Verhältnis zu jenem. Sie fällt dem Menschen, indem er in ihrem Sinne liebt, nur eben zu. Auch von der anderen Liebe ist das zu sagen: auch sie ist nicht in der menschlichen Natur angelegt, auch sie geschieht kontingent, nur eben im Verhältnis zu ihr. Aber wie anders als diese fällt die christliche Liebe dem Menschen zu! Anders nicht nur darin, daß sie, wie wir sahen, dem menschlichen Wesen entspricht, wo ihm jene widerspricht. Sondern anders vor allem und entscheidend darin, daß es ja – wir müssen jetzt etwas vorausgreifen – in der belebenden Macht des Heiligen Geistes und also in einer neuen Tat

Gottes, der des Menschen Schöpfer und Herr ist, geschieht, daß der Mensch in seiner Lebenstat und je und je in seinen einzelnen Taten christlich lieben und in diesem positiven Charakter wirklich Mensch sein darf. Während das Neue der Erosliebe nur eben in dem Unbegreiflichen, dem Absurden, dem sachlich Unmöglichen bestehen kann, daß der Mensch sich rein willkürlich in den Widerspruch zu seinem eigenen geschöpflichen Wesen, zu sich selbst und damit zu Gott und zu seinem Nächsten verwickelt. Das bedeutet nun aber, daß die christliche Liebe – aller Ernst des Gegensatzes und alle Schwere der Auseinandersetzung zwischen ihr und jener anderen Liebe darf uns das nicht verbergen, uns darüber nicht hinwegsehen lassen – in dieser nicht so etwas wie einen ebenbürtigen Partner hat, daß sie ihr vielmehr, wie würdig und mächtig sie sich aufspiele und gebärde, in schlechthiniger, weil prinzipieller Überlegenheit gegenübersteht. Wie sollten die in Gottes Ja zum Menschen begründete Agapeliebe und die in des Menschen Nein begründete Erosliebe so etwas wie ebenbürtige Partner sein können? Wo die christliche Liebe emporsteigt, da kann die andere Liebe nur zu Boden sinken. Wo sie als Sonne aufgeht, da können die Schatten und die Nebel in den Tälern nur weichen. Eben darum hat sie es nicht nötig, sich an dieser zu messen, sich dieser gegenüber an ihrer eigenen Andersartigkeit, an ihrer Geschiedenheit jener gegenüber zu stärken und gütlich zu tun. Sie lebt als die wahre (weil in der Liebe Gottes zum Menschen und nicht in des Menschen Selbstliebe begründete) Liebe ihr eigenes Leben: gewiß im Gegensatz zu jener anderen, aber in diesem Gegensatz die überlegene, die überwindende, die siegreiche Liebe und also wahrhaftig nicht so, daß sie auf den Bestand dieses Gegensatzes angewiesen wäre.

Ich sage auch das angesichts der Starrheit, in der A. Nygren auf den Gegensatz und immer wieder auf den Gegensatz von Eros und Agape gepocht hat. Ich sage es aber auch angesichts der aufregenden Darstellung, die S. Kierkegaard dem «Leben und Walten der Liebe» (1847) gewidmet hat. Wäre es doch nur nicht der fast polizeiliche Spürsinn, in welchem da die nicht-christliche Liebe bis in ihre letzten Schlupfwinkel hinein verfolgt, durchleuchtet, ihrer Nichtigkeit überführt und dem Richter zugeführt wird, die beim Lesen dieses Buches schließlich doch den stärksten Eindruck hinterläßt! Geschähe es doch nur nicht so beiläufig, daß man im Rahmen seiner Gesetzes- und Gerichtspredigt allerdings auch Tiefes und Schönes über die so ingrimmig gegen ihren Widerpart abgegrenzte christliche Liebe selbst und als solche zu vernehmen bekommt! Wie sollte die Genauigkeit solchen unterscheidenden Denkens nicht dankbar gutzuheißen sein? Wir kommen nun selbst von einem Versuch her, die unerbittliche Schärfe des Gegensatzes zwischen dieser und jener Liebe ans Licht zu stellen. Es ist aber tief beunruhigend, bei Kierkegaard wahrzunehmen, wie leicht man offenbar gerade beim Nachdenken über diesen Gegensatz selbst aus der christlichen Liebe herausgeraten, sich der anderen, der erotischen Liebe gegensätzlich (feindselig, aber nur umso kräftiger) verhaftet finden kann. Und mehr noch: wie leicht man beim Nachdenken und Reden darüber vor lauter Eifer außer Acht lassen und verdunkeln kann, daß die christliche und die andere Liebe sich schließlich nicht in gleicher (oder gar zugunsten der anderen Liebe ungleicher) Würde und Macht gegenüberstehen, sondern daß wir es hier eben mit einem überlegenen und siegreichen, dort mit einem unterlegenen und schon aus dem Feld geschlagenen menschlichen Tun zu schaffen haben: einfach darum, weil die christliche Liebe ihren Grund in dem guten Sein und Tun Gottes, die andere Liebe aber den ihrigen doch nur in des Menschen Verkehrtheit hat. Redet man nicht vielleicht bei aller Schärfe seines Definierens doch von etwas Anderem als von der christlichen Liebe (vielleicht von dem Eros, mit dem man nun gerade nach der Agape meint greifen zu können!), solange man sie, die von Gottes Gnade lebende Liebe der anderen, der menschlich sündigen, letztlich als Gesetz, als Inbegriff der Forderung und nicht vielmehr erstlich und letztlich und entscheidend als Evangelium vom Reiche, von der Herrschaft Gottes gegenüberstellt?

Wir werden das freilich erst im Folgenden begründen und erklären können. Aber handelt es sich da nicht um eine Erkenntnis, in der man sich schon im voraus einigen könnte, müßte und dürfte? Indem Agape – wie wir im nächsten Abschnitt hören werden – von Gott, Eros nur von dem sich selbst widersprechenden Menschen her ist, gehört zu dem, worin sie ihm unvergleichbar ist, auch dies: daß sie ihm an Würde nicht nur, sondern auch an Macht schlechthin überlegen ist. Der Eros kann nur fliehen, vergehen, aufhören – und mit ihm die ganze von ihm beherrschte, bewegte, aufgebaute, durch ihn charakterisierte Welt – die Liebe, die Agape aber, hört (1. Kor. 13, 8) nimmer auf: sie und was aus ihr ist (wie sie selber aus Gott ist) ist das in allem Vergehen dieser Welt Unvergängliche.

Eben darum kann und muß nun im Rückblick auf unsere Entfaltung des Problems der christlichen Liebe und also ihres Gegensatzes zum Eros ein versöhnliches Wort das letzte sein. Kein vermittelndes, kein diesen Gegensatz abschwächendes, aber ein versöhnliches Wort: nicht im Blick auf den Eros, wohl aber im Blick auf den sich selbst widersprechenden, den Gott und dem Nächsten sich entziehenden und sich widersetzenden erotischen Menschen. Agape kann sich nicht in Eros, Eros kann sich nicht in Agape verwandeln. So kann die eine Liebe auch nicht in die andere umgedeutet werden. Noch unmöglicher aber ist das, daß Gott sich in einen anderen Gott verwandelte, in einen anderen umzudeuten wäre, der nicht mehr des Menschen, auch des erotisch liebenden Menschen Gott wäre – und daß dieser Mensch aufhörte, Mensch und also das von Gott gewählte, gewollte und strukturierte Geschöpf und also auch in seiner Verkehrtheit in Gottes Hand zu sein. Ist er aber in Gottes Hand, dann muß und wird in und mit der Liebe, die aus Gott ist, der christlichen Liebe, auch zum erotischen Menschen ein Ja gesagt sein: nicht zu seinem erotischen Lieben, aber zu ihm als dem Menschen Gottes, der er ja auch als der erotisch Liebende ist und bleibt – ein Ja, das auch ihm seine Versöhnung verkündigt: die Tatsache, daß Gott auch ihn geliebt hat, liebt und lieben wird. Wie wäre der ein christlich Liebender, der das vergessen, der dem nun eben erotisch Liebenden dieses Ja, diese Verkündigung vorenthalten würde? Wie würde der Christ, der ja selbst immer auch noch ein erotisch Liebender ist, sich selber richten, wenn er dem

Heiden, der im Unterschied zu ihm nur ein erotisch Liebender ist, dieses Ja verweigern wollte! Liebt er christlich und also in der Liebe, die aus Gott ist und also in der Hingabe an Gott und den Mitmenschen, dann muß diese seine Liebe gerade dem erotisch liebenden Menschen gegenüber ganz und gar dieses Ja, die Aussage sein: daß auch er – und das als ein von Gott Geliebter – in Gottes Hand ist, daß nämlich, sein erotisches Lieben übersehend, Gott in seiner echten, wahren, nicht das Ihre suchenden Liebe der ist, der in seiner Hingabe gerade sein, gerade für ihn – und gerade nur so – Gott und als solcher majestätisch, allmächtig und herrlich sein will. Macht die christliche Liebe nicht gerade dem nicht-christlichen Menschen gegenüber d i e s e Aussage, dann ist sie nicht die christliche Liebe. Sie wird ja dann gerade da stocken, wo die Liebe Gottes, von der sie selbst her ist, nicht stockt. Sie würde sich dann von der Liebe Gottes scheiden. Hält ein Christ dafür – und er darf und soll dafür halten – daß er selbst dadurch, daß auch er ein erotisch Liebender ist, von der Liebe Gottes nicht geschieden ist, dann darf er diese Aussage auch dem Mitmenschen nicht verweigern, den er noch ganz und gar in die Bande der Erosliebe verwickelt zu sehen meint.

Das wird aber der konkrete Inhalt dieser Aussage und damit des versöhnlichen Wortes sein, mit dem wir im Rückblick auf den Gegensatz von Eros und Agape schließen müssen: Gott nimmt sich schlicht des M e n s c h e n und also auch des erotisch liebenden Menschen an. Das heißt aber: Er versteht auch ihn, und das besser, als dieser sich selbst versteht. Er sorgt für ihn und das besser, als er, der selbst für sich selbst sorgen möchte, je tut und tun kann. Darum geht es, wenn er ihn aus dem Reich des Eros weg und in das Reich seiner Liebe ruft, die in der Tat der Hingabe und nicht in jenem Eroberungsfeldzug besteht. Darum muß es auch zwischen dem christlichen und dem nichtchristlichen, dem erotisch liebenden Menschen gehen. Es geht also wahrhaftig nicht darum, den Menschen einem fremden, kalten, finsteren Gesetz zu unterwerfen, in dessen Befolgung er zu kurz zu kommen befürchten müßte, in der er Beraubung und Verarmung, Unterdrückung und Untergang zu erwarten, der sich zu entziehen er also Grund hätte. Er hat keinen Grund dazu. Es geht um seine B e f r e i u n g, wenn Gott ihn, indem er ihn, seiner Verkehrtheit zum Trotz, liebt, zur Entscheidung für die Agape gegen den Eros aufruft. Es ist dieser Aufruf helle, nicht düstere, verheißungsvolle, nicht drohende, frohe, nicht traurige Botschaft. Was will, was begehrt, was sucht, was erstrebt denn der erotisch liebende Mensch, was möchte er denn erlangen und behaupten? Wir sahen: in dem Kreislauf, in welchem er sich der natürlichen und der geistigen Welt, in welchem er sich auch Gott und dem Mitmenschen zuwendet – erstlich und letztlich s i c h s e l b s t. Soll und darf er denn nicht er selbst sein? Will Gott ihm das verwehren? Kann Gott, der ihn als der, der er selbst ist, geschaffen, ihm gerade das verwehren? Von ferne nicht!

Es ist nur eben so, daß er gerade sich selbst, gerade sein Sein als dieses Selbst inmitten der Welt vor Gott und unter seinen Mitmenschen in alle Ewigkeit nicht finden, vielmehr, seinem eigenen Schatten nachjagend, in alle Ewigkeit nur verlieren kann und wird, solange er sich selbst, wie der erotisch Liebende das tun zu müssen meint, wollen, begehren, suchen, erstreben, erlangen und behaupten will. Die Liebe, die aus Gott ist, die christliche Liebe, in der der Mensch auf die Liebe Gottes antworten darf, ist seine Befreiung von diesem vermeintlichen Müssen, seine Dispensation von jenem entbehrend-begehrenden Aufwärtsschweben, seine Entlassung aus der Verpflichtung zu dieser Jagd, in der er der Hetzende und der Gehetzte ist und die als solche nur ergebnislos sein kann. Der Mensch darf Schluß damit machen, sich selbst zu wollen und also Schluß mit dem ganzen Treiben, in welchem er sich selbst suchen möchte und nun doch nicht finden, sondern nur eben verlieren kann. Denn wenn das Alles, wenn das der Sinn des Lebens wäre, daß der Mensch, um sich selbst zu finden sich selbst suchen müsse, dann könnte er sich selbst eben in diesem Suchen nur verlieren: es wäre dann Unsinn der Sinn seines Lebens. Die christliche Liebe ist seine Rettung gerade, indem der christlich Liebende aufhört, darauf verzichtet, sich selbst zu retten, sich selbst Erretter sein zu wollen. Der Mensch darf als christlich Liebender aus jenem Kreislauf des Verderbens (er ist wirklich ein *circulus vitiosus*) gänzlich und endgültig heraustreten. Um nun also gar nicht er selbst zu werden? Ganz im Gegenteil: nur so, aber nun gerade so kann und wird er es werden! Jener Verzicht, jenes Heraustreten ist zwar eine *conditio sine qua non* der christlichen Liebe, es geht aber in ihr positiv um des Menschen Hingabe an Gott (nicht um eines göttlichen Wertes, nicht um eines mit Hilfe Gottes zu erreichenden Zweckes, sondern um Gottes selbst willen) und an den Mitmenschen (wieder nicht um seines Wertes, wieder nicht um eines Zweckes, sondern um des Mitmenschen selbst willen). Als diese Hingabe ist die christliche Liebe aus Gott als solche des Menschen Antwort auf Gottes eigenes Lieben. Eben so liebt ja Gott den Menschen, sucht Gott nicht sich selbst, geschweige denn etwas für sich, sondern gerade nur den Menschen, wie er ist und als solchen, den Menschen selbst. Und wahrhaftig: Gott kommt dabei nicht zu kurz, gerade indem er so liebt, gerade in dieser seiner Hingabe an den Menschen ist er Gott in seiner ganzen Freiheit und Herrlichkeit. Wenn nun des Menschen Liebe als Antwort darauf, daß Gott ihn so liebt, wiederum in seiner Hingabe besteht, dann heißt das allerdings, daß es mit seiner Selbstliebe, mit dem Wollen und Suchen der Freiheit und Herrlichkeit seines Selbst zu Ende ist. Aber warum und inwiefern eigentlich? Schlicht darum, weil er eben sich selbst in großer Freiheit und Herrlichkeit dann schon gefunden hat! Was er begehrend und strebend nicht gewinnen kann, das hat er nämlich, nicht in der Kraft seines Verzichtens, aber in der Kraft der

Hingabe, in der er auf die Liebe Gottes antworten darf, schon gewonnen. Er **selbst** ist ja der von Gott Geliebte. An ihn **selbst** hat ja Gott sich hingegeben in seinem Sohn und gibt er sich hin, indem er ihm seinen Heiligen Geist gibt. Eben dadurch ist er von der Erosliebe abgeschnitten, aus ihrem Kreislauf herausversetzt, daß er, christlich liebend, schon dort **ist**, wohin er erotisch liebend gelangen, wo er sich als Ikarus hinbegeben und behaupten wollte und doch nicht konnte. Sein erotisches Lieben ist gegenstandslos geworden. Die Agape, in der der Mensch sich selbst finden darf und also nicht mehr zu suchen braucht, macht den Eros schlicht **überflüssig**. Er **selbst** entdeckt sich, indem er auf Gottes Liebe antwortet, als geborgen.

Es ist klar, daß da ein zweiter Betrug, der theoretisch nahezuliegen scheint, schlimmer wäre als der erste: ich kann natürlich nicht etwa christlich lieben wollen, um damit zu dem Zweck und Ziel zu kommen, das mir als einem erotisch Liebenden entgehen muß. Jedes *ut finale* wäre hier der Rückfall in die Erosliebe. Hier gilt nur das strahlende *ut consecutivum*. Aber eben dieses gilt und macht den Rückfall unmöglich: indem ich christlich liebe, **bin** ich schon am Ziel, **habe** ich mich selbst schon gefunden, könnte ich mich selbst nur aufs neue verlieren, wenn ich in der Absicht und zu dem Zweck christlich lieben wollte, um zu mir selbst zu kommen.

Ich brauche nur wieder und wieder christlich und also ohne Rücksicht und Absicht auf mich selbst, in der Hingabe an Gott und den Mitmenschen zu lieben, um eben damit zu mir selbst zu kommen und bei mir selbst zu sein. Wir umschrieben damit das Wort Mr. 8, 35 vom Rettenwollen und Verlieren, vom Verlieren und Retten des Lebens, auch das Wort Matth. 6, 33, laut dessen wir am Ersten nach dem Reiche Gottes und seiner Gerechtigkeit trachten sollen, so werde uns solches Alles zufallen. Diese Worte sind nicht Gesetz, sondern Evangelium. Sie beschreiben die Agape, die den Eros damit überwindet, daß sie ihn gegenstandslos, überflüssig macht. Sie beschreiben den christlich liebenden Menschen an eben dem Ziel, das der erotisch liebende Mensch – der Arme! – erreichen möchte und erotisch liebend nicht erreichen kann, nie erreichen wird. Sie fordern nichts von ihm, sie nehmen ihm nichts weg, sie tadeln und richten ihn auch nicht, sie zeigen ihm nur an, daß er von Gott verstanden, auf- und angenommen ist: nicht sein erotisches Lieben, aber gerade er **selbst**. Er **darf** sein Leben retten, er **darf** sich selbst finden und bei sich selbst sein. Eben das wird ihm geschenkt, eben das widerfährt ihm, indem er sein Leben verliert, sein ganzes Suchen nach sich selbst aufgibt – «um meinet- und des Evangeliums willen» heißt es dort – womit er dann schon gerettet ist, sich selbst schon gefunden hat.

Das ist der konkrete Inhalt der Aussage, die der christlich liebende Mensch dem anderen, der ein solcher nicht zu sein scheint, schuldig ist. Mit dieser Aussage begegnet der Christ dem Heiden. Eben das **darf** er ja – und nur eben das **kann** er ja sich selber sagen: angesichts der Tatsache, daß ja auch er selber ein nicht nur christlich, sondern immer auch noch ein erotisch liebender Mensch und insofern ein Heide ist. Eben als Einer, der sich selbst daran hält, selbst fröhlich in dieser Überwindung des Eros durch die Agape lebt, wird er auch dem Anderen begegnen. Er spricht dann in seiner Existenz das versöhnliche Wort in jenem Gegensatz. Er diskutiert dann das Problem der christlichen Liebe nicht nur, er lebt es dann – so wie es gelebt sein will und letztlich nur gelebt werden kann.

2. DER GRUND DER LIEBE

Es war schon das Problem der christlichen Liebe nicht zu entfalten, ohne daß wir am Schluß bereits das Thema zu berühren hatten, dem wir uns nun im Besonderen zuwenden müssen: das Thema ihres Grundes. Die Frage nach ihrem Grund hat bei der Erklärung der Liebe dieselbe Funktion wie die Frage nach dem Gegenstand bei der Erklärung des Glaubens. Der Christ glaubt an ... und von diesem «an» her, aus der Bezeichnung dessen, was ihm als Glaubendem begegnet und was er im Glauben empfängt, geschenkt bekommt, erfaßt, ergibt sich (vgl. KD IV, 1 § 63) Alles, was zur Bestimmung der christlichen Tat als Tat des Glaubens zu bedenken und zu sagen ist. Der Christ liebt aber, weil ... es geschieht seine Hingabe von einem bestimmten ihm vorgegebenen und ihn bewegenden Grund her.

Man könnte statt «Grund» auch das Wort «Ursprung» einsetzen. «Ursprung» erweckt aber leicht die Vorstellung einer Identität dessen, was dort geschieht, von wo die christliche Tat herkommt, von woher sie in Bewegung gesetzt ist, und dessen, was dann hier, in und mit ihr selber geschieht: die Vorstellung eines Flusses, in welchem dieselbe Hingabe sich zuerst dort und dann hier ereignete. Diese Vorstellung trifft aber die Sache nicht. Was dort und was hier geschieht, geschieht zwar in strengem, bedingendem Zusammenhang und in größter Ähnlichkeit des hiesigen mit dem dortigen Geschehen, wie denn die Bibel zur Bezeichnung beider dasselbe Wort «Liebe» braucht. Es geht aber um Ähnlichkeit und nicht um Gleichheit, es geht eben nicht um Identität jenes ersten, hervorrufenden und dieses zweiten, des durch jenes hervorgerufenen Liebens. Es verhält sich jenes zu diesem wie Wort und Antwort, wie eine Erlaubnis und der von ihr gemachte Gebrauch, wie ein Befehl und der ihm geleistete Gehorsam – nicht wie das Anheben und die Fortsetzung einer und derselben Bewegung. Um diesen Unterschied nicht zu verdunkeln, dürfte der die Distanz offen haltende Begriff des «Grundes» dem des «Ursprungs» vorzuziehen sein.

Auf dem Höhepunkt seines Werkes «Eros und Agape» (2. Bd. S. 555f.) hat A. Nygren unter dem Titel «Der Christ als Kanal für Gottes herabströmende Liebe» folgenden Gedanken entwickelt: Das Subjekt der christlichen Liebe sei gar nicht der Mensch, sondern Gott selbst, doch so, daß die göttliche Liebe den Christenmenschen als ihr Werkzeug und Organ verwende. Im Glauben empfange er Gottes Liebe, in der Liebe gebe er sie weiter an den Nächsten. Es sei die christliche Liebe «sozusagen eine Fortsetzung und Verlängerung der Liebe Gottes». Sie sei also «durch und durch ein göttliches Werk». Es gehe dabei nach Luther (WA 10, I, 1 100, 9) so zu, daß der Christ zwischen Gott und seinen Nächsten gesetzt werde als ein «Mittel»: «das da von oben empfängt und unten wieder herausgibt und gleich einem Gefäß oder Rohr wird, durch welches der Brunn göttlicher Güter ohn Unterlaß fließen soll in andere Leute». – Das ist genau die Anschauung, der ich hier (bei allem Respekt auch vor Luther!) schon beim ersten Schritt ausweichen und bei Allem, was nun weiter zu bedenken ist, nicht folgen möchte. Sind wir den Eros nun doch nur dazu losgeworden, um von der Agape umso schwärmender solche alle klaren Konturen verwischende, alle gesunde Distanzen aufhebende Dinge zu sagen? Mir scheint, daß man, um hier viel zu sagen, sehr viel weniger sagen wollen muß.

Die Liebe ist ein freies Tun: Hingabe des Einen an den Anderen ohne Interesse, ohne Absicht, ohne Zweck, spontane Hingabe des Einen an den Anderen daraufhin, daß der Andere für den Einen nun einmal da ist, ihm gegenübersteht. Sie ist aber kein grundloses Tun. Der in dieser Tat begriffene Mensch, der Christ, existiert, weil und indem Gott sein Grund ist, als solcher sich ihm erschlossen hat, als solcher von ihm erkannt ist. Er liebt von diesem seinem Grund in Gott her, als ein von dort her von Gott selbst dazu Aufgerufener, in Bewegung Gesetzter: dadurch in Bewegung gesetzt, daß Gott sich ihm erschlossen und daß er Gott erkannt hat als den, der in der Majestät und Herrlichkeit seines göttlichen Wesens zuerst liebt, und zwar ihn zuerst liebt. Daraufhin, in Beantwortung des Wortes, in welchem Gott ihn liebt und ihm sagt, daß er das tut, in Entsprechung dazu darf, muß, will auch der christliche Mensch lieben. Er tut es nicht, als wäre er selbst Gott oder ein zweiter Gott. Er liebt aber, weil Gott liebt und gerade ihn liebt, weil er zu Gott gehört, ohne Gott und ohne Beziehung zu ihm auch nicht Mensch wäre, und weil ihm eben das nicht verborgen, sondern in der Liebe, in der Gott sich ihm zuwendet, offenbar ist. Er ist dazu aufgerufen, der Bewegung, in der Gott begriffen ist, als Mensch zu folgen: als Mensch, und also abbildend, gleichnishaft zu tun, was Gott urbildlich, original tut. Das tut er, indem er liebt: frei, aber nicht ohne, sondern mit gutem Grund. Dieser gute Grund seines Liebens im Lieben Gottes geht also seinem Lieben voran: unabhängig davon, ob er ihm mit seinem Lieben folge oder nicht folge und erst recht unabhängig von der Vollkommenheit oder Unvollkommenheit, in der er das tut. Er besteht, ruft und wirkt – er ist ja kein stummer und ruhender, sondern ein sprechender und bewegender Grund – und das in der Majestät und Herrlichkeit des göttlichen Wesens. Er tut das also unter allen Umständen, ohne auf des Menschen Antwort und Entsprechung zu warten, ohne darauf angewiesen zu sein. Ein Versagen dieses guten Grundes ist also auch beim größten Versagen des menschlichen Liebens nicht zu erwarten. Eben darum aber auch kein Aufhören des an den Menschen ergehenden Aufrufs und Anstoßes. Er wird ihn immer empfangen müssen und dürfen. Und er wird jederzeit darauf zurückkommen dürfen, daß Gott liebt, gerade ihn liebt, um sich eben durch diese erste, die göttliche Liebe seinerseits in Bewegung gesetzt zu finden, ihr mit seinem menschlichen Lieben Nachfolge zu leisten. Also: die Liebe (worunter wir jetzt verstehen: die Tat des christlichen Liebens) hat einen Grund – einen wahrhaft guten und kräftigen Grund – der sie bestimmt, hervorruft und in Bewegung setzt, von dem sie herkommt, als menschliches Tun immer wieder herkommen darf und wird: die Liebe Gottes, deren allmächtig erleuchtender und bewegender Aktion sie folgen darf – sie als sekundäre, ihr als der primären Liebe.

Die Präzisierung und Abgrenzung ist unvermeidlich: Sie kann und wird dieser niemals vorangehen. Sie kann und wird niemals aus und mit sich selbst anfangen und durch sich selbst fortgehen und Bestand haben. Sie ist jenes Grundes in ihrem Werden und in ihrem Fortgang schlechterdings bedürftig. Sie kann in keinem Moment und in keiner Form primäre, sondern immer nur die jener primären folgende sekundäre Liebe sein. Sie würde ohne den von jenem ausgehenden Aufruf und Anstoß weder Ereignis werden noch Dauer haben. Ganz einfach darum, weil es sich dort um das Tun Gottes, in ihr aber um das Tun des Gott konfrontierten Menschen handelt. Ihrem Charakter als spontane verantwortliche Tat des Menschen, ihrem Charakter als Entscheidung tut diese ihre Abhängigkeit von jener keinen Eintrag. Gott und der Mensch, jener als der Schöpfer und dieser als sein Geschöpf, existieren ja nicht auf einer Ebene. Es gibt keine Konkurrenz zwischen der göttlichen und der menschlichen Freiheit, so daß die Abhängigkeit des menschlichen Tuns von dem Gottes eine Schwächung, Alterierung und schließlich Aufhebung seines Freiheits- und Entscheidungscharakters in sich schließen müßte. Daß das menschliche Lieben von dem Gottes abhängig ist, bedeutet, daß es eben in seiner Freiheit nur von jenem her, nur als menschliche Antwort auf das in der Liebe Gottes gesprochene Wort Ereignis werden kann. Würde Gott nicht ursprünglich und urbildlich – und nun gerade ihn – lieben, wie sollte da der Mensch in der Lage sein, dasselbe abbildlich, gleichnishaft zu tun? Er kann und wird nie als Erster lieben: nur daraufhin, daß Gott als Erster ihn geliebt hat und liebt. Und wenn er es daraufhin, und also als Zweiter tut, so entsteht daraus – dieses Verhältnis ist unumkehrbar – keine Abhängigkeit des göttlichen Liebens von seinem eigenen, keine Bedingtheit des Tuns Gottes durch sein eigenes Tun. Es ist also die Liebe Gottes wohl der Grund der menschlichen – es wird aber die menschliche Liebe niemals zum Grund der Liebe Gottes. Es bleibt bei deren Vorrang und Vorgang, bei dem Charakter der göttlichen Liebe als Gnade und bei dem der menschlichen als Dankbarkeit. Es bleibt bei der großen Verschiedenheit der Ordnung, der Natur, der Bedeutsamkeit der göttlichen und der menschlichen Liebe. Es bleibt also dabei, daß diese jene nicht wiederholen, nicht repräsentieren, es ihr nicht gleichtun, sondern ihr, indem sie ihr nachfolgt, nur eben ähnlich sein, nur abbildlich und gleichnishaft entsprechen kann. Es bleibt dabei, daß die menschliche Liebe auch in ihren höchsten Gestalten des Aufrufs und der Bewegung von der Liebe Gottes her immer und überall, in jeder Hinsicht bedürfen wird. Indem Liebe von oben her Ereignis wird, kann, darf, muß sie es auch da drunten werden: auf der geschöpflichen Ebene, die ja auch der Bereich der menschlichen Trägheit und des ihr folgenden Elends ist: so und nicht anders! In diesem Sinn gilt das große Wort 1. Joh. 4, 7, laut dessen die Liebe aus Gott ist.

Es wird zur Kontrolle der positiven und der begrenzenden Feststellung, mit der wir nun begonnen haben, dienlich sein, uns einige Sätze aus dem Zusammenhang dieses Wortes zu vergegenwärtigen. Es begründet nach demselben Vers die Ermahnung: «Lasset uns untereinander lieben!» Wie kommen die angeredeten Christen dazu, das zu tun? Man wird wohl an dieser Stelle schon ihre Anrede als ἀγαπητοί nicht bloß als konventionell-rhetorisch verstehen dürfen: die da zur Liebe Ermahnten sind (nach allem, was folgt: von Gott) Geliebte und werden hinsichtlich dessen, was sie tun sollen, einfach darauf angesprochen, daß sie das sind. Eben daß sie das sind (und damit die Möglichkeit und Notwendigkeit ihrer Ermahnung, sich untereinander ihrerseits zu lieben) begründet das Wort ὅτι ἡ ἀγάπη ἐκ θεοῦ ἐστιν. Das ist im Zusammenhang ganz konkret gesagt: eben das Lieben, zu dem ich euch ermahne, ist «aus Gott». Von euch ist nichts Sonderliches verlangt mit dieser Ermahnung und ihr tut auch nichts Sonderliches, indem ihr sie befolgt. Wer liebt, der tut das nur eben darum – der muß das freilich auch eben darum tun –, weil es ihm «aus Gott» zukommt, es zu tun. Er bezeugt, indem er liebt, daß ihm das wirklich «aus Gott» zukommt – daß er, wie es nachher heißt, «ein von Gott Gezeugter», das heißt ein Kind ist, das aus der Fülle seines Vaters empfängt und nimmt, indem es Gott als seinen Vater, sich selbst als sein Kind erkennt, dem das, was seinem Vater gehört, natürlicherweise auch gehört und also zufallen muß. Wogegen (v 8) wer nicht liebt, das Furchtbare bezeugen würde, daß er Gott nicht erkannt hat, und also nicht weiß und versteht, daß Gott Liebe und daß, was ihm von ihm zukommt, wieder Liebe ist. Wir treten auf die Gleichung ὁ θεὸς ἀγάπη ἐστίν im Augenblick noch nicht ein und so auch nicht auf Wichtigstes, was v 9 dazu gesagt wird. Zur allgemeinen Erklärung des ἐκ θεοῦ, auf die wir es jetzt abgesehen haben, ist v 10 bemerkenswert: «Dies ist es, worin die Liebe besteht (ἐν τούτῳ ἐστὶν ἡ ἀγάπη): nicht daß wir Gott geliebt haben, sondern daß Er uns liebte, dazu v 11 «Geliebte, da Gott uns so liebte, sind wir schuldig, uns untereinander zu lieben» und v 19: «Wir lieben (ἡμεῖς ἀγαπῶμεν), denn αὐτὸς πρῶτος ἠγάπησεν ἡμᾶς, Er zuerst liebte uns». (Die Parallele zu 1. Kor. 8, 3 ist deutlich, wo es ja noch heißt: «Wenn Einer Gott liebt, so ist der von ihm erkannt.») Alle diese Sätze reden vom göttlichen und vom menschlichen Lieben, alle von der Priorität des göttlichen Liebens, alle von der Bedingtheit des menschlichen durch das göttliche, alle von der Unumkehrbarkeit dieses Verhältnisses – aber alle auch von der Notwendigkeit, in der es «aus Gott», kraft des Vorgangs seines Liebens, dazu kommt, daß, ihm nachfolgend und entsprechend, auch menschliches Lieben Ereignis wird. Niemand kann lieben, es wäre denn «aus Gott», nach dem Vorgang seines Liebens als ein von ihm Geliebter. Eben «aus Gott» aber, nach dem Vorgang seines Liebens als ein von ihm Geliebter kann, darf, muß und wird auch der Mensch lieben.

Damit uns der Grund der Liebe (unseres Liebens) auch gedanklich (wie es sich in der Dogmatik gehört) feststehe, müssen wir bei seiner Beschreibung ganz oben (dort, wo er erstlich und letztlich feststeht) anfangen: beim Sein und Wesen Gottes selber. Die Autorität, in der Gott uns zum Lieben aufruft, die Macht, in der er uns zu diesem Tun in Bewegung setzt, hat ein spezifisches Gewicht. Es besteht darin, daß sie die Autorität und Macht dessen ist, der nicht erst anfängt zu lieben, indem er uns liebt, sondern der liebt, indem er ist, und ist, indem er liebt. Von daher hat die Liebe, in der er uns liebt, und hat sein Wort und seine Handlung, durch die er uns bewegt, unsererseits zu lieben, ihr Gefälle (vgl. KD II, 1 § 28, 2). Gott ist auch in sich selbst nicht anders Gott denn als Liebender. Eine bei den strengeren Theologen neuerdings sehr in Verdacht und Verruf gekommene populäre Bezeichnung Gottes muß hier durchaus zu Ehren gebracht werden: er ist *per se* «der liebe Gott!» Man sagt von ihm, von seinem göttlichen Sein und Wesen, man sagt von Gott selbst, was von ihm zu sagen möglich, recht und notwendig und wahr ist – und man sagt es ohne Vorbehalt der Beschränktheit unseres Wissens von ihm und also ohne mit der Frage spielen zu müssen: ob er nicht insgeheim, in einem uns verborgenen Untergrund seiner Gottheit auch noch etwas Anderes sein möchte? – wenn man sagt: er ist der in der Freiheit seines göttlichen Seins Liebende, oder: er liebt, und betätigt gerade damit die Freiheit seines göttlichen Seins. Die Sätze «Gott ist» und «Gott liebt» sind gleichbedeutend, erklären und bestätigen sich gegenseitig. So, in dieser Identität von Sein und Liebe offenbart sich uns Gott, indem er uns liebt: als der, der, auch wenn er uns nicht liebte, uns also nicht offenbar wäre, auch wenn wir überhaupt nicht wären, in sich selbst und für sich, so wahr er ist und Gott ist, auch liebt – der uns daraufhin und von daher liebt, daß er schon in sich selbst und für sich der in seiner Freiheit Liebende und eben als solcher Gott ist. Nur von Gott kann das gesagt werden, daß er liebt, indem er ist, und ist, indem er liebt: auch nicht vom Christen – und wäre er der vollkommenste Christ! – als dem durch die Liebe Gottes zur Liebe aufgerufenen und in Bewegung gesetzten Geschöpf. Von Gott aber muß eben das gesagt werden. Und das schließt dann in sich: Gott liebt und ist eben darin, daß er das tut, der Ursprung und Inbegriff alles wahrhaft Seienden und also alles Guten, das *summum esse* als das *summum bonum*. Gott liebt und ist eben darin, daß er das tut, der Liebenswürdige, mehr noch: aller Gegenliebe des Geschöpfs vorangehend und unabhängig von ihr der Geliebte – der Liebende und der Geliebte, auch wenn da kein einziges Geschöpf wäre, das er liebte und das ihn wiederliebte. Gott liebt und eben darin, das zu tun, besteht der Zweck seines Seins; eben indem er das tut, erfüllt er ihn auch: seinen Zweck, demgemäß sich alle seine Absichten im Blick auf ein von dem seinen verschiedenes Sein nur als Zwecke seiner Liebe verwirklichen können. Gott liebt und bedarf dazu, das zu tun, keines von dem seinen verschiedenen Seins als Gegenstand seiner Liebe: liebt er die Welt, liebt er uns, so ist das ein freies Überströmen der Liebe, in der er ist und Gott ist, an der er sich nicht genügen lassen will, obwohl er es könnte, obwohl ihm zu seiner Liebe und also zu seinem Sein weder die

Welt noch wir unentbehrlich sind. So ist die Liebe Gottes freie, majestätische, ewige Liebe. Und so in sich selbst sich begründend und begründet, indem sie als ewige Liebe uns zugewendet und offenbar wird, indem sie unserer Liebe in solcher Hoheit vorangeht – so ist sie deren wirklich feststehender Grund. Es ist die **ewige** Liebe, in deren freiem, ungeschuldetem Überströmen wir geliebt werden. Es ist **ihre** Autorität und Macht, in der uns, daß wir geliebt sind, offenbar wird. Es ist Gott selbst in der ganzen Tiefe seiner Gottheit, der uns aufruft und bewegt, auch unsererseits zu lieben. Gleichheit unseres Liebens mit dem Gottes wird von diesem seinem Grund her nicht in Frage kommen, nur eben **Ähnlichkeit**. In ewiger Liebe geliebt, kann es uns nur zufallen, zeitlich zu lieben. Es wird aber unser zeitliches Lieben, indem es von diesem seinem ewigen Grund her in der Zeit Ereignis werden muß, in Ähnlichkeit zu dem geschehen, was Gott, indem er es uns **erweist**, in sich selber **ist**. Es wird kraft dieser Ähnlichkeit bei aller Wahrung der Distanzen höchst reale **Gemeinschaft mit Gott** sein: nicht nur mit einem von Gott inaugurierten **Geschehen**, sondern erstlich und letztlich Gemeinschaft **mit Gott selbst**. Über den Grund der Liebe wird gleich noch mehr zu sagen sein. Es kommt aber Alles, was diesen Grund kennzeichnet und auszeichnet, aus dieser höchsten Höhe: davon her, daß er der im Sein und Wesen Gottes selbst bestehende Grund ist.

Was wir eben diskutiert haben, war die Gleichung 1. Joh. 4,8 und 16: ὁ θεὸς ἀγάπη ἐστίν. Die Meinung, es handle sich in diesem Satz nicht um eine Aequation der beiden Begriffe, sondern nur um eine Prädikation des ersten durch den zweiten, ist unüberlegt. Was soll dieses «nur»? Geht es um Gott – um den, der in der Bibel Gott heißt – dann kann jede von ihm zu prädizierende **Eigenschaft** nur noch einmal – als Umschreibung einer bestimmten Selbstauslegung des prädizierten Subjektes – Gott selbst und zwar jedesmal Gott selbst in der Vollkommenheit seines Seins bezeichnen, scholastisch: kein bloßes *accidens*, sondern noch einmal Gottes *essentia* oder *substantia:* in einer bestimmten Selbstauslegung, aber in ihrer Ganzheit. Prädizierte der Autor des ersten Johannesbriefes ὁ θεός mit ἀγάπη, so hat er ὁ θεός mit ἀγάπη gleichgesetzt, so also, daß der Satz, vorausgesetzt, daß die beiden Begriffe denselben Inhalt behalten, auch umgekehrt werden kann: die Liebe ist Gott. Daß der Autor eben das wollte, ergibt sich aus dem Zusammenhang. Er hat v 8a den, der nicht liebt, als einen Menschen bezeichnet, der Gott nicht erkannt hat, während er von dem, der liebt, v 7b gesagt hat, daß er Gott erkennt. Liebe setzt Erkenntnis Gottes voraus und aus Erkenntnis Gottes folgt Liebe. Warum dem so ist, erklärt v 8b: «Gott ist Liebe». Ihn erkennen, heißt seine Liebe als das erkennen, worin er ist und Gott ist. Es ist also (nach v 7b) wieder Liebe (die ihr entsprechende Liebe des Menschen jetzt) das, was diesem «aus Gott» zukommt. Die Fortsetzung v 9 über die Offenbarung der Liebe Gottes in der Sendung seines Sohnes erklärt dann, wie es zu dieser Erkenntnis und also zur Erkenntnis Gottes selbst und in Realisierung dieser Erkenntnis dazu kommt, daß der Mensch seinerseits lieben darf und soll. Das in dieser Offenbarung Offenbarte, in dieser Erkenntnis Erkannte ist aber eben das in v 8b Formulierte: das Sein Gottes als dessen, der zuerst und als solcher Liebe ist, nach welchem sich das Sein des Menschen, der Gott in dieser seiner Offenbarung erkennt, notwendig zu richten hat. In v 16, wo die Formel wiederkehrt, ist der engere Zusammenhang der: es gibt da wie nach v 7f. keinen Anfang, so auch (v 12f.) keine Fortsetzung und keinen Bestand (kein μένειν) und schließlich keine Vollendung (kein τελειοῦσθαι) der christlichen Existenz in der Gemeinschaft mit Gott, wo die auch ihre Dauer und Vollendung begründende Liebe Gottes zu uns nicht in unserer Liebe zu den Brüdern sichtbar würde. Aus der Liebe Gottes folgt (v 12f.) dieses Bleiben, folgt aber auch (v 17f.) in Vollendung ihres Werkes die furchtlose Zuversicht, in der der Christ im künftigen Gericht dastehen wird. Eben diese Dauer und Vollendung seiner Existenz ist nach v 16 dadurch schlechterdings gesichert, daß die Liebe, die ihm in Gottes Tat widerfährt, in Gottes Sein als dem ewig Liebenden beruht und entspringt, von daher schlechthin durchhaltende Liebe ist. Eben in dieser ihrer Majestät ruft sie aber (v 19f.) unter allen Umständen danach, daß der Christ seinerseits liebe: den unsichtbaren Gott und in konkretem Beweis der Wahrhaftigkeit seiner Liebe zu ihm den sichtbaren Bruder.

Es ist kein spekulativer Willkürakt, wenn wir zur Beschreibung des Grundes der christlichen Liebe beim Sein und Wesen Gottes selber einsetzen. Die Gleichung der Sätze: «Gott ist» und «Gott liebt» (die johanneische Gleichung: «Gott ist Liebe») ist ja nur die kürzeste Formel zur Bezeichnung der Wirklichkeit, in der und als die Gott sich selbst nach dem impliziten Zeugnis des Alten, nach dem expliziten Zeugnis des Neuen Testamentes kundgibt. Der da zu den Menschen gesprochen hat und noch zu uns spricht, der uns eben damit, daß er das tut, sein eigenes Sein und Wesen eröffnet, ist keine Monade, kein Einsamer, der als solcher nicht lieben oder nur sich selbst lieben könnte und würde, dem Liebe jedenfalls ein ihm ursprünglich Fremdes wäre, der nur eben zufällig (nicht innerlich, sondern nur äußerlich) auch liebte. Er existiert vielmehr – so ist er uns offenbar – zuerst in sich selbst als Liebender, indem er nämlich als der Eine nicht nur in einer Weise existiert, sondern in der Weise des Vaters und des Sohnes, und – das ist in unserem Zusammenhang entscheidend – in der Weise des aus dem Vater und dem Sohn «hervorgehenden», dem Vater und dem Sohn gemeinsamen, den Vater und den Sohn vereinigenden Geistes. In dieser Dreieinigkeit seines Wesens liebt Gott, indem, aber schon bevor er uns liebt, indem er uns, aber schon bevor er uns aufruft, unserseits zu lieben. In dieser Dreieinigkeit seines Wesens ist Gott die ewige Liebe: in sich selbst der Eine und der Andere und das fern von aller Selbstsucht, Gleichgültigkeit, Neutralität oder gar Feindschaft des Einen dem Anderen, des Anderen dem Einen gegenüber, sondern in der Hingabe des Vaters an den Sohn, des Sohnes an den Vater, die sich eben darin vollzieht, daß er nicht nur der Vater und der Sohn, sondern auch der Heilige Geist und so als Vater ganz für den Sohn, als Sohn ganz für den Vater ist. Kraft dieses seines trinitarischen Wesens ist Gott frei, souverän, kompetent, mächtig dazu, uns zu lieben – kann, darf, muß, will er uns lieben, liebt er uns tatsächlich, und macht er sich selbst zum Grund auch unseres Liebens, versetzt er, indem er das tut, uns unsererseits nicht nur in eine äußere und zufällige, sondern in eine innere, wesentliche Gemeinschaft mit ihm, in eine Gemeinschaft, in der unsere Existenz der seinigen nicht fremd bleiben, sondern ihr entsprechend ähnlich werden, sein und bleiben darf. Leben und Walten der Liebe ist kraft seines trinitarischen Wesens Gottes eigenstes, innerstes Leben und

Walten: von daher liebt er uns, von daher wird, indem er uns seine Liebe kundtut, darüber entschieden, daß Leben und Walten der Liebe zu seiner Ehre und zu unserem Heil auch unsere (von dorther wirklich ewige) Bestimmung ist.

Die Gleichung 1. Joh. 4, 8.16 «Gott ist Liebe» ist eine Besonderheit des johanneischen Zeugnisses. So bekanntlich auch die Gleichung Joh. 4, 24: «Gott ist Geist». Dieses Zusammentreffen ist kein Zufall. Beide Gleichungen explizieren sich gegenseitig. Wer im Sinn des johanneischen Zeugnisses «Liebe» sagt, der sagt «Geist» – der Geist, in welchem Gott ganz und gar der Vater des Sohnes und ganz und gar der Sohn des Vaters und als solcher der uns zuerst Liebende ist. Und wer im Sinn dieses Zeugnisses «Geist» sagt, der sagt «Liebe» – die Liebe, die, indem Gott uns liebt, aber schon bevor er das tut, die Liebe ist, in der er als Vater den Sohn, als Sohn den Vater liebt. Wieder im Johannesevangelium wird eben das, diese trinitarisch bestimmte Ewigkeit des Grundes der christlichen Liebe, nun auch in aller Form angezeigt: «der Vater liebt den Sohn und hat (das ist seine ewige Liebe, seine väterlich göttliche Hingabe) Alles (nicht weniger als seine ganze göttliche Würde, seine ganze göttliche Souveränität und Macht über Alles) in seine (des Sohnes) Hand gegeben» (Joh. 3, 35; vgl. 5, 20). Er hat ihm (Joh. 17, 24) seine Herrlichkeit gegeben, weil und indem er ihn vor Grundlegung der Welt liebte. Diese Liebe des Vaters wird aber Joh. 10, 17 geradezu als Antwort darauf beschrieben, daß der Sohn (das ist seine ewige Liebe, seine Hingabe) im Gehorsam gegen den Vater sich selbst, sein Leben einsetzt, um es gerade, indem er das tut, erst recht zu empfangen. Und eben das soll (Joh. 14, 31) der Welt offenbar werden: daß er den Vater liebt, dessen Auftrag gemäß handelt. Er bleibt (Joh. 15, 10 – der Genetiv ist wohl objektiv und subjektiv zu verstehen) in der Liebe des Vaters und so brauchen die Seinen, um dem Vater gehorsam zu werden, nur geheißen zu werden, in seiner, des Sohnes Liebe zu bleiben. Denn als der vom Vater Geliebte (und ihn wieder Liebende) liebt er (Joh. 15, 9) auch sie. Das tut aber (auch das soll der Welt offenbar werden) auch der Vater: in derselben Liebe nämlich, in der er ihn, den Sohn, liebt, liebt er (auch das also in ewiger Liebe) auch diese (Joh. 17, 23). Von daher, daß der Sohn sie liebt als der vom Vater Geliebte und ihn Wiederliebende – von daher, daß der Vater in derselben Liebe, in der er ihn, den Sohn, liebt, auch sie liebt – von daher, daß sie ihn, den Sohn, wieder zu lieben die Freiheit haben (Joh. 14, 15, 21 f.; 16, 27) – von daher dann die Wucht des «neuen Gebotes» (Joh. 13, 34), vom Sohn ihnen gegeben: sich auch untereinander zu lieben.

So explizit wie bei Johannes wird der Grund der Liebe in Gott selbst in der übrigen Bibel weder bezeichnet noch gar erklärt. Einen Hinweis darauf (natürlich ohne trinitarische Entfaltung) darf man vielleicht Hos. 11, 8 f. erblicken: «Wie könnte ich dich preisgeben, Ephraim, dich ausliefern, Israel? Wie könnte ich dich preisgeben, gleich Adma, dich machen wie Zeboim? Mein Herz kehrt sich um in mir, mein ganzes Mitleid ist entbrannt. Ich will meinen glühenden Zorn nicht vollstrecken, will Ephraim nicht wieder verderben. Denn Gott bin ich, und nicht ein Mensch, heilig in deiner Mitte, doch nicht ein Verderber.» Was bedeutet dieses Nicht-Können Gottes, dieses sein «ganzes Mitleid», diese seine Heiligkeit, in der er nun doch von seinem Erbarmen gegen ein undankbares Volk nicht lassen will: darum nicht, weil er Gott und kein Mensch ist? Heißt das nicht, daß die Liebe, in der er dieses Volk, als es jung war, liebte und als seinen Sohn aus Aegypten rief (11, 1), nach dem Zeugnis dieses Propheten eine solche Liebe war, die er nur mit seinem göttlichen Wesen zusammen verleugnen konnte, die also integrierend zu seinem Wesen gehörte? Und ausdrücklich von einer «ewigen Liebe», mit der Jahve Israel geliebt habe, ist ja auch Jer. 31, 3 die Rede mit der Fortsetzung: «darum habe ich dich zu mir gezogen aus Güte» und von «Banden der Huld» und «Seilen der Liebe», mit denen Jahve Israel zu sich gezogen habe, auch Hos. 11, 4. Man wird aber auch abgesehen von solchen einzelnen Worten fragen müssen: war

2. Der Grund der Liebe

es dem Gott schon des Alten Testamentes zufällig, wählte er es willkürlich, ohne vorgegebenen Grund in sich selbst, der Gott des Bundes (eines reinen, freien Gnadenbundes) mit Israel zu sein, sich selbst mit diesem Volk in seiner so unscheinbar anhebenden und dann so unrühmlich verlaufenden Geschichte zu kompromittieren? Tat er das nicht zufällig, nicht willkürlich, wer und was war dann dieser Gott? Die ewig unbewegte Gottheit des Plato und des Aristoteles hat sich mit keiner solchen Geschichte kompromittiert, kein solches Volk «zu sich gezogen». Wie sollte sie auch? Und wie sollte sie es erst – das wäre ein Widerspruch in sich – in ewiger Liebe geliebt haben und eben darin Gottheit sein? In ihr ist keine Hingabe. So kann sie auch nicht zur Hingabe aufrufen noch bewegen. So kann sie nur in jener begehrenden, nur in Selbstliebe, nur erotisch geliebt werden. Während offenbar schon der Gott des Alten Testamentes nur daraufhin geliebt werden kann, daß er – nicht nur zuerst Liebe übt, sondern der zuerst, der ewig Liebende und als solcher in sich bewegte und also lebendige Gott ist, der als solcher nach einer es ihm gleichtuenden und also nach reiner, freier Hingabe ruft.

Man wird nun aber auch von der trinitarischen Entfaltung jenes Grundes nicht sagen können, daß sie dem Neuen Testament, abgesehen von Johannes, fremd sei. Was bedeutet es, wenn es Kol.1,12f. heißt, daß der Vater uns in das Reich «des Sohnes seiner Liebe» versetzt habe: desselben Sohnes, der dann v 15f. als «Erstgeborener der ganzen Schöpfung» beschrieben wird, in dem, durch den und auf den hin Alles im Himmel und auf Erden erschaffen wurde, der auch vor Allem war und in dem Alles seinen Bestand habe? Daß er erst *a posteriori*, zum Behuf unserer Errettung aus der Macht der Finsternis, der «Sohn der Liebe» des Vaters wurde, ist durch diese Beschreibung ausgeschlossen. Nein, in dem schon Geliebten (ἐν τῷ ἠγαπημένῳ) hat Gott uns solche Gnade erwiesen (Eph.1,6). War er dieser aber schon vorher, dann ist Liebe und zwar Liebe zwischen dem Vater und dem Sohn auch hier dem ewigen Gott als solchem als eine ihm wesentliche Bestimmung zugeschrieben. Eben von diesem Grund – und von derselben inneren Bewegung, in der er der Grund der Liebe ist – ist aber auch in der Taufgeschichte (Mr.1,11 Par.) und in der Verklärungsgeschichte (Mr.9,7 Par.) die Rede, wo Jesus durch die Stimme vom Himmel als «mein geliebter (Luk. 9,35: erwählter) Sohn» angeredet, bzw. bezeichnet wird, «an dem ich Wohlgefallen fand» – eine durch die Einführung des Begriffs υἱός sehr beredte Variation des Matth. 12,18 zitierten Wortes Jes. 42,1 vom παῖς θεοῦ – in der Verklärungsgeschichte überall mit dem Zusatz: «Höret ihn!» Der da Getaufte wird als der, von Gott als seinem Vater Geliebte bestätigt, proklamiert, offenbart: Du bist! oder Dieser ist!, – er ist es also schon, und so als der der er ist schon zuvor auch Gegenstand der göttlichen εὐδοκία. Ein Prophet oder Apostel wird in der Zeit, wenn auch vielleicht schon im Mutterleibe, erwählt – der Knecht Gottes, der sein eigener Sohn ist, ist schon erwählt, sein Geliebter, Gegenstand seines Wohlgefallens, um als solcher in der Zeit auf den Plan zu treten. Und eben als solcher ist er daselbst von den Anderen zu hören. Im Blick auf seine Epiphanie kann dann (Luk.2,14) auch von anderen Menschen als ἄνθρωποι εὐδοκίας die Rede sein, kann Joh.3,16 sogar gesagt werden, daß Gott die Welt liebte: in der Hingabe seines eingeborenen Sohnes, aber in derselben ewigen Liebe, in der er eben diesen liebte. Hieher dürfte endlich (im Blick auf den engen Zusammenhang zwischen den Begriffen «Lieben» und «Erkennen») auch das Wort Matth.11,27, Luk. 10,22 gehören, laut dessen dem Sohn Alles übergeben wurde von seinem Vater, laut dessen niemand den Sohn erkennt außer dem Vater und niemand den Vater außer dem Sohn und dem, dem es der Sohn offenbaren will. Im Gefüge des Denkens und der Sprache der Synoptiker erscheint dieses Element vorjohanneischer Tradition als so etwas wie ein Fremdkörper. Aber wie auch seine Herkunft und sein Alter zu erklären sei: es gründet nach diesem Wort die Offenbarung, deren (Matth.11,25, Luk. 10,21) die νήπιοι teilhaftig werden, auf einer ihr vorangehend in Gott selbst, nämlich zwischen dem Vater und dem Sohn stattfindenden Bewegung: darin, daß der Vater dem Sohn Alles schon zuvor übergeben hat. Das Wort sagt, in welcher Autorität und Macht der Sohn die νήπιοι beruft und dazu instand setzt, ihn und so wie er, der Sohn, ihn erkennt (in den ihnen gesetzten Grenzen), ihrerseits den Vater zu erkennen. Man wird das Wort mindestens als eine nahe, genaue und erleuchtende Parallele zu der johanneischen Aussage über die Liebe des Vaters, des Sohnes und der durch den Sohn Berufenen bezeichnen müssen. Man wird aber im Blick auf das ganze Neue Testament noch mehr als im Blick auf das Alte fragen müssen: ob es dem, der da «Gott» genannt wird, nur zufällig und äußerlich zukommt, seine Gemeinschaft mit den Menschen, wie sie im alttestamentlichen Bund schon vorgebildet war, damit zu vollenden, daß er sich selbst darin so tief erniedrigte und den Menschen darin so hoch erhöhte, daß er menschliches Sein und Wesen sich selbst zu eigen machen, in dem Menschen Jesus von Nazareth als Herr verborgen und offenbar sein wollte? War ihm solche Tat nicht zufällig, hat er sich in ihr seinem göttlichen Wesen nicht entfremdet, ist er ihm vielmehr gerade darin aufs höchste treu geblieben und gerecht geworden, dann war er in jener Tat und in seinem Wesen wiederum der Gott, der mit der unbewegten Gottheit des Plato und des Aristoteles und also mit einem erotisch zu liebenden Gott von ferne nicht verwechselt werden kann. Er war dann in seinem Wesen – nun eben der den Sohn liebende Vater, der den Vater liebende Sohn und als solcher, in der Gemeinschaft und Wechselseitigkeit solcher Liebe (als der Gott, der Vater, Sohn und Geist ist) der in sich bewegte, der lebendige, der ewig liebende und als solcher zur Liebe bewegende Gott.

Wir wenden uns jetzt zu der Frage nach dem Grund der Liebe, sofern dieser identisch ist mit dem *opus Dei ad extra*, der Tat der Liebe Gottes in seinem Verhältnis zur Welt, zu uns Menschen. Das Gefälle dieser Tat steht uns nun vor Augen. Gott selbst liebt uns. Er liebt uns, indem er sich uns unmittelbar, als der, der er ist, zuwendet. Er behält also sein Sein und Wesen als Vater, Sohn und Geist, er behält die ewige Liebe, die er selber ist, nicht für sich. Er ist nicht der Gefangene seiner Gottheit. Er hat die Freiheit und übt sie aus, unser Gott zu sein. Er geht als der, der er ist, und ohne aufzuhören, Dieser zu sein, in höchster Offenbarung und Betätigung dessen, was er ist, über sich selbst hinaus in den Bereich dessen, was er nicht ist, was nur eben durch ihn, nur eben sein Geschöpf ist. In eben der Liebe, die nur die seine ist – die, so meint man, nur eben in ihm sein und bleiben könnte – in eben dieser Liebe liebt er (allem Meinen über ihn und seine Gottheit überlegen und zuwider) sein Geschöpf, liebt er uns. Ein von uns her unbegreifliches, nur eben in seinem faktischen Geschehen zu anerkennendes, zu erkennendes, zu bekennendes Überströmen seiner ewigen Liebe – das ist es, was uns, indem er uns liebt, von ihm her widerfährt, zugute kommt. Nicht mehr und nicht weniger als das! Und indem uns Gott das widerfahren und zugute kommen läßt, macht er sich zum Grund unseres Liebens. Von dem Grund dieses seines Tuns an uns her aufgerufen und in Bewegung gesetzt, entsteht, geschieht unser, das christliche Lieben als die auf seine Tat antwortende, ihr entsprechende menschliche Tat. Als Grund der unsrigen kommt nur die seinige in Frage. Und nur in ihrer Bestimmung durch die seinige kann und wird die unsrige die Tat der rein und frei hingebenden, der christlichen Liebe sein. Es ist darum die Tat seiner Liebe, über die wir uns volle Übersicht und Klarheit verschaffen müssen, bevor von der Tat der unsrigen sinnvoll die Rede sein kann.

2. Der Grund der Liebe

Was es mit der Tat der Liebe Gottes zu uns auf sich hat, das sagt – wir blicken zunächst auf das Materiale dieser Tat in ihrer Ganzheit – das Zeugnis des Alten Testamentes entscheidend, zentral, zusammenfassend mit seinem Bericht vom Bund: dem Bunde Jahves mit Israel – und das sagt das Zeugnis des Neuen Testamentes wieder entscheidend, zentral und zusammenfassend mit seiner Verkündigung von dem in der Existenz des einen Menschen Jesus angebrochenen und aufgerichteten Reich, der Herrschaft Gottes auf Erden. Gott liebt uns, indem er den Bund mit uns aufrichtet und hält – und indem er sein Reich zu uns kommen läßt. Es geht hier wie dort um dieselbe Wirklichkeit derselben Tat der Liebe Gottes. Der Bund ist die Verheißung des Reiches. Das Reich ist die Erfüllung des Bundes. Der Bund ist Gottes Begegnung mit dem Menschen in der Absicht, in seiner eigenen Person des Menschen Heil zu sein. Das Reich ist Gott als des Menschen Heil und also der Sinn und das Ziel seiner Begegnung mit dem Menschen. Der Bund ist die von Gott inaugurierte und regierte Geschichte eines Volkes, in welcher sein Wille, sich mit allen Völkern und also mit allen Menschen – und wiederum: alle Völker und alle Menschen mit sich zu vereinigen, am Werk ist. Das Reich ist die von Gott inaugurierte und regierte Geschichte eines Menschen jenes einen Volkes als des Repräsentanten aller anderen, in der Gott in Vollstreckung seines Willens sich selbst mit diesem Einen vereinigt und wieder in diesem Einen alle Völker und alle Menschen mit sich vereinigt hat. Das Eine, das Kontinuum, der Zusammenhang dieser beiden Gestalten seiner Tat ist seine in dieser gewollten und vollzogenen Vereinigung verwirklichte Hingabe an den Menschen und also seine ihm zugewendete Liebe. Das geschah ja in dieser seiner Tat: daß er sich zu unserem Gott und also ganz klein – uns zu seinen Menschen und also ganz groß machte, sich zu uns erniedrigte, uns zu sich erhöhte. Das ist Gottes Hingabe, Gottes Liebe. Offenbarung Gottes im Werk seines Heiligen Geistes heißt Offenbarung des Bundes und des Reiches, der Verheißung und der Erfüllung, des Wollens und des Vollbringens Gottes in ihrem notwendigen und unauflöslichen Zusammenhang, heißt Offenbarung der einen, ganzen Tat, in der er uns in der Kraft seiner ewigen Liebe geliebt hat, liebt und lieben wird, Offenbarung unserer selbst als die, denen Gott in dieser Tat zugewendet ist und also als solche, die von ihm als dem Täter dieser Tat geliebt wurden, geliebt sind, geliebt sein werden. In dieser Tat, in welcher er der Unsrige werden wollte und wurde, in welcher wir die Seinigen werden sollten und wurden – in ihr ist Gott der mit Autorität sprechende und mit Macht bewegende Grund der Liebe als der der seinigen entsprechenden menschlichen Tat, nach der wir hier fragen.

Die Liebe Gottes ist nach dem Zeugnis des Alten Testamentes ganz und gar eine Tat und also nicht ein Gefühl, eine Gesinnung, Verhaltensweise und Einstellung

Jahves. Er gedenkt des im fremden Land gefangenen Volkes Abrahams, Isaaks und Jakobs, indem er sich seiner annimmt, er beruft Mose zu seinem Führer, er leitet es mit Macht aus Aegypten, er errettet es am Schilfmeer, er gibt ihm am Horeb das Gesetz als Anweisung zum Verharren unter der Herrschaft seines gnädigen Willens, er führt es über den Jordan in das seinen Vätern verheißene Land. Nicht in Offenbarung irgend einer Theorie, nicht in Form irgend einer Zeremonie, sondern indem er in dieser Tat als Gott Israels handelt, Israel als sein Volk behandelt, «stiftet» er den Bund zwischen sich und ihm, und diesen wiederum als die positive und kritische Ordnung, in der, auch sie durch sein Handeln bestimmt, seine weitere Geschichte verlaufen wird. Indem er jenes Erste, Begründende, und dann, ihm entsprechend, alles Weitere mit ihm und an ihm tut, liebt er Israel.

Es war Hosea, der es, soweit man literarisch darum weiß, als Erster, durch die Einführung des Bildes von der Ehe zwischen Jahve und Israel sofort sehr anschaulich und gerade im Kontrast und in Beziehung zu der auch bei ihm in schärfster Form ergehenden Gerichtsverkündigung nur umso eindrücklicher, ausgesprochen hat: daß das Handeln Jahves im Bunde mit Israel in jeder Gestalt und in jeder Hinsicht das Handeln seiner Liebe ist. So im Blick auf den Anfang dieses Verhältnisses: «Als Israel jung war, liebte ich es, aus Aegypten rief ich meinen Sohn» (11,1). So im Blick auf seine durch seinen Ungehorsam höchst bedrohte Gegenwart: «Ich verlobe dich mir auf ewig, ich verlobe dich mir in Recht und Gerechtigkeit, in Güte und Erbarmen, ich verlobe dich mir in Treue, damit du Jahve erkennst» (2,19f.). So im Blick auf seine Zukunft: «Ich will ihren Abfall heilen, in freier Gnade will ich sie lieben, denn mein Zorn hat sich von ihnen gewandt» (14,4). Und 2,14f.: «Siehe, ich will sie locken und in die Wüste führen und ihr zu Herzen reden. Dann will ich ihr ihre Weinberge geben und das Tal Achor («Kummertal») zur Pforte der Hoffnung machen. Dorthin wird die ihm Verlobte hinaufziehen wie in den Tagen ihrer Jugend, wie damals, da sie aus dem Lande Aegypten heraufzog. An jenem Tage wird sie, spricht Jahve, mich nennen ‚Mein Mann' und mich nicht mehr nennen ‚Mein Baal'». Die Verkündigung von der im Bund mit Israel betätigten Liebe Jahves, seines Eheherrn, ist ein Charakteristikum auch der Prophetie des Jeremia. Er beschreibt sie freilich noch überwiegender als dies schon bei Hosea der Fall ist, als die von Israel mit Undank und Untreue erwiderte und darum tödlich gefährdete, mit Auslöschung bedrohte Liebe. Daß Jahves Liebestat selbst auch die Gestalt furchtbarsten Gerichtes haben kann, wird auch hier sichtbar genug. Man wird aber auch den positiven Grundton nicht überhören dürfen, wie er etwa in dem merkwürdigen Selbstgespräch Jahves (Jer. 31,20) erklingt: «Ist eigentlich Ephraim mein treuer Sohn, ist er mein Lieblingskind? So oft ich von ihm rede, muß ich immerfort seiner gedenken; dann stürmt ihm mein Herz entgegen, ich muß mich seiner erbarmen.» Wieder nicht ohne Erinnerung an Gottes Gerichte, aber nun doch überwiegend in jenem positiven Grundton wird im zweiten Jesaja – und hier im Alten Testament am Stärksten – von Gottes Liebe geredet. Es klingt fast wie Polemik gegen gewisse andere prophetische Äußerungen extrem gegenteiligen Inhalts, wenn man Jahve bei ihm fragen hört: «Wo ist denn der Scheidebrief eurer Mutter, mit dem ich sie verstoßen hätte? Oder wer ist mein Gläubiger, dem ich euch verkauft?» (50,1). Nein: «Fürchte dich nicht, denn du wirst nicht zu Schanden, und stehe nicht beschämt, denn du mußt nicht erröten. Der Schande deiner Jugend wirst du vergessen und der Schmach deiner Witwenschaft nicht mehr gedenken. Denn der dich geschaffen, ist dein Gemahl – Herr der Heerscharen ist sein Name – und dein Erlöser der Heilige Israels – Gott der ganzen Erde wird er genannt. Denn wie ein verlassenes Weib, ein bekümmertes, ruft dich der Herr. Das Weib der Jugendjahre, kann man es verstoßen? spricht dein Gott. In kurzem Unmut habe ich dich verlassen, doch mit großem Erbarmen werde ich dich sammeln. Im Aufwallen des Zornes verbarg ich einen Augenblick mein Antlitz vor dir, aber mit ewiger Güte habe ich mich deiner erbarmt, spricht der Herr, dein Erlöser» (54,4f.). Und darum die positive Zusage: «Du wirst nicht mehr ‚Verlassen' heißen, noch dein Land ‚Einsam', sondern du wirst heißen

2. Der Grund der Liebe

‚Meine Lust' und dein Land ‚Vermählt', denn der Herr hat seine Lust an dir und dein Land wird vermählt sein. Denn wie der Jüngling die Jungfrau freit, so wird dein Erbarmer dich freien, und wie der Bräutigam der Braut sich freut, so wird dein Gott sich deiner freuen» (62,4f.). Und in anderer, nicht minder beredter Bildrede: «Wird auch ein Weib ihres Kindleins vergessen, daß sie sich nicht erbarme über den Sohn ihres Leibes? Und ob sie gleich sein vergäße, so will ich doch dein nicht vergessen. Siehe, in meine Hände habe ich dich gezeichnet» (49,15f.). Also: «Dieweil du teuer bist in meinen Augen, wertgeachtet, und ich dich liebhabe, gebe ich Länder für dich hin und Völker für dein Leben. Fürchte dich nicht, denn ich bin mit dir!» (43,4f.). Und man könnte Sach.2,8 hier anreihen: «Wer euch antastet, tastet seinen Augapfel an», aber auch Hagg. 2,23, wo von Serubbabel gesagt wird, daß er dem Herrn «sei wie ein Siegelring». Die andere Stelle, wo die Rede von der Liebe Gottes häufiger begegnet – nun aber nicht wie bei Deuterojesaja im Blick auf die Zukunft, nun rückwärts blickend in die Vergangenheit – ist das Deuteronomium. Warum hat Jahve sein Herz Israel, dem kleinsten unter allen Völkern zugewandt, gerade es erwählt? Darum und nur darum (Deut.7,8) «weil Jahve euch liebte und weil er den Eid hielt, den er euren Vätern geschworen, darum hat euch Jahve mit starker Hand herausgeführt...» Und dann immer wieder: darum und nur darum, «weil er eure Väter liebte» (4,37; 10,15; 23,5).

Man sieht: der Begriff und das Wort «Liebe» zur Bezeichnung dessen, was Gott im Bunde mit Israel getan hat, tut und tun wird, taucht literarisch relativ spät auf. Das ist sicher, daß diese Tatsache nicht etwa dahin erklärt werden darf, es habe sich dabei um eine nachträgliche Deutung, gewissermaßen um eine Umetikettierung eines ursprünglich ganz andersartigen Sachverhaltes gehandelt: das Bundesverhältnis sei ursprünglich ein reines Rechtsverhältnis gewesen, das darin erkennbare Wollen und Tun Gottes nur eben das eifrige Geltendmachen und Wahren seines aus seiner Wahl sich ergebenden Anspruchs auf Israels Ehrfurcht und Gehorsam. Sicher begründet und entfaltet Jahves Handeln als Herr dieses Bundes (das hat das Deuteronomium besonders ins Licht gerückt) auch ein Rechtsverhältnis. Aber hinter der ganzen Rechts- und Heiligkeitsgestalt des Bundes steht doch schlicht der große Zusammenhang der für die Existenz Israels konstitutiven, ihm so unvergeßlichen Befreiungstat (mit allen ihren Entsprechungen in der späteren Zeit). Diese aber ist eine Tat, in der dem Wollen und Vollbringen Jahves keinerlei Leistung von Seiten Israels gegenüberstehen konnte, in der er denn auch keinerlei Forderung an dieses stellte. Auf Grund dieser Tat wird das dann allerdings geschehen, wird die Gehorsamsfrage in aller Form und in höchst entscheidendem Charakter aufgerollt werden. Das wird aber zunächst ganz den Charakter einer Schutzmaßnahme haben: das Volk soll durch das Halten der ihm offenbarten Gebote Jahves davor bewahrt werden, den sicheren Bereich zu verlassen, in welchem er ihm nur eben als sein Befreier (nur eben in Gnade, nur latent auch in seiner Hoheit als Richter, wagen wir den Ausdruck: in rein evangelischem Charakter) gegenwärtig und bekannt war. Und was Anderes stand hinter seiner Befreiungstat, vielmehr: was Anderes geschah in und mit dieser Befreiungstat als solcher, als eben die freie, die unmotivierte Wahl, in der Jahve sich selbst als Israels Gott, Israel als sein Volk wählte und setzte: sich selbst in Heiligkeit und Gerechtigkeit und darum Israel zu deren Respektierung verpflichtend, aber, weil in freier Wahl dieses konkreten, kontingenten Verhältnisses, darum entscheidend, darum charakteristisch auch für seine Heiligkeit und Gerechtigkeit, in Liebe? Was ist denn solch freies Wählen, wie es in jener Tat stattfindet, in seiner motivlosen Wirklichkeit Anderes als eben – Liebe? Das ist es, was Hosea und seine Nachfolger mit der Einführung dieses Wortes und mit der des Bildes von der Ehe – nicht ersonnen, nicht in die Sache hineingetragen, sondern ihr entnommen, gewissermaßen als den Nerv des ganzen Seins und Handelns Jahves als des Herrn des Bundes entdeckt, festgestellt und proklamiert haben.

Warum erst sie? Warum scheint das ältere Israel das Wort *aheb* und seine Synonyme auf Gottes Tun in diesem Verhältnis nicht angewendet zu haben? Man hat zur Erklärung die Nüchternheit angeführt, in der die ältere Zeit die Distanz zwischen Gott und Mensch wahren, es vermeiden wollte, solche «aus der Sphäre des freien Gefühlslebens stammende Begriffe» auf Gott anzuwenden und sich damit in die Nähe der kananäischen Gottesminne zu begeben (so W. Eichrodt, Theol. d. AT 1.Bd.1933 S.127). Ich kann mich darum nicht mit dieser Erklärung befreunden, weil es mir nicht einzuleuchten scheint, daß, wenn solche Erwägungen hier stattgefunden hätten, ausgerechnet in der Prophetie mit ihrem Kampf für die Heiligkeit Jahves und gegen die Verwechslung, Vermischung und Vertauschung seines Dienstes mit den kananäischen Fruchtbarkeitskulten eine in dieser Hinsicht laxere Auffassung Platz gegriffen haben sollte. Liegt es nicht näher, anzunehmen, daß die Sache selbst: das Geheimnis der Wirklichkeit der freien, der unmotivierten Tat Jahves, in welcher sich Israels Erwählung als Geschichte vollzog, den Menschen dieses Volkes zunächst so unmittelbar eindrucksvoll vor Augen stand, daß es der Umschreibung: Er «liebt» Israel! gar nicht bedurfte, weil sie überflüssig war, weil sie ja nur die Analyse der Wirklichkeit sein konnte, in der Israel atmete und lebte? Eben diese Analyse zu vollziehen, das Selbstverständliche der Wirklichkeit, in der Israel lebte, die «Macht der Liebe als tiefster Grund des Bundesverhältnisses» (so a.a.O. doch auch Eichrodt!) ans Licht zu heben, konnte und mußte sich aber nahelegen in all den späteren Situationen, in denen gerade das Selbstverständlichste nicht mehr selbstverständlich war, das Älteste ganz neu in Erinnerung gerufen werden mußte: eben in den Situationen, in denen Jahve der Befreier einem undankbaren und untreuen Volk gegenüber sich auch als Jahve der Richter erweisen und offenbaren mußte. Der seine Hoheit als Richter doch gerade von daher hatte, daß er noch und noch gerade der war, als der er einst gehandelt und sich offenbart hatte: als der Befreier, als jener unmotiviert Erwählende und als solcher für und an Israel Handelnde. Eben in der Autorität und Macht des Befreiers Israels offenbarte und erwies er sich jetzt auch als sein Richter. Gerade angesichts des Abfalls, gerade in Unterstreichung der furchtbaren Sinnlosigkeit der Untreue und des Undanks Israels, gerade zur Beleuchtung der unabsehbaren Finsternis der notwendigen Folgen seines Ungehorsams konnte und mußte jetzt, nicht in mutwilliger Neuerung, sondern in Hervorhebung dessen, was laut des Ursprungs Israels in jener Tat seines Gottes immer war und auch immer sein wird, von Jahves Liebe geredet werden: in jener Gewißheit und Wärme, aber auch in jener scharfen Dialektik, in der Hosea und Jeremia das getan haben, angesichts des Ehebruchs, dessen Israel sich schuldig machte, und um es dieser seiner Schuld zu überführen und es zur Treue zurückzurufen, von der diese Ehe begründenden und unbeweglich haltenden Treue seines göttlichen Eheherrn. Nicht die Propheten brechen (glaubensmäßig) durch das *opus alienum* des Zornes Gottes hindurch zu seiner Liebe, sondern Gottes Zorn erweist sich den Propheten (offenbarungsmäßig) als *rebus humanis sic stantibus* notwendige Gestalt seines *opus proprium,* das seine Liebe ist. Diese Verkündigung konnte nachher nicht schwächer, sondern, wie wir sahen (wieder in ihrer ganzen Dialektik), nur noch stärker und eindeutiger werden in einer noch weiter fortgeschrittenen Situation, in der das der Erfüllung der göttlichen Verheißung scheinbar endgültig unwürdig gewordene und verlustig gegangene Volk des Exils es – in schärfstem Gegensatz zu der Situation seiner Erwählung, seiner Ausführung aus Aegypten – gerade nur noch mit Jahve dem Richter, nur noch mit seinem Nein und gar nicht mehr mit seinem Ja zu tun zu haben meinen konnte. Das war die Situation des zweiten Jesaja, in der die Prophetie Trost – Trost des Volkes Jahves – werden und heißen durfte und mußte. Kein unernster, kein billiger Trost – impliziert er doch deutlich genug die Bestätigung eben der richterlichen Hoheit Gottes, unter die das Volk sich gebeugt fand und doch wohl immer noch nicht wirklich beugte – aber Trost, Bestätigung seiner Erwählung und also erst recht der auch in seinem Gericht sich erweisenden und offenbarenden, der in der Vollendung seines Gerichtes durchhaltenden Liebe dieses Gottes samt ihrer Verheißung. «Die Berge mögen weichen und die Hügel wanken, aber meine Gnade soll nicht von dir weichen und mein Friedensbund nicht wanken, spricht der Herr, dein Erbarmer» (Jes.54,10). So hat die Überlieferung Mose, den Propheten

2. Der Grund der Liebe

des Auszugs, so hat sie auch Samuel, den Propheten der anhebenden Krise, nicht reden lassen. So konnte und mußte jetzt, nach Vollzug und in Vollendung der Krise, geredet werden. Und dementsprechend konnte und mußte jetzt, wie es im Deuteronomium geschehen ist, nachträglich – aber wiederum nicht im Sinn einer Deutung, sondern anzeigend und hervorhebend, wie es wirklich gewesen war – rückblickend auch von der Tat der Befreiung aus Ägypten und also von der Tat der Erwählung Israels als von der Tat der den Vätern zugewendeten Liebe Jahves als dem in seiner ganzen Tragweite für die Gegenwart zu erkennenden Geheimnis des Bundes geredet werden.

Man wird auch von der im Neuen Testament bezeugten Liebe Gottes unmöglich sagen können, daß sie den Charakter eines Gott zugeschriebenen Gefühls oder Gesinntseins habe. Sie ist, wie wir sahen, im Neuen wie im Alten Testament einerseits die Bestimmung des eigenen inneren Wesens Gottes selbst und als solchen, andererseits (auch das ganz unsentimental!) Gottes Handlung und Tat. Gottes Tat ist aber nach dem Zeugnis des Neuen Testamentes als Ziel des Bundes, dessen Geschichte im Alten Testament doch berichtet wird – sie ist als Erfüllung der in Gottes Liebe zu Israel tathaft ergangenen Verheißung: die Aufrichtung der Herrschaft, des Reiches Gottes auf Erden. Die Aufrichtung des Reiches Gottes ist aber identisch mit der Existenz Gottes selbst inmitten seines Volkes und so inmitten aller Völker, aller Menschen. Sie ist identisch mit der Existenz, mit der Geschichte des Sohnes Abrahams, Isaaks und Jakobs, des Sohnes Davids, des Menschen Jesus von Nazareth. Gott handelt, indem er (sich selbst in seinem Sohn dahingebend in die Niedrigkeit) diesen Menschen aus Israel auf den Plan führt: er tut es im Wort und Werk seines Lebens und Sterbens in der Zeit, in der Offenbarung dieses Menschen durch seine Auferweckung von den Toten, im Leben und Walten seines Geistes. Und dieser Mensch handelt, indem er, von Gott gesandt und ihm gehorsam, sein Wort und Werk auf den Plan der menschlichen Geschichte führt, den Menschen als solchen in seiner Person vor Gott rechtfertigt, für ihn heiligt und so in die Gemeinschaft mit ihm erhebt. Dieses Handeln des wahren Gottes und des wahren Menschen in seiner Einheit ist die im Neuen Testament bezeugte Liebe Gottes. Man kann sie mit keinem abstrakten Begriff, man kann sie nur mit dem Namen Jesus Christus adaequat bezeichnen. Mit der Nennung dieses Namens aber ist sie adaequat, erschöpfend, umfassend, endgültig bezeichnet: als die Gott wesentliche und als die in seiner Geschichte mit dem Volk Israel anhebende, in seiner Geschichte mit jenem Menschen aus Israel vollendete Tat an Israel, an der Welt, an allen Menschen. Man kann in allem, was über die Liebe Gottes zu sagen ist, nur diesen Namen, nur die Wirklichkeit der Geschichte Jesu Christi auslegen. Man würde bei jedem Schritt, auf welchem man sich von der Auslegung dieses Namens entfernen würde, an der Wirklichkeit der Liebe Gottes vorbeireden.

Es bedeutet eine interessante Parallele zu dem Problem, das uns im Blick auf die im Alten Testament bezeugte Liebe Gottes beschäftigt hat, daß von ihr in den Synoptikern zunächst nicht ausdrücklich die Rede ist: weder allgemein von der Liebe Gottes, noch im Besonderen von der sie verkörpernden und offenbarenden Liebe Jesu. Man könnte zur Not Matth. 6,45 f. anführen, wo die Hörer der Bergpredigt als Söhne ihres Vaters im Himmel davor gewarnt werden, nur die zu lieben, die sie wieder lieben, wo doch jener ihr Vater seine Sonne aufgehen läßt über Böse und Gute und regnen läßt über Gerechte und Ungerechte. Damit kann – aber doch nur sehr indirekt – von der Liebe jenes Vaters geredet sein. Und was Jesus selbst betrifft, so steht die Notiz Mr. 10,21: daß er den reichen Jüngling angeblickt und geliebt habe, ganz vereinzelt, hat erst wieder in Joh. 11,3.5.36 seine Entsprechungen, wo dasselbe von Lazarus und von der Maria von Bethanien, und 13,23 u. ö., von dem «Jünger, den Jesus lieb hatte» gesagt wird. Darf man auch hier zunächst vermuten, daß die Sache selbst, die Tat der Liebe Gottes, die Lebenstat Jesu als solche, das in seinem Wort und Werk nahe herbeigekommene, konkret in der menschlichen Geschichte aufgerichtete Reich, sein Tod als die Krönung seines Handelns im Gehorsam gegen Gott und für die Menschen, sein Offenbarwerden als Herr und Heiland in seiner Auferstehung von den Toten – daß das Alles den Trägern der ältesten Überlieferung in seiner Tragweite und Bedeutung so unmittelbar vor Augen stand, daß auch sie es für unnötig halten konnten, dem Geschehen, von dem sie berichten wollten, noch ausdrücklich diesen Namen zu geben? Oder hielt man es, wo es einfach um die evangelische Erzählung von diesem Geschehen gehen sollte, geradezu für angemessen und geboten, das zu unterlassen, um das erzählte Geschehen nur eben für sich selbst sprechen, sich selbst in seiner ganzen Souveränität bezeugen zu lassen. Das tut es jedenfalls: Daß dieser Mensch Jesus in der Autorität und Macht des Sohnes Gottes inmitten aller anderen Menschen da ist, daß er das Himmelreich als auf Erden verborgene, aber auch offenbare, jedenfalls präsente Realität mit dem, was er sagt und tut, verkündigt und sichtbar macht, daß er mit den Pharisäern, aber auch mit den Zöllnern zu Tische sitzt, den argen Menschen Freund und den argen Geistern umsomehr Feind ist, Sünde gegen Gott und Sünde gegen ihn selbst vergibt und Krankheit heilt und daß er schließlich, Alles zusammenfassend, sich selbst, statt sich zu behaupten, dahingibt und als der Herr und Helfer, als der er gerade in seinem Leiden und Sterben handelt, nicht verborgen bleibt, sondern seinen Jüngern und durch seine Jünger der Welt offenbar wird als der, der für sie bei Gott und für Gott bei ihr einsteht – das haben die Evangelien von ihm bezeugt, als diesen im Namen Gottes für uns Menschen Wirkenden haben sie ihn dargestellt. Was war das Anderes als die Tat seiner Liebe und so der Liebe Gottes, die das letzte Wort der Geschichte Israels und als solches das erste einer neuen Völker- und Menschheitsgeschichte war? Gesprochen war es in seinem Leben und Sterben, von dem die Evangelien berichten, gehört und verstanden wurde es in der Macht des Heiligen Geistes des Auferstandenen, als den die Evangelien ihn in ihrem Schlußteil bezeugen.

Mit dem Hören und Verstehen, in Erkenntnis der in ihm geschehenen Tat Gottes konnte und mußte dann auch der Gebrauch des ihr zukommenden Begriffes und Wortes einsetzen. Es gehört zur Eigenart des vierten Evangeliums, daß es auch in dieser Hinsicht keinen Unterschied zwischen Vorher und Nachher, zwischen dem im Leben und Sterben Jesu gesprochenen Wort und seinem Hören und Verstehen macht, sondern das vorösterliche Leben Jesu zum vornherein in seinem Offenbarsein beschreibt und Jesus selber vom ersten Wort an sich selbst offenbarend reden läßt. Darum bei ihm die Fülle jener schon angeführten Worte, die ausdrücklich von der wechselseitigen Liebe des Vaters und des Sohnes reden, die als solche zunächst in Person der Jünger auch den Menschen zugewendet ist. Sie ist wirklich nicht nur, sondern nur zuerst den Jüngern zugewendet! Lesen wir doch gleich am Anfang des Evangeliums (3,16) – man bedenke: als Ausspruch Jesu selbst angeführt – das Wort von der Liebe, mit der Gott, indem er sie in der Dahingabe seines einzigen Sohnes betätigte, die Welt geliebt habe. Eben das ist's, was in den Episteln, nun eben kerygmatisch und lehrhaft, von der göttlichen Liebe gesagt wird – der Grundton, vielmehr der Grundakkord ihrer Verkündigung, in welchem kein Ton vom anderen zu trennen ist: (1) die Liebe Gottes in Jesus Christus, nämlich in seiner Dahingabe für uns, (2) die Liebe Jesu Christi in seiner Selbsthingabe als die Verkörperung und Offenbarung der Liebe Gottes – es fehlt aber (3) auch nicht die durch den Heiligen Geist Jesu Christi uns offenbare, in und an uns wirksame Liebe Gottes.

Man vergleiche zum Ersten 2.Thess.2,16, wo es in einer so nur an dieser Stelle sichtbaren Folge heißt, αὐτὸς δὲ ὁ κύριος ἡμῶν Ἰησοῦς Χριστὸς καὶ ὁ θεὸς ὁ πατὴρ ἡμῶν, dieser liebte uns und gab uns damit ewigen Trost und eine gute Hoffnung. Die Folge in dieser Verbindung ist in der Regel die umgekehrte: es gibt kein Geschöpf, das uns «zu scheiden vermag von der Liebe Gottes, die in Christus Jesus ist, unserm Herrn» (Röm. 8,39). Oder: «Gott, der da reich ist an Barmherzigkeit, hat uns um seiner großen Liebe willen, mit der er uns geliebt hat, mit Christus lebendig gemacht» (Eph. 2,4f.). Oder: Indem wir bekennen, daß Jesus der Sohn Gottes ist, «haben wir erkannt und geglaubt die Liebe, die Gott zu uns hat» (1.Joh.4,16). Nach Sinn und Zusammenhang gehört aber auch 1.Joh.3,1 hieher: «Sehet, welch eine Liebe uns der Vater geschenkt hat, daß wir Gottes Kinder heißen dürfen und daß wir es sind.» Andere Stellen in Erklärung dieses «Gott in Christus»: «Ist Gott für uns, wer mag wider uns sein? Er, der seines eigenen Sohnes nicht verschont, sondern hat ihn für uns Alle dahingegeben – wie sollte er uns mit ihm nicht Alles schenken?» (Röm.8,31f.). Er «beweist seine Liebe gegen uns damit, daß Christus für uns gestorben ist, da wir noch Sünder waren» (Röm.5,8). «Darin besteht die Liebe... daß Gott uns geliebt und seinen Sohn zum Sühnopfer für unsere Sünden gemacht hat» (1.Joh.4,10). Kurz: «Indem Gott in Christus war, versöhnte er die Welt mit sich selber» (2.Kor.5,19).

Man beachte zum Zweiten: die Liebe Jesu Christi selbst in der Macht der Liebe Gottes «treibt uns» oder «hält uns in Ordnung» (συνέχει 2. Kor.5,14). Eben sie, die alles Erkennen übersteigt, gilt es zu erkennen (Eph. 3,19). Eben von ihr kann und wird uns niemand und nichts scheiden (Röm.8,35). Dasselbe erklärt: «Ich lebe im Glauben an den Sohn Gottes, der mich geliebt und sich für mich dahingegeben hat» (Gal.2,20). Oder: «Wandelt in der Liebe, wie auch Christus euch geliebt und sich für uns dahingegeben hat als Gabe und Opfer für Gott» (Eph.5,2). Oder: «Christus hat die Gemeinde geliebt und sich für sie dahingegeben» (Eph. 5,25). Oder: Jesus Christus, «der uns liebt und uns durch sein Blut von unseren Sünden erlöst und uns zu einem Königreich von Priestern für Gott, seinen Vater, gemacht hat» (Apok.1,5).

Und man vergleiche zum Dritten: «Die Hoffnung läßt nicht zuschanden werden, weil die Liebe Gottes (hier nicht nur objektiv, sondern auch subjektiv und zwar nach dem Zusammenhang zweifellos als die Liebe Gottes in Christus zu verstehen) ausgegossen ist in unsere Herzen durch den Heiligen Geist, der uns gegeben worden ist» (Röm. 5,5). In der Macht «unseres Herrn Jesus Christus und (in der Macht) der Liebe des Geistes» ermahnt Paulus die römischen Christen, in ihren Gebeten an seinem Kampf teilzunehmen (Röm.15,30).

Die bekannte Schlußformel 2.Kor.13,13 faßt mit ihren beiden epexegetischen καί das Alles zusammen: ἡ χάρις τοῦ κυρίου Ἰησοῦ Χριστοῦ καὶ ἡ ἀγάπη τοῦ θεοῦ καὶ ἡ κοινωνία τοῦ ἁγίου πνεύματος μετὰ πάντων ὑμῶν. Man müßte wohl übersetzen: «Die Gnade unseres Herrn Jesus Christus, in welcher die Liebe Gottes am Werk ist und in welcher Gemeinschaft im Heiligen Geist sich erschließt und mitteilt – sie sei mit euch Allen!» Der trinitarische Hintergrund dieses ganzen Zeugnisses wäre gewiß auch sonst nicht zu verkennen, aber hier wird er direkt sichtbar gemacht. – So also ist das Wort, gesprochen in und mit dem im Leben und Sterben des Menschen Jesus nahe herbeigekommenen Reich, in der neutestamentlichen Gemeinde gehört und verstanden und demgemäß verkündigt worden.

Wir vergegenwärtigen uns die drei entscheidenden Näherbestimmungen der göttlichen Liebe als des Grundes der menschlichen, der unsrigen.

1. Sie ist erwählende Liebe. Wir umschreiben damit nur: sie ist freie Tat Gottes. Sie ist also kein Ablauf innerhalb eines vorgegebenen Zustandes und Verhältnisses, zu dessen Natur es nun einmal gehören würde, daß Gott liebt. Gott ist in keiner Beziehung zu einem Anderen dazu verbunden und verpflichtet, ihn zu lieben. Er entscheidet sich von sich aus, das zu tun. Er bestimmt und macht ihn zum Gegenstand seiner Liebe. Er unterscheidet ihn als solchen. Sogar, ja zuerst von der Gott wesentlichen Liebe des Vaters zum Sohn, des Sohnes zum Vater gilt:

sie ist freie, nicht in Art des Ablaufs eines Naturprozesses notwendige
Liebe: notwendig gerade nur kraft der Freiheit, in der Gott ewig liebt,
um in der Freiheit dieses seines Tuns Gott zu sein. Um wieviel mehr gilt
das von seiner Liebe im *opus ad extra*. Sie ist unmotiviert, vielmehr: sie
ist sich selbst Motiv. Es gibt also keinen Anspruch darauf, von Gott
geliebt zu werden, weil es keine Qualität oder Potentialität gibt, auf Grund
derer Jemand oder Etwas von ihm geliebt werden müßte, Gegenstand
seiner Liebe von Haus aus wäre. Von Gott geliebt zu werden, ist keine
irgend einem seiner Geschöpfe immanente Eigentümlichkeit. Denn es
gibt keinen Wert, der dem von Gott Geliebten als Grund seines Liebens
schon an sich innewohnte. Der von Gott Geliebte bekommt seinen Wert
dadurch, daß Gott ihn liebt, und sein Wert steht und fällt damit, daß Gott
ihn wieder liebt, ihn zu lieben nicht aufhört. Mehr noch (so steht es ja
faktisch mit Gottes Liebe im *opus ad extra*), Gott liebt freilich den Menschen, den er, indem er ihn als sein Geschöpf wählte, wollte und bestimmte,
seiner Liebe wert machte – der sich ihrer aber seinerseits unwert gemacht, ihrer als unwürdig erwiesen, der sich ihm als Feind gegenüber
gestellt hat: den Menschen, an dem Gott, seinem guten Willen mit ihm
zuwider, faktisch nur Hassenswertes finden kann. Er liebt den Menschen
als diesen seinen Feind – nicht ohne Haß des an ihm Hassenswerten,
nicht ohne Zorn also (wir werden davon noch zu reden haben) – er liebt
aber, so souverän ist er in seiner erwählenden Liebe, eben diesen ihrer
unwerten, eben diesen ihm feindlichen Menschen. Er liebt ihn dennoch –
ja man wird geradezu sagen müssen: darum. Er liebt den Menschen in
seinem Hochmut und Fall, in seiner Trägheit und seinem Elend. Er liebt
ihn, indem er sich seiner erbarmt als dieses sündigen Menschen. Er
liebt ihn also nicht nur, ohne daß er es verdient hat – das ist schon von der
Liebe Gottes des Schöpfers zu sagen – sondern dem entgegen, in Übersehen und Überwindung dessen, was er verdient hat. Er macht sich selbst
um ihn verdient: in Verdrängung und an Stelle dessen, was der Mensch
in seinem Sein und Verhalten ihm gegenüber verdient hat. Er wählt und
liebt ihn nicht um deswillen, was er ihm entgegenzubringen hat: um deswillen könnte er ihn nur verwerfen und hassen. Er erwählt und liebt ihn
aber um seiner selbst willen: um deswillen, was Er für ihn ist, was Er ihm,
indem er sich selbst für und an ihn dahingibt, ist – um deswillen, was er
in ihm erweckt, was er ihm schenkt, was ganz allein durch seine Liebe
sein neues Menschsein wird. Eben als solche frei erwählende Liebe ist
Gottes Liebe zu uns unbedingt, stark, siegreich, ein brennendes und nicht
verlöschendes Feuer, und darum zuverlässig, ein Felsen, an den man sich
ohne Sorge, er möchte wanken, halten – ein Hort, zu dem man ohne den
Zweifel, er möchte sich nicht bewähren, fliehen kann – eine Speise und
ein Trank, die dem nach Liebe hungrigen und durstigen Menschen
immer bereitet, nie versagt sind. Er sehe nur ein, daß er ihrer nicht wert ist,

2. Der Grund der Liebe

daß er sie verwirkt hat, daß er sie sich selbst nicht verschaffen, daß er sie gerade nur entgegennehmen und sich gefallen lassen kann. Er poche und vertraue nur eben darauf, daß Gott auch für ihn Gott, der ihn frei Erwählende, er selbst sein frei Erwählter ist. Schon nimmt und hat er dann Anteil an der Unbedingtheit, der Stärke, dem Sieg der Liebe Gottes, an ihrer Souveränität, die eben darin besteht, daß Gott rücksichtslos gegenüber des Menschen Wert und Unwert frei ist, ihn zuerst zu lieben. Schon findet er sich dann als von ihm und also als wirklich, gründlich und wirksam Geliebter. Schon erwächst dann aus seinem Verständnis Gottes unmittelbar sein allen Einwänden trotzendes Selbstverständnis: *amabar, amor, amabor.* Es hängt alles daran, daß Gottes Liebe gerade keine in ihrer Tragweite für uns allenfalls auch zu problematisierende allgemeine Funktion seines Seins der Welt und so auch uns gegenüber ist, sondern zum vornherein ein in freier göttlicher Entscheidung begründetes Unterscheiden, in welchem es, nicht weil uns das zukäme, aber weil es das göttliche Unterscheiden uns zugute ist, Tragweite für uns – und nun eben ursprünglich und endgültig gewisse Tragweite gerade für uns hat. Es hängt alles daran, daß Gottes *Diligere* sein eigenes freies *Eligere* ist – und daß der seiner bedürftige, nach ihm hungernde und dürstende Mensch es eben dabei sein Bewenden haben lasse, nur eben Gottes Erwählter und als solcher in seiner ganzen Unliebenswürdigkeit sein Geliebter zu sein. Eben als das gerade ihn erwählende ist dann das göttliche Lieben der sprechende und bewegende Grund auch seines menschlichen Liebens.

In dieser frei wählenden Liebe hat Jahve nach dem Zeugnis des Alten Testamentes seinen Bund mit Israel geschlossen. Ihre besonderen Völker hatten auch die Götter der übrigen, Israel umgebenden alten Welt, und ihre besonderen Götter hatten auch diese anderen Völker. Es waren aber die Verhältnisse zwischen diesen Göttern und ihren Völkern so etwas wie Naturverhältnisse: in der Weise, daß dieser und dieser «Gott» diesem und diesem Volk von Haus aus, seinem Wesen nach (als Genius oder Ideal oder Dämon dieses Volkes) für ihn selbst unentrinnbar, verbindlich zugeordnet war und so dann auch dieses Volk diesem Gott: in einem wechselseitigen Solidaritäts- und Verfügungsverhältnis. Eben gegen die von allen Seiten drohende Versuchung, auch den Jahve-Bund in diesem Sinn zu verstehen, Jahve als den Stier, in welchem Israel seine eigene Kraft wieder zu erkennen meinte, hat nach der Überlieferung von Israels großem Abfall am Sinai (Ex.32f.) schon Mose und haben dann mehr oder weniger konkret alle Propheten zu warnen gehabt. Jahve ist, das geht schon aus der Überlieferung der Berufung Abrahams (Gen.12f.) und dann wieder von der des Mose (Ex.3f.) klar hervor, keineswegs Israels Stammesgott, sondern, wie es schon die älteren Propheten wußten und sagten, souverän über allen Völkern, der Herr auch ihrer Geschichte. Was hat Israel vor ihnen voraus? Von sich aus gar nichts. «Seid ihr mir nicht wie das Volk der Mohren, ihr Kinder Israel? spricht Jahve. Habe ich nicht Israel heraufgeführt aus dem Lande Ägypten und die Philister aus Kaphthor und die Syrer aus Kir?» (Amos 9,7). Aber das – nur gerade das! – hat es vor ihnen voraus: «Euch allein habe ich erwählt von allen Geschlechtern der Erde» (Amos 3,2). «Jahve hat sich Jakob erwählt, Israel zu seinem Eigentum» (Ps.135,4). Nicht Israel ihn, sondern er Israel! Und es hatte auch keinen natürlichen und keinen geschichtlichen Anspruch darauf, daß Jahve gerade es erwähle, daß gerade es von ihm erwählt werde. Indem Jahve sich entscheidet, kommt es zu Israels Unterscheidung von den anderen Völkern. Indem Er sich selbst zu seinem Gott erwählt, wird es zu seinem erwählten Volk. Jahve hat Jakob geschaffen, hat Israel gebildet – man muß das kategorisch ernst nehmen: er hat es neu werden lassen. Daraufhin und in der freien Gnade, in der er sein Schöpfer ist, redet er es an: «Fürchte dich nicht, denn ich erlöse dich; ich rufe dich bei deinem Namen, mein bist du! Wenn du durchs Wasser gehst – ich bin mit dir, wenn durch Ströme – sie werden dich nicht überfluten. Wenn du durch Feuer schreitest, wirst du nicht brennen und die Flamme wird dich nicht versengen. Denn ich, Jahve, bin dein Gott, ich, der Heilige Israels, dein Erretter» (Jes. 43,1f.). Man muß dieses «Ich» in seiner ganzen Souveränität hören! Er, Jahve, ist der Garant solcher Verheißung, und daß gerade Israel das Volk ist, das sie empfangen und mit ihr leben darf, das kommt von Ihm, von oben, nicht von unten, nicht aus Israel, das gerade nur das Geschöpf und Gebilde seines freien guten Willens ist. Es geschah nur eben: «Dich hat Jahve, dein Gott, aus allen Völkern, die auf Erden sind, für sich erwählt, daß du sein eigen seist... weil Jahve euch liebt» (Deut. 7,6f.; 14,2). «Jahve gehört der Himmel und aller Himmel Himmel und die Erde und Alles, was darauf ist.» Und nun geschah es nur eben: «Nur deinen Vätern hat Jahve sein Herz zugewandt, daß er sie liebte und hat euch, ihre Nachkommen, erwählt, wie es heute ist» (Deut. 10,14f.). Eben die Kontingenz dieses Geschehens, eben der Wahlcharakter des Jahve-Bundes begründet dann alles Weitere: die Treue, in der Jahve, sich selbst entscheidend, zu solch unbegreiflich wirklicher Unterscheidung, zu diesem Bunde stehen wird, begründet dessen von ihm her unzerbrechliche Gültigkeit und damit die Zuversicht, in der sich Israel an ihn halten darf, aber auch den Ernst, in welchem es aufgefordert ist, ihn, den es nicht aufgerichtet, dessen Aufrichtung ihm nur eben als Tat der Liebe Jahves widerfahren ist, zu halten. Sie erklärt aber auch die von den Propheten mitleidslos aufgezeigte Furchtbarkeit des Abgrundes, in welchen es sich, indem es ihn bricht, fallen läßt.

Die Kontinuität des neutestamentlichen Zeugnisses von der Liebe Gottes zum alttestamentlichen ist deutlich. Sie hat nicht aufgehört, die eben Israel erwählende Liebe zu sein. Heißt es jetzt (Joh. 3,16), daß Gott die Welt geliebt habe, so heißt das positiv, daß der im Alten Testament (besonders von Deuterojesaja) so nachdrücklich verkündigte Sinn der Erwählung Israels als dessen Bestimmung zu Gottes Zeugen unter den Völkern jetzt manifest geworden ist, nicht aber negativ: daß – ein, gerade in diesem Zusammenhang gesehen, schlechthin törichter Gedanke – Gott jetzt nicht mehr der Israel erwählende Gott, Israel jetzt nicht mehr Gottes erwähltes Volk sei. «Das Wort Gottes ist nicht dahingefallen» (Röm. 9,6). Es konnte keine menschliche Untreue Gottes Treue zunichte machen (Röm. 3,3). «Seine Gaben und seine Berufung sind unwiderruflich» (Röm. 11,29). Er hat tatsächlich «sein Volk nicht verlassen» (Röm. 11,1). Auf Grund der Erwählung sind und bleiben auch seine verstockten Glieder «Geliebte um der Väter willen» (Röm. 11,28). Und das letzte Wort, das Paulus im Blick auf sein Volk zu sagen hat – er hat sich Röm. 9,3 nicht umsonst in jener geradezu erschreckenden Weise mit ihnen solidarisch erklärt – lautet Röm. 11,26 unmißverständlich dahin, daß «ganz Israel gerettet werden wird». So ist es durchaus nicht selbstverständlich, wenn es nun sichtbar wird, daß die göttliche Erwählung und Liebe über den Bereich dieses einen Volkes hinausgreift. Daß sie zunächst die Erwählung Israels und nicht die von Menschen aus anderen Völkern ist, kommt in zwei nicht zu überhörenden Worten des synoptischen Jesus scharf zum Ausdruck. Matth. 10,5 in der Beauftragung seiner Jünger: «Auf die Straße der Heiden sollt ihr nicht gehen und eine Stadt der Samariter sollt ihr nicht betreten». Und Matth. 15,24 in der Antwort auf die Bitte der kananäischen Frau: «Ich bin zu niemandem als zu den verlorenen Schafen des Hauses Israel gesandt», in der Parallele Mr. 7,27 noch verstärkt: «Laß zuerst die Kinder satt werden; denn es ist nicht

2. Der Grund der Liebe 873

recht, das Brot der Kinder zu nehmen und es den Hunden hinzuwerfen.» Wie sollten Samariter und Heiden womöglich einen Anspruch darauf haben, Miterwählte der Kinder Abrahams zu sein? Wie sollte Gott es ihnen schuldig sein, sie dazu zu machen? Sind sie es, dann in einem neuen, ebenso unbegreiflichen Offenbarwerden seines freien, guten Willens wie dem, in welchem jene die zuerst Erwählten sind. Es geht dann so zu, wie Röm. 9,25f. aus Hos. 2,23 und 1,10 zitiert wird: «Ich werde das Volk, das nicht mein Volk ist, mein Volk nennen und die Nicht-Geliebte Geliebte. Und es wird geschehen an dem Ort, wo zu ihnen gesagt worden ist: Ihr seid nicht mein Volk, da werden sie Söhne des lebendigen Gottes genannt werden.» Die Heiden werden dann «aus dem von Natur wilden Ölbaum herausgeschnitten und gegen die Natur (auch gegen alle hortikulturelle Regel!) dem edlen Ölbaum eingepflanzt werden» (Röm. 11,24). Das – und das allein – kommt den Heiden zugute, daß eben ein solches neues, unbegreifliches Offenbarwerden des freien guten Willens Gottes jetzt tatsächlich stattgefunden hat. Die Brosamen fallen ja vom Tisch der Herren, die Bitte der kananäischen Frau wird ja erfüllt (Matth. 15,28). Jene Einpfropfung der Zweige vom wilden Ölbaum zur Teilnahme an der saftreichen Wurzel des edlen hat ja stattgefunden (Röm. 11,17). Heiden, die nicht nach Gerechtigkeit trachteten, haben ja Gerechtigkeit erlangt (Röm. 9,30). Der Zaun zwischen Juden und Heiden ist ja abgebrochen (Eph. 2,14), und so sind nun die Heiden «nicht mehr Fremde und Beisassen, sondern Mitbürger der Heiligen und Hausgenossen Gottes» (Eph. 2,19). So können, dürfen, müssen nun die galatischen Gemeinden ohne Rücksicht auf ihre Zusammensetzung als «das Israel Gottes» angeredet werden (Gal. 6,16) und die kleinasiatischen Gemeinden insgemein in 1. Petr. 2,9 ohne Vorbehalt als «das auserwählte Geschlecht, die königliche Priesterschaft, das heilige Volk, das Volk des Eigentums». Und so werden sie nun «von Morgen und Abend, von Mitternacht und Mittag kommen und sich im Reich Gottes zu Tisch setzen» (Luk. 13,29). Die kritische Kehrseite dieser Hinzuerwählung der Heiden ist die Bestätigung dessen, was die Propheten des Alten Testamentes längst und deutlich genug sichtbar gemacht: die kraft der Treue Gottes beständige Erwählung Israels ist den Menschen dieses Volkes keineswegs verfügbar in die Hand gegeben. Sie will als freie und frei bleibende Gnade erkannt, ergriffen, im Gehorsam geglaubt sein. Wo das nicht geschieht, da verbirgt sie sich in das furchtbare Gewand der Verwerfung. Das kündigt sich schon in der Rede des Täufers Matth. 3,9f. an, wo die Pharisäer und Sadduzäer vor der falschen Zuversicht: «Wir haben Abraham zum Vater» scharf gewarnt werden: «Ich sage euch: Gott vermag dem Abraham aus diesen Steinen Kinder zu erwecken. Schon ist aber die Axt den Bäumen an die Wurzel gelegt. Jeder Baum nun, der nicht gute Früchte trägt, wird abgehauen und ins Feuer geworfen.» So war es wirklich keine billige Zuversicht, in der Paulus an Israels Erwählung auch im Blick auf die Gegenwart und Zukunft festgehalten hat. Ihm stand dabei das Entsetzliche vor Augen, daß «nicht alle, die von Israel stammen, Israeliten sind» (Röm. 9,6) und daß faktisch nicht nur eben ein paar Zweige des edlen Ölbaums ausgebrochen werden (Röm. 11,17), sondern daß es wieder und noch (wie in den Tagen des Elia) so weit war, daß nur eben ein «Rest» aus Israel und dieser nur auf Grund der ἐκλογὴ χάριτος von der Verstockung durch den verblendenden und betäubenden Geist, mit dem Gott sie geschlagen, ausgenommen war (Röm. 11,2–10). Kein Anlaß für die hinzuerwählten Heiden, sich nun ihrerseits für entronnen und geborgen zu halten! «Nicht ihr habt mich erwählt, sondern ich habe euch erwählt» (Joh. 15,16) gilt auch für sie – und für sie erst recht! Anders als im Glauben können und werden auch sie – sie erst recht nicht Bestand haben. «Sei nicht hochmütig, sondern fürchte dich!» heißt es nun auch nach dieser Seite, «denn wenn Gott der natürlichen Zweige nicht verschont hat, wird er wohl auch dich nicht verschonen» (Röm. 11,20f.). Und kein Anlaß, die Erwählung Israels für erledigt zu halten! Gott hat und behält die Macht, und er wird sie auch gebrauchen, die abgehauenen Zweige wieder einzusetzen (Röm. 11,23f.). Eben die Barmherzigkeit, deren die Heiden jetzt teilhaftig geworden, ist die Gewähr dafür, daß auch jenen Barmherzigkeit widerfahren wird (Röm. 11,30f.). So wird Ex. 33,19 (denkwürdige Explikation des Gottesnamens von Ex. 3,14!) im Neuen Testament erst recht axiomatisch: «Ich werde mich erbarmen, wessen ich mich erbarme» (Röm. 9,15). Gottes Liebe ist immer und auf alle Fälle (wie in seiner Entscheidung über Jakob und Esau (Röm. 9,13) Gottes freie Gnadenwahl. In Liebe hat er uns vorherbestimmt (προορίσας) zur Aufnahme an Sohnesstatt bei ihm selber (Eph. 1,5). Die von ihm Erwählten sind die von ihm Geliebten (Kol. 3,12). Eben sie und nur sie sind dann auch die, die ihrerseits Gott lieben und denen als solchen, die das tun, alles zum Guten mitwirken muß (Röm. 8, 28). Das Gleichnis von den Arbeitern im Weinberg (Matth. 20,1–16) greift hier ein, laut dessen der Herr die früheren oder späteren Stunden wählt, in denen er persönlich ausgeht, jetzt diese, jetzt jene Menschen zu berufen: die Einen zu langer und schwerer, die Anderen zu kurzer und leichter Arbeit. Wenn es aber zur Auszahlung des Lohnes kommt, werden, wieder nach dem freien guten Willen des Herrn, Erste in der Weise zu Letzten, Letzte in der Weise zu Ersten, daß auch die zuletzt Gekommenen nicht weniger als das empfangen, was mit den zuerst Gekommenen ausgemacht war, die zuerst Gekommenen aber nicht mehr als eben diese. Ihr Protest ist gegenstandslos: «Freund, ich tue dir kein Unrecht. Bist du nicht um einen Denar mit mir übereingekommen? Nimm das Deine und geh hin! Ich will aber diesen Letzten geben so viel wie dir. Oder steht es mir nicht frei, mit dem Meinigen zu tun, was ich will? Oder ist dein Auge neidisch, weil ich so gütig bin?» Das ist die nach Röm. 9,16 durch keine Eigenbedeutung menschlichen Wollens und Laufens bedingte, allen menschlichen Selbstruhm niederschlagende Freiheit der göttlichen Gnadenwahl. In dieser Freiheit lebt und waltet die Liebe Gottes nach der Lehre des Neuen Testamentes. Gott wieder lieben, heißt ihn in der Übung dieser Freiheit lieben: eben um deswillen, daß er, indem er sie übt, dem menschlichen Selbstruhm keinen, nicht den geringsten Raum, daß er nur eben der Dankbarkeit Raum läßt.

Warum die Dinge gerade im Zeugnis des Neuen Testamentes (in tiefster Übereinstimmung mit dem des Alten!) so laufen müssen, soll jetzt nur in einigen Sätzen angedeutet sein: Die neutestamentlichen Autoren blicken, wenn sie explizit oder implizit von der Liebe Gottes reden, auf Jesus Christus. Also auf die Erscheinung des dem David verheißenen Sohnes und also auf die Erfüllung der Verheißung Gottes in seiner seinem Volk Israel erwiesenen Treue! Also auch auf die Unerschütterlichkeit von dessen Erwählung und Erstgeburtsrecht unter allen Völkern «Das Heil kommt von den Juden» (Joh. 4,22)! Aber nun auch auf die von Israel selbst am Ziel seiner Geschichte vollzogene Auslieferung des gekommenen Messias Jesus an die Heiden! Sie blicken also einerseits: auf den Vollzug des in Gottes Bund mit Israel angekündigten Ratschlusses über alle Völker, die ganze Welt! Und andererseits: auf die höchste Verdunkelung des Gottesbundes mit einem Israel, das diesem göttlichen Ratschluß gerade nur so, nur eben mit der Verwerfung seines Messias dienen konnte und wollte. Sie blicken auf den einen geliebten Sohn Gottes als auf den Rest des Restes, zu dem Israel jetzt zusammengeschmolzen war, zugleich aber als auf den, in welchem endlich und zuletzt das wahre Israel auf den Plan getreten war: eben damit also auf ganz Israels nach wie vor gewisse Hoffnung. Sie blicken aber wieder auf diesen Einen Geliebten, in dessen Tod am Kreuz das Heil für Juden und Heiden und also das Heil der Welt verwirklicht, erschienen und offenbart war. Sie blicken auf die Tat des erwählenden Gottes in der Tat dieses erwählten Menschen. Indem sie auf Diesen blickten, haben sie die Liebe Gottes mit gleicher, mit womöglich noch größerer Bestimmtheit als die Zeugen des Alten Testamentes als erwählende Liebe beschreiben müssen.

2. Die Liebe Gottes ist reinigende Liebe. Wir fassen mit diesem Begriff das zusammen, was über den Charakter der Liebestat Gottes in ihrem Verhältnis zu des Menschen Verkehrtheit und Verdorbenheit, zu seiner Sünde zu sagen ist. Der Mensch ist ja dessen unwert, unwürdig, von Gott geliebt zu werden. Gott liebt ihn trotzdem, ja gerade darum,

haben wir gesagt: er liebt ihn, indem er sich des vermöge seiner Übertretung verlorenen Menschen erbarmt. Seine Liebe ist (Röm. 5, 6f.) dem noch schwachen, noch gottlosen, ihm noch feindseligen Menschen zugewendet. Man kann dieses «Trotzdem» und «Darum» nicht genug unterstreichen, weil darin klar wird, daß sie als Gottes Hingabe an diesen Menschen wirklich nur in Gott und gar nicht – beziehungsweise nur, indem Gott ihn seines Erbarmens bedürftig findet – im Menschen begründet ist.

Aber was das für ein «Trotzdem» und «Darum» ist, das muß nun doch näher erklärt werden. Soll es dabei bleiben, daß wir Gottes Liebe als Gottes Tat zu verstehen haben, dann kann und darf die Vorstellung eines stabilen Paradoxes – hier der sündige Mensch, dort der ihn trotzdem oder gerade darum liebende Gott – in dieser Sache keinen Raum haben. Zwischen Gott und der menschlichen Sünde kann es ja keine Ruhe geben. Das wäre ja nicht Gott, das wäre vor allem nicht der sich des Menschen erbarmende Gott – der sich angesichts dessen, daß dieser ein Sünder gegen ihn ist, mit einem leeren, passiven Dennoch begnügen würde, in dessen Verhältnis zum Menschen nicht gerade in dieser Hinsicht etwas Radikales geschehen würde. Auch die Definition seiner Liebe als seine Hingabe an und für den Menschen würde dann absurd. Was hieße da Hingabe, wenn Gott dabei bloß so etwas wie des sündigen Menschen erstaunlicherweise wohlwollender Zuschauer bliebe? wenn es bei des Menschen Sünde sein Bewenden haben könnte und müßte? Liebe wäre dann gar nicht Hingabe, sondern nur eine Art über dem Menschen schwebende, reichlich willkürliche und unverständliche göttliche Gesinnung oder Gemütsverfassung, deren Betrachtung – wenn solche überhaupt möglich wäre – den Menschen doch wohl nur zu der Vermutung veranlassen könnte, daß er sich (da Gottes Liebe durch seine Sünde offenbar nicht gestört sei) dabei, daß er nun einmal ein Sünder sei, beruhigen dürfe. Nein, in dem durch Gottes Liebe bestimmten Verhältnis zum Menschen geschieht etwas – und zwar etwas Radikales – so gewiß seine Liebe kein göttlicher Zustand, sondern ein, ja der göttliche Lebensakt, die Tat seiner Hingabe ist: seiner Hingabe gerade an den sündigen Menschen als solchen. Liebt er diesen, «trotzdem» er das ist, so schließt das in sich, daß er seiner Sünde seinen göttlichen Trotz und also Widerspruch und Widerstand entgegenstellt. Liebt er ihn gerade «darum» – indem es ihn erbarmt, ihn in dieser seiner Schwachheit, Gottlosigkeit und Feindschaft vorzufinden – so schließt das in sich, daß er ihn davon befreien will, ein solcher sein zu müssen. Er liebt ihn also gegen seine Sünde. Er sagt Ja zu ihm, indem er zu seiner Sünde Nein sagt. Indem er sich an und für den Menschen hingibt, kommt es im Leben des von ihm Geliebten zum siegreichen Zusammenstoß zwischen ihm und dessen Sünde. Des Geliebten Sünde ist ein Flecken, der sich damit, daß Gott ihn liebt, sich an und für ihn hingibt, nicht verträgt, der weichen, der weg muß. Das Werk der Liebe Gottes besteht darin, diesen Flecken zum Weichen zu bringen. Im Blick darauf nennen wir sie Gottes reinigende Liebe. Man darf nicht übersehen, daß sie auch unter dieser Bestimmung steht. Ohne sie wäre die Rede vom «lieben Gott» allerdings eine üble Rede. Gottes Liebe ist ganze Gnade für den sündigen Menschen, aber auch ganzes Gericht über ihn. Ganze Gnade, weil sie Gottes volle Zuwendung, Güte und Freundlichkeit ist – nicht in der Ohnmacht eines fernen, untätigen Wohlwollens, sondern in der Macht seiner eigenen Gegenwart im inneren und äußeren Leben des Menschen: darin, daß er selbst sich ihm in konkreten Durchhilfen und Erquickungen als Wohltäter und Erretter erweist und eben ihn damit von seiner Sünde weg und zu sich hinwendet, in den Gehorsam gegen seinen Willen ruft. Aber auch ganzes Gericht, weil sie die heilige Strenge Gottes ist – wieder nicht in der Ohnmacht einer fernen untägigen Mißbilligung, sondern wieder in der Macht seiner ganzen Gegenwart und Aktion im psychischen und physischen Geschehen des menschlichen Lebens: darin, daß Gott dem Menschen auf seinem bösen Weg handgreiflich widersteht, ihm als unerbittlicher Rächer seiner Irrtümer und Torheiten konkret deutlich macht: so geht es nicht! bis hieher und nicht weiter! Die Gnade, in der Gott den Menschen liebt, unterscheidet sich dadurch von anderen ihm widerfahrenden Annehmlichkeiten, daß er sie nicht verdient hat, daß sie gerade als dieses Unverdiente das darstellt, worauf Gott mit dem Menschen hinauswill – daß sie eben darum in irgend einer Ferne oder Nähe immer auch das peinliche, das demütigende, das wehtuende, ja tötende Gericht bei sich hat, ja weithin ganz in der Gestalt des Gerichtes verborgen sein mag und darum doch Gnade ist und bleibt, als solche auch nicht ganz unerkennbar werden kann. Es unterscheidet sich aber auch das Gericht, ohne das es, wenn Gott den Menschen liebt, nicht abgehen kann, dadurch von anderen ihm widerfahrenden Unannehmlichkeiten, daß es nun gerade das darstellt, was ihm zukommt, was er als Übertreter verdient hat, aber eben damit auch das, worauf Gott nicht mit ihm hinaus will – daß es eben darum nicht selbständige Bedeutung, nicht Endgültigkeitscharakter haben, sondern der Gnade Gottes nur dienen, daß es auch in seinen schrecklichsten Formen nur eine Gestalt der Gnade und als solche nicht schlechthin unerkennbar werden kann. Gnade und Gericht geschehen also nicht in irgendeiner zufälligen oder willkürlichen Parallelität oder Folge, sondern im Zusammenhang der reinigenden Liebe Gottes so, daß sie als Gottes Gnade und Gottes Gericht in ihrem Kommen und Gehen zusammenwirken nach der Ordnung und in dem Sinn, den er ihnen gibt. Ihre sie verbindende Ordnung besteht darin, daß Gott den Menschen durch sein Gericht bei seiner Gnade festhalten, ihn zu seiner Gnade zurückführen will. Und ihr gemeinsamer Sinn besteht darin, den Menschen von seiner Sünde zu trennen und frei zu machen. Dem dient ja das Locken seiner Gnade ebensowohl wie das Drohen seines Gerichtes, sein Zürnen ebensowohl wie sein Segnen. So darf und soll sich denn der Mensch jetzt aufrichten, sich dankbar freuen des unbegreiflichen Tröstens und Vergebens Gottes, all der Durchhilfe, all der großen und kleinen Lichter auf seinem Lebensweg, all der Ermutigungen und Stärkungen – kurz: all des Unverdienten, das Gottes Liebe ihm zuwendet, und dabei doch auch darauf bestimmt gefaßt sein, durch dieselbe Liebe Gottes früher oder später, so oder so an seine Grenzen erinnert zu werden, sich in die Demut, die er, wenn Gottes Sonne ihm leuchtet, so leicht vergißt und verliert, energisch zurückgewiesen zu finden: alles, weil es nicht irgend ein günstiges Schicksal, sondern Gott ist, der ihm so gnädig ist! Und so darf und soll derselbe Mensch jetzt – wenn das Verdiente auch über ihn kommt – sich beugen, sei es denn: sich aufs Gründlichste niederschlagen lassen, sich schlechterdings darauf angewiesen finden, annehmen zu müssen, was ihm gar nicht gefällt, sondern ganz schrecklich ist, sich führen zu lassen, wohin er durchaus nicht gehen will und sich nun doch – es ist ja wieder dieselbe große Liebe Gottes, in der ihm auch solches widerfährt – im voraus daran halten, daß er nicht ins Bodenlose fallen, daß er auch da gehalten sein wird. Er wird da keine Nacht ganz ohne Lichter, keine Schuld ohne Vergebung, kein Sterben ohne neues Leben, keine Tiefen ohne Öffnungen nach oben, keine Verzweiflungen ohne Erquickungen zu erleben bekommen, sondern immer Anlaß zur Dankbarkeit haben mitten in der Angst, in der er zu vergehen meint: Alles weil es ja nicht eine finstere Feindmacht, sondern Gott ist, der ihn richtet. Um Gottes Gegenwart und Aktion in ihrem dynamischen Gegensatz zu seiner Verkehrtheit und Verdorbenheit geht es auf beiden Wegen. Auf seine Reinigung ist es hier wie dort abgesehen. Gott sagt Trotzdem!, sagt sein erbarmendes Darum!, indem er ihm mit milder Hand das Unverdiente, und sagt wieder Trotzdem! und Darum!, indem er ihm mit harter Hand das nur zu Verdiente zuwendet. Es ist immer seine väterliche Hand, die am Morgen wie am Abend, bei Tag und bei Nacht zu seiner Reinigung und so zu seiner Befreiung tätig ist. Ihm widerfährt es in beiden Gestalten, daß Gott sich wirklich an und für ihn dahin-, sich in sein Leben hineingibt, an ihm, wie er ist, Anteil nimmt und ihm, wie er ist, Anteil gibt an seinem Ja (das gerade vermöge des in ihm beschlossenen Nein ein starkes, ein hilfreiches Ja ist) und so auch an seinem Nein (das doch ganz in sein starkes, hilfreiches Ja eingeschlossen ist). Ihm widerfährt es wirklich in beiden Gestalten, daß er sich von Gott an- und aufgenommen finden darf: als der von ihm geliebte Mensch.

Man darf das Zeugnis des Alten und des Neuen Testamentes in dieser Sache doch wohl in der Weise unterscheiden und zusammensehen, daß wir es dort mit der im Aufbruch befindlichen, hier mit der siegreich zu ihrem Ziel kommenden Liebe Gottes – sofern wir diese jetzt eben als reinigende Liebe verstehen – zu tun haben. Indem das Verhältnis zwischen Gott und Mensch aus Gottes Erwählung des sündigen Menschen hervorgeht, ist es hier wie dort ein von Gott her unbedingt positives, aber wieder von Gott her auch unbedingt kritisches Verhältnis. Von einem Zerbrechen dieses Verhältnisses und also von einem durch des Menschen Sünde herbeigeführten Versagen und Aufhören der Liebe Gottes kann schon in der Geschichte Israels und kann erst recht in der Geschichte Jesu Christi keine Rede sein, aber gerade darum auch nicht von irgend so etwas wie einer göttlichen Toleranz der menschlichen Sünde gegenüber und also von irgend so etwas wie Stillstand, Beruhigung und Abbruch der Bewegung Gottes in seinem Gegensatz zu ihr. Gottes Ja zum Menschen, wie es im Alten und im Neuen Testament bezeugt ist, besteht und gilt. Es ist aber in diesem Ja, gerade weil und indem es als Gottes Ja zum Menschen unerschütterlich ist, sein unerbittliches Nein zu dessen Übertretung notwendig mit ausgesprochen. Es muß seine Liebe, sein Erwählen, seine Gnade auch die Schattenseite seines Hasses, seiner Verwerfung, seines Gerichtes haben. Es geht eben nach dem Zeugnis des Alten wie nach dem des Neuen Testamentes um die Reinigung des von Gott bejahten, geliebten, erwählten, begnadigten Menschen.

Ein Bruch, eine Aufhebung, eine Zerstörung des Bundes zwischen Jahve und Israel von Seiten dessen, der ihn begründet und garantiert, scheint zwar im Alten Testament oft genug in nächste Sicht zu kommen. Er wurde ja von Israel schon vor und dann in empörender Weise sofort nach seiner Begründung und dann immer wieder gebrochen. Es bestand ja die Geschichte Israels nach dem expliziten Zeugnis der älteren wie der späteren Überlieferung in einer fast ununterbrochenen Folge seiner Bundesbrüche. Es hätte schon der erste von ihnen – die Erzählung Ex. 32 von jenem Gespräch des Mose mit Gott redet deutlich von dieser Möglichkeit – mit der Aufhebung des Bundes auch von Seiten Jahves beantwortet werden können. Und es gibt prophetische Sprüche und Spruchreihen in späteren Situationen, die nahe an die Aussage herankommen, daß Jahve, des Versagens seines Partners müde, ihn tatsächlich aufgehoben habe. Er hat das faktisch nie getan. Er «gedachte» seines Bundes und zwar auf ewig, auf tausend Geschlechter (Ps. 105,8). Die Geschichte Israels geht weiter als die Geschichte der Treue, in der Jahve, Israels Loslassens, seiner Untreue zum Trotz, an ihm festhält. Und so ereignet sich da, unverdient genug, aber tatsächlich, immer wieder Errettung, Bewahrung, Durchhilfe, Segen, Sieg, Erhörung der in mancherlei Nöten doch wieder zu ihrem Gott Schreienden, wie sie etwa Ps. 107 beschrieben wird – Vergebung aller Schuld, Heilung aller Gebrechen, Erlösung vom Verderben, Krönung mit Gnade und Barmherzigkeit, wie sie Ps. 103,2f. (mit der Einschärfung, dieses Guten doch ja nicht zu vergessen) gerühmt werden. So ist da immer wieder, antwortend auf greifbare Gnade offenbar – gedankt, gelobt, gejauchzt, fröhlich gefeiert, vor Jahve gesungen, gespielt und auch getanzt worden! Als wäre nichts geschehen? Als ob Gott darüber hinwegsähe, sich damit abfände, es nun eben mit einem Volk von Übertretern zu tun zu haben? Es ist doch offenkundig, daß wir es im Sinn aller hier in Frage kommenden Texte, gerade wenn Jahve rettet, hilft, segnet und erfreut, mit seinem Widerspruch und aktiven Widerstand gegen Israels Übertretung und Abfall zu tun haben. Er setzt sich nicht ins Unrecht, sondern behält Recht gegen sein Volk, wenn er so gütig ist, wenn er nach der Darstellung des Richterbuches (die in Ps. 106 eine merkwürdige Parallele hat) auf das immer neue Versagen des Volkes, angesichts des immer neuen Jammers, in den es damit gerät, mit der Erweckung und Sendung immer neuer Heilande antwortet. Aber eben, daß er in und mit seinen Wohltaten gegen sein Volk, nämlich gegen seine Untreue und Übertretung und nur in dieser Gegnerschaft auch für sein Volk, in strikter Durchführung seines Bundes mit ihm Recht behält, zeigt sich in dem Anderen, was ja im alttestamentlichen Zeugnis von Israels Geschichte viel eindrücklicher hervortritt: sie ist als Folge seiner Bundesbrüche eine fast ebenso unabsehbare Folge der Gerichte, die eben sein Gott über sein Tun und Lassen hereinbrechen läßt. Nein, Jahve zerbricht den Bund nicht. Aber gerade in dem von Jahve nicht zerbrochenen, sondern gehaltenen Bunde muß Israel – nach der Überlieferung schon in der Wüste und dann in einem erschreckenden Crescendo bis hin zur Zerstörung Samarias und Jerusalems und bis hin zu seiner Hinwegführung ins Exil – erfahren, was es heißt und nach sich zieht, sich an seinem ihm so gnädigen Gott zu versündigen. Seine Gnade weicht nicht, aber sie schlägt ihre Verächter und Feinde. Die Erwählung fällt nicht dahin, sie verhüllt sich aber und wird zur Verwerfung der ihr Ungehorsamen. Die Liebe höret nimmer auf – das Wort könnte durchaus schon im Alten Testament stehen! – sie brennt, versengt und tötet aber, wo sie verkannt und also nicht erwidert, verschmäht, mit Füßen getreten wird. Gerade weil und indem die Propheten an Jahves Verheißung und Bund festhielten, vielmehr: das Festhalten Jahves an ihm verkündigten, ist die Anklage gegen sein Volk, die Drohung des mit seiner Übertretung notwendig kommenden Unheils, die Klage angesichts von dessen Hereinbrechen zu einem erschreckend starken – doch wohl zum beinahe stärksten – Ton des alttestamentlichen Zeugnisses geworden. Man überhöre aber den Grundton nicht, der den Gegensatz von Jahves Gnade und Gericht nicht nur zusammenhält, sondern ihrem seltsamen Zusammenklang nun dennoch einen Charakter gibt, in welchem die Entscheidung der Frage, ob Gnade oder Gericht das letzte Wort der Geschichte Israels sein wird? zwar noch nicht sichtbar ist, wohl aber sich ankündigt. Das bleibt ja in und trotz Allem eindeutig klar: daß der Gott der Väter, ob er nun im Segens- oder im Fluchwort mit seinem Volk redete, mit ihm zu reden aufgehört – daß, ob in Gnade oder Gericht, jedenfalls Er und kein fremder Herr seine Geschichte regiert hat. Und das wird und bleibt von da aus auch klar: daß Jahves, ob sie nun Heil bringe oder Unheil verhänge, treue Liebe zu seinem Volk nicht umsonst war, daß Israels Geschichte durch das Wort und Werk seines Gottes die Geschichte einer Verheißung, mehr noch: die Geschichte einer nicht vollendeten, aber in jenem doppelten Streit Gottes für Israel und gegen seine Sünde real anhebenden Reinigung von der Sünde gewesen ist. So läuft sie doch nicht nur in einem Widerspruch und Rätsel aus. So ist sie auch nicht nur als die Geschichte von Israels Scheitern an Gott nach vorne offen, so weist sie vielmehr eben in ihrem Ausgang, ohne daß eine Entscheidung vollzogen, ein Ergebnis sichtbar wäre, in diese bestimmte Richtung: auf die Vollendung des in ihr Angehobenen.

Wendet man sich vom Alten zum Neuen Testament, so ist der überwältigende Eindruck, den man sofort beim Eingang aller seiner Aussagen empfängt und dann nicht mehr verlieren kann, der, daß schon die Eventualität eines Abbruchs der positiven Beziehung Gottes zum Volk der Menschen, wie sie im Alten Testament mindestens vom Rande her gedroht hatte, nun gänzlich außer Sicht gerückt ist. Was in der Geschichte Israels als letztes, entscheidendes Wort in jenem Gegensatz von Gnade und Gericht als unerfüllte Verheißung noch ausstand, das ist ja das erste Wort der hier bezeugten Geschichte Jesu Christi und seiner Gemeinde. Was dort Zukunft war, das ist hier Grundlegung und Anfang, hinter den man nicht zurückgehen, von dem man nur herkommen kann. Um Gottes Gnade und Gericht, um seine gegen des Menschen Sünde streitende Liebe geht es auch hier. Aber dieser nach dem Zeugnis des Alten Testamentes aufgenommene Streit ist nach dem Zeugnis des Neuen durchgefochten und siegreich beendet. Das zeigt sich darin, daß Gnade und Gericht in dem Geschehen, von dem das neutestamentliche Zeugnis herkommt und Kunde gibt, nicht mehr zwei zwar zusammengehörige, aber doch verschiedene und zu unterscheidende Seiten und Aspekte der Liebe Gottes sind. Sondern eben in seiner Gnade hat Gott nun Gericht geübt und eben in seinem Gericht hat nun seine Gnade triumphiert. In der Geschichte Jesu Christi ist das ja – anders als in der Geschichte Israels – nicht mehr Zwei, sondern Eines: daß Gott zürnt und daß er segnet, daß er erniedrigt und daß er erhöht, daß er schlägt und daß er heilt, daß er tötet und daß er lebendig macht. Das Verdiente selbst ist jetzt das Unverdiente. Und daß Gott in jenem doppelten Streit gegen des Menschen Sünde in dieser Geschichte gesiegt hat, das zeigt sich darin, daß es jetzt – wieder anders als in der Geschichte Israels – keine Umkehrung dieser beiden Elemente seines Tuns mehr gibt: also nach seinem

Segen keine Wiederkehr seines Zornes und Fluches, nach seinem Erhöhen, Heilen und Lebendigmachen keine Erneuerung seines Erniedrigens, Schlagens und Tötens. Diese Geschichte bedarf darum – noch einmal anders als die Geschichte Israels – auch keiner Fortsetzung und Vollendung, sondern nur eben der Verkündigung, daß sie wirklich geschehen ist – und endlich und zuletzt der Offenbarung ihres Sinnes und ihrer Bedeutung für die ganze Kreatur in allen Entfaltungen und Dimensionen ihres zeitlichen Daseins. Sie ist die vollendende Geschichte der reinigenden Liebe Gottes. Denn in ihr hat Gott das Gericht über den sündigen Menschen in der Weise vollstreckt, daß er selbst es in der Person seines Sohnes auf sich genommen, als Todesgericht erlitten und damit ein für allemal erledigt – und hat ihm darin Gnade erwiesen, daß er wieder in der Person seines Sohnes den von der Sünde befreiten und reinen Menschen ein für allemal auf den Plan geführt hat. Darin und so hat Gott die Welt geliebt, sich selbst für sie eingesetzt und dahingegeben.

Diese Geschichte Jesu Christi, an der dieser zunächst seinen Jüngern und durch sie seiner durch deren Dienst begründeten Gemeinde – und durch sie der ganzen Welt – Anteil gab, ist die Tat Gottes, in welcher seine Bewegung für den Menschen und gegen seine Sünde in ihrer Vollendung für alle Zeiten Ereignis ist. Indem sie in der Geschichte Israels anhob, kann man von dieser nicht einfach sagen, daß sie in einer Aporie, in einem Rätsel endigte. Von ihr ist vielmehr zu sagen: sie gehört in ihrer ganzen Vorläufigkeit und Zwiespältigkeit mit der Geschichte Jesu Christi zusammen, wie eben reale Verheißung und reale Erfüllung, reales Anheben und reales Vollenden zusammengehören. Und mit ihr zusammen ist die Geschichte Jesu Christi, ist der in ihr geführte vollendende Streit die Tat der Liebe Gottes, in der er sein Verhältnis zum sündigen Menschen endgültig geordnet und offenbar gemacht hat. Von dieser Tat Gottes reden wir, wenn wir als sündige Menschen von der Liebe reden dürfen, in der uns Gott geliebt hat, liebt und lieben wird. Wir können, wenn wir von der Liebe Gottes reden, gerade im Blick darauf, daß sie die Liebe Gottes zu sündigen Menschen ist, nur von der Liebe des treuen Verbündeten Israels und also von der Liebe Jesu Christi reden. Eben sie ist denn auch der Grund, von dem her und in dessen Kraft auch wir lieben – den Gott, der uns zuerst geliebt, wieder lieben dürfen.

Die Liebe Gottes ist 3. schöpferische, d. h. eine solche Liebe, durch deren Werk die von ihm Geliebten selber Liebende werden. Wir blicken damit bereits hinüber auf das Thema des nächsten Abschnittes, in welchem wir von der Tat der christlichen Liebe zu reden haben werden. Die Verbindung zwischen der Liebe Gottes und dieser ihrer Wirkung ist keine zufällige und äußerliche. Es ist also nicht an dem, daß sie ihr folgen oder auch nicht folgen könnte. Es geschieht etwas Furchtbares, etwas in sich Unmögliches und Bodenloses, wenn sie ihr nicht folgt. Daß dieses Furchtbare fort und fort geschieht, spricht vernichtend gegen uns, sofern wir als die von Gott Geliebten selber keine Liebenden sind. Es spricht aber nicht gegen Gottes Liebe. Es ändert nichts an deren Wesen. Wie es ihr wesentlich ist, erwählende und reinigende Liebe zu sein, so ist es ihr auch wesentlich, der Grund menschlichen Liebens zu sein. Und zwar nun eben: der schöpferische Grund menschlichen Liebens. Nicht ein bloßer Vernunftgrund also: nicht in der Weise, daß der Mensch aus ihrem Geschehen gewissermaßen den praktischen Schluß zu ziehen hätte, daß er seinerseits nun auch lieben könne, dürfe und solle. Auch nicht ein bloß moralischer Grund: nicht so also, daß es ihm durch die Liebe Gottes vorgeschrieben wäre, es ihm gleich zu tun. Auch nicht ein bloßer Machtgrund: nicht so also, daß der Mensch dadurch, daß Gott ihn liebt, so etwas wie einen Stoß bekäme, durch den bewegt er, wie eine ins Rollen gebrachte Kugel nun ebenfalls lieben würde. Das Alles ist zu wenig, zu dünn gesagt. Es geht, wenn Gott liebt, wohl um Gottes Wort, aber um sein schöpferisches Wort, wohl um sein Gebot, aber wie Gen. 1 um sein schöpferisches Gebieten und wohl um seine Kraft, aber um seine Schöpferkraft. Lieben ist keine menschliche Möglichkeit, die wir unter gewissen uns vorgegebenen Bedingungen verwirklichen könnten und zu verwirklichen hätten. Daß sie «aus Gott» ist (1. Joh. 4, 7), haben wir uns bereits sagen lassen. Das bedeutet nun aber präzis: Gott läßt (wie *ex nihilo* den Himmel und die Erde, wie nach Gen. 2, 7 aus einem Erdenkloß den Adam, wie aus den Steinen Abrahams Kinder) aus solchen, die nicht lieben können und wollen (sie sind ja sündige Menschen) solche werden, die tatsächlich lieben, die eben darin, daß sie das tatsächlich tun, das Unbegreifliche beweisen, daß sie dazu frei sind. Es braucht, damit Liebe als menschliche Tat Ereignis werde, andere, neue Menschen. Gott schafft solche neuen, die liebenden Menschen. So ist er der Grund menschlichen Liebens.

Seine Liebe ist ja seine Hingabe an und für den Menschen. Er liebt also nicht, um wiedergeliebt zu werden. Er begehrt nicht danach, er wirbt und feilscht nicht darum, daß das geschehe. Er macht, daß das von Seiten des Menschen geschehe, nicht zur Bedingung seiner Liebe. Es hat sein Zorn, da, wo das nicht geschieht, mit dem Schmollen und Grollen verschmähter, unerwiderter Liebe nichts zu tun, und so auch seine Gnade, wo seine Liebe erwidert wird, nichts mit dem Wohlgefallen einer mit ihrem Begehren zu ihrem Ziel gekommenen und darin triumphierenden Liebe. Man sehe zu, daß man sich die Liebe Gottes nicht etwa als das Ur- und Vorbild unserer sattsam bekannten Selbstliebe, in der ein jeder das Seinige sucht, vorstelle! Was will denn Gott, wenn er uns liebt? Gewiß nicht – was hätten wir ihm schon zu geben? – etwas für sich! Wohl aber sich selbst nicht ohne uns, sondern (in der ganzen Fülle seiner Gottheit, in der er sich selbst wohl genügen könnte) mit uns zusammen: sich selbst in der Gemeinschaft mit uns, sich selbst als unseren Herrn und eben damit unser eigenes Bestes – vielmehr: das einzige wirklich und vollkommen Gute unseres Daseins: unser Sein unter seiner Herrschaft. Und nun eben sich selbst nicht als Gegenstand unseres Wünschens und Begehrens, Dichtens und Trachtens, Wollens und Laufens, sondern sich selbst als sein uns frei zugewendetes Geschenk: sich selbst in seiner Hingabe an und für uns. So liebt Gott, so ist er die ewige Liebe. So liebt er uns, den Menschen.

Und eben so ist seine Liebe schöpferische Liebe: Liebe, die unsere Liebe nicht erst erfragt, erbittet, fordert oder, als wäre sie irgendwo schon in uns, erweckt und in Bewegung setzt, sondern als ein uns selbst ganz Neues erschafft, die uns zum Lieben als zu einem allem vorhergehenden gegenüber ganz anderen Tun frei macht. Zu einem solchen Tun, in welchem es auch auf des Menschen Seite zur Liebe und also zur Hingabe kommt, muß er nämlich frei gemacht werden. Zu solchem Tun ist er ja von sich aus nicht frei. Das Tun, zu dem er von sich aus frei – in der Narrenfreiheit des in Wahrheit Gefangenen frei! – ist, ist das Tun des Eros, d. h. der das, was des Anderen ist und den Anderen selbst begehrenden Selbstliebe, die sich ja auch in einer als Pflichterfüllung und Tugendübung ins Werk gesetzten vermeintlichen Hingabe und also in scheinbarer Erosverdrängung ausleben kann, in der aber der Mensch so oder so zur wirklichen Liebe nicht frei ist. Die Voraussetzung wirklicher Liebe ist die Existenz eines dazu freien – und also, da er das weder ist, noch von sich aus werden kann: eines dazu befreiten Menschen. Die Liebe Gottes ist des Menschen Befreiung dazu. Wem von Gott das widerfährt, daß er ihn liebt, und also: sich an und für ihn hingibt, sich in sein Leben hineingibt, der wird durch solche Tat Gottes ein anderer Mensch, kein zweiter Gott, wohl aber ein solcher Mensch, den Gott so wie er ist – und allem, was er sonst ist zum Trotz – in Gemeinschaft mit sich selber versetzt, dessen Existenz er damit neu, so radikal und total neu bestimmt hat, daß man die mit ihm vorgegangene Veränderung nur als neue Schöpfung oder Geburt beschreiben kann. Darin besteht aber die Neuheit seiner Existenz, daß er, indem Gott selbst sich ihm schenkt, durch Gott geprägt, mit Matth. 5, 45 zu reden: ein «Kind Gottes» und als solches frei wird, was Gott tut, in seinem Tun nachzubilden, sein Tun zu einer Entsprechung des Tuns dieses seines Vaters zu gestalten. Ist aber Liebe das Tun dieses seines Vaters, so kann dessen Nachbildung und Entsprechung im Tun des Menschen nur darin bestehen, daß auch er lieben und also sich selbst hingeben darf. Indem er nicht Gott, sondern nur eben – und das nicht von Natur, sondern aus Gnade – Gottes Kind ist, indem er also, wenn er liebt, nicht hinzugeben hat, was Gott hingibt und indem er auch das Seinige nur auf Grund und nach dem Vorbild der göttlichen Hingabe hingeben kann, bleibt gesorgt dafür, daß göttliches und menschliches Lieben zweierlei bleiben, nicht zu verwechseln sind. Aber wichtiger ist doch das Positive: daß die Liebe Gottes den Menschen, indem sie Gemeinschaft zwischen sich und ihm aufrichtet, dazu frei macht, sein göttliches Tun im Raum und in den Grenzen menschlichen Tuns nachzuahmen und also menschlich zu lieben, wie er göttlich liebt. Der von Gott Geliebte bekommt und hat diese Freiheit. Er soll nicht – er darf und wird lieben.

Indem wir die Begriffe der neuen Schöpfung, der Befreiung und so der radikalen Veränderung des Menschen durch die Herstellung von Gemeinschaft zwischen Gott und ihm eingeführt haben, ist der Punkt erreicht, an dem ausdrücklich aufzunehmen ist, was der Titel dieses Paragraphen anzeigte: «Der Heilige Geist und die christliche Liebe». Die Tat und das Werk der Liebe Gottes ist in deren Vollendung, in der sie zum Grund der christlichen Liebe wird, die Tat und das Werk des Heiligen Geistes, in welchem der Mensch durch den Vater zum Sohne, durch den Sohn zum Vater gerufen und gezogen wird. Das ist ja des Menschen neue Schöpfung, seine Befreiung, seine radikale Veränderung durch die Herstellung von Gemeinschaft zwischen Gott und ihm – in diesem Rufen und Ziehen des Vaters zum Sohne, des Sohnes zum Vater geschieht ja das göttliche Lieben, durch welches auch der Mensch zu einem Liebenden gemacht wird. Eben die Macht dieses Rufens und Ziehens ist aber die Macht des Heiligen Geistes. Wir können nun rückblickend feststellen: eben in seiner Macht geschieht natürlich auch das freie Wählen, geschieht auch das große, in Gnade und Gericht sich vollziehende Reinigen der göttlichen Liebe. Es war des Heiligen Geistes Souveränität und es war seine gegenüber der menschlichen Sünde sich durchsetzende Barmherzigkeit und Gerechtigkeit, die wir als jene beiden ersten Bestimmungen der Liebe Gottes beschrieben haben. Wir reden jetzt von ihrem schöpferischen Charakter, in welchem sie der Grund menschlichen Liebens ist. Hier muß nun die Gleichung in aller Form gewagt werden: die Liebe Gottes ist das schöpferische Werk des Heiligen Geistes. Indem Gott Geist, der Geist des Vaters und des Sohnes ist, indem Gott sich als Geist hingibt, in des Menschen Leben hineingibt, indem er als Geist unserem Geiste bezeugt, daß wir seine Kinder sind (Röm. 8, 16) läßt Gott uns teilnehmen an der Liebe, in der er als Vater den Sohn, als Sohn den Vater liebt, macht er unser Tun zum Spiegel dieser seiner ewigen Liebe, macht er uns also zu solchen, die auch lieben dürfen und lieben werden. Eben das: daß das menschliche Tun zum Spiegel, zum geschöpflichen Ebenbild des göttlichen wird, kann und muß ebensowohl das Werk der Liebe wie das Werk des Geistes Gottes genannt werden. Es ist tatsächlich Beides: Indem Gott den Menschen liebt, sich an und für ihn hingibt, kommt es dazu, daß dieser in seinem Tun die Liebe Gottes nachahmen, ihr Antwort geben und entsprechen darf. Und eben das ist die Macht des Geistes, in welchem Gott sich dem Menschen schenkt: ihn zu solchem Nachahmen, Antworten, Entsprechen frei, und so sein Tun zum Spiegel seines eigenen zu machen.

Eben von dieser Gleichung her werden wir diese ganze Überlegung doch wohl schließen müssen mit der Feststellung, daß die Liebe Gottes in ihrer konkreten Gestalt identisch ist mit dem Handeln, in welchem Jesus Christus seine Gemeinde baut, in welchem er Menschen zu ihr beruft, in ihr versammelt, an ihrem Glauben und Auftrag teilnehmen läßt, sie eben damit heiligt und also mit ihnen umgeht als mit den Seinigen, als mit Gliedern seines Leibes. Konkret im Geschehen von Kirchengeschichte mit Einschluß von so und so viel menschlichen Lebensgeschichten, oder: konkret im Geschehen von so und so viel menschlichen Lebensgeschichten, die in ihrem Zusammenhang die Geschichte der Kirche sind – so und darin wirkt ja die Macht des Heiligen Geistes. Und nun fahren wir fort: eben so und darin wirkt, lebt und waltet die Liebe Gottes als schöpferischer Grund der Befreiung, in der Menschen zu Liebenden werden: weil zu Christen, darum zu Liebenden, zu Liebenden, indem sie Christen werden. Man mag hier wohl unterscheiden, man darf hier aber Keines vom Anderen trennen: die Erbauung der Gemeinde nicht von der Heiligung ihrer Glieder und diese nicht von jener – darum aber auch: den Geist Gottes, der die Gemeinde erbaut und ihre Glieder heiligt, nicht von der Liebe, in der Gott sich ein Volk von Solchen schafft, die auch ihrerseits lieben dürfen – das Christsein nicht vom Lieben (als wäre es ein Problem, daß das Eine das Andere in sich schließt!) – und endlich wiederum: die Liebe, in der Gott durch den Heiligen Geist zunächst die Gemeinde und also die Christen liebt, nicht von der Liebe, in der er, bezeugt durch die Gemeinde und ihre Glieder, allen Menschen, der ganzen Welt, zugewendet ist. Unter der Liebe Gottes ist das Ganze dieses Geschehens in seiner inneren Gliederung und Bewegung, aber auch in seiner Einheit zu verstehen. In der Ganzheit dieses Geschehens ist sie der schöpferische, ist sie auch der erwählende, auch der reinigende Grund menschlicher, der wahren, der christlichen Liebe.

Man wird zum Verständnis der biblischen Bezeugung gerade dieser unserer dritten und letzten Bestimmung der Liebe Gottes von der schlichten Tatsache ausgehen müssen, daß die göttliche und die menschliche Liebe im Alten wie im Neuen Testament mit denselben Vokabeln bezeichnet werden.

Sie bedeutet zunächst doch wohl die Aufforderung, sich auf das zu besinnen, was die göttliche vor der menschlichen auszeichnen möchte. Was kann da aber fürs Erste in Frage kommen, als daß man, da es sich um den Unterschied von Gott und Mensch handelt, der Liebe Gottes in ihrem Verhältnis zu der des Menschen auf alle Fälle schöpferischen Charakter zuschreiben muß. *Duo faciunt idem*, wenn Gott sein Volk Israel oder in Jesus Christus die Gemeinde, die Christen und exemplarisch in ihnen die Welt liebt – und wenn dann Liebe auch von Israel, auch von der Gemeinde und ihren Gliedern, auch von den Menschen in der Welt erwartet zu sein scheint. Aber *duo cum faciunt idem, non est idem*, sondern es wird zum Verständnis der Verschiedenheit und dann auch des Zusammenhangs jenes göttlichen und dieses menschlichen Liebens doch wohl damit gerechnet werden müssen, daß dieses Zweite nur in schlechthiniger Bedingtheit durch jenes Erste, nur dadurch, daß jenes Ereignis wird, seinerseits Ereignis werden kann, daß wir es also in jener ersten Liebe tatsächlich mit dem schöpferischen Grund dieser zweiten zu tun haben. Wie kommt es denn dazu, daß die Israeliten das tun, was nach Deut. 6,5 in höchster Bestimmtheit von ihnen erwartet ist: daß sie «Jahve ihren Gott lieben von ganzem Herzen, von ganzer Seele und mit aller ihrer Kraft»? Nach Ausweis ihrer ganzen Geschichte mit Gott doch nicht so, daß sie solches Lieben aus sich selber hervorbrächten und leisteten – zu radikal und total ist ja gerade laut dieser Formel das von ihnen Erwartete, als daß es als eine eigene Hervorbringung und Leistung dieser Menschen auch nur vorstellbar wäre! – sondern nach Hesek. 11,19; 36,26 (vgl. Jer. 32,39) so und nur so, daß ihr Gott, der sie zu lieben begonnen und nicht aufgehört hat,

2. Der Grund der Liebe

ihnen endlich und zuletzt «ein anderes Herz geben und einen neuen Geist in ihr Inneres legen, das steinerne Herz aus ihrem Leib herausnehmen und ihnen ein fleischernes Herz geben wird»! Oder nach Deut. 30,6: «Jahve, dein Gott, wird dein Herz und das Herz deiner Nachkommen beschneiden, daß du Jahve, deinen Gott, liebest von ganzem Herzen und von ganzer Seele um deines Lebens willen». Und wie kommt es, wenn Jesus jenes «Höre, Israel!» nach Mr. 12,29 f. Par. in aller Form aufgenommen hat, zu dessen Realisierung? Doch auch in seiner Gemeinde, schon in der Person seiner Jünger und Apostel, nach Röm. 5,5 nicht anders als indem «die Liebe Gottes ausgegossen ist in unsere Herzen durch den Heiligen Geist, der uns gegeben ist», oder nach Joh. 17,26: indem die Liebe, in der der Vater den Sohn liebt – keineswegs selbstverständlich, aber auf Grund und in Erhörung der Bitte des Sohnes – auch in ihnen ist, indem sie nach Joh. 15,9 f.: in seiner Liebe bleiben. Um das, was kein Auge gesehen, was kein Ohr gehört und in keines Menschen Herz emporgestiegen ist, handelt es sich doch nach 1. Kor. 2,9 bei dem, was Gott gerade denen bereitet hat, die ihn lieben. Es hat also die Nachahmung jenes göttlichen in einem menschlichen Tun zur Voraussetzung, daß bestimmte Menschen durch solch neue Zubereitung zu Solchen erst gemacht werden, die zum Vollzug jener Nachahmung frei und fähig sind.

Eben der Gebrauch derselben Vokabeln zur Bezeichnung des göttlichen und des menschlichen Tuns dürfte nun aber auch darauf aufmerksam machen, daß es sich bei dem Tun, zu dem der Mensch durch das Tun Gottes frei gemacht wird, tatsächlich um dessen Nachahmung handelt. Ein sehr explizites neutestamentliches Wort mag hier an die Spitze gestellt sein, Eph. 5,1 f.: «So werdet nun Nachahmer (μιμηταί) Gottes als (seine) geliebten Kinder, und wandelt in der Liebe, dem entsprechend (καθώς) wie Christus euch liebte und sich für euch dahingegeben hat Gott zur Gabe und zum Opfer». Eben als eine solche Nachbildung, ein neues «Großwerden» (μεγαλύνεσθαι Phil. 1,20) der Dahingabe Jesu Christi hat ja Paulus seine eigene apostolische Existenz oft genug beschrieben. Eben eine solche hat er offenbar auch im Auge, wenn er die Mahnrede am Schluß des Römerbriefs (12,1) mit der Aufforderung eröffnet, die Leser möchten ihre Leiber (sich selbst!) darbringen als ein lebendiges, heiliges, Gott wohlgefälliges Opfer. Es kann aber doch wohl schon die Radikalität und Totalität des laut jenes «Höre, Israel!» von Jahves Volk Erwarteten nicht wohl verstanden werden, wenn man in dessen Beschreibung «von ganzem Herzen, von ganzer Seele und mit aller seiner Kraft» nicht die Spiegelung des radikalen und totalen Einsatzes sieht, in welchem allererst Jahve selbst sich Israel als seinem Volk zugewendet hat. Und nun liest man Deut. 30,11 f. die merkwürdigen (von Paulus Röm. 10,6 f. aufgenommenen) Worte: «Dieses Gesetz, das ich dir heute gebe, ist für dich nicht zu schwer und nicht zu ferne. Nicht im Himmel ist es, daß du sagen könntest: Wer steigt uns in den Himmel hinauf, um es zu holen und uns zu verkündigen, daß wir danach tun? Auch nicht jenseits des Meeres ist es, daß du sagen könntest: Wer führt uns über das Meer, um es uns zu holen und uns zu verkünden, daß wir danach tun? Sondern ganz nahe ist dir das Wort, in deinem Munde und in deinem Herzen, daß du danach tun kannst». Was ist das für ein nahes und nicht fernes, bekanntes und nicht unbekanntes, tunliches und nicht untunliches, weil Israel schon in den Mund, ja ins Herz gelegtes Wort und Gesetz? Offenbar dasjenige, das schlicht damit offenbart und ausgesprochen ist, daß Jahve selbst sich seinem Volk zugewendet und eben damit dessen Tun in die Gemeinschaft mit seinem eigenen aufgenommen, es zu einem auf sein eigenes Tun antwortenden, ihm entsprechenden Tun, zum «Analogon» dieses seines eigenen Logos bestimmt und im voraus qualifiziert hat. Israel soll ja gerade nach der eigentümlich deuteronomischen Darstellung und Redeweise in genauer Entsprechung zu Jahves Erwählung seinerseits wählen: zwischen Leben und Tod nämlich, zwischen Segen und Fluch (Deut. 30,19 f.), oder nach Jos. 24,15: zwischen dem Dienst des Gottes seiner Väter und dem der Götter der anderen Völker – in rechter Wahl, das heißt in Analogie zu Jahves eigener Wahl das Leben und nicht den Tod, den Segen und nicht den Fluch, den Dienst seines Gottes und nicht den der fremden Götter. Eben in solcher rechter Wahl wird es Jahve seinen Gott lieben, auf sein Wort hören und sich fest an ihn halten, wird es dem nahen, dem bekannten, dem erfüllbaren Wort, das zu ihm gesagt ist, gehorsam sein. Die Israeliten werden das nach Deut. 30, 1 f. auch damit tun, daß sie sich, wenn nun faktisch Segen und Fluch über sie kommen wird, Solches zu Herzen nehmen, sich bekehren und damit der Liebe Gottes auch in ihrem Charakter als reinigende Liebe in der ihr entsprechenden Dankbarkeit und Reue Raum geben werden. Es dürfte einsichtig zu machen sein, daß Gehorchen (der Entscheidung, Tat und Offenbarung, der Stimme, dem Wort, dem Gebot Gottes Gehorchen) im Alten wie im Neuen Testament eben ein Entsprechen meint, daß das ganze Gesetz (vor allem in seiner Mitte als Ordnung des Opferdienstes, aber auch in seinen juristischen und in seinen sonstigen zeremoniellen Bestimmungen) eine umfassende Anweisung zu einem das Verhalten Jahves widerspiegelnden Verhalten seines Volkes darstellt – die ganze evangelische und apostolische Paränese eine Anleitung zur Nachfolge Jesu Christi und so eben zur Nachahmung Gottes im Tun und Lassen der Gemeinde und aller ihrer einzelnen Glieder. Und ferner: daß die prophetische Anklage gegen Israel sich entscheidend darauf bezieht, von daher so erschreckend scharf ist, daß Israels Abfall von seinem Gott und seinen Geboten konkret darin besteht, daß es mit seinem Sosein aus der Gemeinschaft mit ihm, was praktisch bedeutet: aus der Analogie seines Tuns mit dem Tun seines Gottes herausfällt, während umgekehrt alle Freude und Dankbarkeit, mit der Paulus den Glauben und die Liebe, den Eifer und die Beständigkeit seiner Gemeinden wahrzunehmen meint, darin ihre Substanz hat, daß er (Gal. 4, 19) Christus in und unter ihnen Gestalt gewinnen sieht oder zu sehen hofft.

Noch einmal aus der Ambivalenz des biblischen Redens von der Liebe dürfte sich aber endlich auch die Notwendigkeit aufdrängen, die positive Beziehung zwischen Gott und dem Menschen, auf die da offenbar geblickt wird, als eine dem Menschen von Gott widerfahrende Befreiung und also nicht als eine von Gott an den Menschen gerichtete Forderung zu verstehen. Indem die Liebe Gottes schöpferische, die rechte menschliche Liebe als neue Wirklichkeit auf den Plan führende Liebe ist, ist die Vorstellung, daß diese vom Menschen erst zu fordern wäre, überflüssig gemacht. Muß man aber nicht sagen, daß die Vorstellung: daß Liebe Liebe fordere, auch in sich unmöglich ist – sicher vom biblischen Gehalt des Begriffes her, nach welchem es sich hier wie dort um Liebe als Hingabe handelt? Geben heißt doch nicht fordern! Ist Gottes Liebe als seine freie Hingabe an und für den Menschen der Grund von dessen Liebe, dann kann sie doch nur den Charakter einer dem Menschen geschenkten Befreiung zu einem solchen Tun haben, das in Entsprechung zu dem seinigen selber ein freies und gerade nicht ein gesolltes, ihm von außen auferlegtes, zur Realisierung aufgetragenes Tun sein kann. Was wäre das für eine Liebe, die Liebe verlangte? Und was wäre eine auf solches Verlangen hin geleistete Liebe? Ist das nicht geradezu der Nerv der ganzen Beziehung zwischen der Liebe Gottes und der des Menschen, daß dieser, durch die Liebe Gottes dazu instand gesetzt, lieben darf, durch keine fremde Zumutung, durch keine ihn von außen nötigende Autorität dazu aufgescheucht und angespornt, wirklich von sich aus in Nachahmung der Hingabe Gottes dieselbe Bewegung zu vollziehen frei – freigemacht wird? Oder was bedeutet es, daß in diesem Zusammenhang gerade im Alten Testament so nachdrücklich von des Menschen Herz als dem Ort die Rede ist, von dem aus diese Bewegung in Gang komme? kommen müsse? kommen solle als eine von ihm verlangte Pflichterfüllung oder Tugendübung? Würde er dann wirklich von Herzen und zwar «von ganzem Herzen» lieben?

Auf ein «Du sollst lieben!» hat freilich Kierkegaard sein ganzes Buch «Leben und Walten der Liebe» aufbauen zu müssen gemeint: Liebe sei Pflicht, als solche die mit göttlicher Originalität der menschlichen Selbstliebe gegenüber auf den Plan tretende Offenbarung, als solche die den Menschen nicht nur in Erstaunen setzende, sondern empörende, ihm zum Ärgernis werdende «Veränderung um eine ganze Ewigkeit» (Ausgabe Diederichs 1924 S. 27). Nur die Pflicht, zu lieben, schütze die Liebe für

2. Der Grund der Liebe

ewig gegen jegliche Veränderung, mache sie ewig frei in seliger Unabhängigkeit, sichere ihr Glück für ewig vor aller Verzweiflung (S. 31 f.). Das «Du sollst!» der Ewigkeit sei das Rettende, das Läuternde, das Veredelnde. «Wo das bloß Menschliche vorwärts stürmen will, hält das Gebot an, wo das bloß Menschliche den Mut verlieren will, stärkt das Gebot, wo das bloß Menschliche matt und klug werden will, gibt das Gebot Feuer und Weisheit. Das Gebot verzehrt und verbrennt das Ungesunde in deiner Liebe; durch das Gebot aber soll's dir gelingen, sie wieder zu entflammen, wenn sie, menschlich geredet, zusammensinken wollte. Wo du meinst, dir leicht selbst raten zu können, da ziehe das Gebot mit zu Rat; wo du verzweifelt dir selbst raten willst, da sollst du das Gebot mit zu Rate ziehen; wo du aber keinen Rat weißt, soll das Gebot Rat schaffen, daß doch Alles noch gut wird.» Man ahnt, was allenfalls gemeint sein könnte. Aber so wie Kierkegaard es gesagt und doch auch gemeint hat, ist hier einfach Alles falsch. Und es ist nicht zu verwundern, daß sein Buch von dieser Voraussetzung her bei aller Schönheit im Einzelnen den unlieben, den inquisitorischen, den fürchterlich gesetzlichen Charakter bekommen hat, der ihm, aufs Ganze gesehen, eigentümlich ist. Es ist eben nicht so, daß man von der schöpferischen, schenkenden, befreienden Liebe Gottes, wie Kierkegaard es tut, überhaupt schweigen und an Stelle dessen das nackte Gebot: «Du sollst lieben!» als Grund der christlichen Liebe angeben kann: mit biblischem Recht tut man das sicher nicht. Es ist nicht so, daß die «Ewigkeit» (soll damit die Ewigkeit des biblischen Gottes gemeint sein) als die überhängende, vor allem wegen ihrer «Ärgerlichkeit» eindrucksvolle Wand dieses «Du sollst!» und dann plötzlich in diesem Charakter als rettende Macht und als Quelle alles guten Rates zu beschreiben ist. Es ist ja wohl nach einem bestimmten Verständnis der Ethik Kants, es ist aber nach der Bibel nicht so, daß ein solches stures «Du sollst!» dem «Menschlichen» in der Macht, Selbstliebe in Liebe zu verwandeln, gegenüberstünde. Und es ist nun einmal nicht so, daß gesollte, pflichtmäßig auferlegte und aufgebrachte Liebe (mag sie unter diesem Vorzeichen noch so differenziert verstanden sein) mehr als ein gewissermaßen an die Wand gedrückter und zerquetschter Eros sein kann, daß sie die Liebe ist, in der der Mensch sich selbst wirklich hin- und hergibt.

Man wird die problematische Übersetzung des *ahabta* (ἀγαπήσεις, *diliges*) von Deut. 6, 5: «Du sollst lieben!» für das verhängnisvolle hier (nicht nur Kierkegaard) unterlaufene Mißverständnis wohl nur teilweise haftbar machen dürfen. Sie mag in der Zeit vor Kant den Klang des englischen *you shall* gehabt haben, die dem, was die Bibel hier wie bei der Formulierung der Gebote überhaupt meint, mindestens näher kommt. Noch besser ist doch das dem ἀγαπήσεις der LXX und dem *diliges* der *Vulg.* entsprechende französische *tu aimeras*. Es geht um eine gerade nicht abstrakt fordernde, sondern in Form eines Futurums eine notwendige Konklusion anzeigende Weisung. Aus dem Sein Jahves als des einen Gottes Israels folgt für dieses («Höre, Israel!»): Du wirst lieben! Aus Jahves Verbündung mit dir, deiner Verbündung mit ihm kann sich ein anderes Tun nicht ergeben, ergibt sich als in dieser Verbündung vorgesehen und angelegt dieses und nur dieses Tun, dasjenige, in welchem dieser dein Gott (Mr. 12, 31 wird dann aus einem anderen Zusammenhang ergänzt: und dein Nächster) von dir zu lieben, seine Hingabe mit der deinigen zu beantworten, in ihr abzubilden ist. Man darf umschreiben: Du bist durch deine Befreiung aus Ägypten, die das Werk der erwählenden, reinigenden, schöpferischen Liebe deines Gottes ist, eben zu diesem Tun frei gemacht, auf den Weg und in Bewegung gesetzt. In der Kraft dieses göttlichen Tuns – sie ist nach dem Neuen Testament die Kraft der den Jahvebund in der Person Jesu Christi erfüllenden Versöhnungstat – besteht nach biblischem Begriff die Autorität und Kraft des göttlichen Gebotes, aller göttlichen Gebote, in ihr die Überlegenheit (hier wäre der von Kierkegaard so bevorzugte Begriff der Ewigkeit einzusetzen!), in der der Mensch auf den Weg der Liebe als den Weg des Lebens und darauf, diesen und nur diesen Weg zu begehen, angewiesen ist. Eben durch diese Autorität und Kraft ist menschliche Liebe als ein echtes, ungezwungenes und ungekünsteltes und also aufrichtiges, als ein gerade in seiner Freiheit notwendiges und notwendig freies Tun wirklich und solid begründet. «Ich werde mein Gesetz in ihr Inneres legen und es ihnen ins Herz schreiben» (Jer. 31, 33). Das und das allein ist der Grund der Liebe, die die Erfüllung des ganzen Gesetzes ist. Indem Gott das tut, ist sein Gesetz, laut dessen Liebe das vom Menschen Erwartete ist, das Gesetz des Evangeliums.

3. DIE TAT DER LIEBE

Wir werden von dem nun über die begründende Liebe Gottes Gesagten nichts vergessen und nichts dahinten lassen dürfen, wenn wir unsere Aufmerksamkeit jetzt – in einer Wendung von 180 Graden – auf die durch jene begründete menschliche, die christliche Liebe richten. Im Besonderen das Tun des christlichen Subjektes als solchen soll ja in diesem Paragraphen ans Licht gerückt werden.

Was tut der Christ? Er tut, was er als von Gott Geliebter tun darf, zu tun die Freiheit hat: er liebt. Er ist ein Mensch und zwar ein sündiger Mensch: am Hochmut und Fall, an der Trägheit und am Elend aller Menschen auch er beteiligt: er darum noch intensiver als sie alle, weil er weiß, daß er es ist. Und so tut er Vieles, viel zu Vieles, was mit der Liebe, zu der er als von Gott Geliebter frei ist, nichts zu tun hat, was ihr geradezu zuwiderläuft. Aber sofern er ein Christ ist, liebt er auch: gerade wie er als solcher – allem, was er sonst ist und tut, zuwider – auch glaubt, auch hofft. Wir werden von der Einschränkung zu reden haben, die sich daraus ergibt, daß man wahrheitsgemäß nicht sagen kann, daß er ganz und gar und also ausschließlich, sondern nur: daß er auch liebt. Halten wir uns zunächst an das Positive: sein Tun besteht auch darin, daß er liebt. In irgend einer Begrenzung und Art geschieht in seinem Leben auch das. Und daß in seinem Leben, begründet in der Liebe Gottes, auch das geschieht, fällt ins Gewicht, kann auch für sein sonstiges Tun, wie andersartig und entgegengesetzt es sein möge, nicht ohne Bedeutung sein. Es wird seine Liebe seinem sonstigen Tun (nicht in einer Macht, die er ihr gibt, wohl aber in der Macht ihres göttlichen Grundes) heimlich oder offen entgegenwirken, wird es irgendwie bestimmen, wird sich im Charakter seiner Lebenstat im Ganzen so oder so ausprägen. Sicher, daß das keinem menschlichen Auge unzweideutig sichtbar wird. Und er selbst ist hoffentlich der Letzte, sich im Blick auf das Verhältnis seiner Liebe zu seinem sonstigen Tun mit der Aufstellung einer ausgleichenden Rechnung zu beschäftigen! Denn sofern er darüber reflektierte und sich an das Resultat solcher Reflexion halten wollte, würde er gerade nicht lieben und also gerade das zunichte machen, woran er sich halten möchte. Lieben kann man ja gerade nicht, um sich damit irgend etwas – und wäre es die Ruhe eines relativ guten oder doch nicht ganz schlechten Gewissens – verschaffen zu wollen. Es wäre ein Verrat an der Liebe, wenn man sie nachträglich zum Gegenstand eines solchen Kalküls machen wollte. Ganz abgesehen davon, daß solcher Kalkül darum zum vornherein nichtig ist, weil eine Rechtfertigung des Menschen vor Gott durch sein Tun, und wäre es das einer in seinem Leben noch so mächtigen Liebe, gar nicht in Frage kommen kann. Das heißt nun aber nicht, es habe keine Bedeutung, wenn in seinem Leben neben viel Anderem auch das geschehen darf, daß er liebt. Das hieße ja, es sei bedeutungslos, daß Gott ihn liebt, und bedeutungslos, daß es in seinem Leben zu einer Nachahmung von Gottes Liebe kommen darf. Nein, was da im Leben eines Menschen, umgeben, verdeckt und in Frage gestellt durch noch so viel andersartiges Tun als Tat der Liebe geschieht, das ist, weil es auf Grund göttlicher Schöpfung geschieht, eine Realität, die in den Augen Gottes z äh l t: nicht zum Ruhm, zur Verteidigung und Rechtfertigung dieses Menschen, wohl aber im Zusammenhang dessen, was er mit diesem Menschen will, des Dienstes, zu dem er ihn bestimmt hat und braucht. Mag es sich zu dem, was dieser Mensch sonst ist und tut, verhalten wie ein Funken unter einem Haufen von Asche: tut er außer und neben allem Anderen, was er tut, wirklich auch dies, daß er liebt – weil er lieben darf, weil er von Gott die Freiheit hat, auch das zu tun – so ist damit faktisch sein ganzes Leben ein anderes, als wenn er das nicht täte. Es ist, indem in ihm auch das Ereignis wird, ein christliches Leben. Unchristlich wäre es nur dann, wenn die Tat der Liebe in ihm ganz und gar nicht Ereignis würde. Das würde dann allerdings bedeuten, daß Gott ihn zu seinem Dienst ganz und gar nicht brauchen kann!

Aber treten wir der Sache näher: Was geschieht in dieser Tat? Was geschieht da, wo ein Mensch und also der Christ – ein sündiger Mensch zwar und also der Täter auch noch vieler sehr andersartiger Taten – dies tun: lieben darf? Es ist klar, daß wir, um den Inhalt dieser Tat zu verstehen, auf ihren Gegenstand und also darauf zu blicken haben werden, daß es um die Liebe zu Gott und zum Nächsten geht. Einige Überlegungen über ihre allgemeine Form dürften darum doch nicht verboten und nicht überflüssig sein.

Es fällt ja auf, daß jedenfalls die neutestamentlichen Begriffe ἀγάπη und φιλία samt den zugehörigen Verben nicht eben selten absolut, das heißt ohne ausdrückliche Nennung dessen, worauf sie sich beziehen, gebraucht werden. So in der bereits besprochenen Stelle 1. Joh. 4, 7 f., so in den ebenfalls schon zitierten Zusammenstellungen der Liebe mit dem Glauben, der Hoffnung, der Geduld und anderen für die christliche Existenz bezeichnenden Hauptbegriffen, so vor allem in dem für unser Thema zentralen Kapitel 1. Kor. 13. Indem Christus durch den Glauben in ihren Herzen wohnt, sind die Christen kurzweg ἐν ἀγάπῃ ἐρριζωμένοι καὶ τεθεμελιωμένοι (Eph. 3, 17), ist ihr Leben ein περιπατεῖν κατὰ ἀγάπην (Röm. 14, 15). Es ist nach Kol. 3, 12 f. kurzweg die Liebe der Inbegriff alles dessen, was Gottes Auserwählte, Heilige, Geliebte in Gestalt von Barmherzigkeit, Güte, Demut, Sanftmut, Langmut, gegenseitigem Ertragen und Vergeben als das ihnen bereitete und geziemende Kleid «anzuziehen» haben: der σύνδεσμος τῆς τελειότητος, das alles Einzelne zusammenhaltende Band, das ihr Tun umschließt und von dem untereinander umschlossen sie ihrem Ziel entgegengehen. Es ist kurzweg die Liebe des Gesetzes Erfüllung (Röm. 13,10). Selbstverständlich hat man in allen diesen Stellen sofort wie an den lebendigen Grund, so auch an den für den Inhalt des Begriffs entscheidenden Gegenstand der ἀγάπη zu denken. Aber eben indem beides selbstverständlich impliziert ist, beschreibt er – nach allen diesen Stellen grundlegend und umfassend – die Lebensform, die für die Existenz der Gemeinde und aller ihrer Glieder bezeichnend, die ihnen, wenn sie sind, was sie sind, unveräußerlich ist.

Was ist das – zunächst allgemein gefragt – für eine Lebensform? Das ist (1) sicher, daß die Tat der Liebe im Leben dessen, der sie tun darf, immer den Charakter eines Neuen, Ungewohnten, menschlich geredet Unerwarteten haben wird. Gerade weil und indem in ihr das tiefste, das eigentliche Wesen des Menschen, seine Bestimmung für Gott und seine Bestimmung zur Mitmenschlichkeit endlich zu Ehren kommt! Gerade weil und indem es sich in ihr um das vom Menschen von Seiten Gottes Erwartete handelt! Gerade daß dieses Ereignis werde, versteht sich ja angesichts der Verkehrtheit der menschlichen Existenz so gar nicht von selbst. Eros, Selbstliebe (in ihren höheren und niedereren Formen) ist da freilich das höchst Natürliche, das Alte und Gewohnte, dessen gesetzmäßig notwendige Wiederholung und Auswirkung von Fall zu Fall zu erwarten steht. Nicht so die christliche Liebe! Daß sie zur Tat wird, weil und indem Einer, der ein Mensch wie alle anderen ist, dazu frei, zu dieser Tat fähig gemacht wird, das ist – nur im Ereignis neuer Schöpfung und Geburt kann das ja begründet sein – nie und nirgends aus einem Vorgegebenen abzuleiten und also vorauszusehen, zu erwarten. Das geschieht – wenn es geschieht – in einer Machttat des Heiligen Geistes, um den der Mensch nur bitten, über dessen Gegenwart und Aktion in solchem Geschehen nicht nur die Anderen, sondern auch der in Liebe tätige Mensch selbst sich nur in Dankbarkeit wundern kann. Daß ein Mensch liebt, wird immer wieder das Überraschende, das Verwunderliche, die in seinem Leben aufbrechende große Ausnahme sein. Es würde der Aufwertung des leider sehr abgewerteten Wortes «Liebe» dienlich sein, wenn man sich darüber klar würde, daß es sich, wo Liebe Ereignis wird, um nicht mehr und nicht weniger als um eine Offenbarung der Realpräsenz Gottes in Jesus Christus handelt.

Man wird wohl keine der auf solche menschliche Tat hinweisenden neutestamentlichen Stellen richtig lesen, wenn man dessen nicht gewahr ist, daß der Gebrauch des Begriffs «Liebe» stillschweigend von dankbarer Anbetung, von betroffener Freude über die Anwesenheit eben des Unerwarteten, nur eben von Gott zu Erbittenden umgeben ist. Die nicht genug zu beachtenden Eingänge der paulinischen Episteln dürften das ganz deutlich machen.

Ebenso bestimmt wird nun aber (2) das hervorzuheben sein, daß wir die Liebe eindeutig als eine freie Tat des Menschen zu bezeichnen haben. Als eine menschliche Beantwortung, Entsprechung, Nachahmung, Analogie der göttlichen Liebe haben wir sie ja, als wir von dieser als ihrem Grund zu reden hatten, verstehen müssen. Zwei Abgrenzungen werden hier nötig:

Die christliche Liebe – wir hatten bereits darauf hinzuweisen – ist nicht so etwas wie eine Prolongatur der Liebe Gottes selbst, ihr Erguß, ihr Fortströmen ins menschliche Leben hinein, dem dann der Mensch mit seinem Tun wohl nur als eine Art Kanal zu dienen hätte, dem er im Grunde, ohne selbst handelndes Subjekt zu sein, nur beiwohnen würde. Das ist ja nicht das Werk des Heiligen Geistes, dem Menschen sein eigenes Tun abzunehmen oder es zur bloßen Funktion seines eigenen übermächtigen Schaltens und Waltens zu machen. Wo er ist, da ist nicht Knechtschaft, sondern Freiheit. Jener Vorstellung widerspricht übrigens auch die schwere Brüchigkeit dessen, was als Liebe auch im Leben der besten Christen an den Tag zu treten pflegt: Wäre es einfach identisch mit dem Rauschen des in das menschliche Leben hineinbrechenden Stromes der göttlichen Liebe, wäre unsere kleine Liebe also eine Erscheinung oder Partikel der Liebe Gottes, dann könnte und würde sie wohl nicht eine so kleine und eben: so brüchige Liebe sein. Das Werk des Heiligen Geistes besteht vielmehr in des Menschen Befreiung zu eigener Tat und also zu spontanem menschlichem Lieben, dessen Kleinheit und Brüchigkeit nicht auf seine, sondern auf des Menschen Verantwortung geht. Der Tat der Liebe Gottes entspricht echt, schlecht und recht, von ihr wohl zu unterscheiden, die christliche Liebe als eine menschliche Tat. Sie ist eine Tat, in der der Mensch nicht als Marionette Gottes, sondern Gott gegenüber als ihm begegnendes und antwortendes, sich als sein Partner vor ihm verantwortendes selbständiges Subjekt, aus seinem Herzen heraus, aus seiner Seele, mit seinen Kräften tätig ist.

Die andere hier abzuweisende Vorstellung ist die, als ob es sich in der menschlichen Antwort auf Gottes Liebe nur um eine ihr entsprechende menschliche Gesinnung, wohl gar nur um ein ihr entsprechendes Denken und Fühlen handle. Sie ist darum verkehrt, weil zuerst Gottes Liebe nicht bloß Gesinnung, Gedanke, Gefühl, sondern gewollte und (in der Energie des Kreuzestodes Jesu Christi!) vollzogene Tat und als solche der Grund, das schöpferische Urbild wahrer menschlicher Liebe ist. Ist diese ihre Nachbildung, dann ist auch sie Tat: innere nicht nur, sondern äußere Tat, Tat des ganzen Menschen. Er kann viel Liebes denken und fühlen und damit noch lange nicht lieben, sich selbst noch lange nicht hergeben. Tut er das, dann tut er es nicht nur partiell und also so wenig bloß innerlich wie bloß äußerlich. Wie viel oder wenig, indem er liebt, von seiner Ganzheit faktisch zurückbleibt, ist eine Frage für sich: es wird dessen genug sein. Es darf aber kein betrüblicher Ausfall in dieser Hinsicht damit theoretisch gerechtfertigt werden, daß die Liebe, zu der er befreit ist, auf ein bloß innerliches Dransein reduziert wird. Er ist durch die Liebe Gottes dazu befreit, «in Tat und Wahrheit» (1. Joh. 3,18) zu lieben. Wo geliebt wird, da geschieht etwas: von Gott her, aber im Raum und in der Zeit, «mit Herzen, Mund und Händen». Wo nicht menschliche Tat in diesem Vollsinn des Wortes geschähe, da würde auch nicht geliebt. Von Nachahmung Gottes könnte ja da keine Rede sein.

Das Neue, was der Mensch tut, indem er lieben darf, hat (3) die Form und den Charakter der Mitteilung. Lieben heißt, das tun, was (Act. 20,35) «seliger ist als Nehmen», nämlich: Geben. Eben weil es ums Geben geht, muß so dringend darauf bestanden werden, daß die Liebe auf keinen Fall als ein bloß innerliches Tun verstanden werden darf. Gesinnungen, Gefühle, Gedanken, wie tief oder hoch sie auch seien, in sich bewegen, heißt ja noch nicht Geben. Ein bloß innerliches ist ja überhaupt noch gar kein echtes Tun – kein solches, in welchem etwas geschehen würde. Liebe aber ist nach dem Vorbilde Gottes selbst das Tun des Gebens und so auf alle Fälle ein Tun, in welchem der Mensch aus seinem Inneren herausgeht. «Einen fröhlichen Geber hat Gott lieb» (2. Kor. 9,7). Geben unterscheidet sich von Behalten und von Nehmen. Der Eros nimmt, um zu behalten und um dann wieder und wieder nehmen zu müssen. Die Liebe durchbricht diesen Kreislauf. Der Liebende gibt. Das zu tun ist er wunderbar befreit. In der Macht des Heiligen Geistes tut er dieses Neue, dieses Unerwartete. Nicht, daß er nichts empfinge und hätte – wie könnte er sonst geben? Er ist sogar der am herrlichsten beschenkte, der reichste Mann auf Erden und ist dankbar dafür, das zu sein. Aber darüber reflektiert er nicht: er ist es nur eben und er ist das, er genießt das nur eben, indem er gibt. Wir erinnern uns: neben und unter viel Anderem und Andersartigem – nicht ausschließlich nur das also! – geschieht in seinem Leben immerhin auch das, daß er gibt. Und indem er auch das tut, ist er – nicht gerechtfertigt, aber als der große, vergebungsbedürftige Sünder, der auch er ist, für Gott brauchbar, in seinen Dienst gestellt: ein Christ. Wo geliebt und also gegeben wird, da ist dieses Geschehen – kein Tempel, aber eine Hütte Gottes mitten unter den Sündern. Es geht aber, wie wir wissen, um Hingabe. Die wird praktisch sehr vielerlei Geben in sich schließen.

Sie wäre bestimmt nicht Hingabe, wenn sie nicht – brutal aber deutlich gesagt: auch die freie Hingabe von Geld, von dem sich ja der Mensch, auch der Christ, so ungern trennt, in sich schlösse! Auch die Hingabe von Zeit übrigens: auf die Gefahr hin, daß man dabei immer wieder das Opfer des furchtbaren Geschlechtes der «Chronophagen» werden kann!

Aber was hülfe alles Geben von Geld, Zeit und anderen guten Dingen, wenn sie nicht in Hingabe gegeben würden? Das tut doch der Liebende: er gibt sich selbst her, statt sich zu behalten, statt sich selbst behaupten zu wollen. Eben damit und insofern gibt er dann auch das Übrige, was sein ist. Er gäbe aber gar nichts, er würde also überhaupt nicht lieben, wenn er nicht sich selbst hergäbe. Sich selbst hergeben: das klingt enorm, das schmeckt nach Heroismus und Opfer, ist aber in Wahrheit gar nichts Besonderes. Denn wer liebt und also sich selbst hergibt, der bestätigt und realisiert ja damit nur, daß er gar nicht sich selbst gehört, nie gehört hat, nie gehören wird, gar nicht gehören kann. Er gibt damit nur heraus, was gar nicht das Seinige, sondern – als das Nur-Seinige, als das ihm Gehörige – eine unrechtmäßig an sich gerissene Beute ist – vielmehr: was gerade nur in der Weise das Seinige sein kann, daß er es herausgibt. Zu diesem nun wirklich zutiefst selbstverständlichen Tun befreit ihn die Liebe Gottes, wird er durch den Heiligen Geist neu geschaffen, erleuchtet, berufen, gelehrt und getrieben. Der Liebende tut es, ziemlich erschrocken über seinen eigenen Mut, ziemlich besorgt, was dabei herauskommen möchte, aber er tut es. Er kommt wie ein Höhlenmensch heraus ans Offene, ein wenig blinzelnd, weil da die Sonne so hell scheint, ein wenig bedenklich, weil es da auch windet und regnet, aber er kommt heraus. Und eben indem die Liebe darin besteht, daß der Mensch sich selbst hergibt und also herauskommt, ist ihre Form und ihr Charakter – im umfassendsten Sinn dieses Begriffs verstanden: Mitteilung. Der Liebende teilt sich (er schneidet, er schließt sich) nicht ab, sondern er teilt sich ohne Rücksicht darauf, was dabei aus ihm werden möge, mit: so daß er seinen Teil (nämlich sich selbst) nicht mehr für sich, sondern (eben sich selbst gibt er ja dem Anderen, dem Geliebten) nur noch mit diesem zusammen hat. Es geht dabei also nicht, wie man es so oft dargestellt hat, um eine Auslöschung, eine Annihilation des Liebenden zugunsten des Geliebten. Wie wäre das Liebe? Was könnte nach dieser tief ungesunden Vorstellung Anderes geschehen, als daß er sich dem Geliebten erst recht – durch Abgang in den Tod – vorenthielte? Es geht aber darum, daß er sich ihm gibt und also (indem er er selbst ist und bleibt) unter Verzicht auf die falsche Meinung, er gehöre sich selbst, mit dem Geliebten zusammen, im Zusammenschluß mit ihm, ist, der er ist. Dieser Zusammenschluß ist das Offene, in das der Höhlenmensch, durch die Liebe Gottes, durch das Werk des Heiligen Geistes zum Liebenden gemacht, herauskommt. Indem er sich selbst nicht behält und behauptet, sondern gibt, schließt er sich dem Geliebten gegenüber nicht aus, sondern schließt er sich, was ihm auch dabei widerfahre, um jeden Preis ein in dessen Sein. Man bemerke: nicht den Geliebten in sein eigenes Sein (das wäre Eros), sondern das eigene Sein in das des Geliebten – so also, daß es nun zugunsten des Geliebten sein eigenes ist. Es schenkt eben der Liebende dem Geliebten nicht mehr und nicht weniger als sein «Herz». Es wird also sein Leben – so ernst ist es damit, daß Liebe Hingabe ist – ein exzentrisches Leben: ein solches, das seinen Mittelpunkt außerhalb seiner selbst hat. Eben das tut doch Gott, indem er uns liebt, und also sich an und für uns hingibt:

er hört nicht auf zu sein, der er ist, der ewige Gott, der in sich selber die Liebe ist, aber eben als solcher schlägt er sich auf unsere Seite, lebt und wirkt er nicht mit Ausschluß, sondern mit Einschluß unseres Lebens und Wirkens: in seiner Selbstmitteilung an uns, im Zusammenschluß, in Gemeinschaft mit uns. Er schenkt uns sein Herz, um eben damit und so unser Heil nicht nur zu schaffen, sondern selber zu sein. Eben dieses göttliche Tun ist es, was der liebende Mensch, der Christ, in seinem Tun nachbilden darf.

Ein wichtigster Zug in dieser formalen Beschreibung der Liebe würde fehlen, wenn wir nicht (4) ausdrücklich hervorheben würden: sie muß und wird für den, der sie tun darf, für den Christen also, Erhebung, Gewinn, Freude sein. Er tut sie wahrhaftig nicht deshalb. Wir können uns ja nicht genug einschärfen: Wer liebt, der tut das nicht, um zu ... nicht im Blick auf irgend einen Zweck, nicht in Ausführung irgend einer Absicht. Der Liebende will nichts – nur eben lieben, nur immer noch mehr, noch ernstlicher und besser sich selbst hingeben, sich mit dem Geliebten zusammenschließen. Jeder Plan, den er dabei verfolgte, jedes Vorhaben, auch das edelste, das ihm dabei im Sinne stünde, wäre Verrat und Ende seiner Liebe.

Vielleicht, weil das immer wieder vergessen wird, gibt es auch unter Christen, so viel da von Liebe geredet wird, so wenig die vermeintlich Liebenden und dann auch die angeblich Geliebten wirklich erheiternde – so viel solche Liebe, durch deren Ausübung sich die Liebenden und dann auch die Geliebten mehr belästigt als – wie es sein könnte und müßte – belustigt finden: barocker Weise gerade darum, weil da Einer zum Zweck seiner Belustigung – oder sagen wir ernsthafter: zu seiner eigenen Erhebung, in der Absicht, daß ihm das (nehmen wir an: im besten Sinne) wohltun werde, lieben zu können und zu sollen meint!

Durch diese Warnung darf nun aber nicht verdeckt werden, daß Liebe eben das, was man, ohne sie zu verraten, nicht mit ihrer Hilfe anstreben kann, nicht nur tatsächlich mit sich bringt, sondern bestimmt ist: eben Erhebung, eben Gewinn, eben Freude für den, der lieben darf. Vom Eros kann man das nur unter schwerstem Vorbehalt – in letzter Bestimmtheit sogar überhaupt nicht sagen: der sattsam bekannte Kreislauf des Eros mit seinem Wechsel von Besitz und Verlust, Rausch und Ernüchterung, Begeisterung und Enttäuschung ist im letzten Grunde eine tragische und also eine tief melancholische Angelegenheit. Von der Liebe muß man eben das unbedingt sagen: daß der Liebende als solcher – brauchen wir ruhig das verfängliche Wort: ein glücklicher, ein selig zu preisender Mann ist. Man muß es hier sogar mit dem Zusatz sagen: daß der gar nicht lieben würde, der es mit einem tragischen Gesicht täte, dem es dabei nicht in einer mit keinem sonstigen Wohlsein zu vergleichenden Weise wohl wäre. Er würde, wenn er sich durch sein Tun als Liebender im Grunde belästigt fände, verraten, daß er im Grunde anderweitig beschäftigt ist. Einen unfrohen Geber hat Gott bestimmt nicht lieb! Wer lieben und also geben, sich selbst hergeben und mitteilen, sich selbst mit dem Geliebten zusammenschließen darf, der darf darin – wie hoch auch die Kosten und wie gering auch die Erfolge auf Seiten des Geliebten in Form allfälliger Gegenliebe sein mögen – Freude und zwar große Freude haben. Und nun nicht etwa nur darum, weil seine Befreiung zur Liebe in jedem Augenblick, in dem er von ihr Gebrauch macht, eine Entlastung von einem ganzen Berg von unnützer Sorge und Bekümmerung bedeutet, die ihm nur daraus erwachsen sind, daß er zuvor so sehr aufs Behalten und Nehmen, statt aufs Hergeben eingestellt war. Sicher auch darum: es ist ja gar nicht zu sagen, was für eine Entfesselung da faktisch stattfindet, wo Einer sich endlich herbeiläßt, sein Herz zu verschenken, statt es, als wäre ihm damit geholfen, pflegen, verwöhnen und verpäppeln zu wollen. Es ist ja gar nicht zu sagen, wie der ganze Mensch aufleben darf, wenn er damit auch nur für einen Augenblick, weil er lieben darf, Schluß zu machen veranlaßt ist. Die eigentliche, die positive und nun erst wirklich unsagbare Freude des Liebenden besteht aber doch schlicht darin, daß er als von Gott Geliebter, als sein Kind lieben, daß er, indem er sein Tun nachahmt, in Gemeinschaft mit ihm existieren, seinem Heiligen Geist gehorsam sein darf. Das heißt Erhebung und Gewinn, das heißt Frieden und Freude. Das ist Grund zum Lachen, und wenn die Augen voller Tränen wären. Denn was bedeuten von da aus und daneben die Mühsale und Mißerfolge, die dem christlich Liebenden gewiß nicht erspart bleiben werden? Das ist eben, indem es ihm wirklich ungesucht, ungewollt, unbegehrt zufällt, des Liebenden Seligkeit, auch wenn ihm von Seiten des Geliebten wie von einer steinernen Wand her keine oder eine mehr oder weniger wüste Antwort zurück käme. Nicht um seiner Antwort willen, sondern weil er von Gott dazu frei gemacht ist, liebt er ihn ja. An den Frieden und die Freude des so Befreiten und also Liebenden kann eine wirkliche Enttäuschung gar nicht herankommen. Das ihm ins Herz und auf die Lippen gelegte Lob Gottes, der ihn zu diesem Tun befreit und als sein Befreier ihm dieses Tun gebietet, kann dann gar nicht aufhören – so etwa, wie das in dem scheinbar nicht enden wollenden Lobpreis des göttlichen Gebotes im 119. Psalm drastisch sichtbar wird, – so etwa, wie es doch auch in dem kürzeren, aber nur umso intensiveren paulinischen Lobpreis der Agape 1. Kor. 13 bezeugt wird. Liebe und Freude haben das gemeinsam, bekunden schon darin ihren zutiefst notwendigen Zusammenhang, daß sie beide nicht befohlen und nicht auf Befehl aufgebracht und ins Werk gesetzt werden können. Es erwachsen aber beide von selbst von Gott dem Befreier her, aus dem Geschehen seiner Befreiungstat. Und es wird wohl die eine das untrügliche Kriterium der anderen sein: Der echt liebende ist bestimmt auch ein fröhlicher Mensch – ist er es nicht, so ist er gewiß auch kein liebender. Und der echt fröhliche ist gewiß auch ein liebender Mensch – ist er das nicht, so sehe er zu, wie weit es mit seiner Fröhlichkeit her sein möchte!

Wir wenden uns jetzt zur Hauptaufgabe dieses Abschnittes und damit dieses ganzen letzten Paragraphen: zur Frage nach dem Sinn und Inhalt dieser Tat. Vom Gegenstand der christlichen Liebe wird darum jetzt die Rede sein müssen. Was in dieser Tat «Hingabe» ist und heißt, das kann ja nur in der Beziehung einsichtig werden, in der sie geschieht. Sie geschieht aber in der Beziehung des Liebenden zu dem von ihm Geliebten. Ist dem aber so, so ist deutlich, daß ihr Sinn und Inhalt nicht etwa in dem Tun des Liebenden selbst und als solchem, sondern dort zu suchen ist, wo er sich, indem sie geschieht, hingibt, wo er als Liebender sein Herz hat: in dem Geliebten, von dem er sich nicht aus-, in den er sich selbst vielmehr einschließt, mit dem er sich liebend zusammenschließt. Von ihm her entscheidet es sich und im Blick auf ihn muß es sich auch begrifflich klären, was er tut, indem er liebt.

Und nun ist zunächst Alles einfach: christliche Liebe ist die durch Gottes wählende, reinigende, schöpferische Liebe begründete Gegenliebe. Sie ist also schlicht und klar: Liebe zu Gott als zu dem, von dem der Christ zuerst geliebt ist. In der Tat der Liebe, von der wir jetzt, im Abschluß des zweiten Teils der Versöhnungslehre, zu reden haben, geschieht es – und das ist ihr unermeßlicher Sinn und Inhalt – daß das Verhältnis des Bundes, des göttlichen Gnadenbundes, aus einem einseitigen zu einem zweiseitigen wird. Der Raum, der dem Wort und Werk der Gnade Gottes gegenüberliegt, bleibt nicht leer. Vielmehr: das Ungeheuerliche, des Menschen Feindschaft gegen Gott, die diesen Raum einnahm und beherrschte, verschwindet. Das Wort und Werk menschlicher Dankbarkeit begegnet, antwortet, entspricht nun dem Wort und Werk der Gnade Gottes. Nicht mehr und nicht weniger als das geschieht, indem der Mensch, der Christ lieben darf. «Gerechtfertigt aus Glauben, Frieden haben mit Gott durch unseren Herrn Jesus Christus» (Röm. 5,1), das wird nun – daß Jesus Christus wahrer Gott und wahrer Mensch ist, zieht das unwiderstehlich nach sich! – in der Tat der Liebe auch vom Menschen her Ereignis. Indem der Christ Gott lieben darf, bezeugt er das. Das ist der Sinn und Inhalt der Tat seiner Liebe. Alles, was wir über ihren formalen Charakter festgestellt haben, erklärt sich von da aus. Weil sie nicht mehr und nicht weniger als ein integrierendes Moment der von Gott inaugurierten und regierten Reichsgeschichte und Heilsgeschichte ist, darum ist sie so neu und wunderbar, muß und darf sie die freie, in der befreienden Macht des Heiligen Geistes sich ereignende Tat des Menschen sein, ist sie jener Schritt ins Offene der Gemeinschaft, ist sie notwendig die Tat des fröhlichen Menschen. Nicht mehr und nicht weniger als die Versöhnung des Menschen mit Gott kommt in ihr zu ihrem vorläufigen Ziel und Abschluß.

3. Die Tat der Liebe

Es lohnt sich wohl, einen Augenblick bei der Unbegreiflichkeit des doch so Schlichten und Klaren stehen zu bleiben: daß der ewigen Liebe, die in Gott, und die von Gott dem Menschen zugewendet ist, das entspricht, daß der Mensch Gott lieben darf. Ist das Geheimnis der Versöhnung von dieser Seite, nun von unten, von uns aus gesehen, nicht fast noch größer als von der anderen, der göttlichen Seite her gesehen? Es ist mindestens gleich groß! Wie soll denn das wahr, möglich, wirklich sein: ein Mensch liebt Gott so wie Gott ihn liebt? Lassen wir jetzt alle Erwägung der Brüchigkeit, der Unvollkommenheit, der Fragwürdigkeit, in der er das sicher (und wäre er der größte Heilige) tut, beiseite. Es bleibt ja doch Allem, was gegen sein Lieben mit Recht und notwendig einzuwenden sein mag, zum Trotz, es bleibt auch angesichts des ganzen Haufens von Asche, Schlacken, Geröll und Schmutz, unter dem sein bißchen Lieben verborgen ist, es bleibt auch angesichts der völligen Ruhm- und Verdienstlosigkeit dieses Tuns dabei: es geschieht durch die belebende Macht des Heiligen Geistes dies, daß der kleine, der sündige Mensch den großen, heiligen Gott lieben, auf Gottes Selbsthingabe mit der seinigen antworten darf. Es ist eben dies Gottes Wille, und es geschieht in Vollstreckung seines Willens – wie er im Himmel vollstreckt wird, so auch auf Erden – dies! Gott will also das haben und Gott sorgt auch dafür, daß er das bekommt, was er doch nicht braucht, wovon er doch nichts hat, was ihn nicht reicher macht, was er ebenso gut entbehren könnte – er will gerade das nicht entbehren: des Menschen Hingabe und also den Menschen als seinen Nachahmer und Abbildner, des Menschen Tun als Echo auf das seinige. «Was ist doch der Mensch, daß du seiner gedenkst und des Menschen Kind, daß du dich seiner annimmst?» (Ps. 8,5) – daß du seiner auch so gedenkst, dich seiner auch so annimmst, an dem nun wirklich von ihm selbst, in seiner freien Tat dir darzubringenden Lob seiner Liebe dein Gefallen haben willst und hast? Ist es nicht genug daran, daß Gott dem Menschen gut ist? Will und wirkt er tatsächlich auch das, daß der Mensch i h m gut sei? Hat er sein ewiges Wort wirklich nicht nur dazu Fleisch werden lassen, um in eigener Person für uns zu sein und zu handeln, sondern tatsächlich auch dazu, damit wir für ihn sein und handeln möchten? Will und braucht er uns tatsächlich dazu, ihm damit zu dienen? Es kann des Fragens angesichts dessen, was Gott in dieser Hinsicht tatsächlich gewollt und getan hat, noch will und tut, wirklich kein Ende sein. Es kann aber auch nicht übersehen werden, daß alle noch so ernsten, noch so kritischen Fragen an diesem Punkt doch nur von der Antwort herkommen können, die damit, daß der Christ Gott lieben darf und, sofern er Christ ist, tatsächlich liebt, schon g e g e b e n ist. Es hätte keinen Sinn, sich in diese Fragen als solche zu verbeißen und es unterdessen zu unterlassen kindlich zu t u n, was der Mensch doch tun darf. So wahr Gott ihn liebt, so wahr darf er Gott wiederlieben – höchst unbegreiflicherweise, aber er darf es. Und so tue er es denn: «Du sollst den Herrn, deinen Gott, lieben, von ganzem Herzen, von ganzer Seele und mit allen deinen Kräften!» Die kleinste Bewegung in der uns dazu gegebenen Freiheit ist besser als die umständlichsten Besinnungen darüber, ob sie uns denn auch erlaubt und ausführbar sein möchte. Aber daß uns die Freiheit zu solcher Bewegung gegeben ist, das ist allerdings ein Wunder, das derjenige wohl noch nicht schätzen würde, der nicht begriffen hätte: es ist mindestens ebenso groß wie das der Geburt Jesu Christi aus der Jungfrau oder wie das seiner leiblichen Auferstehung von den Toten. Man messe es an dem Wunder der Epiphanie, das ja sein Grund und Urbild ist: dann begreift man das Geheimnis, von dem die Tat der Liebe als die Tat der Liebe des Menschen zu Gott umgeben ist.

Der alttestamentliche Begriff der Gottesliebe ist älter als das Deuteronomium. «Die dich lieben, sind wie die Sonne, wenn sie aufgeht in ihrer Pracht», liest man schon am Schluß des Deborah-Liedes (Richt. 5,31). Auch Hosea scheint ihn als bekannt vorauszusetzen, wenn er (6,4) Ephraim und Juda anklagt: «Eure Liebe (gemeint ist nach den Zusammenhängen bei ihm immer: eure die euch zugewendete Liebe Jahves erwidernde Liebe zu ihm) ist der Morgenwolke gleich und wie der Tau, der bald verschwindet», wenn er (4,1) feststellt, daß wie keine Treue und Gotteserkenntnis, so auch keine Liebe im Lande sei, wenn er (6,6) sagt, daß Jahve an Liebe Gefallen habe, nicht an Schlachtopfern. Die Gegenüberstellung ist lehrreich: Im Schlachtopfer gibt der israelitische Bauer einen Teil seines wertvollsten Eigentums her, nämlich an Gott hin – mit dem Vergießen des Blutes seines Tieres dessen «Seele», das heißt das Leben dieses seines Tieres stellvertretend für sein eigenes Leben, mit der Dahingabe seines Tieres oder einzelner seiner Teile zur Verbrennung auf dem Altar sich selbst in das Feuer der Macht und Herrlichkeit des heiligen Gottes. Im Schlachtopfer geschieht also genau das uneigentlich, was in der Liebe zu Gott eigentlich geschehen müßte. Das Schlachtopfer kann mit oder ohne das Eigentliche, die Liebe zu Gott, die es an sich darstellt, dargebracht werden. Angesichts der ohne sie dargebrachten Schlachtopfer entsteht die prophetische Gegenüberstellung: Liebe, nicht Schlachtopfer! Sie zeigt auf die Mitte des kultischen Geschehens und damit auf die Mitte des Jahvebundes: auf das nämlich, was dort als dessen menschliches Komplement von Seiten des Volkes geschehen müßte – und (indem es im Kultus zwar dargestellt, aber eben nur dargestellt wird) ausbleibt, nicht geschieht. Um was es sich positiv handelt, zeigt das Wort Ps. 18,2, vorangestellt dem auch 2. Sam. 22 überlieferten, dem siegreichen David zugeschriebenen Danklied, insbesondere dem Anruf Jahves als «mein Fels, meine Burg, mein Gott, mein Erretter, mein Hort, meines Heiles Horn, meine Feste, meine Zuflucht, meine Hilfe»: «Herzlich lieb habe ich dich, Herr, meine Stärke!» Das heißt Gott lieben schon im Alten Testament: daß der Mensch ihm gegenüber keine Stärke in sich selbst haben will, sich ganz in ihn hineingibt, sich als ein von ihm Umschlossener und Getragener, in ihm Geborgener weiß und verhält, und also, der Erhörung gewiß, ihn anruft als seinen Erretter vom Tode (Ps. 116,1 f.). Es bedeutet in der alttestamentlichen Sprechweise keine Abschwächung, sondern es besagt dasselbe, wenn in der Regel indirekt, das heißt im Blick auf Gottes Offenbarungshandeln, davon geredet wird: Der Fromme liebt den Namen Jahves (Ps. 5,12 u. ö.), oder: das von ihm kommende Heil (Ps. 40,17), oder: sein Wort (Ps. 119,140), oder: sein Gesetz (Ps. 119,97), oder: die Stätte seines Hauses (Ps. 26,8). Man weiß aber offenbar darum, daß man Außerordentliches sagt, wenn man davon redet. Man weiß wohl auch darum, daß man damit das innerste Geheimnis der israelitischen Existenz von der Seite her berührt, wo sie durch den israelitischen Menschen fortwährend aufs schwerste problematisiert ist. So ist es nicht zu verwundern, daß das ver-

3. Die Tat der Liebe

hältnismäßig nicht oft geschieht und daß nur einmal von einer einzelnen Person – es ist 1.Kön.3,3 der König Salomo, der ja auch sonst gewisse eschatologische Züge trägt – ausdrücklich gesagt wird, daß er Jahve geliebt habe.

Und nun wird man wie vom Alten so auch vom Neuen Testament sagen müssen, daß die Sache zwar sehr bestimmt, aber nicht in bemerkenswerter Dichtigkeit zur Sprache kommt. Die bekannten Stellen Röm.8,28 und 1.Kor.2,9, auch 1.Kor.8,3 wurden schon angeführt. Dazu 2.Thess.3,5: «Der Herr lenke eure Herzen zur Liebe Gottes!» und Jak.1,12, wo von dem Kranz des Lebens die Rede ist, den Gott denen verheißen hat, die ihn lieben. Daß sie mit dem Gericht auch die Liebe Gottes «wegließen» (παρέρχεσθε) wird Luk.11,42 den Pharisäern, daß sie die Liebe Gottes nicht in sich hätten, wird Joh.5,42 den «Juden» insgemein vorgehalten. Das ist – neben dem sehr in die Augen springenden «ersten» Gebot Mr.12,29f. Par. allerdings! – zunächst Alles. Man muß hier aber hinzunehmen, was häufiger – formal in Entsprechung zu dem, was im Alten Testament das Lieben des Namens, des Heils, des Wortes Gottes bedeutet – von der Liebe zu Jesus gesagt wird. In den älteren Paulusschriften taucht dieser Begriff nur einmal, dafür gleich fast erschreckend kategorisch gebraucht, auf: «Wenn Einer den Kyrios nicht liebt (φιλεῖ), der sei ἀνάθεμα!» (1.Kor. 16,22). Dazu im Schlußgruß des Epheserbriefes (6,24): «Die Gnade sei mit Allen, die unseren Herrn Jesus Christus lieben!» Und dazu 2.Tim.4,8, wo – man sieht, wie das für das neutestamentliche Denken identisch ist – wieder von dem «Kranz» die Rede ist, der Jak.1,12 denen, die Gott lieben, hier aber denen, die die ἐπιφάνεια des Kyrios liebhaben, verheißen ist. Es werden aber auch 1.Petr.1,8 die Christen als solche angeredet, die Jesus Christus «lieb haben, ohne ihn gesehen zu haben, an ihn glauben, ohne ihn schon zu sehen». In der Hauptsache befinden wir uns hier im johanneischen Bereich. Wieder die Einheit der Jesusliebe mit der Gottesliebe wird 1.Joh.5,1 sichtbar: «Wer den liebt, der ihn gezeugt hat, liebt auch den, der aus ihm gezeugt ist», ebenso in dem an die Juden gerichteten Wort Joh.8,42: «Wenn Gott euer Vater wäre, würdet ihr mich lieben». So wird Joh.14,15.21. 23f.28; 16, 27 ausdrücklich die Liebe zu Jesus als das selbstverständliche Verhalten und Merkmal des Jüngers vorausgesetzt. Und daß sie das ist, wird schließlich unüberhörbar in der Wechselrede zwischen dem Auferstandenen und Petrus im zweiten Schlußkapitel des Evangeliums (21,15–17), wo Petrus dreimal gefragt wird: «Liebst du mich?» und dreimal, schließlich «betrübt», zu antworten hat: Ja, Herr, du weißt es – «du weißt alle Dinge, du erkennst, daß ich dich liebe» (v 17). Nach diesem ganzen Textzusammenhang ist Liebe zu Jesus und also Liebe zu Gott klar die Voraussetzung der dem Jünger gewährten und von ihm erwarteten Nachfolge – darum im Folgenden zweimal (v 19 u. 22): «Folge mir nach!» – die einmal seinen Auftrag impliziert («Weide meine Schafe!» v 15f.), andererseits das, was dabei aus ihm wird: er wird aus Einem, der sich selbst gürten und nach seiner Willkür wandeln wollte, zu einem Solchen, den ein Anderer gürten und dahin führen wird, wohin er nicht will. Liebe zu Jesus und also zu Gott ist des Jüngers, des Christen, Bestimmung zu beidem und was ihr Wesen ist, reflektiert sich unverkennbar in dieser doppelten Bestimmung.

Dies ist aber des Christen Gottesliebe – nach dem Neuen Testament identisch mit seiner Jesusliebe: er ist (man erlaube den etwas banal klingenden, aber streng verstanden sehr gehaltvollen Ausdruck) ein an Gott, an «Gott in Christus» nämlich, interessierter Mensch. Gott hat ihn, und so muß er wohl oder übel auch Gott haben. Gott ist für ihn, so bleibt ihm seinerseits nur übrig, für Gott zu sein. Er ist es nicht nur peripherisch, sondern zentral, nicht nur bisweilen, sondern, wie oft er es auch gleich Petrus vergesse und verleugne, in der Kontinuität seiner Existenz, seiner Lebenstat. Er wird sich, indem er es nicht unterlassen wird, sich als ein großer Sünder zu bekennen, wie Jeremia (1,5), wie Paulus (Gal. 1,15) für eben dazu prädestiniert halten und also allem möglichen und wirklichen «Erkalten» seiner Liebe (Matth. 24,12) zum Trotz mit ihrem Aufhören nicht rechnen. Wie würde er Gott lieben, wenn er das könnte? Indem er ihn liebt, weiß er im voraus und hält er sich eben daran, daß er ihn wieder lieben darf, muß, kann – und auch lieben wird. Andere Töne, böse und gute, schöne und häßliche kommen und gehen – Sammlungen finden statt und dann wieder Zerstreuungen, Klärungen und Verwirrungen, Erfrischungen und Ermüdungen, Fortschritte und Rückfälle, Gewißheiten und Zweifel, Erleuchtungen und auch Torheiten und Irrtümer – der eine Grundton aber bricht, einmal angeschlagen, nicht wieder ab. Und das ist der Grundton im Leben des Christen als des Gott liebenden Menschen: daß ihm Er dort, Er da droben, der Gekreuzigte und Auferstandene – wie soll man es sagen? – wichtig: überaus, beharrlich und immer aufs neue, in einer nicht zu übertreffenden Bestimmtheit und unvergleichbar mit allen anderen, ihn gewiß auch interessierenden, in Anspruch nehmenden, erfreuenden und betrübenden Dingen und Faktoren, unvergleichbar mit allen Menschen, mit der ganzen Welt und vor allem mit sich selbst wichtig, zum Axiom aller Axiome wird. Er liebt ja Gott darin, daß er von der Freiheit Gebrauch macht, sich ihm hinzugeben. Er hat ja sich selbst und damit auch alles Andere nur, sofern Gott ihn hat. Er hat ja sein eigenes Herz mit allem, was es begehren und vermissen mag, aber mit seinem Herzen auch seine Vernunft, sein Gewissen, seinen Lebensinstinkt wirklich da drüben, da droben, bei Ihm. Er ist ja wirklich Gottes Gefangener, steht als solcher fest auf jenem Felsen, ist als solcher solid in jener Burg zuhause. Er lebt, indem alle weltlichen Dinge und Verhältnisse auch ihn angehen und bewegen, ihre Probleme auch ihn bedrücken und aufregen; er lebt in der Hoffnung und Verzweiflung, die ihnen gegenüber auch sein Teil sind – aber unter dem eigentümlichen Zwang (der doch nichts Anderes als seine eigentümliche Freiheit ist!) Ihm da drüben, Ihm da droben dem Allem gegenüber den Vortritt zu lassen, das Einzelne und das Ganze – man sage nicht gleich: «von Gott aus anzusehen», denn das steht uns nicht zu, wohl aber immer wieder darauf anzusehen und zu befragen, wie es sich wohl von Gott her angesehen ausnehmen möchte, was dann wohl in seiner eigenen Beziehung dazu Seinem Willen entsprechen, was in und hinter allen Rätseln des Daseins Sein Geheimnis und demgemäß die ihm von Ihm gestellte Aufgabe sein möchte. Der Christ und also der Gott liebende Mensch ist wahrhaftig kein Idealist, kein Himmelstürmer. Ihn interessiert aber eben das *ens realissimum*, die Sache Gottes auf Erden – seine Sache für und gegen die Welt und mit ihr, mit den Menschen, mit ihm selbst – Seine Sache, die doch so gar keine Sache, sondern sein Werk, sein Reich und in seinem Werk und Reich Er selbst, der lebendige Gott, der lebendige

Jesus ist! Er hört durch alle Geräusche hindurch Ihn reden. Er sieht durch alle Wolken und Nebel hindurch Ihn handeln, er darf und muß – indem er wohl weiß, mit wieviel Obstruktion und Sabotage nicht nur Dieser und Jener, sondern vor allem er selbst ihm widerstrebt – immer wieder entdecken und dann auch wahr machen, daß er nicht sich selbst, sondern Ihm zur Verfügung steht und zu dienen hat. Er läßt sich eben das recht sein und gefallen. Und dabei erfährt er es faktisch, daß ihm «alle Dinge zum Besten dienen» (Röm. 8, 28), er «schmeckt und sieht, wie freundlich der Herr ist» (Ps. 34, 9). Und darum vertraut er ihm, darum fürchtet er sich also nicht davor, sich zu verlieren, indem er sich an Ihn wegwirft, nicht vor der Einsamkeit, in die er sich mit so seltsamem Tun begibt, nicht vor der Wunderlichkeit, mit der er sich da zu umgeben scheint, nicht vor Gottes Unsichtbarkeit, von der ja, indem er ihn liebt, wahrlich auch er selbst – für die Augen der Anderen nicht nur, sondern auch für seine eigenen – verhüllt wird, nicht vor Gottes Unverfügbarkeit, die er ja, je mehr er Ihn über sich verfügen läßt, umso greifbarer erkennen muß. Er hätte nur Eines zu fürchten: daß Gott, daß Jesus ihn nicht mehr lieben möchte – womit es dann allerdings auch mit seinem Lieben vorbei wäre – aber eben das hat er nicht zu fürchten, kann er zu allerletzt fürchten. Von daher ist er standfest und marschfähig, hat er Salz bei sich und kann er Frieden halten. Von daher kann, darf und muß seine Liebe zu Gott wirklich seine Freude in Ihm sein, ist sie Jubel auch in der tiefsten Tiefe eigener und fremder Schuld, Not und Verlorenheit, in der er sich befinden mag. Was heißt Gottesliebe? Was heißt Jesusliebe? Schlicht dies, daß Gott, daß Jesus einem Menschen so dringlich, so vordringlich wird, daß er diesem Drängen seiner Liebe in Erfahrung ihrer Herrlichkeit weichen, je in ganz konkreten Gedanken, Worten und Werken Raum geben, Rechnung tragen darf und muß: in welchem Weichen es dann wirklich wird, daß er sich Ihm hingibt und, indem er das tut, immer neuen Grund und Anlaß bekommt, dasselbe wieder und wieder zu tun.

Eine kleine antikritische Zwischenrede ist hier am Platz. Es ist im Zuge der gewissen theologischen Erneuerung unserer Tage in Nachwirkung der Ethik Kants und der Theologie A. Ritschls ein ausgesprochener Puritanismus hinsichtlich des Begriffes der Gottesliebe bzw. Jesusliebe ein wenig große Mode geworden. Der allerdings wohl zu beachtende alt- und neutestamentliche Vorbehalt, daß sie nur im Gehorsam gegen Gottes bzw. Jesu Willen und Gebot und nur in Einheit mit der Liebe zum Nächsten tunlich sei, wurde dahin ausgelegt, daß sie als direkte Liebe zu Gott und zu Jesus überhaupt nicht tunlich sei, daß als die christliche Liebestat praktisch nur der Gehorsam in der Liebe zum Nächsten in Frage komme. Um zu beweisen, daß alles, was darüber ist, vom Übel, nämlich religiöse Erotik sei, fehlte es nicht an schrecklichen Beispielen aus der mittelalterlichen Mystik, aus dem älteren und neueren protestantischen Pietismus, nicht zuletzt aus Zinzendorf und aus der Romantik des anhebenden 19. Jahrhunderts. «Wie schön leuchtet der Morgenstern», oder gar «Ich will dich lieben, meine Stärke» und andere in diese Richtung weisende Lieder wurden nicht mehr, oder nur noch mit innerem Widerstreben mitgesungen. Eine Art heiliger Nüchternheit bezog die Grenzwache gegenüber allem sentimentalen Überschwang, machte sich aber mit festem Pochen auf die Rechtfertigung allein durch den Glauben und auf die praktische Bewährung des Glaubens in Tat und Werk auch anheischig, das letzte, gelegentlich wohl in strikten Verboten und Verdammungen sich äußernde Wort zu behalten. In seinem grimmigen Kampf für die Agape gegen den Eros hat auch A. Nygren (a.a.O. I S. 104f.) dekretiert, daß eine spontane Liebe der Menschen zu Gott nicht in Frage komme, daß es sich bei dem ersten Glied des Doppelgebotes um eine bei den Synoptikern noch obwaltende, bei Paulus dann glücklich überwundene «Unklarheit» handle! Da ich in jüngeren Jahren direkt und indirekt auch meinen Teil zu dieser Sache beigetragen habe, halte ich es für angemessen, hier kurz Rechenschaft darüber abzulegen, wie ich heute davon denke.

Über die relative Berechtigung solcher Reaktionen (und dieser im besonderen) kann kein Streit sein. Sicher steht die christliche Liebe speziell in ihrer Gestalt als Gottesliebe und Jesusliebe beständig in der Gefahr des Umschlags in ihr erotisch-religiöses Gegenteil. Sicher gab und gibt es Erscheinungen, in denen dieser Umschlag nicht nur Gefahr, sondern, wenn nicht Alles täuscht, fatales Ereignis wurde und ist: Einbrüche des Heidentums, die denen der kanaanitischen Religion in den Dienst Jahves wohl zu vergleichen sein mögen. Dergleichen hatten wir vor 40 Jahren im Auge. Nur kamen wir mit unserem Protest ein bißchen spät ins Feld, indem die letzte, eigentliche Blütezeit der von uns verpönten Gottes- und Jesusminne ja längst vorüber war, nur noch in Reminiszenzen und Repristinationen weiterlebte, während an lebendigen Mystikern und Pietisten größeren Formates eigentlich kein merklicher Überfluß vorhanden war, eine akute Gefahr von dieser Seite nicht eben drohte. Immerhin: es war nun einmal die Zeit des Aufräumens mit dem Neuprotestantismus angebrochen, und da wir bei der Frage nach dessen Wurzeln (historisch gewiß mit Recht) auch auf die Mystik und den Pietismus stießen, war es begreiflich, daß wir nach dieser Seite scharfsichtig und ziemlich scharf werden mußten. Wir waren aber dabei, wie es so geht, allzu gerecht und allzu weise und haben nun doch nicht nur, wie wir dachten, reformatorisch argumentiert und geredet, sondern haben, ohne es zu bemerken, in unserem Eifer mindestens gelegentlich auf die andere neuprotestantische Wurzel, nämlich auf die des rationalistischen Moralismus zurückgegriffen und deshalb allerlei lebendigen und ernsten Christen Anlaß geben können, zu fragen, ob der Sache mit einer Tempelreinigung solcher Art nun wirklich besser gedient sein möchte. Die Mystik, den Pietismus, die Romantik mit ihren bedrohlichen Auswüchsen meinten wir los zu sein. Aber waren wir nicht im Begriff, uns einer nicht minder bedenklichen Antithese (eben der A. Ritschls, seiner Schüler und Nachfahren) zu verschreiben, laut derer das Werk des Heiligen Geistes sich auf die Veranstaltung eines ewigen Werktages reduzieren mußte, laut derer es nach Abschaffung der eigentlichen, direkten Gottes- und Jesusliebe im Grunde auch kein Gebet mehr geben durfte? Hier war nun eben seither Einiges hinzuzulernen. Man darf es auch so sagen: hier hatten wir uns selbst – denn so hatten wir es ja nun doch auch nicht gemeint – seither besser zu verstehen, als wir es in jener Zeit des Aufbruchs konnten – und Anderen deutlich machen konnten.

Es ist doch zunächst einfach das biblische Zeugnis hinsichtlich der Gottes- und Jesusliebe zu stark und zu explizit, als daß man diesen Begriff mit gutem Gewissen als eine bloße Umschreibung der Begriffe «Gehorsam» und «Nächstenliebe» interpretieren und also in seinem nächsten Sinn beiseite schieben könnte. Wahr: sein Inhalt ruft sofort und unweigerlich nach dem Inhalt dieser anderen Begriffe – wir werden uns ihnen nachher zuzuwenden haben. Aber wie hätten sich die biblischen Autoren die Sache kompliziert, wenn sie so betont von Gottes- und Jesusliebe redeten und damit doch nichts Anderes gemeint hätten, als das, was sie anderwärts Gehorsam und Nächstenliebe nannten! Man kann doch nicht überhören, daß jener Begriff in den Zusammenhängen, in denen er bei ihnen auftaucht, einen eigenen, besonderen Klang hat, der darauf hinweist, daß er auch einen dem Inhalt jener anderen Begriffe gegenüber eigenen, besonderen

3. Die Tat der Liebe

Inhalt haben dürfte: nicht zu trennen vom Inhalt jener anderen Begriffe, aber nun doch auch nicht mit ihm zu identifizieren! Die gewisse Zurückhaltung, in der in der Schrift von dieser Sache geredet wird, aber auch die nicht zu verkennende Feierlichkeit, in der das – wenn es geschieht – geschieht, zeigt doch wohl an, daß es sich hier noch nicht um die (noch so notwendigen) Konsequenzen, sondern um das Ursprüngliche, um die Voraussetzung handelt, aus der sich jene ergeben – nicht um die Peripherie, die unveräußerlich zu dieser Mitte gehört, sondern um diese selbst. Ohne Liebe zu Gott gibt es eben auch keinen Gehorsam gegen ihn, keine Nächstenliebe, ohne Liebe zu Jesus auch keine Nachfolge, sondern Gehorsam, Nächstenliebe, Nachfolge, ergeben sich automatisch von jener Mitte her. In jener Mitte aber geschieht das, was ihre Voraussetzung ist: daß der Mensch getröstet wird, sich trösten läßt und selber tröstet mit dem einzigen Trost: daß er mit Leib und Seele, beides im Leben und im Sterben nicht sein, sondern seines getreuen Heilandes Jesu Christi eigen ist, daß er als ein von Gott Geretteter ein in Gott Geborgener wird, der als solcher sofort – aber erst und nur als solcher – zum Gehorsam, zur Nächstenliebe, zur Nachfolge bestimmt, verbunden, in Bewegung gesetzt ist. In jener Mitte, wo er es direkt mit «Gott in Christus» selbst zu tun hat, hebt er an, von der Freiheit Gebrauch zu machen, in der er dann notwendig auch dazu frei ist. Ohne ihren Gebrauch zur Gottesliebe würde er sie auch dazu nicht haben. Es wird nun einmal weder zufällig noch sinnlos sein, daß das Gebot der Gottesliebe Mr. 12,29f. Par. das erste Gebot genannt wird.

Und es gibt nun eben doch kein Vorbeikommen an der evangelischen Perikope von Jesu Salbung: der Geschichte von jener Frau, die nach Mr. 14,3, als Jesus zu Tische saß, eine «Alabasterflasche voll echter teurer Nardensalbe» hereinbrachte, zerbrach und ihm über das Haupt goß! Nach Luk. 7,38 hätte sie noch mehr getan: sie «trat hinten zu seinen Füßen, weinte und fing an, seine Füße mit ihren Tränen zu benetzen und trocknete sie mit den Haaren ihres Hauptes, küßte seine Füße und salbte sie mit der Salbe». Und Joh. 12,3 liest man: «Das Haus wurde erfüllt vom Geruch der Salbe». Die Überlieferung schwankt hinsichtlich der Zeit, des Ortes und der Hauptperson des Vorgangs und ist auch hinsichtlich der Pointe der Erzählung nur im Entscheidenden eindeutig. Im Hause des Pharisäers Simon hätte sich der Vorgang noch in der galiläischen Zeit nach Luk. 7,36f. abgespielt, nach Mr. 14,3, Matth. 26,6 «im Hause Simons des Aussätzigen» in Bethanien kurz vor dem Verrat des Judas und dem letzten Abendmahl, nach Joh. 12,1 ebenfalls in Bethanien, aber im Hause des Lazarus und seiner Schwestern und noch vor dem Einzug in Jerusalem. Und während Luk. 7,37 von einer γυνὴ ἁμαρτωλός die Rede ist, ist sie Mr. 14,3, Matth. 26,7 unbestimmt «eine Frau», Joh. 12,3 aber identisch mit Maria der Schwester des Lazarus. Man bemerke: das offenbar hat den Vorgang für alle vier Evangelisten letztlich bedeutsam gemacht, daß da ebenso unerwartet wie drastisch die Salbung dessen, der ja im Neuen Testament der «Gesalbte» heißt, konkretes Ereignis wurde. Diese Frau hat sie vollzogen – und das nach dem Mr. 14,8, Matth. 26,12, aber auch Joh. 12,7 wiedergegebenen Wort Jesu selber: «zu meinem Begräbnis», in unmittelbarer Vorbereitung jener vollendenden Krönung des königlichen Menschen in seinem Tode. Eben dies geschah da – und dies in der beschriebenen offenkundigen Luxusentfaltung! Daß es sich um solche handelte, wird auch in der Relation des Lukas sichtbar – nur daß hier das den Anwesenden Ärgerliche darin liegt, daß es (7,39) eine Sünderin ist, die da am Werk ist und deren Werk sich Jesus – ein schlechter Menschenkenner! – gefallen läßt. In den drei andern Relationen ist es der entfaltete Luxus als solcher, der als abwegig beurteilt wird. «Als die Jünger das sahen, wurden sie unwillig und sagten: Wozu diese Verschwendung?» (im Text der Bach'schen Matthäuspassion nach Luthers noch unrevidierter Übersetzung: «Wozu dienet dieser Unrat? wozu, wozu...?») Warum sie aber die Verschwendung tadelnswert finden, wird Mr. 14,5 (vgl. Matth. 26,9) klar gesagt: «Man hätte diese Salbe ja für mehr als 300 Denare verkaufen und (den Erlös) den Armen geben können». Nach Joh. 12,4f. wäre es Judas Ischarioth gewesen, der dieses tüchtige Argument vorgebracht hätte, wozu der Evangelist dann freilich (v 6) anmerkt: «das sagte er aber nicht, weil ihm die Armen am Herzen lagen, sondern weil er ein Dieb war und die Kasse hatte und das Eingelegte beiseitebrachte». Wie dem auch sei: es ist die praktische Nächstenliebe, die da gegen eine Tat, die allerdings nur als Tat der Liebe zu Jesus verständlich sein konnte, ausgespielt wurde. Ethisch-religiöser («religiös-sozialer»?) Puritanismus protestiert gegen ein tief problematisches pietistisches Unternehmen! Die Antwort Jesu aber lautet – merkwürdig ethikfrei auch sie: «Laßt sie! Was betrübt ihr sie? Sie hat eine gute Tat (ein καλὸν ἔργον) an mir getan. Die Armen habt ihr ja allezeit bei euch und so oft ihr wollt, könnt ihr ihnen wohltun – mich aber habt ihr nicht allezeit. Was sie vermochte, hat sie getan» (Mr. 14, 6 f., vgl. Matth. 26, 11, Joh. 12, 8). Und dann, nach jenem Hinweis auf sein Begräbnis, zu dem die Frau ihn gesalbt habe: «Wahrlich, ich sage euch: Wo immer in der ganzen Welt das Evangelium gepredigt wird, da wird auch das, was sie mir getan hat, zu ihrem Gedächtnis erzählt werden» (Mr. 14, 9, Matth. 26, 13). Etwas anders, aber nicht minder bedeutsam stellt sich die Pointe der Geschichte und des Jesuswortes Luk. 7, 47 f. dar: daß die Frau eine große Sünderin ist, weiß Jesus auch; er erkennt aber in ihrer großen, ihm zugewendeten Liebe, daß ihr ihre vielen Sünden schon vergeben sind, und eben das sagt er ihr (man beachte: ohne daß sie sie «bekannt» und ihn um «Absolution» gebeten hätte!) ohne zu zögern zu: «Deine Sünden sind dir vergeben... Dein Glaube hat dich gerettet, geh hin im Frieden!» Wobei die Frage offen bleibt, ob dem Pharisäer Simon, der ihm nun eben nicht solche Liebe zugewendet, auch so viel vergeben sein möchte und also solche Absolution auch zugesprochen werden könnte. Dem scheint nicht so zu sein! Darin sind alle vier Berichte einhellig: daß Jesus die Tat der Frau nicht nur unbedingt in Schutz genommen, sondern sie in höchster Feierlichkeit als wohlgetan, als heilsgeschichtlich notwendig anerkannt hat: eine völlig überflüssige Tat, wirklich ein Luxuswerk, dessen Sinn «nur» (!) darin liegen konnte, daß unmittelbare und völlige Hingabe an Ihn sich in ihm darstellte.

Schon im Blick auf diese Perikope wäre es nicht weise, zu behaupten, daß die Liebe erst in ihrer Gestalt als Gehorsam und Nächstenliebe real werde, und also zu leugnen, daß sie, um auch als solche real zu werden, von ihrem Grund her und im Verhältnis zu ihrem Grunde in ihrem Ursprung die eigene, besondere Gestalt der Gottesliebe haben muß. Es folgt doch daraus, daß die Quelle zum Strom werden muß und wird, nimmermehr die Leugnung, daß sie als Quelle dem Strom gegenüber ein Eigenes, Besonderes ist, ohne dessen Eigenheit und Besonderheit auch der Strom nicht Strom sein könnte! Man sehe zu, was man tut, wenn man das leugnet und damit zur Verdeckung oder gar Verstopfung dieser wahrhaftig nicht selbstverständlich und nicht an allzu vielen Orten und auch da nicht allzu lebhaft fließenden Quelle beiträgt! Vertrocknete Strombetten könnten und müßten die baldige Folge solchen Tuns sein. Indem sie wieder einmal vor solchen vertrockneten Strombetten standen – nachdem es aus orthodoxen oder rationalistischen, aus kirchlichen oder unkirchlichen Gründen zu den bewußten Quellenverdeckungen und Quellenverstopfungen gekommen war – sind jeweils die alten Mystiker, Pietisten und Romantiker aufgebrochen, um aller Belehrung von Seiten eines allzu domestizierten Christentums zum Trotz doch wieder nach den Quellen zu fragen, haben sie diese (wirklich oder vermeintlich) wieder entdeckt und haben dann, so wie es ihnen gegeben war und so wie sie es konnten und mußten, ihre Alabastergefäße herbeigebracht, zerbrochen und ausgegossen und ihre entsprechenden Gesänge angestimmt. Etwa Philipp Nicolai: «Geuß sehr tief in mein Herz hinein, du leuchtend Kleinod, edler Stein, die Flamme deiner Liebe, daß ich, o Herr, ein Gliedmaß bleib an deinem auserwählten Leib in frischem Lebenstriebe. In dir laß mir ohn Aufhören sich vermehren Lieb und Freude, daß der Tod uns selbst nicht scheide». Dazu immerhin auch P. Gerhardt: «Herr, mein Hirt, Brunn aller Freuden, du bist mein, ich bin dein, niemand kann uns scheiden. Ich bin dein, weil du dein Leben und dein Blut mir zugut in den Tod gegeben; du bist mein, weil ich dich fasse und dich nicht, o mein Licht, aus dem Herzen lasse. Laß mich, laß mich hingelangen, da du mich und ich dich ewig werd umfangen.»

Wohl, da mag Einiges nach religiöser Erotik schmecken und es würden sich natürlich genug Texte anführen lassen, in denen das noch stärker der Fall wäre. Aber was für eine Einöde wäre sogar aus unserem neuen schweizerischen Gesangbuch geworden, wenn man es etwa von allen derartigen Elementen hätte säubern wollen? Umgekehrt: was wäre das für eine Predigt, Unterweisung, Seelsorge, in der nicht bewußt auch in dieser Richtung geredet würde? Denn was gibt es da eigentlich, auf die Sache gesehen, zu nörgeln? Wie müßte nicht vielmehr, auf die Sache gesehen, auch in dieser Richtung besonnen, aber energisch vorgestoßen werden? Ist es denn so wunderbar und preiswert, nicht in die Versuchung zu kommen, in die man da allerdings kommen kann – vielleicht einfach darum nicht, weil man nicht aus eigener Erfahrung weiß, was da auf dem Spiel steht und unter allen Umständen zur Sprache gebracht werden muß? Sollte es, wenn da zu wählen wäre, nicht immer noch besser sein, in dieser Richtung mit Nicolai oder sogar mit Zinzendorf oder Novalis ein wenig zu viel zu sagen und dabei gelegentlich auszugleiten, als ihnen gegenüber mit Kant und Ritschl, mit meinem Römerbrief von 1921 und heute mit Bultmann bolzgerade zehnmal recht zu haben, dafür aber in der Mitte, von der jene schlecht und recht zu reden versuchten, eine Zone des Schweigens zu schaffen und damit vielleicht doch das zu tun, was nach Luk. 11,42 die Pharisäer getan haben: die Liebe Gottes «wegzulassen», in die Gesellschaft jener reklamierenden Jünger, wenn nicht in die des Kassiers Judas und so oder so unter das Anathema des Paulus von 1. Kor. 16,22 zu geraten?

Aber hier braucht ja gar nicht gewählt zu werden. Wenn die alten «Gottesfreunde» sich unzweifelhaft je und dann in den Bereich der religiösen Erotik verirrt und dann und insofern nicht mehr als wirkliche Gottesfreunde gedacht und geredet haben, so ist das rundweg beklagenswert und ja nicht nachzuahmen. Daraus folgt aber nicht, daß man das, was sie schlecht und recht meinten und bezeugen wollten, ignorieren, ja eskamotieren müßte und dürfte: das Geschehen in jener Mitte, in welcher die Tat der christlichen Liebe nun eben ursprünglich auch direkte Gottesliebe und Jesusliebe ist. Hat Maria nach Luk. 10,38f. vor Martha das gute Teil erwählt oder war es umgekehrt? Also: man denke und rede hier in dem Maß von nüchterner Leidenschaft oder leidenschaftlicher Nüchternheit, das man einerseits gegenüber dem in dieser Mitte nun einmal brennenden Feuer, anderseits gegenüber dessen Heiligkeit und Reinheit verantworten kann! Man übergehe und unterdrücke aber auf keinen Fall, was hier nun einmal nicht zu umgehen und zu unterdrücken ist! Damit wehrt man nämlich nicht einmal dem Heidentum der religiösen Sentimentalität und des religiösen Eros, damit leistet man ihm vielmehr Vorschub. Denn eben das Vakuum, das durch solches Umgehen und Unterdrücken entsteht, ist die Entschuldigung dieses Heidentums. Eben in dieses Vakuum pflegt es sich mit umso größerer Vehemenz zu stürzen. Man leiste ihm diesen Dienst nicht! Was ihm gegenüber Kraft hat, kann ganz allein das Positive sein, das darin besteht, an diesem neuralgischen Punkt das Rechte und nicht das Schlechte zu denken und zu sagen, eben das Rechte aber auch ernstlich zu denken und zu sagen.

Der Puritanismus, im Blick auf den diese Überlegung anzustellen war, war ein unvermeidlicher, aber nicht ungefährlicher Krampf. Die Warnung, um die es ging, bleibt gültig. Als Krampf dürfte er seine Zeit nun für einmal gehabt haben.

Ist die Gottesliebe in ihrer Eigenart und Besonderheit als Inhalt des «ersten» Gebotes erkannt und anerkannt, so kann und muß nun als ihre wichtigste Näherbestimmung auch dies hervorgehoben werden, daß des Menschen Befreiung zur Liebe Gottes die zum Gehorsam gegen ihn von Anfang an in sich schließt, des Menschen Gehorsam also unweigerlich nach sich zieht. Gott lieben heißt ja: sich Gott hingeben, sich ihm zur

Verfügung stellen. Indem der Mensch das tut, wird und ist seine Freiheit zur Liebe seine Freiheit zum Gehorsam.

So steht schon im Alten Testament, unterschieden, aber untrennbar, fast formelhaft verbunden, beieinander: Gott lieben und seine Gebote halten (Ex.20,6, Deut.5,10; 7,9; 10,12f.; 11,1, Dan.9,4, Neh.1,5), oder: Gott lieben und in seinen Wegen wandeln und ihm «anhangen» (Deut.11,22; 19,9; 30,16, Jos.22,5), oder: Gott lieben und ihn fürchten (Deut.10,12). Hieher gehört aber entscheidend auch die im Hosea-Buch (2,20; 4,6; 6,3.6) so auffallende Nachbarschaft des Begriffes der Gottesliebe mit dem der Gotteserkenntnis, in welcher der in dieser Sache so wichtige Zusammenhang zwischen Verstehen und Gehorsam sichtbar wird. Dementsprechend betet denn Phil. 1,9f. auch Paulus darum, daß die Liebe der philippischen Gemeinde immer noch reicher werde an Erkenntnis und vollem Verständnis, «damit ihr zu prüfen vermögt, was recht und unrecht ist, auf daß ihr lauter und unanstößig seid auf den Tag Christi». Liebe ist nach Eph.4,15 das Tun, in welchem es um das ἀληθεύειν geht, das sich also als «ungeheuchelt» zu erweisen hat (2.Kor.6,6. Röm.12,9, 1.Petr.1,22). Sie ist ja das entscheidende Tun, in welchem die Gemeinde zu «erbauen» ist (1.Kor.8,1; Eph.4,16). Man hat ihr (1.Kor.14,1) – hinsichtlich ihrer Konsequenzen offenbar – geradezu «nachzujagen». Und nun ist beachtlich, wie explizit gerade das johanneische Schrifttum, in welchem im besonderen die Liebe zu Jesus eine so wichtige Rolle spielt, jetzt auch in dieser Richtung redet. Von einem Sichversinkenlassen in ein müßig betrachtendes Genießen kann gerade nach seiner Anschauung in dieser Sache keine Rede sein. Sondern da ist die Warnung Luk.6,46 gehört: «Was nennt ihr mich: Herr, Herr! und tut nicht, was ich sage?» Da haben wir es mit einem förmlichen Wiederauftauchen jenes deuteronomischen Begriffspaares zu tun: «Darin besteht die Liebe zu Gott, daß wir seine Gebote halten und seine Gebote sind nicht schwer» (1.Joh.5,3, 2.Joh.6). «Wenn ihr mich liebt, werdet ihr meine Gebote halten» (Joh.14,15). «Wer meine Gebote hat und sie hält, der ist es, der mich liebt» (Joh.14,21). «Wenn ihr meine Gebote haltet, werdet ihr in meiner Liebe bleiben» (Joh.15,10). Man müßte taub sein, wenn man den Hinweis auf diesen Zusammenhang überhören könnte. Wie könnte Gal. 5,6 von der Liebe gesagt werden, daß der Glaube in ihr «tätig», am Werk ist, wenn sie etwa untätig sein, wenn die Ordnung, in der sie sich auswirkt, eine andere als die des Gehorsams der Tat sein könnte?

Eine andere Ordnung seines Verhältnisses zu Gott kann ja gerade für den, der wirklich Gott – und Gott wirklich liebt, nicht in Frage kommen. Wie würde er Gott lieben, wenn er auch nur daran denken könnte, sein Verhältnis zu ihm entweder als eines zwischen zwei gleichberechtigten Partnern mit beiderseitig geltend zu machenden und zu respektierenden Ansprüchen zu gestalten, sich selbst also nur zu einer ihm möglichst bequemen Erfüllung seines Vertragsanteils für verpflichtet zu halten – oder vielleicht heimlich oder offen zu einem solchen Verhältnis, in welchem Gott dazu da wäre, seine Bedürfnisse zu befriedigen, seine Wünsche zu erfüllen, seine Fragen zu beantworten, die Hohlräume seines Daseins auszufüllen, so daß im Grunde er der Herr, Gott sein etwas geheimnisvoller, aber ihm zum Gehorsam verpflichteter Diener wäre! Und wie würde er Gott lieben, wenn er meinen könnte, so mit ihm umspringen zu dürfen! So lieben die Heiden ihre Dämonen, Genien, Schutzgeister oder was immer sie für ihre Götter halten – und wissen nicht, wer Gott ist, und darum auch nicht, was Gott lieben heißt. Der Christ liebt Gott und also den Herrn, dem er weder mit einem totalen, noch auch mit einem partiellen, sondern mit gar keinem Anspruch gegenübersteht: Gott, der nur eben sein Schöpfer ist, dem er gehört, nur eben der Heilige, dem er sich ganz schuldig weiß und dem gegenüber er sich ganz im Rückstand befindet, nur eben sein barmherziger Vater, der ihn nicht verdientermaßen zurückstößt, sondern ihm seine Übertretung vergibt, ihn dennoch als sein Kind anredet und behandelt, nur eben der Heiland, der für ihn eintritt, ihn durch seinen Geist nach sich zieht, lebendig und frei macht, nur eben die ewige Liebe, von der er sich, indem Gott sich ihm, dem seiner Unwürdigen, hingibt, zuerst geliebt findet. Wenn der Christ Diesen und also Gott – kein Geschöpf seiner Träume und seines Begehrens, sondern Gott! – liebt, dann kann er eine andere Ordnung seines Verhältnisses zu ihm als die des Gehorsams nicht wählen, nicht wollen, sich nicht einmal vorstellen. Die Liebe zu Gott kann sich gerade nur in dieser Ordnung auswirken. Gehorsam ist die willig und bereit und also frei vollbrachte Tat, in der sich der Mensch dem unterordnet, danach sich richtet, was Gott von ihm will, was er ihm in seinem Gebot zu tun befiehlt. Daß er Gott liebt, das tut er nicht, weil Gott es ihm befiehlt, sondern aus dem wählenden, reinigenden, schöpferischen Grund der Liebe, in der Gott ihn zuerst liebt, in der belebenden Macht des Heiligen Geistes. Aber eben indem er die Freiheit – nicht hat, aber empfängt, Gott zu lieben, entdeckt er unweigerlich, daß ihm eben in dieser Freiheit – sie ist ja die Freiheit, sich seinerseits Gott hinzugeben – etwas Anderes gar nicht übrig bleibt, als sich dem Willen, dem Wort, dem Gebot, dem Befehl Gottes, indem er ihn hört, zu unterstellen und also – gehorsam zu sein. Gehorsam ist das gesollte, das heißt das durch die Liebe selbst geforderte Tun der Liebe: das Tun, das sich unmittelbar daraus ergibt, daß sich der Mensch, indem er Gott liebt, Gott zur Verfügung stellt.

Indem es nur die Konsequenz dieser seiner Liebe ist, ist es als gesolltes sein freies Tun: das Tun, zu dem er selber frei, willig und bereit gemacht ist, indem er Gott lieben darf. Wäre sie nicht sein freies Tun, würde es also naturhaft, schicksalhaft, in mechanischem Ablauf geschehen, daß er, was Gott will, tun muß – geschoben, gedrängt, und nicht selber wollend und handelnd – wie wäre es da Gehorsam? Eine Marionette gehorcht nicht, sie bewegt sich ja auch nicht selbst: sie tanzt und gestikuliert, indem sie entsprechend bewegt wird. Vom Heiligen Geist belebt sein, heißt im Gegensatz dazu: sich selber, und nun eben – sich selber im Gehorsam, hörend auf Gottes Gebot und Befehl, bewegen. Es dürfte jetzt einsichtig sein, warum wir in unserer allgemeinen Überlegung über die Tat der Liebe so streng darauf bestehen mußten, daß man sie ja nicht etwa als eine Prolongatur oder als einen Ausfluß des göttlichen Tuns, der Liebe Gottes selbst verstehen darf. Keine scheinbare Großartigkeit dieser theomonistischen Konzeption dürfte darüber täuschen, daß, wenn sie gültig wäre, von einer freien Tat menschlicher Liebe zu Gott, und also auch von einer in ihr beschlossenen und aus ihr folgenden Gehorsamstat nicht die Rede sein könnte. Ein Bundesverhältnis wäre ja ein solches, in welchem in Wahrheit Gott allein am Werk, der Mensch nur das Instrument oder der Kanal des göttlichen Tuns wäre, in welchem also das Gegenüber von Schöpfer und Geschöpf, von Retter und Gerettetem, von Liebendem und Geliebten bedeutungslos würde, überhaupt nicht zu nennen. Im Bundesverhältnis – und dies ist nach dem Zeugnis der Schrift das Verhältnis von Gott und Mensch – ist wohl die Initiative des Handelns ganz und gar und ausschließlich auf Seiten Gottes. Es zielt in ihm aber gerade die Initiative Gottes auf die ihr entsprechend freie Tat, auf echten und also nicht marionettenhaften Gehorsam des ihm verbündeten Menschen. Und eben das ist des Bundes Vollendung in der in Jesus Christus geschehenen Versöhnung des Menschen mit Gott – sofern diese auch eine menschliche Seite hat und sofern wir sie jetzt eben von dieser aus, von unten, vom Menschen her gesehen, ins Auge fassen, dementsprechend, daß sie (so gewiß Jesus Christus wahrer Gott und wahrer Mensch ist) auch dies in sich schließt: daß es auf Seiten des Menschen zu echtem Gehorsam kommt – zu des Menschen Gehorsam als seiner freien Tat.

Betonen wir aber ausdrücklich auch den Begriff der Tat. Wieder blicken wir zurück auf das in unserer allgemeinen Überlegung Festgestellte: die Liebe zu Gott tut. Sie denkt also nicht bloß. Sie fühlt nicht bloß. Sie will auch nicht bloß. Sie denkt, fühlt und will freilich auch. Wie wäre sie sonst des wirklichen Menschen, der nun einmal denkt, fühlt und will, Liebe zu Gott? Sie bricht aber aus allen Schranken einer bloß in sich ruhenden und bewegten Innerlichkeit hervor: sie handelt. In der Gehorsamstat der Liebe bewährt es sich, daß Liebe Hergabe, Hingabe ist: im Gegensatz zu allem menschlichen, allzu menschlichen Sichselbstbehalten, Sichselbstbehaupten. Zur Tat der Liebe braucht und füllt der Mensch Zeit und Raum; in ihr kompromittiert er sich, legt er sich fest, indem er sich als Liebender in der Welt darstellt, in ihre Verhältnisse – und wäre es mit den kleinsten Bewegungen – eingreift, indem er sich in bestimmten Verrichtungen Gott und den Menschen gegenüber verantwortet, indem er an seinem Ort an der Geschichte der Welt mit Gott teilnimmt. Der Gott Liebende steht als der Gott Gehorsame nicht seitab, sondern er tut – in Schwachheit oder Kraft, in Klugheit oder Torheit – in Form von Worten, Werken und Verhaltungsweisen bestimmte Schritte, die ihn in die Wirrnisse seiner Zeit und Umgebung, an denen er ja selber ohnehin nicht unbeteiligt ist, mitten hineinführen. Dort, als dort Gehorsamer, liebt er. Tut er es dort nicht, so tut er es bestimmt nur scheinbar, so hat seine Liebe mit Gottesliebe bestimmt nichts zu tun.

Und nun bleibt hier noch ein Letztes zu sagen: Es geht im Gehorsam der Liebe um den Gehorsam gegen den lebendigen Gott oder, was dasselbe ist, den lebendigen Jesus Christus. Ihn als solchen liebt der Christ. Ihm als solchem gibt er sich hin. So kann es auch im Tun der Liebe als einer Beantwortung, Entsprechung, Nachahmung der Liebe Gottes nicht um die Erstellung eines starren Gegenbildes, vielleicht in Gestalt einer nach bestimmten Gesichtspunkten und Regeln ein für allemal fixierten Lebensform gehen. So ist der Gehorsam der christlichen Liebe allerdings oft genug verstanden und ins Werk zu setzen versucht worden. Viel christliche Liebe ist darum erkaltet, weil man sie so und also gesetzlich ins Werk zu setzen versuchte. So verliert ihr Gehorsam einmal den Charakter eines freien Tuns, muß er unvermeidlich den einer Gewohnheit und Routine bekommen, deren Anwendung der konkreten Motivierung durch die Liebe zu Gott nicht weiter bedürftig ist, die sich vielmehr, ihrem eigenen Gesetze folgend, von Fall zu Fall mechanisch vollziehen läßt. In geistloser und liebloser Verrichtung, zu der auch der Heide fähig und unter Umständen willig und bereit sein kann! Vor allem aber: es verliert das gehorsame Tun, wenn es in der Erstellung des starren Gegenbildes irgend einer kompakten Christlichkeit besteht, notwendig den Sinn einer Nachahmung der Liebe Gottes selbst. Denn eben Gott und also sein Urbild ist nun einmal seinerseits keine starre, fixierte, determinierte, bei aller ihm zugeschriebenen Erhabenheit tote Figur, sondern lebendig handelnde, bei aller Treue zu sich selbst immer wieder Neues wählende, wollende, schöpferisch hervorbringende und so auch Neues sprechende, gebietende und fordernde Person. Gehorsam gegen ihn kann darum nur stattfinden in immer neuer Bereitschaft und Willigkeit, seinem Handeln zu folgen, seinem Wählen, Wollen, Hervorbringen und so auch seinem neuen Reden, Gebieten und Fordern in je neuer Unterordnung Rechnung zu tragen und in größtmöglicher Auflockerung aller eigenen Steifheit zu entsprechen. Gehorsam gegen ihn kann nur stattfinden in der Geschichte des Menschen mit Gott, in der die Liebe zu ihm keinen Augenblick entbehrlich werden und zurückbleiben kann, in der sie sich immer wieder erneuern muß, in der der Mensch denn auch jeden Augenblick auf Gottes eigene Gegenwart und auf Gottes Begegnung mit ihm, auf die seine Liebe zu ihm begründende ewige Liebe, auf das Werk und die Gabe des Heiligen Geistes angewiesen bleibt. In dieser seiner Geschichte mit Gott liebt er ihn, gibt er sich ihm hin. Für ihre Kontinuität sorgt die Treue, die Beständigkeit eben des Gottes, der nun einmal kein vom Menschen bequem zu kopierender und damit faktisch zu meisternder Götze, sondern sein lebendiger Herr und Heiland ist. Gerade der nicht versagenden und auch sehr wohl zu erkennenden Kontinuität seines lebendigen Handelns und Gebietens gegenüber wird der Christ, wird der Gott liebende Mensch seine Liebe zu bewähren und also Gehorsam zu leisten haben.

Der Begriff der «Tat der Liebe» bedarf nun aber einer zweiten, nicht minder unentbehrlichen und entscheidenden Näherbestimmung. Von ihrem Grund in der dem Menschen zugewendeten Liebe Gottes selbst her ergibt sich, daß es sich in ihr nicht nur, nicht ausschließlich um die Liebe zu Gott handelt, sondern daß die auf die Liebe Gottes antwortende menschliche Liebe, gerade indem sie seine Liebe zu Gott ist, außer und neben Gott noch einen ganz anderen, von Gott durchaus verschiedenen Gegenstand hat. Der andere vom christlich liebenden Menschen Geliebte ist nach der klaren Feststellung und Weisung des ganzen biblischen Zeugnisses der ihm in einem bestimmten geschichtlichen Zusammenhang zugeordnete Mitmensch.

Verständigen wir uns zunächst über diese Umschreibung: der in der Tat der christlichen Liebe außer und neben Gott Geliebte, in der Liebe zu Gott notwendig Mitgeliebte ist der dem christlich Liebenden in einem bestimmten geschichtlichen Zusammenhang zugeordnete Mitmensch.

Es hilft nichts, so befremdlich es auf das erste Anhören klingen mag, es will und muß beachtet sein: von einer Liebe zum Menschen als solchen und also zu allen und jeden Menschen, von einer allgemeinen Menschenliebe ist im Alten wie im Neuen Testament, so weit ich sehe, an keiner einzigen Stelle die Rede. Die Liebe zu Gott wie die zum Menschen hat, biblisch verstanden, den Charakter eines Tuns. Allgemeine Menschenliebe könnte, wenn überhaupt, dann nur als eine den Menschen beherrschende Idee oder als eine ihn erfüllende Gesinnung denkbar sein. Die christliche Liebe aber ist, wie wir sahen, Gehorsamstat, die als solche, auch wenn man an eine ganze Folge solcher Taten denkt, irgendwo im Raum und in der Zeit und also nicht immer und überall geschieht, in der immer auch eine Abgrenzung und Beschränkung ihres Gegenstandes oder ihrer Gegenstände stattfindet. Sie ist nicht abstraktes, sondern konkretes Lieben eines nicht abstrakten, sondern konkreten Geliebten. Sie ist in Entsprechung zur Liebe Gottes selbst ein wählendes und also unterscheidendes Lieben. Daß sie das in ihrer Gestalt als Liebe zu dem einen Gott (zu diesem und keinem Anderen!) ist, leuchtet ohne weiteres ein. Sie ist es aber auch in ihrer Gestalt als Liebe zu Menschen und es zeigt sich schon darin, daß diese zur Liebe zu Gott gehört, mit ihr in unauflöslicher Beziehung steht.

Liebe zu einem oder zu mehreren Menschen oder zu einer Kategorie von solchen setzt voraus, daß der Geliebte oder die Geliebten sich in einer bestimmten Nähe des Liebenden befinden: in einer Nähe, in der sich Andere nun eben nicht befinden. Das bedeutet nicht, daß seine Beziehung zu diesen Anderen eine negative oder auch nur neutrale sein müßte und dürfte: es gibt auch andere gehaltvolle Beziehungen zwischen Menschen als gerade die der mit der Liebe zu Gott verbundenen Liebe, andere

Beziehungen, von denen denn auch in der Schrift dringlich genug gesprochen wird. Wir reden jetzt aber von dem, was in der Schrift Liebe heißt. Diese Liebe zwischen Menschen geschieht unter der Voraussetzung, daß es zwischen ihnen – nicht irgendeine, sondern eine ganz bestimmte, besondere Nähe gibt: eine Nähe zwischen dem liebenden und dem oder den geliebten Menschen, die so nun eben weder ein Allgemeines, noch ein Zufälliges ist, in der sich also dem Liebenden gegenüber mindestens zunächst keineswegs alle Menschen – und keine anders als aus einem bestimmten Grunde – befinden. In dieser Nähe geschieht dann die Tat der christlichen Liebe. Sie kann, sie muß aber nicht eine lokale Nähe sein: die Nähe des Geliebten zum Liebenden kann auch bei lokaler Ferne höchst real sein. Sie kann, sie muß aber auch nicht zeitliche Nähe sein; es können sich, es müssen sich aber der Liebende und der Geliebte nicht gleichzeitig sein: es mag zum Beispiel auch Liebe eines noch lebenden zu einem längst verstorbenen Menschen geben. Die Nähe, in der die Tat der christlichen Liebe zwischen Mensch und Mensch geschieht, ist die Nähe eines geschichtlichen Zusammenhanges, in welchem beide, der Liebende und der Geliebte, existieren. Es ist nicht ohne weiteres so, es geschieht aber, daß sie faktisch, ereignishaft oder im Zug eines Ereignisses zusammengerückt, aufeinander angewiesen werden. Und es geschieht dann im Rahmen dieses Zusammenhanges, der keineswegs zwischen allen Menschen als solchen, sondern nur eben zwischen diesen Menschen besteht, die Tat der Liebe des Einen zum Anderen oder ihre wechselseitige Liebe: eine Tat, die keineswegs ohne weiteres zwischen allen Menschen Ereignis zu werden pflegt und also auch nicht ohne weiteres von allen und in der Beziehung zu allen, sondern nur von und in der Beziehung zu bestimmten Menschen zu erwarten ist.

Wir haben damit eine allgemeine, formale Umschreibung des wichtigen biblischen Begriffs des «Nächsten» versucht. Der «Nächste» (der *rea*, der πλησίον) ist der außer und neben Gott, aber gerade um der Liebe zu Gott willen Geliebte.

Der *rea* ist aber, jedenfalls im ursprünglichen, nicht abgeschliffenen Sinn des Wortes der israelitische Volksgenosse, und so ist der πλησίον (das griechische Wort ist wesentlich schwächer, in seinem biblischen Gebrauch von dem gefüllteren hebräischen Wort her zu verstehen) der, der faktisch, wie das so geschehen mag, des Menschen Nachbar wird und ist. Er ist wohl sein «Mitmensch». Aber gerade diesen Begriff kennt die biblische Sprache nicht. Und wenn dieser Mitmensch zu lieben ist, dann nicht darum, weil er ein solcher, sondern weil er als solcher des Liebenden Nächster ist. Daß der Israelit diesen seinen Nächsten lieben wird, wird Lev. 19,18 ausdrücklich geboten. Das Wort ist dort der Abschluß und die positive Überbietung einer langen Aufzählung von Dingen, die er ihm nicht etwa antun wird: er wird ihn nicht bedrücken noch berauben, er wird dem Taglöhner seinen Lohn nicht bis zum nächsten Morgen vorenthalten, er wird dem Tauben nicht fluchen und dem Blinden nichts in den Weg legen, er wird im Gericht nicht unrecht an ihm handeln: den Geringen nicht benachteiligen, den Vornehmen nicht begünstigen, er wird den Nächsten weder verleumden noch bedrohen, ihn nicht hassen, sich nicht an ihm rächen, ihm nichts nachtragen (V 13–18) – sondern er wird ihn (letztes Wort, das offenbar das Gegenteil von dem allem zusammenfaßt und so das durch jene Warnungen angezeigte Vakuum ausfüllt) lieben wie sich selbst (v 18). «Ich bin Jahve», das ist – und nur das ist offenbar – der Grund dieses Gebotes. Es bezieht sich auf den Kreis der Volksgenossen als der Genossen des Jahvebundes, in den aber nach v 34 immerhin ausdrücklich und mit derselben Weisung auch der «Fremdling» eingeschlossen ist. Denn «wie ein Einheimischer aus eurer eigenen Mitte soll euch der Fremdling gelten, der bei euch wohnt und du sollst ihn lieben wie dich selbst – seid ihr doch auch Fremdlinge gewesen im Lande Ägypten», und dann wieder: «Ich bin Jahve, euer Gott». Der Kreis, auf den sich die Weisung bezieht, bleibt doch auch mit dieser Erweiterung ein geschlossener Kreis. Man soll zwar nach Ex. 23, 4f. das Rind oder den Esel des Feindes, die sich verirrt haben, diesem wieder zuführen, den unter seiner Last zusammengebrochenen Esel des Feindes wieder aufrichten – beides wie man es nach Deut. 22, 1f. auch gegenüber dem Tier des Volksgenossen zu halten hat. Und Spr. 25, 21f. liest man das von Paulus Röm. 12, 20 zitierte Wort, in welchem nun immerhin auch von diesem Feind selbst die Rede ist: «Wenn deinen Feind hungert, so speise ihn, dürstet ihn, so gib ihm zu trinken, so wirst du feurige Kohlen auf sein Haupt sammeln, und der Herr wird es dir vergelten.» Aber auch der «Feind» ist im Alten wie im Neuen Testament nicht irgend ein menschlicher Widerpart, sondern der mit Verfolgung drohende Volksfeind. Und von einem Lieben dieses Feindes ist in beiden Stellen nicht die Rede. So ist denn auch das Äußerste, was von Angehörigen fremder Völker im allgemeinen gesagt werden kann, das, was Deut. 23, 7 zu lesen ist: «Den Edomiter sollst du nicht verabscheuen, denn er ist dein Bruder. Den Ägypter sollst du nicht verabscheuen, denn du bist in seinem Lande Gast gewesen.» Man bemerke, daß es sich auch hier um die Beziehung zu solchen Fremden handelt, die zu Israel und seiner Geschichte in einer bestimmten nahen Beziehung stehen. Von einem Ammoniter oder Moabiter wäre nach Deut. 23, 3 nicht einmal so viel zu sagen.

Und so ist der geliebte Mensch auch im Neuen Testament keineswegs der Mitmensch als solcher. Der geschlossene Kreis, auf dessen Angehörige sich das Liebesgebot bezieht, ist jetzt freilich nicht mehr der des israelitischen Volkes und der ihm zufällig beigeordneten Fremdlinge. Es ist aber – und daran mag sich ärgern, wer die christliche Liebe noch immer für eine humane Tugend hält – auch hier und hier erst recht ein geschlossener Kreis: der Kreis der Jünger, der Brüder, der Heiligen, der Glieder des Leibes Jesu Christi, der Kreis seiner durch den Heiligen Geist versammelten, regierten und belebten Gemeinde aus Juden und Heiden. Zu ihr könnten freilich an sich alle Menschen gehören, zu ihr hinzuzutreten wird Jeder aufgerufen – Gott hält ja, um nur eine Stelle zu nennen, nach Act. 17, 31 den Glauben Allen vor. Es gehören aber diesseits des Endes aller Dinge in der Wiederkunft Christi keineswegs – ist doch eben der Glaube nicht Jedermanns Ding (οὐ γὰρ πάντων ἡ πίστις 2. Thess. 3, 2) – alle Menschen zu ihr. Und so kann denn der Mitmensch faktisch nur in der Gestalt des durch die Liebe Gottes und Jesu Christi dem Christen zugeordneten anderen Christen geliebt werden: in dieser Gestalt mit der ganzen Notwendigkeit der Liebe zu Gott und zu Jesus, aber in dieser und nur in dieser Gestalt! Die Christen lieben sich «untereinander», wie der immer wieder begegnende Ausdruck lautet.

Es fehlt nicht an sonstigen, auch wichtigen, auch gehaltvollen, gerade von den Christen unbedingt auch zu realisierenden tätigen Beziehungen zu anderen und also virtuell zu allen Menschen: sie sollen ja vor allem bereit sein zur Verantwortung (ἀπολογία) gegenüber einem Jeden, der über die in ihnen lebendige Hoffnung Rechenschaft von ihnen fordert (1. Petr. 3, 15). Ihr Licht soll ja leuchten vor den Leuten, daß sie ihre guten Werke sehen und ihren Vater im Himmel preisen (Matth. 5, 16). Sie sollen ja Gottes und Jesu Christi, sie sollen seiner Herrschaft Zeugen sein allen Menschen gegenüber. Und das schließt nun in sich: sie haben τὸ ἀγαθόν zwar μάλιστα im Verhältnis zu den οἰκεῖοι τῆς πίστεως, sie haben es aber grundsätzlich allen Menschen gegenüber ins Werk zu setzen (Gal. 6, 10). Sie haben dem «Guten» nicht nur unter sich, sondern Allen gegenüber «nachzujagen» (1. Thess. 5, 15). Sie haben sich vor den Augen aller

3. Die Tat der Liebe

Menschen des Tuns der καλά (Röm.12,17) zu befleißigen. Ihr ἐπιεικές soll allen Menschen kund werden (Phil.4,5), das heißt aber: «Was wahr, was ehrbar, was gerecht, was rein, was liebenswert, was wohllautend ist – wenn es irgend eine Tugend und wenn es irgend ein Lobenswertes gibt – dem denket nach!» (Phil.4,8). Ihre Geduld (μακροθυμία) soll Allen in ihrer Umgebung zugute kommen (1.Thess.5,14). Sie sollen Allen die ihnen zukommende Ehre erweisen (1.Petr.2,17), Allen gegenüber «freundlich» (ἤπιον) sein (2.Tim.2,24), sollen nach dem Frieden mit Jedermann streben (Hebr.12,14). Kurz: sie sollen sich in der Übung von Humanität, in Bewährung der dem Wesen des Menschen als solchen unveräußerlich eigentümlichen Mitmenschlichkeit bei keiner Unterlassung betreffen, sich von niemand übertreffen lassen, vielmehr: gerade Humanität noch besser als die Anderen zu üben wissen. Aber eben: Humanität ist zwar ein gutes, vom Christen, der weiß, was Liebe ist, durchaus, sehr bestimmt und unter allen Umständen verlangtes und betätigtes Verhalten. Humanität, wie sie im Neuen Testament gefordert wird, ist sozusagen latente Liebe: des Christen Bereitschaft, jeden Menschen zu lieben.

Als Tat aber geschieht, was im Neuen Testament Liebe heißt, zwischen den Christen «untereinander». 1.Thess.3,12 ist die einzige Stelle, die diese Regel – doch wohl als Ausnahme die Regel bestätigend – durchbricht; da heißt es nämlich in der Tat: «Der Herr mache euch reich und überströmend in der Liebe zueinander und zu Allen (εἰς πάντας)». Sie ist heilsame Erinnerung an jene Bereitschaft des Christen für jeden Menschen: daran, daß die Existenz der Gemeinde (wie einst die Israels) nicht Selbstzweck ist, und so auch nicht die von ihren Gliedern untereinander sich zuzuwendende Liebe. Sondern wie die Gemeinde um der von Gott geliebten Welt willen existiert, so wird die in ihrer Mitte zu übende Liebe, die Liebe ihrer Glieder untereinander, in vorläufiger, stellvertretender Darstellung des Tuns, zu dem alle Menschen bestimmt sind, für diese Alle, für die Welt geübt. Sie wird aber hier, zwischen diesen Menschen, geübt. Sie ist ja eben in der Liebe Gottes und Jesu Christi begründet und als Erfüllung des «zweiten» Gebotes dem «ersten» der Liebe zu Gott und zu Jesus zugeordnet. Sie kann in einem anderen Klima nicht gedeihen. Sie kann, wie nicht von jedem Menschen betätigt, so auch nicht sinnvoll einem jeden Menschen zugewendet werden.

Es gibt nur einen Punkt, an dem sich der geschlossene Kreis der Gemeinde auf alle Fälle öffnen muß, und das an der unerwartetsten Stelle, aber ohne daß die Liebe auch damit ihren internen, ihren esoterischen Charakter verlieren würde: in Gestalt der Matth.5,43–48 verlangten Liebe – nicht auch, sondern gerade zum «Feinde», dem Verfolger der Gemeinde, ihm zuzuwenden in Form der Fürbitte, die in dem Gebet des Gekreuzigten (Luk.23,34) ihr Ur- und Vorbild hat. Als der Nicht-Christ in seiner interessantesten Gestalt wird, indem er statt gehaßt, geliebt wird, gerade er gewissermaßen proleptisch in die Gemeinde hineingenommen. Es geht nach Röm.12,21 darum, sich nicht vom Bösen überwinden zu lassen, sondern das Böse durch das Gute zu überwinden, oder nach Matth.5,48 um die vom Christen als Gottes Kind darzustellende menschliche Analogie der τελειότης der Absicht und Zielstrebigkeit des himmlischen Vaters, die darin sichtbar ist, daß er seine Sonne aufgehen läßt über Böse und Gute und läßt regnen über Gerechte und Ungerechte. Von einer prinzipiellen Ausweitung der christlichen Liebe zur allgemeinen Menschenliebe kann doch auch an dieser Stelle keine Rede sein.

Ich fasse zusammen: der «Nächste» als der in der christlichen Liebe außer und neben Gott, mit Gott zusammen Geliebte ist der dem Liebenden im geschichtlichen Zusammenhang der Existenz Israels bzw. der Existenz der Gemeinde Jesu Christi zugeordnete Mitmensch: nicht der Mitmensch als solcher, sondern dieser Mitmensch.

Aber was ist das für ein geschichtlicher Zusammenhang, in welchem ein Mitmensch dem anderen in dieser bestimmten, besonderen

Weise als «Nächster» in diesem konkreten Sinn des Begriffs zugeordnet, in welchem zum vornherein darüber entschieden ist, daß dieser ihn unter allen Umständen lieben – daß er, indem und so gewiß er Gott liebt, auch ihn lieben wird?

Es handelt sich schlicht um den Zusammenhang der freilich alle Menschen angehenden, für alle Menschen – aber eben nicht unter aktiver Beteiligung aller Menschen – sich ereignenden Heilsgeschichte. Die Heilsgeschichte ist der Zusammenhang des besonderen Redens und Handelns Gottes zur Versöhnung der Welt mit sich selber, der in seiner Mitte und auf seiner Höhe die Geschichte Jesu Christi ist. An dieser Geschichte sind von Seiten der Welt – exemplarisch für das Ganze, aber eben weil exemplarisch, darum auch ausgesondert in seiner Mitte – das Volk Gottes, nämlich Israel und, aus Israel hervorgegangen, die durch den Heiligen Geist des auferstandenen Jesus Christus erweckte, zusammengerufene, erbaute, erhaltene und regierte Gemeinde aktiv beteiligt: indirekt auch, gerade in der Gestalt des in der Mitte dieses Volkes weilenden Fremden, indirekt sogar auch und gerade in der Gestalt des Feindes, des Verfolgers dieses Volkes – aber dieses und kein anderes Volk: seine und keine anderen Menschen. Hier, in diesem Volk, hat Jesus Christus seinen Leib, seine irdisch-geschichtliche Existenzform. Hier redet Gott mit dem Menschen und hier wird er von ihm gehört. Hier handelt er mit ihm in dem Gericht seiner Gnade und in der Gnade seines Gerichtes. Hier sucht und findet er nach 1. Petr. 2, 9 Zeugen seiner Herrlichkeit, erwählt und berufen aus der Finsternis zu seinem wunderbaren Licht, zur Verkündigung seiner großen Taten. Hier in seiner Absicht auf alle Menschen, hier in seiner Zuwendung zu der ganzen Welt, aber, unbeschadet seiner väterlichen Vorsehung über dem ganzen kreatürlichen Geschehen, in dessen Mitte hier und nur hier! Hier wird denn auch seine Liebe wirksam als erwählender, erneuernder, schöpferischer Grund menschlicher Gegenliebe. Daß sie diese Gegenliebe sein darf, ist jenes Neue, jenes Wunderbare der Tat der Liebe als einer freien Menschentat. Aber eben: sie ist freie Menschentat im Zusammenhang der Heilsgeschichte, der Geschichte Gottes mit seinem Volke. So ist der Gott Liebende von Haus aus kein Einsamer, keine religiöse Privatperson mit privaten Sorgen und Freuden, Wünschen und Erfüllungen. So hat er von Haus aus als an der Heilsgeschichte aktiv Beteiligter – Mitmenschen nicht nur, sondern Brüder, Mitangehörige des Volkes Gottes, Mitgenossen des Bundes, oder also: «Hausgenossen des Glaubens» (Gal. 6, 10) neben sich, um sich. Nicht auf Grund unmittelbar ihm zugewendeter Offenbarung, nicht in einem partikularen Verhältnis zu Gott liebt er ihn. Sondern er begann ihn zu lieben, indem mitten in der Welt, bevor er war und Gott liebte, die durch den Heiligen Geist berufene und versammelte Gemeinde war, die Gottes Liebe auch ihm bezeugte, durch deren Dienst er

3. Die Tat der Liebe

aufgerufen wurde, ihn wieder zu lieben. Und wenn er Gott nun tatsächlich wieder lieben wird, so wird das doch nur heißen, daß er seinerseits in diesen Dienst gerufen und also in und mit der Gemeinde leben wird. Eben das Leben der Gemeinde, durch deren Dienst er aufgerufen ist, Gott zu lieben und an deren Dienst er als Gott Liebender teilnehmen darf, ist aber nicht das Funktionieren eines Mechanismus, sondern ein Zusammenhang von lauter Beziehungen von Menschen zu Menschen: zwischen denen, die da Glieder eines Leibes wurden und sind, die in dem Einen ihrer Aller Herrn und Haupt haben. Gott lieben heißt: an einem bestimmten Ort in diesem Zusammenhang leben, an diesem Ort mit solchen Menschen zusammen sein, die auch in den Dienst gerufen wurden, um den es da geht, die am Leben in diesem Dienst auch teilnehmen. Gott lieben heißt, da es sich dabei ja immer um ein bestimmtes Tun handeln wird: von diesem Ort her je in einer von jenen vielen da stattfindenden Beziehungen von Mensch zu Mensch stehen, je mit Diesem und Diesem dadurch verbunden, daß auch er durch die Liebe Gottes erweckt ist, Gott wieder zu lieben. Und nun wird der Inhalt der so begründeten Beziehung und Verbindung von Mensch zu Mensch, es wird der heilsgeschichtliche Charakter des menschlichen Tuns in dieser Beziehung und Verbindung darin bestehen, daß Einer den Anderen lieben wird. Warum auch dieses Tun – des Menschen Lebensstat im Verhältnis zu seinem Mitmenschen – in jenem heilsgeschichtlichen Zusammenhang den Charakter der Liebe haben, warum also die christliche Liebe außer und neben dem, daß sie Liebe zu Gott ist, auch die Dimension und Gestalt der Liebe zum Nächsten haben soll und wird – und was das heißt: «Du sollst deinen Nächsten lieben wie dich selbst!», darüber werden wir uns nun Klarheit zu verschaffen haben.

Bevor wir auf diese beiden entscheidenden Fragen eintreten, ist nun aber eine Zwischenfeststellung unerläßlich geworden. Von einer prinzipiellen Ausweitung des Begriffs der christlichen Nächstenliebe in den einer allgemeinen Menschenliebe kann, wenn man ihn nicht in seiner Wurzel entkräften und unverständlich machen will, keine Rede sein. Es kann aber auch keine Rede sein von einer prinzipiellen Beschränkung dieses Begriffs auf die Liebe zu denen, die ein Mensch als solche kennt oder zu kennen meint, mit denen er sich in jenem heilsgeschichtlichen Zusammenhang befindet. Er wird das Zeichen der Taufe, unter dem er einem Mitmenschen verbunden ist, positiv ernst nehmen. Er wird also den, den er als seinen «Nächsten» im konkreten Sinn dieses Wortes kennt oder zu kennen meint, auf alle Fälle lieben. Er wird den, der ihm in seiner Liebe zu Gott anschaulich ist, der sich in einer ihm vernehmlichen Weise zu Jesus als seinem Herrn bekennt, auf alle Fälle für seinen Bruder, die heilsgeschichtliche Beziehung und Verbindung zwischen ihm und sich selbst auf alle Fälle für gegeben halten und die daraus folgende Konsequenz auf alle Fälle ziehen. Dieses Positive bedeutet aber nicht das Negative, daß er den Mitmenschen, den er als seinen «Nächsten» in jenem besonderen, konkreten Sinn nicht kennt, bzw. zu kennen meint, auf keinen Fall lieben wird. Ihm wird die Taufe und also die sichtbare Gemeinschaft im Bekenntnis zwar einschließendes, aber darum nicht *a limine* ausschließendes Zeichen sein. *Tertium datur!* Der Andere könnte ihm ja als Einer, mit dem er in jenem Zusammenhang steht, und also als sein Nächster noch nicht erkennbar sein, das heißt sich noch nicht anschaulich und vernehmbar gemacht haben. Es könnte ja sein, daß er sein Nächster – oder auf dem Weg dazu, sein Nächster zu werden – längst ist, nur daß er es noch nicht bemerkt hat. Letztinstanzlich hat darüber, ob ein Anderer ein Gott Liebender ist oder nicht ist, nicht er zu entscheiden: Gott mag diesen Anderen längst geliebt haben wie ihn selbst und es mag auch dessen Liebe zu Gott (vielleicht sogar eine größere als seine eigene!) längst Ereignis geworden sein, ohne daß er durch sein Bekenntnis und seine Taufe als Glied des Volkes und der Gemeinde Gottes bis jetzt erkennbar geworden wäre. Es müßte ja mit dem Tod Jesu Christi für die Sünden der ganzen Welt und also für alle Menschen und mit seiner in seiner Auferstehung offenbarten Herrschaft über sie seltsam stehen, wenn mit dieser Möglichkeit nicht zu rechnen wäre.

Gewisser merkwürdiger Figuren schon im Alten Testament wäre hier zu gedenken: des moabitischen (!) Propheten Bileam und seiner Landsmännin Ruth, der kanaanitischen Hure Rahab, Hirams, des Königs von Tyrus und der Königin von Saba, des Syrers Naeman, der merkwürdigen Rolle des Cyrus bei Deuterojesaja und im Buch Esra – im Neuen Testament der «Weisen aus dem Morgenland» und auffallenderweise einer Reihe von heidnischen Militärpersonen: des Hauptmanns von Kapernaum, des Hauptmanns unter dem Kreuz, des Hauptmanns Cornelius in Cäsarea – Allen voran und für Alle exemplarisch jenes Königs Melchisedek von Gen. 14, 18f., der dem Abraham im Hebräerbrief geradezu als Vorbild Jesu Christi selbst gegenübergestellt wird. Und ausgerechnet ein Samariter ist es ja, der sich nach dem Gleichnis Luk. 10, 29f., indem er an dem unter die Räuber Gefallenen Barmherzigkeit tat, geradezu klassisch als «der Nächste» erwies und definierte, nach welchem sich jener «Gesetzeslehrer» bei Jesus erkundigen wollte. Ist es an dem, daß Gott dem Abraham «aus diesen Steinen» (Matth. 3, 9) solche Kinder zu erwecken vermag und offenbar tatsächlich erweckt, in welchem Verhältnis stehen sie dann zu den Kindern des Hauses und diese zu ihnen? Sie sind ihnen offenbar Trost und Warnung zugleich: daß sie selbst sich nicht in ihrem eigenen, sondern im Hause des Vaters Jesu Christi befinden und daß es in diesem Hause (Joh. 14, 2) viele Wohnungen gibt: auch solche, die sie noch nicht kennen.

Der Satz, daß der «Nächste» der mir im Zusammenhang der Heilsgeschichte begegnende und verbundene Mitmensch und kein Anderer ist, wird durch die Erinnerung, daß mit dem verborgenen Vorhandensein, aber auch mit dem Hervortreten und Sichtbarwerden solcher «auswärtiger» Kinder Gottes zu rechnen ist, nicht aufgehoben. Er ist aber durch diese Erinnerung dahin zu modifizieren: daß ich mich darauf gefaßt zu machen und beständig dafür bereit zu halten habe, hinsichtlich der Frage: Wer mir in diesem Zusammenhang begegnet und verbunden, wer also mein Nächster ist? über das hinaus, was ich jetzt zu erkennen meine, neues Licht zu bekommen, neue Entdeckungen zu machen und also morgen da lieben zu dürfen und zu müssen, wo zu lieben mir heute darum noch unmöglich erscheint, weil ich den Zusammenhang, in welchem ich mich mit dem Anderen befinde, heute noch nicht sehe. Eben darum kann die Beschränkung der christlichen Liebe auf den Kreis der mir als solcher bekannten «Brüder» keine prinzipielle und definitive, sondern immer nur eine praktische und provisorische sein: hier habe ich sie heute auf alle Fälle zu betätigen, aber ohne mich gegen die Möglichkeit zu verschließen, indem ich mich für die Möglichkeit vielmehr offen halte, daß der Kreis der «Brüder», denen sie zukommt, sich morgen, sich schon in der nächsten Stunde als weiter erweisen möchte, als ich ihn jetzt zu sehen vermag. Ich wende sie dem mir heute bekannten Bruder zu und übe mich eben darin im voraus, sie morgen auch dem heute noch unbekannten Bruder zuzuwenden. Ich nehme in der Liebe zum Bruder von heute vorweg, was ich dem Bruder von morgen zu tun schuldig sein werde: ich bin nämlich gerade in der engeren Liebe immer schon im Sprung zu der weiteren. Und indem ich wirklich von keinem Mitmenschen wissen kann, ob er sich nicht als mein Bruder von morgen erweisen wird, werde ich mich einer Haltung der Aufgeschlossenheit, der Erwartung, der guten Hoffnung und also der Bereitschaft zur Liebe keinem Mitmenschen gegenüber versagen können. Ich würde weder Gott noch die Brüder lieben, wenn ich nicht ohne Unterschied der Person jedem Menschen gegenüber jene im Neuen Testament an so vielen Stellen dringend genug empfohlene, ja gebotene Menschenfreundlichkeit bewähren und an den Tag legen würde. Das Neue Testament nennt sie nicht «Liebe». Und es ist das, was das Neue Testament Liebe nennt, in der Tat etwas Anderes und mehr als diese Menschenfreundlichkeit. Sie kündigt jene aber – das könnte in jener in ihrer Art einzigen Stelle 1. Thess. 3, 12 gemeint sein – in einer Art Vorwegnahme an. Sie ist die Bereitschaftsstellung, in der der Christ dem Nächsten, dem Bruder von morgen in jeder Gestalt des Mitmenschen bis hin zum «Feind» des Volkes und der Gemeinde entgegensieht und entgegengeht. Wer immer selber in jenem heilsgeschichtlichen Zusammenhang existieren und also Gott und seinen Nächsten lieben darf, der kann auch in dieser Hinsicht nicht anders: er wird zur Liebe jedem Menschen gegenüber – auch in den Beziehungen, in denen er sie noch nicht realisieren kann, bereit und auf dem Wege sein. Wer hier – anders als die Bibel es tut – durchaus mehr sagen möchte, sehe zu, daß er nicht weniger sage! Soviel aber muß hier gesagt werden: der Kreis, in welchem die christliche Nächstenliebe ihr Leben hat, ist zwar nicht der Raum aller und jeder Menschen, er ist aber innerhalb dieses Raumes kein hermetisch geschlossener, sondern ein in der Erweiterung in diesen Raum hinein begriffener Kreis.

Es ist aber die Tat der christlichen Liebe als solche, die uns jetzt beschäftigt: die Liebe, die der Christ dem ihm heute bekannten Nächsten und Bruder auf alle Fälle zuwendet, um sie morgen gegebenen Falles gerne und in derselben Weise auch dem heute noch unbekannten Nächsten und Bruder zuzuwenden.

Warum ist die christliche Liebe auch Liebe zum Nächsten? danach sei nun zunächst gefragt. Wie und in welchem Sinn kommt der Nächste da neben den aus ganzem Herzen, mit ganzer Seele und mit allen Kräften zu liebenden Gott zu stehen, das zweite Gebot der Nächstenliebe neben das erste der Gottesliebe? Inwiefern zieht die Gottesliebe die Nächstenliebe unweigerlich nach sich?

Es dürfte gut sein, aller Explikation vorangehend, einfach festzustellen, daß sie das tut. Die christliche Liebe hat diese zwei Dimensionen und also auch die zum Nächsten hin. Die Heilsgeschichte ist nun einmal eine Geschichte zwischen Gott und dem Menschen und eine Geschichte zwischen Mensch und Mensch: das Zweite, weil und indem sie das Erste ist. Weil und indem sie nämlich eine Geschichte zwischen Gott und einem Menschenvolk – zwischen Jahve und Israel, zwischen Jesus Christus und seiner Gemeinde – erst und nur als solche dann auch eine Geschichte zwischen Gott und der Welt, Gott und allen Menschen – ist, wird auch das Leben dieses Volkes, das Zusammenleben seiner Menschen zur Teilnahme an ihrem Geschehen, wird es selber Heilsgeschichte. Aus dem Miteinander dieser Menschen Gott gegenüber ergibt sich sofort ein bestimmt geprägtes Untereinander. Indem die Heilsgeschichte in der Vertikale als Tat der Liebe Gottes und in der ihr entsprechenden Tat menschlicher Gottesliebe geschieht, geschieht sie schon auch auf der Horizontale, wo diese Menschen miteinander von Gottes Tat erreicht und Gott gegenüber miteinander in der ihr entsprechenden Tat begriffen sind. Eine bestimmte, in und mit ihrer doppelten, passiven und aktiven Beziehung zu Gott gesetzte Beziehung dieser Menschen untereinander ist unvermeidlich, ist in und mit jener schon Ereignis. Ihre Liebe untereinander, die Liebe eines Jeden zu seinem Nächsten, ist diese Beziehung: darum gerade ihre Liebe zueinander, weil sie miteinander von Gott Geliebte und Gott wieder Liebende sind. Wie könnte, da es in der Vertikale um Liebe geht, auf der Horizontalen etwas Anderes als wieder Liebe überhaupt in Frage kommen? Die beiden Ebenen sind und bleiben verschieden, sind also nicht zu verwechseln; sie sind aber von Anfang an auch nicht zu trennen. Befreiung für Gott ist ja Eines, Befreiung für den Mitmenschen ein Anderes. Geht es aber in der Befreiung für Gott um die Befreiung eines Volkes, so kann die Befreiung der Menschen

3. Die Tat der Liebe

dieses Volkes für einander keinen Augenblick hinter ihrer Befreiung für Gott zurückbleiben, und also ihre Erweckung zur Liebe zu einander keinen Augenblick hinter ihrer Erweckung zur Liebe für Gott. Heilsgeschichte ist von Grund aus diese doppelte Geschichte und also neben der durch das erste Gebot angezeigten, von ihrem Geschehen nicht zu trennen, auch die Geschichte, die das zweite anzeigt: «Du wirst deinen Nächsten lieben wie dich selbst!» Als Gott Liebender kannst du gar nicht anders, wirst du, indem du Gott liebst, auch deinen Nächsten lieben; den mit dir von Gott Geliebten, mit dir Gott Liebenden.

Es will beachtet sein, daß das in solcher Bestimmtheit gesagt, neutestamentliches und noch nicht alttestamentliches Zeugnis ist. Es ist ja der synoptische Jesus, der Deut. 6,4f. und Lev. 19,18 zu jenem «Doppelgebot der Liebe» zusammengefaßt hat. Daß das Gebot der Nächstenliebe mit dem der Gottesliebe in unmittelbarem Zusammenhang steht, ist Lev. 19,18 nicht zu entnehmen. Ist die eigentümliche Leuchtkraft des Gebotes der Nächstenliebe im näheren Zusammenhang dieses Wortes nicht zu verkennen, so doch auch das nicht, daß sie durch das, was dem Wort unmittelbar folgt – eine Fülle von in ihrer gleichen Wichtigkeit kaum einsichtig zu machenden Einzelvorschriften – auch stark beeinträchtigt wird. Und indem das «Ich bin Jahwe!» auch mehr als einer von jenen anderen Anweisungen ebenso feierlich begründend hinzugefügt wird, ist auch es keine Hervorhebung des zentralen Charakters gerade des Liebesgebotes, keine Veranlassung, hier sofort an das Deut. 6,4f. Gebotene zu denken. Was die Propheten und was auch die verschiedenen Schichten des Gesetzes im Blick auf das Verhältnis von Mensch und Mitmensch in Israel entscheidend verlangen, ist nicht Liebe, sondern Redlichkeit und Rechtlichkeit – diese nun allerdings sehr bestimmt: so bestimmt, daß die zweite, die horizontale Dimension der aus dem Jahvebund folgenden Konsequenz, die Bedeutsamkeit des Volksgenossen als des Anderen, dem der Israelit neben Jahve selbst und mit Jahve zusammen Respekt schuldet, nicht zu übersehen – so also, daß die Kontinuität des Alten zum Neuen Testament hin jedenfalls in ihrem Umriß sehr wohl erkennbar ist.

Die Hervorhebung der Liebe zum Nächsten und auch deren ausdrückliche Zusammenordnung mit der Liebe zu Gott entspricht doch neutestamentlicher und noch nicht alttestamentlicher Erkenntnis und Bezeugung. Jetzt erst – *post Christum natum* offenbar – können und müssen Gott und der dem Menschen im Bunde mit Gott beigesellte Mitmensch so zusammengesehen werden, daß die Liebe zu diesem neben der Liebe zu Gott, und dieser notwendig folgend, ein zweiter starker selbständiger Grundton der Verkündigung wird, daß das Gebot der Nächstenliebe gelegentlich (Jak. 2,8) geradezu der βασιλικὸς νόμος, seine Erfüllung (Röm. 13,8.10) das πλήρωμα νόμου genannt werden kann.

Ein scheinbarer Widerspruch in der johanneischen Literatur dürfte sich von hier aus erklären, und wenn die Erklärung, die ich hier versuchen möchte, stimmt, so dürfte sich von da aus umgekehrt Licht über das Problem der hier vorliegenden Akzentverschiedenheit des neutestamentlichen Zeugnisses dem des Alten Testamentes gegenüber ergeben. Daß die Jünger sich untereinander lieben sollen, das wird nämlich Joh. 13, 34 als eine ἐντολὴ καινή Jesu bezeichnet. 2. Joh. 5 aber liest man schroff antithetisch: es sei eben das keine ἐντολὴ καινή, sondern das Gebot, das wir ἀπ'ἀρχῆς haben. Als ἀγγελία, die ihr ἀπ'ἀρχῆς gehört habt, wird dasselbe Gebot auch 1. Joh. 3,11 bezeichnet. 1. Joh. 2,7f. aber steht beides sogar beieinander: «Geliebte, nicht ein neues Gebot schreibe ich euch, sondern das alte Gebot, das ihr von Anfang an hattet – das alte Gebot ist das Wort, das ihr gehört habt. Wiederum schreibe ich euch ein neues Gebot: das, was wahr ist in Ihm und in euch; denn die Finsternis vergeht und das wahre Licht scheint schon.» Eben dieses merkwürdige «denn» und was unmittelbar darauf folgt, dürfte den Sachverhalt erleuchten: «Wer sagt, er sei im Lichte und haßt seinen Bruder, ist in der Finsternis bis auf den heutigen Tag. Wer seinen Bruder liebt, bleibt im Lichte und an ihm ist nichts Anstößiges. Wer aber seinen Bruder haßt, ist in der Finsternis und wandelt in der Finsternis und weiß nicht, wohin er geht; denn die Finsternis hat seine Augen blind gemacht». Und damit in sachlicher Übereinstimmung 1. Joh. 3, 14 f.: «Wir wissen, daß wir aus dem Tode zum Leben hinübergegangen sind, denn wir lieben die Brüder. Wer nicht liebt, bleibt im Tode. Jeder, der seinen Bruder haßt, ist ein Menschenmörder und ihr wißt, daß kein Menschenmörder ewiges Leben bleibend in sich hat». Man sieht, in welchem Sinn das Liebesgebot in gleicher Emphase ein altes und ein neues Gebot genannt werden kann: ein a l t e s offenbar, um daran zu erinnern, daß es sich um ein entscheidendes, jedem Christen von Anfang an bekanntes Element seiner an Hand des Alten Testamentes empfangenen Unterweisung handle: vielleicht auf solche Christen gemünzt, die sich gegen die geltend gemachte Dringlichkeit gerade dieses Gebotes als gegen eine Neuerung, vielleicht als gegen ein überbetontes Sonderanliegen des Johannes oder des johanneischen Kreises verwahren wollten. Ein n e u e s Gebot aber, um darauf hinzuweisen, daß es gerade in ihm um die konkrete Gestalt des Besonderen der evangelischen Botschaft im Unterschied zu deren alttestamentlicher Form gehe, daß für die Christen gerade beim Halten oder Nichthalten dieses Gebotes Alles, das Ganze, auf dem Spiel stehe, daß als Alternative zur L i e b e nur der H a ß des Bruders, der Menschenmord, der Brudermord Kains (1. Joh. 3, 12) in Frage komme, daß es sich für den Christen konkret an diesem Punkt um die Entscheidung zwischen Licht und Finsternis, Leben und Tod handle: dies vielleicht zu Solchen gesagt, die das Liebesgebot als altüberkommene Weisung zwar kannten und anerkannten, nicht aber den neuen Ernst, den es jetzt («die Finsternis vergeht und das wahre Licht scheint schon») bekommen hatte. In dieser ultimativen Entgegensetzung, laut welcher zwischen dem Halten und dem Nichthalten dieses Gebotes die Grenze zweier Welten (und welcher zwei Welten!) sich abzeichnet, ist es dem ersten, dem großen Gebot der Gottesliebe wirklich g l e i c h (ὁμοία Matth. 22, 39). In dieser Entgegensetzung, in der sich daraus ergebenden Schärfe und Unbedingtheit, ist es im Alten Testament n o c h n i c h t geltend gemacht, muß es aber im Neuen Testament – offenbar von dessen Grundvoraussetzung her – geltend gemacht werden. Sagt es, im Neuen Testament aus dem Alten hervorgeholt, über den Wortlaut und Sinn des schon Israel gegebenen Gebotes hinaus nichts inhaltlich Neues, so hat es in seiner neutestamentlichen Wiederholung doch eine Funktion bekommen, die es heimlich wohl schon im Alten Testament haben mochte, in der es aber dort noch nicht erkennbar war. Es ist j e t z t – erst jetzt! – zum zweiten, aber formal gleich gewichtigen und bedeutsamen Glied eben des D o p p e l g e b o t e s der Liebe geworden. Hinter die Anschauung von der Zweidimensionalität der Heilsgeschichte und also von ihrem Verlauf auf zwei verschiedenen, aber nicht zu trennenden Ebenen und also von der Zweizahl des Gegenstandes und der Richtung der christlichen Liebe wird man, vom Neuen Testament bzw. vom neutestamentlich interpretierten Alten Testament her denkend, nicht wohl zurück gehen können. Sie gehört zu den Urdaten des christlichen Denkens, weil des christlichen Lebens, mit denen man nur immer wieder anfangen kann.

Soviel zunächst zur Fixierung der Tatsache, d a ß die christliche Gottesliebe die christliche Nächstenliebe nach sich zieht. Wir können uns aber damit der Frage: w a r u m, i n w i e f e r n sie das tut? mit anderen Worten der Aufgabe der E r k e n n t n i s jenes Urdatums nicht für enthoben halten. Also: Wer ist mein Nächster, mein Bruder, mein Gegenüber – und wer bin im Verhältnis zu ihm ich selber auf jener zweiten, der horizontalen Ebene des Heilsgeschehens? In welcher Eigenschaft ist er ein Solcher, den ich, indem ich als Christ Gott liebe, mit gleichem Ernst a u c h zu lieben habe, lieben werde? Wiederum: In welcher Eigenschaft stehe ich ihm meinerseits als ein Solcher gegenüber, der, indem er Gott liebt, mit gleichem Ernst auch ihn zu lieben hat und lieben wird? Welches ist die Funktion, die wir, miteinander von Gott geliebt und Gott wieder liebend, untereinander, Einer in seinem Verhältnis zum Anderen, zu erfüllen haben? Und inwiefern ist gerade Liebe die Erfüllung der Funktion, in der wir Einer für den Anderen da zu sein haben und da sind?

Der umfassende Begriff, der sich zur Beantwortung dieser vielen Fragen, die doch in Wahrheit auf eine einzige hinauslaufen, anbietet, ist der Begriff des Zeugen. Der Nächste ist mir Zeuge. Ich bin es aber auch ihm. In dieser Eigenschaft stehen wir uns beiderseitig gegenüber. Diese Funktion haben wir aneinander zu erfüllen. Und eben diese Funktion können wir beide nur eben damit erfüllen, daß wir uns untereinander lieben.

Zeuge ist mir ein Mensch, der mir eine Kunde vermittelt, die mir ohne ihn nicht zugänglich wäre, der sie mir bestätigt, während sie mir ohne ihn unbestätigt bliebe. Und eben indem ich selbst dem Anderen solche Kunde vermittle und bestätige, werde und bin auch ich ihm Zeuge. Es steht also der Zeuge beim Anderen ein für die durch ihn vermittelte und bestätigte Kunde, eben damit also auch für deren Inhalt. Es steht und fällt die Wahrheit und Wirklichkeit des Bekundeten für diesen Anderen mit der menschlichen Existenz und mit dem menschlichen Tun dessen, der ihm davon Kunde gibt. Je wichtiger, je unentbehrlicher dem Anderen dieses Bekundete ist, desto wichtiger, desto unentbehrlicher die Existenz und das Tun dessen, der es ihm bekundet, des Zeugen. Sollte es nun so sein, daß das, was zwei Menschen sich gegenseitig zu bekunden haben, das für sie beide schlechthin Wichtige und Unentbehrliche wäre, dann würde das bedeuten, daß dessen Wahrheit und Wirklichkeit mit der Existenz und dem Tun des Einen für den Anderen, des Anderen für den Einen, mit ihrer Beider Existenz und Tun als dessen Zeugen stehen und fallen würde. Es würde dann Einer auf die Existenz und das Tun des Anderen als Zeugen jenes Wichtigsten und Unentbehrlichsten schlechthin angewiesen, sie würden dann durch die beiderseitige Erwartung von dessen Bekundung schlechterdings untereinander verbunden sein. Sie könnten dann Beide kein dringenderes Anliegen als dieses haben: sich dessen Bekundung doch ja nicht schuldig zu bleiben, sich gegenseitig die Zeugen, als die sie sich gegenüber stehen, wirklich zu sein.

Zeuge in diesem Sinn ist der Israelit dem Israeliten, ist der Christ dem Christen. Sie haben sich die Israel, die die Gemeinde und so die Existenz jedes einzelnen Menschen in Israel und in der Gemeinde konstituierende Liebe Gottes und diese als den Grund ihrer Freiheit, Gott wiederzulieben, durch ihr menschliches Tun gegenseitig je neu zu bekunden. Die Liebe

Gottes bedarf, und es bedürfen diese Menschen ihrer je neuen Bekundung, weil Gottes Liebe nicht als allgemeine Wahrheit über Gott, sondern in Gottes je neuem Tun wirklich ist, und weil auch die in ihr begründete Liebe dieser Menschen zu Gott kein jemals vorauszusetzender Zustand ist, sondern nur in je neuem menschlichen Tun wirklich wird: so also, daß auch ihre Bekundung nie durch frühere Bekundung überholt und überflüssig gemacht sein kann – so also, daß auch sie immer wieder geschehen, Ereignis werden muß. Die Liebe Gottes bedarf aber und es bedürfen diese Menschen ihrer Bekundung, ihrer Mitteilung und Bestätigung in der Form menschlichen Tuns, weil die Liebe Gottes und die in ihr begründete, ihr entsprechende Liebe des Menschen zu Gott auch ein Ereignis auf der Ebene ist, wo der Mensch des Menschen Gegenüber ist, wo also das Verhältnis zwischen dem sich in seiner Liebe offenbarenden Gott und dem ihn erkennenden, von ihm geliebten und ihn wiederliebenden Menschen sich spiegeln muß in einem Verhältnis von Mensch zu Mensch, in welchem der Mensch dem Menschen in Form menschlichen Tuns für die Wahrheit und Wirklichkeit dessen einsteht und gutsteht, was ja zuerst und an sich Ereignis auf jener anderen, der vertikalen Ebene, das Ereignis der Liebe zwischen Gott und dem Menschen, dem Menschen und Gott ist. Es bedarf schließlich die Liebe Gottes, und es bedürfen die ihr mit ihrer Liebe zu ihm entsprechenden Menschen der Gegenseitigkeit solcher menschlicher Bekundung, weil es sich auf der horizontalen Ebene, auf die wir jetzt blicken, um ein von Gott geliebtes und Gott wiederliebendes Volk handelt, unter dessen Angehörigen und Gliedern Keiner ist, dem die Liebe Gottes nicht auch zugewendet, der nicht auch dazu befreit wäre, ihn wiederzulieben – wiederum aber auch Keiner, der nicht darauf angewiesen wäre, daß ihm das auch durch menschliches Tun bekundet wird – und wiederum Keiner, der es dem Anderen nicht schuldig wäre, ihm das durch sein Tun seinerseits zu bekunden.

Also: Was wäre ich, was würde aus mir, wie könnte ich werden, sein und bleiben, was ich als von Gott geliebtes und Gott wiederliebendes Glied seines Volkes bin, wenn mir dieses mein Sein – das Sein des ganzen Volkes Gottes als solchen und in ihm auch mein Sein – nicht durch das menschliche Tun dessen, der mit mir sein Glied ist, immer wieder bekundet würde, wenn er mir nicht für die Wahrheit und Wirklichkeit dieses meines Seins mit seinem eigenen gutstehen würde? Was wäre ich, wenn mir dieser Andere nicht Zeuge Gottes, Zeuge der Heilsgeschichte, an der auch mein Leben teilnimmt, Zeuge des auch mich angehenden göttlichen Werkes, Zeuge auch meiner Befreiung zur Liebe zu Gott wäre? Das hieße doch, daß ich auf der Ebene, wo der Mensch des Menschen Gegenüber ist, gerade hinsichtlich des Verhältnisses zwischen Gott und mir, mir und Gott, auf mich selbst angewiesen wäre, gerade vom Mit-

3. Die Tat der Liebe

menschen her ohne Licht und Kraft wäre. Ob mir dann die Liebe Gottes offenbar und ob ich dann dessen fähig wäre, ihn zu erkennen und ihn wiederzulieben? Ob ich ohne den Dienst des Volkes Gottes und seiner Glieder ein von Gott Geliebter überhaupt wäre, die Freiheit, ihn wiederzulieben, überhaupt haben könnte?

Aber nun auch umgekehrt: Was wäre ich, was wäre es mit meinem Sein als von Gott Geliebter und Gott wieder Liebender, wenn ich seine Bekundung gegenüber dem Anderen, der solchen Seins auch teilhaftig, seiner Bekundung aber auch bedürftig ist, auch nur einen Augenblick unterlassen könnte, wenn ich ihm nicht meinerseits für die Wahrheit und Wirklichkeit seines Seins als Glied des Volkes Gottes gut stehen wollte? Was wäre ich, wenn ich diesem Anderen nicht meinerseits Zeuge Gottes, der Heilsgeschichte, an der auch er teilnimmt, des auch ihn angehenden göttlichen Werkes, Zeuge auch seiner Befreiung zur Gottesliebe wäre? Das hieße doch, daß ich den Anderen auf der Ebene, wo ich als Mensch sein Gegenüber bin, hinsichtlich seines Verhältnisses zu Gott ignorieren, sich selbst überlassen würde. Ob mir als Einem, der das könnte, die Liebe Gottes wirklich offenbar, ob ich dann ein ihn Erkennender und ihn wieder Liebender wäre? Ob ich, wenn ich mich dem Dienst seines Volkes als eines seiner Glieder fernhielte, nicht dartun würde, daß ich selbst ein von Gott Geliebter gar nicht bin, die Freiheit, ihn wieder zu lieben, gar nicht habe? Ob ich mich damit nicht automatisch von der Teilnahme am Leben dieses Volkes ausschließen würde?

Nein, der Israelit kann nicht Israelit, der Christ kann nicht Christ sein, ohne den Anderen zum Zeugen dessen zu haben, was ihn dazu macht. Und er kann auch nicht Israelit, nicht Christ sein, ohne dem Anderen Zeuge dessen zu sein, was auch ihn dazu macht. Der Andere, den er zum Zeugen hat, ist sein Nächster, sein Bruder. Und er ist, indem er dem Anderen seinerseits Zeuge ist, der Nächste, der Bruder dieses Anderen. Ohne diesen Nächsten, diesen Bruder, und ohne ihm selbst Nächster, Bruder zu sein, wäre er selbst nicht, was er ist.

Man kann das wohl das Gesetz des Zusammenlebens des Volkes Gottes nennen: daß da Keiner allein sein muß, aber auch Keiner den Anderen allein lassen kann, daß da Einer dem Anderen zum Zeugen bestellt ist: Einer dazu bestimmt, dem Anderen als Zeuge zur Seite zu gehen, ihm als solcher auch immer wieder zu begegnen: als Zeuge des Gottesbundes, der sie beide trägt und umschließt, als Zeuge der Erwählung, von der sie beide als Glieder des Gottesvolkes herkommen, von deren Bewahrheitung sie beide leben, als Zeuge der Gnade und Barmherzigkeit, die Gott ihnen beiden zuwendet, ohne die sie beide im Nu verloren wären. Das Gesetz des Volkes, das Gebot, das jedem seiner Glieder immer wieder gegeben wird, lautet dahin, daß sie einander solche Zeugen und als solche Nächste, Brüder und Schwestern sind, sein dürfen, sein sollen. Indem die Glieder dieses Volkes Gottes geliebte und ihn wieder liebende Kinder sind, sind sie unter dieses Gesetz gestellt, ist ihnen dieses Gesetz ins Herz geschrieben.

Was die Glieder des Volkes Gottes sich gegenseitig zu bezeugen, wofür sie Einer beim Anderen einzustehen haben, ist aber schlicht dies: daß Gott sie liebt und daß sie Gott wieder lieben dürfen; sie als die Erstlinge und Vorläufer des ganzen Menschenvolkes, sie repräsentativ und exemplarisch für alle Menschen, sie als die Träger der Botschaft in der ganzen Welt – um dieses ihres Auftrags willen gerade sie! Das partikular ihnen gegebene Gesetz ist also das Gesetz ihrer universalen Sendung: sie sind sich untereinander Zeugen eben dessen, was sie als Volk Gottes in der Welt gemeinsam Jedermann zu bezeugen haben. Aber eben um dieses Volk und also Gottes Zeugen für Jedermann, vor der ganzen Welt zu sein, ist es unumgänglich, daß sie sich das allererst untereinander seien. Indem es in ihrer Mitte, indem es ihnen offenbar und von ihnen erkannt wird, daß Gott sie liebt und daß sie ihn wieder lieben dürfen, indem dieses Verborgene in ihrer Mitte Licht wird, sind unter allen menschlichen Geschlechtern und Gemeinschaften gerade sie erwählt, sind aus allen Menschen gerade sie zur Gemeinde versammelt und auferbaut. So sind unter allen Anderen gerade sie unter jenes Gesetz gestellt, einander Gottes Zeugen zu sein – einander, um es miteinander allen Menschen zu sein: nicht für sich also, sondern damit sie ein aufgerichtetes Zeichen dessen seien, was Gott für Alle ist und tut und was Alle für Gott sein und tun dürfen – aber unter allen Anderen, damit sie dieses Zeichen seien, nun gerade sie! Ihnen zuerst ist jene gnädige Zusammenordnung von Mensch und Mensch widerfahren, laut derer in Sachen der zum Menschen herabsteigenden Liebe Gottes und der zu ihm hinaufsteigenden menschlichen Liebe Keiner sich selbst der Nächste sein kann, Einer im Anderen seinen Nächsten haben darf, der ihm diese Liebe bezeugt, immer wieder bezeugt, wiederum Einer dem Anderen seinerseits Zeuge dieser Liebe sein darf. Zuerst unter ihnen herrscht Klarheit darüber, daß das Versöhnungs- und Heilsgeschehen auch diese Dimension hat, daß es ohne diese Zusammenordnung von Mensch und Mensch keine Offenbarung und keine Erkenntnis jener großen Liebe gibt, daß die Freiheit zum Leben in dieser großen Liebe identisch ist mit der Freiheit des Nächsten, mir ihr Zeuge zu sein und mit meiner eigenen Freiheit, ihm meinerseits ihr Zeuge zu werden. Zuerst sie, die Glieder des mit dem Dienst des Zeugnisses der Welt gegenüber beauftragten Volkes, sind dankbar dafür, menschliche Zeugen Gottes zu haben und willig, selber menschliche Zeugen Gottes zu werden.

Wie aber kann, darf, soll und wird da Einer dem Anderen Zeuge Gottes sein – Zeuge dessen nämlich, daß Gott uns liebt und daß wir ihn wiederlieben dürfen? Der Begriff des Zeugen enthält eine Einschränkung, deren wir hier gewiß zu gedenken haben. Es kann ja der Eine dem Anderen, indem er ihm Zeuge ist, gerade nur **Kunde** geben, nur eben bei ihm einstehen für die Wahrheit und Wirklichkeit des Bekundeten. Er kann dieses also nicht unmittelbar auf den Plan führen. Daß Gott ihn liebt und daß er Gott wieder lieben darf, das kann Keiner dem Anderen offenbaren. Das kann dem Einen wie dem Anderen nur offenbar werden, indem es **geschieht**, daß Gott ihm seine Liebe erweist und ihm damit die Freiheit gibt, ihn seinerseits zu lieben. Es gibt keine (vielleicht durch Überredung, vielleicht durch Suggestion zu vollziehende) Übertragung dieses Geschehens und dieser Freiheit von einem Menschen auf den anderen. Was auf dieser Ebene, zwischen Mensch und Mensch, indem Einer dem Anderen Zeuge ist, sich ereignen kann, kann gerade nur die **Spiegelung** dessen sein, was sich auf der vertikalen Ebene zwischen Gott und dem Einen, Gott und dem Anderen ereignet: seine **Nachbildung** in einem menschlichen Tun des Einen am Anderen, des Anderen am Einen. In Gestalt dieses menschlichen Tuns – in den allem menschlichen Tun als solchem gesetzten Grenzen, und in der allem menschlichen Tun eigentümlichen Gebrechlichkeit und Vieldeutigkeit – geht die **Kunde** von dem, was Gott für den Einen und für den Anderen ist und tut, und von dem, was sie beide selbst für Gott sein und tun dürfen, zwischen ihnen hin und her. In der Indirektheit, der Mittelbarkeit solcher Kundgebung **kann, darf, soll** und **wird** aber der Nächste beim Nächsten, der Bruder beim Bruder dafür einstehen, daß Gott wahrhaftig und wirklich auch ihn liebt und daß wahrhaftig und wirklich auch er Gott lieben darf. Eben solcher Kundgebung sind Beide, sind alle Glieder des Gottesvolkes, ein jedes in seinem Verhältnis zu jedem Anderen, bedürftig, aber auch fähig. Und eben um sich gegenseitig mit solcher Kundgebung zu dienen, zu helfen, zu halten, zu trösten, zu mahnen und so beizustehen – nicht um sich untereinander Götter, wohl aber um sich als von Gott geliebte und Gott wieder liebende Menschen Nächste und Brüder zu sein – dazu sind sie unter jenem gnädigen Gesetz Einer dem Anderen als Zeuge zugeordnet.

Und nun wird dieses Zeugnis in dem Maß echt und darum auch dienlich sein, als es zwischen **Mensch** und **Mensch** (und in aller Unvollkommenheit dessen, was ein Mensch für den anderen sein und tun kann) das Geschehen zwischen **Gott** und **Mensch** tatsächlich widerspiegelt, nachahmt und abbildet: in dem Maß, als es, ohne dieses zu ersetzen und ohne ihm gleich zu sein, diesem **ähnlich** und eben damit geeignet ist, die nötige Erinnerung an dieses wachzurufen. Kann auch die beste Bekundung nicht an die Stelle des Bekundeten treten, so wäre das doch keine Bekundung, in der das Bekundete nicht im Umriß sichtbar, vernehmbar, in aller Indirektheit und Mittelbarkeit erkennbar würde. Das Ähnliche des Zeugnisses von Gottes Liebe zum Menschen und von der Freiheit des Menschen,

Gott wieder zu lieben, besteht aber schlicht darin, daß der Nächste den Nächsten, der Bruder den Bruder auch lieben wird – in menschlicher Liebestat, aber in den Grenzen und in der Gebrechlichkeit alles menschlichen Tuns wahrhaft und wirklich lieben wird: daraufhin, daß er selbst ein von Gott Geliebter, ein Gott wiederum Liebender sein darf – daraufhin, daß er eben das nicht verbergen, nicht verleugnen, dieses Licht nicht unter den Scheffel stellen, dem Nächsten, dem Bruder nicht vorenthalten kann – daraufhin, daß das auf der Ebene des Geschehens zwischen Mensch und Mensch anders als so gar nicht kund werden kann, als indem es auch hier, auch in diesem Gegenüber zur Liebe – zur Liebe dieser Menschen untereinander – kommt. Sicher gibt es zwischen ihnen auch noch ganz andere Beziehungen: neben viel unwichtigem und viel bloß äußerlich und technisch wichtigem möglicherweise auch viel innerlichen, tiefen, bedeutsamen und gehaltvollen Verkehr und Austausch. Und sicher kann der dann auch zum Mittel ihrer Liebe zueinander werden. Aber in all solchem Verkehr und Austausch könnten sie sich das Zeugnis, das sie einander schuldig sind, immer noch vorenthalten, könnten sie sich immer noch gegenseitig allein und sich selbst überlassen. Was in der Zusammenordnung der Glieder des Volkes Gottes, was unter der Herrschaft des in ihm gültigen gnädigen Gesetzes zählt, ist, ob es nun in der Form dieser oder jener Beziehung geschehe, ganz allein dies, daß sie sich untereinander lieb haben. Geschieht das nicht, so ändern die tiefsinnigsten Worte, die zwischen ihnen hin und her gehen, die gewaltigsten Werke, die sie füreinander tun, die gepflegtesten Verhaltungsweisen, deren sie sich im Umgang miteinander befleißigen mögen, nichts daran, daß sie Übertreter jenes Gesetzes sind, daß sie sich das, was sie sich gegenseitig schuldig sind, schuldig bleiben und daß sie sich hinsichtlich ihrer Liebe zu Gott, eben damit aber auch hinsichtlich ihrer Erfahrung der Liebe Gottes selbst in einer schweren Täuschung befinden. Diese große Liebe muß sich in der Zusammenordnung der Kinder Gottes kundgeben und anders als wieder in Liebe – in der Tat der Nächsten- und Bruderliebe – kann sie sich nicht kundgeben. Bliebe diese Kundgebung aus, so hieße das, daß sie Gott, der sie liebt, und daß sie sich selbst (ihre Liebe zu ihm nämlich) Lügen strafen würden. Ihre Liebe untereinander ist jenes Gesetzes Erfüllung, oder es wird gar nicht erfüllt, sondern gebrochen, was dann unmittelbar bedeutet, daß, was an ihnen liegt, das Leben der Gemeinde stillgestellt und in Verwirrung gebracht, ihre Sendung in der Welt in Frage gestellt wird.

Denn: «daran werden Alle (wird Jedermann, wird die Welt) erkennen, daß ihr meine Jünger seid – daran, daß ihr Liebe untereinander habt» (Joh. 13, 35). Will sagen: das macht die Gemeinde der Welt gegenüber zu einem in seiner Eigenart erkennbaren und ernst zu nehmenden Gesprächspartner, daß in ihrem Inneren, aber da draußen sehr wohl sichtbar, eben das geschieht, daß die in ihr vereinigten Menschen das tun, was sonst nicht geschieht – daß diese sich untereinander, statt sich fallen zu lassen, tragen (ἀνεχόμενοι

3. Die Tat der Liebe

Eph .4,2), statt übereinander zu verfügen, einander durch Liebe dienen (δουλεύετε Gal. 5,13), daß ihre φιλαδελφία eine innige (φιλόστοργοι Röm.12,10), eine ungeheuchelt von Herzen kommende, eine beständige ist (1. Petr. 1,22;4,8), daß sie in jedem Einzelnen nicht nur nicht stagniert oder gar abnimmt, sondern zunimmt (2.Thess.1,3), daß sie sich auch dem Gefallenen gegenüber bewährt (2.Kor.2,8). So konstitutiv für die Existenz der Gemeinde und aller ihrer Glieder, so selbstverständlich erscheint dieses Tun im Neuen Testament, daß Paulus 1.Thess.4,9 sagen kann, es bestehe für seine Leser kein Bedürfnis, daß er ihnen darüber ausdrücklich schreibe: sie seien ja von Gott gelehrt (θεοδίδακτοι), sich untereinander zu lieben, Beweis: sie hätten ja eben das handgreiflich getan in ihrem Verhältnis zu allen macedonischen Brüdern. Nicht immer fand auch Paulus dieses Selbstverständliche so selbstverständlich. Und so erst recht nicht der Autor des 1.Johannesbriefes, der in dieser Hinsicht das Schärfste, aber auch das durch Erklärung des Sachverhaltes nach allen Seiten Erleuchtendste geschrieben hat. Einmal 4,11: «Geliebte, da Gott uns so (nämlich in der Sendung seines Sohnes als Sühnopfer für unsere Sünden) geliebt hat, so sind wir schuldig (ὀφείλομεν), uns untereinander zu lieben.» «Wir lieben, denn Er als Erster liebte uns» (4,19). Und 4,16: «Wer in der Liebe bleibt, der bleibt in Gott und Gott bleibt in ihm.» Dann aber 4,20: «Wenn Jemand sagt, er liebe Gott und haßt seinen Bruder, der ist ein Lügner. Denn wer den Bruder, den er sieht, nicht liebt, kann Gott, den er nicht sieht, nicht lieben» οὐ δύναται, er schneidet sich damit die Wurzel seiner christlichen Existenz ab. Und also positiv 4,21: «Dieses Gebot haben wir von ihm: daß wer Gott liebt, auch seinen Bruder liebt». Man beachte: kein Imperativ, sondern einfach dieser Indikativ: ὁ ἀγαπῶν (auf der vertikalen Ebene, in direkter Beantwortung der Liebe Gottes selber!) ἀγαπᾷ (auf der horizontalen Ebene, in indirekter aber notwendiger Wiederholung jener Antwort!).So greift hier Alles ineinander, so ruft hier Eines nach dem Anderen: die Liebe Gottes nach des Christen Liebe zu ihm, und beide miteinander nach der Liebe, in der sich die Christen gegenseitig lieben werden.

Das also ist die **Funktion** der der Liebe Gottes und der Liebe zu Gott entsprechenden Nächstenliebe und Bruderliebe: Sie ist der menschliche Zeugendienst, in welchem der Eine dem Anderen gegenüber für die Zuwendung Gottes zu seinem Volk und für die Zuwendung seines Volkes zu Gott gut steht, in welcher Einer dem Anderen diese doppelte Bewegung, aus welcher und in welcher dieses Volk und in diesem Volk alle seine Glieder leben, abbildlich vor Augen stellt und so in Erinnerung ruft, eben damit ihm dazu dienlich ist, in jener doppelten Bewegung zu verbleiben. In der Liebe geschieht es, daß Einer den Anderen zur Sache ruft. Keine Worte, Werke und Verhaltungsweisen an sich und als solche genügen zu dieser Dienstleistung. In der Liebe geschieht sie: eine menschliche, aber eben auf der menschlichen Ebene unentbehrliche Dienstleistung. Man kann wohl sagen: hier geht es um den das ganze Leben der Gemeinde (soweit es ein menschliches Zusammenleben ist) immer wieder erneuernden, in sich zusammenhaltenden und so als Gemeindeleben, aber auch als das Leben der in ihm vereinigten Christen immer wieder ermöglichenden Dienst, um die *conditio sine qua non* des Lebens dieses Ganzen und aller in ihm existierenden Einzelnen.

Man darf weder die Gnade noch den Heiligen Geist noch den Glauben an die Vergebung der Sünden gegen die entscheidende Bedeutung der Nächsten- und Bruderliebe ausspielen. Das läuft immer darauf hinaus, daß man die zweite (eben mit ihr aber auch die erste!) Dimension der Heilsgeschichte übersieht oder vergißt oder leugnet, in welcher es im Licht und in der Kraft ihrer ersten unvermeidlich zu einem Tun des Menschen im Verhältnis zu Gott nicht nur, sondern auch im Verhältnis zu seinem an ihr mitbeteiligten Mitmenschen, zu dem, der ihm da Nächster und Bruder ist, kommen will und muß. Natürlich geht es auch da um die freie, die souveräne G n a d e G o t t e s. Aber gerade sie ruft ja gerade so stürmisch nach der Bruderliebe: gerade sie hat ja weder Gottes Volk im Ganzen noch irgend ein einzelnes Glied dieses Volkes in seiner eigenen Macht, gerade sie kann offenbar zwischen Mensch und Mensch nur bezeugt werden, gerade mit ihr verhält es sich offenbar so, daß da keiner sein kann, der des Zeugnisses von ihr nicht immer wieder bedürftig wäre, aber auch Keiner, der sich ihrer rühmen könnte, ohne dem Anderen gegenüber – und das wird dann eben das Werk seiner Bruderliebe sein – zu ihrem Zeugen zu werden. Natürlich geht es dabei um das Werk und die Gabe des H e i l i g e n G e i s t e s und nicht darum, daß die Glieder des Volkes Gottes auf einmal meinen dürften oder müßten, sich nun dennoch (ein Jeder sich selbst und dann auch den Anderen) dadurch helfen zu können und zu sollen, daß sie sich darum bemühten und das fertig brächten, sich untereinander zu lieben! Keiner von ihnen – alle Mühe ist hier ganz umsonst! – bringt das fertig. Ganz allein durch den Heiligen Geist werden sie frei zu solchem Tun. Aber eben durch den Heiligen Geist w e r d e n sie frei zu d i e s e m Tun, jeder Einzelne zum Sein in einer tätigen Beziehung zum Anderen, in der er sich wie geliebt, so auch als einen solchen findet, der wieder lieben darf. Eben der Geistreichste wird da immer auch der Liebevollste sein, während der Lieblose sich da notwendig als Geistloser verraten müßte. Natürlich geht es da endlich um den Glauben an die V e r g e b u n g d e r S ü n d e n, an denen es auch da, wo Menschen in dieser tätigen Beziehung zueinander stehen, an denen es auch unter den geist- und liebevollsten Christen nicht fehlen wird. Keine Rede davon, daß ihr Tun sie von einem Leben aus der Vergebung dispensieren würde! Aber eben um die B e t ä t i g u n g des Glaubens an die Vergebung geht es doch, wo ein sündiger Mensch (seine eigenen Sünden hin und her!) einen anderen sündigen Menschen (Sünde hin und her! gilt nun auch für diesen) als Nächsten und Bruder lieben darf. Dem ist (Luk. 7, 47 f.) viel v e r g e b e n, der viel zu lieben in der Lage ist, wogegen dem, der wenig liebt, w e n i g vergeben ist.

Nein, es ist wirklich nicht ratsam, hier Ausflüchte zu suchen mit Hilfe von Appellen an den Primat und die überragende Wichtigkeit dessen, was sich nicht zwischen Mensch und Mensch, sondern nur zwischen Gott und Mensch ereignen kann. Es geht nicht um die Einschränkung oder gar Bestreitung dieses Primates. Es ist und bleibt das erste das e r s t e Gebot. Es geht aber um die Erwahrung seines Primates in der Erfüllung des zweiten Gebotes. Wie es kein Oben ohne Unten gibt, kein Vorher ohne Nachher, so gibt es auch keine göttliche Offenbarung ohne menschlichen Zeugendienst, keine Heilsgeschichte zwischen Gott und Mensch ohne deren Widerspiegelung und Wiederholung in einer Geschichte zwischen Mensch und Mensch. Es würde sich jene ohne diese bestimmt als «offenbarungspositivistische» Mythologie und Illusion erweisen. Ihre Widerspiegelung und Wiederholung findet aber darin statt, daß die von Gott geliebten und Gott wieder liebenden Menschen die Freiheit haben und von der Freiheit Gebrauch machen, sich auch untereinander zu lieben. Sollte es je an dem sein, daß sie an Gottes Liebe und an ihrer eigenen Liebe zu Gott irre werden möchten, und sollte ihnen dabei auch die Zuflucht zur Bibel und zum Gebet keine Hilfe sein, so könnte ihre ganze Not sehr einfach darin ihren Grund haben, daß sie von jener Freiheit keinen Gebrauch machen wollen und also nicht in jener Erwahrung der Liebe Gottes und ihrer eigenen Liebe zu ihm begriffen sind. Es gibt keinen legitimen Grund, sich dieser Erwahrung zu entziehen. Wer sich ihr entzieht, darf sich nicht beklagen, wenn er die Folgen sofort zu tragen bekommt.

Was aber heißt das: seinen Nächsten, seinen Bruder lieben? Wir brauchten zur Bezeichnung des Zeugendienstes, den im Volke Gottes einer dem Anderen zu verdanken hat und den ihm zu leisten er seinerseits schuldig ist, mehrfach den Ausdruck: er hat bei ihm dafür einzustehen, daß Gott sein Volk, daß er also auch sie Beide liebt und daß sie Beide Gott wieder lieben dürfen. Man braucht vielleicht nur diesen Ausdruck ganz ernst zu nehmen, um zu verstehen, was hier zu verstehen ist.

«Beim Anderen dafür einstehen» – das heißt ja mehr als: ihm irgendetwas anbieten und wohl auch irgendetwas zu seinen Gunsten tun und leisten. So viel tut wohl auch Einer, der am Anderen nur eben sein Gefallen, der ihn gern hat, ihn mag und wohl möchte, daß der Andere ihn auch möge, auch gern habe: da wird er ihm gewiß mancherlei, vielleicht sehr Bemerkenswertes, vielleicht sogar Größtes zu Gefallen tun – eben dazu, daß er dem Anderen auch gefalle. Nur das wird sich dabei nicht ereignen, daß er selbst bei diesem Anderen einstehen, sich selbst für ihn haftbar und verantwortlich machen, sich selbst ihm anbieten und schenken wird. Im Gegenteil: gerade sich selbst wird er ja mit Allem, was er ihm zu Gefallen tut, ihm gegenüber behaupten und durchsetzen wollen. Er selbst möchte nicht ohne diesen ihm so wohlgefälligen Mitmenschen sein; er möchte ihn mit sich selbst verbinden; er möchte ihn für sich selbst sicherstellen. Wir müssen jetzt den wichtigen biblischen Ausdruck aufnehmen: er liebt ihn eben nicht «wie sich selbst», das heißt als sich selbst, mit Einsatz seiner selbst, sondern umgekehrt: er liebt sich selbst und darum, um seiner selbst willen, diesen Mitmenschen. Das gibt es auch unter Christen, auch zwischen Christen und anderen Menschen. Auch dem Christen gefällt nicht jeder Mitmensch, auch nicht jeder seiner Mitchristen! Dieser und Jener unter ihnen mag ihm aber gefallen und ihm mag er dann wohl auch dies und das – sehr Vieles, Größtes vielleicht – zu Gefallen tun. Möge er es tun und möge, was sich zwischen ihm und dem Anderen unter dieser Voraussetzung ereignet, Beiden wohl tun! Die christliche Nächsten- und Bruderliebe aber schließt diese Voraussetzung zwar nicht aus – sie kann sehr wohl auch unter dieser Voraussetzung Ereignis werden – sie ist aber nicht an sie gebunden. Sie hängt wirklich nicht davon ab, daß Einer den Anderen geradezu gern hat und sie realisiert sich wirklich nicht notwendig in dem, was Einer unter dieser Voraussetzung für den Anderen zu tun und zu leisten pflegt. Sie kann sich auch in einem solchen Tun ihm gegenüber realisieren, in welchem er sich durchaus nicht dessen Wohlgefallen erwirbt, ihn also durchaus nicht für sich gewinnen wird. Die christliche Nächsten- und Bruderliebe ist keine Garantie dafür, daß Einer sich dem Anderen im üblichen Sinn des Wortes «liebenswürdig» macht. Sie fängt als solche genau dort an, wo das Gefallen, das Menschen aneinander haben und die Gefälligkeiten, die sie sich von da aus erweisen mögen, zwar nicht aufhören müssen, wohl aber aufhören können, vielleicht aus allerlei Gründen gar keinen Raum haben.

Sie besteht darin, daß Einer für den Anderen (ob der ihm gefällt oder nicht und ob er sich ihm damit gefällig erweisen kann oder nicht kann) sich selbst einsetzt, sich selbst zu seinem Bürgen macht: nichts von ihm und mit ihm will als eben: ihm Bürge sein. Sie besteht darin, daß Einer sich selbst gerade nur darin haben, daß er gerade nur darin er selbst sein will, daß er dem Anderen Bürge ist. Sie ist darin der Liebe Gottes und der Liebe zu Gott ähnlich, daß auch sie Hingabe ist: eben die die Liebe Gottes und die Freiheit zur Liebe zu ihm abbildende und so dem Anderen verbürgende Hingabe. Eben daß sie ihm diese große Liebe verbürgen möchte, ist ihre Voraussetzung, in der sie sich von aller auf Gefallen begründeten und in Gefälligkeiten sich realisierenden, weil nach Gefallen begehrenden Liebe unterscheidet. Und eben von daher, daß sie ihm diese große Liebe zu verbürgen hat, kann sie weniger, kann sie etwas Anderes als Hingabe nicht sein, kann es nicht ausbleiben, daß Einer den Anderen lieben wird «als sich selbst» – nicht (nach jener alten schrecklichen Auslegung des «wie dich selbst»!) indem und weil und so wie er sich selbst liebt, sondern indem er gerade sich selbst zu diesem Anderen hin versetzt in der alleinigen Absicht, ihm mit seiner eigenen Person dafür gutzustehen, daß Gott auch ihn liebt, daß auch er frei ist, Gott wieder zu lieben. Wie könnte er ihm das anders bezeugen, als indem er eben das nachahmt, abbildet, in seinem Umriß sichtbar macht? Wie könnte er aber das – nicht irgendetwas, sondern die Liebe Gottes und die Liebe zu Gott – anders nachahmen, als indem er nicht weniger

3. Die Tat der Liebe

als sich selbst für diesen Anderen einsetzt, sich selbst, statt sich ihm gegenüber zu behaupten, statt ihn für sich gewinnen zu wollen, zu ihm hin versetzt, um ihm diesen Dienst zu leisten?

Darin unterscheidet sich die christliche Nächsten- und Bruderliebe freilich von dem, um dessen Bekundung es dabei geht: sie kann gerade nur verbürgende Hingabe sein. Mehr als Zeuge kann ja ein Mensch dem anderen auch im Leben des Volkes Gottes – und gerade im Volke Gottes weiß man das, versucht man die damit gesetzte Grenze nicht zu überschreiten! – nicht sein. Auch die christliche Nächsten- und Bruderliebe ist Zeugendienst. Was da in verbürgender Hingabe zu bezeugen ist, ist allerdings mehr als Zeugnis, mehr als Bürgschaft, ist das Ereignis der Hingabe Gottes an den Menschen und das Ereignis der Befreiung des Menschen, sich selbst Gott hinzugeben. In der menschlichen Liebe zum Nächsten, zum Bruder geht es nur um die Nachahmung, die Abbildung, das Sichtbarmachen des Umrisses dieses Ereignisses. Ich kann ja nicht an die Stelle Gottes treten und den Anderen mit der Liebe lieben, in der Gott auch ihn liebt. Ich kann auch nicht an seine Stelle treten, um in seiner Person von der auch ihm geschenkten Freiheit, Gott wieder zu lieben, Gebrauch zu machen. Ich kann ihm für Beides nur gerade in der Darstellung meiner Person gut stehen: indem ich ihn liebe, das heißt indem ich mich als Bürge für Beides einsetze und hingebe, indem ich mich als solchen vorbehaltlos zur Verfügung stelle. Daß ich das nicht könne, würde ich weder Gott noch dem Anderen noch mir selbst gegenüber vertreten können. Das kann ich, das darf ich, das muß ich tun. Das ist, wenn ich ein Christ sein darf, auf der Ebene zwischen Mensch und Mensch der Inhalt meiner christlichen Lebenstat, indem er und so gewiß er auf der Ebene zwischen Gott und Mensch darin besteht, daß ich die Hingabe Gottes an mich mit meiner Hingabe zu ihm beantworten darf und muß. Nach dem Wert meiner Hingabe, das heißt nach dem Wert meiner Person, die ich dem Anderen zum Bürgen mache, bin ich nicht gefragt. Ich bin auch nicht nach der Kunst und Geschicklichkeit gefragt, in der ich sie dazu mache. Ich bin auch nicht gefragt nach dem Erfolg, den meine Bürgschaft beim Anderen haben oder nicht haben, nach dem Eindruck, den ich ihm machen oder nicht machen werde. Ich bin nicht einmal gefragt nach den Grenzen der Vollkommenheit, die meiner Hingabe durch mein Sosein – vor allem dadurch, daß ich auch nur ein armer sündiger Mensch bin – bestimmt gesetzt sind. Ich bin schlicht nur nach meiner Hingabe, nach meinem Einsatz als menschlicher (allzu menschlicher!) Bürge als nach der notwendigen, der allein möglichen Gestalt meines Zeugendienstes gefragt: nur eben danach, daß ich das (schlecht oder recht!) tue, daß ich meinen Nächsten liebe «als mich selbst», das heißt in der Weise, daß ich mich selbst ihm, so wie ich nun einmal bin, zur Verfügung gestellt, mein Herz auf seiner, statt auf meiner

Seite finde. Danach bin ich aber gefragt. Und aus diesem Gefragtsein kann ich mich mit keinem Dispensgesuch herauswickeln wollen. In diesem Gefragtsein steht und fällt meine Erwählung und Berufung, meine Rechtfertigung und Heiligung, meine ewige und meine zeitliche Zukunft. In diesem Gefragtsein bekomme und habe ich es mit dem Gesetz und mit den Propheten zu tun. Ich habe am Evangelium dann Freude, wenn ich mich daran freue, danach, nach meiner verbürgenden Hingabe an den Nächsten gefragt zu sein, wenn mir die Tat dieser Hingabe als solche Freude macht. Unfreudig, unwillig, grämlich, mit tausend Wenn und Aber umgeben, würde ich sie gar nicht tun. Und es würde mir dann auch das Evangelium keine Freude machen und es würde sich darin zeigen, daß ich das Evangelium überhaupt noch nicht gehört habe.

Es war weder Zufall noch Willkür, wenn als Grund und Sinn der christlichen Nächstenliebe nun noch einmal gerade das Evangelium zu nennen war. Es geht um das Evangelium von Jesus Christus. Das Geheimnis der christlichen Nächstenliebe ist letztlich und entscheidend, weil ursprünglich, sein Geheimnis.

Die größere Klarheit und Dringlichkeit ihrer Bezeugung im Neuen Testament gegenüber der im Alten ist unverkennbar. Auch das Alte Testament kennt den Nächsten, den Bruder und kennt die Wichtigkeit der Beziehung zu ihm. Aber daß er und daß die Beziehung zu ihm in die Heilsgeschichte hineingehört, daß ein Israelit dazu bestimmt und berufen ist, dem anderen Zeuge des Bundes zu sein, daß dieses Zeugnis darin besteht, daß einer dem anderen als Bürge des Bundes einzustehen hat, daß dieses Einstehen für einander Hingabe des Einen an den Anderen und also Liebe bedeutet, das Alles erscheint im Alten Testament noch verhüllt in der Rechts- und Friedensordnung, in der die israelitischen Hirten, Bauern und Bürger einander (im Rahmen der Ordnung ihres gemeinsamen Verhältnisses zu ihrem Gott) zugesellt werden. Das Alles erscheint dort zwar indirekt, aber noch nicht direkt visiert, Verheißung, aber noch nicht Erfüllung. Das Alles ist dort eben noch nicht ausdrücklich mit dem Gebot der Gottesliebe in jenes Doppelgebot zusammengefaßt. Allein von dort aus, in abstrakter Auslegung des Alten Testamentes, hätten wir, was nun dazu gesagt wurde, so nicht sagen können.

Es mußte aber vom Ausgangspunkt des neutestamentlichen Zeugnisses her so gesagt werden. Darum nämlich, weil es der Epiphanie Jesu Christi nicht nur entgegenblickt: das tut es freilich auch, indem es ja auch ganz und gar seine künftige, seine endgültige und universale Erscheinung und Offenbarung ankündigt. Es sieht ihr aber in dieser zweiten Gestalt entgegen, indem es eben von ihr in ihrer ersten Gestalt, von der Auferstehung Jesu Christi von den Toten schon herkommt. Ob der theologische Unterschied zwischen der Zeit *ante* und *post Christum natum* auch an einer Stelle so erkennbar wird? Hier – in gewiß merkwürdiger Weise gerade hier! – wird er unzweideutig erkennbar. Es war eben das Evangelium von Jesus Christus, das als Ziel und Sinn des Gesetzes und der Prophetie auch Israel, dann aber sofort auch den Heiden erst von seinen Aposteln verkündigt werden konnte, durch das der Nächste, der Bruder und nun eben die Liebe des Bruders zum Bruder jene zentrale Bedeutung bekommen mußte und bekommen hat. Und so gibt es nach dem Neuen Testament eine besondere Gemäßheit (gerne bezeichnet durch das Adverb καθώς), in der Jesus Christus der Urtyp ist, den die Glieder seiner Gemeinde dadurch nachzubilden haben, daß sie sich untereinander lieben. So Joh. 15, 12, wo Jesus den Jüngern sagt: das sei

3. Die Tat der Liebe

sein Gebot, daß sie sich gegenseitig lieben sollten, wie (καθώς) er sie liebte, und Joh. 13, 34, wo diese Liebe geradezu als der Zweck der seinigen erscheint: ἵνα καὶ ὑμεῖς... So Röm. 15, 7: «Nehmet einander auf, wie (καθώς) der Christus uns aufgenommen hat!» So Kol. 3, 12f., wo «Gottes heilige und geliebte Auserwählte» aufgerufen werden, herzliche Barmherzigkeit, Gütigkeit, Demut, Sanftmut, Langmut (als das ihnen geziemende neue Kleid) «anzuziehen», einander zu tragen (ἀνεχόμενοι), sich gegenseitig zu vergeben wie (καθώς) der Herr euch vergeben hat – so auch ihr (οὕτως καὶ ὑμεῖς)! – «über das Alles aber die Liebe, welche das Band der τελειότης (der euch gemeinsamen Zielbestimmtheit und Zielstrebigkeit) ist. Und der Friede des Christus walte in euren Herzen, zu dem ihr in einem (seinem!) Leibe berufen seid – und seid dankbar!» Und so Eph. 5, 2. 25, wo die (v 1) an die Christen ergangene Aufforderung, «Gottes Nachahmer» zu werden, explizit wird durch die andere, sie möchten in der Liebe wandeln, wie (καθώς) Christus sie (v 25: die ἐκκλησία) liebte und sich für uns (v 25: für die ἐκκλησία) dahingegeben hat. In diesem καθώς steckt das Geheimnis der christlichen Bruderliebe.

Der Mensch Jesus, auf den wir in diesem ganzen zweiten Teil der Versöhnungslehre im Besonderen geblickt haben, ist dieses Geheimnis und zugleich seine Offenbarung: Er, der das Neue des Neuen Testamentes ist, neben dem alles Andere, an das man da denken kann, nur relativ neu zu nennen ist. Die Verkündigung des Gnadenbundes als die Verheißung der Herrschaft und des Heils Gottes unter den Menschen (und für sie) hat ja das Neue mit dem Alten Testament gemeinsam: insofern auch die Verkündigung der Liebe Gottes und der Freiheit, ihn wieder zu lieben als die Verheißung des Lebens für alle Menschen, des Friedens auf Erden unter den Menschen seines Wohlgefallens. Sie bleibt aber im Alten Testament insofern Verheißung, als da wohl ein Volk sichtbar ist, mit dem dieser Bund geschlossen und von Gottes Seite in Treue gehalten wird, aber unter allen Menschen dieses Volkes Keiner, der dieser Treue Gottes von der menschlichen Seite her entsprochen hätte. Daß Jahve Israels Gott ist, wird sichtbar; daß Israel Jahves Volk ist, bleibt unsichtbar: unsichtbar insofern eben die Erfüllung der ihm gegebenen Verheißung. Der Mensch Jesus ist die Erfüllung dieser Verheißung: Israels Messias als der, der an Stelle und im Namen von ganz Israel als Mensch das dem Tun Gottes Entsprechende tut. Und nun verkündigt auch das Neue Testament Gott, den Bund, seinen Willen, seine Herrschaft – aber gerade Gott, indem es als sein Wort und Werk, von ihm nicht mehr zu trennen, diesen Menschen, den einen von Gott erwählten und gesendeten, den einen zur Rechten Gottes erhöhten Menschen Jesus verkündigt. Das ist das Neue des Neuen Testamentes: des unsichtbaren Gottes Gegenwart und Aktion in der Existenz, in den Worten und Taten, im Tod und in der Auferstehung dieses Menschen und also eben auf dem Plan der Geschichte, auf dem nicht nur Gott und der Mensch, sondern Mensch und Mensch sich gegenüberstehen.

Und nun fragen wir im Rückblick auf «die Tat der Liebe», von der wir in diesem Abschnitt gesprochen haben: Wer ist denn der von Gott geliebte und Gott wieder liebende Mensch, der seinem Mitmenschen als solcher Nächster und Bruder, der ihm nämlich Zeuge und Bürge dafür ist, daß Gott auch ihn liebt, daß auch er Gott wieder lieben darf? Wer ist der Mensch, der seinem Mitmenschen eben dafür gut steht, sich selbst dazu hergibt, ihm diesen Dienst zu leisten? Gibt es einen solchen Menschen? Gäbe es keinen solchen Menschen, dann würde die Verkündigung vom Gnadenbund wohl immer noch als bloße Verheißung ins Leere ragen, nicht gehalten und also unerfüllt gerade auf der menschlichen Seite. Wir haben nun dauernd von diesem Menschen gesprochen, als ob es ihn gäbe, als ob dieser Dienst von Mensch zu Mensch geleistet werde. Wer ist eigentlich der, der ihn leistet? Der Israelit, der Christ, haben wir gesagt: das Glied des Volkes Gottes in der Welt, in welchem das geschieht, daß Einer dem Anderen Nächster und Bruder, Zeuge und Bürge sein, Einer den Anderen lieben darf. Wir haben das nicht aus der Luft gegriffen. Wir haben das dem Neuen und vom Neuen her doch auch schon dem Alten Testament nachgesagt. Aber eben wenn wir das der Heiligen Schrift sinnvoll nachsagen und also kühnlich damit rechnen wollen, daß im Volke Gottes solches geschieht, müssen wir nun weiter fragen und antworten: Der Israelit? Eigentlich offenbar nicht dieser und jener, geschweige denn jeder, sondern der eine, dieser Israelit, Israels verheißener und gekommener Messias, der Mensch Jesus! Der Christ? Eigentlich offenbar wieder nicht dieser und jener, geschweige denn jeder, sondern – identisch mit jenem einen Israeliten – der eine, dieser, der Christ, von welchem alle anderen ihren Namen haben, in welchem die Gemeinde aus Juden und Heiden ihren Herrn hat. Eigentlich dieser Eine, der das Haupt dieses seines ganzen Leibes ist, ist der von Gott geliebte und Gott wiederliebende und eben als solcher auch den Mitmenschen liebende Mensch. Eigentlich Er ist der Samariter, der nach Luk. 10, 25 f. an dem unter die Räuber Gefallenen und halbtot am Wege Liegengelassenen nicht wie der Priester und der Levit vorübergeht, sondern Barmherzigkeit an ihm tut und sich damit als der Nächste verhält und erweist, nach dem dort gefragt wird. Eigentlich Er erfüllt das Gebot Deut. 6, 4 und das Gebot Lev. 19, 18. Eigentlich Er tut die Tat der Liebe in der einen und in der anderen ihrer Dimensionen.

Täte er sie nicht eigentlich, wie könnte dann ernstlich davon die Rede sein, daß ein Anderer sie auch tue? daß es noch mehr solche Nächste, solche Brüder, solche Samariter geben könne, gegeben habe, noch gebe und geben werde? daß wir also mit der Liebe des Einen zum Anderen nicht nur als mit einem Idealbegriff und Leitbild, sondern als mit einer Fülle von solchen Ereignissen zu rechnen haben, die sich im Volke Gottes aller Zeiten tatsächlich zugetragen haben und noch zutragen werden? Wir haben damit zu rechnen. Die Liebe des Einen zum Anderen (und durch sie erwahrt auch die Liebe zu Gott) hat ihre sehr verborgene aber sehr reale Geschichte. Die Heilsgeschichte wäre nicht real, wenn

3. Die Tat der Liebe

nicht auch ihre Widerspiegelung und Wiederholung in dieser Geschichte in einer vielfältigen Reihe von Taten menschlicher Nächsten- und Bruderliebe real wäre. Aber das sagen wir gewiß nicht auf Grund irgend einer Deutung der Geschichte Israels und der christlichen Kirchengeschichte als solcher, sondern ganz allein im Blick auf die Geschichte, in der jene ihr Ziel, diese ihren Anfang hat: im Blick auf die Geschichte des Menschen Jesus. Im Blick auf sie können, dürfen, müssen wir das sagen: darum nämlich, weil er ja gerade in der Einzigartigkeit seiner Person und seines Tuns kein Einsamer, sondern das Haupt eines ganzen Leibes und aller seiner Glieder ist, weil Er mit den Seinen zusammen ein nicht aufzulösendes Ganzes ist, weil, was Er eigentlich ist und tut, auch ihnen zugute kommt, auch ihr Sein und Tun bestimmt. Sagen wir es ruhig: es wird im Verhältnis zu seinem Sein und Tun immer nur ein uneigentliches – es wird eben jenes die in ihm verwirklichte Liebe Gottes samt der ihr antwortenden Liebe zu Gott samt der beiden entsprechenden Menschenliebe nachahmendes, sie abbildendes – es wird aber als solches ein reales Tun sein. Es wird unter den Seinen Einer dem Anderen zwar nicht – ich möchte Luthers Wendung lieber nicht aufnehmen! – ein «zweiter Christus», wohl aber im Namen und in der Schule Christi ein Darsteller dessen sein, was Er ihnen Allen ist: ein kleiner Zeuge, Bürge, Nächster, Bruder, Samariter, der als solcher nur davon lebt, daß Er der große ist, der aber eben davon leben darf und von etwas Anderem als davon nicht zu leben begehrt. Je klarer das Jüngerverhältnis ist – «Er das Haupt, wir seine Glieder» und ja nicht umgekehrt! – je mehr also das Urbild sich im Abbild durchsetzen, je mehr das Tun des Meisters dem des Jüngers jene Ähnlichkeit mit seinem eigenen einprägen kann, desto gewisser die Aussicht, daß auch unter den Jüngern nicht nur ein wenig, sondern viel Liebe Platz greifen, auch zwischen ihnen neben viel kleinen auch große Taten der Liebe – daß sie auf alle Fälle real Ereignis werden.

Die Richtung, in die derjenige – nicht nur zu sehen, sondern in der er zu gehen hat, an dem der Mensch Jesus als Nächster gehandelt hat, indem er «die Barmherzigkeit an ihm tat» (ὁ ποιήσας τὸ ἔλεος μετ᾽ αὐτοῦ Luk. 10,37) ist nach derselben Stelle ganz klar: πορεύου καὶ σὺ ποίει ὁμοίως. Im ὁμοίωμα, im Gleichnis der Tat der Liebe Christi wird er – darauf zielt ja auch das καθώς, von dem wir hier ausgingen – die Tat der Liebe nicht nur tun können, nicht nur tun wollen, sondern faktisch tun. Noch einmal eine johanneische Stelle mag uns hier letzte Erinnerung sein. Es beginnt die Perikope von der Fußwaschung Joh. 13,1 mit den Worten des Evangelisten: es habe Jesus, als er wußte, daß die Stunde seines Hingangs aus der Welt zum Vater gekommen sei, «die Seinen in der Welt» (τοὺς ἰδίους τοὺς ἐν τῷ κόσμῳ) geliebt – und nun habe er sie (das ist offenbar die Umschreibung dessen, was folgt) εἰς τὸ τέλος, in letzter Konsequenz geliebt. Er habe ihnen nämlich Einem nach dem Anderen (auch Judas Ischarioth war unter ihnen!) die Füße gewaschen und nachher mit seinen eigenen Kleidern abgetrocknet. Die Perikope endigt v 12-17 mit folgender Jesusrede: «Versteht ihr, was ich euch getan habe? Ihr nennt mich «der Lehrer» und «der Herr» und ihr sagt das mit Recht, denn das bin ich. Da nun ich, der Herr und Lehrer, euch die Füße gewaschen habe, seid auch ihr verpflichtet (ὀφείλετε), euch die Füße zu waschen. Denn ein Vorbild (ὑπόδειγμα) habe ich euch gegeben: daß wie (καθώς) ich an euch gehandelt, auch ihr handeln möchtet. Wahrlich, wahrlich, Ich sage euch: ein Knecht ist nicht größer als sein Herr, und ein Gesandter (ἀπόστολος) nicht größer als der, der ihn sendet. Wenn ihr das wißt – selig seid ihr, wenn ihr das tut!» Diese Seligpreisung ist das Geheimnis des Gebotes: «Du sollst deinen Nächsten lieben wie dich selbst!» – seine Verheißung und seine Erfüllung.

4. DIE ART DER LIEBE

Von der Liebe als der Lebenstat des einzelnen Christen als Glied der christlichen Gemeinde haben wir in diesem Paragraphen gehandelt: von ihrer Verschiedenheit vom Tun der menschlichen Selbstliebe, von ihrem Grund in der Liebe Gottes in Jesus Christus, von ihrem Vollzug als Tat der Hingabe an Gott und an den Bruder. Wir schließen mit dem Versuch einer Beschreibung ihrer Art. Gemeint ist (1) die Art, in der gerade die Liebe das menschliche Leben in der christlichen Gemeinde als christliches Leben bestimmt. Gemeint ist (2) die Art, in der das menschliche Leben in der christlichen Gemeinde durch die Liebe bestimmt, gelebt wird. Gemeint ist (3) die Art der Verheißung, die dem durch die Liebe bestimmten und, bestimmt durch sie, in der christlichen Gemeinde gelebten menschlichen Leben eigentümlich ist. Die Antworten, die auf diese drei Fragen zu geben sind, müssen lauten: Es ist (1) die Art der Liebe, daß sie allein das menschliche Leben in der christlichen Gemeinde entscheidend als christliches Leben bestimmt. Es ist (2) die Art der Liebe, daß das menschliche Leben in der christlichen Gemeinde allein in seiner Bestimmtheit durch sie im Charakter der Überwindung gelebt wird. Es ist (3) die Art der Liebe, daß allein dem durch sie bestimmten und in der Bestimmtheit durch sie gelebten menschlichen Leben in der christlichen Gemeinde die Verheißung ewigen Gehaltes eigentümlich ist. Kurz zusammengefaßt: Die Liebe allein zählt. Die Liebe allein siegt. Die Liebe allein besteht. Dies ist ihre und nur ihre Art: es können also diese drei Aussagen, wenn es um die Beschreibung der christlichen Lebenstat geht, streng verstanden, nur von ihr gemacht werden.

Wir haben diese drei Aussagen nicht aus der Luft gegriffen. Das Neue Testament beschreibt die christliche Lebenstat auch als Tat des Glaubens: es gibt aber im Neuen Testament kein Hohes Lied von der Art des Glaubens. Es beschreibt sie auch als Tat der Hoffnung: es gibt aber im Neuen Testament auch kein Hohes Lied von der Hoffnung. Es gibt aber im Neuen Testament (wie im Alten ein Hohes Lied von der Liebe zwischen Mann und Frau) ein solches von der christlichen Liebe, von ihrer Art: das Kapitel 1. Kor. 13. Und eben dieses Kapitel gliedert sich klar in die drei Aussagen: daß die Liebe allein zählt, daß sie allein siegt, daß sie allein besteht. Wir können wohl nichts Besseres tun, als

4. Die Art der Liebe

unseren Versuch, die Art der Liebe zu beschreiben, in Form einer Paraphrase und Erklärung des Zusammenhangs und des Inhalts dieses Kapitels durchzuführen.

Zum Studium von 1. Kor. 13 ist heute die Schrift von Götz Harbsmeier «Das Hohelied der Liebe» 1952 anregend – lesenswert, auch wegen der Hinweise auf andere neuere Literatur. Im übrigen habe ich hier die Bemerkungen von J. A. Bengel in seinem *Gnomon NT* wieder einmal besonders hilfreich gefunden.

Der Heilige Geist ist die belebende Macht, die die Tat des einzelnen Menschen in der christlichen Gemeinde in ihrer Totalität begründet, ermöglicht, verwirklicht, die ihr je ihren bestimmten Charakter und Umfang, je ihre bestimmte Richtung gibt. Er erweckt den Menschen, einen Jeden in der Gestalt und zu der Aufgabe, die er gerade ihm zudenkt. Er beschenkt ihn mit den entsprechenden neuen Fähigkeiten, Freiheiten und Kräften. Er beschenkt mit solcher Begabung des einzelnen Christen die ganze christliche Gemeinde als solche. Er vertieft und bereichert damit ihr gemeinsames Leben. Er erweitert damit ihre Vollmacht zur Durchführung ihrer Sendung in der Welt. Es sind aber Menschen und zwar sündige Menschen, an und in denen der Heilige Geist in dieser Weise mächtig ist: es ist ihr menschliches Tun, das er damit autorisiert und dienstlich in Anspruch nimmt. Das bedeutet, daß seine Gaben in der Person eines jeden Einzelnen unter ihnen und also auch als seine der christlichen Gemeinde als solcher verliehenen Gaben gefährdet sind. Wenn der Heilige Geist «unserem Geist Zeugnis gibt» (Röm. 8, 16), so geschieht ja nur zu leicht das Unglück, daß sich die von ihm verteilten, den christlichen Menschen anvertrauten geistlichen Reichtümer in ihren Herzen und Köpfen in menschliche, geistige, moralische, religiöse Reichtümer verwandeln, mit denen ein Jeder umzugehen beginnt, als hätte er sie hervorgebracht, als stünden sie zu seiner Disposition, als dürfte er sie als seinen Besitz, seine Macht, seinen Ruhm für sich in Anspruch nehmen und gegen die Anderen und das, was ihre entsprechenden Besitztümer zu sein scheinen, ausspielen: ohne Rücksicht darauf, daß ihm, was ihm gegeben ist, nicht für sich, sondern zu seiner Befähigung im Dienst in der Gemeinde gegeben ist und ohne Rücksicht auf die bestimmt nur relativ größere oder geringere Wichtigkeit des nun gerade ihm Anvertrauten. Es wird immer auf des Messers Schneide stehen, ob dieses Unglück unterbleibt oder aber, dem natürlichen Gefälle der menschlichen Verkehrtheit folgend, in irgend einem mehr oder weniger gefährlichen Maß geschieht, was dann nicht sofort die äußere, sicher aber die innere Auflösung der Gemeinde, die mehr oder weniger radikale Verwandlung ihres Lebens in das einer säkularen Religionsgemeinschaft, und nicht zuletzt: die persönliche Disqualifizierung der dieser Versuchung erlegenen Christen nach sich ziehen wird. Je intensiver das Wirken des Heiligen

Geistes, je reicher und mächtiger seine Gaben, desto größer offenbar die Versuchung zu solcher Verwandlung, die Gefahr all ihrer Konsequenzen, desto dringlicher die durch keine Berufung auf irgendwelche Kraft und Fülle des christlichen Lebens des Einzelnen und der Gemeinde abzuweisende kritische Frage nach dem Eigentlichen, das die durch den Heiligen Geist erweckten Gestalten ihres Tuns, sofern es immerhin ein menschliches Tun ist, als christliches auszeichnet. Desto dringlicher wird es sein, sie zu diesem Eigentlichen, zur Sache zurückzurufen. Die Liebe ist dieses Eigentliche.

Wir haben damit den Zusammenhang von 1. Kor. 13 umschrieben. Das kurze Kapitel unterbricht eine in zwei Teilen verlaufende Belehrung über den rechten Umgang mit den verschiedenen Charismen, an denen die korinthische Gemeinde (vgl. 1. Kor. 1,5–7) besonders reich, in deren Auswirkung und Anwendung sie aber auch besonders bedroht gewesen zu sein scheint. Die Echtheit dieser Gaben wird von Paulus keinen Augenblick in Frage gestellt. Eben im Blick auf ihre Echtheit, das heißt auf ihre Herkunft vom Heiligen Geist wird aber die Gemeinde (1) im 12. Kapitel gemahnt, der Einheit des ihr Anvertrauten in seinem Ursprung und also der Gemeinschaft der Menschen, die als Glieder des einen Leibes Christi der einen oder der anderen dieser Gaben gewürdigt waren, eingedenk zu bleiben – und wird sie nachher (2) im 14. Kapitel an deren größere oder geringere und also doch nur relative Wichtigkeit erinnert. Dieser zweite Ton wird schon 12,31 angeschlagen: «Strebet nach den höheren (μείζονα) Gnadengaben!». Man erfährt nachher 14,1 und aus dem ganzen Verlauf des 14. Kapitels, daß Paulus dabei vor allem an den Vorrang der prophetischen Rede vor der in Korinth offenbar besonders blühenden, aber auch überbetont wichtig genommenen «Zungenrede» gedacht hat. Zu den «höheren» Gaben rechnet er nach 13,2 offenbar auch das, was dort γνῶσις und πίστις genannt wird, und nach 13,3 auch die Freiwilligkeit zur Armut und zum Martyrium, während zu den auch ernst zu nehmenden, aber immerhin nur sekundär wichtigen Begabungen nach 12,28f. die zu Wundertaten (δυνάμεις), zum Heilen, zur Verwaltung und Leitung der Gemeinde, zum Deuten der Zungenrede – von diesen Allen ist nachher nicht mehr die Rede – zu gehören scheinen. *Theologia comparativa* hat Bengel das 12,31 angedeutete und Kap. 14 durchgeführte Verfahren genannt. Aber bevor Paulus zu diesem zweiten, unterscheidenden Teil seiner Darlegung übergeht, kommt er sich und seinen korinthischen Lesern mit einer (in sich dreifach gegliederten) Aussage in die Quere, in der er den ganzen Problemkreis der Charismen (die ganze Frage nach ihrer Verschiedenheit und Einheit, zunächst auch die eben angetönte Frage nach ihrer größeren oder geringeren Bedeutsamkeit) für einen Augenblick eingeklammert hinter sich läßt, um ausdrücklich auf den Faktor hinzuweisen, der gewissermaßen den Schlüssel zu seiner vorangegangenen und zu der noch folgenden Darlegung bildet: «Und noch darüber hinaus (über alle Geistesgaben, über alles, was zum rechten Umgang mit ihnen zu sagen ist, hinaus) will ich euch den Weg zeigen» (12.31b). Den Weg, den die Christen unter allen Umständen, ob vom Heiligen Geist besonders begabt oder nicht, so oder so begabt, zu gehen haben! Das menschliche Tun als solches, das keine besondere, sondern die eine, allen besonderen vorangehende Befreiung und Begabung durch den Heiligen Geist zum Grunde hat: das Tun, dessen Geschehen das Kriterium des rechten Umgangs mit ihnen allen ist! Dieser Weg, dieses Tun, das «über das Alles hinaus» (κατ' ὑπερβολήν) notwendig, das das *unum necessarium* ist, ist das Eigentliche, nach dem der Christ vor und bei und nach allem Empfangen besonderer Charismen, soll er sie als Gaben der Gnade des Heiligen Geistes gebrauchen, gefragt ist.

Der Weg, das Tun, das Paulus aufzeigen will, ist die Liebe. Kein Zweifel: von der in der Liebe Gottes begründeten Liebe ist die Rede – von der Liebe, deren primäres menschliches Subjekt Jesus Christus ist, die in seiner Gemeinschaft mit dem Menschen, die in seiner Nachfolge Ereignis wird, von der ἀγάπη τοῦ πνεύματος (Röm. 15, 30). Das hat die Liebe mit den Charismen, denen sie hier gegenübergestellt wird, gemeinsam, daß auch die Freiheit zu ihr die Freiheit der Kinder Gottes und also die urbildlich in Jesus Christus verwirklichte, durch den Heiligen Geist auch im Menschen erweckte Freiheit ist. Es wird ja nicht bloße Rhetorik sein, wenn Paulus die Liebe im Folgenden fast hypostasierend als eine selbständig auftretende und handelnde Person beschreiben wird. Man lese besonders die Verse 4–7 (vor allem v 7!), um sich zu überzeugen, welche Person er da erstlich und letztlich im Auge hat. Und anders als im Blick auf dieses ihr Urbild könnte sie ja auch v 8–13 nicht als das «nimmer aufhörende», das ewig beständige Element der christlichen Existenz bezeichnet werden. Es ging insofern schon in Ordnung, wenn ich an früherer Stelle (KD I, 2 S. 362) geschrieben habe, daß man den Begriff der Liebe von 1. Kor. 13 «sicher am besten versteht, wenn man sehr schlicht den Namen Jesus Christus dafür einsetzt». Damit darf aber nicht verwischt werden, daß Paulus die Liebe einen Weg genannt hat, offenbar in der Meinung, daß die Leser ihn gehen, daß sie selber etwas ausrichten dürften und sollten – und daß er sie im Übergang zu Kap. 14 (v 1a) geradezu auffordern konnte, der Liebe «nachzujagen». Der Mensch verschwindet hier nicht etwa in Gott und auch nicht in Jesus Christus, sondern in und mit ihm lebt er als neuer Mensch in der ihm durch den Heiligen Geist geschenkten menschlichen Freiheit. Daß das Wort θεός, aber auch der Name Jesu in diesem ganzen Kapitel nicht vorkommen, will ja auch beachtet sein: der Text blickt offenbar deutlich auf das, was von den Christen in dieser ihnen von Gott in Jesus Christus durch den Heiligen Geist geschenkten Freiheit zu tun ist. Die Vorstellung von A. Nygren, der zufolge unter der Liebe ein den Menschen nur eben durchströmender «Ausfluß aus Gottes eigenem Leben» zu verstehen wäre (a. a. O. 1. Bd. S. 120), ist gerade zur Auslegung von 1. Kor. 13 ganz unbrauchbar. In welchem Sinn hätte sie Paulus dem praktischen Umgang der Korinther mit den Charismen konfrontiert, wenn er dabei nicht wieder auf eine Praxis, nun allerdings auf die eigentliche Praxis des christlichen Menschen geblickt, wenn er sie nicht als *via maxime vialis* (Bengel) verstanden hätte? Geht es ihm aber um das in der Liebe Gottes begründete menschliche Lieben der Christen, so ist zu der zwischen A. v. Harnack und R. Reitzenstein vor 40 Jahren geführten Diskussion um die Frage: ob dabei an die Liebe zum Nächsten oder an die zu Gott zu denken sei? (zu ihr vgl. Nygren a. a. O. S. 114f. und Harbsmeier S. 33f.) bestimmt zu sagen, daß dies, wie überhaupt, so gerade zum Verständnis von 1. Kor. 13 eine falsche Alternative gewesen sein dürfte. Man wird zur Vermeidung beider Abstraktionen gut tun, gerade hier dauernd in die beiden Dimensionen zu blicken, in denen die christliche Liebe Ereignis wird: (auf Grund von Gottes Hingabe an den Menschen) als des Menschen Hingabe an Gott und eben darum als seine Hingabe auch an den Nächsten.

1. 1. Kor. 13, 1–3. Weil es die belebende Macht des Heiligen Geistes ist, aus der die christliche Gemeinde und in ihr alle ihre Glieder, jeder Einzelne in der ihm zugemessenen Weise leben, wirken, handeln, reden, darum kann man von der Weite, Höhe und Tiefe der ihr, der in seiner Weise einem jeden Christen gegebenen Möglichkeiten gar nicht groß genug denken. Gott erweist sich seinem Volk gegenüber als ein nicht nur gütiger, sondern nobler, freigebiger Herr, von dem viel, Großes und Größtes zu erwarten immer besser sein wird als zu wenig, als nur Kleines. Dementsprechend kann und muß die christliche Gemeinde der Schauplatz von viel ihren eigenen Gliedern und ihrer Umgebung ganz neuen, höchst erstaunlichen, weil eben auf außerordentlichen Befähigungen be-

ruhenden menschlichen Tätigkeiten werden. Wo von solchen gar nichts wahrzunehmen sein sollte, da erhöbe sich die bedenkliche Frage, ob sich die Christen, ob sich die Gemeinde als solche der Befähigung dazu nicht hochmütig und träge entzogen haben möchte, ob also ihr Verhältnis zu ihrem lebendigen Herrn nicht in Unordnung geraten, eine tote, weil bloß nominelle, nicht reale Beziehung geworden sein sollte. Es entscheidet aber über die Realität dieser Beziehung keine von diesen ausgezeichneten Tätigkeiten als solche: auch dann nicht, wenn diese ihren Grund zweifellos nicht in irgendwelchen Illusionen, sondern in einer der Gemeinde bzw. diesem und jenem Einzelnen unter ihren Gliedern verliehenen geistlichen Befähigung haben sollten – auch dann nicht, wenn ihre Kraft in allerlei Erfolgen und Früchten noch so manifest würde – auch dann nicht, wenn es da nicht nur um Staunen und Verwunderung erregende, sondern Achtung und Bewunderung erzwingende, weil in ihrer Sinn- und Zweckhaftigkeit als Dienstleistungen höchst einleuchtende Tätigkeiten ginge. Wieso nicht? Wieso soll daran die Realität der Beziehung der Gemeinde und ihrer Glieder zu ihrem lebendigen Herrn, die Macht des Heiligen Geistes nicht direkt und einwandfrei erkennbar, warum sollten sie nicht unmittelbar als Taten Gottes anzusprechen sein? Darum nicht, weil sie, der Echtheit ihres Ursprungs in den Taten Gottes, in der Herrschaft Jesu Christi, in den Gaben des Heiligen Geistes unbeschadet, menschliche Tätigkeiten sind, denen als solchen es durchaus nicht unmittelbar eigentümlich sein kann, daß in und mit ihnen das Eigentliche Ereignis wird, das da, wo jene Beziehung real stattfindet, Ereignis werden müßte. Was in und mit ihnen geschieht, ist nicht an sich und als solches Heilsgeschichte. Sie können in Fülle, sie können in größtem extensivem und auch intensivem Glanz, in größter subjektiver und auch objektiver Kraft ausgeübt werden – und das unter allen erdenklichen Merkmalen des spezifisch Christlichen – ohne daß in und mit ihnen auch jenes Eigentliche, auch Heilsgeschichte geschieht. In der Frage: ob das christliche Leben und das der christlichen Gemeinde nicht nur aus dem Geiste stammt, sondern im Geiste gelebt, nicht nur unter dem Namen Jesu Christi, sondern in seiner Nachfolge geführt, nicht nur in Anrufung, sondern zur Ehre Gottes dargebracht wird und also ein ihm wohlgefälliges Opfer ist – in dieser Frage entscheidet das Geschehen jenes Eigentlichen ganz allein. Es geschieht dieses vielleicht trotz allem nicht. Geschieht es aber nicht, dann verrät sich darin, daß es auf dem Weg zwischen der göttlichen Begabung und Befähigung zu jenen menschlichen Tätigkeiten heimlich zu jener Verwandlung der von Gott gegebenen Freiheit in eine vom Menschen geübte Willkür, der geistlichen in irgend eine geistige, moralische, religiöse Dynamik gekommen ist, die sich dann schnell genug als Statik erweisen wird! Kein Glanz und keine Kraft christlicher Tätigkeiten als solcher ist der Beweis dagegen, daß es in jenem Übergang doch wieder zu solcher Verwandlung gekommen ist, die den Vollzug der realen Beziehung der Gemeinde und der in ihr existierenden Christen zu ihrem lebendigen Herrn, die das Geschehen von Heilsgeschichte in ihrer Mitte unmöglich macht. Das Eigentliche, was in ihr geschehen müßte, kann dann bei aller Echtheit des Ursprungs und bei aller Echtheit der Doxa ihrer Tätigkeiten nicht Ereignis werden. Wird es aber nicht Ereignis, dann fehlt diesen Tätigkeiten nicht weniger als Alles: genau das, was sie als Dienst an der Sache Gottes in der Welt auszeichnen müßte. Sie werden dann – ein Drittes kommt hier nicht in Frage – faktisch im Dienst der Sache der Welt im Streit gegen die Gottes getan. Sie sind dann in Wahrheit säkulare Tätigkeiten: so leer, so nichtig, so unnütz wie das Tun der Welt ohne Gott, der nichtchristlichen Welt zu sein pflegt. Der ganze wunderbare Kosmos der, wo Gemeinde ist, wo Christen sind, gegebenen Möglichkeiten steht, sowie sie in menschlichen Tätigkeiten aktualisiert werden, in der Krisis der Frage: ob denn in und mit ihnen auch das Eigentliche, um dessen Aktualisierung es da gehen müßte, geschehe – oder etwa nicht geschehe? – und, wenn es nicht geschieht, unter der schon gefallenen Entscheidung, daß, was die Gemeinde, was die in ihr existierenden Christen tun, trotz allem, was dafür (übrigens auch trotz allem, was für ihre Aufrichtigkeit und für ihren guten Willen) sprechen mag, so verkehrt ist wie alles andere ohne und gegen Gott unternommene und durchgeführte menschliche Tun? Das Eigentliche, das da geschehen müßte und dessen Nichtgeschehen Alles in Frage stellt, Alles, auch das Beste, was da geschehen mag, Lügen straft, ist das Tun der Liebe. Die Liebe allein zählt.

v. 1: «Wenn ich mit Zungen von Menschen, ja mit Zungen von Engeln rede – und habe keine Liebe, so bin ich ein tönendes Erz oder eine lärmende Schelle». Paulus beginnt mit der Kontrastierung der Liebe zur Betätigung einer von den geistlichen Begabungen, die er nachher deutlich als eine solche zweiten Ranges charakterisieren wird. Sie steht aber bei seinen Lesern im ersten Rang. Er stellt auch ihre Echtheit nicht in Frage. Er will ihre Betätigung nicht unterdrücken: «Ich wünsche, daß ihr Alle in Zungen redet» (14,5). Er kennt und betätigt sie selber: «Ich rede mehr in Zungen als ihr Alle» (14,18). Er will den Geist auch in dieser Hinsicht nicht «dämpfen» (1. Thess. 5,19). «Zungenrede» ist der Grenzfall des christlichen Redens als solchem: das Aussprechenwollen des Unaussprechlichen, bei dem die Zunge der zur normalen Rede notwendigen Anschaulichkeit und Begrifflichkeit gewissermaßen voraneilt und ausspricht, was nur eben als Seufzer oder Jauchzer vernehmbar werden kann, was darum (14,7f.) der Deutung, der Auslegung sofort bedürftig ist. Schon daß sie deren fähig ist, scheint immerhin nicht darauf hinzuweisen, daß man dabei an ein schlechthin «unartikuliertes», schlechthin inhumanes, schlechthin bizarres Stottern und Stammeln zu denken hat. An bloß «emotionale Eruptionen» (Harbsmeier, S.14) auf keinen Fall, sonst würde Paulus die Befähigung dazu schwerlich als eine pneumatische anerkannt haben! Wohl aber an ein solches Reden, das gerade in seinen entscheidenden Aussagen alle plane Kohärenz hinter sich lassen, in seinen Elementen unerwartet auseinanderbrechen, oder in ebenso unerwarteten Gleichungen sie zusammenfügen muß, schließlich nur noch in Andeutungen mit gewaltigen Frage- und Ausrufzeichen verlaufen kann. Ob es wohl irgend eine christliche Rede, irgend ein Aussprechen des evangelischen Kerygmas gibt, das nicht in seiner Spitze endlich und zuletzt zur «Zungenrede» werden, in dessen entscheidenden Sätzen die Zunge den Anschauungen und Begriffen nicht voraneilen müßte: um dann freilich alsbald «auslegend» zum Sprechen in Anschauungen und Begriffen zurückkehren zu müssen? Immerhin: der Vorstoß zu jener Spitze hin ist kein Kunstgriff, den Jedermann und den irgend Jemand ohne weiteres anwenden kann, sondern setzt eine Gabe, eine Erlaubnis, eine Freiheit voraus, ohne die er nur eben der Vorstoß ins Absurde sein könnte. Der Grenzfall menschlichen Redens, in welchem sie in die Hymne übergeht, bleibt, auch wenn es um die christliche Rede geht – der Grenzfall! Die korinthische Gemeinde nun erfreute sich in ihren Versammlungen einer Hypertrophie gerade des Vorstoßes in den Grenzfall der christlichen Rede. Paulus will ihr diesen Vorstoß nicht ausreden: er weiß, daß es Punkte gibt, wo zwischen «Zungenrede» und einem unerlaubten Schweigen gewählt werden muß – auf die Gefahr der Einrede: «Das verstehe ich nicht!» Er will ihnen auch die Hochschätzung dieses Vorstoßes zwar einschränken, aber nicht ausreden. Er setzt 1.Kor.13,1 voraus, daß es dabei mit rechten und nicht mit unrechten Dingen zugehen könne. Er stellt aber fest, daß man (durch den Heiligen Geist dazu ermächtigt!) in Zungen reden und dabei keine Liebe haben, die Hingabe an Gott und den Nächsten gänzlich unterlassen kann. Die Fähigkeit zu jenen hochbedeutsamen Spitzensätzen, in denen es um das Aussprechen des Unaussprechlichen geht, der *esprit*, den es dazu braucht, ist keine Garantie gegen diese Unterlassung. Und wo diese Unterlassung stattfindet, da ist die Zungenrede – Paulus exemplifiziert auf sich selbst: da bin ich! – eines von jenen Instrumenten, die darum keine Musikinstrumente sind, weil sie zwar tönen, aber nur einen einzigen Ton geben und insofern nur leer, hohl, nichtssagend, gänzlich unmusikalisch tönen können. Der Klang einer Glocke oder eines Gongs ist keine Musik, sondern nur eben ein Lärm: so die ohne Liebe ins Werk gesetzte Zungenrede, ganz gleichgültig, wie bedeutsam und ergreifend sie auch daherlärme – ganz gleichgültig wie ernstlich sie Gott, Christus, den Geist meine. Ist sie ohne Liebe, so hilft ihr alle gute Meinung so wenig wie aller Geistesreichtum, der in ihr zur Aussprache drängt – nämlich nichts. Was in ihr klingt, ist dann doch nur der hohe Selbstgenuß und die gewaltige Selbstdarstellung des Zungenredners: eine monotone, langweilige, unerquickliche, letztlich verdrießliche Angelegenheit. Kein *Kyrie*! hilft da und kein *Gloria*! Und es hülfe dem Zungenredner auch gar nichts, wenn er durch ein Wunder schon unter jene 144000 von Apok. 14,2f. versetzt und also in der Lage wäre, jenes neue, sicher noch in ganz anderen Überbietungen reiche Lied der Engel vor dem Thron des Lammes zu lernen und mitzusingen. Ohne Liebe wäre er auch dann, auch dort nur ein «tönendes Erz oder eine lärmende Schelle». Die Liebe allein zählt, nicht die Zungenrede, nicht die gehaltvollsten, auch nicht die im besten Sinn «enthusiastisch» gesprochenen oder gesungenen Spitzensätze.

v 2: «**Und wenn ich prophetischer Rede mächtig bin und weiß alle Geheimnisse und habe ganze Erkenntnis und ganzen Glauben, so daß ich Berge versetzen kann – und habe keine Liebe, so bin ich ein Nichts**». Es geht jetzt um die Gaben, die nach 12,31 und nach Kap.14 zu den höheren, vor allem begehrenswerten gehören. Auch unter προφητεία ist eine bestimmte, wichtige, nicht Jedem und Keinem gleich gegebene Form christlicher Rede zu verstehen, die aber – sie wird 14,3 der Zungenrede gegenübergestellt – im Unterschied zu dieser von bestimmten Anschauungen und Begriffen Gebrauch macht. Der christliche «Prophet» erscheint 12,29 (auch Eph.4,11) unmittelbar nach dem Apostel. «Weissagung» (im Sinn von: Vorhersagung künftiger Ereignisse) ist kaum das Wesentliche, was ihn zum Propheten macht. Vielleicht hat man an den im Anschluß an das apostolische Kerygma stattfindenden Aufweis der göttlichen Offenbarung im *hic et nunc*, den «verstehbaren Ruf zum Glaubensgehorsam hier und heute» (Harbsmeier S.27) zu denken, der dann allerdings auch und nicht zuletzt die Eröffnung sehr bestimmter Ausblicke in die Zukunft in sich schließen wird. Wissen um die μυστήρια und γνῶσις ist die gar nicht selbstverständliche Voraussetzung aller christlichen Rede: das Verstehen der Botschaft selbst und ihre theoretischen und praktischen Implikationen, das Hineinschauen in ihre verschiedenen Dimensionen, das Denken in der Einigung und im Gegenüber von Gott und Mensch, im Zusammenhang des Alten und des Neuen, das nach Matth. 13,51 den «für das Himmelreich unterrichteten» Schriftgelehrten ausmacht. Hier am ehesten wird man an das zu denken haben, was wir «Theologie» nennen, wobei aber zu bedenken ist, daß γνῶσις in der Sprache der Zeit, die die Korinther in den Ohren haben und wohl auch selber sprechen mochten, *intellectus*, nicht in einem banalen, sondern im höchsten Sinn des Wortes und also «verstehende Teilnahme des ganzen Menschen an der Erlösergottheit» (Harbsmeier, S. 17) bedeutete. Πίστις endlich ist hier im besonderen der wunderwirkende Glaube. Paulus problematisiert auch in diesem Bereich gar nichts. Er denkt an maximale Möglichkeiten, die hier Wirklichkeit werden könnten: alle Geheimnisse, ganze Erkenntnis, ganzer Glaube – Glaube, der (Matth. 17,20) Berge versetzt! Und er redet auch hier in der ersten Person und also von ihm selbst wohlbekannten Möglichkeiten. Er stellt aber fest, daß er auch zu dem Allem ermächtigt sein, das Alles realisieren und doch keine Liebe haben könnte. Und wenn es in höchster Vollkommenheit geschähe: sein Reden als Prophet könnte dann doch nur eitles Wortwerk, seine Erkenntnis doch nur ein mystisch-rationales Spiel, sein wunderwirkender Glaube doch nur ein höherer Zauber ohne eine massive, aber sterile Orthodoxie sein. Er wäre dann seiner ganzen prophetisch-theologisch-hierurgischen Herrlichkeit zum Trotz οὐθέν, ein Nichts, eine Folge von vielen Nullen, vor der leider keine Eins steht. So kann man ja nach Matth. 7,22f. im Namen Jesu als Prophet reden, in seinem Namen Dämonen austreiben, in seinem Namen viele Machttaten tun und doch begehen, was wider das Gesetz ist und also zu denen gehören, die er nie gekannt hat. Die Liebe allein zählt, nicht diese ganze Herrlichkeit, so groß sie innerhalb dieser Klammer immer sein mag.

v 3: «Und wenn ich mein ganzes Vermögen zu Almosen mache und wenn ich meinen Leib hergebe zum Verbrennen – und habe keine Liebe, so nützt mir das gar nichts.» Paulus hat offenbar auch die Willigkeit zur Armut zugunsten bedürftiger Mitmenschen und hat auch die zum Martyrium auf besondere Erweckungen und Begabungen durch den Heiligen Geist zurückgeführt, und wieder hat er dabei offenbar von Möglichkeiten geredet, die auch ihm selbst nicht ganz fremd waren. Man beachte – die Klimax der Verse 1–3 wird hier ganz deutlich – wie nahe er jetzt in der Beschreibung des christlichen Tuns der Liebe selber kommt. Ist das nicht schon Nächstenliebe, wenn Einer alle seine Habe zu Almosen macht? Und ist das nicht schon Gottesliebe, wenn Einer sich um des Glaubens willen willig dazu hergibt (die Stelle Dan. 3,25f. LXX scheint Paulus hier vorgeschwebt zu haben) getötet zu werden? Von einem παραδοῦναι ist ja in der zweiten Satzhälfte ausdrücklich die Rede. Aber das ist es, was da gerade gesagt werden soll: es gibt tatsächlich auch eine Liebe, die ohne Liebe, eine Hingabe, die keine Hingabe ist, einen Paroxysmus der Selbstliebe, der ganz und gar die Gestalt echter, bis zum äußersten gehender Gottes- und Bruderliebe hat, in welchem es sich aber durchaus nicht um Gott und den Bruder, sondern um das Entzücken handelt, das Einer, indem er Alles, indem er sich selbst preisgibt, gerade an sich selber, an der Unbeschränktheit seines Heroismus finden kann. Sein Tun nützt ihm dann gar nichts, qualifiziert ihn in keiner Weise zum Christen, hat mit dem Geschehen von Heilsgeschichte in seinem Leben gar nichts zu tun. Die Liebe allein zählt – keine Liebestaten als solche, auch die größten nicht. Sie können auch ohne Liebe getan werden und sind dann bedeutungslos, mehr noch: sie sind dann gegen Gott und gegen den Bruder getan.

2. 1. Kor. 13, 4–7. Die Art des Eigentlichen, das im Gegensatz zur Realisierung aller – auch aller durch den Heiligen Geist gegebenen Möglichkeiten christlichen Lebens in der Liebe und nur in ihr geschieht, das sie zur *conditio sine qua non* der Existenz der christlichen Gemeinde und des einzelnen Christen als solchen macht, besteht darin: daß die

Liebe siegt, überwindet, triumphiert. Sie ist schon insofern Nachglanz der Auferweckung Jesu Christi von den Toten und Vorglanz der kommenden allgemeinen Auferstehung. Sie ist die Offenbarung der Überlegenheit des göttlichen Ja, des Ja der freien Gnade Gottes gegenüber dem trübseligen Nein des ihm und seinem Nächsten und damit sich selbst entfremdeten Menschen – die Offenbarung der Überlegenheit des Lebens über den Tod. Was in der Liebe geschieht, ist die Umkehr von der alten zur neuen Kreatur, ist das Weichen des alten, das Kommen des neuen Aeon. Wir haben schon festgestellt: die Aussagen, die gerade hier, im zweiten Teil des Kapitels über die Liebe als die christliche Lebenstat gemacht werden, sind zu stark, als daß sie ohne den Blick auf den Menschen Jesus als die Originalgestalt alles christlichen Tuns tragbar wären. Wiederum ist gerade hier nicht zu verkennen: es ist ein menschliches Tun und Lassen – in seiner Eigentlichkeit, aber das Tun und Lassen von Christenmenschen – auf das diese Aussagen sich beziehen. Von ihm ist zu sagen: indem es Liebe ist, triumphiert es über die Gewalten, die sich seinem Vollzug als Hingabe an Gott und den Bruder und also dem Vollzug der christlichen Existenz als solcher (1) im Christen selbst als einem sündigen Menschen, (2) im Bruder, der eben auch ein solcher ist und schließlich (3) seinem Vollzug als Hingabe an Gott bedrohlich entgegenstellen. Die Liebe triumphiert über diese Gewalten: nicht in einer Idee von deren Unterlegenheit oder von ihrer eigenen Überlegenheit, sondern indem sie beide durch die Tat wahr macht und ans Licht bringt, indem sie nämlich diese Gewalten besiegt und überwindet. Es handelt sich um keine verächtlichen, sondern um starke Gewalten. Aber die Liebe: der Christ im Tun der Liebe, hat ihnen gegenüber den längeren Atem, das hellere und länger brennende Licht, den festeren Boden unter den Füßen. Indem er liebt, wird er ihrer Meister, schlägt er sie aus dem Felde. Die Liebe ist also kein schwaches, sondern ein starkes Tun. In dieser Art, in dieser ihrer Stärke ist sie das Eigentliche, nach welchem der Christ in allen, auch in seinen geistgewirkten Tätigkeiten gefragt ist. Um dieser ihrer Stärke willen zählt allein die Liebe. Was wäre des Christen Lebenstat, wenn sie nicht das Königreich Gottes, wenn sie nicht die Existenz des königlichen Menschen Jesus bezeugte und widerspiegelte? Und wie würde sie das tun, wenn sie nicht als starke, tapfere Tat selber Sieg, Überwindung, Triumph wäre? Indem sie Liebe ist, wird und ist sie das, geschieht in ihr Heilsgeschichte, wird in ihr die Herrlichkeit Gottes in Jesus Christus räumlich-zeitliches Ereignis, qualifiziert sie den Christen als solchen, dient sie der Auferbauung und Zurüstung der Gemeinde für ihre Sendung in der Welt. Von keiner christlichen Tätigkeit kann das unbedingt gesagt werden und so auch nicht vom Glauben, so auch nicht von der Hoffnung. Die Liebe allein siegt. Von ihr aber darf und muß das unbedingt gesagt werden: sie siegt wirklich.

4. Die Art der Liebe

v 4a: «Die Liebe ist langmütig, freundlich». Das dürfte so etwas wie die Überschrift des hier zu Gesichte kommenden Ganzen sein. Taten wir recht, die christliche Liebe als freie Hingabe zu bezeichnen, dann dürfen wir jetzt erklären: eben darum, weil sie Hingabe ist, ist sie langmütig, hat sie jenen langen Atem, ist sie jenes helle und nicht versagende Licht, hat sie festen Boden unter den Füßen. Alle Kurzatmigkeit, alles bloße Schwelen und Flackern des dem Leben des Menschen nötigen Lichtes, alles Wanken des Bodens unter seinen Füßen kommt letztlich davon her, daß er anders als in der Hingabe leben, daß er nicht frei für Gott und frei für den Bruder – und also frei von sich selbst, daß er umgekehrt immer wieder frei für sich selbst sein will. In der Liebe gibt er sich selbst hin, hat er Gott und den Bruder vor sich – und nur eben so, dort, auch sich selbst vor sich. Und weil sie freie Hingabe ist, darum ist sie «freundlich». Man verstehe das Wort nicht in einem zimperlichen Sinne! Freundlichkeit im Sinn der neutestamentlichen χρηστότης ist ja eigentlich «Tüchtigkeit» und also sicher das Gegenteil von allen Erweichungen. «Freundlich» ist Einer, der die Freiheit hat, der dazu tüchtig ist, einem Anderen wirklich von sich aus gut zu sein: ein freiwilliger Gottesfreund und darum auch Menschenfreund. Als solcher tut er nichts ihm Fremdes, bloß Zufälliges, er ist nicht unter Anderem, akzidentiell, auch noch «freundlich», indem er sich Gott und dem Bruder hingibt. Er tut eben damit sein Eigenstes. Er liebt, indem er ist. Das macht ihn zum *a priori* überlegenen Mann. Also: Indem die Liebe «langmütig» und «freundlich» ist, siegt, überwindet, triumphiert sie, ist ihrer Gewalt keine andere gewachsen.

v 4b–5c: «Die Liebe eifert nicht. Die Liebe prahlt nicht. Sie bläht sich nicht auf. Sie verletzt nicht die Sitte. Sie sucht nicht das Ihrige.» Man sieht, daß ihre Überlegenheit keine billige, daß da schon Einiges zu überwinden ist. Die vielen Negationen in dieser ersten Reihe, die sich ja dann in der zweiten noch vermehren, sind den Exegeten von jeher aufgefallen. Gerade im Blick auf diese vielen Negationen scheint es angemessen, das Ganze dieses mittleren Teils des Kapitels unter dem Gesichtspunkt eines vom Christen gegen die fremden Gewalten siegreich geführten Streites zu verstehen. Es geht in den angeführten Worten zunächst um finstere Gewalten, denen er – er ist ja auch nur ein Mensch – in sich selbst begegnet. Alle seine anderen Tätigkeiten schließen, auch wenn sie direkt aus dem Heiligen Geist stammen, die Manifestationen dieser Gewalten in seinem eigenen Denken und Wollen nicht aus – die Liebe aber tut das. Er kann nämlich als Zungenredner, als Prophet, als Theologe, als Wundertäter, er kann auch als Asket und Märtyrer noch immer gar sehr «eifern»: um sein Recht, seine Ehre, die ihm gebührende Anerkennung, um bestimmte Erfolge seines Tuns. Liebt er, dann läßt er das und eben, indem er das läßt, siegt die Liebe. Er kann in all jenen Tätigkeiten noch immer gar sehr «prahlen», sich selbst, seine geistgewirkten Leistungen und Vollbringungen (vielleicht auf der Folie seiner Schwachheit, seines Lebenskummers und Weltschmerzes!) Gott und der Welt und sich selbst zur Bewunderung gleichsam ins Schaufenster stellen. Liebt er, dann läßt er das, und eben darin siegt dann die Liebe. Er kann sich auch «aufblähen», wie man eine Seifenblase oder gar einen Ballon aufbläst, kann – dem Heiligen Geist zuwider, dem er doch Alles verdankt – aus sich selbst als Pneumatiker und Gnostiker (1. Kor. 8, 1) oder in unnatürlicher Aufwertung seines besonderen Anliegens und Strebens, seiner «Sache», mit der Figur machen wollen, deren Konturen zu dem, was er ist, zu bieten und zu vertreten hat, in gar keinem Verhältnis stehen. Liebt er, dann läßt er das. Er kann, auch das in offenkundiger Verwechslung der ihm gegebenen mit einer willkürlich von ihm selbst zu begrenzenden und auszudehnenden Freiheit, der Meinung sein, die Schranken des Schicklichen, des Dekorums, der Sitte, der *civilitas* (Bengel) durchaus ignorieren und durchbrechen, sich selbst und Anderen durchaus als genialer Zigeuner interessant werden zu müssen. Liebt er, dann läßt er bestimmt auch das. Die Liebe kann überhaupt – dieses letzte Wort faßt wohl alles Vorangehende zusammen – nicht «das Ihrige», das heißt es kann der Mensch, der lieben darf, nicht «das Seinige» suchen. Die ganze Gefährdung seiner Begabung, die deren

Betätigung sofort in der Wurzel vergiften müßte, die ganze Bedrohung des Absturzes aus dem geistlichen in ein ungeistliches Wesen besteht ja in der Versuchung, den Heiligen Geist zu des von ihm beschenkten Menschen eigener Behauptung, Verteidigung, Bereicherung, Schmückung zu verwenden. Liebt er, so gibt er sich hin (mit dem Nebenergebnis, daß er sich selbst uninteressant wird!) und überwindet eben damit diese Versuchung. So gewiß er ein Mensch ist: er könnte jeden Augenblick das Seinige suchen! Aber so gewiß er liebt, fällt das ganze Eifern, Prahlen, Sichaufblähen, den Genialen spielen, in welchem der Mensch sich selber sucht, dahin, weg, zu Boden: einfach darum, weil er, indem er liebt, *per definitionem* nicht das Seinige, nicht sich selbst suchen kann. Soviel von der finsteren Gewalt, die die Liebe im liebenden Menschen selbst zu überwinden hat, und faktisch, so gewaltig sie ist, spielend überwindet.

v 5d–6: «Sie läßt sich nicht aufreizen, rechnet das Böse nicht nach, freut sich nicht über das Unrecht, freut sich aber über die Wahrheit.» Es geht in dieser zweiten Reihe um die finstere Gewalt, der der Christ nicht nur in sich selbst, sondern gewiß auch in Sein und Tun des Nächsten begegnet. Man beachte, daß die Reihe kürzer ist als die erste und daß im letzten Glied, hier zum ersten Mal, eine positive Bestimmung der Liebe auftaucht. Der Nächste, der Mitchrist (er vielleicht noch mehr als der Mitmensch im Allgemeinen, bei dem man Manches leichter übersehen kann) ist auch dem ein schweres Problem, der bemerkt hat, daß er sich selbst das schwerste ist. Man ahnt bei der Stelle, daß auch die Geistbegabten in Korinth sich gegenseitig nicht ohne weiteres den Eindruck von reinen Engeln machten. Der Nächste kann mir – und das vielleicht gerade im Gebrauch dessen, was er für seine besondere Gabe hält und was sie auch sein mag – schrecklich auf die Nerven gehen. Und dann kann er mich «aufreizen», erbittern, mich mehr oder weniger rasend machen. Daran, daß er mir auf die Nerven geht, kann wohl auch die Liebe nichts ändern, wohl aber schließt sie, indem sie Hingabe ist (und das nun vielleicht doch nicht ohne heilsame Rückwirkung auf meine armen Nerven!) das *a limine* aus, daß ich mich durch ihn «aufreizen», das heißt mich durch ihn in die Stellung und Rolle seines Antagonisten drängen lasse. Der Christ kann nicht seines Nächsten Antagonist werden. Die Liebe hat, pflegt und duldet keine Anti-Komplexe. Das ist jedenfalls eines von den Geheimnissen ihrer Überlegenheit, ihres Sieges. Sie kann sich durch den Nächsten freilich auch noch ernstlicher blockiert finden: Kann ich doch auch daran zunächst nichts ändern, daß mir in seiner Person – und wen sie die des ausgezeichnetsten christlichen Bruders wäre – in irgend einem Punkt und in irgend einer Gestalt «das Böse» begegnet, an dem leider (wie ich selber!) auch er Anteil hat. Werde ich es ihm als solches «nachrechnen» (λογίζεσθαι), es gewissermaßen zu Protokoll nehmen, ihm aufbewahren, ihn dabei behaften, um ihn nun doch mindestens teilweise von da aus zu interpretieren, mein Verhalten zu ihm darauf einzustellen, daß ich ihn für einen mehr oder weniger «bösen Menschen» halte? Ich kann das, und meine Neigung dazu wird bestimmt nie ganz klein sein. Die Liebe aber kann und tut das nicht: nicht nur, weil sie Hingabe, sondern weil sie als solche der Spiegel der Liebe Gottes ist, die es mit lauter «bösen Menschen» zu tun hat, um ihnen ihre Sünde nach 2. Kor. 5,19 doch gerade nicht an- und nachzurechnen. Wer liebt, führt keine «Dossiers» über seine Nächsten. Aber nun die dritte, die unheimlichste Möglichkeit, die darin besteht, sich – in offenkundiger Perversität! – darüber zu «freuen», daß sich der Nächste mir oder Anderen gegenüber (von Gott gar nicht zu reden) je und je, auch wenn er der Gerechteste wäre, zweifellos ins Unrecht setzt! Raffinierte Genugtuung, die ich mir damit verschaffen kann, mich, indem ich womöglich auch noch tiefstes Bedauern mit ihm nicht nur zur Schau trage, sondern auch empfinde, womöglich in der Gebärde und im Gefühl größter Vergebungsbereitschaft, durch seine Verfehlung in ein umso besseres Licht gestellt, mich zu rüstiger Vertretung der guten Sache im Unterschied zu ihm befugt und angespornt und so in meiner eigenen Vorzüglichkeit erst recht bestätigt und bestärkt, erhoben und befestigt zu finden! Warte, spanne ich nicht etwa schon darauf, daß der Andere sich noch und noch einmal blamieren, ins Un-

4. Die Art der Liebe

recht setzen, mir damit solche Weide bereiten möchte? Wieviel Schwung privater und gemeinsamer christlicher Aktion wäre im Nu dahin, wenn ihr der Grund solcher «Freude» genommen würde, wenn sie diese Weide verlassen müßte! Die Liebe betritt sie gar nicht, sie lebt nicht von dieser Freude. Wie wäre sie Hingabe, wenn es sie freute, sich von dem dunklen Hintergrund fremder Bosheit, Torheit und Verwirrung abzuheben? Sie freut sich freilich auch, und eben in ihrer ganz anderen Freude tut sie – nun kommt jene erste positive Bestimmung – was angesichts des Unrechts des Anderen zu tun sinnvoll ist. Man erwartet, es müsse nun heißen: sie freut sich statt am Unrecht des Anderen an dem, worin sie auch ihn, woran es ja auch nirgends ganz fehlen wird, im Recht findet. Es heißt aber (in derselben Entgegenstellung zu ἀδικία wie 2.Thess.2,10.12, Röm.2,8): sie freut sich über die Wahrheit. Es könnte beachtlich sein, daß ja das Kompositum συγχαίρει dasteht, wobei sich dann die Bedeutung ergäbe: die Liebe freut sich zusammen, gewissermaßen im Bündnis mit der allem menschlichen Unrecht gegenüber objektiv triumphierenden Wahrheit. Sicher ist, daß es um die Wahrheit geht, in deren Dienst sie selber als Bezeugung des göttlichen Gnadenbundes stehen darf, und also für den Christen um das ἀληθεύειν ἐν ἀγάπῃ (Eph. 4,15). Liebe ist ja als Nächstenliebe Hingabe zur Bezeugung der Wahrheit, daß Gott nach 1.Joh.3,20 «größer ist als unser Herz», Hingabe zur Verbürgung dessen, was mächtiger ist als alle Verkehrtheit, in welcher Einer dem Anderen gegenüberstehen mag. An diesem Größeren, an seiner Überlegenheit teilnehmend, freut sich die Liebe. Und in dieser Freude wird sie zwar dem Unrecht des Anderen gewiß keinen Schritt weichen, sein Unrecht nicht Recht nennen, denn in und mit der Wahrheit hat sie ihm ja zweifellos auch das höchste Recht zu bezeugen. Sie wird es ihm aber fröhlich bezeugen: als die auch für ihn gültige Gnade, als die Freiheit, zu der auch er bestimmt ist. Sie wird ihm also Lust machen, sich des Rechtes auch zu freuen, um in solcher Freude sein Unrecht als Unrecht zu erkennen und zu lassen. Das ist ihre Überlegenheit gegenüber der finsteren Gewalt im Sein und Tun des Anderen. In dieser Überlegenheit tritt sie ihr zum vornherein siegreich gegenüber.

v 7: «Sie trägt Alles. Sie glaubt Alles. Sie hofft Alles. Sie überdauert Alles.» Sie handelt auch in dieser Sicht als Liebe zum Nächsten, in Überwindung des Bösen, dem Einer im Anderen – und gewiß auch dessen, dem er in sich selbst begegnet. Die Begriffe, die jetzt auftauchen, weisen aber darauf hin, daß die Liebe zum Nächsten, ihr Kampf und ihr Sieg und mit ihm das schwerste Problem, das der Christ sich selber ist, nun hineingenommen erscheint in die Liebe zu Gott, und jenes Überwinden in das Überwinden der Gewalten, die sich gerade der Liebe zu Gott entgegenstellen möchten. Es steht ja so viel auch zwischen dem Menschen und Gott: viel hart zu tragende Lebenslast, die die Liebe zu ihm zu tragen bekommt, viel schmerzliche Unsichtbarkeit Gottes, angesichts derer die Liebe zu ihm nur eben glauben kann, viel Dunkelheit der gegenwärtigen Weltgestalt, inmitten derer dann auch die Liebe nur hoffen kann, viel nicht endenwollende, scheinbar ganz sinnlose Prüfung, in der die Liebe zu ihm einfach nur überdauern, beharren (ὑπομένειν) kann. Man könnte unter allen diesen Aspekten an Gott irre werden, Gott zu lieben müde werden und aufhören. Und unter allen diesen Aspekten mögen es gerade die Mitmenschen und vielleicht gerade die christlichen Brüder sein, im Blick auf die man der Versuchung zu solchem Irrewerden, Müdewerden und Aufhören erliegen könnte. Es gibt keinen ganz gewissen Sieg auf dieser weiten und komplizierten Front außer dem einen, auf den Paulus hier hinweist: den, der damit Ereignis wird, daß die Liebe darum weder an Gott noch am Nächsten irre und müde werden und also auch nicht aufhören kann, weil und indem sie als Liebe eben das tut, was in jener ganzen Problematik allerdings als Einziges zu tun übrig bleibt, was aber auch jener ganzen Problematik gegenüber bestimmt nicht versagt. Sie trägt, sie glaubt, sie hofft, sie überdauert. Sie tut das. Man beachte, wie sie in den beiden mittleren Sätzen geradezu als Subjekt des Glaubens auftritt: des Glaubens nämlich, der nach 1.Joh.5,4 der Sieg ist, der die Welt überwindet, aber auch als Subjekt der Hoffnung: der Hoffnung offenbar, die nach Röm.5,5 nicht zu schanden werden läßt. Und so ist sie auch das Subjekt eines starken, siegreichen στέγειν und ὑπομένειν. Und nun beachte man natürlich vor allem das vierfache πάντα! Hier wird ja wohl das Durchschimmern des Urbildes der christlichen Existenz unverkennbar. Aber eben dieses Urbild, der königliche Mensch Jesus, ist ja nicht nur das Vorbild, sondern das lebendige Haupt seiner Gemeinde und aller ihrer Glieder, an dessen Leben und also an dessen Sieg sie als solche nicht nur passiv, sondern auch aktiv, als tätige Subjekte, teilnehmen dürfen. Indem sie lieben, werden und sind sie das. Indem sie lieben, widerstehen sie der ganzen Welt feindseliger Gewalten, überwinden sie sie. Stehen die Christen in allen jenen geistgewirkten Tätigkeiten im Kampf – aber eben doch immer noch im unentschiedenen Kampf – gegen sie, so haben sie sie, indem sie lieben, schon unter sich, hinter sich. Wir mögen an Röm. 8,37 denken: «In dem Allem überwinden wir weit» (ὑπερνικῶμεν). Wir? Ja, wir: «durch den, der uns geliebt hat», aber wir! Der Ruf: «Jesus ist Sieger!» (J. Chr. Blumhardt) ist wahrlich nicht nur der Beifallsruf von Zuschauern. Die in seiner Nachfolge mit ihm Siegenden sagen das. – Mit dem letzten Satz dieser Reihe: πάντα ὑπομένει, sie «überdauert», eröffnet sich übrigens schon der Ausblick auf den dritten Teil des Kapitels.

3. 1. Kor. 13, 8–13. Die christliche Lebenstat geschieht eigentlich nur, sofern sie in der Gestalt der Liebe geschieht. Wieder nur in der Gestalt der Liebe durchbricht sie den Zwang der finsteren Gewalten, dem der Gott, dem Nächsten und sich selbst entfremdete Mensch unterworfen ist. Und nun ist fortfahrend und abschließend zu sagen: nur in der Gestalt der Liebe hat sie schlechthin unvergänglichen Gehalt und insofern schlechthin gewisse Dauer, ist sie Teilnahme an Gottes ewigem Leben. Nur indem und sofern der Christ liebt, befindet er sich nämlich jetzt schon, in der zeitlichen Gegenwart seines Daseins, an dem ihm und allem Dasein, aller in der Zeit geschehenden Geschichte gesetzten Ziel und also in dessen ewiger Zukunft. Genauer gesagt: Nur indem und sofern der Christ liebt, wird und ist die ewige Zukunft seines und alles Daseins mitten in dessen zeitlichem Vollzug, indem sie noch ferne ist, schon nahe, indem sie noch Zukunft ist, schon Gegenwart. Nachglanz der Auferweckung Jesu Christi von den Toten haben wir sie bereits genannt: Nachglanz dieser ersten Offenbarung der Erhöhung, der Thronbesteigung dieses einen Menschen und damit der Aufrichtung der Herrschaft Gottes über alle Menschen, über seine ganze Kreatur. Eben die zweite, die endgültige, die universale, die unmittelbare Offenbarung der Königsherrschaft Gottes in Jesus Christus ist die ewige Zukunft, der die ganze Welt, der jeder Mensch und in der Gemeinde und mit ihr jeder Christ als Zeuge jener ersten Offenbarung entgegengeht. Alle Gaben des Heiligen Geistes – alle von Ostern, alle von jener ersten Offenbarung her! – sind die Ermächtigungen des Volkes Gottes und seiner Glieder zu diesem Entgegengehen, zu dieser Wanderschaft. Das ist die Größe, das ist aber auch die Grenze dieser Gaben. Ihre Betätigungen sind die Werke, die zwischen den Zeiten, in dieser Zeit des Dienstes der Gemeinde geschehen müssen. Die werden aber, wenn der Auferstandene, der lebendige Jesus Christus wiederkommen, das heißt als der, der er ist, endgültig, universal, unmittelbar offenbar werden wird, zu ihrem Ziel, eben damit aber auch

in ihrer jetzigen Gestalt zu ihrem Ende kommen, indem dann der Dienst des wandernden Gottesvolkes als solcher getan sein, nicht weitergehen wird. Es gibt aber ein Kontinuum, in welchem er das Jetzt, die Zwischenzeit überdauern, eine Gestalt, in der er auch an jenem Ziel geleistet werden wird, in welcher er also jetzt schon identisch ist mit dem ewigen Dienst der Kreatur im Lichte der letzten und abschließenden Offenbarung der Königsherrschaft Gottes in Jesus Christus. Er ist nämlich jetzt schon ewiger Dienst, er geschieht jetzt schon im Vorglanz der Wiederkunft Jesu Christi und also der Vollendung, der Erlösung, indem und sofern er Liebe ist. Nur in der Gestalt der Liebe hat die christliche Lebenstat diese Verheißung: gewiß auch indem sie Glaube und Hoffnung ist – aber auch als Glaube und Hoffnung nur, sofern Liebe die Gestalt der im Glauben und in der Hoffnung vollbrachten christlichen Lebenstat ist. Im Charakter der Liebe aber hat diese die Verheißung der Kontinuität: hinein in das Ziel und also hinaus über das Ende der Zwischenzeit, in welcher mit dem ganzen jetzt zu leistenden Dienst der Gemeinde auch die ihr zu dessen Vollzug zugewendeten Begabungen, in welcher deren Betätigungen zu Ende sein werden. Die Liebe aber, das, was in ihren Betätigungen, das, was auch im Glauben und in der Hoffnung Liebe war, wird nie, auch nicht an jenem Ziel, zu Ende sein. Und so ist die Liebe schon jetzt das Unvergängliche in der christlichen Lebenstat, man muß wohl sagen: ihre schon in der Gegenwart erfüllte Verheißung. Die Liebe allein besteht: Alles, was sonst – auch christlich, auch auf Grund höchster geistlicher Ermächtigung – getan werden darf und muß, gerade nur insofern, als auch es in der Liebe getan, als es selber Liebestat ist!

v 8a: «Die Liebe höret nimmer auf.» Man bleibt (wegen der Energie des Wortes «nimmer») am besten bei dieser Übersetzung Luthers. Οὐδέποτε πίπτει heißt: sie ist die Gestalt christlichen Tuns, die nicht erst der Verwandlung, der Aufhebung in eine andere, höhere, erst künftige Gestalt und insofern einer Destruktion bedarf und unterworfen ist. Kraft der Liebe gibt es (v 7) schon in der zeitlichen Existenz der Gemeinde und der Christen ein ὑπομένειν, jenes Überdauern gegenüber den sie bedrohenden Gewalten. Von einer Bedrohung der christlichen Existenz ist im Folgenden nicht mehr die Rede, wohl aber von der Relativierung, die ihr gerade von ihrer herrlichen Zukunft, gerade von dem ihr jetzt noch verborgenen, einst aber leuchtenden ewigen Licht her widerfahren wird und der sie heimlich, aber real jetzt schon unterworfen ist. Der Liebe – der ganzen christlichen Lebenstat, sofern sie in Liebe getan wird – wird auch diese Relativierung nicht widerfahren und so ist sie ihr auch jetzt schon nicht unterworfen. Die Liebe ist das Kontinuum zwischen Jetzt und Dann, zwischen «Diesseits» und «Jenseits». Sie ist wohl nach Troeltschs berühmtem Satz: die Kraft des Jenseits, die als solche schon die Kraft des Diesseits ist.

v 8b: «Prophetenreden – sie werden aufgehoben werden. Zungenreden – sie werden aufhören. Erkenntnis – sie wird aufgehoben werden.» Die Futura sind Hinweise auf das Ziel und Ende der jetzt laufenden Zeit, der Zwischenzeit, die die Zeit der Gemeinde ist. Prophetie, Zungenrede, Erkenntnis werden dann, werden dort jener Relativierung unterworfen werden, sind ihr, von dorther bestimmt und gesehen, jetzt schon unterworfen. Relativierung: so wird man es wohl sagen müssen. Das καταργηθήσονται mit «sie werden abgetan werden» (Harbsmeier) oder gar mit «sie werden zunichte werden» (Lietzmann) zu übersetzen, dürfte nicht wohlgetan sein. «Wir werden alle verwandelt werden» (ἀλλαγησόμεθα 1. Kor. 15, 51 f.): das – nicht Vernichtung – ist es, was unserer Existenz, auch unserer christlichen Existenz und Lebenstat dann, dort, widerfahren wird, ist die Zukunft, die schon ihre Gegenwart bestimmt. Das Wort von J. Chr. Blumhardt soll hier gleich vorangestellt sein: «Der Heiland ist kein Kaputtmacher». Prophetie, Zungenrede, Erkenntnis werden im ewigen Licht, dem wir entgegengehen, «aufgehoben» sein in eine neue, höhere Gestalt. Sie werden also ihrer jetzigen Gestalt verlustig gehen. Es wird also diese ihre jetzige Gestalt allerdings destruiert werden. Die Propheten werden ihr Werk getan, die Zungenredner werden, weil der Grenzfall ein für allemal der Normalfall geworden sein wird, keine weiteren hymnischen Spitzensätze mehr von sich zu geben haben. Aber gerade von der Erkenntnis wird Paulus ja v 12 durchaus nicht sagen, daß sie «abgetan» oder «vernichtet» sein, sondern daß sie in neuer, vollkommener Gestalt Ereignis sein wird: ἐπιγνώσομαι. Daß sie «aufgehoben» werden wird (καταργηθήσεται) ist allerdings auch von ihr zu sagen: mit der *theologia viatorum* als solcher, mit ihrem ganzen Charakter wird es dann zu Ende sein: indem sie dann nämlich ganz und gar in die *theologia patriae* verwandelt und aufgenommen sein wird. Weitere theologische Forschungen und Unterrichtungen werden sich dann erübrigt haben. Weitere Entmythologisierungen, weitere Untersuchungen über die rechte Hermeneutik, weitere «Gespräche» über Gesetz und Evangelium usw. werden dann nicht mehr nötig sein. Weitere Bände «Kirchlicher Dogmatik» werden dann auch nicht mehr geschrieben werden. Und nach weiterem *furor theologorum* wird dann überhaupt kein Bedürfnis mehr sein. Weil Alles eitel, umsonst, Haschen nach Wind war? Nein, aber weil das Alles dann gerade, aber nur noch in seinem Telos, in seiner Vollkommenheit wirklich sein wird, was dann allerdings auch in sich schließen wird, daß es in seinem Wert und Unwert auf die ewige Waage gelegt, daß dann zwischen Korn und Spreu unterschieden, daß dann alles durch jenes Feuer von 1. Kor. 3, 12 f. hindurchgegangen sein wird, in welchem es sich erweisen wird, was mit Gold, Silber, Edelsteinen oder aber mit Holz, Heu, Stroh gebaut war, wobei es für große und kleine, reguläre und irreguläre, orthodoxe und heterodoxe Theologen zu mehr als einer Überraschung nach beiden Seiten kommen dürfte. Diese durchaus heilsame Relativierung ist das πίπτειν, dem die Liebe niemals, nimmer, auch dort und dann nicht ausgesetzt ist. Und indem der Christ liebt, tut er jetzt und hier schon das auch dieser Relativierung nicht Ausgesetzte, das schlechthin Beständige. Das ist es, was man von seinem Prophetenwort, von seiner Zungenrede, auch von seiner Theologie an sich und als solcher selbst im optimalen Fall solcher Verrichtungen nicht sagen kann.

v 9–10: «Denn im Stückwerk geschieht unser Erkennen und im Stückwerk geschieht unsere Prophetenrede. Wenn aber das Vollkommene kommt, wird das ‚im Stückwerk' aufgehoben.» Nicht das ist der Grund der v 8 beschriebenen «Aufhebung», daß, was die Christen jetzt in der Kraft des Heiligen Geistes tun (und tun sollen!) «doch nur Stückwerk» ist (so Lietzmann). Ihr Grund besteht in dem die Zeit der Gemeinde und alle ihre Inhalte begrenzenden «Kommen des Vollkommenen». Gemessen an seinem großen Licht erweisen sich die kleinen Lichter, in deren Schein wir jetzt leben, als nötige und in ihrer Weise brauchbare, aber schließlich doch kümmerliche Treppenbeleuchtung. Eben ihre Kümmerlichkeit (an der die Liebe nicht teilnimmt!) wird mit dem ἐκ μέρους beschrieben. Von der Zungenrede ist jetzt nicht mehr weiter die Rede, sondern von den Begabungen bzw. Tätigkeiten, die für Paulus offenbar im höheren Rang stehen. Als kümmerlich erweist sich im Lichte des kommenden Vollkommenen selbstverständlich auch die Zungenrede. Es besteht aber die im Lichte des Kommens des Vollkommenen unverkennbare Kümmerlichkeit auch der Prophetie, auch der Erkenntnis darin, daß sie nur «im Stückwerk» vollziehbar sind. Soll man bei dem Ausdruck daran denken, daß die Sätze und Satzfolgen auch der christlichen Propheten und Theologen ja doch auch im besten Fall nur erste Annäherungen an ihren Gegenstand – besser gesagt: nur letzte Überbleibsel von dessen

4. Die Art der Liebe

in der Auferstehung Jesu Christi jetzt schon stattgefundenen Offenbarung sein können? Oder an den diskursiven und also disparaten Charakter auch ihrer gewissenhaftesten und gewissesten Aussagen – daran, daß auch der größte Prophet, auch der umsichtigste und eindringendste Theologe nur in Form von verschiedenen, je gegenseitiger Ergänzung bedürftiger Loci, Kapitel und Paragraphen reden, nie das Eine Ganze der Wahrheit als solches in einem Wort oder Satz aussprechen kann? Oder an die Unterschiede, Trennungen, Widersprüche und Gegensätze, die auch die echte christliche Prophetie und Theologie darum belasten, weil sie im Nacheinander und Nebeneinander der Zeiten von so vielen **verschiedenen Zeugen** vertreten werden, deren Thesen sich nie und nirgends auf einen einzigen Nenner bringen lassen werden? Oder wohl auch an die **Verschiedenheit der Stadien** auf dem Lebensweg, nämlich der Aspekte der einen Wahrheit, die ein und derselbe Prophet oder Theologe im Lauf seines Lebens nacheinander zu Gesicht bekommen mag? Paulus könnte an das Alles zugleich gedacht haben. Wie dem auch sei: eben dieser Stückwerkcharakter der Prophetie und der Erkenntnis ist ihre Kümmerlichkeit. Sie ist die Gestalt, in der sie, wenn das Vollkommene kommt, zwar nicht (so Lietzmann) «wertlos» geworden sein, in der sie aber keine Fortsetzung, keinen ewigen Bestand haben, in der sie also schon jetzt zwar in Dankbarkeit und Gehorsam ernst zu nehmen, wiederum aber nur in ihrer heilsamen Relativität ernst zu nehmen und also mit dem Eigentlichen nicht zu verwechseln, sondern laut v 2–3 nach ihrem Gehalt an Liebe zu befragen sind.

v 11: «**Da ich ein Kind war, redete ich wie ein Kind, dachte ich wie ein Kind, überlegte ich wie ein Kind. Als ich aber ein Mann wurde, habe ich das Kindliche aufgehoben.**» Eine erste Bildrede zur Erläuterung des v 8b–10 Gesagten! An eine Beseitigung der Identität des christlich handelnden Menschen im Wandel vom Jetzt zum Dann, an eine Auslöschung seines jetzigen Seins und Tuns zugunsten eines ganz anderen ihm in jener Zukunft zuzueignenden hat Paulus, wie schon dieses Bild zeigt, nicht gedacht. Der Christ ist jetzt, auch im Besitz und Gebrauch der höchsten Geistesgaben, ein Kind, von dem nichts Anderes erwartet werden kann und verlangt werden darf als kindliche Gedanken und Worte. Derselbe Christ wird dann ein Mann sein und als solcher denken und reden: *totaliter aliter*, aber in dieser völligen Wandlung nun doch nicht als ein Anderer und auch sachlich nichts Anderes. Der Satz v 11b sollte weder durch die Übersetzung von τὰ τοῦ νηπίου mit «das Kindische» noch durch die Übersetzung von κατήργηκα mit «ich tat ab» in der Richtung aufs Brutale überschärft werden. Es geht um das dem Kind angemessene und als solches nicht zu disqualifizierende Denken und Reden. Und es geht auch hier um dessen «Aufhebung» in eine allerdings ganz andere, neue Gestalt. Ist nicht schon das Kind der künftige Mann? Und wie ist es mit dem Kind noch im Manne – und wenn er 70, ja 80 Jahre alt werden sollte? Einen gründlichsten Gestaltwandel vollzieht der Mensch allerdings, indem er vom Kinde zum Mann wird. Eben ein solcher wird sich mit dem Kommen des Vollkommenen an der jetzt in der Gemeinde lebendigen Prophetie und Erkenntnis vollziehen. Und sein Bevorstehen begrenzt und bestimmt schon ihren Vollzug in der Gegenwart. Bengel hat hier feinsinnig darauf aufmerksam gemacht, daß es nicht heißt: *quum abolevi puerilia, factus sum vir* – was dann besagen müßte: in und mit einem Fortschritt und Reifwerden des Christen und seines Tuns kommt das Vollkommene – wie es ja auch nicht der Winter sei, der den Frühling bringt, wohl aber der Frühling, der den Winter austreibt – also: in und mit dem Kommen des Vollkommenen kommt es zu der Verwandlung der jetzigen Gestalt des kindlichen Denkens und Redens, der christlichen Prophetie und Erkenntnis in ihrer jetzigen Gestalt in die neue, die ihrer dort wartet, vielmehr: die den Christen von dorther schon entgegenkommt, mit der sie sich samt ihrer Prophetie und Erkenntnis von dorther (2. Kor. 5, 2 f.) überkleiden zu lassen haben werden: die Gestalt, in der sie in keiner Weise mehr «im Stückwerk» geschehen werden – und also ganz anders als so, wie sie sich jetzt darstellen.

v 12: «**Jetzt sehen wir im Spiegel, rätselhaft, dann aber von Angesicht** zu Angesicht. Jetzt erkenne ich im Stückwerk, dann aber werde ich erkennen, wie ich erkannt werde.» Zur Erläuterung von v 8b–10 eine zweite Bildrede. Man beachte aber zunächst die Klimax, mit der wir es auch in diesem dritten Teil des Kapitels zu tun haben: Von Prophetie, Zungenrede, Erkenntnis war v 8 die Rede gewesen, v 9–10 nur noch von Erkenntnis und Prophetie, hier, v 12 – in dieser Zuspitzung seines Interesses hat Paulus offenbar gedacht – nur noch vom Sehen und Erkennen als der Voraussetzung des Ganzen, was er hier als Inbegriff gerade der «höheren Gaben» (12,31) in das rechte, nämlich in das kommende ewige Licht rücken wollte. Die Kontinuität zwischen Jetzt und Dann ist hier womöglich noch deutlicher als im Vorangehenden: um ein Sehen und um ein Erkennen geht es ja jetzt und dann. Das Sehen im Spiegel ist immerhin auch schon ein Sehen und das Sehen von Angesicht zu Angesicht ist es auch noch. Und so ist das Erkennen im Stückwerk auch schon ein Erkennen, und das Erkennen «wie ich erkannt bin» ist es auch noch. Ein sachlicher Bruch zwischen beiden kann auch darum nicht in Frage kommen, weil der Gegenstand des Sehens und Erkennens jetzt kein anderer ist als er dann sein wird und dann kein anderer als er schon jetzt ist: Gott in seiner Offenbarung, in seiner Selbstdarbietung, und von Gott her der Mensch, die Welt, die Zeit und was in der Zeit geschieht. Aber allerdings: der Wandel der Gestalt desselben Geschehens zwischen Jetzt und Dann ist ein radikalster. Um ein Sehen «in einem Spiegel» geht es jetzt. Man wird das allgemein zu verstehen haben: Wir sehen jetzt in einem diesem Gegenstand an sich fremden Element und Medium, in Form von menschlichen Anschauungen und Begriffen, in irdischer und irdisch sichtbarer Geschichte, im Blick auf den Außenaspekt der Werke Gottes, des Lebens des Volkes Israel, auch des Lebens des Menschen Jesus. Gemeint ist aber doch wohl auch das Besondere: Wir sehen jetzt dem Wesen des Spiegels entsprechend: unter Vertauschung von Rechts und Links – Gott in seiner Enthüllung gerade, wo er sich verhüllt, aber auch in seiner Verhüllung gerade, wo er sich enthüllt; unser Leben ist also im besten Fall ein indirektes, ein Sehen *in contrario* und insofern ein uneigentliches Sehen. Es geht auch im besten Fall um ein Sehen ἐν αἰνίγματι, um ein reales, aber seines eigentlichen Vollzugs immer noch harrendes Sehen. Und es geht dementsprechend um ein Erkennen «im Stückwerk»: in jenem zu v 9–10 angedeuteten, wahrscheinlich vierfachen Sinn dieses Ausdrucks. Solches Sehen und Erkennen ist die Voraussetzung aller jetzt in der Gemeinde (und auch durch die Gemeinde der Welt gegenüber) zu führenden christlichen Sprache. Es wird aber dann um ein «Sehen von Angesicht zu Angesicht» gehen. Offenbarung Gottes in Jesus Christus wird dann bedeuten, daß wir ihn (1. Joh. 3,2) «sehen, wie er ist», direkt und unmittelbar, unparadox und undialektisch. An das, was Num. 12,8 von Mose gesagt ist, dürfte Paulus hier gedacht haben: «Von Mund zu Mund rede ich mit ihm, nicht in Gesichten und nicht in Rätseln und die Gestalt des Herrn schaut er». Und um ein Erkennen «wie ich erkannt bin», wird es dann gehen: genau so wie Gott mich versteht, werde ich dann ihn verstehen und durch ihn alle Dinge: «die Schickung im Zusammenhang». Mein jetziges Erkennen im Glauben wird dann seiner Isolierung entnommen, wird dann aufgenommen, wohl aufgehoben sein in einem Erkennen im Schauen (2. Kor. 5,7). Das ist der Wandel der Gestalt zwischen Jetzt und Dann: in seiner Kontinuierlichkeit der radikalste Wandel. Aber eben, was ist da das Kontinuum? Was besteht, was «bleibt» da? Gewiß nicht die jetzige Gestalt des christlichen Tuns, obwohl und indem dieses aus der belebenden Macht des Heiligen Geistes stammt, so hoch es von diesem seinem Grund her zu schätzen, so treu und eifrig es in Dankbarkeit zu vollstrecken ist. Seine jetzige Gestalt vergeht: in und mit dem Vergehen der Gestalt (des σχῆμα) dieser Welt auch sie! Es vergeht aber nicht das Eigentliche dieses Tuns, das, was es zum christlichen macht, das, was darin zählt, das, worin es jetzt schon ein siegreiches Tun ist. Es hat das Eigentliche des christlichen Tuns jetzt schon Anteil an der uns jetzt noch verborgenen, mit dem Kommen des Vollkommenen aber als seine Überkleidung ihm schon jetzt entgegengetragenen künftigen Gestalt.

4. Die Art der Liebe

Von diesem Eigentlichen der christlichen Lebenstat redet (in Übereinstimmung mit v 8a) v 13: «Nun aber bleibt Glaube, Hoffnung, Liebe, diese drei. Die größte von ihnen ist aber die Liebe.» Man sieht: auch der Glaube bleibt, obwohl und indem er in dem kommenden großen Wandel ins Schauen aufgehoben sein wird. Es bleibt auch die Hoffnung: wie sollte sie nicht bleiben, da ja gerade sie im Besonderen die Ausrichtung der christlichen Lebenstat auf das kommende Vollkommene ist, da dessen Kommen gerade ihre Erfüllung sein wird. Es bleibt aber der Glaube und es bleibt die Hoffnung, weil und indem die Liebe bleibt. In der Liebe sind Glaube und Hoffnung tätig und in der Liebe geschieht das Christliche der christlichen Lebenstat. Darum ist die Liebe «die größte von ihnen». Sie ist das in der Gegenwart leuchtende künftige, ewige Licht. So bedarf sie keines Gestaltwandels. So ist sie das Kontinuum. Denn was auch in und mit dem kommenden Vollkommenen offenbarwerden und -sein wird, in welcher neuen Gestalt dann mit allem, was jetzt ist und geschieht, auch das christliche Tun, das Leben der Gemeinde zu seinem Ziel kommen wird – das ist gewiß: daß die Liebe nimmer aufhören, das heißt daß auch dann die Liebe als Hingabe an Gott und an den Bruder – dieselbe, zu der der Christ jetzt schon frei ist – in unveränderter Gestalt auch die Quelle des künftigen, des ewigen Lebens sein wird. So ist sie jetzt schon des Christen ewiges Tun. Darum besteht die Liebe. Darum ist gerade das das Letzte und Höchste, was von ihr zu sagen ist. Darum war vorher von ihr zu sagen, daß sie allein zählt, daß sie allein siegt. Darum ist sie (12,31) der Weg.

REGISTER

I. BIBELSTELLEN

Genesis

1–2	665
1, 1	62
27	62
28	731
31	664
2, 7	881
18 f.	486
24	57
4, 9	502
12 f.	871
12, 1	654
14, 18 f.	916
17, 3	483
24, 31	335
46, 30	178

Exodus

1, 7	731
3 f.	871
3, 14	874
19, 6	579
20, 6	906
13 f.	526
17	526
22, 31	579
23, 4 f.	912
29, 43	567
32	878
32 f.	871
33, 19	873 f.

Leviticus

10, 3	567
11, 44	567
19, 2	567, 570
13–18	911 f.
18	911, 919, 934
34	912
20, 7 f.	567
25, 8 f.	227

Numeri

12, 18	952
13–14	541 ff.

Deuteronomium

4, 37	865
5, 10	906
6, 4 f.	919, 934
6, 5	884, 887, 898, 915
7, 6	579
6 f.	872
8	865
9	906
10, 12 f.	906
14 f.	872
15	865
11, 1	906
22	906
14, 2	872
18, 18	179
19, 9	906
22, 1 f.	912
23, 3	912
5	865
7	912
28, 9	579
30, 1 f.	886
6	885
11 f.	885
16	906
19 f.	885
33, 3	579

Josua

5, 14	483
7, 6	483
22, 5	906
24, 15	885

Richter

5, 31	898

1. Samuel

15, 30	525
16, 1–13	483
25	481 ff., 525

2. Samuel

3, 3	486
10	524

11, 1–12, 25 . . . . 524ff.
12, 26f. 524
22 898

1. Könige

3, 3 899
12, 25f. 505
22, 39 506

2. Könige

14, 23f. 505
17, 29f. 507

1. Chronik

3, 1 486
19, 1–20, 3 524

Nehemia

1, 5 906

Psalmen

5, 12 898
8, 5 897
12, 2 732
14, 1 . . . 455, 457, 463, 467, 479
14, 1–3 479
16, 3 579
18, 2 898
23 208
26, 8 . . . . 712, 898
33, 9 227
34, 9 901
    10 579
36, 10 136
39, 13 710
40, 7–9 585
    17 898
42, 11 752
46, 9 666
51, 12f. 635
53, 2f. 479
66, 5 666
69, 6 479
73, 22f. 479
89, 6 579
100, 3 668
103, 2f. 878
105, 8 878
106 878
106, 16 579
107 878
107, 24f. 667

111, 7f. 666
116, 1f. 898
118, 14f. 667
    22 717
119 . . . . 668, 895
119, 97 898
    140 898
124, 2 246
    6f. 246
135, 4 871

Sprüche

10, 11 478
    14 478
    21 478
12, 1 478
    15 478
    23 478
13, 20 478
14, 8 478
    16 478
    24 478
    34 537
15, 7 478
    21 478
17, 12 478
    28 478
18, 6 478
20, 3 478
22, 15 479
25, 21f. 912
26, 7 478
    9 478
    11 478
27, 3 478
    22 478
28, 9 478
    26 478
29, 9 478
30, 1f. 480
    5f. 480

Prediger

7, 6f. 478
    17–19 480
8, 16f. 666
9, 3 479
10, 12f. 478

Jesaja

1, 3 636
5, 12 666

I. Bibelstellen

16	566
6, 1	103
3	566
13	579
7, 3	636
9, 14	479
17	479
10, 21	636
25, 7	178
30, 15f.	636
20f.	636
40, 5	178
31	761
42, 1	861
2	175
6	178
43, 1f.	872
4f.	865
28	579
46, 13	178
48, 6f.	636
22	452
49, 6	178
15f.	865
50, 1	864
53, 4f.	524
7	284
54, 4f.	864
10	548, 866
59, 20	655
61, 1f.	218
62, 4f.	864f.
12	579

Jeremia

1, 5	671, 900
9f.	671
10	717
2, 2	604
4, 1	635
3f.	635f.
10, 8	479
14	479
13, 23	636
17, 9	454
25, 5	640
31, 3	860
20	864
33	635, 888
32, 39	635, 884f.
41, 18	544
42, 14	544

Hesekiel

3, 16f.	640
11, 19	884f.
19f.	635
18, 4f.	640
20f.	640
23	517
20, 41	566f.
34, 2–6	206f.
36, 23	566f.
26	884f.
26f.	635
37, 28	567

Daniel

3, 25f.	943
7, 27	579
9, 4	906

Hosea

1, 10	873
2, 14f.	864
19f.	864
20	906
23	873
4, 1	898
6	906
5, 4	636
6, 1f.	638f.
3	906
4	898
6	898, 906
11, 1	860, 864
4	860
8f.	860
9	566
14, 4	864

Joel

3, 1	371

Amos

1, 1	502f.
2	503, 505
3f.	504
6f.	504
11f.	504
13f.	504
2, 1f.	504
6	506
6f.	504

7	506f.
8	506
11f.	507
13f.	503
3, 1	508
2	508, 871
8	503
9f.	507
10	506
12	506
15	506
4, 1	506
4f.	508
6f.	503
5, 2	503
4	635
4f.	508
7	507
10	507
11	506f.
13	507
15	508
5, 18f.	509
21f.	508
24f.	508
26	507
6, 4f.	506
8	506
12	507
7, 1f.	503
4f.	503
7f.	503
10	503, 508
10f.	502
12f.	508
13	507
14f.	502
8, 1f.	503
5	507
7	507
9, 1f.	503
7	508, 871
8	503
10	503
11	716

Jona

3, 8	640

Micha

7, 6	177

Haggai

2, 23	865

Sacharia

2, 8	865

Matthäus

1, 3f.	524
20	362
2, 1–23	287
3, 2	228ff.
8	673
9	916
9f.	873
10	176
11	178f.
12	176
14	178
15	283, 286
16	362, 371
17	686
4, 1f.	180
2f.	240
5f.	240
17	229f.
24	246
5, 1	209
3f.	188f., 209, 211, 213
7–10	210, 213
10f.	212f., 292
11	620
12	202
13	756
14f.	175, 364, 671
16	912
16f.	671
17	222
17f.	193, 197, 221, 624
20	221, 624
21f.	193, 221, 622, 624
22	480
23f.	193
25f.	194
28	526
38f.	622
39	620
40	620
42	620
43f.	199
43–48	913
44	622
45	247, 882

45f.	867	26f.	202, 231
46f.	622	27	624
48	186	28f.	621
6, 1f.	193	31	202
1–18	624	33	610
9	567, 798	34	176, 472
10	186	34f.	632
19	198, 620	35f.	177
24	177, 189, 620	11, 2–15	229
25f.	198, 531	3	228
27	529	3f.	219
31	620	4f.	218
32	529	5	212
7, 1f.	199	6	187, 210, 228
4	815	10	179
12	221	11	178, 228
13f.	177	12	178
21	366	13f.	229
21f.	181	18	256
22f.	943	19	187
24f.	177	20f.	241, 264, 290
25	716	25	189, 463, 861
28	209	27	180, 385, 861
28f.	206	28	189, 213, 419
29	221, 234	29	187, 621
8, 3	180	12, 6	195
9f.	180	18	861
10	190	19	175
16	253	22f.	253, 290
16f.	246	27	235, 243
20	187	28	243
25	245	30–35	177
9, 2	202	31	360
3	187	39	153
8	206	13, 2	206
11f.	189	3f.	169
22	202	6	210f.
9, 27f.	259ff., 263, 265	16f.	175
33	243	17	227
36	205ff.	24f.	177
10, 1f.	191	31f.	50
5	179, 190, 230, 872	32	187
5–42	162	33	175, 187
7	230	36f.	177
8	240, 259, 267	44	187
9	198	44f.	177
9f.	12, 189, 224, 620	13, 47f.	177
13f.	621	52	193, 943
16	189, 225, 689	57	187
16f.	690	14, 28	606
17f.	292	29	162, 608
24f.	292	31	259, 434
25	225, 620	15, 24	190, 872

28	259, 873	28	222
30	246	37	289
16, 3	251	24 f.	280
4	241	24, 9	189
13	100	12	900
15 f.	100	43	161
16	153	46	210
17	153, 188, 210	25, 1 f.	161
18	153, 716, 718, 733, 761 f.	2 f.	480
20	153	5	627
22	170, 277	31 f.	22
23	282	31–46	177, 744
28	145, 219	35 f.	189
17, 2	154	42 f.	189
3	178	26 f.	280
5	154, 686	26, 1 f.	280
12	287	6 f.	903
16	155	9	903
20	258 f., 943	11	904
24 f.	195	12	903
27	245	13	904
18, 1 f.	189, 621	18	222
10	189	45	280 f.
20	744, 791 ff.	51 f.	622
23	219	52	194, 434
23 f.	196	53	240
19, 12	197	56	187
27	198	64	153
28	637	65	187
29	198	72	610
20, 1 f.	196, 281	75	439
1–16	874	27, 19	291
20 f.	281	41 f.	187
25	189	42	240
26 f.	621	46	278
21, 9	219	54 f.	153
15 f.	153	28, 10	202
26	206	17	161 f., 164, 170
31 f.	189	18	108, 180
42	717	18 f.	162
43	190	19	191
22, 29	920	20	119, 145, 183, 233, 365, 744
36 f.	221		
23	290	Markus	
23, 1 f.	193		
6 f.	621	1, 1	220
8	502	9 f.	154
8 f.	189	10 f.	186
12	5	11	861
13 f.	105	12	186, 362
16 f.	193	13	180
17	480	14	218
23 f.	193	15	176, 221, 229

I. Bibelstellen

17	179f., 242
18	608
18f.	198
21	193
21f.	250
23f.	358
24	153, 256, 583
25	255
27f.	175
28	154
34	252
38	217
38f.	225
40	245
44	153
2, 1f.	153, 247
5	227, 259
11	277
14	608
14f.	606
17	245
18f.	195
20	287
21f.	196f.
23f.	195
27f.	195
3, 1f.	195, 250
4	195, 251
6	195, 290
7	604
10	251
12	153
13f.	287
14	179
16	179
21f.	187
22f.	256
27	255
28f.	558
31f.	195
4, 1	206
4f.	241
22	154, 175
26–29	728, 736, 743
27	715
28	714, 729
30–32	729, 736, 743
39	257
40	259
41	153
5, 1f.	253, 256
7	153
8	255
19f.	153
30f.	240
34	250
36	259
38f.	180, 251
41	216
43	153
6, 4	187
5	240f.
15	194
20	580
46	206
50	202
56	240
7, 1f.	195
11f.	193
14	206
14f.	195
24	190
27	190, 872f.
33	240
34	216
36	153
8, 11f.	241, 264
12	153
23	240
31	678
31f.	281
33	434
34	610
34f.	292, 677f.
35	177, 219, 292, 527, 682, 292, 609f.
38	292, 609f.
9, 1	154, 219
2f.	154f.
7	186, 861
15	206
18	155
22f.	245
23	259, 266f.
24	155
30f.	281
32	277
36	233
38f.	177
43f.	177
47	743
50	720
10, 16	233
17f.	606
21	419, 620, 867
21f.	198
22	614

23f.	629	15, 1	191
24	743	1f.	291
27	266	2	196, 284
28	620	6f.	291
29	202, 219, 623	9	284
32f.	281	11f.	206
35f.	281	16f.	187
39	292	18	284
42f.	194	21	678
43f.	189	26	284
44	782	29	197
45	286, 678f., 782	29f.	277
47	245	34	187, 216, 278, 551, 693
11, 1f.	233	39	174, 291
9f.	219	16, 5	162
15f.	233	8	164

Lukas

17	193, 196	1	228
22f.	243f	1, 1–4	181f.
23	258	2	174
25	198	4	183
28	290	13	202
12, 6f.	288	28	202, 210
12	291	30	202
13	290	38	48, 209
13f.	196	43	77, 181
14f.	290	44	202
29f.	885, 899, 903	45	209
31	887	46–55	204f.
35	193	48	209
37	206	51f.	191
13, 1f.	197	68–79	204f.
7	202	76	179
31	119, 183	2, 1	178
32	105	7	187
14, 1f.	291	9	154, 202
3	903	10f.	202, 204, 219
5	903	11	203
6f.	904	14	176, 188, 861
7	194	29f.	178
8	286, 903	35	176, 287
9	182, 904	43	233
19	193	49	177, 193
22f.	286	51f.	193
29	187	52	105
30f.	434	3, 1	178
37	434	8	638
40	627	10f.	638, 641
41	280f.	12	220
50f.	277	4, 1f.	180
53f.	291	16f.	221
58	197, 712		
62	153		
68	609		

I. Bibelstellen

17f.		193, 218
18		217
18f.		227
22f.		290
30		180
34		583
36		255
40		240
5, 3f.		245
4f.		242
4–11		162
8		434f.
10		202
26		175, 234
6, 20f.		188, 209, 211
21		213
22		212
23		202
24		177
24f.		212
26		177
35		620
46		181, 608, 906
7, 11f.		234
14		251
16		194, 202, 204, 222
36–39		903
47		831
47f.		904
50		259
9, 1		179
22		678
27		154
29		154
31f.		154
35		861
36		155
40		155
43f.		280
45		277
52f.		621
57f.		606
59f.		195, 623
61f.		195, 606
62		604, 743
10, 16		231, 744
17f.		252
18		256
20		202
21		203, 861
22		861
25f.		934
29f.		916
37		935
38f.		905
11, 1		221
2		567
19		235
20		181
21		255
27f.		210
40		480
42		899, 905
12, 1		206
10		360
13		205
13f.		194
16f.		196
20		480
32		189, 202, 732, 743
37		627
49		428, 461
49f.		286
51		176
52		623
13, 1f.		247
10f.		250, 253
17		202, 206
29		873
32		196
32f.		287
14, 1f.		250
7f.		620f.
14		210
20		622f.
26		623
27		292
15, 1–2		21
7		203
10		203
11–32		21ff.
18		348
25		24
28f.		25
29		22
30		23
32		629
16, 1f.		194
8		470, 822
9		194, 615, 620, 711
11		194
16		178
19f.		189
17, 6		258f.
10		196, 668
18		240

20f.	187, 743		Johannes
21	181	1, 1	111
22	175	1f.	35, 47
24	428	4	250
26	885	4f.	150
18, 1f.	194	5	428, 478, 702
8	187, 732	7f.	179
9f.	22, 193, 431	9	428
11	847	10	35
34	277	11	38, 289
19, 37f.	153	12f.	598
38	219	13	636
20, 17	717	14	20, 35, 44, 48, 50f., 70f., 73
21, 28	596		149, 154, 218, 362, 395
22, 19	182	15	35
25	189	16	3, 395
30	219	20	609
32	434, 640	20f.	179
35	198	26	229
61f.	435	27	178f.
23, 2	187	29	157, 229, 284
5	187	30	230, 363
6f.	291	32f.	362
12	471	33	179
14	187	35f.	229
25	502	2, 1f.	245
34	199, 288, 913	4	195
39f.	177	11	243
42	219	19	197
46	358	21	197
48	206	22	182
24, 4	162	3, 3	187f., 636
6	182	4	636
11	161, 581	5	636, 743
16	161	6	362
19	222, 264	8	358, 636
20f.	277	9	636
26	287	10	220
27	221	13	122
29	183	14f.	283
30	162	16	578, 861, 868, 872
31f.	161	27f.	229
34	161	29	202
35	162	30	743
36f.	161	31f.	230
37	164	34	104, 362
38	160	35	860
39	162, 358	4, 21	197
41	161, 203	22	194, 874
49	360, 363, 368	24	371, 860
51	161, 171	34	666
53	193	42	203

I. Bibelstellen

48	263, 265	
5, 1f.	195, 247f.	
9	250	
17	666	
20	860	
24	629	
36	250	
39	222	
42	899	
44	621	
45f.	222	
6, 15	284	
28f.	673	
30	264	
51	35	
53	179	
53f.	286	
56	183, 306	
69	153, 583	
7, 1	290	
20	256	
23	195	
25	290	
31	206	
32	291	
38	267	
39	364	
44f.	291	
8, 12	251, 608	
28	222, 283	
34	560	
36	144, 561, 603	
42	899	
48	256	
56	203	
58	35	
9, 1f.	195, 261ff., 265	
2f.	247	
3	250	
4	177, 250f., 287	
6	240	
14f.	250	
10, 11	208, 283	
15	283	
17	860	
17f.	283	
20	256	
25	250	
36	583	
37	250, 265, 666	
37f.	263	
39	291	
41	243	

11, 3	867	
5	867	
25	156	
33f.	251f.	
36	867	
40	267	
47f.	264, 291	
12, 3f.	903	
6	904	
7	903	
8	904	
16	182	
24	283	
26	292	
27	278	
31f.	283	
32	599	
13, 1	935	
1f.	233	
12–17	935f.	
14f.	621	
17	210	
23	867	
25f.	190	
30	287	
32	283	
34	860, 919, 933	
35	926	
14, 2	916	
2f.	283	
9	31	
10	250, 666	
12	267, 283	
15	860, 899, 906	
16	364f., 371	
17	364	
18	365	
19	372, 742	
21	899, 906	
21f.	190, 860	
23f.	899	
26	182, 364, 371	
27	202	
28	899	
31	860	
15, 3	603	
4	183, 419	
4f.	306, 745	
5	179	
9	860	
9f.	885	
10	860, 906	
11	203	

12	932f.	12	162
13	283, 684	14	161
16	873	15f.	434
20	182, 225	15–17	899
26	363f., 371	15–23	162
16, 4	182	17	435
5f.	283	19	899
7	363f.	22	899
11	283		

Apostelgeschichte

13	3
13f.	364
20f.	203	1, 1f.	181f.
22	203	3	160
27	860, 899	4–14	166
28	283	9f.	166
33	156, 202, 765	9–11	171
17, 1f.	283	21f.	179
4	666	2, 2f.	380
11	283, 583	17	371, 373
13	203	22f.	287
17	583	33	363, 368, 371
19	283, 583, 585	36	365f.
23f.	860	37	220
18, 11	434	38	221
28f.	180	41	730
33f.	196, 284	44	12
36	187, 219	44f.	198
19, 1f.	180	47	730
5	173	3, 13	609
10	196	14	583
11	194	26	640
14	173, 284	4, 4	730
19f.	284	11	717
26	193	12	304f.
28f.	284	18	223
30	157	27f.	364
20, 14	161	5, 1f.	198
16	162	31	203, 223
19	161	32	360
20	162	42	219, 223
22	363	6, 1	730
24	161	7	730
25	161f.	7, 17	731
26f.	161	8, 12	219
27	162	29	419
28	164	35	219
29	210	39	371
31	264	9, 4	744
21, 1	161	34	266
1f.	242	10, 19	419
1–14	162	36	218
4	161	36f.	252
7	161f., 164	38	217, 252

I. Bibelstellen

40	. . . .	161
10, 41	. . . .	160
11, 18	. . . .	654
20	. . . .	219
12, 24	. . . .	730
13, 1	. . . .	223
17	. . . .	710
23	. . . .	203
24	. . . .	228
46	. . . .	190
14, 22	. . . .	686
15, 16	. . . .	715 f.
16, 5	. . . .	730 f.
7	. . . .	419
17, 2	. . . .	221
18	. . . .	219
28	. . . .	57
31	. . . .	912
18, 9	. . . .	202
11	. . . .	223
25	. . . .	223
19, 20	. . . .	730
20, 32	. . . .	716
35	. . . .	210, 892
26, 2	. . . .	209
20	. . . .	672
27, 24	. . . .	202
28, 31	. . . .	219, 223

Römer

1, 1	. . . .	218, 230
3 f.	. . . .	363
4	. . . .	172
5	. . . .	608
16	. . . .	231
2, 8	. . . .	947
14 f.	. . . .	635
3, 3	. . . .	872
10 f.	. . . .	479
21 f.	. . . .	267
26	. . . .	284
29	. . . .	190
5–8	. . . .	302
5, 1	. . . .	302, 896
5	. . . .	367, 869, 885, 947 f.
6 f.	. . . .	875
8	. . . .	869
10	. . . .	656
14	. . . .	24
6	. . . .	414 f.
6, 4	. . . .	307, 408, 636 f.
6	. . . .	408, 679
8	. . . .	307, 419
9 f.	. . . .	183
10	. . . .	284
11	. . . .	408, 421
23	. . . .	202, 247
7	. . . .	554
7, 4	. . . .	285
7	. . . .	933
8 f.	. . . .	556
18	. . . .	562
24	. . . .	554
8, 1	. . . .	308, 721 f.
2	. . . .	656 f.
3	. . . .	52, 284
4	. . . .	285
9	. . . .	359, 361, 371, 421
11	. . . .	371
14	. . . .	144, 360, 371, 645
14–17	. . . .	367
16	. . . .	358, 360, 367, 883, 937
18–22	. . . .	367 f.
19 f.	. . . .	691
23	. . . .	360
23–25	. . . .	368
26–27	. . . .	368 f.
28	. . . .	874, 899, 901
28–39	. . . .	308 ff., 316
29	. . . .	114, 145, 587, 686
31 f.	. . . .	869
34	. . . .	172
35	. . . .	869
37	. . . .	948
39	. . . .	367, 868
9–11	. . . .	289
9, 3	. . . .	872
6	. . . .	872 f.
13	. . . .	874
15	. . . .	874
16	. . . .	676, 874
25 f.	. . . .	873
30	. . . .	873
10, 4	. . . .	675
6 f.	. . . .	885
14 f.	. . . .	230
11, 1	. . . .	872
2–10	. . . .	873
17	. . . .	591, 873
20 f.	. . . .	873
23 f.	. . . .	873
26	. . . .	872
28 f.	. . . .	872
30 f.	. . . .	873
36	. . . .	377

12, 1	638, 723, 885	
1f.	421	
2	625, 637f., 755	
3–8	746	
9	906	
10	927	
15	252, 754	
16	720	
17	912f.	
20	912	
21	913	
13, 6	723, 778	
8	830, 919	
10	830f., 890, 919	
11	627	
14	307	
14, 1f.	12	
4	814	
8	681f.	
15	889	
17	203, 744	
22	814	
23	673	
15, 7	720	
13	736	
14	409, 720	
16	723	
18	671	
20	717	
30	869, 939	
16, 25	231	
26	608	

1. Korinther

1, 2	586	
5–7	938	
13	179	
18	231, 472	
20	469	
23	277, 284	
23f.	391	
24	183, 231	
25f.	188	
30	19, 297f., 303, 408, 583	
2, 2	183, 284	
5	469	
6	470	
9	135, 899	
10	382	
11	371	
12	371, 421	

15	359, 421	
16	366	
3, 1	359	
5	179	
8	721	
9	670, 715	
9f.	717	
10–15	712	
11	716f., 720	
12	557	
12f.	717, 721f., 950	
16	409	
16f.	712	
17	586	
18	470	
18f.	471	
4, 5	661	
7	671	
19f.	744	
5, 7	408f.	
6, 9f.	585	
11	408	
17	366	
19	359, 712	
7, 14	586	
25f.	12	
29f.	780	
31	14	
8, 1	718, 906, 945	
3	856, 899	
5	237, 309f.	
10f.	720	
9, 16	225	
18	225	
24f.	420, 422	
10, 14	414	
16	744	
20f.	254	
21f.	414	
23	718	
11, 24f.	182, 797	
26	182, 744	
26f.	296f.	
12	938	
12, 3	366	
4–11	359	
4–31	746	
6	671	
10	358	
11	362	
27	409	
28f.	223, 938	
29	942	

I. Bibelstellen

31	. . . . .	830, 938, 942, 952 f.
13	. . . . .	830, 889, 895, 936 ff.
13, 1	. . . . .	941 f.
1–3	. . . . .	939 ff., 943
2	. . . . .	938, 942 f.
2–3	. . . . .	951
3	. . . . .	639, 938, 943
4	. . . . .	847, 945
4–7	. . . . .	939, 943 ff.
5	. . . . .	945 f.
6	. . . . .	946 f.
7	. . . . .	947 ff.
8	. . . . .	830, 849, 949 f., 953
8–10	. . . . .	951 f.
8–13	. . . . .	939, 948 ff.
9–10	. . . . .	950 f.
11	. . . . .	951
12	. . . . .	702, 950 ff.
13	. . . . .	829 f., 953
14	. . . . .	723, 787, 938 f., 942
14, 1	. . . . .	906, 938
3	. . . . .	720, 942
3 f.	. . . . .	718
5	. . . . .	941
7 f.	. . . . .	941
12	. . . . .	718
17	. . . . .	720
18	. . . . .	941
32	. . . . .	358
33	. . . . .	519, 580
15	. . . . .	160
15, 5 f.	. . . . .	160 f.
10	. . . . .	5
24	. . . . .	744
28	. . . . .	119, 707
34	. . . . .	466, 468
36	. . . . .	480
45	. . . . .	362, 591
45–47	. . . . .	186
51 f.	. . . . .	950
57	. . . . .	564
58	. . . . .	667, 736
16, 1	. . . . .	580
13	. . . . .	667
22	. . . . .	899, 905

2. Korinther

1, 5	. . . . .	736
18 f.	. . . . .	231
20	. . . . .	401
21	. . . . .	421
22	. . . . .	360, 711
2, 8	. . . . .	927
3, 3	. . . . .	371, 409
17	. . . . .	186, 360, 362, 600
17 f.	. . . . .	144
4, 1 f.	. . . . .	231
5	. . . . .	231
6	. . . . .	365, 408
7	. . . . .	231
10	. . . . .	679
11	. . . . .	114, 711
15	. . . . .	736
16	. . . . .	642, 711, 745
5, 1	. . . . .	721
1–5	. . . . .	710 ff.
2 f.	. . . . .	951
5	. . . . .	360
6	. . . . .	596
6 f.	. . . . .	711
7	. . . . .	664, 952
10	. . . . .	664, 721
14	. . . . .	869
15	. . . . .	285, 414
16	. . . . .	183
17	. . . . .	48, 307, 419, 600, 603, 628, 636
19	. . . . .	94, 231, 248, 299, 869, 946
20	. . . . .	231, 680
21	. . . . .	284
25	. . . . .	680
6, 1	. . . . .	414
6	. . . . .	906
14 f.	. . . . .	414
16	. . . . .	409, 712
8, 4	. . . . .	580
7	. . . . .	736
9	. . . . .	24, 188
11	. . . . .	421
9, 7	. . . . .	892
8	. . . . .	673, 736
10	. . . . .	736
10, 5	. . . . .	144, 419, 608
6	. . . . .	421
8	. . . . .	717
15	. . . . .	736
11, 2	. . . . .	408
12, 7	. . . . .	254, 422
8 f.	. . . . .	422
9	. . . . .	188
19	. . . . .	717
13, 5	. . . . .	409
10	. . . . .	717
13	. . . . .	98, 869

Galater

1, 1f.	225
3f.	284
4	255
15	671, 900
15f.	160, 225
16	219
17	18
2, 11f.	434
18	720
19	285, 307
19f.	679
20	60, 307, 421, 869
20f.	284
3, 1	284
5	371
13	284
27	307, 591
4, 6	361, 371
6f.	367
19	886
25f.	601f.
5, 1	602
6	829f., 906
13	927
13–18	414
17	562
18	144
24	408, 679
6, 1	359
2	720
8	410
10	410, 912, 914
14	679
14f.	306
15	48
16	873
17	679

Epheser

1, 4	36, 586, 588, 706
5	874
6	36, 861
10	707
10f.	746
12	661, 708
13	360
20	172
20–23	745f.
22	706f.
23	707, 746
2, 1	561
1f.	629, 651
4f.	868
5	408
5f.	307
8f.	669
10	409, 654
11–21	706
14	218, 873
14f.	285
17	218
19	873
19f.	711f.
20	718
21	719
22	307
3, 1–13	706
8	219
10	706
15	706
17	591, 889
19	869
20	871
4, 2	926f.
3f.	359
7	705
9f.	21, 122
10	707
11	223, 705, 942
11f.	673, 707f., 718, 760
11–16	745ff.
12–15	705ff.
13	712
15	745ff., 906, 947
15f.	20
16	708, 718, 720, 745ff., 906
17f.	415
22f.	410
24	185
30	360
5, 1	933
1f.	885
2	869, 933
5	219
11	668
13	176
14	409, 427, 627, 629
18	144
21	720
23	745
24f.	580
25	869, 933
27	585
6, 10–20	759f.

I. Bibelstellen

11	708
12	254
17	763
24	899

Philipper

1, 1	386
6	673
9	736
9f.	906
12	745
12f.	736
19	361
20	885
27	419
2, 1	409
7	44, 52, 187
8	168
9	168, 283
9f.	304
9–11	169
10	168
12	421
13	409
15f.	409
17	723
3, 10	686
12	671
12f.	420, 422
13	654
20	203, 307, 710f.
4, 1	409
4	203
5	913
5f.	541
7f.	470
8	913

Kolosser

1, 10	419, 673
10f.	736
12f.	861
15	185f., 587
15f.	35, 861
17f.	706
19f.	285
21f.	585
24	680
29	671
2, 2f.	298
7	736
9	84, 94, 97

12f.	307, 408
13	561
14f.	285
19	746
3, 1	172
1f.	114, 307, 420, 651
3	307, 321, 408f., 420, 736
5	410, 679
9	408
10	409
11	707
12	874
12f.	889f., 933
13	720
4, 11	744

1. Thessalonicher

1, 3	673, 829
2, 3f.	224
12	419
13	671
3, 6	829
12	913, 917
4, 3	681
8	371, 414
9	927
5, 2	161
4f.	409
6	627
8	829
10	307, 419
11	718, 720
14	913
15	912
19	360, 941
23	421, 567

2. Thessalonicher

1, 3	736, 927
11	673
12	421
2, 10	947
12	947
13	359, 586
16	868
17	673
3, 2	912
5	899
15	698

1. Timotheus

1, 14	829
2, 7	223

3, 16	53f., 363		15	360
4, 1	254		23f.	724
4	556		29	360, 583
12	829		11	675f.
6, 11	829		11, 1	366
13	196		10	715
16	738		13f.	715
			12, 1f.	675

2. Timotheus

			2	597
1, 10	183		10	603
11	223		14	913
13	829		17	644
2, 8	182		23	358
12f.	610		13, 8	183, 703
19f.	716		12	585
22	829		21	673
24	913			
25f.	654			

Jakobus

3, 16f.	673		1, 12	210, 213, 899
4, 8	899		17	668
			18	408, 422

Titus

			22	722
1, 15	556		2, 8	919
2, 2	829		14–26	829
11f.	637		17f.	668
14	667		3, 1	223
3, 5	360, 637		4, 4	414
6	371		5, 1f.	189
			11	210

Hebräer

1. Petrus

1, 1f.	35		1, 1	710
7	358		2	359, 736
14	358		3	408
2, 11	583		8	741, 899
14	39, 44		11f.	219
15	202		15	583
16	44		16	567
3, 12f.	644		17	710, 715
4, 12	414		18–19	36
12f.	176		20	36f.
5, 7	105		22	906, 927
7f.	277		23	408
8	686		2, 4f.	717
6, 1	668, 717		5	359
1–10	642ff.		6	712
4	359		9	208, 409, 579, 873, 914
5	242		11	710
10	673		17	913
11f.	644		21	292, 678
17–20	305f.		25	408
9, 14	362, 668		3, 14	212
10, 5f.	585			

I. Bibelstellen

15	912
16	420
18	362
19	358
21	420
22	172
4, 8	831, 927
9	720
12	686, 689
13	212
14	212, 360
17	415, 721

2. Petrus

1, 2	736
4	114
19	748
2, 1	609
3, 12	685
18	736

1. Johannes

1, 1f.	160
2	161
2, 1	364
6	306
7f.	919
14f.	415
17	14
20	360
22	609
24	306
27	306, 360
28	409
3, 1	869
2	114, 952
5f.	415
6	306
9	360, 415, 636
11	919
12	920
14	629
14f.	920
18	892
20	947
24	306
4, 1	358
2f.	366
4	408
6	44, 366
7	858, 881
7f.	889

7–11	856
8	858, 860
10	869
11	927
12f.	858
13	306
16	858ff., 868f., 927
17f.	859
19	856, 927
19f.	859
20	497f., 927
21	927
5, 1	899
3	906
4	947
18	415
20f.	409

2. Johannes

5	919
6	906

Judas

20	709

Offenbarung

1, 3	210
5	869
12f.	202
2, 4f.	642
7	642
10	642, 679
11	642
2, 13	610
17	642
19	642
25f.	642
3, 2f.	642
5	642
7f.	642
8	610
11f.	642
20f.	642
5, 6	172
9, 20	254
11, 3f.	544
12, 10	219
13, 8	36
14, 2f.	942
4	604, 608
16, 15	210
21, 2	711, 721

2f.	710	22		197
3	712	22, 7		210
4	694	17		360
10–23	710f.	20		741

II. NAMEN

Ambrosius von Mailand 23
Anselm von Canterbury 463f., 467, 646
Antonius (koptischer Anachoret) 12
Apollonius von Tyana 235f., 238
Arnold, Gottfried 776
Aristoteles 836, 838f., 862
Athanasius 58
Augustana, Conf. 700, 760
Augustin 22, 258, 570, 637, 695, 744, 836f.

Bach, Joh. Sebastian 280, 903
Baillie, Donald 60f.
de Balzac, Honoré 236
Basilius d. Gr. 11, 14
Baur, Ferd. Christian 22
Behm, Johannes 641
Benedikt von Nursia 11ff.
Bengel, Joh. Albrecht 148, 177, 197, 288, 307, 937ff., 945, 951
Berkouwer, G. C. 567
Bertholet, Alfred 11, 13
Biedermann, Alois Emanuel 60ff., 67, 90, 93
Blumhardt, Joh. Christoph 948, 950
Bonhoeffer, Dietrich 571, 604, 612f., 626, 652, 677f., 725
Brenz, Johannes 85
Breviarium Romanum 18
Brunner, Emil 696f., 723, 767, 769ff., 773ff.
Brunner, Peter 722
Bucanus, Wilhelm 55, 98, 557
Bucer, Martin 649
Buddha 40
Bultmann, Rudolf 61, 155, 570, 905
Bunyan, John 11
Burckhardt, Abel 125
Burckhardt, Jacob 125

Calvin, Johannes 19, 58, 97, 258, 307, 546, 559, 568, 570, 572f., 576ff., 586, 588f., 591, 635ff., 644, 646, 649ff., 654ff., 677, 680, 683, 686, 695, 771

von Campenhausen, Hans Frh. 166
Chalcedonense, Conc. 68f., 72f., 117, 569, 572
Chemnitz, Martin 89
Cullmann, Oscar 275, 724
Cyprian 695

Dante Alighieri 837
Diokletian 751
Dirks, Walter 16
Dominikus 11
Duhm, Bernhard 506, 508

Ebeling, Gerhard 89f.
Eichrodt, Walther 866
Ephesinum, Conc. 77
Erasmus von Rotterdam 573
Essener 18
Eutyches 73

Feuerbach, Ludwig 90
Flückiger, Felix 425, 635
Formula Concordiae 72, 89
Frank, Franz Herm. Reinh. 84f., 90
Franziskus von Assisi 11, 13
Friedrich, Gerhard 224, 227

Gaugler, Ernst 567, 583
Gaunilo 463f.
Geiger, Max 767
Gerhard, Johann 89
Gerhardt, Paul 303, 427, 694, 826ff., 904
Göhler, Alfred 567, 651, 655
Goethe, Johann Wolfgang 196, 439, 471, 563
Gollwitzer, Helmut 22f.
Grützmacher, Georg 16

Hadrian 236, 238
Harbsmeier, Götz 937, 939, 941ff., 949
von Harnack, Adolf 22, 939
Hegel, Georg Wilh. Friedr. 90
Heidegger, Joh. Heinrich 52

II. Namen

Heidelberger Katechismus 293, 304, 306f., 497, 555, 601, 664, 676, 681, 684, 686, 747f., 753
Heitmüller, Wilh. 234, 241
Heppe, Heinrich 52, 56, 73
Herman, Nikolaus 303
Hermeticum, Corpus 224
Hippokrates 235, 253
Hitler, Adolf 751
Hollaz, David 52f., 55, 72, 82ff., 89, 115, 557

Ignatius von Antiochien 835
Ignatius von Loyola 11

Jesus Sirach 209
Johannes Scotus Erigena 37
Julian (Apostata) 235

Kant, Immanuel 887, 901, 905
Kierkegaard, Sören 125, 848, 886f.
Kittel, Gerhard 217, 224, 566, 604, 641, 709
Kittel, Rudolf 481
Klaus von der Flüe 12f.
Kohlbrügge, Hermann Friedrich 570, 651ff., 656f., 659, 677
Kreck, Walter 651f., 677

Leiden, *Syn. pur. Theol.* 63, 66
Lessing, Gotthold Ephraim 32, 125, 788
Leuthold, Heinrich 522
Lietzmann, Hans 950f.
Lobwasser, Ambrosius 303
Loofs, Friedrich 93
Ludwig XIV. 751
Luther, Martin 69, 89f., 190, 223, 258, 266, 303, 383, 418, 454, 549, 559, 563, 570, 573, 576, 579, 641, 644, 646f., 663, 715, 732, 751, 763, 771, 837, 841, 853f., 903, 935, 949

Marcion 219
Makarius d. Gr. 11
Marshall, Bruce 244
von Mastricht, Petrus 115
Melanchthon, Philipp 90, 649
Michel, Otto 709, 720
Michelangelo Buonarroti 201, 516

Neander, Joachim 660
Nero 751

Nestorius 73, 77
Nicaeno-Constantinopolitanum, Symb. 4, 48f., 171, 361ff., 378f., 381, 385, 698
Nicolai, Philipp 904
Niemöller, Martin 754
Nietzsche, Friedr. 522
Noth, Martin 505
Novalis 905
Nygren, Anders 837, 840f., 848, 853, 902, 939

Olevian, Kaspar 73
Origenes 12, 181, 219, 744, 838

Pascal, Blaise 11, 837
Plato 836ff., 862
Plotin 836, 838f.
Polanus, Amandus 44, 52, 55, 82
Procksch, Otto 566f.

Quenstedt, Andreas 72f., 85, 89, 568f.
de Quervain, Alfred 677

Ragaz, Leonhard 506
Regula S. Benedicti 12, 15ff.
Reicke, Bo 275
Reitzenstein, Richard 939
Rengstorf, Karl Heinrich 162
Reuter, Hermann 37
Richter, Christian Friedr. 789
Ritschl, Albrecht 901f., 905
Rousseau, Jean-Jacques 506
Rubens, Peter Paul 516

von Schenkendorf, Max 303
Schiller, Friedrich 492, 561
Schlatter, Adolf 229
Schleiermacher, Friedrich 10, 60, 93
Schmidt, Karl Ludwig 709f.
Schoch, Max 767
Scholz, Heinrich 837, 840, 842
Schweizer, Eduard 766f., 776
Seeberg, Reinhold 725
Shakespeare, William 238
Sohm, Rudolph 769ff., 773ff.
Sokrates 40
Starke, Christoph 22
Stephan, Horst 82
von Swedenborg, Emanuel 236
Symeon der Stylite 13

Teresa von Avila 11

Tertullian 219, 744
Thomas von Aquino 12, 16, 557
Thomas a Kempis 11, 13, 18
Tridentinum, Conc. 562 ff.
Troeltsch, Ernst 949

Vespasian 236, 238
Vielhauer, Philipp 709, 711 f., 716, 723
Vischer, Wilhelm 766
Vogel, Heinrich 754

Wichern, Joh. Hinrich 775
von Wilamowitz-Moellendorf, Ulrich 840
Wolf, Erik 767, 770 ff., 815
Wolf, Ernst 725
Wolleb, Johann 79

von Zinzendorf, Nikolaus Ludwig 570, 901, 905
Zündel, Friedrich 252
Zwingli, Huldrych 559, 611

III. BEGRIFFE

Abendmahl 59, 124, 296, 796 f., 800 ff.
Aeon, neuer 243
Agape s. Liebe, christl.!
Analogie 46 f., 62, 136, 185 ff., 235 f., 268 f., 325 f., 337, 340, 349, 353, 378, 386 f., 390, 392, 432, 579, 599, 670 f., 684, 789, 822, 853 f., 882, 885 f., 891, 909, 922, 925, 933
Anfechtung 292 s. Gemeinde!
Anthropologie 27, 89 f., 294 f., 312 ff., 554
Apostolat 134 f., 141, 150, 166, 179, 230 f., 310, 339 ff., 350, 680, 717
Armut 188, 211 f.
Askese 13 ff.
Atheismus 468, 752
Auferstehung s. Jesus Christus!
  Grab, leeres 166
  Osterberichte 162 ff.

Bekehrung s. Umkehr!
Bekenntnis 212, 310 f., 366 f., 690, 772 f., 777 f., 792 f., 801 ff.
Berufung 343, 603 ff.
Besitz 615, 620
Bild Gottes s. Jesus Christus!
Böse, das 254 ff., 442, 450, 454, 556
  vgl. Nichtige, das vgl. Sünde!
Botschaft, christl. s. Verkündigung!
  s. Jesus Christus! s. Verkündigung!
Bruder s. der Nächste!
Bund 2 f., 112, 186, 509, 547, 583, 665, 871, 932 f.
  Bundespartner 4, 313, 319, 565 ff., 597
  Erfüllung 45, 75, 148, 300, 311, 323, 390, 670 f., 863 f., 908
Buße s. Umkehr!
Chaos s. das Nichtige!

Christ, der 2 ff., 142, 297, 300 f., 308 f., 340 ff., 356 f., 372 f., 406 f., 419, 434 ff., 561, 586 f., 627 ff., 690 f., 695 f., 726 f., 785, 789, 825 ff., 841, 934 ff., 951
Ärgernis 617 f.
Bekenntnis s. dort
Beschämung 430 ff.
Bewährung 688
Dankbarkeit s. dort!
Demut 139, 687
Dienst s. dort
Erkenntnis s. dort
Freiheit s. dort
Glaube s. dort
Kreuz 292 f., 683 ff. s. Jesus Christus / Kreuz!
  Strafe 687
Liebe s. Liebe, christl.!
Umkehr s. dort!
Versuchung 938
Wissen s. Erkenntnis, christl.
Vgl. Gemeinde!
Christologie 19 ff.
  Anhypostasie u. Enhypostasie 52 f., 100 f.
  communio naturarum 54, 64 ff., 79 ff., 117, 121 ff.
    communicatio gratiarum 79, 91 ff., 174, 289
    communicatio idiomatum 79 ff., 298
    communicatio operationum 79, 115 ff., 125 ff., 298
  doketische? 26, 37 f., 53, 185
  der Evangelien 156 f.
  Inkarnationslehre 130, s. Menschwerdung Gottes!

III. Begriffe

Lehre von den «zwei Ständen» 117, 121f., 151f.
unio hypostatica 49ff., 54ff., 71ff., 117, 121
   unio coessentialis 56
   unio essentialis 56
   unio mystica? 59ff.
   unio sacramentalis? 58
unitio 117
«Zweinaturenlehre» 26f., 65ff., 117, 151f.
Vgl. Jesus Christus! Menschwerdung Gottes! Theologie!

Dämonen 252f.
Dankbarkeit 345, 451, 578, 687
Dekret, göttl. 32ff., 36f., 46ff., 92f., 107, 111, 130f., 163, 386, 400, 589 s. Gnadenwahl!
Determinismus? 603
Diakonie 784
Dienst 148f., 669ff., 674, 743, 781ff., 815f., 915, 937
Diesseitigkeit 356
Dogmatik 6, 311, 767
Dreieinigkeit 46f., 70, 103, 126, 377ff., 385, 859f.
   opus ad extra 45f., 378, 386, 862, 870
   opus ad intra 378 s. Geschichte, innergöttliche!
   vestigium trinitatis? 378
Dummheit s. Sünde!

Ehre 615, 620f.
Elend s. Mensch!
Entscheidung des Glaubens 175f., 232f., 338, 533, 609ff.
Entscheidung Gottes 302, 311, 338ff., 412, 588, 609ff., 654
Entsprechung s. Analogie!
Erkenntnis, christl. 40ff., 100, 114, 117, 131ff., 140, 147f., 150f., 163, 172, 312, 320f., 334, 349, 366, 390f., 427, 435ff., 660, 739f., 759, 825, 923, 952
Erkenntnisgrund 39ff., 131ff., 141ff., 151ff.
   «historische» 167
Selbsterkenntnis 294ff., 300f., 313f., 424, 435ff., 452ff.
Wissen 138ff., 334, 435ff., 586f.
Erlösung 386, 600
Eros 832ff., 848
Erweckung 343f., 627, 653, vgl. Umkehr!

Ethik, chr. 416, 586, 590, 603, 720
Evangelium 200ff., 213f., 218f., 250, 311, 333, 426, 605, 817, 932
Existenz
   christliche 13ff., 368
   Gottes 375
   Jesu Christi 38, 53ff., 99, 122, 133, 184f., 293f., 297, 311, 375, 390, 395, 432, 443, 456f., 524, 588
   menschliche 26, 38, 297ff.
Existentialismus 6f.

Familie 193, 197, 615, 622ff., 676
«Fleisch» 553f.
Freiheit, christl. 268f., 286ff., 339ff., 344, 348, 410f., 418, 558f., 600ff., 616, 654, 783, 843, 939 s. Gott/Freiheit!
Freude 347, 894f., 947
Friede 302f., 310, 350ff., 638
Frömmigkeit 624f.
Fundamentalismus 132, 139

Gebet 368, 379, 727, 797ff., 863, 929
Gebot Gottes 131, 605, 612f., 929
   Erfüllung 934ff.
   konkrete Gestalt 619ff., 674
«Gegebenheiten» 615
Gegenwart 119, 124ff., 182f., 370, 948
vgl. Jesus Christus, der Lebendige!
Gehorsam 340f., 455, 597ff., 607ff., 617, 674, 905
   «einfältiger» 642ff.
Geist, hl. 42, 46, 103, 140ff., 337ff., 357, 590ff., 737ff., 937
   Ausgießung 144, 147, 363
   Gaben 359, 937ff., 948
   Geheimnis 379ff.
   Geist Gottes 371ff., 590, 737ff.
   Geist Jesu Christi 145, 356, 361ff., 370, 387f.
   «Geist der Wahrheit» 364, 391ff., 398ff.
   Gottheit 401
   Heiligkeit 360ff.
   Werk 330ff., 402ff., 928
   Wunder s. dort!
   Zeugnis 140ff., 174, 364
Gemeinde 2, 5, 59, 63f., 141f., 145, 216, 292, 307, 357, 365, 372f., 376, 396, 405ff., 578, 596, 816, 914ff., 921
Vgl. Kirche! Vgl. Jesus Christus!
«Amt» 787
Anfechtung 749ff.
Auftrag 86

Bekenntnis s. dort!
communio sanctorum 17f., 640, 674, 704, 725ff., 770, 789, 792
«Christokratische Bruderschaft» 770, 776f., 828
Dienst s. dort!
Einheit 359
Erhaltung 747ff.
Eschaton 707ff., 737
Erbauung 695ff., 883
Geschichte s. dort!
Gesetz 772f., 805ff., 924ff.
Glieder 936ff.
Gottesdienst s. dort!
Heiligkeit 579ff.
Leben 736f., 927
Leib Christi 64, 145, 270, 303ff., 716, 739, 815 Vgl. Jesus Christus/Haupt d. Gem.!
Ordnung 765ff., 811
Priestertum, allg. 786
Recht 768ff., 805ff. Vgl. Kirchenrecht!
Sakralisierung 756ff.
Säkularisierung 754ff.
Sendung 924
Unzerstörbarkeit 760f.
Wirken 753f.
Zeugnis s. dort!
Gericht 2, 297, 310, 427, 876, 914
Endgericht 434, 516
Geschichte
der Gemeinde 146, 307, 372ff., 616, 697, 704, 729, 737f., 789, 918, 929
Gottes mit d. Menschen 80, 298f., 373, 616, 648, 909
innergöttliche 126, 384ff., 858
Jesu Christi s. Jesus Christus/Geschichte!
Vgl. Heilsgeschichte!
«Geschichtsmächte» 615ff.
Geschöpf 34, 39, 45, 862 s. Mensch/Geschöpf!
Gesetz 425ff., 605
Gewalt 615, 621f.
Gewissen 350, 573
Glaube 2, 70, 227, 244, 258ff., 350, 390f., 577, 607ff., 675, 827, 936, 953
Entscheidung s. dort!
Freiheit s. dort!
Gehorsam s. dort!
Gewißheit 313
regula fidei 271
Tat 616f.

Vernunft 349ff.
Vertrauen 607
Wunder 263ff. s. dort!
Gnade 8, 33, 45f., 82, 95ff., 257, 269ff., 321, 386, 451, 547, 605f., 682, 876, 914, 928
«billige Gnade» 413, 571
Gnadenwahl 32ff., 132, 427, 587, 605, 869ff.
Erwählung Jesu Christi 33ff., 96f., 427, 582 s. Dekret, göttl.!
Gnosis 224f.
Gott
Allmacht 653f.
Barmherzigkeit 45f., 111, 203f., 257, 399f., 553, 654
Demut 45ff.
Ehre 576
Eigenschaften 858
Freiheit 43, 94, 870
Gottheit 70, 92, 94, 111ff., 248ff., 287, 862
Heiligkeit 566f., 580f.
Herablassung 45, 110
Koexistenz 45, 386
Leben 329, 354, 381ff., 385ff., 399
Leiden 249f., 399
Liebe s. dort!
Macht 243f., 248, 257
Name 567
Schöpfer 33, 39, 45
Selbsterniedrigung 21, 33, 45, 129, 333, 336, 428
Tat s. dort!
Treue 92f., 205, 248
Vater 381, 384
Vorsehung 387
Wille 33, 132, 248, 336, 373, 392, 457
Zorn 449, 687
Siehe Dreieinigkeit! S. Menschwerdung Gottes!
Götter 45, 111, 203, 237, 432, 457, 615f., 871
Gottesbegriff 92f., 249, 374ff., 431f.
Gottesdienst 722f., 767, 787, 790ff.
Gottesdienstordnung 804
Versammlung der Gem. 791f.
Gotteserkenntnis 112, 427f., 460f.

Heiden 188ff., 288
Heil 299, 330, 350f., 576
Heilsgewißheit 577
ordo salutis? 568, 574ff.

III. Begriffe

Heiligen, die 317, 516, 578ff., 592ff., 727ff., 734f., 751, 761, 802
Heiligung 18ff., 173, 298, 303, 320, 360, 451, 561, 565ff., 582, 595, 599, 641, 674f., 686f., 782, 827
participatio Christi 578, 586ff., 595, 658f.
  u. Rechtfertigung s. dort!
  S. Jesus Christus!
Heilsgeschichte 38, 583, 914f., 918, 928f., 934f., 940f. s. Geschichte Jesu Christi!
Himmel 171f.
Himmelfahrt s. Jesus Christus!
Hingabe s. Liebe, christl.! s. Liebe Gottes!
Hoffnung 368, 549, 936, 947, 953
Humanität 88f., 587, 846

Inkarnation s. Menschwerdung Gottes!
Israel 48, 52, 186ff., 260f., 288ff., 326, 665, 668f., 773, 864f., 872f., 878, 914
« heiliges Volk » 566f., 579

Jesus Christus
  Adam, zweiter 114, 173
  Auferstehung 18, 111, 118, 147ff., 156ff., 169f., 252, 277, 324, 332ff., 342, 346f., 355ff., 420, 427, 448f.
  Bild Gottes 36, 186, 213
  Epiphanie 178, 272f., 282, 420, 932
  Erhöhung 9, 19f., 29ff., 67, 75ff., 102, 110f., 117, 122f., 148ff., 156, 168, 171, 298, 304f., 322, 325, 327ff., 347, 353ff., 389, 394ff., 400, 422, 596, 599, 677, 737f.
  Erniedrigung 29, 45, 77, 92, 101, 110, 117, 122f., 148f., 186, 325, 328, 333, 353, 388ff., 399f., 444
  Erwählende, der 33f.
  Erwählte, der 33f., s. Gnadenwahl!
  Freiheit 102, 486f., 588
  Gehorsam 101f., 106, 191ff., 287, 300, 327
  Geschöpflichkeit 39, 184f.
  Gottheit 1, 26, 79f., 95, 111, 126, 329, 375
  « Gottmensch » 128
  Haupt der Gemeinde 63f., 81, 147, 303ff., 376, 596, 782
    totus Christus 64, 217
  Heiland 203, 250f., 333
  Heilige, der 370, 582f., 704

Heiligung 106, 394
Herrlichkeit 149, 159
Herrschaft 30, 75, 164, 168, 180, 270, 293f., 312, 321, 324, 331, 402, 417, 590, 601, 739, 745, 768, 773, 782
Himmelfahrt 111, 118, 147ff., 156ff., 163, 171f., 304
König 173ff., 270, 324, 331, 353, 393, 587, 782
Kreuz 105, 157f., 182, 276ff., 292f., 322ff., 396f., 448, 587, 677, 704
Geschichte 36ff., 81f., 86f., 121, 129, 146ff., 151f., 168, 174, 214f., 278ff., 298ff., 307f., 436ff., 509, 788, 867, 880, 935
  Biographie? 113, 183, 233
  Handeln Jesu 232ff., s. Wunder!
  « historischer Jesus » 174, 589, 596
  Phänomen in der Weltgeschichte 17, 81, 100, 184f.
  Wort Jesu, s. Verkündigung!
Lebendige, der 353ff., 363, 509, 527f., 590, 805
Leiden 105, 157f., 182, 278ff., 288, 682ff.
Liebe 127, 175, 183ff., 201ff., 308ff., s. Liebe Gottes!
Macht 100ff., 232, 243f., 270, 738
Menschensohn s. dort!
Menschheit 25ff., 34ff., 42ff., 74ff., 96ff., 127, 427, 457
  der wahre Mensch 34f., 427, 457
Messiasgeheimnis 157ff., 288
Mitmensch 38, 54, 81, 432f., 458, 486f.
Mittler 106ff.
Name 49, 118, 334, 396, 867
Richter 176
Sein s. Jesus Christus/Lebendige, der!
  Jesus Christus/Geschichte!
Selbstoffenbarung s. Offenbarung!
sessio ad dexteram 171, 322, 704, 737f., 819, 822
Sieg 615
Sohn Gottes s. dort!
Stellvertretung 326f., 336, 343, 399, 429, 440, 443f., 448, 549ff., 582ff., 658, 688ff., 934f.
Sündlosigkeit 101f.
Tod 157f., 160, 163, 169, 176, 182, 276f., 285, 322ff., 427, 448f., 551
Verborgenheit 317ff., 339ff.
Verkündigung 215ff., 227ff., 231ff., 241, 274

Wahrheit, die 332
Weisung 131, 293ff., 404f., 509f., 591f., 596, 598f.
   Einweisung 405f., 591, 596
   Unterweisung 416f., 591, 596
   Zurechtweisung 410f., 591, 596
Wiederkunft s. dort!
Vgl. Christologie!
Jünger Jesu 291f., 322f., 604, 616f., 679, 935
Jungfrauengeburt 99

Kanon 214
Katholizismus, röm. 7, 18, 139, 225, 258, 562ff., 688, 697
Kerygma s. Verkündigung!
Kirche 632f., 697ff.
   Ereignis 705
   «Geistkirche»? 769
   Heilsnotwendigkeit 703f.
   Institution 699f.
   Rechtskirche 769
   Scheinkirche 698ff.
   Sichtbarkeit 700f.
   u. Staat 767f., 817f.
   Staatskirche 756
   Verwaltung, kirchl. 785
   «Volkskirche» 756
   Siehe Gemeinde! s. Kirchenrecht!
Kirchengeschichte 883f., 935
Kirchenrecht 781ff.
   Dienstordnung 820ff.
   lebendiges Recht 805ff.
   liturgisches Recht 787ff., vgl. Liturgie!
   menschl. Recht 810f., 818
   vorbildliches Recht 815ff.
Kirchenzucht 804f.
Kosmos 33, 39f., 133, 171, 217, 246, 270, 309f., 372, 707
Krankheit 245ff., 549f.
   «Geisteskrankheit»? 253
Kreuz des Christen 676ff.
   Anfechtung 692ff.
   Grenze 694
   kreatürl. Hinfälligkeit 691f.
   Verfolgung 689f.
   Würde 694
   Siehe Jesus Christus/Kreuz!
Kunst, christl. 113f., 170
   Christusbild 113

Leben, neues 305ff., 317ff., 334f., 353ff., 419ff., 576f., 634, 641
   ewiges 427, 795f.

Lebensordnungen 191ff., 275, 359, 495f., 615ff., 676, 748, 752, 820
Liebe, christl. 20, 304, 496, 585, 639, 719, 829ff., 847ff., 882ff., 888ff.
   Art 936ff.
   Feindesliebe 913
   Freude s. dort!
   zu Gott 330, 498, 844, 896ff., 918, 922, 939, 947
   Grund 853ff.
   Hingabe 828f., 930f., 945
   zum Nächsten 910ff., 925ff., 939, 946f.
   Sieg 944
   Tat 888ff., 944
   Unvergänglichkeit 849
   Verheißung 949
   Siehe Liebe Gottes! Vgl. Eros!
Liebe Gottes 94f., 201, 309, 325, 382f., 393, 401, 413, 449, 578, 851, 922
   erwählende 869ff.
   reinigende 874ff.
   schöpferische 880ff.
   Hingabe 863ff.
   Siehe Liebe, christl.!
Libertinismus 520
Liturgie 791ff. vgl. Kirchenrecht!

Maria 48, 52, 77, 209ff.
Martyrium 212f.
Medizin, moderne 236f.
Menschenfreundlichkeit 917f.
Mensch
   d. alte 430, 448f., 562, 634, 645ff.
   Aktivismus 534f.
   Angst 523
   Befristung 314f., 348, 549ff., 654, 850f., 882
   Begrenzung 476f., 500f., 522f., 537
   Einheit Seele-Leib 354, 475, 499, 511, 540
   Elend 205f., 245ff., 257ff., 546ff.
   Erhebung 4ff., 21, 29f., 52, 74ff., 103ff., 110f., 129ff., 299, 301, 304, 311, 335, 353ff., 413, 418f., 429, 443, 458f., 509, 587, 599, 737, 401
   Geschöpf 34, 246, 249f., 445ff., 595
   Leben 352ff.
   Lebensgeschichte 500f., 670, 841ff., 884
   Leiden 211ff., 256f.
   Mitmensch s. dort!
   d. neue 4, 19, 31, 40f., 114, 163, 316,

III. Begriffe

334f., 411, 429, 443f., 448f., 458, 461, 554, 581, 634, 645ff., 827, 882
Siehe Jesus Christus! Menschheit!
vgl. Natur, menschliche!
Resignation 535f.
Sorge 529ff.
Sünder 441ff., 553, 593ff.
simul iustus et peccator 646ff.
Verkehrung 552f.
Wesen, menschl. 127, 841ff.
Menschensohn 19ff., 29f., 33ff., 67, 74ff., 173f., 184, 250, 283, 287, 353, 388f S. Sohn Gottes! S. Jesus Christus/Menschheit!
Menschwerdung Gottes 4, 20f., 38f., 42ff., 70ff., 299, 325, 387, 390
assumptio carnis 25f., 44f., 55, 76, 184
Geheimnis s. Offenbarung!
Subjekt 49f., 70ff.
Siehe Tat Gottes! s. Jesus Christus!
Mission 291, 305
Mitmensch 54, 351, 438, 473f., 486f., 494, 498, 592, 637f., 821, 845, 911ff., 930
Mönchstum 10ff.
Moral 512f., 624
mortificatio 649ff., 749
Mystik 10, 61, 315, 403, 616, 901

Nachfolge 18, 292, 566, 603ff., 940
imitatio Christi? 603
Nächste, der 326, 473, 498f., 911f., 923, 946
Natur, menschl. 25ff., 51, 432, 449, 509, 555, 841ff., 847
Naturrecht? 425
Nichtige, das 34, 250f., 295, 411, 446f., 462, 529, 532, 547, 764, 766
Numinose, das 347

Ökumene 6
Offenbarung 33, 41, 111, 118, 131ff., 146, 150f., 169, 332ff., 353f., 385, 427f., 460f., 538, 657, 701, 863, 929
Endoffenbarung 158f., 420, 702, 948
Ereignis 160ff.
Geheimnis 33, 45, 280, 325, 331, 374
Grund 131ff.
Selbstoffenbarung Jesu Christi 136, 140ff., 161ff., 174, 178, 333, 342, 369ff., 391, vgl. Jesus Christus/Verborgenheit!
Verhüllung 151 f.

Wahrheit 3, 38, 141, 330ff., 435, 635
s. Jesus Christus/Wahrheit!
Ontologie 44, 305f., 311f., 410
Ordnungen, menschl. s. Lebensordnungen!
Orthodoxie, altprot. 56ff., 65, 71

Passion s. Jesus Christus/Kreuz!
s. Jesus Christus/Leiden!
Pazifismus? 622
Prädestination s. Gnadenwahl!
Propheten 339, 717, 866
Protestantismus 258, 273, 453
Neuprotestantismus 6f., 60f., 65
Predigt 226, 793 vgl. Verkündigung!

Recht 766, 800, 817ff.
Rechtfertigung 303, 320, 565ff.
Reformation 258, 641, 564
Reich Gottes 131, 173, 180, 192, 197, 209, 219, 232, 238f., 242f., 270, 275, 323, 614, 729, 742ff., 757, 817, 820, 867
Religion 143, 350, 403, 456, 615, 623
Revolution 615

Sabbat 250f., 257
Sachlichkeit? 493f.
Sakrament, das 42, 53, 58ff., 118
vgl. Menschwerdung Gottes!
«Sakramente» 59
Sakramentalismus 225
Schicksal 529, 548
Schöpfung 30, 186, 250, 386, 447, 556, 665
Güte 470f.
neue 48, 882
Ziel 39, 186 s. Gott/Schöpfer!
Schrift, hl. 5f., 132, 425, 631ff., 663, 762ff., 773f., 800
Sein Jesu Christi s. Jesus Christus/Lebendige, der und Jesus Christus/Geschichte!
Sein, neues s. Leben, neues!
Selbstverleugnung 609ff., 615, 831
Sohn Gottes 29, 45ff., 67, 70f., 75ff., 103, 108, 111, 186, 381, 389f., 405
s. Jesus Christus!
Staat 778
Staatskirchenrecht 778f., 817
Stoa 224f.
Sünde 102, 247f., 257, 311, 320, 423ff., 459f., 735, 875

Dummheit 460 ff.
Gefährlichkeit 465 f., 491 f., 513 f.
wider d. Hl. Geist 177
Grenze 448 ff., 594 f., 600
Hochmut 452 f., 455
Mittelmäßigkeit 436 ff.
Nichtigkeit 461
«Todsünden» 557
Trägheit 452 ff., 546 ff.
Unmenschlichkeit 487 ff.
Verlotterung 510 ff.
Siehe d. Nichtige! S. Ungehorsam!
S. Unglaube!
Sünder 311, 553, 593 f.
Sündenerkenntnis 424 ff., 432 ff., 651 f.

Tat Gottes 39 ff., 47 ff., 67, 99, 112 f., 118, 121, 128 ff., 166 f., 327 f., 374, 574, 582, 595, 657 f., 664, 862 f., 869, 875, 880
S. Menschwerdung Gottes!
Taufe 59, 794 f., 800 f., 915 f.
Theologie 6 f., 60, 132, 139, 145, 783, 950 f.
  abendländische 74, 247, 258, 273
  altprotest. 19, 115 ff., 174, 568
  lutherische 71 f., 80 ff., 88 ff., 92 f.
  natürliche? 112
  östliche 74, 86, 258
  Philosophie 755
  reformatorische 19, 258, 425, 564
  reformierte 19, 55, 71, 73 f., 82 f., 86, 98, 115 ff.
  theologia crucis 8, 30 f., 396
  theologia gloriae 8, 30 f., 396
  Vgl. Ontologie!
Tod 246, 249 ff., 323, 328 f., 336, 448 f., 532, 538, 550 f., 634, 681
  ewiger 648

Umkehr 340 ff., 631 ff., 641 ff.. 658 ff.
Ungehorsam 327, 454 f., 512, 606
Unglaube 454 f., 512
Unmenschlichkeit 487 ff.
Unordnung 766
Vergebung der Sünden 271, 558, 572, 597, 786, 928

Verheißung 355, 541, 933
  Erfüllung 933
Verkündigung 223 ff., 230 f., 311, 357, 625, 749, 801, 817 ff., s. Jesus Chr./ Verkündigung!
Verleugnung 609 f.
Vernunft 67, 349
Versöhnung 1 ff., 75, 118, 131, 148, 322, 326, 350 f., 386, 413, 450, 568, 575, 578, 587, 825 ff.
Subjekt 70, 118, 450
Verwerfung 449
vivificatio 649 ff., 749
Volk Gottes 3, 578 f., 594, 695 f., 698, 703 ff., 918 f., 923 f., s. Gemeinde!
s. Israel!
Völker, die 871, 874

Wahrheit s. Offenbarung!
Welt 188, 200, 310, 578, 592, 617, 749, 754 f., 777, 790, 821, 884, 916
  «mythisches Weltbild» 253 f.
Weltweisheit 460 f.
Weltgeschichte 299, 373, 477, 501
Werke, gute 660 ff.
Wiedergeburt 323, 413, 561, 566
Wiederkunft 111, 118 f., 159, 320 f.
Wille, freier 558 ff.
Wort Gottes 33, 114, 118, 129, 325, 339, 460 f., 486, 592
Wunder 165, 235 ff., 257 ff., 345, 379 ff.

Zeit 32 f., 119, 122 f., 467 ff., 500
Zeit der Gemeinde 699, 703
Zeugen, die 150, 160, 304, 338 ff., 350, 357, 363, 418 f., 589, 602, 615 ff., 632, 670, 792, 914, 921 ff., 931
Zeugnis s. Apostel!
  des Alten Testamentes 877 f., 932 f.
  des Christen 342, 441, 597 f., 683, 921
  der Gemeinde 138, 357, 699, 729, 748, 775
  des Hl. Geistes s. dort!
  des Neuen Testamentes 150, 215, 274 ff., 337 ff., 369, 872 ff., 877 ff., 919, 932 f.
Zukunft 119, 124, 948

VERBESSERUNGEN

S. 14 Z. 22 v. o. lies *weiblichen* statt weibliche
S. 20 Z. 13 v. o. lies *belebenden* statt erweckenden
S. 573 Z. 19 v. o. lies *fidem* statt fidun
S. 625 Z. 19 v. u. lies τῷ αἰῶνι statt τῷ αἰώνῳ